Jan Bockemühl

Handbuch des Fachanwalts Strafrecht

3. Auflage

Handbuch

des Fachanwalts

Strafrecht

3. Auflage

Herausgegeben von

Jan Bockemühl
Rechtsanwalt und Fachanwalt für Strafrecht,
Regensburg

Luchterhand

Bibliografische Information der Deutschen Bibliothek
Die Deutsche Bibliothek verzeichnet diese Publikation in der Deutschen
Nationalbibliografie; detaillierte bibliografische Daten sind im Internet über
http://dnb.ddb.de abrufbar.

ISBN 3-472-06170-7

www.wolterskluwer.de
www.luchterhand-fachverlag.de

Umschlagkonzeption: Ute Weber GrafikDesign, Geretsried
Satz: Stahringer Satz, Grünberg
Druck: freiburger graphische betriebe, www.fgb.de
Printed in Germany, Dezember 2005

♾ Gedruckt auf säurefreiem, alterungsbeständigem und chlorfreiem Papier

Vorwort zur dritten Auflage

Die dritte Auflage ist in allen ihren Teilen überarbeitet und auf den neuesten Stand gebracht worden; insbesondere das 1. Justizmodernisierungsgesetz – vom 24. 8. 2004 wurde eingearbeitet. Rechtsprechung und Literatur sind bis Ende August 2005, zum Teil darüber hinaus, berücksichtigt. Schriftsatzmuster, Schaubilder und Checklisten wurden in noch größerem Umfang aufgenommen.

Neu hinzugekommen ist das Kapitel *Rechtsanwaltsvergütung in Straf- und Bußgeldsachen von Schwaben.*

An alle Leser richtet sich die Bitte um Anregungen für Verbesserungen.

Regensburg, im Oktober 2005   *Jan Bockemühl*

Vorwort zur ersten Auflage

Die Anzahl der in der Bundesrepublik zugelassenen Rechtsanwälte nähert sich mit großen Schritten der Zahl 100 000.[1]

Die Einstellung der Rechtsanwaltschaft zur Spezialisierung und zur Bezeichnung dieser Spezialisierung hat sich im Lauf dieses Jahrhunderts gewandelt. Das Bild der Anwaltschaft vor und auch nach dem Zweiten Weltkrieg war eher ein homogenes. Die Zahl der Anwälte war mit 20 000 noch gering und eine Tendenz zum Spezialisten war nicht zu erblicken.[2] Der Rechtsanwalt war eben – § 3I BRAO entsprechend – der »berufene unabhängige Berater und Vertreter in *allen* Rechtsangelegenheiten«.

Die enorme Vielfalt und Vielschichtigkeit der heutigen Rechtsgebiete ist jedoch durch den Anwalt – mit gutem Gewissen – kaum noch beherrschbar. Auch aus wirtschaftlichen Gesichtspunkten ist es nicht mehr gangbar, sich als »Vertreter in *allen* Rechtsangelegenheiten« am Markt zu bewegen. Eine Spezialisierung ist zwingende Konsequenz in der heutigen Zeit.

Gerade auf dem Gebiet des *Strafrechts* sind besondere theoretische Kenntnisse und praktische Erfahrung unumgänglich.[3] Um diese Spezialisierung nach außen hin für den rechtsuchenden Bürger kenntlich zu machen, hat sich die *Fachanwalts*bezeichnung durchgesetzt. Die Notwendigkeit der Fachanwaltschaft wurde nicht ernsthaft mehr in Abrede gestellt, lediglich hinsichtlich der einzelnen Gebiete und Qualifizierungsvoraussetzungen wurde auf dem Weg zu einer Fachanwaltsordnung heftig debattiert.[4]

Seit dem 11. März 1997 gibt es nunmehr auch den lange erwarteten *Fachanwalt für Strafrecht*. Die Bezeichnung ist an den Nachweis besonderer theoretischer Kenntnisse und besonderer praktischer Erfahrung geknüpft.[5] Die besonderen theoretischen Kenntnisse sind in der Regel durch Teilnahme an einem auf den Erwerb der Fachanwaltsbezeichnung vorbereitenden anwaltsspezifischen Lehrgang zu erwerben. Innerhalb dieses Lehrgangs sind ferner mindestens drei schriftliche Leistungskontrollen zu absolvieren. Die Fachanwaltslehrgänge sollen hierbei Expertenwissen und kein Allgemeinwissen vermitteln.[6]

Das vorliegende *Handbuch des Fachanwalts Strafrecht* hat sich zum Ziel gesetzt, dieses Expertenwissen auf sämtlichen – für den Fachanwalt Strafrecht relevanten –

---

1 Die durch den DAV veröffentlichte Anwaltstatistik weist für den 1. 1. 1999 insgesamt 98295 zugelassene Rechtsanwälte aus, vgl AnwBl 1999, 216. Im Vergleich zum Vorjahresstichtag war ein Anstieg der Zulassungszahlen um 6,90 % zu verzeichnen.

2 Redeker AnwBl 1996, 503, 504, gibt einen kurzen historischen Einblick über das Bild und Selbstverständnis des Anwalts.

3 Hierauf hat bereits *Max Alsberg* Das Spezialistentum in Rechtswissenschaft und Rechtsanwaltschaft JW 1919, 280 ff (Neuabdruck bei : Taschke [Hrsg] Max Alsberg – Ausgewählte Schriften, Baden-Baden 1992, 221 ff, 223), zutreffend hingewiesen. Alsberg war jedoch der Auffassung, dass die Bezeichnung als *Spezialist auf dem Gebiet der Strafverteidigung* nicht zu gestatten sein sollte, aaO, 224.

4 Redeker AnwBl 1996, 503, 505; vgl auch den Kurzbericht zur Satzungsversammlung 1996, AnwBl 1996, 390, 391

5 Vgl hierzu § 2I FAO ; die Anforderungen im Bereich des *Strafrechts* hinsichtlich der praktischen Erfahrung lassen sich § 5 lit f FAO und die hinsichtlich der theoretischen Kenntnisse aus §§ 4 iVm 13 FAO entnehmen.

6 Hamacher AnwBl 1996, 391

Gebieten des Strafrechts zu vermitteln. Hierbei wurde ein neuer Weg beschritten, der das »klassische Handbuch« mit dem »klassischen Formularbuch« vereint. Formularbeispiele weisen dem Anwender hilfreiche praktische Umsetzungsmöglichkeiten für die tägliche Praxis. Gleichzeitig stellt das Handbuch eine ideale Grundlage für die Vorbereitung auf den »Fachanwalt für Strafrecht« dar.

Das *Handbuch des Fachanwalts Strafrecht* wendet sich sowohl an den erfahrenen Strafverteidiger und Fachanwalt für Strafrecht, als auch an den Berufsanfänger beziehungsweise an die Rechtsanwälte auf dem Weg zum Fachanwalt für Strafrecht. Das *Handbuch des Fachanwalts Strafrecht* will allen Benutzern eine praktische und wissenschaftlich fundierte Arbeitshilfe sein.

Sämtliche Autoren sind erfahrene Praktiker und zudem wissenschaftlich tätig. Die Einbindung erfahrener Autoren aus den Bereichen der Justiz, der Staatsanwaltschaft und der Wissenschaft gibt dem Werk eine universelle Prägung und macht das Handbuch zu einem wertvollen und unverzichtbaren Handwerkszeug nicht nur für Strafverteidiger.

An alle Leser richtet sich die Bitte um Anregungen für Verbesserungen.

Neutraubling, im November 1999   *Jan Bockemühl*

Inhaltsübersicht

| Zitiervorschlag FA Strafrecht – *Bearbeiter* | |

Bearbeiter

Dr. Jan Bockemühl
Rechtsanwalt in Regensburg
Fachanwalt für Strafrecht
Lehrbeauftragter für Strafprozessrecht
an der Universität Regensburg

Dr. Raimund Brunner
Vorsitzender Richter am Landgericht Aschaffenburg

Dr. h. c. Klaus Detter
Richter am Bundesgerichtshof a. D.

Dr. Ralf Eschelbach
Richter am Oberlandesgericht Koblenz

Andrea Groß-Bölting
Rechtsanwältin in Wuppertal
Fachanwältin für Strafrecht

Michael Haizmann
Rechtsanwalt in Regensburg
Fachanwalt für Strafrecht

Prof. Dr. Frank Hardtke
Rechtsanwalt in Greifswald
Fachanwalt für Steuerrecht
Professor für Steuer- und Unternehmensrecht an der Hochschule Wismar
Lehrbeauftragter für Steuer- und Strafrecht an der Universität Greifswald

Marko Heimann
Rechtsanwalt in Cham
Fachanwalt für Strafrecht

Dr. Dr. Ralf Hohmann
Rechtsanwalt in Freiburg (Breisgau)
Fachanwalt für Strafrecht
zeitweise Lehrbeauftragter für Strafrecht
an der Albert-Ludwigs-Universität Freiburg

Michael Kaps
Rechtsanwalt in Wuppertal
Fachanwalt für Strafrecht

Maximilian Keser
Rechtsanwalt in Regensburg
Tätigkeitsschwerpunkt Strafrecht

Rolf Köllner
Rechtsanwalt in Köln
Fachanwalt für Strafrecht

Dr. Thomas Krüßmann
Wissenschaftlicher Assistent
an der Universität Passau

Prof. Dr. Heiko H. Lesch
Rechtsanwalt in Bonn

Thomas Matt
Diplom-Rechtspfleger in Überlingen

Dr. Norbert Mutzbauer
Richter am Oberlandesgericht München

Prof. Dr. Norbert Nedopil
Leiter der Forensischen Psychiatrie des
Psychiatrischen Klinikum Innenstadt München

Dr. Johann M. Plöd
Leitenden Oberstaatsanwalt in Regensburg
Lehrbeauftragter für Wirtschaftsprivatrecht
an der Fachhochschule Regensburg

Dr. Dietrich Quedenfeld
Rechtsanwalt in Stuttgart
Fachanwalt für Strafrecht

Dr. Hans Richter
Oberstaatsanwalt bei der
Staatsanwaltschaft Stuttgart

Dr. Christian Rode
Rechtsanwalt in Freiburg (Breisgau)
Fachanwalt für Strafrecht
zeitweise Lehrbeauftragter an der Fachhochschule
Villingen-Schwenningen, Hochschule der Polizei

Prof. Dr. Helmut Satzger
Lehrstuhl für Deutsches, Europäisches und Internationales
Strafrecht, Strafprozessrecht sowie Wirtschaftsstrafrecht
an der Ludwigs-Maximilians-Universität in München

Dr. Sylvia Schwaben
Rechtsanwältin in Leinfelden
Tätigkeitsschwerpunkt Strafrecht

Dr. Ralf Seidl
Vorsitzender Richter am Oberlandesgericht Nürnberg

Dr. h. c. Gerhard Strate
Rechtsanwalt in Hamburg

Hartmut Wächtler
Rechtsanwalt in München
Fachanwalt für Strafrecht

Gerold Wahl
Oberstaatsanwalt bei der Staatsanwaltschaft
bei dem Oberlandesgericht Nürnberg

Dr. Bernhard Wankel
Richter am Oberlandesgericht
Leiter der Pressestelle für den
OLG-Bezirk Nürnberg

Hubertus Werner
Rechtsanwalt in Landshut
Fachanwalt für Strafrecht

Abkürzungsverzeichnis

A

aA	andere Ansicht
AAK	Atemalkoholkonzentration
aaO	am angegebenen Ort
abl	ablehnend
Abl	Amtsblatt
Abs	Absatz
Abschn	Abschnitt
Abt	Abteilung
abw	abweichend
ADH	Alkoholdehydrogenase
aE	am Ende
aF	alte Fassung
AFG	Arbeitsförderungsgesetz
AG	Amtsgericht
AGH	Anwaltsgerichtshof
AGS	Anwaltsgebühren Spezial
ähnl	ähnlich
AK	Alternativkommentar
AktG	Aktiengesetz
alic	actio libera in causa
Alt	Alternative
aM	andere Meinung
ÄndG	Änderungsgesetz
Anh	Anhang
Anl	Anlage
Anm	Anmerkung
AnwBl	Anwaltsblatt
AO	Abgabenordnung
ARB	Allgemeine Rechtsschutzbedingungen
ArchCrim	Archiv des Criminalrechts
ArchCrimNF	Archiv des Criminalrechts Neue Folge
ArchKrim Anthr	Archiv für Kriminalanthropologie und Kriminalistik
arg	argumentum
ARSP	Archiv für Rechts- und Sozialphilosophie
Art.	Artikel
AT	Allgemeiner Teil
Aufl.	Auflage
AÜG	Arbeitnehmerüberlassungsgesetz
AWG	Außenwirtschaftsgesetz

B

BA	Blutalkohol, Wissenschaftliche Zeitschrift für die medizinische und juristische Praxis
BÄO	Bundesärzteordnung
BAFIN	Bundesanstalt für Finanzdienstleistungsaufsicht
BAK	Blutalkoholkonzentration
BayObLG	Bayerisches Oberstes Landesgericht

BayObLGSt	Entscheidungen des Bayerischen Obersten Landesgerichtes in Strafsachen
BayVBl	Bayerisches Verwaltungsblatt
BayVerfGH	Bayerischer Verfassungsgerichtshof
BB	Betriebs-Berater
Bd	Band
BDSG	Bundesdatenschutzgesetz
BE	Blutentnahme
BegrVO	Verordnung über die Begrenzung der Geschäfte des Rechtspflegers bei der Vollstreckung in Straf- und Bußgeldsachen
BerHG	Beratungshilfegesetz
Beschl	Beschluss
betr	betreffend
BFH	Bundesfinanzhof
BFH/NV	Sammlung amtlich nicht veröffentlichter Entscheidungen des Bundesfinanzhofs
BGB	Bürgerliches Gesetzbuch
BGBl	Bundesgesetzblatt (Jahr, Teil und Seite)
BGH	Bundesgerichtshof
BGHR	Rechtsprechung des Bundesgerichtshofes in Strafsachen
BGHSt	Entscheidungen des Bundesgerichtshofes in Strafsachen
BKA	Bundeskriminalamt
BKAG	Gesetz über die Einrichtung eines Bundeskriminalamtes
Bkat	Bußgeldkatalog
BKatV	Bußgeldkatalogverordnung
BKH	Bezirkskrankenhaus
BMF	Bundesministerium der Finanzen
BMJ	Bundesministerium der Justiz
BND	Bundesnachrichtendienst
BO-RA	Berufsordnung für Rechtsanwälte
BörsG	Börsengesetz
BpO	Betriebsprüfungsordnung
BRAGO	Bundesrechtsanwaltsgebührenordnung
BRAK	Bundesrechtsanwaltskammer
BRAK-Mitt	Mitteilungen der Bundesrechtsanwaltskammer
BRAO	Bundesrechtsanwaltsordnung
BRRG	Beamtenrechtsrahmengesetz
BStBl	Bundessteuerblatt
BT	Bundestag
BT-Ds	Bundestagsdrucksache
BtMG	Betäubungsmittelgesetz
BVerfG	Bundesverfassungsgericht
BVerfGE	Entscheidungen des Bundesverfassungsgerichts
BVerfGG	Gesetz über das Bundesverfassungsgericht
BVerfSch	Bundesamt für Verfassungsschutz
BVerfSchG	Bundesverfassungsschutzgesetz
BVerwG	Bundesverwaltungsgericht
B-W	Baden-Württemberg
BZR	Bundeszentralregister
BZRG	Gesetz über das Zentralregister und das Erziehungsregister
bzw	beziehungsweise

C

ca.	cirka
CCBE	Standesregeln der Rechtsanwälte der Europäischen Gemeinschaft
CCC	Constitutio Criminalis Carolina
CR	Computer und Recht

D

DAR	Deutsches Autorecht
DB	Der Betrieb
ders	derselbe
dh	das heißt
DIN	Deutsche Industrie Norm
Diss	Dissertation
DJ	Deutsche Justiz
DJT	Deutscher Juristentag
DJZ	Deutsche Juristenzeitung
DNA	desoxyribonucleid acid, Desoxyribonukleinsäure (DNS)
DNA-IFG	DNA-Identitätsfeststellungsgesetz
DÖV	Die Öffentliche Verwaltung
DRiZ	Deutsche Richterzeitung
DRZ	Deutsche Rechtszeitschrift
DSG	Datenschutzgesetz
DSM	Diagnostic and Statistical Manual
DStR	Deutsches Strafrecht
DStZ	Deutsche Steuerzeitung
DuD	Datenschutz und Datensicherung
DVBl	Deutsches Verwaltungsblatt

E

EBAO	Einforderungs- und Beitreibungsordnung
EB	Eröffnungsbeschluss
EFG	Entscheidungen der Finanzgerichte
EG	Europäische Gemeinschaft
EGGVG	Einführungsgesetz zum Gerichtsverfassungsgesetz
EGH	Ehrengerichtshöfe der Rechtsanwaltschaft des Bundesgebietes
EGHE	Entscheidungen der Ehrengerichtshöfe des Bundesgebietes
EGMR	Europäischer Gerichtshof für Menschenrechte
EGOWiG	Einführungsgesetz zum Gesetz über Ordnungswidrigkeiten
EGStGB	Einführungsgesetz zum Strafgesetzbuch
EGStPO	Einführungsgesetz zur Strafprozessordnung
EGWStG	Einführungsgesetz zum Wehrstrafgesetzbuch
einh	einhellig
Einl	Einleitung
EMRK	Europäische Menschenrechtskonvention
entspr	entsprechend
erg	ergänzend
EStG	Einkommensteuergesetz
etc	et cetera
EU	Europäische Union
EuAlÜbk	Europäisches Auslieferungsabkommen
EUBestG	EU-Bestechungsgesetz

EuGH	Europäischer Gerichtshof
EuGRZ	Europäische Grundrechte Zeitung
EuRHÜbk	Europäisches Übereinkommen über die Rechtshilfe in Strafsachen
EV	Einigungsvertrag
evtl	eventuell
EWG	Europäische Wirtschaftsgemeinschaft

F

f	folgende
FA	Finanzamt
FAO	Fachanwaltsordnung
FeV	Fahrerlaubnis-Verordnung
ff	fortfolgende
ffn	folgenden
ffr	folgender
ffs	folgendes
FG	Festgabe / Finanzgericht
FGG	Gesetz über die Angelegenheiten der freiwilligen Gerichtsbarkeit
Fn	Fußnote
FS	Festschrift

G

G 10	Gesetz zur Beschränkung des Brief-, Post- und Fernmeldegeheimnisses
GA	Goltdammer's Archiv für Strafrecht
GBA	Generalbundesanwalt
Gbl	Gesetzblatt
GebrG	Gebrauchsmustergesetz
gem	gemäß
GenG	Gesetz betreffend die Erwerbs- und Wirtschaftsgenossenschaften
ges	gesetzliche/n/r
GewArch	Gewerbearchiv
GewO	Gewerbeordnung
GG	Grundgesetz für die Bundesrepublik Deutschland
ggf	gegebenenfalls
GKG	Gerichtskostengesetz
GmbHG	Gesetz betreffend die Gesellschaften mit beschränkter Haftung
GmbHR	Rundschau für GmbH
GnO	Gnadenordnung
GS	Gedächtnisschrift
GSSt	Großer Senat für Strafsachen
GStA	Generalstaatsanwaltschaft
GVBl	Gesetz- und Verordnungsblatt
GVG	Gerichtsverfassungsgesetz

H

HessVerfSchG	Gesetz über das Landesamt für Verfassungsschutz Hessen
HESt	Höchstrichterliche Entscheidungen in Strafsachen
HGB	Handelsgesetzbuch

hM	herrschende Meinung
Hrsg	Herausgeber
hrsg	herausgegeben
HS	Halbsatz
HV	Hauptverhandlung
HVT	Hauptverhandlungstermin
HWSt	Handbuch Wirtschaftsstrafrecht

I

ibid	ibidem
ICD	International Classification of Diseases
idF	in der Fassung
idR	in der Regel
ieS	im engeren Sinne
insbes	insbesondere
InsO	Insolvenzordnung
IntBestG	Gesetz zur Bekämpfung internationaler Bestechung
IntKfzVO	Verordnung über internationalen Kraftfahrzeugverkehr
IPBPR	Internationaler Pakt über bürgerliche und politische Rechte
IQ	Intelligenzquotient
IRG	Gesetz über die internationale Rechtshilfe in Strafsachen
iSd	im Sinne des
iSv	im Sinne von
iü	im übrigen
iVm	in Verbindung mit
iwS	im weiteren Sinne

J

JA	Juristische Arbeitsblätter
JArbSchG	Jugendarbeitsschutzgesetz
JAVollzO	Jugendarrestvollzugsordnung
JBeitrO	Justizbeitreibungsordnung
JBl	Justizblatt
jew	jeweils
JGG	Jugendgerichtsgesetz
Jh	Jahrhundert
JK	Jura Kartei
JM	Justizminister
JMBl	Justizministerialblatt
JR	Juristische Rundschau
JugG	Jugendgericht
JugK	Jugendkammer
JugSchG	Jugendschöffengericht
JuMoG	Justizmodernisierungsgesetz
Jura	Juristische Ausbildung
JurBüro	Juristisches Büro
JuS	Juristische Schulung
Justiz	Die Justiz, Amtsblatt des Justizministeriums BadenWürttemberg
JVA	Justizvollzugsanstalt
JVKostO	Verordnung über Kosten im Bereich der Justizverwaltung

JW	Juristische Wochenschrift
JZ	Juristenzeitung

K

Kap	Kapitel
KBA	Kraftfahrt-Bundesamt Flensburg
Kfz	Kraftfahrzeug
KG	Kammergericht
KJHG	Kinder- und Jugendhilfegesetz
KK	Karlsruher Kommentar zur Strafprozessordnung
KK-OWiG	Karlsruher Kommentar zum Gesetz über Ordnungswidrigkeiten
KMR	Kleinknecht / Müller / Reitberger, Kommentar zur Strafprozessordnung
KO	Konkursordnung
KostO	Gesetz über die Kosten in Angelegenheiten der freiwilligen Gerichtsbarkeit
KostRÄndG 94	Gesetz zur Änderung von Kostengesetzen und anderen Gesetzen
KostVfg	Kostenverfügung
KpS	Kriminalpolizeiliche personenbezogene Sammlungen
KreisG	Kreisgericht
krit	kritisch
KritJ	Kritische Justiz
KritV	Kritische Vierteljahresschrift für Gesetzgebung und Rechtswissenschaft
KronzG	Gesetz zur Einführung einer Kronzeugenregelung bei terroristischen Straftaten
KVGKG	Kostenverzeichnis zum Gerichtskostengesetz
KWG	Kreditwesengesetz
KWKG	Gesetz über die Kontrolle von Kriegswaffen

L

Lfg	Lieferung
LG	Landgericht
lit	litera
Lit.	Literatur
LK	Leipziger Kommentar zum Strafgesetzbuch
LKA	Landeskriminalamt
LM	Entscheidungen des Bundesgerichtshofes, Nachschlagewerk von Lindenmaier / Möhring
LR	Löwe / Rosenberg, Die Strafprozessordnung und das Gerichtsverfassungsgesetz
Ls	Leitsatz
LVerfSch	Landesamt für Verfassungsschutz
LVwVfG	Landesverwaltungsverfahrensgesetz

M

MAD	Militärischer Abschirmdienst
m Anm	mit Anmerkung
m Bespr	mit Besprechung
maW	mit anderen Worten

MBl	Ministerialblatt
MDR	Monatsschrift für Deutsches Recht
MedR	Medizinrecht
MiStra	Anordnung über Mitteilungen in Strafsachen
MiZi	Anordnung über Mitteilungen in Zivilsachen
mN	mit Nachweisen
MPU	Medizinisch-psychologische Untersuchung
MRK	Konvention zum Schutz der Menschenrechte und Grundfreiheiten
MSchKrim	Monatsschrift für Kriminologie und Strafrechtsreform
M-V	Mecklenburg-Vorpommern
mwN	mit weiteren Nachweisen

N

NdsRpfl	Niedersächsischer Rechtspfleger
NdsSOG	Niedersächsisches Gesetz über die öffentliche Sicherheit und Ordnung
nF	neue Fassung
NJ	Neue Justiz
NJW	Neue Juristische Wochenschrift
NJW-RR	Neue Juristische Wochenschrift-Rechtsprechungsreport
noeP	nicht offen ermittelnder Polizeibeamter
Nr.	Nummer
NStE	Neue Entscheidungssammlung für Strafrecht
NStZ	Neue Zeitschrift für Strafrecht
NStZ-RR	Neue Zeitschrift für Strafrecht-Rechtsprechungsreport
NTS	NATO-Truppenstatut
nv	nicht veröffentlicht
NZV	Neue Zeitschrift für Verkehrsrecht

O

ObLG	Oberstes Landesgericht
OEG	Gesetz über die Entschädigung für Opfer von Gewalttaten
OpferschutzG	Erstes Gesetz zur Verbesserung der Rechtsstellung des Verletzten im Strafverfahren
OGHSt	Rechtsprechung des Obersten Gerichtshofes für die Britische Zone in Strafsachen
ÖJZ	Österreichische Juristenzeitung
OK	Organisierte Kriminalität
OLG	Oberlandesgericht
OLG-NL	OLG-Rechtsprechung Neue Länder
OLGSt	Entscheidungen der Oberlandesgerichte in Strafsachen und über Ordnungswidrigkeiten
OrgKG	Gesetz zur Bekämpfung des illegalen Rauschgifthandels und anderer Erscheinungsformen der Organisierten Kriminalität
OStA	Oberstaatsanwalt
OVG	Oberverwaltungsgericht
OWi	Ordnungswidrigkeit
OWiG	Gesetz über Ordnungswidrigkeiten

P

PAG	Polizeiaufgabengesetz
PassG	Passgesetz
PatG	Patentgesetz
PCL-R	Psychopathy Checklist-Revised
PCR	polymerase chain reaction, Polymerase-Kettenreaktion
PflVersG	Gesetz über Pflichtversicherung für Kraftfahrzeughalter
POG	Polizeiorganisationsgesetz
PostG	Gesetz über das Postwesen
PräsLG	Präsident des Landgerichts
PräsOLG	Präsident des Oberlandesgerichts
PStR	Praxis Steuerstrafrecht
PsychKG	Gesetz über Hilfen und Schutzmaßnahmen bei psychischen Krankheiten
PVR	Praxis Verkehrsrecht
PZU	Postzustellungsurkunde

R

RA	Rechtsanwalt
RAK	Rechtsanwaltskammer
RefE	Referentenentwurf
RG	Reichsgericht
RGBl	Reichsgesetzblatt
RGSt	Entscheidungen des Reichsgerichts in Strafsachen
RhPflPOG	Polizei- und Ordnungsbehördengesetz Rheinland-Pfalz
RichtlRA	Grundsätze des anwaltlichen Standesrechts
RiJAVollzO	Richtlinien zur Jugendarrestvollzugsordnung
RiLi	Richtlinien
RiStBV	Richtlinien für das Strafverfahren und das Bußgeldverfahren
RiVASt	Richtlinien für den Verkehr mit dem Ausland in strafrechtlichen Angelegenheiten
RLJGG	Richtlinien zum Jugendgerichtsgesetz
Rn	Randnummer
ROW	Recht in Ost und West
R&P	Recht und Psychiatrie
RpflAnpG	Rechtspflege-Anpassungsgesetz
RpflEntlG	Gesetz zur Entlastung der Rechtspflege
Rpfleger	Der Deutsche Rechtspfleger
RPflG	Rechtspflegergesetz
Rspr	Rechtsprechung
RStBl	Reichssteuerblatt
RuP	Recht und Politik
RVG	Rechtsanwaltsvergütungsgesetz
RVO	Reichsversicherungsordnung

S

S	Satz, Seite
s	siehe
s. a.	siehe auch
SaarlVerfSchG	Saarländisches Verfassungsschutzgesetz
SächsVerfSchG	Gesetz über den Verfassungsschutz im Freistaat Sachsen

s.o.	siehe oben
s.u.	siehe unten
SchG	Schöffengericht
SchlHA	Schleswig-Holsteinische Anzeigen
SchwArbG	Gesetz zur Bekämpfung der Schwarzarbeit und illegaler Beschäftigung
SchwurG	Schwurgericht
SchwJZ	Schweizerische Juristenzeitung
SchwZSt	Schweizer Zeitschrift für Strafrecht
SDÜ	Übereinkommen zur Durchführung des Übereinkommens von Schengen
sek	Sekunde
SGB	Sozialgesetzbuch
SK-StGB	Systematischer Kommentar zum Strafgesetzbuch
SK-StPO	Systematischer Kommentar zur Strafprozessordnung
sog	so genannte/n/r
Sp	Spalte
st. Rspr	ständige Rechtsprechung
StA	Staatsanwalt oder Staatsanwaltschaft
StBerG	Steuerberatungsgesetz
StBG	Steuerberatergesetz
StBp	Die steuerliche Betriebsprüfung
StenB	Stenographischer Bericht
StGB	Strafgesetzbuch
StGH	Staatsgerichtshof
StPO	Strafprozessordnung
StR	Strafrecht
str	streitig
StraFo	Strafverteidiger Forum
StrÄndG	Strafrechtsänderungsgesetz
StrEG	Gesetz über die Entschädigung für Strafverfolgungsmaßnahmen
StrK	Strafkammer
StrRehaG	Strafrechtliches Rehabilitationsgesetz
StrVollzG	Strafvollzugsgesetz
StV	Strafverteidiger
StVÄG	Strafverfahrensänderungsgesetz
StVG	Straßenverkehrsgesetz
StVK	Strafvollstreckungskammer
StVO	Straßenverkehrsordnung
StVollstrO	(Bundeseinheitliche) Strafvollstreckungsordnung
StVollzG	Gesetz über den Vollzug der Freiheitsstrafe und der freiheitsentziehenden Maßregeln der Besserung und Sicherung
StVollzGVV	(Bundeseinheitliche) Verwaltungsvorschriften zum Strafvollzugsgesetz
StVZO	Straßenverkehrs-Zulassungs-Ordnung
SubvG	Subventionsgesetz
T	
teilw	teilweise
THC	Tetrahydrocannabinol
TKG	Telekommunikationsgesetz

ThürPAG	Thüringer Polizeiaufgabengesetz
ThürVerfSchG	Thüringer Verfassungsschutzgesetz
TOA	Täter-Opfer-Ausgleich
TÜ	Telefonüberwachung

U

U-Haft	Untersuchungshaft
ua	unter anderem, und andere
übers	übersetzt
Übk	Übereinkommen
UKG	Gesetz zur Bekämpfung der Umweltkriminalität
unstr	unstreitig
unzutr	unzutreffend
UrhG	Urhebergesetz
UrkB	Urkundsbeamter der Geschäftsstelle
Urt.	Urteil
usw	und so weiter
uU	unter Umständen
UVollzO	Untersuchungshaftvollzugsordnung
UWG	Gesetz gegen den unlauteren Wettbewerb
UZwG	Gesetz über den unmittelbaren Zwang bei Ausübung öffentlicher Gewalt durch Vollzugsbeamte des Bundes

V

Vbl	Verwaltungsblätter
VE	Verdeckter Ermittler
VerfGH	Verfassungsgerichtshof
VerkMitt	Verkehrsrechtliche Mitteilungen
VersR	Versicherungsrecht
VerwZG	Verwaltungszustellungsgesetz
VG	Verwaltungsgericht
VGH	Verwaltungsgerichtshof
vgl	vergleiche
VM	Verkehrsrechtliche Mitteilungen
VO	Verordnung
VOB	Verdingungsordnung für Bauleistungen
VollstrB	Vollstreckungsbehörde
VOR	Zeitschrift für Verkehrs- und Ordnungswidrigkeitenrecht
Vorb	Vorbemerkung
VRS	Verkehrsrechtssammlung
VU	Verkehrsunfall
VV	Vergütungsverzeichnis
VVJug	Verwaltungsvorschriften zum Jugendstrafvollzug
VVStVollzG	Verwaltungsvorschriften zum Strafvollzugsgesetz
VZR	Verkehrszentralregister

W

wHinw	weitere Hinweise
WHO	World Health Organization (Weldgesundheitsorganisation)
WiKG	Gesetz zur Bekämpfung der Wirtschaftskriminalität
WiStG	Wirtschaftsstrafgesetz

wistra	Zeitschrift für Wirtschaft, Steuer und Strafrecht
WM	Wertpapier-Mitteilungen
wN	weitere Nachweise
WpHG	Wertpapierhandelsgesetz
WPO	Wirtschaftsprüferordnung
WRP	Wettbewerb in Recht und Praxis

Z

ZAP	Zeitschrift für die Anwaltspraxis
zB	zum Beispiel
ZfJ	Zentralblatt für Jugendrecht
ZfS	Zeitschrift für Schadensrecht
ZfStrVo	Zeitschrift für Strafvollzug
ZIP	Zeitschrift für Wirtschaftsrecht und Insolvenzpraxis
ZKA	Zollkriminalamt
ZPO	Zivilprozessordnung
ZRP	Zeitschrift für Rechtspolitik
ZSEG	Gesetz über die Entschädigung von Zeugen und Sachverständigen
ZStW	Zeitschrift für die gesamte Strafrechtswissenschaft
ZSW	Zeitschrift für das gesamte Sachverständigenwesen
zust	zustimmend
zutr	zutreffend
ZVG	Gesetz über die Zwangsversteigerung und die Zwangsverwaltung
zw	zweifelhaft, zweifelnd
zZ	zur Zeit

Literaturverzeichnis

Ahlbrecht	*Ahlbrecht, Heiko / Böhm, Klaus Michael / Esser, Robert / Hugger, Heiner / Kirsch, Stefan / Rosenthal, Michael:* Verteidigung in internationalen Strafsachen, 2005 [Praxis der Strafverteidigung Band 32]
AK-StPO-Bearbeiter	Alternativkommentar zur Strafprozessordnung, hrsg R.Wassermann
Alsberg / Nüse / Meyer	*Alsberg, Max / Nüse, Karl-Heinz / Meyer, Karlheinz:* Der Beweisantrag im Strafprozess, 5. Aufl. 1983
Albrecht Jugendstrafrecht	*Albrecht, Peter-Alexis :* Jugendstrafrecht, 3. Aufl. 2000
Arbeitsgemeinschaft der Fachanwälte für Steuerrecht e.V.	*Arbeitsgemeinschaft der Fachanwälte für Steuerrecht e.V. [Hrsg]:* Der Fachanwalt für Steuerrecht im Rechtswesen – Gleichzeitig ein Beitrag zur Gestaltungs- und Durchsetzungsberatung, 1999
Barton Revision	*Barton, Stephan:* Die Revisionsrechtsprechung des BGH in Strafsachen, 1999
Baumann Eigene Ermittlungen	*Baumann, Martin:* Eigene Ermittlungen des Verteidigers, 1999 [Schriftenreihe Deutsche Strafverteidiger e.V., Band 18]
Beck / Berr OWi-Sachen	*Beck, Wolf-Dieter / Berr, Wolfgang:* OWi-Sachen im Straßenverkehr, 4. Aufl. 2003 [Praxis der Strafverteidigung Band 6]
Beling Beweisverbote	*Beling, Ernst:* Die Beweisverbote als Grenze der Wahrheitserforschung im Strafprozess, Breslau 1903
Bender / Nack	*Bender, Rolf / Nack, Armin:* Tatsachenfeststellung vor Gericht, 2. Aufl. 1995
Beulke Verteidiger	*Beulke, Werner:* Der Verteidiger im Strafverfahren, Funktionen und Rechtsstellung, 1980
Beulke Strafbarkeit	*Beulke, Werner:* Die Strafbarkeit des Verteidigers, 1989 [Praxis der Strafverteidigung Band 11]
Beulke Strafprozessrecht	*Beulke, Werner:* Strafprozessrecht, 8. Aufl. 2005
BGH-Nack	*Nack, Armin [Hrsg]:* Strafsenate des BGH – Alle Entscheidungen seit Herbst 1991 (CD-ROM)
Bockemühl Private Ermittlungen	*Bockemühl, Jan:* Private Ermittlungen im Strafprozess, 1996 [Schriftenreihe Deutsche Strafverteidiger e.V., Band 10]
Bringewat	*Bringewat, Peter:* Strafvollstreckung, Kommentar zu den §§ 449 – 463 d StPO, 1993
Brodersen / Anslinger / Rolf	*Brodersen, Kilian / Anslinger, Katja / Rolf, Burkhard:* DNA-Analyse und Strafverfahren – Rechtliche und biologische Grundlagen der DNA-Analyse, 2003

Brunner / Dölling	*Brunner / Dölling:* Jugendgerichtsgesetz, 10. Aufl. 1996
Burhoff Ermittlungsverfahren	*Burhoff, Detlef :* Handbuch für das strafrechtliche Ermittlungsverfahren, 3. Aufl. 2003
Burhoff Hauptverhandlung	*Burhoff, Detlef:* Handbuch für die strafrechtliche Hauptverhandlung, 4. Aufl. 2003
Calliess / Müller-Dietz	*Calliess, Rolf-Peter / Müller-Dietz, Heinz:* Strafvollzugsgesetz, 9. Aufl. 2002
Dahs Handbuch	*Dahs, Hans:* Handbuch des Strafverteidigers, 6. Aufl. 1999
Dahs Taschenbuch	*Dahs, Hans:* Taschenbuch des Strafverteidigers, 4. Aufl. 1990
Dahs / Dahs	*Dahs, Hans / Dahs, Hans:* Die Revision im Strafprozess, 6. Aufl. 2001
Dencker	*Dencker, Friedrich:* Verwertungsverbote im Strafprozess, 1977
D / S / S-Bearbeiter	*Diemer, H. / Schoreit, A. / Sonnen, B.:* Kommentar zum Jugendgerichtsgesetz, 3. Aufl. 1999
Dudel	*Dudel, Bernd:* Das Widerspruchserfordernis bei Beweisverwertungsverboten, 1999 [Schriftenreihe Deutsche Strafverteidiger e.V., Band 17]
Eberth / Müller Betäubungsmittelsachen	*Eberth, Alexander / Müller, Eckhart:* Verteidigung in Betäubungsmittelsachen, 4. Aufl. 2004 [Praxis der Strafverteidigung Band 4]
Eisenberg Beweisrecht	*Eisenberg, Ulrich:* Beweisrecht der StPO, 4. Aufl. 2002
Eisenberg JGG	*Eisenberg, Ulrich:* Jugendgerichtsgesetz, 10. Aufl. 2004
Endriß	*Endriß, Rainer:* Verteidigung im Betäubungsmittelverfahren, 1998
Erbs / Kohlhaas-Bearbeiter	*Erbs, Georg / Kohlhaas, Max:* Strafrechtliche Nebengesetze, hrsg von F. Ambs, 5. Aufl. 1997
Eschke	*Eschke, Dieter:* Mängel im Rechtsschutz gegen Strafvollstreckungs- und Strafvollzugsmaßnahmen, 1993
Feuerich / Weyland BRAO	*Feuerich, Wilhelm E. / Weyland, Dag:* Bundesrechtsanwaltsordnung, 6. Aufl. 2003
Fezer	*Fezer, Gerhard:* Strafprozessrecht, 2. Aufl. 1995
Flore / Dörn / Gillmeister	*Flore, Ingo / Dörn, Harald / Gillmeister, Ferdinand:* Steuerfahndung und Steuerstrafverfahren. Handbuch für die Strafverteidigung, 3. Aufl. 2002
Formularbuch-Bearbeiter	Beck'sches Formularbuch für den Strafverteidiger, hrsg von R. Hamm und I. Lohberger, 4. Aufl. 2002
Franke / Wienroeder	*Franke, Ulrich / Wienroeder, Karl:* Betäubungsmittelgesetz – Kommentar, 2. Aufl. 2001

Franzen / Gast / Joecks-Bearbeiter	*Franzen, Klaus / Gast-de Haan, Brigitte / Joecks, Wolfgang:* Steuerstrafrecht, Kommentar, 6. Aufl. 2005
Freyschmidt Straßenverkehr	*Freyschmidt, Uwe:* Verteidigung in Straßenverkehrssachen, 8. Aufl. 2005 [Praxis der Strafverteidigung Band 1]
Frowein / Peukert	*Frowein, J. / Peukert, W.:* Europäische Menschenrechtskonvention, EMRK-Kommentar, 2. Aufl. 1996
Gebauer / Schneider	*Gebauer, Christoph / Schneider, Norbert:* RVG –Anwaltskommentar, 2. Aufl. 2004
Gerold / Schmidt / v. Eicken / Madert [15. Aufl.]	*Gerold, Wilhelm / Schmidt, Herbert / von Eicken, Kurt / Madert, Wolfgang:* Bundesgebührenordnung für Rechtsanwälte, 15. Aufl. 2002
Gerold / Schmidt / v. Eicken / Madert / Müller-Rabe	*Gerold, Wilhelm / Schmidt, Herbert / von Eicken, Kurt / Madert, Wolfgang / Müller-Rabe, Steffen:* Rechtsanwaltsvergütungsgesetz, 16. Aufl. 2004
Göhler	*Göhler, Erich:* Gesetz über Ordnungswidrigkeiten, 13. Aufl. 2002
Hamm / Hassemer / Pauly	*Hamm, Rainer / Hassemer, Winfried / Pauly, Jürgen:* Beweisantragsrecht, 2000 [Praxis der Strafverteidigung Band 22]
Handbuch Staatsanwalt-Bearbeiter	Vordermayer, Helmut / von Heintschel-Heinegg, Bernd [Hrsg]: Handbuch für den Staatsanwalt, 2. Aufl. 2003
Hansens BRAGO	*Hansens, Heinz:* Bundesgebührenordnung für Rechtsanwälte, 8. Aufl. 1995
Hardtke Steuerhinterziehung	*Hardtke, Frank:* Steuerhinterziehung durch verdeckte Gewinnausschüttung, 1995
Hardtke Festschrift	*Hardtke, Frank:* Die strafrechtliche Gleichstellung von Festsetzungs- und Feststellungsbescheiden als Taterfolg der Steuerhinterziehung, insbesondere bei der Feststellung des verwendbaren Eigenkapitals nach § 47 KStG, Festschrift 50 Jahre Arbeitsgemeinschaft der Fachanwälte für Steuerrecht e.V., 1999
Hartmann Kostengesetz	*Hartmann, Peter:* Kostengesetze, 35. Aufl. 2005
Hartung / Holl	*Hartung, Wolfgang / Holl, Thomas:* Anwaltliche Berufsordnung, 2. Aufl. 2001
Heller	*Heller, Jens:* Die gescheiterte Urteilsabsprache, Baden-Baden 2004
Henssler / Prütting	*Henssler, Martin / Prütting, Hanns:* Bundesrechtsanwaltsordnung, 2. Aufl. 2004
Hentschel	*Hentschel, Peter:* Straßenverkehrsrecht, 38. Aufl. 2005
Himmelreich / Bücken	*Himmelreich, Klaus / Bücken, Michael:* Verkehrsunfallflucht – Verteidigungsstrategien im Rahmen des § 142 StGB, 4. Aufl. 2005 [Praxis der Strafverteidigung Band 15]

HK-Bearbeiter	Heidelberger Kommentar zur Strafprozessordnung, von M. Lemke, K.-P. Julius, Ch. Krehl, H.-J. Kurth, E. Ch. Rautenberg, D. Temming, 3. Aufl. 2001
Huchel	*Huchel, Uwe:* Schätzungen im Steuerstrafverfahren, 1994
Ignor / Pananis	*Ignor, Alexander / Pananis, Panos:* Die strafrechtliche Verantwortlichkeit des GmbH-Geschäftsführers, 2. Aufl. 2004 [Praxis der Strafverteidigung Band 28]
Isak / Wagner	*Isak, Franz / Wagner, Alois:* Strafvollstreckung, Handbuch der Rechtspraxis, Bd 9, 7. Aufl. 2003
Jäger Beweisverwertung	*Jäger, Christian:* Beweisverwertung und Beweisverwertungsverbote im Strafprozess, 2003
Jahn	*Jahn, Matthias:* »Konfliktverteidigung« und Inquisitionsmaxime, 1998 [Schriftenreihe Deutsche Strafverteidiger e.V., Band 16]
Janiszewski / Jagow / Burmann	*Janiszewski, Horst / Jagow, Franz-Joachim / Burmann, Michael:* Straßenverkehrsordnung, 18. Aufl. 2004
Jansen	*Jansen, Gabriele:* Zeuge und Aussagepsychologie, 2004, [Praxis der Strafverteidigung Band 29]
Joecks Kapitalanlagebetrug	*Joecks, Wolfgang:* Der Kapitalanlagebetrug, 1987
Joecks Steuerstrafrecht	*Joecks, Wolfgang:* Steuerstrafrecht, 2. Aufl. 1999
Joecks Praxis	*Joecks, Wolfgang:* Praxis des Steuerstrafrechts, 1998
Joecks / Randt	*Joecks, Wolfgang / Randt, Carsten:* Steueramnestie 2004/2005, 2004
Katholnigg	*Katholnigg, Oskar:* Strafgerichtsverfassungsrecht, 3. Aufl. 1999
Kiel	*Kiel, Roger:* Die Verjährung bei der vorsätzlichen Steuerverkürzung, 1989
Kissel	*Kissel, Otto Rudolf:* Gerichtsverfassungsgesetz – Kommentar, 3. Aufl. 2001
KK-Bearbeiter	Karlsruher Kommentar zur Strafprozessordnung und zum Gerichtsverfassungsgesetz mit Einführungsgesetz, hrsg von G. Pfeiffer, 5. Aufl. 2003
KK-OWiG-Bearbeiter	Karlsruher Kommentar zum Gesetz über Ordnungswidrigkeiten, hrsg von K. Boujong, 2. Aufl. 2000
Klein	*Klein, Franz / Orlopp, Gerd:* Abgabenordnung – Kommentar, 7. Aufl. 2000
Kleine-Cosack BRAO	*Kleine-Cosack, Michael:* Bundesrechtsanwaltsordnung, 4. Aufl. 2003
Kleinknecht / Janischowsky	*Kleinknecht, Th. / Janischowsky, G.:* Das Recht der Untersuchungshaft 1977

KMR-Bearbeiter — *Kleinknecht, Th. / Müller, H. / Reitberger, L.:* Kommentar zur Strafprozessordnung, ab der 14. Lieferung hrsg von B. v. Heintschel-Heinegg und H. Stöckel, 1998 ff

Körner — *Körner, Harald Hans:* Betäubungsmittelgesetz, Arzneimittelgesetz, 5. Aufl. 2001

Kohlmann — *Kohlmann, Günter:* Steuerstrafrecht, Kommentar, 7. Aufl. (Stand: Januar 2005)

Krieger — *Krieger, Jochen:* Täuschungen über Rechtsauffassungen im Steuerstrafrecht, 1987

Kühn / v. Wedelstädt — *Kühn, Rolf / v. Wedelstädt, Alexander:* Abgabenordnung und Finanzgerichtsordnung, Kommentar, 18. Aufl. 2004

Kühne — *Kühne, Hans Heiner:* Strafprozessrecht, Lehrbuch zum deutschen und europäischen Strafprozessrecht, 5. Aufl. 1999

Lackner — *Lackner, Karl / Kühl, Kristian:* Strafgesetzbuch, 25. Aufl. 2004

Lemke-Küch — *Lemke-Küch, Harald:* Verteidigung im Straf- und Ordnungswidrigkeitsverfahren – Eine Einführung, 2001

Lesch — *Lesch, Heiko Hartmut:* Strafprozessrecht, 2. Aufl. 2001

LK-Bearbeiter — Leipziger Kommentar: Strafgesetzbuch, Großkommentar, hrsg von B. Jähnke, H. W. Laufhütte, W. Odersky, 11. Aufl. 1993 ff

LM — *Lindenmaier, Fritz / Möhring, Philipp:* Entscheidungen des Bundesgerichtshofes, Nachschlagewerk

LR-Bearbeiter — *Löwe, Ewald / Rosenberg, Werner:* Die Strafprozessordnung und das Gerichtsverfassungsgesetz, Großkommentar, hrsg von P. Rieß, 25. Aufl.

Madert Rechtsanwaltsvergütung — *Madert, Wolfgang:* Rechtsanwaltsvergütung in Straf- und Bußgeldsachen, 5. Aufl. 2004 [Praxis der Strafverteidigung Band 5]

Malek Hauptverhandlung — *Malek, Klaus:* Verteidigung in der Hauptverhandlung, 3. Aufl. 1999 [Praxis der Strafverteidigung Band 18]

Malek Internet — *Malek, Klaus:* Strafsachen im Internet, 2005 [Praxis der Strafverteidigung Band 21]

Malek / Wohlers — *Malek, Klaus / Wohlers, Wolfgang,* Zwangsmaßnahmen und Grundrechtseingriffe im Ermittlungsverfahren, 2. Aufl. 2001 [Praxis der Strafverteidigung Band 13]

Matzky — *Matzky, Ralf:* Zugriff auf EDV im Strafprozess, 1999

Meine — *Meine, Hans-Gerd:* Die Strafzumessung bei der Steuerhinterziehung, 1990

Meyer-Goßner — *Meyer-Goßner, Lutz:* Strafprozessordnung, 48. Aufl. 2005

Michalke Umweltstrafsachen	Michalke, Regina: Umweltstrafsachen, 2. Aufl. 2000 [Praxis der Strafverteidigung Band 16]
Müller-Gugenberger / Bieneck-Bearbeiter	Müller-Guggenberger, Christian / Bieneck, Klaus: Wirtschaftsstrafrecht – Handbuch des Wirtschaftsstraf- und -ordnungswidrigkeitenstrafrechts, 3. Aufl. 2000
MüKo-StGB/Bearbeiter	Münchener Kommentar zum Strafgesetzbuch, hrsg von W. Joecks und K. Miebach, 2003 ff
Mutzbauer Strafprozessuale Revision	Mutzbauer, Norbert: Strafprozessuale Revision, 5. Aufl. 2003
Nedopil	Nedopil, Norbert: Forensische Psychiatrie – Klinik, Begutachtung und Behandlung zwischen Psychiatrie und Recht, 2. Aufl. 2000
Nix JGG	Nix, Christoph: Kurzkommentar zum Jugendgerichtsgesetz, 1994
NK-Bearbeiter	Nomos Kommentar zum StGB, 2. Aufl. 2005, hrsg von U. Kindhäuser, U. Neumann und H.-U. Paeffgen
Ostendorf JGG	Ostendorf, Heribert: Kommentar zum Jugendgerichtsgesetz, 6. Aufl. 2003
Ostendorf Jugendstrafverfahren	Ostendorf, Heribert: Das Jugendstrafverfahren, 1998
Pahlke / Koenig	Pahlke, Armin / Koenig, Ulrich: Abgabenordnung, 2004
Park Kapitalmarkt Strafrecht	Park, Tido [Hrsg]: Kapitalmarkt-Strafrecht, 2004
Peters Strafprozess	Peters, Karl: Strafprozess. Ein Lehrbuch, 4. Aufl. 1985
Peters Fehlerquellen	Peters, Karl: Fehlerquellen im Strafprozess, Bd I 1970, Bd II 1972, Bd III 1974
Pfeiffer	Pfeiffer, Gerd: Strafprozessordnung – Gerichtsverfassungsgesetz, 5. Aufl. 2005
Pfordte / Degenhard	Pfordte, Thilo / Degenhard, Karl: Der Anwalt im Strafrecht, 2005
Pohl	Pohl: Praxis des Strafrichters, 1987
Pohlmann / Jabel / Wolf	Pohlmann / Jabel / Wolf: Strafvollstreckungsordnung, 8. Aufl. 2001
Quedenfeld / Füllsack	Quedenfeld, Dietrich / Füllsack, Markus: Verteidigung in Steuerstrafsachen, 3. Aufl. 2005 [Praxis der Strafverteidigung Band 19]
Rahn / Schaefer	Rahn, Dietrich / Schaefer, Hans Christoph: Mustertexte zum Strafprozess, 6. Aufl. 1997
Ranft	Ranft, Otfried: Strafprozessrecht – Systematische Lehrdarstellung für Studium und Praxis, 2. Aufl. 1995
Rasch	Rasch, Wilfried: Forensische Psychiatrie, 2. Aufl. 1999

Riedel / Sußbauer	*Riedel, Fritz / Sußbauer, Heinrich:* Rechtsanwaltsvergütungsgesetz, 9. Aufl. 2005
Rogall	*Rogall, Klaus:* Der Beschuldigte als Beweismittel gegen sich selbst – Ein Beitrag zur Geltung des Satzes »Nemo tenetur seipsum procedere« im Strafprozess, 1977
Rogat	*Rogat, Stefan:* Die Zurechnung bei der Beihilfe, 1997
Roxin	*Roxin, Claus:* Strafverfahrensrecht, 25. Aufl. 1998
Rückel Zeugenbeweis	*Rückel, Christoph:* Strafverteidigung und Zeugenbeweis, 1988 [Praxis der Strafverteidigung Band 9]
Rüther	*Rüther, Klaus,* Strafverteidigung von Ausländern, 1999
Sarstedt / Hamm	*Sarstedt, Werner / Hamm, Rainer:* Die Revision in Strafsachen, 6. Aufl. 1998
Schäfer Strafzumessung	*Schäfer, Gerhard:* Praxis der Strafzumessung, 2. Aufl. 1995
Schäfer / Sander	*Schäfer, Gerhard / Sander, Günther:* Die Praxis des Strafverfahrens, 6. Aufl. 2000
Schaffstein / Beulke	*Schaffstein, Friedrich / Beulke, Werner:* Jugendstrafrecht, 13. Aufl. 1998
Schlothauer Vorbereitung	*Schlothauer, Reinhold :* Vorbereitung der Hauptverhandlung durch den Verteidiger, 2. Aufl. 1998 [Praxis der Strafverteidigung Band10]
Schlothauer / Weider Untersuchungshaft	*Schlothauer, Reinhold / Weider, Hans-Joachim:* Untersuchungshaft, 3. Aufl. 2001 [Praxis der Strafverteidigung Band 14]
Schlüchter	*Schlüchter, Ellen:* Das Strafverfahren, 2. Aufl. 1983
Schmidt, Eb.	*Schmidt, Eberhard:* Lehrkommentar zur Strafprozessordnung und zum Gerichtsverfassungsgesetz, Teil I [1952], Teil II [1957], Teil III [1960]
Schmidt, Jens	*Schmidt, Jens:* Strafverteidigung von Ausländern, 2. Aufl. 2005 [Praxis der Strafverteidigung Band 27]
Schmidt EStG	*Schmidt, Ludwig:* Einkommensteuergestz, 24. Aufl. 2005
Schönke / Schröder-Bearbeiter	*Schönke, Adolf / Schröder, Horst:* Strafgesetzbuch, 26. Aufl. 2001
Schomburg / Lagodny	*Schomburg, Wolfgang / Lagodny, Otto:* Internationale Rechtshilfe in Strafsachen (IRhSt), 3. Aufl. 1998
SK-StGB-Bearbeiter	Systematischer Kommentar zum Strafgesetzbuch, von Hans-Joachim Rudolphi, Eckhard Horn, Erich Samson, Hans-Ludwig Günther, Andreas Hoyer
SK-StPO-Bearbeiter	Systematischer Kommentar zur Strafprozessordnung und zum Gerichtsverfassungsgesetz, von Hans-Joachim Rudolphi, Wolfgang Frisch, Hans-Ulrich Paeffgen, Klaus Rogall, Ellen Schlüchter, Edda Weßlau, Jürgen Wolter

Steffens	*Steffens, Rainer:* Wiedergutmachung und Täter-Opfer-Ausgleich im Jugend- und Erwachsenenstrafrecht in den neuen Bundesländern, 1999
Stern	*Stern, Steffen:* Verteidigung in Mord- und Totschlagsverfahren, 2. Aufl. 2004, [Praxis der Strafverteidigung Band 20]
Strafverteidigung-Bearbeiter	Strafverteidigung in der Praxis, hrsg von R. Brüssow, N. Gatzweiler, W. Krekeler und V. Mehle, 3. Aufl. 2004, 2 Bände
Tondorf	*Tondorf, Günter:* Der psychologische und psychiatrische Sachverständige im Strafverfahren, 2. Aufl. 2005 [Praxis der Strafverteidigung Band 30]
Tröndle / Fischer	*Tröndle, Herbert / Fischer, Thomas:* Strafgesetzbuch und Nebengesetze, 52. Aufl. 2004
Ulsenheimer	*Ulsenheimer, Klaus:* Arztstrafrecht in der Praxis, 3. Aufl. 2003 [Praxis der Strafverteidigung Band 7]
Vargha	*Vargha, Julius:* Die Vertheidigung in Strafsachen, Wien 1879
Volckart Maßregelvollzug	*Volckart, Bernd:* Maßregelvollzug, 4. Aufl. 1997
Volckart Strafvollstreckung	*Volckart, Bernd:* Verteidigung in der Strafvollstreckung und im Vollzug, 2. Aufl. 1998 [Praxis der Strafverteidigung Band 8]
Wabnitz / Janovsky	*Wabnitz, Heinz-Bernd / Janovsky, Thomas:* Handbuch des Wirtschafts- und Steuerstrafrechts, 2. Aufl. 2003
Weber BtmG	*Weber, Klaus:* Betäubungsmittelgesetz, 2. Aufl. 2003
Weider	*Weider, Hans-Joachim:* Vom Dealen mit Drogen und Gerechtigkeit, 2000
Weihrauch Ermittlungsverfahren	*Weihrauch, Matthias:* Verteidigung im Ermittlungsverfahren, 6. Aufl. 2002 [Praxis der Strafverteidigung Band 3]
Wetterich / Hamann	*Wetterich, Paul / Hamann, Helmut:* Strafvollstreckung, Handbuch der Rechtspraxis, Bd 9, 5. Aufl. 1994
Wohlleben	*Wohlleben, Marcus:* Beihilfe durch äußerlich neutrale Handlungen, 1997
Zieger	*Zieger, Matthias:* Verteidigung in Jugendstrafsachen, 4. Aufl. 2002 [Praxis der Strafverteidigung Band 2]
Ziegert	*Ziegert, Ulrich [Hrsg]:* Grundlagen der Strafverteidigung, 2000
Zwiehoff	*Zwiehoff, Gabriele:* Das Recht auf den Sachverständigen, 1999

Teil A
Der Rechtsanwalt als Strafverteidiger

Kapitel 1

Überblick

Literaturverzeichnis

Altenkirch, Lars, Techniken der Geldwäsche und ihre Bekämpfung 2002

Barton, Stephan, Mindeststandards der Strafverteidigung, 1994

Borgmann, Brigitte/Jungk, Antje/Grams, Holger, Anwaltshaftung, 4. Aufl. 2005

Busch, Dagmar/Teichmann, Helmut, Das neue Geldwäscherecht, 2003

Buschmann, Arno, Textbuch zur Strafrechtsgeschichte der Neuzeit, 1998

Bussenius, Anne, Geldwäsche und Strafverteidigerhonorar, 2003

Dornach, Markus, Der Strafverteidiger als Mitgarant eines justizförmigen Strafverfahrens, 1994

Gneist, Rudolf, Freie Advokatur – Die erste Forderung aller Justizreform in Preußen, 1867

Gröner, Kerstin, Strafverteidiger und Sitzungspolizei, 1998

Hackner, Thomas, Der befangene Staatsanwalt im deutschen Strafverfahrensrecht, 1995

Hirte, Heribert, Berufshaftung, 1996

Hoyer, Petra/Klos, Joachim, Regelungen zur Bekämpfung der Geldwäsche und ihre Anwendung in
der Praxis, 2. Aufl. 1998

Kalter, Helmut, Die Rechtsstellung des Strafverteidigers, seine Pflichten und Rechte, 1938

Knapp, Wolfgang, Der Verteidiger – ein Organ der Rechtspflege?, 1974

Kniemeyer, Claus-Dieter, Das Verhältnis des Strafverteidigers zu seinem Mandanten; Vertrauen und
Unabhängigkeit, 1997

Konrad, Sabine, Die Beschlagnahme von Verteidigungsunterlagen – Das deutsche Recht auf dem
Prüfstand der Menschenrechte, 2000

Kühne, Lothar, Der Verteidiger ohne grundrechtliches Gewand, 1937

Mehlhorn, Sven, Der Strafverteidiger als Geldwäscher – Probleme bei der Annahme bemakelter
Verteidigerhonorare, 2004

Leip, Carsten, Der Straftatbestand der Geldwäsche – Zur Auslegung des § 261 StGB, 2. Aufl. 1999

Prinz, Gerald, Der Parteiverrat des Strafverteidigers, 1999

Schlaich, Klaus, Das Bundesverfassungsgericht, 6. Aufl. 2004

Stade, Monika, Die Stellung des Verteidigers im Ermittlungsverfahren, 1997

Vollkommer, Max/Heinemann, Jörn, Anwaltshaftungsrecht, 2. Aufl. 2003
Weißler, Adolf, Geschichte der Rechtsanwaltschaft, 1905
Wohlers, Wolfgang, Entstehung und Funktion der Staatsanwaltschaft, 1994
Zeifang, Gregor, Die eigene Strafbarkeit des Strafverteidigers im Spannungsfeld zwischen prozessualem und materiellem Recht, 2004
Zugehör, Horst, (Hrsg.) Handbuch der Anwaltshaftung, 1999

Vorbemerkungen*

Der erste Teil dieses Handbuchs soll dem an der Strafverteidigung interessierten   **1**
und sie praktizierenden Rechtsanwalt einen Überblick über Stellung, Funktionen,
Aufgaben und die wesentlichen Verantwortlichkeiten des anwaltlichen Verteidigers
gewähren. Da zahlreiche Streitfragen zur aktuellen Rechtsposition des Verteidigers
nur vor dem Hintergrund der geschichtlichen Entwicklung dieser Beistandsleistung
verständlich sind, soll ein kurzer Abriss über die geschichtliche Entwicklung gegeben werden. Im zweiten Abschnitt werden die grundlegenden Theorien zur Stellung des verteidigenden Anwalts dargestellt. Mit der Abgrenzung der Strafverteidigung zur Strafvereitelung bzw Formen zulässigen und unzulässigen bzw strafbaren
Verteidigerhandelns und der Thematik der Geldwäsche befasst sich der dritte Abschnitt. Zur Verständigungspraxis mit der Justiz sowie verschiedenen Formen mehrerer aufeinander abgestimmter Verteidigungen verschiedener Beschuldigter und
deren Zulässigkeit wird viertens Stellung bezogen. Vertretungsregelungen, Auseinandersetzung mit der sog »Sitzungspolizei« des Vorsitzenden und die Normen über
die Ausschließung eines Verteidigers, §§ 138 a ff StPO, sind Gegenstand der Abschnitte fünf bis sieben. Zur Abrundung wird im achten Abschnitt ein zivilrechtlicher Aspekt der Verteidigertätigkeit, die Schadensersatzhaftung, erörtert.

Die Probleme der Arbeit des Strafverteidigers und die verfassungsrechtlichen bzw   **2**
einfachgesetzlichen Grundlagen seiner Tätigkeit, aufgrund derer er eine Verteidigung heute »de lege artis« durchzuführen hat, sind durch eine Vielzahl stark differierender Ansichten in Rechtsprechung und Wissenschaft gekennzeichnet. Die
nachfolgenden Darlegungen werden mehrfach die Sicht des langjährigen Praktikers
zutage treten lassen, der sich – anders als der Rechtswissenschaftler an der Hochschule – nicht nur dogmatisch mit den aufgeworfenen Streitfragen zu beschäftigen
hat. Ihm ist mit der Beauftragung durch den Mandanten oder als Pflichtverteidiger
das Schicksal eines Menschen anvertraut, den er optimal vertreten muss. Wörtlich
hat der 1. Strafsenat des BGH in einem Urteil vom 1. September 1992 formuliert:
»Ein Strafverteidiger ist verpflichtet, seinen Mandanten bestmöglich zu verteidigen«.[1] Die Ausführungen dieses Handbuchs sind als Hilfe für den Praktiker gedacht, damit er diesem Anspruch genügen kann, den nicht nur der BGH, sondern
– selbstverständlich – jeder Verteidiger an sich selbst stellen muss,[2] um in Ausübung
seiner Rechte unter Wahrung seiner Pflichten gegenüber Polizei, Staatsanwaltschaft
und Gerichten sicher aufzutreten. Dass damit in den darzustellenden Meinungsstreiten Positionen eingenommen werden müssen, die eine sinnvolle und sachgerechte Berufsausübung innerhalb der menschen- und verfassungsrechtlichen Grenzen unter vorrangiger Berücksichtigung der Rechtsprechung erst ermöglichen und
nicht den aktuellen politischen Tendenzen der Einschränkung derartiger Rechte das
Wort zu reden ist, versteht sich von selbst.

---

* Für die aktive berufstypische Beihilfe zur Überarbeitung dieses Artikels sei stud. iur. Birgit Lendermann gedankt
1 BGHSt 38, 345, 350 zu Beginn des 2. Absatzes
2 Und dies aus berufsethischen, nicht nur aus haftungsrechtlichen Gründen

I. Zur Geschichte der Strafverteidigung

1. Römisches und kanonisches Recht, Inquisitionsprozess und Carolina (CCC)

3 Das römische Recht kannte sehr früh die Verteidigung durch den Pater Familias bzw Patronus, später durch einen sich daraus entwickelnden Sachwalter. Aus dieser Funktion unterschied man in der Folgezeit die Patroni, die Advocati und die Laudatores.[3] Nur die Patroni traten neben der Partei im Prozess gestaltend auf.[4] Lange Zeit war das Amt des Patronus ein Ehrenamt; erst als sich der Prozess entsprechend dem inquisitorischen Prinzip und der Festlegung bestimmter Beweisregeln entwickelte, verlor dieses Amt seine Attraktivität für die Reichen und Gebildeten. Die Anwaltschaft, die sich durch Kenntnisse des nunmehr stark formalisierten Verfahrens herausbildete, wurde ein bezahltes Gewerbe geprüfter und rechtsgelehrter Advocati, die berechtigt waren, eine Verteidigung zu übernehmen und zu führen. Teilweise waren sie bei Gericht angestellt und bildeten ein korporiertes Kollegium mit eigener Disziplinargewalt ihres Magistrats.[5]

4 Im ursprünglichen kanonischen Recht hatte der Verteidiger ebenfalls noch erhebliches Gewicht, aber durch die Entwicklung und immer stärkere Verbreitung des neben dem Anklageverfahren zugelassenen Inquisitionsverfahrens verlor der Verteidiger durch die Überbetonung der Richterstellung fast jeden Einfluss.[6]

5 1532 brachte die Constitutio Criminalis Carolina die endgültige Durchsetzung der Grundsätze des inquisitorischen Verfahrens. Der Richter war gleichzeitig Ankläger, der Angeklagte Untersuchungsobjekt. Die Untersuchung wurde von Amts wegen geführt und bestand in einem schriftlichen und geheimen Verfahren. Die Schuld wurde als erwiesen angesehen, wenn zwei vollgültige Zeugen die Tatsachen bestätigten oder der Angeklagte – eventuell durch Folter veranlasst – gestand. Einen Verteidiger konnte sich – trotz seines Objektstatus – der Angeklagte bereits im Voruntersuchungsverfahren wählen, mit dem er frei kommunizieren durfte.[7] Erst im Laufe der weiteren Entwicklung wurden die Rechte des Verteidigers, insbes auf Akteneinsicht und freien Verkehr mit dem Angeklagten, eingeschränkt.[8] Letztendlich führte dies dazu, dass der zwar rechtsgelehrte, aber ansonsten stark handlungsbeschnittene Verteidiger nach Abschluss der Voruntersuchung zur Schlussverteidigung eine Schrift aufsetzte, die dem Richter oder dem Spruchkollegium mit den Akten zur Entscheidung vorgelegt wurde.[9] Dass diese geringen Aktionsmöglichkeiten sowohl dem Engagement der Verteidiger als auch deren Ansehen in der Bevölkerung nicht auf Dauer zuträglich waren, versteht sich von selbst. Zwar wurde im Laufe des 18. Jahrhunderts die Folter in den meisten deutschen Ländern abgeschafft,[10] jedoch ging mit dem Ansehensverlust politisch ein grundsätzlicher Wandel der Stellung der Sachwalter oder Advokaten einher.

---

3 Vgl hierzu Knapp Der Verteidiger 5 f mwN
4 Vargha Vertheidigung 36
5 Knapp Der Verteidiger 8 f
6 Knapp Der Verteidiger 10 f; Vargha Vertheidigung 82 f
7 Art. 88 1 CCC, zum Text der Norm vgl Buschmann, Textbuch 133; weiter ausführlich Vargha Vertheidigung 172–180; Knapp Der Verteidiger 20–26
8 Siehe Knapp Der Verteidiger 25 mwN
9 Vargha Vertheidigung 194
10 Beginnend Friedrich der Große in Preußen durch Kabinettsorder vom 3. Juni 1740

2. Die Entwicklung in Preußen im 18. Jahrhundert

In Preußen wurden in dieser Zeit, die Entwicklung begann 1713 durch Friedrich Wil-   **6**
helm I., auf unterstützendes Betreiben durch dessen Großkanzler Coccejis und des
späteren Justizministers Carmer, die Sachwalter und Advokaten 1781 verbeamtet.[11]
Ihnen wurde die Bezeichnung »Hof- und Assistenzrat« zugewiesen. Ihre Aufgabe
bestand jetzt nicht mehr in der einseitigen Beistandsleistung für den Angeklagten,
sondern in der Assistenz zugunsten der Richter bei der Suche und Ermittlung der
Wahrheit.[12] Zusätzlich wurden sog Justizkommissare ernannt, denen ebenfalls das
Recht zur Verteidigung zustand. 1783 wurden die Assistenzräte bereits wieder abgeschafft und die Justizkommissare übernahmen deren Aufgaben.[13] Bis zum 1. Juli
1878, dem In-Kraft-Treten der Reichsrechtsanwaltsordnung, blieb diese Verbeamtung bestehen. Ab diesem Zeitpunkt galt – wieder – die Freiheit der Advokatur.[14]

3. Der reformierte Strafprozess und die RStPO von 1877

Im 19. Jahrhundert schritt die Diskussion um den sog reformierten Strafprozess vo-   **7**
ran. Der Strafprozessordnung von 1877 vorausgehend wurden die aus Frankreich
kommenden Ideen der Aufklärung in den Partikulargesetzen der meisten deutschen
Länder umgesetzt. Das Inquisitionsverfahren wurde abgeschafft, wesentlicher Teil
des Strafverfahrens wurde die öffentliche Hauptverhandlung vor dem Richter, in
der beide Parteien um das Recht kämpften.[15] Parallel dazu ging die Gründung und
Entwicklung der Staatsanwaltschaft als Anklagebehörde einher.[16] Dem Angeklagten
wurde in diesen Gesetzen das Recht auf einen Verteidiger, in bestimmten schweren
Fällen auch die notwendige Verteidigung, zugestanden. Der Verteidiger sollte dem
Ankläger waffengleich entgegentreten können, da diese Gleichheit nach damaliger
Vorstellung einen fairen Kampf um die Wahrheit gewährleistete. In der Reichsstraf-
prozessordnung vom 1. Februar 1877[17] regelte der Gesetzgeber in wenigen Normen,
den §§ 137 bis 140, nur Teilbereiche der Verteidigung. Klare Aussagen zur Stellung
des Verteidigers traf er nicht, so dass in der Folgezeit ein heftiger Streit um dessen
Rechtsstellung entbrannte. Ähnlich dem heutigen Streitstand wurden damals bereits vier Richtungen vertreten.[18] Der Verteidiger wurde von einigen Stimmen als
Vertreter des Beschuldigten angesehen. Nach einer zweiten Ansicht war er unterstützender Beistand, nicht handlungsersetzender Vertreter. Eine dritte Meinung vertrat den Verteidiger als Beistand des Gerichts, eine vierte beschränkte dies auf den
Fall der notwendigen Verteidigung. Im Falle der Wahlverteidigung sollte er dagegen
Beistand sein. Das Reichsgericht nahm in zahlreichen Entscheidungen die Bewertung als Beistand des Beschuldigten auf.[19]

---

11 Zu diesem Teil anschaulich und ausführlich Weißler Geschichte 296–385
12 Weißler Geschichte 345; auch Henssler/Prütting-Koch Einl Rn 2
13 Weißler Geschichte 357 f; vgl auch die mit Zitaten aus dem Corpus Juris Fredericianum von
     1871 versehene Darstellung von Beulke Verteidiger 27–31
14 Vgl Henssler/Prütting-Koch § 1 Rn 2; Gneist Freie Advocatur insbes 70–78; vgl auch die Kurz-
     darstellung in BVerfGE 63, 266, 282 f
15 Roxin § 70
16 Hackner Der befangene Staatsanwalt 5–43; Wohlers Entstehung und Funktion der Staatsan-
     waltschaft
17 In Kraft getreten mit den übrigen drei Reichsjustizgesetzen GVG, ZPO und KO am 1. Oktober
     1879; vgl hierzu Sellert JuS 1977, 781
18 Vgl die Übersicht bei Knapp Der Verteidiger 31–36
19 Knapp Der Verteidiger 31–36 mwN auch zur Rechtsprechung des RG 33 Fn 17

8   Überwiegend wird vorgetragen, in einer Entscheidung des Ehrengerichtshofs für Rechtsanwälte vom 25. Mai 1893 sei zum ersten Male der Begriff »Organ der Rechtspflege« verwandt worden.[20] Ludwig Koch hat jedoch zu Recht darauf hingewiesen, dass dieser Begriff ohne den Zusatz »unabhängig« bereits in den Motiven zur RAO verwandt wurde.[21] Dort heißt es unter dem Titel »Lokalisierung der Rechtsanwaltschaft«: »Ist nun auch die Rechtsanwaltschaft nur für den Anwaltsprozess ein unentbehrliches Organ der Rechtspflege, so würde doch den Bedürfnissen des Publikums nicht genügend entsprochen sein, wenn nur an den Sitzen der Kollegialgerichte Rechtsanwälte in ausreichender Zahl zu finden wären«.[22]

9   Die Ehrengerichte der Anwaltschaft und auch das Reichsgericht haben in der Folgezeit in zahlreichen Entscheidungen den Organbegriff verwandt.[23] Regelmäßig wurden aus dem Organbegriff Pflichten des Verteidigers abgeleitet. Anders noch als in seiner frühen Rechtsprechung, nach der der Verteidiger nur zugunsten des Beschuldigten zur Wahrheitsfindung berechtigt und verpflichtet war,[24] hat das Reichsgericht später formuliert, die Stellung als Organ der Rechtspflege lege dem Verteidiger die Pflicht zur unbefangenen Beurteilung der Sachlage auf.[25] Da diese Formulierungen vor dem Hintergrund von Zurückweisungen von Verteidigern wegen Verdachts der Teilnahme oder Begünstigung erfolgten, wurde in der Literatur überwiegend kritisiert, dass die Anhebung des Verteidigers zum weiteren Organ der Rechtspflege neben Gericht und Staatsanwaltschaft nur dazu diente, die Zurückweisung von Verteidigern durch deren stärkere Inpflichtnahme zu rechtfertigen.[26]

4.   Der Verteidiger im Nationalsozialismus

10   In der Zeit des Nationalsozialismus erlangte der Verteidiger, der nunmehr von Literatur und Rechtsprechung einhellig als Organ bezeichnet und begriffen wurde, eine Stellung, aufgrund der er verpflichtet war, zur Findung des materiellen Rechts beizutragen.[27] Er hatte die Aufgabe, das der neuen Volksgemeinschaft angemessene Recht nicht nur mitzufinden, sondern auch zu gestalten und das Volksrecht im Sinne des nationalen Sozialismus zu verwirklichen.[28] Deutlicher machen dies die nachfolgenden Zitate. Der Verteidiger sollte sich in allen Fällen, in denen er seinen Mandanten für schuldig hielt, gegen diesen entscheiden und alles tun, dass ein Schuldiger seiner gerechten Strafe zugeführt werde.[29] Die öffentlich-rechtlichen Pflichten, die aus der Stellung des Anwalts als Organ der Rechtspflege resultierten, sollten die privatrechtlichen Bindungen zum Mandanten völlig überlagern und im Einzelfall gänzlich lösen.[30] Es sei selbstverständlich, dass sich der Verteidiger mit demselben Eifer gegen den Schädling wendet, wie er sich umgekehrt begeistert für

---

20 EGH I 140 ff; Knapp Der Verteidiger 36
21 Henssler/Prütting-Koch § 1 Rn 4
22 Stenographische Berichte über die Verhandlungen des Deutschen Reichstages 3. Legislaturperiode II. Session 1878 3. Band Aktenstück Nr. 5, S 73, vgl Henssler/Prütting-Koch § 1 Rn 4
23 Vgl die Zusammenstellung bei Knapp Der Verteidiger mwN auf den Seiten 36–40 zu den Ehrengerichten und den Seiten 44–47 zur Rechtsprechung des RG; dagegen Beulke Verteidiger 192 f
24 RGSt 17, 315
25 JW 1929, 568
26 Vgl nur Alsberg JW 1926, 2756
27 Vgl nur Kalter Die Rechtsstellung des Strafverteidigers 66
28 So Noack JW 1936, 1746 ff
29 So Staege DR 1941, 523; zitiert bei Knapp Der Verteidiger 64
30 Hanssen DR 1944, 353; zitiert bei Knapp Der Verteidiger 64

den unschuldigen Angeklagten einsetzt.[31] In diesem Zusammenhang ist von verschiedenen Autoren, ähnlich dem Vorgehen Preußens im 18. Jahrhundert, folgerichtig eine Verbeamtung der Anwaltschaft gefordert worden.[32]

5.   Der Verteidiger in der DDR

Ohne die systempolitische Einbindung der Anwaltschaft in das Herrschaftsmodell   **11**
eingehend darlegen zu können, sollen auch hier einige Zitate aufzeigen, mit welcher Zielrichtung die Verteidiger, ähnlich der Gedankenwelt des Nationalsozialismus, tätig zu werden hatten. Es gehe nicht mehr in erster Linie um den Schutz des Individuums gegenüber dem Staat und die Analyse aller seelischen Vorgänge, die den Täter zu seiner Tat veranlasst haben könnten. Diese Momente hätten zurückzutreten gegenüber der für die Strafjustiz entscheidenden Aufgabe des Schutzes der Ordnung und der Gesellschaft.[33] Der Verteidiger hatte sich mehr als der Durchschnittsbürger in seiner beruflichen Tätigkeit für die Sicherung und Festigung der antifaschistisch-demokratischen Ordnung einzusetzen.[34]

II.   Der Strafverteidiger – Freier Advokat, Organ, Beistand oder einseitiger Interessenvertreter?

Wie bereits im historischen Überblick deutlich geworden ist, hängt die Stellung des   **12**
Rechtsanwalts insbes als Strafverteidiger vielfach von den politischen Grundbedingungen ab, in und unter denen er tätig werden muss. Unter der Herrschaft des Grundgesetzes ist es vor allem der verfassungsrechtliche Rahmen, der die Beantwortung der sich stellenden Rechtsfragen bestimmt. Daher sollen vor der Darstellung der wesentlichen Theorien zur Stellung des Verteidigers die Grundzüge der einschlägigen Rechtsprechung, primär des BVerfG, dargestellt werden.[35] Ob und inwieweit andere Rechtsquellen, zB die MRK, prägend eingreifen, wird ebenfalls zu erörtern sein.

1.   Rechtsprechungsübersicht

a)   Bundesverfassungsgericht

Die Ausführungen des BVerfG (das von Wolter als »Hüter des Strafprozessverfas-   **13**
sungsrechts«[36] bezeichnet wird), in denen die maßgebenden Leitgedanken zur Beurteilung der Rechtsstellung des Anwalts bzw Verteidigers zusammengefasst sind, sollen im Wortlaut wiedergegeben werden. Denn sie bilden nach der Struktur unserer Rechtsordnung als Verfassungsauslegung den Ausgangspunkt der Beurteilung

---

31 So Kühne Der Verteidiger ohne grundrechtliches Gewand 80; zitiert bei Knapp Der Verteidiger
   64
32 Kühne aaO 68; Claren DJZ 1933, 1249 ff; von anderen Autoren wurde diese abgelehnt, da man
   das Vertrauen der Bevölkerung in den Anwaltsstand nicht gefährden sondern systempolitisch
   nützen wollte, vgl dazu ua Wildhagen DJZ 1933, 1243; Prahl JW 1938, 1705; Hanssen aaO
   (Fn 30) 354
33 So exemplarisch Benjamin NJ 1951, 53
34 So Wirthig NJ 1950, 393
35 Als Überblick vgl auch KK-Laufhütte Vor § 137 Rn 4 bis 6; Kniemeyer Das Verhältnis des Strafverteidigers zu seinem Mandanten 141–145; Stade Die Stellung des Verteidigers 22–37; Jahn
   169–174
36 In GA 1999, 158, 174 unter 3.

dieser Fragen durch den Praktiker. Zwar verwendet das BVerfG den Begriff des »Organs der Rechtspflege«, leitet aber daraus regelmäßig keine unmittelbaren Rechtsfolgen ab. Üblicherweise kommen in seiner Rechtsprechung Art. 12 I GG, die Justizgrundrechte oder das Rechtsstaatsgebot des Art. 20 GG zum Tragen.

14   Der zuständige 1. Senat des BVerfG hat in der für die anwaltliche Selbstverwaltung grundlegenden Entscheidung vom 14. Juli 1987[37] ausgeführt:[38]

»Bei der Prüfung, ob standesrechtliche Maßnahmen gegen einen Anwalt wegen Verstoßes gegen das Sachlichkeitsgebot den verfassungsrechtlichen Anforderungen genügen, ist davon auszugehen, dass die anwaltliche Berufsausübung grundsätzlich der freien und unreglementierten Selbstbestimmung des Einzelnen unterliegt (vgl BVerfGE 63, 266 [282 ff]). Als unabhängiges Organ der Rechtspflege und als der berufene Berater und Vertreter der Rechtsuchenden hat er die Aufgabe, zum Finden einer sachgerechten Entscheidung beizutragen, das Gericht – und ebenso Staatsanwaltschaft oder Behörden – vor Fehlentscheidungen zu Lasten seines Mandanten zu bewahren und diesen vor verfassungswidriger Beeinträchtigung oder staatlicher Machtüberschreitung zu sichern; insbesondere soll er die rechtsunkundige Partei vor der Gefahr des Rechtsverlustes schützen (ähnlich für den Anwalt im Zivilprozess Stürner, JZ 1986, S 1089 [1090] unter Berufung auf Vollkommer, Die Stellung des Anwalts im Zivilprozess, 1984, S 20/21). Die Wahrnehmung dieser Aufgaben erlaubt es dem Anwalt – ebenso wie dem Richter – nicht immer so schonend mit den Verfahrensbeteiligten umzugehen, dass diese sich nicht in ihrer Persönlichkeit beeinträchtigt fühlen. Nach allgemeiner Auffassung darf er im ›Kampf um das Recht‹ auch starke, eindringliche Ausdrücke und sinnfällige Schlagworte benutzen, ferner Urteilsschelte üben oder ›ad personam‹ argumentieren, um beispielsweise eine mögliche Voreingenommenheit eines Richters oder die Sachkunde eines Sachverständigen zu kritisieren. Nicht entscheidend kann sein, ob ein Anwalt seine Kritik anders hätte formulieren können; denn grundsätzlich unterliegt auch die Form der Meinungsäußerung der durch Art. 5 Abs 1 GG geschützten Selbstbestimmung (vgl BVerfGE 54, 129 [138 f]). Die Grenze einer zumutbaren Beschränkung der Berufsausübung und der Meinungsfreiheit wird insbesondere überschritten, wenn Kammervorstände oder Ehrengerichte Äußerungen eines Anwalts als standeswidrig mit der Begründung beanstanden, sie würden von anderen Verfahrensbeteiligten als stilwidrig, ungehörig oder als Verstoß gegen den guten Ton oder das Taktgefühl empfunden oder sie seien für das Ansehen des Anwaltsstandes abträglich. Solche Reglementierungen können nicht Sache der Standesorganisation für einen Beruf sein, zu dessen Aufgaben gerade das Äußern von Meinungen gehört und für den Wort und Schrift die wichtigsten ›Berufswaffen‹ sind.«[39]

15   Der in dieser Entscheidung in Bezug genommene Beschluss des 1. Senats vom 8. März 1983[40] rekurriert ebenfalls auf Art. 12 I GG und erläutert dies in einem historischen Exkurs mit dem Grundsatz der freien Advokatur. Wörtlich heißt es:

---

37 BVerfGE 76, 171
38 BVerfGE 76, 171, 192 f; vgl auch zum Recht des Betroffenen auf eine »konkrete und wirkliche Verteidigung« aus Art. 6 III c MRK EGMR StV 1985, 441
39 Die Entwicklung der verfassungsgerichtlichen Rechtsprechung – neben Art. 12 I GG auch im Verhältnis zur Stellung des Beschuldigten, Angeklagten oder Zeugen – lässt sich in folgenden Entscheidungen nachvollziehen: BVerfGE 15, 226, 231 f (sog 1. Kaul-Beschluss); 16, 214, 216 f (sog Schmidt-Leichner-Beschluss); 22, 114, 119 ff (sog 2. Kaul-Beschluss, ergangen unter Aufhebung von BGHSt 15, 326); 34, 293, 299 ff (sog Schily-Beschluss); 38, 105, 118 ff zum Zeugenbeistand; 39, 238, 242 ff zur Entbindung eines Pflichtverteidigers; 64, 135, 149 f, 152–156; 65, 171, 174 f; 66, 313, 319 ff
40 BVerfGE 63, 266

»Maßstab für die verfassungsrechtliche Überprüfung der angegriffenen Entscheidung ist das Grundrecht der Berufsfreiheit. Soweit aus Art. 33 Abs 5 GG Grundsätze zur politischen Treuepflicht von staatlichen Bediensteten hergeleitet werden (vgl BVerfGE 39, 334 und 46, 43), sind diese für Rechtsanwälte unanwendbar.

1. Das BVerfG hat normative Regelungen über den Anwaltsberuf sowie deren Anwendung bislang stets an Art. 12 Abs 1 GG gemessen, der die berufliche Freiheit als besonderes Grundrecht schützt.[41] Das gilt nicht nur für Regelungen über die Ausübung dieses Berufs und das anwaltliche Standesrecht (vgl BVerfGE 15, 226; 16, 214; 22, 114 und 34, 293 zum Verteidigerausschluss; 36, 212 – Master of Law; 37, 67 geschäftsunfähiger Anwalt; 38, 105 – Vertretung von Zeugen; 39, 156 – Ergänzungsgesetz; 39, 238 – Entpflichtung eines Verteidigers; 48, 300 – Vertretungsverbot; 50, 16 – Missbilligung; 54, 251 – Berufsvormund; 57, 121 – Fachanwalt); vielmehr greift Art. 12 Abs 1 GG erst recht ein, wenn durch Vorschriften über Ausschließung und vorläufiges Berufsverbot (vgl BVerfGE 44, 105; 48, 292) oder über die Zulassung zur Rechtsanwaltschaft die Freiheit der Berufswahl beschränkt wird.

In mehreren dieser Entscheidungen haben beide Senate des BVerfG bereits die fundamentale objektive Bedeutung der seit einem Jahrhundert durchgesetzten »freien Advokatur« hervorgehoben (BVerfGE 15, 226 [234]; 22, 114 [122]; 34, 293 [302]; 37, 67 [781]; 50, 16 [29]). Dieses Postulat, das auf eine im Jahre 1867 erschienene Schrift von R. von Gneist zurückgeht, kennzeichnet die Umwandlung der staatsdienerähnlichen Ausgestaltung des Advokatenstandes in einen vom Staat unabhängigen freien Beruf (vgl Weißler, Geschichte der Rechtsanwaltschaft, 1905, S 572 ff; Huffmann, Kampf um freie Advokatur, 1967; Ostler, Die deutschen Rechtsanwälte 1871–1971, 1971, S 16 ff). Diese Umwandlung wurde schließlich reichseinheitlich durch die Rechtsanwaltsordnung vom 1. Juli 1878 (RGBl S 177) durchgesetzt, deren Vorentwurf noch eine später als überflüssig gestrichene Klarstellung enthielt, dass die Anwälte »weder die besonderen Rechte noch die besonderen Pflichten der Staatsdiener« hätten (JW 1878, S 68 f; vgl aus den Motiven JW 1878, S 33 [35]). Neben der Freiheit von richterlicher Disziplinaraufsicht gewährleistete das Gesetz insbesondere ein grundsätzliches Recht auf freie Zulassung jedes Bewerbers, der die Befähigung zum Richteramt erlangt hatte. Während der Gesetzgebungsberatungen waren mehrere Abgeordnete ausdrücklich dafür eingetreten, dass auch ehemalige Staatsdiener Anwälte werden könnten und dass die Anwaltschaft ihnen ein Refugium sein müsse, falls sie in Gegensatz zu den Anschauungen der leitenden Kreise geraten und aus dem Staatsdienst ausgeschieden seien (JW 1878, S 113, 115 und 119).

Die von der Rechtsanwaltsordnung durchgesetzte und näher ausgestattete freie Advokatur blieb im Wesentlichen bis zum Ende der Weimarer Republik unverändert erhalten. Nach dem Versuch der nationalsozialistischen Machthaber, den Rechtsanspruch auf freie Zulassung durch ein Ausleseprinzip zu ersetzen und die »individualistisch« ausgerichtete Rechtsanwaltschaft in ein Organ der nationalsozialistisch verstandenen Rechtspflege mit beamtenähnlichen Treuepflichten umzugestalten (vgl etwa Hanssen, DR 1944, S 353; EGHfRA XXIX [1935], 88), kehrte der Gesetzgeber nach Ende des Krieges in den Ländern und später im Bund wieder zum Grundsatz der freien Advokatur zurück. Die Bundesrechtsanwaltsordnung vom 1. August 1959 stellt ausdrücklich klar, dass der Rechtsanwalt einen freien Beruf ausübt, dass er zum unabhängigen Berater und Vertreter in allen Rechtsangelegen-

---

41 Zum Verhältnis der Berufsfreiheit zum Standesrecht vgl BVerfG, Beschl v 3. 7. 2003, www.bverfg.de unter »Entscheidungen«, Anm Sachs JuS 2003, 1227 ff mwN bzgl verfassungsgerichtlicher Rspr zum Berufsrecht der Anwälte

heiten berufen ist (§§ 2 f) und dass die Zulassung zur Rechtsanwaltschaft nur aus den im Gesetz bezeichneten Gründen versagt werden darf (§ 6).

2. Die Herauslösung des Anwaltsberufs aus beamtenähnlichen Bindungen und seine Anerkennung als ein vom Staat unabhängiger freier Beruf kann als ein wesentliches Element des Bemühens um rechtsstaatliche Begrenzung der staatlichen Macht angesehen werden, das der Verfassungsgeber vorgefunden und in seinen Willen aufgenommen hat. Es entspricht dem Rechtsstaatsgedanken und dient der Rechtspflege, dass dem Bürger schon aus Gründen der Chancen- und Waffengleichheit Rechtskundige zur Verfügung stehen, zu denen er Vertrauen hat und die seine Interessen möglichst frei und unabhängig von staatlicher Einflussnahme wahrnehmen können. Damit steht die verfassungsgerichtliche Rechtsprechung in Einklang, dass der »Anwalt einen freien Beruf ausübt, der staatliche Kontrolle und Bevormundung prinzipiell ausschließt« (BVerfGE 34, 293 [302]) und dass die »anwaltliche Berufsausübung unter der Herrschaft des Grundgesetzes der freien und unreglementierten Selbstbestimmung des Einzelnen« unterliegt, soweit sie nicht durch verfassungskonforme Regelungen im Sinne des Grundrechts der Berufsfreiheit beschränkt ist (BVerfGE 50, 16 [29]). An dieser grundsätzlichen Beurteilung ändert sich auch nichts dadurch, dass die Bundesrechtsanwaltsordnung den Rechtsanwalt als unabhängiges »Organ der Rechtspflege« einstuft und dass in der Rechtsprechung gelegentlich von einem »staatlich gebundenen Vertrauensberuf« die Rede ist. Die im ersten Entwurf der Bundesrechtsanwaltsordnung noch nicht vorgesehene Anerkennung als Organ der Rechtspflege bringt zum Ausdruck, dass im freiheitlichen Rechtsstaat die Rechtsanwälte als berufene Berater und Vertreter der Rechtsuchenden neben Richtern und Staatsanwälten eine eigenständige wichtige Funktion im »Kampf um das Recht« ausüben und dass ihnen deshalb weitergehende Befugnisse und damit korrespondierende Pflichten als ihren Mandanten zukommen. Dieser Beurteilung steht auch nicht die Entscheidung entgegen, in der die Zurückweisung eines von einem Zeugen beauftragten Rechtsanwalts als verfassungswidrig beanstandet und der Beruf des Rechtsanwalts zu seinen Gunsten als ein staatlich gebundener Vertrauensberuf bezeichnet worden ist, der ihm eine auf Wahrheit und Gerechtigkeit verpflichtete »amtsähnliche Stellung« zuweise (BVerfGE 38, 105 [119]). Auch in dieser Entscheidung wird ebenso wie in allen anderen als maßgeblicher verfassungsrechtlicher Prüfungsmaßstab Art. 12 Abs 1 GG angewendet und nicht von der vorangegangenen Rechtsprechung abgewichen, dass die Einordnung des Rechtsanwalts als Organ der Rechtspflege keinen Eingriffstatbestand für Fälle enthält, in denen der Anwalt dem Leitbild nicht entspricht (BVerfGE 22, 114 [120]; 34, 293 [299 f])«.[42]

16 In zwei neueren Entscheidungen hatte die zuständige 2. Kammer des 1. Senats – sich auf diese Entscheidungen stützend – im Rahmen angeblich standeswidriger Verfehlungen gegen das Sachlichkeitsgebot wiederum Gelegenheit, Vorentscheidungen der Ehrengerichte entsprechend den verfassungsrechtlichen Vorgaben, wie sie soeben dargestellt wurden, zu korrigieren. Die Kammer übernahm dabei in beiden Fällen wörtlich die Formulierungen des 1. Senats aus der Entscheidung 76, 171.[43] Im Lunnebach-Beschluss heißt es:

---

42 BVerfGE 63, 266, 282 bis 285
43 Beschluss vom 27. Juni 1996 – 1 BvR 1398/94 NJW 1996, 3267 und der sog Lunnebach-Beschluss vom 10. Juli 1996 – 1 BvR 873/94 NJW 1996, 3268 r Sp; Jahn 223 weist in Fn 407 zu Recht darauf hin, dass das BVerfG der Satzungsversammlung Formulierungshilfe gegeben hat, § 1 III der Berufsordnung stimmt wörtlich mit den Kernsätzen überein

»Als unabhängiges Organ der Rechtspflege und als der berufene Berater und Vertreter der Rechtsuchenden hat er die Aufgabe, zum Finden einer sachgerechten Entscheidung beizutragen, das Gericht – und ebenso StA oder Behörden – vor Fehlentscheidungen zu Lasten seines Mandanten zu bewahren und diesen vor verfassungswidriger Beeinträchtigung oder staatlicher Machtüberschreitung zu sichern; insbesondere soll er die rechtsunkundige Partei vor der Gefahr des Rechtsverlustes schützen. Die Wahrnehmung dieser Aufgaben erlaubt es dem Anwalt – ebenso wie dem Richter – nicht immer so schonend mit den Verfahrensbeteiligten umzugehen, dass diese sich nicht in ihrer Persönlichkeit beeinträchtigt fühlen. Nach allgemeiner Auffassung darf er im ›Kampf um das Recht‹ auch starke, eindringliche Ausdrücke und sinnfällige Schlagworte benutzen. Nicht entscheidend kann es sein, ob ein Anwalt seine Kritik anders hätte formulieren können. Die Grenze einer zumutbaren Beschränkung der Berufsausübung und der Meinungsfreiheit wird insbesondere überschritten, wenn Kammervorstände oder Ehrengerichte das Verhalten eines Anwalts als standeswidrig mit der Begründung beanstanden, es würde von anderen Verfahrensbeteiligten als stilwidrig, ungehörig oder als Verstoß gegen den guten Ton und das Taktgefühl empfunden oder es sei dem Ansehen des Anwaltsstandes abträglich (vgl hierzu insgesamt BVerfGE 76, 171 [191 ff] = NJW 1988, 191).

Nach dieser Rechtsprechung[44] sind anwaltsgerichtliche Maßnahmen wegen Verletzung des Sachlichkeitsgebots zulässig, soweit es sich um strafbare Beleidigungen, die bewusste Verbreitung von Unwahrheiten oder solche neben der Sache liegenden herabsetzenden Äußerungen und Verhaltensweisen handelt, zu denen andere Beteiligte oder der Verfahrensverlauf keinen Anlass gegeben haben (BVerfGE 76, 171 [193] = NJW 1988, 191). Dieser Grundsatz ist nunmehr durch Gesetz vom 2. 9. 1994 in § 43 a III BRAO normiert.[45] Auch Ordnungsmaßnahmen zur Verhaltensdisziplinierung im Rahmen einer Hauptverhandlung sind an diesem Maßstab und der Aufgabe des Verteidigers, den Mandanten vor verfassungswidriger Beeinträchtigung (hier Verletzung des rechtlichen Gehörs) und staatlicher Machtüberschreitung zu bewahren, zu messen«.[46]

b)   Bundesgerichtshof

Anders als das BVerfG verwenden die Senate des BGH[47] den Begriff »Organ der   **17**
Rechtspflege« in erheblich stärkerem Maße. In einem Urteil des 1. Strafsenats vom 1. September 1992[48] wird ausgeführt, in Rechtsprechung und Literatur sei anerkannt, »dass die Stellung als Verteidiger in einem Strafprozess und das damit verbundene Spannungsverhältnis zwischen Organstellung und Beistandsfunktion eine besondere Abgrenzung zwischen erlaubtem und unerlaubtem Verhalten insbes in Bezug auf den Straftatbestand der Strafvereitelung, § 258 StGB, erforderlich« mache.[49] In einem Urteil des 3. Strafsenats vom 3. Oktober 1979[50] heißt es zur Beistandsfunktion, dass der Wahl- oder Pflichtverteidiger einen gesetzlichen Auftrag zu erfüllen habe. Dessen Ausführung liege nicht nur im Interesse des Beschuldig-

---

44 Zur Berufs- und Meinungsfreiheit des Rechtsanwaltes vgl auch BVerfG, Beschl v 16. 7. 2003, 1 BvR 801/03, BRAK-Mitt 2003, 278 ff
45 BGBl I S 2276; vgl hierzu Feuerich/Weyland, BRAO, 6. Aufl. § 43 a Rn 30 bis 53
46 Vgl auch BVerfG StV 1984, 489
47 Zur Rechtsprechung des RG vgl die Darstellungen von Stade Die Stellung des Verteidigers im Ermittlungsverfahren 22–24 sowie Knapp Der Verteidiger 44–47
48 BGHSt 38, 345
49 BGHSt 38, 345, 347
50 BGHSt 29, 99

ten, sondern auch in dem einer am Rechtsstaatsgedanken orientierten Strafrechtspflege.[51] Besonders deutlich wird das genannte Spannungsverhältnis, welches die
Rechtsprechung in der Verteidigerstellung angelegt sieht, in einer Entscheidung des
4. Strafsenats vom 7. November 1991.[52] In diesem Fall hatte die Strafkammer des
Landgerichts in ihrer durch die Revision angefochtenen Entscheidung dem Beschuldigten das Recht entzogen, selbst Beweisanträge zu stellen. Er durfte diese nur
mittelbar über seinen Verteidiger stellen.[53]

18   Der Senat billigte dieses Vorgehen und erklärte dazu:

»Der Auftrag der Verteidigung liegt nicht ausschließlich im Interesse des Beschuldigten, sondern auch in einer am Rechtsstaatsgedanken ausgerichteten Strafrechtspflege (BGHSt 29, 99, 106). Der Verteidiger, von dem das Gesetz besondere Sachkunde verlangt (§§ 138, 139, 142 Abs 2 StPO, § 392 AO), ist der Beistand, nicht der
Vertreter des Beschuldigten, an dessen Weisungen er nicht gebunden ist (BGHSt 12,
367, 369; 13, 337, 343). Die Strafprozessordnung geht deshalb folgerichtig davon aus,
dass es in gewissen Fällen sachdienlich sein kann, Rechte des Beschuldigten nur
über den Verteidiger ausüben zu lassen ... Aus alledem folgt, dass ein Verteidiger
den Angeklagten in der Hauptverhandlung keineswegs nach Belieben ›schalten und
walten lassen‹ darf, sondern dass ihn eine Pflicht trifft, mit dafür Sorge zu tragen,
dass das Verfahren sachdienlich und in prozessual geordneten Bahnen durchgeführt
wird. Dass er dabei inhaltlich einseitig die Interessen des Angeklagten zu beachten
hat (...), steht mit der Notwendigkeit der Mitwirkung an einer ordnungsgemäß zu
fördernden Hauptverhandlung, in der auch der Abschluss des Verfahrens in einer
angemessenen Zeit nicht in Frage gestellt werden darf, nicht in Widerspruch«.[54]

19   In einer frühen Entscheidung vom 15. Februar 1956[55] stellte der 6. Senat folgende
Grundsätze auf: Der Verteidiger sei nicht nur Vertreter des Angeklagten. Er sei
vielmehr auch ein mit besonderen Befugnissen ausgestattetes Organ der Rechtspflege, dessen Mitwirkung im Strafverfahren zwingend vorgeschrieben sei. Wörtlich
erklärt er weiter: »Entsprechend dieser ihm vom Gesetz eingeräumten Stellung hat
er sein Verhalten einzurichten. Er hat zwar die vordringliche Aufgabe, die den Angeklagten entlastenden Umstände hervorzuheben; ihm sind aber insofern Grenzen
gesetzt, als er sich in keinem Fall der Wahrheitserforschung hindernd in den Weg
stellen darf«.[56] Dieses ist die durch das BVerfG[57] aufgehobene sog 1. Kaul-Entschei-
dung des BGH. Ähnliches findet sich in einer aktuellen Entscheidung des 3. Strafsenats.[58] In dieser Entscheidung rekurriert der Senat ebenfalls auf die Verpflichtung
des Verteidigers auf das traditionelle Ziel des Strafprozesses, der Wahrheitsfindung
in einem prozessordnungsgemäßen Verfahren.

20   Der 4. Strafsenat fasst in einem Urteil vom 26. November 1998[59] diese Rechtsprechung nochmals zusammen. Dort heißt es: »Der Verteidiger ist als Rechtsanwalt

---

51 BGHSt 29, 99, 106
52 BGHSt 38, 111
53 Zum Sachverhalt vgl BGHSt 38, 111, 112 f
54 BGHSt 38, 111, 114 f; zur Spannungssituation zwischen Beistand und Wahrung der Rechtsord-
    nung bzw Verpflichtung des Verteidigers, sich Maßnahmen zu enthalten, durch die er selbst ge-
    gen die Rechtsordnung verstoßen würde, vgl bereits BGHSt 12, 367, 369; zum Erfordernis der
    Unabhängigkeit des Verteidigers vgl die Entscheidung BGHSt 15, 326, die durch das BVerfG in
    der 2. Kaul-Entscheidung BVerfGE 22, 114 aufgehoben wurde
55 BGHSt 9, 20
56 BGHSt 9, 20, 22
57 BVerfGE 15, 226
58 NStZ 2005, 341
59 StV 1999, 153

ein selbstständiges, dem Gericht und der StA gleichgeordnetes Organ der Rechtspflege. In seiner Beistandsfunktion darf er sich nur der prozessual- und standesrechtlich erlaubten Mittel bedienen, ein Recht zur Lüge hat er ebenso wenig (...) wie ein Recht zur Beratung bei der Lüge (...). Insbesondere ist es ihm untersagt, durch aktive Verdunklung und Verzerrung des Sachverhalts die Wahrheitserforschung zu erschweren (...) oder Beweisquellen zu verfälschen (...)«.[60]

c) Oberlandesgerichte

Wie bereits in der Wiedergabe wesentlicher Entscheidungsgründe deutlich geworden ist, besteht zwischen der verfassungsgerichtlichen Rechtsprechung und der Anwendung dieser Grundsätze durch die ordentlichen Gerichte eine nicht unerhebliche Diskrepanz in der fallbezogenen Umsetzung. Betrachtet man die Rechtsprechung der Oberlandesgerichte, ist diese Feststellung noch zu bekräftigen. Hier seien einige neuere Entscheidungen exemplarisch dargestellt. Das OLG Frankfurt und das OLG Nürnberg haben darauf hingewiesen, der Verteidiger unterstehe als ein dem Gericht und der Staatsanwaltschaft gleichberechtigtes Organ der Rechtspflege grundsätzlich nicht der Kontrolle und der Bewertung seiner Tätigkeit durch das Gericht.[61] Das Kammergericht hat ausgeführt, auch gegenüber Unterlassungs- und Widerrufsansprüchen Dritter müsse der Verteidiger geschützt werden, wenn die Behauptungen aufgrund von Mitteilungen des Mandanten erfolgt seien. Denn ansonsten sei seine Stellung als unabhängiges Organ der Rechtspflege in Gefahr.[62] In einem ausführlichen Beschluss hat das OLG Hamburg am 17. November 1997[63] Stellung bezogen. Wörtlich heißt es dort unter umfangreicher Auseinandersetzung mit Rechtsprechung und Literatur:

»Pflicht aller Verfahrensbeteiligter ist die effektive Förderung des Strafverfahrens (...), wie sich schon aus der Verfassung ergibt. Das Rechtsstaatsprinzip (Art. 20 III GG) gebietet u.a. die Aufrechterhaltung einer funktionstüchtigen Rechtspflege, ohne die Gerechtigkeit nicht verwirklicht werden kann (...). In diese Pflichtbindung ist auch der Verteidiger einbezogen. Er ist als mit eigenen Rechten und Pflichten versehenes selbstständiges Organ der Rechtspflege (...) nicht Gegner, sondern Teilhaber einer funktionsfähigen Strafrechtspflege (...). Als solcher kommt ihm nicht die Vertretung des Beschuldigten, sondern dessen Beistand zu (...). Folglich liegt der Auftrag der Verteidigung nicht ausschließlich im Interesse des Beschuldigten, sondern auch in der am Prinzip des Rechtsstaats ausgerichteten Strafrechtspflege (...). Für die hier maßgebliche Frage nach dem Verfahren des Verteidigers in der Hauptverhandlung ist aus allem herzuleiten, er habe mit dafür Sorge zu tragen, dass das Verfahren sachdienlich und in prozessual geordneten Bahnen durchgeführt wird (...)«.[64]

2. Literaturübersicht

Aus der Literatur werden im Folgenden nicht alle filigranen Verästelungen im Meinungsstreit dargestellt. Hierzu sei auf die oben bereits genannte Habilitation von

---

60 StV 1999, 153, 154 l Sp

61 StV 1994, 289 unter Bezugnahme auf KG JR 1982, 349 und OLG Köln StV 1991, 9; OLG Nürnberg StV 1995, 287, 289 r Sp; aktuell auch OLG Frankfurt StV 1999, 199, 201

62 StV 1998, 84

63 NJW 1998, 621

64 NJW 1998, 620, 622 l Sp; vgl auch die Besprechung dieser Entscheidung von Kühne NJW 1998, 3027; allerdings erkennt auch der BGH inzwischen an, das ein Angeklagter nach der MRK das Recht auf eine wirksame Verteidigung hat, vgl StV 2000, 235 f

Beulke sowie die Dissertationen von Jahn, Stade, Dornach und Kniemeyer verwiesen. Es werden Vertreter der Organ- oder Doppelstellungstheorie genannt, Beulke und ihm nachfolgend Dornach als Vertreter der sog eingeschränkten Organtheorie sowie der Topos vom »Verteidiger als sozialer Gegenmacht« erläutert. Abschließend werden die Vertreter- und Vertragstheorien, insbes die Ansicht Lüderssens, angesprochen.

a)   Die Organtheorie nach Roxin

24   Als klassischer Vertreter der Organ- oder Doppelstellungstheorie formuliert Roxin, der Verteidiger sei kein einseitiger Interessenvertreter des Beschuldigten, sondern ein als Beistand neben ihm stehendes selbstständiges Organ der Rechtspflege, das auch den Belangen einer funktionstüchtigen Strafrechtspflege verpflichtet sei.[65] Inhalt und Grenzen seiner Tätigkeit bestimmten sich danach als Ergebnis einer Abwägung zwischen privaten und öffentlichen Interessen.[66] Er nehme im Rahmen der Rechtspflege eine öffentliche Funktion wahr. Diese Funktion beschränke ihn aber nicht auf die für Gericht und Staatsanwaltschaft maßgebenden Ziele von Wahrheit und Gerechtigkeit, sondern verpflichte ihn auf die Geltendmachung der für den Beschuldigten sprechenden Umstände und der ihm zustehenden Rechte.[67] Aus seiner Stellung als Rechtspflegeorgan folge seine Verpflichtung, die Wahrheit zu sagen, sofern er Informationen als im eigenen Wissen begründet ins Verfahren einführt.[68] Der Verteidiger sei aber auch zur Fürsprache verpflichtet, wobei der Gesetzgeber diese Pflicht durch die Pflicht zur Verschwiegenheit untermauert habe.[69] Nach Roxin besteht die Kunst der Verteidigung darin, diese dem Verteidiger gestellten vier Grundpflichten im konkreten Fall miteinander in Einklang zu bringen. Er führt zusammenfassend aus: »Der Verteidiger muss nach besten Kräften fürsprechen, ohne je die Unwahrheit zu sagen oder zu verdunkeln, aber auch ohne seine Schweigepflicht zu verletzen«.[70]

b)   Die eingeschränkte Organtheorie Beulkes

25   In seiner Habilitationsschrift hat sich Beulke eingehend mit der Organtheorie auseinander gesetzt.[71] Nachdem er in den ersten Kapiteln die privaten und öffentlichen Interessen an der Stellung des Verteidigers analysiert und beschrieben hat, erkennt er zwar die sprachliche Dubiosität des Begriffs an, will ihn aber nicht durch einen anderen ersetzen, da dies weder mehr Rechtssicherheit noch mehr Rechte für den Verteidiger und seinen Mandanten bringe.[72] Es könne seiner Auffassung nach bei der Umschreibung »Beistand und unabhängiges Organ der Rechtspflege« verbleiben, nur müsse die Organtheorie endgültig mit Leben gefüllt werden und den Charakter einer »volltönenden Phrase« verlieren.[73] Wer das Organargument bemühe, dürfe kein Sammelsurium vorfinden, das als Legitimationsbasis für jedes ge-

---

65 Roxin § 19 Rn 2
66 Roxin § 19 Rn 2
67 Roxin § 19 Rn 5; vgl auch fast wortgleich LK-Ruß § 258 Rn 19
68 Roxin § 19 Rn 9
69 Roxin § 19 Rn 12
70 Roxin § 19 Rn 13
71 Beulke Verteidiger; s auch Beulke Strafbarkeit 11 bis 17; ferner Anm zu BGHSt 38, 345 = JR 1994, 114 in JR 1994, 116; ders FS Roxin (2001) 1173
72 Beulke Verteidiger 200
73 Beulke Verteidiger 200

wünschte Ergebnis herhalte, sondern ein Instrumentarium mit relativ klaren Konturen.[74] Zur äußeren Kenntlichmachung einer Eingrenzung der Aussagekraft der Organtheorie schlägt er vor, in Zukunft von einer »eingeschränkten Organtheorie« zu sprechen.[75] Der Weg dorthin führe über eine klare Bestimmung der Verteidigeraufgaben. Berücksichtige man die nach seiner Ansicht zu treffenden Abwägungen zwischen dem privaten und dem öffentlichen Interesse an Verteidigung, so ergebe sich, dass in der Bezeichnung Rechtspflegeorgan zutreffend zum Ausdruck komme, dass der Verteidiger neben privaten auch öffentliche Interessen mit berücksichtigen muss.[76]

Damit aber die staatliche »Anbindung« nicht in den Verlust einer freien Verteidigung ausarte, sollen sechs Einschränkungen beachtet werden.[77] Diese lauten:

26

1. Einen strikten Vorrang der Organkomponente gibt es nur beim öffentlichen Interesse an der Effektivität der Verteidigung mit der Folge, dass der Verteidiger zugunsten des Mandanten notfalls auch gegen dessen Willen tätig werden muss, sofern das Gesetz keine Ausnahmeregelung vorsieht. Der Verteidiger ist deshalb bei seiner Tätigkeit völlig unabhängig. Einer Bevormundung des Mandanten wird vor allem durch die Möglichkeit der freien Verteidigerwahl entgegengewirkt.
2. Zwar muss der Verteidiger auch das öffentliche Interesse an der Effektivität der Rechtspflege berücksichtigen, jedoch sind ihm nur solche Verteidigungshandlungen verboten, die die Funktionstüchtigkeit der Rechtspflege in ihrem Kernbereich in Frage stellen würden. Diese Grenze ist insbes dann überschritten, wenn der Verteidiger seine Wahrheitspflicht verletzt.
3. Ein Träger darüber hinausreichender Staatsinteressen darf der Verteidiger nicht sein. Seine öffentlichen Funktionen sollten strikt auf den Bereich der Rechtspflege beschränkt bleiben. Die diese Grenze überschreitende Vorschrift des § 138 b StPO sollte möglichst bald wieder aus dem Katalog der Ausschließungsgründe gestrichen werden. Die Organtheorie legitimiert keine allgemeine Wohlverhaltens- oder Treueklausel gegenüber dem Staat.
4. Der Verteidiger ist ein unabhängiges Rechtspflegeorgan, weshalb direkte oder mittelbare staatliche Zwänge auf eine bestimmte Ausgestaltung der Verteidigung ausgeschlossen sind. Eingriffe des Gerichts in die freie Strafverteidigung sind deshalb auf die gesetzlich vorgesehenen Verteidigerausschließungstatbestände sowie auf die allgemeine Missbrauchsabwehr beschränkt. Die Ausschließungstatbestände müssen mit dem Grundsatz der Verhältnismäßigkeit vereinbar sein und die Grenzen der öffentlichen Aufgaben des Verteidigers respektieren.
5. Der Verteidiger ist im Verhältnis zur Staatsanwaltschaft ein gleichberechtigtes Organ der Rechtspflege. Seine Befugnisse müssen deshalb so ausgebaut werden, dass er dem Staatsanwalt ebenbürtig ist. Dazu zwingt schon der Grundsatz der Waffengleichheit. Eine Gleichberechtigung mit dem Gericht wird zwar vordergründig immer wieder behauptet, kann der Sache nach aber nicht bestehen und ist auch nicht erstrebenswert. Eine wirklich voll abgesicherte Unabhängigkeit des Verteidigers bietet ausreichenden Schutz vor zu großer Beeinflussung der Verteidigungsstrategie durch das Gericht.

---

74 Beulke Verteidiger 200
75 Beulke Verteidiger 200
76 Beulke Verteidiger 200
77 Beulke Verteidiger 200

6. Die öffentlichen Funktionen des Verteidigers können niemals das Prinzip der Subsidiarität des Verteidigerwillens bei der Preisgabe von Rechtspositionen[78] überspielen.[79]

27

Dornach hat sich in seiner Passauer Dissertation aus dem Jahre 1994 mit der Kritik befasst, der sich Beulke nach 1980 ausgesetzt sah.[80] In seiner Verteidigung der eingeschränkten Organtheorie kommt er in Auseinandersetzung mit den kritischen Stimmen zu dem Schluss, dass es der Verdienst Beulkes sei, die von der Rechtsprechung überwiegend vage angedeuteten öffentlichen Aufgaben des Verteidigers aus dem Gesetz herausgearbeitet und konkretisiert zu haben.[81] Auch die Erkenntnis Beulkes, dass der Verteidiger das Interesse an einer in Mindestmaßen wirksamen Strafrechtspflege zu wahren habe, die sog Kernbereichsformel, stelle gegenüber den bisher in Rechtsprechung und Literatur vertretenen Lösungsansätzen einen nicht zu übersehenden Fortschritt dar. Während bisher isoliert auf das bisherige Verteidigerverhalten im jeweiligen Einzelfall abgestellt worden sei, biete die Kernbereichsformel unter konkreter Benennung der als Abwägungsmaterial in Betracht kommenden privaten und öffentlichen Interessen nunmehr endlich die Möglichkeit hiervon wegzukommen und damit ein Mehr an Rechtssicherheit und Rechtsstaatlichkeit im Bereich der Abgrenzung von zulässigem und unzulässigem Verteidigerverhalten zu erreichen.[82] Beulke sei auch darin zu folgen, dass die Lösung der Problematik der Rechtsstellung des Verteidigers nicht aus dem Verfassungsrecht oder dem anwaltlichen Standesrecht, sondern allein aus dem geltenden Strafverfahrensrecht entnommen werden könne.[83]

c) Der Verteidiger als soziale Gegenmacht nach Holtfort

28

Im Rahmen der Auseinandersetzung zur Zeit der sog Terroristenprozesse hat Holtfort versucht, eine Gegenposition zu den rechtspolitischen Bestrebungen, Verteidigerrechte zu beschränken, zu formulieren.[84] Kein Anwalt könne sich als Organ der Rechtspflege verstehen, sondern nur als Vertreter von Mandanteninteressen, als parteigebundener Helfer und als ein Stück sozialer Gegenmacht, ohne die jeder Angeschuldigte jeder Staatsgewalt unendlich unterlegen wäre.[85] Der Anwalt sei als Machtfaktor zu verstehen, den jede pluralistische und auf einen gerechten Ausgleich bedachte Gesellschaft und jeder freiheitliche Staat dem der Rechtshilfe bedürftigen Bürger gegen sich selbst zur Verfügung stellen müsse. Diese gesellschaftliche Gegenmacht solle dem Bedrohten mit allen gesetzlich unverbotenen Mitteln helfen, eine etwaige illegitime Machtausübung der Gesellschaft und das ihn bedrohende staatliche Gewaltmonopol abzuwehren.[86]

---

78 Hier meint Beulke den Fall des Verzichts auf Rechte des Beschuldigten, der letztendlich immer diesem vorbehalten sein müsse, der Wille des Verteidigers stehe insoweit immer hinter dem des Beschuldigten zurück, vgl Beulke Verteidiger 87 und 34
79 Beulke Verteidiger 200–201
80 Dornach und damit Beulke ebenfalls nachfolgend siehe auch v Stetten StV 1995, 607, 609
81 Dornach Der Strafverteidiger als Mitgarant 122
82 Dornach Der Strafverteidiger als Mitgarant 122
83 Dornach Der Strafverteidiger als Mitgarant 121 f
84 Holtfort Der Anwalt als soziale Gegenmacht – in »Strafverteidiger als Interessenvertreter, Berufsbild und Tätigkeitsfeld« 37–47
85 Holtfort Der Anwalt als soziale Gegenmacht 45
86 Holtfort Der Anwalt als soziale Gegenmacht 45 f

d)   Der Interessenvertreter nach Welp

Welp hat in zwei Untersuchungen[87] seine Ansicht dargelegt, dass der Verteidiger **29** kein Organ, insbes zur Wahrheitsermittlung, sei.[88] Vielmehr sei sein dialektischer Anteil an dem gerichtlichen Erkenntnisprozess nicht mehr als ein Reflex der Vertretung von Beschuldigteninteressen. Als Wahrer dieses partikulären Interesses sei der Verteidiger kein Organ der Rechtspflege, sondern Interessenvertreter.[89] Der Beschuldigte des Verfahrens definiere diese Interessen aus seiner autonomen Stellung,[90] der Verteidiger sei jedoch in der Ausübung der Rechte des Beschuldigten als dessen Vertreter, anders als dieser selbst, gehindert aktiv zu lügen oder Beweismittel zu trüben.[91] Diese Einschränkung der Vertreterstellung aus den Grundsätzen des Strafprozesses als formalisiertem Verfahren beschränke diese nicht in unzulässiger Weise, denn auch der Beschuldigte habe kein Recht auf Beweisvereitelung, wie der Haftgrund der Verdunklungsgefahr zeige.[92]

e)   Hassemer

Hassemer[93] will den Begriff des Organs der Rechtspflege nicht vollständig verdrän- **30** gen. Nach seinem Verständnis kommt darin zutreffend zum Ausdruck, dass der Verteidiger nicht nur einen Beistand leiste, wie ihn jeder unbeteiligte Dritte auch leisten könnte, sondern dass er erstens diesen Beistand auf der Basis einer besonderen professionellen Qualifikation leiste, die der des Berufsrichters und Staatsanwalts formell gleich sei; zweitens seine Tätigkeit nicht nur im privaten Interesse des Beschuldigten, sondern zugleich im öffentlichen Interesse stehe und drittens seine Stellung im Verfahren mit besonderen Garantien ausgestattet sei.[94] Im Organbegriff kommen aber nach seiner Ansicht zwei fundamentale Qualitäten nicht zu ihrem Recht. Erstens handele der Verteidiger aufgrund einer Vertrauensbeziehung, die ihn mit seinem Mandanten verbinde und zweitens sei er berechtigt und verpflichtet, streng einseitig zugunsten des Beschuldigten zu agieren.[95] Frühzeitig hatte Hassemer jedoch bereits darauf hingewiesen, dass es letztendlich aber in diesem Streit der Theorien und Begriffe nicht von Belang sei, unter welcher begrifflichen Flagge man segele. Sondern es seien vielmehr die konkreten Fragen der Rechte des Verteidigers und seines Verhältnisses zum Beschuldigten zu entscheiden.[96] Entsprechend diesem Motto setzt er den von ihm statuierten Vorrang der Interessen des Beschuldigten vor dem öffentlichen Interesse konsequent in den Einzelfragen um.[97] Ähnlich Welp sieht er aber den Verteidiger nicht als schlichten Vertreter des Beschuldigten oder als dessen verlängerten Arm.[98]

---

87 Welp ZStW 90 (1978)101–131 im selben Band 804–828
88 Welp ZStW 90 (1978) 817 oben
89 Welp ZStW 90 (1978) 817 oben
90 Welp ZStW 90 (1978) 117 oben
91 Welp ZStW 90 (1978) 818 Mitte
92 Welp ZStW 90 (1978) 819 1. Absatz
93 Der zwischenzeitlich zum Bundesverfassungsrichter gewählt worden ist
94 Formularbuch-Hassemer 5
95 Formularbuch-Hassemer 5
96 Hassemer ZRP 1980, 326, 328 l Sp
97 Formularbuch-Hassemer 7, 8 unten, 10 unten, 12 oben, 15
98 Formularbuch-Hassemer 15 oben

f) Lüderssen

31 Die ausführlichste Stellungnahme zum Verteidiger als vertraglich gebundenem Vertreter von Parteiinteressen findet sich in der Kommentierung der §§ 137 ff StPO von Lüderssen in der 25. Auflage des Löwe-Rosenberg. Aus historischen[99] und konstitutionellen[100] Überlegungen kommt Lüderssen zu dem Schluss, dass eine der Aufgaben des von der Gesellschaft abzugrenzenden Staates die Sicherung einer vorstaatlichen Freiheitssphäre des Bürgers sei.[101] An dieser Stelle erwähnt er den Autonomiestatus des Beschuldigten im Strafverfahren.[102] Er führt weiter aus: »Es ist Ausdruck der allmählich durchgesetzten Anerkennung der Autonomie des Beschuldigten, dass die zentrale Norm – § 137 Abs 1 – ihm das Recht gibt, sich ... des Beistandes eines Verteidigers zu bedienen. Die Respektierung der Subjektrolle des Beschuldigten wäre nur halb vollzogen, wenn der beistehende Verteidiger die dienende Rolle verlassen würde und etwas ohne oder gegen den Willen des Beschuldigten tun dürfte. Da unsere Rechtsordnung auf der anderen Seite – ... – private Positionen nicht als Basis genuiner Abhängigkeitsverhältnisse anerkennt, bleibt für die Ausgestaltung der Beziehungen zwischen Beschuldigtem und Verteidiger nur die – für die gesamte Privatrechtsgesellschaft typische – Rechtsform des Vertrages«.[103]

32 Der Vertrag zwischen dem Beschuldigten und dem Verteidiger sei ein Dienstvertrag gemäß § 611 BGB mit zwei Besonderheiten. Zum einen handele es sich um Dienste höherer Art, so dass § 627 BGB, jederzeite fristlose Kündigung, Anwendung finde und zum anderen sei Gegenstand des Vertrages eine Geschäftsbesorgung mit der Folge der Anwendbarkeit der §§ 675, 665 BGB, die ein Abweichen von Weisungen des Auftraggebers unter bestimmten Voraussetzungen zulassen.[104] Grenzen des Vertrages bestünden in den §§ 134, 138, 276 BGB.[105] Auch hinsichtlich der Pflichtverteidigung geht Lüderssen von der Geltung dieser Normen aus, da er die Bestellung des Pflichtverteidigers als ein hoheitlich eingeleitetes Vertragsverfahren zwischen dem Beschuldigten und dem Anwalt charakterisiert.[106]

3. Einfluss des Verfassungsrechts und der Menschenrechtskonvention

33 Die Stellung des Verteidigers lässt sich – insoweit ist den meisten Autoren, die die Position aufgrund der geltenden (insbes strafprozessualen) Bestimmungen beschreiben, zumindest methodisch zuzustimmen – nur aus dem Kontext aller geltenden Normen herleiten. Ansatzpunkte sind zum einen die – worauf Lüderssen zu Recht hinweist – Autonomie des beschuldigten Bürgers und dessen Subjektstellung im Verfahren und zum anderen das Grundrecht des Anwalts auf eine nur durch Gesetz begrenzte und begrenzbare Berufsausübung iSd Art. 12 I GG, wie die Rechtsprechung des BVerfG dies vor allem in den Entscheidungen aus dem Jahre 1987 zum anwaltlichen Standesrecht formuliert hat.[107] Andere versuchen, zB aus

---

99 Vgl die Darstellung der geschichtlichen Entwicklung durch LR-Lüderssen Vor § 137 Rn 5 bis 27
100 LR-Lüderssen Vor § 137 Rn 28 bis 32
101 LR-Lüderssen Vor § 137 Rn 30 aE
102 LR-Lüderssen Vor § 137 Rn 31
103 LR-Lüderssen Vor § 137 Rn 33
104 LR-Lüderssen Vor § 137 Rn 35
105 LR-Lüderssen Vor § 137 Rn 36 bis 39
106 LR-Lüderssen Vor § 137 Rn 57 bis 64
107 Vgl BVerfGE 76, 171 und oben die Fn 37 ff

Art. 103 I GG, eine Institutsgarantie für den Verteidiger herzuleiten[108] und gelangen von diesem Ausgangspunkt zu ähnlichen Ergebnissen.

Aber auch aus einer anderen Richtung – die in unserer Rechtsordnung häufig vernachlässigt oder gar übersehen wird – erwächst dem Gedanken der Herleitung des Verteidigungsrechts aus der Autonomie des beschuldigten Bürgers maßgebliche Unterstützung.

34

a)   Art. 6 III MRK

Art. 6 III MRK gibt dem Beschuldigten folgende Verfahrensgarantien:

35

3. Jeder Angeklagte hat mindestens (englischer Text) insbesondere (französischer Text) die folgenden Rechte:

a) in möglichst kurzer Frist in einer für ihn verständlichen Sprache in allen Einzelheiten über die Art und den Grund der gegen ihn erhobenen Beschuldigung in Kenntnis gesetzt zu werden;
b) über ausreichende Zeit und Gelegenheit zur Vorbereitung seiner Verteidigung zu verfügen;
c) sich selbst zu verteidigen oder den Beistand eines Verteidigers seiner Wahl zu erhalten und, falls er nicht über die Mittel zur Bezahlung eines Verteidigers verfügt, unentgeltlich den Beistand eines Pflichtverteidigers zu erhalten, wenn dies im Interesse der Rechtspflege ist;
d) Fragen an die Belastungszeugen zu stellen oder stellen zu lassen und die Ladung und Vernehmung der Entlastungszeugen unter denselben Bedingungen wie die der Belastungszeugen zu erwirken;
e) die unentgeltliche Beiziehung eines Dolmetschers zu verlangen, wenn der Angeklagte die Verhandlungssprache des Gerichts nicht versteht oder sich nicht darin ausdrücken kann.

Diese Garantien zeigen deutlich, welchem Standard nach Ansicht der Vertragsstaaten der MRK ein den in der MRK kodifizierten Menschenrechten genügendes Verfahren entsprechen muss. Hilfestellung bei der Definierung der Rechtsstellung des Verteidigers leistet Art. 6 III c MRK, wonach sich der Angeklagte – und auch bereits als Beschuldigter[109] im Vorverfahren (iSd deutschen Sprachgebrauchs der betroffene Bürger im Ermittlungsverfahren, zB § 170 II StPO) – eines Verteidigers seiner Wahl bedienen darf oder ihm ein Pflichtverteidiger bestellt werden muss,[110] wenn dies im Interesse der Rechtspflege liegt.

36

b)   Art. 6 III c MRK und seine Auslegung durch den EGMR

Der Europäische Gerichtshof ist in der Auslegung dieser Norm weiter vorangeschritten, als es der bundesdeutschen Rechtsprechung der ordentlichen Gerichte bisher deutlich geworden zu sein scheint. Im sog Fall Artico gegen Italien hatte der Gerichtshof in seinem Urteil vom 13. Mai 1980[111] die Konstellation des untätigen

37

---

108 So Jahn Konfliktverteidigung 212 mit einer Darstellung des Diskussionsstandes auf den Seiten 209 bis 212
109 Sofern Prozesshandlungen in Frage stehen, die für die Entscheidung über die Anklage von Bedeutung sind, vgl Frowein/Peukert MRK Art. 6 Rn 187 mwN aus der Rechtsprechung des EuGH
110 Zur Frage eines Verwertungsverbotes aufgrund mangelhafter Achtung des Rechts auf Verteidigerbeistand im Ermittlungsverfahren vgl auch BGH 1 StR 380/03, Beschl v 18.12.2003
111 EuGRZ 1980, 662 bis 667

Pflichtverteidigers zu entscheiden. Dem Betroffenen war seitens der Gerichte ein Pflichtverteidiger bestellt worden. Dieser erklärte ihm, er könne wegen anderweitiger Verpflichtungen seine Interessen nicht wahrnehmen und empfahl ihm einen Kollegen. Der Betroffene bat daraufhin den bestellten Verteidiger, für die Ernennung eines Vertreters Sorge zu tragen, was dieser bei Gericht unter Hinweis auf die Schwere der Aufgabe und seinen Gesundheitszustand schriftlich beantragte.[112] Eine Prozesshandlung hatte der Anwalt zu keinem Zeitpunkt vorgenommen.[113] Die italienischen Gerichte entbanden weder den Anwalt noch bestellten sie einen anderen.

38   In den Entscheidungsgründen hat der Gerichtshof im Wesentlichen ausgeführt:

»33. Wie die Kommission in Ziff 87–89 ihres Berichts festgestellt hat, garantiert Abs 3 c) das Recht auf eine angemessene Verteidigung entweder durch den Angeklagten selbst oder durch einen Verteidiger; dieses Recht wird verfestigt durch eine Verpflichtung auf seiten des Staates, in gewissen Fällen einen Rechtsbeistand unentgeltlich zu gewähren.

Der Beschwerdeführer hat behauptet, das Opfer einer Verletzung dieser Pflichten zu sein. Die Regierung andererseits hat die Verpflichtung mit der Bestellung als erfüllt angesehen und hat angeführt, die späteren Ereignisse beträfen die Republik Italien in keiner Weise. In den Augen der Regierung blieb Rechtsanwalt D. R. bis ganz zum Schluss und ›für alle Zwecke‹ der Anwalt des Beschwerdeführers, obgleich er die Erfüllung der ihm am 8. August 1972 durch den Präsidenten der Zweiten Strafkammer des Kassationsgerichts anvertrauten Aufgabe abgelehnt hatte. Nach Ansicht der Regierung hat sich der Beschwerdeführer, kurz gesagt, über das Versäumnis beklagt, einen Vertreter [für Rechtsanwalt D. R.] zu bestellen; dies bedeute jedoch, ein Recht geltend zu machen, das nicht gewährleistet sei.

Der Gerichtshof ruft in Erinnerung, dass die Konvention nicht bestimmt ist, theoretische oder illusorische Rechte zu garantieren, sondern Rechte, die konkret sind und Wirksamkeit entfalten. Dies gilt insbesondere für die Rechte der Verteidigung im Hinblick auf die herausragende Stellung, die das Recht auf ein faires Gerichtsverfahren in einer demokratischen Gesellschaft einnimmt, dem jene Rechte entstammen (…). Wie die Delegierten der Kommission zu Recht betont haben, spricht Art. 6 Abs 3 c) von ›Beistand‹ und nicht von ›Bestellung‹. Die Bestellung alleine gewährleistet eben keinen solchen wirksamen Beistand, denn der zum Pflichtverteidiger bestimmte Anwalt mag sterben, schwer krank sein oder sich seinen Aufgaben entziehen. Falls den Behörden das Eintreten eines solchen Umstandes bekannt wird, haben sie den Anwalt entweder zu ersetzen oder darauf hinzuwirken, dass er seinen Verpflichtungen nachkommt. Wenn man die einschränkende Auslegungsweise der Regierung übernähme, würde dies zu Ergebnissen führen, die unvernünftig und weder mit dem Wortlaut des Abs 3 c) noch mit der Struktur des Art. 6 insgesamt vereinbar wären; in vielen Fällen könnte sich die Gewährung unentgeltlichen Rechtsbeistands als wertlos erweisen«.[114]

39   Im Fall Goddi gegen Italien hat der Gerichtshof diese Sichtweise durch Urteil vom 9. April 1984 bestätigt[115] und in einer weiteren Entscheidung die geschilderte Aus-

---

112 EuGRZ 1980, 662 r Sp unten unter 2
113 Vgl insoweit auch den Bericht der Europ. Komm. für Menschenrechte zum Fall Artico, EuGRZ 1979, 495, 496 l Sp oben
114 EuGRZ 1980, 664 r Sp ab Ziff 33; Hervorhebungen durch den Verf
115 EuGRZ 1985, 234, 236 unter Ziff 27 = StV 1985, 441; beide Urteile sind besprochen bei Frowein/Peukert MRK Art. 6 Rn 190 (Goddi) sowie 198 (Artico); zur Verpflichtung des Gerichtes bei Formfehlern eines Pflichtverteidigers und der Verantwortung des Staates, wenn wegen des

legung des Begriffes »Beistand« und das Erfordernis einer wirksamen Verteidigung bekräftigt.[116]

c) Der Rang der Menschenrechtskonvention im bundesdeutschen Recht

Nach derzeit noch als herrschend zu bezeichnender Auffassung kommt der MRK der Rang eines einfachen Bundesgesetzes zu.[117] Nach dieser Ansicht stellt Art. 59 II GG die einschlägige Inkorporationsnorm dar.[118] Das BVerfG hat dennoch den Regelungen der MRK als Auslegungshilfe für den Inhalt und die Reichweite der Grundrechte nach dem Grundgesetz weitgehende Bedeutung beigemessen. Es führt dazu aus:

40

»Die Unschuldsvermutung ist eine besondere Ausprägung des Rechtsstaatsprinzips und hat damit Verfassungsrang. Sie ist auch kraft Art. 6 Abs 2 EMRK Bestandteil des positiven Rechts der Bundesrepublik Deutschland im Range eines Bundesgesetzes (vgl BVerfGE 19, 342 [347]; 22, 254 [265]; 25, 327 [331]; 35, 311 [320]). Wenn das BVerfG sich zur Definition der Unschuldsvermutung auf den Wortlaut des Art. 6 Abs 2 EMRK bezogen hat (BVerfGE 35, 311 [320]), der in der Bundesrepublik den Rang von Verfassungsrecht nicht genießt, so beruht dies auf der rechtlichen Wirkung, die das In-Kraft-Treten der Konvention auf das Verhältnis zwischen den Grundrechten des Grundgesetzes und ihnen verwandten Menschenrechten der Konvention hat. Bei der Auslegung des Grundgesetzes sind auch Inhalt und Entwicklungsstand der Europäischen Menschenrechtskonvention in Betracht zu ziehen, sofern dies nicht zu einer Einschränkung oder Minderung des Grundrechtsschutzes nach dem Grundgesetz führt, eine Wirkung, die die Konvention indes selbst ausgeschlossen wissen will (Art. 60 EMRK). Deshalb dient insoweit auch die Rechtsprechung des Europäischen Gerichtshofs für Menschenrechte als Auslegungshilfe für die Bestimmung von Inhalt und Reichweite von Grundrechten und rechtsstaatlichen Grundsätzen des Grundgesetzes. Auch Gesetze – hier die Strafprozessordnung – sind im Einklang mit den völkerrechtlichen Verpflichtungen der Bundesrepublik Deutschland auszulegen und anzuwenden, selbst wenn sie zeitlich später erlassen worden sind als ein geltender völkerrechtlicher Vertrag; denn es ist nicht anzunehmen, dass der Gesetzgeber, sofern er dies nicht klar bekundet hat, von völkerrechtlichen Verpflichtungen der Bundesrepublik Deutschland abweichen oder die Verletzung solcher Verpflichtungen ermöglichen will«.[119]

Der Kernsatz dieser Darlegungen, dass bei der Auslegung des Grundgesetzes auch Inhalt und Entwicklungsstand der Europäischen Menschenrechtskonvention in Betracht zu ziehen sind, sofern dies nicht zu einer Einschränkung oder Minderung des Grundrechtsschutzes nach dem Grundgesetz führt, hebt die Regelungsgehalte des Art. 6 III MRK in der Auslegung durch die Kommission und den Gerichtshof

41

Formfehlers ein zustehendes Rechtsmittel genommen wird: EGMR, Urt v 10. 10. 2002 (Czekalla/Portugal) = NJW 2003, 1229 ff; bzgl einer Verletzung von Art. 10 EMRK vgl EGMR (II. Sektion), Urt. v 28. 10. 2003, 39657/98 (Steur/Niederlande) NJW 2004, 3317 ff: Disziplinarmaßnahmen gegen einen Rechtsanwalt wegen Vorwurfs der Aussageerpressung gegen die Behörden
116 Vgl ÖJZ 1994, 467 ff; ÖJZ 1995, 196 ff
117 Vgl BVerfGE 19, 342, 347; 74, 358, 370; 82, 106, 114; NJW 1993, 3254, 3256
118 Vgl die Übersicht in Wilfinger Das Gebot effektiven Rechtsschutzes in Grundgesetz und Europ MRK, 189 ff mwN ab Fn 297 ff; vgl auch dort ausführlich zu den Gegenstimmen insbes von Echterhölter, der den Rechten der MRK über Art. 1 II GG Verfassungsrang einräumt und den weiteren Versuchen, die MRK-Regelungen als Bestandteile des Völkerrechts über Art. 25 GG zu deklarieren 191 bis 197
119 BVerfGE 74, 358, 370; vgl auch Wilfinger aaO 197 bis 200

faktisch auf das Geltungsniveau der Justizgrundrechte der Art. 101 ff GG. Die Gerichte und Staatsanwaltschaften als unmittelbar Handelnde und prozessuale Entscheidungsträger gegenüber dem Verteidiger bzw dem betroffenen Bürger haben in ihrer täglichen Praxis daher auch neben den Grundrechten die Rechte aus Art. 6 III MRK ausdrücklich zu beachten.

d) Schlussfolgerungen

42 Die Verteidigerstellung mit ihren Rechten und Pflichten ist aus der Gewährleistung der MRK sowie den Art. 1, 2, 5, 12 I, 20, 101 ff GG zu betrachten.[120] Staatliche Inpflichtnahmen des Anwalts bzw Verteidigers sieht die MRK nicht vor, auch das GG im Übrigen ausdrücklich nicht. Die MRK orientiert sich am anglikanischen Vorbild des Parteiprozesses im Strafverfahren, so dass sich die Beantwortung der Einzelfragen, die sich im deutschen Strafprozessrecht und zur Rechtsstellung des Verteidigers stellen, auf dem Hintergrund und in den Begrenzungen dieser Normen halten muss.

43 Der EuGH hat in der oben dargestellten Entscheidung Artico gegen Italien ausdrücklich angemahnt, dass Art. 6 III c MRK nur dann genügt ist, wenn konkrete und wirksame Verteidigung stattfindet.[121] Die Möglichkeiten der Justiz zur Kontrolle und Überwachung von Verteidigertätigkeit, die dadurch zum Schutze des betroffenen Bürgers gefordert werden, sind an anderer Stelle zu erörtern. Für den Verteidiger selbst ergibt sich, dass die Justiz ihm alle Tätigkeiten, die zur sachgerechten Verteidigung erforderlich sind, ermöglichen und gestatten muss.

44 Was sachgerechte Verteidigung bedeutet, ist stets aus der Sicht des Rechtsträgers, des durch die Regelungen der MRK und des GG Geschützten, zu bestimmen. Dass dabei gleichzeitig in das Berufsgrundrecht des Anwalts aus Art. 12 I GG eingegriffen wird, ist selbstverständlich. Einfachgesetzliche Regelungen in Verfahrensgesetzen wie der Strafprozessordnung sind im Lichte und Wechselspiel dieser grundrechtlich und menschenrechtlich geschützten Rechtsbereiche auszulegen und anzuwenden. Der Begriff »Organ der Rechtspflege« hat dabei keine eigene argumentative oder normative Kraft. Die dargestellte Rechtsprechung des BVerfG zeigt dies deutlich auf. Sachlich ist er eine Leerformel, die die Gefahr in sich trägt, seitens der Rechtsprechung der ordentlichen Gerichte immer wieder als repressives Mittel im jeweiligen Einzelfall mit Leben gefüllt zu werden. Um dieser Gefahr zu begegnen, sollte in einer der nächsten Gesetzesnovellierungen der BRAO der Organbegriff entweder im Sinne der Grund- und Menschenrechtsnormen ausgefüllt und konkretisiert oder aber gestrichen werden. Selbst »wenn mit dem Begriff Organ der Rechtspflege lediglich die selbstverständliche Bindung an Recht und Gesetz« sowie die Unabhängigkeit des Verteidigers betont wird,[122] ist er in den aufgezeigten Entscheidungen der ordentlichen Gerichte in der Regel als Mittel zur Beschränkung von Verteidigertätigkeit benutzt worden. Der Verteidiger kann nicht der Garant für ein umfassend ordnungsgemäßes und zügiges Verfahren vor den ordentlichen Gerichten sein. Diese Aufgabe fällt den Richtern selbst und der »objektivsten Behörde der

---

120 Vgl dazu auch die Ausführungen des BVerfG im Rahmen der Geldwäschenentscheidung vom 30. 3. 2003, 2 BvR 1520/01, 1521/01 = NJW 2004, 1305, 1308 l Sp sowie zuletzt BVerfG 14. 1. 2005, http://www.bverfg.de/entscheidungen/rk20050114 2 bvr 197503.html

121 Ihm folgend BGHSt 38, 345, 349; StV 2000, 235; vgl die ausführliche Darstellung bei Konrad Die Beschlagnahme von Verteidigungsunterlagen 64

122 KK-Laufhütte Vor § 137 Rn 5

Welt« zu. Der Verteidiger ist »nur« der Garant für eine bestmögliche Verteidigung.[123]

Wichtig, und insbes im Rahmen dieses Handbuches zu betonen, ist die Tatsache, **45** dass das BVerfG die ordentlichen Gerichte und die übrige Praxis etwa der Anwaltskammern und Ehrengerichte in vielen Fragen der Rechtsanwendung zugunsten der Anwaltschaft korrigiert hat. Man sollte sich daher zu keinem Zeitpunkt scheuen, argumentativ auf die dargestellten Regelungen zurückzugreifen und bereits Polizei und Staatsanwaltschaft im Ermittlungsverfahren darauf hinzuweisen. In diesem Zusammenhang ist die Rechtsprechung des BVerfG zur Hinweispflicht des Beschwerdeführers auf die Grundrechtsverletzung bereits gegenüber den ordentlichen Gerichten zu beachten.[124] Wenn in die Rechtsstellung des Verteidigers eingegriffen und die Verteidigung behindert wird, sollte daher die Verletzung der Grundrechtsnormen und des Art. 6 III MRK immer wieder thematisiert werden.

III. Die Strafbarkeit des Verteidigers – Zulässiges und unzulässiges Verteidigerverhalten

Unabhängig von der soeben dargestellten systematischen und dogmatischen Einordnung des Verteidigers endet dessen Pflicht bzw sein Recht, die Interessen des Mandanten bestmöglich zu vertreten, an der Schwelle der eigenen Strafbarkeit. Die Festlegung dieser Grenze bestimmt sich aber – wie oben[125] gezeigt – maßgeblich nach dem Verständnis der Institution der Strafverteidigung, welches gesellschaftssystematisch in einer bestimmten Zeit vertreten wird. In der Natur einer aktiven und engagierten Strafverteidigung liegt eine gewisse Nähe zu bestimmten – sog »verteidigungsspezifischen« – Straftatbeständen.[126] Die Grenzziehung zwischen »guter Verteidigung« und unzulässigen und strafrechtlich relevanten Verhaltensweisen wird in Literatur und Rechtsprechung kontrovers diskutiert.[127] Eine einheitliche Unterscheidung anhand klarer Abgrenzungskriterien scheint aufgrund der Komplexität der Materie sowie den unzähligen unterschiedlichen Einzelfallgestaltungen[128] kaum möglich. Daher werden im Folgenden – ohne Anspruch auf Vollständigkeit – lediglich die wichtigsten »verteidigungsspezifischen« Tatbestände der §§ 153, 258, 267, 356 StGB, der Meinungsstand sowie deren praktische Relevanz in typischen Fallgestaltungen erörtert. Im Übrigen wird auf die Darstellung in den Hand- bzw Großkommentaren verwiesen. Nur auf die Geldwäschestrafbarkeit gem § 261 StGB sei eingangs dieses Abschnitts ausführlicher eingegangen, da hier die wirtschaftlichen Grundlagen der Berufsausübung existentiell betroffen sein können.

1. § 261 StGB – Geldwäsche durch den Verteidiger

Obschon die Frage nach einer verfassungsgemäßen Anwendung des § 261 StGB im **47** Hinblick auf Verteidigerhonorar inzwischen vom Bundesverfassungsgericht[129] ent-

---

123　So auch Widmaier NStZ 1992, 519, 522 f; vgl auch die Ausführungen unter Rn 58 bis 66 zur
　　　sog Konfliktverteidigung
124　Vgl zB BVerfGE 66, 337, 364; dazu kritisch Schlaich Das Bundesverfassungsgericht Rn 249
　　　mwN
125　Rn 3 bis 11
126　Insbes die §§ 267, 356, 263, 129, 129 a, 154, 26, 159, 185 StGB
127　Insbes unter dem Gesichtspunkt einer Privilegierung des Strafverteidigers; vgl zu den verschiedenen methodischen Herangehensweisen Wohlers StV 2001, 420 ff
128　Beispielsweise von der Vorlage eines evtl unrichtigen ärztlichen Attests bis zur aktiven Fluchthilfe
129　BVerfG, Urt. v. 30. 3. 2004, 2 BvR 1520/01, 1521/01 = NJW 2004, 1305

schieden wurde und die Problematik damit an praktischer Brisanz verloren hat,[130] bleibt die Geldwäschestrafbarkeit für den Verteidiger von zentraler Bedeutung. Aus diesem Grunde werden in einer Übersicht die historische Entwicklung dieses Tatbestandes, der heutige Rechtszustand in legislativer Hinsicht und die seitens der Europäischen Union diskutierten Verschärfungen erörtert, um die Tragweite der Regelungen und die »Regelungswut« der beteiligten Instanzen zu verdeutlichen.

a) Europäische und nationale Rechtslage

48 Der Straftatbestand der Geldwäsche, § 261 StGB, der im Jahre 1992 im Rahmen des OrgKG[131] in das Strafgesetzbuch eingefügt worden ist, beruht auf europarechtlichen Verpflichtungen sowie Empfehlungen internationaler Expertengremien, denen der Gesetzgeber Rechnung tragen wollte und musste.

aa) EU-Geldwäsche-Richtlinie 1991, Novelle 2001 und aktuelle Änderungsvorschläge

49 Bereits 1991 hatte die Europäische Gemeinschaft die Richtlinie 91/308/EWG[132] erlassen, nachdem andere internationale Gemeinschaften zuvor Konventionen ähnlicher Art[133] verabschiedet hatten. Der Regelungsgehalt der Richtlinie bezog sich auf Kredit- und Finanzinstitute und hatte eine Kriminalisierung der Geldwäsche, auch über Gelder aus Drogenhandel oder der organisierten Kriminalität hinaus, zum Ziel.[134] Nach Art. 2 der Richtlinie mussten die Mitgliedstaaten innerstaatlich Geldwäsche untersagen. Art. 12 besagte bereits damals, dass die Mitgliedstaaten ebenfalls dafür zu sorgen haben, dass die Bestimmungen der Richtlinie ganz oder teilweise auf Berufe und Unternehmenskategorien ausgedehnt werden soll, die zwar keine Kredit- und Finanzinstitute seien, jedoch Tätigkeiten ausüben, die besonders geeignet sind, für Zwecke der Geldwäsche genutzt zu werden. Im Jahre 2001 – mittlerweile wurde die Geldwäscheproblematik aufgrund der Vorkommnisse vom 11. September 2001 neben der Bekämpfung organisierter Kriminalität auch insbesondere unter dem Gesichtspunkt der Terrorismusbekämpfung diskutiert – trat die Novelle der EG-Geldwäscherichtlinie von 1991 (2001/97/EG)[135] in Kraft. Für Rechtsanwälte von Bedeutung sind insbesondere die Erwägungsgründe 16 ff sowie die Art. 6 ff. Danach erstreckt sich die Verpflichtung zur umfassenden Zusammenarbeit mit den für die Bekämpfung der Geldwäsche zuständigen Behörden zwar auch auf Angehörige rechtsberatender Berufe, welche jedoch von den normierten Verpflichtungen freizustellen sind, wenn es um Informationen geht, »*die diese von einem oder über einen ihrer Klienten im Rahmen der Beurteilung der Rechtslage für diesen erhalten oder erlangen, oder die sie im Rahmen ihrer Tätigkeit als Verteidiger oder Vertreter dieses Klienten in einem Gerichtsverfahren oder be-*

---

130 Zur Unsicherheit und Besorgnis in der Praxis vgl Brüssow/Petri AnwBl 2004, 114 ff; Müller, StraFo 2004, 3 ff

131 BGBl I 1302

132 Richtlinie 91/308/EWG des Rates vom 10. 6. 1991 zur Verhinderung der Nutzung des Finanzsystems zum Zweck der Geldwäsche, Abl EG Nr. L 166/77 v 28. 6. 1991, S 0077–0082

133 Vgl die Wiener Drogenkonvention der UN von 1988, die Vorgaben des Weltwirtschaftsgipfels in Paris 1989 sowie die Konvention des Europarates von 1990; zur Entwicklung vgl Leip Geldwäsche 32–34, ausführlich Hoyer/Klos Geldwäsche 36–60

134 Vgl zur Geschichte und Intention der Geldwäschebekämpfung auch Altenkirch Techniken der Geldwäsche und deren Bekämpfung, S 74 ff (78)

135 Richtlinie 2001/97/EG des Europäischen Parlaments und des Rates vom 4. Dezember 2001 zur Änderung der Richtlilnie 91/308/EWG des Rates zur Verhinderung der Nutzung des Finanzsystems zum Zwecke der Geldwäsche, abgedruckt in NJW 2002, 804 ff; KammerForum 2002, 25 ff; vgl zu den Neuerungen auch Hetzer, Kriminalistik 2002, 74 ff (77); Wegner NJW 2002, 794 ff (795, 796); Hellwig, AnwBl 2002, 144 ff

treffend ein solches, einschließlich einer Beratung über das Betreiben oder Vermeiden eines Verfahrens, vor oder nach einem derartigen Verfahren erhalten oder erlangen«.[136] Die berufliche Geheimhaltungspflicht im Rahmen der Rechtsberatung bleibt demnach im Kern unberührt. Etwas anderes gilt lediglich, wenn der Rechtsberater selbst an Geldwäschevorgängen beteiligt ist, die Rechtsberatung zum Zwecke der Geldwäsche erteilt wird oder der Rechtsanwalt weiß, dass der Klient die Rechtsberatung zum Zwecke der Geldwäsche in Anspruch nimmt. Diese die freien Berufe – darunter insbesondere auch Anwälte – u. U. in den Pflichtenkreis miteinbeziehende Änderungsrichtlinie sowie die 8 Washingtoner Empfehlungen der Financial Action Task Force on Money Laundering (FATF) vom 30./31. Oktober 2001 zur Bekämpfung der Terrorismusfinanzierung wurden von Deutschland mit dem am 15. August 2002 nach vergleichsweise kurzem Gesetzgebungsverfahren in Kraft getretenem »neuen Geldwäschebekämpfungsgesetz« umgesetzt. Während die Umsetzung der Änderungsrichtlinie in einigen EU-Staaten noch andauert, werden bereits Überlegungen im Hinblick auf weitere Verschärfungen angestellt.[137] Auf die Erfolgstauglichkeit der fortschreitenden Inpflichtnahme bestimmter Berufsgruppen sowie eines jeden Bürgers zur Bekämpfung von Organisierter Kriminalität und Terrorismus und die daraus resultierenden verfassungsrechtlichen Bedenken[138] ist an dieser Stelle nicht einzugehen.

bb) § 261 StGB und GWG

Eine Strafbarkeit nach § 261 I StGB ist nach dem Wortlaut des Gesetzes gegeben, wenn jemand in Kenntnis der Tatumstände, dh der Herkunft des Gegenstandes aus einer der im Katalog des § 261 I 2 Nr. 1 bis 5 StGB genannten Taten, diesen verbirgt, die Herkunft verschleiert oder die staatlichen Ermittlungen und den Zugriff vereitelt oder gefährdet. Der ursprüngliche Tatbestand der Norm erfuhr mehrfach Veränderungen, insbesondere durch Einführung des heutigen zweiten Absatzes im Jahre 1994 [139] sowie der Erweiterung des Vortatenkataloges um die gewerbsmäßige Steuerhinterziehung (§ 370 a AO).[140] Seitdem ist in Erweiterung der bis dato bestehenden Rechtslage zusätzlich derjenige strafbar, der sich oder einem Dritten einen solchen Gegenstand beschafft, verwahrt oder für sich oder einen Dritten verwendet, wenn er zum Zeitpunkt der Erlangung die Herkunft kannte oder – nach Abs 5 – leichtfertig verkannt hat.[141]

50

Unterstützt werden die Regelungen des § 261 StGB durch das 1993 erlassene Geldwäschegesetz.[142] In diesem Gesetz sind Grenzbeträge, Identifizierungs- und Feststellungspflichten des Annehmenden sowie die Aufzeichnung von Informationen, deren Aufbewahrung und Verwendung geregelt.[143] Eine – insbesondere seitens der Standesvereinigungen heftig kritisierte[144] – Novellierung des Geldwäschegesetzes

51

---

136 NJW 2002, 805 1. Sp, 807 1. Sp
137 Siehe dazu Sommer, AnwBl 2005, 50 ff
138 Bzgl der Vereinbarkeit von den im GWG normierten Verpflichtungen mit dem Grundgesetz vgl Wittig, AnwBl 2004, 195 ff
139 Gesetz vom 29. 10. 1994 BGBl I 3186
140 Vgl zum »Werdegang« des § 370 a AO sowie den damit verbundenen Änderungen des § 261 StGB: Burmeister/Uwer, AnwBl 2004, 205 ff; Bittmann, wistra 2003, 161 ff
141 Zu § 261 V im Zusammenhang mit Verteidigerhonorar vgl Sauer, wistra 2004, 89 ff
142 BGBl I 1770
143 Vgl dazu im Hinblick auf rechtsberatende Berufe: Wegner, NJW 2002, 2276 ff
144 Vgl Stellungnahme der Strafverteidigervereinigungen zu dem Entwurf eines Gesetzes zur Verbesserung der Bekämpfung der Geldwäsche und der Bekämpfung der Finanzierung des Terrorismus (Geldwäschebekämpfungsgesetz) Bundestagsdrucksachen 14/8739; Stellungnahme der Rechtsanwaltskammer Köln zum Entwurf des GwG, KammerForum 2002, 155 ff; von Galen, NJW 2003, 117 ff

als Folge der EU-Änderungsrichtlinie erfolgte 2002. Im Rahmen der anwaltlichen Tätigkeit bedeutsam ist die oben beschriebene Ausdehnung von Identifizierungs-, Aufzeichnungs- und geheimzuhaltenden Anzeigepflichten bei bestimmten Katalog-geschäften über den Finanzsektor hinaus auch auf die bisher ausgenommenen rechtsberatenden Berufe.[145] Dass die normierten Pflichten – insbesondere zur Iden-tifizierung und Anzeige – geeignet sind, das von der Verfassung geschützte Vertrau-ensverhältnis zwischen Anwalt und Mandant nachhaltig zu erschüttern, steht außer Frage. Ob die Einschränkungen durch die Freistellung im Rahmen der Rechtsbera-tung unter verfassungsrechtlichen Aspekten als ausreichend zu erachten sind, kann im Rahmen dieses Beitrags nicht erörtert werden.[146]

b)　Problemstellung und Meinungsstand vor dem Urteil des BVerfG

52　In der Zeit vor dem klarstellenden Urteil des Bundesverfassungsgerichts stellte sich die Rechtsprechung im Hinblick auf eine Strafbarkeit des Strafverteidigers wegen Annahme bemakelter Gelder als höchst uneinheitlich dar. Die aus den wider-sprüchlichen Urteilen resultierende Ungewissheit darüber, unter welchen konkre-ten Voraussetzungen sich ein Verteidiger im Rahmen eines »Katalogtaten-Mandats« der Gefahr einer eigenen Strafbarkeit nach § 261 StGB aussetzte, führte zu erheb-licher Unsicherheit und Besorgnis unter den Praktikern.

aa)　Rechtsprechung

53　Der 2. Senat des Hans. OLG Hamburg[147] bejahte zwar die grundsätzliche Anwend-barkeit des § 261 StGB auf das bemakelte Verteidigerhonorar, kam jedoch im Wege einer verfassungskonformen Auslegung[148] zu dem Ergebnis, dass die Annahme des-selben durch den Verteidiger nicht den Tatbestand erfüllen könne, soweit er nicht vorsätzlich oder leichtfertig den Anspruch des Verletzten aus der Straftat vereitelt.[149] Das LG Frankfurt[150] hingegen verurteilte zwei Verteidiger zu einer Freiheitsstrafe von neun Monaten, welche zur Bewährung ausgesetzt wurde. Der 2. Senat des BGH bestätigte diese Entscheidung mit Urteil vom 4. Juli 2001[151] und löste damit heftige Kritik aus.[152] Nach Ansicht des Senats sind nach dem Wortlaut des § 261 StGB weder Verteidiger noch Verteidigerhonorare vom Anwendungsbereich der Norm ausgenommen. Eine derartige Ausnahmeregelung sei mit dem Zweck des Gesetzes, den Vortäter weitestgehend zu isolieren, nicht vereinbar und unter Zu-grundelegung der Entstehungsgeschichte vom Gesetzgeber nicht gewollt. Auch einen Eingriff in die Berufsausübungsfreiheit sowie einen Verstoß gegen Art. 6 MRK verneint der Senat unter Hinweis auf den Anspruch des Beschuldigten auf Pflichtverteidigung für den Fall, dass dieser nicht über ausreichende legale Finanz-

---

145　Zur Auswirkung der Neuerungen auf die Tätigkeit von Anwälten ausführlich: Dombeck, ZAP 2003, 543 ff; insbesondere im Hinblick auf wirtschaftsrechtliche Beratung: Burmeister/Uwer, AnwBl 2004, 199 ff; Wegner, NJW 2002, 2276 ff; Groß-Wilde, MDR 2002 12 88 ff
146　Vgl Wittig, AnwBl 2004, 193 ff; Stellungnahme der RAK Köln aaO
147　StV 2000, 140 = StraFo 2000, 96 = NJW 2000, 673
148　Insbes unter den Gesichtspunkten der Nichtvereinbarkeit mit dem Grundsatz des rechtsstaat-lich geordneten Strafverfahrens sowie dem Recht des Rechtsanwalts auf freie Berufsausübung
149　Krit zur vom OLG vorgenommen teleologischen Reduktion des § 261 und für eine Vorlage nach Art. 100 I GG: Reichert, NStZ 2000, 311 ff
150　FAZ vom 5. 5. 2000; BGH StV 2001, 506
151　StV 2001, 506 ff
152　Vgl Bernsmann StraFo 2001, 344 ff; Leitner StraFo 2001, 390; Amelung, AnwBl 6/2002, 347 ff; Matt GA 2002, 139 ff. Dem BGH dagegen zust: Peglau wistra 2001, 461; Neuheuser NStZ 2001, 647 ff; Gotzens/Schneider wistra 2002, 121 ff

mittel verfüge. Aufgrund der Erforderlichkeit eines Anfangsverdachts für Ermittlungen gegen den Verteidiger wegen Geldwäsche sei auch das rechtsstaatlich geschützte Vertrauensverhältnis zum Mandanten nicht gefährdet.

bb) Literatur

Während vereinzelt eine Teilnichtigkeit des § 261 StGB angenommen wurde, verbunden mit der Forderung nach einer Gesetzesänderung,[153] ging die Literatur überwiegend von der Möglichkeit einer verfassungskonformen Anwendung der Norm aus.[154] Nach den in verschiedenen Ausprägungen vertretenen sog »Tatbestandslösungen« erfolgte die Begründung eines Verteidigerprivilegs bereits auf der Ebene des objektiven Tatbestandes.[155] Dogmatisch entgegengesetzt argumentierten die Vertreter der »Vorsatzlösungen«, wonach nur ein mit direktem Vorsatz handelnder Verteidiger nach § 261 StGB strafbar sein sollte.[156] Schließlich sahen andere Autoren den bemakelte Gelder annehmenden Strafverteidiger als gerechtfertigt an.[157]

54

c) Urteil des BVerfG vom 30. März 2004 und praktische Konsequenzen

Mit Urteil vom 30. März 2004[158] entschied das Bundesverfassungsgericht den og »Frankfurter Fall« und damit erstmals die Streitfrage nach den verfassungsrechtlichen Grenzen der Anwendung des § 261 StGB auf die Annahme von Strafverteidigerhonorar. Dem Urteil lag folgender Sachverhalt zu Grunde: Zwei auch strafrechtlich tätige Anwälte nahmen nach der Verhaftung ihrer Mandanten 200 000 DM in bar als Honorarvorschuss für die Vertretung im Haftbefehlsverfahren entgegen, obwohl sie sicher wussten, dass das Geld aus den durch ihre Mandanten begangenen Betrugstaten herrührte. Die Beschwerdeführer machten ua eine Verletzung ihrer Berufsausübungsfreiheit aus Art. 12 I GG geltend und rügten die Gefährdung der Institution der Strafverteidigung. Zwar blieb die Verfassungsbeschwerde im Ergebnis ohne Erfolg, jedoch nahm das Bundesverfassungsgericht diesen Fall zum Anlass, ausführlich zur Problematik Stellung zu beziehen und der vom LG Frankfurt und vom BGH vertretenen Auffassung weitestgehend eine deutliche Absage zu erteilen. In der Urteilsbegründung werden die wichtigsten Aspekte wie folgt zusammengefasst:[159]

55

»Im Ergebnis bleibt den Verfassungsbeschwerden der Erfolg versagt. Der BGH hat zwar die Tragweite der durch Art. 12 I 1 GG verfassungsrechtlich verbürgten Freiheit der Berufsausübung und die rechtsstaatliche Bedeutung der Institution der Strafverteidigung nicht hinreichend beachtet. Die Verurteilung der Beschwerdeführer durch das LG wegen wissentlich begangener Geldwäsche ist jedoch im Ergebnis von Verfassungs wegen nicht zu beanstanden.

Den angegriffenen Entscheidungen liegt die im Grundsatz verfassungsrechtlich nicht zu beanstandende Auffassung zu Grunde, dass die Annahme eines Honorars oder

---

153 Schäfer/Wittig, NJW 2000, 1387; Burger/Peglau wistra 2000, 161; Hefendehl FS Roxin (2001) 145 ff
154 Vgl zu den zahlreichen Ansätzen ausführlich Bussenius Geldwäsche und Strafverteidigerhonorar, 128 ff; Mehlhorn Der Strafverteidiger als Geldwäscher, 141 ff
155 Vgl beispielsweise Salditt StraFo 2002, 181 ff; von Galen, StV 2000, 575 ff; Kulisch, StraFo 1999, 337 ff; Barton, StV 1993, 165 ff
156 Matt, GA 2002, 137 ff; Grüner/Wasserburg GA 2000, 430 ff
157 »Rechtfertigungslösung« insbesondere vertreten von Bernsmann, StV 2000, 41 ff; vgl auch Ambos JZ 2002, 70 ff; Hamm NJW 2000, 636 ff
158 NJW 2004, 1305 ff; EuGRZ 2004, 333 ff; wistra 204, 217 ff
159 NJW 2004, 1306

eines Honorarvorschusses durch einen Strafverteidiger den Straftatbestand der Geldwäsche iSd § 261 II Nr. 1 StGB erfüllen kann. Die Strafvorschrift des § 261 II Nr. 1
StGB stellt insoweit allerdings einen Eingriff in die verfassungsrechtlich verbürgte
freie Berufsausübung des Strafverteidigers dar, der mit dem Grundgesetz unvereinbar
wäre, wenn er die Berufsfreiheit unverhältnismäßig einschränkte und dadurch das Institut der Wahlverteidigung gefährdete. Die Vorschrift kann jedoch verfassungskonform einengend dahin ausgelegt werden, dass die Honorarannahme durch einen
Strafverteidiger nur bei positiver Kenntnis der Herkunft des Honorars strafbare
Geldwäsche ist. Strafverfolgungsbehörden und Gericht sind darüber hinaus verpflichtet, im Rahmen der ihnen zugewiesenen Aufgaben auf die besondere Stellung
der Strafverteidiger schon ab dem Ermittlungsverfahren Rücksicht zu nehmen.«

56   Das Urteil ist – insbesondere von den Praktikern und Interessensverbänden – überwiegend wohlwollend und mit Erleichterung aufgenommen worden.[160] Folgende
– zuvor heftig umstrittene – Einzelfragen sind damit entschieden:

Eine Übereinstimmung mit dem BGH lässt sich der Urteilsbegründung insofern
entnehmen, als dass ein genereller tatbestandlicher Ausschluss des Strafverteidigers
abgelehnt wird. Ein solcher sei aufgrund der Tatsache, dass der Gesetzgeber den
Verteidiger bewusst nicht aus dem Tatbestand des § 261 II StGB herausgenommen
habe, mit der Gesetzgebungsgeschichte nicht vereinbar.[161] Jedoch sei die besondere
Situation von Strafverteidigern seitens der Legislative nicht bedacht worden, was
die Möglichkeit einer einengenden Auslegung eröffne.

Entgegen der Ansicht des BGH hebt das Bundesverfassungsgericht hervor, dass
§ 261 II Nr. 1 StGB für den Strafverteidiger einen Eingriff in sein Grundrecht auf
freie Berufsausübung aus Art. 12 I 1 GG bedeutet. Unter Hinweis auf die Bedeutung des Grundsatzes der freien Advokatur sowie der Institution der Strafverteidigung wird festgestellt, dass »das Risiko, sich durch die Entgegennahme eines
Honorars oder Honorarvorschusses im Rahmen eines Wahlmandats wegen Geldwäsche strafbar zu machen, das Recht des Strafverteidigers gefährdet, seine berufliche Leistung in angemessenem Umfang wirtschaftlich zu verwerten.« Weiterhin
konstatiert das Gericht, dass »die Wahrnehmung dieser beruflichen Aufgabe und
der Umstand, dass der Strafverteidiger aus dem Verteidigungsverhältnis Informationen sowohl über den Lebenssachverhalt, der dem Tatvorwurf zu Grunde liegt, als
auch über die Vermögensverhältnisse seines Mandanten erlangt, das Risiko des
Strafverteidigers, selbst in den Anfangsverdacht einer Geldwäsche zu geraten, signifikant erhöhen kann.« Bezogen auf die subjektive Weite der Norm kommt das Gericht letztlich zu dem treffenden Schluss: »Die Vorschrift des § 261 II StGB kann
das berufliche Leitbild des Strafverteidigers erschüttern.[162]«

Auch hinsichtlich der Pflichtverteidigung, die laut BGH eine ausreichende Kompensation der durch § 261 StGB beeinträchtigten Wahlverteidigung darstellt und
geeignet ist, die Freiheit der Advokatur zu gewährleisten, spricht das Bundesverfassungsgericht klare Worte: »Die Niederlegung des Mandats und die Bestellung des
gewählten Verteidigers zum Pflichtverteidiger gleichen den Verlust der Berufsausübungsfreiheit nicht aus, sondern machen ihn sinnfällig.[163]« Ein pauschaler Verweis
auf die mögliche Pflichtverteidigung kann danach nicht genügen.

---

160 Vgl beispielsweise Anm in NStZ 2004, 259 ff
161 NJW 2004,1307
162 NJW, 2004, 1308
163 NJW 2004, 1310 (wohl versehentlich »sinnfähig« gedruckt in NJW)

Zur (mangelnden) Verfassungskonformität der Auslegungsweise des BGH wird ausgeführt: »Ein durch diese weite Auslegung der Strafnorm des § 261 II Nr. 1 StGB bewirkter Eingriff in die Berufsausübungsfreiheit der Strafverteidiger wäre verfassungsrechtlich nicht in vollem Umfang gerechtfertigt. Er verstieße ohne verfassungskonforme Reduktion gegen den Grundsatz der Verhältnismäßigkeit (...) Eine völlige Freistellung des Strafverteidigers von der Strafandrohung des § 261 II Nr. 1 StGB wird vom Prinzip der Verhältnismäßigkeit jedoch nicht gefordert (...) Der Eingriff ist verfassungsrechtlich gerechtfertigt, wenn der Strafverteidiger im Zeitpunkt der Entgegennahme des Honorars sicher weiß, dass dieses aus einer Katalogtat herrührt. Die bewusste Übertragung bemakelter Vermögenswerte unter dem Schirm des verfassungsrechtlich geschützten Vertrauensverhältnisses ist ein Missbrauch der privilegierten Verteidigerstellung, der vor der Verfassung keinen Schutz verdient. Weiß der Strafverteidiger im Zeitpunkt der Annahme des Verteidigerhonorars sicher, dass die erhaltenen Mittel aus einer Katalogtat herrühren, so tritt er aus seiner Rolle als Organ der Rechtspflege heraus (...) Damit steht zugleich fest, dass § 261 V StGB, der in subjektiver Hinsicht Leichtfertigkeit genügen lässt, auf die Honorarannahme durch Strafverteidiger keine Annahme findet.[164]«

Schließlich mahnt das Bundesverfassungsgericht die Strafverfolgungsbehörden zur besonderen Rücksichtnahme auf die verfassungsrechtlich geschützten Rechtsgüter, insbesondere im Rahmen der Entscheidung, ob ein Anfangsverdacht der Geldwäsche gegen einen Strafverteidiger vorliegt. Die bloße Übernahme eines Wahlmandates könne dafür nicht genügen, vielmehr setzte der Anfangsverdacht greifbare Anhaltspunkte für eine Bösgläubigkeit des Verteidigers voraus. Als Indikatoren werden beispielsweise eine außergewöhnliche Höhe des Honorars oder die Art und Weise der Erfüllung genannt. Auch die Strafgerichte werden angehalten – insbesondere innerhalb der richterlichen Beweiswürdigung – der besonderen Rolle der Strafverteidiger Rechnung zu tragen.

*Das Bundesverfassungsgericht hat sich damit der sog »Vorsatzlösung« angeschlossen und die Grenzen für die Praxis klar abgesteckt: **Nur sicheres Wissen von der Kontaminierung eines Honorars kann eine Strafbarkeit des Verteidigers begründen.*** Ob mit diesem Urteil nicht zumindest durch das »Ja« zum Kampf gegen die organisierte Kriminalität ein Teil verfassungsrechtlich geschützter effektiver Strafverteidigung geopfert wurde,[165] mag an dieser Stelle ebenso dahinstehen wie die Kritik an der dogmatischen Herleitung.[166] Mit Skepsis zu erwarten ist die Umsetzung durch Staatsanwaltschaften und Gerichte. Wie hoch die Strafverfolgungsbehörden in der Praxis die Schwelle des Anfangsverdachtes setzen werden, insbesondere, in welcher Höhe ein Honorar noch als »angemessen« erachtet werden wird,[167] werden die nächsten Jahre zeigen.[168] Im jüngsten Beschluss des Bundesverfassungsgerichts zur Thematik[169] wurde bereits ein Durchsuchungsbeschluss für Kanzleiräumlichkeiten wegen Geldwäscheverdachts mangels ausreichenden Tatverdachts aufgehoben. Vor allem die Handhabung durch die Staatsanwaltschaften sollte stets unverzüglicher

57

---

164 NJW 2004, 1311, 1312
165 So von Galen, NJW 2004, 3305
166 Zum Urteil beispielsweise: Bussenius Geldwäsche und Strafverteidigerhonorar 190 f; Mühlbauer, HRRS 2004 Nr. 238; Fischer, NStZ 2004, 473 ff
167 Burhoff, ZAP 2004, 631 f; Mühlbauer, HRRS 2004 Nr. 238
168 Als positiv zu nennen beispielsweise LG Gießen, Beschl v 23. 4. 2004 zur Nachforschungspflicht eines Verteidigers bzgl der Legalität der Einnahmequellen des Mandanten sowie zur Begründung eines Anfangsverdachts gegen den Verteidiger wegen Geldwäsche und anderer Delikte
169 BVerfG, Beschl v 14. 2. 2005, 2 BvR 1975/03

Überprüfung durch die Gerichte zugeführt werden, da im »Eifer des Gefechts« auch die Waffe eines Geldwäscheverfahrens gegen den Verteidiger genutzt werden wird.

2.   § 258 StGB – Strafvereitelung oder zulässige Strafverteidigung?

58   Der für Strafverteidiger »gefährlichste« Tatbestand ist die Strafvereitelung, § 258 StGB. Primäres Ziel im Rahmen einer jeden verteidigenden Tätigkeit ist eine irgendwie geartete Besserstellung des – ggf schuldigen – Mandanten, sei es in Form einer möglichst milden Sanktionierung oder eines Freispruchs. Auch § 258 StGB beinhaltet eine »Besserstellung« des begünstigten Vortäters: Strafbar macht sich, »wer absichtlich oder wissentlich ganz oder zum Teil vereitelt, dass ein anderer dem Strafgesetz gemäß wegen einer rechtswidrigen Tat bestraft wird oder einer Maßnahme (§ 11 Abs 1 Nr. 8) unterworfen wird.« Dem Wortlaut nach wird durch den uferlosen Begriff des »Vereitelns« pauschal das grundlegende Handeln des Verteidigers unter Strafe gestellt.[170] Einigkeit besteht insoweit, als dass eine solche – vom Wortlaut gedeckte – Auslegung mit der anerkannten Institution der Strafverteidigung nicht zu vereinbaren ist. Zur Eingrenzung des Begriffs und der daraus resultierenden Abgrenzung zwischen zulässigem und unzulässigem Verhalten werden unterschiedliche Ansätze vertreten.

a)   Meinungsstand

59   In der Literatur finden sich zahlreiche Stellungnahmen und Lösungsansätze zur Problematik, deren umfassende Darstellung den Rahmen dieses Handbuchbeitrags sprengen würde.[171] Von der Zugrundelegung des Standesrechts, dem Berufen auf das »Leitbild des Verteidigers«, der Aufstellung von Ordnungsprinzipien, Abgrenzung nach den Kriterien von Täterschaft und Teilnahme bis zur Annahme von Sozialadäquanz wird jeder dogmatisch denkbare und vertretbare Weg zur Lösung des Konflikts beschritten.[172] Grundsätzlich lassen sich die diversen Ansätze nach der Zugrundelegung prozessualen oder außerprozessualen Rechts unterscheiden.[173]

60   Überwiegend wird von Rechtsprechung und Literatur das Prozessrecht als entscheidendes Abgrenzungskriterium herangezogen. § 258 StGB ist danach »akzessorisch« und ein »Annex des Strafverfahrensrechts«.[174] Prozessordnungsgemäßes Verhalten schließt danach die materielle Strafbarkeit aus.

Mit Urteil vom 2. September 1992[175] entschied der 1. Strafsenat den Fall, dass ein Verteidiger eine Urkunde im Verfahren zur Rückerlangung einer hinterlegten Kaution vorlegte, bei der er selbst erhebliche Zweifel über die Richtigkeit des Inhalts hatte. Der Verteidiger – so die Formulierung im Sachverhalt – habe billigend die Falschheit der Urkunde in Kauf genommen.[176] Nachdem eine Strafbarkeit nach § 258 StGB mangels direkten Vorsatzes verneint wurde, hatte sich der BGH mit der

---

170 Jedenfalls bei Verteidigung eines schuldigen Täters erscheint zumindest immer eine Versuchsstrafbarkeit des Verteidigers als möglich
171 Ausführliche Darstellung der verschiedenen Varianten sowie deren Bewertung: Zeifang Die eigene Strafbarkeit des Strafverteidigers im Spannungsfeld zwischen prozessualem und materiellem Recht 7 ff
172 MwN: Zeifang aaO
173 Vgl auch Dessecker, GA 2005, 143 ff
174 Vgl Zeifang aaO, S 7
175 BGHSt 38, 345
176 Vgl die Sachverhaltsdarstellung BGHSt 38, 345 bis 347

Strafbarkeit gem § 267 StGB auseinanderzusetzen, welcher Eventualvorsatz genügen lässt. Dieser hätte nach den allgemeinen Abgrenzungskriterium bejaht werden müssen. Um jedoch ein nach seiner Vorstellung einzelfallgerechtes Urteil zu erreichen, verneinte der Senat zwar einen »besonderen Rechtfertigungsgrund der Wahrnehmung von Verteidigerpflichten«, räumte aber ein, dass es für einen Verteidiger bei dieser Gesetzeslage zu schwierigen Situationen kommen könne. Es käme – würde eine Strafbarkeit nach § 267 StGB bejaht werden – zu unterschiedlichen Behandlungen der Wortverteidigung und der mit Sachmitteln untermauerten.[177] Nach Ansicht des Senats sollen diese »Unstimmigkeiten« durch eine sorgfältige und strenge Prüfung ausgeräumt werden, ob – zumindest – bedingt vorsätzliches Verhalten des Verteidigers tatsächlich vorliegt. »Ein Strafverteidiger ist verpflichtet, seinen Mandanten bestmöglich zu verteidigen. Ihm vorliegende oder zugängliche Beweismittel zu Gunsten seines Mandanten muss er einbringen. In diesem Rahmen ist er zwar verpflichtet, darauf zu achten, dass er nicht gefälschte oder sonst als unrichtig erkannte Beweismittel vorlegt. Hat er aber insoweit lediglich Zweifel an der Echtheit, ist er deshalb nicht befugt, dieses zurückzuhalten. Andernfalls würde er in Kauf nehmen, ein möglicherweise echtes, entlastendes Beweismittel zu unterdrücken. Wird ein Strafverteidiger in dieser Weise tätig, wird in der Regel davon auszugehen sein, dass der Verteidiger, der sich darauf beschränkt, ihm von seinem Mandanten zur Verfügung gestellte oder benannte Beweismittel in ein gerichtliches Verfahren einzubringen, strafbares Verhalten nicht billigt, selbst bei erheblichen Zweifeln an der Richtigkeit oder Zuverlässigkeit der eingeführten Beweise. Vielmehr wird der Verteidiger solche Beweismittel im Regelfall mit dem inneren Vorbehalt verwenden, das Gericht werde sie seinerseits einer kritischen Prüfung unterziehen und ihre Fragwürdigkeit nicht übersehen. Dieser Vorbehalt ergibt sich daraus, dass der Verteidiger als Organ der Rechtspflege fremde Interessen wahrnimmt. Etwas anderes könnte dann gelten, wenn der Verteidiger über zusätzliche Informationen verfügt, etwa, wenn ihm der Mandant mehr oder weniger deutlich zu erkennen gegeben hat, das Vorbringen sei erlogen, die Beweismittel seien gefälscht«.[178]

Dieses dogmatische und argumentative Vorgehen des Senats wurde in der Literatur heftig kritisiert. Während Otto[179] im Wege einer rechtfertigenden Interessenskollision über § 34 StGB zum selben Ergebnis kommt, schlagen Scheffler und v Stetten[180] vor, § 258 StGB mit einer Sperrwirkung bzgl tateinheitlich begangener Delikte wie §§ 267, 263 StGB auszustatten. Jahn[181] und Stumpf[182] hingegen lehnen dies ab und postulieren den Vorrang des Verfahrensrechts vor dem materiellen Strafrecht. Einigkeit besteht jedoch insoweit, dass es dem Verteidiger möglich sein muss, die Interessen seines Mandanten durchzusetzen, solange er nicht bewusst falsche Urkunden vorlegt. Daher mag der dogmatische Streit im Rahmen dieses Handbuchs unentschieden bleiben, wenn auch vieles für die klare Lösung von Otto über § 34 StGB spricht.

Wer jedoch – wie der BGH in seiner Rechtsprechung – den anderen Organen der Rechtspflege ein Privileg im Rahmen des § 336 StGB zuerkennt, sollte überdenken,

61

---

177 Beispielsweise dürfe der Verteidiger zwar – trotz erheblicher Zweifel – die Behauptung des Mdt einbringen, ihm habe eine (für die Strafbarkeit relevante) Urkunde vorgelegen, die Urkunde selbst (deren Echtheit zweifelhaft ist) dürfe er jedoch nicht vorlegen

178 BGHSt 38, 345, 250 f

179 Otto FS Lencker, 193, 212

180 StV 1995, 606, 610 f in Reaktion auf Beulke JR 1994, 116

181 Ausführlich in seine Frankfurter Dissertation aus dem Jahre 1997, veröffentlicht 1998 als »Konfliktverteidigung« und Inquisitionsmaxime, 349 ff

182 NStZ 1997, 7

warum Verteidigern, die nach der Rechtsprechung ebenfalls Rechtspflegeorgane sind, dieses Recht nicht zuerkannt wird. Auch Art. 12 I GG sollte in diese Überlegungen einbezogen werden. Einerseits dem Verteidiger Pflichten zur ordnungsgemäßen Teilnahme und Gewährleistung einer funktionstüchtigen Strafrechtspflege aufzuerlegen, ihm aber – und den anderen Organen nicht, die ebenfalls diese Pflicht haben – bei Verletzung dieser Pflichten keine Sperrwirkung entsprechend § 336 StGB zugute kommen zu lassen, dürfte den Kernbereich des Art. 3 GG berühren. Dies beschneidet die Berufsausübung des Verteidigers, so dass eine Verletzung von Art. 12 GG zu prüfen ist.

Im Urteil vom 9. Mai 2000[183] führt der BGH aus, der Verteidiger dürfe grds alles tun, was in gesetzlich nicht zu beanstandender Weise dem Mandanten nütze, allerdings lediglich im Rahmen verfahrensrechtlich erlaubter Mittel und nicht im Wege einer Verdunklung des Sachverhaltes oder Erschwerung der Strafverfolgung. Dieser immer noch sehr weite Anwendungsbereich wird – in Anlehnung an das soeben erörterte Urteil[184] – durch hohe Anforderungen auf subjektiver Ebene eingeschränkt: »Beim Verteidigerhandeln sind aber an das voluntative Element der Vereitelungsabsicht – erst recht – diejenigen strengen Beweisanforderungen zu stellen, die der BGH (BGHSt 38, 345) für die Beweiswürdigung zum Nachweis des bedingten Vorsatzes bei verteidigungsspezifischem Handeln im Hinblick auf Straftaten nach den §§ 153 ff, 267 ff StGB verlangt hat.«[185]

b) Schlussfolgerungen

62 Zusammenfassend ist demnach für die Praxis[186] festzuhalten, dass hinsichtlich einer Strafbarkeit nach § 258 StGB subjektiv hohe Anforderungen gestellt werden und vorsätzliches Handeln nur bei sicher nachweisbarer Kenntnis angenommen wird.[187] Hegt der Verteidiger »nur« Zweifel an der Wahrheit der von ihm aufgestellten Tatsachenbehauptung und hält deren Unwahrheit nicht für ausgeschlossen, genügt dies nicht für einen die Strafbarkeit gem § 258 StGB begründenden Vorsatz. Abschließend ist bzgl des § 258 StGB noch darauf hinzuweisen, dass Strafvereitelung durch den Verteidiger auch in Form von Unterlassen gegeben sein kann, insbes im Zusammenhang mit der Aufbewahrung von – vom Beschuldigten übergebenen – belastenden Beweisstücken in der Kanzlei, wenn der dem Verteidiger zugestandene Prüfungszeitraum deutlich überschritten wird.[188]

3. Aussagedelikte – Anstiftung und Beihilfe

63 Durch Kontakt zu Zeugen und Sachverständigen kann sich eine Strafbarkeit des Verteidigers aus den §§ 153 ff StGB ergeben. Geschütztes Rechtsgut der Aussagede-

---

183 NJW 2000, 2433 = StV 2000, 427 ff; Verfahrensgegenstand war die Mitwirkung einer Verteidigerin an einer Vereinbarung ihres Mandanten mit der Hauptbelastungszeugin über deren Aussage sowie ein eventuell zu zahlendes Schmerzensgeld

184 BGHSt 38, 345

185 Zur Strafvereitelung durch Strafverteidiger s auch: BGH StV 2001, 108 f: (Versuchte) Aufforderung zur Flucht eines Mittäters als Beseitigung von Beweismitteln; BGH NStZ 1999, 188 f: Der angeklagte Verteidiger hatte an seinen Mandanten auf dessen Initiative Informationen weitergegeben, die dieser dazu nutzen wollte, im Verfahren wahrheitswidrig eine verminderte Schuldfähigkeit geltend zu machen

186 Insbes im Rahmen der Benennung von Zeugen und Vorlegen von Urkunden

187 Zur versuchten Strafvereitelung vgl OLG Frankfurt in NStZ-RR 2003, 238 ff

188 Vgl dazu Zeifang aaO 248 f

likte ist nach allgemeiner Ansicht die staatliche Rechtspflege; da es sich um eigenhändige Delikte handelt, sind Mittäterschaft sowie mittelbare Täterschaft regelmäßig ausgeschlossen, § 160 enthält insoweit eine Sonderregelung.[189] Teilnahme an
den Aussagedelikten kann sowohl durch aktives Tun als auch durch Unterlassen
geschehen, wobei sich die Abgrenzung von Beihilfe und Anstiftung uU schwierig
gestaltet. Wichtigster praktischer Anwendungsfall ist die Benennung von falsch
aussagenden und ggfs schwörenden Zeugen durch einen Beweisantrag. Zu einer
Einschränkung der Anwendbarkeit des Tatbestandes im Hinblick auf Strafverteidiger werden auch hier diverse argumentative Wege beschritten. Teils wird auf die
Eigenverantwortlichkeit des Zeugen abgestellt[190] und postuliert, der Verteidiger
verschaffe diesem durch die Benennung lediglich die objektive Möglichkeit zur
Tatbegehung. Das OLG Hamm beispielsweise fordert daher Umstände, »durch die
die Tat des selbstständig entschlossenen Täters günstiger gestaltet wird, sei es, dass
die Tat verabredet wird, sei es dass ihm zu verstehen gegeben wird, seine Falschaussage würde gedeckt«.[191] Überwiegend wird aber auf das Prozessrecht als maßgebliches Kriterium abgestellt; Prozessordnungsgemäßes Verhalten kann danach
keine Teilnahmestrafbarkeit begründen, da das materielle Strafrecht nicht Aktivitäten verbieten und bestrafen könne, die nach der jeweiligen Prozessordnung erlaubt
seien.[192]

Es bleibt ungeachtet aller dogmatischen Uneinigkeiten festzuhalten, dass allein Be-   **64**
denken des Verteidigers an der Wahrheit von Zeugenbekundungen eine Strafbarkeit nach §§ 153 ff StGB nicht zu begründen vermögen. Erforderlich ist vielmehr
positive und damit sicher nachweisbare Kenntnis von der Unwahrheit der Aussage,
sei es das Wissen von der Aufforderung des Beschuldigten oder eines Dritten gegenüber dem Zeugen zur Falschaussage, eine Bestärkung dessen Falschaussagewil-
lens oder eine entsprechende »Präparation« des Zeugen. Neben der Benennung
von Zeugen kommt eine Teilnahme an den Aussagedelikten auch durch den »Rat«
des Verteidigers, der Beschuldigte möge sich einen Zeugen »besorgen«, in Betracht, sowie die Bestärkung eines bereits vorhandenen Tatentschlusses und die
nicht mehr neutrale Beratung eines Zeugen. In der Literatur wird daher empfohlen, eine erforderliche Kontaktaufnahme zu einem Zeugen sowie den Kontakt
selbst formell – ggfs schriftlich – zu gestalten und durch Einsatz weiterer Zeugen
beweiskräftig zu sichern.[193] Zur Eigenabsicherung sollten daher erforderliche Gespräche mit Zeugen entweder mit deren Einverständnis aufgezeichnet oder in Gegenwart von Zeugen, möglichst solchen, die als Berufshelfer § 53 a StPO unterfallen, geführt werden.

4. Der Parteiverrat – § 356 StGB

Diese Norm gewinnt vor allem aufgrund der auch in der Anwaltschaft teilweise   **65**
schwierigen wirtschaftlichen Situation in den letzten Jahren immer mehr an Bedeutung. Rechtsgut der Norm ist das Vertrauen der Allgemeinheit in die Zuverlässig-

---

189 Vgl Tröndle/Fischer Vor § 153 Rn 2; zum Streitstand »Sonderdelikt/Wahrheitspflicht als be-
     sonderes persönliches Merkmal« vgl LK-Ruß Vor § 153 Rn 7 mwN
190 So beispielsweise Heinrich, JuS 1995, 1115 ff
191 OLG Hamm, NJW 1992, 1977
192 Vgl beispielsweise Wohlers, StV 2001, 420; übersichtliche Darstellung des Streitstandes bei Zei-
     fang aaO mwN
193 Vgl ua Parriger, StraFo 2003, 262, 264; Stern, StraFo 1992, 60

keit und Integrität der Anwaltschaft[194] sowie der Schutz des Mandanten.[195] Der Rechtsanwalt als Strafverteidiger ist geborener Täter dieses echten Sonderdeliktes.[196] Anvertraut im Sinne der Norm ist eine Rechtsangelegenheit, wenn der Auftraggeber oder Mandant ihm einen Sachverhalt mit der Bitte um Prüfung oder Wahrnehmung seiner Interessen mitteilt und der Anwalt den Auftrag nicht unverzüglich ablehnt.[197] Dabei lässt die Rechtssprechung jede Übertragung einer Interessenwahrnehmung[198] bzw das faktische Anvertrautsein ausreichen.[199] Problematisch war dieses Tatbestandsmerkmal bei der Beauftragung von Verteidigern, die in Sozietäten zusammengeschlossen sind. Mit Urteil vom 7. Juni 1994 hat der 5. Strafsenat des BGH ausgeführt:

»b) Eine solche Mandatsbeschränkung auf nur ein Mitglied der Sozietät ist im Hinblick auf § 356 StGB rechtlich unbedenklich (aA Hübner in LK 10. Aufl. § 356 Rdn 38 und Geppert, Der strafrechtliche Parteiverrat S 110). Zwar ist nach der Rechtsprechung des Bundesgerichtshofs in Zivilsachen (BGHZ 56,355; BGH MDR 1994,308) im Zweifel davon auszugehen, dass die Mandatsübernahme durch einen einer Anwaltssozietät angehörenden Rechtsanwalt auch seine Sozien verpflichtet. Diese Regelannahme schließt aber nicht aus, dass auch innerhalb einer Sozietät das Mandatsverhältnis nur zu einem der Sozien begründet werden kann (BGHZ 56,355,358; Rudolphi in SK-StGB 29. Lfg § 356 Rdn 11; Dahs JR 1986,349). Abzustellen ist allein darauf, wer nach dem ausdrücklich oder schlüssig erklärten Willen des Mandanten der Rechtsanwalt sein sollte, von dem die Erfüllung der anwaltlichen Pflichten erwartet wurde (BGH aaO). Diese rechtliche Beurteilung steht im Einklang mit der Rechtsprechung des Bundesverfassungsgerichts zu § 146 StPO (BVerfGE 43,79,93 ff), wonach mehrere Beschuldigte von jeweils anderen Anwälten einer Sozietät verteidigt werden können.

c) Der Umstand, dass die Geschädigte eine Strafprozeßvollmacht unterschrieben hat, die auf die Namen aller vier Rechtsanwälte der Kanzlei Dr. F. und Partner ausgestellt war, steht der Annahme der Mandatsbeschränkung ebensowenig entgegen wie der Umstand, dass Rechtsanwalt Dr. F. die Vollmacht unter Verwendung der in dieser Kanzlei üblichen ›wir-Form‹ vorgelegt hat. Die Tatsache, dass ein Rechtsanwalt auf der Prozessvollmacht genannt ist, lässt in Fällen wie dem vorliegenden keine abschließende Aussage über das ›Anvertrautsein‹ zu (Cramer in Schönke/Schröder, StGB 24. Aufl. § 356 Rdn 10). Die Prozessvollmacht hat mit dem Verhältnis des Rechtsanwalts zu dem Mandanten ›nicht unbedingt etwas zu tun; sie soll lediglich den Anwalt nach außen legitimieren‹ (BGHZ 56,355,358; vgl auch BGHSt 36, 259, 260). Die Verwendung der ›wir-Form‹ ist für sich gesehen kein zwingendes Indiz. Ob es standesrechtlich geboten ist, die Vollmachtsurkunde einzugrenzen, um den Anschein einer Pflichtwidrigkeit zu vermeiden, hat der Senat nicht zu entscheiden.«[200]

Diese Sätze zeigen deutlich auf, welche Maßnahmen als Verteidiger zur klaren Darstellung der Vollmachtssituation erforderlich sind. Auch der in einer Sozietät tätige Verteidiger sollte eine Einzelvollmacht wählen, um allen Missdeutungen und den

---

194 BGHSt 15, 336; Tröndle/Fischer, § 356 Rn 1; zur Vertiefung vgl Prinz Parteiverrat 6 bis 21
195 Tröndle/Fischer § 356 Rn 1
196 Schönke/Schröder-Cramer § 356 Rn 4–6
197 Schönke/Schröder-Cramer, Rn 8; SK-Rudolphi-Rogall § 356 Rn 13 mwN
198 RGSt 62, 289, 291
199 Vgl auch OLG Köln StraFo 2002, 205, 206; siehe auch Baier wistra 2001, 402
200 BGHSt 40, 188, 189 f

daraus resultierenden Risiken zu entgehen. Für Bürogemeinschaften gilt dies naturgemäß nicht.[201]

Weiter ist für den Tatbestand des Parteiverrats erforderlich, dass der Anwalt in derselben Rechtssache beiden Parteien pflichtwidrig dient. Für die Prüfung, ob dieselbe Rechtssache vorliegt, kommt es auf das materielle Rechtsverhältnis, den sachlich-rechtlichen Inhalt der anvertrauten Interessen an.[202] Dieselbe Rechtssache wurde ua bejaht in folgenden Fällen: die Vertretung des unfallverursachenden Fahrers im Strafprozess und des Unfallgeschädigten im Schadensersatzprozess,[203] Verteidigung eines Geschäftsführers oder Vorstandes im Verfahren wegen Untreue zu Lasten der Gesellschaft und späterer Geltendmachung von Ansprüchen der Gesellschaft gegen den Vorstand oder Geschäftsführer,[204] bei Verteidigung eines einen Freispruch erstrebenden Beschuldigten und des als Alternativtäter in Betracht kommenden Zeugen,[205] bei Vertretung eines Verurteilten im Wiederaufnahmeverfahren und der Verteidigung eines früheren Belastungszeugen wegen Meineids.[206]

66

Der Anwalt muss beiden Parteien pflichtwidrig dienen. Im Strafverfahren sind Partei vor allem der Angeklagte und der Verletzte.[207] Weiterhin kommen Zeugen, die Staatsanwaltschaft und mitbeteiligte Täter als Parteien in Frage. Bei Zeugen ist zu prüfen, ob sie ein rechtlich geschütztes Interesse – ähnlich dem des Verletzten bzw. Opfers – am Sachverhalt haben. Liegt ein solches vor, scheidet eine anwaltliche Beratung oder Vertretung des Zeugen aus. Diese Konstellation erlangt nach der Entscheidung des BVerfG zum Recht des Zeugen auf anwaltlichen Beistand[208] durchaus praktische Relevanz. Ob Mit- oder Nebentätern im Verhältnis zum Beschuldigten eine Parteistellung zukommt, ist streitig.[209] Im Einzelfall sollte der Verteidiger besondere Vorsicht walten lassen, bevor er – auch im Rahmen der gesetzlich zulässigen sukzessiven Mehrfachverteidigung das Mandat annimmt. Unklar und selten offen erörtert ist die Parteistellung der Staatsanwaltschaft. Zwar spricht das Gebot objektiver Ermittlung vordergründig gegen eine derartige Einordnung, aber Schünemann hat zu Recht darauf hingewiesen, dass die Hauptverhandlung antagonistisch ausgestaltet sei und die Absprachenpraxis das Parteienverfahren faktisch installiere.[210] Relevant wird diese Betrachtung aufgrund der Zunahme der verfahrensbeendenden Absprachen. Kooperiert der Verteidiger ohne Not – zur eigenen Arbeitserleichterungen oder aus anderen Gründen – zu Lasten seines Mandanten im Rahmen eines Deals mit der Staatsanwaltschaft, könnte eine Strafbarkeit nach § 356 StGB in Betracht zu ziehen sein.[211]

Weiterhin ist tatbestandsmäßig erforderlich, dass der Anwalt pflichtwidrig dient. Ob die Pflichtwidrigkeit subjektiv oder objektiv zu bestimmen ist, ist streitig.[212] Für den hier interessierenden Strafprozess stellt die wohl als herrschend zu bezeichnende Literaturmeinung darauf ab, dass der Anwalt die Interessen des Man-

---

201 Schönke/Schröder-Cramer Rn 9 aE
202 Schönke/Schröder-Cramer Rn 12 mwN
203 BayObLG NJW 95, 607
204 Baier, wistra 2001, 401, 403 ff
205 OLG Zweibrücken NStZ 1995, 35, 36
206 BGHSt 5, 301, 304
207 BGHSt 5, 284, 285 f
208 BVerfGE 38, 105; ausführlich Prinz 67 bis 78
209 zum Streitstand siehe Schönke/Schröder – Cramer Rn 13
210 NJW 1989, 1895, 1900
211 Prinz 92 f
212 Schönke/Schröder-Cramer Rn 18 mwN

danten auf Freispruch bzw eine milde Strafe zu verfolgen hat, ohne an Weisungen des Mandanten gebunden zu sein. Daher sei eine subjektive Disposition des Mandanten nicht möglich, sondern nur eine objektive Bestimmung des Interessengegensatzes.[213] Ausgehend davon kann auch ein mögliches Einverständnis der Parteien mit der Tätigkeit für beide keine Relevanz haben,[214] zudem das geschützte Rechtsgut des Vertrauens der Allgemeinheit in die Anwaltschaft nicht der Disposition des Einzelnen unterliegen kann.

5. Sonstige »verteidigungsspezifische« Delikte

67 Neben den bereits erörterten Normen kommt einer Reihe weiterer Straftatbestände für den Verteidiger besondere Bedeutung zu. Sowohl im Rahmen verbaler Vorträge als auch in Schriftsätzen vermag sich engagierte Verteidigung aufgrund eindringlicher Wortwahl bis an die Grenze der Beleidigung[215] zu bewegen. Das Bemühen um eine Besserstellung des Mandanten kann aufgrund der teilweise erforderlichen Plastizität in die persönliche Sphäre anderer Verfahrensbeteiligter – sei es der Zeuge dessen Aussage angezweifelt wird oder der als befangen erscheinende Richter – eingreifen. In diesem Zusammenhang ist auf die Ausführungen des BVerfG[216] zu Art. 5 I GG hinzuweisen, wonach der Anwalt im »Kampf um das Recht« auch starke, eindringliche Ausdrücke und sinnfällige Schlagworte benutzen, ferner Urteilsschelte üben oder »ad personam« argumentieren darf, um beispielsweise eine mögliche Voreingenommenheit eines Richters oder die mangelnde Sachkunde eines Sachverständigen zu kritisieren.[217] Hinsichtlich der Möglichkeit der Verwirklichung von Urkundendelikten gem §§ 267, 274 StGB, insbesondere das Tatbestandsmerkmal »Gebrauchen einer falschen Urkunde« ist auf das oben erörterte Urteil des BGH[218] zu verweisen, mit welchem der BGH der sog »Vorsatzlösung« folgt. Auch auf die »wichtigste Pflicht des Anwalts«, das Schweigegebot, sowie den Verstoß gegen diese und eine daraus resultierende Strafbarkeit aus § 203 I Nr. 3 StGB soll aufgrund der wenigen verteidigungsspezifischen Probleme an dieser Stelle nicht näher eingegangen werden.[219]

6. Einzelfragen aus der täglichen Praxis

a) Information des Mandanten

68 Der betroffene Bürger hat selbst nach neuer Rechtslage[220] nur ein partielles Akteneinsichtsrecht, § 147 VII StPO. § 147 StPO gewährt dem Verteidiger die Befugnis, die dem Gericht vorliegenden oder vorzulegenden Akten einzusehen und die Be-

---

213 Schönke/Schröder-Cramer Rn 18
214 Tröndle/Fischer Rn 13
215 Welche standesrechtlich zugleich einen Verstoß gegen das Sachlichkeitsgebot darstellt
216 Vgl oben A. II. 1. a) Rn 14; außerdem: BVerfG, Beschl v 16. 7. 2003, 1 BvR 801/03 = BRAK-Mitteilungen 2003, 278 ff
217 Vgl auch AG Marburg Js 4259/02–57 Ds, zum Vorwurf der »dilatorischen Verfahrensführung« in Verbindung mit dem Vorwurf der Willkür seitens der Verteidigung; OLG Hamm in StraFo 2003, 244 ff, danach ist die Festsetzung von Ordnungsmitteln gegen einen »nicht zum Schweigen zu bringenden« Verteidiger unzulässig
218 BGHSt 38, 345 ff; zur Urkundenunterdrückung hinsichtl Beweismitteln vgl Zeifang aaO, 344 ff
219 Lesenswert zum Schweigerecht (§ 53 a StPO) bzw zur Schweigepflicht von »berufsmäßigen Gehilfen« (§ 203 III): Beukelmann, NJW-Spezial 2005, 87
220 Abs 7 ist durch das StVÄG 1999 vom 2. 8. 2000 eingefügt worden. Damit dürfte die deutsche Rechtslage sich der MRK angenähert haben

weismittel zu besichtigen. Ob der Verteidiger alle Informationen, die er durch die Einsicht, durch Gespräche mit Polizei, Staatsanwalt oder Gericht erlangt, an seinen Mandanten weitergeben darf, ist streitig. Der 3. Senat des BGH hat in der bereits genannten Entscheidung BGHSt 29, 99 erklärt, dass sachgerechte Strafverteidigung voraussetzt, dass der Beschuldigte weiß, worauf sich der gegen ihn erhobene Vorwurf stützt.[221] Der Senat schränkt dieses Recht aber für die Fälle ein, in denen die Information den Untersuchungszweck gefährden oder aber zu befürchten sei, dass verfahrensfremde Zwecke verfolgt würden.[222] Entsprechend finden sich in der Literatur Stimmen, nach denen der Verteidiger den Mandanten bei Übergabe einer Kopie der Akte oder eines Aktenauszuges eine Erklärung unterzeichnen lassen soll, die diese Begrenzungen ausdrücklich benennt.[223] Ferner soll er sich die Rückgabe der Kopie zusichern lassen.[224] Unzulässig soll es ferner sein, den Beschuldigten von Durchsuchungen oder Verhaftungen zu unterrichten,[225] wenn damit der Untersuchungszweck gefährdet sei.

Diese Auffassung[226] als Verteidiger zu praktizieren hieße der Justiz näher zu stehen   **69** als dem Mandanten. Deshalb sei auf eine Entscheidung des OLG Hamburg verwiesen;[227] dort wird zwar die Streitfrage unentschieden gelassen. Der Senat weist aber unter Hinweis auf Lüderssen[228] für die praktische Handhabung darauf hin, dass die Strafverfolgungsorgane davon auszugehen haben, dass der Verteidiger auch im Bereich des § 147 II StPO pflichtgemäß handelt, solange nicht die Ausschließungstatbestände der §§ 138 a ff StPO eingreifen.[229] Werden seitens der Staatsanwaltschaft Informationen versehentlich offengelegt, so kann es ebenfalls nicht Aufgabe des Verteidigers sein, diesen Fehler gegenüber seinem Mandanten für die Strafverfolgungsorgane durch eine Schweigepflicht gegenüber dem Mandanten auszugleichen. Wird dies als Rechtspflicht des Verteidigers bejaht, kann ein Vertrauensverhältnis zwischen Verteidiger und Mandant nicht entstehen; der Verteidiger wäre durch seine Nähe insbes zur Staatsanwaltschaft im falschen Lager postiert. Die dargestellte Auffassung des 3. Senats verkennt weiter, dass für eine konkrete und wirkliche Verteidigung, wie die MRK sie verlangt, vor allem das Vertrauensverhältnis zwischen dem Beschuldigten und dem Verteidiger vorhanden sein muss. Wie soll ein Beschuldigter seine Verteidigungsstrategie umfassend und offen mit dem Verteidiger besprechen können, wenn er damit rechnen muss, dass dieser über nicht zu offenbarende Informationen gegen ihn verfügt, die die festzulegende Verteidigungstaktik möglicherweise bereits obsolet werden lassen. Es ist daher zu hoffen, dass die Rechtsprechung Gelegenheit findet, die Entscheidung BGHSt 29, 99 zu korrigieren.

---

221 BGHSt 29, 99, 102 unter aa); zur Akteneinsicht bei U-Haft vgl BVerfG NStZ 1994, 551 = StV 1994, 1
222 BGHSt 29, 99, 103 oben
223 Burhoff Ermittlungsverfahren Rn 173–180, insbes Rn 180 unter Darstellung eines Musters einer derartigen Erklärung; ferner Meyer-Goßner § 147 Rn 23 unter Hinweis auf Dahs Handbuch 227 bis 230 der Vorauflage
224 Vgl das Muster bei Burhoff Ermittlungsverfahren Rn 180
225 KK-Laufhütte § 147 Rn 12
226 Vgl die weiteren Nachweise hierzu bei Beulke Strafbarkeit 207
227 StV 1991, 551
228 LR-Lüderssen § 147 Rn 134
229 StV 1991, 551 r Sp oben

b) Umfassende Rechtsberatung des Mandanten

70 Diese sich aus dem Anwaltsvertrag[230] ergebende Grundpflicht[231] des verteidigenden Rechtsanwalts, die auch in § 3 BRAO Niederschlag gefunden hat, soll dann eingeschränkt sein, wenn der Beschuldigte aufgrund der Raterteilung sein wahres Geständnis widerrufen[232] oder sich dem Verfahren entziehen kann.[233] Auch hier gilt, dass konkrete und wirksame Verteidigung iSd MRK und des GG nur dann gewährleistet ist, wenn sich der Beschuldigte auch über die Rechtslage umfassend und vollständig informieren kann.[234]

c) Wahrheitspflicht und Lügenverbot

71 Der Verteidiger hat dem Gericht alle Informationen, die dem Mandanten nützen, vorzulegen, selbst wenn er von der Richtigkeit der Tatsache nicht überzeugt ist, sondern diese nur für möglich hält. In der oben ausführlich besprochenen Entscheidung BGHSt 38, 345 hat der 1. Strafsenat des BGH erklärt, der Verteidiger sei zwar verpflichtet, darauf zu achten, dass er nicht gefälschte oder sonst als unrichtig erkannte Beweismittel vorlege. Habe er aber insoweit lediglich Zweifel an der Echtheit, sei er deshalb nicht befugt, ein Beweismittel zurückzuhalten. Anderfalls würde er in Kauf nehmen, ein möglicherweise echtes, entlastendes Beweismittel zu unterdrücken.[235] Der BGH hat diese Rechtsprechung bestätigt. Eine Verteidigerin, die einer Zeugin eine Schmerzensgeldzusage für den Fall einer entlastenden Aussage, die nur möglicherweise richtig war, vermittelte, wurde durch den BGH selbst freigesprochen, da ihr kein direkter Vorsatz nachzuweisen war.[236]

72 Selbst lügen, dh Unwahrheiten bewusst selbst verbreiten, darf auch der anwaltliche Verteidiger nicht, § 43 a III 2 BRAO.[237] Es soll ihm aber auch untersagt sein, sich unwahre Behauptungen des Mandanten zu Eigen zu machen oder diese als wahr hinzustellen sowie Lügen für diesen zu erfinden.[238] Lüderssen[239] differenziert danach, ob der Verteidiger als Täter handelt oder ob er lediglich Anstifter oder Gehilfe ist. Da es eine Wahrheitspflicht des Beschuldigten im Strafverfahren nicht gebe und es somit an einer Haupttat fehle, gebe es auch keine strafbare Teilnahme. Wenn er damit auch den Fall miteinbeziehen will, dass der Verteidiger eine ihm vom Mandanten unterbreitete Tatsache, deren Unrichtigkeit er kennt, in das Verfahren einführt, spricht der insoweit klare Wortlaut des § 43 a III 2 BRAO gegen die Zulässigkeit eines derartigen Vorgehens. Dem anwaltlichen Verteidiger ist dies als Verstoß gegen das Sachlichkeitsgebot untersagt. Die Grenze des § 258 StGB ist aber dennoch in diesem Fall nicht erreicht, denn hier überzeugt die dogmatische Argumentation Lüderssens.[240]

---

230 Zur Charakterisierung siehe Borgmann/Jungk/Grams Anwaltshaftung § 8; LR-Lüderssen Vor § 137 Rn 35
231 Vgl dazu Borgmann/Jungk/Grams Anwaltshaftung § 20
232 So BGHSt 2, 375, 378; dagegen bereits Otto Jura 1987, 329, 330; weiter die Nachweise bei Beulke Strafbarkeit Rn 194
233 Beulke Verteidiger 1; ders Strafbarkeit Rn 197 mwN
234 So auch Gatzweiler StV 1985, 248, 250 l Sp; Formularbuch-Hassemer 5 ff
235 BGHSt 38, 345, 350 = NJW 1993, 273 = MDR 1992, 1168
236 StV 2000, 427 = NJW 2000, 2433
237 Ausführlich zu dieser Problematik Hammerstein NStZ 1997, 12 mwN; vgl auch – das Verhältnis zur staatliche Lüge problematisierend – Salditt StV 1999, 61, 63
238 Schönke/Schröder-Stree § 258 Rn 20 mwN
239 LR-Lüderssen Vor § 137 Rn 141
240 Ähnlich Paulus NStZ 1992, 305, 310; zur Frage der Beleidigung in Verteidigerschriftsätzen vgl BVerfG StV 2000, 414; ähnlich StV 2000, 416; s. a. BGH StV 2000, 418 zur Abgrenzung zur Volksverhetzung – Leugnung des Holocaust in Beweisanträgen der Verteidigung

d) Freispruchverteidigung des schuldigen Täters

Bereits seit langem ausgestanden ist die Diskussion um die Frage, ob der Verteidi- **73** ger, obwohl er selbst die Täterschaft seines Mandanten annimmt, auf Freispruch verteidigen und diesen beantragen darf.[241] Bereits das RG hatte diese Frage positiv beantwortet.[242] Im Übrigen würde es den Verteidiger in das Lager der Strafverfolger stellen, müsste er bei konkretem Wissen von der Schuld – etwa durch ein Geständnis des Mandanten ihm gegenüber – auf einen Freispruchsantrag verzichten, auch wenn die Beweisaufnahme die Schuld seines Mandanten nicht ergeben hat. Denn die Signalwirkung eines solchen Verhaltens wäre für jeden Richter und Staatsanwalt unverkennbar und sein Verhalten einer Beweiswürdigung durch diese zugänglich.

e) Kontaktaufnahme zu Zeugen

Der Kontakt des Verteidigers zu Zeugen und Strafantragsberechtigten ist grundsätz- **74** lich zulässig.[243] Ebenso wie die Ermittlungsbehörden auf Zeugen zugehen dürfen, darf auch der Verteidiger diese ansprechen und befragen. Er darf auf diese einwirken, von einem Aussage- oder Auskunftsverweigerungsrecht Gebrauch zu machen[244] oder einen zu stellenden Strafantrag nicht zu stellen oder einen gestellten zurückzunehmen.[245] Allerdings sind auch ihm die Mittel im Sinne des § 136 a StPO bereits aufgrund der Geltung der allgemeinen Gesetze, insbes des StGB untersagt, während § 136 a StPO nur für die Justiz bzw deren strafverfolgende Seite gilt. Inwieweit Geldzahlungen unzulässig sein sollen, ist streitig.[246] Solange die freie Entscheidungsmöglichkeit des Zeugen oder Strafantragsberechtigten nicht beeinträchtigt wird, wird ein derartiges Vorgehen für zulässig erachtet werden müssen, wenn der direkte Vorsatz des Verteidigers nicht auf den Vereitelungserfolg gerichtet ist.[247]

f) Eigene Ermittlungen

Das Recht des Verteidigers auf eigene Ermittlungen wird in seiner Zulässigkeit **75** ebenfalls nicht mehr diskutiert.[248] Neben dem bereits dargestellten Kontakt zu Zeugen darf er Mitbeschuldigte oder Sachverständige außerhalb der Hauptverhandlung befragen[249] und eigene Untersuchungen oder Beobachtungen durchführen oder durch Dritte durchführen lassen.[250]

---

241 BGHSt 38, 345, 348; 2, 375, 377; KK-Laufhütte Vor § 137 Rn 7 aE; Hammerstein NStZ 1997, 12
242 RGSt 66, 316, 325
243 RGSt 40, 393, 394; BGHSt 10, 393, 394; vgl auch Parriger StraFo 2003, 262–267; ausf Bockemühl Teil 2 Kap 1 Rn 86 ff
244 BGHSt 10, 393, 395; vgl auch OLG Frankfurt, StV 2005, 204 f: Kein Ausschluss des Verteidigers wegen Kontaktaufnahme zu sachverständigen Zeugen: Es kann dem Verteidiger nicht untersagt werden, als Zeugen zu vernehmende Geheimnisträger auf die Strafbarkeit nach § 203 StGB hinzuweisen
245 RGSt 40, 393, 394; Paulus NStZ 1992, 305, 311
246 Vgl Formularbuch-Hassemer 26 mwN
247 Vgl die Ausführungen Rn 71 und BGH StV 2000, 427 = NJW 2000, 2433
248 Vgl ausf Bockemühl Teil B Kap 1 Rn 80 ff; Bockemühl Private Ermittlungen 38 bis 47; Burhoff Ermittlungsverfahren Rn 617–632; KK-Laufhütte Vor § 137 Rn 4; Tröndle/Fischer § 258 Rn 9
249 Meyer-Goßner Vor § 137 Rn 2
250 Vgl hierzu und zu den praktischen Umsetzungsmöglichkeiten König StraFo 1996, 98; Jungfer StV 1981, 100; Richter II NJW 1981, 1820, 1823 f

g)   Die sog »Konfliktverteidigung«

76   In den letzten Jahren wird von verschiedenen Autoren immer wieder versucht, aus Anlass einiger weniger seitens der Verteidigung aufgrund bestimmter mandats- oder justizabhängiger Gegebenheiten extensiv geführter Verfahren das Gespenst vom »Missbrauch der Verteidigungsaufgabe«[251] bzw der sog Konfliktverteidigung[252] herbeischweben zu lassen.[253] Zwischenzeitlich hat der Generalbundesanwalt drei sog Umfangsverfahren mit außerordentlichem Fleiß[254] analysiert und diese Ergebnisse publiziert.[255] Zum ersten Mal kommentiert Laufhütte[256] in der vierten Aufl. des Karlsruher Kommentars (1999) diese Form des Missbrauchs von Verteidiger- rechten als exzessive Ausnutzung durch Prozessanträge, Beweisanträge oder Rede- beiträge. Er kommt zu der Feststellung, dass ein derartiges Vorgehen durch den Verteidiger nach der gegenwärtigen Rechtslage nicht von vornherein unterbunden werden könne. Das Tatgericht müsse die Anträge entgegennehmen und sich damit inhaltlich auseinandersetzen. Dies könne aber in der gebotenen Kürze geschehen. Abschließend weist er auf Bestrebungen hin, dem Missbrauch durch Änderungen der StPO bzw durch die Schaffung einer allgemeinen Missbrauchsklausel entgegen- zutreten.[257]

77   Der Missbrauch der Antragsrechte soll für die teilweise angeblich überlange Ver- fahrensdauer in Strafsachen verantwortlich sein,[258] wobei – wie Barton[259] zutreffend nachgewiesen hat – Ausgangspunkt dieser Diskussion Zahlen waren, die teilweise nicht dem Bundesdurchschnitt bzw den Landesstatistiken entsprachen.[260] Die zum Teil sehr emotional geführte Auseinandersetzung krankt immer noch, auch hier ist Barton zu folgen, an dem Fehlen geeigneten umfassenden empirischen Materials.

78   Dass es immer wieder – wie in den von Nehm/Senge aufgezeigten Verfahren – Strafsachen enormen Umfangs sowohl im Kapital- als auch vor allem im Wirt- schaftsbereich geben wird, liegt zum einen an der Komplexität der Sachverhalte. Andererseits strukturiert aber die Staatsanwaltschaft einen Teil der Wirtschaftsstraf- sachen dergestalt, dass eine Vielzahl von Angeklagten und eine große Anzahl von verschiedenartigen Einzelfällen zur Anklage kommen. Teilweise sind – insbes bei Haftsachen – aufgrund der Eilbedürftigkeit die Sachverhalte bei Anklageerhebung noch nicht ausermittelt. In diesen Fällen ist das Gericht durch die lückenhafte Ar- beit der Staatsanwaltschaft gezwungen, deren Aufgabe als Ermittlungsbehörde zu übernehmen und inhaltlich auszufüllen. Dass aber auch Gerichte der Amtsaufklä- rungspflicht gemäß § 244 II StPO nicht immer mit dem nötigen zeitlichen Nach- druck nachgehen, zeigt ein anderes Beispiel. So hat etwa in dem von Nehm/Senge geschilderten Verfahren B – in dem die Verteidigung »nur« maximal 25 Beweisan-

---

251   So KK-Laufhütte Vor § 137 Rn 10 in der Kapitelüberschrift mwN
252   Zum Begriff vgl Jahn 61 bis 79 unter ausführlicher Darstellung des Streitstandes sowie ders NStZ 1998, 389 f
253   Dass viele Justizpraktiker, sprich Staatsanwälte und Richter (vgl LG Wiesbaden NJW 1995, 409 = StV 1995, 239), sich ungern mit hochaktiver und zum Konflikt bereiter und damit erheb- liche Mehrarbeit verursachender Verteidigung auseinandersetzen, liegt arbeitstechnisch auf der Hand
254   Man beachte aber auch den somit dokumentierten Arbeitsaufwand und Fleiß der jeweiligen Verteidiger
255   Nehm/Senge NStZ 1998, 377
256   KK-Laufhütte 4. Aufl. Vor § 137 Rn 8
257   KK-Laufhütte 5. Aufl. Vor § 137 Rn 11 mwN, zB Niemöller StV 1996, 501
258   Vgl exemplarisch Meyer-Goßner/Ströber ZRP 1996, 345
259   StV 1996, 690
260   Siehe Barton StV 1996, 690, 691

träge bei einer Verfahrensdauer von 2 Jahren, 4 Monaten und 23 Tagen stellte[261] – das erkennende Gericht bereits in den ersten Prozesstagen gestellte Beweisanträge teilweise erst nach über einem Jahr, teilweise überhaupt nicht beschieden.[262]

In einer Wirtschaftsstrafsache vor dem Landgericht Köln[263] beantragte und erreich- **79** te die Staatsanwaltschaft nach über sechsjährigen Ermittlungen zahlreiche Haftbefehle. Das sich anschließende Hauptverfahren zeigte, dass Verurteilungen nur im Wege des Haftdrucks und der Vereinbarung für das Gericht erzielbar waren. Die Staatsanwaltschaft hatte in zwei Anklagen über 1500 verschiedene Betrugsfälle im nicht unkomplizierten Bereich des Immobilienleasings angeklagt, was sich als nicht verhandelbar erwies. Aufgrund des bereits erwähnten Haftdrucks – einer Untersuchungshaft von über 2 Jahren – kam es sodann im Wege der Verständigung zu Geständnissen in diesem Verfahren mit Verurteilungen von teilweise über 4 bzw 6 Jahren, obwohl Einzelfälle aus der Anklage bis dato nicht bewiesen worden waren.

Diese Beispiele zeigen eklatant, dass vor allem die Dauer von Strafverfahren ihre **80** Ursache überwiegend nicht im Bereich der Verteidigung hat. Vernünftig strukturierte, personell und sachlich aufgegliederte und ausermittelte Anklagen sowie Vorsitzende Richter, die sowohl aufgrund ihrer Persönlichkeit als auch aufgrund ihrer Fähigkeiten diesen Titel verdienen, vermögen fast jedem konfliktbereiten Verteidiger, dessen Argumentationen und Anträge weder mittel- noch unmittelbar durch Verteidigungszwecke motiviert sind, sachlich den Wind aus den Segeln zu nehmen. Solange Präsidien von Landgerichten aber seitens der Staatsanwaltschaft angekündigte Umfangsverfahren durch eilig geschaffene Hilfsstrafkammern ohne geeignete Vorsitzende mit den notwendigen Erfahrungen zu bewältigen versuchen, wie es in dem erwähnten und von Nehm/Senge analysierten Verfahren B geschehen ist, werden sich derartige Vorgänge wiederholen. Gut vorbereitete Richter, ausermittelte Anklagen, überschaubare oder überschaubar gemachte Sachverhalte und Konzentrierung auf wenige Angeklagte sind Garantien dafür, Verfahren mit der erforderlichen zeitlichen Förderung durchführen zu können. An die §§ 154, 154 a StPO ebenso wie an §§ 153, 153 a StPO sei an dieser Stelle – auch für die Verteidiger – erinnert.

Die Anwaltschaft wird sich in den nächsten Jahren aufgrund der erkennbaren Be- **81** strebungen der Justiz, einen allgemeinen Missbrauchstatbestand[264] gesetzlich verankern zu lassen, darauf einrichten müssen, bereits dieser Absicht mit der gebotenen und oben dargestellten verfassungsrechtlichen Argumentation, die das BVerfG bereits früh niedergelegt hat, zu begegnen.[265]

Diese Kernsätze seien hier nochmals wiederholt: **82**

»Es entspricht dem Rechtsstaatsgedanken und dient der Rechtspflege, dass dem Bürger schon aus Gründen der Chancen- und Waffengleichheit Rechtskundige zur Verfügung stehen, zu denen er Vertrauen hat und die seine Interessen möglichst frei

---

261 Nehm/Senge NStZ 1998, 377, 379 lSp
262 Diese Fragestellung – wann die inhaltsgestaltenden Anträge, Beweisanträge oder Beweisanregungen, seitens der Kammer beschieden worden sind – haben Nehm/Senge erstaunlicherweise nicht untersucht; der Verf war Mitverteidiger des von Nehm/Senge erwähnten R im Verfahren B
263 114–3/97 LG Köln = 110 Js 332/92 StA Köln, die Ermittlungen begannen aufgrund erster Anzeigen bereits 1988, erhielten 1992 ein anderes Aktenzeichen
264 Vgl dazu auch Kröpil, AnwlBl 2002, 624 ff; Müller, Deutsche Richterzeitung 2004, S 7
265 Vgl auch BGH NStZ 2005, 341, der den Verteidiger auf das traditionelle Ziel des Strafverfahrens, die prozessordnungsgemäße Wahrheitsfindung, verpflichtet sehen will

und unabhängig von staatlicher Einflussnahme wahrnehmen können. Damit steht die verfassungsgerichtliche Rechtsprechung in Einklang, dass der ›*Anwalt einen freien Beruf ausübt, der staatliche Kontrolle und Bevormundung prinzipiell ausschließt*‹ (BVerfGE 34, 293 [302]) und dass die ›anwaltliche Berufsausübung unter der Herrschaft des Grundgesetzes der freien und unreglementierten Selbstbestimmung des Einzelnen‹ unterliegt, soweit sie nicht durch verfassungskonforme Regelungen iSd Grundrechts der Berufsfreiheit beschränkt ist (BVerfGE 50, 16 [29])«.[266]

83 Besonders markant ist die Feststellung des BVerfG, »dass zwar der Beruf des Rechtsanwalts zu seinen Gunsten als ein staatlich gebundener Vertrauensberuf bezeichnet worden sei, der ihm eine auf Wahrheit und Gerechtigkeit verpflichtete ›amtsähnliche Stellung‹ zuweise (BVerfGE 38, 105 [119]). Auch in dieser Entscheidung werde ebenso wie in allen anderen als maßgeblicher verfassungsrechtlicher Prüfungsmaßstab Art. 12 Abs 1 GG angewendet und nicht von der vorangegangenen Rechtsprechung abgewichen, *dass die Einordnung des Rechtsanwalts als Organ der Rechtspflege keinen Eingriffstatbestand für Fälle enthält, in denen der Anwalt dem Leitbild nicht entspricht (BVerfGE 22, 114 [120]; 34, 293 [299 ff])*«.[267]

84 Konfliktbereite Verteidigung kann keinen Missbrauch darstellen, solange sie ausschließlich das Interesse des betroffenen Bürgers verfolgt, das ihr anvertraut ist. Erinnert sei an die MRK und das Recht auf eine wirksame und konkrete Verteidigung. Nur der Verteidiger, der nicht – wie Staatsanwaltschaft und Gericht – einer zügigen und »ordnungsgemäßen« Erledigung der Verfahren, sondern allein seinem Mandanten verpflichtet ist, kann diesen Anspruch erfüllen. Sobald er auf andere Belange Rücksicht nehmen muss, wird er in seiner Aufgabenerfüllung behindert. Dieses Berufziel der »Einseitigkeit« zu wahren und gegen alle Zeitströme durchzusetzen, ist Aufgabe aktiver Strafverteidigung als ihr Beitrag zu einem fairen, rechtsstaatlichen und menschenrechtskonformen Verfahren.

IV. Verständigung mit anderen Verfahrensbeteiligten

85 Verständigung (Absprache – Deal – Vereinbarung etc) ist im Strafverfahren in fast allen Stadien und mit allen Beteiligten denkbar, wenn auch im Revisions- und Strafvollstreckungsbereich selten. Die Zulässigkeit ist teilweise streitig. Da das Thema der Absprachen mit Gericht und Staatsanwaltschaft Gegenstand eines eigenständigen Kapitels dieses Handbuches ist, sollen hierzu nur wenige Bemerkungen gemacht werden.

1. Absprachen mit Staatsanwaltschaft und/oder Gericht

86 In einer grundlegenden Entscheidung hat der 4. Strafsenat des BGH am 28. August 1997[268] ein Urteil gefasst, in dem er sich über die Zulässigkeit von Verständigung im Strafverfahren ausführlich äußert. Ihrer Prägnanz und Praxisrelevanz wegen seien die Leitsätze dieses Urteils, wie sie in der amtlichen Sammlung veröffentlicht sind, hier wiedergegeben. Sie lauten:

---

266 BVerfGE 63, 266, 284; Hervorhebungen durch den VerfGH
267 BVerfGE 63, 266, 285; Hervorhebungen durch den VerfGH
268 BGHSt 43, 195

»1. Eine Verständigung im Strafverfahren, die ein Geständnis des Angeklagten und **87** die zu verhängende Strafe zum Gegenstand hat, ist nicht generell unzulässig. Sie muss aber unter Mitwirkung aller Verfahrensbeteiligten in öffentlicher Hauptverhandlung stattfinden; das schließt Vorgespräche außerhalb der Hauptverhandlung nicht aus.

2. Das Gericht darf vor der Urteilsberatung keine bestimmte Strafe zusagen; es kann allerdings für den Fall der Ablegung eines Geständnisses durch den Angeklagten eine Strafobergrenze angeben, die es nicht überschreiten werde. Hieran ist das Gericht nur dann nicht gebunden, wenn sich in der Hauptverhandlung neue (dh dem Gericht bisher unbekannte) schwerwiegende Umstände zu Lasten des Angeklagten ergeben haben; eine solche beabsichtigte Abweichung ist in der Hauptverhandlung mitzuteilen.

3. Das Gericht hat ebenso wie bei der später im Urteil erfolgenden Strafbemessung auch bei der Zusage des Nichtüberschreitens einer Strafobergrenze die allgemeinen Strafzumessungsgesichtspunkte zu beachten; die Strafe muss schuldangemessen sein.

4. Dass ein Geständnis im Rahmen einer Absprache abgelegt wurde, steht dessen strafmildernder Berücksichtigung nicht entgegen.

5. Die Vereinbarung eines Rechtsmittelverzichts mit dem Angeklagten vor der Urteilsverkündung ist unzulässig.«

Der 4. Strafsenat stellt weiter den Streitstand und die Entwicklung der BGH-Recht- **88** sprechung – vor allem der letzten Jahre – zu dieser Thematik umfassend dar.[269]

Da bei der Verständigung stets die Staatsanwaltschaft zu beteiligen ist, sei weiter auf die bereits im Jahre 1992 veröffentlichten Hinweise der Generalstaatsanwälte zu dieser Thematik hingewiesen. Erstaunlicherweise finden sich fast wortgleiche Passagen zu den Leitsätzen der Entscheidung BGHSt 43, 195. Diese lauten:

»Auch die Verständigung im Hauptverfahren über die Verfahrensbeendigung hat die geltenden Verfahrensgrundsätze zu achten. Auf ihre Einhaltung hat der Staatsanwalt hinzuwirken. Namentlich ist zu beachten:

1. Der Schuldspruch muss dem materiellen Recht entsprechen. Die Strafe muss schuldangemessen sein.

2. Dem Schuldspruch darf nur ein glaubhaftes Geständnis zugrunde gelegt werden; sich aufdrängende Beweiserhebungen dürfen nicht unterbleiben.

3. Vor oder außerhalb der Hauptverhandlung in Betracht gezogene Verständigungen müssen in die Hauptverhandlung eingeführt werden. Der Staatsanwalt hat sie spätestens in seinem Schlussvortrag bekannt zu geben, wenn dies nicht vorher geschehen ist.

4. Der Staatsanwalt achtet darauf, dass an der Verständigung alle Prozessbeteiligten mitwirken können; dies gilt auch für den Angeklagten, der keinen Verteidiger hat. Die Interessen des Verletzten sind zu berücksichtigen.

5. Wird eine Verständigung ohne Einbeziehung der Staatsanwaltschaft getroffen, so prüft sie, ob die darin möglicherweise liegende Verletzung des Anspruchs auf rechtliches Gehör Zweifel an der Unbefangenheit des Gerichts begründet.

6. Der Staatsanwalt wirkt Verständigungen entgegen, die die Entscheidungsbefugnis der Prozessbeteiligten überschreiten (zB Zusagen über den Strafvollzug oder einen Gnadenerweis).

7. Der Staatsanwalt darf von Zusagen nur aus gewichtigen Gründen abweichen. Die anderen Verfahrensbeteiligten hat er hiervon unverzüglich zu unterrichten«.

---

269 BGHSt 43, 195, 196 bis 202

Köllner

89   Durch die Entscheidung BGHSt 43, 195 ist ein Teil der Diskussion um die grundsätzliche Zulässigkeit, die bereits 1987 seitens der 3. Kammer des 2. Senats des BVerfG[270] bejaht worden war, nicht mehr von forensischer Bedeutung. Bereits die 3. Kammer hatte darauf hingewiesen, dass die Aufklärungspflicht bestehen bleibe und der materielle Strafanspruch durchgesetzt werden müsse. Erstaunlich und für den Verteidiger positiv zu betrachten ist jedoch, dass der 4. Senat eine Bindungswirkung des Gerichts bejaht hat. Die maßgebenden Ausführungen haben folgenden Wortlaut:

>*Ist auf diese Weise in öffentlicher Verhandlung unter Einbeziehung aller Beteiligter eine Verständigung zustande gekommen, so ist das Gericht daran gebunden. Das folgt aus den Grundsätzen des fairen Verfahrens, zu denen gehört, dass sich das Gericht nicht in Widerspruch zu eigenen, früheren Erklärungen, auf die ein Verfahrensbeteiligter vertraut hat, setzen darf; die Vertrauenslage, die das Gericht dadurch geschaffen hat, verbietet ihm, von seiner früheren Erklärung abzuweichen (BGHSt 36, 210, 214). Ergeben sich nach der Absprache allerdings schwerwiegende neue Umstände, die dem Gericht bisher unbekannt waren und die Einfluss auf das Urteil haben können, so kann das Gericht von der getroffenen Absprache abweichen. Solche Umstände können zum Beispiel sein, dass sich die Tat aufgrund neuer Tatsachen oder Beweismittel statt wie bisher als Vergehen nunmehr als Verbrechen darstellt (vgl die Regelung in § 373 a Abs 1 StPO; s.a. Kleinknecht/Meyer-Goßner aaO § 153 Rn 38 und § 153 a Rn 52) oder dass erhebliche Vorstrafen des Angeklagten nicht bekannt waren. In einem solchen Fall muss das Gericht aber dann wiederum in öffentlicher Hauptverhandlung unter Darlegung der Umstände auf diese Möglichkeit hinweisen (vgl § 265 Abs 1, 2 StPO)«.*[271]

90   Die Gegner einer Bindungswirkung werfen dem BGH vor, der Richter stehe bei Veränderung der tatsächlichen Umstände, die nicht den vom BGH verlangten Schweregrad erreichten, vor dem Zwang, entweder sein Wort oder das Recht zu brechen.[272] Deswegen dürfe eine rechtliche Bindung unter keinen Umständen bejaht werden. Ein rechtsstaatlich agierender Richter, dessen Urteil in Rechtskraft erwächst, soll folglich keiner Bindung an sein eigenes Wort unterliegen. Die anderen Verfahrensbeteiligten müssten mit der Möglichkeit ständiger Änderung der Auffassungen rechnen. Andererseits wird aber insbes dem Anwalt abverlangt, dass er als Partner einer Absprache und Beteiligter an der verfahrensmäßigen Kommunikation bzw den sog informellen Programmen hohe Zuverlässigkeit beweisen muss, da er ansonsten als Partner von Verständigungen nicht mehr in Betracht komme. Es versteht sich von selbst, dass alle Beteiligten am Verfahren insoweit den gleichen Vertrauensanforderungen genügen müssen. Um aber nicht jede Veränderung der tatsächlichen Grundlage zur Aufkündigung der Absprache genügen zu lassen, hat der 4. Strafsenat zu Recht die Maßstäbe herangezogen, die zB bei den §§ 362 Nr. 4, 373 a StPO gelten. In diesen vergleichbaren schweren Fällen hat der Gesetzgeber es ebenfalls als notwendig angesehen, Durchbrechungen der Rechtskraft zuzulassen und damit dokumentiert, welches Gewicht er diesen Situationen beimisst. Wenn der 4. Strafsenat daher nicht für jede kleine Änderung der Sachlage die Hinfälligkeit der Absprache gelten lassen will, hat er zumindest einen Grundgedanken dieser Rechtskraftdurchbrechungen auf die Verständigungsproblematik richtigerweise ad-

---

270 BVerfG NJW 1987, 2662 = NStZ 1987, 419
271 BGHSt 43, 195, 210; Hervorhebungen durch den Verf
272 Vgl die Ausführungen von Satzger Teil H Kap 3 Rn 39 sowie ähnlich bereits ua Niemöller StV 1990, 38 l Sp

aptiert. Aufgrund einer Vorlage des 3. Strafsenats des BGH hatte der Große Senat für Strafsachen die Frage der Zulässigkeit des mit einer Urteilsabsprache in Zusammenhang stehenden Rechtsmittelverzichts zu entscheiden. Mit Beschluss vom 3. 3. 2005[273] wird klargestellt, dass das Gericht weder an der Erörterung des Rechtsmittelverzichts mitwirken noch darauf hinwirken darf und eine »qualifizierte Belehrung«[274] erforderlich ist, deren Fehlen die Unwirksamkeit des Rechtsmittelverzichts zur Folge hat.

Als Verteidiger sollte man sich der Chance bewusst sein, welche dieses Urteil und **91** die Bejahung der Zulässigkeit einer Verständigung über Geständnis und Strafmaß im Verfahren bieten. Dass nicht jedes Verfahren einer Verständigung zugänglich ist, ist angesichts der Vielgestaltigkeit der Fallkonstellationen offensichtlich. Den Mandanten aber nach sorgfältiger Prüfung über die Möglichkeit einer Verständigung nicht informiert und mit ihm darüber beraten zu haben, verstößt gegen das Gebot umfassender Beratung und lässt haftungsrechtliche[275] Risiken erwarten, zumal die Rechtsprechung bei jeder Beratung die Einhaltung des Prinzips des sichersten Weges[276] zusätzlich verlangt. Die Verständigung kann in vielen Fällen der sicherste Weg zur Erreichung der geringsten Strafe sein.[277]

2. Absprachen mit Mitbeschuldigten und deren Verteidigern

a) Kontakte und Absprachen mit Mitbeschuldigten

Grundsätzlich stellt die Kontaktaufnahme zu Mitbeschuldigten keine unerlaubte **92** Maßnahme dar.[278] Tröndle/Fischer[279] schränken die Zulässigkeit zu Unrecht weitgehend ein. Ihrer Auffassung nach darf der Verteidiger begünstigende Absprachen nicht durch Übermittlung von Informationen zwischen den Beschuldigten herbeiführen. Denn von diesem Ausgangspunkt betrachtet, wird dem Verteidiger immer eine Verdunklungsabsicht unterstellt; die Unschuldsvermutung des Art. 6 II MRK würde für den Verteidiger im Rahmen seiner Berufstätigkeit nicht mehr gelten. Objektiv stellt jedoch die Übermittlung von Informationen eine wertneutrale und damit zulässige Vorgehensweise dar, die erst durch die Betrachtung der subjektiven Seite bei Feststellung einer Begünstigungsabsicht[280] als kollusiv bewertet zu werden vermag.

Problematisch ist die unmittelbare Kontaktaufnahme aber aufgrund der überwiegend **93** mangelhaften Nachvollziehbarkeit dieser Kontakte für Gericht und Staatsanwaltschaft. Für diese kann der Verdacht der Verdunklung oder aber der Mehrfachverteidigung mit den entsprechenden verfahrensrechtlichen Folgen entstehen. Aus diesem Grund ist in der Regel von einer unmittelbaren Kontaktaufnahme mit den Mitbeschuldigten des eigenen Mandanten abzuraten. Bei bestimmten Konstellatio-

273 GSSt 1/04, NJW 2005, 1440 ff; vgl zur Thematik unter Berücksichtigung des Beschlusses: Altenhain, Haimerl, GA 2005, 281–306
274 dahingehend, dass eine Rechtsmittelbelehrung des nach § 35 a S 1 StPO zu Belehrenden immer auch beinhalten muss, dass er ungeachtet der Absprache in seiner Entscheidung frei ist, Rechtsmittel einzulegen, selbst dann, wenn die Absprache einen Rechtsmittelverzicht nicht zum Gegenstand hat
275 Zur Haftung des Strafverteidigers vgl Köllner ZAP Fach 23, 303 bis 310
276 Vgl hierzu Borgmann/Haug Anwaltshaftung § 21
277 Zum aktuellen Diskussionsstand vgl Meyer-Goßner StraFo 2001, 73; Braun StraFo 2001, 77
278 Vgl Formularbuch-Hassemer S 26
279 § 258 Rn 12
280 Vgl dazu OLG Frankfurt NStZ 1981, 144

nen – wenn zB die Ehefrau des Mandanten bei intakter Ehe Mitbeschuldigte ist – werden sich solche Kontakte nicht vermeiden lassen. Es ist aber stets darauf hinzuweisen, welche Grenzen der eigenen Verteidigertätigkeit aufgrund der §§ 146 StPO, 356 StGB gegeben sind.[281] Da sich in derartigen Fällen bereits die Kontaktaufnahme als gefahrträchtig zeigt, sollten Absprachen über Art und Weise des Vorgehens – zB des Gebrauchmachens vom Schweigerecht, Teilschweigen oder Stellen bestimmter Anträge – möglichst der Verteidigerebene vorbehalten bleiben.

b) Absprachen mit anderen Verteidigern

94 Einfacher gestaltet sich – bei professioneller Verteidigung – der Umgang mit anderen Anwälten als Verteidigern.[282] Zur generellen Zulässigkeit hat sich Christian Richter II[283] 1993 im Wesentlichen in Auseinandersetzung mit Ausführungen von Dahs sen.,[284] Paulus[285] und einer Entscheidung des OLG Frankfurt aus dem Jahre 1980[286] umfassend geäußert. Zu beachten ist, dass sog Sockelverteidigung immer Individualverteidigung ist und geführt wird, um letztere effizient umzusetzen.[287] Das Interesse des eigenen Mandanten hat im Vordergrund zu stehen. Daher ist die Sockelverteidigung aufzukündigen (soll zB vereinbartes Schweigen oder Teilschweigen auf- und Einlassungen abgegeben werden), wenn dies dem Mandatsinteresse dient. Um aber die negativen Auswirkungen auf seiten aller Mitbeschuldigten möglichst gering zu halten und eine Kommunikationsbasis auch für die Zukunft bestehen zu lassen, sollte die Aufkündigung der Sockelvereinbarung vor der zu ergreifenden Verfahrensmaßnahme, zB der Einlassung, den Mitverteidigern mitgeteilt werden. Richter II führt dazu aus: »… ein Verteidiger, der in Absprache mit seinem Mandanten und unter dessen vollständiger Einweihung ohne jeden Geheimnisvorbehalt im Interesse des Mandanten eine Vereinbarung über gemeinsames Verteidigungsverhalten trifft, hat die Rechtpflicht, seinen Kollegen mitzuteilen: die Vereinbarung gilt nicht mehr, wir lösen uns von ihr. Diese Rechtspflicht ist meines Erachtens Standespflicht iS von § 43 BRAO; … Hat der Anwalt im Interesse seines Mandanten die Vereinbarung getroffen, so muss er sie zwar nicht einhalten, aber aufkündigen«.[288]

95 Richter II zieht daher aus seinen Überlegungen folgendes grundsätzliches Fazit, das aber nicht nur über der Sockelverteidigung, sondern über jeder effektiven Verteidigung stehen sollte:

»Zum Schluss: Sockelverteidigung ist in erster Linie und entscheidend Verteidigung. Verteidigung darf sich nicht an Bedenken orientieren, sie darf sich auch nicht

---

281 Zu § 356 StGB vgl Tröndle/Fischer § 356 Rn 6 f mwN
282 Siehe Formularbuch-Hassemer I C 2. c) bb) S 25 mwN; KK-Laufhütte Vor § 137 Rn 9
283 NJW 1993, 2152
284 Dahs Rn 59
285 NStZ 1992, 303
286 NStZ 1981, 144 = StV 1981, 28 (unter dem Datum des 6. November 1980)
287 Richter II NJW 1993, 2152, 2154 r Sp
288 Richter II NJW 1993, 2152, 2156 r Sp; ob tatsächlich eine Rechtspflicht iSd § 43 BRAO postuliert und deren Verletzung standesrechtlich geahndet werden kann, bedarf wohl einer eingehenden rechtlichen Untersuchung. Zumindest im Rahmen der sog »informellen Programme« eines Strafverfahrens, dh der psychologisch strukturierten Motivations- und Kommunikationslagen der Beteiligten untereinander, stellt die Verletzung dieser Pflicht eine hohe Hemmschwelle für zukünftige vertrauensvolle Kommunikation dar. So wie Staatsanwalt und Richter in einem rechtsstaatlichen und damit fairen Verfahren das Vertrauen der anderen Beteiligten nicht durch Wortbrüche unterlaufen dürfen, muss dies vom Anwalt – auch und insbes gegenüber Kollegen – erwartet werden

am Anschein orientieren. Sie muss den Mut haben, die Grenzen auszuloten, weil sie für den Mandanten angetreten ist. Die Interessen des Mandanten dürfen nicht auf dem Altar eigener scheinbarer Vornehmheit geopfert werden. Die Grenzen sind die des Strafgesetzbuches, und die Grundlagen des Handelns ergeben sich aus der Strafprozessordnung. Wer nach ihren Möglichkeiten und Maximen handelt, handelt verteidigungsgemäß«.[289]

V. Der Strafverteidiger und sein Vertreter

1. Wahlverteidiger

Der Wahlverteidiger kann sich im Einverständnis mit dem Mandanten durch einen Anwalt oder Referendar, der sich bereits seit 15 Monaten im juristischen Vorbereitungsdienst befindet, vertreten lassen, § 139 StPO. Zu unterscheiden ist dabei – insbes im Hinblick auf die Anzahl der Wahlverteidiger iSd § 137I 2 StPO, die drei nicht übersteigen darf, ob der Unterbevollmächtigte nur bei Verhinderung des Verteidigers auftreten soll oder ob er selbstständig neben diesem agiert. Im zweiten Fall erhöht sich – da auch die Untervollmacht im Außenverhältnis eine umfassende Vollmacht ist – die Anzahl der Verteidiger, im ersten Fall nicht.[290] Nach dem Wortlaut der Norm erhöht der neben dem Wahlverteidiger bestellte Pflichtverteidiger die Zahl nicht.[291]   **96**

2. Pflichtverteidiger

Eine Vertretung des Pflichtverteidigers soll grundsätzlich nicht zulässig sein,[292] im Verhinderungsfall sollte der Vorsitzende für die Zeit der Abwesenheit den als Vertreter benannten Anwalt ebenfalls zum Pflichtverteidiger bestellen.[293] Gegen die herrschende Ansicht hat sich Lüderssen[294] mit beachtlichen Argumenten aufgrund der Annäherung der Pflichtverteidigung an die Grundsätze der Wahlverteidigung gewandt, sich aber bislang nicht durchsetzen können.   **97**

VI. Der Strafverteidiger und die »Sitzungspolizei« des Richters, §§ 176 bis 178 GVG

1. § 176 GVG, Hausrecht, Durchsuchung von Verteidigern, Ordnung der Sitzung

Gemäß § 176 GVG obliegt dem Vorsitzenden die Aufrechterhaltung der Ordnung in der Sitzung und der Schutz der Verfahrensbeteiligten.[295] Das Hausrecht wird durch diese Regelung verdrängt.[296] Persönlich umfasst die Regelung alle Anwesen-   **98**

---

289 Richter II NJW 1993, 2152, 2156 f unter Hinweis auf Richter II NJW 1981, 1820 – Grenzen anwaltlicher Interessenvertretung im Ermittlungsverfahren
290 Vgl KK-Laufhütte Vor § 137 Rn 14; Meyer-Goßner Vor § 137 Rn 11 sowie § 137 Rn 5
291 Meyer-Goßner § 137 Rn 5; zur Gestaltung bei amtlich bestellten Vertretern von Rechtsanwälten oder allgemeinen Vertretern nach der BRAO vgl KK-Laufhütte Vor § 137 Rn 15
292 KK-Laufhütte § 142 Rn 10 mwN; Meyer-Goßner § 142 Rn 15
293 Meyer-Goßner § 142 Rn 15 aE
294 LR-Lüderssen § 142 Rn 35 f
295 BGH NJW 1998, 1420
296 BGHSt 30, 350; Katholnigg § 176 Rn 5; KK-Diemer § 176 GVG Rn 5

den einschließlich der Staatsanwälte und Verteidiger.[297] Im Rahmen des Hausrechts kann der Vorsitzende die Berichterstattung durch Rundfunk oder Fernsehen beschränken, hat dabei aber die Belange der Presse und deren Recht aus Art. 5 I 2 GG zu beachten.[298] Aus § 176 GVG wird auch die Pflicht zum Tragen der Robe bzw einer weißen Krawatte sanktioniert.[299]

99　Die Durchsuchung des Verteidigers bzw anderer Verfahrensbeteiligter ist ebenfalls eine Maßnahme der Sitzungspolizei nach § 176 GVG;[300] es müssen aber nach einer neueren Entscheidung der zuständigen 2. Kammer des 2. Senats des BVerfG konkrete Anhaltspunkte für ein Misstrauen gegeben sein. Allerdings – und hier erinnert die Argumentation der 2. Kammer in ihrer sachlichen Absurdität an Schutzhaftgedanken – führt sie weiter aus, dass den Anordnungen des Vorsitzenden in ihrer Begründung mit noch hinreichender Deutlichkeit zu entnehmen ist, »*dass die gegenüber den Verteidigern angeordneten Sicherungsmaßnahmen in erster Linie dem Schutz ihrer Integrität und ihrer Stellung als unabhängige Organe der Rechtspflege dienen* und damit von vornherein jeder Anschein vermieden werden solle, die Verteidiger, die sich während der Hauptverhandlung in ständiger und unmittelbarer Nähe der Angeklagten befinden müssen, könnten als geeignete Helfer etwa für das Einschmuggeln gefährlicher Gegenstände in Betracht kommen«.[301] Der Vorsitzende ist demnach berechtigt, erstens die schützenswerten Interessen des Verteidigers selbst zu definieren und sodann geeignete Maßnahmen zu ergreifen. Die Beschwerde gegen Maßnahmen des Vorsitzenden gemäß § 176 GVG ist nach herrschender Ansicht nicht statthaft,[302] da § 181 GVG eine spezielle und abschließende Regelung beinhaltet.[303]

100　Die Norm soll den Vorsitzenden auch berechtigen, gegenüber den Verfahrensbeteiligten, die nicht den §§ 177, 178 GVG unterfallen, Ordnungsrufe bzw Rügen zu erteilen, wenn diese – etwa als Verteidiger – »unangebrachte Ausführungen«[304] von sich geben. In ihrer Rechtspflegefunktion dürfen sie jedoch nicht beeinträchtigt werden.[305] Da gegenüber Rechtsanwälten bei »unangebrachtem« Verhalten keine Ordnungsmittel zulässig sind, soll der Abbruch der Sitzung und die Einleitung standesrechtlicher Maßnahmen in Betracht gezogen werden.[306]

101　Die Problematik liegt selbstverständlich im Bereich der Definition, was »unangebracht« iS dieser Begrifflichkeit beinhaltet. Versuche, darunter auch die sog Konfliktverteidigung zu fassen,[307] liegen völlig neben der Sache. Sie werden der besonderen Rolle, die der Verteidiger im rechtsstaatlich angelegten Verfahren innehat, nicht gerecht. Jede Maßnahme, die den Status des Verteidigers berührt und die Ausübung von Verteidiger- oder Beschuldigtenrechten begrenzt, hat sich an den oben

---

297　Katholnigg § 176 Rn 4
298　KK-Diemer § 176 GVG Rn 1; Meyer-Goßner § 176 Rn 15
299　Meyer-Goßner § 176 GVG Rn 11 mwN
300　BVerfG 48, 118; NJW 1998, 296
301　BVerfG NJW 1998, 296, 297 f; Hervorhebungen durch den Verf
302　HansOLG NStZ 1992, 509
303　BGH NJW 1998, 1420
304　Meyer-Goßner § 176 GVG Rn 10; Zur Unzulässigkeit der Festsetzung von Ordnungsmitteln gegen den Verteidiger vgl OLG Hamm, Beschl v 6. 6. 2003 2 Ws 122/03, StraFo 2003, 244 ff
305　KK-Diemer § 176 GVG Rn 3; Meyer-Goßner § 176 GVG Rn 10
306　Vgl zB KK-Diemer § 176 GVG Rn 4; vgl zu dieser Thematik umfassend Gröner Strafverteidiger und Sitzungspolizei sowie die Besprechung dieser Dissertation von Katholnigg GA 2000, 87
307　So Malmendier NJW 1997, 227, 232 f in Reaktion auf LG Wiesbaden NJW 1995, 409 mit argumentativem Rückgriff auf den Störer-Begriff des Polizei- und Ordnungsrechts

dargestellten Grenzen des GG und der MRK zu orientieren. Konkrete und wirksame Verteidigung muss stets gewährleistet sein. Und wer zudem – wie die ordentlichen Gerichte – dem Verteidiger als Organ der Rechtspflege das Wort redet, vermag aus seiner eigenen Grundwertung heraus nicht darzulegen, warum ein Rechtspflegeorgan existentielle Rechte über ein anderes wahrnehmen können soll. Entweder sind Richter, Staatsanwalt und Verteidiger gleichberechtigte Organe der Rechtspflege oder aber die Organtheorie ist aus sich selbst heraus obsolet. Dann darf der Richter den Anwalt nicht des Saales verweisen, weil dieser als Verteidiger Handlungen vornimmt oder Äußerungen macht, die nach Auffassung des Richters »unangebracht« sind.[308] Es verbleiben die allgemeinen Gesetze, zB die §§ 138 a ff StPO und standesrechtliche Maßnahmen, um anwaltliches Fehlverhalten in der Hauptverhandlung zu sanktionieren. In diesem Rahmen ist aber sodann auch die Wahrnehmung berechtigter Interessen, § 193 StGB, entsprechend zu berücksichtigen.

2.   §§ 177, 178 GVG

Nach fast einhelliger Ansicht gelten die §§ 177, 178 GVG bereits ihrem Wortlaut nach nicht für den Verteidiger.[309] Kleinknecht/Meyer-Goßner verweisen zu Recht darauf, dass es Sache des Gesetzgebers sei, Vorsorge dagegen zu treffen, dass die Durchführung einer Hauptverhandlung an dem ungehörigen Verhalten eines Rechtsanwalts scheitert.[310]

102

VII.   Die Ausschließung des Verteidigers, §§ 138 a ff StPO

Am 20. Dezember 1974 wurden durch das 1. StVRErgG die Vorschriften der §§ 138 a bis 138 d StPO eingefügt.[311] Politischer Hintergrund dieses Vorgehens war die für den Gesetzgeber angeblich erkennbar gewordene Notwendigkeit, auf bestimmte vereinzelte terroristische Aktivitäten zu reagieren. Da diese aktionistische Gesetzgebung bereits damals heftig kritisiert wurde, sah sich der sozialdemokratische Bundesjustizminister Vogel veranlasst, eine rechtfertigende Bilanz zu ziehen.[312] Er erklärte ua, dass ein funktionstüchtiges Strafverfahren zwingend für den Rechtsgüterschutz des Einzelnen erforderlich sei, da sich ansonsten »außerhalb der auch den Täter schützenden Förmlichkeiten des Prozessrechts Selbstregulierungsmechanismen entwickeln«.[313] Weiter räumt er selbst ein, dass die Regelungen des 1. StVRErgG, darunter auch die neuen §§ 138 a ff StPO, durch Terrorismusaktivitäten wie etwa die Ermordung des Berliner Kammergerichtspräsidenten v. Drenckmann veranlasst waren.[314] Mit der Einführung der §§ 138 a ff StPO wurde zudem unmittelbar auf den Schily-Beschluss BVerfGE 34, 293[315] reagiert. Darin hatte das BVerfG erklärt, die Ausschließung eines Verteidigers ohne gesetzliche Grundlage sei wegen Verstoßes gegen Art. 12 I GG verfassungswidrig. Mit diesem zwischenzeitlich als verfassungsgemäß beurteilten[316] Anlassgesetz haben sich die Verteidiger

103

308 Wie hier auch Meyer-Goßner § 177 Rn 3
309 Meyer-Goßner § 177 Rn 3; KK-Diemer § 177 Rn 2; dagegen Malmendier NJW 1997, 227, 233 r Sp; Katholnigg § 177 Rn 3 für den sog »Extremfall«
310 Meyer-Goßner § 177 Rn 3
311 BGBl I 3686
312 NJW 1978, 1217
313 Vogel NJW 1978, 1217, 1218 l Sp
314 Vogel NJW 1978, 1217, 1219 l Sp unten
315 Vgl oben die Ausführungen Rn 13 ff
316 BVerfG NJW 1975, 2341; LR-Lüderssen § 138 a Rn 1

– obwohl die damals angeblich bestehende Gefahr bereits seit langem gebannt ist – als weiter geltende Rechtslage auseinander zu setzen. Damit wird an dieser Stelle erneut deutlich, dass primär die geltenden aktuellen politischen Rahmenbedingungen die Arbeitsmöglichkeiten des Verteidigers und seine Kompetenz zur Durchsetzung rechtsstaatlicher Verfahrensansprüche prägen.[317]

104　Das Verfahren und die Wirkungen bei Ausschließung eines Verteidigers ist in den §§ 138 a III bis V, 138 c, 138 d StPO ausführlich geregelt.[318] Da nur wenige Fragen streitig sind, wird von einer Wiedergabe der Regelungsgehalte abgesehen.

1.　Umfassende Geltung für Wahl- und Pflichtverteidiger

105　Unmittelbar nach Einführung der §§ 138 a ff StPO entschied das OLG Koblenz,[319] die Normen seien auf den Pflichtverteidiger nicht anwendbar, da dieser – ohne die Formalien des Ausschließungsverfahrens zu wahren – unmittelbar vom Vorsitzenden entbunden werden könne. Diese Ansicht ist jedoch vereinzelt geblieben.[320] Nach herrschender Ansicht gelten die Vorschriften sowohl für den Wahl- als auch den Pflichtverteidiger.[321] Die herrschende Meinung überzeugt vor allem deshalb, weil die in den Normen verankerten den Anwalt schützenden Form- und Zuständigkeitsregelungen für den Pflichtverteidiger unterlaufen würden. Da aber – bis auf den Akt der Bestellung – der Pflichtverteidiger in seinen Rechten und Pflichten dem Wahlverteidiger angeglichen ist, lässt sich ein unterschiedlicher Geltungsbereich nicht rechtfertigen.

2.　Die zur Ausschließung führenden Sachverhalte

a)　§ 138 a I Nr. 1 StPO

106　Die Beteiligung des Verteidigers an der zu beurteilenden Straftat kann sowohl mittäterschaftlich wie auch in mittelbarer Täterschaft oder Teilnahme gegeben sein. Dabei ist der hier verwandte Begriff der Beteiligung enger als der in § 60 Nr. 2 StPO und beschränkt sich auf die Formen der §§ 25 bis 27 StGB. Ferner ist der Tatbestand auch dann erfüllt, wenn der Verteidiger Haupttäter und der Mandant Mittäter oder Teilnehmer ist.[322] Die Stellung eines ggf erforderlichen Strafantrages gegen den Haupttäter ist nicht Voraussetzung,[323] da die anwaltsgerichtliche Ahndung ausreicht.[324]

b)　§ 138 a I Nr. 2 StPO

107　Danach ist der Verteidiger auszuschließen, der den freien Verkehr mit dem inhaftierten Beschuldigten gemäß § 148 StPO dazu ausnutzt, Straftaten zu begehen oder die Sicherheit der Anstalt zu gefährden.[325] Es spielt keine Rolle, ob es sich um eine geringfügige Straftat handelt, da nach Ansicht des BGH[326] eine Anwendung des

---

317　Vgl die Entwicklungslinien in der historischen Darstellung Rn 1 ff
318　Übersichtlich zu den Ausschließungsvorschriften: Frye, wistra 2005, 86–91
319　NJW 1978, 2521
320　Vgl die ausführliche Darstellung des Streitstandes mwN bei LR-Lüderssen § 138 a Rn 4 bis 9
321　KK-Laufhütte § 138 a Rn 2; Meyer-Goßner § 138 a Rn 3
322　KK-Laufhütte § 138 a Rn 8
323　OLG Hamburg NStZ 1983, 426
324　BGH NJW 1984, 316
325　KK-Laufhütte § 138 a Rn 9 f
326　NStZ 1991, 447

Verhältnismäßigkeitsgrundsatzes aufgrund des klaren und eindeutigen Gesetzeswortlauts ausscheidet.[327] Der Begriff der »Sicherheit der Vollzugsanstalt« wird enger ausgelegt als der in § 119III StPO verwandte Begriff der »Ordnung der Vollzugsanstalt«. Dazu gehören nicht nur die Unversehrtheit von Gebäuden und Einrichtungen, sondern auch die Gesundheit der Anstaltsinsassen und des Personals sowie deren Freiheit, aber auch die Erhaltung eines Zustandes, der die Anstalt in die Lage versetzt, ihren Zweck zu erfüllen.[328]

c)   § 138 a I Nr. 3 StPO

Im Rahmen der Ziffer 3 wiederholt sich im Wesentlichen die Diskussion, die bereits oben zu § 258 StGB dargestellt worden ist.[329] Daher sei hier auf die dortigen Ausführungen verwiesen.[330]   **108**

d)   §§ 138 a II, 138 b StPO

Sonderfälle, die den bereits eingangs angesprochenen politischen Aktionismus verdeutlichen, enthalten die §§ 138 a II, 138 b StPO. Der Verteidiger ist von der Mitwirkung in einem Verfahren, in dem wegen Straftaten gemäß § 129 a StGB ermittelt wird, auszuschließen, wenn bestimmte Tatsachen den Verdacht seiner Beteiligung oder des Missbrauchs des Verkehrsrechts aus § 148 StPO begründen.   **109**

Die staatsschützende Funktion dieser Normen kommt in der Regelung des § 138 b StPO noch klarer zum Ausdruck.[331] Danach ist der Verteidiger in Verfahren wegen staatsgefährdender Delikte auszuschließen, wenn bestimmte Tatsachen die Annahme begründen, dass seine Mitwirkung eine Gefahr für die Staatssicherheit[332] herbeiführen würde. Bei der Prüfung ist zu beurteilen, ob die naheliegende Möglichkeit eines Schadenseintritts besteht. Die politische Gesinnung des Verteidigers ist in diesem Zusammenhang bedeutungslos.[333]   **110**

3.   Die Verdachtsskala des § 138 a I, II StPO

a)   »dringend oder in einem die Eröffnung des Hauptverfahrens rechtfertigenden Grade verdächtig«, § 138 a I StPO

Das Gesetz enthält in dieser Formulierung zwei Verdachtsgrade, den des § 112 StPO und den des § 203 StPO. Letzterer beinhaltet die hinreichende Wahrscheinlichkeit einer Verurteilung. Streitig ist, ob die Sache anklagereif ausermittelt sein muss.[334] Während die Literatur überwiegend die Anklagereife verlangt, hat der BGH unter Aufgabe seiner früheren Rechtsprechung[335] in einem Beschluss vom 3. März 1989[336] erklärt, dass die Einleitung eines Ermittlungsverfahren und dessen Führung bis zur Anklagereife nicht Voraussetzung einer Ausschließung nach § 138 a I Nr. 3 StPO sei. Zur Begründung führt er unter ausführlicher Auseinandersetzung   **111**

---

327 Dagegen LR-Lüderssen § 138 a Rn 96
328 KK-Laufhütte § 138 a Rn 12
329 Vgl oben Rn 46 ff sowie die Einzelfragendarstellung unter Rn 67 ff
330 Vgl auch die zahlr Nachw bei KK-Laufhütte § 138 a Rn 13
331 Gegen § 138 b StPO Beulke, vgl oben bei Rn 26 Nr. 3
332 »Sicherheit der Bundesrepublik Deutschland« – § 138 b S 1 StPO
333 KK-Laufhütte § 138 b Rn 3 mwN
334 Zum Streitstand vgl KK-Laufhütte § 138 a Rn 7 mwN
335 Vgl zB BGH AnwBl 1981, 115
336 BGHSt 36, 133

mit den in der Literatur vorgetragenen Argumenten ua aus, das Gesetz mache die Ausschließung nur vom Vorliegen eines Verdachtsgrades abhängig, von der Einleitung eines Verfahrens sei nicht die Rede.[337] Zudem weist er darauf hin, dass es dann von der Entscheidung der Staatsanwaltschaft, ein Verfahren einzuleiten, abhängt, ob die Ausschließung möglich ist.[338] Die Befugnis zum Ausschluss sei aber im Gesetz primär dem OLG übertragen. Ein derartiger, unmittelbar den Verfahrensausgang bestimmender Einfluss der Anklagebehörde sei nicht gewollt; er widerspreche dem Zweck des Gesetzes.[339]

b) »wenn bestimmte Tatsachen den Verdacht begründen«, §§ 138 a II, 138 b StPO

112 Vereinfacht ist hinsichtlich des Verdachtsgrades der Ausschluss nach diesen Normen. Entsprechend § 100 a S 1 StPO genügen bestimmte Tatsachen, die den Verdacht begründen. Der Verdacht darf jedoch nicht unerheblich sein[340] und muss ein gewisses Maß an Konkretisierung erreicht haben.[341]

VIII. Haftung des Strafverteidigers

113 Das Besondere an der zivilrechtlichen Haftung des Rechtsanwaltes im Rahmen seiner Tätigkeit als Strafverteidiger ist, dass sie bis auf wenige Ausnahmen in der Praxis nicht existent ist.[342] Zivilrechtlich handelt es sich bei schlechter Verteidigung um eine sog positive Vertragsverletzung, dh eine Schlechterfüllung vertraglicher Hauptpflichten, durch die der Anwalt beim Vertragspartner Mandant einen Schaden schuldhaft verursacht.[343] Für die Pflichtverletzung, den Schaden und die Ursächlichkeit zwischen ihnen ist der Mandant beweispflichtig.[344] Im Rahmen der Pflichtverletzung werden vier Rechtspflichten unterschieden. Erstens hat der Anwalt den Sachverhalt umfassend aufzuklären, den er zweitens rechtlich zu prüfen hat. Drittens obliegt ihm die rechtliche Beratung des Mandanten, den er viertens durch Offerierung des sog »sichersten Weges« anleiten muss.[345]

1. Rechtsprechung

114 Seit 1950 finden sich in der Literatur fünf veröffentlichte Entscheidungen und eine mittelbar mitgeteilte. 1964 hat der 3. Zivilsenat des BGH eine Amtshaftungsklage mit der Begründung zurückgewiesen, der Betroffene könne – da die Amtshaftung

---

337 BGHSt 36, 133, 134
338 BGHSt 36, 133, 136
339 BGHSt 36, 133, 137
340 Vgl BGHSt 41, 30, 33 zu § 100 a StPO
341 Vgl Meyer-Goßner § 100 a Rn 6 mwN
342 Vgl Vollkommer/Heinemann Anwaltshaftungsrecht Rn 805; zudem wehren sich verständlicherweise sowohl die Verteidigervereinigungen als auch die großen Rechtschutzversicherer gegen eine vertiefte Diskussion, um den »haftungsfreien Raum« nicht zu gefährden. Ob dies – bei der mangelnden Qualitätskontrolle durch die Berufsvereinigungen und Gerichte – sachdienlich ist, muss bezweifelt werden, da der Bürger gerade vom Strafverteidiger – von dem er ähnlich wie vom Arzt bei einer Operation – häufig existentiell abhängig ist
343 Barton Mindeststandards 270 f; Borgmann/Jungk/Grams Anwaltshaftung 190 ff; Zwiehoff StV 1999, 555
344 Selbst bei grober Pflichtverletzung wird ihm – anders als vom BVerfG und nachfolgend vom BGH im Arzthaftungsrecht – keine Beweislastumkehr zugebilligt. Zur Beweislast siehe Zwiehoff aaO, 558–561; Köllner ZAP Fach 23, 303 ff, 304
345 Zu den Pflichtenkreisen vgl Borgmann/Jungk/Grams Anwaltshaftung §§ 16–24; Zugehör Handbuch der Anwaltshaftung Abschnitt 2, insbes unter A und B

subsidiär sei – seinen Verteidiger, der die eingetretene Verjährung ebenso wie die Gerichte übersehen habe, in Anspruch nehmen.[346] Das OLG Düsseldorf verurteilte einen Verteidiger, der zum Einspruch gegen einen maßvollen Strafbefehl geraten hatte und dessen Tagessatzverschlechterung in der Hauptverhandlung eintrat, zum Ersatz des Differenzschadens, da er den Mandanten nicht auf das fehlende Verbot der »reformatio in peius« im Strafbefehlsverfahren hingewiesen habe.[347] Das LG Berlin lehnt eine Haftung trotz Übersehen eines absoluten Revisionsgrundes ab, da der klagende Mandant den Schaden dann nicht geltend machen könne, wenn sich im Anwaltshaftungsprozess herausstelle, dass er zu Recht verurteilt worden sei.[348] Zwei weitere Entscheidungen befassen sich mit § 59 der Landesbeamtengesetze, wonach bei einer Freiheitsstrafe ab zwei Jahren eine Entfernung aus dem Dienst als zwangsläufige Folge neben dem Verlust der Versorgungsbezüge eintritt, worauf die Anwälte nicht hingewiesen hatten. Dabei kommt das OLG Nürnberg-Fürth aufgrund verfassungskonformer Auslegung zur Beweislastumkehr aufgrund einer groben Pflichtverletzung,[349] das OLG Düsseldorf verneint dies mit der Begründung, auch unter Berücksichtigung des durch die Pflichtverletzung unterbliebenen Vortrages habe sich kein für den klagenden Mandanten günstigeres Urteil ergeben.[350] Das LG Bonn wies die Klage eines Mandanten ab, der vom Strafrichter zu einer Geldstrafe wegen vorsätzlichen Fahrens ohne Fahrerlaubnis verurteilt worden war. Eine Geldstrafe sei insbes bei Vorsatzdelikten eine höchstpersönliche Schuld, die nicht abgewälzt werden könne.[351]

2. Literatur

Die Entscheidung des OLG Nürnberg-Fürth[352] hat in der Literatur zu maßvoller   **115**
Unruhe geführt. Obwohl bereits Barton den Gedanken einer Beweislastumkehr in die Diskussion einbrachte,[353] weisen Schäfer[354] und Zwiehoff diesen Gedanken aufgrund der besonderen Stellung des Strafverteidigers zurück. Insbesondere wird darauf hingewiesen, dass aufgrund der gebotenen normativen Betrachtungsweise eine Abwälzung von Sanktionen in den seltenen Fällen pflichtwidrigen Verteidigerverhaltens zur Vermeidung von Wertungswidersprüchen zwischen Straf- und Zivilrecht nicht möglich sei, da strafrechtliche Sanktionen den Beschuldigten höchstpersönlich treffen.[355] Ähnlich vorsichtig wie Barton – von den Rechten und Interessen der Mandanten ausgehend abstellend auf die Erforderlichkeit von Qualitätsstandards – äußert sich Krause, der jedoch auf die weitgehenden Beurteilungsspielräume bei verteidigungsstrategischen Entscheidungen zu Recht hinweist.[356]

---

346 NJW 1964, 2402
347 StV 1986, 211
348 StV 1991, 310
349 StV 1997, 418 = StraFo 1997, 186
350 OLG Düsseldorf vom 4. 6. 1998 – 24 U 161/97
351 NJW 1997, 1449
352 Die Revisionen gegen das Urteil sind – nachdem sich die Parteien verglichen hatten – zurückgenommen worden
353 Barton Mindeststandards 281
354 Schäfer in: Mandant und Verteidiger (Symposiom für E. Müller), 63 ff, 73 f; Zwiehoff StV 1999, 555 ff, 559
355 So ausdrücklich Schäfer aaO 75
356 Krause NStZ 2000, 225, 234

3.　Verhaltensmaßregeln

116 Nach dem ausführlich begründeten Urteil des OLG Nürnberg-Fürth ist damit zu rechnen, dass es in Zukunft mehr Mandanten geben wird, die tatsächlich oder angeblich schlechte Verteidigerleistungen zivilrechtlich zum Zwecke des Schadensersatzes vor die Zivilgerichte tragen. Die Klagefreudigkeit wird auch in diesem Bereich zunehmen. Zudem wird – solange es, anders als in den USA,[357] ua keinen Revisionsgrund schlechter Verteidigung gibt und die strafrechtlichen Instanzen derartige Fehler selbst beheben – auch das Zivilrecht die Vorgaben der MRK und des Erfordernisses effektiver Verteidigung zu berücksichtigen haben. Der italienische Staat ist – wie oben dargelegt – durch den EuGH verurteilt worden, weil seine Gerichte untätige Verteidiger nicht ersetzt und effektiver Verteidigung nicht Sorge getragen haben. Zivilrechtliche Schadensersatzansprüche ergeben sich nach unserer Rechtsordnung zwangsläufig aus solchen Fallkonstellationen, entweder gegen den Anwalt unmittelbar oder im Amtshaftungswege. Der praktizierende Verteidiger ist daher gut beraten, die für den Zivilanwalt geltenden Sorgfaltspflichten ebenso wahrzunehmen und umzusetzen.

357　133 Senatoren beider Parteien haben dem Kongress einen Gesetzesentwurf vorgelegt, dass in Verfahren mit möglicher Todesstrafe nur noch ausgewiesene erfahrene und qualifizierte Verteidiger tätig werden dürfen, CNN-News vom 8. 3. 2001

Kapitel 2
Rechtsanwaltsvergütungsgesetz

Überblick

Literaturverzeichnis

Burhoff, Detlef / Kindermann, Edith, Rechtsanwaltsvergütungsgesetz 2004, 2004
Hartung, Wolfgang / Römermann, Volker, Praxiskommentar zum Rechtsanwaltsvergütungsgesetz, 2004

Goebel, Frank-Michael / Gottwald, Uwe, Rechtsanwaltsvergütungsgesetz – Berliner Kommentare, 2004

Göttlich, Walter / Mümmler, Alfred, RVG Kommentar in alphabetischer Zusammenstellung, 2004

Jungbauer, Sabine / Mock, Peter, Rechtsanwaltsvergütung, 2004

Mayer, Hans-Jochem / Kroiß, Ludwig, Rechtsanwaltsvergütungsgesetz, 2004

Schneider, Norbert / Mock, Peter, Das neue Gebührenrecht für Anwälte, 2004

Die breiteste Antwortpalette zum RVG liefert der Kommentar von Gebauer/ Schneider, der als einziger Antragsmuster enthält. Die Ausführungen von Madert im ebenfalls brauchbaren Kommentar von Gerold/Schmidt finden sich in anderer Gliederung nahezu identisch in den *Rechtsanwaltsvergütungen in Straf- und Bußgeldsachen* wieder, deren aktuelle Auflage leider einige Fehler im Zahlenwerk enthält. Göttlich/Mümmler erschwert wegen seiner alphabetischer Zusammenstellung den Zugriff auf seinen an Rechtsprechung reichhaltigen Inhalt.

I. Vorbemerkung

Wer als Verteidiger auf seine Kosten kommen will, der benötigt notgedrungen 1 Kenntnisse zum RVG, zur Kostenerstattung und den Festsetzungsverfahren. Er sollte sich überdies betriebswirtschaftliche Gedanken machen, dh die anfallenden Betriebskosten eruieren. Denn um auf einen angemessenen Stundenlohn zu kommen, nötigt ihn die gesetzlich vorgegebene Vergütung auf die dafür mögliche Arbeitsleistung zu schließen. Eine vereinfachte Formel um den eigenen Stundenlohn zu kalkulieren lautet:

$$\frac{\text{(Personal- und Sachkosten + Unternehmerlohn) pro Monat}}{\text{Arbeitsstunden pro Monat}[1]}$$

Bei monatlicher Betrachtung sind einmal jährlich anfallende Kosten (zB Weihnachtsgeld) ebenso umzulegen, wie Urlaub, Feiertage und Krankheit. Bei Honorarvereinbarungen auf Stundenbasis ist zu berücksichtigen, dass gerade der Anfänger nur ca. 50 % der Arbeitsstunden abrechnen kann. Ist der Anwalt als Pflichtverteidiger bestellt, so sollte er feststellen, ob der Mandant nicht den anrechnungsfreien Betrag (unten Rn 74) zuzahlen kann. Ist dies nicht der Fall, so muss der Verteidiger im Auge behalten, welche Leistung er für das knappe Geld erbringt. Eine Strafverfahren bis zum Urteil des Amtsgerichts mit drei Hauptverhandlungstagen und jeweiligem Haftzuschlag ergibt 1008 € – inkl. Haftbefehlseröffnung, Akteneinsicht, Besprechungen, Telefonaten und Briefen, Vorbereitung von, Fahrten zu und Teilnahme an Terminen sowie der Abrechnung. Dh der Anwalt kann die Sache allenfalls abarbeiten, Zeit für tiefer gehende rechtliche Prüfung bleibt dabei nicht. Das zeigt auch eine andere Faustformel, die besagt, 50 % der Vergütung ist für Betriebskosten ausgegeben worden, von den restlichen 50 % sind wiederum 50 % für Steuern und Vorsorgeleistungen auszugeben, so dass als Nettoeinkommen 25 % verbleiben, im Beispiel also 257 €. Ein Nettoeinkommen von 2570 € wird folglich kaum zu erreichen sein, da die hierfür notwendigen 30 Hauptverhandlungstage an 18–20 Arbeitstagen im Monat nahezu unmöglich unterbringen zu sind – von den übrigen Tätigkeiten ganz abgesehen.

---

1 Formel nach Madert, Rechtsanwaltsvergütung Rn 3

II.   Kostenerstattung

2   Wer die Kosten des Verfahrens und die notwendigen Auslagen zu tragen hat befindet die **Kostengrundentscheidung**, die in jedem Urteil, Strafbefehl und jeder eine
Untersuchung einstellenden Entscheidung enthalten sein muss (§ 464 StPO). Dies
gilt im Bußgeldverfahren entsprechend (§§ 105, 105 a OWiG). Die Kostenpflicht
hängt grundsätzlich vom Ausgang des Verfahrens ab.

3   **Kosten des Verfahrens** sind die Gebühren und Auslagen der Staatskasse (§ 464 a I
StPO), mithin auch die Vergütung eines Pflichtverteidigers, den gem § 45 III 1 RVG
die Staatskasse bezahlt (KVGKG Nr. 9007). **Notwendige Auslagen** sind vermö-
genswerte Aufwendungen, die zur zweckentsprechenden Rechtsverfolgung oder
Verteidigung erforderlich waren (§ 91 I 1 ZPO), also sowohl Parteikosten als auch
Gebühren und Auslagen des Rechtsanwalts (§ 464 a II StPO).

4   Fehlt eine Kostengrundentscheidung, so trägt die Verfahrenskosten die Staatskasse,
die notwendigen Auslagen jeder selbst. Ist die Kostenentscheidung offensichtlich
widersprüchlich oder lückenhaft, kann sie gem §§ 319 I, 321 ZPO berichtigt werden.[2] Ausgelegt werden kann sie nur insoweit, als sich der sachliche Gehalt des Titels nicht verändert.[3] In allen anderen Fällen, also auch bei krassen Rechtsfehlern
oder Verstößen gegen zwingendes Gesetzesrecht muss sie angefochten werden.[4]

1.   Die Kostenerstattung im Strafverfahren

a)   Verurteilung, Freispruch, Nichteröffnung des Hauptverfahrens und endgültige Einstellung des Verfahrens

5   Der Verurteilte trägt die Verfahrenskosten (§ 465 I StPO), ggf mit anderen Verurteilten als Gesamtschuldner (§ 466 StPO), und seine notwendigen Auslagen. Die
Staatskasse hat daher gegen den Verurteilten einen Anspruch auf Ersatz der Pflichtverteidigervergütung als Teil der Verfahrenskosten, allerdings mit dem Vollstreckungs-
risiko behaftet.

6   Bei einem Freispruch, dem die Nichteröffnung des Hauptverfahrens gleich steht,
trägt die Staatskasse die Verfahrenskosten und die notwendigen Auslagen (§ 467 I
StPO). Dies gilt auch für sog. endgültige Einstellungen (§§ 153 II, 153 b II, 153 e II,
154 II, 154 b IV, 206 a, 206 b, 260 III StPO), gem § 467 V StPO nicht jedoch bei
endgültiger Einstellung nach vorläufiger Einstellung (§ 153 a StPO).

b)   Teilfreispruch

7   Bei einem Teilfreispruch ist zu unterscheiden, ob der Freispruch tenoriert ist, also hinsichtlich einer selbständigen prozessualen Tat freigesprochen wurde. Dann
trägt der Verurteilte die Verfahrenskosten und seine notwendigen Auslagen nur »soweit er verurteilt wurde«[5] oder zu einem vom Gericht festzusetzendem Bruchteil
(§ 464 d StPO).

---

2 OLG Karlsruhe JurBüro 1996, 645; OLG München AnwBl 1979, 198; OLG Bremen JurBüro
   1977, 696; OLG Saarbrücken NJW 1973, 1943; OLG Celle NJW 1971, 1905; OLG Braunschweig
   OLGSt § 471 S 1
3 LR-Hilger § 464 b Rn 3; KK-Schikora/Schimansky § 464 b Rn 6
4 OLG Karlsruhe JurBüro 1996, 645; OLG Bremen JurBüro 1977, 696; OLG Saarbrücken NJW
   1973, 1943; OLG Celle NJW 1971, 1905; OLG Braunschweig OLGSt § 471 S 1; LR-Hilger § 464 b
   Rn 3; KK-Schikora/Schimansky § 464 b Rn 6
5 BGHSt 25, 109 hat eine Bruchteilsentscheidung explizit verworfen

Wurde im Rahmen einer prozessualen Tat hinsichtlich abtrennbarer Teile oder ein- **8**
zelner Gesetzesverletzungen die Unschuld festgestellt (sog. fiktiver Freispruch)
oder sind Kosten allein durch das Gericht verursacht (zB fehlender Schöffe oder er-
folgreiches Ablehnungsgesuch), so ist es unbillig die insoweit entstandenen Kosten
dem Verurteilten zu überbürden. Nach der Differenztheorie sind die Mehrkosten,
die für die freigesprochene Tat entstanden sind, zu erstatten. Dh der Verteidiger errechnet welche Kosten entstanden sind und subtrahiert hiervon die Kosten, die entstanden wären, wenn die freigesprochene Tat nicht Gegenstand des Verfahrens gewesen wäre.

c) Säumnis, Selbstanzeige, wahrheitswidrige Belastung und Verfahrenshindernis

Verfahrenskosten und notwendige Auslagen werden der Staatskasse nicht überbür- **9**
det im Falle der schuldhaften Säumnis und der unwahren Selbstanzeige (§ 467 II
und III 1 StPO). Sie verbleiben beim Verurteilten, wenn sich dieser zumindest bedingt vorsätzlich wahrheitswidrig belastet hat und dieses Verhalten kausal für die
Verfolgung war, und wenn der Verurteilte wesentliche entlastende Umstände verschwiegen hat (§§ 467 III 2 Nr. 1 StPO). Da das Schweigerecht (§ 163 I 2 StPO)
nicht durch Kostennachteile unterhöhlt werden darf, gilt dies nur, wenn der Beschuldigte sich teilweise eingelassen hat und für sein Teilschweigen kein vernünftiger oder billigenswerter Grund ersichtlich ist.[6] Entsteht ein Verfahrenshindernis
aufgrund eines vorwerfbaren prozessualen Fehlverhaltens und ist es der einzige
Hinderungsgrund, so kann davon abgesehen werden die notwendigen Auslagen der
Staatskasse aufzuerlegen (§ 467 III 2 Nr. 2 StPO).

d) Einstellung durch Staatsanwaltschaft

Im Fall des § 170 II StPO trägt jeder seine notwendigen Auslagen selbst. Wird das **10**
Verfahren nach Rücknahme der öffentlichen Klage, des Antrags auf Entscheidung
im beschleunigten Verfahren[7] bzw. der Ablehnung dieses Antrags[8] oder der Rücknahme des Strafbefehlsantrags bis vor Anberaumung einer Hauptverhandlung[9] endgültig eingestellt (oben Rn 6), so sind die notwendigen Auslagen **auf Antrag** der
Staatskasse aufzuerlegen (§ 467 a I 1 StPO). Allerdings gelten die unter Rn 9 genannten Ausnahmen.

e) Straffreierklärung, Strafanzeige und -antrag, Privat- und Nebenklage, Adhäsionsverfahren sowie Nebenfolgen

Die Kostenfolgen ergeben sich aus §§ 468 ff StPO. **11**

f) Kosten im Rechtsmittelverfahren

Das Rechtsmittelgericht hat über die gesamten Kosten und Auslagen des Verfahrens **12**
zu entscheiden. Hinsichtlich der Kosten der Vorinstanz gilt das vorab Dargestellte.
Für die Rechtsmittelinstanz gilt:

---

6 KK-Franke § 467 Rn 8
7 AG Wetzlar AnwBl 1983, 464
8 LG Aachen JMBlNRW 1970, 47
9 Meyer-Goßner § 467 a Rn 3

aa)   Erfolglosigkeit oder Rücknahme des Rechtsmittels § 473 I 1 StPO

13   Im Fall des Misserfolgs oder der Rücknahme bleibt die Kostenentscheidung der Vorinstanz bestehen. Die Rechtsmittelkosten und die notwendigen Auslagen der Beteiligten trägt der Rechtsmittelführer. Hat die Staatsanwaltschaft zuungunsten des Angeklagten ein Rechtsmittel eingelegt, so sind die notwendigen Auslagen der Staatskasse zu überbürden. Bei beiderseitig eingelegtem Rechtsmittel sind nur die durch das Rechtsmittel der Staatsanwaltschaft entstandenen Mehrauslagen zu erstatten.[10]

bb)   Unbeschränktes und voll erfolgreiches Rechtsmittel – § 473 II 2 StPO

14   Ein voller Erfolg liegt vor, wenn das Rechtsmittel sein Ziel zumindest im Wesentlichen erreicht hat. Das ist auch dann anzunehmen, wenn der Rechtsmittelführer erklärt hatte, ein bestimmtes Ziel erreichen zu wollen, diese Ziel erreicht wurde, aber eine dahingehende Rechtsmittelbeschränkung nicht möglich war.[11] Ein Rechtsmittel ist hingegen auch dann erfolglos, wenn die Verhandlung nach Aufhebung und Zurückverweisung zu keinem günstigerem Ergebnis führt. Zu weiteren Einzelfällen ist auf die Kommentare zu verweisen. Ein Sonderfalls zu §§ 69 I, 69 b I StGB ist in § 473 V StPO geregelt.

15   Die Verfahrenskosten und die notwendigen Auslagen trägt derjenige, der »unterliegt«, bei einem durch die Staatsanwaltschaft zugunsten des Angeklagten eingelegten Rechtsmittels die Staatskasse.

cc)   Voller Erfolg eines beschränkten Rechtsmittels – § 473 III StPO

16   Hat ein beschränktes Rechtsmittel vollen Erfolg sind die notwendigen Auslagen des Rechtsmittelführers der Staatskasse zu überbürden; soweit die Staatsanwaltschaft das Rechtsmittel eingelegt hat, gelten die Regeln der ersten Instanz, dh das zuungunsten eingelegte erfolgreiche, beschränkte Rechtsmittel führt zur vollständigen Kostentragung des Verurteilten (§ 465 I StPO), das zugunsten eingelegte erfolgreiche, beschränkte Rechtsmittel führt zur Billigkeitsentscheidung nach § 465 II 2 StPO oder zur Auslagenerstattung nach § 467 StPO.

dd)   Teilweiser Erfolg eines (auch beschränkten) Rechtsmittels – § 473 IV StPO

17   Das Gericht hat in diesem Fall nach Billigkeit die Rechtsmittelsgebühr zu ermäßigen und die (notwendigen) Auslagen der Beteiligten der Staatskasse aufzuerlegen.

ee)   Privat- und Nebenklage, Wiederaufnahme, Antrag auf Nachverfahren und Wiedereinsetzung

18   Die Kostenfolgen ergeben sich aus § 473 StPO.

2.   Kostenerstattung im Bußgeldverfahren

19   Die Kostenerstattung im Bußgeldverfahren entspricht in weiten Teilen der im Strafverfahren, wie sich aus den Verweisnormen §§ 105, 105 a OWiG ergibt. Nachfolgend sind lediglich die Abweichungen vom Strafverfahren dargestellt.

a)   Verfahren der Verwaltungsbehörde – Einstellung

20   Stellt die Bußgeldbehörde das Verfahren vor Erlass eines Bußgeldbescheides ein, so ergeht keine Kostenentscheidung, da § 105 I OWiG nicht auf § 467 StPO verweist. Wird der Bußgeldbescheid durch die Behörde zurückgenommen und das Verfahren

---

10 OLG Hamburg NJW 1975, 130; OLG Zweibrücken NJW 1974, 659
11 BGHSt 19, 226; KK-Franke § 473 Rn 6 mwN

gem § 170 II iVm § 46 OWiG oder nach § 47 I 2 OWiG eingestellt, so ist eine Entscheidung zu treffen, ob die notwendigen Auslagen des Betroffenen gem § 105 I OWiG iVm § 467 a I 1, 2 StPO der Staatskasse aufzuerlegen sind. Ist nicht nach § 47 I OWiG eingestellt worden und liegt keiner der in § 467 III StPO, § 109 a II OWiG genannten Gründe vor, so hat die Staatskasse die notwendigen Auslagen zu tragen.[12]

b) Verfahren der Staatsanwaltschaft – Einstellung

Nach § 108 a I OWiG trifft die Staatsanwaltschaft die Kostenentscheidung nach § 467 a I und II StPO.

21

c) Gerichtliches Verfahren

aa) § 109 I OWiG – Verwaltungsbehörde hat den Antrag auf Wiedereinsetzung wegen Versäumung der Einspruchsfrist oder den Einspruch verworfen

Dieser Umstand ist für die Kostenentscheidung, die nach dem erfolgreichen Antrag auf gerichtliche Entscheidung ergeht, unerheblich. Dh im Falle des Freispruchs und der Einstellung trägt die Kosten und Auslagen auch für die Aufhebung des Verwerfungsbescheids die Staatskasse, im Fall der Verurteilung der Betroffene.

22

bb) § 109 II OWiG – Verwerfung des Einspruchs

Wird der Einspruch durch das Gericht verworfen, so hat der Betroffene die Kosten zu tragen. Wird der Einspruch zurückgenommen, so verbleibt es bei der Kostenentscheidung im Bußgeldbescheid.

23

cc) § 109 a I OWiG – Verhängung einer Geldbuße bis zu 10 Euro

§ 109 a I OWiG durchbricht die Regel des § 464 a II Nr. 2 StPO, nach dem die Gebühren und Auslagen eines Rechtsanwalts stets zu den notwendigen Auslagen gehören. Kosten für einen Anwalt werden vielmehr nur dann als notwendig angesehen, wenn die Sach- oder Rechtslage schwierig oder die Sache für den Betroffenen von Bedeutung ist. Die Rechtslage ist schwierig, wenn eine neue oder ungeklärte Rechtsfrage entscheidungserheblich ist, insbesondere wenn die Frage über den Fall hinaus Bedeutung hat.[13] Eine Sachlage ist schwierig, wenn zahlreiche Zeugen oder ein Gutachter notwendig sind, um sie zu klären, oder von der Verwaltungsbehörde der Eindruck erweckt wird, der Betroffene könne sein Recht nur mittels eines Anwalts durchsetzen.[14] Für die Bedeutung der Sache spricht es, wenn die Entscheidung auf andere Rechtspositionen des Betroffenen Auswirkungen hat, zB Schadensersatzansprüche oder tägliche Vorgänge (Abladen von Waren) beeinflusst. Die restriktive Bewertung der Notwendigkeit kann gegen das Willkürverbot verstoßen[15].

24

dd) § 109 a II OWiG – Verspätete Entlastung

Abweichend von § 467 III 2 Nr. 1 StPO bestimmt § 109 a II OWiG, dass Auslagen des Betroffenen nicht erstattungsfähig sind, wenn sie durch rechzeitiges Vorbringen entlastender Umstände zu vermeiden gewesen wären. Für § 109 a II OWiG spielt es also keine Rolle, ob der Betroffene vollständig geschwiegen hat. Die verspätete Entlastung ist dann kausal, wenn sie das »Ob«, »Wie«, Dauer und Umfang der Ver-

25

12　KK-OWiG-Schmehl § 105 Rn 100
13　BGHSt 39, 119; 34, 194; KK-OWiG-Schmehl § 109 a Rn 5
14　BVerfG NJW 1994, 1855 (Bußgeldbescheid wurde trotz begründetem Einwand des Betroffenen erlassen)
15　BVerfG NJW 1994, 1855

folgung maßgeblich beeinflussen.[16] Nur insoweit dürfen dem Betroffenen die Auslagen überbürdet werden.

Der Betroffene hat seine Entlastung bereits bei der Anhörung vorzubringen, es sei denn dies war unmöglich oder unzumutbar oder es gab vernünftige und billigenswerte Gründe zu schweigen. Billigenswert ist es zu schweigen, wenn ein (naher) Angehöriger geschützt werden soll (str[17]). Der Schutz von Freunden, Kollegen und Angestellten ist idR nicht billigenswert,[18] es sei denn, dem Geschützten drohen gewichtige Nachteile.[19]

ee)   § 25 a I 1 StVG – Kostentragungspflicht des Kraftfahrzeugshalters

26   Betrifft ein Bußgeldverfahren einen Halte- oder Parkverstoß und kann der Führer des Fahrzeuges nicht vor Eintritt der Verfolgungsverjährung ermittelt werden oder wäre die Ermittlung unangemessen aufwendig, so werden dem Halter die Kosten des Verfahrens überbürdet. Dies gilt nur dann nicht, wenn es unbillig wäre, den Halter mit den Kosten zu belasten (§ 25 a I 2 StVG), so zB wenn ein Unbefugter das Fahrzeug gegen den Willen des Halters benutzt hat.[20] Halter ist nicht notwendig der Eigentümer, sondern derjenige, der das Fahrzeug für eigene Rechnung in Gebrauch hat und die Verfügungsgewalt darüber besitzt.[21]

3.   Kostenerstattung nach StrEG

27   Nach StrEG werden diejenigen Schäden ersetzt, die durch den Vollzug von U-Haft und andere Verfolgungsmaßnahmen eintreten, soweit der Betroffene freigesprochen, das Verfahren gegen ihn eingestellt oder die Eröffnung des Hauptverfahrens abgelehnt wird. Nach § 7 I StrEG ist auch der Vermögensschaden, mithin die Anwaltskosten,[22] zu ersetzen.

4.   Rechtsmittel gegen Kostenentscheidungen

28   Ist die Hauptentscheidung unanfechtbar (§§ 46 II, 153 II 4, 153 a II 4 und 5, 161 a III 4, 304 IV, 310 II, 390 V 2, 400 II, 405 a I StPO, 47 II OWiG, 47 II 2 JGG), nur beschränkt anfechtbar (§ 80 OWiG) oder der Anfechtung entzogen (§ 55 II JGG), dann ist auch die Kostenentscheidung unanfechtbar. Im Übrigen ist die sofortige Beschwerde zulässig (§ 464 III 1 StPO), sofern der Gegenstandswert im Zeitpunkt der Einlegung mehr als 200 € beträgt (§ 304 III 1 StPO) und nicht eine Entscheidung des Bundesgerichtshofs oder eines Oberlandesgerichts angefochten werden soll (§ 304 IV StPO).

29   Die sofortige Beschwerde kann entweder isoliert oder neben einem Rechtsmittel gegen die Hauptentscheidung erhoben werden. Wird die Kostenentscheidung mit dem Rechtsmittel gegen die Hauptentscheidung angegriffen, kann das Gericht, wenn es das Rechtsmittel verwirft, ohne selbständige (Eventual-)Beschwerde die Kostenentscheidung nicht abändern.[23]

---

16 KK-OWiG-Schmehl § 109 a Rn 10
17 OLG Köln AGS 1995, 41; LG Aachen AnwBl 1980, 122, LG Münster AnwBl 1974, 227; aA LG Mainz KostRsp. § 467 StPO (B) Nr. 80; LG Frankenthal MDR 1979, 165
18 LG Münster AnwBl 1974, 227; KK-OWiG-Schmehl § 109 a Rn 13; Meyer-Goßner § 467 Rn 15; aA OLG Stuttgart Justiz 1987, 116 f; OLG Düsseldorf JurBüro 1983, 1849; OLG Schleswig SchlHA 1982, 105; OLG Hamm MDR 1977, 1042
19 KK-OWiG-Schmehl § 109 a Rn 13
20 Madert, Rechtsanwaltsvergütung Rn 414
21 BGHZ 13, 351; BayObLG DAR 1985, 390
22 BGHZ 65, 170; 68, 86
23 BGHSt 25, 81

Beschwerdeberechtigt ist jeder, der beschwert ist. Die Wochenfrist beginnt mit Be-   **30**
kanntmachung der Entscheidung (§§ 311 II, 35 StPO). Ein Kostenfestsetzungsantrag, der eine abweichende Kostengrundentscheidung zugrunde legt, kann nur als
sofortige Beschwerde ausgelegt werden, wenn ein Anfechtungswille zum Ausdruck
kommt.[24] Dem Beschwerdegericht sind eigene Sachverhaltsfeststellungen verwehrt
(§ 464 III 2 StPO). Die weitere Beschwere ist unzulässig (§ 310 II StPO).

5. Untergang des Auslagenerstattungsspruchs durch Aufrechnung der Staatskasse

Die Staatskasse kann bei Teilfreispruch oder bei Freispruch in einem und Verurtei-   **31**
lung im anderen Verfahren die dem Verteidiger zu erstattenden Auslagen mit ihrem
Anspruch auf Kostenerstattung aufrechnen. Die Aufrechnung ist gem § 43 RVG
aber insoweit unwirksam, als der Mandant einen gegen die Staatskasse gerichteten
Anspruch auf Erstattung der Anwaltskosten,[25] der aus dem selben Strafverfahren
stammen muss,[26] an den Anwalt abgetreten hat, die (anwaltlich beglaubigte) Abtre-
tungsurkunde oder -anzeige zu den Akten gelangt ist und der Anwalt verfahrensge-
genständliche Gebühren nach RVG – die vereinbarte Vergütung und andere Forderungen sind nicht geschützt – geltend machen will.[27]

> **Muster zur Abtretung des Erstattungsanspruchs**   **32**
>
> **Vorausabtretung**
>
> Sollte mir in der Sache gegen ... (Az ...) ein Anspruch auf Erstattung von notwendigen Auslagen
> gegen die Staatskasse oder einen anderen erstattungspflichtigen Dritten zustehen, so trete ich die-
> sen Anspruch an Frau Rechtsanwältin ... ab.
>
> **Abtretung nach Kostenfestsetzung**
>
> In der Sache gegen ... (Az ...) steht mir aufgrund der Kostenentscheidung des ...gerichts in ... ein
> Anspruch auf Erstattung von notwendigen Auslagen gegen die Staatskasse/einen erstattungs-
> pflichtigen Dritten gem dem Kostenfestsetzungsbeschluss vom ... in Höhe von ... € zu. Diesen An-
> spruch trete ich in voller Höhe/in Höhe von ... € an Frau Rechtsanwältin ... ab.

III. Kostenfestsetzung

Zu unterscheiden ist die Festsetzung der Kosten und Auslagen eines Beteiligten   **33**
nach § 464 b StPO, die Festsetzung der Vergütung des Wahlverteidigers nach § 11
RVG und des Pflichtverteidigers nach § 55 RVG. Da von den RVG-Verfahren nur
Vergütungen erfasst werden, sind sie Vergütungsfestsetzungsverfahren und als solche zu bezeichnen. Sie entfaltet für die Kostenfestsetzung nach § 464 b StPO keine
Bindungswirkung und umgekehrt.[28] Allerdings ist der Tatbestand der Gebühren-
überhebung (§ 352 StGB) zu beachten (unten Rn 157). Gerichtskosten fallen für die
Festsetzungsverfahren nicht an (§ 1 GKG), Anwaltsgebühren nur, soweit der An-
walt nicht Verfahrensbevollmächtigter war (§ 19 I Nr. 13 RVG).

---

24 OLG Stuttgart StV 1993, 651; OLG Düsseldorf GA 1990, 267
25 LG Bamberg JurBüro 1976, 1353; von § 43 RVG nicht erfasst sind die abgetretenen, zu erstat-
    tenden eigenen Auslagen des Beschuldigten.
26 LG Bamberg JurBüro 1976, 1353; AG Bonn AnwBl 1976, 257
27 OLG München AnwBl 1979, 71; LG Bamberg JurBüro 1976, 1353
28 BGH MDR 1973, 308

1. Kostenfestsetzungsverfahren gem § 464 b StPO, § 103 ff ZPO

34 Im Kostenfestsetzungsverfahren wird festgestellt, welche **Kosten und Auslagen** ein Beteiligter einem anderen zu erstatten hat (§ 464 b StPO). **Einwendungen** sind nur ausnahmsweise zulässig. So kann der Kostengläubiger zB nicht die Festsetzung von Anwaltskosten verlangen, wenn er gegen diese erfolgreich die Verjährungseinrede erhoben hat.[29] Grundsätzlich sind Einwendungen durch die Vollstreckungsgegenklage (§ 767 ZPO) gegen den Kostenfestsetzungsbeschluss geltend zu machen. Sind **mehrere Personen erstattungspflichtig,** so kann der Gläubiger entscheiden, von wem er die Leistung fordern will (§ 421 BGB).

a) Verfahren (siehe auch 145 RiStBV)

35 Voraussetzung des Kostenfestsetzungsantrags ist die **rechtskräftige Kostengrundentscheidung.** Sie kann im Festsetzungsverfahren nur mehr in engen Grenzen korrigiert und ausgelegt werden (oben Rn 4).

36 **Antragsberechtigt** ist jeder Beteiligte, auch die Staatskasse. Der **Antrag** ist namens des Auftraggebers beim Gericht des ersten Rechtszugs zu stellen. Ist eine Sache an ein anderes Gericht zurückverwiesen worden, ist das zuerst befasste Gericht das des ersten Rechtszugs.[30] Funktionell zuständig ist der Rechtspfleger (§§ 103 II, 104 I 2 ZPO, § 21 Nr. 1 RPflG). Die **Prozessvollmacht** erfasst das Kostenfestsetzungsverfahren nur, wenn sie entsprechend gefasst ist.[31]

37 Der Antrag ist mit der Kostenberechnung **zu begründen,** die tatsächlichen Umstände, aus denen die Vergütung hergeleitet wird, sind substantiiert vorzutragen und mit den Mitteln des § 294 ZPO **glaubhaft zu machen.** Die (stillschweigende) Bezugnahme auf aktenkundige Vorgänge reicht nur, wenn sie Gericht und Antragsgegner bekannt sind und sich der Vergütungstatbestand ohne weiteres daraus ergibt.[32] Postgebühren sind vom Anwalt zu versichern, zudem ist zu erklären, ob der Antragsteller zum Vorsteuerabzug berechtigt ist (§ 104 II 2, 3 ZPO). Bei Reisekosten sind Datum, Anlass, Ziel, Verkehrsmittel und Dauer der Reise anzugeben.

38 Auf ausdrücklichen Antrag, der sogar noch nach Rechtskraft des Kostenfestsetzungsbeschlusses gestellt werden kann,[33] wird ausgesprochen, dass der festgesetzte Betrag ab Anbringung des Antrags, frühestens ab Rechtskraft der Kostengrundentscheidung[34] mit 5 % über dem Basiszinssatz (§ 104 S 2 ZPO, § 247 BGB) zu **verzinsen** ist.

b) Entscheidung

39 Der Rechtspfleger kann im Beschluss nicht mehr oder anderes (zB Gebühren statt Auslagen) zusprechen als verlangt wurde (§ 308 ZPO), jedoch kann er Positionen austauschen, wenn sie auf demselben tatsächlichen Sachverhalt beruhen. Ein vom Bezirksrevisor beanstandeter Antrag kann zurückgenommen und korrigiert gestellt werden.[35] Nicht in Ansatz gebrachte Kosten können nachberechnet werden. Zwei

---

29 OLG Koblenz Rpfleger 1986, 319
30 BGH NStZ 1991, 145
31 KK-Franke § 464 b Rn 3; Meyer-Goßner § 464 b Rn 3
32 OLG Brandenburg AnwBl 2001, 306
33 OLG Hamm JurBüro 1978, 925; 1970, 524; KG AnwBl 1978, 417; aA Frankfurt JurBüro 1967, 334
34 LG Frankenthal JurBüro 1984, 723; KK-Franke § 464 b Rn 3; Rieß NJW 1975, 91; aA OLG Bamberg JurBüro 1976, 55
35 LG Köln StV 1996, 614

Wochen nach der Zustellung des Kostenfestsetzungsbeschlusses kann mit der Zwangsvollstreckung begonnen werden (§ 798 ZPO).

c) Rechtsmittel

Bei einer **Beschwer bis 200 €** ist gegen den Kostenfestsetzungsbeschluss die binnen **40** zwei Wochen einzulegende **Erinnerung** statthaft (§ 11 II 1 RPflG, § 567 II 2 ZPO). Hilft der Rechtspfleger der Erinnerung nicht ab, so legt er sie dem Gericht erster Instanz vor (§ 11 II 2, 3 RPflG). Der vom Gericht hierauf erlassene Beschluss ist unanfechtbar.

Liegt die **Beschwer über 200 €** ist binnen zwei Wochen die **sofortige Beschwerde** **41** anzubringen (§ 567 II, 569 I 1 ZPO), über deren Abhilfe ebenfalls zunächst der Rechtspfleger entscheidet. Hilft der Rechtspfleger einer Beschwerde des Gegners ab, so stehen hiergegen erneut die genannten Rechtsbehelfe zur Verfügung. Da die Beschwerde nicht begründet werden muss, reicht die Bezugnahme auf frühere Schriftsätze aus. Für die Beschwerde fallen Gerichtskosten (KV GKG 6702) und Anwaltsgebühren (Vorb 4 V, 5 IV) an.

2. Vergütungsfestsetzungsverfahren nach § 11 RVG

Damit der **Wahlverteidiger** einfach und schnell an einen Vollstreckungstitel wegen **42** seiner Vergütung kommt, steht ihm das Festsetzungsverfahren nach § 11 RVG zur Verfügung. Deshalb fehlt einer Vergütungsklage das Rechtsschutzbedürfnis soweit der Auftraggeber nicht außergebührenrechtliche Einwendungen, dh Einwendungen erhebt, die nicht im RVG oder in Bezug genommenen Gebührenvorschriften be-gründet liegen, wie zB Erfüllung, Aufrechnung, Verrechnung, Verjährung, Schlecht-erfüllung oder Bestreiten des Auftrags (§ 11 V RVG). Sind diese Einwendungen aus der Luft gegriffen oder offensichtlich unbegründet, wird die Vergütungsfestsetzung nicht unzulässig.[36]

Festgesetzt werden können nur gesetzliche Gebühren und Auslagen, die Pauschge-bühr, nicht aber eine vereinbarte Vergütung (§ 11 I 1 RVG).

a) Verfahren

Antragsberechtigt sind der Anwalt, sowie sein Auftraggeber (§ 11 I 1 RVG), der **43** nicht der Mandant sein muss. In der Antragstellung eines Mitglieds einer Sozietät kann die Geltendmachung zugunsten der Sozietät liegen. Es empfiehlt sich daher von Anfang an klarzustellen für wen der Antragsteller handelt.

Der **Antrag** ist zulässig, wenn die Forderung des Verteidigers fällig (§§ 11 II 1, 8 **44** RVG) und durch Rechnungsstellung eingefordert worden ist (§ 10 RVG). Soweit nicht der Auftraggeber der konkreten Höhe der Gebühren ausdrücklich zuge-stimmt hat und der Verteidiger diese Erklärung mit dem Antrag[37] vorlegt (§ 11 VIII RVG), können im Festsetzungsverfahren nur die Mindestgebühren geltend gemacht werden. Da das Gesetz von »*Zustimmung*« spricht, kann die Erklärung nach Ab-schluss der Sache oder im Vorhinein erteilt werden[38] (§§ 183 f BGB). Folglich ist

---

36 OLG Koblenz AnwBl 2005, 76; OLG Köln OLGR 1997, 343; OLG Hamburg JurBüro 1995, 426
37 Mayer/Kroiß § 11 Rn 41 ff aA Gebauer/Schneider-Schneider § 11 Rn 96; Göttlich/Mümmler S 1065, Schneider/Mock § 35 Rn 52 ff
38 aA Gebauer/Schneider-Schneider § 11 Rn 98

die Gebührenhöhe auch dann konkretisiert, wenn etwa in eine Abrechnung »20 % über der Mittelgebühr« eingewilligt wurde.[39]

45   § 11 II 3 RVG verweist über § 464 b StPO auf die Vorschriften der §§ 103 ff ZPO, so dass auch der Vergütungsfestsetzungsantrag zu **begründen und glaubhaft zu machen** und die **Verzinsung** explizit zu beantragen ist (Rn 38). Einer Erklärung zur Umsatzsteuer bedarf es nicht (§ 11 II 2 HS 1 RVG), da eine zur Festsetzung beantragte Umsatzsteuer stets abgeführt werden muss (Rn 142). Wird die Vergütungsrechnung vom Antragsgegner anerkannt, zB indem die nach § 11 VIII RVG notwendige Zustimmung nach Auftragsabschluss erfolgt, so ist das als tatsächliches Geständnis zu werten und macht die Glaubhaftmachung entbehrlich.[40] Ob es günstig ist, die Zustimmung erst nach Abschluss einzufordern, ist im Einzelfall zu beurteilen.

46   Erhaltene Zahlungen und Vorschüsse müssen verrechnet werden (§ 11 I 2 RVG). Leistet der Auftraggeber ohne konkreten Tilgungszweck ist zunächst entsprechend einer nachträglichen Tilgungsbestimmung des Auftraggebers zu verrechnen.[41] Subsidiär greift § 366 II BGB.[42] Die Rechtsprechung überlässt teilweise dem Anwalt die Tilgungsbestimmung,[43] teilweise rechnet sie grundsätzlich auf die beantragten Gebühren an.[44]

b)   Entscheidung

47   Die Ausführungen zum Kostenfestsetzungsverfahren gelten sinngemäß. Gerichtskosten fallen nicht an (§ 11 II 6 HS 2 RVG), Anwaltsgebühren (VV 3403) nur, wenn nicht eigene Gebühren zur Festsetzung beantragt werden.

c)   Rechtsmittel

48   Die Ausführungen zum Kostenfestsetzungsverfahren gelten sinngemäß. Der Anwalt erhält für Erinnerung und Beschwerde die Gebühr VV 3500. Gerichtskosten fallen nur für die Beschwerde an.

3.   Vergütung des Pflichtverteidigers nach § 55 RVG

a)   Verfahren

49   **Antragsberechtigt** ist der beigeordnete oder bestellte Anwalt. Der **Antrag**, der weder an Form noch Frist gebunden ist, ist zulässig, wenn die Forderung des Verteidigers fällig ist (§ 8 RVG) und stets beim Gericht des ersten Rechtszugs zu stellen, selbst wenn der Verteidiger erst in der Rechtsmittelinstanz bestellt wurde.[45] Er sollte eindeutig als Antrag nach § 55 RVG bezeichnet werden, da er sonst auch als Kostenfestsetzungsantrag behandelt werden kann. Funktionell zuständig ist der Urkundsbeamte (§ 55 I 1 RVG). Ist das Verfahren nicht bei Gericht anhängig geworden, ist das Gericht zuständig, das den Verteidiger bestellt/beigeordnet hat (§ 55 I 2 RVG). Im **Bußgeldverfahren** vor der Verwaltungsbehörde tritt diese an die Stelle des Urkundsbeamten (§ 55 VII RVG).

---

39 so aber Mayer/Kroiß § 11 Rn 37
40 Gerold/Schmidt-v. Eicken § 11 Rn 60
41 OLG München JurBüro 1974, 1136; OLG Hamm JurBüro 1976, 1657
42 Gebauer/Schneider-Schneider § 11 Rn 132
43 KG Rpfleger 1978, 33
44 OLG Schleswig SchlHA 1975, 201
45 Goebel/Gottwald-v. Seltmann Rn 2

Der Antrag ist, wie oben Rn 45 dargestellt, zu **begründen und glaubhaft zu ma-** **50** **chen** (§ 55 V 1 RVG iVm § 104 II ZPO). Der Antrag hat die Erklärung zu enthal-ten, ob und ggf welche Zahlungen der Verteidiger erhalten hat. Spätere Zahlungen sind unverzüglich anzuzeigen (§ 55 V 2 RVG). Erklärungen zum Vorsteuerabzug sind nicht nötig. Nach hM wird auch auf Antrag keine **Verzinsung** ausgespro-chen.[46]

b) Entscheidung

Wenn dem Festsetzungsantrag entsprochen wird, veranlasst der Urkundsbeamte die **51** Auszahlung, eine Mitteilung ergeht nicht. Einwendungen gegen den Antrag sind nicht von Amts wegen sondern nur dann zu berücksichtigen, wenn sie vom Vertre-ter der Staatskasse erhoben werden. Dessen Stellungnahme ist dem Anwalt mitzu-teilen. Der Urkundsbeamte kann den PKH-Anwalt auffordern, zwischenzeitlich erhaltene Zahlungen binnen einem Monat anzuzeigen. Kommt der Anwalt die-ser Aufforderung nicht nach, so erlöschen seine Ansprüche gegen die Staatskasse (§ 55 VI 2 RVG).

c) Rechtsmittel

Gegen die Entscheidung des Urkundsbeamten ist die unbefristete **Erinnerung** statt- **52** haft (arg ex § 56 II 1 HS 1 RVG). Hilft der Urkundsbeamte der Erinnerung nicht ab, so legt er sie dem Einzelrichter (§ 56 II 1 iVm § 33 VIII 1 RVG) seines Gerichts vor. Gegen dessen Entscheidung kann beim iudex a quo binnen einer Notfrist von zwei Wochen nach Zustellung der Entscheidung **Beschwerde** eingelegt werden, wenn der Wert des Beschwerdegegenstandes 200 € übersteigt oder das Gericht sie zulässt (§§ 56 II, 33 III RVG), es sei denn, das Oberlandesgericht hat über die Erin-nerung entschieden (§ 33 IV 3 RVG). Hilft der Richter der Beschwerde zumindest teilweise nicht ab, so legt er sie zum nächst höheren Gericht vor (§ 33 IV 2 RVG). Dieses kann bei besonderer Bedeutung einer Rechtsfrage gegen seine Entscheidung die weitere Beschwerde zulassen (§ 33 VI 1 RVG). Erinnerung und Beschwerde sind kostenfrei, Anwaltsgebühren werden nicht erstattet (§ 56 II 2, 3 RVG).

Im **Bußgeldverfahren** kann die gerichtliche Entscheidung nach § 62 OWiG bean- **53** tragt werden (§ 57 RVG).

IV. Der Vergütungsanspruch des Rechtsanwalts in Straf- und Bußgeld-sachen

Der Vergütungsanspruch entsteht mit der ersten Tätigkeit des Rechtsanwalts, nicht **54** schon mit dem Abschluss eines Mandatsvertrags oder der Bestellung/Beiordnung. Er setzt sich aus Gebühren und Auslagen zusammen. Es handelt sich um Pauschge-bühren, da der einschlägige Gebührentatbestand die gesamte Tätigkeit im Rahmen derselben Angelegenheit abgilt (§ 15 I, II RVG). Das Gesetz definiert den Begriff der Angelegenheit nicht, sondern bestimmt nur, welche Angelegenheiten identisch (§ 16 RVG), welche verschieden (§ 17 RVG) sowie welche besonders, d.h. selbstän-dig (§ 18 RVG), sind und macht für den einzelnen Rechtszug eine Ausnahme von der Beschränkung auf die Angelegenheit (§ 15 Abs 2 S 2 RVG). Da sich der Begriff

---

46 OLG Frankfurt NJW 1974, 960; Stuttgart Rpfleger 1974, 34; BVerwG JurBüro 1981, 1504 Ge-bauer/Schneider-Schnapp § 55 Rn 28; Gerold/Schmidt-v. Eicken § 55 Rn 29; Goebel/Gottwald-v. Seltmann § 55 Rn 6; Göttlich/Mümmler S 686; Mayer/Kroiß § 55 Rn 32

Rechtszug auf das gerichtliche Verfahren bezieht, fallen im Vorverfahren die Gebühren nicht gesondert an.

Nach dem BGH liegt eine Angelegenheit vor, wenn der anwaltlichen Tätigkeit

– ein einheitlicher Auftrag zugrunde liegt,

– sie sich in einem einheitlichen Rahmen bewegt und

– zwischen den einzelnen Handlungen oder Gegenständen der anwaltlichen Tätigkeit ein innerer Zusammenhang besteht, zB wenn mehrere Gegenstände einem einheitlichen Lebensvorgang entspringen und ihre gleichzeitige Verfolgung in einem Verfahren möglich ist.[47]

Eine Angelegenheit liegt deshalb dann vor, wenn ein Verfahren unter einem eigenen Aktenzeichen geführt wird.

1. Persönlicher Anwendungsbereich

55 Das RVG erfasst in Straf- und Bußgeldsachen die Tätigkeit des Anwalts als Verteidiger und für Privat- und Nebenkläger, Einziehungs- und Nebenbeteiligte, Verletzte, Zeugen oder Sachverständige (Vorb 4 I und 5 I). Das Gesetz geht grundsätzlich von der vollumfänglichen Vertretung aus, stellt aber auch für Einzeltätigkeiten Gebühren zur Verfügung (VV 4300 bis 4302 und 5200). Eine Unterbevollmächtigung, etwa gar noch mit Gebührenteilung, ist nicht vorgesehen. Vielmehr liegt darin entweder die Verteidigung durch zwei voll zu vergütende Verteidiger (§ 6 RVG) oder Einzeltätigkeit des Unterbevollmächtigten.

56 Wahl- und Pflichtverteidiger, werden unterschiedlich vergütet, hinsichtlich der Auslagen aber gleichbehandelt. Während dem Wahlverteidiger ein Gebührenrahmen zur Verfügung steht, sind die Pflichtverteidigergebühren Festgebühren, die 20 % unter der Mittelgebühr liegen. Der Verteidiger, der von seinem Beruf leben will, muss folglich seinen Aufwand an die zu erwartende Gebühr anpassen, wenn er keine leistungsgerechte Vergütung vereinbaren kann. Derzeit dürfte – bei niedrigen Fixkosten – ein Stundensatz von 150 € notwendig sein, um in etwa die Vergütung eines Richters zu erreichen.[48] Eine Quersubvention wird sich nicht immer vermeiden lassen, sollte aber nur in engen Grenzen geschehen. Schon deshalb ist es gerade dem Berufsanfänger zu empfehlen den Umfang der eigenen Tätigkeit genau aufzuzeichnen, um ein Gefühl dafür zu bekommen, welche Vergütung er hierfür erzielen muss.

57 Der **beigeordnete Anwalt** ist kein **bestellter Pflichtverteidiger**, vielmehr stellt die mit der Beiordnung verbundene Kostenbefreiung eine spezialgesetzliche Form der Sozialhilfe für die in Vorb 4 I genannten dar.[49] Beigeordneter Anwalt und Pflichtverteidiger sind jedoch gebührenrechtlich gleichgestellt. Im Ergebnis gibt es drei verschiedene Möglichkeiten der Abrechnung:

– Wahlverteidigervergütung nach Vereinbarung

– Wahlverteidigervergütung nach RVG

– Vergütung als Pflichtverteidiger oder beigeordneter Anwalt nach RVG (nachfolgend wird vereinfachend von Pflichtverteidigervergütung gesprochen)

Hat ein Wahlverteidiger eine Vergütungsvereinbarung geschlossen, so kann er, wenn er einen (Teil-)Erfolg erringt, gleichwohl die Vergütungsberechnung nach RVG (und das Kostenfestsetzungsverfahren) nicht vermeiden, da der Gebührenschuldner stets nur die gesetzliche Vergütung zu erstatten hat.

---

47 BGH AnwBl 1976, 377

48 Zur Kalkulation eines angemessenen Stundesatzes: Madert, Rechtsanwaltsvergütung Rn 3

49 BGHSt 3, 396; Göttlich/Mümmler S 675

a)   Der Wahlverteidiger und sein Gebührenanspruch

Die Vergütung des Wahlverteidigers ist als Rahmengebühr ausgestaltet. Die ange-   **58**
messene Höhe innerhalb des Rahmens bestimmt der Rechtsanwalt (§ 14 I 1 RVG).
Gegenüber dem Auftraggeber oder bei einem materiell-rechtlichen Kostenersatz-
anspruch gegen einen Dritten gilt § 315 III BGB, so dass der Rechtsanwalt die Beweislast dafür trägt, dass die Gebühr nach billigem Ermessen bestimmt ist.[50]

Ist die **Gebühr von einem Dritten zu ersetzen**, so ist sie »*nicht verbindlich, wenn*   **59**
sie unbillig ist« (§ 14 I 3 RVG). Diesmal trifft also den Dritten die Behauptungs-
und Beweislast.[51] Da letzteres von der Praxis regelmäßig anders gehandhabt wird,
sollte, wer sein Geld möglichst schnell möchte, bereits im Kostenfestsetzungsantrag
alle Umstände angeben, welche die Höhe der Gebühr rechtfertigen. **Es ist daher**
unbedingt nötig, den Aufwand der Tätigkeit in der Akte festzuhalten.

In jedem Fall wird durch die Ermessensausübung ein **Gestaltungsrecht** wahrge-   **60**
nommen, weshalb die dem Auftraggeber zugegangene Vergütungsrechnung nur
noch in engen Grenzen abgeändert werden kann. So, wenn der Rechtsanwalt über
Bemessungsfaktoren getäuscht (oder bedroht) wurde, innerhalb desselben Gebüh-
rentatbestandes nach der Erledigung des ersten Auftrages erneut tätig geworden ist,
sich der Anwalt eine Änderung vorbehalten oder einen gesetzlichen Gebührentatbestand übersehen hat (str[52]), nicht jedoch, wenn er sich auf einen unzutreffenden
Gebührentatbestand gestützt hat.[53] Wurde beispielsweise eine Geschäftsgebühr als
Mittelgebühr geltend gemacht, obgleich richtigerweise eine Beratungsgebühr geltend zu machen war, so kann diese ebenfalls nur als Mittelgebühr geltend gemacht
werden.

Der Rechtspfleger beurteilt die Billigkeit indem er die ihm angemessen erscheinen-   **61**
de Gebühr festlegt und mit der vom Verteidiger beantragten Gebühr vergleicht. Beträgt die Abweichung der vom Anwalt berechneten Gebühr nicht mehr als 20 %, so
wird sie als verbindlich angesehen.[54] Teilweise wird die **Toleranzgrenzen** niedriger
angesetzt. Im Rechtsstreit zwischen dem Anwalt und seinem Auftraggeber muss
das Gericht zur Billigkeit ein kostenlos zu erstattendes **Gutachten der Anwalts-**
kammer einholen (§ 14 II RVG), im Kostenfestsetzungsverfahren sollte das geschehen.[55]

Die **Mittelgebühr** ist für den Normalfall, dh für den Fall angemessen, dass alle gem
§ 14 I 1 RVG zu berücksichtigenden Umstände durchschnittlich sind. Die Beschränkung eines Rechtsmittels auf das Strafmaß nötigt nicht, unter der Mittelgebühr zu bleiben. Die **Höchstgebühr** setzt indes nicht voraus, dass alle Parameter
für eine Erhöhung sprechen.[56] Die **Mindestgebühr** kommt nur in ganz einfachen
Sachen von geringem Umfang und vor allem dann in Betracht, wenn die wirtschaftlichen Verhältnisse des Auftraggebers ungünstig sind.[57] Als Bemessungskriterien, die

---

50 BGHZ 41, 279
51 AG München ZfS 1992, 310; dagegen fordert das LG Flensburg (JurBüro 1985, 1348) die Glaub-
    haftmachung durch den Gebührengläubiger
52 Gerold/Schmidt-Madert § 14 Rn 6 mwN; Hartung/Römermann-Römermann § 14 Rn 76
53 Hartung/Römermann-Römermann § 14 Rn 76
54 OLG Schleswig AGS 2003, 25; OLG Düsseldorf StraFo 1996, 190; OLG Köln AGS 1993, 60;
    OLG München AnwBl 1992, 455; LG Zweibrücken MDR 1992, 196 (bis 25 %); AG Aachen
    RVG-Letter 2005, 42
55 BVerwG JurBüro 1982, 857; LG Regensburg VersR 1968, 860
56 Gerold/Schmidt-Madert § 14 Rn 38 mwN
57 VG Düsseldorf AnwBl 1984, 322; Gerold/Schmidt-Madert § 14 Rn 24

hinsichtlich jedes anfallenden Gebührtatbestands neu zu beurteilen sind, kommen insbesondere – also nicht abschließend – in Frage:

aa) Zeitlicher Umfang der anwaltlichen Tätigkeit

62 Der zeitliche Umfang stellt ein quantitatives Kriterium dar. Ein Umstand, der eine weitere Gebühr auslöst, kann jedoch nicht zugleich erhöhend wirken. Einzubeziehen sind der Zeitaufwand für das **Studium der Akten**, von **Rechtsprechung** und **Literatur**, soweit sich der Anwalt nicht Grundlagenwissen in einem ihm unbekannten Rechtsgebiet aneignet, für **Recherchen**, die **Anfertigung von Notizen**, für **Besprechungen** und **Tätigkeiten, die nicht von einer besonderen Gebühr erfasst sind** (zB (Haft-) Beschwerden),[58] die **Vorbereitung des Plädoyers**,[59] **An- und Abfahrtzeiten**,[60] **Wartezeiten** vor Hauptverhandlung und längere **Verhandlungspausen**.[61] Die Ordnung des Gerichts spielt insofern eine Rolle, als eine eineinhalbstündige Verhandlung vor dem Amtsgericht nicht unterdurchschnittlich ist,[62] vor dem Landgericht aber schon.[63] Wird der Anwalt in einer Doppelrolle tätig (Verteidiger und Nebenklagevertreter hinsichtlich eines Mitangeklagten), so führt das in der Regel zu einer Mehrbelastung.[64] **Nicht relevant** ist, ob der Arbeitsaufwand notwendig war[65] oder der Staatsanwalt auf Freispruch plädiert hat.[66]

bb) Schwierigkeit der anwaltlichen Tätigkeit

63 Eine Tätigkeit ist objektiv schwierig, wenn erhebliche, im Normalfall nicht auftretende Probleme auftauchen.[67] Diese können juristischer oder anderer Natur sein: zB **entlegene Rechtsgebiete**,[68] schwierige rechtliche Fragen im Einzelfall,[69] auch die Vernehmung eines Anwalts als Belastungszeugen,[70] gutachterliche oder sonstige **nichtrechtliche Fragestellungen**,[71] eine schwierige **Persönlichkeitsstruktur des Beschuldigten**[72] sowie der Umstand, dass er nicht deutsch spricht.[73] **Angewandtes Spezialwissen**, auch auf nichtjuristischen Gebieten (zB Buchhaltung, Fremdsprache), führt zur Gebührenerhöhung, da die Schwierigkeit objektiv zu bestimmen ist.[74]

cc) Bedeutung der Angelegenheit für den Auftraggeber

64 Von Bedeutung sind die mittelbaren und unmittelbaren persönlichen, ideellen oder wirtschaftlichen Interessen des Auftraggebers. Das Interesse ist objektiv zu bestim-

---

58 Gerold/Schmidt-Madert § 14 Rn 46; Hartung/Römermann-Römermann § 14 Rn 22
59 LG Wuppertal AnwBl 1985, 160 (Vorbereitung der Hauptverhandlung)
60 Hartung/Römermann-Römermann § 14 Rn 22
61 OLG Karlsruhe AGS 1993, 77; LG Freiburg StV 1997, 442; LG Ravensburg AnwBl 1985, 160
62 Burhoff, abl Anm zu AG Trier Beschl v 9. 5. 2005 – 8011 Js 20717/04.3 Cs (www.burhoff.de)
63 OLG Düsseldorf Rpfleger 1993, 41
64 OLG München JurBüro 1963, 727; LG Krefeld AnwBl 1979, 79; LG Regensburg AnwBl 1967, 100; LG Bochum AnwBl 1968, 235
65 Hartung/Römermann-Römermann § 14 Rn 24
66 Gebauer/Schneider-Schneider § 14 Rn 29, der das eher als erhöhend ansieht; Hartung/Römermann-Römermann § 14 Rn 24; aA LG München I JurBüro 1982, 1182
67 Gerold/Schmidt-Madert § 14 Rn 50
68 BVerwGE 62, 196
69 LG Karlsruhe AnwBl 1980, 121
70 AG Trier Beschl v 9. 5. 2005 – 8011 Js 20717/04.3 Cs (www.burhoff.de)
71 BVerwG NVwZ 83, 607; LG Kiel JurBüro 1992, 602
72 LG Karlsruhe AnwBl 1987, 338
73 LG Karlsruhe AnwBl 1980, 121; LG Nürnberg-Fürth AnwBl 1969, 208; AG Krefeld AnwBl 1980, 303: LG Bochum AnwBl 1985, 151
74 LG Karlsruhe AnwBl 1973, 367; LG Freiburg AnwBl 1965, 184; AG Hamburg AnwBl 1993, 294

men.[75] Indiz für die Bedeutung ist die zu erwartende Strafe ggf entsprechend dem Antrag der Staatsanwaltschaft.[76] Ein erhebliches Indiz ist auch die Höhe einer vereinbarten Gebühr.[77]

Eine **hohe Bedeutung** folgt aus berufs- oder disziplinarrechtlichen Folgen,[78] der drohenden Vorstrafe für bislang Unbescholtenen,[79] der Vielzahl von Vorstrafen, wenn sie eine nicht bewährungsfähige Freiheitsstrafe befürchten lässt,[80] dem Einfluss auf berufliche Existenz oder berufliches Fortkommen,[81] möglichen Beeinträchtigungen des Ansehens, der gesellschaftlichen Stellung[82] oder der wirtschaftlichen Verhältnisse[83] sowie einer präjudizielle Wirkung.[84] Da § 88 Abs. 3 BRAGO keine Entsprechung in der RVG gefunden hat, rechtfertigen Tätigkeiten, die im Hinblick auf Fahrverbot bzw. Entziehung der Fahrerlaubnis erbracht werden, die Überschreitung der Mittelgebühr.[85] Das Schreiben einer Versicherung, im Hinblick auf Schadenersatzansprüche den Ausgang des Strafverfahrens abzuwarten, weist die Bedeutung nach. Erreicht der Verteidiger in einer durchschnittlichen Sache die Rücknahme der Anklage oder die Ablehnung der Eröffnung, so ist die Höchstgebühr (Rücknahme) bzw. eine Gebühr im oberen Bereich (Nichteröffnung) angemessen.[86]

Unerheblich ist, ob der Angeklagte freigesprochen oder verurteilt wird,[87] zu hoch oder zu niedrig bestraft wird und das Interesse der Öffentlichkeit an dem Prozess.

dd) Vermögens- und Einkommensverhältnisse des Auftraggebers[88]

Auszugehen ist vom Durchschnitt der wirtschaftlichen Verhältnisse. Einzubeziehen sind Freistellungsansprüche insbesondere im Rahmen der Familie[89] (§§ 1360 a, 1601 ff BGB) und gegenüber Rechtsschutzversicherern, nicht jedoch die wirtschaftlichen Verhältnisse des erstattungspflichtigen Gegners. Relevant ist jener Zeitpunkt zwischen Auftragserteilung und Fälligkeit, zu dem der Auftraggeber die besseren wirtschaftlichen Verhältnisse hat.[90] Auch hier empfiehlt es sich Aufzeichnungen für die spätere Begründung der Gebührenhöhe anzufertigen.

65

---

75 LG Flensburg JurBüro 1976, 1504 und 1984, 1038; LG Hanau AnwBl 1982, 388; Göttlich/Mümmler S 907; aA Goebel/Gottwald-Onderka § 14 Rn 8
76 OLG Schleswig JurBüro 1999, 638
77 OLG Schleswig, SchlHA 1971, 95; OLG Celle Rpfleger 1971, 28; OLG Köln AnwBl 1974, 54; OLG München JurBüro 1975, 339; LG Düsseldorf AnwBl 1971, 90
78 LG Zweibrücken ZfS 1992, 172; LG Hanau AnwBl 1982, 388; aA LG Flensburg JurBüro 1977, 1089, wenn lediglich die theoretische Möglichkeit einer berufsrechtlichen Folge besteht.
79 AG Trier Beschl v 9. 5. 2005 – 8011 Js 20717/04.3 Cs (www.burhoff.de), LG München I AnwBl 1982, 263
80 LG Flensburg JurBüro 1984, 548
81 BVerwG NVwZ 1983, 607; AG Homburg ZfS 1997, 388
82 LG Kaiserslautern AnwBl 1964, 289
83 LG München I AnwBl 1982, 263
84 Gerold/Schmidt-Madert § 14 Rn 89
85 Alte Rspr zum Berufskraftfahrer: LG Heidelberg AnwBl 1965, 184; LG Flensburg JurBüro 1976, 1216
86 LG Bochum AnwBl 1967, 237; AG Hannover AnwBl 1980, 311
87 LG Paderborn MDR 1990, 1137
88 Dieses Kriterium wird von Hartung/Römermann-Römermann § 14 Rn 34 ff heftig angegriffen.
89 LG Kaiserslautern AnwBl 1964, 289; LG Kleve NJW 1954, 1260; LG Mönchengladbach KostRspr BRAGO § 12 Nr. 8
90 OLG Frankfurt OLGSt § 12 BRAGO; LG Krefeld AnwBl 1976, 136; LG Bayreuth JurBüro 1985, 1187; Gerold/Schmidt-Madert § 14 Rn 61; Hartung/Römermann-Römermann § 14 Rn 41

ee) Besonderes Haftungsrisiko des Rechtsanwalts – § 14 I 2 RVG

66   Ein besonderes Haftungsrisiko besteht aufgrund der Amtsaufklärungspflicht für den Strafverteidiger selbst im Adhäsionsverfahren nicht.

ff) Pauschgebühr § 42 RVG

67   Voraussetzung der Pauschgebühr ist, dass die im Vergütungsverzeichnis bestimmten Gebühren, ausgenommen Wertgebühren, wegen des besonderen Umfangs oder der besonderen Schwierigkeit der Sache nicht zumutbar sind (§ 42 I 1 RVG). Der Wahlverteidiger kann höchstens das Doppelte der Höchstgebühr erhalten (§ 42 I 4 RVG). Die BRAGO stellte dem Wahlverteidiger keine Pauschgebühr zur Verfügung, so dass keine Rechtsprechung zur Wahlverteidigerpauschgebühr vorhanden ist. Jedoch kann die Rechtsprechung zur Pflichtverteidigerpauschgebühr (unten Rn 80 ff) herangezogen werden. Zur Bestimmung der Höhe ist die Anlehnung an ein Zeithonorar nicht gerechtfertigt.[91]

68   Notwendig ist ein ab Rechtskraft der Kostengrundentscheidung zulässiger (§ 42 I 1, II 1 RVG) und zweckmäßigerweise beim Tatgericht zu stellender **Antrag**, der theoretisch weder beziffert noch begründet werden muss. Eine Begründung ist für den Erfolg des Antrags unabdingbar, eine Bezifferung schon aus psychologischen Gründen empfehlenswert. Die betroffenen Verfahrensbeteiligten sind zu hören (§ 42 II 2 RVG). Zur Entscheidung berufen ist das Oberlandesgericht (§ 42 III RVG), der Bundesgerichtshof ist für bei ihm anhängige Verfahren zuständig.[92] Die Entscheidung ist unanfechtbar und für die Festsetzungsverfahren ebenso bindend wie für einen Gebührenrechtsstreit (§ 42 IV RVG).

69   Anders als beim Pflichtverteidiger wird die Pauschgebühr nicht bewilligt, sondern nur der Höhe nach festgestellt, so dass der Beschluss kein Vollstreckungstitel ist. Der Festsetzungsbeschluss ist nach den allgemeinen Vorschriften zu erwirken.

b) Der Pflichtverteidiger und seine Gebühren

70   Der Pflichtverteidiger erhält Festgebühren. Wertgebühren des Pflichtverteidigers, gleich ob beigeordnet oder bestellt,[93] werden nur bis 3000 € Gegenstandswert nach § 13 I RVG, darüber nach § 49 RVG bemessen (§§ 49, 45 RVG).

aa) Rückwirkung der Pflichtverteidigerbestellung § 48 V RVG

71   Die Bestellung als Pflichtverteidiger[94] in der ersten Instanz wirkt stets ins Vorverfahren zurück; in Bußgeldverfahren wirkt sie für die Tätigkeit vor der Verwaltungsbehörde zurück (§ 48 V 1 RVG). In späteren Rechtszügen entfaltet die Bestellung für den jeweiligen Rechtszug Wirkung (§ 48 V 2 RVG).

72   Ist der Verteidiger in mehreren Verfahren für den Beschuldigten tätig, allerdings nur in einem als Pflichtverteidiger, und werden diese Verfahren verbunden, so hat das Gericht zu entscheiden, für welche Verfahren eine Rückwirkung stattfindet (§ 48 V 3 RVG). Dies kommt insbesondere dann in Betracht, wenn die Bestellung unmittelbar bevorgestanden hätte.[95]

---

91 OLG Hamm Beschl v 17. 2. 005 – 2 (s) Sbd VIII 11/05 (www.burhoff.de)
92 Gerold/Schmidt-Madert § 43 Rn 16
93 Goebel/Gottwald-Wassen § 49 Rn 1; widersprüchlich Gerold/Schmidt-v. Eicken Rn 1
94 Das Gesetz ist, wie auch Hartung/Römermann-Hartung § 48 Rn 60 anmerken, ungenau formuliert; es verwendet die Begriffe Bestellung und Beiordnung synonym.
95 BT-Ds 15/1971, 201

bb) Vergütungsvereinbarung des Pflichtverteidigers

Die Bestellung zum Pflichtverteidiger hindert eine Vergütungsvereinbarung nicht **73** und macht eine geschlossene Vereinbarung nicht unwirksam.[96] Der hieraus entstehende Vergütungsanspruch wird auch nicht von § 52 RVG erfasst, der erfordert, dass das Gericht die Leistungsfähigkeit des Beschuldigten feststellt (unten Rn 77).[97] Allerdings greift § 58 III RVG, so dass erhaltene Zahlungen aus einer Vergütungsvereinbarung, ebenso wie erlangte Wahlverteidigergebühren unter zwei Bedingungen auf den Pflichtverteidigervergütungsanspruch anzurechnen sind:

Es muss sich um eine Zahlung für einen Verfahrensabschnitt handeln, für den der **74** Verteidiger **Pflichtverteidigervergütung verlangt** bzw. erhalten hat. **Verfahrensabschnitt** ist jeder Teil des Verfahrens, für den besondere Gebühren bestimmt sind.[98] Der Pflichtverteidiger muss nicht in jedem Verfahrensabschnitt als Pflichtverteidiger abrechnen, er kann auch auf die Abrechnung verzichten. Daher empfiehlt es sich Vergütungsvereinbarungen stets auf bestimmte Verfahrensabschnitte zu beschränken, um zu vermeiden, dass die erhaltene Vergütung auf das gesamte Verfahren angerechnet wird.

Angerechnet wird stets nur der Betrag, der die Höhe der gesetzlichen Gebühren übersteigt; dh der **Pflichtverteidiger darf in Höhe der gesetzlichen Gebühr** (ohne Umsatzsteuer und ohne Berücksichtigung von Pauschgebühren nach § 51 RVG) **»hinzuverdienen«**. Hat der Verteidiger Zahlungen unterhalb des doppelten der gesetzlichen Gebühr erhalten, so kann er den Restbetrag noch aus der Staatskasse verlangen.[99]

Hartung[100] sieht in der Vergütungsvereinbarung einen Mandatsvertrag, denn die **75** Vergütung würde nicht rechtsgrundlos gezahlt werden. Deshalb werde der Pflichtverteidiger materiell-rechtlich zum Wahlverteidiger, so dass die gerichtliche Bestellung zurück genommen werden müsse (§ 143 StPO). Dem ist zu widersprechen. Das RVG regelt in § 58 III Zahlungen *»vor oder nach der gerichtlichen Bestellung oder Beiordnung«*, nicht *nach Ende der Bestellung*. Folglich geht das Gesetz selbst davon aus, dass eine (Zu-)Zahlungsvereinbarung nicht zugleich eine Beauftragung als Wahlverteidiger beinhaltet.[101]

cc) Vergütung des Pflichtverteidigers als Wahlverteidiger

Der bestellte Pflichtverteidiger und die in § 53 I RVG Genannten können vom Be- **76** schuldigten stets die Vergütung eines Wahlverteidigers verlangen (§ 52 I 1 RVG). Der Anspruch ist insoweit erloschen, als der Pflichtverteidiger bereits Zahlungen durch die Staatskasse erlangt hat (§ 52 I 2 RVG).

Steht dem Beschuldigten ein **Erstattungsanspruch gegen die Staatskasse** zu, so **77** kann der Pflichtverteidiger seinen Anspruch ohne weiteres geltend machen (§ 52 II 1 Alt 1 RVG).[102] **Steht dem Beschuldigten keinen Erstattungsanspruch gegen die Staatskasse (mehr) zu**, so zB wenn die Staatskasse wirksam aufgerechnet hat, können Wahlverteidigergebühren nur verlangt werden, wenn das Gericht des ersten Rechtszugs, subsidiär das Gericht, das die Bestellung vorgenommen hat, auf Antrag

---

96 Madert, Rechtsanwaltsvergütung Rn 341 a
97 Gerold/Schmidt-Madert § 52 Rn 47
98 BT-Ds 15/1971, 198
99 Goebel/Gottwald-Wassen § 58 Rn 28
100 Hartung/Römermann-Hartung § 52 Rn 65
101 im Ergebnis ebenso Gebauer/Schneider-Schneider § 52 Rn 13 f
102 Hartung/Römermann-Hartung § 52 Rn 32

des Verteidigers die **Leistungsfähigkeit** des Beschuldigten feststellt (§ 52 II 1 Alt 2 RVG). Maßgeblich ist der Zeitpunkt der Entscheidung des Gerichts (str).[103] Der Verteidiger muss zumindest Angaben über den Wohnort[104] und die derzeitige berufliche Tätigkeit des Beschuldigten machen oder sonst Tatsachen vortragen, aus denen sich Schlüsse auf die wirtschaftlichen Verhältnisse ergeben.[105] Der Beschuldigte hat sich zu seiner Leistungsfähigkeit zu erklären. Tut er das nicht innerhalb der ihm vom Gericht gesetzten Frist, so ist er als leistungsfähig anzusehen (§ 53 III RVG). Der Verteidiger ist nicht verpflichtet in seinem Antrag anzugeben, welchen Betrag er in Rechnung stellen will. Demzufolge ist das Gericht, falls der Verteidiger seine Gebührenrechnung beifügt, auch nicht berechtigt festzustellen, dass eine Gebühr zu hoch bemessen ist. Ist der Beschuldigte nur beschränkt leistungsfähig, so hat das Gericht auszuweisen, bis zu welcher Höhe er in der Lage ist die Gebühren zu bezahlen. Verfügt der Beschuldigte über ein Einkommen, so wird er regelmäßig zur Ratenzahlung in der Lage sein, weshalb das Gericht Höhe und Zahlungstermine der Raten festzulegen hat.[106]

78　Der Antrag, die Leistungsfähigkeit festzustellen, hemmt die Verjährung des Vergütungsanspruchs (§ 52 V 2 RVG), die ab der rechtskräftigen, das Verfahren abschließenden Entscheidung subsidiär mit dem Ende des Verfahrens zu laufen beginnt (§ 52 V 1 RVG). Er stellt aber ebensowenig ein Einfordern der Vergütung dar, wie die Entscheidung des Gerichts einen vollstreckbaren Titel.[107] Gegen die Entscheidung ist, sofern nicht das Oberlandesgericht entschieden hat, die sofortige Beschwerde zulässig (§ 52 IV RVG).

79

> Antrag auf Feststellung der Leistungsfähigkeit
>
> An das Gericht des ersten Rechtszugs
> (alt. Gericht, das den Verteidiger bestellt hat)
>
> In der Strafsache ...
>
> beantrage ich festzustellen, dass der Angeklagte/Privat-/Nebenkläger ohne Beeinträchtigung des für ihn und seine Familie notwendigen Unterhalts in der Lage ist Wahlverteidigergebühren iHv ... Euro (zumindest in monatlichen Raten) zu zahlen.
>
> Begründung:
>
> Durch Beschluss vom ... bin ich in dieser Sache zum Verteidiger bestellt/beigeordnet worden. Das Verfahren ist mit rechtskräftigen Urteil vom ... beendet worden. Der Angeklagte wohnt in ..., ist ledig und hat zwei Kinder für die er Unterhalt zahlt. Er ist als ... tätig und verdient monatlich ... Euro netto. Er besitzt neben seinem PKW Golf ein Motorrad im Wert von ca. 10.000 Euro. Der Angeklagte ist daher in der Lage die angemessene Wahlverteidigervergütung zu tragen.
>
> Rechtsanwältin

dd)　Pauschgebühr (§ 51 RVG)

80　Voraussetzung ist wie schon beim Pflichtverteidiger, dass die Gebühren, ausgenommen Wertgebühren, nicht zumutbar sind, da die Sache besonders umfangreich oder

---

103 OLG Düsseldorf AnwBl 1985, 594; OLG Bamberg JurBüro 1990, 482; OLG Hamm MDR 1971, 601; OLG Zweibrücken MDR 1974, 66; aA OLG Koblenz JurBüro 1995, 139 und OLG Saarbrücken NJW 1973, 2313, die meinen es seien die Verhältnisse im Laufe des Strafverfahrens relevant
104 Nach OLG Düsseldorf AnwBl 1973, 407 sogar Zulässigkeitsvoraussetzung
105 Düsseldorf JurBüro 1985, 725
106 Gerold/Schmidt-Madert § 52 Rn 25 f
107 Gerold/Schmidt-Madert § 52 Rn 27 ff, 44

schwierig war (§ 51 I 1 RVG). Macht der Pflichtverteidiger Wahlverteidigergebühren geltend, so finden nicht § 51 RVG, sondern § 42 RVG Anwendung. Außerdem ist es notwendig, die Leistungsfähigkeit nach § 52 I 1, II RVG feststellen zu lassen. Die **Rechtsprechung** zur Pauschgebühr nach § 99 BRAGO gilt fort, soweit nicht Zeitmomente entscheidend sind, die das RVG bereits berücksichtigt.

Besonders umfangreich ist eine Tätigkeit, wenn der zeitliche Aufwand erheblich **81** über dem für eine gleichartige, normale Sache zu erbringendem liegt. Anzeichen sind der Aktenumfang (inkl. Beiakten),[108] die Zahl der Taten,[109] der Zeugen und Sachverständigen und der Beweisanträge.[110] **Beispiele:** Mehrfache notwendige Vorbesprechungen mit dem Mandanten oder der Justiz, insbesondere wenn dadurch die Hauptverhandlung verkürzt wird,[111] mehrere Besuche in der JVA, die mindestens 3 Stunden dauerten, mehrere Schreiben, Anträge und Akteneinsichten,[112] Einlassung, wenn sie kurzfristig, insbesondere zur Nachtzeit umgearbeitet werden müssen, Teilnahme an gerichtsbegleiteten Pressekonferenzen.[113] Eine Hauptverhandlung vor dem Schöffengericht ist überdurchschnittlich lang, wenn sie 3 Stunden 20 Minuten dauert.[114] **Nicht** jedoch, nur weil der Verteidiger Presseerklärungen abgibt, sich kurzfristig in den Bericht der Jugendgerichtshilfe einarbeitet, ein Schwurgerichtsverfahren sieben Bände Ermittlungsakten umfasst[115] oder unnötige Anträge gestellt werden (str[116]). Die Fahrtzeiten eines auswärtigen Verteidigers zur Hauptverhandlung ist nicht bei der Frage des Ob einer Pauschgebühr, sondern erst bei der Höhe zu berücksichtigen.

Schwierig ist ein Verfahren, wenn es aus tatsächlichen oder rechtlichen Gründen **82** über das Normalmaß hinaus erheblich verwickelt ist.[117] So, wenn der Verteidiger sich mit einer Vielzahl psychiatrischer Fachbegriffe auseinanderzusetzen hat,[118] komplizierte Fragen zur Abfallbeseitigung zu behandeln sind,[119] der Mandanten nicht deutsch spricht,[120] eine schwierige Persönlichkeit hat oder die Verteidigung behindert.[121]

Die Pauschgebühr für den Pflichtverteidiger ist anders als jene des Wahlverteidigers **83** in der **Höhe** nicht beschränkt. Daher verbietet sich eine Bindung an Wahlverteidigergebühren. Da das BVerfG vielmehr eine ausreichende Vergütung der Pflichtver-

---

108 OLG Hamm StV 1998, 619 (500 Blatt bei AG); OLG Dresden AGS 2000, 109 (2000 Blatt bei AG); BayObLG AnwBl 1987, 619 (195 S Urteilsbegründung + 188 S Protokoll in der Revision)
109 OLG Zweibrücken StV 1991, 123 (54 Diebstähle)
110 Gebauer/Schneider-Schneider § 51 Rn 23
111 OLG Hamm Beschl v 10. 1. 2005 – 2 (s) Sbd VIII 267–269/04 (www.burhoff.de) und StV 1998, 619
112 OLG Hamm Beschl v 17. 2. 2005 – 2 (s) Sbd VIII 11/05 und Beschl v 10. 1. 2005 – 2 (s) Sbd VIII 267–269/04 (www.burhoff.de)
113 OLG Celle RVGreport 2005, 142
114 OLG Hamm Beschl v 10. 1. 2005 – 2 (s) Sbd VIII 267–269/04 (www.burhoff.de)
115 OLG Celle RVGreport 2005, 142; aA Gebauer/Schneider-Schneider § 51 Rn 27 zur kurzfristigen Einarbeitung
116 OLG Karlsruhe JurBüro 1981, 721; 1985, 353; OLG Hamburg JurBüro 1988, 598; OLG Schleswig StraFo 1997, 157. Dies wird von der Lit. bestritten, soweit das Gericht die Unnötigkeit zu eng beurteilt.
117 OLG Hamm Beschl v 10. 1. 2005 – 2 (s) Sbd VIII 267–269/04 (www.burhoff.de)
118 OLG Brandenburg AGS 1999, 41; nicht aber generell wenn Psychiater oder Psychologe beigezogen wurde: OLG Celle RVGreport 2005, 142
119 OLG Hamm AGS 2000, 26
120 OLG Bamberg JurBüro 1988, 1178; aA OLG Karlsruhe JurBüro 1987, 391
121 OLG Nürnberg StV 2000, 441; OLG München AnwBl 1981, 462

teidiger verlangt,[122] kann allenfalls das Gesamtgefüge der anwaltlichen Vergütung eine Begrenzung darstellen.[123] Für besonders schwierige oder umfangreiche Sachen soll der 2–3-fache Betrag der Pflichtverteidigergebühr angemessen sein, für außergewöhnliche Sachen ein noch höherer.[124]

84 Der Pauschgebühr-**Antrag** ist ab Fälligkeit der Gebühr zulässig, zweckmäßiger Weise beim Tatgericht anzubringen[125] und ausführlich zu begründet. Zur Höhe sind Angaben nicht notwendig aber sinnvoll. Der Antrag kann auf die Ersetzung der Gebühren des gesamten Verfahrens oder von Verfahrensabschnitten, auch einzelnen Gebühren gerichtet sein.[126] Ein bereits gestellter Antrag nach §§ 52, 53 RVG steht nicht entgegen.

85 Zuständig ist das Oberlandesgericht, das der (letzten) Tatsacheninstanz übergeordnet ist. Lediglich für den Fall des § 350 III StPO ist der Bundesgerichtshof zuständig. Soweit dem Antrag nicht vollumfänglich stattgegeben werden soll, ist dem Pflichtverteidiger die Stellungnahme des Vertreters der Staatskasse zuzuleiten. Der Beschluss ist unanfechtbar.

86 Muster Pflichtverteidigergebühr

An das OLG …
über das AG/LG …

In der Strafsache …

beantrage ich mir gem § 51 RVG eine Pauschgebühr in Höhe von … Euro zu bewilligen.

Begründung:

Durch Beschluss vom … des …gerichts bin ich als Pflichtverteidigerin bestellt worden. Vor der Bestellung war ich bereits ab dem … tätig.

Die Pflichtverteidigergebühr beträgt, wie sich aus meiner Gebührenrechnung/meinem Festsetzungsantrag/der gerichtlichen Festsetzung vom … ergibt … Euro. Die Gebühren reichen nicht aus, um meine Tätigkeit in der Sache angemessen zu vergüten.

[Darlegung, weshalb die Sache besonders umfangreich und/oder schwierig war.]

Ich halte daher eine Pauschvergütung in Höhe von … Euro für die Tatsacheninstanz und … Euro für die Revision für angemessen.

Rechtsanwältin

2. Besonderheiten für den Neben- und Privatklägervertreter

a) Nebenklagevertretung

87 Die Tätigkeit des Nebenklagevertreters ist nicht grundsätzlich von geringerer Bedeutung als jene des Verteidigers.[127] Im Adhäsionsverfahren sind die Gebühren VV 4142–4144 einschlägig.

---

122 BVerfG NJW 2004, 1305 ff
123 OLG Hamm Beschl v 10.01.2005 – 2 (s) Sbd VIII 267–269/04 (www.burhoff.de)
124 Gerold/Schmidt-Madert § 51 Rn 56 f mwN
125 Das Oberlandesgericht kann ohne Akten nicht entscheiden, muss diese also erst anfordern, wohingegen das Tatgericht den Antrag sogleich mit Akten vorlegen kann.
126 OLG Hamm Beschl v 17.2.2005 – 2 (s) Sbd VIII 11/05; OLG Thüringen Rpfleger 2005, 278
127 OLG Düsseldorf AnwBl 2000, 113; OLG Hamm AnwBl 1980, 40; aA LG Dortmund Rpfleger 1963, 253; LG Karlsruhe DAR 1982, 19; LG Koblenz AnwBl 1978, 362

b) Privatklagevertretung

Die Privatklage ist erst zulässig, wenn ein Sühneverfahren durchgeführt wurde. **88** Dieses ist noch kein Strafverfahren, sondern eine eigene Angelegenheiten, die dem Vorverfahren gleich steht (Vor 4.1.2). Findet ein Sühnetermin statt, so ist VV 4102 Nr. 5 einschlägig; bei einer Einigung über vermögensrechtliche Ansprüche sind zudem VV 1000 und VV 2400 heranzuziehen, die im Privatklageverfahren durch VV 4146 ersetzt werden. Die Voraussetzungen von VV 1008 liegen nicht vor, wenn sich die Privatklage gegen mehrere Beschuldigte richtet. Auch die Widerklage führt zu keiner weiteren Gebühr.

3. Gebührenanspruch bei Verfahrensverbindung, Trennung und Verweisungen

Solange Verfahren getrennt geführt werden, fallen in jedem Verfahren die Gebühren **89** (auch Auslagen) gesondert an. Dies gilt bei **Verfahrenstrennung** ab dem Moment der Trennung. Umgekehrt fällt ab der **Verfahrensverbindung** nur noch eine einheitliche Gebühr an,[128] da nur mehr eine Angelegenheit vorliegt. Der erhöhte Umfang des Verfahrensstoffs ist über die Bemessung der Gebührenhöhe nach § 14 RVG zu beachten. Die bis zur Verbindung entstandenen Gebühren bleiben als selbständige Gebühren erhalten. Wird nur eine Sache zur Hauptverhandlung aufgerufen und sodann eine weitere Sache hinzuverbunden, entsteht folglich nur eine Terminsgebühr; anders, wenn beide Sachen getrennt aufgerufen worden wären.[129]

Wird eine Sache an ein anderes Gericht wegen örtlicher, sachlicher oder funktioneller Unzuständigkeit verwiesen oder abgegeben (sog. **Horizontalverweisung**), auch **90** infolge der Zuständigkeitsbestimmung eines höheren Gerichts, besteht der Rechtszug fort (§ 20 S 1 RVG), so dass der Anwalt die Gebühren nur für diesen Rechtszug fordern kann (§ 15 II 2 RVG). Ändert sich durch die Verweisung der Betragsrahmen einer Gebühr, die für den Rechtszug insgesamt anfällt, so ist das höchste Gericht für den Gebührenrahmen entscheidend.[130]

Wird das Verfahren an ein Gericht niedriger Ordnung verwiesen oder abgegeben **91** und hat dies den Wechsel des sachlichen oder örtlichen Instanzenzugs zur Folge (sog. **Vertikalverweisung**[131]), so ist das weitere Verfahren ein neuer Rechtszug (§ 20 S 2 RVG). Beispiel: Das Landgericht hebt ein Urteil des Amtsgerichts auf, weil die erstinstanzielle Zuständigkeit der Strafkammer gegeben ist, und verweist die Sache gem § 270 StPO an sich.

Die **Zurückverweisung** hat einen neuen Rechtszug zur Folge (§ 21 I RVG). Sie **92** liegt vor, wenn das Rechtsmittelgericht durch eine den Rechtszug beendende Entscheidung einem in dem Instanzenzug untergeordneten Gericht die abschließende Entscheidung überträgt.[132]

4. Vertretung, mehrere Rechtsanwälte oder Auftraggeber

Der Anwalt ist, von Hilfs- und Zuarbeiten abgesehen, grundsätzlich verpflichtet sei- **93** ne Dienste in Person zu leisten (§§ 613 S 1, 675 BGB). Eine Vertretung ist zulässig,

---

128 LG Koblenz Rpfleger 2005, 278
129 Madert, Rechtsanwaltsvergütung Rn 218
130 OLG Düsseldorf JurBüro 1982, 1528; OLG Hamm AnwBl 1966, 141; OLG Schleswig JurBüro 1984, 867; OLG Hamburg JurBüro 1990, 478
131 Hartung/Römermann-Römermann § 20 Rn 22
132 LG Hamburg JurBüro 1983, 1515

wenn sie mit dem Mandaten vereinbart ist oder das mutmaßliche Interesse des Auftraggebers vorliegt. Der Pflichtverteidiger darf die Verteidigung ohne Genehmigung des Vorsitzenden ausschließlich seinem nach § 53 BRAO bestellten Vertreter überlassen.[133] Genehmigt der Vorsitzende die Vertretung, so stehen die Gebühren dem Vertretenen zu. Akzeptiert der Vorsitzende die Verteidigung ohne explizite Genehmigung, so kann darin die Entbindung des bestellten und die Bestellung des vertretenden Verteidigers liegen. Durch wen sich der Auftragnehmer ohne gebührenrechtliche Folgen vertreten lassen kann ist in § 5 **RVG** geregelt. Vereinzelt wird § 5 RVG als lex specialis angesehen und damit eine Vergütung für nicht in § 5 RVG genannte Vertreter trotz entsprechender Vereinbarung ausgeschlossen.[134]

94   § 6 **RVG** will lediglich den Fall regeln, dass mehrere Anwälte nebeneinander mit derselben Tätigkeit beauftragt werden. Die Erstattungsfähigkeit der Kosten mehrerer Vertreter wird von § 91 II 3 ZPO auf die eines Anwalts beschränkt. Teile von Lit. und Rspr wollen in umfangreichen und schwierigen Verfahren hiervon abweichen.[135] Bei einem **Anwaltswechsel** sind die Kosten nur erstattungsfähig, wenn der Wechsel notwendig war (§ 91 II 3 ZPO). Die ist der Fall, wenn der Anwalt stirbt, längerfristig erkrankt, aus der Anwaltschaft ausscheidet oder das Verfahren erst nach mehr als zwei Jahren fortgeführt wird, nicht aber, wenn der Mandant das Vertrauen in den Anwalt verloren hat[136] oder dieser als Zeuge benannt wurde.

95   Werden mehrere Auftraggeber in derselben Angelegenheit und hinsichtlich desselben Gegenstands vertreten, erhöhen sich die Mindest-, Höchst- und Festgebühren gem VV 1008 um 30 % je weiterer Auftraggeber, maximal 100 %. Ein identischer Gegenstand liegt vor, wenn Sachverhalt und Rechtfolge identisch sind.[137]

V.   Die Gebührentabelle

96   Die Gebührentatbestände der Tabelle gliedern sich in sieben Teile von denen für den Strafverteidiger vor allem Teil 4 – Strafsachen (VV 4100 ff), Teil 5 – Bußgeldsachen (VV 5100 ff), Teil 6 – Sonstige Verfahren (VV 6100 ff) und Teil 7 – Auslagen (VV 7000 ff) relevant sind.

Die nachfolgende Gebührentabelle umfasst die Teile 4 bis 6 der dem Gesetz anliegenden Tabelle, statt der Mindest- wurde die Mittelgebühr angegeben. Die Erläuterung der Gebühren im Einzelnen und die Darstellung zu den Auslagen (Teil 7) wird im Anschluss an die Tabelle vorgenommen.

---

133 BGH StV 1981, 393
134 OLG Düsseldorf JurBüro 1991, 671 mit abl Anm Mümmler AnwBl 1991, 272; aA auch Gerold/Schmidt-Madert § 5 RVG Rn 13 f mwN
135 Nachweis bei Meyer-Goßner § 464 a Rn 13, insbes Schmidt in K. Schäfer-FS, 1979, S 237, der sich auf den Wortlaut der Verweisnorm § 464 a II StPO stützt, der zu den notwendigen Auslagen »auch« und nicht »nur« die Kosten eines Anwalts zählt
136 OLG Düsseldorf JurBüro 1972, 1106; OLG Hamburg JurBüro 1973, 448
137 Gebauer/Schneider-Schnapp VV 1008 Rn 26

	MittelG	HöchstG	Pflichtvert.
Grundgebühr (VV 4100)	165,—	300,—	132,—
+ Zuschlag (VV 4101)	202,50	375,—	162,—
Gebühr für Termin außerhalb HV (VV 4102) / **Verfahrensgebühr im vorbereitenden Verfahren** (VV 4104)	140,—	250,—	112,—
+ Zuschlag (VV4103/4105)	171,25	312,50	137,—
Verfahrensgebühren im 1. Rechtszug			
Amtsgericht (VV 4106)	140,—	250,—	112,—
+ Zuschlag (VV 4107)	171,25	312,50	137,—
Strafkammer (VV 4112)	155,—	270,—	124,—
+ Zuschlag (VV 4113)	188,75	337,50	151,—
OLG, Schwurgericht, 74a + 74c GVG (VV 4118)	330,—	580,—	264,—
+ Zuschlag (VV 4119)	402,50	725,—	322,—
Terminsgebühren im 1. Rechtszug			
Amtsgericht (VV 4108)	230,—	400,—	184,—
+ Zuschlag (VV 4109)	280,—	500,—	224,—
+ Gebühr für HV > 5h (VV 4110)			92,—
+ Gebühr für HV > 8h (VV 4111)			184,—
Strafkammer (VV 4114)	270,—	470,—	216,—
+ Zuschlag (VV 4115)	328,75	587,50	263,—
+ Gebühr für HV > 5h (VV 4116)			108,—
+ Gebühr für HV > 8h (VV 4117)			216,—
OLG, Schwurgericht, 74a+74c GVG, (VV 4120)	445,—	780,—	356,—
+ Zuschlag (VV 4121)	542,50	975,—	434,—
+ Gebühr für HV > 5h (VV 4122)			178,—
+ Gebühr für HV > 8h (VV 4123)			356,—
Verfahrensgebühren im Rechtsmittelverfahren			
Berufung (VV 4124)	270,—	470,—	216,—
+ Zuschlag (VV 4125)	328,75	587,50	263,—
Revision (VV 4130)	515,—	930,—	412,—
+ Zuschlag (VV 4131)	631,25	1162,50	505,—
Terminsgebühren im Rechtsmittelverfahren			
Berufung (VV 4126)	270,—	470,—	216,—
+ Zuschlag (VV 4127)	328,75	587,50	263,—
+ Gebühr für HV > 5h (VV 4128)			108,—
+ Gebühr für HV > 5h (VV 4129)			216,—
Revision (VV 4132)	285,—	470,—	228,—
+ Zuschlag (VV 4133)	343,75	587,50	275,—
+ Gebühr für HV > 5h (VV 4134)			114,—
+ Gebühr für HV > 5h (VV 4135)			228,—
Wiederaufnahmeverfahren			
Geschäftsgebühr (VV 4136) + Zuschlag	in Höhe der Verfahrensgebühr für den 1. Rechtszug		
Verfahrensgebühren Additionsverfahren (VV 4137) Probationsverfahren (VV 4138) Beschwerde (VV 4139) je + Zuschlag	in Höhe der Verfahrensgebühr für den 1. Rechtszug		

Terminsgebühr (VV 4140) + Zuschlag	in Höhe der Terminsgebühr für den 1. Rechtszug		
Zusätzliche Gebühren			
Vermeidung einer HV (VV 4141), weil Nr. 1 Verfahren endgültig eingestellt, Nr. 2 Hauptverfahren nicht eröffnet oder Nr. 3 bestimmte Rechtsbehelfe rechtzeitig zurück- genommen werden	in Höhe der jeweiligen Verfahrens- gebühr – stets ohne Zuschlag Mittelgebühr für Wahlverteidiger		
Verfahrensgebühr aus Gegenstandswert	gem § 13 RVG	gem §§ 13, 49 RVG	
Einziehung und verwandte Maßnahmen (VV 4142)	1,0 Gebühr		
Adhäsionsverfahren 1. Instanz (VV 4143) Rechtsmittelinstanz (VV 4144)	2,0 Gebühren 2,5 Gebühren		
Einigungsgebühr Privatklage (VV 4146)	1,5 Gebühr		
Gebühren in der **Strafvollstreckung**			
bzgl. bestimmter Maßregeln, Aussetzung zur Bewährung und deren Widerruf			
Verfahrensgebühr (VV 4200) + Zuschlag (VV 4201) Terminsgebühr (VV 4202) + Zuschlag (VV 4203)	305,— 375,— 150,— 181,25	560,— 700,— 250,— 312,50	244,— 300,— 120,— 145,—
sonstige Verfahren			
Verfahrensgebühr (VV 4204) + Zuschlag (VV 4205) Terminsgebühr (VV 4206) + Zuschlag (VV 4207)	135,— 166,25 135,— 166,25	250,— 312,50 250,— 312,50	108,— 133,— 108,— 133,—
Gebühren für **Einzeltätigkeiten** ohne dass Verteidigung/Vertretung übertragen ist			
Verfahrensgebühr (VV 4300) für zumindest Unter- zeichnung einer Schrift 1. zur Begründung der Revision, 2. zur Erklärung gegen die zuungunsten des Angeklagten eingelegte Revision, 3. in Verfahren nach §§ 57 a, 67 e StGB	305,—	560,—	244,—
Verfahrensgebühr (VV 4301) für 1. zumindest Unterzeichnung einer Privatklage bzw. 2. Rechtfertigung oder Entgegnung einer Berufung, 3. Führung des Verkehrs mit Verteidiger, 4. Beistandsleistung für den Beschuldigte, 5. Beistandsleistung bei Klageerzwingung, 6. sonstige Tätigkeiten i.d. Strafvollstreckung	210,—	385,—	168,—
Verfahrensgebühr (VV 4302) für 1. Einlegung eines Rechtsmittels, 2. zumindest Unterzeichnung anderer Anträge, Gesuche oder Erklärungen oder 3. sonstige Beistandsleistungen	135,—	250,—	108,—
Verfahrensgebühr für die Vertretung in Gnaden- sachen (VV 4303)	137,50	250,—	110,—
Anwalt als Kontaktperson nach § 34 a EGGVG beigeordnet (VV 4304)			3.000,—

Gebühren in Bußgeldsachen			
Grundgebühr (VV 5100)	135,—	150,—	68,—
Verfahren vor der Verwaltungsbehörde			
Verfahrens- und **Terminsgebühr** bei Geldbußen von			
weniger als 40 Euro (VV 5101/5102) je	55,—	100,—	44,—
40 bis 5.000 Euro (VV 5103/5104) je	135,—	250,—	108,—
mehr als 5.000 Euro (VV 5105/5106) je	140,—	250,—	112,—
Verfahren vor dem Amtsgericht			
Verfahrensgebühr bei Geldbußen von			
weniger als 40 Euro (VV 5107)	55,—	100,—	44,—
40 Euro bis 5.000 Euro (VV 5109)	135,—	250,—	108,—
mehr als 5.000 Euro (VV 5111)	170,—	300,—	136,—
Terminsgebühr bei Geldbußen von			
weniger als 40 Euro (VV 5108)	110,—	200,—	88,—
40 bis 5.000 Euro (VV 5110)	215,—	400,—	172,—
mehr als 5.000 Euro (VV 5112)	270,—	470,—	216,—
Verfahrens- und **Terminsgebühr** in der **Rechts-beschwerde** (VV 5113/5114) je	270,—	470,—	216,—
Zusätzliche Gebühren			
Gebühr für Erledigung vor Verwaltungsbehörden oder Vermeidung einer HV durch anwaltliche Mitwirkung (VV 5115)	in Höhe der jeweiligen Verfahrensgebühr		
Verfahrensgebühr bei Einziehung und verwandte Maßnahmen (VV 5116)	1,0 Gebühr gem § 13 RVG		1,0 gem §§ 13, 49 RVG
Gebühr für **Einzeltätigkeiten** ohne dass Verteidigung/Vertretung übertragen ist			
Verfahrensgebühr (VV 5200)	55,—	100,—	44,—
Sonstiges			
Verfahrensgebühr für Beschwerde/Erinnerung im **Kostenfestsetzungsverfahren** (VV 3500)	0,5 Gebühren gem § 13 RVG		0,5 gem §§ 13, 49 RVG
Mehrheit von Auftraggebern (VV 1008)	Erhöhung des Gebührenrahmens/ der Gebühr um 30% oder 0,3		

1. Gebührenarten, Zuschläge und Begriffe

a) Die Grundgebühr (VV 4100)

97

Die Grundgebühr entsteht einmalig für das Einarbeiten in den Rechtsfall, gleich in welchem Verfahrensabschnitt (Rn 74) es erfolgt (VV 4100 Abs 1) und welches Gericht zuständig wird/ist.[138] Der Begriff des Rechtsfalls entspricht dem der Angelegenheit (Rn 54). Unter **Einarbeiten** fällt das erste Gespräch mit dem Mandanten und die Beschaffung der notwendigen Erstinformation,[139] zB durch Akteneinsicht.[140] Voraussetzung ist der Abschluss einer **Vergütungsvereinbarung oder** die

---

138 BT-Ds 15/1971 S 222
139 BT-Ds 15/1971 S 222, 281
140 OLG Thüringen Rpfleger 2005, 278

Bestellung/Beiordnung durch das Gericht. Kommt es hierzu nicht, obgleich der Anwalt sich eingearbeitet hat, so ist zu prüfen, ob eine Beratungsgebühr nach VV 2100 oder VV 2102 ff anfällt. Wird ein zufällig im Gerichtssaal anwesender Verteidiger bestellt, so erhält er die Grundgebühr.[141] Sie fällt auch an, wenn der Verteidiger, der mit der Einlegung eines Rechtsmittels beauftragt wurde, hiervon abrät.[142]

98 Ist im Ordnungswidrigkeitenverfahren wegen derselben prozessualen Tat bereits eine Grundgebühr (VV 5100) entstanden, so wird diese auf die im Strafverfahren entstehende Grundgebühr angerechnet (VV 4100 II).

b) Die Gebühr mit Haftzuschlag

99 Der Haftzuschlag entsteht, wenn der Beschuldigte nicht auf freiem Fuß ist. Der Haftgrund ist unerheblich, so dass der Beschuldigte auch in andere Sache inhaftiert sein kann.[143] Die Unterbringung nach § 47 I Nr. 1 JGG wird ebenfalls erfasst.

Wird der Mandant erst nach Einarbeitung in die Sache verhaftet, so entsteht die Grundgebühr ohne Zuschlag, die Verfahrensgebühr ensteht indes mit Zuschlag, da für sie ausreicht, wenn der Mandant zu irgendeinem Zeitpunkt in Haft ist. Die Terminsgebühr fällt mit Zuschlag an, wenn sich der Angeklagte zeitweise während der Hauptverhandlung oder der unmittelbaren Vorbereitung des Termins nicht auf freiem Fuß befindet, da die Gebühr den durch die Inhaftierung bedingten erhöhten Aufwand abgelten möchte.[144] Ist der Mandant nur zeitweise in Haft gewesen, ist dies für die konkrete Gebührenhöhe der mit Zuschlag anfallenden Gebühren des Wahlverteidigers (§ 14 RVG) unerheblich, da er nicht schlechter stehen darf als der Pflichtverteidiger, der eine Festgebühr erhält.[145]

c) Die Verfahrensgebühr

100 Die Verfahrensgebühr fällt generell für das Betreiben des Geschäfts einschließlich der Information (Vorb 4 II) an. Sie gilt aber nur Tätigkeiten ab, die nicht schon von der Grundgebühr erfasst werden, wie zB weitere Akteneinsichten und Besprechungen mit dem Beschuldigten, Tätigkeiten in der Haftprüfung, die Vorbereitung der Hauptverhandlung.[146] Sie soll nicht anfallen, wenn ein im Gerichtssaal anwesender Verteidiger (im beschleunigten Verfahren) bestellt, im selben Termin das Urteil verkündet und auf Rechtsmittel verzichtet wird.[147]

d) Die Terminsgebühr

101 Die Terminsgebühr entsteht für die Teilnahme an gerichtlichen Termine und soweit das Gesetz es bestimmt (Vorb 4 III 1). Es reicht aus, wenn der Verteidiger (vorrübergehend) anwesend ist, ein Verhandeln ist nicht nötig, dh der Verteidiger muss weder Anträge stellen noch zu Fragen Stellung nehmen.[148] Da die Gebühr für die bloße Teilnahme gezahlt wird, ist die zeitliche Dauer des Termins das wesentliche

---

141 Hansens RVGreport 2004, 469 als abl Anm zu AG Koblenz
142 Gerold/Schmidt-Madert VV 4124–4129 Rn 6 und VV 4130–4139 Rn 8
143 OLG Oldenburg StV 1996, 165
144 Goebel/Gottwald-Wassen VV 4109 Rn 2
145 Burhoff/Kindermann Rn 267
146 OLG Thüringen Rpfleger 2005, 278
147 OLG Koblenz Beschl v 11. 1. 2005 – 1 Ws 717/04 mit abl Anm Burhoff (www.burhoff.de)
148 Burhoff/Kindermann-Burhoff Rn 286

Bemessungskriterium (§ 14 RVG) bei der Gebührenhöhe des Wahlverteidigers. Die für den Pflichtverteidiger geltenden Zuschläge können als Anhaltspunkte dafür dienen, wo im Gebührenrahmen die Gebühr anzusiedeln ist. Die Anwesenheit des Angeklagten ist nicht nötig.

Die Terminsgebühr entsteht auch, wenn der Verteidiger zu einem anberaumten gerichtlichen **Termin** erscheint, dieser aber aus Gründen, die er nicht zu vertreten hat, **nicht stattfindet**. Schuldlos ist der Verteidiger insbesondere, wenn der Angeklagte oder ein Zeuge nicht erschienen oder die Richterbank nicht vollständig besetzt ist. Der Anwalt erhält die Gebühre nicht, wenn er rechtzeitig von der Aufhebung oder Verlegung in Kenntnis gesetzt worden ist (Vorb 4 III). Hat der Verteidiger seine Fahrt zum Termin bereits angetreten, so ist die Mitteilung nur dann rechtzeitig, wenn er umkehren und seine Zeit anderweitig nutzen kann.[149] Für die Rechtzeitigkeit von Aufhebung oder Verlegung trägt die Staatskasse bzw. das Gericht die Beweislast.

e) Zuschläge für Hauptverhandlungen über 5 bzw 8 Stunden

Der Zuschlag für eine Hauptverhandlung, die Überlänge hat, erhält lediglich der bestellte oder beigeordnete Pflichtverteidiger, da der Wahlverteidiger den zeitlichen Umfang bei der Bemessung der Gebühr nach § 14 RVG berücksichtig. **102**

2. Gebührenansprüche im gerichtlichen Verfahren

Die Gebühren im gerichtlichen Verfahren (VV 4100–4146) stehen nur dem im jeweiligen Verfahrensabschnitt tätigen Vollverteidiger und den ihm gleichgestellten Vertreter oder Beistand von Privat-, Nebenklägern, Einziehungs- oder Nebenbeteiligten, Verletzten, Zeugen oder Sachverständigen zu. Einzeltätigkeiten werden entsprechend des Teils 3 (VV 4300–4304) gesondert vergütet. **103**

a) Terminsgebühr für Tätigwerden außerhalb der Hauptverhandlung (VV 4102)

Erfasst sind richterliche Vernehmungen und Augenscheinnahmen (Nr. 1), auch wenn sie durch den ersuchten oder beauftragten Richter erfolgen, sowie Vernehmungen durch die Staatsanwaltschaft oder andere Strafverfolgungsbehörden (Nr. 2). Somit wird auch die Teilnahme an der polizeilichen Vernehmung vergütet, obgleich der Verteidiger kein Anwesenheitsrecht hat. Im Termin, in dem lediglich der Haftbefehl verkündet wird, wird nicht über die Anordnung oder Fortdauer der Untersuchungshaft oder einstweilen Unterbringung verhandelt (Nr. 3), da hierzu mehr als nur die Teilnahme nötig ist.[150] Eine kurze telefonische Verhandlung im Rahmen des Täter-Opfer-Ausgleichs (Nr. 4) löst die Termingebühr nicht aus,[151] da es an der Teilnahme an einem Termin fehlt. **104**

Nimmt der Verteidiger an einem Termin teil, der nicht in VV 4102 genannt ist (zB Explorationsgespräch oder Ortstermin mit Sachverständigen, Hausdurchsuchung), verbleibt dem Pflichtverteidiger nur der Weg über die Pauschgebühr, der Wahlverteidiger kann diesen Termin (auch) bei der Bemessung der Verfahrensgebühr berücksichtigen.

---

149 Burhoff/Kindermann-Burhoff Rn 296
150 Gerold/Schmidt-Madert VV 4100–4105 Rn 67
151 BT-Ds 15/1971, 223

105 Finden in derselben Sache[152] und im selben Verfahrensabschnitt **mehrere Termine an einem Tag** statt, so verdient der Verteidiger die Gebühr nur einmal (VV 4102 S 1), die allerdings iRd § 14 RVG höher zu bemessen ist. **Drei Termin im selben Verfahrensabschnitt** werden durch eine Gebühr abgegolten (VV 4102 S 2).

b) Vorbereitendes Verfahren – Verfahrensgebühr (VV 4104)

106 Unter vorbereitendem Verfahren ist das Ermittlungsverfahren zu verstehen, das in dem Moment beginnt, in dem von einer Behörde eine strafrechtliche Untersuchung eingeleitet wird. Es endet mit Eingang der Anklageschrift oder des Antrags auf Erlass des Strafbefehls bei Gericht, im beschleunigten Verfahren mit Vortrag der Anklage (VV 4104 Anm S 1) und in Privatklagesachen mit dem Eröffnungsbeschluss.[153]

c) Gerichtliches Verfahren – 1. Rechtszug

107 Die Höhe der Gebühr bzw. des Gebührenrahmens hängt grundsätzlich von der Ordnung des Gerichts ab. Dies gilt nicht für die Verfahren vor der Staatsschutzkammer (§ 74 a GVG), der Wirtschaftskammer (§ 74 c GVG) und dem Schwurgericht, die den Verfahren vor dem Oberlandesgericht gleichgestellt werden. Auch Schwurgerichtssachen, die vor der Jugendkammer verhandelt werden lösen Oberlandesgerichtsgebühren aus. Das Verfahren vor der Jugendkammer und nach Abschnitt 2 StrRehaG wird dem Verfahren vor dem Landgericht zugeordnet (VV 4112 Nr. 1, 2).

aa) Verfahrensgebühr (VV 4106, 4112, 4118)

108 Im ersten Rechtszug werden sämtliche Tätigkeiten vom Abschluss des vorbereitenden Verfahrens bis zur Einlegung eines Rechtsmittels gegen die die Instanz beendende Entscheidung, soweit sie nicht von der Terminsgebühr erfasst sind, abgegolten. Hierzu gehören[154] der Schriftverkehr mit Mandaten, Ermittlungsbehörden und Gericht, die Beratung des Mandanten auch über die Erfolgsaussicht eines Rechtsmittel, Besuche in der JVA, Akteneinsicht, Tätigkeiten im Haftprüfungsverfahren (nicht Haftprüfungstermine) und im Verfahren über die Eröffnung des Hauptverfahrens, Vorbereitung von Vernehmungsterminen und der Hauptverhandlung, die Einlegung von Rechtsmitteln und die Begründung von Beschwerden, die Stellung von Berichtigungs- und Wiedereinsetzungsanträgen, das Tätigwerden im Hinblick auf die Einstellung des Verfahrens und im Rahmen des TOA.

bb) Terminsgebühr (VV 4108–4111, 4114–4116, 4120–4123)

109 Während die Vorbereitung der Hauptverhandlung durch die Verfahrensgebühr abgedeckt wird, wird die Vorbereitung des jeweiligen Termins von der Terminsgebühr abgedeckt. Sie entsteht je Hauptverhandlungstag an dem der Verteidiger (vorübergehend) anwesend ist. Die Hauptverhandlung beginnt im ersten Rechtszug mit dem Aufruf der Sache und endet mit dem Urteil. Demnach löst der Termin zur Urteilverkündung ebenfalls eine Terminsgebühr aus.

---

152 Goebel/Gottwald-Wassen VV 4102 Rn 13
153 Goebel/Gottwald-Wassen Vorbem 4.1.2
154 Burhoff/Kindermann-Burhoff Rn 274

d) Berufung und Revision (VV 4124–4135)

Für den **Verteidiger**, der **in der Vorinstanz tätig** war, zählt die Einlegung des **110** Rechtsmittels noch zur Vorinstanz (§ 19 I Nr. 10 RVG) und wird durch die dort entstehende Verfahrensgebühr abgegolten. Für ihn beginnt das Rechtsmittelverfahren mit der ersten Tätigkeit nach Einlegung; dies kann auch die Rücknahme des Rechtsmittels sein.

Für den **Rechtsmittelverteidiger** beginnt das Verfahren bereits mit Einlegung bzw. **111** soweit ein anderer das Rechtsmittel eingelegt hat mit der Aufnahme der Verteidigertätigkeit. In diesem Fall, entsteht die Verfahrensgebühr auch dann, wenn das Rechtsmittel vor Begründung zurückgenommen wird.[155] Unerheblich für die Verfahrensgebühr ist der Ausgang des Verfahrens – sie entsteht auch bei Verwerfung der Revision gem § 349 I StPO.

Ob das Rechtsmittel beschränkt ist, spielt für den Gebührentatbestand keine Rolle. Für die Gebührenhöhe des Wahlverteidigers ist dies bei der Bemessung nach § 14 RVG zu beachten.

Die Gebühren für die Berufung geltend auch für die Beschwerdeverfahren nach § 13 StrRehaG (Anm zu VV4124, 4126).

e) Wiederaufnahmeverfahren (VV 4136–4140)

Das Wiederaufnahmeverfahren stellt einen eigenen Rechtszug dar, in dem jedoch **112** keine Grundgebühr entsteht (Vorb 4.1.4). Im Verfahren über die Zulässigkeit des Antrags (Additionsverfahren) erhält der Verteidiger ebenso eine Verfahrensgebühr, wie im weiteren Verfahren (Probationsverfahren). Die mündliche Verhandlung wird durch Terminsgebühren abgegolten. Sämtliche Gebühren können mit Zuschlag anfallen, da stets auf die Verfahrensgebühr erster Instanz verwiesen wird und nicht, wie in VV 4141 der Zuschlag ausgeschlossen ist.[156]

Da die Gebühren in der Regel die aufzuwendende Arbeit nur mangelhaft abgelten, ist es empfehlenswert eine Vergütungsvereinbarung zu treffen.

3. Zusätzliche Gebühren

a) Vermeiden der Hauptverhandlung (VV 4141)

VV 4141 honoriert es, wenn **durch anwaltliches Mitwirken** eine Hauptverhand- **113** lung entbehrlich wird. Notwendig ist ein auf die Förderung des Verfahrens gerichtete Tätigkeit (VV 4141 II). Entgegen der Meinung einiger Rechtsschutzversicherer muss der Beitrag nicht einmal mitursächlich sein, wenn er objektiv geeignet ist, die Verfahrensbeendigung aus formellen oder materiellen Gründen außerhalb der Hauptverhandlung zu fördern.[157] Gespräche mit der Staatsanwaltschaft und der Antrag auf Verweisung vom Amtsgericht an das Landgericht können, der Hinweis auf Verfolgungsverjährung wird ausreichen,[158] nicht aber die Meldung als Verteidi-

---

155 Goebel/Gottwald-Wassen VV 4124 Rn 12
156 Gerold/Schmidt-Madert VV 4136–4140 Rn 16; Hartung/Römermann-Hartung Rn 124, 131
157 OLG Düsseldorf AnwBl 2003, 308; LG Stralsund Beschl v 28. 4. 2005 – 22 Qs 118/05 OWi (www.burhoff.de); LG Hamburg JurBüro 2001, 301; Gerold/Schmidt-Madert VV 4141–4146 Rn 24
158 LG Baden-Baden AGS 2001, 38; LG Mühlhausen StV 2000, 439; LG Schwerin DAR 2000, 333

ger und Akteneinsichtsnahme oder gezieltes schweigen.[159] Der Gebührenschuldner trägt die Beweislast dafür, dass keine Förderung erfolgt ist (VV 4141 II).[160] Ist das Verfahren durch einen Strafbefehl abgeschlossen worden, sollte gegenüber der Rechtsschutzversicherung der Hinweis helfen, dass die Gebühr (nach Nr. 3) jedenfalls dann anfallen würde, wenn – fristwahrend – Einspruch eingelegt und dieser dann zurückgenommen würde.

114   Die **Höhe der** zusätzlichen **Gebühr** bemisst sich nach der Verfahrensgebühr des Rechtszugs in dem die Hauptverhandlung vermieden wurde, stets ohne Zuschlag. Für den Wahlverteidiger fällt eine Mittelgebühr an. Das bestätigt, dass keine intensiven oder umfangreichen Förderungsbemühungen nötig sind.

115   **Nicht nur vorläufig eingestellt (Nr. 1)** ist das Verfahren, wenn es nicht oder nur unter erschwerten Bedingungen wiederaufgenommen werden kann. Das ist der Fall bei Einstellungen nach §§ 153 I, 153 a I, 153 b I, 153 c I, II, 153 d I, 153 e I, 154 I, II,[161] 154 b I–III, 154 c, 154 d S 3 und 170 II 1 StPO. Da eine Hauptverhandlung entbehrlich werden muss, reicht die Einstellung eines bereits bei Gericht anhängigen Verfahrens vor Beginn der Hauptverhandlung aus.[162] Die Gebühr wird auch ausgelöst, wenn die Staatsanwaltschaft den Strafbefehl zurücknimmt.[163]

116   Erledigt sich das Verfahren, weil der Einspruch gegen den Strafbefehl, die Berufung oder Revision zurückgenommen wird, fällt die Gebühr an, soweit dies nicht weniger als zwei Wochen vor dem anberaumten Termin geschieht **(Nr. 3)**. Die **Zweiwochenfrist** ist auch dann eingehalten, wenn der Hauptverhandlungstermin verlegt wurde und der Verteidiger den Einspruch etc. zwei Wochen vor dem letzten anberaumten Termin zurücknimmt[164] sowie wenn die Hauptverhandlung aus Gründen ausgesetzt wurden, die der Verteidiger nicht zu vertreten hat, und zwei Wochen vor dem nächsten Termin der Rechtsbehelf zurückgenommen wird.[165]

b)   Einziehung und verwandte Maßnahmen (VV 4142)

117   Der Einziehung **verwandte Maßnahmen** sind Verfall, Vernichtung, Unbrauchbarmachung und Beseitigung eines gesetzwidrigen Zustandes (§ 442 StPO), Abführung des Mehrerlöses oder die der Abführung vorausgehende Beschlagnahme (VV 4142 I), indes **nicht** der Wertersatz, der Verfall einer zur Abwendung der Untersuchungshaft geleisteten Sicherheit oder die Vermögensbeschlagnahme (§ 430 StPO), denn die Maßnahme muss Strafcharakter haben.

Der Verteidiger braucht nicht zielgerichtete gegen die Einziehung vorgehen,[166] es reicht aus, wenn er die Bestrafung abzuwenden sucht. Der Gegenstandwert, dh der objektive Verkehrswert (Falschgeld hat keinen Wert) muss **mindestens 25 Euro** betragen (VV 4142 II). Er ist frei zu schätzen. Unter die Bagatellgrenze fällt wohl

---

159 AG Achern JurBüro 2001, 304; LG Freiburg AnwBl 1998, 486; Gerold/Schmidt-Madert VV 4141–4146 Rn 19

160 Gerold/Schmidt-Madert VV 4141–4146 Rn 18; Hartung/Römermann-Hartung VV Rn 143

161 AG Rheinbach JurBüro 2002, 469 (auch wenn sich Bußgeldverfahren anschließt); AG Rendsburg StraFo 1998, 323

162 Gerold/Schmidt-Madert VV 4141–4146 Rn 6 mwN

163 LG Osnabrück AGS 2000, 181

164 AG Rendsburg StraFo 1988, 323; Gerold/Schmidt-Madert VV 4141–4146 Rn 16; Meyer JurBüro 2002, 19

165 LG Bonn JurBüro StV 2003, 180; LG Saarbrücken JurBüro 2001, 302

166 LG Berlin Beschl v 13. 1. 2005 – 512 Qs 21/05 (www.burhoff.de); Gerold/Schmidt-Madert VV 4141–4146 Rn 38

auch die Einziehung der Fahrerlaubnis, die grundsätzlich von VV 4142 erfasst ist. Die zusätzliche Wertgebühr bestimmt sich aus dem Gegenstandswert nach Anlage 2 zum RVG und kann in jedem Rechtszug anfallen (VV 4142 III).

4. Gebühren in der Strafvollstreckung

Für die Vertretung in der Strafvollstreckung ist keine Grundgebühr vorgesehen. **118** Zur Verfahrens- und Terminsgebühr gilt das unter Rn 97 f gesagte. Die vollumfängliche Tätigkeit in Verfahren nach §§ 57 a, 67 e StGB stellt keine Einzeltätigkeit dar.[167]

5. Einzeltätigkeiten

Gebühren für Einzeltätigkeiten erhält, wer in einer Angelegenheit nicht vollumfänglich tätig wird, also auch, wenn der Auftrag endet, nachdem lediglich eine Einzeltätigkeit erledigt wurde (Vorb 4.3 I und IV), und wer Tätigkeiten entwickelt, die nicht durch Verteidigergebühren abgegolten sind.[168] Da es Pauschgebühren sind, reicht für ihre Entstehung aus, dass der Anwalt einen Auftrag erhalten und irgend etwas zur Ausführung desselben getan hat. Ist der Verfahrensabschnitt in dem der Auftrag zu erledigen war besonders umfangreich oder schwierig gewesen, so können die Gebühren für die Einzeltätigkeit durch eine Pauschgebühr zu ersetzen sein. Die Gebühren für Einzeltätigkeiten fallen jedoch nur bis zur Höhe der Gebühren eines mit der gesamten Angelegenheit beauftragten Anwalts an (§ 15 VI RVG). Erhält der Anwalt später einen allgemeinen Auftrag, so sind die Gebühren für Einzeltätigkeiten anzurechnen (§ 15 V RVG). **119**

VV 4301 Nr. 6 und subsidiär VV 4302 Nr. 2, 3 sind Generalklauseln. Während Nr. 2 **120** jeden angefertigten oder unterzeichneten Schriftsatz erfasst, der nicht schon durch eine Sondervorschrift abgegolten wird, erfasst Nr. 3 jede andere, insbesondere mündliche Beistandsleistung, wie Besprechungen, Vorsprachen oder Anträge. Unter VV 4301 Nr. 6 fällt beispielsweise der Antrag auf Verkürzung der Sperrfrist nach § 69 a Abs 7 StGB.

6. Vergütung in Bußgeldverfahren

Für die Qualifizierung als Bußgeldverfahren kommt es allein darauf an, ob die Verwaltungsbehörden es als solches betreiben. Ist einem Bußgeldverfahren ein Ermittlungsverfahren wegen einer Straftat vorausgegangen, das eingestellt wurde, so liegen zwei verschiedene Angelegenheiten vor (§ 17 Nr. 10 RVG). Umgekehrt gilt dies nicht, da VV 4100 II bestimmt, dass die im Bußgeldverfahren entstandene Grundgebühr anzurechnen ist.[169] Ein Haftzuschlag ist nicht vorgesehen, so dass die Inhaftierung eines Mandanten lediglich bei der Bemessung der Wahlverteidigergebühr ins Gewicht fallen kann. **121**

Soweit nachfolgend nichts anderes dargelegt ist, gelten die Ausführungen für das Strafverfahren entsprechend.

---

167 Für § 67e StGB: KG NStZ-RR 2005, 127; OLG Schleswig Beschl v 6. 1. 2005 – 1 Ws 443/04 (www.burhoff.de); aA Gerold/Schmidt-Madert VV 4200–4207 Rn 17

168 Gerold/Schmidt-Madert VV 4300–4304 Rn 5, Göttlich/Mümmler S 892; zB Tätigkeit im DNA-Feststellungsverfahren – LG Potsdam NStZ-RR 2003, 383

169 AA Gerold/Schmidt-Madert VV 5100–5200 Rn 60 und VV 4100–4105 Rn 55 mit unschlüssiger Begründung

a)   Verfahrens- und Terminsgebühr

122   Die Höhe der Verfahrens- und die Terminsgebühr hängt im Verfahren vor den Verwaltungsbehörden und dem Amtsgericht von der Höhe der Geldbuße ab. Mehrere Geldbußen sind zusammenzurechnen (Vorb 5.1. II 4). Erheblich ist die im konkreten Verfahrensabschnitt zuletzt festgesetzte Geldbuße, subsidiär der Mittelbetrag des Bußgeldrahmens, wenn nicht in einer Verordnung (zB BKatVO) Regelsätze festgelegt sind (Vorb 5.1 II 3). Lediglich im Verfahren über die Rechtsbeschwerde spielt die Bußgeldhöhe keine Rolle.

b)   Zusätzliche Gebühren

123   Die Höhe der Vermeidensgebühr bemisst sich nach dem Rechtszug, in dem sie anfällt, für den Wahlanwalt zudem nach der Rahmenmitte. Sie entsteht auch, wenn das Gericht nach § 72 I 1 OWiG durch Beschluss entscheidet (Nr. 5).

7.   Auslagen

124   Der Auslagenersatz von Wahl- und Pflichtverteidiger unterscheidet sich nicht, auch wenn für den Pflichtverteidiger in § 46 I RVG explizit bestimmt ist, dass Auslagen nur vergütet werden, wenn sie zur sachgemäßen Durchführung der Angelegenheit erforderlich sind, denn als Richtschnur hierfür dient die Überlegung, ob ein verständiger Mandant, der die Kosten selbst tragen muss, den Anwalt beauftragt hätte, zB die Reise zu unternehmen.[170] Das hätte er nicht, wenn er, über den Sinn und Zweck der Reise unterrichtet, sich auch ohne deren Durchführung sachgemäß vertreten gefühlt hätte.[171] Was sachgemäß ist, ist aus der ex ante Sicht des Anwalts zu beurteilen. Die Beweislast liegt bei der Staatskasse.

125   Der Pflichtverteidiger kann beim Prozessgericht beantragen, Auslagen als erforderlich festzustellen (§ 46 II 1, 2 RVG). Kommt das Gericht dem Antrag nach, so sind die als erforderlich festgestellten Auslagen für das Kostenfestsetzungsverfahren bindend. Die Zurückweisung des Antrags hat keine Wirkung für das Kostenfestsetzungsverfahren, da es sich um eine vorläufige Entscheidung handelt, die deshalb auch unanfechtbar ist.[172] Die Erforderlichkeit kann der Verteidiger auch durch einen Antrag auf Vorschuss nach § 47 I 1 RVG feststellen lassen.[173]

126   Auslagenpauschalen entstehen in jeder Angelegenheit und jedem Rechtszug erneut.

a)   Ablichtungen, Ausdrucke und elektronische Dateien (VV 7000)

127   Durch die Änderung der Bezeichnung von Nr. 1 – zunächst waren nur Ablichtungen erwähnt – ist die von der Kommentarliteratur weitgehend übersehene Frage, wie das Einscannen von Akten zu behandeln ist, klargestellt. Schon bislang war nach hM irrelevant wie die Ablichtung hergestellt wird,[174] so dass das Scannen, das technisch eine Ablichtung darstellt, erfasst war. Wenn nunmehr zwischen Ausdruck und Ablichtung differenziert wird, so ist die nichtausgedruckte elektronische Kopie erst Recht in VV 7000 Nr. 1 einbezogen.

---

170 Hartung/Römermann-Hartung § 46 Rn 13; Gerold/Schmidt-v. Eicken § 46 Rn 3
171 Hartung/Römermann-Hartung § 46 Rn 13
172 Gerold/Schmidt-v. Eicken § 46 Rn 34
173 Gerold/Schmidt-v. Eicken § 46 Rn 32; Hartung/Römermann-Hartung § 46 Rn 60
174 Gerold/Schmidt VV 7000 Rn 11

Erfasst wird die Herstellung und Überlassung von Kopien aus Behörden- und Gerichtsakten zur Zustellung oder Mitteilung an Dritte, sowie des Auftraggebers. Für **die ersten 50 Seiten** sind 0,50 € anzusetzen, für **weitere Seiten** nur 0,15 €. Soweit das Gesetz eine Mindestkopiensumme voraussetzt (VV 7000 Nr. 1 b und c), sind diese nicht erstattungsfähig, darüber hinausgehende Kopien sind wiederum zunächst mit 0,50 €, dann mit 0,15 € zu vergüten.[175] Für Nr. 1 b und c ist gesondert zu zählen. Ablichtungen sind auch wiederholte Ausdrucke eines Schriftsatzes.

128

Überlässt der Anwalt im Fall des Nr. 1 d statt Ablichtungen Dateien, so erhält er gem VV 7000 Nr. 2 **pro Datei 2,50 €**. Die Fallgruppen Nr. 1 b und c sind im Gesetzgebungsverfahren explizit vom Anwendungsbereich ausgenommen worden, da sie Freikopien voraussetzen. Dementsprechend ist in diesen Fällen das Überlassen von Dateien nicht ersatzfähig. Zuzustimmen ist *Müller-Rabe*,[176] der betont, dass es auf die Anzahl der Dateien und nicht der Emails ankommt, wobei natürlich ein Schriftsatz nicht künstlich aufgespalten werden darf. Abzulehnen ist es, wenn unter Datei Datenträger verstanden wird,[177] da ein Überlassen auch datenträgerlos möglich ist und damit diese Begriffsbestimmt leer liefe.

129

Viel Freude macht die Frage, welche **Ablichtungen zur sachgemäßen Verteidigung geboten** sind (VV 7000 Nr. 1 a). Dies hat der *»vernünftigen«*[178] Anwalt aus der ex ante Sicht zu beurteilen. Nicht ausgeübtes Ermessen schadet, zB die aus Vereinfachungsgründen erfolgte Kopie der gesamten Akte[179] und von doppelt einliegenden Schriftstücken. Auch die Kopie bereits in der Handakte enthaltener Schriftstücke, insbesondere eigener Schriftsätze,[180] ist nicht notwendig, soweit die Schriftstücke nicht verfahrensrelevante Vermerke oder Verfügungen der Behörde tragen.[181] Hat der Anwalt einen Anspruch auf eine kostenlose Ablichtung (zB bei Entscheidungen und Protokollen), so hat er ebenfalls keinen Erstattungsanspruch.[182] Ist eine Akte behördlicherseits neu geordnet worden, so muss der Anwalt seine Akte nicht umsortieren und auf fehlende Schriftstücke prüfen, sondern darf neu kopieren.[183]

130

Ablichtungen zur Zustellung oder Mitteilung an Gegner oder andere Beteiligte (VV 7000 Nr. 1 b sind nur dann erstattungsfähig, wenn sie aufgrund einer gesetzlichen Regelung (§§ 133, 257 V ZPO) oder nach Aufforderung durch das Gericht anzufertigen sind, nicht aber auf Grundlage eines Gerichtsbrauchs oder gefestigter anwaltlicher Übung.[184] Die Ablichtung von Anlagen ist nur erstattungsfähig, wenn sie notwendig war. Das ist sie nicht, wenn die Anlagen ohne jede Bedeutung für den Verfahrensausgang sind,[185] wenn gem § 131 II ZPO Auszüge aus Urkunden genügt hätten, durch die Anlagen Sachvortrag gespart wird[186] oder sie bereits bei den Akten sind.[187]

131

---

175 BT-Ds 15/2487 S 194
176 Gerold/Schmidt VV 7000 Rn 109; Göttlich/Mümmler S 216
177 Jungbauer/Mock Rn 944
178 LG Stralsund Beschl v 28. 04. 2005 – 22 Qs 118/05 OWi (www.burhoff.de); Düsseldorf AGS 2000, 84; OVG Lüneburg AnwBl 1984, 322
179 BFH BStBl II 1984, 422 – Missbrauchsgrenze
180 OVG Hamburg AnwBl 1987, 290
181 Gerold/Schmidt-Müller-Rabe VV 7000 Rn 26
182 OLG München AnwBl 1981, 507
183 LG Kiel JurBüro 1998, 258
184 Göttlich/Mümmler S 218
185 OLG Braunschweig, JurBüro 1999, 300; OLG München AnwBl 1983, 569
186 BVerfG NJW 1996, 382; 1997, 2668; OLG Braunschweig JurBüro 1999, 300; OLG Dresden JurBüro 1999, 301; OLG Köln 1987, 1357 f
187 OLG Braunschweig JurBüro 1999, 300; VG Arnsberg JurBüro 1981, 858

132　**Ablichtungen für den eigenen Mandanten** (VV 7000 Nr. 1 c) sind notwendig, wenn es sich um eigene Schriftsätze und um solche des Gegners handelt. Nicht jedoch, wenn die Schriftsätze nur einfache Fragen beantworten oder sich zum Prozedere verhalten.

133　**Sonstige Fälle** (VV 7000 Nr. 1 d) sind insbesondere Kopien für Haftpflichtversicherungen, den Terminsvertreter oder den Verkehrsanwalt für deren Erstellung. Eine stillschweigende Einwilligung ist möglich und kann aus den Umständen abgeleitet werden, insbesondere wird das, was dem Prozess nützt regelmäßig vom Willen des Mandanten gedeckt sein.[188]

b)　Post- und Telekommunikationsauslagen (VV 7001, 7002)

134　Gemeint sind die Kosten für Porto, Fernsprech-, Telefax- und Telegraphengebühren sowie für die Emailübersendung, nicht aber für die Einrichtung und den Unterhalt der entsprechenden Anlagen. Der Anwalt hat die Wahl zwischen **Abrechnung in tatsächlicher Höhe** (VV 7001) oder dem **Pauschsatz** (VV 7002) in Höhe von 20 % der gesetzlichen Gebühren, maximal 20 € je Angelegenheit, sofern überhaupt Kosten entstanden sind. Jede Instanz stellt eine eigene Angelegenheit dar, ebenso der Übergang vom Straf- zum Bußgeldverfahren und umgekehrt.[189] In jeder Angelegenheit kann der Anwalt neu entscheiden, ob er pauschal oder tatsächlich abrechnet. Häufig wird es sich empfehlen die tatsächlichen Kosten abzurechnen. Das Porto für die Übersendung der Kostennote kann nicht ersetzt verlangt werden.[190]

135　Für die **Aktenversendungspauschale**, die unabhängig von der Anzahl der Pakete je Verfahren in Höhe von 12 € anfällt (KV GKG 9003), ist gem §§ 22 GKG, 147 StPO (zunächst) der Anwalt Kostenschuldner; sie ist aber ebenso wie notwendige Kurierdienstkosten gem §§ 670, 675 BGB vom Auftraggeber zu ersetzen.[191] Das Einlegen der Akte in das Gerichtsfach ist kostenfrei.[192] § 107 V OWiG lässt die Überbürdung nur zu, wenn die Versendung beantragt wurde und die Rücksendung für den Anwalt gebührenfrei erfolgen kann. Ist dafür nicht Sorge getragen, so darf der Anwalt die Akte auf seine Kosten zurücksenden, womit der Kostenanspruch der Staatskasse entfällt.[193]

c)　Reisekosten (VV 7003–7006)

136　Eine (Geschäfts-)**Reise** liegt nur vor, wenn ein Ziel außerhalb der Kanzlei- oder Wohnsitzgemeinde des Anwalts angesteuert wird (Vorb 7 II). Eine Reise zur Wahrnehmung von Terminen vor dem Prozessgericht ist stets, vor dem beauftragten oder ersuchten Richter dann **erforderlich**, wenn sich aus der Abwesenheit Nachteile ergeben können. Dies kann indes in den seltensten Fällen ausgeschlossen werden.[194]

188　OLG Naumburg JurBüro 1994, 218; Göttlich/Mümmler S 219 mwN; aA Gerold/Schmidt-Müller-Rabe VV 7000 Rn 97 f, der verlangt, dass der Anwalt beim Auftraggeber nachfragt, da dieser uU billigere Kopien herstellen kann
189　Göttlich/Mümmler S 703
190　Goebel/Gottwald-v. Seltmann, VV 7001
191　LG Ravensburg AnwBl 1995, 153; Enders JurBüro 1995, 544 mwN; aA AG Nordhorn JurBüro 1995, 305; Strittig ist, ob dies auch gilt, wenn die Akte abgeholt hätte werden können (abl AG München JurBüro 1995, 544).
192　AG Moers AGS 2000, 160
193　AG Brandenburg, Beschl vom 22.2.2005 – 22 OWi 325/04 (www.anwaltverein)
194　Gerold/Schmidt-v Eicken § 46 Rn 26

Die Hinzuziehung eines **nicht am Gerichtsort ansässigen Verteidigers** ist erforderlich, wenn **137**

– der Betroffene für eine auswärtige Hauptverhandlung einen Anwalt an seinem Wohnsitz beauftragt und es sich nicht um eine absolute Bagatellsache (zB Parkverstoß) handelt,[195]
– gegen das Urteil des Wohnsitzgerichts ein Rechtsmittel eingelegt ist, über das an einem anderen Ort verhandelt wird[196] oder
– ein Anwalt wegen seiner Spezialkenntnisse beauftragt wird;[197] teilweise wird insoweit verlangt, dass es eines schweren Schuldvorwurfs bedarf[198] oder ein Problem Fachkenntnis erfordert.[199]

Wird ein **zweiter Verteidiger** eingeschaltet, der weder am Gerichts- noch am Wohn- oder Geschäftsort des Mandanten ansässig ist, können dessen Reisekosten bis zur Höhe der fiktiven Reisekosten eines am Wohn- oder Geschäftsort des Mandanten ansässigen Rechtsanwalts erstattet werden, wenn dessen Beauftragung zur zweckentsprechenden Verteidigung erforderlich gewesen wäre.[200] **138**

Als Wegeentschädigung erhält der Anwalt derzeit **0,30 € für den gefahrenen Kilometer** von und bis zum Kanzleisitz (VV 7003). Dabei darf die zweckmäßigste Strecke gewählt werden. Es kann nicht darauf verwiesen werden, dass andere Verkehrsmittel günstiger gewesen wären.[201] Das LAG meint jedoch, der Anwalt müsse seinen Mandanten, der an seinem Kanzleiort wohnt, in seinem Wagen zum Termin mitnehmen, wenn das nicht unzumutbar oder unmöglich ist.[202] Unmöglich ist es, wenn weitere Termine den Rechtsanwalt veranlassen früher los- und/oder später zurückzufahren.[203] Die **im notwendigen Zusammenhang mit der PKW-Benutzung stehenden Aufwendungen** (zB Parkgebühren; VV 7006) können ebenso wie die Kosten der **Benutzung anderer Verkehrsmittel** (VV 7004) **in tatsächlicher Höhe** verlangt werden. Bei Flugreisen soll der Pflichtverteidiger nicht die Kosten der 1. Klasse erstattet verlangen können.[204] **139**

Soweit eine Wegeentschädigung anfällt, erhält der Anwalt als Tage- und Abwesenheitsgeld bei einer Geschäftsreise **bis zu 4 Stunden 20,– €, bis zu 8 Stunden 35,– €, darüber 60,– €** (VV 7005). Für Auslandsreisen ist ein Aufschlag von 50 % vorzunehmen. Gerechnet wird von und bis zur Kanzlei. Bei mehrtägigen Reisen werden die Tage getrennt berechnet. **Angemessene Übernachtungskosten** sind **in voller** **140**

---

195 BGH NJW 2003, 901; Eine Beiordnung darf im Hinblick auf die Reisekosten dann erfolgen, wenn ein Verkehrsanwalt eingespart werden kann oder die Kosten für Reisen zur Informationsgesprächen, die dem Mandanten erwachsen wären, ähnlich hoch wären (Nürnberg AnwBl 2005, 295)
196 Für Berufung: LG Freiburg AnwBl 1970, 243; aA LG Saarbrücken KostRspr BRAGO § 28 Nr. 149; Für Revision stets gerechtfertigt: LG Hildesheim MDR 1970, 439; LG Düsseldorf AnwBl 1970, 109
197 BGH NJW 2003, 901
198 Schleswig JurBüro 1979, 1332 und Zweibrücken Rpfleger 1972, 71 (Schwurgericht); Düsseldorf AnwBl 1986, 157; Köln AGS 1993, 60
199 Karlsruhe JurBüro 1979, 868 und LG Freiburg StV 1989, 117, wenn Fachwissen nicht vor Ort verfügbar. Nürnberg JurBüro 1974, 1256; Köln NJW 1992, 586; LG Frankfurt MDR 1974, 65
200 BGH Beschl vom 18. 12. 2003 – I ZB 21/03
201 Bamberg, JurBüro 1981, 1350; Nürnberg, AnwBl 1972, 59; Koblenz, AnwBl 1974, 353
202 LAG Berlin RVGreport 2005, 119
203 Anm Hansen zu LAG Berlin RVGreport 2005, 119
204 OLG Frankfurt NJW 1971, 160 (grundsätzlich), einschränkend AnwBl 1976, 306 (5-stündige Flugreise reicht nicht); aA Gerold/Schmidt-Madert VV 7003–7007 Rn 46 für »längere« Flugreisen

Höhe zu ersetzen, dürfen zwar übliche Trinkgelder aber keine Verpflegungskosten enthalten. Das KG meint, 2004 seien für ein Einzelzimmer der Mittelklasse in Berlin 75 € angemessen gewesen.[205] Soweit die Rückkehr bis 22 Uhr möglich ist, ist eine Übernachtung nicht nötig.

141 Werden auf der Reise **mehrere Geschäfte für verschiedene Auftraggeber** erledigt, so sind die entstandenen Kosten nach dem Verhältnis der Kosten zu verteilen, die bei gesonderter Ausführung entstanden wären (Vorb 7 III). Fallen **verschiedene Geschäfte für einen Auftraggeber** an, so trägt dieser die Gesamtkosten.

d) Umsatzsteuer (VV 7008)

142 Der Rechtsanwalt hat Anspruch auf den Ersatz der auf seine Vergütung entfallenen Umsatzsteuer in der jeweils gültigen Höhe. Zinsen sind nicht umsatzsteuerpflichtig. Liegt der Vorjahresumsatz unter 16.690,— € und wird der Umsatz im laufenden Kalenderjahr 50.000 € nicht übersteigen, so besteht ebenfalls keine Umsatzsteuerpflicht, soweit er nicht erklärt, dass er umsatzsteuerpflichtig sein will (= Verzicht auf 19 I UStG). Wird eine Rechnung mit Umsatzsteuer erstellt, so entsteht dadurch die Pflicht, diese abzuführen.

Klagt der Rechtsanwalt seine Vergütung gegen den Mandanten ein, so entsteht keine Umsatzsteuer,[206] anders, wenn er einen privaten Anspruch geltend macht.[207] Einem ausländischen Mandanten, der Unternehmer ist, oder einer außerhalb der EU ansässigen Privatperson darf keine deutsche Umsatzsteuer in Rechnung gestellt werden (§ 3 a IV Nr. 3, III 3 UStG).

e) Dolmetscher- und Übersetzungskosten

143 Die Kosten für Dolmetscher und Übersetzer sind gem § 464 c StPO nur in engen Ausnahmen vom Angeklagten zu tragen. Daher hat jedermann, der die Verhandlungssprache des Gerichts nicht spricht oder versteht, für das gesamte Verfahren Anspruch auf unentgeltlichen Beistand eines Dolmetschers, soweit dies zur Wahrnehmung seiner strafprozessualen Rechte erforderlich ist (Art. 6 III lit e EMRK), auch wenn kein Fall der notwendigen Verteidigung gegeben ist.[208]

144 **Erforderlich** ist dies für alle schriftlichen und mündlichen Verfahrenserklärungen, gleich ob sie im Rahmen mündlicher Vernehmungen und Verhandlungen oder außerhalb abzugeben sind, wie zB bei Beweiserhebungen im Zwischenverfahren oder Einwendungen gegen die Eröffnung des Hauptverfahrens. Zu den strafprozessualen Rechten des Angeklagten zählt insbesondere seine Befugnis, sich in jeder Verfahrenslage des Beistands eines Verteidigers zu bedienen (§ 137 I 1 StPO, Art. 6 III lit c EMRK). Abgesehen von dem besonderen Fall, dass der Verteidiger die Muttersprache des Angeklagten beherrscht, ist hierzu die Zuziehung eines Dolmetschers erforderlich, und zwar unabhängig von seiner finanziellen Lage.[209] Weitere Beispiele: Gespräch mit Ehefrau des Beschuldigten,[210] Eingabe des Beschuldigten,

---

205 KG RVGreport 2005, 119
206 OLG Hamburg MDR 1999, 764; OLG Düsseldorf OLGR 1994, 299; OLG Hamm MDR 1985, 683
207 OFD Düsseldorf BB 1982, 850
208 EGMR NJW 1979, 1091; BGHSt 46, 178
209 EGMR NJW 1978, 477; BGHSt 46, 178
210 OLG Düsseldorf StV 1986, 492

die auch für das Gericht bestimmt sind,[211] zum Abhören von TÜ-Bändern,[212] uU auch ein (weiterer) Dolmetscher des Vertrauens.[213] **Nicht erforderlich** ist die Übersetzung der gesamten Akte,[214] insbesondere polizeilicher Vernehmungen[215] oder Gutachten.[216]

Soweit Verhandlungen iSd § 185 GVG vorliegen, ist – ggf auf Antrag des Verteidigers – durch das Gericht ein Dolmetscher beizuziehen. In anderen Fällen wird es oft Sache des Verteidigers sein einen Dolmetscher zu beauftragen. Nach § 46 Abs. 2 Satz 3 RVG werden maximal die nach den JVEG zu zahlenden Beträge ersetzt. Will der Pflichtverteidiger vermeiden, die Kosten vorstrecken zu müssen, so hat er nur die Möglichkeit frühzeitig gem § 46 II RVG die Erforderlichkeit der Hinzuziehung feststellen zu lassen und gem § 47 I 1 RVG einen angemessenen Vorschuss zu verlangen.[217] Es ist auch möglich auf die vorherige Feststellung der Erforderlichkeit zu verzichten und sogleich den Antrag auf Vorschuss zu stellen. Eigene Übersetzungsleistungen des Anwalts zur Information seines Mandanten sind zu vergüten.[218] Ersparte Aufwendungen sind nie erstattungsfähig, so dass nur der Wahlverteidiger, der (zur Kommunikation) eigene Fremdsprachenkenntnisse nutzt, dies im Rahmen von § 14 RVG berücksichtigen kann.

145

Antrag auf Feststellung der Notwendigkeit von Auslagen   **146**

An das [Prozessgericht]

In der Sache …

beantrage ich gem § 46 II RVG festzustellen, dass die Hinzuziehung eines Dolmetschers für die griechische Sprache für die von mir mit dem Beschuldigten zu führenden Gespräche in der JVA Rottweil-Tübingen notwendig ist.

Begründung:

Der Beschuldigte ist Grieche. Er kann sich auf Deutsch nicht verständlich machen. Mit Beschluss vom … bin ich ihm als Pflichtverteidigerin beigeordnet worden. Ich spreche kein Griechisch. Damit der Beschuldigte sein Verteidigerkonsultationsrecht wahrnehmen kann, und zur Vorbereitung der Verteidigung ist die Zuziehung eines Dolmetschers notwendig. Der Beschuldigte hat den Anspruch, dass dies unentgeltlich geschieht (EGMR NJW 1978, 477; BGHSt 46, 178).

Rechtanwältin

VI. Durchsetzung des Vergütungsanspruchs

1. Vorschuss (§§ 9, 47 RVG)

Die Vergütung des Verteidigers ist das gerechte Entgelt für die Leistung, die er erbringt. Daher muss er dafür Sorge tragen, dass er seine Vergütung ungeschmälert erhält. Hierfür sind zwei Erkenntnisse hilfreich:

147

---

211 OLG Hamburg MDR 1972, 710; OLG Hamm StraFo 1999, 177
212 OLG Köln StV 1995, 12
213 OLG Frankfurt StV 1996, 166; OLG Düsseldorf StV 1993, 144; AG Lübeck StV 1998, 616
214 Meyer-Goßner MRK Art. 6 Rn 26
215 OLG Hamm NStZ-RR 2001, 223
216 OLG Hamm StraFo 1999, 177
217 Burhoff, Ermittlungsverfahren Rn 2101
218 OLG Frankfurt NJW 1962, 1577

– Die Furcht, dass das erste Gespräch mit dem Mandanten, welches der Schaffung eines Vertrauensverhältnisses dienen soll, durch Vergütungsfragen belastet werde, ist unbegründet. Allerdings sollte der Verteidiger dem Mandanten zuerst Gelegenheit geben über seine Sache und sich zu berichten.[219]

– Die beste Form, die Gebührenforderung zu sichern, ist immer noch der Vorschuss.[220]

a) Rechtsgrundlage und Schuldner

148 Nach § 9 RVG kann der **Wahlverteidiger** (entgegen §§ 614, 669 BGB) von seinem Auftraggeber für die entstandenen und die voraussichtlich entstehenden Gebühren und Auslagen einen angemessenen Vorschuss fordern. Der **Pflichtverteidiger** muss sich an die Staatskasse wenden (§§ 47 I 1, 52 I 1 HS 2 RVG). Dies gilt nicht für die Beratungshilfe (§ 47 II RVG). Ist ein Vorschuss verbraucht oder absehbar, dass er nicht ausreicht, kann auch wiederholt ein weiterer Vorschuss gefordert werden.

Die **Rechtsschutzversicherung** ist gem § 2 IIa ARB 1994/95 zahlungspflichtig, sobald der Versicherungsnehmer berechtigterweise in Anspruch genommen wird (§ 1 II ARB). Bei einer Straftat, die sowohl fahrlässig als vorsätzlich begangen werden kann, ist die Versicherung daher zur Vorschussleistung verpflichtet. Die gezahlten Vorschüsse kann die Versicherung vom Anwalt auch dann nicht zurückverlangen, wenn nachträglich die Deckungszusage widerrufen oder aus anderen Gründen Ersatzansprüche bestehen, insbesondere, weil der Mandant wegen der Vorsatztat bestraft wird. Die Versicherung hat sich statt dessen an den Versicherungsnehmer zu halten. Häufig versuchen Versicherungen Vorschusszahlungen zu vermeiden. Gerade der Strafverteidiger sollte aber auf Zahlung des gesamten Vorschusses bestehen, wenn der Vorsatz im Raum steht, da er nach Verurteilung keine Möglichkeit mehr hat, die Versicherung zur Zahlung zu bewegen.

b) Höhe

149 Der **Wahlverteidiger** kann den Gesamtbetrag der bereits **entstandenen und voraussichtlich entstehenden Gebühren und Auslagen** entsprechend der Vereinbarung geltend machen.[221] Ist im Ermittlungsverfahren abzusehen, dass es zu einer Hauptverhandlung kommen wird, kann der Verteidiger die Grund- und Verfahrensgebühr sowie eine Terminsgebühr fordern, denn wenn schon die Hauptverhandlung mutmaßlich nicht zu vermeiden ist, dann auch nicht mindestens ein Termin.[222] Sobald die Hauptverhandlung terminiert ist, können für die angesetzten Termine die Terminsgebühren geltend gemacht werden.

Der bestellte Pflichtverteidiger kann gem § 47 I RVG ebenfalls die **entstandenen Gebühren und Auslagen** aber lediglich **voraussichtlich entstehenden Auslagen** geltend machen.

---

219 Weihrauch, Verteidigung im Ermittlungsverfahren, 6. Aufl, Rn 229, 245
220 Gerold/Schmidt-Madert § 9 Rn 1
221 Gerold/Schmidt-Madert § 9 Rn 17 f; Gebauer/Schneider-Schneider § 9 Rn 30
222 Enger Gerold/Schmidt-Madert § 9 Rn 21, der für die Terminsgebühr die Terminierung voraussetzen will

150

Vorschussanforderung bei der Staatskasse

An den Urkundsbeamten des Prozessgerichts
(alt. Gericht, das Verteidiger bestellt/beigeordnet hat)

In der Strafsache …

beantrage ich einen Vorschuss gem § 55 I RVG in Höhe von 2.514,88 Euro auf Pflichtverteidigergebühren und Auslagen festzusetzen und diesen an mich auszuzahlen. Zugleich beantrage ich
den Betrag ab dem ersten Monat nach Eingang des Antrags mit 5% über dem Basiszinssatz zu verzinsen.

Begründung:

Ich bin seit Eröffnung des Haftbefehls für den inhaftierten Angeschuldigten tätig. Im Ermittlungsverfahren habe ich an einer polizeilichen Vernehmung in E, 20 km von meinem Kanzlei- und
Wohnort entfernt, teilgenommen. Zudem habe ich 350 Kopien gefertigt. Die Entstehung dieser
Auslagen versichere ich. Kopien von vorhandenen Belegen sind beigefügt.[223] Am 6. Mai 2005 ist die
richterliche Vernehmung des Zeugen Z in M anberaumt. Dafür werden Bahnkosten iHv 100 Euro
sowie ein Abwesenheitsgeld von 60 Euro anfallen. Die Strafkammer hat diese Reise mit Beschluss
vom 19. April 2005 für erforderlich gehalten. (Alt: Begründung der Kosten). Die Hauptverhandlung
ist auf 5 Tage terminiert. Die bislang angefallen und zu erwartenden Gebühren berechne ich wie
folgt:

VV 4101 Grundgebühr mit Zuschlag	162,00 Euro
VV 4103 Terminsgebühr mit Zuschlag	112,00 Euro
VV 4105 Verfahrensgebühr mit Zuschlag	137,00 Euro
VV 7000 Nr. 1 a Ablichtungen aus Behördenakten (350 Kopien)	79,00 Euro
VV 7001 Telekommunikationspauschale	20,00 Euro
VV 7003 Fahrtkosten (40 km)	12,00 Euro
VV 7004 Fahrtkosten Bahn	100,00 Euro
VV 7005 Nr. 3 Abwesenheitsgeld (mehr als 8 Stunden)	60,00 Euro
VV 4113 Verfahrensgebühr mit Zuschlag	151,00 Euro
VV 4115 Terminsgebühr mit Zuschlag (5 Termine)	1315,00 Euro
VV 7001 Telekommunikationspauschale	20,00 Euro
Zwischensumme	2168,00 Euro
VV 7008 16% Umsatzsteuer	346,88 Euro
Summe	2514,88 Euro

Bislang habe ich keine Zahlungen aus der Staatskasse, vom Angeklagten oder Dritten erhalten.

Rechtsanwältin

c) Folgen bei Nichtleistung – Leistungsverweigerung und Verzinsung

Der Wahlverteidiger kann die Übernahme des Auftrags von der Vorschusszahlung   151
abhängig machen. Er braucht dann ohne Vorschuss nicht tätig werden. Allerdings
muss er bei drohenden Fristabläufen und anderen dringenden Maßnahmen dem
Auftraggeber die Nichtannahme ohne Vorschusszahlung unverzüglich mitteilen.
Hat der Verteidiger den Auftrag ohne die Bedingung des Vorschusses angenommen,
dann muss er dringende Arbeiten bereits vor Eingang des Vorschusses ausführen.[224]

Mit der ordnungsgemäßen Anforderung wird der Vorschuss fällig. Spätestens nach
Ablauf von dreißig Tagen nach Fälligkeit und Zugang setzt gem §§ 286, 288 BGB
die Verzinsung ein. Verbraucher (§ 13 BGB) müssen über diese Rechtsfolge belehrt

---

223 Zwar ist der Anwalt nur zur Glaubhaftmachung verpflichtet, allerdings beschleunigt der Nach-
      weis häufig die Feststellung erheblich
224 Gerold/Schmidt-Madert § 9 Rn 6 f

werden (§ 286 III BGB). Die Verzinsung bei Verbrauchern beträgt 5 %, bei Unternehmen 8 % über dem Basiszinssatz (§ 286 I, II BGB).

Der Vorschuss des Pflichtverteidigers soll nicht zu verzinsen sein, da § 55 V RVG nicht auf § 104 I 2 ZPO verweist.[225]

d)   Rechtsmittel des Pflichtverteidigers

152   Versagt der Urkundsbeamte den Vorschuss, ist hiergegen die Erinnerung und ggf die Beschwerde zulässig (§ 56 RVG).

2.   Schuldner des Gebührenanspruchs

153   Anspruchsgegner des Pflichtverteidigers ist die Staatskasse, soweit er Wahlverteidigergebühren verlangen kann, sein Auftraggeber. Der Wahlverteidigers hat sich an seinen Auftraggeber, ggf an dessen Rechtsschutzversicherung zu halten. Dies gilt auch im Fall des Obsiegens, soweit nicht der Anspruch gegen die Staatskasse an den Anwalt abgetreten wurde.

3.   Fälligkeit, Verjährung und Abrechnung

154   Die Vergütung (inkl. der Auslagen) wird **fällig**, wenn der Auftrag erledigt, die Angelegenheit oder der Rechtszug beendet ist oder eine Kostenentscheidung ergangen ist (§ 8 I RVG). Einfordern kann der Anwalt die Vergütung aber erst, wenn er eine Abrechnung erstellt (§ 10 I 1 RVG). Die fehlende Ab-/Berechnung hindert den Ablauf der Verjährung aber nicht (§ 10 I 2 RVG).

155   Hat der Auftraggeber gezahlt ohne eine **Abrechnung** erhalten zu haben, so kann er diese solange nachfordern, wie der Anwalt zur Aufbewahrung der Handakten verpflichtet ist (§ 10 III RVG), mithin 5 Jahre (§ 50 II BRAO), soweit der Anwalt den Auftraggeber die Handakte nicht ausgehändigt oder die Aushändigung angeboten hat. In der Abrechnung sind die Gebührentatbestände sowie die Bezeichnung der Auslagen kurz zu benennen und mit den angewandten Nummern des Vergütungsverzeichnisses zu versehen. Liegt ein Gegenstandwert zugrund, so ist auch dieser anzugeben (§ 10 II RVG). Zusätzlich verlangt die Finanzverwaltung seit 1. Juli 2004:

- vollständiger Name und Anschrift von Rechtsanwalt und Auftraggeber;
- Steuernummer oder Umsatzsteuer-Identifikationsnummer;
- Ausstellungsdatum;
- Rechnungsnummer;
- Zeitpunkt/-raum der Dienstleistung;
- ggf Betrag und angewandter Satz der Umsatzsteuer oder Steuerbefreiungstatbestand;
- Abzug erhaltener Vorschüsse (Netto-/Bruttozuordnung beachten);
- persönliche Unterschrift;

156   Die **Verjährung** beginnt mit dem Schluss des Jahres in dem sie fällig geworden ist und dauert drei Jahre (§§ 199 I Nr. 1, 195 BGB).[226] Das RVG sieht neben den **Hemmungstatbeständen** in §§ 203 ff BGB, also insbesondere bei Verhandlungen über die Vergütungsrechnung, durch Stundungs- und Ratenzahlungsvereinbarungen, so-

---

225 Gerold/Schmidt-v. Eicken § 55 Rn 29; Goebel/Gottwald § 55 Rn 6
226 BGH NJW 1998, 3486

wie durch Klageerhebung eigene Hemmungstatbestände vor. So wird durch den der Klageerhebung gleichgestellten Kostenfestsetzungsantrag (§ 11 VII RVG), auch des beigeordneten Anwalts (§ 50 RVG), sowie durch den Antrag auf Feststellung einer Wahlverteidiger-Pauschvergütung (§ 42 RVG)[227] die Verjährung ebenso gehemmt, wie durch den Antrag nach § 52 II RVG die Leistungsfähigkeit des Schuldners festzustellen (§ 52 V 1 RVG). Im letzten Fall endet die Hemmung sechs Monate nach der Rechtskraft der gerichtlichen Entscheidung (§ 52 V 2 RVG). Die Verjährungsfrist läuft zudem solange nicht, wie in gerichtlichen Verfahren keine rechtskräftige Entscheidung ergangen oder das Verfahren anderweitig beendet ist (§ 8 II 2 RVG).

VII.　Strafbarkeit des Verteidigers wegen falscher Abrechnung

Auf zwei Stolpersteine sollte der Anwalt Acht geben:

1.　Gebührenüberhebung – § 352 StGB

Zwar ist der Kostenfestsetzungsbeschluss nicht bindend für die Festsetzung von Gebühren gegenüber dem Auftraggeber (Rn 33). Lehnt es der Rechtspfleger allerdings im Kostenfestsetzungsverfahren ab eine beantragte Gebühr festzusetzen und erhebt der Anwalt diese Gebühr gleichwohl von seinem Auftraggeber, so darf daraus geschlossen werden, dass der Anwalt wissentlich eine Gebühr verlangt, die der Auftraggeber nicht schuldet.[228]

157

2.　Betrug – § 263 StGB

Soweit keine Gebühr oder pauschalierter Auslagenersatz verlangt wird, kommt der allgemeiner Tatbestand des Betrugs insbesondere dann in Betracht, wenn der Anwalt verabsäumt Fahrtkosten aufzuteilen, zB wenn er mehrere Mandanten in einer JVA besucht hat.

158

227　OLG Hamm AnwBl 1996, 478; Gebauer/Schneider-Schneider § 42 Rn 40
228　BayObLG Urt. vom 2. 8. 2001 – 5 St RR 144/01

Teil B
Verteidigung in 1. Instanz

Kapitel 1
Verteidigung im Ermittlungsverfahren

Überblick

I. Vorbemerkungen

1 Ging die Strafprozessordnung aus dem Jahr 1877 noch von der untergeordneten, vorbereitenden Funktion des Ermittlungsverfahrens[1] aus und betrachtete die Hauptverhandlung als »Kernstück und Höhepunkt« des gesamten Strafprozesses,[2] so haben sich die Polaritäten zu Gunsten der Bedeutung des Ermittlungsverfahrens verschoben.[3] Es ist dieses insbesondere das Verdienst von *Peters*, der durch seine richtungweisende Untersuchung über die Fehlerquellen im Strafprozess diese Einschätzung ermöglichte.[4] *Peters* hat die **weichenstellende Funktion« des Ermittlungsverfahrens** für den gesamten folgenden Strafprozess herausgearbeitet.[5] Seitdem ist die urteilsprägende Kraft des Vorverfahrens[6] für den gesamten Strafprozess unbestritten.[7]

2 Trotz dieser zentralen Rolle ist das Ermittlungsverfahren (fast) gänzlich in die Hand der StA gelegt.[8] Mitwirkungsrechte des Beschuldigten und seines Verteidigers sind de lege lata beschränkt.[9] Die langjährige Diskussion über die Forderungen verbesserte Einfluss- und Mitwirkungsrechte der Verteidigung im Ermittlungsverfahren[10] ist durch einen *Diskussionsentwurf für eine Reform des Strafverfahrens*[11] neu entfacht worden, ohne dass bisher absehbar ist, inwieweit die mit dem Entwurf verbundenen verbesserten Einfluss- und Mitwirkungsrechte[12] tatsächlich Gesetz werden.

Gerade deshalb sind jedoch – angesichts der bestehenden Gesetzeslage – fundierte Kenntnisse über die Einflussmöglichkeiten des Verteidigers im Ermittlungsverfahren unumgänglich. Eine Verteidigung lege artis hat bereits im Vorverfahren zu beginnen und zwar mit dem Ziel der Vermeidung (!) einer Hauptverhandlung.[13] Bereits die Durchführung eines Ermittlungsverfahrens birgt negative, stigmatisierende Wirkungen für den Beschuldigten. Weiterreichende negative Folgen durch die Erhebung der Anklage oder die Durchführung einer Hauptverhandlung sind – wenn möglich – durch den Verteidiger bereits im frühest möglichen Stadium zu vermei-

---

1 Vgl nur Richter II NJW 1981, 1820, 1822
2 Vgl nur Roxin § 37 Rn 1; Schroeder ROW 1969, 193
3 Rückel FG für Peters [1984], 267; Wolter Aspekte einer Strafprozessreform bis 2007, 1991, 53 ff, 56; SK-StPO-Wolter vor § 151 Rn 59 ff mwN
4 So auch Weihrauch Ermittlungsverfahren Einl
5 Peters Fehlerquellen, Bd II, 195: »Wie das Hauptverfahren ausgeht, wie die Hauptverhandlung abläuft und wie das Urteil ausfällt, ist weitgehend durch das Vorverfahren bestimmt« und »Fehler und Mängel des Ermittlungsverfahrens sind in aller Regel in der Hauptverhandlung nicht mehr zu beseitigen«
6 Dahs Taschenbuch Rn 172
7 Vgl nur Weihrauch Ermittlungsverfahren Einl mwN; ebenso Schlothauer/Weider StV 2004, 504 f unter Hinweis auf »Mechanismen des richterlichen Wahrnehmungsprozesses« und der deshalb erforderlichen frühzeitigen Einflussnahme der Verteidigung auf den Akteninhalt
8 Meyer-Goßner Einl Rn 60
9 Rieß FS für Karl Schäfer [1980], 207 f, wendet sich gegen die »Vorenthaltung effektiver Verteidigungsmög-lichkeiten im Ermittlungsverfahren«; vgl auch König in: Strafverteidigervereinigung [Hrsg] Reform oder Roll-Back? Weichenstellung für das Straf- und Strafprozessrecht, 1997, 133 ff, zu Reformmöglichkeiten hinsichtlich einer verbesserten Stellung der Verteidigung im Ermittlungsverfahren
10 Vgl die Darstellung von Schlothauer/Weider StV 2004, 504, 505 mwN
11 Vgl den »Diskussionsentwurf für eine Reform des Strafverfahrens« der Fraktionen der SPD und Bündnis 90/Die Grünen des Deutschen Bundestages und des Bundesministeriums der Justiz, StV 2004, 228 ff; Schlothauer/Weider StV 2004, 504 ff haben die intendierten Änderungen einer eingehenden »Kosten-Nutzen-Rechnung« unterzogen
12 So auch die Einschätzung von Schlothauer/Weider StV 2004, 504 ff
13 Diese Aufgabe und Funktion des Verteidigers im Ermittlungsverfahren stellt Dahs Handbuch Rn 222, eindeutig in den Vordergrund

den. Der Verteidiger hat mit allen rechtlich zulässigen Mitteln auf die Einstellung des Verfahrens hinzuwirken. In jedem Fall hat der Verteidiger – sollte eine Beendigung des Strafverfahrens durch frühzeitige Einstellung nicht in Betracht kommen – das Verfahren in solche Bahnen zu lenken, dass – für den Fall der Anklageerhebung – eine optimale Ausgangsposition der Verteidigung im Zwischen- und Hauptverfahren geschaffen ist.[14] Der Verteidiger hat schon in dieser Phase des Verfahrens sämtliche »formellen und informellen Einwirkungsmöglichkeiten«[15] zugunsten seines Mandanten auszuschöpfen.

II. Mandatsübernahme

1. Werbung

Seit In-Kraft-Treten der neuen BRAO am 2. 9. 1994 ist gem § 43 b BRAO ein besonderer Anlass für Anwaltswerbung nicht mehr erforderlich.[16] Die umstrittene Frage der **Zulässigkeit anwaltlicher Werbung**[17] wurde durch den Gesetzgeber dahingehend gelöst, dass der Rechtsanwalt »über seine berufliche Tätigkeit in Form und Inhalt sachlich« unterrichten darf und sofern die Werbung »nicht auf die Erteilung eines Auftrags im Einzelfall gerichtet ist«. Die »Besonderen Berufspflichten im Zusammenhang mit der Werbung« regeln nunmehr die §§ 6–10 BO-RA.   **3**

Als eine zulässige Information der Öffentlichkeit ist insbesondere die gemäß § 43 c BRAO genehmigte Führung der Bezeichnung **Fachanwalt für Strafrecht** zu nennen.[18] Auch der Hinweis »Strafvertei*digung*« stellt eine zulässige Information über den Tätigkeitsbereich dar[19] während die Führung der Bezeichnung »Strafverteidi*ger*« aufgrund der damit verbundenen (suggerierten) Qualifikation eine unzulässige Wettbewerbsverletzung darstellen soll.[20]   **4**

Die Benennung von **Interessen- und Tätigkeitsschwerpunkten** ist gem § 7 BO-RA ausdrücklich zulässig.[21] Hierbei ist zu beachten, dass insgesamt nicht mehr als fünf Nennungen erfolgen dürfen. Es dürfen dabei höchstens drei *Tätigkeits*schwerpunkte benannt werden.[22] Voraussetzung für die Benennung von Tätigkeitsschwerpunkten ist gem § 7 II BO-RA, dass der Rechtsanwalt nach der Zulassung auf den benannten Gebieten mindestens zwei Jahre »nachhaltig tätig« gewesen ist. Gerade diese Regelung des § 7 II BO-RA ist auf massive verfassungsrechtliche Bedenken gestoßen.[23] Die 3. Satzungsversammlung der Bundesrechtsanwaltskammer hatte auf ihrer 4. Sitzung § 7 BO-RA neu gefasst. Allerdings hat das BMJ durch Bescheid   **5**

---

14 Vgl Dahs Handbuch Rn 222
15 Formularbuch-Danckert/Ignor Vorb III
16 OLG Hamm AnwBl 1996, 470 f
17 Vgl zur Anwaltswerbung nach der neuen BO-RA und FAO Ring AnwBl 1998, 57 ff
18 Ausführlich Ring AnwBl 1998, 57, 62
19 Vgl OLG Karlsruhe AnwBl 1992, 390; BGH NJW 1994, 2284; vgl auch Hartung/Holl § 7 BO-RA Rn 58; allerdings ist gem § 7 I 2 BO-RA anzugeben, ob es sich um einen Interessen- oder Tätigkeitsschwerpunkt handelt
20 LG Freiburg BRAK-Mitt 1990, 185; BGH NJW 1992, 45; OLG Karlsruhe NJW 1991, 2091
21 Vgl hierzu Ring AnwBl 1998, 57, 59 ff; vgl auch BGH AnwBl 1996, 233 f
22 LG Regensburg AnwBl 1999, 696 hält § 7 BO-RA – mangels Ermächtigungsgrundlage durch den Gesetzgeber – für nichtig; **str** aA OLG Nürnberg AnwBl 2000, 314 f; das BVerfG hat mit Beschl v 25. 4. 2001 – 1 BvR 494/00 – das Urteil des OLG Nürnberg wegen Verletzung von Art. 12 I GG aufgehoben
23 Vgl zur Frage der Verfassungswidrigkeit des § 7 II BO-RA: Hartung/Holl § 7 Bo-RA Rn 60 f

vom 26. 5. 2005 diese Neuregelung in Teilbereichen aufgehoben.[24] Nachdem die bereits beschlossenen Änderungen des § 7 BO-RA durch die teilweise Aufhebung einen veränderten Inhalt erhalten hat, wurde § 7 BO-RA in Gänze nicht verkündet. Es bleibt abzuwarten wie sich die Satzungsversammlung zu § 7 BO-RA verhalten wird.[25] Es ist damit zu rechnen, dass eine entsprechende Regelung wie im bisherigen Entwurf beschlossen wird und lediglich die Regelungen zur Fortbildung entfallen.

Der Entwurf sah vor, dass – unabhängig von Fachanwaltsbezeichnungen – **Teilbereiche der Berufstätigkeit** benannt werden dürfen. Der Rechtsanwalt muss diese Angaben durch entsprechende Kenntnisse, die »in der Ausbildung, durch Berufstätigkeit, Veröffentlichungen oder in sonstiger Weise erworben wurden«, nachweisen (§ 7 I 1 BO-RA-E). »Qualifizierende Zusätze« sollen nur dann verwendet werden dürfen, wenn der Rechtsanwalt zudem »über entsprechende theoretische Kenntnisse verfügt und auf dem benannten Gebiet in erheblichem Umfang tätig gewesen ist« (§ 7 I 2 BO-RA-E). Eine Verwechselungsgefahr mit den Fachanwaltsbezeichnungen darf durch die Benennung nicht gegeben sein und sie darf auch in sonstiger Weise nicht »irreführend« sein (§ 7 II BO-RA-E).

6   Ausnahmslos unzulässig – und doch insbesondere in den Justizvollzugsanstalten gängige Praxis – ist das Überlassen von (Blanko-)Vollmachtsformularen (sog »**Stapelvollmachten**«) und von Visitenkarten (»Stapelvisitenkarten«) zum Zweck der Mandatsgewinnung.[26] Auch das Versprechen entgegen § 49 b I BRAO von Gebühren abzusehen, »wenn zwei bis drei lukrative Mandate vermittelt werden«, stellt einen Verstoß gegen wettbewerbs- und standesrechtliche Vorgaben dar (Provisionsverbot; § 49 b III 1 BRAO).[27]

2.   Mandatsanbahnung und Strafprozessvollmacht

7   Hinsichtlich der zulässigen **Mandatsanbahnung** ist von dem unumstößlichen Grundsatz auszugehen, dass »der Mandant auf den Verteidiger zugeht und nicht umgekehrt«.[28] Dieser Grundsatz sollte sich schon von selbst verstehen, ergibt sich jedoch zudem aus dem Verbot gezielter Mandatswerbung, § 43 b BRAO.

Der Verteidiger kann den Auftrag zur Verteidigung direkt vom Beschuldigten, von einem Dritten und durch das Gericht (Beiordnung als Pflichtverteidiger) erlangen.[29]

8   Im Fall der **Beauftragung durch** einen **Dritten** bestehen grundsätzlich keine Bedenken, wenn der Auftrag durch die Rechtsschutzversicherung erfolgt. Bei Beauf-

---

24 Das BMJ sah in seinem Bescheid vom 26. 5. 2005 die Neuregelung des § 7 III BO-RA-E nicht durch eine Ermächtigungsnorm gedeckt. Weder § 59 b II Nr. 3 BRAO noch »andere Kompetenztitel«, wie etwa § 59 b II Nr. 1 BRAO, würden eine Ermächtigung zur »Regelung der Fortbildung« enthalten

25 Die Satzungsversammlung wird sich in ihrer nächsten Sitzung am 7. 11. 2005 wiederum mit § 7 BO-RA befassen

26 Strafverteidigung-Gillmeister § 4 Rn 6

27 BGH JurBüro 1980, 1649; Feuerich/Braun BRAO § 49 b Rn 28

28 So auch Weihrauch Ermittlungsverfahren Rn 15; ebenso KMR-Hiebl vor § 137 Rn 62; von (literarischem) Interesse ist die Darstellung von Dershowitz Ein Spiel mit dem Teufel, 1997, 41: »… Flüchtig hatte er sogar daran gedacht, ihn selbst (Anm: den Beschuldigten) anzurufen, dann aber schließlich doch beschlossen, es nicht zu tun, weil er kein Anwalt von der Sorte werden wollte, der einem Mandanten nachläuft«

29 Die Problematik der Beiordnung als Pflichtverteidiger soll an dieser Stelle noch etwas zurückgestellt werden; vgl hierzu insbes Groß-Bölting/Kaps Teil B Kap 4 Rn 7 ff

tragung durch nahe Angehörige oder »sonstige Dritte« ist immer die Motivation der Auftraggeber zu überprüfen. Eine Mandatsübernahme in Fällen, in denen der Auftraggeber ein Eigeninteresse an der Verteidigung hat, ist jedoch immer dann unproblematisch, wenn trotz der nicht uneigennützigen Motivation des Dritten den Interessen des Beschuldigten unbedingter Vorrang eingeräumt wird und der Dritte davon durch den Verteidiger in Kenntnis gesetzt wird.[30] Eine Mandatssteuerung durch Dritte sollte sich der Verteidiger in jedem Fall verbieten.

Nimmt der Rechtsanwalt den Auftrag zur Verteidigung nicht an, so hat er dieses **9** gem § 44 S 1 BRAO dem Antragenden unverzüglich anzuzeigen. Der *Strafrechtsausschuss der Bundesrechtsanwaltskammer* geht hierüber noch hinaus und verlangt auch die unverzügliche Erklärung der Annahme des angetragenen Mandats.[31] Dieser Forderung ist mit Blick auf das Interesse des Beschuldigten, so rasch wie möglich einen Verteidiger zu wählen, zuzustimmen, wobei selbstredend dem Verteidiger eine angemessene Bedenkzeit einzuräumen ist. Dem (Wahl-) Verteidiger steht es in jedem Fall frei, ein Mandat anzunehmen oder abzulehnen.[32]

Ein Mandatsablehnungsschreiben an den Mandanten kann wie folgt lauten:[33]

Klaus Mustermann
– Rechtsanwalt –
Musterstraße 11
56789 Musterstadt

Sehr geehrter Herr Müller,

ich habe Ihr Schreiben vom 06. 11. 2005 dankend erhalten.

Zu meinem Bedauern muss ich Ihnen mitteilen, dass ich aus rechtlichen Gründen daran gehindert bin, Sie in dem gegen Sie gerichteten Ermittlungsverfahren der Staatsanwaltschaft Regensburg, zu vertreten. Ich vertrete bereits einen Mitbeschuldigten.[34]

§ 146 StPO verbietet mir die Verteidigung eines (weiteren) Mitbeschuldigten. Damit sollen Interessenskollisionen von vornherein vermieden werden. Ob ein solcher Interessenkonflikt tatsächlich besteht, ist dabei unerheblich.

Ich muss Sie deshalb bitten, sich wegen Ihrer Verteidigung an einen anderen Kollegen zu wenden.

Mit freundlichen Grüßen

Rechtsanwalt

Zivilrechtlich kommt durch die Annahme des Mandats zwischen dem Rechtsan- **10** walt als (Wahl-) Verteidiger und dem Mandanten ein Dienstvertrag gemäß § 611 BGB zustande, dessen Gegenstand eine Geschäftsbesorgung iSd § 675 BGB ist.[35] Somit finden die einschlägigen bürgerlich-rechtlichen Vorschriften Anwendung.

Mithin liegt in den Fällen, in denen der Beschuldigte gegenüber den Strafverfolgungsbehörden erklärt hat: »Mein Verteidiger ist Rechtsanwalt XYZ«, ohne dass

---

30 Vgl insofern Strafrechtsausschuss der Bundesrechtsanwaltskammer Thesen zur Strafverteidigung, 1992, These 64 »Honorarzahlung durch Dritte«
31 Thesen zur Strafverteidigung, 1992, These 4; ebenso KMR-Hiebl vor § 137 Rn 68
32 Thesen zur Strafverteidigung, 1992, These 6; Burhoff Ermittlungsverfahren Rn 1653
33 Vgl KMR-Hiebl vor § 137 Rn 68
34 Vgl zu den verschiedenen Hinderungsgründen, die einer Mandatsannahme entgegenstehen können KMR-Hiebl vor § 137 Rn 70 ff
35 Burhoff Ermittlungsverfahren Rn 1651 a; LR-Lüderssen vor § 137 Rn 33 ff; Meyer-Goßner vor § 137 Rn 4; Weihrauch Ermittlungsverfahren Rn 1

der Anwalt hiervon Kenntnis hat, gerade noch keine wirksame Bevollmächtigung vor. Hierin ist jedoch ein Angebot zu erblicken, welches der Anwalt selbstredend annehmen kann. In jedem Fall sollte der Beschuldigte unverzüglich kontaktiert werden um das weitere Procedere zu besprechen.[36]

10 Hat der Verteidiger das an ihn herangetragene Mandat übernommen, sollte er die Mandatsannahme dem Mandanten nochmals schriftlich bestätigen. Ein solches Bestätigungsschreiben könnte wie folgt lauten:[37]

> Klaus Mustermann
> – Rechtsanwalt –
> Musterstraße 11
> 56789 Musterstadt
>
> Sehr geehrter Herr Müller,
>
> ich bestätige Ihnen hiermit die Annahme des mir angetragenen Mandats. In Anlage übersende ich Ihnen drei auf mich lautende Strafprozessvollmachten. Bitte senden Sie sämtliche Formulare unterschrieben an mich zurück. Ein Exemplar werde ich im Original zur Verfahrensakte geben, ein weiteres benötige ich zur Legitimation gegenüber der Justizvollzugsanstalt und das dritte ist für meine Handakte bestimmt.
>
> Sobald mir die Vollmachten vorliegen werde ich mich als Ihr Verteidiger in diesem Verfahren bestellen und Akteneinsicht beantragen.
>
> Mit freundlichen Grüßen
>
> Rechtsanwalt

11 Der Verteidigungs-Vertrag zwischen dem Mandanten und dem Verteidiger kommt durch die Annahme des Angebotes zustande (§ 151 BGB). Einer besonderen Form bedarf es für die Beauftragung nicht.[38] Insbesondere ist eine schriftliche Vollmacht nicht konstitutiv.[39] Bestehen jedoch im Einzelfall Zweifel an der Bevollmächtigung, kann die Vorlage einer Vollmachtsurkunde verlangt werden.[40] Schon aus diesem Grund und zum Nachweis des Umfangs seiner Befugnisse sollte sich der Verteidiger durch den Beschuldigten eine **Strafprozessvollmacht** unterzeichnen lassen. Es ist zweckmäßig sich direkt drei Exemplare unterschreiben zu lassen.[41] Ein Exemplar für die Verfahrensakte, eines (ggf) für die Haftanstalt und ein weiteres zum Verbleib in der eigenen Handakte.

12 Die durch die Formularverlage angebotenen Vollmachtsformulare erfüllen ihren Zweck als *Strafprozess*vollmacht lediglich unzureichend.

---

36 Ebenso Burhoff Ermittlungsverfahren Rn 1652; Weihrauch Ermittlungsverfahren Rn 1; insbesondere in Fällen, in denen die Übernahme abgelehnt wird, § 44 BRAO
37 Vgl hierzu KMR-Hiebl vor § 137 Rn 67; Formularbuch-Danckert/Ignor II 3
38 OLG Hamm AnwBl 1981, 31; LG Hagen StV 1983, 145; BGH NStZ 1990, 44
39 BGH NStZ 1990, 44; Kaiser NJW 1982, 1367 ff
40 OLG Hamm AnwBl 1981, 31; LG Hagen StV 1983, 145; Meyer-Goßner vor § 137 Rn 9
41 So auch Weihrauch Ermittlungsverfahren Rn 18

Bewährt hat sich nachfolgendes Vollmachtsformular:[42]

Strafprozessvollmacht

Den Rechtsanwälten

Rechtsanwalt I,

Rechtsanwalt II,

Rechtsanwalt III

Musterstraße Straße 11, 56789 Musterstadt

Tel: (0941) 97047, Fax: (0941) 95469

wird hiermit Vollmacht erteilt in der Strafsache – Ordnungswidrigkeitensache – in dem Ermittlungsverfahren

gegen _____

wegen _____

zu meiner Verteidigung bzw Vertretung in allen Instanzen, auch bei meiner Abwesenheit.

Die Vollmacht gewährt unter Anerkennung aller gesetzlichen Befugnisse nach der Strafprozessordnung und dem OWiG das Recht

1. Strafantrag, Privat-, Neben-, Widerklage zu stellen und zurückzunehmen,
2. in öffentlichen Sitzungen aufzutreten,
3. in allen Instanzen als Verteidiger und Vertreter zu handeln,
4. Untervollmacht – auch im Sinne des § 139 StPO – zu erteilen,
5. Rechtsmittel einzulegen, zurückzunehmen oder auf solche zu verzichten,
6. Anträge auf Wiedereinsetzung, Wiederaufnahme des Verfahrens, Haftentlassung, Strafaussetzung, Kostenfestsetzung und andere Anträge zu stellen und zurückzunehmen,
7. Zustellungen aller Art, namentlich auch solcher von Beschlüssen, Urteilen und Ladungen mit rechtlicher Wirkung in Empfang zu nehmen,
8. Gelder, Wertsachen, Kosten, Bußzahlungen, Kautionen etc mit rechtlicher Wirkung in Empfang zu nehmen und Quittungen zu erteilen,
9. den Antrag auf Entbindung von der Verpflichtung zum Erscheinen in der Hauptverhandlung zu stellen und zurückzunehmen,
10. die Vertretung im Verfahren nach dem StrEG durchzuführen.

............, den

Unterschrift

Ist die Bestellung des Verteidigers durch Vorlage einer schriftlichen Vollmacht aktenkundig, so gilt der Verteidiger gem § 145 a I StPO als ermächtigt, Zustellungen und sonstige Mitteilungen für den Beschuldigten in Empfang zu nehmen.[43] Zumindest erhält der Verteidiger gem § 145 a III StPO von Zustellungen an den Beschuldigten eine Abschrift. Auf Grund dieser gesetzlichen Zustellungsvollmacht ist ein Vollmachtsexemplar zur Verfahrensakte zu geben. Da das Gesetz zur wirksamen Bevollmächtigung des Verteidigers eine schriftliche Vollmachtsurkunde nicht verlangt,[44] reicht es für die Aktenkundigkeit mit Blick auf § 145 a StPO aus, wenn die

13

---

42 Nach Weihrauch Ermittlungsverfahren Rn 19
43 Diese gesetzliche Zustellungsvollmacht besteht auch gegen den Willen des Beschuldigten; Meyer-Goßner § 145 a Rn 2; BayObLGSt 69, 110
44 Meyer-Goßner vor § 137 Rn 9 mwN; Burhoff Ermittlungsverfahren Rn 1984; nur wenn im Einzelfall Zweifel an der Bevollmächtigung bestehen, kann die Vorlage einer schriftlichen Vollmachts*urkunde* verlangt werden, Meyer-Goßner vor § 137 Rn 9 mN

Bevollmächtigung mündlich erklärt wird und im Sitzungsprotokoll protokolliert wird.[45]

14 Empfehlenswert ist in jedem Fall die Aufnahme einer besonderen *Vertretungs*vollmacht für die Vertretung des abwesenden Angeklagten (§§ 234, 329 I StPO) sowie die ausdrückliche Unterbevollmächtigung – auch gem § 139 StPO (Referendare) – in das Vollmachtsformular.

15 Problematisch ist die ausdrückliche Ermächtigung des Verteidigers Ladungen für den Beschuldigten mit rechtlicher Wirkung in Empfang zu nehmen (§ 145 a II StPO). Die Nichtbefolgung der Ladung ist für den Beschuldigten mit enormen Konsequenzen verbunden. Gem § 230 II StPO kann die Vorführung des ausgebliebenen Angeklagten angeordnet werden oder sogar ein Haftbefehl erlassen werden, sofern das Ausbleiben des Angeklagten nicht genügend entschuldigt ist. Ebenso droht bei Nichterscheinen gem § 329 I 1 StPO in Berufungsverfahren und gem § 412 StPO im Verfahren nach Einspruch gegen einen Strafbefehl die Verwerfung, wenn der Angeklagte unentschuldigt – trotz Ladung – nicht erscheint. Trotz dieser weitreichenden Folgen kann der Mandant auch ein Interesse daran haben, dass sein Verteidiger zur Entgegennahme von Ladungen ermächtigt ist. In diesem Fall braucht er nämlich seinen aktuellen Aufenthaltsort nicht preiszugeben. Mithin sind im konkreten Fall »Für und Wider« abzuwägen.

16 In keinem Fall darf die schriftliche Vollmacht mit einer möglichen Honorarvereinbarung verknüpft werden, § 4 I 1 RVG.[46]

3. Mandatsanbahnung bei inhaftierten Mandanten

17 Die bereits dargestellten Grundsätze gelten selbstredend auch bei inhaftierten Mandanten. Insbesondere das Verbot auf den Beschuldigten zuzugehen, bevor dem Anwalt ein Mandat angetragen worden ist, gilt auch hier. »Stapelvollmachten« und Zusagen der unentgeltlichen Verteidigung (Verstoß gegen § 49 b I 1 BRAO) bei weitergehender Mandatsvermittlung sind unzulässige (!) Praxis in den Justizvollzugsanstalten. Ein Verteidiger, der etwas auf sich hält, sollte sich solcher Praktiken ausnahmslos enthalten. Auch hier gilt, dass Qualität und die damit verbundene »Mund-zu-Mund-Propaganda« die beste (zulässige) »Werbung« darstellt.

18 Wird der Verteidiger aus der Haft heraus durch einen Beschuldigten angeschrieben, so ist zu differenzieren. Enthält das Schreiben bereits eine schriftliche Vollmacht, so kann der Rechtsanwalt durch ausdrückliche oder konkludente Annahme den Antrag zu einem vollwirksamen Verteidigungsverhältnis erstarken lassen. In diesem Fall bedarf es für den Besuch des Mandanten in der Haft keines sog Sprechscheins. Der Verteidiger kann sich bereits durch eine Vollmacht legitimieren.

19 Wird der Rechtsanwalt hingegen durch den Beschuldigten oder einen Dritten gebeten, den Beschuldigten in der Haft aufzusuchen, um die Übernahme des Mandats zu besprechen, so handelt es sich um ein sog Mandatsanbahnungsgespräch. Der Verteidiger bedarf in diesen Fällen eines **Sprechscheins**, da das Verteidigerverhältnis erst mit Annahme des angetragenen Mandats entsteht.[47] Schriftverkehr mit dem an-

---

45 Meyer-Goßner § 145 a Rn 9
46 Burhoff Ermittlungsverfahren Rn 985; Gerold/Schmidt/v. Eicken/Madert/Müller-Rabe § 4 Rn 34
47 Vgl zB KG StV 1985, 405; KK-Laufhütte § 148 Rn 5

gehenden Mandanten darf folgerichtig auch nicht als »Verteidigerpost« tituliert werden und genießt mithin auch nicht das Verteidigerprivileg nach § 148 StPO.[48]

In vielen (größeren) Haftanstalten reicht mittlerweile die durch den Beschuldigten an den Rechtsanwalt übersandte »Karte« mit der Bitte um einen Besuch als »Sprechscheinersatz« aus. Ansonsten ist der Sprechschein bei der zuständigen StA oder dem zuständigen Ermittlungsrichter zu beantragen. Es ist hier durchaus hilfreich zuvor bei der Haftanstalt anzurufen und das entsprechende Aktenzeichen zu erfragen. Um dem berechtigten Interesse des Beschuldigten auf ein schnelles Gespräch gerecht zu werden, empfiehlt es sich den Sprechschein per Telefax anzufordern, verbunden mit der Bitte diesen entweder direkt an den Anwalt oder zur Pforte der entsprechenden Haftanstalt zu faxen. Ein solches Schreiben könnte folgenden Inhalt haben:

Klaus Mustermann
– Rechtsanwalt –
Musterstr. 11
56789 Musterstadt

Staatsanwaltschaft Regensburg

Kumpfmühler Straße 4
93047 Regensburg

per Fax (0941) 2003-248

Eilt! Bitte sofort vorlegen

Musterstadt, den 27. 12. 2005

Az. 66 Js 0815/97

In dem Ermittlungsverfahren

gegen

Müller, Julius

wegen des Verdachts der Untreue

wurde der Unterfertigte durch den Beschuldigten/den Bruder des Beschuldigten gebeten diesen zum Zwecke eines Mandatsanbahnungsgespräches in der JVA Landshut aufzusuchen.

Es wird höflichst um Erteilung und Übersendung eines Sprechscheins ersucht. Es wird gebeten den Sprechschein direkt an die Kanzlei des Unterfertigten zu faxen. Die Fax-Nr. lautet:

0941/95469

Rechtsanwalt

Bereits das **Mandatsanbahnungsgespräch** unterfällt dem vorverlagerten Schutz des § 148 I StPO und ist unüberwacht und zeitlich unbegrenzt zu gestatten.[49] Die leidige Praxis vieler Haftanstalten, den unüberwachten Besuch erst nach dem Unterzeichnen der Strafprozessvollmacht zu gestatten, ist rechtlich äußerst bedenklich[50]

20

---

48 Vgl KMR-Hiebl vor § 137 Rn 63
49 Ebenso Danckert StV 1986, 171 ff; KK-Laufhütte § 148 Rn 5; KMR-Hiebl vor § 137 Rn 64 mwN; aM Meyer-Goßner § 148 Rn 4, mit untragbarem »Missbrauchsargument«
50 Zudem wollen die Beteiligten zu diesem Zeitpunkt gerade noch kein Mandatsverhältnis begründen. Das Anbahnungsgespräch soll ja gerade erst der Klärung dienen, ob ein Mandatsverhältnis begründet werden soll. Diese Entscheidung ist jedoch erst nach einem ausführlichen Gespräch und nicht »zwischen Tür und Angel« möglich

und sollte mit Hinweis darauf, dass eine Vollmacht *nach* Mandatierung überreicht wird, entgegengetreten werden.

20 a Unabhängig davon, ob das Mandatsanbahnungsgespräch zu einem Mandatsverhältnis geführt hat, unterliegt der Inhalt dieses Gespräches der anwaltlichen Verschwiegenheit und berechtigt den Verteidiger zur Zeugnisverweigerung nach § 53 StPO.[51]

4. Klärung der Honorarfrage

21 Die Frage der Honorierung der Verteidigung sollte bereits beim ersten Gespräch mit dem Mandanten angesprochen werden. Es gilt schon in diesem Stadium abzuklären, ob die Verteidigung für den Mandanten »bezahlbar« ist. Zu klärende Frage ist hier insbesondere, ob eine Beiordnung als Pflichtverteidiger[52] in Betracht kommt oder wie ansonsten das Honorar aufgebracht werden kann.

22 Gerade bei inhaftierten Mandanten ist Vorsicht geboten. Aussagen wie: »Geld ist kein Problem, nur leider hier in der JVA habe ich keines« sind hier die Regel. Hier sollte man sich »Kontaktadressen« geben lassen von Angehörigen, die für die Finanzierung der Verteidigung in Frage kommen.

23 Die gesetzlichen Gebühren reichen in den meisten Fällen nicht aus um eine Verteidigung »nach den Regeln der Kunst« angemessen zu honorieren. Dieses gilt insbesondere auch für die Verteidigung im Ermittlungsverfahren, wenn man berücksichtigt, dass gerade hier die »meiste Arbeit« anfallen kann.[53]

24 Nach § 4 I RVG kann der Verteidiger ein die gesetzlichen Gebühren übersteigendes Honorar vereinbaren.

Kein Verteidiger ist verpflichtet, zu den gesetzlichen Gebühren tätig zu werden.[54] Es ist zulässig, die Übernahme einer Verteidigung von einer **Vergütungsvereinbarung** abhängig zu machen.[55] Eine Verteidigung sollte grundsätzlich nur bei Abschluss einer Vergütungsvereinbarung übernommen werden und das Tätigwerden zu den gesetzlichen Gebühren sollte die Ausnahme sein.[56]

25 Die Vergütungsvereinbarung bedarf nach § 4 I 1 RVG der *Schriftform*. Gemeint ist hier immer die Form des § 126 I BGB.[57] Ist die Vergütungsvereinbarung nicht vom Auftraggeber verfasst, so muss sie gem § 4 I 2 RVG ausdrücklich als Vergütungsvereinbarung bezeichnet werden.[58] Sie darf nicht in der Vollmacht enthalten sein.[59] Die Verwendung von vorformulierten Honorarscheinen birgt das Problem der Anwendbarkeit des AGBG in sich. Es empfiehlt sich deshalb die Verwendung von in-

---

51 KMR-Hiebl vor § 137 Rn 65 mwN
52 Vgl grds zur Beiordnung als Pflichtverteidiger Groß-Bölting/Kaps Teil B Kap 4 Rn 7 ff
53 Burhoff Ermittlungsverfahren Rn 985; Formularbuch-Herrmann XIV.A. 1–8 Anm 1; Weihrauch Ermittlungsverfahren Rn 236, vgl zu den gesetzlichen Gebühren: Schwaben Teil A Kap 2
54 Vgl zu den gesetzlichen Gebühren nach dem RVG: Schwaben Teil A Kap 2
55 Gerold/Schmidt/v Eicken/Madert/Müller-Rabe § 4 Rn 1
56 Formularbuch-Herrmann XIV.A. 1–8 Anm 2
57 Vgl OLG Hamburg MDR 1968, 936; OLG Hamm NJW 1966, 561
58 Gerold/Schmidt/v Eicken/Madert/Müller-Rabe § 4 Rn 2
59 Gerold/Schmidt/v Eicken/Madert/Müller-Rabe § 4 Rn 34; das noch in § 3 I BRAGO enthaltene Verbot, wonach neben der Vergütungsvereinbarung keine anderen Erklärungen enthalten sein durften, ist in § 4 I RVG nicht mehr enthalten; allerdings sind andere Erklärungen deutlich von der Vergütungsvereinbarung abzusetzen, vgl hierzu Gerold/Schmidt/v Eicken/Madert/Müller-Rabe § 4 Rn 37

Bockemühl

dividuellen Vereinbarungen.[60] Dieses Vorgehen ist zwar etwas arbeitsintensiver, ermöglicht jedoch dem Verteidiger die Vereinbarungen individuell auf den jeweiligen Mandanten abzustimmen, was insbesondere bei vielen Mandanten »gut ankommt«.

Es empfiehlt sich in den meisten Fällen die Vergütungsvereinbarung nach Verfahrensabschnitten zu trennen und sich den Abschluss weiterer Vergütungsvereinbarungen für die nachfolgenden Verfahrensabschnitte vorzubehalten.[61] Es sind in einem frühen Stadium der Mandatierung die Art und insbesondere der Umfang der Tätigkeit noch gar nicht zu überblicken.

26

Entsprechende Muster für »individuelle Honorarscheine« finden sich bei *Weihrauch*[62] und bei *Herrmann*.[63]

27

Eine individuelle Vergütungsvereinbarung könnte wie folgt aussehen:

Vergütungsvereinbarung

In dem Ermittlungsverfahren Az. ... der Staatsanwaltschaft Regensburg wegen des Verdachts der ... habe ich

Herrn / Frau Rechtsanwalt ...

zu meinem Verteidiger/meiner Verteidigerin bestellt.

Ich verpflichte mich, ihm/ihr für meine Verteidigung im Ermittlungsverfahren (oder: für die Überprüfung der Haftfrage mit Beschwerden; Vorbereitung der Hauptverhandlung usw) anstelle der gesetzlichen (oder: zuzüglich der gesetzlichen) Gebühren ein Honorar von € ... (in Worten: ... Euro) zu zahlen.

Mindestens sind die anfallenden gesetzlichen Gebühren vereinbart.

Ich verpflichte mich, einen sofort fälligen Vorschuss von € ... (in Worten ... Euro) zu zahlen.

Reise- und Abwesenheitsgelder werden von mir bei einer Abwesenheit bis zu vier Stunden in Höhe von € ..., bei einer Abwesenheit von mehr als vier bis zu acht Stunden in Höhe von € ..., bei einer Abwesenheit von mehr als acht Stunden mit € ... gesondert erstattet. Daneben trage ich die entstandenen Kosten für die Übernachtung abzüglich Frühstückskosten.

Die Schreibauslagen erstatte ich mit € 0,50 pro Seite.

Die Entgelte für Post- und Telekommunikationsdienstleistungen werden daneben gesondert in Höhe von 15% des vereinbarten Honorars bis zu € 50,00 erstattet.

Ich verpflichte mich, die anfallende Mehrwertsteuer in der jeweils gültigen Höhe daneben zu erstatten.

Für die Vertretung nach Erhebung einer etwaigen Anklage bleibt eine gesonderte Vergütungsvereinbarung vorbehalten.

Mir ist bekannt, dass das hier vereinbarte Honorar über die gesetzlichen Gebühren hinausgeht und dass die vereinbarten Auslagen ebenfalls die gesetzlich vorgesehenen Beträge überschreiten. Ich wurde darauf hingewiesen, dass im Falle eines Freispruches oder der Einstellung des Verfahrens mit der Folge, dass die notwendigen Auslagen der Staatskasse auferlegt werden, nicht das vereinbarte Honorar, sondern nur die gesetzlichen Gebühren und Auslagen erstattet werden.

---

60 Burhoff Ermittlungsverfahren Rn 985; Formularbuch-Herrmann XIV.A. 1–8 Anm 10
61 So auch Burhoff Ermittlungsverfahren Rn 986; Dahs Handbuch Rn 1177; Weihrauch Ermittlungsverfahren Rn 239
62 Ermittlungsverfahren Rn 244
63 Formularbuch-Herrmann XIV.A. 1–8

Ich trete hiermit etwaige Erstattungsansprüche gegen die Landeskasse oder andere Verfahrensbeteiligte an meinen Verteidiger/meine Verteidigerin zur Sicherung seiner/ihrer Honoraransprüche ab.

............, den

Unterschrift (Mandant)

Unterschrift (Rechtsanwalt)

Eine Durchschrift dieser Vergütungsvereinbarung habe ich erhalten.[64]

............, den

Unterschrift (Mandant)

27 a Es ist zweckmäßig, eine Fotokopie oder zweite Ausfertigung dieser Vergütungsvereinbarung dem Mandanten nach beiderseitiger Unterschrift zuzuleiten. Der Mandant hat so ein eigenes Exemplar in der Hand und kann sich damit jederzeit über die von ihm eingegangene Verpflichtung orientieren.[65]

Klaus Mustermann
– Rechtsanwalt –
Musterstraße 11
56789 Musterstadt

Sehr geehrter Herr Müller,

in Anlage übersende ich Ihnen vereinbarungsgemäß zwei Exemplare einer schriftlichen Vergütungsvereinbarung. Bei unserer letzten Besprechung habe ich Ihnen die Gründe für eine Vergütungsvereinbarung dargelegt.

Wenn Sie mit der Vergütungsvereinbarung einverstanden sind, darf ich Sie bitten, mir beide Exemplar unterschrieben zurückzusenden. Nach Gegenzeichnung durch mich erhalten Sie das zweite Exemplar der Vergütungsvereinbarung zu Ihrer Orientierung und zum Verbleib bei Ihren Unterlagen.

Mit freundlichen Grüßen

Rechtsanwalt

5. Schriftliche Mandatsbedingungen

28 Will der Verteidiger abweichend von den gesetzlichen Regelungen das Mandatsverhältnis gestalten, so kann er dieses im Wege von **Mandatsbedingungen** tun.

Das Formular ist hierfür deutlich von der Vollmacht und einer evtl Vergütungsvereinbarung zu trennen.[66]

---

64 Das noch in § 3 I BRAGO enthaltene Verbot, wonach neben der Vergütungsvereinbarung keine anderen Erklärungen enthalten sein durften, ist in § 4 I RVG nicht mehr enthalten; allerdings sind andere Erklärungen deutlich von der Vergütungsvereinbarung abzusetzen, vgl hierzu Gerold/Schmidt/v Eicken/Madert/Müller-Rabe § 4 Rn 37; anders noch Formularbuch-Herrmann XIV. A. 9. Anm 7; Madert Anwaltsgebühren [4. Aufl.] Rn 16, zu § 3 I 1 BRAGO
65 Ebenso Formularbuch-Danckert/Ignor II. 3 Anm 5
66 Weihrauch Ermittlungsverfahren Rn 22

Bockemühl

Ein entsprechendes Formular kann beispielsweise wie folgt aussehen:[67]

Mandatsbedingungen

in der Strafsache/dem Ermittlungsverfahren _____

1. Die Haftung des beauftragten Rechtsanwaltes wird auf einen Höchstbetrag von € 375.000,— beschränkt.
2. Zur Einlegung von Rechtsmitteln und sonstigen Rechtsbehelfen ist der Rechtsanwalt nur dann verpflichtet, wenn er einen darauf gerichteten Auftrag erhalten und angenommen hat.
3. Die Kostenerstattungsansprüche des Auftraggebers gegenüber dem Gegner, der Justizkasse oder sonstigen erstattungspflichtigen Dritten werden in Höhe der Kostenerstattungsansprüche des beauftragten Anwalts an diesen abgetreten, mit der Ermächtigung, die Abtretung im Namen des Schuldners mitzuteilen.
4. Fernmündliche Auskünfte und Erklärungen sind nur bei schriftlicher Bestätigung verbindlich.
5. Soweit nicht gesetzlich eine kürzere Verjährungsfrist gilt, verjähren die Ansprüche gegen den beauftragten Rechtsanwalt zwei Jahre nach Beendigung des Auftrages.
6. Die Korrespondenzsprache mit ausländischen Auftraggebern ist deutsch. Die Haftung für Übersetzungsfehler wird ausgeschlossen.
7. Erfüllungsort ist der Ort der Kanzlei des Anwalts.
8. Für alle Ansprüche aus dem der Vollmacht zugrunde liegenden Rechtsverhältnis, die im Wege des Mahnverfahrens geltend gemacht werden, wird der Ort der Kanzlei des beauftragten Rechtsanwalts als Gerichtsstand vereinbart.

............, den

Unterschrift

III. Tätigkeit des Verteidigers im Ermittlungsverfahren

1. Tätigkeit vor Einleitung eines Ermittlungsverfahrens

Noch bevor ein Ermittlungsverfahren eingeleitet wurde kann die Tätigkeit des Strafverteidigers beginnen.[68]   **29**

Vor Begehung einer Straftat kann die Tätigkeit des Anwalts in beratender Funktion bestehen. Insofern gilt, dass »der Verteidiger bei der Information und Beratung des Mandanten keiner Beschränkung unterliegt, soweit er zur Erfüllung seiner Verteidigungsaufgaben mit rechtlich erlaubten Mitteln handelt«.[69]

Dieser Grundsatz gilt jedoch nicht ausnahmslos. Der Verteidiger hat eine Beratung abzulehnen, wenn er weiß, dass der Mandant sie zur Grundlage eines strafrechtlich verbotenen Verhaltens zu machen beabsichtigt.[70]   **30**

Die Freiheit der Beratung findet ihre Grenzen selbstredend in den allgemeinen Gesetzen. Nur bei Beachtung der Gesetze liegt nämlich eine »Erfüllung der Verteidigungsaufgaben mit rechtlich erlaubten Mitteln« vor.

Mit anderen Worten darf der Verteidiger sich durch seine Tätigkeit selbst nicht strafbar machen (zB §§ 257, 258, 356 StGB) und sonst gegen ein »Betätigungsverbot« (§§ 137 I 2, 146, 146 a StPO; §§ 43 a, 45 BRAO; § 3 BO-RA) verstoßen.

---

67 Nach Weihrauch Ermittlungsverfahren Rn 23
68 Vgl zu dem Themenkreis der sog Präventivverteidigung Weihrauch, Präventivverteidigung, in: Schriftenreihe der Arbeitsgemeinschaften des DAV/AG Strafrecht, Bd. 5, 29 ff, 31 ff
69 Strafrechtsausschuss der Bundesrechtsanwaltskammer, Thesen zur Strafverteidigung, 1992, These 22
70 Strafrechtsausschuss der Bundesrechtsanwaltskammer, Thesen zur Strafverteidigung, 1992, These 23

31 Das Problem der Abgrenzung des (noch) zulässigen von (schon) strafbaren Verteidigerverhalten würde den Umfang der Darstellung sprengen und kann hier nicht gelöst werden. In diesem Zusammenhang soll auf die umfangreiche Darstellung von *Beulke*[71] verwiesen werden. Es sei an dieser Stelle nur soviel angemerkt, dass prozessordnungsgemäßes Verhalten des Verteidigers *nie* die Schwelle zur Strafbarkeit überschreitet.[72]

2. Tätigkeiten im Innenverhältnis

32 Im Rahmen des ersten Gesprächs mit dem Mandanten hat der Verteidiger die persönlichen Daten jedenfalls soweit zu erfragen, als eine Auskunftpflicht des Mandanten nach § 111 OWiG besteht.

Insbesondere ist jedoch so schnell wie möglich die *prozessuale Situation* des Mandanten zu eruieren. Ist der Mandant Beschuldigter oder Zeuge? Die Beschuldigteneigenschaft kann durchaus problematisch zu bestimmen sein. Nach hM ist jedoch die Beschuldigteneigenschaft immer dann zu bejahen, wenn sich der Verfolgungswille der Strafverfolgungsbehörden nach außen erkennbar in einem Verfolgungsakt manifestiert.[73]

33 Nach der Rolle des Mandanten im Strafverfahren bemessen sich seine unterschiedlichen Rechte und Pflichten.

Ist die prozessuale Stellung des Mandanten nicht zu klären, empfiehlt sich ein »vorsichtiges« Telefongespräch mit dem polizeilichen oder staatsanwaltschaftlichen Sachbearbeiter. Hierbei ist aus Fürsorgegesichtspunkten darauf zu achten, dass sich der Anwalt – solange die Rolle seines Mandanten noch nicht geklärt ist – nicht als dessen »Verteidiger« ausgibt.[74]

34 Ist die prozessuale Situation geklärt, muss die *zeitliche Situation* des Mandanten abgeklärt werden. Es ist zu klären, ob zB eine Vorladung zu einem Termin bevorsteht, Erklärungsfristen ablaufen oder die Strafantragsfrist für eine Gegenanzeige (keine Wiedereinsetzung!) abläuft. Bei inhaftierten Mandanten ist zB der Ablauf der 6-Monatsfrist des § 121 StPO bzw der 3-Monatsfrist nach § 122 IV StPO zu beachten.

35 Um jedoch den Mandanten in all diesen Fragen umfassend beraten und möglicherweise Eilentscheidungen treffen zu können, hat der Verteidiger den Sachverhalt vollumfänglich zu erheben. Dabei hat er sich nicht nur auf den Kernsachverhalt zu beschränken, sondern auf sämtliche für das Verfahren relevante Aspekte.

36 Der Verteidiger hat sich hierbei sämtlicher Informationsquellen zu bedienen. Ist der Mandant bereits im Besitz einer Anklage, eines Strafbefehls oder eines Urteils, hat der Verteidiger eine erste »objektive« Informationsquelle zur Hand.

---

71 Beulke Strafbarkeit, passim; vgl auch Köllner Teil A Rn 46 ff; Formularbuch-Hassemer I
72 BGHSt 29, 99, 107; 38, 345, 349 ff; BGH StV 2000, 427 ff; so auch Burhoff Ermittlungsverfahren Rn 1924; Dahs Taschenbuch Rn 36; Ignor, Zur Rechtsstellung und zu den Aufgaben des Strafverteidigers, in: Duttge [Hrsg] Freiheit und Verantwortung in schwieriger Zeit, 39 ff, 42; vgl zu den mit der **Geldwäsche** (§ 261 StGB zusammenhängenden Fragen Köllner Teil A Rn 47 ff; BVerfG StV 2004, 254 ff = StraFo 2004, 162 ff m Anm Wohlers JZ 2004, 670 ff; Dahs/Krause/Widmaier NStZ 2004, 261
73 Vgl zur Beschuldigteneigenschaft Beulke StV 1990, 181; LR-Rieß § 163 a Rn 9; AK-StPO-Schöch § 157 Rn 2
74 Weihrauch Ermittlungsverfahren Rn 27: »um nicht schlafende Hunde zu wecken«

Bei inhaftierten Mandanten sollte der Verteidiger darauf drängen, dass der Mandant den Haftbefehl und alles Schriftliche mit ins Anwaltsbesprechungszimmer nimmt. Ggf muss der Mandant nochmals auf seine Zelle geführt werden, damit er den Haftbefehl und andere Schriftstücke holen kann. Die Informationen im Haftbefehl zum dringenden Tatverdacht und zu dem angenommenen Haftgrund iSd §§ 112, 112 a StPO sind für den Verteidiger erste, wichtige Anhaltspunkte für seine Tätigkeit und Beratung.

Bei der Sachverhaltsschilderung durch den Mandanten sollte sich der Verteidiger **37** *Notizen* machen. Diese Notizen sollten sicherlich nicht in der Ausführlichkeit eines polizeilichen Vernehmungsprotokolles erfolgen. Der Mandant sollte – nachdem es gerade in den ersten Gespräch gilt Vertrauen aufzubauen – die Gewissheit haben, dass der Verteidiger seine Belange ernst nimmt und sich zu diesem Zwecke die wichtigsten Eckpunkte notiert.[75] Ein »Wortprotokoll« sollte schon deswegen nicht erstellt werden, um dem Mandanten nicht das Gefühl zu geben, er könne bereits nach diesem ersten Gespräch »nicht mehr zurück«.

In jedem Fall empfiehlt es sich, nach dem Gespräch die »Aussage« des Mandanten ausführlicher durch ein **Gedächtnisprotokoll** festzuhalten, um später die »Aussagekonstanz« des Mandanten überprüfen zu können.

Die Frage, ob bei diesem Gespräch mit dem Mandanten weitere Personen anwe- **38** send sein sollten, ist durch den Verteidiger sorgfältig abzuwägen. Hierbei ist zu berücksichtigen, ob Freunde und/oder Bekannte vielleicht auch »etwas mit der Sache zu tun haben«. In jedem Fall kommen diese Personen als Zeugen in Betracht. Insofern ist »Vorsicht geboten« und der Mandant über diese Problematik zu belehren. Im Zweifel sollte man mit dem Mandanten alleine sprechen.

a) Abklärung der Mandantenziele

Es gilt hier nunmehr die Ziele des Mandanten zu erfragen. Oftmals sind gerade **39** diese schwer zu ermitteln, da wenig Informationen vorliegen und der Mandant über das, »was auf ihn zukommt« gänzlich im Unklaren ist.

Unumstößliche Aussagen sind selbstredend zu diesem Zeitpunkt des Verfahrens nicht möglich. Zumindest kann der Verteidiger jedoch schon in diesem Stadium dem Mandanten die (berufs-)rechtlichen und prozessualen Möglichkeiten, aber auch Schranken aufzeigen.[76] Ferner sollte dem Mandanten, der natürlich auch Fürsprache erwartet, die prozessuale Situation nicht nur in düstersten Farben geschildert werden, sondern auch Hoffnung gemacht werden.[77]

Dem Mandanten sollte im Wege eines kurzen »briefings« das Wesen und der ge- **40** wöhnliche Verlauf eines Strafverfahrens erklärt werden. Hierbei sind auch Fehlvorstellungen über die Tätigkeiten des Verteidigers auszuräumen. Strafrechtliche und berufsrechtliche Grenzen der Strafverteidigung sind kurz zu skizzieren. Der häufig anzutreffenden Fehlvorstellung, dass der Verteidiger im Verfahren an keine Grenzen gebunden ist, ist mit Nachdruck zu widersprechen. Der Mandant ist oft der Auffassung, dass der Verteidiger ihm bei der »Ausgestaltung der Lüge auf dem Weg

---

75 So auch Weihrauch Ermittlungsverfahren Rn 52
76 Weihrauch Ermittlungsverfahren Rn 29
77 Auf diesen wichtigen Gesichtspunkt weist Weihrauch Ermittlungsverfahren Rn 29, hin

zu Freispruch« behilflich zu sein hat. Hier sollte ein kurzer Hinweis auf den Satz von *Dahs*[78] erfolgen:

»Alles, was der Verteidiger sagt, muss wahr sein, aber er darf nicht alles sagen, was wahr ist.«

Diese Verpflichtung des Rechtsanwaltes zur Wahrheit hat auch in These 19 der Thesen zur Strafverteidigung des Strafrechtsausschusses der Bundesrechtsanwaltskammer Niederschlag gefunden und ist wohl hM.[79]

41   Bei inhaftierten Mandanten sollten die straf- und standesrechtlichen Grenzen sowie die Reichweite des § 115 OWiG dargestellt werden um die »Spielregeln« direkt festzulegen.

Immer wieder kommen Anfragen, ob man »nicht den Brief an die Ehefrau mitnehmen könne, da die Briefkontrolle ansonsten so lange dauern würde« oder aber, ob man »beim nächsten Besuch nicht eine Packung der XY-Zigaretten mitbringen könne«. Beides sind Verstöße gegen das »Verteidigerprivileg« und sollten strikt zurückgewiesen werden. Ein kurzer Hinweis darauf, dass man nicht zu der Spezies der »schwarzen Schafe« gehöre, wird von den Mandanten verstanden und respektiert. Insbesondere wenn dem Mandanten erklärt wird, dass man als Verteidiger auf der anderen Seite in den aufgezeigten Grenzen bedingungslos für die Rechte und Ziele des Mandanten kämpfen wird. Hier ist ein Hinweis auf die (strafbewährte) Vertraulichkeit, Schweige-, Treue- und Fürsorgepflicht angebracht.[80]

Zudem ist dem Mandanten das Gefühl zu vermitteln, dass der Verteidiger den Fall ernst nimmt und gerade dieser Fall zu dem »Fall seines Lebens«[81] werden wird. Es wird von den Mandanten honoriert – und hierin liegt auch zum Teil das »Geheimnis erfolgreicher Strafverteidigung« –, wenn der Verteidiger dem Fall nicht gleichgültig sondern engagiert gegenübersteht.

b)   Hinweis auf Aussageverweigerungsrecht und Schweigegebot

42   Abgesehen von einigen »Stammkunden« sind die Mandanten erstmalig mit einem Ermittlungsverfahren konfrontiert. Aufgrund der damit verbundenen Unerfahrenheit im Umgang mit den Strafverfolgungsbehörden und den in der Bevölkerung bestehenden Fehlinformationen sind die Mandanten – zumindest in diesem Stadium, da man noch keine Aktenkenntnis hat – auf das Aussageverweigerungsrecht eines jeden Beschuldigten hinzuweisen.

43   Der Mandant wird in diesem Rahmen sicherlich die Frage stellen, ob nicht sein Schweigen gegen ihn ausgelegt werden wird. Hier sollte ihm kurz die Problematik des sog Teilschweigens ausgebreitet werden[82] und ihm dann erklärt werden, dass aus seinem Totalschweigen für ihn keine negativen Schlüsse gezogen werden dürfen.[83]

44   Auch diese Erklärung wird den Mandanten nicht in jedem Fall zufriedenstellen. Die Frage des Schweigens oder einer eventuellen Einlassung soll bewusst von dem

---

78 Dahs Handbuch Rn 48
79 Soweit ersichtlich tritt lediglich Ostendorf NJW 1978, 1345, 1347, für ein *Recht* des Verteidigers auf Lüge ein
80 Weihrauch Ermittlungsverfahren Rn 32
81 Weihrauch Ermittlungsverfahren Rn 32
82 Vgl hierzu Meyer-Goßner § 261 Rn 17
83 Meyer-Goßner § 261 Rn 16 mwN; vgl ferner KK-Engelhardt § 261 Rn 39; instruktiv zur Problematik des Schweigens Schmidt-Leichner NJW 1966, 189 ff

Ergebnis der Akteneinsicht abhängig gemacht werden. Um sich mit Blick auf die Problematik des Teilschweigens jedoch nicht den Weg schon zu einem frühen Zeitpunkt zu verbauen, sollte mit dem Mandanten (zumindest) bis zur erfolgten Akteneinsicht das »Totalschweigen« vereinbart werden. Es gilt hier dem unerfahrenen Mandanten das Rückgrat zu stärken und ihn auf mögliche »Vernehmungssituationen« und Praktiken der Strafverfolgungsbehörden hinzuweisen. Um ihm hier die »Angst« zu nehmen ist ihm zu vergegenwärtigen, dass er auch in solchen Situationen ein **Recht auf Anwaltskonsultation** hat und dieses in jedem Fall durchsetzen sollte.

c) Ausnahmen vom grundsätzlichen Schweigegebot

Von dem Grundsatz, ohne Akteneinsicht keine Aussage zu machen, gibt es selbstredend Ausnahmen. **45**

Hat der Mandant bereits bei der Polizei, der StA oder dem Ermittlungsrichter Angaben zur Sache gemacht, jedoch aus (Rechts-)Unkenntnis, Angst oder Nervosität versäumt auf **entlastende Umstände** hinzuweisen, so sind diese Lücken frühzeitig zu schließen.[84]

Hat der Verteidiger erfahren, dass gegen den Mandanten ein Haftbefehl wegen Verdunkelungsgefahr besteht oder dass ein solcher nach der Sachlage drohen könnte, ist mit der StA Kontakt aufzunehmen und die Frage **einer Einlassung oder zumindest Teileinlassung** des Mandanten »gegen« **Haftverschonung** zu diskutieren und auszuloten.[85] Dieses Vorgehen wird in geeigneten Fällen bei der StA naturgemäß auf Gegenliebe stoßen, da die Strafverfolgungsbehörden so zu einem »schnellen Ergebnis« kommen. Der Verteidiger gelangt jedoch gerade in diesen Fällen in ein Dilemma. Der Mandant möchte die (weitere) Haft in jedem Fall vermeiden. Im Rahmen der Verteidigung bedeutet ein Geständnis jedoch den »point of no return«! Über die Folgen eines Geständnisses ist der Mandant in jedem Fall durch den Verteidiger zu belehren.[86]

Im Steuerstrafverfahren ist die Möglichkeit einer strafbefreienden steuerrechtlichen **Selbstanzeige** gem § 371 AO zu überprüfen.[87] Hier ist ggf Eile geboten, da die strafbefreiende Wirkung der Selbstanzeige nur so lange besteht, solange die Tatsache, dass ein Ermittlungsverfahren eingeleitet worden ist, dem Beschuldigten oder seinem Vertreter noch nicht bekannt gegeben worden ist (§ 371 II Nr. 1 b AO).[88] **46**

d) Geständnis

Nur in wenigen Fällen sollte der Grundsatz des Totalschweigens vor Akteneinsicht zugunsten eines **Geständnisses** durchbrochen werden. Gillmeister[89] warnt zu Recht vor einem »Geständniswettlauf«. Es gibt keinerlei empirische Untersuchungen, die belegen, dass ein »späteres« Geständnis – unter dem Druck der Beweislast – durch das erkennende Gericht (!) weniger gewürdigt wird als ein (voreiliges) Geständnis **47**

---

84 Die Notwehrlage, die erst in der Hauptverhandlung geltend gemacht wird, wird – zumindest im Unterbewusstsein – als Schutzbehauptung abgetan
85 Vgl allg zu den apokryphen Haftgründen Schlothauer/Weider Rn 633 ff; insbes zum Haftgrund der »Förderung der Geständnisbereitschaft« Rn 637 ff
86 Ebenso Schlothauer/Weider Rn 637
87 Vgl hierzu Hardtke Teil E Kap 3
88 Vgl zu den »Sperren« der Strafbefreiung Streck StraFo 1996, 112, 113 f
89 Strafverteidigung-Gillmeister § 4 Rn 85

ohne Akteneinsicht.[90] Vielmehr gilt es in geeigneten Fällen hier die Sachlage genau zu prüfen und den Mandanten über die Folgen eines frühen Geständnisses genauestens zu belehren und zu beraten. Geeignete Fälle liegen ua dann vor, wenn mehrere tatbeteiligte Beschuldigte aussagebereit sind. Hier wird in der Regel das erste – ggf »überschießende« – Geständnis (vgl § 31 BtMG) bei der Strafzumessung honoriert.[91]

48   Die Möglichkeit einer geständigen Einlassung besteht selbstredend auch nach erfolgter Akteneinsicht und erst dann ist die Verteidigung in der Lage – ausgehend vom ermittelten Sachverhalt – diejenigen Punkte aufzuklären, die von Seiten der Strafverfolgungsbehörden »benötigt werden« um ggf das Verfahren nach §§ 153, 153 a StPO einzustellen. Erst dann ist dem Verteidiger eine geeignete Verfahrensprognose anhand des Aktenmaterials möglich.

49   Diese Vorgehensweise hat in jedem Fall den Vorteil, dass der Mandant nicht frühzeitig den Strafverfolgungsbehörden gegenüber seinen Tatbeitrag einräumt, obwohl dieser nicht beweisbar gewesen ist. Erst nach erfolgter Akteneinsicht kann der Verteidiger beurteilen, ob ggf die Straftat nicht nachweisbar ist. In diesem Fall wäre ein frühes Geständnis ein grober »Kunstfehler« gewesen, nachdem der Verteidiger an einer Mitwirkung zur Ahndung trotz Schuld des Mandanten nicht verpflichtet und auch nicht berechtigt ist.

50   Hat sich der Mandant zu einem Geständnis entschieden, ist mit ihm das weitere Vorgehen zu besprechen. Es bietet sich das Geständnis mittels Schriftsatz durch den Verteidiger an. Umfassender und »direkter« ist jedoch die Vernehmung durch den Sachbearbeiter bei der Polizei oder StA. Für den Fall einer Beschuldigtenvernehmung sollte der Verteidiger grds in jedem Fall anwesend sein.[92] Die Anwesenheit ist dem Verteidiger zu gestatten (vgl §§ 163 a III 2 iVm 168 c V 3 StPO).

e) Ladung zur Vernehmung

51   Viele Mandanten erscheinen in der Kanzlei mit einer **Ladung zur (polizeilichen) Vernehmung** und wollen vom Anwalt wissen, ob sie einer solchen Ladung Folge zu leisten haben. Hier ist zu differenzieren. Handelt es sich um eine Vorladung zur polizeilichen Vernehmung, muss der Beschuldigte nicht erscheinen. Eine Vorführung wäre in einem solchen Fall unzulässig.[93] Zu einer staatsanwaltschaftlichen (vgl § 163 a III 1 StPO) und ermittlungsrichterlichen (§ 133 II StPO) Vernehmung hat der Beschuldigte – will er seine zwangsweise Vorführung verhindern – zu erscheinen. Der Beschuldigte ist in beiden Fällen zum Erscheinen auch verpflichtet, wenn er von seinem Recht, nicht zur Sache auszusagen, Gebrauch machen will.[94]

3. Tätigkeiten im Außenverhältnis

52   Steht die Beschuldigteneigenschaft (zur Problematik der »voreiligen Aktivität« oben Rn 47 ff) des Mandanten fest, hat sich der Verteidiger gegenüber den Strafverfolgungsbehörden zu bestellen und zu versuchen weitere Informationen, dh Akteneinsicht zu erlangen.

---

90 AA augenscheinlich Weihrauch Ermittlungsverfahren Rn 40
91 So auch Strafverteidigung-Gillmeister § 4 Rn 85; ausführlich zu § 31 BtMG Wächtler Teil E Kap 3 Rn 37 ff
92 Weihrauch Ermittlungsverfahren Rn 40
93 LR-Rieß § 163 a Rn 73
94 Meyer-Goßner § 133 Rn 5 (richterliche Vernehmung); KK-Wache § 163 a Rn 15 (staatsanwaltschaftliche Vernehmung)

Art und insbesondere Inhalt des **Bestellungsschreibens** richten sich nach dem Stand des Verfahrens.

Ist das Verfahren noch bei der *Polizei* anhängig, könnte ein Bestellungsschreiben wie folgt gefasst werden:

Klaus Mustermann
– Rechtsanwalt –
Musterstr. 11
56789 Musterstadt

Kriminalpolizei Regensburg

– K 1 –

Bajuwarenstraße 2
93053 Regensburg

Musterstadt, den 21. 11. 2005

Tagebuch-Nr. 3300 – 000815 – 97

Sehr geehrte Damen, sehr geehrte Herren,

unter Vollmachtsvorlage zeige ich an, dass mich Herr **Willy Müller** in og Sache mit seiner anwaltlichen Vertretung beauftragt hat.

Mein Mandant wird – auf mein Anraten hin – zum momentanen Zeitpunkt von seinem Recht zu Schweigen Gebrauch machen. Er wird deswegen nicht zu der anberaumten Vernehmung erscheinen.[95] Seine Personalien gemäß § 111 OWiG gebe ich – sofern noch nicht bekannt – wie folgt bekannt:

(...)

Es wird im Übrigen gebeten von weiteren Vernehmungsversuchen Abstand zu nehmen.

Ferner wird gegenüber der Staatsanwaltschaft höflichst um

vollständige Akteneinsicht

ersucht.

Es wird gebeten die Akten der zuständigen Staatsanwaltschaft zur Entscheidung über das Akteneinsichtsgesuch vorzulegen.

Nach erfolgter Akteneinsicht wird ggf eine schriftliche Stellungnahme gemäß §§ 163a, 136 StPO abgegeben, die an Stelle einer polizeilichen, staatsanwaltschaftlichen oder richterlichen Vernehmung treten soll.

Mit freundlichen Grüßen

Rechtsanwalt

Hinsichtlich des Antrags auf Akteneinsicht ist zu berücksichtigen, dass im Ermittlungsverfahren ausschließlich die StA über die Gewährung von Akteneinsicht zu befinden hat (vgl § 147 V StPO, Nr. 183 lit a RiStBV). Polizeibehörden sind nicht befugt (ohne Zustimmung der StA) Akteneinsicht zu gewähren.[96] Dieses gilt auch für Niederschriften und schriftliche Äußerungen des Beschuldigten, Unfall- und Tatortskizzen oder -aufnahmen.[97]

53

---

95 Diesen Hinweis selbstredend nur, sofern der Mandant bereits zu einem Vernehmungstermin geladen wurde
96 LR-Lüderssen § 147 Rn 148; Burhoff Ermittlungsverfahren Rn 55
97 Meyer-Goßner § 147 Rn 15

Mithin ist die Polizei nicht der »richtige Ansprechpartner« für die Gewährung von Akteneinsicht. Jedoch ist es nicht unzulässig bereits im Bestellungsschreiben an die Polizei Akteneinsicht durch die StA zu beantragen.[98] Hierbei ist jedoch deutlich zu machen, dass es sich um einen Antrag gegenüber der StA handelt. Die Polizei hat den Antrag auf Akteneinsicht in jedem Fall an die StA weiterzuleiten.[99]

54   Ist das Ermittlungsverfahren bereits bei der *StA* anhängig, könnte folgender Text für das Bestellungsschreiben gewählt werden:

Klaus Mustermann
– Rechtsanwalt –
Musterstr. 11
56789 Musterstadt

Staatsanwaltschaft Regensburg

Kumpfmühler Straße 4
93047 Regensburg

Musterstadt, den 21. 11. 2005

Az. 66 Js 0815/97

In dem Ermittlungsverfahren

gegen

Müller, Willy

wegen des Verdachts des Diebstahls

zeige ich unter Vollmachtsvorlage an, dass mich Herr Willy Müller mit seiner Verteidigung beauftragt hat.

Es wird höflichst um

vollständige Akteneinsicht

ersucht.

Es wird gebeten die Akten an die Kanzleiadresse zu übersenden.

Herr Müller wird – auf mein Anraten hin – zum momentanen Zeitpunkt keine Angaben zur Sache machen.[100] Es wird deswegen gebeten von (weiteren) Vernehmungsversuchen Abstand zu nehmen.

Nach erfolgter Akteneinsicht wird ggf eine schriftliche Erklärung abgegeben werden, die gemäß §§ 163 a, 136 StPO an die Stelle einer polizeilichen, staatsanwaltschaftlichen oder richterlichen Vernehmung treten soll.

Rechtsanwalt

55   Sind Aktenzeichen oder Dienststelle unbekannt, ist eine schnelle Zuordnung und damit auch eine schnelle Erledigung des Bestellungschreibens bei den Strafverfolgungsbehörden erschwert. Das Bestellungsschreiben sollte auf gar keinen Fall »auf Verdacht« geschrieben werden. Der Verteidiger sollte hier selbst telefonisch Aktenzeichen und Dienststelle, sowie den Sachbearbeiter ausfindig machen.

56   Zudem bringt schon diese erste Kontaktaufnahme teilweise interessante Informationen. Oft wird man zum Sachbearbeiter durchgestellt und der (Vertrauen genie-

---

98 Burhoff Ermittlungsverfahren Rn 55
99 Burhoff Ermittlungsverfahren Rn 55
100 Ist der Mandant bereits zu einer Vernehmung vorgeladen, sollte die Aufhebung des Termins beantragt werden

ßende) Verteidiger erhält schon Hinweise zum Ermittlungsstand und Verdachtsmomenten. Auch wenn in der Sache selbst bei diesem ersten Telefonat noch keine Informationen fließen, so ist doch den Strafverfolgungsbehörden schon in diesem Stadium bekannt, dass der Beschuldigte einen Verteidiger gewählt hat und wer dieser ist.[101]

Der Verteidiger sollte bei diesen Gesprächen immer ausnahmslos vertraulich vorgehen. Er sollte aus diesem Grund auch die Gespräche nie in Gegenwart des Mandanten führen.[102]

Bereits mit dem Bestellungsschreiben an die StA sollte der Rechtsanwalt Akteneinsicht beantragen. Die Ermittlungsakte ist das wichtigste Informationsmittel des Verteidigers und er muss alles daransetzen die Akte so schnell wie möglich zu erlangen. Der Verteidiger hat ein **Recht auf Akteneinsicht** gem § 147 I StPO. Das Akteneinsichtsrecht ist – neben dem Beweisantrags- und Schweigerecht – ein Kernstück der Verteidigung, ausfließend aus den verfassungsrechtlich verbürgten Rechten auf rechtliches Gehör und ein faires Verfahren.[103] Mit Gewährung von Akteneinsicht kommt die StA ihrer Verpflichtung aus § 147 I StPO nach. Hieraus jedoch herzuleiten, dass man im Bestellungsschreiben nicht um Akteneinsicht bitten sollte,[104] geht zu weit. Die Diktion ist insofern reine Geschmacksache.

57

Vielmehr ist der Ton bei **unzulässiger Versagung von Akteneinsicht** mit Hinweis auf § 147 StPO dann lieber zu verschärfen.

In jedem Fall sollte man solche Floskeln »umgehende Rückgabe sichere ich ausdrücklich zu« und »Akteneinsicht für einen Tag« unterlassen. Ersteres, weil diese Aussage eine Selbstverständlichkeit ist und zweitere, um hier nicht der staatsanwaltschaftlichen Praxis – unzumutbar kurze Fristen zu setzen – Vorschub zu leisten.[105]

58

IV. Informationsverschaffung durch den Verteidiger

Der Verteidiger muss – um eine sinnvolle Verteidigungsstrategie aufbauen zu können – wissen, wessen sein Mandant beschuldigt wird, welche Beweismittel gegen ihn vorliegen und von welcher Beweisqualität die Beweismittel der StA sind. Um diese Informationen zu erlangen stehen dem Verteidiger mehrere Möglichkeiten der **Informationsverschaffung** offen. Der Mandant fungiert – auch über das erste Informationsgespräch hinaus – als originäres Informationsmittel für den Verteidiger. Darüber hinaus eröffnen Akteneinsicht in die Ermittlungsakte, eigene Ermittlungstätigkeit[106] und Gespräche mit den Strafverfolgungsbehörden weitere wesentliche Informationsquellen für den Verteidiger.

59

---

101 Weihrauch Ermittlungsverfahren Rn 51
102 Dahs Handbuch Rn 145; aA Weihrauch Ermittlungsverfahren Rn 51
103 Burhoff Ermittlungsverfahren Rn 59; LR-Lüderssen § 147 Rn 1 mwN
104 So jedoch Weihrauch Ermittlungsverfahren Rn 48
105 Weihrauch Ermittlungsverfahren Rn 48
106 Nachdem der »ermittelnde Strafverteidiger« nicht den Strafverfolgungsbehörden angehört und mithin – abgesehen von § 127 I StPO – auch keinerlei Zwangsbefugnisse auf seiner Seite hat, wird teilweise gefordert bei diesen Tätigkeiten von Privatpersonen von »Erhebungen« anstatt von »Ermittlungen« zu sprechen; vgl Strafrechtsausschuss der Bundesrechtsanwaltskammer Thesen zur Strafverteidigung, 53. Zur Vermeidung einer unnötigen Begriffsvielfalt soll hier jedoch weiterhin von eigenen Ermittlungen des Strafverteidigers gesprochen werden

1.　Akteneinsicht

60　Die Einwirkungsmöglichkeiten des Verteidigers im Ermittlungsverfahren sind begrenzt. Wichtigste und auch schneidigste Waffe des Verteidigers im Ermittlungsverfahren sind das Aussageverweigerungsrecht des Beschuldigten und das **Akteneinsichtsrecht**.[107] Der Verteidiger braucht zur sachgerechten Verteidigung seines Mandanten Kenntnis über die genauen Vorwürfe, die von Seiten der StA erhoben werden und worauf sich der gegen den Beschuldigten gerichtete Vorwurf stützt.[108] Diese Informationen für eine sachgerechte Verteidigung lassen sich lediglich aus der Ermittlungsakte erlangen. Ohne Akteneinsicht kann eine erfolgreiche Verteidigung nicht aufgebaut werden.[109]

Die zwingende Notwendigkeit von Akteneinsicht für eine erfolgreiche Strafverteidigung ist selbstverständlich der StA bekannt. Gerade deswegen (?) wird Akteneinsicht häufig nur unzureichend oder viel zu spät gewährt.[110]

61　Um sich schlagkräftig gegen die **Versagung von Akteneinsicht** zur Wehr zu setzen sind fundierte Kenntnisse im Bereich des Akteneinsichts*rechts* und der Durchsetzbarkeit für eine erfolgreiche Strafverteidigung im Ermittlungsverfahren erforderlich.

Grundsätzlich gilt die Regel:

Ohne Akteneinsicht gibt es keine Einlassung des Mandanten oder eine Stellungnahme des Verteidigers.[111]

62　Von diesem Grundsatz gibt es *Ausnahmen*:

Auf Akteneinsicht vor Abgabe einer Einlassung oder Stellungnahme kann uU dann verzichtet werden, wenn der Beschuldigte ein Geständnis ablegen oder eine Selbstanzeige machen möchte.[112] Ferner, wenn sich die Unschuld des Mandanten leicht durch ein Alibi oder Notwehr, belegen lässt.[113]

63　Diejenigen Akten, die dem Gericht vorliegen oder bei Anklageerhebung vorzulegen wären, darf der Verteidiger einsehen (§ 147 I StPO).[114] Eine Legaldefinition für den Begriff der »Akte« bietet das Gesetz nicht. Mithin besteht bzgl mancher Punkte Streit.

64　Die *Handakte des Staatsanwalts* und andere innerdienstliche Vorgänge sind von § 147 I StPO nicht erfasst (vgl Nr. 187 II RiStBV). Diesbezüglich besteht Einigkeit.[115]

65　Schon bei den sog *polizeilichen Spurenakten* weichen die Auffassungen voneinander ab. Während der überwiegende Teil des Schrifttums die Spurenakten den Hauptakten zuschlägt,[116] ordnet der BGH nur solche Spurenakten der Hauptakte zu – mit

---

107　Ebenso Weihrauch Ermittlungsverfahren Rn 55; Pfeiffer § 147 Rn 1
108　BGHSt 29, 102
109　Schlothauer Vorbereitung Rn 34 ff; Taschke StV 1993, 294; Weihrauch Ermittlungsverfahren Rn 55
110　Ebenso Taschke StV 1993, 294
111　Burhoff Ermittlungsverfahren Rn 62; Weihrauch Ermittlungsverfahren Rn 56
112　Weihrauch Ermittlungsverfahren Rn 57
113　Burhoff Ermittlungsverfahren Rn 62; Weihrauch Ermittlungsverfahren Rn 57
114　Meyer-Goßner § 147 Rn 13; BGH StV 1988, 193, 194
115　Vgl nur Kleinknecht, Die Handakte der Staatsanwaltschaft, FS für Dreher [1977], 721 ff
116　Vgl hierzu Beulke, Das Einsichtsrecht des Strafverteidigers in die polizeilichen Spurenakten, FS für Dünnebier [1982], 285, 287; Meyer-Goßner § 147 Rn 18 mN

der Konsequenz, dass die Verteidigung ein Akteneinsichtsrecht hat –, die schuld-spruch- oder rechtsfolgenrelevant sind.[117] Die Entscheidung hierüber soll nach Auffassung des BGH der StA obliegen.[118]

Diese Auffassung ist selbstredend für den Strafverteidiger von schlechtem Trost. Im Ermittlungsverfahren sind Mitwirkungs- und Einwirkungsrechte der Verteidigung auf das (Vor-) Verfahren »dünn gesät«. Der Verteidiger hat hier wiederum eventuelle weitere Ermittlungsansätze der Strafverfolgungsbehörden, die seinen Mandanten entlasten könnten, in einem persönlichen Gespräch zum ermittelnden Staatsanwalt oder dem leitenden Polizeibeamten zu eruieren.[119] Das »informelle Programm« wirkt auch hier oft Wunder. **66**

Zu den Akten zu zählen sind sämtlichen Schriftstücke, Bild- und/oder Tonaufnahmen, welche für den Schuld- oder Rechtsfolgenausspruch relevant werden könnten (Grundsatz der Aktenvollständigkeit). **67**

Mithin sind Akten im Sinne von § 147 StPO auch *Beiakten*[120] und *Strafregisterauszüge*.[121] Letzteres ergibt sich zudem schon aus Nr. 187 III RiStBV. Ferner Bild- und Tonaufnahmen,[122] beigezogene Akten anderer Behörden und Gerichte, Unterlagen betreffend der Untersuchungshaft,[123] Dateien, Computerausdrucke, Videoaufzeichnungen[124] und TÜ-Protokolle.[125]

Die zügige Erlangung von Informationen im Ermittlungsverfahren durch den Verteidiger ist für eine sinnvolle Verteidigung unerlässlich. Der Verteidiger wird mithin bemüht sein die Akten schnellstmöglich zu erlangen. **68**

Das Recht auf Akteneinsicht gem § 147 I StPO besteht bereits mit Eintritt der Beschuldigteneigenschaft.[126] Der *Zeitpunkt der Gewährung der Akteneinsicht* kann jedoch durch die Strafverfolgungsbehörden unter bestimmten Umständen verzögert werden. **69**

Die StA[127] kann im Ermittlungsverfahren unter den Voraussetzungen des § 147 II StPO die Gewährung von Akteneinsicht verweigern. Sofern der Abschluss der Ermittlungen noch nicht vermerkt ist, kann eine vollständige oder auch eine Teil-Akteneinsicht verweigert werden, wenn durch die Gewährung der Akteneinsicht der Untersuchungszweck gefährdet werden könnte. Eine konkrete Gefährdung des Untersuchungszwecks soll § 147 II StPO nicht erfordern.[128] Diese Auffassung verkennt jedoch die Bedeutung des Akteneinsichtsrechts und des Anspruchs auf rechtliches Gehör bereits im Ermittlungsverfahren. Die Versagung von Akteneinsicht

---

117 BGHSt 30, 131 ff; BVerfG StV 1983, 177; Meyer-Goßner § 147 Rn 18; hiergegen überzeugend AK-StPO-Stern § 147 StPO Rn 20
118 BGHSt 30, 131, 139
119 Ebenso Weihrauch Ermittlungsverfahren Rn 59
120 LR-Lüderssen § 147 Rn 66
121 BVerfG NStZ 1983, 131
122 Vgl hierzu LG Bonn StV 1995, 632
123 BGHSt 37, 204
124 BayObLG NJW 1991, 1070; vgl zum Akteneinsichtsrecht in die Video-Aufzeichnungen von Zeugenvernehmungen nach § 58 a StPO, Schlothauer StV 1999, 47, 48
125 BGHSt 36, 305
126 Hiebl Ausgewählte Probleme des Akteneinsichtsrechts nach § 147 StPO, 1994, 147; Mehle/Hiebl StV 1995, 571, 572
127 Es wurde bereits darauf hingewiesen, dass im Ermittlungsverfahren gem § 147 V StPO die Staatsanwaltschaft alleine über die Gewährung von Akteneinsicht zu befinden hat
128 Meyer-Goßner § 147 Rn 25; es soll jedoch eine nur vage und entfernte Möglichkeit der Gefährdung nicht ausreichen

nach § 147 II StPO ist nur dann rechtsfehlerfrei, wenn konkrete Anhaltspunkte vorliegen, die objektiv geeignet erscheinen den Untersuchungszweck zu gefährden.[129]

70 Die Neigung vieler StAe Akteneinsicht erst spät im Ermittlungsverfahren oder vor Abschluss der Ermittlungen gar nicht zu gewähren wird durch die Rechtsprechung des BVerfG genährt. In ständiger Rechtsprechung führt das BVerfG zwar aus, dass das Akteneinsichtsrecht des § 147 StPO eine Konkretisierung des Anspruchs auf rechtliches Gehör aus Art. 103 I GG darstellt.[130] Jedoch soll nach Auffassung des BVerfG dieser Anspruch dem Verteidiger des Beschuldigten erst nach Abschluss der Ermittlungen (§ 169 a StPO) »in vollem Umfang« zu stehen.[131] Die Möglichkeit der Verweigerung von Akteneinsicht nach § 147 II StPO sei von Verfassungs wegen nicht zu beanstanden, da das Ermittlungsverfahren der Verdachtsklärung diene und deshalb nicht von Anfang an »offen« – unter Offenlegung aller ermittelten Tatsachen – geführt werden könne.[132] Die »zentralen Anliegen des Strafverfahrens«, nämlich Sachverhaltserforschung und Wahrheitsfindung, würden bei uneingeschränktem Akteneinsichtsrecht im Ermittlungsverfahren »sonst unerträglichen Erschwernissen und Verdunkelungsmöglichkeiten ausgesetzt«.[133]

71 Diese Einschätzung des BVerfG mag für wenige Ermittlungsverfahren gelten. In der Regel wird der Ermittlungserfolg durch Involvierung eines Verteidigers im Wege der Akteneinsicht weder erschwert noch durch Verdunkelungshandlungen vereitelt. Im Gegenteil ist die frühzeitige Einbeziehung des Verteidigers in vielen Fällen geeignet das Verfahren zu beschleunigen. Zu denken ist hier insbesondere an die Anbringung einer Verteidigungsschrift, »die den Sachverhalt klarstellt« und der StA die Möglichkeit eröffnet das Verfahren abzuschließen.

72 In keinem Fall rechtfertigt die Rechtsprechung des BVerfG die »flächendeckende Verweigerung von Akteneinsicht« gem § 147 II StPO. Hierauf sollte der Verteidiger hinweisen und sich insbesondere gegen floskelhafte Verweigerungen der Akteneinsicht wenden. Die Tatsache, dass »sich die Akten momentan zum Zwecke von Nachermittlungen bei der Kripo befinden« oder »die Originalakte versandt ist« ist keine Grund für die Versagung von Akteneinsicht. Hier hilft meistens ein Hinweis auf Nr. 12 II 1 RiStBV, wonach »in geeigneten Fällen Hilfs- oder Doppelakten anzulegen sind«.

73 Zumindest hat das BVerfG in seinem Beschluss vom 11. 07. 1994[134] die Stellung der Verteidigung für die Fälle der Untersuchungshaft gestärkt. Zwar hat das Gericht an seiner Haltung zum Akteneinsichtsrecht nicht gerüttelt;[135] jedoch hat das BVerfG dem Haftgericht auferlegt, für den Fall der vollständigen Verweigerung der Akteneinsicht durch die StA gem § 147 II StPO, diejenigen Tatsachen und Beweismittel

---

129 So auch Groh DRiZ 1985, 52
130 BVerfGE 18, 399, 405; 62, 338, 343; BVerfG StV 1994, 465, 466
131 BVerfG StV 1994, 465, 466
132 So ausdrücklich BVerfG StV 1994, 465, 466
133 BVerfG StV 1994, 465, 466
134 StV 1994, 465 ff = NJW 1994, 3219; vgl ferner Wankel Teil H Kap 1 Fn 4, 12 mwN
135 Eine Änderung der Rechtsprechung durch das BVerfG wäre hier im Zuge der »Lamy-Entscheidung« des EGMR – StV 1993, 283 – durchaus angezeigt gewesen. Der EGMR hatte in seiner Entscheidung einen Anspruch des Verteidigers auf Einsicht in alle Akten hergeleitet, die dem Haftrichter zum Zeitpunkt des Haftprüfungsantrags bzw der -beschwerde vorliegen. Vgl hierzu Zieger StV 1993, 320 ff. Drei neuere Entscheidungen des EGMR, Urteile v 13. 2. 2001 – 24479/94, 25116/94 u 23541/94 – StV 2001, 201 ff m Anm Kempf, zwingen nunmehr die StA, aber insbes auch die Obergerichte ihre Rechtsauffassung zu überprüfen. Insbes in Fällen der U-Haft muss dem Beschuldigten Akteneinsicht in die (vollständigen) Ermittlungsakten gewährt werden. Ansonsten ist Art. 5 IV EMRK verletzt; EGMR aaO m Anm Kempf

für Haftentscheidungen nicht zu verwerten, die aufgrund der Versagung von Akteneinsicht nicht zur Kenntnis des Beschuldigten gelangt sind. Mit der Konsequenz, dass ggf der Haftbefehl aufzuheben ist.

Wird auch – unter Hinweis auf den Beschluss des BVerfG – die Akteneinsicht versagt, sind die Rechtsschutzmöglichkeiten so gut wie aussichtslos.   **74**

Nach hM soll gegen die Versagung durch die StA ein förmliches Rechtsmittel nicht bestehen. Insbesondere soll der Weg über §§ 23 ff EGGVG nicht gangbar sein.[136]

Durch das StVÄG 1999[137] vom 2. 8. 2000 wurde das Akteneinsichtsrecht teilweise   **74 a**
neu geregelt, erweitert und vereinheitlicht.[138]

Durch die Neufassung von § 147 V StPO hat der Gesetzgeber erstmalig einen **Rechtsbehelf gegen die Versagung von Akteneinsicht** normiert.[139] Von besonderer Bedeutung ist hierbei, dass eine gerichtliche Entscheidung gem § 161 a III 2–4 StPO beantragt werden kann, wenn die StA der Verteidigung eines inhaftierten Beschuldigten Akteneinsicht verwehrt.[140] Ferner kann gerichtliche Entscheidung in den Fällen beantragt werden, in denen die StA die Akteneinsicht in die »privilegierten Aktenteile nach § 147 III StPO« verweigert.[141]

Beachtlich ist auch der neu eingefügte § 147 VII StPO, der dem unverteidigten Beschuldigten die Möglichkeit einräumt, Auskünfte und Abschriften aus den Akten zu erhalten.[142] Nach bisher geltendem Recht hatte der Beschuldigte keinen Anspruch Einsicht in die ihn betreffenden Verfahrensakten zu nehmen oder Auskunft daraus zu erhalten. Der Beschuldigte benötigte hierfür einen Rechtsanwalt.

2. Mandanteninformationen nach Akteneinsicht

Liegt die Ermittlungsakte der StA dann vor, sollte eine weitere Besprechung mit   **75**
dem Mandanten anhand der Akte stattfinden. Zur Vorbereitung der Besprechung ist es erforderlich, dass sowohl der Rechtsanwalt, aber auch der Mandant die Akte kennt.

Hierfür sollte dem Mandanten die Akte in Kopie[143] zur Verfügung gestellt werden.   **76**
Aktenkenntnis ist für eine Verteidigung unerlässlich und der Verteidiger ist zur In-

---

136 Meyer-Goßner NStZ 1982, 353 ff, 357 Rn 35 ff, eröffnet einen Überblick; BVerfG NJW 1985, 1019; 1994, 573; OLG Hamm NStZ 1984, 280; vgl zum (unzureichenden) Rechtsschutz bei Versagung von Akteneinsicht durch die StA nach §§ 147 V iVm 161 a III 2 – 4 StPO – eingeführt durch StVÄG 1999 – unten Rn 74 a; Schlothauer StV 2001, 192 ff
137 Gesetz zur Änderung und Ergänzung des Strafverfahrensrechts – Strafverfahrensänderungsgesetz 1999, BGBl I S 1253 ff
138 Vgl hierzu Gatzweiler StraFo 2001, 1; Pfeiffer § 147 Rn 1
139 Vgl zum Rechtsschutz des Beschuldigten bei Verweigerung der Akteneinsicht durch die StA Schlothauer StV 2001, 192 ff
140 Allerdings gewährt § 145 V StPO nicht generellen Rechtsschutz bei Versagung von Akteneinsicht durch die StA. Nur in drei besonderen Konstellationen kann der Antrag auf gerichtliche Entscheidung gestellt werden. Es sind dies der Fälle von Versagung von Akteneinsicht »Versagung von Akteneinsicht *nach Abschluss der Ermittlungen*«, »Versagung der Einsicht in die gem § 147 III StPO *privilegierten Aktenteile*« und »Akteneinsichtsverweigerung beim *inhaftierten Beschuldigten*«; vgl hierzu ausführlich Schlothauer StV 2001, 192 ff; Meyer-Goßner § 147 Rn 39
141 Vgl hierzu Schlothauer StV 2001, 192, 194; Meyer-Goßner § 147 Rn 39
142 Meyer-Goßner § 147 Rn 4; Pfeiffer § 147 Rn 11; Gatzweiler StraFo 2001, 1
143 Die Weitergabe der Originalakte ist ausnahmslos unzulässig (!); vgl § 19 I 1 BO-RA e contrario; Dahs Handbuch Rn 255; Meyer-Goßner § 147 Rn 31

formation seines Mandanten über den Akteninhalt berechtigt und auch verpflichtet.[144]

Insofern gilt die Aussage von *Alsberg*:[145]

Alles was dem Verteidiger aus den Akten bekannt wird, darf er nicht nur, sondern muss er mit dem Klienten besprechen.

Auch die Aushändigung einer vollständigen Aktenkopie ist zulässig.[146] Die Weitergabebefugnis an den Mandanten ist nunmehr auch in § 19 II 1 BO-RA kodifiziert worden. In jedem Fall sollte jedoch die Weitergabe der Aktenkopie an den Mandanten mit der Belehrung verbunden sein, dass »der Aktenauszug nur den Zwecken der Verteidigung dienen darf«.[147]

77   Dem inhaftierten Mandanten ist die gesamte Verfahrensakte in die JVA zu bringen. Hierbei ist ein Problem zu bewältigen. Die Akte ist lediglich für den Mandanten bestimmt. Dieses ist gerade in der JVA teilweise mit enormen Schwierigkeiten verbunden. Zum einen wird die Akte – zumindest im Wege der »Grobsichtung« durch die Beamten der JVA kontrolliert werden,[148] zum anderen besteht jedoch die Gefahr, dass Dritte vom Akteninhalt Kenntnis erlangen und ihre Kenntnis als angebliches Geständnis des Beschuldigten an die Strafverfolgungsbehörden weitergeben.[149] Die letztere Gefahr kann sicherlich nicht gänzlich ausgeschlossen werden. In vielen JVAen stehen den Insassen jedoch abschließbare Spinde zur Verfügung. In jedem Fall sollte der Mandant angehalten werden, die Akte wie »seinen Augapfel« zu behandeln.

78   Nachdem die Akte das Handwerkszeug des Verteidigers ist, ist es ratsam die Originalakte ggf direkt zweimal fotokopieren zu lassen. Der Mandant sollte die Akte zur ruhigen und eingehenden Durchsicht erhalten mit der Bitte diese »durchzuarbeiten« und Kommentierungen vorzunehmen. Verteidigung ist insofern »teamwork«. Die Kommentierungen sollten idR durch den Mandanten so vorgenommen werden, dass der Verteidiger die Anmerkungen des Mandanten in seiner Akte wiederfindet. Es empfiehlt sich hier dem Mandanten aufzugeben die Paginierung der Akte aufzugreifen und ferner mit Angabe von Absätzen zu arbeiten. Die Vorgehensweise ist jedoch reine Geschmacksache.

79   Kennen sowohl der Verteidiger als auch der Mandant den Akteninhalt, kann eine Besprechung auf einer fundierten Grundlage stattfinden. Beide wissen jetzt, was die StA »auf der Hand hat«. Der Verteidiger kann nunmehr auch die bisherige Einlassung seines Mandanten anhand der Akte überprüfen. Dieses ist auch ratsam um im weiteren Verfahren nicht überrascht zu werden. Der Verteidiger sollte daran interessiert sein die Wahrheit zu wissen um vor unliebsamen Überraschungen geschützt zu sein. Es kann mithin angezeigt sein, während der Besprechung mit dem Mandanten den »advocatus diaboli« zu spielen und dem Mandanten Vorhaltungen aus der Akte zu machen. Diese Vorgehensweise sollte jedoch – um das Vertrauens-

---

144 BGHSt 29, 99, 102; Krause in: Wahle [Hrsg] Mandant und Verteidiger, Schriftenreihe der BRAK, Bd 12, 19; Meyer-Goßner § 147 Rn 20
145 Alsberg JW 1926, 26, 27
146 Meyer-Goßner § 147 Rn 20; Dahs Taschenbuch Rn 194 a
147 Dahs Taschenbuch Rn 194 a
148 Eine Grobsichtung ist sicherlich zulässig, jedoch fällt die dem Mandanten überlassene Verfahrensakte unzweifelhaft unter das Verteidigerprivileg des § 148 StPO, Meyer-Goßner § 148 Rn 15; um dieses zu verdeutlichen sollten die Akten mit einem deutlichen Hinweis »Verteidigungsunterlagen« versehen werden
149 Zu denken ist hier an die »Haftzellenentscheidung« des BGH; BGHSt 34, 362 ff

verhältnis zum Mandanten nicht zu sehr zu strapazieren – dem Mandanten vorher mitgeteilt werden: »Ich werde jetzt den Part der StA übernehmen«. Die Mandanten werden dankbar sein, dass man sie davor bewahrt hat »in das offene Messer zu rennen«.[150]

3. Eigene Ermittlungen des Strafverteidigers

Der Beschuldigte hat gem § 163 a II StPO einen Rechtsanspruch auf Durchführung von Ermittlungen zu seiner Entlastung. Es liegt jedoch auf der Hand, dass die Beantragung von Beweiserhebungen gegenüber der StA gewisse »Gefahren« mit sich bringen kann. Beweisanregungen an die staatlichen Strafverfolgungsbehörden verbieten sich aus Gründen der Beistandspflicht für den Mandanten nämlich immer dann, wenn das Ergebnis der Beweiserhebung dem Verteidiger nicht bekannt ist.[151] Ist dem Verteidiger das Ergebnis seiner Beweisanregung unbekannt, kann »der Schuss nach hinten losgehen«.

80

Will der Verteidiger unliebsame Überraschungen vermeiden, hat er eigene Ermittlungen anzustellen. Der Rechtsanwalt als Strafverteidiger hat nicht nur ein Recht auf eigene Ermittlungen im gesamten Strafverfahren, sondern dieses Recht kann »in nicht wenigen Fällen zu einer Pflicht«[152] werden. Die eigene Ermittlungstätigkeit des Strafverteidigers hat in diesem Zusammenhang Vorprüfungscharakter[153] und dient der Vorbereitung der Beweisanregung iSv § 163 a II StPO. Diese Überprüfungspflicht gilt auch für vermeintlich »bekannt Zeugenaussagen«, die dem Verteidiger von seinem Mandanten präsentiert werden. Die tägliche Erfahrung mit solchen »Entlastungszeugen« lehrt, dass der Mandant die Informationsquelle, den Inhalt der zu erwartenden Zeugenaussage zu euphorisch, zu optimistisch einschätzt.[154] Teilweise »bestätigen« diese mutmaßlichen Entlastungszeugen jedoch auch genau das Gegenteil von dem, was der Mandant erhofft. Will man vermeiden, dass dieser »Zeuge der Verteidigung« zum »Kronzeugen der StA« wird, sind Ermittlungen der Verteidigung unumgänglich.[155]

81

Die Strafprozessordnung selbst normiert zwar nicht ausdrücklich ein Recht auf Ermittlungen des Verteidigers, geht jedoch an vielen Stellen von einem »aktiven, das Verfahren mitgestaltenden« Verteidiger aus.[156] Das Recht und die Zulässigkeit auf private Ermittlungen des Strafverteidigers werden auch nicht mehr ernsthaft in Frage gezogen.[157]

82

---

150 So auch Weihrauch Ermittlungsverfahren Rn 91

151 So Bockemühl Private Ermittlungen, 40 ff; Jungfer StV 1989, 498; Quedenfeld FG für Peters [1984], 219; Schlothauer Vorbereitung Rn 45

152 Baumann Eigene Ermittlungen, 61; Krekeler AnwBl 1989, 471, weisen hierauf zutreffend hin; vgl auch Strafrechtsausschuss der Bundesrechtsanwaltskammer Thesen zur Strafverteidigung, 1992, These 25 (III): »Im Einzelfall kann der Verteidiger zu eigenen Erhebungen verpflichtet sein.«; ebenso KMR-Eschelbach zu § 213 Rn 33; BGHSt 46, 53, 56

153 So Rückel Zeugenbeweis Rn 9; ebenso Stern StraFo 1992, 58 f, mit Hinweis auf die Substantiierungspflicht iRd Beweisantragsrechts. Private Ermittlungen ermöglichen teilweise erst der Verteidigung die Anknüpfungstatsachen für den Beweisantrag dem Gericht mitzuteilen

154 Ebenso Rückel Zeugenbeweis Rn 9

155 So auch Beulke Strafbarkeit Rn 86; Stern StraFo 1992, 58

156 Vgl Baumann Eigene Ermittlungen, 37 f; Bockemühl Private Ermittlungen, 32 ff; Jungfer StV 1981, 101 f; Weihrauch Ermittlungsverfahren Rn 93

157 Vgl Bockemühl Private Ermittlungen, 32 ff; Formularbuch-Danckert/Ignor III. 9 Anm 1 mwN; KMR-Eschelbach vor § 213 Rn 32 ff; KMR-Hiebl vor § 137 Rn 24

83   Die Einschätzung einiger Autoren, dass die Bedeutung eigener Erhebungen in der (täglichen) Praxis der Strafverteidiger »nicht allzu groß« ist,[158] ist leider traurige Realität. Zeit- und Geldmangel sind hier sicherlich oft als tragende Gründe anzuführen. Hinzu kommen Unkenntnis über die rechtlichen Grenzen und Möglichkeiten privater Ermittlungen und Scheu vieler Verteidiger vor privater Ermittlungstätigkeit, die durch viele Gerichte und StAen – trotz eindeutiger Rechtslage – noch mit Misstrauen beäugt werden.[159] Eine Verteidigung lege artis sollte jedoch – in geeigneten Fällen – nicht vor eigener Ermittlungstätigkeit zurückschrecken. Dieses darf und soll auch nicht vom Geld abhängig gemacht werden.[160]

84   Nachdem eigene Ermittlungstätigkeit des Verteidigers bei den Strafverfolgungsbehörden und Gerichten immer noch auf Misstrauen stößt, sollte der Verteidiger sich bei seinen Recherchen immer an die straf- und berufsrechtlichen Grenzen halten.

85   Folgende Ermittlungsformen kommen idR in Betracht:[161]

- Vernehmung von Zeugen,
- Einholung von Auskünften,
- Besichtigung des Tatortes und Fertigung von Tatortfotos und -skizzen und
- Hinzuziehung von Hilfspersonen (Sachverständige, Detektive und sonstige Hilfskräfte).

a)   Zeugenvernehmung

86   Die **Befragung von Zeugen** ist sicherlich der bedeutsamste Fall eigener Ermittlungstätigkeit des Verteidigers und zugleich auch der heikelste. Die außergerichtliche Befragung von Zeugen ist sowohl in Fällen, in denen die Strafverfolgungsbehörden bereits tätig geworden sind, aber auch in Fällen, in denen der Verteidiger erstmalig tätig wird, unzweifelhaft zulässig. Es gibt kein Primat für eine staatsanwaltschaftliche Zeugenbefragung.[162] Allerdings hat der Verteidiger penibel darauf zu achten, dass er alles unterlässt, was auch nur den Anschein einer Zeugenbeeinflussung zugunsten seines Mandanten aufkommen lassen könnte.[163]

87   Die **Kontaktaufnahme mit dem Zeugen** sollte grundsätzlich in schriftlicher Form erfolgen. Der Zeuge ist in dem Anschreiben auf die Verteidigereigenschaft des Rechtsanwaltes, auf die anwaltliche Tätigkeit im Rahmen eines strafrechtlichen Ermittlungsverfahrens sowie auf die Befugnis des Verteidigers zur Durchführung von eigenen Ermittlungen hinzuweisen. Ferner sollte bereits mit diesem Anschreiben dem Zeugen eine sog »Zeugenerklärung« mitgeschickt werden.[164]

---

158 Burhoff Ermittlungsverfahren Rn 619; Weihrauch Ermittlungsverfahren Rn 97 mN
159 Ebenso Burhoff Ermittlungsverfahren Rn 619 mwN
160 Ein schönes Beispiel für eigene Ermittlungen des *Pflicht*verteidigers liefert Deckers FG für Friebertshäuser [1997], 75 ff
161 Zu den verschiedenen Spielarten eigener Ermittlungstätigkeit vgl Bockemühl Private Ermittlungen, 38 ff; Burhoff Ermittlungsverfahren Rn 620; König StraFo 1996, 98 ff; Weihrauch Ermittlungsverfahren Rn 98
162 Bockemühl Private Ermittlungen, 35; Pfordte/Degenhard § 4 Rn 41; Stern StraFo 1992, 58, 60 f
163 Burhoff Ermittlungsverfahren Rn 624; Strafrechtsausschuss der Bundesrechtsanwaltskammer Thesen zur Strafverteidigung, 1992, These 25 Anm 3, These 28 (III): »Der Verteidiger achtet darauf, dass schon der Anschein der Unlauterkeit vermieden wird«
164 Formularbuch-Danckert/Ignor III 10 Anm 7; vgl zur Zeugenerklärung den Formularvorschlag unten Rn 89

Ein solches **Anschreiben an den Zeugen** könnte wie folgt aussehen:[165]   **88**

> Sehr geehrter Herr X,
>
> als Verteidiger von Herrn Y wende ich mich in dem gegen Herrn Y geführten strafrechtlichen Ermittlungsverfahren an Sie, da Sie sachdienliche Angaben machen können sollen. Als Verteidiger steht mir das Recht zu, Zeugen über ihr Wissen zu befragen. Dieses würde ich gerne in einem persönlichen Gespräch tun. Hierbei werde ich Sie dann auch über die weiteren Rechte und Pflichten eines Zeugen belehren.
>
> Ich schlage Ihnen als Besprechungstermin den ... in meinen Kanzleiräumen vor. Fahrtkosten und Verdienstausfall werden Ihnen selbstredend nach den gesetzlichen Vorgaben erstattet. Ich übersende Ihnen ferner eine von mir vorbereitete Zeugenerklärung, die Sie bitte zu unserer Besprechung mitbringen.
>
> Rechtsanwalt

Die Zeugenerklärung sollte dem Zeugen bereits vor der Besprechung in der Kanz-   **89**
lei vorliegen, um hier das Gefühl des Überrumpeltwerdens erst gar nicht aufkommen zu lassen.[166] Ein solches Schreiben könnte wie folgt gehalten werden:[167]

> Erklärung:
>
> Am heutigen ... erschien ich auf Ersuchen von RA ... in dessen Kanzleiräumen in ...
>
> RA ... hat mir erklärt, dass er als Verteidiger von Herrn Y in dem gegen Y geführten Ermittlungsverfahren der StA ... wegen des Vorwurfs ... tätig ist.
>
> Ich bin durch RA ... über dessen Recht auf Durchführung eigener Ermittlungen, insbesondere eigener Zeugenbefragungen hingewiesen worden.
>
> Ich wurde darüber belehrt, dass es mir freisteht gegenüber RA ... Angaben zu machen, da mich keine Aussagepflicht und ebenso keine strafbewehrte Wahrheitspflicht vor einem Rechtsanwalt betrifft.
>
> In Kenntnis dieser Tatsache möchte ich jedoch hier gegenüber RA ... wahrheitsgemäße Angaben machen und erkläre, dass meine nachfolgenden Angaben richtig und vollständig sind.
>
> (Es folgt die Aussage)
>
> RA ... hat diese Aussage in meinem Beisein und nach meinen Angaben diktiert. Als Gesprächszeuge war Rechtsreferendar[168] Z anwesend. Ich habe die schriftliche Ausfertigung der Aussage gelesen und bestätige die Richtigkeit mit meiner Unterschrift.
>
> Zeuge

Die Befragung des Zeugen sollte idR in der Kanzlei des Verteidigers stattfinden.   **90**
Hier sollte der »Heimvorteil« genutzt werden. Aber auch das Aufsuchen des Zeugen und die telefonische Befragung sind selbstredend zulässig und in besonders eiligen Fällen probate Ermittlungshandlungen des Verteidigers.[169]

Die Befragung des Zeugen ist gut vorzubereiten und deswegen empfiehlt sich auch   **91**
die Vernehmung durch den »sachbearbeitenden« Rechtsanwalt, da nur so – mit ver-

---

165 Vgl hierzu auch Burhoff Ermittlungsverfahren Rn 628; Formularbuch-Danckert/Ignor III 10
166 Ebenso Formularbuch-Danckert/Ignor III 10 Anm 7
167 Nach Formularbuch-Danckert/Ignor III 11
168 Es empfiehlt sich immer einen Gesprächszeugen zu der Zeugenvernehmung hinzuzuziehen. Hierbei kann es sich auch um einen Mitarbeiter der Kanzlei handeln; ebenso König StraFo 1996, 98, 100
169 Rückel Zeugenbeweis Rn 20

tretbarem Aufwand – die sachgerechte Befragung mittels Vorhaltungen aus der Akte möglich ist.[170]

92 Zu der Befragung sollte idR ein Gesprächszeuge hinzugezogen werden.[171] Die Vernehmung ist zu protokollieren. Ob der Verteidiger hierbei die Form des Gedächtnisprotokolls oder eine »wörtliche Protokollierung« wählt, sollte vom Einzelfall abhängig gemacht werden. IdR ist jedoch die sofortige Protokollierung im Beisein des Zeugen angezeigt. Hat sich der Verteidiger für die Protokollierung entschieden, so ist der gesamte Inhalt der Zeugenaussage aufzunehmen. Hierbei ist auch darauf zu achten, dass die Aussage nicht »geschönt« wird und möglicherweise belastende Umstände in der Aussage unterschlagen werden. Der Verteidiger unterliegt auch insofern der Wahrheitspflicht.[172]

93 Das Protokoll sollte sofort in der Kanzlei geschrieben werden und dem Zeugen zum Lesen gegeben oder – in Fällen, in denen ein Abwarten der Fertigstellung nicht möglich ist – ihm kurzfristig zur Korrektur übersandt werden.

94 Die so erstellte Aussage darf vom Verteidiger im späteren Verfahren verwertet werden. Dieses ist im Wege des Vorhalts oder in Extremfällen auch durch Vorlage des gefertigten Protokolls möglich.[173]

b) Hinzuziehung von Hilfspersonen

95 Der Verteidiger ist ebenso befugt Ermittlungsgehilfen zum Zwecke eigener Erhebungen hinzuzuziehen. In Betracht kommen hier insbesondere die Beauftragung von Privatdetektiven und Sachverständigen.

aa) Beauftragung von Privatdetektiven

96 Die **Beauftragung eines Privatdetektivs** kann für die Aufklärung des Sachverhaltes und zur Ermittlung von (weiteren) Zeugen von essentieller Bedeutung sein. Der Strafverteidiger wird hier idR an logistische und technische Grenzen stoßen. Detektive können als sog Beweisnothelfer fungieren und dem Strafverteidiger in Fällen falscher Zeugenaussagen, fehlender Beweise und bei unzureichender Sachverhaltsermittlung durch die Strafverfolgungsbehörden von unschätzbarer Hilfe sein.[174]

97 Nachdem es naturgemäß auch bei den Detektiven »schwarze Schafe« gibt, soll der Verteidiger große Aufmerksamkeit auf die Auswahl der Detektei legen, mit der die Verteidigung zusammenarbeiten möchte. Nur seriös arbeitende Detekteien, die sich der »Berufsordnung der Detektive in Deutschland«[175] verschreiben, sollten in Betracht kommen. Die Berufsordnung dient den nach ihr arbeitenden Detekteien quasi als »Ehrenkodex« und bürgt idR für Qualität und Legalität der Ermittlungsarbeit.[176]

---

170 Ebenso Strafverteidigung-Gillmeister § 4 Rn 184; Krekeler wistra 1983, 43, 48, schlägt hingegen die Befragung durch einen Rechtsanwalt, der nicht Verteidiger ist, vor

171 Als Gesprächszeuge scheidet der Mandant immer aus

172 Strafverteidigung-Gillmeister § 4 Rn 188; es ist eine ganz andere Frage, ob solche Erkenntnisse durch den Verteidiger anschließend verwertet werden können. Die Verwertung scheidet mit Blick auf die Beistandsfunktion selbstredend aus

173 Strafverteidigung-Gillmeister § 4 Rn 187; Weihrauch Ermittlungsverfahren Rn 113

174 Vgl Baumann Eigene Ermittlungen, 116 f; Jungfer StV 1989, 495 ff; Kocks, Was tun Detektive und wem dienen sie?, in: Berg/Dessau/Kocks Detektiv-Berufsbildung, 5. Aufl. 1997, 30, 31 ff

175 Die »Berufsordnung« ist abgedruckt bei Berg/Dessau/Kocks Detektiv-Berufsbildung, 5. Aufl. 1997, 136 ff

176 Bockemühl Private Ermittlungen, 44

Die drei führenden Detektiv-Dachverbände – Bundesverband Deutscher Detektive (BDD), Bund Internationaler Detektive eV (BID) und der Deutsche Detektiv-Verband eV (DDV) – haben sich 1986 zur Zentralstelle für die Ausbildung im Detektivgewerbe (ZAD) verbunden mit dem Ziel seinen Mitgliedern eine einheitliche, seriöse und qualifizierte Berufsausbildung zu gewährleisten.[177]

98 In jedem Fall sollte der Detektiv durch den Verteidiger und nicht durch den Mandanten beauftragt werden.[178] Nur so steht dem **Detektiv** ein **Zeugnisverweigerungsrecht** gem § 53 a StPO zu.[179] Der Verteidiger sollte den Auftrag klar umgrenzen. Ferner sollte der Kostenrahmen festgelegt werden. Der Detektiv ist in einem Auftragsschreiben[180] darauf hinzuweisen, dass nur gerichtsverwertbares Material beschafft werden darf und dass er der Verschwiegenheit unterliegt (§§ 203 III iVm 203 I Nr. 3 StGB).

99 Die Gewährung von Akteneinsicht – soweit erforderlich – an den beauftragten Detektiv begegnet keinerlei Bedenken.[181] Dieses ergibt sich – für den Fall, dass der Detektiv durch den Verteidiger beauftragt wurde – direkt aus § 19 I 1 BO-RA.[182]

100 Ein *Anschreiben an die beauftragte Detektei* könnte wie folgt gestaltet werden:[183]

> *Detektei XY-Ungelöst*
>
> Sehr geehrter Herr XY,
>
> ich nehme Bezug auf unser soeben geführtes Telefonat und erteile Ihnen den Auftrag zur Beschaffung von gerichtsverwertbarem Beweismaterial in dem gegen meinen Mandanten geführten Ermittlungsverfahren. Die zu beschaffenden Beweismittel müssen mithin in gesetzlich zulässiger Art und Weise erlangt sein (auf die Präambel und § 42 der Berufsordnung für Detektive in Deutschland wird verwiesen).
>
> Den Kostenrahmen für Ihre Nachforschungen haben Sie mit DM ... bis DM ... zzgl gesetzlicher Mehrwertsteuer beziffert. Dieser Kostenrahmen ist zwingend einzuhalten. Sollten nach Ihrer Auffassung im Verlauf der Auftragsbearbeitung weitere, kostenauslösende Tätigkeiten notwendig werden, so sind diese unbedingt abzusprechen.
>
> Für eine Zwischenberichterstattung wäre ich Ihnen dankbar. Bitte unterzeichnen Sie beigefügte Mitarbeiter-Verschwiegenheitserklärung und senden diese an mich zurück.
>
> Ich stelle Ihnen hiermit ebenfalls die für Ihre Tätigkeit relevanten Teile der Verfahrensakte in Kopie zur Verfügung. Wie schon telefonisch besprochen sind für uns folgende Fragen verfahrensrelevant:
>
> (kurze Schilderung der relevanten Fragestellungen)
>
> Rechtsanwalt

101 Die *Erklärung über die Verschwiegenheitsverpflichtung* ist nach § 2 IV BO-RA zwingend erforderlich, da hiernach der Rechtsanwalt »seine Mitarbeiter und alle

---

177 Kocks Qualifikation durch die ZAD-Bildungsprogramme, in: Berg/Dessau/Kocks Detektiv-Berufsbildung, 5. Aufl. 1997, 67 ff; bei der Detektiv-Zentralstelle für die Ausbildung, Postfach 1205, 47592 Geldern, können auch geeignete Detekteien erfragt werden

178 Bockemühl Private Ermittlungen, 47; Krey Problematik privater Ermittlungen, 72; aA Strafverteidigung-Gillmeister § 4 Rn 191

179 Die rechtliche Stellung des Detektivs als Berufshelfer iSv § 53 a StPO ist durchaus str. Vgl zum Streitstand Baumann Eigene Ermittlungen, 155 ff; Bockemühl Private Ermittlungen, 45 ff; Jungfer StV 1989, 495, 504; die hM verneint die Berufshelfereigenschaft; Meyer-Goßner § 53 a Rn 2; KK-Senge § 53 a Rn 3

180 Vgl unten Rn 100

181 Jungfer StV 1989, 495, 499; König StraFo 1996, 98, 102; Weihrauch Ermittlungsverfahren Rn 100

182 Ebenso Burhoff Ermittlungsverfahren Rn 624

183 Formularbuch-Danckert/Ignor III. 15

sonstigen Personen, die bei seiner beruflichen Tätigkeit mitwirken, zur Verschwiegenheit (§ 43 a II BRAO) ausdrücklich zu verpflichten und anzuhalten« hat.[184]

Belehrung über die Verschwiegenheitspflicht

Herr XY von der Detektei XY-Ungelöst wurde heute darüber belehrt, dass Ihn nicht nur die Verschwiegenheitsverpflichtung des § 4 der Berufsordnung für Detektive in Deutschland trifft, sondern zudem für alle Tätigkeiten in der Mandatsangelegenheit …, die Verpflichtung zur Verschwiegenheit gem §§ 203 III iVm 203 I Nr. 3 Strafgesetzbuch.

(Es folgt der entsprechende Wortlaut aus dem StGB)

Herr XY wurde ferner darauf hingewiesen, dass die Verpflichtung zur Verschwiegenheit auch nach Beendigung des Mandatsverhältnisses und auch nach Beendigung des Mitarbeiterverhältnisses fortbesteht; § 2II, IV Berufsordnung für Rechtsanwälte.

(Es folgt der entsprechende Wortlaut aus der BO-RA)

Abschließend wurde Herr XY darüber belehrt, dass die Schweigepflicht berechtigt und verpflichtet, das Zeugnis über Tatsachen zu verweigern, die ihm durch die Mitarbeit in der Kanzlei bekannt geworden sind, § 53 a Strafprozessordnung.

(Es folgt der entsprechende Wortlaut aus der StPO).

Rechtsanwalt

Unterschrift Detektiv

---

102 Werden diese Grundsätze bei der Beauftragung von Detektiven durch den Verteidiger eingehalten, sollte keine »furchtsame Scheu vor der Beauftragung von Detektiven«[185] bestehen. Die Heranziehung von Detektiven zum Zwecke der Beweismittelgewinnung gehört – in geeigneten Fällen – zum Handwerkszeug eines Strafverteidigers.[186]

bb) Beauftragung eines Sachverständigen

103 Die Beauftragung eines **Sachverständigen** durch die Verteidigung ist in vielen Verfahren unumgänglich. Die Einschaltung eines Sachverständigen durch die Verteidigung kann bereits im Ermittlungsverfahren sinnvoll sein. Sie kommt sowohl in Betracht, wenn durch die Strafverfolgungsbehörden bereits ein Sachverständiger beauftragt wurde, als auch dann, wenn die Verteidigung sachverständiger Hilfe bedarf.[187]

104 Der Verteidiger wird in beiden Fällen der Beauftragung eines Sachverständigen mit dem Misstrauen der Strafverfolgungsbehörden und Gerichte zu kämpfen haben. Zu tief verwurzelt ist die Vorstellung von »Gefälligkeitsgutachten« oder »Privatgutachten nach den Wünschen des Auftraggebers«.[188] Die Bedenken sind jedoch ungerechtfertigt.[189] Schon die Eidesformel des § 79 II StPO verlangt eine neutrale Rolle des Sachverständigen.[190] Zudem kann auch das Argument der »wirtschaftlichen Abhängigkeit« derjenigen Sachverständigen, die von der Verteidigung beauftragt werden und aus diesem Grund im Verdacht stehen parteiische Gutachten zu erstatten,[191] nicht verfangen. Gerade das Gegenteil ist der Fall. Sachverständige, die lediglich für

---

184 Vgl zu den Regelungen nach der neuen Berufsordnung, Pfordte/Gotzens BRAK-Mitt 1997, 82 ff
185 Diese stellt Jungfer StV 1989, 495, noch fest
186 Ebenso Jungfer StV 1989, 495
187 Formularbuch-Danckert/Ignor III. 13. Anm 1
188 Vgl nur Cabanis StV 1986, 451, 452 ff
189 Ebenso Detter FS für Meyer-Goßner [2001], 431, 437
190 Hierauf weist Krekeler StraFo 1996, 5, zutreffend hin
191 Vgl hier den Überblick bei Cabanis StV 1986, 451, 452 f

die Strafverfolgungsbehörden und Gerichte tätig sind, können sich in einer Abhängigkeit befinden.[192] Sachverständige, die bereit sind auch für Strafverteidiger tätig zu sein, dokumentieren vielmehr ihre Unabhängigkeit vom jeweiligen Auftraggeber.[193] Trotzdem wird der Verteidiger, der einen geeigneten Gutachter sucht, Probleme haben einen Sachverständigen zu finden, der für einen Gutachtenauftrag durch die Verteidigung zur Verfügung steht.

Hinzu kommen selbstredend die finanziellen Probleme. Nur wenige Mandanten können sich die Kosten eines (weiteren) Gutachters leisten.[194] Um die finanzielle Belastung für den Mandanten überschaubar zu halten und um erst mal auszuloten, ob der Sachverständige zu einem für den Mandanten positiven Ergebnis gelangt, sollte dem Sachverständigen aufgegeben werden zunächst lediglich ein Kurzgutachten zu erstellen. Erst wenn das Ergebnis der Begutachtung für den Mandanten positiv ausgefallen ist, sollte dann ein ausführliches Gutachten zur Vorlage bei der StA oder dem Gericht gefertigt werden.[195]

105

Ist bereits ein Sachverständiger durch die Strafverfolgungsbehörden beauftragt worden und liegt dessen schriftliches (Vor-)Gutachten bereits vor, kommen eigentlich zwei Vorgehensweisen in Betracht. Hier ist die Anfertigung eines Methodengutachtens eine Möglichkeit der Einbindung eines weiteren Sachverständigen. Der Gutachter fertigt lediglich ein Gutachten über die wissenschaftliche Qualität des bisherigen Gutachtens an. Kommt der Sachverständige, der durch die Verteidigung beauftragt wurde, die wissenschaftliche Güte des bisherigen Gutachtens zu beurteilen, zu dem Ergebnis, dass das »Erstgutachten« fehlerhaft ist, ist der Verteidigung die Möglichkeit eröffnet mit diesem Methodengutachten auf die Einholung eines weiteren Sachverständigengutachtens zu drängen.

106

Ferner kann der Verteidiger den Sachverständigen direkt mit der Erstattung eines »Zweitgutachtens« beauftragen.

In jedem Fall stellt sich die Frage, wie dem durch die Verteidigung beauftragten Sachverständigen der Zugriff zu den Beweismitteln eröffnet wird. Es bleibt hier teilweise keine andere Möglichkeit als diejenige, dass der Verteidiger mit dem von ihm beauftragten Sachverständigen die Beweismittel auf der Dienststelle in Augenschein nimmt. Ist der Mandant inhaftiert und muss der Mandant selbst (mit Blick auf §§ 20, 21 StGB) begutachtet werden, so muss der Verteidiger »seinem Sachverständigen« den Zutritt zu dem Mandanten verschaffen. Der durch die Verteidigung beauftragte Sachverständige hat durch die StA und Gerichte die gleichen Möglichkeiten der Begutachtung eingeräumt zu bekommen wie der »gerichtliche Gutachter«. Die Unsitte, dem Gutachter der Verteidigung lediglich einen »Sprechschein für 30 Minuten« zu erteilen, ist mit dem Grundsatz der Waffengleichheit und einem fairen Verfahren nicht zu vereinbaren.

107

Der Gutachter ist in jedem Fall von der Verteidigung zu beauftragen.[196] Nur in diesem Fall wird der Sachverständige zum Gehilfen der Verteidigung nach § 53 a StPO[197] mit der Folge, dass ihm ein Zeugnisverweigerungsrecht zukommt und somit dem »Zugriff der StA« entzogen ist.

108

192　Krekeler StraFo 1996, 5, Fn 1, spricht in diesem Zusammenhang von »Hilfsorganen der Strafverfolgungsbehörden und des Gerichts«

193　Cabanis StV 1986, 451, 454

194　Hier kann aber ein Antrag nach § 220 III StPO, der später in der Hauptverhandlung zu stellen ist, Abhilfe schaffen; vgl hierzu Detter FS für Meyer-Goßner [2001], 431, 442

195　Ebenso Strafverteidigung-Gillmeister Rn 193; Weihrauch Ermittlungsverfahren Rn 101

196　AA aber ohne Begründung Strafverteidigung-Gillmeister Rn 194

197　Krekeler StraFo 1996, 5, 8; aA Detter FS für Meyer-Goßner [2001], 431, 438

V. Weitere Verteidigeraktivitäten

1. Festlegung des Verteidigungszieles

109 Hat der Verteidiger sich nunmehr diejenigen Informationen verschafft, die er zur Verteidigung seines Mandanten benötigt, gilt es die weiteren Aktivitäten vorzubereiten. Hierfür ist es zwingend erforderlich sich über das **Verteidigungsziel** Klarheit zu verschaffen,[198] da hiervon die weiteren Schritte der Verteidigung beeinflusst werden. Der Verteidiger hat hierbei den weiteren Verfahrensablauf einzuschätzen um den Mandanten sachgerecht beraten zu können. Der Verteidiger muss die Verfahrensrisiken für seinen Mandanten abschätzen können und die Verteidigungsstrategie an dieser Risikoeinschätzung ausrichten.[199]

110 Das staatsanwaltschaftliche Ermittlungsverfahren dient der Klärung, ob gegen den Beschuldigten ein hinreichender Tatverdacht iSv § 203 StPO besteht. Das Legalitätsprinzip (§ 152 II StPO) verpflichtet die StA bei bestehendem Anfangsverdacht den Sachverhalt zu erforschen (§ 160 StPO). Sie ist grundsätzlich ebenso verpflichtet, bei »hinreichendem Tatverdacht« Anklage zu erheben.[200] Die Verpflichtung zur Anklageerhebung ergibt sich aus § 170 I StPO. Ergeben die Ermittlungen, dass kein hinreichender Tatverdacht besteht, ist das Verfahren nach § 170 II StPO einzustellen.[201] Das Ermittlungsverfahren ist gem § 170 II StPO einzustellen, wenn sich herausstellt, dass ein Verfahrenshindernis besteht, die Tat als solche nicht strafbar ist oder sich die Nichtschuld herausgestellt hat bzw die Schuld dem »Täter« nicht nachweisbar ist.

111 Kommt die StA zu der Entschließung, dass gegen den Beschuldigten ein hinreichender Tatverdacht iSv § 203 StPO besteht, muss sie gleichwohl nicht zwingend Anklage erheben. Die §§ 153 ff StPO eröffnen auch in diesem Fall eine Einstellung des Verfahrens nach Opportunitätsgesichtspunkten.

112 Das Verfahren kann aus folgenden Gründen eingestellt werden:

– aus prozessualen Gründen,
– aus materiell-rechtlichen Gründen,
– aus tatsächlichen Gründen und
– aus Opportunitätsgesichtspunkten.

113 In den ersten drei Fällen erfolgt die Einstellung nach § 170 II StPO, im letzteren nach §§ 153 ff StPO.[202]

Die StA hat folglich im Prinzip zwei Möglichkeiten der Beendigung des Ermittlungsverfahrens. Zum einen kann sie das Verfahren einstellen, zum anderen kann sie den Sachverhalt anklagen.[203]

---

198 Weihrauch Ermittlungsverfahren Rn 114
199 Dahs Taschenbuch Rn 220: »Denken in Verfahrensrisiken«
200 Pfeiffer FS für Bemmann [1997], 582, 582
201 Nach zutreffender Auffassung ist hierfür die Prognose der StA bzgl der Wahrscheinlichkeit eines Antrags auf Verurteilung nach durchgeführter Hauptverhandlung ausschlaggebend, vgl KMR-Plöd § 170 Rn 4; Pfeiffer FS für Bemmann [1997], 582, 583; Roxin § 38 Rn 6
202 Meyer-Goßner § 170 Rn 6
203 Die Möglichkeit des Antrags auf Erlass eines Strafbefehls, § 407 StPO, wird hier mit der Anklageerhebung gleichgestellt, da in beiden Fällen die StA die Voraussetzungen des § 170 I StPO bejaht und zudem die Wirkungen für den Mandanten vergleichbar sind; arg § 410 III StPO; vgl zu den verschiedenen Spielarten der Abschlussverfügung KMR-Plöd § 170 Rn 1

a) Einstellung des Verfahrens

Für die weitergehende Tätigkeit des Strafverteidigers im Ermittlungsverfahren hat man immer zu berücksichtigen, dass die Weichen für den Ausgang des gesamten Strafverfahrens bereits de facto im Ermittlungsverfahren gestellt werden.[204] In der Praxis werden (häufig) im Zwischen- und im Hauptverfahren die Akteninhalte des Ermittlungsverfahrens durch das Gericht lediglich nachvollzogen.[205] Es muss deswegen – um die stigmatisierenden Wirkungen einer Hauptverhandlung zu vermeiden – das Hauptziel der Verteidigung sein, dass das Verfahren in einem frühen Stadium eingestellt wird.[206] Der Verteidiger hat »mit allen rechtlich zulässigen Mitteln auf die Einstellung des Verfahrens hinzuwirken«.[207] Ist eine Einstellung des Verfahrens nicht zu erreichen, so hat der Verteidiger auf das Verfahren derart Einfluss zu nehmen, dass er für seinen Mandanten eine optimale Verteidigungsposition für das Zwischen- und Hauptverfahren eröffnet hat.[208]

114

In jedem Fall sollte der Verteidiger die »Klaviatur der Einstellungsmöglichkeiten« beherrschen um hier nicht Chancen für seinen Mandanten zu vergeben.

aa) Einstellung mangels hinreichenden Tatverdachts, § 170 II StPO

Eine Einstellung nach § 170 II StPO hat dann zu erfolgen, wenn das Ermittlungsverfahren ergeben hat, dass einer Verurteilung prozessuale, materiell-rechtliche oder tatsächliche Gründe entgegenstehen. Die Verfahrenseinstellung hat bei Einstellungsreife unverzüglich zu erfolgen, wenn ein hinreichender Tatverdacht nicht mehr besteht.[209] Ein Zuwarten der StA ist nicht zulässig.[210]

115

Allerdings entfaltet eine Einstellung nach § 170 II StPO **keinerlei Rechtskraft**; es tritt kein Verbrauch der Strafklage ein.[211] Das Verfahren kann jederzeit wieder aufgenommen werden. Dieses gilt auch bei gleicher Sach- und Rechtslage.[212]

116

Verneint die StA bei Privatklagedelikten das öffentliche Interesse, so besteht ein Verfahrenshindernis. Die StA stellt das Verfahren ein und verweist den Anzeigerstatter auf den **Privatklageweg**.[213]

117

Der Beschuldigte wird gem § 170 II 2 StPO nur in bestimmten Fällen von der Einstellung des Verfahrens **benachrichtigt**. Es kann deswegen durchaus sein, dass der beschuldigte Bürger von der Tatsache, dass gegen ihn ein Ermittlungsverfahren geführt und eingestellt wurde, keine Kenntnis erlangt.[214]

118

Die Einstellungsverfügung ist zu begründen (Nr. 88, 89 II RiStBV). Die **Begründung** muss die wesentlichen rechtlichen oder tatsächlichen Gründe nennen und

119

---

204 Vgl oben Rn 1 f
205 Dahs Taschenbuch Rn 172
206 Weihrauch Ermittlungsverfahren Rn 116
207 Dahs Handbuch Rn 222; Strafverteidigung-Gillmeister § 7 Rn 12 ff; ders StraFo 1994, 39 ff, nennt Ausnahmefälle, in denen es »keine Verfahrenseinstellung um jeden Preis« geben sollte
208 Dahs Handbuch Rn 222
209 Bottke StV 1986, 121; Pfeiffer FS für Bemmann [1997], 582, 583
210 Grundlose Verzögerung der Abschlussverfügung und Einstellung können Amtshaftungsansprüche gem § 839 BGB nach sich ziehen, BGHZ 20, 178; KMR-Plöd § 170 Rn 2; Pfeiffer FS für Bemmann [1997], 582, 583
211 KMR-Plöd § 170 Rn 16
212 Beulke Strafprozessrecht Rn 320; Meyer-Goßner § 170 Rn 9; diese Auffassung ist bedenklich, vgl zur Sperrwirkung der Einstellungsverfügung LR-Rieß § 170 Rn 45 ff
213 Meyer-Goßner § 376 Rn 6
214 Vgl hierzu die berechtigte Kritik von Gillmeister StraFo 1996, 114, 115

darf nicht nur darin bestehen, dass »allgemeine und nichtssagende Redewendungen« verwendet werden (Nr. 89 II RiStBV). Die Gründe der Einstellung werden dem früheren Beschuldigten gem Nr. 88 RiStBV nur auf dessen Antrag hin mitgeteilt. Der Verteidiger sollte immer einen entsprechenden Antrag stellen oder nochmals Akteneinsicht beantragen um die Gründe zu erfahren. Die Begründung ist ggf für Folgeverfahren (zB Disziplinarverfahren) von Interesse.

120 Die Verfahrenseinstellung nach § 170 II StPO ist nicht nur als Abschlussverfügung im Ermittlungsverfahren möglich, sondern auch noch nach Erhebung der öffentlichen Klage. Die StA kann bis zur Eröffnung des Hauptverfahrens durch das zuständige Gericht die Anklage zurücknehmen und das Verfahren einstellen.[215]

121 Im Falle der Einstellung gem § 170 II StPO trägt idR die Staatskasse die Kosten des Verfahrens. Der Beschuldigte hat seine Auslagen selbst zu tragen.

122 In Betracht kommt jedoch eine Entschädigung wegen erlittener Strafverfolgungsmaßnahmen nach § 2 StrEG. Kommt ein Tatbestand, der zur Entschädigung berechtigt, in Betracht, so ist die Einstellungsverfügung nach § 9 I 4 StrEG iVm § 35 II 1 StPO förmlich zuzustellen[216] und der Beschuldigte über sein Recht, einen Antrag binnen eines Monats nach Zustellung zu stellen, zu belehren (§ 9 I 5 StrEG). Wurde die Entschädigungspflicht durch das zuständige Gericht rechtskräftig festgestellt, ist der konkrete Betrag im sog Betragsverfahren binnen einer Frist von sechs Monaten geltend zu machen (§ 10 StrEG).

bb) Einstellung nach Opportunitätsgesichtspunkten, §§ 153, 153 a–e, 154 a–e StPO

123 Die Einstellung aus Opportunitätsgesichtspunkten bietet für den Verteidiger eine bedeutsame Möglichkeit das Verfahren – teilweise ohne Hauptverhandlung – zu einer Erledigung zu bringen. Die häufigsten Anwendungsfälle sollen nachfolgend kurz dargestellt werden:

Wegen absoluter Geringfügigkeit, § 153 StPO

124 Die StA kann in Fällen absoluter Geringfügigkeit[217] das Verfahren gem § 153 I StPO einstellen, wenn die Tat sich als ein Vergehen darstellt, »die Schuld des Täters als gering anzusehen wäre« und kein öffentliches Interesse an einer Strafverfolgung besteht.

124 a In den **neuen Bundesländern** ist statt der Einstellung nach § 153 StPO bei Vergehen mit geringfügigen Folgen die **Abgabe an eine Schiedsstelle** zulässig, falls der Beschuldigte zustimmt und kein öffentliches Interesse an der Strafverfolgung besteht. Das (DDR-)**Gesetz über die Schiedsstellen in den Gemeinden** vom 13. 9. 1990 galt nach dem EV[218] in den Ländern des Beitrittsgebietes fort. Es ist in *Brandenburg* durch Gesetz vom 28. 5. 1993[219] und vom 14. 10. 1996[220] abgeändert worden. In *Sachsen-Anhalt* wurde es durch das Schiedsstellengesetz vom 1. 1. 1997,[221] geändert am

---

215 Meyer-Goßner § 156 Rn 2
216 Meyer-Goßner § 9 StrEG Rn 2
217 So Roxin § 14 Rn 7; eine Einstellung nach § 153 StPO kommt nicht nur in den Bereichen der kleineren und mittleren Kriminalität, sondern durchaus auch bei größerer Kriminalität in Betracht, so zutreffend Formularbuch-Danckert/Ignor III. 18. Anm 2
218 Vgl Anl I Kap III Sachgebiet A Abschn III Nr. 14 b
219 GVBl 194
220 GVBl 283
221 GVBl 131

15. 4. 1998,[222] in *Thüringen* durch das Schiedsstellengesetz vom 17. 5. 1996[223] ersetzt. In (Gesamt-)Berlin gilt statt dessen das Berliner Schiedsamtsgesetz vom 7. 4. 1994.[224]

Eine Einstellung nach § 153 StPO kommt nicht in Betracht, wenn feststeht, dass eine strafbare Handlung nicht vorliegt. Die Einstellung nach § 170 II StPO hat insofern Vorrang. § 153 StPO bedeutet keine Feststellung der Schuld des Beschuldigten. Dieses ergibt sich nach dem Willen des Gesetzgebers direkt aus der Formulierung des Gesetzes, »wenn die Schuld des Täters als gering anzusehen wäre«. Der Mandant wird die Einstellung nach § 153 StPO oft als weniger günstig beurteilen als eine nach § 170 II StPO »mangels Tatverdacht«. Hier sollte der Mandant jedoch auf einen eindeutigen »Vorteil« der Einstellung nach § 153 StPO gegenüber der nach § 170 II StPO hingewiesen werden. Es droht nämlich kein Klageerzwingungsverfahren mehr (§ 172 II 3 StPO).

Bei Einstellung durch die StA tritt kein Strafklageverbrauch ein.[225] Das Verfahren **125** kann jederzeit von Seiten der StA wieder aufgenommen werden. Allerdings wird man unter dem Gesichtspunkt des Vertrauensschutzes verlangen, dass sachliche Gründe für die Wiederaufnahme des Verfahrens vorliegen.[226]

Nach § 153 I 1 StPO ist grundsätzlich für die Einstellung die Zustimmung des Ge- **126** richtes, das für die Eröffnung des Hauptverfahrens zuständig wäre, erforderlich. Die Zustimmung des Gerichtes ist eine Prozesserklärung und verlangt als solche nicht, dass der Beschuldigte gehört werden muss.[227] Die Erteilung oder Versagung der Zustimmung ist auch nicht anfechtbar.[228] Die Zustimmung des Gerichtes ist in gewissen Fällen entbehrlich, wenn es sich um ein Vergehen handelt, das nicht mit einer im Mindestmaß erhöhten Strafe bedroht ist, und die durch die Tat verursachten Folgen gering sind.

Einstellung nach § 153 a StPO

Erreicht der Verteidiger bei der StA keine Einstellung nach § 153 StPO, da diese das **127** öffentliche Interesse an der Strafverfolgung bejaht, so kann eine Verfahrenserledigung dadurch erreicht werden, dass der Beschuldigte Auflagen und Weisungen zur Einstellung erfüllt. Durch die Erfüllung der Auflagen und Weisungen wird das öffentliche Interesse an der Strafverfolgung beseitigt. Die Vorschrift ist durch das EGStGB 1974 Gesetz geworden und zunächst auf harte Kritik gestoßen.[229] Sie hat sich jedoch in der Praxis als durchaus probates und wirksames Instrumentarium zur Erledigung von Kleinkriminalität erwiesen.[230] Trotz der weiterhin berechtigten Kritik an der Ausgestaltung des Verfahrens und des Zwangscharakters der Auflagen und Weisungen[231] sollte die Möglichkeit das Ermittlungsverfahren ohne Hauptver-

---

222 GVBl 179

223 GVBl 61

224 GVBl 109; im Übrigen sind die das strafrechtliche Schlichtungsverfahren betr §§ 40–45 des Gesetzes nunmehr durch Art. 3 des Gesetzes vom 20. 12. 1999 (BGBl I 2491 f) aufgehoben worden

225 Meyer-Goßner § 153 Rn 37

226 So auch Strafverteidigung-Gillmeister § 7 Rn 35; nicht hM

227 Meyer-Goßner § 153 Rn 11

228 Meyer-Goßner § 153 Rn 11

229 Vgl Roxin § 14 Rn 15 mN

230 Rieß ZRP 1983, 93

231 Roxin § 14 Rn 15 führt die berechtigten Kritikpunkte mN auf. Der faktisch bestehende Zwang zur Erfüllung von Auflagen und Weisungen wird von ihm in die Nähe von § 136 a StPO gerückt; ebenso Dencker JZ 1973, 144, 149

handlung und ohne Eintragung in das BZR zu beenden durch die Verteidigung genutzt werden.

128 Die Verfahrenserledigung nach § 153 a StPO unterscheidet sich von der nach § 153 StPO hauptsächlich dadurch, dass Voraussetzung für eine Einstellung die Erfüllung der Auflagen und Weisungen ist und dass der Beschuldigte einer derartigen Verfahrenserledigung in jedem Fall zustimmen muss.

128 a In den neuen Bundesländern ist statt der Einstellung nach § 153 a StPO bei Vergehen mit geringfügigen Folgen die Abgabe an eine Schiedsstelle zulässig.[232]

b)　Abschluss durch Erhebung der öffentlichen Klage, § 170 I StPO

129 Sofern die StA den hinreichenden Tatverdacht bejaht und auch eine Einstellung nach Opportunitätsgesichtspunkten nicht in Betracht kommt, bleibt nur die Erhebung der öffentlichen Klage nach § 170 I StPO in den »verschiedenen Spielarten«.[233] Die zwei wesentlichen Arten liegen in der Einreichung einer Anklageschrift oder in der Einreichung eines Antrags auf Erlass eines Strafbefehls.

aa)　Strafbefehl[234]

130 Die Erledigung des Strafverfahrens durch einen Strafbefehl bietet dem Mandanten einige Vorteile aber auch Nachteile. Der Mandant ist hier durch den Verteidiger aufzuklären.

131 Zu den wesentlichen **Vorteilen** zählt, dass eine öffentliche Hauptverhandlung vermieden wird. Hier bleibt dem Mandanten nicht nur die Publizität einer öffentlichen Hauptverhandlung[235] mit der »Gefahr« von Presseberichterstattung uä erspart, sondern zudem sind die Verfahrenskosten wesentlich geringer. Kosten für die Verteidigung im Rahmen der Hauptverhandlung fallen ebensowenig an wie solche für Zeugen und ggf Sachverständige.[236]

Das Verfahren wird zumindest, nachdem nicht erst langwierig ein Termin zur Hauptverhandlung anberaumt werden muss, verkürzt und der Mandant hat schnell Gewissheit über die Rechtsfolgen seiner Tat.[237]

Zudem besteht – nachdem es sich beim Strafbefehlsverfahren um ein summarisches Verfahren handelt – eine gewisse Chance, dass aufgrund nicht allzu intensiver Ermittlungen manche Aspekte des Sachverhaltes verborgen bleiben.[238]

Die Rechtskraft eines rechtskräftigen Strafbefehls entspricht nunmehr gem § 410 III StPO der eines Urteils. Die StA kann wegen des abgeurteilten Sachverhalts ein Verfahren nur im Wege eines förmlichen Wiederaufnahmeverfahrens nach den §§ 359 ff StPO betreiben.[239]

132 Auf der anderen Seite entfaltet die Erledigung durch einen Strafbefehl den **Nachteil**, dass der Mandant mit Rechtskraft des Strafbefehls vorbestraft ist. Dieser Nachteil mildert sich ggf dadurch, dass dem Mandanten die Regelungen des BZRG

232　Vgl hierzu oben Rn 124 a mN
233　Vgl zu den verschiedenen Möglichkeiten KMR-Plöd § 170 Rn 1
234　Ausführlich Haizmann Teil E Kap 5
235　Weihrauch Ermittlungsverfahren Rn 128
236　Burhoff Ermittlungsverfahren Rn 1550
237　Burhoff Ermittlungsverfahren Rn 1550
238　Weihrauch Ermittlungsverfahren Rn 128
239　Vgl a § 373 a StPO

erläutert werden. Sofern nämlich noch keine (Vor-) Eintragung im BZR vorhanden ist, erscheinen die Verwarnung mit Strafvorbehalt (§ 32 II Nr. 1 BZRG), eine Verurteilung zu einer Geldstrafe bis zu 90 Tagessätze (§ 32 II Nr. 5 a BZRG) und eine Verurteilung von nicht mehr als drei Monaten (§ 32 II Nr. 5 b BZRG) in einem polizeilichen Führungszeugnis nicht.

Schwerwiegender ist jedoch die Tatsache, dass der rechtskräftige Strafbefehl eine präjudizierende Wirkung für andere Verfahren haben kann. Diese »Schattenwirkung«,[240] die von einem rechtskräftigen Strafbefehl für andere Verfahren ausgeht, kann jedoch in einem gewissen Umfang dadurch vermieden werden, dass eine Stellungnahme der Verteidigung zu den Akten gelangt, in der zum Ausdruck kommt, dass der Strafbefehl »aus sachfremden Gründen hingenommen wird, obwohl ihm inhaltlich entgegengetreten wird«.[241]

Die Vor- und Nachteile sind im konkreten Fall gegeneinander abzuwägen. Entscheidet sich der Mandant dafür, dass das Verteidigungsziel Strafbefehl durch seinen Verteidiger eingeschritten werden soll, so sollte sich der Verteidiger hierzu die (schriftliche) Zustimmung des Mandanten einholen.[242] Die gewählte Verteidigungsart läuft auf ein Schuldeingeständnis und damit auf einen Schuldspruch sowie eine Verurteilung hinaus. Ist durch die Verteidigung die Sachbehandlung nach §§ 407 ff StPO angeregt worden, so steht zwar grds die Möglichkeit der Erzwingung einer Hauptverhandlung und damit gerichtlichen Überprüfung des Sachverhaltes durch Einlegung eines Einspruchs gegen den Strafbefehl noch zur Verfügung, jedoch ist durch die Anregung idR der »point of no return« bereits überschritten. **133**

Hat der Verteidiger in einem Gespräch mit der StA die Möglichkeit der Sachbehandlung im Strafbefehlswege besprochen, so ist idR eine **Verteidigungsschrift**[243] zu fertigen, in der das Vorgehen nach §§ 407 ff StPO angeregt wird. Ferner ist zu beachten, dass bereits im Rahmen dieser Verteidigungsschrift sämtliche Umstände vorgetragen werden, die für die Strafzumessung von Bedeutung sind. Hierzu zählen insbesondere Angaben zum Nettoverdienst (Tagessatzhöhe), aber ggf auch Angaben zu einem durchgeführten Täter-Opfer-Ausgleich nach § 46 a StGB. **134**

bb) Vorbereitung der Hauptverhandlung[244]

Sind für die Verteidigung weder eine Einstellung noch eine Sachbehandlung im Wege des Strafbefehls zu erreichen, gilt es mit den (begrenzten) Mitteln der Verteidigung im Ermittlungsverfahren die Weichen für das Zwischen- und Hauptverfahren zu stellen. Auch hierbei sollte sich der Verteidiger wieder einer Risikoeinschätzung bedienen. Es bringt nichts, die Verteidigung an einem gänzlich illusorischen und völlig unrealistischen Freispruch auszurichten und dabei andere Verteidigeraktivitäten völlig zu vernachlässigen.[245] Versäumnisse sind auch hier – zB im Bereich der Strafzumessungstatsachen – im späteren Verfahren nicht mehr nachzuholen. **135**

---

240 Vgl zu der Problematik der sog Schattenwirkung Salditt StraFo 1996, 71, 72; der BGH hat allerdings nunmehr eine Bindungswirkung von tatsächlichen Feststellungen rechtskräftiger Strafbefehle im anwaltsgerichtlichen Verfahren verneint, BGHSt 45, 46 ff m Anm Bockemühl BRAK-Mitt 2000, 164 ff

241 So der Vorschlag von Salditt StraFo 1996, 71, 72, der anregt dieses zB iRd Rücknahme eines Einspruchs gegen den Strafbefehl zu erklären und somit aktenkundig zu machen

242 Burhoff Ermittlungsverfahren Rn 1552

243 Zur Verteidigungsschrift vgl unter Rn 167 ff

244 Ausführlich Hohmann Teil B Kap 3

245 Weihrauch Ermittlungsverfahren Rn 131

2.　Verteidigungsverhalten zur Erreichung des Verteidigungszieles

136　Ein allgemein gültiges Verteidigungsmuster lässt sich aufgrund der Verschiedenheit der jeweiligen Fälle nicht aufstellen. Ein »Patentrezept« gibt es nicht.[246]

137　Der Verteidiger muss sich – egal welches Verteidigungsziel es zu erreichen gilt – darüber klar werden, ob die Verteidigung mit den Strafverfolgungsbehörden kooperiert, dh Aktivität entwickelt, oder »das Verfahren laufen lässt«.

a)　Passivität und »Nichtkooperation« als Methode der Verteidigung

aa)　Keine Mitwirkungspflicht des Beschuldigten

138　Ein Beschuldigter ist nicht verpflichtet an seiner Überführung aktiv mitzuwirken – nemo tenetur se ipsum accusare. Dieses **nemo-tenetur-Prinzip** ergibt sich direkt aus dem Allgemeinen Persönlichkeitsrecht, Art. 2 I iVm Art. 1 I GG, sowie dem Rechtsstaatsprinzip, Art. 20 III GG,[247] und hat in § 136 StPO seinen Niederschlag gefunden. Der Beschuldigte hat die Wahlmöglichkeit, ob er aussagen oder schweigen möchte. Allerdings geht der Grundsatz des nemo-tenetur weiter als § 136 StPO. Der Beschuldigte kann nicht nur entscheiden, ob er zu den gegen ihn erhobenen Vorwürfen aussagt oder schweigt. Ihn trifft in Gänze keinerlei Pflicht zur aktiven Mitwirkung an dem gegen ihn gerichteten Verfahren.[248]

139　Eine Möglichkeit der Verteidigung ist die Passivität im Ermittlungsverfahren. Der Beschuldigte schweigt zB zu den Vorwürfen. Die Ermittlungsbehörden sind dann zu umfassenden Ermittlungen gezwungen. Sie müssen alles in zeitaufwendigen Recherchen »selbst herausfinden«. Hierdurch wird das Verfahren in die Länge gezogen. Vielfach werden die Ermittlungsbehörden nicht oder zumindest nicht so schnell fündig. Die Vorwürfe können durch das Erreichen der absoluten Verjährung und dem damit verbundenen Verfahrenshindernis verjähren.

bb)　Verfahrensverzögerung

140　Neben dem Schweigen[249] kommt die **Verfahrensverzögerung** als weiteres Mittel der Verteidigung in Betracht.[250] Die Möglichkeiten dieser Methode sind allerdings begrenzt. In den seltensten Fällen erreicht der Verteidiger durch die Verfahrensverzögerung *alleine* sein Verteidigungsziel. Zwar hat der Beschuldigte gem Art. 6 I 1 MRK einen Anspruch darauf, dass über seine Sache »innerhalb einer angemessenen Frist« entschieden wurde. Die *überlange Dauer eines Strafverfahrens* bewirkt nach Auffassung des BGH kein Verfahrenshindernis.[251] Das Verfahren ist deswegen auch nicht nach § 170 II StPO einzustellen. Lediglich in besonders krassen Fällen der

---

246　Weihrauch Ermittlungsverfahren Rn 132

247　Vgl umfassend Rogall Der Beschuldigte als Beweismittel gegen sich selbst, 1977, 104 ff; Lammer Verdeckte Ermittlungen, 1992, 156 ff; Verrel NStZ 1997, 361 ff, 415 ff; BVerfGE 56, 37, 43 ff; BGHSt 38, 214, 220

248　BGHSt 42, 139, 151 ff zum Grundsatz »nemo tenetur se ipsum accusare«; Meyer-Goßner Einl Rn 29 a

249　Dazu unten Rn 141 ff

250　Diese Verteidigungsstrategie wird oft von unsicheren Verteidigern »benutzt«, da man mit dieser Methode wenig falsch machen könne, vgl zu dieser Einschätzung Kunigk Prozessführung und Strafverteidigung, 2. Aufl. 1979, 166

251　BGH StV 1997, 408 f; BGHSt 35, 137, 141; das BVerfG hat allerdings bei besonders schwerwiegenden Verfahrensverzögerungen die Auffassung vertreten, dass ein anerkennenswertes Interesse an der Strafverfolgung in diesen Fällen entfallen kann und eine weitere Strafverfolgung »rechtsstaatlich nicht mehr hinnehmbar sei«, BVerfG StV 1993, 352; NStZ 1984, 128

Verfahrensverzögerung soll eine Einstellung nach § 153 StPO[252] oder § 153 a StPO[253] möglich sein. Einigkeit besteht jedoch dahingehend, dass Verstöße gegen das Beschleunigungsgebot nur dann relevant werden können, wenn diese *durch die Justiz zu verantworten* sind.[254]

Baut der Verteidiger auf Verfahrensverzögerung – zB durch sich endlos wiederholende Anträge auf Akteneinsicht[255] – so kann die Verfahrensverzögerung, die aufgrund eines solchen Verhaltens eintritt, nie eine »besonders schwerwiegende Verfahrensverzögerung« iSd Rechtsprechung des BVerfG[256] darstellen. Die Möglichkeiten einer Verteidigung durch Verzögerung des Verfahrens sind begrenzt. Sicherlich kann sich die Länge des Verfahrens für denjenigen Mandanten, der auch in der Lage sein muss ein längeres Verfahren mental zu verkraften, positiv auswirken. Die Sozialprognose ist durch einen (neuen) Arbeitsplatz oder durch eine (neue) Partnerschaft nunmehr besser. Dieses sind Begleiterscheinungen – ebenso wie zB die Durchführung einer freiwilligen Therapie – die zumindest bei der Strafzumessung Berücksichtigung finden.

cc)   Schweigen

Das wirksamste Mittel der »Passiv-Verteidigung« ist jedoch in geeigneten Fällen das Schweigen des Beschuldigten zu den gegen ihn erhobenen Vorwürfen. Nachdem der Verteidiger nach Akteneinsicht die Lage einschätzen kann und weiß, was die StA gegen seinen Mandanten an Beweismitteln hat, gilt es die Frage, ob der Mandant sich einlässt oder schweigt, sorgfältig zu bedenken. Die Klärung dieser Frage bedarf bei jeder Verteidigung erneuter Überlegung. Kein Fall und insbesondere kein Mandant gleicht in diesem Punkt dem anderen.   **141**

Es ist das gute **Recht** eines jeden Beschuldigten zu den gegen ihn erhobenen Vorwürfen **zu Schweigen**. Dieses ergibt sich aus §§ 136 I 2, 163 a III 2 StPO und gilt für das gesamte Verfahren.[257] Macht der Beschuldigte von diesem Recht Gebrauch, darf diese Tatsache nicht zu seinem Nachteil berücksichtigt werden.[258] Das Schweigen des Beschuldigten darf jedoch nur in Fällen des *Totalschweigens* bzw solchen Fällen, in denen der Täter sich auf das Bestreiten seiner Täterschaft beschränkt,[259] nicht berücksichtigt werden.[260]   **142**

Sagt der Beschuldigte hingegen aus und *schweigt* (lediglich) *teilweise* zu einzelnen Punkten, so darf dieser Umstand im Rahmen der Beweiswürdigung auch zu seinen Lasten berücksichtigt werden.[261] Das partielle Schweigen darf gegen den Beschuldigten verwertet werden.   **143**

Schweigt der Beschuldigte allerdings zu den gegen ihn erhobenen Vorwürfen im Rahmen einer prozessualen Tat in Gänze und macht Angaben zu einer anderen Tat

---

252 So BGH NStZ 1996, 506; OLG Frankfurt NStZ-RR 1998, 52 f
253 LG Frankfurt NJW 1997, 1994
254 Roxin § 16 Rn 10
255 Vgl zu den verschiedenen Möglichkeiten Weihrauch Ermittlungsverfahren Rn 133 ff, 136
256 BVerfG StV 1993, 352; NStZ 1984, 128
257 Meyer-Goßner Einl Rn 29 a; zur Herleitung des Schweigerechts aus dem nemo-tenetur-Prinzip oben Rn 138; vgl ferner Lesch Teil G Kap 1 Rn 13
258 BVerfG NStZ 1995, 555; BGHSt 34, 324, 326; 32, 140, 144; 25, 365, 368; Meyer-Goßner § 261 Rn 16 mN; Rogall Der Beschuldigte als Beweismittel gegen sich selbst, 1977, 247 ff
259 Vgl BGHSt 34, 324, 326; KK-Boujong § 136 Rn 13; KK-Engelhardt § 261 Rn 39
260 Roxin § 15 Rn 25
261 BGHSt 20, 298, 300: »(der Beschuldigte macht sich) im freien Entschluss selbst zu einem Beweismittel und unterstellt sich damit der freien Beweiswürdigung«

im prozessualen Sinn,[262] so liegt kein Teilschweigen vor. Die Tatsache, dass er zu einer Tat schweigt, darf in diesen Fällen auch nicht gegen ihn verwertet werden.[263]

144 Aufgrund der Problematik des Teilschweigens darf es der Verteidiger in keinem Fall zulassen, dass sein Mandant sich im Rahmen einer prozessualen Tat teilweise einlässt und zu anderen Punkten schweigt.[264]

Die Frage nach einer Einlassung des Mandanten muss folglich dahingehend konkretisiert werden:

Entweder Totalschweigen oder vollumfängliche Einlassung.

145 Tondorf[265] bietet eine »Checkliste zum Aussageverhalten des Angeklagten« an. Diese ist – mit gewissen Modifikationen – auf die Frage des Aussageverhaltens iRd Ermittlungsverfahrens übertragbar. Wie jede Checkliste kann auch diese nur eine Anregung geben. Die Frage des Schweigens ist jedoch am konkreten Einzelfall zu messen. Taktische Überlegungen können im konkreten Fall zum Abweichen von der Regel zwingen. In jedem Fall sollte der Beschuldigte nur dann aussagen, wenn seine Aussage zur Erreichung des Verteidigungskonzeptes erforderlich ist.[266] Bedarf es einer Einlassung zur Erreichung des Verteidigungszieles nicht – weil zB die StA sich mit der Verteidigung auf eine »übereinstimmende Rechtsauffassung«[267] geeinigt hat – so sollte das Wagnis einer Einlassung auch tunlichst vermieden werden.

146 Der Mandant **sollte immer** aussagen, wenn:

- ein Alibi angegeben werden kann,
- Rechtfertigungsgründe,
- Entschuldigungsgründe,
- Strafmilderungsgründe geltend gemacht werden sollen,
- aber auch wenn es gilt die Strafzumessungstatsachen und die Umstände einer günstigen Sozialprognose iSv § 56 StGB geltend zu machen.

147 Der Mandant **sollte in aller Regel** aussagen, wenn:

- er bereits umfassende Angaben zur Sache gemacht hat,[268]
- belastende Urkunden sich in der Akte befinden oder Belastungszeugen bereits gehört werden und nur die glaubwürdigen Ausführungen zu einer Entlastung des Mandanten geeignet sind,
- ein Geständnis aufgrund der Beweislage anzuraten ist,[269]
- eine Einstellung gem §§ 153, 153 a StPO erreicht werden soll und die StA in Gesprächen mit dem Verteidiger diese Erledigung von einem Geständnis abhängig gemacht hat.[270]

148 Der Beschuldigte **sollte immer schweigen**, wenn:

- ihm die vorgeworfene Tat auf prozessordnungsgemäße Art und Weise nicht nachgewiesen werden kann,

---

262 Zum prozessualen Tatbegriff Wankel Teil H Kap 5 passim
263 BGHSt 32, 140, 145 m Anm Volk NStZ 1984, 377
264 Dahs Taschenbuch Rn 349
265 Formularbuch-Tondorf VII.A. 14
266 Formularbuch-Tondorf VII.A. 14
267 Man könnte auch »deal« sagen
268 Hier hilft es nichts, nunmehr zu schweigen, da die gemachten Angaben durch die Einvernahme der Verhörsperson eingeführt werden können
269 Vgl zur Problematik des »Geständniswettlaufs« oben Rn 47 f
270 Vgl zur Problematik des damit verbundenen »Zwangs«, oben Rn 45

– die Einlassung dem Mandanten mehr schaden als nützen würde und die Einlassung aufgrund von bestehenden Widersprüchen anhand des Akteninhaltes widerlegt werden wird,
– der Beschuldigte bisher lediglich Angaben zum (objektiven) Tatbestand gemacht hat, aber nichts zum subjektiven Tatbestand gesagt hat,
– der Mandant sich nicht zu einem vollumfänglichen Geständnis durchringen kann,
– die StA einen Sachverständigen unter Verstoß gegen Nr. 70 RiStBV ohne Einvernehmen der Verteidigung mit der Begutachtung beauftragt hat.[271]

Sind Verteidiger und Mandant nach erfolgter Akteneinsicht zu der Auffassung gelangt, dass keinerlei Angaben zur Sache gemacht werden, sollte diese Entschließung den Strafverfolgungsbehörden idR mitgeteilt werden. Dieses schon aus dem Grund, um zB weitere Vernehmungsversuche zu vermeiden. Ein solches Schreiben könnte folgendermaßen aussehen: **149**

Klaus Mustermann
– Rechtsanwalt –
Musterstraße 11
56789 Musterstadt

Staatsanwaltschaft Regensburg

Kumpfmühler Str 4
93066 Regensburg

45 Js 2019/99

In dem Ermittlungsverfahren

gegen

Müller, Willy

wegen des Verdachts des Diebstahls

teile ich nach erfolgter Akteneinsicht mit, dass mein Mandant – zum momentanen Zeitpunkt – auf mein Anraten hin von seinem Recht zu Schweigen Gebrauch macht.

Es wird gebeten von (weiteren) Vernehmungsversuchen Abstand zu nehmen.

Rechtsanwalt

b)   Aktivitäten des Beschuldigten als Mittel der Verteidigung

Hat sich der Verteidiger nach erfolgter Akteneinsicht und Besprechung mit dem Mandanten unter konkreter Abwägung der Vor- und Nachteile für eine Mitwirkung im Ermittlungsverfahren entschieden, so gilt es die Art und Weise der Kooperation abzustecken.   **150**

aa)   Einlassung

Es wurde bereits ausgeführt, dass kein Beschuldigter an seiner eigenen Überführung (aktiv) mitwirken muss. Dieses ergibt sich aus dem nemo-tenetur-Grundsatz. Entscheidet sich der Beschuldigte jedoch Angaben zur Sache zu machen, so sollten diese – ohne Ausnahme – mit Blick auf die Problematik des Teilschweigens vollständig sein.   **151**

---

271 Nur durch das Schweigen des Mandanten gegenüber dem »Sachverständigen der StA« hält sich die Verteidigung einen Beweisantrag auf Hinzuziehung eines weiteren Sachverständigen offen; so auch Formularbuch-Tondorf VII.A. 14

152 Der Beschuldigte kann seine Einlassung in vier verschiedenen Arten ins Verfahren einbringen. Es sind dieses die polizeiliche, staatsanwaltschaftliche oder richterliche Vernehmung oder er kann sich zu den Vorwürfen auch schriftlich äußern.

bb) Polizeiliche Vernehmung

153 Die **polizeiliche Vernehmung** des Mandanten ist die wohl am weitesten verbreitete Art der Beschuldigtenvernehmung. Der Großteil der Mandanten kommt zur ersten Besprechung in die Kanzlei des Rechtsanwalts und gibt auf Frage an, dass er bereits umfangreiche Angaben zur Sache gegenüber der Polizei gemacht hat. Entscheidet sich die Verteidigung später Angaben zur Sache zu machen und signalisiert diese Bereitschaft der StA, so wird fast ausnahmslos durch die StA eine polizeiliche Vernehmung anberaumt. Dieses liegt wohl darin begründet, dass die zeitliche Belastung einer (umfangreichen) Vernehmung durch die StA nicht getragen werden kann und zum anderen, dass der polizeiliche Sachbearbeiter in der Materie »drin« ist.

154 Bei Ermittlungshandlungen der Polizei – und zu solchen zählt auch die Vernehmung des Beschuldigten – haben die Verfahrensbeteiligten bis auf die StA de lege lata **kein Anwesenheitsrecht**.[272] Dieses gilt auch für den Verteidiger bei der Beschuldigtenvernehmung.[273] Dieses soll sich nach hM aus § 163 a III 2 iVm 168 c I, IV StPO (e contrario) ergeben.[274] Für die polizeiliche Vernehmung sei eben kein Anwesenheitsrecht im Gesetz verankert. Aus dem Schweigen des Gesetzes insofern die Konsequenz der hM zu ziehen erscheint mit Blick auf § 137 I 1 StPO bedenklich. Der Beschuldigte kann sich in jeder Lage des Verfahrens seines Verteidigers bedienen. Dieses gilt nach hiesiger Auffassung selbstverständlich auch für die polizeiliche Beschuldigtenvernehmung.

155 Unabhängig davon ist die Anwesenheit des Verteidigers bei der polizeilichen Beschuldigtenvernehmung idR nie ein Problem. Auch nach hM darf dem Verteidiger die Anwesenheit gestattet werden.[275] Hierzu ist die Polizei idR auch bereit. Die Konsequenzen einer Versagung der Anwesenheit des Verteidigers sind den Polizeibeamten hinreichend bekannt:

156 Wird dem Verteidiger die Anwesenheit nicht gestattet, gibt es in der Regel auch keine Aussage des Mandanten. Es besteht eben keine Pflicht des Beschuldigten vor der Polizei zu erscheinen und Angaben zu machen. Hierüber muss der Verteidiger selbstredend seinen Mandanten beraten und ihm nahelegen, keinerlei Angaben vor der Polizei zu machen, wenn er nicht zur Vernehmung zugelassen wird.[276] Mithin hat die Verteidigung die Möglichkeit ihre Anwesenheit bei der polizeilichen Vernehmung zu »erzwingen«. Diese Vorgehensweise ist idR auch nicht mit Nachteilen behaftet, da die Strafverfolgungsbehörden an einer Aussage des Beschuldigten interessiert sind.

157 Wird dem Verteidiger die Anwesenheit durch die Polizei gestattet, so hat der Verteidiger ein Hinweis- und Fragerecht.[277] Er kann nicht auf eine bloße Zuhörerrolle verwiesen werden.[278] Dieses ergibt sich aus seiner Stellung als Verteidiger.[279] Von

---

272 Meyer-Goßner § 163 Rn 15; Krause StV 1984, 169, 175, fordert den Gesetzgeber zum Handeln auf
273 HM Meyer-Goßner § 163 Rn 16 mwN; Pfeiffer § 163 Rn 8
274 Meyer-Goßner § 163 Rn 16
275 Meyer-Goßner § 163 Rn 16
276 Pfeiffer § 163 Rn 8
277 LR-Rieß § 163 a Rn 95; Meyer-Goßner § 163 Rn 16; Pfeiffer § 163 Rn 8
278 So Pfeiffer § 163 Rn 8
279 LR-Rieß § 163 a Rn 95

diesen **Einwirkungsmöglichkeiten** auf den Gang der Vernehmung des Mandanten sollte der Verteidiger auch Gebrauch machen.[280]

Eine polizeiliche Vernehmung des Mandanten sollte die Ausnahme bleiben. Insbesondere sollte der Verteidiger den Mandanten nie alleine zur Polizei gehen lassen. Dem Mandanten sitzen idR Polizeibeamte gegenüber, welche in der Vernehmungstechnik geschult sind und »ihr Handwerk« täglich betreiben. Die Intentionen des Vernehmungsbeamten sind ebenfalls offensichtlich. Der Beamte ist von seiner »Arbeitshypothese« überzeugt und will den Beschuldigten überführen. Die Vernehmung wird auf diese »Arbeitshypothese« des Vernehmungsbeamten ausgerichtet und die Befragung in diese Richtung gelenkt. Der Mandant kann ggf »nicht mehr aus«. Zudem werden dem Mandanten häufig »Versprechungen« gemacht um ein Geständnis zu erlangen. So wird dem Beschuldigten zB zugesichert, dass man sich für seine Enthaftung einsetzen will, falls er ein Geständnis ablegt. Hierin soll nach hM keine unzulässige Täuschung iSv § 136 a StPO liegen.[281] Die Wirkung einer solchen Zusage der Polizei auf den Mandanten ist jedoch gut vorstellbar.

158

Zwar hat der BGH in seiner Entscheidung vom 27. 02. 1992[282] die Rechte des Beschuldigten im Rahmen seiner (polizeilichen) Vernehmung aufgewertet indem er einen Verstoß gegen die Belehrungspflichten des § 136 StPO – unter bestimmten Voraussetzungen[283] – mit einem Verwertungsverbot belegt. Die Stellung des Beschuldigten ist hierdurch jedoch nicht entscheidend gestärkt worden. Der Nachweis eines Verfahrensverstoßes durch die Strafverfolgungsbehörden ist idR schwer zu führen, da der Grundsatz in dubio pro reo bei Verfahrensverstößen nicht gilt.[284]

cc) Staatsanwaltschaftliche/richterliche Vernehmung

Bei einer **staatsanwaltschaftlichen** oder **richterlichen Vernehmung** hat der Verteidiger unzweifelhaft ein Anwesenheitsrecht. Dieses ergibt sich für die ermittlungsrichterliche Vernehmung aus § 168 c I StPO und für die staatsanwaltschaftliche aus § 163 a III 2 StPO, der auf § 168 c I StPO verweist. Gegenüber der polizeilichen Einvernahme sind beide Arten der Vernehmung de lege lata aus Sicht der Verteidigung stärker ausgestaltet. Trotzdem ist sowohl bei der staatsanwaltschaftlichen als auch bei der richterlichen Vernehmung des Beschuldigten Vorsicht geboten.

159

Die StA ist gem § 160 II StPO verpflichtet nicht nur belastende, sondern auch entlastende Momente zu ermitteln. Trotzdem wird die StA in der Praxis iRd Vernehmung geneigt sein, den Beschuldigten zu überführen. Gerade deshalb ist es ein schwerer Kunstfehler seinen Mandanten alleine zu einer staatsanwaltschaftlichen Vernehmung gehen zu lassen. Das Anwesenheitsrecht ist immer wahrzunehmen. Eine Vernehmung durch die StA empfiehlt sich idR dann, wenn der Mandant »überzeugend« ist und »einen guten Eindruck« machen kann.[285] Es kann in solchen Fällen hilfreich sein, das bloße staatsanwaltschaftliche Aktenzeichen für den sachbearbeitenden StA »mit Leben zu erfüllen«.

160

Die richterliche Vernehmung des Mandanten wird der Verteidiger in wenigen Fällen beantragen. Gem § 254 StPO sind die richterlichen Vernehmungsprotokolle in der späteren Hauptverhandlung im Wege des Urkundenbeweis verlesbar. Die Verneh-

161

---

280 Ebenso Weihrauch Ermittlungsverfahren Rn 152
281 Vgl KK-Boujong § 136 a Rn 33
282 BGHSt 38, 214 ff = StV 1992, 212
283 Vgl Groß-Bölting/Kaps Teil B Kap 4 Rn 138 ff; Lesch Teil G Kap 1 Rn 75
284 Vgl nur Meyer-Goßner § 337 Rn 12 mwN
285 Ebenso Weihrauch Ermittlungsverfahren Rn 145

mung hat mithin etwas »Endgültiges«. Zudem ist der Ermittlungsrichter mit dem Sachverhalt in vielen Fällen nicht ausreichend vertraut.

162 Entscheidet sich der Verteidiger trotzdem für eine richterliche Vernehmung und beantragt diese, so sollte in den Antrag immer die Bitte um Terminsabsprache aufgenommen werden. § 168 c V 3 StPO birgt hier nämlich eine gewisse Falle. Die zur Anwesenheit Berechtigten haben nämlich keinen Anspruch auf Terminsverlegung. Viele Ermittlungsrichter sind auch – aufgrund ihrer terminlichen Auslastung – nicht zu Terminsverlegungen bereit. In diesem Fall bleibt dem Verteidiger nichts anderes übrig, als seinem Mandanten zu raten, die Aussage zu verweigern. Nämlich auch bei der richterlichen Vernehmung des Mandanten gilt es das Anwesenheitsrecht zwingend wahrzunehmen.

dd) Schriftliche Äußerung

163 Der Beschuldigte kann sich in jeder Lage des Verfahrens schriftlich zur Sache äußern.[286] Diese schriftliche Einlassung kann selbstverständlich auch durch den Verteidiger erfolgen (arg § 137 StPO). Die Abgabe einer schriftlichen Einlassung vermeidet die oben skizzierten negativen Folgen der Einlassungen bei Polizei, StA und Richter. Allerdings sollte der Verteidiger die prozessuale Verwertbarkeit einer schriftlichen Einlassung in den verschiedenen Spielarten kennen und hierüber auch seinen Mandanten belehren.

164 Handelt es sich um eine schriftliche *Einlassung des Beschuldigten selbst*, ist diese in einer etwaigen späteren Hauptverhandlung gem § 249 StPO verlesbar und zwar auch, wenn er dann nicht mehr zur Sache aussagt.[287] Diese Konsequenz darf der Verteidiger nicht aus den Augen verlieren.

165 Wird jedoch die *Äußerung zur Sache über den Verteidiger* des Beschuldigten abgegeben, so kann auch dieser »Nachteil« für den Beschuldigten vermieden werden. Die Äußerungen des Verteidigers (in seinen eigenen Worten) sind nicht verlesbar.[288]

166 Wählt der Verteidiger die schriftliche Einlassung zur Sache, so sollte die »**Verteidigungsschrift**« idR im Beisein des Mandanten (in der Kanzlei) gefertigt werden.[289] Der Mandant kann bereits während des Diktates der Verteidigungsschrift ggf korrigierend und ergänzend eingreifen. Zudem ist diese Vorgehensweise für den Mandanten durchaus beeindruckend. Ist jedoch eine umfangreiche Verteidigungsschrift erforderlich, die zB Bezugnahme auf die Verfahrensakten erforderlich macht oder sitzt der Mandant in U-Haft, so sollte der Verteidiger die Verteidigungsschrift als Entwurf fertigen und anschließend mit dem Mandanten besprechen und ggf noch Änderungen vornehmen. In diesem Fall sollte der Verteidiger sich die Verteidigungsschrift vom Mandanten ausdrücklich genehmigen lassen.[290]

---

286 Vgl KK-Boujong § 136 Rn 16; Burhoff Ermittlungsverfahren Rn 1479; instruktiv Hamm StV 1982, 490 ff
287 BGHSt 39, 305, 306; Burhoff Ermittlungsverfahren Rn 644; KK-Wache § 163 a Rn 14; KK-Diemer § 249 Rn 14; BGHSt 39, 305
288 Burhoff Ermittlungsverfahren Rn 644; KK-Wache § 163 a Rn 14; Meyer-Goßner § 163 a Rn 14; OLG Celle NStZ 1988, 426; in Frage käme zwar die Einvernahme des Verteidigers als Zeuge, jedoch kann der Mandant durch die Verweigerung der Entpflichtung von der Verschwiegenheit gem § 53 II StPO die Äußerungen »sperren«
289 Burhoff Ermittlungsverfahren Rn 644
290 Burhoff Ermittlungsverfahren Rn 644

c) Verteidigungsschrift

Die Frage nach der Zweckmäßigkeit der Einreichung einer sog **Verteidigungs-** **167**
schrift[291] wird in der Literatur uneinheitlich beantwortet. Dahs[292] spricht vom »Dilemma des Verteidigers, einerseits den Mandanten vor der Hauptverhandlung zu schützen, andererseits nicht den Fehler vorheriger Preisgabe seines Verteidigungsvorbringens zu machen«. Er nennt diese Entscheidung ein »Teufelsproblem« und rät davon ab durch Abgabe einer Verteidigungsschrift das »Pulver zu verschießen« und »alle Trümpfe auf den Tisch zu legen«.

Diesem generellen Verdikt gegen eine Verteidigungsschrift muss mit Entschieden- **168**
heit widersprochen werden.[293] Selbstverständlich ist nicht jedes Ermittlungsverfahren geeignet, eine Verteidigungsschrift erforderlich erscheinen zu lassen. Es besteht auch selbstredend keine Pflicht des Verteidigers in jedem Fall eine Verteidigungsschrift einzureichen.[294] Es kommt bei der Frage, ob eine Verteidigungsschrift durch den Verteidiger eingereicht werden sollte, *immer* auf den konkreten Einzelfall an.[295] Eine Verteidigungschrift sollte jedoch immer nur dann eingereicht werden, wenn mit ihr ein konkretes Verteidigungziel verfolgt wird.[296] Umgekehrt heißt dieses, dass eine Verteidigungsschrift immer dann einzureichen ist, wenn diese geeignet erscheint, den Zielen des Mandanten zu nützen.[297]

Eine Verteidigungsschrift ist dann angebracht, wenn durch das Vorbringen **169**

– eine Hauptverhandlung vermieden werden kann,
– das Ermittlungsverfahren erheblich abgekürzt werden kann,
– eine Einstellung des Verfahrens vorbereitet wird,
– die Ermittlungen auf entlastendes Beweismaterial erstreckt werden sollen.

Entscheidet sich der Verteidiger für die Abgabe einer Verteidigungsschrift so sind **170**
folgende **Grundregeln**[298] immer zu beherzigen:

– Keine Verteidigungsschrift ohne Akteneinsicht
– Verteidigungsschrift nur dann, wenn sie dem Mandanten etwas bringt
– Verteidigungsschrift dann, wenn der Verlust von entlastendem Beweismaterial zu besorgen ist
– Verteidigungsschrift bei bestehendem Verfahrenshindernis
– Verteidigungsschrift dann, wenn das Verfahren verzögert werden soll[299]
– Verteidigungsschrift dann, wenn das Ergebnis des Ermittlungsverfahrens mit dem Staatsanwalt besprochen ist.

Die Verteidigungsschrift ist selbstredend nur nach gründlicher Vorbereitung durch den Verteidiger abzugeben.

---

291 Der Verteidiger sollte hier nicht den ebenfalls verbreiteten Ausdruck der »Schutzschrift« verwenden, sondern den »kämpferischen« Begriff der »Verteidigungsschrift«; aA Hamm StV 1982, 490, zieht (zumindest) im Ermittlungsverfahren den Begriff der »Schutzschrift« vor
292 Dahs Handbuch Rn 403
293 Hamm StV 1982, 490, 492, mit dem zutreffenden Hinweis, dass ein zurückhaltender Gebrauch des Instituts der Verteidigungsschrift wohl schwerlich mit der Verpflichtung des Verteidigers zu vereinbaren ist, »mit allen Mitteln auf die Einstellung des Verfahrens hinzuwirken«; so auch Burhoff Ermittlungsverfahren Rn 1480; Weihrauch Ermittlungsverfahren Rn 171
294 Ebenso Hamm StV 1982, 490, 492
295 Burhoff Ermittlungsverfahren Rn 1480
296 Hamm StV 1982, 490, 492
297 Burhoff Ermittlungsverfahren Rn 1480: »Weniger ist mehr!«
298 Nach Weihrauch Ermittlungsverfahren Rn 172
299 Vgl zur Verfahrensverzögerung oben Rn 140

Die nähere Ausgestaltung der Verteidigungsschrift ergibt sich nach den Umständen des Einzelfalles und ist abhängig vom Verfahrensstand, der Zielrichtung der Verteidigung und ggf von dem Ergebnis der Gespräche mit der StA.[300] Wird das Institut der Verteidigungsschrift durch den Verteidiger in geeigneten Fällen geschickt eingesetzt, um das Ermittlungsverfahren im Sinne des Mandanten zu beeinflussen, so ist es ein »starkes Schwert« für eine sinnvolle Verteidigung.

aa) Einstellungsantrag nach § 170 II StPO

171   Verfolgt der Verteidiger mit der Verteidigungsschrift eine Verfahrenseinstellung nach § 170 II StPO,[301] kann eine solche Verteidigungsschrift folgendermaßen aussehen:[302]

Klaus Mustermann
– Rechtsanwalt –
Musterstraße 11
56789 Musterstadt

Staatsanwaltschaft Regensburg

Kumpfmühlerstraße 4
93066 Regensburg

Musterstadt, den 21. 11. 2005

Az. 66 Js 0815/00

In dem Ermittlungsverfahren

gegen

Müller, Willy

wegen des Verdachts des Betruges

wird beantragt,

    das Verfahren nach § 170 II StPO einzustellen.

Begründung:

1. Darstellung des Tatvorwurfs/der Tatvorwürfe
2. Verfahrensgang
3. Beweiswürdigung nach Aktenlage
4. Rechtliche Beurteilung
5. Ergebnis:

Das Verfahren ist aus tatsächlichen und/oder rechtlichen Gründen gem § 170 II StPO einzustellen.

Rechtsanwalt

---

300 Ebenso Weihrauch Ermittlungsverfahren Rn 170
301 Vgl zur Verfahrenseinstellung gem § 170 II StPO oben Rn 115 ff
302 Formularbuch-Danckert/Ignor III. 18

bb) Einstellungsantrag nach § 153 StPO

Ist eine Einstellung »mangels Tatverdacht« gem § 170 II StPO nicht zu erreichen, **172** da ein hinreichender Tatverdacht nicht zu bestreiten ist, so bieten die §§ 153 ff StPO[303] der Verteidigung ein sehr fruchtbares Betätigungsfeld um das Verfahren »geräuschlos« zu beenden.[304]

Klaus Mustermann
– Rechtsanwalt –
Musterstraße 11
56789 Musterstadt

Staatsanwaltschaft Regensburg

Kumpfmühlerstraße 4
93066 Regensburg

Musterstadt, den 21. 11. 2005

Az. 66 Js 0815/00

In dem Ermittlungsverfahren

gegen

Müller, Willy

wegen des Verdachts des Betruges

wird beantragt,

das Verfahren nach § 153 StPO einzustellen.

Begründung:

1. Darstellung des Tatvorwurfs/der Tatvorwürfe
2. Verfahrensgang
3. Beweiswürdigung nach Aktenlage
4. Rechtliche Beurteilung
5. Darstellung der Voraussetzungen des § 153 StPO
   a) Vergehen
   b) Schuldgehalt gering
   c) Fehlen des öffentlichen Interesses an der Strafverfolgung

Es wird deswegen angeregt, das Verfahren gem § 153 I StPO einzustellen.

Rechtsanwalt

---

303 Vgl zur Einstellung nach Opportunitätsgesichtspunkten oben Rn 123 ff
304 Burhoff Ermittlungsverfahren Rn 673; Formularbuch-Hamm IV. Vorbem; Weihrauch Ermittlungsverfahren Rn 122 ff

cc) Einstellungsantrag nach § 153 a StPO

173 Bejaht die StA das öffentliche Interesse an der Strafverfolgung, so kann dennoch eine Einstellung des Verfahrens gem § 153 a StPO erreicht werden.[305] Kann das öffentliche Interesse an der Strafverfolgung durch die Erfüllung bestimmter Auflagen und Weisungen beseitigt werden, so könnte ein entsprechender Antrag wie folgt aussehen:

Klaus Mustermann
– Rechtsanwalt –
Musterstraße 11
56789 Musterstadt

Staatsanwaltschaft Regensburg

Kumpfmühlerstraße 4
93066 Regensburg

Musterstadt, den 21. 11. 2005

Az. 66 Js 0815/00

In dem Ermittlungsverfahren

gegen

Müller, Willy

wegen des Verdachts des Betruges

wird beantragt,

das Verfahren nach § 153 a StPO einzustellen.

Begründung:

1. Darstellung des Tatvorwurfs/der Tatvorwürfe
2. Verfahrensgang
3. Beweiswürdigung nach Aktenlage
4. Rechtliche Beurteilung
5. Darstellung der Voraussetzungen des § 153 a StPO
   a) Vergehen
   b) Schwere der Schuld darf der Einstellung nicht entgegenstehen
   c) Möglichkeit das an sich bestehende öffentliche Interesse an der Strafverfolgung durch bestimmt Auflagen und Weisungen zu beseitigen

Es wird deswegen angeregt, das Verfahren gem § 153 a StPO einzustellen.

Rechtsanwalt

---

305 Vgl zur Einstellung gem § 153 a StPO oben Rn 127 f

Kapitel 2
Verteidigung im Zwischenverfahren

Überblick

I. Bedeutung des Zwischenverfahrens

1. Sinn und Zweck, Beginn und Ende des Zwischenverfahrens

1 a) Im Zwischenverfahren (= Eröffnungsverfahren) prüft das Gericht, zu dem die StA die öffentliche Klage erhoben hat, ob und inwieweit Strafverfolgung des Angeschuldigten veranlasst ist.

Es bezweckt, bezogen auf den Angeschuldigten, dessen Schutz vor persönlichen, beruflichen und finanziellen Belastungen durch ein Hauptverfahren bei schon jetzt zu erwartendem Freispruch oder zu erwartender Verfahrenseinstellung (§ 260 III StPO). Besondere Bedeutung kommt auch hier den Grundsätzen der Verhältnismäßigkeit und der Notwendigkeit zu.

2 Die Eröffnungsablehnung (§ 204 I StPO) hat die Beschränkung der Möglichkeit erneuter Verfolgung in ders Sache (§ 211 StPO) zur Folge. Im Fall der Eröffnung (§§ 203, 207 StPO) bewirkt die EB die Umgrenzung und Konkretisierung des Prozessgegenstandes in tatsächlicher (§ 264 I StPO) und rechtlicher (§ 265 I StPO) Hinsicht. Für den Angeschuldigten steht die Informationsfunktion von Anklage und EB im Vordergrund; sie soll umfassende Verteidigung ermöglichen.

3 b) Das Zwischenverfahren beginnt[1] mit Eingang der mit der Anklageschrift von der StA übermittelten Akten bei dem Gericht, zu dem die StA die Anklage erhoben hat (§ 199 I StPO), und auf das nun – von der StA – die Verfahrensherrschaft übergeht. Es endet, von Ausnahmefällen[2] abgesehen, durch Ablehnung (§ 204 StPO) der Eröffnung des Hauptverfahrens (wegen Prozesshindernisses oder nicht hinreichenden Tatverdachts) oder durch Erlass eines EB (§§ 203, 207; ggf iVm §§ 209 a, 209 I StPO).

2. Bedeutung für die Verteidigung

4 a) Mit Beginn des Zwischenverfahrens – Eingang der Akten bei dem Gericht, zu dem die StA die Anklage erhoben hat – geht die Zuständigkeit für Akteneinsicht,[2a] Haftprüfung, Verteidigerbestellung (§ 141 IV StPO), überhaupt für die Entgegennahme von Anträgen, auf dieses Gericht über.

5 b) In der Praxis wird von der Verteidigung häufig auf ein Tätigwerden im Zwischenverfahren verzichtet.[3] Grund hierfür dürfte die (weitgehende) Nichtüberprüfbarkeit der im Zwischenverfahren ergehenden Entscheidungen des Gerichts durch Rechtsmittel sein. Dabei wird allerdings nicht bedacht, dass die der menschlichen Natur innewohnende, daher auch einem Richter nicht abzusprechende Neigung, einmal getroffene Entscheidungen lieber zu bestätigen als sie letztlich als unzutreffend gewesen zu akzeptieren (sog Inertia-Effekt[4]), ein zusätzliches Risiko für den

---

1 In den Fällen der §§ 76–78 JGG, 266 StPO, 407 ff StPO, 417–419 II StPO findet kein Zwischenverfahren statt

2 Etwa: Rücknahme der Anklage (§ 156 StPO); Verfahrenseinstellung, zB gem §§ 153 II StPO

2a Das Akteneinsichtsrecht bezieht und beschränkt sich regelmäßig auf den Tatsachenstoff, der dem Gericht zugänglich gemacht worden ist, erstreckt sich aber nicht auf andere Unterlagen – es sei denn, es können vom Verteidiger konkrete Anhaltspunkte dafür benannt werden, dass die weiteren Unterlagen relevante Erkenntnisse für das Verfahren enthalten; vgl OLG Frankfurt NStZ 2003, 566

3 Vgl Dahs Handbuch Rn 384

4 Zu den Ergebnissen von Untersuchungen hierzu: Bandilla/Hassemer StV 1989, 551 f; Barton StraFo 1993, 11 ff

Angeschuldigten mit sich bringt, für den Erfolg versprechende Anträge nicht im Zwischenverfahren gestellt, sondern bewusst der Hauptverhandlung vorbehalten werden.

Es sollte deshalb dann, wenn konkrete Aussichten bestehen, die Nichteröffnung zu erreichen, von den dem Angeschuldigten im Zwischenverfahren eingeräumten Möglichkeiten Gebrauch gemacht werden, es sei denn, es sprechen gewichtige Gesichtspunkte – etwa: Gefahr der »Nachbesserung« einer essentiell-mangelhaften (unwirksamen) Anklage[5] mit Konsequenzen bezüglich sonst eintretender Verjährung[6] – dagegen.

Ein »Verbrauch« von im Zwischenverfahren erhobenen Rügen findet nicht statt; sie können in der Hauptverhandlung wiederholt werden.

Versäumt es der Verteidiger, an sich gebotene Anträge, auch zum Nichtvorliegen   **6** von Verfahrensvoraussetzungen (zB: schon eingetretene Verjährung), zu stellen und wird das Fehlen der Verfahrensvoraussetzung vom Gericht erst im Rahmen einer Hauptverhandlung bemerkt, kann dies zivilrechtliche Schadenersatzansprüche des Mandanten gegen den Verteidiger auslösen.[7]

II.   Verteidigung im Verfahren nach §§ 201, 202 StPO

1.   Anforderungen an die Mitteilung gem § 201 I StPO

Von der Anklageerhebung erhält der Angeschuldigte zumeist erst durch die vom   **7** Gericht nach Maßgabe von § 201 StPO anzuordnende Mitteilung der Anklageschrift Kenntnis. Die Mitteilung der Anklageschrift geschieht regelmäßig im Wege förmlicher Zustellung,[8] wobei Ersatzzustellung[9] statthaft ist, öffentliche Zustellung jedoch, schon wegen der besonderen Bedeutung der Gewährleistung rechtlichen Gehörs im Strafverfahren, ausscheidet.[10]

Ist ein Verteidiger bereits bestellt, erfolgt Zustellung an diesen (§ 145 a I, III StPO). Bestand in Wirklichkeit noch keine Bestellung, kann die Zustellung an den Rechtsanwalt eine konkludente Pflichtverteidigerbestellung bewirken.[11]

Einem nicht der deutschen Sprache kundigen Ausländer muss die Anklageschrift in einer ihm verständlichen Sprache bekannt gegeben werden.[12] Die Unkundigkeit der deutschen Sprache begründet, für sich allein, allerdings nicht das Erfordernis einer Pflichtverteidigerbestellung;[13] Art. 6 III lit e EMRK räumt jedoch dem der deut-

---

5   Näher hierzu: KMR-Seidl § 200 Rn 51, 53–55
6   Eine unwirksame Anklage unterbricht die Verjährung nicht: vgl OLG Bremen StV 1990, 25 f
7   BGH NJW 1964, 2402, 2404 bzgl Verjährung
8   Zu den Konsequenzen bei Zweifeln über den Zugang s unten Rn 24
9   Zu den Einzelfällen: Meyer-Goßner § 37 Rn 6 ff
10   Ebenso: KK-Maul § 40 Rn 3; differenzierend: Meyer-Goßner § 40 Rn 1
11   OLG Saarbrücken NStZ-RR 1999, 288
12   Dieses Erfordernis ist Art. 6 III a MRK zu entnehmen; vgl OLG Stuttgart StV 2003, 490; OLG Hamm StV 2003, 49; KG StV 1994, 90. Vgl aber auch OLG Düsseldorf NJW 2003, 2766: Für den Fall eines leicht verständlichen Sachverhalts und der rechtlichen und tatsächlichen Überschaubarkeit soll es genügen, wenn die Anklage nach Verlesung in der Hauptverhandlung übersetzt wird
13   Vgl BGH NJW 2001, 309. Ein Fall der notwendigen Verteidigung (§ 140 II StPO) liegt allerdings (regelmäßig) vor, wenn dem nicht der deutschen Sprache mächtigen Ausländer entgegen Art. 6 III a MRK die Anklageschrift ohne Übersetzung zugestellt worden ist; vgl OLG Karlsruhe StraFo 2002, 193

schen Sprache nicht kundigen Angeschuldigten einen Anspruch auf unentgeltliche Zuziehung eines Dolmetschers auch für vorbereitende Gespräche mit einem (Wahl-) Verteidiger ein.[14]

Ist die Mitteilung der Anklageschrift nicht oder nicht ordnungsgemäß erfolgt, muss der Fehler in der Hauptverhandlung gerügt werden; sonst droht die Annahme eines stillschweigenden Verzichts auf das Revisionsrügerecht,[15] das allerdings ohnehin nur dann erfolgversprechend sein kann, wenn ein Antrag des Angeklagten, die Hauptverhandlung auszusetzen und die unterlassene Mitteilung nachzuholen, abgelehnt worden ist.[16]

2. Fristbestimmung, Anträge und Einwendungen

8 Mit der Anklageschrift erhält der Angeschuldigte die Aufforderung, innerhalb einer bestimmten Frist zu erklären, ob er die Vornahme von Beweiserhebungen beantragen oder Einwendungen gegen die Eröffnung des Hauptverfahrens vorbringen wolle (§ 201 I StPO).

Erwägt das Gericht (Kammer) eine Besetzungsreduktion, ist ein entsprechender ausdrücklicher Hinweis hierauf an den Angeschuldigten nicht erforderlich.[17]

Die Erklärungsfrist beträgt idR mindestens eine Woche. Sie kann auf Antrag oder von Amts wegen verlängert werden.

a) Versäumung der gesetzten Frist

9 Gehen Anträge oder Einwendungen des Angeschuldigten verspätet aber noch vor der Befindung über die Eröffnung des Hauptverfahrens ein, hat das Gericht sie dennoch nach Maßgabe von § 201 II 1 StPO zu verbescheiden.[18]

Grundsätzlich ist auch Wiedereinsetzung in den vorigen Stand gegen die Versäumung der Erklärungsfrist denkbar.[19]

b) Einwendungen

10 Einwendungen gegen die von der StA beantragte Eröffnung können alle deren Voraussetzungen betreffen, etwa fehlende Zuständigkeit,[20] Prozesshindernisse,[21] Mängel der Anklage[22] oder nicht hinreichender Tatverdacht[22a] (§ 203 StPO).

---

14 BGH aaO

15 Näher: KMR-Seidl § 201 Rn 35 mN. S auch unten Rn 57 a

16 Zum notwendigen Revisionsvorbringen vgl OLG Celle StraFo 1998, 19

17 BGH NStZ-RR 1999, 212, 214

18 Str; ebenso: LR-Rieß § 201 Rn 18; aM: Meyer-Goßner § 201 Rn 4 unter Hinweis auf BayObLGSt 1951, 379. Zu den Konsequenzen einer unterlassenen Verbescheidung s unten Rn 58 sowie KMR-Seidl § 201 Rn 35, 36

19 LR-Rieß § 201 Rn 20

20 Zu den Konsequenzen der Verneinung der Zuständigkeit durch das Gericht: KMR-Seidl § 199 Rn 14–20. Zur Frage eines »Auswählermessens« der StA: OLG Hamm StV 1999, 240; dazu: Heghmanns, Auswählermessen der Staatsanwaltschaft bei Anklageerhebung und ges Richter, StV 2000, 277 ff

21 Zu solchen im Einzelnen: Meyer-Goßner Einl Rn 141–154; KMR, 8. Aufl., Einl IX Rn 1–9

22 Näher: KMR-Seidl § 200 Rn 51 ff

22 a Vgl LG Gießen NJW 2004, 1966

c)   Beweisanträge

Beweisanträge hat das Gericht nur zu berücksichtigen, wenn sie für die im Rahmen   **11**
des Zwischenverfahrens zu treffende Entscheidung von Bedeutung, dh, etwa einen
sonst gegebenen hinreichenden Tatverdacht zu entkräften geeignet sind.

Der Beweisantrag sollte innerhalb der gesetzten Frist angebracht werden und erkennen lassen, dass Beweiserhebung vor der Eröffnung angestrebt wird. Er muss
den Anforderungen des § 219 I 1 StPO genügen,[23] also bestimmte Tatsachen und
Beweismittel angeben.[24]

Muster: In dem Verfahren gegen … wird gem § 201 II StPO beantragt, noch vor der Entscheidung   **12**
über die Eröffnung des Hauptverfahrens den Zeugen … zum Beweis der Tatsache zu vernehmen,
dass …

Die Ablehnung von Beweisanträgen ist nur zulässig unter den Voraussetzungen des   **13**
§ 244 III–V StPO,[24a] wobei es allerdings bei der Beweisfrage nicht um die »Wahrheit« (§ 244 II StPO) der den Anklagevorwurf tragenden Tatsachen, sondern ausschließlich um deren »hinreichende Wahrscheinlichkeit« (§ 203 StPO) geht.

d)   Notwendigkeit der Wiederholung in der Hauptverhandlung

Werden Einwendungen oder Anträge zurückgewiesen oder nicht behandelt, kann   **14**
dies mit der Revision – unter Bezug auf den in der Hauptverhandlung erfolgten
Verstoß – nur gerügt werden, wenn sie in der Hauptverhandlung wiederholt worden sind, es sei denn, ein Hinweis des Gerichts auf das Erfordernis der Wiederholung ist gegenüber einem nicht verteidigten Angeschuldigten / Angeklagten unterblieben.[24b]

e)   Effektivität

Die rechtliche Effektivität von Einwendungen und Anträgen im Zwischenverfahren   **15**
darf nicht zu hoch eingeschätzt werden. Dennoch sollte das Unterlassen von an
sich naheliegender Antragstellung nur nach sorgfältiger Abwägung der dafür und
dagegen sprechenden Gründe[25] und nach umfassender Abstimmung mit dem Mandanten geschehen, schon, um etwaige Haftungsrisiken[26] zu vermindern.

f)   Keine Anfechtungsmöglichkeit (§ 201 II 2 StPO)

Eine Anfechtung der nach § 201 II 1 StPO getroffenen Entscheidung des Gerichts   **16**
oder auch vorangegangener Verfahrensverstöße im Verfahren nach § 201 I StPO ist
ausgeschlossen (§ 201 II 2 StPO).

---

23 Ebenso: Meyer-Goßner § 201 Rn 6; aM: LR-Rieß § 201 Rn 22; HK-Julius § 201 Rn 14
24 Eingehend zum (allgemeinen) Beweisantragsrecht: Herdegen NStZ 1999, 176 ff
24a KMR-Seidl § 201 Rn 26; Fezer Strafprozessrecht, 2. Aufl. Fall Nr. 9 Rn 72; aM: KK-Tolksdorf
    § 201 Rn 18; Meyer-Goßner § 201 Rn 8: Die Ablehnungsgründe des § 244 III, IV StPO geben
    allerdings »Anhaltspunkte für die Entscheidung«
24b Das Revisionsvorbringen muss in solchen Fällen auch die Tatsachen aus dem Zwischenverfah-
    ren vortragen (§ 344 II 2 StPO); letztlich liegt ein Verstoß gegen den »fair-trial-Grundsatz« vor.
    Verschiedentlich wird der Verstoß (im Hinblick auf die Regelung des § 336 StPO) allerdings der
    Vorschrift des § 244 II StPO zugeordnet; vgl Meyer-Goßner § 201 Rn 10
25 Oben Rn 5
26 Oben Rn 6

17 Ist allerdings das rechtliche Gehör versagt worden, kann Nachholung (§ 33 a StPO) beantragt und Aufhebung des etwa schon erlassenen EB angestrebt werden.[27]

3. Anordnungen des Gerichts gem § 202 StPO

18 Das Gericht kann zur besseren Aufklärung der Sache auf Antrag oder von Amts wegen[28] einzelne Beweiserhebungen anordnen (§ 202 StPO), worüber der Angeschuldigte stets zu unterrichten ist.[29] Einer Anhörung des Angeschuldigten vor Erlass des Anordnungsbeschlusses bedarf es allerdings nicht.[29a] Hat das Gericht von § 202 StPO nicht mehr gedeckte Ermittlungen[29b] angeordnet und durchgeführt, kann dies die Besorgnis der Befangenheit begründen.[30]

Die Auswahlentscheidung des Gerichts bezüglich eines im Zwischenverfahren zuzuziehenden Sachverständigen unterliegt, selbst wenn eine vorherige Anhörung der Beteiligten unterlassen worden ist, nicht der Beschwerde gem. § 304 StPO.[30a]

III. Nach der Nichteröffnung (§ 204 StPO)

19 **1.** Lehnt das Gericht die Eröffnung ab (§ 204 StPO), steht dem Angeschuldigten auch dann, wenn er eine andere Verfahrensbeendigung, insbesondere Freispruch, angestrebt hat, kein Rechtsmittel zu.

20 Die Ablehnung der Eröffnung führt zu einer Sperrwirkung (§ 211 StPO) bezüglich neuerlicher Strafverfolgung. Sollte die StA neue Anklage erheben, wird der Verteidiger auf diese »negative Verfahrensvoraussetzung« besonderes Augenmerk zu richten haben.[31]

21 **2.** Die Gebühren des (nur) im Zwischenverfahren tätig gewordenen Verteidigers[32] bemessen sich nach Nr. 4100 VV RVG (Grundgebühr) und nach Nr. 4104 VV RVG (Verfahrensgebühr). Dem Grundgedanken des § 84 II BRAGO entspricht die (zusätzliche) »Befriedungsgebühr« nach Nr. 4141 VV RVG, die anfällt, wenn durch die Mitwirkung des Verteidigers eine Hauptverhandlung entbehrlich geworden ist (insbesondere: Herbeiführung eines Nichteröffnungsbeschlusses).

(Vgl auch Teil A Kap 2)

---

27 Vgl OLG Hamburg NJW 1965, 212 mN sowie unten Rn 24

28 Zu den Voraussetzungen: KMR-Seidl § 202 Rn 1 f. Zur Reichweite der Pflicht: OLG Karlsruhe StV 2005, 325

29 KMR-Seidl § 202 Rn 8 f, 11. Zumindest muss Unterrichtung über das Ergebnis erfolgen; sonst dürfte der »fair-trial-Grundsatz« verletzt sein

29a KK-Tolksdorf § 202 Rn 4

29b Das ist etwa bei Nachholung erheblicher Teile des Ermittlungsverfahrens der Fall; vgl LG Berlin NJW 2003, 3287

30 Vgl RGSt65, 322, 329; Siewert/Mattheus DRiZ 1993, 356

30a Thüringer OLG OLGSt StPO § 304 Nr. 12

31 Näher unten Rn 55

32 Näher: Burhoff, Die wesentlichen Neuerungen des Rechtsanwaltsvergütungsgesetzes (RVG) für die anwaltliche Vergütung in Strafverfahren, StraFo 2004, 185 ff

IV. Verteidigung nach erfolgter Eröffnung (aber vor Beginn der Hauptverhandlung)

1. Kein Rechtsmittel gegen EB

Die Eröffnung hat nach Maßgabe von §§ 203, 207 (ggf iVm §§ 209, 209 a StPO) zu erfolgen.[32a] Ein Rechtsmittel gegen den EB, selbst wenn dieser mit schweren Mängeln behaftet ist, ist weder für den Angeklagten noch für die Staatsanwaltschaft gegeben.[33]

22

2. Möglichkeiten der Rücknahme des EB

Wurde allerdings das rechtliche Gehör nicht gewährt und ergibt sich durch das Vorbringen im Rahmen der Nachholung, dass die Voraussetzungen der Eröffnung vom Gericht zu Unrecht angenommen worden sind, ist Rücknahme des EB möglich,[34] die mithin sodann Erfolg versprechend beantragt werden kann. In diesem Zusammenhang kann von Bedeutung werden, dass in Fällen nur formloser Übersendung der Anklageschrift etwaige Zweifel, ob Mitteilung überhaupt erfolgt ist, nicht zu Lasten des Angeklagten gehen.[35]

23

Treten ansonsten nach Erlass des EB Gesichtspunkte zutage, die dem (vorher angenommenen) hinreichenden Tatverdacht die Grundlage entziehen, ist str, ob der EB zurückgenommen werden kann.[36] Trotz der bestehenden dogmatischen Bedenken könnte ein Antrag auf Rücknahme des EB jedenfalls dann aussichtsreich sein, wenn die sonst unumgängliche Hauptverhandlung dem Angeklagten (– etwa wegen dann entstehenden besonderen Interesses der Presse –) erhebliche Nachteile bringen würde. Vorherige Abstimmung mit der StA ist anzuraten.

24

3. Verfahrenseinstellung

Zeigt sich nach Eröffnung, dass ein (vorher übersehenes) Verfahrenshindernis vorliegt, oder dass inzwischen ein Verfahrenshindernis eingetreten ist, erfolgt – von Amts wegen – Verfahrenseinstellung nach Maßgabe von § 206 a StPO; entgegen dem Wortlaut (»kann«) muss die Einstellung bei Vorliegen der aufgezeigten Voraussetzungen geschehen. Die Einstellung wegen eingetretener Gesetzesänderung regelt § 206 b StPO.

25

4. Beschwerde gegen Zurückweisung von Anträgen?

Wird einem Antrag auf Rücknahme des EB oder auf Verfahrenseinstellung nach § 206 a oder § 206 b StPO nicht stattgegeben, steht dem Angeklagten dagegen kein

26

32a In besonderen Einzelfällen (– wenn das »verbindende« Gericht die Eröffnungsvoraussetzungen erkennbar geprüft hat –) kann auch ein bloßer Verbindungsbeschluss einen EB ersetzen; OLG Köln StV 2005, 121

33 OLG Frankfurt NStZ-RR 2003, 81. Zu den Konsequenzen eines (essentiell-)mangelhaften EB s Meyer-Goßner § 207 Rn 11, 12; KMR-Seidl § 207 Rn 29–32; Schäpe, Die Mangelhaftigkeit von Anklage und Eröffnungsbeschluss und ihre Heilung im späteren Verfahren, 1998

34 KMR-Seidl § 207 Rn 42; wohl auch KK-Tolksdorf § 207 Rn 19

35 OLG Celle NdsRpfl1998, 33

36 Abl: Meyer-Goßner § 203 Rn 3; KK-Tolksdorf § 207 Rn 19; KMR-Seidl § 207 Rn 40, 41 mwN. Bejahend: LG Konstanz JR 2000, 306; LG Kaiserslautern StV 1999, 13; LG Nürnberg-Fürth NJW 1983, 584; Hecker JR 1997, 4; Hohendorf NStZ 1985, 399 ff

Rechtsmittel zu. Eine Ausnahme (dann: Beschwerde) kann lediglich für den Fall der Willkür[37] angenommen werden.

V.   Zur vorläufigen Verfahrenseinstellung nach § 205 StPO

1.   Anwendungsbereich

27   Entgegen dem Wortlaut und entgegen der Stellung der Vorschrift im Gesetz gilt § 205 StPO in jeder Verfahrenslage, also auch im Ermittlungsverfahren[38] und nach Eröffnung des Hauptverfahrens;[39] im letzteren Fall ist allerdings der Vorrang der §§ 231 a, 232 I, 233 StPO (ggf) zu beachten.

§ 205 gilt ebenso im Berufungsverfahren[40] sowie in der Revisionsinstanz.

28   Die Anordnung der vorläufigen Einstellung geschieht von Amts wegen oder auf Antrag eines Verfahrensbeteiligten. Seitens der Verteidigung sind vor Stellung eines solchen Antrages die Vorteile gegenüber den Nachteilen, die je nach Interessenlage des Mandanten unterschiedlich sein können, sorgfältig abzuwägen.

2.   Voraussetzungen der Anordnung

§ 205 StPO findet dann Anwendung, wenn nach vom Gericht (im Ermittlungsverfahren von der StA) zu treffender Prognose ein »Hindernis« für »längere Zeit« dem Verfahrensfortgang entgegensteht.

a)   Hindernisse iSv § 205 StPO:

aa)   Unbekannter Aufenthalt; Verhandlungsunfähigkeit des Angeklagten

29   Ein solches Hindernis ist die Abwesenheit des Angeklagten, die dann zu bejahen ist, wenn sein Aufenthalt unbekannt oder seine Gestellung vor das erkennende Gericht unausführbar oder unangemessen ist.[41] Das kann auch bei erfolgter Abschiebung des Angeklagten der Fall sein, selbst wenn diese erst im Verlauf des Revisionsverfahrens erfolgt ist.[41a]

30   Verhandlungsunfähigkeit des Angeklagten[42] steht seiner Abwesenheit, vorbehaltlich § 231 a StPO, gleich. Sie liegt vor, falls der Angeklagte – und sei es partiell[43] – unfähig ist, der Verhandlung zu folgen, dh, die Bedeutung des Verfahrens sowie seiner

---

37 »Willkür« liegt vor, wenn sich das Gericht so weit von der ges Grundlage entfernt hat, dass die Entscheidung »nicht mehr zu rechtfertigen« ... und bei »verständiger Würdigung der das GG beherrschenden Gedanken nicht mehr verständlich erscheint und offenbar unvertretbar ist« (BVerfGE 29, 45, 49; vgl auch BVerfGE 6, 45, 53; 19, 38, 43)

38 RiStBV Nr. 104 I; hM: LR-Rieß § 205 Rn 4 mN

39 AllgM, vgl KMR-Seidl § 205 Rn 2

40 Vorrangig allerdings §§ 329 I, 40 III StPO. Zur Verschuldensfrage im Rahmen von § 329 I StPO: BayObLG NJW 1999, 3424

41 Vgl BGHSt 37, 145 = NJW 1991, 114; zur Frage von Reisekostenvorschuss vgl OLG Stuttgart NJW 1978, 1120

41a Brandenburgisches OLG NStZ-RR 2005, 49

42 Eingehend zum Begriff der Verhandlungsunfähigkeit: Rath GA 1997, 214. Zur Frage der Verhandlungsfähigkeit eines HIV-Infizierten: LG Konstanz NJW 2002, 911. Zu weiteren Einzelfällen: KMR-Seidl § 205 Rn 7–11

43 LG Berlin StraFo 1999, 304

Einzelakte zu erkennen, zu würdigen und sich sachgerecht zu verteidigen und wirksam Prozesserklärungen abzugeben.[44] Verhandlungsfähigkeit ist hierbei nicht begriffsidentisch mit bürgerlich-rechtlicher Geschäftsfähigkeit.[45]

Bleibt, trotz sachverständiger Hilfe, zweifelhaft, ob die tatsächlichen Voraussetzun-   **31** gen der Verhandlungsunfähigkeit vorliegen, ist, jedenfalls aus rechtsstaatlichen Gründen, von ihr auszugehen.[46]

In Fällen, in denen der Angeklagte selbst Einfluss nehmen könnte auf die (Wieder-)   **31 a** Herbeiführung seiner Verhandlungsfähigkeit, ist es umstritten, ob bei Zumutbar-keit, sich entsprechenden ärztlichen Maßnahmen zu unterziehen, die Regelung der §§ 231, 231 a StPO zur Anwendung kommt oder, was vorzugswürdig erscheint, § 205 StPO.[47]

bb) Immunität, sonstige Prozesshindernisse

Ein Hindernis iSv § 205 StPO ist auch die Immunität (Art. 46 II–IV GG) oder ein   **32** sonstiges (noch beseitigbares) Prozesshindernis,[48] wie etwa ein fehlender Strafan-trag.

cc) Kein »Hindernis« bei Nichtverfügbarkeit eines Beweismittels   **33**

Kein Hindernis iSd § 205 StPO liegt vor bei Nichtverfügbarkeit eines Beweismit-tels[49] oder eines Mitangeschuldigten.[50] Verschiedentlich wird allerdings die entspre-chende Anwendung des § 205 StPO befürwortet,[51] so dass ein entsprechender An-trag nicht aussichtslos sein muss.

b) Vorliegen für »längere Zeit«

Für »längere Zeit« muss das Hindernis der Hauptverhandlung entgegenstehen, also   **34** darf es nicht nur »kurzfristig«, andererseits »nicht dauernd« sein.[52]

Die Beurteilung, ob das Hindernis längere Zeit vorliegen wird, wird an den Erfor-   **35** dernissen des konkreten Verfahrens gemessen, wobei das Strafverfolgungsinteresse der Allgemeinheit gegen schutzwürdige Rechte des Angeklagten aus Art. 2 I, II 1 GG abzuwägen ist.[53]

Bei Unklarheiten oder Zweifeln bezüglich des Merkmals »für längere Zeit«, etwa über die Dauer einer Krankheit, hat Einstellung nach § 205 StPO zu erfolgen.[54] Ist

---

44 Vgl BGHSt 30, 34 = NJW 1981, 1052
45 BGH NStZ 1983, 280
46 HM: BGH StV 1996, 250; Meyer-Goßner § 261 Rn 34; KMR-Seidl § 205 Rn 14 mwN. Ein Teil der Rspr wendet den Grundsatz »in dubio pro reo« an, gelangt aber zum gleichen Ergebnis, vgl BGH NStZ 1983, 280; BGH bei Miebach NStZ 1988, 213 Nr 20
47 Zum Streitstand: KMR-Seidl § 205 Rn 11. Vgl auch: BayObLG NJW 1999, 3424 (zu § 329 I StPO). Für die Anwendbarkeit von § 231 a StPO (und gegen LG Nürnberg-Fürth NStZ 1999, 264): OLG Nürnberg NJW 2000, 1804
48 Zu Prozesshindernissen im Einzelnen: unten Fn 60
49 Bzgl Zeugen: BGH NStZ 1985, 230; Schleswig-Holsteinisches OLG SchlHA 2003, 191; StraFo 1999, 126; OLG Hamm NJW 1998, 1088; OLG Düsseldorf StV 1996, 84; OLG Koblenz StV 1993, 513
50 OLG München NJW 1978, 176
51 AK-StPO-Loos § 205 Rn 9; Meyer-Goßner § 205 Rn 8; LR-Rieß § 205 Rn 22 mwN
52 Vgl BGH StV 1996, 250
53 BVerfG NJW 1979, 2349 f
54 BGH StV 1996, 250

dagegen ein Hindernis als »dauernd« zu bewerten, führt dies zur endgültigen Verfahrenseinstellung nach § 170 II bzw § 206 a bzw § 260 III StPO.

3. Wirkung der Verfahrenseinstellung

36 Die Verfahrenseinstellung nach § 205 StPO begründet keinen Verfahrensabschluss, hindert daher auch nicht weitere Prozesshandlungen, etwa die Überprüfung, ob die Einstellungsvoraussetzungen noch fortbestehen, auch nicht die Bestellung eines Verteidigers (§ 141 StPO), die also auch nach Ergehen eines Beschlusses nach § 205 StPO noch beantragt werden kann.

37 Die Verfolgungsverjährung wird unterbrochen (§ 78 c I Nr. 10, Nr. 11 StGB; § 33 I Nr. 5 OWiG). Eine Wiederaufnahme allein zum Zwecke neuerlicher Verjährungsunterbrechung ist unstatthaft.[55]

38 Antrag auf Fortsetzung kann von jedem Verfahrensbeteiligten gestellt werden. Ein Antrag der Verteidigung bietet sich dann an, wenn endgültige Verfahrenseinstellung veranlasst wäre, so etwa im Falle der Feststellung, dass das »Hindernis« ein dauerndes geworden ist.

39 Bei Haft (bzw einstweiliger Unterbringung) ist ein Antrag auf Aufhebung (§ 120 I 1 bzw § 126 a III StPO) zu erwägen; wegen des ungewissen Zeitpunkts einer Verfahrensfortsetzung kommt dem Verhältnismäßigkeitsgrundsatz hier besondere Bedeutung zu.[56]

4. Beschwerde

40 Mit der Beschwerde (§ 304 StPO) kann sich auch der Angeklagte gegen die vorläufige Einstellung wenden, sei es, wegen der verlängerten Verstrickung in das Strafverfahren,[57] sei es wegen Vorliegens der Voraussetzungen endgültiger Verfahrenseinstellung nach § 206 a StPO.[58]

Wird ein Antrag auf vorläufige Einstellung außerhalb der Hauptverhandlung abgelehnt, ist auch dagegen die Beschwerde (§ 304 StPO) gegeben. Ergeht der ablehnende Beschluss in der Hauptverhandlung, unterliegt er nicht der Beschwerde.[59]

VI. Verteidigung im Zusammenhang mit einer Einstellung gem § 206 a I StPO

1. Anwendungsbereich

41 Wird ein Verfahrenshindernis (Prozesshindernis)[60] festgestellt, so führt dies im Ermittlungsverfahren zur Einstellung durch die StA gem § 170 II StPO, im Zwischenverfahren zur Ablehnung der Eröffnung (§ 204 StPO) und in der Hauptverhandlung zur Einstellung des Verfahrens mit Urteil (§ 260 III StPO), letzteres selbst dann, wenn die Hauptverhandlung nach §§ 228, 229 StPO ausgesetzt oder unter-

---

55 Vgl KMR-Seidl § 205 Rn 31
56 Vgl OLG Köln StV 1985, 21
57 OLG Hamm JR 1998, 344 m Anm Loos; OLG Düsseldorf StV 1996, 84
58 OLG Hamburg NJW 1969, 998; einschränkend: Meyer-Goßner § 205 Rn 4
59 Dann steht § 305 S 1 StPO entgegen
60 Zum Begriff und zu Einzelfällen: Meyer-Goßner Einl Rn 141–154; KMR 8. Aufl. Einl IX Rn 1–9

brochen worden ist.[61] Die Anwendbarkeit von § 206 a StPO beschränkt sich daher auf den Fall der Feststellung des Verfahrenshindernisses nach Eröffnung des Hauptverfahrens aber außerhalb der Hauptverhandlung.

Auch noch nach Urteilserlass kann Einstellung nach § 206 a StPO durch das Erstgericht geschehen, sofern keine Rechtskraft eingetreten[62] und erst jetzt das Verfahrenshindernis entstanden ist.[63]   **42**

2.   Feststellung eines Verfahrenshindernisses

a) Die Feststellung eines Verfahrenshindernisses[63a] geschieht von Amts wegen, die   **43** Berücksichtigung – nach Eröffnung des Hauptverfahrens – allerdings in den Fällen von §§ 6 a, 16 StPO nur auf »Einwand«.[64] Trotz der Berücksichtigung von Amts wegen sollte der Verteidiger jedoch dann, wenn ihm Tatsachen bekannt sind, die eine Entscheidung ohne Durchführung einer Hauptverhandlung erlauben könnten, Verfahrenseinstellungsantrag stellen.[65] Das gilt auch für die Fälle von auf Dauer bestehender Verhandlungsunfähigkeit[65a] des Angeklagten.

b) Die Frage des Vorliegens eines Verfahrenshindernisses ist im Wege des Freibe-   **44** weises zu klären.[66] Bleiben Zweifel, ist dennoch Verfahrenseinstellung nach § 206 a StPO geboten,[67] wobei die Rspr auf den Grundsatz »in dubio pro reo« abhebt.[68]

c) Bei Tod des Angeklagten[69] empfiehlt sich ein Antrag nach § 206 a StPO schon   **45** deshalb, weil so eine Kostenentscheidung (§§ 464 I, 467 StPO) herbeigeführt werden kann.

d) Wird ein Antrag auf Verfahrenseinstellung auf rechtsstaatswidriges Verhalten   **46** von Ermittlungsorganen[70] oder auf rechtsstaatswidrige Verzögerung des Verfahrens[71] gestützt, diesem aber nicht stattgegeben, sollte in der Hauptverhandlung unter nochmaliger Hervorhebung des Anlasses Strafmilderung (unter Hinweis auf die »Strafzumessungslösung« der Rspr[72]) angeregt werden.

---

61 KG NJW 1993, 673; Meyer-Goßner § 206 a Rn 1; KMR-Seidl § 206 a Rn 1 mwN; aM: SK-StPO-Paeffgen § 206 a Rn 5
62 Vgl OLG Düsseldorf StraFo 1999, 126 zum Fall der Teilrechtskraft
63 Näher hierzu: KMR-Seidl § 206 a Rn 9–12. Zur Anwendbarkeit des § 206 a StPO durch das Rechtsmittelgericht: KMR-Seidl § 206 a Rn 13–20; vgl auch Brandenburgisches OLG NStZ 2005, 49 f
63 a Etwa bei fehlender Unterschrift des Richters unter dem EB, vgl OLG Karlsruhe NStZ-RR 2003, 332; auch bei den »befristeten« Verfahrenshindernissen iS von § 6 a S 1 StPO und § 16 S 1 StPO
64 §§ 6 a S 2, 16 S 2 StPO
65 Zum Risiko sonst eintretender Schadenersatzpflicht vgl BGH NJW 1964, 2002, 2004
65 a Solche kann etwa bei einem HIV-Infizierten vorliegen, vgl LG Konstanz NJW 2002, 911
66 HM: BGHSt 22,90; NStZ 1985, 420; Meyer-Goßner Einl Rn 152
67 KMR-Seidl § 206 a Rn 26. Zu § 205 StPO: oben Rn 35
68 BGH NJW 1995, 1297, 1299 (zur Frage der Verjährung)
69 Ob der Tod des Angeklagten ein »Verfahrenshindernis« darstellt, ist str: Bejahend (unter Aufgabe von BGHSt 34, 184) und zwar auch im Hinblick auf die Ermöglichung »gerechter Nebenentscheidungen gem §§ 464 StPO, 8 StrEG«: BGHSt 45, 108 = BGHR StPO 2 »Verfahrenshindernis 7« (mN auch der Gegenansicht)
70 Vgl BayObLG NStZ 1999, 527 = StV 1999, 631 m Anm Taschke. Zu Einzelfällen: KMR 8. Aufl. Einl IX Rn 8 f
71 Vgl BVerfG NJW 1995, 1277; Lehmann StraFo 1999, 109, 111 f
72 BVerfG NStZ 1997, 591; BGH NStZ 1999, 181; 1996, 328; StV 1995, 19; NJW 1990, 56; OLG Hamm NStZ 2003, 279; OLG Düsseldorf StV 1995, 400; OLG Stuttgart JR 1994, 81; LG Darmstadt StraFo 1999, 211

46 a   e) Wird im Rahmen eines beschleunigten Verfahrens (§§ 417 ff StPO) festgestellt, dass die gesn Voraussetzungen tatsächlich nicht vorgelegen haben, ist aber der nach § 419 III 1 StPO erforderliche Ablehnungs- und Eröffnungsbeschluss nicht ergangen, sollte dieser schwerwiegende Verfahrensfehler[72 a] ausdrücklich gerügt werden, da es umstritten ist, ob dieser Verfahrensfehler ein von Amts wegen zu berücksichtigendes Verfahrenshindernis darstellt oder ob er nur auf Rüge berücksichtigt werden darf.[73]

47   f) Das Ziel der Verfahrenseinstellung nach § 206 a StPO kann nach rechtskräftigem Abschluss des Verfahrens noch mit einem Wiederaufnahmeantrag gem § 359 Nr. 5 StPO angestrebt werden.[74]

3.   Anfechtbarkeit

48   a) Eine Ablehnung der beantragten Verfahrenseinstellung kann nicht angefochten werden; eine Ausnahme (dann: Beschwerde) kommt nur in Fällen von Willkür[75] in Betracht.

49   Gegen den Einstellungsbeschluss steht dem Angeklagten (nach hM[76]) selbst dann keine Beschwerde zu, wenn die Einstellung statt des von ihm angestrebten Freispruchs erfolgt ist. Erfolgte allerdings die Verfahrenseinstellung in der Hauptverhandlung durch Urteil (§ 260 III StPO), wird überwiegend eine Beschwer des Angeklagten, der sich gegen diese Einstellung wenden will, weil vorrangig auf Freispruch zu erkennen gewesen wäre, bejaht.[77]

50   b) Hebt das Beschwerdegericht auf die sofortige Beschwerde der StA die Einstellung nach § 206 a StPO auf und stellt es das Verfahren gem § 205 StPO vorläufig ein, ist hiergegen die Beschwerde des Angeklagten (nach § 304 StPO) statthaft.[78]

51   c) Eine ihn beschwerende Auslagen- oder Entschädigungsentscheidung kann der Angeklagte mit sofortiger Beschwerde anfechten.[79]Ist die Auslagenentscheidung allerdings vom OLG getroffen worden, ist sie, im Hinblick auf § 304 IV 2 1. Hs StPO, isoliert nicht anfechtbar; verstößt jedoch die Begründung des den Angeklagten belastenden Auslagenbeschlusses gegen das Grundrecht des Angeklagten aus Art. 2 I GG iVm dem Rechtsstaatsprinzip des GGes, kann eine Verfassungsbeschwerde erfolgreich sein.[80]

---

72 a OLG Köln NStZ 2004, 281
73 Vgl OLG Düsseldorf NJW 2003, 1470: ordnungsgemäß erhobene Verfahrensrüge notwendig; vgl auch OLG Hamburg NStZ 1999, 266 m Anm Müller NStZ 2000, 108, sowie (nochmals zum gleichen Ausgangssachverhalt) OLG Hamburg StV 2000, 299. Zur »Ersetzung« einer Eröffnung gem § 419 III 1 StPO durch bloßen Verbindungsbeschluss: BGH NStZ 2000, 442 f
74 Zu den Voraussetzungen: KMR-Seidl § 206 a Rn 23
75 Zum Begriff: oben Fn 37
76 BayObLG JR 1955, 28; Meyer-Goßner § 206 a Rn 10; KMR-Seidl § 206 a Rn 41 mwN; aM: OLG Hamburg JR 1962, 268 m zust Anm Schneidewin; NJW 1967, 873; SK-StPO-Paeffgen § 206 a Rn 28
77 Vgl RGSt 70, 193; BGHSt 13, 268, 272; OLG Celle MDR 1970, 164. Zu den Fällen einer Verletzung der Unschuldsvermutung in den Gründen der Einstellungsentscheidung vgl BVerfG NJW 1987, 2427; EMRK StV 1986, 281
78 Vgl OLG Hamburg MDR 1978, 864
79 HM: OLG München NStZ 1989, 134; Meyer-Goßner § 464 Rn 19 mN; LR-Rieß § 206 a Rn 70 mwN
80 Vgl BVerfG NJW 1992, 1612; BGH StraFo 2000, 168, 170 ff

4. Wirkung der Verfahrenseinstellung

Der (rechtkräftige) Einstellungsbeschluss stellt, selbst bei inhaltlicher Unrichtigkeit, das Vorliegen des Verfahrenshindernisses mit Wirkung für das gesamte Strafverfahren bindend fest. Die Einl eines neuen Verfahrens darf nur geschehen, wenn sich neue Tatsachen oder Beweismittel ergeben haben, die dem Einstellungsbeschluss die Grundlage entziehen.[81]

52

VII. Die »Sperrwirkung« des § 211 StPO

1. Bedeutung

Nur wenn neue Tatsachen oder Beweismittel (»Nova«)[82] dem (unanfechtbar gewordenen) Nichteröffnungsbeschluss (§ 204 StPO) die Grundlage entziehen, darf die öffentliche Klage wieder aufgenommen werden;[83] insoweit entfaltet § 211 StPO eine »Sperrwirkung«.

53

Diese Sperrwirkung umfasst die gesamte durch die Nichteröffnung betroffene prozessuale Tat,[84] sie schließt allerdings die Einl eines Sicherungsverfahrens (§§ 413 ff StPO), falls die Eröffnung des Hauptverfahrens nur wegen Verhandlungs- oder Schuldunfähigkeit abgelehnt worden ist, nicht aus.

Nicht anwendbar ist § 211 StPO in den Fällen, in denen es mangels örtlicher Zuständigkeit des angerufen gewesenen Gerichts nicht zur Eröffnung gekommen ist, gleich ob sich das Gericht nur für örtlich unzuständig erklärt oder ob es wegen der örtlichen Unzuständigkeit die Eröffnung mit Beschluss abgelehnt hat.[85]

54

Bezüglich eines neuen Verfahrens kommt der Regelung des § 211 StPO die Bedeutung einer zusätzlichen – negativen – Prozessvoraussetzung zu, dh, ein neues Verfahren ist nur dann zulässig, wenn das Entfallen der Sperrwirkung des § 211 StPO feststeht, was zwar das Gericht in jeder Verfahrenslage von Amts wegen zu prüfen hat, worauf die Verteidigung aber ggf dennoch aufmerksam machen sollte. Etwaige Zweifel müssen zu Gunsten des Angeklagten berücksichtigt werden.

55

2. Wirkungen eines neuen Verfahrens

Kommt es zu einem neuen Verfahren, so wird der frühere Ablehnungsbeschluss weder ausdrücklich noch stillschweigend aufgehoben. Das betrifft auch seine Nebenentscheidungen. Zu beachten ist allerdings, dass die vormalige Entschädigungsentscheidung kraft Gesetzes (§ 14 I StrEG) hinfällig wird. Auf die Kosten- und Auslagenentscheidung darf die genannte Vorschrift wegen Rechtsungleichheit aber nicht analog angewendet werden.[86]

56

---

81 Näher, mit Einzelfällen: KMR-Seidl § 206 a Rn 47 f

82 Zum Begriff: KMR-Seidl § 211 Rn 8–12

83 Zur systematischen Einordnung: BVerfG NJW 1954, 69; BGHSt 18, 225 f

84 BGH StV 1983, 322; BayObLG NStZ 1983, 418 f

85 KMR-Seidl § 211 Rn 4. Zur Streitfrage über die veranlasste Entscheidung des Gerichts, das sich für örtlich unzuständig erachtet: KMR-Seidl § 199 Rn 15–18

86 KK-Tolksdorf § 211 Rn 11; Meyer-Goßner § 211 Rn 8; KMR-Seidl § 211 Rn 18

VIII. Revision im Zusammenhang mit dem Zwischenverfahren

1. Verletzung von Rechtsnormen des Zwischenverfahrens

57 Auf die Verletzung von Rechtsnormen im Zwischenverfahren als solche kann die Revision nicht gestützt werden. Ohne Erfolg ist mithin etwa die Rüge, das eröffnende Gericht habe es versäumt, entscheidungserhebliche Aktenstücke bei zuziehen oder zu berücksichtigen, oder es habe bei der Verbescheidung von Beweisanträgen oder Einwendungen im Rahmen von § 201 II 1 StPO Fehler gemacht.

57 a Auch Fehler bei Mitteilung der Anklageschrift (§ 201 I StPO) sind nicht revisibel, es sei denn, einem nicht der deutschen Sprache mächtigen Ausländer ist die Anklageschrift nicht (auch) in einer ihm verständlichen Sprache mitgeteilt worden, so dass ein Verstoß gegen Art. 6 III a MRK vorliegen kann. Der Verteidiger muss den Fehler allerdings in der Hauptverhandlung gerügt und Vertagung beantragt haben; wird das unterlassen, kann sich der Beschwerdeführer im Revisionsverfahren nicht mehr auf diesen Mangel berufen.[86a]

58 Die Revision ist allerdings dann aussichtsreich, wenn nicht oder fehlerhaft verbeschiedene Anträge aus dem Zwischenverfahren in der Hauptverhandlung wiederholt und sodann vom Gericht fehlerhaft behandelt worden sind, was etwa bei Zurückweisung eines Vertagungsantrags der Verteidigung im Hinblick auf noch nicht erfolgte Mitteilung gem § 201 StPO[87] oder auf neu zugezogene Aktenstücke gegeben sein kann.[88]

59 Liegt ein Verstoß gegen § 202 StPO vor, kann dieser nur revisibel werden, wenn er sich in der Hauptverhandlung auswirkt.[89] Hatte das Gericht nicht mehr von § 202 StPO gedeckte Ermittlungen angeordnet, kann dies die Besorgnis der Befangenheit mit der weiteren Folge des § 338 Nr. 3 StPO begründen.[90]

60 Ohne Aussicht auf Erfolg ist ein mit Zielrichtung auf § 338 Nr. 3 StPO gestellter Befangenheitsantrag, der darauf gestützt wird, der Richter habe an der Eröffnung mitgewirkt.[91]

2. Fehlerhafte Anklage[92]

61 Liegt eine wegen beweiswürdigenden Ausführungen im Anklagesatz fehlerhafte Anklage dem EB zugrunde, ist, zur Revisionswahrung, anzuraten, der Verlesung unter Hinweis auf § 243 III 1 StPO zu widersprechen und bei Ablehnung des zuzuordnenden Antrags eine Beanstandung gem § 238 II StPO vorzunehmen.[93]

86a OLG Stuttgart StV 2003, 490

87 Näher oben Rn 7

88 Vgl Danckert StV 1989, 10; KMR-Seidl § 201 Rn 35

89 BGH MDR 1977, 461: Verlesung eines ohne Benachrichtigung des Angeschuldigten zustande gekommenen Vernehmungsprotokolls

90 Vgl RGSt 65, 322, 329; Siewert-Mattheus DRiZ 1993, 356

91 Ungeachtet der an der Vorschrift vielfach geäußerten Kritik ergibt sich das aus dem eindeutigen Wortlaut des § 199 I StPO

92 Zu Einzelfällen: KMR-Seidl § 200 Rn 51, 53–55; Schäpe, Die Mangelhaftigkeit von Anklage und Eröffnungsbeschluss und ihre Heilung im späteren Verfahren, 1998

93 Vgl Danckert StV 1988, 284

Wird die Anklage dennoch unverändert verlesen, so kann die Besorgnis der Befangenheit der Berufsrichter darauf gestützt werden, dass ein Fall objektiv willkürlichen Handelns[94] vorliege.

Gegenüber Schöffen kann – wenngleich mit geringer Aussicht auf Erfolg[95] – Befangenheit mit dem Hinweis eingewendet werden, dass sie nur von den einem »richtigen« Anklagesatz vorbehaltenen Informationen hätten Kenntnis erlangen dürfen.[96]

Als unzulässige Beschränkung der Verteidigung kann auch ein nicht-essentieller **62** Mangel der Anklage, die unverändert in den EB übernommen worden ist, die Revision begründen, wenn der Mangel nicht ordnungsgemäß geheilt oder nach Heilung ein Antrag nach § 265 IV StPO zu Unrecht abgelehnt worden ist.[97]

Zur Revision bei Fehlen eines EB oder bei essentiell-mangelhaftem EB s **Teil C Kap 2 Rn 151**.

3. Fehlerhafte Ablehnung der vorläufigen Verfahrenseinstellung

Die Ablehnung einer beantragt gewesenen vorläufigen Einstellung (§ 205 StPO) **63** kann die Revision nach § 338 Nr. 5 StPO (zB bei zu Unrecht verneinter Verhandlungsunfähigkeit des Angeklagten) begründen.

4. Berücksichtigung von Verfahrensfehlern bei Strafzumessung

Hat das Gericht einem Antrag auf Verfahrenseinstellung nach § 206 a StPO bzw **64** § 260 III StPO, der auf rechtsstaatswidriges Verhalten von Ermittlungsorganen oder des Gerichts gestützt worden ist, nicht stattgegeben und hat die Verteidigung deshalb in der Hauptverhandlung unter Hinweis auf die »Strafzumessungslösung« der Rspr[98] Strafmilderung erbeten, ist aber keine Berücksichtigung im Urteil erfolgt, soll dies, so ein Teil der Rspr,[99] mit der Sachrüge angegriffen werden können. Betrifft die Revisionsrüge aber die Nichtberücksichtigung von Verfahrensverzögerungen (Art. 6 I 1 MRK) im Urteil, so müssen, jedenfalls nach neuerer Rspr,[100] die den Verfahrensverstoß belegenden Tatsachen gem § 344 II 2 StPO in der Revisionsbegründung dargelegt werden.

Angesichts der nicht einheitlichen RS des BGH[101] ist für alle derartigen Fallkonstellationen eine auch den Anforderungen des § 344 II 2 StPO entsprechende Revisionsbegründung dringend anzuraten.

---

94 Zum Begriff der Willkür: oben Fn 37
95 Denn jedenfalls während der HV kann den Schöffen das Recht auf (weitergehende) Aktenkenntnis nicht abgesprochen werden, da sie, falls keine ges Ausnahme anderes bestimmt, insoweit nach Maßgabe von § 30 I GVG den Berufsrichtern gleichstehen (ebenso: Meyer-Goßner § 30 GVG Rn 2). Da aber auch Gegenteiliges nach wie vor vertreten wird, muss ein Befangenheitsantrag nicht aussichtslos sein. Eingehend zur Problematik: Rengnig, Die Entscheidungsfindung durch Schöffen und Berufsrichter, 1993, S 586; Kemmer, Befangenheit von Schöffen durch Akteneinsicht?, 1989, mit Besprechung von Molketin GA 1990, 335
96 BGHSt 13, 73 = JR 1961, 30 mit zuster Anm Eberhardt Schmidt. Abw: BGHSt 43,36; 43, 360 = NJW 1998, 1163 mit kritischer Anm Lunnebach StV 1997, 452 ff sowie Anm Katholnigg NStZ 1997, 506 und Anm Laubenthal/Baier JR 1998, 297; vgl auch BGH NJW 1987, 1209
97 BGH NStZ 1984, 133. Zur Veränderung des in der Anklage angegebenen Tatzeitpunkts vgl BGH NStZ-RR 2004, 146
98 Dazu oben Rn 46, Fn 72
99 BGH NJW 1990, 56; Schroth NJW 1990, 30; aA: BGH NStZ 2001, 53
100 Vgl BGH NStZ 1999, 95; StV 1998, 377 mN
101 Vgl auch BGH NStZ 2001, 53 mN; Detter NStZ 1999, 121 ff

5.   Fehlerhafte Zuständigkeitsbestimmung

65   Eine im Eröffnungsverfahren geschehene fehlerhafte Zuständigkeitsbestimmung ist nicht revisibel, es sei denn, das Gericht hätte seine auch nach Eröffnung bestehende Prüfungspflicht (§ 6 StPO) verletzt.

Die Rüge, die Sache hätte vor einem Gericht niedrigerer Ordnung verhandelt werden müssen, ist nur in Fällen willkürlicher[102] Zuständigkeitsbestimmung erfolgversprechend.[103] Wurde, objektiv willkürlich, gem § 209 II StPO vor einem Gericht niederer Ordnung eröffnet, berührt dies die Wirksamkeit des EB nicht.[104]

6.   Neues Verfahren und »Sperrwirkung«

66   Handelt es sich um ein nach zunächst erfolgter Eröffnungsablehnung (§ 204 StPO) wieder aufgenommenes Verfahren, ist die negative Prozessvoraussetzung des erfolgten Wegfalls der Sperrwirkung des § 211 StPO (auch) vom Revisionsgericht von Amts wegen zu prüfen,[105] wozu die Verteidigung ggf in der Revisionsbegründung anregen sollte.

---

102 Zum Begriff der Willkür oben Fn 37
103 Vgl BGHSt 38, 212; BGH StV 1999, 585; Hanseatisches OLG Hamburg wistra 2003, 38; OLG Düsseldorf NStZ 1990, 292
104 BGH StraFo 1999, 300, 301
105 RGSt 60, 99, 101

Kapitel 3
Vorbereitung der Hauptverhandlung

Überblick

I.   Einleitung

Vorbereitungen sind nur selten spektakulär, aber in jedem Falle erforderlich. Dies   **1**
gilt gerade auch für jene Phase des Strafverfahrens, die in zeitlicher Hinsicht mit
der Zustellung des Eröffnungsbeschlusses (Ende des Zwischenverfahrens) ihren
Lauf nimmt und mit dem Aufruf der Sache durch den Vorsitzenden (Beginn der
Hauptverhandlung) ihr Ende findet.

Eine Phase, die meistenteils eher durch Vergewisserung und Konsolidierung der
Verteidigungsstrategie gekennzeichnet ist, als durch den offenen Schlagabtausch
zwischen Staatsanwaltschaft und Verteidigung. Durch den mit dem Eröffnungsbeschluss einhergehenden Wechsel der sachlichen und formellen Zuständigkeit von
der Staatsanwaltschaft zum erkennenden Gericht, eröffnen sich für den Verteidiger
neue Möglichkeiten der Einflussnahme auf den Sachverhalt. Nicht zu verkennen ist
aber, dass das Vorliegen von kriminalpolizeilichem Abschlussbericht und zugelassener Anklage auch das Ende eines Abschnitts verdeutlicht, in dem der Verteidiger
sich bemüht haben wird, seinen Einfluss auf Sachverhaltsfeststellung und Beweiserhebung geltend zu machen, um entweder eine Einstellung des Verfahrens (§§ 153 ff,
§ 170 StPO), einen günstigen Strafbefehlsantrag oder zumindest eine Herunterstu-
fung und gegebenenfalls Ausdünnung des Vorwurfs (sofern mehrere Einzeltaten
oder Handlungsakte zur strafrechtlichen Debatte stehen) zu erreichen. Teilziele (zB
Einstellungen gem §§ 154, 154 a StPO) können mitunter auch dann schon als Erfolg

verzeichnet werden, wenngleich Anklage erhoben worden ist. Ist das Mandat erst spät im Ermittlungsverfahren oder in der Vorphase der Hauptverhandlung übernommen worden, ist der Verteidiger hingegen mit einem schon weitgehend manifesten Sachverhalt konfrontiert, der – da mit Abschluss der Ermittlungen und Einreichen der Anklageschrift die Staatsanwaltschaft als Entscheidungsinstanz (Einstellungen, Strafbefehlsantrag) ausfällt – nur noch schwer im Sinne des Angeklagten flexibilisiert oder gar umgekehrt werden kann.

Die bevorstehende Hauptverhandlung erzeugt zudem in zeitlicher Hinsicht eine nicht zu unterschätzende Sogwirkung: Verteidigungshandeln ist in dieser Phase von hohem Zeitdruck gekennzeichnet.

Die im Laufe des Ermittlungsverfahrens erarbeiteten Positionen zu Tatsachen- und Rechtsfragen sind angesichts der bevorstehenden Hauptverhandlung (erneut) kritisch zu hinterfragen, noch nicht genutzte Informationsquellen sind nunmehr (endlich) auszuschöpfen. Gleichzeitig ist die oftmals bis dato in begründeter Abwehrhaltung verharrende Verteidigung um- und einzustellen auf die aktive und prägende Gestaltung der bevorstehenden Hauptverhandlung.

II. Grundlagen

2 Eine effektive Vorbereitung der Hauptverhandlung zu gewährleisten, heißt daher: Die zur Verfügung stehenden Möglichkeiten rechtlicher und tatsächlicher Art optimal im Hinblick auf die Präsentation des eigenen Standpunktes einrichten. Die Nutzung dieser Zeitphase durch den engagierten Verteidiger kann sehr unterschiedlich ausfallen und die Bandbreite möglicher Verteidigungsaktivitäten ist weit gespannt.

Insbesondere bei einfach gelagerten Verfahren und bereits abgeklärtem Verteidigungsziel, werden sich die Aktivitäten des Verteidigers in der Vorbereitungsphase auf die »Einstellung« des Mandanten (Einlassungsverhalten und Einlassungsinhalt) und allenfalls auf die Prüfung der Besetzung beschränken; dies umso mehr, wenn eine effiziente Verteidigung bereits im Ermittlungs- und Zwischenverfahren sichergestellt war. Etwas gänzlich anderes hat aber dann zu gelten, wenn (aus tatsächlichen oder taktischen Gründen) Beweisanträge erst jetzt gestellt, Stellungnahmen erst jetzt abgegeben werden sollen.

3 Dreh- und Angelpunkt des Verteidigerhandelns in der Vorbereitungsphase der Hauptverhandlung ist die Anklageschrift, die regelmäßig unter Zuhilfenahme des polizeilichen Schlussberichts problematisiert werden sollte, da hierin (zumal wenn durch den Eröffnungsbeschluss keine Änderungen in tatsächlicher oder rechtlicher Hinsicht zu verzeichnen sind) nicht nur eine bestimmte rechtliche Einschätzung der Staatsanwaltschaft zum Ausdruck kommt, sondern der Lebenssachverhalt (Tat), der im Mittelpunkt der Hauptverhandlung stehen wird, festgeschrieben wird.

4 Der Verteidiger ist nun zuallererst aufgerufen, selbst ein Resümee der bisherigen Verteidigungsaktivitäten zu ziehen und angesichts des durch Anklage und Eröffnungsbeschluss skizzierten Lebenssachverhalts zu fragen, weshalb bestimmte Verteidigungsziele bereits verwirklicht und andere gescheitert sind. Er hat dabei den Blick auf die Ursachen evidenter Unzulänglichkeiten zu lenken und zu überlegen, ob das Einlassungsverhalten des Angeklagten, das Beantragen von Beweiserhebungen oder ein besonders gearteter rechtlicher Vortrag seitens der Verteidigung geeignet ist, die Situation ins Positive umzukehren. Ein solches Resümee beinhaltet im

Idealfall gleichzeitig eine Chancenbewertung hinsichtlich für die Zukunft möglicherweise zu ergreifender Verteidigungsaktivitäten. Dabei muss sich der Verteidiger bewusst sein, dass die nunmehr gewonnene Einschätzung der Sach- und Rechtslage und der daraus resultierende Entwurf einer Verteidigungsstrategie für die Hauptverhandlung einen ganz besonders hohen Grad der Vergewisserung erfordern. In der Hauptverhandlung selbst wird es dem Verteidiger nur noch in seltenen Fällen gelingen, eine »verfahrene« Verteidigungsstrategie wieder ins Lot zu bringen oder gar einen im Ende für den Angeklagten günstigen Umstieg auf eine andere Verteidigungslinie zu arrangieren.

Die Verteidigung trägt daher gerade in der Vorbereitungsphase der Hauptverhandlung eine besondere Verantwortung für die Mandanteninteressen und die Gewährleistung des für die Hauptverhandlung intendierten Verteidigungsziels. Dieser Verantwortung nachzukommen, heißt für den Verteidiger sowohl sicherzustellen, dass sein Informationsbild (aus Akten, eigenen Feststellungen und Mandantengesprächen) vervollständigt wird und selbstverständlich auch, hieraus das erfolgsträchtige Verteidigungshandeln abzuleiten. Das Zusammenspiel von Informationsbeschaffung, Prüfen der Informationen auf Validität, Formulierung von Alternativsachverhalten tatsächlicher und rechtlicher Art, wiederum Überprüfen dieser Alternativsachverhalte auf Beweisfestigkeit, Subsumtionstauglichkeit und allgemeine Plausibilität unter Berücksichtigung der Besonderheiten der Hauptverhandlungssituation, fördert das Herausbilden eines Verteidigungskonzepts, das eine gute Chance hat in der Hauptverhandlung zu bestehen.

Die Vorbereitung der Hauptverhandlung folgt daher regelmäßig den Arbeitsschritten: **5**

– Erneute Aktenauswertung und Besprechung mit dem Mandanten (auch unter Berücksichtigung eigenständig durch den Verteidiger erlangter Informationen zum Verfahrensstoff);
– Vergewisserung von Alternativsachverhalten zum Anklagevorwurf;
– Daraus resultierend :

Beratung des Mandanten zum Einlassungsverhalten (dh Entscheidung, ob grundsätzlich Angaben gemacht werden und auf welche Art und Weise zur Sache bekundet wird);

Überlegung, welche Beweisaktivitäten unter der genannten Verteidigungsprämisse erforderlich sind (Beweisantrag, Selbstladung, kommissarische Vernehmung);

(nötigenfalls) Koordination der Verteidigungsbemühungen mit anderen Verfahrensbeteiligten (zB Mitverteidigern);

Vorarbeiten zu der in der Hauptverhandlung zu erwartenden oder beantragten Beweisaufnahme und zu den materiellrechtlichen und verfahrensrechtlichen Problemen, die schon in der Vorphase der Hauptverhandlung sichtbar werden.

Ferner: Klärung von Terminierungsfragen;

Prüfung von Gerichtszuständigkeit und Besetzung.[1]

Das Strafverfahrensrecht hält für die Phase zwischen Eröffnungsbeschluss und Beginn der Hauptverhandlung in den §§ 213–225 a StPO Regelungen bereit, die sich konkret mit folgenden Fragen auseinandersetzen: **6**

---

[1] Zuständigkeits- und Besetzungsfragen werden im Sachzusammenhang der Verteidigung in der Hauptverhandlung behandelt, siehe Groß-Bölting/Kaps Teil B Kap 4 Rn 26 ff

Hohmann

– Terminierung (§ 213 StPO),
– Ladung der Verfahrensbeteiligten (§ 214, §§ 216–218, § 222 StPO),
– Beweiserhebung (§§ 219–221, §§ 223–225 StPO),
– Mitteilung der Gerichtsbesetzung (§ 222 a StPO; § 222 b StPO = Besetzungsein-
  wand)

und

– Zuständigkeitsverschiebungen vor der Hauptverhandlung (§ 225 a StPO).

Korrespondierend zu diesen gesetzlichen Vorgaben der StPO treten die für die
Staatsanwaltschaft zusätzlich zu beachtenden »Richtlinien für das Strafverfahren
und das Bußgeldverfahren« (RiStBV) Nr. 116–Nr. 122 hinzu.

7   Das Normprogramm der StPO gibt damit auch einen gewichtigen Teil des Hand-
lungsrahmens und der möglichen Aufgabenstellungen des Strafverteidigers in der
Vorbereitungsphase der Hauptverhandlung vor. Von dieser auf die signifikante
Wahrnehmung prozessualer Rechte gerichteten Tätigkeit »nach außen« (Stellungnahmen und Anträge zu Beweisfragen, Terminierung der Hauptverhandlung, Vorbringen von Besetzungs- und Zuständigkeitsrügen) zu unterscheiden ist die zur
Vorbereitung der Hauptverhandlung unverzichtbare Tätigkeit »nach innen« (Informationsbeschaffung und Aktenauswertung, Mandantenbesprechung und »Einstellen« des Mandanten auf die Hauptverhandlung, Klärung verteidigungstaktischer,
prozessualer und materiellrechtlicher Fragen, Koordination der Verteidigungsbemühungen, Vorarbeiten zu Erklärungen, Stellungnahmen und Anträgen).

Selbstverständlich existieren beide Seiten des Verteidigerhandelns nicht nebeneinander, sondern sind wechselseitig in ihrer Veränderlichkeit wie auch in ihrem jeweiligen Bestand aufs engste miteinander verbunden.

Wie für alle Verteidigertätigkeit, so gilt auch hier der Grundsatz, dass bei der Klärung der Frage, ob eine bestimmte verteidigungstaktische Maßnahme ergriffen
werden soll, die kurz-, mittel- und langfristigen Folgen dieser Maßnahme für das
Verteidigungsziel als solches Beachtung finden müssen. Um die Folgen des Verteidigerhandelns (zB eines bestimmten Beweisantrags) auch nur halbwegs prognostizieren zu können, ist der Verteidiger auf eine breite, weil nur dann verlässliche, Basis
an Informationen nicht nur zum Beweisthema selbst, sondern zB auch zu den Umständen der Beweisantragstellung und der prozessual wahrscheinlichen Folgen seines beabsichtigten Antrags, angewiesen.

Handeln »nach innen« und Handeln »nach außen« sind daher auf vielfache Weise
vernetzt. Da die Vernetzung indes bestimmten Gesetzmäßigkeiten gehorcht und in
ihrer Methodik nicht zufällig ist, lassen sich die Handlungsstränge internen Handelns, ebenso wie jene nach außen gerichteten Handelns, aufweisen.

III.   Die Basis jeglichen Verteidigerhandelns: Information

1.   Die Aktenlage

8   Es ist zur Vorbereitung der Hauptverhandlung – auch in einfach gelagerten Fällen –
völlig unzureichend, auf Aktenmaterial zugreifen zu müssen, das unvollständig ist
oder lediglich einen länger zurückliegenden Ermittlungsstand widerspiegelt. Regelmäßig wird der Verteidiger unmittelbar mit der Erklärung der Mandatsübernahme
einen Akteneinsichtsantrag stellen, gleich in welchem Stadium das Strafverfahren

sich momentan befindet. Bereits in den ersten Besprechungen mit dem Mandanten ist darauf hinzuweisen, dass die Sichtung und Auswertung des Aktenmaterials unerlässlich ist, um die erste grobe Skizze einer Verteidigungsstrategie entwerfen zu können. Mit Energie ist demzufolge darauf hinzuwirken, dass ein vollständiger Einblick in die Ermittlungsakten alsbald gewährt wird.

Verzögert sich die Akteneinsicht oder werden dem Verteidiger nur Teile der Ermittlungsakten überlassen (§ 147 I, II StPO), darf dies keinesfalls dazu führen, dass sich beim Mandanten der Eindruck bildet, ohne Akte sei die Verteidigung in ihrem Bemühen um das Erarbeiten einer Strategie gelähmt. Gleichwohl ist in dieser Phase verkürzter Information vor überstürzten Stellungnahmen oder Anträgen, die den Vorwurf selbst betreffen, zu warnen. **9**

Dem Mandanten ist die Bedeutung des Informationsstandards für den Erfolg oder Misserfolg seiner Verteidigung besonders eindringlich vor Augen zu halten. Bewährt hat sich in dieser Situation, mit dem Mandanten den bereits bekannten Vorwurfssachverhalt im Hinblick auf seine Beobachtungen und seine eigenen Feststellungen im Mandantengespräch durchzugehen und die Ergebnisse festzuhalten.

Nach Vorliegen der Ermittlungsakte wird der Verteidiger eine erste halbwegs verlässliche Positionsbestimmung vornehmen und mit dem Mandanten erörtern. In übersichtlichen Verfahren und einfach gelagerten Fällen wird der so zunächst gewonnene Informationsstand, wenn keine Beweisanträge oder Erklärungen zu veranlassen sind, möglicherweise bis nach Eröffnung des Hauptverfahrens unverändert bleiben. Oftmals ist dies aber eine Stabilität, die trügt. Bemüht sich der Verteidiger im Vorfeld der Hauptverhandlung nicht ein weiteres Mal um Akteneinsicht, können in der Hauptverhandlung zuweilen »böse Überraschungen« lauern (ergänzende Zeugeneinvernahmen oder Sachverständigengutachten sind zu den Akten gelangt, Zeugen haben ihr Nichterscheinen in der Hauptverhandlung angekündigt etc). Je schwieriger und umfangreicher das Verfahren, desto gravierendere Wirkungen zeitigen solche Versäumnisse (ganz abgesehen davon, dass eine lückenhafte Vorbereitung sehr schnell negativ auffällt – nicht nur bei Gericht und Staatsanwaltschaft, sondern auch der Mandant wird dies gewärtigen).

Zu empfehlen ist daher, unmittelbar vor der Hauptverhandlung nochmals Akteneinsicht zu nehmen.

Auf den **Zeitpunkt der Akteneinsicht** ist sensibel zu achten: Handelt es sich um ein rechtlich oder im tatsächlichen Bereich schwieriges oder umfangreiches Verfahren, wird sich der Vorsitzende oder der Berichterstatter die Akten bereitgelegt haben, um selbst den Verfahrensgegenstand zu durchdringen und die Erörterung der Sache in der Hauptverhandlung vorzubereiten. Ein Akteneinsichtsgesuch in dieser Phase steht unter einem schlechten Stern: werden die Akten ausgehändigt, so oft nur für einen Tag; auswärtige Verteidiger haben insofern mit noch größeren Problemen zu kämpfen. Außerdem setzt der Verteidiger sich selbst unter Zeitdruck – je länger die letzte Akteneinsicht zurückliegt und mit je mehr Eventualitäten zu rechnen ist, desto weniger Spielraum bleibt für Anträge, Erklärungen und ein mögliches Umstellen der Verteidigungstaktik. In einfach gelagerten Fällen mag dies ausreichen, in komplizierten Fällen ist angeraten, sich nach Terminsbestimmung die Akten zur Einsicht übermitteln zu lassen und dann wenige Tage vor dem Beginn der Hauptverhandlung nochmals kurzfristig die Akte auf Novae zu prüfen. **10**

Die Akteneinsicht des Verteidigers erschöpft sich leider vielfach in der Auswertung allein der Ermittlungsakte. Es ist stets zu prüfen, ob sich aus dem Akteninhalt der **11**

Hohmann

Hauptakte und der Schilderung des Mandanten Hinweise auf **weiteres Akten- und Beweismaterial** ergeben, das für den Erfolg der Verteidigungsstrategie von Belang sein kann. Wie weit die Akteneinsicht auf diese weiteren Informationsquellen auszudehnen ist, hängt vom Einzelfall ab. Generell ist an folgende Weiterungen zu denken:

– Beweismittelordner

Lediglich bei einfach gelagerten Vorwürfen werden sich beweisrelevante Dokumente in der Hauptakte selbst (als Kopie) finden. Sobald aber (vor allem bei Betrugs- und Untreuedelikten, Wirtschafts-, Umwelt- und Steuerstrafverfahren) eine nach Vollständigkeit strebende Sammlung des sichergestellten schriftlichen Beweismaterials nötig wird, gewinnen die angelegten Beweismittelordner besondere Bedeutung. Beweismittelordner sind ein Teil der Akten. Das Gesuch »um Akteneinsicht« bezieht sich daher auch auf diese, ohne dass dies hervorgehoben werden muss.[2]

– sonstige Beweismittel (Beweisstücke, § 147 II StPO)

Nach § 147 II StPO besteht in Bezug auf Beweisstücke ein Besichtigungsrecht,[3] das die Akteneinsicht ergänzt. Als Beweisstücke gelten alle durch Beschlagnahme oder Sicherstellung in amtlichen Gewahrsam gelangten Gegenstände, also auch die Originale jener Dokumente, die sich in den Beweismittelordnern als Kopie finden. Augenscheinsobjekte, wie Lichtbilder, Video- und Tonbandaufnahmen, PC-Dateien, Tatwerkzeuge, zählen hierzu. Zur Besichtigung dieser Beweisstücke wird sich der Verteidiger (falls erforderlich, unter Hinzuziehung eines Sachverständigen oder Dolmetschers) regelmäßig zur Verwahrungsstelle begeben und dort eine Auswertung vornehmen.[4] Er kann mit Erfolg auch darauf drängen, dass komplexere Aufzeichnungen, wie PC-Dateien oder Videoaufnahmen, kopiert und die Kopie ihm zur Verfügung gestellt wird.[5]

– Spurenakten[6]

Insbesondere bei der Verteidigung in Kapitaldelikten lohnt ein Blick in die Spurenakten. Diese beinhalten alle Vorgänge, die im Rahmen der Ermittlung in Richtung eines bekannten oder unbekannten Täters erfolgt sind (es findet sich zB hier häufig eine Dokumentation der bei der Ermittlungsbehörde eingegangen »Hinweise aus der Bevölkerung«). Spurenakten kommt verteidigungsstrategisch eine zentrale Rolle zu, wenn der Mandant bestreitet, die Tat begangen zu haben und alternativ hierzu andere Personen als Tatverdächtige in Betracht kommen. Da Spurenakten nicht Teil der Akten geworden sein müssen, ist die Einsichtnahme gesondert zu beantragen.[7]

– Akten anderer Verfahren

In Betrugs- und Anlagebetrugsfällen, aber nicht nur hier (Körperverletzungsdelikte!), ist das Strafverfahren oft begleitet von zivilrechtlichen Auseinandersetzungen. Entwicklungen auf diesem Gebiet muss der Verteidiger im Auge behalten, bereits vorliegende Entscheidungen in seinen Verteidigungsplan integrieren. Es kann ratsam sein, falls das Aktenmaterial des Zivilverfahrens Günstiges enthält, dessen Bei-

---

2 Meyer-Goßner § 147 Rn 17; Schäfer NStZ 1984, 205
3 Schäfer NStZ 1984, 203
4 Es dürfen hierbei auch Lichtbilder von Beweisstücken gefertigt werden, Meyer-Goßner § 147 Rn 19
5 LG Bonn StV 1995, 632 m Anm Köllner StraFo 1996, 26
6 Ausführlich hierzu: Pfeiffer StPO § 147 Rn 3
7 Beachte: BVerfGE 63, 45

ziehung zu beantragen oder die Beiziehung nur einzelner Urkunden oder bestimmter Sitzungsprotokolle zu initiieren. Ist es untunlich, den Weg über einen Beiziehungsantrag zu wählen, besteht die alternative Möglichkeit, mit dem – von der Schweigepflicht zu entbindenden – Kollegen, der für den Mandanten das Zivilverfahren betreibt, Kontakt aufzunehmen.

Daneben gibt es eine Vielzahl weiterer Akten, die im Einzelfall relevant werden können. Zu denken ist zuallererst an Strafakten aus einem anderen Verfahren (das können Akten sein, die ein Verfahren des Mandanten betreffen, aber auch Akten, aus denen beispielsweise der Grund für die Vorbestrafung eines Belastungszeugen ersichtlich ist). Akten der Verwaltungsbehörde (Umweltsachen / Verkehrssachen / Ausländersachen) spielen ebenfalls oftmals eine wichtige Rolle.

Die Beiziehung jeder verfahrensfremden Akte macht eine Begründung des Verteidigers notwendig, aus der sich das berechtigte Interesse an der Einsichtnahme ergibt, da durch die Einsichtnahme das Recht auf informationelle Selbstbestimmung von Dritten beeinträchtigt werden kann.[8] Haben Staatsanwaltschaft oder Gericht die in Rede stehende Akte schon von sich aus bei gezogen, bedarf es – sofern Umstände aus den Akten Eingang in das Strafverfahren gefunden haben – dieser Darlegung nicht.

Im Vorfeld der Hauptverhandlung steht dem Verteidiger ein **uneingeschränktes Akteneinsichtsrecht** zu.[9] Werden offensichtlich dennoch Teile der Akte dem Verteidiger vorenthalten, so ist Beschwerde (§ 304 StPO) geboten oder es muss zu Beginn der Hauptverhandlung ein Aussetzungsantrag gestellt werden.[10]   **12**

Für Staatsanwaltschaft und Gericht gilt der Grundsatz der Aktenvollständigkeit.[11]   **13**

Für den Verteidiger sollte diese Aktenvollständigkeit nicht weniger wichtig sein. Immer noch wird die Auffassung vertreten, nach Aktenübersendung durch die Staatsanwaltschaft und erster kursorischer **Durchsicht des Aktenmaterials**, könne man auf das Kopieren »irrelevanter« Teile der Akten verzichten; es wird folglich lediglich ein Aktenauszug gefertigt. Seine Ursache hat ein solches Vorgehen oft in Gründen der (vermeintlichen) Arbeitsersparnis,[12] Übersichtlichkeit[13] und Kostenersparnis.[14]

Bei der ersten Durchsicht der Akten ist mit Sicherheit (außer es handelt sich um einen sehr einfach gelagerten Fall) nur für eine sehr begrenzte Zahl von Schriftstücken klar erkennbar, dass diese nicht zur Sache gehören. Der Verteidiger, der selektiv Kopien anfertigt, setzt sich (und seinen Mandanten!) der Gefahr aus, dass er wichtige Hinweise, die sich zB aus handschriftlichen Bemerkungen des sachbearbeitenden Staatsanwalts oder Weiterleitungsverfügungen ergeben, schlichtweg übersieht.

---

8 Vgl OLG Hamm NStZ 1986, 236
9 Da die mögliche Beschränkung des § 147 II StPO nach Eröffnung des Hauptverfahrens wegfällt, Meyer-Goßner § 147 Rn 11; BGH StV 1988, 193, 194
10 Letzteres gilt selbstverständlich auch für den Fall, dass die Beschwerde zurückgewiesen worden ist.
11 BGHSt 37, 204 m Anm Foth StV 1991, 337
12 Das vermeintlich »effektive« Sortieren dauert dafür umso länger, bringt in der Sache aber nichts, da die Akten ohnehin vollständig ausgewertet werden müssen.
13 Die vermutete Übersichtlichkeit verkehrt sich in ihr Gegenteil, wenn in der Hauptverhandlung »überraschenderweise« auf eine Aktenseite Bezug genommen wird, die im Aktenstück des Verteidigers nicht zu finden ist.
14 Der Pflichtverteidiger (ebenso wie der Wahlverteidiger) hat Anspruch auf Ersatz der Kosten für eine vollständige Aktenkopie.

Ganz »gefährlich« wird es, wenn nach kurzem Durchlesen bestimmte Zeugenaussagen als »irrelevant« abgestempelt werden und unkopiert bleiben. Wer hat nicht schon die Erfahrung gemacht, dass »eigentlich völlig unwichtige« Aussagen überraschenderweise in der Hauptverhandlung eine besondere Bedeutung erlangt haben.

14 Die Erforderlichkeit einer vollständigen Aktenkopie lässt sich auch dem Mandanten vermitteln. Schließlich ist nichts peinlicher für den Verteidiger, als in laufender Hauptverhandlung offenbaren zu müssen, dass ihm bestimmte – nun doch relevante – Aktenseiten nicht vorliegen.

15 Eine Sichtung des Aktenmaterials in der Vorbereitungsphase der Hauptverhandlung baut selbstverständlich auf den bereits in vorhergehenden Verfahrensabschnitten geleisteten Vorarbeiten auf.

Kurz vor der Hauptverhandlung wird sich die Arbeit des Verteidigers »mit der Akte« darauf konzentrieren, sich ein vollständiges Bild der rechtlichen und tatsächlichen Fallsituation bei Eintritt in die Hauptverhandlung zu machen. Im Kern gehört hierzu auch ein Blick in die Terminsladung, um ersehen zu können, wann welcher Zeuge oder Sachverständige geladen ist. Oft ergibt sich aus der Reihenfolge der Zeugenauftritte und der Zeit, die das Gericht für ihre jeweilige Vernehmung vorgesehen hat, Aufschluss über die Meinung des Gerichts zur Wertigkeit der Aussagen. Der Verteidiger, der ohnehin großes Gewicht auf die aktenmäßige Auswertung der Zeugenaussagen legen muss, kann nun auch in etwa abschätzen, wie sich inhaltlich das Hintereinander der Zeugenaussagen in der Hauptverhandlung gestalten wird; zuweilen lassen sich hier schon Überlegungen anstellen, welchem Zeugen zu welchem Zeitpunkt zB eine andere Zeugenaussage vorzuhalten sein wird oder wann und mit welchem Inhalt Erklärungen gem. § 257 StPO abzugeben sind.[15]

2. Der Mandant

16 Die ersten Schritte in der Entwicklung einer Verteidigungsposition werden sich in der Besprechung des Akteninhalts mit dem Mandanten ergeben. Der Mandant sollte demgemäß auch vollständig über den Akteninhalt informiert sein und zwar schon bevor aufgrund der Aktenauswertung die Verteidigungsstrategie endgültig festgelegt wird. Es ist hilfreich (gerade bei komplexeren Sachverhalten) dem Mandanten zu diesem Zweck ein Aktendoppel auszuhändigen, das dieser durcharbeitet. Dadurch erspart sich der Verteidiger längere Vorträge über den Inhalt zB einzelner Zeugenaussagen.

Vor Aktenübergabe sollte der Mandant darauf hingewiesen werden, dass eine Weitergabe der Akte (oder Auszügen) an Dritte unterbleiben sollte. Beabsichtigt der Mandant, eine eigene Sicht der Dinge in schriftlicher Fassung vorzubereiten, ist – wie generell –, falls eine (weitere) Durchsuchung nicht ausgeschlossen ist, Sorge dafür zu tragen, dass solche »internen Erklärungen« als Verteidigungsmaterial nicht in die Hände der Ermittlungsbehörden gelangen. Dies gilt gerade dann, wenn in der Hauptverhandlung der Angeklagte keine Sacheinlassung abgeben soll. Man rät dem Mandanten, einen Ordner anzulegen, der gut lesbar die Aufschrift »Verteidigungsunterlagen im Strafverfahren x« trägt (Beschlagnahme- und Durchsichtsschutz) und in den er alle Unterlagen, die Gegenstand der Verteidigung sind bzw. sein können ablegt, jedoch nur diese.

---

15 Zum Inhalt und zum Einsatz solcher Erklärungen: Hohmann StraFO 1999, 153 ff

Der Mandant ist sicherlich die **wichtigste Informationsquelle** zur Überprüfung   **17**
des Akteninhalts und zum Auffinden möglicher Sachverhaltsalternativen, die wiederum andere rechtliche Schlussfolgerungen nach sich ziehen. Im Stadium unmittelbar vor der Hauptverhandlung und nach nochmals vollzogener Akteneinsicht
sind auch die mit dem Mandanten durchzuführenden Besprechungen von der Ausrichtung auf die Hauptverhandlung geprägt. Mitunter hat sich während des zurückliegenden Zeitraums (Ermittlungsverfahren und Zwischenverfahren) die Zielsetzung der Verteidigung mehrfach geändert: Bestand das Mandatsverhältnis schon zu
Zeiten des Ermittlungsverfahrens, stand seinerzeit vielleicht weniger die Hauptverhandlung im Mittelpunkt des Interesses, sondern Erledigungsmöglichkeiten auf der
Ebene des Staatsanwalts (zB § 170 II, §§ 153 f StPO), müssen diese Zielsetzungen
jetzt für die Strategie in der Hauptverhandlung »übersetzt« werden. Änderungen
der Verteidigungsstrategie sind dem Mandanten, zusammen mit ihren Gründen,
transparent zu machen.

Eine Prägung der Hauptverhandlung durch die Verteidigung wird nur dann erfolg-   **18**
reich sein, wenn negative Überraschungseffekte und Eventualitäten weitgehend
ausgeschaltet werden können, oder jedenfalls für den Fall der Eventualität eine
Maßnahme der Verteidigung bereitgehalten werden kann. Die **Minimierung von**
Informationsdefiziten ist Grundbedingung einer erfolgreichen Verteidigung – dies
ist eine Prämisse, die gerade bei der abschließenden Mandantenbesprechung vor
der Hauptverhandlung bedacht werden muss.

Nicht beseitigte Unklarheiten, vorhandene Zweifel, Sachverhaltslücken, Erklärungs-
lücken werden mit Sicherheit in die Hauptverhandlung hineinwirken. Die Hoffnung, die Widersprüche würden sich schon klären oder gar nicht zu Tage treten,
bleibt zumeist unerfüllt.

Im Vorfeld der Hauptverhandlung sind die Besprechungen mit dem Mandanten daher – neben der Klärung und Vorbereitung des Einlassungsverhaltens – Anlass,
noch fehlende Informationen oder Erklärungen des Mandanten einzuholen.

3. Eigenermittlungen

Neben dem Hauptstrang der Schaffung einer aktuellen und tragfähigen Informa-   **19**
tionsbasis (Aktenauswertung und Mandantengespräch) bietet sich eine reiche Anzahl von weiteren Ansatzmöglichkeiten, Informationslücken zu schließen. Schon
aus Effektivitäts- und Kostengründen wird der Verteidiger indes nicht gehalten
sein, wahllos jede Information aufzunehmen, die auch nur in irgendeinem Zusammenhang mit der Sache steht. Die Überlegenheit der Verteidigungsstrategie wird
sich aber umso leichter erweisen lassen, als in zentralen Punkten ein **Informations-**
vorsprung gegenüber Staatsanwaltschaft und Gericht erzielt und produktiv im
weiteren Verfahren umgesetzt werden kann.

Die Durchführung eigener Ermittlungen zum Sachverhalt ist grundsätzlich zulässig,[16] bei der Befragung von Zeugen und Sachverständigen sind gewisse Regeln[17] zu
beachten.

---

16 Jungfer StV 1981, 100; in den »Thesen zur Verteidigung« der BRAK wird in der These 25 diese
    Befugnis festgestellt und in Einzelfällen sogar eine Verdichtung dieser Befugnis zur Ermitt-
    lungspflicht für notwendig erachtet; vgl auch Bockemühl Teil B Kap 1 Rn 80 ff
17 Der Verteidiger sollte den Zeugen zu sich in die Kanzlei laden, ihm bereits schriftlich das The-
    ma der Befragung mitteilen und ihn auf sein Recht hinweisen, dass er gegenüber dem Vertei-
    diger zu Angaben nicht verpflichtet ist. Gleichzeitig sollte eine Belehrung zu Aussage- und

20   Häufig werden beim Gespräch mit dem Mandanten Ermittlungsansätze (zB »neue« **Zeugen**) sichtbar, denen es sich nachzugehen lohnt.

Bietet sich zB nach der Schilderung des Mandanten die Einvernahme eines Entlastungszeugen an, ist zunächst einmal anhand der Aktenlage und der übrigen Angaben des Mandanten zu überprüfen, ob die in das Wissen des Zeugen gestellte Beobachtung hinsichtlich ihrer Faktizität keinen Bedenken begegnet. Man sollte offen mit dem Mandanten sprechen, dass es verschiedene verteidigungstaktische und prozessuale Möglichkeiten gibt, das Beweismittel in die Hauptverhandlung einzuführen. Überstürztes Handeln sollte vermieden werden. Eile kann dann angebracht sein, wenn das Beweismittel eventuell in Kürze nicht mehr zur Verfügung steht (zB wegen eines längeren Auslandsaufenthalts). Es ist hier zu entscheiden, ob der betreffende Zeuge selbst einvernommen[18] werden soll oder ein entsprechender Beweisantrag zu stellen ist.

In jedem Falle muss abgewogen werden, welche Vor- und Nachteile der jeweilige Weg der Einvernahme hat.

Ist der Komplex strittig, zu dem der Zeuge etwas bekunden kann, wird in aller Regel die Staatsanwaltschaft auf einer Vernehmung des Zeugen in der Hauptverhandlung bestehen und bezüglich der Verlesung einer zuvor vom Verteidiger erstellten Anhörungsniederschrift ihre Zustimmung versagen, so dass ein »Tempovorteil« nicht unbedingt entsteht. Andererseits sind oft die Informationen des Mandanten zu der vom Zeugen erwarteten Aussage lückenhaft oder unzuverlässig – eine Beantragung des Zeugen aufs Geratewohl kann sich sehr schnell als Bumerang erweisen, wenn in der Hauptverhandlung nicht nur nicht das bekundet wird, was durch den Beweisantrag des Verteidigers ins Wissen des Zeugen gestellt wurde, sondern der Zeuge möglicherweise noch Bekundungen macht, die dem Verteidigungskonzept (an anderer Stelle) Schaden zufügen.

21   Jeder Verteidiger kennt das Dilemma: Beantragt er die Einvernahme eines Zeugen zu einer bestimmten Beweisbehauptung (und kann dabei die Konsistenz der Aussage aufgrund mangelnder Vorinformation nicht eindeutig einschätzen), kann der Zeuge aber hierzu nichts – oder gar Gegenteiliges – bekunden, schadet er seinem Mandanten.[19] Vernimmt er andererseits aber den Zeugen selbst und versucht die Niederschrift dieser Zeugenanhörung ins Hauptverfahren einzuführen und wird der Zeuge sodann in der Hauptverhandlung vernommen, wird das Gericht und auch die Staatsanwaltschaft oft eine besondere Akribie an den Tag legen, wenn es um die Umstände der Vernehmung beim Verteidiger geht – kurz: es liegt der Verdacht des »coaching the witness« in der Luft (was mittelbar Auswirkungen auf den Beweiswert der Zeugenaussage haben kann).

Zeugnisverweigerungsrechten enthalten sein. Es kann empfehlenswert sein, eine entsprechende Belehrung, die beim Befragungstermin ebenfalls nochmal zu erteilen ist, schriftlich zu fassen und durch den Zeugen unterschreiben zu lassen. Vor der Befragung ist der Zeuge darüber zu unterrichten, dass seine Angaben eventuell auch bei Gericht vorgelegt werden können.

Während der Befragung sollte eine weitere Person aus dem Kreis der Kanzleimitarbeiter (oder auch ein Kollege) anwesend sein, um gegebenenfalls später möglicherweise erhobene Vorwürfe, man habe den Zeugen beeinflusst, zu widerlegen. Noch während des Gesprächs kann der Inhalt protokolliert und dem Zeugen später zur Unterzeichnung vorgelegt werden; vgl hierzu Bockemühl Teil B Kap 1 Rn 86 ff

18 Streng genommen, vernimmt der Verteidiger nicht (dies können begrifflich nur Gericht, Staatsanwaltschaft und Polizei), sondern er »befragt«.

19 Auch falls der Zeuge nichts weiß und sich neutral verhält, wird der Umstand, dass die Verteidigung versucht hat, Beweis zu erbringen, dies aber gescheitert ist, zumindest atmosphärisch zu einem Punktverlust der Verteidigung führen.

Bei nur schwer prognostizierbarem Aussageverhalten und Zweifeln an der Glaubwürdigkeit sollte in der Tendenz immer eine eigenständig durch den Verteidiger durchgeführte Zeugenbefragung, die selbstverständlich regelgerecht eingeleitet, ablaufen und aufgezeichnet werden muss, vorgezogen werden. Erbringt diese Zeugenbefragung keinen für das Verteidigungskonzept positiven Beitrag, kann ein Beweisantrag unterlassen werden. Hat der zeugnis- oder aussageverweigerungsberechtigte Zeuge Angaben beim Verteidiger gemacht, so kann er sich für eine eventuell anstehende Vernehmung in der Hauptverhandlung selbstverständlich auf sein Schweigerecht zurückziehen – was er indes bei bereits vollzogener Aussage nur in Ausnahmefällen tun wird.

22

Grundsätzlich ist es zulässig, dass der Verteidiger die Frage eines (potentiellen) Zeugen, ob diesem im laufenden Verfahren ein Zeugnis- oder Aussageverweigerungsrecht zustehe, beantwortet; auch die weiterführende Beratung des Zeugen über das Recht, das diesem schließlich laut Gesetz zusteht, ist unbedenklich.

Atmosphärisch ist diese Art der Beratung indes nicht immer empfehlenswert: Handelt es sich um Angehörige des Angeklagten wird man gegen eine Beratung über das Zeugnisverweigerungsrecht sicherlich nichts einzuwenden haben, geht es hingegen um eine Person, die als (Mit-)Beschuldigter in Betracht kommt, sollte versucht werden, diesen Zeugen an einen Kollegen zu vermitteln, der dann seine Zeugenbeistands- oder Verteidigertätigkeit zwanglos und gegebenenfalls ohne Beeinträchtigung des Beweiswerts einer später vollzogenen Bekundung entfalten kann.

Als effektives Verteidigungsmittel hat sich die **Einschaltung eines Sachverständigen** herausgestellt, der intern (also ohne nach außen für die Verteidigung in Erscheinung zu treten) das im Verfahren bereits vorhandene Sachverständigengutachten seines Fachkollegen auf mögliche Mängel hin überprüft und damit dem Verteidiger entweder ermöglicht, den nötigen fachlichen Hintergrund für die Beantragung eines weiteren Sachverständigen zu akquirieren oder die kritische Befragung des »offiziellen« Gutachters in der Hauptverhandlung erleichtert.

23

In komplexen und für den Verteidiger nur mit größtem Arbeitsaufwand zu durchdringenden Begutachtungsfragen wird eine Vorbereitung auf die Hauptverhandlung mitunter gar nicht anderweitig zu leisten sein (zumal wenn, wie man aus Erfahrung weiß, Gerichte nur höchst selten vom gutachterlichen Ergebnis abzuweichen bereit sind).

In Verfahren, in denen die Tatörtlichkeit von Bedeutung für die Entwicklung eines Verteidigungskonzepts sein kann oder in denen die Überprüfung bestimmter Tatsachenbehauptungten (zB Entfernungen, Fahrzeiten) geboten erscheint, sollte sich der Verteidiger der Mühe unterziehen, eine **Ortsbesichtigung** (oder zB ein Abfahren einer Strecke) zu unternehmen.

24

Zwar werden in der Ermittlungsakte oft anlässlich der Ermittlungen gefertigte Lichtbilder Aufschluss über die örtlichen Verhältnisse geben; Lichtbilder beinhalten aber stets schon eine Selektion der Wahrnehmung. Was zum Zeitpunkt der Anfertigung der Lichtbilder alles noch für die Sache relevant sein könnte, aber nicht abgelichtet worden ist, kann eventuell noch durch eine Ortsbesichtigung zu rekonstruieren sein. Aber auch allein die Ortsbesichtigung – ohne dass nach der optischen Verifikation einer bestimmten Vermutung gesucht wird – kann dem Verteidiger weiterhelfen, weil er »mit eigenen Sinnen« und dreidimensional Licht- und Sichtverhältnisse, Lage und Stellung von Gegenständen und Bebauung, Bepflanzung und ähnliches prüfen kann; eine Erfahrung, aus der sich weitere Fragen an Zeugen und

Sachverständige,[20] aber auch Beweisanträge (zB Entfernungsmessungen) ergeben können.

25 Der Verteidigung stehen **weitere Ermittlungsmöglichkeiten** zur Verfügung:

– Als Informationsquelle nutzbar sind Erkenntnisse aus Gesprächen mit Mitverteidigern (die indes von ihrem Mandanten dazu von der Schweigepflicht entbunden werden müssen).

– Quasi von selbst versteht sich auch eine informelle Informationspolitik im Hinblick auf die am Verfahren beteiligten Staatsanwälte und Richter. Hier werden allerdings weniger Informationen über Tatsachen zu erwarten sein, sondern über Einschätzungen, Meinungsbilder und Atmosphärisches.

– Gehilfen der Verteidigung (Referendare, Praktikanten, Kanzleimitarbeiter) können in einfacheren Fragen recherchieren (als Berufshelfer des Verteidigers partizipiert dieser Personenkreis am Zeugnisverweigerungsrecht – Schweigepflicht – des Rechtsanwalts, §§ 53 I Nr. 2, 53 a StPO).

– Auch ein Detektiv lässt sich zum Vollzug eigener Ermittlungen beauftragen. Dies wird – schon wegen des finanziell nicht unerheblichen Aufwandes – nur in seltenen Fällen bedeutsam werden. Umstritten ist, ob dem mit Einzelauftrag ausgestatteten Detektiv als einem nur zeitweilig durch den Verteidiger beauftragten Selbstständigen ein Zeugnisverweigerungsrecht zusteht.[21]

IV. Die Vorbereitung der Hauptverhandlung »nach Innen und Außen«

1. Mandant und Einlassung

26 Ein ganz gewichtiger Teil der Vorbereitung der Hauptverhandlung vollzieht sich intern: Die Erarbeitung des zur Anklageschrift alternativen oder ergänzenden Sachverhalts mit dem Mandanten. Damit sind die im Vorfeld der Hauptverhandlung stattfindenden Mandantenbesprechungen von dem Bemühen gekennzeichnet, das Einlassungsverhalten abschließend festzulegen.

Ist der Verteidiger schon länger mandatiert, wird sein Informationsbedürfnis hinter der Anstrengung zurücktreten, den Mandanten auf die Hauptverhandlung einzustellen.

Hat er gerade erst im Vorfeld der Verhandlung Mandat erhalten, werden die Besprechungen gekennzeichnet durch eine unter Zeitdruck vorgenommene Vervollständigung der Informationslage und gleichzeitige Vorbereitung der Mandanteneinlassung. Für Mandant und Verteidiger wird es jetzt »ernst«; Versäumnisse, deren Nachholen Zeit erfordert, werden kaum mehr auszugleichen sein.

a) Die Entscheidung: Einlassung oder Schweigen?

27 Die Entscheidung der Frage, ob der Mandant in der Hauptverhandlung sich zum Anklagevorwurf äußern oder von seinem Recht zu schweigen Gebrauch machen wird, ist nur sehr selten einfach zu treffen.

---

20 Eine Befragung kann zB auch durch Lichtbilder, die der Verteidiger zum Beleg eines Vorhalts oder Frageinhalts selbst erstellt hat, gefördert werden.

21 Vgl Jungfer StV 1989, 495, 504; LG Frankfurt NJW 1959, 589; Meyer-Goßner § 53 a Rn 2; vgl zur Beauftragung von Privatdetektiven Bockemühl Teil B Kap 1 Rn 96 ff

Es entspricht dem natürlichen (aus dem Bereich des Moralischen herrührenden) Bedürfnis, eine Beschuldigung nicht ruhig zu ertragen und sich zunächst die Beweislage durch den Vorwerfenden darlegen zu lassen. Schweigen wird dann – wenn man glaubt, frei von Schuld zu sein – als Ausweichen betrachtet, als eine Art Schuldeingeständnis. Der bestreitende Mandant wird daher oft anfangs für das taktische Kalkül im Verteidigungsvorbringen wenig Verständnis haben.

Das Strafverfahren gehorcht anderen Prämissen: Da es hier nicht um Vorwürfe geht, die unter Gleichberechtigten und Gleichrangigen ausgetragen werden, sondern das beschuldigte Individuum im Verfahren mit dem gesamten Instrumentarium staatlich legitimierter Macht konfrontiert ist, sind Rechtsinstitute, wie die Unschuldsvermutung und das rechtliche Gehör, untrennbar mit einem am Primat der individuellen Freiheit orientierten Rechtsstaat verbunden.

Diesen Schutzrechten Geltung zu verschaffen, ist Inbegriff der Strafverteidigertätigkeit. Überzeugungsarbeit des Inhalts, dass diese Schutzrechte nicht preisgegeben werden, ist nicht nur dann zu leisten, wenn es um die Auseinandersetzung mit den Ermittlungsbehörden geht, sondern oftmals auch intern, gegenüber dem Mandanten.

Jedem Verteidiger sind Mandanten geläufig, die darauf drängen, so schnell als möglich »alles wieder richtig zu stellen«, was die Ermittlungsbehörde »falsch« sieht. Der Verteidiger wird als Sprachrohr der Mandanteninteressen begriffen. Hier ist es – bevor in die Sachauseinandersetzung im Einzelnen eingetreten wird – notwendig, das System des Strafverfahrens zu erklären und dem Mandanten die jeweiligen Interessenlagen eindringlich zu erläutern und möglichst mit Beispielen zu konturieren.

Um die Verständlichkeit zu gewährleisten, ist auf Beispiele zurückzugreifen, die wiederum auf den Verständnishorizont des Mandanten zugeschnitten sein müssen. Hilft dies nicht, kann es lohnenswert sein, die »Brille des Staatsanwalts aufzusetzen« und dem Mandanten in einer Art Rollenspiel vorzuführen, wie weit seine Argumentation trägt und wo Brüche, Widersprüche oder Unklarheiten deutlich werden.

28 Mitunter aber überträgt sich bedauerlicherweise der Aktionismus des Mandanten auf den Verteidiger. Nicht selten werden Haftprüfungsverfahren eingeleitet, nur um dem Mandanten zu beweisen, dass »etwas getan« wird; zuweilen werden Stellungnahmen zu den Akten gereicht, obschon die Akte noch nicht ausgewertet ist. Ein Verteidiger, der so handelt, wird allenfalls einen Zufallstreffer landen können. Vielmehr schaukeln sich durch solches Verteidigerverhalten Hoffnungen beim Mandanten auf, die jäh wieder enttäuscht werden. Einmal festgelegt, wird die Position (obschon der Verteidiger faktisch nicht (mehr) an sie glaubt) nicht wieder aufgegeben. Diese »Strategie« ist regelmäßig zum Scheitern verurteilt, da der Bruchpunkt, an dem die Hoffnung des Mandanten in Vertrauensverlust umschlägt, unausweichlich ist. Es ist daher dem Mandanten jede Konsequenz eines bestimmten prozessualen Handelns vor Augen zu führen – auch wenn dies Zeit kosten mag. Auf der festen Basis solcher Gespräche wird sich eher eine konsistente und vertrauensvolle Verteidigung aufbauen lassen, als auf dem brüchigen Gerüst vager Hoffnungen.

29 Generelle Voraussetzung einer Entscheidung über die Frage, ob sich der Mandant in der Hauptverhandlung einlassen soll oder nicht, ist das ausreichende Maß von Informationen aus Akte, eigenen Recherchen und internen Stellungnahmen des Mandanten.

Hohmann

Regelmäßig wird es sich verbieten, ohne Akteneinsicht Erklärungen des Mandanten zur Sache vorzulegen oder gar den Mandanten einer Vernehmung durch die Ermittlungsbehörde anzuempfehlen.[22] Nach Akteneinsicht und entsprechender Informationsweitergabe an den Mandanten, ist der Sachverhalt intensiv durchzuarbeiten, wobei dem Mandanten Rechts- und Verfahrenslage in den wesentlichen Facetten zu erläutern sind und verschiedene Verteidigungsalternativen vorgestellt werden sollen, um dann zu einer bestimmten Strategie (bis auf weiteres) Konsens zu erzielen. Im Vorhinein ist der Mandant bereits darauf aufmerksam zu machen, dass eine inhaltliche Festlegung durch eine Einlassung nur in Randbereichen wieder uminterpretiert oder geändert werden kann, ohne zu riskieren, dass die Einlassung für unglaubwürdig gehalten und als »Schutzbehauptung« abqualifiziert wird.

30 Steht zur Debatte, ob eine Einlassung in der Hauptverhandlung erfolgen soll oder nicht, sind nachfolgende Aspekte (die sicherlich nur Tendenzen bezeichnen, aber nicht zwingend richtig sein müssen) zu beachten:

31 Gründet sich der Tatnachweis der Anklage auf Indizien und kann dem Mandanten auf prozessordnungsgemäßem Wege die Tat nicht nachgewiesen werden, sollte er schweigen (ansonsten besteht die Gefahr, dass er zum Beweismittel gegen sich selbst wird).

32 Wird sich nicht vermeiden lassen, dass der Angeklagte – aus welchen Gründen auch immer – zu Einzelaspekten des Vorwurfs, die aber mit Sicherheit zur Sprache kommen – schweigt oder bestimmte Umstände, die er zu seiner Entlastung erklären müsste, nicht erklären kann, sollte er insgesamt schweigen (da sein Teilschweigen – außer wenn es sich als Schweigen zu einem selbstständigen Tatvorwurf darstellt – gegen ihn verwertet werden darf – und wird).

33 Ist der Mandant auch trotz etlicher Vorbereitungsgespräche mit seinem Verteidiger nicht in der Lage, sich mehr oder weniger kontrolliert und konsistent zur Sache zu erklären oder verfällt er immer wieder in Erklärungsmuster, die der Nachvollziehbarkeit und Glaubwürdigkeit seiner Aussage eher ab- als zuträglich sind, sollte er ebenfalls schweigen.

Gleiches gilt auch dann, wenn der Mandant dazu neigt, Unwahrheiten in seine Sachdarstellung einzubauen und die Gefahr besteht, dass mit Aufdeckung dieser Unwahrheiten auch die gesamte Aussage ihren Wert verliert.

In diesen Fällen kann es zu empfehlen sein, eine schriftliche Erklärung des Angeklagten vorzubereiten, deren Verlesung in der Hauptverhandlung erfolgen kann (§ 249 StPO). Diese Erklärung muss vom Angeklagten selbst stammen und nicht vom Verteidiger herrühren, sonst ist eine entsprechende Verlesbarkeit nicht sichergestellt.[23]

Weiterhin ist die Alternative erwägenswert, dass der Verteidiger anstatt des Angeklagten, aber in dessen ausdrücklichem Auftrag,[24] eine Erklärung zur Sache abgibt; eine Möglichkeit, die – unverständlicherweise – außergewöhnlich selten in Anspruch genommen wird.[25] In einem solchen Fall hat der Mandant auf Frage des Ge-

---

22 Einer solchen Vernehmung sollte sich der Mandant ohnehin nie ohne Begleitung des Verteidigers unterziehen; einer Vernehmung vorzugswürdig ist aber in jedem Fall die schriftliche Erklärung, die über den Verteidiger abgegeben werden kann.

23 BGH StV 1993, 623

24 Analog der auch im Abwesenheitsverfahren erforderlichen schriftlichen Vollmacht, § 234 StPO

25 BGH StV 1994, 467

richts die durch den Verteidiger verlesene und zu Protokoll gereichte (Revision!) Erklärung zu genehmigen. Das Gericht ist an den Inhalt der Einlassung insoweit gebunden, als dass nicht mehr und nicht weniger als Aussage des Angeklagten zugrunde gelegt werden darf. Diese Verfahrensweise vermag in revisionserheblicher Sicht weitgehend zu verhindern, dass durch das Tatsachengericht Sachverhaltsfeststellungen zur Erklärung des Angeklagten getroffen werden, die ganz oder teilweise nicht mit der Einlassung kompatibel sind.

Hat der Angeklagte bereits ein Geständnis abgelegt, so ist anzuraten, dies in der Hauptverhandlung zu wiederholen; selbstverständlich gilt dies nicht, wenn vom Geständnis dezidiert Abstand genommen wird. **34**

Ergibt sich aus der Aktenlage eine starke Tendenz in Richtung Verurteilung, sollte ein Geständnis noch vor der Beweisaufnahme abgelegt werden. Dies ermöglicht mitunter – wenn es vorzeitig angekündigt ist – den Verzicht auf große Teile der Beweisaufnahme und damit eine Straffung der Verhandlung (positiver Strafzumessungsgesichtspunkt). **35**

Auch bei strittiger Beweislage und gegenläufigen Zeugenaussagen kann dann zu einer Aussage geraten werden, wenn der Angeklagte die sich aus dem Sachverhalt ergebenden Einwendungen glaubwürdig entkräften oder widerlegen kann; Gleiches muss gelten, wenn der Angeklagte so die Gelegenheit hat, Brüche oder Unklarheiten in früheren Vernehmungen zu entschärfen. **36**

Im Falle einer echten Strafzumessungsverteidigung sollte sich der Angeklagte ebenso äußern wie in jenen Konstellationen, in denen es der Verteidigung auf die Transparenz der subjektiven Seite (Vorsatz / Motivation) ankommt. Aber: Bestraft das Gesetz bestimmte Motive, Absichten und Beweggründe qualifiziert (zB § 211 II StGB), ist höchste Vorsicht geboten. Kann die Einlassung nicht entsprechend verlässlich vorbereitet werden, hat der Mandant zu schweigen und es ist möglichst eine schriftliche Einlassung zu bedenken. **37**

Hat der Angeklagte im Ermittlungsverfahren bereits eine Aussage gemacht und ist hierüber eine richterliche Vernehmungsniederschrift vorhanden, ist daran zu denken, dass bei Schweigen des Angeklagten, diese Niederschrift verlesen werden kann (§ 254 StPO). **38**

Ist die Vernehmung nichtrichterlich erfolgt, darf lediglich die Verhörsperson (Zeuge vom Hörensagen)[26] in der Hauptverhandlung vernommen werden. Gesetzt den Fall, dass seinerzeit eine Belehrung durch die Verhörsperson unterlassen oder mangelhaft durchgeführt wurde, muss das Vorliegen eines Beweisverbotes geprüft werden.[27] Gegebenenfalls ist dann in der Hauptverhandlung der Verwertung zu widersprechen und zwar spätestens zum Zeitpunkt der Ausübung des Erklärungsrechtes nach § 257 StPO.[28] **39**

b) Beratung des sich einlassenden Mandanten

Hat man sich spätestens im Rahmen der Vorbereitungsphase der Hauptverhandlung entschlossen, Angaben zur Sache zu machen, ist zunächst zu erwägen, ob prinzipiell eine Vorabmitteilung des Aussageinhalts in kursorischer Form (zur Verteidigungsschrift siehe Rn 47) eingereicht werden soll. **40**

---

26 BGHSt 14, 310
27 Vgl zB die Konstellationen bei BGH NStZ 1995, 353; BayObLG StV 1995, 237
28 BGH StV 1996, 187

Auch gegenüber dem Mandanten kann – was selbstverständlich auch Gegenstand von Erörterungen mit ihm gewesen sein muss – mit einer solchen Verteidigungsschrift verbindlich festgelegt werden, welcher Linie die Einlassung in der Hauptverhandlung zu folgen hat. Dies wird als gedankliches Gerüst von Bedeutung sein, ersetzt jedoch keinesfalls die akribische und intensive Aufarbeitung des Sachverhalts, die in Koordination mit dem Verteidigungsziel vorzunehmen ist.

41 Seit Mandatsübernahme wird sich zwischen Verteidiger und Mandanten bereits ein spezifisches Kommunikationsverhältnis etabliert haben, das notwendigerweise frei von Ressentiments und Misstrauen sein sollte. Man hat gelernt, sich aufeinander einzustellen, was nicht unbedingt und in jedem Falle mit spannungsloser Harmonie verbunden ist. Zu den Grundfähigkeiten eines guten Verteidigers muss es gehören, sich sensibel auf das Gegenüber einstellen zu können, andererseits aber auch die nötige Durchsetzungskraft zu besitzen, um das Verteidigungsziel und die Verteidigungskonzeption dem Mandanten näherzubringen. Nicht selten prallen zu Beginn eines Mandates nicht nur Meinungen, sondern auch die Emotionen im Verhältnis zwischen Mandant und Verteidiger aufeinander; Mandant und Verteidiger denken zur selben Sache in verschiedenen Kategorien. Es ist am Verteidiger, hier eine Integration und Koordination der Mandanteninteressen in eine verfahrensrechtlich und materiellrechtlich konsistente Verteidigungsstrategie zu gewährleisten. Der Mandant muss sich mit seinen Interessen im Agieren des Verteidigers wiederfinden; der Verteidiger sollte seinerseits aber vermeiden, das Verteidigungsziel kritiklos den artikulierten Mandanteninteressen anzugleichen.

Wird der Verteidiger zum bloß ausführenden Organ seines Mandanten, lässt der Achtungsverlust nicht lange auf sich warten und der Sache ist ohnehin nicht gedient (allenfalls hat der Mandant für kurze Zeit den Eindruck, besser: die Hoffnung, er könnte ein gutes Ergebnis herbeizwingen).

Klafft zwischen dem Verteidigergebaren und den Artikulationen des Mandanten – augenscheinlich in der Hauptverhandlung – ein kleiner Abgrund, erscheint es so (und entspricht wohl auch der Realität), dass zwei Verteidigungskonzepte nebeneinander existieren. Diese Uneinigkeit schadet dem Angeklagten. Ist er dann mit dem Ergebnis der Hauptverhandlung unzufrieden, wird er sicherlich nicht sich selbst, sondern allein seinem Verteidiger die Schuld geben. Diese Dilemmata können nur durch eine stimmige und intensive Einlassungsvorbereitung vermieden werden.[29]

42 Die Ansprüche, die an die konkrete Einlassungsvorbereitung im Einzelfall zu stellen sind, differieren von Fall zu Fall und von Mandant zu Mandant. Es gibt indes Eckpunkte richtiger Beratung, die der Verteidiger beherzigen sollte:

Gefordert ist **Offenheit**; Offenheit von beiden Seiten. Es nutzt der Verteidigung in der Hauptverhandlung nichts, sondern schadet eher, wenn zwischen Angeklagtem und Verteidiger hinsichtlich einzelner Bereiche des Sachverhalts sich der Nebel des Unausgesprochenen ausgebreitet hat.

Beispielhaft: Der Mandant legt seinem Verteidiger auf Vorhalt für einen bestimmten Umstand eine mehr als fragwürdige Erklärung vor. Fragt der Verteidiger nicht nach und vermittelt dem Mandanten nicht das Gefühl, »damit komme er nicht durch«, sondern geht über diesen Punkt hinweg, wird der Mandant in Zukunft diesen Aspekt seiner Sachverhaltserklärung als unproblematisch »abhaken«. Hat es der Ver-

---

29 Wird man sich partout nicht einig, sollte in Ausnahmefällen auch nicht vor der Überlegung zurückgeschreckt werden, das Mandat niederzulegen.

teidiger schon anfangs, aber auch bei Folgebesprechungen, unterlassen, den neuralgischen Punkt bloßzulegen, stellt sich das Phänomen der Tabuisierung dieses Sachverhaltsteils ein – er wird vorausgesetzt und nicht mehr in Frage gestellt. In der Hauptverhandlung existiert dieses Tabu für Gericht und Staatsanwalt natürlich nicht.

Zur Offenheit gehört auch, dass der Mandant ausgiebig Gelegenheit erhält, sich selbst ein Bild von der Aktenlage zu machen. Den Informationsvorsprung, den der Mandant naturgemäß hat, sollte der Verteidiger frühzeitig nutzen.

So besteht anschließend im gemeinsamen Aktendurchgang die Chance für den Mandanten, das was er beisteuern kann, auch zu leisten und gleichzeitig kann vom Verteidiger gezeigt werden, weshalb bestimmte Überlegungen des Mandanten rechtlich neutral oder gar der Verteidigungskonzeption abträglich sind und welche Sachverhaltsmomente positiv verwertet werden können. Dabei werden automatisch Fragen, die zB mit der Genese von Zeugenaussagen und anderen Ermittlungsergebnissen zu tun haben, angesprochen und Schlussfolgerungen für das eigene Vereidigungs- und Einlassungsverhalten erkennbar. Es ist das gute Recht des Mandanten, von seinem Verteidiger erklärt zu bekommen, weshalb verteidigungsstrategisch dieses oder jenes Vorgehen empfehlenswert ist.

Ziel der Beratung ist, dass der Mandant in der Hauptverhandlung allen Irritationen, **43** Vorhalten und auch persönlichen Animositäten zum Trotz standhält und seine Darstellung des Sachverhalts das Gericht zu überzeugen vermag. Die Vorbesprechung der Einlassung muss dem Mandanten hierzu die notwendige Sicherheit verleihen. Um diese **Sicherheit** zu erzeugen, ist es förderlich, den Mandanten mit der Situation in einer Hauptverhandlung bekannt zu machen. Ihm ist zu erklären, nach welchem groben Raster die Verhandlung abläuft, wie vor, während und nach seiner Einlassung von einzelnen Verfahrensbeteiligten agiert wird; ihm ist deutlich zu machen, welche Interessen die einzelnen Beteiligten zB in der Wahrnehmung ihres Fragerechts verfolgen.

Dabei ist vom Verteidiger insgesamt deeskalierend zu wirken, zB auch dadurch, dass ein Rat erfolgt, wie man sich bei bestimmten Vorhalten zu verhalten habe oder wie Zeugen mit ausgeprägter Belastungstendenz zu begegnen ist. Schließlich ist auch auf die Umstände des Frage- und Erklärungsrechts[30] des Angeklagten einzugehen und abzusprechen, dass Fragen erst nach kurzer Rücksprache mit dem Verteidiger in der Verhandlung gestellt werden.

Es ist wenig sinnvoll, Einlassungen zu komplexen Sachverhalten mehr oder weniger **44** kritiklos dem Mandanten zu überlassen (**Plausibilitätskontrolle**): Es kommt vor, dass in einem Bereich, in dem der Verteidiger weitgehend fachlich nicht zu Hause ist, eine Einlassungsberatung zu erfolgen hat. In einem Verfahren, in dem zB einem Architekten Betrug zum Nachteil des Bauherrn vorgeworfen wird und es im Einzelnen auf die Berechnung von baulichen Mehrmassen und die bauliche Angemessenheit einzelner Gewerke ankommt, darf es sich der Verteidiger nicht mit einer plakativen und an der Oberfläche bleibenden Einlassungsvorbereitung leicht machen, selbst wenn er das »Gefühl« hat die Darstellung seines Mandanten zu Einzelgewerken werde schon »Hand und Fuß« haben. Was der Verteidiger hier nicht selbst und nach Prüfung für nachvollziehbar hält, darf sich nicht in der Einlassung wiederfinden.

---

30 Dies um zu vermeiden, dass insbesondere Zeugen, die man aus verteidigungstaktischen Gründen nicht weiter befragen sollte, durch den Angeklagten kontraproduktiv befragt werden. Vgl Hohmann StraFo 1999, 153

45 Plausibilitäts- und Glaubwürdigkeitssignale der Einlassung sind zu fördern, Zweifelhaftigkeiten abzubauen. Dazu gehört es, als Verteidiger selbst in die Rolle des Staatsanwalts oder Richters zu schlüpfen und die Einlassung des Mandanten, so wie sie nach einer Vorberatung zwischen Verteidiger und Mandant konsentiert ist, im Frage-/Vorhalt-Dialog, wie er für die Hauptverhandlung typisch ist, einer Überprüfung zu unterziehen.

Dabei sollten durchaus die konsensuellen Pfade, die man während der gemeinsamen Besprechungen begangen hat, verlassen werden und der vom Mandanten erklärte Sachverhalt intensiver, zuweilen auch atmosphärisch härterer Nachfrage ausgesetzt werden. Lücken, Unzulänglichkeiten, falsches Zögern sind dann schnell aufgedeckt. Zeigen sich Widersprüche zu Zeugenaussagen oder anderen beweismäßig festgestellten Umständen, ist gegebenenfalls eine Anpassung der Einlassung iS einer Harmonisierung des Sachverhalts anzustreben. Ebenso sind möglicherweise vorhandene Widersprüche und Inkonsistenzen zu eigenen früheren Aussagen zu harmonisieren, oder, falls dies nicht gelingt, die Motive der in der Hauptverhandlung erfolgenden Sachverhaltsanpassung offensiv zu benennen. Auf diesem Wege lassen sich auch Unwahrheiten, Sachverhaltsentstellungen und Ausflüchte, die der Mandant aus einem Schutzmotiv heraus aufgebaut und zum Teil seiner »Sicht der Dinge« gemacht hat, wieder aus der künftigen Einlassung auslösen. Für den Mandanten ist die Erkenntnis, dass eine Schutzbehauptung sachlich nicht standhält, vielleicht im Augenblick schmerzlich – aber kaum peinlich; denn er hat ohne größeren Gesichtsverlust selbst eingesehen, dass die falsche Position revidiert werden musste.

46 Legt der Mandant in der Hauptverhandlung ein **Geständnis** ab, nachdem er vorher den Tatvorwurf immer bestritten hat, ist besondere Mühe darauf zu verwenden, die Ursachen und Motive des Geständnisses herauszuarbeiten. Ein Geständnis, das (erst) in der Hauptverhandlung abgelegt wird, steht unter dem atmosphärischen Manko der »späten Einsicht«; noch viel eher gilt dies für ein Geständnis, das am Ende der Hauptverhandlung abgelegt wird. Auch wenn ausgeschlossen ist, dass das Geständnis sich deshalb nicht positiv für die Strafzumessung auswirkt, ist das Gericht im Umgang mit dem Strafzumessungsbonus »Geständnis« in der Regel nicht mehr so freigiebig, als wenn das Geständnis am Anfang des Verfahrens erfolgt wäre. Daher ist ratsam, die Genese des Geständnisses, das nicht unbedingt die Folge einer »Beweisnot« gewesen sein muss, darzulegen und die persönliche Motivation für die Tatreue eingängig zu machen.

c)   Die Einlassung als Teil einer schriftlichen Stellungnahme

47 Unabhängig davon, ob der Mandant sich selbst in der Hauptverhandlung zur Sache einlässt oder schweigt, ob er bestreitet oder es vorrangig um die Frage der Strafzumessung geht, kann es vorteilhaft sein, noch vor der Hauptverhandlung eine schriftliche Stellungnahme abzugeben. In einer Phase, in der das Gericht (Vorsitzender, Berichterstatter) selbst den Sachverhalt klärt, die Beweis- und Rechtsfragen herausarbeitet, formuliert eine Verteidigungsschrift die dezidierte Alternative zur Anklageschrift und ihrem wesentlichen Ergebnis der Ermittlungen. Eine solche Stellungnahme kann dabei durchaus verschiedene Zielsetzungen intendieren:

48 Zusammenfassung und **Pointierung**: Sind von der Verteidigung bereits Erklärungen eingereicht worden, hat sich der Mandant bereits zur Sache eingelassen, kann es – gerade bei komplexen Sachverhalten oder umfangreichen Anklagen mit einer Vielzahl von Einzelvorwürfen – ratsam sein, den Stand der Tatsachenfeststellung, der Beweissituation und der rechtlichen Würdigung (nochmals, aber pointiert) darzustellen. Gerade wenn nach Anklagezustellung noch Umstände aufgetreten sind, die für das Verteidigungsziel günstig ausfallen, sollte dies nicht erst in der Hauptverhandlung thematisiert werden, sondern, sofern sich der Verteidiger hiervon eine prägende Wirkung verspricht, schon im Vorfeld der Hauptverhandlung.

Weichenstellung für das Aussageverhalten des Angeklagten: Hat sich der Mandant **49** bislang nicht geäußert und wird er dies in der Hauptverhandlung erstmals tun, ist zu erwägen, ob der wesentliche Inhalt (sozusagen die grobe inhaltliche Linie der Einlassung) zum Gegenstand einer schriftlichen Stellungnahme zu machen ist. Dabei sollte der Verteidiger unter keinen Umständen direkte Rede verwenden und sozusagen seinen Mandanten »im Originalton« sprechen lassen. Die Gefahr, dass hier Festlegungen enthalten sind, die später relativiert oder umgewichtet werden müssen, ist zu groß. Wird ein bestimmter Sachverhalt aber durch den Verteidiger (indirekt) vorgelegt, besteht immer die Möglichkeit, dass der Verteidiger sich vor seinen Mandanten stellt und erklärt, dass es hier um eine Sachdarstellung geht, wie sie eben vom Verteidiger verstanden und niedergelegt wurde.

Liegen Änderungen im Aussageverhalten vor (wird zB ein bislang bestrittener Vorwurf nunmehr eingeräumt) kann eine Erklärung vorab ebenfalls nützlich sein und sich aus Gründen der Verfahrensökonomie (Zeugenvernehmung entfällt) und der damit verbundenen günstigeren Strafzumessungsposition des Angeklagten empfehlen.

Beweisantrag: In Kombination mit der Abhandlung eines bestimmten Vorwurfs-**50** komplexes aus Sicht der Verteidigung und sich hieraus ergebenden Beweisfragen kann sich die Stellung eines Beweisantrags (§ 219 StPO) aufdrängen. Dies wird insbesondere auf der Hand liegen, falls ein weiteres Sachverständigengutachten eingeholt werden soll. Dann ist zu erklären (in Auseinandersetzung mit dem Inhalt des Erstgutachtens), auf welchen Überlegungen und auf welchen Kritikpunkten der Antrag der Verteidigung basiert.

Erörterung von **Rechts- und Beweisfragen:** Bestreitet der Angeklagte oder wird er **51** in der Hauptverhandlung schweigen, hat sich eine Verteidigungsschrift auf die Beweisfragen oder Rechtsfragen zu konzentrieren. Es besteht aber auch die Möglichkeit durch Nennung verschiedener Sachverhaltsalternativen, die sich beweismäßig begründen lassen, aber im Gegensatz zur Anklage stehen, aufzuzeigen, dass auch ohne »eigene Sachverhaltsdarstellung« des Mandanten, durchaus andere Sachverhalte als jener, auf den sich die Staatsanwaltschaft stützt, denkbar sind. Die Erörterung von Rechtsfragen und Beweisfragen vorab birgt die nicht zu unterschätzende Gefahr in sich, dass das Gericht den Vortrag aufmerksam zur Kenntnis nimmt, aber – und hier sollte man die mit der Eröffnung des Hauptverfahrens einhergehende Eigenbindung des Gerichts nicht aus dem Blick verlieren – versucht wird, den aufgeworfenen Fragen in der Verhandlung auszuweichen oder diese durch vermeintliche Gegenargumente zu konterkarieren, was zB für die Revisionsinstanz ganz erhebliche Wirkung haben kann. Andererseits kann der Verteidiger nicht unbedingt darauf hoffen, durch Vortrag während der Hauptverhandlung (zB im Rahmen des § 257 StPO) oder im Plädoyer zu einer Überzeugungsbildung des Gerichts effektiv beizutragen. Die Erfahrung zeigt eindringlich, dass die Frage, zu welchem Zeitpunkt welche Argumente ins Verfahren eingebracht werden, nicht ohne Berücksichtigung der Interessen der Verfahrensbeteiligten gestellt werden kann: Eine erst in der Hauptverhandlung vom Verteidiger initiierte und für Gericht und Staatsanwaltschaft nicht vorhersehbare Diskussion zu einer entscheidungserheblichen Rechtsfrage vermag Früchte zu tragen, wenn das Gericht mit dem vordergründigen

Hohmann

Motiv, den Folgeproblemen einer Verfahrenswende auszuweichen, bereit ist an wichtigen Punkten der Verteidigung »entgegenzukommen« (das müssen nicht die Punkte sein, die durch die vom Verteidiger aufgeworfene Rechtsfrage angeschnitten wurden).

52 **Vereinfachung**: Spielen für die Entscheidung des Gerichts Fragen eine Rolle, die eine Spezialmaterie beinhalten, aber nicht oder nur zum Teil Gegenstand von Sachverständigengutachten sind, sollte an eine Verteidigungsschrift gedacht werden, die den komplexen Sachverhalt verständlich darstellt. Ist in der Einlassung des Angeklagten in der Hauptverhandlung die Erörterung solcher Spezialmaterie zu erwarten, ist im Interesse der Verständlichkeit ebenfalls eine (Vorab-)Erklärung anzuraten.

53 Die Verteidigungsschrift kann bewirken, dass sich in der Vorphase der Verhandlung die erneute Möglichkeit einer Kommunikation iS einer Verständigung zwischen Verteidigung, Gericht und Staatsanwaltschaft aufdrängt. Für das Gericht besteht trotz einer gewissen inhaltlichen Festlegung durch Aktenstudium und Eröffnungsbeschluss mitunter begründeter Anlass, auch unmittelbar vor Hauptverhandlung nochmals eine Neubewertung des Sachverhalts vorzunehmen, die später in laufender Verhandlung unter Zeitdruck nicht mehr unbedingt erhofft werden darf. Regelmäßig wird eine Stellungnahme, die sich mit der Einlassung des Mandanten beschäftigt, gern seitens des Gerichts zum Anlass genommen, in der Hauptverhandlung entsprechende Nachfragen an den Angeklagten zu stellen. Hierauf ist der Mandant einzustellen.

2.   Terminierungsfragen

a)   Ausgangssituation

54 Für den Verteidiger ist die **Terminsbestimmung** mehr als nur eine Formalie. Fragen der Terminierung sind zuweilen geeignet, materiellrechtliche und (andere) verfahrensrechtliche Probleme eines Hauptverfahrens in den Hintergrund zu rücken; die Terminierung erweist sich oft als Zankapfel im Widerstreit der Interessen der Verfahrensbeteiligten. Gerade weil sich zuweilen erst in laufender Hauptverhandlung unvorhersehbare Konstellationen ergeben, ist die vorausschauende Planung der Terminsituation durch den Vorsitzenden unabdingbare Voraussetzung einer Hauptverhandlung, die nicht »aus den Fugen gerät«.

Der allseits beklagte Termindruck hat in den letzten Jahren die sicherlich erfreuliche Hinwendung zu mehr Kommunikation schon im Vorfeld der konkreten Terminsbestimmung bewirkt. So wird es immer mehr Usus der Strafkammervorsitzenden, aber auch der Vorsitzenden Richter am Amtsgericht, Hauptverhandlungstermine schon im weiteren Vorfeld der Ladung abzuklären.[31] Diese Praxis erleichtert dem Verteidiger nicht nur die Terminplanung als solche, sie gibt ihm vor allem auch die in ihrer Wirkung nicht zu unterschätzende Gelegenheit, mit dem Vorsitzenden oder Berichterstatter Umstände des Einlassungsverhaltens des Angeklagten, der benötigten Zeugen und Fragen der Gutachtenerstattung zu besprechen, die in unmittelbarem Zusammenhang mit der Terminierung stehen.[32]

---

[31] Die Verteidigung hat indes keinen Anspruch auf Terminsabsprache, OLG Hamburg StV 1995, 11

[32] Gerade der auswärtige Verteidiger erhält so die Möglichkeit, auch gewisse Informationen über Ansichten des Gegenübers zur Sache oder einzelnen Sachfragen zu erhalten.

Kommunikation setzt jedoch auch hier voraus, dass ein Kontakt überhaupt zustande kommt. Der Verteidiger ist nicht davor gefeit, dass der Anruf des Vorsitzenden just zu einem Zeitpunkt erfolgt, an dem der Verteidiger telefonisch nicht erreichbar ist; die Folge hiervon ist, dass der Terminplan dann den Kanzleimitarbeitern zur Kenntnis gegeben wird, die die Terminierung entweder anhand des Terminplaners des Verteidigers bestätigen oder in Absprache mit dem Vorsitzenden Alternativtermine festlegen.

Dies sollte vermieden werden. Dazu ist erforderlich, dass die Mitarbeiter Terminsfragen entweder nur unter Vorbehalt klären oder (sicher die bessere Lösung) darauf hinweisen, dass der Verteidiger die Terminsbestimmung selbst mit dem Vorsitzenden besprechen möchte und daher unverzüglich zurückruft. Der Verteidiger wird dann unmittelbar anschließend von seinem Sekretariat über den Anruf des Vorsitzenden informiert (zB über das Funktelefon oder Mailbox) und kann reagieren.

b) Terminsabsprache

Eine weitere Möglichkeit, präventiv für Kommunikation über die Terminsbestimmung zu sorgen, besteht darin, rechtzeitig schriftlich oder mündlich zu erkennen zu geben, dass auf eine **persönliche Absprache des Verhandlungstermins** Wert gelegt wird. Gelegenheit dazu geben Anträge, Stellungnahmen, Akteneinsichtsgesuche, die nach Übermittlung der Anklageschrift im Zwischenverfahren oder in der Vorbereitungsphase der Hauptverhandlung bei Gericht eingereicht werden. Aber auch ein Anruf des Verteidigers beim Vorsitzenden kann empfehlenswert sein: Es gibt sicher vielfältige Konstellationen, die das Bedürfnis des Verteidigers, einen Überblick über die anstehende Terminierung zu bekommen, plausibel werden lassen (bevorstehende Urlaubszeit, andere (Groß-)Verfahren, Feiertage und Ferienzeiten etc). **55**

In jedem Falle aber gilt es, solche Gespräche vorbereitet und mit Blick auf die Verteidigungsstrategie zu führen. Es geht selten »nur« um Termine, sondern vielfach auch um Fragen, an deren Vorabklärung das Gericht ein »planerisches Interesse« hat (woraus aber gleichzeitig Einzelheiten der Verteidigungsstrategie deutlich werden, die zum Zeitpunkt des »Terminsgesprächs« aber noch nicht feststehen oder (noch) nicht nach außen dringen sollen). Kommunikation ist meistens zweiseitig, daher sollte der Verteidiger das Interesse des Gerichts an Einzelheiten der Hauptverhandlungsverteidigung nicht unterschätzen.[33] Mitunter lassen sich solche Gespräche – wenn man sich denn von ihnen eine Förderung der Verteidigungsinteressen und eine Vervollkommnung des Informationsbildes erhofft – auch auf den Sachbearbeiter bei der Staatsanwaltschaft ausdehnen, beispielsweise sofern unklar ist, ob der Verlesung bestimmter Urkunden oder Vernehmungsniederschriften zugestimmt werden wird. **56**

Vor allem Amtsgerichtstermine, aber auch Termine bei Landgerichten, werden noch in »alter Manier« von einer zwar kleiner werdenden, aber nicht geringen Zahl von Vorsitzenden ohne vorhergehende Absprache durch Zustellung der Terminsnachricht an den Verteidiger festgelegt. Im Idealfall kann der Verteidiger eine Verlegung des Termins erreichen, wenn er unverzüglich mündlich oder per Verlegungsantrag **57**

---

33 Fragen, wie »wie viel Tage werden wir brauchen?«, »wie lange benötigt ihr Mandant etwa für seine Einlassung?« oder »auf die Vernehmung des Zeugen ... können wir doch sicher verzichten?« zeigen oft das Meinungsbild des Gerichts; gleichzeitig werden aber auch vom Verteidiger Antworten auf solche Fragen erwartet.

darauf hinweist, dass er (oder der Mandant) an der Wahrnehmung des Termins gehindert sei. Die Skala des Verständnisses (das der Vorsitzende aufzubringen geneigt ist) reicht hier ebenso weit, wie die Bandbreite der möglichen Hinderungsgründe. Für eine Verhinderung qua Terminskollision (zB: anderer Hauptverhandlungstermin, den der Verteidiger gar noch als Pflichtverteidiger wahrzunehmen hat) wird im Allgemeinen noch Entgegenkommen zu registrieren sein, bei eher »nicht dienstlichen« Anlässen (zB Kurzurlaub, aber auch: Besprechungstermine mit angereisten Mandanten) wird es der Verteidiger schwer haben das Gegenüber zu einer Terminsverlegung zu bewegen.

Lässt sich der Vorsitzende nicht überzeugen und stellt dem Verteidiger die »ungewollte« Terminsnachricht zu, steht dem Verteidiger der Beschwerdeweg offen (str[34]). Allerdings wird die Beschwerde nur dann von Erfolg gekrönt sein, wenn die Überprüfung der Terminsverfügung einen eklatanten Ermessensfehler aufweist (Ermessensnichtgebrauch oder Ermessensfehlgebrauch).[35] Um aber der Terminsverfügung (die ohne Begründung ergeht – im Unterschied zur Entscheidung über einen Terminverlegungsantrag) einen Ermessensfehler nachweisen zu können, müsste der Nachweis, dass der Vorsitzende sich überhaupt mit den Argumenten des Verteidigers auseinandersetzen konnte, erbracht sein, was bei bloßen Gesprächen oder Telefonaten nicht der Fall sein wird.

c)   Verlegungsantrag und Rechtsbehelf

58   Es ist demzufolge notwendig, unmittelbar nach Erhalt der Terminsnachricht einen schriftlichen **Verlegungsantrag** zu stellen. Der Vorsitzende hat dann die Gelegenheit abzuhelfen oder er muss eine begründete Ablehnungsentscheidung treffen, die infolgedessen im Beschwerdeweg der Nachprüfung unterliegt.

59   Von einem Ermessensnichtgebrauch ist evidenterweise zu sprechen, wenn das Gericht ohne Angabe von Gründen dem Verlegungsantrag nicht stattgibt oder lediglich auf das Weiterbestehen des bereits festgesetzten Termins verweist.

Ein Ermessensfehlgebrauch liegt vor, wenn die Gründe der Ablehnungsentscheidung eine inhaltliche Auseinandersetzung mit dem vorgetragenen Begehren nicht oder nur zum Teil erkennen lassen (zB wenn Pauschalisierungen, wie »noch andauernde Auslastung mit Terminen in anderen Strafsachen« etc vorzufinden sind).

Der Verteidiger wird sich dort mit seiner Beschwerde durchsetzen können, wo er es versteht, ein Missverhältnis und Ungleichgewicht in der Abwägung der miteinander konkurrierenden Verfahrensprinzipien (Beschleunigungsgrundsatz, Verfahrensökonomie, Rechtliches Gehör, Recht auf Verteidigung des Beschuldigten durch einen Anwalt seiner Wahl [§ 137 I 1 StPO], Recht auf ein faires Verfahren) zu Lasten seines Mandanten (denn als Entscheidungsmaxime soll der gerichtlichen Fürsorgepflicht und dem Recht auf Waffengleichheit im Verfahren der Vorrang eingeräumt werden[36]) nachvollziehbar zu machen.

---

34 § 305 S 1 StPO spricht zwar die Einschränkung aus, dass Entscheidungen, die in Zusammenhang mit der Urteilsfindung stehen (im Vorfeld der Urteilsfindung gefallen sind), nicht beschwerdefähig sein sollen. Eine Ausnahme ist allerdings dann geboten, wenn durch die Entscheidung eine besondere Beschwer hervorgerufen wird, die eigenständigen Charakter hat, vgl LR-Gollwitzer § 213 Rn 16; OLG Dresden NJW 2004, 3196; LG Magdeburg StraFO 1997, 112

35 Vgl Meyer-Goßner § 213 Rn 6 mwN

36 OLG Frankfurt/M. StV 1995, 10

Wenig Chancen hat jenes Beschwerdevorbringen, dass sich allein darauf stützt, die **60**
angegriffene Terminierung stelle eine schwerwiegende Beeinträchtigung der Verteidigungsinteressen im Vorfeld der Hauptverhandlung dar und torpediere sozusagen
die Möglichkeit des Angeklagten (und seines Verteidigers), sich auf die Verteidigung
im Termin effektiv einzustellen.[37] Vielfältige Konstellationen sind denkbar. Zwei
Beispiele:

– Der Angeklagte beauftragt erst kurz vor der Hauptverhandlung einen Verteidiger. Dieser erfährt durch seinen Mandanten vom Termin und hat nur noch wenige Tage Zeit, sich und den Mandanten auf die Verhandlung vorzubereiten. Hier
ist der Verteidiger gehalten – sollte der Termin nicht verlegt werden und die Vorbereitungsphase nicht ausreichen – zu Beginn der Hauptverhandlung einen Aussetzungsantrag zu stellen.[38]
– Gleiches gilt auch, wenn dem Verteidiger die Ladung zu spät zugestellt worden
ist oder die Ladungsfrist unterschritten wurde (§ 217 II StPO für den Angeklagten und § 218 S 2 StPO in Verbindung mit § 217 II StPO für den Verteidiger).

Kann der Verteidiger aber begründen, dass ein ernstzunehmender und nicht oder **61**
nur mit unverhältnismäßig großem Aufwand verschiebbarer Hinderungtatbestand
gegeben ist, wird die Beschwerde erfolgreich sein.[39] In den Fällen, in denen für den
Angeklagten selbst ein solcher Hinderungsgrund zu konstatieren ist, wird regelmäßig das Beschwerdegericht die Rechtswidrigkeit der Terminierung aussprechen.
Macht hingegen der Verteidiger in eigener Person einen Hinderungsgrund geltend,
so ist (zur Vervollständigung des Beschwerdevorbringens) zu überlegen, ob nicht
noch weitere Gesichtspunkte hinzutreten, die ergeben, dass auch die Verteidigungsinteressen des auf sich in der Hauptverhandlung allein gestellten Angeklagten
(amtsgerichtliche Verfahren) erheblich beeinträchtigt wären;[40] dies begünstigt eine
für den Verteidiger positive Entscheidung.

Im Übrigen ist der Verteidiger darauf verwiesen, zu Beginn der Hauptverhandlung
einen Aussetzungsantrag zu stellen. Dieser hat sich dann inhaltlich darauf zu stützen, dass die Terminsbestimmung rechtsfehlerhaft (Ermessensfehlgebrauch) erfolgt
ist (§ 338 Nr. 8 StPO).[41]

Das Beschwerdegericht stellt in seiner Entscheidung lediglich fest, ob die Terminie- **62**
rung rechtswidrig oder rechtmäßig war. Das erkennende Gericht ist im erstgenannten Fall aufgefordert, neu zu terminieren. Ist aus der Entscheidung des
Beschwerdegerichts die Willkürlichkeit des Termingebahrens des erkennenden Gerichts herauszulesen, liegt nahe, einen Befangenheitsantrag zu stellen.

3. Beweiserhebung im Vorfeld der Hauptverhandlung

a) Beweisantragsrecht

Aus der Aufklärungspflicht des Gerichts (§ 244 II StPO) ist nicht notwendig auch **63**
eine Pflicht des Gerichts abzuleiten, einem während der Vorbereitungsphase der

---

37 Vgl OLG Hamm StV 1990, 56
38 Der Antrag ist vor der Vernehmung (§ 217 II StPO) zur Sache zu stellen.
39 Beispielhaft: Terminskollision (LG Berlin StV 1995, 239); Arzttermin (BayObLG StV 1995, 10);
   Urlaub (LG Oldenburg StV 1990, 299); Erkrankung (Weider StV 1983, 270 ff mwN)
40 Auch wenn kein Fall der Pflichtverteidigung vorliegt, kann eine schwierige Beweislage nahelegen, dass sich der Angeklagte in der Hauptverhandlung ohne Beistand schwerlich wird verteidigen können, LG Braunschweig StV 1997, 403, 404
41 BverfG NstZ 1997, 330; Julius StV 1990, 56; OLG Braunschweig StV 2004, 366

Hauptverhandlung gestellten Beweisantrag in jedem Falle unmittelbar (dh noch vor Eintritt in die Hauptverhandlung) nachzugehen. Es ist vielmehr so, dass die Durchführung von Beweiserhebungen in diesem Zeitabschnitt nur ausnahmsweise gestattet ist (§§ 219 ff StPO): eine »Fortsetzung des Ermittlungsverfahrens mit anderen Mitteln« ist zu vermeiden.

Nach Eröffnung des Hauptverfahrens steht der angeklagte Lebenssachverhalt und der damit gerichtshängig erhobene strafrechtliche Vorwurf zur Klärung im Wege einer öffentlichen Hauptverhandlung an. Das Verfahren ist von seiner bestimmenden Tendenz her allein auf die Durchführung der Hauptverhandlung ausgerichtet. Gleichwohl heißt dies nun keineswegs, dass Ermittlungen nicht mehr möglich wären oder gar das Ermittlungsbild, das sich aus den Akten und der zugelassenen Anklage ergibt, quasi »eingefroren« bis zur Erörterung des Tatvorwurfs in der Hauptverhandlung zu überdauern hätte:

64   Die Staatsanwaltschaft kann von sich aus – sofern nach Anklageerhebung neue (!) Ermittlungsansätze sichtbar werden und die Dringlichkeit der Beweiserhebung nachgewiesen ist – zulässigerweise nach ermitteln. Die Ermittlungspflicht ergibt sich direkt aus § 160 II StPO und ruht auch nicht nach dem formellen Abschluss der Ermittlungen durch die Anklageerhebung. In aller Regel wird die Staatsanwaltschaft solche Nachermittlungen nur in Abstimmung mit dem Vorsitzenden Richter des erkennenden Gerichts einleiten; insbesondere ist die Staatsanwaltschaft dabei gehalten, aus ihrer Sicht gebotene Ermittlungshandlungen, die dem Richterprivileg unterfallen, mit dem Vorsitzenden abzustimmen (und nicht etwa mit dem für Ermittlungshandlungen »normalerweise« betrauten Richter des Amtsgerichts).

Auch das Gericht kann von sich aus Nachermittlungen anordnen, ist aber gleichermaßen durch den Grundsatz gebunden, dass solche Nachermittlungen vor der Hauptverhandlung nur dann statthaft sind, wenn sie aus Dringlichkeit geboten erscheinen oder sofern eine kommissarische Vernehmung oder eine Inaugenscheinnahme sich als notwendig erweisen.

65   Darüber hinaus ist die Durchführung von weiteren Ermittlungen nur in wenigen Ausnahmefällen denkbar. Nicht selten sind Fälle, in denen Ermittlungshandlungen, die »eigentlich« schon die Staatsanwaltschaft hätte veranlassen müssen, wie zB die Anfertigung von Tatortskizzen, Luftbildaufnahmen, Weg / Zeit-Berechungen (die bei bestimmten Alibis relevant sein können), erst nach Eröffnung durch den Vorsitzenden angeordnet werden.

66   Verteidigung und Staatsanwaltschaft sind über Maßnahmen der Beweiserhebung in der Vorbereitungsphase zu informieren, damit die prozessual zugestandenen Mitwirkungsrechte realisiert werden können.[42]

67   Die weithin unbekannte und ein Schattendasein fristende Vorschrift des § 219 StPO regelt einen wesentlichen Teil des Beweisantragsrechts des Angeklagten und seines Verteidigers im Vorfeld der Hauptverhandlung. Im Unterschied zum Beweisantragsrecht im Zwischenverfahren (§ 201 I StPO), das sich ausschließlich auf Beweiserhebungen zur Feststellung des hinreichenden Tatverdachts bezieht, können Beweisanträge gem § 219 StPO auf die Tat- und Schuldfrage abzielen. Parallel zu den eingeschränkten Möglichkeiten von Gericht und Staatsanwaltschaft noch vor der Hauptverhandlung Beweiserhebungen durchzuführen, ist das Beweisantragsrecht

---

42 §§ 219 II, 33, 35 StPO

des Angeklagten gem § 219 StPO in diesem Verfahrensstadium ebenfalls Einschränkungen ausgesetzt:

Als Zulässigkeitsvoraussetzung eines Beweisantrags gem § 219 I StPO ist vorgeschrieben, dass der Antrag in jedem Falle die *Nutzung* des Beweismittels in der Hauptverhandlung zum Ziel haben muss.[43] Das bedeutet nicht, dass die Beweis*erhebung* nicht schon zuvor stattfinden dürfte. Hält zB die Verteidigung die Einholung eines weiteren Sachverständigengutachtens zur Erörterung der Schuldfrage für notwendig und stellt daher vor der Hauptverhandlung einen entsprechenden Beweisantrag, so wird das Gericht – wenn es bereit ist, dem Antrag zu folgen – aus verfahrensökonomischen Gründen die Gutachterbeauftragung (nach Anhörung der Staatsanwaltschaft – § 219 II StPO), die Exploration und die schriftliche Abfassung des Gutachtens vor Beginn der Hauptverhandlung ermöglichen (= Erheben des Beweises) und erst in der Hauptverhandlung den Sachverständigen einvernehmen (= Nutzen des Beweismittels).

68

Wird der Beweisantrag durch den Vorsitzenden abgelehnt, trifft er diese Entscheidung, ebenso wie im Falle der Stattgabe, allein (durch Verfügung).[44] Eine Entscheidung (Stattgabe oder Zurückweisung) muss noch vor der Hauptverhandlung getroffen werden und darf weder der Hauptverhandlung vorbehalten werden, noch kann der Vorsitzende eine Entscheidung des Kollegiums herbeiführen.

Die Mitteilung der Entscheidung an den Antragsteller (gegen deren negativen Inhalt kein Rechtsmittel möglich ist!) kann zwar formlos (§ 35 II 2 StPO; aber bei Ablehnung nicht ohne Begründung) erfolgen, darf jedoch nicht mit unangemessener Zeitverzögerung ergehen, so dass dem negativ beschiedenen Antragsteller die Möglichkeit nicht genommen wird, von der Selbstladung gem § 220 StPO Gebrauch zu machen.

Geht ein nach § 219 StPO eingereichter Beweisantrag zu spät bei Gericht ein (so dass über den Antrag nicht mehr vor der Hauptverhandlung entschieden werden kann) oder hat der Vorsitzende sonst wie die Bescheidung des Antrags unterlassen (zB schlichtweg »vergessen«[45]), so ist er veranlasst, in Folge der prozessualen Fürsorgepflicht (Gesichtspunkt des *fair trial*) zu Beginn der Hauptverhandlung diesen Umstand (»unerledigter« Beweisantrag) gegenüber dem Antragsteller zur Sprache zu bringen.[46] Von Seiten der Verteidigung ist in einem solchen Fall eine Entscheidung darüber zu treffen, ob der Antrag aufrechterhalten, einstweilen zurückgestellt oder gänzlich zurückgenommen werden soll. Bleibt der Antrag aufrechterhalten, ist das Gericht aufgerufen (nach negativer Entscheidung des Vorsitzenden in der Hauptverhandlung, § 238 II StPO) durch Beschluss zu entscheiden (das Beschlussverfahren richtet sich nach dem Beweisantragsrecht des § 244 StPO).

69

Bei gravierenden Verstößen gegen die Bescheidungspflicht vor der Hauptverhandlung wird die Verteidigung erwägen, einen Aussetzungsantrag zu stellen. Unterbleibt zB die Entscheidung über einen Antrag auf Hinzuziehung eines (weiteren) Sachverständigen und handelt es sich um eine komplexe Begutachtungsfrage (Glaubwürdigkeit/Schuldhaftigkeit), kann das Beweisziel im Sinne der Verteidigung nur erreicht werden, wenn der Sachverständige die zeitaufwendige Exploration auch vornehmen kann.

---

43 Meyer-Goßner § 219 Rn 1
44 Pfeiffer StPO § 219 Rn 3
45 BayObLG GA 1964, 334
46 Dies gilt dann nicht, wenn es sich beim Antrag nicht um einen Beweisantrag, sondern lediglich um einen Beweisermittlungsantrag handelt.

70 Generell gilt, dass der Verteidiger von sich aus zu Beginn der Hauptverhandlung auf noch unbeschiedene Anträge zu sprechen kommen sollte und um Mitteilung des Meinungs- und Entscheidungsstandes des Gerichts nachsucht. Im Zweifel sind bislang unbeschiedene Anträge in der Hauptverhandlung zu wiederholen und – im Hinblick auf die Revisibilität einer Verurteilung – zu Protokoll zu bringen. Die Verteidigung sollte sich nicht darauf verlassen, dass das Gericht die Umstände und Gründe der Nichtbescheidung unaufgefordert offen legt. Zögerlichkeit des Verteidigers kann hier leicht dazu führen, dass zB (eigentlich notwendige) Aussetzungsanträge nicht mehr begründet vorgebracht werden können (was letztlich auch für die Chancen einer Revisionsrüge entscheidend sein kann).[47]

Die Entscheidung des Vorsitzenden über einen Antrag der Verteidigung gem § 219 StPO darf das Beweisergebnis nicht antizipieren, daher ist eine Ablehnung des Antrags mit der Begründung der Wahrunterstellung der unter Beweis gestellten Tatsache unzulässig.[48]

71 Trotz der Beschränkungen, die § 219 StPO für das Beweisantragrecht bereit hält, sollten Anträge »vor der Hauptverhandlung für die Hauptverhandlung« in verteidigungstaktischer Hinsicht nicht unterschätzt werden. Selbstverständlich ist nicht zu leugnen, dass oftmals durch den Überraschungseffekt von erst in der Hauptverhandlung gestellten Beweisanträgen und dem in der Regel dadurch auf seiten des Gerichts evozierten Zeit – und Entscheidungsdruck positive Effekte für den Verfahrensausgang erzielt werden können – insbesondere falls mit Blick auf eine mögliche Revision verteidigt werden muss.

Andererseits ist nicht von der Hand zu weisen, dass die Beweisantragstellung vor der Hauptverhandlung zu günstigen Ergebnissen zu führen vermag, da sich das Gericht auf das Beweismittel einstellen kann und Verfahrensverzögerungen vermieden werden. Die Entscheidung, die der Verteidiger im Einzelfall hier zu treffen hat, kann ihm nicht durch einen allgemeinen vereinfachenden Hinweis abgenommen werden.

72 Prinzipiell sollte der Verteidiger nur dann Beweisanträge in der Hauptverhandlung stellen, wenn er mit guten Gründen plausibel machen kann, weshalb sich aufgrund des Gangs der Hauptverhandlung und der bisher in der Hauptverhandlung getroffenen Feststellungen (erst jetzt) ein bestimmter Beweisantrag aufdrängt. Dazu empfiehlt sich regelmäßig eine Erklärung abzugeben (im Rahmen der Antragstellung oder – besser: unmittelbar vor Antragstellung). Eine solche Erklärung ist auch dazu dienlich, sofern sie mit Gespür vorgetragen wird, den gegenwärtigen Meinungsstand des Gerichts und der Staatsanwaltschaft zu sondieren.

73 § 219 StPO befasst sich lediglich mit Beweisanträgen, die erst in der Hauptverhandlung »ihre Früchte tragen«. Da § 219 StPO die einzige Regelung im 5. Abschnitt des 2. Buches der StPO »Vorbereitung der Hauptverhandlung« zur Beweisantragstellung seitens der Verteidigung ist, könnte dieser Umstand nahe liegen, dass generell Anträge der Verteidigung auf Durchführung der Beweis*aufnahme* (nicht nur Beweis*erhebung*) in diesem Verfahrensstadium unzulässig seien. Dem ist nicht so.

Aus dem allgemeinen Beweisantragsrecht und dem Prinzip des ausreichend und effektiv zu gewährenden rechtlichen Gehörs ergibt sich die Befugnis, auch Möglich-

47 Vgl BGH NJW 1996, 2383; es muss eine Begründung erfolgen, weshalb die Nichtaussetzung des Verfahrens die Verteidigung in einem wesentlichen Punkt beeinträchtigt hat, KG StV 1982, 10
48 BGHSt 1, 51, 53

Hohmann

keiten der Beweisaufnahme in der Vorbereitungsphase der Hauptverhandlung wie kommissarische Vernehmung und Nachermittlung bei Vorliegen von Sachverhaltsnovae aktiv zu nutzen.

Im Falle erst nach Erhebung der Anklage bekannt gewordener Sachverhaltsnovae, die dem Verteidigungsziel entsprechend zu einer Entlastung des Angeklagten führen können, steht der Verteidigung offen, entsprechende Nachermittlungen (zB eine Zeugeneinvernahme) zu beantragen. Ob das Gericht dem Antrag nachkommt, wird wesentlich davon abhängen, ob die Verteidigung die Eilbedürftigkeit der Ermittlungsmaßnahme hinreichend begründen kann. Bei der Gefahr des Beweismittelverlusts hat die Verteidigung zeitnah einen Antrag bei Gericht einzureichen, da andernfalls die für den Angeklagten günstigen Erträge eines solchen Beweisantrags nicht mehr verifiziert werden können.

b) Die kommissarische Vernehmung

Die kommissarische Vernehmung wird gemeinhin als Vorwegnahme eines Teils der Hauptverhandlung gekennzeichnet. Wegen vielfältigster Gründe kann ein Zeuge am Erscheinen in der Hauptverhandlung gehindert sein (Gebrechlichkeit, Krankheit, längere Auslandsreisen, beträchtliche Entfernung zum Ort der Hauptverhandlung[49]). Ist der Zeuge für die Beweisaufnahme unverzichtbar und lässt sich seine Vernehmung nicht durch andere Beweismittel oder die Verlesung von Vernehmungsniederschriften ersetzen (§ 251 I Nr. 3 StPO = kein Zustimmungserfordernis; § 251 II StPO = Zustimmungserfordernis), erfolgt regelmäßig die Anordnung einer kommissarischen Vernehmung gem § 223 StPO. **74**

Die Anordnung ist zeitlich nicht begrenzt auf das Vorbereitungsstadium der Hauptverhandlung (wie es der systematische Ort der Vorschrift allerdings suggeriert), sondern ist bereits im Eröffnungsverfahren, aber auch in der Hauptverhandlung selbst noch möglich. **75**

Das Gericht entscheidet über die Anordnung durch Beschluss aufgrund eigener Anordnungskompetenz oder aufgrund Antrag, wobei auch der betroffene Zeuge oder Sachverständige selbst zu den Antragsberechtigten gehört.

Kommt es zur Anordnung der kommissarischen Vernehmung, so steht den Verfahrensbeteiligten, ebenso wie im Falle der Ablehnung, ein Rechtsmittel nicht zur Verfügung (§ 305 S 1 StPO).

Ist es dem erkennenden Gericht nicht möglich durch geeignete Maßnahmen (zB Terminsverschiebung) die Anwesenheit eines geladenen Zeugen, der sich begründet darauf beruft, am Erscheinen im Hauptverhandlungstermin verhindert zu sein, zu gewährleisten, bleibt zur Sicherung der Beweiserhebung nur die kommissarische Vernehmung. Das Gericht wird häufig, bevor es von sich aus eine kommissarische Vernehmung anordnet, mit den Verfahrensbeteiligten Kontakt aufnehmen, um abzuklären, ob nicht andere Möglichkeiten der Beweisaufnahme über die ins Wissen des Zeugen gestellten Umstände bestehen: **76**

- Kommen Staatsanwalt und Verteidiger insoweit informell vor der Hauptverhandlung überein, dass der Verlesung eines polizeilichen Vernehmungsprotokolls des betreffenden Zeugen im Termin nicht widersprochen werden wird (§ 251 I 1, II 3 StPO), bedarf es keiner kommissarischen Vernehmung.[50]

---

49 Übersicht bei Meyer-Goßner § 223 Rn 3 ff; Pfeiffer StPO § 223 Rn 3 ff
50 Burhoff Hauptverhandlung Rn 1021

- Legt der geladene (aber am Erscheinen gehinderte) Zeuge eine schriftliche Erklärung zum Beweisthema vor, was erfahrungsgemäß hin und wieder vorkommt und Staatsanwaltschaft, Verteidigung und Gericht erzielen Einvernehmen über die Verlesung dieser Erklärung in der Hauptverhandlung, ist eine kommissarische Vernehmung ebenfalls obsolet.
- Liegt bereits das Protokoll einer richterlichen Einvernahme des Zeugen vor, kann dieses in der Hauptverhandlung verlesen werden, ohne dass hierzu eine Zustimmung der Verfahrensbeteiligten erfolgen müsste (§ 251 II 3 StPO).[51]
- Existiert kein polizeiliches Vernehmungsprotokoll oder kann man sich über die Verlesbarkeit nicht einigen, besteht die Alternative auf den Zeugen zu verzichten oder die Entscheidung über eine kommissarische Vernehmung vom Verfahrensverlauf abhängig zu machen.

77   Der Verteidiger wird seine Zustimmung zum **informellen Beweismittelverzicht** und die Beantwortung der Frage, ob nicht von seiner Seite Antrag auf Anberaumung einer kommissarischen Vernehmung gestellt wird, daran orientieren, ob es dem gesteckten Verteidigungsziel ab- oder zuträglich ist. Im Einzelnen kann dabei Folgendes zu erwägen sein:

- Handelt es sich um einen eindeutig belastenden Zeugen, wird man die Zustimmung zu einer Verlesung des polizeilichen Vernehmungsprotokolls oder einer anderen schriftlichen Erklärung nicht erteilen und versuchen, falls der Zeuge kommissarisch vernommen werden soll und ein Verzicht hierauf auch aus anderen Erwägungen heraus nicht geboten ist (etwa weil mit dem Nachschieben weiterer belastender Umstände gerechnet werden muss), Einfluss auf die Vernehmung zu nehmen.
- Kann ein entlastender Zeuge nicht an der Hauptverhandlung teilnehmen, so sind zunächst Anstrengungen zu unternehmen, dass der Verlesung eines polizeilichen Vernehmungsprotokolls oder einer anderen Erklärung die Zustimmung nicht versagt wird (dabei ist auch zu bedenken, welche Bedeutung eine laut Sitzungsprotokoll verlesene Urkunde über eine Aussage für eine mögliche Revision hat!); existiert ein richterliches Vernehmungsprotokoll, ist dessen Verlesung zu beantragen; verspricht man sich positive Aspekte – über den Inhalt bisheriger Bekundungen hinaus – und hält zudem die Beweisperson für überzeugend in der Art und Weise ihrer Sachverhaltsdarlegung, sollte versucht werden (wenn es nach dem Grund der Verhinderung des betreffenden Zeugen überhaupt möglich erscheint) durch Terminsverlegung die Einvernahme in der Hauptverhandlung doch noch zu ermöglichen oder anderenfalls Antrag auf Durchführung der kommissarischen Vernehmung zu stellen.

78   Vorstehend sind nur zwei gegenläufige Tendenzen der Entscheidungsfindung angezeigt – in der Praxis wird die Situation weitaus weniger eindeutig vorliegen. Zur Findung einer Prognose (bzgl. der Frage: Verlesung/Nichtverlesung/kommissarische Vernehmung?) sind kursorisch auch folgende Faktoren maßgeblich:

- Unter Auswertung des gesamten hierzu relevanten Aktenmaterials, der Angaben des Mandanten, der Gegenüberstellung von Zeugenaussagen zum gleichen Komplex und insbesondere durch Analyse des Aussagegehalts und des bislang erkennbaren Aussageverhaltens hat man sich ein möglichst vollständiges »Bild«

---

51 Was indes die Beantragung einer kommissarischen Vernehmung nicht notwendig ausschließen muss. Die in § 251 I, II StPO genannten Hinderungsgründe sind ebenso wie der Begriff der Unzumutbarkeit identisch mit jenen des § 223 I, II StPO.

von der Aussagetüchtigkeit, der Interessenlage und der Glaubwürdigkeit des Zeugen zu machen. Dies ist – zugegebenermaßen – ein mehr als schwieriges Unterfangen, da man außer in seltenen Fällen, nicht über einen persönlichen Eindruck des Zeugen verfügt.

– Die bereits bekannte Aussage ist vor diesem Hintergrund zu gewichten und es ist zu überlegen, ob eher mit einer Abschwächung, einer Bestätigung oder einer Intensivierung des Aussagegehaltes und der Aussagerichtung (im Falle einer erneuten [kommissarischen] Vernehmung) gerechnet werden muss. Gelegentlich verfügt man über Informationen, die zB ahnen lassen, dass ein ohnehin belastender Zeuge seinen »Auftritt« vor Gericht nutzt, um weitere Belastungsmomente »loszuwerden« oder auch nur atmosphärisch dem Mandanten negatives angedeihen zu lassen. Die eigene Fähigkeit, solche Zeugen in laufender Verhandlung in ihrem Beweiswert »umzudrehen« oder ihre Glaubwürdigkeit zu erschüttern, sollte nicht überschätzt werden.

– Auch bei Entlastungszeugen, die sich mit besonderer und für jeden Verfahrensbeteiligten offen zu Tage tretender Energie für den Angeklagten »in die Bresche werfen«, ist im Regelfall Vorsicht angebracht, da ihre wenig differenzierte Sicht der Dinge eher schaden als nutzen kann. Die Aussage eines solchen Zeugen wird in der Schriftform vom Beweiswert höherwertig einzuordnen sein, als die Bekundung des Zeugen in der Hauptverhandlung oder der kommissarischen Vernehmung.

– Wird ein Belastungszeuge vernommen und verspricht sich der Verteidiger aufgrund seiner Vorkenntnisse (zB aus anderen Vernehmungen des Zeugen) keine besonderen Chancen, neue (verteidigungsgünstige) Aspekte des Sachverhaltes oder zur Glaubwürdigkeit des Zeugen zu Tage zu fördern, sollte ernsthaft überlegt werden, ob die Terminswahrnehmung überhaupt vorteilhaft ist. Sofern der Verteidiger schon vor Vernehmung prognostizieren kann, er werde nicht prägend in die Vernehmung eingreifen können, ist daran zu denken, welche Auswirkung seine protokollarisch festgestellte Anwesenheit haben kann: Durch die Anwesenheit des inaktiven Verteidigers wird dem protokollierten Aussageinhalt gewissermaßen »der Segen der Verteidigung« verliehen; Fragen und Zweifel, die nicht schon in der Vernehmung artikuliert wurden, wird der Verteidiger später in der Hauptverhandlung schwerlich konsistent anführen können.

– Sofern vom Gericht die kommissarische Vernehmung eines Entlastungszeugen abgelehnt wird, steht die Alternative offen, den Zeugen (unter Beachtung der entsprechenden Belehrungs- und Hinweispflichten) selbst einzuvernehmen, ein Protokoll anzufertigen und zu versuchen, dies in die Hauptverhandlung beweislich einzuführen.[52]

Kommt es zur Anordnung einer kommissarischen Vernehmung, steht dem Verteidiger ein **Anwesenheitsrecht** zu;[53] mit diesem Recht[54] korrespondiert die dem Gericht obliegende **Benachrichtigungspflicht**[55] (§ 224 I 1 StPO).

Das Zusammenspiel von Anwesenheitsrecht und Benachrichtigung wirft in der Praxis jedoch regelmäßig besondere Probleme auf: Die Benachrichtigung vom Termin erfolgt über den kommissarischen Richter, der gehalten ist, die Verfahrensbeteiligten (Staatsanwalt, Angeklagten und Verteidiger) so rechtzeitig vorzunehmen,

79

---

52 ZB durch Verlesung gem § 251 II StPO
53 BGHSt 32, 115
54 Es gibt keine Anwesenheitspflicht des Verteidigers. Dies gilt auch für den Pflichtverteidiger.
55 Die Zustellung ist förmlich zu bewirken, so dass von Seiten der Gerichtsgeschäftsstelle der Zustellungsnachweis geführt werden kann.

dass eine Terminswahrnehmung oder eine Vertretungsregelung möglich ist (wobei er zu einer Terminsabsprache nicht gezwungen ist). Dass die Durchführung der kommissarischen Vernehmung dem Prinzip der Verfahrensökonomie verpflichtet ist, ist nirgends augenfälliger, als im Zusammenhang mit der allgemeinen Benachrichtigungspraxis. Da eine Benachrichtigung auch telefonisch erfolgen kann[56] und auch bei mehreren hundert Kilometer Entfernung zwischen Kanzleisitz und Vernehmungsort nicht gerade großzügig mit der Fahrzeit des Verteidigers kalkuliert wird, von einer Rücksichtnahme auf dessen anderweitiger Terminplanung ganz abgesehen, ist es dem Verteidiger oft faktisch nicht möglich, den Vernehmungstermin (rechtzeitig) wahrzunehmen. Im Falle wichtiger Zeugen ist dies mehr als misslich, da nun kein Einfluss auf die Vernehmung genommen werden konnte.

80   Um solche Pannen zu vermeiden, sollte sich der Verteidiger frühzeitig, dh unmittelbar nachdem die Anordnung auf kommissarische Vernehmung[57] dem ersuchten oder beauftragten Richter zugegangen ist,[58] mit dem kommissarischen Richter in Verbindung setzen und mit ihm eine Terminierung vorbesprechen.[59]

Ist der Termin versäumt, stehen dem Verteidiger keine weitergehenden Rechte zu, die ein Revidieren der Beweiserhebung ermöglichen. Schriftliche Verlegungsanträge sind nicht zu empfehlen, da sie in aller Regel zu spät beim kommissarischen Richter eingehen, um noch Beachtung zu finden. Der ersuchte oder beauftragte Richter ist an solche Anträge ohnehin nicht gebunden.[60] Die nach Verlegungsantrag dennoch ergehende Terminsverfügung kann zwar mit der Beschwerde (da der Ausschluss des § 305 S 1 StPO allein die Entscheidungen des erkennenden Gerichts betrifft) angefochten werden, dem Rechtsbehelf fehlt indes die aufschiebende Wirkung (§ 307 StPO) – was praktisch zum Leerlaufen des Rechtsbehelfs führt.

Sobald sich bereits vor dem eigentlichen Vernehmungstermin abzeichnet, dass der kommissarische Richter nicht auf die Terminierungsvorschläge des Verteidigers einzugehen bereit ist, sollte unmittelbar mit dem Vorsitzenden Richter des erkennenden Gerichts Kontakt hergestellt werden. Das erkennende Gericht wird im Hinblick auf den weiteren Lauf der Verhandlung sicherlich ein Interesse an der Gewährleistung der Teilnahme des Verteidigers am Vernehmungstermin haben und mit dem kommissarischen Richter Verbindung aufnehmen. Fruchten diese Bemühungen dennoch nichts, bleibt dem Verteidiger lediglich die Alternative, entweder einen Kollegen vor Ort zu instruieren und zu bevollmächtigen, der dann den Termin wahrnimmt oder dem kommissarischen Richter die von der Verteidigung für relevant gehaltenen Fragestellungen an den Zeugen zu übermitteln. Letzteres kommt aber wohl nur im Ausnahmefall in Betracht, da gerade der für Beurteilung von Aussagetüchtigkeit und Glaubwürdigkeit unabdingbare persönliche Eindruck nicht hergestellt wird und eine Beurteilung des Zeugen und seiner Aussage aus »zweiter Hand« erfolgt.

Dem Verteidiger bleibt unbenommen, beim erkennenden Gericht erneut einen Antrag auf Zeugenvernehmung zu stellen. Dieser Antrag wird jedoch – insbesondere wenn ihm die Benachrichtigung vor dem Termin zugegangen war und der Hinderungsgrund des Zeugen weiter andauert – wenig Erfolg haben können.

---

56 Zum Ganzen: KK-Tolksdorf § 224 Rn 5 f
57 Es sei denn die Mitteilung des Vernehmungstermins erfolgt in laufender Hauptverhandlung durch das Gericht.
58 Adressat des Beschlusses und Zeitpunkt der Versendung lassen sich bei der Geschäftsstelle des erkennenden Gerichts in Erfahrung bringen.
59 Schlothauer Vorbereitung Rn 153
60 BGHSt 1, 284

Fehlt es an der Terminsbenachrichtigung, eröffnet dieser Umstand dem Verteidiger **81** die Möglichkeit, der Verwertung der Vernehmungsniederschrift in der späteren Hauptverhandlung zu widersprechen. Zweckmäßigerweise sollte der Widerspruch schon zu einem Zeitpunkt erfolgen, in dem die Beweisverwertung durch Verlesung oder Vorhalt noch aussteht. Der Widerspruch ist zweckmäßigerweise vom Verteidiger (schriftlich) vorzubereiten und hat die Gründe wiederzugeben, weshalb von einem Verwertungsverbot auszugehen ist. Gegebenenfalls ist ein Gerichtsbeschluss herbeizuführen. Spätestens aber unmittelbar nach der Verlesung muss im Rahmen einer Erklärung gem § 257 StPO der Widerspruch erklärt und protokollfest gemacht werden. Erfolgt der Widerspruch verspätet oder unterlässt der Verteidiger ihn gar, hat dies Folgen für den Fall, dass das Gericht den Beweis (Verlesung der Niederschrift der kommissarischen Vernehmung des Zeugen) im Urteil gegen den Angeklagten verwertet und die Verteidigung im Revisionsverfahren die Rüge der Verletzung der §§ 251 II, 223, 224 StPO (Verfahrensrüge) erhebt. Eine solche Rüge kann grundsätzlich nur dann Erfolg haben, wenn der Verlesung und Verwertung der Vernehmungsniederschrift rechtzeitig widersprochen worden ist.[61]

Unterbleibt eine Terminsbenachrichtigung, ist es dem Verteidiger selbstverständlich **82** unbenommen (sofern er auf andere Weise vom Termin erfährt) an der Vernehmung teilzunehmen; aber seine Teilnahme heilt gleichzeitig den Fehler der unterbliebenen Benachrichtigung.

Dem Angeklagten steht ebenfalls das Recht zur Teilnahme an der kommissarischen **83** Vernehmung zu; er wird vom Termin zumeist über seinen Verteidiger erfahren, da eine Zustellung der Benachrichtigung an die Verteidigung ausreicht.[62] Umgekehrt vermag die Benachrichtigung des Angeklagten jene des Verteidigers nicht zu ersetzen.[63]

Zuweilen findet sich auf der Terminsbenachrichtigung des Verteidigers der Ver- **84** merk, dass die Teilnahme des Angeklagten an der kommissarischen Vernehmung nicht gestattet wird (unter Hinweis auf die ansonsten angeblich bestehende Gefährdung des Untersuchungserfolges – § 224 I 2 StPO). Zur Rechtfertigung eines solchen Ausschlusses müssen aber bestimmte konkrete Anhaltspunkte auf Aktivitäten des Angeklagten vorhanden sein, die einen möglichen (Wert-)Verlust des Beweismittels wegen drohender Verdunklungsmaßnahmen durch den Ausgeschlossenen indizieren.[64] Der Verteidiger sollte sich in den Fällen des § 224 I 2 StPO zu der unbegründeten Ausschließung des Angeklagten erklären (zB zu Beginn der kommissarischen Vernehmung zu Protokoll), da ansonsten der bestehende Verdacht (Zeugenbeeinflussung) unwidersprochen stehen bleiben könnte.

In den übrigen Fällen wird die Verteidigung vor Teilnahme an der Vernehmung nochmals den Mandanten konsultieren und klären, ob sich die Teilnahme des Angeklagten überhaupt empfiehlt. Dass ein Zeuge mit Belastungstendenzen »Angesicht zu Angesicht« mit dem Angeklagten günstiger aussagen könnte, ist eine nur trügerische Hoffnung. Oft wird die Anwesenheit des Angeklagten von Belastungszeugen zum Anlass genommen, emotional und einseitig zu Lasten des Angeklagten zu bekunden.

---

61 BGHSt 9, 24, 28
62 Schon RGSt 2, 562, 563
63 LR-Gollwitzer § 224 Rn 14
64 Auch für den Verteidiger besteht ein Ausschlussgrund, wenn er sich an Verdunklungshandlungen des Angeklagten beteiligt oder diese eigenständig vornimmt, BGHSt (GSSt) 32, 115, 122.

Hohmann

85   Der **Ablauf der kommissarischen Vernehmung** orientiert sich an dem Prozedere üblicherweise vorgenommener richterlicher Vernehmungen (§§ 68, 68 a, 168 a, 240 StPO). Das Anwesenheitsrecht erstreckt sich auf alle Verfahrensbeteiligten. Der ersuchte oder beauftragte Richter leitet die Vernehmung und gewährt dem Verteidiger das Fragerecht. Zum Fragerecht gehört auch das Recht, die Fragen oder Vorhalte des Richters zu beanstanden. Ferner können selbstverständlich auch während der kommissarischen Vernehmung Beweisanträge gestellt werden (zB wenn sich in der Vernehmung die Relevanz eines weiteren Zeugen ergeben hat).

Bekanntermaßen ist es aufgrund der Reihenfolge des Fragerechts nicht einfach, gerade bei der Befragung von Belastungszeugen im Anschluss an den Richter den Sachverhalt noch im Sinne der Verteidigung zu prägen. Der Verteidiger sollte daher versuchen, was sicher nicht immer einfach ist, durch Zwischenfragen, die Klarstellungs- oder Anknüpfungscharakter haben, die Vernehmung zu beeinflussen. Mitunter erscheint es angeraten, den vernehmenden Richter auf ein bestimmtes Aussageverhalten hinzuweisen und auch diese Erklärung protokollieren zu lassen. Der Verteidiger hat oft den entscheidenden Vorteil, dass er – anders als der ersuchte oder beauftragte Richter – nicht nur grob, sondern detailliert über das Verfahren und die Aktenlage informiert ist.

86   Es mag bei manchen Zeugen ratsam sein, die zumindest teilweise Wortprotokollierung zu beantragen oder darauf Wert zu legen, dass *Fragen und Antworten* protokolliert werden. Der vernehmende Richter ist daher auch schon vor Beginn der Vernehmung darauf anzusprechen, in welcher Art und Weise er beabsichtigt zu protokollieren. Es kann unvorteilhaft sein, wenn der Verteidiger erst nach Einsicht in die Protokollabschrift[65] feststellt, dass in einer Sache, in der es besonders auf die Wortwahl (sowie den hierin erkennbaren Frage- und Antworthorizont) ankommt, lediglich das formelhafte »Auf Frage: …« im Protokoll festgehalten ist.

c)   Die Selbstladung von Zeugen und Sachverständigen

87   Wenn in der alltäglichen Strafverfahrenspraxis von »präsenten Zeugen« gesprochen wird und es mitunter heißt, man werde »den Zeugen in der Hauptverhandlung stellen« wird selten das Beweisverfahren gemeint sein, das in § 220 StPO als prozessuales Gestaltungsrecht besonders geregelt ist. Es ist der Verteidigung unbenommen und entspringt dem genuinen Beweisantragsrecht des Angeklagten, Beweismittel selbst »herbeizuschaffen« (seien es Urkunden und Augenscheinsobjekte) oder Zeugen zu »laden«.

Im Falle von Urkunden und Augenscheinsobjekten wird der Verteidiger in laufender Hauptverhandlung beantragen, die Urkunden zu verlesen (§§ 244, 249 ff StPO) oder die Beweisgegenstände in Augenschein zu nehmen (§§ 244, 245 StPO); die Beweisobjekte sind somit in die Hauptverhandlung eingeführt und in der Urteilsfindung zu berücksichtigten (auf Protokollierung der entsprechenden Beweisvorgänge sollte der Verteidiger immer sein Augenmerk lenken[66]). Sofern es sich nicht um besonders umfangreiche Urkunden handelt und der Zusammenhang zum angeklagten

---

65 Die Vernehmungsniederschrift wird dem Verteidiger in aller Regel erst über die Weiterleitung durch das erkennende Gericht bekannt. Das soll nach der Rechtsprechung auch ausreichen, BGHSt 25, 357. Es spricht indes nichts dagegen, sich im Vernehmungstermin eine Kopie der Niederschrift (falls die schriftliche Niederlegung im Termin erfolgt) aushändigen zu lassen.

66 Verlesung und Inaugenscheinnahme sind zu protokollierende wesentliche Förmlichkeiten der Hauptverhandlung, KK-Engelhardt § 273 Rn 4

Hohmann

Lebenssachverhalt nicht allzu fern liegt, wird es nur sehr selten notwendig sein, über die Beweisaufnahme einen Gerichtsbeschluss herbeizuführen, da das Gericht eine Verlesung[67] billigt.

Im Falle eines in der Hauptverhandlung durch die Verteidigung »gestellten« Zeugen **88** treten jedenfalls dann, wenn sich mit dem Vorsitzenden informell das »Dazwischenschieben« des Zeugen in der Beweisaufnahme regeln lässt und auch die Staatsanwaltschaft sich zumindest neutral verhält, keine Problemsituationen auf. Fühlt sich das Gericht indes unter Zeitdruck gesetzt und fügt sich die von der Verteidigung in Aussicht gestellte Zeugenaussage nicht bruchlos in den »mainstream« der Beweisaufnahme ein, wird die Einvernahme aller Voraussicht nach abgelehnt werden. Der Verteidiger kann nun nicht davon ausgehen, schon allein der Umstand, dass der Zeuge zur Einvernahme bereit steht (»präsent« ist), erzeuge quasi automatisch auch den Anspruch vom Gericht gehört zu werden.

Ihm bleibt nur übrig, einen förmlichen Beweisantrag auf Einvernahme des Zeugen zu stellen um damit auf eine Vernehmung noch im gleichen Termin hinzuwirken. Für die Entscheidung des Gerichts gilt dann der Maßstab des § 244 II, III StPO.

Für den »in der Hauptverhandlung gestellten Zeugen« muss – selbst dann, wenn er auf Weisung des Vorsitzenden vernommen werden sollte – keine Zeugenentschädigung aus der Staatskasse geleistet werden.[68] Ist eine Ladung durch die Verteidigung entsprechend dem im folgenden geschilderten Verfahren des § 220 StPO nicht (mehr) möglich, ist angeraten, den Zeugen schon im Vorfeld der Verhandlung auf den Umstand, dass er aus der Staatskasse möglicherweise Fahrtkosten und Auslagen nicht erstattet bekommt, hinzuweisen. Gleichzeitig ist unmittelbar nach der Vernehmung eines solchen Zeugen der Antrag zu stellen, dass dem Zeugen (da er zur Sachaufklärung gehört und zu ihr beigetragen habe, § 220 III StPO) eine Entschädigung gezahlt werde.

Um solchen Problemsituationen aus dem Weg zu gehen, sollte der Verteidiger immer **89** dann, wenn er beabsichtigt, einen bestimmten Zeugen (oder Sachverständigen), dessen Ladung durch das Gericht abgelehnt worden ist (§ 219 StPO) zur Hauptverhandlung dennoch zu laden, den durch § 220 StPO vorgeschriebenen Weg beschreiten. Die Voraussetzungen und der Gang des Selbstladeverfahrens lassen sich im Überblick durch folgende Schritte skizzieren:

1. Beweisantrag auf Einvernahme der Beweisperson (§ 219 StPO)[69]
   Einholung eines Sachverständigengutachtens[70]

---

67 Ob aus Sicht der Verteidigung dann eine Verlesung im Selbstleseverfahren (§ 249 II StPO – als Verfahrensvereinfachung) erfolgen kann, oder im Sinne der Transparenz des Vernehmungsinhalts eine übliche Verlesung gem § 249 I StPO stattfindet, bleibt der situativen Verteidigereinschätzung vorbehalten.

68 Meyer-Goßner § 220 Rn 11 f

69 Es ist für die Selbstladung nicht unbedingt erforderlich, zuerst einen Beweisantrag gem § 219 StPO zu stellen. Allerdings wird dies wohl der übliche Weg sein, da der Verteidiger versuchen wird, die Beweisperson »normal« über das Gericht laden zu lassen.

70 Bei Beantragung von (weiteren) Sachverständigengutachten ist zu beachten, dass – sofern Explorationen notwendig sind (zB Glaubwürdigkeitsfragen, Schuldfragen) – die Begutachtung auch noch vor der Beweisaufnahme durchgeführt werden kann. Befindet sich der Mandant in Haft, ist gegebenenfalls um eine Besuchserlaubnis für den Sachverständigen nachzusuchen. Handelt es sich um Begutachtungen, die sich mit bestimmten Spuren- oder Augenscheinsobjekten (zB Textilfasern, Schriftproben) auseinanderzusetzen haben, muss von der Verteidigung die Weitergabe des betreffenden Begutachtungsobjekts an den (weiteren) Sachverständigen beantragt werden.
Außerdem sollte sichergestellt werden, dass das schriftliche Gutachten bereits einige Zeit vor

2. Ablehnende Entscheidung des Vorsitzenden
3. Schriftliche Ladung an die Beweisperson verfassen[71]
4. Entschädigungsbetrag (Säumnisauslagen und Reiseaufwendungen) bereitstellen (ZSEG)
5. Gerichtsvollzieher am Wohnort der Beweisperson beauftragen und diesem unter Beifügung des Ladungsschreibens Ladungsauftrag erteilen,[72] § 38 StPO (gleichzeitig den Entschädigungsbetrag an Gerichtsvollzieher anweisen oder übergeben lassen), § 220 II StPO
6. Oder: Entschädigungsbetrag bei der Geschäftsstelle (Gerichtskasse) des erkennenden Gerichts hinterlegen[73]
7. Gerichtsvollzieher stellt das Ladungsschreiben förmlich zu (und hält gegebenenfalls die Zeugen- / Sachverständigenentschädigung vor)
8. Der Verteidiger erhält die Ladungsbestätigung
9. In der Hauptverhandlung: Beweisantrag auf Einvernahme der Beweisperson[74] (§ 245 II 1 StPO)
10. Gerichtsbeschluss über Beweisantrag[75] (§ 245 II 2, 3 StPO)
11. Beweisaufnahme[76]
12. Entscheidung über Entschädigung[77] (§ 220 III StPO)

90   Erkennbar ist das Selbstladeverfahren für den Verteidiger nicht unerheblich mit **Arbeits- und Kontrollaufwand** verbunden, so dass es die »ultima ratio« der Verteidigungsbemühungen im Beweisantragsrecht zur Vorbereitung zur Hauptverhandlung darstellt. Gelingt es aber, die Ladungsformalitäten erfolgreich zu meistern und insbesondere die Einholung eines (Zusatz-)Gutachtens auf den Weg zu bringen, stellt sich das Selbstladeverfahren als effektives Mittel zur Durchsetzung von schutzwürdigen Angeklagteninteressen dar.

Es kann gar nicht deutlich genug hervorgehoben werden, dass die geringen Möglichkeiten des Gerichts, die Beweisaufnahme hinsichtlich einer präsenten Beweisperson abzulehnen (§ 245 II StPO) der Verteidigung eine weitaus überlegenere Ausgangsposition bei der Beweisaufnahme verschaffen, als wenn erst in der Hauptverhandlung die Einvernahme eines Zeugen oder gar die Einholung eines Sachverständigengutachtens beantragt wird.

---

dem Beweisaufnahmetermin vorliegt, um es vorab Staatsanwaltschaft und Gericht zur Kenntnis zu bringen.

71 Angaben: Hauptverhandlungstermin, Ort, Gericht, Aktenzeichen, Hinweis auf Entschädigungsleistung, beim Zeugen die Wiedergabe des Wortlauts des § 51 I StPO; beim Sachverständigen Wiedergabe des § 77 StPO.

72 Gesondert ist der Gerichtsvollzieher um schnellstmögliche Durchführung der Ladung und Rücksendung der Ladungsbestätigung zu bitten. Selbstverständlich muss auch an die Gerichtsvollziehergebühren- und Auslagen gedacht werden.

73 Dies ist sicher der einfachere Weg. Für den Fall, dass die Beweisperson nach ihrer Entlassung durch die Staatskasse entschädigt wird, müsste die Beweisperson bei Ladung schon erhaltene Entschädigungsleistungen an den Verteidiger (an den Mandanten) zurückerstatten.

74 Bei Antragstellung sind fernerhin die gesamten Ladungsunterlagen (Ladung, Gerichtsvollzieherbeauftragung, Vorhalten der Entschädigung, Ladungsbestätigung) vorzulegen.

75 Die Ablehnungsgründe des § 245 II StPO sind enger als die des § 244 StPO: die Ablehnungsgründe wegen Wahrunterstellung, Unerreichbarkeit und eigener Sachkunde des Gerichtes (was vor allem bei Anträgen auf Einholung eines Sachverständigengutachtens Vorteile bringt) fehlen; die Ablehnungsmöglichkeit wegen Bedeutungslosigkeit ist eingeschränkt.

76 Nach den üblichen Modalitäten

77 Mit der Beweisperson ist vorher abzusprechen, dass diese von sich aus Entschädigung durch das Gericht geltend macht (dies kann auch noch schriftlich nach dem Ende der Hauptverhandlung geschehen). Entschädigung setzt Sachdienlichkeit der Bekundung/des Gutachtens voraus. Sachdienlichkeit liegt anerkanntermaßen bereits dann vor, wenn die Entscheidungsfindung »irgendwie beeinflusst« worden ist, vgl Meyer-Goßner § 220 Rn 11

Hohmann

Auch die Tatsache, dass die Selbstladung eines Zeugen oder Sachverständigen im Gerichtsalltag immer noch die seltene Ausnahme darstellt, beinhaltet für die Verteidigung einen Tempovorteil, wenn sie »ihr« Beweismittel in der Hauptverhandlung platzieren kann.

4. Vorarbeiten zur Zeugen- und Sachverständigenvernehmung in der Hauptverhandlung

Der Verteidiger, gleich, ob er seinem Mandanten empfohlen hat, sich in der Hauptverhandlung einzulassen oder zu schweigen, wird ein Hauptaugenmerk in der Beweisaufnahme sicherlich auf die in der Hauptverhandlung zu erwartenden Zeugen und deren zu erwartende Einlassungen konzentrieren. Hat der Angeklagte in seiner Einlassung zu Beginn der Hauptverhandlung einen Sachverhalt geschildert, der ganz oder zum Teil der Aussage einzelner (oder unter Umständen aller) Zeugen widerspricht, muss es Ziel der Verteidigung sein, auch in den Aussagen der Belastungszeugen zumindest eine teilweise Bestätigung der Darstellung des Angeklagten herauszuarbeiten und dort, wo dies nicht gelingt, in der Zeugenbefragung besonderen Wert auf die Prüfung der Aussagetüchtigkeit und Glaubwürdigkeit zu legen.

91

Der Großteil dieser Verteidigerarbeit, die sehr viel von Erfahrung, taktischem Geschick und Menschenkenntnis abhängt, aber keineswegs eine »Geheimwissenschaft« ist, wird sich erst aus den situativen Gegebenheiten und dem kommunikativen Kontext der Hauptverhandlung ergeben. Grundsteine zu einer erfolgreichen Befragung der Zeugen kann der Verteidiger jedoch schon anhand der Aktenlage und aufgrund der von seiten des Mandanten oder von dritter Seite hierzu mitgeteilten Aspekte in der Vorbereitungsphase legen. Kursorisch (und daher nicht mit dem Anspruch auf Vollständigkeit) kann die Beantwortung folgender Fragen die Prognose für das Aussageverhalten in der Hauptverhandlung absichern:

– Welche Interessen hat der Zeuge, die seine Aussage zum Sachverhalt in eine bestimmte Richtung beeinflussen können? Wie steht er zum Angeklagten – gibt es eine Vorgeschichte? Wie steht der betreffende Zeuge zu anderen Zeugen im Verfahren? Kam der Zeuge von sich aus zur Vernehmung oder wurde er geladen?
– Lässt sich aus den bisher in der Akte vorhandenen Bekundungen des Zeugen eine eindeutige Haltung (belastender oder entlastender Tendenz) ablesen oder sagt der Zeuge abwägend, zurückhaltend, vorsichtig aus? Ändert sich die festgestellte Tendenz innerhalb der Vernehmung(en)? Versucht der Zeuge, von sich aus das Vernehmungsthema in eine andere Richtung zu lenken?
– Wurde der Zeuge allein oder im Beisein weiterer (Beweis-)Personen vernommen?
– Sind innerhalb derselben Vernehmung offensichtliche oder verdeckte Widersprüchlichkeiten festzumachen? Liegen mehrere Vernehmungen vor: Werden anfänglich Behauptungen dem Ermittlungsstand angepasst oder neuerliche Widersprüchlichkeiten evoziert?
– Welche Widersprüche ergeben sich zu Aussagen anderer Zeugen? Sind diese Widersprüche im Laufe des Verfahrens geklärt worden? Welche Ursache könnten diese Widersprüche haben?
– Ist der Zeuge sprachgewandt? Kann die im Protokoll als Aussage des Zeugen niedergelegte Begrifflichkeit und Sprachdiktion seinem Status, Herkunft und Ausbildung entsprechen? Lief die Vernehmung flüssig oder wurden Vorhalte gemacht?
– Lassen sich aus dem Inhalt der Vernehmung Hinweise auf weitere Beweismittel, zB weitere Zeugen ableiten?

Hohmann

- Wurde der Zeuge zutreffend belehrt? Besteht ein Zeugnis- oder Aussageverweigerungsrecht, das bei der Belehrung übersehen worden ist?
- Ist das Vernehmungsprotokoll ordnungsgemäß erstellt? Hat der Zeuge sein Einverständnis mit dem Vernehmungsinhalt dokumentiert?
- Fand vor der eigentlichen Zeugenvernehmung ein »informatorisches Vorgespräch« mit der Beweisperson statt – wenn ja: was ist dazu im Protokoll festgehalten?
- Wurde anlässlich der Vernehmung auf bereits erfolgte Vernehmungen anderer Zeugen oder des Angeklagten verwiesen? Ist der Verweis oder Vorhalt des Vernehmungsbeamten inhaltlich korrekt?

92   Fehler im Rahmen der Belehrung des Zeugen veranlassen, stets **Verwertbarkeit** und das mögliche Vorliegen eines Beweisverbots zu prüfen.[78]

93   Die Durchsicht der in den Akten befindlichen Zeugenvernehmungen unter den angegebenen Frageprämissen ist arbeitsaufwendig, verleiht jedoch das sichere Gefühl, den Prozessstoff zu beherrschen. Die Zeugeneinvernahme in der Hauptverhandlung selbst ist der zentrale Bestandteil der Beweisaufnahme. Die für den Verteidiger eher ungünstige Reihung des Fragerechts (er fragt zuletzt, nach Gericht, Staatsanwalt und Sachverständigem) lässt sich – von den sicherlich oft lohnenswerten Versuchen, das Fragerecht »reihenfolgewidrig« auszuüben, abgesehen – dann neutralisieren, wenn der Verteidiger es versteht, seine gute Akten- und Vernehmungskenntnis in der Befragung tätig umzusetzen.

Es ist daher zu empfehlen, für jede einzelne Zeugenaussage noch vor der Hauptverhandlung Besonderheiten, sozusagen als Destillat der vorgestellten Fragestellungen, einprägsam zusammenzufassen und der betreffenden Zeugenaussage aus dem Aktenstück beizuheften, so dass in der Hauptverhandlung mühelos darauf zurückgegriffen werden kann.

94   Liegt bereits vor der Hauptverhandlung ein **Sachverständigengutachten** vor, hat es der Verteidiger daraufhin zu prüfen, ob sich das Ergebnis zugunsten des Angeklagten auswirkt. Ist dies der Fall, muss überlegt werden, inwieweit von Seiten der Staatsanwaltschaft oder auch des Gerichts Zweifel an der Begründetheit des Gutachtenergebnisses angemeldet werden könnten.

Was hier näher zu tun ist, hängt davon ab, mit welcher Wahrscheinlichkeitsaussage der Sachverständige sein gefundenes Ergebnis ausstattet. Gerade wenn – was nicht einmal selten vorkommt – die abschließende Würdigung im schriftlichen Gutachten zwar eine Tendenz beschreibt, gleichzeitig aber das letztlich zu treffende Ergebnis von der Hauptverhandlung abhängig macht,[79] darf der Verteidiger das Gutachten nicht ohne weiteres zur Seite legen und »es darauf ankommen lassen«. Er sollte das schriftliche Gutachten zunächst selbst daraufhin durchsehen, wie ein bestimmtes

---

78 Bei der Prüfung der Frage, ob sich ein Beweisverbot aus der fehlenden oder falschen Belehrung des Zeugen zu ergeben vermag, ist die in der Rechtsprechung (immer noch) herrschende Rechtskreistheorie zu bedenken, nach der im Einzelfall zu prüfen ist, ob der Rechtskreis des Beschuldigten / Angeklagten durch den Belehrungsfehler tangiert ist, BGHSt 11, 213, 215. Zu unterscheiden ist, ob eine Belehrung gem § 52 StPO in Frage steht oder eine solche des § 55 StPO: im ersten Fall ist von einem Verwertungsverbot auszugehen, wenn der Zeuge sich wegen Unkenntnis des ihm zustehenden Rechts, nicht frei zur Aussage entscheiden konnte, während die fehlende Belehrung iSd § 55 StPO kein Verwertungsverbot auslösen soll, da der Beschuldigte / Angeklagte hier kein schützenswertes Interesse haben soll, dass die Entscheidungsfreiheit des Zeugen hergestellt war; BGHSt aaO

79 Häufiger Fall, sofern es um die Erstattung von Gutachten zur Frage der Schuldfähigkeit (§§ 20, 21 StGB) und zur Frage der Glaubwürdigkeit geht.

Hohmann

positives Ergebnis durch verteidigungstaktische Maßnahmen (zB andere Gewichtung in der Einlassung des Mandanten; vertiefte Zeugenbefragung zu den für das Gutachten relevanten Umständen) noch erreicht werden kann. Gegebenenfalls ist – ebenso wie im Fall des für den Mandanten negativen schriftlichen Sachverständigengutachtens – ein weiterer Sachverständiger (intern) zu konsultieren.

Hat das schriftlich vorab erstellte Sachverständigengutachten belastenden Charakter, muss in jedem Fall darüber nachgedacht werden, einen weiteren Sachverständigen intern zu Rate zu ziehen und – wenn sich das Sachverständigengutachten tatsächlich fachlich angreifen lässt[80] – auch folgerichtig Beweisantrag auf die Zuziehung eines (weiteren) Sachverständigen zu stellen. Die Überprüfung des Gutachtens und der sich gegebenenfalls anschließende Beweisantrag stehen vor allem in Fällen der Schuldfähigkeits- und Glaubwürdigkeitsbegutachtung unter hohem Zeitdruck, denn bis zur Hauptverhandlung bleibt nicht mehr viel Raum zur Exploration, Abfassung des Alternativgutachtens und Ladung (ggf im Selbstladeverfahren gem §§ 220, 245 StPO).   **95**

Ergeben sich aus dem schriftlichen Gutachten des »Erstgutachters« Anhaltspunkte, die die Besorgnis der Befangenheit begründen (§ 74 StPO), muss geprüft werden, ob und zu welchem Zeitpunkt ein Ablehnungsantrag gegen den betreffenden Gutachter gestellt wird. Im Gegensatz zur Richterablehnung ist die Ablehnung von Sachverständigen nicht an zeitliche Vorgaben gebunden.

Liegt ein eindeutiger Ablehnungsgrund vor, sollte gleichwohl nicht zugewartet werden, sondern der Ablehnungsantrag zugleich mit dem Antrag auf einen (Ersatz-) Gutachter bei Gericht eingereicht werden. Andernfalls – insbesondere dann, wenn das negative schriftliche Gutachten auch keine weiteren groben Fehler aufweist – ist die Antragstellung der Hauptverhandlung vorzubehalten. Dies gilt auch dann, wenn das schriftliche Gutachten mit »offenem« Ergebnis abschließt und noch eine gewisse Hoffnung besteht, dass das in der Hauptverhandlung gefundene Sachverständigengutachten zu Gunsten des Angeklagten ausfällt.   **96**

Anders stellt sich die Situation dar, wenn im Vorbereitungsstadium kein Sachverständiger tätig geworden ist, entweder weil Staatsanwaltschaft und Gericht der Auffassung sind, dass die Zuziehung eines Sachverständigen nicht notwendig sei oder weil eine Beauftragung erst im Vorfeld der Hauptverhandlung erfolgt ist (zB weil sich der Grund der Begutachtung erst durch eine Einlassung des Angeklagten im Zwischenverfahren ergeben hat).   **97**

Aus dem Rechtsgedanken der Nr. 70 RiStBV und unter Zugrundelegung des fair-trial-Prinzips wird wohl mit gutem Grund eine Pflicht des Gerichts gegenüber dem Verteidiger abzuleiten sein, die beabsichtigte Begutachtung vor der faktischen Beauftragung des Sachverständigen mitzuteilen (eine Aufnahme einer dem Regelungsinhalt der Nr. 70 RiStBV Formulierung in die StPO selbst wäre höchst wünschenswert). Dies gibt dem Verteidiger die Möglichkeit, zügig einen eigenen Gutachtervorschlag zu unterbreiten. Folgt das Gericht diesem Vorschlag nicht, oder

---

80 Alternativ kann daran gedacht werden, eine Nachbegutachtung durch den gleichen Gutachter zu beantragen und im Antragsschriftsatz auf die nach Meinung der Verteidigung noch offenen oder unklaren Punkte des Gutachtens hinzuweisen. Ein solcher Antrag wird regelmäßig eher schlechte Chancen haben, da der Sachverständige sein (bisheriges) Gutachten nicht selbst als lückenhaft bewerten wird.
Anders stellt sich die Situation indes dar, sofern neue Anknüpfungstatsachen, die nach der letzten Exploration eingetreten sind oder Umstände, die seinerzeit dem Gutachter nicht bekannt waren, ans Licht kommen.

lehnt das Gericht den Antrag des Verteidigers, einen vom Gericht vorgesehenen Gutachter nicht zu beauftragen, ab, ist das Beschreiten des Beschwerdewegs indes ausgeschlossen.[81]

Bedenklich ist die späte Beauftragung eines Sachverständigen, weil der Zeitraum, um noch seriös eine Überprüfung des Gutachtenergebnisses vornehmen zu können (geschweige denn im »Streitfall« eine Selbstladung in die Wege leiten zu können), faktisch nicht mehr zur Verfügung steht – das Gutachten wird in schriftlicher Form meistens während laufender Hauptverhandlung vorgelegt und kurze Zeit darauf erfolgt die mündliche Erstattung des Gutachtens. Zeichnet sich ein negatives Gutachtenergebnis ab – dem Verteidiger ist nicht verboten, mit dem Sachverständigen während der Gutachtenerstellung Kontakt aufzunehmen, um solche Ergebnistendenzen frühzeitig in Erfahrung zu bringen – ist (bei Evidenz von Fehlern im Gutachten) in Erwägung zu ziehen, einen Aussetzungsantrag zu stellen (verbunden mit einem Beweisantrag auf Zuziehung eines weiteren Sachverständigen).

5. Vorarbeiten zu verfahrensrelevanten Rechtsfragen

98 Neben den Vorbereitungsarbeiten zum Einlassungsverhalten des Angeklagten und den im Hinblick auf die Beweiserhebung zu treffenden Vorüberlegungen, rücken im Vorfeld der Hauptverhandlung auch die Fragen der rechtlichen Würdigung und der konkreten Rechtsfolgen in den Vordergrund. Hat der Verteidiger schon im Ermittlungsverfahren oder im Zwischenverfahren eine Stellungnahme abgegeben, wird sich diese eventuell bereits mit der rechtlichen Würdigung des Anklagesachverhalts oder auch Umständen der Rechtsfolgenseite auseinandergesetzt haben. Generell gehört der Blick auf die rechtliche Subsumtion in jedem Stadium des Verfahrens zum »A und O« der Ausarbeitung einer Verteidigungskonzeption.

Gleichwohl erzeugt die bevorstehende Hauptverhandlung einen Druck besonderer Art, sich den in diesem Zusammenhang auftauchenden Fragen zu stellen: Die Verteidigung ist nun tatsächlich »gezwungen« (um in der Hauptverhandlung mit ihrer Strategie bestehen zu können; dh »überzeugen zu können«), eigene Positionen zur Subsumtion von Tatbestand, Rechtswidrigkeit und Schuld auszuarbeiten. Dies erfordert ein Denken in Alternativen. Zum einen ist der Sachverhalt, der zur Subsumtion zur Verfügung steht – bis auf ganz wenige Ausnahmen – nicht abgeschlossen, sondern oft an zentralen Stellen offen. Zum anderen ist selbst dort, wo eine relative Geschlossenheit (im Stadium der Eröffnungsbeschlusses) erreicht ist, durch geeignete Beweiserhebung wieder eine Veränderung auch der rechtlichen Situation denkbar. Jede Handlung oder Unterlassung des Verteidigers in der Hauptverhandlung fügt sich in ihrer Wirkung ein in einen bestimmten rechtlichen Rahmen, der günstigen falls mit der Lesart der Anklageschrift konkurriert und dem Gericht eine argumentative Brücke baut, einen (zur Anklageschrift) alternativen Weg der Subsumtion zu gehen.

99 Ein Fehler der Verteidigung liegt oftmals darin, die rechtlichen Fragen ob einer intensiven und vordergründigen Auseinandersetzung mit Tatsachenfragen nicht umfänglich und korrekt zu realisieren oder sich den Blick auf die Problematik ganz oder zum Teil selbst zu verstellen. Dabei wird nicht registriert, dass Tatsachenfeststellung, Beweiswürdigung und rechtliche Subsumtion organisch aufeinander bezogen sind und daher keine dieser Seiten in ihrer Prägewirkung für die Urteilsfindung vernachlässigt werden darf.

---

81 Die Gutachterauswahl ist nicht beschwerdefähig. Der Verteidiger ist auf den Weg des Ablehnungsantrags gem § 74 StPO verwiesen (der allerdings einen Ablehnungsgrund voraussetzt).

Der Verteidiger sollte frühzeitig im Verfahren dazu übergehen, streng nach dem in der Universität erlernten (leider manchmal verloren geglaubten) gutachterlichen Schema den jeweils feststehenden Sachverhalt aufzuarbeiten, Lücken, Alternativen und Verzweigungen aufmerksam unter die juristische Lupe zu nehmen. Die rechtlichen Schwachpunkte der Vorwurfsseite (Staatsanwaltschaft), aber auch die Problemzonen eigener Argumentation werden dann transparent. Das hier gewonnene Bild hat wieder in die Diskussion der Verteidigungsstrategie einzufließen. Dies Unterfangen – nämlich die Übersetzung der rechtlichen Problematik in eine für das Hauptverfahren wegweisende Verteidigungsstrategie – ist zugegebener Weise nicht immer einfach, da nicht der Status quo entscheidend ist, sondern das – was nach allen Eventualitäten – am Schluss der Verhandlung noch an Subsumtionsmaterial bereit steht.

Die Schwierigkeiten der Umsetzung nehmen aber mit Sicherheit noch während laufender Hauptverhandlung zu (was sich nur durch eine intensive rechtliche Durchdringung des Falls verhindern lässt): Durch eine Veränderung von Zeugenbekundungen kann plötzlich das ursprünglich von der Verteidigung verfolgte Ziel (zB eines Freispruchs) fragwürdig werden; der Verteidiger befindet sich nun in der Situation, sowohl weiter Aspekte für das Abschwächen des Tatverdachts zu sammeln, als auch gleichzeitig daran zu denken, ob nicht (nach den bekundeten Novae) zwar eine Verurteilung in Betracht kommt, diese aber vom Unrechtsgehalt und Strafmaß her unter jenem von der Staatsanwaltschaft angestrebten Ergebnis liegt.

Nicht erst im Plädoyer, schon im Rahmen der Beweisaufnahme muss sich nun das Geschick des Verteidigers erweisen, auf verschiedenen Ebenen (primär: Freispruch, sekundär: geringe Bestrafung) zu argumentieren, ohne das eigentliche Ziel des Freispruchs zu desavouieren.

100 Steht schon im Vorfeld der Hauptverhandlung fest, dass bestimmte Fragen materiellrechtlicher oder auch verfahrensrechtlicher Art (zB der Verwertbarkeit bestimmter Beweisfeststellungen) Anlass kontroverser Auseinandersetzungen werden, versteht sich von selbst, diese Punkte intensiv aufzuarbeiten, gegebenenfalls Anträge vorzubereiten. In dem Streit um rechtliche Fragen liegt auch die Chance des Verteidigers, der im Allgemeinen über einen effektiveren Apparat auf dem Gebiet der Literatur- und Rechtsprechungsrecherche verfügen wird, seine inhaltliche Position gut vorbereitet und vor allem überzeugend darzulegen. Versagt das Gericht dennoch seine Zustimmung, wird der Verteidiger durch seine gute Vorbereitung und die (protokollfeste) Implementierung seiner Argumente in die Hauptverhandlung jedenfalls erreichen können, dass sich die Chancen einer Revisionsrüge erhöhen.

101 Richtet sich die Verteidigung in der Hauptverhandlung vornehmlich auf die Erreichung einer günstigen Strafe, sind ebenfalls Vorarbeiten geboten. Wird angestrebt, durch Einlassung des Mandanten und in der Beweisaufnahme Umstände zu sammeln, die die Annahme eines minder schweren Falls evozieren sollen, ist der Verteidiger gehalten, sich schon vorab mit der aktuellen Rechtsprechung zu diesem Komplex zu beschäftigen. Da die Rechtsprechung hier stetigen Veränderungen unterworfen ist und es mitunter hilfreich ist, eine obergerichtliche Entscheidung mit vergleichbarem Sachverhalt parat zu haben, wird hierauf besonderes Augenmerk zu richten sein. Eine Verteidigungsstrategie, die zum Ziel die Annahme eines minder schweren Falls hat, muss unter der Leitlinie stehen, möglichst viele der in der Rechtsprechung festgeschriebenen Einzelumstände aneinanderzureihen; es kann insofern auch notwendig werden, die Frage einer Begutachtung des Angeklagten anzusprechen.

Hohmann

Hier – wie auch im Falle der »normalen« **Strafzumessungsverteidigung**, die sich am Bewertungskatalog des § 46 StGB ausrichtet – ergibt sich das Aktionsprogramm für den Verteidiger unmittelbar aus der produktiven Umsetzung der Rechtsprechung. Seine Überzeugungsarbeit wird umso mehr von Erfolg gekrönt sein, wie er einerseits die aktuellen Linien der Rechtsprechung im Interesse seines Mandanten nachvollziehbar[82] zu interpretieren versteht und andererseits wie es ihm gelingt, auch versteckt liegende Aspekte im Rahmen der Beweisaufnahme zur Untermauerung seiner Position zu operationalisieren.

Im Falle der Strafzumessungsverteidigung gehören neben der Auswertung der Rechtsprechung und dem Kompilieren der günstigen Strafzumessungsaspekte auch ganz praktische Beistandsleistungen zu den Tätigkeiten des Verteidigers: Er hat organisatorisch zB die Bedingungen einer angestrebten Bewährungsstrafe vorzubereiten und gegebenenfalls die Einholung von Arbeitsplatzbestätigungen, Arbeitszeugnissen, Stellungnahmen von Drogenberatungsstellen oder Ausländerämtern, Bescheinigungen des Arbeitsamtes etc zu veranlassen oder sicherzustellen.

6. Koordination und Kooperation

102 So wichtig in der Vorbereitungsphase der Hauptverhandlung die Kommunikation nach »innen« (Mandant) ist, so wichtig ist es auch, in die Verteidigungsstrategie die Kommunikation nach »außen« zu integrieren. Kommunikation nach »außen« kann einerseits der Anreicherung des Informationsstandes dienen und andererseits den Weg für bestimmte Aktivitäten der Verteidigung in der Hauptverhandlung ebnen.

Gesprächskontakte zwischen Gericht und Verteidigung, die in der Vorphase der Hauptverhandlung naturgemäß häufiger zustande kommen als im Ermittlungsverfahren, münden nicht »automatisch« in Absprachen, sondern dienen vorrangig der planerischen Gewährleistung der Hauptverhandlung. Je umfangreicher und schwieriger die tatsächliche und rechtliche Problematik des Falls ist, umso mehr Fragen müssen schon aus organisatorischen Gründen unter den Verfahrensbeteiligten geklärt werden: In einem Verfahren mit einer zweistelligen Zahl von zum Teil auswärtigen Zeugen, drei Angeklagten und ihren Verteidigern wird allein die Terminierung beim Vorsitzenden ein Mehr an Arbeitsbelastung auslösen. Ist nun auch noch das Einlassungsverhalten der Angeklagten »offen«, erklären mehrere Zeugen, sie seien an der Teilnahme verhindert und haben die Verteidiger noch Beweisanträge angekündigt, steigert dies die Unsicherheitsfaktoren in der Terminsbestimmung. Folge: Das Informationsbedürfnis des Vorsitzenden wächst, Nachfragen (selbstverständlich »rein informell«) nach Einlassung, Verlesungsmöglichkeiten und Beweisanträgen liegen auf der Hand und es fällt schwer, sie nicht auch zu stellen. Gleich, ob von seiten des Verteidigers Gesprächskontakte mit dem Gericht selbst initiiert werden, oder ob Anfragen an ihn gerichtet werden – der Verteidiger muss auf solche Gesprächssituationen vorbereitet sein um sie bestmöglich für die jeweils intendierten Verteidigungsinteressen nutzen zu können.

Ihm muss klar sein, dass seine Ankündigungen zur Prozessgestaltung mittelbar und unmittelbar offen legen werden, wie die Hauptverhandlung nach den Zielen der Verteidigung geprägt werden soll. Zumeist stehen nach dem Abschluss des Ermittlungsverfahrens Beweissituation und wahrscheinliches Aussageverhalten des Angeklagten fest; es bedarf dann keiner großen Phantasie des Vorsitzenden, die Verteidi-

---

82 Abzuraten ist selbstverständlich von einem Verteidigerduktus, der zu Rate stehende Entscheidungen lediglich doziert oder Zitate aneinanderreiht. Das Gericht darf sich nicht belehrt fühlen.

Hohmann

gungsstrategie zu erahnen – warum sollte auch ein Geheimnis mit den Umständen verbunden sein, wie sich der Angeklagte verteidigen wird. Auch für das Gericht wird aufgrund der Aktenlage und der Tatsache, ob und wie sich der Angeklagte im Ermittlungs- oder Zwischenverfahren eingelassen hat, der Verhandlungslauf (jedenfalls was seine organisatorische und terminliche Seite betrifft) überschaubar sein.

Gleichwohl kann es Gründe geben, dass auch zum Zeitpunkt der Kontakte zwischen Gericht und Verteidiger zu Terminierungs- und Ladungsfragen, wesentliche Punkte, die das Verteidigungsverhalten betreffen, noch immer unklar sind, es gleichzeitig aber nicht ratsam ist, diese Unklarheiten nach außen zu tragen; einige dieser Gründe:

– Liegt zB das schriftliche Gutachten über die Frage der Schuldfähigkeit noch nicht vor, wird es sich verbieten, eindeutige Aussagen über Beweisantragsvorhaben zu machen. Bestenfalls wird man die Beantwortung solcher Fragen für die Zeit nach Gutachteneingang zurückstellen. Auch für die Klärung der Frage, ob und wie der Mandant sich einlässt, kann das Begutachtungsresultat noch ausschlaggebend sein.
– Zum Einlassungsverhalten des Mandanten ist wohl keine Ankündigung zu machen, wenn noch (kommissarische) Vernehmungen ausstehen, sofern der zu erwartenden Aussage aus Sicht der Verteidigung zentrale Bedeutung für die Klärung der Frage zukommt, ob der Mandant sich einlässt oder schweigt.
– Wird über eine Anklage gegen mehrere Angeklagte verhandelt, steht möglicherweise noch eine Vergewisserung über das Aussageverhalten der Mitangeklagten aus.
– Da das Mandat erst kurzfristig vorher übernommen wurde, stehen inhaltliche Abklärungen noch aus oder sind nur zum Teil erfolgt.

Grundsätzlich gilt: Fehlt noch eine Information, die das Aussageverhalten des Angeklagten in der Hauptverhandlung essentiell beeinflussen, oder gar widerlegen könnte, verbieten sich Ankündigungen zum Komplex »Einlassung«. Ferner sollte sich der Verteidiger hüten, bei unklarer Informationslage, Erklärungen über das »wahrscheinliche« Einlassungsgebaren seines Mandanten abzugeben. Erst in der Hauptverhandlung selbst eintretende Abweichungen von diesem angekündigten Einlassungsverhalten, lassen entweder Rückschlüsse auf Gründe des »Umschwenkens« zu und indizieren somit gleichzeitig einen »Bruch« in der Verteidigungskonzeption – was zumindest atmosphärisch ungünstig sein kann. **103**

Positive Ansätze in solchen Vorgesprächen über den Verlauf der Verhandlung können für den Verteidiger darin liegen, dass er zusätzliche Informationen erhält, die für das Verteidigungskonzept in der Hauptverhandlung relevant sein können (»Vorab«-Einschätzungen des Gerichts zur Tatsachen-, Beweis- und Rechtslage). **104**

Ein Beispiel: Umfasst die Anklageschrift mehrere Vorwürfe, zB in Fällen des Serien- oder Anlagebetrugs, kann im Hinblick auf die möglicherweise noch »offene« Beweislage bezüglich einzelner Tatvorwürfe über eine Erledigung dieser Vorwürfe im Wege des §§ 154, 154 a StPO gesprochen werden. Das Gericht wird sich hier – da es an eine Vorgabe der Staatsanwaltschaft gebunden ist – nicht eindeutig festlegen. Aber auch das Heraushören einer »Tendenz« kann nutzbringend für den Moment in der Hauptverhandlung sein, in der der Verteidiger den betreffenden Tatvorwurf und die intendierte Erledigungsweise von sich aus ansprechen wird.

Ungleich schwieriger und ein hohes Maß an Sensibilität und Verhandlungsgeschick erfordernd, ist das Erreichen von einverständlichen Ergebnissen auf der Rechtsfolgenebene. **105**

Hohmann

Das konkrete Vorgehen ist hier unter allen Umständen zuvor mit dem Mandanten abzustimmen. Dazu reicht nicht hin, den Mandanten vom Vorhaben nur grob zu informieren und mitzuteilen, man werde zu dieser oder jener Frage, mit Gericht oder Staatsanwaltschaft versuchen »ins Gespräch zu kommen«. Der Mandant wird hier oftmals von einer Woge der Hoffnung getragen (zB wenn vom Verteidiger erklärt wird, bei bestimmtem Prozessverhalten – zumeist einem Geständnis – werde noch eine Bewährungsstrafe verhängt werden können), die es ihm schwer macht, die Risiken, die in solchen Absprachen liegen, zu erkennen. Es ist Aufgabe des Verteidigers, nicht nur vor Eingehen einer Absprache die Zustimmung seines Mandanten einzuholen, sondern schon in der Anbahnungsphase solcher Gespräche den Mandanten informiert zu halten. Der Verteidiger hat die Alternativen (mit all ihren Implikationen und Folgewirkungen) dem Mandanten so zu verdeutlichen, dass dieser eine Interessenabwägung in eigener Sache vornehmen kann. Selbstverständlich wird sich der Mandant auch im Hinblick auf den nun eingeschlagenen Weg auf die Sachkunde und die Durchsetzungskraft seines Verteidigers in hohem Maße verlassen. Sofern nur »schlanke« Absichtserklärungen von Seiten des Gerichts im Raume stehen und der Verteidiger auf Basis seiner Erfahrungen mit dem betreffenden Richter Zweifel an der Realisierung dieser Absichtserklärungen hat, sollte er sich nicht auf eine solche »Absprache« einlassen. Der Mandant wird sich dann dem Rat seines Verteidigers, wegen der im Raume stehenden Risiken die Kommunikation (vorerst) abzubrechen, fügen.

Anders aber, wenn die durch die Gesprächskontakte (vom Verteidiger mit-) geschürten Hoffnungen, obwohl sich der Angeklagte an seinen Teil der »Absprache« gehalten hat, enttäuscht werden: hier ist es in den Augen des Mandanten der Fehler des Verteidigers (und erst in zweiter Linie ein Fehler des Gerichts), der sich zu seinen Lasten ausgewirkt hat.

106 Orientierung bietet hier – gerade in Fällen, in denen zwischen Verteidiger und Gericht keine Kommunikationstradition besteht – die Rechtsprechung zu den Voraussetzungen und der Überprüfbarkeit von Absprachen zwischen Verteidigung, Gericht und Staatsanwalt: Zusagen müssen konkrete Inhalte aufweisen und unter den Verfahrensbeteiligten offen gelegt werden;[83] eine Verständigung über die Rechtsfolgen kann durchaus auch vom Gericht initiiert werden, indem nach einer Zwischenberatung in öffentlicher Hauptverhandlung auf den möglichen Zusammenhang zB einer geständigen Einlassung und einer bestimmten Rechtsfolge hingewiesen wird.[84]

107 Es ist grundsätzlich zu empfehlen, die Staatsanwaltschaft in solche Absprachen mit einzubinden. Wann und unter welchen Umständen eine solche Mitwirkung der Staatsanwaltschaft zu Rate steht, ist hingegen nicht verallgemeinerbar. Das hängt nicht zuletzt davon ab, ob Sachbearbeiter und Sitzungsvertreter identisch sind; es hängt auch davon ab, welche Thematik zur Disposition steht. Werden zB neben dem anhängigen Strafverfahren noch weitere Ermittlungsverfahren gegen den Angeklagten geführt und hat der Verteidiger den Weg einer Strafmaßverteidigung eingeschlagen, können Gespräche über die Einstellung der »übrigen« Verfahren (vorrangig nach § 154 StPO) Erfolg verheißen. Dass die Rolle der Staatsanwaltschaft als Partner der Verständigung in der Zeitphase zwischen Eröffnung und Hauptverhandlung gering ist, ergibt sich schon aus dem Zuständigkeitswechsel und dem zurückliegenden Abschluss der Ermittlungen.

---

83 BGHSt 38, 99, 102 f
84 Vgl Zschockelt NStZ 1991, 305

Unabhängig vom möglichen Ziel, auch die Staatsanwaltschaft in eine Verständigung mit einzubeziehen, ist es sicherlich zu empfehlen, zumal wenn in komplexeren Verfahren der sachbearbeitende Staatsanwalt selbst in der Hauptverhandlung auftritt, Fühlung zu nehmen – nicht zuletzt, um eine bessere Prognosesicherheit im Hinblick auf den Lauf der Hauptverhandlung zu erzielen.

Handelt es sich um ein Strafverfahren mit mehreren Angeklagten, muss notwendi-   **108**
gerweise und so früh wie nur möglich ein Kontakt zu den Mitverteidigern hergestellt werden. Dies dient zum einen der Vervollständigung des Informationsbildes (Einlassungsverhalten der Mitangeklagten, mögliche Beweisanträge, Unterrichtung über Gespräche mit Gericht etc), zum anderen aber auch der Effektivierung der Verteidigung des eigenen Mandanten durch eine Verständigung über einen gemeinsamen »Sockel« aller Verteidigungsbemühungen. Das Anstreben einer solchen Sockelverteidigung geschieht nicht um ihrer selbst willen, sondern im Interesse des zu verteidigenden Mandanten. Trotz zuweilen größerer Interessengegensätze zwischen einzelnen Angeklagten, die es manchmal nicht gerade leicht machen, den Vorteil einer zumindest stückweise gemeinsamen Verteidigungslinie dem Mandanten erfahrbar werden zu lassen, sind die Vorteile einer solchen Verteidigungsstrategie nicht von der Hand zu weisen: Decken sich beispielsweise die Angaben der Angeklagten im objektiven Bereich, kann dies gegenüber der Tatsachensicht der Anklage koordiniert und offensiv durch die Verteidiger geltend gemacht werden, gleichviel, ob sich dann im subjektiven Bereich »die Geister voneinander scheiden«.

Sind die Gräben zwischen den Angeklagten zu groß, herrschen persönliche Ressen-   **109**
timents oder hat gar der eine Angeklagte den anderen erst in den Anklagevorwurf verstrickt, wird die Verteidigung selten einen gemeinsamen Sockel entdecken – es wird bestenfalls bei grober gegenseitiger Unterrichtung über die jeweils eigene Verteidigungsstrategie bleiben. Der Mandant ist, insbesondere dann, wenn er sich inhaltlich zur Sache und auch zum Tatanteil des Mitangeklagten einlassen soll, eindringlich davor zu warnen, für eine Eskalation der Emotionen während seiner Einvernahme zu sorgen. Beschuldigte unterliegen oftmals dem Irrglauben, dadurch dass sie einen Mitbeschuldigten stärker belasten (im Sinne von: »geteilte Verantwortung ist halbe Verantwortung«), würde zB ihr eigener rechtlicher Status von der Mittäterschaft mehr oder weniger automatisch in die Gehilfenstellung »abrutschen«.

Gemeinhin sollte dem Mandanten geraten werden, sich – gleich, ob es einen ge-   **110**
meinsamen Verteidigungssockel gibt oder nicht – allzu intensiver Kontakte zu Mitangeklagten zu enthalten, um auszuschließen, dass sich quasi unterhalb der Verteidigungslinie, die mit dem Mandant abgesprochen ist, eine zweite Linie, abgestimmt im persönlichen Einvernehmen der Angeklagten ergibt. Außerdem können sich hier Umstände ergeben, die später in der Hauptverhandlung als Beeinflussungsversuche gewertet werden.

Kontakte sind dann tolerierbar, wenn die Angeklagten miteinander persönlich, beruflich oder geschäftlich verbunden sind. Zu beachten ist aber in jedem Fall, dass eine verantwortliche Festlegung der Verteidigungsstrategie immer eine Angelegenheit zwischen Verteidiger und Mandant bleibt. Sollte es der Verteidigung förderlich sein, gegebenenfalls Kontakt zu »Mitkontrahenten« herzustellen, sollte dies in der Regel auf der Ebene »Verteidiger zu Verteidiger« erfolgen.

Kapitel 4
Verteidigung in der Hauptverhandlung

Überblick

Vorbemerkungen

1 »Wie eine Diskussion, in der kein Widerspruch gestattet wird, ein logischer Non-sens ist, und wie ein nur beschränkt zugelassener Widerspruch so viel, als gar kein Widerspruch ist, ebenso ist auch eine beschränkte Vertheidigung so gut, als gar keine Vertheidigung, und ein Strafprocess ohne Vertheidigung ein logisches Unding.«[1]

2 Man mag sich fragen, warum eine effektive Verteidigung erforderlich erscheint, wo doch dem Gericht die Aufklärung der Wahrheit obliegt. Es ist gem § 244 II StPO verpflichtet, die Beweisaufnahme von Amts wegen auf alle Tatsachen zu erstrecken, die für die Entscheidung von Bedeutung sind, also auch auf diejenigen zugunsten

---

1 Vargha 280

des Angeklagten. Diese Pflicht hat indes Grenzen. Sie ergeben sich aus § 244 III–IV StPO, wonach unter bestimmten Voraussetzungen sogar die von dem Angeklagten gewünschte Beweiserhebung abgelehnt werden kann. Sie werden weiterhin bestätigt durch die Pflicht des Angeklagten, der Verwertung eines in unzulässiger Weise erhobenen Beweises zu widersprechen[2] oder unzulässige Sachleitungsanordnungen des Gerichtsvorsitzenden zu beanstanden, damit die Rüge dieser Verfahrensfehler nicht für alle Zeit verloren geht.

Wir müssen uns damit abfinden, dass dem Angeklagten und seinem Verteidiger aufgrund eines Wandels von kriminalpolitischen Vorstellungen ein harter Wind entgegenweht, speziell in der Hauptverhandlung. Daraus ergibt sich umgekehrt, dass verantwortungsvolle Strafverteidigung erforderlicher wird denn je. Nur ein im Strafrecht versierter Verteidiger wird dem Angeklagten ein Beistand und eine Hilfe auf dem Weg zum zufrieden stellenden Ausgang eines Strafverfahrens sein können.   **3**

Die generelle Notwendigkeit von Verteidigung speziell in der Hauptverhandlung beruht darauf, dass das Gesetz auslegungsfähig ist, und zwar auch zum Nachteil des Angeklagten. Der Verteidiger hat seinen parteiischen Auftrag dabei iS des Beschuldigten wahrzunehmen, was nicht selten zu einer Konfrontation mit dem Gericht und dem Staatsanwalt führt.

Der Verteidigerkampf in Form der Konfrontation darf dabei nie Selbstzweck sein, sondern letztes Mittel im Streiten für die Interessen des Mandanten.[3] Gerade in der Hauptverhandlung gilt es, die »Chemie unter den Prozessbeteiligten« zu verspüren, um im Wege der fruchtbaren Diskussion miteinander das bestmögliche Ergebnis zu erzielen. Der Verteidiger muss alle rechtlichen Möglichkeiten des effektiven Einschreitens kennen. Er muss aber erkennen, wann sie angezeigt sind und wann ihre Anwendung sogar kontraproduktiv sein kann. Er muss ein Fingerspitzengefühl für die Atmosphäre im Gerichtssaal entwickeln. Stets muss die Weiterverfolgung des Verteidigungsziels in der Rechtsmittelinstanz, speziell in der Revision, im Auge behalten werden. Der Verteidiger hat deshalb zweigleisig zu agieren: Zum einen mit Blick auf den erfolgreichen Verfahrensabschluss in der Instanz, zum anderen mit Blick auf den Erfolg eines evtl erforderlich werdenden Rechtsmittels.   **4**

Voraussetzung einer erfolgreichen Verteidigung ist deshalb ein souveränes Auftreten eines Strafverteidigers. Der Verteidiger/die Verteidigerin muss durch fundierte Kenntnisse des Rechts und durch ein gewisses Maß an Erfahrung selbstbewusst sein. Mit einem gesunden, begründeten Selbstbewusstsein ist er/sie in der Lage, spontan effektiv zu agieren und zu reagieren. Der Fachanwalt für Strafrecht hat die besonderen Kenntnisse hierfür genauso unter Beweis gestellt, wie die erforderliche Erfahrung. Es muss auch auf Seiten der Justiz beachtet werden, dass dem Grundsatz des fairen Verfahrens nur entsprochen werden kann, wenn in der Hauptverhandlung neben den beteiligten »Profis« Richtern und Staatsanwälten auf Seiten des Angeklagten gleichfalls ein Spezialist agiert.   **5**

Wir werden die wesentlichen Komponenten der strafrechtlichen Hauptverhandlung, ihrer rechtlichen Grundlagen, der auftretenden rechtlichen und praktischen Probleme sowie mögliches Verteidigerhandeln beschreiben und dafür einige praktische Arbeitsformulare vorstellen.   **6**

---

2 Vgl Rn 128 ff
3 So auch Dahs, Handbuch Einl 1

I.   Die notwendige Verteidigung

1.   Allgemeines

7   Mit dem Institut der notwendigen Verteidigung hat der Gesetzgeber anerkannt, dass der Beschuldigte in bestimmten Fällen nur durch die Hinzuziehung eines Verteidigers in die Lage versetzt wird, sich angemessen gegen die erhobenen Vorwürfe zur Wehr zu setzen. Das aus dem Rechtsstaatsprinzip fließende Gebot des »fair trial« wird damit dahingehend konkretisiert, dass jedem, der zu seiner Verteidigung selbst nicht fähig und damit in seiner Stellung als Verfahrenssubjekt bedroht ist, ein Verteidiger beizuordnen ist.[4] Die Beachtung des rechtsstaatlichen Hintergrundes der Norm erfordert deren extensive Auslegung.[5]

8   Der Anwalt, der dem Wunsch des Mandanten entsprechend seine Beiordnung anstrebt, muss beachten, dass antragsbefugt nur der Beschuldigte ist, der Antrag somit in dessen Namen zu stellen ist. Das Wahlmandat muss niedergelegt werden. Ist fraglich, ob die Voraussetzungen für die Beiordnung vorliegen, empfiehlt es sich, die Niederlegung des Mandats für den Fall der Beiordnung anzukündigen. Den Gerichten reicht das idR aus.

9   Dem Antrag, den Anwalt des Vertrauens beizuordnen, ist zu entsprechen, § 142 I 2 und 3 StPO. Nur wenn wichtige Gründe dem Wunsch entgegenstehen, kann der Antrag zurückgewiesen werden. Hierfür wird immer wieder die fehlende Nähe zum Gerichtsort herangezogen.[6] Die fehlende Nähe zum Gerichtsort ist indes dann unbeachtlich, wenn der Verteidiger seine Kanzlei am Wohnort des Beschuldigten hat, bzw dort, wo der Beschuldigte inhaftiert ist. Zudem wird die Entfernung zum Gerichtsort irrelevant, wenn besondere Umstände zusammentreffen, zB ein besonderes Vertrauensverhältnis aufgrund bestimmter – vorsorglich darzulegender – Umstände zwischen Rechtsanwalt und Angeklagtem und/oder das Gewicht der erhobenen Vorwürfe.[7] Hat sich für einen Angeklagten ein Rechtsanwalt seines Vertrauens gemeldet, so beschränkt sich das Auswahlermessen des Vorsitzenden idR auf die Bestellung dieses Anwalts, auch wenn er nicht bei einem Gericht dieses Gerichtsbezirks zugelassen ist.[8] In der Phase der Bestellung eines Pflichtverteidigers hat das Recht des Beschuldigten auf Verteidigung durch einen Verteidiger seines Vertrauens grundsätzlich Vorrang.[9]

In der Strafsache *J.* X
Az.

beantrage ich namens und im Auftrage des Herrn X

meine Beiordnung als Pflichtverteidiger, §§ 140 I Nr. 5, 141 StPO.

Gründe:

Herr X befindet sich seit dem …, mithin länger als drei Monate in Haft.

Meine Beiordnung entspricht dem Wunsch des Angeklagten. Zwischen Herrn X und mir besteht ein Vertrauensverhältnis (ist auszuführen). Mein Wahlmandat endet mit der Beiordnung.

---

4 BVerfG NJW 1983, 2762 f; NJW 1984, 113; StV 1986, 160 ff
5 LR-Lüderssen [24. Aufl 1989] § 140 Rn 4, 6
6 So auch M-G § 142 Rn 12
7 BGH StV 1997, 564 f
8 OLG Düsseldorf StraFo 1999, 412 ff
9 BVerfG NStZ 2002, 101

An dieser Stelle soll auf die einzelnen Fälle des Kataloges des § 140 I StPO nicht **10** weiter eingegangen werden. Sie bereiten in der Praxis seltener Schwierigkeiten. Vielmehr wird das Ansinnen auf Beiordnung nach § 140 II StPO häufig zurückgewiesen, weil angeblich die Schwierigkeit der Sach- und Rechtslage bzw die Schwere der Tat nicht gegeben sei.

2. Schwierigkeit der Sach- und Rechtslage und Schwere der Tat gem § 140 II StPO

Zu Recht führt Pohl[10] aus, dass die Generalklausel des § 140 II StPO selten ein **11** wirklich zwingendes Ergebnis erzielt. Zu welchem Ergebnis der Rechtsanwender bei seiner Auslegung komme, zeige aber, welchen Geist er im Strafprozess walten lasse. Der Umgang mit der Vorschrift des § 140 II StPO sei sicherlich einer der rechtsstaatlichen Prüfsteine im Strafverfahren.

a) Pflichtverteidigung in Jugendsachen[11]

Zu diesem Problemkreis erlauben wir uns, auf die erfreuliche Entscheidung des LG **12** Gera[12] mit Zustimmung inhaltlich zu verweisen. Darin heißt es:

»Im Jugendgerichtsverfahren ist dem Jugendlichen immer dann ein Pflichtverteidiger beizuordnen, wenn die Bestellung auch für einen Erwachsenen geboten wäre (§ 68 Nr. 1 JGG). Insoweit wird auf § 140 StPO verwiesen. Gem § 140 II StPO kann die Mitwirkung eines Verteidigers auf Seiten des Angeklagten (...) geboten sein. § 140 II StPO enthält eine Generalklausel mit unbestimmten Rechtsbegriffen, die im Jugendstrafverfahren einer jugendspezifischen Auslegung bedürfen. Ausgangspunkt der Überlegungen hat zu sein, dass gerade Jugendliche aufgrund ihrer mangelnden oder geringen Handlungskompetenz in ihrer Interessenwahrnehmung vor Gericht vielfach gehandikapt und dadurch gegenüber Erwachsenen stark benachteiligt sind. Es ist deshalb eine extensive Interpretation des § 140 II StPO zugunsten Jugendlicher Angeklagter geboten.[13] Dabei gilt, dass ein Verteidiger im Allgemeinen um so eher notwendig ist, je jünger der Angeklagte ist. Junge Menschen kennen ihre Rechte nicht und wissen nicht, wie sie sie durchsetzen können, zumal das Jugendgerichtsgesetz ua im Bereich der strafrechtlichen Verantwortlichkeit nach § 3 JGG, der Rechtsfolgenspanne sowie der Rechtsmittelbeschränkung gem § 55 JGG komplizierte Sonderregelungen enthält. Jugendliche sind auch den Ritualen in der Gerichtsverhandlung und der dort benutzten juristischen Sprache nicht gewachsen. Die Aufgabe des Verteidigers besteht deshalb darin, dem jungen Angeklagten zu helfen, sich vor Gericht selbstständiger und kompetenter zu verhalten. Gerade im Jugendstrafverfahren muss nämlich die grundgesetzlich garantierte Subjektstellung des vom staatlichen Strafanspruch erfassten jungen Menschen gesichert werden. (...) Angesichts der schweren Folgen einer Jugendstrafe für den jungen Menschen, der Mindestdauer von sechs Monaten und der Begriffe ›schädliche Neigungen‹ und ›Schwere der Schuld‹ als Verhängungsvoraussetzung ist in jedem Fall drohender Jugendstrafe ein Verteidiger notwendig.[14] Die Jugendstrafe als ultima ratio mit ihren vielen negativen Auswirkungen verlangt die Einschaltung eines professionellen Hel-

---

10 Pohl 17
11 Vgl ausführlich Heimann Teil E Kap 7 Rn 323 ff
12 LG Gera StV 1999, 654 f
13 So bereits AG Saalfeld NStZ 1995, 150
14 D/S/S-Diemer § 68 Rn 10; Eisenberg JGG § 68 Rn 24; Ostendorf JGG § 68 Rn 8; Albrecht Jugendstrafrecht, 348; Schaffstein/Beulke [12. Aufl.], 170; Radbruch StV 1993, 553, 557

fers. Auch in der Hauptverhandlung vor dem Jugendrichter erscheint es deshalb nicht vertretbar, gegenüber einem nicht verteidigten Jugendlichen Jugendstrafe zu verhängen. Vielmehr ist – schon unter dem Gesichtspunkt Schwere der Tat – ein Fall notwendiger Verteidigung generell zu bejahen, wenn auf Jugendstrafe erkannt wird.[15]«

13　Vgl zu diesem Problemkreis ferner: AG Hamburg,[16] LG Hamburg[17] und die zutreffende Anm von Sättele[18] zu diesen Entscheidungen. Ferner LG Gera zur Beiordnung vor der Berufungskammer.[19] Vgl ferner auch den umfangreichen Katalog für Fälle der Beiordnung in Jugendsachen bei Spahn.[20]

b)　Erforderlichkeit der Akteneinsicht durch einen Verteidiger

14　Ein immer mehr in den Vordergrund tretender tragender Aspekt für die Beiordnung ist der Umstand, dass idR nur der Verteidiger umfassende Akteneinsicht erhält, eine ordnungsgemäße Verteidigung aber nur durch Akteneinsicht gewährleistet ist. In Bagatellverfahren können dem Beschuldigten, der keinen Verteidiger hat nun auch gem. § 147 Abs. 7 StPO unter bestimmten Voraussetzungen Auskünfte und Abschriften aus den Akten erteilt werden.

15　Akteneinsicht ist für eine ordnungsgemäße Verteidigung nach dem Grundsatz der fairen Verfahrensgestaltung erforderlich, wenn:

– ein wichtiger Zeuge seine Aussage mehrfach in wesentlichen Punkten geändert hat und ihm das vorzuhalten ist.[21]
– der bestreitende Beschuldigte in die Lage versetzt werden muss, Belastungszeugen Vorhalte aus früheren Vernehmungen machen zu können.[22]
– einem Zeugen verschiedene Aktenbestandteile vorzuhalten sind, um Unstimmigkeiten aufzuklären.[23]
– Akten zu Beweiszwecken beigezogen wurden.[24]
– sich in den Akten ein Sachverständigengutachten über die Schuldfähigkeit befindet.[25]
– ein Sachverständigengutachten entscheidendes Beweismittel gegen den Angeklagten ist.[26]
– ein Sachverständigengutachten eingeholt wird. Auf das Ergebnis des Gutachtens kommt es für die Frage der Beiordnung nicht an.[27]
– die Überprüfung der Einhaltung der Prozessvorschriften hinsichtlich der Erstellung einer Wahllichtbildvorlage erforderlich ist.[28]
– es sonst sachdienlich ist, dass dem Verteidiger der Akteninhalt bekannt ist.[29]

15　Ebenso »Kölner Richtlinien« zum Jugendstrafverfahren NJW 1989, 1024, 1026; Beulke in: Walter [Hrsg], Strafverteidigung für junge Beschuldigte, 1997, 37 ff, 45; LG Gera StV 1999, 655 f
16　AG Hamburg StV 1998, 326
17　LG Hamburg StV 1998, 327
18　Sättele StV 1998, 328
19　LG Gera StV 1999, 656
20　Spahn, »Die notwendige Verteidigung in Jugendstrafverfahren«, StraFo 2004, 82.
21　OLG Zweibrücken StV 1986, 240
22　Thür OLG, StV 2004, 585
23　KG StV 1993, 5; LG Tübingen StV 1999, 642
24　O Fn 23
25　OLG Köln VRS 78, 118; Lehmann, StV 2003, 356
26　LG Bochum StV 1987, 383; LG Cottbus StV 1999, 642; OLG Hamm, StraFo 2002, 397
27　LG Braunschweig, StraFo 2002, 398; LG Arnsberg, StV 2002, 648
28　LG Magdeburg StV 1999, 532
29　BGH JR 1955, 189; OLG Düsseldorf VRS 83, 193; OLG Hamm MDR 1988, 340; OLG Karlsruhe StV 1987, 518; OLG Köln StV 1986, 238

c) Unfähigkeit der Selbstverteidigung

Eine solche Unfähigkeit kann sich aus den individuellen Fähigkeiten des Angeklagten, seinem Gesundheitszustand und den sonstigen Umständen des Falles ergeben.[30] Sie kann auf dem jugendlichen Alter des Angeklagten aber auch auf seinem besonders hohen Alter beruhen, einer diagnostizierten seelischen Abartigkeit. Auch die Verständigungsschwierigkeiten des Ausländers oder Spätaussiedlers gehören hierher. Die Voraussetzungen des § 140 II StPO sind immer dann gegeben, wenn Zweifel an der Fähigkeit zur Selbstverteidigung vorliegen.

16

Das ist idR der Fall, wenn zunächst eine Pflichtverteidigerbestellung nach § 140 I Nr. 5 StPO wegen der Inhaftierung des Beschuldigten erfolgte, dann aber, wegen Entlassung des Beschuldigten aus der Haft vor dem Hauptverhandlungstermin, die Voraussetzungen dieser Norm entfallen. Einer Entpflichtung des Verteidigers nach § 140 III 1 StPO steht dann meist entgegen, dass die frühere Behinderung der Verteidigungsmöglichkeiten durch die Haft weiter wirkt und deshalb die Unterstützung durch einen Verteidiger gem § 140 II StPO erforderlich ist.[31]

16 a

In Fällen der Beiordnung eines Beistands für den Verletzten,[32] der Beiordnung eines Zeugenbeistandes für den Verletzten,[33] ist die Beiordnung eines Pflichtverteidigers für den Beschuldigten wegen Unfähigkeit zur Selbstverteidigung der zwingende Grundsatz.

16 b

Im Falle der Berufung der Staatsanwaltschaft gegen ein freisprechendes Urteil ist idR die Mitwirkung eines Verteidigers geboten, wenn die erstrebte Verurteilung aufgrund einer abweichenden Beweiswürdigung oder sonstiger unterschiedlicher Bewertungen der Sach- oder Rechtslage erreicht werden soll.[34]

16 c

Als Beispiel für eine Beschwerde gegen eine unterbliebene Beiordnung wegen Unfähigkeit zur Selbstverteidigung eines Ausländers aus einem anderen Kulturkreis ohne deutsche Sprachkenntnisse dient nachstehendes Formular:[35]

> Namens und im Auftrage des Herrn U. lege ich gegen den Beschluss des AGs in der Hauptverhandlung vom ..., mit dem der Antrag des Angeklagten, mich ihm unter Niederlegung meines Wahlmandats beizuordnen, zurückgewiesen wurde,
>
> Beschwerde
>
> ein mit dem Antrag,
>
> unter Aufhebung des angefochtenen Beschlusses den Unterzeichner zum Pflichtverteidiger des Angeklagten zu bestellen.
>
> Gründe:
>
> Mein Mandant ist als der deutschen Sprache nicht mächtiger Ausländer und als Angehöriger eines anderen Kulturkreises unfähig, sich selbst gegen die erhobenen Vorwürfe zu verteidigen, § 140 II StPO.
>
> Dem in Kamerun geborenen Angeklagten wird vorgeworfen, am ... in Düsseldorf mit Betäubungsmitteln, 4,1 Gramm Kokain brutto und 2,4 Gramm Heroin brutto, unerlaubt Handel getrieben zu

---

30 Vgl M-G § 140 Rn 30
31 OLG Celle StV 1992, 151; OLG Frankfurt/M StV 1997, 573, 574; OLG Düsseldorf, StV 2000, 402
32 OLG Hamm StV 1999, 11; OLG Düsseldorf StV 2000, 408 f; OLG Bremen, StV 2004, 585
33 OLG Celle StV 2000, 70
34 OLG Düsseldorf StV 2000, 409; OLG Köln StV 2004, 587
35 Vgl hierzu OLG Frankfurt/M StV 1997, 573 f; OLG Brandenburg StV 2000, 69, 70

haben. Die Hauptverhandlung am ... wurde abgebrochen. Eine Verständigung mit dem Angeklagten war weder in deutsch noch über den Dolmetscher für die englische Sprache möglich. Für den nächsten Termin wurde die Ladung eines Dolmetschers angeordnet, der die Landessprache des Angeklagten – Haussa – beherrscht. Mein Mandant, der erst am ... aus einem anderen Kulturkreis in die Bundesrepublik Deutschland eingereist ist, ist in rechtlichen Dingen unerfahren. Das deutsche Rechtssystem ist ihm fremd. Der im Rechtsstaatsprinzip (Art. 20 III GG) wurzelnde Anspruch des Angeklagten auf ein faires Verfahren nötigt nach einer Gesamtwürdigung dieser Umstände zur Beiordnung des Verteidigers, weil allein der Dolmetscher den Angeklagten nicht in die Lage versetzen kann, sich angemessen gegen die Vorwürfe zu verteidigen, vgl hierzu OLG Frankfurt/M StV 1997, 573 f; OLG Brandenburg StV 2000, 69, 70.

Zwischen dem Angeklagten und dem Unterzeichner besteht ein Vertrauensverhältnis. – Ist näher auszuführen –

Vorsorglich stelle ich klar, dass mein Wahlmandat im Fall meiner Beiordnung beendet ist.

d)   Die Rechtsfolgenerwartung – Schwere der Tat –

17 Am häufigsten tritt wohl die Frage der Rechtsfolgenerwartung eines Strafverfahrens in den Vordergrund. Hierher gehört zunächst die zu erwartende Strafe selbst. Allgemein gilt, dass eine Straferwartung ab einem Jahr Freiheitsstrafe Anlass zur Beiordnung eines Verteidigers gibt.[36] Vielfach wird die Ansicht vertreten, dass in Verfahren vor dem Schöffengericht generell ein Verteidiger zu bestellen ist, weil gem §§ 24 und 25 GVG idF des Rechtspflegeentlastungsgesetzes vom 11. 1. 1993 Anklage vor dem Schöffengericht nur dann erhoben wird, wenn eine Freiheitsstrafe von mehr als zwei Jahren zu erwarten ist.[37] Diese Ansicht überzeugt insoweit, als es um den Beschuldigten geht, der die Ursache für die Anklageerhebung vor dem Schöffengericht gesetzt hat. Sind mehrere Personen angeklagt, kann die Argumentation für den Mitbeschuldigten, der ggf nur Teilnehmer der Haupttat ist oder dem wegen des Fehlens von Vorstrafen erkennbar diese Strafhöhe nicht droht, aus dem Kriterium der Anrufung des Schöffengerichts und der sich daraus ergebenden Schwere der Tat nicht greifen. Allerdings ist für ihn möglicherweise das Merkmal der Unfähigkeit zur Selbstverteidigung für die Beiordnung nach § 140 II StPO erfüllt, nämlich dann, wenn dem so genannten Hauptbeschuldigten ein Pflichtverteidiger wegen der Rechtsfolgenerwartung beigeordnet wurde. Die Argumentation entspricht der bei der Beiordnung eines Beistandes für den Verletzten, vgl Rn 16 b.

17 a Auch mittelbare Straffolgen sind zu beachten, wie drohender Bewährungswiderruf,[38] Widerruf der in anderer Sache gewährten Zurückstellung der Strafvollstreckung gem § 35 BtMG,[39] erforderlich werdende Gesamtstrafenbildungen,[40] Einbeziehung von Jugendstrafe in eine Einheitsjugendstrafe[41] und drohende Abschiebung.[42] Es stellt sich die Frage, wie bei abschlägigem Beschluss des Gerichts zu reagieren ist:

18 Der Mandant ist wegen Körperverletzung bei dem Strafrichter des AGs angeklagt. Mit einer Freiheitsstrafe von 10 Monaten steht er unter Bewährung. Es ist erkennbar, dass eine Verurteilung zu Freiheitsstrafe ohne Strafaussetzung zur Bewährung droht.

---

36 Vgl die Nachweise bei Kl/M-G § 140 Rn 23
37 Vgl OLG Hamm StV 1999, 641
38 Vgl OLG Hamm StraFo 1998, 268 mwN
39 HansOLG Hamburg StV 1999, 420
40 Vgl OLG Köln StV 2000, 70; LG Bonn StV 2000, 414
41 OLG Hamm NStZ-RR 1997, 78; LG Frankfurt/M StV 1998, 326; OLG Düsseldorf StraFo 1998, 341
42 LG Stade StV 1998, 125

Nach der Verlesung des Bundeszentralregisterauszuges beantragt der Verteidiger im **19** Namen des Angeklagten seine Beiordnung gem §§ 140 II, 14 II StPO, nachdem er sein Mandat niederlegt. Das Gericht weist den Antrag durch Beschluss zurück. Der Verteidiger nimmt daraufhin im Zuschauerraum Platz, der Mandant bleibt für den Rest der Verhandlung unverteidigt. Der Angeklagte wird wegen Körperverletzung zu einer Freiheitsstrafe von 6 Monaten ohne Strafaussetzung zur Bewährung verurteilt.

Ein solches Verhalten des Verteidigers kann nur für eine Sprungrevision mit den bekannten Erfolgsrisiken Sinn machen. Eine ausführliche Erörterung dieser Strategie mit dem Mandanten ist deshalb zwingend.

Gem § 338 Nr. 5 StPO stellt es einen absoluten Revisionsgrund dar, wenn die Hauptverhandlung in Abwesenheit einer Person stattgefunden hat, deren Anwesenheit das Gesetz vorschreibt. Die ununterbrochene Anwesenheit eines Verteidigers ist dann erforderlich, wenn ein Fall notwendiger Verteidigung des § 140 StPO gegeben ist. Das gilt nach diesseitiger Auffassung für den Beispielsfall:

Die Obergerichte bejahen die Schwere der Tat ua bei einer zu erwartenden ein- **20** schneidenden Rechtsfolge, die allgemein bei einer Freiheitsstrafe ab einem Jahr mit oder ohne Strafaussetzung zur Bewährung gesehen wird.[43]

In der Weiterentwicklung dieser RS wurde anerkannt, dass es für die Rechtsfolgen- **21** erwartung nicht allein auf die mit dem Urteil zu erwartende Strafe ankommt, sondern auf die weiteren Folgen eines freiheitsentziehenden Urteils, zB durch Bewährungswiderrufe.[44] So hat das OLG Frankfurt/M eine notwendige Verteidigung für einen Fall bejaht, in dem die Jahresgrenze dadurch erreicht wurde, dass neben der aktuell verhängten Freiheitsstrafe von neun Monaten durch Bewährungswiderruf in anderer Sache eine Verbüßung von drei Monaten Freiheitsstrafe (ausgehend von einer Strafaussetzung bei Erreichen des Zweidrittelzeitpunktes) drohte.[45] Eine zur Beiordnung nötigende Straferwartung von einem Jahr Freiheitsstrafe und darüber hinaus ist auch dann gegeben, wenn sich diese Straferwartung aus einer erforderlichen oder drohenden Gesamtstrafenbildung ergeben kann, auch bei nachträglicher Gesamtstrafenbildung gem § 55 I StGB.[46] Ein Fall notwendiger Verteidigung liegt somit auch vor, wenn es nicht ausgeschlossen ist, dass der Angeklagte zumindest zu kurzer Freiheitsstrafe verurteilt wird, mit der Folge, dass die in anderer Sache gewährte Zurückstellung der Strafvollstreckung gem § 35 BtMG widerrufen wird.[47]

Die oben unter Rn 19 gezeigte Verteidigungsstrategie eröffnet eine interessante **22** Zweigleisigkeit der Überprüfung. Parallel zur Einlegung der Sprungrevision zum OLG, wo über die Rüge der Verletzung des § 338 Nr. 5 StPO entschieden werden soll, kann und sollte dieselbe Rechtsfrage im Wege der Beschwerde gegen die Nichtbeiordnung nach §§ 140 II, 141 StPO gem § 304 I StPO der zuständigen Beschwerdekammer des Landgerichts zugeführt werden. Das Rechtsmittel der Beschwerde ist nach hM zulässig, weil es sich bei der Ablehnung eines Antrages auf

---

43 Vgl ua OLG Frankfurt StV 1995, 628; OLG Hamm StraFo 1998, 164; M-G § 140 Rn 23, jeweils mwN

44 Vgl OLG Hamm StraFo 1998, 164; OLG Köln StraFo 1997, 78; OLG Hamm StraFo 1997, 142 f; StraFo 1998, 268; OLG Düsseldorf StraFo 1998, 341; OLG Karlsruhe NStZ 1991, 505; Brandenb OLG StV 2000, 607; Thüringer OLG, StraFo 2005, 200

45 Vgl OLG Frankfurt/M StraFo 1999, 416 m Anm Henze

46 OLG Köln StV 2000, 70; OLG Hamm, StV 2004, 586

47 Hans. OLG Hamburg, StV 1999, 420

Bestellung eines Pflichtverteidigers nicht um eine iS des § 305 I StPO »der Urteils-fällung vorausgehende und damit der Anfechtung entzogene Entscheidung« handelt. Vielmehr handelt es sich um eine selbstständige Entscheidung, die der Sicherung des justizförmigen Verfahrens dient und deshalb eine eigenständige verfahrens-rechtliche Bedeutung hat.[48] Die Beschwerde ist auch nicht durch die inzwischen er-folgte – nicht rechtskräftige – Verurteilung des Angeklagten prozessual überholt, denn die Bestellung des Pflichtverteidigers dauert für das Revisionsverfahren und insbesondere für die Einlegung und Begründung der Revision (nicht aber für eine Revisionshauptverhandlung – § 350 III StPO –) fort.[49]

II.   Sockelverteidigung

23   Die geringe Behandlung des Themas Sockelverteidigung in der RS[50] wird ihrer Be-deutung in der Praxis nicht gerecht. In der Literatur findet das Thema zunehmend Beachtung.[51]

23 a   Mit dem Bild des Sockels, soll veranschaulicht werden, dass je nach konkreter Aus-gestaltung, bei verschiedenen Angeklagten oder Beschuldigten, zumindest teilweise Interessenlagen bestehen, welche es erlauben auf einem gemeinsamen Fundament die jeweils individuelle Verteidigungsstrategie aufzubauen.[52]

Der gewissenhafte Verteidiger hat bei mehreren Angeklagten die Möglichkeit und Grenzen einer Sockelverteidigung stets zu prüfen. Ein Absehen von einer Kontakt-aufnahme zu anderen Verteidigern muss stets sachliche (keine zeitlichen) Gründe haben.

1.   Begriff und Umfang der Sockelverteidigung

23 b   Der Strafrechtsausschuss der Bundesrechtsanwaltskammer definiert den Begriff wie folgt:

»Bei Fallkonstellationen, in denen mehrere Personen derselben Tat oder auch in einem Verfahren verschiedener Taten beschuldigt werden, ergibt sich für den/die Verteidiger nicht selten die Zweckmäßigkeit, auch bei Beachtung der Verpflichtung aus § 146 StPO eine einheitliche so genannte Basis- oder Sockelverteidigung aufzu-bauen. Darunter ist die Entwicklung einer von allen Mandanten getragenen einheit-lichen Verteidigungsstrategie zu verstehen, die zB gegen den Vorwurf der objekti-ven Erfüllung eines Straftatbestandes, gegen die Rechtswidrigkeit eines Verhaltens oder auch ›nur‹ gegen den Verschuldensvorwurf gerichtet ist. Eine derartige ein-heitliche Verteidigungskonzeption kann den Beteiligten erhebliche Vorteile für die Abwehr der erhobenen Vorwürfe bringen.«[53]

---

48 Vgl OLG Düsseldorf StraFo 1999, 415; OLG Köln NStZ 1991, 249; M-G § 141 Rn 10
49 Vgl OLG Düsseldorf StraFo 1999, 24; 1999, 414
50 OLG Frankfurt NStZ 1981, 144; Beulke Strafbarkeit S 72 ff; Schlothauer Vorbereitung Rn 27 ff; Dahs Handbuch Rn 63; Richter II, Sockelverteidigung, NJW 1993, 2152 ff; Schriftenreihe der BRK, Bd. 8, Thesen zur Strafverteidigung (These 13)
51 Müller, StV 2001, 649; Lampe, Sockelverteidigung, Dissertation, 1999; Pellkofer, Sockelverteidi-gung und Strafvereitelung, Dissertation, 1999
52 Müller, StV 2001, 649
53 Schriftenreihe der BRK, These 13

Der Umfang der Sockelverteidigung kann sehr unterschiedlich sein. Maßstab für **23 c** die Sockelverteidigung ist das Vorhandensein bzw. das Ausmaß des gleichen Interesses der Beschuldigten.

So sind Konstellationen denkbar, in denen ein Interesse besteht, lediglich eine Tatverdächtige, noch nicht beschuldigte Person in die gemeinsame Strategie mit einzubeziehen. Dieses gleiche Interesse kann in Einzelfragen bestehen, auch bei nur teilweiser Interessenidentität oder maximal im gesamten Verteidigungsverhalten. Dabei ist aber stets das Interesse des eigenen Mandanten im Auge zu behalten und evtl Gefahren sind dem Mandanten aufzuzeigen. Sobald sich das individuelle Interesse ändert, darf nicht zugunsten der gemeinsamen Verteidigungslinie gegen die Mandanteninteressen verstoßen werden.

Da jeder Verteidiger in einem einheitlichen Verfahren berechtigt ist, zu jedem Teil der Hauptverhandlung – nicht nur zu denen, die seinen Mandanten betreffen – Stellung zu nehmen, ermöglicht eine Sockelverteidigung auch taktische und arbeitsökonomische Absprachen der Verteidiger in Bezug auf zu stellende Anträge etc.

Beispiele für Absprachen in der Praxis sind:

– Absprache, keine Einlassung im Ermittlungsverfahren abzugeben
– Absprache, keine Einlassung vor umfassender Akteneinsicht aller Verteidiger abzugeben
– Absprache, keine Einlassung im Zwischenverfahren abzugeben
– Absprache, dass die Angeklagten im gesamten Verfahren/in Teilen des Verfahrens schweigen
– Absprache, dass Verteidigererklärungen auf die rechtliche Würdigung des Akteninhalts beschränkt werden
– Absprache, bestimmte Beweisanträge gemeinsam zu stellen
– Absprachen zu Befangenheitsanträgen, Eingangserklärungen der Verteidiger, Umfang und Art der Zeugenbefragung
– Absprache über Auswahl und Selbstladung von Sachverständigen
– Absprache zur taktischen Aufteilung von Verteidigeraktivitäten in der Hauptverhandlung

2. Zulässigkeit und Grenzen der Sockelverteidigung

Die Zulässigkeit der Sockelverteidigung richtet sich nach den allgemeinen Regeln **23 d** des Strafrechts und des Berufsrechts. Ob das Berufsrecht der Anwaltschaft zur Bestimmung des Umfangs und der Ausgestaltung der Sockelverteidigung anwendbar ist, ist umstritten, da gem §§ 138 I und II, 142 II StPO auch andere Personen zu Verteidigern bestellt werden können.[54] Nach hiesiger Auffassung gilt das Berufsrecht der Anwaltschaft für alle Verteidiger unmittelbar oder entsprechend zur Begrenzung und Ausgestaltung der Sockelverteidigung.

Als allgemein anerkannt kann gelten, dass eine von den Verteidigern unterschiedlicher Angeklagter gemeinsam geführte Verteidigung grundsätzlich weder gegen § 146 StPO verstößt, noch den Tatbestand des § 258 StGB erfüllt, deren Grenzen aber zu beachten sind.[55] Unzulässig ist es, einen gemeinschaftlichen »Schuldigen« zu bestimmen, der die Strafe auf sich zu nehmen hat.[56]

---

54 Vgl hierzu Müller, StV 2001, 649 (651)
55 KG, StrFo 2003, 147; OLG Düsseldorf StV 2002, 533, vgl auch Beulke JR 2003, 347
56 KK-Laufhütte, vor § 137 Rn 9

Dass mit einer Sockelverteidigung weder eine Strafvereitelung noch ein Parteiverrat einhergehen darf, versteht sich von selbst. Sofern Dahs[57] aufgrund der Berufsethik und Wahrheitspflicht des Strafverteidigers eine Zulässigkeitsgrenze in der »verfahrenswidrigen Kollusion« und damit der Sachverhaltsverfälschung sieht und zur Vermeidung dieser vorschlägt, Informationen nur kollegial vertraulich ohne weitere Information des Mandanten auszutauschen, ist dem nicht zuzustimmen.

Zum einen wohnt jedem Strafverfahren durch zulässiges Verteidigungsverhalten (Schweigen des Angeklagten, Zurückhalten von Informationen) die Möglichkeit der Sachverhaltsgestaltung inne. Die Wahrheitspflicht des Verteidigers bedeutet gerade nicht, dass er zur Bekanntgabe der dem Angeklagten schädlichen Wahrheit verpflichtet ist. Warum bei der Sockelverteidigung strengere Maßstäbe zu setzen sein sollten als bei einer Alleinvertedigung, ist nicht nachzuvollziehen. Auch die Forderung, den Mandanten nicht über den Inhalt der Verteidigergespräche zu informieren, überzeugt angesichts der klaren berufsrechtlichen Informationspflicht nicht.

Sicherlich wird es sich verfahrenstaktisch nicht anbieten, die Mandanten an Verteidigerbesprechungen zur Sockelverteidigung grundsätzlich teilnehmen zu lassen, jedoch hat der Mandant uE ein Recht auf umfassende Information über den Inhalt der Verteidigerbesprechungen. Jedes andere Vorgehen würde ihn entmündigen und seine Verteidigungsmöglichkeiten beschränken.[58]

23 e   Der Rechtsgedanke des § 146 StPO ist für die Sockelverteidigung nicht anwendbar.[59] § 146 StPO will die Interessenkollision verhindern und damit eine effektive Verteidigung jedes Beschuldigten sichern. Er richtet sich nicht gegen inhaltlich gleiche Interessen mehrerer Angeklagter, so dass sich hieraus keine Zulässigkeitsgrenze ergibt.

23 f   Die Frage, ob die Zulässigkeit der Absprache von Verteidigern durch beschränkte Gewährung von Akteneinsicht beeinflusst ist, ist in erster Linie eine Frage, die sich im Ermittlungsverfahren stellt. Zu den Problemen, ob ein Verteidiger Unterlagen (zB Vernehmungsprotokolle) an Verteidiger anderer Beschuldigter weitergeben darf, obwohl diese die Unterlagen nach § 147 II StPO nicht erhalten haben, hat das OLG Frankfurt entschieden, dass die Weitergabe nur dann unzulässig ist, wenn vom Verteidiger eine bewusst wahrheitswidrige Abstimmung der Aussagen beabsichtigt ist.[60]

Im Zusammenhang mit Untersuchungshaft der Angeklagten wegen Verdunkelungsgefahr oder Haftverschonung mit der Aufl. des Kontaktverbots muss der Gedanke aus der Urteilsbegründung des OLG Frankfurt[61] entsprechend angewandt werden.

Da eine Aufl. aus einem Haftverschonungsbeschluss, den Kontakt zu Mitangeklagten zu vermeiden, nicht für die Verteidiger gilt und auch die Annahme einer Verdunkelungsgefahr nicht die Verteidiger berührt, ist die Grenze des Verteidigerhandelns nur das Hinwirken auf eine bewusst wahrheitswidrige Sachverhaltsschilderung. Nur wenn die Effektivität der Rechtspflege in ihrem Kern beeinträchtigt ist,[62] ist eine Zulässigkeitsgrenze für Absprachen der Verteidiger erreicht. Dies ist nicht der Fall bei Verfahrensverzögerungen oder Erschwerungen von Ermittlungen, die von der Justiz als zulässiges Verteidigungsverhalten hinzunehmen sind.

---

57 Dahs Handbuch Rn 63
58 Ebenso Richter II NJW 1993, 2153 f
59 S dazu Richter II NJW 1993, 2152 ff
60 OLG Frankfurt NStZ 1981, 144
61 S Fn 51
62 S Fn 51

Die wichtigste Grenze der Zulässigkeit von Sockelverteidigung ist das aktuelle Interesse des Mandanten. An diesem Mandanteninteresse und seinen Änderungen ist die Möglichkeit und der Umfang einer Sockelverteidigung stets zu messen. Für den Fall, dass die Verteidigung des Mandanten aufgrund neuer Gesichtspunkte ein Abweichen von den bisherigen Vereinbarungen im Rahmen der Sockelverteidigung gebietet, ist uE mit Richter II[63] zu fordern, dass die übrigen Verteidiger rechtzeitig von der geänderten Interessenlage informiert werden. Nach hier vertretener Auffassung sind Absprachen im Rahmen der Sockelverteidigung einzuhalten oder rechtzeitig – dh, mit einem Vorlauf, der die anderen Verteidiger zur Einstellung der Verteidigung auf den geänderten Sachverhalt in die Lage versetzt – zu kündigen. Vor einer solchen Kündigung ist ein Abweichen von Absprachen berufsrechtswidrig.[64]

23 g

Die Verteidiger, die ohne Kündigung der Vereinbarungen von einer geänderten Verteidigungsstrategie eines Mitverteidigers überrascht werden, sind zur Offenlegung der internen Abläufe der Verteidigerabsprachen berechtigt.[65]

Fraglich ist auch, wie bei einer fehlgeschlagenen Sockelverteidigung mit von anderen Verteidigern zur Verfügung gestellten Informationen umzugehen ist und ob diese ggf verwertet werden können.

Zuzustimmen ist Müller,[66] der eine Verwertung freiwillig eingebrachter Informationen für möglich hält, zB eine Verwertung eines Entwurfs einer beabsichtigten Einlassung.

Die Chancen einer Sockelverteidigung überwiegen deren Risiken nach unserer Meinung deutlich. Hierbei sind unter den Verteidigern Ehrlichkeit und klare Grenzziehungen zu Punkten, in denen sich Interessenskollisionen ergeben könnten, notwendig. Einmal mehr ist hier professionelles Verteidigerverhalten zu fordern. Ängstlichkeiten bezüglich einer Unzulässigkeit des eigenen Handelns sind nicht berechtigt, sofern sich die Verteidigertätigkeit in den für die Einzelverteidigung üblichen Grenzen hält.

III. Aktivitäten des Verteidigers zu Beginn der Hauptverhandlung

Die Aktivitäten des Verteidigers zu Beginn der Hauptverhandlung sind gekennzeichnet durch die Notwendigkeit einer gewissenhaften formalen Vorbereitung (zB bezüglich der Besetzung des Gerichts in Form einer Prüfung des Geschäftsverteilungsplans etc) und zum anderen durch die Notwendigkeit der exakten zeitlichen Geltendmachung der möglichen Rügen.

24

1. Besetzungsrüge

Das Gesetz regelt die Rüge der fehlerhaften Besetzung in § 222 a II StPO.

25

Grundsätzlich muss die Besetzung des Gerichts beim LG und OLG im 1. Rechtszug spätestens zu Beginn der Hauptverhandlung mitgeteilt werden. Sie kann auch vorher auf Anordnung des Vorsitzenden mitgeteilt werden, § 222 a I StPO, was üblich ist.[67]

---

63 Richter II NJW 1993, 2152 ff
64 S Fn 63
65 S Fn 63
66 Müller, StV 2001, 649 (653)
67 Vgl BGH StV 1999, 526 ff

26   Erfolgt diese Mitteilung später als eine Woche vor der Hauptverhandlung, so **kann** das Gericht auf Antrag des Angeklagten, des Verteidigers oder der Staatsanwaltschaft die Hauptverhandlung unterbrechen. Die Verteidigung wird revisibel in einem wesentlichen Punkt unzulässig beschränkt, wenn die Besetzung des Gerichts erst zu Beginn der Hauptverhandlung mitgeteilt, ein darauf ffr Antrag auf Aussetzung der Hauptverhandlung abgelehnt wird und eine Besetzungsrüge offensichtlich begründet ist.

Die Besetzungsrüge muss bis zum Beginn der Vernehmung des **ersten** Angeklagten **zur Person** erhoben werden, § 222 a II StPO.

27   Die Rüge, das Gericht sei fehlerhaft besetzt, setzt idR die Kenntnis und Durchsicht des Geschäftsverteilungsplans und der Schöffenwahlliste voraus. Etwas anderes gilt nur dann, wenn gerügt wird, die Strafkammer hätte nicht gem § 76 Abs. 2 GVG mit lediglich zwei Besuchsrichtern sondern wegen des Umfanges oder der Schwierigkeit der Sache mit drei Berufsrichtern besetzt sein müssen. Diese Besetzungsrüge soll indes nur ausnahmsweise begründet sein. Nur dann, wenn die Strafkammer ihren insoweit bestehenden weiten Beurteilungsspielraum in unvertretbarer Weise überschritten und damit objektiv willkürlich die »Zweierbesetzung« beschlossen hat, kann auf eine begründete Besetzungsrüge auch die Revision gestützt werden.[68] Das soll nur in Extremfällen gelten, so zB bei Hunderten von angeklagten Straftaten und nicht geständigem Angeklagten.[69]

Staatsanwaltschaft und Verteidigung haben einen Rechtsanspruch auf Einsicht in ff Unterlagen: Geschäftsverteilungsplan (§ 21 e GVG), Geschäftsverteilung innerhalb der Spruchkörper (§ 21 g GVG) und die Schöffenliste mit Protokoll des Schöffenwahlausschusses.[70] Der Verteidiger muss sich jedoch nicht nur den aktuellen Geschäftsverteilungsplan, sondern auch alle Änderungen des Geschäftsverteilungsplans innerhalb der letzten 3 Monate vorlegen lassen, um ausschließen zu können, dass zB für ein absehbares Großverfahren der Geschäftsverteilungsplan geändert wurde oder ein Verfahren zu einer sonst unzuständigen, aber aus bestimmten Gründen erwünschten Kammer gelangt.

28   Zu beachten ist bei der Besetzungsrüge, dass die Konzentrationsmaxime Anwendung findet, § 222 a II StPO; daher sind alle Beanstandungen auf einmal zu erheben, ein Nachschieben von Einwänden ist ausgeschlossen.

Ist die Rüge nicht offensichtlich begründet, so kann bei der Gefahr der Prozessverzögerung (orientiert am Gedanken der Prozessökonomie) analog § 29 II StPO die Hauptverhandlung fortgeführt werden. Der Besetzungseinwand in der Hauptverhandlung muss genauso wie die Besetzungsrüge in der Revision nach § 344 II 2 StPO begründet werden, um nicht unzulässig zu sein. Hierbei sind insbesondere die Tatsachen konkret zu bezeichnen, aus denen sich die vorschriftswidrige Besetzung ergibt, also die Namen der Richter und die Gründe, die ihrer Mitwirkung entgegenstehen und warum zB eine Änderung des Geschäftsverteilungsplans gesetzwidrig war.[71]

Über die Besetzungsrüge entscheidet das Gericht unter Ausschluss der Schöffen. Entgegen der von Treier im Karlsruher Kommentar[72] geäußerten Auffassung ent-

---

68 Vgl BGH NStZ 1999, 367
69 Vgl BGH StV 2003, 657
70 S.a. BGHSt 33, 126, 130 = NJW 1985, 926; NJW 1978, 2265, 2269
71 BGH NJW 1994, 2703
72 KK-Treier § 222 b Rn 11

scheidet das OLG nicht nur mit drei Berufsrichtern, sondern in voller Besetzung. Die gegenteilige Auffassung erscheint schon deshalb nicht praktikabel, weil nicht geklärt ist, welcher Richter ausscheiden sollte.

Auch Richter, gegen die sich die Rüge richtet, sind entscheidungsbefugt.

Als Beispiel für eine solche Rüge verweisen wir auf folgenden Schriftsatz: **29**

In der Strafsache
gegen ...
Az.: ...

wird die Besetzung des Gerichts gerügt.

Das Gericht ist unvorschriftsmäßig besetzt, da die Schöffin A den erschienenen und laut Geschäftsverteilungsplan zuständigen Schöffen, Herrn B, ersetzt hat, ohne gesetzlich an der Mitwirkung an der Hauptverhandlung bestimmt worden zu sein.

Das Gericht ist laut Sitzungsrolle wie folgt bei der heutigen Hauptverhandlung besetzt: RiLG X als Vorsitzender, Herr C und Frau A als Schöffen.

Ursprünglich waren für die Sitzungen am 13. 01., 10. 02. und 10. 03. die Schöffen B, Postbediensteter, und C, Kaufmännischer Angestellter, durch den Einteilungsplan der Hauptschöffen für die 13. Strafkammer für das Geschäftsjahr 2004 eingeteilt. Laut Angaben des Vorsitzenden ist der Schöffe B zunächst zum ersten Termin des Sitzungstages um 9.15 Uhr nicht erschienen, wurde zu Hause angerufen und erschien mit Verspätung. In der Zwischenzeit war anstelle des zuständigen Hilfsschöffen Nr. 36 die Schöffin A (Hilfsschöffin Nr. 38) benachrichtigt worden und gegen 10.15 Uhr zur Sitzung erschienen.

Zu Beginn der jetzigen Hauptverhandlung um 11.45 Uhr, ist der Schöffe B anwesend. Gleichwohl wurde er direkt entlassen und die Hauptverhandlung begann unter Mitwirkung der Schöffin A. Der laut Einteilungsplan zuständige Schöffe B ist zumindest bei Beginn der Hauptverhandlung gegen meinen Mandanten nicht verhindert und hätte an der Hauptverhandlung anstelle der Hilfsschöffin teilnehmen müssen. Das Gericht ist damit nicht vorschriftsmäßig besetzt.

– Rechtsanwalt / Rechtsanwältin –

---

2. Zuständigkeitsrüge

Die Fragen der Zuständigkeit sind bezüglich der örtlichen in den §§ 7 ff StPO, **30** funktionell zB in den §§ 74 ff GVG und sachlich in den die Verteilung der Strafsachen nach Art und Schwere unter den erstinstanzlichen, unterschiedlich besetzten Gerichten verschiedener Ordnung regelnden Vorschriften des GVG geregelt.

Das Gericht hat von Amts wegen gem § 6 StPO nur seine sachliche Zuständigkeit zu prüfen.[73]

Nach der Neufassung des § 25 Nr. 2 GVG bezüglich der sachlichen Zuständigkeit des Schöffengerichts im Verhältnis zum Strafrichter kommt es nach wohl überwiegender Ansicht sowohl in der Literatur, als auch in der RS nicht mehr darauf an, ob die Sache von minderer Bedeutung ist.[74]

Hält der Verteidiger das Gericht für örtlich unzuständig, muss er dies spätestens bis zum Beginn der Vernehmung des (eines) Angeklagten zur Sache in der ersten Hauptverhandlung gem § 16 III StPO geltend machen. Hierbei handelt es sich um

---

73 S für die Revision BGHSt 40, 120; 42, 205; StV 1996, 298
74 ZB OLG Hamm StV 1995, 182; OLG Hamm StV 1996, 300; OLG Koblenz StV 1996, 588; OLG Köln StV 1996, 298; OLG Oldenburg NStZ 1994, 449

eine Ausschlussfrist, die auch nach Aussetzung oder Zurückverweisung nicht wieder auflebt.

31 Bei der Erhebung dieser Rüge hat der Verteidiger zunächst taktische Überlegungen anzustellen, da evtl der »unzuständige« Richter die bessere Wahl sein kann. Der Verteidiger kann, Erkundigungen bei ortsansässigen Kollegen über den vermeintlich unzuständigen Richter einholen. In Haftsachen ist zu beachten, dass durch die erfolgreiche Rügeerhebung eine Verfahrensverzögerung eintritt.

Denn hat das Gericht in dem Eröffnungsbeschluss irrtümlich seine örtliche Zuständigkeit angenommen, so liegt ein Verfahrenshindernis vor und das Verfahren ist nach § 260 III StPO in der Hauptverhandlung durch Urteil einzustellen; eine Abgabe oder Verweisung ist nicht zulässig.[75] Andererseits können mit Rügen zur Zuständigkeit für den Mandanten unangenehme Folgen, wie zB der Transport in eine weit entfernte JVA zur Hauptverhandlung, verhindert werden.

Bei der Rüge der funktionellen Zuständigkeit bezüglich einer Spezialkammer zB einer Wirtschaftsstrafkammer nach § 74 c GVG gilt dasselbe auch in Bezug auf die taktischen Überlegungen, jedoch wird die Sache dann an das zuständige Gericht verwiesen.

3. Befangenheitsantrag

a) Gegen Richter

32 Ein Richter kann gem § 24 II StPO abgelehnt werden, wenn zu besorgen ist, dass er befangen ist, dh es müssen Umstände vorliegen, die ein Misstrauen gegen seine Unparteilichkeit rechtfertigen. Die Kammer kann als solche nicht abgelehnt werden, allerdings alle der Kammer angehörenden Berufs- und Laienrichter gemeinsam.

Zur Ablehnung berechtigt sind die Staatsanwaltschaft, der Privatkläger und der Beschuldigte. Der Verteidiger darf diese Rüge nur namens seines Mandanten erheben.

Das Vorliegen des Ablehnungsgrundes ist aus der Sicht des Abl zu beurteilen. Aus seinem eigenen Verhalten kann der Abl keinen Ablehnungsgrund herleiten; so zB nicht, wenn er gegen den Richter eine Strafanzeige erstattet, eine Dienstaufsichtsbeschwerde erhoben oder ein Disziplinarverfahren beantragt hat. Gleiches gilt, wenn der Richter provozierendes oder sogar beleidigendes Verhalten des Angeklagten oder seines Verteidigers nicht einfach hinnimmt, sondern entsprechend darauf reagiert, wobei bei der Reaktion auf den Einzelfall abzustellen ist. Da der Strafprozess jedoch meist keine einseitige Agitation ist, sondern häufig aus Kommunikation und Reaktion besteht, ist gerade hier sorgsam zu prüfen, ob der Ablehnungsgrund tatsächlich nur auf das Verhalten des Abl zurückzuführen ist.

33 Bei der Formulierung des Antrags ist zu beachten, dass nur die **Besorgnis** der Befangenheit gerügt wird, nicht dass der Abgelehnte wirklich befangen sei. In manchen Fällen kann der Verteidiger sich ansonsten dem Vorwurf aussetzen, er unterstelle dem Richter versuchte Rechtsbeugung. Es kommt auch nur auf die reine Besorgnis aus Sicht des vernünftigen Angeklagten an, weshalb die häufig verfasste dienstliche Äußerung: »Ich fühle mich nicht befangen«, neben der Sache liegt.

34 Misstrauen in die Unparteilichkeit ist gerechtfertigt, wenn ein vernünftiger, nicht rein subjektiv orientierter Angeklagter, bei verständiger Würdigung des ihm be-

---

75 Kl/M-G § 16 Rn 4 f mwN

kannten Sachverhalts Grund zu der Annahme haben darf, der Abgelehnte habe ihm gegenüber eine innere Einstellung, die seine Unparteilichkeit und Unvoreingenommenheit störend beeinflussen kann.[76] Eine unberechtigte und damit willkürliche Ablehnung einer vom Verteidiger beantragten Terminsverlegung kann die Besorgnis der Befangenheit begründen.[77]

Persönliche Verhältnisse des Richters berechtigen nur zur Ablehnung, wenn ein besonderer enger Zusammenhang zur Strafsache besteht.

Dienstliche Beziehungen des Richters zu dem Beschuldigten oder seinen Angehörigen können eine Befangenheitsbesorgnis begründen, wenn es sich um besonders enge und auf die persönlichen Verhältnisse ausstrahlende Beziehungen handelt, insbesondere bei persönlichen Beziehungen zB bei Verlobung oder engen freundschaftlichen Beziehungen zum Verletzten oder zu Zeugen, auch bei der Mitgliedschaft in ders studentischen Korporation.[78]

Während der Hauptverhandlung kann sich diese Besorgnis dadurch ergeben, dass der Richter von der Schuld des Angeklagten bereits endgültig überzeugt ist, was sich aus Erklärungen vor der Hauptverhandlung dem Angeklagten, dem Verteidiger oder der Presse gegenüber ergeben kann, nicht jedoch die Äußerung einer Rechtsansicht.[79]

35

Ferner kann sich die Besorgnis der Befangenheit aus einer scharfen Negativwertung durch ungewöhnlich drastisch formulierte Vorwürfe gegen die Verteidigung ergeben, wenn der Verteidigung die sach– und rechtswidrige Ausübung des Fragerechts vorgeworfen wird, obwohl das Gericht dafür eine Mitverantwortung trägt, da der Vorsitzende in Ausübung der Verhandlungsleitung ungeeignete und nicht zur Sache gehörende Fragen hätte zurückweisen müssen.[80]

Erweckt das Gericht nach Vorberatung über die Strafobergrenze, die es im Falle eines Geständnisses nicht überschreiten wollte, den Eindruck, sich insoweit ohne Rücksicht auf den Umfang des Geständnisses und den weiteren Verlauf der Hauptverhandlung vorbehaltlos und endgültig festgelegt zu haben, so kann dies für einen Verfahrensbeteiligten die Besorgnis der Befangenheit begründen.[81]

Ebenfalls zur Ablehnung berechtigt, dass der Richter die Urteilsabsetzung während des Plädoyers des Verteidigers beginnt,[82] die fehlende Einsicht des Angeklagten strafschärfend berücksichtigt[83] oder dass ein Richter den Eindruck erweckt, eine schnelle Erledigung der Sache gehe einer sachgerechten Aufklärung vor.[84]

Des Weiteren, bei Unkenntnis der Akten, wenn erklärt wird, Beiakten seien zur Wahrheitsfindung nicht erforderlich,[85] dem Übergehen des mehrfach geäußerten Wunsches des Angeklagten, ihm einen Pflichtverteidiger beizuordnen,[86] die richter-

76 BVerfGE 32, 288, 290; BGHSt 1, 34, 39; 21, 334, 341; 24, 336, 338; StV 1986, 7; 1988, 12; 1988, 287, 288; 1988, 417
77 LG Mönchengladbach StV 1998, 533 f
78 BGH JuS 1969, 320
79 BGH MDR 1961, 432; BGHSt 4, 264; NJW 1976, 1462; 1982, 1712; StV 1991, 450; 1991, 61; NStZ 1988, 372, StV 1999, 575 f
80 BGH StV 2005, 72
81 BGH StV 2000, 1 ff; StraFo 2000, 84 f; BGHR-StPO Befangenheit 13, § 24 Abs 2
82 BayObLGSt 72, 217
83 BGH StraFo 2001, 384
84 BGH StraFo 2003, 235
85 LG Hanau, StV 2004, 71
86 AG Hameln, StV 2004, 127

liche Äußerung in einem mit dem Verteidiger geführten Telefonat, die Einlassung des Angeklagten sei schwachsinnig und der Sachverständige, dessen Ergebnis sich mit der Einlassung des Angeklagten deckt, solle sich »warm anziehen«[87] oder die grundlose Ablehnung eines Terminsverlegungsantrages.[88]

Nicht ausreichend sind dagegen zB Spannungen zwischen Verteidiger und Richter, die aus einem anderen Verfahren herrühren.[89] Für erst im Verfahren aufgetretene Spannungen, s BGH StV 2005, 72.

Die Ablehnung wegen eines vor Beginn der Hauptverhandlung liegenden Grundes kann nach § 25 I StPO bis zur Vernehmung des Angeklagten zur Person erfolgen. Auch hier gilt die Konzentrationsmaxime, so dass alle Rügen gleichzeitig vorzubringen sind. Nach dem Beginn der Vernehmung des Angeklagten zu den persönlichen Verhältnissen darf nur wegen Umständen, die hiernach eingetreten oder bekannt geworden sind **unverzüglich** abgelehnt werden. Rügen über vorherige Umstände sind insoweit präkludiert.

36 Unverzüglich bedeutet sobald wie möglich, ohne eine nicht durch die Sachlage begründete Verzögerung, wobei immer eine Überlegungsfrist und Besprechungszeit mit dem Verteidiger zu gewähren ist.[90] Entsteht jedoch ein Ablehnungsgrund während einer Beweiserhebung, braucht er vor deren Beendigung nicht geltend gemacht zu werden.[91]

Das Ablehnungsgesuch ist zu Protokoll der Geschäftsstelle oder bei Gericht anzubringen und glaubhaft zu machen, wobei der Eid hierzu nicht genutzt werden kann, § 26 II 2 StPO. Auf die Glaubhaftmachung kann nur bei Aktenkundigkeit oder Gerichtsbekanntheit des Ablehnungsgrunds verzichtet werden.

37 Die Glaubhaftmachung erfolgt nur durch schriftliche Erklärungen, wie eidesstattliche Versicherung von Zeugen, (nicht des Ablehnenden) und anwaltlich durch den Verteidiger oder durch dienstliche Äußerungen der Richter, auch des abgelehnten Richters.

Das Gericht hat das Ablehnungsgesuch unter den Voraussetzungen des § 26 a StPO als unzulässig zu verwerfen. Diese Verwerfung steht nicht im Ermessen des Gerichts, sondern ist bei Vorliegen der ges Gründe zwingend vorgeschrieben. Eine völlig ungeeignete Begründung steht hierbei einer fehlenden Begründung rechtlich gleich,[92] nicht ausreichend ist jedoch die offensichtliche Unbegründetheit.

Wird nicht nach § 26 a StPO entschieden, (auch wenn die Voraussetzungen vorlagen) so ist nach § 27 StPO über das Gesuch von dem Gericht ohne Mitwirkung des Abgelehnten zu entscheiden. Daher ist die Hauptverhandlung, wenn auch nicht sofort, zu unterbrechen (vgl § 29 II 1 StPO). Bei der Strafkammer wird eine Entscheidung ohne Schöffen gefällt (§ 27 II StPO), wobei der abgelehnte Richter durch einen anderen Richter der Kammer oder durch den geschäftsplanmäßigen oder bestellten Vertreter ersetzt wird. Bei dem AG entscheidet immer ein anderer Richter des AG; beim einstelligen AG der nach § 22 b I GVG bestellte Vertreter.

---

87 LG Mainz, StV 2004, 531
88 OLG Naumburg, StraFo 2005, 24
89 OLG Hamm, StraFo 2004, 415
90 BGH NStZ 1984, 371; StV 1991, 49; 1988, 287, 288; NStZ 1992, 211, 598
91 M-G, § 25 Rn 8
92 BGH Beschl. 1. 2. 2005 – 4 StR 486/04

Nur gegen den negativ gefassten Beschluss ist die sofortige Beschwerde zulässig, **38** die bei der Ablehnung eines erkennenden Richters mit dem Urteil gemeinsam angegriffen werden muss (§ 28 II 2 StPO), wobei erkennende Richter alle jene Richter sind, die zur Mitwirkung in der Hauptverhandlung berufen sind.[93] Sinnvoller und praxisgerechter ist jedoch die Verfahrensrüge innerhalb der Revision.[94]

Der Verteidiger hat immer zu bedenken, dass zwar ein erfolgreich gestellter Befan- **39** genheitsantrag den Ausgang des Verfahrens entscheidend beeinflussen kann, jedoch der Ablehnungsantrag die Stimmung in der Hauptverhandlung erheblich nachteilig verändern kann. Hinzu kommt, dass der Mandant auf das Kostenrisiko hinzuweisen ist, wenn nach einem erfolgreichen Antrag ausgesetzt und neu begonnen wird. Wie auch in anderen Fällen sollte der Verteidiger zunächst vorsichtig mit dem Instrument des Befangenheitsantrags umgehen, dies jedoch in erforderlichen Fällen konsequent zum Einsatz bringen. Ein taktischer Mittelweg, der in manchen Fällen bereits zum Erfolg führt, ist, um eine Unterbrechung der Verhandlung zu bitten, um mit dem Mandanten das Stellen eines unaufschiebbaren Antrags zu besprechen. Selbst wenn dann der vom Gericht erwartete Befangenheitsantrag nicht gestellt wird, kann dies zu größerer Vorsicht des Gerichts und zu einer Klärung der Situation führen.

Als Beispiel verweisen wir auf folgenden Schriftsatz: **40**

In der Strafsache
./. S
22 KLs 77/98

lehnt Herr A den Vorsitzenden Richter am Landgericht, Herrn … wegen Besorgnis der Befangenheit ab.

Gründe:

Zu Beginn der Vernehmung des Zeugen A hat der Vorsitzende diesem Zeugen erklärt: »Herr A, wir haben hier schon ziemlich viele Zeugen gehört, die die Anklage bestätigt haben.«

Glaubhaftmachung: Dienstliche Äußerung des abgelehnten Richters.

Begründung:

Die zitierte Äußerung des Vorsitzenden muss bei jedem Angeklagten in der Situation meines Mandanten Misstrauen in die Unparteilichkeit des Richters erwecken. Herr S bestreitet die in der Anklage erhobenen Vorwürfe. Wenn der Richter diese Vorwürfe als bereits durch Zeugenaussagen bestätigt erklärt, so äußert er damit, dass er von der Schuld des Angeklagten überzeugt ist.

Diese Äußerung ist nämlich keine reine Wiedergabe dessen, was Zeugen tatsächlich gesagt haben. Vielmehr ist nach dem Gesetz die Bestätigung der Anklage als abschließende Meinungsbildung des Gerichts über die Schuld des Angeklagten definiert:

Gem § 264 I StPO ist Gegenstand der Urteilsfindung die in der Anklage bezeichnete Tat. Diese wird bestätigt, wenn in der Hauptverhandlung die behaupteten Tatsachen erwiesen werden. Sie bilden dann die Grundlage des bestrafenden Urteils, § 267 StPO. Die Äußerung des Vorsitzenden enthält damit eine juristische Wertung über das Erwiesensein der angeklagten Vorwürfe vor Schluss der Beweisaufnahme.

Rechtsanwalt

---

93 BGH NJW 1966, 169; 1975, 458
94 M-G § 28 Rn 8 ff

b) Gegen Schöffen

41 Für die Ablehnung von Schöffen gelten die Vorschriften §§ 22, 23 StPO über den Ausschluss kraft Gesetzes entsprechend. Eine Unfähigkeit zum Schöffenamt folgt bereits aus § 32 GVG.

Es gelten zunächst die gleichen Vorgaben wie bei der Richterablehnung, ausgenommen § 27 I StPO; dieser wird ersetzt durch § 31 II StPO, und § 29 I StPO.

Auch die Befangenheitsgründe, insbesondere die Vermutung der Unparteilichkeit, gelten für die Schöffen wie für die Berufrichter. So rechtfertigt eine Ablehnung nicht, dass Schöffen Kenntnis von Presseveröffentlichungen erhalten, gelegentlich die Anklageschrift lesen, zu beachten ist jedoch, dass gem Nr. 126 III RiStBV die Anklageschrift grundsätzlich nicht zugänglich gemacht werden darf. Dem Schöffen sind jedoch kurze Meinungsäußerungen ohne abschließende Stellungnahme gestattet, ohne dass daraus auf Befangenheit zu schließen wäre.

Eine Ablehnung kommt in Betracht, wenn Schöffen Bedienstete der geschädigten Behörde sind, unsachliche Bemerkungen während der Hauptverhandlung tätigen[95] oder während der Hauptverhandlung ständig einschlafen[96]

c) Gegen Sachverständige

42 Sachverständige können gem § 74 StPO aus denselben Gründen wie ein Richter abgelehnt werden.

Die Ausschließungsgründe des § 22 Nr. 1–4 StPO sind hier nur Ablehnungsgründe, jedoch zwingende.

Sonstige Ablehnungsgründe liegen vor, wenn vom Ablehnenden vernünftige, von einem Dritten nachvollziehbare Umstände dargetan werden, die verständigerweise ein Misstrauen gegen die Unparteilichkeit des Sachverständigen zu rechtfertigen scheinen. Dies kann ua gegeben sein, wenn der Sachverständige schon ein Privatgutachten für den Verletzten, den Nebenkläger oder eine am Verfahrensausgang interessierte Versicherung erstattet hat,[97] wenn er bei dem Beschuldigten unberechtigte körperliche Eingriffe vorgenommen hat,[98] wenn er das Tatopfer ärztlich behandelt,[99] wenn er durch mündliche oder schriftliche Äußerungen den Eindruck der Befangenheit vermittelt,[100] wenn er unprofessionell und einseitig vorgegangen ist[101] oder wenn persönliche Beziehungen freundschaftlicher Art zu Verfahrensbeteiligten hervortreten, insbesondere wenn sie zum »Du« geführt haben.[102]

Von besonderer praktischer Bedeutung ist der sich aus § 22 Nr. 4 StPO ergebende Ablehnungsgrund der vorherigen Tätigkeit als Polizeibeamter in dem Verfahren gegen den Angeklagten, wobei eine Teilnahme an den Ermittlungen gem §§ 161 I, 163 StPO, § 152 GVG in der Form von Inaugenscheinnahmen von Orten und Gegenständen, körperlichen Untersuchungen oder Identifizierungsmaßnahmen erforder-

---

95 BGH MDR 1954, 151; NStZ 1991, 144
96 LG Bremen, StV 2002, 357
97 BGHSt 20, 245; VRS 26, 365
98 BGHSt 8, 144; StV 1990, 389
99 BGH MDR 1972, 925
100 BGH MDR 1975, 368; 1977, 983; StV 1981, 55
101 BGH NJW 1991, 2357
102 Bayerlein, Praxishandbuch Sachverständigenrecht § 20 Rn 2

lich ist.[103] Daher sind Kriminalbeamte, Beamte des Bundeskriminalamtes und sonstige Hilfsbeamte der Staatsanwaltschaft ohne weiteres als befangen anzusehen, wenn sie an der Strafverfolgung des Angeklagten beteiligt waren oder anderweitig gegen ihn vorgegangen sind.[104]

Sachverständige, die unabhängig in ihren wissenschaftlichen Instituten und lediglich unter dem Dach des BKA oder LKA arbeiten, sind nicht allein wegen ihrer Zugehörigkeit zu den Kriminalämtern befangen. Anders verhält es sich jedoch, wenn diese Personen an den konkreten Ermittlungen bereits beteiligt waren, zB konkrete Aufträge an die Ermittlungsbeamten hinsichtlich der Suche in Frage kommender Tatwerkzeuge etc gegeben haben.

Der Ablehnende kann aus seinem eigenen Verhalten während der Hauptverhand- **43**
lung oder des Verfahrens auch hier keinen Ablehnungsgrund herleiten, da er es ansonsten selbst in der Hand hätte, den Sachverständigen auszuschalten.

Der Ablehnungsantrag, der in der Hauptverhandlung gestellt oder dort wiederholt werden muss, wenn er schon zuvor gestellt wurde, bedarf keiner besonderen Form. Er ist zeitlich erst ab Anhängigkeit und Benennung des Sachverständigen möglich. Im Antrag sind die Tatsachen anzugeben, auf welche die Ablehnung gestützt wird, und diese glaubhaft zu machen. Im Gegensatz zur Ablehnung eines Richters kann ders Antrag mit gleicher Begründung wiederholt werden, jedoch nur wenn er zunächst vor der Hauptverhandlung gestellt wurde, ansonsten ist er rechtsmissbräuchlich und unzulässig.

Die Einschränkungen des § 25 II StPO gelten nicht, dh der Antrag muss nicht un- **44**
verzüglich gestellt werden, sondern kann bis zum Schluss der Hauptverhandlung erfolgen.[105]

Die Entscheidung über den Antrag ergeht durch Beschluss, den das mit der Sache **45**
befasste Gericht, nach Eröffnung des Hauptverfahrens das erkennende Gericht unter Mitwirkung der Schöffen erlässt, nicht der erkennende Richter allein. Eine stillschweigende Entscheidung durch Vernehmung des abgelehnten oder eines anderen Sachverständigen ist nicht zulässig. Der Beschluss muss nach § 34 StPO mit solch ausreichenden Gründen versehen sein, dass die Prozessbeteiligten ihr weiteres Verhalten darauf einrichten können und das Revisionsgericht überprüfen kann, dass die angewandten Rechtsbegriffe rechtlich einwandfrei behandelt wurden.[106]

Der erfolgreich abgelehnte Sachverständige darf nicht weiter vernommen werden, **46**
sein Gutachten nicht verwertet werden und auch nicht von einem anderen vorgetragen werden. Die begründete Ablehnung macht ihn zu einem völlig ungeeigneten Beweismittel iSd § 245 II StPO.[107] Jedoch kann der abgelehnte Sachverständige als Zeuge über seine sonstigen Wahrnehmungen befragt werden, hier ist jedoch von Seiten des Verteidigers darauf zu achten, dass der Sachverständige nicht versteckt ein Gutachten erstattet, da er während seiner Vernehmung keinerlei sachkundige Folgerungen ziehen darf.

Da sich die Verweisung in § 74 I 1 StPO nur auf die Ablehnungsgründe bezieht, ist der Beschluss nicht nach § 28 StPO, sondern nach § 304 I StPO anfechtbar, wobei jedoch der abgelehnte Sachverständige nicht antragsberechtigt ist.

103 BGH NJW 1958, 1308; BGHSt 18, 214, 216; umfassend hierzu StV 1996, 570, 572
104 BGHSt 18, 214, 216; M-G § 74 Rn 3 mwN
105 Vgl KK-Senge § 74 Rn 7
106 BGH NJW 1966, 1880; MDR 1978, 459
107 BGH StV 1999, 576 f

47 Aus taktischen Erwägungen kann es sinnvoll sein, einen Antrag auf Entbindung des Sachverständigen zu stellen, was sich immer anbietet, wenn der Sachverständige überlastet ist und das Gutachten nicht in angemessener Zeit erstellen kann oder er die Erstellung verweigert. Der Antrag auf Entbindung sollte aber auch in Erwägung gezogen werden, um nicht direkt den Ablehnungsantrag zu stellen und dadurch den Sachverständigen bei Erfolglosigkeit des Antrags nur zu »verärgern«. Auch kann in einem Ablehnungsantrag ein Versuch gesehen werden, den Prozess zu verschleppen oder querulatorisch vorzugehen; zu Bedenken ist zudem, dass es im Falle eines erfolglosen Ablehnungsantrages zu einer Aufwertung des Sachverständigengutachtens bzgl seiner inhaltlichen Richtigkeit kommen kann.

Gegen eine Entscheidung über die Entbindung steht den Beteiligten nach § 305 S 1 StPO kein Rechtsmittel zu. Es handelt sich um eine Maßnahme des erkennenden Gerichts in der Hauptverhandlung. Daher gibt es nur die Möglichkeit der Rüge in der Revision mit dem Vortrag, dem Sachverständigen habe kein Weigerungsrecht nach § 76 I 1 StPO zuerkannt werden dürfen oder die Nichtentbindung sei zu Unrecht erfolgt.

48 Der folgende Schriftsatz enthält ein Muster einer solcher Rüge:

In der Strafsache
gegen
Az. ...

lehne ich namens und in Vollmacht des Angeklagten

die Sachverständige Dipl.-Psychologin X, die mit der Erstattung eines Glaubwürdigkeitsgutachtens über die 7-jährige Nebenklägerin beauftragt wurde, wegen Besorgnis der Befangenheit ab.

Begründung

Frau X, die als psychologische Sachverständige an der Hauptverhandlung am 25., 27. 11. und 01. 12. 2004 mitwirken soll, ist bereits bei der ersten polizeilichen Vernehmung und der daran anschließenden richterlichen Vernehmung am 25. 10. 2003 anwesend gewesen.

Nachfragen der Verteidigung bezüglich der Anwesenheit der Sachverständigen X bei diesen Vernehmungen haben ergeben, dass die Sachverständige die Zeugin bereits vor den Vernehmungen therapeutisch betreut hat und an den Vernehmungen als deren Beistand teilnahm.

Frau X ist von der vernehmenden Polizeibeamtin dem zuständigen Staatsanwalt als Sachverständige für die Glaubwürdigkeitsbegutachtung vorgeschlagen und von diesem auch als Sachverständige beauftragt worden.

Sie hat die einzige unmittelbare Zeugin am 20. 11. exploriert und im Dezember ihr schriftliches Gutachten vorgelegt. Darin erwähnt sie nicht, dass sie die Zeugin bereits vor der Exploration therapeutisch betreut hat.

Da die therapeutische Arbeit ein Vertrauensverhältnis zwischen Therapeut und Patient voraussetzt, ist Frau X zur unabhängigen Gutachtenerstattung nicht mehr in der Lage. Welche Kenntnisse der Sachverständigen aus der Therapie, welche aus der Exploration stammen, kann nicht unterschieden werden.

Zur Glaubhaftmachung wird auf die in den Gerichtsakten befindlichen polizeilichen sowie richterlichen Vernehmungsprotokolle vom 25. 10. 2003 sowie auf das vorläufige Gutachten vom 18. 03. 2004 und die Schriftsätze der Verteidigung vom 09. 06., 10. 06. und 06. 10. 2004 Bezug genommen.

Rechtsanwalt

d) Gegen Dolmetscher

Auf die Ablehnung von Dolmetschern finden gem § 191 StPO die Vorschriften über **49** die Ablehnung (nicht die gesetzlich gar nicht vorgesehene Ausschließung) von Sachverständigen entsprechende Anwendung.[108]

Eine Tätigkeit des Dolmetschers im Vorverfahren, bei der Polizei oder der Staatsanwaltschaft begründet nicht grundsätzlich seine Befangenheit. Diese Besorgnis kann sich jedoch daraus ergeben, dass der Dolmetscher seine Übersetzung mit Wertungen oder wertenden Formulierungen versieht und nicht unparteiisch und wortgetreu übersetzt.[109] Auch eine Tätigkeit für den Nebenkläger vermag Zweifel an der gebotenen Neutralität des Dolmetschers zu begründen.[110]

Anlass für einen Antrag der Verteidigung müssen insbesondere Wortgefechte zwischen Dolmetscher und Beschuldigten bieten, wenn ersichtlich Inhalte diskutiert werden und nicht wörtlich übersetzt wird.

Im Gegensatz zum Sachverständigen ist die Vernehmung eines erfolgreich abgelehnten Dolmetschers als Zeuge über die von ihm übersetzten Aussagen unzulässig.[111]

e) Gegen Staatsanwälte

Nach herrschender Meinung sind die §§ 22 ff StPO für Staatsanwälte nicht entspre- **49 a** chend anwendbar.[112] Die Mitwirkung eines Staatsanwalts, dessen Befangenheit zu besorgen ist, verstößt jedoch uU gegen den Grundsatz des fairen Verfahrens und kann sogar nach der hier vertretenen Auffassung der Autorin in besonderen Fällen ein Verfahrenshindernis darstellen.

Für die Besorgnis der Befangenheit von Staatsanwälten sind nach einer alten Entscheidung des BVerfGs[113] nicht die gleichen Maßstäbe anzuwenden wie bei der von Richtern. Auch wenn man dem Staatsanwalt als Anklagevertreter ein größeres Maß an Parteilichkeit als einem Richter zubilligen muss, ist jedoch aufgrund der Objektivitätspflicht aus § 160 II StPO zu fordern, dass der Staatsanwalt – wie der Richter – zu jeder Zeit des Verfahrens in Bezug auf dessen Ausgang offen sein muss. Nach heutigem Verständnis des Rechtsstaatsprinzips und seiner Ausgestaltung im Strafrecht können sich Unterschiede bezüglich der Befangenheit mE nur aus den unterschiedlichen prozessualen Aufgaben ergeben (so kann zB der Staatsanwalt keine prozessleitenden Verfügungen treffen oder ist nicht für die Terminierung verantwortlich). Die Beschränkung auf die Parteilichkeit des Staatsanwalts im vorbeschriebenen Sinne ergibt sich nicht zuletzt aus seiner Bindung an Recht und Gesetz und damit auch an die Wahrung der Rechte des Angeklagten im Prozess.

Befangenheitsgründe für einen Staatsanwalt können deshalb die Beantragung eines **49 b** Haftbefehls bei schweigendem Angeklagten sein, wenn die Haft der Durchbrechung des Schweigerechts dient. Nach der hier vertretenen Auffassung ist jeder wiederholte, systematische oder gewollte Verstoß gegen Verfahrensvorschriften prinzipiell ein Befangenheitsgrund, weil sich der Staatsanwalt damit dem Gebot der Objektivität und seiner Gesetzesbindung widersetzt.

---

108 BGHSt 4, 154
109 BGH StV 1990, 258; 1994, 180; 1995, 239
110 So für den Sachverständigen OLG Hamm VRS 26, 365
111 BGH StV 1992, 460; BayObLG NJW 1998, 1505; NStZ 1998, 270
112 Vgl zum Meinungsstand M-G Vor § 22 Rn 3
113 BVerfG JR 1979, 28

49 c Den Verfahrensbeteiligten steht kein Recht auf Ablehnung eines befangenen Staatsanwalts zu.[114] Die Ablösung des befangenen Staatsanwalts ist allein Aufgabe des Dienstvorgesetzten, wobei das Gericht und die anderen Verfahrensbeteiligten einschließlich des Staatsanwalts selbst auf dessen Ablösung durch entsprechende Bitten und Anträge hinwirken können.[115]

4. Anträge auf Aussetzung und Unterbrechung

50 Die Unterscheidung zwischen Aussetzung und Unterbrechung hängt von der Länge der Zeitspanne ab, in der nicht verhandelt wird.[116]

Aussetzung bezeichnet das Abbrechen der Hauptverhandlung über einen Zeitraum, der länger dauert, als sie nach § 229 I, II StPO unterbrochen werden kann; also 3 Wochen bzw 1 Monat bei einer mindestens 10-tägigen Hauptverhandlung. Noch länger darf die Unterbrechung dauern, wenn ein Fall der Hemmung des Fristenlaufes des Abs. 3 vorliegt.

Über eine Unterbrechung bis 3 Wochen entscheidet der Vorsitzende nach billigem Ermessen (§ 228 I 2 StPO), über eine längere Unterbrechung gem § 229 II StPO oder eine Aussetzung entscheidet das Gericht (§ 228 I 1 StPO).

Ein Fortsetzungstermin wird im Allgemeinen schon in der Hauptverhandlung verkündet, ansonsten muss der Angeklagte neu geladen werden (§ 216 StPO).

51 Aufgrund des Beschleunigungsgebots muss die Aussetzung der Hauptverhandlung die Ausnahme sein, notwendige Pausen sind durch Unterbrechung herbeizuführen, dies gilt insbesondere in Haftsachen.

Die Aussetzung ist im Gesetz in ffn nicht abschließenden Fällen vorgesehen:

- § 145 II, III StPO, Erfolgt die Bestellung des Pflichtverteidigers erst im Laufe der Hauptverhandlung (II), so kann das Gericht das Verfahren aussetzen; macht der neu bestellte Pflichtverteidiger geltend, ihm verbleibe keine ausreichende Vorbereitungszeit, dann muss zumindest unterbrochen, in umfangreichen Verfahren ausgesetzt werden,[117]
- § 217 II StPO, Ladungsfrist von einer Woche wurde unterschritten,
- § 246 II StPO, Namhaftmachung von Zeugen oder Sachverständigen erfolgte zu spät,
- § 265 III, IV StPO, nicht ausreichende Verteidigungsvorbereitungszeit bei Veränderung der Rechts- und Sachlage.

Hinzu kommen die Fälle, bei denen vorübergehende Verfahrenshindernisse gegeben sind, zB bei einer notwendigen Vorlage an das BVerfG (nicht bei Entscheidung in einem nur gleichartigen Verfahren) oder bei Beweiserhebungen, die während der Unterbrechungsfrist nicht erhoben werden können oder auch weil die Erfordernisse eines fairen Verfahrens die Aussetzung als nötig erscheinen lassen. Hierzu gehört auch, dass der Angeklagte aus nicht ihm anzulastenden Gründen am Erscheinen in der Hauptverhandlung gehindert ist, da ein Anwesenheitsrecht des Angeklagten besteht, unabhängig von dem Bestehen einer Pflicht zum Erscheinen.[118] Gleichfalls

---

114 AA Roxin § 10 A III 5
115 M-G Vor § 22 Rn 4
116 BGH NJW 1982, 248
117 Vgl auch BGH StV 1998, 415, StV 2000, 183 f
118 OLG Hamm NJW 1972, 1063, 1064

kann die Aufklärungspflicht eine Aussetzung und Abtrennung rechtfertigen, wenn bei mehreren angeklagten Taten Hindernisse bezüglich einer Tat bestehen.

Der Aussetzungsantrag kann vor oder in der Hauptverhandlung gestellt werden, **52** wobei das Gericht über einen zuvor gestellten Antrag entscheiden muss oder zumindest klären muss, ob er aufrecht erhalten wird. Die Entscheidung über einen Aussetzungsantrag mit Ausnahme eines nur hilfsweise gestellten Antrags muss vor der Urteilsverkündung erfolgen.

Bezüglich der Verhinderung des Verteidigers gilt in den Fällen der nicht notwendi- **53** gen Verteidigung § 229 II StPO, ansonsten gilt § 145 StPO mit der Möglichkeit der Beiordnung eines anderen Verteidigers. So kann die Fürsorgepflicht des Gerichts eine Aussetzung oder Unterbrechung gebieten, wenn dies aufgrund neu aufgetretener Tatsachen bei besonderer Schwierigkeit der Sach- und Rechtslage erforderlich erscheint (§ 265 IV). Das gleiche gilt, wenn sich zB aufgrund der Dauer der Hauptverhandlung der Ablauf des Verfahrens so ändert, dass der Verteidiger an einer Hauptverhandlung nicht teilnehmen kann und dies für den Angeklagten nicht vorhersehbar war. Ansonsten geht es zu Lasten des Angeklagten, wenn er sich einen Verteidiger wählt, der an der Hauptverhandlung nicht teilnehmen kann, wobei das Gericht jedoch grundsätzlich gehalten ist, sich um einen mit dem Verteidiger abgestimmten Termin zu bemühen.[119]

Die Ablehnung oder die Anordnung der Unterbrechung betrifft normalerweise den **54** äußeren Gang der Hauptverhandlung, nur wenn in den sachlichen Gang des Verfahrens eingegriffen wird, ist die Anrufung des Gerichts nach § 238 II StPO statthaft, die Beschwerde ist nach § 305 S 1 StPO ausgeschlossen.[120] Ebenso ist der Beschluss, durch den die Aussetzung abgelehnt wird, nach § 305 S 1 StPO nicht mit der Beschwerde anfechtbar.

Hat daher nicht das Gericht, sondern der Vorsitzende allein bestimmte Anordnungen oder Entscheidungen getroffen, so muss der Verteidiger diese Maßnahme nach § 238 II StPO beanstanden, ausreichend begründen und damit einen Gerichtsbeschluss herbeiführen.

Auch hierzu sei folgendes Beispiel eines Schriftsatzes vorgestellt: **55**

In der Strafsache
gegen ...
Az. ...

wird beantragt,

die Hauptverhandlung auszusetzen.

Begründung

Der Vorsitzende hat in der Hauptverhandlung vom 12.04.2005 die vorläufige rechtliche Würdigung der Kammer vorgetragen und mitgeteilt, dass beabsichtigt sei, die Ermittlungsakte der StA ... zum Aktenzeichen ... bei zu ziehen. Es soll damit das Nachtatverhalten des Angeklagten überprüft werden.

Dabei hat der Vorsitzende deutlich gemacht, dass das Gericht das Ergebnis des beizuziehenden Ermittlungsverfahrens, wenn es einen Tatverdacht ergeben sollte (»wenn etwas an den Vorwürfen dran ist«), bei der Strafzumessung strafschärfend berücksichtigen werde. Ob bei einem zutreffen-

---

119 BGH NJW 1992, 849; BGH StV 1998, 414
120 BGH StV 1987, 332; StV 1991, 551

den weiteren Betrugsvorwurf noch eine bewährungsfähige Strafe werde verhängt werden können oder ob die Kammer noch eine günstige Sozialprognose stellen könne, auch wenn die Strafe bewährungsfähig sei, sei dann sehr zweifelhaft.

Die Kammer hat inzwischen der Verteidigerin mitgeteilt, dass nicht nur das angekündigte Verfahren Az. ... sondern ein weiteres Verfahren Az. ... bei gezogen werden wird.

Im Hinblick auf die von der Kammer bereits benannten möglichen gravierenden Auswirkungen dieser Verfahren auf den Ausgang des hiesigen, insbesondere auf die Strafzumessung, muss dem Angeklagten eine ordnungsgemäße Verteidigung ermöglicht werden.

Beide Verfahren sind nach den Ankündigungen des Kammervorsitzenden geeignet, die Möglichkeit einer Verurteilung zu einer Bewährungsstrafe auszuschließen. Damit ist eine wesentliche Änderung der Verfahrenslage gegeben, auf die sich der Angeklagte einstellen muss.

... (weitere Ausführungen zum Aufwand weiterer Vorbereitung der Verteidigung)

Insofern ist eine Unterbrechung – auch eine mehrfache – der Hauptverhandlung allein nicht ausreichend. Im Hinblick auf die Bedeutung dieser veränderten Verfahrenslage für den Angeklagten, die Schwierigkeit der Rechtslage und im Hinblick darauf, dass das Bestehen dieser anderen Verfahren seit Übersendung der Akten der StA mit Anklageerhebung aktenkundig ist und die Einbeziehung durch das Gericht veranlasst wurde, ist eine Aussetzung notwendig.

Rechtsanwältin / Rechtsanwalt

IV. Öffentlichkeit der Hauptverhandlung

56 Nach § 169 GVG ist die Verhandlung vor dem erkennenden Gericht, mit Ausnahme des Verfahrens gegen Jugendliche (§ 48 I JGG), grundsätzlich öffentlich. Die RS soll in die Rechtsgemeinschaft hineinwirken und das Recht lebendig halten. Der Öffentlichkeitsgrundsatz ist eine grundlegende Einrichtung des Rechtsstaates und eine Prozessmaxime für die Hauptverhandlung.[121] Kungeleien hinter verschlossenen Türen werden damit ausgeschlossen. Jedermann – ohne Rücksicht auf seine Gesinnung oder seine Zugehörigkeit zu einer bestimmten Bevölkerungsgruppe – hat im Rahmen der tatsächlichen Gegebenheiten Anspruch auf Zutritt. Zur Wahrung der Öffentlichkeit ist es erforderlich, dass im Sitzungssaal Zuhörer in einer Anzahl, in der sie noch als Repräsentanten einer keiner besonderen Auswahl unterliegenden Öffentlichkeit angesehen werden können, Platz finden.[122] Eine Verhandlung im Richterzimmer ohne oder mit nur wenigen Besucherstühlen verstößt deshalb gegen den Öffentlichkeitsgrundsatz.[123]

57 Zum Schutze der Persönlichkeitssphäre des Angeklagten oder anderer Personen wird der Grundsatz der Öffentlichkeit eingeschränkt, §§ 171 a, 171 b, 172 GVG. Die Öffentlichkeit kann von der Hauptverhandlung oder für einen Teil davon nach diesen Vorschriften ausgeschlossen werden, wenn die dort genannten Privatsphären oder öffentlichen Interessen tangiert werden können. Die Entscheidung über den Ausschluss der Öffentlichkeit nach §§ 171 a und 171 b GVG steht im Ermessen des Gerichts und kann mit der Revision nicht angegriffen werden. Der Angeklagte und sein Verteidiger können sich also nicht gegen den Ausschluss selbst wehren. Allerdings kann je nach Verteidigungsstrategie ein Ausschluss der Öffentlichkeit bewirkt werden. Bei einem eines Sittendeliktes beschuldigten und geständnisbereiten Ange-

---

121 BGHSt 22, 297, 301
122 BGHSt 5, 75
123 OLG Köln NStZ 1984, 282; zu den weiteren Anforderungen vgl Kl/M-G § 169 GVG Rn 4 ff

klagten wird der Verteidiger dem Antrag auf Ausschluss der Öffentlichkeit dadurch zum Erfolg verhelfen, dass er erklärt, der Angeklagte sei nicht in der Lage, über die Taten und sein Vorleben zu sprechen, solange Zuhörer im Saal weilen.

Die Entscheidung über den Ausschluss der Öffentlichkeit nach § 172 GVG kann mit der Revision dann nicht gerügt werden, wenn sie aufgrund des zu erwartenden Inhalts des betreffenden Verhandlungsabschnitts gerechtfertigt war. Dass sich diese Erwartung nicht bestätigt hat, macht den Ausschluss nicht unrechtmäßig.[124]   **58**

Der Verteidiger kann wie jeder Verfahrensbeteiligte beantragen, dass über die Frage der Ausschließung der Öffentlichkeit in nichtöffentlicher Verhandlung entschieden wird, § 174 I 1 GVG. Diesem Antrag muss entsprochen werden. Der Beschluss über den Ausschluss muss mit Begründung dann wieder öffentlich verkündet werden.[125] Das gilt auch dann, wenn die Öffentlichkeit nach vorübergehendem Ausschluss weiterhin ausgeschlossen bleibt.[126]   **59**

Die Förmlichkeiten des Zwischenverfahrens gem § 174 GVG, also die Verhandlung über die Frage der Ausschließung der Öffentlichkeit, unterliegen in vollem Umfang der Revision.[127] Deren Nichtbeachtung belegt den absoluten Revisionsgrund des § 338 Nr. 6 StPO: Die nichtöffentliche Verkündung des Ausschließungsbeschlusses, das Fehlen des erforderlichen Gerichtsbeschlusses.[128] Die bisherige Rechtsprechung, dass auch die fehlende Begründung des Gerichtsbeschlusses die Rüge nach § 338 Nr. 6 StPO begründet,[129] hat der BGH mit Urteil vom 9. 6. 1999 zumindest für den Fall aufgegeben, dass durch die vorherige öffentliche Erörterung der Ausschließungsgründe für jeden Zuschauer erkennbar wurde, worauf der spätere Ausschluss beruht.[130]   **60**

V. Anwesenheitspflicht des Angeklagten

Die §§ 230, 231 StPO postulieren die Anwesenheitspflicht des Angeklagten für die gesamte Dauer der Hauptverhandlung. Diese Pflicht ist die Kehrseite des wichtigen Rechts, dem Angeklagten in optimaler Weise rechtliches Gehör zu gewähren. Versäumnisurteile im Strafprozess gibt es grundsätzlich nicht. Ausnahmen: Nichterscheinen des Angeklagten zur Hauptverhandlung nach Einspruch gegen den Strafbefehl und zur Berufungshauptverhandlung trotz ordnungsgemäßer Ladung, §§ 329, 412 StPO. Konsequenz: Verwerfung des Einspruchs bzw der Berufung des Angeklagten und/oder evtl die Verurteilung aufgrund der Berufung der Staatsanwaltschaft.   **61**

1. Bagatellsachen

In Bagatellsachen kann gegen den Angeklagten verhandelt werden, der trotz ordnungsgemäßer Ladung nicht erschienen ist, § 232 I StPO. Hier darf Freiheitsstrafe nicht verhängt werden, nur Geldstrafe bis zu 180 Tagessätzen. Bei einem weit vom Gerichtsort entfernt wohnenden Angeklagten besteht die Möglichkeit, auf seinen Antrag hin in seiner Abwesenheit zu verhandeln, § 233 StPO. Er muss dann von   **62**

---

124 BGHSt 38, 248
125 BGH NStZ 1996, 202
126 BGH NStZ 1985, 37
127 BGH StV 1990, 10
128 BGH StV 2000, 242
129 Zuletzt BGH StV 2000, 243
130 BGH StV 2000, 244 ff m Anm Park

einem beauftragten oder ersuchten Richter vernommen werden. In diesem Verfahren ist die Verhängung von Freiheitsstrafe bis zu sechs Monaten und die Entziehung der Fahrerlaubnis möglich.

2. Im Strafbefehlsverfahren

63 Größere praktische Relevanz kommt der Tätigkeit des Verteidigers bei abwesendem Angeklagten nach Einspruch gegen den Strafbefehl zu. Die oben beschriebene Konsequenz der Einspruchsverwerfung tritt nämlich nicht ein, wenn der Verteidiger zur Hauptverhandlung mit der schriftlichen Vollmacht erscheint, den Angeklagten in dieser Situation vertreten zu dürfen, § 411 StPO. Es tritt dann der Ausnahmefall der sonst nicht möglichen Einlassung zur Sache durch den Verteidiger ein. Er vertritt den ausgebliebenen Angeklagten, es sei denn, der Angeklagte hat zuvor zum Ausdruck gebracht, dass er seine Anwesenheit bei der Verhandlung unbedingt wünscht.[131] Zu beachten ist, dass nach überwiegender Meinung die normale Verteidigervollmacht, die die Befugnis zur Vertretung gem § 411 II StPO nicht erwähnt, nicht ausreichend ist.[132] Schon aus diesem Grunde sind die von Anbietern für Anwaltsbedarf vertriebenen Vollmachten nicht immer empfehlenswert. Wir empfehlen die Verwendung selbst entworfener Vollmachten, die diesen Punkt ausdrücklich regeln.

64 An dieser Stelle sei auch darauf hingewiesen, dass die Verteidigervollmacht in bestimmten Fällen die Verwerfung des Einspruchs oder der Berufung überhaupt erst ermöglicht, evtl sogar die Verurteilung gem § 329 II StPO auf die Berufung der Staatsanwaltschaft hin: In manchen Vollmachten findet sich die Vereinbarung, dass der Verteidiger zur Inempfangnahme von Ladungen gem § 145 a II StPO bevollmächtigt sei. Wird daraufhin der Angeklagte über seinen Verteidiger ordnungsgemäß geladen, erscheint aber nicht, möglicherweise weil er tatsächlich unerreichbar ist, so wird der Einspruch bzw die Berufung verworfen. Wir empfehlen deshalb, die Vollmacht zur Inempfangnahme von Ladungen nicht in die allgemeine Verteidigervollmacht aufzunehmen. In den wenigen Fällen, in denen eine solche Bevollmächtigung sinnvoll werden kann, sollte die Vollmacht zur Inempfangnahme von Ladungen separat vorgelegt werden.

3. Der zeitweilig abwesende Angeklagte

65 Neben dem Verfahren gegen den ausgebliebenen Angeklagten regelt das Gesetz in §§ 231 II, 231 a, 231 b und 247 StPO die Durchführung des Verfahrens gegen den zeitweilig abwesenden Angeklagten.

66 § 231 II StPO ermöglicht die Fortführung des Prozesses gegen den sich eigenmächtig entfernenden Angeklagten, wenn er über die Anklage schon vernommen und das Gericht seine fernere Anwesenheit nicht für erforderlich hält. Eigenmacht enthält ein voluntatives Moment. Wer also einen Termin unabsichtlich versäumt, selbst wenn er ihn verschläft,[133] gegen den kann nicht in Abwesenheit weiterverhandelt werden. Eigenmächtig fern bleibt aber der, der seiner Anwesenheitspflicht nicht genügen will.[134]

---

131 OLG Karlsruhe StV 1986, 289
132 Vgl M-G § 234 Rn 5 mwN
133 Vgl BGH NStZ 1999, 418
134 BGHR StPO, § 231 II Abwesenheit, eigenmächtige 6

Weil auch Abwesenheit vorliegt, wenn der erschienene Angeklagte verhandlungsun-　**67**
fähig ist,[135] wird eigenmächtiges Entfernen des Angeklagten auch angenommen,
wenn er sich in einen psychopathologischen Zustand hineinsteigert,[136] also seine
Verhandlungsunfähigkeit selbst verursacht hat.

§ 231 a StPO erweitert die Möglichkeit, gegen den vorwerfbar verhandlungsunfähi-　**68**
gen Angeklagten zu verhandeln, selbst wenn er noch nicht zur Sache vernommen
wurde. Das gilt auch, wenn der Angeklagte zwar nicht die Verhandlungsunfähigkeit
selbst durch eigenes Tun oder Unterlassen herbeigeführt hat, er aber eine zur Beseitigung dieser Verhandlungsunfähigkeit erforderliche medizinische Behandlung
nicht in Anspruch nimmt.[137]

Aber: War der Angeklagte körperlich anwesend, aber ohne Verschulden verhandlungsunfähig, liegt der absolute Revisionsgrund des § 338 Nr. 5 StPO vor, wenn die
Hauptverhandlung durchgeführt wird.[138]

§ 231 b StPO: Abwesenheit des Angeklagten nach Entfernung wegen ordnungswid-　**69**
rigen Benehmens: Die der Sicherung des Ablaufs der Hauptverhandlung dienende
Entfernung wegen Ungebühr muss durch Gerichtsbeschluss angeordnet werden,
§ 177 S 2 GVG. Die Anordnung des Vorsitzenden reicht nicht aus. Der fehlende
oder fehlerhafte Gerichtsbeschluss kann mit der Revision gerügt werden, so zB
dass die Voraussetzung der schwerwiegenden Beeinträchtigung des Ablaufs der
Hauptverhandlung nicht vorgelegen hat oder dass sie entfallen war bzw dass die
Anwesenheit des Angeklagten unerlässlich war.[139]

4. Vorübergehende Ausschließung des Angeklagten

Es handelt sich bei § 247 StPO um eine eng auszulegende Ausnahme von dem　**70**
Recht und der Pflicht des Angeklagten zur persönlichen Anwesenheit während der
gesamten Hauptverhandlung.[140] Die Entfernung ist gem S 1 zunächst nur zulässig
im Interesse der Sachaufklärung, zum Schutz von Zeugen und zum Schutz des Angeklagten. Auch hier ist ein förmlicher Gerichtsbeschluss erforderlich.

Nur wenn die begründete Besorgnis besteht, der Zeuge oder ein Mitangeklagter　**71**
werde in Gegenwart des Angeklagten nicht wahrheitsgemäß aussagen oder gar
nicht, ist der Ausschluss gerechtfertigt. Der Gerichtsbeschluss muss sich auf bestimmte Tatsachen gründen.

Beispiele:

- der Zeuge erklärt, dass er bei Anwesenheit des Angeklagten von seinem Zeugnisverweigerungsrecht Gebrauch machen werde[141] oder von seinem Auskunftsverweigerungsrecht[142]
- zB durch Drohungen begründete Angst des Zeugen vor dem Angeklagten;[143]
- bei der Vernehmung eines V-Mannes.

---

135 BGHSt 23, 331, 334
136 Vgl BGHR StPO, § 231 II Abwesenheit, eigenmächtige 8
137 Vgl OLG Düsseldorf StraFo 2000, 384
138 BGH StV 1988, 511
139 Vgl M-G § 231 b Rn 3–6
140 Vgl nur BGH StV 1987, 377
141 BGHR StPO § 247 S2, Begründungserfordernis 3; BGH StV 1997, 511, 512; BGH NStZ 01, 608
142 BGH NStZ-RR 04, 116
143 BGH NStZ 1990, 27

72 Hier steht die behördliche Ankündigung, die Erteilung der Aussagegenehmigung werde von der Entfernung des Angeklagten während der Vernehmung des V-Mannes abhängig gemacht, der Ankündigung des Zeugen gleich, er werde nicht aussagen. Allerdings ist das Gericht bei nicht hinreichender oder nicht überzeugender Begründung der Versagung der Aussagegenehmigung verpflichtet, auf eine Überprüfung der Verwaltungsentscheidung zu dringen. Ggf muss es dann eine Entscheidung der oberen Dienstbehörde herbeiführen, um den Anforderungen des § 247 StPO zu entsprechen.[144]

73 Nach S 2 der Vorschrift ist der Ausschluss zulässig zum Schutz des erwachsenen Zeugen vor gesundheitlichen Nachteilen – schwere psychische Beeinträchtigungen, Nervenzusammenbruch – und zum Schutz des körperlichen und seelischen Wohles von Zeugen unter 16 Jahren. Die Gefahren müssen jeweils erheblich sein.

Liegen die Gründe für die Entfernung des Angeklagten nicht auf der Hand, so muss der Gerichtsbeschluss sich hierüber verhalten. Allein die Wiedergabe des Gesetzeswortlauts reicht dann nicht aus.[145]

74 Die Entfernung des Angeklagten muss auf das erforderliche Maß beschränkt sein. Geht es nur um spezielle Fragen, bei denen eine Gefährdung der genannten Personen im beschriebenen Sinne auftreten kann, so darf der Ausschluss auch nur für die Beantwortung dieser Fragen erfolgen.[146] Der Angeklagte darf nötigenfalls aber auch für die gesamte Dauer der Vernehmung ausgeschlossen werden, auch von der unmittelbaren Befragung eines Zeugen.[147] Der Gerichtsbeschluss muss die Dauer und den Vernehmungsinhalt, von dem der Angeklagte ausgeschlossen wird, genau bezeichnen.

75 Zusätzliche Beweiserhebungen während einer Vernehmung, von der der Angeklagte ausgeschlossen wurde, zB Augenschein oder Urkundenverlesung, sind von dem Ausschließungsbeschluss nicht gedeckt und begründen die Revision nach § 338 Nr. 5 StPO.[148] In jenem Falle waren während der Vernehmung der Zeugin, die in Abwesenheit des Angeklagten erfolgte, private Aufzeichnungen der Zeugin verlesen worden, die erkennbar nicht einem Vorhalt dienen konnten.

76 Zumindest für Verfahren, die bis zum 31. 8. 2004 verhandelt wurden galt: Der Angeklagte muss bei der Erörterung der Frage, ob der Zeuge vereidigt werden soll, wieder anwesend sein. Die Verhandlung und Entscheidung über die Vereidigung eines Zeugen gehören nach bisheriger ständiger RS des BGH genauso wenig zu der Zeugenvernehmung, für deren Dauer der Ausschluss allein erfolgen kann, wie die Vereidigung selbst. Der dritte Strafsenat des BGH hat jedoch darauf hingewiesen, dass an der bisherigen Annahme eines absoluten Revisionsgrundes nach § 338 Nr. 5 StPO angesichts der Änderung des § 59 StPO durch das 1. Justizmodernisierungsgesetz, nach der Zeugen nur noch vereidigt werden, wenn es das Gericht wegen der ausschlaggebenden Bedeutung der Aussage oder zur Herbeiführung einer wahren Aussage nach seinem Ermessen für notwendig hält, möglicherweise nicht mehr festgehalten werden wird.[149] Letztlich war diese Frage im konkreten Fall nicht zu entscheiden. Allerdings weist der Senat darauf hin, dass diese Neuregelung des Ver-

144 BGH StV 1996, 523
145 BGH StV 2000, 120
146 BGH MDR 1975, 544
147 BGHSt 22, 289, 296
148 BGH StV 1997, 511 mwN
149 BGH StraFo 2005, 34

eidigungsrechts zur Folge haben könnte, dass in den Fällen, in denen die Verfügung des Vorsitzenden nicht zum Gegenstand von Erörterungen gemacht, insbesondere keine gerichtliche Entscheidung nach § 238 Abs 2 StPO beantragt wurde, die Abwesenheit des Angeklagten auch keinen wesentlichen Verfahrensteil mehr betreffen könnte. Der Verteidiger wird somit künftig bei der Verhandlung über die Vereidigung in Abwesenheit des Angeklagten gehalten sein, einen Gerichtsbeschluss gem § 238 II StPO herbeizuführen, um später den absoluten Revisionsgrund des § 338 Nr. 5 StPO noch geltend machen zu können.

Ähnliche Einschränkungen gelten schon nach früherer RS zur Rechtslage vor Inkrafttreten des ersten Justizmodernisierungsgesetzes für die Entlassung des Zeugen. Der fünfte Senat des BGH zumindest hat erklärt, dass er die Verhandlung über die Entlassung eines Zeugen generell für keinen wesentlichen Teil der Hauptverhandlung halte, weshalb die Abwesenheit des Angeklagten hierbei den absoluten Revisionsgrund des § 338 Nr. 5 StPO nicht erfülle.[150] Von einer Anfrage nach § 132 GVG konnte er jedoch absehen, weil er die entsprechende Verfahrensrüge des Angeklagten als unzulässig verwarf. Auch der dritte Senat hat bekundet, aus Gründen des Opferschutzes dazu zu neigen, die Verhandlung über die Entlassung des Zeugen generell nicht mehr als wesentlichen Teil der Hauptverhandlung anzusehen.[151]

77 Unbeachtlich soll es sein, wenn der Zeuge in Abwesenheit des Angeklagten ausschließlich zu dem Zweck befragt wird, zu prüfen, ob der Angeklagte während der (weiteren) Vernehmung des Zeugen aus dem Sitzungszimmer zu entfernen sei.[152]

78 Zwingend ist nach § 247 S 4 StPO die sofortige Unterrichtung des Angeklagten über den Vernehmungsinhalt nach seinem Wiedererscheinen. Der Ausschluss des Angeklagten ist ein so schwerwiegender Eingriff in den Anspruch auf rechtliches Gehör, dass er mit Hilfe der Vorschrift des § 247 S 4 StPO auf das unvermeidliche Mindestmaß beschränkt wird.[153] Aus diesem Grunde ist selbst ein Verzicht des Angeklagten und seines Verteidigers auf dieses Informationsrecht unwirksam. Der Vorsitzende muss den Angeklagten sofort nach dessen Wiedererscheinen unterrichten.[154]

5.   Zwangsmittel bei Nichterscheinen des Angeklagten

79 Wenn gegen den ordnungsgemäß geladenen aber unentschuldigt ausgebliebenen Angeklagten nicht verhandelt werden kann, so ist er gem § 230 II StPO vorzuführen oder Haftbefehl zu erlassen, wenn das Verfahren nicht anders durchgeführt werden kann.

80 Es reicht nicht aus, dass der Angeklagte sich entschuldigt hat, er muss genügend entschuldigt sein.[155] Maßstab ist, ob dem Angeklagten unter Abwägung aller Umstände ein Vorwurf gemacht werden kann.

81 Es ist häufig festzustellen, dass der Vorsitzende die Entscheidung über die Verhängung des einen oder anderen Zwangsmittels an die Schwere des Vorwurfs knüpft. Das ist rechtsfehlerhaft. Die Auswahl zwischen Vorführung und Haftbefehl steht

150 BGH NStZ 2000, 328, 329; hiergegen ausdrücklich der 4. Senat, BGH NStZ 2000, 440 und der 2. Senat StV 2000, 239
151 BGH StV 2000, 238; einschränkend jedoch aaO 238, 239 und wieder abl 240
152 BGH NStZ 1998, 528
153 Vgl Anm Widmaier NStZ 1998, 263
154 BGH NStZ 1998, 263
155 LR-Gollwitzer § 230 Rn 23

nicht in seinem Belieben. Grundsätzlich hat aus dem Gesichtspunkt der Verhältnismäßigkeit das mildere Mittel der Vorführung Vorrang vor der Haft.[156] Ist zB der Angeklagte per PZU geladen worden, hat er diese Ladung aber nach dem Akteninhalt erkennbar nicht abgeholt und liegen keine Erkenntnisse darüber vor, dass der Angeklagte bewusst der Hauptverhandlung fernblieb, ist nach diesseitiger Auffassung nur ein Vorführbefehl möglich. Die Praxis sieht deutlich anders aus, weshalb empfohlen wird, gegen unverhältnismäßige Haftentscheidungen Beschwerde einzulegen.

82　　Der Haftbefehl unterliegt in zeitlicher Hinsicht dem Übermaßverbot.[157] Die Drei- bzw Sechsmonatshaftprüfung der §§ 117 III, 121 StPO findet jedoch nicht statt. Der Verteidiger muss bei länger dauernder Sistierhaft aktiv werden. So hat zB das LG Dortmund entschieden, dass die Hauptverhandlung spätestens nach sieben Wochen Sistierhaft durchzuführen ist.[158] Mit Durchführung der Hauptverhandlung wird der Haftbefehl nach § 230 StPO gegenstandslos. Die überwiegende Meinung geht dabei davon aus, dass bei mehrtägiger Hauptverhandlung der Sistierhaftbefehl bis zum Abschluss der Instanz gilt.[159] Der Verteidiger sollte sich deshalb in diesem Falle auf die Mindermeinung berufen, wonach der Sistierhaftbefehl mit dem Erscheinen des Angeklagten zu Beginn der Hauptverhandlung vollstreckt ist und damit seine Wirkungen verliert.[160]

VI.　Vernehmung des Angeklagten

1.　Zur Person

83　　Nach dem Aufruf der Sache und den in § 243 I StPO genannten Feststellungen des Vorsitzenden, aber vor der Verlesung des Anklagesatzes, vernimmt der Vorsitzende den Angeklagten über seine persönlichen Verhältnisse. Zuvor müssen die Zeugen den Sitzungssaal verlassen haben. Die – nicht erzwingbaren – Pflichtangaben sind die in § 111 OWiG genannten: Vor-, Familien- und Geburtsname, Tag und Ort der Geburt, Familienstand, Beruf, Wohnort, Anschrift und Staatsangehörigkeit. Bei Verweigerung der Angaben kann das Gericht sie im Freibeweisverfahren dem Akteninhalt entnehmen, zB dem polizeilichen Personalbogen. Der Angeklagte ist insbesondere dann nicht verpflichtet, diese Angaben selbst zu machen, wenn sie zB im Fall einer Stimmidentifizierung seiner Überführung dienen könnten, so dass dann auch sein Verteidiger die erforderlichen Angaben für ihn abgeben kann.

84　　Die Vernehmung zur Person dient nur der Feststellung der Identität und der Verhandlungsfähigkeit des Angeklagten. Zusätzliche Angaben braucht er nicht zu machen. Die weiteren persönlichen Verhältnisse, wie kindliche Entwicklung, schulischer und beruflicher Werdegang etc sind Angaben zur Sache. Macht der Angeklagte bei der Vernehmung zur Person auf Verlangen Angaben, die sich auf die Schuld- oder Straffrage beziehen, so dürfen sie nicht verwertet werden, wenn er danach auf den Hinweis nach Abs 4 S 1 die Einlassung verweigert. Diese Ansicht von Meyer-Goßner[161] ist allerdings gestützt auf gerichtliche Entscheidungen aus den

---

156 BVerfGE 32, 87; LG Zweibrücken NJW 1996, 737
157 BVerfGE 32, 87, 94
158 LG Dortmund StV 1987, 335
159 Vgl hierzu Scharf/Kropp NStZ 2000, 297 ff mwN
160 So OLG Düsseldorf JMBlNW 1983, 41; Scharf/Kropp NStZ 2000, 298 mwN
161 § 243 Rn 12

Jahren 1973 bis 1983. Spätestens seit der Entscheidung des fünften Senats zum Widerspruchserfordernis[162] ist zu besorgen, dass auch die regungslose Hinnahme dieser zur Sache gehörigen Befragung im Rahmen der Vernehmung zu den persönlichen Verhältnissen verwertbar wird, wenn der Verteidiger ihr nicht entgegentritt. Weil es sich um eine unzulässige sachleitende Maßnahme des Vorsitzenden handelt, ist eine solche Befragung zu beanstanden und ggf einem Gerichtsbeschluss gem § 238 II StPO zuzuführen.

Die Feststellung von Vorstrafen gehört gleichfalls nicht zu der Vernehmung über **85** die persönlichen Verhältnisse. Zwar bestimmt der Vorsitzende nach § 243 IV StPO, wann sie festgestellt werden. Frühester Zeitpunkt ist aber die Vernehmung des Angeklagten zur Sache.[163]

2. Zur Sache

a) Reden oder Schweigen?[164]

Nach Verlesung des Anklagesatzes wird der Angeklagte darauf hingewiesen, dass es **86** ihm freistehe, sich zu der Anklage zu äußern oder nicht auszusagen. Dem verteidigten Angeklagten darf diese Belehrung in jenem Moment nicht zum ersten Male zuteil werden. Die Verteidigungsstrategie, die auf ein konkretes Prozessergebnis ausgerichtet ist, muss die Frage, wie der Angeklagte sich in diesem Moment entscheidet, als erste und wichtigste Entscheidung mit einbeziehen. Der sich erklärende Angeklagte macht sich grundsätzlich zum Beweismittel gegen sich selbst. Weil er dazu nicht verpflichtet ist, darf er schweigen. Der Verteidiger muss sich deshalb zunächst grundsätzlich die Frage stellen, in welchen Fällen er dem Mandanten zum Schweigen und in welchen zum Reden raten soll.

aa) Die Strafmaßverteidigung

Selbstverständlich sollte es sein, dass der Beschuldigte, der sich von vornherein als **87** schuldig bezeichnet und dem es ein Wunsch ist, sich auch bei unklarer Beweislage der Justiz gegenüber als Täter zu offenbaren, nicht von dem Verteidiger gedrängt werden darf, diese Offenbarung durch Schweigen zu unterlassen. Dem Beschuldigten sind aber die Konsequenzen eines Geständnisses in vollem Umfang vor Augen zu führen, so dass er seine Entscheidung vor diesem Hintergrund überdenken kann. Auch muss der Anwalt darauf achten, dass die Entscheidung des Beschuldigten in manchen Fällen auf dem falschen Verständnis beruht, er sei im Prozess wie ein Zeuge zur Aussage und zwar zur wahrheitsgemäßen verpflichtet. Schließlich sind die Fälle zu bedenken, in denen (evtl psychisch gestörte) Beschuldigte eine Tat auf sich nehmen, die sie nicht begangen haben. Nicht selten sind die Fälle, in denen Beschuldigte bei der Polizei aus falschem Rechtsverständnis heraus falsche Angaben gemacht haben, die belastender sind, als der wahre Sachverhalt: »Ich habe das Heroin – 10 Gramm – in Holland nur zum Eigenkonsum erworben.« In Wahrheit hatte er es auf der örtlichen »Platte« gekauft, um es zum Teil weiterzuverkaufen. Der Beschuldigte hatte sich unwissend einer schwereren Straftat bezichtigt, als er in Wahrheit begangen hatte, da die Einfuhr von Betäubungsmitteln in nicht geringer Menge gem § 30 I Nr. 4 BtMG mit einer zweijährigen Mindestfreiheitsstrafe belegt wird, der wahre Sachverhalt hingegen gem § 29 a I Nr. 2 BtMG nur mit mindestens

---

162 BGHSt 38, 214 ff
163 Vgl BGH VRS 34, 219
164 Vgl Hohmann, Kap. 3, IV, 1

einem Jahr Freiheitsstrafe sanktioniert ist. Aus alledem folgt, dass auch die Beratung des Mandanten, der sich für die Offenbarung einer Tat entschieden hat, sorgfältig sein muss. Verbleibt es bei der Entscheidung, die Schuld iSd Anklage einzuräumen, handelt es sich um eine Strafmaßverteidigung.

Der Verteidiger sollte dem noch unentschlossenen Mandanten, der ihm seine Täterschaft offenbart hat, dann zu einem Geständnis raten, wenn die Beweislage erdrückend ist. Das Geständnis selbst ist schon strafmildernd zu berücksichtigen. Die Einlassung des Mandanten kann weitere wichtige Strafzumessungsgründe zu seinen Gunsten aufzeigen, die gem § 46 StGB zu berücksichtigen sind, zB psychische Belastungen, ausweglose Situation, nachvollziehbare Motivationslage, Drogenabhängigkeit, schwere Kindheit. Außerdem können Strafmilderungsgründe aufgezeigt werden, wie erheblicher Alkoholgenuss vor der Tat, §§ 21, 49 StGB, Aufklärungshilfe iSd § 31 BtMG etc.

88   Aber: Die Beweislage in der Hauptverhandlung entspricht nicht immer dem Aktenstand: Ist zB der einzige Belastungszeuge unerreichbar geworden oder verstorben und können seine früheren Bekundungen nicht oder für eine Verurteilung nicht ausreichend in die Hauptverhandlung eingebracht werden oder ist die gefälschte Urkunde oder das belastende Asservat verlustig gegangen, so ist eine ausweglos erscheinende Beweislage plötzlich nicht mehr gegeben. Der Verteidiger hat diese Möglichkeiten vor der Bekanntgabe der Entscheidung, ob der Angeklagte sich erklärt, zu bedenken. Die Erforderlichkeit des spontanen Wechsels des Verteidigungsziels ist immer zu überprüfen.

bb) Die Freispruchverteidigung

89   Zum Schweigen raten wird der Verteidiger, der mit dem Mandanten das Ziel des Freispruchs verfolgt, zunächst bei eher schwacher Beweislage auf Seiten der Anklage. Der Staat ist es, der die Straftat und die Täterschaft zu beweisen hat. An der Aufklärung noch offener Tatfragen sollte der Angeklagte, dem nemo-tenetur-Grundsatz entsprechend, nicht mitwirken. Diese Entscheidung ist nicht endgültiger Natur. Erkennt der Verteidiger, dass die Beweislage sich in der Hauptverhandlung zu einer Verurteilung hin verdichtet, sollte er um Unterbrechung der Verhandlung bitten, um dem Mandanten zu erklären, dass er nunmehr eine Einlassung für sinnvoll halte. Dies kann natürlich nur dann gelten, wenn klar ist, dass der Angeklagte etwas zu sagen hat, was für ihn günstig ist.

90   Ist die Beweislage aus Sicht des Angeklagten eher ungünstig, wird aber dennoch ein Freispruch angestrebt, ist zu unterscheiden: Eine Einlassung macht nur Sinn, wenn der Angeklagte erkennbar etwas mitzuteilen hat, was seiner Entlastung dienen kann. Handelt es sich um einen Mandanten, der der Vernehmungssituation intellektuell und/oder psychisch nicht gewachsen ist, so sollte überlegt werden, ob er trotzdem lieber schweigt und die entlastenden Momente nicht anderweitig eingebracht werden können, zB durch Zeugen.

91   Ist der Angeklagte aber in der Lage, sich zu erklären, kann das hilfreich sein. Ein positiver persönlicher Eindruck kann unterschwellig für die Überzeugungsbildung des Gerichts ausschlaggebend sein, zB für die Schöffen, dass dem Angeklagten die Tat nicht zuzutrauen ist. Dabei ist aber zu bedenken: Die Gefahren für den Angeklagten, der sich redend gegen den Schuldspruch wehrt, sind groß. Er muss sich jeglichem Vorhalt stellen und kann sich dabei in Widersprüche verstricken. Hat der Angeklagte sich nämlich einmal für die Einlassung entschieden, darf er die Beantwortung von einzelnen Fragen nicht mehr verweigern, da das Gericht aus solchem

Teilschweigen – anders als aus vollständigem Schweigen – Schlüsse zum Nachteil des Angeklagten ziehen darf.[165] Teilschweigen liegt indes nicht schon vor, wenn der Angeklagte zB lediglich erklärt, er sei unschuldig, weitergehende Angaben jedoch ablehnt.[166] Gleichfalls kein Teilschweigen liegt vor, wenn der wegen mehrerer Taten Angeklagte sich zu einzelnen Taten erklärt und zu anderen nicht. Dabei ist entscheidend, ob die Tatvorwürfe lediglich eine oder mehrere Taten im prozessualen Sinne gem § 264 StPO betreffen.[167] Eine solche partielle Einlassung nur zu einzelnen Tatvorwürfen kann dann zu dem erwünschten Erfolg führen, dass das Gericht auf Antrag der Staatsanwaltschaft das Verfahren hinsichtlich der weiteren Anklagevorwürfe gem § 154 II StPO einstellt. Der Verteidiger sollte diese Vorgehensweise nach dem Geständnis zu den übrigen Anklagevorwürfen selbst anregen.

Um die negativen Folgen des Teilschweigens zu vermeiden, kann der Angeklagte **92** auch eine schriftliche Äußerung außerhalb der Hauptverhandlung (über den Verteidiger) an das Gericht richten, in der er sich zur Sache äußert. Eine derartige Erklärung kann dann im Wege des Urkundenbeweises durch Verlesung in die Hauptverhandlung eingeführt werden.[168] Wenn der inhaftierte Angeklagte in einem Brief einem Außenstehenden partielle Angaben über die Tat oder deren Hintergründe macht, wird der Brief bei der richterlichen Kontrolle beschlagnahmt und kann auf selbe Weise als Urkunde in die Hauptverhandlung eingeführt werden.

Auch aus einem Beweisantrag, der eine Beweistatsache behauptet, die erkennbar auf **93** dem Wissen des Angeklagten beruht, darf nicht auf eine Teileinlassung des Angeklagten geschlossen werden.[169]

Verstrickt der redende Angeklagte sich in Widersprüche, dann darf das Gericht **94** zwar die nachgewiesene Lüge nicht ohne weiteres als Nachweis seiner Schuld werten, denn auch ein Unschuldiger Angeklagter darf lügen.[170] Vielfach wird aber – auch wenn es später im Urteil nicht nachzulesen ist – der Schuldspruch im Hinterkopf des Richters fallen, wenn er den Angeklagten der Lüge für überführt hält.

Will der Angeklagte schweigen, ist zu überprüfen, ob eine evtl frühere Aussage in **95** die Hauptverhandlung eingeführt werden kann. So kann ein ordnungsgemäß zustande gekommenes richterliches Geständnisprotokoll im Wege des Urkundenbeweises nach § 254 StPO verlesen werden. Die Vernehmungsperson einer früheren zB polizeilichen Vernehmung kann als Zeuge vernommen werden, dieser auch das Protokoll jener Vernehmung auszugsweise vorgehalten werden. Hinsichtlich des Widerspruchserfordernisses gegen die Einf ordnungswidrig erhobener Beweise verweisen wir auf das unter Rn 135 ff Gesagte.

b) Form der Vernehmung

Will der Angeklagte Angaben zur Sache machen, so soll er sich mündlich äußern.[171] **96** Die Verlesung einer Einlassungsschrift soll unzulässig sein, die Verwendung von Notizen hingegen zulässig.[172]

---

165 BGH StV 1985, 56 vgl zu der Problematik Miebach NStZ 2000, 234 ff
166 BGHSt 38, 302, 307
167 BGH StV 2000, 598
168 Vgl BGH StV 1993, 623; Strafverteidigung-Gatzweiler/Mehle § 9 Rn 176
169 BGH NStZ 1990, 447
170 Vgl BGH StV 1997, 9
171 BGH MDR 1980, 986
172 BGHSt 3, 368; M-G § 243 Rn 30; dagegen zu Recht: Salditt StV 1993, 444; Burhoff Hauptverhandlung Rn 1040; Strafverteidigung-Gatzweiler/Mehle § 9 Rn 210 f

97   Dem Angeklagten ist Gelegenheit zu geben, sich möglichst im Zusammenhang zu äußern.[173] Diese Entscheidung ist deshalb wichtig, weil es im Gegensatz zu der Vernehmung von Zeugen (§ 69 I 1 StPO) für diejenige des Angeklagten an einer entsprechenden gesn Regelung mangelt. Der Verteidiger kann Fragen und Unterbrechungen des Vortrags des Angeklagten durch den Vorsitzenden beanstanden und gem § 238 II StPO einem Gerichtsbeschluss zuführen. Das gilt nicht, wenn der Angeklagte zu einem zusammenhängenden Bericht nicht in der Lage ist.

VII. Die Beweisaufnahme

98   Die Verteidigung in der Hauptverhandlung hat sich schwerpunktmäßig mit dem Herzstück der Hauptverhandlung, der Beweisaufnahme zu beschäftigen. Die Vorbereitung, Verfolgung, Steuerung und Kontrolle der Beweisaufnahme ist wohl die wichtigste Aufgabe des Verteidigers in der Hauptverhandlung.

99   Die Beweisaufnahme unterliegt den Regeln der §§ 244 bis 257 StPO, den Grundsätzen der Mündlichkeit, § 261 StPO, und der Öffentlichkeit, §§ 169 ff GVG. Ein umfassendes, glaubhaftes Geständnis erübrigt dann eine Beweisaufnahme, wenn auch der Rechtsfolgenausspruch keine Beweisaufnahme verlangt. Grundsätzlich ist die Vernehmung des Angeklagten vor der Beweisaufnahme durchzuführen. Von dieser Reihenfolge darf nur aus triftigem Grund und in Ausnahmefällen abgewichen werden.[174] Die nicht zulässige Abweichung ist ein Verfahrensverstoß, der mit der Revision gerügt werden kann.[175]

100   Man unterscheidet den Freibeweis vom Strengbeweis. Der Strengbeweis, die förmliche Beweisaufnahme, die in § 244 I StPO geregelt ist, umschließt alle Tatsachen, Fakten und Erfahrungssätze auf denen das Urteil seinem sachlichen Gehalt nach beruht (nicht unbedingt auch Entscheidung über die Kosten, Auslagen und evtl Entschädigung). Das freie Beweisverfahren, der Freibeweis, darf überall da praktiziert werden, wo der Strengbeweis nicht erforderlich ist. Der Freibeweis wird daher außerhalb der tatrichterlichen Hauptverhandlung auch zur Klärung des dringenden oder hinreichenden Tatverdachts angewendet.

101   Das Revisionsgericht ist zu eigenen Feststellungen bezüglich prozessualer Tatsachen oder einer zulässigen Verfahrensrüge befugt und verpflichtet, soweit nicht persönliche, nur in der tatrichterlichen Hauptverhandlung zu gewinnende Eindrücke betroffen sind.

Die Abgrenzung zwischen Streng- und Freibeweis ist manchmal etwas schwierig. Jedenfalls sind alle Tatsachen, die nur die Zulässigkeit des Verfahrens, des Fortgangs als Prozessvoraussetzung betreffen, dem Freibeweis zugänglich. Beweisanträge zielen auf die Vornahme von Prozesshandlungen. Ob ein Anlass oder die prozessualen Voraussetzungen der Vornahme vorliegen, kann durch Freibeweis bestimmt werden.[176] Gegenstand freier Beweiserhebung können zB ff Tatsachen sein: Vorfragen, die für die Verlesbarkeit einer Urkunde, die Erreichbarkeit eines Zeugen, die völlige Ungeeignetheit eines Beweismittels, die Sachkunde eines Sachverständigen von Bedeutung sind.

---

173 BGHSt 13, 358, 360
174 BGH NStZ 1981, 111; 1986, 370 f; StV 1991, 148
175 BGH StV 1991, 148
176 KK-Herdegen § 244 Rn 9

Die Frage, ob die Aufklärungspflicht die Beweiserhebung gebietet, kann ebenfalls durch Freibeweis ermittelt werden.

Im Strengbeweisverfahren kommen als Beweismittel nur Zeugen, Sachverständige, **102** Urkunden und Augenschein in Betracht. Besonderheiten ergeben sich bei Gegenüberstellungen, die grundsätzlich eine zeugenschaftliche Bekundung ergeben.

Im Rahmen der förmlichen Beweisaufnahme zeigt sich die verfassungs- und verfah- **103** rensrechtliche Bedeutung der Verteidigung sehr deutlich.

Dabei sind die unterschiedlichen Rollen des Verteidigers als aufmerksamer **Beobachter** und Kontrolle ausübender Beteiligter einerseits und als **aktiver Gestalter** der Beweisaufnahme andererseits zu unterscheiden, weil der Verteidigung zwar das Beweisantragsrecht zur Seite steht, die Leitung der Beweisaufnahme jedoch dem Gericht obliegt. Dementsprechend werden im Fn die Aktivitäten der Verteidigung in die grundsätzlich reaktiven und die grundsätzlich aktiven Handlungen unterteilt, bevor auf die einzelnen Beweismittel und dann auf besondere Konstellationen in der Beweisaufnahme eingegangen wird.

1. Reaktive Tätigkeiten des Verteidigers

Als reaktive Tätigkeit iS dieses Kaps ist die Reaktion der Verteidigung auf die vom **104** Amtsermittlungsgrundsatz gebotene Beweiserhebung des Gerichts ohne Anregung der Verteidigung gemeint. Hierzu gehören Beanstandungen von richterlichen Anordnungen und Fragen, Widersprüche gegen die Verwertung unzulässig gewonnener Beweisergebnisse oder unzulässiger Beweismittel und die Erklärung bzw Versagung von Zustimmung zu einzelnen Prozesshandlungen.

Der Gang der Beweisaufnahme wird durch die Prozessleitungsbefugnis des Vorsit- **105** zenden und das Gebot der Amtsermittlung wesentlich bestimmt. Dieser Grundsatz ist zunächst zu erläutern.

a) Grundsatz der Amtsermittlung

Der Grundsatz der Amtsermittlung bedeutet, dass das Gericht verpflichtet ist, von **106** Amts wegen die für die Entscheidung erheblichen Tatsachen zu ermitteln und zu beweisen (§§ 155 II, 244 II StPO).

Dem Gericht wird in § 244 II StPO eine Pflicht zur umfassenden Aufklärung der **107** tatsächlichen Entscheidungsgrundlage auferlegt.

Die Aufklärungspflicht erstreckt sich auf alle beweisbedürftigen Tatsachen ohne Unterschied, ob diese Tatsachen für die Schuldfrage, für die Rechtsfolgenfrage oder für prozessuale Fragen unmittelbar oder mittelbar von Bedeutung sind.

Die Aufklärungspflicht erstreckt sich so weit, wie die Prüfungsbefugnis und die **108** Prüfungspflicht des Gerichts reicht. Der Rahmen der Aufklärungspflicht wird vom prozessualen Tatbegriff abgesteckt (§ 264 I StPO).[177]

Die Pflicht setzt ein, wenn die Umstände unter Berücksichtigung der ganzen Sachlage einschließlich der Akten dazu drängen oder es nahelegen, von einem bestimmten Beweismittel Gebrauch zu machen.[178]

---

177 Vgl M-G § 264 Rn 7 f
178 LR-Gollwitzer § 244 Rn 46

109 Die Aufklärungspflicht, die zunächst Sache des Gerichts ist, betrifft Beweiserhebungen zu Gunsten und zu Lasten des Angeklagten und ist von Anträgen, Anregungen oder Wünschen der Beteiligten unabhängig.

Es gibt im Strafprozess keinerlei Beweislast einzelner Verfahrensbeteiligter.

Das Gericht muss auch ohne Antrag und selbst gegen den Willen des Angeklagten entlastende, auch ohne Antrag und selbst gegen den Willen des Anklägers belastende Beweismöglichkeiten ausschöpfen.[179]

Auch ein übereinstimmender tatsächlicher Vortrag bzw der gemeinsame Verzicht auf die Fortführung der Beweisaufnahme von Seiten der Staatsanwaltschaft und der Verteidigung entbindet das Gericht nicht, von sich aus die Wahrheit zu ermitteln.

110 Das, was den Richter zur Beweiserhebung veranlasst, sind zunächst die in der Anklageschrift genannten Beweismittel. Der Richter war mit den Ermittlungen nicht befasst. Was sich ihm zu Beginn der Beweisaufnahme erschließt, ist das, was der Akteninhalt hergibt und was die Staatsanwaltschaft an Beweismitteln aufgelistet hat. Damit tut sich eine erste objektive Grenze der Aufklärungspflicht des Gerichts auf, nämlich die vermeintliche Wirklichkeit der Aktenlage. Der Verteidiger des Vertrauens vermag darüber hinaus durch weitergehende oder zutreffende Schilderungen des Angeklagten Sachverhalte erfahren, die, in Beweisanträge umgesetzt, das Ergebnis beeinflussen können. Beweisanträge aktualisieren die Aufklärungspflicht des Gerichts.[180]

111 Die zweite Grenze der Aufklärungspflicht ist die Beweisprognose. Der Richter muss den Grad der Möglichkeit würdigen, mit der ein Beweismittel auf das Verfahrensergebnis Einfluss zu nehmen geeignet erscheint. Denn: Die »entfernte Möglichkeit«, also das gedanklich nicht Ausschließbare, kann der Richter nicht zum Maßstab seines Handelns machen,[181] es muss vielmehr eine erkennbare und sinnvolle Möglichkeit des Einflusses bestehen.[182] Das Gericht muss weitere Beweise nur dann erheben, wenn ihm noch Tatsachen oder Möglichkeiten bekannt oder erkennbar sind, die bei verständiger Würdigung der Sachlage begründete Zweifel an der Richtigkeit der erlangten Überzeugung wecken müssen.[183] Mit der verständigen Würdigung ist die Beweisprognose des lebenserfahrenen, die Sach- und Beweislage sorgfältig abwägenden Richters gemeint.[184]Trotz all dieser Versuche, die Anforderungen an die Beweisprognose zu objektivieren, bleibt festzustellen, dass es sich letztlich um eine subjektive Ermessensentscheidung des Gerichts handelt, die nur begrenzt revisibel ist.

112 Die dritte Grenze der Aufklärungspflicht setzt die Beweisantizipation. Kann das Gericht im Hinblick auf das bisherige Beweisergebnis und seine verlässliche Grundlage begründetermaßen prognostizieren, dass die in Betracht kommende Beweisaufnahme das Verfahrensergebnis nicht beeinflussen werde, darf es von ihr absehen.[185] Die Bedeutungslosigkeit für die Entscheidung kann dabei aus Rechtsgründen oder aus tatsächlichen Gründen folgen.[186]

---

179 BGHSt 43, 209, 210
180 KK-Herdegen § 244 Rn 23
181 Herdegen NStZ 1984, 97, 98
182 BGH NStZ-RR 2002, 68
183 BGH NJW 1951, 183, s auch Eisenberg, Beweisrecht der StPO, Teil 1, Kap 1 Rn 11 ff
184 BGH NStZ 1985, 324, 325
185 Vgl KK-Herdegen § 244 Rn 21 ff mwN
186 M-G, § 244 Rn 56

Wird die Bedeutungslosigkeit einer Beweisbehauptung aus tatsächlichen Umständen gefolgert, müssen in dem den Beweisantrag ablehnenden Beschluss die Tatsachen angegeben werden, aus denen sich ergibt, warum die unter Beweis gestellte Tatsache, selbst wenn sie erwiesen wäre, die Entscheidung des Gerichts nicht beeinflussen könnte.[187]

Immer dann, wenn sich aus § 244 III–V StPO Gründe ergeben, die zur Ablehnung eines Beweisantrages berechtigen, lassen diese auch entsprechend die Aufklärungspflicht entfallen.

Grundsätzlich wird die Aufklärungspflicht also verletzt, wenn die gebotene Ausschöpfung des Beweismittels unterlassen wird.[188] Die Ablehnung eines Beweisantrages darf nicht dazu führen, dass aufklärbare, zu Gunsten des Angeklagten sprechende Umstände der gebotenen Gesamtwürdigung im Rahmen der Beweiswürdigung entzogen werden.[189]

113

Beispiel:

– keine Einbeziehung vorherigen nicht angeklagten Verhaltens, obwohl zur Wahrheitsermittlung erforderlich;[190]
– Verlesung von Zeugenaussagen in der Berufungsinstanz, ohne diese erneut zu hören;[191]
– Verlesung persönlicher Vermerke von Zeugen, anstatt diese persönlich zu hören;[192]
– Glaubwürdigkeit eines Zeugen wird in der Berufungsinstanz anders beurteilt, ohne den Zeugen neu zu hören;[193]
– unzulängliches Bemühen um Ermittlung von verdeckten Ermittlern, Informanten;[194]
– Hinweis nach § 265 I StPO lässt zugrunde gelegte Tatsache nicht erkennen;[195]
– schriftliche Äußerung eines Zeugen nicht verlesen, obwohl für Glaubwürdigkeit wichtig;[196]
– keine Aussetzung des Verfahrens wegen §§ 54, 96 StPO obwohl die dafür sprechenden Gesichtspunkte von Gewicht sind;[197]
– Abweichung von der Zusage des Vorsitzenden, eine Tatsache könne als bewiesen angesehen werden;[198]
– Nichteinholung eines Glaubwürdigkeitsgutachtens bei sexuellem Missbrauch eines Kindes.[199]

So kann den Bekundungen eines Zeugen vom Hörensagen und den Bekundungen eines Anonymus, die in einem polizeilichen Vernehmungsprotokoll oder in einer schriftlichen Äußerung enthalten sind, Beweiskraft für relevante Sachverhaltselemente nur zuerkannt werden, wenn feststehende Tatsachen für ihre Richtigkeit sprechen.

---

187 BGH, StV 2005, 114
188 BGH NStZ 1990, 244; 1991, 448; BGH StV 1989, 423; 1991, 337 f; 1992, 2 f
189 BGH NStZ 2005, 224
190 BGH NJW 1987, 660
191 BGH StV 1992, 153
192 OLG Köln StV 1998, 585
193 BGH StV 1992, 152
194 BGH NJW 1984, 247; 1985, 1789; 1988, 2187; 1989, 3294; NStZ 1989, 282; StV 1988, 45
195 BGH NStZ 1983, 34 f; 1984, 328 f
196 BGH NJW 1965, 874; JuS 1977, 234, 236
197 BGH NJW 1981, 770; NStZ 1985, 466 f
198 BGH NJW 1966, 989
199 BGH StV 1999, 470 f

114   Entsprechendes gilt auch für die Sachkunde des Gerichts, bei Kollegialgerichten reicht die Sachkunde eines Richters aus.[200] Wenn das Gericht nicht die absolute Gewissheit hat, seine Sachkunde sei ausreichend, so darf es sich nicht mit ihr begnügen. Oft genügt die Sachkunde des Gerichts, insbesondere das unerlässliche Anwendungs- und Auswertungswissen nicht den Erfordernissen zur Sachentscheidungsfindung. Die Berechtigung seiner Annahme, es sei selbst ausreichend sachkundig, muss das Gericht in den Urteilsgründen plausibel machen, sobald es mehr als Allgemeinwissen in Anspruch nimmt.[201] Ein Verstoß hiergegen kann entsprechend gerügt werden. Eine Beweisaufnahme über die Sachkunde des Gerichts findet gleichwohl nicht statt.[202]

     Setzt sich das Gericht mit seiner Beweiswürdigung in Widerspruch zu der Ansicht eines Sachverständigen, dann muss es die Gegengründe des Sachverständigen ausführlich erörtern und mit eigenen Gründen widerlegen, und zwar derart, dass es das von ihm beanspruchte bessere Sachwissen auf dem zur Erörterung stehenden Teilbereich des fremden Wissensgebietes zu Recht für sich in Anspruch nimmt.[203]

115   Einige Tatsachen bedürfen, trotz der umfassenden Aufklärungspflicht des Gerichts, keines Beweises.

     Es handelt sich dabei um Tatsachen, für die eine natürliche oder ges Vermutung spricht, zB § 69 II StGB.

     Schließlich bedürfen auch offenkundige Tatsachen keines Beweises (vgl § 244 III StPO und § 291 ZPO).

     Offenkundig können allgemeinkundige und gerichtskundige Tatsachen sein. Allgemeinkundig sind Tatsachen, von denen ein größerer, wenn auch örtlich oder fachlich begrenzter Personenkreis Kenntnis hat oder diese sich aus allgemein zugänglichen Quellen erschließen lassen. Jedoch dürfen offenkundige Tatsachen nur dann verwendet werden, wenn sie ausdrücklich zum Gegenstand der Verhandlung gemacht worden sind und somit die Beteiligten das rechtliche Gehör hierzu erhalten hatten.

     Gerichtskundig ist eine Tatsache dann, wenn das Gericht von ihr amtlich so sichere Kenntnis erlangt hat, dass ein Beweis überflüssig ist.

116   Bezüglich der Vorschriften, die das Schätzen bestimmter Bemessungsgrundlagen gestatten (zB 40 II, 43 a I S 3, 73 b, 73 d II, 74 c III StGB, 287 ZPO im Verfahren nach § 403 ff; 29 a III S 1 OWiG), wird die Aufklärungspflicht eingeschränkt. Das Gericht kann hier auf Grundlage konkreter Anhaltspunkte nach seiner Vernunft und Lebenserfahrung eine Schätzung ausführen und so die Bemessungsgrundlage feststellen.

117   Das private Wissen des Richters ist weder allgemeinkundig noch offenkundig, auch Erkenntnisse aus anderen Hauptverhandlungen dürfen nicht verwendet werden. Über die dem Richter privat bekannten Tatsachen muss deshalb Beweis erhoben werden, anderenfalls läge ein die Revision begründender Verstoß gegen § 261 StPO vor.[204]

---

200 BGHSt 12, 18
201 BGH NStZ 1983, 325; 1985, 421; StV 1987, 374 m Anm; NStZ 1987, 503; StV 1991, 405 m Anm
202 BGH, NStZ 2000, 156
203 OLG Hamm StraFo 2002, 262
204 S hierzu M-G § 261 Rn 24 mwN

Dem Amtsermittlungsgrundsatz entsprechend beginnt zB die Vernehmung der Zeugen in der Hauptverhandlung grundsätzlich mit der Befragung durch den Richter. Zwar ist in der StPO in § 239 auch die Möglichkeit eines Kreuzverhörs vorgesehen, dieses spielt jedoch in der Praxis keine Rolle, weil es von StA und Verteidigung übereinstimmend beantragt werden muss.   **118**

Unter Berücksichtigung dieser Rechtswirklichkeit kommt den Interventionsrechten der Verteidigung bei der oftmals vorentscheidenden Beweiserhebung durch das Gericht große Bedeutung zu.   **119**

Aus alledem folgt, dass der Verteidiger sich niemals auf die Aufklärungspflicht des Gerichts verlassen darf. Insbesondere das Beweisantragsrecht ist dazu bestimmt, das Gericht zu nötigen, über das von ihm zur Aufklärung des Sachverhalts für nötig Gehaltene hinauszugehen.[205]

b) Beanstandung nach § 238 II StPO

Als Gegengewicht zu der und als Kontrollinstrument für die Prozessleitungsbefugnis und die Amtsermittlung sieht die StPO für die Verteidigung die Möglichkeit der Beanstandung nach § 238 II StPO vor.   **120**

Beanstandet werden können alle sachleitenden Anordnungen des Vorsitzenden, die gegen Verfahrensnormen oder allgemeine Prozessgrundsätze verstoßen oder ermessensmissbräuchlich sind.[206] Der Begriff der sachleitenden Anordnungen ist im weitestem Sinne zu verstehen[207] und stimmt mit dem Begriff der Verhandlungsleitung iSd § 238 I StPO überein.[208] Es können auch Fragen, Hinweise, Belehrungen oder etwa ermahnende Äußerungen beanstandet werden.   **121**

Das Unterlassen einer gebotenen Maßnahme ist keine Anordnung, erst mit einer auf Anregung/Antrag eines Verfahrensbeteiligten erklärten Ablehnung der Vornahme liegt eine Maßnahme vor.[209]

Lediglich unzweckmäßige Anordnungen sind nicht angreifbar, solange sie von dem Vorsitzenden im Rahmen seines Ermessensspielraumes erlassen worden sind.   **122**

Ein Ermessensmissbrauch liegt vor, wenn der Vorsitzende seine Entscheidungen aufgrund verbotener Zweckerwägungen, wie Willkür oder persönliche Abneigungen, trifft.

Zur Beanstandung sind diejenigen Verfahrensbeteiligten berechtigt, deren Rechtsposition betroffen[210] ist.   **123**

Hierunter fallen neben dem Angeklagten auch der Nebenkläger, ein Zeuge oder ein Sachverständiger, nicht aber der nicht als Nebenkläger zugelassenen Verletzte außerhalb seiner Vernehmung.[211]

Eine Rechtspflicht zum Hinweis auf das Beanstandungsrecht durch das Gericht, besteht nach überwiegender Ansicht nicht.[212]

205 BGHSt 21, 118, 124
206 M-G § 238 Rn 17
207 M-G § 238 Rn 11
208 M-G § 238 Rn 12
209 KK-Tolksdorf, § 238 Rn 11
210 AA Ebert StV 1997, 275: Beanstandung auch ohne Beschwer möglich
211 KK-Tolksdorf, § 238 Rn 11
212 M-G, § 238 Rn 15, KK-Tolksdorf § 238 Rn 11

Richtiger ist jedoch, eine Hinweispflicht, folgend aus der Fürsorgepflicht des Gerichts, zumindest gegenüber einem rechtsunkundigen Angeklagten anzunehmen.[213]

Obwohl es keine Formvorschrift für die Beanstandung gibt und auch schlüssiges Verhalten ausreicht, dem zu entnehmen ist, dass eine Gerichtsentscheidung beantragt wird, empfiehlt sich im Hinblick auf den Erhalt von Revisionsrügen eine klare mit Begründung versehene Beanstandung, bei der die Verteidigung dartut, gegen welche ges Vorschrift das beanstandete Verhalten verstößt, welche Verfahrensgrundsätze missachtet werden oder woraus sich der Ermessensmissbrauch ergibt.

Gem § 273 I StPO ist die Beanstandung in der Sitzungsniederschrift zu beurkunden[214]

124 Die Entscheidung des Gerichts über die Beanstandung erfolgt durch Beschluss nach Anhörung der Prozessbeteiligten. Dieser Beschluss ist als wesentliche Förmlichkeit des Verfahrens in das Hauptverhandlungsprotokoll aufzunehmen. Sofern sich die Begründung der Ablehnung nicht bereits aus der Entscheidung ergibt, hat das Gericht diesen Beschluss zu begründen.[215]

125 Auch wenn der Strafrichter als Einzelrichter entscheidet und folglich Gericht und Vorsitzender identisch sind, ist der Zwischenrechtsbehelf des § 238 II StPO nach hM zulässig und erforderlich.[216] Notwendig erscheint dies, da der Einzelrichter hierdurch gezwungen ist, seine Anordnung zu überdenken und evtl näher zu begründen.

126 Die Beanstandung nach § 238 II StPO ist zwingende Voraussetzung für den Erhalt des Rügerechts bezüglich einer fehlerhaften Maßnahme des Vorsitzenden im späteren Revisionsverfahren.[217]

127 Der Verteidiger muss zB auch einzelne Fragen des Vorsitzenden unverzüglich beanstanden. Sofern ein anderer Verfahrensbeteiligter Fragen stellt, hat der Verteidiger darauf zu achten, dass der Vorsitzende die unzulässige Frage beanstandet, sonst muss er beantragen, dass der Vorsitzende die Frage nicht zulässt. Kommt der Vorsitzende dem nicht nach, so muss der Verteidiger über seinen Antrag, die Frage nicht zuzulassen, einen Gerichtsbeschluss herbeiführen.

128 Das Stellen von Zwischenfragen durch das Gericht oder die Staatsanwaltschaft kann und sollte die Verteidigung beanstanden, da der Verteidigung das Recht zusteht, ihre Befragung im Zusammenhang durchzuführen. Die Umsetzung des erarbeiteten Konzepts und die Abstimmung der Fragen aufeinander setzt eine Befragung ohne Unterbrechung voraus.

Wenn die Verteidigung Zwischenfragen während ihrer Befragung gestattet, hat sie weiterhin darauf zu achten, dass der Vorsitzende bei der Zulassung von Zwischenfragen den Staatsanwalt nicht bevorzugt. Gestattet der Vorsitzende diesem Zwischenfragen, verwehrt diese jedoch der Verteidigung, muss die Verteidigung zum frühest möglichen Zeitpunkt jede weitere Gestattung von Zwischenfragen förmlich beanstanden.

129 Folgende exemplarisch aufgelistete Anordnungen des Vorsitzenden sind der Beanstandung zugänglich:

---

213 So auch LR-Gollwitzer, § 238 Rn 30, KMR-Paulus, § 238 Rn 35
214 BGH NStZ-RR 2003, 5
215 BGH NJW 1961, 327
216 M-G § 238 Rn 18; OLG Düsseldorf StV 1996, 252 mwN
217 M-G § 238 Rn 18

– Entziehung des Wortes bei der Vernehmung des Angeklagten zur Sache[218]
– Untersagen der Verlesung der Einlassung des Angeklagten zur Sache
– Unterbrechen des Angeklagten bei seiner zusammenhängenden Schilderung zur Sache
– Fragen, bei deren Beantwortung der Zeuge nur Spekulationen äußern kann (»Herr A, was hat sich der B wohl dabei gedacht?«)
– Unterbrechung der Hauptverhandlung während der Befragung des Zeugen durch den Verteidiger, um dem Zeugen Gelegenheit zur »Erholung« zu geben
– Ablehnung der beantragten Unterbrechung zur Besprechung eines evtl Befangenheitsantrags
– ungenaue Vorhalte aus früheren Vernehmungen an den Zeugen[219]
– suggestive/wertende Fragen an den Zeugen
– Anordnung der Verlesung eines Tagebuchs
– Gestatten von Fragen eines Mitangeklagten an den anderen Angeklagten.

Unter taktischen Gesichtspunkten hat die Verteidigung einen großen Spielraum, ihr **130** Beanstandungsrecht auszuüben. Andererseits ist aber dabei zu beachten, dass die Verteidigung durch die Art der Ausübung dieses Rechts zugleich auch Einfluss auf das Maß nimmt, dass die anderen Beanstandungsberechtigten an die Fragen der Verteidigung anlegen werden.

Die von einigen Anwälten befürchtete Klimaverschlechterung in der Hauptver- **131** handlung im Falle der Geltendmachung einer Beanstandung nach § 238 II StPO scheint der Grund dafür zu sein, dass Richter sich damit rühmen können, bei ihnen habe es seit Jahren keine Beanstandungen gegeben. Die Verteidigung muss sich bei einem Verzicht auf das Instrument der Beanstandung im Klaren sein, dass ohne eine solche Beanstandung die Rügemöglichkeit des Verfahrensverstoßes in der Revisionsinstanz entfällt. Ein Verzicht auf eine Beanstandung setzt daher eine bewusste Entscheidung im Hinblick auf Verteidigungsziel und Taktik im jeweiligen Prozess voraus. Maßstab für die Entscheidung muss das Verteidigungsziel und nicht das Harmoniebedürfnis oder persönliche Erwägungen der Verteidigung sein.

c) Mitwirkung durch Zustimmung

Der Verteidigung stehen weiterhin dadurch Möglichkeiten zur Einflussnahme zur **132** Verfügung, dass eine notwendige Zustimmung erteilt oder eben nicht erteilt wird. Dies ist zB bei der Frage der Verlesung von Urkunden von Bedeutung.

Nach § 251 I Nr. 1 nF StPO kann die Vernehmung von Zeugen, Sachverständigen oder Mitbeschuldigten durch die Verlesung früherer Vernehmungsschriften oder einer Urkunde ersetzt werden, die eine von ihm stammende schriftliche Erklärung enthält, wenn der Angeklagte einen Verteidiger hat und alle Verfahrensbeteiligten zustimmen.

Die Verteidigung kann durch die Erklärung ihrer Zustimmung zB das Erscheinen **133** eines Zeugen vermeiden, dessen Erscheinen evtl unzweckmäßig wäre, dessen erste Aussage entlastend ist und so auch gewertet werden wird oder dessen weitergehende persönliche Vernehmung einen Nachteil für den Angeklagten darstellen könnte – etwa weil weitere Taten durch den Zeugen bekundet werden könnten.

---

218 BGH NStZ 1997, 198
219 BGHSt 1, 322

134   Andererseits kann und sollte die Zustimmung immer dann verweigert werden, wenn – wie im Regelfall – eine persönliche Befragung des Zeugen wichtig ist. So wird insbesondere bei der Verlesung von Aussagen von verdeckten Ermittlern grundsätzlich von der Verteidigung keine Zustimmung zu erwarten sein. Die vom Gericht in diesem Fall möglicherweise erhoffte unkomplizierte Erledigung wird meist nicht im Interesse der Verteidigung liegen, da damit alle Fragen hinsichtlich der Zulässigkeit der Sperrerklärung, der Versagung der Aussagegenehmigung, der Erreichbarkeit des Beweismittels, der Möglichkeit und Zulässigkeit von Videoübertragungen etc abgeschnitten wären, die für die Verteidigung von großer Bedeutung sind und zahlreiche Ansätze für eine Revision bieten.

d) Widerspruch gegen Akte der Beweiserhebung

aa) Allgemeines

135   Praktisch von erheblicher Bedeutung ist die von der RS des BGH in den letzten Jahren verstärkt vertretene »Widerspruchslösung«. Diese RS betrifft die Frage nach den Rechtsfolgen von Verfahrensfehlern bei der Beweiserhebung im Ermittlungsverfahren und den sich daraus möglicherweise ergebenden Beweisverwertungsverboten.

136   Das Gebot des Widerspruchs soll den Grundsätzen von BGHSt 38, 214, 225 f entnommen werden.[220]

In dieser Entscheidung wird ein Beweisverwertungsverbot wegen einer auf Belehrungsmängeln beruhenden Beeinträchtigung des Rechts des Beschuldigten, sich redend oder schweigend zu verteidigen, grundsätzlich bestätigt.

Das Beweisverwertungsverbot wird jedoch eingeschränkt auf die Fälle, in denen der Belehrungsmangel für die Nichtausübung des Schweigerechts ursächlich geworden ist, eine Zustimmung zur Verwertung fehlt und ein Widerspruch des verteidigten oder vom Vorsitzenden belehrten Angeklagten gegen die Verwertung seiner früheren Aussage in der Hauptverhandlung erfolgt.

137   Eine nähere Begründung für das Erfordernis des Widerspruchs und seine Befristung wird nicht gegeben. Es handelt sich aber um eine Begrenzung des Beweisverwertungsverbots.

bb) Die entwickelte Widerspruchslösung

138   Eine überzeugende dogmatische Herleitung für das Erfordernis des Widerspruchs wurde von der RS weder in BGHSt 34, 214 noch in früheren oder späteren Entscheidungen gegeben.[221]

Es wurde lediglich darauf hingewiesen, dass durch die Einschränkung des Verwertungsverbots die Rechte des Angeklagten nicht in unangemessener Weise beschränkt werden. Diese Einschränkungen entsprächen der besonderen Verantwortung des Verteidigers und seiner Fähigkeit, Begründungsmängel aufzudecken. Die von Meyer-Goßner vertretene Auffassung,[222] die RS habe die Fälle der Beweisverwertungsverbote auf weitere Verfahrensmängel ausgedehnt und habe somit zusätzliche Rechte des Angeklagten geschaffen, die unter den Vorbehalt des Widerspruchs

---

220 Vgl BGH NStZ 1996, 200, 202; StV 1997, 57 f
221 RGSt 50, 364; 58, 100; BGHSt 1, 284; 9, 24; 31, 140
222 Meyer-Goßner StraFo 1998, 258, 260

gestellt werden könnten, gibt ebenfalls keine dogmatische Begründung für die Frage, warum der Verstoß gegen diese Verfahrensvorschriften nicht von Amts wegen zu beachten sein sollte.

Die »Widerspruchslösung« der RS beruht auf der Zweistufigkeit der Beweiserhebung vor und in der Hauptverhandlung und dem Hinzutreten eines Verwertungsaktes bei der Urteilsberatung. Sie sieht in der widerspruchslosen zweiten Beweiserhebung in der Hauptverhandlung über den Inhalt der früheren Äußerung eine Heilung des ursprünglichen Rechtsfehlers. Die Möglichkeit der Heilung resultiert aus dem Eingriff in disponible subjektive Rechte. Der Angeklagte kann durch Reden auf sein Schweigerecht, durch Nichtbeauftragung eines Verteidigers auf dessen Beistand, durch Nichterscheinen auf sein Anwesenheitsrecht bei Vernehmung in Vor- und Zwischenverfahren verzichten.

139

Durch das Akzeptieren der erneuten Beweiserhebung in der Hauptverhandlung kann er auch den Verfahrensfehler der früheren Beweiserhebung heilen.

So führen beispielsweise die fehlende Belehrung des Beschuldigten oder zeugnis- oder auskunftsverweigerungsberechtigter Personen vor der Vernehmung, die Verweigerung der Hinzuziehung eines Verteidigers trotz des ausdrücklichen Wunsches des Beschuldigten, die unzulässige Anordnung einer Telefonüberwachung etc im Gegensatz zu den verbotenen Vernehmungsmethoden nach § 136 a StPO nicht zwingend zu einer Unverwertbarkeit des Beweisergebnisses.

Der Angeklagte hat nach der Konstruktion des BGH ein Dispositionsrecht. Seine Aussage kann nicht nur dann zur Grundlage des Urteils gemacht werden, wenn er ausdrücklich zustimmt, sondern auch wenn er nach einer richterlichen Belehrung über das Recht, der Verwertung zu widersprechen, oder im Beistand eines Verteidigers den Widerspruch unterlässt.

Die richterliche »Widerspruchslösung« knüpft folglich nicht an eine positive Verzichtserklärung, sondern an das Unterlassen eines Widerspruchs an. Deshalb wird umgekehrt die Widerspruchserklärung zur notwendigen Voraussetzung des Beweisverwertungsverbots. Sie ist dabei eine unmittelbar auf Herbeiführung einer Rechtsfolge abzielende Prozesserklärung – eine sog »Beweiswirkungshandlung«.

140

Damit stellt der Widerspruch zugleich eine wesentliche Förmlichkeit der Hauptverhandlung iS von § 273 StPO dar und bedarf deshalb der Protokollierung.

Dementsprechend hat die Verteidigung darauf zu achten, dass die mit dem Widerspruch zusammenhängenden Verfahrensvorgänge, insbesondere der Widerspruch selbst und seine Begründung in das Protokoll der Hauptverhandlung aufgenommen werden.[223]

141

Sofern der Angeklagte in der Hauptverhandlung verteidigt wird, soll die Belehrung über das Widerspruchsrecht unterbleiben dürfen.[224]

142

Denn der Verteidiger habe die »besondere Verantwortung« und die »Fähigkeit, Belehrungsmängel aufzudecken und zu erkennen, ob die Berufung auf das Verwertungsverbot einer sinnvollen Verteidigung dient«.[225]

---

223 Vgl BayObLG NJW 1997, 404; OLG Celle StV 1997, 68
224 Vgl M-G § 136 a Rn 27 mwN
225 BGHSt 38, 214, 226 f

143   Der BGH hat einen Widerspruch zB in den folgenden Fällen verlangt:

– die Anwesenheit der Verteidigung bei der polizeilichen Vernehmung des Beschuldigten wurde vereitelt, der Beschuldigte sagte bei der Vernehmung zur Sache aus;[226]

– der Angeklagte wurde vor seiner Vernehmung im Ermittlungsverfahren nicht ordnungsgemäß gem § 136 I 2 StPO belehrt und machte Angaben zur Sache;[227]

– der Angeklagte wollte ein Verwertungsverbot hinsichtlich einer Aussage geltend machen, die er als Zeuge ohne Belehrung über sein Auskunftsverweigerungsrecht nach § 55 I StPO gemacht hatte;[228]

– der Beschuldigte hatte eine nach § 136 I 2 StPO erfolgte Belehrung infolge seines geistig-seelischen Zustands nicht verstanden und sagte aus;[229]

– der Verteidiger hat nicht rechtzeitig einen beweisthemenbezogenen Widerspruch gegen die Verwertung von Beschuldigtenangaben im Hinblick auf die Verletzung des Verteidigerkonsultationsrechts erhoben, dann ist ein Widerspruch bezogen auf jeden einzelnen zeugenschaftlich vernommenen Vernehmungsbeamten erforderlich;[230]

– die für die richterliche Vernehmung geltende Benachrichtigungspflicht wurde verletzt.[231]

– für die Beanstandung der Verwertung der Erkenntnisse aus einer Telefonüberwachung (Zufallsfund).[232]

Auch ohne einen Widerspruch dürfen Aufzeichnungen des Beschuldigten, die dieser sich erkennbar zu seiner Verteidigung in dem gegen ihn laufenden Strafverfahren gemacht hat, nicht verwertet werden. Dies gilt selbst dann, wenn der Verteidiger des Beschuldigten erklärt hatte, die Aufzeichnungen könnten zum Akteninhalt gemacht werden. In der Verteidigererklärung liegt kein Einverständnis des Beschuldigten.[233]

144   Von der Literatur wurden die Grundsätze der Widerspruchslösung nahezu einhellig kritisiert.[234]

Ungeachtet der unseres Erachtens berechtigten Kritik in der Literatur hat sich die Verteidigung auf diese Widerspruchslösung einzustellen.

cc)   Konsequenzen der Widerspruchslösung für die Verteidigung

145   Eine weitere Ausdehnung der »Widerspruchslösung« ist abzusehen.

Der BGH hat bereits die Anwendung der »Widerspruchslösung« auf Beweisverbote bei heimlichen Ermittlungsmethoden[235] und auf die Fortwirkung eines Beweisverwertungsverbots nach § 136a III StPO mangels »qualifizierter« Belehrung erwogen.

146   Die Verteidigung muss deshalb **stets** Widerspruch gegen die Verwertung eines jeden Beweises erheben, für den nach ihrer Auffassung ein Beweisverwertungsverbot be-

226 BGHSt 42, 15; 38, 372; BGH StV 83, 319 m Anm Schlothauer
227 BGHSt 38, 214
228 BayObLG StV 2002, 179
229 BGHSt 39, 349, 352
230 BGH StV 2004, 57
231 BGHSt 42, 86
232 BGH StV 2001, 545
233 OLG Naumburg, StV 2004, 529 (530)
234 Vgl Bohlander NStZ 1992, 504; Widmaier NStZ 1992, 519; Fezer JR 1992, 385; Maul/Eschelbach StraFo 1996, 66; Dahs StraFo 1998, 253
235 BGH StV 1995, 283, 286

steht, zB bei der Einf von Ergebnissen der akustischen Überwachung von Geheimnisträgern, die nach § 100 d III StPO von der Gruppe der zulässigerweise abhörbaren Personen ausgenommen sind. Für den Widerspruch sind folgende Aspekte zu beachten:

Der Verteidiger muss jeder einzelnen (verbotenen) Beweiserhebung gesondert widersprechen.[236]

147

Auch dem **Vorhalt** eines unverwertbaren Beweismittels muss die Verteidigung widersprechen. Ob die vom 3. Strafsenat in der Entscheidung BGH StV 1987, 233 in einem obiter dictum vertretene Auffassung, Vorhalte seien Vernehmungsbehelfe, die immer möglich sein müssten, Bestand haben kann, wird der Entscheidung der Revisionsgerichte nach einem Widerspruch vorbehalten bleiben.

Wirksam ist die Widerspruchserklärung jedoch nur, wenn die sonstigen Voraussetzungen für das Beweisverwertungsverbot vorliegen, insbesondere der bedeutsame Rechtsfehler bei der ursprünglichen Beweiserhebung.

148

Damit wird dem Unterlassen eines Widerspruchs ein Erklärungswert beigemessen, der einer Zustimmung zukommen kann. Der Verteidiger soll damit die Verantwortung dafür tragen, ob ein früher gewonnenes Beweismittel in der Hauptverhandlung verfügbar ist oder nicht.

149

Als Konsequenz dieser RS wird die Verteidigung bei jeder zweifelhaften Verfahrenslage vorsorglich ihren Widerspruch erklären und somit einen Teil der Verantwortung an die Gerichte zurückreichen. Diesen obliegt dann die Prüfung, womit ein größerer Beratungs- und Begründungsaufwand für sie entstehen dürfte, als bei einer sofortigen Prüfung von Amts wegen.

150

Der Widerspruch ist **zeitlich** in unmittelbarem Zusammenhang mit der Beweiserhebung geltend zu machen. Die RS begrenzt den Widerspruch zeitlich auf den Rahmen des Äußerungsrechts nach § 257 StPO als den spätesten Zeitpunkt für die Geltendmachung. Sofern ein Widerspruch nicht oder verspätet erhoben worden ist, kann er auch nach der Zurückverweisung der Sache in einer neuen Hauptverhandlung nicht mehr geltend gemacht werden.[237]

151

Möglich ist es, dass der Verteidiger zB einer Entlassung von Zeugen oder Sachverständigen zunächst nicht zustimmt und sich somit das Widerspruchsrecht spätestens bis zum Zeitpunkt der Entscheidung über die Entlassung des Zeugen oder Sachverständigen erhalten kann.

152

Aus Gründen der Prozessökonomie und der Rechtsklarheit sollte der Widerspruch jedoch so früh wie möglich erklärt werden. Die Erhebung eines Widerspruchs kann also bereits vor der Hauptverhandlung erfolgen. Dogmatisch handelt es sich dabei um die Ankündigung eines Widerspruchs in der Hauptverhandlung. Nur so kann erreicht werden, dass das als unverwertbar angesehene Beweismittel erst gar nicht in die Hauptverhandlung eingeführt wird, wenn der Tatrichter die Rechtsauffassung teilt. Dies ist im Hinblick auf eine Meinungsbildung, vor allem der Schöffen, wichtig. So können ggf auch Zwangsmaßnahmen wie Durchsuchung oder Haft oder auch eine Anklageerhebung wegen entfallener Beweismittel verhindert werden. Das Gericht kann sich auf die Notwendigkeit anderer Beweiserhebungen einrichten. Wenn es – trotz des vor der Hauptverhandlung erhobenen Widerspruchs –

153

---

236 BGHSt 39, 349 ff
237 OLG Oldenburg StV 1996, 416

in der Hauptverhandlung dennoch den Beweis erheben will, muss **zwingend nochmals** widersprochen werden, ein Widerspruch im Ermittlungs- oder Zwischenverfahren wirkt nach der RS des BGH nicht fort.[238]

154 Sofern ein Widerspruch erst in der Hauptverhandlung erhoben wird, muss der Verteidiger insbesondere darauf achten, dass nicht mit der verbotenen Beweiserhebung begonnen wird. Denn trotz der Unverwertbarkeit kann sich der Inhalt der Beweiserhebung in den Köpfen der Richter, speziell der Schöffen festsetzen. Der Verteidiger muss vielmehr darauf drängen, dass die mit dem Beweisverwertungsverbot zusammenhängenden Fragen vorab geklärt werden. Deshalb sollte er vor der entsprechenden Beweiserhebung den Widerspruch erheben.

Sollte die Hauptverhandlung ausgesetzt werden und bereits ein Widerspruch erhoben worden sein, so ist bei Fortsetzung der Verhandlung der Widerspruch erneut zu erheben. Dies halten wir mit Burhoff,[239] entgegen der durch OLG Stuttgart[240] getroffenen Entscheidung des Fortwirkens eines solchen Widerspruchs in der erneut anberaumten Hauptverhandlung, wegen der Ausweitung der Widerspruchslösung durch die RS für geboten.

Mit einem Widerspruch vor der Beweiserhebung in der Hauptverhandlung kann die Verteidigung das bereits im Vorverfahren entstandene Beweisverbot dann aber, ggf auch mit Hilfe des Zwischenrechtsbehelfs nach § 238 II StPO, als Beweisverwertungsverbot für die Hauptverhandlung zur Geltung bringen.

Zu beachten ist stets, dass eine Nachholung eines zunächst nicht erhobenen Widerspruchs nicht möglich ist.[241]

Auch hat der Verteidiger unbedingt darauf zu achten, dass der Widerspruch in das Protokoll der Hauptverhandlung aufgenommen wird. Damit nicht von einem späteren stillschweigenden Verzicht auf den zuvor einmal erhobenen Widerspruch ausgegangen wird, ist es erforderlich, den Widerspruch zu wiederholen, wenn das Gericht erneut auf dasselbe Beweismittel zurückgreift, so zB beim Abspielen von Telefongesprächen über mehrere Verhandlungstage hinweg.

155 Als Prozesshandlung ist der Widerspruch grundsätzlich bedingungsfeindlich. Als »sofortiger« Widerspruch soll er Rechtsklarheit schaffen und müsste eigentlich auch unanfechtbar und unwiderruflich sein. Nach der RS ist er das aber gerade nicht. Der Angeklagte kann seinen Widerruf bis zum Ende der Beweisaufnahme zurücknehmen und dadurch die Verwertung des Beweises freigeben.

Damit wird auch die Zumutbarkeit des Widerspruchserfordernisses begründet, jedoch entfällt damit dogmatisch auch der Grund für das Erfordernis eines »sofortigen« Widerspruch.

dd) Einwände gegen die Widerspruchslösung

156 Grundsätzlich sind Beweisverbote in jeder Lage des Verfahrens von Amts wegen zu prüfen. Davon weicht die Widerspruchslösung uE ohne überzeugende Begründung und ohne Not ab. Sie ist nur auf die Hauptverhandlung des Tatgerichts bezogen und lässt eine Prüfung von Amts wegen entbehrlich sein, solange der verteidigte oder belehrte Angeklagte der Verwertung eines erhobenen Beweises nicht wider-

---

238 BGH NStZ 1997, 502; aA Schlothauer, Lüderssen-FS, S 769
239 Burhoff, StraFo 2003, 267 (270)
240 OLG Stuttgart, StV 2001, 389 f
241 BayObLG NJW 1997, 404

spricht. Dies kann zu widersprüchlichen Entscheidungen führen, wenn in einem Verfahren in zwei Tatsacheninstanzen verhandelt wird. Sachgerechter wäre eine Prüfung von Amts wegen auch im Hinblick auf die abschließende Entscheidung des Staatsanwalts nach § 170 StPO, die ggf auf der Annahme der Verwertbarkeit der nach der Widerspruchslösung später annullierbaren Beweise beruht.

Eine umfassende Prüfung der Verwertbarkeit der erhobenen Beweise bereits bei Abschluss der Ermittlungen ist daher erforderlich. Auch erscheint eine Überprüfung der Verwertbarkeit der Beweise ohne Widerspruch von Amts wegen iS des Gleichbehandlungsgrundsatzes geboten. **157**

Bedenklich erscheint auch die Gleichsetzung des verteidigten Angeklagten mit dem von dem Vorsitzenden belehrten Angeklagten. Zum einen kann die Kommunikation zwischen Angeklagten und dem Gericht Mängel aufweisen. Des Weiteren ist es einem Verteidiger möglich, die Folgen eines Widerspruchs zu prüfen und zu überdenken. Hingegen kann und darf der Vorsitzende, um seine Neutralität nicht einzubüßen, nicht über die Zweckmäßigkeit des Widerspruchs für den Angeklagten beraten, sondern nur auf die Widerspruchsmöglichkeit als solche hinweisen. **158**

Die Widerspruchslösung könnte auf alle unselbstständigen Beweisverwertungsverbote ausgedehnt werden, soweit diese aus der Verletzung verzichtbarer subjektiver Rechte bei der Beweiserhebung resultieren. Notwendig ist eine vorherige generelle, die Ausdehnung tragende Begründung der RS. Dabei ist aber fraglich, ob es sachgerecht ist, die Verwertbarkeit von Teilen der Beweisaufnahme erst in der Hauptverhandlung und dort im Anschluss an die Beweiserhebung zur Disposition des Angeklagten zu stellen. Wichtiger wäre es, bereits im Zwischenverfahren eine verbindliche Entscheidung über die Verwertbarkeit des Beweisstoffes herbeizuführen, der danach in die Hauptverhandlung eingeführt oder aus ihr ferngehalten werden kann. **159**

In der Strafsache **160**
gegen ...
Az.: ...

widerspricht die Verteidigung der Verwertung der Aussage des Zeugen G, die sich auf den Inhalt des Gesprächs zwischen dem Zeugen G und dem Beschuldigten am 10.04.2005 am Tatort bezieht.

Der Zeuge G war als Polizeibeamter des KK Z von Anfang an in die Ermittlungen im hiesigen Verfahren eingebunden und für sie zuständig. Als er nach dem gemeldeten Fenstersturz einer Frau am Tatort eintraf und dem Beschuldigten begegnete, gab er sich ihm gegenüber nicht als ermittelnder Polizeibeamter zu erkennen und belehrte den Beschuldigten nicht über seine Rechte, insbesondere sein Auskunftverweigerungsrecht und das Recht, sich mit einem Verteidiger zu beraten. Vielmehr nutzte er den offensichtlich verzweifelten Gemütszustand des Beschuldigten und erklärte ihm, der Beschuldigte werde sich besser fühlen, wenn er sich alles von der Seele reden würde, er höre ihm zu. Der Beschuldigte berichtete daraufhin von den Streitigkeiten zwischen ihm und seiner Frau und legte das Geständnis ab, er habe seine Frau aus dem Fenster gestürzt.

Der Beschuldigte hat nach diesem Gespräch und nach einer ordnungsgemäßen Belehrung, sowie in der Hauptverhandlung von seinem Schweigerecht Gebrauch gemacht.

Der Inhalt des Gesprächs zwischen dem Zeugen G und dem Angeklagten am Tatort unterliegt einem Beweisverwertungsverbot gem § 136 a StPO. Der ermittelnde Polizeibeamte G hat den heutigen Angeklagten getäuscht und damit eine verbotene Vernehmungsmethode verwandt, da er dem Angeklagten nicht gesagt hat, dass er ermittelnder Beamter war und die Angaben im Verfahren Verwendung finden würden. Er ließ den Angeklagten in dem Glauben, seine Angaben seien vertraulich und dienten nur der seelischen Entlastung, keinesfalls jedoch seiner eigenen Überführung im Strafverfahren.

Groß-Bölting/Kaps

> Daneben ist der Angeklagte vor seinen Angaben auch nicht ordnungsgemäß belehrt worden, § 136 StPO. Auch diese fehlende Belehrung über sein Schweigerecht und das Recht, sich anwaltlich beraten zu lassen, ziehen ein Beweisverwertungsverbot nach sich.
>
> Rechtsanwältin / Rechtsanwalt

2. Aktive Tätigkeiten der Verteidigung

161 Der Verteidigung stehen durch das Beweisantragsrecht und durch ihr Erklärungsrecht darüber hinaus eigene Rechte zu, aktiv in die Gestaltung der Beweisaufnahme einzugreifen.

a) Das Erklärungsrecht des Angeklagten und des Verteidigers nach § 257 StPO

162 § 257 StPO regelt das Erklärungsrecht des Angeklagten, des Staatsanwalts und des Verteidigers nach jeder Beweiserhebung. Bereits bei einer Sichtung der dazu ergangenen höchstrichterlichen Entscheidungen zeigt sich, dass dieses Recht zumindest im Rahmen der revisionsrechtlichen RS nur eine untergeordnete Rolle spielt. Dennoch ist es ein aktives Mittel der Verteidigung, die Entscheidung noch in der Tatsacheninstanz nach den eigenen Vorstellungen zu beeinflussen.[242]

163 Zunächst ist zwischen dem Erklärungsrecht des Angeklagten und dem des Verteidigers zu unterscheiden.

aa) Des Angeklagten

164 § 257 I StPO sieht vor, dass der Angeklagte nach jeder Beweisaufnahme bzw nach jeder Vernehmung eines Mitangeklagten befragt wird, ob er etwas zu erklären habe. Diese Regelung sichert das rechtliche Gehör des Angeklagten, außerdem soll die Sachaufklärung gefördert werden. Das Erklärungsrecht ist eine höchstpersönliche Befugnis. Es steht dem Angeklagten und denjenigen Personen zu, denen die Verfahrensrechte des Angeklagten zustehen. Nach hM steht es den Erziehungsberechtigten und den gesn Vertretern nicht zu.[243] Erklärungen des Verteidigers für den Angeklagten dürfen zurückgewiesen werden, sofern sie sich nicht als Ausfluss der Wahrnehmung des eigenen Erklärungsrechts nach Absatz 2 auslegen lassen. Allerdings darf der mit schriftlicher Vollmacht versehene Verteidiger Erklärungen des in der Hauptverhandlung abwesenden Angeklagten übermitteln, nicht jedoch den Sachvortrag ergänzen.[244] Es ist die **Aufgabe des Vorsitzenden** ob seiner Sachleitungsbefugnis, den Angeklagten zu befragen, ob er etwas zu erklären habe. Der Vorsitzende hat diese Aufgabe nach pflichtgemäßem Ermessen auszuüben (obwohl »Sollvorschrift«) und darf sie nicht in eine Vernehmung zur Sache umfunktionieren. Die Befragung darf ohne besonderen Grund nicht unterbleiben. Str ist, ob sie durch eine zu Anfang der Verhandlung oder der Beweisaufnahme stehende Belehrung über das Recht aus § 257 StPO ersetzt werden darf. Dagegen spricht, dass rechtsunkundige Angeklagte aus Schüchternheit, Unkenntnis oder Befangenheit ihre Verteidigung möglicherweise nicht ausschöpfen würden oder dass sie die Belehrung, die möglicherweise Tage zurückliegen kann, schon vergessen haben könnten.[245]

---

242 Vgl dazu auch Hohmann StraFo 1999, 153 ff, LR-Gollwitzer § 257 Rn 25
243 AA LR-Gollwitzer § 257 Rn 9
244 SK-StPO-Schlüchter § 257 Rn 3
245 Vgl zum Streitstand SK-StPO-Schlüchter § 257 Rn 4

Das Recht des Angeklagten darf durch die Ordnungsmittel der §§ 176 ff GVG be- **165** schnitten werden.

Das Erklärungsrecht ist dahingehend begrenzt, dass ein zeitlicher, sachlicher und persönlicher Bezug zu wahren ist.

Der zeitliche Bezug meint, dass nur Erklärungen statthaft sind, die zeitnah nach der jeweiligen Beweisaufnahme liegen.

Zu früheren Vorgängen in der Hauptverhandlung darf eine Erklärung nur abgegeben werden, wenn sie mit der soeben abgeschlossenen Beweiserhebung zusammenhängt.

Der Schlussvortrag darf hingegen nicht vorweggenommen werden.[246]

Sachlich muss die Erklärung die vorangegangene einzelne Beweiserhebung betref- **166** fen (zB Beweis durch Zeugen, Sachverständige, Urkunden und auch durch Augenschein) oder die abgeschlossene Vernehmung eines Mitangeklagten.

Persönlich darf der Angeklagte nur eigene Verfahrensinteressen wahrnehmen. Dies bedeutet, dass er keine Erklärungen zu Beweisaufnahmeteilen abgeben darf, die ausschließlich den Strafvorwurf eines Mitangeklagten betreffen.

Erklärungen des Angeklagten selbst nach § 257 StPO stehen dem Schweigen des **167** Angeklagten zur Sache grundsätzlich nicht entgegen. Bei schweigenden Angeklagten besteht jedoch die Gefahr, dass der Angeklagte während seiner Erklärung doch Angaben zur Sache macht und damit die Verwertbarkeit seines Teilschweigens herbeiführt. Aber auch Erklärungen des Verteidigers können nach der RS des BGH in besonderen Fällen als Einlassung des Angeklagten gewertet werden, wenn der Verteidiger stellvertretend für seinen Mandanten und nicht aus eigenem Recht Erklärungen abgibt. So stellte der 1. Senat des BGH in seinem Beschluss vom 14. 8. 1997 die Behauptung auf, dass Erklärungen zur Sache, die der Verteidiger in der Hauptverhandlung in Anwesenheit seines Mandanten, der keine Angaben zur Sache macht, für diesen abgibt, ohne weiteres als Einlassung des Angeklagten verwertet werden dürften.[247] Gibt der Verteidiger eine Erklärung ab, ist daher deutlich zu machen, dass er sein eigenes Erklärungsrecht nach § 257 II StPO wahrnimmt.

Grundsätzlich gilt, dass der Angeklagte nur gut vorbereitete und mit dem Verteidi- **168** ger abgesprochene Erklärungen abgeben sollte. Gut vorbereitet kann das Erklärungsrecht des Angeklagten zusätzlich zu dem des Verteidigers als taktisches Mittel sinnvoll sein.

bb) Des Verteidigers

§ 257 II StPO sieht ein Erklärungsrecht des Staatsanwalts und des Verteidigers nach **169** der Vernehmung des Angeklagten und nach jeder Beweiserhebung vor. Es wird auf **Verlangen** gewährt.

Das Erklärungsrecht dient der Wahrnehmung der Rechte der Prozessbeteiligten und soll die Sachverhaltsaufklärung fördern. Anders als beim Beweisantragsrecht ist das Gericht jedoch nicht durch das Gebot des fairen Verfahrens und durch einen wünschenswerten offenen Dialog gehalten, etwa aufgetretene Missverständnisse auszuräumen.[248]

---

246 M-G § 257 Rn 8, mwN
247 Dazu die krit Anm Park StV 1998, 59 ff
248 BGH Beschl vom 3. 9. 1997 – 5 StR 237/97 in BGHR § 257 II StPO

Gelegenheit zur Erklärung ist zu geben, wenn es von einem Berechtigten gefordert wird. Die Initiative muss also vom Verteidiger ausgehen.

170 Der Vorsitzende braucht den Berechtigten keinen Hinweis zu erteilen oder sie besonders zu befragen. Er hat aber im Rahmen der ihm aufgegebenen Sachleitung (§ 238 I StPO) die Gelegenheit zu gewähren, sofern das Verlangen (durch Wortmeldung) deutlich wird. Der Verteidiger hat abzuwarten, bis der Vorsitzende ausdrücklich oder schlüssig das Wort erteilt. Hierzu ist dieser nach pflichtgemäßem Ermessen verpflichtet. Ungeeignete Vorträge darf der Vorsitzende nach § 257 III StPO zurückweisen. Die Vorschrift begrenzt das Erklärungsrecht dahingehend, dass die Erklärungen nicht den Charakter eines Schlussvortrags annehmen dürfen.

171 Auch die Erklärung des Verteidigers ist zeitlich, sachlich und persönlich begrenzt auf die vorangegangene, beendete Beweisaufnahme.

Es ist Raum, insbesondere zum Beweiswert des Beweismittels Stellung zu nehmen, Unklarheiten und Widersprüche aufzuzeigen, auf Zusammenhänge mit anderen Beweismitteln hinzuweisen. § 257 II StPO gibt für eine Gegendarstellung zur Anklage sowie für Erläuterungen zur Prozessstrategie erst dann Gelegenheit, wenn die den gesamten Prozessgegenstand betreffende Vernehmung des Angeklagten zur Sache beendet ist. Dabei müssen die Grenzen des Erklärungsrechts gewahrt bleiben.

172 Die Bedeutung des Erklärungsrechts nach § 257 II StPO kann es aber auch gebieten, zu seiner Wahrnehmung die Verhandlung auszusetzen. Hierzu müssen aber konkrete Anhaltspunkte vorliegen, aus denen sich ergibt, dass der Erklärungsberechtigte – etwa aufgrund unvorhergesehener Umladung von Zeugen – nicht zu einer Stellungnahme in der Lage ist, sondern zuvor Erkundigungen anstellen muss.[249]

173 Das Erklärungsrecht kann dazu dienen, die Sicht der Verteidigung vom Ergebnis der Beweisaufnahme zu dokumentieren. Es besteht jedoch kein Anspruch auf einen Hinweis des Gerichts bei abwer Beweiswürdigung. So entschied der BGH mit Beschluss vom 03. 09. 1997, dass auch unter dem Gesichtspunkt fairer Verfahrensgestaltung in der Hauptverhandlung ein Zwischenverfahren, in dem sich das Gericht auf Inhalt und Ergebnis einzelner Beweiserhebungen erklären müsste, nicht vorgesehen ist. In dem zu entscheidenden Fall hatte die Verteidigung beantragt, dass das Gericht ihr einen Hinweis darauf erteilen solle, ob es die Aussage einer Zeugin anders verstanden habe, als sie die Verteidigung in ihrer Erklärung gem § 257 II StPO gewürdigt hatte.

cc) Rechtsbehelfe

174 Die Sachleitungsbefugnis nach § 238 I StPO ist die Grundlage für sämtliche Anordnungen des Vorsitzenden im Rahmen des § 257 StPO.

Gegen sie kann daher gem § 238 II StPO die Entscheidung des Gerichts beantragt werden.

Der betreffende Prozessbeteiligte kann es beanstanden, dass ihm die Worterteilung versagt oder ihm das Wort wegen Überschreitung der dem Erklärungsrecht gezogenen Grenzen entzogen worden ist.

175 Die Revision kann gem § 338 Nr. 8 StPO auf die Verletzung von § 257 StPO gestützt werden, wenn dieser Verstoß Einfluss auf die Verteidigung des Angeklagten und damit auch auf das Urteil gehabt haben kann. Bei der Revisionsbegründung

---

249 Odenthal NStZ 1988, 540 f

sind die hierfür einschlägigen Tatsachen vorzutragen, zB fehlerhafter Gerichtsbeschluss nach Beanstandung eines Prozessbeteiligten[250] oder ermessensmissbräuchliche Nichtbefragung des Angeklagten nach Absatz 1.[251] Es ist jeweils abzuwägen, ob sich der Verstoß in erforderlichem Maße auf das Urteil ausgewirkt hat. Dies gilt selbst für die Fälle des fehlerhaften Gerichtsbeschlusses nach § 238 II StPO, denn es stehen dem Verteidiger andere Möglichkeiten offen, sich zu erklären, vor allem im Schlussvortrag. Gleichwohl müssen Ausnahmen denkbar sein, in denen die Verteidigung in einem wesentlichen Punkt beschränkt worden ist, zB bei Großverfahren, die sich über Wochen und Monate erstrecken.[252]

Eine Revision kann auf eine Verletzung von § 257 StPO nicht gestützt werden, sofern das rechtliche Gehör insgesamt gewährt wurde.[253]

Als Beispiel für eine Erklärung des Verteidigers stellen wir folgenden Text vor: **176**

> **In der Strafsache**
> **./. S**
> **25 KLs 15/95**
>
> Möchte ich zu der soeben erfolgten Identifizierung meines Mandanten als Täter der angeklagten Körperverletzung durch den Zeugen X, der auch Nebenkläger ist, im Rahmen einer Stellungnahme gem § 257 II StPO das erkennende Gericht auf einen Umstand hinweisen, der bei dieser Beweisfrage nicht übersehen werden darf:
>
> Den Rechtsanwälten der Nebenkläger ist von der Staatsanwaltschaft im Ermittlungsverfahren unter dem 19. 10. 1994 Akteneinsicht gewährt worden, zu diesem Zeitpunkt enthielt die Akte bereits die Legenden zur Lichtbildanlagenkarte, die Lichtbildmappe selbst sowie das Anlageblatt zur Videogegenüberstellung. Diese Unterlagen sind den Nebenklägervertretern trotz der Vorschrift des § 406 e II StPO mitüberlassen worden.
>
> Die Legende zu der Lichtbildmappe wie auch die Anlagenkarte zu der Videogegenüberstellung bezeichnen jeweils namentlich, welche Person unter welcher laufenden Nr. abgebildet bzw gefilmt ist.
>
> Spätestens ab diesem Zeitpunkt ist jegliches Wiedererkennen eines Angeklagten durch einen Nebenkläger ohne jeden Beweiswert.
>
> Rechtsanwalt

b) Beweisantragsrecht im weiten Sinne

Der Verteidiger hat die Möglichkeit, förmliche Beweisanträge, Beweisermittlungsanträge und Beweisanregungen in die Hauptverhandlung einzubringen. **177**

aa) Beweisanträge

Das Beweisantragsrecht dient aus Sicht des Angeklagten der Ergänzung der von Amts wegen zu erhebenden Beweise zu seinen Gunsten. Das Gericht hat zwar alles zur Aufklärung notwendige zu ermitteln, durch die Beweisanträge nach § 244 StPO wird jedoch den Beteiligten ein Instrument an die Hand gegeben, mit dem das Gericht zu darüber hinaus gehender Beweiserhebung gezwungen werden kann, da einem Beweisantrag immer dann stattzugeben ist, wenn kein Ablehnungsgrund **178**

250 BGH StV 1984, 454 f
251 OLG Bremen StV 1987, 429 f
252 SK-StPO-Schlüchter § 257 Rn 17
253 BGH MDR 1967, 175; aA Hohmann, StraFo 1999, 153 (157)

nach § 244 III–V StPO vorliegt. Dies ist um so wichtiger, wenn im Ermittlungsverfahren Ermittlungsansätze unberücksichtigt geblieben sind und so keinen Eingang in die dem Gericht vorliegenden Akten gefunden haben oder eigene Nachforschungen des Angeklagten oder des Verteidigers alternative Geschehensabläufe ergeben haben.

Förmlichkeit des Beweisantrags

179 Ein Beweisantrag ist gestellt, wenn ein Verfahrensbeteiligter verlangt, dass zum Nachweis einer bestimmten Tatsache durch ein bestimmtes Beweismittel Beweis erhoben wird und die Beweisbehauptung die Tatsachengrundlage des Urteils betrifft.

180 Bei der Behauptung einer Tatsache muss der Antragsteller nicht von dieser Tatsache überzeugt sein. Er darf insoweit unter Beweis stellen, was er vermutet oder für möglich hält, braucht den Stand seines Wissens nicht zu offenbaren und braucht seine Erwartungshaltung nicht darzulegen.[254] Es muss sich jedoch immer noch um eine Behauptung einer bestimmten Tatsache handeln. Demnach darf der Verteidiger nicht aufs Geratewohl Behauptungen aufstellen, ohne dafür eine sachliche Grundlage zu haben.[255] Er muss daher alle sprachlichen Wendungen unterlassen, die Anlass geben könnten, an der Bestimmtheit zu zweifeln. Wenn das Gericht die Verteidigung nach der Erkenntnisquelle für die behauptete Tatsache fragt, so soll nach einer Auffassung bei keiner oder keiner ausreichenden Antwort der Beweisantrag wie ein Beweisermittlungsantrag zu behandeln sein.[256] Nach anderer Auffassung ist die Verteidigung zur Offenlegung ihrer Kenntnisse nicht verpflichtet, so dass der Antrag als Beweisantrag zu behandeln ist.[257] In jedem Fall wird dies gelten, wenn der Angeklagte schweigt.[258]

181 Bei den Beweistatsachen handelt es sich um wahrnehmbare, mitteilbare und vermittelbare Fakten. Umschreibende Themen, die eine Tatsachen- und Wahrnehmungsgrundlage vermissen lassen, wie zB »angeheitert«, »verhaltensgestört«, »rowdyhaftes Benehmen«, ergeben keinen Beweisantrag, da es sich nicht um Tatsachen handelt, sondern um Wertungen aus Umständen und Handlungen. Bei Wertungen und Meinungen müssen die Anknüpfungstatsachen genannt werden, aus denen sich die Bewertung ergibt.[259]

Ein entsprechend unklarer Beweisantrag ist vom Gericht durch Hinterfragen zu konkretisieren.[260] Bei alternativer Würdigung ist derjenigen der Vorzug zu geben, der zur Beweiserhebung führt.

182 Der Beweisantrag kann auch unter einer Bedingung gestellt werden, jedoch nur, wenn die Bedingung ein innerprozessualer Vorgang ist ,etwa wenn das Gericht zu einer bestimmten Auffassung gelangt oder einen bestimmten Zeugen für glaubwürdig oder unglaubwürdig hält.

Davon zu unterscheiden sind der Hilfsbeweisantrag und der Eventualbeweisantrag. Der Hilfsbeweisantrag betrifft zusammen mit einem Hauptantrag den Urteilstenor bezüglich Freispruch, Verurteilung oder Inhalt des Schuldspruch, der Eventualbeweisantrag hingegen bezieht sich auf ein Begründungselement des Urteils, zB der Annahme eines Schockzustands, dabei handelt es sich um eine Kombination von

---

254 BGH NJW 1987, 2384 mwN; M-G § 244 Rn 20
255 Herdegen StV 1990, 518 f
256 BGH StV 1985, 311; M-G § 244 Rn 20
257 BGH NStZ 1987, 181; KK-Herdegen § 244 Rn 43
258 Michalke StV 1989, 235
259 KK-Herdegen § 244 Rn 46
260 BGH StV 1997, 77 mwN

bedingtem Beweisantrag und Hilfsbeweisantrag, nämlich um einen bedingten Beweisantrag, der im Schlussvortrag als Hilfsantrag gestellt wird.[261]

Hilfsbeweisanträgen ist der Verzicht auf eine Entscheidung vor der Urteilsverkündung immanent. Der nicht zur Beweiserhebung führende Hilfsantrag braucht erst in den Urteilsgründen beschieden zu werden.   **183**

Gleiches gilt für den Eventualbeweisantrag.   **184**

Beweisanträge können dadurch gemeinschaftlich gestellt werden, dass sich andere Verfahrensbeteiligte einem solchen Antrag anschließen.

Wir stellen hierzu folgendes Formular vor: **185**

In der Strafsache
gegen
Az.:

wird beantragt,

Herrn Prof. Dr. W., X-Hospital, ladungsfähige Anschrift bekannt

als sachverständigen Zeugen zu vernehmen zum Beweis der Tatsachen, dass

a) der Zeuge Frau H für die Dauer von $9^1/_2$ Wochen stationär im X-Hospital behandelt hat und zum Zeitpunkt der Behandlung von Frau H im X-Hospital keinerlei Anhaltspunkte für eine bestehende oder latente Psychose vorlagen;

b) Frau H. auf das Psychosemedikament Zyprexa nicht reagierte, obwohl bei einer vorhandenen oder latenten Psychose zumindest eine Besserung des Zustandes bei dieser Medikation hätte eintreten müssen;

c) nach der Diagnostik des Zeugen Frau H an einer Depression und an Angstzuständen litt;

d) dem Zeugen bekannte Gedanken der Frau H. über Suizid und erweiterten Suizid von ihm als Zwangsgedanken, nicht jedoch als Anzeichen einer Psychose gewertet wurden;

e) der Zeuge aufgrund einer $9^1/_2$ Wochen dauernden Diagnostik und Beobachtung der Zeugin H eine Realisierung der Zwangsgedanken für äußerst unwahrscheinlich hielt.

Begründung:

Dem Angeklagten wird vorgeworfen, er hätte als Mitarbeiter des Jugendamtes Z verhindern müssen, dass Frau H. im Zustand der Schuldunfähigkeit ihre Tochter tötete.

Der sachverständige Zeuge Prof. Dr. W. ist der zuletzt behandelnde Psychiater von Frau H. vor der Tat.

Der Zeuge verfügt über eigene Wahrnehmungen über den psychischen Zustand von Frau H. vor der Tat.

Dies unterscheidet ihn von dem Sachverständigen D., der als Psychiater nach der Tat erstmalig am 27.03.2003 mit Frau H. Kontakt hatte und diese zum Zwecke der Klärung etwaiger Einschränkungen ihrer Schuldfähigkeit exploriert hat.

Der Sachverständige D. erklärte auf Befragen der Verteidigung, dass er über den Zeitraum vom 11.03.2003 – 27.03.2003 unmittelbar vor und nach der Tat kaum Erkenntnisse habe. Er verlasse sich für diese Zeit auf das, was Frau H. ihm gesagt habe. Nur wenn dies stimme, sei seine Diagnose richtig.

Im Hinblick darauf, dass der Sachverständige D. lediglich Schlussfolgerungen aus dem Akteninhalt und aus Angaben einer angeblich schuldunfähigen Zeugin, Frau H, ziehen kann, nicht jedoch über eigene Wahrnehmung zum Zustand der Patientin vor der Tat verfügt, ist eine Vernehmung des letzten Behandlers unerlässlich.

Ferner wird die Frage, ob Frau H. in der Klinik in der Lage war, über längere Phasen klar und eindeutig ohne Krankheitssymptome ihrem Behandlern gegenüber zu treten, von großer Bedeutung

---

261 M-G § 244 Rn 22 b

sein. Wenn nämlich der Zustand von Frau H. für die sie behandelnden Fachleute nicht gefährlich war und diese keine Gefährdung des Kindes durch die Mutter erkennen konnten, so konnte dies der Angeklagte als medizinischer Laie auch nicht.

– Rechtsanwalt / Rechtsanwältin –

Entscheidung über den Beweisantrag

186   Die stattgebende Entscheidung über den Beweisantrag trifft der Vorsitzende. Diese Anordnung bedarf keiner Begründung. Eine Ablehnung eines Beweisantrages erfordert einen Beschluss. Der Vorsitzende muss das Kollegium entscheiden lassen, wenn er ein als Beweisantrag gedachtes Beweisvorbringen mangels Substantiierung der Beweisbehauptung nicht als Beweisantrag gelten lassen will. Das Gericht hat zu entscheiden, wenn die Anordnung des Vorsitzenden beanstandet wird. Diese Entscheidung nach § 238 II StPO ist zu begründen, da sie selbst ein Antrag ist.

187   Durch die Anordnung der Beweisaufnahme ist der Beweiserhebungsanspruch des Antragstellers anerkannt worden. Sie darf nur durch förmlichen Beschluss aufgehoben werden, da die Aufhebung einer Ablehnung des Antrags entspricht, daher muss der aufhebende Beschluss auf die Ablehnungsgründe gem § 244 III–V StPO gestützt werden.

Auf das stillschweigende Absehen von einer angeordneten Beweisaufnahme kann eine Revisionsrüge nicht gestützt werden, wenn die Verteidigung nicht im Unklaren hierüber war und es auch widerspruchslos hinnahm.

188   Bezweckt ein Beweisantrag auf Gegenüberstellung die Änderung des bisherigen Aussageverhaltens des Zeugen oder ein Antrag auf Vernehmung einer jugendlichen Zeugin die Änderung oder Ergänzung der bisherigen Angaben in Videovernehmungen, so handelt es sich nur um einen nach § 244 III StPO zu bescheidenden Beweisantrag, wenn bestimmte Beweistatsachen angegeben werden, die im Verhältnis zum bereits abgeschlossenen Beweisthema **neu** sind.

Ist der Zeuge entlassen, so ist der Beweiserhebungsanspruch erledigt; eine Wiederholung liegt im Ermessen des Gerichts, das sich am Wahrheitsermittlungsgrundsatz orientieren muss.

Auf Wiederholung zielt auch eine Beweisbehauptung, welche die Aussage eines bereits vernommenen Zeugen ins Gegenteil verkehren soll.

189   Jegliche Ablehnung von Beweisanträgen muss durch Gerichtsbeschluss gem. § 244 VI StPO, der mit Gründen bekannt zumachen (§§ 34, 35 I StPO) und mit den Gründen in das Hauptverhandlungsprotokoll aufzunehmen ist, erfolgen. Ist der Beschluss gesondert gefasst worden, so ist das zu protokollieren und der Beschluss beizulegen. Der Beschluss soll den Antragsteller über die Ansicht des Gerichts informieren und ihm Gelegenheit geben, sich damit auseinander zu setzen; gleichzeitig soll einer unzulässigen Beweisantizipation vorgebeugt werden und dem Revisionsgericht die Überprüfung ermöglicht werden. Daher muss die Begründung vollständig und verständlich sein. Nicht ausreichend ist eine über den Gesetzeswortlaut nicht hinausgehende Begründung, eine Nachbesserung in den Urteilsgründen reicht nicht aus.[262]

Nennt der Tatrichter zahlreiche Ablehnungsgründe, ohne diese ausreichend darzulegen, um sich die Prüfung eines Beweisantrages zu ersparen, in der Hoffnung das

---

262 BGH StraFo 2003, 200

Revisionsgericht werde sich den passenden Grund schon heraussuchen, so ist auch diese Vorgehensweise angreifbar.[263]

Eine rein formelhafte Begründung schadet jedoch dann nicht, wenn der Antragsteller ihr ohne weiteres die tragende Erwägung des Gerichts entnehmen konnte. Bei mehreren Beweismitteln muss für jedes einzeln entschieden werden. Wenn das Beweisthema in der Begründung verfehlt wird, so ist der Beschluss rechtsfehlerhaft.[264]

190

Zu beachten ist auch, dass durch die Urteilsgründe ein Ablehnungsbeschluss nicht geändert oder ergänzt werden kann. Allerdings ist eine Prüfung und evtle Änderung in der weiteren Hauptverhandlung und noch in der Urteilsberatung möglich, dies erfordert jedoch einen Hinweis an die Verfahrensbeteiligten und ggf. eine Wiedereröffnung einer bereits geschlossenen Verhandlung.

Dementsprechend sollte sich die Verteidigung in der Hauptverhandlung eine Kopie der zu Protokoll gereichten Begründung der Ablehnung aushändigen lassen (§ 35 I 2 StPO), um spätere Änderungen unmöglich zu machen. Schließlich darf ein Beweisantrag, der nicht Hilfsbeweisantrag ist, nicht erst im Urteil beschieden werden.

Fraglich ist, ob ein Gericht durch Beschluss festlegen kann, dass ab einem bestimmten Punkt keine Beweisanträge mehr entgegengenommen werden.

Zum Teil soll dies aus dem allgemeinen Missbrauchverbot folgen, wonach rechtsmissbräuchliches Verhalten, welches einer Förderung des Strafverfahrens entgegensteht, Grundlage für die Feststellung einer Unzulässigkeit weiterer Beweisanträge durch Gerichtsbeschluss sein kann.[265]

Eine solche Einschränkung des Beweisantragrechtes, über den Wortlaut der Ablehnungsgründe des § 244 III StPO hinaus, ist jedoch abzulehnen. Hierdurch wären dem Angeklagten, unabhängig von der Erheblichkeit und Bedeutung des Beweisantrages hinaus, entlastendes Vorbringen und eine effektive Verteidigung verwehrt. Eine Ausweitung der Ablehnungsmöglichkeiten rechtfertigt sich auch nicht aus einem allgemeinen Missbrauchsverbot. Ob ein solches im Falle von Beweisanträgen besteht, ist schon fraglich,[266] zumindest vermag es nicht Rechte des Angeklagten, die nach dem Willen des Gesetzgebers zentral für eine rechtsförmige Entscheidungsfindung sind, einzuschränken.

Ablehnungsgründe

§ 244 III StPO enthält die Gründe, aus denen ein Beweisantrag abgelehnt werden darf. § 244 IV StPO ergänzt diese Gründe für den Beweisantrag auf Vernehmung eines Sachverständigen. § 244 V 1 StPO unterstellt den Augenscheinsbeweis den allgemeinen Anforderungen aus § 244 II StPO und klammert dieses Beweismittel ebenso wie § 244 V 2 StPO den Zeugenbeweis eines im Ausland zu ladenden Zeugen aus den Voraussetzungen des § 244 III StPO aus.

191

Grundsätzlich ist im Beweisantragsrecht eine antizipierende Wertung ausgeschlossen. Unter dieser Beweisantizipation versteht man die Vorwegnahme des Ergebnisses einer beantragten Beweisaufnahme. Da jedes Beweismittel gleichwertig sein muss und auch immer die Möglichkeit bestehen muss, eine beweisbedürftige Tatsache oder Behauptung auch durch den Beweis des Gegenteils zu widerlegen oder zu

192

---

263 BGH StraFo 2003, 95
264 BGH StV 1989, 140; 1990, 500; 1987, 236 f
265 LG Hamburg, StraFo 2004, 170
266 S hierzu Durth/Meyer-Lohkamp, StraFo 2004 170 (172)

entkräften, darf eine vorweggenommene Wertung nicht erfolgen. Dies ist vor allem für den Zeugenbeweis von Bedeutung und widerspricht einer Höherbewertung zB des Sachverständigengutachtens gegenüber dem Zeugenbeweis.[267]

193 Einzige Ausnahme hiervon ist die Möglichkeit, eine Beweiserhebung abzulehnen, wenn das Gegenteil der Beweisbehauptung bereits erwiesen ist.

Die Ablehnungsgründe im Einzelnen:

194 Die **Unzulässigkeit der Beweiserhebung** nach § 244 III 1 StPO zwingt zur Ablehnung des Beweisantrags, die anderen Ablehnungsgründe aus § 244 III und IV StPO ermächtigen nur dazu.

Grundsätzlich führt die unzulässige Beweiserhebung zur (Teil-)Aufhebung des Urteils, wenn sie formgerecht gerügt wird, dem Beweiserhebungsverbot ein Beweisverwertungsverbot entspricht und das Urteil hierauf beruht.

Weiter werden zwei Kategorien von Anträgen unterschieden, der Antrag mit einer dem Verfahrensgegenstand entsprechenden Thematik, mit dem nur scheinbar Sachaufklärung, eigentlich aber nur eine Verfahrensverzögerung oder ein »anderer unlauterer Zweck« verfolgt wird und der Antrag, der mit seiner Beweisthematik den entsprechenden Beweisstoff nicht berührt und daher »die Wahrheitsermittlung schlechterdings nicht beeinflussen kann«.[268]

Letzterer ist jedoch ohne tatsächliche Anhaltspunkte für die entsprechende Absicht des Antragstellers nur schwer nachzuweisen, so dass nur für den Fall, dass die Prozessverschleppungsabsicht nicht an weiteren Fakten festzumachen ist, dieser Antrag nicht nach § 244 III 1 StPO, sondern nach § 244 III 2 StPO zu bewerten ist.

195 Daher unterfallen § 244 III 1 StPO nur die Fälle, bei denen die Thematik außerhalb des Beweisgegenstandes bleibt und die Fälle, bei denen sachfremde Intentionen mit dem Zweck der Prozessverschleppung verfolgt werden.[269]

Hinzu kommt der Sonderfall, bei dem ein Mitglied des erkennenden Gerichts als Zeuge benannt wird und dieser dienstlich versichert, er wisse zu dem Beweisthema nichts zu sagen, so kann dies zu der Annahme führen, der Richter sollte nur ausgeschaltet und das Gericht an der Fortführung des Verfahrens gehindert werden. Kommt das Gericht zu dieser Folgerung, so ist der Antrag wegen seines missbilligenswerten Zwecks als unzulässig abzulehnen.

196 Auch unterliegt das Beweisthema einem Beweisverwertungsverbot zB in den Fällen, dass in einem anhängigen Verfahren eine Bindungswirkung eingetreten ist oder wenn die Beweistatsache wegen Geheimhaltungsbedürftigkeit nicht aufgeklärt werden darf. Weiter ist die Beweiserhebung unzulässig, wenn der Beweis durch verbotene Methoden (§§ 136 a, 69 III StPO), durch Unterlassen der gesetzlich vorgeschriebenen Belehrung (§§ 52 III 1, 81 c III 2 HS 2 StPO) oder durch andere Verstöße gegen ges Vorschriften erlangt worden ist.

197 Bei der **Überflüssigkeit wegen Offenkundigkeit** wird zwischen Allgemeinkundigkeit und Gerichtskundigkeit unterschieden.

---

267 BGH NJW 1988, 1859 f; BGH NStZ 1983, 277; 1984, 42 f; 1989, 334 f; BGH StV 1984, 450; 1986, 418 f
268 BGHSt 17, 28, 30
269 BGH StV 1991, 99 f

Allgemeinkundig sind Tatsachen und Erfahrungssätze, von denen erfahrene und verständige Personen regelmäßig ohne besondere Fachkenntnis auch durch allgemein zugängliche Quellen Kenntnis haben oder unschwer erlangen können. Solche Quellen sind alle Medienarten, Naturvorgänge, Geschichtsbücher, Landkarten uä.

Die Merkmale des gesetzlichen Tatbestands und anderer unmittelbar beweiserheblicher Tatsachen sind niemals allgemeinkundig.

Gerichtskundig sind solche Tatsachen, die das Gericht oder nur ein Richter durch seine amtl Tätigkeit in Erfahrung gebracht hat, gleichgültig ob die Kenntnisse aus diesem oder einem anderen Verfahren stammen, sogar die Feststellungen anderer Richter von denen das Gericht dienstlich erfahren hat, und beziehen sich auf mittelbar beweiserhebliche Tatsachen, wie zB Hintergrundmaterial. Diese Tatsachen müssen in der Hauptverhandlung zur Sprache gebracht und damit Gegenstand der Verhandlung geworden sein. Auch hier gilt die obige Einschränkung, dass Tatsachen, die unmittelbar das Vorliegen oder Nichtvorliegen von äußeren oder inneren Tatbestandsmerkmalen ergeben oder in Hauptverhandlungsunterbrechungen erworben sind, nicht gerichtskundig sein können. **198**

Eine Beweisbehauptung, die nicht geeignet ist, die Entscheidung irgendwie zu beeinflussen oder die in keinem Zusammenhang mit der abzuurteilenden Tat steht, ist **bedeutungslos**. **199**

Die Bedeutungslosigkeit kann in rechtlicher und tatsächlicher Hinsicht gegeben sein. Wenn eine Verurteilung schon aus anderen Gründen zB wegen Vorliegens von Prozesshindernissen, Strafausschließungs- oder Strafaufhebungsgründen nicht möglich ist, so handelt es sich um einen Fall rechtlicher Bedeutungslosigkeit. Aus tatsächlichen Gründen bedeutungslos sind Indizientatsachen, wenn keinerlei Sachzusammenhang besteht, oder sie selbst für den Fall des Erwiesenseins keinerlei Entscheidungseinfluss haben. Wird ein Beweisantrag wegen Bedeutungslosigkeit abgelehnt, muss in dem Beschluss im Einzelnen dargelegt werden, dass und warum die behaupteten Tatsachen, selbst wenn sie sich durch die Beweiserhebung bestätigen würden, nicht geeignet wären, die Entscheidung des Gerichts zu beeinflussen.[270] Auch hier darf natürlich keinerlei Beweisantizipation erfolgen. Das Gericht darf sich im Urteil nicht in Widerspruch zu seiner Ablehnungsbegründung setzen.

Ist das Gericht von dem **Erwiesensein der Beweistatsache** überzeugt, braucht es hierzu keinen Beweis zu erheben, darf sich dann aber auch nicht im Urteil hierzu in Widerspruch setzen. **200**

Der Richter kann einen Beweisantrag wegen völliger **Ungeeignetheit** ablehnen, wenn er ohne Rücksicht auf das bisherige Beweisergebnis im Freibeweis feststellen kann, dass sich mit dem angebotenen Beweismittel das behauptete Ergebnis nach sicherer Lebenserfahrung nicht erzielen lässt.[271] **201**

Zu achten ist darauf, dass ein geminderter, geringerer oder zweifelhafter Beweiswert – relative Ungeeignetheit – nicht mit der völligen Ungeeignetheit gleichgesetzt wird.[272]

Unerreichbarkeit liegt vor, wenn alle seinem Wert und seiner Bedeutung entsprechenden Bemühungen des Gerichts, das Beweismittel beizubringen, erfolglos blei- **202**

---

270 OLG Stuttgart StV 1999, 88
271 BGH StV 1990, 98 f mwN
272 BGH StV 1993, 508 f

ben und auch für absehbare Zeit keinen Erfolg versprechen.[273] Jede nur vorübergehende Unerreichbarkeit reicht nicht zur Ablehnung des Beweisantrags.

Die Aufklärungspflicht gebietet nach wiederholten, vergeblichen Versuchen keine weiteren aufwendigen Ermittlungsmaßnahmen, sowie ggf. eine Unterbrechung der Hauptverhandlung um eines nur möglicherweise erreichbaren Zeugen habhaft zu werden.[274]

Nur ausnahmsweise kann das Gericht diese Bemühungen als von vornherein aussichtslos unterlassen.[275]

Nicht unerreichbar ist zB ein unbekannt verzogener Zeuge, auch nicht der Umstand, dass er von Polizeibeamten nicht angetroffen wurde oder, dass ein Zeuge auf eine Ladung nicht erschienen ist oder am Terminstag nicht verfügbar ist, wenn er in absehbarer Zeit vernommen werden kann.

Rechtliche Hinderungsgründe wie das Zeugnisverweigerungsrecht oder die Nichterteilung der Aussagegenehmigung machen das Beweismittel nicht unerreichbar.

203 Unter den Ablehnungsgrund der **Prozessverschleppung** fallen alle Scheinbeweisanträge, auch diejenigen, mit denen der Antragsteller sein Recht missbraucht, um Zeugen bloß zustellen oder Propaganda zu machen. Eine Ablehnung wegen Verschleppungsabsicht setzt voraus, dass nicht nur eine geringfügige Verzögerung eintritt.[276] Dies bedarf zB bei am Verhandlungsort wohnenden Zeugen einer besonderen Begründung. Da die Antragsablehnung die Vorwegnahme der Würdigung des voraussichtlichen Ergebnisses erfordert, sind hier bezüglich der Begründung der Ablehnung wieder die Grundsätze des Antizipationsverbots zu beachten. Die Verschleppungsabsicht muss daher durch weitere Merkmale und Fakten ersichtlich werden. Dabei ist besonders das Verhalten des Antragstellers im Prozess zu berücksichtigen. Die jeweils dafür und dagegen sprechenden Umstände müssen gegeneinander abgewogen werden. Hier genügt zB eine verspätete Antragstellung, die der Antragsteller auch nicht zu begründen braucht, allein nicht. Maßgeblich ist allein die Absicht des Antragstellers zZ der Antragstellung.[277] Auch darf ein Hilfsbeweisantrag wegen Prozessverschleppung nicht erst in den Urteilsgründen abgelehnt werden. Der Umstand, dass der Verteidiger den Beweisantrag früher hätte stellen können, reicht regelmäßig für sich genommen zur Annahme der Prozessverschleppungsabsicht nicht aus.[278]

204 Bei der **Wahrunterstellung** kommen nur entlastende Tatsachen in Betracht, daher muss auch der Antrag so gestellt sein. Anträge zuungunsten des Angeklagten dürfen daher nicht als wahr unterstellt werden. Bezugspunkt ist die Beweistatsache selbst, nicht das Beweismittel. Die Urteilsfeststellungen und die Beweiswürdigung dürfen der Wahrunterstellung nicht widersprechen, jedoch muss nicht dieselbe Schlussfolgerung, wie der Antragsteller sie gesehen haben will, gezogen werden, da die Wahrunterstellung weiterhin der freien Beweiswürdigung unterliegt.[279]

205 Das Gericht kann Anträge auf Sachverständigenbeweis wegen **eigener Sachkunde** ablehnen. Woher es diese Sachkunde bezieht ist, solange nur allgemeine Sachkunde

---

273 BGH NJW 1990, 398; NStZ 1987, 218; StV 1986, 418 f
274 BGH NStZ 2005, 44
275 BGH GA 1987, 218 f
276 AM KK-Herdegen § 244 Rn 87; Schrader NStZ 1991, 226: jede Verzögerung genügt
277 S zur Rspr-Übersicht: Schweckendieck NStZ 1991, 109 f
278 BGH StV 1998, 4
279 BGH NStZ 1982, 213; 1983, 211; 1985, 206; StV 1986, 467

gefordert ist, gleichgültig. Bei Kollegialgerichten kann ein Richter die übrigen über seine Sachkunde informieren. Ausnahmen von der Ablehnungsmöglichkeit sind rechtliche Bestimmungen zB in §§ 80 a, 81, 246 a StPO, § 73 JGG.

In dem Ablehnungsbeschluss muss nicht dargelegt werden, worauf die Sachkunde des Gerichts beruht, im Urteil muss dies jedoch geschehen, sobald es sich um Fachwissen handelt, das normalerweise nicht Allgemeingut aller Richter ist und zwar in einer der Schwierigkeit der Beweisfrage entsprechenden Ausführlichkeit. Andererseits kann sich das Gericht besondere Sachkunde bei der Beurteilung der Glaubwürdigkeit von Zeugen zutrauen, sofern nicht besondere Umstände in der Person des Zeugen vorliegen.

Die Frage der Schuldfähigkeit kann das Gericht aufgrund der Beobachtungen in der Hauptverhandlung mit seinem medizinischen Allgemeinwissen beurteilen, wenn keinerlei Anzeichen für eine Abweichung von der Norm im Verhalten des Angeklagten zu beobachten sind. Ansonsten darf sich das Gericht die für die Beurteilung des Geisteszustandes erforderliche Fachkenntnis nicht zutrauen. Zur Frage der Spielsucht als schuldvermindernder Faktor kann das Gericht solange selbst urteilen, als nicht feststeht, dass die Straftaten zur Fortsetzung des Spielens begangen wurden.[280]

206 Die Anhörung eines weiteren Sachverständigen kann nach § 244 IV 2 HS 1 StPO auch abgelehnt werden, wenn bereits nach dem Gutachten anderer Sachverständiger das Gegenteil der behaupteten Tatsache erwiesen ist. Durch die bisherigen Gutachten kann das Gericht jedoch auch selbst ausreichend sachkundig geworden sein und daher die Einholung eines weiteren Gutachtens ablehnen.[281]

Bei geringsten Zweifeln an der Sachkunde des ersten Sachverständigen ist dem Beweisantrag stattzugeben. Diese sind jedoch nicht schon gegeben, wenn der Gutachter bestimmte Untersuchungsmethoden nicht angewendet hat, weil er Schwierigkeiten bei der Auslegung des Gerichtsbeschlusses hatte oder weil sein schriftliches Gutachten von dem mündlich erstatteten abweicht, es sei den, die Abweichung weist nicht erklärbare Widersprüche auf.[282]

Bei Widersprüchen im mündlichen Gutachten ist ein weiteres Sachverständigengutachten einzuholen.[283]

Ebenso kann es bei einer plötzlichen Kehrtwendung eines Sachverständigen in der Hauptverhandlung in Abweichung von seinem schriftlichen Gutachten ein Gebot des fairen Verfahrens sein, einem Antrag der Verteidigung auf ein Gegengutachten nachzugehen.[284]

207 Maßgeblicher Gesichtspunkt bei der Ablehnung des **Augenscheinsbeweises** ist die Sachaufklärungspflicht, die zur Inaugenscheinsnahme drängt. Ansonsten kann die Benutzung anderer Beweismittel, insbesondere die Sichtung von Lichtbildern der Örtlichkeit, die Anhörung von Zeugen und Augenscheinsgehilfen, genügen. Nur wenn der Augenschein gerade deshalb beantragt wurde, um die Aussage eines Zeugen zu widerlegen, muss er idR erhoben werden.

---

280 Vgl BGH NStZ 1994, 501
281 BGH DAR 1987, 203; NStZ 1982, 189; 1984, 467; 1985, 421; StV 1999, 471 ff
282 BGH NStZ 1990, 244; 1991, 448
283 BGH DAR 1988, 230
284 EGMR StraFo 2002, 81

bb) Beweisermittlungsanträge

208   Beweisermittlungsanträge wird die Verteidigung stellen, wenn ihr entweder das Beweismittel oder die Beweistatsache nicht konkret bekannt sind.[285]

209   Da das Gericht bei einem Beweisermittlungsantrag grundsätzlich keinen förmlichen Bescheid erteilen muss, wird die Verteidigung auf einen solchen Antrag ggf gar keine Reaktion erhalten. Aus dem Grundsatz des fairen Verfahrens und der Fürsorgepflicht soll sich jedoch die Pflicht des Gerichts ergeben, mitzuteilen, ob und ggf warum einem Beweisermittlungsantrag nicht stattgegeben wurde.[286]

210   Bei der Abgrenzung und damit bei der Wahl der Antragsform ist zu beachten, dass nicht jede Unfähigkeit zur Benennung der ladungsfähigen Anschrift eines Zeugen etwa den Antrag zum Beweisermittlungsantrag macht. Es ist ausreichend, das Beweismittel individualisierbar zu beschreiben (zB der Taxifahrer, der am Montag, den … um 22.13 Uhr in dem Taxi mit dem Kennzeichen … unterwegs war).

Die Zurückweisung oder das Übergehen eines Beweisermittlungsantrags ist revisionsrechtlich nur im Rahmen der Aufklärungsrüge überprüfbar.[287] Im Rahmen dieser Rüge hat die Verteidigung darzulegen, dass sich die unterlassene Beweiserhebung dem Gericht hätte aufdrängen müssen. Aus diesem Grund sind Beweisermittlungsanträge am besten schriftlich zu stellen, damit sie Eingang in das Hauptverhandlungsprotokoll finden.

cc) Beweisanregungen

211   Die Beweisanregung ist in der Reihe der aktiven Einwirkungen auf die Beweisaufnahme das schwächste Mittel, da sie noch nicht einmal in einen Antrag gekleidet werden muss und vom Gericht auch nicht beschieden werden muss. So kann zB angeregt werden, dass ein Zeuge erneut vernommen wird oder dass ein Sachverständiger einer anderen Fachrichtung beauftragt wird. Die Beweisanregung hat als Einstieg in einen von der Verteidigung gewünschten Dialog mit dem Gericht ihre Berechtigung. Beweise, deren Ergebnis vom Verteidiger nicht abzuschätzen sind, sollten nicht angeregt werden.

Die Ablehnung einer Beweisanregung erfolgt durch den Vorsitzenden, eines Gerichtsbeschlusses bedarf es nicht.

Unseres Erachtens ist die Beweisanregung als Einstieg in eine Kommunikation auch geeignet, wenn der Verteidiger schon zu diesem Zeitpunkt in der Lage wäre, einen formellen Beweisantrag zu stellen. Weicht das Gericht dem Gesprächsversuch aus, kann der Verteidiger einen konkreten Beweisantrag oder zumindest einen Beweisermittlungsantrag stellen.

VIII. Die Beweismittel

212   Das Verteidigerhandeln – ob aktiv oder reaktiv – befasst sich stets mit den förmlichen Beweismitteln. Daher werden im Folgenden die einzelnen Beweismittel und ihre Besonderheiten zu betrachten sein.

---

285 Zur Abgrenzung zum Beweisantrag vgl BGHSt 39, 251; 40, 3; NJW 1993, 867
286 So BGHSt 30, 131; NStZ 1985, 229; KK-Herdegen § 244 Rn 55 mwN
287 M-G § 244 Rn 27 mwN

1. Der Zeuge

Regelmäßig wichtigstes Beweismittel ist der Zeuge. Seine Vernehmung steht idR im Mittelpunkt der Hauptverhandlung. Wie der Sachverständige ist er ein persönliches Beweismittel mit allen sich daraus ergebenden Problemen. Anders als eine Urkunde, deren gedanklicher Inhalt eindeutig ist, sind die Bekundungen des Zeugen versehen mit allen menschlichen Schwächen. Sympathie oder Antipathie zum Angeklagten prägen die Aussage, die Erinnerungen sind durch Zeitablauf verfälscht und/oder von dem Zeugen zwischenzeitlich bekannt gewordenen Ermittlungsergebnissen überlagert. Eigene Interessen können Falschbezichtigungen bewirken. Der Zeuge ist deshalb eigentlich ein schwaches Beweismittel.[288] Dennoch ist er das am häufigsten genutzte.

213

Gegenstand einer Zeugenaussage sind äußere und innere Tatsachen, nicht jedoch Meinungen, Schlussfolgerungen und Wertungen.[289]

214

Die Vernehmung des Zeugen ist als Kunst zu verstehen. Insbesondere für den Verteidiger ist es wichtig, ein vertrauensvolles Verhältnis auch gerade zum Belastungszeugen zu gewinnen. Der angegriffene Zeuge zieht sich sofort zurück, reagiert verschlossen und abweisend. Von ihm wird eine für den Angeklagten positive Erklärung kaum noch zu erwarten sein. Vernehmungstechnik und Aussagepsychologie müssen dem Verteidiger vertraut sein.[290]

215

a) Die Zeugenbelehrung

Die Belehrung gem § 57 StPO über die Wahrheitspflicht und die Möglichkeit der Vereidigung sowie die strafrechtlichen Folgen einer Falschaussage und diejenige über die Auskunfts- und Zeugnisverweigerungsrechte gem §§ 52 bis 55 StPO obliegt dem Vorsitzenden.[291] Dh jedoch nicht, dass sie dem Verteidiger verwehrt wäre. Unterlässt der Vorsitzende trotz ausdrücklichen Begehrens des Verteidigers zB die Belehrung nach § 55 StPO, so kann der Verteidiger gem § 238 II StPO einen Gerichtsbeschluss herbeiführen. Er darf in geeigneten Fällen durchaus nach der Belehrung durch den Vorsitzenden darum bitten, ergänzend belehren zu dürfen, zB um dem Zeugen noch deutlicher die Frage zu erläutern, wann bei dem Auskunftsverweigerungsrecht nach § 55 StPO von einer Gefahr für den Zeugen oder einem nahen Angehörigen auszugehen ist.

216

b) Das Auskunftsverweigerungsrecht

Das Auskunftsverweigerungsrecht schützt den Zeugen in seinem Recht auf Menschenwürde, auf Handlungsfreiheit und in seinem Persönlichkeitsrecht.[292] Es ist Ausfluss des allgemeinen, für den Beschuldigten in §§ 136, 163 a, 243 StPO und entsprechenden Vorschriften als selbstverständlich vorausgesetzten rechtsstaatlichen Grundsatzes, dass niemand gezwungen werden kann, gegen sich selbst auszusagen.[293]

217

Die Gefahr strafrechtlicher Verfolgung besteht nicht erst dann, wenn der Zeuge sich (oder einen nahen Angehörigen) durch eine wahrheitsgemäße Beantwortung

217 a

---

288 Vgl Kühne NStZ 1985, 252
289 KK-Pelchen vor § 48 Rn 1
290 Vgl Dahs Handbuch Rn 464, 491 ff
291 BGH NJW 1991, 2432
292 BVerfG StV 1999, 72
293 BVerfGE 38, 105, 113

tatsächlich selbst einer Straftat bezichtigen müsste. Nicht selten erfolgt sogar eine solcherart falsche Belehrung durch den Vorsitzenden selbst. Maßstab für das Vorliegen eines Auskunftsverweigerungsrechts ist nicht die wahre Antwort, die der Zeuge geben müsste. Vielmehr muss der Richter bei einer Frage sowohl deren Bejahung als auch deren Verneinung in gleicher Weise in Betracht ziehen. Bringt auch nur eine dieser Möglichkeiten den Zeugen in die Gefahr einer Strafverfolgung, ist die Auskunftsverweigerung idR berechtigt. Anderenfalls würde der (schuldige) Zeuge durch den Gebrauch des Auskunftsverweigerungsrechts einen Verdachtsgrund gegen sich selbst schaffen, was dem Schutzzweck von § 55 StPO zuwiderliefe.[294]

218	Das Auskunftsverweigerungsrecht kann dazu erstarken, die Aussage gänzlich verweigern zu dürfen, zB wenn gegen den Zeugen aus demselben historischen Sachverhalt, aus dem auch die Vorwürfe gegen den Angeklagten resultieren, der Vorwurf strafbaren Handelns bereits erhoben wird.[295]

218 a	In diesem Zusammenhang stellt sich immer wieder das Problem, ob einem Zeugen, gegen den aus demselben Sachverhalt ein Strafvorwurf bereits erhoben wurde, das Strafverfahren aber bereits abgeschlossen ist, das Auskunftsverweigerungsrecht nach § 55 StPO zusteht oder nicht. Das Auskunftsverweigerungsrecht besteht nicht, wenn die Gefahr, sich (erneut) der Strafverfolgung auszusetzen, zweifellos ausgeschlossen ist.[296] Das ist der Fall, wenn in dem Verfahren, das dem Zeugen (wieder) drohen könnte, Verfahrenshindernisse wie zB Verjährung bestehen oder wenn der Zeuge strafunmündig war. Weiter wird vertreten, dass eine Berufung auf § 52 StPO ausgeschlossen sein soll, wenn offensichtlich Rechtfertigungs- oder Entschuldigungsgründe vorliegen.[297] Diese Meinung wird hier nicht geteilt, da es aufgrund der Feinheiten der Abgrenzungen zB bei der Frage, ob Notwehr geboten war, ob sie verhältnismäßig war pp., nicht schlechthin offensichtlich sein kann, ob für den Zeugen Rechtfertigungs- oder Entschuldigungsgründe streiten. Eine konkrete Gefahr der Strafverfolgung dürfte auch zu bejahen sein, wenn der Zeuge sich auf solche Gründe in seinem Verfahren berufen hat und das Verfahren deshalb beendet wurde. Bei einer Aussage des Zeugen unter strafbewährter Wahrheitspflicht ist es jederzeit möglich, dass das Nichtvorliegen dieser Gründe offenbar wird.

218 b	Im Einzelnen:

Das Verfahren gegen den Zeugen wurde eingestellt. Er kann sich dennoch auf ein **Auskunftsverweigerungsrecht nach § 55 StPO** berufen bei

– einer Einstellung gem § 170 II StPO: Die Ermittlungen können jederzeit wieder aufgenommen werden. Ein solcher Fall liegt der grundlegenden Entscheidung des BVerfG vom 16. 11. 1998 zugrunde.[298]
– einer Einstellung gem §§ 153, 153 b, 153 c StPO: Neue Tatsachen und Beweismittel, die dem Einstellungsbeschluss die Grundlage entziehen, können zur erneuten Strafverfolgung führen.[299]

---

294 Vgl BVerfG StV 1999, 71 f; BGHR StPO § 55 I Auskunftsverweigerung 3; KK-Pelchen § 55 Rn 8; sehr instruktiv Richter II in: folgendes für Friebertshäuser (1997), 157 ff
295 Vgl BGH StV 1987, 328, M-G § 55 Rn 2
296 BGHSt 9, 34; M-G § 55 Rn 8
297 Vgl M-G § 55 Rn 8 mwN
298 Vgl BerfG StV 1999, 71
299 M-G § 153 Rn 37

– einer Einstellung durch die Staatsanwaltschaft gem § 154 I StPO: Die Staatsanwaltschaft kann das Verfahren jederzeit wiederaufnehmen, sogar bei entgegenstehender Zusage.[300]

IdR **nicht** auf ein Auskunftsverweigerungsrecht berufen dürfen wird sich der Zeuge,

– nach einer Verfahrenseinstellung gem § **154 II StPO durch das Gericht** wegen einer in einem anderen anhängigen Verfahren zu erwartenden Strafe nach Ablauf der Dreimonatsfrist des § 154 IV StPO. Ist das Verfahren wegen der anderen Tat rechtskräftig – gleichgültig ob durch Verurteilung oder Freispruch – abgeschlossen worden, so kann es nach Ablauf der Frist nicht mehr aufgenommen werden. Es handelt sich um eine Ausschlussfrist zugunsten des Angeklagten. Wurde das Verfahren wegen einer anderen bereits verhängten Strafe durch das Gericht eingestellt, so kann es nur wieder aufgenommen werden, wenn die Strafe (oder Maßregel) in der abgeurteilten Sache nachträglich (zB nach Wiederaufnahme) wegfällt, § 154 III StPO.

»Ein **Auskunftsverweigerungsrecht besteht nicht**, wenn eine strafrechtliche Verfolgung wegen **Strafklageverbrauchs** ausgeschlossen ist«.[301]

Diese Formulierung impliziert, dass entgegen der häufig anzutreffenden Auffassung vieler Gerichte nicht jeder rechtskräftige Verfahrensabschluss eine Berufung auf das Auskunftsverweigerungsrecht ausschließt. Der Einzelfall lässt **Ausnahmen** von dem Grundsatz zu:

– Seit langem anerkannt ist, dass ein rechtskräftiger **Freispruch** bzw die rechtskräftige **Ablehnung der Eröffnung des Hauptverfahrens** die Geltendmachung des Auskunftsverweigerungsrechtes wegen der Möglichkeit der Wiederaufnahme des Verfahrens nach §§ 211, 362 StPO nicht hindert.[302]
– In der zitierten Entscheidung untersucht der BGH konsequenterweise, ob **dem rechtskräftig verurteilten Zeugen** das Auskunftsverweigerungsrecht deshalb zusteht, weil er womöglich weitere als die abgeurteilten Delikte im Zusammenhang mit dem zu bezeugenden Sachverhalt begangen hat.[303] Dementsprechend hat das OLG Zweibrücken[304] ein Auskunftsverweigerungsrecht auch nach rechtskräftiger Verurteilung des Zeugen wegen Einfuhr von Betäubungsmitteln für den Fall bejaht, dass durch die Benennung von Abnehmern der Betäubungsmittel und durch die sich daran anschließende Vernehmung dieser Abnehmer weitere Betäubungsmittelgeschäfte des Zeugen ans Licht kommen könnten.
– **Endgültige Verfahrenseinstellung nach § 153 a StPO**: Nach Erfüllung der Auflagen kann die Tat nicht mehr als Vergehen verfolgt werden. Es entsteht insoweit ein Verfahrenshindernis. Ein Auskunftsverweigerungsrecht besteht danach dann, wenn durch die Aussage die Möglichkeit eröffnet wird, den Zeugen wegen der Tat eines Verbrechens verdächtig einzustufen. Darüber hinaus unter den Voraussetzungen, unter denen wegen Strafklageverbrauchs nach rechtskräftiger Verurteilung ein Auskunftsverweigerungsrecht besteht.

---

300 BGHSt 37, 10
301 BGH StV 1999, 352 f
302 BGH StV 1984, 408
303 BGH StV 1999, 352 f
304 OLG Zweibrücken StV 2000, 606

218 c   In jedem Fall gilt, dass die sichere Erwartung der Strafverfolgung nicht erforderlich ist. Es genügt, dass der begründete Anfangsverdacht einer Straftat droht.[305] Allerdings reicht eine bloße theoretische Möglichkeit hierfür nicht aus.[306]

c) Das Zeugnisverweigerungsrecht

219   Die Norm stellt klar, dass das öffentliche Interesse an der Aufklärung von Straftaten hinter dem persönlichen Interesse eines Zeugen, in einem Verfahren gegen einen Angehörigen (iSd Gesetzes) aussagen zu müssen, zurücktritt. Das BVerfG hat die Bedeutung des Zeugnisverweigerungsrechtes als garantierten Schutz eines Angehörigen bezeichnet, der in seinem Kernbestand zu den rechtsstaatlich unverzichtbaren Erfordernissen eines fairen Verfahrens zählt. Es folgert daraus, dass die heimliche Befragung einer Angehörigen durch eine V-Person unzulässig ist.[307] Ob aus diesem Verstoß ein Beweisverwertungsverbot hergeleitet werden kann, wird allerdings offen gelassen.

220   Der Vorsitzende hat jede Einwirkung auf die Entscheidung des Zeugen, ob er aussagen will oder nicht, zu unterlassen.[308] Ein Versuch, nach den Gründen für die Zeugnisverweigerung eines Zeugen, der erkennbar unter den Schutz des § 52 StPO fällt, zu forschen, ist unzulässig und muss vom Verteidiger beanstandet werden.[309]

221   Bei Minderjährigen und Geisteskranken muss gem § 52 II StPO erforscht werden, ob sie überhaupt eine Vorstellung über den Inhalt des Zeugnisverweigerungsrechts haben. Verneinendenfalls muss der ges Vertreter entscheiden. Zuvor müssen aber intensive kindgerechte Belehrungsversuche unternommen werden, um den eigenen Willen zu erforschen. Wichtig: Die Zustimmung des gesetzlichen Vertreters verpflichtet den Minderjährigen aber nicht zur Aussage.[310]

222   Macht der Zeuge von dem Zeugnisverweigerungsrecht Gebrauch, so darf die Niederschrift über seine frühere Aussage gem § 252 StPO nicht verlesen werden, es sei denn, der in der Hauptverhandlung sich auf § 52 StPO berufende Zeuge gestattet ausdrücklich die Verwertung der früheren nichtrichterlichen Aussage.[311] Dasselbe dürfte für die Bekundungen des Vernehmungsbeamten gelten, dessen Vernehmung ansonsten bei der Berufung des Zeugen auf § 52 StPO einem Beweisverwertungsverbot unterliegt.[312] Nichtrichterliche Vernehmungspersonen dürfen deshalb in der Hauptverhandlung grundsätzlich so lange nicht über den Inhalt früherer Angaben eines zur Zeugnisverweigerung berechtigten Zeugen gehört werden, wie Ungewissheit darüber besteht, ob der Zeuge von seinem Verweigerungsrecht Gebrauch macht oder darauf verzichtet.[313] Allerdings darf im Falle einer früheren richterlichen Vernehmung der Ermittlungsrichter über die früheren Bekundungen des jetzt verweigernden Zeugen vernommen werden.[314]

---

305 OLG Hamm StraFo 1998, 119
306 BGH NStZ 1994, 499 f; StV 1999, 352, 353
307 BVerfG StV 2000, 233
308 KK-Pelchen § 52 Rn 34
309 Vgl Dahs Handbuch Rn 466
310 BGH NJW 1991, 2432
311 Vgl BGH StraFo 2000, 17
312 BGHSt 32, 25, 29
313 BGH StV 2000, 236
314 BGHSt 21, 218

Bei unterlassener Belehrung über das Zeugnisverweigerungsrecht darf die Aussage **223** des Zeugen nicht verwertet werden.[315] Ansonsten kann die Revision begründet sein.[316] Ist die vorherige Belehrung eines Zeugen über sein Zeugnisverweigerungsrecht vergessen worden, kann sie nachgeholt werden. Der Mangel wird dann geheilt, wenn der Zeuge erklärt, dass er auch bei rechtzeitiger Belehrung ausgesagt hätte. Anderenfalls dürfen seine früheren Bekundungen nicht verwertet werden. Wird der Zeuge in der Hauptverhandlung mehrfach vernommen, so muss die Belehrung vor jeder neuen Vernehmung wiederholt werden.[317] Das gilt nur dann nicht, wenn der Zeuge nicht entlassen war.[318]

d) Beratung des Zeugen durch den Verteidiger

Der Anwalt darf dem Zeugen den Rat erteilen oder ihn im Namen des Angeklagten **224** bitten, von einem Zeugnis- oder Auskunftsverweigerungsrecht Gebrauch zu machen.[319] Wir empfehlen, dies nicht in der Hauptverhandlung zu tun, da die zitierte Entscheidung auch bei Richtern und Staatsanwälten häufig nicht bekannt sein dürfte und eine Diskussion im Gerichtssaal darüber zur Folge haben könnte, ob der Verteidiger mit seinem Rat eine Strafvereitelung zugunsten seines Mandanten versuche. Der Zeuge, der für einen solchen Rat oder die Bitte zur Verweigerung in Betracht kommt, sollte vor der Hauptverhandlung angeschrieben werden, wobei der Anwalt durch geeignete Formulierungen beachten muss, dass er tatsächlich nicht den Weg des Erlaubten verlässt. S hierzu folgenden Formularvorschlag:

> »Liebe Jaqueline,
>
> ich bin der Anwalt Deines Vaters in einem gegen ihn anhängigen Strafverfahren. Dein Vater wird beschuldigt, einer Frau die Handtasche entwendet zu haben. Du bist in dieser Angelegenheit schon einmal von der Polizei vernommen worden. In der kommenden Woche sollst Du vor Gericht hierzu vernommen werden. Der Richter wird Dir dann noch einmal erklären, dass Du in einem Verfahren, das gegen Deinen Vater gerichtet ist, nicht verpflichtet bist, etwas über das, was Du weißt, zu sagen. Du kannst, wenn Du das willst, die Aussage vollständig verweigern, dh, gar nichts sagen. Dein Vater bittet Dich darum, nicht auszusagen und auch ich als sein Anwalt rate Dir dazu, keine Aussage vor dem Richter zu machen.«

Wir empfehlen weiter, dieses Verteidigerhandeln transparent zu machen und eine **225** Abschrift des Anschreibens an den Zeugen dem Gericht unter Hinweis auf BGHSt 10, 393 ff zu übersenden. Anderenfalls besteht die Gefahr, dass der Zeuge das Anschreiben des Verteidigers anlässlich seiner Vernehmung erwähnt und der Eindruck einer versuchten unredlichen Beeinflussung auf Seiten des Gerichtes erweckt wird.

e) Die Form der Vernehmung

Nach § 69 StPO ist der Zeuge zu veranlassen, das, was ihm von dem Gegenstand **226** seiner Vernehmung bekannt ist, zunächst im Zusammenhang anzugeben. Die Praxis sieht häufig anders aus. Nicht selten beginnt der Richter schon mit Einzelfragen. In anderen Fällen fällt er dem Zeugen schon nach wenigen Sätzen ins Wort. Durch diese prozessordnungswidrige Befragung kann die Aussage in eine bestimmte Rich-

---

315 BGH StV 04, 297; KK-Pelchen § 52 Rn 39
316 M-G § 52 Rn 33 f mwN
317 BGHSt 13, 394
318 BGH NStZ 1987, 373
319 BGHSt 10, 393 ff

tung gelenkt und/oder ihr Gehalt verfälscht werden. Der Verteidiger sollte in diesen Fällen (nach einem ersten noch wohlwollenden Hinweis) genauso auf einen Gerichtsbeschluss gem § 238 II StPO hinwirken, wie in den Fällen, in denen der Richter gar unzulässige Fragen stellt.

227 Erst nach dem zusammenhängenden Bericht des Zeugen beginnt das Verhör, das dem Vervollständigen und Überprüfen des Berichts dient.[320] Nach der Befragung durch den Vorsitzenden wird das Fragerecht idR dem Staatsanwalt übertragen, danach dem Verteidiger. Die ungestörte Ausübung des Fragerechts durch die übrigen Prozessbeteiligten muss der Verteidiger beachten. Genau dasselbe Recht muss er aber auch für sich beanspruchen. Es darf nicht hingenommen werden, dass der Vorsitzende oder der Staatsanwalt immer dann die Vernehmung wieder an sich reißt, wenn es interessant wird. Hierher gehört auch die Einmischung durch das Gericht mit dem Hinweis, die Frage sei doch schon beantwortet. Häufig stimmt das so nicht, weil die Frage einen anderen Schwerpunkt hat als die frühere, ähnlich gelagerte. Die erneute Fragestellung kann auch deshalb Sinn machen, weil das zwischenzeitlich in Erfahrung Gebrachte der früheren Antwort widerspricht. Aber selbst wenn es stimmt, hat der Verteidiger, der die Antwort nicht mitbekommen hat, auf eine Wiederholung einen Anspruch. Lässt das Gericht die Frage nicht zu, sollte ein Gerichtsbeschluss gem § 238 II StPO herbeigeführt werden.[321]

f) Der Vorhalt

Man unterscheidet den förmlichen und den freien Vorhalt.

aa) Der förmliche Vorhalt

228 In Durchbrechung des Unmittelbarkeitsgrundsatzes lässt die Vorschrift des § 253 StPO den Urkundenbeweis zu.[322] Voraussetzung ist die Anwesenheit des betreffenden Zeugen in der Hauptverhandlung und seine vorherige Vernehmung. Es können förmlich verlesen werden richterliche und nichtrichterliche Vernehmungsprotokolle, wenn der Zeuge erklärt, er könne sich nicht mehr an die Tatsache, die Gegenstand seiner früheren Vernehmung war, erinnern (§ 253 I StPO) oder wenn in der Vernehmung ein Widerspruch zu der früheren Vernehmung auftritt, der nicht auf andere Weise ohne Unterbrechung der Hauptverhandlung festgestellt oder behoben werden kann, § 253 II StPO. Nach herrschender Meinung beweist die Verlesung der Urkunde dann, dass der Zeuge früher so bekundet habe und ersetzt damit die Vernehmung der Verhörsperson. Die Richtigkeit der früheren inhaltlichen Erklärung wird nicht bewiesen. Entscheidend bleibt die Antwort des Zeugen auf den Vorhalt.[323] Im Falle des § 253 II StPO kann der Widerspruch zur früheren Aussage als erwiesen gelten. Der Urkundenbeweis durch förmlichen Vorhalt wird als »letzter Ausweg« bezeichnet, nachdem der auch mit Hilfe von freien Vorhalten unternommene Versuch, den Zeugenbeweis zu erreichen, erfolglos geblieben ist.[324]

Die Vorschrift ist auch nicht entsprechend auf Tonbandaufnahmen anwendbar.[325]

---

320 M-G § 69 Rn 6
321 Vgl Rn 120 f
322 M-G § 253 Rn 1 mwN
323 Wömpner NStZ 1983, 296
324 Vgl BGH NStZ 1986, 277; OLG Köln StV 1998, 478, 479
325 KK-Mayr § 253 Rn 10

bb) Der freie Vorhalt

Zur Auffrischung des Gedächtnisses des Zeugen prägen ansonsten freie Vorhalte die tägliche Vernehmungspraxis. Gegenstand solcher Vorhalte sind alle Erkenntnisquellen, namentlich Schriftstücke. Ein solcher Vorhalt ist aber nur ein Vernehmungsbehelf, um das alleinige Beweismittel des Zeugen in der Hauptverhandlung vollständig auszuschöpfen. Bestreitet der Zeuge auf einen freien Vorhalt zB aus einem früheren Vernehmungsprotokoll die Richtigkeit der Niederschrift, so muss der Beweis, dass der Zeuge früher überhaupt so, wie im Protokoll niedergelegt, ausgesagt hat, idR durch Vernehmung der Verhörsperson geführt werden. Dem Zeugen muss deshalb bei einem freien Vorhalt zB aus seiner früheren polizeilichen Vernehmung oder derjenigen eines anderen Zeugen deutlich erklärt werden, dass eine bestimmte Aussage so getätigt worden sein soll. Beweismittel bleibt allein der Zeuge. Nur die Antwort auf den Vorhalt – nicht der Vorhalt selbst – ist Gegenstand der Beweiswürdigung. Ansonsten kann § 261 StPO verletzt sein.[326]

229

Der praktische Unterschied zwischen dem förmlichen Vorhalt und dem freien Vorhalt aus einem Protokoll ist unseres Erachtens gering. Erklärt nämlich der Zeuge nach förmlicher Verlesung seiner früheren Vernehmung, er habe das gar nicht so erklärt und der vermeintliche Widerspruch bestehe deshalb gar nicht, so ist es auch mit dem Beweiswert der Richtigkeit der Protokollierung vorbei. Die Aufklärungspflicht des Gerichts gebietet es in einem solchen Falle, die Verhörsperson zu vernehmen.[327] An das Gericht werden hingegen erhöhte prozessuale Anforderungen gestellt, wenn es den förmlichen Vorhalt machen will: Bei einer Verlesung gem § 253 I StPO zum Zwecke des Urkundenbeweises muss für alle Verfahrensbeteiligten der Übergang vom Zeugenbeweis und den dabei angewendeten Vernehmungsbehelfen zur Verlesung zum Zwecke des Urkundenbeweises deutlich werden. Selbst bei vorangegangenem identischem freien Vorhalt muss das Gericht den Inhalt der Niederschrift durch nochmaliges Verlesen den Mitgliedern des Gerichts und den Verfahrensbeteiligten zur Kenntnis bringen.[328]

230

Die Vernehmung der Verhörsperson hat nur Beweiswert, wenn die Verhörsperson sich auch inhaltlich an die Vernehmung erinnern kann. Erklärt ein Vernehmungsbeamter, er könne sich trotz des Vorhalts des Vernehmungsprotokolls nicht erinnern, er habe aber richtig protokolliert, darf der Inhalt des Protokolls nicht verwertet werden.[329]

231

Für alle Vorhalte gilt, dass sie unzulässig sind, wenn ein Verwertungsverbot für das Schriftstück oder die sonstige Erkenntnisquelle vorliegt, aus der vorgehalten werden soll.[330] Wird also ein Vorhalt aus einer Urkunde, zB einem Vernehmungsprotokoll, gemacht, ist dieser dann unzulässig, wenn das Protokoll selbst zB wegen Verstoßes gegen §§ 136, 136 a StPO einem Verwertungsverbot unterliegt. Im Hinblick auf die Widerspruchslösung des BGH[331] muss der Verteidiger dem Vorhalt ausdrücklich widersprechen, um einem späteren Rügeverlust vorzubeugen.[332]

232

Die Einf in den Prozessstoff von längeren, sprachlich schwierigen oder inhaltlich schwer verständlichen Urkunden durch Vorhalt ist unzulässig.[333]

233

---

326 Vgl OLG Köln StV 1998, 478; Burhoff Hauptverhandlung Rn 1159 mwN
327 Vgl KK-Mayr § 253 Rn 6
328 OLG Köln StV 1998, 478
329 St. Rspr vgl nur BGH StV 1994, 413
330 Vgl Strafverteidigung-Gatzweiler/Mehle § 9 Rn 218
331 BGHSt 38, 214, 224
332 Vgl auch Burhoff Hauptverhandlung Rn 1163
333 M-G § 249 Rn 28 mwN

g)   Die Vereidigung des Zeugen

234   Die Vereidigung des Zeugen ist seit dem Inkrafttreten des ersten Gesetzes zur Modernisierung der Justiz nicht mehr der ges Regelfall, sondern gem § 59 I StPO die Ausnahme. Über die Vereidigung des Zeugen entscheidet der Vorsitzende nach seinem Ermessen.[334] Die Vereidigung erfolgt entweder wegen der ausschlaggebenden Bedeutung der Aussage oder zur Herbeiführung einer wahrheitsgemäßen Aussage. Will der Verteidiger die Anordnung der Vereidigung des Zeugen oder deren Unterlassung mit der Revision angreifen, so muss er die Entscheidung des Vorsitzenden beanstanden und einen Gerichtsbeschluss herbeiführen.[335] Es bleibt abzuwarten, in welchem Umfange die Ermessensentscheidung des Gerichts dann vom Revisionsgericht noch inhaltlich überprüft werden wird.

235   So darf die Vereidigung eines Zeugen wegen der ausschlaggebenden Bedeutung der Aussage zB erst dann erfolgen, wenn sie für eine entscheidungserhebliche Tatsache das entscheidende Beweismittel ist oder bei der Beweiswürdigung das »Zünglein an der Waage« oder wenn sie geeignet ist, die Aussage eines anderen Zeugen zu erschüttern, nicht aber, wenn die Aussage erkennbar unwahr ist.[336] Zur Herbeiführung einer wahren Aussage ist die Vereidigung zB dann noch nicht geeignet, wenn der Zeuge die Wahrheit verfälscht oder verschweigt. Erst wenn bestimmte Tatsachen die Annahme begründen, dass er unter Eideszwang erhebliche Tatsachen bekunden werde, ist die Vereidigung nach dieser Alternativen zulässig.[337]

236–240   Verstöße gegen diese Vorgaben sollen aber nicht revisibel sein, weil die Entscheidung über die Frage der Vereidigung ja im Ermessen des Gerichts liege.[338] Revisibel soll nach dieser Meinung nur noch sein, dass die Vereidigung unter Verstoß gegen § 60 StPO erfolgt ist, also die Vereidigung eidesunmündiger oder tatverdächtiger Personen.[339] Ob diese Rechtsansicht zutrifft oder nicht, muss mit Hilfe entsprechender Revisionsrügen der Verteidiger geklärt werden. Wir werden künftig deshalb gehalten sein, in der Revision das Absehen von der Vereidigung unter Verletzung der Vorgaben des § 59 I StPO und somit einen Ermessensfehlgebrauch des Tatgerichts zu rügen, damit die Revisionsgerichte klären können, ob die Beachtung der Vorgaben des § 59 I StPO tatsächlich ohne Belang ist oder ob ein Verstoß hiergegen einen relativen Revisionsgrund schafft. Immer dann, wenn die Voraussetzungen der Norm nicht vorliegen, ist ein Gerichtsbeschluss gem. § 238 II StPO herbeizuführen, damit ein evtler Ermessensfehlgebrauch des Tatgerichts bei der Vereidigungsentscheidung mit der Revision gerügt werden kann.[340]

2.   Urkundenbeweis

241   Der Urkundenbeweis ist Beweis durch Ermittlung und Verwertung des gedanklichen Inhalts eines Schriftstücks. Er ist geregelt in §§ 249–256 StPO.

§ 249 StPO definiert den Gegenstand des Urkundenbeweises und die Art der Beweiserhebung. Für die Notwendigkeit der Beweiserhebung sind die §§ 244 II, III sowie 245 StPO maßgebend.

---

334 BGH StraFo 2005, 204
335 BGH Fn 284
336 Vgl M-G § 59 Rn 3 mwN
337 BGHSt 16, 99, 103; OLG Hamm NJW 73, 1940; Meyer-Goßner, Fn 286
338 M-G § 59 Rn 8; Knauer/Wolf, NJW 2004, 2933
339 M-G § 59 Rn 8
340 So auch Sommer StraFo 2004, 295, 296

Eine Sonderregelung des Anwendungsbereiches bestimmter Urkunden von hoher Beweisbedeutung enthält § 249 I S 2 StPO. Der Urkundenbeweis ist zulässig, sofern das Gesetz ihn nicht ausdrücklich untersagt. Ein wichtiges Verbot enthält § 250 StPO. Danach ist der Urkundenbeweis verboten, soweit er die Vernehmung einer Person als Zeuge oder Sachverständiger ersetzen soll.

Ausnahmen zu diesem Ersetzungsverbot fanden sich seit je her in den §§ 251 und 256 StPO sowie für die Verwertung von Protokollen über frühere Vernehmungen in §§ 252, 253, 254, 325 StPO.

§ 251 StPO lässt Ausnahmen von dem Beweisverbot des § 250 StPO zu. Die Vorschrift wurde durch das 1. Justizmodernisierungsgesetz verändert. Während früher in Abs 1 die Verlesung richterlicher und in Abs 2 die sonstigen Vernehmungsniederschriften geregelt war, ist jetzt die richterliche Vernehmungsniederschrift als Spezialfall in Abs 2 geregelt. Entsprechend der logischen Prüfungsreihenfolge regelt nunmehr Abs 1 die Verlesung aller Vernehmungsniederschriften.

241 a

Verlesbar sind nach § 251 Abs 1 StPO danach alle Vernehmungsniederschriften,

- wenn der Angeklagte einen Verteidiger hat und der Staatsanwalt, der Verteidiger und der Angeklagte mit der Verlesung einverstanden sind, Nr. 1
- bei Unmöglichkeit der Vernehmung, Nr. 2. Sie kann außer bei Tod des Zeugen oder seiner dauerhaften Erkrankung auch bei seiner Unerreichbarkeit vorliegen, die auch darin begründet sein kann, dass die oberste Dienstbehörde sich weigert, Namen und Aufenthalt eines V – Mannes mitzuteilen oder einem Behördenbediensteten die Aussagegenehmigung zu erteilen.[341] Die Vorschrift greift indes nicht bei rechtlichen Hindernissen, die eine Vernehmung unmöglich machen. Wenn also der Zeuge von einem ihm zustehenden Auskunfts- oder Zeugnisverweigerungsrecht Gebrauch macht, darf seine Aussage nicht durch die Verlesung einer früheren Vernehmungsniederschrift ersetzt werden.[342] Die Verlesung soll indes dann zulässig sein, wenn der Zeuge sich weigert auszusagen und zur Begründung anführt, für ihn und/oder seine Familie bestehe bei wahrheitsgemäßer Aussage Gefahr für Leib und Leben.[343] Dieser Auffassung kann nicht gefolgt werden, weil zum Schutze des Zeugen andere Maßnahmen ergriffen werden können, wie die Entfernung des Angeklagten, § 247 StPO oder seine audiovisuelle Vernehmung, § 247 a StPO.
- Zusätzlich wurde mit § 251 StPO Abs 1 Nr. 3 die Möglichkeit eröffnet, durch Verlesung einer Vernehmungsniederschrift oder einer Urkunde das Vorliegen oder die Höhe eines Vermögensschadens zu beweisen. Die Entwurfbegründung stellte auf Entlastungseffekte in Massenverfahren ab.[344] Das mag gerechtfertigt sein in Verfahren, in denen zB eine Vielzahl von Betrugsfällen angeklagt ist, die immer nach demselben Schema erfolgten oder in Verfahren zur Verfolgung von Verkehrsstrafsachen zB zur Höhe der Reparaturkosten.[345] In schwierigeren Fällen wird jedoch ein restriktiver Umgang mit dieser Verlesungsmöglichkeit zu fordern sein, so dass der persönlichen Vernehmung der Vorrang vor der Verlesung gebührt.[346] Der Verteidiger muss in diesen Fällen die Anordnung des Vorsitzenden, dass die Urkunde oder die Vernehmungsniederschrift zu dem genannten

---

341 M-G § 251 Rn 9 mwN.
342 M-G § 251 Rn 11 mwN.
343 Vgl BGH NStZ 1993, 350 m abl Anm v. Eisenberg StV 1993, 624
344 BT-Drs 15/508, S 13
345 Vgl Engelbrecht, DAR 2004, 496, Meyer-Goßner § 251 Rn 12.
346 Vgl Knauer/Wolf NJW 2004, 2936

Zwecke verlesen werden soll, beanstanden und einen Gerichtsbeschluss gem § 238 II StPO herbeiführen, ggf auch einen Beweisantrag auf Vernehmung des Zeugen/des Sachverständigen stellen.

Richterliche Vernehmungsprotokolle dürfen nach Abs 2 zur Ersetzung der Aussage eines Zeugen oder Sachverständigen oder Mitbeschuldigten verlesen werden, wenn

– Krankheit, Gebrechlichkeit oder andere nicht zu beseitigende Hindernisse über zumindest längere Zeit dem Erscheinen in der Hauptverhandlung entgegensteht, Nr. 1,
– ihm das Erscheinen in der Hauptverhandlung wegen großer Entfernung unzumutbar ist, Nr. 2. Die Unzumutbarkeit bemisst sich nach der Bedeutung der Sache und der Wichtigkeit der Aussage. Je wichtiger der Aufklärungswert der Aussage ist, desto weniger kommt es auf die Entfernung der Beweisperson an.
– der Staatsanwalt, der Verteidiger und der Angeklagte mit der Verlesung einverstanden sind, Nr. 3.

Das erste Gesetz zur Modernisierung der Justiz hat weitere Einschränkungen von dem Grundsatz der persönlichen Vernehmungen gebracht:

241 b　Mit § 256 I Nr. 1 b StPO ist jetzt die Möglichkeit der Verlesung von solchen Erklärungen eröffnet worden, die ein Zeugnis oder ein Gutachten von Sachverständiger enthalten, die für die Erstellung derartiger Gutachten allgemein vereidigt sind. Auch hier wird zwischen einfach gelagerten Fällen und schwierigen zu differenzieren sein. Es mag noch hingenommen werden, sich in Fällen zB eines Schriftensachverständigengutachtens oder eines Gutachtens zum Hergang eines Verkehrsunfalles auf die von hoher Sachautorität geprägten Erklärungen solcher Sachverständiger zu verlassen.[347] Die Anordnung der Verlesung solcher Schriftstücke muss aber beanstandet und einem Gerichtsbeschluss zugeführt werden, wenn Zweifel aufkommen, die die persönliche Anhörung des Sachverständigen gebieten. Zudem sollte der Verteidiger Beweisanträge zur näheren Erläuterung des Gutachtens oder zur Behebung von Unklarheiten, Mängeln oder Auslassungen stellen, die zur persönlichen Vernehmung des Sachverständigen zwingen.[348]

Die Vorschrift gilt nicht für Sachverständigengutachten, die für die Frage der Unterbringung des Angeklagten in einem psychiatrischen Krankenhaus, einer Entziehungsanstalt oder in der Sicherungsverwahrung eingeholt werden. Solche Gutachter sind stets in der Hauptverhandlung zu hören, vgl § 246 a StPO.

Diese Vorgabe zeigt bereits, dass in schwierigeren Fällen es generell erforderlich bleiben wird, den Gutachter zu befragen, so dass eine Ersetzung seiner Anhörung durch Verlesung seines Gutachtens die Aufklärungspflicht des Gerichts verletzt. Die Erhebung von Befunden und deren Bewertung zB durch einen psychiatrischen oder psychologischen Sachverständigen ist eher subjektiven Einschätzungen aufgrund unterschiedlicher Ausbildung oder persönlichem Erfahrungshintergrund zugänglich, als die Bewertung einer Bremsspur. Generell wird deshalb bei Gutachten über die Schuldfähigkeit des Angeklagten, bei Glaubwürdigkeitsgutachten, bei Gutachten über schwierigere wirtschaftliche Zusammenhänge oder technische Fragen pp. die Anhörung des Sachverständigen in der Hauptverhandlung die Regel bleiben. Gegenteiligen Anordnungen des Vorsitzenden muss der Verteidiger zunächst entgegentreten und einen Gerichtsbeschluss gem. § 238 II StPO herbeifüh-

---

347 Vgl M-G § 256 Rn 16
348 Vgl Knauer/Wolf NJW 2004, 2936; Sommer, StraFo 2004, 297

ren. Weiterhin sollte das Gericht zur Erhebung des erforderlichen Beweises durch die Stellung gezielter Beweisanträge angehalten werden.

Den tiefsten Eingriff in den Grundsatz der persönlichen Vernehmung eines Zeugen hat das erste Gesetz zur Modernisierung der Justiz mit der Verlesbarkeit polizeilicher Ermittlungsprotokolle, die keine Vernehmung zum Gegenstand haben, geschaffen, § 256 I Nr. 5 StPO. Nach der Entwurfsbegründung hat der Gesetzgeber hierbei insbesondere an die Protokolle und Vermerke gedacht, die Routinevorgänge betreffen: Beschlagnahme, Spurensicherung, Durchführung einer Festnahme, Sicherstellung, Hausdurchsuchungen usw.[349] Die Beschränkung auf solche Vermerke und Protokolle muss der Verteidiger beachten. Die Aufklärungspflicht wird aber auch in solchen Fällen zur persönlichen Einvernahme des Zeugen zwingen, in denen zB die Umstände der Festnahme oder Erkenntnisse anlässlich einer Hausdurchsuchung für den Schuld- oder Rechtsfolgenausspruch von Bedeutung sind oder wenn die Zulässigkeit der Maßnahme hinterfragt werden muss (Bsp Hausdurchsuchung: Womit wurde Gefahr in Verzug begründet? Warum verstrich bis zur Entscheidung zur Hausdurchsuchung so viel Zeit, dass kein Richter mehr zur Anordnung der Durchsuchung erreichbar war?) Die Verteidigung muss in solchen Fällen durch Stellung von Beweisanträgen die erforderliche Aufklärung herbeiführen.[350] UE muss die Anordnung der Verlesung polizeilicher Ermittlungsprotokolle die Ausnahme sein, weshalb sie in allen Fällen, in denen solchen Schriftstücken eine über die Feststellung einfacher Geschehensabläufe hinausgehende Beweisbedeutung zukommt, von der Verteidigung beanstandet und einem Gerichtsbeschluss zugeführt werden muss.

241 c

a) Gegenstand des Urkundenbeweises

Nach § 249 StPO sind »Urkunden ua als Beweismittel dienende Schriftstücke« Gegenstand des Urkundenbeweises.

242

Unter Urkunden iSd § 249 StPO versteht man Schriftstücke jeder Art, die verlesbar und geeignet sind, durch ihren (allgemein verständlichen oder durch Auslegung zu ermittelnden) Gedankeninhalt Beweis zu erbringen.[351] Die Beweiskraft, der Beweiswert oder die Verwertbarkeit als Beweismittel ändern nichts an der Qualität eines verlesbaren Schriftstücks als Gegenstand des Urkundenbeweises.

Eine exemplarische Aufzählung verlesbarer Urkunden findet sich in § 249 I 2 StPO.[352]

243

Nicht verlesbar und damit nicht Gegenstand des Urkundenbeweises sind Karten, Skizzen, auch Unfallskizzen, Schallplatten, Tonbänder, technische Aufzeichnungen. Diese Gegenstände sind – auch wenn sie wie eine Urkunde eine gedankliche Erklärung enthalten – Gegenstand des Augenscheinbeweises, denn ihr Inhalt lässt sich durch sinnliche Wahrnehmung erschließen. Ferner sind Urkunden nicht verlesbar, die einem Beweisverwertungsverbot unterliegen, wie zB Schriftstücke, für die ein Beschlagnahmeverbot gilt, oder Protokolle widerrechtlicher Telefonüberwachungen.[353]

---

349 BR-Drucks 378/03 S 61
350 M-G § 256 Rn 26 mwN
351 M-G § 249 Rn 3
352 M-G § 249 Rn 8 ff
353 BGHSt 31, 304; zu beachten sind jedoch die Ausführungen Rn 135 f

b) Durchführung des Urkundenbeweises

244 Der Urkundenbeweis wird durch Verlesung (§ 249 I StPO) oder Selbstlesung (§ 249 II StPO) erhoben.

Nach § 249 I StPO erfolgt die Aufnahme des Urkundenbeweises durch Verlesung ihres Inhalts. Verlesung bedeutet wörtliche Wiedergabe, dh lautes Vorlesen durch den Vorsitzenden, einen anderen Richter oder den Urkundsbeamten. Die Verlesung wird üblicherweise durch den Vorsitzenden angeordnet. Der Umfang der Verlesung hängt von der Aufklärungspflicht ab. Eine Teilverlesung ist grundsätzlich zulässig, sofern nicht ein auf den Urkundsbeweis gerichteter Beweisantrag vorliegt und ein solcher Antrag nach §§ 244 III, 245 II 1 StPO nicht abgelehnt werden kann. Die Zulässigkeit der Teilverlesung beurteilt sich danach, ob die gesamte Urkunde oder nur ein Teil für die Entscheidung von Bedeutung ist.[354]

Jeder Beteiligte kann aber die vollständige Verlesung der Urkunde als präsentes Beweismittel nach § 245 StPO beantragen, sofern er die Urkunde in der Hauptverhandlung vorlegt oder diese sich bei den Akten befindet.

245 Die Entscheidung über die Verlesung einer Urkunde oder eines anderen Schriftstücks oder über die Ersetzung der Verlesung nach § 249 II StPO trifft der Vorsitzende im Rahmen seiner Sachleitung.

Ein Gerichtsbeschluss ergeht nur, wenn die Maßnahme des Vorsitzenden nach § 238 II StPO beanstandet wird.

Ausnahmsweise setzt der Urkundenbeweis nach § 251 I und II StPO einen Gerichtsbeschluss voraus (§ 251 IV StPO), weil durch die Ersetzung der unmittelbaren Zeugenvernehmung durch die Verlesung eines Protokolls gravierende Ausnahmen von § 250 S 2 StPO vorliegen.

246 Die Verlesung muss – als wesentliche Förmlichkeit des Verfahrens – gem § 273 I StPO im Protokoll beurkundet werden. Schweigt das Protokoll, so gilt die Verlesung wegen dessen Beweiskraft nach § 274 StPO als nicht erfolgt.[355]

Der Umfang der Protokollierung ist für das Verfahren nach § 249 II in § 249 II 3 StPO ausdrücklich geregelt.

Jedoch reicht allein der Vermerk, dass die Urkunde zum Gegenstand der Verhandlung gemacht wurde, nicht zum Nachweis der Verlesung aus.

247 Es muss aus dem Protokoll erkennbar sein, ob die Urkunde verlesen, vorgehalten oder vom Vorsitzenden lediglich wiedergegeben wurde.[356]

Bei Verlesungen zum Zwecke der Gedächtnisunterstützung und zum Zweck der Beweisaufnahme über ein Geständnis (§§ 253 und 254 StPO) muss unter den Voraussetzungen des § 255 StPO, dh auf Antrag der Staatsanwaltschaft oder des Angeklagten, auch der Grund der Verlesung protokolliert werden.

Soweit die Aufklärungspflicht (§ 244 II StPO) nicht die wörtliche Verlesung gebietet, kann der Vorsitzende an Stelle der Verlesung den Inhalt des verlesbaren Schriftstücks feststellen und bekannt geben, solange nicht einer der Beteiligten die Verlesung beantragt.[357]

---

354 So BGHSt 11, 29
355 BGH NStZ 1993, 51; StV 1999, 359; NStZ-RR 1999, 37
356 OLG Celle StV 1984, 107
357 BGHSt 30, 10

Kommt es auf den genauen Wortlaut kurzer und leicht erfassbarer, auch ausländi-**248**
scher Schriftstücke nicht an, kann ihr Inhalt durch Vorhalt in die Hauptverhandlung eingeführt werden. Jedoch ist ein solcher Vorhalt kein Urkundenbeweis, sondern ein Vernehmungsbehelf. Grundsätzlich ist der Vorhalt von Urkunden möglich,
um damit eine Vernehmung inhaltlich zu bereichern. Als Grundlage des Urteils
kann dann aber nur die auf den Vorhalt abgegebene Erklärung, nicht aber der Inhalt der zum Vorhalt verlesenen Urkunde selbst, verwertet werden.

Unzulässig ist die Einf von längeren, sprachlich schwierigen oder inhaltlich schwer
verständlichen Urkunden durch bloßen Vorhalt. Sofern der genaue Inhalt einer Urkunde wesentlich ist, kommt nur eine Einf durch die Verlesung nach § 249 StPO in
Betracht.

§ 249 II StPO gestattet, die Verlesung eines Schriftstücks durch Kenntnisnahme zu **249**
ersetzen, mit der Folge, dass der Inhalt der Urkunde in der Hauptverhandlung
nicht zur Sprache kommen muss. Diese Erleichterung des § 249 II StPO gilt aber
nicht bei der eine Zeugenvernehmung ersetzende (§ 251 StPO) oder ergänzende
(§ 253 StPO) Verlesung, bei Geständnissen des Angeklagten (§ 254 StPO) und den
ausnahmsweise verlesbaren schriftlichen Zeugnissen und Gutachten (§ 256 StPO).

Das Verfahren findet auf Anordnung des Vorsitzenden statt. Das Gericht entschei- **250**
det, wenn Staatsanwalt, Angeklagter und Verteidiger unverzüglich der Anordnung
des Vorsitzenden widersprechen. Die Entscheidung des Gerichts ist nicht anfechtbar.

Von einer Verlesung kann folglich nach § 249 II StPO ua abgesehen werden, wenn
Richter und Schöffen und auch die übrigen Beteiligten die Möglichkeit der Kenntnisnahme hatten und niemand dieser Verfahrensweise widersprochen hat.

3. Der Augenschein

Die Augenscheinseinnahme, § 86 StPO, ist eine Beweiserhebung durch sinnliche **251**
Wahrnehmung der Existenz, Lage oder Beschaffenheit eines Objektes. Sie erfolgt
durch Sehen, Hören, Riechen, Fühlen oder Schmecken.[358] Letztlich ist jede Beweiserhebung, die nicht als Zeugen-, Sachverständigen- oder Urkundenbeweis gesetzlich besonders geregelt ist, Augenscheinseinnahme.[359]

Mögliche Objekte des Augenscheinsbeweises sind: **252**

– Abbildungen und Darstellungen in Druckwerken;
– Lichtbilder, sofern sie nicht lediglich als Hilfsmittel zur Veranschaulichung der
  Einlassung des Beschuldigten und der Aussagen von Zeugen und Sachverständigen dienen;
– Filmstreifen; Schallplatten- und Tonbandaufnahmen. Wichtigster Anwendungsfall: Abspielen von nach §§ 100 a und c I, Nr. 2 und 3 StPO nF gewonnener Tele-
  fonüberwachungsaufzeichnungen und Mitschnitten des nichtöffentlich gesprochenen Wortes (großer Lauschangriff). Der Beweiswert hängt davon ab, dass der
  Angeklagte oder ein Zeuge seine Beziehung zu der Aufzeichnung bzw ihre Echtheit bestätigt;[360]

---

358 BGHSt 18, 51, 53
359 Vgl M-G § 86 Rn 1
360 Vgl M-G § 86 Rn 11

- Skizzen und Zeichnungen, aber nur zum Beweis ihrer Existenz oder Herstellung. Kommt es auf den gedanklichen Inhalt an, muss der Hersteller hierzu als Zeuge vernommen werden;[361]
- Technische Aufzeichnungen wie Lochstreifen und Fahrtenschreiberdiagramme, wenn der Richter sie selber auswerten kann;[362]
- Urkunden dann, wenn es auf ihre Beschaffenheit oder die Art der Schriftzüge und nicht den gedanklichen Inhalt ankommt.[363] Ferner, wenn ihre Verlesung nicht möglich ist, weil sich auf einem Blatt Papier nur eine Aufstellung von Zahlen, Buchstaben oder zusammenhanglosen Worten befindet;
- Vorgänge und Experimente, wenn sie nicht Bestandteil eines Sachverständigengutachtens oder einer Zeugenaussage sind. Beispiel: Ob sich eine Geldkassette ohne Schlüssel öffnen lässt, s Muster;
- Ortsbesichtigungen.

253　Das Gericht kann den Augenscheinsbeweis im Gerichtssaal oder außerhalb des Gerichtsgebäudes erheben. Ist der Gegenstand des Augenscheins bereits offizielles Beweismittel des Verfahrens, zB Asservat oder Aktenbestandteil (Lichtbilder), ist die Augenscheinseinnahme schon nach § 245 I StPO geboten, es sei denn, die Beteiligten verzichten darauf. Hat der Verteidiger das Augenscheinsobjekt mitgebracht, muss das Gericht den Beweis erheben, wenn ein entsprechender Beweisantrag gestellt wird, § 245 II StPO.

254　Die Augenscheinseinnahme außerhalb des Gerichtssaals ist grundsätzlich gem § 244 V StPO in das pflichtgemäße Ermessen des Gericht gestellt. Den Antrag auf Einnahme des Augenscheins außerhalb des Gerichtssaales kann das Gericht mit der Begründung ablehnen, dass er zur Erforschung der Wahrheit nicht erforderlich ist. Maßstab dafür ist allein die Aufklärungspflicht des Gerichts. Der Verteidiger hat deshalb schon in seinem Beweisantrag darzulegen, warum die Aufklärungspflicht des Gerichts zur Erhebung des Augenscheinsbeweises drängt.

255　Lehnt das Gericht den Antrag auf Augenscheinseinnahme außerhalb des Gerichtssaales ab, so sollte der Verteidiger eine Person mit der Augenscheinseinnahme beauftragen. Er kann dann den Antrag stellen, diese Person als Zeugen zum Ergebnis der Augenscheinseinnahme zu vernehmen, am sinnvollsten unter den Voraussetzungen des § 245 II StPO, also indem er sie als präsentes Beweismittel zur Hauptverhandlung stellt. Das Gericht kann selbst Augenscheinsgehilfen beauftragen und als Zeugen vernehmen, zB Polizeibeamte zu den Tatörtlichkeiten oder dem Ergebnis der Vermessung einer Unfallstelle. Für die Auswahl, die Ablehnung wegen Befangenheit und die Pflicht zum Tätigwerden gelten dann trotz des Zeugenstatus solcher Personen die Sachverständigenvorschriften.[364]

256　Benötigt die Person eine besondere Sachkunde für die Einnahme des Augenscheins, zB medizinische Schulung, ist sie nicht Augenscheinsgehilfe sondern Sachverständiger.

257　Zu solchen Anträgen verweisen wir auf das folgende Schriftsatzmuster:

---

361 Vgl M-G § 86 Rn 12 mwN
362 Vgl OLG Düsseldorf NJW 1997, 269
363 BGH StV 1999, 359 f
364 Vgl M-G § 86 Rn 4

In der Strafsache
./. M
12 Ls 32/98

beantrage ich,

die Geldcassette, Asservat Nr. 2345/98 in Augenschein zu nehmen und

1. **mit dem Daumen auf das Schloss der geschlossenen Geldcassette zu drücken, zum Beweis der Tatsache, dass die Geldcassette sich bei einfachem Druck auf das Cassettenschloss öffnet und sodann**
2. **den Cassettendeckel wieder auf den Cassettenboden zu drücken, zum Beweis der Tatsache, dass die offene Cassette durch einfachen Druck auf den Cassettendeckel schließt.**

Begründung:

Herrn M wird vorgeworfen, in den Kindergarten X eingebrochen zu sein und dort diverse Gegenstände, ua die Geldcassette, entwendet zu haben. Der Tatverdacht beruht allein darauf, dass anlässlich einer Durchsuchung seiner Wohnung in anderer Sache die o.g. Geldcassette in verschlossenem Zustand aufgefunden wurde. Die vor der Wegnahme in der Cassette befindlichen Unterlagen, insbesondere Quittungen etc, lagen neben der unbeschädigten und verschlossenen Geldcassette. Die übrigen in dem Kindergarten entwendeten Gegenstände hingegen konnten nicht mehr aufgefunden werden.

Mein Mandant gibt an, er habe die Geldcassette neben dem Müllcontainer vor dem Kindergarten gefunden. Später habe er sie in seiner Wohnung ohne Schlüssel und ohne Werkzeug in der im Antrag beschriebenen Weise geöffnet und nach der Entnahme der Papiere wieder verschlossen. Mit dem Einbruch habe er nichts zu tun. Die Staatsanwaltschaft hingegen wertet den Umstand, dass die Geldcassette von meinem Mandanten geöffnet werden konnte, als entscheidendes Indiz seiner Täterschaft, denn nur wer auch die anderen Gegenstände, also auch den Schlüssel im Kindergarten entwendet hat, könne die Geldcassette ohne Beschädigungen geöffnet haben.

Die angebotene Beweiserhebung wird belegen, dass dieser Rückschluss falsch ist. Die Tatsache, dass der frühere Cassetteninhalt von meinem Mandanten entnommen wurde, lässt nach dem in Aussicht gestellten Beweisergebnis keinen Rückschluss auf den Täter des Einbruchdiebstahles mehr zu.

Die asservierte, in der Anklage als Beweismittel genannte und von dem Gericht zur Hauptverhandlung herbeigezogene Geldcassette ist Beweismittel iSd § 245 I StPO. Die Inaugenscheinnahme ist von Amts wegen geboten. Das begehrte Experiment ist gleichfalls Augenscheinbeweis, vgl Meyer-Goßner, § 86 Rn 15. Das Experiment kann problemlos im Rahmen der Hauptverhandlung gemacht werden. Der Angeklagte ist bereit, selbst die beschriebenen Einwirkungen auf die Cassette zu demonstrieren. Wir sind aber auch damit einverstanden, dass der Vorsitzende die Überprüfung des Schließmechanismusses der Geldcassette selbst vornimmt.

Rechtsanwalt

4.　　Sachverständigenbeweis

Der Sachverständige als persönliches Beweismittel ist in der Rechtstheorie »Gehilfe des Richters«.[365] In der Praxis jedoch ist das Ergebnis des Sachverständigengutachtens in den meisten Fällen prozessentscheidend. Dementsprechend hat sich die Literatur ausführlich mit der Stellung des Sachverständigen im Strafprozess beschäftigt.[366] **258**

Neben den Fällen, in denen eine Mitwirkung eines Sachverständigen immer vorgeschrieben ist (Einweisung in ein psychiatrisches Krankenhaus – § 81 StPO; Unter- **259**

---

365 BGHSt 13, 1
366 Vgl Jungfer StraFo 1995, 19 ff; Kempf StraFo 1995, 110 ff; Krekeler StraFo 1996, 5 ff

bringung – §§ 80 a, 246 a, 414 StPO, 63 StGB; Autopsie – § 87 ff StPO; Vergiftung – § 91 StPO; Wertzeichenfälschung – § 92 StPO), muss das Gericht dann einen Sachverständigen beiziehen, wenn es nicht über die ausreichende Sachkunde verfügt. Dies kann zB bei der Beurteilung der Glaubwürdigkeit von Zeugen oder bei Fragen der Schuldfähigkeit der Fall sein.[367]

260 Aufgrund der häufig prozessentscheidenden Bedeutung des Gutachtens ist die Verteidigung im Hinblick auf den Sachverständigen zu besonders sorgfältigem Arbeiten verpflichtet. Für den Fall, dass das Gutachten des Sachverständigen in der Hauptverhandlung nach § 256 I Nr. 2 StPO im Wege des erweiterten Urkundenbeweis ohne weitere Anhörung des Sachverständigen verlesen werden soll vgl oben Rn 241 b.

Vor der Erstattung des mündlichen Gutachtens in der Hauptverhandlung kann die Verteidigung ein vorläufiges, schriftliches Gutachten verlangen,[368] da der Sachverständige stets zu einer vorausgehenden Untersuchung verpflichtet ist, weil die bloße Anwesenheit in der Hauptverhandlung und seine dortigen Erkenntnisse nicht ausreichen.[369]

261 Das vorläufige Gutachten ist von der Verteidigung genau zu überprüfen. Reicht die eigene Sachkunde des Verteidigers – etwa mit Hilfe des Fragenkatalogs von Krekeler[370] – zur Überprüfung des Gutachtens nicht aus, muss das Gutachten einem eigenen Sachverständigen zur »Oberbegutachtung« vorgelegt werden.

262 Für den Fall, dass die Verteidigung das vorläufige Gutachten des Sachverständigen angreifen will, bieten sich ihr diverse Möglichkeiten. Erscheint es bereits fraglich, auf welcher Tatsachengrundlage die Schlüsse gezogen wurden und ob die beschriebenen Untersuchungen tatsächlich durchgeführt wurden, ist vom Verteidiger ein **Beweisantrag auf Zuziehung der Untersuchungsunterlagen** mit der Behauptung zu stellen, die Untersuchungsergebnisse rechtfertigten nicht die vom Sachverständigen gezogenen Schlüsse. Bei dieser Behauptung kann das Gericht den Beweisantrag nicht mit der Begründung ablehnen, die Unterlagen des Sachverständigen müssten grundsätzlich nicht vorgelegt werden.[371] Nach hier vertretener Auffassung ist dem Verteidiger aufgrund seiner Stellung im Strafverfahren, als Kontrolle ausübender Interessenvertreter des Angeklagten, grundsätzlich Einsicht in die Tatsachengrundlagen zu geben, auf denen die sachverständigen Schlüsse beruhen. Da der Sachverständige als Gehilfe des Richters tätig wird, hat sein Interesse an der Geheimhaltung seiner Testergebnisse dem Interesse an der Transparenz des evtl Schuldspruchs zu weichen.

263 Die Verteidigung kann fachliche Mängel des Gutachtens, Fehler bei der Belehrung des Probanden, Fehler bei der Einwilligung der Erziehungsberechtigten etc selbst im Rahmen des Erklärungsrechts rügen und/oder etwa mit einem Befangenheitsantrag, einem Antrag auf Entbindung,[372] einem Antrag auf Einholung eines weiteren Sachverständigengutachtens etc verbinden. IdR werden die Ausführungen des Verteidigers allein kaum das Gericht veranlassen, wesentliche Zweifel an der Richtigkeit der sachverständigen Ausführungen anzumelden. Der Sachverständige erscheint als der Spezialist, der Verteidiger nicht.

---

367 Hierzu vgl KK-Herdegen § 244 Rn 29 mwN
368 Jungfer StraFo 1995, 19
369 So BGH NStZ 1993, 395
370 Krekeler StraFo 1996, 5, 11
371 BGH NStZ 1989, 143; kein allgemeiner Einsichtsanspruch: BGH StV 1995, 565
372 Vgl Rode/Legrano StV 1995, 496

Daher kommt dem Selbstladerecht der Verteidigung nach § 220 StPO besondere **264** Bedeutung zu. Die Verteidigung kann hierüber »ihren« Sachverständigen in das Verfahren einführen. Ein anderer Weg ist die Beiziehung eines Sachverständigen als anwaltlicher Mitarbeiter. Bei diesen Konstellationen hat die Verteidigung Anträge an das Gericht zu stellen, die dem eigenen Sachverständigen die Überprüfung aller Tatsachen ermöglichen, zB:

- Antrag auf Fertigen einer Kopie des Videobandes, das als Beweisstück asserviert ist
- Antrag auf Überspielen einer Tonbandaufnahme auf das eigene Bd des Verteidigers
- Antrag auf Sicherung eines Teils von Sekret- oder sonstigen Spuren für die Verteidigung
- Antrag auf Gestattung der Teilnahme des eigenen SV an Autopsie.

Bei der Begutachtung der Glaubwürdigkeit von Zeugen bleibt idR nur die fachliche **265** Gutachtenkritik zum Gutachten des gerichtlich bestellten Gutachters, weil der Zeuge kaum einer weiteren (eigenen) Begutachtung durch den Sachverständigen der Verteidigung zustimmen dürfte.[373]

Wir weisen auf folgendes Schriftsatzmuster hin: **266**

In der Strafsache
gegen D
24 KLs – 6/98 –

beantrage ich,

ein psychologisches Sachverständigengutachten einzuholen, zum Beweis der Tatsache, dass zumindest die Steuerungsfähigkeit des Herrn D infolge einer frühkindlichen Persönlichkeitsstörung bei der Begehung der ihm vorgeworfenen Tat erheblich herabgesetzt war.

Begründung:

Der Vater des D war Alkoholiker. Er schlug die Mutter täglich, auch vor den Augen der Kinder. Gegen die Kinder war er gleichfalls überaus gewalttätig. Annähernd täglich erfolgten Züchtigungen mit Faustschlägen und Fußtritten. Noch deutlich vor dem 4. Lebensjahr meines Mandanten kam es zu einem Vorfall, bei dem der Vater D aus dem Fenster des Hochhauses hielt und erklärte, er werde ihn fallen lassen.

Die Trennung der Eltern erfolgte, als D 4 Jahre alt war. Die Mutter hatte dann wechselnde Partner, die jeweils bei ihr einzogen. Sie konsumierte regelmäßig BtM, was auch sie gegenüber den Kindern unberechenbar und ungerecht werden ließ. Eine regelrechte häusliche Versorgung hat D nie erfahren. Ein Vertrauensverhältnis zu einem Elternteil konnte D nie aufbauen. Der weitere Lebensweg ab dem 8. Lebensjahr ist von Heimaufenthalten und schließlich dem Leben als Obdachloser geprägt. Einen Schulabschluss hat er nicht.

Die sich aus diesem Lebensweg ergebende Dissozialität hat zu gravierenden strukturellen Defiziten meines Mandanten geführt, nämlich zu einer mangelnden Ich-Integration und zu einer Unfähigkeit zur Realitätsanpassung, vgl Nedopil, Forensische Psychiatrie, 1996, 134. Diese Persönlichkeitsstörung war Auslöser der angelasteten Tat. Das Delikt steht in engem motivationalem und situativem Zusammenhang mit der Persönlichkeitsstörung. Die in der konkreten Situation nicht angemessene und unverständlich erscheinende Gewaltanwendung und -intensität erfolgte allein vor dem Hintergrund der Enttäuschung meines Mandanten über seine Zurückweisung und die Annahme anderer Bewerber.

Frühkindliche und verhaltensbedingte Persönlichkeitsstörungen fallen unter das Merkmal der anderen seelischen Abartigkeit iSv §§ 20, 21 StGB. Es handelt sich nicht um krankhafte Veränderungen sondern anlage- und verhaltensbedingte Störungen. Sie fallen daher in das Fachgebiet des Psychologen, nicht das des Psychiaters.

---

373 Vgl dazu auch Jansen StV 2000, 224 ff

> Unter Hinweis auf Nr. 70 RiStBV schlage ich als Sachverständige vor:
>
> Frau Prof. Dr. R, aus K.
>
> Frau Prof. Dr. R verfügt über große praktische klinische Erfahrung auf diesem Fachgebiet.
>
> Rechtsanwalt

IX. Besondere Probleme der Beweisaufnahme

1. Optische und akustische Identifikation von Personen

a) Optische Identifikation

267 Wird in der Hauptverhandlung eine optische Identifikation des Angeklagten[374] oder eine Bestätigung einer früheren Identifikation eine Rolle spielen, so hat der Verteidiger im Vorfeld die historische Entwicklung dieser Identifikation nachzuvollziehen und sich mit den gedächtnis-psychologischen Grundsätzen des (Wieder-)Erkennens vertraut zu machen.[375]

268 Das Wiedererkennen einer Person durch den Augenzeugen ist ein Entscheidungsprozess des Zeugen, bei dem dieser eine real vorgegebene Person (meist der Verdächtige) mit seinem Gedächtnisbild von der Zielperson (dem Täter) vergleicht.

Die Identifizierung kann aufgrund vorausgehender Lichtbildvorlagen oder einer Wahlgegenüberstellung bzw Wahllichtbildvorlage geschehen.

269 Die Verteidigung muss ff empirische Erkenntnisse ihrer Arbeit zugrunde legen: Die Zuverlässigkeit des jeweiligen Beweismittels ist danach zu bestimmen, wie wahrscheinlich die zu beweisende Tatsache aufgrund des Erklärungswertes des Beweismittels ist. Zeugenaussagen gehören zu den praktisch wichtigsten, aber hinsichtlich ihrer generellen Zuverlässigkeit schlechtesten Beweismitteln. Das beruht darauf, dass Wahrnehmung und Wiedergabe des Wahrgenommenen regelmäßig mit vielen Fehlerquellen behaftet sind, deren sich der Aussagende auch bei den besten Absichten und größtem Bemühen oft nicht bewusst ist.

270 Den Beweiswert der Identifizierung kann man anhand von bestimmten Kriterien – sog Schätz- und Kontrollvariablen – bestimmen. Schätzvariablen sind situationsgebundene Faktoren einerseits, wie Lichtverhältnisse, Stress, Erregung, Art der Täterhandlung, sowie die besonderen Merkmale der zu identifizierenden Person die sog Täterfaktoren und Zeugenfaktoren wie zB: Alter, Intelligenz, Geschlecht, Selbstbewusstsein andererseits.

Als Kontrollvariablen werden Faktoren bezeichnet, auf die die Ermittlungsbehörden Einfluss nehmen können.

Dazu gehören die Vernehmungstechniken vor dem Identifizierungsversuch, die Auswahl der Alternativpersonen, die Art der Gegenüberstellung wie auch Instruktionen an den Zeugen.

aa) Vorausgehende Lichtbildvorlage

271 Das zuerst vorgelegte Lichtbild hat auf den Zeugen erhebliche suggestive Wirkungen. Der Zeuge wird idR dazu neigen, die Person, die er auf dem zunächst vorge-

---

374 Vgl dazu Bender/Nack Rn 764,792 ff, 812 ff
375 Vgl hierzu anschaulich OLG Köln NStZ 1991, 202 f

legten Lichtbild erkannt hat, auch bei der Gegenüberstellung »wiederzuerkennen«. In der Praxis sind nur etwa 5 % der Zeugen in der Lage, einen Täter anhand der Lichtbildkartei wirklich zu identifizieren.

bb) Wahlgegenüberstellung

Die Gegenüberstellung zum Zwecke der Identifizierung gem Nr. 18 RiStBV soll als **Wahlgegenüberstellung** mit einer Reihe anderer Personen gleichen Geschlechts, ähnlichen Alters und ähnlichen Erscheinungsbildes stattfinden. Eine Einzelgegenüberstellung ist zwar nicht unzulässig, ihr Ergebnis hat aber nur einen sehr eingeschränkten Beweiswert.[376] Grundsätzlich wird von der RS eine Wahlgegenüberstellung mit Alternativpersonen entsprechend Nr. 18 RiStBV gefordert. Wurde gegen die Vorgaben aus Nr. 18 RiStBV verstoßen, ist eine Verwertung des Beweisergebnisses zwar grundsätzlich möglich, jedoch ist das Gericht gehalten, in seinem Urteil auszuführen, dass es sich der Beeinträchtigung des Beweiswerts bewusst war.[377] Insbesondere sind nach Nr. 18 S 3 RiStBV die Einzelheiten der Gegenüberstellung aktenkundig zu machen, damit sich das Gericht selbst einen Eindruck von dem Ablauf der Gegenüberstellung machen kann. Dazu gehören die möglichst wörtlich protokollierten Zeugenaussagen vor und nach der Gegenüberstellung, Fotos der Vergleichsgruppen, die Namen der beteiligten Personen.

Fraglich ist, ob dem Verteidiger bei der Gegenüberstellung ein Anwesenheitsrecht zukommt. Die RS verneint dies für Fälle der von der Staatsanwaltschaft angeordneten Gegenüberstellung ebenso wie für von der Polizei angeordneten Gegenüberstellungen. Dem kann jedoch nicht gefolgt werden, da sich ein Anwesenheitsrecht des Verteidigers aus dem Gesetz ergibt.[378] § 163 a III StPO bestimmt, dass der Beschuldigte verpflichtete ist, auf Ladung vor der Staatsanwaltschaft zu erscheinen. Dann haben aber auch die Vorschriften über die richterliche Vernehmung, mit ihrem Anwesenheitsrecht für die Verteidigung, Anwendung zu finden, da § 163 a III StPO hierauf verweist. Weil auch eine Gegenüberstellung durch die Polizei die Funktion einer vorweggenommenen Maßnahme der Hauptverhandlung hat, folgt hieraus ebenfalls ein Anwesenheitsrecht der Verteidigung.

Man unterscheidet zwischen **simultaner und sequentieller Gegenüberstellung**, wobei letztere zu weniger Falschidentifizierungen führt. Wichtig ist, dass der Zeuge jede einzelne Person mit seinem eigenen Gedächtnisbild vergleicht und nicht die Alternativpersonen miteinander.

Erforderlich ist deshalb eine sequentielle Gegenüberstellung: Dem Zeugen wird stets nur eine Person aus der Vergleichsgruppe vorgestellt. Dadurch muss er für jede einzelne Person entscheiden, ob es sich um den Täter handelt. Erst danach wird die nächste Vergleichsperson vorgestellt. Der Zeuge weiß bei diesem Verfahren nicht, wieviele Personen ihm insgesamt vorgestellt werden.

Im Ergebnis ist bei der sequentiellen Gegenüberstellung der Anteil der korrekten Identifizierungen (mit 44 % Fehlern gegenüber 72 % Fehlern bei der simultanen Gegenüberstellung) – wenn auch nur geringfügig – höher. Auch wenn die sequentielle Gegenüberstellung nicht genau den Vorgaben von Nr. 18 RiStBV entspricht, ist sie der simultanen Gegenüberstellung doch wegen ihrer höheren Zuverlässigkeit überlegen und sollte daher bevorzugt werden. Auch eine Entscheidung des Bundes-

272

273

274

---

376   BGH NStZ 1994, 295, 296
377   OLG Frankfurt NStZ 1988, 41; OLG Düsseldorf StV 1994, 8
378   Pauly, StraFo 1998, 41 (42)

gerichtshofs aus dem Jahr 2000 bestätigt, dass die sequentielle Gegenüberstellung der Wahlgegenüberstellung vorzuziehen sein dürfte.[379]

275   Wesentlich für den Beweiswert einer Wahlgegenüberstellung ist auch die **Auswahl der Vergleichspersonen**. In der äußeren Erscheinung sollten sich die Alternativpersonen in der Gegenüberstellungsgruppe nicht wesentlich von der des Verdächtigen unterscheiden.

Bei eine objektiven Vorauswahl sind die äußeren Merkmale abzugleichen und vorzuprüfen.

In der anschließenden subjektiven Auswahl werden die Personen nach den Merkmalen ausgewählt, die dem Zeugen bei dem Täter aufgefallen sind. Des Weiteren ist die Kleidung der Alternativpersonen abzustimmen, da dieser Faktor wesentlich für die Anzahl der wissenschaftlich untersuchten Falschidentifizierungen ist.

Die Vergleichsgruppe sollte wenigstens aus acht Personen bestehen, wobei der Beschuldigte seinen Platz selbst auswählen soll. Sofern ein zweiter Wahlgegenüberstellungsdurchgang stattfindet, sollte mit verschiedenen Personengruppen gearbeitet werden und der Verdächtige sollte sich nur in einer Gruppe befinden.

Wichtig ist, dass die Alternativpersonen keine Kenntnis davon haben, wer der Verdächtige ist, damit sie nicht durch Hinweisreize die Aufmerksamkeit des Zeugen auf den Verdächtigen lenken können.

276   Der **Leiter der Gegenüberstellung** sollte nicht mit in die Vorbereitungen der Gegenüberstellung einbezogen werden, damit er nicht aus seiner Erwartungshaltung heraus dem Zeugen unbewusst Hinweise auf den Verdächtigen zu geben vermag.

277   Auch darf der Zeuge vor der Gegenüberstellung nicht den Vergleichspersonen begegnen, um der Gefahr der Suggestion vorzubeugen. Dem Zeugen ist weiterhin klarzumachen, dass auch die Möglichkeit besteht, dass es zu keiner Identifizierung kommt, weil sich der Verdächtige gar nicht in der Personengruppe befinden muss.

cc)   Wahllichtbildvorlagen

278   Wahllichtbildvorlagen werden gem Nr. 18 RiStBV nach den gleichen Grundsätzen durchgeführt wie Wahlgegenüberstellungen. Insofern sind alle Einzelheiten der Wahllichtbildvorlage aktenkundig zu machen. Auch müssen dem Gericht alle dem Zeugen bei der Wahllichtbildvorlage vorgelegten Lichtbilder zugänglich gemacht werden. In diesem Zusammenhang ist von der Verteidigung zu überprüfen, woher die vorgelegten Bilder stammen. Handelt es sich zB um Bilder, die einer Personalakte eines Beamten entnommen sind, stellt sich die Frage nach der Zulässigkeit der Verwendung von Fotos aus Personalakten. Nach hier vertretener Auffassung ist die Verwendung von Fotos aus Personalakten ohne Zustimmung der Betroffenen dann rechtswidrig, wenn das entsprechende Landesbeamtengesetz keine ausdrückliche Ermächtigung hierfür vorsieht. Denn nach der Volkszählungsentscheidung des BVerfGs[380] gilt ein ausdrückliches Personalaktengeheimnis. Ermächtigungen der Landesbeamtengesetze zu Auskünften reichen für die Weitergabe von Personalaktenfotos nicht aus. § 96 StPO bietet keine ausreichende Ermächtigung, da es sich bei den Personalaktenfotos nicht um Beweismittel handelt. Die Verteidigung sollte einer Einf und Verwertung der Ergebnisse einer Wahllichtbildvorlage widersprechen, wenn sich Personalaktenfotos unter den Fotos befinden.

---

379 BGH StV 2000, 603
380 BVerfGE 65, 41 ff

Der Zeuge nimmt bei Wahllichtbildervorlagen nicht die Person als Ganzes wahr, **279** sondern nur Ausschnitte. Auch sind Fotos nicht immer aktuell. Lichtbilder vermitteln meist nur einen zweidimensionalen und statischen Eindruck. Deshalb sind Wahllichtbildvorlagen weniger zuverlässig als Wahlgegenüberstellungen.

Teilweise wird jedoch vertreten, die Nachteile der Wahllichtbildvorlage würden durch deren Vorteil aufgewogen, da aufgrund der für den Zeugen entspannteren Situation die Gefahr von Beeinflussungen geringer sei.[381]

Ferner legen sich Zeugen bei der Wahllichtbildvorlage leichter fest, als bei der Wahlgegenüberstellung. Schon bei einer geringen Ähnlichkeit sind Zeugen bereit, den Täter zu identifizieren. Bei empirischen Untersuchungen[382] war dieses Phänomen vor allem dann zu beobachten, wenn die eigentliche Zielperson bei der Auswahl nicht dabei war. Dadurch entsteht eine größere Gefahr von Falschidentifizierungen.

Sofern der Zeuge bei der ersten Fotoserie den Täter nicht identifiziert hat, besteht die Möglichkeit ihm eine zweite Fotoserie zu zeigen. Diese sollte jedoch andere Fotos enthalten als die erste Serie, sonst entsteht ein sog Vertrautheitseffekt. Dh die Person wird von dem Zeugen nur deshalb wiedererkannt, weil er sie noch aus der ersten Fotoserie in Erinnerung hat.

Bei einer Identifikation anhand der Vorlage nur weniger Lichtbilder hat der Zeuge **280** – bewusst oder unbewusst – den Eindruck, die Polizei kenne den Täter bereits und erwarte nur noch eine Bestätigung.

Damit kommt einer solchen Vorlage ohne echten Wahlcharakter wie bei der Vorlage einer Vielzahl von Fotos eine hohe Suggestivwirkung zu. Verwechslungen sind möglich.[383] Die Wiedererkennung bei der Monate später erfolgten Wahlgegenüberstellung birgt die Gefahr erneuten Irrtums, weil erfahrungsgemäß das Erinnerungsbild des Zeugen von der Tat überlagert wird durch die Erinnerung an die erste Wiedererkennung, so dass der Zeuge den ihm Gegenübergestellten nicht mit dem seinerzeit wahrgenommenen Täter, sondern mit der Person auf der Fotografie vergleicht.[384] Auch insoweit kann also eine Verwechslung vorliegen.

Für die Wahlgegenüberstellung, wie für die Wahllichtbildvorlage gilt, dass grund- **281** sätzlich nur dem ersten Wiedererkennen ein Beweiswert zukommt, eine Beeinflussung des neuerlichen Wiederkennens durch das Erste ist nicht auszuschließen.

Stellt sich das Problem des wiederholten Wiedererkennens in der Hauptverhandlung, so sollte der Verteidiger zunächst durch Anträge auf Gestaltung der Sitzordnung dazu beitragen, dass nicht schon durch die Platzierung des Angeklagten eine Identifizierung als vermeintlicher Täter droht. Sind Fehler im Ermittlungsverfahren zu beklagen, so sollte die Verteidigung diese sowohl durch Erklärungen nach § 257 II StPO aufzeigen, als auch im Plädoyer darauf hinweisen, dass dem so beeinflussten Wiedererkennen in der Hauptverhandlung kein erheblicher Beweiswert mehr zukommt.

---

381 Vgl hierzu Wiegmann, StraFo 1998, 37 (41)
382 Vgl hierzu Bender/Nack Rn 810
383 OLG Köln NStZ 1991, 202
384 BGHSt 16, 204, 206

281 a   Zu diesem Themenkreis stellen wir folgendes Schriftsatzmuster vor:

In der Strafsache

gegen ...

Az. ...

wird beantragt,

vor der Vernehmung der Zeugen X und Y, denen die Lichtbildmappe der Angeklagten und weiterer 25 Beschuldigter vorgelegt wurde

ein Sachverständigengutachten

eines Gedächtnisforschers

einzuholen,

zum Beweis der Tatsachen,

a) dass 95% der Zeugen nicht in der Lage sind, anhand einer Lichtbildkartei eine **korrekte** Identifizierung vorzunehmen;

b) dass die Vorlage eines Lichtbildes einer Person eine erhebliche suggestive Wirkung auf den Betrachter hat und das Gedächtnisbild des Zeugen verändert;

c) ein Wiedererkennen bei einer persönlichen Gegenüberstellung nach einer bereits erfolgten Lichtbildidentifizierung eine Fehlerquelle von über 70% hat;

d) die Gefahr des Irrtums des Zeugen um so größer ist, je weniger die Lichtbildvorlage lege artis durchgeführt wurde.

Begründung:

Die Lichtbildmappe, die die Fotos der in der Polizeiwache O. tätigen ehemaligen Beschuldigten und Angeklagten enthält, wurde den Zeugen im Ermittlungsverfahren durch die Polizei in einem nicht sachgerechten und Nr. 18 RiStBV nicht entsprechenden Verfahren vorgelegt.

Zum einen enthielt die Lichtbildmappe nur Fotos von verdächtigen Personen. Fotos von unverdächtigen Vergleichspersonen (die psychologischen Forschungen verlangen ein Verhältnis von 1 : 7 bezüglich der Anzahl von verdächtigten und nicht-verdächtigten Personen; vgl Bender/Nack, Tatsachenfeststellung vor Gericht, Rn 792 ff) waren überhaupt nicht vorhanden.

Ferner trugen in der Lichtbildmappe einige Beamte Uniform, darunter auch mein Mandant, andere nicht. Schließlich fehlt eine Dokumentation der Gegenüberstellung, insbesondere eine Dokumentation der Anweisungen des Polizeibeamten, der die Lichtbilder vorgelegt hat, völlig. Es ist daher nicht nachzuvollziehen, welche Handlungsanweisungen und Informationen die Zeugen durch die ermittelnden Beamten vor der Vorlage der Fotos erhalten haben.

Die hM in der psychologischen Gedächtnisforschung verlangt heute sogar, die entsprechenden Anweisungen wörtlich zu dokumentieren bzw auf Video aufzunehmen.

Köhnken/Sporer (Hrsg., Identifizierung von Tatverdächtigen durch Augenzeugen, S. 177), verlangen für eine ordnungsgemäße Dokumentation folgende Kriterien:

– Genaue Dokumentation des Gegenüberstellungsverfahrens durch Videoaufnahmen oder Fotografie;

– wörtliche Protokollierung der Instruktionen, die dem Zeugen gegeben wurden;

– wörtliche Protokollierung der von dem Zeugen vor der Identifikation gegebenen Täterbeschreibung;

– wörtliche Protokollierung der Identifizierungsaussage des Zeugen;

– Protokollierung auch der Gegenüberstellungen, in denen der Verdächtige nicht identifiziert wurde.

Von einer solchen ordnungsgemäßen Dokumentation des Verfahrens ist dieses Verfahren weit entfernt, zumal die Lichtbildmappe dem Ermittlungsvorgang bis zum ersten Verhandlungstag nie beilag.

Aufgrund des aufgezeigten fehlerhaften Verfahrens sind bei den Zeugen inzwischen gedächtnis-überlagernde Effekte aufgetreten. Sie haben durch die Vorlage der Lichtbildmappe und Fotos in der Presseberichterstattung neue Erinnerungen, die das alte Erinnerungsbild überlagern.

Da aufgrund der wissenschaftlichen Erkenntnisse der Gedächtnisforschung, die mit Hilfe des Sachverständigen in das Verfahren eingeführt werden sollen, geklärt werden wird, dass der Beweiswert eines Wiedererkennens in der Hauptverhandlung nach nicht ordnungsgemäßer Vorlage von Lichtbildern einen Beweiswert von unter 10% hat, wird mein Mandant hierdurch entlastet werden.

Entsprechend Nr. 70 RiStBV schlage ich als Sachverständigen Herrn Diplom-Psychologen Prof. Dr. K., Universität K. vor.

Ferner beantrage ich, **die Vernehmung der oben benannten Zeugen nur in Anwesenheit des Sachverständigen durchzuführen.**

Rechtsanwältin / Rechtsanwalt

b) Stimmidentifizierung

Für die Identifizierung von Stimmen gilt das oben Gesagte entsprechend, wobei die Sinneswahrnehmung durch das Ohr in ihrer Beweiskraft noch stärker eingeschränkt ist als bei optischen Wahrnehmungen. Stimmliche Informationen speichert das Gedächtnis nämlich nur, wenn sie für den Hörer ihrem Inhalt nach interessant sind. **282**

Bei akustischer Identifikation ist daher unbedingt zu klären, wie lange und wie häufig der Hörer die Stimme gehört hat, wie aufmerksam er zugehört hat, welches Interesse er an dem Gesagten hatte und wie gut die Hörfähigkeit des Zeugen ist. **283**

Identifizierungen sind grundsätzlich nur dann von einem brauchbaren Wert für die Beweisführung, wenn dem Zeugen mehrere Stimmen von etwa gleicher Tonlage, mit dem gleichen Dialekt etc als Vergleichsproben vorgestellt wurden. Es ist quasi eine akustische Gegenüberstellung durchzuführen, bei der der Hörer die Sprecher nicht sehen sollte. Identifizierungen anhand von Dialekten oder besonderen Merkmalen der Stimme genießen nur einen sehr geringen Beweiswert, weil der Hörer bei Dialekten oder symptomatischen Merkmalen wie lispeln, näseln etc zu einer Identifizierung aller Sprecher mit einem solchen Merkmal neigt. Zeugen, die eine Stimme erkannt haben wollen, weil sie in einem besonderen Punkt auffällig ist, sind weniger zuverlässig als solche, die eine Identifizierung nicht erklären, sondern »spontan« entscheiden. **284**

Zu beachten ist zudem, dass der Beschuldigte zu einer Mitwirkung nicht verpflichtet ist. Er hat demnach nicht etwa durch sein Tun daran mitzuwirken, dass Stimmmaterial von ihm gesichert werden kann oder gar vom Täter gemachte Aussagen nachzusprechen.

Im Verfahren, in dem Wiedererkennen eine Rolle spielt, darf die Verteidigung nicht müde werden, die wissenschaftlichen Ergebnisse vorzutragen und auf die Beachtung ihrer Konsequenzen wie oben dargestellt hinzuwirken. **285**

286   Als Beispiel fügen wir folgenden Schriftsatz ein:

> **In der Strafsache**
> **gegen**
> **Az.:**
>
> gebe ich zu der soeben durch Abspielen in Augenschein genommenen Aufzeichnung des Anrufs auf dem Anrufbeantworter bei der Stadtverwaltung K. in der Zeit vom 22. 11. 96–25. 11. 96, gem § 257 II StPO ff Erklärung ab:
>
> Am Wochenende zwischen dem 22. 11. und 25. 11. 1996 wurde ein Anruf auf dem Anrufbeantworter der Stadtverwaltung K. aufgezeichnet, der einen erpresserischen Inhalt haben soll.
>
> Es ist bis heute nicht geklärt, mit welcher Bandgeschwindigkeit die Originalaufnahme auf dem Anrufbeantworter der Stadtverwaltung entstanden ist. Selbst eine Rekonstruktion des Landeskriminalamtes mit dem aufzeichnenden Anrufbeantworter hat zu keinem klaren Ergebnis geführt.
>
> In Abhängigkeit von der Bandgeschwindigkeit verändert sich die Stimme des Anrufers von einer jungen Männerstimme bis zur Stimme einer 40–50-jährigen Frau bei nur 5%iger Abweichung der Geschwindigkeit. Laut Gutachten des LKA ist die Bandgeschwindigkeit, in der Aufzeichnungen auf der hier verwendeten Mikrocassette vorgenommen werden, abhängig von der Dauer des Einsatzes des Anrufbeantworters und von dessen Alter. Das Bd läuft um so schneller, je länger der Anrufbeantworter in Betrieb ist. Die Abweichungen betragen bis zu 5%.
>
> Ohne exakte Bestimmung der Aufnahmezeit und der Bandgeschwindigkeit bei der Aufzeichnung ist jedem Abspielen des Bandes die Gefahr der Verzerrung und damit der Unbrauchbarmachung des Beweismittels immanent. Manipulationen sind ebenso wenig ausgeschlossen wie Fehlidentifikationen allein aufgrund der falschen Bandgeschwindigkeit.
>
> Die Tonbandaufzeichnung ist damit als Beweismittel zur Bestimmung der Täterschaft unbrauchbar.
>
> – Rechtsanwalt / Rechtsanwältin –

2.   Audiovisuelle Zeugenvernehmungen

287   Aufgrund des ZSchG vom 30. 4. 1998 ist seit dem 1. 12. 1998 die audiovisuelle Einvernahme des Zeugen in der Hauptverhandlung möglich geworden, entweder als Vorführung der Aufzeichnung einer früheren Vernehmung des Zeugen, §§ 58 a, 168 e, 255 a StPO oder im Wege einer Lifeübertragung einer zeitgleich anderenorts getätigten Aussage des Zeugen, § 247 a StPO.

a)   Die Aufzeichnung von Zeugenaussagen

288   Die Aufzeichnung von Zeugenvernehmungen gem §§ 58 a und 168 e StPO beruht auf einer Gesetzesinitiative des Landes NRW. Ursprünglich sollte damit lediglich die Vernehmungsaufzeichnung bei Kindern bis zu 16 Jahren, die Opfer einer Straftat sind, ermöglicht werden, was insbesondere bei Sexualdelikten gegen Kinder durchaus Sinn machen kann, um die Entwicklung einer Aussage von der besonders bedeutsamen Erstaussage an dokumentieren zu können und somit der Vorgabe des § 244 II StPO zur Erhebung des bestmöglichen Beweises gerecht zu werden.[385] Über dieses Ansinnen, welches in Abs 1 Nr. 1 des § 58 a StPO Gesetz geworden ist, hinaus regelt Nr. 2, dass jede Vernehmung eines Zeugen auf Tonbildträger aufgezeichnet werden soll, wenn zu besorgen ist, dass der Zeuge in der Hauptverhandlung nicht vernommen werden kann und die Aufzeichnung zur Erforschung der

---

385 KK-Herdegen § 244 Rn 25

Wahrheit erforderlich ist. Hierher gehören nicht nur gebrechliche Zeugen oder zB Ausländer, bei denen mit der Abschiebung vor der Hauptverhandlung zu rechnen ist, sondern insbesondere auch V-Leute und verdeckte Ermittler. Die Bestimmung soll ferner eingreifen, wenn dem Zeugen in der Hauptverhandlung ein Auskunftsverweigerungsrecht zustehen kann.[386]

Die Verwendung der Bild-Tonaufzeichnung erfolgt nach Abs 2 nur zum Zwecke der Strafverfolgung und ist nur insoweit zulässig, als dies zur Erforschung der Wahrheit erforderlich ist. Das ist nur dann der Fall, wenn das Abspielen der Aufzeichnung ergiebiger sein wird als das Verlesen der Niederschrift und es im konkreten Verfahren auf den höheren Beweiswert ankommt.

Nach § 58 a II StPO erstreckt sich das Akteneinsichtsrecht des Verteidigers nach § 147 StPO auf die Bild-Tonaufzeichnung als Bestandteil der Sachakten. Verteidiger und Angeklagter (§ 147 VII StPO) haben deshalb ein Recht darauf, sich die Aufzeichnung auf der Geschäftsstelle (auch mehrmals) anzusehen. Ob dies in allen Fällen praktisch und technisch durchführbar ist, ist eher zweifelhaft. Dem Verteidiger kann auch eine Kopie der Aufzeichnung überlassen werden, die er nicht vervielfältigen und nicht dem Mandanten überlassen darf. Allerdings ist der Zeuge gem § 58 a III StPO darüber zu belehren, dass es der Überlassung der Kopie der Bild-Tonaufzeichnung widersprechen kann. In diesem Falle ist das Akteneinsichtsrecht des Verteidigers nach den gesetzlichen Vorgaben auf die Präsentation der Aufnahme durch die Geschäftsstelle und/oder auf die Überlassung einer Übertragung der Aufzeichnung in ein schriftliches Protokoll beschränkt. Diese Beschränkung des Akteneinsichtsrechts des Verteidigers, die durch das Opferrechtsreformgesetz 2004 eingeführt wurde, beschränkt die Verteidigung erheblich und widerspricht dem Grundsatz der Waffengleichheit zwischen Staatsanwaltschaft und Verteidiger. Die Verteidigung muss darauf reagieren. So kann sie zB vorbringen, dass der von ihr beauftragte Sachverständige zeitlich nicht in der Lage war, mit dem Verteidiger zusammen die Bild-Tonaufzeichnung auf der Geschäftsstelle anzusehen. In der Hauptverhandlung kann mit diesem Vortrag die Unterbrechung oder Aussetzung der Hauptverhandlung beantragt werden, § 265 IV StPO. Das Tor zur Erhebung der Revisionsrüge nach § 338 Nr. 8 StPO ist im Falle der Ablehnung des Antrages eröffnet.[387]

Die Vorschrift gilt für Vernehmungen vor dem Richter, dem Staatsanwalt und auch der Polizei. **289**

Gem § 168 e StPO kann der Richter bei einer richterlichen Vernehmung anordnen, **290** dass die Vernehmung von den Anwesenheitsberechtigten – also auch vom Verteidiger – räumlich getrennt durchgeführt wird, wenn eine dringende Gefahr eines schwerwiegenden Nachteils für das Wohl des Zeugen besteht. Diese Gefahr dürfte bei Kindern, die als Geschädigte von Sexualdelikten vernommen werden, bei V-Leuten und verdeckten Ermittlern unschwer zu begründen sein. Die Vernehmung muss in diesen Fällen den Anwesenheitsberechtigten zeitgleich in Bild und Ton übertragen werden wobei zu gewährleisten ist, dass die Mitwirkungsrechte, insbesondere das Fragerecht der Verteidigung nicht mehr als durch die technischen Begebenheiten in Mitleidenschaft gezogen werden.

---

386 Vgl LR-RießNachtr 20; aM SK-Rogall § 58 a Rn 15
387 Neuhaus StV 2004, 624

b) Die Einf der Bild-Ton-Aufzeichnung in die Hauptverhandlung

291   Für die Vorführung der Bild-Tonaufzeichnung gelten die Vorschriften zur Verlesung einer Niederschrift über eine Vernehmung gem §§ 251–253 sowie § 255 StPO. Die Vorführung der Aufzeichnung ersetzt also die Vernehmung des Zeugen in den Fällen des § 251 StPO. Nach § 255 a II StPO gilt dies in Verfahren gegen die sexuelle Selbstbestimmung, gegen das Leben oder in Verfahren wegen Misshandlung von Schutzbefohlenen und wegen Straftaten gegen die persönliche Freiheit immer, wenn der Zeuge unter sechzehn Jahre alt war und der Verteidiger des Angeklagten Gelegenheit hatte, an der früheren Vernehmung teilzunehmen.

292   Die Einschränkung der Verteidigungsrechte durch die Verwertung solcherart gewonnener Beweise in der Hauptverhandlung liegt auf der Hand. Man bedenke nur, dass der Verteidiger vor einer solchen Vernehmung lediglich benachrichtigt werden muss, nicht aber förmlich zu laden ist und dass eine Verhinderung des Verteidigers an der Teilnahme bei der Vernehmung unbeachtlich ist, § 168 c StPO. Zudem soll die Vorführung der Bild-Tonaufzeichnung zulässig sein, wenn der Angeklagte im Zeitpunkt der Aufnahme der Aufzeichnung noch gar keinen Verteidiger hatte und nur aus diesem Grunde ein Verteidiger seine Mitwirkungsrechte nicht ausgeübt hat.[388] Diese Meinung kann nicht hingenommen werden, da die Bild-Tonaufzeichnung in der späteren Hauptverhandlung die Aussage des Zeugen ersetzen soll. In Fällen notwendiger Verteidigung, um die es sich aufgrund des Kataloges in § 255 a II StPO regelmäßig handeln dürfte, ergibt sich demnach aus § 338 Nr. 5 StPO, dass die für die Hauptverhandlung zu erstellende Bild-Tonaufzeichnung nicht nur die vorherige Bestellung eines Pflichtverteidigers gebietet, sondern die Zulässigkeit der Einf in die Hauptverhandlung auch von der tatsächlichen Anwesenheit eines Verteidigers abhängig ist. Die Verteidigung muss in diesen Fällen aktiv werden und verhindern, dass sie in der Hauptverhandlung einem aufgezeichneten Zeugen gegenübersteht, dem sie keine Fragen stellen konnte und jetzt nicht mehr stellen kann. Die Anordnung des Vorsitzenden, Bild-Tonaufzeichnungen, an deren Erhebung kein Verteidiger mitgewirkt hat, nach § 255 a StPO vorzuführen, ist zu beanstanden und einem Gerichtsbeschluss gem. § 238 II StPO zuzuführen

293   Zu Recht weist Strate[389] darauf hin, dass bereits 1974 ein entsprechender Gesetzentwurf über den Einsatz von Vernehmungssurrogaten diskutiert wurde und dass seinerzeit eine solche Regelung verworfen wurde, weil sie dem Unmittelbarkeitsgrundsatz der Beweisaufnahme im deutschen Strafprozessrecht zuwiderliefe und eine Überzeugungsbildung über die Glaubhaftigkeit der Schilderung sowie der Glaubwürdigkeit des Zeugen selbst nicht ausreichend gewährleiste. Dass 21 Jahre später diese Bedenken nicht mehr zählen, führt Strate auf einen Wandel der kriminalpolitischen Vorstellungen zurück.[390]

294   § 255 a II StPO regelt schließlich, dass trotz des die Vernehmung ersetzenden Charakters der Bild-Ton-Vorführung, eine ergänzende Vernehmung des Zeugen zulässig ist. Der Verteidiger muss diese Regelung nutzen, um den Zeugen wieder als wirklich originäres Beweismittel in das Verfahren zu holen. Er wird Beweisanträge stellen müssen, in denen neue[391] Fragen an den Zeugen formuliert sind, die für die Urteilsfindung bedeutsam sind.

---

388 M-G § 255 a Rn 8 a; aM: Schlothauer StV 99, 49
389 Strate in: FS für Friebertshäuser (1997), 203
390 Strate in: FS für Friebertshäuser (1997), 203, 205
391 Vgl BGH 1995, 566; M-G, § 255 a Rn 9

c) Die Bild-Ton-Übertragung einer zeitgleichen Vernehmung eines Zeugen an einem anderen Ort, § 247 a StPO

Bei der dringenden Gefahr des schwerwiegenden Nachteils für das Wohl des Zeugen, wenn er in Gegenwart der in der Hauptverhandlung Anwesenden vernommen wird, kann das Gericht anordnen, dass der Zeuge sich während der Vernehmung an einem anderen Ort aufhält und dass diese Vernehmung zeitgleich in Bild und Ton in das Sitzungszimmer übertragen wird. Eine solche Übertragung ist weiterhin in den Fällen des § 251 I Nr. 2, 3 und 4 StPO zulässig, also insbesondere bei Nichterscheinen des Zeugen wegen Krankheit, Gebrechlichkeit, großer Entfernung.

295

Mit S 1 Hs 1 dieser Norm ist mit geringen Abweichungen das »Mainzer Modell« Gesetz geworden. Das Landgericht Mainz hatte in einem Verfahren gegen 13 Angeklagte wegen sexuellen Missbrauchs von Kindern beschlossen, die kindlichen Zeugen außerhalb des Sitzungssaals durch den Vorsitzenden zeitgleich zu vernehmen und diese Vernehmung mittels Videoprojektion in den Gerichtssaal zu übertragen.[392] Die sich bei der praktischen Umsetzung dieses Beschlusses ergebenden Probleme, die man auch als Verhandlungschaos bezeichnen kann, beschreibt Jansen in ihrem Prozessbericht.[393] § 247 a StPO regelt nunmehr, dass der Spruchkörper geschlossen im Saal verbleibt, der Vorsitzende also nicht mehr zum Zeugen in das Vernehmungszimmer geht. Damit wird § 238 V StPO Rechnung getragen. Nicht geregelt ist, ob die audiovisuelle Datenübertragung in eine Richtung, also vom Vernehmungszimmer in den Sitzungssaal oder in beide Richtungen erfolgen soll. Die Übertragung muss aber allen Verfahrensbeteiligten eine möglichst umfassende Wahrnehmung der verbalen und körperlichen Äußerungen des Zeugen ermöglichen und eine unbeeinträchtigte Ausübung ihrer prozessualen Rechte erlauben.[394]

296

Entgegen der früheren Regelung ist § 247 a StPO nicht mehr ultima ratio und subsidiär. Die Bild-Tonübertragung kann deshalb das geeignete Instrument sein, um eine Entfernung des Angeklagten gem § 247 StPO gerade zu verhindern.

Die RS hat aufgrund der Vorschrift S 1, Hs 2, – audiovisuelle Zeugenvernehmung aus den Gründen des § 251 II StPO – die Aufklärungspflichten des Tatrichters erweitert. So darf ein Beweisantrag auf Vernehmung eines Zeugen nicht wegen Unerreichbarkeit abgelehnt werden, wenn die Möglichkeit der Vernehmung dieses Zeugen per Videokonferenz (auch im Ausland) besteht.[395] Allerdings gibt es keine Verpflichtung, einer Videovernehmung den Vorzug etwa vor der Verlesung eines richterlichen Vernehmungsprotokolls desselben Zeugen zu geben.[396] Zwar bestimmt § 247 a S 2 StPO, dass die Entscheidung über die Videovernehmung nicht anfechtbar ist. Dieser Ausschluss bezieht sich aber nur auf die Ausübung des richterlichen Ermessens bei der Frage, ob die Videovernehmung zur Aufklärung erforderlich, geeignet und ausreichend erscheint.[397] In der Revision kann hingegen die Rüge der Verletzung des § 244 II StPO erhoben werden, wenn die Möglichkeit einer Videokonferenz fälschlicherweise nicht geprüft wurde, oder mit der Verfahrensrüge die fehlerhafte Zurückweisung eines entsprechenden Beweisantrages. § 250 StPO ist verletzt, wenn das Vorliegen der Voraussetzungen des § 247 a StPO zu Unrecht bejaht wurde.[398]

297

---

392 LG Mainz StV 1995, 354 f
393 Jansen StV 1996, 123
394 M-G § 247 a Rn 10
395 BGH StV 1999, 580; 2000, 345
396 BGH StV 2000, 345
397 Vgl Diemer StraFo 2000, 217, 220
398 Diemer StraFo 2000, 217, 219

X. Der Schlussvortrag

298 § 258 StPO dient der Wahrung des rechtlichen Gehörs und berechtigt alle Prozessbeteiligten unmittelbar vor dem Urteil zum Ergebnis der Beweisaufnahme umfassend Stellung zu nehmen. Es geht um das Recht, das Verhandlungsergebnis in tatsächlicher und rechtlicher Hinsicht zu würdigen und Anträge zu stellen.

Das Recht zum Schlussvortrag haben die Staatsanwaltschaft, Nebenkläger, Privatkläger, der Angeklagte und sein Verteidiger.

Letzterer ist in § 258 I StPO nicht ausdrücklich erwähnt. Sein Vortragsrecht ergibt sich aber aus § 258 III StPO, da danach der Verteidiger für den Angeklagten sprechen darf.

1. Allgemeines

299 Die Schlussvorträge haben gem § 258 I StPO nach Schluss der Beweisaufnahme zu erfolgen.

Gelegenheit zum Schlussvortrag ist nicht nur nach dem erstmaligen Ende der Beweisaufnahme, sondern jedes mal erneut zu gewähren, wenn die Beweisaufnahme nach Wiedereintritt in sie geschlossen wird, da es sich um eine abschließende Äußerung handelt.

300 Nach § 258 I StPO wird das Wort zu »Ausführungen« erteilt. Jedem Prozessbeteiligten ist selbst überlassen, was er vorzubringen für wichtig hält und wie.

Die Grenze ist dort erreicht, wo der Gegenstand der Hauptverhandlung verlassen wird. Dort nicht erörtertes Privatwissen dürfen Staatsanwalt und Verteidiger nicht verwerten, das gleiche gilt für Prozessstoff aus anderen Verhandlungen.

Zu beachten sind auch sonstige Verwertungsverbote sowie der Zweck des Ausschlusses der Öffentlichkeit.

Dem Verteidiger ist es überantwortet, die Strategie zu entwickeln, mit der er dem Angeklagten als einseitigem Interessenvertreter am besten Beistand leistet unter Beachtung der oben genannten Grenzen.

Es ist ihm unbenommen, auf Freispruch zu plädieren, auch wenn der Angeklagte ihm die Tat eingestanden hat. Dieses Wissen darf er im Hinblick auf § 203 StGB nicht preisgeben.[399]

301 Als Form des Schlussvortrags ist die freie Rede vorgesehen. Eine Redezeit ist grundsätzlich nicht einzuhalten.

302 Der Angeklagte hat jedes mal, wenn der Staatsanwalt, der Privat- oder Nebenkläger gesprochen hat, das Recht, seinerseits das Wort zu ergreifen. Hergeleitet wird dieser Anspruch aus dem Recht des Angeklagten als letzter das Wort zu ergreifen (§ 258 II HS 2, III StPO).

Hierbei kann sich der Angeklagte des Beistands seines Verteidigers bedienen, diesen also für sich sprechen lassen.

303 Anordnungen des Vorsitzenden zur Regelung der Erklärungsrechte sowie zur Missbrauchsabwehr fließen aus dessen Sachleitungsbefugnis (§ 238 StPO). Daher

---

399 SK-StPO-Schlüchter § 258 Rn 19

kann gegen solche Maßnahmen das Gericht angerufen werden. Gleiches gilt im Rahmen des Erwiderungsrechts.

Die Weigerung des Vorsitzenden, dem Verteidiger Zeit zur Vorbereitung seines Plädoyers zu lassen, kann einen die Revision begründenden Verstoß gegen § 258 I StPO darstellen.[400] **304**

Ein Urteil wird ferner nach § 338 Nr. 1 StPO revisibel, wenn der Richter den Schlussvorträgen und/oder dem letzten Wort des Angeklagten so wenig Aufmerksamkeit geschenkt hat, dass er als (geistig) abwesend zu behandeln ist.[401]

2. Inhalt und Form des Schlussvortrags

Für das Plädoyer des Verteidigers ist kein Aufbau vorgegeben. Der Aufbau hängt **305** von dem Inhalt, dieser wiederum vom Verteidigungsziel und dem konkreten Fall sowie dem jeweiligen Ergebnis der Hauptverhandlung ab. Vargha führte hierzu in »Die Verteidigung in Strafsachen« schon im 19. Jahrhundert aus:[402]

»Der Zweck der Verteidigungsrede bestimmt ebenso, wie ihren Inhalt, auch ihre Form. Die Erfahrung lehrt zur Genüge, dass die Wirkung auf den Zuhörer oft noch weit mehr, als von dem, was gesagt wird, davon abhängt, wie es gesagt wird. Ob man das Vorzubringende in dieser oder in jener Ordnung und Verbindung vorträgt, ob man einen Satz an dieser oder an jener Stelle einfügt, ob man für einen Gedanken diesen oder jenen Ausdruck wählt, denselben in diese oder jene Worte und Wortfügungen kleidet, ihn mit diesem oder einem anderen Tone ausspricht, mit dieser oder einer Gebärde begleitet – all das ist von höchster Wichtigkeit für den Sinn und die Wirkung des Gesagten. Die dem konkreten Falle angemessene Form der Rede zu wählen, ist auch für den Verteidiger eine der heikelsten Aufgaben, der nur der mit psychologischem Scharfblick und geläutertem Zartgefühle ausgestattete gewachsen sein wird.«

Diesen Ausführungen ist auch in heutiger Zeit voll zuzustimmen. Der mit dem **306** klassischen Plädoyer einhergehende Aufbau, 1. Was hat der Angeklagte getan und 2. Wie ist er hierfür zu bestrafen, bewirkt Ermüdungserscheinungen auf der Richterbank. Zu Recht nennt Vargha daher den Schlussvortrag Verteidigungs*rede*. Der Verteidiger hat nach der Hauptverhandlung etwas mitzuteilen, was von Wichtigkeit bei der Schlussberatung ist und was entscheidend für die Urteilsfindung sein kann. Zwar ist den Meinungen zuzustimmen, wonach die Verteidigung sich nicht darauf verlassen darf, allein durch das Plädoyer entscheidenden Einfluss auf das Urteil auszuüben, die aktiven Handlungen für den Mandanten vielmehr zuvor vorgenommen werden müssen.[403] Davon, dass der gewissenhafte Verteidiger dies getan hat, gehen wir an dieser Stelle aus. Danach, nach Schluss der Beweisaufnahme, kann aber die Verteidigerrede des Anwalts, der sein Handwerk beherrscht, der rhetorische Höhepunkt der Hauptverhandlung werden.[404]

Der Verteidigerkampf endet nicht mit dem Schluss der Beweisaufnahme. Die treffende und rhetorisch gute Unterbreitung der Sach- und Rechtslage aus Sicht der Verteidigung kann entgegen weit verbreiteter Ansicht auch zu diesem späten Zeit- **307**

---

400 KG JR 1985, 170; KG StV 1984, 413
401 BGH NJW 1962, 2212
402 Vargha, 676
403 Vgl Strafverteidigung-Gatzweiler/Mehle § 9 Rn 372
404 Vgl Sommer ZAP F. 22, 116

punkt viel bewirken. Es kann geschickt sein, dem klassischen Aufbau zuwider den Antrag voranzustellen. Es kann richtig sein, die Rede mit der Hinterfragung der Lebensumstände des Angeklagten, eines Zeugen oder des Opfers zu beginnen. Es kann Aufmerksamkeit erzeugen, einen S aus dem Schlussvortrag des Staatsanwaltes zum Gegenstand der Verteidigung zu machen, um die von dem Staatsanwalt gezogene Konsequenz zu widerlegen und in ihr Gegenteil zu verkehren.

308   Um den Zuhörer zu fesseln, muss der Verteidiger sich etwas einfallen lassen. Er kann zB provozieren: »Der Staatsanwalt hat recht. Wider einmal steht dieser Angeklagte, ein Bewährungsversager, vor dem Strafrichter.« Der Zuhörer wird überrascht sein und den weiteren Ausführungen der Verteidigung mit Interesse folgen, zB warum dennoch die persönliche Schuld des Angeklagten gering ist. Auf Grund der Fülle der denkbaren Konstellationen kann hier kein abschließender Rat gegeben werden, nur derjenige, zum Abschluss des Verfahrens wirklich noch einmal die Gelegenheit zu nutzen, alles iS des Mandanten Ersichtliche rhetorisch geschickt vorzutragen, um einen bleibenden Eindruck bei den Richtern für die Urteilsberatung zu hinterlassen.

3. Der Antrag

309   Viel zu oft verzichten Verteidiger ohne Not auf die Stellung eines eigenen konkreten Antrages. Gewünscht wird dann eine milde Bestrafung oder gar, dass die Höhe der Strafe in das Wohlwollen des Gerichts gestellt sei. Auch damit wird die Verteidigung ihrer Aufgabe nicht gerecht. Gerade im Falle einer Strafmaßverteidigung, also wenn der Angeklagte die Tat einräumt, wird von seinem Beistand erwartet, dass er

1.) den milderen Strafrahmen benennt, aus dem die Bestrafung zu erfolgen hat
2.) die danach allenfalls angemessene Strafe aufzeigt.

310   Wenn zB bei einem räuberischen Angriff auf einen Kraftfahrer über den minder schweren Fall und weitere nicht verbrauchte Strafmilderungsgründe über § 49 StGB schließlich die Anwendung des gesetzlichen Mindeststrafrahmens statt Freiheitsstrafe von 5 bis 15 Jahre eröffnet ist, so ist dies sorgsam herauszuarbeiten und substantiiert vorzutragen. Denn hat der Staatsanwalt nach dem Regelstrafrahmen eine Freiheitsstrafe von über fünf Jahren beantragt, so wird der sorgfältig begründete Antrag der Verteidigung, den Angeklagten nur zu einer bewährungsfähigen Freiheitsstrafe zu verurteilen, die Kammer sicherlich veranlassen, zumindest die Anwendung des Ausnahmestrafrahmens des minder schweren Falles sorgfältiger zu prüfen, als es bei der pauschalen Erklärung des Verteidigers der Fall gewesen wäre, er halte die von der Anklage geforderte Strafe doch für ziemlich hoch und bitte um mildere Strafe.

311   Die Verteidigung muss ferner darauf achten, dass der Antrag, den Angeklagten aus dem Strafrahmen eines minder schweren Falles zu verurteilen, in das Protokoll aufgenommen wird. Gem § 267 III StPO muss das Gericht sich mit dem Vorliegen eines minder schweren Falles, wenn er sich nach dem in dem Urteil festgestellten Sachverhalt nicht aufdrängt, nämlich nur dann auseinandersetzen, wenn eine Verurteilung im minder schweren Falle auch beantragt wurde.

312   Neben den häufig vorkommenden vertypten Strafmilderungsgründen wie erheblich verminderte Schuldfähigkeit, § 21 StGB, Versuch, §§ 22, 23 StGB, Beihilfe, § 27 StGB, Aufklärungshilfe, § 31 BtMG, etc sollte auch ein evtl Täter-Opfer-Ausgleich oder das ernsthafte Bemühen des Täters darum, § 46 a StGB, bedacht und insbesondere dargelegt werden. Schon im Ermittlungsverfahren kann der Verteidiger – evtl über eine hierzu eingerichtete örtliche Konfliktberatungsstelle – versuchen, eine Strafrahmenverschiebung zugunsten des Mandanten zu bewirken und muss dies im Schlussvortrag ggf unter Benennung der Motive des Gesetzgebers bei Einf des § 46 a StGB im Jahre 1994[405] iS des Mandanten hervorheben und die Strafrahmenverschiebung begründen.[406]

Schließlich sollte auch ein konkreter Antrag zu einer anstehenden Gesamtstrafenbildung gestellt werden. In den meisten Fällen, von mehrfachen Sexualdelikten über Steuerhinterziehung bis hin zu BtMG- und Beschaffungsdelikten kann auf die RS des BGH zu Serienstraftaten verwiesen werden, wonach bei einem engen zeitlichen, sachlichen und situativen Zusammenhang der einzelnen Taten die Gesamtstrafe ungleich niedriger auszufallen hat..[407]

313

Zur Verteidigung in Jugendstrafsachen s Zieger[408] sowie Heimann Teil E Kap 7.

XI. Bedeutung der EMRK für das deutsche Strafverfahren

Auch im deutschen Strafverfahren gewinnen die Regelungen der EMRK immer mehr an unmittelbarer Bedeutung.[409] Dies lässt sich zum einen ablesen an der Zunahme von Entscheidungen deutscher Gerichte, die sich ausdrücklich auf Regelungen der EMRK beziehen,[410] zum anderen an der steigenden Zahl von Veröffentlichungen der Entscheidungen des EGMR in deutschen Fachzeitschriften seit Ende der 90 er Jahre.[411] Die Verteidigung hat sich aufgrund der zunehmenden Bedeutung der EMRK auch im deutschen Strafverfahren daher sehr genau mit den darin enthaltenen prozessualen Rechten zu beschäftigen und diese ggf. einzufordern.

314

1. Allgemeines

Die Konvention zum Schutze der Menschenrechte und Grundfreiheiten ist ein völkerrechtlicher Vertrag, den die Bundesrepublik Deutschland durch Gesetz vom 7. 8. 1952[412] ratifiziert hat. Die EMRK ist unmittelbar geltendes innerstaatliches Recht mit dem Rang eines einfachen Bundesgesetzes.[413] Das bestehende nationale Recht ist – soweit es mit der Konvention übereinstimmt – durch diese gefestigt und bestätigt worden. Soweit das nationale Recht der Konvention entgegenstand, ist es aufgehoben, abgeändert oder ergänzt worden, soweit es sich um gewährleistete Grundfreiheits- und Menschenrechte handelte.[414]

315

Im Grundsatz gilt, dass bei der Auslegung nationaler Strafprozessvorschriften die Wertentscheidungen der EMRK stets zu berücksichtigen sind.[415] Die Verteidigung

316

405 Vgl hierzu Tröndle/Fischer § 46 a Rn 1, 2; Stein NStZ 2000, 393 ff
406 Vgl hierzu BGH StV 2000, 128, 129
407 Vgl Kl/M-G vor § 52 Rn 26 mwN
408 Zieger StV 1982, 305, 310 ff
409 S hierzu Ambos NStZ 2002, 628–633 und NStZ 2003, 14–17; Wohlers NStZ 2004, 9–17
410 Vgl ua BGH StraFo 2005, 24; BGH StV 2003, 148; BGH StV 2002, 598; OLG Düsseldorf StV 2003, 488; OLG Hamm StV 2003, 490; ThürOLG StV 2003, 574; LG München StV 2001, 409
411 So zB EGMR StV 2003, 82; 257; StV 2002, 289
412 BGBl II 685, 953
413 BVerfGE 10, 271, 274
414 M-G, A4 MRK, vor § 1, Rn 4 mwN
415 Vgl BVerfGE 74, 358, 370

kann daher in ihren Begründungen von Anträgen, Stellungnahmen, Widersprüchen etc stets ergänzend oder auch ausschliesslich auf die Normen der EMRK verweisen.

2. Prozessrechte des Beschuldigten aus der Konvention

317 Für die Strafverteidigung sind Art. 2 bis 10 der Konvention von Bedeutung. Hierin werden das Recht auf Leben (Art. 2 EMRK), das Verbot der Folter (Art. 3 EMRK), das Verbot der Sklaverei und der Zwangsarbeit (Art. 3 EMRK), das Recht auf Freiheit und Sicherheit (Art. 5 EMRK), das Recht auf ein faires Verfahren (Art. 6 EMRK), der Grundsatz von »Keine Strafe ohne Gesetz« (Art. 7 EMRK), das Recht auf Achtung des Privat- und Familienlebens (Art. 8 EMRK), die Gedanken-, Gewissens- und Religionsfreiheit (Art. 9 EMRK) und das Recht auf freie Meinungsäußerung (Art. 10 EMRK) normiert.

318 Im Rahmen dieses Beitrags werden wir uns auf die Rechte aus Art. 6 der Konvention und deren Bedeutung für die Verteidigung in der ersten Instanz beschränken.

319 In Art. 6 der Konvention sind folgende Grundsätze festgelegt:
- Anspruch auf faire und öffentliche Anhörung in angemessener Frist
- unabhängiger, unparteiischer und gesetzlicher Richter
- Öffentlichkeit der Verhandlung
- Unschuldsvermutung
- unverzügliche, verständliche und in Art und Grund der Beschuldigungen detaillierte Bekanntgabe der Vorwürfe
- ausreichende Zeit und Gelegenheit zur Vorbereitung der Verteidigung
- Recht auf Verteidigung (sich selbst zu verteidigen oder durch Verteidiger seiner Wahl, Pflichtverteidigung)
- Fragerecht gegenüber Belastungszeugen, Ladungs- und Vernehmungsrecht von Entlastungszeugen
- Beiziehung eines Dolmetschers.

320 Das im deutschen Strafprozessrecht aus dem Rechtsstaatsprinzip abgeleitete Gebot des fairen Verfahrens ist in Art. 6 I 1 der Konvention im Billigkeitsgebot nur im Kernbereich geregelt. Aus dieser Norm folgt jedoch das Gebot der Waffengleichheit zwischen den Verfahrensbeteiligten. In der konkreten Verteidigertätigkeit in der ersten Instanz lässt sich hieraus das Recht ableiten, den gleichen Wissenstand und die gleichen Zugangsmöglichkeiten zu Beweismitteln zu erhalten wie zB die StA. Art. 6 I 1 EMRK ist zB verletzt, wenn der Nebenklage Beweismittelordner zur Einsichtnahme (und Kopie) in die Kanzlei übersandt werden, während die Verteidigung lediglich in einer Geschäftsstelle des Gerichts ohne Kopiermöglichkeiten Akteneinsicht erhalten soll. Aus unserer Sicht sollte das Gebot der Waffengleichheit möglichst oft zur Begründung von Anträgen etc (mit)herangezogen werden. Dieser Grundsatz vermittelt so kurz und prägnant wie kaum ein anderer das Verständnis der Verteidigung von sich selbst. Der Forderung nach Waffengleichheit ist ein Bild der gleichberechtigt agierenden Verteidigung »auf Augenhöhe« der Staatsanwaltschaft immanent, das auch den Gerichten immer wieder vor Augen halten wird, dass eine Verteidigung mehr ist und sich als mehr versteht als schmückendes Beiwerk in einem Prozess, in dem gerechte Richter schon zu einem gerechten Urteil gelangen werden.

321 Innerhalb angemessener Frist ist ein Beschuldigter in seiner Sache anzuhören. Dies verpflichtet die Bundesrepublik dazu, die Justiz so zu organisieren, dass dieses Beschleunigungsgebot eingehalten werden kann. Während klar ist, dass eine Verfahrensdauer von über 10 Jahren unangemessen lang ist,[416] sind im Übrigen keine klaren zeitlichen Grenzen von der RS gezogen worden. Der BGH hat eine unangemessen lange Verfahrensdauer bei einem Verfahren von 3,5 Jahren abgelehnt, bei dem ca. 2.500 Geschädigte betroffen waren und die Hauptverhandlung ca. ein halbes Jahr gedauert hat.[417] Hingegen hat der BGH[418] eine unangemessen lange Verfahrensdauer in einem Fall bestätigt, in dem, von den Justizorganen zu vertreten, innerhalb einer Zeit von 1 Jahr und 3 Monaten keine Tätigkeit entfaltet wurde. Wir betrachten die höchstrichterliche RS des BGH, lange und überlange Verfahrensdauern lediglich im Rahmen der Beweiswürdigung zu berücksichtigen,[419] krit. U. E. ergibt sich aus Art. 6 I 1 EMRK der Ansatz für ein Verfahrenshindernis durch ein überlanges Verfahren. Die Norm will den Beschuldigten vor den seelischen und auch beruflichen Belastungen eines überlangen Verfahrens schützen. Der Staat soll seinen Strafanspruch in angemessener Zeit geltend machen, damit keine quälende Ungewissheit eintritt. Im Einzelfall können daher besonders lange seelische Belastungen durch die Ungewissheit des noch nicht erledigten Strafverfahrens, berufliche Perspektivlosigkeit und damit verbundene wirtschaftliche Engpässe während mehrjähriger Verfahren nach der hier vertretenen Auffassung ein Verfahrenshindernis darstellen. Die vom BGH vertretene Auffassung, mit der letztlich der Rechtsverstoß durch die Justiz von dieser lediglich kompensiert wird, wird unseres Erachtens der grundsätzlichen Bedeutung der Konvention nicht gerecht. Es darf einem Staat nicht gestattet werden, Grundrechte seiner Bürger zu verletzen und diese Verletzungen nur durch im Zweifel quantitativ kaum belegbares Entgegenkommen in der Strafzumessung auszugleichen.

Der in Art. 6 I 1 und 2 EMRK verankerte Grundsatz der Öffentlichkeit wird im deutschen Strafprozessrecht gleichlautend normiert (§ 169 ff GVG). Nach herrschender Meinung verstoßen weder das Strafbefehlsverfahren, noch das schriftlich bekannt gegebene Beschlussverfahren bei Rechtsmittelverwerfung und auch §§ 170 ff GVG als Ausnahmen vom Öffentlichkeitsgrundsatz gegen die Konvention.[420]   **322**

Ergänzend zu den oben stehenden Ausführungen zur Unschuldsvermutung sei hier nur auf die Entscheidung des EGMR aus dem Jahr 2003 verwiesen, in der ausgeführt wurde, dass ein Bewährungswiderruf, der auf eine angebliche neue Straftat gestützt wird, über die jedoch noch nicht rechtskräftig verhandelt wurde, gegen die Unschuldsvermutung verstoßen kann.[421]   **323**

Das OLG Hamm hat eine Verletzung von Art. 6 EMRK für gegeben erachtet, wenn es unterlassen wurde, dem der deutschen Sprache nicht mächtigen Angeklagten vor Beginn der Hauptverhandlung die Anklageschrift in eine ihm verständliche Sprache zu übersetzen.[422]   **324**

Besondere Bedeutung hat Art. 6 der Konvention für die Verteidigung in der ersten Instanz, wenn es um die Möglichkeit der unmittelbaren Befragung von belastenden Zeugen oder Mitangeklagten geht. Der EGMR hat klargestellt, dass es Art. 6 EMRK widerspreche, wenn ein Angeklagter keine Gelegenheit habe, die einzige   **325**

---

416 EGMR EuGRZ 83, 346
417 BGH StV 2003, 148 f
418 BGH StraFo 2005, 24
419 BGH NStZ 2003, 384 mwN
420 Vgl M-G, A 4 MRK, Art. 6, Rn 6 mwN
421 EGMR StV 2003, 82
422 OLG Hamm StV 2003, 490

Belastungszeugin selbst zu befragen.[423] Auch der Umstand, dass Verteidigungsrechte bei richterlichen Vernehmungen von Mitbeschuldigten eingeschränkt sind, führt zu einer aus Art. 6 III EMRK hergeleiteten Berücksichtigung in der Beweiswürdigung.[424]

326   Zusammenfassend lässt sich sagen, dass viele in der EMRK normierte Beschuldigtenrechte natürlich auch im deutschen Strafprozessrecht normiert sind. U. E. lohnt jedoch auch in Zukunft die Verweisung auf das europäische Recht. Zudem ist durchaus vorstellbar, dass der EGMR die Auffassung des BGH zur Strafzumessungslösung bei diesen Rechtsverstößen infrage stellen wird. Die Verteidigung ist schließlich in der Lage, ihre Argumentation auf eine breitere ges Basis zu stellen, wenn die Entscheidungen des EGMR verfolgt und in Anträge, Stellungnahmen und das allgemeine Verteidigungsverhalten einbezogen werden.

3. Rechtsbehelfe

327   Für die Verteidigung in der Tatsacheninstanz ist die Individualbeschwerde vor dem Europäischen Gerichtshof nach Art. 34 EMRK nur insofern von Bedeutung, als die Verteidigung natürlich bereits in der Hauptverhandlung der ersten Instanz den Grundstein für die Rüge von Verletzungen der EMRK legt. Da die Individualbeschwerde jedoch gem Art. 35 EMRK erst nach Erschöpfung des nationalen Rechtswegs möglich ist, ist sie nur als Fernziel im Auge zu behalten.

328   Anders verhält es sich mit einem Antrag in der Hauptverhandlung, eine oder mehrere Rechtsfragen dem Europäischen Gerichtshof zur Vorabentscheidung zur Prüfung der Vereinbarkeit einer rechtlichen Handhabung oder Entscheidung mit der Konvention vorzulegen. Eine solche Antragsmöglichkeit ergibt sich aus Art. 177 EG-Vertrag. Der Gerichtshof hat im Vorabentscheidungsverfahren nach seiner RS[425] dem vorlegenden Gericht alle Auslegungshinweise zu geben, die es benötigt, um die Vereinbarkeit nationaler Gesetzesauslegung mit den Grundrechten der Konvention beurteilen zu können.

329   Für den Fall, dass der Verteidiger die Verletzung von Normen der Konvention für gegeben erachtet und das Gericht dies anders beurteilt, ist ein Antrag auf Vorlage zur Vorabentscheidung des EGMR unbedingt zu empfehlen. Diese Vorlage allein ermöglicht es, vor der vollständigen Ausschöpfung des nationalen Instanzenzugs und einer gescheiterten Verfassungsbeschwerde, sowie der dann vielleicht bereits vollständigen Vollstreckung der Strafe eine Entscheidung des EGMR zu erhalten. In die Praxis der höchstrichterlichen RS haben solche Vorlageverfahren bereits Einzug gehalten. Die Tatsacheninstanzen werden sich daher in den nächsten Jahren ebenfalls zunehmend für solche Anträge öffnen müssen.

Für einen solchen Antrag auf Vorlage zur Vorabentscheidung stellen wir folgendes Formular vor:

---

423 EGMR StV 202, 289
424 BGHSt 46, 93, 104; Anm Schlothauer StV 2000, 593
425 EGMR Urteil vom 4. 10. 1991, Rechtssache C-159/90

In der Strafsache
gegen
Az.:

beantrage ich,

das Verfahren auszusetzen und dem Europäischen Gerichtshof für Menschenrechte zur Vorabentscheidung zu den folgenden Fragen vorzulegen:

a) Sind die nationalen Gerichte an Urteile des EGMR, mit denen Verletzungen der EMRK festgestellt wurden, zumindest soweit gebunden, als sie nicht die Auffassung vertreten dürfen, das den Feststellungen in anderer Sache entsprechende Verhalten staatlicher Organe sei konventionsgerecht?

b) Ist die Auffassung der 4. Strafkammer des X-Gerichts im hiesigen Verfahren, eine unmittelbare Vernehmung der einzigen Belastungszeugin könne zulässigerweise durch die Einf ihrer richterlichen Vernehmung ersetzt werden und verletze den Angeklagten nicht in seinen Rechten (Beschluss der Kammer vom … Bl.… der Akten, Anlage 1 zu diesem Antrag) mit Art. 6 der Konvention vereinbar?

…

Begründung

Art. 6 EMRK garantiert für jede Person des Geltungsbereichs ein faires Verfahren und gewährleistet es, Fragen an Belastungszeugen zu stellen.

Bei der Frage, was die Zeugin mit wem und mit welchem Inhalt über das anhängige Verfahren gesprochen hat, handelt es sich um die Klärung der Glaubwürdigkeit des einzigen belastenden Beweismittels im Verfahren gegen meinen Mandanten. Diese Frage war nicht Gegenstand der richterlichen Vernehmung. Die lückenlose Aufklärung der Aussagegenese ist jedoch wesentlich für die Frage nach dem Ausschluss suggestiver oder sonstiger Einflüsse auf die Aussage der Zeugin.

…

Dieser Kernbereich kann der unmittelbaren Überprüfung der Verteidigung nicht entzogen werden.

Eine Möglichkeit zur unmittelbaren Überprüfung der Aussageentwicklung durch die Verteidigung bei einer direkten Befragung der Zeugin ist in der einzigen Tatsacheninstanz nach dem Beschluss der Kammer nicht mehr zu erwarten.

Es ist dem Angeklagten nicht zuzumuten, die Vereinbarkeit dieses Prozessverlaufes mit dem europäischen Recht erst nach Ausschöpfung des gesamten bundesdeutschen Rechtsweges einschl der Verfassungsbeschwerde zu klären. Der Angeklagte müsste dazu ggf die Verurteilung zu einer hohen Freiheitsstrafe und die während der Verhandlungsdauer mit Sicherheit fortbestehenden Untersuchungshaft in Kauf nehmen. Ein derart schwerwiegender Grundrechtseinschnitt und eine Verletzung des in der EMRK ebenfalls verbrieften Freiheitsrecht des Angeklagten ist nicht tolerabel.

Ferner ist zu beachten, dass eine Verurteilung der Bundesrepublik Deutschland wegen der Verletzung der EMRK keine unmittelbare Wirkung auf eine Verurteilung und deren Vollzug entfalten könnte, sondern der Verurteilte nur auf den Weg des Wiederaufnahmeverfahrens verwiesen wäre.

Die damit verbundenen zeitlichen Abläufe und die – auch durch Entschädigungen nicht revisible – Verletzung des Freiheitsrechts des Angeklagten erfordern eine Vorabentscheidung. Der Rechtsverstoß wäre für den Angeklagten so schwerwiegend, dass nicht bis zum innerdeutschen Verfahrensabschluss gewartet werden kann.

– Rechtsanwalt / Rechtsanwältin –

Kapitel 5
Verteidigung gegen Zwangsmaßnahmen

Überblick

I.   Vorbemerkungen

1   Aufgabe des Strafverfahrens ist es, das Bestehen oder Nichtbestehen eines staatlichen Strafanspruches festzustellen.[1] Zur Erfüllung des rechtsstaatlichen Auftrags zur möglichst umfassenden Wahrheitsermittlung im Strafverfahren[2] wurde die StPO sukzessive mit einem weit reichenden Katalog von Zwangsmaßnahmen ausgestattet, die im Interesse einer effektiven Strafverfolgung mit immer tiefer gehenden Einschnitten in die Individualsphäre des Einzelnen verknüpft sind. Die Entwicklung von Rechtsprechung und Gesetzgebung der letzten Jahre wird hierbei von einer rechtspolitischen Diskussion begleitet, die fast ausschließlich vom Bild der vermeintlichen Bedrohung des Staates durch die Erscheinungsformen der Organisierten Kriminalität geprägt ist.[3]

Als strafprozessuale Grundrechtseingriffe bedürfen Zwangsmaßnahmen stets einer speziellen gesetzlichen Ermächtigung.[4] Eine allgemeine Befugnis zum Eingriff in individuelle Rechtsgüter zum Zwecke der Strafverfolgung kennt die StPO grundsätzlich nicht. Zwar hat der Gesetzgeber mit § 161 StPO eine allgemeine Ermittlungsgeneralklausel geschaffen, diese rechtfertigt allerdings nur solche Eingriffe in grundrechtlich geschützte Rechtsgüter, die in ihrer Einriffsintensität hinter den spezialgesetzlich geregelten Fällen zurückbleiben.[5] Grundrechtseingriffe von intensiverem Gewicht sind durch § 161 StPO nicht gedeckt.[6] Der Anwendungsbereich von Zwangsmitteln erstreckt sich grundsätzlich auf das gesamte Erkenntnisverfahren, ihr praktischer Schwerpunkt liegt jedoch zumeist im Ermittlungsverfahren.

---

1 BVerfG NJW 1966, 1259
2 BVerfG NJW 1988, 329; NJW 1990, 563
3 Vgl hierzu Leutheusser-Schnarrenberger ZRP 1998, 87; Hefendehl StV 2005, 156
4 Öffentlich-rechtlicher Gesetzesvorbehalt für hoheitliche Eingriffe, vgl Art. 2 II 3 GG
5 LR-Rieß § 161 Rn 2
6 Meyer-Goßner § 161 Rn 1

Strafprozessuale Zwangsmittel verfolgen unterschiedliche Zielsetzungen:[7]   **2**

a) Ihr Zweck kann einmal darin bestehen, die Durchführung des Erkenntnisverfahrens zu sichern. In diese Gruppe fallen zB die Anordnung der Untersuchungshaft (§ 112 StPO), die vorläufige Festnahme (§ 127 StPO), die Hauptverhandlungshaft für den Bereich des beschleunigten Verfahrens (§ 127 b StPO), die Auslieferung (§§ 15 ff, 68 IRG) oder auch die Vermögensbeschlagnahme nach § 290 StPO.

b) Ein Zwangsmittel kann ferner unmittelbar der Strafvollstreckung dienen. Hierzu zählen der Erlass eines Sicherungshaftbefehls (§ 457 StPO) oder die Sicherstellung von Gegenständen, bei denen die Voraussetzungen für ihren Verfall oder ihre Einziehung vorliegen (§ 111 b StPO).

c) Weiterhin kann der Zweck einer Zwangsmaßnahme in der Beweissicherung liegen. Hierzu dienen vor allem die Durchsuchung (§§ 102 ff StPO), die Beschlagnahme (§ 94 StPO), die Überwachung des Fernmeldeverkehrs (§ 100 a StPO), das Abhören des nicht öffentlich gesprochenen Wortes (§ 100 c I Nr. 2 StPO) oder die akustische Wohnraumüberwachung (§ 100 c I Nr. 3 StPO).

d) Schließlich kann die Anordnung einer Zwangsmaßnahme auch durch präventiv motivierte Umstände begründet sein wie zB die vorläufige Entziehung der Fahrerlaubnis (§ 111 a StPO), das vorläufige Berufsverbot (§§ 132 a StPO, 70 StGB) oder die Anordnung der Untersuchungshaft aus dem Gesichtspunkt der Wiederholungsgefahr (§ 112 a StPO).

Entsprechend der schwach ausgestalteten Position des Verteidigers im Ermittlungsverfahren ist der Handlungsspielraum bei der Verteidigung gegen Zwangsmittel begrenzt. Die Regel ist, dass der Beschuldigte und sein Verteidiger von der Anordnung eines Zwangsmittels erst dann Kenntnis erlangen, wenn es vollzogen wird oder bereits abgeschlossen ist.[8] Der Verteidiger hat dann durch Ausschöpfung der formellen Rechtsbehelfe dafür Sorge zu tragen, dass die Maßnahme entweder wieder aufgehoben oder wenigstens in ihren für den Beschuldigten nachteiligen Konsequenzen entschärft wird.   **3**

II. Körperliche Eingriffe

1. Körperliche Untersuchungen nach § 81 a StPO

Körperliche Untersuchungen gehören zu den besonders belastenden Maßnahmen, weil es der zu Untersuchende hinnehmen muss, zum bloßen Objekt des Augenscheins degradiert zu werden.[9] Der Wortlaut des Gesetzes unterscheidet zwischen der Entnahme einer Blutprobe und anderen körperlichen Eingriffen. Solche liegen immer vor, wenn dem Körper Stoffe (zB Sperma, Urin) entnommen oder zugeführt werden oder wenn in das Innere des Körpers eingegriffen wird.[10] Welch skandalöses Ausmaß derartige Eingriffe erreichen können, zeigt das ermittlungsbehördliche Vorgehen gegen Beschuldigte, denen zwangsweise zur Erlangung von verschluckten Betäubungsmitteln Brechmittel verabreicht wurden.[11] Das BVerfG hat es im Jahre   **4**

---

7 Vgl hierzu auch Müller-Gugenberger/Bienesch-Niemeyer § 11 Rn 60 ff
8 Vgl Burhoff Ermittlungsverfahren Rn 2105; Weihrauch Ermittlungsverfahren Rn 207
9 Meyer-Goßner § 81 a Rn 1
10 KK-Senge § 81 a Rn 6
11 OLG Frankfurt/Main StV 1996, 651, das in diesen Fällen ein Verwertungsverbot annimmt m Anm Weßlau StV 1997, 341

1999 noch abgelehnt, eine Verfassungsbeschwerde, die sich gegen eine derartige Maßnahme richtete, zur Entscheidung anzunehmen. In einem »obiter dictum« hat es hierzu festgestellt, dass der zwangsweise Einsatz von Brechmitteln »auch im Hinblick auf die durch Art. 1 I GG geschützte Menschenwürde und den in Art. 2 I iVm Art. 1 I GG enthaltenen Grundsatz der Selbstbelastungsfreiheit grundsätzlichen verfassungsrechtlichen Bedenken nicht begegnet«.[12] Ungeachtet der Tatsache, dass es im Dezember 2001 im Zusammenhang mit einer unter Gewaltanwendung erfolgten Vergabe von Ipecacuanha-Sirup über eine Magensonde zu einem Todesfall gekommen ist,[13] wird die zwangsweise Verabreichung von Brechmitteln zur Beweissicherung bei schweren Straftaten als eine durch § 81 a StPO grundsätzlich gedeckte Maßnahme angesehen.[14]

a)   Voraussetzungen

5   Nach § 81 a StPO darf die zwangsweise körperliche Untersuchung des Beschuldigten zur Feststellung von Tatsachen angeordnet werden, die für das Verfahren von Bedeutung sind. Der Gesetzestext unterscheidet zwischen der Entnahme von Blutproben und anderen körperlichen Eingriffen, die zulässig sind, soweit sie durch einen Arzt nach den Regeln der ärztlichen Kunst vorgenommen werden und keine Nachteile für die Gesundheit des Beschuldigten besorgen lassen. Arzt ist jeder approbierte Mediziner iSv § 2 II–IV BÄO. Nicht erforderlich ist, dass gegen den Beschuldigten bereits ein Ermittlungsverfahren anhängig ist,[15] vielmehr reicht der Anfangsverdacht (§ 152 I StPO) einer Straftat aus. Die Weigerung eines Betroffenen, an einem freiwilligen DNA-Massentest mitzuwirken, darf zur Begründung eines Anfangsverdachtes gegen ihn nicht herangezogen werden.[16] Dasselbe gilt für eine Person, die zu einem Speicheltest für eine molekulargenetische Untersuchung geladen wird und hierzu – anders als andere, ebenfalls vorgeladene Personen – im Beistand eines Rechtsanwaltes erscheint.[17]

6   Bei jeder im Einzelfall durchgeführten Maßnahme hat der Verteidiger eine kritische Prüfung unter dem Gesichtspunkt des Grundsatzes der Verhältnismäßigkeit vorzunehmen. Nach der Rechtsprechung des BVerfG erfordert die Wahrung des Verhältnismäßigkeitsgrundsatzes vor allem, »dass die Maßnahme unerlässlich ist, dass sie in angemessener Relation zur Schwere der Tat steht und dass die Stärke des bestehenden Tatverdachts sie rechtfertigt«.[18] Es muss also eine Güterabwägung vorgenommen werden, je stärker der Eingriffscharakter einer Maßnahme ist, umso schwerer müssen Tatvorwurf und Tatverdacht wiegen.[19] Das jeweils geringere Eingriffsmittel geht der schwerwiegenderen Maßnahme stets vor.[20]

---

12 BVerfG StV 2000, 1 m Anm Naucke und Anm Rixen NStZ 2000, 381; s hierzu ferner OLG Bremen NStZ-RR 2000, 271; Rogall NStZ 1998, 66; Dallmeyer StV 1997, 606 und Schaefer NJW 1997, 2437
13 Der Spiegel vom 17.12.2001, 32
14 LR-Krause § 81 a Rn 52, Meyer-Goßner § 81 a Rn 22, aA Binder/Seemann NStZ 2002, 234, die die zwangsweise Vergabe von Brechmitteln für unzulässig halten und auf die Möglichkeit verweisen, das natürliche Ausscheiden verschluckter Betäubungsmittel abzuwarten und den Beschuldigten zu diesem Zweck in Haft zu nehmen
15 HM, vgl Meyer-Goßner § 81 a Rn 2
16 LG Regensburg StraFO 2003, 127 mit Anm Lammer
17 BGH StV 2000, 293
18 BVerfG NJW 1963, 2368, 2370 = BVerfGE 17, 108
19 Zu den im Einzelnen zulässigen Untersuchungen und Eingriffen vgl Meyer-Goßner § 81 a Rn 20 ff
20 HK-Lemke § 81 a Rn 1

Die rechtmäßige Anordnung eines Eingriffs nach § 81 a StPO führt nur zu einer **7**
Duldungspflicht des Beschuldigten. Zu einem aktiven Tun kann der Beschuldigte
nicht gezwungen werden, insbesondere ist er nicht verpflichtet, bei einer Untersuchungshandlung mitzuwirken.[21] Die Beantwortung von Fragen, die Einnahme von
Medikamenten oder Mitwirkung an einem Alkomattest können daher verweigert
werden. Dementsprechend ist der Mandant auch zu belehren, wobei im Einzelfall
zu prüfen ist, ob eine Einwilligung in die beabsichtigte Untersuchung anzuraten ist.

§ 81 a III StPO bestimmt, dass beim Beschuldigten entnommene Blutproben oder **8**
sonstige Körperzellen nur für Strafverfahren verwertet werden dürfen und unverzüglich vernichtet werden müssen, wenn sie für diese Zwecke nicht mehr benötigt
werden. Geht das Strafverfahren in ein Bußgeldverfahren über, bleiben Blutproben
oder sonstige Körperzellen, deren Entnahme im Bußgeldverfahren zulässig gewesen
wäre, verwendbar, § 46 IV 2 OWiG.

b) Zulässige Maßnahmen

Neben der Entnahme der Blutprobe sind zulässig die Computer-Tomographie, die **9**
Elektroencephalographie (Hirnstromuntersuchung), die Elektrokardiographie (EKG),
die Endoskopie (Ausleuchten von Körperhohlräumen), die Magenausheberung,
Röntgenuntersuchungen oder die Szintographie (Einspritzen von Radiouliken zur
Untersuchung von Körperteilen).

Unzulässig sind die Angiographie, die Entnahme von Harn mittels Katheter, die **10**
Phallographie (Messung der Erektionsfrequenz) oder die Narkoanalyse zur Herbeiführung von Aussagen,[22] deren Unzulässigkeit sich schon aus § 136 a StPO ergibt.

c) Anordnungsbefugnis

Gemäß § 81 a II StPO liegt die Befugnis zur Anordnung von Eingriffen grundsätz- **11**
lich beim Richter. Bis zur Erhebung der öffentlichen Klage ist dies der Ermittlungsrichter, danach das Gericht der Hauptsache. Bei Gefährdung des Untersuchungserfolges durch Verzögerung können auch die Staatsanwaltschaft und deren
Hilfsbeamten entsprechende Anordnungen treffen. Die Anordnung schwerer Eingriffe ist stets dem Richter vorbehalten, der in diesen Fällen wegen mit der Maßnahme verbundenen starken Beeinträchtigung der Persönlichkeit und der Gesundheit des Betroffenen selbständig – erforderlichenfalls nach sachverständiger ärztlicher Beratung – zu prüfen hat, ob der Eingriff nach dem Stand der Ermittlungen
geboten ist. Keinesfalls darf er die Entscheidung darüber einem Sachverständigen
selbst überlassen.[23] Erforderlich ist ferner, dass die Anordnung der körperlichen
Untersuchung den Bestimmtheitsanforderungen genügt. Denn im Rahmen des § 81
StPO dürfen nur genau angegebene und hinreichend bestimmt bezeichnete körperliche Eingriffe für zulässig erklärt werden, da der anordnende Richter und nicht
der Sachverständige zu prüfen hat, ob im Einzelfall durch den Eingriff gesundheitliche Nachteile für den Betroffenen zu besorgen sind.[24] Bei einer Einwilligung des
Beschuldigten in den Eingriff, die jederzeit widerrufen werden kann, ist nach hM
eine entsprechende Anordnung entbehrlich.[25]

---

21 BGH StV 1987, 421 = BGHSt 34, 39
22 Vgl Meyer-Goßner § 81 a Rn 20 ff; KK-Senge § 81 a Rn 6/7
23 OLG Hamm StraFO 2004, 92 mit Anm Münchhalffen
24 OLG Düsseldorf StV 2005, 490
25 Meyer-Goßner § 81 a Rn 3 f

d) Anfechtbarkeit

12　Die Anfechtbarkeit einer Anordnung auf körperliche Untersuchung richtet sich zunächst danach, von wem und zu welchem Zeitpunkt die Maßnahme verfügt wurde. Entscheidungen des Ermittlungsrichters sind stets mit der Beschwerde nach § 304 StPO anfechtbar. Nach Erhebung der öffentlichen Klage sind die Anordnungen des erkennenden Gerichts mit der Beschwerde nach Maßgabe des § 305 S 2 StPO anfechtbar.[26] Die einhellige Auffassung in Rechtsprechung und Literatur stellt darauf ab, dass ein Eingriff in die körperliche Integrität einem der in § 305 S 2 StPO bezeichneten Zwangseingriff gleichkommt. Streitig ist lediglich, ob bei der Frage der Statthaftigkeit der Beschwerde auf die Erheblichkeit des Eingriffs abzustellen ist, was wohl überwiegend verneint wird.[27]

13　Gegen Entscheidungen, die die Staatsanwaltschaft oder Beamte des Polizeidienstes unter den Voraussetzungen des § 81 a II StPO getroffen haben, kann in entsprechender Anwendung des § 98 II 2 StPO Antrag auf richterliche Entscheidung gestellt werden, um deren Rechtswidrigkeit feststellen zu lassen.[28] Bei Anordnungen, die auf der Grundlage des § 81 a StPO ergehen, handelt es sich in der Regel um schwerwiegende Eingriffe in die körperliche Integrität des Einzelnen, sodass gegen die Zulässigkeit des Antrages nicht mehr vorgebracht werden kann, die Maßnahme sei bereits durchgeführt.[29]

e) Verwertungsverbot

14　Untersuchungsergebnisse, die unter Verstoß gegen § 81 a StPO gewonnen werden, bleiben in der Regel verwertbar.[30] Ein Verwertungsverbot ist nur in Einzelfällen angenommen worden, wenn der Eingriff ohne Anordnung oder Einwilligung des Beschuldigten vorgenommen wurde, wenn unerlaubter Zwang angewendet oder gegen den Grundsatz der Passivität verstoßen wurde.[31]

2. Erkennungsdienstliche Behandlung nach § 81 b StPO

15　Die Vorschrift des § 81 b StPO gestattet die Durchführung von erkennungsdienstlichen Maßnahmen sowohl für Zwecke der Strafverfolgung (§ 81 b Alt 1 StPO) als auch für präventiv polizeiliche Zwecke (§ 81 b Alt 2 StPO).[32] Die zweite Alternative des § 81 b StPO ist daher als Vorschrift des materiellen Polizeirechts in der StPO systemfremd.[33]

16　Erkennungsdienstliche Maßnahmen dienen der Feststellung der Beschaffenheit des Körpers oder einzelner Körperteile.[34] Es handelt sich somit um Untersuchungen am Körper, die von den Beamten oder Angestellten des Polizeidienstes auch gegen den Willen des Beschuldigten unter Anwendung unmittelbaren Zwangs durchgeführt werden dürfen.[35]

26　Dies gilt auch für das Zwischenverfahren, § 202 S 2 ist insoweit nicht anwendbar, vgl KK-Tolksdorf § 202 Rn 9; aA Pfeiffer § 81 a Rn 8
27　OLG Hamburg NStZ-RR 1998, 337; Meyer-Goßner § 81 a Rn 30
28　Meyer-Goßner § 98 Rn 23
29　BVerfG NJW 1997, 2163; BGH StV 1999, 72; allgemein zum Problem der prozessualen Überholung Meyer-Goßner vor § 296 Rn 17 ff
30　BGH NJW 1971, 1097 = BGHSt 24, 125; Meyer-Goßner § 81 a Rn 32
31　Vgl Meyer-Goßner § 81 a Rn 33
32　Meyer-Goßner § 81 b Rn 1
33　Schäfer/Sander Rn 389
34　BGHSt 34, 39, 44
35　BGHSt 34, 45

a) Voraussetzungen

Erkennungsdienstliche Maßnahmen, die für strafprozessuale Zwecke (Alt 1) durchgeführt werden, können sich nur gegen einen Beschuldigten richten. Es müssen somit tatsächliche Anhaltspunkte vorliegen, die Anlass zum Verdacht einer Straftat geben.[36] Die förmliche Einleitung eines Ermittlungsverfahrens ist nicht erforderlich. Ist eine Person lediglich vage verdächtig, ohne Beschuldigter zu sein, dürfen erkennungsdienstliche Maßnahmen nur unter den Voraussetzungen des § 163 b I 2 StPO angeordnet werden.[37]

17

Erfolgt die Durchführung der ED-Behandlung nach der 2. Alternative, kann Betroffener ebenfalls nur ein Beschuldigter sein, die Maßnahme muss also durch ein Strafverfahren veranlasst sein.[38] Weiterhin muss nach kriminalistischen Erfahrungswerten die Prognose gerechtfertigt sein, dass der Beschuldigte auch zukünftig straffällig wird und die erkennungsdienstlichen Unterlagen dann für die Aufklärung zukünftiger Straftaten genutzt werden können.[39]

18

Auch im Rahmen des § 81 b StPO ist der Grundsatz der Verhältnismäßigkeit zu beachten.[40] Bei Bagatellstrafsachen scheidet eine Anordnung gemäß § 81 b StPO daher aus, im Regelfall auch im Bußgeldverfahren.[41]

19

b) Zulässige Maßnahmen

Erkennungsdienstliche Maßnahmen sind namentlich die Anfertigung von Lichtbildern und die Abnahme von Fingerabdrücken. Zulässig sind auch alle anderen Maßnahmen, die der Dokumentation der Körperbeschaffenheit oder anderer Äußerlichkeiten dienen wie die Personenbeschreibung des Beschuldigten mit Darstellung besonderer Merkmale wie Mimik, Gestik oder Körperhaltung, die Messung von Körperteilen, Tätowierungen, Muttermalen oder Hautverfärbungen oder die Anfertigung von Hand- oder Fußabdrücken für Vergleichszwecke, ferner die Anfertigung von Aufnahmen des Beschuldigten mit einer Raumüberwachungskamera am Tatort, wobei ihm eine Strumpfmaske übergezogen und er in einer bestimmten Kopf- und Armhaltung entsprechend den Täteraufnahmen vor die Kamera gebracht wurde.[42] Erlaubt ist auch die Videoaufnahme einer Gegenüberstellung des Beschuldigten mit Zeugen.[43]

20

Unzulässig sind Schriftproben oder die heimliche Aufnahme von Sprech- oder Stimmproben des Beschuldigten zwecks Durchführung einer Stimmengegenüberstellung.[44] Eine mit Zustimmung des Beschuldigten gefertigte Tonbandaufnahme seiner Stimme bleibt jedoch verwertbar.[45]

21

---

36 BGHSt 10, 8, 12
37 Burhoff Ermittlungsverfahren Rn 813
38 Meyer-Goßner § 81 b Rn 7
39 Burhoff Ermittlungsverfahren Rn 813
40 Pfeiffer § 81 b Rn 3
41 Göhler § 46 Rn 32
42 BGHR StPO § 81 b, Maßnahme Nr. 1
43 Meyer-Goßner § 81 b Rn 8
44 BGHSt 34, 44
45 BGH StV 1985, 397

c)　Anordnungsbefugnis

22　Im Ermittlungsverfahren sind für Anordnungen nach § 81 b Alt 1 StPO die Staatsanwaltschaft und die Beamten des Polizeidienstes zuständig (§ 163 StPO), nach Erhebung der Anklage das mit der Sache befasste Gericht. Für die Anordnung präventiv polizeilicher Maßnahmen ist ausschließlich die Kriminalpolizei zuständig.[46]

d)　Anfechtbarkeit

23　Gerichtliche im Strafverfahren getroffene Anordnungen sind mit der Beschwerde nach § 304 StPO anfechtbar, soweit diese nicht nach den §§ 202 S 2, 304 IV, 305 S 2 StPO ausgeschlossen ist. Eine nach Durchführung der Maßnahme eingelegte Beschwerde ist nur zulässig, wenn ein nachwirkendes Bedürfnis für eine richterliche Überprüfung besteht.[47]

24　Gegen repressiv polizeiliche Anordnungen oder solche der Staatsanwaltschaft kann nach hM analog § 98 II 4 StPO Antrag auf gerichtliche Entscheidung gestellt werden.[48] Die Gegenauffassung hält den Antrag nach § 23 EGGVG für zulässig.

25　Die Anfechtung von Maßnahmen im präventiv polizeilichen Bereich erfolgt ausschließlich nach der VwGO.

e)　Verwertungsverbot

26　Grundsätzlich gilt auch im Rahmen des § 81 b StPO, dass der Beschuldigte die Durchführung erkennungsdienstlicher Maßnahmen erdulden muss, dagegen nicht zu aktiver Mitwirkung gezwungen werden kann. Deshalb dürfen Sprech-, Stimm- oder Schriftproben, die durch Täuschung oder mittels Anwendung von Zwang erlangt wurden, nicht verwertet werden (§ 136 a StPO). Ferner ist das Bestehen eines Verwertungsverbotes bei einer Verletzung des Verhältnismäßigkeitsgrundsatzes möglich.[49]

3.　Unterbringung des Beschuldigten nach § 81 StPO

27　Gemäß § 81 StPO darf die Beobachtungsunterbringung des Beschuldigten zur Vorbereitung eines Gutachtens über seinen psychischen Zustand für die Dauer von bis zu sechs Wochen angeordnet werden (§ 81 V StPO). Dies kommt namentlich dann in Betracht, wenn die Schuldfähigkeit des Beschuldigten (§§ 20, 21 StGB), seine Unterbringung im Maßregelvollzug gemäß §§ 63, 66 StGB, seine Verhandlungsfähigkeit[50] oder bei Jugendlichen und Heranwachsenden deren Entwicklungsstand (§§ 73, 104 I Nr. 12, 109 I JGG) durch einen Sachverständigen zu prüfen sind.

a)　Voraussetzungen

28　Die Beobachtungsunterbringung setzt zunächst dringenden Tatverdacht voraus (§ 81 II StPO). Insoweit gilt derselbe Beurteilungsmaßstab wie bei der Untersuchungshaft (§ 112 I StPO).[51]

46　Meyer-Goßner § 81 b Rn 13
47　KK-Senge § 81 b Rn 8
48　Meyer-Goßner § 81 b Rn 21, OLG Koblenz StV 2002, 127
49　Burhoff Ermittlungsverfahren Rn 819
50　BVerfG StV 2001, 657, StV 1995, 617
51　Vgl hierzu Wankel Teil H Kap 1 Rn 47

Von besonderer Relevanz ist weiterhin die Beachtung des Gebots der Verhältnismä-　**29**
ßigkeit des Mittels (§ 80 II 2 StPO). Die Unterbringung zum Zwecke der Beobachtung ist daher unzulässig bei Bagatellstrafsachen und in Bußgeldsachen (§ 46 III
OWiG). Neben der strikten Beachtung des Verhältnismäßigkeitsgrundsatzes ist die
Feststellung erforderlich, dass die Unterbringung **unerlässlich** ist, also ohne sie die
psychische Verfassung des Beschuldigten nicht beurteilt werden kann.[52] Dies macht
die vorherige Anhörung eines Sachverständigen über die Unerlässlichkeit der Maßnahme erforderlich. Den insoweit an die Anhörung des Sachverständigen zu stellenden Anforderungen ist nur dann genügt, wenn der Sachverständige grundsätzlich nach persönlicher Untersuchung des Betroffenen ein schriftliches Gutachten
erstattet.[53] Eine nach Lage der Akten gefertigte Stellungnahme des Sachverständigen ist nicht ausreichend. Kann sich der Sachverständige durch eine ambulante Untersuchung ausreichende Kenntnisse verschaffen oder auf die Ergebnisse früherer
Untersuchungen zurückgreifen, ist eine Anordnung nach § 81 StPO ebenfalls unzulässig.[54] Unzulässig ist die Unterbringung auch, wenn sich der Beschuldigte weigert,
sie zuzulassen oder bei ihr mitzuwirken, soweit die Untersuchung nach ihrer Art
die freiwillige Mitwirkung des Beschuldigten voraussetzt, etwa wenn eine Exploration erforderlich wäre, diese aber verweigert wird und ein Erkenntnisgewinn deshalb nur bei Anwendung verbotener Vernehmungsmethoden (§ 136 a StPO) oder
einer sonstigen Einflussnahme auf die Aussagefreiheit des Beschuldigten zu erwarten ist.[55]

b)　Zulässige Maßnahmen

Der Beschuldigte darf in Verwahrung gehalten und beobachtet werden.[56] Körper-　**30**
liche Eingriffe sind nicht zulässig, hierfür ist bei fehlender Einwilligung des Beschuldigten das Ergehen einer gesonderten Anordnung nach Maßgabe des § 81 a
StPO erforderlich.[57]

c)　Anordnungsbefugnis

Über die Unterbringung nach § 81 StPO entscheidet das für die Eröffnung des　**31**
Hauptverfahrens zuständige Gericht (§ 81 III StPO) durch Beschluss. Zuvor hat
das Gericht nach § 80 I StPO den beauftragten Sachverständigen, den Verteidiger
und nach § 33 II StPO auch die Staatsanwaltschaft anzuhören. Hat der Beschuldigte noch keinen Verteidiger, ist ihm nach § 140 I Nr. 6 StPO ein Pflichtverteidiger zu
bestellen. Die Anhörung des Verteidigers zur Frage der Unterbringung darf erst
dann erfolgen, wenn das schriftliche Sachverständigengutachten vorliegt und dem
Verteidiger zur Kenntnis gebracht wurde.[58]

Problematisch ist, wie sich der Verteidiger im Rahmen des Anhörungsverfahrens zu　**32**
verhalten hat, ob er der Beobachtungsunterbringung zustimmt oder sie sogar aus
eigener Initiative vorschlägt. Stimmt er einer Beobachtungsunterbringung zur Vorbereitung eines Gutachtens zur Schuldfähigkeit zu, lässt sich daraus ableiten, dass

---

52　BVerfG StV 1995, 617
53　OLG Stuttgart StV 2004, 582, OLG Düsseldorf StV 1998, 638
54　BGH StV 2002, 581, 583, OLG Hamm StV 2001, 156, Meyer-Goßner § 81 Rn 8
55　BVerfG StV 2001, 657, 658; OLG Düsseldorf StV 2005, 490
56　Meyer-Goßner § 81 Rn 20
57　Schäfer/Sander Rn 380
58　LG Aschaffenburg StV 2004, 583, Meyer-Goßner § 81 Rn 14

mit einem Freispruch außerhalb des § 20 StGB nicht mehr gerechnet wird.[59] Solange deshalb das Erzielen eines Freispruchs aus anderen Gesichtspunkten möglich erscheint, ist entsprechende Zurückhaltung des Verteidigers geboten.[60] Dasselbe gilt, wenn der Mandant mit einer Unterbringung nicht einverstanden ist.[61]

d) Anfechtbarkeit

33 Gegen den die Beobachtungsunterbringung anordnenden Beschluss ist die sofortige Beschwerde zulässig (§§ 81 IV, 311 StPO), die ausnahmsweise aufschiebende Wirkung hat. Der Verteidiger kann diese auch gegen den Willen des Mandanten einlegen, § 297 StPO gilt insoweit nicht.[62] Die weitere Beschwerde (§ 310 StPO) ist ausgeschlossen.

34 Der die Beobachtungsunterbringung ablehnende Beschluss ist unanfechtbar.[63]

e) Vollstreckung

35 Die rechtskräftig nach § 81 StPO angeordnete Unterbringung wird gem § 36 II 1 StPO von der Staatsanwaltschaft vollstreckt. Auch insoweit ist stets der Grundsatz der Verhältnismäßigkeit zu beachten (Nr. 61 I RiStBV). Befindet sich der Beschuldigte auf freiem Fuß, so wird er unter Androhung seiner zwangsweisen Vorführung aufgefordert, sich innerhalb einer bestimmten Frist in dem psychiatrischen Krankenhaus einzufinden (Nr. 61 II RiStBV). Der Verteidiger wird deshalb den Rat erteilen, der Ladung zur Vermeidung einer Zwangsvorführung freiwillig Folge zu leisten.

III. DNA-Analyse, »genetischer Fingerabdruck«

1. Allgemeines

a) Naturwissenschaftliche Grundlagen

36 Die DNA-Analyse, umgangssprachlich auch »genetischer Fingerabdruck« genannt, geht auf Forschungen des britischen Wissenschaftlers Alec Jeffreys zurück und wurde im Jahre 1989 als kriminaltechnische Methode zur Auswertung von Blut- und Sekretspuren bundesweit eingeführt.[64] Sie beruht auf der besonderen biochemischen Struktur der menschlichen Erbsubstanz, der Desoxyribonucleinsäure (DNS oder DNA). Die DNA besteht bei allen Menschen aus vier Grundbausteinen, den Basen Adenin, Guanin, Thymin und Cytosin. Sie ist in Form einer verdrehten Strickleiter aufgebaut und enthält verschlüsselt alle menschlichen Erbanlagen, die so genannten Gene. Diese Gene nehmen jedoch nur einen kleinen Anteil des DNA-Moleküls in Anspruch, der überwiegende Teil der DNA (über 90 %) enthält keinerlei menschliche Erbinformationen und wird daher als nicht codierend bezeichnet. In diesen Bereichen findet die kriminaltechnische DNA-Analyse statt. In den nicht codierenden DNA-Anteilen finden sich variantenreiche Abschnitte,

59 Weihrauch Ermittlungsverfahren Rn 216
60 Vgl hierzu Dahs Handbuch Rn 366 f
61 Burhoff Ermittlungsverfahren Rn 1680
62 Pfeiffer § 81 Rn 4
63 KK-Senge § 81 Rn 13
64 Ausführlich Broder/Anslinger/Rolf, passim

die aus kurzen Wiederholungssequenzen, so genannten VNTR-Sequenzen (variable number tandem repeats) oder Minisatelliten bestehen. Die Anzahl und Länge dieser VNTR-Sequenzen unterscheiden sich von Individuum zu Individuum deutlich. Wenn die Ergebnisse mehrerer VNTR-Sequenzen zu einem DNA-Identifizierungsmuster kombiniert werden, ist die Wahrscheinlichkeit, dass zwei nichtverwandte Lebewesen dasselbe DNA-Muster aufweisen, gleich null.

Molekulargenetische Untersuchungen werden heute fast ausschließlich im PCR-Verfahren durchgeführt. Diese Abkürzung steht für Polymerase Chain Reaction, also für eine biochemische Kettenreaktion.[65] Hierbei werden VNTR-Sequenzen vervielfältigt, nach ihrer Länge sortiert und sichtbar gemacht.   **37**

Die PCR-Methode hat sich in der forensischen Spurenkunde als zuverlässiges und effektives Verfahren zur Vervielfältigung einzelner DNA-Abschnitte durchgesetzt. In jüngerer Zeit werden jedoch Zweifel über die Genauigkeit dieses Verfahrens geäußert. Denn schon winzige Verunreinigungen in Form von Fremd-DNA (Hautschuppen, Speicheltröpfchen) können das Ergebnis einer DNA-Analyse verfälschen. Mögliche Fehlerquellen sind weiterhin die unsachgemäße Lagerung der Probe, ihr ungekühlter Versand oder die Einwirkung von Wärme und Feuchtigkeit.[66]

b) Rechtliche Grundlagen

Für die molekulargenetische Spurenauswertung sieht das Gesetz folgende Möglichkeiten vor: **38**

– die Untersuchung von Spurenmaterial zur Herkunft oder Abstammung nach § 81 e StPO zum Zwecke der Strafverfolgung;
– die Identitätsfeststellung für künftige Strafverfahren beim Beschuldigten nach § 81 g StPO für präventiv-polizeiliche Zwecke;
– die Identitätsfeststellung für künftige Strafverfahren beim Verurteilten nach § 2 DNA-IFG für präventiv-polizeiliche Zwecke.

2. DNA-Analyse nach § 81 e StPO

a) Allgemeines

Die Zulässigkeit der zunächst auf der Grundlage des § 81 a StPO durchgeführten DNA-Analyse zum Zwecke der Strafverfolgung war heftig umstritten.[67] Der BGH[68] hatte die Auffassung vertreten, dass »das Ergebnis einer solchen Analyse sowohl zum Täterausschluss als auch zur Täterfeststellung verwendet werden darf«, hierbei aber betont, dass der Beweiswert einer DNA-Analyse stets kritisch zu würdigen ist. Insbesondere muss sich das Gericht bewusst sein, dass das Ergebnis einer solchen Untersuchung nur eine abstrakte statistische Aussage enthält, die eine Gesamtwürdigung aller beweiserheblichen Umstände nicht überflüssig macht.[69] Das BVerfG[70] hat gegen die Zulässigkeit der DNA-Analyse im nicht codierenden Bereich ebenfalls keine verfassungsrechtlichen Bedenken erhoben und dies damit begründet, dass Untersuchungen des nicht codierenden DNA-Abschnitts – mit   **39**

65 Vgl hierzu Kimmich/Spyra/Steinke NStZ 1993, 23, 34 f
66 Vgl hierzu Strafverteidigung-Neuhaus § 30 Rn 59 ff mwN
67 Burhoff Ermittlungsverfahren Rn 502
68 BGHSt 38, 320
69 BGH NStZ 1994, 554
70 BVerfG NStZ 1996, 45 = NJW 1996, 771

Fingerabdrücken vergleichbar – lediglich die formale Struktur der Basensequenzen zum Gegenstand haben und damit nicht die Entschlüsselung der in den Genen gespeicherten Erbinformationen betreffen. Der der öffentlichen Gewalt schlechthin entzogene, unantastbare Kernbereich privater Lebensgestaltung sei hierdurch nicht berührt.[71]

40 Mit dem StrÄndG vom 17. 3. 1997[72] wurden die §§ 81 e, f StPO eingeführt und damit die molekulargenetische Untersuchung von Körperzellen zum Zwecke der Strafverfolgung auf eine neue spezialgesetzliche Grundlage gestellt.[73]

b) Voraussetzungen

41 Die Eingriffsnorm des § 81 e StPO knüpft zunächst an §§ 81 a, c StPO an und erlaubt die Untersuchung von Spurenmaterial des Beschuldigten (§ 81 a StPO), des Verletzten (§ 81 c StPO) sowie an aufgefundenem und sichergestelltem Material, das noch keiner bestimmten Person zugeordnet werden kann (§ 81 e II StPO). Zulässig ist die molekulargenetische Untersuchung allerdings nur, soweit sie zur Feststellung der Abstammung oder zur Klärung der Frage erforderlich[74] ist, ob das aufgefundene Spurenmaterial vom Beschuldigten oder Verletzten stammt. Zulässig ist auch die Klärung der Frage, ob die zu untersuchende Spur von einer Frau oder einem Mann stammt. Darüber hinausgehende Untersuchungen auf psychische, charakter- oder krankheitsbezogene Persönlichkeitsmerkmale oder um festzustellen, ob die Spur von einem Europäer, Asiaten oder Afrikaner stammt sowie auf Erbanlagen sind ausdrücklich untersagt, § 81 e I 3 StPO.

42 Eine besondere Einsatzschwelle ist für die Maßnahme nicht erforderlich, bereits einfacher Anfangsverdacht genügt.[75]

c) Anordnungsbefugnis

43 Gem § 81 f I StPO steht die Befugnis zur Anordnung einer molekulargenetischen Untersuchung allein dem Richter zu. Zuständig ist der Ermittlungsrichter, nach Erhebung der Anklage das mit der Sache befasste Gericht. Eine Eilzuständigkeit unter dem Gesichtspunkt der Gefahr im Verzug ist nicht vorgesehen. Die Entnahme des Materials kann allerdings unter den Voraussetzungen der §§ 81 a II, 81 c V StPO durch die Staatsanwaltschaft und ihre Hilfsbeamten angeordnet werden.

44 Der die molekulargenetische Untersuchung anordnende Beschluss muss einen bestimmten Sachverständigen bestimmen, der nach § 81 f II StPO gewisse persönliche und organisatorische Voraussetzungen zu erfüllen hat, die einen Missbrauch der erhobenen Daten ausschließen sollen.

45 Nach hM soll die vorherige Anhörung des Betroffenen nicht erforderlich sein. Dies gilt sowohl für die Anordnung der Untersuchung als auch für die Auswahl des Sachverständigen.[76] In § 101 I StPO ist vorgesehen, dass der Beschuldigte von der nach § 81 e StPO getroffenen Maßnahme zu unterrichten ist, sobald dies ohne Gefährdung des Untersuchungszweckes möglich ist.

---

71 Vgl hierzu auch Krehl/Kolz StV 2004, 447
72 BGBl 1997 I, 534
73 Hierzu Senge NJW 1997, 2409 ff
74 Vgl dazu LG Offenburg StV 2003, 153
75 Meyer-Goßner § 81 e Rn 7
76 Meyer-Goßner § 81 f Rn 1; KK-Senge § 81 f Rn 2

d)   Anfechtbarkeit

Gegen den die Untersuchung anordnenden bzw ablehnenden Beschluss ist die Be-   **46**
schwerde nach § 304 StPO statthaft. Dies gilt auch für entsprechende Anordnungen
des erkennenden Gerichts der Hauptsache, § 305 S 2 StPO steht dem insoweit nicht
entgegen.[77]

e)   Verwertungsverbot

Molekulargenetische Untersuchungen, die entgegen dem ausdrücklich normierten   **47**
Richtervorbehalt auf einer nichtrichterlichen Anordnung beruhen, unterliegen einem
Verwertungsverbot.[78] Dasselbe dürfte für Untersuchungsergebnisse gelten, die über
die in § 81 e I StPO vorgesehene Zweckbindung hinaus erlangt worden sind.[79] Nach
§ 81 e I 3 StPO sind Feststellungen zu anderen als den in § 81 e I 1 und 2 StPO genannten Zwecken unzulässig, begründen also bereits ein Beweiserhebungsverbot.

3.   DNA-Analyse nach § 81 g StPO und nach § 2 DNA-IFG

a)   Allgemeines

Während sich die Eingriffsnormen nach §§ 81 a, 81 e StPO auf anhängige Verfahren   **48**
beziehen, dienen die Vorschriften der §§ 81 g StPO, 2 DNA-IFG der vorbeugenden
Verbrechensbekämpfung. Erlaubt ist die Entnahme von Körperzellen und deren
molekulargenetische Untersuchung zur Erstellung eines DNA-Identifizierungsmusters, das vom BKA verarbeitet und in einer DNA-Identifizierungsdatei gespeichert werden darf (§ 3 DNA-IFG). Der Zweck des jeweiligen Eingriffs ist auf die
Feststellung der Identität für künftige Verfahren beschränkt (§ 81 g II StPO).[80] § 81 g
StPO und § 2 DNA-IFG haben im Wesentlichen dieselben materiellen Voraussetzungen, sie unterscheiden sich primär durch das Verfahrensstadium, in dem sie zu
Anwendung kommen.

b)   Anwendungsbereich und Voraussetzungen des § 81 g StPO

Die Vorschrift des § 81 g StPO richtet sich gegen den Beschuldigten. Voraussetzung   **49**
zunächst ist, dass der Beschuldigte einer **Straftat von erheblicher Bedeutung** verdächtig ist. Hierzu zählen nicht nur alle Verbrechen, sondern auch Vergehen, die
zumindest der mittleren Kriminalität zuzuordnen sind. Das Gesetz nennt als Regelbeispiele und nicht abschließend Vergehen gegen die sexuelle Selbstbestimmung,
die schweren Begehungsformen der Körperverletzung (§ 224 StGB) des Diebstahls
(§ 243 StGB) und Erpressung.[81]

Weiterhin verlangt § 81 g StPO das Vorliegen einer **negativen Gefahrenprognose.**   **50**
Eine solche liegt vor, wenn wegen der Art oder Ausführung der Anlasstat, der Persönlichkeit des Beschuldigten oder aufgrund sonstiger Erkenntnisse Grund zu der
Annahme besteht, dass gegen ihn zukünftig erneut Strafverfahren wegen Taten von
erheblicher Bedeutung geführt werden.[82] Hierbei muss sich aus schlüssigen, ver-

---

77 Meyer-Goßner § 81 f Rn 8
78 Meyer-Goßner § 81 f Rn 9
79 Vgl hierzu oben Rn 41
80 Meyer-Goßner § 81 g Rn 2
81 Meyer-Goßner § 81 g Rn 7 a, b
82 Weitere Einzelheiten zur Gefahrenprognose vgl unten Rn 52 ff

wertbaren und in der die Maßnahme anordnenden Entscheidung nachvollziehbar dokumentierten Tatsachen die Gefahr der Wiederholung einer Straftat von erheblicher Bedeutung ergeben, für die das DNA-Identifizierungsmuster einen Aufklärungsansatz durch einen künftigen Spurenvergleich bieten kann.[83]

51　　Schließlich ist bei Maßnahmen nach § 81 g StPO der Grundsatz der Verhältnismäßigkeit zu beachten. Die Entnahme von Körperzellen zur Feststellung eines DNA-Identifizierungsmusters stellt einen Einriff in das allgemeine Persönlichkeitsrecht in Form des Rechts auf informationelle Selbstbestimmung (Art. 2 I iVm Art. 1 GG) und – soweit sie zwangsweise durchgeführt wird – in das Recht auf körperliche Unversehrtheit nach Art. 2 II GG dar.[84] Derartige Maßnahmen sind nur dann verhältnismäßig, wenn durch ihre Durchführung ein Aufklärungserfolg in einem künftigen Strafverfahren erwartet werden kann. Daran fehlt es bei Taten, bei denen der Täter keine Körperzellen absondert und damit nicht deliktstypisch im Zusammenhang mit einer künftigen Straftat »Identifizierungsmaterial« am Tatort hinterlässt. Durch diese Begrenzung fallen eine Vielzahl von Delikten von vornherein aus dem Anwendungsbereich des § 81 g StPO heraus, so zB die Aussagedelikte nach §§ 153 ff StGB oder bestimmte Vermögensdelikte.[85]

c) Anwendungsbereich und Voraussetzungen des § 2 DNA-IFG

52　　Nach § 2 DNA-IFG dürfen Maßnahmen nach § 81 g StPO auch dann durchgeführt werden, wenn der Betroffene wegen einer Straftat von erheblicher Bedeutung bereits **rechtskräftig verurteilt** wurde und die entsprechende Eintragung im BZR noch nicht getilgt ist. Tilgungsreife Vorahndungen dürfen gleichfalls nicht berücksichtigt werden.[86] Dabei gelten für diese so genannten Altfälle nach § 2 DNA-IFG insgesamt die Voraussetzungen des § 81 g StPO, mithin insbesondere auch die Notwendigkeit einer negativen Gefahrenprognose.[87] Dies bedarf bei Altfällen einer besonders sorgfältigen Prüfung. Das BVerfG verlangt für die Annahme der Wahrscheinlichkeit künftiger Strafverfahren wegen der Begehung von Straftaten von erheblicher Bedeutung regelmäßig nach einer positiven, auf den Einzelfall bezogenen Begründung, weshalb die Maßnahme nicht allein mit dem Fehlen von Hinweisen auf das Vorliegen einer Ausnahmesituation gerechtfertigt werden kann.[88] Bei gebührender Beachtung des Einzelfalls kann insoweit auf die von der Rechtsprechung zu den §§ 63, 64, 66 StGB geforderten Prognoseentscheidungen entwickelten Kriterien zurückgegriffen werden. Danach muss ernsthaft zu besorgen sein, dass der Verurteilte eine weitere erhebliche Straftat begehen wird.

53　　Liegt eine Katalogtat nach § 81 g StPO bereits lange Zeit zurück, ist der Rückschluss auf eine Negativprognose zumindest dann nicht gerechtfertigt, wenn der Betroffene seitdem nicht mehr strafrechtlich in Erscheinung getreten ist.[89] Umstritten ist weiterhin die Frage, ob die Verurteilung wegen einer Katalogtat zu einer

---

83 BVerfG 2001, 145
84 BVerfG StV 1995, 618, 619; Benfer StV 1999, 402, 403
85 LG Frankenthal StV 2000, 609 m Anm Ritterhaus für Btm-Delikte, so auch LG Zweibrücken StV 2003, 155, 272; OLG Köln StV 2004, 640 (Hehlerei); LG Berlin StV 2003, 610 zur Verurteilung wegen Mordes, wenn diese mehr als 15 Jahre zurück liegt und die zur Bewährung ausgesetzte Restfreiheitsstrafe erlassen ist
86 LG Aachen StV 2004, 9
87 LG Freiburg NStZ-RR 2001, 47
88 BVerfG StV 2003, 1
89 Vgl hierzu LG Darmstadt StV 2001, 107; LG Aurich StV 2000, 609; LG Hannover StV 2000, 302; LG Berlin StV 2000, 303; LG Bremen StV 2000, 303; LG Nürnberg/Fürth StV 2000, 71

Freiheitsstrafe, deren Vollstreckung zur Bewährung ausgesetzt wurde, die negative Gefahrenprognose nach § 81 g StPO ausschließt. Das wird von einem Teil der Rechtsprechung verneint mit der Begründung, dass bei der Negativprognose nach § 81 g StPO einerseits und der positiven Sozialprognose nach § 56 I und II StGB andererseits ein differenzierter Prüfungsmaßstab anzuwenden sei.[90] Die Gegenauffassung stellt zu Recht auf die Grundrechtsrelevanz des Eingriffs ab und schließt daraus, dass allein aus einer Vorverurteilung nicht auf die Gefahr neuer einschlägiger Straftaten geschlossen werden kann, sondern *»in der Sphäre des Verurteilten wurzelnde konkrete Umstände vorliegen müssen, die die Annahme einer künftigen – einschlägigen – Straffälligkeit als wahrscheinlich werden lassen«.*[91] Bei positiven Bewährungsentscheidungen wird dies nur selten der Fall sein. Eine gerichtliche Entscheidung, die dem Betroffenen eine günstige Sozialprognose nach § 56 I und II StGB stellt, entfaltet eine faktische Sperrwirkung für die Zulässigkeit von Maßnahmen nach § 81 g StPO iVm § 2 DNA-IFG, solange die Bewährungszeit läuft, ein Grund für den Widerruf der Strafaussetzung zur Bewährung nicht vorliegt und/oder das bewährungsüberwachende Gericht von einem Widerruf absieht.[92]

d) Verfahren

Die Anordnungsbefugnis für die Entnahme des Körpermaterials richtet sich nach **54** § 81 a II StPO, sie kann bei Gefahr im Verzug auch durch die Staatsanwaltschaft und ihre Hilfsbeamten angeordnet werden (§ 81 g III StPO). Die Anordnung der molekulargenetischen Untersuchung muss in jedem Fall durch den Richter erfolgen und zwar auch dann, wenn der Betroffene einwilligt.[93] Zuständig ist der Ermittlungsrichter (§§ 162, 169 StPO), im unmittelbaren Anwendungsbereich des § 81 g StPO das mit der Sache befasste Gericht, soweit Anklage bereits erhoben ist. In entsprechender Anwendung des § 140 II StPO ist dem Betroffenen im Verfahren nach §§ 2 DNA-IFG, 81 g StPO ein Pflichtverteidiger zu bestellen, wenn die Schwierigkeit der Rechtslage dies gebietet.[94]

Der Beschluss über die Anordnung einer molekulargenetischen Untersuchung zum **55** Zwecke der DNA-Identifizierungsfeststellung bedarf einer Begründung, die über die Wiederholung des Gesetzeswortlauts hinausgeht.[95] Im Übrigen gilt nach § 81 g III StPO für das weitere Verfahren die Vorschrift des § 81 f StPO.[96]

e) Anfechtbarkeit

Die die Durchführung von Maßnahmen nach § 81 g StPO (iVm § 2 DNA-IFG) an- **56** ordnenden Gerichtsbeschlüsse sind mit der Beschwerde nach § 304 StPO anfechtbar. Nachdem die Einlegung der Beschwerde die Vollziehung der angefochtenen Entscheidung nicht hemmt (§ 307 I StPO), sollte nicht übersehen werden, nach § 307 II StPO die Aussetzung der Vollziehung zu beantragen.[97]

---

90 OLG Karlsruhe StV 2002, 60, ThürOLG StV 2001, 5 m Anm Schneider; LG Göttingen NStZ 2000, 164 und 751; LG Ingolstadt NStZ 2000, 749

91 LG Freiburg NStZ 2000, 162; LG Gera NStZ 2000, 163; LG Zweibrücken StV 2000, 304

92 LG Freiburg NStZ-RR 2001, 47

93 LG Hannover NStZ-RR 2001, 20; aA LG Hamburg StV 2000, 660 m Anm Busch, zum Meinungstand vgl Krehl/Kolz StV 2004, 447, 453

94 LG Karlsruhe StV 2001, 390

95 LG Zweibrücken StV 2000, 304; BVerfG StV 2001, 378

96 Vgl hierzu oben Rn 44

97 Vgl hierzu LG Würzburg StV 2000, 12

IV. Durchsuchung und Beschlagnahme

57 Durchsuchung und Beschlagnahme sind meistens der erste Kontakt, den der Mandant mit den Strafverfolgungsbehörden hat. Nachdem weder der Mandant noch der Verteidiger vorher von beiden Zwangsmaßnahmen erfährt, sind die Verteidigungsmöglichkeiten eingeschränkt und idR auf eine nachträgliche Kontrolle der Zwangsmaßnahme auf deren Rechtmäßigkeit beschränkt.[98] Die gesetzlichen Grundlagen der Durchsuchung und Beschlagnahme finden sich in den §§ 94–111 n StPO. Da beide Maßnahmen massiv in die Grundrechte des Betroffenen eingreifen, ist in besonderem Maß der Grundsatz der Verhältnismäßigkeit zu beachten.[99]

1. Durchsuchung

58 Die Durchsuchung (§§ 102 ff StPO) dient der **Auffindung von Gegenständen**, die der Beschlagnahme unterliegen, sowie der **Ergreifung des Beschuldigten**.

a) Anordnung

59 Die Zuständigkeit im Ermittlungsverfahren für die Anordnung der Durchsuchung liegt gem § 21 e GVG, § 162 I 1 StPO idR beim Ermittlungsrichter.[100] Nur bei »Gefahr im Verzug«[101] darf die Durchsuchung durch die StA und ihre Hilfsbeamten angeordnet werden, § 105 I 1 StPO. StA und Polizei haben die Tatsachen, die Gefahr im Verzug begründen sollen, zur Akte zu bringen. Die Voraussetzungen der Gefahr im Verzug unterliegen der richterlichen Nachprüfung.[102]

60 Der richterliche Durchsuchungsbeschluss bedarf gem § 34 StPO der Begründung. Die bloße Wiedergabe des Gesetzeswortlauts reicht nicht aus.[103] Die Begründung hat zu enthalten:[104]

– die Angabe des *Anfangsverdachts* in tatsächlicher und rechtlicher Hinsicht,
– die bestimmte Bezeichnung der zu durchsuchenden *Räume*,
– die konkrete Bezeichnung der zu suchenden *Beweismittel*,
– bei verbundenen Beschlagnahmebeschlüssen die genaue Bezeichnung der zu beschlagnahmenden *Gegenstände* sowie
– Ausführungen zur Wahrung des Grundsatzes der *Verhältnismäßigkeit*.

61 Der Wohnrechtsinhaber hat gem § 106 I 1 StPO ein Anwesenheitsrecht während der Durchsuchung. Er kann – da er auch während der Durchsuchung Inhaber des Hausrechts bleibt – seinem Verteidiger die Anwesenheit gestatten.[105] Insbesondere ist es dem von der Durchsuchung Betroffenen gestattet, sich mit seinem Rechtsanwalt in Verbindung zu setzen.[106]

---

98 Weihrauch Ermittlungsverfahren Rn 208
99 St. Rspr des BVerfG, vgl BVerfG StV 1997, 394
100 Besonderheiten können sich aus §§ 162 I 2, 169 II StPO ergeben
101 Vgl zum Ausnahmecharakter der nichtrichterlichen Anordnung der Durchsuchung und zu den engen Voraussetzungen des Merkmals »Gefahr im Verzug« BVerfG Urteil v 20. 2. 2001 – 2 BvR 1440/00 = StV 2001, 207 ff
102 BVerfG StV 2001, 207 m Anm Asbrock StV 2001, 322 ff
103 Meyer-Goßner § 34 Rn 4 mwN
104 Vgl Kruis/Webowsky NJW 1999, 682 ff
105 Der Verteidiger soll nach hM kein Anwesenheits*recht* haben, vgl Meyer-Goßner § 106 Rn 3; allerdings kann der Wohnrechtsinhaber, wenn er Beschuldigter ist, dem Verteidiger die Anwesenheit gestatten, Burhoff Ermittlungsverfahren Rn 547; eine Grenze bildet hier lediglich § 164 StPO für »Störer«
106 Weihrauch Ermittlungsverfahren Rn 209

Ist eine Durchsuchung durch den Richter angeordnet worden, aber von der StA **62** nicht (sofort) vollzogen worden, so verliert die Anordnung nach **sechs Monaten** ihre Gültigkeit und tritt durch Zeitablauf außer Kraft.[107]

Die **Durchsicht von Papieren**, die bei der Durchsuchung sichergestellt werden, steht grundsätzlich nur der StA und nicht der Polizei zu, § 110 I StPO.

b) Rechtsbehelfe

Gegen die richterlich angeordnete Durchsuchung kann grundsätzlich bis zur Be- **63** endigung der Durchsuchung **Beschwerde** gem § 304 StPO eingelegt werden. Bei der Beschlagnahme von Unterlagen ist die Durchsuchung erst dann beendet, wenn die Durchsicht der Papiere abgeschlossen ist.[108] Das Beschwerdegericht überprüft – je nach Rüge – sowohl die Rechtmäßigkeit des Durchsuchungsbeschlusses als auch die Art und Weise der Ausführung.[109]

Nach Abschluss der Durchsuchung ist die Beschwerde nach BVerfG[110] auch noch **64** zulässig, da ansonsten das Beschwerderecht leerlaufen würde, da der Betroffene von der Anordnung idR nicht erfahre, § 33 IV StPO. Das BVerfG hat betont, dass der Betroffene insofern ein berechtigtes Rechtsschutzinteresse hat.[111]

Die **Art und Weise der Ausführung der Durchsuchung** kann sowohl bei *richter-* **65** *licher*,[112] als auch bei *nichtrichterlicher Anordnung* analog § 98 II 2 StPO durch Antrag auf richterliche Entscheidung überprüft werden.

Nach hM kann gegen die Durchsuchungsanordnung der **StA und ihrer Hilfsbe-** **66** **amten** entspr § 98 II 2 StPO beim zuständigen Gericht Antrag auf gerichtliche Entscheidung gestellt werden.[113]

c) Checkliste Durchsuchung

1. Feststellen, ob die Durchsuchung aufgrund eines richterlichen Beschlusses oder wegen Gefahr **67** im Verzug angeordnet ist.
2. Duchsuchungsbeschluss aushändigen lassen.
3. Durchsuchungsbeschluss prüfen :
   – Ist der Durchsuchungsbeschluss noch gültig (max. 6 Monate)?
   – Wegen welcher Straftat ist die Durchsuchung angeordnet?
   – Auf welche Räumlichkeiten erstreckt sich der Durchsuchungsbeschluss?
   – Zum Auffinden welcher Gegenstände ist die Durchsuchung angeordnet?
   – Ist die Begründung des Durchsuchungsbeschlusses ausreichend?
   – Wer ist mit der Durchführung der Durchsuchung beauftragt?
4. Verteidiger, Zeugenbeistände, evtl. Steuerberater anrufen und hinzu bitten.
5. Die Durchsuchungsorgane bitten, bis zum Erscheinen der hinzu gebetenen Beistände mit dem Beginn der Durchsuchung zu warten.
6. Von dem Recht zur Anwesenheit bei der Durchsuchung unbedingt Gebrauch machen.
7. Beschuldigter sollte vom Schweigerecht Gebrauch machen; Zeuge nicht vor Rücksprache mit Beistand aussagen.

---

107 BVerfG NJW 1997, 2165; vgl ferner dazu Dauster StraFo 1998, 408 ff
108 BGHR StPO § 304 Abs. 5 Durchsuchung 1; BGH StV 1988, 90; Meyer-Goßner § 105 Rn 15
109 BGHSt 28, 206, 209
110 BVerfGE NJW 1997, 2163
111 Vgl hierzu Laser NStZ 2001, 120 ff
112 So nunmehr BGHSt 44, 265
113 BGHSt 28, 206; Meyer-Goßner § 98 Rn 23 mwN

8. Informatorische oder informelle Gespräche mit den Durchsuchungsorganen unterlassen.
9. Die gesuchten Gegenstände vorlegen, jedoch nicht ohne Widerspruch sicherstellen lassen.
10. Fotokopien von den sichergestellten Beweisgegenständen herstellen (lassen).
11. Darauf achten, dass nicht gezielt nach Zufallsfunden gesucht wird.
12. Auf einem möglichst genauen Sicherstellungsverzeichnis bestehen.
13. Sollten beschlagnahmefreie Gegenstände (zB Verteidigungsunterlagen) sichergestellt werden, ist darauf hinzuwirken, dass diese Gegenstände (nur) in versiegelter Form mitgenommen werden, damit vor ihrer Durchsicht eine gerichtliche Entscheidung herbeigeführt werden kann.
14. Beschwerde (gegen richterlichen Durchsuchungsbeschluss) oder Antrag auf gerichtliche Entscheidung (gegen Durchsuchungsanordnung wegen Gefahr im Verzug) prüfen.

2. Beschlagnahme

68 Die Beschlagnahme ist die förmliche Sicherstellung von Gegenständen durch die Überführung in amtlichen Gewahrsam oder auf andere Weise, aber auch die Anordnung der Sicherstellung. Anordnung und Vollzug der Beschlagnahme können zusammenfallen, wenn der Beamte, der sie anordnet, sie sogleich selbst vornimmt.[114]

a) Anordnung

69 Zuständig für die Anordnung der Beschlagnahme ist grundsätzlich der Richter, bei Gefahr im Verzug auch die StA und ihre Hilfsbeamten, § 98 I StPO.[115] Im Ermittlungsverfahren ist nach § 98 I 1 StPO der Ermittlungsrichter zuständig, in dessen Bezirk die Beschlagnahme stattfinden soll. Die Anordnung ergeht idR ohne vorherige Anhörung durch Beschluss, der grundsätzlich schriftlich abzufassen und gem § 34 StPO mit Gründen zu versehen ist.[116] Die Anordnung der Beschlagnahme erfordert:

- die Feststellung, dass die zu beschlagnahmende Sache **als Beweismittel benötigt** wird,
- die **genaue Bezeichnung** des zu beschlagnahmenden Gegenstandes und
- Ausführungen zur **Verhältnismäßigkeit**.[117]

b) Beschlagnahmeverbote

70 Gem § 97 StPO besteht für bestimmte Gegenstände ein Beschlagnahmeverbot, welches an die sich aus den §§ 52, 53, 53 a StPO ergebenden Zeugnisverweigerungsrechte anknüpft.[118] Gem § 97 II 1 StPO ist jedoch grundsätzlich erforderlich, dass sich die Gegenstände **im Gewahrsam des Zeugnisverweigerungsberechtigten** befinden.

c) Rechtsmittel

71 Solange die beschlagnahmten Gegenstände noch nicht an den Beschuldigten zurückgegeben wurden, kann dieser gegen die richterlich angeordnete oder durch den

---

114 Meyer-Goßner vor § 94 Rn 3
115 Die Grundsätze BVerfG Urteil v 20. 2. 2001–2 BvR 1440/00 = StV 2001, 207 ff zum Ausnahmecharakter der nichtrichterlichen Anordnung von Durchsuchungen bei Gefahr im Verzug sind entsprechend auf die Anordnung der Beschlagnahme durch die StA und deren Hilfsbeamte anzuwenden
116 Burhoff Ermittlungsverfahren Rn 291
117 Umstr, vgl Burhoff Ermittlungsverfahren Rn 291 mN
118 Vgl Burhoff Ermittlungsverfahren Rn 308 ff

Richter bestätigte Anordnung der Beschlagnahme das Rechtsmittel der Beschwerde gem § 304 StPO (vgl auch § 305 S 2 StPO) einlegen. Ist die Beschlagnahme durch die StA oder deren Hilfsbeamte angeordnet worden, so kann der Betroffene nach § 98 II 2 StPO hiergegen eine richterliche Entscheidung herbeiführen.

Der Rechtsbehelf ist nach einer Entscheidung des BGH[119] auch gegeben, wenn die Art und Weise des Vollzugs einer richterlichen Anordnung beanstandet wird.

d)   Checkliste Beschlagnahme[120]

1. War der anordnende Richter zuständig?
2. Ist die Anordnung ggf wegen Ablauf ihrer auf höchstens sechs Monate begrenzten zeitlichen Geltungsdauer schon außer Kraft getreten?[121]
3. Hat »Gefahr im Verzug« vorgelegen?
4. Ist in der Beschlagnahmeanordnung die Feststellung enthalten, dass der zu beschlagnahmende Gegenstand als Beweismittel in Betracht kommt?
5. Erforderlich ist ferner eine – zumindest potentielle – Beweisbedeutung des zu beschlagnahmenden Gegenstandes.
6. Ist der zu beschlagnahmende Gegenstand genau genug bezeichnet?
7. Die Beschlagnahme ist grundsätzlich nur zulässig, wenn sich der zu beschlagnahmende Gegenstand im Gewahrsam einer Person befindet und nicht freiwillig herausgegeben wird.
8. Beschlagnahme ist unzulässig, wenn die gesuchten Gegenstände unter § 97 StPO fallen, also ein Beschlagnahmeverbot besteht.
9. Verhältnismäßigkeitsgrundsatz beachtet?
10. Zu Beschlagnahmen in Arzt-, Steuerberater- und Rechtsanwaltspraxen, Krekeler NJW 1977, 1417; Bandisch NJW 1987, 2200

72

V.   Überwachung des Post- und Telekommunikationsverkehrs

Ging die RStPO noch grundsätzlich von einem offenen Verfahren aus, so hat sich das Bild der Strafprozesswirklichkeit spätestens durch die Einführung der Telefonüberwachung grundlegend geändert.[122] Durch das Gesetz zur Beschränkung des Brief-, Post- und Fernmeldegeheimnisses vom 13. 8. 1968 wurden erste, heimliche Ermittlungsmaßnahmen in die StPO eingestellt.

73

1.   Postüberwachung

§ 99 StPO regelt die Postbeschlagnahme. Sie kommt – da es sich um einen Unterfall des § 94 StPO handelt – nur bezüglich **Beweismitteln** in Betracht.[123] Voraussetzung für eine Postbeschlagnahme ist ein *Verfahren* gegen einen *bestimmten Beschuldigten*. Die Person des Beschuldigten muss feststehen, der Beschuldigte kann jedoch namentlich noch nicht identifiziert sein.[124] **Beschlagnahmefähig** sind *Postsendungen* und *Telegramme* im **Gewahrsam** der in § 99 S 1 StPO genannten Stellen.[125]

74

---

119 BGHSt 44, 265; ebenso Handbuch Staatsanwalt-Messerer/Siebenbürger Teil A Kap 1 Rn 43
120 Nach Burhoff Ermittlungsverfahren Rn 341
121 Vgl zur Frage der zeitlichen Geltung von Durchsuchungsanordnungen, BVerfG NJW 1997, 2165
122 Vgl Bernsmann/Jansen StV 1998, 217; Bockemühl Private Ermittlungen, 74 ff; Lammer Verdeckte Ermittlungen, 142 ff
123 KK-Nack § 99 Rn 1
124 KK-Nack § 99 Rn 2
125 KK-Nack § 99 Rn 5

75 **Zuständig** für die Anordnung der Postbeschlagnahme ist gem § 100 I StPO grundsätzlich nur der **Richter**. Lediglich bei Gefahr im Verzug ist die StA zuständig, nicht aber deren Hilfsbeamte.[126] Hat die StA die Anordnung der Postbeschlagnahme verfügt, so muss sie gem § 100 II StPO binnen drei Tagen die Anordnung vom Richter bestätigen lassen. Ansonsten tritt die Anordnung mit Wirkung ex nunc außer Kraft.[127]

76 Der Post obliegt die Durchführung der Postbeschlagnahmeanordnung (vgl Nr. 79 RiStBV). Sie sortiert die fraglichen Sendungen aus und übersendet sie dem nach § 100 III StPO zuständigen Richter oder StA. Die **Öffnung** der Postsendung darf gem § 100 III StPO grundsätzlich **nur** durch den **Richter** vorgenommen werden. Allerdings kann dieser – unter gewissen Voraussetzungen – diese Befugnis auf die StA übertragen, § 100 III StPO.

Werden die angehaltenen Sendungen dem Richter vorgelegt, entscheidet dieser über die eigentliche Beschlagnahme. Insoweit müssen die Voraussetzungen des § 94 StPO gegeben sein.[128]

77 IdR werden Verteidiger und Mandant erst nachträglich von der Postbeschlagnahme erfahren, nämlich wenn die Benachrichtigung gem § 101 I StPO erfolgt. Insofern beschränken sich die **Rechtsschutzmöglichkeiten** idR auf eine **nachträgliche Kontrolle**.[129] Hinsichtlich der Rechtsmittel gelten grundsätzlich die gleichen Grundsätze wie bei der Beschlagnahme[130] und der Durchsuchung.[131] Zu beachten ist allerdings, dass § 97 StPO bei der Postbeschlagnahme keine Anwendung findet, da sich die Postsendungen nicht im Gewahrsam des Zeugnisverweigerungsberechtigten befinden.[132]

2. Telekommunikationsüberwachung – TÜ

78 ### a) Voraussetzungen

Gem § 100 a S 1 Nr. 1–5 StPO kann die Überwachung und Aufzeichnung des Fernmeldeverkehrs unter nachfolgenden Voraussetzungen angeordnet werden:[133]

– Es muss der **Verdacht einer Katalogtat** nach § 100 a StPO vorliegen,[134]
– der Verdacht muss durch **bestimmte Tatsachen** konkretisiert sein,
– Beachtung der **Subsidiaritätsklausel**;[135] die TÜ muss unentbehrlich sein, dh die Sachverhaltserforschung muss auf andere Art und Weise aussichtslos oder wesentlich erschwert sein.

79 Nach § 100 a S 2 StPO ist eine **TÜ gegen Dritte** nur dann zulässig, wenn aufgrund bestimmter Tatsachen[136] anzunehmen ist, dass der Dritte für den Beschuldigten bestimmte oder von ihm herrührende Mitteilungen entgegennimmt oder weitergibt

---

126 Meyer-Goßner § 100 Rn 2
127 Meyer-Goßner § 100 Rn 7
128 Vgl zu den Voraussetzungen der Beschlagnahme oben Rn 69
129 Burhoff Ermittlungsverfahren Rn 1402
130 Vgl oben Rn 71
131 Vgl oben Rn 63 ff
132 So auch Burhoff Ermittlungsverfahren Rn 1403; vgl zu § 97 StPO oben Rn 70
133 Vgl auch Burhoff Ermittlungsverfahren Rn 1626
134 Vgl hierzu die tabellarische Übersicht bei Burhoff Ermittlungsverfahren Rn 1627
135 Krit zur Tauglichkeit der Subsidiaritätsklauseln als Eingriffs-Korrektiv Bernsmann/Jansen StV 1998, 217, 220 f
136 Vgl hierzu Bernsmann/Jansen StV 1998, 217, 220

oder dass der Beschuldigte den Anschluss des Dritten benutzt (sog »Nachrichten-mittler«).

b) Anordnung

Gem § 100 b I 1 StPO erfolgt die Anordnung der TÜ grundsätzlich durch den (Er-mittlungs-)**Richter**. Lediglich bei *Gefahr im Verzug* kann die Anordnung auch durch den StA getroffen werden.[137] Bei Gefahr im Verzug ist die StA bis zur rich-terlichen Bestätigung das zuständige Organ.[138] Hilfsbeamte der StA sind niemals für die Anordnung zuständig. Gem § 100 b I 3 StPO ist die staatsanwaltschaftliche Anordnung spätestens binnen drei Tagen durch den Richter zu bestätigen; ansons-ten tritt die Anordnung ex nunc außer Kraft. Die Drei-Tages-Frist beginnt mit dem Tag der Anordnung. Der Anordnungstag zählt bei der Fristberechnung gem § 42 StPO nicht mit.[139]

80

Die Anordnung hat gem § 100 b II 1 StPO **schriftlich** zu erfolgen und muss gem § 100 b II 2 StPO den **Namen** und die **Anschrift** des Betroffenen enthalten, gegen den sich die Maßnahme richtet. Ferner muss die **Rufnummer** des Betroffenen oder eine vergleichbare **andere Kennung** des Telekommunikationsanschlusses genannt werden.[140]

81

Zudem muss die **Art**, **Umfang** und **Dauer** der Maßnahme angeordnet werden. Nicht nur die Überwachung sondern auch die Aufzeichnung sind anzuordnen.[141]

82

Die Anordnung ergeht durch Beschluss, der gem § 34 StPO zu begründen ist. Sie hat erkennen zu lassen, dass der anordnende Richter seinen Beurteilungsspielraum durch eine Abwägung aller einzelfallrelevanten Umstände genutzt hat. Die Verwen-dung von üblichen Formblättern[142] ist dann unschädlich, wenn der Anordnung zu entnehmen ist, dass eine solche Abwägung stattgefunden hat.[143]

83

Gem § 100 b II 4 StPO ist die Anordnung auf höchstens **drei Monate** zu **befristen**. Eine **Verlängerung** ist jeweils um drei Monate zulässig, allerdings müssen die Anordnungsvoraussetzungen[144] fortbestehen.[145] Liegen die Voraussetzungen für die TÜ nicht mehr vor,[146] ist die Maßnahme gem § 100 b IV StPO unverzüglich zu be-enden.[147] Werden trotz Wegfalls der Anordnungsvoraussetzungen trotzdem Tele-fongespräche aufgezeichnet, sind diese rechtswidrig erlangten Erkenntnisse unver-wertbar.[148]

84

---

137 Vgl zu »Gefahr im Verzug« BVerfG Urteil v 20. 2. 2001–2 BvR 1440/00 = StV 2001, 207 ff
138 KK-Nack § 100 b Rn 1
139 KK-Nack § 100 b Rn 1 mwN; Burhoff Ermittlungsverfahren Rn 1569
140 Durch die Angabe der Rufnummer soll nach Auffassung des BGH – BGH CR 1998, 738 – eine Konkretisierung des Grundrechtseingriffs erreicht werden. Nach BGH CR 1998, 738 soll dafür die Nennung der Gerätekennung (sog IMEI) ausreichen; vgl Burhoff Ermittlungsverfah-ren Rn 1570
141 Meyer-Goßner § 100 b Rn 3, § 100 a Rn 3
142 Vgl zu den möglichen Formularen eines richterlichen Beschlusses und einer staatsanwaltschaft-lichen Eilanordnung: Handbuch Staatsanwalt-Messer/Siebenbürger Teil A Kap 1 Rn 59, 61
143 BGHSt 42, 103, 105 (zur Verwendung von Formularen bei der Anordnung eines VE-Einsatzes); Wesemann StV 1997, 597, 599
144 Vgl oben Rn 78, 79
145 Meyer-Goßner § 100 b Rn 4; KK-Nack § 100 b Rn 6 mwN
146 Vgl LG Münster StV 1996, 203 zur Verpflichtung der ständigen Überprüfung, ob die Anord-nungsvoraussetzungen noch vorliegen
147 Die Beendigung ist dem Richter und dem gem § 100 b III Verpflichteten mitzuteilen; § 100 b IV 2 StPO
148 LG Münster StV 1996, 203; Burhoff Ermittlungsverfahren Rn 1604; aA KK-Nack § 100 b Rn 5

85   Eine **Benachrichtigungspflicht** schreibt § 101 I StPO vor. Der von der TÜ-Maß-nahme Betroffene und der Beschuldigte sind von der TÜ zu benachrichtigen, wenn diese ohne Gefährdung des Untersuchungszwecks möglich ist.[149] Der Angeklagte und sein Verteidiger haben ein **Akteneinsichtsrecht** in die gefertigten TÜ-Proto-kolle.[150]

c)   Beweisverwertungsverbote

86   Fehler bei der Anordnung der TÜ sollen grundsätzlich nicht zu einem Beweisver-wertungsverbot führen.[151] Allerdings kommt ein **Beweisverwertungsverbot** bei fol-genden Fehlern in Betracht:[152]

– die **TÜ** wurde unter bewusster Überschreitung der gesetzlichen Befugnisse **will-kürlich** angeordnet,[153]
– die Voraussetzungen einer **Katalogtat** wurden **rechtsfehlerhaft bejaht**,[154]
– der **Verdacht** einer **Katalogtat** lag von **vornherein nicht** vor,[155]
– die TÜ wurde lediglich durch einen **Nichtanordnungsberechtigten**[156] angeord-net,[157]
– der **Subsidiaritätsgrundsatz** wurde **missachtet**,[158]
– der **Telefonanschluss des Verteidigers** wurde **unzulässigerweise** abgehört,[159]
– die gewonnenen Erkenntnisse stammen aus der TÜ **eines Rechtsanwalt**, der den Beschuldigten nicht verteidigt, und das abgehörte Gespräch steht **nicht im Zu-sammenhang mit einer Katalogtat**.[160]

87   Die Verwertung von **Zufallserkenntnissen** regelt nunmehr § 100 b V StPO.[161]

d)   Rechtsmittel

88   Gegen die **Anordnung der TÜ** ist grundsätzlich das Rechtsmittel der **Beschwerde** gem § 304 StPO zulässig. Nachdem der Betroffene und ggf der Verteidiger idR je-doch erst durch eine Benachrichtigung gem § 101 I StPO von der Maßnahme erfah-ren, ist die Anordnung der TÜ de facto der Beschwerde entzogen.[162]

89   Die nachträgliche Feststellung der Rechtswidrigkeit der bereits erledigten TÜ-Maßnahme wurde von der Rspr bisher nicht zugelassen.[163] Unter Zugrundelegung der Grundsätze der neuen Rspr des BVerfG zum effektiven Rechtsschutz bei pro-

---

149 Vgl Meyer-Goßner § 101 Rn 1 ff mwN
150 BGHSt 36, 305 ff; vgl Bockemühl Teil B Kap 1 Rn 60 ff, 67
151 Meyer-Goßner § 100 a Rn 21 mwN
152 Vgl Burhoff Ermittlungsverfahren Rn 1600; Landau/Sander StraFo 1998, 397, 401
153 BGHSt 28, 122, 124
154 BGH NJW 1978, 431 f
155 BGHSt 29, 244, 247; 32, 68, 70; 41, 30
156 Vgl zu den Anordnungsberechtigten oben Rn 80
157 BGHSt 31, 304, 308
158 BVerfG NJW 1971, 275; BGHSt 41, 30 ff
159 BGHSt 33, 347, 352; vgl zur Überwachung des Telefons des Verteidigers auch Groß StV 1996, 559, 563
160 Rieß JR 1987, 75, 77
161 Vgl zur Verwertung von Zufallserkenntnissen eingehend Kretschmer StV 1999, 221 ff; Meyer-Goßner § 100 a Rn 18
162 BGHSt 33, 217, 222; Burhoff Ermittlungsverfahren Rn 1614
163 OLG Frankfurt NStZ-RR 1996, 78

zessualer Überholung[164] ist die Beschwerde gegen eine bereits erledigte TÜ immer dann zulässig, wenn ein tiefgreifender Grundrechtseingriff vorliegt.[165]

Die **Revision** kann – nur mit der Verfahrensrüge nach § 344 II 2 StPO[166] – darauf **90** gestützt werden, dass die Beweiswürdigung auf unverwertbaren Erkenntnissen[167] beruht.[168]

VI. Einsatz technischer Mittel

§ 100 c StPO regelt den Einsatz technischer Mittel zum Zwecke der Strafverfol- **91** gung. Die nachfolgende Darstellung beschäftigt sich insbesondere mit dem *Abhören des nichtöffentlich gesprochenen Wortes* (§ 100 c I Nr. 2 StPO) und mit dem *Abhören des nichtöffentlich gesprochenen Wortes in Wohnungen* (§ 100 c I Nr. 3 StPO; sog »Großer Lauschangriff«). Die Herstellung von **Lichtbildern und Bildaufzeichnungen** gem § 100 c I Nr. 1 a StPO und die Verwendung **sonstiger technischer Mittel für Observationszwecke**[169] gem § 100 c I Nr. 1 b StPO ist zulässig, wenn ein *Anfangsverdacht einer Straftat*[170] vorliegt und die *Subsidiaritätsklausel* gem § 100 c I Nr. 1 StPO beachtet wurde.

1. Abhören des nichtöffentlich gesprochenen Wortes

§ 100 c I Nr. 2 StPO ermöglicht das Abhören und Aufzeichnen des nichtöffentlich **92** gesprochenen Wortes außerhalb des durch Art. 13 GG geschützten Bereichs allgemein nicht zugänglicher Wohnungen. Die Ermittlungsmaßnahme ist vergleichbar mit der TÜ. Folgerichtig muss die Maßnahme zur Aufklärung einer Katalogtat iSv § 100 a StPO dienen; § 100 c I Nr. 2 StPO.[171]

a) Voraussetzungen

Voraussetzungen für die Anordnung sind:[172] **93**

– Es muss sich um eine **Katalogtat** nach § 100 a StPO handeln,
– ein auf bestimmte Tatsachen **begründeter Verdacht** ist erforderlich,
– die Erforschung des Sachverhalts oder die Ermittlung des Aufenthaltsortes des Täters muss auf andere Weise **aussichtslos** oder **erheblich erschwert** sein,
– die strenge **Subsidiaritätsklausel** des § 100 c II 3 StPO und der Grundsatz der **Verhältnismäßigkeit** sind einzuhalten.

Der Einsatz ist nur außerhalb von durch Art. 13 GG geschützten Wohnungen zu- **94** lässig.

---

164 BVerfG NJW 1997, 2163
165 So auch Burhoff Ermittlungsverfahren Rn 1617; Meyer-Goßner § 100 b Rn 10 unter Hinweis auf vor § 296 Rn 17 ff
166 BGH StV 1994, 169
167 Vgl oben Rn 86
168 Detter Teil C Kap 2 Rn 167; Meyer-Goßner § 100 a Rn 24
169 Gemeint sind damit Mittel, die weder das Aufzeichnen von Bild noch Wort betreffen, zB Alarmkoffer, Bewegungsmelder, Nachtsichtgeräte, Peilsender usw; vgl Meyer-Goßner § 100 c Rn 2
170 Die Einsätze nach § 100 c I Nr. 1 StPO sind nicht auf einen bestimmten Straftatenkatalog beschränkt; für § 100 c I Nr. 1 b StPO muss eine *Straftat von erheblicher Bedeutung* vorliegen
171 Meyer-Goßner § 100 c Rn 6
172 Nach Burhoff Ermittlungsverfahren Rn 652

b) Anordnung

95 Eine Maßnahme nach § 100 c I Nr. 2 StPO darf gem § 100 d I grundsätzlich nur durch den **Richter** angeordnet werden. Allerdings haben StA und ihre Hilfsbeamte eine Eilkompetenz bei Gefahr im Verzug.[173]

2. Akustische Wohnraumüberwachung

96 § 100 c I Nr. 3 StPO regelt die akustische Wohnraumüberwachung, den sog »Großen Lauschangriff«. Durch Gesetz vom 26. 3. 1998[174] wurde Art. 13 GG eingeschränkt und Abs 3 bis 6 eingefügt.[175] Die Änderung des Grundgesetzes ist aus verfassungsrechtlicher Sicht weiterhin äußerst umstritten.[176] Das BVerfG[177] hat die Vorschriften über die akustische Wohnraumüberwachung in weiten Teilen für verfassungswidrig erklärt.

97 Unzulässig ist jedoch weiterhin die optische Wohnraumüberwachung (sog »Spähangriff«).[178]

a) Voraussetzungen

98 Voraussetzungen für die Anordnung des Großen Lauschangriffs sind:[179]

– es muss sich um eine in § 100 c I Nr. 3 a–f StPO genannte **Katalogtat** handeln,
– es muss ein durch bestimmte Tatsachen begründeter Verdacht vorliegen,
– die Erforschung des Sachverhalts oder die Ermittlung des Aufenthaltsortes des Täters muss auf andere Weise **aussichtslos** oder **unverhältnismäßig erschwert** sein,
– die strenge **Subsidiaritätsklausel** des § 100 c II 4 StPO und der Grundsatz der **Verhältnismäßigkeit** sind einzuhalten.[180]

Die Maßnahme soll **ultima ratio** sein.

b) Anordnung

99 § 100 d II StPO überträgt die **Anordnungskompetenz** auf die **Staatsschutzstrafkammer** (§ 74 a GVG). Art. 13 III GG hat für die Entscheidung **drei Richter** vorgesehen. Hiervon ermöglicht § 100 d II 2 StPO ein Abweichen bei Gefahr im Verzug; in diesem Fall entscheidet der Vorsitzende der Strafkammer alleine. Die Eilanordnung des Vorsitzenden ist jedoch binnen drei Tagen durch die Strafkammer zu bestätigen.

100 Wegen des Verfahrens im Übrigen, der Beendigung der Maßnahme und der Vernichtung der durch den Großen Lauschangriff gewonnenen Unterlagen verweist § 100 d I, II, IV StPO auf die Regelungen der TÜ (§ 100 b StPO).

---

173 Vgl zur »Gefahr im Verzug« BVerfG Urteil v. 20. 2. 2001 – 2 BvR 1440/00
174 BGBl I S 610
175 Vgl zum Verfahrensgang und zur Entstehungsgeschichte des Gesetzes Zwiehoff [Hrsg] »Großer Lauschangriff«, 2000
176 Vgl hierzu Böttger/Pfeiffer ZRP 1994, 7, 17; Denninger StV 1998, 403; Dittrich NStZ 1998, 336
177 Urteil v 3. 3. 2004 – 1 BvR 2378/98, 1 BvR 1084/99 – NJW 2004, 999; vgl hierzu ausführlich Meyer-Goßner § 100 c Vorb mwN
178 Zutr Burhoff Ermittlungsverfahren Rn 654
179 Nach Burhoff Ermittlungsverfahren Rn 655
180 Vgl zur Unverhältnismäßigkeit der Maßnahme LG Berlin StV 1998, 525

c) Abhörverbote

§ 100 d III StPO verbietet den Großen Lauschangriff, wenn　　　　　　　**101**

– Fälle des § 53 I StPO betroffen sind; hierdurch soll das Vertrauensverhältnis zu den in § 53 I StPO genannten Berufsgeheimnisträgern geschützt werden.
– zu erwarten ist, dass **sämtliche** aus der Maßnahme zu gewinnenden **Erkenntnisse** einem **Beweisverwertungsverbot** unterliegen.

Gespräche mit Zeugnisverweigerungsberechtigten gem §§ 52, 53 a StPO unterliegen **102** nur dann einem Abhörverbot, wenn die Verwertung unangemessen ist, § 100 d III 3 StPO.

VII. Verdeckte Ermittler, V-Personen und nicht offen ermittelnde Polizeibeamte

Insbesondere in Verfahren, die Straftaten aus dem Bereich der Organisierten Krimi- **103** nalität (OK)[181] zum Gegenstand haben, sind heimliche Ermittlungsmethoden – insbesondere der Einsatz von **Verdeckten Ermittlern, V-Personen** oder sog **nicht offen ermittelnden Polizeibeamten** (noeP) – Strafprozesswirklichkeit.[182] Der Einsatz von VE, noeP's und V-Personen wird zwar überwiegend den modernen Ermittlungsmethoden zugeordnet, ist jedoch kein wirklich neues Ermittlungsinstrumentarium. Die Polizei ermittelt seit jeher (auch) verdeckt und heimlich.[183] Mit dem Einsatz verbunden sind immer die Probleme, ob und ggf wie die im Ermittlungsverfahren gewonnenen Erkenntnisse dieser Ermittlungspersonen in die Hauptverhandlung eingeführt werden können und dürfen.[184]

1. Verdeckte Ermittler, §§ 110 a ff StPO

Der Gesetzgeber hat durch das OrgKG[185] in den §§ 110 a–e StPO den Einsatz Ver- **104** deckter Ermittler als strafprozessuales Ermittlungsinstrumentarium in die StPO eingestellt und ist damit der Forderung des Schrifttums nach einer gesetzlichen Regelung nachgekommen.[186] Der StPO ist grds kein Verbot verdeckter, heimlicher staatlicher Ermittlungen zu entnehmen.[187] Wird allerdings in subjektive Rechte des Betroffenen eingegriffen, so ist für diese Ermittlungsmaßnahme eine parlamentarische Eingriffsnorm, eine Befugnisnorm erforderlich.[188]

181　Vgl zum Begriff der OK: BGHSt -GSSt- 32, 115, 120; Kruse, 113 ff; Lammer, 20 ff; SK-StPO-Wolter vor § 151 Rn 81
182　Ebenso Wächtler Teil E Kap 3 Rn 43 für den Bereich der Betäubungsmittelverfahren
183　Vgl KMR-Bockemühl § 110 a Rn 1 mwN; Maul FS 50 Jahre BGH [2000], S 569
184　Burhoff Hauptverhandlung Rn 1111 a
185　Gesetz zur Bekämpfung des illegalen Rauschgifthandels und anderer Erscheinungsformen der Organisierten Kriminalität (OrgKG) vom 15. 7. 1992; BGBl I 1302; III 450–23
186　Vgl zur Eingriffsqualität des VE Einsatzes und der damit erforderlichen bereichsspezifischen Regelung, KMR-Bockemühl § 110 a Rn 3 ff; die gegenteilige Auffassung, die die Eingriffsqualität des Einsatzes von Verdeckten Ermittlern, V-Personen und noeP, verneint – vgl nur Krey Verdeckte Ermittler S 75 ff – kann nicht überzeugen, KMR-Bockemühl § 110 a Rn 4 mwN
187　Bockemühl Private Ermittlungen S 74 ff; KMR-Bockemühl § 110 a Rn 2 mwN
188　KMR-Bockemühl § 110 a Rn 5

a) Begriffsbestimmung

105 § 110 a II StPO liefert eine *Legaldefinition* eines Verdeckten Ermittlers. Es muss sich hierbei um einen **Beamten des Polizeidienstes** iSd §§ 2, 4 I, 35 ff BRRG handeln. Durch dieses Erfordernis wird der Verdeckte Ermittler ua von der V-Person geschieden. Der Polizeibeamte muss ferner *unter einer ihm verliehenen, auf Dauer angelegten, veränderten Identität* (**Legende**) tätig werden.[189] Um das Erfordernis der Legende unterscheidet sich der Verdeckte Ermittler von dem sog nicht offen ermittelnden Polizeibeamten (noeP).

b) Einsatzvoraussetzungen

106 Mindestvoraussetzung für den Einsatz des VE ist das Vorliegen eines **Anfangsverdachts** iSv § 152 II StPO.[190] Wird der Einsatz des VE auf den Straftatenkatalog des § 110 a I 1 Nr. 1–4 StPO gestützt, so muss sich der Anfangsverdacht auf den in § 110 a I 1 Nr. 1–2 StPO kodifizierten Kriminalitätsbereich oder auf die Begehungsweise der § 110 a I 1 Nr. 3–4 StPO beziehen.[191] Alternativ zum Vorliegen einer »Katalogtat« ist der Einsatz eines VE zur Aufklärung jedes Verbrechens zulässig und zwar unabhängig, ob der Verbrechenstatbestand in § 110 a I StPO genannt ist oder nicht.[192] Wird der VE zur Verbrechensaufklärung tätig, so muss zudem gem § 110 a I 2 StPO auf Grund bestimmter Tatsachen die Gefahr der Wiederholung bestehen,[193] die Aufklärung mittels anderer Ermittlungsmaßnahmen muss aussichtslos sein und die besondere Bedeutung der Sache muss den Einsatz gebieten (§ 110 a I 4 StPO).[194]

Der VE-Einsatz soll in jedem Fall ultima ratio sein (§ 110 a I 3 StPO).[195]

c) Zustimmungserfordernis

107 Die Zulässigkeit des VE-Einsatzes ist gem § 110 b StPO grds von der vorherigen, schriftlichen[196] Zustimmung entweder der StA oder des (Ermittlungs-)Richters abhängig. Zumindest ist die nachträgliche Zustimmung zum Einsatz »unverzüglich« einzuholen; § 110 b II 3, 4 StPO. Wird die nachträgliche Zustimmung nicht binnen drei Tagen eingeholt, ist der Einsatz zu beenden. Die bis zu diesem Zeitpunkt erlangten Erkenntnisse sollen nach der Rspr des BGH grds verwertbar sein.[197] Wird der VE-Einsatz gegen einen **bestimmten Beschuldigten** (§ 110 b II Nr. 1 StPO) geführt oder findet der **Einsatz in einer nicht allgemein zugänglichen Wohnung** (§ 110 b II Nr. 2 StPO) statt, so hat der (Ermittlungs-)Richter zuzustimmen.[198]

---

189 Vgl zum Kriterium des »auf Dauer angelegten Einsatzes« BGHSt 41, 42
190 BGHSt 42, 103, 106; das Mindest-Erfordernis des Anfangsverdachts macht den Einsatz eines VE zum Zwecke von Vorfeldermittlungen unzulässig, vgl KMR-Bockemühl § 110 a Rn 23 mwN
191 Vgl KMR-Bockemühl § 110 a Rn 22
192 Rieß NJ 1992, 496
193 Vgl KMR-Bockemühl § 110 a Rn 26 mN
194 Vgl KMR-Bockemühl § 110 a Rn 27
195 SK-StPO-Rudolphi § 110 a Rn 9; zur Subsidiaritätsklausel des § 110 a I 3: KMR-Bockemühl § 110 a Rn 28
196 Die lediglich mündlich erteilte Zustimmung soll nach BGH StV 1995, 398, unschädlich sein und nicht zu einem Beweisverwertungsverbot führen, vgl KMR-Bockemühl § 110 b Rn 14
197 Vgl KMR-Bockemühl § 110 b Rn 13 mN
198 Vgl KMR-Bockemühl § 110 b Rn 4 ff mwN

d) Probleme der Geheimhaltung der Identität

Fast ausnahmslos wird die Identität des VE durch die Polizei im gesamten Strafver- **108** fahren und darüber hinaus geheim gehalten. § 110b III 1 StPO kann die – wahre – Identität des VE auch über dessen Einsatz hinaus geheim gehalten werden. Der VE kann also weiterhin unter seiner gem § 110a II verliehenen Legende im Rechtsver- kehr und damit auch im Verfahren auftreten. Die Polizei wird den VE weder direkt als Zeugen in der Hauptverhandlung präsentieren, noch wird seine wahre Identität offen gelegt.[199] Von der durch § 110b III 3 StPO eingeräumten Möglichkeit der **Sperrung des VE** gem § 96 StPO wird fast ausnahmslos Gebrauch gemacht.[200] Die »flächendeckende Sperrung« von VE im gesamten Strafverfahren verstößt nicht nur gegen den Unmittelbarkeits- und Mündlichkeitsgrundsatz, sondern ist auch mit dem Recht der Verteidigung auf unmittelbare Zeugenbefragung gem Art. 6 III d MRK kaum vereinbar.[201] Allerdings eröffnet § 110b III 2 StPO vom Grundsatz der Sperrung der – wahren – Identität des VE eine Ausnahme. StA und (Ermittlungs-) Richter, die für die Entscheidung über die Zustimmung zum VE-Einsatz zuständig sind, können die Offenlegung der wahren Identität verlangen. Hiervon sollten die Strafverfolgungsbehörden auch Gebrauch machen, um noch eine gewisse Kontrolle über die Verlässlichkeit und Identität zu haben.[202]

e) Verwertungsverbote

Fehlt die erforderliche vorherige oder nachträgliche Zustimmung zum VE-Einsatz **109** nach § 110b I, II StPO durch die StA oder den Richter, ist der Einsatz unzulässig. Die durch den unzulässigen Einsatz gewonnenen Erkenntnisse sind unverwert- bar.[203] Nach Auffassung des BGH soll ein Beweisverwertungsverbot jedoch nur dann bestehen, wenn der Verteidiger der Verwertung der Erkenntnisse bis zu dem in § 257 StPO genannten Zeitpunkt widerspricht.[204] Dem durch den BGH aufge- stellten Widerspruchserfordernis ist grds zu widersprechen.[205] Der Verteidiger hat jedoch die Strafprozesswirklichkeit zu kennen und nach den Vorgaben der Rspr zu agieren.

Auch wenn der BGH das Erfordernis eines Widerspruchs für die Hauptverhand- **110** lung vorsieht, ist der Verteidiger nicht gehindert bereits im Ermittlungsverfahren »präventiv« Widerspruch zu erheben.

199 In den entsprechenden Zeugenprotokollen findet sich dann immer als Angabe zur Person: »eine dem Sachbearbeiter namentlich bekannte Person«; in der Hauptverhandlung wird dann regelmäßig der Vernehmungsbeamte als Zeuge präsentiert
200 Zuständig für die Erteilung einer Sperrerklärung ist die *oberste Dienstbehörde* des Beamten; vgl hierzu KMR-Bockemühl § 110b Rn 28
201 Vgl hierzu Mehle FS für Grünwald [1999] S 351 ff, 360
202 KMR-Bockemühl § 110b Rn 27 mwN
203 Str, ebenso Meyer-Goßner § 110b Rn 11 mwN; aA Jähnke FS für Odersky [1996], 427 ff
204 BGH StV 1996, 529; ebenso BVerfG Beschl vom 20. 6. 1999 – 2 BvR 997/99, zit nach BGH-Nack
205 Groß-Bölting/Kaps Teil B Kap 4 Rn 145; KMR-Bockemühl § 110b Rn 21

Klaus Mustermann
– Rechtsanwalt –
Musterstraße 11
56789 Musterstadt

Staatsanwaltschaft Regensburg
Kumpfmühlerstraße 4
93066 Regensburg

Musterstadt, den 20. 12. 2000

Az. 66 Js 0815/00

In dem Ermittlungsverfahren

gegen

Müller, Willy

wegen des Verdachts eines Verstoßes gegen das BtMG

wird namens und im Auftrag des Mandanten der Verwertung der Erkenntnisse des eingesetzten Verdeckten Ermittlers

widersprochen.

Die Angaben des Verdeckten Ermittlers sind unverwertbar. Es besteht ein Beweisverwertungsverbot, da die für den Einsatz erforderliche richterliche Zustimmung zum Einsatz weder vorher noch nachträglich eingeholt wurde (Meyer-Goßner § 110 b Rn 11 mwN).

Begründung:

Gegen den Beschuldigten wird durch die StA Regensburg ein Ermittlungsverfahren wegen des Verdachts eines Verstoßes gegen das BtMG geführt. Die KPI Regensburg hat gegen Herrn Müller einen Verdeckten Ermittler eingesetzt. Dieser wurde von Anfang an repressiv tätig. Der Einsatz begann ausweislich der Akte (vgl Bl ... dA) am 19. 10. 2000 und dauerte bis einschließlich 6. 12. 2000. Der Einsatz wurde ua in der Wohnung des Beschuldigten durchgeführt. Ausweislich der Akte wurde dem VE-Einsatz weder durch die StA zugestimmt noch wurde eine ermittlungsrichterliche Zustimmung eingeholt. Nachdem der VE-Einsatz sich gegen »einen bestimmten Beschuldigten« richtete und zudem in »einer nicht allgemein zugänglichen Wohnung« stattfand, wäre nicht nur die Einholung der staatsanwaltschaftlichen Zustimmung gem § 110 b I StPO erforderlich gewesen, sondern eine ermittlungsrichterliche Zustimmung gem § 110 b II Nr. 1, 2 StPO. Beides liegt nicht vor. Durch das Fehlen der Zustimmung ist der Einsatz unzulässig gewesen, die durch diesen unzulässigen Einsatz gewonnenen Erkenntnisse sind unverwertbar (vgl Meyer-Goßner § 110 b Rn 11 mwN). Es besteht nicht nur ein Beweisverwertungsverbot sondern – quasi als »Vorwirkung« – ein Beweiserhebungsverbot (vgl SK-StPO-Wolter vor § 151 Rn 194 mwN). Dieses ist in jeder Lage des Verfahrens zu beachten. Der BGH verlangt für die Revisibilität bei unterlassener Zustimmung zu einem VE-Einsatz, dass spätestens zum Zeitpunkt des § 257 StPO ein Widerspruch in der Hauptverhandlung erhoben wird. Der Widerspruch ist mithin in jedem Fall rechtzeitig. Nachdem gegen Herrn Müller keine weiteren Beweismittel vorliegen, ist das Verfahren gem § 170 II StPO mangels Tatverdacht einzustellen.

Rechtsanwalt

2. Nicht offen ermittelnde Polizeibeamte (neoP)

111 Nicht ausdrücklich im Gesetz geregelt ist der häufig anzutreffende Fall heimlicher Ermittlungen sog noeP's. Es handelt sich hierbei um Polizeibeamte, die, ohne auf Dauer unter einer Legende aufzutreten, verdeckt ermitteln. Der Gesetzgeber ist der massiven Forderung nach einer gesetzlichen Regelung nicht nachgekommen.[206] Ein

---

206 Vgl zur Begründung BT-Ds 12/989 S 41; ausführlich: KMR-Bockemühl § 110 a Rn 8 ff

Grundrechtseingriff ist bei verdeckten Ermittlungen durch einen noeP nicht zu leugnen.[207] Die allgemeinen Aufgabenzuweisungsnormen der §§ 161, 163 StPO aF reichten nach richtiger Auffassung für solche Ermittlungshandlungen mit Eingriffscharakter nicht aus.[208] Der Gesetzgeber hat durch das StVÄG 1999 [209] die §§ 161 I 1, 163 I StPO nF neu gefasst und zudem § 163 f StPO neu eingeführt und wollte durch diese Neufassung eine für erforderlich erachtete allgemeine Befugnisnorm erlassen.[210] Ob allerdings die Gesetzesneufassung für kurzfristige Observationen und insbesondere für den Einsatz von noeP's eine hinreichend bestimmte Eingriffsgrundlage bietet, ist äußerst zweifelhaft.[211]

3. V-Personen

a) Fehlen einer gesetzlichen Regelung

V-Personen sind Personen, die, ohne den Strafverfolgungsbehörden anzugehören, **112** bereit sind, diese bei der Aufklärung von Straftaten über längere Zeit vertraulich zu unterstützen und deren Identität grundsätzlich geheim gehalten wird.[212]

Eine gesetzliche Regelung des Einsatzes von V-Personen fehlt weiterhin. Die Rspr **113** begnügt sich lediglich mit der Feststellung, dass der V-Mann-Einsatz als Ermittlungsinstrumentarium erforderlich sei und begründet mit der Feststellung der Erforderlichkeit die Zulässigkeit des Einsatzes.[213] Dieser »Zirkelschluss« ist jedoch mit Blick auf das Prinzip vom Vorbehalt des Gesetzes nicht gangbar.[214] Wird der V-Mann durch die Strafverfolgungsbehörden – wie fast ausschließlich – »streng geführt« und zudem nach dem Verpflichtungsgesetz förmlich verpflichtet, haben sich die Strafverfolgungsbehörden das Handeln des V-Manns zuzurechnen. Wird durch die V-Person eine »Befragung« durchgeführt, so stellt sich der Einsatz der V-Person gerade nicht als eine »rein passive Informationserlangung ohne Eingriffscharakter«[215] dar, sondern als eine heimliche Befragung, die eine spezialgesetzliche Ermächtigungsgrundlage verlangt.[216] Die Tatsache, dass es sich bei V-Personen nicht um staatliche Strafverfolgungsbeamte handelt, ändert hieran nichts, da der Staat sich seiner Grundrechtsbindung nicht begeben darf, indem er seine Aufgaben von Privatpersonen erfüllen lässt.[217] Mithin ist der Einsatz von V-Personen mit dem Ziel der »aktiven Informationsbeschaffung« nach der derzeitigen Gesetzeslage unzulässig und rechtswidrig.

b) Rechtslage nach dem StVÄG 1999

An der Rechtslage bzgl des V-Mann-Einsatzes hat sich auch nichts durch das **114** StVÄG 1999 geändert. Zwar hat der Gesetzgeber die Notwendigkeit der Schaffung

---

207 Vgl nur KMR-Bockemühl § 110 a Rn 9 mwN; ebenso Malek/Wohlers Rn 474 mN
208 KMR-Bockemühl § 110 a Rn 9 mwN
209 Gesetz zur Änderung und Ergänzung des Strafverfahrensrechts vom 2. 8. 2000, BGBl I S 1253
210 Vgl hierzu bereits den Gesetzesentwurf der BReg, BR-Ds 65/99 S 30
211 Vgl hierzu Lesch JA 2000, 725 ff, 727; Lesch erachtet allerdings bereits die §§ 161, 163 StPO aF
    als ausreichende Ermächtigungslage
212 RiStBV Anlage D I Nr. 2.2
213 BGHSt 32, 115, 121 f; 32, 345, 346; 40, 211, 215; 41, 42, 43; 42, 139, 155
214 Ebenso Eschelbach StV 2000, 390, 391 f
215 BVerfG StV 2000, 233, 234
216 So auch BVerfG StV 233, 234
217 Grundlegend Bockemühl Private Ermittlungen S 18 f »keine Flucht ins Privatrecht«; ebenso
    Malek/Wohlers Rn 474

Bockemühl / Haizmann

einer Befugnisnorm auch für den Einsatz von V-Personen gesehen. Er hat die §§ 161 I 1, 163 I StPO nF neu gefasst und zudem § 163 f StPO neu eingeführt[218] Allerdings genügen diese durch den Gesetzgeber geschaffenen »allgemeine Befugnisnormen« nicht dem Bestimmtheitsgrundsatz.

Teil C
Verteidigung im Rechtsmittelverfahren

Kapitel 1
Berufung

Überblick

I. Wesen der Berufung: Zweite Tatsacheninstanz

1 Die Berufung gegen ein Urteil ist das Rechtsmittel, das auf vollständige oder teilweise Wiederholung der Überprüfung des Sachverhalts und eine erneute tatsächliche und rechtliche Beurteilung gerichtet ist. Die Tat wird erneut zum Gegenstand der Urteilsfindung gemacht. Grundsätzlich findet das Berufungsgericht in derselben Weise wie das Gericht erster Instanz unter Durchführung einer neuen Beweisaufnahme sein Urteil (§§ 323, 324, 332 StPO). Der Berufungsrechtszug ist »gewissermaßen eine 2. Erstinstanz«; deshalb erfolgt keine Nachprüfung des erstinstanzlichen Verfahrens.[1]

II. Anfechtbare Urteile

2 Nach § 312 StPO ist die Berufung statthaft gegen Urteile des Strafrichters (§ 25 GVG) und des Schöffengerichts (§ 24 GVG), auch wenn im Strafverfahren nur Verurteilung wegen einer Ordnungswidrigkeit erfolgt ist.[2] Im Jugendstrafverfahren ist die Berufung gegen Urteile des Jugendrichters (§ 39 JGG) und des Jugendschöffengerichts (§ 40 JGG) statthaft.

3 Statt Berufung kann Revision (sog Sprungrevision, § 335 I StPO) gewählt werden. Treffen Revision und Berufung zusammen, sei es, dass der Angeklagte Berufung einlegt, die Staatsanwaltschaft aber Revision oder einer der Angeklagten Berufung und der andere Revision, ist insgesamt von Berufung auszugehen, § 335 III StPO.

4 Beteiligte iSd § 335 III 1 StPO sind alle Verfahrensbeteiligten, die ein selbstständiges Anfechtungsrecht haben. Angeklagte und Verteidiger gelten als derselbe Beteiligte; widersprechen sich ihre Rechtsmittelerklärungen, ist entsprechend § 297 StPO die des Angeklagten maßgebend.[3]

5 Die Behandlung der Revision als Berufung bedeutet, dass dieses Rechtsmittel an die Stelle der Revision tritt, solange es nicht vor oder in der Berufungsverhandlung zurückgenommen oder durch das Berufungsgericht als unzulässig verworfen worden ist. Die Revision bleibt so lange bedingt bestehen, bis das Berufungsgericht sachlich entschieden hat. [4] Die Revision muss daher ordnungsgemäß eingelegt, braucht aber für die Sachbehandlung nach § 335 III StPO nicht begründet zu werden.[5]

6 Ist die Berufung zurückgenommen oder als unzulässig verworfen worden, wird das Verfahren mit der Revision aber nur fortgesetzt, wenn sie rechtzeitig und formgerecht begründet worden ist; andernfalls wird sie als unzulässig verworfen.

---

1 Meyer-Goßner Vorb § 312 Rn 1, 2; § 332 Rn 2
2 BGHSt 35, 290
3 Meyer-Goßner § 335 Rn 16; zur Berufung des Nebenklägers s Teil E Kap 4 Rn 49; Teil F Kap 2 Rn 52 ff
4 BayObLG StV 1994, 238; OLG Düsseldorf MDR 1988, 165
5 Meyer-Goßner § 335 Rn 17

Die Anfechtung des Berufungsurteils richtet sich gem § 335 III 3 StPO nach den   **7**
allgemeinen Vorschriften. Auch wer Sprungrevision eingelegt hatte, kann gegen das
neue Urteil wiederum Revision einlegen.[6]

III. Berufungsgerichte

Zuständiges Berufungsgericht ist nach der Änderung des § 76 I 1 GVG bei Beru-   **8**
fungen gegen Urteile des Strafrichters und des Schöffengerichts immer die kleine
Strafkammer des LG (§ 74 III GVG). In Verfahren über Berufungen gegen ein Urteil des erweiterten Schöffengerichts (§ 29 II GVG) ist ein zweiter Richter gem
§ 76 III 1 GVG hinzuzuziehen. Lediglich über Berufungen gegen Urteile des Jugendschöffengerichts entscheidet noch eine große Strafkammer in der Besetzung
mit drei Richtern und zwei Jugendschöffen (§ 33 b I JGG).

Bei Entscheidungen außerhalb der Hauptverhandlung wirken die Schöffen aber   **9**
nicht mit (§ 76 I 2 GVG); in Verfahren über Berufungen gegen ein Urteil des erweiterten Schöffengerichts entscheidet außerhalb der Hauptverhandlung der Vorsitzende allein (§ 76 III 2 GVG).

IV. Einlegung der Berufung

1. Annahmeberufung

Die Annahmeberufung wurde durch das Rechtspflegeentlastungsgesetz 1993 einge-   **10**
führt. Sie verdankt ihre Existenz gesetzgeberischen Bemühungen, die Belastung der
Justiz zu begrenzen und den Aufbau in den neuen Bundesländern zu unterstützen.
Danach bedarf die Berufung im Strafprozess nach geltendem Recht dann einer gesonderten Annahmeentscheidung, wenn der Angeklagte zu einer Geldstrafe von
nicht mehr als 15 Tagessätzen verurteilt worden ist (§ 313 I 1 StPO). Gleichgestellt
werden Verwarnungen, bei denen die vorbehaltene Strafe ebenfalls nicht mehr als
15 Tagessätze beträgt. Die besondere Zulässigkeitsvoraussetzung der Annahme der
Berufung gilt weiter für Freisprüche oder Einstellungen, wenn die Staatsanwaltschaft eine Geldstrafe von nicht mehr als 30 Tagessätzen beantragt hatte (§ 313 I 2
StPO). Angenommen wird die Berufung (§ 313 II StPO), wenn sie nicht offensichtlich unbegründet ist, andernfalls wird sie als unzulässig verworfen. Aus diesen gesetzlichen Regelungen ergibt sich, dass die Annahmeberufung auf Entscheidungen
im Bereich der Bagatellkriminalität beschränkt ist.[7]

a) Reichweite des § 313 I 1 StPO

Unklar erscheint zunächst die Ausgestaltung der Grundnorm der Annahmeberu-   **11**
fung. Soll die eingeschränkte Berufungsmöglichkeit für alle Rechtsmittel gelten
oder nur für die Berufung des Angeklagten? Hier ist festzustellen, dass § 313 I 1
StPO nicht nur Berufungen des Angeklagten, sondern auch Rechtsmittel der
Staatsanwaltschaft (zugunsten und zuungunsten des Verurteilten) erfasst.[8]

Die Regelung des § 313 I StPO gilt nur, wenn ausschließlich die genannte Rechts-   **12**
folge verhängt worden ist. Ist daneben eine Maßregel (§ 61 StGB), Nebenstrafe

---

6 Meyer-Goßner § 335 Rn 19
7 Feuerhelm StV 1997, 99 ff
8 Meyer-Goßner § 313 Rn 3

(§ 44 StGB) oder sonstige Maßnahme (zB nach §§ 73 ff StGB) verhängt worden oder war dies beantragt, gilt Abs 1 nicht; in diesen Fällen ist die Berufung stets (ohne Ausnahme) zulässig.[9]

13   Bei einer Gesamtstrafe kommt es auf deren Höhe an; ob die Summe der einbezogenen Einzelgeldstrafen über 15 Tagessätze beträgt (zB zweimal 10 Tagessätze, Gesamtgeldstrafe 14 Tagessätze), ist unbeachtlich. Wurden mehrere Geldstrafen oder mehrere Gesamtgeldstrafen verhängt, die untereinander nicht gesamtstrafenfähig sind, sind die verhängten (oder bei Freispruch beantragten) Strafen zusammenzurechnen; die Berufung bedarf also nicht der Annahme, wenn zwei nichtgesamtstrafenfähige Geldstrafen zu je 10 Tagessätzen ausgesprochen worden sind. Das folgt aus dem Wortlaut des § 313 I 1 StPO (»einer« Geldstrafe).[10]

14   Im Fall des § 313 StPO kann die Annahme der Berufung auf einen abtrennbaren Teil des strafrichterlichen Urteils (zB Höhe des Tagessatzes) beschränkt werden.[11]

b)   Die Situation beim Freispruch

15   Das Rechtsmittel der Berufung ist nicht nur im Falle einer Verurteilung zu einer Geldstrafe von bis zu 15 Tagessätzen von einer Annahme abhängig. Ergänzt wird diese Grundregel durch § 313 I 2 StPO, wonach im Falle eines Freispruches des Angeklagten das Rechtsmittel eine Annahme dann erfordert, wenn die Staatsanwaltschaft eine Geldstrafe von nicht mehr als 30 Tagessätzen beantragt hatte.

16   Als problematisch wurden in diesem Zusammenhang Fälle gesehen, in denen auch die Staatsanwaltschaft in der Hauptverhandlung einen Freispruch beantragt hatte. Es stellt sich die Frage, ob auch in diesen Verfahren nunmehr eine Berufung der Staatsanwaltschaft annahmepflichtig ist (eine Berufung des Angeklagten wäre schon wegen fehlender Beschwer unzulässig). Die hierzu vorliegenden Entscheidungen der Oberlandesgerichte gehen alle in die gleiche Richtung und schränken den Bereich der Annahmeberufung ein. Im Falle eines auf Freispruch gerichteten Antrages und ebensolcher Entscheidung bedarf die Berufung der Staatsanwaltschaft keiner Annahmeentscheidung. Für die Ansicht der Oberlandesgerichte spricht eindeutig das Anliegen des Gesetzes: die Annahmeberufung wäre bei einem auf entsprechenden Antrag der Staatsanwaltschaft erfolgenden Freispruch nicht mehr nur auf Bagatellfälle beschränkt. Der Antrag auf Freispruch ist insoweit nicht als ein Minus, sondern als aliud gegenüber dem Antrag auf Verurteilung zu einer Geldstrafe von nicht mehr als 30 Tagessätzen aufzufassen.[12]

c)   Verhältnis zur Sprungrevision

17   Nach § 335 I StPO kann ein Urteil, gegen das Berufung zulässig ist, statt mit Berufung mit Revision angefochten werden (sog Sprungrevision). Für den Bereich der Bagatellkriminalität stellt sich die Frage, ob die Einführung der Annahmeberufung Auswirkungen auf die Zulässigkeit der Sprungrevision hat. Festzuhalten ist zunächst, dass die Vorschriften zur Sprungrevision durch das Rechtspflegeentlastungsgesetz 1993 nicht verändert worden sind. Für das Verhältnis zwischen Annahmeberufung und Sprungrevision stellt sich damit folgendes Problem: Ist in den Fällen einer Ver-

---

9 Pfeiffer § 313 Rn 2
10 Meyer-Goßner § 313 Rn 5
11 LG Stuttgart NStZ 1995, 301
12 OLG Karlsruhe StV 1997, 69; OLG Hamm StV 1997, 69 f

Brunner

urteilung bis zu 15 Tagessätzen Geldstrafe, in denen die Berufung von einer Annahmeentscheidung abhängig wäre, die Sprungrevision uneingeschränkt zulässig oder nicht? Die Rechtsprechung vertritt die Auffassung, dass in Bagatellfällen lediglich die zweite Tatsacheninstanz durch das Institut der Annahme der Berufung eingeschränkt worden, die Sprungrevision von dieser Regelung aber nicht betroffen ist.[13]

Der Berufungsführer kann auch nicht mehr zur Revision übergehen, nachdem das Landgericht die Berufung vor Ablauf der Revisionsbegründungsfrist gem §§ 313, 322 a StPO als unzulässig verworfen hat.[14]

d) Anhörungspflicht vor Verwerfung der Berufung?

Nach der wohl herrschenden Meinung bedarf es einer gesonderten Anhörung des Berufungsführers vor der Verwerfung seiner Berufung nicht. Zur Begründung wird ausgeführt, im Verfahren der Annahmeberufung existiere keine Vorschrift, die dem § 349 III StPO im Revisionsverfahren entspreche. Ist der Angeklagte auch über die in §§ 313, 322 a StPO vorgesehene Verwerfung der Berufung durch Beschluss (ohne erneute Hauptverhandlung) ausdrücklich belehrt worden, hat er hinreichende Gelegenheit, im Rahmen seiner Berufungsbegründung nach § 317 StPO auch die Gesichtspunkte vorzutragen, die gegen eine Verwerfung der Berufung als »offensichtlich unbegründet« iS von § 313 II StPO sprechen könnten. Damit wird dem verfassungsrechtlichen Anspruch des Angeklagten nach Art. 103 I GG hinreichend Genüge getan.[15]

18

e) Prüfungsumfang

Nach § 313 II StPO ist die Berufung anzunehmen, wenn sie nicht offensichtlich unbegründet ist; das gilt auch bei Verurteilung nur wegen einer Ordnungswidrigkeit (§ 313 III 2 StPO). Soweit das Verfahren eine Ordnungswidrigkeit betrifft, ist die Berufung nach § 313 III StPO darüber hinaus aber auch dann anzunehmen, wenn eine Rechtsbeschwerde zulässig oder die Rechtsbeschwerde zuzulassen wäre.

19

In § 313 II StPO hat der Gesetzgeber bewusst an die Regelung in § 349 II StPO angeknüpft. Nach herrschender, verfassungsrechtlich nicht zu beanstandender Ansicht der Strafgerichte ist die Berufung offensichtlich unbegründet, wenn für jeden Sachkundigen anhand der Urteilsgründe und einer eventuell vorliegenden Berufungsbegründung sowie des Protokolls der Hauptverhandlung erster Instanz ohne längere Prüfung erkennbar ist, dass das Urteil sachlichrechtlich nicht zu beanstanden ist und keine Verfahrensfehler vorliegen, die die Revision begründen würden.[16]

20

Anders als bei der Revision, die bei der Sachrüge nur die Urteilsgründe zur Grundlage der Prüfung machen und Beweiswürdigung und Rechtsfolgenausspruch nur auf rechtliche Fehler überprüfen darf, ist dem Berufungsgericht eine weitergehende Überprüfungsbefugnis zuzusprechen, weil die Berufungsverhandlung zu einer völligen Neuverhandlung der Sache führt. Daher ist die Berufung auch dann nicht offensichtlich unbegründet, wenn sich aus der Sicht des LG Bedenken gegen die Beweiswürdigung oder die Strafzumessung des AG ergeben. Das gilt auch dann, wenn der Angeklagte zur Entkräftung von Feststellungen, auf denen das erstinstanzliche

---

13 BayObLG StV 1993, 572 f; OLG Düsseldorf StV 1995, 70; wohl auch BGH StV 1995, 174
14 BayObLG StV 1994, 364
15 OLG Koblenz NStZ 1995, 251 f; OLG München StV 1994, 237
16 BVerfG NJW 1996, 2785 f; Meyer-Goßner § 313 Rn 9

Urteil beruht, neue Beweisanträge ankündigt. Diese dürfen regelmäßig nur dann unbeachtet bleiben, wenn ein Grund vorliegt, der gem § 244 StPO die Ablehnung eines Beweisantrags rechtfertigt.[17] Das entspricht den verfassungsrechtlichen Anforderungen an das rechtliche Gehör. Nur ausnahmsweise wird es in Betracht kommen, einen neuen Beweisantrag als ungeeignet anzusehen, das bisherige Beweisergebnis zu entkräften; das Tatbestandsmerkmal der Offensichtlichkeit in § 313 II 1 StPO ist insoweit nur dann erfüllt, wenn an der Richtigkeit der tatsächlichen Feststellungen vernünftigerweise kein Zweifel bestehen kann. Für diese Lösung, in allen Zweifelsfällen die Berufung anzunehmen, spricht im Übrigen ein weiteres Argument. Über die Annahme der Berufung entscheidet der Vorsitzende der kleinen Strafkammer am LG alleine. Es fehlt hier das Erfordernis einer einstimmigen Kollegialentscheidung, die in Revisionsverfahren als Ausgleich für Probleme beim Umgang mit dem Begriff der offensichtlichen Unbegründetheit angesehen wird.[18]

f) Begründung der Verwerfungsentscheidung

21 Nach § 322 a S 3 StPO bedarf der Beschluss, mit dem die Berufung angenommen wird, keiner Begründung. Für den gegenteiligen Fall, also für die Verwerfung der Berufung als unzulässig, enthält die Vorschrift keine Bestimmung. Da der Beschluss unanfechtbar ist (S 2), bedürfte es nach § 34 StPO an sich keiner Begründung. Der Umkehrschluss aus § 322 a S 3 StPO ergibt jedoch, dass hier entgegen § 34 StPO eine Begründungspflicht besteht.

g) Beschwerde gegen den Verwerfungsbeschluss

22 Ein zentraler Verfahrensaspekt, mit dem eine Entlastung der Strafjustiz erreicht werden soll, ist in § 322 a S 2 StPO normiert. Danach kann die Entscheidung über die Annahme oder Nichtannahme der Berufung nicht angefochten werden. Dennoch gibt es Ausnahmen von diesem Grundsatz. Überprüft werden kann nämlich, ob die Voraussetzungen des § 313 I StPO überhaupt vorgelegen haben. Die Beschwerde soll dann zulässig sein, wenn vorgebracht wird, dass die Berufung der Annahme gar nicht bedurft hätte. Umstritten ist nur, ob die einfache oder die sofortige Beschwerde das richtige Rechtsmittel ist.[19] Mit der analogen Anwendung des § 322 II StPO dürfte wohl der sofortigen Beschwerde der Vorzug zu geben sein.

2. Form

23 Die Berufung muss in deutscher Sprache schriftlich, auch telegrafisch, durch Fernschreiber oder durch Telekopie oder zu Protokoll der Geschäftsstelle eingelegt werden. Die telefonische Einlegung ist wirkungslos. Für inhaftierte Angeklagte gilt § 299 StPO. Die Berufung kann auch im Anschluss an die Hauptverhandlung zu Protokoll der Sitzungsniederschrift erklärt werden. Der Vorsitzende ist allerdings nicht verpflichtet, eine Rechtsmitteleinlegung zu Protokoll zu nehmen; tut er es dennoch, ersetzt das richterliche Protokoll dasjenige des Urkundsbeamten.

---

17 BVerfG NJW 1996, 2786
18 Feuerhelm StV 1997, 103 f
19 Einfache Beschwerde: BayObLG StV 1994, 238; Sofortige Beschwerde: OLG Köln NStZ 1996, 150

3.   Adressat

Adressat der Berufungseinlegung ist das Erstgericht (§ 314 I StPO). Wird die Beru-   **24**
fung nicht beim Amtsgericht, sondern beim Berufungsgericht oder einem anderen
Gericht eingelegt, kommt es für die Fristeinhaltung auf den Zugang der Einlegung
beim Erstgericht an. Ausnahmen gelten für den verhafteten Angeklagten (§ 299
StPO), im Falle eines Wiedereinsetzungsantrages gegen die Versäumung der Einlegungsfrist (§ 45 I 2 StPO) sowie bei Urteilen von Zweigstellen des zuständigen
Amtsgerichts.[20]

4.   Frist

Die Berufung muss binnen einer Woche nach Verkündung des Urteils eingelegt   **25**
werden, § 314 I StPO. Hat die Urteilsverkündung auch nur teilweise in Abwesenheit des Angeklagten stattgefunden, ist ihm das vollständige schriftliche Urteil zuzustellen; die Wochenfrist läuft dann erst ab Zustellung, sofern nicht in den Fällen
der §§ 234, 387 I, 411 II und 434 I 1 die Verkündung in Anwesenheit des mit
schriftlicher Vollmacht versehenen Verteidigers stattgefunden hat (§ 314 II StPO).[21]

5.   Begründung

Die Berufung kann binnen einer weiteren Woche nach Ablauf der Frist zur Einle-   **26**
gung des Rechtsmittels oder, wenn zu dieser Zeit das Urteil noch nicht zugestellt
war, nach dessen Zustellung bei dem Gericht des ersten Rechtszuges zu Protokoll
der Geschäftsstelle oder in einer Beschwerdeschrift gerechtfertigt werden (§ 317
StPO). Die Berufungsbegründung ist damit gesetzlich nicht vorgeschrieben. Eine
Berufung durch die Staatsanwaltschaft muss nach Nr. 156 I RiStBV aber immer begründet werden. Im Falle des § 313 StPO ist auch durch den Angeklagten und Verteidiger eine Begründung regelmäßig angezeigt, um die Annahmevoraussetzungen
darzulegen. Die Nichteinhaltung der Wochenfrist ist rechtlich ohne Bedeutung;
auch verspätete oder noch in der Hauptverhandlung abgegebene Erklärungen sind
zu berücksichtigen.[22]

6.   Unbestimmte Anfechtung

Die unbestimmte Anfechtung des Urteils, bei der der Beschwerdeführer die Wahl   **27**
zwischen Berufung und Revision zunächst offen lässt (»Ich lege Rechtsmittel ein«
oder »Ich fechte das Urteil an«), wird allgemein zugelassen, weil der Beschwerdeführer die Entscheidung über das geeignete Rechtsmittel idR erst nach Kenntnis
der Urteilsgründe treffen kann. Die endgültige Wahl kann nur bis zum Ablauf der
Revisionsbegründungsfrist (§ 345 I StPO) getroffen werden. Wird sie getroffen, ist
sie endgültig. Der Übergang von der vor Urteilszustellung eingelegten Revision zur
Berufung ist auch dann nicht ausgeschlossen, wenn der Angeklagte das Urteil des
Amtsgerichts zunächst unbestimmt angefochten, das Rechtsmittel aber dann – noch
vor der Urteilszustellung – als Revision bezeichnet hatte. Die sich aus der Zulässigkeit der unbestimmten Anfechtung unter Beachtung des Gebots des fairen Verfahrens ergebende Konsequenz ist die Zulässigkeit des Übergangs von dem zunächst
bestimmt gewählten Rechtsmittel zum anderen – sei es von der Revision zur Beru-

---

20 OLG Düsseldorf NStZ 1984, 184
21 Pfeiffer § 314 Rn 3
22 Meyer-Goßner § 317 Rn 2

fung oder von der Berufung zur Revision, sofern der Wechsel des Rechtsmittels innerhalb der idR mit der Urteilszustellung beginnenden Monatsfrist für die Revisionsbegründung (§ 345 I StPO) erklärt wird.[23]

In Fällen, in denen das Rechtsmittel als Berufung bezeichnet worden war, kann dies dazu führen, dass die Akten dem Berufungsgericht vorgelegt werden, bevor der Beschwerdeführer sein Wahlrecht verloren hat. Das Berufungsgericht ist dann zwar mit der Sache befasst, damit ist aber keine die Zuständigkeit verändernde Sachlage eingetreten. Solange der Übergang zur Revision noch zulässig ist, handelt es sich allenfalls um eine bedingte und damit vorläufige Zuständigkeit des Berufungsgerichts, da das Rechtsmittel als unter dem Vorbehalt der endgültigen Bestimmung eingelegt anzusehen ist. Das Berufungsgericht kann, solange seine Zuständigkeit nicht festlegt, noch keine endgültigen Maßnahmen treffen. Terminsbestimmung, Zeugenladungen oder Ersuchen um kommissarische Vernehmung haben nur vorläufigen Charakter und stehen unter dem Vorbehalt des Widerrufs.[24]

28   Wird keine Wahl getroffen oder ist die Erklärung nicht rechtzeitig beim zuständigen AG eingegangen, wird das Rechtsmittel als Berufung durchgeführt. Bei Abgabe einer nicht eindeutigen Erklärung wird das Rechtsmittel ebenfalls als Berufung behandelt. Bei Wahl der Revision wird das Rechtsmittel so behandelt, als sei von vornherein Revision eingelegt worden. Wird sie nicht rechtzeitig oder nicht in zulässiger Weise begründet, wird sie als unzulässig verworfen, nicht als Berufung behandelt. Nur bei unwirksamer Wahl der Revision (zB bei Abgabe der Erklärung gegenüber dem unzuständigen LG) wird das Rechtsmittel als Berufung behandelt.[25]

7. Beschränkung der Berufung

29   Nach § 318 StPO kann die Berufung auf bestimmte Beschwerdepunkte beschränkt werden. Ist dies nicht geschehen oder eine Rechtfertigung überhaupt nicht erfolgt, so gilt der ganze Inhalt des Urteils als angefochten. Die Beschränkung auf einzelne Beschwerdepunkte braucht nicht sogleich mit Einlegung der Berufung zu erfolgen; die Erklärung in der Berufungsbegründungsschrift (§ 317 StPO) genügt. Eine spätere Beschränkung der Berufung stellt eine Teilrücknahme dar (§ 302 StPO), sodass die Zustimmung des Gegners nötig ist (§ 303 StPO); außerdem treten die Kostenfolgen des § 473 StPO ein. Umgekehrt kann eine beschränkte Berufung zu einer unbeschränkten erweitert werden, solange die Berufungsfrist läuft.[26]

a) Bestimmte Beschwerdepunkte

30   Was unter »bestimmten Beschwerdepunkten« zu verstehen ist, sagt das Gesetz nicht. Nach der sog Trennbarkeitsformel der Rechtsprechung ist eine Beschränkung nur möglich, wenn sie sich auf Beschwerdepunkte bezieht, die nach dem inneren Zusammenhang des Urteils losgelöst von seinem nicht angegriffenen Teil rechtlich und tatsächlich selbstständig beurteilt werden können, ohne eine Prüfung der Entscheidung im Übrigen erforderlich zu machen.[27]

---

23 OLG Zweibrücken NStZ 1994, 203, 204; BGH NJW 1995, 2367, 2368
24 BGH NJW 1995, 2367, 2368
25 Meyer-Goßner § 335 Rn 2 ff
26 BGH NJW 1993, 476
27 BGHSt 29, 359, 364; Meyer-Goßner § 318 Rn 6

Ob diese Voraussetzungen vorliegen, prüfen sowohl das Berufungsgericht als auch evtl später das Revisionsgericht von Amts wegen, und zwar erst aus der Sicht des Ergebnisses der Beratung nach Abschluss der Beweisaufnahme.

b) Beschränkung hinsichtlich des Schuldspruchs

Jeder Angeklagte kann zunächst unabhängig von den Mitangeklagten selbstständig Berufung einlegen.   **31**

aa) Mehrere Taten im prozessualen Sinn

Ist ein Angeklagter wegen mehrerer Taten iSd § 53 StGB verurteilt worden, die auch verfahrensrechtlich (§ 264 StPO) mehrere Taten bilden, kann er die Berufung auf die Verurteilung wegen einer oder mehrerer von ihnen beschränken, ohne dass es auf die Widerspruchsfreiheit ankommt.[28]   **32**

bb) Eine prozessuale Tat

Bei sachlich-rechtlich selbstständigen Straftaten (§ 53 StGB), die verfahrensrechtlich (§ 264 StPO) eine einheitliche Tat bilden, ist die Berufungsbeschränkung ebenfalls wirksam. Entscheidet allerdings erst die Begründetheit des Rechtsmittels darüber, ob überhaupt mehrere Straftaten iSd § 53 StGB vorliegen, kann die Berufung nicht beschränkt werden.   **33**

Fall

Der Angeklagte fuhr nach erheblichem Alkoholgenuss (BAK von 1,5\0) mit seinem PKW einen Fußgänger an und verletzte ihn schwer. Er hielt an, sah den Angefahrenen wie leblos liegen und fuhr davon. Das AG verurteilte ihn deshalb wegen fahrlässiger Gefährdung des Straßenverkehrs in Tateinheit mit fahrlässiger Körperverletzung in Tatmehrheit mit unerlaubtem Entfernen vom Unfallort in Tateinheit mit fahrlässiger Trunkenheit im Verkehr zu einer Gesamtfreiheitsstrafe. Dagegen legte der Angeklagte Berufung ein und führte aus, er wolle nicht den Schuldspruch wegen fahrlässiger Gefährdung des Straßenverkehrs und fahrlässiger Körperverletzung, also bezüglich des Verkehrsunfalles selbst, angreifen; er beanstande lediglich die Verurteilung wegen unerlaubten Entfernens vom Unfallort.   **34**

Lösung (nach BGHSt 25, 72 ff):

Die zum Unfall führende Gesetzesverletzung und das sich daran anschließende unerlaubte Entfernen vom Unfallort stehen sachlich-rechtlich selbstständig nebeneinander, bilden jedoch einen einheitlichen Lebensvorgang und damit eine Tat im verfahrensrechtlichen Sinne (§ 264 StPO). Diese verfahrensrechtliche Verbindung steht für sich allein der Beschränkung eines Rechtsmittels auf die Verurteilung wegen unerlaubten Entfernens vom Unfallort nicht entgegen. Denn die beiden Straftaten lassen sich meist tatsächlich und rechtlich selbstständig beurteilen, ohne dass dadurch der Grundsatz der Unteilbarkeit des Schuldspruchs verletzt würde. Im vorliegenden Fall ist zu bedenken, dass die Dauerstraftat der fahrlässigen Gefährdung des Straßenverkehrs regelmäßig endet, wenn sich der Täter nach einem Unfall zur Flucht entschließt. Der zweite Abschnitt der Fahrt beruht auf einem von anderen Beweggründen getragenen neuen Willensentschluss. Darin liegt der Grund, warum bei einer Trunkenheitsfahrt das Rechtsmittel regelmäßig nicht auf die Verurteilung wegen unerlaubten Entfernens vom Unfallort beschränkt werden kann. Denn in al-

---

28 Meyer-Goßner § 318 Rn 9

len Fällen, in denen das Rechtsmittelgericht später die Voraussetzungen des unerlaubten Entfernens vom Unfallort verneint, könnte der Angeklagte auch nicht mehr wegen der weiteren Trunkenheitsfahrt verurteilt werden. Dieser nach dem Unfall liegende Teil der Fahrt wird nämlich von der vorangehenden Gefährdung des Straßenverkehrs mit umfasst, wenn es an einem unerlaubten Entfernen vom Unfallort fehlt. In diesem Fall liegt regelmäßig kein neuer Willensentschluss des Täters vor, sodass seine Weiterfahrt keine selbstständige Trunkenheitsfahrt darstellt. Sie geht vielmehr als subsidiärer Tatbestand in der Gefährdung des Straßenverkehrs auf. Die Rechtskraft des Urteils hinsichtlich der den ersten Teil der Fahrt bildenden Gefährdung des Straßenverkehrs hätte somit den Verbrauch der Strafklage hinsichtlich der anschließenden Trunkenheitsfahrt nach § 316 StGB zur Folge.

cc) Tateinheit

35 Auf einzelne rechtliche Gesichtspunkte des Schuldspruchs kann die Berufung nicht beschränkt werden, und zwar auch dann nicht, wenn das AG irrtümlich Tatmehrheit angenommen hat.

c) Beschränkung auf den Rechtsfolgenausspruch

36 Die Beschränkung auf den Rechtsfolgenausspruch ist wirksam, setzt aber voraus, dass das angefochtene Urteil seine Prüfung ermöglicht. Das Urteil muss eine tragfähige Grundlage für die Prüfung der Rechtsfolgenentscheidung bilden. Eine Beschränkung der Berufung ist danach ausgeschlossen, wenn zB das Urteil keine Gründe enthält,[29]

die Feststellungen zur Tat, sei es auch nur zur inneren Tatseite, so knapp, unvollständig, unklar oder widersprüchlich sind, dass sie keine hinreichende Grundlage für die Prüfung der Rechtsfolgenentscheidung bilden,[30]

das AG die Schuldform nicht festgestellt hat[31]

oder die Frage der Schuldfähigkeit nicht geprüft hat, obwohl dazu Anlass bestand.[32]

aa) Geldstrafe

37 Bei Verhängung einer Geldstrafe kann die Anfechtung grundsätzlich auf die Anzahl der Tagessätze oder die Tagessatzhöhe beschränkt werden.[33]

bb) Freiheitsstrafe

38 Bei einer vom Erstgericht verhängten Freiheitsstrafe kann die Berufung auf die Strafbemessung, auf das Unterlassen der Gesamtstrafenbildung und auf die Strafaussetzung zur Bewährung beschränkt werden.

cc) Maßregeln der Besserung und Sicherung

39 Eine Beschränkung kann auch auf die Anordnung von Maßregeln der Besserung und Sicherung (§§ 61ff StGB) erfolgen, zB auf die Anordnung der Unterbringung in einem psychiatrischen Krankenhaus nach § 63 StGB.[34]

---

29 OLG Düsseldorf VRS 72, 117
30 BGH NStZ 1994, 130
31 BGH VRS 89, 218
32 BayObLG NStZ 1987, 404
33 Meyer-Goßner § 318 Rn 19
34 Meyer-Goßner § 318 Rn 23 u 24

Bei Entziehung der Fahrerlaubnis (§ 69 StGB) ist zu unterscheiden: Waren Charaktermängel der Grund der Anordnung, ist die Beschränkung des Rechtsmittels auf die Entziehung der Fahrerlaubnis unwirksam, da die Strafzumessung und die Anordnung der Entziehung der Fahrerlaubnis in Wechselwirkung stehen. Bei der Entziehung der Fahrerlaubnis wegen körperlicher oder geistiger Ungeeignetheit ist die Beschränkung hingegen zulässig.[35]

dd) Nebenstrafen

Bei Nebenstrafen und Nebenfolgen darf das Rechtsmittel nicht auf die Verhängung des Fahrverbots (§ 44 StGB) beschränkt werden, da diese Rechtsfolge mit der Hauptstrafe, insbesondere der Geldstrafe, untrennbar verknüpft ist.[36]   **40**

d) Rechtsfolgen der Beschränkung

Die wirksame Beschränkung der Berufung bedeutet, dass hinsichtlich des nicht angefochtenen Teils des erstinstanzlichen Urteils Rechtskraft eintritt. Bei unwirksamer Berufungsbeschränkung gilt das Rechtsmittel als in vollem Umfang eingelegt.   **41**

V. Rücknahme und Verzicht

1. Rücknahme

Bis zur Entscheidung über die Berufung durch das LG kann diese vom Berufungsführer zurückgenommen werden (§ 302 StPO). Nimmt der Angeklagte die Berufung zurück, gilt diese Rücknahme auch für die vom Verteidiger eingelegte Berufung, da der Verteidiger keine eigene Rechtsmittelbefugnis hat. Eine Berufungsrücknahme durch den Verteidiger ist nur wirksam, wenn der Verteidiger hierzu besonders ermächtigt ist.   **42**

Nach Beginn der Hauptverhandlung kann die Berufungsrücknahme nur mit Zustimmung des Gegners erfolgen (§ 303 StPO).

2. Verzicht

Der Verzicht enthält die Erklärung, künftig keine Berufung einzulegen. Er macht ein dennoch eingelegtes Rechtsmittel unzulässig. Auch ein Verzicht des Verteidigers auf Rechtsmittel ist nur wirksam, wenn der Verteidiger hierzu besonders ermächtigt ist.[37]   **43**

VI. Das Berufungsverfahren

1. Verfahren bis zur Berufungshauptverhandlung

Vom Amtsgericht wird die Berufungseinlegung zunächst zu den Akten genommen. Nach Fertigstellung und Zustellung des schriftlichen Urteils an den Verteidiger und/oder den Angeklagten (§ 145 a StPO) leitet der Erstrichter der StA die Akten zur Kenntnisnahme von Urteil und Berufung zu. Hat die StA selbst Berufung ein-   **44**

---

35 BGH NJW 1954, 1167, 1168; OLG Frankfurt NStZ-RR 1997, 46
36 Meyer-Goßner § 318 Rn 22
37 BGHSt 3, 46

gelegt, fertigt sie jetzt die Begründung und stellt sie dem Verteidiger und/oder Angeklagten zu. War die Berufung verspätet eingelegt, beantragt jetzt der StA, sie
durch Beschluss zu verwerfen. Diesem Antrag folgt das AG unter den Voraussetzungen des § 319 StPO. Hat der Angeklagte rechtzeitig Berufung eingelegt, gilt
§ 320 StPO. Danach hat die Geschäftsstelle ohne Rücksicht darauf, ob eine Rechtfertigung der Berufung stattgefunden hat oder nicht, die Akten der StA vorzulegen.
Von dort werden die Akten an das Berufungsgericht weitergeleitet (§ 321 StPO).
Leidet die Berufung an einem Zulässigkeitsmangel, verwirft sie die Berufungskammer durch Beschluss (§ 322 StPO). Das gilt auch, wenn es das AG fehlerhaft unterlassen hat, die Berufung nach § 319 StPO zu verwerfen.

2. Besonderheiten der Berufungshauptverhandlung

45   Der Gang der Berufungsverhandlung entspricht nach § 332 StPO dem der Hauptverhandlung im 1. Rechtszug, soweit § 324 StPO nichts anderes bestimmt. Demnach beginnt die Verhandlung mit dem Aufruf der Sache und der Präsenzfeststel-
lung; darauf erfolgt die Belehrung der Zeugen und, nachdem diese den Gerichtssaal
verlassen haben, die Vernehmung des Angeklagten zur Person. Anstelle der Verlesung des Anklagesatzes hält sodann der Berichterstatter einen Vortrag über die Ergebnisse des bisherigen Verfahrens, wobei das Urteil des 1. Rechtszuges zu verlesen
ist, soweit es für die Berufung von Bedeutung ist (§ 324 I 2 StPO).

Sodann erfolgt die Vernehmung des Angeklagten und die Beweisaufnahme, § 324 II
StPO. Hierfür gelten die gleichen Grundsätze wie im 1. Rechtszug. Allerdings
gestattet § 325 HS 2 StPO in Durchbrechung des § 250 StPO unter bestimmten
Voraussetzungen die Verlesung von Niederschriften über die Vernehmung von Beweispersonen im 1. Rechtszug auch dann, wenn sie nach §§ 251, 253 StPO nicht zulässig wäre. Das Wesen der Berufung und die Pflicht zur Wahrheitserforschung
führen zu einer eingeschränkten Anwendung des § 325 StPO. Diese Vorschrift ist
ausnahmslos so anzuwenden, dass dadurch der oberste Verfahrensgrundsatz, die
Wahrheitserforschung, nicht beeinträchtigt wird. Die Verlesung einer früheren Aussage nach § 325 StPO ist insbesondere dann nicht zulässig, wenn Aussagen von
Prozess entscheidender Bedeutung im Widerspruch zu anderen Aussagen stehen
und es um die Notwendigkeit geht, die Glaubwürdigkeit der Zeugen zu beurteilen.
Dann gebietet es die Aufklärungspflicht, die Zeugen in der Berufungshauptverhandlung nochmals zu vernehmen. Dies gilt nicht nur für Tatzeugen. Auch Alibi-
zeugen können von Prozess entscheidender Bedeutung sein. Die Verlesung ist in
diesen Fällen auch dann unzulässig, wenn die Verfahrensbeteiligten ausdrücklich
zugestimmt haben, weil sie dadurch nur förmlich gedeckt wird. Die von Amts wegen zu beachtende Sachaufklärungspflicht wird durch diese Zustimmung nicht beseitigt.[38]

Nach dem Schluss der Beweisaufnahme werden die StA sowie der Angeklagte und
sein Verteidiger mit ihren Ausführungen und Anträgen, und zwar der Beschwerdeführer zuerst, gehört. Dem Angeklagten gebührt danach das letzte Wort, § 326
StPO.

---

[38] PfzOLG Zweibrücken NStZ 1992, 147

Brunner

3. Antrags- und Entscheidungsmöglichkeiten

a) Ohne Sachentscheidung

aa) Einstellung nach dem Opportunitätsprinzip

Auch in der Berufungshauptverhandlung kann das Verfahren nach den §§ 153 II, **46**
153 a II, 154 II StPO durch Beschluss eingestellt bzw nach § 154 a II StPO die Beschränkung vorgenommen werden.

bb) Einstellung wegen eines Prozesshindernisses

Liegt ein Prozesshindernis vor, hat das Berufungsgericht das Ersturteil aufzuheben **47**
und die Einstellung des Verfahrens im Urteil auszusprechen, § 260 III StPO.

cc) Verwerfung der Berufung als unzulässig

Ist die Berufung verspätet eingelegt, so hat das Gericht des 1. Rechtszugs das **48**
Rechtsmittel als unzulässig zu verwerfen, § 319 I StPO. Ebenso hat das Berufungs-
gericht die Berufung als unzulässig zu verwerfen, wenn die Vorschriften über die
Einlegung der Berufung nicht beachtet wurden. Dies geschieht außerhalb der
Hauptverhandlung durch Beschluss, innerhalb der Hauptverhandlung durch Urteil,
§ 322 I StPO.

dd) Ausbleiben des Angeklagten

Ist bei Beginn einer Hauptverhandlung weder der Angeklagte noch in den Fällen, **49**
in denen dies zulässig ist, ein Vertreter des Angeklagten erschienen und das Ausbleiben nicht genügend entschuldigt, hat das Gericht eine Berufung des Angeklagten ohne Verhandlung zur Sache zu verwerfen, § 329 I 1 StPO. Zu beachten ist, dass
dies nicht gilt, wenn das Berufungsgericht erneut verhandelt, nachdem die Sache
vom Revisionsgericht zurückverwiesen worden ist, § 329 I 2 StPO.

b) Mit Sachentscheidung

aa) Unbegründete Berufung

Ist die Berufung des Angeklagten oder der StA unbegründet, wird sie verworfen. **50**
Die StPO kennt die im Zivilprozess übliche Unterscheidung, wonach nur das unzulässige Rechtsmittel verworfen, das unbegründete aber zurückgewiesen wird,
nicht.

»Ich beantrage, die Berufung der StA gegen das Urteil des AG Nürnberg vom 11. 1. 2005 kosten-
pflichtig zu verwerfen.«

bb) Berufung wegen Unzuständigkeit des Erstgerichts begründet

Hat das Gericht des ersten Rechtszuges mit Unrecht seine Zuständigkeit angenom- **51**
men, so hat das Berufungsgericht unter Aufhebung des Urteils die Sache an das zuständige Gericht zu verweisen, § 328 II StPO. Das gilt bei örtlicher oder sachlicher
Unzuständigkeit des Erstgerichts.

»Ich beantrage, das Urteil des AG Nürnberg vom 11. 1. 2005 aufzuheben und die Sache an das zuständige AG München zu verweisen.«

cc) Berufung in der Sache begründet

52   Ist die Berufung in vollem Umfang begründet, hat das Berufungsgericht unter Aufhebung des Urteils in der Sache selbst zu erkennen, § 328 I StPO.

> »Ich beantrage,
>
> 1. auf die Berufung des Angeklagten das Urteil des AG Nürnberg vom 11.1.2005 aufzuheben,
> 2. den Angeklagten freizusprechen und
> 3. die Kosten des Verfahrens und die notwendigen Auslagen des Angeklagten der Staatskasse aufzuerlegen.«

53   Zu beachten ist, dass ein voller Erfolg auch dann vorliegt, wenn der Angeklagte seine Berufung von Anfang an auf bestimmte Beschwerdepunkte beschränkt hatte und damit durchdringt; auch dann trägt die Staatskasse die Verfahrenskosten und die notwendigen Auslagen des Angeklagten, was sich aus § 473 III StPO ergibt. Diese Vorschrift gilt aber nur für den Fall, dass die Beschränkung schon bei der Einlegung oder Begründung der Berufung erklärt wird.[39]

Die beschränkte Berufung hat vollen Erfolg, wenn der Berufungsführer sein Ziel im Wesentlichen erreicht.[40]

Bei der Beurteilung des Erfolgs einer Strafmaßberufung kommt es nicht auf den Schlussantrag des Berufungsführers, sondern nur auf den Vergleich zwischen den in 1. und 2. Instanz verhängten Rechtsfolgen an.[41]

Ein voller Erfolg liegt daher stets vor, wenn die Strafe wesentlich, dh um mindestens ein Viertel herabgesetzt wird, bei Geldstrafe auch dann, wenn die Herabsetzung der Tagessatzhöhe nur auf der Veränderung der wirtschaftlichen Verhältnisse des Angeklagten beruht.[42]

Dies ist auch bei einer Strafmaßberufung gegeben, wenn statt der verhängten Freiheitsstrafe eine Geldstrafe oder eine Strafaussetzung zur Bewährung erstrebt und erreicht wird.[43]

> »Ich beantrage,
>
> 1. auf die Berufung des Angeklagten das Urteil des AG Nürnberg vom 11.1.2005 im Strafmaß aufzuheben,
> 2. den Angeklagten zu einer Freiheitsstrafe von 3 Monaten zu verurteilen und
> 3. die Kosten des Berufungsverfahrens und die notwendigen Auslagen des Angeklagten der Staatskasse aufzuerlegen.«

dd) Berufung teilweise begründet

54   Hat der Angeklagte mit seiner unbeschränkten Berufung nur teilweise Erfolg, so muss die Berufung »im Übrigen« verworfen werden. Über die Kosten und notwendigen Auslagen kann dann nach Billigkeit gem § 473 IV StPO entschieden werden; in welchem Umfang davon Gebrauch gemacht wird, ist Frage des Einzelfalles.

---

39 Meyer-Goßner § 473 Rn 20
40 OLG Düsseldorf NStZ 1985, 380
41 OLG Köln StV 1993, 649
42 Meyer-Goßner § 473 Rn 21
43 OLG Düsseldorf StV 1988, 71; OLG Hamburg NJW 1970, 1467

> »1. Auf die Berufung des Angeklagten wird das Urteil des AG Nürnberg vom 11. 1. 2005 im Rechtsfolgenausspruch aufgehoben.
> 2. Der Angeklagte wird zu einer Geldstrafe von 50 Tagessätzen zu je 30 € verurteilt.
> 3. Im Übrigen wird die Berufung des Angeklagten verworfen.
> 4. Der Angeklagte hat die Kosten des Verfahrens zu tragen. Die Berufungsgebühr wird um ein Drittel ermäßigt. Im Umfang dieser Ermäßigung fallen die Kosten des Verfahrens und die notwendigen Auslagen des Angeklagten der Staatskasse zur Last.«

Die zunächst unbeschränkt eingelegte Berufung, die erst nach dem Ablauf der Berufungsbegründungsfrist beschränkt wird, ist eine Teilrücknahme. Die Kostenentscheidung ist in diesem Fall umstritten. Nach der wohl hM in Rechtsprechung und Literatur werden die Kosten der erfolgreichen Berufung und die dem Angeklagten erwachsenen notwendigen Auslagen der Staatskasse nur mit Ausnahme derjenigen auferlegt, die bei einer alsbald nach Urteilszustellung erklärten Berufungsbeschränkung vermeidbar gewesen wären; diese trägt der Angeklagte.[44]   **55**

> »Ich beantrage,
> 1. auf die Berufung des Angeklagten das Urteil des AG Nürnberg vom 11. 1. 2005 im Strafmaß aufzuheben,
> 2. den Angeklagten zu einer Freiheitsstrafe von 3 Monaten zu verurteilen und
> 3. die Kosten der Berufung und die dem Angeklagten im Berufungsverfahren erwachsenen notwendigen Auslagen der Staatskasse aufzuerlegen mit Ausnahme derjenigen gerichtlichen und außergerichtlichen Auslagen, die bei einer von vornherein beschränkten Berufungseinlegung vermeidbar gewesen wären; diese Auslagen hat der Angeklagte zu tragen.«

Nach anderer Auffassung ist die teilweise Rücknahme der Berufung hinsichtlich der Kosten ebenso zu behandeln wie das teilweise Unterliegen im Berufungsverfahren, also nach § 473 IV StPO.[45]   **56**

> »Ich beantrage,
> 1. auf die Berufung des Angeklagten das Urteil des AG Nürnberg vom 11. 1. 2005 im Rechtsfolgenausspruch aufzuheben,
> 2. den Angeklagten zu einer Geldstrafe von 50 Tagessätzen zu je 30 € zu verurteilen und
> 3. dem Angeklagten die Kosten des Verfahrens aufzuerlegen und die Berufungsgebühr um ein Drittel zu ermäßigen. Im Umfang dieser Ermäßigung fallen die Kosten des Verfahrens und die notwendigen Auslagen des Angeklagten der Staatskasse zur Last.«

ee) Mehrere Berufungen
Über mehrere Berufungen muss einzeln erkannt werden.   **57**

> »Ich beantrage,
> 1. die Berufung der StA gegen das Urteil des AG Nürnberg vom 11. 1. 2005 kostenpflichtig zu verwerfen und
> 2. auf die Berufung des Angeklagten das Urteil des AG Nürnberg vom 11. 1. 2005 aufzuheben, den Angeklagten freizusprechen und die Kosten des Verfahrens sowie die notwendigen Auslagen des Angeklagten der Staatskasse aufzuerlegen.«

---

44 OLG Bremen StV 1994, 495; Meyer-Goßner § 473 Rn 20
45 BayObLGSt 1975, 135; OLG Bamberg MDR 1984, 605

4. Verbot der Schlechterstellung

58 § 331 StPO bewirkt, dass der Angeklagte ohne das Risiko einer Benachteiligung in der Berufungsinstanz von seinem Rechtsmittel Gebrauch machen kann. Nach Abs 1 der genannten Vorschrift darf das Urteil in Art und Höhe der Rechtsfolgen der Tat nicht zum Nachteil des Angeklagten geändert werden, wenn lediglich der Angeklagte, zu seinen Gunsten die StA oder sein gesetzlicher Vertreter Berufung eingelegt hat. Das Verbot der Schlechterstellung bezieht sich demnach nur auf den Rechtsfolgenausspruch, nicht auf den Strafausspruch. Ob eine veränderte Rechtsfolge den Angeklagten schlechter stellt, ist aus einem Gesamtvergleich beider Rechtsfolgen festzustellen.

a) Geldstrafe

59 Bei der Geldstrafe darf weder die Zahl der Tagessätze noch die Endsumme erhöht werden.[46]

Die Erhöhung der Tagessätze ist aber zulässig, wenn gleichzeitig die Anzahl der Tagessätze herabgesetzt und die Endsumme nicht erhöht wird.[47]

b) Freiheitsstrafe

60 Eine Freiheitsstrafe darf überhaupt nicht erhöht werden, auch dann nicht, wenn eine daneben verhängte Geldstrafe wegfällt oder eine höhere Freiheitsstrafe im Gegensatz zu der im ersten Urteil verhängten zur Bewährung ausgesetzt wird. Ist im ersten Urteil Strafaussetzung zur Bewährung bewilligt worden, darf sie im Berufungsurteil nicht nachträglich versagt werden.[48]

c) Gesamtstrafe

61 Das Verschlechterungsverbot gilt sowohl für die Einzelstrafen als auch für die Gesamtstrafe. Wird statt wegen einer Einheitstat wegen mehrerer selbstständiger Handlungen verurteilt, darf jede Einzelstrafe die Höhe der früheren Einheitsstrafe erreichen; weder eine Einzelstrafe noch die Gesamtstrafe darf sie aber übersteigen. Wird Tateinheit statt Tatmehrheit angenommen, darf auf eine Strafe in Höhe der bisherigen Gesamtstrafe erkannt werden.[49]

Hat der Erstrichter es abgelehnt, aus einer Geld- und Freiheitsstrafe eine Gesamtfreiheitsstrafe zu bilden, hat er zu dieser Frage mithin eine Entscheidung getroffen, dann hat es bei alleiniger Berufung des Angeklagten dabei sein Bewenden. Dem Berufungsgericht ist es in einem solchen Fall durch das Verschlechterungsverbot des § 331 I StPO verwehrt, die Entscheidung des ersten Richters zu korrigieren. Hat der erste Richter hingegen über die Bildung einer Gesamtstrafe keine Entscheidung getroffen, weil ihm eine nach § 55 StGB einzubeziehende Freiheitsstrafe unbekannt geblieben ist, muss das Berufungsgericht diese nachholen, um dem aus § 55 StGB folgenden Gebot gerecht zu werden. Durch § 331 I StPO ist es daran nicht gehindert.[50]

---

46 BayObLG NJW 1980, 849
47 OLG Celle NJW 1976, 121
48 BayObLG NJW 1962, 1261
49 Meyer-Goßner § 331 Rn 18
50 BGH NStZ 1988, 284

Kapitel 2
Revision

Überblick

I. Sinn und Zweck der Revision[1]/Förmlichkeiten[2]

1 Die wesentliche Aufgabe des Rechtsmittels »Revision« besteht in der Wahrung der Rechtseinheit und Schaffung von materieller Gerechtigkeit durch Beseitigung von Fehlurteilen im Einzelfall.[3] Aus der Sicht der Verteidigung ist das Rechtsmittel der Revision nur von beschränktem Wert, da die Erfolgsaussichten oft nur gering sind.[4] Das Ermittlungsverfahren und die Hauptverhandlung sollte der Mittelpunkt der Tätigkeit der Verteidigung bleiben, wenn auch die Beherrschung der Grundprinzipien des Revisionsverfahrens oft sehr wertvoll sein kann.

Die Revision ist ein Rechtsmittel, das sich gegen Urteile von Strafkammern der Landgerichte (Große und Kleine Strafkammern – Schwurgerichtskammern – Wirtschaftsstrafkammern – Jugendstrafkammern) sowie gegen im ersten Rechtszug ergangene Urteile der Oberlandesgerichte (§ 120 GVG) richtet (§ 333 StPO). Dazu kommt die Sprungrevision, die es ermöglicht, auch Urteile des Amtsgerichts mit der Revision anzufechten (§ 335 StPO).

Rechtsmittelberechtigt sind der Angeklagte, die Staatsanwaltschaft (§ 296 StPO),[5] und zwar die Staatsanwaltschaft bei dem Gericht, das die anzufechtende Entscheidung erlassen hat,[6] der Verteidiger (aber nicht gegen den Willen des Angeklagten (§ 297 StPO)[7] – Revision einlegen und die Begründungsschrift unterzeichnen kann aber ein Rechtsanwalt, dem die Verteidigung nicht übertragen ist, wenn er zum Zeitpunkt der Unterzeichnung der Erklärungen zur Einlegung bzw. Begründung der Revision bevollmächtigt ist –,[8] der Nebenkläger (§§ 400, 401 StPO), Privatkläger (§ 390 StPO), gesetzliche Vertreter und Erziehungsberechtigte (§ 298 StPO), Einziehungs- und Verfallbeteiligte (§ 437 StPO).

II. Einlegung der Revision

1. Frist und Adressat

Die Revision kann erst eingelegt werden, sobald das Urteil verkündet ist; entscheidend ist hierfür die Verkündung des Urteilstenors. Keine Voraussetzung der Rechtsmitteleinlegung ist dagegen, dass die Revisionseinlegungsfrist schon zu laufen begonnen hat; denn sie bestimmt nur, bis wann die Rechtsmittelerklärung spätestens bei Gericht eingegangen sein muss.[9]

---

1 Hinweis: Der Wortlaut der nur mit Aktenzeichen angeführten Entscheidungen des Bundesgerichtshofs kann im Internet unter »Bundesgerichtshof.de« »Entscheidungen« nachgelesen werden

2 Vgl dazu ua Stülpnagel JA 2004, 231 ff

3 Vgl. *Kukein* in KK 5. Aufl., Vor § 333, Rn 2–6; *Meyer-Goßner*, StPO, 48. Aufl., Vor § 333 Rn 4 mwN; zum Ziel der Revision: Langer in Festschrift für Meyer-Goßner 2001 S 497 ff

4 zur Statistik: Rieß Festschrift für Sarstedt 1981, 284 ff, 288; ders. NStZ 1982, 48 ff; StV 1987, 269 ff; Nack NStZ 1997, 153 ff; Barton StraFo 1998, 325 ff

5 Ihr Rechtsmittel wirkt immer auch zugunsten des Angeklagten (vgl § 301 StPO), ihre Revision kann nicht auf die Verletzung solcher Normen gestützt werden, die nur zugunsten des Angeklagter gegeben sind (vgl § 339 StPO)

6 Für die gem § 145 Abs 1 GVG mit der Wahrnehmung der Amtsvorrichtungen der Staatsanwaltschaft beauftragte Staatsanwaltschaft vgl BGH NStZ 1995, 204; 1998, 309

7 Die Bestellung eines Pflichtverteidigers durch den Vorsitzenden des Tatgerichts wirkt für das Revisionsverfahren fort, sie gilt aber grundsätzlich nicht für die Verhandlung vor dem Revisionsgericht: *BGHSt* 36, 259

8 BGH NStZ 2001, 53

9 BGHSt 25, 234, 235

Die Frist zur Einlegung der Revision beträgt eine Woche; sie beginnt grundsätzlich   **2** mit der Verkündung (§ 341 I StPO), bei in Abwesenheit des Angeklagten verkündetem Urteil mit dessen Zustellung (§ 341 II StPO).

»Abwesenheit des Angeklagten« bezieht sich auf dessen Zugegensein während der   **3** gesamten Urteilsverkündung, also während der Verlesung der Urteilsformel und der mündlichen Mitteilung der Urteilsgründe (§ 268 II 1 StPO).[10] War der Angeklagte auch nur während eines Teils der Urteilsverkündung nicht anwesend, läuft seine Revisionseinlegungsfrist erst ab der Zustellung, gilt also § 341 II StPO; ein Angeklagter, der sich vor dem Ende der Urteilsverkündung aus dem Saal entfernt oder der entfernt wird, hat als bei der Verkündung nicht anwesend zu gelten.. Die Verkündung bildet eine Einheit; sie vermittelt den Verfahrensbeteiligten und der Öffentlichkeit die Kenntnis, wie das Gericht entschieden und aus welchen Gründen es so erkannt hat; erst mit der abschließenden Mitteilung der Urteilsgründe ist die Verkündung beendet[11] Dabei ist ohne Bedeutung, ob der Verteidiger während der Urteilsverkündung anwesend war;[12] ebenso ist ohne Belang, warum der Angeklagte (zeitweise) abwesend war.[13]

Auch für den Verteidiger beginnt die Revisionseinlegungsfrist grundsätzlich mit der   **4** Urteilsverkündung (§ 341 I StPO). War der Angeklagte während dieser (zeitweise) abwesend, so kann der Verteidiger – unabhängig von seiner eigenen Anwesenheit – die für den Angeklagten nunmehr ab der Urteilszustellung laufende Frist nutzen; dies ergibt sich schon daraus, dass der Angeklagte mit der Rechtsmitteleinlegung einen beliebigen (verhandlungsfähigen) Vertreter beauftragen darf,[14] also auch seinen Verteidiger. War der Angeklagte während der Urteilsverkündung anwesend, sein Verteidiger dagegen nicht, stellt sich die Frage nach der entsprechenden Anwendbarkeit von § 341 II StPO, der nach seinem Wortlaut nur für den Angeklagten gilt. Hier wird eine differenzierte Betrachtungsweise geboten sein: Hat es sich um einen Fall der notwendigen Verteidigung gehandelt, rechtfertigt der Verstoß gegen §§ 140, 145 I, 338 Nr. 5 StPO eine entsprechende Anwendung von § 341 II StPO; bei nicht notwendiger Verteidigung wird dies dagegen nur zu bejahen sein, wenn das Gericht das Ausbleiben des Verteidigers – etwa durch ein Unterlassen der Ladung – verschuldet hat.[15]

In den Fällen des § 341 II StPO beginnt die Revisionseinlegungsfrist mit der ord-   **5** nungsgemäßen Zustellung des vollständigen, also des mit den Gründen versehenen Urteils:[16] Die erforderliche Zustellung des Urteils kann aber auch in diesem Fall gemäß § 145 a StPO in der Weise bewirkt worden, dass eine Urteilsausfertigung dem bestellten Verteidiger gegen Empfangsbekenntnis zugestellt wird.[17] War die Zustellung unwirksam, ist die Rechtsmitteleinlegungsfrist nicht angelaufen, eine Fristversäumung ist dann grundsätzlich ausgeschlossen.

Hinweis: Die Frist zur Einlegung der Rechtsbeschwerde beginnt für den bei der   **5 a** Urteilsverkündung abwesenden Betroffenen auch dann mit der Zustellung des Ur-

---

10 BGHSt 15, 263, 265; »abwesend« ist auch der anwesende, aber verhandlungsunfähige Angeklagte: BayObLG NStZ-RR 1998, 368 mwN
11 BGH NStZ 2000, 498
12 BGHSt 25, 234
13 BGH NStZ 2000, 498
14 Vgl BGH NStZ 1996, 50; BGH Beschluss v 2. 8. 2000 – 3 StR 502/99
15 KMR-Mutzbauer § 341 Rn 76
16 BGHSt 25, 234
17 BGHR StPO § 45 I 1 Frist 1

teils, wenn dieses nicht mit Gründen versehen ist und die Voraussetzungen des § 77 b Abs 1 Satz 3 OWiG nicht vorlagen.[18]

6 Die Fristberechnung erfolgt nach §§ 42 f StPO; die Wochenfrist endet also regelmäßig am gleichen Wochentag, eine Woche nach der Verkündung bzw Zustellung (zB Verkündung: *Montag*, 4. 7. 2005; Fristablauf: *Montag*, 11. 7. 2005, 24 Uhr, § 43 I StPO; Ausnahme: § 43 II StPO).

7 Entscheidend für die Fristwahrung ist der rechtzeitige Eingang der Rechtsmittelschrift bei dem Gericht, dessen Urteil angefochten wird (§ 341 I StPO); Adressat ist somit das Tat-, nicht das Revisionsgericht (Ausnahme vor allem bei Verbindung mit einem Wiedereinsetzungsantrag, vgl BGHSt 40, 395, 397). Bei Urteilen von Außen- oder Zweigstellen kann die Revisionseinlegungsschrift auch beim Haupt- oder Stammgericht eingereicht werden.[19] Zweifel am Eingang der Rechtsmittelschrift bei Gericht, die auch nach Durchführung des Freibeweisverfahrens nicht überwunden werden können, gehen zum Nachteil des Rechtsmittelführers,[20] Zweifel an der Rechtzeitigkeit des Eingangs wirken dagegen zu dessen Vorteil.[21]

8 **Hinweise zur Wiedereinsetzung** (für Fristversäumung bei Revisionseinlegung und auch Revisionsbegründung):

In eine versäumte Revisionseinlegungsfrist kann Wiedereinsetzung nach den §§ 44 ff StPO gewährt werden.[22] Dann läuft die Revisionsbegründungsfrist regelmäßig ab der Zustellung des Wiedereinsetzungsbeschlusses.[23]

Wiedereinsetzung in den vorigen Stand kann dem Angeklagten bewilligt werden, wenn er ohne sein Verschulden verhindert gewesen ist, die Frist zur Revisionsbegründung (oder -einlegung) einzuhalten (§ 44 Satz 1 StPO). Ein Verschulden seines Verteidigers wird ihm in der Regel[24] – anders als dem Nebenkläger – nicht zugerechnet. Wer von einem befristeten Rechtsbehelf bewusst keinen Gebrauch macht, ist nicht iS des § 44 Satz 1 StPO »verhindert, eine Frist einzuhalten«. Das gilt auch dann, wenn ein Angeklagter nach Beratung durch seinen Verteidiger die Erfolgsaussichten eines Rechtsmittels – möglicherweise – falsch einschätzt.[25] Der Betroffene muss gem § 45 Abs 2 Satz 2 StPO innerhalb einer Woche nach Wegfall des Hindernisses (zB Kenntnis von der Fristversäumung) entweder selbst Wiedereinsetzung beantragen und durch Erklärung zu Protokoll des Urkundsbeamten der Geschäftsstelle die versäumte Handlung (zB Begründung der Revision in der dafür vorgeschriebenen Form (zB § 345 Abs 2 StPO) nachholen oder einen Verteidiger zur Abgabe der Revisionsbegründung in der genannten Frist veranlassen.[26] Entscheidend für den Fristbeginn ist der Zeitpunkt der Kenntnisnahme durch den Betroffenen und nicht der Zeitpunkt der Kenntnisnahme durch den Verteidiger. Im Antrag auf Wiedereinsetzung in den vorigen Stand muss der Antragsteller (im Hinblick auf § 45 StPO) mitteilen, wann der Grund weggefallen ist, der ihn an der rechtzeitigen Begründung der Revision gehindert hat. Wiedereinsetzung zur Nachholung einzelner Verfahrensrügen bei ansonsten rechtzeitiger Revisionsbegründung kommt nur

---

18 BGH NStZ 2005, 171
19 Vgl dazu auch BGH wistra 1999, 346, 347; BGHSt 40, 395 ff
20 BGH NStZ 1999, 372
21 KMR-Mutzbauer § 341 Rn 68 mwN
22 Vgl zB BGH NStZ 2001, 45 (fehlende Rechtsmittelbelehrung)
23 BGH NStZ 2000, 96, 98 m Anm Rieß
24 BGHSt 14, 306, 308
25 BGH NStZ – RR 1998, 109
26 *BGHR* StPO § 45 Abs 1 Satz 1 – Frist 2; *BGH* StV 1997, 226 m Anm *Ventzke* S 227 ff

in eng umgrenzten Ausnahmefällen in Betracht, etwa wenn dem Verteidiger bis zum Ablauf der Revisionsbegründungsfrist trotz mehrfacher Mahnung keine Akteneinsicht gewährt oder das Sitzungsprotokoll nicht zur Einsichtnahme zur Verfügung gestellt wurde und eine Verfahrensrüge nachgeschoben werden soll, die ohne Kenntnis der Akten bzw des Protokolls nicht begründet werden kann.[27] Allein der Umstand, dass ein nachträglich beauftragter weiterer Verteidiger nach Ablauf der Revisionsbegründungsfrist zu der Auffassung gelangt, die Revision hätte auch auf eine Verfahrensrüge gestützt werden können, stellt keinen Grund iSd § 44 StPO dar, der ausnahmsweise Wiedereinsetzung in die Frist des § 345 Abs 1 StPO gebieten könnte.[28] Ein Wiedereinsetzungsantrag nach Versäumung der Frist zur Begründung der Revision ist zulässig, wenn die nachgeholte Handlung den Formerfordernissen von § 344 Abs 1, Abs 2 Satz 1 und § 345 Abs 2 StPO genügt. Ob die ausgeführte Revisionsbegründung § 344 Abs 2 Satz 2 StPO entspricht, ist nur im Revisions- und nicht im Wiedereinsetzungsverfahren zu prüfen.[29]

Wiedereinsetzung in den vorigen Stand kann, wo das Gesetz nicht ausnahmsweise etwas anderes vorsieht (zB in § 329 Abs 3 StPO), nur gegen die Versäumung einer Frist beansprucht werden. Eine Wiedereinsetzung in den vorigen Stand nach Eintritt der Rechtskraft der Sachentscheidung ist nicht mehr zulässig.[30]

Muster

An das Landgericht München

Strafkammer

In der Strafsache

gegen

Az.:

beantrage ich

dem Angeklagten Wiedereinsetzung in die versäumte Revisionsbegründungsfrist zu gewähren,

den Beschluss des Landgericht München vom ..., mit dem die Revision als unzulässig verworfen worden ist, aufzuheben,

auf die Revision des Angeklagten das Urteil des Landgerichts München vom ... mit den zugehörigen Feststellungen aufzuheben und die Sache zu neuer Verhandlung und Entscheidung an eine andere Strafkammer des Landgerichts zurückverweisen.

Zur Begründung führe ich folgendes aus:

zur Kenntnis von der Fristversäumung (wegen § 45 StPO)

Grund der Fristversäumung – kein Verschulden des Angeklagten – entsprechende Glaubhaftmachung

Revisionsbegründung (§ 45 Abs 2 Satz 2 StPO) – falls nicht schon geschehen.

Unterschrift

---

27 Meyer-Goßner StPO 48. Aufl. § 44 Rn 7 a; BGH Beschl v 10. 3. 2005 – 4 StR 506/04
28 *BGHR* StPO § 44 – Verfahrensrüge 8
29 *BGHSt* 42, 365 ff
30 *BGHR* StPO § 349 Abs 2 – Beschluss 1

2.   Form und Inhalt

9   Die Revisionseinlegung muss nach § 341 I StPO schriftlich oder zu Protokoll des Urkundsbeamten erklärt werden; letztere Alternative steht dem Verteidiger nicht offen. Sie muss in deutscher Sprache abgefasst sein.[31]

10   Die in § 341 Abs 1 StPO für die Einlegung der Revision gebotene Schriftform verlangt nicht unbedingt eine Unterschrift. Es genügt vielmehr zur Wahrung der Schriftform, dass aus dem Schriftstück in einer jeden Zweifel ausschließenden Weise ersichtlich ist, von wem die Erklärung herrührt.[32] Es darf sich aber nicht lediglich um einen Entwurf handeln, das Schriftstück muss mit Wissen und Wollen des Berechtigten dem Gericht zugeleitet worden sein. Zweckmäßig und sinnvoll ist aber die Unterzeichnung der Rechtsmittelschrift.

11   Einzelfälle zur Schriftlichkeit und Übermittlung an das Gericht (soweit im heutigen Rechtsverkehr noch relevant):

- Übersendung des Originals: Soweit möglich sollte das Original der Revisionseinlegung an das Gericht übersandt oder bei der dortigen Einlaufstelle abgegeben werden; letzteres hat den Vorteil, dass man sich auf einer Kopie den Eingang (mit Eingangszeitpunkt) bestätigen lassen kann.
- Übermittlung per Telefax: ausreichend (BVerfG NJW 1996, 2857; vgl auch Rn 39).
- Übermittlung per Computerfax oder E-Mail: ausreichend, jedenfalls bei eingescannter Unterschrift (GmS-OGB NJW 2000, 2340, 2341; BVerfG NJW 2002, 3534).
- Telegramm oder Fernschreiben: ausreichend (BVerfGE 74, 228, 235; GmS-OGB NJW 2000, 2340, 2341).
- Telefon: nicht ausreichend, auch dann nicht, wenn über das Telefongespräch bei Gericht ein Protokollvermerk gefertigt wird (BGHSt 30, 64, 66).

12   In der Rechtsmitteleinlegungsschrift muss erklärt werden, in welcher Sache (Angabe von Angeklagtem und Aktenzeichen) von wem die Revision eingelegt wird (zum Adressaten: oben Rn 7).

13   Hinweise für die Verteidigung:

Von der Begründung des Rechtsmittels schon in der Einlegungsschrift (im Allgemeinen wird hier nur die Erhebung der allgemeinen Sachrüge – dazu Rn 101 – in Betracht kommen) sollte der Verteidiger absehen.[33] Zwar wäre damit die Revisionsbegründungsfrist gewahrt, gerade dies hätte aber zur Folge, dass – sollte die »eigentliche« Begründungsschrift nicht oder zu spät an das Gericht gelangen – eine Wiedereinsetzung nur noch ausnahmsweise gewährt werden könnte, weil nämlich die Frist des § 345 I StPO infolge der schon in der Einlegungsschrift mitgeteilten Begründung nicht versäumt worden ist.[34]

14   Abzuraten ist auch von einer Erklärung über die Beschränkung des Rechtsmittels schon in der Revisionseinlegungsschrift; denn nach Ablauf der Einlegungsfrist kann eine beschränkt eingelegte Revision – wegen des teilweisen Rechtskrafteintritts (§ 343 I StPO) – auch dann nicht mehr erweitert werden, wenn der Revisions-

---

31 BGHSt 30, 182, 183
32 BGH NStZ 2002, 558; vgl auch GmS-OGB NJW 2000, 2340, 2341
33 Ebenso Sarstedt/Hamm Rn 119, 121
34 Vgl BGH NStZ 2000, 326; 1997, 45; 46

führer aus den später zugestellten schriftlichen Urteilsgründen ersieht, dass ein Rechtsfehler nur in dem Teil des Urteils vorliegt, der bereits bestandskräftig ist.[35]

Schließlich sollten auch Formulierungen wie »lege ich vorsorglich Revision ein« **15** oder gar ausdrückliche Bedingungen (zB »lege ich Revision ein, falls auch die Staatsanwaltschaft Rechtsmittel eingelegt haben sollte«) vermieden werden; denn Bedingungen machen – abgesehen von innerprozessualen Bedingungen – die Prozesshandlung der Revisionseinlegung unzulässig.[36]

Sinnvoll und zweckmäßig ist es dagegen, im Hinblick auf die mögliche Erhebung **16** von Verfahrensrügen schon in der Einlegungsschrift um die Übersendung einer Abschrift des Hauptverhandlungsprotokolls zu bitten.

Beispiel für eine Revisionseinlegungsschrift: **17**

Rechtsanwalt Dr. Hans Müller
Karlsplatz 5
80335 München   20. Juli 2005

An das

Landgericht München I – Schwurgericht –

In der Strafsache gegen

Gerhart Schmied, geb. am 15. 9. 1957, zur Zeit in Untersuchungshaft in der JVA München-Stadelheim

wegen Mordes; Aktenzeichen: 1 Ks 115 Js 54321/04

lege ich gegen das Urteil des Landgerichts München I – Schwurgericht – vom 14. Juli 2005

Revision

ein.

Zugleich bitte ich um die Übersendung einer Abschrift des Hauptverhandlungsprotokoll

Dr. Müller (Rechtsanwalt)

3. Vollmacht

Wahl- und Pflichtverteidiger bedürfen für die Revisionseinlegung und auch deren **18** Begründung keiner besonderen – weiteren – Vollmacht bzw Bestellung (zur Hauptverhandlung vor dem Revisionsgericht: Rn 113),[37] jedoch darf das Rechtsmittel nicht gegen den ausdrücklichen Willen des Angeklagten eingelegt werden (§ 297 StPO).[38] Ein Rechtsanwalt, dem die Verteidigung nicht übertragen ist, kann deshalb Revision einlegen und die Begründungsschrift unterzeichnen, wenn er zum Zeitpunkt der Unterzeichnung der Erklärungen zur Einlegung bzw. Begründung der Revision bevollmächtigt ist.[39]

Gem § 345 Abs 2 StPO hat die Revisionsbegründung durch einen von dem Verteidiger oder einem Rechtsanwalt unterzeichneten Schriftsatz zu erfolgen. Verteidiger iS des Abs 2 ist der in der Vorinstanz tätige oder neu bestellte Verteidiger. Die Un-

---

35 BGHSt 38, 366, 367
36 Vgl zur vorsorglichen Revisionseinlegung: BGHSt 5, 183, 184; OLG Hamm NJW 1973, 257
37 Vgl OLG Stuttgart StV 2000, 413, 414
38 Zur Revisionseinlegung durch einen Rechtsanwalt, der vom Angeklagten hierzu ermächtigt wurde, aber weder Wahl- noch Pflichtverteidiger war: BGH NStZ 2001, 52
39 BGH NStZ 2001, 53

terbevollmächtigung durch einen Pflichtverteidiger ist unzulässig.[40] Eine Ausnahme ist dann gegeben, wenn ein anderer Rechtsanwalt als amtlich bestellter oder allgemeiner Vertreter nach § 53 Abs 3 und 2 BRAO handelt.[41] Ein Fall der allgemeinen Bestellung ist auch dann gegeben, wenn der Vertreter mit einem auf das Vertretungsverhältnis hinweisenden Vermerk unterzeichnet hat.[42] Die Unterzeichnung einer Rechtsbeschwerde durch einen anderen Rechtsanwalt mit dem Zusatz »iV« ist unwirksam, wenn der Schriftsatz zuvor von einem anderen Rechtsanwalt verfasst aber nicht unterschrieben worden ist. Der Unterzeichner übernimmt für dieses Schreiben nicht die Verantwortung sondern vertritt nur in der Unterschriftsleistung.[43]

19   Relativ häufig führt die Unterbevollmächtigung durch einen Pflichtverteidiger zur Unzulässigkeit der Revision; anders als der Wahlverteidiger darf dieser nämlich seine Befugnisse nicht auf einen anderen Rechtsanwalt übertragen. Geschieht dies gleichwohl, ist das Rechtsmittel weder vom Pflichtverteidiger noch von einem Wahlverteidiger eingelegt und damit unzulässig.[44] Es dürfte aber ein Fall der Wiedereinsetzung gegeben sein.

Dasselbe Problem stellt sich auch bei der Prüfung der Ordnungsmäßigkeit einer Urteilszustellung; die Zustellung ist nämlich unwirksam, wenn das Empfangsbekenntnis – § 37 I StPO iVm § 174 ZPO – nicht vom Pflichtverteidiger, sondern von einem anderen Mitglied seiner Sozietät unterzeichnet ist.[45] Für den Pflichtverteidiger hat in diesem Fall mangels ordnungsgemäßer Urteilszustellung die Einlegungs- oder Begründungsfrist noch nicht zu laufen begonnen.

4.   Einlegung unbenannter Rechtsmittel und Wechsel des Rechtsmittels

20   Rechtsmittelberechtigte können ein Urteil zunächst unbestimmt anfechten, also offen lassen, ob sie ihr Rechtsmittel als Berufung oder als Revision durchführen wollen. Wenn ein Urteil sowohl mit der Berufung als auch mit der (Sprung-) Revision angefochten werden kann (§ 335 StPO), kann nach Zustellung des erstinstanzlichen Urteils und innerhalb der dadurch in Lauf gesetzten Revisionsbegründungsfrist die Wahl getroffen werden, ob letztendlich das eingelegte Rechtsmittel eine Berufung oder eine Revision sein soll. Dieses Wahlrecht wird idR nicht dadurch ausgeschlossen, dass vorher das Rechtsmittel anders bezeichnet wurde.[46] Erforderlich ist aber, dass die für den Übergang erforderliche Erklärung innerhalb der Revisionsbegründungsfrist des § 345 Abs 1 StPO erfolgt. Die Erklärung des Übergangs ist grundsätzlich bei dem Gericht anzubringen, welches das angegriffene Urteil erlassen hat.[47] Ohne Ausübung des Wahlrechts bleibt es beim normalen Instanzenzug.

---

40 BGH StV 1981, 393; 2; NStZ 1995, 356; wistra 1993, 229; BGHR StPO § 349 Abs 1 Einlegungsmangel
41 BGH NStZ-RR 2002, 12; NStZ 1992, 248)
42 BGH NStZ 1992, 248; NStZ-RR 2002, 12
43 BayObLG NJW 1991, 2095, 2096
44 Vgl BGH StV 1982, 213; weitere Nachweise bei Schnarr NStZ 1996, 214, 215
45 BGH bei Miebach NStZ 1988, 213 (Nr. 22)
46 BGH NStZ 2004, 220 = StV 2003, 120
47 *BGHSt* 2, 63; 5, 338; 13, 388; 17, 44; 25, 321; 33, 183 ff; 40, 395 m Anm Fezer JR 1996, 38 ff

Beispiel für die Einlegung eines unbenannten Rechtsmittels: **21**

> Rechtsanwalt Dr. Hans Müller
> Karlsplatz 5
> 80335 München   20. Juli 2005
>
> An das
>
> Amtsgericht München – Strafrichter –
>
> In Sachen
>
> Gerhart Schmied, geb. am 15. 9. 1957, zur Zeit in anderer Sache in Strafhaft in der JVA München-Stadelheim
>
> wegen Diebstahls; Aktenzeichen 452 Js 13 Ds 54321/04
>
> lege ich gegen das Urteil des Amtsgerichts München vom 14. Juli 2005
>
> Rechtsmittel
>
> ein.
>
> Dr. Müller (Rechtsanwalt)

Da eine Berufung nur gegen amtsgerichtliche Urteile, nicht aber gegen Urteile des **22** Landgerichts statthaft ist (§ 312 StPO), ist die Einlegung eines unbenannten Rechtsmittels nur bei Urteilen des Amtsgerichts von Bedeutung.

Ein solches allgemeines Rechtsmittel wird der Rechtsmittelführer vor allem dann in **23** Erwägung ziehen, wenn er das Vorliegen der Urteilsgründe abwarten will, um beurteilen zu können, ob Rechtsfehler vorliegen, die eine Revision aussichtsreich erscheinen lassen. Bis zum Ablauf der Revisionsbegründungsfrist kann der Rechtsmittelführer gegenüber dem Ausgangsgericht die – dann endgültige – Entscheidung treffen, ob er das Rechtsmittel als Berufung oder als Revision durchgeführt haben will.[48] Trifft er diese Entscheidung nicht, zu spät oder nicht eindeutig, wird das Rechtsmittel als Berufung behandelt.[49]

Beispiel für die Konkretisierung eines unbenannt eingelegten Rechtsmittels: **24**

> Rechtsanwalt Dr. Hans Müller
> Karlsplatz 5
> 80335 München   29. Juli 2005
>
> An das
>
> Amtsgericht München – Strafrichter –
>
> In Sachen
>
> Gerhart Schmied, geb am 15. 9. 1957, zur Zeit in anderer Sache in Strafhaft in der JVA München-Stadelheim
>
> wegen Diebstahls; Aktenzeichen 452 Js 13 Ds 54321/04
>
> bitte ich, das mit Schriftsatz vom 20. Juli 2005 eingelegte Rechtsmittel als
>
> Revision
>
> weiter zu behandeln. Die Revision wird demnächst mit gesondertem Schriftsatz begründet werden.
>
> Dr. Müller Rechtsanwalt

---

48 BGHSt 25, 321, 324; 33, 183, 188
49 BGHSt 33, 183, 189

25 Neben der Möglichkeit, unbenannte Rechtsmittel einzulegen, wird dem Rechtsmittelführer auch zugestanden, durch Erklärung gegenüber dem Ausgangsgericht von einem bereits bezeichneten Rechtsmittel zu einem anderen überzugehen, also von der Berufung zur Revision oder umgekehrt.[50] Auch dies kann jedoch – in beiden Richtungen – nur innerhalb der Revisionsbegründungsfrist erfolgen und setzt im Fall des Übergangs zur Revision voraus, dass kein anderer Rechtsmittelberechtigter Berufung eingelegt hat (dann würde § 335 III StPO gelten). Nach der Rechtsprechung[51] kann zur Revision sogar dann übergegangen werden, wenn der Berufungsrichter angekündigt hat, dass die Berufung nicht angenommen werden wird (vgl § 313 StPO); so dass die Revision eine Möglichkeit ist, bei Annahmebedürftigkeit der Berufung § 313 StPO zu umgehen.[52] Im Fall eines unwirksamen Rechtsmittelwechsels ist über das zunächst eingelegte Rechtsmittel zu entscheiden.

26 Beispiel für den Wechsel des Rechtsmittels:

> Rechtsanwalt Dr. Hans Müller
> Karlsplatz 5
> 80335 München
>   29. Juli 2005
>
> An das Amtsgericht München – Strafrichter –
>
> In Sachen
>
> Gerhart Schmied, geb. am 15. 9. 1957, zur Zeit in anderer Sache in Strafhaft in der JVA München-Stadelheim
>
> wegen Diebstahls; Aktenzeichen 452 Js 13 Ds 54321/04
>
> bitte ich, die mit Schriftsatz vom 20. Juli 2005 eingelegte Berufung als Revision weiter zubehandeln. Die Revision wird demnächst mit gesondertem Schriftsatz begründet werden.
>
> Dr. Müller Rechtsanwalt

27 Zu beachten ist, dass alle diese Schriftsätze grundsätzlich an das Gericht gerichtet werden müssen, dessen Urteil angefochten wurde.[53]

5. Rücknahme und Verzicht

28 Die Rechtsmittelberechtigten können auf die Revision verzichten oder – falls sie eine solche bereits eingelegt haben – diese auch wieder zurücknehmen (§ 302 StPO); die Wirksamkeit der Rücknahme durch den Verteidiger bedarf der formfrei möglichen Ermächtigung durch den Angeklagten,[54] wobei ohne Bedeutung ist, ob der Verteidiger eine von ihm oder eine vom Angeklagten eingelegte Revision zurücknimmt (§ 302 II StPO; zur Teilrücknahme auch Rn 54); nach Beginn der Hauptverhandlung vor dem Revisionsgericht ist für jede Rücknahme die Zustimmung des Gegners erforderlich (§ 303 S 1 StPO).

29 Rücknahme und Verzicht[55] müssen in derselben Form erklärt werden wie die Rechtsmitteleinlegung, also schriftlich bzw zu Protokoll des Urkundsbeamten der

---

50 BGHSt 33, 183, 188; 40, 395, 398; BayObLG NStZ-RR 1998, 51
51 BGHSt 40, 395, 397
52 Streitig; vgl OLG Celle NStZ 1998, 87; OLG Düsseldorf NStZ 1998, 516; aA Kl/M-G § 335 Rn 21,22 jeweils mwN
53 BGHSt 40, 395 m Anm Fezer JR 1996, 38
54 Zur »formularmäßigen« Ermächtigung: BGH NStZ 2000, 665; 1998, 531
55 Zum Rechtsmittelverzicht durch Kopfnicken vgl. BGH NStZ 2005, 47

Geschäftsstelle (vgl § 341 I StPO) oder zu Protokoll in der Hauptverhandlung (vgl § 8 I RPflG).[56]

Die Wirksamkeit des Verzichts wird durch die Tatsache, dass Verlesung und Genehmigung dieser Erklärung unterblieben sind, nicht in Frage gestellt Folge ist nur, dass dem Protokollvermerk über den Verzicht keine Beweiskraft iSd § 274 StPO zukommt.[57] Der Verzicht auf die Einlegung eines Rechtsmittels ist auch dann wirksam, wenn eine Rechtsmittelbelehrung unterblieben war.

Als Prozesshandlungen sind die Rücknahme und der Verzicht grundsätzlich bedingungsfeindlich, nicht anfechtbar und können nicht zurückgenommen werden, sie sind auch nicht von einer ordnungsgemäßen Protokollierung[58] oder von einer zuvor erteilten Rechtsmittelbelehrung abhängig.[59] Unwirksam sind die Erklärungen grundsätzlich nur bei Vorliegen schwerwiegender Willensmängel,[60] etwa wenn der Erklärende im Zeitpunkt ihrer Abgabe verhandlungsunfähig war,[61] wenn der Verzicht Gegenstand einer schon aus anderen Gründen unzulässigen Absprache war und deren Unzulässigkeit zu einer rechtlichen Missbilligung des Verzichts führt[62] oder wenn sonstige Umstände vorliegen, die die Art und Weise des Zustandekommens des Verzichts betreffen; letzteres kann etwa der Fall sein, wenn der Angeklagte vor Abgabe der Erklärung nicht die Möglichkeit hatte, sich mit seinem Verteidiger zu besprechen[63] oder der Staatsanwalt mit der Ankündigung eines unsachgemäßen Haftantrages für den Weigerungsfall auf einen Rechtsmittelverzicht gedrängt hatte.[64]

30

Die Wirksamkeit des Rechtsmittelverzichts kann auch durch die Art seines Zustandekommens in Frage gestellt werden, zB auch durch unzulässige Einwirkung mit solchen Beeinflussungsmitteln, die nicht von § 136 a StPO verboten sind.[65] In Betracht kommt der Fall, dass der Vorsitzende unzuständiger weise eine Zusage abgegeben hat, die nicht eingehalten worden ist. Nicht genügend sind aber enttäuschte Erwartungen. Der Rechtsmittelverzicht eines Angeklagten ist aber unwirksam, er lediglich aufgrund einer – auch irrtümlich – objektiv unrichtigen Erklärung oder Auskunft des Gerichts, zB über die beamtenrechtlichen Nebenfolgen des Urteils zustande gekommen ist.[66]

Ein Rechtsmittelverzicht auf Grund einer Absprache ist unwirksam.[67] Das Gericht darf im Rahmen einer Urteilsabsprache an der Erörterung eines Rechtsmittelverzichts nicht mitwirken und auf einen solchen Verzicht auch nicht hinwirken. Nach jedem Urteil, dem eine Urteilsabsprache zugrunde liegt, ist der Rechtsmittelberechtigte, der nach § 35 a Satz 1 StPO über ein Rechtsmittel zu belehren ist, stets auch darüber zu belehren, dass er ungeachtet der Absprache in seiner Entscheidung

30 a

---

56 »Hat der Richter ein Geschäft wahrgenommen, das dem Rechtspfleger übertragen ist, so wird die Wirksamkeit des Geschäfts hierdurch nicht berührt«
57 BGH NStZ 1984, 181; BGHR StPO § 302 Abs 1 Satz 1 Rechtsmittelverzicht 5
58 Vgl BGH NStZ 2000, 441
59 BGH StV 1999, 411
60 Zusammenfassend: BGH StV 1999, 412, 413
61 Vgl zB BGH NStZ 1999, 526, 527
62 Vgl BGH StV 2000, 237; 1999, 412, 413; BGH NStZ 2000, 96 m Anm Rieß; Anm Weigend StV 2000, 63
63 BGH StV 1999, 412, 413 f; BGH NStZ 2000, 441, 442; 1999, 526
64 BGH StV 2004, 360
65 *BGHSt* 45, 51 ff
66 BGHSt 46, 257
67 BGH NStZ 2005, 389 ff zum Abdruck in BGHSt bestimmt

frei ist, Rechtsmittel einzulegen (qualifizierte Belehrung). Das gilt auch dann, wenn die Absprache einen Rechtsmittelverzicht nicht zum Gegenstand hatte. Der nach einer Urteilsabsprache erklärte Verzicht auf die Einlegung eines Rechtsmittels ist unwirksam, wenn der ihn erklärende Rechtsmittelberechtigte nicht qualifiziert belehrt worden ist. In der Unkenntnis des Angeklagten oder seines Verteidigers von der Rechtsprechung des Bundesgerichtshofs zur Wirksamkeit des abgesprochenen Rechtsmittelverzichts liegt keine Verhinderung iS des § 44 Satz 1 StPO.[68] Liegt eine Urteilsabsprache, die unzulässigerweise einen Vereinbarung über einen Rechtsmittelverzicht enthält, vor und ist eine qualifizierte Belehrung unterblieben, hat das die Wirkung, dass der erklärte Rechtsmittelverzicht unwirksam ist. Dem Angeklagten steht dann die einwöchige Frist zur Einlegung der Revision (§ 341 Abs 1 StPO) zur Verfügung. Für eine etwaige Wiedereinsetzung in den vorigen Stand gegen die Versäumung der Frist zur Einlegung der Revision ist die fehlende qualifizierte Belehrung ohne Bedeutung.

Ob der Angeklagte bei der Erklärung eines Rechtsmittelverzicht verhandlungsfähig war, ist vom Revisionsgericht in Freibeweisverfahren zu klären, wobei der Grundsatz »in dubio pro reo« insoweit nicht gilt.[69] Frühest möglicher Zeitpunkt für einen Rechtsmittelverzicht ist die Beendigung der Verkündung des Urteils, die Rechtsmittelbelehrung braucht noch nicht erfolgt zu sein. Ein Angeklagter, der in Abwesenheit verurteilt worden ist, kann auf die Einlegung der Revision vor Beginn der Einlegungsfrist jedenfalls dann wirksam verzichten, wenn er zuvor Gelegenheit hatte, sich über den Inhalt der verkündeten Urteilsgründe zuverlässig zu unterrichten.[70]

Der wirksame Verzicht auf Rechtsmittel schließt die Möglichkeit der Wiedereinsetzung in den vorigen Stand aus.

30 b **Rücknahme**

Die Revisionsrücknahme ist ebenso wie der Rechtsmittelverzicht generell unwiderruflich und unanfechtbar, es sei denn, der Widerruf geht vor oder spätestens gleichzeitig mit der Rücknahme- bzw Verzichtserklärung bei Gericht ein;[71] nur in eng begrenztem Umfang erkennt die Rechtsprechung Ausnahmen an.[72] Zurücknehmen kann ein Rechtsmittel grundsätzlich nur derjenige, der es eingelegt hat. Der Angeklagte kann aber die vom Verteidiger eingelegte Revision zurücknehmen, die Staatsanwaltschaft bedarf bei einem zugunsten des Angeklagten eingelegten Rechtsmittel dessen Zustimmung.[73] Die Rücknahmeerklärung des Angeklagten erstreckt sich stets auch auf das Rechtsmittel des Verteidigers. Der jugendliche Angeklagte kann sein Rechtsmittel auch ohne Zustimmung des gesetzlichen Vertreters zurücknehmen.[74] Für die Rücknahme eines Rechtsmittels gelten dieselben Formerfordernisse wie für dessen Einlegung.[75] Für die Einhaltung der Schriftform ist es ausreichend, dass der Angeklagte als der Urheber des Schreibens zweifelsfrei erkennbar ist.[76] Die Zurücknahme eines Rechtsmittels muss ausdrücklich erklärt werden, sie ist bedin-

---

68 BGH Beschl v 19.4.2005 5 StR 586/04; v 11.5.2005 – 5 StR 124/05; v 31.5.2005 – 1 StR 158/05; v 1.7.2005 – 5 StR 583/03
69 *BGHR* StPO § 302 Abs 1 Satz 1 – Rechtsmittelverzicht 16
70 *BGHSt* 25,234; str vgl *Peters* JR 1974, 250; *Sarstedt/Hamm* aaO Rn 132
71 BGHR StPO § 43 Eingang 1; BGH bei Kusch NStZ 1997, 378 (Nr. 16)
72 BGHSt 45, 51, 53 mwN; BGH Beschl v 13.5.2003 – 4 StR 135/03
73 Vgl. auch das Zustimmungsbedürfnis nach § 303 StPO
74 BGH StraFo 2005, 161
75 BGH NStZ-RR 2000, 305
76 BGH NStZ-RR 2000, 305 mwN

gungsfeindlich.[77] Jedoch kann sie, ebenso wie andere Prozesshandlungen, von einer reinen Rechtsbedingung abhängig gemacht werden. Sie kann daher an die Bedingung geknüpft werden, dass das Rechtsmittel überhaupt wirksam eingelegt wurde[78]. Die Zurücknahme eines Rechtsmittels setzt Verhandlungsfähigkeit des Erklärenden voraus. Ob er verhandlungsfähig war, ist vom Revisionsgericht im Freibeweisverfahren zu klären.[79] Der Wirksamkeit der Rechtsmittelrücknahme steht nicht entgegen, dass die Revision schon wegen Rechtsmittelverzichts unzulässig war.[80] Die Rücknahme einer Revision ist bis zur rechtskräftigen Entscheidung über sie möglich. Ein Verwerfungsbeschluss nach § 346 Abs 1 StPO steht daher einer Rücknahme solange nicht entgegen, bis dieser seinerseits Rechtskraft erlangt hat.[81] Die Rücknahmeerklärung kann als Prozesshandlung weder widerrufen noch wegen Irrtums angefochten werden.[82] Ein bloßer Irrtum über die Auswirkungen eines Urteils oder sonstige enttäuschte Erwartungen sind unbeachtlich.[83] Ein Wiedereinsetzungsantrag ist rechtlich ausgeschlossen und daher unzulässig.[84] Der Verteidiger benötigt für die Erklärung der Rücknahme eine Ermächtigung (§ 302 Abs 2 StPO). Hierfür ist keine bestimmte Form vorgeschrieben, sie kann schriftlich oder mündlich – auch fernmündlich – erteilt werden, es ist auch keine ausdrückliche Erklärung notwendig;[85] der Nachweis der Ermächtigung kann auch noch nach Abgabe der Erklärung geführt werden. Wird ein Verteidiger erst für die Durchführung des Revisionsverfahrens beauftragt, dann genügt für die Wirksamkeit der Revisionsrücknahme durch ihn die allgemein erteilte Ermächtigung, »Rechtsmittel ... zurückzunehmen«. Mit der Niederlegung des Wahlmandats erlischt die Vollmacht des Rechtsanwalts, Rechtsmittel zurückzunehmen. Wird der Rechtsanwalt anschließend zum Pflichtverteidiger bestellt, so bedarf es einer neuerlichen Ermächtigung zur Rechtsmittelrücknahme.[86]

Ist die Wirksamkeit einer Rechtsmittelrücknahme streitig, muss dies idR durch eine förmliche Entscheidung des Rechtsmittelgerichts (Feststellung der Wirksamkeit bzw. Unwirksamkeit der Rücknahme) geklärt werden.[87]

Hinweis für die Verteidigung:

31

Vor der Abgabe einer Rücknahme- oder Verzichtserklärung sollte der Verteidiger seinen Mandanten eindringlich auf deren Folgen hinweisen; denn die wirksame Revisionsrücknahme oder der Rechtsmittelverzicht führen zur Unzulässigkeit einer gleichwohl eingelegten Revision und haben, wenn nicht andere Beteiligte Rechtsmittel eingelegt haben oder noch einlegen können, den Eintritt der Rechtskraft des Urteils zur Folge. Der Rücknahme des Rechtsmittels steht nicht entgegen, dass die Revision nicht ordnungsgemäß iSv § 345 Abs 2 StPO eingelegt worden ist. Auch in diesem Fall kann eine Revision nicht erneut eingelegt werden, da die Rücknahme von der Rechtsprechung als Verzicht auf die Wiederholung des Rechtsmittels verstanden wird.[88]

---

77 *BGHSt* 5, 183
78 BGH Beschl vom 27. 4. 2001 – 3 StR 502/99
79 BGH Beschl vom 25. 7. 2000 – 4 StR 276/00
80 *BGHR* StPO § 302 Abs 2 Rücknahme 7
81 BGH Beschl v 5. 9. 1997 – 3 StR 271/97
82 BGHSt 10, 245, 247; BGH NStZ-RR 2000, 294
83 BGH NStZ 2000, 220
84 BGH NStZ 1995, 356
85 BGH NStZ-RR 2003, 241
86 *BGHR* StPO § 302 Abs 2 – Rücknahme 1
87 BGH NStZ 2001, 104
88 BGH NStZ 1995, 356 m Anm Ehrlicher S 357

32 Beispiel für eine Revisionsrücknahme:

Rechtsanwalt Dr. Hans Müller
Karlsplatz 5
80335 München

10. August 2005

An das

Amtsgericht München

– Strafrichter –

In Sachen

Gerhart Schmied, geb. am 15. 9. 1957, zur Zeit in anderer Sache in Strafhaft in der JVA München-Stadelheim

wegen Diebstahls; Aktenzeichen 452 Js 13 Ds 54321/04

Mit ausdrücklicher Zustimmung des Angeklagten nehme ich die mit Schriftsatz vom 20. Juli 2005 eingelegte Revision zurück.

Dr. Müller Rechtsanwalt

33 Adressat der Revisionsrücknahme ist das Gericht, das mit der Sache schon oder noch befasst ist, in Zweifelsfällen das Gericht, dessen Urteil angefochten wurde.

III. Revisionsbegründung

1. Frist

34 Die Revisionsbegründungsfrist beträgt einen Monat nach Ablauf der Einlegungsfrist (§ 345 I 1 StPO). Wurde – was die Regel ist – das vollständige Urteil, also die endgültige, mit den Gründen versehene schriftliche Urteilsfassung, nicht innerhalb der Einlegungsfrist zugestellt, läuft die Revisionsbegründungsfrist ab der – ordnungsgemäßen (vgl dazu auch oben Rn 19) – Urteilszustellung (§ 345 I 2 StPO). Falls das Sitzungsprotokoll aber erst nach der Urteilszustellung fertig gestellt wurde, muss das Urteil erneut zugestellt werden (vgl § 273 IV StPO); die Revisionsbegründungsfrist beginnt dann erst mit dieser Urteilszustellung zu laufen.[89] Die zugestellte Abschrift muss das zuzustellende Schriftstück wortgetreu und vollständig wiedergeben. Kleine Fehler schaden allerdings nicht, wenn der Zustellungsempfänger aus der Abschrift oder Ausfertigung den Inhalt der Urschrift genügend entnehmen kann.[90] Das Fehlen einer Unterschrift oder eines Verhinderungsvermerks im Urteil macht dessen Zustellung nicht unwirksam, wenn das zugestellte Schriftstück der Urschrift entspricht. Ein solcher Mangel des Urteils ist nur auf eine Verfahrensbeschwerde, nicht aber auf Sachrüge zu beachten[91] Die Wirksamkeit der Zustellung des Urteils wird weder dadurch berührt, dass es an nur einen der Wahlverteidiger zugestellt wird noch dadurch, dass der andere Wahlverteidiger von der Zustellung des Urteils nicht unterrichtet worden ist.[92]

35 Die Fristberechnung erfolgt auch hier nach §§ 42 f StPO; läuft die Monatsfrist ab der Urteilszustellung (§ 345 I 2 StPO), so endet sie am gleichen Monatstag, einen

89 BGHSt 27, 80
90 BGH NJW 1978, 60; StraFo 2004, 238
91 BGHSt 46, 204 = StV 2001, 155
92 BGH NStZ-RR 2003, 205

Monat nach der Zustellung (zB Urteilszustellung: *Montag*, 4. 7. 2005; Fristablauf: Freitag, 4. 8. 2005, 24 Uhr, § 43 I StPO; Ausnahme: § 43 II StPO. Zur Berechnung der Revisionsbegründungsfrist, wenn diese gemäß § 345 I 1 StPO mit dem Ablauf der Revisionseinlegungsfrist zu laufen beginnt: BGHSt 36, 241.

Die Revisionsbegründung muss innerhalb der Frist des § 345 I StPO bei dem Gericht, dessen Urteil angefochten wurde, eingehen. Eine Verlängerung der Revisionsbegründungsfrist sieht die Strafprozessordnung nicht vor; einem darauf gerichteten Antrag kann (darf) auch bei umfangreichen und schwierigen Sachen nicht stattgegeben werden.[93] Das Nachschieben von Verfahrensrügen, auch die Erhebung der allgemeinen Sachrüge, ist nach Ablauf der Revisionsbegründungsfrist grundsätzlich ausgeschlossen. Nur zu bereits erhobenen Rügen können ergänzende, nicht aber für deren Zulässigkeit notwendige Erläuterungen nachgereicht werden.[94] **36**

Zur Wiedereinsetzung (vgl dazu genauer Rn 8): **37**

Auch in eine versäumte Revisionsbegründungsfrist kann Wiedereinsetzung nach §§ 44 ff StPO gewährt werden (vgl das Beispiel bei Rn 108; zur Wiedereinsetzung in die Revisionseinlegungsfrist und die dann laufende Begründungsfrist: Rn 8). Da nach § 45 II 2 StPO die versäumte Handlung binnen der Wochenfrist des § 45 I 1 StPO nachgeholt werden muss, verkürzt sich die Revisionsbegründungsfrist des § 345 I StPO regelmäßig auf eine Woche ab Wegfall des Hindernisses.[95] In einem solchen Fall ist der Wiedereinsetzungsantrag im Übrigen nur zulässig, wenn die Revisionsbegründung den sich aus §§ 344 I, II 1, 345 II StPO ergebenden Erfordernissen genügt; die Wahrung des § 344 II 2 StPO wird dagegen erst im Revisionsverfahren geprüft.[96]

2. Form

Der Anwalt kann die Revisionsbegründung nur mittels eines Schriftsatzes einreichen (§ 345 II StPO; die Begründung zu Protokoll ist für ihn ausgeschlossen, vgl Rn 9); der Schriftsatz ist an das Gericht zu richten, dessen Urteil angefochten ist (§ 345 I 1 StPO; dazu auch Rn 7). **38**

Der Schriftsatz muss – wie § 345 II StPO ausdrücklich vorschreibt – vom Anwalt unterzeichnet sein (zum Vertreter des Pflichtverteidigers: Rn 19).[97] Trotz des Unterschrifterfordernisses werden neben der Übersendung des unterzeichneten Originals insbesondere folgende Übermittlungsformen zugelassen: **39**

- Telefax,[98]
- Telegramm oder Fernschreiben (BVerfGE 74, 228, 235; GmS-OGB NJW 2000, 2340, 2341).

---

93 BGH NStZ-RR 2003, 14
94 Vgl BGH StV 1999, 407; BGHSt 17, 337, 339; 18, 214
95 BGH NStZ-RR 1997, 267; zur Wiedereinsetzung in die Begründungsfrist nach einem unwirksamen Rechtsmittelverzicht: BGH NStZ 2000, 96 m Anm Rieß; Anm Weigend StV 2000, 63
96 BGH StV 1997, 225
97 Zur Revisionsbegründung eines Rechtsanwalts, der vom Angeklagten hierzu bevollmächtigt wurde, aber weder Wahl- noch Pflichtverteidiger war: BGH NStZ 2001, 52
98 BVerfG NJW 1996, 2857; GmS-OGB NJW 2000, 2340, 2341; maßgeblich ist aber auch hier der rechtzeitige Eingang bei Gericht, vgl BVerfG NJW 2000, 574

40 Im Hinblick auf die Entscheidung des Gemeinsamen Senats der Obersten Gerichte des Bundes[99] werden nunmehr auch zuzulassen sein:[100]

- Computerfax mit eingescannter Unterschrift oder dem Hinweis, dass wegen der Übertragungsform eine Unterzeichnung ausgeschlossen ist,
- E-Mail (unter denselben Voraussetzungen; dies wurde in obiger Entscheidung allerdings nicht erörtert).[101]

41 Ausgeschlossen ist dagegen die telefonische Übermittlung der Revisionsbegründung (vgl BGHSt 30, 64, 66).

3. Inhalt der Revisionsbegründung

a) Allgemeines

42 Die Revision muss – anders als die Berufung (vgl die Kann-Vorschrift des § 317 StPO) – begründet werden (§ 344 I StPO), weshalb nicht nur die Wahrung von Form und Frist Voraussetzung der Zulässigkeit des Rechtsmittels ist, sondern auch, dass die Begründung den in § 344 StPO geforderten Mindestinhalt hat. Das bedeutet, dass dem Begründungsschriftsatz – notfalls im Wege der Auslegung – ein Antrag und zumindest eine zulässige Rüge zu entnehmen sein müssen.

43 Die Revisionsbegründung besteht also grundsätzlich aus zwei Teilen, nämlich dem Antrag und dessen Rechtfertigung. Diese Rechtfertigung muss in der Behauptung der Verletzung formellen (Verfahrensrüge, dazu Rn 73 ff) und/oder materiellen Rechts (Sachrüge, dazu Rn 91 ff) liegen (§ 344 II 1 StPO). Auch auf das Fehlen von Verfahrensvoraussetzungen kann und soll die Revisionsbegründung eingehen (dazu Rn 70 ff).

44 Typischer Aufbau einer Revisionsbegründung:

- Antrag (mit Begründung einer etwaigen Beschränkung)

Fehlen von Verfahrensvoraussetzungen,

Verfahrensrügen:

- absolute Revisionsgründe,
- relative Revisionsgründe,

Sachrüge:

- allgemeine Sachrüge,
- Einzelausführungen zur Sachrüge.

45 Wird die Revisionsbegründung von einem Verteidiger eingereicht, muss ferner zweifelsfrei feststehen, dass er für diese die Verantwortung übernimmt;[102] er darf daher beispielsweise nicht lediglich eine vom Angeklagten selbst gefertigte Schrift mit einem Anschreiben versehen bei Gericht abgeben, auch sollte er nicht mit dem

---

99 NJW 2000, 2340 = MDR 2000, 1089 m Anm Liwinska; Anm Düwell NJW 2000, 3334
100 Die Entscheidung befasst sich allerdings nicht ausdrücklich mit § 345 II StPO, sondern lediglich mit der beim allgemeinen – prozessualen – Schriftformerfordernis bestehenden Notwendigkeit der Unterzeichnung; zur – besseren Lösung über die – EU-Signaturrichtlinie und deren Umsetzung in deutsches Recht: Redeker CR 2000, 455; Tettenborn CR 2000, 683; Büllesbach/Miedbrodt CR 2000, 751
101 Vgl Liwinska MDR 2000, 1089, 1091; zur Entbehrlichkeit der eingescannten Unterschrift: FG Hamburg NJW 2001, 992 = CR 2001, 162 m (zutreffend ablehnender) Anm Vehslage
102 BGH NStZ 2000, 211; NStZ-RR 2002, 309

Zusatz »iV« unterschreiben.[103] Er muss »gestaltend mitwirken und für ihren gesamten Inhalt die Verantwortung übernehmen«.[104] Dabei darf kein Zweifel bestehen, dass der Rechtsanwalt die volle Verantwortung für den Inhalt der Schrift übernommen hat. Diese Anforderungen sind zB nicht erfüllt, wenn der Verteidiger »die Durcharbeitung der vom Angeklagten persönlich verfasster Rügen zusichert« und auch nicht, wenn die Revisionsbegründung zwar auf einem Briefbogen des Verteidigers beginnt und nach 107 Seiten mit dessen Unterschrift endet, im Übrigen aber vom Angeklagten stammt.[105] Formulierungen wie »nach Ansicht des Angeklagten«[106] oder »der Angeklagte legt ferner Wert auf die Feststellung«, »auftragsgemäß«[107] können den Eindruck anwaltlicher Distanzierung erwecken.

b) Anträge

Der Antrag lautet grundsätzlich so, wie sich der Revisionsführer den Hauptsache-   **46** tenor der Entscheidung des Revisionsgerichts erhofft. Er besteht daher aus zwei oder drei Teilen, nämlich dem Antrag auf Aufhebung des Urteils (§ 353 I StPO) sowie – zumeist – der dort getroffenen Feststellungen (§ 353 II StPO) und einem »Folgeantrag« (§ 354 I, II StPO), der regelmäßig das eigentliche Ziel des Rechtsmittels beschreibt. Das Revisionsgericht ist im Rahmen von § 354 Abs1 StPO an den Antrag nicht gebunden.

Auf dieser Grundlage können die in der Praxis häufigsten Anträge folgendermaßen   **47** formuliert werden:

Ist das Urteil nach Ansicht des Revisionsführers rechtsfehlerhaft, weil beispielsweise die Tatsachenfeststellungen unvollständig sind oder die rechtliche Würdigung falsch ist, ohne dass ein Freispruch oder eine Einstellung des Verfahrens gerechtfertigt wäre, sollte folgender Antrag gestellt werden (§§ 353, 354 II 1 StPO; »Standardantrag«):

> Ich beantrage, das Urteil des Landgerichts ... vom ... mit den Feststellungen aufzuheben und die Sache zu neuer Verhandlung und Entscheidung an eine andere Strafkammer des Landgerichts zurückzuverweisen.

Die Zurückverweisung kann nach § 354 II 1 StPO an ein anderes Landgericht desselben Bundeslandes, unter den Voraussetzungen des § 354 III StPO auch an ein Amtsgericht oder – im Falle der Unzuständigkeit des Erstgerichts – an das zuständige Gericht (§ 355 StPO) erfolgen. Liegen die Voraussetzungen dieser Vorschriften vor, sollte dies in den Antrag aufgenommen und – am Ende der Begründung – erläutert werden.

Ist das Urteil falsch, weil der Angeklagte nach den dort rechtsfehlerfrei und voll-   **48** ständig getroffenen Feststellungen freizusprechen ist, lautet der Antrag (§§ 353 I, 354 I StPO):

---

103 OLG Hamm Rpfleger 2000, 565
104 *BGH* NStZ 1984, 563; auch die Formulierung »auftragsgemäß« werde gerügt und die Wiedergabe von Ausführungen des Angeklagten in indirekter Rede könne auf Distanzierung hindeuten; BGH Beschl. v. 21.5.2003 – 3 StR 180/03
105 *BGHR* StPO § 345 Abs 2 Begründungsschrift 1; *BGH* NStZ 1997, 355; NStZ 2000, 211
106 BGH NStZ-RR 2002, 309
107 BGH NStZ 2004, 166

> Ich beantrage, das Urteil des Landgerichts ... vom ... aufzuheben und den Angeklagten freizuspre-
> chen.

Dieser Antrag kommt nur in Betracht, wenn der Angeklagte bezogen auf die angeklagte Tat mit Sicherheit keinen Straftatbestand verwirklicht hat und entweder keine
weiteren Tatsachenfeststellungen möglich sind oder sich auch bei noch möglichen
weiteren Tatsachenfeststellungen an der Straflosigkeit nichts ändern würde[108] (zum
Teilfreispruch: Rn 50).

49 Ist das Urteil falsch, weil das Verfahren nach den dort rechtsfehlerfrei und vollständig getroffenen Feststellungen wegen eines Verfahrenshindernisses einzustellen ist,
lautet der Antrag (§§ 353 I, 354 I StPO):

> Ich beantrage, das Urteil des Landgerichts ... vom ... aufzuheben und das Verfahren einzustellen.

Betrifft das Verfahrenshindernis dagegen nur einen Teil der angeklagten Tat oder
eine von mehreren angeklagten Taten, ist wie folgt zu unterscheiden: Besteht zwischen der Strafvorschrift, für die das Verfahrenshindernis besteht, und der zutreffend angewendeten Vorschrift Tatmehrheit, kann das Verfahren nur bezüglich der
Tat, für die das Hindernis besteht, – also teilweise – eingestellt werden. Soll bezüglich der weiteren Tat oder Taten die »normale« Aufhebung erreicht werden, würde
der Antrag lauten:

> Ich beantrage,
>
> a) das Urteil des Landgerichts ... vom ... aufzuheben, soweit der Angeklagte wegen ... (Tat vom
> ...) verurteilt wurde und das Verfahren insofern einzustellen,
>
> b) das Urteil im Übrigen mit den Feststellungen aufzuheben und die Sache im Umfang dieser Auf-
> hebung zur neuen Verhandlung und Entscheidung an eine andere Strafkammer des Landgerichts
> zurückzuverweisen.

Besteht dagegen zwischen der Strafvorschrift, bezüglich derer das Verfahrenshindernis vorliegt, und der weiter angewendeten Strafnorm Tateinheit, so darf das Verfahren nicht – auch nicht teilweise – eingestellt werden; in einem solchen Fall kann
das Urteil mit dem »Standardantrag« (Rn 47) insgesamt angefochten werden, wenn
es auch im Übrigen rechtsfehlerhaft ist. Ansonsten – weist also das Urteil im Übrigen keinen Rechtsfehler auf – würde der Antrag lauten:

> Ich beantrage, das Urteil des Landgerichts ... vom ...
>
> a) im Schuldspruch dahin abzuändern, dass die Verurteilung wegen tateinheitlich begangenen ...
> entfällt,
>
> b) im Rechtsfolgenausspruch mit den zugehörigen Feststellungen aufzuheben und im Umfang der
> Aufhebung die Sache zu neuer Verhandlung und Entscheidung an eine andere Strafkammer des
> Landgerichts zurückzuverweisen.

50 Nach den gleichen Grundsätzen ist zu verfahren, wenn der Verteidiger meint, der
Angeklagte sei teilweise freizusprechen bzw habe einen der vom Tatrichter tateinheitlich abgeurteilten Straftatbestände nicht verwirklicht.

---

108 Vgl BGH NStZ 1999, 420; StV 2001, 108; 2002, 422; 2003, 216

Das Fehlen eines ausdrücklichen Antrags ist zwar dann unschädlich, wenn sich der Umfang der Anfechtung aus dem Inhalt der Revisionsbegründung ergibt. So ist nach der Rechtsprechung bei Revisionen des Angeklagten in der Erhebung der uneingeschränkten allgemeinen Sachrüge regelmäßig die Erklärung zu sehen, dass das Urteil insgesamt angefochten werden. Auch bei Revisionen der Staatsanwaltschaft[109] bedarf es idR dann keines förmlichen Revisionsantrags, wenn das Ziel der Revision aus dem Inhalt der Revisionsschrift oder dem Gang des bisherigen Verfahrens eindeutig hervorgeht. Bei einem Strafverfahren gegen mehrere Angeklagte, denen eine Vielzahl von Straftaten zur Last gelegt wird, lässt sich aus einer nicht näher ausgeführten allgemeinen Sachrüge das Anfechtungsziel der Staatsanwaltschaft nicht sicher ermitteln. Es bedarf vielmehr eines ausdrücklichen Antrags iSd § 344 Abs 1, § 352 Abs 1 StPO, um das Begehren der Beschwerdeführerin hinreichend klar zu erkennen.[110]

Im Hinblick auf § 400 StPO bedarf es bei einer Revision eines Nebenklägers grundsätzlich der Mitteilung, dass das Urteil mit dem Ziel einer Änderung des Schuldspruchs hinsichtlich der zum Anschluss als Nebenkläger berechtigenden Gesetzesverletzung angefochten wird.[111]

Zum Antrag bei Einlegung einer beschränkten Revision: Rn 58.   **51**

c) Beschränkung des Rechtsmittels

Mit einer Revision kann ein Urteil insgesamt oder auch nur teilweise angegriffen   **52**
werden; die Revision kann also beschränkt eingelegt werden (vgl § 344 I StPO; dazu auch **Teil C Kap 1 Rn 29 ff**). Voraussetzung einer solchen Beschränkung ist, dass der angefochtene Teil des Urteils gegenüber dem nicht angefochtenen Teil getrennt geprüft werden kann (Trennbarkeitsformel). Eine Beschränkung des Rechtsmittels ist also möglich, wenn die Beschwerdepunkte nach dem inneren Zusammenhang des Urteils losgelöst vom nicht angegriffenen Teil rechtlich und tatsächlich selbstständig beurteilt werden können.[112] Ist das nicht der Fall, so ist die Beschränkung unwirksam; dies hat aber nicht die Unzulässigkeit des Rechtsmittels zur Folge, vielmehr wird die Revision als unbeschränkt eingelegt behandelt.[113]

Folge der beschränkten Revisionseinlegung ist, dass das Urteil, wenn es von ande-   **53**
ren Beteiligten nicht angefochten wurde, im Übrigen mit Ablauf der Revisionseinlegungsfrist – also teilweise – rechts- bzw bestandskräftig wird (§ 343 I StPO). Da der Rechtskrafteintritt also mit dem Ablauf der Frist zur Einlegung eines Rechtsmittels verknüpft ist, kann das beschränkt eingelegte Rechtsmittel auch nur bis zum Ablauf dieser Frist erweitert werden; von der Erklärung der Beschränkung des Rechtsmittels schon in der Einlegungsschrift sollte der Verteidiger daher regelmäßig absehen (vgl Rn 14).

---

109 Für Nebenklägerrevision: Nach der Regelung des § 400 Abs 1 StPO kann ein Nebenkläger das Urteil nicht mit dem Ziel anfechten, dass eine andere Rechtsfolge verhängt wird. Deshalb bedarf es bei Revisionen der Nebenkläger idR eines Revisionsantrages oder einer Revisionsbegründung, wodurch deutlich gemacht wird, dass der Beschwerdeführer ein zulässiges Ziel verfolgt (BGHR StPO § 400 Abs 1 – Zulässigkeit 2, 5)
110 BGH StV 2003, 120
111 BGHR StPO § 400 Abs 1 Zulässigkeit 5; BGH Beschl v 14. 1. 2003 – 1 StR 457/02; v 26. 3. 2003 – 2 StR 35/03; vom 28. 1. 2005 – 2 StR 314/04; Meyer-Goßner Rn 6 zu § 400
112 BGH NStZ 1995, 493 mwN
113 BGHSt 21, 256, 258

54   Auch die nachträgliche Beschränkung der Revision ist mit einem teilweisen Rechtskrafteintritt verbunden, falls nicht ein anderer Verfahrensbeteiligter ein unbeschränktes Rechtsmittel eingelegt hat. Eine solche nachträgliche Beschränkung ist entweder als Teilrücknahme oder als Klarstellung des Anfechtungsumfangs zu werten (Auslegung);[114] liegt eine Teilrücknahme vor, so bedarf der Verteidiger einer ausdrücklichen Ermächtigung des Angeklagten (§ 302 II StPO), wird die Teilrücknahme erst in der Hauptverhandlung vor dem Revisionsgericht erklärt, muss auch der Generalbundes- bzw Generalstaatsanwalt zustimmen (§ 303 S 1 StPO).

55   Beispiele für eine mögliche Beschränkung der Revision:

– Innerhalb des Schuldspruchs kann das Rechtsmittel auf einzelne prozessuale Taten, regelmäßig aber auch auf einen der tatmehrheitlich abgeurteilten Straftatbestände beschränkt werden.[115] Tateinheitlich gegebene Tatbestände können dagegen grundsätzlich ebenso wenig wie einzelne Tatbestandsmerkmale gesondert überprüft werden.[116] In Fällen, in denen der Tatrichter die von ihm festgestellten Geschehnisse als mehrere rechtlich selbständige Taten bewertet, obwohl bei richtiger rechtlicher Würdigung nur eine Tat vorliegt, kann die Revision nicht auf die rechtliche Bewertung einzelner dieser Geschehnisse beschränkt werden.[117] Auch eine Beschränkung auf eine von mehreren wahlweise festgestellten Taten ist unwirksam.[118]

56   – Sehr häufig erfolgt die Beschränkung auf den Rechtsfolgenausspruch. Eine solche Beschränkung ist wirksam, es sei denn, die Urteilsfeststellungen zum Tatgeschehen sind so unzureichend, dass sie eine Bewertung der Schuld nicht zulassen.[119]

57   – Auch innerhalb des Straf- oder Rechtsfolgenausspruchs ist eine Beschränkung regelmäßig möglich. So kann häufig allein die Tagessatzhöhe einer verhängten Geldstrafe,[120] das Versagen einer Strafaussetzung zur Bewährung,[121] oder die Verhängung einer Maßregel[122] angefochten werden. Die Revision kann wirksam auf die Entziehung der Fahrerlaubnis beschränkt werden, wenn zwischen der Maßregelanordnung und der Strafzumessung wie auch der Strafaussetzung zur Bewährung keine »Wechselwirkungen« erkennbar sind[123] Wurde neben der Ablehnung der Strafaussetzung zur Bewährung zugleich eine Maßregel nach den §§ 69, 69 a StGB angeordnet, so ist die Beschränkung auf die Frage der Strafaussetzung aber nur dann unwirksam, wenn sich der Beschwerdeführer gegen insoweit doppelrelevante Feststellungen wendet oder die Bewährungsentscheidung mit der Maßregelanordnung eng verbunden ist, so dass die entstehende Gesamtentscheidung möglicherweise nicht frei von inneren Widersprüchen bleiben würde.[124] Die Revision kann auch wirksam auf die Anordnung des (erweiterten) Verfalls beschränkt werden. Dies gilt auch hinsichtlich eines angeordneten Verfall[125] oder der Nichtanordnung

---

114 Vgl die Nachweise bei OLG Frankfurt/M NStZ-RR 1997, 45 und bei Kl/M-G § 302 Rn 29
115 Vgl BGHSt 24, 185
116 Ausnahme: Tateinheit mit einem Dauerdelikt, vgl BGHSt 39, 390
117 BGH Urt. v 17.10.1995 – 1 StR 372/95; BGH NStZ 2004, 457
118 OLG Karlsruhe JR 1989, 82
119 Vgl OLG Düsseldorf NStZ-RR 2000, 307 mwN
120 BGHSt 27, 70
121 BGHSt 24, 164, 165
122 Vgl zum Entzug der Fahrerlaubnis beispielsweise: OLG Frankfurt/M NStZ-RR 1997, 46; OLG Stuttgart NStZ-RR 1997, 178
123 BGHSt 47, 32
124 BGHSt 47, 32
125 BGH NStZ-RR 1997, 270; NStZ 2000, 137; 2001, 312; BGH Urt. v 2.12.2004 – 3 StR 246/04

des Verfalls bei Revision der Staatsanwaltschaft[126] Voraussetzung ist auch hier, dass dieser Teil der Entscheidung losgelöst vom übrigen Urteilsinhalt selbständig geprüft und beurteilt werden kann und die nach dem Teilrechtsmittel stufenweise entstehende Gesamtentscheidung frei von inneren Widersprüchen bleibt.[127] Die Revision des Angeklagten kann im Wege der Rechtsmittelbeschränkung die Nichtanwendung des § 64 StGB vom Rechtsmittelangriff gegen den Rechtsfolgenausspruch ausnehmen.[128]

Beispiel für die Fassung des Antrags bei beschränkter Revision: **58**

> Ich beantrage, das Urteil des Landgerichts … vom … im Strafausspruch [oder allgemein: im Rechtsfolgenausspruch] mit den zugehörigen Feststellungen aufzuheben und die Sache insoweit zur neuen Verhandlung und Entscheidung an eine andere Strafkammer des Landgerichts zurückzuverweisen.

d)   Voraussetzung einer erfolgreichen Revision: Gesetzesverletzung und Beruhen

aa)   Gesetzesverletzung

Die Revision ist begründet, wenn das Urteil auf einer Gesetzesverletzung beruht **59** (§§ 337 I, 353 I StPO). Dementsprechend ist es eine der wesentlichen Aufgaben der Revisionsbegründung, zumindest eine solche Gesetzesverletzung aufzuzeigen. Rechtsfehler können (vgl dazu auch § 337 II StPO) in der Missachtung eines von Amts wegen zu berücksichtigenden Verfahrenshindernisses (Rn 70 ff), einem – sonstigen – Verfahrensfehler (Rn 73 ff) oder einem materiell-rechtlichen Fehler liegen (Rn 91 ff).

bb)   Beruhen; absolute und relative Revisionsgründe

Die absoluten Revisionsgründe sind in § 338 StPO abschließend aufgezählt. Liegt **60** eine der dort aufgeführten Gesetzesverletzungen vor, so ist dem Revisionsführer die Beruhensprüfung abgenommen, er muss also nicht darlegen, dass das Urteil ohne die Gesetzesverletzung möglicherweise anders ausgefallen wäre (vgl aber zu § 338 Nr. 8 StPO »in einem wesentlichen Punkt« hierzu Rn 171). Jedoch liegen auch absolute Revisionsgründe nicht vor, wenn ein Einfluss des Verfahrensfehlers auf das Urteil denkgesetzlich ausgeschlossen ist,[129] wenn der Verfahrensfehler geheilt wurde[130] oder wenn die Rüge verwirkt ist (vgl Rn 68).

Zu beachten ist ferner, dass das Vorliegen eines absoluten Revisionsgrundes vom **61** Revisionsgericht nicht von Amts wegen untersucht wird, sondern nur, wenn dieser in einer zulässig erhobenen Verfahrensrüge geltend gemacht wurde (dazu Rn 81 ff). § 338 StPO darf zudem nicht dahin missverstanden werden, dass dort »echte« Revisionsgründe aufgeführt wären; der Revisionsgrund ist vielmehr die Verletzung einer Verfahrensbestimmung, zB des § 169 S 1 GVG im Fall des unberechtigten Ausschlusses der Öffentlichkeit. Auch bei absoluten Revisionsgründen (zB § 338 Nr. 6 StPO) muss die Gesetzesverletzung vorgetragen werden und gegeben sein, § 338 StPO nimmt dem Revisionsführer und dem Revisionsgericht grundsätzlich nur die Beruhensprüfung ab.

---

126 BGH Urt. v 5. 12. 1996 – 5 StR 542/96
127 Urt. v 2. 12. 2004 – 3 StR 246/04
128 BGHSt 38, 362
129 Vgl etwa BGH StV 1996, 133; StV 2000, 248 m Anm Ventzke und BGHSt 45, 117 = JR 2000, 251 m Anm Rieß; Gössel NStZ 2000, 181; Ventzke StV 2000, 249; BGHSt 48, 268; BGH StV 2003, 271
130 Vgl BGHSt 21, 332, 334; BGH NStZ-RR 1998, 259 (Nr. 9)

62 Bei allen anderen Gesetzesverletzungen, den sog relativen Revisionsgründen, ist neben dem Vorliegen einer Gesetzesverletzung stets zu prüfen, ob das Urteil auf diesem Fehler beruht (§ 337 I StPO). Das ist der Fall, wenn zumindest nicht auszuschließen ist, dass es ohne die Gesetzesverletzung anders ausgefallen wäre (vgl BGHSt 22, 278, 280; zum Vortrag zum Beruhen: Rn 87).

63 Bei und in Zusammenhang mit der Prüfung des Beruhens sollten noch folgende Punkte beachtet werden:

– Das Beruhen auf einem Verfahrensfehler ist ausgeschlossen, wenn dieser durch die fehlerfreie Wiederholung des betreffenden Verfahrensabschnitts geheilt wurde[131] oder wenn die Verfahrensweise unzweifelhaft »im Ergebnis« richtig war,[132] etwa weil offensichtlich ein anderer Grund für die Ablehnung eines Hilfsbeweisantrages vorlag, der vom Revisionsgericht »nachgebracht« werden kann (vgl Rn 145).[133]

64 – Bei der Beruhensprüfung ist ferner zu beachten, dass sich ein Fehler nicht notwendig zugleich auf den Schuld- und den Rechtsfolgenausspruch ausgewirkt haben muss. So betrifft etwa der unterlassene Hinweis auf die Anwendbarkeit des § 243 StGB (Verstoß gegen § 265 II StPO) nur den Strafausspruch, den Schuldspruch wegen Diebstahls lässt er dagegen unberührt (Folge: Aufhebung nur des Strafausspruchs und gegebenenfalls darauf beschränkte Revision).

65 – Ein Verfahrensfehler kann mit der Revision nicht beanstandet werden (Rügeverwirkung), wenn er eine Sachleitungsanordnung des Vorsitzenden betrifft, die nicht gemäß § 238 II StPO noch in der Hauptverhandlung beanstandet wurde (vgl die Beispiele bei Rn 153, 174 sowie **im Teil B Kap 4 Rn 120 ff**). Einer solchen Beanstandung und auch eines Gerichtsbeschlusses bedarf es jedoch nicht, wenn der Vorsitzende eine von Amts wegen gebotene, unverzichtbare prozessuale Maßnahme unterlassen hat oder wenn sich der Verfahrensfehler des Vorsitzenden im Urteil fortsetzt, dort also vom ganzen Gericht wiederholt oder umgekehrt wurde (vgl dazu die Beispiele bei Rn 125, 157).

66 – Ein Rügeverzicht, also die verbindliche und wirksame Erklärung, einen Fehler nicht zum Gegenstand einer Revisionsrüge zu machen, ist nur ausnahmsweise möglich, weil die Beachtung der Regelungen der StPO weitgehend nicht der Parteidisposition unterliegt (vgl BGH GA 1986, 372).[134]

67 – Der Angeklagte kann ferner eine Gesetzesverletzung dann nicht mit der Revision beanstanden, wenn er durch die unrichtige Rechtsanwendung nicht beschwert ist. Rechtsfehler eröffnen ihm ein Rügerecht nämlich nur, wenn das verletzte Gesetz zumindest auch seinem Schutz dient (»Rechtskreistheorie« oder »Schutzzweck der Norm«; vgl dazu das Beispiel bei Rn 173 sowie – allgemein – **Teil G Kap 1 Rn 86**).[135]

---

131 BGHSt 30, 74, 76; zur Verfahrensrüge, wenn eine Heilung in Betracht kommt: Rn 84
132 Vgl KK-Kuckein § 337 Rn 33 ff mwN; vgl aber BVerfG v 2. 6. 2005 – 2 BvR 625/01 u 2 BvR 638/01 sowie BGH Beschl v 14. 6. 2005 – 3 StR 446/04 u v 10. 8. 2005 – 5 StR 180/05 zu § 338 IV 3 StPO
133 Ähnlich BGH NStZ 1996, 595, 597 zu § 168 c V 2 StPO
134 Nicht verzichtbar sind beispielsweise die Pflichtverteidigung (OLG Hamm NStZ-RR 1998, 243), die Anwesenheit des Angeklagten in der Hauptverhandlung (BGH NStZ 1998, 476; nunmehr in Frage gestellt bei BGH NStZ 2001, 48) oder die Unterrichtung des Angeklagten nach § 247 S 4 StPO (BGH NStZ 1998, 263 m Anm Widmaier); allgemein dazu auch Herdegen NStZ 2000, 1, 6
135 Grundlegend zur Rechtskreistheorie: BGHSt 11, 213 (Großer Senat)

– Schließlich hat der BGH[136] in einer neueren Entscheidung eine allgemeine Ver-   **68**
wirkungsmöglichkeit in den Raum gestellt und ausgeführt. »Namentlich im Bereich
des Beweisantragsrechts wird es von den Revisionsgerichten nicht hingenommen,
wenn der Verteidiger ein durch den Ablauf der Hauptverhandlung, insbesondere
aus der Begründung von Beschlüssen erkanntes Missverständnis des Gerichts über
einen Antrag nicht in der Hauptverhandlung zu beseitigen sucht, sondern es zunächst unbeanstandet lässt, um es dann zur Grundlage einer revisionsrechtlichen
Verfahrensrüge zu nehmen.«[137] Insofern lässt die Rechtsprechung allerdings noch
keine eindeutige Linie erkennen; hat der Verteidiger aber einen Fehler des Tatrichters in der Hauptverhandlung beanstandet, sollte er darauf achten, dass dies protokolliert wird; auch wenn sein Hinweis nicht in die Sitzungsniederschrift aufgenommen wurde, sollte er seine Beanstandung in der Revisionsbegründung mitteilen (vgl
dazu auch Rn 86).

– Ferner ist in diesem Zusammenhang zu beachten, dass der BGH in erheblichem   **69**
Umfang dazu übergegangen ist, das Entstehen eines Verwertungsverbots – insbesondere nach Gesetzesverletzungen im Ermittlungsverfahren, etwa weil ein verdeckter Ermittler ohne den Anfangsverdacht iSd § 110 a StPO eingesetzt worden
sein soll[138] – von einem Widerspruch des Angeklagten oder seines Verteidigers in
der Hauptverhandlung abhängig zu machen.[139]

Als Widerspruchsfälle kommen in Betracht:

Verletzung der Benachrichtigungspflicht im Ermittlungsverfahren[140] und im Zwischenverfahren[141] – Zeugenvernehmung[142] – Urkundenverlesung – § 136 StPO –
Verweigerung der Zuziehung eines Rechtsanwalts[143] – Vernehmung des Angeklagten als Zeugen – fehlende Belehrung nach § 55 StPO – Zufallserkenntnisse einer
Telefonüberwachung

e) Verfahrenshindernisse

Das Vorliegen der Verfahrensvoraussetzungen prüft das Revisionsgericht grund-   **70**
sätzlich von Amts wegen nach, also auch ohne entsprechende Rüge. Voraussetzung
dafür ist allerdings eine zulässige Revision (Ausnahme: Verfahrenshindernisse, die
erst nach Erlass des angefochtenen Urteils entstanden sind[144]). Trotz der Amtsprü-
fungspflicht können und sollen Verfahrenshindernisse in der Revisionsbegründung
aber vorgetragen werden, um das Revisionsgericht auf diesen Fehler hinzuweisen;
umfassende Ausführungen sind hierfür regelmäßig allerdings nicht erforderlich.

---

136 NStZ 1994, 483; StV 2001, 386, 663; zu diesem Problem auch Herdegen NStZ 2000, 1, 5 f; vgl
    auch BVerfG NJW 2003, 1514; BVerfGE 32, 305, 308, 309; BVerfG, Beschl vom 7. 8. 2001 –
    2 BvR 1276/01
137 Ähnlich für das eigenmächtige Entfernen des Verteidigers oder das Nicht-Plädieren: BGH
    NStZ 1997, 451; 1998, 209; 267; ferner für das Berufen auf die Unzulässigkeit eines »Schiebe-
    termins«, wenn dieser gerade auf den Wunsch des Verteidigers zurückging: BGH NStZ 2000,
    606; das Bestehen eines allgemeinen strafprozessualen Missbrauchsverbots ist allerdings sehr
    streitig, vgl zB Fischer NStZ 1997, 212 mwN
138 BGH Beschluss v 12. 7. 2000 – 1 StR 113/00
139 Allgemein dazu: Burhoff StraFo 2003, 267 ff; Meyer-Goßner § 136 Rn 25
140 BGHSt 26, 332 m Anm Meyer-Goßner JR 1977, 257; BGH StV 1985, 397, 398; BGHR StPO
    § 168 c Abs 5 S 1 Verletzung 2; BGHSt 31, 140 – vgl aber BGH StV 1987, 233
141 BGH bei Holtz MDR 1977, 461
142 BGHSt 38, 214; BGH NJW 1992, 1637
143 BGHSt 38, 372; 39, 349; 42, 15: BGH NStZ 1997, 614 m Anm Müller-Dietz
144 Vgl dazu KK-Kuckein § 352 Rn 3 und – als Beispiel – unten Rn 166

Von den Tatsachen, die für die Entscheidung, ob das Verfahren unzulässig ist oder fortgeführt werden darf, erheblich sind, kann sich das Gericht im Wege des Freibeweises unabhängig von den Regeln der §§ 244 ff StPO überzeugen.[145]

71 Als solche Verfahrenshindernisse kommen insbesondere in Betracht:[146]

– sachliche Unzuständigkeit (Rn 177);
– unwirksame oder fehlende Anklage und/oder Eröffnungsbeschluss (Rn 131, 151);
– fehlender Strafantrag (Rn 164);
– Verjährung (Rn 170);
– entgegenstehende Rechtshängigkeit und Strafklageverbrauch, Verbot der Doppelbestrafung (Rn 165);
– endgültige Verhandlungsunfähigkeit (BGH NStZ 1996, 242);
– Tod des Angeklagten (vgl BGHSt 45, 108, 111 f);
– Spezialität (BGH NJW 2000, 370; BGH StV 1998, 324);
– Anwendbarkeit deutschen Strafrechts (BGH NStZ 1999, 396, 397);
– rechtsstaatswidrige Verfahrensverzögerung in außergewöhnlichen Einzelfällen[147]

Die Verletzung des Beschleunigungsgebotes ist im Revisionsverfahren grundsätzlich nur auf eine entsprechende Verfahrensrüge mit dem erforderlichen Sachvortrag (vgl § 344 Abs 2 StPO) zu prüfen – es sei denn, die entsprechenden Tatsachen ergeben sich bereits aus der Anklage, dem Eröffnungsbeschluss oder den Urteilsgründen.[148] Ein durch rechtsstaatswidrige Verfahrensverzögerung bewirkter Verstoß gegen Art. 6 Abs 1 Satz 1 MRK kann in außergewöhnlichen Einzelfällen, wenn eine angemessene Berücksichtigung des Verstoßes im Rahmen einer Sachentscheidung bei umfassender Gesamtwürdigung nicht mehr in Betracht kommt, zu einem Verfahrenshindernis führen, das vom Tatrichter zu beachten und vom Revisionsgericht von Amts wegen zu berücksichtigen ist. Im Prozessurteil, durch welches das Verfahren wegen eines Verstoßes gegen Art. 6 Abs 1 Satz 1 MRK in Verbindung mit dem Rechtsstaatsgrundsatz eingestellt wird, hat der Tatrichter sowohl die Verfahrenstatsachen als auch Feststellungen zum Schuldumfang des Angeklagten und die der Prognose über die weitere Verfahrensdauer zugrunde liegenden Tatsachen sowie die die Entscheidung tragende Gesamtwürdigung im einzelnen und in nachprüfbarer Weise darzulegen.[149]

71 a Eine Tatprovokation durch staatliche Stellen führt grundsätzlich nicht zu einem Verfahrenshindernis.

Wird eine unverdächtige und zunächst nicht tatgeneigte Person durch die von einem Amtsträger geführte Vertrauensperson in einer dem Staat zuzurechnenden Weise zu einer Straftat verleitet (Tatprovokation) und führt dies zu einem Strafverfahren, liegt darin ein Verstoß gegen den Grundsatz des fairen Verfahrens gemäß Art. 6 Abs 1 Satz 1 MRK.[150] Dieser Verstoß ist in den Urteilsgründen festzustellen. Die Einschaltung des »Lockspitzels« kann die Schuld des Täters erheblich mindern, die Tat kann in einem anderen Licht erscheinen, so dass sogar die sonst Schuld angemessene Strafe unterschritten werden muss.[151] Das Maß der Kompensation für

---

145 *BGHSt* 16, 164, 166
146 Vgl auch die Aufzählung bei Kl/M-G, Einl. Rn 145 ff
147 BVerfG NStZ 2001, 261; BVerfG, Beschl vom 18. 5. 2001 – 2 BvR 693/01; BGH NStZ 2001, 270; BGHSt 46, 160
148 *BGH* StV 1997, 408; NStZ 2005, 223 m Anm Sander NStZ 2005, 390 f
149 BGHSt 46,159
150 BGHSt 45, 321 ff; 47, 44
151 *BGH* NStZ 1986, 162; 1992, 448; 1994, 289, 290; *BGHR* StGB § 46 Abs 1 V – Mann 12

das konventionswidrige Handeln ist gesondert zum Ausdruck zu bringen.[152] Das unzulässige Einwirken eines V-Mannes (»Lockspitzels«) führt aber grundsätzlich nicht zu einem Verfahrenshindernis oder dazu, dass von Strafe völlig abzusehen ist.

Beispiel für die Geltendmachung eines Verfahrenshindernisses: **72**

Ich beantrage,

a) das Urteil des Landgerichts ... vom ... aufzuheben, soweit der Angeklagte wegen Diebstahls (Tat vom Mai 1998) verurteilt wurde und das Verfahren insoweit einzustellen,

b) das Urteil im Übrigen mit den Feststellungen aufzuheben und die Sache im Umfang dieser Aufhebung zu neuer Verhandlung und Entscheidung an eine andere Strafkammer des Landgerichts zurückzuverweisen.

1. Das Landgericht hat übersehen, dass hinsichtlich der Verfolgung wegen Diebstahls Verjährung eingetreten ist (§ 78 I StGB).

a) Die Tatzeit hat die Strafkammer mit »einem nicht näher feststellbaren Zeitpunkt zwischen dem 1. und 5. Mai 1998« festgestellt (UA S 4).

b) Da für die Frage, wann die Verjährung eintritt, der in-dubio-Grundsatz gilt, war zugunsten des Angeklagten von einer Tatbeendigung am 1. Mai 1998 auszugehen. Daher lief die fünfjährige Verjährungsfrist (§ 78 III Nr. 4 StGB) am 30. April 2003 ab (vgl § 78 a StGB).

c) Eine Unterbrechung der Verjährung ist nicht erfolgt. Das Ermittlungsverfahren gegen den Angeklagten wurde erst am 3. Mai 2003 eingeleitet (vgl Bl 2 dA); die erste zur Unterbrechung der Verjährung geeignete Maßnahme, nämlich die Anordnung der Beschuldigtenvernehmung, erfolgte am 4. Mai 2003 (Bl 4 dA) und damit bereits nach Eintritt der Verjährung.

d) Da weitere Feststellungen – vor allem solche zu einer genaueren Eingrenzung der Tatzeit– nicht möglich sind, weil das Gericht alle insoweit relevanten Beweise erhoben und ausgeschöpft hat, ist das Verfahren wegen des Vorwurfs des Diebstahls einzustellen.

2. Auch im Übrigen kann die Verurteilung des Angeklagten keinen Bestand haben ...

---

f) Verfahrensfehler und Verfahrensrüge

aa) Abgrenzung zwischen Verfahrens- und materiell-rechtlichem Fehler[153]

Die Frage, ob eine Gesetzesverletzung mit der Verfahrensrüge oder mit der Sachrüge geltend gemacht werden muss, ist von erheblicher Bedeutung, weil an diese Rügen verschiedene inhaltliche Anforderungen gestellt werden[154] (vgl Rn 81 ff, 101 ff) und deshalb häufig eine Auslegung oder Umdeutung in die jeweils andere Rüge nicht möglich sein wird.[155] Für die Abgrenzung gilt im Grundsatz, dass eine Verfahrensrüge erhoben werden muss, wenn die Regelung, gegen die verstoßen wurde, den *prozessualen* Weg betrifft, auf dem der Richter seine Entscheidung gefunden hat, er also die Feststellungen, die er seiner Entscheidung zugrunde gelegt hat, *verfahrensrechtlich* falsch bzw unvollständig getroffen oder auch *prozessual* notwendige Handlungen nicht oder fehlerhaft vorgenommen haben soll. Mit der Sachrüge werden dagegen Verstöße gegen sonstige Vorschriften geltend gemacht.[156] **73–75**

bb) Hinweise für die Verteidigung zum Auffinden von Verfahrensfehlern

– Da Grundlage des Urteils nur solche Tatsachen sein dürfen, die Gegenstand der Hauptverhandlung waren (§ 261 StPO), ist das wichtigste Mittel zum Auffinden re- **76**

---

152 *BGHSt* 45, 321 ff
153 Vgl dazu Jähnke in Festschrift für Meyer-Goßner 2001 S 559 ff; Stolz JuS 2003, 71 ff
154 Vgl § 352 StPO
155 Vgl zB BGH NStZ 2000, 215, 216; KG StV 1999, 197
156 BGHSt 19, 273, 275; 25, 100, 102; Kl/M-G § 337 Rn 8, 9

visibler Verfahrensfehler das Hauptverhandlungsprotokoll; denn dieses hat hinsichtlich der wesentlichen Förmlichkeiten der Hauptverhandlung positive und auch negative Beweiskraft (§§ 273 I, 274 S 1 StPO; Einzelheiten bei Rn 85). Der Verteidiger, der die Erhebung einer Verfahrensrüge in Betracht zieht, muss daher das Hauptverhandlungsprotokoll Satz für Satz durcharbeiten.

77　– Ergänzend sollte er zu dieser Prüfung das Urteil heranziehen, insbesondere um feststellen zu können, ob sich daraus Tatsachen zu Verfahrensfehlern ergeben, die keine wesentlichen Förmlichkeiten der Hauptverhandlung betreffen, ob dort neue prozessuale Umstände mitgeteilt werden (zB die Ablehnung eines Hilfsbeweisantrages) und ob alle relevanten, aber auch nur die in die Hauptverhandlung eingeführten Beweismittel verwertet wurden.

78　– Ferner sollte er die Anklage und den Eröffnungsbeschluss mit dem Urteil vergleichen; dies dient zum einen der Prüfung, ob gegebenenfalls ein rechtlicher oder tatsächlicher Hinweis (§ 265 StPO) hätte erteilt werden müssen, zum anderen der Feststellung, ob Anklage und Eröffnungsbeschluss vorhanden und wirksam sind.[157]

79　– Mögliche Verfahrensfehler, die dem Urteil vorausgehende Entscheidungen des Gerichts betreffen, können die Revision begründen, wenn das Urteil auf ihnen beruht (§ 336 S 1 StPO; zB Fehler bei der Pflichtverteidigerbestellung, vgl Rn 160); sie sind von einer Prüfung in der Revision jedoch ausgenommen, wenn sie nicht oder nur mit der sofortigen Beschwerde anfechtbar sind (§ 336 S 2 StPO; zB der – vorhandene und wirksame – Eröffnungsbeschluss, § 210 I StPO, oder das Verhandeln ohne den Angeklagten nach § 231 a StPO, vgl § 231 a III 3 StPO).

80　– Für Fehler der Ermittlungsorgane, sei es des Ermittlungsrichters, des Staatsanwalts oder der Polizei, gilt grundsätzlich die Regelung in § 337 I StPO; das Urteil muss daher auf einer solchen Gesetzesverletzung beruhen. Allein die Gesetzwidrigkeit des Handelns eines Ermittlungsorgans reicht hierfür jedoch nicht aus; die fehlerhaft gewonnene Erkenntnis muss vielmehr auch im Urteil verwertet worden sein. Da dies wiederum voraussetzt, dass die Ermittlungshandlung und ihr Ergebnis in die Hauptverhandlung eingeführt wurden, müssen – soweit im Urteil letztlich aus dem Ermittlungsverfahren herrührende Erkenntnisse verwertet wurden – im Zusammenhang mit der Durchsicht des Hauptverhandlungsprotokolls auch die solche Umstände betreffenden Teile aus den Ermittlungsakten nachgearbeitet werden.

cc)　Anforderungen an die Verfahrensrüge[158]

81　Die Erhebung einer Verfahrensrüge erfordert nach § 344 II 2 StPO nicht nur die allgemeine Beanstandung des Verfahrens, der Revisionsführer muss vielmehr eine bestimmte Gesetzesverletzung aufzeigen und die diesen Mangel belegenden Tatsachen angeben. Erfolg kann eine Verfahrensrüge zudem nur haben, wenn der Verfahrensfehler erwiesen ist; der Grundsatz »in dubio pro reo« gilt hier also nicht.[159]

82　Im Einzelnen ergeben sich daraus folgende Anforderungen:

– In der Revisionsbegründung muss ein bestimmter Verfahrensfehlers behauptet und wie eine Tatsache vorgetragen werden. Daran fehlt es insbesondere, wenn le-

---

157 Fehlende oder fehlerhafte Anklage und Eröffnung sind grundsätzlich als Verfahrensvoraussetzungen von Amts wegen zu prüfen: zu den Abgrenzung vgl *BGHSt* 40, 390 (Unterscheidung von Umgrenzungs- und Informationsfunktion)
158 Allgemein zu § 344 II 2 StPO: BVerfG Beschl v 25. 1. 2005 2 BvR 656/99; 657/99; 683/99; vgl auch Sanders NStZ-RR 2002, 1 ff; 2003, 33 ff; Bick JA 2001, 691 ff
159 KK-Kuckein § 344 Rn 41 mwN

diglich eine Vermutung geäußert wird (also zB »Das Gericht hat möglicherweise das letzte Wort nicht gewährt.« oder »Es ist zu überprüfen, ob die Regelungen der §§ 244 ff StPO beachtet wurden.«); solche Formulierungen führen regelmäßig zur Unzulässigkeit der jeweiligen Rüge.[160] Problematisch ist die bestimmte Behauptung eines tatsächlich nicht gegebenen, aber im Protokoll ausgewiesenen Verfahrensfehlers.[161]

– Lassen die vorgetragenen Tatsachen den Schluss auf verschiedene Verfahrensfehler zu, muss der Revisionsführer auch deutlich machen, welchen Verfahrensmangel er geltend machen will.[162]   **83**

– Der Verfahrensfehler muss widerspruchsfrei[163] durch Tatsachen belegt werden. **84** Dies erfordert die Darlegung der den Mangel begründenden Umstände im Einzelnen und zwar so genau und vollständig,[164] dass das Revisionsgericht ohne Durchsicht der Akten allein auf der Grundlage der Revisionsbegründung prüfen kann, ob der Fehler vorliegt.[165] Schriftstücke, insbesondere das Hauptverhandlungsprotokoll, müssen hierfür regelmäßig wörtlich – ausreichend ist aber auch die vollständige Mitteilung »mit eigenen Worten«[166] – wiedergegeben werden, soweit sie die den Mangel betreffenden Tatsachen belegen;[167] Bezugnahmen auf Anlagen oder Fundstellen in den Akten reichen grundsätzlich nicht aus.[168] Vorzutragen sind sogar solche Tatsachen, die der Verfahrensrüge – etwa durch Heilung[169] – die Grundlage entziehen könnten,[170] also auch solche Fakten, die für das Vorliegen eines Ausnahmetatbestandes sprechen könnten und seiner Rüge den Boden entziehen könnten.[171]

Für diesen Vortrag lässt der BGH das »Hineinkopieren« von Teilen des Hauptverhandlungsprotokolls – zumindest bei kurzen Texten – zwar zu,[172] jedoch darf sich die eingefügte Kopie nur mit den Tatsachen zu dem geltend gemachten Verfahrensfehler befassen; das Revisionsgericht sucht sich also nicht aus einem vollständig kopierten Hauptverhandlungsprotokoll die relevanten Teile heraus. Bei »einkopierten« handschriftlichen Texten – etwa von in der Hauptverhandlung gestellten Anträgen – sollten zudem Leseabschriften beigefügt werden.[173]

Erforderlich ist, dass der Beschwerdeführer ihm nachteilige Tatsachen nicht nur nicht übergeht, sondern auch, dass er die Fakten vorträgt, die für das Vorliegen eines Ausnahmetatbestands sprechen, der seiner Rüge den Boden entzieht[174]

– Verfahrensfehler, die wesentliche Förmlichkeiten der Hauptverhandlung betref- **85** fen, können positiv wie negativ grundsätzlich nur mittels des Protokolls nachge-

---

160 Vgl auch das Beispiel bei BGH NStZ 2000, 49, 50
161 Vgl dazu Detter StraFo 2004, 329 ff, 333 ff; Park StraFo 2004, 335, 336 ff
162 BGH NJW 2000, 596 (Verstoß gegen § 252 und gegen § 81 c StPO); BGH NStZ 1998, 636 und BGH StV 2000, 241, 242 (Verstoß gegen § 247 S 4 und gegen §§ 230 I, 247 S 1–3, 338 Nr. 5 StPO); vgl auch BGH NStZ 1999, 94
163 BGH NStZ 1998, 52
164 Insbesondere dazu: BGH bei Miebach NStZ-RR 1998, 1, 2
165 BGH StV 1998, 360, 361; BGH NStZ 1997, 296, 297 m Anm Eisenberg/Kopatsch
166 BGH StV 1999, 576
167 BGH bei Miebach/Sander NStZ-RR 1999, 1, 5
168 BGH NStZ 1994, 247 m Anm Widmaier; Bandbg OLG NStZ 1997, 612, 613
169 BGH NStZ-RR 1998, 259 (Nr. 9)
170 BGH NStZ 2000, 49, 50 mwN
171 BGHSt 37, 245, 248 ff; BGH NStZ-RR 1997, 71; NStZ 2000, 49, 50
172 Vgl BGHSt 34, 44
173 Vgl BGHSt 34, 44
174 BGHSt 37, 245, 248 f; BGH NStZ 1986, 519, 520; StV 1996, 530

wiesen werden (vgl § 274 S 1 StPO),[175] wobei in der Rechtsprechung noch nicht abschließend geklärt ist, ob sich der Verteidiger, der in der Hauptverhandlung anwesend war, auf ein unrichtiges Protokoll berufen darf.[176] Zu beachten ist in diesem
Zusammenhang, dass das Protokoll lediglich dazu verwendet werden darf, die für
die Revisionsrüge erforderlichen Tatsachen vorzutragen und zu belegen. Dagegen
ist die so genannte Protokollrüge unzulässig.[177] Darunter versteht man die häufig
nur auf eine ungenaue Formulierung zurückzuführende Beanstandung, dass das
Protokoll unrichtig sei (zB »Das Protokoll ist fehlerhaft, weil es die Vernehmung
des Zeugen X nicht ausweist.«); ein solcher Fehler ist für die Revision aber unerheblich, weil darauf, also auf der bloßen Unrichtigkeit des Protokolls, das Urteil
nicht beruhen kann. Eine nachträgliche Protokollberichtigung kann im Übrigen
einer bereits zulässig erhobenen Verfahrensrüge ebenso wenig den Boden entziehen
wie entsprechende dienstliche Äußerungen der Richter und des Protokollführers;[178]
der BGH hat dies nunmehr allerdings in Frage gestellt, wenn der vom ursprünglichen Protokoll abweichende Hergang zweifelsfrei feststeht.[179]

86   – Geht es um eine nicht protokollierungsbedürftige Förmlichkeit der Hauptverhandlung,[180] hat das Protokoll wegen Fälschung, offensichtlicher Lücken oder Widersprüche nicht die Beweiskraft des § 274 StPO oder soll eine Gesetzesverletzung
beanstandet werden, die sich außerhalb der Hauptverhandlung ereignet hat, klärt
das Revisionsgericht das Vorliegen des behaupteten Verfahrensfehlers im Freibeweisverfahren, etwa durch Erholung dienstlicher Stellungnahmen oder Einsichtnahme in polizeiliche Protokolle (vgl das Beispiel bei Rn 168).[181] Soweit dem Verteidiger solche Beweismittel (noch) nicht zur Verfügung stehen, kann er einen
bestimmten Hergang auch anwaltlich versichern,[182] ansonsten – wenn sich die Tatsachen zu der Gesetzesverletzung also aus den Akten ergeben – müssen die entsprechenden Stellen (Aussagen, Vermerke usw) vollständig zitiert werden.

87   – Mitzuteilen sind, soweit sie sich nach zulässiger Sachrüge nicht aus den Urteils-
gründen ergeben, auch die Tatsachen, die dem Revisionsgericht die Feststellung des
Beruhens[183] oder die Prüfung ermöglichen, ob es bei einem absoluten Revisions-
grund ausnahmsweise denkgesetzlich ausgeschlossen ist, dass das Urteil auf den
Gesetzesverstoß zurückzuführen ist.[184] Auch ansonsten soll die Revisionsbegrün-
dung nähere Ausführungen zur Frage des Beruhens enthalten, wenn kein absoluter
Revisionsgrund vorliegt; zwingend ist dies grundsätzlich aber nicht (Ausnahme zB
Rn 129).[185]

Nach § 344 Abs 2 Satz 2 StPO ist grundsätzlich nur die Angabe der den Verfahrensmangel selbst enthaltenden Tatsachen, nicht aber die Darlegung des Beruhens vor-

---

175 Vgl dazu beispielsweise BGH NStZ 2000, 437, 438 (Beweiskraft bezieht sich auf den Erlass,
     nicht aber auf die Begründung eines Beschlusses)
176 Vgl BGH StV 1999, 582 m Anm Docke/von Döllen/Momsen; BGH StV 1999, 585; BGH
     NStZ 2000, 216; vgl dazu auch Detter StraFo 2004, 329 ff; Park StraFo 2004, 335 ff; BGH StV
     2005, 256 ff m Anm Park S 257 ff
177 BGHSt 7, 162; BGHR StGB § 46 II Wertungsfehler 23; BGH StV 2005, 256 ff
178 BGH StV 1999, 585; BGH NStZ 1995, 200, 201
179 NStZ 2000, 216, 217; StV 2005, 256 m Anm Park S 257 ff; vgl auch Detter StraFo 2004, 329 ff;
     Park StraFo 2004, 335 ff
180 In einem solchen Fall ist das Protokoll nur ein Beweismittel neben anderen, vgl BGH NStZ-RR
     1997, 73
181 Vgl etwa BGH NStZ 2000, 49; 546
182 Vgl BayObLG StV 1995, 7; OLG Hamm StV 1985, 225, 226
183 Vgl BGH NStZ 1998, 369 und KG StV 2000, 189 m Anm Herdegen
184 BGH NStZ-RR 1997, 353
185 BGH NJW 1998, 3284; BGH NStZ 1999, 145, 146

geschrieben. Anders kann es bei einer Rüge der Verletzung des § 338 Nr. 8 StPO, bei der das Merkmal »in einem für die Entscheidung wesentlichen Punkt« ausdrücklich gesetzlich geregelter Bestandteil des Revisionsgrundes ist, und bei fehlerhaft angenommenen oder abgelehnten Verwertungsverboten sein,[186] möglicherweise auch dann, wenn das Revisionsgericht für die Entscheidung der Frage des Beruhens über Besonderheiten des Verfahrens informiert werden muss.[187] § 344 Abs2 Satz 2 StPO kann bei besonderen Fallgestaltungen erfordern, dass alle Tatsachen vorgetragen werden, auf Grund welcher die Möglichkeit des Beruhens durch das Revisionsgericht geprüft werden kann.[188] Besondere Bedeutung hat der vollständige Sachvortrag im Fall der Rüge des unterlassenen Hinweises nach § 243 Abs 4 Satz 1 StPO (ähnlich § 136 StPO). In diesem Fall hat der Beschwerdeführer über das Unterlassen des Hinweises hinaus vorzutragen, dass er (etwa trotz Beratung durch einen Verteidiger oder Belehrungen in früheren Verfahren oder in erster Instanz) an eine Aussagepflicht glaubte und dadurch veranlasst wurde, zur Sache auszusagen. Dies beruht darauf, dass das Unterlassen des Hinweises nach § 243 Abs 4 Satz 1 StPO nur dann zu einer Rechtsverletzung führt, wenn der Angeklagte sein Schweigerecht nicht kannte und deshalb aussagte, einer besonderen Rügepflicht iSd Rechtsprechung nicht ausgegangen werden.[189]

Beispiel:

> Das Urteil beruht auf dieser Gesetzesverletzung (§ 337 I StPO); wie sich aus den Ausführungen in der Beweiswürdigung (UA S 8) ergibt, hat die Strafkammer das – wie dargelegt – nicht verwertbare Geständnis des Angeklagten als entscheidendes Schuldindiz gewertet. Es ist daher zumindest nicht auszuschließen, dass das Urteil ohne Berücksichtigung dieses Geständnisses anders ausgefallen wäre.

– Ist ein absoluter Revisionsgrund gegeben, so genügt – neben den Darlegungen zur Gesetzesverletzung – regelmäßig der Hinweis auf die betreffende Regelung in § 338 StPO, beispielsweise: **88**

> Das Urteil beruht auf diesem Verstoß, § 338 Nr. 5 StPO.

Eine gewisse Relativierung absoluter Revisionsgründe ist auf Grund der Rechtsprechung des Bundesgerichtshofs bei den Nummer 5, 6 und 8 des § 338 StPO gegeben.[190]

Werden von den Verteidigern mehrerer Angeklagter dieselben Verfahrensrügen erhoben, kann dies in einem Schriftsatz erfolgen;[191] dabei sollten alle Verteidiger im (Brief-)Kopf der Revisionsbegründung benannt werden, die Angeklagten im »Betreff« aufgeführt sein und der Schriftsatz von allen Verteidigern unterzeichnet werden. Nur einzelne Angeklagte betreffende Rügen werden dann zweckmäßigerweise in gesonderten Revisionsbegründungsschriften erhoben. **89**

Nach Ablauf der Revisionsbegründungsfrist können keine neuen Verfahrensrügen erhoben, bereits – formgerecht – erhobene Rügen können aber ergänzt werden.

---

186 Vgl. *BGHSt* 30, 131, 135; *BGH* StV 1995, 450 f; *BGHR* StPO § 344 Abs 2 Satz 2 – Verwertungsverbot 6
187 *KG* StV 2000, 189 ff m Anm *Herdegen* 191 ff
188 *BGH* NStZ 1998, 369
189 Die hM in der Literatur hat sich gegen die erweiterte Darlegungspflicht mit der Überlegung ausgesprochen, dass sich dies nicht mit dem Grundsatz vertrage, das Beruhen brauche nicht vorgetragen zu werden
190 BGHSt 15, 263; 21, 72; 30, 131. 135; BGH StV 2000, 240, 241
191 BGH NStZ 1998, 99 m Anm Widmaier

90   Beispiel für eine Verfahrensrüge:

> Rechtsanwalt Dr. Hans Müller
> Karlsplatz 5
> 80335 München   31. August 2005
>
> An das
>
> Landgericht München I – Schwurgericht –
>
> In der Strafsache gegen
>
> Gerhart Schmied, geb am 15. 9. 1957, zur Zeit in Untersuchungshaft in der JVA München-Stadelheim
>
> wegen Mordes; Aktenzeichen: 1 Ks 115 Js 54321/04
>
> stelle ich zu der am 20. Juli 2005 gegen das Urteil des Landgerichts München I – Schwurgericht –
> vom 14. Juli 2005 (zugestellt am 1. August 2005) eingelegten Revision folgenden Antrag:
>
> Auf die Revision des Angeklagten wird das Urteil des Landgerichts München I, Schwurgericht, vom
> 18. Mai 2005 mit den Feststellungen aufgehoben und die Sache zur neuen Verhandlung und Ent-
> scheidung an eine andere als Schwurgericht zuständige Strafkammer des Landgerichts München I
> zurückverwiesen.
>
> Diesen Antrag begründe ich wie folgt:
>
> I. Gerügt wird die Verletzung formellen Rechts
>
> 1. Nichtgewährung des letzten Wortes
>
> a) Das Gericht hat dem Angeklagten nach der Beweisaufnahme und vor der Beratung und Verkün-
> dung des Urteils nicht das letzte Wort gewährt. Es hat damit gegen § 258 II, III StPO verstoßen.
>
> Die Tatsachen hierzu ergeben sich im Einzelnen aus folgendem Eintrag im Hauptverhandlungspro-
> tokoll vom … (Bl … dA):
>
> »Der Vorsitzende schloss die Beweisaufnahme.
>
> Der Staatsanwalt beantragte, den Angeklagten wegen Mordes zu einer lebenslangen Freiheitsstra-
> fe zu verurteilen und die besondere Schwere der Schuld festzustellen.
>
> Der Verteidiger des Angeklagten beantragte Freispruch.
>
> Anschließend wurde die Verhandlung unterbrochen. Um 13 Uhr wurde die Verhandlung fortge-
> setzt.
>
> Das Gericht verkündete im Namen des Volkes folgendes Urteil: … «
>
> b) Auf diesem Verfahrensverstoß beruht das Urteil (§ 337 I StPO). Es ist nicht auszuschließen, dass
> die Entscheidung anders ausgefallen wäre, wenn eine Äußerung des die Tatbegehung bis dahin
> bestreitenden Angeklagten (vgl UA 6) im Rahmen des letzten Wortes berücksichtigt worden wäre.
>
> … [Es folgen weitere Revisionsrügen.]

g)   Materiell-rechtliche Fehler und Sachrüge

aa)   Materiell-rechtliche Fehler

91   Gesetzesverstöße, die weder als Verfahrenshindernis von Amts wegen beachtet werden (vgl Rn 70 ff) noch mit der Verfahrensrüge beanstandet werden müssen, sind als
materiell-rechtliche Fehler mit der Sachrüge geltend zu machen (vgl Rn 73 f); sie
zeigen sich nahezu ausnahmslos erst und nur im Urteil.

bb) Hinweise zum Auffinden materiell-rechtlicher Fehler

Da sich materiell-rechtliche Fehler grundsätzlich nur aus dem Urteil ergeben, ist es **92**
zweckmäßig, das Vorliegen einer solchen Gesetzesverletzung anhand der einzelnen
Teile und Gliederungspunkte des Urteils zu prüfen:

– *Fehler im Urteilsrubrum, vor allem bei den dort mitgeteilten Personalien des An-* **93**
geklagten: regelmäßig nicht revisibel, sie können vielmehr in einem Beschluss vom
Tatrichter korrigiert werden.[192]

– *Fehler im Tenor, Widersprüche zwischen dem verkündeten und dem schriftlich* **94**
abgefassten Urteil sowie Widersprüche zwischen Tenor und Gründen:

Fehler im Tenor dürfen vom Tatrichter auch noch nach Revisionseinlegung durch
Beschluss berichtigt werden, wenn sie offensichtliche Versehen betreffen; Änderungen in der Sache, also im Schuld- oder Rechtsfolgenausspruch, sind jedoch ausgeschlossen.[193] Solche Fehler können allein vom Revisionsgericht korrigiert werden.[194]
Bei Widersprüchen zwischen Tenor und Gründen des schriftlichen Urteils ist dem
Tatrichter eine Berichtigung des Tenors oder auch der Gründe grundsätzlich nicht
mehr möglich (vgl auch § 275 I 3 StPO);[195] maßgeblich ist dann der Tenor,[196] sofern
er dem verkündeten Urteilsspruch entspricht. Widersprechen einander die verkün-
dete Urteilsformel und der Tenor der schriftlichen Urteilsfassung, geht der verkün-
dete Tenor vor;[197] der Tenor des schriftlichen Urteils kann dann vom Revisionsgericht entsprechend berichtigt werden. Weicht die schriftliche Fassung dagegen nur
in den Gründen von der mündlichen Erläuterung gemäß § 268 II 2 StPO ab, so
kann daraus kein Revisionsgrund hergeleitet werden; denn maßgeblich für die Prüfung durch das Revisionsgericht kann nur das schriftlich vorliegende Urteil sein.

– *Fehler in der Liste der angewendeten Vorschriften:* nicht revisibel, weil darauf das **95**
Urteil nicht beruhen kann.[198]

– *Fehler in der Feststellung der persönlichen Verhältnisse:* **96**

Der Schuldspruch wird von fehlenden oder unzureichenden Feststellungen zu den
persönlichen Verhältnissen des Angeklagten regelmäßig nicht berührt, weil diese
nur für den Rechtsfolgenausspruch Bedeutung haben; eine allein auf diesen Fehler
gestützte Sachrüge wird daher auch nur einen hierauf beschränkten Erfolg haben
können (Einzelheiten bei Rn 159).

– *Fehler in der Feststellung zur Tat:* **97**

An die vom Tatrichter im Urteil mitgeteilten Feststellungen zur Vorgeschichte, zur
Tatausführung, zu den Folgen der Tat sowie zu den sonstigen strafzumessungser-
heblichen Tatsachen sind das Revisionsgericht und dementsprechend auch der Revisionsführer gebunden; die Unrichtigkeit oder die Unvollständigkeit der getroffenen Feststellungen kann daher – als solche – regelmäßig nicht mit der Sachrüge,
sondern allenfalls mit der Verfahrensrüge beanstandet werden. Die Auswirkungen
ungenauer oder unvollständiger Tatsachenfeststellung können aber mit der Sachrüge geltend gemacht werden, wenn sie – wie häufig – einen Subsumtionsfehler zur
Folge hatten (Einzelheiten bei Rn 152).

---

192 Vgl BGH NStZ-RR 1996, 9 sowie BGH NStZ 1994, 47, 48
193 BGHSt 25, 333, 336; BGH NStZ 2000, 194
194 Vgl BGH NStZ 2000, 386
195 BGH NStE § 267 Nr. 29; vgl auch BGH NStZ 2000, 386
196 Vgl BGH bei Kusch NStZ-RR 2000, 292
197 BGHSt 34, 11, 12
198 BGH NStZ-RR 1997, 166

Zu einem sachlich-rechtlichen Fehler bezüglich der Feststellungen zur Tat hat der BGH ausgeführt:[199]

»Im Falle der Verurteilung des Angeklagten müssen, was das Revisionsgericht auf die Sachrüge zu prüfen hat, die Urteilsgründe die für erwiesen erachteten Tatsachen angeben, in denen die gesetzlichen Merkmale der Straftat gefunden werden. Dabei ist unter Angabe der für erwiesen erachteten Tatsachen die Schilderung des als Ergebnis der Beweiswürdigung festgestellten Lebenssachverhalts zu verstehen. Eine ›Feststellung‹, die nur die Worte des Gesetzes wiederholt oder mit einem gleichbedeutenden Wort oder einer allgemeinen Redewendung umschreibt, reicht nicht aus. Rechtsbegriffe müssen, sofern sie nicht allgemein geläufig sind, grundsätzlich durch die ihnen zugrunde liegenden tatsächlichen Vorgänge dargestellt (›aufgelöst‹) werden.«

98 – *Fehler in der Beweiswürdigung:*[200]

Der BGH beschreibt den Umfang der Überprüfung der tatrichterlichen Beweiswürdigung in der Revision in ständiger Rechtsprechung folgendermaßen:

»Die Aufgabe, sich auf der Grundlage der vorhandenen Beweismittel eine Überzeugung vom tatsächlichen Geschehensverlauf zu verschaffen, obliegt grundsätzlich allein dem Tatrichter. Seine freie Beweiswürdigung hat das Revisionsgericht regelmäßig hinzunehmen. Es ist ihm verwehrt, sie durch eine eigene zu ersetzen oder sie etwa nur deshalb zu beanstanden, weil aus seiner Sicht eine andere Bewertung der Beweise näher gelegen hätte. Die Prüfung des Revisionsgerichts ist vielmehr auf die Frage beschränkt, ob dem Tatrichter bei der Beweiswürdigung Rechtsfehler unterlaufen sind.«[201]

»Das ist namentlich der Fall, wenn die Beweiswürdigung widersprüchlich, unklar oder lückenhaft ist oder gegen Denkgesetze oder gegen gesicherte Erfahrungssätze verstößt oder wenn an die zur Verurteilung erforderliche Gewissheit überspannte Anforderungen gestellt worden sind.«[202] (Einzelheiten bei Rn 146 ff).

99 – *Fehler in der rechtlichen Würdigung:*

Aufgrund der Sachrüge wird die vom Tatrichter vorgenommene Anwendung materiellen Rechts durch das Revisionsgericht grundsätzlich in vollem Umfang überprüft. Dementsprechend wird der Revisionsführer in der Revisionsbegründung vortragen, dass der festgestellte Sachverhalt die angewendete Strafnorm nicht erfüllt, weil objektive oder subjektive Tatbestandsmerkmale, die Rechtswidrigkeit oder die Schuld fehlen. Ferner kann er beanstanden, dass der Tatrichter eine anzuwendende Strafvorschrift übersehen oder nicht richtig ausgelegt hat (Einzelheiten bei Rn 162).

100 – *Fehler in der Bestimmung der Rechtsfolgen:*[203]

Bei der Überprüfung der vom Tatrichter verhängten Rechtsfolgen kommt – wie bei der Beweiswürdigung – zum Tragen, dass das Revisionsgericht das Urteil nur auf Rechtsfehler hin überprüft. Der BGH[204] umschreibt die Revisibilität der Strafzumessung in ständiger Rechtsprechung folgendermaßen (Einzelheiten bei Rn 166):

---

199 BGH NStZ 2000, 607
200 Sehr informativ: Nack StV 2002, 510 ff, 558 ff
201 BGH NStZ-RR 1996, 73; ähnlich: BGHSt 41, 376, 380 (zur Rechtsbeschwerde)
202 BGH NJW 2000, 370, 371; ähnlich BGH NStZ-RR 1999, 301, 302 mwN
203 Vgl dazu die halbjährlichen Rechtsprechungsübersichten des Verfassers in NStZ (Heft 3 und Heft 9), zuletzt NStZ 2005, 143 ff; 498 ff
204 BGHSt 34, 345, 349 (Großer Senat)

»Die Strafzumessung ist grundsätzlich Sache des Tatrichters. Es ist seine Aufgabe, auf der Grundlage des umfassenden Eindrucks, den er in der Hauptverhandlung von der Tat und der Persönlichkeit des Täters gewonnen hat, die wesentlichen entlastenden und belastenden Umstände festzustellen, sie zu bewerten und gegeneinander abzuwägen. Ein Eingriff des Revisionsgerichts in diese Einzelakte der Strafzumessung ist idR nur möglich, wenn die Zumessungserwägungen in sich fehlerhaft sind, wenn das Tatgericht gegen rechtlich anerkannte Strafzwecke verstößt oder wenn sich die verhängte Strafe nach oben oder unten von ihrer Bestimmung löst, gerechter Schuldausgleich zu sein. Nur in diesem Rahmen kann eine ›Verletzung des Gesetzes‹ (§ 337 I StPO) vorliegen. Dagegen ist eine ins Einzelne gehende Richtigkeitskontrolle ausgeschlossen.«

cc) Anforderungen an die Sachrüge

Die Sachrüge muss der Revisionsführer zweifelsfrei erheben, er muss sie aber nicht näher ausführen (vgl § 344 II 1 StPO);[205] es genügt vielmehr folgender Satz (sog allgemeine Sachrüge): **101**

> Es wird die Verletzung materiellen Rechts gerügt.

Ist diese Rüge rechtzeitig erhoben und ist die Revision auch im Übrigen zulässig, können nähere Ausführungen zur Verletzung des materiellen Rechts auch noch nach Ablauf der Revisionsbegründungsfrist vorgetragen werden (vgl Rn 36). **102**

Hinweise für die Verteidigung **103**

Die bloß allgemein erhobene Sachrüge sollte allerdings die Ausnahme sein.[206] IdR ist es für den Verteidiger vielmehr zweckmäßig, im Einzelnen darzulegen, welche materiell-rechtlichen Gesetzesverletzungen gegeben sein sollen (die Erfolgsquote der allgemeinen Sachrüge liegt bei Angeklagtenrevisionen bei knapp 10 %, bei ausgeführten Sachrügen verdoppelt sie sich nahezu[207]). Dabei muss er allerdings darauf achten, einen revisiblen Rechtsfehler vorzutragen; befassen sich die Ausführungen zur Sachrüge allein mit Angriffen gegen die Beweiswürdigung oder die Strafzumessung, die nicht der revisionsgerichtlichen Überprüfung unterliegen (vgl Rn 98, 100), ist die Sachrüge nicht ordnungsgemäß erhoben und das Rechtsmittel – sofern nicht andere Rügen zulässig vorgebracht wurden – unzulässig.[208]

Die Sachrüge kann beispielsweise folgendermaßen eingeleitet werden:

> II. Gerügt wird die Verletzung materiellen Rechts. Beanstandet wird insbesondere – also ohne damit eine Beschränkung der Revision vorzunehmen[209] – Folgendes:
>
> 1. Das Landgericht hat den Angeklagten zu Unrecht wegen … schuldig gesprochen. Denn auf der Grundlage der von ihm getroffenen Feststellungen fehlt es schon am Tatbestandsmerkmal des …

---

205 BGH NStZ 2000, 388
206 Sich zunächst auf die Erhebung der allgemeinen Sachrüge zu beschränken und detaillierte Anfechtungsgründe zurückzuhalten, um diese erst im Rahmen der Gegenerklärung vorzubringen, so dass die Staatsanwaltschaft keine Möglichkeit zur begründeten Stellungnahme hat, ist nicht anzuraten: vgl dazu BGH StV 2003, 120; Detter StV 2004, 345 ff
207 Barton Revision S 138
208 OLG Hamm wistra 2000, 39 mwN
209 Dieser Zusatz ist sinnvoll, da eine Beschränkung der Revision einer Begründung auch im Wege der Auslegung entnommen werden kann, vgl BGH NStZ 1998, 210; (zutreffend) krit hierzu Momsen GA 1998, 488

IV. Verhalten nach Verwerfung der Revision gemäß § 346 I StPO als unzulässig

104 Das Gericht, dessen Urteil angefochten wurde, prüft nach § 346 I StPO bestimmte Zulässigkeitsvoraussetzungen der Revision; liegen diese nicht vor, wird es das Rechtsmittel als unzulässig verwerfen.

105 Das Tatgericht ist bei dieser Prüfung auf folgende Punkte beschränkt:

- die Frist der Revisionseinlegung (§ 341 StPO) sowie
- Form und Frist der Revisionsbegründung (§ 345 StPO).

106 Dagegen steht ihm beispielsweise die Prüfung folgender Zulässigkeitsvoraussetzungen nicht zu:

- Zulässigkeit der erhobenen Verfahrensrügen (§ 344 II 2 StPO),
- (keine – wirksame –) Rechtsmittelrücknahme und (kein – wirksamer –) Verzicht.[210]

107 Da es bei Verteidigerschriftsätzen mit der Wahrung der Form regelmäßig keine Probleme gibt, erfolgen die meisten Verwerfungen gemäß § 346 I StPO aufgrund von Fristversäumnissen. In solchen Fällen kann der Verteidiger mit dem Antrag gemäß § 346 II StPO, also auf Entscheidung durch das Revisionsgericht, einen Wiedereinsetzungsantrag verbinden,[211] denn häufig erfährt er von der Verfristung erst aus dem Verwerfungsbeschluss.[212] Sowohl für den Antrag nach § 346 II StPO als auch für den Wiedereinsetzungsantrag läuft eine nur einwöchige Frist (§§ 346 II 1, 45 I 1 StPO).

108 Beispiel für die Anträge auf Wiedereinsetzung und nach § 346 II StPO:

An

[das Gericht, das den Verwerfungsbeschluss erlassen hat]

In der Strafsache gegen

wegen ...; Aktenzeichen ...

beantrage ich

1. dem Angeklagten Wiedereinsetzung in die versäumte Revisionsbegründungsfrist zu gewähren,
2. die Entscheidung des ... [Gericht, das den Verwerfungsbeschluss erlassen hat] vom ... aufzuheben.

Zunächst darf ich anwaltlich versichern, dass mir bis zur Zustellung des Verwerfungsbeschlusses am ... nicht bekannt war, dass meine Revisionsbegründung vom ... erst am ... bei Gericht eingegangen ist.

Die Fristüberschreitung ist nicht auf das Verschulden des Angeklagten zurückzuführen, sondern beruht auf Umständen, die sich in meinem Verantwortungsbereich ereignet haben. Hierzu darf ich folgenden Hergang versichern:

Der Angeklagte hatte mich noch am Tag der Urteilsverkündung mit der Einlegung der Revision und deren Begründung beauftragt. Die Revisionsbegründung habe ich am ... gefertigt, also am

---

210 BGH NStZ 2000, 217; 1999, 526; BGH Beschl v 10. 3. 2004 – 2 StR 21/04; v 5. 1. 2005 – 4 StR 520/04

211 Vgl BGHSt 11, 152, 154

212 Ein zulässiger, aber unbegründete Antrag auf Entscheidung des Revisionsgerichts gemäß § 346 Abs 2 StPO ist im Wege der Auslegung als Wiedereinsetzungsantrag zu behandeln, wenn vorgetragen wird, die verspätete Einlegung des Rechtsmittel sei dem Beschwerdeführer nicht anzulasten: BGH Beschl v 5. 12. 2001 – 2 StR 491/01; v 7. 6. 2005 – 1 StR 198/05

letzten Tag des Laufs der Begründungsfrist, und sie um 17 Uhr meiner Kanzleiangestellten K über-geben. Dabei habe ich sowohl auf den Inhalt des Schriftsatzes als auch darauf hingewiesen, dass dieser noch am gleichen Tag in den Nachtbriefkasten des … Gerichts eingeworfen werden muss, weil dann die Revisionsbegründungsfrist abläuft. Hierzu hat sich Frau K, die seit mehr als 20 Jahren in meiner Kanzlei tätig ist und sich – auch in Zusammenhang mit frist wahrenden Schriftsätzen – stets als zuverlässig erwiesen hat, bereiterklärt.

Wie sich aus der beiliegenden eidesstattlichen Versicherung von Frau K ersehen lässt, hat diese auf-grund unglücklicher Umstände den Schriftsatz bei Gericht erst kurz nach 24 Uhr eingeworfen; als sie nämlich … [es folgt die Schilderung, warum der Schriftsatz erst nach 24 Uhr an das Gericht ge-langt ist.]

Da somit eine jedenfalls nicht vom Angeklagten verschuldete Fristversäumung vorliegt, ist Wieder-einsetzung in die Revisionsbegründungsfrist zu gewähren. Die Revisionsbegründungsschrift liegt – als Anlage – bei.

Aufgrund der zu gewährenden Wiedereinsetzung ist der Beschluss, mit dem die Revision als unzu-lässig verworfen wurde, überholt [die Aufhebung oder Erklärung, dass er infolge der Wiederein-setzung erledigt ist, erfolgt also nur zur Klarstellung].

V.   Das Revisionsverfahren

Über die Revision gegen Urteile der Strafsenate der Oberlandesgerichte als Gericht   **108 a**
des ersten Rechtszugs (§ 120 GVG) und der Strafkammern der Landgerichte entscheidet der Bundesgerichtshof (§ 135 GVG), für die Revisionen gegen andere Urteile sind die Strafsenate der Oberlandesgerichte zuständig.

Die Strafsenate des BGH entscheiden mit fünf Richtern (§ 139 GVG), die der
Oberlandesgerichte mit 3 Richtern (§ 122 GVG). Die Zuständigkeit der einzelnen
Strafsenate des BGH bestimmt sich nach örtlichen Gesichtspunkten, und zwar je-
weils nach OLG-Bezirken bzw. Landgerichten.[213] Zusätzlich sind bestimmten
Strafsenaten Spezialmaterien zugewiesen (zB Staatsschutz-, Steuerstraf-, Verkehrs-
sachen).

Die Verfahrensakten werden über die Staatsanwaltschaft vom Generalbundesanwalt
den Strafsenaten des BGH mit einem vom Generalbundesanwalt gefertigten Antrag, der inhaltlich unabhängig vom Beschwerdeführer und vor allem auch der Meinung der sonst im Verfahren tätigen Staatsanwaltschaft ist, zur Revisionsentscheidung vorgelegt (§ 347 Abs 2 StPO). Der Antrag des GBA ist der Verteidigung zur
Stellungnahme (Frist: zwei Wochen) zuzustellen. Das gilt unabhängig davon, ob
neben dem Rechtsanwalt, der die Revisionsbegründung einreichte, auch der Angeklagte selbst das Rechtsmittel zu Protokoll der Geschäftsstelle begründet hatte
(§ 349 Abs 3 StPO). Die Mitteilung des Antrags des Generalbundesanwalts (§ 349
Abs3 StPO) an den Angeklagten selbst ist nicht erforderlich, weil es sich nicht um
eine Entscheidung iSd § 145 a StPO handelt. Es genügt, wenn der Verteidiger Gelegenheit hatte, eine Gegenerklärung abzugeben.

Nach dem Antrag des Generalbundesanwalt richtet sich das weitere Verfahren vor
dem BGH, ob zB durch Urteil oder Beschluss zu entscheiden ist.

---

213 Der Geschäftsverteilungsplan des Bundesgerichtshofs für das jeweilige Geschäftsjahr wird im
StV und NJW veröffentlicht; im Internet: www.bundesgerichtshof.de

Eine unzulässige Revision wird durch Beschluss verworfen (§ 349 Abs 1 StPO). Die Unzulässigkeit kann sich aus einer Fristversäumung ergeben[214] oder auf einer Verletzung sonstiger Förmlichkeiten beruhen.

Der Strafsenat verwirft auf Antrag des Generalbundesanwalt durch Beschluss die Revision des Angeklagten, des Nebenklägers oder sonstiger Berechtigter (nach Übung des BGH grundsätzlich nicht die der Staatsanwaltschaft[215]), wenn keine durchgreifenden Rechtsfehler vorliegen, ohne Begründung »als offensichtlich unbegründet« (§ 349 Abs 2 StPO).[216] Erforderlich ist Einstimmigkeit. Bei einer Verwerfung der Revision nach § 349 Abs 2 StPO ist ausreichend sichergestellt, dass der Beschwerdeführer über die wesentlichen Gründe nicht im Unklaren bleibt. Sie ergeben sich aus dem Inhalt des dem Beschwerdeführer gemäß § 349 Abs 3 S 1 StPO mitzuteilenden Verwerfungsantrages der Generalbundesanwaltschaft in Verbindung mit den Entscheidungsgründen des angefochtenen Urteils.[217] In nicht ganz einfach gelagerten Fällen oder in Fällen, in den die Entscheidung des Senats nicht mit der Begründung des Generalbundesanwalts übereinstimmt, werden auch Beschlüsse nach § 349 Abs 2 StPO mit Gründen versehen.

Das Revisionsgericht kann seine Entscheidung, mit der es die Rechtskraft des tatrichterlichen Urteils herbeigeführt hat, weder aufheben noch ändern.[218] Eine Wiedereinsetzung in den vorigen Stand ist nach rechtskräftiger Sachentscheidung im Revisionsverfahren nicht mehr zulässig. Zulässig ist aber ein Antrag nach § 356 a StPO (vgl Rn 153 a).

Würde sich der Antrag des Generalbundesanwalts nur zu Ungunsten des Angeklagten auswirken, kann auch ohne entsprechenden Antrag durch Beschluss gemäß § 349 Abs 2 StPO verworfen werden, zB wenn nur Aufhebung wegen fehlender Erörterung von § 64 StGB beantragt ist.[219]

Es ist rechtlich grundsätzlich zulässig, getrennt über die Revision der Staatsanwaltschaft aufgrund mündlicher Verhandlung durch Urteil und über die Revision des Angeklagten im Beschlusswege gemäß § 349 Abs 2 oder Abs 4 StPO zu entscheiden.[220]

Der BGH kann – aber nur zugunsten des Angeklagten – das Urteil in vollem Umfang oder auch teilweise (Kombination von § 349 Abs 2 und 4 StPO) durch Beschluss, auch ohne entsprechenden Antrag des Generalbundesanwalts, aufheben (§ 349 Abs 4 StPO). Die Kombination von (Teil-)Entscheidungen im Beschlussverfahren nach § 349 Abs 2 und 4 StPO ist zulässig.

Auf Antrag des Generalbundesanwalts muss der Strafsenat Termin zu Hauptverhandlung bestimmen, in der die Sache wird dann durch Urteil entschieden (§ 349 Abs 5, §§ 350 ff StPO). In mündlicher Verhandlung entscheidet das Revisionsgericht ferner, wenn in Beschlusssachen keine Einstimmigkeit erzielt worden ist oder wenn

---

214 Insoweit kann auch das Gericht, dessen Urteil angegriffen ist, die Revision verwerfen § 346 Abs 1 StPO – ausschließlich zuständig ist das Revisionsgericht für die Feststellung der Wirksamkeit einer Rücknahmeerklärung
215 Anders zB *BGH* Beschl v 19. 2. 1998 – 5 StR 631/97; *BGHR* StPO § 349 Abs 2 – Verwerfung 1
216 Vgl zur Problematik dieser Verfahrensweise: Barton StV 2004, 332 ff, Schlothauer StV 2004, 340 ff, Detter StV 2004, 345 ff
217 Vgl auch *BVerfG* (Vorprüfungsausschuss) NJW 1982, 925; *BVerfG* (Kammer) NStZ 1987, 334
218 *BGHSt* 17, 94; 23, 102; 25, 89
219 *BGHR* StPO § 349 Abs 2 Verwerfung 3
220 BGH NJW 1999, 2199 = NStZ 1999, 425 = StV 2000, 605; zur Zeit hängt am Bundesverfassungsgericht wegen der Zulässigkeit dieses Verfahrens eine Verfassungsbeschwerde

sich die Sache nicht für das Beschlussverfahren eignet, zB wegen des Umfanges oder der besonderen Bedeutung der Sache bzw. der zu entscheidenden Rechtsfrage. Die Hauptverhandlung vor dem Revisionsgericht kann auch ohne den Verteidiger stattfinden. Der Angeklagte, der sich nicht auf freiem Fuß befindet, hat keinen Anspruch auf Teilnahme (§ 350 Abs 2 StPO). In einem solchen Fall ist ihm aber auf Antrag ein Verteidiger für die Hauptverhandlung zu bestellen, der dann in der Hauptverhandlung erscheinen muss.

Der Gang der Hauptverhandlung vor dem Revisionsgericht ist nur in § 351 StPO geregelt. Eine Beweisaufnahme findet grundsätzlich nicht statt. Ausnahmsweise kann aber über »Erfahrungssätze« eine Beweisaufnahme stattfinden. Das ist bisher des Öfteren der Fall gewesen, so zB über die Wirkungsweise von Betäubungsmitteln und Alkohol, den Beweiswert von Faserspuren,[221] die Aussagekraft von Lügendetektoren,[222] die wissenschaftlichen Grundlagen von Glaubwürdigkeitsgutachten.[223]

Das Ergebnis des Revisionsverfahrens kann lauten auf Aufhebung des angegriffenen Urteils (ganz oder teilweise) mit oder ohne die zugrunde liegenden Feststellungen und Zurückverweisung der Sache im Umfang der Aufhebung zu neuer Verhandlung und Entscheidung, auch über die Kosten des Rechtsmittels, an eine andere Strafkammer des Landgerichts.

Wird ein Urteil nur im Strafausspruch mit den zugehörigen Feststellungen aufgehoben, so bleiben die Feststellungen bestehen, die ausschließlich oder – als sog doppelrelevante Tatsachen – auch den nunmehr rechtskräftigen Schuldspruch betreffen. An sie ist der Tatrichter im weiteren Verfahren gebunden.[224] Die Bindung erstreckt sich auf alle Umstände, welche das Tatgeschehen iSd geschichtlichen Vorgangs näher beschreiben. Zu ihnen darf sich der neue Tatrichter bei der Strafbemessung nicht in Widerspruch setzen, weil die Tat durch ein in sich widerspruchsfreies, einheitliches Erkenntnis abzuurteilen ist. Ob über die Schuld- und die Straffrage gleichzeitig entschieden oder ob nach Rechtskraft des Schuldspruchs die Strafe gesondert festgesetzt wird, darf dabei keinen Unterschied machen.

Die Missachtung der Bindungswirkung im sachlich–rechtlichen Bereich ist auf die Sachrüge hin zu beachten.

Bei Aufhebung des Urteils kann auch an ein zu demselben Bundesland gehörendes anderes Gericht verwiesen werden, möglich ist auch die Zurückverweisung an ein Gericht niederer Ordnung (§ 354 Abs 2 und 3 StPO). In Fällen, in denen fehlende Zuständigkeit zur Aufhebung führt, ist die Sache an das zuständige Gericht zu verweisen. In Ausnahmefällen kann das Revisionsgericht auch selbst entscheiden (§ 354 Abs 1 StPO).

Eigene Sachentscheidung des Revisionsgerichts bei nicht rechtsfehlerfreiem Strafausspruch ermöglichen die durch das Erste Gesetz zur Modernisierung der Justiz vom 24. August 2004 (BGBl I 2198, 2300) eingeführten Absätze 1a und b des § 354 StPO.[225]

---

221 *BGH* StV 1993, 340 = NStZ 1993, 395
222 *BGHSt* 44, 308 ff
223 *BGHSt* 45, 164 ff
224 *BGHSt* 24, 274, 275; 30, 340, 344
225 Vgl dazu BGH StV 2005, 9, 75, 76, 118; NJW 2005, 1205

Eine Verurteilung nach einem Freispruch wird zwar nach wie vor als unzulässig angesehen,[226] Freispruch aus tatsächlichen Gründen[227] oder Festsetzung der Strafe[228] durch das Revisionsgericht sind aber nicht mehr selten. Ob dies tatsächlich noch mit der gesetzliche Regelung vereinbar ist, erscheint fraglich.[229]

Auch für das Revisionsverfahren gilt das Verbot der Schlechterstellung (§ 358 Abs2 StPO), nicht aber für eine etwaige Anordnung der Unterbringung im psychiatrischen Krankenhaus oder in einer Entziehungsanstalt. Von dem Verbot wird aber nur der Rechtsfolgenausspruch erfasst. Das kann bedeuten, dass bei einer vollständigen Zurückverweisung der Sache das neu erkennende Gericht zu neuen Feststellungen und dadurch zu einem schwerwiegenderen Schuldvorwurf kommt.

Unter den Voraussetzungen des § 357 StPO muss eine Revisionsentscheidung auf andere Angeklagte, die keine Revision eingelegt oder diese zurückgenommen haben, erstreckt werden.

Der Tod des Angeklagten vor rechtskräftiger Entscheidung führt zur Einstellung des Verfahrens gemäß § 206 a StPO, auch wenn das Rechtsmittel auf den Strafausspruch beschränkt war.[230] Das angefochten Urteil wird gegenstandslos, ohne dass es seiner Aufhebung bedarf.

VI. Gegenerklärung zum Antrag der Staatsanwaltschaft beim Revisionsgericht

109   Eine Erwiderung auf eine Revisionsbegründung der Staatsanwaltschaft ist idR nicht erforderlich, weil es immer noch Praxis der Revisionsgerichte ist, auf Revisionen der Staatsanwaltschaft hin eine Hauptverhandlung anzuberaumen;[231] dann wird es zumeist ausreichen, wenn der Verteidiger in dieser seine Rechtsansicht darlegt. Dagegen ist es ratsam, auf den Antrag der Staatsanwaltschaft bei dem Revisionsgericht, mit dem die Verwerfung der Revision als offensichtlich unbegründet (§ 349 II StPO) oder auch als unzulässig (§ 349 I StPO) beantragt wurde, zu replizieren,[232] weil damit die Erfolgschancen deutlich steigen.[233]

110   Für diese Erwiderung hat der Verteidiger zwei Wochen Zeit (§ 349 III 2 StPO); nach Ablauf dieser (verlängerbaren) Frist muss aber – ohne weitere Ankündigung – mit der Entscheidung des Revisionsgerichts gerechnet werden, so dass auf ihre Wahrung geachtet werden sollte (nach einer Revisionsverwerfung gemäß § 349 II StPO kann grundsätzlich nur noch ein Antrag nach § 356 a StPO gestellt werden).[234]

---

226 Vgl dazu *BGH* StV 1999, 415 m Anm *Pauly*
227 *BGH* NStZ 1999, 240; StV 1995, 363; 509
228 *BGH* NStZ 1992, 297 m Anm *Scheffler*; StV 1993, 62 ff m Anm *Hanack*; NStZ 1996, 296, 297; NStZ 1997, 29 m Anm *Scheffler*; *BGHR* StPO § 354 Abs 1 – Sachentscheidung 1–5; Strafausspruch 1–10; *BGH* StV 1999, 205
229 Vgl. *BVerfG* (2. Kammer) NStZ 1991, 499; *Foth* NStZ 1992, 444 ff; *Rieß* in Festschrift für Hanack 1999, S 397 ff
230 *BGHSt* 45, 108; Beschl v 5. 8. 1999 – 4 StR 640/99; v 13. 1. 2000 – 5 StR 604/99
231 Barton Revision S 220
232 Park StV 1997, 550; zur hohen Übereinstimmung zwischen den Anträgen des Generalbundesanwalts und dem BGH: Barton Revision S 198
233 Barton Revision S 202 f
234 Vgl *BGH* NStZ 1999, 41, 42; *BGH* bei Kusch NStZ-RR 2000, 38 (Nr. 21); jetzt: Meyer-Goßner § 356 a Rn 1

Detter

Hinweis für die Verteidigung

111

In der Gegenerklärung, die an das Revisionsgericht gerichtet werden muss, sollte sich der Verteidiger – regelmäßig nur – mit der vom Generalbundes- oder Generalstaatsanwalt in der Antragsschrift vertretenen Rechtsansicht auseinandersetzen und hierzu seinen eigenen Rechtsstandpunkt darlegen;[235] eine bloße Wiederholung der schon eingereichten Revisionsbegründung ist dagegen nicht sinnvoll.

Beispiel für eine Gegenerklärung:

112

An

[das Revisionsgericht]

In der Strafsache gegen

wegen ...; Aktenzeichen [des Revisionsgerichts]

erwidere ich auf den Antrag des Generalbundesanwalts [des Generalstaatsanwalts] wie folgt

1. Soweit der Generalbundesanwalt [Generalstaatsanwalt] der Ansicht ist, die Verfahrensrüge, mit der geltend gemacht wird, die Vereidigung des Zeugen A sei zu Unrecht unterblieben, entspreche nicht den sich aus § 344 II 2 StPO ergebenden Anforderungen, übersieht er Folgendes: Zwar ist in der Revisionsbegründung nicht vorgetragen worden, dass gegen die Verfügung des Vorsitzenden, den Zeugen nicht zu beeiden, auf Antrag des Verteidigers hin eine Entscheidung des Gerichts nach § 238 II StPO ergangen ist. Dieser Vortrag war im vorliegenden Fall indes nicht zwingend notwendig. Denn in den Urteilsgründen (UA S 15) ist sowohl mitgeteilt, dass die Beanstandung erfolgt ist, als auch, dass die Entscheidung des Gerichts nach § 238 II StPO ergangen ist. Da das Revisionsgericht aufgrund der – zulässig erhobenen – Sachrüge von den Urteilsgründen Kenntnis nehmen muss, ist es ausnahmsweise unschädlich, dass der entsprechende Vortrag in der Verfahrensrüge nicht mitgeteilt wurde.[236]
2. ...

VII. Verhalten in der Hauptverhandlung vor dem Revisionsgericht[237]

Kommt es zu einer Hauptverhandlung vor dem Revisionsgericht, kann dort der Wahlverteidiger auftreten, der Pflichtverteidiger dagegen nur, wenn er nach §§ 350 III, 140 StPO vom Vorsitzenden des Revisionsgerichts hierfür bestellt wurde; die tatrichterliche Pflichtverteidigerbestellung umfasst also das »schriftliche« Revisionsverfahren (vgl auch Rn 18), aber nicht die Hauptverhandlung vor dem Revisionsgericht.[238]

113

Jedenfalls dann, wenn die Revision, über die verhandelt wird,[239] vom Verteidiger eingelegt wurde, sollte dieser – mit der sich aus obigen Ausführungen ergebenden Einschränkung – zur Hauptverhandlung vor dem Revisionsgericht auch erschei-

114

---

235 Vgl auch Park StV 1997, 550, 551 f
236 Vgl BGH NJW 2000, 596; BGH bei Kusch NStZ 1997, 378 (Nr. 17); BGH NStZ-RR 1997, 304, 305; dasselbe gilt im Übrigen für Aktenteile, die das Revisionsgericht von Amts wegen zur Kenntnis nehmen muss (zB Anklage, Eröffnungsbeschluss), vgl BGH StV 1998, 322; OLG Köln NStZ-RR 1997, 336
237 Vgl auch Hanack in Festschrift für Hanns Dünnebier 1982 S 301 ff
238 Vgl BGH NStZ 2000, 552; OLG Stuttgart StV 2000, 413, 414; zum Anspruch auf eine solche Bestellung: EGMR NStZ 1983, 373 m Anm Stöcker
239 Zur Zulässigkeit der Verhandlung nur über das Rechtsmittel der Staatsanwaltschaft und der Verwerfung der Angeklagtenrevision durch Beschluss: BGH StV 2000, 605; Anm Hamm StV 2000, 637; Anm Bauer wistra 2000, 252

nen; zwingend ist dies allerdings nur beim für die Hauptverhandlung vor dem Revisionsgericht bestellten Pflichtverteidiger.[240] Die Anwesenheit des Angeklagten ist in der Praxis eher selten (vgl auch § 350 II 2 StPO), sie wird – da es dort grundsätzlich nur um Rechtsfragen geht – häufig auch entbehrlich sein.

115   Die Hauptverhandlungen vor dem Revisionsgericht sind zumeist kurz. Nach dem Vortrag des Berichterstatters (§ 351 I StPO) wird idR sofort plädiert, zunächst vom Revisionsführer (§ 351 II 1 StPO). Wurde die Revision sowohl von der Staatsanwaltschaft als auch vom Verteidiger eingelegt, beginnt üblicherweise der Generalbundes- oder Generalstaatsanwalt bzw dessen Vertreter mit dem Schlussvortrag.

116   Da sich die Prüfung durch das Revisionsgericht auf die in der form- und fristgerechten Revisionsbegründung vorgebrachten Anträge und Rügen beschränkt (§ 352 I StPO), dürfen sich die Ausführungen in den Schlussvorträgen auch nur mit diesen befassen. Unnötig ist es allerdings, die Revisionsbegründung lediglich zu wiederholen; denn sie ist dem Revisionsgericht bekannt. Wurde eine Vielzahl von Rügen erhoben, wird es regelmäßig zweckmäßig sein, sich auf einige Beanstandungen zu konzentrieren. Der Verteidiger sollte die danach gebotene Auswahl so treffen, dass er auf die Beanstandungen eingeht, die nach seiner Ansicht – unter Berücksichtigung des Antrags des Generalbundes- bzw Generalstaatsanwalts – die größte Aussicht auf Erfolg versprechen; hat das Revisionsgericht Hinweise zu seiner – vorläufigen – Rechtsansicht oder zu den Einzelfragen, auf die sich die Hauptverhandlung (insbesondere) bezieht, erteilt, sollte auf diese Punkte unbedingt eingegangen werden.[241] Es kann auch geboten sein ‚sich mit dem (der) Vorsitzenden oder dem Berichterstatter des Revisionssenats in Verbindung zu setzten um in Erfahrung zu bringen, wo der Senat das Schwergewicht der in der mündlichen Verhandlung zu erörternden Fragen sieht.

117   Beispiel für einen – möglichst in freier Rede zu haltenden – Schlussvortrag:

> Hoher Senat, Herr Bundesanwalt/Frau Bundesanwältin!
>
> Ich möchte mich in meinen Ausführungen auf zwei Punkte konzentrieren, nämlich die Verfahrensrüge, mit der die Nichtvereidigung des Zeugen A beanstandet wurde, und im materiell-rechtlichen Teil auf das vom Schwurgericht angenommene Mordmerkmal der niedrigen Beweggründe. Sollte der Senat Ausführungen auch zu weiteren Revisionsrügen für sinnvoll erachten, darf ich um einen entsprechenden Hinweis bitten.
>
> Zunächst zur Verfahrensrüge. Entgegen dem Generalbundesanwalt bin ich der Ansicht, dass diese Rüge zulässig erhoben wurde. ... [weiter etwa wie bei Rn 112]

VIII. Besonderheiten der Nebenklägerrevision[242]

118   Der Nebenkläger ist – wenn auch mit Einschränkungen – berechtigt, gegen ein Urteil Revision einzulegen (§ 401 I 1 StPO). Voraussetzung dafür ist zum einen, dass er anschlussbefugt ist (§ 395 StPO); dies prüft das Revisionsgericht bei einer von ihm eingelegten Revision von Amts wegen nach.[243] Zum anderen muss der An-

---

240 Vgl Kl/M-G § 350 Rn 5 mwN
241 In Betracht zu ziehen ist auch, sich bei Vorsitzenden oder dem Berichterstatter des Revisionssenats über die zu erörtertenden Fragen telefonisch zu erkundigen
242 Allgemein zur Nebenklage: **Teil F Kap 2**
243 BGHSt 29, 216, 217; Ausnahme: vom Tatgericht bejahte Anschlussbefugnis nach § 395 III StPO; vgl § 396 II 2 StPO

schluss nach § 396 I StPO ordnungsgemäß erklärt worden sein, was auch noch mit der Revisionseinlegung erfolgen kann (§ 395 IV 2 StPO); keine Voraussetzung ist dagegen, dass – bei Antragsdelikten – ein Strafantrag gestellt wurde.[244]

Nebenkläger können nicht Revision zugunsten des Angeklagten einlegen.[245] Minderjährige sind prozessunfähig und können deshalb nicht selbst Rechtsmittelrechte als Nebenkläger wahrnehmen. Nebenkläger können ein Rechtsmittel nur solange einlegen, wie die Rechtsmittelfrist noch für die Staatsanwaltschaft läuft. Auch ein den Angeklagten beschwerender Rechtsfehler ist auf die Revision des Nebenklägers zu beachten (§§ 301, 401 Abs 3 Satz 2 StGB). Hat die Revision des Nebenklägers im Hinblick auf ein nebenklagefähiges Delikt im Schuldspruch Erfolg, so kann das Gericht auch ein in Tateinheit dazu stehendes »Offizialdelikt« neu überprüfen und gegebenenfalls wegen dieses »Offizialdelikts« verurteilen.[246] Nebenklägern kann auch für die Revisionsinstanz – falls noch nicht vorher geschehen – ein Rechtsanwalt als Beistand bestellt werden (§ 397 a Abs 1 StPO) oder Prozesskostenhilfe (§ 397 a Abs 2 StPO) bewilligt werden.

Weitere Anforderungen bezüglich der Zulässigkeit einer Nebenklägerrevision ergeben sich aus § 401 I 3, II StPO, der Regelungen über den Lauf und die Berechnung der Revisionseinlegungs- und -begründungsfrist enthält.[247] Die Revisionsbegründung des Nebenklägers muss im Übrigen stets ein Rechtsanwalt (unterschriebener Schriftsatz) einreichen.[248] Der Nebenkläger kann die Revision nicht zu Protokoll der Geschäftsstelle begründen.[249] Er kann die Revisionsanträge und ihre Begründung nur mittels einer von einem Rechtsanwalt unterzeichneten Schrift anbringen. **119**

Das Anfechtungsrecht des Nebenklägers ist vor allem durch § 400 I StPO beschränkt. Nach dieser Vorschrift darf in einer Nebenklägerrevision nur die – fehlerhafte – Anwendung des Straftatbestandes, der die Nebenklage eröffnet hat, beanstandet werden;[250] auch auf diesen Nebenklagestraftatbestand bezogen kann das Urteil aber nicht mit dem Ziel angefochten werden, dass eine andere oder weitere Rechtsfolge – auch eine Maßregel[251] – hätte verhängt werden müssen. Für die Begründungsschrift ergibt sich daraus insbesondere, dass der Antrag auf § 400 I StPO abgestimmt und dass das Rechtsmittel näher begründet sein muss; die Erhebung allein der allgemeinen Sachrüge hat regelmäßig die Unzulässigkeit der Revision zur Folge, weil daraus nicht deutlich wird, dass der Nebenkläger ein nach dieser Vorschrift zulässiges Ziel verfolgt.[252] Deshalb bedarf es bei Revisionen der Nebenkläger idR eines Revisionsantrages, der deutlich macht, dass der Beschwerdeführer ein zulässiges Ziel verfolgt.[253] Dies muss sich aus dem Revisionsantrag und dessen Begründung zweifelsfrei ergeben. Eines ausdrücklichen Revisionsantrags bedarf es bei **120**

244 BGH NStZ 1992, 452
245 *BGHSt* 37, 136
246 *BGHSt* 13, 143
247 Vgl dazu Teil F Kap 2 Rn 54
248 BGH NStZ 1992, 347
249 *BGH* NStZ 1992, 347
250 Vgl BGH NStZ-RR 1997, 371 (unzulässig: Vorliegen eines weiteren Mordmerkmals); gilt auch bei Tateinheit zwischen einem Offizial- und einem Nebenklagedelikt: BGH NStZ 1997, 402 und bei Verfahrensrügen: BGH NStZ 1999, 259, nicht aber bezüglich der Konkurrenzen zwischen zwei Nebenklagedelikten: BGH NStZ 2000, 219
251 BGH NJW 1998, 3069
252 BGH NStZ 1997, 97; BGH NStZ-RR 1998, 305; weitere Nachweise bei Kurth NStZ 1997, 1, 4 und im Teil F Kap 2 Rn 45 ff
253 *BGHR* StPO § 400 Abs 1 – Zulässigkeit 2, 3 und 5; *BGHR* StPO § 401 Abs 1 – Satz 1 Zulässigkeit 2; vgl aber auch *BGHR* StPO § 400 Abs 1 Zulässigkeit 7

Revisionen des Nebenklägers idR nur dann nicht, wenn sich der Umfang der Anfechtung aus der Begründung der Revision ersehen lässt.[254] Die Revision des Nebenklägers muss im Übrigen auch ergeben, dass der gerügte Rechtsfehler ein Nebenklagedelikt betrifft. Nebenkläger können die fehlerhafte Zurückweisung eines Beweisantrages geltend machen, ohne dass sie sich mit diesem Antrag dem Antrag der Staatsanwaltschaft angeschlossen hatten. Außer dem Antragsteller ist zur Anfechtung jeder Verfahrensbeteiligte berechtigt, der durch die einen Beweisantrag ablehnende Gerichtsentscheidung beschwert ist. Das sind auch diejenigen Prozessparteien, deren Interessen mit denjenigen des Antragstellers so erkennbar übereinstimmen, dass das Gericht auch ihnen gegenüber zur rechtlich einwandfreien Behandlung des Beweisantrags verpflichtet war.[255]

Rechtsmittelbefugnis besteht, soweit sich der Nebenkläger gegen die Ablehnung einer Unterbringung des Angeklagten in einem psychiatrischen Krankenhaus, also eine Rechtsfolge, wendet.[256] Keine Rechtsmittelbefugnis besteht, soweit sein erweiterter Schuldumfang durch Annahme weiterer Mordmerkmale oder die Feststellung besonderer Schwere der Schuld iSd § 57a Abs 1 Satz 1 Nr. 2 StGB erstrebt wird.[257] Eine zulässige Revision des Nebenklägers erstreckt sich auch dann nur auf die richtige Anwendung der Vorschriften über das Nebenklagedelikt, wenn dieses mit einem nicht zur Nebenklage berechtigenden Delikt in Tateinheit steht oder – bei Nichtverurteilung wegen des Nebenklagedelikts – stehen würde.[258] Unzulässig ist die Revision eines Nebenklägers, die sich gegen die Nichtverhängung von Sicherungsverwahrung wendet.[259]

120 a   **Hinweis für die Verteidigung**

Die gesetzwidrige Nichtzulassung eines Nebenklägers ist – wie die gesetzwidrige Zulassung – nur ein relativer Revisionsgrund. § 338 Nr. 5 StPO ist nicht anwendbar.[260] Ein Beruhen des Urteils auf der Nichtzulassung ist dann anzunehmen, wenn nicht auszuschließen ist, dass der Nebenkläger Tatsachen hätte vorbringen und/oder Beweismittel benennen können, die für den Schuldspruch wesentliche Bedeutung haben können. Dazu müssen aber in der Revisionsrechtfertigung Angaben gemacht werden.

121   Für den Nebenkläger kann (auch) in der Revisionsinstanz ein Beistand (§ 397a I StPO)[261] oder – sofern die Voraussetzungen für die Bestellung eines Beistandes nicht vorliegen[262] – Prozesskostenhilfe beantragt werden (§ 397a II StPO; bei letzterem ist dies erforderlich, weil Prozesskostenhilfe nur für die jeweilige Instanz bewilligt wird, vgl § 119 I 1 ZPO, die Bestellung eines Beistandes durch den Tatrichter wirkt dagegen in der Revisionsinstanz fort).[263] Der Prozesskostenhilfeantrag muss grundsätzlich vollständig – mit der Erklärung über die persönlichen und wirtschaftlichen Verhältnisse – eingereicht werden,[264] er sollte möglichst früh gestellt

---

254 BGHR StPO § 400 Abs 1 Zulässigkeit 2
255 *BGH* StV 98, 523 = *BGHSt* 44, 138
256 BGH NStZ 1995, 609
257 BGHR StPO § 400 I Zulässigkeit 12
258 *BGHSt* 43, 15, 16
259 *BGH* StV 1997, 624
260 *BGH* StV 1981, 535
261 Vgl BGH NStZ 1999, 365
262 Vgl BGH NJW 1999, 2380
263 BGH NStZ 2000, 552; 218, 219
264 Kurth NStZ 1997, 1, 2 mwN

werden, weil Prozesskostenhilfe nicht rückwirkend bewilligt werden kann.[265] Für den Fristbeginn der Einlegungsfrist ist die Zustellung des Urteils maßgebend, wenn der Nebenkläger oder Privatkläger bei der Verkündung nicht anwesend war (§ 401 Abs 1 Satz 2 StPO). Die Frist für die Einlegung der Revision des Nebenklägers beginnt mit der Verkündung des Urteils, wenn der Nebenkläger an der Hauptverhandlung teilgenommen hat. Das gilt auch, wenn er am Tage der Urteilsverkündung nicht mehr anwesend war. Dem Nebenkläger kann Wiedereinsetzung in den vorigen Stand gegen die Versäumung der Frist zur Begründung der Revision nicht gewährt werden, wenn sein Vertreter die Frist zur Begründung der Revision *schuldhaft* versäumt hat. Dieses Verschulden seines Vertreters muss sich der Nebenkläger zurechnen lassen; der Fall liegt insoweit anders als beim Verschulden des Verteidigers eines Angeklagten.[266]

IX. Besonderheiten der Entschädigung des Verletzten

Nach § 406 a Abs 2 Satz 1 StPO kann der Angeklagte mit dem Rechtsmittel der Revision allein gegen die Entscheidung im Anhangsverfahren vorgehen; auch insoweit gelten die Formvorschriften über die Einlegung der Revision.[267]   **121 a**

Kann das Revisionsgericht über den strafrechtlichen Teil eines Urteils durch Beschluss nach § 349 Abs 2 oder 4 StPO entscheiden, so kann es hierbei auch über das Rechtsmittel gegen die Zubilligung einer Entschädigung ohne Bindung an den Antrag des Generalbundesanwalts mit befinden. Aus § 405 Satz 2, § 406 a Abs 2 Satz 2 StPO ergibt sich, dass das Rechtsmittelgericht ohne Hauptverhandlung entscheiden kann, wenn lediglich über die Zubilligung einer Entschädigung zu befinden ist. Dies erfordert, auch dann eine Entscheidung im Beschlusswege zuzulassen, wenn im übrigen wegen der Schuld- und Straffrage die Voraussetzungen des § 349 Abs 2 und 4 StPO vorliegen, da der Gesetzgeber vermeiden wollte, dass allein wegen dieser Nebenentscheidung eine Hauptverhandlung stattfindet.[268]

Für die Zulässigkeit eines Grundurteils im Adhäsionsverfahren müssen grundsätzlich dieselben rechtlichen Voraussetzungen vorliegen, die auch nach der Zivilprozessordnung gelten. Danach scheidet idR ein Grundurteil über einen unbezifferten Feststellungsantrag schon wesensmäßig aus. Etwas anderes gilt jedoch dann, wenn die Klage auch zu einem Ausspruch über die Höhe führen soll.[269]

X. Revision des Einziehungs- oder Verfallbeteiligten

Die Befugnis eines Einziehungs- oder Verfallsbeteiligten, aus eigenem Recht ein Rechtsmittel gegen ihn beschwerende Rechtsfolgen eines Urteils einzulegen, setzt voraus, dass er die Stellung als Nebenbeteiligter, die gemäß § 433 Abs 1 Satz 1 StPO die Anfechtungsberechtigung mit umfasst, bereits vor dem die Nebenfolge anordnenden Urteil durch eine förmliche Beteiligungsanordnung nach § 431 Abs 1 Satz 1 StPO erlangt hat.[270]   **121 b**

265 Kurth NStZ 1997, 1, 4 mwN
266 *BGH* NStZ 1982, 212
267 BGH NStZ 2000, 388
268 StPO § 406 a Abs 2 Beschluss 1
269 BGHSt 47, 378
270 *BGH* NStZ 1995, 248

XI. Einige Revisionsrügen in alphabetischer Reihenfolge (mit Rechtsprechungshinweisen und teilweise auch mit Mustern)

122 Nachfolgend sind einige der häufiger vorkommenden Verfahrenshindernisse, Verfahrensfehler und materiell-rechtlichen Fehler in alphabetischer Reihenfolge aufgeführt. Die Hinweise, Muster und Rechtsprechungshinweise sollen aber nicht darüber hinwegtäuschen, dass im konkreten Fall weitere Ausführungen geboten sein können und werden.

123 Stichwortverzeichnis:

Absprache (ausführlich dazu Teil H Kap 3)   **124**

Gesetzesverletzung: Der Verteidiger wird sich in den meisten Fällen darauf berufen, das Gericht habe sich nicht an eine Absprache[271] gehalten; darin kann ein Verstoß gegen das Gebot des fairen Verfahrens[272] oder gegen § 265 I StPO[273] liegen, wenn nach der Absprache keine neuen Umstände bekannt wurden, die dieser die »Geschäftsgrundlage« entzogen haben oder das Gericht bei Vorliegen solcher Umstände den dann gebotenen Hinweis nicht erteilt hat. In Betracht kommt auch ein Verstoß gegen die Aufklärungspflicht (dazu Rn 133), wenn das Gericht etwa die trotz eines abgesprochenen Geständnisses gebotenen Beweise nicht erhoben hat.[274] Der absolute Revisionsgrund des § 338 Nr. 6 StPO wird weder durch den Umstand, dass Gespräche über eine Verständigung außerhalb der Hauptverhandlung stattfinden, noch dadurch begründet, dass das Ergebnis dieser Verständigung entgegen den Grundsätzen von BGHSt 43, 195 ff. nicht in die öffentliche Hauptverhandlung eingeführt wird.[275]

Rügeart: Verfahrensrüge.[276]

Anforderungen an die Rüge: In der Verfahrensrüge muss auf jeden Fall die getroffene Absprache mitgeteilt werden; ist eine Protokollierung unterblieben,[277] obwohl die (zulässige) Absprache in der Hauptverhandlung getroffen wurde, muss ferner die Anrufung und die Entscheidung des Gerichts gemäß § 238 II StPO vorgetragen werden.[278] Mitzuteilen sind auch die Umstände, unter denen die Absprache zustande kam (zB Einführung in die Hauptverhandlung, Beteiligte an der Absprache, Wahrung der Öffentlichkeit) sowie die Tatsachen, aus denen ggf die Unwirksamkeit der Absprache hergeleitet werden soll (zB die unlautere Einwirkung auf den Angeklagten).[279] Wird geltend gemacht, der Angeklagte habe infolge der zugesagten strafmildernden Berücksichtigung eines Geständnisses von der Stellung weiterer Beweisanträge abgesehen, müssen auch diese dargelegt werden.[280] Kommt ein Wegfall der Bindung an die Absprache wegen einer Änderung der »Geschäftsgrundlage« in Betracht, etwa weil nach dem Geständnis noch Zeugen vernommen wurden, die – wie das Urteil zeigt – neue strafschärfende Umstände mitgeteilt haben, so muss in der Revisionsbegründung auch der dies betreffende Teil der Hauptverhandlung vorgetragen werden.

relativer Revisionsgrund; häufig wird das Urteil nur im Rechtsfolgenausspruch auf der Gesetzesverletzung beruhen, da ein Geständnis trotz Fehlschlagens der Absprache regelmäßig verwertbar bleibt.[281]

Besonderheiten: Zum Verstoß gegen § 265 I StPO: Hinweispflicht (Rn 156); zum Verstoß gegen die Aufklärungspflicht: Aufklärungspflicht / Aufklärungsrüge (Rn 133).

---

271 Zu deren Zulässigkeit: BGHSt 43, 195; BGH StV 1999, 407; 411; 412, 414 f; BGH Beschl v 3.3.2005 – GSSt 1/04 = NStZ 2005, 389; Weigend NStZ 1999, 57; Landau/Eschelbach NJW 1999, 321

272 Vgl BGHSt 43, 195, 203 f, 210; BGH StV 1999, 408; BGH NStZ 1994, 196 m Anm Krekeler; 1997, 561; BGHSt 49, 84; BGH NStZ 2004, 342

273 BGHSt 43, 195, 210

274 Vgl BGH StV 1999, 407; Zschockelt NStZ 1996, 449; für Sachrüge: BGH StV 1999, 410

275 BGH StV 2004, 639

276 Vgl auch BGH NStZ 1996, 448 m Anm Zschockelt

277 Zur Protokollierungspflicht: BGHSt 43, 195, 206; BGH StV 1999, 408; 411; BGH NStZ 2000, 96, 97 m Anm Rieß (dort auch zur Beweiskraft des Protokolls)

278 Vgl BVerfG StV 2000, 3

279 BGH StV 1999, 407

280 BGH NStZ 1994, 196 m Anm Krekeler

281 BGH StV 1999, 407; BGH NStZ 1999, 92, 93; 1997, 561; 1994, 196 m Anm Krekeler

125   Abwesenheit – Angeklagter[282]

Gesetzesverletzung: Verstoß gegen § 230 I StPO (Abwesenheit; ausführlich dazu **Teil B Kap 4 Rn 61 ff**)[283] oder gegen § 247 S 4 StPO (Unterrichtungspflicht).

Rügeart: Verfahrensrüge.

Anforderungen an die Rüge: Grundsätzlich muss der Zeitpunkt des Ausschlusses des Angeklagten sowie der Verhandlungteil mitgeteilt werden, der in Abwesenheit des Angeklagten durchgeführt wurde;[284] bei mehreren Angeklagten sollte ferner dargelegt werden, dass der in Abwesenheit des Revisionsführers durchgeführte Teil der Hauptverhandlung diesen Angeklagten betraf.[285] Ergibt sich dies nicht schon von selbst oder (bei erhobener Sachrüge) aus dem Urteil, müssen auch die Tatsachen mitgeteilt werden, aus denen sich herleiten lässt, dass es sich um einen wesentlichen Teil der Hauptverhandlung gehandelt hat, also zB was sich während dieses Verhandlungsteils (inhaltlich) ereignet hat.[286] Ferner müssen die zum Verhandeln ohne den Angeklagten gestellten Anträge und die Entscheidungen[287] sowie die Tatsachen vorgetragen werden, aus denen sich ergibt, dass diese Entscheidungen falsch waren, der Angeklagte also beispielsweise nicht eigenmächtig ausgeblieben ist.[288] War der Angeklagte für die Dauer der Vernehmung eines Zeugen ausgeschlossen worden, dauerte der Ausschluss aber noch während der Verhandlung über die Entlassung dieses Zeugen an, so muss ferner dargelegt werden, dass der Angeklagte anschließend nicht auf das Stellen von Fragen an den Zeugen verzichtet hat.[289] Wurden während einer solchen Zeugenvernehmung in Abwesenheit des Angeklagten Augenscheinsobjekte betrachtet oder Urkunden verlesen, ist auch vorzutragen, ob diese als Beweismittel oder als Vernehmungsbehelf gedient haben (vgl zu einer »eingeschobenen Beweisaufnahme« auch das 2. Beispiel).[290] Kommt eine Heilung durch Wiederholung in Betracht, muss der Sachverhalt auch in dieser Hinsicht vollständig mitgeteilt werden.[291] Ist nach den vorgetragenen Tatsachen sowohl ein Verstoß gegen § 230 I StPO als auch einer gegen § 247 S 4 StPO möglich, muss ferner klargestellt werden, welche Gesetzesverletzung beanstandet wird.[292]

absoluter Revisionsgrund, § 338 Nr. 5 StPO, der aber nur vorliegt, wenn die Abwesenheit einen wesentlichen Teil der Hauptverhandlung betraf.[293] Nach der bisherigen Rechtsprechung war die Entscheidung über die Vereidigung ein wesentlicher Teil der Hauptverhandlung, auch, wenn der Zeuge als Verletzter nach § 61 Nr. 2 StGB unvereidigt geblieben ist. Ob an dieser zur Annahme des absoluten Revi-

---

282   Vgl zB BGH StV 2003, 149; 649
283   Zur Möglichkeit der Vertretung im Strafbefehlsverfahren (§ 411 II StPO): Teil E Kap 5 Rn 67 ff
284   BGHSt 26, 84, 91; BGH NStZ 1983, 36; BGH Beschluss v 3. 11. 1999 – 3 StR 333/99
285   BGHSt 21, 180; 32, 100
286   BGH NStZ 2001, 48; BGH StV 2000, 240, 241; BGH Urteil v 30. 8. 2000 – 5 StR 268/00
287   BGH StV 2000, 240; BGH Beschluss v 3. 11. 1999 – 3 StR 333/99
288   Vgl KK-Kuckein § 344 Rn 48 mwN; BGH StV 2003, 149
289   Vgl BGH NStZ 2000, 440; BGH NJW 1998, 2541; ob die Abwesenheit allein während der Verhandlung über die Entlassung des Zeugen einen wesentlichen Teil der Hauptverhandlung betrifft, ist streitig, vgl BGH StV 2000, 240, 241 mwN
290   BGH StV 2000, 241
291   BGH NStZ-RR 1998, 259 (Nr. 9)
292   Vgl oben Rn 83
293   Ein wesentlicher Teil der Hauptverhandlung ist regelmäßig die Vereidigung eines Zeugen (vgl das 2. Beispiel), nicht dagegen eine auch außerhalb der Verhandlung – freibeweislich – mögliche Erholung von Auskünften (BGH NStZ 1998, 528) sowie deren Verlesung (BGH StV 2000, 240) oder die Verhandlung und Entscheidung über einen Befangenheitsantrag (BGH NStZ 1996, 398)

sionsgrundes nach § 338 Nr. 5 StPO führenden Rechtsprechung (vgl Maier NStZ 2003, 676) angesichts der Änderung des § 59 StPO durch das 1. Justizmodernisierungsgesetz (BGBl 2004 I S 2198 ff), nach der Zeugen nur vereidigt werden, wenn es das Gericht wegen der ausschlaggebenden Bedeutung der Aussage oder zur Herbeiführung einer wahren Aussage nach seinem Ermessen für notwendig hält, festzuhalten ist, hat der Bundesgerichtshof offen gelassen. Er hat aber betont, dass im Hinblick auf die Änderung des § 59 StPO die Frage, ob die vorschriftswidrige Abwesenheit des Angeklagten in den hier in Frage stehenden Fällen einen wesentlichen Teil der Hauptverhandlung betrifft, neuer Betrachtung bedarf. Die Neuregelung des Vereidigungsrechts könnte zur Folge haben, dass in den Fällen, in denen die Verfügung des Vorsitzenden nicht zum Gegenstand von Erörterungen gemacht, insbesondere keine gerichtliche Entscheidung nach § 238 Abs 2 StPO beantragt wurde, die Abwesenheit des Angeklagten keinen wesentlichen Verfahrensteil betrifft.[294]

Bei einer lediglich fehlerhaften Begründung des Ausschließungsbeschlusses kann – ausnahmsweise – der absolute Revisionsgrund verneint werden, wenn die sachlichen Voraussetzungen des § 247 StPO zweifelsfrei vorlagen und vom Tatgericht auch nicht verkannt wurden.[295]

relativer Revisionsgrund bei Verstoß gegen die Unterrichtungspflicht nach § 247 S 4 StPO, wobei hier das Beruhen regelmäßig gegeben sein wird;[296] ferner bei Abwesenheit des Angeklagten während eines nicht wesentlichen Teils der Hauptverhandlung, wobei es dann allerdings regelmäßig am Beruhen fehlt.[297]

Beispiele:

(1) Die Hauptverhandlung fand im Fortsetzungstermin ohne den Angeklagten statt, weil dieser in anderer Sache in U-Haft genommen worden war.[298]

a) Gerügt wird die Verletzung des § 230 I StPO, da das Gericht die Hauptverhandlung während eines wesentlichen Teils, nämlich insbesondere als das letzte Wort zu gewähren war, in Abwesenheit des Angeklagten durchgeführt hat, obwohl hierfür keine gesetzliche Grundlage – auch nicht der von der Strafkammer bejahte § 231 II StPO – bestand.

Im Einzelnen ergibt sich der Verfahrensgang hierzu aus folgendem Eintrag im Protokoll über die Hauptverhandlung vom ... (Bl ... dA): »...« [Mitteilung des Ausbleibens des Angeklagten, der Anträge, Erklärungen sowie der Entscheidung des Gerichts über das Verhandeln ohne den Angeklagten und des Verhandlungsteils, der während der Abwesenheit des Angeklagten stattgefunden hat.]

b) Diese Verfahrensweise war fehlerhaft.

Das Gesetz schreibt die Anwesenheit des Angeklagten während der gesamten Dauer der Hauptverhandlung zwingend vor (§ 230 I StPO), sofern es nicht ausdrücklich hiervon Ausnahmen zulässt.

Eine solche lag hier nicht vor, insbesondere fehlte es an der in § 231 II StPO vorausgesetzten Eigenmächtigkeit. Diese erfordert, dass der Angeklagte seine Anwesenheitspflicht ohne Rechtfertigungs- oder Entschuldigungsgrund wissentlich missachtet und dadurch den Gang der Hauptverhandlung zu stören versucht.[299] Ein in Haft befindlicher Angeklagter besitzt jedoch nicht die Macht, aus freien Stücken der Hauptverhandlung fernzubleiben, da er jederzeit auch gegen seinen Willen vorge-

---

294 BGH StV 2005, 7
295 BGH NStZ 2001, 46, 47 mwN
296 BGHSt 1, 346, 350; KK-Diemer § 247 Rn 16
297 Vgl KK-Tolksdorf § 226 Rn 10
298 BGH NStZ 1997, 295
299 BGH StV 1991, 244; Meurer NStZ 1993, 600 mwN

führt werden kann. Dass dem Tatrichter der Grund des Ausbleibens des Angeklagten nicht bekannt war, ist dabei ohne Bedeutung, es genügt vielmehr, dass der Angeklagte an der Verhandlung tatsächlich ohne sein Verschulden nicht teilnehmen konnte. Dies wiederum ergibt sich im Einzelnen aus der Anzeige über die Festnahme vom … und dem Haftbefehl des Amtsgerichts … vom … (Bl … dA). Diese haben folgenden Inhalt: »…« [Mitteilung des Wortlauts von Festnahmeanzeige und Haftbefehl.]

c) Es liegt der absolute Revisionsgrund des § 338 Nr. 5 StPO vor.

(2) Der Angeklagte war auf eigenen Wunsch hin zu Recht während der Vernehmung seiner Tochter als Zeugin (des Tatopfers) nach § 247 StPO ausgeschlossen worden; zugelassen wurde er erst wieder, nachdem über die Vereidigung der Zeugin entschieden worden war.[300]

> Gerügt wird die Verletzung des § 230 I StPO.
>
> a) Der Angeklagte wurde durch Gerichtsbeschluss gemäß § 247 StPO während der Vernehmung der Zeugin … ausgeschlossen. Sein Ausschluss dauerte jedoch über diese Vernehmung hinaus auch während der Verhandlung über die Beeidigung und der Entscheidung über die Vereidigung an.
>
> Dies ergibt sich im Einzelnen aus dem Sitzungsprotokoll vom … (Bl … dA), das hierzu folgenden Eintrag enthält: »…« [Wiedergabe des Protokolls vom Ausschließungsantrag bis zur Wiederzulassung.]
>
> b) Diese Verfahrensweise verstieß gegen § 230 I StPO, da § 247 StPO den Ausschluss des Angeklagten nur für die Dauer der Vernehmung des Zeugen ermöglicht hat. Dazu gehört aber nicht auch die Verhandlung und Entscheidung über die Vereidigung eines Zeugen. Ohne Bedeutung ist dabei, dass die Zeugin als Geschädigte unbeeidet geblieben ist, weil ein Hinwirken des Angeklagten auf eine Vereidigung möglich gewesen wäre (§ 61 StPO ist eine Kann-Regelung).[301]
>
> c) Daher liegt der absolute Revisionsgrund des § 338 Nr. 5 StPO vor. Hierfür ist unerheblich, dass der Angeklagte auf seinen Wunsch hin ausgeschlossen wurde. Der Grundsatz der Verhandlung nur in Anwesenheit des Angeklagten ist nämlich unverzichtbar; seine Verletzung kann auch gerügt werden, wenn die Abwesenheit auf einen ausdrücklichen Antrag des Angeklagten zurückging. [Dies gilt zumindest, wenn – wie hier – keine Anhaltspunkte dafür vorliegen, dass absichtlich ein Revisionsgrund geschaffen werden sollte.][302]

(3) Zum Sachverhalt, vgl nachfolgend a)

> Gerügt wird die Verletzung des § 247 S 4 StPO.[303]
>
> a) Der Angeklagte wurde durch Beschluss des Gerichts während der Vernehmung des Zeugen A gemäß § 247 StPO ausgeschlossen. Die Vernehmung dieses Zeugen im Termin vom … wurde jedoch für die Vernehmung des Zeugen B unterbrochen. Während dieser Vernehmung war der Angeklagte zwar wieder zur Hauptverhandlung zugelassen worden, der Vorsitzende hatte es jedoch unterlassen, den Angeklagten nach Abschluss des ersten Teils der Vernehmung vom Inhalt der Aussage des Zeugen A zu unterrichten. Dies erfolgte vielmehr erst, nachdem die Vernehmung des Zeugen A, die im Anschluss an die Vernehmung des Zeugen B wiederum ohne den Angeklagten fortgesetzt wurde, beendet worden war.

---

300 BGH NStZ 2000, 440; 1999, 522; 1997, 402; ebenso schon BGH StV 1995, 509; 1996, 530
301 BGH NStZ 2000, 440; 1999, 522; anders bei Bestehen eines Vereidigungsverbots: vgl BGH NStZ 1999, 522; BGH Beschluss v 15. 12. 1999 – 1 StR 614/99
302 BGH NStZ 1993, 198; zweifelnd nunmehr BGH NStZ 2001, 48
303 BGH NStZ 1999, 522; zu eingeschobenen bzw unterbrochenen Beweiserhebungen auch: BGHSt 38, 260 = JZ 1993, 270 m Anm Paulus; BGH NStZ 1997, 402; 1998, 263 m Anm Widmaier

Im Einzelnen ergibt sich diese Verfahrensweise aus dem Sitzungsprotokoll vom ... (Bl ... dA), das hierzu folgenden Eintrag enthält: »...« [Wiedergabe des Hauptverhandlungsprotokolls vom Ausschließungsantrag bzw -beschluss bis zur Unterrichtung des Angeklagten.]

b) Das Gericht hat damit gegen § 247 S 4 StPO verstoßen. Sinn dieser Regelung ist, dass der Angeklagte so gestellt werden soll, als sei er während der Zeugenvernehmung, für die er ausgeschlossen wurde, dabei gewesen; er soll den weiteren Gang der Verhandlung sofort beeinflussen können und in größtmöglicher zeitlicher Nähe zu der von den anderen Verfahrensbeteiligten gehörten Aussage Stellung nehmen können. Maßgebend für die Unterrichtung und vor allem deren Zeitpunkt ist daher nicht der des Abschlusses dieser Zeugenvernehmung, sondern der der Wiederzulassung des Angeklagten. Daher war hier die Unterrichtung des Angeklagten über den Inhalt des ersten Teils der Aussage des Zeugen A schon geboten, als er zur Vernehmung des Zeugen B hereingeholt worden war.

Die Verletzung des § 247 S 4 StPO begründet die Revision auch ohne Anrufung des Gerichts nach § 238 II StPO; denn die Unterrichtung des Angeklagten ist vom Gesetz zwingend vorgeschrieben und unverzichtbar.

c) Das Urteil beruht auf dem Verstoß gegen § 247 S 4 StPO (§ 337 I StPO), weil der Angeklagte zu der Aussage Stellung genommen und so die weitere Beweisaufnahme – vor allem die Vernehmung des Zeugen B – und damit möglicherweise auch das Urteil – beeinflusst hätte; denn bei den Zeugen A und B handelte es sich – wie das Urteil ausweist (UA 15) – um die Belastungszeugen, auf die das Gericht seine Überzeugung von der Täterschaft des Angeklagten im Wesentlichen gestützt hat.

Abwesenheit – Staatsanwalt **126**

Gesetzesverletzung: Verstoß gegen § 226 StPO

Rügeart: Verfahrensrüge.

Anforderungen an die Rüge: Mitzuteilen sind die Tatsache der Abwesenheit (vgl § 272 Nr. 2 StPO) sowie der Teil der Hauptverhandlung, der ohne den Staatsanwalt stattfand.[304] War der anwesende Staatsanwalt sachlich nicht zuständig (dazu: §§ 142 f GVG), was seiner Abwesenheit gleichsteht, müssen auch die diese Unzuständigkeit belegenden Tatsachen vorgetragen werden.

absoluter Revisionsgrund, § 338 Nr. 5 StPO, sofern die Abwesenheit einen wesentlichen Teil der Hauptverhandlung betraf (vgl dazu die Beispiele bei Rn 125).

relativer Revisionsgrund bei Abwesenheit während eines nicht wesentlichen Teils der Hauptverhandlung, wobei es jedoch in aller Regel am Beruhen fehlt.[305]

Besonderheiten: Es muss nicht immer derselbe Staatsanwalt anwesend gewesen sein; während der Zeugenvernehmung des Staatsanwalts[306] und der Würdigung seiner Aussage im Schlussvortrag muss ein Kollege die Sitzungsvertretung übernehmen;[307] vgl auch: Befangenheit – Staatsanwalt (Rn 136); Plädoyer / Schlussvortrag (Rn 161).

Abwesenheit – Urkundsbeamter (Protokollführer) **127**

Gesetzesverletzung: Verstoß gegen § 226 Abs 1 StPO.[308]

Rügeart: Verfahrensrüge.

---

304 Vgl BGHSt 26, 84, 91
305 KK-Tolksdorf § 226 Rn 10
306 Zum Problem Staatsanwalt als Zeuge: BGH Urt. v 3. 2. 2005 – 5 StR 84/04
307 Vgl dazu auch die Nachweise bei Kl/M-G Vor § 48 Rn 17
308 Zum Absehen der Hinzuziehung beim Strafrichter vgl, § 226 II StPO; dazu Meyer-Goßner Rn 7 a zu § 226

Anforderungen an die Rüge: Mitzuteilen sind die Tatsache der Abwesenheit (vgl § 272 Nr. 2 StPO) und der Teil der Hauptverhandlung, der ohne Protokollführer stattfand.[309] Wird beanstandet, der Protokollführer sei kein Urkundsbeamter der Geschäftsstelle gewesen (§ 153 GVG), muss dies belegt werden (Angaben zur Laufbahn oder zum Stand der Ausbildung).[310]

absoluter Revisionsgrund, § 338 Nr. 5 StPO, sofern die Abwesenheit einen wesentlichen Teil der Hauptverhandlung betraf (vgl dazu die Beispiele bei Rn 125).

relativer Revisionsgrund bei Abwesenheit während eines nicht wesentlichen Teils der Hauptverhandlung, wobei es in aller Regel jedoch am Beruhen fehlt.[311]

Besonderheiten: Es muss nicht immer derselbe Protokollführer anwesend gewesen sein; im Fall des Wechsels des Urkundsbeamten muss jeder Protokollführer den Teil des Protokolls unterzeichnen, den er aufgenommen hat (§ 271 I 1 StPO).[312]

128 Abwesenheit – Verteidiger[313]

Gesetzesverletzung: Verstoß gegen §§ 140, 141 I, II, 418 IV StPO, wenn der Angeklagte trotz notwendiger Verteidigung keinen Verteidiger hatte.[314] § 338 Nr. 5 StPO liegt nur bei einer körperlichen Abwesenheit oder erkennbaren Verhandlungsunfähigkeit des Verteidigers im Falle einer notwendigen Verteidigung vor, jedoch nicht bei einem nicht oder nur unzureichend vorbereiteten Verteidiger.[315] Verstoß gegen § 145 I StPO, wenn der Angeklagte zwar einen »notwendigen« Verteidiger hatte, dieser aber in der Hauptverhandlung nicht anwesend war; ansonsten abhängig vom Einzelfall (zB § 218 StPO bei unterlassener Ladung des »nicht notwendigen« Verteidigers).[316]

Zu Fehlern bei der Pflichtverteidigerbestellung: unten Rn 160.

Rügeart: Verfahrensrüge.

Anforderungen an die Rüge: In jedem Fall muss mitgeteilt werden, in welchem Teil der Hauptverhandlung der Angeklagte nicht verteidigt war,[317] bei mehreren Angeklagten sollte ferner dargelegt werden, dass dieser Teil der Hauptverhandlung auch den revisionsführenden Angeklagten betraf.[318] Wird beanstandet, dass dem Angeklagten kein Verteidiger bestellt wurde, obwohl ein Fall der notwendigen Verteidigung vorlag, so müssen die Umstände vorgetragen werden, die belegen, dass ein Fall notwendiger Verteidigung gegeben war.[319] War der Angeklagte während der Zeugenvernehmung seines Anwalts nicht verteidigt, muss auch dargelegt werden, zu welchem Beweisthema die Vernehmung erfolgt ist.[320] Ist ein »nicht notwendiger« Verteidiger zur Hauptverhandlung nicht geladen worden, muss mitgeteilt wer-

---

309 Vgl BGHSt 26, 84, 91
310 BGH bei Miebach/Sander NStZ-RR 2000, 1, 5 (BGH, Beschl v 7. 4. 1999 – 3 StR 658/99)
311 KK-Tolksdorf § 226 Rn 10
312 BGH wistra 1991, 272
313 Zum Problem der Vernehmung des Verteidigers als Zeuge: Meyer-Goßner Rn 18 vor § 48
314 Zur notwendigen Verteidigung: Teil B Kap 4 Rn 7 ff; zur notwendigen Verteidigung schon im Ermittlungsverfahren: BGH NJW 2000, 3505
315 BGH StV 2000, 402
316 Vgl etwa zur Verhinderung des Wahlverteidigers: BGH NStZ 1999, 527
317 BGH StV 1986, 287, 288; Burgard NStZ 2000, 242, 246
318 Vgl BGHSt 21, 180; 32, 100
319 Vgl OLG Köln NStZ-RR 1997, 336, 337; Burgard NStZ 2000, 242, 246
320 Meyer-Goßner Rn 18 vor § 48; Brandbg. OLG NStZ 1997, 612, 613; vgl dazu aber KK-Laufhütte § 140 Rn 27 mwN

den, dass die Wahl des Verteidigers rechtzeitig vor dem Termin angezeigt wurde und dass die Ladung unterblieben ist.[321]

absoluter Revisionsgrund, § 338 Nr. 5 StPO, bei körperlicher Abwesenheit oder bei erkennbarer Verhandlungsunfähigkeit des Verteidigers,[322] sofern es sich um einen Fall der notwendigen Verteidigung gehandelt hat und die Abwesenheit einen wesentlichen Teil der Hauptverhandlung betraf (vgl dazu die Beispiele bei Rn 125); die Rüge ist allerdings verwirkt, wenn sich der Verteidiger eigenmächtig während der Urteilsverkündung entfernt hatte[323] oder sich der Wahlverteidiger während der Hauptverhandlung entfernt hatte, der Pflichtverteidiger aber anwesend war.[324]

relativer Revisionsgrund, wenn die Abwesenheit des notwendigen Verteidigers einen nicht wesentlichen Teil der Hauptverhandlung betraf[325] (dann wird es jedoch in aller Regel am Beruhen fehlen[326]), ferner wenn ein Fall der notwendigen Verteidigung nicht vorlag, der Wahlverteidiger aber beispielsweise nicht geladen wurde (bei gravierenden Verstößen kommt auch § 338 Nr. 8 StPO in Betracht; dazu Rn 171).

Besonderheiten: Vgl auch Hauptverhandlung, Vertagung (Rn 155); Pflichtverteidigerbestellung (Rn 160); Verteidigung, Beschränkung (Rn 171).

Annexzuständigkeiten des Revisionsgerichts   **128 a**

Kostenbeschwerde

Mit der sofortigen Beschwerde (vgl § 311 StPO) kann und muss gegebenenfalls neben der Hauptentscheidung die Kosten- und Auslagenentscheidung angegriffen werden (§ 464 Abs 3 StPO). Das Revisionsgericht überprüft die Kosten- und Auslagenentscheidung nur, wenn von diesem Rechtsmittel zusätzlich und rechtzeitig (Frist: eine Woche ab Verkündung des Urteils) Gebrauch gemacht wurde. Sinnvoll ist die sofortige Beschwerde nur, wenn auch bei Verwerfung der Hauptentscheidung eine Änderung der Kostenentscheidung mit guten Gründen angestrebt wird.

Wird ein Urteil auf die Revision aufgehoben, erledigt sich auch die hierauf bezogene Kostenbeschwerde. Eine Zuständigkeit des Revisionsgerichts für die Entscheidung über die sofortige Beschwerde gegen die Kostenentscheidung nach § 464 Abs 3 Satz 3 StPO besteht nur, wenn es zugleich über eine vom Beschwerdeführer eingelegte Revision zu entscheiden hat, weil nur in diesem Fall der erforderliche enge Zusammenhang zwischen beiden Rechtsmitteln besteht. Hat der Angeklagte nur Revision, der Nebenkläger nur Kostenbeschwerde eingelegt, so entscheidet über die Beschwerde das Beschwerdegericht,[327] meist das zuständige OLG.

Beschwerde gegen Entscheidungen nach dem StrEG

Der Gesetzgeber hat die Grundentscheidung über die Entschädigungspflicht als Annex zur Sachentscheidung ausgestaltet. Dementsprechend hat dasjenige Gericht über die Entschädigung zu befinden, das die das Verfahren abschließende Entscheidung getroffen hat, aus der der Entschädigungsanspruch erwächst. Gegen Entscheidungen nach dem Gesetz, betreffend die Entschädigung für Strafverfolgungs-

---

321 OLG Hamm StV 1999, 194
322 Vgl BGH StV 2000, 402 m Anm Stern
323 BGH NStZ 1998, 209
324 BGH NStZ 1998, 267; BGH StV 1999, 189 m Anm Ventzke; zur Verfahrensrüge in einem solchen Fall: BGH StV 1998, 414
325 Burgard NStZ 2000, 242, 246
326 Vgl KK-Tolksdorf § 226 Rn 10
327 *BGHR* StPO § 464 Abs 3 Zuständigkeit 3

maßnahmen (StrEG) ist die sofortige Beschwerde gemäß § 8 Abs 3 StrEG gegeben. Das Revisionsgericht ist zur Entscheidung über die Anfechtung der Entschädigungsentscheidung des Instanzgerichts gem. § 8 Abs3 StrEG, § 464 Abs3 Satz 3 StPO nur dann zuständig, wenn die Revision und die Beschwerde von demselben Beschwerdeführer eingelegt worden sind.[328]

Beschwerde gegen Entscheidung nach § 268 a StPO

Liegt eine Beschwer nur in den Bewährungsauflagen im Rahmen der §§ 56 a bis 56 d und § 59 a StGB, ist die – einfache – Beschwerde des § 305 a StPO das gegebene Rechtsmittel. Auch für die Entscheidung über diese Beschwerde ist gem § 305 a Abs 2 StPO eine Annexzuständigkeit des Revisionsgerichts begründet.

129   Angeklagter – Belehrung, Schweigerecht

Gesetzesverletzung: Verstoß gegen § 243 IV 1 StPO.

Rügeart: Verfahrensrüge.

Anforderungen an die Rüge:[329] Mitteilung, dass der Angeklagte in der Hauptverhandlung über sein Schweigerecht nicht belehrt wurde; ferner muss dargelegt werden, dass er von seiner Aussagepflicht ausging und deshalb Angaben gemacht hat;[330] der Hinweis, dass »zu Gunsten des Angeklagten« zu unterstellen sei, dass er seine Aussagefreiheit nicht gekannt habe, führt– da ein Rechtsfehler nicht bestimmt behauptet wird – zur Unzulässigkeit der Rüge.[331]

relativer Revisionsgrund; das Beruhen, das belegt werden muss, wird regelmäßig gegeben sein, wenn der Angeklagte sein Schweigerecht nicht kannte. Bei einem schon vor der Hauptverhandlung verteidigten Beschuldigten kann von einer solchen Kenntnis aber regelmäßig ausgegangen werden.[332]

Besonderheiten: Vgl auch Beschuldigter – Belehrung, Schweigerecht (Rn 141); zur Würdigung des Schweigens: Beweiswürdigung – Schweigen, Angeklagter/Beschuldigter (Rn 147).

130   Angeklagter – Vernehmung

Gesetzesverletzung: Das Recht des Angeklagten, sich zur Sache äußern zu dürfen, wird aus § 243 IV 2 StPO hergeleitet, dabei soll ihm grundsätzlich die Möglichkeit eingeräumt werden, sich im Zusammenhang äußern zu können (zur Durchführung der Vernehmung: Teil B Kap 4 Rn 83 ff, 96 f).[333] Die Pflicht des Gerichts, ihn zur Sache zu befragen, ergibt sich aus der Aufklärungspflicht (§ 244 II StPO). Eine nicht erschöpfende Vernehmung des Angeklagten kann deshalb in der Revision nur mittels einer Aufklärungsrüge (dazu Rn 133) geltend gemacht werden; diese ist jedoch regelmäßig erfolglos, wenn lediglich behauptet wird, dem Angeklagten seien bestimmte Fragen nicht gestellt worden.[334]

Hinweis:

In der Praxis haben sich weitere Modalitäten der Einlassung des Angeklagten herausgebildet: Dabei können sich folgende Probleme ergeben:

328 *BGHR* StPO § 465 Abs 2 – Billigkeit 1
329 Meyer-Goßner Rn39 zu § 243
330 BGHSt 25, 325, 333 (streitig)
331 BGH bei Kusch NStZ-RR 2000, 290 (BGH, Beschl v 15.12.1999 – 3 StR 513/99)
332 Vgl BGHSt 38, 214, 225
333 BGH NStZ 2000, 549
334 Vgl BGH NStZ 1997, 450; Pelz NStZ 1993, 361, 365; Schäfer StV 1995, 147, 155, 157

1. Angeklagter verliest schriftliche Erklärung; dies ist zulässig, zu werten als Einlassung
2. Angeklagter übergibt schriftliche Erklärung – diese muss im Wege des Urkundenbeweises verlesen werden (Aufklärungspflicht!!) –: Beweiswert als Urkunde[335]
3. Verteidiger verliest in Anwesenheit des Angeklagten eine von ihm aufgesetzte schriftliche Erklärung, die der Angeklagte unterschrieben hat; Verteidiger ist Zeugen vom Hörensagen und als solcher wohl zu vernehmen:[336]
4. Verteidiger gibt eine mündliche Erklärung für anwesenden Angeklagten ab; diese ist , wenn der Angeklagte eine entsprechende Erklärung abgibt (oder nicht widerspricht), als Einlassung des Angeklagten zu werten[337]
5. Der Angeklagte hatte in der Hauptverhandlung – ebenso wie schon im Ermittlungsverfahren – Angaben zur Sache verweigert. Ein Schriftsatz des Verteidiger im Ermittlungsverfahren mit Angaben zum Tatgeschehen darf nicht verlesen werden[338]

Ergibt sich aus dem Protokoll, dass sich der Angeklagte nicht zur Sache geäußert hat, setzt sich das Gericht im Urteil aber mit einer solchen Einlassung auseinander, liegt ein Verstoß gegen § 261 StPO vor (vgl dazu Rn 154).

Rügeart: Verfahrensrüge.

Anforderungen an die Rüge: Da die Gestaltung der Vernehmung des Angeklagten durch den Vorsitzenden in der Revision nur beanstandet werden kann, wenn eine Entscheidung des Gerichts gemäß § 238 II StPO herbeigeführt wurde, sind nicht nur der Ablauf der Vernehmung, sondern auch die Beanstandung und die Entscheidung des Gerichts mitzuteilen.[339] Im Übrigen: vgl die Ausführungen zur Aufklärungsrüge bei Rn 133; zur Verwertung des Schweigens eines Angeklagten oder Beschuldigten, vgl Rn 147; zur Zurückweisung von Fragen, vgl Rn 153; zum Verstoß gegen § 261, vgl Rn 154.

relativer Revisionsgrund; liegt eine Gesetzesverletzung vor, ist das Beruhen regelmäßig gegeben; vgl aber auch die Nachweise zu den jeweiligen Rügen (bei Rügeanforderungen).

Besonderheiten: Vgl auch Aufklärungspflicht/Aufklärungsrüge (Rn 133); Beschuldigter – Vernehmung, verbotene Vernehmungsmethoden (Rn 143); Beweiswürdigung – Schweigen, Angeklagter/Beschuldigter (Rn 147); Fragerecht (Rn 153); Hauptverhandlung, Inbegriff (Rn 154); Personalien, persönliche Verhältnisse (Rn 159).

Anklage – Unwirksamkeit, Fehlen[340]   131

Gesetzesverletzung: Verstoß gegen § 200 I 1 StPO. Eine Anklageschrift ist unwirksam, wenn sie nicht dazu geeignet ist, den Verfahrensgegenstand zu bestimmen, also unklar bleibt, welche prozessuale Tat dem Angeklagten zur Last gelegt wird und welchen Umfang die Rechtskraft eines dann ergehenden Urteils haben würde.[341] Allein ein nur im Übrigen mangelhafter Anklagesatz hat dagegen nicht die Unwirk-

---

335 BGHSt 40, 211; 39, 306; 27, 136; 20, 162; BGH StV 2001, 548 und 1994, 521, 524
336 BGHSt 39, 305; BGH StV 1994, 468
337 BGH NStZ 1993, 540; StV 1998, 59
338 BGH StV 2002, 182 (aber Vernehmung des Verteidigers kommt in Betracht)
339 Vgl BGH NStZ 2000, 549
340 Vgl auch Kuckein StraFo 1997, 33 ff; zu unterscheiden ist die Umgrenzungsfunktion von der Informationsfunktion. Verstoß gegen die letztere löst nur eine Hinweispflicht aus, während dies bei der ersteren zur Unwirksamkeit führen kann
341 BGHSt 48, 221; BGH StV 2005, 113; StraFo 2003, 95; StV 1996, 362; StV 2005, 113

samkeit der Anklage und damit auch kein Verfahrenshindernis zur Folge (ausführlich dazu Teil H Kap 4 Rn 7, 16 ff; zum Verstoß gegen § 265 StPO: Rn 156).[342]

Rügeart: Von Amts wegen zu beachten.

Besonderheiten: Bei fehlender oder unwirksamer Anklage wird das Verfahren in der Revision eingestellt, auch wenn der Angeklagte im angegriffenen Urteil freigesprochen worden war.[343] Vgl ferner – auch zur Heilung von Mängeln einer Anklage – bei Eröffnungsbeschluss (Rn 151) und bei Hinweispflicht (Rn 156); zur Kognitionspflicht sowie zur prozessualen Tat: rechtliche Würdigung (Rn 162); **zur Revision bei weiteren Fehlern im Zwischenverfahren: Teil B Kap 2 Rn 57 ff.**

Beispiele: Vgl die – teilweise – Wiedergabe der Anklage bei BGH NStZ 1996, 294 oder BGH StV 1998, 469, 470.

132 Anklage – Verlesung

Gesetzesverletzung: Verstoß gegen § 243 III 1 StPO.

Rügeart: Verfahrensrüge.[344]

Anforderungen an die Rüge: Mitteilung des Teils der Hauptverhandlung, in dem die Anklage nach § 243 III 1 StPO üblicherweise verlesen wird.

relativer Revisionsgrund, das Beruhen wird – abgesehen von tatsächlich und rechtlich einfach gelagerten Fällen – regelmäßig gegeben sein.[345]

Besonderheiten: Zur Geltendmachung dieses Revisionsgrundes, wenn sich der Verteidiger bezüglich der Nicht-Verlesung auf das Protokoll bezieht, er aber von dessen Unrichtigkeit weiß: BGH StV 1999, 582 m Anm Docke/von Döllen/Momsen[346]

133 Aufklärungspflicht / Aufklärungsrüge

Gesetzesverletzung: Verstoß gegen § 244 II StPO[347] (ausführlich dazu: **Teil B Kap 4 Rn 106 ff**), bei präsenten Beweismitteln gegen § 245 StPO.

Rügeart: Verfahrensrüge.

Anforderungen an die Rüge: Mitteilung eines bestimmten Beweismittels, einer bestimmten Beweisbehauptung und des konkret erwarteten Beweisergebnisses.[348] Außerdem ist die Darlegung der Umstände und Vorgänge erforderlich, die für die Beurteilung, dass sich dem Gericht die vermisste Beweiserhebung aufdrängen musste, bedeutsam sind.[349] Bei einer unterlassenen Zeugenvernehmung erfordert dies regelmäßig die (vollständiger) Wiedergabe der Niederschrift über die im Ermittlungsverfahren durchgeführte Vernehmung des Zeugen.[350]

---

342 Vgl BGHSt 40, 390, 392; BGH NJW 2000, 3293; BGH NStZ 1999, 42
343 BGH NJW 2000, 3293
344 BGH NStZ 2000, 214
345 Vgl BGH NStZ 2000, 214; 1995, 200; Anm Krekeler NStZ 1995, 299; OLG Hamm NStZ-RR 1999, 276
346 Zur Wahrheitspflicht allgemein: Detter StraFo 2004, 329 ff, 333 ff; Park StraFo 2004, 335, 336 ff
347 Vgl dazu BVerfG NJW 2003, 2444 m Anm Böse JR 2004, 41 ff; Schwaben NStZ 2002, 288 ff
348 BGH NStZ 1998, 97; 567; BGH bei Miebach NStZ-RR 1998, 1, 2 und bei Miebach/Sander NStZ-RR 2000, 1, 3; BGH Urt. v 22. 10. 2002 – 1 StR 169/02
349 BGH NJW 2000, 370, 371; 1998, 2229; BGH NStZ 1998, 97; 1999, 45, 46 und bei Miebach/Sander NStZ-RR 2000, 1, 3
350 Vgl BGH NJW 2000, 370, 371; 1998, 2229; NStZ 2004, 690

Soll geltend gemacht werden, dass das Gericht ein weiteres Sachverständigengutachten hätte erholen müssen, ist beispielsweise vorzutragen, aufgrund welcher Tatsachen das Gericht Zweifel an der Sachkunde des schon angehörten Sachverständigen haben musste,[351] wird das Unterlassen der Beiziehung weiterer Akten beanstandet, muss auch mitgeteilt werden, dass die dort zu gewinnenden Erkenntnisse nicht schon in den tatsächlich beigezogenen Akten enthalten waren.[352] Da die Aufklärungspflicht eine Beweiserhebung regelmäßig nicht gebietet, wenn ein entsprechender Beweisantrag abgelehnt werden könnte, muss die Revision – wenn etwa der Ablehnungsgrund der Unerreichbarkeit eines Auslandszeugen in Betracht kommt – auch mitteilen, welche Bemühungen das Gericht unternommen hat, um den Zeugen zum Erscheinen in der Hauptverhandlung zu bewegen.[353]

relativer Revisionsgrund; ob das Beruhen vorliegt ist einzelfallabhängig und bestimmt sich wesentlich danach, welche Bedeutung die Beweistatsache für den Schuld- oder den Rechtsfolgenausspruch hat.

Besonderheiten: Vgl zur audiovisuellen Vernehmung (§ 247 a StPO) und zur nicht erschöpfenden Zeugen- bzw Angeklagtenvernehmung: Zeuge – Vernehmung (Rn 175); Angeklagter – Vernehmung (Rn 130); zur Rüge der Aktenwidrigkeit: Hauptverhandlung, Inbegriff (Rn 154); zum Beweisermittlungsantrag: Beweisantrag (Rn 145); zur unzureichenden Feststellung der persönlichen Verhältnisse: Personalien, persönliche Verhältnisse (Rn 159).

Beispiel:

(1) Der in der Hauptverhandlung schweigende Angeklagte will das Unterlassen der Vernehmung einer Alibizeugin rügen.[354]

> Gerügt wird eine Verletzung der Aufklärungspflicht.
>
> a) Die Strafkammer hat die ihr nach § 244 II StPO obliegende Aufklärungspflicht verletzt, da sie die Ehefrau des Angeklagten, die Zeugin …, in der Hauptverhandlung nicht vernommen hat. Die Zeugin hätte ausgesagt, dass der Angeklagte, der nach den Urteilsfeststellungen den Diebstahl eigenhändig begangen haben soll, während der Tatnacht ununterbrochen zu Hause war, so dass er nicht der Täter gewesen sein kann.
>
> Zu dieser Beweiserhebung musste sich die Strafkammer gedrängt sehen, weil die Zeugin bereits im Ermittlungsverfahren entsprechend ausgesagt hatte. Die Niederschrift über die polizeiliche Vernehmung der Zeugin vom … (Bl … dA) hat folgenden Wortlaut: »…« [wörtliche Wiedergabe der Vernehmungsniederschrift].
>
> Die Zeugin hätte in der Hauptverhandlung Angaben zur Sache gemacht; sie hätte dabei ihre frühere Aussage wiederholt.
>
> b) Die Vernehmung der Zeugin war gemäß § 244 II StPO geboten; denn das Gericht muss von Amts wegen Beweis erheben, wenn ihm aus den Akten oder aus dem Stoff der Verhandlung noch Umstände oder Möglichkeiten bekannt oder erkennbar werden, die bei verständiger Würdigung der Sachlage begründete Zweifel an der Richtigkeit der auf Grund der bisherigen Beweisaufnahme erlangten Überzeugung wecken müssen. Das war hier der Fall. Die Überzeugung des Tatrichters von der Täterschaft des Angeklagten beruhte nämlich allein auf Rückschlüssen (vgl UA S …). Jedenfalls in einem solchen Fall ist aber eine Beweiserhebung über ein mögliches Alibi des Angeklagten durchzuführen; denn je weniger gesichert ein Beweisergebnis ist und je gewichtiger die Unsicher-

---

351 BGH StV 2001, 4
352 BGH NStZ 2000, 46
353 BGH StV 2001, 4
354 BGH NStZ-RR 1996, 299

heitsfaktoren sind, desto größer ist der Anlass für das Gericht, trotz der erlangten Überzeugung weitere erkennbare Beweismöglichkeiten zu benutzen.

c) Auf dem Verstoß gegen die Aufklärungspflicht beruht das Urteil auch (§ 337 I StPO). Hätte die Strafkammer auf Grund der Aussage der Zeugin das Alibi des Angeklagten für erwiesen erachtet, hätte er freigesprochen werden müssen.

(2) Das Gericht hatte einen zur Hauptverhandlung geladenen und dort auch erschienen Zeugen nicht vernommen, der im Ermittlungsverfahren einen anderen als den Angeklagten als Täter belastet hatte.[355]

a) Gerügt wird die Verletzung des § 245 I StPO.

Das Gericht hatte zur Hauptverhandlung den Zeugen … geladen, was sich im Einzelnen aus der Ladungsverfügung des Vorsitzenden vom … (Bl … dA) und der Zustellungsurkunde vom … (Bl … dA) ergibt, die folgenden Inhalt haben: »…« [Wiedergabe im Wortlaut].

Der Zeuge, der in der Hauptverhandlung auch erschienen war, wurde nach seiner Vernehmung zur Person über ein Aussageverweigerungsrecht belehrt; daraufhin machte er keine Angaben zur Sache und wurde entlassen. Dies ergibt sich aus dem Hauptverhandlungsprotokoll vom … (Bl … dA), das insoweit folgenden Eintrag aufweist: »…« [Wiedergabe des betreffenden Teils des Sitzungsprotokolls im Wortlaut].

b) Diese Verfahrensweise verstieß gegen § 245 I StPO. Danach darf das Gericht von der Vernehmung eines von ihm geladenen und erschienenen Zeugen nämlich nur absehen, wenn die Beweiserhebung unzulässig ist oder die Verfahrensbeteiligten auf die Vernehmung verzichtet haben. Beide Voraussetzungen lagen hier nicht vor. Ein Verzicht wurde – wie der oben wiedergegebene Auszug aus der Sitzungsniederschrift belegt – nicht erklärt. Entgegen der Ansicht des Gerichts war die Vernehmung des Zeugen zur Sache auch nicht unzulässig, da dem Zeugen das von ihm geltend gemachte Zeugnisverweigerungsrecht nicht zustand. … [hier müsste erörtert und gegebenenfalls belegt werden, warum das Zeugnisverweigerungsrecht nicht bestand].

c) Auf diesem Verfahrensverstoß beruht das Urteil (§ 337 I StPO). Bei seiner polizeilichen Vernehmung vom … (Bl … dA) hatte der Zeuge folgende Angaben gemacht: »…« [vollständige Wiedergabe der polizeilichen Vernehmungsniederschrift].

Da der Zeuge diese Angaben in der Hauptverhandlung wiederholt hätte, wenn er entsprechend seiner Pflicht zur Sache ausgesagt hätte, wäre der Angeklagte nicht verurteilt worden, weil zumindest Zweifel an seiner Täterschaft bestanden hätten.

134 Ausschluss – Richter, Schöffe

Gesetzesverletzung: Verstoß gegen §§ 22, 23, 31 I, 148 a II 1 StPO.

Hinweis:[356] Verletzt iSv § 22 Nr. 1 StPO ist ein Richter nur dann, wenn er durch die abzuurteilende Tat unmittelbar betroffen ist; die strafbare Handlung muss sich als Eingriff in Rechte seiner Person erweisen. Die Androhung einer Sprengstoffexplosion (§ 308 StGB) im Landgerichtsgebäude genügt dafür nicht.[357] Eine Zeugenvernehmung iSd § 22 Nr. 5 StPO erfordert nicht stets eine persönliche Anhörung durch ein Organ der Rechtspflege; es kommen auch schriftliche Erklärungen in Betracht. Dienstliche Erklärungen sind jedoch nicht ohne weiteres solchen schriftlichen Zeugenerklärungen gleichzusetzen. Diejenigen dienstlichen Erklärungen

---

355 Vgl für eine Staatsanwaltsrevision: BGH NStZ 1995, 462; zum Inhalt der Verfahrensrüge: BGH StV 1999, 197; 1998, 360; zum Inhalt der Verfahrensrüge bei § 245 II StPO: BGH bei Miebach/Sander NStZ-RR 2000, 1,6

356 Zu § 22 Nr. 4 StPO vgl BGHSt 49, 29

357 BGHR StPO § 22 Nr. 1 Verletzter 1

eines Richters, die nicht dazu bestimmt sind, Gegenstand der Beweiswürdigung zu sein, sondern sich lediglich zu prozessual erheblichen Vorgängen und Zuständen verhalten, etwa wenn sie der freibeweislichen Aufklärung der Frage dienen, ob ein Richter überhaupt als Zeuge zu den in sein Wissen gestellten Tatsachen in Betracht kommt, führen nicht zum Richterausschluss nach § 22 Nr. 5 StPO.[358]

Rügeart: Verfahrensrüge.

Anforderungen an die Rüge: Mitteilung, dass ein – namentlich zu benennender – Richter oder Schöffe an dem Urteil mitgewirkt hat,[359] ferner müssen die Tatsachen dargelegt werden, aus denen sich der Ausschlussgrund ergibt.[360]

absoluter Revisionsgrund, § 338 Nr. 2 StPO.[361]

Befangenheit – Richter, Schöffe   **135**

Gesetzesverletzung: Verstoß gegen §§ 24 ff StPO[362] **(dazu Teil B Kap 4 Rn 32 ff).** Mit der Revision kann in Bezug auf die Mitwirkung eines befangenen Richters oder Schöffen insbesondere geltend gemacht werden, dass dieser an dem Urteil mitgewirkt hat, obwohl schon einem Befangenheitsantrag stattgegeben worden war (praktisch selten) oder dass einem Befangenheitsantrag zu Unrecht nicht stattgegeben worden ist. Dieses »zu Unrecht« kann auf formellen Fehlern beruhen[363] (insoweit ist jedoch zu beachten, dass das Revisionsgericht das Vorliegen der Gesetzesverletzung nach Beschwerdegrundsätzen prüft, was zB bedeutet, dass – etwa nach einer fehlerhaften Verwerfung des Antrags nach § 26 a I Nr. 1 StPO – die Rüge nur Erfolg haben kann, wenn das Gesuch in der Sache begründet war),[364] es kann aber auch auf eine falsche Auslegung des Begriffs »Befangenheit« oder eine unzutreffende Subsumtion zurückzuführen sein.

Rügeart: Verfahrensrüge (keine sofortige Beschwerde, vgl § 28 II 2 StPO).[365]

Anforderungen an die Rüge: (Wörtliche, zumindest aber den vollständigen Inhalt »mit eigenen Worten« erfassende)[366] Wiedergabe des Ablehnungsantrages, der dienstlichen Stellungnahme des Richters[367] und des Beschlusses (einschließlich der Gründe),[368] mit dem der Antrag zurückgewiesen wurde.[369] Häufig wird noch weiterer Vortrag erforderlich sein, etwa zu den Tatsachen, aus denen die Befangenheit

---

358 BGH StV 2004, 355; StV 2003, 315
359 BGH NJW 1962, 500
360 Zur Abgrenzung Zeugenvernehmung – dienstliche Äußerung eines Richters (§ 22 Nr. 5 StPO): BGH StV 1998, 467; BGH JR 2001, 120 m Anm Goeckenjan/Eisenberg
361 Vgl dazu aber BGH NJW 2000, 1275, 1277
362 Zur Befangenheit im Rahmen einer »Absprache«: BGH StV 2003, 481; BGH Urt v 15. 2. 2005 – 5 StR 536/04; im Zusammenhang mit der Anordnung und Durchführung der Begutachtung der Schuldfähigkeit: BGHSt 48, 4; mit der Verhandlungsführung des Richters BGH StV 2004, 356; Spannungen mit Verteidiger: BGH StV 2005, 72
363 Vgl BGH StV 1999, 463 m Anm Zieschang (Besetzungsfehler bei der Entscheidung über mehrere Befangenheitsanträge)
364 Vgl BGH bei Kusch NStZ-RR 1999, 257 (Nr. 3); vgl aber Hinweise in Fn 132
365 Erfolgte die Ablehnung und die Entscheidung darüber vor Eröffnung des Hauptverfahrens und ist die sofortige Beschwerde, die sich gegen den die Ablehnung zurückweisenden Beschluss des Landgerichts richtete, verworfen, kann die Revision sich nicht mit mehr gegen den bereits rechtskräftigen Ablehnungsbeschluss der Strafkammer wenden (§ 336 StPO) = BGH Urt vom 27. 10. 2004 – 5 StR 130/04
366 Vgl BGH StV 1999, 576
367 BGH bei Kusch NStZ-RR 2000, 294 (Nr. 22)
368 Vgl BGH StV 1999, 576
369 BGH StV 1996, 2; BGH bei Miebach NStZ-RR 1998, 1, 5; BGH NJW 1979, 2160

hergeleitet werden soll.[370] Hat der Staatsanwalt zu der von ihm wahrgenommenen Äußerung des abgelehnten Richters eine (schriftliche) dienstliche Stellungnahme angegeben, ist auch diese mitzuteilen.[371]

absoluter Revisionsgrund, § 338 Nr. 3 StPO; ob dieser gegeben ist, prüft das Revisionsgericht nach Beschwerdegrundsätzen (§ 28 II 1 StPO; vgl oben bei Gesetzesverletzung).[372] Jedoch genügt für den Erfolg, dass sich das Revisionsgericht von der beanstandeten Äußerung zwar keine volle Überzeugung, aber die hinreichende Wahrscheinlichkeit ihrer Richtigkeit verschaffen kann.[373]

relativer Revisionsgrund bei Verstoß gegen § 29 I, II 1 StPO, wobei es am Beruhen fehlt, wenn der Befangenheitsantrag (zumindest im Ergebnis) zutreffend abgelehnt worden ist.[374] Steht für das Revisionsgericht nämlich fest, dass der abgelehnte Richter zu keinem Zeitpunkt befangen war, so vermag der bloße formale Verstoß gegen die Wartepflicht des § 29 Abs 1 StPO die Revision nicht zu begründen.[375] Unaufschiebbar sind dabei Handlungen, die wegen ihrer Dringlichkeit nicht anstehen können, bis ein Ersatzrichter eintritt. Hierzu können auch Zeugenvernehmungen gehören, wenn anderenfalls der Verlust des Beweismittels droht. Ob eine Amtshandlung unaufschiebbar iSd § 29 Abs 1 StPO ist, unterliegt nur einer eingeschränkten revisionsrechtlichen Überprüfung. Dem Richter ist bei der Beurteilung des Begriffs der Unaufschiebbarkeit ein Spielraum einzuräumen; es genügt, dass seine Entscheidung vertretbar und nicht ermessensfehlerhaft ist.[376]

Besonderheiten: Der einem Befangenheitsantrag stattgebende Beschluss, der zum Ausscheiden des betreffenden Richters geführt hat, ist unanfechtbar und auch mit der Revision nicht angreifbar (§ 336 S 2 iVm § 28 I StPO); zur Befangenheit des Sachverständigen: Rn 163; zu der des Staatsanwalts: Rn 136.

136 Befangenheit – Staatsanwalt[377]

Gesetzesverletzung: Verstoß gegen das Gebot des fairen Verfahrens, wenn einer der in §§ 22, 23 StPO genannten Ausschlussgründe vorlag.[378]

Rügeart: Verfahrensrüge.

Anforderungen an die Rüge: Mitteilung der Tatsachen, aus denen sich ergibt, dass für den Staatsanwalt, der an der Hauptverhandlung mitgewirkt hat (vgl § 272 Nr. 2 StPO), ein Ausschlussgrund vorlag; ferner sollte dargelegt werden, dass und wie das Gericht auf die Ablösung des Staatsanwalts hingewirkt hat.

relativer Revisionsgrund, jedoch wird das Beruhen nur selten gegeben sein.[379]

---

370 BGH NStZ 2000, 325 (zur Vorgeschichte der mit dem Ablehnungsantrag beanstandeten Äußerung des Richters); BGH bei Miebach NStZ-RR 1998, 1 und bei Miebach/Sander NStZ-RR 1999, 1, 6
371 BGH Beschluss v 10. 3. 2000 – 3 StR 16/00
372 BGH bei Miebach NStZ-RR 1998, 1 (zu § 24 StPO); BGH Beschl v 8. 2. 1996 – 4 StR 752/95
373 BGH StV 2002, 116; NStZ 1991, 144
374 BGH NStZ 1996, 398
375 BGHSt 48, 264
376 BGH NStZ 2002, 429
377 In den BWAGGVG (§ 11) und NdsAGGVG (§ 7) sind Amtshandlungen »befangener Staatsanwälte« ausdrücklich untersagt (zur Geltung vgl Meyer-Goßner Rn 3 vor § 22
378 Sehr streitig, vgl Kl/M-G Vor § 22 Rn 6; KK-Pfeiffer, § 22 Rn 18, § 24 Rn 13; Pawlik NStZ 1995, 309; vgl auch BGH Urt vom 3. 2. 2005 – 5 StR 84/04
379 Vgl KK-Pfeiffer § 22 Rn 18

Beratung   **137**

Gesetzesverletzung: Verstoß gegen §§ 260 I, 263 I StPO, §§ 193 ff GVG.

Rügeart: Verfahrensrüge.

Anforderungen an die Rüge: Da auch hier die den Gesetzesverstoß belegenden Tatsachen mitgeteilt werden müssen, scheitert die Revision häufig an § 344 II 2 StPO; denn zum einen ist die Durchführung der Beratung kein protokollierungsbedürftiger Vorgang, zum anderen gilt für sie das Beratungsgeheimnis.[380] Ist nach einer (ausführlichen) Beratung kurz erneut in die Verhandlung eingetreten worden, so muss – wenn anschließend nur eine kurze Verständigung im Sitzungssaal als erneute Beratung stattgefunden haben kann[381] – der gesamte Vorgang (einschließlich des »Inhalts« der wieder eröffneten Verhandlung) mitgeteilt werden.[382] Ob die Dauer der Beratung angemessen war, unterliegt nicht der revisionsgerichtlichen Überprüfung.[383]

relativer Revisionsgrund; kann die Gesetzesverletzung nachgewiesen werden, wird das Beruhen regelmäßig gegeben sein.

Berufungsurteil   **138**

1. Gesetzesverletzung: Übersehen der Unzulässigkeit der Berufung.

Rügeart: Von Amts wegen zu beachten.[384]

2. Gesetzesverletzung: Missachtung einer Beschränkung der Berufung (zur Verbindung eines erstinstanzlichen mit einem Berufungsverfahren: vgl Rn 165).

Rügeart: Von Amts wegen zu beachten (vgl auch Rn 165).[385]

3. Gesetzesverletzung: Verstoß gegen das Verschlechterungsverbot (§ 331 StPO; **vgl Teil C Kap 1 Rn 58 ff**).

Rügeart: Von Amts wegen zu beachten (streitig).[386]

Besonderheiten: Gilt auch bei Verstoß gegen § 358 II StPO nach Aufhebung und Zurückverweisung.

4. Gesetzesverletzung: Tatsächlich entschuldigtes Ausbleiben bei Verwerfung nach § 329 I StPO.

Rügeart: Verfahrensrüge.[387]

---

380 BGH NStZ 1992, 552; 601; vgl auch BGH NStZ-RR 1998, 142
381 Diese muss allerdings nach außen hin erkennbar sein, vgl BGH StV 1998, 530, 531; vgl auch BGHR StPO § 260 I Beratung 6; BGH Beschl vom 23. 11. 2000 – 3 StR 428/00
382 Vgl BGH Beschluss v 23. 11. 2000 – 3 StR 428/00
383 BGHSt 37, 141
384 KK-Kuckein § 352 Rn 22; Kl/M-G § 352 Rn 3
385 BayObLG NStZ-RR 1999, 275; OLG Frankfurt/M. NStZ-RR 1997, 45, 46; OLG Saarbrücken NStZ 1997, 149; Kl/M-G § 352 Rn 3
386 Vgl OLG Düsseldorf wistra 2000, 359 sowie die Nachweise bei BayObLG NStZ 2000, 53 und bei Kl/M-G § 331 Rn 24, § 358 Rn 12
387 OLG Hamm NStZ-RR 2000, 84, 85; OLG Köln NStZ-RR 1997, 208; vgl auch Rieß NStZ 2000, 120, 123; aA (Sachrüge): OLG Dresden NJW 2000, 3295; die Sachrüge ermöglicht nur die Prüfung der Verfahrensvoraussetzungen, vgl Kl/M-G § 329 Rn 49; zur Revision des Angeklagten nach Verwerfung seiner Berufung gem § 329 I StPO und Entscheidung über die Berufung der Staatsanwaltschaft: OLG Stuttgart NStZ 2000, 52

Anforderungen an die Rüge: Die tatsächlichen Feststellungen, die in dem angefochtenen Urteil mitgeteilt werden, müssen nicht nochmals vorgetragen werden.[388] Soweit das Urteil auf bestimmte Umstände nicht eingeht, müssen diese entsprechend den Regeln der Aufklärungsrüge (Rn 133) dargelegt werden.

relativer Revisionsgrund; das Beruhen ist bei nachgewiesener Gesetzesverletzung regelmäßig gegeben.

139　Beschlagnahme (Durchsuchung)

Gesetzesverletzung:[389] Fehler in Zusammenhang mit Durchsuchungen oder Beschlagnahmen können in der Revision regelmäßig nur dann beanstandet werden, wenn der Tatrichter ein sich daraus ergebendes Verwertungsverbot missachtet hat.[390] Das wird insbesondere bei Verstößen gegen §§ 97, 108 II StPO (**vgl dazu Teil G Kap 1 Rn 123 ff**),[391] bei der unzulässigen Beschlagnahme von Verteidigungsunterlagen,[392] bei fehlender Konkretisierung der zu suchenden Beweismittel[393] oder nach Verstößen gegen Grundrechte der Fall sein.[394] Problematisch sind die Fälle, in denen bei der Durchsuchungsanordnung zu Unrecht eine Gefahr im Verzug bejaht wurde.[395] Zur Problematik einer unzureichenden Dokumentation vgl BGH NJW 2005, 1060

Rügeart: Verfahrensrüge.

Anforderungen an die Rüge: In der Verfahrensrüge sind vorzutragen die Beschlagnahmeanordnung, das Beschlagnahmeprotokoll und die »Einführung« des beschlagnahmten Gegenstandes in die Hauptverhandlung. Bei einem Verstoß gegen § 97 I StPO ist ferner mitzuteilen, dass die Voraussetzungen des § 97 II 3 StPO nicht gegeben waren,[396] wann der Beteiligungsverdacht entstanden ist[397] und dass keine Schweigepflichtentbindung bzw entsprechende Einwilligung zur Verwertung vorlag.[398]

relativer Revisionsgrund; das Beruhen ergibt sich regelmäßig aus der Beweiswürdigung des Urteils, es kann auch aufgrund einer hypothetischen Betrachtung fehlen (Beispiel: Durchsuchungs- und Beschlagnahmebeschluss wurde tatsächlich zwar nicht erholt, wäre er beantragt worden, wäre er aber ergangen).[399]

388　Brandbg OLG NStZ 1996, 249

389　Vgl die Übersichten von Burhoff StraFo 2005, 140 ff; Schröder Jus 2004, 858 ff

390　Zu den Beschlussanforderungen: BVerfG, Beschl vom 15. 12. 2004 – 2 BvR 1873/04; vom 29. 11. 2004 – 2 BvR 1034/02; vom 9. 2. 2005 – 2 BvR 984/04; v 23. 1. 204 – 2 BvR 766/03; BVerfG NJW 2004, 1517; NJW 2004, 1519; StV 2005, 251 f; Beschl v 12. 4. 2005 – 2 BvR 1027/02 (Beschlagnahme von Datenträgern); v 14. 1. 2005 –, BvR 1975/03 (Rechtsanwalt – Verdacht der Geldwäsche); v 1. 2. 2005 – 1 BvR 2019/03 (Pressefreiheit?)

391　Vgl etwa zur Beschlagnahme von Krankenunterlagen: BGH NStZ 1998, 471 m Anm Rudolphi; zur Beschlagnahme in einem Presseunternehmen: BVerfG NStZ 2001, 43; vgl auch BVerfG StV 2002, 113 (formfehlerhafte Durchsuchung, Beschlagnahme);

392　Vgl BGHSt 44, 46, 51; BGH Beschl v 22. 11. 2000 – 1 StR 375/00

393　BGH StV 2002, 62

394　Beispielsweise bei Verwertung eines Tagebuchs, vgl BGH NStZ 2000, 383 Anm Jahn; 1998, 635; 1994, 350; dazu auch Teil G Kap 1 Rn 143; BVerfG NJW 2003, 1514; BVerfG Beschl v 29. 11. 2004 – 2 BvR 1034/02

395　BVerfG StV 2001, 207; StraFo 2005, 156; NJW 2004, 1442; StV 2003, 205; 2002, 348

396　BGHSt 37, 245, 248; BGH Beschl v 22. 11. 2000 – 1 StR 375/00

397　Vgl BGH Beschluss v 22. 11. 2000 – 1 StR 375/00

398　BGHSt 38, 144, 146

399　Dazu BGH NStZ 1989, 375 m Anm Roxin; allgemein Rogall NStZ 1988, 385; Krekeler NStZ 1993, 263; zu einem solchen hypothetischen Ermittlungsverlauf beim verdeckten Ermittler: BGH NStZ 1997, 294, 295 und bei der Telefonüberwachung: unten Rn 167

Beschleunigtes Verfahren (**allgemein dazu: Teil E Kap 6 Rn 5 ff**)   **140**

1. Gesetzesverletzung: Fehlender Antrag der Staatsanwaltschaft (Verstoß gegen § 417 StPO).

Rügeart: Von Amts wegen zu beachten (vgl Rn 131).

2. Gesetzesverletzung: Fehlende oder die Tat nicht eingrenzende Anklage (§ 418 III StPO; vgl dazu auch oben Rn 131).

Rügeart: Von Amts wegen zu beachten.[400]

3. Gesetzesverletzung: Fehlende Eignung (Verstoß gegen § 417 StPO).

Rügeart: Nicht revisibel.[401]

4. Gesetzesverletzung: Fehlender Eröffnungsbeschluss nach stillschweigender Überleitung in ein »normales« Strafverfahren; zu beachten ist hier, dass der Eröffnungsbeschluss auch konkludent ergehen kann (vgl Rn 151).

Rügeart: Von Amts wegen zu beachten (vgl Rn 151)[402] oder Verfahrensrüge (streitig).[403]

5. Gesetzesverletzung: Fehlende Mitwirkung eines Verteidigers (Verstoß gegen § 418 IV StPO).

Rügeart: Verfahrensrüge, absoluter Revisionsgrund (§ 338 Nr. 5 StPO, vgl Rn 128; dort auch zum erforderlichen Vortrag).[404]

6. Gesetzesverletzung: Überschreiten der Rechtsfolgenkompetenz.

Rügeart: sehr streitig,[405] vorsorglich sollte eine Verfahrensrüge erhoben werden.

Beschuldigter – Belehrung, Schweigerecht   **141**

Gesetzesverletzung: Verwertung trotz eines infolge Verstoßes gegen § 136 I 2 StPO bestehenden Verwertungsverbots; das Entstehen dieses Verwertungsverbots ist nach der Rechtsprechung davon abhängig, dass der verteidigte Beschuldigte in der Hauptverhandlung spätestens bis zu dem sich aus § 257 StPO (also unmittelbar nach der Beweiserhebung über den Inhalt seiner früheren Aussage) ergebenden Zeitpunkt widersprochen hat (**ausführlich dazu Teil G Kap 1 Rn 28 ff**).[406]

Rügeart: Verfahrensrüge.

Anforderungen an die Rüge: In der Verfahrensrüge muss vorgetragen und belegt werden, dass die Belehrung unterblieben ist, welchen Inhalt die daraufhin erfolgte Aussage hatte, wie sie in die Hauptverhandlung eingeführt wurde und dass der Angeklagte oder sein Verteidiger der Verwertung rechtzeitig widersprochen hat.[407] Im

---

400 OLG Frankfurt/M StV 2000, 299
401 KK-Tolksdorf § 419 Rn 18; **vgl auch Teil E Kap 6 Rn 21**
402 OLG Düsseldorf StV 1999, 202; NStZ 1997, 613; Radtke NStZ 1998, 370; Müller NStZ 2000, 107, 108
403 OLG Hamburg StV 2000, 299; BayObLG StV 2000, 302; OLG Stuttgart StV 1998, 585; Scheffler NStZ 1999, 268, 269
404 OLG Düsseldorf StV 1999, 588, 589; OLG Karlsruhe StV 1999, 364; BayObLG NStZ 1998, 372; Burgard NStZ 2000, 242, 245; vgl auch Meyer-Goßner § 419 Rn 18
405 Vgl Kl/M-G § 419 Rn 15; KK-Tolksdorf § 419 Rn 20
406 Grundlegend: BGHSt 38, 214 = JR 1992, 381 m Anm Fezer = JZ 1992, 918 m Anm Roxin; zur sofortigen Rügepflicht auch BayObLG NJW 1997, 404
407 Vgl BGH NJW 1993, 2125, 2127; BGH NStZ 1997, 614 m Anm Müller-Dietz

Rahmen der Ausführungen zum Beruhen sollte mitgeteilt werden, dass der Beschuldigte damals sein Schweigerecht nicht kannte.

relativer Revisionsgrund; das Beruhen ergibt sich regelmäßig aus der Beweiswürdigung des Urteils; es fehlt, wenn der Beschuldigte sein Schweigerecht auch ohne die Belehrung kannte, etwa weil er schon vor der Vernehmung mit seinem Verteidiger gesprochen hatte.[408]

Besonderheiten: Vgl auch Angeklagter – Belehrung, Schweigerecht (Rn 129); Beweiswürdigung – Schweigen, Angeklagter/Beschuldigter (Rn 147).

Beispiel:

Gerügt wird, dass das Landgericht ein Geständnis des Angeklagten verwertet hat, obwohl dieses unter Verletzung der §§ 163 a IV 2, 136 I 2 StPO zustande gekommen war.[409]

a) Der zu diesem Zeitpunkt noch nicht verteidigte Angeklagte war vor seiner ersten polizeilichen Vernehmung am … zwar über sein Schweigerecht belehrt worden, er hatte diese Belehrung jedoch infolge einer Geisteskrankheit nicht verstanden. Gleichwohl hat die Strafkammer über die damalige Aussage des Beschuldigten, der in dieser Vernehmung ein Geständnis abgelegt hatte, durch Vernehmung des Polizeibeamten … als Zeugen Beweis erhoben. Allein über diese Vernehmung wurden die damaligen Angaben des Beschuldigten in die Hauptverhandlung eingeführt. Der Berücksichtigung dieser Aussage zum Nachteil des Angeklagten hatte der Verteidiger des Angeklagten unmittelbar nach der Vernehmung des Polizeibeamten widersprochen; damit war dessen Aussage aber unverwertbar.

Diese Verfahrensweise ergibt sich im Einzelnen aus … [es folgt der Hinweis auf die Abschnitte des Urteils, die den obigen Hergang belegen. Dabei genügt ein Hinweis, die betreffenden Ausführungen des Urteils müssen nicht im Wortlaut wiedergegeben werden, wenn auch die Sachrüge erhoben wurde (vgl Rn 112). Sollte das Urteil auf diesen Hergang nicht (vollständig) eingehen, sind die jeweiligen Teile aus den Akten (Beschuldigtenvernehmung im Wortlaut, Beleg für die Geisteskrankheit, Hauptverhandlungsprotokoll bezüglich der Aussage des Polizeibeamten und des Widerspruchs des Verteidigers) vollständig mitzuteilen.]

b) Die Angaben des Beschuldigten unterlagen einem Verwertungsverbot, das zur Folge hat, dass auch die Aussage des Polizeibeamten … nicht zum Nachteil des Angeklagten berücksichtigt werden durfte. Zwar war die Vernehmung des Beschuldigten nicht fehlerhaft. Zum einen darf nämlich auch einem Geisteskranken nicht die Möglichkeit abgeschnitten werden, zu seinen Gunsten sprechende Umstände vorzutragen. Zum anderen stellt sich – wie auch hier – regelmäßig erst im weiteren Verlauf des Verfahrens heraus, ob tatsächlich eine Geisteskrankheit besteht. Entscheidend für die Frage der Verwertbarkeit der früheren Aussage muss aber sein, ob der Beschuldigte infolge einer Krankheit gehindert war, die Belehrung und die ihm damit zustehende Wahlmöglichkeit zwischen Aussage und Schweigen zu verstehen; war er hierzu nicht in der Lage, steht er einem nicht belehrten Beschuldigten gleich. Dies beurteilt sich entsprechend den zur Verhandlungsfähigkeit entwickelten Grundsätzen; maßgeblich ist also, ob schwere körperliche oder seelische Mängel oder Krankheiten vorlagen, die ausgeschlossen haben, dass der Beschuldigte die Belehrung inhaltlich aufgenommen hat und sich daher seines Schweigerechts bewusst war. Das war hier ausweislich des oben mitgeteilten Gutachtens der Fall.

c) Auf diesem Gesetzesverstoß beruht das Urteil (§ 337 I StPO). [Es folgt der Hinweis auf den Urteilsabschnitt, in dem das Gericht seine Überzeugung von der Täterschaft des Angeklagten mit dem Inhalt seiner ersten Aussage begründet.]

---

408 Vgl BGHSt 38, 214, 225
409 BGHSt 39, 349 = JZ 1994, 686 m Anm Fezer

Beschuldigter – Belehrung, Verteidigerkonsultation **142**

Gesetzesverletzung: Verwertung trotz Verwertungsverbots nach Verstoß gegen § 136 I 2 StPO (bei unterbliebener Belehrung)[410] bzw gegen § 137 I StPO (bei erfolgter Belehrung, aber Unterbinden des Verteidigerkontakts; ausführlich **dazu Teil G Kap 1 Rn 38 ff**).[411]

Rügeart: Verfahrensrüge.

Anforderungen an die Rüge: Mitteilung, dass die Belehrung unterblieben ist bzw eine Verteidigerkonsultation verweigert wurde, ob die Vernehmung unterbrochen wurde, welchen Inhalt die daraufhin erfolgte Aussage hatte, ob der Beschuldigte vor der Fortsetzung der Vernehmung erneut belehrt wurde, wie seine Aussage in die Hauptverhandlung eingeführt wurde und dass der Angeklagte oder sein Verteidiger der Verwertung rechtzeitig widersprochen haben.[412] Im Rahmen der Ausführungen zum Beruhen sollte im Falle des Verstoßes gegen die Belehrungspflicht mitgeteilt werden, dass der Beschuldigte damals das Recht auf Verteidigerkonsultation nicht kannte.[413]

relativer Revisionsgrund; das Beruhen ergibt sich aus der Beweiswürdigung des Urteils (vgl auch oben: Anforderungen an die Rüge).

Besonderheiten: Vgl auch Pflichtverteidigerbestellung (Rn 160); Verteidigung, Beschränkung (Rn 171).

Beschuldigter – Vernehmung, verbotene Vernehmungsmethoden (**allgemein dazu Teil G Kap 1**) **143**

Gesetzesverletzung: Verneint das Gericht zu Unrecht ein Verwertungsverbot nach Anwendung verbotener Vernehmungsmethoden, ist gegen § 136 a III 2 StPO verstoßen.[414] Nimmt dagegen das Tatgericht zu Unrecht ein Verwertungsverbot nach dieser Vorschrift an, ist dies in der Revision als Aufklärungsrüge geltend zu machen (Verstoß gegen §§ 244 II, 245 StPO; dazu Rn 133). Die Anklageerhebung ohne vorherige Vernehmung des Beschuldigten verstößt gegen § 163 a I StPO.[415]

Hinweis:

§ 136 a StPO gilt nicht nur für die Vernehmung eines Beschuldigten, sondern auch für die Vernehmung von Zeugen und Sachverständigen.[416]

Rügeart: Verfahrensrüge.

Anforderungen an die Rüge: Wiedergabe der Aussage, die dem Verwertungsverbot unterliegen soll, sowie der Tatsachen, aus denen sich der Verstoß gegen § 136 a StPO ergibt[417] und derjenigen Umstände, die einen möglichen Ursachenzusammen-

---

410 BGHSt 46, 93; 47, 172; 233; vgl auch BGH StV 2004, 57, 358

411 Die Rechtsprechung ist insofern noch nicht einheitlich: vgl BGHSt 38, 372 (4. Senat) = JZ 1993, 425 m Anm Roxin = JR 1993, 332 m Anm Rieß; BGH (5. Senat) NStZ 1996, 291; BGH (1. Senat) NStZ 1996, 452; dazu Herrmann NStZ 1997, 209; Roxin JZ 1997, 343; ähnlich: BGH NStZ 1997, 251, 252 (1. Senat); BVerfG StV 2002, 578

412 BGH NStZ 1999, 154; BGH bei Miebach NStZ-RR 1998, 1, 2; vgl auch BGH NStZ 1997, 614 m Anm Müller-Dietz

413 Vgl BGH NStZ 1999, 154

414 BGH NStZ 2001, 551, 2004, 631; StV 2004, 636, 2005, 201; Ausführlich: Teil G Kap 1 Rn 48 ff

415 Vgl dazu auch BGH bei Kusch NStZ-RR 1999, 259 (Nr. 10)

416 BGH Beschl vom 28. 4. 2004 – 2 StR 40/04

417 Vgl zB BGH bei Miebach/Sander NStZ-RR 2000, 1, 4

hang mit der Aussage belegen. Wird beanstandet, dass ein Verwertungsverbot auch in Bezug auf spätere Aussagen des Beschuldigten bestanden hat, ist zu belegen, dass der Verstoß gegen § 136 a StPO fortgewirkt hat.[418]

relativer Revisionsgrund; das Beruhen ergibt sich regelmäßig aus der Beweiswürdigung des Urteils.

Besonderheiten: Zum Mithören eines Telefongesprächs zwischen einem Zeugen und einem Beschuldigten durch einen Polizeibeamten: Rn 167.

144   Besetzung / Besetzungsrüge

Gesetzesverletzung: Verstoß gegen § 226 StPO zB beim schlafenden, blinden, stummen oder tauben Richter,[419] gegen § 76 II GVG bei fehlender oder willkürlicher Entscheidung über die Verhandlung mit nur zwei Berufsrichtern.[420] Im Übrigen liegt zumeist ein Verstoß gegen Art. 101 I 2 GG, § 16 S 2 GVG vor, also das Gebot des gesetzlichen Richters, das allerdings regelmäßig nur bei Willkür verletzt ist[421] (zB bei Verstoß gegen gerichtsinternen oder kammer- bzw senatsinternen Geschäftsverteilungsplan,[422] Fehlern in Zusammenhang mit der Wahl, der Auslosung oder der Verteilung der Schöffen).[423]

Rügeart: Verfahrensrüge.

Anforderungen an die Rüge:[424] Mitteilung der Tatsachen, aus denen sich die vorschriftswidrige Besetzung ergibt,[425] ggf sind hier auch die Namen der betroffenen Richter anzugeben.[426] Ferner sind die Besetzungsmitteilung, die Beanstandung gegenüber dem Tatgericht (**vgl dazu Teil B Kap 4 Rn 26 ff**) und dessen daraufhin ergangene Entscheidung darzulegen.[427] Beim unaufmerksamen oder schlafenden Richter erfordert die Rüge auch die Bezeichnung des Verhandlungsteils, während dessen der Richter geschlafen hat oder unaufmerksam war,[428] weil ansonsten nicht nachgeprüft werden kann, ob das Beruhen auf dem Fehler denkgesetzlich ausgeschlossen werden kann; das ist nämlich der Fall, wenn kein wesentlicher Teil der Hauptverhandlung betroffen war.[429]

---

418 BGH MDR 1995, 839; BGH NStZ 1996, 290; Anm Fezer StV 1997, 57
419 BGHSt 4, 191, 193; 11, 74, 77; 34, 236
420 BGHSt 44, 328, 331; 361 = NStZ 1999, 365; 367 m Anm Rieß = [BGHSt 44, 328] JR 1999, 302 m Anm Katholnigg; BGH StV 2004, 520 m Anm Haller/Janßen NStZ 2004, 469; StV 2003, 657 m Anm Husherr StV 2003, 658; Weber JR 2004, 171; BGH StV 2005, 2
421 BGH NJW 2000, 1580, 1581; Anm Katholnigg NStZ 2000, 443; BGHSt 25, 66, 72; vgl auch BGHSt 44, 328, 333; Anm Katholnigg JR 1999, 305 f
422 BGH StV 2005, 1 m Anm Peglau wistra 2005, 92 ff (Überbesetzung)
423 Vgl zB BGHSt 29, 283, 287; 33, 261, 268 (Schöffenwahl); 43, 270 (außerordentliche Sitzung); BGH JR 2000, 166 m Anm Katholnigg (kammerinterne Geschäftsverteilung)
424 Vgl auch BGH Beschl v 15.6.2005 – 5 StR 191/05
425 BGHSt 40, 218, 240 (Stellungnahme des Gerichtspräsidenten zur Änderung der Geschäftsverteilung); BGH Beschl v 9.11.1999 – 5 StR 304/99 (Vermerk der Präsidialabteilung über die Gründe für die Einrichtung der Hilfsstrafkammer; Belastungssituation; ähnlich: BGH StV 1999, 1, 2); BGH StV 2000, 242 (übrige Terminierung bei Anberaumung einer außerordentlichen Sitzung); BGHSt 22, 169, 170 (nicht ausreichend: bloße Behauptung, die Richter hätten der Strafkammer nicht angehört)
426 Vgl BGHSt 12, 33; 36, 138, 139 (Vortrag, welcher Schöffe berufen gewesen wäre)
427 BGH NJW 2000, 1580, 1581; Anm Katholnigg NStZ 2000, 443; BGH NJW 1999, 154; 1990, 3219, 3220; StV 2005, 204; StraFo 2005, 162 (Besetzungsfehler, die objektiv nicht erkennbar waren oder erst im Laufe der Hauptverhandlung eintreten, sind von der Präklusionswirkung ausgeschlossen); zur Rügepflicht bei Verstößen gegen § 76 II GVG: BGHSt 44, 328, 332, 336; 361, 363
428 BGH bei Dallinger MDR 1974, 725
429 BGH NStZ-RR 1997, 353 und bei Miebach NStZ-RR 1998, 1, 4 f; vgl dazu auch die Beispiele bei Rn 125

absoluter Revisionsgrund, § 338 Nr. 1 StPO (nicht: § 338 Nr. 5 StPO[430]).

Besonderheiten: Vgl auch Zuständigkeit (Rn 177).

Beweisantrag[431]   145

Gesetzesverletzung: Verstoß gegen § 244 III–VI StPO (**ausführlich dazu Teil B Kap 4 Rn 177**); ist ein Beweisermittlungsantrag zu Unrecht abgelehnt worden, kann dies regelmäßig nur als Verstoß gegen die Aufklärungspflicht (§ 244 II StPO) geltend gemacht werden (dazu oben Rn 133 **und Teil B Kap 4 Rn 210**).[432] Zum Problematik einer Fristsetzung für weitere Beweisanträge: BGH Beschl v 1. 6. 2005 – 5 StR 129/05

Rügeart: Verfahrensrüge.

Anforderungen an die Rüge: Mitteilung des Beweisantrags, des diesen zurückweisenden Gerichtsbeschlusses sowie der Tatsachen, aus denen sich die Fehlerhaftigkeit des Beschlusses ergibt;[433] der Vortrag sollte jeweils den genauen Wortlaut umfassen, jedoch genügt die vollständige Wiedergabe »mit eigenen Worten«.[434] Es kann aber noch zusätzlicher Vortrag erforderlich sein, beispielsweise wenn das Verhalten des Tatrichters, etwa durch Versuche, den benannten Zeugen zu laden, nahe legt, dass das Gericht von der ursprünglichen Ablehnung wegen Wahrunterstellung zum Ablehnungsgrund der Unerreichbarkeit übergegangen ist; dann muss vorgetragen werden, ob und gegebenenfalls wie das Tatgericht sich nach der Zurückweisung des Beweisantrags weiter mit diesem befasst hat.[435] Ferner kann – zumindest wenn dies nicht auf der Hand liegt – Vortrag zur Konnexität zwischen Beweismittel und Beweistatsache erforderlich sein.[436] Wird beanstandet, ein Beweisantrag sei nicht verbeschieden worden, muss ggf – etwa wenn das Verfahren insoweit nach § 154 II StPO eingestellt wurde – auch erläutert werden, dass die Beweiserhebung auf das Urteil Einfluss gehabt hätte.[437] Soll das Gericht einen Beweisantrag unter unzulässiger Einengung des Beweisthemas verbeschieden haben (etwa im Rahmen einer Wahrunterstellung), muss auch vorgetragen werden, dass der Antragsteller dies bereits gegenüber dem Tatrichter beanstandet hat.[438] Vortrag zum Beruhen ist dagegen regelmäßig nicht erforderlich.[439]

relativer Revisionsgrund; am Beruhen kann es im Einzelfall fehlen, wenn ersichtlich ein anderer Grund vorlag, aus dem der Beweisantrag hätte abgelehnt werden können, und dem Angeklagten zu diesem Ablehnungsgrund keine anderen oder zusätzlichen Argumentations- oder Antragsmöglichkeiten offen standen.[440]

Wird die fehlerhafte Ablehnung oder das Unterlassen der Verbescheidung eines Hilfsbeweisantrages beanstandet, fehlt es am Beruhen, wenn tatsächlich ein Ableh-

---

430 Vgl BGHSt 44, 361, 365 sowie BGH bei Kusch NStZ-RR 2000, 294 (Nr. 31; zum angeblich verhandlungsunfähigen Schöffen)
431 Zur Behauptung von Negativtatsachen vgl BGH StV 2005, 2; 115; NStZ 2000, 267
432 Vgl BGH NStZ 1999, 522; 1998, 209, 210; BGH StV 2000, 242; dagegen aber BGH NStZ-RR 1998, 259 (Nr. 10)
433 BGH NStZ 1999, 396, 399; 145; BGH NJW 1998, 3284; BGH StV 1998, 360, 361; BGH NStZ-RR 2000, 210
434 BGH StV 1999, 576
435 BGH StV 1999, 195; BGH NStZ 1994, 140; ähnlich BGH bei Miebach NStZ-RR 1998, 1, 3
436 BGH NJW 2000, 370, 371; vgl auch BGH NStZ 2000, 437, 438; 1999, 522
437 BGHR StPO § 244 VI Entscheidung 9; vgl auch BGH StV 1999, 636; 1982, 4
438 BGH StV 2001, 436; Basdorf StV 1995, 310, 318 f
439 BGH NStZ 1999, 145, 146 und oben Rn 187
440 Vgl BGH NStZ 2000, 437, 438

nungsgrund vorliegt, der vom Revisionsgericht aufgrund der im Urteil getroffenen Feststellungen nachgebracht werden kann.[441]

Besonderheiten: Vgl auch Aufklärungspflicht/Aufklärungsrüge (Rn 133); Verteidigung, Beschränkung (Rn 171); zum Rechtsmissbrauch: vgl auch Rn 68; zur audiovisuellen Vernehmung (§ 247 a StPO): vgl Zeuge – Vernehmung (Rn 175).

146   Beweiswürdigung – allgemein[442]

Gesetzesverletzung: Verstoß gegen § 261 StPO. Die Beweiswürdigung kann mit der Sachrüge nur dann aussichtsreich beanstandet werden, wenn sie einen Rechtsfehler enthält. Das ist insbesondere der Fall, wenn sie lückenhaft ist, Widersprüche enthält oder gegen Denkgesetze oder gesicherte Erfahrungssätze verstößt (vgl auch Rn 98 **und Teil H Kap 4 Rn 65 ff**). Zu beachten ist dabei aber, dass Lücken, die sich auf die Vollständigkeit der Beweiserhebung beziehen, grundsätzlich mit einer Verfahrensrüge – häufig der Aufklärungsrüge (dazu Rn 133) – geltend zu machen sind. Lücken im Rahmen der Beweiswürdigung, die mit der Sachrüge beanstandet werden können, knüpfen vielmehr an die Verpflichtung des Tatrichters an, die Umstände mitzuteilen, die für seine Überzeugungsbildung maßgeblich waren, und sich mit ihnen auseinander zu setzen.[443] Jedoch ist diese Darstellungspflicht auf die wesentlichen Umstände beschränkt; der Tatrichter muss sich also im Urteil nicht mit allen erhobenen Beweisen auseinandersetzen (vgl dazu auch Rn 154).[444]

Unzureichend oder lückenhaft ist die Beweiswürdigung beispielsweise

– bei fehlender Mitteilung der Einlassung des Angeklagten,[445]
– wenn aus einer fehlenden oder gescheiterten Entlastung auf die Schuld geschlossen wird (zB missglückter Alibibeweis),[446]
– bei bloßer Aneinanderreihung der Angaben von Zeugen,[447]
– bei Verwertung der ermittlungsrichterlichen Vernehmung eines wesentlichen Belastungszeugen, sofern dem von der Teilnahme ausgeschlossenen Beschuldigten trotz notwendiger Verteidigung kein Verteidiger zur Seite stand, und das Gericht dem geringeren Beweiswert dieser Aussage nicht Rechnung trägt,[448]
– bei Verurteilung nur aufgrund der Aussage eines Mitbeschuldigten[449] oder
– allein aufgrund der Aussage eines Zeugen vom Hörensagen,[450]
– wenn der festgestellten BAK ein zu hoher oder zu geringer Beweiswert zugemessen wird,[451]
– wenn der wesentliche Inhalt der Ausführungen des Sachverständigen (vor allem bei nicht standardisierten Gutachten) nicht mitgeteilt wird,[452]

---

441 Vgl BGH NJW 2000, 370, 371; BGH NStZ 1998, 98
442 Vgl dazu Nack StV 2002, 510 ff; 558 ff vgl auch zur Rechtsprechung des BGH Detter in FS 50 Jahre BGH S 679 ff; Schäfer StV 1995, 147 ff
443 Vgl BGH NStZ 2000, 48 und Sander StV 2000, 45, 46 jeweils mwN
444 Vgl BGH NStZ-RR 1998, 277 sowie BGH NStZ 2000, 211
445 BGH NStZ-RR 1999, 45; 1997, 172
446 Vgl BGH NStZ 2000, 549 mwN und BGH NStZ 1999, 523; 423
447 BGH NStZ 2000, 48 mwN
448 BGH NJW 2000, 3505
449 BGH NStZ-RR 1997, 105; 1998, 15; BGH StV 1999, 7
450 Vgl BVerfGE 57, 250, 292 f; BVerfG NStZ 1997, 94; auch zum »in-camera-Verfahren«: BGH NJW 2000, 1661; vgl auch Detter NStZ 2003, 1 ff
451 Vgl BGH NStZ-RR 1998, 68
452 BGH NJW 2000, 1350, 1351; vgl auch Teil H Kap 2 Rn 74

– wenn ein unzureichendes Sachverständigengutachten verwertet wird[453] oder die Ausführungen des Gutachters lediglich referiert werden, ohne dass sich das Gericht auf dessen Grundlage eine eigene Überzeugung bildet.[454]
– Steht Aussage gegen Aussage, enthält das Urteil eine Lücke, wenn sich die Beweiswürdigung nicht mit allen festgestellten Umständen auseinandersetzt, die für oder gegen die Richtigkeit der jeweiligen Aussage sprechen.[455]

Dagegen kann die Revision nicht darauf gestützt werden, dass eine vom Tatrichter gezogene Schlussfolgerung nicht zwingend sei.[456] Das Revisionsgericht muss sie nämlich schon dann hinnehmen, wenn sie möglich war, sofern der Tatrichter alle für die Folgerung wesentlichen Umstände erwogen und andere nahe liegende Möglichkeiten gesehen hat.[457]

Als Beweiswürdigungsfehler wird häufig der Verstoß gegen den Grundsatz »in dubio pro reo« gerügt. Diese Beanstandung kann jedoch nur dann Erfolg haben, wenn das Gericht im Urteil zu erkennen gegeben hat, dass es selbst Zweifel am Vorhandensein einer für die Verurteilung relevanten Tatsache hatte. Dagegen ist der in-dubio-Grundsatz nicht verletzt, wenn das Gericht nach Ansicht des Revisionsführers solche Zweifel hätte haben müssen.[458]

Rügeart: Sachrüge. Eine Verfahrensrüge ist beispielsweise dann zu erheben, wenn in Fällen von Aussage gegen Aussage das Verfahren teilweise nach § 154 II StPO eingestellt wurde und geltend gemacht wird, der Einstellungsbeschluss sei nicht näher begründet worden, obwohl diesen Gründen im Hinblick auf die Beurteilung der Glaubwürdigkeit des Zeugen Bedeutung zukommen könnte.[459]

relativer Revisionsgrund; das Beruhen ergibt sich aus der Beweiswürdigung des Urteils.

Besonderheiten: Vgl auch Beweiswürdigung – Schweigen, Angeklagter / Beschuldigter (Rn 147); Beweiswürdigung – Schweigen, Zeuge (Rn 148); Sachverständiger (Rn 163); Vorstrafen (Rn 172).

Beweiswürdigung – Schweigen, Angeklagter / Beschuldigter **147**

Gesetzesverletzung: Missachtung eines Verwertungsverbots, da vollständiges oder zeitweises Schweigen des Angeklagten oder Beschuldigten nicht zu dessen Nachteil berücksichtigt werden darf.[460] Dagegen dürfen Schlüsse daraus gezogen werden,

---

453 Vgl etwa zu den Anforderungen an ein Glaubhaftigkeitsgutachten: BGHSt 45, 164 ff m Anm Vogel, NJ 1999, 603; Ziegert, NStZ 2000, 105; Ahrendts FoR 1999, 136; Offe NJW 2000, 929; Müller, JZ 2000, 267; Jansen, StV 2000, 224; Meyer-Mews NJW 2000, 916; Conen, Stefan GA 2000, 372; BGH NStZ 2001, 45

454 Dazu Niemöller StV 1984, 431, 437 f; vgl auch BGH NStZ 2000, 550 (unzureichende Auseinandersetzung mit einem Gutachten, dem das Gericht nicht gefolgt ist) sowie unten Teil H Kap 2 Rn 74

455 BGH NStZ 2000, 496, 497 mwN; ausführlich Maier NStZ 2005, 246 ff; Sander StV 2000, 45; Meyer-Mews NJW 2000, 916. Hat sich die Aussage des Zeugen als teilweise unwahr erwiesen, müssen sogar »gewichtige Gründe« vorliegen, wenn das Gericht ihr (im Übrigen) gleichwohl folgen will; vgl BGH NStZ 2000, 496; 551

456 Ausführlich dazu Nack JA 1995, 320; Herdegen StV 1992, 527; Schäfer StV 1995, 147, 148 f

457 Vgl BGHSt 26, 56, 62; KK-Kuckein § 337 Rn 29 mwN

458 Vgl BVerfG NJW 1988, 477; Kl/M-G § 261 Rn 39

459 BGH StV 2001, 552

460 BVerfG NStZ 1995, 555; BGH NJW 2000, 1426, 1427 = JZ 2000, 683 m Anm Kühne; vgl auch Teil B Kap 1 Rn 141 ff; ausführlich Miebach NStZ 2000, 234. Dies gilt auch dann, wenn sich der Beschuldigte nur zu einer von mehreren Taten geäußert hat, vgl BGH NStZ 2000, 494, 495; BGHR StPO § 261 Aussageverhalten 21; vgl auch BGH StV 2002, 466

dass sich ein Angeklagter oder Beschuldigter innerhalb einer Vernehmung teilweise eingelassen, im Übrigen aber keine Erklärung abgegeben hat.[461]

Rügeart: Verfahrensrüge[462] oder Sachrüge[463] (streitig); vorsorglich sollte hier eine Verfahrensrüge und die (allgemeine) Sachrüge erhoben werden.

Anforderungen an die Rüge: Zumeist werden die für die Rüge erforderlichen Tatsachen im Urteil mitgeteilt sein, da dort das Schweigen verwertet wurde; soweit das nicht der Fall ist, müssen die insoweit relevanten Umstände vorgetragen werden, muss also beispielsweise das Protokoll über die Vernehmung des Beschuldigten, in der dieser keine Angaben gemacht hat, im Wortlaut wiedergegeben werden.[464]

relativer Revisionsgrund; das Beruhen ergibt sich aus der Beweiswürdigung des Urteils.[465]

Besonderheiten: Vgl auch Angeklagter – Belehrung, Schweigerecht (Rn 129); Beweiswürdigung – allgemein (Rn 146); Beschuldigter – Belehrung, Schweigerecht (Rn 141); Hauptverhandlung, Inbegriff (Rn 154).

148 Beweiswürdigung – Schweigen, Zeuge[466]

Gesetzesverletzung: Missachtung eines Verwertungsverbots, da die berechtigte Ausübung eines Zeugnisverweigerungsrechts bei vollständigem oder zeitweisem Schweigen nicht zum Nachteil des Angeklagten berücksichtigt werden darf.[467] Dagegen darf teilweises Schweigen, also dass sich der Zeuge in einer Vernehmung zu einigen Punkten erklärt hat, zu anderen aber nicht, zum Nachteil des Angeklagten verwertet werden.[468] Ebenso darf aus dem Schweigen eines nach § 55 StPO auskunftsverweigerungsberechtigten Zeugen ein Schluss zum Nachteil des Angeklagten gezogen werden.[469]

Rügeart: Verfahrensrüge oder Sachrüge (vgl Rn 147).[470]

Anforderungen an die Rüge: Zumeist werden die erforderlichen Tatsachen bereits im Urteil mitgeteilt sein; soweit das nicht der Fall ist, müssen die insoweit relevanten Umstände vorgetragen werden, muss also beispielsweise das Protokoll der Vernehmung des Zeugen, in der dieser keine Angaben gemacht hat, im Wortlaut wiedergegeben werden.

relativer Revisionsgrund; das Beruhen ergibt sich aus der Beweiswürdigung des Urteils.

Besonderheiten: Vgl auch Zeuge – Auskunftsverweigerung (Rn 173) und insbesondere zu § 252 StPO: Zeuge – Zeugnisverweigerung (Rn 176).

---

461 BGH NStZ 2000, 494, 495; 1998, 209; Miebach NStZ 2000, 234, 237
462 BGHSt 32, 140; BGH Beschluss v 7. 4. 1995 – 2 StR 20/95; vgl auch BGH NStZ 1992, 448; streitig, vgl die Nachweise bei Kl/M-G § 261 Rn 38, § 337 Rn 8
463 Vgl BGH NStZ 2000, 494 sowie die Nachweise bei Miebach NStZ 2000, 234, 241 und Kl/M-G § 261 Rn 38, § 337 Rn 8
464 Miebach NStZ 2000, 234, 241 mwN
465 Vgl dazu auch Miebach NStZ 2000, 234, 241
466 Meyer-Goßner Rn 19 ff zu § 261 StPO
467 BGHSt 34, 324, 327; weitere Nachweise bei Rengier NStZ 1998, 48
468 BGHSt 32, 140, 142
469 BGH StV 1984, 233; vgl auch BGHSt 38, 302, 304 = JR 1993, 378 m Anm Rogall und Dahs/Langkeit NStZ 1993, 213
470 Streitig; für Verfahrensrüge: BGHSt 38, 302; BGH NStZ-RR 1998, 277; offen gelassen bei BGH NStZ 2000, 546; für Sachrüge: Dahs/Langkeit NStZ 1993, 213, 215; vgl auch die Nachweise bei Kl/M-G § 261 Rn 38, § 337 Rn 8

Dolmetscher   **149**

Gesetzesverletzung: Verstoß gegen die Pflicht zur Zuziehung eines Dolmetschers
bei einem nicht (ausreichend) der deutschen Sprache mächtigen Angeklagten oder
Zeugen: § 185 I 1 GVG, § 259 I StPO.[471] Ist der Angeklagte der deutschen Sprache
nur teilweise mächtig und nach § 185 GVG ein Dolmetscher bestellt, so bleibt es
dem pflichtgemäßen Ermessen des Tatrichters überlassen, in welchem Umfang er
unter Mitwirkung des Dolmetschers mit den Prozessbeteiligten verhandeln will. In
diesem Falle gehört der Dolmetscher nicht zu den Personen, deren Anwesenheit
iSd § 338 Nr. 5 StPO für die gesamte Dauer der Hauptverhandlung erforderlich
ist.[472]

Verstoß gegen Belehrungspflicht: § 189 GVG, §§ 72, 57 StPO (entsprechend); Vereidigung: § 189 GVG;[473] Befangenheit: § 191 GVG (**dazu Teil B Kap 4 Rn 49**).

Die Auswahl des Dolmetschers sowie die Richtigkeit und Vollständigkeit der Übersetzung werden vom Revisionsgericht nicht nachgeprüft,[474] zumindest scheitert
eine entsprechende Rüge daran, dass der für sie erforderliche Vortrag nicht bewiesen werden kann.

Rügeart: Verfahrensrüge.

Anforderungen an die Rüge: Mitteilung der An- oder Abwesenheit des Dolmetschers (vgl § 272 Nr. 2 StPO) und des Teils der Hauptverhandlung, für den keine
Übersetzung erfolgt ist.[475] Ferner sollte vorgetragen werden, dass der Angeklagte
oder der Zeuge nicht ausreichend der deutschen Sprache mächtig war. Fehler bei
der Belehrung oder Vereidigung sind durch den entsprechenden Vortrag – regelmäßig die betreffenden Teile des Hauptverhandlungsprotokolls – zu belegen.

absoluter Revisionsgrund, § 338 Nr. 5 StPO, wenn der Dolmetscher für den Angeklagten erforderlich war und nicht während der gesamten Hauptverhandlung anwesend war und übersetzt hat;

relativer Revisionsgrund in den übrigen Fällen; auf dem Unterlassen der Belehrung
oder Vereidigung wird das Urteil regelmäßig beruhen.[476]

Besonderheiten: Vgl auch das Beispiel bei Rn 168; der Übersetzer eines Schriftstücks ist Sachverständiger[477] (allgemein zum Sachverständigen: Rn 163, zum Urkundenbeweis: Rn 168).

Entscheidungsgründe, fehlende oder verspätete   **150**

Gesetzesverletzung: Verstoß gegen § 275 I, II StPO.[478]

---

471 Ob der Angeklagte genügend Kenntnisse der deutschen Sprache hat, entscheidet der Tatrichter
nach pflichtgemäßem Ermessen. Wird gerügt, dass kein Dolmetscher zugezogen wurde, prüft
das Revisionsgericht, ob die Grenzen des Ermessens eingehalten wurden (BGH NStZ-RR
2004, 214; StV 2002, 296); vgl auch BVerfG NStZ 2004, 214

472 *BGHSt* 3, 285; *BGHR* StPO § 338 Nr. 5 – Dolmetscher 3; *BGH* NStZ 1984, 328; 2002, 275

473 BGH Beschl vom 10. 3. 2005 – 4 StR 3/05

474 KK-Diemer § 185 GVG Rn 7; vgl auch BGH NStZ 1984, 328

475 Vgl (auch zum insoweit unrichtigen Protokoll) BGH NStZ 2000, 216 sowie (zum wider-
sprüchlichen Protokoll) BGH NStZ 2000, 49

476 Einschränkend für den allgemein vereidigten Dolmetscher, der seit Jahren für das Gericht be-
anstandungsfrei übersetzt hat: BGH NStZ 1998, 204

477 Vgl BGH NStZ 1998, 158

478 Auch bei nur geringen Fristüberschreitungen: BGH StV 1998, 477 (1 Stunde 47 Minuten); Eine
falsche Berechnung der Urteilsabsetzungsfrist kann deren Überschreitung nicht rechtfertigen
(BGH, Beschl v 12. 10. 2004 – 5 StR 394/04)

Rügeart: Verfahrensrüge, bei völlig fehlenden oder erheblich unvollständigen Gründen auch Sachrüge.[479]

Anforderungen an die Rüge: Bei verspäteter Urteilsabsetzung muss mitgeteilt werden, wann das Urteil verkündet und wann es zu den Akten gebracht wurde; ferner sollte die Zahl der Verhandlungstage angegeben werden.[480] Könnte die Fristüberschreitung nach § 275 I 4 StPO gerechtfertigt sein, ist es zweckmäßig, auch diejenigen Umstände vorzutragen, die der Anwendung dieser Vorschrift entgegenstehen.[481] Die fehlenden Unterschriften ergeben sich aus der Urteilsurkunde, ebenso ein Verhinderungsvermerk; beides muss daher – zumindest bei erhobener Sachrüge (vgl Rn 112) – nicht mitgeteilt werden. Soll geltend gemacht werden, dass der Verhinderungsvermerk falsch ist und daher eine Unterschrift fehlt, muss vorgetragen werden, dass und warum er auf sachfremden Erwägungen beruht[482] oder dass ein Hinderungsgrund tatsächlich nicht vorlag.[483]

absoluter Revisionsgrund,[484] § 338 Nr. 7 StPO, wenn das Urteil unter Verletzung des § 275 I 2 StPO verspätet oder gar nicht zu den Akten gebracht worden ist[485] und – im ersten Fall – die Verspätung nicht gemäß § 275 I 4 StPO entschuldigt ist; ferner, wenn eine der nach § 275 II StPO erforderlichen Unterschriften oder der Verhinderungsvermerk fehlt[486] oder nicht rechtzeitig angebracht wurde.[487] Eine unrichtige Berechnung und fehlerhafte Notierung der Frist kann deren Überschreitung nicht rechtfertigen.[488] Die Verletzung der Pflicht, das Urteil *unverzüglich* zu den Akten zu bringen (§ 275 I 1 StPO), führt nicht zu § 338 Nr. 7 StPO; sie rechtfertigt die Revision auch nicht als relativer Revisionsgrund, da das Urteil darauf nicht beruhen kann.[489] Auch die bloße Unvollständigkeit des Urteils kann – als solche – keinen absoluten Revisionsgrund darstellen.[490]

151   Eröffnungsbeschluss

Gesetzesverletzung: Wird eine unwirksame Anklage (dazu Rn 131) unverändert zugelassen, hat dies auch die Unwirksamkeit des Eröffnungsbeschlusses zur Folge.[491] Ferner ist der Eröffnungsbeschluss beispielsweise dann unwirksam, wenn er nicht unterzeichnet ist und daher nur als Entwurf vorliegt[492] oder wenn bei seinem Erlass nicht die erforderliche Zahl von Richtern mitgewirkt hat.[493] Fehlt der Eröffnungs-

---

479 Vgl etwa BGH NStZ-RR 1999, 45 (fehlende Beweiswürdigung)
480 Vgl BGHSt 29, 203; BGH StV 1999, 198
481 Vgl BGHSt 26, 247, 249; BGH StV 1999, 526; StraFo 2003, 172; StV 2003, 135
482 Vgl BGHSt 31, 212, 214
483 Vgl BGHSt 28, 194, 195
484 Vgl BGH Urt v 30. 1. 2002 – 2 StR 504/01: Bei Vorliegen dieses Revisionsgrunds besteht die unwiderlegbare Vermutung, daß das Urteil auf einer Versäumung der Frist des § 275 Abs 1 Satz 2 und 4 StPO beruht
485 Der absolute Revisionsgrund des § 338 Nr. 7 StPO kann auch von der Staatsanwaltschaft geltend gemacht werden: vgl BGH NStZ 1985, 184
486 zur Verhinderung vgl Meyer-Goßner § 275 Rn 20 ff
487 BGH NStZ-RR 2000, 237
488 BGHR StPO § 275 Abs 1 Satz 4 Umstand 3 mwN; BGH NStZ-RR 1997, 204
489 Kl/M-G § 275 Rn 28
490 BGH bei Kusch NStZ 1995, 221 (Nr. 19) und Kl/M-G § 275 Rn 28
491 Vgl BGH NStZ 1999, 520; zur (möglichen) Heilung von Mängeln der Anklage: BGH NJW 2000, 3293 sowie Kl/M-G § 200 Rn 26; KK-Tolksdorf § 200 Rn 24
492 Anders beim nur versehentlichen Vergessen der Unterzeichnung des (tatsächlich gefassten) Beschlusses: BGH bei Kusch NStZ-RR 2000, 34 (Nr. 5)
493 Vgl die Nachweise bei OLG Zweibrücken NStZ-RR 1998, 75 (das allerdings anderer Ansicht ist), Kl/M-G § 207 Rn 11 und KK-Tolksdorf § 207 Rn 16

beschluss und wurde er auch nicht konkludent gefasst[494] oder ist er unwirksam, kann das Gericht ihn vor oder in der Hauptverhandlung nachholen.[495]

Nicht geltend gemacht werden kann mit der Revision, dass der Eröffnungsbeschluss etwa mangels hinreichenden Tatverdachts nicht erlassen werden durfte (§§ 336 S 2, 210 I StPO).

Rügeart: Von Amts wegen zu beachten (vgl auch Teil H Kap 4 Rn 42).

Besonderheiten: Vgl auch Anklage – Unwirksamkeit, Fehlen (Rn 131); **zur Revision bei weiteren Fehlern im Zwischenverfahren: Teil B Kap 2 Rn 57 ff.**

Feststellungen (zur Tat im Urteil) **152**

Gesetzesverletzung: Die Unrichtigkeit oder die Unvollständigkeit der getroffenen Feststellungen wird regelmäßig nicht mit der Sachrüge, sondern mit der Verfahrensrüge – vor allem der Aufklärungsrüge (dazu Rn 133) – beanstandet.[496] Infolge der Bindung des Revisionsgerichts an die tatrichterlichen Feststellungen (**vgl dazu auch Teil H Kap 4 Rn 57**) kann mit der Sachrüge vor allem vorgebracht werden, dass diese Feststellungen die aus ihnen gezogenen »Folgerungen« – also den Schuld- und den Rechtsfolgenausspruch – nicht tragen.[497] Bei völlig unzureichenden Feststellungen zum Tathergang im Urteil sind häufig schon die Anklage und der Eröffnungsbeschluss so allgemein gefasst, dass sich dort die Taten nicht individualisiert bestimmen lassen. Dann fehlt es aber bereits an den Verfahrensvoraussetzungen der wirksamen Anklage und des wirksamen Eröffnungsbeschlusses (dazu Rn 131, 151). Dagegen liegt beispielsweise ein Sachfehler vor, wenn das Urteil infolge von Verweisungen und Bezugnahmen nicht mehr aus sich heraus verständlich ist.[498] Dies gilt auch bei in der Revision aufgehobenen und zur neuen Verhandlung zurückverwiesenen Urteilen,[499] wobei in solchen Fällen beachtet werden muss, dass nach einer Teilaufhebung – etwa nur im Rechtsfolgenausspruch – zu den aufrecht erhaltenen keine diesen widersprechenden Feststellungen getroffen werden dürfen;[500] die Missachtung der Bindungswirkung des § 358 I StPO wird auf die Sachrüge hin beachtet.[501]

Rügeart: Verfahrens- oder Sachrüge (vgl oben bei Gesetzesverletzung).

relativer Revisionsgrund; das Beruhen ergibt sich aus dem Urteil selbst.

Besonderheiten: Vgl auch Aufklärungspflicht / Aufklärungsrüge (Rn 133); Beweisantrag (Rn 145); Personalien, persönliche Verhältnisse (Rn 159); Urteil – allgemein (Rn 169); Vorstrafen (Rn 172).

Fragerecht **153**

Gesetzesverletzung: Verstoß gegen § 241 I StPO, wenn die Frage (insbesondere nach §§ 240 II, 241 II, 68 a StPO) zulässig war; Verstoß gegen §§ 241 II, 242 StPO,

---

494 BGH NStZ 2000, 442, 443 (Verbindungsbeschluss und Terminierung); BGH NStZ-RR 1999, 14 (Besetzungsbeschluss und Haftbefehl)
495 Vgl OLG Zweibrücken StV 1998, 66
496 Anders zB bei einer bloßen Schätzung der Anzahl der vom Angeklagten begangenen Straftaten: BGH NStZ 1999, 520 mwN; dazu auch Teil H Kap 4 Rn 62
497 Vgl die Nachweise bei Wittig GA 2000, 267, 276 (auch und vor allem zur revisionsgerichtlichen Überprüfung einer Auslegung)
498 Vgl BGH NStZ-RR 2000, 304; 1999, 139; 1998, 204; BGH StV 1998, 473; BGH NStZ 1992, 49
499 Vgl BGH NStZ 2000, 441
500 BGH StV 1999, 417; 418; 419
501 Vgl BGH NStZ 2000, 551, 552; BGHR StPO § 267 I 1 Bezugnahme 3; BGH StraFo 2004, 143

wenn die Zurückweisung nicht begründet wurde.[502] Die unvollständige Befragung (Nichtstellen von Fragen) kann regelmäßig mit der Revision nicht beanstandet werden (vgl Rn 130, 175). Zur Reihenfolge der die Ausübung des Fragerechts: BGHR StPO § 247 4 Unterrichtung 9; zur Sachleitung des Vorsitzenden bei Unterbrechung der Befragung: BGHSt 48, 372.

Zum Fragerecht des Verletztenbeistands: BGH NStZ 2005, 222 m Anm Ventzke NStZ 2005, 396 f.

Zur Zeugenbefragung und Opferschutz: BGH NJW 2005, 1519 f.

Rügeart: Verfahrensrüge.

Anforderungen an die Rüge:[503] Mitteilung der Frage, ihrer Zurückweisung, gegebenenfalls der Beanstandung nach § 238 II StPO und des daraufhin ergangenen Gerichtsbeschlusses. Vor allem wenn es um die Zurückweisung vermeintlich wiederholt gestellter Fragen geht, muss auch vorgetragen werden, wie die vorangegangene Befragung abgelaufen ist.[504]

relativer Revisionsgrund, der allerdings nur Erfolg haben kann, wenn ein Gerichtsbeschluss nach §§ 242, 238 II StPO vorliegt oder herbeigeführt wurde.

absoluter Revisionsgrund, § 338 Nr. 8 StPO, bei gravierenden Gesetzesverletzungen (vgl dazu auch Rn 171).[505]

Besonderheiten: Vgl auch Zeuge – Vernehmung (Rn 175); Angeklagter – Vernehmung (Rn 130); Aufklärungspflicht/Aufklärungsrüge (Rn 133); Verteidigung – Beschränkung (Rn 171).

153 a rechtliches Gehör,[506] Anhörungsrüge § 356 a StPO[507]

Durch das am 1. 1. 2005 in Kraft getretene Gesetz über die Rechtsbehelfe bei Verletzung des Anspruchs auf rechtliches Gehör (Anhörungsrügengesetz) vom 9. Dezember 2004 wurde in § 356 a StPO wurde für das Revisionsverfahren bei einer Verletzung des rechtlichen Gehörs ein eigener außerordentlicher Rechtsbehelf, die Anhörungsrüge, eingeführt. Mit Anhörungsrüge wird die durch das Anhörungsrügengesetz in allen Verfahrensordnungen (zB § 321 a ZPO, StPO, VwGO, ArbGG, FGO usw) eingeführte fachgerichtliche Abhilfemöglichkeit bei entscheidungserheblicher Verletzung des Anspruchs auf rechtliches Gehör bezeichnet. Soweit möglich wurde die Zulässigkeit bestehender Rechtsbehelfe ergänzt, für die Fälle in denen ein Rechtsmittel nicht mehr vorgesehen war, wurde die Anhörungsrüge eingeführt. Nach § 356 a StPO wird, wenn das Gericht bei einer Revisionsentscheidung den Anspruch eines Beteiligten auf rechtliches Gehör in entscheidungserheblicher Weise verletzt hat, das Verfahren auf Antrag durch Beschluss in die Lage versetzt, die vor dem Erlass der Entscheidung bestand (§ 356 a S 1 StPO). § 356 a StPO ist spezieller gegenüber § 33 a StPO, der nur subsidiär gilt.[508] Die Nachholung rechtlichen Gehörs erfolgt nur auf Antrag, nicht von Amts wegen. Der Antrag ist befris-

---

502 BGH StV 2001, 261; zum Fragerecht im Ermittlungsverfahren: BGH NJW 2000, 3505
503 BGH NStZ-RR 2002, 270; vgl auch BGH NStZ-RR 2002, 176 (Fragerecht bei gesperrtem Zeugen)
504 BGH bei Miebach NStZ-RR 1998, 1, 2
505 Vgl BGH NStZ 1982, 158, 159; StV 2001, 261; KK-Tolksdorf § 241 Rn 9 mwN
506 Vgl dazu Meyer-Mews NJW 2004, 716 ff
507 Vgl dazu Treber NJW 2005, 97 ff
508 Meyer-Goßner Rn 1 zu § 356 a

tet, er muss eine Woche nach Kenntnis der Verletzung rechtlichen Gehörs eingelegt werden, die Kenntnis muss sich nur auf die tatsächlichen Umstände beziehen. Der Betroffene muss den Zeitpunkt der Kenntniserlangung glaubhaft machen (§ 356 a S 3 StPO). Nicht glaubhaft gemacht werden müssen die Umstände, die die Verletzung des rechtlichen Gehörs durch das Gericht begründen. Die ergeben sich idR aus den Akten.

Hauptverhandlung, Inbegriff   **154**

Gesetzesverletzung: Verstoß gegen § 261 StPO, wenn das Urteil auf Feststellungen gestützt wurde, die nicht in die Hauptverhandlung eingeführt worden sind.[509] Dies muss sich allerdings ohne eine Rekonstruktion der Beweisaufnahme[510] entweder aus dem Urteil selbst ergeben oder durch einen Vergleich zwischen Hauptverhandlungsprotokoll und Urteil belegen lassen (zB Verwertung einer Aussage des Angeklagten, obwohl dieser laut Protokoll geschwiegen hat).[511] Grundsätzlich aussichtslos sind dagegen die sonstigen Versuche, die Aktenwidrigkeit der Urteilsgründe zu rügen, also zu beanstanden, dass das Urteil inhaltlich von den in den Akten oder auch den in der Hauptverhandlung getroffenen Feststellungen abweicht, etwa weil ein Zeuge in der Hauptverhandlung etwas anderes bekundet haben soll als im Urteil festgestellt (soweit seine Aussage nicht wörtlich protokolliert wurde).[512] Ein solcher Umstand kann auch nicht mit der Aufklärungsrüge (dazu Rn 133) beanstandet werden, weil es dem Revisionsgericht verwehrt ist, über die vom Tatrichter vorgenommene Beweisaufnahme selbst Beweise zu erheben.[513]

Rügeart: Verfahrensrüge.

Anforderungen an die Rüge: Wird beispielsweise beanstandet, eine im Urteil verwertete Urkunde sei nicht Gegenstand der Verhandlung gewesen, muss in der Verfahrensrüge der vollständige Inhalt der Urkunde mitgeteilt werden, ferner ist darzutun, dass die Urkunde nicht durch Verlesen in die Verhandlung eingeführt worden ist und auch nicht auf andere Weise – etwa durch einen Vorhalt, im Selbstleseverfahren oder durch Bericht über den wesentlichen Inhalt – zum Gegenstand der Verhandlung gemacht wurde.[514] Wird dagegen beanstandet, das Urteil verwerte nicht alles, was Inbegriff der Hauptverhandlung gewesen sei (vgl dazu auch Rn 146), etwa weil es auf ein Schweigen des Angeklagten verweise, obwohl dieser – laut Protokoll – Angaben gemacht hat, so muss zumindest dann, wenn der Protokolleintrag und der Zusammenhang dafür sprechen, dass es sich nur um eine unbedeutende »Zwischenbemerkung« gehandelt hat, vorgetragen werden, dass die Einlassung des Angeklagten »substantiell« war.[515] Handelt es sich bei dem im Urteil nicht verwerteten Beweis um eine Urkunde, muss deren vollständiger Inhalt mitgeteilt werden.[516]

relativer Revisionsgrund; das Beruhen kann auf den Rechtsfolgenausspruch beschränkt sein, etwa wenn ein nicht in die Hauptverhandlung eingeführtes psychia-

---

509 Vgl zB BGH NStZ 1998, 98; BGH StV 1998, 470; 1999, 359; allgemein dazu Pelz NStZ 1993, 361, 362 ff; Herdegen StV 1992, 590; Schäfer StV 1995, 147, 154 ff
510 Zum Problem »Rekonstruktionsverbot und Alternativrüge« vgl Neuhaus StraFo 2004, 407
511 BGH NStZ 2000, 217; 1995, 560; vgl auch Miebach NStZ 2000, 234, 240
512 Vgl (auch zur verlesenen Urkunde) BGHSt 43, 212, 214; BGH NStZ 1999, 423; 1998, 51, 52
513 BGH NStZ 2000, 156; 1999, 423; 1995, 27, 29; 1992, 506; ausführlich zu dieser Alternativrüge (§§ 244 II, 261 StPO): Bauer NStZ 2000, 72
514 BGH NStZ 2000, 215, 216; OLG Köln StV 1998, 364 mwN
515 BGH Beschl v 23. 2. 2000 – 5 StR 382/99; vgl auch BGH StV 1999, 360
516 BGH NStZ 2000, 215, 216

trisches Gutachten verwertet wurde, jedoch nur die Anwendung von § 21 StGB in Betracht kommt.[517]

155   Hauptverhandlung, Vertagung

Gesetzesverletzung: § 229 I StPO ist beispielsweise verletzt, wenn die Unterbrechungsfrist durch sog Schiebetermine gewahrt wurde, diese Schiebetermine aber aus bloßen Scheinverhandlungen bestanden (**ausführlich: Teil B Kap 4 Rn 50 ff**).[518]

Rügeart: Verfahrensrüge.

Anforderungen an die Rüge: Mitzuteilen sind die Anzahl der Verhandlungstage sowie die Daten zu den Hauptverhandlungstagen, zwischen denen die Unterbrechungsfrist nicht gewahrt wurde; ferner sollte – wie bei § 261 StPO (Rn 154) – vorgetragen werden, dass trotz des Überschreitens der Unterbrechungsfrist keine neue Hauptverhandlung begonnen wurde. Kommt die Anwendung von § 229 III StPO in Betracht, sollte weiterhin dargelegt werden, dass die Krankheit des Angeklagten kein Grund dafür war, die Frist zu überschreiten.[519] Wird beanstandet, dass die Unterbrechungsfrist durch bloße Scheinverhandlungen gewahrt wurde, müssen auch die Tatsachen mitgeteilt werden, die diesen Missbrauch belegen, muss also vorgetragen werden, was im Einzelnen an den Schiebeterminen stattfand.[520]

relativer Revisionsgrund; am Beruhen wird es nur ausnahmsweise fehlen.[521] Die Rüge kann jedoch verwirkt sein, wenn die »Scheinverhandlung« auf Wunsch des Verteidigers und mit Rücksicht auf dessen Terminschwierigkeiten erfolgte.[522]

Besonderheiten: Zur Ablehnung eines berechtigten Aussetzungsantrags des Verteidigers, vor allem nach einem Verteidigerwechsel: vgl bei Verteidigung, Beschränkung (Rn 171) und bei Hinweispflicht (Rn 156).

156   Hinweispflicht

Gesetzesverletzung: Verstoß gegen § 265 StPO.[523] – zur Hinweispflicht und fairem Verfahren: BVerfG Beschl v 16. 10. 2002 – 2 BvR 2072/01

Beachte: § 265 Abs 3 StPO räumt dem Gericht kein Ermessen ein, die Hauptverhandlung lediglich zu unterbrechen; bei Vorliegen der gesetzlichen Voraussetzungen ist die Verhandlung auszusetzen.[524]

Rügeart: Verfahrensrüge.

Anforderungen an die Rüge:[525] Mitteilung des relevanten Inhalts der zugelassenen Anklage und des Eröffnungsbeschlusses, der Tatsache, dass dem Angeklagten kein Hinweis erteilt wurde, und der von der Anklage und dem Eröffnungsbeschluss ab-

---

517 BGH StV 1996, 650
518 Vgl BGH wistra 1999, 392 (Wiederholung einer BZR-Verlesung); BGH StV 1998, 359 (Verlesung eines zweiseitigen Briefes an mehr als 20 Verhandlungstagen); Wölfl NStZ 1999, 43; vgl auch BGH StV 2001, 386
519 Vgl BGH bei Kusch NStZ-RR 2000, 289 (Nr. 2)
520 Vgl BGH wistra 1999, 392; BGH StV 1998, 359; BGH NStZ-RR 1998, 335
521 BGH wistra 1999, 392, 393; BGH StV 1998, 359 mwN
522 BGH NStZ 2000, 606
523 Zur Hinweispflicht bei Verwertung nach § 154 StPO eingestellter Taten: BGH bei Kusch NStZ-RR 1998, 264 (Nr. 21); BGH NStZ 2004, 277; Hinweispflicht bei Anklagemängeln: BGHSt 48, 221 m Anm Maier NStZ 2003, 674
524 BGHSt 48, 183 m Anm Kästner JuS 2003, 849; Mitsch NStZ 2004, 395; Kudlich JA 2004, 108
525 Vgl auch BGH Beschl vom 9. 3. 1995 – 4 StR 60/95

weichenden Verurteilung. Die auf den Hinweis hin möglichen Ausführungen müssen nicht dargelegt werden.[526]

relativer Revisionsgrund; ein Beruhen kann regelmäßig nicht ausgeschlossen werden, bezieht sich aber häufig nur auf den Strafausspruch (vgl Rn 64).[527] Bestanden nach dem Hinweis für den Angeklagten oder den Verteidiger noch Unklarheiten, mussten sie nachfragen; sonst kann der Fehler mit der Revision nicht mehr beanstandet werden.[528] Ausgeschlossen ist ein Beruhen, wenn der Angeklagte so verurteilt wurde, wie er angeklagt war.[529] Ferner kann im Einzelfall – etwa bei Änderungen im Tatsächlichen wegen der »im Übrigen dichten Beweiskette« – verneint werden, dass der Angeklagte nach einem Hinweis eine erfolgreiche Verteidigung hätte führen können.[530]

Besonderheiten: Vgl zur Hinweispflicht bei Abweichen von einer Absprache: Absprache (Rn 124); zur mangels ausreichender Beschreibung der Tat unwirksamen Anklage: Anklage – Unwirksamkeit (Rn 131); zur Kognitionspflicht und zur prozessualen Tat: rechtliche Würdigung (Rn 162); zur Ablehnung eines Aussetzungsantrags vor allem nach Verteidigerwechsel bzw -bestellung: Verteidigung, Beschränkung (Rn 171); zur Hinweispflicht bei Würdigung einer beeideten als unbeeidete Zeugenaussage: Zeuge – Vereidigung (Rn 174).

Letztes Wort[531]

157

Gesetzesverletzung: Verstoß gegen § 258 II, III StPO, ggf iVm § 67 I JGG.[532]

Hinweis: Erwidert der Verteidiger eines Mitangeklagten, ist dem Angeklagten erneut das letzte Wort zu erteilen.[533] Problematisch ist die Frage eines Wiedereintritts in die Hauptverhandlung: Nach der Rechtsprechung und der herrschenden Meinung in der Literatur ist dem Angeklagten gemäß § 258 Abs 2 StPO erneut das letzte Wort zu gewähren, wenn nach dem Schluss der Beweisaufnahme nochmals in die Verhandlung eingetreten worden ist. Wann von einem – uU konkludenten – Wiedereintritt auszugehen ist, ist nach der Rechtsprechung anhand der konkreten Umstände des Einzelfalls zu bestimmen. Insbesondere liegt ein Wiedereintritt vor, wenn der Wille des Gerichts zum Ausdruck kommt, im Zusammenwirken mit den Prozessbeteiligten in der Beweisaufnahme fortzufahren oder wenn Anträge mit den Verfahrensbeteiligten erörtert werden.[534] Ein nach dem letzten Wort des Angeklagten und unmittelbar vor dem Urteil verkündeter Beschluss über die Teileinstellung des Verfahrens gemäß § 154 Abs 2 StPO ist Teil der abschließenden Entscheidung des Gerichts; dies gilt auch dann, wenn durch den Einstellungsbeschluss über einen das Verfahren insgesamt betreffenden Hilfsbeweisantrag mittelbar mit entschieden wird.[535]

Rügeart: Verfahrensrüge.

---

526 KK-Kuckein § 344 Rn 59 mwN
527 BGH Urt. vom 15. 9. 2004 – 2 StR 242/04; BGH StV 1997, 64; zu einer Ausnahme: BGH NStZ 1998, 529, 530
528 BGH StV 1998, 416 m Anm Park
529 BGH StV 2000, 248 m Anm Ventzke (zum unwirksamen – weil unter Ausschluss der Öffentlichkeit – erteilten Hinweis)
530 BGH NStZ 2000, 216; vgl auch BGH StV 1998, 582, 583
531 Zum Zeitpunkt der Haftentscheidung: vgl BGH StV 2002, 234
532 Vgl BGH NStZ 2000, 553; 1999, 426; StraFo 2003, 277; 2002, 290
533 BGHSt 48, 181
534 BGH NStZ 2004, 505
535 BGH StV 2001, 437 m Anm Julius, NStZ 2002, 104; Ingelfinger JR 2002, 120

Anforderungen an die Rüge: Mitteilung des Verfahrensablaufs in dem Abschnitt der Hauptverhandlung, in dem das letzte Wort hätte gewährt werden müssen; wurde das letzte Wort gewährt, dann aber wieder in die Verhandlung eingetreten, ist der gesamte Verfahrensgang ab (einschließlich) dem zunächst erteilten letzten Wort vorzutragen.[536] Nicht mitgeteilt werden muss, was der Angeklagte gesagt hätte, wenn ihm das letzte Wort erteilt worden wäre.[537]

relativer Revisionsgrund; das Beruhen ist regelmäßig nicht auszuschließen.[538] Eine Anrufung des Gerichts nach § 238 II StPO ist nicht erforderlich.[539]

Beispiel: Rn 90.

158 Öffentlichkeit[540]

Gesetzesverletzung: Verstoß gegen §§ 169 S 1, 174 GVG bei ungesetzlicher Beschränkung der Öffentlichkeit (Verstoß gegen § 169 S 1 GVG, etwa wenn das Gericht zu Unrecht einen Ausschlussgrund angenommen hat, wobei allerdings § 171 b GVG – wegen dessen Abs 3 und § 336 S 2 StPO – wie auch die Ermessensentscheidungen bei §§ 171 a, 172 GVG nur eingeschränkt geprüft werden können;[541] Verstoß gegen § 174 GVG, wenn die Vorschriften über das Ausschließungsverfahren nicht beachtet wurden;[542] **vgl auch Teil B Kap 4 Rn 56 ff**). Bei ungesetzlicher Erweiterung der Öffentlichkeit, also öffentlichem Verhandeln trotz Vorliegens eines Ausschlussgrundes, ist gegen §§ 171 a ff StPO (die jeweils in Betracht kommende Ausschlussnorm) verstoßen; eine solche Gesetzesverletzung kann allerdings regelmäßig nur mit der Aufklärungsrüge (dazu Rn 133) beanstandet werden.[543]

Rügeart: Verfahrensrüge.

Anforderungen an die Rüge: Mitteilung der Anträge, Erklärungen sowie der Entscheidung über den Ausschluss (einschließlich der Begründung)[544] sowie über den Umfang des nichtöffentlich durchgeführten Teils der Hauptverhandlung. Wird lediglich ein faktischer Ausschluss der Öffentlichkeit beanstandet, muss dieser durch Tatsachenvortrag belegt werden;[545] ggf sind auch Ausführungen zum Verschulden des Gerichts erforderlich (zB beim möglicherweise versehentlichem – unbemerktem – Ausschluss). Entsprechendes gilt für die Beanstandung der unrechtmäßigen Erweiterung der Öffentlichkeit (zu den Anforderungen an die Verfahrensrüge: Rn 133). Soll beanstandet werden, dass die sich aus dem Ausschließungsbeschluss ergebende Dauer des Ausschlusses überschritten wurde, muss auch vorgetragen werden, dass dieser Teil der Verhandlung vom Ausschließungsumfang, der regelmäßig durch den Ausschließungsgrund bestimmt wird, nicht mehr erfasst war.[546]

---

536 BGH StV 1995, 176
537 Vgl BGHSt 21, 288, 290; BayObLG NStZ 1997, 40 mwN
538 Vgl BGH NStZ 2000, 553; 1999, 473; 2003, 371; zur Beschränkung des Beruhens auf den Strafausspruch bei einem geständigen Angeklagten: BGH NStZ 2000, 435, 436; BGH NStZ-RR 1998, 15
539 BGHSt 21, 288, 290
540 Zum Grundsatz der Öffentlichkeit vgl BVerfG NJW 2002, 814; BGH NStZ 2002, 106; NStZ 2004, 510; zum Problem Sitzungspolizei und Öffentlichkeit BVerfG NJW 2003, 500
541 Vgl BGH StV 1998, 364 (zu § 171 b III GVG); Gössel NStZ 2000, 181, 183 mwN (zur Nachprüfung der Ermessensentscheidung)
542 Vgl BGH StV 2000, 242 (fehlender Beschluss); zu Fehlern in der Begründung des Beschlusses: BGHSt 45, 117 = JR 2000, 251 m Anm Rieß; Anm Gössel NStZ 2000, 181
543 BGH NStZ 1998, 586 (auch zu den Anforderungen an die Verfahrensrüge in einem solchen Fall); Anm Foth NStZ 1999, 373
544 BGH bei Miebach/Sander NStZ-RR 2000, 1, 6
545 OLG Köln NStZ-RR 1999, 335 (zum Ortstermin in der Wohnung des Angeklagten)
546 BGH StV 1998, 364

absoluter Revisionsgrund, § 338 Nr. 6 StPO, bei (formell oder sachlich) unberechtigtem Ausschluss der Öffentlichkeit; der absolute Revisionsgrund ist allerdings nicht gegeben, wenn ein Beruhen denkgesetzlich ausgeschlossen ist, etwa weil die Öffentlichkeit (zu Unrecht) während eines Verhandlungsteils ausgeschlossen war, der nur eine schließlich nach § 154 II StPO eingestellte Tat betraf[547] oder weil ausnahmsweise bei in der Sache ersichtlich richtiger Entscheidung lediglich eine »Verfahrensvorschrift auf dem Weg zur Entscheidung über den Ausschluss« (fehlende Angabe des Ausschlussgrundes) verletzt wurde[548] oder wenn die Verhandlungsteile, welche die mit der verspätet mitgeteilten Aussage zusammenhängenden Tatvorwürfe betrafen, wiederholt worden ist.[549]

Hinweis: Der absolute Revisionsgrund des § 338 Nr. 6 StPO wird weder durch den Umstand, dass Gespräche über eine Verständigung außerhalb der Hauptverhandlung stattfinden, noch dadurch begründet, dass das Ergebnis dieser Verständigung entgegen den Grundsätzen von BGHSt 43, 195 ff nicht in die öffentliche Hauptverhandlung eingeführt wird.[550]

relativer Revisionsgrund bei öffentlicher Verhandlung trotz Vorliegens eines Ausschlussgrundes, hier wird es jedoch regelmäßig am Beruhen fehlen.[551]

Personalien, persönliche Verhältnisse   **159**

Gesetzesverletzung: Verstoß gegen §§ 243 II 2, 267 III 1 StPO. Nach der Rechtsprechung ist eine an den anerkannten Strafzwecken ausgerichtete Strafzumessung jedenfalls bei Taten von einigem Gewicht ohne Würdigung der persönlichen Verhältnisse des Täters regelmäßig nicht möglich. Daher liegt vor allem bei Verhängung hoher Strafen eine Gesetzesverletzung vor, wenn der Tatrichter die persönlichen Verhältnisse überhaupt nicht oder nur unzureichend festgestellt hat (**vgl auch Teil H Kap 4 Rn 59 ff**).[552] Das gleiche gilt bezüglich der Mitteilung von Vorstrafen (dazu auch Rn 172).[553] Vorstrafen sind nur in dem Umfang und in denjenigen Einzelheiten mitzuteilen, in denen sie für die getroffene Entscheidung von Bedeutung sind..[554] Der Ermittlungsgrundsatz verpflichtet das Gericht, die Beweisaufnahme zur Erforschung der Wahrheit auf alle Tatsachen und Beweismittel zu erstrecken, die für die Entscheidung von Bedeutung sind, gleich ob sie die Schuld- oder Straffrage betreffen, deshalb kann auch eine Beweiserhebung über Vorstrafen geboten sein.[555] Bei der Darstellung der Vorstrafen im Urteil ist die Mitteilung der zu diesen jeweils getroffenen Feststellungen überflüssig, soweit sich aus diesen Tatsachen nicht Folgerungen für die zu entscheidende Sache ergeben.[556] Die Feststellung der persönlichen Verhältnisse darf mit der Feststellung der Personalien nur verbunden werden, wenn der Angeklagte zuvor nach § 243 IV 1 StPO belehrt wurde (bei Verstoß hiergegen gilt Rn 129).

Hinweis: Die persönlichen Verhältnisse des Angeklagten sind von besonderer Bedeutung für die Strafzumessung. Diejenigen persönlichen Umstände, die Auswir-

---

547 BGH StV 2000, 248 m Anm Ventzke; weitere Beispiele: BGH bei Kusch NStZ-RR 2000, 294 (Nr. 23); BGH StV 2003, 271; StV 2004, 306
548 BGHSt 45, 117 = JR 2000, 251 m Anm Rieß; Anm Gössel NStZ 2000, 181
549 BGHSt 38, 260, 262; BGHR StPO § 247 S 4 Unterrichtung 3; BGH NStZ 1992, 346 f
550 BGH StV 2004, 639
551 Vgl Foth NStZ 1999, 373 mwN
552 BGH NStZ 1992, 49, 50; 1996, 49; BGH NStZ-RR 1998, 17 mwN
553 BGHR StGB § 46 II Vorleben 25
554 BGH Beschl v 10. 9. 2003 – 1 StR 371/03
555 BGH StV 2004, 415
556 BGH Beschl v 17. 12. 2003 – 5 StR 504/03

kung auf die Höhe der Strafe haben können, müssen in dem Umfang erörtert werden, in dem sie bestimmenden Einfluss auf den Rechtsfolgenausspruch haben können. Falls der Angeklagte keine Angaben zur Person macht, muss auf anderem Wege deren Feststellungen versucht werden.[557] Eine umfassende Bezugnahme im Rahmen der Strafzumessung auf die Gründe einer frühren Entscheidung kann gegen die besondere Bedeutung der Strafzumessung verstoßen. Der neu erkennende Tatrichter hat, selbst wenn er die Strafzumessung des früheren Urteils als zutreffend erachtet, selbständige und neue Erwägungen darüber anzustellen, welche Strafen für die jeweiligen Taten gerechtfertigt sind. Eine Bezugnahme auf die Strafzumessungserwägungen eines früheren Urteils ist unzulässig, wenn der Strafausspruch jenes Urteils durch eine Entscheidung des Revisionsgerichts aufgehoben worden ist.[558]

Rügeart: Verfahrens- oder Sachrüge (zur Verurteilung eines Nicht-Angeklagten: unten bei relativer Revisionsgrund); das Unterlassen der Feststellung der Personalien des Angeklagten ist mit der Verfahrensrüge zu beanstanden, die jedoch regelmäßig keinen Erfolg haben wird (vgl unten: Beruhen); die unzureichende Feststellung der persönlichen Verhältnisse wurde bislang auf die Sachrüge hin geprüft, der BGH hat insofern aber – richtigerweise – eine Änderung seiner Rechtsprechung in Aussicht gestellt (Aufklärungsrüge, vgl zu deren Anforderungen Rn 133).[559]

relativer Revisionsgrund; ist die Feststellung der Personalien des Angeklagten unterlassen oder unzureichend vorgenommen worden, kann dies grundsätzlich die Revision nicht rechtfertigen, da das Urteil darauf nicht beruht.[560] Ist aber ein anderer als der Angeklagte verurteilt worden, wird das Urteil schon auf eine zulässige Revision hin aufgehoben.[561] Auf einer unzureichenden Feststellung der persönlichen Verhältnisse wird regelmäßig (nur) der Rechtsfolgenausspruch beruhen.

Besonderheiten: Vgl auch Angeklagter – Belehrung, Schweigerecht (Rn 129); Aufklärungspflicht / Aufklärungsrüge (Rn 133); Feststellungen (Rn 152); Vorstrafen (Rn 172).

160   Pflichtverteidigerbestellung[562]

Gesetzesverletzung: Verstoß gegen § 142 I StPO bei Nichtbestellung des Anwalts des Vertrauens[563] oder bei unterlassener Anhörung des Beschuldigten sowie bei Unterlassen der gebotenen Entpflichtung des bestellten Pflichtverteidigers;[564] zur unterlassenen Pflichtverteidigerbestellung: oben Rn 128.

Zur gebotenen Ablehnung der Bestellung eines vom Beschuldigten bezeichneten Rechtsanwalts zum Pflichtverteidiger bei konkreter Gefahr einer Interessenkollision in einem Fall sukzessiver Mehrfachverteidigung. Vgl BGHSt 48, 170

Rügeart: Verfahrensrüge.

---

557 BGH NStZ-RR 2003, 18; BGH Beschl v 20. 9. 2002 – 2 StR 335/02
558 BGH Beschl v 26. 5. 2004 – 4 StR 149/04
559 BGH StV 1998, 636
560 OLG Köln NStZ 1989, 44
561 Kl/M-G § 230 Rn 27
562 Vgl auch BVerfG StV 2001, 601; BGH StV 2001, 3
563 Vgl aber BGHSt 48, 170 (Gebotene Ablehnung der Bestellung eines vom Beschuldigten bezeichneten Rechtsanwalts zum Pflichtverteidiger bei konkreter Gefahr einer Interessenkollision in einem Fall sukzessiver Mehrfachverteidigung.)
564 Vgl BGHSt 39, 310, 314; BGH NStZ 2000, 326; 1998, 49; 1997, 401; StV 2004, 302

Anforderungen an die Rüge: Mitteilung aller Tatsachen in Zusammenhang mit der Pflichtverteidigerbestellung bzw der unterlassenen Entpflichtung, gegebenenfalls (vgl beim Beruhen) muss auch der Widerspruch des Angeklagten in der Hauptverhandlung mitgeteilt werden.[565]

absoluter Revisionsgrund, § 338 Nr. 8 StPO, kann vorliegen, wenn ohne ausreichenden Grund die Bestellung eines auswärtigen Pflichtverteidigers abgelehnt wurde (vgl Rn 171).

relativer Revisionsgrund; das Beruhen auf dem Unterlassen der Anhörung des Beschuldigten gem § 142 I StPO erfordert, dass dieser in der Hauptverhandlung zu erkennen gegeben hat, dass er mit dem bestellten Pflichtverteidiger nicht einverstanden ist.[566] Im Übrigen prüft das Revisionsgericht bei Verstößen gegen § 142 I StPO nur das Vorliegen von Ermessensfehlern.[567]

Besonderheiten: Vgl auch Abwesenheit – Verteidiger (Rn 128); zur Ablehnung eines Aussetzungsantrags des Pflichtverteidigers: Verteidigung – Beschränkung (Rn 171).

Plädoyer/Schlussvortrag

161

Gesetzesverletzung: Verstoß gegen § 258 I StPO, aber nur, wenn der Verteidiger am Schlussvortrag gehindert wurde[568] oder keine Zeit zur Vorbereitung hatte (allgemein zum Schlussvortrag: **Teil B Kap 4 Rn 298 ff**).[569]

Rügeart: Verfahrensrüge.

Anforderungen an die Rüge: Vorgetragen werden muss der Verfahrensgang in Zusammenhang mit dem unterbliebenen Schlussvortrag oder der Verhinderung der Vorbereitung. Der mögliche Inhalt der unterbliebenen Ausführungen muss in der Verfahrensrüge nicht mitgeteilt werden.[570]

absoluter Revisionsgrund, § 338 Nr. 8 StPO, etwa wenn einem Vertagungsantrag des Verteidigers nicht entsprochen wurde oder er an jeglichen Ausführungen gehindert wurde (vgl Rn 171).

relativer Revisionsgrund; ein Beruhen wird grundsätzlich gegeben sein, da zumeist nicht auszuschließen ist, dass der Verteidiger noch Wesentliches ausgeführt hätte. Etwas anderes kann gelten, wenn in Absprache nur der Wahl- und nicht der Pflichtverteidiger plädiert hat.[571]

Rechtliche Würdigung (Schuldspruch)

162

Gesetzesverletzung: Vorschriften aus dem materiellen Strafrecht, vor allem dem StGB. Ein Gesetzesverstoß liegt insbesondere vor, wenn der festgestellte Sachverhalt die angewendete Strafnorm nicht erfüllt, weil objektive oder subjektive Tatbestandsmerkmale, die Rechtswidrigkeit oder die Schuld fehlen, ferner, wenn der Tatrichter eine anzuwendende Strafvorschrift übersehen oder nicht richtig ausgelegt hat. Auf die Sachrüge hin beachtet das Revisionsgericht auch Gesetzesänderungen (vgl dazu § 354 a StPO).[572]

---

565 BGH NStZ-RR 2000, 289
566 BGH NStZ 1992, 201; 292
567 BGH NStZ 1998, 49
568 Vgl BGH bei Holtz MDR 1980, 274; BGH bei Pfeiffer/Miebach NStZ 1987, 217 (Nr. 3)
569 KG NStZ 1984, 523
570 Vgl BGHSt 21, 288, 290
571 BGH NStZ 1997, 451 (auch zur Verwirkung der Revisionsrüge in einem solchen Fall)
572 BGHSt 26, 94

Soweit der Tatrichter bei der rechtlichen Würdigung, etwa bei der Abgrenzung von Mittäterschaft und Beihilfe, einen Beurteilungsspielraum hat, liegt ein Rechtsfehler allerdings nicht vor, wenn der Tatrichter alle wesentlichen Beurteilungskriterien geprüft und gewürdigt hat; in einem solchen Fall ist insbesondere unerheblich, dass auch ein anderes Ergebnis möglich gewesen wäre.[573]

Bei der Prüfung des Schuldspruchs auf die Sachrüge hin ist zu beachten, dass Grundlage dieser Prüfung die Feststellungen sind, die der Tatrichter in seinem Urteil mitgeteilt hat, wobei nicht danach unterschieden wird, ob diese Feststellungen rechtsfehlerfrei getroffen wurden oder nicht, sie werden vielmehr insgesamt der materiell-rechtlichen Prüfung zugrunde gelegt. Eine aussichtsreiche – gegen eine Urteilsfeststellung gerichtete – Verfahrensrüge hat also für sich genommen keinen (unmittelbaren) Einfluss auf die Erfolgsaussichten der Sachrüge.

Auf die Sachrüge hin wird auch geprüft, ob der Richter die Anklage und den Eröffnungsbeschluss ausgeschöpft hat, ob er also die angeklagte (prozessuale) Tat – auf der Grundlage des Ergebnisses der Hauptverhandlung – einer erschöpfenden rechtlichen Würdigung unterzogen hat (Pflicht zur umfassenden Kognition, § 264 StPO; ausführlich: **Teil H Kap 5 Rn 16**).[574]

Rügeart: Sachrüge.

relativer Revisionsgrund; das Beruhen ergibt sich aus dem Urteil selbst.

Besonderheiten: Vgl auch Anklage – Unwirksamkeit (Rn 131), Hinweispflicht (Rn 156), Feststellungen zur Tat (Rn 152).

163   Sachverständiger[575] (**ausführlich: Teil H Kap 2**)

Gesetzesverletzung: Verstoß vor allem gegen § 246 a StPO, wenn das Gericht die Zuziehung eines Sachverständigen unterlassen oder dieser keine Untersuchung vorgenommen hat (Verfahrensrüge),[576] ansonsten kann das Unterlassen der Zuziehung eines Sachverständigen nur mit der Aufklärungsrüge geltend gemacht (dazu Rn 133) oder darauf gestützt werden, dass das Gericht zu Unrecht einen entsprechenden Beweisantrag abgelehnt hat (dazu Rn 145). Die Bestellung eines dem Angeklagten nicht genehmen Sachverständigen kann von diesem grundsätzlich nicht beanstandet werden.[577] Entscheidet sich der Tatrichter nach der Einholung eines Gutachtens zur Schuldfähigkeit kurz vor Beginn der Hauptverhandlung zur Erhebung eines weiteren Gutachtens, ist er, schon um den Anspruch auf rechtliches Gehör zu gewährleisten, nach § 73 Abs 1 StPO verpflichtet, die Verteidigung an der Auswahl des bei zuziehenden Gutachters zu beteiligen.[578]

Zur Zuziehung eines Sachverständigen, der ein methodenkritisches Gutachten erstellt hat: vgl BGH StV 2005, 124

---

573 BGH NStZ-RR 1998, 136; ähnlich beispielsweise bei der Strafaussetzung zur Bewährung: BGH NStZ 1994, 336
574 Vgl dazu beispielsweise BGHSt 45, 211, 212 f (Brandstiftung und Betrug zum Nachteil der Versicherung als eine prozessuale Tat)
575 Vgl Empfehlungen einer Arbeitsgruppe bestehend aus psychiatrischen Sachverständigen und Richtern des BGH NStZ 2005, 57 ff
576 Vgl BGH NStZ 2000, 215; StV 2002, 234; zur verweigerten Untersuchung aber BGH StV 1999, 463 m Anm Zieschang; es ist rechtsfehlerhaft, allein wegen der Weigerung des Angeklagten, sich einer Exploration durch den Sachverständigen zu unterziehen, auf die Einholung einer gutachterlichen Stellungnahme des Sachverständigen ganz zu verzichten, die § 246 a S 1 StPO zwingend vorschreibt: BGH StV 2004, 207
577 Vgl BGH StV 1999, 463 m Anm Zieschang
578 BGHSt 48, 4

Detter

Zur Zuziehung eines Glaubwürdigkeitsgutachters:

In der Regel ist die Einholung eines Glaubhaftigkeitsgutachtens nicht erforderlich; denn die Beurteilung der Zeugentüchtigkeit nicht nur von Erwachsenen, sondern auch von kindlichen und jugendlichen Zeugen sowie der Glaubhaftigkeit ihrer Angaben ist Sache des Tatrichters. Die Beweiswürdigung, namentlich die Bewertung von Zeugenaussagen, ist vom Gesetz dem Richter zugewiesen (vgl § 261 StPO). Sich dabei ergebende aussagepsychologische Fragen stellen keine abgelegene, sondern eine für Richter zentrale Materie dar. Bei der Beurteilung der Glaubhaftigkeit einer Zeugenaussage benötigt der Richter deshalb grundsätzlich nicht die Hilfe eines Sachverständigen.[579] Glaubwürdigkeitsgutachten sind von den Tatgerichten – auch beim Vorliegen der Konstellation Aussage gegen Aussage – deshalb nur in Ausnahmefällen einzuholen. Das gilt auch für die Aussagen eines kindlichen oder jugendlichen Zeugen, der nach der Anklage Opfer eines an ihm begangenen Sexualdelikts geworden ist.[580] Die Hinzuziehung eines Sachverständigen ist aber dann geboten, wenn Besonderheiten vorliegen, die Zweifel an der Sachkunde des Gerichts hinsichtlich der Beurteilung der Aussagetüchtigkeit des Zeugen und der Glaubhaftigkeit seiner Aussage aufkommen lassen können.[581]

Ein Verstoß gegen § 57 kann vorliegen, wenn der Gutachter als Zeuge (zu Zusatztatsachen) und als Sachverständiger (zu Befundtatsachen) ausgesagt hat; dann musste er nämlich auch als Zeuge belehrt werden (Verfahrensrüge). Die Verletzung von § 57 StPO (ggf iVm § 72 StPO) kann in der Revision aber nicht beanstandet werden (Rechtskreistheorie).[582]

Wird geltend gemacht, ein (vom Verteidiger mitgebrachter) Sachverständiger sei zu Unrecht wegen Befangenheit abgelehnt worden,[583] prüft das Revisionsgericht den Erfolg dieser Verfahrensrüge nicht nach Beschwerdegrundsätzen (vgl dazu Rn 135), es ist vielmehr an die Tatsachen gebunden, die der Tatrichter seiner Entscheidung zugrunde gelegt hat (bloße Prüfung der Rechtsanwendung).[584]

Zur Problematik des selbstgeladenen Sachverständigen:[585]

Die Vernehmung eines *selbstgeladenen Sachverständigen* erfolgt nur auf Antrag. Die formgerechte Ladung und das Erscheinen des Sachverständigen verpflichtet das Gericht noch nicht zu dessen Vernehmung. Vielmehr bedarf es noch eines Beweisantrags in der Hauptverhandlung (§ 245 Abs 2 Satz 1 StPO), der nur ausnahmsweise abgelehnt werden kann, vor allem nicht wegen eigener Sachkunde des Gerichts.[586] Das Gericht darf den auf Ladung des Angeklagten erschienen Sachverständigen auch nicht durch eine anderen ersetzen. Ein von der Verteidigung geladener Sachverständiger ist aber nur dann ein präsentes Beweismittel, wenn er in der Hauptver-

---

579 BVerfG NJW 2003, 1443; BGH Urt. v 27. 1. 2005 – 3 StR 431/04
580 BGH NStZ 1997, 355; 2001, 105; BGH Urt. v 27. 1. 2005 – 3 StR 431/04
581 BGHR StPO § 244 Abs 4 Satz 1 Glaubwürdigkeitsgutachten 2, Sachkunde 6; § 244 Abs 2 Glaubwürdigkeitsgutachten 1; BGH StV 2004, 241 (erstmalige Aussage eines Kindes zu einem 6 bis 8 Jahre zurückliegenden Mißbrauch nach früher Verneinung jeglicher sexueller Kontakte); NStZ 2001, 105 (vorangegangene suggestive Befragung des Kindes)
582 BGH NStZ 1998, 158, 159; vgl dazu Meyer-Goßner Rn 13 zu § 79
583 Vgl dazu auch Teil B Kap 4 Rn 42 ff
584 BGH StV 1999, 576
585 BGHSt 43, 171; 44, 26 m Anm *Zieschang* StV 1999, 467 ff; *BGH StV 1999, 576; Rasch/Jungfer* StV 1999, 513 ff; *Detter* Festschrift für Salger 1995 S 231 ff; ders. NStZ 1998, 57 ff; ders Festschrift für Dr. Meyer-Goßner 2001 S 431 ff; *Zwiehoff* Das Recht auf den Sachverständigen; dies Praxis der Rechtspsychologie 12 (2002) S 49 ff
586 BGH NStZ 1994, 400

handlung auf die Erstattung seines Gutachtens vorbereitet ist und auf dieser Grundlage unmittelbar zur Sache gehört werden kann.[587] Er muss sein Gutachten mithin aufgrund des Wissens erstatten, das er zum Zeitpunkt seiner Vernehmung bereits erworben hat. Das Gericht ist nicht gehalten, ihm während laufender Hauptverhandlung Gelegenheit zur Vorbereitung seines Gutachtens zu geben und dabei Verfahrensverzögerungen hinzunehmen. Ist hingegen eine Vorbereitung des Sachverständigen ohne Verzögerung der Hauptverhandlung möglich, so muss das Tatsachengericht diese gestatten.

Ein Verwertungsverbot kann bestehen, etwa wenn der Sachverständige nach § 136 a StPO verbotene Vernehmungsmethoden eingesetzt hat[588] oder wenn dem Untersuchten ein Untersuchungsverweigerungsrecht (§ 81 c III StPO) zustand, über das er nicht belehrt wurde (Verfahrensrüge).[589]

Zu den Rechtsfehlern, die dem Tatrichter im Rahmen der Beweiswürdigung unterlaufen können (Sachrüge), zählt das Unterlassen der Mitteilung des wesentlichen Inhalts des Gutachtens oder auch dessen bloße Wiedergabe, ohne sich auf dessen Grundlage eine eigene Überzeugung zu bilden (vgl Rn 146).

Rügeart: Sach- oder Verfahrensrüge (vgl oben).

Anforderungen an die Rüge: In der Rüge, mit der beanstandet wird, der Sachverständige habe ohne entsprechende Vereidigung auch als Zeuge – über Zusatztatsachen – ausgesagt, muss mitgeteilt werden, in welchem Zusammenhang der Sachverständige die entsprechenden Beobachtungen gemacht hat, um eine Abgrenzung zu den Befundtatsachen zu ermöglichen.[590]

Wird geltend gemacht, dem Gericht seien im Verfahren über die Ablehnung eines Sachverständigen wegen Befangenheit Fehler unterlaufen, müssen grundsätzlich (jedenfalls) der Ablehnungsantrag und die daraufhin ergangene Entscheidung des Gerichts mitgeteilt werden.[591]

Die Beanstandung, der Sachverständige sei – trotz § 246 a StPO – nicht während der gesamten Hauptverhandlung anwesend gewesen, ist als Aufklärungsrüge (vgl dazu Rn 133) geltend zu machen.[592]

relativer Revisionsgrund; das Beruhen kann nur im Einzelfall beurteilt werden; bei einer fehlerhaft unterbliebenen Vereidigung wird es regelmäßig gegeben sein, bei einem Verstoß gegen § 246 a StPO wird häufig nur die Aufhebung des Rechtsfolgenausspruchs – ggf auch nur der Maßregelanordnung – geboten sein.[593]

Besonderheiten: Vgl auch Aufklärungspflicht / Aufklärungsrüge (Rn 133); Beweisantrag (Rn 145); Beweiswürdigung – allgemein (Rn 146); Urkundenbeweis (Rn 168); Zeuge – Zeugnisverweigerungsrecht (Rn 176); Zeuge – Vereidigung (Rn 174).

164   Strafantrag/Bejahung des besonderen öffentlichen Interesses an der Strafverfolgung

Gesetzesverletzung: Vorschriften aus dem materiellen Recht; die Bejahung des besonderen öffentlichen Interesses an der Strafverfolgung durch die Staatsanwalt-

---

587 BGH NStZ 1993, 395, 396/397
588 BGHSt 11, 211
589 Vgl BGHSt 40, 336
590 BGH bei Miebach NStZ-RR 1998, 1, 4
591 Vgl BGH StV 1999, 576; NJW 2005, 445 sowie oben Rn 135
592 BGH StV 1999, 470
593 BGH Beschluss v 21. 9. 1999 – 4 StR 248/99; vgl auch BGH NStZ 2000, 215

schaft wird bereits dann angenommen, wenn sie in Kenntnis des fehlenden Strafantrags Anklage erhoben oder im Schlussantrag eine entsprechende Verurteilung beantragt hat. Eine Überprüfung, ob die Staatsanwaltschaft das besondere öffentliche Interesse bejahen durfte, findet nicht statt.[594]

Rügeart: Von Amts wegen zu beachten.

Strafklageverbrauch/entgegenstehende Rechtshängigkeit/entgegenstehende Rechtskraft   **165**

Gesetzesverletzung: Verstoß gegen Art. 103 III GG (Strafklageverbrauch; **dazu auch Teil H Kap 5 Rn 20**). Zum Strafklageverbrauch nach gerichtlicher Entscheidung gemäß § 153 Abs 2 StPO vgl BGHSt 48, 331. Gesetzlich nicht ausdrücklich geregelt ist die entgegenstehende Rechtshängigkeit als Verfahrenshindernis (vgl aber § 12 StPO[595]). Positive Voraussetzung ist dagegen die (noch) bestehende Rechtshängigkeit (vgl auch Rn 131); daher darf eine nach § 154 II StPO eingestellte Tat so lange nicht abgeurteilt werden, als nicht ihre Wiederaufnahme beschlossen wurde.[596] Ein Verfahrenshindernis, nämlich die teilweise Rechtskraft, steht auch der Verbindung eines Berufungs- mit einem erstinstanzlichen Verfahren entgegen, wenn die Berufung auf den Rechtsfolgenausspruch beschränkt war.[597]

Rügeart: Von Amts wegen zu beachten.[598]

Besonderheiten: Zur Verfahrensverbindung, vgl auch Zuständigkeit (Rn 177).

Strafzumessung[599] **(ausführlich dazu Teil H Kap 6)**   **166**

Gesetzesverletzung: Verstoß gegen Strafzumessungsbestimmungen aus dem materiellen Recht, insbesondere §§ 46, 47, 49, 50, 56 StGB, aber auch gegen § 267 II, III, VI StPO.

In die Strafzumessung des Tatrichters darf das Revisionsgericht nur bei Vorliegen eines Rechtsfehlers eingreifen (vgl Rn 100). Die Rechtsprechung der Revisionsgerichte zur Überprüfung der Strafzumessung lässt sich – etwas vereinfacht – dahin zusammenfassen, dass das Revisionsgericht die betreffenden Ausführungen im Urteil auf Darstellungsmängel und die Strafhöhe auf ihre Vertretbarkeit hin prüft.

Ein Rechtsfehler liegt beispielsweise vor

– bei einem Verstoß gegen das Verbot der Berücksichtigung von Tatbestandsmerkmalen (§ 46 III StGB);
– bei einem Verstoß gegen die innerprozessuale Bindung an in Rechtskraft erwachsene Feststellungen zum Schuldspruch, beispielsweise nach Aufhebung und Zurückverweisung in einem ersten Revisionsverfahren, die auf den Rechtsfolgenausspruch und die hierzu getroffenen Feststellungen beschränkt war;[600]
– bei einem Verstoß gegen die wegen § 50 StGB zu beachtende Prüfungsreihenfolge bei Vorliegen eines vertypten Milderungsgrundes, der die Annahme eines minder schweren Falles rechtfertigen könnte;

594 Vgl BVerfGE 51, 176, 184 ff
595 Vgl dazu BGH NStZ-RR 2000, 332
596 OLG Düsseldorf NStZ-RR 1999, 306
597 BGH NStZ-RR 1997, 171; zur grundsätzlichen Zulässigkeit der Verbindung mit einem Berufungsverfahren: BGH NStZ 1998, 628; BGH bei Kusch NStZ-RR 1999, 257 (Nr. 1)
598 BGH NStZ 1998, 350, 351; BGHSt 22, 185, 186
599 Vgl dazu die Rechtsprechungsübersichten von Detter in den Heften Nr. 3 und 9 der NStZ, zuletzt NStZ 2005, 143 ff; 498 ff
600 Vgl BGH StV 1999, 417; 418

– bei einem Verstoß gegen der Verbot der reformatio in peius;[601]
– bei Unterlassen einer nach § 55 StGB gebotenen Gesamtstrafenbildung;[602]
– bei unzureichender Begründung trotz »besonderer« Begründungserfordernisse, etwa im Fall der Verhängung einer kurzen Freiheitsstrafe (§ 47 I StGB),[603] einer Gesamtstrafe (§ 54 I 3 StGB)[604] oder der Gewährung oder der Versagung der Strafaussetzung zur Bewährung (§ 56 StGB).

Liegt dagegen eine solche (vollständige) Begründung vor, so ist eine – vertretbare – Entscheidung des Tatrichters vom Revisionsgericht hinzunehmen, auch wenn ein anderes Ergebnis – also etwa die Versagung der Strafaussetzung – ebenso möglich gewesen wäre.[605]

– Ferner liegt ein Rechtsfehler vor bei Nichtberücksichtigen eines aufgrund der Urteilsfeststellungen gegebenen (wesentlichen) Strafzumessungsgrundes, etwa einem dem Staat zuzurechnenden Verleiten einer unverdächtigen und nicht tatgeneigten Person zu einer Straftat.[606]

Da im Urteil aber nur die für die Strafhöhe bestimmenden Umstände mitgeteilt werden müssen und eine erschöpfende Aufzählung aller in Betracht kommenden Strafzumessungsgründe nicht geboten ist, kann allein daraus, dass ein möglicherweise bedeutsamer Umstand in der Begründung der Strafe nicht aufgeführt ist, nicht ohne weiteres darauf geschlossen werden, dass der Tatrichter ihn übersehen hat.[607]

Rügeart: Grundsätzlich Sachrüge; Verfahrensrüge etwa bei Verletzung des Beschleunigungsgebots aus Art. 6 I MRK[608] (die »in außergewöhnlichen Einzelfällen« auch zu einem Verfahrenshindernis führen kann[609]). Wurde erst nach Ablauf der Revisionsbegründungsfrist gegen das Beschleunigungsgebot verstoßen, wird dies in der Revision von Amts wegen beachtet.[610] Beim unter Verstoß gegen Art. 6 I MRK erfolgten Einsatz eines Lockspitzels »neigt« der BGH zur Erforderlichkeit einer Verfahrensrüge.[611] Die Missachtung des Verschlechterungsverbots (§§ 331, 358 II StPO) wird in der Revision dagegen von Amts wegen beachtet (streitig, vgl Rn 138; zum Übergehen eines Antrags gem § 267 III 2 StPO: unten Rn 169).

Anforderungen an die Rüge: In der Verfahrensrüge, mit der eine Verletzung des Beschleunigungsgebots beanstandet wird, muss der Teil und Gang des Verfahrens, der zu der Verzögerung geführt hat, dargelegt werden.[612]

relativer Revisionsgrund; eine Voraussage über den Erfolg einer mit dieser Gesetzesverletzung begründeten Revision lässt sich nur schwer treffen, selbst bei Nichterörterung wichtiger Strafzumessungsgründe nimmt der BGH gelegentlich an, dass

---

601 Vgl BGH StV 1999, 419 sowie oben Rn 138
602 BGHSt 12, 1
603 Dazu BGH NStZ 1996, 429
604 BGH NStZ-RR 1997, 228
605 BGH wistra 1997, 22; zur Bewährung: BGH NStZ 1998, 408, 409
606 BGHSt 45, 321 = JZ 2000, 363 m Anm Roxin = NStZ 2000, 269 m Anm Endriß/Kinzig = JR 2000, 432 m Anm Lesch
607 BGH NStZ-RR 1997, 195 (für den Verlust der Beamtenrechte); vgl auch Teil H Kap 6 Rn 83
608 BGH NStZ 2001, 52; 2000, 418; 1999, 313; BGH NJW 2000, 748, 749; Anm Maiwald NStZ 2000, 389; zusammenfassend: BGH StV 2005, 73; NStZ-RR 2005, 81
609 BVerfG NStZ 2001, 261; BGH NStZ 2001, 270
610 BGH NStZ 2001, 52; 2000, 418; BGH StV 1998, 377
611 BGH NStZ 2001, 53 (dort auch zu den Anforderungen an diese Rüge)
612 BGH StV 1998, 377; NStZ 1999, 313; StV 2005, 73; NStZ-RR 2005, 81

die Strafhöhe davon nicht beeinflusst wurde. In der neueren Rechtsprechung[613] hat der BGH beispielsweise häufig die falsche Beurteilung des Konkurrenzverhältnisses durch den Tatrichter als für die Strafe nicht ausschlaggebend angesehen. Durch § 354 Abs1 a und b StGB hat der Gesetzgeber ergänzend zu dem nach wie vor möglichen Blick auf die hypothetische Entscheidung des Tatrichters die Angemessenheit der Rechtsfolge zum Maßstab gemacht und insofern dem Revisionsgericht die Befugnis zu eigener Bewertung eingeräumt.[614]

Telefonüberwachung   **167**

Gesetzesverletzung: Missachtung eines Verwertungsverbots nach Verstoß gegen §§ 100 a ff StPO (**vgl dazu auch Teil G Kap 1 Rn 127 ff**). Ein Verwertungsverbot besteht beispielsweise, wenn die sachlichen Voraussetzungen der Anordnung nach § 100 a StPO von Anfang an gefehlt haben, etwa weil der Subsidiaritätsgrundsatz missachtet wurde oder weil der Verdacht einer Katalogtat nach dieser Vorschrift nicht bestanden hat. Maßgeblich ist dabei aber nicht, ob das Revisionsgericht einen solchen Verdacht bejaht oder andere Möglichkeiten zur Erforschung des Sachverhalts sieht. Entscheidend ist vielmehr, ob die Bejahung der Voraussetzungen durch den Ermittlungsrichter oder die Staatsanwaltschaft, die die Telefonüberwachung angeordnet haben, noch oder nicht mehr vertretbar war.[615] Unverwertbarkeit besteht beispielsweise auch, wenn die Anordnung der Telefonüberwachung nicht – wie nach § 100 b I 1 StPO erforderlich – von einem Richter angeordnet wurde,[616] im Einzelfall bei Überschreiten der Anordnungsfrist (vgl § 100 b II 3, 4 StPO)[617] oder wenn – unerlaubt – ein Zufallsfund verwertet wurde.[618] Zumindest im letzteren Fall ist das Verwertungsverbot jedoch von einem rechtzeitigen Widerspruch in der Hauptverhandlung abhängig.[619] Zum Mithören eines Telefonsgesprächs zwischen einem Zeugen und dem Beschuldigten durch einen Polizeibeamten: BVerfG JR 2000, 467 m Anm Franke; BVerfG StV 2000, 467; 472 m Anm Weßlau; BGHSt 42, 139 (Großer Senat) = NStZ 1996, 502 m Anm Rieß = JR 1997, 163 m Anm Derksen; Anm Bernsmann StV 1997, 116; Anm Roxin NStZ 1997, 18.

Zum Raumgespräch: vgl BGHSt 31, 296; zum Gespräch im Auto bei fortbestehender Verbindung vgl BGH StV 2003, 370.

Zur Begründung des ermittlungsrichterlichen Beschlusses, durch den die Überwachung der Telekommunikation angeordnet oder bestätigt wird: BGHSt 47, 362.

Prüfungspflicht Tatrichter zur Verwertbarkeit der Telefonüberwachung: BGHSt 47, 362

Hinweis: In der Hauptverhandlung muss grundsätzlich Widerspruch gegen die beanstandete Verwertung der Erkenntnisse aus der Telefonüberwachung erhoben werden.[620]

---

613 Vgl BGH NJW 2000, 1878, 1880, sowie die Nachweise bei Kalf NStZ 1997, 66 und Basdorf NStZ 1997, 423
614 Vgl dazu BGH StV 2005, 75; 118; NStZ 2005, 223; BGH Beschl v 17.3.2005 – 3 StR 39/05; vgl auch Eisenberg/Haeseler StraFo 2005, 221 ff; Langrock StraFo 2005, 226 ff
615 BGH StV 1998, 247; BGHSt 41, 30 = BGH NStZ 1995, 510 m Anm Bernsmann = JR 1996, 212 m Anm Küpper; Störmer StV 1995, 653; ähnlich zum Einsatz eines verdeckten Ermittlers: BGH NStZ 1997, 249 m Anm Bernsmann
616 BGHSt 31, 304, 306 ff; 35, 32, 34; vgl zu hypothetischen Ermittlungsverläufen auch Rn 139
617 BGH CR 1999, 295 m Anm Wollweber (zum kleinen Lauschangriff)
618 BGH StV 1998, 247; dazu auch Kretschmer StV 1999, 221
619 BGH wistra 2000, 432
620 BGH StV 2001, 545

Rügeart: Verfahrensrüge.

Anforderungen an die Rüge:[621] Mitzuteilen sind in der Verfahrensrüge der Anordnungsbeschluss des Ermittlungsrichters, gegebenenfalls die entsprechende Verfügung der Staatsanwaltschaft, der Inhalt der verwerteten Aufzeichnungen (soweit er sich bei erhobener Sachrüge nicht aus dem Urteil ergibt) sowie alle weiteren, für die Entscheidung relevanten Umstände, etwa eines Vermerks, dass und warum der Einsatz eines verdeckten Ermittlers abgebrochen wurde (dies im Hinblick auf die Subsidiarität der Telefonüberwachung).[622] Auch der erhobene Widerspruch ist in der Revisionsbegründung darzulegen.[623]

relativer Revisionsgrund; das Beruhen ergibt sich idR aus der Beweiswürdigung des Urteils.

168   Urkundenbeweis[624]

Gesetzesverletzung: Verstoß gegen §§ 250 ff StPO (**allgemein dazu Teil B Kap 4 Rn 241 ff; insbesondere zum Vorhalt: Teil B Kap 4 Rn 228 ff**).[625] Das Unterlassen der Verlesung einer nach den §§ 249 ff StPO verlesbaren Urkunde kann nur mit der Aufklärungsrüge beanstandet werden (dazu Rn 133), es sei denn, das Gericht hat einen entsprechenden Beweisantrag zu Unrecht abgelehnt (dazu Rn 145).

Rügeart: Verfahrensrüge.

Anforderungen an die Rüge: In der Verfahrensrüge müssen, sofern beispielsweise ein Verstoß gegen § 250 StPO beanstandet werden soll, der auf die Verlesung und den – nicht stets erforderlichen[626] – Widerspruch entfallende Teil des Hauptverhandlungsprotokolls sowie die verlesene Vernehmungsniederschrift vollständig mitgeteilt werden.[627] Ferner muss dargelegt werden, dass die Verlesung auch nicht auf anderer Grundlage – etwa als Ergänzung einer Zeugenaussage oder nach § 251 II StPO – zulässig war.[628] Wurde ein ärztliches Attest nach § 256 StPO verlesen, muss mitgeteilt werden, zu welchem Zweck die Verlesung erfolgt ist.[629]

relativer Revisionsgrund; das Beruhen ergibt sich aus der Beweiswürdigung des Urteils. Es kann fehlen, wenn lediglich der nach § 251 IV StPO erforderliche Gerichtsbeschluss nicht vorlag; dies gilt zumindest dann, wenn eine richterliche Vernehmungsniederschrift verlesen wurde und der Verlesungsgrund für alle Beteiligten ersichtlich war.[630]

---

621 Vgl einerseits BGHSt 47, 362, andererseits BGHSt 48, 240
622 BGH NStZ 1995, 510 m Anm Bernsmann
623 BGH StV 2001, 545
624 Die Strafprozessordnung sieht zur Beweiserhebung über den Inhalt von Urkunden und anderen als Beweismittel dienenden Schriftstücken grundsätzlich die Verlesung gemäß § 249 Abs 1 StPO vor. Für die Anwendung des § 250 StPO ist entscheidend, dass es sich um den Beweis eines Vorgangs handelt, dessen wahrheitsgemäße Wiedergabe nur durch eine Person möglich ist, welche ihn mit einem oder mehreren ihrer fünf Sinne wahrgenommen hat (vgl ua BGH StV 2004, 638; BGH Urt. vom 30. 1. 2001 – 1 StR 454/00)
625 Ausführlich zu revisionsrechtlichen Aspekten bei § 251 StPO: Park StV 2000, 218; zur Ordnungsmäßigkeit einer Vernehmung bei Verlesen eines Protokolls und zur Verlesung einer im Ausland aufgenommenen Vernehmungsniederschrift: unten Rn 175
626 Vgl zu dessen Erforderlichkeit KK-Kuckein § 344 Rn 61 mwN und zu seiner Entbehrlichkeit (bei § 251 StPO) BGH StV 1999, 196; Park StV 2000, 218, 219 mwN und Kl/M-G § 251 Rn 18, 42
627 Vgl BGH StV 1999, 197; BGH bei Holtz MDR 1978, 989
628 BGH NStZ 2000, 49, 50; BGH NStZ-RR 1997, 71, 72; vgl auch Kl/M-G § 250 Rn 15, § 251 Rn 42 a
629 BGH bei Miebach NStZ-RR 1998, 1, 4
630 BGH StV 2000, 621; vgl auch BGH StV 2001, 4; Park StV 2000, 218, 223

Besonderheiten: Zur Verwertung einer nicht in die Hauptverhandlung eingeführten Urkunde: vgl Hauptverhandlung, Inbegriff (Rn 154); zu § 252 StPO: Zeugen – Zeugnisverweigerung (Rn 176).

Beispiel:

a) Gerügt wird die Verletzung des § 254 I StPO.

Das Gericht hat in der Hauptverhandlung trotz des Widerspruchs des Verteidigers eine ermittlungsrichterliche Vernehmungsniederschrift über ein Geständnis des Angeklagten verlesen und dieses im Urteil auch verwertet. Auf anderem Wege wurde das Geständnis nicht in die Hauptverhandlung eingeführt; dies ergibt sich aus den Darlegungen in der Beweiswürdigung des Urteils (UA S ...).

Der Verfahrensgang hierzu war im Einzelnen (Protokoll über die Hauptverhandlung vom ... , Bl ... dA) folgender: »...« [Wiedergabe der Verlesungsanordnung des Vorsitzenden, des Widerspruchs des Verteidigers und der Durchführung der Verlesung].

Die Vernehmungsniederschrift war indes nicht ordnungsgemäß zustande gekommen, da der zugezogene Dolmetscher nicht vereidigt worden war. Dies ergibt sich im Einzelnen aus nachfolgend wiedergegebener Niederschrift über die ermittlungsrichterliche Vernehmung vom ... (Bl ... dA). »...« [vollständige Wiedergabe der verlesenen Vernehmungsniederschrift].

b) Damit ist gegen § 254 I StPO verstoßen. Nach dieser Vorschrift darf ein Protokoll nur verlesen werden, wenn die Vernehmung ordnungsgemäß durchgeführt wurde. Hier wurde jedoch § 189 GVG nicht beachtet, so dass die Verlesung und damit auch die Verwertung der Niederschrift unzulässig waren.

c) Auf diesem Fehler beruht das Urteil (§ 337 I StPO). Wie sich aus den Entscheidungsgründen (UA ...) ergibt, wurde die Verurteilung ausschließlich auf das frühere Geständnis des Beschuldigten gestützt. Auch war der Angeklagte selbst nicht ausreichend der deutschen Sprache mächtig; er hielt sich – wie sich aus UA ... ergibt – vor der Tat und der unmittelbar danach vorgenommenen Vernehmung nur wenige Tage in Deutschland auf, während der Hauptverhandlung wurde für ihn ebenfalls stets ein Dolmetscher tätig (Bl ... dA).

Hinweis: Das ermittlungsrichterliche Protokoll hat nicht die Beweiskraft nach § 274 S 1 StPO,[631] da diese Vorschrift für außerhalb der Hauptverhandlung aufgenommene Protokolle nicht gilt (vgl Wortlaut und Stellung des § 274 StPO). Das Revisionsgericht wird daher wahrscheinlich dienstliche Stellungnahmen des Ermittlungsrichters und des Protokollführers sowie eine Erklärung des Dolmetschers erholen; im Übrigen kommt aber auch dem Schweigen des Protokolls wegen § 168 a I StPO Beweiswert zu, so dass sich der Verteidiger – da ihm, soweit er an dieser Vernehmung nicht selbst teilgenommen hat, die anderen Freibeweismittel (noch) nicht zur Verfügung stehen – allein auf dieses Protokoll berufen darf.

Urteil – allgemein[632] (vgl dazu auch Teil H Kap 4 Rn 51 ff)   **169**

Gesetzesverletzung: Verstoß gegen § 267 StPO. Es kann ein sachlich-rechtlicher Mangel des Urteils sein, wenn dieses erhebliche Fassungsmängel aufweist. Der BGH[633] hat hierzu ausgeführt:

»Es besteht Anlass, darauf hinzuweisen, dass ein Urteil aus sich heraus verständlich sein muss. Dabei kommt einer übersichtlichen Darstellung und Gliederung beson-

631 BGHR StPO § 274 Beweiskraft 14; ebenso für den Fall der fehlenden Unterschrift des Protokollführers: BGH StV 1994, 58, 62
632 Allgemeines zum Begründungserfordernis: BVerfG StV 2005, 64; BVerfG Beschl v 16. 3. 2001 – 2 BvR 65/01; BGH Beschl v 21. 12. 2004 – 3 StR 451/04; vom 29. 1. 2002 – 4 StR 519/01
633 BGH NStZ 1994, 400; für sog Punkte-Sachen: BGH bei Kusch NStZ 1997, 72 (Nr. 17); BGH NStZ-RR 1999, 139

dere Bedeutung zu. ... Regelmäßig empfiehlt es sich, für die Feststellungen eine urteilseigene Gliederung zu verwenden und nicht ein anders strukturiertes Zählsystem aus der Anklageschrift zu übernehmen. Indes spricht nichts dagegen, den Gliederungspunkten des Urteils – etwa in Klammern – die Gliederungspunkte der Anklageschrift nachzustellen. Den wesentlichen Abschnitten eines strafrichterlichen Urteils (Feststellungen zur Person, Feststellungen zur Sache, Beweiswürdigung, rechtliche Würdigung, Sanktionsfindung, Nebenentscheidungen) dürfte regelmäßig ein eigener, durch die Gliederung jeweils erkennbarer Abschnitt zu widmen sein. Dabei sollte auch durch das Gliederungssystem erkennbar sein, auf welche Feststellungskomplexe sich die jeweiligen Ausführungen zur Beweiswürdigung, zur rechtlichen Würdigung und zur Sanktionsfindung beziehen.«

Rügeart: Sachrüge; die Nichtbeachtung eines in der Hauptverhandlung gestellten Antrags nach § 267 III 2 StPO stellt dagegen einen Verfahrensfehler dar.[634]

relativer Revisionsgrund; am Beruhen wird es häufig fehlen.

Besonderheiten: Vgl auch Beweiswürdigung – allgemein (Rn 146); Entscheidungsgründe, fehlende (Rn 150); Feststellungen (Rn 152); Personalien, persönliche Verhältnisse (Rn 159); rechtliche Würdigung (Rn 162); Strafzumessung (Rn 166); zu Widersprüchen zwischen verkündetem und schriftlichem sowie innerhalb des schriftlichen Urteils: Rn 94.

170　Verjährung

Gesetzesverletzung: Verstoß gegen § 78 I StGB.

Rügeart: Von Amts wegen zu beachten.

Besonderheiten: Zur teilweisen Verjährung, vgl Rn 49.

Beispiel: Rn 72.

171　Verteidigung, Beschränkung

Gesetzesverletzung:[635] Eine wesentliche Beschränkung der Verteidigung liegt nach der Rechtsprechung nur vor, wenn durch einen in der Hauptverhandlung ergangenen Beschluss des Gerichts[636] aufgrund besonderer Verfahrensvorschriften geschützte Verteidigungsmöglichkeiten des Angeklagten unzulässig beschränkt wurden. Darüber hinaus muss die konkrete Möglichkeit eines Zusammenhangs zwischen dem Verfahrensverstoß und dem Urteil bestehen,[637] das Urteil muss also auf der Beschränkung der Verteidigung beruhen.[638] Dies kann vor allem dann in Betracht kommen, wenn das verletzte Gesetz die Fürsorgepflicht des Gerichts gegenüber dem Angeklagten regelt oder das Gebot des fairen Verfahrens sichern soll. Beispiele hierfür sind die Verweigerung von Akteneinsicht für den Verteidiger,[639] die Ablehnung von Beweisanträgen des Angeklagten ohne jede inhaltliche Prüfung,[640] die

---

634 BGH StV 1999, 137; BGH bei Kusch NStZ-RR 1999, 261 (Nr. 19)
635 Übersicht bei Weiler NStZ 1999, 105
636 Vgl OLG Frankfurt/M StV 1998, 13
637 BGH StV 2000, 402, 403 m Anm Stern; Anm Hammerstein NStZ 2000, 327, 328
638 BGH StV 2000, 248, 249 m Anm Ventzke; BGH NStZ 1998, 369; streitig, vgl die Nachweise bei KK-Kuckein § 338 Rn 101
639 Vgl BGH StV 2000, 248, 249 m Anm Ventzke; BGH NStZ 1997, 43 m Anm Gillmeister; dagegen aber im Hinblick auf §§ 147 IV 2, 336 S 2 StPO: BGH NStZ 2000, 46 (verweigerte Mitgabe der Akten in die Kanzlei)
640 Vgl BGH NStZ 1998, 209; KK-Kuckein § 338 Rn 101 mwN und Burgard/Fresemann wistra 2000, 88, 92

Ablehnung eines vor allem in Zusammenhang mit der Neubestellung[641] oder dem Wechsel des Verteidigers gestellten Aussetzungs- oder Vertagungsantrags,[642] die Zurückweisung von Fragen[643] (Rn 153) oder die Ablehnung eines berechtigten Antrags auf Bestellung eines weiteren oder eines auswärtigen Pflichtverteidigers.[644]

Zur Verletzung von § 257 StPO: **Teil B Kap 4 Rn 175.**

Rügeart: Verfahrensrüge.

Anforderungen an die Rüge: In ihrem vollständigen Wortlaut müssen zunächst der Antrag und die Entscheidung mitgeteilt werden, in der die unzulässige Beschränkung der Verteidigung liegen soll.[645] Ferner müssen – trotz Vorliegens eines absoluten Revisionsgrundes – die Tatsachen vorgetragen werden, die die »Wesentlichkeit« der Beschränkung der Verteidigung belegen, um dem Revisionsgericht eine Prüfung des Beruhens zu ermöglichen.[646] Die Revision muss eine konkret-kausale Beziehung zwischen einem etwaigen Verfahrensfehler (zB unvollständige Akteneinsicht §§ 147 228 StPO, Verstoß gegen ein faires Verfahren Art. 20 Abs 3 iVm Art. 2 Abs 1 GG, Verletzung rechtlichen Gehörs Art. 103 Abs 1 GG) und einem für die Entscheidung wesentlichen Punkt dartun.[647] Schließlich sind auch die Umstände darzulegen, die die Gesetzesverletzung belegen; es müssen daher beispielsweise vorgetragen werden: bei Ablehnung eines Aussetzungsantrags wegen nicht ausreichender Vorbereitung des Verteidigers – neben dem Antrag und dem Ablehnungsbeschluss – auch die Tatsachen, aus denen sich ergibt, dass die verbleibende Zeit nicht ausreichend war,[648] bei Verhinderung des Verteidigers, aus welchen konkreten Gründen dieser nicht an der Hauptverhandlung teilnehmen konnte;[649] bei teilweise verweigerter Akteneinsicht ist (mit der erforderlichen Bestimmtheit) darzulegen, dass weitere Akten beigezogen waren, welche Tatsachen sich aus welchen Stellen der Akten ergeben hätten und welche Konsequenzen für die Verteidigung daraus gefolgt wären.[650]

absoluter Revisionsgrund, § 338 Nr. 8 StPO, allerdings ist ein Beruhen nach der Rechtsprechung erforderlich (vgl oben bei Gesetzesverletzung).

Besonderheiten: Vgl auch Beschuldigter – Belehrung, Verteidigerkonsultation (Rn 142); Fragerecht (Rn 153); Hinweispflicht (Rn 156); Plädoyer/Schlussvortrag (Rn 161); Pflichtverteidigerbestellung (Rn 160); zur Beschlagnahme von Verteidigungsunterlagen: Beschlagnahme (Rn 139).

---

641 BGH StV 2001, 601
642 BGH NJW 2000, 1350; BGH StV 2000, 402, 403 m Anm Stern; BGH NStZ 1999, 527 mwN; Hammerstein NStZ 2000, 327
643 Vgl BGH Beschluss v 17. 11. 2000 – 3 StR 389/00; BGH NStZ 1982, 158, 159
644 BGH NStZ 1997, 401 m Anm Rogat JR 1998, 252; 1998, 49, 50; 1999, 396, 399; BVerfG StV 2002, 521 (»Verteidiger des Vertrauens«); BGH StV 2001, 3 (Einem zeitgerecht vorgetragenen Wunsch des Beschuldigten auf Beiordnung eines von ihm benannten Rechtsanwalts ist grundsätzlich auch dann zu entsprechen, wenn zuvor nach Unterlassen der gebotenen Anhörung ein anderer Pflichtverteidiger bestellt worden war)
645 BGH bei Miebach NStZ-RR 1998, 1, 5; BayObLG NStZ-RR 1999, 141
646 BGH StV 2000, 248, 249 m Anm Ventzke; BGH NStZ 1998, 369; vgl auch BGH NStZ 1999, 396, 399
647 BGHSt 30, 131, 135; 44, 82, 90; BGH NStZ 2000, 212; NStZ-RR 2004, 50; StV 2004, 191
648 Vgl BGH NStZ 1998, 311, 312; 1996, 99
649 BGH NStZ 1998, 311, 312; BGH StV 1998, 414; vgl auch BayObLG StV 1999, 194 und oben Rn 156
650 BGH StV 2000, 248, 249 m Anm Ventzke; NJW 2005, 300

172   Vorstrafen

Gesetzesverletzung: Ein materiell-rechtlicher Fehler liegt vor bei Verwertung getilgter oder tilgungsreifer Vorstrafen (Verstoß gegen §§ 51 I, 63 IV BZRG);[651] dagegen kann die Aufklärungspflicht verletzt sein (dazu Rn 133), wenn – bekannte und verwertbare – Vorstrafen nicht berücksichtigt wurden; zur Darstellung der Vorstrafen im Urteil:[652] **Teil H Kap 4 Rn 61.**

Der Ermittlungsgrundsatz verpflichtet das Gericht, die Beweisaufnahme zur Erforschung der Wahrheit auf alle Tatsachen und Beweismittel zu erstrecken, die für die Entscheidung von Bedeutung sind, gleich ob sie die Schuld- oder Straffrage betreffen. Zu den Tatsachen, die in § 46 Abs 2 StGB als für die Strafzumessung erheblich benannt sind, gehört das Vorleben des Täters; dies erst recht, wenn es einen kriminellen Einschlag enthält.[653]

Rügeart: Sachrüge (Verwertung getilgter oder tilgungsreifer Vorstrafen), zur Verfahrensrüge bei unterlassener Feststellung von Vorstrafen: Rn 133.

relativer Revisionsgrund; das Beruhen wird regelmäßig nur bezüglich des Rechtsfolgenausspruchs gegeben sein.

Besonderheiten: Vgl auch Aufklärungspflicht / Aufklärungsrüge (Rn 133); Personalien, persönliche Verhältnisse (Rn 159); Feststellungen (Rn 152).

173   Zeuge – Auskunftsverweigerungsrecht

Gesetzesverletzung: Verstoß gegen §§ 55,[654] 244, 245 I StPO (allgemein zu § 55 StPO: **Teil B Kap 4 Rn 217**). Das Unterlassen der Belehrung über das Auskunftsverweigerungsrecht nach § 55 StPO begründet die Revision des Angeklagten nicht, da diese Belehrung ausschließlich dem Schutz und den Interessen des Zeugen dient (Rechtskreistheorie).[655] Aus der berechtigten Auskunftsverweigerung darf das Gericht sogar Schlüsse zum Nachteil des Angeklagten ziehen (vgl Rn 148); verwertbar sind auch solche Angaben, die der Zeuge ohne Belehrung bis zu der Auskunftsverweigerung gemacht hat.[656] Hat sich der Zeuge dagegen auf ein tatsächlich nicht bestehendes Auskunftsverweigerungsrecht berufen und keine oder nur teilweise Angaben gemacht, kann dieser Verstoß gegen § 245 I StPO oder die Aufklärungspflicht (§ 244 II StPO) mit der Verfahrensrüge beanstandet werden (Beispiel dazu bei Rn 133).

Rügevoraussetzung: Der Verteidiger muss die Duldung der – als rechtswidrig beanstandeten – Auskunftsverweigerung beanstanden (§ 238 Abs 2 StPO), die Anordnung von Maßregeln nach § 70 StPO beantragen und dies in der Revisionsbegründung vortragen.[657]

174   Zeuge – Vereidigung

Gesetzesverletzung: Gesetzesverletzungen in Zusammenhang mit der (Nicht-) Vereidigung eines in der Hauptverhandlung vernommenen Zeugen können mit der Revision gerügt werden, wenn die Beeidigung fehlerhaft verfügt und durchgeführt wurde.

---

651 BGHSt 27, 108; vgl auch **Teil G Kap 1 Rn 84**
652 BGH Beschl vom 10. 9. 2003 – 1 StR 371/03; v 20. 6. 2001 – 3 StR 202/01
653 BGH StV 2004, 415
654 Vgl dazu BVerfG NJW 2003, 3045; StV 2002, 177
655 BGHSt 11, 213 (Großer Senat)
656 BGH NStZ 1998, 312, 313
657 BGH Beschl v 6. 8. 2002 – 5 StR 314/02; BGH StraFo 2003, 132

Die Vorschriften im Zusammenhang mit der Vereidigung von Zeugen und Sachverständigen sind durch das 1. Justizmodernisierungsgesetzes vom 24. August 2004 (BGBl I S 2198) – in Kraft getreten am 1. September 2004 – völlig geändert worden.[658] Mit diesen Neuregelungen wurde unter anderem auch die bis zum 31. August 2004 im Strafverfahren geltende Regelvereidigung abgeschafft. Nach § 59 Abs 1 StPO nF sind Zeugen danach nur dann zu vereidigen, wenn es das Gericht wegen der Bedeutung der Aussage oder zur Herbeiführung einer wahrheitsgemäßen Bekundung für erforderlich erachtet. Dementsprechend hat der Tatrichter eine Entscheidung über die Vereidigung eines Zeugen zu treffen, welche als wesentliche Förmlichkeit im Protokoll festzuhalten ist. Einer zusätzlichen Begründung bedarf es weder für den Fall einer danach erfolgten Vereidigung eines Zeugen in der Hauptverhandlung (§ 59 Abs 1 Satz 2 StPO nF), noch für den nunmehr gegebenen gesetzlichen Regelfall der Nichtvereidigung.[659]

Aus der Prozessleitungsbefugnis des Vorsitzenden folgt, dass dieser zunächst allein im Wege einer Anordnung, zu der ihn § 238 Abs 1 StPO ermächtigt, darüber entscheidet, ob ein Zeuge nach seiner Vernehmung vereidigt wird oder unvereidigt bleibt. Daran hat die Neufassung der Vorschriften über die Vereidigung durch das Erste Justizmodernisierungsgesetz nichts geändert.

Die Vereidigungsentscheidung des Vorsitzenden ist als wesentliche Förmlichkeit des Verfahrens in das Hauptverhandlungsprotokoll aufzunehmen. Hat der Vorsitzende innerhalb der Hauptverhandlung die Vereidigung angeordnet oder verfügt, den Zeugen nicht zu vereidigen, bedarf seine Entscheidung keiner Begründung. Dies bestimmt § 59 Abs 1 Satz 2 StPO nF für den Fall der Vereidigung und ergibt sich im Falle des Absehens von einer Vereidigung daraus, dass – im Gegensatz zur früheren Gesetzeslage, die in § 59 StPO aF die Regelvereidigung vorsah – durch § 59 Abs 1 Satz 1 StPO nF nunmehr die Nichtvereidigung zum Regelfall geworden ist.

Will der Beschwerdeführer die Anordnung des Vorsitzenden über die Vereidigung mit der Revision angreifen, setzt die Zulässigkeit einer entsprechenden Verfahrensrüge voraus, dass er die Entscheidung in der Hauptverhandlung beanstandet und gemäß § 238 Abs 2 StPO einen Beschluss des Gerichts herbeigeführt hat.[660]

Zu Fehlern in Zusammenhang mit der Vereidigung von im Ermittlungsverfahren vernommenen Zeugen: vgl Rn 175.

Rügeart: Verfahrensrüge.

relativer Revisionsgrund: Die Revision kann darauf gestützt werden, dass eine Vereidigung unter Verstoß gegen § 60 StPO erfolgt ist. Ansonsten wird kaum ein revisibler Verstoß anzunehmen sein.[661]

Anforderungen an die Rüge: Mitteilung der Tatsachen zur Vernehmung des Zeugen (vom Vernehmungsbeginn bis zur [Nicht-]Vereidigung, der Beanstandung nach § 238 II StPO und der daraufhin ergangenen Entscheidung des Gerichts). Ergeben sich die für die Beruhensprüfung erforderlichen Tatsachen nicht aus dem Urteil, müssen auch sie mitgeteilt werden.[662]

---

658 Glaubwürdigkeit auch BGH JR 2005, 78 m Anm Müller
659 BGH Beschl vom 15. 2. 2005 – 1 StR 584/04
660 BGH StV 2005, 200 m Anm Schlothauer StV 2005, 200
661 Vgl dazu Meyer-Goßner Rn 13 zu § 59
662 KG StV 2000, 189, 190 m Anm Herdegen

175 Zeuge – Vernehmung

Gesetzesverletzung: Missachtung eines Verwertungsverbots bei Gesetzesverletzung vor allem im Ermittlungsverfahren; auch hier hat der BGH – etwa bei einem Verstoß gegen § 168 c V 1 StPO (**vgl dazu auch Teil G Kap 1 Rn 117**) – ein Verwertungsverbot aber häufig nur dann angenommen, wenn der Verteidiger oder der Angeklagte in der Hauptverhandlung im Rahmen des Äußerungsrechts nach § 257 StPO der Verwertung widersprochen hat.[663] Zu beachten ist ferner, dass es bei Vernehmungen im Ausland – auch hinsichtlich ihrer Verwertbarkeit – grundsätzlich nur der Wahrung der am Vernehmungsort geltenden Verfahrensvorschriften bedarf.[664]

Die nicht erschöpfende Befragung eines in der Hauptverhandlung vernommenen Zeugen (**vgl dazu Teil B Kap 4 Rn 226 ff**) kann grundsätzlich nicht beanstandet werden, es sei denn, es wurden Fragen nicht zugelassen (vgl dazu Rn 153) oder das Urteil gibt ausdrücklich zu erkennen, dass bestimmte Fragen oder Vorhalte unterblieben sind (dann gelten die Ausführungen zur Aufklärungsrüge – Rn 133 – entsprechend).[665]

Hat der Tatrichter nicht geprüft, ob die (persönliche) Vernehmung eines unerreichbaren Auslandszeugen durch dessen audiovisuelle Vernehmung gem § 247 a StPO[666] ersetzt werden kann, kann dies trotz §§ 247 a S 2, 336 S 2 StPO in der Revision jedenfalls dann beanstandet werden, wenn eine tatrichterliche Entscheidung hierzu völlig fehlt.[667]

Rügeart: Verfahrensrüge.

Anforderungen an die Rüge: Mitteilung der Tatsachen, aus denen sich das Verwertungsverbot ergibt (idR durch vollständige Wiedergabe der Zeugenvernehmung aus dem Ermittlungsverfahren), der Einführung dieser Aussage in die Hauptverhandlung, des Widerspruchs und gegebenenfalls der daraufhin ergangenen Entscheidung des Gerichts.

Zu Fehlern bei einer Zeugenvernehmung in der Hauptverhandlung: vgl die Verweise bei Besonderheiten.

relativer Revisionsgrund; das Beruhen ergibt sich regelmäßig aus der Beweiswürdigung des Urteils.

Das Unterlassen der Belehrung gem § 57 StPO kann mit der Revision nicht gerügt werden.[668]

Besonderheiten: Zur Einführung der Aussage im Wege des Urkundenbeweises, vgl Rn 188; zum Fragerecht, vgl Rn 153; zur Aufklärungspflicht / Aufklärungsrüge, vgl Rn 133.

176 Zeuge – Zeugnisverweigerungsrecht

Gesetzesverletzung: Verstoß gegen § 52 III StPO bei unterlassener Belehrung (**vgl dazu Teil B Kap 4 Rn 219 ff; Teil G Kap 1 Rn 96 ff**); bei § 53 StPO kann dagegen

---

663 BGH NStZ 1999, 417; 1996, 595, 597 m Anm Puppe
664 BGH NStZ 2000, 547 (Zeugenvernehmung mit Vereidigung in London)
665 BGH NStZ 2000, 156, 157; 1997, 296; 450
666 Zur Ablehnung der Videovernehmung vgl BVerfG Beschl v 17. 9. 2004 – 2 BvR 2122/03
667 BGH NJW 1999, 3788; Anm Duttge NStZ 2000, 157, 160
668 Vgl Kl/M-G § 57 Rn 7 mwN

nur eine falsche Belehrung beanstandet werden (weil sie dort nicht erforderlich ist), etwa wenn ein Zeuge auf eine tatsächlich nicht erteilte Schweigepflichtentbindung hingewiesen wurde.[669] Die Nicht-Vernehmung eines die Aussage verweigernden Zeugen, dem tatsächlich ein Zeugnisverweigerungsrecht nicht zustand, ist mit der Aufklärungsrüge zu beanstanden (vgl Rn 133). Dass ein Zeuge nach ordnungsgemäßer Belehrung über sein Zeugnisverweigerungsrecht ausgesagt oder nicht ausgesagt hat, kann nicht beanstandet werden (keine Gesetzesverletzung).

Wurde die Aussage eines Zeugen aus dem Ermittlungsverfahren verwertet, obwohl dieser in der Hauptverhandlung von seinem Zeugnisverweigerungsrecht Gebrauch gemacht hat und hatte der Zeuge der Verwertung dieser Aussage auch nicht zugestimmt,[670] so liegt ein Verstoß gegen § 252 StPO vor, wenn die frühere Aussage durch Urkundenverlesung oder durch Vernehmung einer nichtrichterlichen Verhörperson in die Hauptverhandlung eingeführt wurde (**vgl auch Teil G Kap 1 Rn 100 ff**); ferner besteht auch bezüglich der Angaben einer richterlichen Verhörperson in solchen Fällen ein Verwertungsverbot, wenn die Vernehmung nicht ordnungsgemäß durchgeführt wurde, etwa weil der Zeuge damals nicht nach § 52 III 1 StPO belehrt wurde.[671] Dieses Verwertungsverbot ist nicht von einem Widerspruch in der Hauptverhandlung abhängig.[672]

Zu Fehlern in Zusammenhang mit der Belehrungspflicht bei einem im Ermittlungsverfahren vernommenen Zeugen: vgl auch Rn 175.

Zum Problem des Verschweigens eines Zeugnisverweigerungsrecht BGHSt 48, 294 m Anm Eisenberg/Zötsch NJW 2003, 3676; Petersohn JuS 2004, 379

Rügeart: Verfahrensrüge.[673]

Anforderungen an die Rüge: Beim Verstoß gegen § 52 III 1 StPO muss der Verfahrensgang vom Aufruf des Zeugen bis zu dessen Entlassung mitgeteilt werden.

Soll geltend gemacht werden, einem minderjährigen Zeugen hätte ein Pfleger bestellt werden müssen (Verstoß gegen § 52 II 2 StPO), müssen auch die Tatsachen vorgetragen werden, die das Gericht zu der Einschätzung gebracht haben können, der Zeuge habe selbst die nach § 52 II StPO erforderliche Verstandesreife.[674] Hat der Vorsitzende die Zeugentüchtigkeit und die Verstandesreife des minderjährigen Zeugen bejaht, geht der BGH ersichtlich davon aus,[675] dass dann eine Beanstandung gem § 238 II StPO erhoben werden muss; folgt man dem, müssen in der Verfahrensrüge auch diese und die daraufhin ergangene Entscheidung des Gerichts mitgeteilt werden.

Wird ein Verstoß gegen § 252 StPO geltend gemacht, müssen die der Revisionsrüge zugrunde liegenden Verfahrensvorgänge in der Revisionsbegründung vollständig

---

669 BGHSt 42, 73
670 Vgl dazu BGH JR 2000, 339 m Anm Fezer
671 Vgl BGH NJW 2000, 1274, 1275 mwN (dort auch zu einem erst nach der früheren Vernehmung entstandenen Aussageverweigerungsrecht); BGH NStZ 2001, 49 m Anm Schittenhelm (auch zur »Vernehmung« durch einen Anwalt); zum »Ansetzen« einer Vertrauensperson auf einen aussageverweigerungsberechtigten Zeugen: BVerfG StV 2000, 466 = JR 2000, 333 m Anm Lesch; Anm Weßlau StV 2000, 468
672 BGH NJW 2000, 596 mwN
673 Vgl etwa BGH NStZ 1998, 469 zum Verstoß gegen § 52 III 1 StPO
674 BGH NStZ 1997, 145, 146 (Mitteilung des Zeitraums der Präsenz des Zeugen in der Hauptverhandlung)
675 Vgl BGH StV 2000, 185

mitgeteilt werden, soweit sie sich bei erhobener Sachrüge nicht aus dem Urteil ergeben;[676] hierzu zählen insbesondere die frühere Zeugenaussage (vollständige Wiedergabe), ihre Einführung in die Hauptverhandlung sowie die Vernehmung des Zeugen in der Hauptverhandlung (mit der Aussageverweigerung).

relativer Revisionsgrund; am Beruhen kann es vor allem dann fehlen, wenn der Zeuge das Aussageverweigerungsrecht auch ohne Belehrung kannte[677] oder davon auszugehen ist, dass er auch nach Belehrung über sein Aussageverweigerungsrecht ausgesagt hätte. Dies kann sich aus früheren Belehrungen, aus dem Prozessverhalten des Zeugen oder aus einem ersichtlichen Interesse des Zeugen am Gang der Verfahrens ergeben,[678] etwa weil der Zeuge – ohne Belehrung – erklärt hat, ungeachtet eines etwaigen Zeugnisverweigerungsrechts auf jeden Fall aussagen zu wollen.[679]

Besonderheiten: Zur Verwertung des Schweigens eines Zeugen: vgl Beweiswürdigung – Schweigen, Zeuge (Rn 148).

Beispiel:

> a) Gerügt wird die Verletzung des § 52 III 1 StPO.[680]
>
> In der Hauptverhandlung wurde die 8 jährige Schwester des Angeklagten erstmals als Zeugin vernommen, ohne über das ihr zustehende Zeugnisverweigerungsrecht belehrt worden zu sein. Zwar erklärten die Eltern der Zeugin, dass das Mädchen aussagen werde, die Zeugin selbst wurde aber weder belehrt noch über ihre Aussagebereitschaft befragt.
>
> Der Verfahrensgang hierzu ergibt sich im Einzelnen aus folgendem Eintrag im Hauptverhandlungsprotokoll vom … (Bl … dA): »…« [Wiedergabe der Sitzungsniederschrift vom Aufruf der Zeugin über die Belehrung der Eltern bis zur Entscheidung über die Vereidigung und die Entlassung der Zeugin.]
>
> b) Die Angaben der Zeugin, die im Urteil auf Seite … mitgeteilt werden, hat das Gericht verwertet (UA …). Es hat damit gegen ein nach Missachtung von § 52 III 1 StPO bestehendes Verwertungsverbot verstoßen. Das Mädchen war nämlich nach § 52 I Nr. 3 StPO zur Verweigerung des Zeugnisses berechtigt und hätte darauf hingewiesen werden müssen, dass es trotz der Einwilligung seiner Eltern nicht zur Aussage verpflichtet ist (§ 52 III 1, II 1 StPO). Die ohne diese Belehrung zustande gekommene Zeugenaussage ist nicht verwertbar.
>
> c) Auf dieser Gesetzesverletzung beruht das Urteil (§ 337 I StPO), da die Angaben des Kindes zur Verurteilung des Angeklagten wesentlich beigetragen haben (UA …). Im Hinblick auf das Alter der Zeugin und ihre erstmalige Vernehmung ist ausgeschlossen, dass sich das Mädchen bei seiner Aussage auch ohne Belehrung des bestehenden Aussageverweigerungsrechts bewusst war.

177   Zuständigkeit

Gesetzesverletzung: Zur sachlichen Zuständigkeit: § 6 StPO,[681] Art. 101 I 2 GG, §§ 16, 24 ff, 74 ff GVG; die sachliche Unzuständigkeit ist nach Ansicht des 4. Senats des BGH als Verfahrenshindernis von Amts wegen zu beachten, nach Ansicht des 1. Senats muss sie mit einer Verfahrensrüge beanstandet werden.[682] Wie allgemein ist

---

676 BGH NJW 2000, 596; vgl auch oben Rn 112
677 BGH NStZ 1990, 549
678 BGH StV 2002, 3
679 BGH StV 2000, 555
680 BGH Beschluss v 8. 1. 1992 – 5 StR 649/91 = StV 1992, 308 (Leitsatz)
681 Vgl auch BGHSt 47, 16
682 Für Amtsprüfung: BGHSt 38, 172, 176; 212; 40, 120 = JR 1995, 255 m Anm Sowada = JZ 1995, 261 m Anm Engelhardt; BGHSt 44, 34, 36; Rieß NStZ 1992, 548; BGH StV 1999, 524; 1998. 372, 373; 1995, 620. Für Verfahrensrüge nach § 338 Nr. 4 StPO: BGH NStZ 1993, 197; BGH StV 1999, 524; 1998, 1; BGHSt 43, 53 = JR 1999, 164 m Anm Renzikowski; OLG Oldenburg NStZ 1994, 449; differenzierend: Hegmann NStZ 2000, 574, 577

gegen den Grundsatz des gesetzlichen Richters regelmäßig nur bei Willkür versto-ßen;[683] dies gilt auch im Fall einer Verweisung nach § 270 I StPO.[684]

Zur örtlichen Zuständigkeit: Verstoß gegen §§ 7 ff StPO. Geprüft wird die örtliche Zuständigkeit von Amts wegen bis zur Eröffnung des Hauptverfahrens, danach nur bei Rüge des Angeklagten, längstens jedoch bis zu dessen Vernehmung zur Sache (§ 16 StPO; **vgl auch Teil B Kap 4 Rn 30 f**); bei noch später oder gar nicht erhobe-ner Rüge tritt Rügeverlust ein.

Zur fehlenden funktionellen Zuständigkeit: Verstoß gegen §§ 74 II ff GVG. Die funktionelle Zuständigkeit prüft das Gericht von Amts wegen nur bis zur Verfah-renseröffnung, danach lediglich bei einer entsprechenden Rüge des Angeklagten, die längstens bis zu dessen Vernehmung zur Sache erhoben werden kann (§ 6 a StPO); bei nicht oder zu spät erhobener Rüge tritt Rügeverlust ein.

Zum Verstoß gegen den Geschäftsverteilungsplan: vgl Besetzungsrüge (Rn 144).

Eine Verfahrensverbindung nach §§ 4 I, 13 II StPO kann wegen des dem Tatrichter hierbei zustehenden Ermessens[685] in der Revision nur eingeschränkt überprüft wer-den;[686] ähnliches gilt für eine Verfahrenstrennung.[687] Die Verbindung von Strafsa-chen, die nicht nur die örtliche, sondern auch die sachliche Zuständigkeit betrifft, kann nicht durch eine Vereinbarung der beteiligten Gerichte nach § 13 Abs 2 StPO geschehen.[688] Zur Verbindung von Strafsachen beim Landgericht vgl Meyer-Goßner NStZ 2004, 353 ff.[689] Die Aburteilung eines nicht wirksam hinzu verbundenen Ver-fahrens ist schon deshalb fehlerhaft, weil dieses weiterhin bei dem ursprünglichen Gericht anhängig ist.[690]

Rügeart: Von Amts wegen zu beachten (zur sachlichen Unzuständigkeit; streitig, vgl oben), Verfahrensrüge (zur örtlichen und funktionellen Unzuständigkeit).

Anforderungen an die Rüge: Macht der Angeklagte die örtliche oder funktionelle Unzuständigkeit geltend, muss er in der Revisionsbegründung die rechtzeitige Er-hebung der Beanstandung nach § 6 a StPO[691] bzw nach § 16 StPO vortragen;[692] ferner muss die auf die Beanstandung hin ergangene Entscheidung des Gerichts mitgeteilt und die Gesetzesverletzung, also etwa die Verurteilung trotz örtlicher Unzuständigkeit, dadurch belegt werden, dass beispielsweise dargelegt wird, dass auf der Grundlage des Eröffnungsbeschlusses Tat- und Ergreifungsort in einem an-deren Gerichtsbezirk lagen.

absoluter Revisionsgrund, § 338 Nr. 1 StPO, bei Rüge eines Verstoßes gegen den Geschäftsverteilungsplan oder eines sonstigen Besetzungsfehlers (vgl Rn 144).

absoluter Revisionsgrund, § 338 Nr. 4 StPO, bei Rüge der örtlichen oder funktio-nellen Unzuständigkeit (auch soweit die Ansicht vertreten wird, die sachliche Un-zuständigkeit sei mit der Verfahrensrüge geltend zu machen).

---

683 Vgl BGH StV 1999, 585; zur besonderen Bedeutung gemäß § 24 Nr. 3 GVG: BGH StV 1998, 372, 373
684 BGH StV 1999, 524 = JZ 2000, 213 m Anm Bernsmann
685 Vgl dazu BGH NJW 2000, 1275, 1276
686 Zur rechtsmissbräuchlichen Verbindung zu umfangreichem Verfahren: vgl BVerfG StV 2002, 578
687 Vgl BGH NStZ 2000, 211 (zur fehlenden Begründung des Trennungsbeschlusses)
688 BGH Beschl vom 20. 12. 2001 – 2 StR 493/01; vom 8. 8. 2001 – 2 StR 285/01
689 Vgl auch BGH Beschl v 1. 6. 2005 – 1 StR 100/05
690 BGH NStZ 2000, 435, 436; ähnlich BGH NJW 2000, 3293
691 Vgl BGHSt 47, 311; BGH StV 2003, 454
692 Vgl BGH GA 1980, 255; anders bezüglich der Zuständigkeit des Jugendgerichts: BGH NStZ 2000, 388 mwN

Detter

Besonderheiten: Vgl auch Besetzungsrüge (Rn 144); zur Verbindung eines erstinstanzlichen mit einem Berufungsverfahren: vgl auch Strafklageverbrauch (Rn 165).

Beispiel (hier wird der Ansicht gefolgt, die sachliche Unzuständigkeit sei als Verfahrenshindernis von Amts wegen zu beachten):

Antrag: Ich beantrage, das Urteil des Landgerichts ... vom ... mit den Feststellungen aufzuheben und die Sache zu neuer Verhandlung und Entscheidung an das [örtlich zuständige] Amtsgericht ... zurückzuverweisen (§ 355 StPO).

Begründung: Die sachliche Zuständigkeit ist als Prozessvoraussetzung nach § 6 StPO in jeder Lage des Verfahrens von Amts wegen zu beachten. Zwar bestimmt § 269 StPO, dass sich ein Gericht nicht für unzuständig erklären darf, weil die Sache vor ein Gericht niederer Ordnung gehört. Diese Vorschrift ist aber nicht anzuwenden, wenn das höhere Gericht objektiv willkürlich gehandelt hat; denn dann hat es gegen Art. 101 I 2 GG verstoßen und den Angeklagten seinem gesetzlichen Richter entzogen. Ist aber § 269 StPO nicht anwendbar, weil das höhere Gericht seine sachliche Zuständigkeit willkürlich bejaht hat, so bleibt es bei § 6 StPO; die sachliche Zuständigkeit wird dann vom Revisionsgericht von Amts wegen geprüft.

Objektive Willkür liegt vor, wenn der Entscheidung, das Verfahren vor diesem Gericht durchzuführen, jeder sachliche Grund fehlt, sich das Gericht also so weit von den gesetzlichen Maßstäben entfernt, dass seine Bewertung unter keinem Gesichtspunkt mehr vertretbar erscheint. Dies ist hier der Fall. Es ist offensichtlich, dass das Landgericht für die Verhandlung über die Anklage sachlich unzuständig war; eine besondere Bedeutung des Falles wurde weder von der Staatsanwaltschaft in der Anklageschrift noch vom Gericht im Eröffnungsbeschluss bejaht oder erörtert, sie ist ersichtlich auch nicht gegeben. Auch lag – wie schon die schließlich verhängte Freiheitsstrafe von vier Monaten zeigt – eine Freiheitsstrafe von mehr als vier Jahren so weit außerhalb der zu erwartenden Strafe, dass weder die Staatsanwaltschaft bei der Anklageerhebung, noch das Gericht bei der Eröffnung des Verfahrens hiermit auch nur im Entferntesten rechnen konnte.

Teil D
Verteidigung in der Strafvollstreckung

Kapitel 1
Grundlagen

Überblick

I. Begriffsbestimmung

Zur *Strafvollstreckung* im weiteren Sinne gehören alle Maßnahmen, die auf die Ver- **1**
wirklichung einer strafgerichtlichen Entscheidung gerichtet sind. Im engeren Sinne
sind dabei die Regelungen erfasst, welche die Einleitung und Überwachung des
Vollzugs des rechtskräftigen Urteils betreffen. Der *Strafvollzug* hingegen befasst
sich demgegenüber mit der Art und Weise der Durchführung der freiheitsentziehenden Rechtsfolge. Die eigentliche Strafvollstreckung betrifft daher den Bereich
zwischen Rechtskraft der zu vollstreckenden Entscheidung bis zur endgültigen Erledigung der Maßnahme mit Ausnahme des im StVollzG geregelten Aufgabenbereichs zwischen Aufnahme in einer Vollzugsanstalt und Entlassung.[1] Entsprechendes gilt auch bei der Vollstreckung freiheitsentziehender Maßregeln der Besserung
und Sicherung. Im Folgenden soll vor allem die Strafvollstreckung im engeren Sinne angesprochen werden.

II. Rechtsgrundlagen

Die maßgeblichen Bestimmungen enthalten die §§ 449–463 d StPO. Zur Gewähr- **2**
leistung einer einheitlichen Behandlung der Verurteilten durch die Vollstreckungsbehörden haben die Justizverwaltungen des Bundes und der Länder bundeseinheit-

---

1 Bringewat Einl Rn 29

liche Verwaltungsvorschriften vereinbart. Insbesondere die StVollstrO in der Fassung vom 20. 8. 1987 bringt wichtige Konkretisierungen des Gesetzesrechts. So sind zB in §§ 37 ff StVollstrO die Regeln über die Strafzeitberechnung enthalten. Dem Verteidiger müssen diese Vorschriften geläufig sein, wenn er die Richtigkeit der Haftdaten überprüfen will. In den Fragen der Strafzeitberechnung ist man als Betroffener häufig versucht, sich auf die Ergebnisse der Vollzugsanstalten oder Vollstreckungsbehörden zu verlassen, da es ja hierbei scheinbar nur um die Aufaddierung von Zeiteinheiten geht. Jedoch ist dort wie so oft vieles umstritten; gerade in den Fällen des Zusammentreffens verschiedener Freiheitsstrafen bieten sich häufig mehrere Berechnungsmethoden an, teils mit unterschiedlichen Ergebnissen. Dann sollte nicht zuletzt der Verteidiger darauf hinwirken, dass die für seinen Mandanten günstigere Berechnungsmethode angewandt und dieser unter Umständen einige Tage früher aus dem Vollzug entlassen werden kann.

Weitere bundeseinheitliche Verwaltungsvorschriften sind die EBAO in der Fassung vom 20. 11. 1974, sowie die JBeitrO vom 11. 3. 1937. Strafvollstreckung ist eine Angelegenheit der Justizverwaltung. Die Verwaltungsvorschriften richten sich an die Vollstreckungsbehörden, die Gerichte sind an sie bei der Gesetzesauslegung nicht gebunden.[2]

Einzelheiten zum Strafvollzug sind vor allem im StVollzG geregelt. Die Vollstreckung gegen Jugendliche und nach dem Jugendstrafrecht verurteilte Heranwachsende richtet sich nach den §§ 82 ff JGG, bei Soldaten sind neben der StVollstrO die Art. 5–7 EGWStG zu beachten. Die Vollstreckung von Geldbußen erfolgt nach den Vorschriften des OWiG. Die §§ 803 ff ZPO sind für die Pfändung wegen Geldstrafen und -bußen sowie Ordnungsgeldern anwendbar.

III.　Zuständigkeiten

1.　Vollstreckungsbehörde

3　Vollstreckungsbehörde ist grundsätzlich die *Staatsanwaltschaft*, § 451 StPO. Die Geschäfte sind nach § 31 II RPflG grundsätzlich dem Rechtspfleger übertragen. *Sachlich* zuständig ist die Staatsanwaltschaft beim Landgericht, § 4 StVollstrO; hat jedoch das Oberlandesgericht im 1. Rechtszug entschieden, so vollstreckt die Staatsanwaltschaft beim OLG, sofern nicht die Zuständigkeit des Generalbundesanwalts gegeben ist, § 4 StVollstrO, §§ 120, 142 a GVG.

4　Die *örtliche* Zuständigkeit der Vollstreckungsbehörde bestimmt sich nach dem Gericht des ersten Rechtszuges; bei Vollstreckung einer Gesamtstrafe ist das Gericht maßgebend, welches sie gebildet hat, § 7 StVollstrO. Die Vollstreckungsbehörde bleibt auch zuständig, wenn der inhaftierte Verurteilte in eine JVA außerhalb ihres Gerichtsbezirkes oder in ein anderes Bundesland verlegt wird, § 451 III 1 StPO. Dadurch wird das Erfahrungswissen bezüglich der Tatumstände der ermittelnden Staatsanwaltschaft am unmittelbarsten in den Entscheidungsprozess mit einbezogen.

Bei Vollstreckung mehrerer Freiheitsstrafen durch verschiedene Staatsanwaltschaften entsteht häufig eine unübersichtliche Verteilung und Überschneidung von Einzelzuständigkeiten, was nicht nur von den betroffenen Strafgefangenen, sondern auch von allen beteiligten Behörden oft als zweckwidrig und unnötig empfunden

---

2　BVerfGE 29, 315; Meyer-Goßner vor § 449 Rn 2

wird.[3] Dies wird besonders deutlich, wenn mehrere Freiheitsstrafen zu vollstrecken sind und in allen Fällen die Voraussetzungen des § 35 I BtMG vorliegen. Es kommt nicht selten vor, dass eine Staatsanwaltschaft ihre Vollstreckung zurückstellen möchte, während eine andere hierzu nicht bereit ist; dadurch kommt für keine Freiheitsstrafe die Zurückstellung in Betracht, arg § 35 VI Nr. 2 BtMG. Bei *Konzentration der Entscheidungszuständigkeit* können entsprechende Divergenzen vermieden werden. So kann die Vollstreckungsbehörde ihre Aufgaben an die Staatsanwaltschaft am Sitz der nach § 462 a StPO zuständigen Strafvollstreckungskammer übertragen, wenn dies im Interesse des Verurteilten geboten erscheint und die Staatsanwaltschaft, an die abgegeben werden soll, zustimmt, § 451 III 2 StPO. Allerdings kommt die Abgabe der Vollstreckungszuständigkeit in der Praxis so weit ersichtlich kaum vor. Dem Verteidiger ist deshalb dringend geraten, diese Möglichkeit im Auge zu behalten und gegebenenfalls entsprechendes anzuregen. Trotzdem § 451 III 2 StPO eine Kann-Bestimmung ist, wird das Ermessen der Behörde regelmäßig gegen null reduziert sein; denn es ist zumindest nicht auszuschließen, dass ein bestehendes Zuständigkeitsgemenge nachteilig für den Verurteilten ist, demzufolge eine Abgabe mithin als in dessen Interesse grundsätzlich geboten wäre.[4] Die Abgabe ist für die angegangene Vollstreckungsbehörde zwar nicht bindend,[5] jedoch wird deren Zustimmungsermessen auch durch das Interesse des Verurteilten begrenzt.[6]

In Verfahren gegen Jugendliche und nicht nach dem Erwachsenenstrafrecht verurteilte Heranwachsende ist Vollstreckungsbehörde der *Jugendrichter* als Vollstreckungsleiter, §§ 82 I 1, 110 JGG. Soweit die Entscheidungen des Vollstreckungsleiters nicht jugendrichterliche Entscheidungen sind, § 83 I JGG, nimmt der Richter Justizverwaltungsaufgaben wahr und ist somit weisungsgebunden.[7]   **5**

2. Strafvollstreckungskammer

Wenn eine der in §§ 453, 454, 454 a und 462 StPO bezeichneten Entscheidungen zu treffen ist, entscheidet grundsätzlich die StVollstrK des LG, sofern gegen den Verurteilten eine *Freiheitsstrafe* oder freiheitsentziehende Maßregel der Besserung und Sicherung vollstreckt wird, § 462 a I StPO, § 78 a I GVG. Die in der Praxis häufigsten Fälle sind die Entscheidungen über eine vorzeitige bedingte Strafaussetzung zur Bewährung und sich anschließende Nachtragsentscheidungen, wie etwa Bewährungswiderruf oder Straferlass. Freiheitsstrafen im Sinne der Vorschrift sind auch Ersatzfreiheitsstrafen.[8]   **6**

Bei Vollstreckung mehrerer Freiheitsstrafen ist nur ein Gericht zur Entscheidung bezüglich aller Strafen berufen, § 462 a IV StPO. IdR ist das die StVollstrK, in deren Bezirk der Betroffene einsitzt.

Wird *Jugendstrafe* vollstreckt, nimmt der Jugendrichter als Vollstreckungsleiter die Aufgaben der StVollstrK wahr, §§ 82 I, 110 I JGG, jedoch nur für die Jugendstrafe. Daher kommt es zu einer Aufspaltung der Zuständigkeitskonzentration, wenn neben Freiheitsstrafe eine Jugendstrafe vollzogen wird. Allerdings kann der Jugend-   **7**

3 So insbesondere Bringewat § 451 Rn 42
4 KMR-Paulus § 451 Rn 18; Bringewat § 451 Rn 43
5 KK-Fischer § 451 Rn 26
6 Bringewat § 451 Rn 44
7 Brunner/Dölling § 83 Rn 1
8 BGHSt 30, 223; OLG München NStZ 1984, 238

richter unter bestimmten Voraussetzungen die Vollstreckung an die Staatsanwaltschaft abgeben, wenn der Verurteilte das einundzwanzigste bzw vierundzwanzigste Lebensjahr vollendet hat, §§ 89 a III, 85 VI JGG. In diesem Fall gehen die Entscheidungskompetenzen für eine Aussetzung der Jugendstrafe auf die StVollstrK über.[9] Der Verteidiger sollte diese Möglichkeit beachten und beim Jugendrichter in geeigneten Fällen eine Abgabe anregen, wenn er durch eine einheitliche Zuständigkeit Vorteile für seinen Mandanten sieht.

8   Nach § 110 StVollzG obliegen der StVollstrK auch die notwendigen gerichtlichen Entscheidungen, die einzelne Maßnahmen auf dem Gebiet des *Strafvollzugs* betreffen.

3. Gericht des ersten Rechtszugs

9   Das erstinstanzliche Gericht ist, außer in den Fällen des § 462 a III, V 1 StPO, grundsätzlich nur insoweit zuständig, als die StVollstrK nicht zu entscheiden hat, § 462 a II 1 StPO. Dies ist meist solange der Fall, wie mit der Vollstreckung noch nicht begonnen wurde. Bis zum Beginn des Vollzugs einer Strafe oder freiheitsentziehenden Maßregel wird es hauptsächlich zur Klärung von Zweifeln an der Auslegung des Strafurteils, der Strafzeitberechnung oder Zulässigkeit der Strafvollstreckung, §§ 462 a I, 462 I 1, 458 I StPO, angerufen.[10] Es entscheidet ferner ausschließlich über die Bildung einer nachträglichen Gesamtstrafe, § 462 III 1 StPO. Auch hat grundsätzlich das erkennende Gericht darüber zu entscheiden, ob eine vorbehaltene oder nachträgliche Sicherungsverwahrung anzuordnen ist, § 74 f GVG. Nachtragsentscheidungen, die sich auf Strafaussetzung zur Bewährung oder Verwarnung mit Strafvorbehalt beziehen, § 453 StPO, kann das erstinstanzliche Gericht ganz oder zum Teil an das Amtsgericht des Wohnsitzes oder gewöhnlichen Aufenthaltsortes abgeben, § 462 a II 2 StPO, jedoch nicht die Entscheidungen über die Strafaussetzung selbst.[11] Die *Abgabe* kann nur erfolgen, wenn sie aus besonderen Gründen zweckmäßig ist.[12] Die Entscheidung ist unanfechtbar.[13]

10   Eine *Zuständigkeitskonzentration* für nachträgliche Entscheidungen bezüglich mehrerer Einzelverurteilungen durch verschiedene Gerichte sieht § 462 a IV StPO vor. Diese wichtige Bestimmung wird häufig übersehen. Würde jedes einzelne Gericht mit den nachträglichen Maßnahmen befasst, so entstünde die Gefahr einer zumindest resozialisierungshemmenden Entscheidungszersplitterung[14] mit nachteiligen Folgen für den Verurteilten. Vor allem in der Strafaussetzungsfrage lässt sich dadurch eine unterschiedliche Beurteilung der Sozialprognose durch die einzelnen Gerichte vermeiden.[15] Deswegen sollte der Verteidiger gerade in diesen Fällen besonderes Augenmerk auf die Zuständigkeitsregelung legen. Es entscheidet dann nur das Gericht, welches auf die der Art nach schwerste Strafe, bei gleicher Art auf die höchste Strafe und bei artgleich und gleich hohen Strafen zuletzt auf Strafe erkannt hat, § 462 a IV 2, III 2, 3 StPO. Haben zB verschiedene Gerichte rechtskräftig zu jeweils gleich hohen Freiheitsstrafen mit Strafaussetzung zur Bewährung verurteilt, ist für jeden einzelnen Bewährungswiderruf allein das zuletzt entscheidende Ge-

---

9 OLG Düsseldorf NStZ 1992, 606
10 Nach Vollzugsbeginn kann zur Klärung dieser Fragen Abgabe durch die StVollstrK erfolgen, § 462 a I 3 StPO
11 OLG Hamm MDR 1972, 439
12 BGH NJW 1958, 560
13 OLG Hamm MDR 1972, 439
14 So Bringewat § 462 a Rn 52
15 Meyer-Goßner § 462 a Rn 30

richt zuständig. Sobald jedoch der Vollzug nur einer Freiheitsstrafe begonnen hat, entscheidet ausschließlich die StVollstrK auch über den Widerruf weiterer bislang zur Bewährung ausgesetzter Strafen, § 462 a IV StPO.

4. Jugendrichter

In Verfahren gegen Jugendliche und Heranwachsende nimmt der Jugendrichter als **11** Vollstreckungsleiter nicht nur die Aufgaben der Vollstreckungsbehörde, sondern auch die Aufgaben, die bei Erwachsenen die StVollstrK erledigt, wahr, §§ 82 I, 83 JGG. Wird Jugendstrafe gemäß § 92 II JGG nach den Vorschriften des Erwachsenenvollzugs vollzogen, bleibt der Jugendrichter zuständig.[16] Bei Einwendungen gegen eine konkrete Vollzugsmaßnahme im Erwachsenenvollzug entscheidet allerdings die StVollstrK, §§ 109 ff StVollzG.[17] Letztere wird auch allgemein nach § 462 a StPO zuständig, wenn der Vollstreckungsleiter die Vollstreckung der Jugendstrafe oder freiheitsentziehenden Maßregel an die Staatsanwaltschaft gemäß § 85 VI oder § 89 a VI JGG abgibt.

IV. Rechtsbehelfe und Rechtsmittel im Vollstreckungsverfahren

In den vom Gesetz geregelten Fällen der *§§ 458, 459 h StPO* sind Anordnungen der **12** Vollstreckungsbehörde der Entscheidung des nach §§ 462, 462 a StPO zuständigen Gerichts unterworfen. Dies gilt namentlich für die Einwendungen gegen die Auslegung des Strafurteils, der Berechnung der erkannten Strafe oder die Zulässigkeit der Vollstreckung.

Durch die Erhebung der Einwendungen wird die Vollstreckung nicht gehemmt, § 458 III 1 StPO. Wurde bereits ein Vorführungs- oder Haftbefehl zur Vollstreckung einer (Ersatz)Freiheitsstrafe erlassen, § 457 I StPO, und will sich der Verteidiger gegen die Zulässigkeit der Vollstreckung wegen Vorliegens eines Vollstreckungshindernisses wenden, so steht zu befürchten, dass der Mandant trotzdem verhaftet wird. Daher sollte immer auch ein Antrag auf *einstweiligen Aufschub oder Unterbrechung* der Vollstreckung gestellt werden, § 458 III 1 StPO.

Weitere bedeutsame Fälle, in denen das Gericht gegen Maßnahmen der Vollstreckungsbehörde angerufen werden kann, sind die Unterbrechung der Vollstreckung einer Freiheitsstrafe für eine andere, die Ablehnung eines Gesuchs um Strafaufschub oder -unterbrechung, die Anordnung, dass die Vollstreckung gegen einen Ausgewiesenen oder Ausgelieferten nachgeholt wird, §§ 458 II, 454 b, 455, 456, 456 a StPO, sowie Entscheidungen bei der Vollstreckung von Geldstrafe, §§ 459 f, 459 h StPO.

Gegen den Beschluss des Gerichts ist die *sofortige Beschwerde* gegeben, § 462 III 1 **13** StPO. Außer in den Fällen des § 454 III StPO und der §§ 462 III 2, 455 IV StPO hat die sofortige Beschwerde keine aufschiebende Wirkung. Deswegen ist bei der Einreichung der Beschwerdeschrift in geeigneten Fällen auch an einen Antrag auf Aussetzung der sofortigen Vollziehung der Entscheidung zu denken, § 307 II StPO.

Anordnungen, Verfügungen und sonstige Maßnahmen der Vollstreckungsbehörde **14** sind gemäß *§§ 23 ff EGGVG* anfechtbar, soweit nicht nach §§ 458, 459 h StPO, § 83

---

16 BGH Rpfleger 1979, 258
17 BGHSt 29, 33

JGG, § 103 OWiG eine gerichtliche Entscheidung herbeizuführen ist. Es entscheidet der Strafsenat des Oberlandesgerichts, § 25 I EGGVG.

Der Antrag ist jedoch erst nach Durchlaufen eines Vorverfahrens zulässig, § 24 II EGGVG. Das Beschwerdeverfahren des § 21 StVollstrO stellt ein solches Verfahren dar.[18] Danach entscheidet über Einwendungen gegen Vollstreckungsmaßnahmen der Staatsanwaltschaft oder des Jugendrichters als Vollstreckungsleiter der Generalstaatsanwalt beim Oberlandesgericht, die oberste Behörde der Landesjustizverwaltung, wenn der Generalstaatsanwalt, und der Bundesjustizminister, wenn der Generalbundesanwalt Vollstreckungsbehörde ist. Die Einwendungen sind an keine Form oder Frist gebunden. Sie sind jedoch an die Vollstreckungsbehörde zu richten, da sie zur Abhilfe befugt ist.[19] Die Vollstreckung wird durch die Beschwerde nicht gehemmt, § 21 StVollstrO, kann jedoch bis zur Entscheidung aufgeschoben werden.[20] Der Antrag auf gerichtliche Entscheidung ist innerhalb eines Monats seit Zustellung des Beschwerdebescheids zu stellen, § 26 I EGGVG. Die Nachprüfung von Ermessensentscheidungen ist auf Nicht- oder Fehlgebrauch des Ermessens beschränkt, § 28 III EGGVG.

Wichtige Fälle des Rechtswegs nach §§ 23 ff EGGVG sind Einwendungen gegen den Vollzug in einer örtlich unzuständigen Anstalt, den Erlass eines Vorführungs- oder Haftbefehls[21] oder die Ladung zum Strafantritt. Auch die Ablehnung der Zurückstellung der Strafvollstreckung nach § 35 I BtMG[22] ist in diesem Verfahren nachprüfbar.[23]

15   Über Einwendungen gegen *Maßnahmen der Vollzugsbehörden* entscheidet die zuständige StVollstrK, §§ 109 ff StVollzG. Diese entscheidet auch, wenn eine Jugendstrafe nach § 92 II JGG im Erwachsenenvollzug vollzogen wird, da sich dann der Vollzug nach den Vorschriften des StVollzG richtet.[24] Hingegen sind Maßnahmen im Jugendstrafvollzug nur nach Maßgabe der §§ 23 ff EGGVG anfechtbar.[25] Die StVollstrK ist aber zur gerichtlichen Überprüfung einzelner Regelungen im Maßregelvollzug gegen Jugendliche zuständig.[26]

Die nach dem StVollzG zulässigen Klagearten sind weitgehend denen des Verwaltungsprozessrechts nachgebildet. Es kann sowohl Anfechtungs- als auch Verpflichtungs-, Unterlassungs-, Feststellungs- und Untätigkeitsklage erhoben werden.[27] In einigen Ländern ist nach § 109 III StVollzG zuvor ein Vorverfahren durchzuführen. Umstritten ist, ob gegen Maßnahmen nach geordneter Anstaltsbediensteter mit unmittelbarer Rechtswirkung zuerst eine Entscheidung des Anstaltsleiters herbeigeführt werden muss.[28] Um nicht eine Zurückweisung des Antrags auf gerichtliche Entscheidung ohne Sachprüfung zu riskieren, wird dieses Vorgehen in jedem Fall zu empfehlen sein. Gegen die gerichtliche Entscheidung ist die Rechtsbeschwerde gegeben, § 116 StVollzG. Entsprechendes gilt für Maßnahmen im Vollzug freiheitsentziehender Maßregeln der Besserung und Sicherung, § 138 III StVollzG.

---

18 OLG Stuttgart NStZ 1986, 141; OLG Hamm NStZ 1988, 380
19 Pohlmann/Jabel/Wolf § 21 Rn 6
20 Pohlmann/Jabel/Wolf § 21 Rn 6
21 OLG Düsseldorf MDR 1989, 1016
22 Bei Verweigerung der erforderlichen Zustimmung des Gerichts s § 35 II BtMG
23 OLG München StV 1993, 432
24 BGHSt 29, 33
25 Calliess/Müller-Dietz § 109 Rn 2
26 OLG Karlsruhe Justiz 1998, 42
27 Calliess/Müller-Dietz § 109 Rn 4
28 Vgl Calliess/Müller-Dietz § 109 Rn 12

V.   Pflichtverteidigung, Prozesskosten- und Beratungshilfe

Die Rechtswirkung der Verteidigerbestellung endet grundsätzlich mit der Rechts-   **16**
kraft des Urteils; die Bestellung erstreckt sich jedoch auf das nachträgliche Gesamt-
strafenverfahren nach § 460 StPO und wirkt bis zur Rechtskraft des Beschlusses
fort, mit dem nach § 370 II StPO die Wiederaufnahme des Verfahrens angeordnet
wird.[29] Gesetzlich vorgeschrieben ist in Vollstreckungsverfahren eine *Pflichtverteidigung* lediglich in den Fällen des § 67 d II, III StGB (s § 463 III 5 StPO). Darüber
hinaus muss aber in analoger Anwendung von § 140 II StPO ein Verteidiger bestellt
werden, wenn dies die Schwierigkeit der Sach- oder Rechtslage gebietet, oder der
Betroffene zur eigenen Verteidigung in sachgemäßer Weise nicht in der Lage ist.[30]
Wird ein Antrag auf Bestellung zum Pflichtverteidiger in der Strafvollstreckung gestellt, ist zu beachten, dass ein allgemeiner Hinweis auf die Schwierigkeit der Lage
nicht genügt; vielmehr müssen die jeweiligen Umstände im Einzelnen dargelegt
werden. So ist ein Fall der notwendigen Verteidigung gegeben, wenn der Betroffene
intellektuell nicht in der Lage ist, seine Interessen zu wahren.[31] Die Auseinandersetzung mit einem Sachverständigengutachten weist auf eine schwierige Sachlage
hin und legt eine Pflichtverteidigerbestellung nahe.[32] Wurde ein Verteidiger durch
die StVollstrK »für das Vollstreckungsverfahren« bestellt, so gilt dies nach OLG
Stuttgart[33] für das gesamte Verfahren bis zum Vollstreckungsende; die Beiordnung
beschränkt sich jedenfalls in diesem Fall nicht auf den jeweils zu entscheidenden
Vollstreckungsabschnitt. Eine Bestellung kann vor allem bei Entscheidungen über
den Bewährungswiderruf oder die bedingte Reststrafenaussetzung[34] in Betracht
kommen. Wird im Verfahren, welches Anlass zur Prüfung eines Bewährungswider-
rufs gibt, ein Pflichtverteidiger bestellt, so ist er grundsätzlich auch für das Wider-
rufsverfahren beizuordnen.[35] Insbesondere, wenn Entscheidungen über die Aussetzung einer lebenslangen Freiheitsstrafe oder die Fortdauer einer angeordneten
freiheitsentziehenden Maßregel anstehen, ist grundsätzlich an eine notwendige Verteidigung zu denken.[36] Das Verfahren über die Anordnung der vorbehaltenen oder
nachträglichen Sicherungsverwahrung ist wegen §§ 140 I Nr. 1 StPO, 74 f I GVG ein
Fall der notwendigen Verteidigung.

Keine (entsprechende) Anwendung findet § 140 II StPO im Verfahren nach §§ 23 ff   **17**
EGGVG, denn § 29 III EGGVG verweist auf die Vorschriften über die *Prozesskostenhilfe*, so dass insbesondere die Beiordnung eines Anwalts nach § 121 ZPO möglich ist. In den gerichtlichen Verfahren nach §§ 109 ff StVollzG kann ebenfalls die
Bewilligung von Prozesskostenhilfe erfolgen, § 120 StVollzG. Die Beiordnung eines
Anwalts seiner Wahl kann der Betroffene entsprechend § 121 II ZPO zwar nur verlangen, wenn eine Vertretung erforderlich erscheint. Hierbei dürfen aber keine allzu
strengen Anforderungen gestellt werden, damit eine Beiordnung nicht schon aus
formalen Gründen scheitert.[37]

---

29 Meyer-Goßner § 140 Rn 33 mwN
30 BVerfG StV 1986, 160; LG Mannheim StV 1993, 256; Meyer-Goßner § 140 Rn 33 mwN
31 OLG Hamm StV 2000, 92
32 OLG Braunschweig StV 2003, 684
33 StV 2001, 20
34 Hierzu s Rotthaus NStZ 2000, 350
35 OLG Celle StV 2003, 575
36 Vgl BVerfG StV 1994, 93; EGMR NStZ 1993, 148; KG StV 1984, 502; OLG Celle StV 1988, 112;
    OLG Stuttgart StV 1993, 378
37 BVerfG StV 1995, 445; Calliess/Müller-Dietz § 120 Rn 3

18   Außerhalb des gerichtlichen Verfahrens kann nach § 2 II 2 BerHG auch *Beratungs-hilfe*, nicht aber Vertretung, gewährt werden. Die Beschränkung auf die Beratung gilt auch für die Angelegenheiten des Strafvollzugs, da wegen § 120 I StVollzG die Materie nicht der Verwaltungsgerichtsbarkeit zugewiesen ist, sondern die Strafpro-zessordnung für anwendbar erklärt wird.[38]

VI.   Vollstreckbarkeit

19   Strafurteile, Strafbefehle, Gesamtstrafen- und Widerrufsbeschlüsse sind mit deren *Rechtskraft* vollstreckbar. Formelle Rechtskraft tritt ein, wenn die Entscheidung mit Rechtsmitteln nicht mehr angefochten werden kann, wobei es auf die absolute Rechtskraft gegenüber allen Verfahrensbeteiligten ankommt.

20   *Rechtsmittel* eines Mitangeklagten hindern die Vollstreckbarkeit nur hinsichtlich des Rechtsmittelführers, §§ 316 I, 343 I StPO. Ausnahmsweise kommt eine rück-wirkende Durchbrechung der Rechtskraft in Betracht, wenn das Urteil auf Revi-sion des Mitangeklagten wegen Gesetzesverletzung aufgehoben wird, § 357 StPO; bis dahin bleibt jedoch das Urteil gegen den Nichtrevidenten vollstreckbar. Ist zu erwarten, dass das Revisionsgericht das Urteil auch gegenüber dem anderen als an-gefochten behandelt, kann die Vollstreckungsbehörde die Vollstreckung aussetzen, § 19 StVollstrO. Bei begründeter Aussicht auf Urteilsaufhebung ist das Ermessen gegen null reduziert: es ist dann IdR die Vollstreckung aufzuschieben oder zu un-terbrechen.[39] Geschieht dies nicht, so kann der Betroffene Einwendungen nach § 21 StVollstrO, §§ 23 ff EGGVG erheben. Es ist daher wichtig, dass der Verteidiger, auch wenn er selbst oder sein Mandant keine Revision eingelegt hat, sehr genau die Aussichten des Rechtsmittels prüft.

21   Ist bei einer *Gesamtstrafe* nur eine von mehreren Einzelstrafen rechtskräftig, hin-dert dies die Vollstreckung nicht, obwohl das Rechtsmittelgericht die Entscheidung insgesamt aufheben könnte; dem Angeklagten darf aber dadurch kein Nachteil ent-stehen, daher kann nur bis zur Höhe der geringst möglichen Gesamtstrafe voll-streckt werden.[40] Eine noch nicht rechtskräftige nachträgliche Gesamtstrafe kann der Strafzeitberechnung zugrunde gelegt werden, wenn die Entscheidung dem An-trag der Staatsanwaltschaft entspricht oder das Strafende vor Rechtskraft des Be-schlusses liegt, § 41 II StVollstrO. Zwar besteht für die Staatsanwaltschaft grund-sätzlich eine Vollstreckungspflicht, diese entfällt jedoch, wenn die Möglichkeit besteht, dass die Strafe bei Wegfall der angefochtenen Einzelstrafen nach § 56 StGB zur Bewährung ausgesetzt wird oder dem Betroffenen sonst gewichtige Nachteile drohen.[41] In diesem Fall sollte der Verteidiger um Aufschub oder Unterbrechung der Vollstreckung ersuchen. Wird dies abgelehnt, können Einwendungen nach § 21 StVollstrO, §§ 23 ff EGGVG erhoben werden.

22   Neben der fehlenden Rechtskraft sind weitere *Vollstreckungshindernisse* die Voll-streckungsverjährung, §§ 79 ff StGB, Amnestie und Begnadigung, Strafaussetzung zur Bewährung, Vollzugsuntauglichkeit oder Vollstreckungsaufschub, §§ 455, 456 StPO, die Immunität von Abgeordneten sowie der Grundsatz der Spezialität bei Einlieferung eines Verurteilten aus dem Ausland, Nr. 100 RiVASt, § 11 IRG. Letzte-

---

38   LG Göttingen NdsRpfl 1983, 161
39   KMR-Paulus § 449 Rn 12; Pohlmann/Jabel/Wolf § 19 Rn 2; vgl auch BGHSt 11, 18
40   BGH MDR 56, 528; KK-Fischer § 449 Rn 18; aA Tröndle/Fischer § 54 Rn 5
41   Vgl Bringewat § 449 Rn 25 ff; Meyer-Goßner § 449 Rn 11

rer Grundsatz besagt, dass Verfolgungs- oder Vollstreckungsmaßnahmen gegen
einen Ausgelieferten wegen strafbarer Handlungen, die er vor der Auslieferung begangen hat und auf die sich die Auslieferungsbewilligung des ausländischen Staats
nicht erstreckt, ohne Zustimmung dieses Staats bzw vor Ablauf einer Schutzfrist
unzulässig sind.[42] Vollstreckungshindernisse können nach § 458 I StPO geltend gemacht werden.

VII. Gnadenmaßnahmen

Häufig sind Gnadengesuche der letzte Ausweg, Rechtsnachteile abzumildern. Sie   **23**
sind an keine Form oder Frist gebunden und können von jedermann eingereicht
werden. Zuständig für Gnadenentscheide auf dem Gebiet des Strafrechts sind
grundsätzlich die Länder, § 452 StPO. In den meisten Ländern sind die Gnadenbe-
fugnisse für bestimmte Entscheidungen auf die Leiter der Staatsanwaltschaften oder
die Vollstreckungsbehörden übertragen.[43]

Die Einlegung eines Gnadengesuchs hemmt die Vollstreckung nicht. Daher muss
mit dem Gnadengesuch auch immer der Antrag verbunden werden, die Vollstreckung einstweilen einzustellen, wenn sonst nicht mehr gutzumachende Nachteile
drohen. Wenn möglich, sollten die Behauptungen belegt werden, etwa durch (amts)
ärztliche Atteste oder Einkommensnachweise. Das Gesuch kann bei der Vollstreckungsbehörde gestellt werden, da diese über die Vollstreckungsakten verfügt. Vor
Entscheidung werden Stellungnahmen des Gerichts und gegebenenfalls der JVA
oder des Bewährungshelfers eingeholt.

Gnadenentscheidungen sind Ermessensentscheidungen, die keiner gerichtlichen
Überprüfung unterworfen sind.[44] Dies gilt aber nicht, wenn eine Begnadigung zurückgenommen oder widerrufen wird, denn dadurch wird in eine bereits erlangte
Rechtsstellung des Betroffenen eingegriffen und so nach Art. 19 IV GG Rechtsschutz erforderlich.[45] In diesem Fall ist der Rechtsweg nach § 23 I EGGVG eröffnet.

Eine Begnadigung mildert bestehende Rechtsnachteile im Wege einer Einzelfallent-   **24**
scheidung durch einen Akt der Exekutive.[46] Gnadenerweise kommen nur ausnahmsweise in Betracht und nur, wenn nicht die Verteidigung der Rechtsordnung
die Vollstreckung gebietet. Hierdurch können Nachteile auch Dritter (nahe Angehörige, Arbeitgeber) ausgeglichen werden, die darauf beruhen, dass das Gericht bei
der Verurteilung wesentliche Umstände nicht berücksichtigen konnte, weil sie im
Zeitpunkt der Entscheidung nicht bekannt waren oder erst später eingetreten
sind.[47] Allgemein gilt: es muss eine mit dem Strafzweck allgemein und im Besonderen nicht vereinbare Härte vorliegen. Außerdem dürfen keine verfahrensrechtlichen
Rechtsbehelfe gegeben sein, da diese stets Vorrang haben.

Im Gnadenweg können Strafen, Nebenstrafen, Nebenfolgen und Maßregeln gemildert, umgewandelt oder erlassen werden sowie ein Verfall oder eine Einziehung

---

42 Vgl BGHSt 15, 126; BGH NStZ 1998, 149; zu den Folgen für eine Gesamtstrafenvollstreckung
    bei einer auf Teile hiervon eingeschränkten Auslieferungsbewilligung s OLG Karlsruhe StV
    2000, 378
43 Zusammenstellung bei Isak/Wagner Rn 705
44 BVerfGE 66, 337; KMR-Paulus § 452 Rn 13; vgl auch Knauth StV 1981,353
45 BVerfGE 30, 108
46 KMR-Paulus vor § 449 Rn 14
47 Isak/Wagner Rn 702

aufgehoben werden. Möglich ist auch ein gnadenweiser Erlass von Verfahrenskosten. Es kann beispielsweise angebracht sein, eine Restfreiheitsstrafe vor Erreichen der zeitlichen Voraussetzungen des § 57 StGB auszusetzen, wenn sich der Verurteilte aufgrund einer anderen Verurteilung in einer Unterbringung befindet und diese zur Bewährung ausgesetzt werden soll. Hierdurch kann vermieden werden, dass er in den Fällen, in denen § 67 V 1 StGB nicht einschlägig ist, nach Entlassung aus der Maßregeleinrichtung in Strafhaft kommt und so der Therapieerfolg ernsthaft gefährdet wird. Abkürzungen von Führerscheinsperren und in ganz wenigen Ausnahmefällen von Fahrverboten sind ebenso möglich wie Strafaufschub oder -unterbrechung.

VIII. Zentralregister und Führungszeugnis

25   Häufig ist es für den Mandanten wichtig zu wissen, ob er vorbestraft ist, also ob und wie lange eine Verurteilung in das registerliche Führungszeugnis (früher: polizeiliches Führungszeugnis) aufgenommen ist. Es stellt sich dann auch die Frage nach der vorzeitigen Tilgung oder Nichtaufnahme einer Vorstrafe.[48]

In das *Erziehungsregister* werden gegen Jugendliche ergangene Anordnungen ohne Strafcharakter eingetragen, § 60 BZRG. Darüber hinaus werden nach Maßgabe der §§ 3 ff BZRG Eintragungen in das *Zentralregister* vorgenommen. Wer und in welchem Umfang ein Recht zur Registerauskunft hat, ergibt sich aus §§ 41 ff, 61 BZRG.

Eintragungen in das Zentralregister werden nach Ablauf bestimmter Fristen oder in besonderen Fällen getilgt, §§ 45, 48, 49 BZRG.[49] Im letzteren Fall darf das öffentliche Interesse einer Tilgung nicht entgegenstehen. Der Antrag kann formlos gestellt werden und ist beim Bundeszentralregister in Berlin einzureichen. Ist eine Eintragung über eine Verurteilung im Zentralregister getilgt worden oder ist sie tilgungsreif, dann besteht nach Maßgabe der §§ 51, 52 BZRG ein Verwertungsverbot.

Eintragungen im Erziehungsregister werden grundsätzlich entfernt, sobald der Betroffene das 24. Lebensjahr vollendet hat; nach Erledigung der Vollstreckung kann dies auch vorher geschehen, wenn das öffentliche Interesse nicht entgegensteht, § 63 BZRG.

26   Jede Person, die das 14. Lebensjahr vollendet hat, sowie in bestimmten Fällen auch Behörden erhalten auf Antrag ein Zeugnis über den Inhalt des Zentralregisters, §§ 30, 31 BZRG. Was in ein *Führungszeugnis* aufgenommen wird, ergibt sich aus § 32 BZRG. Praktisch wichtig ist unter anderem, dass eine Geldstrafe bis zu neunzig Tagessätzen oder eine Kurzfreiheitsstrafe von nicht über drei Monaten grundsätzlich nicht im Führungszeugnis auftaucht, wenn sonst keine weitere Strafe darin eingetragen ist, § 32 II Nr. 5 BZRG.[50] Dies gilt jedoch nicht bei Verurteilungen wegen einer Straftat nach §§ 174 bis 180 oder 182 StGB. Diese tauchen im Führungszeugnis immer auf. Nach Ablauf bestimmter Fristen wird eine Verurteilung nicht mehr in das Führungszeugnis aufgenommen, §§ 33 ff BZRG (dies bedeutet aber nicht, dass sie damit auch aus dem Zentralregister gelöscht wäre). Wichtig hierbei ist, dass solange wie nur eine Verurteilung aufzunehmen ist, grundsätzlich auch alle anderen im Zeugnis erscheinen, § 38 BZRG.[51]

---

48 Für Eintragungen im Verkehrszentralregister s §§ 28 ff StVG
49 S. a. §§ 25, 55 BZRG
50 Vgl Pfeiffer NStZ 2000, 405
51 Vgl Pfeiffer NStZ 2000, 406

Eine für den Betroffenen wichtige Möglichkeit, ein eintragungsfreies Führungszeugnis zu erhalten, sieht § 39 BZRG vor. Auf Antrag kann die Nichtaufnahme einer Verurteilung angeordnet werden, sofern nicht das öffentliche Interesse entgegensteht. Der Betroffene darf sich bereits als unbestraft bezeichnen (wichtig bei der Bewerbung um eine Arbeitsstelle) und braucht den der Verurteilung zugrunde liegenden Sachverhalt nicht zu offenbaren, wenn die Verurteilung nicht mehr in ein Führungszeugnis aufzunehmen oder zu tilgen ist, § 53 I BZRG.

Kapitel 2
Aufschub oder Unterbrechung der Vollstreckung

Überblick

I.   Vollstreckungsausstand bis zur Erledigung von Rechtsbehelfen

Straferkenntnisse werden mit Rechtskraft vollstreckbar, § 449 StPO; durch den An- **1**
trag auf *Wiedereinsetzung in den vorigen Stand* tritt keine Vollstreckungshemmung
ein, § 47 I StPO. Da aber das Gericht nach § 47 II StPO einen Aufschub oder eine
Unterbrechung der Vollstreckung anordnen kann, sollte der Verteidiger einen entsprechenden Antrag mit dem Wiedereinsetzungsgesuch verbinden. Sonst läuft er
Gefahr, dass die Vollstreckung ihren Lauf nimmt. Eingetretene negative Folgen
können dann im Falle des späteren Wegfalls des Straferkenntnisses nach den Vorschriften des StrEG nur eingeschränkt behoben werden. Eine Anordnung nach
§ 47 II StPO kann nur ergehen, wenn der Wiedereinsetzungsantrag zulässig und Erfolg versprechend ist.[1]

Ebenso hindert ein Antrag auf *Wiederaufnahme des Verfahrens* die Vollstreckbar- **2**
keit des Straferkenntnisses nicht, jedoch kann auch hier das Gericht Aufschub oder
Unterbrechung einer bereits begonnenen Vollstreckung anordnen, § 360 StPO. Voraussetzung ist eine hinreichende Erfolgsaussicht des Wiederaufnahmeantrags, die
Vollstreckung muss aufgrund der behaupteten Tatsachen und Beweise als bedenklich erscheinen.[2] Auch in diesem Fall empfiehlt es sich, das entsprechende Gesuch
mit dem Wiederaufnahmeantrag zu verbinden.

Da schließlich auch durch die *Beschwerde* oder durch Erhebung von Einwendun- **3**
gen keine Vollzugshemmung eintritt, ist tunlichst ebenso in diesen Fällen an die
Möglichkeit einer gerichtlichen Aussetzungsentscheidung zu denken, §§ 307 II, 458
III StPO.[3]

II.   Aufschub der Vollstreckung

Nach § 456 I StPO kann die Vollstreckungsbehörde auf Antrag einen *Vollstre-* **4**
ckungsaufschub aus persönlichen Gründen anordnen. Die Vorschrift gilt nicht nur
für Freiheitsstrafen, sondern auch für Geldstrafen, freiheitsentziehende Maßregeln
(mit Ausnahme der Sicherungsverwahrung: § 463 IV 3 StPO) sowie Nebenstrafen
und Nebenfolgen, die einer Vollstreckung bedürfen.[4] Keine Anwendung findet die

---

1 Meyer-Goßner § 47 Rn 2
2 OLG Hamm MDR 1978, 691
3 Bei Revision eines Mitangeklagten vgl Teil D Kap 1 Rn 20
4 Isak/Wagner Rn 677

Norm beim Fahrverbot, beim Verlust von Fähigkeiten und Rechten nach § 45 StGB und bei Verfall oder Einziehung, da diese mit Rechtskraft ohne weiteres wirksam werden, §§ 44 II 1, 45 a I, 73 e I, 74 e I StGB.[5]

Der praktisch häufigste Anwendungsfall ist der, dass ein zum Strafantritt Geladener aus persönlichen Gründen den Haftbeginn auf später hinausschieben möchte. Dabei ist aber zu beachten, dass nach § 456 II StPO der Zeitraum des Aufschubs vier Monate nicht übersteigen darf. Deswegen können Gründe, die nach diesem Zeitraum noch gegeben wären, einen Aufschub nicht rechtfertigen.[6] Möglich wäre dann nur ein Gnadenerweis. Die viermonatige Frist beginnt an dem Tag, auf welchen der Betroffene zum Strafantritt geladen wurde.[7]

Ein Rechtsanspruch auf Vollstreckungsaufschub besteht nicht, wohl aber ein Anspruch auf fehlerfreie Ausübung des Ermessens.[8] Dieses ist gerichtlich nachprüfbar, § 458 II StPO. Ein Aufschub setzt erhebliche, außerhalb des Strafzwecks liegende Nachteile beim Verurteilten oder seiner Familie durch die sofortige Vollstreckung voraus. Wegen des in § 2 I StVollstrO enthaltenen Gebots der nachdrücklichen und beschleunigten Vollstreckung wird dabei ein strenger Maßstab angelegt. Es müssen Nebenwirkungen eintreten, die über das gewöhnliche Strafübel hinausgehen und bei hinausgeschobener Strafvollstreckung vermeidbar oder wenigstens gemildert wären.[9] Allgemein ist die Bereitschaft, einen Aufschub zu bewilligen desto größer, je weniger die Tatumstände oder die Gefahr, die von dem Verurteilten für die Allgemeinheit ausgehen, die sofortige Vollstreckung gebieten.

Es kommt vor, dass dieser einen eigenen Kleinbetrieb leitet und keinen eingearbeiteten Vertreter hat[10] oder seine Ehefrau liegt im Krankenhaus und niemand steht zur Betreuung der Kinder zur Verfügung.[11] In diesen Fällen kann wegen der über den allgemeinen Strafzweck hinausgehenden Nachteile ein Haftaufschub nahe liegen. Wegen einer fehlenden Betreuungsmöglichkeit für Kinder ist aber zu beachten, dass manche Vollstreckungsbehörden, wenn ihnen diese Sachlage bekannt wird, von Amts wegen das jeweils zuständige Jugendamt von der bevorstehenden Inhaftierung informieren. Dieses versucht dann für die absehbare Dauer der Haft geeignete Betreuung oder eine anderweitige Unterbringung zu finden. Es empfiehlt sich für den Antragsteller, sich rechtzeitig selbst darum zu bemühen und dies der Vollstreckungsbehörde anzuzeigen, wenn er den Kontakt mit dem Jugendamt vermeiden möchte. Ein Gesuch um späteren Haftantritt kann auch gerechtfertigt sein, wenn der Verurteilte kurz vor dem Abschluss einer Berufsausbildung steht oder er infolge Ausfalls während der Saison seinen Arbeitsplatz verlieren würde.[12]

In geeigneten Fällen wird es sich anbieten, mit dem Gesuch um Strafaufschub die Leistung einer Sicherheit oder die Erfüllung einer Meldepflicht bei der Polizei anzubieten (vgl § 456 III StPO).

---

5 Meyer-Goßner § 456 Rn 2
6 KK-Fischer § 456 Rn 5
7 OLG Düsseldorf NStZ 1992, 149; OLG Stuttgart NStZ 1985, 331; KK-Fischer § 456 Rn 6; Bringewat § 456 Rn 10 mwN
8 Bringewat § 456 Rn 11
9 Vgl KK-Fischer § 456 Rn 5
10 Vgl OLG Frankfurt NStZ 1989, 93
11 Vgl OLG Zweibrücken NJW 1974, 70
12 Weitere Beispiele bei Heimann StV 2001, 54, 56

Matt

> **Beispiel für einen Antrag an die Vollstreckungsbehörde, den Strafantritt nach § 456 StPO aufzuschieben:**
>
> Mit beiliegender Vollmacht zeige ich die Verteidigung des Herrn A an und beantrage, den Strafantritt bis 14. 11. 2005 hinauszuschieben.
>
> Mein Mandant wurde mit Verfügung vom 22. 6. 2005 zum Antritt der Freiheitsstrafe von 14 Monaten aus dem Urteil des AG X vom 25. 4. 2005 auf den 14. 7. 2005 geladen. Wie sich bereits aus den Gerichtsakten ergibt, ist er Inhaber eines Fuhrunternehmens mit fünf Angestellten. Herr A leitet und verwaltet die Geschäfte allein. Bei einem Haftantritt am 14. 7. 2005 wäre sowohl seine wirtschaftliche Grundlage als auch die seiner Familie gefährdet, denn es steht derzeit noch kein eingearbeiteter Vertreter zur Verfügung. Die Angestellten üben ausschließlich Fahrtätigkeiten aus und die Ehefrau des Herrn A ist mit der Versorgung der drei noch nicht schulpflichtigen gemeinsamen Kinder ausgelastet. Durch einen Haftaufschub von vier Monaten stünde ihm ausreichend Zeit zur Verfügung, einen Vertreter in die Führung der Geschäfte einzuarbeiten, so dass die ordnungsgemäße Fortführung des Betriebs gewährleistet ist. Es wird anheim gestellt, zur Überprüfung der Angaben einen Bericht der Gerichtshilfe einzuholen.
>
> Wir bieten die Leistung einer Sicherheit von 5000 € an.

Aufschub der Vollstreckung einer Freiheitsstrafe ist darüber hinaus in § 455 I–III StPO vorgesehen, wobei die Gründe des Abs 1 und 2 zwingend sind. Einschränkungen gelten bei der Vollstreckung von freiheitsentziehenden Maßregeln der Besserung und Sicherung (vgl § 463 IV StPO). Allgemein wird eine *Vollzugsuntauglichkeit* des Verurteilten vorausgesetzt. **5**

Geisteskrankheit zwingt zum Haftaufschub nach § 455 I StPO nur, wenn sie nach Art und Schwere so beschaffen ist, dass der Verurteilte für das Ziel des Strafvollzugs nicht mehr ansprechbar ist,[13] denn dadurch verliert die Vollstreckung weitgehend ihren Sinn.

Die Besorgnis naher Lebensgefahr, § 455 II StPO, steht dem sofortigen Haftbeginn nur dann entgegen, wenn sie sich aus Krankheiten ergibt, deren bedrohliche Verschlimmerung durch den Vollzug mit hoher Wahrscheinlichkeit zu erwarten ist.[14] Suizidgefahr zwingt nicht zu einem Aufschub, denn ihr ist durch geeignete Sicherungsmaßnahmen nach § 88 StVollzG zu begegnen.[15] Im Interesse seines Mandanten sollte der Verteidiger gleichwohl die Vollstreckungsbehörde informieren, falls nach seinem Eindruck von einer Selbstmordtendenz auszugehen ist. Die Vollstreckungsbehörde wird die Aufnahmeanstalt davon unterrichten. Die Drohung naher Angehöriger, sich das Leben zu nehmen, genügt den Voraussetzungen des § 455 II StPO erst recht nicht.[16]

Ein in der Praxis wichtiger Aufschubgrund ergibt sich aus § 455 III StPO. Voraussetzung ist, dass der körperliche Zustand des Verurteilten einen Aufschub als in dessen Interesse geboten erscheinen lässt; nebenbei sollen der JVA dadurch auch Schwierigkeiten beim Vollzug erspart werden.[17] Der Hauptfall ist der, dass eine gebotene ärztliche Behandlung in der Haftanstalt oder in einem Vollzugskrankenhaus nicht möglich ist. Ein Strafaufschub ist dann angezeigt, wenn die sofortige Vollstreckung unverhältnismäßig wäre, wobei einerseits der körperliche Zustand und ande-

---

13 OLG München NStZ 1981, 240; KK-Fischer § 455 Rn 6
14 OLG Düsseldorf NJW 1991, 765
15 KG NStZ 1994, 255
16 OLG Köln MDR 1985, 695
17 Meyer-Goßner § 455 Rn 6

rerseits das öffentliche Interesse an einer unverzüglichen Vollstreckung gegeneinander abzuwägen sind.[18] Die Ermessensentscheidung der Vollstreckungsbehörde unterliegt der gerichtlichen Überprüfung nach § 458 II StPO. Werden Aufschubgründe geltend gemacht, wird zweckmäßigerweise dem Antrag ein ärztliches Attest beigefügt. Es empfiehlt sich, dass in dem Antrag die Bereitschaft erklärt wird, sich zu einer amts- oder gerichtsärztlichen Beurteilung einzufinden. Sofern sich Anhaltspunkte für eine Haftunfähigkeit ergeben, lädt die Vollstreckungsbehörde den Gesuchsteller regelmäßig zu einer solchen Untersuchung vor. Bis zum Abschluss der Prüfung wird dann grundsätzlich kein Vorführungsbefehl, § 457 StPO, trotz Verstreichens der Ladungsfrist ergehen. Reagiert der Verurteilte jedoch auf die Einbestellung zur Untersuchung nicht, hat er mit der Inhaftierung zu rechnen, wobei gegebenenfalls vor Einlieferung in die JVA die Vorführung zur Untersuchung der Haftfähigkeit erfolgen kann.

6 Ein spezieller Aufschubgrund findet sich für das *Berufsverbot* in § 456 c StPO. Dieses wird mit Rechtskraft der Verurteilung wirksam, § 70 IV 1 StGB. Zur Vermeidung einer außerhalb des Normzwecks liegenden Härte für den Verurteilten oder seine Angehörigen kann die Urteilswirkung aufgeschoben oder ausgesetzt werden. § 456 c StPO ist ausschließlich auf das Berufsverbot nach § 70 StGB anwendbar,[19] also nicht auf das Verbot der Beschäftigung und Ausbildung Jugendlicher nach § 25 JArbSchG. Auch eine analoge Anwendung auf das Fahrverbot ist unzulässig, selbst in den Fällen, in denen sich die Anordnung des Fahrverbots praktisch wie ein Berufsverbot auswirkt.[20]

7 Soweit aus anderen Gründen oder über die viermonatige Frist des § 456 StPO hinaus ein Aufschub erforderlich wird, kommt als Ultima ratio eine Bewilligung im *Gnadenweg* in Betracht. Hierüber entscheiden grundsätzlich die nach den Gnadenordnungen der Länder zuständigen Behörden. Häufig ist dies die mit der Sache befasste Vollstreckungsbehörde. Jedoch auch wo dies nicht der Fall ist empfiehlt es sich, Gnadengesuche bei ihr einzureichen, da sie die aktenführende Stelle ist und gegebenenfalls zur Stellungnahme aufgefordert wird. Aufschub im Gnadenwege darf nur ausnahmsweise gewährt werden; es können dadurch schwere, außerhalb des Strafzwecks liegende Nachteile vermieden werden, wenn nicht überwiegende Gründe die sofortige Vollstreckung gebieten.[21] Es reicht grundsätzlich nicht aus, dass die mit der Vollstreckung verbundenen Nachteile hinausgeschoben werden. Aus den in § 456 I StPO vorgesehenen Gründen kann ein Gnadenerweis in Betracht kommen, wenn ein Aufschub von über vier Monaten erforderlich ist.[22] Da es grundsätzlich möglich ist, eine Gnadenentscheidung an auflösende Bedingungen zu knüpfen, kann es sich anbieten, entsprechendes im Gnadengesuch anzuregen. Auch sollten zur Begründung des Gesuchs geeignete Unterlagen bereitgestellt werden.

8 Der Vollständigkeit halber soll noch erwähnt werden, dass allein aus Gründen der Vollzugsorganisation die Vollstreckung einer Freiheitsstrafe oder einer freiheitsentziehenden Maßregel der Besserung hinausgeschoben werden kann, wenn überwiegende Gründe der Sicherheit nicht entgegenstehen, § 455 a StPO. Damit soll in erster Linie dem Verbot der Überbelegung, § 146 StVollzG, bereits im Vorfeld Geltung

---

18 Vgl Bringewat § 455 Rn 10 und BVerfG NJW 1979, 2349
19 Bringewat § 456 c Rn 3
20 KMR-Paulus § 456 c Rn 3
21 Isak/Wagner Rn 678
22 Vgl OLG Stuttgart NStZ 1985, 331; Heimann StV 2001, 54, 55

verschafft werden.[23] In der Person des Verurteilten liegende Gründe können danach keinen Strafausstand rechtfertigen.[24]

III. Unterbrechung der Vollstreckung

Eine Unterbrechung der Vollstreckung von Freiheitsstrafen oder freiheitsentziehenden Maßregeln kann erfolgen, wenn *Haftunfähigkeit* während des Vollzugs für eine voraussichtlich erhebliche Zeit eintritt und überwiegende Gründe, namentlich der öffentlichen Sicherheit, nicht entgegenstehen, §§ 455 IV, 463 StPO. Es besteht kein Rechtsanspruch auf eine Unterbrechung, wohl aber ein Anspruch auf fehlerfreie Ermessensausübung.[25] Gerichtlicher Rechtsschutz erfolgt nach § 458 II StPO. Zur Frage der Geisteskrankheit und der Besorgnis naher Lebensgefahr gilt das oben unter Rn 5 Gesagte.

9

Eine sonstige schwere Erkrankung iSv § 455 IV Nr. 3 StPO rechtfertigt eine Haftunterbrechung nur, wenn sie in einem Vollzugskrankenhaus nicht behandelt werden kann und es nicht ausreicht, den Gefangenen ohne Strafunterbrechung in ein Krankenhaus außerhalb des Vollzugs zu verbringen, § 65 II StVollzG.[26] Eine Erkrankung an AIDS führt grundsätzlich nicht zu einer Unterbrechung.[27] Die Erkrankung besteht vor allem dann voraussichtlich für eine erhebliche Zeit, wenn der Verurteilte andernfalls einen unverhältnismäßig großen Teil der Strafzeit außerhalb des Strafvollzugs verbrächte.[28] Einer Unterbrechung entgegenstehende überwiegende Gründe können ua die Gefährlichkeit trotz oder wegen der Erkrankung, Fluchtgefahr oder die Besorgnis der Begehung weiterer Straftaten sein.[29] Der Verteidiger, der mit diesen Fragen befasst ist, sollte es sich bewusst machen, dass eine nicht erfolgte Unterbrechung im Interesse seines Mandanten liegen kann; denn Unterbrechenszeiten werden nicht auf die Strafzeit angerechnet, wohingegen die Dauer der Behandlung in einem Krankenhaus außerhalb des Vollzugs, § 65 II StVollzG, voll in die verbüßte Haftzeit einfließt, es sei denn, der Verurteilte hat die Krankheit absichtlich herbeigeführt, um eine Unterbrechung des Vollzugs herbeizuführen, § 461 I StPO.[30]

Keinen Vollstreckungsausstand stellen die im Rahmen des Strafvollzugs vorgesehenen Möglichkeiten der *Vollzugslockerung* dar. Vorgesehen sind insbesondere nach § 11 StVollzG die Gestattung von Außenbeschäftigung oder Freigang sowie die Ausführung bzw der Ausgang. Daneben kann Urlaub aus der Haft bewilligt werden, §§ 13, 35, 36 StVollzG, wodurch jedoch keine Unterbrechung der Strafvollstreckung eintritt, § 13 V StVollzG; Urlaubstage sind daher als verbüßte Strafe anzurechnen. Dies gilt nach § 461 I StPO auch für die Zeit, für die sich der Verurteilte während seines Urlaubs zur Behandlung in ein Krankenhaus begibt.[31] Vollzugslockerungen und Urlaub gehören zur Ausgestaltung des Strafvollzugs, über sie entscheidet der Leiter der JVA bzw der Unterbringungseinrichtung. Dahingehende Anträge sollten daher immer direkt dort gestellt werden.

10

---

23 Meyer-Goßner § 455 a Rn 1
24 KG NStZ 1983, 334
25 LR-Wendisch § 455 Rn 7
26 OLG Karlsruhe NStZ 91, 53; Meyer-Goßner § 455 Rn 10
27 LG Ellwangen NStZ 1988, 330
28 Bringewat § 455 Rn 15
29 Meyer-Goßner § 455 Rn 12
30 Zu den Voraussetzungen einer Anrechnung s OLG Hamburg NStZ 1999, 589
31 OLG Hamm NStZ 1983, 287

11 Eine Unterbrechung des *Berufsverbots* ist unter denselben Voraussetzungen wie dessen Aufschub möglich, § 456 c StPO.

12 Treffen den Verurteilten oder seine Familie durch den Vollzug nicht mit dem Strafzweck vereinbare Nachteile, kommt keine Unterbrechung nach § 456 StPO in Betracht, denn diese Vorschrift regelt nur den Vollstreckungsaufschub; eine analoge Anwendung auf während des Vollzugs eintretende Fälle ist mangels Regelungslücke unzulässig.[32] Es bleibt daher nur der Rückgriff auf den Gnadenweg.

IV. Strafausstand bei Auslieferung oder Landesverweisung

13 Nach § 456 a StPO, § 17 I 1 StVollstrO kann von der Vollstreckung von Amts wegen oder auf Antrag ganz oder teilweise abgesehen werden, wenn der ausländische Verurteilte wegen einer anderen Tat ausgeliefert oder er aus dem Gebiet der Bundesrepublik ausgewiesen wird. In der Praxis bedeutsam sind die Fälle der *Ausweisung*, §§ 45 ff AuslG. Die Pflicht zur Ausreise, § 42 AuslG, die Abschiebung, § 49 AuslG, und die Zurückschiebung, § 61 AuslG, stehen der Ausweisung gleich.[33] Dies gilt auch für die Zurückschiebung und Abschiebung nach §§ 19 III, 34 a AsylVfG.[34] Die ausländerrechtliche Maßnahme muss bereits bestandskräftig oder sofort vollziehbar angeordnet sein.

Ein Anspruch auf *Absehen von der Vollstreckung* besteht nicht, wohl aber darauf, dass die Vollstreckungsbehörde das ihr eingeräumte Ermessen fehlerfrei ausübt. Sie hat die Umstände der Tat, die Schwere der Schuld, die Dauer des bisher verbüßten Teils der Strafe bzw der Maßregel, die soziale und familiäre Situation des Verurteilten und das öffentliche Interesse an nachhaltiger Strafvollstreckung miteinander abzuwägen.[35] Bei der Beurteilung der persönlichen Situation kann von Bedeutung sein, dass der ausländische Gefangene im Vollzug zusätzlichen Härten (zB Diskriminierung wegen der Sprache, fehlende familiäre Bindungen in Deutschland) ausgesetzt ist, denen durch eine Entscheidung nach § 456 a StPO begegnet werden kann.[36]

Die Entscheidung muss die für und gegen ein Absehen von der Vollstreckung sprechenden Ermessenskriterien in ihren Gründen erkennen lassen.[37] Gegen den ablehnenden Bescheid steht dem Verurteilten nach Durchführung des Vorverfahrens, § 21 StVollstrO, der Rechtsweg nach §§ 23 ff EGGVG offen. Dahingegen kann die Anordnung, dass von der Vollstreckung abgesehen wird, mangels Beschwer nicht angefochten werden. Hier besteht nur die Möglichkeit, gegen die Ausweisung vorzugehen, so dass im Falle ihrer Aufhebung die Anordnung ins Leere ginge.

In der Praxis regt meist die Ausländerbehörde eine Absehensanordnung an. Da jedoch die Voraussetzungen der Ausweisung nicht nur lediglich gegeben sein dürfen, sondern bereits eine Ausweisungsverfügung vorliegen muss,[38] empfiehlt es sich, dass der Verteidiger bei der Ausländerbehörde auf baldigen Erlass eines entsprechenden Bescheids drängt, sofern sein Mandant ein Interesse an einer Ausweisung

---

32 Vgl Bringewat § 456 Rn 2
33 OLG Hamm NStZ 1983, 524
34 Isak/Wagner Rn 227
35 KG StV 1992, 428; OLG Stuttgart StV 1993, 258; Groß StV 1987, 36, 39
36 OLG Hamburg StV 1996, 328 mwN
37 OLG Celle NStZ 1981, 405; OLG Hamburg StV 1996, 328 mwN
38 LR-Wendisch § 456 a Rn 6 a; Bringewat § 456 a Rn 5

hat. Oft kann es auch hilfreich sein, die Vollstreckungsbehörde darum zu bitten, auf eine baldige Ausweisungsverfügung hinzuwirken. Nach den entsprechenden Erlassen der Länder wird regelmäßig nach Verbüßung der Hälfte der Strafe eine Absehensanordnung in Betracht kommen.[39]

Die Vollstreckung kann bis zum Eintritt der Vollstreckungsverjährung nachgeholt **14** werden, wenn der Ausgelieferte oder Ausgewiesene freiwillig[40] zurückkehrt. Ein Ruhen der Verjährung, § 79 a StGB, tritt nicht ein.[41] Regelmäßig ergeht die *Anordnung der Nachholung* gleichzeitig mit der Absehensentscheidung, § 456 a II 3 StPO. Zugleich erfolgt zur Sicherung der Vollstreckung nachdem der Verurteilte das Bundesgebiet verlassen hat meist die Ausschreibung zur Festnahme im inländischen Fahndungssystem der Polizei. Die Vollstreckung darf aber nur nachgeholt werden, wenn der Verurteilte hierüber vor der Ausweisung in einer ihm verständlichen Sprache belehrt worden ist, § 456 a II 4 StPO, § 17 II 2 StVollstrO.[42]

Auch die Anordnung, die Vollstreckung bei Rückkehr nachzuholen, steht im pflichtgemäßen Ermessen der Vollstreckungsbehörde. Maßgeblich sind die Höhe des Strafrestes, die Schwere der Tat, die Gefährlichkeit des Verurteilten und die Wahrscheinlichkeit seiner Rückkehr.[43] Wenngleich die Anordnung der Regelfall sein soll, § 17 II StVollstrO, wird sie bei nur geringem Strafrest oder bei Ersatzfreiheitsstrafe unterbleiben können. Über Einwendungen gegen die Nachholung der Vollstreckung, entscheidet das nach §§ 462, 462 a StPO zuständige Gericht, § 458 II StPO.

Genehmigt die Ausländerbehörde aus wichtigen Gründen eine Einreise, kann für diesen Fall der Verzicht auf die Durchführung der Vollstreckung in Betracht kommen.[44] Oft weiß jedoch die Vollstreckungsbehörde von einer Einreisegenehmigung nichts; die Ausschreibung besteht daher weiterhin und der erlaubt Einreisende läuft Gefahr, dass er zur Nachholung der Vollstreckung festgenommen wird. Um dies zu vermeiden, sollte sich der Verteidiger, sobald er von einer Einreisegenehmigung erfährt, mit der Vollstreckungsbehörde in Verbindung setzen und sie ersuchen, den Vollstreckungshaftbefehl für die Dauer der Aufenthaltsgestattung außer Vollzug zu setzen. Ist er bereits zuvor mit der Vertretung im Verfahren bei der Ausländerbehörde befasst, empfiehlt es sich, diese zu bitten, schon vor Erteilung der Genehmigung festzustellen, ob Fahndungsmaßnahmen gegen seinen Mandanten bestehen; gegebenenfalls möge sie sich dann mit der ausschreibenden Vollstreckungsbehörde verständigen.

---

39 Vgl Groß StV 1987, 36, 39
40 Siehe hierzu KG StV 1987, 258; OLG Celle StV 2003, 90
41 LR-Wendisch § 456 a Rn 9; Isak/Wagner Rn 230
42 KK-Fischer § 456 a Rn 4; vgl auch OLG Karlsruhe NStZ 1994, 254
43 OLG Hamm NStZ 1983, 524; Groß StV 1987, 39
44 Isak/Wagner Rn 230

Kapitel 3
Freiheitsstrafen

Überblick

I. Ladung in die richtige Vollzugsanstalt

Sofern sich der Betroffene nicht bereits in Untersuchungshaft befindet, wird er in **1** die zuständige JVA zum Strafantritt geladen, § 27 StVollstrO. Diese ist generell nach den gemäß § 152 I StVollzG zu erstellenden *Vollstreckungsplänen* der Länder zu bestimmen. Grundsätzlich ist die Zuständigkeit nach allgemeinen Merkmalen iSv § 152 III StVollzG wie Alter, Geschlecht, Staatsangehörigkeit oder Vollzugsdauer festgelegt, sofern nicht nach § 152 II StVollzG ein nach individuellen Kriterien bestimmtes zentrales Einweisungsverfahren durchzuführen ist. Bei dem auf freiem Fuß befindlichen Verurteilten richtet sich die örtliche Zuständigkeit nach dessen Wohnort, Aufenthaltsort oder Standort (bei Soldaten), § 24 I 1 StVollstrO. IdR wird vom Wohnort ausgegangen, da ein Vollzug in der Nähe der Heimat der Resozialisierung im Allgemeinen am förderlichsten ist.[1] Wenn eine Ladung in eine Anstalt des Aufenthaltsortes ergeht, sollte der Verteidiger überlegen, ob nicht eine Einweisung in die durch den Wohnort bestimmte JVA den Interessen seines Mandanten eher Rechnung trägt. Spezielle Zuständigkeiten gibt es auch bei bestimmten Gefangenen, die wegen Krankheit oder Gebrechens nur in besonders geeigneten Vollzugsanstalten oder in einem Vollzugskrankenhaus aufgenommen werden können. Wenn die *Ladung* in eine allgemein zuständige Anstalt ergeht, weil die Vollstreckungsbehörde vom Zustand des Betroffenen keine Kenntnis hat, muss man um Einweisung in eine geeignete Anstalt ersuchen, sofern keine Vollzugsuntauglichkeit geltend gemacht werden kann. Gegen die Ladung selbst und die darin enthaltene

---

1 Isak/Wagner Rn 81

Bestimmung der zuständigen Vollzugsbehörde durch die Vollstreckungsbehörde ist der Rechtsweg nach §§ 23 f EGGVG gegeben.

Wird eine über sechsmonatige Strafe in einer für den Aufenthaltsort zuständigen Anstalt vollzogen, ist der Gefangene in die für seinen Wohnort zuständige Anstalt zu verlegen, wenn er es binnen zwei Wochen ab Vollzugsbeginn bei der Anstaltsleitung beantragt, § 24 II 1 StVollstrO. Gegen eine ablehnende Entscheidung muss nach §§ 23 ff EGGVG vorgegangen werden.[2]

2   Einrichtungen des *offenen Vollzugs* sehen keine oder nur verminderte Vorkehrungen gegen ein Entweichen vor, § 141 II StVollzG. Eine Ladung direkt dorthin kommt mit Ausnahme von Hessen nicht vor.[3] Es erfolgt zuerst eine Aufnahme in den *geschlossenen Vollzug*. Nach der Behandlungsuntersuchung wird ein Vollzugsplan erstellt, in welchem dann unter anderem eine Unterbringung im offenen oder geschlossenen Vollzug festgelegt wird, §§ 6, 7 StVollzG. Grundsätzlich soll der Gefangene im offenen Vollzug untergebracht werden, wenn er zustimmt und den entsprechenden Anforderungen genügt, § 10 I StVollzG. Hierauf hat er aber keinen Rechtsanspruch, sondern lediglich Anspruch auf fehlerfreien Ermessensgebrauch.[4] Zugelassen werden kann der Gefangene, wenn keine Missbrauchs- und Entweichungsgefahr erkennbar ist, er bereit ist, sich iSv § 2 StVollzG sozial zu integrieren und willens ist, sich in ein System einordnen zu lassen, das auf seiner Selbstdisziplin und seinem Verantwortungsbewusstsein beruht.[5]

3   Kommt der Verurteilte der Ladung zum Strafantritt nicht nach oder ist er der Flucht verdächtig, kann insbesondere ein *Vorführungs- oder Haftbefehl* zur Vollstreckung erlassen werden, § 457 II StPO, § 33 StVollstrO. Bei der Ergreifung von Fahndungsmaßnahmen ist dem Grundsatz der Verhältnismäßigkeit besondere Rechnung zu tragen, § 457 III 2 StPO. Deswegen kommt eine Ausschreibung im Fahndungssystem der Polizei grundsätzlich nur bei restlichen Freiheitsstrafen über zwei Wochen in Betracht.[6] Vollstreckungsvorführungs- und -haftbefehle gestatten aufgrund des sie legitimierenden richterlichen Strafurteils die Durchsuchung der Räumlichkeiten des Verurteilten, nicht aber von Dritten.[7] Maßnahmen nach § 457 StPO sind nur nach §§ 23 ff EGGVG anfechtbar. Soweit ein Haftbefehl mit dessen Vollzug erledigt ist, ist ein Feststellungsantrag gemäß § 28 I 4 EGGVG möglich.[8]

II.   Berechnung der Strafzeit

Zu einer effektiven Verteidigung ist es wichtig, dass die wichtigsten Prinzipien der Strafzeitberechnung bekannt sind.

1.   Allgemeine Regeln

4   Die Strafzeit ist für mehrere Strafen stets getrennt zu berechnen, § 37 I StVollstrO. Grundsätzlich werden kürzere Strafen vor längeren und Ersatzfreiheitsstrafen nach Freiheitsstrafen vollstreckt. Eine abweichende *Reihenfolge* ist aus wichtigem Grund

---

2 Vgl OLG Stuttgart StV 1997, 28
3 Hierzu Eschke S 64 ff
4 Calliess/Müller-Dietz § 10 Rn 2
5 Calliess/Müller-Dietz § 10 Rn 6
6 KK-Fischer § 457 Rn 9
7 OLG Celle StV 1982, 561; Meyer-Goßner § 105 Rn 6 mwN
8 OLG Hamm MDR 1987, 519; aA OLG Frankfurt NStZ-RR 2002, 224

zulässig, § 43 StVollstrO. Dies kann insbesondere erforderlich sein, um so früh wie möglich die Zurückstellungsreife mehrerer zu vollstreckender Strafen nach § 35 I BtMG zu erreichen. Jugendstrafen gehen Freiheitsstrafen idR vor, § 89 a JGG. Zweifel an der Berechnung durch die Vollstreckungsbehörde können gerichtlich geklärt werden, § 458 I StPO.

Bei einer Vollzugsdauer bis zu einer Woche wird die Strafe dem Tage und der Stunde nach berechnet, darüber hinaus wird auf volle Tage auf- oder abgerundet, je nachdem wie es für den Betroffenen günstiger ist, § 37 II StVollstrO. Der Tag ist zu 24 Stunden, die Woche zu sieben Tagen, der Monat und das Jahr sind nach der Kalenderzeit zu berechnen, § 37 IV StVollstrO.

Die Bestimmung des *Strafbeginns* richtet sich nach § 38 StVollstrO. Entscheidend **5** ist entweder der Zeitpunkt, an dem sich der Verurteilte in einer JVA stellt, der Zeitpunkt seiner Festnahme aufgrund §§ 457, 453 c StPO, der Beginn der Anschlussvollstreckung bei mehreren Strafen oder der Eintritt der Rechtskraft, wenn der Verurteilte sich in vorliegender Sache in U-Haft befindet. Letzterenfalls wird der Untersuchungshaftbefehl automatisch gegenstandslos; eine Haftbeschwerde würde unzulässig.[9] Für den Verurteilten ist es wichtig, dass bei Übergang von U-Haft in Freiheitsstrafe die mit der U-Haft verbundenen Beschränkungen alsbald wegfallen und so früh wie möglich ein Vollzugsplan erstellt werden kann (vgl hierzu §§ 5 ff StVollzG). Dadurch kann er baldmöglichst Vollzugslockerungen erhalten oder in den offenen Vollzug verlegt werden. Deswegen sollte der Verteidiger die JVA sofort vom Eintritt der Rechtskraft unterrichten und die Vollstreckungsbehörde ersuchen, umgehend beim Gericht eine Ausfertigung des Urteilstenors mit Vollstreckbarkeitsbescheinigung anzufordern, § 451 I StPO, und sodann das Aufnahmeersuchen an die JVA zu richten. Denn erst bei dessen Erhalt wird die JVA alles Erforderliche für die Erstellung eines Vollzugsplans in die Wege leiten.

Bei der wegen § 57 StGB notwendigen Berechnung des *Zweidrittelzeitpunkts* gibt **6** es vier Berechnungsarten. Bei der abstrakten Methode wird zur Bestimmung des $^2/_3$-Termins die erkannte Strafe durch drei geteilt (zB: 1 Jahr: 3 = 4 Monate) und entweder $^2/_3$ ab Strafbeginn hinzugerechnet (abstrakt vorwärts) oder $^1/_3$ vom Strafende rückwärts abgerechnet (abstrakt rückwärts). Bei der konkreten Methode wird errechnet, wieviel Tage insgesamt zu verbüßen sind; das Ergebnis wird durch drei geteilt und entweder ein Teil vom Strafende abgerechnet (konkret rückwärts) oder zwei Teile zum Strafbeginn hinzugerechnet (konkret vorwärts). Entsprechendes gilt für die Berechnung des *Halbstrafenzeitpunkts*.

Häufig ergeben sich dadurch, dass Tagesbruchteile je nach Günstigkeit auf- oder abzurunden sind, im Ergebnis Unterschiede von mehreren Tagen. Zu Gunsten des Verurteilten ist dann immer der früheste Zeitpunkt zugrunde zu legen.[10] Andererseits ist in den Fällen, in denen nach § 67 IV StGB, § 36 I BtMG Unterbringung oder Therapie auf die Strafe anzurechnen ist, der späteste Zeitpunkt maßgebend, damit sich so viel Strafzeit wie möglich erledigt. Letzteres wird in der Praxis häufig genug übersehen, so dass hier aufmerksame Verteidigung nötig ist.

---

9 OLG Düsseldorf StV 1988, 110; Meyer-Goßner § 120 Rn 15 mN der Gegenmeinung
10 Vgl zum Ganzen Isak/Wagner Rn 144 ff

2.   Anrechnung von Untersuchungshaft

7   Untersuchungshaft oder eine andere Freiheitsentziehung ist auf Jugendstrafe, zeitige Freiheitsstrafe oder Geldstrafe anzurechnen, § 52 a JGG,[11] § 51 I 1 StGB. Bei lebenslanger Freiheitsstrafe gilt § 57 a II StGB. Werden mehrere nicht gesamtstrafenfähige Strafen ausgesprochen, muss eine Verteilung der U-Haft in der Urteilsformel erfolgen.[12] Bei der Antragstellung sollte der Verteidiger darauf achten, dass die Verteilung so zu erfolgen hat, dass bei den Strafen so früh wie möglich eine Aussetzung nach § 57 StGB erfolgen kann.[13]

Anrechenbare Zeiten werden vom errechneten Strafende nach vollen Tagen rückwärts abgerechnet, § 39 IV 1 StVollstrO. Wenn U-Haft unmittelbar in Strafhaft übergeht, kann die rückwärtige Abrechnung aber dazu führen, dass die Haftzeit insgesamt länger ist als dann, wenn die U-Haft von Anfang an als Strafe verbüßt worden wäre. In diesem Fall ist die günstigere Berechnung maßgebend, § 39 2 StVollstrO.

Der Anrechnungsmaßstab beträgt 1:1, das heißt eine Strafe von 4 Monaten kann nicht durch eine U-Haft von 3 Monaten für verbüßt erklärt werden.[14] Bei der Anrechnung auf Geldstrafe entspricht ein Tag Freiheitsentziehung einem Tagessatz, § 51 IV 1 StGB. Eine weniger als 24 Stunden dauernde Freiheitsentziehung ist als 2 Tage Haft anzurechnen, wenn sie sich über 2 Kalendertage erstreckte, da stets von der für den Verurteilten günstigsten Berechnung auszugehen ist.[15] Die wohl überwiegende Ansicht ist jedoch für ein Zusammenziehen der Tagesbruchteile mit der Folge, dass die bis 24 Stunden dauernde Haft auch nur als 1 Tag berücksichtigt wird.[16]

8   Neben U-Haft ist auch jede *andere für das Verfahren ursächliche Freiheitsentziehung* auf die Strafe anzurechnen. Die Feststellung solcher Tatbestände bereitet in der Praxis häufig Schwierigkeiten, zumal wenn die Vorgänge nur unzureichend in der Ermittlungsakte dokumentiert sind. Der Verteidiger sollte deswegen besonderes Augenmerk auf in Frage kommende Zeiten legen. Solche sind vor allem die Dauer einer vorläufigen Festnahme nach § 127 StPO oder einer Unterbringung nach §§ 81, 126 a StPO, §§ 71 II, 72 IV, 73 JGG.[17] Gerade eine vorläufige Festnahme durch die Polizei zwecks Vernehmung kann in der Strafzeitberechnung versehentlich untergehen, wenn sich die Festnahme nicht ausdrücklich aus der Akte ergibt. Auch die Haft zur Sicherung der Abschiebung ist anzurechnen, falls sie aus Anlass der abgeurteilten Tat angeordnet worden und vor Rechtskraft des Urteils erlitten ist.[18] Ebenso ist die Zeit einer Untersuchung nach § 81 a StPO, etwa zur Entnahme einer Blutprobe, zu berücksichtigen (str);[19] dies muss auch gelten, wenn sich der Verurteilte der Maßnahme zur Abwendung von Zwang freiwillig unterzogen hat.[20] Nicht anrechenbar sind demgegenüber rein polizeirechtliche Maßnahmen zur Gefahrenabwehr, wie zB der Gewahrsam zwecks Ausnüchterung.[21]

---

11 Für Jugendarrest vgl § 52 JGG
12 BGHSt 24, 29
13 Vgl OLG Frankfurt StV 1989, 491; Eschke S 82
14 BGH NStZ 1983, 524
15 LG Bremen Rpfleger 1973, 256; OLG München Rpfleger 1981, 317
16 Vgl OLG Stuttgart NStZ 1984, 381; Tröndle/Fischer § 51 Rn 9; Isak/Wagner Rn 165 mwN
17 Isak/Wagner Rn 162
18 OLG Frankfurt NJW 1980, 537
19 LG Osnabrück NJW 1973, 2256; KMR-Paulus § 81 a Rn 47; SK-StGB-Horn § 51 Rn 4; aA LG Oldenburg Rpfleger 70, 175; Isak/Wagner Rn 162; Meyer-Goßner § 81 a Rn 28
20 Vgl Pohlmann Rpfleger 1970, 175 zu § 60 StGB aF
21 Isak/Wagner Rn 162

Die anrechenbare Haft muss aus Anlass der Tat, die Gegenstand des Verfahrens ist **9** oder gewesen ist, erlitten worden sein (*Grundsatz der Verfahrenseinheit*). Deren Verhängung und Fortsetzung muss also in ursächlichem Zusammenhang mit den Handlungen stehen, die den Gegenstand des Verfahrens bilden. Es kommt darauf an, dass die Tat mindestens einer der Anlässe der Freiheitsentziehung war und dass das zum Abschluss kommende Verfahren sich während irgendeiner Phase auch auf die Tat bezogen hat.[22] Verbindung zweier Verfahren während weniger Tage,[23] auch wenn während der Verbindung die Haft nicht bestanden hat,[24] genügt, wobei jedoch eine doppelte Anrechnung ausgeschlossen ist.

Schwierigkeiten bereiten die Fälle so genannter *verfahrensfremder Untersuchungshaft*: ein Verfahren ist nach §§ 170 II, 153, 154 II StPO eingestellt oder durch Freispruch erledigt, ohne dass es je mit einem anderen wenigstens kurzzeitig verbunden war. Dass eine förmliche Verfahrensverbindung nicht erfolgt ist, darf dem Verurteilten nicht zum Nachteil gereichen, daher ist in diesen Fällen durch eine analoge Anwendung von § 51 I 1 StGB eine Anrechnung von verfahrensfremder Haft zulässig und geboten,[25] jedenfalls dann, wenn die Verfahren hätten miteinander verbunden werden können. Die wohl überwiegende Ansicht hält dies demgegenüber aus Gründen der Praktikabilität und mangels planwidriger Gesetzeslücke für unzulässig.[26] Der BGH hat entschieden, dass jedenfalls dann, wenn eine funktionale Verfahrenseinheit bestanden hat, in erweiternder Auslegung von § 51 I 1 StGB eine Anrechnung erfolgen muss.[27] Dies sei dann anzunehmen, wenn das die vorläufige Freiheitsentziehung betreffende Verfahren zwar stets formal von dem zur Verurteilung führenden getrennt blieb, die Freiheitsentziehung in dem einen Verfahren sich aber auf den Gang oder den Abschluss des anderen konkret ausgewirkt hat. Namentlich sind dies die Fälle der Einstellung eines Verfahrens nach § 154 II StPO, in welchem Haft verbüßt wurde, im Hinblick auf ein anderes, welches mit einer Verurteilung endete.[28] Eine Anrechnung ist danach auch geboten, wenn in dem zur Verurteilung führenden Verfahren zwar ein Haftbefehl erlassen, aber nicht vollzogen, sondern hierfür lediglich Überhaft notiert war und das andere, für welches die Haft vollzogen wurde, durch Einstellung oder Freispruch endete.[29] Dies gilt auch, wenn bei einer Unterbringung zur Beobachtung nach § 81 StPO das Ergebnis der Beobachtung allein dem zweiten und mit einer Verurteilung abgeschlossenen Verfahren zugute kommt.[30] In allen Fällen ist höchste Vorsicht geboten, denn es besteht die Gefahr, dass die Vollstreckungsbehörde mangels Kenntnis anderer Vorgänge die eigentlich gebotene Anrechnung unterlässt.

3. Anrechnung von im Ausland erlittener Haft

Auch im Ausland erlittener Freiheitsentzug kann auf inländische Strafe angerechnet **10** werden. Dies ist zum einen der Fall, wenn wegen derselben Tat eine im Ausland verhängte Strafe vollstreckt wurde, § 51 III 1 StGB. Einer erneuten Verurteilung in

---

22 BGHSt 4, 326; SK-StGB-Horn § 51 Rn 8
23 OLG Frankfurt MDR 1988, 794
24 LK-Tröndle § 51 Rn 33
25 OLG Frankfurt StV 1989, 489; OLG Naumburg NStZ 1997, 129; OLG Dresden NStZ-RR 1997, 205; Maatz StV 1991, 267
26 OLG Hamm NStZ-RR 1996, 377; OLG Celle NStZ 1985, 168; OLG Düsseldorf StV 1997, 85; OLG Hamburg NStZ 1993, 204; SK-StGB-Horn § 51 Rn 8
27 BGH NStZ 1998, 134 m Anm Stree
28 OLG Düsseldorf StV 1994, 549; Maatz StV 1991, 267; s. a. BVerfG NStZ 1999, 24
29 BGH NStZ 1998, 134; s. a. LG Amberg StV 2003, 452
30 Stree NStZ 1998, 137; vgl auch OLG Karlsruhe MDR 1994, 1032

Deutschland steht das Verbot der Doppelbestrafung, Art. 103 III GG, nicht entgegen, da sich dieses auf Verurteilungen durch denselben Staat beschränkt.[31] Neben erlittener Haft können auch im Ausland vollstreckte Geldsanktionen Berücksichtigung finden. Da es leicht geschehen kann, dass der Vollstreckungsbehörde die Vollstreckung wegen derselben Tat im Ausland entgangen ist, sollte ihr in jedem Fall von einem solchen Umstand mit Angabe der Haftzeiten und des Haftortes berichtet werden.

Ebenso ist die erlittene *Auslieferungshaft* zum Zwecke der Strafverfolgung oder Strafvollstreckung auf die Strafe anzurechnen, § 51 III 2 StGB, § 450 a I StPO. Jedoch kann dies im Hinblick auf das Verhalten des Verurteilten nach dem letzten tatrichterlichen Urteil ausgeschlossen werden, § 450 a III StPO. Ausreichend hierfür ist aber keinesfalls die Tatsache der Flucht allein; stets müssen erschwerende Umstände hinzutreten, wie zB ein gewalttätiger Ausbruch aus der JVA oder die Verbringung der Verbrechensbeute ins Ausland.[32]

11 Für die im Ausland erlittene Freiheitsentziehung ist durch das Gericht, im Fall des § 450 a StPO durch die Vollstreckungsbehörde[33] ein Anrechnungsmaßstab zu bestimmen. Hierbei ist das im Ausland erlittene Strafübel zu schätzen und in ein dem deutschen Strafsystem zu entnehmendes Äquivalent umzusetzen.[34] Erschwerte oder gar menschenunwürdige Haftbedingungen legen einen günstigen Umrechnungsmaßstab nahe. In solchen Fällen empfiehlt es sich, die Zustände in der jeweiligen Haftanstalt exemplarisch darzulegen. In der Schweiz erlittene Auslieferungshaft ist zB 1:1 anzurechnen,[35] die in Frankreich verbrachte dagegen 1:1,5.[36]

4. Vollstreckung mehrerer Freiheitsstrafen

12 Nach §§ 57, 57 a StGB können Freiheitsstrafen bei günstiger Sozial- und Kriminalprognose sowie nach Verbüßen von 2/3 bzw 1/2 der zeitigen und 15 Jahren der lebenslangen Freiheitsstrafe zur Bewährung ausgesetzt werden. Um bei der Vollstreckung mehrerer Strafen eine gleichzeitige und einheitliche Entscheidung zu ermöglichen, ist die zunächst zu vollstreckende Freiheitsstrafe für die nachfolgende zu *unterbrechen*, sobald die zeitlichen Voraussetzungen der §§ 57 I, II Nr. 1, 57 a StGB erfüllt sind, § 454 b II 1 StPO.

Eine Unterbrechung von Ersatzfreiheitsstrafen nach Verbüßung von 2/3 findet nicht statt, da sie nicht zur Bewährung nach § 57 StGB ausgesetzt werden können.[37] Diese Frage ist in der Rechtsprechung sehr umstritten; der Verteidiger sollte daher in jedem Fall versuchen, eine Aussetzungsentscheidung auch für Ersatzfreiheitsstrafen herbeizuführen. Lehnt die Vollstreckungsbehörde das Unterbrechungsgesuch ab, können nach erfolgloser Rechtspflegererinnerung Einwendungen nach § 458 II StPO erhoben werden.

---

31 BVerfGE 12, 66

32 Bringewat § 450 a Rn 14; vgl auch BGHSt 23, 307

33 OLG Düsseldorf StV 1991, 478

34 BGH StV 1986, 292; BGHSt 30, 283

35 BGH MDR 1986, 271

36 LG Essen StV 1991, 170; LG Hamburg StV 1997, 87

37 OLG Oldenburg MDR 1988, 1171; OLG Jena NStZ 1999, 317; KMR-Paulus § 454 b Rn 19; SK-StGB-Horn § 51 Rn 3; aA OLG Hamm StV 1998, 151; Tröndle/Fischer § 57 Rn 2 a: § 57 ist auf Ersatzfreiheitsstrafen anwendbar, da die zur Freiheitsstrafe Verurteilten sonst unbilligerweise bessergestellt würden

Die Unterbrechung einer oder mehrerer Strafen hat immer so zu erfolgen, dass die **13** frühest mögliche Aussetzungsreife herbeigeführt wird; Verzögerungen durch die Vollstreckungsbehörde dürfen dem Verurteilten nicht zum Nachteil gereichen.[38] Ist die rechtzeitige Unterbrechung unterblieben, dann ist die dadurch verstrichene Zeit im Ausgleich dafür auf die Anschlussstrafe anzurechnen; der Verurteilte ist bei der Berechnung der folgenden Strafe so zu stellen, als wäre die erste Strafe rechtzeitig unterbrochen worden.[39]

Die Unterbrechungswirkung darf nicht gegen materielles Gesetzesrecht verstoßen. Daher ist die Länge der Vollstreckung nach oben hin begrenzt durch die Länge der Strafzeit, die bei ununterbrochener Vollstreckung mehrerer Strafen nacheinander zu verbüßen wäre.[40] Ein anderes Ergebnis würde gegen § 39 StGB verstoßen. Falls eine Strafaussetzung nicht erfolgt, ist der Entlassungszeitpunkt somit vorzuziehen, wenn sich das Strafende bei einer Strafzeitberechnung ohne erfolgte Unterbrechung gemäß § 454 b II StPO nach vorne verschieben würde. Dies wird oft von den Vollstreckungsbehörden unterlassen, obwohl sich Unterschiede von mehreren Tagen ergeben können.[41] Der Verteidiger muss deswegen in diesen Fällen eine Neuberechnung veranlassen.

Regelmäßig erfolgt die Unterbrechung einer Strafe für eine nachfolgende nach Verbüßung von 2/3 der Strafzeit. Wenn die Freiheitsstrafe aber zwei Jahre nicht übersteigt und der Verurteilte *Erstverbüßer* ist, muss bereits nach Ablauf der Hälfte, frühestens aber nach sechs Monaten unterbrochen werden, § 454 b II Nr. 1 StPO. **14**

Der Verurteilte muss erstmals eine Freiheitsstrafe verbüßen. Dies ist nicht der Fall, wenn er bereits zuvor ganz oder teilweise eine Freiheits- oder Jugendstrafe abgesessen hat, es sei denn, es besteht hinsichtlich der Vorverurteilung ein Verwertungsverbot nach § 51 BZRG.[42] Unschädlich ist dagegen die frühere Verbüßung von Strafarrest, Ersatzfreiheitsstrafe, Untersuchungshaft oder von im Ausland vollzogenen Freiheitsstrafen.[43] Entscheidend ist immer der tatsächliche Erstvollzug, daher schließt eine unmittelbare Anschlussvollstreckung mehrerer Strafen eine jeweilige Unterbrechung zur Hälfte nicht aus.[44]

Eine Freiheitsstrafe, die zwei Jahre übersteigt, kann nach § 454 b II StPO nicht vor Ablauf von 2/3 unterbrochen werden. Das vorgeschriebene Höchststrafmaß bezieht sich aber immer nur auf jede einzelne Strafe, nicht auf die Summe aller im Vollstreckungszusammenhang stehenden Strafen,[45] letztere kann daher auch deutlich über zwei Jahre liegen. Wenn der Verurteilte bereits wegen einer anderen Freiheitsstrafe einsitzt und infolge Verbüßung in Freiheit gelangt, bevor die JVA zur Aufnahme bezüglich einer neuen Verurteilung ersucht wird, ist er kein Erstverbüßer mehr. Wenn es absehbar ist, dass es in solchen Fällen eng wird, sollte der Verteidiger das Gericht um schnellstmögliche Übersendung einer Ausfertigung des Urteilstenors

---

38 BVerfG NStZ 1988, 474
39 OLG Stuttgart StV 1991, 431; OLG Düsseldorf StV 1993, 88; Maatz NStZ 1990, 214; aA OLG Celle NstZ 190, 252; Eschke S 86: Die erste Strafe ist förmlich rückwirkend zu unterbrechen
40 BVerfG NStZ 1994, 452
41 Im vom BVerfG NStZ 1994, 452 entschiedenen Fall drei Tage
42 OLG Oldenburg StV 1987, 70; Bringewat § 454 b Rn 13
43 Isak/Wagner Rn 180
44 OLG Oldenburg StV 1987, 70; OLG Zweibrücken StV 1986, 489; OLG Stuttgart StV 1994, 250; OLG Düsseldorf Rpfleger 99, 147; aA Meyer-Goßner § 454 b Rn 2: Unterbrechung nur der 1. Strafe nach 1/2
45 BGH NStZ 1985, 126; OLG Zweibrücken StV 1989, 423; OLG Stuttgart StV 2000, 687; SK-StGB-Horn § 57 Rn 16 b; aA Tröndle/Fischer § 57 Rn 9 d

Matt

an die Vollstreckungsbehörde ersuchen, damit diese die Anschlussvollstreckung herbeiführen kann; denn ansonsten läuft der Mandant Gefahr, dass ihm unnötigerweise die Vorteile der Erstverbüßerregelung entgehen. Dann bleibt nur noch die Möglichkeit, unter den engen Voraussetzungen von § 57 II Nr. 2 StGB eine Strafaussetzung nach der Hälfte zu erreichen.

Wenn *besondere Umstände iSv § 57 II Nr. 2 StGB* bejaht werden können, kann nach § 43 IV StVollstrO aus wichtigem Grund eine Unterbrechung nach Verbüßung der Hälfte erfolgen.[46] Da letztlich nur das zuständige Gericht über das Vorliegen solcher besonderen Umstände entscheiden kann, wird die Vollstreckungsbehörde einem entsprechenden Antrag auch grundsätzlich stattzugeben haben.

15 Strafreste, deren Vollstreckung bereits nach § 57 StGB oder im Gnadenwege ausgesetzt war, werden regelmäßig vor anderen Freiheitsstrafen vollstreckt, § 43 II StVollstrO. Freiheitsstrafen werden nicht für solche *widerrufene Strafreste* unterbrochen, § 454 b II 2 StPO, da diese wegen Bewährungsversagens grundsätzlich vollständig vorweg zu vollstrecken sind.[47] Das heißt aber nicht, dass diese Strafreste von vornherein nicht mehr aussetzungsfähig sind, denn die erneute Anwendung von § 57 StGB ist hierdurch nicht ausgeschlossen.[48] Es ist deswegen dem Verteidiger zu raten, eine Änderung der Vollstreckungsreihenfolge gemäß § 43 IV StVollstrO zu beantragen, damit der widerrufene Strafrest zuletzt vollstreckt wird und dieser so in eine erneute gemeinsame Strafaussetzungsentscheidung einbezogen werden kann.

III. Aussetzung von Strafresten zur Bewährung

1. Verfahren

16 Eine Entscheidung über die vorzeitige Strafaussetzung ergeht in den Fällen der §§ 57 I, 57 II Nr. 1, 57 a StGB *von Amts wegen*. Sie hat so rechtzeitig zu erfolgen, dass die Vollzugsbehörde die notwendigen Maßnahmen zur Entlassungsvorbereitung treffen und dass ohne Entlassungsverzögerung ein Rechtsmittel noch erledigt werden kann.[49] Im Übrigen, speziell im Fall des § 57 II Nr. 2 StGB, wird nur *auf Antrag* entschieden. Falls die StVollstrK bereits eine Strafaussetzung zur Hälfte nach § 57 II Nr. 1 StGB abgelehnt hat, soll nach einer verbreiteten Ansicht eine 2/3-Prüfung nicht mehr von Amts wegen erfolgen,[50] daher sollte zu gegebener Zeit immer noch ein Antrag auf Entscheidung nach § 57 I StGB gestellt werden. In der Praxis hat es sich bewährt, das Gesuch um Strafaussetzung drei Monate vor dem voraussichtlichen Entlassungszeitpunkt zu stellen, denn so bleibt ausreichend Zeit, die notwendigen Stellungnahmen einzuholen. Bei verfrühter Antragstellung läuft man Gefahr, dass eine Aussetzung als verfrüht abgelehnt wird. Auch wenn bereits zuvor rechtskräftig eine Strafaussetzung abgelehnt wurde, kann nach angemessener Zeit auf Antrag erneut eine Entscheidung getroffen werden. Um aber nicht die Festsetzung einer Sperrfrist zu riskieren, § 57 VI StGB, sollte das erneute Gesuch nicht zu knapp nach dem ablehnenden Beschluss gestellt werden.

Wenn im Urteil die Anordnung einer *Sicherungsverwahrung vorbehalten* wurde, kann eine Entscheidung über die Strafrestaussetzung erst nach Rechtskraft der Ent-

---

46 Isak/Wagner Rn 179
47 Vgl OLG Hamburg StV 1993, 256; OLG Düsseldorf StV 1993, 257; KMR-Paulus § 454 b Rn 20
48 OLG Frankfurt StV 1985, 25; OLG Karlsruhe StV 2003, 287; Meyer-Goßner § 454 b Rn 3 a
49 KMR-Stöckel § 454 Rn 20
50 OLG Oldenburg StV 1987, 70; Meyer-Goßner § 454 Rn 5; aA KMR-Stöckel § 454 Rn 19

scheidung über die Anordnung der Sicherungsverwahrung getroffen werden, es sei denn die Voraussetzungen des § 57 II Nr. 2 StGB liegen offensichtlich nicht vor, § 66 a III StGB.

Neben der Staatsanwaltschaft ist grundsätzlich immer auch die JVA *anzuhören*, § 454 I 2 StPO.[51] Deren Angaben über den Vollzugserfolg und die Sozialprognose sind eine wesentliche Entscheidungsgrundlage. Sie basieren auf Äußerungen der Vollzugsbediensteten, wie Anstaltspsychologen, Sozialarbeiter, Werkdienst oder Aufseher. Inhaltlich setzt sich die JVA in ihrer Stellungnahme vor allem mit dem Verhalten des Verurteilten sowie mit seiner Entlassungssituation auseinander. Sie führt auch aus, ob er nach seiner möglichen Entlassung bereits eine Wohnung oder einen Arbeitsplatz in Aussicht hat. Darüber hinaus trifft sie auch eine Prognose über die Wahrscheinlichkeit künftiger Straffreiheit. Der Mandant wird am besten gleich zu Beginn der Haft darüber informiert, was in die Stellungnahme der Anstalt aufgenommen werden kann. Dieser kann dann sein künftiges Vollzugsverhalten danach ausrichten. Insbesondere wird ihm auch anzuraten sein, ihm auferlegten Arbeitspflichten, §§ 37 ff StVollzG, soweit zumutbar, nachzukommen sowie sich um eine Wohnung und Arbeit zu bemühen. Da die Stellungnahme der JVA kein Verwaltungsakt ist, kann sie nicht nach §§ 23 ff EGGVG angefochten werden.[52] Äußerungen der Bediensteten, die der Mandant bestreitet, muss daher durch Vortrag des Sachverhalts und Benennung von Beweismitteln, zB Beiziehung der Gefangenenpersonalakte, entgegengetreten werden.[53]

Der Verurteilte ist grundsätzlich mündlich zu hören, § 454 I 3 StPO. Das Gericht soll sich dabei einen persönlichen Eindruck verschaffen.[54] Die Anhörung kann durch einen beauftragten oder ersuchten Richter erfolgen.[55] In den Fällen des § 454 I 4 StPO ist nach Art. 103 I GG lediglich die schriftliche Anhörung zwingend. Eine nachteilige Stellungnahme von JVA oder Staatsanwaltschaft ist bekannt zu geben, sofern der Strafzweck dadurch nicht gefährdet wird.[56] IdR erfolgt die Ladung zur Anhörung in die JVA, kann aber auch an den Gerichtsort erfolgen. Es empfiehlt sich, auf Anhörung in der JVA zu drängen, so dass strittige Umstände dort unmittelbar mit dem Vollzugspersonal abgeklärt werden können.

Dem Verteidiger ist bereits nach § 33 III StPO Gelegenheit zur Stellungnahme zu geben. Zwar ist das Gericht nicht verpflichtet, ihn zur Anhörung förmlich zu laden, jedoch erhält er eine Terminsnachricht, da der Verteidiger teilnahmeberechtigt ist[57] (vgl auch § 454 II 4 StPO). Zur Vorbereitung der Anhörung ist es unbedingt erforderlich, dass der Verteidiger Einsicht in die Sach- und Vollstreckungsakten nimmt. Diese sollen dem Gericht rechtzeitig zur Entscheidung mit den notwendigen Stellungnahmen durch die Vollstreckungsbehörde vorgelegt werden, was häufig zu spät geschieht. Der Verteidiger muss deswegen die beteiligten Behörden zur zügigen Bearbeitung anhalten.

In vielen Fällen ist es zweckdienlich, den vormaligen Bewährungshelfer anzuhören oder zur Vorbereitung der Entscheidung Ermittlungen der Gerichtshilfe, § 463 d StPO, über das soziale Umfeld des Verurteilten zu veranlassen. Gerade eine negati-

---

51 Wann hiervon abgesehen werden kann vgl Meyer-Goßner § 454 Rn 13
52 Bringewat § 454 Rn 24
53 Zum Einsichtsrecht des Gefangenen in seine Personalakte: Calliess/Müller-Dietz § 7 Rn 1
54 BGHSt 28, 141; OLG Celle StV 1988, 259
55 BGHSt 28, 141
56 KMR-Stöckel § 454 Rn 49
57 Vgl BVerfG StV 1994, 552; OLG Zweibrücken StV 1993, 315

Matt

ve Stellungnahme der JVA kann durch das Ergebnis solcher Situationsberichte entkräftet werden.

Zur Frage der Aussetzung des Restes einer lebenslangen Freiheitsstrafe ist zwingend ein *Sachverständigengutachten* einzuholen, wenn eine positive Entscheidung in Frage kommt, § 454 II 1 Nr. 1 StPO. Zieht das Gericht jedoch eine Strafaussetzung nicht in Betracht, weil wegen besonderer Umstände eine Aussetzung offensichtlich nicht verantwortet werden kann, so ist eine Begutachtung entbehrlich.[58] In Zweifelsfällen wird man jedoch nicht vom Erfordernis der Begutachtung abweichen können.[59] Durch das Gesetz zur Bekämpfung von Sexualdelikten und anderen gefährlichen Straftaten vom 26. 1. 1998 (BGBl I 1998, 160) wurde diese Anhörungspflicht auf weitere Tatbestände erweitert, § 454 II 1 Nr. 2 StPO. Dadurch entstandene Kosten trägt der Verurteilte, § 464 a I 2 StPO.[60] Das ist auch zu beachten, wenn der Verteidiger darüber hinaus eine Begutachtung beantragt. Der Sachverständige wird regelmäßig mündlich gehört.[61]

18   Entschieden wird durch *Beschluss*, § 454 I 1 StPO. Dieser ist zu begründen und hat sich mit den einzelnen Stellungnahmen auseinanderzusetzen. Tatsachen, die sich für den Verurteilten nachteilig auswirken, müssen zur Überzeugung des Gerichts feststehen.[62] Der Beschluss ist der Staatsanwaltschaft, dem Verurteilten und seinem Verteidiger zuzustellen. Die Entlassung wird durch die Vollstreckungsbehörde verfügt. Wenn nach der Beschlussformel der Entlassungszeitpunkt mit Beschlussrechtskraft eintritt, sollte der Verteidiger dafür sorgen, dass das Gericht den Beschluss der Vollstreckungsbehörde schnellstmöglich per Fax übersendet, damit im Falle eines Rechtsmittelverzichts sofort die Entlassung herbeigeführt werden kann.

19   Die Entscheidung ist mit der sofortigen Beschwerde anfechtbar, §§ 454 III 1, 311 StPO. Da das *Rechtsmittel* der Staatsanwaltschaft aufschiebende Wirkung hat, § 454 III 2 StPO, muss der Verteidiger auf eine schnelle Begründung und Vorlage der Akten an das Beschwerdegericht drängen. Die Anordnungen über die Festsetzung der Bewährungszeit oder von Weisungen und Auflagen kann isoliert mit einfacher Beschwerde angefochten werden, §§ 454 IV 1, 453 II, 304 ff StPO, gleichgültig, ob diese in dem Aussetzungs- oder in gesondertem Beschluss angeordnet sind. Einfache Beschwerde ist auch statthaft, wenn das Gericht eine Entscheidung überhaupt wegen verfrühten Antrags oder fehlender Einwilligung des Verurteilten ablehnt.[63]

2. Materielle Voraussetzungen einer Aussetzung

a) ²/₃-Entscheidung

20   Nach Verbüßung von Zweidrittel einer Freiheitsstrafe (mindestens aber zwei Monaten) muss diese ausgesetzt werden, sobald eine *günstige Sozial- und Kriminalprognose* vorliegt und der Verurteilte darin einwilligt, § 57 I StGB. Bei der Entscheidung muss das Sicherheitsinteresse der Allgemeinheit gebührend berücksichtigt werden. Liegt kein Einverständnis des Verurteilten vor, was nicht selten vorkommt,

---

58 BGH NStZ 2000, 279; Thüring OLG StV 2001, 27
59 Vgl Neubacher NStZ 2001, 449
60 OLG Celle NdsRpfl 1988, 13; OLG Düsseldorf MDR 1991, 557; aA OLG Hamm Rpfleger 2001, 45; zur Möglichkeit, von der Erhebung von Verfahrenskosten abzusehen vgl § 10 KostVfg
61 Zum Gang und der Methode der Begutachtung s Teil I; vgl hierzu auch Kröber NStZ 1999, 593
62 OLG Brandenburg NStZ 1996, 405
63 OLG Düsseldorf NStZ 1994, 454

ist eine förmliche Entscheidung entbehrlich (str). Später kann dann nur noch auf Antrag hin über eine Aussetzung entschieden werden.

§ 57 StGB gilt für zeitige Freiheitsstrafen und Jugendstrafen, die nach § 92 II JGG im Erwachsenenvollzug vollstreckt werden.[64] Im Übrigen gelten bei Jugendstrafen die §§ 88, 89 JGG. Auf Ersatzfreiheitsstrafen findet § 57 StGB keine Anwendung (str: s Rn 12).

Bei der Beurteilung der Prognose sind nach § 57 I 2 StGB namentlich die Persönlichkeit des Verurteilten, sein Vorleben, seine Lebensverhältnisse, das Vollzugsverhalten, die Tatumstände und die Auswirkungen einer Aussetzung auf ihn zu berücksichtigen. In die Abwägung ist auch das Gewicht des bei einem Rückfall bedrohten Rechtsguts mit einzubeziehen. Hiernach günstige Umstände können sein:

– die Wohnsituation nach Entlassung ist bereits geregelt
– bereits aus der Haft heraus bemüht sich der Verurteilte um Arbeit oder hat diese bereits
– soziale/familiäre Kontakte wurden aufrechterhalten
– Verbindungen zum Milieu wurden abgebrochen
– der Verurteilte hat sich ernsthaft mit der Tat und ihren Folgen auseinandergesetzt
– er bemüht sich um Bewältigung seiner Suchtproblematik
– besondere Haftempfindlichkeit durch erstmalige Inhaftierung.

Die Klausel von der Verantwortbarkeit der Aussetzung schließt es mit ein, dass ein vertretbares Restrisiko eingegangen wird.[65] Aus Gründen der erheblichen Schuld des Täters oder der besonderen Gefährlichkeit des Delikts darf eine Strafaussetzung nicht versagt werden.[66] Ein vorheriger Bewährungsbruch kann eine schlechte Prognose erwarten lassen, nicht jedoch, wenn die neuere Entwicklung der Persönlichkeit positiv ist.[67] Daher ist gerade eine solche Tendenz durch den Verteidiger besonders herauszustellen.

Je länger der Strafvollzug dauert, umso weniger Bedeutung haben die Tatumstände oder andere länger zurückliegende Erkenntnisse für die Prognose.[68] Demgegenüber gewinnen mit zunehmender Haftdauer die Umstände an Bedeutung, die wichtige Erkenntnisse über das Erreichen des Vollzugsziels vermitteln.[69] Hierbei spielt auch das Verhalten des Gefangenen während ihm gewährter Vollzugslockerungen eine Rolle.

b)   ¹/₂-Entscheidung

Nach Erledigung der Hälfte, mindestens jedoch von sechs Monaten, kann die Reststrafe ausgesetzt werden, wenn eine günstige Sozial- und Kriminalprognose vorliegt, der Verurteilte einwilligt und er erstmals eine nicht über zwei Jahre dauernde Freiheitsstrafe verbüßt, § 57 II Nr. 1 StGB. Hinsichtlich der Voraussetzungen der *Erstverbüßerregelung* kann auf Rn 14, im Übrigen auf die Ausführungen zur ²/₃-Entscheidung verwiesen werden.

21

---

64 BGHSt 26, 375; vgl auch OLG Düsseldorf StV 1998, 348
65 BVerfG StV 1998, 429
66 BVerfG NJW 1994, 378
67 OLG Braunschweig StV 1992, 588
68 BVerfG StV 1999, 548; 2000, 265
69 OLG Bremen NStZ 2000, 671

22   Darüber hinaus kann auf Antrag und bei Einwilligung des Verurteilten eine Aussetzung der Reststrafe nach der Hälfte, mindestens sechs Monaten, erfolgen, wenn *besondere Umstände* in der Tat, in seiner Persönlichkeit oder Entwicklung während
des Vollzugs vorliegen, § 57 II Nr. 2 StGB. Die Sachlage muss nicht unbedingt eine
besonders günstige Sozialprognose ermöglichen, sondern es genügen auch Umstände, die im Vergleich mit gewöhnlichen Milderungsgründen ein besonderes Gewicht
haben.[70] Im Gegensatz zur Beurteilung der Sozialprognose können auch Umstände, die für die Schwere der Schuld von Bedeutung sind, eine Rolle spielen.[71] Als
Beispiele besonderer Umstände kommen in Betracht:[72] Notwehrexzess, Putativnot-
wehr, vermeidbarer Verbotsirrtum, besondere Konfliktsituation, straffreie Führung
vor der Tat.

c)   Lebenslange Freiheitsstrafe

23   Die Vollstreckung einer lebenslangen Freiheitsstrafe kann nach Verbüßung von 15
Jahren und bei Einwilligung des Betroffenen ausgesetzt werden, wenn nicht dessen
besondere Schwere der Schuld die weitere Vollstreckung gebietet, §§ 57 a I, 57 b
StGB. Wenn die Prognosevoraussetzungen der §§ 57 a, 57 StGB vorliegen und eine
besonders schwere Schuld verneint wurde, muss die Vollstreckung nach 15 Jahren
ausgesetzt werden.[73] Nach OLG Frankfurt[74] soll der Verurteilte bereits im 10. Haft-
jahr einen Anspruch darauf haben, gerichtlich feststellen zu lassen, ob und bis
wann die Vollstreckung über die Mindestverbüßungszeit fortzusetzen ist. Damit
ausreichend Zeit für die Erprobungsphase im Rahmen von Vollzugslockerungen
bleibt, sollte ein Antrag auf Strafaussetzung bei hinreichender Erfolgsaussicht spätestens nach Ablauf von 13 Jahren gestellt werden (vgl § 454 I 4 Nr. 2 StPO). In diesem Zusammenhang ist zu beachten, dass die Vollzugslockerung Urlaub bereits
nach Ablauf von zehn Haftjahren zulässig ist, § 13 III StrVollzG.

Nach dem Beschluss des BVerfG vom 3. 6. 1992[75] hat in verfassungskonformer Auslegung von §§ 454, 462 a StPO jedenfalls in Mordfällen bereits das Schwurgericht
die für die besondere Schuldschwere erheblichen Tatsachen festzustellen, im Urteil
darzulegen und zu gewichten. Das Vollstreckungsgericht ist an diese Gewichtung
gebunden; deswegen unterliegt sie auch der Revision.[76] Die StVollstrK hat nach
dem Beschluss des BVerfG dann nicht nur über die Aussetzung der weiteren Vollstreckung zu entscheiden, sondern im Falle der Ablehnung auch, bis wann die Vollstreckung unter dem Gesichtspunkt der Schwere der Schuld fortzusetzen ist. Dabei
muss der voraussichtliche Aussetzungszeitpunkt so rechtzeitig bestimmt sein, dass
die Vollzugsbehörden die Enlassungsvorbereitungen, § 15 StVollzG, so rechtzeitig
treffen können, dass die bedingte Entlassung nicht verzögert wird. In den Altfällen
(Straferkenntnis vor dem 3. 6. 1992), darf die StVollstrK zu Lasten des Verurteilten
nur das dem Urteil zugrundeliegende Tatgeschehen und die dazu festgestellten
Umstände der Ausführung und der Auswirkung der Tat berücksichtigen.

---

70 OLG Koblenz StV 1991, 428; Tröndle/Fischer § 57 Rn 9 f mwN
71 OLG Hamm NJW 1970, 2125; OLG Düsseldorf StV 1989, 214
72 Nach Isak/Wagner Rn 942
73 BVerfG StV 1993, 598
74 StV 1995, 539
75 StV 1992, 470 = NStZ 1992, 484 = BVerfGE 86, 288
76 BGHSt 39, 209; SK-StGB-Horn § 57 a Rn 9

3.   Nebenentscheidungen

Für die Bewährungsentscheidung gelten die §§ 56 a bis 56 g StGB entsprechend,   **24**
§ 57 III StGB. Die Unterstellung unter Bewährungsaufsicht ist die Regel, wenn
mindestens ein Jahr Freiheitsstrafe verbüßt wurde, § 57 III 2 StGB. Bei nur geringen Strafresten wird jedoch davon abzusehen sein.[77] Durch das Gesetz zur Bekämpfung von Sexualdelikten und anderen gefährlichen Straftaten vom 26. 1. 1998
(BGBl I 1998, 160) wurde die Möglichkeit geschaffen, auch ohne Einwilligung des
Betroffenen die Strafaussetzung von einer Heilbehandlung, die mit keinem körperlichen Eingriff verbunden ist, anzuordnen, § 56 c III Nr. 1 StGB. Zu denken ist
hierbei an die Weisung, sich in psychotherapeutische Behandlung zu begeben. Im
Übrigen kann die Anordnung, sich einer Heilbehandlungen oder Entziehungskur
zu unterziehen, nur bei Einwilligung erfolgen. Zu beachten ist, dass dies auch für
die Verpflichtung zur Einnahme von Medikamenten gilt, da mit der Zufuhr von
Stoffen in den Körper bereits ein körperlicher Eingriff verbunden ist.[78]

4.   Antragsmuster

Beispiel für einen Antrag an die StVollstrK, die weitere Vollstreckung nach der Verbüßung der   **25**
Hälfte gemäß § 57 II Nr. 1 StGB zur Bewährung auszusetzen:

Mit beiliegender Vollmacht zeige ich die Verteidigung des Herrn A an und beantrage, die Reststrafe aus dem Urteil des AG X vom 25. 4. 2004 nach Verbüßung der Hälfte ab 18. 8. 2004 zur Bewährung auszusetzen. Gleichzeitig wird beantragt, den Unterzeichner für das Aussetzungsverfahren als
Pflichtverteidiger beizuordnen.

Mein Mandant verbüßt seit 3. 5. 2004 die Freiheitsstrafe von 14 Monaten in der JVA Y. Unter Anrechnung der am 12. 10. 2003 erfolgten vorläufigen Festnahme und der vom 19. 1. bis 2. 5. 2004 erlittenen U-Haft wird am 17. 8. 2004 die Hälfte der Strafe erledigt sein. Herr A verbüßt erstmals eine
Freiheitsstrafe; diese übersteigt zwei Jahre nicht, so dass die Voraussetzungen der Erstverbüßerregelung vorliegen.

Auch kann ihm eine günstige Prognose gestellt werden. In der Haft hat er sich intensiv mit seinem
Tatverhalten auseinander gesetzt, er sieht das Negative seiner Tat nunmehr ein. Nach Auskunft der
Anstaltsbediensteten ist sein Verhalten im Vollzug nicht zu beanstanden. Auch seine Entlassungssituation stellt sich als günstig dar: Herr A erhält regelmäßig Besuch seiner Frau und wird wieder
bei ihr wohnen. Darüber hinaus wurde ihm seitens der Firma Z laut beiliegender Mitteilung im Falle seiner Entlassung ab dem 1. 9. 2004 eine Arbeitsstelle zugesagt. Es wird angeregt, zur weiteren
Abklärung seiner persönlichen Situation einen Bericht der Gerichtshilfe einzuholen.

Zur mündlichen Anhörung von Herrn A werde ich erscheinen; Terminsnachricht unter Beifügung
der abgegebenen Stellungnahmen wird erbeten.

Die Beiordnung eines Pflichtverteidigers ist notwendig zum einen wegen der Schwierigkeit der
Sach- und Rechtslage, zum anderen weil mein Mandant zur eigenen Verteidigung in sachgemäßer
Weise nicht in der Lage ist.

IV.   Zurückstellung der Vollstreckung bei Betäubungsmittelabhängigkeit

Das BtMG sieht in seinen §§ 35, 36 eine einer bestimmten Tätergruppe vorbehalte-   **26**
ne Verschonung von der Vollstreckung einer Freiheitsstrafe bis zum Höchstmaß
von zwei Jahren vor. Voraussetzung ist, dass jemand zu einer Freiheitsstrafe von

---

77 OLG Koblenz MDR 1976, 946
78 Schöch NJW 1998, 1260

nicht mehr als zwei Jahren verurteilt wurde oder ein Strafrest von nicht mehr als zwei Jahren zu vollstrecken ist und die Tat wegen Betäubungsmittelabhängigkeit begangen worden war. Sofern die Bereitschaft besteht, sich in einer bestimmten Einrichtung einer Therapie zu unterziehen, kann die Vollstreckung der Freiheitsstrafe zurückgestellt werden. Es muss sich um keine Straftat gegen das BtMG handeln, auch Beschaffungsdelikte werden erfasst. Praktisch bedeutsam ist auch die Möglichkeit, die Vollstreckung der Unterbringung in einer Entziehungsanstalt zurückzustellen. Das ist aber nur zulässig, wenn diese nicht allein, sondern neben einer Strafe angeordnet wurde.[79] Die Rückstellungsvorschriften sind entsprechend bei Verurteilung zu Jugendstrafe anwendbar, § 38 I 1 BtMG.

27 Liegen mehrere Freiheitsstrafen vor, von denen bei mindestens einer noch mehr als zwei Jahre zu vollstrecken sind, ist eine Zurückstellung auch nur der kürzeren Strafe noch nicht möglich (vgl § 35 VI Nr. 2 BtMG). Der Verteidiger muss in diesem Fall versuchen, die Vollstreckung so zu beeinflussen, dass so früh wie möglich die zeitlichen Rückstellungsvoraussetzungen aller Strafen erreicht werden. Dazu wird meist zu beantragen sein, dass nach § 43 IV StVollstrO von der regelmäßigen Vollstreckungsreihenfolge (kurze Strafen vor langen) abgewichen wird: baldmöglichst soll die Vollstreckung der über zwei Jahre liegenden Strafe beginnen. Andernfalls bliebe nur der Weg, Gnadenmaßnahmen bezüglich der Strafe, welche einer Zurückstellung im Wege steht, zu erwirken.[80]

28 Es entscheidet die Vollstreckungsbehörde nach pflichtgemäßem Ermessen. Bei Vorliegen der Voraussetzungen ist darauf zu achten, dass eine Zurückstellungsentscheidung nicht unnötig lange hinausgezögert wird, da sonst die bestehende Therapiemotivation wieder verloren gehen kann. Sofern mehrere Vollstreckungsbehörden beteiligt sind, muss der Verteidiger die Abgabemöglichkeit des § 451 III 2 StPO beachten. Zumindest dann, wenn eine der Behörden beabsichtigt, die Zurückstellung abzulehnen und dadurch für die sie nicht betreffenden Freiheitsstrafen eine positive Entscheidung verhindert wird, arg § 35 VI Nr. 2 BtMG, ist zu prüfen, ob dem nicht durch Abgabe aller Zuständigkeiten an die vollzugsnächste Vollstreckungsbehörde begegnet werden kann (s. a. Teil D Kap 1 Rn 4).

29 Hinsichtlich der Einzelheiten wird im Übrigen auf Teil E Kap 3 Rn 17 ff verwiesen.

30 Die Zurückstellung wird widerrufen, wenn die Behandlung endgültig nicht begonnen bzw fortgeführt oder die erforderlichen Nachweise nicht erbracht werden, § 35 V BtMG. Darüber hinaus kommt es zum *Widerruf* bei nachträglicher Bildung einer Gesamtstrafe über zwei Jahren Restdauer, § 35 VI BtMG. Wenn die Gesamtstrafe aus einer Freiheitsstrafe mit einer Geldstrafe zu bilden wäre, kann ein Absehen von der Gesamtstrafenbildung gemäß § 53 II StGB helfen.

31 Die Ablehnung der Zurückstellung kann nur nach §§ 23 ff EGGVG angefochten werden; zuvor ist gemäß § 21 StVollstrO Vollstreckungsbeschwerde einzulegen.[81] Sofern das Gericht einer Zurückstellung nicht zustimmt, ist die Vollstreckungsbehörde an einer positiven Entscheidung gehindert. Die Verweigerung der Zustimmung kann der Verurteilte nur zusammen mit der Ablehnung der Zurückstellung anfechten, § 35 II BtMG. Gegen den Widerruf der Zurückstellung kann die Entscheidung des Gerichts des ersten Rechtszuges herbeigeführt werden, § 35 VII 2 BtMG.

---

79 Katholnigg NStZ 1981, 417
80 Vgl OLG Karlsruhe StV 2003, 287; NStZ 1982, 484
81 AA OLG Oldenburg StV 1995, 427: es ist kein Vorverfahren durchzuführen

Mit der Zustimmung zur Zurückstellung wird auch die Anrechnungsfähigkeit der   **32**
Therapie auf die Freiheitsstrafe festgestellt, § 36 I 2 BtMG. Die Behandlung in einer
staatlich anerkannten Einrichtung wird bis zu zwei Dritteln auf die Strafe angerechnet.[82] Ausnahmsweise wird dies auch bezüglich vor der Verurteilung verbrach-
ter Therapiezeit für zulässig erachtet.[83] Daneben kann das Gericht auch andere
Formen der Therapie auf die Strafe anrechnen, § 36 III BtMG.

Bei günstiger Prognose kann gemäß § 36 I 3 oder II BtMG nach erfolgreicher Therapie die dann noch offene Reststrafe zur Bewährung ausgesetzt werden. Nicht erforderlich ist es, dass die Hälfte der Strafe bereits erledigt ist.[84] Die Entscheidungen
über die Anrechenbarkeit und die Strafaussetzung sind mit sofortiger Beschwerde
anfechtbar, § 36 V BtMG.

Beispiel für einen Antrag an die Vollstreckungsbehörde, die Vollstreckung gemäß § 35 BtMG   **33**
zurückzustellen:

Mit beiliegender Vollmacht zeige ich die Verteidigung von Frau A an und beantrage, die weitere
Vollstreckung der Freiheitsstrafe aus dem Urteil des LG X vom 3. 10. 2004 ab 1. 4. 2005 zurückzustellen.

Meine Mandantin wird zu diesem Zeitpunkt nur noch einen Strafrest von zwei Jahren zu verbüßen
haben. Ausweislich der Urteilsgründe hat sie die zur Verurteilung führenden Taten aufgrund ihrer
Betäubungsmittelabhängigkeit begangen. Mit beiliegender Erklärung sagt sie zu, sich zur Behandlung ihrer Abhängigkeit in die X-Klinik zu begeben. Laut deren beigefügter Bestätigung kann
Frau A dort am 1. 4. 2005 10.00 Uhr aufgenommen werden. Je eine Bescheinigung über die Übernahme der Behandlungskosten durch den Kostenträger sowie über die staatliche Anerkennung der
Drogenheilstätte füge ich bei. Das Gericht hat der Zurückstellung bereits in den Urteilsgründen zugestimmt und zugleich die Anrechnungsfähigkeit der Therapie auf die Strafe erklärt.

Herr B von der örtlichen Drogenberatungsstelle wird im Falle einer Zurückstellung der Vollstreckung meine Mandantin am 1. 4. 2005 von der JVA in die X-Klinik begleiten.

V. Verteidigung im Verfahren über den Bewährungswiderruf

1. Widerrufsgründe

Wenn sich der Proband nicht bewährt hat, wird regelmäßig zu prüfen sein, ob die   **34**
ausgesetzte Strafe bzw Strafrest widerrufen werden muss. Die Widerrufsgründe
sind abschließend in § 56 f I StGB geregelt.

Der bedeutsamste Widerrufsgrund ist die in der Bewährungszeit begangene *neue
Straftat*. Diese setzt eine strafbare Handlung voraus. Sie liegt nicht vor, wenn es an
der Schuld, einer objektiven Strafbarkeitsbedingung oder einem Strafantrag fehlt.[85]
Die Unschuldsvermutung des Art. 6 II MRK gebietet es, den Widerruf grundsätzlich erst nach Vorliegen einer rechtskräftigen Verurteilung zuzulassen.[86] Hiervon
wird aber abgewichen werden können, wenn der Beschuldigte ein unwiderrufliches
Geständnis im Beisein seines Verteidigers in einer richterlichen Vernehmung abgelegt hat.[87] In allen anderen Fällen muss demzufolge die Entscheidung über einen

---

82 Vgl zur Berechnung Rn 6
83 Körner § 36 Rn 7
84 OLG Stuttgart NStZ 1986, 187; OLG Düsseldorf JR 1990, 349; aA OLG München MDR 1984,
    514
85 SK-StGB-Horn § 56 f Rn 7
86 OLG Celle StV 1990, 504; OLG Koblenz StV 1991, 172; OLG München StV 1991, 174
87 OLG Düsseldorf StV 1993, 35; OLG Schleswig StV 1992, 327; OLG Jena StV 2003, 575

Widerruf bis zur abschließenden Aburteilung der neuen Tat zurückgestellt werden. Dabei ist es auch von Bedeutung, dass der Widerruf auch noch nach Ablauf der Bewährungszeit erfolgen kann, solange nur die Anlasstat innerhalb der Bewährungszeit begangen wurde. Ein Widerruf scheidet jedoch dann aus, wenn die neue Tat nach Ablauf der Bewährungszeit, aber vor Entscheidung über den Straferlass begangen wurde.[88] Wie lange ein Widerruf noch zulässig ist, lässt sich nicht einheitlich beantworten. Die Praxis behilft sich mit dem Gesichtspunkt des Vertrauensschutzes: Ein Widerruf ist dann nicht mehr zulässig, wenn der Proband mit dem Widerruf jetzt nicht mehr zu rechnen braucht, weil bereits ein Jahr seit dem Ablauf der Bewährungszeit oder der Rechtskraft der neuen Verurteilung verstrichen ist.[89] Durch die neue Tat muss zu Tage treten, dass die der Strafaussetzung zugrunde liegende Erwartung sich nicht erfüllt hat. Zum Widerruf berechtigt nur eine Tat, die offenbart, dass der Verurteilte seine spezifische kriminelle Lebensführung nicht geändert hat.[90] Gerade deswegen kann der Widerruf häufig unterbleiben, wenn die neue Tat nur Bagatellcharakter hat oder die neue Strafe zur Bewährung ausgesetzt wurde.

Die übrigen Widerrufsgründe setzen entweder einen beharrlichen oder groben *Verstoß gegen Auflagen oder Weisungen* voraus oder dass der Proband sich dem Bewährungshelfer entzieht. Gerade wenn solche Widerrufsgründe in Betracht zu ziehen sind, muss der Verteidiger prüfen, ob die Bewährungsanordnung überhaupt rechtmäßig war. Auflagen dürfen beispielsweise an den Verurteilten keine unzumutbaren Anforderungen stellen, § 56 b I 2 StGB. Ein Verstoß gegen eine in diesem Sinne nicht zulässige Auflage kann nicht zu einem Widerruf führen. Vielmehr muss der Verteidiger dann darauf hinwirken, dass die unzumutbaren Auflagen abgeändert werden.

35   Aber auch, wenn an sich ein Widerrufsgrund gegeben ist, bestehen für den Verteidiger noch Möglichkeiten, den Widerruf abzuwenden. Er muss dann in geeigneten Fällen klarstellen, dass es ausreicht, weitere Auflagen oder Weisungen zu erteilen oder die Bewährungszeit zu verlängern. Aus Gründen der Verhältnismäßigkeit muss dann ein Widerruf unterbleiben, § 56 f II StGB. Voraussetzung hierfür ist aber in jedem Fall die immer noch günstige Kriminalprognose. Daher wird grundsätzlich die Verlängerung der Bewährungszeit ausreichend sein, wenn wegen der Nachtat eine Verurteilung mit Strafaussetzung zur Bewährung erfolgt ist.[91] Für den Fall, dass die ungenügende Zusammenarbeit mit dem Bewährungshelfer zu einem Widerruf führen soll, wird man zumindest prüfen müssen, ob nicht die Bestellung eines anderen Bewährungshelfers in Frage kommt.

2. Zurückforderung und Anrechnung von Leistungen

36   Geldleistungen, die ua zur Erfüllung von Auflagen erbracht wurden, können nicht zurückverlangt werden, wenn die Strafaussetzung wegfällt, § 56 f III StGB. Häufig geschieht es, dass der Verurteilte unter dem Eindruck des Widerrufs doch noch seiner Geldauflage nachkommt. Zahlungen, die nach Rechtskraft des Widerrufs erbracht wurden, können dann zurückgefordert werden.

Im Übrigen kann eine Anrechnung erbrachter Geldleistungen oder gemeinnütziger Arbeit erfolgen. Entsprechende Anwendung der Anrechnungsregel kommt in

---

88 OLG Düsseldorf StV 1994, 382
89 Vgl OLG Celle StV 1987, 30; OLG Hamm StV 1989, 24; Schönke/Schröder-Stree § 56 f Rn 13
90 OLG Schleswig StV 1982, 527; SK-StGB-Horn § 56 f Rn 12
91 Vgl BVerfG NStZ 1985, 357; OLG Köln StV 1993, 429

Betracht, wenn sich der Proband aufgrund einer Weisung in eine stationäre Entziehungsbehandlung begeben hat.[92] Häufig wird die Anrechnungsfrage vom Widerrufsgericht schlichtweg übersehen. Der Verteidiger muss deswegen immer prüfen, ob eine Anrechnung in Betracht kommt, sollte es zu einem Widerruf kommen und den entsprechenden Antrag rechtzeitig vor Beschlussfassung stellen. Andernfalls muss er sofortige Beschwerde einlegen.

3. Widerrufsverfahren

Das im Rahmen der Strafaussetzung zu beachtende Verfahren richtet sich nach § 453 StPO. Ist über den Widerruf zu entscheiden, dann muss der Verurteilte grundsätzlich mündlich *angehört* werden.[93] Auch ist der Bewährungshelfer vorher zu unterrichten, damit dieser die Hintergründe des Bewährungsversagens ermitteln kann. Daneben kann er zur Geeignetheit anderer Maßnahmen statt dem Widerruf Stellung nehmen. Wenn kein Bewährungshelfer bestellt ist, sollte der Verteidiger zur Umfelduntersuchung auf die Einschaltung der Gerichtshilfe, § 463 d StPO, drängen. Zuständig für den Widerruf ist idR das die Bewährung überwachende Gericht. Häufig übersehen wird hierbei § 462 a IV StPO: haben mehrere Gerichte über einen Widerruf oder andere Maßnahmen während der Bewährungszeit zu entscheiden, so ist immer nur ein Gericht zuständig; sofern sich der Proband in Haft befindet, entscheidet grundsätzlich nur noch die StVollstrK. Gegen den Widerrufsbeschluss findet die sofortige Beschwerde statt, wie auch gegen alle anderen Nachtragsentscheidungen, die zur Vollstreckbarkeit des Straferkenntnisses führen, § 453 II 3 StPO. Im Übrigen ist nur die einfache Beschwerde zulässig. Zu beachten ist, dass die Zustellung des Widerrufsbeschlusses an den Mandanten selbst wirksam ist, obwohl dieser anwaltlich vertreten ist und der Anwalt keine Kenntnis von dem Beschluss erhält; die an den Verteidiger nachgeholte Zustellung eröffnet die Beschwerdefrist nicht erneut, kann aber einen Widereinsetzungsantrag begründen.[94]

Häufig ist der Verurteilte untergetaucht, sein *Aufenthalt nicht zu ermitteln*. Viele Gerichte widerrufen dann trotz fehlender Anhörung und stellen den Beschluss öffentlich zu. Das soll keinen Verstoß gegen Art. 103 I GG darstellen, wenn in diesem Fall eine nachträgliche Anhörung durch das Widerrufsgericht entsprechend § 33 a StPO stattfindet.[95] Es hat aber den Nachteil, dass nach Rechtskraft die sofortige Beschwerde ausgeschlossen ist.

Statt über den Widerruf ohne Anhörung des Verurteilten zu entscheiden und den Beschluss öffentlich zuzustellen, kann das Widerrufsgericht aber auch unter bestimmten Voraussetzungen einen Sicherungshaftbefehl erlassen, § 453 c StPO. Hierfür müssen hinreichende Gründe für die Annahme des Widerrufs vorliegen. Daneben muss die Notwendigkeit bestehen, sich der Person des Betroffenen zu versichern. Allerdings sind vorrangig andere Maßnahmen zu treffen, wenn dies ausreichend erscheint. Die Sicherungshaft endet mit der Rechtskraft des Widerrufsbeschlusses und geht dann ohne weiteres in Strafhaft über; mit der Sicherungshaft typischerweise verbundene Beschränkungen entfallen, § 171 StVollzG. In jedem Fall darf die Sicherungshaft nicht länger dauern als der noch zu vollstreckende Strafrest.

37

38

---

92 OLG Düsseldorf NJW 1986, 1558; LG Freiburg StV 1983, 292; aA LG Saarbrücken MDR 1989, 763
93 Vgl OLG Düsseldorf StV 1987, 257; OLG Hamm NStZ 1987, 247
94 KG StV 2003, 343
95 BGHSt 26, 127; SK-StGB-Horn § 56 f Rn 42; Meyer-Goßner § 453 c Rn 11

Kapitel 4
Freiheitsentziehende Maßregeln

Überblick

Da nach § 463 I StPO die Vorschriften über die Vollstreckung von Strafen sinngemäß gelten, werden im Folgenden nur die Besonderheiten herausgestellt.

I. Allgemeines

Freiheitsentziehende Maßregeln sind die Unterbringung in einem psychiatrischen Krankenhaus, in einer Entziehungsanstalt oder in der Sicherungsverwahrung. Letztere wird in eigens dafür eingerichteten Justizvollzugsanstalten vollzogen, §§ 139, 140 I StVollzG. Im Jugendstrafrecht sind nur die Unterbringung in einem psychiatrischen Krankenhaus oder einer Entziehungsanstalt zulässig, § 7 JGG.   **1**

Sofern *mehrere Maßregeln* nebeneinander angeordnet wurden, bestimmt das erkennende Gericht die Reihenfolge ihrer Vollstreckung, § 72 III StGB. In diesem Fall muss rechtzeitig vor dem Ende des Vollzugs einer Maßregel geprüft werden, ob der Zweck der nächsten Maßregel deren Vollstreckung noch erfordert. Letzteren falls wird die nächste Unterbringung vollstreckt, sofern nicht ihre Bewährungsaussetzung in Betracht kommt; im Übrigen ist sie wegen Zweckerreichung für erledigt zu erklären, §§ 72 III, 67 c II 4, 5 StGB.   **2**

Wenn mehrere Unterbringungen in verschiedenen Strafverfahren angeordnet wurden, ist § 72 III StGB nicht anwendbar. In diesem Fall haben die beteiligten Vollstreckungsbehörden die Reihenfolge nach Maßgabe von § 54 II StVollstrO fest zulegen: grundsätzlich wird die Unterbringung nach § 64 StGB vor der nach § 63 StGB vollstreckt, zuletzt kommt dann die Sicherungsverwahrung. Die Bestimmung geht davon aus, dass hierdurch der Zweck der Maßregeln am ehesten erreicht und eine frühest mögliche gemeinsame Aussetzungsreife herbeigeführt werden kann. Unter Berücksichtigung der Urteilsgründe und der Persönlichkeit des Betroffenen kann aber auch eine andere Reihenfolge angezeigt sein. Eine ungünstige Festlegung muss der Verteidiger nach § 21 StVollstrO, §§ 23 ff EGGVG anfechten. Daneben ist aber auch zu prüfen, ob nicht die Voraussetzungen einer nachträglichen Gesamtstrafenbildung vorliegen. Zwar sind früher angeordnete Maßregeln grundsätzlich aufrechtzuerhalten, § 55 II 1 StGB, jedoch können sie gegenstandslos werden.[1]

---

1 Vgl hierzu Tröndle/Fischer § 55 Rn 9

Durch Anordnung einer Maßregel nach § 64 StGB erledigt sich ohne weiteres eine früher verhängte Unterbringung in einer Entziehungsanstalt, § 67 f StGB.

3 　Stellt sich heraus, dass der Betroffene in einer Entziehungsanstalt oder einem psychiatrischen Krankenhaus durch die dortige Behandlung besser wieder einzugliedern ist, als in der Einrichtung, in die er eigentlich eingewiesen wurde, dann kann ihn die StVollstrK nachträglich in den Vollzug einer anderen Maßregel überweisen, § 67 a StGB. Die Fristen für die Dauer und Überprüfung der Unterbringung richten sich aber weiterhin nach den Vorschriften, die für die im Urteil angeordnete Maßregel gelten.

II. Gerichtliches Verfahren

4 　Die notwendigen Prüfungen erfolgen grundsätzlich von Amts wegen, insbesondere ist durch § 67 e StGB vorgeschrieben, dass spätestens nach Ablauf bestimmter *Fristen* geprüft werden muss, ob die weitere Vollstreckung der Unterbringung zur Bewährung auszusetzen ist. Von der Möglichkeit, die Fristen zu kürzen oder von sich aus das Verfahren früher in Gang zu setzen, wird in der Praxis wenig Gebrauch gemacht. Da sich die individuelle Therapiedauer regelmäßig nicht mit den schematisch vorgegebenen Überprüfungsabständen deckt, bieten sich mit fortschreitendem Vollzug immer kürzere Zeiträume an. Daher ist es wichtig, dass der Verteidiger Kontakt zu den Therapeuten hält und durch entsprechende Antragstellung eine frühere Prüfung ermöglicht, wenn sich Erfolge in der Behandlung ergeben haben.

5 　Die Entscheidungen nach § 67 d II, III StGB sind Fälle der notwendigen Verteidigung, § 463 III 5 StPO. Aber auch darüber hinaus ist die Bestellung eines *Pflichtverteidigers* angezeigt (vgl Teil D Kap 1 Rn 16).[2] Dem Verteidiger ist die Anwesenheit bei der mündlichen Anhörung gestattet; er hat nach § 29 LVwVfGe auch das Recht, die Krankenunterlagen der Vollzugseinrichtung einzusehen.[3]

6 　Zur Frage der Aussetzung der Unterbringung sowie der Erledigung von Sicherungsverwahrung ist ein *Gutachten* einzuholen, §§ 463 III 3, 454 II StPO;[4] der Sachverständige ist mündlich zu hören. Dies gilt auch bei den Aussetzungsentscheidungen bei späterem Beginn der Unterbringung, §§ 67 c I, 72 III StGB. Erscheint die Möglichkeit der Aussetzung jedoch als wirklichkeitsfern, so bedarf es nach Thürin. OLG[5] keiner Einholung eines Gutachtens. Häufig wird die Begutachtung intern erfolgen. Problematisch kann es jedoch werden, wenn Interessenkonflikte entstehen; dies kann der Fall sein, wenn der Gutachter im Vollzugsalltag in das Therapeutenteam mit eingebunden ist.[6] Dann sollte möglichst auf eine externe Begutachtung gedrängt werden. Der Gutachter muss Stellung dazu nehmen, ob noch die Gefahr gegeben ist, dass die durch die Tat zutage getretene Gefährlichkeit fortbesteht. Eine positive Entscheidung käme so wohl nur bei definitivem Ausschluss des Risikos in Betracht. Relativiert wird dies jedoch durch §§ 463 III 4 StPO. Danach ist bei Entscheidungen gemäß § 67 d III und II StGB ein Sachverständigengutachten zu der Frage einzuholen, ob von dem Verurteilten aufgrund seines Hanges

---

2　Siehe auch Volckart S 190
3　Volckart S 134 ff
4　Zur Kostenfrage vgl Teil D Kap 3 Rn 17
5　StV 2001, 26 m Anm Volckart; aA OLG Koblenz StV 1999, 496; OLG Celle StV 1999, 384; vermittelnd: OLG Rostock NJW 2003, 1334
6　Krit hierzu Volckart S 106 f

weiterhin erheblich rechtswidrige Taten zu erwarten sind. Dadurch werden häufig unterschiedliche Schlussfolgerungen gezogen werden.[7] Vorgeschlagen wird, dass sich die Vollstreckungsgerichte in diesen Fällen mit kriminalprognostisch realistischen Wahrscheinlichkeitsaussagen begnügen sollen: das Maß an Erfolgswahrscheinlichkeit hinge ab von dem Gewicht des bei einem Rückfall bedrohten Rechtsguts und dem Sicherheitsbedürfnis der Allgemeinheit.[8]

III. Unterbringung neben Freiheitsstrafe

1. Vollstreckungsreihenfolge

a) Maßregel neben Freiheitsstrafe aus einem Verfahren

Wenn gleichzeitig eine Unterbringung nach § 63 oder § 64 StGB neben einer Freiheitsstrafe angeordnet wird, muss zuerst die Maßregel vollstreckt werden; die Zeit deren Vollzugs wird dann auf die Strafe angerechnet, bis zwei Drittel erledigt sind, § 67 I, IV 1 StGB.[9] Wenn der *Zweck der Maßregel* dadurch aber leichter zu erreichen ist, kann das erkennende Gericht den Vorwegvollzug (eines Teils) der Strafe anordnen, § 67 II StGB. Bestimmender Zweck der Maßregel ist, dass durch heilende oder bessernde Einwirkung auf den Betroffenen die von ihm ausgehende Gefahr weiterer Taten abgewendet oder verringert wird.[10] Der Therapieerfolg kann wieder zunichte gemacht werden, wenn nach Beendigung der Maßregel noch nicht so viel Freiheitsstrafe durch Anrechnung erledigt ist, dass diese ausgesetzt werden kann (vgl § 67 V 1 StGB). In diesem Fall kann sich ein teilweiser Vorwegvollzug der Strafe anbieten. Dabei sollte abgeschätzt werden, wann voraussichtlich eine Aussetzung der Maßregel in Betracht kommt und der Teil der zuvor zu vollstreckenden Strafe so festgelegt werden, dass gerade zum Zeitpunkt der Aussetzungsreife der Maßregel mindestens die Hälfte der Strafe durch Vollzug und Anrechnung erledigt sind.

Eine *Änderung der Vollstreckungsreihenfolge* hinsichtlich in einem Verfahren erkannter Maßregel und Freiheitsstrafe kann das Vollstreckungsgericht auch nachträglich vornehmen, § 67 III StGB. Maßgeblich hierfür sind Umstände in der Person des Verurteilten, die eine Abweichung von der gesetzlichen oder angeordneten Reihenfolge angezeigt erscheinen lassen. Solche sind allein unter dem Gesichtspunkt der besseren Erreichbarkeit des Maßregelzwecks zu beurteilen.[11] In der Praxis kommt es häufig zu Überbelegungen in den Vollzugseinrichtungen, dadurch kann sich eine Aufnahme des Betroffenen um Monate verzögern. Wenn dieser sich nun immer noch in der U-Haftanstalt befindet und sich der Maßregelbeginn unangemessen lang hinauszögert,[12] wird die Vollstreckung unzulässig und der Verurteilte muss entlassen werden.[13] Gelegentlich wurde versucht, dem durch nachträgliche Anordnung des Vorwegvollzugs der Strafe zu begegnen, was jedoch daran scheitert, dass der fehlende Therapieplatz kein in der Person des Verurteilten liegender Umstand ist.[14]

7

7

---

7 Vgl Schöch NJW 1998, 1259

8 Schöch NJW 1998, 1259; Hammerschlag/Schwarz NStZ 1998, 323

9 Zur Verfassungsmäßigkeit der Beschränkung der Anrechnung auf 2/3 vgl BVerfGE 91, 1 = StV 1994, 594

10 BGHSt 33, 285; NStZ 1998, 82

11 Tröndle/Fischer § 67 Rn 10

12 Nach LG Freiburg Justiz 1993, 58 ist die Grenze nach drei Monaten ab Rechtskraft erreicht.

13 OLG Dresden NStZ 1993, 511; OLG Celle StV 2003, 32

14 Vgl OLG Dresden NStZ 1993, 511; OLG Celle NStZ 1995, 255

8　Vor dem Ende des Strafvollzugs muss die StVollstrK, §§ 463 III, 462 a, 454 StPO, bei angeordnetem Vorwegvollzug prüfen, ob der Zweck der Maßregel die Unterbringung noch erfordert oder andernfalls diese zur Bewährung auszusetzen ist, § 67 c I StGB. Die Vollstreckungsbehörde muss dafür rechtzeitig Sorge tragen. Der Verteidiger hat darauf zu drängen, dass die Entscheidung noch vor Ende der Strafvollstreckung getroffen wird. Ansonsten kann es geschehen, dass die Vollstreckungsbehörde die Überweisung in den Maßregelvollzug veranlasst; dies wäre zulässig, wenn bei Strafende die Prüfung nach § 67 c I StGB zwar begonnen hat, aber infolge unvermeidbarer Verzögerungen noch nicht beendet ist.[15]

9　Wenn die *Unterbringung mit zwei Freiheitsstrafen* zusammentrifft und auf diese alle in einem Verfahren erkannt wurde, kann jede der Strafen für sich in den Genuss der Anrechnung bis zu zwei Dritteln kommen. Die Vollstreckungsbehörde wird in der Regel die erste Strafe bei erreichen von zwei Dritteln für die zweite unterbrechen. Da aber die Reststrafen gemäß § 67 V 1 StGB bereits nach Verbüßung der Hälfte zur Bewährung ausgesetzt werden können, muss der Verteidiger darauf drängen, dass bereits eine Unterbrechung der ersten Strafe nach der Hälfte zu Gunsten der zweiten erfolgt; ansonsten würde eine gemeinsame Aussetzung verzögert werden. Abhilfe könnte im Übrigen nur noch eine vorzeitige Aussetzung im Gnadenwege schaffen.

b)　Maßregel neben Freiheitsstrafe aus verschiedenen Verfahren

10　Ist auf die Unterbringung und die Freiheitsstrafe(n) jeweils in verschiedenen Verfahren erkannt worden, findet § 67 StGB keine Anwendung.[16] Dann hat die Vollstreckungsbehörde die *Reihenfolge* festzulegen, § 44 b StVollstrO. Gegen deren Festlegung kann man sich nur nach §§ 21 StVollstrO, 23 ff EGGVG wenden. Grundsätzlich soll auch hier die Maßregel zuerst vollzogen werden, es sei denn, der Zweck der Maßregel ließe sich durch die vorherige Vollstreckung der Strafe oder eines Teils hiervon besser erreichen.

Problematisch wird der übliche Vollzug der Unterbringung vor der Strafe dadurch, dass eine *Anrechnung* bis zu zwei Dritteln in diesem Fall nicht statt findet. Wird die Maßregel vor der Strafe vollzogen, hat der Verurteilte dann noch die gesamte und nicht durch U-Haft erledigte Freiheitsstrafe aus dem anderen Verfahren zu verbüßen. Es muss in solchen Fällen immer überlegt werden, ob nicht der anschließende Strafvollzug den Maßregelerfolg wieder gefährden würde und ob deswegen von einer anderen Reihenfolge ausgegangen werden sollte. Das führt oft dazu, dass die Strafe vorweg zu vollziehen ist. Andernfalls muss der Verteidiger bei Beendigung des Maßregelvollzugs vor Überweisung in Strafhaft auf sofortige Verlegung in eine sozialtherapeutische Anstalt, § 9 StVollzG, drängen, da dort eine die Resozialisierung fördernde Behandlung stattfinden kann. In Einzelfällen kann auch eine Strafaussetzung der Anschlussstrafe im Gnadenwege erfolgen, wenn die Unterbringung zur Bewährung ausgesetzt oder erledigt wird.

11　Vorteile hat in den Fällen der Anschlussvollstreckung der Betroffene, der neben der Anschlussstrafe zu einer *weiteren Unterbringung* verurteilt wurde, sofern dadurch nicht die erste Maßregel nach § 67 f StGB erledigt ist : die erste Unterbringung ist dann für die zweite zu unterbrechen, sobald die Aussetzungsreife der ersten Frei-

---

15　Isak/Wagner Rn 351 unter Hinweis auf BVerfG NJW 1976, 1736; OLG Düsseldorf MDR 1993, 253

16　OLG Celle NStZ 1983, 188; OLG Düsseldorf MDR 1991, 1193; Tröndle/Fischer § 67 Rn 2 a (str)

heitsstrafe erreicht ist, so dass nun die zweite Strafe in den Genuss der Anrechnung nach § 67 IV 1 StGB kommen kann.

Auch der in einer Entziehungsanstalt Untergebrachte kann zu einer Anrechnung auf die in einem anderen Verfahren erkannte Anschlussstrafe kommen, wenn letztere auf einer Abhängigkeit im Sinne des BtMG beruht. § 36 BtMG ist auf die Anschlussstrafe entsprechend anzuwenden, so dass diese aussetzungsreif sein kann, wenn von ihr nicht noch mehr als zwei Jahre ausstehen.[17]

c) Sicherungsverwahrung und Freiheitsstrafe

Die Regelung der Vollstreckungsreihenfolge nach § 67 StGB gilt nicht für die Sicherungsverwahrung. Sie wird erst vollstreckt, wenn die zugleich verhängte Freiheitsstrafe verbüßt oder erlassen oder ein Strafrest zur Bewährung ausgesetzt ist, § 44 I StVollstrO. Das gilt auch, wenn noch andere Freiheitsstrafen hinzutreten. Nach § 67 c I StGB muss aber auch hier rechtzeitig vor Beginn der Unterbringung geprüft werden, ob der Zweck der Maßregel diese noch erfordert (vgl Rn 8). **12**

2. Anrechnung auf die Freiheitsstrafe

Die Zeit des Vollzugs der Maßregel wird auf die Strafe angerechnet, bis *zwei Drittel* der Strafe erledigt sind, § 67 IV 1 StGB. Dies bedeutet also, dass die Freiheitsstrafe rein rechnerisch parallel zur vorweg zu vollziehenden Unterbringung läuft. Das BVerfG[18] hat zum Ausdruck gebracht, dass nebeneinander verhängte Freiheitsentziehungen einander so zuzuordnen sind, dass die Zwecke beider möglichst weitgehend erreicht werden, ohne dabei in das Freiheitsrecht mehr als notwendig einzugreifen. **13**

Schwierigkeiten ergeben sich bei der Beurteilung, wie Untersuchungshaft oder die sog *Organisationshaft* anzurechnen sind. Letzteres ist der Zeitraum, welchen der zu einer Unterbringung Verurteilte nach Urteilsrechtskraft noch in der Haftanstalt zu verbringen hat, weil er noch auf einen Maßregelplatz warten muss. Geringfügige Wartezeiten, die schon allein organisatorisch bedingt sind, müssen ohne weiteres hingenommen werden; sie zählen als Strafverbüßung,[19] obwohl nach § 67 I StGB die Strafe gerade nicht vollstreckt werden darf. Ab wann die Organisationshaft unzulässig wird und der Verurteilte vorübergehend in Freiheit zu entlassen ist, wenn kein Therapieplatz zur Verfügung steht, wird von der Länge der zu verbüßenden Strafe abhängen;[20] teilweise wurde dies nach drei[21] oder bereits zwei Monaten[22] angenommen. **14**

Die unter Verstoß gegen § 67 I StGB verbrachte Organisationshaft darf nicht zu einer Verlängerung des effektiven Freiheitsentzugs führen; daher hat ihre Anrechnung auf die Freiheitsstrafe so zu erfolgen, als sei die Unterbringung rechtzeitig vollzogen worden.[23] Das bedeutet, die Art und Weise der Berücksichtigung der Wartezeiten darf in keinem Fall die nach § 67 IV 1 StGB anrechenbare Maßregel-

---

17 Volckart S 23 unter Hinweis auf OLG Celle StV 1993, 317
18 StV 1994, 594
19 OLG Stuttgart NStZ 1985, 332; OLG Karlsruhe NStZ 1992, 456
20 Vgl Lemke NStZ 1998, 78
21 LG Freiburg Justiz 1993, 58; weitere Beispiele bei Trennhaus StV 1999, 511
22 OLG Celle StV 2003, 32
23 BVerfG StV 1997, 476

vollzugszeit verkürzen; der Betroffene muss also immer in den vollen Genuss der Anrechnungsregel kommen. Organisationshaft ist voll auf die Strafe anzurechnen.

Dieser Grundsatz wird im Ergebnis auch für das Verhältnis der Berücksichtigung von *U-Haft* nach § 51 I StGB zur Anrechnung nach § 67 IV 1 StGB gelten müssen. Wenn U-Haft erlitten wurde, ist diese daher auf das von § 67 IV 1 StGB nicht erfasste letzte Drittel der Strafe anzurechnen.[24] Ist aber gemäß § 67 II StGB ein Teil der Strafe vorweg zu vollziehen, dann muss die U-Haft auf diesen Teil angerechnet werden, damit von vornherein feststeht, wann genau die Maßregel beginnen soll.[25]

IV. Aussetzung und Erledigung der Maßregel

1. Aussetzung der Unterbringung zur Bewährung

15 Wenn zu erwarten ist, dass der Untergebrachte keine rechtswidrigen Taten mehr begehen wird, ist die weitere Unterbringung zur Bewährung auszusetzen, § 67 d II StGB. Nach Ablauf bestimmter Fristen muss die StVollstrK prüfen, ob eine solche Erwartung begründet ist, § 67 e StGB. Da aber die vorgeschriebenen *Prüfungsfristen* nicht an den jeweiligen Therapiefortschritt angepasst sind, kann und sollte auch bereits vor deren Ablauf eine Aussetzungsentscheidung getroffen werden, wenn der Behandlungserfolg eingetreten ist. Der Verteidiger sollte sich deswegen von den Therapeuten über den Therapieverlauf informieren lassen, um gegebenenfalls Anträge stellen zu können.

Der Grundsatz der Verhältnismäßigkeit erfordert namentlich bei länger dauernden Unterbringungen eine gründliche Aufklärung der positiven Umstände und eine sorgfältige Abwägung des Sicherungsinteresses der Allgemeinheit mit dem Freiheitsanspruch des Untergebrachten.[26] Das ist vor allem dann wichtig, wenn wie bei der Unterbringung in einem psychiatrischen Krankenhaus keine Höchstfrist vorgesehen ist, die Unterbringung somit theoretisch an lebenslänglich grenzen kann. Für die Aussetzung der weiteren Vollstreckung wird keine sichere oder unbedingte Gewähr, sondern lediglich eine durch Tatsachen begründete Wahrscheinlichkeit dafür verlangt, dass der Untergebrachte nach der Entlassung nicht erneut rechtswidrige Taten begehen wird.[27]

Die Vollstreckung des *Strafrestes* kann bereits nach Ablauf der Hälfte zur Bewährung ausgesetzt werden, wenn die Unterbringung vor der Strafe vollzogen wird; sofern aber der Strafrest nicht auszusetzen ist, muss der Maßregelvollzug grundsätzlich fortgesetzt werden, § 67 V StGB.[28]

16 Die Unterbringung wird auch dann zur Bewährung ausgesetzt, wenn die Strafe ganz oder zum Teil vorweg vollzogen wurde und der Zweck der Maßregel die Unterbringung nicht mehr erfordert, *§ 67 c I 2 StGB* (vgl hierzu Rn 8). Zweck der

24 OLG Düsseldorf StV 1996, 47; LG Wuppertal StV 1996, 329; Ullenbruch NStZ 2000, 292; aA OLG Zweibrücken Rpfleger 1996, 367; OLG Hamm NStZ 1997, 54 und Rpfleger 1996, 523: U-Haft ist vorrangig anzurechnen, dadurch steht für § 67 IV StGB nur noch ein verkürzter Zeitraum zur Verfügung; das führt aber dazu, dass ein noch zu vollstreckender Strafrest nach Beendigung der Maßregel erheblich größer sein kann; offen gelassen von BVerfG StV 1997, 476
25 BGH NJW 1991, 2431
26 BVerfGE 70, 297
27 Hammerschlag/Schwarz NStZ 1998, 323
28 Zur Aussetzung einer neben Freiheitsstrafe angeordneten Unterbringung in einer Entziehungsanstalt nach § 36 BtMG vgl Teil D Kap 3 Rn 26 ff

Maßregel ist es, dass durch heilende oder bessernde Einwirkung auf den Betroffenen die von ihm ausgehende Gefahr weiterer Taten abgewendet oder verringert wird.[29]

Mit der Aussetzung der Unterbringung tritt *Führungsaufsicht* ein, §§ 67 c I 2, 67 d   **17**
II 2 StGB.

2.   Erledigung der Maßregel

Nach Ablauf der gesetzlichen Höchstfristen darf die *Unterbringung in der Entzie-*   **18**
hungsanstalt nicht mehr vollzogen werden, die Maßregel ist erledigt; die Frist beträgt zwei Jahre, § 67 d I StGB. Sie läuft von Beginn der Unterbringung ab, dh ab Aufnahme in die Anstalt zum Vollzug oder beim Verbleib in der Anstalt nach einer einstweiligen Unterbringung (§ 126 a StPO) ab Rechtskraft des Urteils. Die Höchstfrist verlängert sich um die Dauer einer daneben angeordneten Freiheitsstrafe, soweit die Zeit des Vollzugs der Maßregel auf die Strafe angerechnet wird, § 67 d I 3 StGB. Die Verlängerung darf aber das Doppelte der gesetzlichen Grundfrist nicht übersteigen; die Unterbringung endet daher spätestens nach vier Jahren.[30] Gerade zu dieser Frage besteht dringender Verteidigungsbedarf, weil in der Praxis häufig eine Verlängerung um die vollen zwei Drittel der Freiheitsstrafe vorgenommen wird, da § 67 d I 1 StGB nur als Grundfrist und nicht als Begrenzung der verlängerten Höchstfrist zu verstehen sei.[31] Das hat dann zur Folge, dass eine Unterbringung in der Entziehungsanstalt bei langen Freiheitsstrafen weit über vier Jahre dauern kann, bevor sie wegen Ablaufs der Höchstfrist erledigt ist; dies wird jedoch therapeutisch wenig sinnvoll sein,[32] so dass der Verteidiger dringend auf die richtige Berechnungsmethode hinwirken muss. Gegebenenfalls ist eine gerichtliche Entscheidung nach § 458 StPO herbeizuführen. Bei Erledigung der Unterbringung muss die StVollstrK darüber befinden, ob eine daneben angeordnete Freiheitsstrafe zur Bewährung auszusetzen ist, § 67 V StGB. Im Falle einer vorbehaltenen Sicherungsverwahrung muss jedoch zuvor rechtskräftig über deren Anordnung oder Nichtanordnung entschieden worden sein, § 66 a III StGB.

Die *Unterbringung in einem psychiatrischen Krankenhaus* kennt keine gesetzliche Höchstfrist; freilich ist aber der Verhältnismäßigkeitsgrundsatz zu beachten.[33] Dieser kann dazu zwingen, eine Unterbringung namentlich wegen rechtswidriger Taten von mittlerer und geringer Kriminalität wegen überlanger Dauer für erledigt zu erklären.[34] Allerdings ist bereits vorher daran zu denken, die Unterbringung zur Bewährung auszusetzen, um so die Chancen des Betroffenen zur Rehabilitation besser wahren zu können; denn in diesem Fall kann ihm ein Bewährungshelfer zur Seite gestellt werden. Wenn jedoch die Unverhältnismäßigkeit bereits eingetreten ist, kann nur noch die Erledigung der Maßregel in Betracht kommen, § 67 d VI StGB. Diese Unverhältnismäßigkeit umfasst dann auch den Vollzug einer vorbehaltenen Sicherungsverwahrung.[35]

Die *Sicherungsverwahrung* ist spätestens nach zehn Jahren für erledigt zu erklären, wenn nicht die Gefahr weiterer Straftaten besteht, durch welche die Opfer seelisch

---

29 BGH NStZ 1998, 82
30 LG Paderborn NStZ 1990, 357; Volckart S 186; SK-StGB-Horn § 67 d Rn 5; Isak/Wagner Rn 343
31 So OLG Frankfurt StV 1993, 92; OLG Hamm StV 1995, 89; Tröndle/Fischer § 67 d Rn 3 a
32 Vgl Volckart S 185
33 Vgl BVerfG StV 1994, 93
34 LG Paderborn StV 1991, 73; OLG Hamburg NStZ-RR 2005, 40
35 Wolf Rpfleger 2004, 665

oder körperlich schwer geschädigt werden, § 67 d III StGB. Soweit es sich dabei um Täter handelt, die bisher nur gewaltfreie Eigentums- oder Vermögensdelikte begangen haben, wird von der Erledigung auszugehen sein.[36]

19   Wenn sich herausstellt, dass der Betroffene *geheilt* ist, kommt eine Aussetzung der Unterbringung zur Bewährung nicht in Betracht. In diesem Fall muss sie für erledigt erklärt werden,[37] § 67 d VI StGB. Damit ist der Weg zur Prüfung einer nachträglichen Anordnung der Sicherungsverwahrung eröffnet, § 66 bIII StGB. Das Schicksal einer Restfreiheitsstrafe ist von einer Entscheidung nach §§ 67 V, 57 StGB abhängig. Das Gleiche gilt, wenn sich nachträglich herausstellt, dass die Voraussetzungen des §§ 20, 21 StGB zu Unrecht angenommen wurden, selbst dann, wenn weitere Straftaten zu befürchten sind.[38] Der Verurteilte ist in diesem Fall aus dem Maßregelvollzug unbedingt zu entlassen. Die Erledigung hat die StVollstrK auszusprechen. Darin liegt kein unzulässiger Eingriff in die Rechtskraft des Straferkenntnisses; eine Wiederaufnahme des Verfahrens nach §§ 359 ff StPO braucht nicht stattzufinden.[39]

20   Die Unterbringung in einer Entziehungsanstalt darf nach § 67 d V StGB idF der Entscheidung BVerfGE 91, 1 nur solange andauern, wie für die Behandlung der Abhängigkeit eine hinreichend konkrete *Aussicht auf Erfolg* besteht. Erweist sich diese Hoffnung als unbegründet, ist der Vollzug der Maßregel durch die StVollstrK unverzüglich zu beenden. Eine Mindestverbüßungszeit von einem Jahr ist unverhältnismäßig. Die Zeit des Vollzugs der Maßregel wird nach § 67 IV StGB bis zu $^2/_3$ einer daneben verhängten Freiheitsstrafe angerechnet. Wartezeiten, die der Untergebrachte zwischen endgültigem Scheitern der Therapie, aber vor Rechtskraft des die Unterbringung beendenden Beschlusses im Maßregelvollzug zugebracht hat, können nicht nach den Grundsätzen der Organisationshaft (vgl Rn 14) auf die Strafe angerechnet werden.[40] Erst die Zeit ab Rechtskraft des die Unterbringung beendenden Beschlusses, die er noch in der Unterbringungseinrichtung verbringt, kann als Strafhaft angerechnet werden. Wenn zum Zeitpunkt des Scheiterns der Therapie bereits zwei Drittel der Strafe durch Anrechnung erledigt sind, verbringt der noch Untergebrachte die Wartezeit bis zur Rechtskraft des Beschlusses ohne strafverkürzende Wirkung. Der Verteidiger muss somit auf den schnellstmöglichen Eintritt der Rechtskraft hinwirken. Daneben ist darauf zu achten, dass einige Vollstreckungsbehörden auch die an sich gebotene Anrechnung der Zeit zwischen Rechtskraft und Aufnahme im Strafvollzug nicht berücksichtigen. Auch hier ist aufmerksame Verteidigung geboten. In jedem Fall ist auf umgehende Verlegung in den Strafvollzug zu drängen.

Die Aussichtslosigkeit einer Behandlung in einem psychiatrischen Krankenhaus rechtfertigt demgegenüber eine Entlassung aus dem Maßregelvollzug nicht. Bei Unterbringungen nach § 63 StGB kommt bei Aussichtslosigkeit der Behandlung eine Entlassung nur bei Eintritt von Unverhältnismäßigkeit in Betracht, sofern nicht eine Aussetzung zur Bewährung erwogen werden kann.[41]

---

36 Hammerschlag/Schwarz NStZ 1998, 323
37 OLG Frankfurt StV 1985, 117; OLG Hamm NStZ 1982, 300; OLG Frankfurt a M NStZ-RR 2002, 58; SK-StGB-Horn § 67 d Rn 3
38 OLG Frankfurt NStZ 1993, 252; Tröndle/Fischer § 67 d Rn 5
39 Volckart S 182
40 LG Freiburg NStZ 2000, 336; abl Ullenbruch NStZ 2000, 293
41 Volckart S 185

Kapitel 5
Geldstrafe

Überblick

I. Zahlungserleichterungen

Wenn nicht bereits das erkennende Gericht nach § 42 StGB Zahlungserleichterun- **1**
gen gewährt hat, müssen Anträge auf Stundung oder Bewilligung von Ratenzahlungen bei der Vollstreckungsbehörde gestellt werden, denn diese hat hierüber nach
Urteilsrechtskraft zu entscheiden, § 459 a StPO. Die Entscheidung erstreckt sich
auch auf die Verfahrenskosten, § 459 a IV StPO. Zahlungsvergünstigungen sind bei
Vorliegen der Voraussetzungen von Amts wegen zu bewilligen.[1] Das wird jedoch in
der Praxis zumeist nicht beachtet, so dass eine Entscheidung idR nur auf Antrag
ergeht. Über Einwendungen entscheidet das Gericht, § 459 h StPO.

Es besteht ein Rechtsanspruch auf Gewährung der Vergünstigung, wenn es dem
Verurteilten nach seinen *persönlichen und wirtschaftlichen Verhältnissen* nicht zuzumuten ist, die Strafe in bestimmten Teilbeträgen zu zahlen. Grundsätzlich sind
Raten dem zu bewilligen, der die Strafe nicht aus seinem Einkommen oder liquiden
Rücklagen bezahlen kann.[2] Darüber hinaus kann die Vollstreckungsbehörde Stundung oder Ratenzahlung gestatten, um so einer Gefährdung der Schadenswiedergutmachung zu begegnen, § 459 a I 2 StPO. Es empfiehlt sich, bei Antragstellung
die wirtschaftliche Situation des Betroffenen unter Beifügung entsprechender Belege darzulegen und gegebenenfalls zum Nachweis der Zahlungsbereitschaft bereits
eine erste Rate in angemessener Höhe zu überweisen. Entgegen gängiger Ansicht in
der Praxis gibt es keine vorgeschriebene Höchstgrenze für den Zeitraum der Bewilligung von Zahlungserleichterungen.[3]

Die Entscheidung über Zahlungserleichterungen kann nachträglich geändert oder **2**
aufgehoben werden, § 459 a II StPO; zum Nachteil des Betroffenen aber nur aufgrund neuer Tatsachen oder Beweismittel. Diese sind neu, wenn sie bei der früheren Entscheidung des erkennenden Gerichts oder der Vollstreckungsbehörde noch
nicht eingetreten oder entstanden waren, wenn sie zur Zeit der früheren Entscheidung zwar vorhanden, der Behörde aber unbekannt geblieben waren oder wenn sie
übersehen wurden.[4] Für Änderungen zugunsten des Verurteilten gelten diese Einschränkungen nicht, solange nur der Strafzweck nicht unterlaufen wird.

---

1 KMR-Paulus § 459 a Rn 10
2 SK-StGB-Horn § 42 Rn 3; Tröndle/Fischer § 42 Rn 3
3 OLG Düsseldorf Rpfleger 1999, 236 mN der Gegenansicht
4 Bringewat § 459 a Rn 9

3 *Teilbeträge* werden, sofern bei der Zahlung nichts anderes bestimmt wird, zuerst auf die Geldstrafe verrechnet, § 459 b StPO. Das gilt entsprechend, wenn mehrere Geldstrafen aus verschiedenen Verfahren zu vollstrecken sind. Teilleistungen sind dann zunächst auf die Geldstrafe mit der geringeren Tagessatzhöhe zu verrechnen, weil dadurch mehr Tage Ersatzfreiheitsstrafe erledigt werden.[5] Damit dies gewährleistet ist, sollte bei der Zahlung immer das Aktenzeichen der Geldstrafe mit der niedrigeren Tagessatzhöhe angegeben werden.

§ 459 b StPO gilt auch bei Teilzahlungen auf *Gesamtgeldstrafen.* Wurden auf einzelne Geldstrafen vor Rechtskraft einer nachträglich gebildeten Gesamtgeldstrafe Teilbeträge entrichtet, so soll sich der Maßstab für die Anrechnung nach der jeweiligen Tagessatzhöhe der Einzelstrafe, auf welche die Zahlung erfolgt ist, bestimmen.[6] Da dies nicht selten zu sachlich nicht gebotenen Ungleichbehandlungen führen kann,[7] wird vertreten, dass daher eine Anrechnung auf den Nennbetrag der nachträglichen Gesamtstrafe zu erfolgen hat.[8] Jedenfalls dann, wenn der Verurteilte bei Anwendung der erstgenannten Methode schlechter gestellt wird (das kann der Fall sein, wenn sich die Vermögensverhältnisse bei Gesamtstrafenbildung schlechter darstellen als zum Zeitpunkt der früheren Verurteilungen), ist letzter Ansicht der Vorzug zu geben.[9] In diesem Fall sollte immer eine Vergleichsberechnung angestellt werden, um so auf eine für den Mandanten günstigere Anrechnung der auf die Einzelstrafen erbrachten Leistungen hinzuwirken.

4 **Beispiel für einen Antrag an die Vollstreckungsbehörde auf Gewährung von Ratenzahlungen:**

Mit beiliegender Vollmacht zeige ich die Verteidigung des Herrn A an und beantrage, ihm zu gestatten, die Geldstrafe samt Verfahrenskosten in monatlichen Raten von 150 €, erstmals zum 1. 6. 2005, zu bezahlen.

Eine sofortige Zahlung der geforderten Summe ist meinem Mandanten nach seinen Verhältnissen nicht zuzumuten, da er die Forderung weder aus seinem laufenden Einkommen noch aus seinen liquiden Rücklagen tilgen kann. Bei der D-GmbH bezieht er laut beigefügter Gehaltsbescheinigung ein Nettomonatsgehalt von 1500 €. Er hat ein unterhaltsberechtigtes Kind; seine Ehefrau verfügt über kein nennenswertes Einkommen. Die monatlichen Belastungen ergeben sich aus der beigefügten Aufstellung und sind entsprechend belegt.

Zum Nachweis seiner Zahlungsbereitschaft hat Herr A heute eine erste Teilzahlung von 150 € geleistet.

II. Beitreibung der Geldstrafe

5 Ist aufgrund der Zahlungsaufforderung und nachfolgender Mahnung keine Zahlung erfolgt, wird die zwangsweise Beitreibung der Geldstrafe und Kosten angeordnet, § 8 EBAO. Zulässig ist das grundsätzlich aber erst frühestens zwei Wochen nach Eintritt der Fälligkeit, § 459 c I StPO. Die Beitreibung erfolgt durch Vollstreckung in das bewegliche und unbewegliche Vermögen. Nach § 8 IV EBAO sind diejenigen Vollstreckungsmaßnahmen zu ergreifen, die nach den Umständen des Einzelfalls am schnellsten und sichersten zum Ziel führen. Dabei ist auf die persönlichen und

---

5 Wetterich/Hamann Rn 243; aA Meyer-Goßner § 459 b Rn 3; LR-Wendisch § 459 b Rn 6: Verrechnung zunächst auf die schneller verjährende Geldstrafe
6 BGHSt 28, 360, 364; krit Zeitler Rpfleger 2005, 70
7 Vgl die Beispiele bei Meyer-Goßner NStZ 1991, 434
8 Lackner § 55 Rn 14
9 LG Konstanz MDR 1991, 171 mit zust Anm Hamann

wirtschaftlichen Verhältnisse des Zahlungspflichtigen und seiner Familie Rücksicht zu nehmen, sofern dadurch das Vollstreckungsziel nicht beeinträchtigt wird.

Häufig erfolgt die zwangsweise Einziehung durch *Forderungspfändung*. Der Pfän-   **6**
dungs- und Überweisungsbeschluss wird von der Vollstreckungsbehörde erlassen; nach § 6 JBeitrO finden insbesondere die Pfändungsschutzbestimmungen der ZPO (§§ 850 ff) sinngemäße Anwendung. Neben dem Arbeitseinkommen wird oft auf die Gefangenengelder Zugriff genommen. Der Verteidiger muss insbesondere wissen, welche hierbei von der Pfändung ausgenommen sind:[10] unpfändbar sind Taschengeld, Hausgeld sowie die Entlassungsbeihilfe, §§ 46, 47, 75 StVollzG; das nach § 51 StVollzG zu bildende Überbrückungsgeld unterliegt ebenfalls nicht der Pfändung, ebenso das Bargeld in dieser Höhe für die Dauer von vier Wochen nach der Entlassung sowie Eigengeld, soweit es zur Auffüllung des Überbrückungsgeldes herangezogen wird; darüber hinaus unterliegt das Eigengeld, §§ 52, 83 StVollzG, der Pfändung; Bezüge aus Arbeit oder Ausbildung nach §§ 39, 43, 44 StVollzG sind im Rahmen der §§ 850 ff ZPO pfändbar.[11]

Die Vollstreckungsbehörde kann gegen eine gleichartige Forderung, die der Voll-   **7**
streckungsschuldner gegen den Justizfiskus hat, die *Aufrechnung* erklären. Der Verurteilte seinerseits ist hierzu nur mit Einverständnis der Vollstreckungsbehörde befugt, da dies sonst dem Wesen und Zweck der Strafe widersprechen würde.[12] Aufgerechnet werden kann zB mit Ansprüchen auf Rückgabe beschlagnahmten, aber nicht eingezogenen Geldes, auf eine rechtskräftig festgestellte Entschädigung, § 13 II StrEG, auf Zeugenentschädigung oder Ersatz der notwendigen Auslagen des Verurteilten bei Teilfreispruch. Im letzteren Fall ist aber nach § 96 a BRAGO bzw. § 43 RVG die Aufrechnung insoweit unwirksam, als sie den Anspruch des Rechtsanwalts bei vorheriger Abtretung des Auslagenerstattungsanspruchs an ihn vereiteln oder beeinträchtigen würde. Die Abtretung muss der Aufrechnungserklärung zeitlich vorausgehen.[13] Es ist dem Verteidiger anzuraten, die Abtretungserklärung bereits in die Verteidigervollmacht aufzunehmen. Eine reine Inkassovollmacht stellt allerdings keine solche Erklärung dar und hindert daher die Aufrechnung nicht.[14]

Zur Erleichterung der Resozialisierung kann unter bestimmten Voraussetzungen   **8**
angeordnet werden, dass die *Vollstreckung der Geldstrafe ganz oder zum Teil unterbleibt*, § 459 d StPO. In der Praxis findet diese Möglichkeit wenig Beachtung, obwohl ihre für den Betroffenen wichtige Konsequenz nicht übersehen werden darf: Da die Anordnung zeitlich unbeschränkt getroffen wird und sie unwiderruflich ist, fällt die Strafe praktisch weg.[15] Voraussetzung ist, dass auf die Geldstrafe neben einer Freiheitsstrafe entweder in demselben Verfahren erkannt wurde oder Geld- und Freiheitsstrafe aus verschiedenen Verurteilungen vorliegen, ohne dass eine Gesamtstrafenbildung möglich ist. Die Vollstreckung der Geldstrafe kann dann unterbleiben, wenn sonst die Wiedereingliederung des Verurteilten erschwert sein würde. Kann seinen persönlichen Verhältnissen durch Gewährung von Zahlungserleichterungen Rechnung getragen werden, hat eine Absehensanordnung zu unterbleiben; dies gilt auch, wenn er ihm mögliche Teilzahlungen verweigert.[16]

---

10 Vgl die Zusammenstellung bei Isak/Wagner Rn 252
11 Str; vgl Stange Rpfleger 2002, 610
12 OLG Braunschweig NJW 1951, 246
13 OLG Karlsruhe Rpfleger 1986, 71; OLG Stuttgart MDR 1990, 1024; aA KG JurBüro 1978, 543;
   OLG München AnwBl 1978, 323
14 KG Rpfleger 1980, 402
15 OLG Koblenz MDR 1981, 870; KMR-Paulus § 459 d Rn 3
16 KMR-Paulus § 459 d Rn 7

Die Entscheidung trifft das nach §§ 462, 462 a StPO zuständige Gericht. Der Antrag ist auch noch nach Anordnung der Ersatzfreiheitsstrafe zulässig, § 459 e IV 1 StPO. Die Vollstreckung der Geldstrafe oder der Ersatzfreiheitsstrafe setzt jedoch nicht voraus, dass das Gericht zuvor eine ablehnende Entscheidung nach § 459 d I StPO getroffen hat, eine noch fehlende Entscheidung stellt demnach kein Vollstreckungshindernis dar.[17] Der Antrag kann schon bereits vor dem Ende des Vollzugs der Freiheitsstrafe gestellt werden; das Gericht muss dann die Entscheidung treffen, sobald die zeitlichen Voraussetzungen hierfür gegeben sind.[18]

III.   Ersatzfreiheitsstrafe

1.   Anordnung und Vollstreckung

9   Stellt die Vollstreckungsbehörde fest, dass die Geldstrafe nicht beigetrieben werden kann oder dass die Vollstreckung in absehbarer Zeit zu keinem Erfolg führen wird, ordnet sie idR die Vollstreckung der Ersatzfreiheitsstrafe an, § 459 e I, II StPO. Diese ist kein Beuge- oder Zwangsmittel, sondern eine eigenständige Sanktionsform; ihre Vollstreckung führt unmittelbar zur Erledigung der Geldstrafe.[19]

Grundsätzlich ist die Anordnung erst zulässig, wenn vorherige *Beitreibungsversuche fruchtlos* verlaufen sind. Der verbreiteten Tendenz, die Vollstreckung der Ersatzfreiheitsstrafe anzuordnen, ohne dass zuvor ernsthafte Bemühungen zur Beitreibung der Geldstrafe stattgefunden haben, muss der Verteidiger in jedem Fall rechtzeitig begegnen. Oftmals erfolgt die Anordnung gleich von vornherein mit dem Ziel, den Verurteilten so zur Zahlung zu bewegen. Dabei wird aber verkannt, dass die Ersatzfreiheitsstrafe gerade nicht als Beugemittel anzusehen ist. Eine Anordnung allein mit dem Ziel, den Geldstrafenschuldner zur Zahlung anzuhalten, ist schlicht unzulässig.

Von einer Beitreibung kann aber dann abgesehen werden, wenn zu erwarten ist, dass sie in absehbarer Zeit zu keinem Erfolg führen wird, § 459 c II StPO. Diese Erwartung muss auf feststehende Tatsachen gestützt werden können und auf nicht absehbare Zeit bestehen.[20] *Aussichtslos* ist die Vollstreckung der Geldstrafe, wenn mit Wahrscheinlichkeit davon auszugehen ist, dass sie keinen Erfolg haben wird. Das ist insbesondere der Fall, wenn Beitreibungsversuche in anderen Sachen erfolglos waren oder vor kurzem eine eidesstattliche Versicherung nach § 807 ZPO abgegeben wurde.[21]

Umstritten ist die Frage, ob dem Betroffenen vor der Anordnung nach § 459 e I StPO rechtliches Gehör zu gewähren ist.[22] Zumindest aus Gründen der Prozessfairness wird ihm dieses zuzugestehen sein, denn so erhält er nochmals Gelegenheit, sich um die Bezahlung der Geldstrafe zu bemühen oder Umstände vorzutragen, welche eine Anordnung nach §§ 459 d, 459 f StPO rechtfertigen könnten.[23]

---

17 So aber Volckart NStZ 1982, 496; wie hier: OLG Zweibrücken NStZ 11985, 575; Bringewat § 459 d Rn 13
18 Bringewat § 459 d Rn 15
19 Vgl Tröndle/Fischer § 43 Rn 3
20 KMR-Paulus § 459 c Rn 9
21 Meyer-Goßner § 459 c Rn 5
22 Vgl Meyer-Goßner § 459 e Rn 2
23 Wie hier: KMR-Paulus § 459 e Rn 6

Über Einwendungen gegen die Anordnung der Ersatzfreiheitsstrafe entscheidet das nach §§ 462, 462 a StPO zuständige Gericht, § 459 h StPO.

Auch nach der Anordnung der Ersatzfreiheitsstrafe und sogar noch während ihrer **10** Vollstreckung ist die Gewährung von *Zahlungserleichterungen* zulässig. Einem entsprechenden Antrag wird die Vollstreckungsbehörde bei Vorliegen der Voraussetzungen des § 42 StGB auch stattzugeben haben, wenn das Gesuch nicht mutwillig ist und die begründete Aussicht besteht, dass so die Geldstrafe in absehbarer Zeit erledigt wird. Der Verteidiger sollte der Vollstreckungsbehörde immer vor Augen halten, dass das Urteil gerade auf Geldstrafe lautet und der Vollzug der Ersatzfreiheitsstrafe an sich kriminalpolitisch unerwünscht ist. Wenn die Vollstreckungsbehörde bereits die Haft vollziehen lässt und unter der Bedingung einer sofortigen Anzahlung zu (nochmaligen) Zahlungsvergünstigungen bereit ist, empfiehlt es sich, das Geld entweder direkt bei der JVA einzuzahlen oder aber bei einer Gerichtszahlstelle und diese zu ersuchen, sofort die Vollstreckungsbehörde hiervon zu unterrichten; dann kann umgehend die Entlassung verfügt werden. Mit der Ratenbewilligung entsteht für die Ersatzfreiheitsstrafe ein Vollstreckungshindernis.[24]

Hinsichtlich der Ladung zum Strafantritt und den nach § 457 StPO zulässigen **11** Zwangsmitteln gelten die Ausführungen zur Vollstreckung von Freiheitsstrafen entsprechend. Aus Gründen der Verhältnismäßigkeit kommt eine Ausschreibung zur Festnahme bei geringfügigen Ersatzfreiheitsstrafen grundsätzlich nicht in Betracht.[25] In der Ladung und dem Vorführungs- bzw Haftbefehl wird der Betrag der Geldstrafe, durch welchen die Vollstreckung abgewendet werden kann, angegeben. Nach § 43 StGB entspricht einem Tagessatz ein Tag Ersatzfreiheitsstrafe. Da die Vollstreckung wegen eines Teilbetrages, der unter einem Tagessatz liegt, unzulässig ist, § 459 e III StPO, kann die noch offene Haft von nur noch einem Tag durch Zahlung lediglich eines Bruchteiles des Tagessatzes abgewendet werden.

Wenn mehrere Ersatzfreiheitsstrafen zu vollziehen sind, sollte der Verteidiger im- **12** mer prüfen, ob nicht die Bildung einer *Gesamtstrafe* in Frage kommt. Ist das der Fall, muss er darauf drängen, dass höchstens die zu bildende Gesamtstrafe vollstreckt wird (s.a. Teil D Kap 1 Rn 21); zwar sind bis zur Rechtskraft des Beschlusses nach § 460 StPO die Einzelstrafen jeweils vollstreckbar,[26] jedoch ist in den Fällen des § 41 II StVollstrO der Gesamtstrafenbeschluss bereits vor dessen Rechtskraft der Vollstreckung zu Grunde zu legen. Im Übrigen sollte der Verteidiger auf die in Haftsachen bei einigen Gerichten und Staatsanwaltschaften in der Praxis leider nicht immer genügend beachtete Eilbedürftigkeit hinweisen.

Eine *Reststrafenaussetzung* zur Bewährung gibt es bei Ersatzfreiheitsstrafe nicht, **13** denn die §§ 459 ff StPO enthalten für die Geld- und Ersatzfreiheitsstrafen abschließende Regelungen. § 57 StGB ist hierauf nicht anwendbar.[27] Weil diese Frage jedoch auch in der obergerichtlichen Rechtsprechung heftig umstritten ist, empfiehlt sich in jedem Fall ein Gesuch um vorzeitige Entlassung auf Bewährung. Darüber hinaus ist auch immer an eine Anordnung nach § 459 f StPO zu denken (vgl Rn 17), da deren Wirkung einer Strafaussetzung ähnelt.[28]

---

24 KMR-Paulus § 459 e Rn 10
25 Isak/Wagner Rn 276
26 BGH NJW 1956, 110
27 OLG Schleswig OLGSt § 57 StGB 23; OLG Stuttgart MDR 1986, 1043; KMR-Paulus § 459 e Rn 8; Groß StV 99, 508; aA: OLG Koblenz NStZ 87, 120; OLG Hamm StV 1998, 151; Tröndle/ Fischer § 57 Rn 2 a
28 Vgl Bringewat § 459 f Rn 10

2. Abwendung der Vollstreckung

a) durch Zahlung

14 Meist wird man die Vollstreckung durch Zahlung der Geldstrafe abwenden können, dann entsteht für die Ersatzfreiheitsstrafe ein Vollstreckungshindernis. Der
Gefangene ist sofort zu entlassen, auch wenn noch kein voller Tag verbüßt ist,
§ 51 IV StVollstrO. Wenn nur ein Teilbetrag eingeht, ist die noch offene Haftzeit
entsprechend zu kürzen, wobei sich diese bei einer Vollzugsdauer von unter einer
Woche nach vollen Stunden, sonst nach vollen Tagen berechnet, § 37 II StVollstrO.
Ergeben sich Überzahlungen, müssen diese zurückgezahlt werden, sofern sie nicht
für noch offene Gerichtskosten verwendet werden können.

b) durch Leistung gemeinnütziger Arbeit

15 Art. 293 EGStGB ermächtigt die Landesregierungen durch Rechtsverordnung[29]
oder im Gnadenwege die Vollstreckung der Ersatzfreiheitsstrafe durch Leistung so
genannter freier Arbeit abzuwenden. Soweit die Arbeit tatsächlich geleistet wird,
erledigt sich die Ersatzfreiheitsstrafe und damit auch die Geldstrafe. Die Arbeit
muss unentgeltlich, gemeinnützig und darf nicht erwerbswirtschaftlich sein. Sie begründet weder ein arbeitsrechtliches Verhältnis noch ein Beschäftigungsverhältnis
iSd Sozial- und Arbeitslosenversicherung und des Steuerrechts; die Vorschriften
über den Arbeitsschutz gelten aber sinngemäß (Art. 293 II EGStGB). Leistungsan-
sprüche eines Arbeitslosen gehen nicht unter. Die Geldstrafenerledigung durch
freie Arbeit ist nicht als geldwerter Vorteil iSd SGB III oder EStG anrechenbar.[30]

In der Regel wird ein Tagessatz durch fünf bis sechs Stunden Arbeit getilgt, in Ausnahmefällen kann die erforderliche Stundenzahl herabgesetzt werden. Gerade bei
körperlich oder seelisch belastenden Arbeiten oder bei Nachteinsätzen, aber auch
bei besonderen persönlichen Verhältnissen kommt eine entsprechende Anregung an
die Vollstreckungsbehörde in Betracht.

16 Grundsätzlich erfolgt spätestens bei der Ladung zum Strafantritt eine Belehrung
über die Arbeitsmöglichkeit unter gleichzeitiger Fristsetzung zur Antragstellung.
Ein rechtzeitiger *Antrag* hemmt die Vollstreckung der Ersatzfreiheitsstrafe,[31] jedoch
ist er auch bei Verfristung nicht ohne weiteres zurückzuweisen. Sofern der Antragsteller von sich aus keine Einsatzstelle benennen kann, wird ihm von der Vollstreckungsbehörde gegebenenfalls unter Mitwirkung der Gerichtshilfe eine zugewiesen. Will oder kann der Verurteilte die Arbeit voraussichtlich nicht leisten oder
kommt ein Beschäftigungsverhältnis in angemessener Zeit nicht zustande, muss die
Gestattung abgelehnt werden.[32] Die Gestattung ist bei durch den Verurteilten ver-
schuldeten Arbeitsstörungen widerruflich; zuvor ist rechtliches Gehör zu gewähren. Gegen den Widerruf oder die ablehnende Entscheidung können nach erfolgloser Rechtspflegererinnerung Einwendungen gemäß § 459 h StPO erhoben werden.

c) durch Anordnung des Gerichts

17 Eine weitere Möglichkeit, die Vollstreckung der Ersatzfreiheitsstrafe abzuwenden,
eröffnet § 459 f StPO. Danach kann das Gericht bei Vorliegen einer unbilligen Här-

---

29 Vgl die Zusammenstellung bei KMR-Paulus § 459 e Rn 15
30 Bringewat § 459 e Rn 11; s.a. Schall NStZ 1985, 104
31 Isak/Wagner Rn 281
32 KMR-Paulus § 459 e Rn 18

te die Nichtvollstreckung anordnen. Die Anordnung bewirkt aber nur einen Aufschub, nicht aber auch einen Erlass der Ersatzfreiheitsstrafe; die weitere Vollstreckung der Geldstrafe wird dadurch nicht gehindert.[33] Die Entscheidung ist bis zum Eintritt der Vollstreckungsverjährung widerruflich, wenn die unbillige Härte später wegfällt.[34] Sie ist mit sofortiger Beschwerde anfechtbar, § 462 III 1 StPO. Dies gilt auch für den Widerruf.

Die den Verurteilten durch die Vollstreckung der Ersatzfreiheitsstrafe treffende Härte ist dann unbillig, wenn er unverschuldet mittellos ist und dazu eine nicht mit dem Strafzweck vereinbare unzumutbare Belastung hinzutritt.[35] Daneben muss eine günstige Täterprognose die Erwartung rechtfertigen, schon durch die Verhängung der Geldstrafe sei der Strafzweck erreicht worden.[36] Die Vollstreckung der Ersatzfreiheitsstrafe kann geradezu als ungerecht erscheinen, wenn der Verurteilte auch bei äußerstem Bemühen und gehöriger Einschränkung seiner Lebensverhältnisse außerstande ist, zumindest Teilzahlungen zu leisten.[37] Danach kann eine *unbillige Härte* etwa in folgenden Fällen zu bejahen sein:[38] die allein erziehende Hausfrau und Mutter ist ohne eigene Einkünfte und Mittel; andauernde Mittellosigkeit als Folge unverschuldeter schwerer persönlicher Schicksalsschläge; längere Krankheit des Ehepartners, wenn Kleinkinder bei Strafverbüßung des Verurteilten unversorgt blieben. Sofern die Voraussetzungen einer unbilligen Härte vorliegen, besteht ein Rechtsanspruch auf den Erlass einer Unterbleibensanordnung.[39]

Wenn zu der Ersatzfreiheitsstrafe auch noch eine Freiheitsstrafe hinzukommt, muss **18** der Verteidiger prüfen, ob nicht eine Entscheidung nach *§ 459 d StPO* ergehen kann (vgl Rn 8). Dass die Vollstreckung der Ersatzfreiheitsstrafe bereits angeordnet wurde oder sie schon begonnen hat, steht dem nicht entgegen. Die Entscheidung führt wegen *§ 459 e IV StPO* dazu, dass die Vollstreckung der Ersatzfreiheitsstrafe sofort zu beenden ist.

---

33 KMR-Paulus 3 459 f Rn 10
34 Meyer-Goßner § 459 f Rn 3
35 BGHSt 27, 90; OLG Düsseldorf MDR 1983, 341; LG Frankfurt StV 1983, 292
36 OLG Düsseldorf MDR 1985, 76; Meyer-Goßner § 459 f Rn 2
37 Bringewat § 459 f Rn 4
38 Vgl KMR-Paulus § 459 f Rn 6
39 SK-StGB-Horn § 43 Rn 6; Tröndle/Fischer § 43 Rn 10

Kapitel 6
Fahrverbot und Führerscheinentzug

Überblick

I.   Fahrverbot

Das Fahrverbot wird erst mit Rechtskraft des Straferkenntnisses wirksam, § 44 II 1   **1**
StGB. Besitzt der Verurteilte eine Fahrerlaubnis, so fällt der Beginn der Verbotsfrist
aber nicht notwendigerweise auf den Zeitpunkt des Wirksamwerdens des Fahrverbots. Denn die Verbotsfrist fängt erst mit der amtlichen Verwahrung des Führerscheins oder mit der Eintragung des Sperrvermerks in den ausländischen Fahraus-
weis an zu laufen, § 44 III 1 StGB.

Für die Verteidigung ergibt sich die Möglichkeit, die *Wirksamkeit* des Fahrverbots
durch Einlegung eines Rechtsmittels hinauszuschieben. Der gewünschte Zeitpunkt
der Wirksamkeit lässt sich durch Rücknahme des Rechtsmittels oder durch Rechtsmittelverzicht erreichen. Dies geht jedoch nicht, wenn die Staatsanwaltschaft oder
der Nebenkläger ihrerseits das Straferkenntnis anfechten. Ist der Mandant im Besitz einer Fahrerlaubnis, dann muss aber darauf geachtet werden, dass zugleich mit
der die Rechtskraft herbeiführenden Erklärung der Führerschein abgegeben wird,
damit das Ende der Verbotsfrist nicht später als nötig eintritt. Ein etwaiger Rechtsmittelverzicht sollte immer ausdrücklich erklärt werden. Viele Vollstreckungsbehörden erblicken nämlich in der Abgabe des Führerscheins ohne weitere Erklärung
zu Recht keinen konkludenten Rechtsmittelverzicht. Der Mandant hat dann seinen
Führerschein abgegeben, ohne dass dadurch das Fahrverbot wirksam wurde. Er
könnte zwar weiterhin bis zum Eintritt der Rechtskraft führerscheinpflichtige
Kraftfahrzeuge führen, beginge aber dann eine Ordnungswidrigkeit wegen Nicht-
mitsichführens der Fahrerlaubnis.[1] Ebenso empfiehlt es sich nicht, auf Rechtsmittel
zu verzichten und den Führerschein abzugeben, solange die Staatsanwaltschaft ihrerseits nicht auch auf die Einlegung eines Rechtsmittels verzichtet. Denn auch in
diesem Fall hat der Mandant seinen Führerschein los, ohne dass das Fahrverbot
schon wirksam ist. Zwar könnte in diesen Fällen der Führerschein bis zur Rechtskraft wieder herausverlangt werden, jedoch ist dies nicht praktikabel, wenn die
Rechtsmittelfrist ohnehin demnächst abläuft. Eine Anrechnung der Zeit der freiwilligen Abgabe des Führerscheins vor Rechtskraft nach § 51 V StGB ist nicht
möglich.[2] In Ausnahmefällen käme allenfalls eine Anrechnung im Gnadenwege in
Betracht.

Führerscheine sind für die Dauer des Fahrverbots amtlich zu verwahren, in be-   **2**
stimmten ausländischen Fahrausweisen ist die Verbotsdauer zu vermerken und der
Führerschein sodann zurückzugeben, § 44 II 2, 3, 4 StGB. Erst mit dem Eingang
bei der Behörde kann die *Verbotsfrist* zu laufen beginnen. Uneinigkeit besteht in

---

1 OLG Köln VRS 1971, 54
2 Wetterich/Hamann Rn 412

der Praxis bei der Frage, ob Fristbeginn bereits der Zeitpunkt sein kann, in welchem der Führerschein bei einer Polizeidienststelle abgegeben wird, die ihn dann der Vollstreckungsbehörde zuleitet.[3] Einige Vollstreckungsbehörden rechnen die Frist tatsächlich erst ab Eingang des Führerscheins bei ihnen oder beim Gericht. Dies ist jedoch nicht richtig, da amtlicher Gewahrsam auch bei der Polizei, zumal auf Beschlagnahme nach § 463 b StPO hin, oder bei der zuständigen Führerscheinstelle begründet wird. Um ganz sicher zu gehen, empfiehlt sich in jedem Fall die Abgabe des Führerscheins bei der Vollstreckungsbehörde, gegebenenfalls unter gleichzeitiger Erklärung eines Rechtsmittelverzichts dem Gericht gegenüber. Dabei sollte auch mitgeteilt werden, ob der Führerschein zum Ablauf der Verbotsfrist selbst abgeholt werden wird oder dieser rechtzeitig wieder zurückgeschickt werden soll. Hat der Verurteilte seinen Führerschein verloren, muss er über dessen Verbleib eine eidesstattliche Versicherung abgeben. Auch in diesem Fall beginnt die Verbotsfrist mit Rechtskraft der Entscheidung.[4]

3 Häufig stellt sich die Frage, ob der Beginn des Fahrverbots nicht hinausgeschoben werden kann. Ein *Vollstreckungsaufschub* nach § 456 StPO ist aber nicht möglich, da diese Vorschrift auf mit der Rechtskraft wirksam werdende Nebenstrafen und Nebenfolgen nicht anwendbar ist.[5] Auch im Gnadenwege lässt sich das Fahrverbot nicht aufschieben, allenfalls ist in ganz besonderen Fällen eine gnadenweise Abkürzung zu erreichen. Daher besteht im Strafverfahren nur die Möglichkeit, durch Einlegung von Rechtsmitteln bzw Erklärung des Rechtsmittelverzichts auf die Verbotsfrist Einfluss zu nehmen.

Anders sieht es für denjenigen aus, gegen welchen ein Fahrverbot wegen einer *Ordnungswidrigkeit* nach § 24 StVG verhängt wurde. Hier lässt es § 25 II a StVG zu, dass in bestimmten Fällen die Wirksamkeit des Fahrverbots bis zu vier Monate ab Rechtskraft der Bußgeldentscheidung hinausgeschoben wird. Der Betroffene hat es dann in der Hand, den Beginn und das Ende der Verbotsfrist in gewissem Maße selbst zu bestimmen; das Fahrverbot wird dann entgegen der allgemeinen Regel erst mit Abgabe des Führerscheins und nicht bereits mit Rechtskraft der Entscheidung wirksam.

4 In die Verbotsfrist nicht eingerechnet wird die Zeit, in welcher der Verurteilte auf behördlicher Anordnung in einer Anstalt verwahrt wurde, § 44 III 2 StGB. Wurde bereits im Ermittlungsverfahren der Führerschein amtlich verwahrt, sichergestellt oder beschlagnahmt oder ist gemäß § 111 a StPO die Fahrerlaubnis vorläufig entzogen worden, dann ist nach § 51 V StGB die entsprechende Zeit auf das Fahrverbot anzurechnen. Das kann im günstigsten Fall dazu führen, dass bei Wirksamwerden des Fahrverbots infolge *Anrechnung* bereits die gesamte Verbotsfrist erledigt ist. Dann ist bei allseitigem Rechtsmittelverzicht nach Verkündung des Urteils der Führerschein wieder herauszugeben. Nicht anrechenbar ist jedoch die Zeit einer freiwilligen Herausgabe des Führerscheins nach Verkündung des Urteils, aber vor Rechtskraft (vgl Rn 2). Hiervon ist dem Mandanten dringend abzuraten.

5 Sofern *mehrere Fahrverbote* zu vollstrecken sind und die Voraussetzungen einer Gesamtstrafenbildung nach § 55 StGB nicht vorliegen, werden die Fahrverbote

---

3 Vgl Koch DAR 1966, 343; Isak/Wagner Rn 412
4 Pohlmann/Jabel/Wolf § 59 a Rn 20; aA OLG Düsseldorf NZV 1999, 521: Die Frist beginnt erst mit Abgabe der eidesstattlichen Versicherung.
5 AG Mainz MDR 1967, 683; Tröndle/Fischer § 44 Rn 12

nicht nacheinander vollstreckt, da der jeweilige Beginn der Verbotsfrist durch eine
bereits anderweitig laufende Frist nicht gehemmt wird.[6]

Wenn der Führerschein nicht freiwillig herausgegeben wird, so ist er zu beschlag-   **6**
nahmen, § 463 b StPO. Falls er bei dem Verurteilten nicht vorgefunden wird, so hat
letzterer auf Antrag der Vollstreckungsbehörde beim Amtsgericht eine eidesstattliche Versicherung über den Verbleib abzugeben.

Über Einwendungen wegen fehlerhafter Berechnung der Verbotszeit entscheidet
das Gericht, § 458 I StPO.

II. Führerscheinentzug

Die Sperrfrist für die Wiedererteilung einer Fahrerlaubnis wird ab Rechtskraft des   **7**
Straferkenntnisses berechnet; vorläufige Führerscheinmaßnahmen werden für die
Zeit ab Erlass des Strafbefehls bzw Verkündung des letzten tatrichterlichen Urteils
in die Frist eingerechnet, § 69 a V, VI StGB. Dh, wenn der Führerschein bereits vorläufig entzogen wurde, beginnt die Sperrfrist faktisch mit Urteilsverkündung bzw
Erlass des Strafbefehls, frühestens jedoch mit Zustellung des § 111 a StPO-Beschlus-
ses bzw Beschlagnahme des Führerscheins; wann die Rechtskraft eintritt, spielt
dann keine Rolle.

Das Gericht kann die Sperrfrist nach Ablauf von drei Monaten, in den Fällen des   **8**
§ 69 a III StGB nach einem Jahr, vorzeitig aufheben, wenn die Annahme begründet
ist, dass der Täter zum Führen von Kraftfahrzeugen nicht mehr ungeeignet ist,
§ 69 a VII StGB. Dies setzt das Vorliegen neuer Tatsachen voraus.[7] Regelmäßig wird
ein entsprechender Antrag nur Erfolg haben können, wenn eine freiwillige ver-
kehrserzieherische Nachschulung stattgefunden hat. Oft besteht dann auch erst die
Gewähr, dass die Führerscheinstelle nach Ablauf der Sperrfrist eine neue Fahrerlaubnis erteilen wird.

Wo die zeitlichen Voraussetzungen nicht erfüllt sind, kann in bestimmten Fällen
eine vorzeitige Aufhebung der Sperre im Gnadenwege um drei Monate erfolgen.[8]
Die Vollstreckungsbehörden versenden in den Fällen, in denen eine Abkürzung in
Frage kommt, entsprechende Merkblätter. Voraussetzung ist regelmäßig ein nicht
über einem bestimmten Wert liegender Blutalkoholwert zum Tatzeitpunkt und dass
nicht bereits eine Vorverurteilung wegen eines Alkoholdelikts vorliegt. Außerdem
ist die Teilnahme an einer verkehrserzieherischen Maßnahme obligatorisch.

Neben der vorzeitigen Aufhebung der Sperre besteht auch die Möglichkeit, entweder in entsprechender Anwendung von § 69 a VII StGB oder im Gnadenweg bestimmte Fahrzeugarten vorzeitig von der Führerscheinsperre herauszunehmen (beispielsweise Traktoren für Landwirte).

---

6 LG Münster NJW 1980, 2481; aA LG Flensburg NJW 1965, 2309, vgl aber auch § 25 II a 2 StVG
7 OLG Düsseldorf StV 1984, 335; SK-StGB-Horn § 69 a Rn 14
8 Nach dem so genannten bundeseinheitlich vereinbarten Modell-Mainz-77

9 | **Beispiel für einen Antrag auf vorzeitige Abkürzung der Sperrfrist nach § 69 a VII StGB an das Gericht:**

Mit beiliegender Vollmacht zeige ich die Verteidigung der Frau A an und beantrage, die verhängte Sperrfrist von neun Monaten mit Ablauf des 1. 12. 2005 aufzuheben.

An diesem Tag wird die Sperre bereits drei Monate gedauert haben, wobei bereits jetzt Grund zu der Annahme besteht, dass meine Mandantin nicht mehr ungeeignet zum Führen von Kraftfahrzeugen ist. Laut beiliegender Bescheinigung des TÜV in X hat sie erfolgreich an einem Nachschulungskurs für alkoholauffällige Fahrer teilgenommen. Sie sieht ihr Fehlverhalten ein und schließt eine nochmalige Teilnahme am Straßenverkehr unter Alkoholeinfluss aus. Hierbei ist auch von Bedeutung, dass gegen sie erstmals ein Fahrerlaubnisentzug ausgesprochen werden musste.

Teil E
Verteidigung in speziellen Verfahren

Kapitel 1
Kapitalstrafsachen

Überblick

Werner

Literaturverzeichnis

Forster, Balduin, Praxis der Rechtsmedizin, 1999
Göppinger, Hans, Kriminologie, 5. Aufl., 1997
Kaiser, Günther, Kriminologie, 10. Aufl., 1997
Rasch, Wilfried, Forensische Psychiatrie, 2. Aufl., 1999
Rasch, Wilfried, Tötung des Intimpartners, 1964
Wagner, Joachim, Prozessführung über Medien, 1987
DSM-IV-TR Diagnostisches und statistisches Manual psychischer Störung, deutsche Bearbeitung:
    Saß, Hennig/Wittchen, Hans-Ulrich
ICD-10 Kapitel vR Internationale Klassifikation psychischer Störungen, 4. Aufl.

I.   Vorbemerkung

1   Der Beschuldigte in Kapitalstrafsachen ist einem existentiellen Vorwurf ausgesetzt. So ist Gegenstand des gegen ihn erhobenen Schuldvorwurfs die Verletzung der in § 74 II GVG und § 120 II GVG geregelten Straftatbestände, die in die Zuständigkeit der Schwurgerichte bzw des Oberlandesgerichts fallen.

Darüber hinaus wird man unter die Fälle der Kapitalstrafsachen sicherlich auch § 222 StGB zu subsumieren haben.

Neben der Zuordnung etwaiger Schuldvorwürfe zum Gebiet der Kapitalstrafsachen, lässt sich schon eingangs feststellen, dass es sich jeweils um Straftaten gegen das Leben und damit gegen die menschliche Existenz handelt. Spiegelbildlich hat der Gesetzgeber bei all diesen Delikten, zumindest für den besonders schweren Fall, die Möglichkeit der maximalen Sanktion des Strafrechts, nämlich die lebenslange Freiheitsstrafe vorgesehen.

Im Falle des Schuldspruchs steht für den Beschuldigten damit auch eine dauerhafte Beeinträchtigung seiner weiteren Existenz auf dem Spiel.

Daneben weisen die Tatbestände gegen das Leben auch nach der Neuregelung des § 213 StGB den größten Strafrahmen aus, den das Gesetz kennt, von 1 Jahr[1] Freiheitsstrafe bis im ungünstigsten Fall zur lebenslangen Freiheitsstrafe. Aus der Bedeutung dieser Strafsachen ergibt sich auch gleichzeitig die Verantwortung des in Kapitalsachen vertretenden Strafverteidigers.

Insofern kennt das Kapitalstrafverfahren auch keinen Mindeststandard der Strafverteidigung, sondern verlangt von den dem Beschuldigten beistehenden Verteidigern

---

1 Bei vorsätzlichen Tötungsdelikten

von Anfang an maximalen Einsatz, um der Verantwortung gerecht zu werden. Verteidigung in Kapitalstrafsachen ist deshalb eine außerordentliche Belastung und Herausforderung, die auch besondere Fähigkeiten erfordert, die man durch Aus- und Weiterbildung erlangen und fortlaufend verfeinern muss. Deshalb ist gerade die Verteidigung in Kapitalsachen Gegenstand der Aus- und Weiterbildung der Fachanwaltsordnung (FAO).[2] Manch ein sog »alter Hase der Strafverteidigung« meint, dass dies schlicht durch Routine ersetzt werden kann. Für Strafverteidiger, wie für andere Beteiligte in Schwurgerichtsverfahren, gilt jedoch, dass Routine nicht Fachwissen ersetzen kann.

Das vorliegende Buch enthält eine Vielzahl von Anregungen und Verhaltensmaßregeln für die verschiedenen Abschnitte des Strafverfahrens, die selbstverständlich jeweils auch im Kapitalstrafverfahren ihre Anwendung finden.

Die nachfolgenden Ausführungen unternehmen den Versuch, Besonderheiten des Kapitalstrafverfahrens herauszuarbeiten: Dieser Abschnitt wird nicht geeignet sein, das notwendige Fachwissen auf diesem Gebiet der Strafverfahren aus allen Bereichen zu ersetzen, sondern das notwendige Fachwissen anreissen, um auf diesem Spezialgebiet der Strafverteidigung erfolgreich tätig sein zu können.

II. Kriminologie zu Tötungsdelikten

Beschäftigt man sich mit der Kriminologie von Tötungsdelikten, so fällt als wesentliches Merkmal die Dominanz von Täter-Opfer-Beziehung bei den jeweiligen Tatgeschehen auf. So haben Untersuchungen ergeben, dass eine besondere Nähe zwischen Täter und Opfer bei Tötungsdelikten vorliegt. Besonders bei der Primärgruppenbeziehung – die Tatbegehung in der Gruppe der Ehepartner, Kinder, Eltern, Verwandten und engen Freunde – dominiert die Täter-Opfer-Beziehung. Fast die Hälfte aller Tötungsdelikte fand in dieser Gruppe statt.

2

Bemerkenswert ist, dass die Motivlage bei dieser Primärgruppenbeziehung sich diametral von der der Sekundärgruppenbeziehung unterscheidet. Sind bei einer Tatbegehung zwischen Ehepartnern, Kind, Elternteil, Verwandten und engen Freunden tief liegende Konflikte, Trauer und Verzweiflung, gelegentlich ein gescheiterter, erweiterter Selbstmord und Ausweglosigkeit einer gescheiterten Beziehung in der Regel das Motiv, dominieren bei der Sekundärgruppenbeziehung äußere Anlässe wie Habgier, Zechbekanntschaften, Beleidigungen.

Daher ergibt sich insbesondere bei den im sozialen Nahraum begangenen Delikten die besondere Beziehung zwischen Täter und Opfer. Das Opfer ist keineswegs austauschbar. Die Gefühlslage zwischen Täter und Opfer ist in der Regel ambivalent. Außerhalb dieser Gruppe der Täter-Opfer-Beziehung ist das Opfer in der Regel austauschbar. Die Gefühlslage zwischen Täter und Opfer ist hassmotiviert.

Gerade bei den im sozialen Nahraum begangenen Tötungsdelikten sind die Täter in der Regel zu 65 % nicht vorbestraft. Soweit sie vorbestraft sind, sind sie es in der Mehrheit der Fälle nicht wegen Gewaltdelikten (24 %). Nur 11 % der im sozialen Nahraum Tötungsdelikte begehenden Personen sind bereits wegen Gewaltdelikten vorbestraft.

---

2 Kleine-Cosack NJW 1997, 1257; Stern Rn 18 ff

3 Horn[3] führt eine besondere Täter-Opfer-Typologie aus:

– Lösung eines partnerbezogenen Leidensdrucks,
– auf der anderen Seite das tatprovozierende Opfer,
– Höhepunkt einer spezifischen partnerabhängigen Entwicklung,
– das unentschlossene Opfer,
– Reaktion auf aktuellen Erlebnisreiz,
– das unvorbereitete Opfer,
– Ausdruck einer täterspezifischen Disposition,
– das erduldende Opfer,
– Elimination des narzisstischen Objekts,
– das tatbegünstigende Opfer,
– Momentaufnahme einer diskordanten Beziehung,
– das tatbeteiligte Opfer.

4 In der Bundesrepublik Deutschland haben Mord und Totschlag gem den §§ 211 bis 213 und 216 StGB ohne Versuchsdelikte im Zeitraum von 1966 bis 1994 von 534 auf 1351 Delikte pro Jahr zugenommen, wobei die Häufigkeitsziffer gemessen an Straftaten auf 100.000 Einwohner in diesem Zeitraum von 0,9 bis 1,7 angestiegen ist, was einem Anstieg der Grundzahl von 153,0 bzw der Häufigkeitsziffern um 88,9 % gleichkommt.[4]

Kaiser[5] führt – unter Entwicklung und Stand der Gewaltdelikte – dies auf folgende Entwicklung zurück:

»Seit Ende der 50iger Jahre beobachten wir im Bereich der Jugenddelinquenz, dann auch auf die allgemeine Kriminalität übergreifend eine zunehmende Brutalisierung der Deliktsbegehung. Zu denken ist hier an die ›Mode der Gewalt‹ bei jugendlichen Rechtsbrechern, an die häufigere Anwendung von Schusswaffen, das vermehrte Auftreten von Banküberfällen und Geiselnahmen, und neuerdings vor allem an die Erscheinungen der Demonstrationsgewalt, der ausländerfeindlichen Gewaltakte …«

Man wird insofern feststellen müssen, dass dieser Erklärungsversuch von Kaiser zunächst die Sekundärgruppenbeziehung betrifft. Was gerade zu der auch in der Primärgruppe verstärkten Bereitschaft, gewaltsam bestimmte Beziehungsgeflechte zu lösen, führt, ist in der victiminologischen Forschung bisher nicht ausreichend geklärt.

III. Mandatsaufnahme

5 Wird einem Verteidiger ein Mandat in einer Kapitalstrafsache angetragen, so hat er sofort für eine sachgerechte Vertretung des Tatverdächtigen Sorge zu tragen. Hierzu hat der Strafverteidiger sofort Kontakt mit ihm aufzunehmen. Ist eine sofortige persönliche Kontaktaufnahme mit dem Tatverdächtigen nicht möglich, weil dieser nicht am Kanzleiort des Verteidigers inhaftiert ist, so hat der Verteidiger anderweitig sicherzustellen, dass der Tatverdächtige von dem kurzfristigen Erscheinen des Verteidigers in Kenntnis gesetzt wird und vor allem weiß, dass er bis zum Erscheinen seines Verteidigers keine Angaben gegenüber der Polizei machen soll.

---

3 Horn Victiminologische Aspekte der Beziehungstat in: Kaiser/Jede Kriminologische Opferforschung, Teilband 2, Heidelberg Kriminalistik, 1995, S 173–188
4 Göppinger 170
5 Kaiser 382

Soweit der Verteidiger bei dieser ersten Kontaktaufnahme feststellt, dass aktuell eine Vernehmung mit dem Beschuldigten geplant ist oder sogar schon im Gange ist, sollte der Vernehmungsbeamte von der Beauftragung des Verteidigers (etwa durch die Angehörigen) in Kenntnis gesetzt werden und gegebenenfalls, soweit der Verteidiger noch nicht persönlich zugegen ist, darum ersuchen, den Beschuldigten direkt an das Telefon zu holen, sich mündlich beauftragen zu lassen, den Beschuldigten selbst über sein Schweigerecht gesondert zu unterrichten und ihn von der Fortsetzung der Vernehmung abzuhalten.

Soweit die Polizeibeamten an dieser Stelle Schwierigkeiten machen, sind sie auf die Rechtsprechung des BGH hinzuweisen: Danach kann es keinem Zweifel unterliegen, dass eine bewusste Verhinderung der Rücksprache mit einem Verteidiger (noch dazu verbunden mit der Bemerkung, die Vernehmung ohne den Verteidiger werde so lange fortgesetzt, »bis Klarheit herrsche«) zu einem Verbot der Verwertung der bei dieser Vernehmung gewonnenen Angaben führen muss; denn die Möglichkeit, sich des Beistandes eines Verteidigers zu bedienen, gehört zu den wichtigsten Rechten des Beschuldigten (vgl Art. 6 III lit c MRK). Dadurch wird sichergestellt, dass der Beschuldigte nicht nur Objekt des Strafverfahrens ist, sondern zur Wahrung seiner Rechte auf den Gang und das Ergebnis des Strafverfahrens Einfluss nehmen kann.[6]

Der Bundesgerichtshof hat demgemäß bereits ein Verwertungsverbot angenommen, **6** weil der Verteidiger entgegen § 168 c V StPO vom Termin einer Beschuldigtenvernehmung nicht benachrichtigt worden war.[7] Das Anwesenheitsrecht des Verteidigers wäre erheblich entwertet, wenn der Verstoß gegen die dieses Recht sichernde Benachrichtigungspflicht folgenlos bliebe.[8] Um so mehr muss, wenn dem Beschuldigten trotz der erfolgten Belehrung, er könne vor seiner Vernehmung einen Verteidiger befragen, die Kontaktaufnahme mit seinem Verteidiger verwehrt wird, ein Verwertungsverbot für die dann gewonnenen Angaben bejaht werden, weil nur so die Einhaltung dieses für den Beschuldigten äußerst wichtigen Rechtes gewährleistet ist.[9]

Ebenso ist zu verfahren, soweit der Verteidiger später am Zugang zu dem Beschuldigten gehindert wird. Jeder muss hier nach seinem Naturell den Zugang mit dem gebotenen Nachdruck durchsetzen. Für besonders hartnäckige Beamte empfiehlt es sich, eine Art Verteidiger-Protokoll mitzuführen, in welchem der Beamte bestätigen muss, den Verteidiger nicht zu dem Mandanten vorgelassen zu haben. Wie bei allen Stadien der Strafverteidigung ist eine gute Dokumentation auch zur späteren Selbstkontrolle durch nichts zu ersetzen.

Soweit die Mandatierung durch den Beschuldigten selbst noch nicht erfolgt war, ist **7** schon am Telefon mündlich die Beauftragung abzuklären, damit dem Verteidiger nicht später der Zutritt zu dem Beschuldigten auf der Polizeidienststelle verwehrt werden kann.

Kennt der Verteidiger den Vernehmungsbeamten nicht gut, und ist er sich deshalb nicht sicher, dass die Vernehmung dann tatsächlich unterbrochen wird, ist durch ein geeignetes kurzfristiges Schreiben an die zuständige Polizeidienststelle die Mandatsbestellung noch einmal per Fax zuzustellen und der nunmehr vom Mandanten

---

6 BVerfGE 57, 250, 275; 63, 380, 390
7 BGH NStZ 1989, 282
8 Hilger NStZ 1989, 283
9 Vgl auch Strate/Ventzke StV 1986, 30, 33

fixierte Wunsch auf Unterbrechung der Vernehmung schriftlich festzuhalten. Aufgrund der Faxzeile wird sich später dokumentieren lassen, wann gegebenenfalls die Vernehmung in unzulässiger Weise fortgesetzt wurde.

Verlangt der Beschuldigte bei einer polizeilichen Vernehmung nach einem Verteidiger und will der Polizeibeamte die Vernehmung fortsetzen, so ist dies ohne vorangegangene Konsultation eines Verteidigers nur zulässig, wenn sich der Beschuldigte ausdrücklich nach erneutem Hinweis auf sein Recht auf Zuziehung eines Verteidigers mit der Fortsetzung der Vernehmung einverstanden erklärt. Dem müssen allerdings ernsthafte Bemühungen des Polizeibeamten vorausgegangen sein, dem Beschuldigten bei der Herstellung des Kontakts zu einem Verteidiger in effektiver Weise zu helfen.[10]

Der Verteidiger ist genauestens bei dem persönlichen Gespräch gehalten, den Beschuldigten im vorliegenden Verfahren nicht nur von seinem Schweigerecht zu informieren, sondern ihm darzulegen, warum es in der Regel keine andere Verteidigungsalternative zu Beginn des Verfahrens gibt, als zu schweigen.

8 Die Einlassung des Beschuldigten als Verteidigungsmittel kann nur dann sinnvoll eingesetzt werden, wenn sie nach entsprechender Sachverhaltsaufklärung erfolgt. Dies kann unmittelbar nach der Festnahme sinnvoll aber nicht geleistet werden. Schon die frische Konfrontation mit der Festnahmesituation ist geeignet, den Beschuldigten in seiner Verteidigungsfähigkeit entscheidend zu beeinträchtigen. In dieser Situation reagiert der Beschuldigte auf alle möglichen Signale, die er von den Vernehmungsbeamten erhält oder meint, dem Verhalten der Vernehmungsbeamten zu entnehmen, um die gerade verlorene Freiheit wieder zu erlangen.

Der ungeheure Schuldvorwurf mit der vom Beschuldigten befürchteten Strafe erwecken darüber hinaus bei den meisten Beschuldigten, gerade soweit Gegenstand des Schuldvorwurfs eine Tötung im sozialen Nahraum ist, einen besonderen Rechtfertigungszwang. Erfahrene Polizeibeamte wissen dieses Konglomerat an Gefühlen der jeweiligen Tatverdächtigen geschickt zum Erzielen unverrückbarer Ermittlungsergebnisse auszunutzen. Der Beschuldigte ist dabei nicht in der Lage, die Tragweite der gestellten Fragen zu erfassen. Der Beschuldigte läuft statt dessen Gefahr, gegebenenfalls Mordmerkmale in sich hineinfragen zu lassen.

Erste Aufgabe des Verteidigers ist es daher, einen etwaigen Tatverdächtigen aus einer Vernehmungssituation zu lösen und ihm die Gefahren der voreiligen Einlassung zu verdeutlichen.

9 Der Verteidiger sollte sich bei dem ersten gemeinsamen Gespräch mit dem Beschuldigten – soweit dies in der Situation möglich ist – den Sachverhalt schildern lassen. Der Verteidiger muss, da der eigene Mandant in der Regel die erste Informationsquelle ist, diese zum Sachverhalt eingehend befragen. Das erste Gespräch hat aber auch die nicht zu unterschätzende Funktion, dem Beschuldigten die Gelegenheit zu geben, sich gegenüber einem Dritten zu rechtfertigen bzw die Tat schildern zu können. Damit kann man nämlich nicht selten Strategien der Polizei unterlaufen, den Beschuldigten endlich einmal reden zu lassen. Nicht selten wollen die Beschuldigten reden. Um nicht missverstanden zu werden: Es geht hier nicht darum, einen geständniswilligen Beschuldigten daran zu hindern, Angaben zu machen. Es geht darum, einen Beschuldigten davor zu bewahren, die Vernehmung durch den Poli-

---

10 BGH NStZ 1996, 291 = BGHSt 42, 15

zeibeamten als therapeutisches Setting falsch zu interpretieren und sich bei etwaig bestehenden Schuldgefühlen gegen sich selbst instrumentalisieren zu lassen.

Der Verteidiger hat schon nach Möglichkeit den Beschuldigten nach Zeugen und Beweismitteln zu fragen. Es ist natürlich sofort abzuklären, ob es Zeugen gibt, die ein Auskunfts- und Zeugnisverweigerungsrecht nach §§ 52, 55 StPO besitzen. Soweit eine Aussage dieser Personen nicht abzuschätzen ist, ist es Aufgabe des Verteidigers, auch diese Personen auf ihr Schweigerecht hinzuweisen. Es ist hM,[11] dass der Verteidiger Personen auf das ihnen zustehende Schweigerecht hinweisen kann.

Hat der Beschuldigte schon Angaben gemacht, ist abzuklären, ob er vor der Vernehmung korrekt belehrt worden ist und ob die Polizei den Beschuldigten aktiv bei der Verteidigerkonsultation unterstützt hat.

Allerdings wird die Polizei in aller Regel davon absehen, einen bestimmten Verteidiger zu empfehlen, schon um den Eindruck eines engen Zusammenwirkens mit bestimmten Verteidigern zu vermeiden. Unzulässig ist es, dem Beschuldigten die Bereitschaft zur Hilfe bei der Kontaktaufnahme durch bloße »Scheinaktivität« vorzuspielen und die von vornherein erwartete Erfolglosigkeit sowie die damit verbundene Entmutigung des Beschuldigten zur Fortsetzung des Vernehmungsversuchs auszunutzen.

Die bloße Überlassung des Branchentelefonbuchs von Hamburg, in dem sich unter dem Stichwort »Rechtsanwaltsbüros« eine sehr große Zahl von Eintragungen findet, war keine Hilfe, sondern angesichts der Umstände eher geeignet, den der deutschen Sprache nicht mächtigen Beschuldigten G. von der Unmöglichkeit einer alsbaldigen Kontaktaufnahme zu überzeugen. Von der Mitteilung der Telefonnummer des anwaltlichen Notdienstes, die eine wirksame Hilfe hätte sein können, haben die Polizeibeamten abgesehen.[12] **10**

Der Beschuldigte muss darüber eingehend belehrt werden, dass die Polizei immer wieder Versuche starten wird, ihn zu vernehmen und dies auch gegebenenfalls ohne Verteidiger durchzuführen. Dabei ist zu beachten, dass es zwar de lege ferenda immer wieder gefordert wird, ein Anwesenheitsrecht des Verteidigers bei der Vernehmung zu normieren, dies aber de lege lata noch nicht existiert.

Auch aus dem nun höchstrichterlich abgesegneten Recht auf Verteidigerkonsultation vor der polizeilichen Erstvernehmung, ergibt sich eben nicht das Recht des Verteidigers auf Teilnahme an der Vernehmung durch die Polizei selbst. Der Verteidiger hat Anwesentsheitsrechte bei staatsanwaltschaftlichen und richterlichen Untersuchungshandlungen wie der Einvernahme durch den Staatsanwalt gem § 163 a StPO, gem § 168 c StPO bei der richterlichen Einvernahme, und bei dem richterlichen Augenschein gem § 168 d StPO. Nicht jedoch bei der richterlichen Einvernahme des Mitbeschuldigten.[13] Das Recht des Verteidigers auf Anwesenheit bei der polizeilichen Vernehmung ist von dem Gesetzgeber nicht geregelt worden. Aus dieser Regelungslücke glauben die Ermittlungsbehörden die Rechtfertigung ziehen zu können, der Verteidigung eine Anwesenheit lediglich zu gestatten, ohne dazu verpflichtet zu sein. Man überlässt es insoweit dem Dispositionsrecht des Beschuldigten selbst, die Anwesenheit des Verteidigers durch ein Schweigen zu erzwingen. Entsprechend hat der Verteidiger den Beschuldigten hierauf gesondert hinzuweisen. **11**

---

11 Strafverteidigung-Gillmeister (1. Aufl.) § 4 Rn 74 ff
12 BGH StV 1996, 187 = BGHSt 42, 15
13 BGH NStZ 1997, 351 ff

Es empfiehlt sich mit der Mandatsanzeige deutlich zu machen, dass es der ausdrückliche Wunsch des Beschuldigten ist, von seinem Schweigerecht Gebrauch zu machen und deshalb von einem Vernehmungsversuch Abstand zu nehmen ist.

Stellt der Verteidiger fest, dass unverwertbare Vernehmungen durch die Polizei durchgeführt wurden, so hat der Verteidiger den Mandanten gleich auf diesen Umstand hinzuweisen, um die Polizei daran zu hindern, ohne qualifizierte Belehrung den Beschuldigten im Glauben zu halten, er habe sich schon durch die bis zu diesem Zeitpunkt erfolgten Angaben soweit belastet, dass es keinen Sinn mehr macht hier noch zu schweigen.

So etwas kann nicht nur bei unterlassener oder besser nicht ausreichend unterstützter Verteidigerkonsultation der Fall sein, sondern wenn die Polizei ein Geständnis mit Täuschung des Beschuldigten erreicht hat.

Weiß nämlich der Vernehmungsbeamte, dass nach den bisherigen Ermittlungen kein dringender Tatverdacht gegen den Beschuldigten besteht, so kann eine Täuschung iSd § 136 a I 1 StPO schon darin liegen, dass er ihm gegenüber nur pauschal und ohne bestimmte Beweismittel vorzuspiegeln von einer erdrückenden, ihm keine Chance lassenden Beweiskette spricht, um ihn dadurch zu einem Geständnis zu bewegen.[14]

IV. Akteneinsicht[15]

12   Das Akteneinsichtsgesuch ist im Ermittlungsverfahren stets an die Staatsanwaltschaft zu richten,[16] nach Anklageerhebung an den Vorsitzenden des mit der Sache befassten Gerichtes.

Nach § 147 I StPO ist der Verteidiger befugt, die Akten, die der Staatsanwaltschaft und dem Gericht vorliegen, einzusehen. Diese Befugnis soll dem Beschuldigten eine wirksame Verteidigung ermöglichen, und zwar regelmäßig unabhängig vom Verfahrensstadium, ob sich der Beschuldigte auf freiem Fuß oder in U-Haft befindet.

Während der U-Haft hat der Verteidiger für den Inhaftierten das Recht, sämtliche die Haftfrage begründenden Unterlagen einzusehen. Aus dem Recht des Beschuldigten auf ein faires, rechtsstaatliches Verfahren folgt ein Anspruch des inhaftierten Beschuldigten auf Einsicht seines Verteidigers in die Akten, wenn und soweit er die darin befindlichen Informationen benötigt, um auf eine bevorstehende richterliche Haftentscheidung effektiv einwirken zu können und eine mündliche Mitteilung der Tatsachen und Beweismittel, die das Gericht seiner Entscheidung zu Grunde zu legen gedenkt, nicht ausreichend ist.[17]

Das Akteneinsichtsrecht erstreckt sich nach dem Wortlaut des Gesetzes auf alle dem Gericht vorliegenden Akten, unabhängig davon, ob diese dem Gericht mit der Anklageschrift übersandt oder von ihm selbst angelegt worden sind. Es soll eine lückenlose Information über die im Verfahren angefallenen schriftlichen Unterlagen ermöglicht werden. Kein Verteidiger darf sich deshalb, wie er es auch nicht in spä-

---

14 BGH NStZ 1989, 35
15 Vgl zur Akteneinsicht Bockemühl Teil B Kap 1 Rn 60 ff
16 Vgl Bockemühl Teil B Kap 1 Rn 53
17 BVerfG StV 1994, 465

teren Stadien des Verfahrens tun würde, auf mündliche Unterrichtung über den Akteninhalt vertrösten lassen. Hierunter fallen auch die Unterlagen, die die Haftkontrolle betreffen. Erst die Kenntnis von allen diese Frage berührenden, vielfältigen Vorgängen setzt die Verteidigung in den Stand, einen in U-Haft befindlichen Angeklagten wirksam zu verteidigen. Fragen der Ausgestaltung der U-Haft und insbesondere ihrer Beschränkung berühren die Verteidigung. Aus ihnen können sich wesentliche Kenntnisse und Anknüpfungspunkte für Verteidigungsverhalten ergeben. So können sich aus einer Haftkontrolle Anhaltspunkte für eine mögliche Voreingenommenheit eines die Haftkontrolle durchführenden Richters ergeben, wie zB aus der Handhabung der Postkontrolle des Zeitschriftenbezugs und von Besuchserlaubnissen.

Es ist aber auch für den Verteidiger von Bedeutung, etwaige auch abschlägig verbeschiedene Besuchsanträge zu kennen, um auf derartige Versuche der Kontaktaufnahme mit seinem Mandanten reagieren zu können und den Mandanten insoweit beraten zu können, um von ihm gewünschten Personen den Zugang zu ermöglichen. Aus einer Anhäufung von Anträgen bestimmter Besuchspersonen können Erkenntnisse für eine Bedrohung oder Einflussnahme des Angeklagten gefolgert werden. Nicht auszuschließen ist, dass sich aus dem Inhalt der Haftkontrolle Erkenntnisse auch für die Hauptverhandlung ergeben können, zB Themen für Beweisanträge oder Beweisanregungen. Für die Strafzumessung kann neben der Dauer der U-Haft auch deren Ausgestaltung oder die Frage einer besonderen Haftempfindlichkeit von Bedeutung sein.[18]

Viele Verteidiger lassen sich allzu schnell von der Staatsanwaltschaft damit abspeisen, dass die Akteneinsicht mit dem Verweis auf das Andauern der Ermittlungen verweigert wird. Dies stellt keinen Grund für eine Weigerung dar. Nur die Gefährdung der noch andauernden Ermittlungen stellt nach § 147 II StPO eine hinreichende Berechtigung der Verweigerung der Akteneinsicht dar. Der Hinweis der Geschäftsstelle »Akten versandt« oder »Akten nicht entbehrlich« sollte vom Verteidiger in keiner Phase des Verfahrens in Kapitalsachen (und nicht nur da) akzeptiert werden.

Zum einen ist der sachbearbeitende Staatsanwalt und nicht die Geschäftsstelle für die Entscheidung zuständig. Nach Nr. 12 II RiStBV ist er überdies verpflichtet, Zweitakten in Kapitalsachen anzufertigen. Man sollte, auch um überflüssige Mehrfertigungen der Aktenauszüge zu vermeiden, darum bitten, dass Aktenauszüge in der Regel paginiert übergeben werden. Dies dient auch der Kontrolle der übergebenen Aktenteile.

Nachdem auch die Gefährdung der Ermittlungen keinen Grund zu der Verweigerung der Akteneinsicht in die die Haftfrage begründenden Unterlagen gewährt, ist dieses Instrument zur Durchsetzung notwendiger Informationserlangung gerade in Haftsachen zu nutzen. Die Haftprüfung ist auch ungeachtet der oftmals fehlenden Aussichten auf eine positive Haftentscheidung, zur Gewährung der Akteneinsicht in diesem Stadium des Verfahrens, zu beantragen.

Ganz wesentliche Bedeutung bei der Gewährung von Akteneinsicht kommt aber § 147 III StPO zu. Die bevorzugten Unterlagen (Beschuldigtenvernehmung, schriftliche Äußerungen des Mandanten im gegenständlichen Verfahren, sowie alle Protokolle über richterliche Untersuchungshandlungen, bei welchen der Verteidiger an-

13

---

18 BGH NStZ 1991, 94

wesend war bzw ein Recht auf Anwesenheit besitzt, und Sachverständigengutachten) dürfen dem Verteidiger in keiner Phase des Verfahrens versagt werden.

Der Antrag auf Herausgabe dieser Unterlagen ist immer dahin zu ergänzen, dass alle weiteren bevorzugten Unterlagen dem Verteidiger auch nach erfolgter Akteneinsicht immer dann zuzusenden sind, sobald diese zu den Akten gelangen. Gerade das Recht auf Einsicht in die Sachverständigengutachten, ermöglicht es dem Verteidiger frühzeitig vom Sektionsprotokoll (und nachfolgenden Obduktionsgutachten), den Unterlagen über einen etwaigen Alkoholisierungsgrad des Beschuldigten zum mutmaßlichen Tatzeitpunkt (AAK-, BAK-Befunde und diesen zugrunde liegende Untersuchungsbefunde) sowie allen übrigen angefertigten Gutachten zu Spuren und Spurenträger und sonstigen gerichtsärztlichen Untersuchungen von Täter und Opfer Kenntnis zu erlangen.

Sollte die unverzügliche Akteneinsicht in die bevorzugten Unterlagen nicht gewährt werden ist sofort gemäß 147 V StPO zu verfahren. Ebenso wenn in die Unterlagen nach 147 I StPO keine Einsicht gewährt wird, ohne dass die Ergebnisse der Ermittlungen gefährdet werden könnten.

Unter dem Recht zur Akteneinsicht wird auch das Recht zur in Augenscheinnahme der Beweisstücke bzw. Asservate ebenfalls genannt. Der Verteidiger hat hier nicht nur das Recht sich die Beweismittel in Augenschein zu nehmen, sondern die Pflicht. Es entspricht nicht den Mindestanforderungen an eine ordnungsgemäßen Verteidigung, die Asservate nicht zu kennen . Es empfiehlt sich schon im Ermittlungsverfahren die Staatsanwaltschaft nach der Existenz und Verbleib der Asservate zu befragen und deren Besichtigung zu beantragen und dann natürlich auch vorzunehmen.

V. Spurenakten

14   Spurenakten werden von der ermittelnden Polizei angelegt, um verschiedene Hinweise oder Ermittlungsansätze über Personen auf ihre Relevanz im gegenständlichen Verfahren hin zu überprüfen.[19] In jedem Kapitalverfahren oder sonstigen Strafsachen, in welchen Spurenakten angelegt werden, führt dies zu einer erheblichen Ansammlung von zum Teil auch völlig irrelevantem Material, dass keinerlei Tatbezug auf den ersten Blick besitzt. Relevant ist es natürlich schon aufgrund der Tatsache, weil eben dieses Material in einem bestimmten Verfahren gesammelt, die Spurenakten in einem bestimmten Verfahren angelegt wurden. Das BVerfG[20] hat ausgeführt:

»Unter der Maxime der Wahrheitserforschungspflicht und der Verpflichtung zur Objektivität steht selbstverständlich auch die Aufgabe des Staatsanwalts, als Herr des Vorverfahrens die Strafakten vollständig zusammenzustellen, die er dem Gericht nach § 199 II 2 StPO mit der Anklageschrift vorzulegen hat. Ihm werden dabei – wie auch sonst im Ermittlungsverfahren – mit Wertungen verbundene Entscheidungen abverlangt, die sich daran auszurichten haben, dass dem Gericht und dem Beschuldigten Aktenkenntnisse nicht vorenthalten bleiben dürfen, die für die gerechte Beurteilung der anhängigen Strafsache nützlich sein können. Bestehen daran hinsichtlich einzelner Ermittlungsvorgänge Zweifel, darf der Staatsanwalt sie

---

19 Dünnebier StV 1981, 504 Fn 6; vgl Wasserburg NJW 1980, 2441
20 BVerfGE 30, 1

nicht zurückhalten; er muss sie dem Gericht im Interesse rechtsstaatlicher Verfahrensgestaltung vorlegen. Die Möglichkeit des Missbrauchs dieser Regelung im Einzelfall macht sie nicht verfassungswidrig; es ist bei der Auslegung und Würdigung einer Norm vielmehr davon auszugehen, dass sie im Rechtsstaat korrekt und fair angewendet wird.«

Das BVerfG[21] ist deshalb in seinem Leitsatz zu folgender Schlussfolgerung gelangt:

»Außerhalb der Ermittlungen gegen den Beschuldigten entstandene Spurenakten der Ermittlungsbehörden, in denen tatbezogene Untersuchungen gegen Dritte und deren Ergebnisse festgehalten sind, muss der Staatsanwalt von Verfassungs wegen nur dann dem Gericht vorlegen und sie damit der Einsicht des Verteidigers nach § 147 StPO zugänglich machen, wenn ihr Inhalt für die Feststellung der dem Beschuldigten vorgeworfenen Tat und für etwaige gegen ihn zu verhängende Rechtsfolgen von irgendeiner Bedeutung sein kann.

Eine gerichtliche Kontrolle der Aktenvollständigkeit nach Maßgabe der richterlichen Wahrheitsermittlungspflicht genügt rechtsstaatlichen Anforderungen.

Einsicht in die dem Gericht nicht vorgelegten Spurenakten kann der Beschuldigte durch Vermittlung eines Rechtsanwalts unmittelbar bei der StA beantragen. Wird ihm diese verwehrt, steht ihm im Verfahren nach §§ 23 ff EGGVG gerichtlicher Rechtsschutz zur Verfügung.«

Damit hat das Gericht zunächst zwei wesentliche Maximen aufgestellt. Es ist zunächst Sache der Staatsanwaltschaft eine wie immer geartete Auswahl der Spurenakten zu treffen, die sie als Bestandteil der Akten aufnimmt, die die Spurenakten zunächst nicht sind. Diese Entscheidung unterfällt immer richterlicher Kontrolle, im Wege des Verfahrens nach § 23 EGGVG. Die Staatsanwaltschaft ist unabhängig von dieser Kontrollmöglichkeit verpflichtet die Spurenakten zu den Hauptakten zu nehmen, sobald auch nur ein Zweifel an dem fehlenden Sachbezug herzustellen ist. In keinem Fall lässt sich aus der Entscheidung des BVerfG ein generelles Recht auf Verweigerung von Akteneinsicht herleiten, wie dies von der Staatsanwaltschaft wiederholt in Kapitalverfahren versucht wird.

Der BGH[22] hat ausgeführt, dass es angezeigt sein kann, dem Verteidiger Einsicht in die Spurenakten zu gewähren. Ein solcher Fall wird sich wohl immer da begründen lassen, wo sich allein aufgrund des Ganges der Ermittlungstätigkeit, die Niederschlag in den Spurenakten gefunden hat, eine Notwendigkeit der Akteneinsicht ergibt. Daran wird zu denken sein, wenn die Ermittlungsbehörden allzu schnell sich nur auf einen Täter konzentriert haben, ohne dass sich hierfür aus den Hauptakten ein hinreichender Grund ergibt.

15

Das OLG Hamm führt insoweit aus:[23]

»Der Verteidiger kann nicht in Ausübung seines Akteneinsichtsrechts nach § 147 StPO Einsicht in nicht zu den Gerichtsakten gelangte Spurenakten fordern, und wenn diese ihm versagt wird, ggf im Wege der Revision rügen, die Verteidigung sei in einem für die Entscheidung wesentlichen Punkte durch Gerichtsbeschluss unzulässig beschränkt worden (§ 338 Nr. 8 StPO). Denn die Spurenakten gehören in diesem Umfang nicht zu den Gerichtsakten, die dem Einsichtsrecht nach § 147

---

21 BVerfGE 30, 1
22 BGH NStZ 1981, 361; BGH NStZ 1983, 228; BGHSt 30, 131 ff
23 OLG Hamm NStZ 1984, 423 ff

StPO unterliegen. Ein sog materieller Aktenbegriff, der vereinzelt in diesem Zusammenhang vertreten wird (Dünnebier, aaO; Wasserburg, NJW 1980, 2441), ist der Strafprozessordnung fremd (BGH, StV 1981, 502 = NJW 1981, 2268; BVerfG, NJW 1983, 1044).«

Es bleibt aber insoweit zu beachten, dass die Revision nicht auf eine negative Verbescheidung eines die Einsicht in die Surenakten begehrenden Antrages gestützt werden kann, weil die Spurenakten nicht Bestandteil der Akten sind. Die Revision kann aber darauf gestützt werden, dass das erkennende Gericht einen Antrag auf Unterbrechung oder Aussetzung der Hauptverhandlung nicht positiv verbeschieden hat, um der Verteidigung Gelegenheit zu geben, die Akteneinsicht im Wege des § 23 EGGVG durchzusetzen.

Wenn sich schon in einem Verfahren das Missgeschick ereignet, dass Spurenakten, die möglicherweise erhebliche Ermittlungen enthalten, erst im Laufe der Hauptverhandlung auftauchen, ist zu erwarten, dass das Gericht diese selbst im Rahmen seiner Aufklärungspflicht nach § 244 II StPO eingehend prüft und auch den Verfahrensbeteiligten, insbesondere aber dem Verteidiger ausreichende Gelegenheit zur Nachholung der Verfahrensvorbereitung gibt, anstatt auf eine schnelle Verfahrensbeendigung zu drängen. Tut der Vorsitzende das nicht so kann ein Schließen der Beweisaufnahme, die Besorgnis der Befangenheit begründen.[24]

VI. Die Einlassung des Angeklagten

16   Die Frage der Einlassung des Angeklagten im Schwurgerichtsverfahren stellt sich in der Regel im Ermittlungsverfahren mehrfach. Hierbei ist gerade wegen der riesigen Sanktionsbreite zunächst sicherlich Vorsicht geboten. In der Regel wird man davon ausgehen müssen, dass der Angeklagte in Kapitalstrafsachen zunächst schweigt.

Nur in geringen Ausnahmefällen kann die frühzeitige Einlassung eine Möglichkeit der Vorwärtsverteidigung sein. Dies gilt im Übrigen unabhängig von der Frage, ob der Angeklagte der ihm vorgeworfenen Tat schon überführt ist oder nicht und ob es »nur« um die Frage der Strafzumessung geht.

In jedem Fall muss der Beschuldigte vor einer vom Verteidiger angeratenen Einlassung auf die Befragungssituation eingehend vorbereitet werden. Das setzt wiederum die Formulierung eines Verteidigungszieles voraus. Selbstverständlich bedeutet die Formulierung eines Verteidigungszieles nicht eine starre, ein für allemal getroffene Entscheidung, sondern einen dynamischen Prozess, der jeweils an die konkrete Prozesssituation, dh an den Stand des Ermittlungsverfahrens oder den Stand der Hauptverhandlung anzupassen ist.

Um eine vernünftige Prognose jedoch treffen zu können, kann diese verlässlich als Zwischenergebnis wohl erst nach Abschluss der Ermittlungen geführt werden.

17   Im Rahmen von Kapitalsachen stellt sich die Frage des Ob und Wie einer Einlassung des Angeklagten jedoch schon bei der in Kapitalsachen durchgeführten Begutachtung durch den Sachverständigen. Der Verteidiger in Kapitalsachen sollte es in der Regel vermeiden, dass der Angeklagte bei dem Sachverständigen sich zum ersten Mal zu der Sache äußert. Zum einen gehört es zu den selbstverständlichen Beistandspflichten des Verteidigers, den Beschuldigten im Rahmen der Einvernah-

---

24 BGH NStZ 2003, 666

me der Sache beizustehen. Dies kann beim Sachverständigen nicht geschehen, da der Verteidiger bei der Untersuchung durch den Sachverständigen kein Anwesenheitsrecht besitzt.

Zum anderen stellt die Erstäußerung beim Sachverständigen jedoch das Risiko von Missverständnissen zwischen Beschuldigtem und Sachverständigen dar. Diesbezüglich ist zu beachten, dass die Äußerung des Beschuldigten durch den doppelten Filter zunächst bei dem Sachverständigen und danach bei der Gutachtenerstattung des Sachverständigen vor Gericht geht. Damit ist einer Missdeutung Tür und Tor geöffnet.

Der Verteidiger hat statt dessen offensiv dafür Sorge zu tragen, dass der Sachverständige hinlänglich auf § 80 I und II StPO hingewiesen wird. Hält der Sachverständige nämlich eine weitere Sachaufklärung für erforderlich, so ist der Sachverständige gehalten, zur Vorbereitung des Gutachtens durch die Vernehmung von Zeugen und des Beschuldigten sich weitere Aufklärung zu verschaffen.

Dies hat im Fall der staatsanwaltschaftlichen und richterlichen Vernehmung für den **18** Verteidiger den augenfälligen Vorteil, dass er einer derartigen Vernehmung beiwohnen kann. Eine Einlassung des Angeklagten liegt natürlich immer dort nahe, wo eine Einlassung zur Verwirklichung des Verteidigungskonzeptes benötigt wird und die durch die Einlassung benötigte Sachdarstellung durch andere Beweismittel nicht beigebracht werden kann. Tondorf[25] weist zurecht darauf hin, dass der Tatrichter gehindert ist, Rechtfertigungs-, Entschuldigungsgründe und insbesondere Strafmilderungsgründe zu bekunden, soweit das Schweigen des Angeklagten zu seinen persönlichen Verhältnissen und seinen sonstigen Lebensumständen zur Tatzeit dazu führt, dass günstige Umstände in der Tat und der Persönlichkeit im Rahmen der nach § 56 StGB anzustellenden Sozialprognose nicht berücksichtigt werden können.

VII. Die Vorbereitung der Hauptverhandlung[26]

Der Verteidiger hat insoweit die Fortschreibung des Verteidigungszieles mit dem **19** Mandanten zu besprechen. Hierbei sollte der Verteidiger sich davor hüten, dem Mandanten die Prozesssituation, insbesondere das zu Beginn der Hauptverhandlung zu erwartende Beweisergebnis in zu günstigen Farben zu schildern. Hierzu gehört selbstverständlich der zu diesem Zeitpunkt aufgrund der Hauptverhandlung zu erwartende Schuldspruch (oder Freispruch) und die etwaige Sanktionshöhe. In diesem Zusammenhang ist bei Kapitaldelikten die Tendenz mancher Verteidiger zu beobachten, den Angeklagten durch besonders günstige Vorhersagen hinsichtlich des Prozessausganges an den Verteidiger zu binden.

Hierzu gehört auch der Umgang mit der Haftfrage. Viele Strafverteidiger unterlassen oftmals jedwede Überlegungen zu der Frage der Anbringung etwaiger Einwendungen gegen den Haftbefehl, weil sie es völlig zu Unrecht für von vornherein aussichtslos erachten. Einwendungen gegen den Verdachtsgrad, wegen offensichtlicher Subsumtionsmängel oder begündete Versuche der Herabstufung des Tat- und Schuldgehalts[27] sind nicht selten von Erfolg gekrönt. Man sollte hier aber auch mit

---

25 Formularbuch-Tondorf VII.A. 14
26 Vgl Hohmann Teil B Kap 3
27 Stern Rn 790 ff

gebotener Vorsicht vorgehen um nicht frühzeitig die Verteidigungslinie zu offenbaren. Vor Versuchen, mittels Teil-Einlassungen die Haftfrage isoliert zu beeinflussen, kann nur gewarnt werden. Angaben, die sich aus den Akten zur Frage der Fluchtgefahr ergeben, können selbstverständlich durch geeignete Dokumente widerlegt werden und bedürfen ohne hin nicht der Ausführung durch den Beschuldigten selbst. Gelegentlich versuchen die Ermittlungsbehörden einen schweigenden Angeklagten über die Frage der Verdunklungsgefahr zu Äußerungen zu tatrelevanten Einzelaspekten wie Tatwerkzeug, Tatort, etwaige Mittäter und/oder Zeugen zu bewegen. Aus der fehlenden Kooperationsbereitschaft kann der Haftbefehl unter dem Aspekt der Verdunklungsgefahr nicht begründet werden (vgl auch Wankel Teil H Kap 1).

Eng verwoben mit der Frage des Verteidigungsstils ist insbesondere in Kapitalsachen die Frage der Strategie und des taktischen Vorgehens auf dem Weg dorthin.

Musterschriftsatz

Amtsgericht Regensburg
Augustenstr. 4
94041 Regensburg

Referat: RA Hubertus Werner   Landshut, den 10. 10. 1997

Unser Zeichen: xxxxxxxxxxxx

Aktenzeichen: Js

Aktenzeichen: Gs

In der Strafsache

gegen

S

wird

Beschwerde

gegen den Haftbefehl vom 14. 07. 1997 eingelegt.

Begründung:

aut dem Haftbefehl wird dem Beschuldigten zur Last gelegt, er sei vom Vormundschaftsgericht als Pfleger seiner Mutter, Frau S Franziska, geb. am 21. 05. 1922 eingesetzt gewesen. Ihm oblag die Pflege der bettlägerigen Frau. Er habe trotz Kenntnis der Hilfsbedürftigkeit die Beschuldigte am 23. 06. 1997 verlassen und sich bei einem Bekannten bis zum 13. 07. 1997 aufgehalten. Seine Mutter sei am 11. 07. 1997 tot aufgefunden worden.

Dem Beschuldigten wird laut Haftbefehl insoweit weiter vorgeworfen, er hätte diese Möglichkeit voraussehen müssen, bei seinem Weggang sie zumindest billigend in Kauf genommen.

Zunächst einmal bleibt festzuhalten, dass diese Handlung entgegen der Auffassung im Haftbefehl nicht eo ipso eine Handlung gemäß § 212 StGB als Totschlag durch Unterlassen darstellt.

Im vorliegenden Fall ergibt sich aus dem Sektionsprotokoll vom 22. 07. 1997 keine sichere pathologisch anatomisch fassbare Diagnose, die die Todesursache begründet.

Es steht somit nicht mit einer zur Verurteilung ausreichenden Sicherheit fest, dass der Tod der 75 Jahre alten Frau durch die unterlassene Nahrungsaufnahme oder Flüssigkeitszufuhr eingetreten ist.

Auch der Todeszeitpunkt ließ sich durch das Sektionsprotokoll aufgrund des körperlichen Zustandes der Leiche nicht bestimmen.

Insofern ist auffallend, dass sowohl im Magen, als auch im Darm eine breiige Substanz bzw reichlich Kot vorhanden ist. Dieses widerspricht zumindest nicht der Möglichkeit eines spontanen Versterbens der Mutter des Beschuldigten unmittelbar nach Verlassen der Wohnung. Hinsichtlich der Zeitangaben, wann die Zeugen dieses Opfer zum letzten Mal gehört haben, sind diese reichlich diffus und unkorrekt und lassen auch ein spontanes Versterben der Mutter des Beschuldigten durchaus zu.

Darüber hinaus war der Allgemeinzustand zum Zeitpunkt des Todes der Verstorbenen auch deutlich abgebaut. Wie sich aus Blatt 48 der Akten ergibt war die Verstorbene im Jahre 1993 im BKH, vgl Blatt 46 der Akten. Sie litt an einer seitdem nicht mehr behobenen paranoid halluzinatorischen Involutionspsychose. Sie hatte an einem geistigen Verfall gelitten. Sie habe zu phantasieren begonnen und mit dem Spiegel gesprochen, sie habe auch geschrien und geschimpft, vgl Blatt 48 der Akten sowie Blatt 15 der Akten. Sie war auch körperlich völlig verfallen. Die Verstorbene war stark abgemagert. Am ganzen Körper seien die Knochen zum Vorschein gekommen. Sie habe diverse offene Wunden gehabt, zB auch am Hüftknochen, der aufgelegen gewesen sei. Dort war der blanke Knochen zu sehen, vgl Blatt 49 der Akten. Diese Verletzung wurde auch beim Sektionsgutachten festgestellt, vgl Sektionsgutachten vom 22. 07. 1997, Seite 6, wo es heißt »Aufliegegeschwüre im Bereich beider Oberschenkel an Außenseiten und an beiden Beckenkämmen. Am linken Beckenkamm liegen die Knochen frei.«

Nachdem die entsprechenden Verletzungen vom Beschuldigten, der seine Mutter ja tot nicht mehr gesehen hat, geäußert wurden, steht somit fest, dass diese Verletzungen auch nicht infolge des Verlassens eingetreten sind.

All dieses spricht für einen körperlichen und seelischen Verfall der Verstorbenen, der zwanglos zu einem spontanen Versterben der Mutter des Beschuldigten unmittelbar nach dem Verlassen der Wohnung eintreten konnte. So hätten zB die Aufliegegeschwüre nach Ansicht des die Sektion vornehmenden Arztes aufgrund des fortgeschrittenen Stadiums intensiver Behandlung bedurft.

Nach all dem steht fest, dass im vorliegenden Fall mit Sicherheit gesagt werden kann, dass Frau S Franziska nicht aufgrund des Fernbleibens des Beschuldigten verstorben ist, sondern spontan nach seinem Verlassen der Wohnung.

Daneben steht selbst für den Fall, dass sich Herr S gleichwohl in irgendeiner Weise strafbar gemacht haben könnte, aufgrund des Sachverständigengutachtens fest, dass der Beschuldigte selbst an einer Persönlichkeitsstörung mit einer depressiven Entwicklung, aufgrund einer lange andauernden Belastungssituation litt. Die Kombination der beiden Störungen kann als sog schwere andere seelische Abartigkeit iSd § 20 StGB aufgefasst werden. Es gibt Hinweise darauf, dass es aus psychiatrischer Sicht daher nicht ausschließbar ist, dass die tatbezogene Steuerungsfähigkeit des Beschuldigten zum Tatzeitpunkt bzw Tatzeitraum erheblich vermindert war.

Insofern bleibt als Zwischenergebnis festzuhalten:

1. Der Haftbefehl des Amtsgerichts Regensburg behauptet keine Kausalität zwischen der unterlassenen Behandlung und dem eingetretenen Tod. Insofern umschreibt der Sachverhalt aus dem Haftbefehl nicht das dem Beschuldigten vorgeworfene Delikt.

2. Eine Kausalität zwischen unterlassener Versorgung und eingetretenem Tod lässt sich aufgrund der vorliegenden Sektionsergebnisse nicht mit einer zur Verurteilung ausreichenden Sicherheit behaupten. Insoweit liegt daher auch kein dringender Tatverdacht vor.

3. Insoweit das Gericht von Strafbarkeit ausgeht, wird die jeweilige Strafe aufgrund des vorliegenden Gutachtens, vgl Blatt 65, von einer erheblichen verminderten Steuerungsfähigkeit iSd §§ 20, 21 StGB zu mildern sein.

Daneben wird beantragt, die Akten des Vormundschaftsgerichtes, Az: XVII 0345/93 bei zu ziehen, weil dem offensichtlich selbst der Unterstützung bedürfenden Beschuldigten keinerlei tatkräftige Unterstützung an die Seite gegeben worden ist, um der schweren Aufgabe der Betreuung und Pflege seiner Mutter unter den erschwerten Bedingungen gerecht zu werden. Man muss insoweit voraussetzen, dass den Beteiligten bekannt war, dass der Betreuer und Pfleger von einer einge-

Werner

schränkten intellektuellen Schwingungsbreite war. Darüber hinaus stellt die Pflege einer schwer Psychotischen eine ganz außerordentliche Belastung dar. Die Beiziehung der entsprechenden Akten wird ergeben, dass dem Beschuldigten noch nicht einmal eine sachgerechte Beratung über die Wahrnehmung der Pflege zuteil geworden ist.

Die Beiziehung der Vormundschaftsakten wird ergeben, dass nach dem entsprechenden Beschluss am 05. 07. 1993 eine Überprüfung des Betreuungsverhältnisses nicht stattgefunden hat und dass eine erneute Überprüfung erst am 04. 07. 1998 vorgesehen war.

Weiter wird beantragt, die Akten der AOK, Geschäftsstelle Regensburg, betreffend S Franziska, geb. 21. 05. 1922 ebenfalls beizuziehen zum gleichen Beweisthema, dass auch der AOK die absolut unzureichenden wohnlichen Verhältnisse der Wohnung S bekannt waren und sie gleichwohl nicht für Abhilfe gesorgt haben (in der Wohnung gab es kein Bad).

Dem Betreuer und Pfleger wurde kein Bett mit Gitter und kein Bett, welches geeignet war für eine Fixierung, zur Verfügung gestellt. Die Akten werden auch ergeben, dass die sonstige Ausstattung der Wohnung zur Betreuung und Pflege für eine schwer psychotische Patientin ungeeignet war und der Betroffene ohne ausreichende Unterstützung durch die AOK gelassen wurde.

Weiterer Sachvortrag bleibt vorbehalten nach Gewährung der Akteneinsicht.

Rechtsanwalt

20   Gerade in Anbetracht der in Kapitalsachen oft erheblichen Prozessdauer darf in diesem Zusammenhang auch die Frage der finanziellen Ressourcen des Beschuldigten nicht vernachlässigt werden. Selbstverständlich ist es Aufgabe des Mandanten, für eine ausreichende finanzielle Versorgung der Verteidigung zu sorgen. Es stellt jedoch ein grob kunstwidriges Vorgehen dar, eine Verteidigung in Kapitalsachen in Kenntnis mangelnder finanzieller Ressourcen zu beginnen und eine Verteidigungsstrategie zu wählen, die, sobald das Mandat notleidend geworden ist, nicht durchgehalten werden kann bzw im ungünstigsten Fall zur völligen Absenz des Verteidigers führt.

Gerade in Kapitalsachen, in denen die lebenslange Freiheitsstrafe droht, darf es jedoch, wenn die Verteidigung schließlich übernommen wird, keine Zurückhaltung in der Wahrnehmung sämtlicher Verteidigerrechte und Rechte des Angeklagten geben.

Etwaige Rügemöglichkeiten und insbesondere die durch unterlassene Rügen eingetretenen Rügepräklusionen sind im Einzelnen zu berücksichtigen.

21   Dies bedeutet für die Vorbereitung der Hauptverhandlung in Kapitalsachen wegen der besonderen Bedeutung der Strafsache, dass sämtliche Anträge – soweit nur irgendmöglich – vor Beginn der Hauptverhandlung schriftlich vorzubereiten sind. Im Hinblick auf eine etwaige notwendig werdende Revision kann nur so gewährleistet werden, dass etwaige Rügemöglichkeiten sachgerecht ergriffen und Rügepräklusionen vermieden werden, die letztlich im Eifer des Gefechtes auch bei den erfahrensten Kollegen vorkommen können.

Dahs hat im Handbuch des Strafverteidigers unter dem Kapitel »Das Revisionsrecht – eine Geheimwissenschaft« ausgeführt:

»Die Revision gilt daher allgemein als ein höchst unbefriedigendes, selbst für den überdurchschnittlichen und folgerichtig denkenden Juristen schwer verständliches, wenig sinnvolles Rechtsgebilde.«[28]

---

28 Schweling MDR 1967, 441 zit nach Dahs Handbuch Rn 851

Dahs betont insoweit völlig zurecht,[29] dass in Kapitalsachen die Revision das einzige Rechtsmittel darstellt und nur auf diesem Weg das Tor für eine neue Tatsachenverhandlung vor einem anderen Gericht (§ 354 II StPO) aufgestoßen werden kann.

Dieser Verantwortung kann der Verteidiger aber nur dadurch gerecht werden, dass er in Kapitalsachen ein Höchstmaß an Verantwortungsbewustsein in der Vorbereitung der Hauptverhandlung an den Tag legt. In diesem Zusammenhang ist auf die pure Selbstverständlichkeit hinzuweisen, dass der Verteidiger sämtliche Haupt- und Nebenakten und soweit relevant auch Spurenakten nach Möglichkeit vollständig kopiert und danach auch beherrscht. Etwaige Tatortfotos sind in Kapitalstrafverfahren jeweils mit geeigneten Laserkopien originalgetreu zu reproduzieren. Nur so kann gewährleistet werden, dass der Sachbearbeiter auch zu einem späteren Zeitpunkt zunächst noch nicht relevante Details auf den entsprechenden Fotografien nachvollziehen kann. Hierzu gehört selbstverständlich auch eine Einteilung der Beweismittel in für die Verteidigung Günstige und Ungünstige. Sollten insoweit Zeugenaussagen und Beweismittel, die das Verteidigungsziel des Angeklagten behindern können, unzulässig erlangt worden sein, ist wiederum das insoweit bestehende Beweisverwertungsverbot durch die Wahrnehmung des sachgerecht vorgetragenen Widerspruchs zum richtigen Zeitpunkt (§ 257 II StPO) anzubringen.

Auch diese Widersprüche in Bezug auf im Verfahren entstandene Beweisverwertungsverbote sind schriftlich vorzubringen.

VIII. Der Umgang mit Medien

Gerade in Kapitalsachen ist das massenmediale Interesse ausgesprochen groß. Es bedarf insoweit des Hinweises, dass ausschließliche Richtschnur auch für den Umgang mit der Presse das Interesse des vom Verteidiger vertretenen Mandanten ist. Dabei muss man sich jeweils vergegenwärtigen, dass die Auseinandersetzung mit der Presse und der damit einhergehende Verlust von Privatsphäre eine zusätzliche Belastung für den Angeklagten darstellt. Der Verteidiger hat hier regelmäßig zu überprüfen, inwieweit im Rahmen der Hauptverhandlung ein Antrag gem § 171 b GVG wegen der Beeinträchtigung schutzwürdiger Interessen des Angeklagten zu stellen ist.

22

Dies drängt sich insbesondere bei den Sachverständigen im Rahmen der Abgabe des forensisch psychiatrischen oder forensisch psychologischen Gutachtens auf. Auch ist durch geeignete Maßnahmen, respektive durch Rücksprache mit dem Vorsitzenden Sorge zu tragen, dass der Angeklagte im Sitzungssaal nicht mehr mit Blitzlichtgewitter in seiner Konzentration auf den Prozess beeinträchtigt wird. Man sollte dabei nicht die außerordentliche Belastung unterschätzen, die ein derartiges Verfahren ohnehin für den Angeklagten darstellt, so dass weitere überflüssige Beeinträchtigungen unbedingt vermieden werden müssen. Der Verteidiger, der seine Beistandspflicht lediglich darin versteht, neben dem Angeklagten zum Zwecke der eigenen Ablichtung im Gerichtssaal zu stehen, hat seinen Beruf verfehlt. Auch ohne dass man die Auffassung von Dahs[30] aufgreift und jedweden Kontakt zur Presse vermeidet, ist hier in der Regel Zurückhaltung zu üben. Hiervon können nur Ausnahmen gemacht werden, wenn der Verteidiger in Absprache mit dem von ihm ver-

29 Dahs Handbuch Rn 850
30 Dahs Handbuch Rn 82

tretenen Beschuldigten geeignete Aussicht hat, unter Nutzung der Massenmedien für den Mandanten schädliche Berichte zu korrigieren.[31]

IX. Der Sachverständige in Kapitalstrafsachen

23   In Kapitalstrafsachen, gerade bei der absoluten Strafandrohung mit der lebenslangen Freiheitsstrafe, kommt in fast allen Prozessen dem forensisch psychiatrischen und forensisch psychologischen Sachverständigengutachten eine entscheidende Rolle auf dem Weg zur zeitigen Freiheitsstrafe im Wege einer etwaigen Strafrahmenverschiebung gem § 49 I StGB zu. Wie oben bereits ausgeführt, hat der Verteidiger schon im Rahmen des Ermittlungsverfahrens dafür Sorge zu tragen, dass gem Nr. 70 RiStBV der Staatsanwalt dem Verteidiger Gelegenheit gibt, vor der Auswahl des Sachverständigen Stellung zu nehmen. (Dies gilt im Übrigen nicht nur für forensisch psychiatrische und forensisch psychologische Sachverständigengutachten, sondern sämtliche im Rahmen des Strafverfahrens anzufertigende Begutachtungen.) Die Notwendigkeit der frühzeitigen Kontaktaufnahme ergibt sich aus der schon im Kapitel Sachverständige dargestellten Problematik in § 244 IV 2 StPO. Ein einmal von der Staatsanwaltschaft oder später von dem Gericht beauftragter Sachverständiger wird in der Regel auch in der Hauptverhandlung sein Gutachten abgeben, womit im ungünstigen Fall die einmal zugewiesene Rolle zementiert wäre. Rasch[32] hat schon vor zehn Jahren auf Folgendes hingewiesen:

»Es ist schon erstaunlich, wie wenig informiert Verteidiger im Allgemeinen über Qualifikation und wissenschaftliche Ausrichtung der beigezogenen Sachverständigen sind, so verwundert doch noch stärker ihre Ignoranz bezüglich der humanitären und kriminalpolitischen Grundeinstellung der Gutachter. Sie lassen ihre Mandanten ohne Warnung einem notorisch übel wollenden Gutachter ins Messer laufen. Es stellt sich die Frage, warum Anwaltsvereinigungen nicht für eine hinreichende Information ihrer Mitglieder sorgen bzw von sich aus nicht bemüht sind, angemessene Maßstäbe für die Durchführung einer psychologischen und psychiatrischen Begutachtung aufzustellen.«

24   Die Bedeutung der wissenschaftlichen Ausrichtung und der Bereitschaft, der Längsschnittanalyse den Vorzug vor der Querschnittanalyse des Tatgeschehens zu geben, hat aber schon Maisch herausgearbeitet.[33] Diese Ausführungen, die für den forensisch psychiatrischen Sachverständigen gleichermaßen gelten, haben gerade hinsichtlich der Kapitaldelikte tragende Bedeutung. Von psychologischen und psychiatrischen Sachverständigen ist speziell für die Begutachtung von fraglichen Affekten, insbesondere bei Beziehungs- und Partnertötung eine methologisch differenzierte Abklärung zur erwarten, als dies bisher in psychiatrisch psychologischen Schrifttum abzulesen ist:

a) durch die Anwendung der obengenannten theoretischen Konzepte und empirische Erkenntnisse über Partnerbeziehungen und Störungsmuster (verhaltensdiagnostisch und lerntheoretisches und psychoanalytisches, partnerdynamische Konzepte);

b) durch die Anwendung von kognitionstheoretischen Konzepten aus dem empirischen Bereich der neueren Belastungsforschung;

---

31 Wagner Prozessführung über Medien, passim
32 Rasch StraFo 1989 Heft 3, 21 ff, 23
33 Maisch StraFo 1989 Heft 3, 25 ff, 29

c) durch die Anwendung von neueren Erkenntnissen der allgemeinen Psychologie, insbesondere der Gedächtnisforschung zur Analyse von speziellen Problemen der Tatanalyse: nämlich von Auslösung und Verstärkung von Affektreaktionen durch die situative Evokation gespeicherter szenischer Erinnerung, sowie von verschiedenartigen Auswirkungen der Affektreaktionen auf Wahrnehmung, Informationsverarbeitungsmodalitäten und Speicherung von Handlungsvorgängen (Amnesieproblem);

d) durch Fortführung des von Rasch 1964 eingeschlagenen Weges der tatvorgeschichtlichen Analyse von Beziehungskonflikten und Differenzierung weiterer abgrenzbarer Konfliktmuster im Vorfeld von Beziehung- und Partnertötung.

Es genügt insoweit natürlich nicht, dass der Verteidiger gerade in Kapitalsachen nur gehört werden will. Man muss in diesem Zusammenhang auch geeignete Sachverständige kennen, die im geeigneten Falle dem Staatsanwalt zum Zwecke der Abstimmung vorgeschlagen werden können.

25

Genau so wenig, wie sich die Verteidigung einen ungeeigneten Sachverständigen gegen ihren Willen aufdrängen lassen sollte, wird die Verteidigung darauf zu achten haben, dass nicht ein völlig ungeeigneter Sachverständiger ausgewählt wird, der nur im Ruf steht, für Angeklagte günstige Ergebnisse »auszuspucken«. Gerade ein Sachverständiger, der selbst bei Verneinung der Voraussetzungen der §§ 20, 21 StGB die Tat nachvollziehbar macht, wird bei Gerichten die Neigung wecken, dem Angeklagten gegebenenfalls in Hinblick auf das Strafmaß entgegenzukommen, soweit dies möglich ist. Hierbei ist nur ein Sachverständiger geeignet, der in der Lage ist, die Abklärung der tatmotivationalen Hintergründe durchzuführen, dh Aufklärung von Erklärungs- und Verständniszusammenhängen zwischen Persönlichkeitsproblematik/Tatvorgeschichte und Psychopathologie der Tat zu liefern.

Bei der Auswahl des Sachverständigen muss gerade im Kapitalbereich darauf hingewiesen werden, dass dem Strafverteidiger bei der Verständigung mit der Staatsanwaltschaft deshalb ein hohes Maß an Verantwortung zukommt.

Gerade die Unsitte in bayerischen Strafprozessen mit der Institution des Landgerichtsarztes im Bereich von Kapitalsachen operieren zu wollen, ist besonders unerträglich. Dies gilt aber insbesondere auch für die Frage der Schuldfähigkeitsbeurteilung durch Gerichtsmediziner. Schumacher hat insoweit treffend ausgeführt:[34]

»Es ist zB schier unglaublich mit welchem Ausmaß an psychiatrischer Unkenntnis sich Rechtsmediziner regelmäßig und unwidersprochen zu differenzierten psychiatrischen Sachverhalten äußern. Dies ohne jede Kenntnis der Psychiatrie und ohne jede Erfahrung selbst mit einfachen psychiatrischen Sachverhalten. Dies trifft zB auf den weiten Bereich der Alkoholdelinquenz zu. Wieviel psychopathologisch relevante Alkoholabnormreaktionen, wieviel komplizierte oder gar pathologische Rauschformen mögen justitiell fehl beurteilt worden sein, einfach deshalb, weil der begutachtende Rechtsmediziner keine oder nur eine Lehrbuchahnung von diesen Vorgängen hatte. Ein exzellenter Diagnostiker ist also gefragt für die Aufgaben der forensischen Psychiatrie (…).

Keinesfalls sollte man sich aus dem Blickpunkt der Verteidigung damit einverstanden erklären, dass ein Rechtsmediziner zu komplexen Fragen der Psychiatrie Stellung nimmt. Gewöhnlich beschränkt sich seine Ausbildung in Psychiatrie auf ganze 6 Monate, die in der Facharztordnung vorgeschrieben sind.«

---

34 Strafverteidigung-Schumacher (1. Aufl.) § 23 Rn 14

26   Soweit man eine Begutachtung oder eine etwaige Einlassung des Angeklagten ge-
      genüber dem Sachverständigen verhindert sehen möchte, ist der Angeklagte dahin-
      gehend zu belehren, dass er sämtliche Angaben gegenüber dem Sachverständigen
      unterlassen soll. Insofern empfiehlt es sich, dem Beschuldigten zu raten, überhaupt
      keine Angaben zu machen, da er im Rahmen eines scheinbar auch unverbindlichen
      Gespräches schon Informationen herausgeben kann, die ihn zum Augenscheinsob-
      jekt in eigener Sache machen. Der Sachverständige und das Gericht sollten darauf
      hingewiesen werden, dass der Angeklagte von seinem Gutachtensmitwirkungsver-
      weigerungsrecht Gebrauch macht. Gleichzeitig sollte eine Aufforderung an den
      Sachverständigen ergehen, dies zu akzeptieren und von Explorationsversuchen Ab-
      stand zu nehmen.

      Ist eine Verständigung mit dem Staatsanwalt hinsichtlich der Auswahl des Sachver-
      ständigen gescheitert, so stellt sich zunächst die Frage, ob man gleichwohl eine
      Begutachtung mit dem von der Staatsanwaltschaft gewünschten Sachverständigen
      erfolgen lässt, oder ob eine derartige Begutachtung im Wege einer Schweigeempfeh-
      lung an den Mandanten unterbunden wird.

      In diesem Zusammenhang ist jedoch zu beachten, dass im Falle der Verweigerung
      der Begutachtung durch den Angeklagten, das Gericht im Rahmen der Aufklä-
      rungspflicht gem § 244 II StPO nicht gehalten ist, einen weiteren Sachverständigen
      von sich aus zu beauftragen. In einem derartigen Fall wird der beauftragte Sachver-
      ständige eine gutachtliche Stellungnahme im Rahmen der Hauptverhandlung ohne
      entsprechende Exploration abgeben, soweit dies aufgrund der weiteren Anknüp-
      fungs- und Befundtatsachen möglich ist.

      In Kapitalstrafsachen hat die Verteidigung, soweit sie aufgrund der durch die
      Staatsanwaltschaft und gegebenenfalls durch das Gericht veranlassten Begutachtung
      der Auffassung ist, dass ein weiterer Sachverständiger hinzuzuziehen wäre, zu-
      nächst den Versuch der Hinzuziehung eines weiteren Sachverständigen noch vor
      der Hauptverhandlung durch einen entsprechenden Antrag bei Gericht bzw der
      Staatsanwaltschaft zu veranlassen. Hat dieses Vorgehen keinen Erfolg, so hat der
      Verteidiger den Weg des § 245 II StPO zu beschreiten, und einen weiteren Sachver-
      ständigen im Wege des Selbstladungsrechtes zu laden.

27   Zum Glück trifft die Auffassung von Rasch[35] nicht mehr zu, die dieser wie folgt
      äußerte:

      »Ein seriöser Sachverständiger wird sich im Allgemeinen sträuben als präsentes Be-
      weismittel bereit zu stehen, schon weil er sich dieses aus zeitlichen Gründen nicht
      leisten kann. Seine Präsentation durch die Verteidigung ist aber auch mit dem Ver-
      dacht verbunden als parteiischer Sachverständiger aufzutreten.«

      Dem Verteidiger, der diesen Weg beschreiten will und dessen Mandant über die
      notwendigen finanziellen Ressourcen verfügt, stehen genügend Sachverständige zur
      Verfügung, die bereit sind, die Qualitätskontrolle im Rahmen der forensischen Psy-
      chiatrie zu gewährleisten.

      Daneben geht der Vorwurf der Parteilichkeit an den Sachverständigen, der auf An-
      trag der Verteidigung im Wege des Selbstladungsrechtes in den Prozess gelangt, fehl:

      Der Sachverständige, der gemäß § 245 II 1 StPO nach dem Antrag der Verteidigung
      gemäß § 245 II 2 StPO ein Gutachten abgibt, ist nicht Sachverständiger der Vertei-

      ───────────────
      35 Rasch StraFo 1989 Heft 3, 23

digung, sondern gleichberechtigt Sachverständiger des Gerichtes. Der Versuch ist nicht Erfolg versprechend, bei dem gerichtlich bestellten Sachverständigen den Angeklagten schweigen zu lassen, und den Angeklagten anzuhalten bei einem weiteren Sachverständigen Angaben zu machen. Dies in der Absicht, den letztgenannten dann im Rahmen des § 244 IV 2 StPO in das Verfahren als Sachverständigen mit überragenden Forschungsmitteln einzuführen.

Der BGH[36] hat insoweit ausgeführt:

»Verweigert ein Angeklagter dem gerichtlich bestellten Sachverständigen die (psychiatrische/psychologische) Untersuchung, so verfügt ein weiterer Sachverständiger nicht deswegen über überlegene Forschungsmittel, weil sich der Angeklagte von diesem untersuchen lassen würde.«

In diesem von dem BGH entschiedenen Fall wurde weiter ausgeführt:

»Der BGH hat entschieden, dass die Verfügung über besonders reichhaltiges Beobachtungsmaterial nicht die Annahme rechtfertigt, dem Sachverständigen stünden überlegene Forschungsmittel zu Gebote. Das Gleiche gilt für eine mehrwöchige Anstaltsbeobachtung (im Vergleich zur üblichen Beobachtung, wenn nicht Besonderheiten dargetan werden). Zwar wird insoweit anerkannt, dass eine Beobachtung nach § 81 StPO vielfach klarere Ergebnisse ergeben kann. Eine solche Untersuchung könne der Gesetzgeber aber nicht iR des § 244 IV 2 StPO gemeint haben, andernfalls sie stets auf Antrag durchgeführt werden müsse.

... In diesem Sinne ist davon auszugehen, dass die Untersuchung einer zu begutachtenden Person zwar eines der Hilfsmittel ist, deren sich ein Sachverständiger zur psychiatrischen Begutachtung üblicherweise bedient. Um ein überlegenes Forschungsmittel, über das der eine, nicht aber der andere Sachverständige verfügt, handelt es sich indes auch dann nicht, wenn ein Angeklagter die Untersuchung nur einem bestimmten Sachverständigen gestattet. Denn bei der Untersuchung eines Angeklagten handelt es sich nicht um eine Begutachtungsmöglichkeit, die in der Verfügung des Sachverständigen steht. Vielmehr kann sie vom Angeklagten nach dessen freier Entscheidung zur Verfügung gestellt werden oder auch nicht.

... Daraus folgt für den vorliegenden Fall, dass ein Angeklagter durch Untersuchungsverweigerung nicht einen weiteren Sachverständigen erzwingen kann.«

Will man nicht das Risiko eingehen, im Rahmen der Hauptverhandlung auf gut Glück die Entscheidung des Gerichtes gem § 244 IV 2 StPO in Hinblick auf etwaige Mängel des Gutachtens herbeizuführen, so ist der Weg des § 245 StPO zu beschreiten.

Bei der Auswahl ist darauf zu achten, dass der Sachverständige dem bereits beauftragten Sachverständigen gleichwertig ist. Bevor der beabsichtigte Sachverständige in der Hauptverhandlung gem § 245 StPO geladen werden kann, muss er Gelegenheit haben, den Angeklagten zu begutachten. Hierfür ist ihm eine Besuchserlaubnis zu besorgen. Darüber hinaus sind dem Sachverständigen die Akten für die Begutachtung zu verschaffen. Dabei darf die Originalakte dem Sachverständigen nur nach vorheriger Genehmigung durch das Gericht ausgehändigt werden.

28 Liegt das Sachverständigengutachten vor und kommt es aufgrund der Aufdeckung tatsächlicher Mängel zu einem abweichenden und günstigeren Ergebnis als das des

---

36 BGH NStZ 1998, 422 = BGHSt 44, 26

Vorgutachters, ist es dem Gericht alsbald vorzulegen. Es ist hinsichtlich der Ladung zu beachten, dass hier sämtliche bekannte Sitzungstage zu nennen sind, die auch der Verteidigung bekannt sind. Auch wenn die Ladung erst spät erfolgt, ist aus offensichtlichen Gründen eine frühzeitige Benachrichtigung des Sachverständigen von den vom Gericht beabsichtigten Terminen erforderlich. Auch durch eine noch so ordnungsgemäße Ladung kann der Sachverständige nicht gezwungen werden, dem Termin den Vorzug vor anderen zu geben.

Bei der Ladung ist schon zu entscheiden, ob man den Sachverständigen nicht nur als Sachverständigen, sondern auch als Zeugen hören möchte. Dies ist bereits bei der Ladung zu berücksichtigen. Es empfiehlt sich hier im Zweifel einer Ladung als Zeuge und als Sachverständigen kombiniert den Vorzug vor irgendwelchen reduzierten Vernehmungen zu geben.[37] In beiden Fällen ist bei dem Antrag in der Hauptverhandlung das Beweisthema genau zu umreißen. Besondere Sorgfalt sollte darauf gelegt werden, der Anwendung des § 246 II StPO keinen Raum zu lassen. Deshalb ist es wichtig, dem Gericht und der Staatsanwaltschaft rechtzeitig die Ladung offiziell zur Kenntnis zu bringen und ebenfalls den Sachverständigen ausreichend namhaft zu machen. Hierzu gehört wie oben bereits aufgeführt die jeweilige Benennung der ladungsfähigen Adresse und – so weit vorhanden – auch Benennung von Klinik und Praxisadresse.[38]

Zu einer rechtzeitigen Namhaftmachung gehört es natürlich auch, dem Gericht und den übrigen Prozessbeteiligten, rechtzeitig das vorläufige Gutachten zugänglich zu machen. Wer die obigen Ausführungen in sich aufgenommen hat, kann sich lebhaft vorstellen, welche Enttäuschung und welche Katastrophe sich aus einer fehlerhaften Ladung etc nebst nachfolgender Aussetzung usw ergeben kann, bei dem (finanziellen) Aufwand, den ein im Rahmen des § 245 StPO geladener Sachverständiger regelmäßig bedeutet.

Ist der Sachverständige zur Hauptverhandlung erschienen, ist sofort bei Beginn der Hauptverhandlung der Antrag gem § 245 StPO zu stellen, und für deren Verbescheidung Sorge zu tragen, um für die ununterbrochene Anwesenheit des »präsenten« Sachverständigen zu sorgen und keine Erkenntnisdefizite gegenüber dem von Gericht und Staatsanwaltschaft geladenen Sachverständigen entstehen zu lassen. Dem Beweisantrag sollten die entsprechenden Ladungsnachweise und Kostenbelege in Anlage beigefügt werden.[39]

Gerade wegen des ungeheuren finanziellen Aufwandes, ist der Antrag nach § 220 III StPO unmittelbar zu stellen und feststellen zu lassen, dass die Abgabe des Gutachtens des im Wege des Selbstladungsrechtes geladenen Gutachters sachgerecht war und für die Vorbereitung der Entscheidung sachdienlich. In den Antrag ist mit aufzunehmen, die Aufwendungen des Sachverständigen die zur Vorbereitung des Gutachtens bei Gericht angefallen sind. Andernfalls wird der Sachverständige nur für die Zeit während der Gerichtsverhandlung vergütet.

---

37 Es braucht nicht gesondert darauf hingewiesen zu werden, dass dies jeweils individuell zu entscheiden ist, nach Vorliegen des schriftlichen Gutachtens und/oder nach Rücksprache mit dem Gutachter

38 Dies ist zwar nicht obligatorisch, sollte aber den übrigen Prozessbeteiligten eine Überprüfung ermöglichen. Man sollte sich nach Auffassung des Verfassers hier der gleichen Gepflogenheiten befleißigen, die man von der Staatsanwaltschaft ebenso zu Recht erwartet

39 Es kann sich durchaus als vorteilhaft erweisen, den/die Sachverständige dem Gericht vor der Hauptverhandlung kurz persönlich vorzustellen, soweit dieser/diese nicht dem Gericht bekannt ist. Abgesehen von Praktikabilitätserwägungen ist es nicht zuletzt ein Gebot der Höflichkeit gegenüber dem/der Sachverständigen und den übrigen Prozessbeteiligten

Musterschriftsätze

Ladung der Sachverständigen Frau Dr. S

Adresse gem §§ 38, 220 StPO

Sehr geehrter Herr Gerichtsvollzieher,

in Anlage übersende ich Ihnen eine vorgefertigte Ladung an die Sachverständige Frau Dr. S, Adresse, zum Hauptverhandlungstermin des Landgerichts Traunstein vom 10. 02. 1998 in der Strafsache gegen L wegen des Verdachts des Mordes zuzustellen.

Die Zustellung soll um 08:45 Uhr im Landgericht Traunstein, Sitzungssaal 33, erfolgen.

Die Sachverständige wird zu diesem Zeitpunkt dort anwesend sein und wird die Urkunde dort auch entgegennehmen. Das notwendige Zeugen-/Sachverständigengeld wird der Unterfertigte zum Übergabezeitpunkt mitbringen um die Entschädigung für die Reisekosten und den Verdienstausfall zu übergeben.

Sollten von Ihrer Seite noch irgendwelche Rückfragen bestehen, stehen wir Ihnen jederzeit gerne zur Verfügung.

Rechtsanwalt

Ladung zum Hauptverhandlungstermin des Landgerichts Traunstein am 10. 02. 1998 in der Strafsache gegen L

Sehr geehrte Frau Dr. S,

in der Strafsache gegen L, Landgericht Traunstein, Az. 5 Ks XXXXX lade ich Sie hiermit in meiner Eigenschaft als Verteidiger des Herrn L als Sachverständige zu der am 10. 02. 1998 um 09:00 Uhr stattfindenden Hauptverhandlung des Landgerichts Traunstein, Herzog-Otto-Str. 1, 83278 Traunstein, dort Sitzungssaal 33, Erdgeschoss.

Hinsichtlich der Ihnen gesetzlich zustehenden Entschädigung als Zeugin sowie hinsichtlich der Reisekosten wird Ihnen ein entsprechender Barbetrag von DM 1.000,00 über den Gerichtsvollzieher bar dargeboten.

Ich weise darauf hin, dass Ihnen im Falle Ihres Nichterscheinens, die durch Ihr Ausbleiben verursachten Kosten auferlegt werden können, sogleich könnte gegen Sie ein Ordnungsgeld und für den Fall, dass dieses nicht beigetrieben werden kann, Ordnungshaft festgesetzt werden.

Es kann weiterhin die zwangsweise Vorführung angeordnet werden. Die Maßnahmen unterbleiben, wenn Sie im Falle einer Verhinderung dies dem Gericht mitteilen.

Rechtsanwalt

---

5 Ks XXXXX

Beweisantrag

auf Vernehmung der präsenten Sachverständigen gem § 245 II iVm § 220 und § 38 StPO

In der Strafsache

gegen

L

wegen des Verdachts des Mordes

wird beantragt, gem § 245 StPO die von der Verteidigung geladene und erschienene Sachverständige Frau Dr. S, Adresse, als Sachverständige zum Beweis der Tatsache zu vernehmen, dass bei dem Angeklagten L die Voraussetzungen der §§ 20, 21 StGB gegeben sind.

> Ausweislich des übergebenen Gutachten der Sachverständigen S leidet der Angeklagte an einer paranoiden Schizophrenie und war in Folge der Erkrankung zum Zeitpunkt der Ihm vorgeworfenen Tat in einem Zustand der aufgehobenen Schuldfähigkeit.
>
> Rechtsanwalt

X. Merkmale gem § 211 StGB

1. Mordlust

29   Das Merkmal »aus Mordlust« ist erfüllt, wenn die Tathandlung auf einem Antrieb zum Töten, der auf den Tötungsvorgang als solchen gerichtet ist, beruht.[40] Die Tötung aus Mordlust unterscheidet sich von den anderen Tötungsvarianten, die in § 211 II StGB im Hinblick auf ihre Beweggründe und Ziele als Mord qualifiziert werden, dadurch, dass bei ihr der Tod des Opfers als solcher der einzige Zweck der Tat ist. Mit dem Merkmal sollen Fälle erfasst werden, bei denen weder ein in der Person des Opfers, oder in der besonderen Tatsituation liegender Anlass, noch ein über den Tötungsakt selbst hinausgehender Zweck die Tat bestimmt. In solchen Fällen kommt eine prinzipielle, vom individuellen Träger gelöste, Missachtung fremden Lebens zum Ausdruck, die das den Mordvorwurf rechtfertigende Gefährlichkeitsurteil begründet. Mit dieser Auffassung von der Bedeutung des Tatbestandsmerkmals »aus Mordlust« als Beschreibung eines Tötungsantriebs, der auf den Tötungsvorgang als solchen gerichtet ist, befindet sich der BGH in Übereinstimmung mit den Deutungen, die das Merkmal im Schrifttum gefunden hat. Danach tötet aus Mordlust, wem es allein darauf ankommt, einen Menschen sterben zu sehen, wer aus Mutwillen oder Angeberei tötet, wer die Tötung als nervliches Stimulans, oder »sportliches Vergnügen« betrachtet, wer einen anderen zum Zeitvertreib tötet.

Aus Mordlust tötet derjenige, dem der Tod des Opfers der einzige Zweck der Tat ist, insbesondere der allein aus Freude an der Vernichtung eines Menschenlebens handelt.[41] Kommt das allgemeine Mordmerkmal der niedrigen Beweggründe in Betracht, so entspricht es zwar ständiger Rechtsprechung, die vorsätzliche Tötung nicht als Mord zu werten, wenn sie der Täter unter dem Einfluss gefühlsmäßiger oder triebhafter Regungen begangen hat, die er gedanklich nicht beherrschen und willentlich nicht steuern konnte.[42] Eine solche Einschränkung kommt jedoch nicht in Betracht, wenn die genannten Voraussetzungen der Mordlust erfüllt sind.

2. Befriedigung des Geschlechtstriebes

30   Dieses Mordmerkmal erfüllt, wer das Töten als ein Mittel zur geschlechtlichen Befriedigung benützt. Es umfasst sowohl den sog Lustmord, bei dem der Täter in der Tötungshandlung selbst sexuelle Befriedigung sucht, als auch den Fall, dass er tötet, um das Opfer geschlechtlich zu missbrauchen.[43] So auch Fälle, wo das Töten selbst noch nicht der sexuellen Befriedigung dient, sondern der Täter sich an dem Leichnam vergehen möchte.[44] Hierbei ist es unerheblich, ob der Täter von vornherein

---

40 BGHSt 34, 59
41 BGHSt 34, 59, 61
42 BGHSt 35, 116, 121; BGH NJW 1993, 3210, 3211; BGHR StGB § 211 II niedrige Beweggründe 15
43 BGH StV 1982, 15
44 Eser NStZ 1983, 433, 434; BGHSt 7, 353, 354; 19, 101, 105

mit Tötungsvorsatz handelt oder ob er den Tötungsentschluss erst während der Tatausführung fasst. Es ist ferner unwesentlich, in welchem Zeitpunkt der Tod des Opfers eintritt.

3. Habgier

Nach dem Sinn des Gesetzes, das das Mordmerkmal der Habgier dem Begriff der niedrigen Beweggründe einordnet, kann es auf ein Streben nach beträchtlichem Gewinn, das je nach der Lage des Täters eher ein verständliches Tatmotiv abgeben könnte, nicht entscheidend ankommen; es muss vielmehr genügen, wenn der Täter von dem Verlangen getrieben ist, um jeden Preis und ohne jede Rücksicht irgendeinen, dem Opfer zustehenden, Vermögensgegenstand zu erwerben. Habgier ist daher insbesondere dann gegeben, wenn der Täter den Tod eines Menschen deshalb anstrebt oder in Kauf nimmt, weil er sich unter völliger Missachtung seiner elementaren Rechte und Interessen in den Besitz seiner Habe setzen will.[45] In dieser Situation steht das Streben nach einem Vermögensvorteil in einem besonders krassen Missverhältnis zum angerichteten Schaden.[46]

In den Fällen des Mordes wegen Tötung aus Habgier kann die lebenslange Freiheitsstrafe nicht wegen außergewöhnlicher Umstände im Sinne von BGHSt 30, 105 durch eine zeitige Freiheitsstrafe nach § 49 I Nr. 1 StGB ersetzt werden. Das BVerfG hat lediglich bei den Mordmerkmalen der Heimtücke und der Verdeckung einer Straftat eine Kollision mit dem Verhältnismäßigkeitsgrundsatz für möglich gehalten; die Entscheidung des Großen Senats betrifft nur das Merkmal der Heimtücke. Das Merkmal der Habgier ist ohnehin eng auszulegen.[47] Es liegt bei einem Motivbündel nur vor, wenn das Gewinnstreben Tat beherrschend und damit bewusstseinsdominant war.[48]

4. Aus sonst niedrigen Beweggründen

Nach der Rechtsprechung des BGH liegt ein niedriger Beweggrund vor, wenn der Tatantrieb sittlich auf tiefster Stufe steht und nach allgemeiner anerkannter Wertung besonders verwerflich und geradezu verachtenswert ist. Bei der Prüfung der Frage, ob der Angeklagte aus »sonst niedrigen Beweggründen« getötet hat, ist in Fällen, in denen das Handeln des Täters verschiedenen Motiven entspringt, der Beweggrund zu ermitteln und zu bewerten, der der Tat ihr Gepräge gegeben hat.

Nach der Rechtsprechung erfolgt diese Bewertung aufgrund einer autonomen, allein auf die eigenen Bedürfnisse ausgerichteten, und nicht bloß von schicksalhaften Konfliktsituationen abhängigen, sozialen Rücksichtslosigkeit der Interessenverwirklichung, bei welcher der Rechtswert des Lebens absolut degradiert wird.[49]

Dabei ist eingehend auf die Motive einzugehen. Eine Gefühlsregung wie Wut kommt nur dann als niedriger Beweggrund in Betracht, wenn sie ihrerseits auf niedrigen Beweggründen beruht. Bei der Prüfung, ob niedrige Beweggründe des in Wut Handelnden gegeben sind, sind die persönlichen Verhältnisse und die innere Verfassung des Täters, sowie das zur Tat führende Geschehen einzubeziehen. Hier-

31

32

33

---

45 BayObLGSt 1949/1951, 36, 42
46 Otto ZStW 83, 39, 61, 62; Schönke/Schröder-Eser § 211 Rn 17; SK-StGB-Horn § 211 Rn 1
47 BGHSt 42, 304
48 BGH NJW 1995, 2365, 2366
49 Schönke/Schröder-Eser § 211 Rn 18

bei können sich Probleme dahingehend ergeben, dass Motive nach oberflächlicher Betrachtungsweise »niedrig« iSd Gesetzes zu sein scheinen. Wut, Hass und Rachsucht können niedrige Beweggründe sein, wenn sie ihrerseits auf niedrigen Beweggründen beruhen.

Dies kann dann der Fall sein, wenn der Täter sich in gerechtem Zorn hingerissen fühlt und die Art der Provokation als schwer einzustufen ist. Dies ist nicht ohne weiteres der Fall, wenn der Täter auf eine Beleidigung (hier: Zeigen des ›Stinkefingers‹) spontan reagiert. Dies zeigt aber auch die ganze Problematik dieser Rechtsprechung auf vor dem Hintergrund des aus Art. 103 II GG sich ergebenen Gedanken des Bestimmtheitsgebots.

Hat ein Täter spontan und ohne Plan den Tatentschluss gefasst, so ist besonders sorgfältig zu prüfen, ob er sich der Umstände bewusst war, die die Tat als niedrig erscheinen lassen.[50]

Scheinbar niedrige Beweggründe wie Hass, Wut, Missgunst, Rache, Vergeltungssucht, eigensüchtiges Verhalten, wie nicht zu bändigender Zorn oder Angst vor Schande können so im Rahmen der Beurteilung des Einzelfalles umgedeutet werden. Dies bedeutet für den Strafverteidiger gleichzeitig Chance und Gefahr, weil dem Gericht ein großer Ermessensspielraum durch diese Rechtsprechung eröffnet wird.

34   Die Tötung des die außereheliche Beziehung hindernden Ehegatten erfüllt regelmäßig das Mordmerkmal der niedrigen Beweggründe.[51] Allerdings ist nicht jede Tötung eines Intimpartners, der sich vom Täter abwenden und in die eheliche Beziehung zurückkehren will, zwangsläufig aus niedrigen Beweggründen begangen. Tat auslösend und Tat bestimmend können auch hier Gefühle der Verzweiflung und der inneren Ausweglosigkeit sein, die eine Bewertung als verwerflich oder verächtlich nicht rechtfertigen.[52]

Bei der Bewertung, ob Beweggründe niedrig sind, sollen auch die besonderen Anschauungen und Wertvorstellungen zu berücksichtigen sein, in denen ein in Deutschland lebender ausländischer Täter wegen seiner fortdauernden Bindung an die heimatliche Kultur verhaftet ist.

Dieser Gesichtspunkt hat dazu geführt, dass die Tötung einer untreuen Ehefrau durch einen Moslem nicht als niedrig motiviert bewertet wurde.[53] Ein Beweggrund kann auch dann als niedrig bewertet werden, wenn das Opfer zur Verdeckung einer Verhaltensweise des Täters getötet wird, die er zwar nicht für strafbar, jedoch für verwerflich oder seinem Ansehen abträglich hält. Die Frage, ob eine Tötung objektiv auf niedrigen Beweggründen beruht, ist auf Grund der hiesigen Wertvorstellungen, nicht an Hand des Kulturkreises des Täters zu beurteilen.[54]

Eine Gefühlsregung wie Wut kommt nur dann als niedriger Beweggrund in Betracht, wenn sie ihrerseits auf niedrigen Beweggründen beruht. Bei der Prüfung, ob niedrige Beweggründe des in Wut Handelnden gegeben sind, sind die persönlichen Verhältnisse und die innere Verfassung des Täters sowie das zur Tat führende Geschehen einzubeziehen.

---

50 Altvater NStZ 2001, 23, Urt. v 11. 1. 2000 – 1 StR 505/99
51 NStZ 1997, 490
52 NStZ 1996, 276
53 Urt. v 26. 6. 1997 – 4 StR 180/97 nach Altvater NStZ 1998, 342 (mit berechtigter Kritik an dieser überflüssigen »Privilegierung« von Ausländern) BGH StV 1997, 565
54 BGH NStZ 2004, 332

a) Heimtücke

Nach der Rechtsprechung des BGH handelt heimtückisch, wer in feindlicher Willensrichtung die Arg- und Wehrlosigkeit des Opfers bzw einer Schutzperson bewusst zur Tötung ausnutzt.[55] Arglos ist, wer sich zum Zeitpunkt der Tat, beginnend mit dem Versuchsstadium, sich keines Angriffs von Seiten des Täters versieht. Maßgebend für die Beurteilung, ob der Täter die Arg- und Wehrlosigkeit des Opfers bzw einer Schutzperson in feindlicher Willensrichtung bewusst zur Tötung ausgenutzt, somit heimtückisch gehandelt hat, ist grundsätzlich der Beginn des ersten mit Tötungsvorsatz geführten Angriffs und damit der Eintritt der Tat in das Versuchsstadium.[56] Möglich ist es aber auch dann, wenn der Täter dem Opfer erst im letzten Augenblick feindlich gegenübertritt und dem Opfer so keine Möglichkeit der Gegenwehr bleibt.[57] Arglosigkeit des Tatopfers kann auch dann angenommen werden, wenn der überraschende Angriff zunächst nicht mit Tötungsvorsatz, sondern nur mit Verletzungsvorsatz geführt wird, jedoch der ursprüngliche Verletzungswille derart schnell in Tötungsvorsatz umschlägt, dass der Überraschungseffekt zu dem Zeitpunkt andauert, zu dem der Täter zum auf Tötung gerichteten Angriff schreitet. Voraussetzung für die Annahme von Arglosigkeit ist aber auch in einem solchen Falle, dass dem Opfer keine Zeit zu irgendwie gearteten Gegenmaßnahmen bleibt.[58]

Die Ausnutzung nur der Wehrlosigkeit des Opfers, rechtfertigt nicht die Annahme von Heimtücke. Das lässt sich schon daraus herleiten, dass die in diesem Zusammenhang erhebliche Wehrlosigkeit gerade in einer auf der Arglosigkeit beruhenden starken Einschränkung der natürlichen Abwehrbereitschaft und -fähigkeit besteht.[59] Demgemäß ist eine Herabsetzung dieser Bereitschaft und Fähigkeit, welche andere Ursachen hat, bei Ausschluss der Arglosigkeit für den Heimtückebegriff rechtlich bedeutungslos,[60] ebenso wie umgekehrt die Tatsache, dass das Opfer bewaffnet ist, bei Arglosigkeit die Annahme seiner Wehrlosigkeit nicht hindert.[61]

Die Rechtsprechung hat den oben bezeichneten Grundsatz aber auch unabhängig von diesen Erwägungen anerkannt, und zwar insbesondere auch für den Fall, dass der Täter die Wehrlosigkeit des Opfers ohne Tötungsvorsatz selbst herbeigeführt hat, und sei es durch eine strafbare Handlung,[62] zB durch eine Körperverletzung, durch die er es in einen solchen Erschöpfungszustand versetzt, dass es nicht einmal mehr einen Hilferuf hervorbringen kann. Im Übrigen hat die Rechtsprechung gerade im Zusammenhang mit der vorsätzlichen Tötung eines Kleinkindes wiederholt darauf hingewiesen, dass allein die Ausnutzung von dessen natürlicher Wehrlosigkeit das Heimtückemerkmal nicht erfüllt.

Es bleibt mithin festzuhalten, dass Kausalität zwischen Arg- und Wehrlosigkeit bestehen muss. Hieran fehlt es regelmäßig, wenn das Opfer unabhängig von der bestehenden Arglosigkeit gar nicht in der Lage ist, einem etwaigen Angriff eine adäquate Gegenwehr entgegenzusetzen.

---

55 BGHSt 7, 218, 221; 23, 119, 120 f; 30, 105, 116 ff jeweils mwN
56 Vgl BGHSt 32, 382, 384; BGHR StGB § 22 Ansetzen 12 und § 211 II Heimtücke 2, 4 und 6 mwN
57 Altvater NStZ 2001, 22, (Urt. v 9. 2. 2000 – 3 StR 392/99 u. Beschl v 3. 8. 2000 – 4 StR 259/00)
58 NStZ-RR 2004, 234
59 BGH GA 1971, 113, 114
60 BGH Urt. v 4. 12. 1962 – 2 StR 506/62
61 BGH Urt. v 28. 8. 1979 – 1 StR 282/79
62 Vgl BGHSt 32, 388; 19, 321, 322; BGH NJW 1966, 1823, 1824; BGH Urt. vom 1. 10. 1980 – 2 StR 426/80; Beschl v 8. 7. 1982 – 4 StR 370/82

36   Ein der Tötungshandlung unmittelbar vorausgegangener, allein mit Worten geführter Angriff, schließt Heimtücke nicht aus, wenn das Opfer dennoch gegenüber einem Angriff auf Leben oder körperliche Unversehrtheit arglos bleibt.[63]

Das Mordmerkmal der ›Heimtücke‹ ist nur gegeben, wenn das Opfer gerade aufgrund seiner Arglosigkeit wehrlos ist. Dieser Kausalzusammenhang erscheint zweifelhaft, wenn die Möglichkeit besteht, dass das Opfer infolge Krankheit nicht in der Lage ist, die Absicht des Täters zu erkennen und diesem Angriff wirksam entgegenzutreten.[64]

Heimtücke setzt nicht voraus, dass der Täter die Arg- und Wehrlosigkeit des Opfers selbst bewusst herbeiführt oder bestärkt,[65] es genügt, dass er eine vorgefundene Situation für sein Vorhaben ausnutzt. Nicht erforderlich ist ferner, dass der Täter seinen Entschluss zur Tötung davon abhängig gemacht hat, sie unter Ausnutzung der Arg- und Wehrlosigkeit ausführen zu können. Heimtückisch kann vielmehr auch derjenige handeln, der – aufgrund welcher Erwägungen auch immer – auf jeden Fall, also unabhängig davon, welche Möglichkeit der Tatausführung sich ihm bietet, zur Tötung entschlossen ist und diesen Entschluss verwirklicht.[66] An Heimtücke kann es fehlen, wenn ein zur Selbsttötung entschlossener Täter Angehörige seiner Familie mit in den Tod nehmen will, weil er meint, zu deren Besten zu handeln,[67] es sei denn, das Opfer hat dies ausdrücklich abgelehnt.

37   Bei einer von langer Hand geplanten und vorbereiteten Tat kann das Heimtückische allerdings gerade in den Vorkehrungen liegen, die der Täter ergreift, um eine günstige Gelegenheit zur Tötung zu schaffen, falls sie bei der Ausführung der Tat noch fortwirken. Das hat der BGH für Fälle eines wohl durchdachten Lockens in einen Hinterhalt und des raffinierten Stellens einer Falle entschieden.[68] In diesen Fällen hatte jeweils der Täter die Arg- und Wehrlosigkeit des Opfers dazu ausgenutzt, dieses in eine Lage zu bringen, in der es sich, von der Tat überrascht, wehrlos einer unentrinnbaren Übermacht gegenüber sah. Unter diesen Umständen würde eine Beschränkung der rechtlichen Würdigung, ob heimtückische Tatbegehung vorliegt, auf die Umstände im Augenblick der eigentlichen Tötungshandlung zu einer ungerechtfertigten Einengung des Anwendungsbereichs des § 211 StGB führen.

Wer ein Opfer tötet, das, wie er bemerkt oder auch nur für möglich hält, schläft, weiß selbstverständlich um die aus dem wahrgenommenen Zustand folgende Arglosigkeit und die hierdurch bedingte Wehrlosigkeit des Opfers, die er mit Vornahme der konkreten Tötungshandlung in der erkannten Situation seines Opfers bewusst ausnutzt. Anders als bei anderen Fallkonstellationen der Heimtücke ist dieser klare Befund durch eine noch so heftige Gemütsbewegung des Täters nicht in Frage zu stellen. Dass dieser seinen Tötungsentschluss in gleicher Weise in die Tat umgesetzt hätte, wenn er das Opfer nicht im Zustand der Ahnungs- und Schutzlosigkeit angetroffen hätte, stellt die Erfüllung des Mordmerkmals nicht in Frage.[69]

Problematisch in diesem Zusammenhang ist die Frage des erweiterten Suizid. Hier werden nämlich auch Fälle in den Mordtatbestand mit eingeschlossen, die bei Be-

---

63 BGH NStZ 1986, 504
64 NStZ 1997, 490
65 BGHSt 8, 216, 219; 18, 87, 88; 22, 77, 79; 27, 322, 324
66 BGH Urt v 13. 7. 1984 – 3 StR 178/84 bei Holtz MDR 1984, 796 f
67 BGHSt 30, 105, 119; Altvater NStZ 2001, 22
68 BGHSt 22, 77, 79, 80; BGH Urt v 14. 6. 1960 – 1 StR 73/60
69 NStZ-RR 2004, 139

rücksichtigung aller Tatumstände, die Berechtigung der Höchststrafe keinesfalls rechtfertigen. Dies ist bei erweitertem Suizid oder anderen Tötungen unter sog Altruistischen Methoden der Fall. Von einem erweiterten Suizid kann allerdings nur gesprochen werden, wenn ein Täter in Willensübereinstimmung mit einem Partner aus dem Leben scheiden will und es entsprechend dem gemeinsamen Plan übernimmt, den Partner und sich selbst zu töten.[70] Hiervon zu unterscheiden ist der sog Mitnahmeselbstmord.[71]

Mithin muss man im Sinne der Rechtsprechung vor Annahme der Heimtücke eingehend prüfen, ob die Tat im Rahmen vorangegangener Feindseligkeit von einer gewissen Erheblichkeit erfolgt ist (bloße Beleidigung reicht nicht aus), und ob der Täter selbst die Tat aufgrund einer feindseligen Willensrichtung erfolgen lässt.

Für die Anstiftung zum Heimtückemord genügt bedingter Vorsatz des Anstifters, der auch gegeben sein kann, wenn der Anstifter aus Gleichgültigkeit mit jeder eintretenden Möglichkeit der Tatausführung einverstanden ist.[72] Fehlt beim Anstifter der Vorsatz hinsichtlich des tatsächlich vorliegenden Mordmerkmals der Heimtücke, stellt sich der Anstifter jedoch vor, der Täter werde aus Habgier handeln, so ist tateinheitlich zur Anstiftung zum Totschlag eine versuchte Anstiftung zum Mord gegeben.[73]

Auch wenn in Fällen heimtückischer Tötung außergewöhnliche Umstände vorliegen, auf Grund welcher die Verhängung lebenslanger Freiheitsstrafe als unverhältnismäßig erscheint, ist wegen Mordes zu verurteilen. Es ist jedoch der Strafrahmen des § 49 I Nr. 1 StGB anzuwenden.[74]

b)   Grausam

Grausam tötet, wer dem Opfer besonders starke Schmerzen oder Qualen körperlicher oder seelischer Art aus gefühlloser, unbarmherziger Gesinnung, die ihn jedenfalls bei der Tat beherrscht hat, zufügt, die nach Stärke und Dauer über das für die Tötung notwendige Maß hinausgehen.[75] Der innere Tatbestand erfordert hier die Kenntnis und das Wollen derjenigen Tatumstände, die die dem Opfer zugefügten besonderen Qualen bedingen, und eine gefühllose Gesinnung, in der dieser Tatwille wurzelt.[76] Dabei ist weiter zu beachten, dass das grausame Element der Tat zu Tage treten muss, bevor der Erfolg eingetreten ist. Da es sich objektiv um die Zufügung von schweren Leiden handelt, ist Grausamkeit immer da zu verneinen, wo das Opfer jeder Möglichkeit Leiden zu empfinden verlustig gegangen ist.

Eine gefühllose und unbarmherzige Gesinnung kann sich schon aus einem vom Vorsatz getragenen, objektiv grausamen Verhalten ergeben. Dies gilt aber nicht in jedem Fall. Auffällige Eigenarten der Persönlichkeit des Täters und seine besondere seelische Situation zum Zeitpunkt der Tat sowie sein sonstiges Verhalten gegenüber dem Opfer können es erforderlich machen, die innere Tatseite unter Berücksichtigung dieser Umstände besonders sorgfältig zu erörtern.

38

---

70 BGH NStZ 1996, 32
71 Vgl Eser DJT 1980 45, 46
72 BGH NStZ 2005, 381
73 BGH NStZ 2005, 381
74 BGHSt 30, 105
75 BGHSt 3, 180; 3, 264
76 BGH Urt v 21. 8. 1980 – 4 StR 346/80; Beschl v 4. 12. 1980 – 4 StR 592/80

39   Ein allein zeitlich, räumlich und durch die Art der Tatausführung geschaffener objektiver Zusammenhang zwischen als grausam zu bewertenden Körperverletzungshandlungen und einer selbst nicht grausamen Tötungshandlung vermag das gesamte Geschehen nicht zu einer einheitlichen als Mord zu beurteilenden Tat zu verbinden.

Das Mordmerkmal ›grausam‹ kennzeichnet eine bestimmte Gesinnung des Täters und Tatumstände, welche es bedingen, dass dem Opfer besondere Schmerzen oder Qualen zugefügt werden.[77] Diese Tatumstände sind Bestandteil des Tatgeschehens, das der gesetzliche Tatbestand (§ 211 II StGB) beschreibt. Nur ein Handeln, das dieser Beschreibung entspricht und somit tatbestandsmäßig ist, kann den Tatbestand verwirklichen. Infolgedessen beginnt ein Mord erst, wenn der Täter nach seiner Vorstellung zum Töten eines anderen Menschen unmittelbar ansetzt, also den Entschluss zum Töten gefasst hat und ihn so betätigt, dass sein gewolltes Verhalten Akt des Tötens ist oder (ohne Zwischenakte) in das Töten des Opfers übergeht.[78] Was vor dieser Betätigung liegt, kann idR nicht Moment des vorsätzlichen Tötens und von Umständen sein, die es bedingen, dass beim Vorgang des Tötens dem Opfer besondere Schmerzen oder Qualen zugefügt werden. Ob Ausnahmefälle anzuerkennen sind, ob insbesondere bei protrahierter Tötung das Zufügen besonderer Schmerzen und Qualen dem unmittelbaren Ansetzen zum Töten vorausgehen kann, ist eine Frage, die der Beantwortung nicht bedarf. Auch nach den Entscheidungen, die sie bejahen.[79]

c) Mit gemeingefährlichen Mitteln

40   Das Mordmerkmal der Tötung mit gemeingefährlichen Mitteln ist nach der Rechtsprechung des BGH erfüllt, wenn der Täter ein Mittel zur Tötung einsetzt, das in der konkreten Tatsituation eine Mehrzahl von Menschen an Leib und Leben gefährden kann, weil er die Ausdehnung der Gefahr nicht in seiner Gewalt hat.[80]

Dabei ist nicht allein auf die abstrakte Gefährlichkeit eines Mittels abzustellen, sondern auf seine Eignung und Wirkung in der konkreten Situation unter Berücksichtigung der persönlichen Fähigkeiten und Absichten des Täters.[81]

Insoweit kommt es entscheidend auf die abstrakte Gefährlichkeit des Tatmittels und seines Einsatzes an. Die Beurteilung hängt danach davon ab, ob das Tatmittel und die in ihm ruhenden Kräfte nach ihrer Freisetzung nicht mehr beherrschbar und daher in der allgemeinen Wirkung geeignet sind, eine Vielzahl von Menschen an Leib und Leben zu verletzen. Die Beherrschbarkeit etwaiger Tötungsmittel beurteilt sich nach den typischen Wirkungen. Schusswaffen und Autos sind demnach keine gemeingefährlichen Mittel iSd § 211 StGB, weil der typische Gebrauch dieser Gegenstände nicht gemeingefährlich ist. Die Beurteilung erfolgt also unabhängig von einem etwaigen Fehlgebrauch. Zu den typischen gemeingefährlichen Mittel gehören demnach Brandmittel ebenso wie Gas und die Herbeiführung von Explosionen.

---

77 BGHSt 3, 180, 181; BGH NStZ 1982, 379
78 BGHSt 26, 201, 204
79 BGH NJW 1951, 666, 667; 1971, 1189
80 BGHSt 34, 13, 14; vgl RGSt 5, 309
81 Vgl BGH NJW 1985, 1477 f; Schönke/Schröder-Eser § 211 Rn 29; LK-Jähnke 10. Aufl., § 211 Rn 59 mwN

Werner

d)   Um eine andere Straftat zu ermöglichen oder zu verdecken

Die »Tötung« muss nicht »notwendiges« Mittel zur Begehung der anderen Straftat **41** sein, vielmehr genügt es, dass sich der Täter deshalb für die zum Tode führende Handlung entscheidet, weil er glaubt, auf diese Weise die andere Straftat schneller oder leichter begehen zu können. Es genügt, dass nicht der Tod des Opfers, sondern die zur Tötung geeignete Handlung vom Täter als Mittel zur Begehung der weiteren Straftat angesehen wird.

Bedingter Tötungsvorsatz steht der Annahme des Mordmerkmals »Töten zur Ermöglichung einer anderen Straftat« nicht entgegen.

Die zu verdeckende andere Straftat kann auch ein versuchtes Tötungsdelikt zum **42** Nachteil des Opfers sein. Dabei ist zu beachten, dass es nach der aktuellen Rechtsprechung des BGH nicht eine andere Tat sein muss, die mittels der Tötung verdeckt werden soll, als die der Tötung vorangegangene Handlung gegen das Opfer.

Der BGH hat insoweit festgestellt:[82]

»Der Bundesgerichtshof hat es abgelehnt, den Tatbestand des Verdeckungsmordes auf solche Fälle zu beschränken, in denen die Tötung schon im Voraus geplant war (BGHSt 27, 281; BGH, Urt. vom 12. April 1978 – 3 StR 58/78). Er hat sich auch nicht bereit gefunden, den Mordtatbestand durch das Erfordernis einer ›besonderen Verwerflichkeit der Tat‹ einzuschränken (BGHSt 30, 105, 115). Doch hat der erkennende Senat – unter dem Eindruck der erwähnten verfassungsgerichtlichen Entscheidung – den Tatbestand des Verdeckungsmords für eine bestimmte Fallgruppe eingeengt: Kein Mord zur Verdeckung soll danach vorliegen, wenn auch die Vortat sich gegen das Rechtsgut von Leib und Leben richtet (Gleichheit der Angriffsrichtung), beide Taten einer unvorhergesehenen Augenblickslage entspringen (so genannte ›Doppelspontaneität‹) und unmittelbar ineinander übergehen (enges zeitliches und sachliches Zusammentreffen).«

Nach der Rechtsprechung steht der Annahme eines »Verdeckungsmordes« nicht **43** entgegen, dass sich bereits die zu verdeckende Vortat gegen Leib und Leben des Opfers richtete und unmittelbar in die Tötung zur Verdeckung des vorangegangenen Geschehens überging.[83]

Es handelt sich allerdings dann nicht um eine andere Straftat iSd § 211 StGB, wenn der Täter nur die Tat verdecken will, die er gerade begeht.[84] Das ist dann der Fall, wenn während einer einheitlichen Tötungshandlung die Verdeckungsabsicht nur noch als weiteres Motiv für die Tötung hinzutritt.[85]

XI.   Motivbündel

Ist ein so genanntes Motivbündel gegeben, dh mehrere Motive bei einer Tat zum **44** Tragen gekommen, ist zu eruieren, welches Motiv der Tat ihr Gepräge[86] gegeben hat und welche Tat bei dem Täter bewusstseinsdominant war. In diesem Zusammenhang ist zu beachten, dass dann keine Tötung mit Mordqualifikation unter

---

82 BGHSt 35, 118
83 BGHSt 35, 116; BGH Beschl v 12.7.1991 – 2 StR 605/90; vgl auch BGH NJW 1984, 1568
84 BGH Urt v 1.10.1985 – 5 StR 450/85; BGH NStZ 1992, 127
85 NStZ 1990, 385
86 BGH NStZ 1998, 36

niedrigen Beweggründen gegeben ist, wenn kein Motiv bewusstseinsdominant war, auch wenn eines der verschiedenen Motive für sich als niedrig einzustufen ist. Bei Vorliegen eines Motivbündels beruht die vorsätzliche Tötung nur dann auf niedrigen Beweggründen, wenn das Hauptmotiv oder die vorherrschenden Motive, welche der Tat ihr Gepräge geben, nach allgemeiner sittlicher Wertung auf tiefster Stufe stehen und deshalb besonders verwerflich sind.[87]

XII. Motivationsbeherrschungskompetenz

45 Hinsichtlich der vorgenannten Mordmerkmale muss der Täter Sachverhaltskenntnis und Motivationsbewusstsein besitzen. Hierzu muss der Täter in der Lage sein, insbesondere muss er seine gefühlsmäßigen und triebhaften Regungen gedanklich zu beherrschen und zu steuern in der Lage sein. Regelmäßig wird man dies immer da annehmen können, wo der Sachverhalt einfach und die Tat und ihre Modalitäten als schwerwiegend einzustufen sind.[88] Der Täter muss zu einer Bewertung und Steuerung seiner Handlungsantriebe in der Lage sein; diese Fähigkeit kann bei ausländischen Tätern und bei Affekttätern fehlen.[89] Psychisch beeinträchtigte Täter ebenso wie die, die bei der zu beurteilenden Tat sich in einem Ausnahmezustand befunden haben, zB aufgrund eines plötzlichen Wutanfalles[90] oder eines sog Affektsturmes, werden hierzu regelmäßig nicht in der Lage sein. Auch bei solchen Personen, die aufgrund ihrer eingeschränkten Empathie oder aufgrund der sonstigen Persönlichkeitsstruktur nicht fähig sind, die eigenen Beweggründe als niedrig einzustufen, muss der Tatbestand verneint werden, weil sie sich nicht die Relevanz der besonderen Umstände bewusst machen können.[91] Die subjektiven Elemente des Mordmerkmals, nämlich die Kenntnis der tatsächlichen Umstände und die Fähigkeit zur gedanklichen Beherrschung der Tatantriebe, sind getrennt zu prüfen.[92]

XIII. Mittäterschaft

46 Mord in Mittäterschaft kann nach den einschlägigen Täterschaft- und Teilnahmeregeln bereits durch Teilnahme an der Vorbereitungshandlung begangen werden. Es genügt schließlich nach der animus-Theorie, dass der Täter die Tat als die seine will. Eigenhändiges Töten ist nicht erforderlich. Insoweit werden alle Teilnehmer dann als Mörder verurteilt, wenn sie jeder für sich ein Mordmerkmal erfüllen. Problematisch wird es jedoch dort, wo die Teilnehmer unterschiedliche Mordmerkmale erfüllen oder einer der Teilnehmer sogar qualifikationslos handelt.

Der BGH hat[93] den Meinungsstand wie folgt wiedergeben:

»Der Erörterung bedarf die Annahme von Mittäterschaft mit dem wegen Totschlags verurteilten Sohn.

Die Frage könnte dann offen bleiben, wenn die Angeklagte alle Merkmale des gesetzlichen Tatbestandes selber erfüllt hätte, sie also auch bei Hinwegdenken weite-

---

87 NStZ-RR 2004, 234
88 BGH StV 1994, 374
89 BGH NStZ 2004, 332
90 BGH MDR/D 1974, 546; MDR/H 1981, 266
91 BGH StV 1981, 338 f
92 BGH NStZ 2004, 332
93 BGHSt 36, 233 = BGH NStZ 1990, 277 m Anm Beulke

rer Beteiligter als Täterin zu verurteilen wäre. Das ist aber nicht der Fall, denn sie hat die Tatvollendung nicht eigenhändig herbeigeführt. Da die Angeklagte aber die Tat mit ihrem Sohn gemeinsam begehen und sie als eigene wollte, sie auch Tatherrschaft hatte, ist ihr der Tatanteil des unmittelbar handelnden Sohnes als eigener zuzurechnen.

Täterschaftliche Haftung der Angeklagten hat das LG deshalb zutreffend über die Zurechnungsnorm des § 25 II StGB begründet. Damit wird entscheidungserheblich, ob Mittäterschaft bei Mord und Totschlag möglich ist. Der Senat bejaht diese Frage.

Der 4. Strafsenat des BGH[94] hat allerdings in einer die Entscheidung nicht tragenden Bemerkung Bedenken gegen die Annahme von Mittäterschaft bei Mord und Totschlag geäußert. Von Mittäterschaft könne nur bei Erfüllung desselben Grundtatbestandes gesprochen werden. Mord und Totschlag seien nach der Rechtsprechung des BGH (BGHSt 1, 368, 370) jedoch selbstständige, voneinander unabhängige Tatbestände mit verschiedenem Unrechtsgehalt.

Abweichend davon meint der Senat, die Entscheidung der Frage hänge nicht davon ab, wie das Verhältnis der beiden Vorschriften zueinander zu beurteilen ist. Stehen Totschlag und Mord im Verhältnis von Grundtatbestand und Qualifikation (nahezu einhellige Meinung in Lehre und Schrifttum; vgl LK-Jähnke, 10. Aufl., vor § 211 Rn 39 mwN) stellt § 212 StGB als Grunddelikt die gemeinsam verwirklichte Straftat dar (S/S-Eser, 23. Aufl., § 211 Rn 43; LK-Jähnke, aaO, § 211 Rn 61, § 212 Rn 6). Aber auch wenn man mit der ständigen Rechtsprechung (seit BGHSt 1, 368, 370; so auch BGHSt 22, 375, 377; BGH, StV 1984, 69) Mord und Totschlag als selbstständige Straftatbestände begreift, besagt das nicht notwendig, Mörder und Totschläger begingen auch verschiedene Straftaten iSd § 25 II StGB, wenn sie gemeinsam den selben Menschen töten.

Mittäter begehen gemeinschaftlich ›die Straftat‹ (§ 25 II StGB). Hierunter ist nicht ein bloßer einheitlicher geschichtlicher Vorgang, eine Tat im prozessualen Sinne zu verstehen; gemeint ist der Straftatbestand des sachlichen Rechts. Aber Mittäterschaft ist nicht akzessorisch, die rechtliche Beurteilung der einzelnen Tatbeiträge kann auseinanderfallen. Die gemeinsame Straftat iSd § 25 II StGB setzt deshalb nicht notwendig die Verletzung (nur) des gleichen Strafgesetzes voraus (so auch S/S-Cramer, 23. Aufl., § 25 Rn 87; Lackner, 18. Aufl., § 25 Anm 2 c; Jescheck, Lehrb. des Strafrechts AT, 4. Aufl., S. 613; Beulke/Hillenkamp, JuS 1975, 309, 313; Blei, StrafR, 18. Aufl., S. 282).

Bei Verletzung unterschiedlicher Strafnormen kann es sich um die gleiche Straftat handeln, wenn von jenen die eine vollständig in der anderen enthalten ist, die Täter insoweit also (auch) gemeinsam einen identischen Straftatbestand verletzen. Wird der von beiden Beteiligten erfüllte Tatbestand bei einem Täter, dem zusätzliche Merkmale zuzurechnen sind, durch einen weitergehenden Tatbestand verdrängt, so bedeutet das nicht, dass auch bezüglich des gemeinsam erfüllten Delikts verschiedene ›Straftaten‹ begangen worden sind – es handelt sich vielmehr um einen Fall von Gesetzeskonkurrenz. Die in beiden Tatbeständen gleichermaßen enthaltene einheitliche Straftat kann demnach in Mittäterschaft begangen werden. Wenn das Zusammenwirken insoweit auf gegenseitigem Einverständnis beruht (vgl RGSt 12, 8, 10), wird bei arbeitsteiliger Tatbegehung ein Mangel im objektiven Tatbestand durch die

---

94 BGHSt 6, 329, 330

Zurechnungsnorm des § 25 II StGB ausgefüllt. Jede rechts verletzende Handlung eines Beteiligten, die über dieses Einverständnis hinausgeht, ist nur diesem (als Einzeltäter) zuzurechnen (LK-Busch, 9. Aufl., § 47 Rn 24).

In diesem Sinne ist auch die Rechtsprechung wiederholt von Mittäterschaft ausgegangen, wenn nicht der gleiche Straftatbestand (auch nicht ein einheitlicher Grundtatbestand) erfüllt war; und zwar in Fällen, in denen durch ein Mehr an Handlung oder Motivation von einem Beteiligten ein Tatbestand erfüllt wurde, der den gemeinsam begangenen Straftatbestand für diesen Täter verdrängte (Gesetzeskonkurrenz). Das war der Fall bei Körperverletzung und Tötung (RGSt 44, 321, 323), bei Kindstötung nach § 217 StGB und Totschlag/Mord (BGHSt 12, 8, 11) sowie bei Diebstahl und Raub (RGSt 12, 8, 10) – § 25 II StGB besagt trotz abweichenden Wortlauts in der Sache nichts anderes als der den Entscheidungen zugrunde liegende § 47 StGB a. F. (vgl LK-Roxin, 10. Aufl., § 25 Rn 107; E 1962 S. 149) – und bei Raub und Nötigung (BGH, GA 1968, 121).

Auch Raub und Diebstahl (ebenso Raub und Nötigung) sind untereinander selbstständige Tatbestände (BGHSt 1, 368, 370; BGH, NJW 1968, 1292). Der Exzess eines Beteiligten schließt also bei teilweise gemeinsamem, aber arbeitsteiligem Vorgehen Mittäterschaft nicht aus, sondern führt nur zu unterschiedlicher Beurteilung der Mittäter, zur Verurteilung nach verschiedenen Straftatbeständen (S/S-Cramer, aaO, Rn 90; LK-Roxin, aaO, Rn 121).

So wie die vollständigen Tatbestände von § 242 StGB und § 240 StGB in § 249 StGB enthalten sind, so ist der Unrechtsgehalt des § 212 StGB in § 211 StGB enthalten (Beulke/Hillenkamp, aaO, S. 313), die vorsätzliche Tötung des § 212 StGB ist ein notwendiges Merkmal des § 211 StGB (so auch BGHSt 1, 368, 370). Der Wortlaut des § 212 StGB – ›ohne Mörder zu sein‹ – widerspricht dem nicht. Die Tätertypenbezeichnung sollte lediglich auf die besondere Rolle hinweisen, die bei Abgrenzung von Mord und Totschlag der Persönlichkeit des Täters zukomme (S/S-Eser, aaO, vor § 211 Rn 6). Es handelt sich somit auch bei angenommener rechtlicher Selbstständigkeit nicht um zwei völlig verschiedene Taten (so schon Beulke/Hillenkamp, aaO).

Die im vorliegenden Fall gegebene Verschiedenartigkeit von Motivation und Ausnutzungsbewusstsein, das sind außerhalb des konkreten Handlungsvollzuges liegende Differenzierungen, kann deshalb zwar zur Erfüllung unterschiedlicher Strafgesetze führen. Das Verhalten von Totschläger und Mörder betrifft aber, soweit sie gemeinsam einen Menschen vorsätzlich getötet haben, die gleiche Straftat iSd § 25 II StGB (so Roxin, Täterschaft und Tatherrschaft, 4. Aufl., S 289). Mittäterschaft ist daher möglich, wenn bei einheitlichem Tötungsziel und -erfolg nur deswegen verschiedene Strafgesetze erfüllt werden, weil einer der gemeinschaftlich Handelnden zusätzliche Tatmotive hat oder die Tat in besonderer Art und Weise ausführt, oder wenn bei einem Beteiligten diese Umstände aus subjektiven Gründen fehlen.

Wenn ein Täter alle Voraussetzungen des Mordes erfüllt hat, so ist er auch dann als Mörder zu verurteilen, wenn der gemeinsam mit ihm vorsätzlich Tötende keine Mordmerkmale aufweist.«

Werner

XIV. Anwendung von § 49 I StGB bei § 211 StGB

Unabhängig von den Fällen der §§ 13 I, 21, 23 II StGB, in den von Gesetzes wegen   **47**
eine Strafmilderung möglich ist und die absolute Strafdrohung des § 211 StGB umgangen werden kann, hat die Rechtsprechung die Möglichkeit eröffnet, gem 49 I
StGB zu verfahren, wenn die Umstände außergewöhnlich sind.

Der Große Senat hat ausgeführt:[95]

»Die absolute Strafdrohung für Mord (§ 211 I StGB) schließt Zumessungserwägungen aus. Die verfassungskonforme Rechtsanwendung gebietet ihre Ersetzung durch
einen für solche Erwägungen offenen Strafrahmen, wenn die Tatmodalität der
heimtückischen Begehungsweise mit Entlastungsmomenten zusammentrifft, die
zwar nicht nach ausdrücklicher gesetzlicher Regelung zu einer milderen Strafdrohung führen, auf Grund welcher die Verhängung lebenslanger Freiheitsstrafe aber
als mit dem verfassungsrechtlichen Grundsatz der Verhältnismäßigkeit unvereinbar
erscheint (ähnlich Geilen JR 1980, 309, 314, der aber in erster Linie die ›allgemeine
Verwerflichkeitskontrolle‹ vertritt; Maurach/Schroeder, Strafrecht BT I 6. Aufl.,
§ 2 III A 3 c und B 2 c, bb; Rengier MDR 1980, 1, 3). Allerdings kann nicht jeder
Entlastungsfaktor, der nach § 213 StGB zur Annahme eines minder schweren Falles
zu führen vermag, genügen (aA Rengier aaO). § 213 StGB ist dem Tatbestand des
Totschlags zugeordnet. Deshalb und weil nach dieser Vorschrift eine Privilegierung
verhältnismäßig leicht zu erreichen ist (vgl Jähnke aaO § 213 Rn 4; Geilen aaO
S. 315/316), kann ihr nicht der passende Maßstab entnommen werden. Vielmehr
kann das Gewicht des Mordmerkmals der Heimtücke nur durch Entlastungsfaktoren, die den Charakter außergewöhnlicher Umstände haben, so verringert werden,
dass jener ›Grenzfall‹ (BVerfGE 45, 187, 266, 267) eintritt, in welchem die Verhängung lebenslanger Freiheitsstrafe trotz der Schwere des tatbestandsmäßigen Unrechts wegen erheblich geminderter Schuld unverhältnismäßig wäre.

Eine abschließende Definition oder Aufzählung der in Fällen heimtückischer Tötung
zur Verdrängung der absoluten Strafdrohung des § 211 I StGB führenden außergewöhnlichen Umstände ist nicht möglich. Durch eine notstandsnahe, ausweglos
erscheinende Situation motivierte, in großer Verzweiflung begangene, aus tiefem
Mitleid oder aus ›gerechtem Zorn‹ (vgl BGH MDR 1961, 1027) auf Grund einer
schweren Provokation verübte Taten können solche Umstände aufweisen, ebenso
Taten, die in einem vom Opfer verursachten und ständig neu angefachten, zermürbenden Konflikt oder in schweren Kränkungen des Täters durch das Opfer, die das
Gemüt immer wieder heftig bewegen, ihren Grund haben.«

Die praktische Bedeutung dieser Entscheidung ist allerdings im Alltag der Schwur-   **48**
gerichtsverhandlungen als eher gering einzustufen, weil in dieser Entscheidung keine generelle Durchbrechung der absoluten Strafdrohung zu sehen ist. Der BGH
hat in der Folgezeit mehrfach deutlich gemacht:[96]

»Insbesondere wurde durch diese Entscheidung nicht allgemein ein Sonderstrafrahmen für minder schwere Fälle eingeführt. Die in dem Beschluss entwickelten
Grundsätze für die Anwendung des gemilderten Strafrahmens betreffen vielmehr
nur solche Fälle, in denen das Täterverschulden so viel geringer ist, dass die Verhängung der lebenslangen Freiheitsstrafe das verfassungsrechtliche Gebot Schuld angemessenen Strafens missachten würde. Es müssen Schuld mildernde Umstände be-

---

95 BGH GSSt 30, 105
96 BGH NJW 1983, 54; NStZ 1984, 20

sonderer Art vorliegen, die in ihrer Gewichtung gesetzlichen Milderungsgründen (zB nach §§ 21, 35 I 2 StGB) vergleichbar sind.«

49   Der BGH hat in seinen der Entscheidung des Großen Senats nachfolgenden Urteilen immer wieder herausgestellt, dass nur die Fälle zu einer Korrektur der lebenslangen Freiheitsstrafe nötigen, die notstandsähnlichen Charakter besitzen, oder einem immer wieder neu entfachten Konflikt entspringen, welcher von dem späteren Opfer verursacht wird.[97] In jedem Fall ist es Aufgabe des Verteidigers, den Weg über die Möglichkeit der Strafzumessungserwägung des § 211 StGB iVm § 49 I StGB immer wieder zu gehen, wo sich auch nur Ansätze iSd Rechtsprechung ergeben.

XV.   Hemmschwellentheorie[98]

50   Der BGH hat hinsichtlich solcher Handlungen, die objektiv geeignet sind, tödliche Verletzungen herbeizuführen, ausgeführt, dass jeweils die innere Tatseite des Täters genauestens zu überprüfen ist.[99]

Zunächst ist zu bemerken, dass es sich bei dieser Hemmschwelle nicht etwa um die Tötungshemmung im Sinne der Verhaltensforschung handelt, oder um die moralische Hemmung, eine Handlung zu begehen, von der man weiß, dass sie den Tod eines anderen herbeiführen kann. Dass der Täter diese Hemmung überwunden hat, steht ja in jedem Falle fest. Ginge es darum, den Unterschied zu berücksichtigen, ob die Überwindung dieser Tötungshemmung leichter oder schwerer ist, so wäre das allenfalls in dem Sinne zu rechtfertigen, dass den Täter ein um so schwererer Vorwurf trifft, je schwerer es war, diese Hemmschwelle zu überwinden und dass er um so milder zu beurteilen ist, je leichter es war. Die Entscheidung besagt das Gegenteil.

Es handelt sich vielmehr um eine Hemmung, die dagegen bestehen soll, dass der Täter, der sich trotz klarer Erkenntnis der hochgradigen Lebensgefahr, die er für sein Opfer schaffen wird, zum Handeln entschlossen hat, dies mit Tötungsvorsatz tut, indem er die Möglichkeit des Erfolgseintritts billigend in Kauf nimmt.[100]

Es bleibt jedoch zusammen zufassen, dass nicht in der puren Inkaufnahme der Gefährdung bei positivem Tun auf einen subjektiven Vorsatz geschlossen werden kann.[101]

51   Zu einer Anwendung der Hemmschwellentheorie im Rahmen der Mordqualifikation führt der BGH[102] aus:

»Selbst wenn sich etwa bei Zusammentreffen von Körperverletzung und Vergewaltigung sicher beurteilen ließe, welche Angriffsrichtung ›vorherrschend‹ war und das Geschehen geprägt hat, wäre es nicht angemessen, nach solchem Kriterium zu entscheiden, ob Mord oder Totschlag vorliegt. Darüber hinaus spricht nichts dafür, dass derjenige Täter, dessen Vortat sich nicht in einer Körperverletzung erschöpft, sondern noch weitere Straftatbestände erfüllt, auf dem Wege zum Tötungsent-

---

97 Schönke/Schröder-Eser § 211 Rn 57 mwN
98 Eingehend zu dem Begriff Puppe NStZ 1992, 276
99 Schönke/Schröder-Eser § 211 Rn 5
100 BGH VRS 13, 120, 124; BGH NStZ 1992, 125
101 BGH NJW 1983, 2268; BGH NZV 1992, 370
102 BGHSt 35, 123

schluss eine höhere Hemmschwelle überwinden müsste als jemand, der ›nur‹ eine Körperverletzung verübt hat; eher trifft das Gegenteil zu.«

Hinsichtlich der Hemmschwellentheorie hat der BGH Unterlassungsdelikte ausgeschlossen, weil beim Unterlassen keine vergleichbare Hemmschwelle bestehen würde wie bei positivem Tun. Bei derartigen Delikten kommt eine bedingt vorsätzliche Tötung dort in Betracht, wo der Täter den Eintritt eines die Strafbarkeit begründenden Ereignisses als unerwünschtes Ereignis ansieht, sich quasi zum eigenen Wohl damit jedoch abfindet.[103]

Die Rechtsprechung hat in der Vergangenheit im Hinblick auf das unterstellte besondere Hemmungsvermögen angenommen, dass bei Beurteilung der alkoholbedingten erheblichen verminderten Steuerungsfähigkeit um so strengere Anforderungen zu stellen sind, je schwerer die Tat und je höher deshalb die besondere Hemmschwelle sei.[104]

Es wird insoweit angenommen, dass bei der Beurteilung der Schuldfähigkeit aufgrund der BAK, ohne dass psychopathologische Befundtatsachen herangezogen werden können, ein Sicherheitszuschlag bei Tötungsdelikten zu den BAK-Werten hinzuzurechnen ist, die bei anderen Delikten, die Annahme einer erheblichen Einschränkung der Steuerungsfähigkeit rechtfertigen würden.   **52**

Kröber[105] führt insoweit aus:

»Die Ansetzung eines Hemmungszuschlags von 0,2 Promille für Tötungsdelikte schließlich ist ein freier schöpferischer Akt ex cathedra iS aristotelischer Naturwissenschaft. Eine Unterscheidung zwischen 2,0 (1,95–2,04) und 2,2 (2,15–2,24) Promille BAK ist schon unter messmethodischen Gesichtspunkten sinnlos; dass diesem Zahlen-Unterschied irgendein empirisch verifizierbarer Unterschied in der psychischen Verfasstheit entspräche, ist nicht zu belegen. Auch wenn wissenschaftliche Untersuchungen zu diesem Thema gänzlich fehlen (müssen), ist nicht erkennbar, wieso der Unterschied zwischen der Hemmung gegen zB Ladendiebstahl und solcher gegen die Tötung eines Menschen in 0,11 Promille oder 0,15 l Bier benennbar sein sollte.«

Ungeachtet dessen hält der BGH an seiner Auffassung fest, dass bei entsprechendem Leistungsverhalten eine errechnete BAK von 3,26 Promille nicht zwingend zu einer Aufhebung der Schuldfähigkeit zu führen haben.[106]

XVI. Tötung auf Verlangen

Zunächst sind alle Tatbestandsmerkmale des § 212 StGB sowohl in objektiver wie subjektiver Hinsicht auch Tatbestandsmerkmale des § 216 StGB. Das Opfer muss damit vorsätzlich getötet worden sein.   **53**

In der Rechtsprechung und Lehre heftig umstritten ist die Frage, inwieweit § 216 StGB auch durch Unterlassen verwirklicht werden kann. Grundsätzlich geht der BGH[107] davon aus, dass dieses möglich ist, dass die Nichtverhinderung eines Sui-

---

103 BGH VRS 13, 120, 124; BGH NStZ 1992, 125
104 Schönke/Schröder-Lenckner § 20 Rn 16 d mwH
105 NStZ 1996, 569, 572
106 Altvater NStZ 2001, 22, Beschl v 8. 3. 2000 – 3 StR 64/00
107 BGHSt 13, 166; 32, 267; Schönke/Schröder-Eser § 216 Rn 10

zids durch den Garanten ebenso nach § 216 StGB zu behandeln ist, wie etwa der Sterbe beschleunigende Behandlungsabbruch durch einen Arzt. Dies gilt selbst für den Fall, dass der Arzt oder eine sonstige Person die lebensverlängernde Behandlung in Respektierung eines freiverantwortlichen Sterbeverlangens unterlässt.

Dieser Auffassung muss zu Recht entgegengehalten werden, dass gerade eine solche Unterordnung unter den Willen des Lebensmüden sogleich ein Grund sein kann, der zum Wegfall des auch für § 216 StGB erforderlichen Täter- bzw Tatbeherrschungswillens führt.

Dieses deutet weiter auf die Tatsache hin, dass bereits das einverständliche Sterben lassen von vornherein gar nicht den Tatbestandsbereich des § 216 StGB erfasst. Es wird insoweit auch weiter die Möglichkeit gesehen, beim Sterben lassen, in Respektierung der im Sterbeverlangen zum Ausdruck kommenden Hilfeverweigerung, die Zumutbarkeit aufgedrängter Hilfe zu verneinen. Dieser sieht die Möglichkeit der Strafbarkeit des § 216 StGB lediglich auf die Fälle beschränkt, in denen es an der Freiverantwortlichkeit des Sterbewilligen gefehlt hat, der Garant den ihm gegenüber geäußerten Willen jedoch für erheblich erachtet hat.

Die pure Teilnahme an der Selbsttötung ist straflos wegen der fehlenden Akzessorität, aber auch aufgrund der Eigenverantwortlichkeit des Opfers.[108]

Die Abgrenzung von Tötung auf Verlangen gegenüber der straflosen Teilnahme an der Selbsttötung ist in der Regel dort zu sehen, wo der Täter über Tatentschlüsse, Ratschläge und Vorbereitungshilfen hinaus unmittelbar in das Tötungsgeschehen eingreift und aktiv an der Tötung etwa durch Aufdrehen des Gashahnes, Einflößen des Giftes oder anderer Tötungshandlungen direkt mitwirkt.[109]

XVII. § 57 a StGB

54 Die Feststellung der besonderen Schwere der Schuld nach § 57 a I 1 Nr. 2 StGB verlangt Umstände von Gewicht. Der Tatrichter hat seine Entscheidung auf Grund einer Gesamtwürdigung von Tat und Täterpersönlichkeit zu treffen.[110] Hierin ist eine wesentliche Strafzumessungsklausel zu sehen. Dabei hat der BGH sich von der zunächst eingenommenen Bewertung gelöst, als noch der so genannte Durchschnittsfall des § 211 StGB zu ermitteln war und mit dem zu beurteilenden konkreten Sachverhalt gegenüber zu stellen war. Dabei können Faktoren einer persönlichen Schuldsteigerung insbesondere in einer besonders brutalen und grausamen Tatbegehung, in dem möglichen Ausmaß des Leidens des Opfers, sowie in der Realisierung mehrerer Mordmerkmale, Anzahl der Opfer, und einem besonders hinterhältigen Vorgehen gesehen werden. Diesen Schuld steigernden Elementen sind jedoch die Schuld mildernden Elemente gegenüberzustellen. Diese können in außergewöhnlichen Zwangslagen des Täters, Provokationen von Seiten des Opfers oder sonstigem die Tat mit verursachenden Verhalten des Opfers liegen. Auch die Tatbegehung unter den Voraussetzungen der §§ 13 II, 21, 23 II StGB fällt hierunter, soweit sie nicht ohnehin zu einer Strafrahmenverschiebung gem § 49 StGB geführt hat. Gleichen nun die Schuld mildernden Gesichtspunkte die Schuld steigernden Gesichtspunkte nicht oder lediglich unzureichend aus, ist die Schuldschwere zu bejahen.

---

108 Neumann JA 1987, 245 ff; Schönke/Schröder-Eser Vor § 211 Rn 35
109 Näher hierzu BGHSt 19, 138 ff; Roxin NStZ 1987, 345; krit hierzu Schroeder ZStW 106, 574 ff
110 BGH NStZ 1995, 122

In Konsequenz der Entscheidung des BVerfG[111] obliegt dem für die eigentliche Ge- **55** samtstrafbildung ohnehin nach § 462 a III StPO zuständigen SchwurG dann im Rahmen des Verfahrens nach § 460 StPO auch die Entscheidung, ob unter Berücksichtigung von § 57 b StGB bei zusammenfassender Würdigung insgesamt von einer besonderen Schuldschwere auszugehen ist. Durch die Entscheidung nach § 460 StPO wird nur das nachgeholt, was sonst beim Vorliegen der rechtlichen Voraussetzungen ohnehin schon Aufgabe des SchwurG im Erkenntnisverfahren gewesen wäre. Dieses Ergebnis erscheint – unabhängig von der dafür sprechenden Gesetzessystematik – auch schon deshalb sachgerecht, weil das SchwurG in aller Regel die größere Sach- und Zeitnähe bei einer solchen Entscheidung hat als das Vollstreckungsgericht. Ihm, das sich bereits in einem der einbezogenen Verfahren mit der Frage der Schuldschwere befasst hat, ist die nachträglich nach § 57 b StGB erforderliche Abwägung regelmäßig besser möglich, als einem zumeist erst viele Jahre später tätig werdenden Vollstreckungsgericht.

Bei sog Altfällen fehlt für eine isolierte Entscheidung über die besondere Schwere der Schuld – ohne vollstreckungsrechtliche Gesamtwürdigung – die gesetzliche Grundlage. Hierfür findet sich in der Rechtsprechung und dem Gesetz keine Stütze. In diesen Fällen obliegt die Festlegung der Dauer und in Konsequenz auch der Zeitpunkt für etwaige Vergünstigungen der gem § 454 I StPO iVm § 57 a StGB zuständigen Strafvollstreckungskammer.[112] Bei der Bestimmung der Vollstreckungsdauer auf der Grundlage einer vollstreckungsrechtlichen Gesamtwürdigung des Unrechts- und des Schuldgehalts der mit lebenslanger Freiheitsstrafe geahndeten Taten nach §§ 57 a, 57 b StGB müssen die Gerichte allerdings die progressive Steigerung der mit dem Fortschreiten der Zeit und dem Ansteigen des Lebensalters sich ergebenden Straf- und Vollzugswirkung hinreichend beachten. Sie müssen auch den Gesundheitszustand des Verurteilten in Beziehung zur Vollstreckungsdauer setzen und seine Aussicht, noch zu Lebzeiten aus der Strafhaft entlassen zu werden, würdigen.[113] Mit wachsender Dauer der Freiheitsentziehung gewinnt der Freiheitsanspruch des Verurteilten immer mehr Bedeutung; dem muss auch mit geeigneten Lockerungen Rechnung getragen werden. Nur so kann dem Resozialisierungsanspruch des Verurteilten geeignet Rechnung getragen werden.

XVIII. Totschlag in einem minder schweren Fall

Der Strafzumessungsnorm § 213 StGB nF[114] ist die frühere Bedeutung im Verhältnis **56** zu § 212 StGB stark eingeschränkt worden. Früher sollte der Tatsache Rechnung getragen werden, dass der Täter durch einen durch das Opfer selbst ausgelösten Affekt oder infolge eines vergleichbaren Erregungszustandes in seinem Hemmungsvermögen in einem solchen Grade geschwächt ist, dass er wegen Schuldminderung die volle »Totschlagsstrafe« des § 212 StGB weder verdient noch ihrer bedarf.[115]

Gerade hierin liegt nun der Mangel der einem kruden generell unterstellten Strafbedürfnis folgenden Neuregelung des § 213 StGB nF hinsichtlich der Mindest-,

---

111 BVerfGE 86, 288
112 OLG Nürnberg NStZ 1997, 408
113 Vgl dazu BVerfGE 72, 105, 117 f
114 Altvater NStZ 1998, 342 spricht dagegen davon, dass durch das 6. StrRG vom 26.1.1998 (BGBl I 164), die nahezu allgemein für zu niedrig bewertete Obergrenze des Strafrahmens auf zehn Jahre erhöht wurde. Es bleibe abzuwarten, ob dies die Rechtsprechung beeinflussen wird
115 Schönke/Schröder-Eser § 213 Rn 1

aber auch im Hinblick auf die Höchststrafe. Es bleibt insoweit nicht nachvollziehbar, wie jemand, der den Normalstrafrahmen iSd § 212 StGB nicht verdient und seiner nicht bedarf,[116] gleichwohl in der gleichen Höhe des Normalstrafrahmens bestraft werden kann. Die Überschneidung des durch § 213 StGB nF mit dem gleich
gebliebenen Strafrahmen des § 212 StGB bis immerhin in den mittleren Bereich dieses Strafrahmens ist systemwidrig gemessen an den von der Rechtsprechung entwickelten Grundsätzen des § 213 StGB.[117]

Auf diesen Wertungswiderspruch der Strafzumessungsnorm in der Neufassung muss
bei den entsprechenden Fällen hingewiesen werden und der Versuch unternommen
werden, in einer korrigierenden Auslegung in den Fällen des § 213 StGB nF zu einer
Strafe zu gelangen, die unterhalb des Normalstrafrahmens des § 212 StGB liegt.

57   Nach dem Gesetzeswortlaut kommt es nicht darauf an, dass die Provokation eigenhändig durch das Opfer verwirklicht wurde. Bei fehlender Eigenhändigkeit ist es
aber erforderlich, dass das Opfer als mittelbarer Verursacher der Provokation oder
Misshandlung aufgetreten ist.[118]

Zu Recht weist Horn[119] insoweit darauf hin, dass kein angemessenes Verhältnis zwischen Misshandlung und entsprechender Provokation bestehen muss, denn eine
Misshandlung oder Kränkung steht regelmäßig im krassen Missverhältnis zur Tötung. Es besteht jedoch Einigkeit darüber, dass eine schwere Misshandlung oder
Kränkung der Tat vorangegangen sein muss.

Vermeintliche Kränkung kann jedoch ein »anderer mildernder Umstand« iSd § 213
StGB sein.

Der besonders benannte Strafmilderungsgrund, die Reizung zum Zorn, kommt
dem Totschläger nicht zugute, der irrtümlicherweise die tatsächlichen Voraussetzungen einer Misshandlung oder schweren Beleidigung annimmt.[120] Richtig ist,
dass die Strafmilderung nach der 1. Alternative des § 213 StGB nur entfällt, wenn
der Täter zu dem Verhalten des Tatopfers im gegebenen Augenblick, dh in nahem
zeitlichen Zusammenhang mit dem Tatgeschehen, schuldhaft genügende Veranlassung gegeben hat, sei es auch nur, dass sein unmittelbar vorangegangenes Verhalten
der letzte Anstoß zu der Provokation war, also gleichsam der Tropfen, der das Fass
zum Überlaufen brachte. Mithin kann das frühere Verhalten des Täters allein der
Provokation nicht die strafmildernde Wirkung nehmen.[121]

58   Zu beachten ist, dass das »auf der Stelle hingerissen sein« nicht eine räumliche oder
zeitliche Einschränkung darstellt, sondern den motivationspsychologischen Zusammenhang zwischen Provokation/Misshandlung und Tat aufzeigt, der für die Annahme des »minder schweren Falles« die Voraussetzung bildet.[122]

Ein unbenannter Fall des »minder schweren Falles« liegt vor, wenn aufgrund einer
Gesamtbetrachtung aller Umstände, die für die Wertung der Tat und des Täters bedeutsam sein können und, wobei alle wesentlichen be- und entlastenden Faktoren
gegeneinander abzuwägen sind, sich die Tat von dem Normalfall eklatant abhebt.
Insbesondere können Milderungsgründe in ihrer Summierung zu einem minder

---

116 SK-StGB-Horn § 213 Rn 3
117 BGHSt 16, 362
118 SK-StGB-Horn § 213 Rn 6
119 SK-StGB-Horn § 213 Rn 5
120 BGHSt 1, 102
121 BGH NJW 1987, 3143; vgl ferner BGH MDR 1961, 1027
122 NStZ/E 1984, 53; Schönke/Schröder-Eser § 213 Rn 10; StV 1991, 106

schweren Fall führen, die in individueller Betrachtung für sich allein genommen nicht ausreichen würden.

Bei der Gesamtbetrachtung ist zunächst zu überprüfen, ob allgemeine Milderungsgründe für sich alleine die Annahme des »minder schweren Falles« rechtfertigen. Ist dies nicht der Fall, so ist auf etwaige sog vertypte Milderungsgründe zurückzugreifen.[123] Auf diese Weise kann neben der Milderungsmöglichkeit des § 213 StGB zusätzlich eine ggf mehrfache Strafrahmenverschiebung erreicht werden. Es stellt daher einen Zumessungsfehler dar, vertypte Milderungsgründe zur Begründung des minder schweren Falles heranzuziehen, ohne dazu Stellung zu beziehen, ob die sonstigen Milderungsgründe für sich allein eine Annahme des »minder schweren Falles« begründen.

Umgekehrt ist es fehlerhaft, die vertypten Milderungsgründe zur Frage der Strafrahmenverschiebung des Normalstrafrahmens heranzuziehen, ohne zuvor die Frage der Annahme eines minder schweren Falles geprüft zu haben.

XIX. Besonders schwerer Fall des Totschlages iSd § 212 II StGB

Die Rechtsprechung verlangt wegen der Identität zwischen den Strafdrohungen des §§ 212 II mit 211 StGB, dass das in der Tat zum Ausdruck gekommene Verschulden des Totschlägers ebenso schwer wiegt, wie das eines Mörders. Lediglich die Nähe der Tatausführung zur Annahme des Mordes reicht nicht aus. Vielmehr ist die erforderliche Tatschuldangemessenheit nur zu bejahen, wenn das Minus, das sich im Zurückbleiben der Tat hinter den Mordmerkmalen zeigt, durch ein Plus an Verwerflichkeit ausgeglichen wird.

59

Hierbei ist allerdings zu beachten, dass eine fehlende subjektive Mordkomponente nicht einfach mit dem § 212 II StGB unterlaufen werden darf. So kann ein besonders schwerer Fall sich aus den vom Täter verwirklichten über den Rahmen eines Normalfalls weit hinausgehenden Folgen der Tat ergeben. Zum Beispiel wenn die Tat hinrichtungsähnlichen Charakter annimmt oder er beispielsweise mehrere Menschen tötet, oder wenn er bei der Tat billigend in Kauf nimmt, dass auch noch andere Personen den Tod finden, sei es durch ein und dieselbe Handlung, sei es durch mehrere im gleichen zeitlichen und räumlichen Zusammenhang begangene Taten.[124] Die Frage, ob nun ein besonders schwerer Fall des Totschlags gegeben ist, ist abermals im Wege einer Gesamtschau zu ermitteln. Unter Berücksichtigung des Verhältnismäßigkeitsgrundsatzes scheidet ein besonders schwerer Fall in der Regel aus, wenn vertypte Milderungsgründe gegeben sind. Genauso wie allerdings das Vorliegen eines vertypten Milderungsgrundes nicht eo ipso zu einem minder schweren Fall führt, schließt auch das Vorliegen eines derartigen Grundes nicht zwingend den besonders schweren Fall aus.[125]

XX. Körperverletzung mit Todesfolge

Der Tatbestand dieser Vorschrift setzt voraus, dass durch die Körperverletzung der Tod des Verletzten verursacht worden ist, wobei dem Täter hinsichtlich dieser Tatfolge Fahrlässigkeit zur Last fallen muss (§ 18 StGB). Dabei reicht es freilich nicht

60

---

123 BGH StV 1992, 371
124 BGH NStZ 1982, 114
125 BGH StV 1993, 354; BGHR § 212 II Umstände schulderhöhend 1

aus, dass zwischen der Körperverletzungshandlung und dem Todeserfolg überhaupt ein ursächlicher Zusammenhang besteht, die Körperverletzung also nicht hinweggedacht werden kann, ohne dass damit zugleich der Tod des Verletzten entfiele. Vielmehr ergibt sich aus Sinn und Zweck des § 226 StGB, dass hier eine engere Beziehung zwischen der Körperverletzung und dem tödlichen Erfolg verlangt wird.

Die Vorschrift soll der mit der Körperverletzung verbundenen Gefahr des Eintritts der qualifizierenden Todesfolge entgegenwirken.[126] Die Vorschrift erfordert eine enge Beziehung zwischen Körperverletzung und dem tödlichen Erfolg. Sie gilt deshalb nur für solche Körperverletzungen, denen die spezifische Gefahr anhaftet, zum Tode des Opfers zu führen; gerade diese Gefahr muss sich im tödlichen Ausgang niedergeschlagen haben. Das ist zum Beispiel nicht der Fall, wenn das Opfer aus Furcht vor weiteren Misshandlungen flieht und dabei aufgrund eines Sturzes ums Leben kommt.[127]

Dies gilt jedoch auch dann nicht, wenn dem Fliehenden absehbar durch Panik die Entschlusskraft vorher genommen war.[128]

Diese Einschränkung bedeutet jedoch nicht, dass die Anwendung des § 226 StGB stets ausgeschlossen wäre, wo die Körperverletzungsfolge – für sich gesehen – nicht mit dem Risiko eines tödlichen Ausgangs behaftet erscheint und der Tod des Verletzten dann erst durch das Hinzutreten weiterer Umstände herbeigeführt wird. Soweit die Vorschrift verlangt, dass sich im Tod des Verletzten die der Körperverletzung innewohnende Gefahr verwirklicht hat, kommt es nicht nur auf die zunächst eingetretene Körperverletzungsfolge an.[129]

XXI. Minder schwerer Fall der Körperverletzung mit Todesfolge

61 Bei der Prüfung der Frage, ob ein minder schwerer Fall iSv § 226 II StGB gegeben ist, ist nach der Rechtsprechung des BGH[130] auch der seinem Wortlaut nach nur für den Totschlag geltende besondere Strafmilderungsgrund der Reizung zum Zorn (§ 213 Alt 1 StGB) zu beachten; liegt er vor, so führt dies zwingend zur Anwendung des § 226 II StGB.[131] Führt nach einer gemeinsamen gefährlichen Körperverletzung der Exzess eines Mittäters zum Tod des Opfers, so ist dieser wegen eines Tötungsdelikts und die Mittäter wegen Körperverletzung mit Todesfolge zu verurteilen, wenn das weitere gewaltsame Vorgehen gegen das Opfer von dem gemeinsamen Tatplan der gefährlichen Körperverletzung nach wie vor getragen war.[132]

XXII. Versuch bei Kapitaldelinquenz

62 Es kommt für die Frage der Abgrenzung des unbeendeten und des beendeten Versuchs auf den »Rücktrittshorizont« nach Abschluss der letzten Ausführungshandlung an. Unbeendet wäre der Versuch danach, wenn der Täter nach der letzten Ausführungshandlung glaubt, der Eintritt des Erfolges sei nicht möglich, und von weiteren

---

126 BGHSt 31, 96, 98
127 Schönke/Schröder-Stree § 226 Rn 3
128 BGH StV 1993, 73
129 BGHSt 31, 96, 99
130 BGH NStZ 1983, 555
131 Vgl BGH StV 1981, 524
132 BGH NStZ 2005, 93

Handlungen absieht, die noch zum Erfolg führen könnten. Ist der Erfolgseintritt dagegen nach der letzten Ausführungshandlung möglich, so ist der Versuch beendet, wenn der Täter die hierfür maßgebenden tatsächlichen Umstände erkannt hat. Ein entsprechendes Ergebnis liegt auch nahe, wenn der Täter den Erfolgseintritt lediglich für möglich hält, die vorgenommene Handlung aber objektiv nicht zur Herbeiführung des Erfolgs geeignet ist.[133]

Der BGH nimmt den beendeten Versuch nicht schon dann an, wenn der Täter die von vornherein geplante Handlung ausführt, sondern erst dann, wenn er nach der letzten Ausführungshandlung die tatsächlichen Umstände, die den Erfolgseintritt nahe legen, erkennt oder wenn er den Erfolgseintritt in Verkennung der tatsächlichen Ungeeignetheit der Handlung für möglich hält.[134] Ist der Handlungsablauf dagegen nicht oder jedenfalls aus der Sicht des Täters nicht geeignet, den Erfolg herbeizuführen, so ist der Versuch, wenn er nicht endgültig gescheitert ist, unbeendet; denn das geschützte Rechtgut ist in solchen Fällen, zumindest aus der Sicht des Täters, nicht unmittelbar gefährdet, und es besteht deshalb kein Anlass, von ihm zu erwarten, dass er – was beim beendeten Versuch Voraussetzung für die Straflosigkeit ist – zwecks Erlangung der Straffreiheit Aktivitäten zur Verhinderung des Erfolgseintritts entfaltet; es reicht vielmehr aus, dass er von der noch möglichen Tatvollendung freiwillig absieht.

Ein Straf befreiender Rücktritt vom unbeendeten Versuch ist auch in den Fällen möglich, in denen der Täter von weiteren Handlungen absieht, weil er sein außertatbestandsmäßiges Handlungsziel erreicht hat.

Nach der neueren und inzwischen gefestigten Rechtsprechung der Strafsenate des Bundesgerichtshofs kommt es für die Abgrenzung des unbeendeten vom beendeten Versuch und damit für die Voraussetzungen Straf befreienden Rücktritts darauf an, ob der Täter nach der letzten von ihm konkret vorgenommenen Ausführungshandlung den Eintritt des tatbestandsmäßigen Erfolgs für möglich hält.[135] Auf einen – fest umrissenen oder nur in groben Zügen gefassten – Tatplan kommt es dabei entgegen der früheren Rechtsprechung nicht an.

63

Entscheidend dafür, ob dem Täter die Wohltat des Straf befreienden Rücktritts zuzubilligen ist, muss sein, ob durch die vorgenommene Handlung des Täters für diesen erkennbar eine unmittelbare Gefährdung des Opfers eingetreten ist. Ist das der Fall, so muss von ihm erwartet werden, falls er sich Straffreiheit verdienen will, dass er Aktivitäten zur Verhinderung des Erfolgseintrittes entfaltet. Dazu reicht es nicht aus, dass der Täter passiv herbeigeholte Hilfe beobachtet, er muss sich selbst tatkräftig um die Erfolgsabwehr bemühen.

Ist das Opfer aber aus der Sicht des Täters durch die Handlung nicht unmittelbar gefährdet worden, so muss es ausreichen, dass er von der ihm noch möglichen Tatvollendung freiwillig absieht. Ob er sich bei Tatbeginn über die erforderlichen Handlungen genaue, weniger genaue oder gar keine Gedanken gemacht hat,[136] kann dabei keine ausschlaggebende Rolle spielen. Maßgeblich ist vielmehr, ob der Täter durch den Rücktritt seine Rechtstreue unter Beweis gestellt und damit gezeigt hat,

---

133 Vgl Dallinger MDR 1970, 381; Schönke/Schröder-Eser § 24 Rn 13
134 Tröndle/Fischer § 24 Rn 4 ff
135 BGHSt 31, 170; 33, 295; 35, 90; BGH NStZ 1986, 264, 312; 1990, 30; BGHR StGB § 24 I S 1
    Versuch, beendeter 2, 3, 5, 6 und Versuch, unbeendeter 4, 6, 16, 17
136 Vgl BGHSt 31, 170, 175

dass er nicht fähig ist, die geplante Straftat zu vollenden.[137] Auch dann, wenn der Täter davon ausging, seine Handlung werde sogleich zum Erfolg führen, muss ihm bei einem vom geplanten Tatverlauf abweichenden Geschehen der Verzicht auf die sich ihm anbietenden weiteren Mittel als Rücktrittsleistung zugute gehalten werden.

XXIII. Bedingter Tötungsvorsatz

63 a   In der Rechtsprechung ist anerkannt, dass bei äußerst gefährlichen Gewalthandlungen der Schluss auf einen zumindest bedingten Tötungsvorsatz nahe liegt. Bei einer objektiv äußerst gefährlichen Handlung (hier: längeres Strangulieren des Tatopfers) liegt die Annahme eines bedingten Tötungsvorsatzes nahe. Bei einer solchen Fallkonstellation bestehen an die Darlegung der inneren Tatseite in den Urteilsgründen regelmäßig keine besonderen Anforderungen. doch ist dieser nur dann rechtsfehlerfrei, wenn der Tatrichter alle nach Sachlage in Betracht kommenden Tatumstände in seine Erwägungen einbezogen hat, die dieses Ergebnis in Frage stellen können. Diesen Anforderungen wird ein Urteil nicht gerecht, das lediglich auf die abstrakte Lebensgefahr des Würgeaktes für das Opfer verweist und allein aus der Kenntnis um diese Gefährlichkeit ohne Berücksichtigung der psycho-physischen Verfassung des Angekl auf sein Wissen und Wollen zur Tatzeit schließt.

63 b   Die Feststellung, der Angekl habe die – nur abstrakte – Lebensgefährlichkeit seines Vorgehens erkannt, belegt nur das Wissenselement des Vorsatzes. Hochgradige Alkoholisierung und affektive Erregung gehören deshalb zu den Umständen, die der Annahme eines Tötungsvorsatzes entgegenstehen können und deshalb ausdrücklicher Erörterung in den Urteilsgründen bedürfen.[137 a]

63 c   Fälle mit gedankenloser, dumpfer bloßer Verletzungsabsicht, die mit gröbster Fahrlässigkeit hinsichtlich einer möglichen Todesfolge einhergeht, und Fälle mit bereits bedingtem Tötungsvorsatz können in subjektiver Hinsicht so eng beieinander liegen, dass ihr Schuldgehalt – jedenfalls beim Fehlen von Mordmerkmalen – nicht von gravierend unterschiedlichem Gewicht ist. Das angemessene Strafmaß für Totschlag oder versuchten Totschlag wird sich daher in solchen Fällen im Ergebnis von demjenigen für Körperverletzung mit Todesfolge oder gefährliche Körperverletzung kaum beträchtlich unterscheiden.[137 b] Bedenken gegen eine Vereinbarkeit des Mordmerkmals der Verdeckungsabsicht mit nur bedingtem Tötungsvorsatz liegen bei einem tödlichen Angriff auf ein nicht bekanntes Opfer zur Fluchtermöglichung grundsätzlich nicht vor.

XXIV. Hinweispflicht gem § 265 StPO

64   Wenn die Vorschrift – wie dies bei § 211 II StGB der Fall ist – mehrere gleichwertig nebeneinander stehende Begehungsweisen unter Strafe stellt, erfordert der Hinweis nach § 265 I StPO nach ständiger Rechtsprechung des BGH die Angabe, welche Variante im konkreten Fall in Betracht kommt. Des förmlichen Hinweises nach § 265 I StPO bedarf es seitens des Vorsitzenden grundsätzlich selbst dann, wenn alle Verfahrensbeteiligten den veränderten rechtlichen Gesichtspunkt bereits von sich aus in der Hauptverhandlung angesprochen haben. Entsprechend dem Regelungs-

---

137   Rudolphi NStZ 1983, 361, 363
137 a BGH NStZ 2005, 92
137 b BGH NStZ 2005, 384

zweck des § 265 I StPO, den Angeklagten vor überraschenden Entscheidungen zu schützen, ist darüber hinaus regelmäßig die Angabe der Tatsachen erforderlich, die das neu in Betracht gezogene gesetzliche Merkmal nach Ansicht des Gerichts möglicherweise ausfüllen könnten.

XXV. Widerspruchslösung

Im Falle von Beweisverwertungsverboten verlangt die Rechtsprechung vom belehrten Angeklagten oder seinem Verteidiger der Verwertung dieser Beweismittel bis zu dem Zeitpunkt des § 257 StPO zu widersprechen.[138] Gerade bei Kapitalverfahren kommt dem entscheidende Bedeutung zu. Die nachfolgende Entscheidung ist ein offensichtliches Beispiel.

»Hat ein Verteidiger des Angeklagten in der Hauptverhandlung mitgewirkt und hat der verteidigte Angeklagte ausdrücklich der Verwertung des Inhalts einer ohne Belehrung (§ 136 I 2 StPO) zustande gekommenen Aussage zugestimmt, so besteht kein Verwertungsverbot. Dasselbe gilt, wenn der verteidigte Angeklagte einer solchen Verwertung nicht widersprochen hat. Der Widerspruch kann nur bis zu dem in § 257 StPO genannten Zeitpunkt erklärt werden. Er muss also spätestens in der Erklärung enthalten sein, die der Angeklagte oder sein Verteidiger im Anschluss an diejenige Beweiserhebung abgibt, die sich auf den Inhalt der ohne Belehrung (§ 136 I 2, § 163 a IV 2 StPO) gemachten Aussage bezieht. Die Rechtsprechung hat schon bisher in vergleichbaren Fällen die Möglichkeit ins Auge gefasst, dass das Recht, sich auf ein Verwertungsverbot zu berufen, verloren geht, wenn der verteidigte Angeklagte in der tatrichterlichen Verhandlung der Verwertung und der ihr vorangehenden Beweiserhebung nicht widersprochen hat (RGSt 50, 364, 365; 58, 100, 101; BGHSt 1, 284, 286; 9, 24, 28; 31, 140, 145 zur Verwertung von Zeugenaussagen, die unter Verletzung der Benachrichtigungspflicht nach den §§ 224, 168 c V StPO zustande gekommen sind). Diese Einschränkung des Verwertungsverbotes beschneidet die Rechte des Angeklagten nicht in unangemessener Weise. Sie entspricht der besonderen Verantwortung des Verteidigers und seiner Fähigkeit, Belehrungsmängel aufzudecken und zu erkennen, ob die Berufung auf das Verwertungsverbot einer sinnvollen Verteidigung dient.«

Der BGH[139] hat hinsichtlich der Zielrichtung in einer weiteren Entscheidung ausgeführt:

»Er (Anm: der Widerspruch) dient der gebotenen Verfahrensförderung, ohne dem verteidigten Angeklagten unzumutbare Anforderungen aufzuerlegen. Eine untunliche Festlegung des Angeklagten tritt insofern nicht ein, als dieser seinen Widerspruch bis zum Ende der Beweisaufnahme zurücknehmen und dadurch die Verwertung seiner Aussage freigeben kann.

Unter den gegebenen Umständen hält der Senat es für rechtlich unbedenklich, an das Erfordernis eines rechtzeitigen Widerspruch auch in dem vorliegenden Fall anzuknüpfen.«

Aus den Ausführungen des BGH[140] ergibt sich die Konsequenz, dass der Verteidiger Beweisverwertungsverbote zu Gunsten des Angeklagten jeweils frühzeitig gel-

---

138 BGHSt 38, 214 ff; vgl zur sog »Widerspruchslösung« Groß-Bölting/Kaps Teil B Kap 4 Rn 135 ff; Dudel, Das Widerspruchserfordernis bei Beweisverwertungsverboten, 1999, passim
139 BGHSt 42, 15, 23
140 BGHSt 42, 24

tend machen sollte auf die Gefahr hin, den Widerspruch gegebenenfalls wieder zurückzunehmen bzw auf die den Angeklagten belastenden Teile zu beschränken.

XXVI. Die Frage der Beurteilung der Schuldfähigkeit gem §§ 20, 21 StGB

66 Der Strafverteidiger hat wegen der möglichen Strafrahmenverschiebung bzw der vollständigen Exkulpation im Rahmen der §§ 20 bzw 21 iVm § 49 StGB die Einhaltung des Aufbaus der Schuldfähigkeitsbegutachtung zu gewährleisten. Bei der lebenslangen Freiheitsstrafe ist dies oft die einzige Möglichkeit, zu einer zeitigen Freiheitsstrafe zu gelangen. Aus dem Unbehagen, eine lebenslange Freiheitsstrafe zu verhängen, ist auch die Tatsache zu erklären, dass die meisten Grundsatzurteile zu der Beurteilung der Schuldfähigkeit im Rahmen von Kapitalverfahren gefällt werden.

Ist ein Sachverständiger nicht in der Lage, die Zweistufigkeit der Beurteilung der Schuldfähigkeit einzuhalten, so ist er von vornherein ungeeignet. Der Verteidiger hat insoweit auf die Entpflichtung des Sachverständigen hinzuwirken.

Zunächst sind die biologischen Einstiegsmerkmale des § 20 StGB für die Fälle der §§ 20 und 21 StGB abzuklären. Die vier biologischen Einstiegsmerkmale gliedern sich wie folgt auf:

1. Merkmal: **Krankhafte seelische Störung**
2. Merkmal: **Tiefgreifende Bewusstseinsstörung**
3. Merkmal: **Schwachsinn**
4. Merkmal: **Schwere andere seelische Abartigkeit**

Hat der Sachverständige im konkreten Fall eines dieser Merkmale bejaht, das dem »ersten Stockwerk« der §§ 20, 21 StGB zu entnehmen ist, stellt sich die Frage, ob diese Eingangsmerkmale in einer forensischen Relevanz vorliegen.

Dabei wird man nicht selten bei den psychopathologischen Auswirkungen eines oder mehrerer der festgestellten biologischen Merkmale die Auswirkungen für die Steuerungs- und Einsichtsfähigkeit, dem »zweiten Stockwerk« der §§ 20, 21 StGB abklären müssen.

Nachfolgend seien einige Beispiele aus den biologischen Merkmalen aufgezählt, um diese gerade unter dem Aspekt von Kapitaldelikten zu diskutieren.

1.   Krankhafte seelische Störung

67 Zunächst ist festzustellen, ob ein psychopathologisches Syndrom vorliegt, das dem Rechtsbegriff der »krankhaften seelischen Störung« subsumierbar ist,[141] denn dieser Rechtsbegriff hat ungleich einfacher bestimmbare empirische Entsprechungen in den klinischen Syndromen. Ausgehend vom wissenschaftlichen Kenntnisstand über Eigenheiten und Verlauf der klinischen Syndrome kann dann eine Einschätzung der Einsichts- und Steuerungsfähigkeit unternommen werden.[142]

---

141 Kröber NStZ 1996, 569
142 Vgl Schönke/Schröder-Lenkner § 20 Rn 13 zu der Frage der Subsumtion unter das 1. Merkmal
    und nicht unter das 2. Merkmal

Einen Rechts- oder Erfahrungssatz, wonach ab einer bestimmten Höhe der Blutalkoholkonzentration regelmäßig vom Vorliegen einer krankhaften seelischen Störung auszugehen ist, gibt es nicht. Entscheidend ist vielmehr eine Gesamtschau aller wesentlichen objektiven und subjektiven Umstände. Die Blutalkoholkonzentration ist in diesem Zusammenhang ein zwar gewichtiges, aber keinesfalls allein maßgebliches oder vorrangiges Beweisanzeichen[143]

Die allgemeinen Kriterien für eine akute Intoxikation sind erfüllt:[144]

> Deutlicher Nachweis der Aufnahme einer oder mehrerer Substanzen in einer für die vorliegende Intoxikation ausreichend hohen Dosis.
>
> Für die jeweilige Substanz typische Intoxikationszeichen.
>
> Die Symptome sind nicht durch andere psychische oder körperliche Ursachen erklärbar.

Funktionsgestörtes Verhalten, deutlich an mindestens einem der folgenden Merkmale:

> Enthemmung
> Streitbarkeit
> Aggressivität
> Affektlabilität
> Aufmerksamkeitsstörung
> Einschränkung der Urteilsfähigkeit
> Beeinträchtigung der persönlichen Leistungsfähigkeit

Mindestens eines der folgenden Anzeichen:

> Gangunsicherheit
> Standunsicherheit
> verwaschene Sprache
> Nystagmus
> Bewusstseinsstörung
> Gesichtsröte

Beruht die erheblich verminderte Schuldfähigkeit auf zu verantwortender Trunkenheit, spricht dies allerdings auch ohne einschlägige Vorverurteilungen in der Regel gegen eine Verschiebung des Strafrahmens. Einer umfassenden Darstellung aller in die Abwägung einzubeziehenden Umstände in den schriftlichen Urteilsgründen bedarf es nur in Ausnahmefällen. Es genügt die Mitteilung der ausschlaggebenden Aspekte. Revisionsrechtlicher Überprüfung ist die Entscheidung über die fakultative Strafrahmenverschiebung nur eingeschränkt zugänglich; insoweit steht dem Tatrichter ein weiter Ermessensspielraum zu.[145] Die Frage einer Strafrahmenverschiebung nach §§ 21, 49 I StGB bei erheblicher Alkoholisierung hat der Tatrichter auf Grund einer Gesamtschau aller Schuld erhöhenden und Schuld mindernden Umstände des Einzelfalles zu entscheiden. Der grundsätzlich Schuld mindernde Umstand einer erheblichen Einschränkung der Steuerungsfähigkeit kann dabei durch Schuld erhöhende Umstände ausgeglichen werden. Das ist etwa dann der Fall, wenn der Täter die ungünstigen Wirkungen erheblicher Alkoholisierung auf seine Gewaltbereitschaft kennt.[146]

---

143 BGH NStZ 2005, 329
144 ICD-10 F10
145 BGH NStZ 2005, 151
146 BGH NStZ 2005, 384

2.   Affekt (tiefgreifende Bewusstseinsstörung)

68   Wie eingangs bereits dargestellt, sind die Tötungsdelikte gekennzeichnet durch eine oftmals der Tat länger vorangehende Täter-Opfer-Beziehung.

Gerade bei den Tötungsdelikten, die auf der Grundlage einer Täter-Opfer-Beziehung einhergehen, sind diese Delikte gekennzeichnet von der hochgradigen Erregung des Handelns, welches den Täter kennzeichnet und welches für sein Handeln wesentlich bestimmend war.

Auch bei Taten zwischen Tätern und Opfern, die sich vorher nicht kannten und die keine Tatvorgeschichte besaßen, geht die vorsätzliche Tötungshandlung in der Regel mit erheblichen Affekten einher. Von diesen Gefühlsaufwallungen, die grundsätzlich fast bei jedem Delikt, insbesondere aber bei Beziehungsdelikten kennzeichnend sind für den Täter, sind die so genannten Affektdelikte zu unterscheiden.

Bei den Affektdelikten, bei denen man dann auch von einer tief greifenden Bewusstseinsstörung sprechen kann, liegen hochgradige bis höchst gradige Erregungszustände vor, die das Handeln des von diesem Zustand Ergriffenen wesentlich und entscheidend beeinflussen.

69   Für den Strafverteidiger ist es insoweit unerlässlich, die Diskussion über die Zubilligung bzw Verweigerung des Zustandes einer Affektkonfiguration zu verfolgen und zu beherrschen. Insoweit wurden die Eckpunkte dieser Diskussion von Saß bereits 1983 umfassend dargestellt.[147] In dieser Untersuchung hat Saß bereits auf den hohen Prozentsatz von 25 % hingewiesen,der bei Kapitaldelikten die Annahme von Affektdelikten nahe legt. Man darf insoweit festhalten, dass es idR allenfalls zu Dekulpierungen von Angeklagten kommt, Exkulpierungen iSd § 20 StGB sind äußerst selten.

Bei den Fällen der Exkulpation tritt neben den Affekt als situative Komponente meistens noch eine zusätzliche Beeinträchtigung, so zB die alkoholische Enthemmung.[148]

70   Grundsätzlich werden in der Literatur und Lehre die nachfolgenden Kriterien als solche angesehen, die zur Begründung eines hochgradigen Affekts herangezogen werden können. Insoweit ist jedoch Vorsicht geboten, da sämtliche dieser Kriterien sehr ambivalent sind.[149]

1. Spezifische Tatvorgeschichte und Tatanlaufzeit, wobei in der Regel, wie oben bereits dargestellt, eine charakteristische Täter-Opfer-Beziehung besteht. Hier kann es dann auch zu einer chronischen Affektanspannung kommen.

2. Affektive Ausgangssituation mit Tatbereitschaft

3. Psychopathologische Disposition der Persönlichkeit (in der Literatur wird in der Regel die asthenische Persönlichkeit als prädisponiert beschrieben. Tragend sind hier etwaige Verlustängste gepaart mit diesen Personen oft anhaftenden Minderwertigkeitsgefühlen).

4. Abrupter elementarer Tatablauf ohne Sicherungstendenzen

5. Charakteristischer Affektaufbau und Affektabbau

---

147 Saß Nervenarzt 1983, 557
148 BGH NStZ 1997, 232
149 Saß Nervenarzt 1983, 557

6. Nachtatverhalten in der Regel mit tiefer Erschütterung über das gerade Getane. In diesem Zusammenhang sind oft Rettungsversuche oder andere äußere Zeichen der plötzlichen Realisierung der Tat zu sehen.

7. Einengung des Wahrnehmungsfeldes und der seelischen Abläufe. Hierunter fällt eine Auflockerung bzw Aufhebung der Fähigkeit der Introspektionsfähigkeit und die Störung der Sinn- und Erlebniskontinuität.

8. Missverhältnis zwischen Tatanstoß und Reaktion

9. Erinnerungsstörung

Hierbei ist zu beachten, dass insbesondere die Punkte 7 und 8 jeweils in Abhängigkeit zum Rapport des Angeklagten stehen, soweit es (um) die Störung der Sinn- und Erlebniskontinuität und den Erhalt der Introspektionsfähigkeit ebenso betrifft, wie den Bericht von Erinnerungsstörung.

Hinsichtlich des letztgenannten Merkmals ist zu beachten, dass die Erinnerungsstörung sehr schwierig zu verifizieren ist.

Merkmale, die nach Saß gegen Affektdelikte sprechen, sind:

1. Aggressives Vorgestalten der Tat in der Phantasie

2. Vorankündigung der Tat

3. Aggressive Handlungen in der Tatanlaufphase

4. Vorbereitungen oder Vorgestalten der Tat, wie bspw auch die Herbeiführung der Tatsituation durch den Täter

5. Fehlende Verbindung zwischen Provokation, Erregung und Tat

6. Zielgerichtetes Ausgestalten des Tatablaufs, bei gleichzeitig lang hingezogenem Tatgeschehen

7. Erhaltene Introspektionsfähigkeit

8. Exakte Erinnerung

9. Jegliches Fehlen vegetativer psychomotorischer und psychischer Begleiterscheinungen, welche häufig mit einer heftigen Affekterregung einhergehen.

Bei der Beurteilung, ob nun die vorliegend ausgeschlossenen bzw angenommenen Kriterien zu einer tief greifenden Bewusstseinsstörung iSd §§ 20, 21 StGB anzunehmen sind, wird in der Rechtsprechung und Lehre auf das von Saß entwickelte psychopathologische Referenzsystem zurückgegriffen. Für die Beurteilung der Erheblichkeit einer Beeinträchtigung nach § 21 StGB gilt der Zweifelssatz nicht, weil es sich hierbei nicht um eine Tat-, sondern um eine auch von normativen Aspekten abhängige Rechtsfrage handelt.[150]

Danach muss eine tief greifende Bewusstseinsstörung Elemente von Störungen beinhalten, die auch bei einer seelischen Störung iSd §§ 20, 21 StGB auftreten. Dies wird häufig dahingehend missverstanden von den Gerichten, dass von einer tief greifenden Bewusstseinsstörung iSd §§ 20, 21 StGB nur gesprochen werden kann, wenn das Vollbild der psychopathologischen Auffälligkeiten einer Psychose auch bei der Bewusstseinsstörung vorliegt. Elemente eines derartigen krankheitswertigen Zustandes müssen jedoch auch bei der tief greifenden Bewusstseinsstörung erreicht werden. Ohne jedwede psychopathologische Auffälligkeiten in der Tatanlaufphase, während der Tat und der psychischen Befindlichkeit des Täters in der Phase nach

71

---

150 BGH NStZ 2005, 149

der Tat, wird man eine tief greifende Bewusstseinsstörung nicht bejahen können und zu keiner Dekulpation gelangen können.

Finale Suizidversuche oder Suizidversuche mit rein appellativem Charakter werden häufig im Anschluss an Affektdelikte bzw als Reaktion auf die damit verbundenen Schuldgefühle begangen.

Hiervon zu unterscheiden ist der erweiterte Suizid. Beim erweiterten Suizid folgt die Selbsttötung der Tötung eines nahen Familienangehörigen bzw einer Bezugsperson, wobei festzuhalten ist, dass die Selbsttötungsabsicht vor der Tötung des nahen Familienangehörigen bzw der Bezugsperson bereits bestanden haben muss und nicht erst als Reaktion auf ein von dem Täter nicht kontrolliertes Affektgeschehen.[151]

72   Da dem Eingangsmerkmal »tief greifende Bewusstseinsstörung« kein psychopathologischer Sachverhalt entspricht, und psychiatrisches Diagnostizieren, das auf transindividuell gleichartige Typen psychischer Normwidrigkeit zielt, nicht verlangt ist, muss sich das Augenmerk allein auf die individuelle Lebensgeschichte richten unter Berücksichtigung deren innerer und äußerer Determinanten.[152]

In der Praxis zeigt sich, dass ein Richter eher bereit ist, eine tief greifende Bewusstseinsstörung zu akzeptieren, wenn das Tatopfer durch chronisches Fehlverhalten zB durch Quälerei oder Tyrannei eine laienpsychologische verständliche Wut und Verzweiflung auf sich gezogen hat, als wenn ein Täter durch besondere persönliche, lebensgeschichtlich begründete Betroffenheit in einen Affektsturm gerät.[153]

Hat der Täter zur Entstehung seiner Erregung dagegen vorwerfbar beigetragen, trifft ihn eine erhöhte Pflicht zur Selbstbeherrschung.[154]

Man wird insoweit von dem Sachverständigen verlangen müssen, dass er in der Lage ist, die von ihm getroffene Diagnose zunächst nach den Codes der ICD-10 und DSM-IV zu verschlüsseln und die so gefundenen Merkmale im Rahmen des »ersten Stockwerks« unter eines der vier Merkmale zu subsumieren.

Insofern ist zu beachten, dass die Bejahung eines Eingangsmerkmals des § 20 StGB noch nichts über seine forensische Relevanz hinsichtlich der Frage des »zweiten Stockwerks«, hier der Beeinträchtigung der Steuerung- und Einsichtsfähigkeit aussagt.

Es ist jedoch im Rahmen der Rechtsprechung und Lehre anerkannt, dass bei Bejahung bspw einer Persönlichkeitsstörung, die im Rahmen der ICD-10 bzw des anderen Klassifikationssystems psychischer Störungen dem DSM-IV zu verschlüsseln ist, es besonderer Begründungen des Sachverständigen und später des Gerichts bedarf, um eine erhebliche Beeinträchtigung der Steuerungsfähigkeit iSd §§ 20, 21 StGB zu verneinen.[155] Liegen gleich mehrere Störungen im Sinne einer Comorbidität vor, werden diese nebeneinander diagnostiziert. Auch eine Vielzahl von nebeneinander bestehenden Störungen sagt zunächst nichts über deren Auswirkungen auf die Steuerungsfähigkeit aus, sondern ist jeweils im Rahmen der Interdependenz zwischen Störung und Tat in Hinblick auf die Steuerungs- und Einsichtsfähigkeit zu beurteilen. In Betracht kommende Eingangsmerkmale des § 20 StGB dürfen nicht isoliert betrachtet und abgehandelt werden. Ein beteiligter Affekt, bzw unbe-

---

151 Vgl Nedopil 193
152 Glatzel StV 1993, 221
153 Nedopil 194
154 BGH NStZ 1997, 333
155 BGH NStZ 1992, 380

herrschter Gefühlsausbruch ist vielmehr zusammen mit einer Alkoholisierung in einer Gesamtbetrachtung zu würdigen, weil beide Faktoren im Zusammenwirken eine erhebliche Verminderung der Steuerungsfähigkeit bewirken können.[156] Auch ein umsichtiges Nachtatverhalten darf nicht isoliert betrachtet werden. Zwar kann diesem Indizwirkung zukommen, der Tatrichter muss aber die spezielle Tatzeitverfassung des Täters auf Grund einer Sachverständigenbewertung seines Verhaltens vor, bei und nach der Tat ermitteln. Handlungsmodalitäten, die weniger Ausdruck einer sich frei entfaltenden verbrecherischen Energie, sondern eher Anzeichen für die Stärke einer seelischen Beeinträchtigung sind, dürfen einem vermindert Schuldfähigen grundsätzlich nicht uneingeschränkt angelastet werden. Eine Straf schärfende Berücksichtigung generalpräventiver Gesichtspunkte ist nur möglich, wenn eine gemeinschaftsgefährliche Zunahme solcher oder ähnlicher Straftaten, wie sie zur Aburteilung stehen, festgestellt worden ist.[157]

3. Schwachsinn

Gerade in Kapitalsachen wird man Minderbegabte und Schwachsinnige (hier 3. Merkmal) selten vertreten sehen, auch wenn aufgrund der eingeschränkten Fähigkeiten affektive Zuspitzungen und unklare situative Verhältnisse Minderbegabte in besonderem Maße belasten.[158]   73

Von besonderer Relevanz ist wegen der großen Verführbarkeit von Minderbegabten jedoch deren mögliche Instrumentalisierung im Rahmen eines komplexen Tatgeschehens durch ihnen überlegene Dritte.

4. Schwere andere seelische Abartigkeit

Hinsichtlich des 4. Merkmals wird man die Anzahl der Persönlichkeitsstörungen aus dem ICD-10 und DSM-IV als Eingangsmerkmale finden. Nachdem es sich bei dem 4. Merkmal um eine schwere andere seelische Abartigkeit, Eingangscharakteristik des 4. Merkmals, handelt, muss die Persönlichkeitsstörung von einem gewissen Schweregrad sein, um das Eingangsmerkmal der schweren anderen seelischen Abartigkeit zu erfüllen.   74

Nach ICD-10 ist die Diagnose einer Persönlichkeitsstörung:[159]

1. Eine deutliche Unausgeglichenheit in den Einstellungen und im Verhalten in mehreren Funktionsbereichen, wie Affektivität, Antrieb, Impulskontrolle, Wahrnehmen und Denken, sowie in den Beziehungen zu anderen.

2. Das auffällige Verhaltensmuster muss andauern und gleichförmig sein und nicht auf Episoden begrenzt.

3. Das Verhaltensmuster ist tief greifend gestört und in vielen persönlichen und sozialen Situationen eindeutig unpassend. Die Störung beginnt in der Kindheit oder Jugend und manifestiert sich auch dauernd im Erwachsenenalter.

4. Sie führt zu deutlichem subjektivem Leiden, manchmal jedoch erst im späteren Verlauf und ist meistens mit deutlichen Einschränkungen der beruflichen und sozialen Leistungsfähigkeit verbunden.

---

156 BGH NStZ-RR 2004, 360
157 NSTZ-RR 2004, 105; NStZ-RR 2004, 106
158 Nedopil 175 ff
159 ICD-10 F60-F69

Selbstverständlich ist die Frage der Beurteilung einer derartigen Persönlichkeitsstörung Sache des forensischen Psychiaters.

Aufgabe des Verteidigers ist es aber, in geeigneten Fällen in den Akten und bei den anderen Informationsquellen, die im Verfahren zur Verfügung stehen, nach Anknüpfungstatsachen zu suchen, die geeignet sind, dem Sachverständigen Material zu liefern, um die Annahme einer Persönlichkeitsstörung dekulpierend berücksichtigen zu können.

Musterschriftsatz

Landgericht Landshut
Schwurgericht
Maximilianstraße 22
84028 Landshut

Referat: RA Werner   Landshut, den 07. 05. 1996

Unser Zeichen: xxxxxxxxxxxx

Aktenzeichen: Ks

In der Strafsache

gegen

C B

wird beantragt, die Krankenunterlagen des Krankenhauses Verona,

Istituti Ospitalieri di Verona

Presikio Ospedalerio Mulizionale

Dell‹ Unita‹ Locale Socio Sanitaria N. 25 Della Regione Veneto

über die Behandlung von Herrn C im Jahre 1980 bezüglich der Behandlung seines Unfalls einzuholen,

zum Beweis der Tatsache,

dass Herr C aufgrund des Unfalls eine schwere Hirnquetschung erlitten hat, welche zu einer relevanten hirnorganischen Schädigung geführt hat.

Der Angeklagte entbindet hiermit die Klinik von Verona von ihrer ärztlichen Schweigepflicht.

Ferner wird beantragt,

ein forensisch-psychiatrisches Gutachten einzuholen,

zum Beweis der Tatsache, dass Herr C immer noch an einer relevanten traumatischen, hirnorganischen Schädigung leidet. Hierzu ist dem Sachverständigen aufzugeben, die gesamte apparative Diagnostik anzuwenden.

Weiterhin wird beantragt,

ein forensisch-psychiatrisches und psychologisches Sachverständigengutachten einzuholen,

zum Beweis der Tatsache, dass zum mutmaßlichen Zeitpunkt eines der Eingangskriterien des § 20 StBG beim Angeklagten in derart relevanter Form vorlag, dass eine Einsichts- und Steuerungsfähigkeit aufgehoben war.

Dem Sachverständigen soll dabei aufgegeben werden, das Gutachten auf der Grundlage der oben genannten Befunde des Krankenhauses und der apparativ psychologischen/psychiatrischen Diagnostik zu erstellen. Ferner soll dem Sachverständigen aufgegeben werden, bei Frau K, Straße 77, 84130 Dingolfing , eine so genannte Fremdanamnese über den Alkoholisierungsgrad des Angeklagten zum mutmaßlichen Tatzeitpunkt zu erstellen.

Werner

Frau K wird bestätigen, dass der Anklagte im Laufe des Abends in der Gaststätte »Pils-Corner« nicht nur etliche Biere, sondern auch Schnäpse in erheblichem Umfang getrunken hat. Frau K erhielt gegen 22:25 Uhr einen Anruf des Angeklagten aus dem oben genannten Lokal. Hierbei machte er bereits einen angetrunkenen Eindruck.

Als Frau K gegen 23:30 Uhr den Angeklagten aus dem »Pils-Corner« abholen wollte, standen sowohl Herr C als auch der ebenfalls angetrunkene Herr Ki an der Theke. Vor ihnen auf der Theke standen nicht nur Biergläser, sondern auch etliche Schnapsgläser. Bei dieser Begegnung machte Herr C auch auf seine Lebensgefährtin Frau K einen »volltrunkenen« Eindruck.

Gründe

Das Gutachten wird in der Zusammenschau der so genannten Befundlage ergeben, dass beim Angeklagten, Herrn C , die biologischen Eingangsmerkmale der tief greifenden Bewusstseinsstörung (2. Merkmal) als auch das Merkmal einer schweren anderen seelischen Abartigkeit (4. Merkmal) vorlagen. Aufgrund des Vorliegens dieser beiden biologischen Merkmale im Sinne des § 20 StGB waren sowohl Einsicht als auch Steuerungsfähigkeit zum Zeitpunkt der Tat relevant aufgehoben.

Das Gutachten wird ergeben, dass Herr C zum Zeitpunkt der Tat erheblich alkoholisiert war. Der Angeklagte hat an dem Abend der mutmaßlichen Tat mindestens 6 halbe Liter Bier und mindestens 6 Schnäpse konsumiert. Unterstellt man nun bei Annahme eines 30 % Resorptionsdefizits und einer Abbauzeit von ca. 7 Stunden diese Alkoholmenge, so ergibt sich beim Angeklagten – unter Anwendung der Wittmark'schen Formel – eine Alkoholisierung im Bereich von 2,3\0–3,2\0.

Somit steht fest, dass schon auf Grundlage des genossenen Alkohols das Eingangsmerkmal der tief greifenden Bewusstseinsstörung vorgelegen hat. Nach herrschender Rechtsprechung des Bundesgerichtshofes ist bei Alkoholmengen jenseits der 3\0, die hier in dubio pro reo angenommen werden müssen, die Anwendung des § 20 StGB zwingend.

Ferner wird das Gutachten ergeben, dass die hirnorganische Schädigung seit dem Unfall des Angeklagten im Jahr 1989 zu einer – für hirnorganisch Kranke typischen – deutlich geminderten Alkoholtoleranz geführt hat. (G. Ritter in: Venzlaff (Hrsg) Psychiatrische Begutachtung, 1986, Seite 222).

Rechtsanwalt

XXVII. Tatortarbeit und kriminaltechnische Untersuchungen

1.   Faserspurengutachten

Faserspuren gehören zu den »klassischen Kontaktspuren«. Textilien geben eigenes Fasermaterial ab und nehmen fremdes auf. Die vorhandenen Messgeräte und die angewendeten Analyseverfahren ermöglichen eine zuverlässige Feststellung der Beschaffenheit der Fasern. Geklärt werden kann aber meist nur die Material- und Einfärbungsidentität (Gruppenidentität). Dies bedeutet jedoch keine individuelle Zuordnung, da von einem Textil in der Regel mehrere Stücke hergestellt werden, es kann also nur eine Gruppenzuordnung erfolgen. Nur wenn zusätzliche Merkmale, wie Anhaftungen oder Abnutzungsspuren hinzukommen, lässt sich eine Identität möglicherweise feststellen. Insofern ist auf eine charakteristische Faserspurenkombination abzustellen.[160] Hierbei beurteilt sich der Beweiswert der Faser nach ihrem Verbreitungsgrad. Wobei festzustellen ist, dass es statistische Aussagen über den Verbreitungsgrad von Fasern nicht gibt. Wird auf dem Opfer Fasermaterial gefunden, welches dem Lebensbereich des Tatverdächtigen zugeordnet werden kann, und werden an dem verwendeten Tatmittel Fasern aus dem Lebensbereich des Verdächtigen gefunden, so kommt einem solchen Befund – für sich genommen – besondere

75

---

160 BGH NStZ 1993, 394

Beweiskraft noch nicht zu. Nachgewiesene material- und einfärbungsidentische Fasern sind für die Beurteilung eines möglichen Kontaktes vor allem aber dann bedeutsam, wenn das Spurenbild eine große Anzahl verschiedener Faserarten zeigt und jede Faserart in einer hohen Anzahl gleichartiger Fasern vertreten ist. Überkreuzungsspuren und Sekundärspuren erweitern dabei den Beweiswert erheblich.[161]

Letztlich ist das vorgefundene Spurenbild daraufhin zu beurteilen, ob es derart einzigartig ist, dass sein Vorkommen im Umfeld eines bei der Tat völlig Unbeteiligten eine völlig fern liegende Möglichkeit darstellt.[162]

Fehlerquellen können sich hier in der Beurteilung im Wesentlichen in der Bewertung der Merkmalshäufigkeit aber auch in der Beurteilung der Kontaktmöglichkeit wie auch in der Kontamination vorhandenen Spurenmateriels ergeben.

2.   Gutachten zur Analyse von Blutspuren

76   Wie bei vielen Identifikationsmöglichkeiten mittels kriminaltechnischer Untersuchungen ist bei Blutanalysegutachten ähnlich vorzugehen wie bei Faserspurengutachten. Nur werden die nachfolgenden Ausführungen belegen, dass die Möglichkeiten der Merkmalszuordnung viel präziser vorgenommen werden können, da die technischen Möglichkeiten weit verfeinerter vorliegen, als auch etwaige statistische Eingrenzungen über die vorkommende Merkmalshäufigkeit. Darüber hinaus lässt aber gerade die Analyse von Blutspuren nicht nur auf einen bestimmten »Verursacher« schließen. Sie geben auch Aufschluss über bestimmte individuelle Formen der Tatbegehung.

Blutspuren lassen sich nach wie vor in zwei wesentlichen Analysehauptformen mit tatrelevanten Spurenvergleichen bzw auf etwaige Übereinstimmung untersuchen. Dabei wurde die früher verwandte Zuordnung nach dem AB0-System im Wesentlichen von der DNA-Analyse abgelöst.[163]

Bei der Analyse nach dem AB0-System und deren Untergruppen ließ sich schon früher eine relativ genaue Zuordnung nach der Herkunft des Blutes herstellen. Mit wachsendem Alter der zu analysierenden Blutspur nahm die Genauigkeit der Analysemöglichkeiten immer mehr ab, zudem wenn nur wenig Spurenmaterial zur Verfügung stand.

Darüber hinaus ist bei dieser Analyseform darauf zu achten, dass bestimmte Spurenträger auf das Analyseverfahren bestimmte Eigenschaften der Blutgruppenzugehörigkeit von sich aus vorgeben, ohne dass tatsächlich eine Blutspur auf dem Spurenträger vorhanden sein muss. Deshalb ist es bei der Verwendung derartiger Analyseverfahren unumgänglich, neben der zu analysierenden Spur noch sog Nullproben zu ziehen. Hierbei wird dann nicht nur die auf dem Spurenträger vorhandene Blutprobe selbst untersucht, sondern auch der Spurenträger ohne Spur, ob und inwieweit er auf Blutprobeneigenschaften reagiert.

Wegen ihrer Präzision sollte aber in Zweifelsfällen immer der sog DNA-Analyse der Vorzug gegeben werden, weil diese in der Lage ist, die individuellen Merkmalseigenschaften zu bestimmen und mit dem Spurenmaterial zu vergleichen und eine etwaige Übereinstimmung mit an Sicherheit grenzender Wahrscheinlichkeit festzu-

---

161 Vgl Stern Rn 700
162 BGH NStZ-RR 1996, 324
163 Vgl Kriminaistik 2005, 303

stellen. Diese Untersuchungen werden praktisch ausnahmslos durch die Landeskriminalämter bzw die rechtsmedizinischen Institute durchgeführt.

Bei dieser Analyse wird zunächst das vorhandene Spurenmaterial im Wege der PCR-Methode untersucht und gegebenenfalls hinsichtlich des zu analysierenden Materials vermehrt und dann im Rahmen der RFLP (Restriktions-Fragment-Längen-Polimorphismus) nach 7–8 verschiedenen Merkmalssystemen geordnet. Da die verschiedenen Merkmalskombinationen praktisch einzigartig sind und in Identität nur bei eineiigen Zwillingen vorkommt, kann eine praktisch exakte Aussage über die Übereinstimmung verschiedener zu untersuchender Blutproben getroffen werden.

Auch hier ist jedoch die Frage einer etwaigen Kontamination zu untersuchender Blutproben immer zu problematisieren. Verfälschungen der Proben können durch Alter, äußere Einflüsse wie Feuchtigkeit und Wärme ebenso geschehen, wie durch mögliche Verunreinigung bei Befall mit Bakterien und Pilzen. Die Kontamination kann dabei nicht nur am Tatort geschehen, sondern gelegentlich auch bei Sicherung, Transport und Aufbewahrung der Spurenträger. Gelegentlich kann es auch zu einer Verunreinigung kommen, soweit die Vergleichsspuren anlässlich der Untersuchung im gleichen Raum, am gleichen Arbeitsplatz, analysiert, extrahiert bzw vermehrt werden.

Während die Sicherung und Vermehrung des Spurenmaterials natürlich im Gerichtssaal nicht wiederholt werden kann, so ist die sog RFLP-Analyse im Gericht anhand der photografischen Darstellung zu wiederholen und darzustellen. Dabei muss der Sachverständige auch jeweils in der Lage sein, die statistischen Größen wiederzugeben, bei welcher Wahrscheinlichkeit die verschiedenen Merkmalskombinationen in der Vergleichspopulation vorkommen.[164] Hier ist darauf zu achten, ob der Spurenverursacher der Vergleichspopulation angehört, an welcher die statistischen Werte validiert wurden. Letztlich ist auch hier das vorgefundene Spurenbild daraufhin zu beurteilen, ob es derart einzigartig ist, dass sein Vorkommen im Umfeld eines bei der Tat völlig Unbeteiligten eine völlig fern liegende Möglichkeit darstellt[165]. Der Tatrichter muss berücksichtigen, dass die DNA-Analyse lediglich eine statistische Aussage enthält, die eine Würdigung aller Beweisumstände nicht überflüssig macht.[166] Gerade bei Blutspuren kommen bei Personen, die dem gleichen Umfeld angehören, natürlich eine Vielzahl von Möglichkeiten in Betracht, derartige Spuren zu legen, ohne zwingend in eine etwaige Tat involviert zu sein. Derartige Möglichkeiten der Spurenverursachung sind ebenso auszuschließen wie die Möglichkeit der direkten Manipulation oder letztlich des Kontaktes mit einem Opfer nach der Tat.

3. Gutachten zu Fingerspuren

Die Daktyloskopie ist inzwischen derart standardisiert, dass die Grobsichtung bereits relativ verlässlich von Computern übernommen wird. Selbstverständlich muss nachfolgend die eigentliche Begutachtung durch den ermittelnden Sachverständigen vorgenommen und an Hand des vorhandenen Materials auch erläutert werden. In der Regel kann es bei diesen Spuren auch durch Verunreinigungen nicht zu Verfälschungen des vorhanden Spurenmaterials kommen; nur zu einer Fragmentierung

77

---

164 BGHSt 38, 320; BGH NStZ 1994, 554; LG Freiburg NStZ 2000, 162
165 BGH NStZ-RR 1996, 324
166 BGH NStZ 1992, 554

der Spur. Hier stellt sich lediglich die Frage, ob das vorhandene Material noch genügend Elemente zur Individualisierung aufweist, um Aussagekraft zu besitzen.

Wie bei den vorgenannten Gutachten hat der Verteidiger sich bei diesen Gutachten nicht die Frage zu stellen, ob der Mandant als Spurenverursacher in Betracht kommt, sondern ob es derart einzigartig ist, dass sein Vorkommen im Umfeld eines bei der Tat völlig Unbeteiligten eine völlig fern liegende Möglichkeit darstellt.[167] Die Frage stellt sich daher vorrangig, ob es für das Vorhandenensein der jeweiligen Spur möglicherweise eine von einer etwaigen Tatbeteiligung völlig unabhängige Erklärung gibt. Auch die Frage etwaigen Verbringens des Spurenträgers durch interessierte Dritte muss insoweit erwogen werden, soweit es sich um bewegliche Spurenträger handelt.

XXVIII. Tatortarbeit und Spurensicherung

78   In Kapitalsachen kommt der Sicherung der Spuren eine entscheidende Bedeutung zu. Deshalb ist es Aufgabe des Strafverteidigers, die von der Polizei vorgenommenen Maßnahmen, die in der PDV 100 im Einzelnen geregelt sind, auf die Einhaltung der Bestimmungen zu überprüfen. Die Einhaltungen der diesbezüglichen Bestimmungen dienen der Sicherung des Mindeststandards bei der Spurensicherung. Zuwiderhandlungen gefährden zum Teil die Spuren selbst und deren Interpretation. Um eine sachgerechte Beurteilung der Spuren zu gewährleisten, ist der bei jeder Kapitalstrafsache anzufertigende Erstzugriffsbericht, der Ablaufkalender, der Spurenbericht und eine etwaig vorliegende sachgerechte Tatortanalyse heranzuziehen.

79   Im **Erstzugriffsbericht** wird zunächst festgehalten, wann und auf welche Weise die Polizei Kenntnis von der entsprechenden Straftat erhalten hat und welche Polizeikräfte den Tatort zu welchem Zeitpunkt angefahren haben und welche Sicherungsmaßnahmen des Tatorts ergriffen wurden, um den Tatort oder Leichenfundort wegen einer Veränderung zu sichern. Damit verbunden sind idR Beobachtungen vom Tatort bzw. Leichenfundort zum Zeitpunkt des ersten Zugriffs durch die idR uniformierten Beamten, soweit nicht der Erstzugriff bereits durch das zuständige Fachkommissariat geführt wird.

80   Im **Ablaufkalender** wird daneben festgehalten, wann welche Personen am Tatort und Leichenfundort eingetroffen sind, welche Beamten wann und wo welche Ermittlungshandlungen vorgenommen haben. Dabei wird auch festgehalten, wann welche Beamte für die Ermittlungen hinzugezogen wurden. Darüber hinaus wird das Eintreffen von etwaigen Rettungskräften und deren Maßnahmen vor Ort unabhängig von der Relevanz für das entsprechende Spurenbild festgehalten und der Zeitpunkt der etwaigen Sicherung von etwaigen Spuren.

81   Im Ablaufkalender werden auch möglicherweise sofort ergriffene Fahndungsmaßnahmen nach etwaigen Tatverdächtigen ebenso festgehalten, wie am Tatort festgestellte mögliche Zeugen. Als Maßnahmen des Erstzugriffs, die in einem sog Ablaufkalender ggf festgehalten werden, gelten auch solche Maßnahmen der Spurensicherung, die dazu dienen, etwaige witterungsbedingte Beeinträchtigungen des Spurenbildes zu verhindern. So kann es unter Umständen zu einer vollständigen »Umbauung« des Tatortes durch Zelte etc kommen. Die Bedeutung des Ablaufkalenders kann gar

---

167 BGH NStZ-RR 1996, 324

nicht besonders genug hervorgehoben werden. Allein schon die Anzahl der Personen, die im Wege des Erstzugriffs Zugang zum fraglichen Tatort haben und die Art der Begehung ist oftmals geeignet, eine Beeinträchtigung des Spurenbildes in irreparabler Weise hervor zu rufen. In der Regel sind hier besonders Rettungsmaßnahmen von etwaigen Sanitätern etc zu nennen. Hierbei sind eine erhebliche Anzahl spurenverändernder Maßnahmen denkbar und passive Übertragungen von Spurenmaterial möglich.[165]

Im **Spurenbericht** wird festgehalten, wo an dem etwaigen Auffindungsort sich welche Spur befunden hat. Dies wird idR in den maßstabsgetreuen Skizzen vorzunehmen sein, soweit es sich um Gebäude handelt. Darüber hinaus wird die genaue Position und Sicherung etwaiger Spuren fotografisch festzuhalten sein. Es entspricht heutzutage nicht mehr dem Standard, etwaige Fotoaufnahmen des ersten Zugriffs mit Sofortbildkameras vorzunehmen. Diese sind schon wegen ihrer nachlassenden Lebensdauer ungeeignet. Deshalb werden etwaige Fotos inzwischen uneingeschränkt digital gesichert, was auch eine leichtere Form der Übermittlungen ermöglicht. Hierbei ist bei geeigneten Fällen darauf zu achten, ob mehr Fotomaterial noch existiert, als das, welches sich bei der Akte befindet. **82**

Hinsichtlich der weitergehenden Sicherung von Spuren ist gerade bei genetischem Material auf die einschlägigen wissenschaftlichen Parameter zu achten, die wegen der Fülle des auftretenden Spurenmaterials hier nicht abschließend behandelt werden können. **83**

Es ist jedoch bei den verschiedenen Spurenträgern darauf zu achten, dass durch die Abnahme vom Tatort die Sicherung und Verpackung nicht beeinträchtigt werden. Insofern hat sich der Strafverteidiger jeweils mit dem Stand der Technik bei der Kriminaltechnik bezüglich der einzelnen Spurenträger auf dem Laufenden zu halten. Insbesondere ist darauf zu achten, dass die einzelnen Spurenträger nicht in einer Form verpackt werden, die geeignet sind, andere Spurenträger durch Spurenmaterial zu kontaminieren. Es versteht sich von selbst, dass die Beschriftung des etwaigen Spurenmaterials in geeigneter Form die Person zu kennzeichnen hat, die die Spur gesichert hat, den Zeitpunkt der Sicherung und den Ort an welchem die Spur gesichert worden ist und die weitere Verwendung. **84**

Darüber hinaus ist abzuklären, ob eine sachgerechte Tatortanalyse vorgenommen wurde und ob die so vorgenommene Analyse dem Stand der Technik entsprach. Mit einer seriösen Tatortanalyse ist keineswegs das von manchen sog »Sachverständigen« beschriebene Profiling gemeint. Vielmehr geht es um eine sachgerechte Zusammenarbeit am Tatort zwischen verschiedenen Wissenschaftsgebieten und dem Versuch, aus dem jeweiligen Spurenbild Informationen für die weiteren Ermittlungen abzuleiten. Dabei ist in jedem Falle vor dem Versuch zu warnen, auf etwaige Profiler hören zu wollen, die mit einem katatonischen Blick auf den Tatort, Alter des Täters, sein etwaiges Vorstrafenregister und seinen Wohnort seine nächsten Taten vorhersagen wollen. Eine derartige kriminalpsychiatrische Forschung, die eine ableitbare Typisierung von Tätern vornehmen könnte, ist gegenwärtig noch nicht gegeben. **85**

Ist aber im Wege einer wissenschaftlich unhaltbaren nicht sachgerechten Tatortanalyse eine Verengung der Ermittlungshypothese auf einen Täter (Typus) erfolgt, die wissenschaftlich unhaltbar ist, kann eine Aufdeckung derartig fragwürdiger Metho- **86**

---

165 Vgl Kriminalistik 2005, 331 zur Frage Kriminaltechnik im europ Raum

den auch zur Entlastung des jeweiligen Tatverdächtigen führen. Hierbei ist insbesondere auf die Spurenakten zurück zu greifen. Die Spurenakten werden idR in Verfahren angefertigt, in denen kein Beschuldigter zugleich mit der Aufdeckung des Verbrechens vorliegt. Die Spurenakten geben in diesen Fällen jeweils wieder, welche Spuren, Zeugen und Hinweise wann bei der Polizei eingegangen sind und wie diese jeweiligen Erkenntnisse mit welchem Ergebnis abgearbeitet wurden. Aus derartigen Spurenakten kann sich daher deutlich ergeben, dass die Polizei trotz Existenz derartiger Hinweise sich eingeengt auf einen Täter (Typus) konzentriert hat und wichtige andere Hinweise und mögliche Tatverdächtige von vornherein ausgeklammert hat.

Kapitel 2
Verteidigung im Steuerstrafrecht

Überblick

Einleitung

1 Verteidigung in Steuerstrafsachen setzt Kenntnisse des Steuerrechts voraus. Diese müssen zwar nicht zwingend derart umfassend und fundiert sein, wie man dies von einem Fachanwalt für Steuerrecht oder einem Steuerberater erwarten kann, dennoch kommt der Verteidiger ohne ein eigenes gesundes Grundverständnis und Kenntnisse steuerlicher Problematiken nicht aus. Ohne diese sollte der Beistand suchende Mandant lieber an einen in diesem Bereich erfahrenen Kollegen verwiesen oder ein solcher hinzugezogen werden. Fehlende eigene Kenntnisse können insbesondere nicht durch das Hinzuziehen eines allein über steuerliche Kenntnisse verfügenden Beraters ausgeglichen werden. Das spezielle Zusammenspiel steuerlicher und strafrechtlicher Probleme und die sich hierdurch ergebenden Möglichkeiten lassen sich nur erkennen, verstehen und nutzen, wenn der Strafverteidiger selbst beide Bereiche kennt und mit ihnen umzugehen vermag. Die dann hinzutretenden besonderen Probleme des Steuerstrafrechts runden den Gesamtkomplex lediglich noch ab, können aber wiederum in ihrer Bedeutung und Tragweite nur erfasst werden, wenn die steuerlichen und strafrechtlichen Grundlagen vorhanden sind.

Hardtke

Zu warnen ist insbesondere vor den Konstellationen, in denen der Steuerberater des einem Steuerstrafverfahren ausgesetzten Mandanten zur Klärung der steuerlichen Probleme hinzugezogen werden soll. Dieser hat oftmals erst die nun vorhandenen strafrechtlichen Probleme seines Mandanten verursacht und es sind demzufolge Fälle denkbar, in denen der Steuerberater weniger objektiv als eher auf seinem – falschen – Standpunkt beharrend an die Sache herangeht. Vermag der Verteidiger dies infolge eigener Nichtkenntnis des Steuerrechts nicht zu erkennen und verlässt er sich auf die steuerrechtliche Würdigung des Steuerberaters, so können falsche Wege und Verteidigungsstrategien eingeschlagen werden, von denen eine spätere Abstandnahme nur noch schwer möglich ist.

Auch steht der steuerliche Berater vor dem Problem, weiterhin Steuererklärungen für seinen Mandanten vorbereiten oder an steuerlichen Schlussbesprechungen teilnehmen zu wollen, für welche die den Gegenstand eines anhängigen Steuerstrafverfahrens bildenden Umstände Vorfrage sein können. Weiß der Steuerberater aber um ein insoweit strafbares Verhalten, weil er in die aktuelle Verteidigung einbezogen wird, und wird er gleichwohl für den Mandanten tätig, kann er sich nun selbst einer neuen Steuerstraftat strafbar machen.

Schließlich sind auch die Fälle nicht selten, in denen sich später der Steuerberater schon in dem originär gegen seinen Mandanten anhängigen Strafverfahren gezwungen gesehen hat, nach dessen Erweiterung einen eigenen Strafverteidiger um Hilfe zu bitten. Dies sind Konstellationen, die von vornherein ins Kalkül gezogen werden müssen und es unabdingbar notwendig machen, dass der Strafverteidiger in Steuerstrafsachen unabhängig von der Zuarbeit eines steuerlichen Beraters agieren kann.

Das Steuerrecht in seinem erheblichen Umfang kann und soll hier nicht vermittelt werden. Grundkenntnisse müssen vorausgesetzt werden, sollen aber auch ausreichen. Neben den steuerlichen Voraussetzungen und Besonderheiten des Steuerstrafrechts gibt es jedoch auch verfahrensrechtliche Besonderheiten, die im Folgenden dargestellt werden. Wegen der Nähe des reinen Steuerverfahrens und des Steuerstrafverfahrens soll hierbei auch auf das allein steuerrechtliche Verfahren und insbesondere das Außenprüfungsverfahren eingegangen werden, welches vielfach Anlass der Einleitung eines Steuerstrafverfahrens ist und sich hier bereits im Vorfeld Möglichkeiten für den Strafverteidiger bieten, die Einleitung eines Steuerstrafverfahrens zu vermeiden oder ein solches frühzeitig zum Abschluss zu bringen.

Als Besonderheit des Steuerstrafrechts ist daran zu erinnern, dass es den dieses Verfahren in aller Regel in Eigenregie durchführenden Finanzbehörden oftmals erstrangig um die Beitreibung der ausstehenden Steuerschuld geht und erst in zweiter Linie um die Schuld angemessene Bestrafung eines Steuerhinterziehers.

Dieser Beitrag zum Steuerstrafrecht gliedert sich damit in die drei Hauptbereiche des Verfahrensrechts, des materiellen Steuerstrafrechts und des Ordnungswidrigkeitenrechts, welches jedoch nur ergänzende Darstellung finden soll. Auf die strafbefreiende Erklärung nach dem StraBEG, welche als befristete Sonderregelung bis zum 31. 03. 2005 neben der Selbstanzeige nach § 371 AO möglich war, wird hier nicht mehr eingegangen.[1]

Naturgemäß kann der Anspruch dieses Beitrages wegen seiner Kürze nur darin liegen, Problembewusstsein zu wecken und eine solide Grundlage zu liefern, von der

1 Vgl hierzu Joecks/Randt, Steueramnestie 2004/2005; F/G/J-Joecks – StraBEG

aus die weiten Facetten des Steuerstrafrechts erkundet werden können. Für diesen weitergehenden Weg sei allen Interessierten eine intensive Beschäftigung mit den prägnanten und nicht zu überbietenden Monographien und Aufsätzen meines verehrten Lehrers und Freundes Prof. Dr. Wolfgang Joecks empfohlen, dem ich als dem wohl führenden Steuerstrafrechtler für seine Anregungen und ständige Diskussionsbereitschaft zu Dank verpflichtet bin.

I.   Das steuerstrafrechtliche Verfahren

3   Über die Verweisungsnorm des § 385 I AO finden die Regelungen der StPO und des GVG grundsätzliche Anwendung. Sondervorschriften hinsichtlich der Zuständigkeit der Finanzbehörde im steuerstrafrechtlichen Ermittlungsverfahren finden sich in den §§ 386 bis 390 AO, zur Zuständigkeit eines bestimmten Amtsgerichts in § 391 AO, für die Verteidigung in § 392 AO und hinsichtlich der Mitwirkung der Finanzbehörde im Ermittlungsverfahren und im gerichtlichen Verfahren in den §§ 399 ff, 406 und 407 AO. Für das Bußgeldverfahren finden sich in den §§ 409 bis 411 AO bestimmte Sondervorschriften.

Eine wesentliche Besonderheit des Steuerstrafverfahrens liegt darin, dass selbiges weit überwiegend durch besondere Finanzbehörden durchgeführt wird. Die Aufgaben der Polizei übernimmt die Steuerfahndung und die der Staatsanwaltschaft die Bußgeld- und Strafsachenstelle, bzw Strafsachen- und Bußgeldstelle (regional unterschiedliche Bezeichnungen). Hinzu kommt die Besonderheit, dass das Steuerstrafverfahren oftmals parallel zum Besteuerungsverfahren durchgeführt wird und sowohl der strafrechtliche, als auch der steuerlich relevante Sachverhalt von denselben Beamten ermittelt werden. Hiermit sind erhebliche Schwierigkeiten verbunden, da das Besteuerungsverfahren anderen Prinzipien unterliegt als das Strafverfahren. So bleiben trotz eines gleichzeitig anhängigen Strafverfahrens die allgemeinen und besonderen Mitwirkungspflichten des Betroffenen aus §§ 90 ff und 200 AO erhalten, allein deren Durchsetzung mit Zwangsmitteln ist der Finanzbehörde durch § 393 I AO untersagt, der das Verhältnis beider Verfahrensarten zueinander regelt.

4   Oftmals kommt es zur Einleitung eines Steuerstrafverfahrens im Zuge der Durchführung einer Außenprüfung nach §§ 193 ff AO. Eine Außenprüfung führt in aller Regel zu teils erheblichen Mehrsteuern, wobei jedoch nicht in jedem Fall auch der Verdacht einer Steuerstraftat nahe liegt. Bereits hier finden sich für einen frühzeitig herangezogenen Strafverteidiger Möglichkeiten, schon die Einleitung eines Steuerstrafverfahrens im Rahmen der laufenden oder kurz vor dem Abschluss stehenden Außenprüfung zu vermeiden.

Verteidigung im Steuerstrafrecht setzt insoweit nicht nur Kenntnisse im materiellen Steuerrecht voraus, sondern insbesondere auch im steuerlichen Verfahrensrecht, weshalb im Weiteren auch auf diese besondere Art des Steuerermittlungsverfahrens eingegangen werden soll.

1.   Die Steuerfahndung

5   Die Aufgaben der Steuerfahndung als eines besonderen Prüfungsdienstes der Finanzverwaltung ergeben sich aus § 208 I AO. Die Steuerfahndung hat Steuerstraftaten aufzuklären (Nr. 1), in diesem Zusammenhang die steuerlichen Grundlagen zu ermitteln (Nr. 2) und darüber hinaus unbekannte Steuerfälle zu erforschen (Nr. 3). Von der nach § 208 II AO vorgesehenen Möglichkeit eines Einsatzes der Steuer-

fahndung für gewöhnliche Außenprüfungen wird in Anbetracht der Arbeitsbelastung der Steuerfahndung praktisch kein Gebrauch gemacht. Allein die Mehrergebnisse der Steuerfahndung aus ihren originären Aufgabengebieten liegen – mit stark steigender Tendenz – 1998 bei mehr als 2,2 Mrd. DM pro Jahr, gegenüber 1996 noch mit 1,5 Mrd. DM.[2]

Die Steuerfahndungsbeamten sind Beamte der Finanzverwaltung. Ihnen stehen damit die Mittel des Besteuerungsverfahrens im vollem Umfang zur Verfügung; darüber hinaus werden sie durch § 208 I AO noch von einigen Beschränkungen befreit. Überdies werden der Steuerfahndung durch § 404 AO die **Aufgaben und Befugnisse von Hilfsbeamten der Staatsanwaltschaft** übertragen und hierdurch die Möglichkeiten der Strafprozessordnung eröffnet. Die Steuerfahndung hat damit im Bereich des Steuerstrafrechts nicht nur dieselben Befugnisse wie die Polizei, sondern weitergehend nach § 404 AO auch das Recht zur Durchsicht von Papieren eines von der Durchsuchung Betroffenen, welches sonst nur der Staatsanwaltschaft, nicht aber der Polizei zusteht.

Die Steuerfahndung ist jedoch **keine selbstständige Behörde**.[3] Auch die Abgabenordnung spricht in §§ 208 I und 404 AO von »mit der Steuerfahndung betrauten Dienststellen«. Die Steuerfahndung wird entweder als unselbstständige Dienststelle in der Gliederung eines Finanzamtes geführt oder als Teil eines gesonderten Finanzamtes für Strafsachen und Fahndung. Beispielsweise gibt es in Nordrhein-Westfalen und Niedersachen spezielle Finanzämter für Strafsachen und Fahndung, bei denen die Steuerfahndungsdienststellen und die Bußgeld- und Strafsachenstellen für die örtlichen Bereiche mehrerer Finanzämter konzentriert sind. In den übrigen Bundesländern ist die Steuerfahndung zumeist unselbstständige Dienststelle eines Finanzamtes.

Beim Finanzamt Wiesbaden II wurde 1976/1977 durch Vereinbarung der Bundesländer eine **Informationszentrale für den Steuerfahndungsdienst** geschaffen. Zweck dieser Einrichtung ist die Abstimmung der Ermittlungstätigkeiten in Fällen überregionaler Bedeutung. Die Informationszentrale hat jedoch keine eigenen Ermittlungsbefugnisse oder Weisungsrechte.[4]

Die Möglichkeiten der Steuerfahndung, »zweigleisig« zu verfahren, nämlich wahlweise entweder nach den Regeln des Besteuerungsverfahrens oder nach denen der Strafprozessordnung, haben dazu geführt, schlagwortartig von der »*Janusköpfigkeit*« oder der »*Doppelgleisigkeit*« der Steuerfahndung zu reden. Beispielsweise kann das Finanzamt – und somit selbstverständlich jeder Steuerfahndungsbeamte – nach § 93 V AO das Erscheinen und die Vernehmung eines Auskunftspflichtigen anordnen, wobei sowohl der von einem Steuerstrafverfahren Betroffene, als auch jeder Dritte auskunftspflichtig im Sinne dieser Vorschrift sein können. Im Strafverfahren gibt es diese Möglichkeit bekanntermaßen nicht. Verweigert demgegenüber der Betroffene ein auf die Regelungen des Besteuerungsverfahrens gestütztes Herausgabeverlangen von Unterlagen, so wird dieses eben mit den Mitteln der StPO durchgesetzt. Dieses Nebeneinander von besteuerungs- und strafverfahrensrechtlichen Bestimmungen, von denen sich die Steuerfahndung unter Umständen nach dem Grundsatz der Meistbegünstigung die Rechtsgrundlage aussuchen kann, die

6

---

2 Vgl BMF Ergebnisse der Steuer- und Zollfahndung 1998 wistra 2000, 52 (Auflistung im Anhang S549)

3 F/G/J-Joecks § 404 Rn 10; Tipke/Kruse § 208 Rn 1

4 F/G/J-Joecks § 404 Rn 13

den Ermittlungen am besten dient, hat bereits vielfache Kritik hervorgerufen und die Frage aufgeworfen, ob die Regelungen über die Steuerfahndung mit verfassungsrechtlichen Prinzipien vereinbar sind.[5]

7 Besonders problematisch ist die Möglichkeit der Ausdehnung von Ermittlungen der Steuerfahndung in **strafrechtlich verjährte Zeiträume.** Der Hintergrund dafür liegt auf der Hand. Die steuerrechtliche Verjährung unterscheidet sich erheblich von der strafrechtlichen. Bereits der Verjährungsbeginn ist von unterschiedlichen Umständen abhängig, es können unterschiedliche Unterbrechungs- oder Hemmungsgründe eintreten und die steuerrechtliche Verjährungsfrist beläuft sich auf 10 Jahre (§ 169 II 2 AO) gegenüber der steuerstrafrechtlichen Frist von 5 Jahren (§ 78 III Nr. 4 StGB). Dies führt dazu, dass die Steuerfahndung zur Erzielung von steuerlichen Mehrergebnissen durchaus daran interessiert ist, mit den Mitteln des Strafprozessrechts auch für solche Jahre die Besteuerungsgrundlagen zu ermitteln, die strafrechtlich nicht mehr relevant sind. Begründet wird dies mit der eher oberflächlichen Argumentation, dass auch Steuerstraftaten in bereits strafrechtlich verjährten Zeiträumen durchaus ihre Berücksichtigung bei der Strafzumessung finden können. Deshalb soll es zulässig sein, mit Mitteln des Strafverfahrensrechts bereits strafrechtlich verjährte Zeiträume zu erforschen, insofern etwa Durchsuchungen und Beschlagnahmen durchzuführen.

8 Zutreffend kann zwar nach der Rechtsprechung des BGH[6] eine **Strafzumessungsrelevanz** verjährter Tatzeiträume bestehen, damit ist jedoch kein Freibrief erteilt, quasi »flächendeckend« auch die in Frage kommenden Altjahre aufzuarbeiten. In der Literatur wird teilweise vertreten, dass es mangels Vorliegens einer strafbaren Handlung bereits an einer Aufgabenzuweisung nach § 208 I AO an die Steuerfahndung fehle.[7] Demgegenüber geht die Rechtsprechung davon aus, dass sich die Berechtigung der Ermittlungen zwar nicht aus § 208 I Nr. 1 oder Nr. 2 AO (Erforschung von Steuerstraftaten und deren Besteuerungsgrundlagen) ergebe, jedoch § 208 I Nr. 3 AO (Aufdeckung unbekannter Steuerfälle) einschlägig sei.[8] Der Bundesfinanzhof geht demgegenüber davon aus, zur Ermittlung der Besteuerungsgrundlagen nach § 208 I Nr. 2 AO gehöre auch die Tätigkeit der Steuerfahndung, die darauf abziele, den vom Eintritt der Strafverfolgungsverjährung unberührten Steueranspruch des Staates gegen den der Steuerhinterziehung verdächtigen Steuerpflichtigen festzusetzen und durchzusetzen, sofern die steuerliche Festsetzungsfrist des § 169 II 2 AO (10 Jahre) noch nicht abgelaufen ist.[9] Jedenfalls wird die Steuerfahndung aber nur noch im Besteuerungsverfahren tätig, so dass die Ermächtigungsnormen der Strafprozessordnung ausscheiden und ein Vorgehen ausschließlich auf die steuerverfahrensrechtlichen Vorschriften der Abgabenordnung gestützt werden kann.[10]

Mit der vordergründigen Argumentation der Strafzumessungsrelevanz wird jedoch oftmals durch die Finanzbehörden mit strafprozessualen Mitteln in erheblichem Umfange auch hinsichtlich strafrechtlich verjährter Zeiträume in die Privatsphäre des Beschuldigten eingegriffen; dies ist unzulässig.[11]

---

5 Streck/Spatschek wistra 1998, 334
6 BGH wistra 1994, 237
7 F/G/J-Joecks § 404 Rn 24 ff
8 FG Kassel wistra 1997, 118
9 BFH wistra 1998, 230; Noack wistra 1997, 175
10 BFH wistra 1998, 230; F/G/J-Joecks § 404 Rn 26; Thormöhlen wistra 1993, 174; Streck/Spatschek wistra 1998, 341
11 Vgl auch BGH StV 1988, 90

2. Die Bußgeld- und Strafsachenstelle

Die Bußgeld- und Strafsachenstelle nimmt die Funktion der Staatsanwaltschaft **9** wahr. Regional unterschiedlich wird sie auch als Strafsachen- und Bußgeldstelle (»StraBu-« bzw »BuStra-Stelle«) bezeichnet. Sie führt das Ermittlungsverfahren nach § 386 II AO **selbstständig** durch, wenn die Tat **ausschließlich** eine Steuerstraftat darstellt (Nr. 1) oder zugleich andere Strafgesetze verletzt und deren Verletzung Kirchensteuern oder andere öffentlich-rechtliche Abgaben betrifft, die an Besteuerungsgrundlagen, Steuermessbeträge oder Steuerbeträge anknüpfen (Nr. 2). Dies bedeutet, dass beispielsweise eine tateinheitlich mit der Steuerhinterziehung begangene Urkundenfälschung, zB durch das Fälschen von Betriebsausgaben vortäuschenden Quittungen, zwingend eine Abgabe des Verfahrens an die Staatsanwaltschaft zur Folge hat. Gleiches gilt nach § 386 III AO, sobald gegen einen Beschuldigten wegen der Tat ein Haftbefehl oder ein Unterbringungsbefehl erlassen ist. Die Staatsanwaltschaft bleibt also Herrin des Ermittlungsverfahrens trotz der Grundregelung, dass die Aufgaben und Befugnisse sonst im vollen Umfang von der Bußgeld- und Strafsachenstelle übernommen werden. Dies wird auch deutlich durch die Regelung in § 386 II AO, wonach die Staatsanwaltschaft die Steuerstrafsache jederzeit, also auch ohne das Vorliegen der vorbezeichneten Voraussetzungen, an sich ziehen kann. Dies ist das sog **Evokationsrecht** der Staatsanwaltschaft. Es führt dazu, dass größere Verfahren, in denen weder ein Haftbefehl ergangen ist, noch eine Nichtsteuerstraftat zugleich in Rede steht, durchaus auch von der Staatsanwaltschaft geführt werden. Wegen der Beschränkung der Zuständigkeit der Bußgeld- und Strafsachenstelle auf ausschließlich Steuerstraftaten stellt sich vielfach das Problem, ob gelegentlich der Ermittlung einer Steuerstraftat auftretende Hinweise auf andere Straftaten, beispielsweise Zufallsfunde, von der Bußgeld- und Strafsachenstelle an die Staatsanwaltschaft weitergeleitet werden müssen. Dies ist angesichts des auf die Bußgeld- und Strafsachenstelle übertragenen Legalitätsprinzips entgegen anders lautender Stimmen kaum zu verneinen.[12]

Von größter Bedeutung für das Steuerstrafverfahren sind Kenntnisse der steuerrechtlichen Ermittlungsmöglichkeiten, insbesondere des Außenprüfungsverfahrens, da hier bereits entscheidende Weichen auch für das Strafverfahren gestellt werden können, ein solches sich im Idealfall sogar ganz vermeiden lässt.

3. Das Außenprüfungsverfahren

Die Überprüfung steuerlich erheblicher Sachverhalte im Finanzamt ist in vielen **10** Fällen unzureichend und zum Teil auch darauf angelegt. Die Außenprüfung (§§ 193 ff AO) gibt der Finanzverwaltung die Möglichkeit, beim Steuerpflichtigen Sachverhalte zu überprüfen, die dieser zur Grundlage steuerlicher Erklärungen gemacht hat. In diesem Zusammenhang kann auf die entsprechenden Unterlagen des Steuerpflichtigen zurückgegriffen werden; dieser muss bei der Überprüfung mitwirken.

Die Finanzverwaltung ist gehalten, Steuern nach Maßgabe der Gesetze gleichmäßig festzusetzen und zu erheben. Die Außenprüfung dient insofern vornehmlich dem Ziel, Steuergerechtigkeit durch gerechte Vollziehung der Steuergesetze zu verwirklichen.[13] Für die mit den §§ 193 ff AO verbundenen Ermessensentscheidungen hat sich die Finanzverwaltung in Gestalt der **Betriebsprüfungsordnung** – BpO – in

---

12 Hardtke/Westphal wistra 1996, 91; ebenso nun auch OLG Braunschweig wistra 1998, 71
13 BFH BStBl 1992 II, 220

der Neufassung v 15. 3. 2000[14] einer Selbstbindung unterworfen, die auch im gerichtlichen Verfahren zu beachten ist.[15]

In den seltensten Fällen führt eine Außenprüfung zur Reduzierung der steuerlichen Belastung. Erhebliche Mehrergebnisse zeigen, dass in der Außenprüfung regelmäßig steuerliche Fehler korrigiert werden, die zu Lasten des Fiskus gegangen wären. Gerade deshalb ist es wichtig, die formalen Voraussetzungen der Außenprüfung zu kennen, um gegebenenfalls auf eine formale Art und Weise eine inhaltliche Überprüfung von Steuererklärungen zu verhindern. Kann bereits die Überprüfung verhindert werden, so wird zumindest für die einer Überprüfung entzogenen Jahre keine Einleitung eines Steuerstrafverfahrens erfolgen.

a) Zulässigkeit der Außenprüfung im Allgemeinen

11   Die Außenprüfung ist bei Einkünften aus gewerblicher, land- und forstwirtschaftlicher oder freiberuflicher Tätigkeit (§ 193 I AO) und bei Personen, die zur Einbehaltung von Steuern verpflichtet sind, etwa Arbeitgebern (§ 193 II Nr. 1 AO),[16] unbeschränkt möglich. Bei anderen Personen nur, wenn die für die Besteuerung erheblichen Verhältnisse der Aufklärung bedürfen und eine Prüfung an Amtsstelle nach Art und Umfang des zu prüfenden Sachverhaltes nicht zweckmäßig ist (§ 193 II Nr. 2 AO).

Die Prüfung kann mehrere den Steuerpflichtigen betreffende Steuerarten umfassen, aber auch eine **isolierte Prüfung**, etwa der Umsatzsteuer oder der Lohnsteuer, sein. Die Durchführung bzw Anordnung der Außenprüfung ist **Ermessensentscheidung** des Finanzamtes; einen Anspruch auf Prüfung hat der Steuerpflichtige nicht. So finden bei Kleinst- und Kleinbetrieben Außenprüfungen äußerst unregelmäßig statt; bei Großbetrieben erfolgen demgegenüber idR so genannte Anschlussprüfungen, dh, der Betrieb wird – zumindest zeitlich – lückenlos vom Finanzamt vor Ort überwacht.[17]

12   In den vergangenen Jahren hat die Rechtsprechung eine Reihe von **Zweifelsfragen** geklärt, die mit Voraussetzungen und Umfang der Außenprüfung verbunden waren; idR erfolgte diese Klärung zu Lasten des Steuerpflichtigen:

Der Außenprüfung steht nicht entgegen, dass die Steuer bereits endgültig und vorbehaltlos festgesetzt ist. Immerhin kann noch eine Korrektur der Steuerbescheide nach Maßgabe der §§ 172 ff AO erfolgen.[18] Es soll die Prüfung nicht hindern, dass Steueransprüche überprüft werden sollen, die möglicherweise verjährt sind oder aus anderen Gründen nicht mehr durchgesetzt werden können.[19] Selbst wenn die planmäßige Verjährungsfrist bereits abgelaufen ist, eine Änderung also nur in Betracht kommt, wenn eine leichtfertige Steuerverkürzung oder gar eine vorsätzliche Steuerhinterziehung gegeben ist, darf eine Außenprüfung durchgeführt werden.[20] Die Anordnung einer Außenprüfung für einen bereits geprüften Zeitraum (**Zweitprüfung**) ist grundsätzlich zulässig.[21]

---

14 BStBl 2000 I, 368
15 BFH BStBl 1987 II, 361
16 BFH/NV 1995, 578
17 BFH BStBl 1990 II, 721
18 BFH BStBl 1985 II, 700; BFH/NV 1986, 445
19 BFH BStBl 1986 II, 433; 1988 II, 113
20 BFH BStBl 1989 II, 440; FG Rheinl.-Pfalz EFG 1991, 7; FG Niedersachsen EFG 1989, 90; FG Düsseldorf EFG 1994, 992
21 BFH BStBl 1989 II, 440

Gegenstand einer auf § 193 I AO gestützten Außenprüfung kann grundsätzlich auch die Frage sein, ob der Steuerpflichtige einen gewerblichen Betrieb unterhält. Dies setzt allerdings voraus, dass konkrete Anhaltspunkte für das Vorliegen dieser Betätigung gegeben sind.[22] Eine Prüfung ist schon dann möglich, wenn auch nur Anhaltspunkte für das Vorliegen von Besteuerungstatbeständen iSd § 193 AO vorliegen.[23]

b) Prüfungsanordnung

Bedeutsames formales Moment der Außenprüfung ist die **schriftliche** Prüfungsanordnung (§ 196 AO), die rechtzeitig bekanntgegeben werden muss. In ihr wird der Umfang der Außenprüfung bestimmt. Sie bestimmt die mit dem Beginn der Betriebsprüfung verbundene **Ablaufhemmung** iSd § 171 IV AO; begrenzt die mit der Prüfung eintretende **Sperrwirkung** für die Korrektur nach § 173 II AO[24] und für eine **Selbstanzeige** nach § 371 AO und muss bei Rechtswidrigkeit **isoliert angefochten** werden. Der Steuerpflichtige wird in einem späteren Prozess über die geänderten Steuerbescheide nicht mit dem Einwand gehört, die Außenprüfung sei nicht zulässig gewesen. Die Ergebnisse der Außenprüfung sind also allenfalls dann nicht verwertbar, wenn die Prüfungsanordnung entweder aufgehoben oder vom Finanzamt zurückgenommen worden ist.

13

c) Typische Verfahrensfehler bei der Anordnung der Außenprüfung

Verfahrensfehler können sich auf die **Wirksamkeit** der Prüfungsanordnung (Stichwort: Bekanntgabe) und auf deren **Rechtmäßigkeit** auswirken. Eine Prüfungsanordnung ist nichtig, wenn aus ihr nicht zweifelsfrei erkennbar ist, ob sie sich an eine Person als Prüfungssubjekt oder als Zustellungsbevollmächtigten für ein anderes Prüfungssubjekt richtet.[25] Allerdings hat es grundsätzlich nicht ein Verwertungsverbot für die Prüfungsfeststellungen zur Folge, wenn die steuerlichen Angelegenheiten einer Gesellschaft in Liquidation geprüft werden und die Prüfungsanordnung nur dem Liquidator bekannt gegeben wird.[26] Eine nur dem Vollstreckungsschuldner und nicht auch dem Zwangsverwalter bekannt gegebene Prüfungsanordnung ist nichtig. Die aufgrund der Prüfung erlangten Ergebnisse dürfen nicht verwertet werden; der Ablauf der Festsetzungsfrist ist nicht gehemmt.[27]

14

Im Übrigen ist das Spektrum denkbarer Fehler erheblich, wenn man etwa an die **Bekanntgabe** von Prüfungsanordnungen an Personenvereinigungen denkt. So muss beispielsweise die Prüfungsanordnung an die Gesellschaft gerichtet und kann nicht den Gesellschaftern bekannt gegeben werden, wenn bei einer Gesellschaft bürgerlichen Rechts eine Außenprüfung durchgeführt werden soll.[28] Eine Prüfungsanordnung darf auch nach der handelsrechtlichen Vollbeendigung einer KG an diese gerichtet und darum auch nach diesem Zeitpunkt vollzogen werden.[29] Die Probleme haben ua dazu geführt, dass die Finanzbehörde eine spezielle Verfügung zur Be-

22 BFH BStBl 1991 II, 278; BFH BStBl 1993 II, 82 zur vollbeendigten KG; FG Hamburg EFG 1994, 508
23 BFH BStBl 1993 II, 146
24 BFH BStBl 1995 II, 289
25 Hessisches Finanzgericht EFG 1990, 148
26 BFH StBp 1992, 26
27 BFH StBp 1994, 284
28 BFH BStBl 1990 II, 272; vgl auch BFH/NV 1994, 75; FG Nürnberg EFG 1993, 760
29 BFH BStBl 1993, 82; BFH/NV 1995, 177

Hardtke

stimmung des Prüfungssubjekts und Bekanntgabe von Prüfungsanordnungen in Fällen von Personengesellschaften und Gemeinschaften erlassen hat.[30]

Ein zweites Problemfeld ist die **Frist** für die Bekanntgabe der Prüfungsanordnung. Nach der Rechtsprechung richtet sich die Angemessenheit der Frist (§ 197 I AO) nach den Umständen des Einzelfalls.[31] Die Finanzverwaltung hält bei Mittelbetrieben eine Frist von 2 Wochen und bei Großbetrieben von 4 Wochen für angemessen (§ 5 IV BpO). Eine längere oder kürzere Frist könne jedoch nach den Umständen des Einzelfalls möglich und geboten sein.

15   Ein drittes Problemfeld betrifft **Begründungserfordernisse** und **Prüfungszeiträume**.[32] Nach Auffassung des BFH[33] lässt der Gesetzeswortlaut und der Gesetzeszweck bei § 193 I AO zusätzliche (einschränkende) Voraussetzungen nicht erkennen. Es spreche eine Vermutung dafür, dass die Heranziehung eines der in § 193 I AO genannten Steuerpflichtigen zur Außenprüfung nicht ermessensmissbräuchlich sei. Einen Anspruch auf eine Prüfungspause gebe es nicht.[34] Insbesondere sei die Verwaltung nicht gehalten, nach einem generellen Zufallsprinzip zu verfahren. Sie könne vielmehr nach dem Gesichtspunkt der Prüfungsbedürftigkeit eine Vorauswahl treffen. Grenze seien der Grundsatz der Verhältnismäßigkeit und das Willkür- und Schikaneverbot. Bei Prüfungsanordnungen, die auf § 193 I AO 1977 beruhten, genüge idR der Hinweis auf diese Vorschrift als Begründung. Dies sei auch dann der Fall, wenn in relativ geringem Abstand eine weitere Prüfung (Anschlussprüfung) stattfinde. Eine Ausnahme gilt aber, wenn ein Kleinbetrieb dreimal nacheinander mit jeweiligen Prüfungspausen von einem Jahr geprüft wurde; in diesem Fall ist das Auswahlermessen zu begründen.[35]

d)   Rechtsschutzmöglichkeiten

16   Die Prüfungsanordnung ist **Steuerverwaltungsakt**, der dem Einspruch unterliegt (§ 347 AO). Die Frist beträgt einen Monat ab Bekanntgabe der schriftlichen Prüfungsanordnung (§ 355 I AO), es sei denn – 1 Jahr – dieser fehlt die vorgeschriebene (§ 196 AO) Rechtsbehelfsbelehrung. Der Steuerpflichtige muss auch eine solche Anfechtung der Prüfungsanordnung durchführen, wenn er die Verwertung der Ergebnisse der Außenprüfung verhindern will. Dennoch ist die erfolgreiche Anfechtung einer Prüfungsanordnung gegebenenfalls ein Pyrrhussieg. Der Verwaltung steht es frei, eine weitere – fehlerfreie – Prüfungsanordnung für denselben Zeitraum und dieselben Steuerarten zu erlassen (**Wiederholungsprüfung**). Auch ist nicht gesagt, dass Einzelerkenntnisse der (rechtswidrigen) Außenprüfung nicht trotzdem zur Grundlage von Änderungsbescheiden bzw Steuerfestsetzungen gemacht werden können. Fragt man vor diesem Hintergrund nach dem »Sinn« eines Rechtsbehelfes gegen Prüfungsanordnungen, dann zeigt sich, dass die Anfechtung einer Prüfungsanordnung jedenfalls dann sinnvoll ist, wenn die Außenprüfung **materiell unzulässig** ist, etwa bei Prüfungen von Nichtunternehmern. Geht es lediglich um formale Mängel, ist die Anfechtung einer Prüfungsanordnung vor dem Hintergrund der **Festsetzungsverjährung** interessant: Eine Betriebsprüfung, die aufgrund einer unwirksamen Prüfungsanordnung erfolgt, kann keine Ablaufhem-

---

30 DB 1992, 352
31 BFH BStBl 1989 II, 483, 488
32 Mösbauer DB 1993, 67
33 BFH BStBl 1992 II, 220
34 So auch BFH/NV 1993, 73
35 BFH/NV1994, 444

mung der Verjährung herbeiführen.[36] Eine **Selbstanzeige** wäre auch bei lediglich formalen Mängeln wieder möglich, sofern nicht zwischenzeitlich ein anderer Ausschlussgrund des § 371 II AO vorliegt.

e) Durchführung der Prüfung

Bei Beginn der Prüfung hat sich der Prüfer auszuweisen und den Beginn der Au- **17** ßenprüfung unter Angabe von Datum und Uhrzeit aktenkundig zu machen (§ 198 AO). Die Prüfung erfolgt sodann zu Gunsten wie zu Ungunsten des Steuerpflichtigen (§ 199 AO). Eine Schwerpunktbildung ist dem Prüfer überlassen. Die Prüfung erfolgt idR in den Geschäftsräumen des Steuerpflichtigen.[37] Dieser hat bei der Feststellung der steuerlich erheblichen Sachverhalte mitzuwirken, insbesondere Auskünfte zu erteilen (§ 200 I AO). Im Rahmen der Außenprüfung ist der Prüfer von den Einschränkungen des § 93 II 2 AO und des § 97 II AO suspendiert (§ 200 I 5 AO). So dürfen Auskunftsersuchen (Verwaltungsakte!) auch mündlich ergehen, außerdem ist die Verpflichtung zur Vorlage von Büchern usw erweitert. Die üblichen Verweigerungsrechte stehen den Betroffenen zu, insbesondere ist § 393 AO (Verbot des Zwangs zur Selbstbelastung) zu beachten.

Im Rahmen der Außenprüfung bei einem konkreten Steuerpflichtigen kann der **18** Prüfer gemäß § 194 III AO sog **Kontrollmitteilungen** schreiben, mit denen die zuständige Finanzbehörde über steuerlich erhebliche Umstände dritter Personen informiert wird.[38] Das **Auskunftsverweigerungsrecht** nach § 102 AO ist hier zu beachten. Die Auskunftsverweigerungsrechte nach den §§ 101 und 103 AO sollen hingegen keine entsprechende Anwendung finden. Eine Ausnahme wird man jedoch für den Fall machen müssen, dass der Prüfer gezielt die Vorlage von Unterlagen verlangt, die Basis für die Kontrollmitteilung über einen nahen Angehörigen sein sollen.

Kontrollmitteilungen bei der Prüfung von Banken sind nur beschränkt zulässig; der sog Bankenerlass untersagte jahrelang das »flächendeckende« Erstellen von Kontrollmitteilungen über Guthaben usw von Kunden des Kreditinstitutes. Diese Regelung ist mittlerweile (§ 30 a AO) gesetzlich abgesichert worden.

Allerdings hindert § 30 a III AO nicht generell die Fertigung und Auswertung von Kontrollmitteilungen anlässlich einer Außenprüfung bei Kreditinstituten. § 30 a AO kommt keine konstitutive Bedeutung des Inhalts zu, dass hierdurch der den Finanzbehörden durch § 88 AO eröffnete Ermessensspielraum bei der Sachverhaltsermittlung eingeengt wird. Besteht ein hinreichend begründeter Anlass, wovon bei Vorliegen der Voraussetzungen der §§ 93, 208 I Nr. 3 AO ausgegangen werden kann, so dürfen die Finanzbehörden Auskünfte und insbesondere auch Sammelauskünfte bei den Kreditinstituten einholen.[39]

f) Reichweite der Außenprüfung

Die Reichweite der Außenprüfung ist insofern von Bedeutung, als damit der Be- **19** reich beschrieben ist, in dem auch bei **mündlichen Anfragen** Auskünfte erteilt werden müssen; der Bereich der Ablaufhemmung (§ 171 IV AO) festgestellt wird;

---

36 BFH BStBl 1988 II, 165; BFH/NV 1991, 790; BStBl 1993 II, 649; BFH/NV 1994, 763
37 FG Baden-Württemberg EFG 1991, 9; von Wedelstädt DB 1989, 1536; Horst DB 1989, 2247
38 Pauly BB 1986, 1130
39 BFH BStBl 1997 II, 499

die Sperrwirkung für eine strafbefreiende Selbstanzeige umgrenzt ist und die Korrekturgrenze des § 173 II AO bestimmt ist.

Hier gilt zunächst, dass sich die Außenprüfung sachlich auf die Steuerarten erstreckt, die in der Prüfungsanordnung ausdrücklich genannt worden sind. Zeitlich werden die Steuerjahre erfasst, die die Prüfungsanordnung aufführt. Bei Personengesellschaften kann gegebenenfalls angeordnet werden, dass sich die Außenprüfung auch auf die steuerlichen Verhältnisse der Gesellschafter erstrecken soll.[40] Wenn dies jedoch nicht ausdrücklich in der Prüfungsanordnung vorgesehen ist, handelt es sich bei der Ermittlung der steuerlichen Verhältnisse der Gesellschafter um Einzelermittlungsmaßnahmen außerhalb einer Außenprüfung, die anderen »Spielregeln« unterliegen.

20   Nach der persönlichen Reichweite der Außenprüfung bestimmt sich, wer der gesteigerten Mitwirkungspflicht im Rahmen der Außenprüfung unterliegt, für wen die Ablaufhemmung nach § 171 IV AO eintritt und wer trotz laufender Außenprüfung noch wirksam Selbstanzeige erstatten kann. Grundsätzlich bezieht sich die Außenprüfung lediglich auf die Personen, die in der Prüfungsanordnung aufgeführt worden sind. Die Prüfung der Lohnsteuer beim Arbeitgeber ist keine Außenprüfung im Hinblick auf die Einkünfte aus nichtselbstständiger Arbeit der Arbeitnehmer. Insofern tritt auch keine Ablaufhemmung nach § 171 IV AO ein.

Im Hinblick auf die Selbstanzeige ist zu beachten, dass bei Straftaten in Unternehmen die Durchführung der Außenprüfung die Wirksamkeit der Selbstanzeige behindert, soweit die für das Unternehmen Tätigen noch im Unternehmen beschäftigt sind.

g)   Kalkulationsmodelle

20 a   Neben den Schätzungsmethoden (vgl hierzu Rz. 64 ff) sind in der Betriebsprüfungspraxis in den letzten Jahren neue Kontrollinstrumente und Kalkulationsmodelle entwickelt worden, die nach Auffassung der Finanzbehörde insbesondere tauglich sein sollen, auch die Richtigkeitsvermutung der Buchführung (§ 158 AO) zu erschüttern:

- **Zeitreihenvergleich**: Es handelt sich um eine besondere Variante des inneren Betriebsvergleichs. Es wird auf betriebsinterne Daten des Unternehmens zurückgegriffen, die in einer wechselseitigen Beziehung zueinander stehen und sich gegenseitig beeinflussen. So beeinflusst bspw der Umsatz den Wareneinkauf, das Verbrauchsmaterial etc.
- **Strukturtest nach dem Bendfordschen Gesetz**: Bei diesem Verfahren werden aufgrund einer Formel über die Wahrscheinlichkeit der Verwendung jeder Anfangsziffer Abweichungen hiervon in der Buchführung und Steuererklärung des Steuerpflichtigen untersucht. Festgestellte Unregelmäßigkeiten können zwar keine Zuschätzung rechtfertigen, sie werden jedoch weitere, genauere Überprüfungen auslösen, insbesondere auch den sog
- **»Chi-Quadrat«-Test**: Er stellt – ähnlich dem Bendforschen Gesetz – eine mathematische (rechnergestützte) Überprüfung von Häufigkeitsverteilungen bei den letzten oder vorletzten Ziffern einer Zahl dar. Er basiert auf dem Grundgedanken, dass jeder Mensch – bewusst oder unbewusst – eine oder mehrere Lieblingsziffern hat, die er in Zusammenhang mit frei erfundenen Zahlen (bspw ver-

---

40 FG Hamburg EFG 1991, 587; vgl aber auch Seer DStR 1987, 178

fälschten Tageseinnahmen) entsprechend häufiger verwendet. Gleichzeitig wird er auch eine »Abneigung« gegen eine oder mehrere Ziffern haben. Der »Chi-Quadrat«-Test vergleicht nun, wie oft jede Ziffer in den Buchführungsunterlagen nach ihrer statistischen Wahrscheinlichkeit auftauchen sollte und wie häufig sie dort wirklich verzeichnet ist. Aus den Differenzen der erwarteten und der tatsächlichen Häufigkeit wird der sog »Chi-Test-Wert« ermittelt.

– Liegt dieser Wert zwischen 20 und 30, kann eine zufällige Abweichung von der der Regelverteilung mit hoher Wahrscheinlichkeit ausgeschlossen werden.

– Überschreitet der Wert die Zahl 30, soll mit einer fast 100 %igen Wahrscheinlichkeit eine systematische Manipulation der Zahlen und damit der Betriebseinnahmen oder -ausgaben vorliegen.

Das FG Münster[41] hat zwar entschieden, dass der »Chi-Quadrat«-Test – anders als die Vermögenszuwachs- und Geldverkehrsrechnung – keine von der Rechtsprechung anerkannte Methode darstellt, eine Einnahmemanipulation sicher zu belegen. Er könne aber Anhaltspunkte für eine fehlerhafte Buchführung liefern, die durch weitere Ermittlungen erhärtet werden müssen und damit auch Anlass für die Einleitung eines Steuerstrafverfahrens sein können. Für sich allein sind die genannten mathematischen Methoden also grundsätzlich nicht geeignet, die Richtigkeit der Buchführung zu widerlegen. Die Kombination dieser Verfahren kann bei einer Gesamtwürdigung, ggf ergänzt durch einen äußeren Betriebsvergleich (Richtsatzsammlung) durchaus zu einer Verwerfung der Buchführung führen. Im Ergebnis führt dann aber letztlich – systemwidrig – erst eine Schätzung zu einer Verwerfung der Buchführung, obgleich letzteres überhaupt erst (eine) Voraussetzung für eine Schätzung nach § 162 AO sein soll. Zu beachten ist in jedem Fall, dass erst nach einer Verwerfung der Buchführung in einem zweiten Schritt eine Schätzung auf der Grundlage einer anerkannten Schätzungsmethode vorzunehmen ist.

h)   Abschluss der Außenprüfung

Am Ende der Außenprüfung steht idR eine **Schlussbesprechung** (§ 201 AO); auf sie kann verzichtet werden. Sie ist entbehrlich, wenn sich keine Änderung der Besteuerungsgrundlagen ergeben hat. In der Praxis ist die Schlussbesprechung das Forum, in dem man streitige Punkte diskutiert und sich über Fragen unterhält, die erhebliche **Beurteilungsspielräume** bieten, wie etwa Privatanteile oder das Vorliegen einer Steuerhinterziehung, wobei insbesondere die subjektive Seite des Tatbestandes zur Debatte gestellt werden kann. Wenn beispielsweise mit der Finanzbehörde trefflich längere Zeit über die zutreffende steuerliche Behandlung eines Sachverhaltes gestritten werden kann, so wird hinterher kaum Platz sein, um dem Steuerpflichtigen den Vorwurf machen zu können, die unzutreffende steuerliche Behandlung des Sachverhaltes auch **vorsätzlich** zur Begehung einer Steuerhinterziehung vorgenommen zu haben.[42]

21

Vereinbarungen zwischen dem Steuerpflichtigen und der Finanzbehörde über den der Besteuerung zugrunde zu legenden Sachverhalt sind unter bestimmten Voraussetzungen als tatsächliche Verständigung zulässig.[43] Auf Seiten der Finanzbehörde muss daran ein Amtsträger beteiligt sein, der eine Entscheidung über die Steuer-

22

---

41 FG Münster, EFG 2004, 9
42 Joecks Praxis des Steuerstrafrechts, 195
43 BFH BStBl 1985 II, 354; 1991 II, 673; Joecks Praxis des Steuerstrafrechts, 192; vgl Baumann BB 1988, 602

festsetzung treffen kann (Vorsteher, Veranlagungssachgebietsleiter, uU Leiter der Rechtsbehelfstelle). Der Steuerpflichtige ist über die Teilnahme eines solchen Amtsträgers an der Schlussbesprechung und über die Möglichkeit, dass an Ort und Stelle bindende Entscheidungen über die Steuerfestsetzung getroffen werden können, zu unterrichten.[44]

Besteht die Möglichkeit, dass in der Folge der Betriebsprüfung ein Strafverfahren gegen den Steuerpflichtigen eingeleitet werden könnte, muss der Steuerpflichtige in der Schlussbesprechung darauf hingewiesen werden (§ 201 II AO). Diese Regelung ist wenig glücklich; erkennt der Prüfer, dass der Steuerpflichtige sich strafbar gemacht haben könnte, müsste er gegebenenfalls schon zuvor die Prüfung unterbrechen (§ 10 BpO) und ihn darauf hinweisen, dass die Erfüllung seiner Mitwirkungspflichten nun nicht mehr mit Zwangsmitteln durchgesetzt werden kann (§ 393 I AO).

Über das Ergebnis der Außenprüfung ergeht ein schriftlicher Prüfungsbericht (§ 202 AO), der eine nicht selbstständig anfechtbare Wissenserklärung ist. Er wird zur Grundlage für die Erstellung von Änderungsbescheiden bzw für die erstmalige Veranlagung. Dieser Prüfungsbericht ist dem Steuerpflichtigen gegebenenfalls vor Auswertung zu übersenden. Dies gilt nicht bei der abgekürzten Außenprüfung, bei der auch eine Schlussbesprechung nicht nötig ist (§ 203 II 3 AO).

4.   Einleitung des Strafverfahrens

23   Mit der Einleitung des Steuerstrafverfahrens beginnt das eigentliche Ermittlungsverfahren.[45] Zielrichtung ist hier nicht mehr allein die Ermittlung der zutreffenden Besteuerungsgrundlagen, die zwar nach wie vor ihre Bedeutung für den vom Täter angestrebten Taterfolg haben, sondern insbesondere auch die eigentlichen Tathandlungen. Daneben finden solche Umstände der Besteuerungsgrundlagen besonderes Interesse, die zwar steuerlich zu berücksichtigen sind, jedoch infolge des in § 370 IV 3 AO normierten sog **Kompensationsverbotes** oder Vorteilsausgleichsverbotes steuerstrafrechtlich keine Berücksichtigung finden.

Die in § 397 I AO geregelte Befugnis zur Einleitung des Steuerstrafverfahrens entspricht nur teilweise der Befugnis, strafprozessuale Ermittlungen durchzuführen. Zur Einleitung eines Steuerstrafverfahrens sind sämtliche Finanzbeamten und Angestellten des Finanzamtes befugt. § 397 AO spricht hier von der »Finanzbehörde«, womit die in § 386 I 2 AO genannten Institutionen gemeint sind. Damit darf auch jeder Beamte eines rein steuerlichen Sachgebietes im Finanzamt ein Steuerstrafverfahren einleiten. Die Befugnisse im eigentlichen Ermittlungsverfahren sind hiervon scharf zu trennen, sie sind wegen der **Zuständigkeitskonzentration** auf die Steuerfahndungs- und Bußgeld- und Strafsachenstellen beschränkt. Der übrigen Finanzbehörde bleibt jedoch durch § 399 II AO eine **Notkompetenz**. Die sonst bekannte Einleitungsbefugnis der Polizei und Staatsanwaltschaft bleibt unberührt.

24   Der weitgezogene Kreis der **Einleitungsbefugnis** eines Steuerstrafverfahrens hat erhebliche Konsequenzen für den Betroffenen. Die Einleitung und deren Bekanntgabe gegenüber dem Betroffenen führt sowohl zur Unterbrechung der strafrechtlichen Verfolgungsverjährung (§ 78 c I Nr. 1 StGB), als auch zur Hemmung des

---

44 Vgl BFH BB 1994, 633 m Anm Bilsdorfer
45 Zu den Voraussetzungen, die an den notwendigen Tatverdacht zu stellen sind vgl Joecks WM 1998 (Sonderbeilage 1) 1998, 8

Ablaufes der steuerrechtlichen Festsetzungsverjährung (§ 171 V 2 AO). Ferner ist die Möglichkeit einer Selbstanzeige ausgeschlossen (§ 371 I Nr. 1 b AO), demgegenüber die Mitwirkung des Steuerpflichtigen im Steuerermittlungsverfahren jedoch nicht mehr erzwingbar (§ 393 I 2 AO), obgleich die rein steuerlichen Mitwirkungspflichten bestehen bleiben.

Bei den sog **Vorfeldermittlungen** (Nr. 146 AStBV) steht rechtlich außer Zweifel, dass § 208 I Nr. 3 AO keine Handhabe zu beliebigem Eingreifen der Steuerfahndung bietet. Ermittlungen »ins Blaue hinein« sind ausgeschlossen, vielmehr muss ein hinreichender Anlass für die Aufnahme der Fahndungsermittlungen bestehen, der nur gegeben ist, wenn aufgrund konkreter Momente oder allgemeiner Erfahrungen Anordnungen bestimmter Art geboten sind.[46] Insbesondere von der Möglichkeit des (Sammel-)Auskunftsersuchens wird dabei Gebrauch gemacht, wobei deren Voraussetzung, die Ausübung pflichtgemäßen Ermessens im Rahmen einer Prognoseentscheidung der vorweggenommenen Beweiswürdigung durch die Finanzgerichte überprüfbar ist.[47] Zu weitgehend erscheint die Ansicht, dass Vorfeldermittlungen bereits eine Sperrwirkung für die Selbstanzeige nach § 371 II Nr. 1 a AO sollen entfalten können.[48]

24 a

5. Durchsuchung und Beschlagnahme

Besondere Regelungen für die Durchsuchung und Beschlagnahme finden sich im Steuerstrafverfahrensrecht nicht.[49] Da zumeist von einer Gefahr im Verzuge nicht ausgegangen werden kann, sind richterliche Durchsuchungsbeschlüsse die Regel. Ein dahingehender Antrag darf nur durch die Bußgeld- und Strafsachenstelle gestellt werden, die Steuerfahndung hat dieses Recht nicht.[50] Sechs Monate nach seinem Erlass verliert der richterliche Durchsuchungsbeschluss seine Wirksamkeit.[51] Im Übrigen gelten auch hier die Vorschriften der §§ 102 ff StPO.

25

Gleiches gilt für die Beschlagnahme nach §§ 94 ff, 111 b ff StPO. Die der Staatsanwaltschaft und ihren Ermittlungspersonen (früher: Hilfsbeamten) und somit auch der Bußgeld- und Strafsachenstelle und der Steuerfahndung eröffnete Möglichkeit, bei »Gefahr im Verzuge« abweichend vom Grundsatz des Richtervorbehaltes eigenständig eine Beschlagnahme anordnen zu können (§ 98 I StPO) wird durch die Regelung der Notkompetenz in § 399 II 2 AO auf jeden Finanzbeamten erweitert.

Die Anforderungen, die an einen notwendigen **Anfangsverdacht** gestellt werden, sind nicht eben hoch. So sollen bei Tafelgeschäften allein schon der Erwerb oder die Einlösung im Ausland den Verdacht der Steuerhinterziehung begründen.[52] Der Verdacht, der als ein »Grad von Wissen«, den Ermittlungsauftrag der Strafverfolgungsbehörden begründet, legitimiert zugleich Grundrechtseingriffe, wobei sich die Landgerichte nicht fragen, ob dies verhältnismäßig ist.[53]

---

46 BFHE 148, 108
47 BFH BStBl 1987 II, 484, BVerfG ZfZ 1989, 175
48 OLG Celle wistra 2000, 2919
49 Zu tatsächlichen Besonderheiten vgl Joecks WM 1998 (Sonderbeilage 1) 1998, 20 ff
50 F/G/J-Joecks § 404 Rn 54
51 BVerfG wistra 1997, 223
52 LG Detmold wistra 1999, 434; LG Waldshut-Tiengen wistra 2000, 354; LG Freiburg wistra 2000, 356; moderater dagegen LG Darmstadt wistra 2000, 238; LG Itzehoe wistra 1999, 432; LG Freiburg wistra 2000, 159
53 Joecks WM 1998 (Sonderbeilage 1) 1998, 20 ff

Problematisch ist die **Teilnahme von Betriebsprüfern** an Durchsuchungsmaßnahmen im Hinblick auf das nur den Steuerfahndungsbeamten und – im eigenständigen Ermittlungsverfahren – den Beamten der Bußgeld- und Strafsachenstelle zustehende Recht zur Durchsicht von Papieren.[54] Wie bei der Parallelproblematik der Durchsuchung im allgemeinen Strafverfahren durch Polizeibeamte stellt aber eine Grobsichtung von Unterlagen noch keine dort nur der Staatsanwaltschaft erlaubte Durchsicht dar.[55]

26 Auch die Durchsuchung bei **Berufsgeheimnisträgern** unterliegt den üblichen Voraussetzungen. Ist der Berufsgeheimnisträger selbst Beschuldigter, so richtet sich eine Durchsuchung nach § 102 StPO; kommt er als Zeuge in Betracht und ist er deshalb »Dritter«, kann eine Durchsuchung nur unter den Voraussetzungen des § 103 StPO erfolgen. Einschränkungen ergeben sich nur aus den Grenzen, die für eine Sicherstellung oder Beschlagnahme von Unterlagen bestehen, die der Berufsgeheimnisträger verwahrt.[56] Gegenstände, die gemäß § 97 StPO der Beschlagnahme nicht unterliegen, dürfen deshalb auch nicht Gegenstand der Durchsuchung sein. Dies gilt insbesondere für die Handakten des Steuerberaters (§ 97 I, 53 StPO). Dieses Beschlagnahme- und damit zugleich Durchsuchungsverbot gilt gemäß § 97 II StPO jedoch nicht, wenn der Berufsgeheimnisträger und damit Zeugnisverweigerungsberechtigte selbst der Teilnahme, der Begünstigung, der Strafvereitelung oder der Hehlerei verdächtig ist, oder wenn es sich um Gegenstände handelt, die durch eine Straftat hervorgebracht oder zur Begehung einer Straftat gebraucht oder bestimmt sind oder aus einer Straftat herrühren.

27 Umstritten ist, ob die **Buchführungsunterlagen**, die sich beim Steuerberater befinden, **beschlagnahmefrei** nach § 97 I Nr. 3 StPO sind. Ein Teil der Rechtsprechung und Literatur geht davon aus.[57] Andererseits wird ein Zugriff auf Buchhaltungsunterlagen wieder für zulässig gehalten.[58] Zu bedenken ist hierbei, dass von § 97 I Nr. 3 StPO nur Gegenstände erfasst sein sollen, die einen spezifischen Bezug zur Tätigkeit des Berufgeheimnisträgers für seinen Mandanten – den Beschuldigten – haben. Buchführungsunterlagen sind deshalb beschlagnahmefrei, soweit sie dem Steuerberater zur noch ausstehenden Anfertigung von Steuererklärungen oder Jahresabschlüssen übergeben wurden.[59] Beschlagnahmefähig bleiben bzw werden die Buchführungsunterlagen jedoch, wenn sie durch den Steuerberater lediglich verwahrt werden oder sie ihm allein für Aufgaben übergeben wurden, die keine steuerliche Beratungstätigkeit darstellen. Nach Erstellung der Steuererklärung oder des Jahresabschlusses verkümmert der Steuerberater zum reinen Verwahrer, so dass dann eine Beschlagnahme zulässig ist.[60]

Darüber hinaus bleiben die aktuellen Buchführungsunterlagen gemäß § 97 II 3 StPO nur dann beschlagnahmefähig, soweit sie als **Tatwerkzeug** in Betracht kommen. Dies ist jedoch nicht schon dann der Fall, wenn sie nach der Vorstellung des Täters bei der Tatausführung »in breitestem Sinne«[61] Verwendung gefunden haben, sondern nur, soweit sie inhaltlich falsch im Sinne einer Manipulation sind.[62]

---

54 Stahl KÖSDI 2000, 1245; Rolletschke DStZ 1999, 444
55 Zur Gesamtproblematik des § 110 StPO vgl Park wistra 2000, 453
56 Joecks Praxis des Steuerstrafrechts, 131
57 LG München NJW 1984, 1191; F/G/J-Joecks § 399 Rn 41
58 LG Stuttgart wistra 1988, 40; LG Darmstadt NStZ 1988, 286; Kohlmann § 385 Rn 187 ff
59 LG Berlin NJW 1977, 725; LG Hildesheim wistra 1988, 327; Joecks Steuerstrafrecht 137; Koch/
    Scholtz § 399 Rn 32; Kohlmann § 385 Rn 196 ff
60 Joecks Praxis des Steuerstrafrechts, 133; Joecks Steuerstrafrecht, 137
61 Freund NJW 1976, 2004
62 LG Stuttgart NJW 1976, 2030; OLG Hamburg MDR 1981, 603; Stypman wistra 1982, 13

Problematisch werden damit die Fälle, in denen der Beschuldigte – zur eigenen Entlastung – behauptet, nur auf den Rat seines Steuerberaters gehört zu haben und diesen damit zugleich als möglichen Teilnehmer ins Spiel bringt. Wird der Steuerberater selbst zum (Mit-) Beschuldigten, so gelten die vorbezeichneten Einschränkungen nicht; eine Durchsuchung stützt sich dann nicht mehr auf § 103 StPO, sondern auf § 102 StPO. In Anbetracht der Beeinträchtigung der Rechte des Beschuldigten durch eine Durchsuchung bei seinem Steuerberater (oder auch seinem Verteidiger) sind an die Voraussetzungen eines Teilnahmeverdachts strenge Anforderungen zu stellen.[63] Allein die – insoweit unbedachten – Äußerungen des Beschuldigten dürfen hier nicht zu seinem Nachteil verkehrt werden und die Voraussetzungen des § 102 StPO in Bezug auf seinen Steuerberater sind nicht allein schon durch die Angaben des Beschuldigten gegeben.

6. Zugriff auf Bankunterlagen

Die Anforderung von bei Banken vorhandenen Unterlagen ist ebenso wie eine Durchsuchung und Beschlagnahme keinen besonderen rechtlichen Voraussetzungen unterworfen.[64] In § 30 a AO ist zwar der Schutz von Bankkunden geregelt, ein »Bankgeheimnis« gibt es jedoch auch im Steuerstrafverfahren nicht. Dennoch sind Durchsuchungen bei Banken nach § 103 StPO in der Praxis die Ausnahme. Regelmäßig wird zunächst ein **Herausgabeverlangen** nach § 95 StPO gestellt, welchem die Bank nachkommt. Da das Herausgabeverlangen von jedem gestellt werden kann, der auch zur Anordnung der Beschlagnahme befugt ist, kommt bei Gefahr im Verzuge neben dem Richter auch die Staatsanwaltschaft, die Finanzbehörde und die Steuerfahndung in Betracht und unter den Voraussetzungen des § 399 AO wiederum jeder Finanzbeamte. Handelt es sich um einen Fall fehlender Gefahr im Verzuge, so steht der Staatsanwaltschaft bzw der Finanzbehörde kein Recht auf ein Herausgabeverlangen zu.[65]

28

7. Beschlagnahme von EDV

Der Zugriff auf EDV wirft neue Fragen auf, die den Vätern der StPO im 19. Jahrhundert nicht bewusst sein konnten.[66] In der Praxis ist die Neigung der Steuerfahndung festzustellen, nicht nur Dateien sicherzustellen, sondern den gesamten Computer. Begründet wird dies mit der Überlegung, dass die Dateien manipuliert sein könnten und gelöscht würden, wenn die Verbindung zu einer bestimmten Hardware aufgehoben wird. Diese Argumentation überzeugt kaum und mag allenfalls in extremen Einzelfällen zutreffen. Vielmehr wird versucht, den gesamten Festplatteninhalt auch auf drittbezogene Daten durchzusehen, was einer – unzulässigen – gezielten Suche nach Zufallsfunden gleichkommt. E-mails dürften jedenfalls beschlagnahmefrei sein,[67] besondere Probleme bestehen bei der Beschlagnahme verschlüsselter Computerdaten.[68]

28 a

---

63 Sehr instruktiv LG Fulda wistra 2000, 155
64 Joecks WM 1998 (Sonderbeilage 1) 1998, 20 f
65 LG Düsseldorf wistra 1993, 199; LG Bonn NStZ 1983, 326; Joecks Steuerstrafrecht, 139; Kohlmann § 385 Rn 166; aA Kurth NStZ 1983, 326; Schäfer wistra 1983, 102
66 F/G/J-Joecks § 399 Rn 48; umfassend: Matzky 1999
67 Flore PStR 2000, 87
68 Spatscheck PStR 2000, 188

8. Zufallsfunde

28 b   Bei Gelegenheit einer Durchsuchung aufgefundene Gegenstände, die mit dem eigentlichen Ermittlungsanlass nichts zu tun haben, aber auf eine andere Straftat hindeuten, dürfen nach § 108 I 1 StPO einstweilen in Beschlag genommen werden. Nicht erlaubt ist aber die gezielte Suche nach Zufallsfunden. Noch weniger darf eine Durchsuchung dazu benutzt werden, systematisch nach Gegenständen zu suchen, auf die sich die Durchsuchungsanordnung nicht bezieht.[69] Auch liegt die Verdachtsschwelle für die Beschlagnahme eines Zufallsfundes nicht niedriger als die für die Durchsuchung selbst. Verstöße können zu einem Verwertungsverbot führen.[70]

9. Überwachung der Telekommunikation

29   Unter bestimmten Voraussetzungen gestattet § 100 a StPO die Überwachung und Aufnahme des Fernmeldeverkehrs auf Tonträger, jedoch beschränkt auf die in dieser Ermächtigungsgrundlage enumerativ aufgezählten Delikte. Hierbei handelt es sich ausnahmslos um solche der so genannten Schwerstkriminalität, Steuerhinterziehung zählt nicht dazu. Dennoch besteht auch hier Anlass, einen Mandanten gegebenenfalls zur Vorsicht bei telefonischen Äußerungen zu ermahnen. Nach Ansicht des BGH[71] führt das Abhören eines Telefongespräches nicht zu einem Verwertungsverbot, wenn der Kriminalbeamte einen Zeugen veranlasst, bei einem Tatverdächtigen anzurufen und Fragen hinsichtlich des Tatverlaufes zu stellen, wenn sich der Zeuge einverstanden erklärt hat, dass der Kriminalbeamte dieses Gespräch über einen **Zweithörer** mithört und später darüber einen Vermerk fertigt. Steuerfahndungsbeamte sind oftmals noch eifriger als Polizeibeamte und neigen aufgrund unzureichender Schulung im Strafprozessrecht manchmal dazu, aus dem Erfolg die Rechtmäßigkeit des Mittels abzuleiten.[72] Denkbar ist damit, dass Zeugen auch durch Steuerfahndungsbeamte angehalten werden, telefonisch mit dem Tatverdächtigen über den Sachverhalt zu reden, der Gegenstand des Ermittlungsverfahrens wegen Steuerhinterziehung ist. Wenngleich der BGH wohl zutreffend hier keinen Verstoß gegen § 100 a StPO annimmt, da insbesondere in den Schutz des Fernmeldegeheimnisses aus Art. 10 GG nicht eingegriffen werde und auch kein Verstoß gegen § 201 II Nr. 1 StGB vorliege, da übliche und von der Post zugelassene Mithöranlagen nicht zu den in § 201 StGB gemeinten Abhörgeräten zählen,[73] sollte bei Bekannt werden derartiger Ermittlungsmaßnahmen doch verstärkt auf eine Unverwertbarkeit der daraus erzielten Erkenntnisse gedrungen werden. Es bestehen erhebliche Bedenken, dass es sich bei derartigen Ermittlungsmaßnahmen um einen Verstoß gegen die Grundsätze eines rechtsstaatlichen Verfahrens handelt, was als verbotene Vernehmungsmethode nach § 136 a StPO zu einem Verwertungsverbot führt. Vergleichbar der **Hörfalle**, die in weit verbreiteter Meinung im strafrechtlichen Schrifttum einen Verstoß gegen den Rechtsgedanken des § 136 a StPO darstellt,[74] bedarf heimliches grundrechtsrelevantes Vorgehen von Ermittlungsbehörden, so es etwa bei der Verfolgung besonders schwerer Straftaten unverzichtbar sein sollte, jedenfalls einer gesetzlichen Rechtfertigung. Eine solche liegt für ein Mithören eines Telefongespräches über einen Zweithörer jedoch nicht vor.

---

69 LG Baden-Baden wistra 1990, 118; LG Darmstadt StV 1993, 573
70 LG Bonn NJW 1981, 292; LG Bremen wistra 1984, 241; LG Baden-Baden wistra 1990, 118
71 BGH wistra 1994, 68
72 Streck 55; Depping StB 1995, 98
73 Lackner § 201 Rn 19
74 Beulke Strafprozessrecht, 58; Bottke StV 1990, 184; Kühl StV 1986, 187; Depping StB 1995, 97; Jung JuS 1994, 618

Mit dem **Telekommunikationsgesetz** (TKG)[75] wird Strafverfolgungsbehörden die   **29 a**
Möglichkeit eröffnet, Daten im automatisierten Verfahren (§ 112 TKG) abzufragen.
Dabei ist im Rahmen des Mobilfunkverkehrs zu beachten, dass zwar die Verbin-
dungsdaten nur unter den Voraussetzungen der §§ 100 a, 100 b StPO abgefragt werden können, die Standortdaten aber auch außerhalb der eigentlichen Telekommuni-
kationsüberwachung zur Verfügung stehen.

10. Die Aufrüstung der Ermittlungsbehörden

Die deutliche Verbesserung der Ermittlungsmöglichkeiten der Finanzbehörde erge-   **29 b**
ben sich weniger aus der tatsächlichen Personalverstärkung und vorgenommenen
Verbesserung der technischen Mittel, als vielmehr aus einer Veränderung der rechtlichen Rahmenbedingungen für mögliche Erkenntnisquellen. Dabei ist auch darauf
hinzuweisen, dass die Finanzverwaltung ihrerseits Informationen, die sie über einen
Steuerpflichtigen in Erfahrung bringt, anderen Behörden zur Verfügung stellt. Diese Daten unterliegen zwar grundsätzlich dem Steuergeheimnis nach § 30 AO, dessen Durchbrechung eine entsprechende Rechtsgrundlage voraussetzt. Diese sind in
den vergangenen Jahren jedoch deutlich erweitert worden und befördert naturgemäß die Kooperation der Finanzverwaltung zu Gunsten anderer Behörden auch
deren Bereitschaft, der Finanzbehörde Informationen zu liefern.

a) Rechtliche Möglichkeiten

Anzeigen durch Betriebsprüfer

Nach § 10 Abs 1 S 2 BpO muss die Bußgeld- und Strafsachenstelle bereits unter-   **29 c**
richtet werden, wenn lediglich die Möglichkeit besteht, dass ein Strafverfahren
durchgeführt werden muss.

Geldwäscheverdachtsanzeigen

Geldwäscheverdachtsanzeigen, zu deren Erstattung insbesondere Kreditinstitute   **29 d**
verpflichtet sind, unterliegen dem Zugriff der Steuerfahndung und werden an diese
oftmals auch ohne gesonderte Aufforderung weitergeleitet.

Zugriff auf Unternehmens-EDV

Der Finanzverwaltung wurden umfassende Zugriffs- und Auswertungsrechte auf   **29 e**
die betriebliche Software des Steuerpflichtigen eingeräumt. Was bislang nur für die
Steuerfahndung galt, wird auch für die Außenprüfung zur Routine. Mit den §§ 146
Abs 5, 147 Abs 2 Ziff 2, Abs 5 und Abs 6 AO wurden die rechtlichen Voraussetzungen für einen direkten Zugriff der Finanzverwaltung auf beim Steuerpflichtigen gespeicherte Daten ermöglicht. Ergänzend ist ein BMF-Schreiben zu den »Grundsätzen zum Datenzugriff und Prüfung digitaler Unterlagen (GDPdU)« ergangen.[76]
Der Inhalt und die Reichweite dieser gesetzlichen Neuregelungen werden in der
Literatur stark diskutiert.[77] Die neuen digitalen Prüfungsmethoden treten neben die
Möglichkeiten der herkömmlichen Prüfung und sollen nur im Rahmen der steuerlichen Außenprüfung gelten. Dementsprechend wurden auch die Mitwirkungspflichten in § 200 AO erweitert.

75 BGBl I 2004, 1190
76 BMF BStBl 2001 I, 415
77 Drüen, AO-StB 2003, 83; Balmes, AO-StB 2002, 121; Hütt, AO-StB 2001, 145; Höreth/Schiegl,
   BB 2001, 2509; Burchert INF 2001, 230

Ihre Anwendungsbereiche sind damit:

- Umsatzsteuer-Sonderprüfungen
- Investitionszulagen-Sonderprüfungen
- Lohnsteuer-Sonderprüfungen
- (Voll-)Außenprüfungen

Arten des Datenzugriffs nach §§ 146 Abs 5, 147 Abs 1 Ziff 2 AO sind:

Der **unmittelbare Datenzugriff**, der lediglich einen Lesezugriff des Prüfers darstellt. Dieser hat das Recht, mittels der vom Steuerpflichtigen installierten Hard- und Software unmittelbar auf das Datenverarbeitungssystem zuzugreifen. Dabei erhält er Einsicht in sämtliche »Bewegungsdaten« (zB Konten) und »Stammdaten« (zB Debitorenliste) und deren Verknüpfungen. Hard- oder Software der Finanzverwaltung kommt nicht zum Einsatz, so dass insoweit auch kein Risiko der Virenübertragung besteht.

Beim **mittelbaren Datenzugriff** kann von dem Steuerpflichtigen verlangt werden, dass dieser die Daten nach den Vorgaben der Finanzbehörde auswertet oder von einem Dritten auswerten lässt, um den Lesezugriff durchführen zu können. Der einzige Unterschied zum unmittelbaren Datenzugriff besteht darin, dass hier das Filtern und Sortieren nach Vorgabe des Prüfers durch den Steuerpflichtigen oder einen von ihm zu beauftragenden Dritten erfolgt.

Die **Datenträgerüberlassung** stellt die dritte Möglichkeit des Datenzugriffs dar.

Diese dritte Möglichkeit wird in der Praxis die entscheidende Rolle spielen. Danach können dem Prüfer gespeicherte Daten auf einem maschinell verwertbaren Datenträger (zB CD) überlassen werden. Die Finanzämter sind bzw. werden seitens des BMF mit einer speziellen Prüfsoftware ausgestattet, die auf dem von Wirtschaftsprüfern teilweise eingesetzten Prüfprogramm »IDEA« basiert, jedoch um bestimmte Module für die Finanzverwaltung erweitert ist.

Diese Prüfsoftware verfügt über Analysefunktionen wie:

- **Altersstrukturanalysen:** Hierdurch können Datensätze einer Datei unter Angabe eines Datenumfeldes in der Datei und eines Bezugsdatums in frei definierbaren Altersintervallen eingeordnet werden;
- **Aufsummierung von Feldern:** zB Anlegen einer Summendatei;
- **Aufschichtung von Daten:** um einen Überblick über die Zusammensetzung von Feldern und Daten zu erhalten;
- **Mehrfachbelegungsanalysen:** welche Prüfungen erlaubt, ob zB eine Datei doppelte Belegnummern enthält;
- **Lückenanalysen:** wodurch Lücken in chronologischer Reihenfolge (Rechnungsnummern) festgestellt und dokumentiert werden können.

Da der erweiterte Datenzugriff auf die nach § 147 Abs 1 AO aufbewahrungspflichtigen Unterlagen beschränkt ist, empfiehlt es sich, durch Datentrennung und Zugriffsschranken sicherzustellen, dass sich ein Zugriff nur auf diese beschränkt.[78] Die Neuregelungen sind zwar erst zum 1. 1. 2002 in Kraft getreten, betroffen sind dennoch auch Buchführungen früherer Jahre. Dies stellt M.E. eine unzulässige Rückwirkung dar, weil sich der Steuerpflichtige bei der Buchführung, Datenarchivierung und -aufbereitung nicht auf die Neuregelung einstellen konnte.

---

[78] zu den zugriffspflichtigen Daten vgl BFH BStBl 2001 I, 415

Identifikationsnummer

Die Steuerpflichtigen sollen künftig mittels einer Identifikationsnummer zentral erfasst werden. Unter einer sog »Electronic Taxpayer Identifikation Number« (ETIN) und einer Wirtschafts-Identifikationsnummer werden personenbezogene Daten der Meldeämter und die Daten zu sämtlichen Steuerbereichen bundesweit gespeichert. Die rechtlichen Vorgaben hierzu wurden durch die §§ 139 a–139 c AO geschaffen, vor deren Umsetzung zunächst aber noch eine Erprobungsphase abgewartet wird. Diese Nummern werden die elektronische Auswertung von Daten und deren Übermittlung erleichtern und sollen ab 2007 zur Verfügung stehen. Auf die Wirtschafts-Identifikationsnummer sollen auch die Gewerbeaufsicht, Sozialversicherungsträger und Krankenversicherungen Zugriff haben.

29 f

Jahresbescheinigung, § 24 c EStG

Kreditinstitute und ähnliche Einrichtungen haben ihren Kunden eine umfassende Jahresbescheinigung nach amtlich vorgeschriebenem Muster auszustellen, die die für die Besteuerung der Kapitaleinkünfte und Spekulationsgewinne erforderlichen Angaben enthält.

29 g

Rentenversicherungsmitteilungen, § 22 a EStG

Die Träger der Rentenversicherungen werden in absehbarer Zeit dem Bundesamt für Finanzen Mitteilungen über die Höhe bezogener Renten machen, welche von dort wiederum an die einzelnen Finanzämter weitergeleitet werden. Dieses Verfahren hängt jedoch von der Personenidentifikationsnummer (ETIN) ab und wird dieses Verfahren deshalb voraussichtlich erst ab dem Jahre 2007 angewandt werden.

29 h

Datenzugriff, § 24 c KWG, § 93 Abs 7 und 8 AO, § 93 b AO

Seit dem 01. 04. 2005 ist der Zugriff auf Daten bei der Bundesanstalt für Finanzdienstleistungsaufsicht auch für die Finanzämter möglich. Da die Abfragemöglichkeit über die Finanzverwaltung auch für alle Behörden besteht, bei deren Tätigkeit an einkommensteuerrechtliche Begrifflichkeiten bzw. das Einkommen angeknüpft wird, ergeben sich hier umfassende Informationsmöglichkeiten.

29 i

Sozialversicherungsträger

Die Übermittlung von Sozialdaten ist nach § 71 SGB X zulässig, soweit dies zur Sicherung des Steueraufkommens nach den § 93, 97, 105, 111 Abs 1 und 5 und § 116 AO nötig ist, darüber hinaus aber auch nach § 93 a AO zur Überprüfung von Ansprüchen nach dem Wohngeldgesetz, bei der Verfolgung von Ordnungswidrigkeiten nach dem Gesetz zur Bekämpfung der Schwarzarbeit etc.

29 j

Erkenntnisse der Zollfahndung

§ 33 ZFdG erlaubt die Weitergabe personenbezogener Daten an die Finanzbehörden. Das Gesetz über die Zusammenarbeit der Zollverwaltungen[79] sieht in Umsetzung eines Übereinkommens aus dem Jahre 1997 Spontanauskünfte vor. Die Verwendung solcher Erkenntnisse außerhalb von Zollsachen richtet sich nach dem innerstaatlichen Recht des Anwendungsstaates, so dass über § 30 AO auch die Finanzämter von derartigen Erkenntnissen profitieren können.

29 k

---

79 BGBl 2002 II, 1387

Zinsinformationsverordnung

29 l   Mit der Zinsinformationsverordnung[80] wird die Zinssteuerrichtlinie partiell umgesetzt. Damit verbunden ist ein Austausch von Kontrollmitteilungen, bspw. wird in Spanien gesammelt, was ein nicht in Spanien ansässiger an Zinserträgen hat.[81]

b)   Vernetzung und Kommunikation

Man wird mit Recht behaupten können, dass die Finanzbehörde die nicht nur hinsichtlich der EDV am besten ausgestattete Behörde in der Bundesrepublik ist. Dies gilt insbesondere auch für besondere Auswertungs- und Kommunikations-Software.

Win-IDEA

29 m   Die Idee des Programms ist die Übernahme sämtlicher Unternehmensdaten durch Datenimport. Die Software ist dabei in der Lage, alle gängigen Softwaresysteme zu erkennen und zu importieren. Über spezielle Analyseinformationen kann der Datenbestand ausgewertet werden und macht es dabei keinen Unterschied ob 1.000 oder 1 Mill. Daten verwaltet werden sollen. Die Finanzverwaltung hat bereits 14.000 Lizenzen erworben und sind bereits nahezu 1.000 Prüfer von der Vertreiberfirma Audikon geschult worden. Mit Hilfe dieses und anderer Programme sowie unter Anwendung mathematisch-statistischer Methoden lassen sich Auffälligkeiten erkennen und Plausibilitätsprüfungen durchführen. Es können Verprobungen erfolgen und fehlende Zusammenhänge erkannt werden.

ELO-Elektronischer Leitzordner

29 n   Mit diesem Programm wird zeitnah eine Erfassung und Auswertung auch sehr großer Datenmengen möglich.

BpA Euro

29 o   Ein speziell für die Finanzverwaltung entwickeltes Auswertungs- und Steuerberechnungsprogramm erlaubt neben schwierigen Steuerberechnungen auch entsprechende Plausibilitätsprüfungen.

FISCUS – Föderales integriertes standardisiertes computergestütztes Steuersystem

29 p   Dieses Programm ermöglicht die elektronische Aktenführung, vereinheitlicht die Aufgaben der Fallerfassung und erlaubt den bundesweiten Austausch von Einzelinformationen und papierlosen Steuerakten in »Echtzeit«. Die Anbindung der Bußgeld- und Strafsachenstellen an das staatsanwaltschaftliche Verfahrensregister (ZStV) wird damit ebenfalls gewährleistet. Die Einführung dieses Programms führt zu einer bundeseinheitlichen gleichen EDV-Ausstattung mit besonders leistungsfähigen Rechnern, die untereinander vernetzt sind. Dadurch wird gleichzeitig in allen Bundesländern eine einheitliche Software genutzt.

LUNA – Länderübergreifende Namensauskunft

29 q   Hierdurch wird der Zugriff auf alle Grundinformationsdaten eines Steuerpflichtigen in sämtlichen Bundesländer ermöglicht.

---

80 BGBl I 2004, 128
81 vgl hierzu BMF BStBl I 2005, 29

Hardtke

XPIDER

Es handelt sich um eine beim Bundesamt für Finanzen eingesetzte Suchmaschine **29 r** für das Internet. Es stellt Querverbindungen zwischen An- und Verkäufern her und filtert für die einzelnen örtlich zuständigen Steuerfahndungsstellen die Informationen, welche diese mit dem Handelsregister oder internen Datenbanken abgleichen. Nach einem Anfangsverdacht kontaktieren die Steuerfahndungsstellen bspw. Ebay und lassen sich offenbaren, wer sich hinter dem »Nickname« verbirgt.

STINA – Steuerliche Internetanalysen

Dieses Programm ergänzt XPIDER und schafft die erforderlichen EDV-Voraussetzungen, um die darüber ermittelten Daten online den jeweils zuständigen Steuerfahndungsstellen zuleiten zu können. **29 s**

11. Rechtsschutz im Ermittlungsverfahren

Die rechtlichen Möglichkeiten hängen zunächst wesentlich davon ab, in welchem **30** Verfahren sich die Ermittlungen überhaupt befinden und aus welcher Verfahrensart heraus die Finanzbehörde tätig wird. Wie bereits dargelegt wurde, stehen gerade der Steuerfahndung ja beide Verfahrensarten zur Verfügung, die rein steuerrechtliche der Abgabenordnung und die strafrechtliche der StPO.

a) Rechtsschutzmöglichkeiten nach der Abgabenordnung

Wird die Steuerfahndung nach § 208 I Nr. 3 AO tätig, also zur Aufdeckung und Ermittlung unbekannter Steuerfälle, so handelt es sich um eine reine Abgabenangelegenheit und finden sich die Ermächtigungsgrundlagen für das Handeln der Steuerfahndung allein in der Abgabenordnung. Gegen Maßnahmen der Steuerfahndung sind in diesem Fall der **Einspruch** nach §§ 347 ff AO und der **Finanzrechtsweg** nach § 33 I Nr. 1 FGO gegeben.[82] Anderes kann gelten, wenn bereits die Einleitung des Steuerstrafverfahrens erfolgt ist. Hier kommt es jedoch entscheidend darauf an, wie sich das Handeln der Steuerfahndung darstellt. Handelt sie als Finanzbehörde, so gilt das eben Gesagte; werden Maßnahmen im Rahmen der Strafverfolgung ergriffen, so kommt ein Rechtsschutz allein nach den Regelungen des Strafprozessrechts in Betracht. **31**

Eine weitere, aber in Anbetracht der langen finanzgerichtlichen Verfahrensdauern **31 a** kaum praktizierte Möglichkeit ist die der **Aussetzung des Verfahrens** nach § 396 AO. Die strafrechtliche Verurteilung hängt zumeist von steuerlichen Vorfragen ab, der Blankettstraftatbestand der Steuerhinterziehung muss durch steuerrechtliche Vorschriften erst ausgefüllt werden (vgl hierzu Rn 40). Deshalb kann das Strafverfahren bis zum rechtskräftigen Abschluss des Besteuerungsverfahrens ausgesetzt werden. Voraussetzung ist, dass es sich um dieselbe Rechtssache handelt, also derselbe Sachverhalt, dieselbe Person und dieselbe steuerrechtliche Fragestellung betroffen sind, was aber auch der Fall ist, wenn die steuerlichen Fragen eine GmbH und das Strafverfahren deren Geschäftsführer betreffen.[83] Die Entscheidung zur Aussetzung hat gem § 396 III AO zur Folge, dass sowohl die Verjährung nach § 78 StGB, als auch die absolute Verjährung gem § 78 c III 2 StGB ruht.[84]

---

82 BFH BStBl II 1988, 359; Tipke/Kruse § 208 Rn 24
83 Schuhmann wistra 1992, 173
84 BayObLG wistra 1990, 203; OLG Karlsruhe wistra 1990, 205

> **Muster: Antrag auf Aussetzung**
>
> An das
>
> Finanzamt ....
>
> Bußgeld- und Strafsachenstelle
>
> ÜlStr-Nr.:
>
> Ermittlungsverfahren gegen Fritz Müller, Goldgräberstr. 3, 17489 Greifswald
>
> wegen Steuerhinterziehung
>
> Sehr geehrte Damen und Herren,
>
> in vorstehender Angelegenheit hatten wir Ihnen unsere Bevollmächtigung bereits angezeigt. Nunmehr beantragen wir,
>
> das Verfahren gemäß § 396 AO auszusetzen.
>
> Dem Beschuldigten wird zur Last gelegt, in den Jahren 2002 und 2003 als Geschäftsführer der A-GmbH Lieferungen seitens der FM Ltd. mit Sitz auf der Isle of Man erhalten, diese bezahlt und die Aufwendungen als Betriebsausgaben geltend gemacht sowie die in Rechnung gestellte Umsatzsteuer als Vorsteuer abgezogen zu haben. Dies ist unstreitig.
>
> Die Finanzverwaltung behauptet, dass es sich bei der FM Ltd. um eine Domizilgesellschaft im niedrig besteuerten Ausland handele, die selbst kein aktives Geschäft betreibe. Aus diesem Grunde seien die Zahlungen der A-GmbH an die FM Ltd. nicht als Betriebsausgaben abziehbar und kein Vorsteuererstattungsanspruch aus deren Rechnungen gegeben. Das Finanzamt Greifswald hat daraufhin Änderungsbescheide zur Körperschaft- und Umsatzsteuer der Jahre 2002 und 2003 gegen die A-GmbH erlassen, gegen welche derzeit ein Klageverfahren vor dem Finanzgericht Mecklenburg-Vorpommern zum Aktenzeichen 1K0000/00 anhängig ist.
>
> Unbeschadet weiterer Voraussetzungen hängt die strafrechtliche Verantwortlichkeit des Beschuldigten von dieser durch das Finanzgericht zu entscheidenden steuerrechtlichen Vorfrage ab.
>
> Mit freundlichen Grüßen

b) Rechtsschutz nach der Strafprozessordnung

32   Ebenso wie die Maßnahmen der Staatsanwaltschaft im Ermittlungsverfahren einer gerichtlichen Kontrolle unterliegen, gilt dies für Maßnahmen der Finanzbehörde. In Betracht kommen die Beschwerde nach § 304 StPO und der Antrag auf gerichtliche Entscheidung nach § 23 EGGVG.[85]

Die Möglichkeit der **Beschwerde** nach § 304 StPO ist eröffnet gegen richterliche Entscheidungen, insbesondere den **Haftbefehl** sowie **Durchsuchungs- und Beschlagnahmebeschlüsse**. Hat die Steuerfahndung wegen Gefahr im Verzuge Durchsuchung und/oder Beschlagnahme selbstständig angeordnet, so kann hierüber gemäß § 98 II 2 StPO die richterliche Entscheidung beantragt werden, gegen die dann wiederum die Beschwerde möglich ist. Diese ist nicht fristgebunden und von dem von der Maßnahme Betroffenen einzulegen, gleich ob dieser Beschuldigter, Zeuge oder Drittbetroffener der Maßnahme ist.[86] Die Zulässigkeitsvoraussetzung der Beschwer des Betroffenen kann entfallen sein, wenn die Maßnahme aus tatsächlichen oder rechtlichen Gründen nicht mehr ungeschehen gemacht werden

---

85 Amelung NJW 1979, 1687
86 Winkelbauer DStR 1978, 694; Glashoff/Rohls StB 1980, 84

kann. Die prozessuale Überholung führt dann idR zur Unzulässigkeit der Beschwerde.[87]

Von der früheren engen Handhabung des Grundsatzes der **prozessualen Überholung** ist die Rechtsprechung infolge des Beschlusses des Bundesverfassungsgerichts vom 30. 4. 1997[88] zwischenzeitlich abgerückt. Art. 19 IV GG gebietet es, ein Rechtsschutzinteresse in Fällen tief greifender Grundrechteingriffe auch dann anzunehmen, wenn die eigentliche Belastung durch die hoheitliche Maßnahme sich auf eine Zeitspanne beschränkt, in welcher der Betroffene die gerichtliche Entscheidung kaum erlangen kann. Dies gilt insbesondere in Fällen richterlich angeordneter Wohnungsdurchsuchungen, als auch für vorläufige Festnahmen in deren Folge ein beantragter Haftbefehl nicht erlassen wurde. Es läuft den Wertungen des anerkannten Fortsetzungsfeststellungsantrages analog § 113 I 4 VwGO, § 28 I 4 EGGVG zuwider, allein aus dem Prinzip der prozessualen Überholung heraus dem Betroffenen diesen Rechtsschutz zu versagen. Trotz nicht mehr vorhandener tatsächlicher Beschwer liegt es durchaus im Bereich des Möglichen, dass der Betroffene zB aus Rehabilitationsgründen oder um einen Amtshaftungsanspruch geltend zu machen, ein berechtigtes Interesse an einer Überprüfung auch bereits erledigter strafprozessualer Zwangsmaßnahmen hat.[89] Namentlich gilt dies, wenn wegen der erheblichen Folgen eines Eingriffs oder wegen der Gefahr einer Wiederholung ein nachwirkendes Bedürfnis für eine richterliche Überprüfung besteht.[90]

33

Der **Antrag auf gerichtliche Entscheidung** nach §§ 23 ff EGGVG richtet sich gegen die Art und Weise der Durchführung von Justizverwaltungsakten, insbesondere von Beschlagnahme und Durchsuchung und ist auch hier nach Erledigung der Maßnahme der Rechtsweg zum zuständigen Oberlandesgericht eröffnet. Auch die Finanzbehörde wird hier als Justizbehörde tätig.

c) Verteidigung aus Anlass der Durchsuchung

Pauschale Hinweise und Ratschläge zum Verteidigungsverhalten anlässlich einer Durchsuchung verbieten sich. Abhängig vom Einzelfall muss entschieden werden, ob überhaupt und mit welchem Nachdruck gegen solche Maßnahmen vorgegangen werden soll. In der Literatur finden sich zahlreiche Einzelbeispiele, Zusammenstellungen und Anregungen, die hier – ohne den Anspruch einer abschließenden Aufzählung zu erheben – mit dem Hinweis genannt werden sollen, sich aus Anlass einer aktuellen Auseinandersetzung mit diesen Beiträgen zu beschäftigen:

34

- Erfahrungen bei der Anfechtung von Durchsuchungs- und Beschlagnahmebeschlüssen in Steuerstrafsachen;[91]
- Rechtsschutz gegen vollzogene Durchsuchungen und Beschlagnahmen im Strafermittlungsverfahren;[92]
- praktische Fragen bei Durchsuchungen, insbesondere in Wirtschaftsstrafsachen;[93]
- zeitliche Geltung von Durchsuchungsbeschlüssen;[94]

---

87 BVerfGE 49, 329; BGH NJW 1973, 2035; Meyer-Goßner vor § 296 Rn 17
88 BVerfG wistra 1997, 219
89 Wohlers GA 1992, 214; Winkelbauer DStR 1978, 696
90 BGH NJW 1978, 1013; 1815; KK-Nack § 98 Rn 21; Fezer Jura 1982, 135
91 Streck StV 1984, 348
92 Dörr NJW 1984, 2258
93 Rengier NStZ 1981, 372
94 Fezer StV 1989, 290; Kronisch AnwBl 1988, 617

- Beschlagnahme von Geld durch die Steuerfahndung;[95]
- Durchsuchung von/in Unternehmen nach § 102 StPO;[96]
- unzulässige Suche nach Zufallsfunden und unzulässig ausgeweitete Durchsuchungen;[97]
- Durchsuchung und Beschlagnahme beim Ehepartner, Steuerberater oder Rechtsanwalt;[98]
- Rechtswidrigkeit der Durchsuchung bei fehlendem Anfangsverdacht;[99]
- zur Rechtmäßigkeit der Art und Weise einer Durchsuchung.[100]

Die fehlende Bestimmtheit eines Durchsuchungsbeschlusses vermag keine verjährungsunterbrechende Wirkung zu entfalten und es empfiehlt sich gegebenenfalls aus diesem Grunde eine Anfechtung.[101]

d) Akteneinsicht[102]

35 Eine Akteneinsicht kann nur über den Strafverteidiger erlangt werden, dem Beschuldigten selbst steht diese nicht zu. Auch dem Verteidiger kann Akteneinsicht jedoch gemäß § 147 II StPO versagt werden, solange sie den Untersuchungszweck gefährdet. Diese Einschränkung gilt nicht für Sachverständigengutachten, deren Einsicht dem Strafverteidiger in keiner Lage des Verfahrens versagt werden darf (§ 147 III StPO). Dieses strafprozessuale Akteneinsichtsrecht gilt bereits im Ermittlungsverfahren. Anders verhält sich dies jedoch im Besteuerungsverfahren.

36 Eine **Einsicht in die Steuerakten** der Finanzbehörde ist in aller Regel erst dann durchsetzbar, wenn ein finanzgerichtliches Verfahren anhängig ist. Selbst wenn die Steuerakten als Beiakten der Strafverfahrensakte hinzugezogen worden sind, was die Regel ist, sträubt sich die Finanzverwaltung in den allermeisten Fällen unter Hinweis auf das so genannte Steuergeheimnis des § 30 AO die Steuerakten zur Einsicht herauszugeben. Der betroffene Steuerpflichtige befindet sich in jedem Fall in einer Zwickmühle, gleich ob zunächst vorrangig das Steuerverfahren oder bereits das Strafverfahren betrieben wird. Im Steuerverfahren stützt das Finanzamt Änderungsbescheide möglicherweise auf Erkenntnisse aus der strafrechtlichen Ermittlungsakte, in welche unter Hinweis auf § 147 II StPO jedoch keine Einsicht gewährt wird. Der Steuerpflichtige kennt damit die Umstände nicht, die zur Änderung und Erhöhung seines Steuerbescheides führen. Im Strafverfahren ergibt sich erst aus den Steuerakten, ob der **Verkürzungsbetrag** zutreffend berechnet wurde, was in vielen Fällen gerade nicht der Fall ist. Oftmals finden sich allein steuerlich sehr gute Ansätze, den angeblichen Verkürzungsbetrag deutlich nach unten zu korrigieren.

Es empfiehlt sich, bereits frühzeitig und mit Nachdruck eine Akteneinsicht auch in die Steuerakten zu betreiben. Mit der Argumentation aus § 147 III StPO kann diese in jeder Lage des Verfahrens verlangt werden. Die Steuerfahnder sind zwar nicht

---

95 Klos wistra 1987, 121; Dörn wistra 1990, 181
96 Krekeler wistra 1995, 296
97 LG Berlin StV 1987, 97; LG Bremen wistra 1984, 241; KG Berlin StV 1985, 404; Bandemer wistra 1988, 136
98 LG Saarbrücken StV 1998, 480; LG Baden-Baden wistra 1990, 118; LG München NJW 1989, 536; LG Berlin NJW 1990, 1058; LG Stuttgart wistra 1990, 282; BVerfG wistra 1990, 97; Volk DStR 1989, 338 ff, Schmidt wistra 1990, 245; Schuhmann wistra 1995, 50
99 LG Köln StV 1988, 291; AG Offenbach StV 1993, 406; LG Darmstadt StV 1993, 573
100 OLG Stuttgart wistra 1993, 120
101 LG Frankfurt/Main wistra 2001, 28; BGH wistra 2000, 383; BVerfG wistra 1999, 257
102 Es sollen hier nur die steuerstrafrechtlichen Besonderheiten dargestellt werden, vgl iü Bockemühl Teil B Kap 1 Rn 60 ff

»Sachverständige« im Sinne dieser Vorschrift, die dahinter stehende Wertung trifft jedoch gleichermaßen zu. In dem späteren gerichtlichen Verfahren wird der Steuerfahndungsbeamte oder auch der zuständige Veranlagungsbeamte quasi als »**sachverständiger Zeuge**« gehört.[103] Seine Berechnung des verkürzten Betrages ist somit ähnlich dem Gutachten eines Sachverständigen zu verstehen.[104] Insbesondere gilt dies in den Fällen, in denen ein Haftbefehl erwirkt wurde. Der Haftgrund der Fluchtgefahr hängt oft eng mit der Höhe der verkürzten Steuer zusammen, da diese das wesentliche und – bedauerlicherweise – oft einzige Kriterium für die **Strafzumessung** ist. Da aber das Bundesverfassungsgericht klargestellt hat, dass ein Haftbefehl nur auf solche Tatsachen gestützt werden kann, hinsichtlich derer der Verteidiger Akteneinsicht erhalten hat,[105] ist dem Verteidiger zwingend auch Einsicht in die Steuerakten zu gewähren, wenn sich nur aus diesen die Höhe des hinterzogenen Betrages ergibt. Obwohl § 30 AO auch im Steuerstrafverfahren gilt,[106] hat der Betroffene ein berechtigtes Interesse an einer Akteneinsicht.[107]

Der Finanzbehörde ist es auch aus rechtlichen Gründen nicht verwehrt, eine Akteneinsicht zu genehmigen, da § 30 IV Nr. 1 AO diese Möglichkeit auch vorsieht, wenn der Steuerpflichtige ein eigenes steuerliches Verfahren gegen einen Änderungsbescheid betreiben will oder es sich eben um das Steuerstrafverfahren des Steuerpflichtigen handelt, wie sich aus der Verweisung in § 30 II Nr. 1 b AO ergibt.

Problematisch bleibt jedoch die Einsichtsmöglichkeit, soweit hierdurch die Offenbarung eines **Anzeigeerstatters** oder die Kenntnisnahme sonstiger vertraulicher Hinweise erreicht werden soll. Vertrauliche Hinweise aus der Arbeitsakte des Betriebsprüfers können ausgeheftet werden.[108] Ob dies jedoch auch im Strafverfahren gilt, erscheint höchst zweifelhaft. Die Offenbarung des Anzeigenerstatters soll nur ausnahmsweise geboten sein.[109]

Muster: Antrag auf Akteneinsicht

An das

Finanzamt ....

Bußgeld- und Strafsachenstelle

ÜlStr-Nr.:

Ermittlungsverfahren gegen Fritz Müller, Goldgräberstr. 3, 17489 Greifswald

wegen Steuerhinterziehung

Sehr geehrte Damen und Herren,

in vorstehender Angelegenheit zeigen wir Ihnen ausweislich der im Original anliegenden Vollmacht an, dass wir Herrn Fritz Müller vertreten und Herr Rechtsanwalt X zu seinem Verteidiger bestellt ist.

---

103 Zu dieser besonderen Problematik, die einen Befangenheitsantrag rechtfertigen kann, vgl Joecks Der Fachanwalt für Steuerrecht 1999, 661 ff

104 Gleichwohl obliegt die Feststellung des Verkürzungsbetrages allein dem Richter, vgl BGH wistra 2001, 22; eine Bezugnahme auf Fahndungsberichte oder Aussagen genügt nicht, OLG Saarland wistra 2000, 38

105 BVerfG wistra 1994, 342

106 Entgegen der Auffassung des OLG Celle NJW 1990, 1802

107 OLG Hamburg NStZ 1996, 43

108 BFH NJW 1995, 352

109 BFH BStBl II 1985, 571; 1994, 552; BB 1994, 1413; Plewka/Söffing NJW 1994, 3200; Streck/Obeling BB 1994, 1267; allgemein zur Akteneinsicht im Steuerstrafverfahren Schumann wistra 1995, 181

> Wir beantragen hiermit
>
> Akteneinsicht
>
> in die Ermittlungsakte, sämtliche Beiakten, Beweismittelordner, die Steuerakten sowie die Handakte des Betriebsprüfers.
>
> Wir bitten um Übersendung der Akten in unsere Kanzlei für drei Tage, für die entstehenden Kosten sagen wir uns stark. Sofern eine Übersendung der Beweismittelordner, Steuerakten und der Handakte des Betriebsprüfers an unsere Kanzlei nicht möglich sein sollte, bitten wir, uns diese über das hiesige Finanzamt zur Einsichtnahme an Amtsstelle zur Verfügung zu stellen.
>
> Mit freundlichen Grüßen

12. Verwertungsverbote

37 Ein gegen den Steuerpflichtigen eingeleitetes Steuerstrafverfahren lässt dessen steuerliche **Mitwirkungspflichten** zur Ermittlung der Besteuerungsgrundlagen unberührt, wie sich zweifelsfrei aus § 393 AO ergibt. Die Pflichten können allein mit Zwangsmitteln nicht mehr durchgesetzt werden, dies ist aber auch schon alles. Kommt der Steuerpflichtige seinen Mitwirkungspflichten nicht nach, ist insbesondere der Weg für eine **Schätzung** der Besteuerungsgrundlagen nach § 162 AO frei. Auch eine Schätzung kann dann Grundlage für den einer strafrechtlichen Verurteilung zu Grunde zu legenden Steuerverkürzungsbetrag sein.[110]

Aus dem Nebeneinander von Besteuerungs- und Strafverfahren resultiert damit eine Vielzahl von rechtsstaatlich bedenklichen Problemen.

Ergibt sich im Verlauf einer Außenprüfung aufgrund voraussichtlicher erheblicher Mehrsteuern der Verdacht einer Steuerhinterziehung, so hat der Betriebsprüfer gemäß § 10 BpO die Prüfung zu unterbrechen und den Steuerpflichtigen zu belehren, dass seine Mitwirkung nun nicht mehr erzwungen werden kann. Es ist jedoch die leider übliche Praxis, dass dem Steuerpflichtigen oftmals erst in der Schlussbesprechung, also nach Abschluss der Außenprüfung, dieser Vorwurf gemacht wird. Dahinter steht wohl die nachvollziehbare Überlegung des jeweiligen Prüfers, die Prüfung ohne weitere Erschwernisse oder ein unangenehmes Klima zu Ende zu bringen. Dieser praktikable Ansatz ist jedoch mit rechtsstaatlichen Grundsätzen nicht in Einklang zu bringen. Es kann ernsthaft niemand behaupten, dass dem Prüfer erstmalig in Vorbereitung der Schlussbesprechung bewusst wird, dass der Verdacht einer Steuerstraftat bestehen könnte. Wenn dem so ist, dann drängt sich dieser Verdacht wesentlich früher, nämlich noch in der Prüfung auf, und verstößt der Prüfer gegen die zwingende Vorgabe der § 393 I 4 AO, § 10 BpO.

38 Die Folgen eines Verstoßes gegen die **Belehrungspflicht** sind umstritten, insbesondere hinsichtlich der strafprozessualen Verwertbarkeit der wegen der verzögerten Bekanntgabe der Einleitung des Steuerstrafverfahrens gewonnenen Erkenntnisse. Weit überwiegend soll das Fehlen der Belehrung nicht zur Unverwertbarkeit der Bekundungen des Beschuldigten führen.[111] Andererseits soll die pflichtwidrige Nichteinleitung eines Strafverfahrens eine Täuschung durch Unterlassen sein und zu einem Verwertungsverbot nach § 136 a StPO führen.[112]

---

110 F/G/J-Joecks § 370 Rn 55 ff; Joecks wistra 1990, 52; Hardtke Steuerhinterziehung, 58
111 Vgl allein Klein/Orlopp § 393 Rn 6 b; Koch/Scholtz § 393 Rn 17
112 F/G/J-Joecks § 393 Rn 56; Streck BB 1980, 1539; Ehlers StBp 1981, 102

Nach bisher hM sollte die unterlassene Belehrung des Beschuldigten im Strafprozess nicht zu einem **Verwertungsverbot** führen.[113] Hier hat sich jedoch die Rechtsprechung des BGH geändert und nimmt nun grundsätzlich ein Verwertungsverbot hinsichtlich der Angaben an, die der Beschuldigte infolge der **pflichtwidrig unterlassenen Belehrung** gemacht hat.[114] Ausnahmen von diesem Verwertungsverbot sollen nur eingreifen, wenn der Beschuldigte bei Beginn der Vernehmung auch ohne Belehrung sein Schweigerecht gekannt und trotz dieses Wissens freiwillig ausgesagt hat und ferner für den Fall, dass der Beschuldigte später ausdrücklich oder durch schlüssiges Verhalten einer Verwertung nicht widersprochen hat, wobei letztere Ausnahme nur Gültigkeit hat, wenn der Beschuldigte einen Strafverteidiger zum Beistand hat.

Für den Steuerpflichtigen ergibt sich vor Einleitung des Steuerstrafverfahrens eine dem § 55 StPO vergleichbare Situation. Er ist einerseits zur Mitwirkung und Auskunftserteilung verpflichtet, darf aber belastende Angaben unterlassen. Insbesondere vor dem Hintergrund der § 393 I 4 AO, § 10 BpO darf der Steuerpflichtige bei Fragen davon ausgehen, dass ihm diese im Rahmen des Besteuerungsverfahrens gestellt werden. Allein die Aushändigung eines **Merkblattes** wird dem Steuerpflichtigen wohl kaum hinreichend Kenntnis von seinem Recht der Aussageverweigerung vermitteln und es erscheint insoweit mehr als fraglich, ob hierdurch die Ausnahmevoraussetzungen zur jüngsten Rechtsprechung des BGH seitens der Finanzverwaltung geschaffen werden. Dies spricht insgesamt eher für ein strafprozessuales Verwertungsverbot.[115]

Fraglich ist jedoch, ob dieses strafprozessuale Verwertungsverbot auch im steuerlichen Verfahren zu berücksichtigen ist.[116] Hierbei wird es entscheidend darauf ankommen, ob das Verwertungsverbot typisch strafprozessualen Charakter hat oder eher als Ausdruck eines allgemeinen Rechtsgedankens anzusehen ist, der auch zu einem Verwertungsverbot im steuerlichen Verfahren führen würde.[117]

39 Auch die jedenfalls gegebene strafprozessuale Unverwertbarkeit wird konterkariert, wenn zwischenzeitlich und gerade wegen der unverwertbaren Angaben des Beschuldigten Sachbeweise erlangt werden konnten. Hier stellt sich wieder die bekannte Frage nach der **Fernwirkung** eines Verwertungsverbotes, die mindestens ebenso problematisch ist, wie das Verwertungsverbot selbst. Die hM will jegliche Fernwirkung des Verwertungsverbotes auf die Beweismittel, die aufgrund der als Beweismittel ausscheidenden Aussage beigebracht werden konnten, ausschließen.[118] Ausnahmefälle werden nur unter Berufung auf den Grundsatz der Rechtsstaatlichkeit und rechtsethische Prinzipien im Einzelfall zugelassen.[119] Soweit man beim Unterlassen der Belehrung einen Verstoß gegen § 136 a StPO bejahen kann, schafft jedoch erst eine Fernwirkung einen angemessenen Schutz des Betroffenen.[120]

39 a Problematisch ist das Zusammentreffen mit **Allgemeindelikten**, hier kommen Fragen des **Steuergeheimnisses** hinzu. Inwiefern ein Beweisverwertungsverbot besteht, wenn der Steuerpflichtige im Rahmen einer unrichtigen Steuererklärung von einer

113 BGHSt 22, 170; Meyer-Goßner § 136 Rn 20
114 BGHSt 38, 214, 225
115 Joecks Steuerstrafrecht 145
116 Vgl auch Joecks WM 1998 (Sonderbeilage 1) 1998, 26 f
117 F/G/J-Joecks § 404 Rn 75; aM Hellmann, 114
118 Meyer-Goßner § 136 a Rn 31; Gössel NJW 1981, 2221; aA Maiwald JuS 1978, 379 ff
119 BGHSt 29, 244
120 F/G/J-Joecks § 393 Rn 49

unechten Urkunde Gebrauch macht, ist umstritten. Anknüpfungspunkt sind mehrere Entscheidungen des Bayerischen Obersten Landesgerichts. Ein Verwertungsverbot iSd § 393 II 1 AO wurde für den Fall angenommen, dass der Angeklagte im Rahmen einer Außenprüfung auf Anforderung des Prüfers gefälschte Belege vorgelegt hat.[121] Hier sei tateinheitlich eine Urkundenfälschung begangen worden, die nur dann der Staatsanwaltschaft mitgeteilt werden dürfe, wenn es sich um besonders schwerwiegende Straftaten iSd § 393 II 2, § 30 IV Nr. 5 AO handele. Gleiches gelte für den Fall, dass die Belege auf Anforderung des Veranlagungsbezirks nach Einreichung der Steuererklärung abgefordert würden.[122] In einer dritten Entscheidung wurde ein Verwertungsverbot für den Fall abgelehnt, dass bereits der Steuererklärung gefälschte Unterlagen über Werbungskosten beigefügt waren.[123] Solche gefälschten Belege seien nicht in Erfüllung einer steuerrechtlichen Pflicht iSd § 393 II 1 AO eingereicht worden. Zumindest die letzte Entscheidung des BayObLG ist richtig. Ob dies auch für die ersten beiden Entscheidungen zutrifft, erscheint zweifelhaft.[124] Der 5. Strafsenat hat zwischenzeitlich signalisiert, dass er die Auffassung des BayObLG nicht teilt.[125]

II. Steuerstraftaten

1. Allgemeines

40 Der Grundtatbestand der Steuerhinterziehung ist in § 370 AO geregelt. Über die rückgreifende Verweisungsnorm des § 369 II AO wird klargestellt, dass die allgemeinen Gesetze über das Strafrecht Anwendung finden. Diese Vorschrift hat jedoch nur deklaratorische Bedeutung, da ohne sie nichts anderes gelten würde, denn die §§ 370–376 AO enthalten offensichtlich keine vollständige Regelung des Steuerstrafrechts. So handelt es sich beim Steuerstrafrecht denn auch um so genanntes **Blankettstrafrecht**. Der eigentliche Inhalt der §§ 370 ff AO erhellt sich einerseits erst über die allgemeinen Regeln des Strafrechts (§ 369 II AO) und zum anderen durch das besondere Steuerrecht:

Bereits zur **Tathandlung** löst sich die Frage, was steuerlich erheblich ist, wann Angaben unvollständig sind und was pflichtwidrig ist, nur über das besondere Steuerrecht, etwa das EStG und das UStG, aber auch über die AO. Dort erst sind der Umfang der erforderlichen Angaben, deren Erheblichkeit und die besonderen Pflichten geregelt. Der **Taterfolg** der Steuerhinterziehung, eine Steuerverkürzung, liegt vor, wenn die festgesetzte oder angemeldete Steuer niedriger ist als die von Gesetzes wegen geschuldete. Die Höhe der Steuerschuld ergibt sich ebenfalls erst aus den Einzelsteuergesetzen. Gleiches gilt für die zweite Taterfolgsalternative, die Erlangung eines ungerechtfertigten Steuervorteils. Ob es sich um einen Steuervorteil handelt und ob dieser ungerechtfertigt ist, darüber trifft § 370 AO selbst keine Aussage.

Das Heranziehen der Regeln des besonderen Steuerrechts ist jedoch nicht ungeprüft möglich. Steuerlich kann eine Situation zwar eindeutig erscheinen, strafrecht-

---

121 BayObLG wistra 1996, 353
122 BayObLG wistra 1998, 117
123 BayObLG wistra 1998, 197
124 Vgl Maier wistra 1997, 53; Jarke wistra 1997, 325; Spriegel wistra 1997, 323; Joecks wistra 1998, 86
125 BGH wistra 1999, 341

lich kann jedoch der Grundsatz »in dubio pro reo« eingreifen. Ebenso sind von Gesetzes wegen Fälle vorgegeben, in denen steuerlich Mehrergebnisse nicht vorliegen und dennoch eine Steuerverkürzung iSd § 370 AO gegeben ist.

a) Aufbau des Straftatbestandes der Steuerhinterziehung

Oberbegriff der verschiedenen Tatbestände des § 370 AO ist die Steuerhinterziehung. Unterschieden werden vom **Taterfolg** her die Steuerverkürzung (Abs 1 Alt 1 und Abs 4 S 1) und die Steuervorteilserlangung (Abs 1 Alt 2 und Abs 4 S 2). Von der **Tathandlung** her unterscheidet man: unrichtige oder unvollständige Angaben machen (Nr. 1); pflichtwidriges in Unkenntnis lassen (Nr. 2) sowie pflichtwidriges Unterlassen der Verwendung von Steuerzeichen/-stemplern (Nr. 3). **41**

Die Steuerhinterziehung ist **Vergehen** (§ 12 II StGB), der Versuch einer Steuerhinterziehung deshalb in § 370 II AO ausdrücklich unter Strafe gestellt (§ 23 I StGB). Unter Verwendung der **Regelbeispielstechnik** werden in § 370 III AO besonders schwere Fälle der Steuerhinterziehung mit einem erhöhten Strafmaß bedroht. Diese Beispiele sind weder abschließend, noch ist bei ihrem Vorliegen zwingend von einem besonders schweren Fall auszugehen. Durch § 370 VI AO wird die Strafbarkeit auf Eingangsabgaben und Umsatzsteuern erstreckt, die von bestimmten anderen Staaten verwaltet werden sowie auf harmonisierte Verbrauchsteuern, sofern eine Gegenseitigkeitsvereinbarung besteht. **42**

b) Geschütztes Rechtsgut der Steuerhinterziehung

Durch § 370 AO soll nach weit überwiegender Auffassung das öffentliche Interesse am vollständigen und rechtzeitigen Aufkommen der einzelnen Steuer, letztlich der konkrete **Einzelsteueranspruch**[126] geschützt werden. Damit handelt es sich bei der Steuerhinterziehung um ein Vermögensdelikt.[127] Die seltener vertretene Auffassung, geschützt würden die **steuerlichen Offenbarungs- und Wahrheitspflichten**,[128] ist zur Handhabung der Norm entbehrlich. Es lassen sich aber bestimmte Eigenarten der Steuerhinterziehung mit dieser Ansicht besser erklären; so ist die bloße Nichtzahlung einer (festgesetzten) Steuer niemals Hinterziehung, andererseits aber eine Steuerhinterziehung durch falsche oder unterlassene Erklärung auch bei Zahlungsunfähigkeit des Schuldners möglich. **43**

c) Anwendungsbereich des § 370 AO

Seinem Wortlaut nach betrifft § 370 AO Steuern (§ 3 I und II AO) und Steuervorteile (Stundung, Erlass etc), nicht aber **steuerliche Nebenleistungen** wie Zinsen, Verspätungszuschläge, Säumniszuschläge, Zwangsgelder und Kosten (§ 3 III AO). Die Kirchensteuer wird nach den Kirchensteuergesetzen der meisten Bundesländer nicht von § 370 AO erfasst. Auch das Erschleichen von Subventionen und Investitionszulagen fällt nicht unter die Steuerhinterziehung, sondern in das allgemeine Strafrecht (§§ 263, 264 StGB). Angesichts der Existenz der §§ 263, 264 StGB ergibt **44**

---

126 Mit der Abschaffung der fortgesetzten Handlung ist der Hintergrund für die Eingrenzung auf die jeweils betroffene Steuerart jedoch entfallen und sollte nun auch dogmatisch endlich der staatliche Steueranspruch in seiner Gesamtheit als das von § 370 AO geschützte Rechtsgut verstanden werden; Hardtke Steuerhinterziehung, 63 ff

127 BGH wistra 1982, 29; F/G/J-Joecks § 370 Rn 14 ff

128 Ehlers FR 1976, 504; Bilsdorfer DStZ 1983, 448

sich hieraus die Notwendigkeit, die Regelungsbereiche der verschiedenen Normen voneinander abzugrenzen. Dabei ist man sich einig, dass bei Steuervorteilen iSd § 370 AO diese Norm gegenüber den anderen Tatbeständen exklusiv ist. Ein Vorteil ist dem Bereich des Steuerrechts zuzurechnen, wenn er den Ertrag einer Steuer mindert und dies auf der Anwendung eines Steuergesetzes beruht.[129]

45 Bei der Hinterziehung von Umsatzsteuer durch das Erschleichen von Erstattungen lag nach früherer Rechtsprechung nicht Steuerhinterziehung, sondern Betrug[130] vor, wenn der gesamte Steuervorgang erfunden war,[131] es also überhaupt keine umsatzsteuerpflichtigen Vorgänge gab. Inzwischen hat sich jedoch die Rechtsprechung geändert und wird Steuerhinterziehung auch für den Fall angenommen, dass ein Unternehmer – hier eine GmbH – nicht mehr aktiv tätig ist[132] und wurde dies auf den Bereich der Ertragsteuern erweitert.[133] Unerheblich ist, ob tatsächlich ein **Steuerschuldverhältnis** besteht; ausreichend ist, dass es eine Person gab, mit der ein Steuerschuldverhältnis bestanden haben könnte und mit der infolge einer Steuererstattung ein Steuerschuldverhältnis begründet wurde.[134] Auch Steuervergütungsansprüche und Erstattungsansprüche gehören zu den Ansprüchen aus dem Steuerschuldverhältnis iSd § 37 AO. Es kommt allein darauf an, ob der vom Täter erstrebte Vorteil ausschließlich auf steuerrechtlichen Regelungen beruht, unabhängig davon, in welchem Umfang dem Vorteil erfundene Vorgänge zugrunde liegen.[135] Dementsprechend sind auch Fälle, in denen ESt-Erstattungen an fiktive Steuerpflichtige erschwindelt werden, als Steuerhinterziehung zu behandeln.[136]

46 Die Abgrenzung zum Subventionsbetrug wird zum Teil durch gesetzliche Regelungen erleichtert. So gibt es eine Gruppe von Vorschriften, in denen auf § 370 AO verwiesen wird. § 264 StGB, dem der materielle Subventionsbegriff zugrunde liegt,[137] bewirkt eine Vorverlagerung der Strafbarkeit und erfasst auch leichtfertiges Verhalten als Straftat. Für die Frage, ob dem Täter ein Anspruch auf die Subvention zusteht, gelten ähnliche Kriterien wie bei der Steuerhinterziehung; der BGH nimmt faktisch ein Vorteilsausgleichsverbot an.[138]

d) Täterkreis

47 Täter einer Steuerhinterziehung können nur natürliche Personen sein. Nach der neutralen Formulierung »wer« kommen neben dem **Steuerschuldner** selbst auch andere Personen, wie Arbeitgeber, Angestellte, Organe, Berater oder Amtsträger in Betracht, denn die Tat kann auch zum Vorteil eines anderen begangen werden. Dies gilt sowohl für die Verkürzung, wie auch die Vorteilserlangung.

---

129 F/G/J-Joecks § 370 Rn 94
130 Zum Kapitalanlagebetrug vgl Joecks Kapitalanlagebetrug
131 Vgl BGH wistra 1987, 177 mwN
132 BGH wistra 1989, 226
133 BGH wistra 1990, 58
134 BGHSt 40, 109 = wistra 1994, 194
135 Ebenso F/G/J-Joecks § 370 Rn 91 f; Würthwein wistra 1986, 258; Müller NJW 1977, 746
136 Bilsdorfer NJW 1996, 170
137 Vgl SK-StGB-Samson § 264 Rn 25
138 BGH wistra 1990, 228

Hardtke

2. Der Taterfolg

a) Die Steuerverkürzung

Nach § 370 IV 1 AO sind Steuern verkürzt, wenn sie nicht, nicht in voller Höhe **48** oder nicht rechtzeitig festgesetzt worden sind. Dabei kommt es nur auf die tatsächliche Festsetzung an, nicht aber darauf, wann die Steuer ohne oder bei späterer Erklärung festgesetzt worden wäre. Der strafrechtliche Erfolg tritt mit Wirksamwerden der Steuerfestsetzung ein, also mit **Bekanntgabe** des Steuerbescheides (§§ 122, 124 AO) oder mit wirksamer **Steueranmeldung** (§§ 167, 168 AO). Ausreichend sind auch Vorbehaltsfestsetzungen oder vorläufige Festsetzungen (§§ 164, 165 AO).

Die Differenz zwischen der Steuer, die sich nach dem wahren Sachverhalt ergibt (Soll) und der Steuer, die sich nach der Erklärung ergibt (Ist) stellt in ihrer Höhe den Betrag der verkürzten Steuer dar (**Abweichung von Soll- und Ist-Steuer**). Dieser ist von dem Gericht zu ermitteln und dies kann insbesondere nicht Darstellungen von Finanzbeamten überlassen werden, selbst wenn diese als Zeugen in der Hauptverhandlung gehört werden.[139]

Gegenstand einer Steuerhinterziehung können nur Steuern iSv § 3 I AO sein. **Steuerliche Nebenleistungen** (§ 3 III AO) gehören hierzu nicht.[140]

Zu unterscheiden ist die **Steuerverkürzung auf Dauer und auf Zeit**. Nach § 370 **49** IV 1 AO reicht es aus, wenn die Steuer nicht oder **nicht rechtzeitig** festgesetzt wird. Eine objektive Abgrenzung zwischen Nicht-Festsetzung und nicht rechtzeitiger Festsetzung lässt sich praktisch nicht treffen, weil bei später bekannt werdenden Fällen die Steuer schließlich doch noch in zutreffender Höhe festgesetzt wird. Die Tat wird entweder vor Ablauf der (steuerlichen) Verjährungsfrist entdeckt und die Steuer festgesetzt, oder aber sie wird nicht entdeckt und der Steueranspruch verjährt. Maßgeblich ist deshalb allein das innere Vorstellungsbild des Täters zum Zeitpunkt seiner Tathandlung,[141] welches jedoch anhand objektiver Kriterien ermittelt werden kann. Einem Vorauszahlungen leistenden Steuerpflichtigen wird bei Nichtabgabe seiner Steuererklärung regelmäßig nur der Vorwurf einer Steuerhinterziehung auf Zeit gemacht werden können. Man wird ihm glauben müssen, selbst davon ausgegangen zu sein, irgendwann die ausstehenden Steuern zahlen zu müssen, da er kein den Finanzbehörden unbekannter Steuerfall ist.

Die Differenzierung zwischen Steuerverkürzung auf Dauer und auf Zeit ist deshalb wichtig, weil die Strafgerichte in Fällen der geplanten Verkürzung auf Zeit regelmäßig nur einen **Zinsverlust**, der in Anlehnung an die §§ 233 ff AO bestimmt wird, zugrunde legen. Dementsprechend ist die Sanktion regelmäßig deutlich niedriger als in Fällen einer auf Dauer geplanten Verkürzung.

Eine **Steuervoranmeldung** steht gemäß § 168 AO einer Steuerfestsetzung unter dem **50** **Vorbehalt der Nachprüfung** gleich und genügt damit nach § 370 IV AO für eine Steuerverkürzung. Da schon die Nichtfestsetzung der Steuer zum Erfolgseintritt führt, ist eine wirkliche Verletzung des Steueranspruchs oder die wirkliche Beeinträchtigung des Steueraufkommens nicht erforderlich. Schon die »Gefährdung« kann zur Vollendungsstrafbarkeit führen. Die Nichtabgabe monatlicher Umsatzsteuervoranmeldungen ist jedoch nur eine Steuerhinterziehung auf Zeit.[142] Die Hinterziehung

---

139 BGH wistra 2001, 22; Joecks Der Fachanwalt für Steuerrecht, 1999, 661 ff
140 Vgl zum Säumniszuschlag BayObLG NStZ 1981, 147
141 Vgl BayObLG wistra 1990, 159, 163; wistra 1991, 313, 318
142 Std. Rspr, BGHSt 38, 165, 171; wistra 1996, 105 mwN

des vollen Umsatzsteuerbetrages auf Dauer wird erst durch die Nichtabgabe der Jahressteuererklärung bewirkt.[143] Insoweit kommt es darauf an, ob der Täter bei Ablauf der Frist zur Abgabe der Jahreserklärung auch noch Erklärungspfichtiger war, was zB bei einem Wechsel der Geschäftsführer nicht mehr der Fall ist.

Bei Veranlagungssteuern liegt im Verstreichen lassen der Abgabefrist für die Steuererklärung zunächst nur **Versuch** vor. Die Vollendung soll eintreten, wenn die Veranlagungsarbeiten für diese Steuerart in diesem Finanzamt »im Großen und Ganzen« abgeschlossen sind.

51 Ein besonderes Problem ist die **Steuerverkürzung bei Grundlagenbescheiden**, insbesondere Feststellungsbescheiden nach § 180 AO, Verlustfeststellungen nach § 10 d EStG und der Feststellung des verwendbaren Eigenkapitals nach § 47 KStG. Im Feststellungsverfahren soll die Steuerhinterziehung erst vollendet sein, wenn eine entsprechende Umsetzung des Ergebnisses der unrichtigen Feststellung im Folgebescheid erfolgt ist.[144] Hieraus ergeben sich erhebliche Konsequenzen für die **Verjährung** und diese Lösung ist nicht nur deshalb in der Literatur sehr umstritten. Sachgerechter ist die Annahme, dass der Taterfolg in der Alternative der Erlangung eines ungerechtfertigten Steuervorteils bereits mit Bekanntgabe des unrichtigen Feststellungsbescheides eingetreten ist. Damit wäre die Tat zu diesem Zeitpunkt bereits vollendet und beendet, das Stadium des Versuchs wäre verlassen und würde der Lauf der strafrechtlichen Verjährung beginnen. Hierbei geht es letztlich um die umstrittene Frage der Gleichstellung eines **Fest**set**zungs**bescheides mit einem **Fest**stel**lungs**bescheid.[145]

52 Eine Steuerhinterziehung kann auch im **Beitreibungsverfahren** begangen werden. In diesem Zusammenhang sind steuerlich erhebliche Tatsachen auch Umstände, die für die Entscheidung des Finanzamts, ob und welche **Vollstreckungsmaßnahmen** ergriffen werden sollen, von Bedeutung sind.[146] Eine Steuerverkürzung liegt darin, dass Vollstreckungsmaßnahmen zu spät kommen oder der Fiskus einen Zinsverlust erleidet. Nötig ist also zunächst immer die Feststellung, dass Vollstreckungsmaßnahmen zu dem an sich geplanten Zeitpunkt erfolgreich gewesen wären. Der zu dieser Zeit möglich gewesene Erfolg ist sodann zu vergleichen mit dem Erfolg, den das Finanzamt bei einer späteren Vollstreckungsmaßnahme hatte. Die Differenz ist die Verkürzung. War die spätere Vollstreckung ebenso erfolgreich wie die seinerzeit nicht durchgeführte, kann lediglich ein Zinsverlust zugrunde gelegt werden, wenn sich der Steuerpflichtige dieses Umstandes bewusst war und nicht etwa meinte, er könne eine Vollstreckung auf Dauer verhindern.[147]

Zu beachten ist ferner, dass auch ein **Drittschuldner** Täter einer Steuerhinterziehung sein kann, wenn er das Finanz- oder Hauptzollamt durch unzutreffende Erklärungen in die Irre führt und dadurch die Beitreibung der gepfändeten Forderung des Steuerschuldners hintertreibt.[148]

---

143 BGH wistra 1997, 187
144 Vgl BGH BB 1980, 1090; wistra 1984, 142; wistra 1989, 184; vgl auch BGH wistra 1995, 21 f
145 Vgl hierzu ausführlich Hardtke/Leip NStZ 1996, 217; ferner bereits Kiel 178 ff, der jedoch allein Feststellungsbescheide nach § 180 AO in seine Überlegungen einbezogen hat; sowie F/G/J-Joecks § 370 Rn 54 f, 210, der de lege ferenda eine steuerstrafrechtliche Gleichstellung der Feststellungsbescheide mit den Festsetzungsbescheiden empfiehlt und bei der unrichtigen Feststellung nach § 47 KStG eine ungerechtfertigte Steuervorteilserlangung annimmt; sowie Hardtke in: Arbeitsgemeinschaft der Fachanwälte für Steuerrecht eV [Hrsg], 629
146 BGH wistra 1992, 300
147 Vgl auch AG Heidelberg ZfZ 1989, 155; BGH wistra 1986, 26; Bansemer wistra 1994, 327
148 BGH HFR 1981, 430

b)   Steuervorteilserlangung

Der Begriff des Steuervorteils wird im allgemeinen Steuerrecht abweichend vom   **53**
Steuerstrafrecht, und selbst dort, nicht einheitlich gebraucht. Einigkeit besteht zumindest insoweit, dass nicht jeder wirtschaftliche Vorteil in Betracht kommt, sondern es sich zumindest um einen Vorteil spezifisch steuerlicher Art handeln muss.[149]

Die Erlangung dieses Vorteils muss zu einer Beeinträchtigung des durch § 370 AO
geschützten Rechtsgutes führen.[150] Der Erlass steuerlicher Nebenleistungen (§ 3 III
AO) ist deshalb kein Steuervorteil iSd § 370 AO. Bei den unterschiedlichen Abgren-
zungs- und Systematisierungsversuchen kann man einen **Steuervorteil** im steuerstrafrechtlichen Sinne definieren als

– eine steuerliche Vergünstigung,
– die auf einer Bewilligung durch die Finanzbehörde beruht,
– keine Steuerverkürzung ist und
– den staatlichen Steueranspruch beeinträchtigt.

Nach überwiegender Ansicht wird die Steuervorteilserlangung als die speziellere Er-
folgsalternative angesehen, die der Steuerverkürzung – als dem Grundtatbestand –
vorgeht.[151] Ebenso wie die Verkürzung kann ein Steuervorteil in allen Verfahrensstadien (Ermittlungs- bis Vollstreckungsverfahren) erlangt werden. So ist auch das
Erschleichen von Steuervorteilen erfasst, etwa einer Stundung, eines Erlasses oder
der Herabsetzung von Einkommensteuervorauszahlungen[152] oder auch die durch
unrichtige Angaben erreichte Eintragung eines Freibetrages auf der Lohnsteuerkar-
te. Die verminderte Abführung von Lohnsteuer ist ein steuerlicher Vorteil in Höhe
der auf den Differenzbetrag entfallenden Verzinsung.

3.   Die Tathandlungen

Der objektive Tatbestand der Steuerhinterziehung setzt ein menschliches Handeln   **54**
voraus, entweder ein aktives Tun (§ 370 I Nr. 1 AO) oder ein pflichtwidriges Unterlassen (§ 370 I Nr. 2 AO). Gegenüber den Finanzbehörden oder anderen Behörden
müssen über steuerlich erhebliche Tatsachen entweder unrichtige oder unvollständige Angaben gemacht (Nr. 1) oder diese pflichtwidrig darüber in Unkenntnis gelassen
werden.[153] Wenngleich die Tathandlung meistens gegenüber den Finanzbehörden
erfolgen wird, die die Steuerfestsetzung durchführen, sind auch falsche Erklärungen über steuerlich erhebliche Tatsachen gegenüber anderen Behörden denkbar.

Unrichtige oder unvollständige Angaben durch **aktives Tun** erfolgen insbesondere   **55**
in der Steuererklärung, zu der nach § 150 I AO auch Steueranmeldungen gehören.
Sie können aber ebenso bei anderen Anträgen, Auskünften oder Erklärungen gegenüber der Behörde gemacht werden. Unklar ist jedoch, wie präzise die Angaben
des Steuerpflichtigen sein müssen.[154] Hierzu gehört die Frage, ob der Steuerpflichtige eine von ihm vertretene **abweichende Rechtsauffassung** zur Rechtsprechung
oder zur Verwaltungsauffassung kenntlich machen muss.[155] Ferner ist fraglich, in

---

149 F/G/J-Joecks § 370 Rn 91 f mwN
150 Kohlmann § 370 Rn 169 mwN
151 Ausführlich Hardtke Steuerhinterziehung, 113 ff
152 OLG Stuttgart wistra 1987, 263
153 Vgl allgemein zur Tathandlung Hardtke wistra 1997, 17
154 Blumers BB 1987, 807
155 Bejahend BGH wistra 2000, 137; BGH wistra 2000, 137; hierzu einschränkend Dörn wistra
     2000, 334

welchem Umfang der Steuerpflichtige Einzeltatsachen benennen muss, die der Finanzbehörde Korrekturen oder das Erkennen einer **Steuerumgehung** nach § 42 AO ermöglicht (Mitunternehmerschaft, fehlende Einkünfteerzielungsabsicht, Zulässigkeit von Rückstellungen). Offen ist auch, ob die Tathandlung des § 370 I Nr. 1 AO Unkenntnis der Finanzbehörde voraussetzt.[156] Die Nähe des Tatbestandes zur Täuschung beim Betrug spricht jedenfalls dafür.[157]

56 Voraussetzung für eine Strafbarkeit in der Tatmodalität des **Unterlassens** sind Erklärungs- oder Anzeigepflichten, die die Pflichtwidrigkeit des In-Unkenntnis-Lassens und damit eine Strafbarkeit nach § 370 I Nr. 2 AO begründen. Diese können sich aus den Einzelsteuergesetzen oder der Abgabenordnung ergeben, zB § 153 AO. Auch die Nichtabgabe oder verspätete Abgabe von Steuererklärungen gehört hierzu,[158] denn die Erklärungspflicht ist gesetzlich statuiert, zB §§ 149 AO, 18 UStG, 25 EStG.

Eine Steuerhinterziehung durch Unterlassen setzt in jedem Fall voraus, dass der Steuerpflichtige eine **Rechtspflicht** zum Handeln hat. Er muss erkennen, dass seine Erklärung unrichtig war (§ 153 AO). Das bloße Ausnutzen eines Fehlers des Finanzamtes ist strafrechtlich irrelevant. Eine Verpflichtung, das Finanzamt auf die Möglichkeit der Korrektur eines unrichtigen Bescheides hinzuweisen, besteht nicht.

57 Die in § 370 I Nr. 2 AO angesprochene Pflicht ist **kein besonderes persönliches Merkmal** iSd § 28 I StGB.[159] Es handelt sich nach Auffassung des BGH nicht um ein täterbezogenes, sondern ein tatbezogenes Merkmal, denn die steuerrechtliche Pflicht knüpft an objektive Vorgänge des täglichen Lebens an und trifft damit jeden, bei dem die tatsächlichen Voraussetzungen vorliegen, an die das Gesetz die Erklärungspflichten knüpft. Eine täterbezogene vorrechtliche Pflichtenstellung oder eine »besondere Pflichtenstellung höchstpersönlicher Art« fehlt bei den von § 370 I Nr. 2 AO angesprochenen steuerlichen Erklärungspflichten. Dies hat Bedeutung für den Teilnehmer einer Steuerhinterziehung durch pflichtwidriges »In-Unkenntnis-Lassen«. Obwohl den Teilnehmer selbst keine steuerliche Erklärungspflicht trifft, ist eine (weitere) Strafmilderung nach § 49 I StGB ausgeschlossen.

§ 370 AO setzt eine Täuschung über **steuerlich erhebliche Tatsachen** voraus. Tatsachen sind konkrete vergangene oder gegenwärtige Geschehnisse oder Zustände der Außenwelt und des menschlichen Innenlebens, die damit einem Beweis zugänglich sind. Steuerlich erheblich sind solche Tatsachen, wenn sie zur Ausfüllung des Besteuerungstatbestandes heranzuziehen sind und somit die Entstehung, Höhe, Fälligkeit oder Durchsetzung der Steuer beeinflussen.[160] Problematisch hierbei ist, dass beispielsweise im Rahmen der Umsatzsteuer-Voranmeldung konkrete Geschäfte bzw Sachverhalte nicht offenbart werden. Die im Rahmen der Erklärung verdichtet gelieferten Zahlen enthalten aber nach der Rechtsprechung eine schlüssige Erklärung dahingehend, dass mit der Aufnahme dieser Zahl die **konkludente Erklärung** verbunden ist, dies seien alle Umsätze zum normalen Steuersatz.[161]

---

156 BGH wistra 1989, 29

157 Anders BGH NJW 1991, 1306, der auch bei Duldung einer rechtswidrigen Praxis durch eine höhere Finanzbehörde die erforderliche kausale Verknüpfung zwischen Tathandlung und Erfolg nicht entfallen lässt (Parteispenden)

158 BGH wistra 1994, 228 (zur Hinterziehung von Umsatzsteuer); Dörn wistra 1989, 290; 1993, 241

159 BGH wistra 1995, 189

160 Hardtke Steuerhinterziehung, 30 mwN

161 BGHSt 25, 190 und BGH wistra 1989, 190; 1992, 102

Von den Tatsachen sind die einem Beweis nicht zugänglichen Prognosen und Wert- **58**
urteile zu unterscheiden. Hier stellt sich das Problem der Täuschung bei **abweichender Rechtsauffassung**. Rechtsauffassungen sind Wertungen und eben keine
Tatsachen. Eine Steuererklärung über Tatsachen erfolgt jedoch häufig in verdichte-
ter Form, erfordert rechtliche Subsumtionen und damit Wertungen. Da diese Wertungen einen **Tatsachenkern** enthalten, wird teilweise auch die aufgrund unrichtiger Rechtsauffassung falsche Erklärung als unrichtige Tatsachenerklärung iSd § 370
I Nr. 1 AO angesehen.[162] Diese Auffassung lässt sich mit dem Wortlaut des § 370
AO nicht vereinbaren, auch wenn die steuerrechtliche Praxis vom Steuerpflichtigen
eine Rechtsanwendung verlangt. Nur wenn der Steuerpflichtige zur Aufdeckung
des Umstandes verpflichtet wäre, dass er seiner Erklärung einen abweichenden
Rechtsstandpunkt zugrunde gelegt hat, ist eine Strafbarkeit denkbar. Eine solche
Verpflichtung lässt sich dem Gesetz jedoch nicht entnehmen.[163]

In den Fällen der Täuschung über unterschiedliche Rechtsauffassungen wird zu-
meist dahingehend argumentiert, der Steuerpflichtige müsse seine abweichende
Rechtsauffassung, die in eine Erklärung eingeflossen ist, dem Finanzamt mitteilen.
Diese Forderung ist lebensfremd, denn sie vernachlässigt, dass es Unternehmen
gibt, in denen es eine Vielzahl von Buchungsvorgängen mit unterschiedlichen
Rechtsauffassungen geben kann. Vertretbar scheint es, zwar auf eine Lehre vom
Empfängerhorizont abzustellen, dabei jedoch nicht auf den konkreten Finanzbeamten, sondern auf die so genannte »Verwaltungsauffassung«. Problematisch sind
auch Fälle, in denen die Finanzverwaltung einen **Nichtanwendungserlass** hinsichtlich eines bestimmten BFH-Urteils erlassen hat. Dem Steuerpflichtigen, der sich
auf diese Rechtsprechung stützt, kann wohl kaum der – strafrechtliche – Vorwurf
gemacht werden, dies der Finanzbehörde nicht mitgeteilt zu haben. Die Praxis behilft sich idR bei der »Täuschung« über abweichende Rechtsauffassungen in sehr
pragmatischer Art und Weise. Scheint die Rechtsauffassung vertretbar und glaubt
man dem Steuerpflichtigen seine Fehlvorstellung, wird – **mangels Vorsatzes** – der
Fall nicht aufgegriffen. Sollte jedoch in einer Folgeprüfung der gleiche »Fehler«
nochmals gemacht werden, geht das Finanzamt von strafbarem, weil vorsätzlichem
Verhalten aus. ME liegt eine Täuschung nur vor, wenn die abweichende Rechtsauffassung schlichtweg **unvertretbar** ist. Nur dann handelt es sich nicht mehr
um eine rechtliche Subsumtion, sondern die nachträgliche Einkleidung eines gewünschten Ergebnisses in einen rechtlichen Rahmen und damit um eine – unrichtige – Tatsache.[164]

Nicht jede nach § 42 AO steuerlich unwirksame rechtliche Gestaltung ist objektiv
auch eine Steuerhinterziehung. **Steuerumgehung** ist ebenso wenig automatisch
Steuerhinterziehung wie eine verdeckte Gewinnausschüttung.[165] Voraussetzung ist
immer auch, dass eine Tathandlung vorliegt.

a)   Erklärungspflicht im laufenden Strafverfahren

Inwiefern eine Steuererklärungspflicht besteht, wenn der Betreffende Gefahr läuft, **58 a**
sich durch wahrheitsgemäße Angaben selbst zu belasten, ist zweifelhaft.[166] Der
BGH hat in den letzten Jahren Regeln aufgestellt, die durch zwei neue Entschei-

162 HHSp-Trzaskalik § 150 Rn 18
163 Hardtke Steuerhinterziehung, 31 ff
164 Hardtke Steuerhinterziehung, 31 ff; allgemein Krieger
165 BGH wistra 1982, 108; BFH BStBl 1983 II, 534
166 Vgl *Streck/Spatscheck* wistra 1998, 334; BGH wistra 1999, 386

dungen konkretisiert bzw. fortgeführt werden. Verschiedene Konstellationen sind dabei zu unterscheiden.

aa) Erklärungspflicht für Jahre, für die ein Strafverfahren eingeleitet ist

Der BGH hat zu Recht die Frage verneint, ob jemand eine korrekte Umsatzsteuerjahreserklärung abgeben muss, wenn er verdächtigt wird, zuvor unrichtige Umsatzsteuervoranmeldungen eingereicht zu haben.[167] Hintergrund ist, dass von Verfassungs wegen niemand gezwungen werden kann, sich selbst zu belasten (nemo tenetur se ipsum accusare). Die strafbewehrte Pflicht zur Abgabe der Steuererklärung ruht also während eines solchen Verfahrens.[168] Gleiches gilt für den Fall, dass die Tat bereits in das Versuchsstadium gelangt war, als ein Strafverfahren eingeleitet wurde.[169] Zwänge man den Steuerpflichtigen zur Abgabe einer Steuererklärung, müsste er alle steuerlich relevanten Tatsachen vortragen (§ 90 Abs 1 AO), aus denen sich der von ihm beabsichtigte Hinterziehungsumfang errechnen ließe. Eine derartige Pflicht zur Selbstbelastung will das Zwangsmittelverbot des § 393 Abs 1 AO dem Steuerpflichtigen seinem Grundgedanken nach gerade ersparen. Dies kann wirksam nur dadurch erfolgen, dass die Strafbewehrung der Erklärungspflicht für ein bestimmtes Veranlagungsjahr so lange suspendiert wird, wie für dieses Veranlagungsjahr ein Strafverfahren anhängig ist.

bb) Erklärungspflicht für Folgejahre

58 b Die Pflicht zur wahrheitsgemäßen Erklärung für ein Folgejahr könnte bewirken, dass der Steuerpflichtige sein Endvermögen zum Ende des vorangegangenen Jahres mittelbar offenbaren würde. Auch würden korrekte Angaben zur Höhe der Einkünfte aus Kapitalvermögen Rückschlüsse auf die strafrechtlich relevanten Vorjahre zulassen. Dies bedeutet nicht, dass nach einer Hinterziehung in Vorjahren für die Folgejahre keine Verpflichtung zur Abgabe einer korrekten Erklärung bestünde, da die Abgabe einer korrekten Erklärung zugemutet werden kann, wenn und soweit der Steuerpflichtige zugleich für die alten Jahre eine strafbefreiende Selbstanzeige erstatten könnte. Ist aber bereits ein Strafverfahren anhängig, so ist diese Möglichkeit wegen § 371 Abs 2 AO versperrt. In der Literatur wurde daher teilweise angenommen, dann sei die Erfüllung der Erklärungspflicht nicht zumutbar.[170] Der BGH hat in einem obiter dictum eine andere Auffassung favorisiert und geht von einer Erklärungspflicht für Folgejahre aus.[171] In seiner Entscheidung argumentiert der BGH mit einem erst-recht-Schluss; da die Nichtabgabe von Steuererklärungen für andere Jahre strafbar bleibt, Die Annahme einer Strafbarkeit der Nichtabgabe von Steuererklärungen für andere Jahre ist aber von Verfassungs wegen vor dem Hintergrund des Gemeinschuldnerbeschlusses vom 13. Januar 1981[172] nur möglich, wenn zugleich an die Angaben des Betroffenen ein Verwertungsverbot geknüpft ist. Dies hat mittlerweile auch der BGH so deutlich ausgesprochen.[173]

cc) Erklärungspflicht für Einkünfte aus Allgemeindelikten

58 c Der BGH ist der Auffassung, dass es sich bei Bestechungsgeldern um erklärungspflichtige sonstige Einkünfte nach § 22 Nr 3 EStG handelt und der nemo-tenetur-

---

167 BGH wistra 2001, 341, 344 = BGHSt 47, 8
168 Erneut bestätigt durch BGH wistra 2004, 185
169 BGH wistra 2002, 150
170 F/G/F – Joecks § 393 AO Rn 29 ff
171 BGH wistra 2001, 341, 344; wistra 2002, 149
172 BVerfGE 56, 37, 41 ff.
173 BGH wistra 2005, 148

Grundsatz einer Pflicht zur wahrheitsgemäßen Steuererklärung nicht entgegensteht.[174] Der BGH erkennt dabei durchaus das Problem des nur eingeschränkt zum Schutz des Steuerpflichtigen wirkenden Steuergeheimnisses und versucht dieses Spannungsverhältnis so zu lösen, dass er dem Steuerpflichtigen einen geringeren Grad der erforderlichen Konkretisierung solcher Einkünfte zubilligt.[175] Fraglich ist allerdings, was der BGH mit einem »niedrigeren Konkretisierungsgrad« meint. Wenn beispielsweise ein Bauamtsleiter bislang keine sonstigen Einkünfte hatte und auf einmal 100.000 € sonstige Einkünfte erklärt, ohne diese zu spezifizieren, wird mit Sicherheit nachgefragt. Daher kommt es entscheidend auf die Frage an, ob die Durchbrechung des Verwendungsverbotes in § 393 Abs 2 Satz 2 AO mit dem nemo-tenetur-Grundsatz in Einklang steht oder aber – mit der wohl überwiegenden Auffassung – angenommen werden muss, dass diese Bestimmung verfassungswidrig ist.[176] Die Lösung kann deshalb nicht in einer niedrigeren Konkretisierung der Einnahmen bestehen, sondern nur in einem unbedingten Verwendungsverbot unter entsprechender einschränkender Auslegung des § 393 Abs 2 Satz 2 AO.

b) Begünstigung nach Steuerhinterziehung

Die Bedeutung des Begünstigungstatbestandes für Fälle der Steuerhinterziehung hat sich erheblich erhöht, nachdem der BGH deutliche Zeichen gesetzt hat.[177] Hier ergeben sich Risiken insbesondere für steuerliche Berater. Ist die Vortat eine Steuerhinterziehung, so liegen die Vorteile der Tat – von Erstattungsfällen abgesehen – regelmäßig in einer niedrigeren Steuerfestsetzung, als sie bei wahrheitsgemäßen Angaben erfolgt wäre, dh in der tatsächlichen »Ersparnis« von Abgaben[178] Auf den Gesichtspunkt, dass der Vortäter die finanziellen Mittel in Fällen der »**Steuerersparnis**« nicht direkt vom Finanzamt und nicht aus einer zu niedrigen Steuerfestsetzung erhalten hat, kommt es nicht an. Dieser Umstand liegt vielmehr regelmäßig in Fällen vor, in denen die Steuerverkürzungen durch Abgabe unrichtiger oder unvollständiger Erklärungen oder durch Nichtabgabe von Steuererklärungen bewirkt werden. Eine solche formelle Betrachtungsweise verkennt die Struktur der Steuerdelikte nach §§ 369, 370 AO; sie würde dazu führen, dass allenfalls in Steuererstattungsfällen eine Begünstigung iSv § 369 Abs 1 Nr. 4 AO, § 257 StGB denkbar wäre. Die Unmittelbarkeit des Vorteils aus der rechtswidrigen Vortat ist bei Delikten dieser Art vielmehr gewahrt, wenn zum Zeitpunkt der Begünstigungshandlung bei konkreter wirtschaftlicher Betrachtungsweise die erlangten Steuerersparnisse als geldwerte Vorteile im Vermögen des Vortäters noch vorhanden sind, ohne dass es auf die Sachidentität ankommt.[179] Danach ist also etwa ein Giro- oder Festgeldkonto, das mit einer Steuerhinterziehung zu tun hat, geeigneter Bezugsgegenstand für den Vorteilsbegriff bei § 257 StGB.[180]

Dies hat insbesondere zwei Konsequenzen: soweit Schwarzgeld auf einem Konto angelegt wird, ist der darauf befindliche Steuerbetrag, der wegen der Steuerhinterziehung nicht abgeführt wurde, strafbefangener Vorteil iSd § 257 StGB. Wer einem anderen hilft, diese Gelder vor dem Fiskus zu verheimlichen, begeht eine Beihilfe

58 d

---

174 BGH wistra 2004, 391
175 BGH wistra 2005, 58
176 F/G/J – Joecks, § 393 Rz. 72 mwN
177 BGH wistra 1999, 103; dazu *Gotzens* in Wannemacher, Rn 6 ff; vgl auch BGH wistra 2000, 340 ff)
178 BGH wistra 1999, 103; F/G/J – Joecks, § 369 Rz. 186 a
179 BGHSt 36, 277, 281 f
180 Vgl auch BGH NStZ 1987, 22; 1990, 123, 124

zur Steuerhinterziehung. Hilft er ihm erst nach beendeter Steuerhinterziehung, sind die entsprechenden Beträge geeigneter Bezugsgegenstand für eine sachliche Begünstigung iSd § 257 StGB. Darüber hinaus wird man bei jeglichem Konto, das aus versteuerten Geldern angelegt wurde, ebenfalls einen Vorteil iSd § 257 StGB ableiten können, wenn die dem Täter gutgeschriebenen Zinsen nicht versteuert worden sind. Natürlich bezieht sich dies nur auf die Steuerbeträge, die auf die Zinsen entfallen sind und sich immer noch auf diesem Konto befinden. Damit bekommt der § 257 StGB partiell Eigenschaften, die bislang dem Tatbestand der **Geldwäsche** vorbehalten waren, der es genügen lässt, dass bestimmte Gegenstände aus bestimmten Straftaten »herrühren«. Nicht geklärt ist, was eigentlich geschieht, wenn der Täter zwischenzeitlich von dem Konto Abhebungen getätigt hat. Hat er dann die strafbefangenen Vorteile (Steuerhinterziehung) bereits dem Konto entnommen, gilt hier quasi ein »**Lästigkeitsprinzip**« in der Form, dass die für § 257 StGB ausreichenden Beträge sozusagen zuerst verbraucht werden? Handelt es sich nach mehreren Umbuchungen noch um »die« Vorteile der Tat?

4. Vorsatz und Irrtum

59 Der gesamte objektive Tatbestand, also die Handlung und der Erfolg einschließlich der Kausalität muss vom Vorsatz des Täters getragen sein. **Bedingter Vorsatz** kommt in Betracht, wenn es der Steuerpflichtige für möglich hält, dass infolge seines fehlenden Hinweises auf Subsumtionsvorgänge die Steuer zu niedrig festgesetzt wird. In diesem Zusammenhang ist entscheidend auf die Frage abzustellen, ob für die Behauptung steuerlich erheblicher Tatsachen auf den **Empfängerhorizont**, oder aber auf die Vertretbarkeit einer zugrunde gelegten Rechtsauffassung abzustellen ist. Diese Frage ist noch nicht annähernd geklärt.[181] Die Möglichkeit des bedingten Vorsatzes hat der BGH jedoch ausdrücklich bestätigt: »Hat der Angeklagte Zweifel an der Rechtmäßigkeit der bisherigen Abrechnungspraxis für Umsatzsteuerkürzungen, und führt er sie dennoch fort, ohne gegenüber dem Finanzamt die Zweifel offen zulegen und sachkundigen Rat einzuholen, handelt er mit bedingtem Vorsatz«.[182]

60 Ein Irrtum des Steuerpflichtigen über das Bestehen des Steueranspruchs schließt den Vorsatz aus.[183] Nimmt der Steuerpflichtige also an, dass die steuerliche Behandlung korrekt war, so liegt ein den Vorsatz ausschließender **Tatbestandsirrtum** nach § 16 I 1 StGB vor.[184] Der Irrtum kann auf **tatsächlichem** Gebiet liegen (Verrechnen beim Aufaddieren von Einnahmen oder Ausgaben; fälschliche Annahme, die Steuervoranmeldung schon abgeschickt zu haben), aber auch auf rein **rechtlichem** Gebiet. Zum Vorsatz gehört, dass der Täter den angegriffenen Steueranspruch **kennt** und ihn trotzdem verkürzen will.[185] Bei Irrtümern eines Beschuldigten über das materielle Steuerrecht, die zu einem Irrtum über den Steueranspruch führen, ist deshalb regelmäßig von einem Tatbestandsirrtum auszugehen.[186]

61 Beim **Verbotsirrtum** kennt der Täter demgegenüber alle Tatbestandsmerkmale, nimmt aber irrig an, dass sein Handeln rechtmäßig ist. Zu diesem Irrtum kommt es vor allem durch unrichtige Wertungen bei den Rechtfertigungsgründen oder über

---

181 F/G/J-Joecks § 370 Rn 123 ff
182 BGH wistra 1995, 69
183 BGH wistra 1986, 174; 1986, 220
184 BGH wistra 1989, 263; BayObLG wistra 1990, 202; 1992, 312
185 BGH wistra 1989, 263
186 BGH wistra 2000, 217; Bilsdorfer NJW 1996, 169, 171

die Handlungspflichten bei Unterlassungstaten (**Gebotsirrtum**). Auch der Irrtum über eine steuerliche Berichtigungspflicht nach § 153 AO, der nicht die Pflichtenstellung als solche betrifft, fällt als Verbotsirrtum unter § 17 StGB.[187] Gleiches sollte hinsichtlich eines Irrtums über die Frist zur Abgabe einer Steuererklärung gelten.[188]

5. Unterschiede zwischen Steuerrecht und Steuerstrafrecht

Steuerverkürzung ist ua gegeben, wenn die **Ist-Steuer**, dh die festgesetzte Steuer, niedriger ist als die **Soll-Steuer**. Wie hoch diese Soll-Steuer ist, bestimmt sich nach dem besonderen Steuerrecht, das gegebenenfalls durch die amtlichen Richtlinien, etwa die EStR, ausgefüllt wird. Dieses Ergebnis ist in vielen Fällen absolut klar. Wenn etwa ein Steuerpflichtiger Betriebseinnahmen vorsätzlich nicht richtig erfasst, wird – wenn ansonsten ein positives oder günstigeres Ergebnis herauskommen würde – eine Steuerverkürzung eintreten. Verschiedene Regelungen des Steuerrechts, die sich auf die Höhe der Steuer auswirken, haben aber einen eher formalen Charakter oder aber schaffen für die Finanzverwaltung Handlungsspielräume. Dies kann dazu führen, dass eine Nachprüfung einerseits zu einem steuerlichen Mehrergebnis führt, eine strafbare Steuerverkürzung aber dennoch nicht vorliegt. Andererseits kann aber auch eine Steuerverkürzung vorliegen, ohne dass es zu einem steuerlichen Mehrergebnis kommt.

a) Steuerliche Mehrergebnisse ohne Steuerhinterziehung

Das Finanzamt kann nach § 160 AO den Abzug einer Betriebsausgabe versagen, wenn der Steuerpflichtige auf Befragen nicht bereit ist, den Empfänger einer bestimmten Zahlung zu benennen. Andererseits ist es für den Vorsteuerabzug gemäß § 15 UStG Voraussetzung, dass der Steuerpflichtige einen entsprechenden Beleg, dh eine Rechnung iSd § 14 UStG vorliegen hat. Welche Bedeutung nun die fehlende **Empfängerbenennung** strafrechtlich hat und ob Strafbarkeit gegeben ist, wenn Vorsteuerabzug trotz Fehlens einer ordnungsgemäßen Rechnung vorgenommen wird, ist bereits Gegenstand höchstrichterlicher Rechtsprechung gewesen. Nach einem Urteil des Bundesgerichtshofes hat der § 160 AO keine unmittelbare strafrechtliche Relevanz.[189] Gleiches gilt für die Regelung über die **Treuhandschaft** in § 159 AO.[190] Auf der anderen Seite ist es ständige Rechtsprechung, dass das Vorliegen einer ordnungsgemäßen Rechnung **materielle Voraussetzung** für den Vorsteuerabzug ist, so dass bei deren Fehlen der Vorsteuerabzug gegebenenfalls zur Steuerhinterziehung führt.[191]

Der Unterschied zwischen diesen beiden Konstellationen kann allenfalls darin gesehen werden, dass Treuhandschaft und Empfängerbenennung (§§ 159, 160 AO) Konstellationen betreffen, in denen die steuerliche Konsequenz des Verhaltens des Steuerpflichtigen von einer weiteren (Ermessens-) Entscheidung des Finanzamtes abhängt. Demgegenüber ist das Vorliegen einer ordnungsgemäßen Rechnung materielle Voraussetzung für den Vorsteuerabzug, ebenso, wie der **Ausfuhrnachweis** durch Belege materielle Voraussetzung für die Steuerfreiheit einer Ausfuhrlieferung

62

63

187 BGH wistra 1986, 219; Thoma NStZ 1987, 260; aA Meyer NStZ 1986, 443
188 Joecks Steuerstrafrecht, 24
189 BGH wistra 1986, 109; Dannecker, wistra 2001, 241
190 BGH wistra 1986, 25
191 BayObLG wistra 1988, 76; BGH wistra 1983, 115

ist.[192] Weitere dazwischen liegende Konstellationen sind demgegenüber überaus schwierig zu beurteilen.[193]

64 Eine **Schätzung der Besteuerungsgrundlagen** nach § 162 I AO ist möglich, wenn diese nicht ermittelt oder berechnet werden können, insbesondere dann, »wenn der Steuerpflichtige über seine Angaben keine ausreichenden Aufklärungen zu geben vermag« (§ 162 II 1 AO) oder aber »Bücher oder Aufzeichnungen, die er nach den Steuergesetzen zu führen hat, nicht vorlegen kann ...« (§ 162 II 2 AO).

Das Finanzamt wird idR die **Schätzung am oberen Rahmen** ansetzen. Im finanzgerichtlichen Tatsachenverfahren wird sie darauf überprüft, ob sie schlüssig ist; hier erfolgen oftmals Korrekturen. Beim Revisionsgericht beschränkt sich die Überprüfung auf die Zulässigkeit der Schätzung dem Grunde nach, auf die Prüfung eines Verstoßes gegen Denkgesetze, auf die Verletzung der Aufklärungspflicht und darauf, ob in irgendeiner Form sonstige Verfahrensfehler vorgekommen sind.[194]

Ansonsten ist die Finanzbehörde, wenn eine gewisse Spanne für Zuschätzungen besteht, nicht gehalten, das dem Steuerpflichtigen günstigste Ergebnis anzunehmen. Es gibt hier kein »in dubio pro reo«, eher schon ein »**in dubio pro fisco**«; beim Finanzgericht freilich in abgemilderter Form.

Tatsächlich sind die Schätzungen der Fahndung regelmäßig zu hoch. In der Praxis schätzt sie – sofern es nicht zu einer tatsächlichen Verständigung über die Schätzungsgrundlagen kommt – so hoch, dass im finanzgerichtlichen Verfahren idR eine Reduzierung der Steuerschuld erfolgt. Nötig ist dabei ein **substantiierter** Angriff auf die in vielen Fällen sehr oberflächliche Schätzung. Das Finanzgericht ist dann in der unangenehmen Situation, seinerseits gemäß § 100 III FGO eine genauere Schätzung vornehmen zu müssen. Hierfür bedient es sich oftmals eines sog **Augenscheinsgehilfen**, dh eines Beamten des Finanzamts, der **als Quasi-Sachverständiger** die Entscheidung des Senats vorbereitet. Aber auch bei dieser Schätzung werden Unsicherheiten noch zu Lasten des Steuerpflichtigen gewertet.

65 Der Strafrichter kann sich seine für eine Verurteilung nötige Überzeugung auch auf Grundlage einer eigenen Schätzung bilden.[195] Zu beachten ist hierbei, dass eine Bindung an die Feststellungen des Finanzamts selbst dann nicht besteht, wenn der auf den Feststellungen beruhende Steuerbescheid unanfechtbar geworden ist, vom Steuerpflichtigen also akzeptiert wurde.[196] Dies ist absolut zwingend, denn nicht jedes steuerliche Mehrergebnis ist auch Steuerverkürzung iSd § 370 IV AO und der Grad der Überzeugungsbildung im Steuerrecht und Steuerstrafrecht differiert erheblich. Für eine steuerrechtliche Schätzung ist die **größte Wahrscheinlichkeit** Maßstab, steuerstrafrechtlich dagegen die **volle Überzeugung** des Strafrichters.

Der Strafrichter muss in seinem Urteil die Ermittlung der Steuerverkürzung in einer Weise darlegen, die dem Revisionsgericht eine Überprüfung ermöglicht. Deshalb müssen die Besteuerungsgrundlagen dargestellt werden. Schätzungen des Finanzamtes darf der Tatrichter seinem Urteil nur zugrunde legen, wenn er von deren Richtigkeit überzeugt ist. Nicht allein die **subjektive** Überzeugung von der Richtigkeit der Schätzung ist maßgebend, sondern diese muss auch mit den normalen

---

192 BGH wistra 1983, 115
193 Vgl auch Keßeböhmer wistra 1996, 334
194 Joecks wistra 1990, 52; Tipke/Kruse § 162 Rn 10
195 BGH wistra 2004, 184
196 F/G/J-Joecks § 370 Rn 55; Stypmann wistra 1983, 95, 96; BGH GA 1978, 278; BGH wistra 1991, 27

Voraussetzungen der richterlichen Überzeugungsbildung im Einklang stehen. Auch hier gelten die üblichen strafprozessualen Prinzipien der freien Beweiswürdigung und ihrer Grenzen.

Die im Steuerrecht angewendeten **Schätzungsmethoden** haben für das Steuerstraf-**66** recht unterschiedlichen Beweiswert. Die so genannte freie oder **griffweise Schätzung** allein kann nicht zu strafrechtlichen Zwecken verwandt werden.[197] Schätzungsmethoden der **Geldverkehrsrechnung**, der **Vermögenszuwachsrechnung**, des **äußeren und inneren Betriebsvergleichs** bieten dagegen auch im Strafverfahren geeignete Nachweismöglichkeiten, insbesondere wenn sie kombiniert angewendet werden. Die Ergebnisse einer steuerlichen Schätzung werden in der Praxis allerdings vielfach für das Strafverfahren übernommen, wobei ein so genannter »**Sicherheitsabschlag**« erfolgt. Dennoch darf der Strafrichter die Schätzung nicht einfach – wenn auch gekürzt – übernehmen, sondern muss sich mit ihr auseinandersetzen. »Sicherheitsabschläge spiegeln nämlich nicht die Sicherheit der Schätzung, sondern häufig die Unsicherheit der Gerichte wider ...«.[198]

Der Zweifelsgrundsatz gilt auch für den **Indizienbeweis**. Insoweit ist man sich zu-**67** nächst einig, dass **belastende** Indizien feststehen müssen, der Zweifelssatz also eingreift, wenn ein einzelnes Belastungsindiz nicht sicher genug festgestellt werden kann. Dahinter steht die Überlegung, dass aus bloßen Möglichkeiten keine Gewissheit begründet werden kann.[199] Ein **non liquet** führt dazu, dass ein einzelnes Indiz als nicht bewiesen aus der Beweismasse ausscheidet und an der Gesamtwürdigung des Beweisstoffes nicht mehr teilnimmt. Dies bedeutet etwa, dass der Zufluss einer Einnahme sicher feststehen muss, um zur Grundlage der Verurteilung gemacht werden zu können.

Ansonsten darf im Hinblick auf entlastende Umstände zwar der Zweifel an einer **Indiztatsache** nicht isoliert nach dem Grundsatz »**in dubio pro reo**« beurteilt werden; es ist eine Gesamtwürdigung entscheidend. Führt diese Gesamtwürdigung zu der richterlichen Überzeugung, dass die feststehenden Indizien stärker als die nicht aufklärbare Indiztatsache sind, ist der Zweifel über diese Indiztatsache überwunden; anderenfalls führt die Gesamtwürdigung zur Anwendung des Grundsatzes »in dubio pro reo«. Dies bedeutet etwa, dass der Strafrichter Zweifel über die von dem Angeklagten vorgetragenen Kosten dadurch beseitigen muss, dass er neben der bereits durchgeführten Schätzung eine Geldverkehrsrechnung oder Vermögenszuwachsrechnung durchführt, um die Plausibilität der Einlassung zu prüfen. Keinesfalls darf er den detaillierten Vortrag unter Hinweis auf allgemeine Erfahrungssätze abtun. Im Einzelfall kann dies – trotz erheblicher bestandskräftiger Steuernachforderungen – zu einem Freispruch führen.

Nach der ständigen Rechtsprechung des BFH nimmt die Aufklärungspflicht – und **68** damit der Umfang der Tatsachenermittlung – bei Schätzungen in dem Maße ab, wie der Steuerpflichtige es an einer ihm billigerweise zuzumutenden **Mitwirkung** fehlen lässt und die Beschaffung sonstiger Aufklärungsmittel mit unverhältnismäßigem Aufwand verbunden ist.[200] Ein Teil der Literatur will dies für das Strafrecht nutzbar machen. So soll eine Einschränkung des hohen Wahrscheinlichkeitsmaßstabes, der im Strafrecht ansonsten gelte, vertretbar erscheinen, zumal die Reduzierung im We-

---

197 Joecks wistra 1990, 52; Suhr/Naumann/Bilsdorfer Rn 258
198 So wörtlich Stypmann wistra 1983, 95, 97
199 BGH JR 1954, 468; BGH bei Dallinger MDR 1969, 194; Herdegen NStZ 1984, 342
200 Vgl Dannecker 35 mwN

Hardtke

sentlichen dadurch ausgeglichen werde, dass ein Steuerpflichtiger, der seine Mitwirkungspflicht verletzt habe, durch dieses Verhalten zu der Vermutung Anlass gebe, dass er etwas zu verbergen habe.[201] Es soll der Gerechtigkeit widersprechen, wenn der Täter deshalb Straffreiheit beanspruchen könne, weil der Strafrichter zu einer genauen Ermittlung der Steuer außerstande ist, obwohl der Täter diesen Mangel gerade durch sein strafbares Verhalten selbst herbeigeführt habe.[202]

Durch eine solche Auffassung werden jedoch Strukturen in die Beweiserhebung eingebracht, die dem Notwehrrecht bei der Frage der Rechtmäßigkeit eines provozierten Angriffs entliehen sind. Eine Notwehreinschränkung in den Fällen der Provokation ist die Figur der »actio illicita in causa«, also einer Handlung, die »vorher« unerlaubt war. Soll die unzureichende Beweisbarkeit der Höhe der verkürzten Steuer »gerechtfertigt« sein, weil eine genaue Ermittlung durch das ungerechtfertigte Vorverhalten des Steuerpflichtigen verhindert wird? Dies erscheint mehr als fragwürdig.

Im Steuerstrafrecht darf das Fehlen irgendwelcher Unterlagen nicht dazu führen, dass Unsicherheiten zum Nachteil des Beschuldigten ausgehen. Den Täter trifft niemals eine Beweislast.[203] Im Rahmen seiner Bewertung darf der Richter von Indizien ausgehen und Schlüsse ziehen, die möglicherweise nicht erschüttert werden können, weil der Steuerpflichtige Unterlagen hat verschwinden lassen oder solche niemals hatte. Andererseits muss einem substantiierten Vortrag des Angeklagten nachgegangen werden, selbst wenn diesem Belege fehlen sollten.[204]

b) Steuerhinterziehung ohne steuerliches Mehrergebnis

69 Während einerseits ein steuerliches Mehrergebnis nicht zwingend eine Steuerverkürzung bedeutet, kann demgegenüber trotz gleich bleibender Steuerzahllast eine Steuerhinterziehung vorliegen. Bei solchen **Steuerverkürzungen ohne steuerliches Mehrergebnis** handelt es sich um die dem **Kompensationsverbot** nach § 370 IV 3 AO unterfallenden Konstellationen.

Die Voraussetzungen einer Steuerhinterziehung sind nach § 370 IV 3 AO auch dann erfüllt, wenn die Steuer, auf die sich die Tat bezieht, aus »anderen Gründen« hätte ermäßigt werden können. Mit dieser Regelung sollen jene Fälle als strafbar erfasst werden, in denen sich der Schaden, der durch die unrichtigen Angaben über steuererhöhende Tatsachen hervorgerufen wird, und der Vorteil, der durch das Verschweigen steuerermäßigender Tatsachen entsteht, gegenseitig aufheben.

Die Auffassungen über Inhalt und Zweck des **Kompensationsverbotes** (oder »Vorteilsausgleichsverbot«) sind sehr unterschiedlich.[205] Von dem Verständnis des Kompensationsverbotes hängt es jedoch ab, wie der Umfang der Hinterziehung zu ermitteln ist, welche Steuer mindernden Gründe sich dabei auch Steuer strafrechtlich auswirken und welche als »andere Gründe« unberücksichtigt bleiben müssen.

---

201 Dannecker 35
202 Suhr/Naumann/Bilsdorfer Rn 257 unter Berufung auf BGH v 16. 6. 1954, 3 StR 222/53, zit bei Lohmeyer NJW 1959, 347
203 F/G/J-Joecks § 370 Rn 59; LR-Gollwitzer § 261 Rn 106; Joecks wistra 1990, 52
204 Vgl insgesamt Huchel
205 Hardtke Steuerhinterziehung, 135 ff

Der Bundesgerichtshof nimmt eine objektive Auslegung des Merkmals »andere Gründe« vor.[206] Ausgehend von der Auffassung, dass der Sinn des Kompensationsverbotes darin liege, die Strafverfolgungsbehörden und Strafgerichte von der lückenlosen Überprüfung des gesamten steuerlichen Sachverhaltes freizustellen,[207] fallen grundsätzlich alle nachträglich vorgebrachten Gründe unter § 370 IV 1 AO. Ausgenommen werden davon nur solche Steuer mindernden Tatsachen, die in einem »unmittelbaren wirtschaftlichen Zusammenhang« mit den Steuer erhöhenden Tatsachen stehen.[208]

Das Kriterium des »unmittelbaren wirtschaftlichen Zusammenhangs« lässt sich auf einen am **Rechtsgüterschutzdenken** orientierten Grund zurückführen. Da der Täter weiterhin die Möglichkeit behält, die nicht erklärten »anderen Gründe« später nachzutragen, diese nachträgliche Geltendmachung keine falsche Angabe iSd § 370 I Nr. 1 AO und deshalb straflos ist, begründet allein schon die Eröffnung dieser Möglichkeit eine Vermögensgefährdung. Damit stellt sich das Kompensationsverbot als ein Fall der **schadensgleichen Vermögensgefährdung** dar. Allein dann, wenn die Tatsachen, die nachträglich geltend gemacht werden könnten, in einem so engen wirtschaftlichen Zusammenhang mit den der Verkürzung zugrunde liegenden Tatsachen stehen, dass die Geltendmachung der Minderungsgründe die Entdeckung der Steuer erhöhenden Tatsachen bewirken würde, besteht diese schadensgleiche Vermögensgefährdung nicht. Wenn die nachträgliche Geltendmachung des Ermäßigungsgrundes automatisch auch zur Aufdeckung der damit zusammenhängenden Falschangabe führt, ist diese Gefahr ausgeschlossen.[209] Die Regelung des Kompensationsverbotes bewirkt damit, dass eine versuchte Steuerhinterziehung als vollendete Tat bestraft wird.[210]

70

Die Rechtsprechung hat ein Kompensationsverbot **bejaht**

– im Verhältnis von nicht erklärten Umsätzen zu ebenfalls nicht geltend gemachten Vorsteuern;[211]
– bei einer nachträglichen Vorlage von Bescheinigungen über eine Steuerbefreiung nach § 4 Nr. 21 UStG;[212]
– bei Betriebseinnahmen im Verhältnis zu nachzuholenden oder zu erhöhenden Einlagebuchungen;[213]
– bei erschlichenen Ausfuhrvergütungen für nicht erfolgte Ausfuhren im Verhältnis zu nicht beanspruchten Ausfuhrvergütungen für erfolgte andere Ausfuhren;[214]
– bei Betriebseinnahmen im Verhältnis zu einem von Amts wegen zu berücksichtigenden Verlustvortrag;[215]
– bei Vorlage von Scheinrechnungen zur Verschleierung steuerlich nicht berücksichtigungsfähiger Schwarzlohnzahlungen und Schmiergeldzahlungen.[216]

206 BGHS 7, 336
207 Meine wistra 1982, 129
208 BGH wistra 1984, 183; 1988, 356
209 Hardtke Steuerhinterziehung, 145
210 BGH MDR 1976, 771; 1979, 772; wistra 1984, 183; 1987, 139
211 BGH GA 1978, 278 = UR 1978, 151; wistra 1985, 225; vgl auch wistra 1991, 107
212 BGH wistra 2004, 147 (wobei es hier auf das Kompensationsverbot nicht angekommen ist, da das Vorliegen solcher Bescheinigungen materielle Voraussetzung für die Steuerfreiheit zum Zeitpunkt der Tat gewesen ist)
213 BGH BB 1978, 1302
214 BGH NJW 1962, 2311
215 BGH wistra 1984, 183; anders noch BayObLG wistra 1982, 199
216 BFH HFR 1991, 496

Ein Kompensationsverbot hat die Rechtsprechung **verneint**

- bei Betriebseinnahmen im Verhältnis zu (nachzuholenden) Rückstellungen für die hinterzogenen Umsatz- und Gewerbesteuern;[217] Gleiches gilt bei Vortäuschung von Betriebsausgaben;[218]
- bei Betriebseinnahmen im Verhältnis zu den damit zusammenhängenden Betriebsausgaben[219] und Werbungskosten;[220]
- in Bezug auf eine nicht geltend gemachte, von Amts wegen vorzunehmende Verteilung von Einnahmen über mehrere Jahre;[221]
- wenn für einen in der Steuererklärung aufgeführten, tatsächlich erfolgten Geschäftsvorgang ein neuer Zahlungsgrund und ein anderer Empfänger genannt werden;[222]
- bei Parteispenden, die Betriebsausgaben waren;[223]
- wenn der Täter einen Teil seiner »schwarzen Einnahmen« zur Zahlung zusätzlicher Löhne verwendet hat – jedenfalls dann, wenn die Steuerminderung sich wegen des engen wirtschaftlichen Zusammenhangs bei wahrheitsgemäßer Erklärung dieser Einkünfte ohne weiteres von Rechts wegen ergeben hätte.[224]

Im Grundsatz gilt:

Es liegt **vollendete Steuerhinterziehung** vor, wenn die zunächst vorgetragenen Gründe unzutreffend sind und die nunmehr vorgetragenen (steuerlich bedeutsamen) Gründe ganz andere Bereiche betreffen.

Im Übrigen sind die »anderen Gründe« jedenfalls bei der Strafzumessung zu berücksichtigen.[225]

71 Die Regeln des **Verlustvor- und -rücktrages** in § 10 d EStG sind nach der Rechtsprechung »andere Gründe« iSd § 370 IV 3 AO. Eine andere Auffassung würde dazu führen, dass ein Steuerpflichtiger vor dem Hintergrund seines Verlustvortrages gefahrlos eine unrichtige Erklärung einreichen könnte. Wird er ertappt, macht er den Verlustvortrag geltend, wird er nicht entdeckt, kann er den Verlustvortrag für die Zukunft noch nutzen. Gerade diese Situation meint § 370 IV 3 AO.

c) Besonderheiten der Hinterziehung von Körperschaftsteuer nach altem Recht

72 Bei der **Hinterziehung von Körperschaftsteuer** unter Geltung des früheren Anrechnungsverfahrens stellen sich zahlreiche Probleme.[226] Wirkt sich bspw die Nachaktivierung einer fehlerhaft sofort abgeschriebenen Anschaffung gewinnerhöhend aus, so ist Körperschaftsteuer verkürzt. Verringert die Nachaktivierung lediglich den für das laufende Jahr entstandenen Verlust, führt dies zumindest auf den ersten Blick nicht zu einer Steuerverkürzung für das entsprechende Wirtschaftsjahr.[227] Von zentraler Bedeutung bei der Hinterziehung von Körperschaftsteuer ist die so ge-

---

217 BGH HFR 1979, 207
218 BGH wistra 1990, 59
219 BGH GA 1978, 307
220 BGH wistra 1988, 356
221 BGH MDR 1976, 770
222 OLG Karlsruhe wistra 1985, 163
223 BGH wistra 1987, 139
224 BGH wistra 1991, 27
225 BGH wistra 1985, 225; 1988, 109
226 Zur Gesamtproblematik vgl insgesamt Hardtke Steuerhinterziehung
227 Hardtke wistra 1997, 17

nannte **verdeckte Gewinnausschüttung**. Eine verdeckte Gewinnausschüttung kann Körperschaftsteuer selbst dann auslösen, wenn die Gesellschaft keine steuerpflichtigen Gewinne erzielt. Besondere steuerstrafrechtliche Probleme ergeben sich nach verdeckten Gewinnausschüttungen bei der Bestimmung des Verkürzungsbetrages,[228] wofür die Bedeutung **der Gliederung des verwendbaren Eigenkapitals** nach § 47 KStG (aF)[229] und die Frage des Eingreifens des Kompensationsverbotes maßgebend ist. Darüber hinaus ergeben sich auch Schwierigkeiten bei der Frage der Beendigung der Tat und der damit zusammenhängenden strafrechtlichen Verjährung.[230]

Mit dem Wechsel zum jetzigen Halbeinkünfteverfahren haben sich die Probleme zwar entspannt, gleichwohl sind noch in erheblichem Umfang »Alt-Fälle« offen. Für eine nähere Auseinandersetzung mit dieser die »Alt-Fälle« betreffenden besonderen Problematik muss hier aus Kapzitätsgründen jedoch auf die Vorauflage verwiesen werden.

73–74

6. Strafbare Beteiligung an einer Steuerhinterziehung

Zu den Voraussetzungen einer täterschaftlichen Begehung einer Steuerhinterziehung sowie einer Anstiftung hierzu soll auf die auch im Steuerstrafrecht geltenden allgemeinen Grundsätze verwiesen werden. Einige steuerstrafrechtliche Besonderheiten ergeben sich jedoch hinsichtlich der Beihilfe, auf die im Folgenden deshalb genauer eingegangen wird.

75

Gehilfe ist, wer vorsätzlich einem anderen zu dessen vorsätzlich begangener rechtswidriger Tat Hilfe leistet, § 27 I StGB. Wie bei der Anstiftung ist zunächst vorausgesetzt, dass in der Person eines Haupttäters eine vorsätzlich-rechtswidrige Tat gegeben ist. Dies ist die von einem anderen begangene Steuerhinterziehung.

Möglich ist zunächst **physische Beihilfe** (Hilfeleistung durch Tat). Dies ist jede Handlung, die die Haupttat ermöglicht, ihren rechtsgutsverletzenden Erfolg vergrößert oder dem Haupttäter ihre Durchführung erleichtert, indem sie ihm Leistungen abnimmt, die für den Erfolg erforderlich sind. Im Rahmen einer Steuerhinterziehung ist diese Konstellation selten, aber denkbar. Eine **psychische Beihilfe** (Beihilfe durch Rat) liegt unproblematisch vor, wenn von Seiten des Gehilfen eine so genannte »technische Rathilfe« geleistet wird. Der Bankangestellte erklärt etwa dem Kunden, wie man hinterzieht; der Steuerberater empfiehlt eine bestimmte Vorgehensweise.

Welchen **Kausalzusammenhang** Hilfeleistung und Haupttat aufweisen müssen, ist zweifelhaft. Nach der Rechtsprechung muss die Gehilfentätigkeit für den mit ihr beabsichtigten und tatsächlich eingetretenen Erfolg nicht kausal gewesen sein. Es genüge, dass die den Tatbestand verwirklichende Handlung zu irgendeinem Zeitpunkt durch das Tätigwerden des Gehilfen tatsächlich gefördert worden sei. In der Literatur wird dagegen von der hM verlangt, dass der Beitrag des Gehilfen für den Erfolg zumindest kausal sein muss.[231]

76

228 Hardtke, AO-StB 2002, 92
229 Hardtke in: Arbeitsgemeinschaft der Fachanwälte für Steuerrecht eV [Hrsg], 629; Hardtke/
      Leip NStZ 1996, 217
230 Hardtke NStZ 1996, 217; Hardtke AO-StB 2001, 273
231 Jescheck/Weigend 628; SK-StGB-Samson § 27 Rn 9 ff; Schönke/Schröder-Cramer § 27 Rn 10;
      LK-Roxin § 27 Rn 2 ff; Joecks JA 1980, 127

Daneben soll es allerdings auch eine weitere Form der psychischen Beihilfe geben. Sie soll vorliegen, wenn der Gehilfe den Tatentschluss des Haupttäters stärkt, ihm die letzten Skrupel ausredet oder ihm ein größeres Gefühl der Sicherheit gibt.[232] Damit ist der Kreis möglicher Teilnahme sehr weit gezogen, weil bereits eine Solidarisierung mit dem Haupttäter Beihilfe iSd § 27 StGB ist.

Die Hauptschwierigkeiten der Abgrenzung von strafbarer Beihilfe und straflosem Verhalten liegen bei dieser Fallgruppe. Äußert etwa der Täter am Stammtisch den Plan, seine Umsätze künftig um 10 % zu niedrig anzugeben, um Liquidität für sein Unternehmen zu schöpfen, beginge sein Freund Beihilfe zur Steuerhinterziehung, wenn er auch nur erklärt, er finde diese Idee brillant. Dies ist vordergründig die Konsequenz der weiten Auffassung der Rechtsprechung. Insoweit deutet sich allerdings eine Veränderung der Rechtsprechung des Bundesgerichtshofes an. Beihilfe durch bloße Anwesenheit bei der Haupttat liegt nur vor, wenn die Tat schon dadurch gefördert wird.[233] Es muss festgestellt sein, dass die Anwesenheit die Tat objektiv gefördert oder erleichtert hat, und dass der Gehilfe sich dessen bewusst war. Das bloße »Dabei sein« in Kenntnis einer Straftat reiche selbst bei deren Billigung nicht aus, die Annahme von Beihilfe im Sinne aktiven Tuns zu begründen, da anderenfalls die rechtlichen Anforderungen im Hinblick auf die **Garantenpflichten** beim unechten Unterlassen umgangen werden könnten und die Strafbarkeit im Bereich der Beihilfe ausgedehnt würde.[234] Wichtigstes Ergebnis ist insoweit sicherlich, dass auch nach der Rechtsprechung des BGH ein »Billigen« als solches noch nicht die Strafbarkeit ausmachen kann, sondern mehr hinzukommen muss. Eine psychische Beihilfe erfordert, dass das Verhalten des »Gehilfen« die Tat in ihrer konkreten Gestalt gefördert oder erleichtert hat und sich der Gehilfe dessen bewusst gewesen ist.

77 Hauptdiskussionspunkt sind derzeit die Grenzen der Teilnahmestrafbarkeit. Ließe man es für die Beihilfe genügen, dass der Gehilfe die Haupttat schlechthin förderte, erreichte die Strafbarkeit wegen Beihilfe zur Steuerhinterziehung einen ganz erheblichen Umfang. Diese Konsequenz wird von niemandem mehr so gewollt. Insgesamt sind die Grenzen zwischen (noch) zulässigem und (schon) verbotenem Verhalten aber überaus unscharf. Die Betroffenen sind zur Zeit mehr oder minder vom guten Willen des Strafverfolgers abhängig, der über die Frage zu entscheiden hat, ob dieser Dritte oder dieser Angestellte ebenfalls angeklagt wird, und dabei oftmals den Ausweg über die Verneinung des subjektiven Tatbestands wählt. Die in jüngerer Vergangenheit erschienenen Beiträge zur Strafbarkeit von **Bankmitarbeitern** erwecken den Eindruck, es handele sich um ein bankspezifisches Problem; tatsächlich geht es um ein Phänomen, das alle Bereiche des Lebens durchzieht und im Rahmen der Problematik einer Teilnahme von Bankmitarbeitern an einer fremden Steuerhinterziehung lediglich besonders deutlich wird. Die vom BGH mit besonderer Deutlichkeit betonte Beihilfestrafbarkeit von Bankmitarbeitern[235] sollte dennoch nicht unreflektiert auch auf andere Bereiche übertragen werden können.

78 Problematisch wird die Reichweite der § 370 AO, § 27 StGB etwa bei **Arbeitnehmern**, wobei es dabei insbesondere um Fälle der Beihilfe durch Tat geht. Fertigt etwa die Sekretärin die Reinschrift einer unrichtigen Umsatzsteuervoranmeldung, ist sie kausal für die Steuerhinterziehung. Handelt sie in Kenntnis der Sach- und Rechtslage, ist der – nach seinem Wortlaut weite – Tatbestand der Beihilfe erfüllt,

---

232 Etwa BGHSt 8, 390, 391; BGH StV 1982, 517
233 BGH StV 1995, 353
234 BGH wistra 1996, 184; dazu Achenbach Stbg 1996, 299; Joecks INF 1997, 21
235 BGH wistra 2000, 340

soweit die Haupttat zumindest versucht wird. Der Bundesgerichtshof hatte den Fall einer Sekretärin zu beurteilen und in diesem Zusammenhang ausgeführt:

»Der Senat ist zwar nicht der Auffassung, dass jede Mitwirkung – etwa eines Arbeitnehmers – beim Umsatz in Kenntnis der diesem nachfolgenden Umsatzsteuerhinterziehung durch den Steuerpflichtigen als Beihilfe zu dem Steuervergehen zu würdigen sei. Eine für die Wertung als Beihilfe sprechende besondere Sachlage kann aber dann gegeben sein, wenn das ganze Unternehmen, an dem ein Helfer mitwirkt, ausschließlich darauf abzielt, einen Gewinn durch Steuerhinterziehung zu erreichen. In einem solchen Falle kann die dem Umsatzgeschäft nachfolgende Hinterziehung der darauf zu zahlenden Steuern rechtlich nicht losgelöst von jenem betrachtet werden; vielmehr stellt sich das ›Umsatzgeschäft‹ lediglich als eine zur Zielerreichung unerlässliche Vorbereitung der angestrebten Steuerhinterziehung dar«.[236]

Solche **restriktiven Interpretationen** des Beihilfebegriffs – genauer: der Ergänzung des Kausalitätsurteils nach der sog Äquivalenztheorie – werden in der Strafrechtsdogmatik unter dem Begriff der »objektiven Zurechnung« diskutiert. Bedeutung erlangt sie immer dann, wenn zwar das Verhalten des Dritten für die Haupttat ursächlich ist, das Verhalten dieses Dritten aber ein **geschäftstypisches** ist, das dieser in vielfältiger Form an den Tag legt.

Schreibt die Sekretärin – anders als in dem von der BGH-Entscheidung zugrunde gelegten Sachverhalt – nicht nur unrichtige Umsatzsteuervoranmeldungen, sondern zu 99 % korrekte Geschäftspost, wird auch die Rechtsprechung die Frage, ob die Unterstützung im Rahmen eines »ordentlichen« Unternehmens tatsächlich zur Haftung als Gehilfin führt, verneinen, wenn nicht Besonderheiten hinzutreten.

Entsprechendes gilt bei der **Bezahlung von Handwerkern.** Bezahlt ein Privatmann einen nichtbilanzierenden Handwerker obwohl er weiß, dass dieser die entsprechenden Einnahmen steuerlich nicht erklären wird, ermöglicht er mit der Zahlung erst die Hinterziehung – ohne Zufluss (§ 11 EStG) gibt es nichts zu verschweigen. Diese Ermöglichung beschränkt sich aber darauf, den Steueranspruch **zum Entstehen** zu bringen, den der Handwerker später »vereiteln« will. Die Frage ist, ob der Fiskus durch die Zahlung schlechter gestellt wird. Abgesehen davon, dass der Auftraggeber verpflichtet ist, den vereinbarten Werklohn zu bezahlen, wird doch durch die Zahlung die Position des Fiskus verbessert: Es **entsteht** insoweit erst ein Steueranspruch.

Bereits zuvor hatte der Bundesgerichtshof entschieden, dass allein durch den Abschluss eines Werkvertrages der Auftraggeber noch nicht Gehilfe der von den Werkunternehmern später begangenen Steuerhinterziehung wird.[237]

In dem entsprechenden Fall hatte der Angeklagte mehrere Personen gegen Bezahlung beim Umbau seines Hauses eingesetzt und war wegen Hinterziehung von Lohnsteuer angeklagt worden. Dieser Vorwurf konnte nicht aufrecht erhalten werden, da die Arbeitgebereigenschaft nicht feststand. Das Landgericht verurteilte wegen Beihilfe zur Hinterziehung von Einkommen- und Umsatzsteuer. Der BGH verneint eine Beihilfe und verweist in Abgrenzung zum Fall der Sekretärin, die eine unrichtige Voranmeldung schrieb, darauf, dass »hier die Tätigkeit des Werkunternehmers nicht **ausschließlich** dem Ziel (diente), eine Steuerhinterziehung vorzubereiten«.[238]

79

---

236 BGH wistra 1988, 261
237 BGH wistra 1992, 299; vgl auch Schönke/Schröder-Cramer § 27 Rn 10
238 BGH wistra 1992, 300

Hardtke

Hieraus lässt sich als Regel ableiten, dass eine Ursächlichkeit für eine spätere Steuerhinterziehung nicht zwingend zur Teilnahme führt, solange die Tätigkeit des »Gehilfen« auch oder primär anderen Zielen dient. Erst wenn der Auftraggeber weitere (Verschleierungs-) Handlungen vornimmt, die es dem Handwerker ermöglichen (sollen), eine Steuerhinterziehung zu begehen, kann ihm – vielleicht – ein Vorwurf gemacht werden.

Ob diese Grenze schon dann überschritten ist, wenn der Auftraggeber den Vorschlag des Handwerkers annimmt, ihm bei Verzicht auf eine Quittung einen Rabatt zu gewähren ist zweifelhaft. Formal ist dies nicht nur ein zum Entstehenbringen des Steueranspruchs, sondern zugleich eine (marginale) Erleichterung der späteren Tatbegehung, weil dem Handwerker so die Verwirklichung seines Steuerhinterziehungsplanes erleichtert sein könnte. Andererseits: Wer private Arbeiten durchführen lässt, benötigt keine Quittung und muss diese auch nicht aufbewahren. Im Prinzip liegt allenfalls ein »Solidarisieren« vor, bei dem die eigene Ersparnis als Ziel die entscheidende Rolle spielt. Überdies wird bei einem dolosen Handwerker letztlich das Volumen der Steuerverkürzung lediglich reduziert, weil die Einnahme geringer ist. Dies spricht dafür, auch in diesen Fällen eine Beihilfe abzulehnen.

80 Die Analyse zeigt deutlich, dass auch die Rechtsprechung nicht immer die bloße Kausalität eines Verhaltens für den Erfolg einer Haupttat als »Hilfeleistung« genügen lässt. Während aber die Rechtsprechung im Einzelfall entscheidet und verallgemeinerungsfähige Aussagen vermeidet, hat die jüngere Literatur eine Reihe von Kriterien entwickelt, die eine Abgrenzung zwischen noch straflosem, weil »neutralem«, und schon strafbarem Verhalten ermöglichen sollen. Auf diese Kriterien, die unter den Stichworten »**neutrales Verhalten**«, »**sozialadäquates Verhalten**«, »Korrektur durch professionelle Adäquanz« oder »Prinzip der Eigenverantwortung« diskutiert werden, soll hier nur verwiesen werden.[239]

Der BGH vertritt hingegen die Auffassung, dass eine generelle Straflosigkeit von »neutralen«, »berufstypischen« oder »professionell adäquaten« Handlungen nicht in Betracht komme. Mit diesen Begriffen könne strafbare Beihilfe nicht von erlaubtem Handeln eindeutig abgegrenzt werden, das Problem sei vielmehr auf der Ebene des subjektiven Tatbestandes zu lösen.[240] Ziele das Handeln des Haupttäters ausschließlich darauf ab, eine strafbare Handlung zu begehen und wisse dies der Hilfeleistende, so sei sein Tatbeitrag strafbar. Halte es der Hilfeleistende dagegen lediglich für möglich, dass sein Tun zur Begehung einer Straftat genutzt werde, so liege regelmäßig keine strafbare Beihilfehandlung vor, es sei denn, »das von ihm erkannte Risiko strafbaren Verhaltens des von ihm Unterstützten war derart hoch, dass er sich mit seiner Hilfeleistung die Förderung eines erkennbar Tat geneigten Täters **angelegen** sein ließ«.[241] Die Anknüpfung der Teilnahmestrafbarkeit an sicheres Wissen findet sich nun auch in einer Entscheidung des BVerfG.[242]

---

239 Jakobs ZStW 89 (1977), 1 ff; Roxin Festschrift für Stree und Wessels, 365, 378; Philipowski in: Kohlmann Strafverfolgung und Strafverteidigung im Steuerstrafrecht, Köln 1983, 131 ff; Meyer-Arndt wistra 1989, 281 ff; Hassemer wistra 1995, 41 ff, 81 ff; Löwe-Krahl wistra 1995, 201; Ransiek wistra 1997, 41 ff; Ransiek wistra 1997, 47; Kaligin WM 1996, 2267 ff; Vahrenbrink 23 ff, 135 ff; Tag JR 1997, 49 ff; Rogat 241; Wohlleben 100 ff
240 F/G/J-Joecks § 370 Rn 247 a
241 BGH wistra 1999, 459; wistra 2000, 344; wistra 2003, 385
242 BVerfG wistra, 2004, 217, in welcher es um die Strafbarkeit von Strafverteidigern wegen Geldwäsche nach § 261 StGB durch Entgegennahme von Verteidigerhonoraren gegangen ist

Damit ergibt sich nun folgende Regel:

- Sicheres Wissen um die Begehung einer Straftat führt auch bei neutralem Verhalten zur Beihilfestrafbarkeit, wenn das Handeln des Haupttäters »ausschließlich« darauf abzielt, eine strafbare Handlung zu begehen;
- Dolus eventualis genügt bei neutralem Verhalten grundsätzlich nicht;
- Eine Ausnahme ist zu machen, wenn das Risiko strafbaren Verhaltens vom Gehilfen erkannt derart hoch war, dass die Hilfeleistung sich als Solidarisierung darstellt.

Der Frage der »Neutralität« eines Verhaltens kann in gleicher Weise auch im Rahmen der **Mittäterschaft** besondere Bedeutung zukommen.

7. Verantwortlichkeit steuerlicher Berater

Den steuerlichen Berater treffen keine originären gesetzlichen **Erklärungspflichten**. Er wird vielmehr für den Erklärungspflichtigen bei der Vorbereitung von dessen Erklärung tätig. Gerade durch seine vorbereitende Tätigkeit kann der steuerliche Berater einen für eine Steuerhinterziehung eines Mandanten kausalen Beitrag leisten, der als Beihilfe nach § 27 StGB strafbar sein kann. Dies gilt insbesondere für die Fälle in denen der Steuerberater damit rechnet, dass der Mandant noch ausstehende Angaben in der Steuererklärung nicht ergänzt. Die Grenzen sind hierbei fließend und wenig geklärt, zumal die Mitwirkung des Steuerberaters jedenfalls sicherstellt, dass hinsichtlich der erklärten Angaben die Steuer zutreffend festgesetzt wird. Eine Tendenz geht dahin, auch auf den Beratungsvertrag zwischen Steuerberater und Mandant abzustellen.[243]

81

Eine **Berichtigungspflicht** des Steuerberaters gegenüber dem Finanzamt besteht – von Ausnahmefällen (§ 35 AO) abgesehen – nicht.[244] Seine Verpflichtungen entspringen als mittelbare aus dem Steuerberatungsvertrag mit dem Mandanten. So besteht seine Pflicht zunächst einmal allein darin, seinen Mandanten entsprechend zu informieren. Dies gilt auch hinsichtlich der Regelung des § 153 AO.[245] Diese erfasst den Fall, dass jemand (unvorsätzlich) unrichtige Angaben macht und die Unrichtigkeit seiner Angaben vor Ablauf der Festsetzungsfrist erkennt. Bei nachträglicher Feststellung einer Steuerhinterziehung ist der Steuerberater aus dem Mandatsverhältnis heraus gehalten, sein Wissen für sich zu behalten. Er hat keine Garantenstellung und macht sich deshalb nicht der Beihilfe strafbar. Offen bleiben zwei weitere Fälle, zu denen der BGH wenig oder nichts sagt. Dies betrifft zum einen die Situation, dass der Steuerberater die Steuererklärung selbst unterzeichnet hat, zum anderen die Frage, ob der Steuerberater aus einem anderen Rechtsgrund als § 153 AO berichtigen muss, wenn ihm selbst im Zusammenhang mit der Erstellung der Erklärung der Vorwurf der Sorgfaltswidrigkeit gemacht werden kann.[246]

82

a) Unterzeichnung der Steuererklärung durch den Berater

Für diese Fälle wird in der Literatur eine Berichtigungspflicht des Steuerberaters angenommen.[247] Der BGH lässt diese Frage dahingestellt. In der Tat betrifft schon

83

---

243 Vgl OLG Karlsruhe wistra 1986, 189; Kohlmann § 370 Rn 16.5
244 Joecks INF 1997, 21; aM Brenner StuW 1982, 113
245 BGH wistra 1996, 184; Hardtke Steuerhinterziehung, 35 ff mwN
246 Joecks INF 1997, 21
247 Tipke/Kruse § 153 Rn 1 a

vom Wortlaut her § 153 I Nr. 1 AO nur einen **Steuerpflichtigen**.[248] Da diesem in § 33 AO definierten Begriff auch der gesetzliche Vertreter iSd § 34 AO sowie der Verfügungsberechtigte iSd § 35 AO unterfallen, kommt für den Steuerberater eine Berichtigungspflicht in den Fällen in Betracht, in denen er eine dem § 35 AO genügende Position erreicht hat. Verfügungsberechtigter iSd § 35 AO ist jeder, der rechtlich und wirtschaftlich über Mittel, die einem anderen zuzurechnen sind (§ 39 AO), verfügen kann und über diese Mittel auch verfügen darf. In Frage kommt dies letztlich nur, wenn der Steuerberater vom Mandanten bevollmächtigt/beauftragt wurde, etwa die Umsatzsteuer-Voranmeldungen zu unterzeichnen und auch Kontovollmacht hat. Denkbar ist auch der Fall, dass bereits die Umsatzsteuer-Voranmeldung genügt, weil der Finanzbehörde eine Abrufermächtigung vorliegt. Da Steuererklärungen grundsätzlich eigenhändig unterschrieben werden müssen, kommt dies nur in Betracht, wenn (ausnahmsweise) **Eigenhändigkeit** nicht erforderlich ist.[249]

b) Fehlleistungen des Beraters

84 Noch nicht geklärt ist, ob sich der Fall anders darstellt, wenn der Steuerberater fahrlässig oder gar grob fahrlässig (leichtfertig) verkannt hat, dass die Angaben des Mandanten bewusst oder unbewusst falsch waren, oder der Berater korrekte Angaben des Mandanten pflichtwidrig unrichtig umgesetzt hat. Strafrechtlich kennt man eine **Garantenstellung** aus vorangegangenem gefährdendem Tun. Der Steuerberater könnte vergleichbar vorwerfbar handeln, wenn er die Vorgaben des Mandanten ungeprüft übernimmt oder fehlerhaft umsetzt. Deshalb hat er dafür einzustehen, dass die sich daraus ergebenden Risiken sich nicht realisieren oder rückabgewickelt werden. Insofern wäre denkbar, dass der Steuerberater sich über § 13 StGB einer Steuerhinterziehung durch Unterlassen schuldig macht, wenn er nach dem Erkennen des eigenen (Übernahme-)Fehlers eine Unterrichtung der Finanzverwaltung unterlässt.

Klar ist in diesen Fällen mittlerweile zunächst, dass der leichtfertig die unrichtigen Daten übernehmende Steuerberater regelmäßig nicht wegen leichtfertiger Steuerverkürzung gemäß § 378 I AO belangt werden kann. Hiermit ist aber noch nicht gesagt, inwiefern ein solches Vorverhalten des Steuerberaters ihn nicht zum Garanten machen kann, wenn er später positive Kenntnis von der Unrichtigkeit der Angaben erlangt. Der BGH hat zu dieser Frage wenig gesagt, sondern schloss nur aus, dass der Steuerberater schon als »Organ der Steuerrechtspflege« berichtigungspflichtig ist. Die zentrale Frage hierbei ist, ob § 153 AO die Anwendbarkeit des § 13 StGB schlechthin ausschließt.[250] Dass der BGH den § 13 StGB jedenfalls erwähnt spricht jedoch dafür, dass er sich einem solchen Vorrang des § 153 I AO nicht anschließen mag.[251] Für den Sonderfall der strafrechtlichen Produktverantwortung hat es der BGH genügen lassen, dass das Vorverhalten objektiv pflichtwidrig war und nicht vorausgesetzt, dass der Täter sich fahrlässig verhalten hat.[252] Vor diesem Hintergrund ist Steuerberatern jedenfalls zu empfehlen, sich an dieser weiten Auffassung des BGH zu orientieren, also nicht darauf zu vertrauen, dass eine Garanten-

---

248 Vgl Achenbach Stbg 1996, 202; Joecks INF 1997, 21
249 Joecks INF 1997, 23
250 Eine Sperrwirkung wird angenommen von Joecks INF 1997, 24; Koch/Scholtz-Krabbe § 153 Rn 3; Tipke/Kruse § 153 AO Rn 1 a
251 Ebenso Achenbach StbG 1996, 303
252 BGHSt 37, 106, 117 ff = wistra 1990, 342, 344 f; krit Puppe JR 1992, 30; Samson StV 1991, 182, 184; Kuhlen NStZ 1990, 566

stellung erst besteht, wenn dem Berater auch subjektiv der Vorwurf zumindest der Fahrlässigkeit gemacht werden kann.

c) Verkennen von Fehlern des Mandanten

Der Steuerberater unterscheidet sich im Rahmen der Mitwirkung an der Erstellung der Steuererklärung von niemand anderem, der im Vorfeld eingeschaltet und ursächlich für die spätere unrichtige Erklärung wird, wie etwa der Buchhalter im Unternehmen des Mandanten, der fehlerhafte Werte aus der Inventur übernimmt. Auch seine Stellung als »Organ der Steuerrechtspflege« (§ 57 StBerG) ändert daran nichts. Er hilft dem Mandanten bei der Erfüllung von dessen Pflichten, übernimmt sie aber nicht. Macht er Fehler im Rahmen der Erstellung der Erklärung, geht seine Pflicht zunächst einmal nur dahin, den Mandanten entsprechend zu unterrichten und ihn auf die Rechtslage (§ 153 I Nr. 1 AO) hinzuweisen.

Kritisch ist demgegenüber der Fall, dass der Mandant eine solche Berichtigung verweigert. Kann bzw muss der Steuerberater dann selbstständig das Finanzamt informieren? Die Ausführungen des BGH zur Berichtigungspflicht nach § 153 I Nr. 1 AO sprechen dafür, diese Frage zu verneinen. Auch in diesen Fällen bleibt der Steuerberater zunächst einmal zur Verschwiegenheit verpflichtet. Hier einen Vorrang einer Unterrichtung der Finanzverwaltung anzunehmen und einen Verstoß gegen § 203 StGB nach den Regeln über die Pflichtenkollision zu erlauben würde zwar fiskalischen Interessen dienen, aber dem zu schützenden Vertrauensverhältnis zwischen Mandant und Berater nicht gerecht. Eine Berichtigungspflicht mit Vorrang vor der Verschwiegenheitspflicht ist allenfalls in solchen Fällen denkbar, in denen der Steuerberater ein spezifisches Risiko für den Fiskus geschaffen hat. Dies ist nicht schon dann der Fall, wenn er leichtfertig oder auch nur fahrlässig verkennt, dass der Mandant fehlerhafte Vorgaben gemacht hat. In diesen Fällen steht der Fiskus nämlich nicht schlechter, als wenn der Berater nicht eingeschaltet worden wäre, und eine Pflicht zur Einschaltung eines Beraters besteht grundsätzlich nicht. Der Steuerberater hat das Risiko für den Fiskus nicht gesteigert; er ist schon nicht Garant.[253]

d) Eigene Fehler des Beraters

Anders zu beurteilen ist jedoch der Fall, wenn der Berater von seinem Mandanten korrekte Vorgaben erhält und infolge seiner (leichten oder groben) Fahrlässigkeit Fehler in die Steuererklärung hineinkommen. Hier hat der Berater nicht etwa nur die aus den Vorgaben des Mandanten resultierenden Risiken nicht beseitigt, sondern neue Risiken geschaffen, in seinem eigenen Verantwortungsbereich die Gefahr für den Eintritt einer Steuerverkürzung erst begründet. In solchen Fällen spricht viel dafür, ihn als Garant aus vorangegangenem gefährdendem Tun anzusehen, der zu einer Verhinderung oder Beseitigung einer Steuerverkürzung selbstständig verpflichtet ist. Auch hier geht zunächst die Pflicht dahin, den Mandanten auf den Fehler und die Berichtigungspflicht nach § 153 I Nr. 1 AO hinzuweisen. Kommt der Mandant seiner Empfehlung nicht nach, befindet sich der Steuerberater nunmehr in einer Pflichtenkollision. Einerseits ist er gegenüber dem Finanzamt mitteilungspflichtig, andererseits muss er gegenüber dem Mandanten die Verschwiegenheitspflicht wahren. In einem solchen Fall wird man die Pflicht zur Unterrichtung des

85

86

---

253 Joecks INF 1997, 24

Finanzamts als gewichtiger ansehen müssen. Erfüllt der Berater diese Pflicht nicht, macht er sich objektiv der Steuerhinterziehung durch Unterlassen gemäß § 370 I Nr. 2 AO schuldig; weiß er um die Umstände, handelt er idR auch vorsätzlich.[254]

8. Verjährung

a) Verjährungsfrist

87   Die Verjährung der Steuerhinterziehung richtet sich nach den allgemeinen Regeln des Strafgesetzbuches. Die Verjährungsfrist beträgt nach § 369 II AO iVm § 78 III Nr. 4 StGB fünf Jahre. Bei dieser Frist verbleibt es auch in einem besonders schweren Fall der Steuerhinterziehung, der nach § 370 III AO mit Freiheitsstrafe bis zu zehn Jahren bedroht ist, da nach § 78 IV StGB die Strafandrohung für besonders schwere Fälle für die Verjährungsfrist ohne Bedeutung ist. Von der Frist für die Strafverfolgungsverjährung ist die Frist für die Festsetzungsverjährung zu unterscheiden, die nach § 169 II 2 AO bei Steuerhinterziehung zehn Jahre beträgt. Damit gibt es ein ganz erhebliches Auseinanderfallen von strafrechtlicher und steuerrechtlicher Verjährung, zumal auch der Lauf der jeweiligen Fristen unterschiedlich beginnt.

b) Beginn der Verjährung

88   Die strafrechtliche Verjährung beginnt, anders als die steuerrechtliche, wenn die Tat beendet ist (§ 78 a StGB). Dies ist der Tag der Bekanntgabe des unrichtigen Steuerbescheides. Der für den Beginn der Verjährungsfrist maßgebliche Begriff der Beendigung der Tat (§ 78 a StGB) birgt erhebliche Probleme in sich.[255] Bei einer **Tathandlung durch positives Tun** beginnt die Verjährung dementsprechend in den Fällen der Veranlagungssteuer mit der Bekanntgabe der unrichtigen Steuerfestsetzung an den Steuerpflichtigen.[256] Die Bekanntgabefiktion des § 122 Abs 2 AO ist nicht anwendbar.[257] Bei infolge vorsätzlicher Falschangaben unrichtigen **Feststellungsbescheiden**, bspw. im Rahmen der einheitlichen und gesonderten Gewinnfeststellung einer Personengesellschaft nach § 180 Abs 1 Nr. 2 AO, stellt die hM derzeit noch darauf ab, dass der Taterfolg und damit die Beendigung der Tat erst eingetreten ist, wenn eine Umsetzung der Ergebnisse des Feststellungsbescheides in dem persönlichen Einkommensteuerbescheid (**Folgebescheid**) des letzten betroffenen Gesellschafters erfolgt ist. Dies ist nur wenig nachvollziehbar und führt zu dogmatischen Brüchen sowie zu Unwägbarkeiten. Aufgrund der »automatischen« Umsetzung eines Feststellungsbescheides ist der Taterfolg der Falschangabe bereits in der Alternative des nicht gerechtfertigten Steuervorteils mit Bekanntgabe des Feststellungsbescheides eingetreten, endet mit diesem Zeitpunkt die Versuchsstrafbarkeit und beginnt der Lauf der Verjährungsfrist.[258]

In den Fällen unrichtiger Umsatzsteuer**voranmeldungen**, deren Daten in Jahreserklärungen übernommen werden, soll die Verjährung erst mit der entsprechenden Jahreserklärung beginnen.[259] Wird nach unzutreffenden Voranmeldungen

---

254 Joecks INF 1997, 25
255 Dies gilt auch für die Frage der Verjährung der Beihilfe zur Steuerhinterziehung, vgl hierzu Pelz wistra 2001, 11
256 F/G/J-Joecks § 376 Rn 15
257 Müller wistra 2004, 11
258 Hardtke AO-StB 2002, 92; Hardtke AO-StB 2001, 273; Hardtke NStZ 1996, 217; Hardtke in: Arbeitsgemeinschaft der Fachanwälte für Steuerrecht eV [Hrsg], 629
259 BGH wistra 1983, 146

eine Jahreserklärung nicht abgegeben, ist die Tat mit Ablauf der Abgabefrist beendet.[260]

Der **Versuch** der Steuerhinterziehung soll erst mit Bestandskraft des Steuerbescheides fehlgeschlagen sein.[261] Dies bedeutet, dass gegebenenfalls auch eine Beendigung der Tat und damit der Beginn der Verjährung in diesem Zeitpunkt gegeben ist. Vollendung und Beendigung der Steuerhinterziehung fallen damit regelmäßig zusammen. Sehr weitgehend ist die Auffassung, dass eine vollendete Tat selbst dann anzunehmen sei, wenn der Finanzbehörde im Zeitpunkt der Festsetzung die Unrichtigkeit der Erklärung bereits bekannt gewesen sei.[262]

Wird die **Steuerhinterziehung durch Unterlassen** begangen, so ist das Delikt bei   **89**
Veranlagungssteuern zu dem Zeitpunkt vollendet, zu dem die Veranlagungsarbeiten des zuständigen Finanzamtes »im Großen und Ganzen« abgeschlossen sind,[263] bei Fälligkeitssteuern mit Ablauf des Fälligkeitstages. Dabei ist streitig, ob die Beendigung in den Fällen des Unterlassens nicht erst dann eintritt, wenn die Rechtspflicht zum Handeln aufhört bzw die Verjährung definitiv eingetreten ist. Die heute herrschende Meinung tendiert dazu, die gleichen Regeln wie bei Begehung anzuwenden.[264] Täte man dies nicht, würde die Steuerhinterziehung durch Unterlassen praktisch nie verjähren, vgl § 171 VII AO, §§ 78 ff StGB.[265]

Dem hat der BGH in der Form Rechnung getragen, dass er mittlerweile bei der Hinterziehung durch Unterlassen Vollendung und Beendigung der Tat zusammenfallen lässt. Wird etwa die Umsatzsteuer-Jahreserklärung nicht abgegeben, ist die Tat mit dem Ablauf des 31. Mai des Folgejahres vollendet und auch beendet, so dass damit der Lauf der Verjährung beginnt.[266] Wird dann später eine unrichtige Umsatzsteuerjahreserklärung abgegeben, handelt es sich um eine mitbestrafte Nachtat, die in ihrer Strafbarkeit wieder auflebt, wenn die erste Tat – etwa wegen Eintritts der Verjährung – nicht verfolgt werden kann.[267]

Eine Ablaufhemmung entsprechend dem § 171 AO gibt es strafrechtlich nicht.

c) Unterbrechung der Verjährung

Die Unterbrechung der Verjährung richtet sich nach den allgemeinen Regeln des   **90**
Strafrechts. Besonderheit ist, dass die Verjährung nach Maßgabe des § 376 AO auch dadurch unterbrochen wird, dass dem Beschuldigten die **Einleitung des Bußgeldverfahrens** bekannt gegeben oder diese Bekanntgabe angeordnet wird. Die Reichweite der Unterbrechung der Verjährung richtet sich nach dem Inhalt der Maßnahme; erfasst wird die Tat im strafprozessualen Sinn,[268] während es für die Frage der Sperrwirkung bei der Selbstanzeige auf den materiellrechtlichen Tatbegriff ankommt. Ein nicht hinreichend bestimmter Durchsuchungsbeschluss entfaltet keine verjährungsunterbrechende Wirkung.[269]

---

260 BGH wistra 1992, 93
261 BGH wistra 1991, 300
262 BGH wistra 2000, 63, anders BayObLG wistra 1990, 159; F/G/J-Joecks § 370 Rn 272
263 BGH wistra 2002, 64; BayObLG wistra 2001, 194; krit Dörn NStZ 2002, 189
264 Vgl F/G/J-Joecks § 376 Rn 27
265 Hardtke Steuerhinterziehung, 165
266 BGH wistra 1991, 135; wistra 1992, 93
267 BGH wistra 1993, 223
268 BGH wistra 2000, 219 m Anm *Jäger* wistra 2000, 227
269 LG Frankfurt/Main wistra 2001, 28; BGH wistra 2000, 383; BVerfG wistra 1999, 257

9. Selbstanzeige (§§ 371, 378 III AO)

91   Die Selbstanzeige führt zu einer Straf- und Bußgeldfreiheit bei Steuerhinterziehung (§ 370 AO) oder leichtfertiger Steuerverkürzung (§ 378 AO). Zu beachten ist jedoch, dass die Bußgeldtatbestände der §§ 379, 380 AO dennoch anwendbar bleiben, soweit deren tatbestandliche Voraussetzungen zugleich erfüllt wurden.[270] Die wirksame Selbstanzeige ist ein persönlicher Strafaufhebungsgrund,[271] der nur für § 370 AO gilt. Andere Taten bleiben strafbar,[272] es sei denn, diese Straftatbestände verweisen auf § 371 AO.

Die Straf- und Bußgeldfreiheit beruht ausschließlich auf **fiskalischen Überlegungen**, das Motiv des Anzeigeerstatters ist unbeachtlich.[273] Es geht dem Gesetzgeber vordergründig um die Erschließung unbekannter Steuerquellen.[274] Eine neuere Auffassung geht demgegenüber davon aus, dass auch die Selbstanzeige als Ausprägung des Prinzips der **Schadenswiedergutmachung** iSd § 46 a StGB angesehen werden kann.[275]

Der Anzeigeerstatter muss gegenüber der Finanzbehörde unrichtige Angaben berichtigen, unvollständige Angaben ergänzen und/oder unterlassene Angaben nachholen. Bereits zu seinen Gunsten hinterzogene bzw verkürzte Steuern müssen innerhalb einer gesetzten (angemessenen) Frist nachentrichtet werden (§§ 371 III, 378 III AO).

§ 378 AO kennt dagegen nur eine Sperrwirkung, nämlich die der Bekanntgabe der Einleitung eines Straf- oder Bußgeldverfahrens wegen der Tat (Abs 3). Ein Rücktritt vom Versuch (§ 24 StGB) ist trotz der Möglichkeit der strafbefreienden Selbstanzeige nicht ausgeschlossen.[276]

a) Anzeigeerstatter

92   Jeder Täter einer Steuerhinterziehung kann für sich selbst eine wirksame Selbstanzeige erstatten; Gleiches gilt für dessen gesetzliche oder satzungsmäßige **Vertreter** sowie bevollmächtigte Vertreter,[277] nicht aber Vertreter ohne Vertretungsmacht oder Geschäftsführer ohne Auftrag. Selbst wenn die Selbstanzeige dem mutmaßlichen Willen des Täters entspricht reicht es nicht aus, wenn der Täter sie nachträglich genehmigt.[278] Nicht erforderlich ist dagegen, dass der Bevollmächtigte die Selbstan-

---

270 Dörn wistra 1995, 7; BayObLG NJW 1981, 1055; KG Berlin wistra 1994, 36
271 Rackwitz wistra 1997, 135
272 BGHSt 12, 100
273 App DB 1966, 1009
274 Streck DStR 1985, 9, 10
275 F/G/J-Joecks § 317 Rn 18 ff; ausführlich Steffens 186 mwN
276 BGH wistra 1991, 223, 225 = NJW 1991, 2844 = StV 1991, 344: Versuchte Steuerhinterziehung bei Nichtabgabe der Steuererklärung innerhalb der Abgabefrist; Vollendung der Steuerhinterziehung bei Nichtabgabe der Steuererklärung nach allgemeinem Abschluss der Veranlagungsarbeiten in dem betreffenden Bezirk für den maßgeblichen Zeitraum. Jedoch Rücktritt vom Versuch, sofern die betreffenden Steuererklärungen nach Ablauf der Abgabefrist und vor Vollendung (Bekanntgabe eines Schätzungsbescheides) eingereicht werden. Liegt ein strafbefreiender Rücktritt nach § 24 I 1 StGB mangels Freiwilligkeit nicht vor, so kommt eine strafbefreiende Selbstanzeige gemäß § 371 AO in Betracht. Nach Einleitung des Ermittlungsverfahrens entfällt die Freiwilligkeit und ist auch eine Selbstanzeige nur noch wegen der von der Verfahrenseinleitung nicht umfassten Steuerarten und Besteuerungszeiträume denkbar. Zu dem Verhältnis zwischen § 153 AO und Selbstanzeige vgl Schuhmann wistra 1994, 45 ff
277 BGH wistra 1985, 74
278 F/G/J-Joecks § 371 Rn 80

Hardtke

zeige ausdrücklich im Namen des Täters erstattet. Eine **verdeckte Stellvertretung** ist zulässig.[279] Das Verbot der Mehrfachverteidigung (§ 146 StPO) steht einer Selbstanzeige durch einen Rechtsanwalt für mehrere Auftraggeber nicht entgegen, weil es sich bei der Beratung und Durchführung einer Selbstanzeige um Steuerberatung und noch nicht um Strafverteidigung handelt.[280]

b) Form und Inhalt

Eine Selbstanzeige muss nicht als solche gekennzeichnet werden. Sie muss aber vom Inhalt her die Finanzbehörde in die Lage versetzen, die zutreffende Steuer ohne weitere umfangreiche Nachforschungen festsetzen zu können.[281] Die bloße Nacherklärung bisher verschwiegener Einkünfte oder die Richtigstellung falscher Angaben ist deshalb ausreichend. Es sollte unbedingt davon abgesehen werden, in der Mitteilung an die Finanzbehörde von einer »Selbstanzeige« oder irgendeinem strafrechtlich relevanten Verhalten zu sprechen. Hierdurch kann bereits die Einleitung eines Steuerstrafverfahrens vermieden werden. Aufgrund interner Anweisungen sind die Veranlagungsstellen verpflichtet, Selbstanzeigen der Bußgeld- und Strafsachenstelle zuzuleiten. Eine »einfache« Nacherklärung muss aber nicht als Selbstanzeige erkannt werden und damit bleibt die Bußgeld- und Strafsachenstelle völlig aus dem Spiel.

Die Selbstanzeige kann schriftlich, per Telefax, fernschriftlich, mündlich oder fernmündlich[282] erstattet werden. Sie ist an keinerlei Form gebunden und sogar in verdeckter Stellvertretung möglich.[283]

Zu warnen ist vor dem Fehler, eine Selbstanzeige zunächst lediglich anzukündigen. Die **Ankündigung einer Selbstanzeige** hat keine rechtliche Wirkung[284] sondern stellt allein eine »Einladung« an die Finanzverwaltung zur Einleitung eines Steuerstrafverfahrens (welches eine Selbstanzeige dann sperrt). Sind unter Zeitdruck die erforderlichen Unterlagen nicht rechtzeitig herbeizuschaffen, um eine inhaltlich zutreffende Selbstanzeige abgeben zu können, so sollte der nach zuerklärende Betrag lieber großzügig geschätzt werden und in der Selbstanzeige ein Hinweis darauf erfolgen, dass den Angaben eine Schätzung zugrunde liegt. Eine spätere Korrektur ist dann unproblematisch möglich.[285]

Beispiele für am unzureichenden Inhalt gescheiterte »Selbstanzeige«:

- Beantragung einer Außenprüfung;[286]
- Hinweis auf den Ursprung verschwiegener Einkünfte ohne Darlegung ihres Umfangs;[287]
- stillschweigende Nachzahlung der verkürzten Steuern;[288]
- Hinweis auf zu niedrig erklärte Umsatzsteuer;[289]

93

---

279 BayObLG NJW 1954, 244
280 F/G/J-Joecks § 371 Rn 246
281 BGH wistra 1993, 66; wistra 2003, 385; wistra 2004, 309
282 OLG Hamburg wistra 1986, 116
283 BGH wistra 2004, 309
284 OLG Hamburg wistra 1993, 274
285 Theil BB 1983, 1274, 1277
286 OLG Düsseldorf wistra 1982, 119
287 OLG Hamburg wistra 1993, 274, 275
288 BGH DStZ B 1959, 499
289 BayObLG DStZ B 1963, 112

– zur Verfügungstellung der Buchführung;[290]
– stillschweigende Versteuerung im folgenden Veranlagungszeitraum;[291]
– Unterrichtung der Finanzbehörde über die Stellung des Konkursantrages.[292]

Umfasst die Selbstanzeige nur einen Teil des steuerlichen Verhaltens, so ist sie hinsichtlich des angezeigten Teils wirksam.[293] Anstifter, Gehilfen oder auch Mittäter, deren Tatbeitrag begrenzt war, brauchen nur diejenigen Tatsachen zu offenbaren, bei deren Verbergung sie mitgewirkt haben.[294]

94 Auch eine **gestufte Selbstanzeige** ist möglich, da mehrere (Teil-) Erklärungen als Einheit anzusehen sind.[295] Hiervon ist jedoch abzuraten, da die Gefahr der Einleitung eines Steuerstrafverfahrens besteht und hinsichtlich der nachfolgenden Erklärungen die Sperrwirkung eintritt.

Die Selbstanzeige sollte bei der örtlich und sachlich zuständigen **Finanzbehörde** (§ 6 II AO) erstattet werden,[296] dies ist in aller Regel das Veranlagungs- bzw Betriebstättenfinanzamt. Die Erstattung bei einer örtlich und sachlich unzuständigen Finanzbehörde soll zwar unschädlich sein,[297] dieses Risiko ist jedoch vermeidbar. Die bei der Staatsanwaltschaft abgegebene Selbstanzeige wird dagegen erst dann wirksam, wenn sie bei der Finanzbehörde eingeht, an die sie weitergeleitet wird.

Das Risiko des rechtzeitigen Eingangs einer Selbstanzeige trägt der Anzeigeerstatter und gleichermaßen auch die Beweislast hierfür. Auf die Anwendung des Grundsatzes »in dubio pro reo« sollte der Steuerpflichtige nicht vertrauen und es empfiehlt sich deshalb unbedingt die Schriftform; bei mündlicher Erstattung der Selbstanzeige ist auf ihre Protokollierung zu achten.[298]

Muster einer Selbstanzeige

(zugleich Berichtigungserklärung nach § 153 AO)

An das

Finanzamt .... (Veranlagungsfinanzamt)

Steuernummer: ....

Fritz Müller, Goldgräberstr. 3, 17489 Greifswald

Einkommensteuer 2001–2003

Sehr geehrte Damen und Herren,

in vorstehender Angelegenheit zeigen wir Ihnen ausweislich im Original anliegender Vollmacht an, dass uns Herr Fritz Müller mit seiner Vertretung beauftragt hat.

Unser Mandant hatte in den Jahren 2001, 2002 und 2003 Einkünfte aus Kapitalvermögen, die er versehentlich für steuerfrei gehalten und deshalb in seine Einkommensteuererklärungen für diese Jahre nicht aufgenommen hatte. Es handelt sich in den einzelnen Jahren um folgende bisher nicht versteuerte Beträge:

---

290 BGH wistra 1991, 107, 109
291 BGH DStZ B 1959, 499
292 BGH wistra 1993, 66, 68
293 In § 371 I AO wird das eingrenzende Tatbestandsmerkmal »insoweit« verwandt.
294 OLG Hamburg wistra 1986, 116
295 BGH NJW 1953, 475; OLG Frankfurt NJW 1962, 974
296 F/G/J-Joecks § 371 Rn 89
297 OLG Hamburg wistra 1993, 274, 276 (str)
298 F/G/J-Joecks § 371 Rn 65

2001: 10.000 DM

2002: 15.000 EUR

2003: 30.000 EUR

Wir weisen darauf hin, dass es sich bei den Einkünften in 2003 in Höhe von 30000 EUR zunächst um einen großzügig geschätzten Betrag handelt, da unserem Mandanten noch nicht sämtliche Belege zur Verfügung stehen. Sobald diese beigebracht werden konnten, werden wir Ihnen den genauen Betrag mitteilen, der voraussichtlich deutlich unterhalb des bisher geschätzten Betrages liegen wird.

Die unserem Mandanten in den Jahren 2001–2003 zur Erlangung dieser Einkünfte entstandenen Werbungskosten konnten wir bislang gleichfalls noch nicht abschließend feststellen. Auch diese werden wir nachträglich mitteilen.

Unter Hinweis auf die uns erteilte Zustellungsvollmacht dürfen wir bitten, künftige diese Jahre betreffenden Änderungsbescheide über unsere Kanzlei zuzustellen.

Mit freundlichen Grüßen

c) Ausschlussgründe

95 Im Grundsatz gilt, dass eine Selbstanzeige dann keine Wirkung entfaltet, wenn sie in einer Phase erstattet wird, in der sich das **Entdeckungsrisiko** für den Steuerpflichtigen konkretisiert hat.[299] Dies ist der Fall, wenn einer der Ausschlussgründe des § 371 II AO vorliegt. Geht es um die Ausräumung des Vorliegens eines Ausschlussgrundes, so ist dies eine Tätigkeit der Strafverteidigung und es gilt das Verbot der Mehrfachverteidigung (§ 146 StPO).

aa) Erscheinen eines Amtsträgers (§ 371 II Nr. 1 a AO)

96 Amtsträger ist jeder Beamte oder Angestellte einer örtlichen Finanzbehörde, der Oberfinanzdirektion, des Bundesamtes für Finanzen oder einer Gemeindesteuerbehörde.[300] Steuerfahndungsbeamte sind auch dann Amtsträger der Finanzbehörde, wenn sie als Hilfsbeamte der Staatsanwaltschaft (§ 404 AO) tätig und dieser gegenüber weisungsgebunden sind.[301] Staatsanwälte sind dagegen auch dann nicht Amtsträger einer Finanzbehörde, wenn sie wegen Steuerstraftaten ermitteln.[302] Ein Amtsträger ist zur steuerlichen Prüfung erschienen, sobald er das Grundstück mit den Betriebs- oder Wohnräumen eines Steuerpflichtigen in der Absicht betritt, dessen steuerliche Verhältnisse zu überprüfen.[303] Soll eine Außenprüfung durchgeführt werden, so richtet sich der Umfang der Sperre für die strafbefreiende Selbstanzeige nach dem Inhalt der Prüfungsanordnung.[304] Dies sind in erster Linie die zu prüfenden Steuerarten und die angeführten Prüfungszeiträume.[305] Andere Jahre und Steuerarten können jedoch für eine Selbstanzeige infolge einer Tatentdeckung gesperrt werden.[306] Da dem Erscheinen der Steuerfahndung keine Prüfungsanordnung vorausgeht, wird vielfach davon ausgegangen, dass hier auch keine Begrenzung ge-

---

299 Joecks, 80
300 F/G/J-Joecks § 371 Rn 135
301 LG Stuttgart wistra 1990, 72
302 Felix BB 1985, 1781
303 F/G/J-Joecks § 371 Rn 138; HHSp-Engelhardt § 371 Rn 202
304 BGH wistra 1988, 151; BayObLG StV 1985, 508
305 BGH wistra 1988, 151; BayObLG wistra 1985, 117
306 BGH wistra 1988, 151

geben ist.[307] Dies erscheint nur vordergründig richtig, denn in den allermeisten Fällen erscheint die Steuerfahndung aufgrund eines Durchsuchungsbeschlusses. In diesem muss der Tatvorwurf angegeben sein, so dass sich hieraus gegebenenfalls Begrenzungen ableiten lassen. Eine Sperrwirkung besteht für die von späteren Selbstanzeigen erfassten Sachverhalte jedenfalls dann nicht, wenn sie zu dem Zeitpunkt, in dem ein Amtsträger zur Ermittlung einer Steuerstraftat erschienen ist, weder vom Ermittlungswillen des Amtsträgers erfasst waren, noch mit dem bisherigen Ermittlungsgegenstand in engem sachlichem Zusammenhang standen.[308] Gegenüber bereits ausgeschiedenen Mitarbeitern tritt mit dem Erscheinen eines Prüfers keine Sperrwirkung ein.[309]

bb)   Bekanntgabe der Verfahrenseinleitung (§ 371 II Nr. 1 b AO)

97   Die Verfahrenseinleitung[310] kann schriftlich oder mündlich, auch anlässlich des Vollzugs einer Durchsuchungsanordnung nach § 102 StPO,[311] und gegenüber gesetzlichen Vertretern oder bevollmächtigten Personen geschehen. Sachlich tritt Sperrwirkung nur hinsichtlich der Tat ein, wegen der das Verfahren eingeleitet wurde. Maßgeblich ist der materiell-rechtliche Tatbegriff des § 52 StGB[312] und damit der Inhalt der Mitteilung.[313] So hindert die Einleitung eines Steuerstrafverfahrens wegen Vermögensteuerhinterziehung nicht die strafbefreiende Selbstanzeige wegen Hinterziehung von Einkommen-, Umsatz- und Gewerbesteuer.[314] Eine Verfahrenseinleitung wegen Erbschaftsteuerhinterziehung hindert nicht die Straffreiheit durch Selbstanzeige wegen vorangegangener Schenkungen.[315]

Für die Finanzverwaltung stellt sich das Problem, dass eine Verfahrenseinleitung nach § 397 AO keine verjährungsunterbrechende Wirkung hat, wenn sie mittels eines Formblattes erfolgt, das den Vorwurf nicht hinreichend konkretisiert.[316] In der Verwaltungspraxis werden deshalb die in Rede stehenden verkürzten Steuerarten und Veranlagungszeiträume angegeben, so dass hier eine Orientierung möglich ist.

Persönlich beschränkt sich die Sperrwirkung der Bekanntgabe der Verfahrenseinleitung auf den oder die in der Mitteilung genannten Personen. Pauschale Kennzeichnungen wie »gegen die Verantwortlichen der A-GmbH« sind nur dann ausreichend, wenn hinreichende individualisierende Merkmale gegeben sind.[317]

cc)   Tatentdeckung (§ 371 II Nr. 2 AO)

98   Nach Entdeckung der Tat ist eine Selbstanzeige ausgeschlossen. Der Tatbegriff ist derselbe wie bei der Sperrwirkung der Verfahrenseinleitung, die Sperrwirkung tritt nur zeitlich früher ein. Die Tat ist entdeckt, wenn mehr als nur ein Anfangsverdacht besteht.[318] Über das objektive Tatgeschehen hinaus muss der hinreichende

---

307 Franzen wistra 1988, 194; erscheint die Steuerfahndung mit einer gerichtlichen Durchsuchungsanordnung gemäß § 102 StPO, so ist sie an diese gebunden; in ihr wird der sachliche und zeitliche Bereich abgesteckt, für den eine Selbstanzeige ausgeschlossen ist.
308 BGH wistra 2000, 219
309 LG Stuttgart wistra 1990, 72 = NStZ 1990, 189
310 Blesinger wistra 1994, 48 ff
311 Felix BB 1985, 1781
312 HM: LG Hamburg wistra 1989, 238; wistra 1988, 317; LG Verden wistra 1986, 228
313 F/G/J-Joecks § 371 Rn 181 f; Joecks Steuerstrafrecht, 85
314 BGH wistra 1990, 308
315 LG Hamburg wistra 1989, 238
316 OLG Hamburg wistra 1987, 189; BayObLG wistra 1988, 81
317 BGH wistra 1991, 217; LG Dortmund wistra 1991, 186
318 BGH wistra 1983, 197; wistra 1985, 74; wistra 2004, 309

Verdacht iSd § 203 StPO bestehen, der Täter habe auch vorsätzlich gehandelt.[319] Da das Gesetz auf die Entdeckung der Tat abstellt, muss derjenige, der die Tat begangen hat, noch nicht bekannt sein.[320] **Kontrollmitteilungen**, die dem Finanzamt zugehen, schließen eine Selbstanzeige des durch sie Betroffenen jedenfalls so lange nicht aus, bis das Finanzamt Kenntnis davon erlangt hat, dass die sich aus den Kontrollmitteilungen ergebenen Vorfälle nicht verbucht sind.[321] Es muss allerdings auch hier die Wahrscheinlichkeit einer Verurteilung bestehen.[322] Maßgeblich sind also insoweit der Inhalt der Kontrollmitteilungen und die sonstigen Umstände des Einzelfalles. Hilfreich ist oft die Überlegung, dass die Finanzbehörde mit Eingang der Kontrollmitteilung doch gehalten gewesen wäre, ein Steuerstrafverfahren einzuleiten, wenn sie bereits zu diesem Zeitpunkt die Tat entdeckt, also das Vorliegen der subjektiven Voraussetzungen angenommen hätte. Zu weitgehend erscheint die Ansicht, dass auch bereits Vorfeldermittlungen eine Sperrwirkung entfalten können.[323]

Ist die Tat aufgrund **rechtswidriger Maßnahmen** entdeckt worden, zB durch unzulässige Ausdehnung der Durchsuchung – gezieltes Suchen nach Zufallsfunden gemäß § 108 StPO[324] – oder durch verbotenes Erzwingen der Herausgabe von Unterlagen, so führt das nicht dazu, dass eine wirksame Selbstanzeige ausgeschlossen ist. Die irrtümliche Annahme des Täters, seine Tat sei bereits entdeckt, ist unschädlich und hat keine Sperrwirkung zur Folge.[325]

d) Nachzahlungspflicht verkürzter Steuern (§ 371 III AO)

Die Straffreiheit ist bei einer wirksam erstatteten Selbstanzeige davon abhängig, **99** dass der Täter, die Steuern, die »zu seinen Gunsten« hinterzogen sind, fristgerecht nachentrichtet, wobei steuerliche Nebenleistungen außer Betracht bleiben.[326] Entrichtet ein Dritter die Steuern, so ist damit die Verpflichtung des Täters erfüllt (vgl § 48 AO).

Während früher noch die Ansicht vertreten wurde, es käme hier auf die **Steuerschuldnerschaft** des Täters an, wird dieses Merkmal heute einhellig wirtschaftlich verstanden. Wer durch die Hinterziehung einer (auch fremden) Steuer einen wirtschaftlichen Vorteil erlangt, hat »zu seinen Gunsten« hinterzogen.[327] Diese Konstellation liegt vor, wenn Steuerschuldner und Täter auseinander fallen, aber wirtschaftlich identisch sind. Bei angestellten Geschäftsführern kommt es immer darauf an, wem der hinterzogene Betrag letztlich zugeflossen ist.[328] Allein die Motivation, den eigenen Arbeitsplatz länger zu erhalten, genügt nicht zur Statuierung einer Nachzahlungspflicht. Der angestellte Geschäftsführer wird bei einer »fremdnützigen« Steuerhinterziehung deshalb auch dann frei, wenn er selbst nicht in der Lage ist, die hinterzogenen Steuern nachzuentrichten.[329] Der Steuerhinterzieher, der

319 BGH wistra 1993, 227; wistra 1988, 308; Blumers wistra 1988, 85; Henneberg BB 1984, 1697; aA Dörn wistra 1993, 169; vgl ferner Winkelbauer wistra 1986, 100
320 BGH wistra 1983, 197; wistra 1985, 126
321 F/G/J-Joecks § 371 Rn 65
322 OLG Koblenz wistra 1985, 204
323 OLG Celle wistra 2000, 277
324 LG Bremen wistra 1984, 241 = StV 1984, 505; LG Bonn NJW 1981, 292; KG Berlin StV 1985, 404; LG Berlin StV 1987, 97; AG Mannheim StV 1985, 276
325 OLG Hamm BB 1977, 459; OLG Frankfurt NJW 1962, 974
326 BayObLG NStZ 1981, 147
327 BGHSt 29, 37; F/G/J-Joecks § 371 Rn 98 ff
328 BGH NJW 1980, 248
329 BGH wistra 1987, 343

nicht selbst der Steuerpflichtige ist, haftet jedoch für die verkürzten Steuern nach § 71 AO.

100   Für die Festsetzung der Nachzahlungsfrist ist die Bußgeld- und Strafsachenstelle zuständig.[330] Es handelt sich hierbei um eine **strafrechtliche Frist**, für die der Finanzrechtsweg nicht eröffnet ist; ihre Überprüfung erfolgt durch die Strafgerichte[331] im Beschwerdeverfahren der StPO (ohne Suspensiveffekt) oder im Rahmen der Hauptverhandlung, so dass das Verbot der Mehrfachverteidigung (§ 146 StPO) gilt. Eine unangemessen kurze Frist erzeugt keine Rechtswirkung.[332] Die Frist muss so bemessen sein, dass sie den Zeitraum umfasst, den der Steuerpflichtige bei gutem Willen braucht, um den benötigten Geldbetrag etwa durch den Verkauf oder die Beleihung von Vermögensgegenständen oder durch die Aufnahme von Darlehen flüssig zu machen.[333] Nach anderer Ansicht ist die Zahlungsfrist sogar so zu bemessen, dass eine realisierbare Begleichung der Steuerschuld nicht in Frage gestellt wird.[334]

e) Drittanzeige (§ 371 IV AO)

101   Die Berichtigungspflicht des § 153 AO trifft auch den **Gesamtrechtsnachfolger** des Steuerpflichtigen und die nach §§ 34, 35 AO für den Steuerpflichtigen handelnden Personen, insbesondere also auch Geschäftsführer einer GmbH. Diese Berichtigung hat gemäß § 371 IV AO zur Folge, dass Straffreiheit auch für denjenigen (vorangehenden) eintritt, der bereits selbst zur Berichtigung verpflichtet war. Dies gilt für alle Vorgänger in der Kette. Problematisch ist allein die Stellung des ersten in der Kette, nämlich desjenigen, der überhaupt erst die zur Steuerverkürzung führenden falschen Angaben gemacht hat und selbst deshalb nicht berichtigungspflichtig nach § 153 AO ist, da er die Unrichtigkeit seiner Steuererklärung ja nicht nachträglich erkennt. Nach dem Wortlaut des § 371 IV AO tritt für den ersten in der Kette infolge einer Drittanzeige keine Straffreiheit ein.[335]

Dies erscheint mit dem Sinn und Zweck der strafbefreienden Drittanzeige jedoch nicht vereinbar zu sein. Gerade in den Fällen eines »unredlichen« Vorgängers wäre der Berichtigungspflichtige sonst gezwungen, eine ihm möglicherweise nahestehende Person einer Steuerstraftat zu bezichtigen. So wird dann auch – wohl zutreffend – vertreten, dass mit »Erklärung« iSd § 371 IV AO (auch) die ursprüngliche Steuererklärung gemeint ist[336] und damit auch für den ersten in der Kette Straffreiheit eintritt.

Gleichwohl sollten strafbefreiende Selbst- (Dritt-) anzeigen möglichst mit der ersten Person in der Kette abgesprochen werden und diesem die Möglichkeit einer zeitgleichen eigenen Selbstanzeige gegeben werden. Hierbei ist aber zu Bedenken, dass damit nicht die Rechtzeitigkeit der Selbstanzeige des eigenen Mandanten ge-

---

330 LG Hamburg wistra 1988, 120, 123

331 BFH BStBl I I1982, 352 = wistra 1982, 193 = NJW 1982, 1720; AG Saarbrücken wistra 1983, 268

332 LG Hamburg wistra 1988, 317, 319. Zur Unbilligkeit der Vollstreckung vor Ablauf der Nachentrichtungsfrist: FG Düsseldorf EFG 1994, 553

333 Dörn wistra 1994, 10, 13; LG Koblenz wistra 1986, 79

334 OLG Köln wistra 1988, 274, 276: wobei es sich um eine Einzelfallentscheidung handelt, deren generelle Anwendbarkeit zumindest als zweifelhaft angesehen werden muss.

335 OLG Stuttgart wistra 1996, 190; Jarke wistra 1999, 286

336 F/G/J-Joecks § 371 Rn 228; HHSp-Engelhardt § 371 Rn 276; Samson wistra 1990, 245, 249; LG Bremen wistra 1996, 317

fährdet werden darf. Kann nicht ausgeschlossen werden, dass sich die erste Person in der Kette nicht an zeitliche Absprachen hält und besteht damit die Gefahr, dass nach einer Selbstanzeige dieser Person ein Steuerstrafverfahren gegen den eigenen Mandanten eingeleitet wird, wodurch dessen Selbstanzeige gesperrt ist, so sollte die Selbstanzeige des eigenen Mandanten an einem späten Freitagabend in den Briefkasten des Finanzamtes eingeworfen und dies der ersten Person in der Kette mitgeteilt werden, welche dann noch bis zum Montagmorgen Zeit für eine eigene Selbstanzeige haben dürfte.

Denkbar ist auch, eine Selbstanzeige für alle Beteiligten zu erstatten, da die Selbstanzeige zum Bereich der steuerlichen Vertretung gehört und das strafprozessuale Verbot der Mehrfachvertretung nach § 146 StPO hier nicht eingreift.[337] Gleichwohl können sich dann jedoch in der Folge Schwierigkeiten ergeben, wenn mit den Strafverfolgungsbehörden um die Frage der Wirksamkeit der Selbstanzeige gestritten wird.

Muster: strafbefreiende Drittanzeige

(zugleich Berichtigungserklärung nach § 153 AO)

An das

Finanzamt .... (Veranlagungsfinanzamt)

Steuernummer: ....

Müller und Söhne GmbH, Goldgräberstr. 3, 17489 Greifswald

Geschäftsführer Fritz Müller, ebenda

Lohnsteuer 2002–2004

Sehr geehrte Damen und Herren,

in vorstehender Angelegenheit zeigen wir Ihnen ausweislich im Original anliegender Vollmacht an, dass uns Herr Fritz Müller mit seiner Vertretung beauftragt hat.

Unser Mandant hat am 1.1.2005 die Geschäftsführung der von seinem Vater, Herrn Alfred Müller, begründeten Müller und Söhne GmbH übernommen. Zuvor waren seit ihrer Gründung bis zum 31.12.2003 Herr Alfred Müller und vom 1.1.2004 bis zum 31.12.2004 der Bruder unseres Mandanten, Herr Kurt Müller, als Geschäftsführer der Gesellschaft bestellt.

Bei Durchsicht der Unterlagen hat unser Mandant festgestellt, dass sein Vater, Herr Alfred Müller, in den Jahren 2002 und 2003 die Lohnsteuer unrichtig erklärt und abgeführt hat. In gleicher Weise hat der Bruder unseres Mandanten, Herr Kurt Müller, die Lohnsteuer im Jahr 2004 unrichtig erklärt und abgeführt. Es wurden in den jeweiligen monatlichen Anmeldungen 1000 EUR zu wenig erklärt. Damit ergeben sich folgende hiermit nach zuerklärenden Beträge

2002: 12.000 EUR

2003: 12.000 EUR

2004: 12.000 EUR

Der Gesamtbetrag in Höhe 36.000 EUR wird in den nächsten Tagen nach überwiesen.

(möglicher Zusatz, aber einzelfallabhängig:

Ausweislich der gleichfalls im Original anliegenden Vollmachten der Herren Alfred Müller und Kurt Müller zeigen wir an, dass diese uns gleichfalls mit ihrer Vertretung beauftragt haben und wird die vorstehende Erklärung zugleich auch in deren Namen abgegeben.)

---

337 Streck DStR 1996, 288

f) Selbstanzeige und Bewährungswiderruf

102 Wird im Rahmen einer wirksamen Selbstanzeige eine Steuerstraftat bekannt, die innerhalb einer **Bewährungszeit** begangen wurde, so kann die Bewährung nicht widerrufen werden. Die Selbstanzeige hat nicht nur Wirkung hinsichtlich der konkret aufgezeigten Steuerstraftat, sondern verhindert auch einen Bewährungswiderruf in Bezug auf in der Vergangenheit abgeurteilte Taten, bei denen die Strafe zur Bewährung ausgesetzt wurde.[338] Sie ist ein Strafausschließungsgrund mit der Folge, dass nach einer Selbstanzeige eine zum Bewährungswiderruf berechtigende Straftat nicht mehr vorliegt.[339]

g) Selbstanzeige bei leichtfertiger Steuerverkürzung (§§ 378, 371 AO)

103 § 378 III AO bestimmt, dass eine Geldbuße nicht verhängt wird, soweit der Betroffene eine Berichtigungserklärung vor der Bekanntgabe der Einleitung eines Straf- oder Bußgeldverfahrens abgibt und die verkürzten Steuern fristgerecht nachzahlt. Im Übrigen gelten weitgehend die Ausführungen zu § 371 AO. § 378 III AO umfasst jedoch nicht die Gefährdungstatbestände der §§ 379–382 AO und des § 126 BranntwMonG. Eine analoge Anwendung auf diese Zuwiderhandlungen ist nicht zulässig.[340]

10. Steuerverkürzungsbekämpfungsgesetz/Karrusselgeschäfte

103 a In Reaktion auf die erheblichen volkswirtschaftlichen Schäden durch Umsatzsteuer-Karussellgeschäfte[341] hat der Gesetzgeber mit Wirkung vom 01. 01. 2002 massive Änderungen im Umsatzsteuergesetz vorgenommen und den § 370 a AO (Gewerbsmäßige Steuerhinterziehung) eingeführt.

a) Ordnungswidrigkeit und Straftatbestand im UStG

103 b Neu geschaffen wurde der § 26 b UStG (**Schädigung des Umsatzsteueraufkommens**). Danach handelt ordnungswidrig, wer die in einer Rechnung iSv § 14 UStG ausgewiesene Umsatzsteuer zu einem in § 18 UStG genannten Fälligkeitszeitpunkt nicht oder nicht vollständig **entrichtet**. Mit dieser Neuregelung sollte der unvollkommene Schutz des Mehrwertsteuersystems erweitert werden, welches einen Vorsteuerabzug aus Rechnungen unabhängig davon zulässt, ob die vom Rechnungsempfänger gezahlte Umsatzsteuer vom Rechnungsaussteller auch an den Fiskus abgeführt worden ist. Während eine unrichtige Umsatzsteuererklärung durch § 370 AO strafbewehrt ist, war die bloße Nichtabführung zutreffend erklärter Umsatzsteuer sanktionslos, abgesehen von der verwaltungsrechtlichen Maßnahme eines Säumniszuschlages nach § 240 AO.

Durch § 26 b UStG ist nur der Fall erfasst, dass der Betreffende auch Umsatzsteuer in Rechnung gestellt hat. Bei Einzelhändlern, die – wie etwa bei Tabak- oder Zeitschriftenläden – zumeist keine Rechnungen ausstellen, greift diese Regelung demnach nicht ein. In allen anderen Fällen führt die Nichtzahlung der Umsatzsteuer, die auf solche Geschäftsvorfälle entfällt, hinsichtlich derer Rechnungen iSd § 14

---

338 Streck/Spatscheck NStZ 1995, 269
339 Str, vgl Streck/Spatscheck NStZ 1995, 269
340 F/G/J-Joecks § 378 Rn 66
341 Vgl BT-Drucks 14/6883 S 7

UStG ausgestellt wurden, neben dem Säumniszuschlag zum Vorliegen einer **Ordnungswidrigkeit**, die immerhin mit einer Geldbuße bis zu 50.000 € geahndet werden kann.

Im Hinblick auf die Anwendung des Opportunitätsprinzips (§ 47 OWiG) wird zu erwägen sein, ob nicht eine Einstellung regelmäßig erfolgen sollte, wenn der Betrag zumindest innerhalb der Schonfrist des § 240 Abs 3 AO entrichtet wird. Schließlich muss zumindest bei der Bemessung des Bußgeldes berücksichtigt werden, ob die Rechnung iSd § 14 an jemanden gegeben wurde, dem das Recht zum Vorsteuerabzug zusteht. Wenn der Malermeister durchweg in Wohnungen Privater arbeitet, bei denen definitiv ein Vorsteuerabzug ausgeschlossen ist, besteht die Gefahr der Gefährdung des Umsatzsteueraufkommens nicht.[342]

Durch § 26 c UStG wird die Zuwiderhandlung nach § 26 b UStG, wenn sie gewerbsmäßig oder als Mitglied einer Bande, die sich zur fortgesetzten Begehung solcher Handlungen verbunden hat, begangen wird, zur **Straftat** erhoben. Hierdurch soll eine Regelungslücke für die Fälle geschlossen werden, in denen eine Bestrafung gemäß § 370 AO mangels Erfüllung der objektiven Tatbestandsmerkmale nicht möglich ist, wenn nämlich unter Beachtung, dass sämtliche umsatzsteuerlichen Voraussetzungen für den Vorsteuerabzug aus den von ihnen gestellten Rechnungen erfüllt werden den Formerfordernissen entsprechend richtige Umsatzsteuervoranmeldungen bzw. Jahresanmeldungen abgegeben, jedoch tatplanmäßig die Steuerschulden nicht gezahlt werden.[343] Die aufgedeckten Fälle haben zumeist Strukturen der Organisierten Kriminalität erkennen lassen (**Karrusselgeschäfte**).

103 c

Fraglich ist, ob die **Selbstanzeige** nach § 371 AO bei einer Tat nach § 26 c UStG Anwendung findet. Der Wortlaut des § 26 c UStG und der des § 371 AO lassen dies nicht zu, was jedoch zu Ungerechtigkeiten führt. Hat bspw. ein Unternehmer seine Umsatzsteuer nicht zutreffend angemeldet und dementsprechend zunächst zu wenig gezahlt, der andere aber eine immerhin zutreffende Anmeldung abgegeben, dann aber gleichfalls nicht gezahlt, so wird durch eine Selbstanzeige nur der erste Unternehmer straffrei, der eine unrichtige Erklärung abgegeben hat. Diese Ungerechtigkeit, denn der zweite Unternehmer ist immerhin seiner Erklärungspflicht richtig nachgekommen und hat der Finanzbehörde einen zutreffenden Titel in die Hand gegeben, spricht dafür, § 371 AO analog auch auf § 26 c UStG anzuwenden.

103 d

b)   Gewerbs- oder bandenmäßige Steuerhinterziehung (§ 370 a AO)

Zugleich mit den Änderungen im UStG wurde ein neuer Tatbestand der gewerbsmäßigen Steuerhinterziehung (§ 370 a AO) in die Abgabenordnung eingefügt, welcher schon in seiner Ursprungsfassung[344] auf erhebliche Kritik gestoßen ist.[345] Dieser neue Tatbestand soll der Tatsache Rechnung tragen, dass Verdächtige und Täter, die der Organisierten Kriminalität zuzurechnen sind, idR ihre steuerlichen Verpflichtungen in nicht ordnungsgemäßer Weise erfüllen.[346] Die Höchststrafe von

103 e

---

342 Zu weiteren Fragen s *F/G/J-Joecks* § 26 b, c UStG Rn 9 ff
343 BT-Drucks. 14/7471, S 6
344 Quasi »auf dem Rücken« des Steuerbeamten-Ausbildungsgesetzes erhielt die Bestimmung schon nach nur einem guten halben Jahr mit Wirkung vom 28. Juli 2002 (BGBl I 2715, 2722) die heutige Fassung
345 Nachweise bei F/G/J-Joecks § 370 a Rn 4; Burger wistra 2002, 1; Hentschel NJW 2002, 1703; Hillmann-Stadtfeld NStZ 2002, 242; Joecks DStR 2001, 2184; Joecks wistra 2002, 201; Salditt StV 2002, 214; Spatschek/Wulf DB 2001, 2572; Wegner wistra 2002, 205
346 BT-Drucks 14/7471, S 6

Hardtke

10 Jahren entspricht dabei der Strafandrohung in besonders schweren Fällen der Steuerhinterziehung gemäß § 370 Abs 3 AO.

Die Neuregelung stellt zunächst klar, dass die Selbstanzeige auf Fälle des § 370 a AO keine Anwendung findet. Zugleich ist ein Teil der Argumente entkräftet, die gegen den zunächst in Kraft getretenen § 370 a AO angeführt wurden. So wurde im Hinblick auf § 370 Abs 3 AO und § 263 Abs 5 StGB dahingehend argumentiert, dass der – ohne einen minderschweren Fall vorzusehen – als Verbrechenstatbestand ausgeschaltete § 370 a AO aus verfassungsrechtlichen Gründen restriktiv interpretiert werden muss (Joecks, wistra 2002, 201, 204 f). Der nun vorgesehene minder schwere Fall »entschärft« die Rechtslage, ändert aber nichts daran, dass es ein **Verbrechen** bleibt, gewerbsmäßig Steuern zu hinterziehen. Damit ergeben sich bestimmte Konsequenzen:

– Die Verabredung zu einer solchen Tat ist strafbar (§ 30 StGB);
– die Tat verjährt nicht nach fünf, sondern nach zehn Jahren (§ 78 Abs 2 Nr. 3 StGB);
– die Möglichkeit der Selbstanzeige ist versperrt;
– eine Einstellung des Verfahrens nach §§ 153, 153 a StPO oder eine Erledigung im Strafbefehlswege ist unmöglich;
– wer sich von einem solchen Täter bezahlen lässt, begeht eine Geldwäsche;
– bei Geldwäsche ist die Überwachung des Fernmeldeverkehrs zulässig (§ 100 a S 1 Nr. 2 StPO);[347]
– bei Beamten führt die Verurteilung zur Entfernung aus dem Dienst (vgl. § 24 Abs 1 Nr. 1 BRRG).

aa)　bandenmäßige Begehung

103 f　Relativ klar ist noch das Erfordernis der »bandenmäßigen Begehung« in § 26 c UStG und § 370 a AO. Nach der entsprechenden Änderung der Rechtsprechung des BGH[348] ist für eine **Bande** ein Zusammenschluss von mindestens drei Personen nötig, so dass die planvolle Hinterziehung durch Ehegatten nicht ausreicht. Allerdings kann das Zusammenwirken eines Ehepaar mit seinem Berater genügen.

bb)　Gewerbsmäßigkeit

103 g　Schwieriger zu beantworten ist demgegenüber die Frage, wann eine Nichtzahlung (§ 26 c UStG) bzw. Steuerhinterziehung iSd § 370 a AO **gewerbsmäßig** begangen wird. Der Begriff der Gewerbsmäßigkeit findet sich bislang in § 373 Abs 1 (Gewerbsmäßiger Schmuggel) sowie in § 374 Abs 1 (Gewerbsmäßige Steuerhehlerei). Gewerbsmäßig soll jemand handeln, der die Absicht hat, sich durch wiederholte Begehung von Straftaten der fraglichen Art eine fortlaufende Einnahmequelle zu verschaffen.[349] Ein Handeln in Ausübung eines Berufs oder Gewerbes soll nicht nötig sein[350] und ebenfalls nicht, dass der Täter den Schmuggel wie einen Beruf betreibt und aus den Einkünften seinen Unterhalt bestreitet.[351]

347　Vgl aber BGH wistra 2003, 305, wonach eine Telefonüberwachung nach § 100 a Satz 1 Nr. 2 StPO dann nicht auf den Verdacht der Geldwäsche gestützt werden kann, wenn eine Verurteilung wegen Geldwäsche aufgrund der Vorrangklausel des § 261 Abs 9 Satz 2 StGB nicht zu erwarten und die der Geldwäsche zugrunde liegende Tat keine Katalogtat iSd § 100 a StPO ist
348　BGH GS NStZ 2001, 421
349　F/G/J-Voß § 373 Rn 11 RGSt 58, 19; BGHSt 1, 383; BGH wistra 1987, 30
350　OLG Frankfurt ZFZ 1950, 45
351　F/G/J-Voß § 373 Rn 12; BGH wistra 2003, 460

Das Verhältnis zu § 26 c UStG ist nicht ganz klar. Während § 26 b UStG auch den   **103 h**
bloßen Spätzahler erfassen mag, kann § 26 c UStG eigentlich nur Sinn machen,
wenn solche Personen gemeint, die quasi nicht *mit*, sondern *von* der Umsatzsteuer
leben. Dies ist nicht ganz selten, denn es soll Unternehmer geben, die mit den Kunden Rabatte dergestalt vereinbaren, dass die Zahlung »netto« erfolgt, der Leistungs-
empfänger also die Umsatzsteuer spart, und der Leistende den entsprechenden Betrag weder bei der Umsatz-, noch bei der Einkommen- oder Gewerbesteuer erklärt.
Solche Fälle sind aber gerade nicht erfasst, da die Vorschrift nur anwendbar ist,
wenn eine **Rechnung** ausgestellt wurde. Ohne Rechnung ist nur – aber immerhin
– § 370 Abs 1 Nr. 1, 2 AO einschlägig.

Der Strafrahmen des § 26 c entspricht dem des § 370 Abs 1 AO. Da die Unterlas-
sungsalternative des § 370 Abs 1 Nr. 2 AO schon den bestraft, der keine Voranmeldung einreicht, ergibt sich dann folgendes Bild:

– wird schon keine Rechnung ausgestellt, verbleibt es bei § 370 Abs 1 Nr. 2 AO;
– wird eine Rechnung ausgestellt und in die entsprechende Voranmeldung aufgenommen, ist bei Nichtzahlung allein § 26 c UStG einschlägig;
– wird der entsprechende Betrag in einer Rechnung ausgewiesen und in der Voranmeldung nicht erklärt und dementsprechend auch nicht abgeführt, liegt ein Unterlassungsdelikt nach § 370 Abs 1 Nr. 2 AO und eines nach § 26 c UStG vor.
  Dann stellt sich die Frage nach dem Konkurrenzverhältnis zwischen den beiden
  Taten. Da der Täter nach § 18 UStG zum gesetzlichen Fälligkeitszeitpunkt die
  Umsatzsteuer hätte anmelden und abführen müssen, dürfte eine einzige »Handlung« iSd § 52 StGB vorliegen;

Anwendbar sein könnte § 26 c UStG auch in Fällen der Insolvenzverschleppung.
Wenn ein Unternehmer in einer schwierigen Liquiditätssituation zwar intelligent
genug ist, eine Umsatzsteuervoranmeldung einzureichen, aber die vorhandenen
Gelder lieber anderweitig nutzt, wird der Vorwurf des § 26 c UStG nahe liegen,
wenn dies über mehr als einen Monat geschieht. Insofern wird letztlich die Rechtslage nur der für die Vorenthaltung von Sozialversicherungsbeiträgen in § 266 a StGB
angepasst.

cc) Steuerverkürzung »in großem Ausmaß«

Die Kernfrage ist, ob der »neue« § 370 a AO dem Bestimmtheitsgebot entspricht.   **103 i**
Stein des verfassungsrechtlichen Anstoßes ist die Frage, bei welchen Beträgen von
einem »großen Ausmaß« ausgegangen werden kann. Aus den (inoffiziell bekannt
gewordenen) Unterlagen für den Vermittlungsausschuss ergibt sich, dass man dort
von der in der Literatur zu § 370 Abs 3 Nr. 1 vertretenen Auffassung ausging, es
müsse sich um siebenstellige (DM-)Beträge handeln.[352]

Ebenfalls zweifelhaft ist, ob bei Hinterziehung durch mehrere Tathandlungen die
verursachten Steuerschäden ähnlich einer Gesamtbetrachtung zusammengerechnet
werden dürfen.[353] Dagegen spricht, dass damit entgegen der Rechtsprechung des

---

352 Vgl etwa F/G/J-Joecks § 370 Rn 270; *Kohlmann* § 370 Rn 330; *Schwarz/Dumke* § 370 Rn 159;
   Vogelberg will einen Betrag von mindestens einer Million Euro voraussetzen, PStR 2002, 227;
   ähnlich Hunsmann, DSTR 2004, 1154; demgegenüber will *Bittmann* wistra 2003, 151 einen
   Schaden ab € 50.000 ausreichen lassen; *Rolletschke/Kemper* § 370 a Rn 45 will eine »große Verkürzung« voraussetzen; teilweise will man – ähnlich dem besonders schweren Fall in § 370
   Abs 3 Nr. 1 AO – eine »Gesamtbetrachtung« vornehmen
353 So Bittmann wistra 2003, 121

BGH[354] praktisch die fortgesetzte Handlung revitalisiert werden würde. Überdies würde das Erreichen des Schwellenwertes davon abhängen, wann welche Tat entdeckt wird, inwiefern der Verfahrensstoff nach § 154 StPO beschränkt und über welchen Zeitraum die Taten begangen worden sind. Ganz zu schweigen von Problemen des Vorsatzes, denn dieser muss sich ja schon bei der ersten Hinterziehung auf das große Ausmaß erstreckt haben. Eine Addition der Schäden von Einzeltaten ist deshalb unzulässig.[355] Obergerichtliche bzw. höchstrichterliche Rechtsprechung zum »groben Ausmaß« im Rahmen des § 37 a AO, die über die Qualität eines obiter dictum hinausgehen, fehlen bislang. In den bisherigen Entscheidungen des BGH[356] ging es primär um die Frage, ob § 370 a AO angesichts seiner relativen Unbestimmtheit überhaupt verfassungsrechtlichen Anforderungen genügt (Art. 103 GG). Zur zeitlichen Geltung hat der BGH zweierlei klargestellt:

– für eine Beihilfe zur gewerbsmäßigen Handlung ist es erforderlich, dass nicht nur die Haupttat, sondern auch die Teilnahmehandlung nach In-Kraft-Treten des § 370 a AO begangen wurde;[357]
– bei der Hinterziehung von Umsatzsteuer kommt eine Anwendung des § 370 a AO nur in Betracht, wenn der gesamte zu beurteilende Besteuerungszeitraum von der Verbrechensnorm erfasst wird und nicht nur die noch ausstehende Jahreserklärung.[358]

In den beiden vorbezeichneten Entscheidungen lag also § 370 a AO ohnehin nicht vor. Was der 5. Strafsenat von der Norm hält, hatte er zuvor schon deutlich gemacht. In früheren Entscheidungen hat der BGH klar zum Ausdruck gebracht, dass eine teleologische Reduktion der in § 370 a AO verwendeten Begrifflichkeiten nicht in Betracht kommt, da das Tatbestandsmerkmal der Steuerverkürzung »in grobem Ausmaß« nicht ausreichend bestimmt ist.[359] Anders als in den Fällen des § 370 Abs 3 AO und § 263 Abs 3 StGB geht bei dem »grobem Ausmaß« nicht (nur) um die Rechtsfolgenseite, sondern um die Tatbestandsseite. Es handelt sich nicht nur um ein lediglich potentiell strafschärfendes, sondern zusätzlich ein die Verbrechensstrafbarkeit begründendes Merkmal, welches damit im Rahmen des § 1 StGB, Art. 103 Abs 2 GG erhöhten Voraussetzungen unterliegt.

c)　Rechtsprechung zu USt-Karrussellen

103 j　Der BGH hatte zwischenzeitlich Gelegenheit, zur Frage der Strafbarkeit von Umsatzsteuer-Karrussellen Stellung zu nehmen und sind zunächst zwei Aussagen[360] essentiell für die Praxis:

– auch dann, wenn eine Scheinrechnung nach den vom Gerichtshof der Europäischen Gemeinschaften vorgegebenen steuerlichen Grundsätzen berichtigt werden kann, hat dies regelmäßig keinen Einfluss auf den Schuldspruch, sondern lediglich auf die Strafzumessung;
– andererseits ist bei den Karrussellen der durch das System verursachte Gesamtschaden zu ermitteln und in die Strafzumessung einzustellen, wenn den einzel-

---

354 BGH GS wistra 1994, 185; BGH wistra 1994, 266
355 BGH wistra 2005, 30
356 wistra 2004, 274; wistra 2004, 393; wistra 2005, 30
357 BGH, wistra 2005, 147
358 BGH wistra 2005, 145
359 BGH wistra 2004, 393 unter Verweis auf BVerfGE 105, 135, 155 f; BGH wistra 2005, 30
360 BGH wistra 2002, 384

nen Beteiligten die Struktur und die Funktionsweise des Karussells bekannt sind. Die durch andere verursachten Schäden sind also im Rahmen des § 46 unter dem Stichwort »verschuldete Auswirkungen der Tat« strafschärfend zu berücksichtigen.

In einer weiteren Entscheidung[361] hat der BGH ausgeführt,

– dass eine Steuerhinterziehung nach § 370 Abs 1 Nr. 1 AO begeht, wer in Steuerverkürzungsabsicht Vorsteuer aus Rechnungen geltend macht, die von Personen gestellt werden, die nicht Unternehmer iSd § 2 Abs 1 UStG sind.

Keine Unternehmer im umsatzsteuerlichen Sinne sind nach dieser Auffassung des BGH Personen, die die von ihnen in ihren Ausgangsrechnungen ausgewiesene Umsatzsteuer nicht gegenüber dem Finanzamt anmelden sollen, und die lediglich zu diesem Zweck in der Lieferkette vorgeschaltet wurden. In der Geltendmachung der Vorsteuer aus von solchen Personen gestellten Eingangsrechnungen liegt damit eine täterschaftliche Handlung der Steuerhinterziehung nach § 370 Abs 1 Nr. 1 AO. Gleiches muss dann konsequenterweise auch für den Rechnungsaussteller selbst gelten. Macht dieser im Rahmen der Lieferkette Vorsteuern aus seinen Eingangsrechnungen geltend, liegt darin – mangels Unternehmereigenschaft nach § 2 UStG – gleichfalls eine Steuerhinterziehung nach § 370 Abs 1 Nr. 1 AO. Die unberechtigt ausgewiesene Umsatzsteuer schuldet er gleichwohl nach § 14 c UStG.

Hingewiesen werden soll hier noch auf die Entscheidungen des BGH zur Beihilfe und zur Strafzumessung bei Karussellgeschäften[362] und zum Vorliegen einer kriminellen Vereinigung.[363]

11. Strafmaß

Steuerhinterziehung wird mit Geldstrafe oder Freiheitsstrafe bis zu 5 Jahren bestraft. In besonders schweren Fällen (§ 370 III AO) beträgt der Strafrahmen 6 Monate bis 10 Jahre. Dabei enthält der § 370 III AO lediglich **Regelbeispiele**, so dass auch außerhalb der genannten Fälle das erhöhte Strafmaß Anwendung finden kann.

104

Nach Festsetzung des Strafrahmens kommen die allgemeinen Strafzumessungsgrundsätze des § 46 StGB zum Tragen. Weit überwiegend erfolgt die Strafzumessung anhand von Formeln und Tabellen in Abhängigkeit von dem im Mittelpunkt der Strafzumessungserwägungen stehenden **Hinterziehungsbetrag**. Wenngleich das System bundeseinheitlich gehandhabt wird, so lassen sich doch erhebliche regionale Unterschiede erkennen.

Nahezu bundeseinheitlich werden bei geständigen Ersttätern und Hinterziehungsbeträgen bis zu einer Million DM/ 500.000 EUR Freiheitsstrafen noch zur Bewährung ausgesetzt, wenn die hinterzogene Steuer gezahlt wird. Der Übergang von Geldstrafe zu Freiheitsstrafe wird bei 100.000 bis 150.000 € gesehen.

---

361 BGH wistra 2003, 344
362 BGH wistra 2003, 140
363 BGH wistra 2004, 229

Hardtke

Neben der Höhe des Hinterziehungsbetrages kommen als weitere Strafzumessungsfaktoren[364] in Betracht:

Beweggründe und Ziele des Täters	Verkürzung auf Zeit oder auf Dauer. Die Unterscheidung ist nach subjektiven Momenten vorzunehmen. In Fällen einer (geplanten) Verkürzung auf Zeit wird Anknüpfungspunkt der Zinsschaden des Fiskus sein. Dieser wird bundesweit zwischen 0, 5 und 1, 0% des Ausgangsbetrages für jeden Monat der Verkürzung angesetzt.[365]
Gesinnung, die aus der Tat spricht …	Hat der Täter Einnahmen »vergessen« oder kunstvoll konstruiert, Aufwand vorgetäuscht?[366]
das Maß der Pflichtwidrigkeit	Geht es um eigene Steuern oder solche, für die der Täter quasi treuhänderisch verantwortlich ist?[367] Wie waren die wirtschaftlichen Verhältnisse des Täters zur Tatzeit?[368]
Art der Ausführung und die verschuldeten Auswirkungen der Tat	War die Tat einfach oder bedurfte es einer erheblichen kriminellen Energie; Mitverschulden des Finanzamtes?[369] Anwendung des Kompensationsverbots: Im Rahmen der Strafzumessung ist zu berücksichtigen, dass dem Fiskus kein bzw ein geringerer Schaden entstanden ist, der Wille des Täters aber uU auf einen höheren Schaden gerichtet war.[370]
Vorleben des Täters	Gibt es einschlägige Vorstrafen?
Verhalten nach der Tat, besonders sein Bemühen, den Schaden wieder gutzumachen	Ist die Steuerschuld gezahlt, oder gibt es zumindest eine ernsthafte Ratenzahlungsvereinbarung, die der Täter auch erfüllt?[371] Missglückte Selbstanzeige?[372] Aktuelle Erfüllung steuerlicher Pflichten? Neue einschlägige Straftaten?[373]
Dauer des Verfahrens	Überlange Verfahrensdauer.[374] In Einzelfällen kann eine unangemessen lange Verfahrensdauer sogar zu einer Einstellung des Strafverfahrens gemäß § 153 I StPO führen[375] oder eine Anwendung des § 59 StGB (Verwarnung mit Strafvorbehalt) nahe liegen.[376]
Nähe zur Verfolgungsverjährung	Wenn das Strafbedürfnis mit Zeitablauf schwindet, muss in Fällen, in denen die Unterbrechung der Verjährung kurz vor Ablauf der Verjährungsfrist erfolgt oder gar ein Urteil kurz vor Ablauf der absoluten Verjährung ergeht, dieser Umstand in die Bemessung der Strafe einfließen. Es ist kaum denkbar, dass bei einer Tat, die am 17. 9. 2006 absolut verjährt, am 18. 9. 2006 kein Strafbedürfnis, am 16. 9. 2006 jedoch noch ein volles Strafbedürfnis gegeben ist.[377]

---

364 Aus Joecks (Steuerstrafrecht 1997), 118
365 Vgl Schäfer Strafzumessung Rn 745
366 Vgl Schäfer Strafzumessung Rn 736
367 Vgl Meine Rn 46, 120
368 Meine Rn 51
369 BGH wistra 1983, 145
370 Vgl BGH wistra 1985, 225; wistra 1988, 109
371 Vgl Meine Rn 63 ff
372 Vgl F/G/J-Joecks § 371 Rn 240
373 Vgl Schäfer Strafzumessung Rn 737 aE
374 Vgl BGH wistra 1989, 119; 145; Meine Rn 78 f
375 BGH wistra 1990, 65; vgl auch BayObLG wistra 1989, 318; BGH wistra 1992, 180
376 BGH wistra 1994, 345 ff
377 Vgl Joecks StraFo 1997, 2

Hardtke

Soweit mehrere Taten im Raum stehen, muss eine **Gesamtstrafe** gebildet werden. **105**
Hier gelten die üblichen Spielregeln. Die Gesamtgeldstrafe kann dabei bis zu 720 Tagessätze betragen. Die zum Ausschluss einer Bewährungsaussetzung führende Einbeziehung einer Geldstrafe in eine Gesamtfreiheitsstrafe bedarf einer besonderen
Begründung.[378] Die Bildung einer Gesamtfreiheitsstrafe aus Geld- und Freiheitsstrafe ist grundsätzlich zulässig.[379]

Obwohl als Ausnahmevorschrift konzipiert, wird über § 41 StGB die Möglichkeit **106**
eröffnet, zumindest bei solventen Tätern sogar Strafen bis zu 4 Jahren zur Bewährung auszusetzen, indem Geld- neben Freiheitsstrafe verhängt wird. Die einzige
Voraussetzung einer **kumulativen Geldstrafe**, die (versuchte) Bereicherung des Täters, liegt bei Steuerhinterziehung stets vor.[380] § 41 StGB enthält keinen Strafschärfungsgrund. Vielmehr soll innerhalb der schuldangemessenen Strafe eine täter- und
tatangemessene Strafartreaktion ermöglicht werden und nimmt eine nach § 41 StGB
erkannte Geldstrafe auf die Höhe der Freiheitsstrafe Einfluss; sie darf insbesondere
dazu führen, dass die Freiheitsstrafe »bewährungsfähig« wird.[381] Es ist nicht zu
beanstanden, wenn neben einer zur Bewährung ausgesetzten Freiheitsstrafe von
2 Jahren noch eine Geldstrafe festgesetzt wird.[382] Damit ermöglicht § 41 StGB
praktisch die Aussetzung einer bis zu 4 jährigen schuldangemessenen Strafe.[383]

Ob das Gericht diese Möglichkeit wahrnimmt wird nicht zuletzt von einer **Ver-**
ständigung zwischen Verteidigung, Staatsanwaltschaft und Gericht abhängen. Eine
solche Verständigung ist grundsätzlich zulässig, sofern die allgemeinen Strafzumessungsgesichtspunkte beachtet werden und die Strafe schuldangemessen ist.[384] Für
eine solche Verständigung sind allein folgende Regeln zu beachten:[385]

– Eine Verständigung muss unter Mitwirkung aller Verfahrensbeteiligten in öffentlicher Hauptverhandlung stattfinden. Das schließt Vorgespräche außerhalb der
  Hauptverhandlung nicht aus.
– Das Gericht darf vor der Urteilsberatung keine bestimmte Strafe zusagen. Es
  kann aber für den Fall der Ablegung eines Geständnisses eine Strafobergrenze
  angeben, die es nicht überschreiten werde. Hieran ist das Gericht gebunden,
  wenn nicht in der Hauptverhandlung dem Gericht bislang unbekannte, den Angeklagten belastende Umstände zu Tage treten.
– Bei der Zusage der Strafobergrenze sind allgemeine Strafzumessungsgesichtspunkte zu beachten. Ein Geständnis darf auch dann strafmildernd berücksichtigt
  werden, wenn es im Rahmen einer Absprache erfolgt.

III. Steuerordnungswidrigkeiten

Die Steuerordnungswidrigkeiten werden durch § 377 I AO von den Steuerstraftaten **107**
nach §§ 369 ff AO abgegrenzt. Die Vorschriften der §§ 1–34 OWiG finden über die
Verweisung des § 377 II AO Anwendung, soweit die steuerrechtlichen Bußgeldvorschriften nichts anderes bestimmen. Dies ist hinsichtlich der Verfolgungsverjährung

---

378 BGH wistra 1998, 58
379 BayObLG wistra 1997, 355
380 BGH NJW 1976, 526
381 BGH wistra 1998, 22
382 BGH wistra 1985, 148; BGH StV 1999, 424
383 Joecks Steuerstrafrecht, 156, so nun auch BGH wistra 2000, 177
384 BGH wistra 1997, 341
385 Vgl Joecks Praxis des Steuerstrafrechts, 194

(§ 384 AO), teilweise beim Verschuldensmaßstab und bei der Höhe der Geldbuße der Fall.

1. Leichtfertige Steuerverkürzung

108   Die leichtfertige Steuerverkürzung nach § 378 AO entspricht im objektiven Tatbestand – einschließlich des Verweises auf den Begriff der Verkürzung in § 370 IV AO – der Steuerhinterziehung. Subjektiv ist jedoch nicht Vorsatz, sondern **Leichtfertigkeit** vorausgesetzt. Demgegenüber kann nach § 10 OWiG auch fahrlässiges Handeln geahndet werden, was im Rahmen der Steuerordnungswidrigkeiten nur bei § 382 AO möglich ist.[386]

Leichtfertigkeit ist ein gesteigertes Maß an Fahrlässigkeit. Fahrlässigkeit wird beschrieben durch die Standards, die das allgemeine und besondere Steuerrecht aufgestellt hat. Leichtfertig handelt also, wer die allgemeinen Sorgfaltsregeln des Steuerpflichtigen **gröblich** missachtet. Entscheidend ist damit der grundsätzliche Sorgfaltsmaßstab bei der Erfüllung steuerlicher Pflichten.[387]

Besonders schwierig wird dies bei der Frage nach der Leichtfertigkeit bzw Ordnungswidrigkeit beim Unterlassen von **Aufsichtsmaßnahmen** hinsichtlich der Vorsatztat eines Dritten. In vielen Fällen neigt man dazu, von einer leichtfertigen Steuerverkürzung des aufsichtsverpflichteten Organs auszugehen. Eine solche Zuschreibung der Vorsatztat eines anderen ist aber problematisch. Dies hat nichts mit dem sog Regressverbot zu tun, sondern mit einer Struktur, die dem allgemeinen Strafrecht, das hier gilt, absolut geläufig ist: Zwischen dem Erfolg der Steuerverkürzung und dem leichtfertigen Verhalten muss außer einer Ursächlichkeit zusätzlich der sog Rechtswidrigkeitszusammenhang bestehen. Es genügt also nicht, zu fragen, ob der Täter durch eine geeignete Aufsichtsmaßnahme die Tat des Dritten hätte verhindern können. Nach herrschender Meinung und Rechtsprechung scheidet eine Zurechnung des Erfolges bereits dann aus, wenn auch nur offen bleibt, ob bei einem sorgfältigen Verhalten derselbe Erfolg eingetreten wäre (in dubio pro reo).[388] Zu einer Ordnungswidrigkeit kann man mithin nur dann kommen, wenn sicher feststeht, dass die unterlassene Aufsichtsmaßnahme den Taterfolg verhindert hätte.

Gegebenenfalls kann das Gericht in solchen Fällen jetzt auf § 130 OWiG ausweichen. Für diesen war zwar bislang auch der Rechtswidrigkeitszusammenhang vorausgesetzt; nach der Änderung der Norm durch das Umwelthaftungsgesetz mit Wirkung vom 1. 11. 1994 ist jedoch die sog Risikoerhöhungslehre in den Tatbestand eingeführt worden. Daher genügt es, dass Aufsichtsmaßnahmen unterlassen wurden und deren ordnungsgemäße Durchführung die Tat wesentlich erschwert hätte.

2. Sonstige Steuerordnungswidrigkeiten

a) Allgemeines

109   In den §§ 379 ff AO werden insbesondere **Steuergefährdungstatbestände** geahndet, die zT als Vorbereitungshandlungen zu den §§ 370 und 378 AO anzusehen sind.[389] Gemeinsam ist diesen Tatbeständen, dass objektiv Ordnungsvorschriften

---

386 F/G/J-Joecks § 377 Rn 9
387 Vgl etwa BayObLG wistra 2002, 355
388 BGHSt 11, 1; F/G/J-Joecks § 378 Rn 43 ff
389 Joecks Steuerstrafrecht, 99

verletzt wurden, die jedoch nicht zu einer Steuerverkürzung geführt haben (müssen). Kommt es jedoch zu einem Steuerverkürzungsdelikt nach §§ 370, 378 AO, unabhängig davon, ob es sich um eine täterschaftliche oder teilnehmende Tatbegehung handelt und ob das Delikt vollendet oder lediglich versucht wurde, so treten die §§ 379 ff AO als subsidiär zurück.

Andererseits greifen die §§ 379 ff AO ein,

– wenn es zu einer Tat nach §§ 370, 378 AO nicht kam;
– oder diese nicht erweislich ist (zB in dubio pro reo);
– oder wegen einer Selbstanzeige straffrei ist.

Eine Selbstanzeige ist für die Delikte nach §§ 379 ff AO nicht vorgesehen. Es war streitig, ob die Gefährdungsdelikte dann wieder verfolgt werden können. In der Praxis wurde in solchen Fällen bisher oftmals gemäß § 47 OWiG von einer Verfolgung abgesehen.[390] Mit Beschluss vom 11. 7. 1997 hat das Bundesverfassungsgericht die Verfassungsbeschwerde gegen eine verurteilende Entscheidung des Kammergerichts Berlin[391] nicht zur Entscheidung angenommen. Das Bundesverfassungsgericht hält es für verfassungsrechtlich unbedenklich, dass etwa für § 379 AO die Möglichkeit der Selbstanzeige nicht vorgesehen ist.[392] Bei der Abwägung zwischen Einstellung und Bußgeldbescheid dürfe freilich nicht schematisch vorgegangen werden; nötig sei eine Gesamtwürdigung der konkreten Umstände des Einzelfalls.

Steuerordnungswidrigkeiten können nach § 377 I AO auch in Einzelsteuergesetzen geregelt sein, zB der Verstoß gegen die Mitteilungspflicht beim Kapitalertragsteuerabzug (§ 50 e EStG); die Verletzung von Mitwirkungspflichten bei der Besteuerung innergemeinschaftlicher Umsätze (§ 26 a UStG); die Zuwiderhandlungen gegen die Anzeigepflicht der Vermögensverwahrer, Verwalter und Versicherungsunternehmen (§§ 33 III ErbStG);

b) Steuergefährdung

Der Schutzbereich des § 379 AO erstreckt sich auf alle inländischen Steuerarten sowie Eingangsabgaben und Umsatzsteuern anderer EG-Mitgliedstaaten. Die Vorschrift ist damit lex generalis gegenüber den sich nur auf Abzugsteuern, Verbrauchsteuern und Eingangsabgaben erstreckenden §§ 380 bis 382 AO. Es werden besonders typische Handlungen, die zur Vorbereitung von Steuerverkürzungen geeignet sind und dadurch das Steueraufkommen in besonderem Maße gefährden, durch verschiedene Tatbestände erfasst.[393]

110

Belege iSv § 379 I 1 Nr. 1 AO sind alle Schriftstücke, die geeignet sind, steuerlich erhebliche Tatsachen zu beweisen. Der Begriff ist weiter gefasst als der einer Urkunde.[394] **Unrichtig** ist ein Beleg dann, wenn die darin gemachte Aussage über Tatsachen nicht der Wahrheit entspricht, zB ein Geschäftsvorfall wird bekundet, der nicht stattgefunden hat; bescheinigte Zahlungen werden in der Höhe falsch wiedergegeben; Ort oder Datum werden falsch angegeben.

Ein unrichtiger Beleg ist also eine **»schriftliche Lüge«**. Streitig und von der Rechtsprechung bisher offen gelassen ist, ob § 379 I 1 Nr. 1 AO nur den Fall der schrift-

---

390 F/G/J-Joecks § 371 Rn 212
391 KG Berlin wistra 1994, 36
392 BVerfG wistra 1997, 297
393 Mösbauer wistra 1991, 41 ff
394 RGSt 61, 161

lichen Lüge oder auch die Täuschung über die Person des Ausstellers erfasst. Diese Frage kann dahingestellt bleiben, weil in den Fällen, in denen eine Ordnungswidrigkeit und eine Straftat (Urkundenfälschung) in einer Handlung zusammentreffen, nach § 21 OWiG nur das Strafgesetz anzuwenden ist. Damit ist die Anwendung des § 379 I 1 Nr. 1 AO grundsätzlich auf die Fälle schriftlicher Lügen beschränkt.

111   Ein Beleg ist **ausgestellt**, sobald er in den Verfügungsbereich desjenigen übergeht, für den er bestimmt ist. Das bloße Herstellen reicht deshalb nicht aus. Eine »Aushändigung« des Belegs ist gleichfalls nicht erforderlich und zB beim Eigenbeleg ohnehin nicht möglich. Während bei Fremdbelegen auf den Erhalt der tatsächlichen Verfügungsmacht abgestellt werden kann, idR durch Aushändigen oder Zugänglichmachen in anderer Weise, muss sich beim Eigenbeleg der Gebrauchswille des Ausstellers manifestiert haben, zB durch Weitergabe an die Buchhaltung.

Unerheblich ist, ob der Empfänger eines Belegs von diesem Gebrauch macht oder nicht oder ob der Aussteller des Belegs aus der Tat Vorteile gezogen hat. Allein die Eignung des Belegs ist ausreichend, weil in § 379 I AO nur objektiv darauf abgestellt wird, dass eine Steuerverkürzung ermöglicht wird. Damit ist jedoch auch eine Einschränkung des objektiven Tatbestandes dahingehend verbunden, dass die Ausstellung unrichtiger Belege, die für die Besteuerung ohne Bedeutung sind, keine Steuerordnungswidrigkeit nach § 379 AO darstellt.

112   Eine **Verletzung von Buchungs- oder Aufzeichnungspflichten** nach § 379 I 1 Nr. 2 AO ist nur möglich, wenn diese Pflichten dem Steuerpflichtigen durch Gesetz auferlegt sind. **Gesetz** ist jede Rechtsnorm (§ 4 AO), es gilt der materielle Gesetzesbegriff. Neben formellen Gesetzen gehören dazu also auch die aufgrund einer gesetzlichen Ermächtigung ergangenen Rechtsverordnungen (EStDV, LStDV, KStDV, UStDV). Verwaltungsanordnungen (Richtlinien) sind dagegen keine Rechtsnormen. Gesetzliche Vorschriften über Buchungs- und Aufzeichnungspflichten enthalten ua die §§ 140 ff AO, § 22 II UStG, §§ 238 ff HGB, die handelsrechtlichen Nebengesetze (Aktien-, GmbH-, Genossenschaftsgesetz usw) und die Einzelsteuergesetze.

113   Die **Gefährdung von Eingangsabgaben** nach § 379 I 2 AO erstreckt eine Ordnungswidrigkeit des Ausstellens falscher Belege auf die damit eröffnete Möglichkeit der Verkürzung von Eingangsabgaben eines EG-Staates und aller derjenigen Staaten, denen für Waren aus der EG aufgrund eines Assoziations- oder Präferenzabkommens eine Vorzugsbehandlung gewährt wird. Hierzu zählen fast alle Mittelmeerstaaten. Dies bedeutet eine entsprechende Anwendung des in § 370 VI AO enthaltenen Gedankens. Auch hier ist Voraussetzung, dass durch das Ausstellen unrichtiger Belege objektiv die Verkürzung von Eingangsabgaben der EG oder eines der anderen in § 379 I 2 AO bezeichneten Staates ermöglicht wird. Entsprechendes gilt nach § 379 I 3 AO, wenn sich die Tat auf Umsatzsteuern bezieht, die von einem anderen Mitgliedstaat der EG verwaltet werden. Eine Verletzung von Buchführungs- und Aufzeichnungspflichten wird durch diese Regelung nicht erfasst.

114   Die **Verletzung der Mitteilungspflicht bei Auslandsbeziehungen** nach § 379 II Nr. 1 AO sanktioniert die Verletzung der Anzeigepflicht aus § 138 II AO. Steuerpflichtige mit Wohnsitz, gewöhnlichem Aufenthalt, Geschäftsleitung oder Sitz im Inland haben nach dieser Vorschrift besondere Mitteilungspflichten hinsichtlich ihrer Auslandsbeteiligungen. Damit soll die steuerliche Überwachung bei Auslandsbeziehungen erleichtert werden. § 138 II AO ist bestimmt für die Fälle der Gründung und des Erwerbs von Betrieben im Ausland sowie der Beteiligung an ausländischen Personengesellschaften und des Erwerbs einer wesentlichen Beteiligung an einer ausländischen Kapitalgesellschaft. Die Mitteilungen sind nach § 138 III AO spätestens dann zu geben, wenn nach Eintritt des meldepflichtigen Ereignisses eine Einkommen- oder Körperschaftsteuererklärung oder eine Erklärung zur gesonderten Gewinnfeststellung einzureichen ist.

Die **Tathandlung** des § 379 II Nr. 1 AO liegt darin, dass dieser Mitteilungspflicht nicht, nicht vollständig oder nicht rechtzeitig nachgekommen wird. Im Gegensatz zu § 379 I AO wird in Abs 2 nicht ausdrücklich gefordert, dass durch das tatbestandsmäßige Verhalten ermöglicht werden muss, Steuern zu verkürzen oder nicht gerechtfertigte Steuervorteile zu erlangen. Dennoch besteht kein sachlicher Unterschied zur Regelung in § 379 I AO, denn mit einer Zuwiderhandlung gegen § 138 II AO hat der Täter stets die Möglichkeit, Steuern zu verkürzen oder nicht gerechtfertigte Steuervorteile zu erlangen. Der Gesetzgeber hat es deshalb nicht für notwendig erachtet, dieses Merkmal in den objektiven Tatbestand des § 379 II AO aufzunehmen.

Nach **§ 379 II Nr. 2 AO** ist die **Verletzung der Pflicht zur Kontenwahrheit** in § 154 I AO eine Ordnungswidrigkeit. Durch die Regelung des § 154 I AO soll verhindert werden, dass die Nachprüfung steuerlicher Verhältnisse durch Verwendung falscher oder erdichteter Namen erschwert wird. Der Pflicht zur Kontenwahrheit unterliegt sowohl der Kunde, als auch der Bankangestellte; beide kommen somit als Täter in Betracht. Es muss sich jedoch nicht ausschließlich um ein Bankkonto handeln, ein Konto iSd § 154 I AO wird vielmehr auch dann errichtet, wenn zu einer anderen Person oder Firma eine laufende Geschäftsverbindung errichtet wird, die buch- und rechnungsmäßig in ihrem jeweiligen Stande festgehalten wird. Die Verwendung unrichtiger Namen im eigenen Geschäftsbetrieb fällt nicht unter § 154 I AO, kann aber nach § 379 I Nr. 2 AO iVm § 146 I AO verfolgt werden. Auch bei diesem Tatbestand ist die Möglichkeit der Verkürzung von Steuereinnahmen nicht Tatbestandsmerkmal, da diese Gefahr bei Errichtung eines Kontos auf erdichtetem oder falschem Namen stets besteht.

115

Nach **§ 379 III AO** handelt es sich bei einem **Verstoß gegen Auflagen der besonderen Steueraufsicht** gemäß § 120 II Nr. 4 AO, die zum Zweck der Steueraufsicht nach den §§ 209 bis 217 AO ergangen sind, um eine Ordnungswidrigkeit. Eine Auflage nach § 120 II Nr. 4 AO ist eine Nebenbestimmung zu einem Verwaltungsakt, durch die ein Tun, Dulden oder Unterlassen vorgeschrieben wird. Praktische Bedeutung hat § 379 III AO nur für das Zoll- und Verbrauchsteuerrecht. Die Steueraufsicht in den §§ 209 bis 217 AO dient der laufenden Kontrolle bestimmter Betriebe und Vorgänge, wie zB der Überwachung des Warenverkehrs über die Grenze.

116

c) Gefährdung der Abzugsteuern

§ 380 AO ist ein echter Unterlassungstatbestand. Geahndet wird das Unterlassen einer pflichtmäßig gebotenen Handlung. Ordnungswidrig handelt, wer vorsätzlich oder leichtfertig seiner Verpflichtung, Steuerabzugsbeträge einzubehalten und abzuführen, nicht, nicht vollständig oder nicht rechtzeitig nachkommt. Die einzelnen Pflichten, ihr Umfang und der betroffene Personenkreis ergeben sich nicht unmittelbar aus § 380 AO. Zur Ausfüllung dieses »Blankettgesetzes« müssen auch hier die einschlägigen Bestimmungen der Einzelsteuergesetze herangezogen werden. So ergibt sich die Verpflichtung zur Einbehaltung und Abführung von Steuerabzugsbeträgen vornehmlich im Lohnsteuerverfahren (§§ 38 ff EStG) und bei der Kapitalertragsteuer (§§ 43 ff EStG).

117

Gegenüber der leichtfertigen Steuerverkürzung (§ 378 AO) und der Steuerhinterziehung (§ 370 AO) ist § 380 AO nur subsidiär anwendbar, also nur dann, wenn beispielsweise zutreffende Lohnsteuer-Anmeldungen abgegeben, die Lohnsteuer dann aber nicht abgeführt wurde. Nur dann, wenn bei Abgabe einer unrichtigen Anmeldung bzw Nichtabgabe der Erfolg der Handlung – die Steuerverkürzung – für den Abzugpflichtigen nicht voraussehbar war, kann statt § 370/378 AO der Gefährdungtatbestand vorliegen, weil der innere Tatbestand der Verkürzung nicht gegeben ist.

Der **subjektive Tatbestand** erfordert Vorsatz oder Leichtfertigkeit. An die Sorgfaltspflicht des Abzugsverpflichteten sind strenge Anforderungen zu stellen. Regelmäßig kann davon ausgegangen werden, dass ein Arbeitgeber zumindest leichtfertig, wenn nicht sogar vorsätzlich handelt, falls er sich über seine lohnsteuerlichen Verpflichtungen nicht ausreichend unterrichtet. Zahlungsschwierigkeiten entschuldigen den Arbeitgeber nicht. Reichen die vorhandenen Mittel nicht zur Zahlung des vollen vereinbarten Lohnes einschließlich der darauf entfallenden Steuern aus, so muss der Lohn gekürzt und die entsprechende Steuer einbehalten und abgeführt werden.

Täter kann jeder sein, der durch die Einzelsteuergesetze zum Handeln verpflichtet ist (zB Arbeitgeber, Kapitalgesellschaft), sowie die gesetzlichen und gewillkürten Vertreter und die in §§ 34, 35 AO genannten Personen. Dies ergibt sich auch aus § 9 OWiG (Handeln für einen anderen). Bei mehreren Geschäftsführern muss grundsätzlich jeder von ihnen die steuerlichen Pflichten einer GmbH erfüllen, gehört also jeder von ihnen zum Täterkreis. Eine im Voraus klar getroffene interne Aufgabenverteilung kann diese Pflicht zwar begrenzen, jedoch nicht gänzlich aufheben.

d) Verbrauchsteuergefährdung

118 § 381 AO ist gleichfalls eine Blankettvorschrift, die durch die Verbrauchsteuergesetze und die hierzu erlassenen Rechtsverordnungen ausgefüllt wird. Sie dient der Sicherung des Verbrauchsteueraufkommens und ist lex specialis gegenüber § 380 AO. Eine Besonderheit besteht in dem **Rückverweisungsvorbehalt** des § 381 AO, dh, dass dieser Tatbestand nur erfüllt sein kann, wenn in den jeweiligen Verbrauchsteuergesetzen oder einer dazu ergangenen Rechtsverordnung selbst wieder auf § 381 AO verwiesen wird, was zwischenzeitlich jedoch bei fast allen diesen Gesetzen und Verordnungen der Fall ist.[395] Soweit sie nicht verweisen, weil sie zB eigene Bußgeldvorschriften enthalten, gilt § 381 AO nicht (zB § 126 II Nr. 1 und 2 BranntwMonG). Auch gilt § 381 AO nicht für Einfuhrtatbestände, für diese gilt § 382 AO als lex specialis.

Täter einer Verbrauchsteuergefährdung kann jeder sein, der die jeweils konkret vorgeschriebenen Pflichten zu erfüllen hat. **Tathandlung** ist das Zuwiderhandeln gegen die Vorschriften der Verbrauchsteuergesetze oder der dazu erlassenen Rechtsverordnungen iSd Nr. 1 bis 3 des § 381 I AO (zB BierStG, BranntwMonG, KaffeeStG, LeuchtmStG, MinöStG, SalzStG, SpielkStG, TabakStG, TeeStG, ZuckerStG, ZündwStG).

---

395 F/G/J-Voß § 381 Rn 7

e) Gefährdung der Eingangsabgaben

Auch § 382 AO ist ausfüllungsbedürftige Blankettvorschrift und nur bei entsprechender Rückverweisung der ausfüllenden Rechtsvorschriften anwendbar. Die Vorschrift dient der Sicherung zollamtlicher Überwachung des Warenverkehrs über die Grenze. Es werden vorsätzliche oder fahrlässige Zuwiderhandlungen gegen Vorschriften der Zollgesetze, der dazu erlassenen Rechtsverordnungen, der dazu erlassenen Verordnungen des Rates der Europäischen Gemeinschaften und der Verordnungen der Kommission der Europäischen Gemeinschaften erfasst.

119

§ 382 I AO unterscheidet in drei Tatbestandsalternativen Verstöße gegen Vorschriften mit Geltung für: die zollamtliche Erfassung des grenzüberschreitenden Warenverkehrs (Nr. 1); die Anmelde- und Erklärungspflichten bei der Überführung von Waren in ein Zollverfahren und dessen Durchführung (Nr. 2); den grenznahen Raum und für die der Grenzaufsicht unterworfenen Gebiete (Nr. 3). Insgesamt soll einer Gefährdung von Eingangsabgaben entgegengewirkt werden. Hierbei handelt es sich nicht nur um Zölle und Abschöpfungen, sondern auch um die an der Grenze erhobenen Verbrauchsteuern und die Einfuhrumsatzsteuer. Erfasst werden Zuwiderhandlungen, mit denen typischerweise die Gefahr einer späteren Verkürzung der Eingangsabgaben verbunden ist. Die zollamtliche Erfassung des Warenverkehrs und der Überführung von Waren ist im Einzelnen im Zollkodex geregelt.

Nach § 382 II AO findet diese Vorschrift auch Anwendung, soweit die Zollgesetze und die dazu erlassenen Rechtsverordnungen für Verbrauchsteuern sinngemäß gelten. Dies ist der Fall bei § 5 I KaffeeStG, § 5 I TeeStG und mit Einschränkungen bei § 21 II UStG.

f) Unzulässiger Erwerb von Steuererstattungs- und -vergütungsansprüchen

Wer entgegen § 46 IV 1 AO steuerliche Erstattungsansprüche oder Vergütungsansprüche geschäftsmäßig erwirbt, handelt gemäß § 383 I AO ordnungswidrig.

120

Geschäftsmäßigkeit nach § 46 IV AO erfordert selbstständiges Handeln in Wiederholungsabsicht. § 383 AO ist auf alle Erstattungs- und Vergütungsansprüche aus dem Steuerschuldverhältnis (§ 37 AO) anwendbar, sämtliche in den Einzelsteuergesetzen geregelten Erstattungsansprüche sind erfasst. Eine entsprechende Anwendung des § 383 AO ist im Sparprämiengesetz, im Wohnungsbauprämiengesetz und im Vermögensbildungsgesetz vorgesehen.

3. Unbefugte Hilfe in Steuersachen

Wer unbefugt Hilfe in Steuersachen leistet (Nr. 1) oder unaufgefordert seine Dienste oder die Dienste Dritte zur geschäftsmäßigen Hilfe in Steuersachen anbietet – Werbeverbot – (Nr. 2) handelt gemäß § 160 StBerG ordnungswidrig.

121

Tathandlung der unbefugten Hilfeleistung nach § 160 I Nr. 1 StBerG ist die geschäftsmäßige Hilfeleistung in Steuersachen entgegen § 5 StBerG oder entgegen einer vollziehbaren Untersagung nach § 7 StBerG.

Die Hilfeleistung ist **unbefugt**, wenn sie von anderen als den in den §§ 3, 4, 6 StBerG aufgeführten Personen oder Personenvereinigungen ausgeübt wird (§ 5 StBerG). Zur unbeschränkten Hilfeleistung sind nur Steuerberater, Steuerbevollmächtigte, Steuerberatungsgesellschaften (§ 3 Nr. 1, § 12 a StBerG), Rechtsanwälte, Wirtschaftsprüfer, Wirtschaftsprüfungsgesellschaften, vereidigte Buchprüfer und

Buchprüfungsgesellschaften (§ 3 Nr. 2 StBerG) befugt. Personen, die sich als »Wirtschaftsberater«, »Anlageberater«, »beratender Betriebswirt« oder »Unternehmensberater« bezeichnen gehören nicht dazu. Beschränkt zur Hilfeleistung befugt ist der in § 4 StBerG genannte Personenkreis.

Vom Verbot der unbefugten Hilfeleistung des § 5 StBerG ausgenommen sind nach § 6 StBerG die Erstattung wissenschaftlicher Gutachten (Nr. 1); unentgeltliche Hilfe in Steuersachen für Angehörige (Nr. 2); Durchführung mechanischer Arbeitsgänge bei der Führung von Büchern und Aufzeichnungen, sofern es nicht um Kontieren von Belegen und Erteilen von Buchungsanweisungen geht (Nr. 3).

Ferner gilt das Verbot des § 5 StBerG nicht für das Buchen laufender Geschäftsvorfälle, die laufende Lohnabrechnung und das Fertigen der Lohnsteuer-Anmeldungen, soweit diese Tätigkeiten von Personen erbracht werden, die eine (steuer-) fachliche Abschlussprüfung bestanden haben und mindestens 3 Jahre auf dem Gebiet des Buchhaltungswesens hauptberuflich tätig waren (Nr. 4).

122 Die Abgrenzung zwischen einer befugten Hilfeleistung als Arbeitnehmer und unbefugter Steuerhilfe ist besonders bei **Stundenbuchhaltern** schwierig. Es kommt auf die Gesamtumstände des einzelnen Falles an. Wenn sich trotz formell abgeschlossenen Arbeitsvertrages das Bild einer freiberuflichen Tätigkeit zeigt, so handelt es sich idR um eine unbefugte Hilfeleistung in Steuersachen. Es müssen jeweils echte Arbeitsverhältnisse vorliegen, die Finanzverwaltung lässt unter diesen Voraussetzungen nur fünf, höchsten zehn Arbeitsverhältnisse zu.

Geschäftsmäßigkeit iSv § 160 StBerG setzt Wiederholungsabsicht und Selbstständigkeit voraus. **Selbstständig** handelt, wer in eigener Entschließung und Verantwortung, also unabhängig von den Weisungen eines Arbeitgebers, tätig wird. **Wiederholungsabsicht** besteht, wenn die Tätigkeit zu einem wiederkehrenden und dauernden Bestandteil der Beschäftigung gemacht werden soll. Die darauf gerichtete Absicht bei der ersten Tätigkeit genügt. Nicht erforderlich ist, dass die Tätigkeit hauptberuflich oder entgeltlich erfolgt. Hilfeleistung aus rein privater Gefälligkeit ist nicht geschäftsmäßig, auch wenn sie wiederholt geschieht. Da Arbeitnehmer niemals selbstständig sind, handeln sie gegenüber dem Arbeitgeber auch nicht geschäftsmäßig. Der Angestellte ist deshalb zur Bearbeitung der Steuersachen seines Arbeitgebers befugt.

Täter einer Ordnungswidrigkeit nach § 160 I Nr. 1 StBerG ist sowohl die Person, die unbefugt geschäftsmäßig Hilfe in Steuersachen leistet, als auch derjenige, der sich daran beteiligt, somit auch der die Hilfe Inanspruchnehmende. Dieser ist Beteiligter iSd § 14 I OWiG, wenn er gewusst hat, dass der Hilfeleistende nicht befugt handelt.

123 Von der Durchführung eines Bußgeldverfahrens nach § 160 StBerG ist das **Untersagungsverfahren** bei unbefugter Hilfeleistung in Steuersachen nach § 7 StBerG zu unterscheiden. Beide Verfahren haben unterschiedliche Zielsetzungen. Während mit dem Bußgeldverfahren ein bereits begangenes Unrecht geahndet werden soll, bezweckt das Untersagungsverfahren die Verhinderung künftiger Zuwiderhandlungen. Aufgrund der unterschiedlichen Zielsetzungen sind beide Maßnahmen ggf nebeneinander zulässig. Der Verstoß gegen eine vollziehbare Untersagungsverfügung nach § 7 StBerG ist wiederum Ordnungswidrigkeit nach § 160 I Nr. 1 StBerG.

In § 8 StBerG ist ein **Werbeverbot** für alle zu Hilfeleistung in Steuersachen befugten Personen geregelt. Der Verstoß gegen dieses Werbeverbot wird in § 160 II Nr. 2

StBerG als Ordnungswidrigkeit geahndet. Danach ist das unaufgeforderte Anbieten der eigenen Dienste oder der Dienste Dritter zur geschäftsmäßigen Hilfeleistung in Steuersachen untersagt. Dies gilt nicht für gewerbliche Buchhalter iSv § 6 Nr. 3, 4 StBerG. Auch dürfen bestimmte Körperschaften und Vereinigungen nach § 8 II StBerG »im Rahmen des sachlich Gebotenen« auf ihre Befugnis zur Hilfeleistung in Steuersachen hinweisen. Einzelheiten sind in der Verordnung über Art und Inhalt der zulässigen Hinweise auf die Befugnis zur Hilfeleistung in Steuersachen (WerbeVOStBerG) geregelt.

Im **subjektiven Tatbestand** ist für § 160 StBerG Vorsatz erforderlich. Eine erforderliche ausdrückliche Ausdehnung auf eine fahrlässige Begehung (§ 15 StGB) gibt es nicht.

Anhang:
Steuerstrafsachenstatistik der Steuerverwaltungen der Länder 1983–2002

Jahr	Urteile Strafbefehle	Bußgeld- bescheide	Summe der Verfahren	Freiheitsstrafe in Jahren
1983	12081	8158	20239	724
1984	11809	7602	19411	885
1985	11352	6373	17725	954
1986	11190	5299	16489	1040
1987	10379	4740	15119	1148
1988	9822	4614	14436	1107
1989	9833	3727	13560	1085
1990	9102	3800	12902	998
1991	8680	3281	11961	989
1992	8502	3224	11726	987
1993	8016	3043	11059	1025
1994	7927	3263	11190	1269
1995	7853	3446	11299	1095
1996	7881	3498	11379	1111
1997	7843	3614	11457	1206
1998	7969	3212	11181	1492
1999	7907	3176	11083	1468
2000	7782	2810	10592	1329
2001	7901	2637	10538	1468
2002	8016	2503	10519	1620

Jahr	Zahl der Tagessätze	Summe der Geldstrafen	Durchschnitt Tagessatz
1983	764082	52528573	68,75
1984	837015	77156055	92,18
1985	865805	67634247	78,12
1986	796126	62425558	78,41
1987	818600	72271219	88,29
1988	783175	66486055	84,89
1989	800129	68436361	85,53
1990	742550	67257807	90,58
1991	756613	67323611	88,98
1992	716372	67717221	94,52
1993	685357	64847359	94,62
1994	657043	72890142	110,94
1995	710317	69330589	97,61
1996	747301	76150709	101,90
1997	822727	74537153	90,59
1998	947098	88378073	93,31
1999	904831	90162518	99,65
2000	795588	85175258	107,06
2001	827860	85757273	103,58
2002	3242176	33769643 €	10,41 €

Kapitel 3
Verteidigung in Betäubungsmittelstrafsachen

Überblick

I.   Vorbemerkungen

Diese Handreichung für den Strafverteidiger soll weder Lehrbuch noch Kommen-   **1**
tar ersetzen, sondern aus der Sicht des Verteidigers die Aufnahme und Gestaltung
eines Mandats in Betäubungsmittelstrafsachen darstellen. Für Anregungen und Kritik bin ich jederzeit dankbar.

II.   Der Erstkontakt mit dem Mandanten

1.   Um welche Droge geht es?

Schon beim ersten Zusammentreffen mit dem Mandanten empfiehlt es sich, genau   **2**
hinzuschauen und nachzufragen, um welchen Stoff es geht. Die verbotenen Betäubungsmittel sind in den Anlagen I bis III des BtMG aufgeführt, die Anzahl ändert
sich laufend und wird den praktischen Bedürfnissen der Strafverfolgung und den
Konsumgewohnheiten angepasst, die Einzelheiten bestimmt § 1 BtMG. Das Gesetz
selbst unterscheidet nicht, um welche Art von Drogen es sich handelt, es spricht
allgemein von Betäubungsmitteln.

Die auf dem deutschen Markt praktisch wichtigste **weiche Droge** ist Cannabis in   **3**
Form von Haschisch (Brocken) und Marihuana (Pflanzenteile). Die Qualitäten
schwanken beträchtlich, bei größeren Mengen wird idR ein Wirkstoffgutachten
eingeholt, das den Gehalt der rauschauslösenden Substanz bestimmt. Danach richtet sich wesentlich das Maß der strafrechtlichen Schuld.

4   Die wichtigsten **harten Drogen** sind bei uns Heroin, Kokain und Speed (Amphetamin), daneben sog Designerdrogen, dh Tabletten mit einer Mischung von Substanzen, meist unter dem Namen Ekstasy bekannt.

5   Als **Ersatzstoffe** kommen bei uns vor allem Codeinsaft (eigentlich ein Hustenmittel) und Methadon vor, daneben benutzen die Süchtigen eine Vielzahl von Beruhigungs- und Aufputschmitteln, wenn die teuren Grundsubstanzen fehlen. Selten ist der Konsum nur einer harten Droge, meist kommen Mischformen vor. Körner beschreibt alle gängigen Substanzen ausführlich im Anhang C seines Kommentars.

2.   Liegt Abhängigkeit vor?

6   Bei der Abhängigkeit unterscheidet man die körperliche und die seelische Abhängigkeit. Der Mandant kann idR die Zeichen der körperlichen Abhängigkeit genau beschreiben, wenn er eine Zeit des Entzugs erlebt hat. Am meisten werden starkes Schwitzen, Gliederschmerzen, Schlaflosigkeit, Durchfall, Magenkrämpfe genannt. Es hängt davon ab, wie lange der Mandant wieviel von welcher Substanz konsumiert, unbedingt ist auch der tägliche Konsum zur Tatzeit zu erfragen, die bei der Festnahme oft schon einige Zeit zurückliegt. Ist der Mandant in Haft, wird er häufig Medikamente gegen die körperlichen Entzugserscheinungen erhalten haben und in der Krankenstation der JVA liegen. Ist er gerade erst festgenommen, wird mit ihm zu besprechen sein, ob er seinen Entzug aufdecken und ärztliche Hilfe beanspruchen will. Er ist auch zu befragen, ob er trotz erkennbaren Entzugs vernommen wurde.

7   Es stellt sich die Frage nach der **Dokumentation** seiner Drogenabhängigkeit. Ist er in eine Krankenstation aufgenommen, wird es dort Aufzeichnungen über seine Entzugserscheinungen und die verabreichten Medikamente geben. Weiter ist die Frage von Blut- und Urinabgaben zu bedenken. In ihnen kann man die aktuelle Einnahme von Drogen nachweisen (am Festnahmetag bzw einige Zeit davor; zur Nachweisbarkeitsdauer der verschiedenen Drogen in Blut und Urin vgl. Eberth/Müller Rn 172–174). Mit einem Antrag auf Entnahme und Untersuchung einer Haarprobe kann man erreichen, dass Art und Intensität der Aufnahme von Drogen bis zu ca. 24 Monaten zurückverfolgt werden können. Dabei gilt die Faustregel: ein cm Haar entspricht ca. einem Monat Wachstum. Je länger das Haar des Mandanten, desto länger kann sein Drogenkonsum zurückverfolgt werden. Bei Mandanten, die sich ihre Drogen mittels Spritzen zuführen, sind Einstichstellen zu sehen. Darauf kann man bei der Vorführung zum Ermittlungsrichter verweisen und diese Tatsache im Vorführprotokoll festhalten lassen. Die Frage eines psychiatrischen Gutachtens, um eine evtl vorliegende verminderte Schuldfähigkeit gem § 21 StGB wegen der (schweren) Drogenabhängigkeit feststellen zu lassen, wird sich dagegen erst später stellen, wenn wir den Mandanten näher kennen.

Allgemein gilt an dieser Stelle die Überlegung: Ob es sinnvoll ist, bereits zu dieser frühen Zeit auf eine möglichst rasche und lückenlose Dokumentation des Drogenkonsums und der Abhängigkeit zu drängen, hängt ua davon ab, welcher strafrechtliche Vorwurf erhoben wird und wie die Beweislage ist bzw wie sie einzuschätzen sein wird, wenn sich die Ermittlungen ausweiten.

3. Was wird dem Mandanten vorgeworfen und wie ist die Beweislage? Ziele der Verteidigung

Das BtMG unterscheidet zwischen reinem Besitz bzw der Abgabe von Betäubungsmitteln und dem Handel damit, außerdem noch eine ganze Reihe weiterer Umgangsformen vom Anbau bis zur Einfuhr sowie auch rein verbale Beziehungen wie das Werben für Betäubungsmittel. Die Grundtatbestände finden sich in § 29 BtMG. Erschwerte Formen des Umgangs werden in §§ 29 a, 30, 30 a BtMG genannt, mit zum Teil drastischen Mindeststrafen.

8

Der Verteidiger wird zu diesem frühen Zeitpunkt folgende Überlegungen anzustellen haben, wenn er den Mandanten berät:

– Welche Beweismittel stehen den Ermittlungsbehörden zur Verfügung? Gibt es Sachbeweise, Spuren, Telefonüberwachungsprotokolle, hat er zB Drogen an einen Scheinaufkäufer (verdeckten Ermittler) der Polizei abgegeben? Hat ihn ein Lieferant oder ein Abnehmer im Rahmen einer Aussage gem § 31 BtMG (sog Kronzeugenregelung) belastet?

– Wie schwerwiegend sind die Vorwürfe? Liegt zB ein Verbrechenstatbestand vor, zB Handel oder Besitz einer »nicht geringen Menge« von Drogen (zu diesem wichtigen Begriff später) gem § 29 a BtMG? Wenn es zB nur darum geht, dass der Mandant im Besitz einer gewissen Menge von Drogen angetroffen worden ist, die nicht die »nicht geringe Menge« erreichen und seine sonstige soziale Situation günstig ist, so dass die Inhaftierung nicht zu erwarten ist, kann es durchaus sinnvoll sein, auf eine Dokumentation seiner evtl Drogenabhängigkeit zu diesem Zeitpunkt zu verzichten. Wird er entlassen, kann er sich sehr viel besser um Therapie und Entzug kümmern, wenn er das will. In diesen Fällen ist auch prinzipiell an § 37 BtMG zu denken. Diese Vorschrift sieht vor, dass von der Erhebung der öffentlichen Klage abgesehen werden kann, wenn sich der Beschuldigte nach der behaupteten Tat aber vor Anklageerhebung in eine Drogenentwöhnungstherapie begibt und er nicht mehr als zwei Jahre Freiheitsstrafe zu erwarten hätte. Nach § 37 II BtMG ist dies auch noch nach Anklageerhebung möglich. Die Regelung führt nach meinen Beobachtungen ganz zu Unrecht ein Schattendasein, jedenfalls in Bayern.

Kommen wir nach Gesprächen mit dem Mandanten und der größtmöglichen Information über den Stand der Ermittlungen durch Akteneinsicht und mündliche Mitteilungen des Staatsanwalts bzw des Ermittlungsrichters zu dem Ergebnis, dass die Vorwürfe wohl zu beweisen sein werden, müssen aus den oben genannten Gründen die **Ziele der Verteidigung** möglichst früh definiert werden, da es in Betäubungsmittelsachen einige Besonderheiten gibt. Abgesehen vom Freispruch kommen folgende Alternativen in Betracht:

9

– Einstellung wegen Geringfügigkeit bzw Absehen von Strafe
– lediglich geringe Strafe, ggf Bewährung mit Therapieauflage
– Therapie statt Strafe
– Strafe und Therapie.

III. Materielle und prozessuale Besonderheiten des Betäubungsmittelrechts

1. Einstellung wegen Geringfügigkeit / Absehen von Bestrafung, §§ 153, 153 a StPO und §§ 31 a, 29 V BtMG

10   Die Vorschrift des § 31 a BtMG stellt eine Weiterentwicklung des § 29 V BtMG dar, der das Absehen von Bestrafung durch das Gericht nach durchgeführter Hauptverhandlung regelt sowie eine Ergänzung des Grundsatzes »Therapie statt Strafe« in § 35 BtMG.[1] Sie ist im Verhältnis zu §§ 153, 153 a StPO die Spezialnorm, da sie auf die Anforderungen des Betäubungsmittelrechts zugeschnitten ist. In der Praxis wurde § 29 V BtMG in Bayern sehr selten angewandt; auch bei der Anwendung des § 31 a BtMG ist es zunächst zu großen Unsicherheiten und regionalen Verschiedenheiten gekommen. Nach der Entscheidung des BVerfG vom 9. 3. 1994[2] ist jedoch das Gericht verpflichtet, bei Vorliegen der gesetzlichen Voraussetzungen von Amts wegen die §§ 29 V und 31 a II BtMG zu prüfen und ggf anzuwenden. Das Ermessen der Strafverfolgungsbehörden kann wegen des verfassungsrechtlichen Übermaßverbots auf Null reduziert sein.[3] Eine evtl Hausdurchsuchung lediglich wegen Verdacht des Erwerbs oder Besitzes von Cannabis kann nach LG Freiburg[4] unverhältnismäßig sein.

11   Die wesentlichen materiellen Voraussetzungen des § 31 a BtMG sind eine lediglich **geringe Menge** der Betäubungsmittel, mit denen auch nur **zum Eigenverbrauch** umgegangen worden sein darf, dazu – und damit zusammenhängend – das fehlende öffentliche Interesse an der Strafverfolgung und die geringe Schuld des »Täters« wie es im Gesetz heißt, obwohl es sich formell noch um einen Beschuldigten handelt und ein Geständnis vom Gesetz nicht verlangt wird.[5]

12   Das wichtigste Kriterium und zugleich das strittigste ist das der **geringen Menge**. Diese muss zunächst von der **nicht gebrauchsfähigen Menge** abgegrenzt werden. Diese ist nämlich straflos. Bedingung der Strafbarkeit ist, dass die aufgefundene Menge mindestens einen »Rausch« hervorrufen kann, so dass winzige Spuren, Anhaftungen an Pfeifen oder sonstigen Rauchutensilien für eine Bestrafung des Besitzers nicht ausreichen.[6] In diese Kategorie wird man auch den Anbau von solchen Hanfpflanzen zählen müssen, bei denen sich später nicht mehr sicher nachweisen lässt, dass sie die rauschauslösende Substanz THC enthielten, zB weil sie nicht mehr zur Verfügung stehen.

Das Gesetz gibt keine Definition der geringen Menge. In Schleswig-Holstein gelten dafür andere Kriterien als in Bayern oder in Sachsen-Anhalt. Zum Teil weichen die Grenzmengen erheblich voneinander ab. Während im Norden Deutschlands ca. 30 g Haschisch genannt werden, ist in Bayern die Grenze bei ca. 6 g. In einigen Bundesländern gibt es formelle Richtlinien der Landesjustizministerien.[7] Bayern hat es bisher abgelehnt, derartige formelle Richtlinien zu erlassen. Informell ist bekannt, dass sich die Staatsanwaltschaften auf den Grenzwert von ca. 6 g bei Haschisch geeinigt haben. In einer neuen Entscheidung hat das BayObLG von »drei Konsumeinheiten eines Probierers« als Grenzmenge für die geringe Menge gespro-

---

1 Körner § 31 a Rn 2
2 StV 1994, 295 (Pflichtlektüre !)
3 OLG Koblenz StV 1998, 82
4 LG Freiburg StV 2000, 14
5 Körner § 31 a Rn 45
6 BayObLG StV 1986, 145; Körner § 31 a Rn 17 mwN
7 Nachweise bei Körner § 31 a Rn 29 ff

chen. Bei Haschisch seien das je nach Qualität 3–6 g, bei Kokain 300 mg, bei Heroin eine Wirkstoffmenge (nicht Gewicht) von 0,15 g Heroinhydrochlorid,[8] bei Amphetamin 0,15 g Amphetamin-Base.[9] Der BGH hat in einem obiter dictum einer neueren Entscheidung 10 g Haschisch und 10 Konsumeinheiten bei 1,5 % THC als »geringe Menge« erwähnt.[10] Körner schlägt für die wichtigsten Drogen Grenzmengen vor, die er an der Rechtsprechung des BGH zu den so genannten »nicht geringen Mengen« (dazu später) orientiert.[11] Mit Recht weist er darauf hin, dass die jetzige zersplitterte Handhabung höchst unbefriedigend ist und auch der Forderung des BVerfG nach einer einheitlichen Praxis der Strafverfolgung von Konsumdelikten widerspricht.[12]

Nach der bayerischen Praxis wird auch verlangt, dass der Beschuldigte zum ersten Mal mit dem BtMG in Konflikt gekommen ist. Auch diese Einschränkung ergibt sich nicht aus dem Gesetz. Vielmehr hat der Gesetzgeber den § 31 a BtMG für den Gelegenheitskonsumenten wie für den Dauerkonsumenten und den Abhängigen geschaffen, sofern er mit dem BtM zum eigenen Verbrauch umgeht und keine Dritten gefährdet.[13]

Übereinstimmend soll § 31 a BtMG **nicht angewendet** werden, wenn kein Umgang zum Eigenverbrauch vorliegt und durch die Umstände des Konsums Gefährdungen Dritter möglich sind, zB im Verkehr, in Schulen, Krankenhäusern, Gefängnissen oder in bestimmten Berufen, zB bei Ärzten oder Fluglotsen. Dagegen reicht nach der Rspr nicht aus, dass die Droge als so genannte harte Droge besonders gefährlich ist und eine bloße abstrakte Möglichkeit der Weitergabe besteht, konkrete Anhaltspunkte dafür, dass der Beschuldigte sie weitergeben wollte jedoch nicht bestehen.[14]   **13**

Wieder anders werden die sog **Raucherrunden** bewertet, bei denen ein Joint kreist. Hier konsumieren zwar alle Teilnehmer selbst, was an sich straflos ist; zugleich reichen sie jedoch auch den Joint an ihren Nachbarn weiter, damit dieser konsumiert. Dies soll jedenfalls dann strafbar sein, wenn der Nachbar nicht zugleich der ursprüngliche Besitzer ist.[15]   **14**

Nach meinen Beobachtungen ist die Praxis in Bayern bei der Anwendung des § 31 a BtMG aus politischen Gründen besonders restriktiv. Häufig wird auch zunächst die ganze Palette der polizeilichen Repression wie Hausdurchsuchung, ed-Maßnahmen, Speicherung der personenbezogenen Daten und Weitergabe an die Führerscheinbehörden durchgezogen, bis eine Maßnahme nach § 31 a BtMG folgt. Eine Entlastung und Konzentration der Ermittlungsbehörden ist damit jedenfalls nicht verbunden. Es ist auch zu beobachten, dass statt des an sich einschlägigen § 31 a BtMG der § 153 a StPO herangezogen wird. Einziger relevanter Unterschied: dem Beschuldigten kann eine Geldauflage aufgegeben werden.   **15**

§ 31 a II BtMG sieht auch dann ein Absehen von der Verfolgung durch Einstellung vor, wenn die Klage bereits erhoben war. Hier ist allerdings idR die Zustimmung des Angeschuldigten erforderlich.   **16**

---

8 BayObLG StV 1998, 590; jetzt sollen es 0,03 g Heroinhydrochlorid sein, BayObLG StV 2000, 83
9 BayObLG NStZ 2000, 210
10 BGH StV 1996, 95, 98
11 Körner § 31 a Rn 17
12 So BVerfG StV 1994, 295
13 Körner § 31 a Rn 24–26; für § 29 V BtMG auch bei Mehrfachtätern LG Berlin StV 2000, 567
14 BayObLG StV 1998, 590
15 BayObLG StV 1998, 592 m Anm Körner

2. Therapie statt Strafe, die §§ 35 ff BtMG

17 Kommt eine Bewährungsstrafe mit möglicher Therapieauflage nicht in Betracht sondern scheidet diese Möglichkeit aus, weil der Mandant entweder keine gute Prognose iSd § 56 StGB hat oder eine höhere Strafe wahrscheinlich ist, so ist das Konzept »Therapie statt Strafe« zu erwägen.

Beispiel: Der Mandant wird zu einer Freiheitsstrafe wegen Handeltreibens mit Betäubungsmitteln von zwei Jahren und 10 Monaten verurteilt. Sechs Monate hat er bereits in U-Haft verbracht. Er kann in vier Monaten gem § 35 BtMG eine Therapie antreten, wenn er alle gesetzlichen Voraussetzungen erfüllt. Sonst müsste er noch mehr als 16 Monate in Haft bleiben, bis er die Voraussetzungen des § 57 I StGB erfüllt.

Diese Privilegierung der Drogenstraftäter wurde deshalb zur Notwendigkeit, weil mehr als die Häfte der Inhaftierten mittlerweile wegen Verstoß gegen das BtMG sitzen und klar geworden ist, dass mit den Mitteln des Strafvollzugs allein das Problem immer unlösbarer wird. Die Therapie in einer Einrichtung außerhalb der JVAs ist eine erheblich bessere Möglichkeit, den Drogenstraftäter von seiner Sucht zu heilen als die Haft, mag dort auch gelegentlich eine Therapie angeboten werden (Parsberg in Bayern war ein solcher von den Gefangenen so genannter »Drogenknast« – die Erfahrungen blieben weit hinter den weit gesteckten Erwartungen zurück). Die einschlägigen Regelungen finden sich in den § 35 ff BtMG.

18 Voraussetzungen des § 35 BtMG sind

– eine Verurteilung zu einer Straftat, die aufgrund Betäubungsmittelabhängigkeit begangen wurde;
– eine Verurteilung zu nicht mehr als zwei Jahren Haft oder ein noch zu verbüßender Strafrest von zwei Jahren;
– Therapieplatzzusage einer Einrichtung, die von der Vollstreckungsbehörde anerkannt ist;
– Kostenzusage eines Kostenträgers;
– Zustimmung des Gerichts des ersten Rechtszuges;
– Rechtskraft des Strafurteils.

19 Um die erste der Voraussetzungen zu erfüllen, empfiehlt es sich, schon in der Hauptverhandlung darauf hinzuwirken, dass das Gericht das Merkmal »**Betäubungsmittelabhängigkeit**« und den kausalen Zusammenhang mit der Straftat ins Urteil aufnimmt. Das bedarf oft keines Antrags auf Sachverständigengutachten, da die Gerichte meist genügend eigene Sachkunde haben und die Betäubungsmittelabhängigkeit nicht automatisch eine verminderte Schuldfähigkeit iSd § 21 StGB nach sich zieht. Eine solche nimmt die Rechtsprechung nur in besonders schweren Fällen an (dazu später). Ein Hinweis auf den kausalen Zusammenhang zwischen Abhängigkeit und Straftat ist notwendig bei allgemeinen Straftaten, zB Beschaffungskriminalität. Wird der Zusammenhang bereits im Urteil dargetan, erspart man sich spätere Nachfragen des entscheidenden Vollstreckungsstaatsanwalts.

20 Hinsichtlich des **Strafrestes**, der noch zu verbüßen ist, sind oft genauere Nachfragen erforderlich. Besonders wichtig ist, festzustellen, ob noch aus früheren Delikten Reststrafen offen sind. Wenn ja, ist zu prüfen, ob sie ihrerseits zurückstellungsfähig iSd § 35 BtMG sind. Die Grenzhöhe von zwei Jahren muss für jede einzelne Strafe geprüft werden, dh es kann eine Zurückstellung auch dann erfolgen, wenn

Wächtler

mehrere Strafen in der Summe mehr als noch zwei Jahre Strafrest ergeben.[16] Gibt es jedoch noch einen Strafrest aus einer Strafe, die nicht zurückstellungsfähig ist, liegt ein Zurückstellungshindernis iSd § 35 VI Nr. 2 BtMG vor. Hier empfiehlt es sich, dass der Mandant diese Strafe vorab verbüßt, damit er dann die Therapie antreten kann und danach frei ist. Strittig ist, ob die andere, nicht zurückstellungsfähige Strafe zunächst vollständig verbüßt werden muss, bevor eine Zurückstellung der an sich zurückstellungsfähigen Strafe gem § 35 BtMG in Betracht kommt. Die StA München verlangt dies mit dem Argument, zum Zeitpunkt der Zurückstellung müsse klar sein, dass keine andere Strafe mehr vollstreckt werde, wenn die Therapie beendet ist. Der Antragsteller muss daher hier zunächst auf die an sich mögliche Entscheidung über die Aussetzung seines letzten Drittels gem § 57 StGB verzichten und dieses letzte Drittel komplett absitzen. Dann kann er nach dieser Praxis Antrag auf Aussetzung gem § 35 BtMG in der zurückstellungsfähigen Sache stellen. Ich kann für diese Auslegung keinen Anhaltspunkt im Gesetz entdecken.[17] Wie mir OStA Körner auf mündliche Anfrage bestätigte, scheint es sich auch hier um ein bayerisches Spezialproblem zu handeln, das der Verteidiger jedoch kennen muss, wenn er den Mandanten berät.

Auch die Voraussetzung **Therapieplatzzusage** ist unter den gegebenen Verhältnissen in Bayern nicht so unproblematisch, wie es der Gesetzeswortlaut nahe legt. Die StA hat es sich zur Gewohnheit gemacht, nur bestimmte Therapieeinrichtungen als für § 35 BtMG geeignet anzuerkennen. Vielfach richtet sie sich dabei nach einer ominösen Liste, die im Sozialministerium geführt wird. Einrichtungen, die Drogenabhängige behandeln, können sich um Aufnahme in diese Liste bewerben. Aus mir unbekannten Gründen wird die Aufnahme in manchen Fällen verzögert, gelegentlich auch verweigert. Auch die Einrichtungen selbst können oft nicht angeben, warum dies geschieht. Das Gesetz verlangt an sich keine staatliche Anerkennung. Diese ist erst für die Frage der Anrechnung des Aufenthalts auf die Strafe gem § 36 I 1 BtMG erforderlich.[18] In der Praxis empfiehlt es sich jedoch, sich rechtzeitig zu erkundigen, ob die Therapieeinrichtung, die der Mandant anstrebt, von der StA akzeptiert wird. Da es die Vollstreckungsabteilung der StA ist, die eine Zurückstellung gem § 35 BtMG verfügt, erspart eine vorzeitige Information dem Mandanten die mögliche spätere Enttäuschung.

In der Regel wird nur eine stationäre Therapie in einer von Fachpersonal geführten Einrichtung von der StA iSv § 35 BtMG anerkannt. Ambulante Therapieformen werden nur in wenigen Ausnahmefällen genehmigt.[19] Wichtiges Kriterium für die StA ist auch, dass eine relevante Einschränkung des Tagesablaufs und eine effektive Kontrolle des Süchtigen stattfinden. Leider werden durch solche verhältnismäßig starren Kriterien neue Therapiekonzepte, die eher auf individuelle Besonderheiten des Abhängigen eingehen können, stark behindert.

Eine Zurückstellung der Strafvollstreckung zugunsten einer Therapie im **Ausland** ist prinzipiell möglich,[20] sie wird vor allem bei EU-Ausländern immer häufiger in Betracht kommen, da hier sowohl die erforderliche Überprüfbarkeit gegeben ist als auch idR die muttersprachliche Therapieeinrichtung besser geeignet sein wird.

21

---

16 Vgl Körner § 35 Rn 76
17 Wie hier Körner § 35 Rn 74; ebenso Kotz/Rahlf NStZ-RR 2001, 80 mit Hinweis auf OLG München NStZ 2000, 223
18 Eberth/Müller Betäubungsmittelsachen Rn 352
19 Dazu OLG Karlsruhe StV 2000, 631
20 LG Kleve StV 2000, 325 m Anm Stange

Die Therapieeinrichtungen sind daran gewöhnt, Platzzusagen auf Anfrage schriftlich zur Vorlage bei Gericht und StA zu bestätigen. Der Verteidiger sollte rechtzeitig mit dem für die Haftanstalt zuständigen Drogenberater Kontakt aufnehmen und klären, welche Einrichtung für den Mandanten in Betracht kommt und wann in etwa mit einem Antritt der Therapie frühestens zu rechnen ist. Die Therapieplatzzusage sollte wenn möglich bereits zum Gerichtstermin vorliegen und in die Hauptverhandlung eingeführt werden. Sie stellt die Ernsthaftigkeit des Mandanten unter Beweis, sich um eine Drogenentwöhnung zu bemühen.

22 Ein weiteres Problem kann die **Kostenzusage** werden. Kostenträger sind die Rentenversicherung, eine Krankenkasse oder die Sozialhilfeverwaltung. In der Regel kann man davon ausgehen, dass jede notwendige und Erfolg versprechende Therapie auch einen Kostenträger findet. Es gibt jedoch zahlreiche praktische Hindernisse, die es unbedingt erforderlich machen, dass der inhaftierte Mandant sich der Hilfe eines Drogenberaters bedient, wie es sie jetzt für jede Haftanstalt gibt. Der Drogenberater hilft beim Aussuchen der passenden Einrichtung, vermittelt die Adressen, die der Mandant anschreiben muss und hilft beim Ausfüllen der notwendigen Anträge. Da wegen der Überfüllung der Haftanstalten oft eine lange Zeit vergeht, bis der Drogenberater Zeit findet, den Mandanten aufzusuchen, kann der Anwalt hier durch persönliche Intervention oft Zeit gewinnen helfen. Zu beachten ist, dass einige Kostenträger nur bestimmte, manchmal sogar nur die eigenen Einrichtungen finanzieren. Der Mandant sollte dies wissen, bevor er sich auf eine bestimmte Einrichtung festlegt, auch hier hilft oft ein klärendes Gespräch mit dem Drogenberater. Schließlich ist in letzter Zeit zu beobachten, dass einige Kostenträger sich weigern, Kostenzusagen zu machen, bevor nicht feststeht, dass und wann der Mandant auf Therapie kann. Da andererseits die StA meist verlangt, dass Therapieplatz- und Kostenzusage vorgelegt werden, bevor sie über den Antrag nach § 35 BtMG entscheidet, befindet sich der Mandant in einer klassischen Falle, aus der er aus eigener Kraft nicht heraus kann. Hier hilft meist ein Gespräch mit dem entscheidenden Vollstreckungsstaatsanwalt, dem das Problem natürlich auch bekannt ist. Regelmäßig wird die StA in solchen Fällen eine Erklärung abgeben, dass eine Zurückstellung zu einem bestimmten Termin genehmigt werden wird, wenn eine Kostenzusage vorliegt. Damit wird der Kostenträger dann zu einer Kostenübernahmeerklärung gebracht. Da Kostenzusagen meist nur begrenzte Zeit gültig sind (idR 6 Monate), muss an eine rechtzeitige Verlängerung gedacht werden, wenn der Therapieantritt sich verzögert.

23 Die erforderliche **Zustimmung des Gerichts** des ersten Rechtszugs sollte bereits in der Hauptverhandlung angesprochen und erreicht werden. Wenn bereits im Urteil entsprechende Formulierungen enthalten sind, erleichtert dies den Gang der weiteren Dinge.

24 Das Urteil muss **rechtskräftig** sein. Diese Voraussetzung fällt umso leichter, je besser der Verteidiger den Mandanten auf die rechtlichen Möglichkeiten vorbereitet und unrealistische Erwartungen gedämpft hat. Wenn Therapieplatz- und Kostenzusage vorliegen, der Mandant dem Gericht vermitteln kann, dass er motiviert ist, seine Drogensucht mit Hilfe der Therapie zu bekämpfen, muss ohne Illusionen geprüft werden, ob eine Strafe möglich ist, die es erlaubt, das Konzept Therapie statt Strafe bald zu verwirklichen. Hier gilt die Faustregel: U-Haft plus zwei Jahre plus eine angemessene Bearbeitungszeit der StA für den Antrag (ca. 6–8 Wochen) sollten als maximale Freiheitsstrafe in etwa realistisch sein, um einen reibungslosen Übergang von der U-Haft in die Therapie zu gewährleisten. Ist eine wesentlich höhere Freiheitsstrafe zu erwarten, verliert der Mandant oft jede Motivation, dann noch in Therapie zu gehen.[21] Die Erfahrung zeigt, dass insbesondere Schöffengerichten dieser zeitliche Zusammenhang deutlich vor Augen geführt werden muss, da der § 35 BtMG in seiner konkreten Ausgestaltung kompliziert ist und keineswegs vorausgesetzt werden kann, dass die Laienrichter den geschilderten Rechenvorgang beherrschen.

Mit Recht weisen alle Fachleute darauf hin, dass auch mehrfache Therapieversuche möglich und sogar eher die Regel sind. Anträge nach § 35 BtMG können daher auch mehrfach gestellt werden, wenn der Mandant wieder rückfällig wurde.[22] **25**

Ein besonderes Problem kann die Anwendung des § 35 bei **Ausländern** sein. Hier ist die Praxis, dass die Vollstreckungsbehörde beim zuständigen Ausländeramt nachfragt, ob eine Ausweisung/Abschiebung des Verurteilten zu erwarten ist. Nach OLG Ffm[23] soll es nicht ermessensfehlerhaft sein, in diesem Fall die Zurückstellung nach § 35 zu versagen, weil zu befürchten sei, dass der Zurückgestellte während der Therapie untertaucht, um sich der Abschiebung zu entziehen. Ich halte diese Entscheidung für problematisch, da sie zweierlei Maß an die Gewährung der Zurückstellung anlegt. **25 a**

Die Entscheidung nach § 35 BtMG trifft die StA als **Vollstreckungsbehörde**, bei Jugendlichen ist dies der Jugendrichter; §§ 82, 84 JGG. **26**

Die Ablehnung einer Zurückstellung kann mit Beschwerde und anschließendem Antrag auf gerichtliche Entscheidung zum OLG gem §§ 23 ff EGGVG angefochten werden. Dieser Weg ist schwerfällig und wird daher sehr selten genutzt.[24] **27**

Der häufigste **Zeitpunkt**, zu dem der Antrag gem § 35 BtMG gestellt werden wird, ist nach durchgeführter Hauptverhandlung, wenn der Mandant noch in Haft ist. Er ist auch möglich, wenn der Mandant im Anschluss an die Hauptverhandlung gem § 64 StGB in einer Entziehungsanstalt untergebracht ist, § 35 I 1 BtMG. Diese Alternative bietet sich dann an, wenn ein gehörter Sachverständiger im Prozess die Voraussetzungen des § 64 StGB wegen der Drogensucht des Mandanten bejaht hat und eine Strafe zu erwarten ist, die einer baldigen Verwirklichung von Therapie statt Strafe im Wege stehen würde. Dann kommt der Mandant zunächst in eine Entziehungsanstalt, bis die zeitlichen Voraussetzungen für § 35 BtMG vorliegen. In diesem Fall kann es sinnvoll sein, die Unterbringung gem § 64 StGB als Vorbereitung für die anschließende freie Therapie zu begreifen. **28**

Ist eine so lange Strafe zu erwarten, dass deshalb an Therapie statt Strafe vorläufig nicht zu denken ist, so ist noch folgende Möglichkeit zu erwägen: Ist der Mandant drogenabhängig, wird ein gehörter Gutachter oft den § 64 StGB bejahen müssen. Das Gesetz sieht an sich die Reihenfolge zuerst Maßnahme, dann Strafhaft vor, § 67 I StGB. Diese Reihenfolge ist wenig sinnvoll, wenn der Mandant nach der Zeit in der Entziehungsanstalt noch Strafhaft vor sich hat. In diesen Fällen, dh bei langjährigen Freiheitsstrafen und der angeordneten Maßnahme nach § 64 StGB, wird der gehörte Gutachter oft dafür plädieren, die Reihenfolge umzukehren und die Haft bis zu dem Punkt vor der Maßnahme zu vollziehen, von dem aus an dann an eine kontinuierliche Therapie des Mandanten gedacht werden kann. Ein solcher

---

21 Körner § 35 Rn 123
22 Eberth/Müller Betäubungsmittelsachen Rn 212; vgl OLG Zweibrücken StV 2000, 157: § 35 BtMG auch für Risikoprobanden!; ebenso OLG Karlsruhe StV 2000, 631
23 NStZ-RR 2000, 152
24 Vgl dazu im Einzelnen Körner § 35 Rn 199, 212

»Teilvorwegvollzug« der Strafe vor der Maßnahme ist oft vernünftig und rechtlich geboten.[25] In die oft mehrjährige Planung, die Sie dann zusammen mit dem Mandanten vornehmen müssen, sollten Sie auch den § 35 BtMG mit einbeziehen.

Beispiel: Der drogenabhängige Mandant wird wegen Handeltreibens mit Heroin im Kilobereich zu 6 Jahren verurteilt, gleichzeitig wird seine Unterbringung gem § 64 StGB angeordnet, ein Jahr hat er bereits in U-Haft verbracht. Eine Entlassung des Mandanten in die Therapie gem § 35 BtMG käme frühestens nach drei Jahren in Betracht. So lange Zeit wird ihn keine Entziehungsanstalt aufnehmen (es wäre wohl auch nicht gut für ihn). So hätte er die Perspektive, nach ca. 1 Jahr Entziehungsanstalt (dies wird in der Regel die örtlich zuständige Nervenklinik sein) wieder zurück in Haft zu müssen; seine Motivation, in der Klinik mitzuarbeiten, ist bei dieser Perspektive natürlich nicht groß, zumal die Klinik den üblichen Stufenvollzug nicht oder nicht vollständig anwenden wird, wenn der Mandant noch Haft vor sich hat. Besser ist es dann schon, das Gericht ordnet im Urteil an, dass zunächst weitere zwei Jahre Strafvollzug und dann erst die Maßnahme vollstreckt werden sollen. Dann hat der Mandant die Chance, sich beizeiten um eine geeignete freie Therapie zu bemühen und dann pünktlich zwei Jahre vor Strafende auch anzutreten. Dies kann auch über § 35 BtMG geschehen, der dann der sicherere Weg ist, wenn der Weg über § 57 StGB wegen Rückfällen, mehrfachen Bewährungsfehlschlägen oder Problemen im Vollzug nicht empfohlen werden kann.

Auch hier ist es wichtig, alle Alternativen beizeiten mit dem Mandanten durchzuspielen und schon im Prozess deutlich zu machen, was man will. Hierbei ist mit dem Mandanten auch zu besprechen, was ihn erwartet, wenn er sich auf den Weg von der Strafhaft in die Entziehungsanstalt und dann in die freie Drogentherapieeinrichtung einlässt. Gelangt man in einer ehrlichen Diskussion mit ihm zu dem Ergebnis, dass er sich für diesen Weg nicht eignet, müssen andere Alternativen angestrebt werden. So ist insbesondere die Unterbringung in einer Entziehungsanstalt für manche Mandanten höchst problematisch, oft wäre es für sie besser, direkt aus der Haft in eine freie Therapie zu gelangen. Die damit verbundenen längeren Haftzeiten können für sie das kleinere Übel sein – aber natürlich nur, wenn der Verteidiger sich die Zeit nimmt, die Alternativen gründlich zu besprechen, um eine wirkliche Entscheidung zu ermöglichen.

29 Schon vor Anklageerhebung bzw noch vor dem Ende der Hauptverhandlung kann der Mandant sich in eine Therapie begeben und damit unter ähnlichen Voraussetzungen wie im Falle des nachträglichen Antrags gem § 35 BtMG erreichen, dass das Verfahren gegen ihn vorläufig eingestellt wird. Dieser frühzeitige Antrag richtet sich nach § 37 BtMG. Er sollte viel häufiger genutzt werden.

Befindet sich der Mandant bei Prozessbeginn länger als drei Monate in einer stationären Therapie, liegt ein Fall der notwendigen Verteidigung analog § 140 I Nr. 5 StPO vor.[26]

30 Der Mandant muss auch darüber aufgeklärt werden, dass die Therapieeinrichtungen den Abbruch der Therapie sogleich der Vollstreckungsbehörde mitteilen, § 35 IV BtMG. Folge ist in aller Regel, dass die Zurückstellung der Strafvollstreckung widerrufen wird, § 35 V BtMG. Der Mandant wird erneut zum Strafantritt geladen. Auch in solchen Fällen sollte er wissen, dass noch nicht alle Chancen verspielt sind: Weist er nach Abbruch der Therapie nach, dass er sich erneut in eine geeignete Be-

---

25 *Körner* § 35 Rn 329
26 LG München StV 1999, 421; LG Traunstein StV 1995, 126; LG Münster StraFo 2000, 195

handlung begeben hat, wird die Vollstreckungsbehörde vom Widerruf absehen, § 35 V 2 BtMG. Selbst wenn er schon im erneuten Strafvollzug ist, kann er jederzeit einen neuen Antrag gem § 35 BtMG stellen, § 35 V 3 BtMG.

In der Praxis sollte der Verteidiger dem Mandanten anbieten, auch in solchen Fällen sofort mit ihm Kontakt aufnehmen zu können. Der Verteidiger kann dafür sorgen, dass die Vollstreckungsbehörde erfährt, dass der Mandant auch nach dem Abbruch sich um einen Neuanfang bei einer anderen Einrichtung bemüht, er kann die Übersendung der erforderlichen Bestätigungen vermitteln und kann versuchen, dem meist verunsicherten und niedergeschlagenen Mandanten klarzumachen, dass es an ihm liegt, wie es weitergeht.

Die **Anrechnung** der Zeit, die der Mandant in der Therapieeinrichtung verbracht hat, regelt § 36 BtMG. **31**

Obligatorisch ist die Anrechnung auf die Strafe, wenn der Mandant die Therapie **32** in einer staatlich anerkannten Einrichtung absolviert hat, § 36 I BtMG. Wie schon oben ausgeführt, sollte die Auswahl der Einrichtung rechtzeitig mit dem Mandanten und dem zuständigen Drogenberater geklärt werden, bevor ein Antrag nach § 35 BtMG gestellt wird, um böse Überraschungen zu vermeiden. Nicht nur stationäre, sondern auch ambulante Therapieformen können staatlich anerkannt im Sinne der Vorschrift sein.[27] Im Einzelfall kann die ambulante Therapie höhere Anforderungen an den Mandanten stellen, was seine Fähigkeit betrifft, für sich selbst zu sorgen oder abstinent zu leben.[28] Körner nennt als Beispiele ambulanter staatlich anerkannter Therapieformen Übergangseinrichtungen, die eine Langzeittherapie vorbereiten sollen, gruppentherapeutische Einrichtungen, therapeutische Wohngemeinschaften für Frauen und spezielle Einrichtungen für Drogenabhängige zB aus der Türkei, die in deutschen Einrichtungen nicht zurechtkämen. In Oberbayern gibt es zB die »Therapie auf dem Bauernhof«, in der die Abhängigen auf meist einsam gelegenen Höfen arbeiten und in den Bauernfamilien leben – betreut werden sie durch Therapeuten der Einrichtung, die regelmäßig die Höfe besuchen. Auch ein Methadon-Substitutions-Programm mit psychosozialer Begleitung kann in Betracht kommen (Körner, aaO). Welche Einrichtung staatlich anerkannt ist, weiß der Drogenberater; im Zweifel ist es sinnvoll, bei der Einrichtung selbst nachzufragen. Das Merkmal der staatlichen Anerkennung ist für die Anrechnung unverzichtbar.

In Bayern wird allerdings insofern nach wie vor eine Unterscheidung zwischen ambulanter und stationärer Therapie auch bei der Anrechnung gem § 36 I BtMG getroffen, als es hier üblich ist, die Zeit in ambulanten Einrichtungen nicht 1:1 sondern zB 1:7 auf die Haftzeit anzurechnen. Dies steht nicht in direktem Gegensatz zum Gesetz, da über das Anrechnungsverhältnis in § 36 BtMG nichts gesagt ist. Die Begründung dieser Praxis ist, dass die Beschränkung in der freien Gestaltung der Lebensführung bei ambulanten Therapieformen geringer ist als in stationären Einrichtungen. Dabei wird allerdings übersehen, dass der Gesetzgeber dieses Merkmal durch die Änderung des BtMG vom 9.9.1992 gerade gestrichen hat, also wohl der (zutreffenden) Meinung war, dass es darauf im Zusammenhang mit der Anrechenbarkeit nicht ankommen soll.

Nicht entscheidend für die Anrechnung ist, ob die Therapie Erfolg hatte. Auch die Zeit einer abgebrochenen Therapie ist anzurechnen.[29]

---

27 Körner § 36 Rn 12
28 Körner § 36 Rn 13
29 Körner § 36 Rn 36 mwN

Die Anrechnung erfolgt nur bis zum $^2/_3$-Zeitpunkt, § 36 I 1 BtMG. Bei mehreren zurückstellungsfähigen Strafen wird der überschießende Zeitraum auf die zweite Strafe angerechnet, bis $^2/_3$ erledigt wird usw.

33   Die **fakultative** Anrechnung wird in § 36 III BtMG geregelt, der als Auffangvorschrift für »Ausnahme- und Härtefälle«[30] gedacht ist. Er ist vor allem für Mandanten interessant, die nach einer abhängigkeitsbedingten Tat während des laufenden Verfahrens eine Drogenentwöhnungstherapie antreten, also entweder zwischen Tat und Hauptverhandlung, während der Hauptverhandlung oder zwischen Verurteilung und Rechtskraft. Da hier noch kein Antrag gem § 35 BtMG gestellt werden konnte, soll ein solcher Mandant jedenfalls nicht schlechter gestellt werden als wenn er erst ein rechtskräftiges Urteil abgewartet hätte. Die Vorschrift verlangt an sich weder eine Therapieeinrichtung iSd § 35 BtMG noch eine staatliche Anerkennung gem § 36 I BtMG.[31] Um spätere endlose Auseinandersetzungen mit ungewissem Ausgang zu vermeiden ist es jedoch unbedingt empfehlenswert, darauf zu achten, dass beide Voraussetzungen vorliegen. Mindestens muss der Mandant darauf hingewiesen werden, dass er sonst ein erhebliches Anrechnungsrisiko eingeht.

34   Die letzte Stufe des Programms Therapie statt Strafe bildet die **Aussetzung des Strafrestes zur Bewährung**. Im Falle der obligatorischen Anrechnung geschieht dies gem § 36 I BtMG, bei einer Therapie, die nicht staatlich anerkannt ist oder nicht nach § 36 III BtMG für anrechnungsfähig erklärt wurde, gem § 36 II BtMG. Strafaussetzung zur Bewährung ist also auch in Fällen möglich, wo keine Anrechnung der Therapie auf die Strafe erfolgt. Voraussetzung ist eine günstige Sozialprognose.[32]

35   **Rechtsmittel:** Sowohl gegen die Anrechnungsfähigkeitsentscheidung als auch die Entscheidung über die Anrechnung ist die sofortige Beschwerde möglich, §§ 36 V BtMG, 311 StPO. Die Entscheidungen werden jeweils vom Gericht des ersten Rechtszuges getroffen.

Gleiches gilt für die Bewährungsentscheidung.

36   Probleme der **Verteidigungsstrategie in Drogensachen:** Bestreitet der Mandant die Tat, ist es oft nicht sinnvoll, die Beweise für eine Drogenabhängigkeit zu sichern, wenn doch, muss darauf geachtet werden, dass damit keine zusätzliche Belastung produziert wird.

Beispiel: Der drogenabhängige verhaftete Mandant, der jede Beteiligung an der vorgeworfenen Tat bestreitet, schreibt an die Therapieeinrichtung und legt dafür den vorgeschriebenen Lebenslauf mit Drogenkarriere vor. Der Richter, der den Brief zensiert, lässt eine Kopie als Beweismittel beschlagnahmen. Im Prozess wird dem Angeklagten vorgehalten, wie er denn den von ihm gegenüber der Therapieeinrichtung behaupteten Konsum finanziert haben will, wenn nicht durch den angeklagten Handel.

Andererseits droht in vielen Fällen der Beweisverlust, wenn sich der Verteidiger nicht frühzeitig um eine Dokumentation der Abhängigkeit bemüht. Blut und Urin halten nur sehr begrenzte Zeit die Drogenrückstände, der Entzug dauert nur wenige Wochen, auch die Haare werden einmal geschnitten und verschwinden damit auf Nimmerwiedersehen. Wird der Angeklagte psychiatrisch untersucht, ist es oft bes-

---

30 Körner § 36 Rn 22
31 Körner § 36 Rn 30
32 Körner § 36 Rn 61

ser, der Gutachter erlebt ihn noch frisch unter dem Eindruck des Entzugs (zB mit Untergewicht und frischen Einstichspuren).

Das Dilemma lässt sich nur dadurch ein wenig entschärfen, dass der Verteidiger frühzeitig die einzuschlagende Strategie mit dem Mandanten bespricht und entsprechende Anträge stellt.

Besonderheiten bei Fragen der **Schuldfähigkeit und Drogenabhängigkeit:** Nicht jede Drogenabhängigkeit führt zu einer erheblich geminderten oder gar ausgeschlossenen Schuldfähigkeit im Sinne der §§ 20, 21 StGB.[33] Die Tat kann – ausnahmsweise – im Zustand eines akuten Drogenrausches begangen worden sein.[34] In der Regel wird jedoch die Straftat des Drogenabhängigen deshalb begangen, um an neue Drogen oder Geld für neue Drogen zu kommen und damit den Drogenentzug mit seinen als negativ erlebten psychischen und physischen Folgen zu vermeiden. Ist aber die Tat wesentlich von der Angst vor Entzugserscheinungen bestimmt, kommt § 21 StGB in Betracht.[35]

36 a

Die Folge der Anwendung des § 21 StGB ist außer der üblichen fakultativen Verschiebung des Strafrahmens bei Drogendelikten noch zusätzlich die Möglichkeit, den minder schweren Fall zB der §§ 29 a II, 30 II und 30 a III BtMG in Betracht zu ziehen – mit erheblichen Reduzierungen für das Strafmaß.

Auf Antrag der Verteidigung wird bei tatsächlichen Anhaltspunkten für das Vorliegen einer Drogenabhängigkeit im Ausmaß einer erheblich eingeschränkten Schuldfähigkeit regelmäßig ein psychiatrischer Sachverständiger zu hören sein, in Zweifelsfällen sollte der Verteidiger darauf bestehen.

3. Die Kronzeugenregelung des § 31 BtMG

Am Anfang fast jeden Mandats steht die Frage: Soll man dem Mandanten raten, zu reden oder ist es besser, er schweigt? Wenn er aber redet, soll er nur über seine eigene Rolle oder auch über Mittäter und Hinterleute bzw Abnehmer reden? Falls die Beweislage unklar oder jedenfalls nicht sicher überschaubar ist, läuft der Mandant ein hohes Risiko, sich überschießend zu belasten, wenn er aussagt. Dieser Nachteil wird regelmäßig durch den Vorteil des § 31 BtMG, der im Wesentlichen eine Strafzumessungsregel ist,[36] nicht ausgeglichen. Es besteht zudem die akute Gefahr von »Retourkutschen« derjenigen, die durch die Aussage des Mandanten belastet werden. Bedacht muss auch werden, dass oft zwangsläufig mit der Belastung anderer auch eine Selbstbelastung verbunden ist, die über das hinausgeht, was zum Zeitpunkt der Aussage bekannt war.

37

Beispiel: Der Mandant, der mit 500 g Gras im Auto an der Grenze festgenommen wurde, nennt seinen Hintermann und stellt seine Geschäftsbeziehung zu ihm umfassend dar. Im letzten Jahr hat er von ihm drei Kilo bezogen. Im Verfahren kommt ihm nun zwar der erhebliche Strafmilderungsgrund des § 31 Nr. 1 BtMG zustatten, angeklagt ist er aber nicht wegen der Einfuhr von 500 g, sondern von drei Kilo. Im Ergebnis wird er schlechter fahren, als wenn er geschwiegen hätte.

Im Einzelfall können solche negativen »Beratungserfolge« vermieden und das Risiko für den Mandanten vermindert werden, indem der Verteidiger Absprachen mit

---

33 BGH NStZ 1989, 17; 1989, 436
34 BGH NJW 1981, 1221
35 BGH NStZ-RR 2001, 81
36 Körner § 31 Rn 43

dem zuständigen Staatsanwalt/Richter trifft und die Regeln beachtet, die BGH 43, 195 aufgestellt hat. Zum Beispiel kann vereinbart werden, den überschießenden Teil des Geständnisses gem § 154 StPO auszuscheiden. Es kann auch eine feste Vereinbarung hinsichtlich der Strafhöhe angestrebt werden für den Fall, dass der Mandant Ross und Reiter nennt und sich dabei selbst mitbelastet. Aber welcher Strafverfolger wird eine solche Vereinbarung schließen, ohne zu wissen, was auf ihn zukommt? Die Erfahrungen mit der Handhabung des § 31 BtMG durch StA und Gerichte lassen zu höchster Vorsicht mahnen. Nur in seltenen Fällen bringt eine Aussage iSd § 31 BtMG wirklich etwas. Als Faustregel kann gelten: Je mehr der Mandant selbst verstrickt und diese Verstrickung auch beweisbar ist, desto mehr kann er evtl mit der Kronzeugenregelung erreichen.

Wenn Absprachen im Rahmen des § 31 BtMG getroffen werden, sind sie durch StA und Gericht abzusichern, eine Zusage der Polizei (»wir werden für ihn ein gutes Wort einlegen«) reicht keinesfalls. Ein regelrechter Kunstfehler ist es, den Mandanten einfach reden zu lassen im Vertrauen auf die segensreiche Wirkung des § 31 BtMG, ohne sich zuvor zu vergewissern, welche Folgen das für ihn hat.

38 Ein besonderes Problem ist es, wenn der Verteidiger das Mandat aufnimmt zu einem Zeitpunkt, in dem der Mandant bereits Angaben iSd § 31 BtMG gemacht hat, jedenfalls bei der Polizei. Hier kann es sinnvoll sein, zunächst die »Notbremse« zu ziehen und mit dem Mandanten zu vereinbaren, dass er schweigt und sich etwa bei richterlichen Zeugenvernehmungen auf § 55 StPO beruft, bis sich der Verteidiger Klarheit verschafft hat, was die StA zu tun beabsichtigt und welche Strafvorstellungen sie hat. Dies gilt umso mehr, als die Vorteile des § 31 BtMG nach der Rspr des BGH nicht verwirkt sind, wenn der Aufklärungsgehilfe im Prozess gegen andere und sogar in seinem eigenen schweigt, wenn er nur zuvor bei der Polizei Aufklärungshilfe geleistet hat.[37] Angesichts oft vorwurfsvoller Mienen von Vernehmungsbeamten und gut gemeinten Ratschlägen (»wenn er jetzt nicht redet, kommt ihm ein anderer zuvor«) sind hier Standvermögen und eine klare Abgrenzungsfähigkeit gefragt. Aufgabe der Polizei ist es, Informationen zu sammeln und Taten aufzuklären sowie Täter zu ermitteln; es ist Aufgabe des Verteidigers, bei gegebener Sachlage das Beste für den Mandanten herauszuholen.

39 Einzelfragen bei der Anwendung des § 31 BtMG:

40 Die Aussage des sog Aufklärungsgehilfen muss **glaubwürdig** sein. Vertritt der Verteidiger denjenigen, der durch die Aussage belastet wird, wird er dies besonders sorgfältig zu prüfen haben, denn der Aussagende erwartet sich durch seine Belastung die Wohltat des § 31 BtMG, dh meist handfeste Vorteile. Die Rechtsprechung hat zwar diese Problematik gesehen und immer wieder das Postulat aufgestellt, dass wegen der Gefahr unrichtiger Belastungen die Aussage des Aufklärungsgehilfen besonders dann kritisch hinterfragt werden muss, wenn er das einzige Überführungsmittel darstellt,[38] in der Praxis neigen Gerichte jedoch dazu, dem Kronzeugen allzu unbesehen zu glauben.[39] Da er meist nicht nur einen anderen belastet hat, empfiehlt es sich daher, nachzuforschen, wie der Wahrheitsgehalt seiner anderen Mitteilungen einzuschätzen ist. Mittel dazu ist der Antrag, die Akten der anderen Belasteten beizuziehen. Haben diese allesamt gestanden und damit die Aussage des Kronzeugen

---

37 Körner § 31 Rn 26, ebenso neuerdings BGH StV 2004, 605
38 Körner § 31 Rn 49, neuerdings dazu BGH NStZ-RR 2005, 88
39 Vgl aber OLG Karlsruhe StraFo 2000, 232 für den Fall der Abweichung der gerichtlichen von der polizeilichen Aussage

bestätigt, ist er glaubwürdiger als wenn sie sich empört zur Wehr setzen. Die anderen Akten können auch Aufschluss darüber geben, wie sich der Kronzeuge später verhält, ob er frühere Aussagen wiederholt oder sie abschwächt oder sonst verändert. Das besondere Problem bei Kronzeugen ist auch, dass sie selten völlig Fremde belasten. Meist gehören die Belasteten irgendwie zum Milieu, die behauptete Tat ist ihnen »zuzutrauen«. Haben die Kronzeugen ihre Geschichten nur auswendig gelernt, gelingt es manchmal, sie durch geduldige und hartnäckige Befragung über scheinbare Nebensächlichkeiten aus dem vorher gelernten Konzept zu bringen und damit zu entlarven.

Vertritt der Verteidiger den Kronzeugen selbst, muss er beachten, dass das Gericht nur dann von der Strafmilderung des § 31 BtMG Gebrauch machen wird, wenn es ihm auch glaubt.[40]

Durch die Aussage des Aufklärungsgehilfen muss die Tat **über seinen eigenen Tatbeitrag hinaus aufgedeckt** worden sein. Das bedeutet zunächst, dass nicht lediglich bestätigt werden darf, was die Polizei schon wusste, es sei denn, die Aussage ist das »missing link«, ohne die eine Überführung nicht möglich wäre.[41] Die vom Aufklärungsgehilfen Belasteten brauchen jedoch noch nicht durch ihn gerichtlich überführt zu sein, weder Haftbefehl noch gerichtliche Verurteilung sind erforderlich. Die Angaben müssen aber geeignet sein, den Belasteten zu überführen.[42] Ob sie dies sind, kann zweifelhaft sein. In diesen Fällen trägt der Aufklärungsgehilfe die Beweislast, der Verteidiger sollte also durch Beweisanträge sicherstellen, dass das Gericht den Angaben seines Mandanten nachgeht und sie nicht als zu vage oder zu spät abtun kann.

41

Derjenige, der die Vorteile des § 31 BtMG erlangen will, muss mehr tun, als ein Geständnis seiner eigenen Tat abzugeben, er muss über die Beteiligung anderer berichten. Andererseits muss er aber auch nicht alles sagen, was er weiß, weder über seine Beteiligung noch über die anderer. Nach der Rspr des BGH kann er ohne Schaden für die Anwendung des § 31 BtMG seine eigene Rolle herunterspielen oder sogar verschweigen, wenn er nur einen Beitrag zur Aufdeckung des gesamten Tatgeschehens über seine Beteiligung hinaus leistet.[43] Dem Verteidiger des durch solche Aussagen Belasteten ist es natürlich unbenommen, aus derartigen lückenhaften und absichtsvoll zurechtgestutzten Aussagen Schlussfolgerungen auf deren Glaubwürdigkeit insgesamt zu ziehen.

Entgegen dem Wortlaut der Vorschrift kann sich auch derjenige auf § 31 BtMG stützen, der über Taten aussagt, an denen er selbst nicht beteiligt war.[44]

Die Folgen der Anwendung des § 31 BtMG für den Aufklärungsgehilfen sind entweder eine **Verschiebung der Strafrahmengrenze** gem § 49 II StGB oder nur eine Berücksichtigung bei der **Strafzumessung** im engeren Sinn. Dies kann im Einzelfall erheblich sein, so etwa, wenn deshalb von der Annahme eines besonders schweren Falles iSv § 29 III BtMG abgesehen wird, obwohl ein Regelfall vorliegt oder ein minderschwerer Fall gem § 30 II BtMG angenommen wird.

42

---

40 So BayObLG v 21. 7. 1998 – St RR 108/98 unter Bezug auf BGH StV 1997, 639
41 St. Rspr des BGH; Nachweise bei Körner § 31 Rn 39
42 BGH in st. Rspr; Nachweise bei Körner § 31 Rn 42
43 Nachweise und Kritik dieser Rspr bei Körner § 31 Rn 23–25
44 So zutr Körner § 31 Rn 17 mwN

4.   Der Einsatz von V-Leuten und Verdeckten Ermittlern (VE), weitere verdeckte Ermittlungsmethoden

43   Im Betäubungsmittelrecht spielen V-Leute und Verdeckte Ermittler bzw noePs eine nicht zu unterschätzende Rolle. V-Leute als Privatpersonen sind oft Teil der Scene. Sie stellen den Kontakt zu den verdeckt arbeitenden Beamten der Polizei her, die regelmäßig als Kaufinteressent auftreten und mit günstigen Konditionen locken. Ein Großteil der Straftaten auf diesem Gebiet wird nur aufgedeckt, weil diese verdeckten Personen eingesetzt waren. Nur Schätzungen und Vermutungen gibt es darüber, wie groß der Anteil der Betäubungsmittelstraftaten ist, der sonst gar nicht begangen worden wäre, der also erst durch sie »angeschoben« wurde. Diese agents provocateurs sind das eigentliche Problem. Regelmäßig haben V-Leute ein eigenes finanzielles oder sonstiges Interesse daran, dass die Straftat zunächst geschieht und dann aufgedeckt wird. Bezahlung nach sichergestellter Menge an Stoff ist üblich, auch wenn die Polizei darüber ungern spricht. Das führt dazu, dass Mandanten, die vor dem Einsatz der V-Person nur im Grammbereich mit Drogen umgingen, plötzlich mit Pfunden und Kilogramm zu dealen anfangen, gelockt von sagenhaften Gewinnmöglichkeiten.

Die Rechtsprechung hat dies wenigstens bei der Strafzumessung berücksichtigt. Haben V-Leute der Polizei darauf hingewirkt, dass der Täter mit einer möglichst großen Menge Handel treibt, muss dies zwingend zu seinen Gunsten bewertet werden, sonst ist das Urteil rechtsfehlerhaft.[45]

Anerkannt ist auch, dass es zugunsten des Mandanten bei der Strafzumessung zu Buche schlägt, wenn ein sog kontrolliertes Geschäft stattgefunden hat, dh das Rauschgift auf Veranlassung und unter den Augen der Polizei geliefert wurde. Grund für die Strafmilderung ist hier, dass keine Gefahr bestand, dass das Rauschgift je auf den Markt kam.[46]

Der Verteidiger sollte immer dann darauf dringen, dass die V-Person persönlich als Zeuge auftritt, wenn die Einlassung des Mandanten wesentlich von der Version der V-Person abweicht, wie sie sich aus den Akten darstellt. Auch hat die Erfahrung gezeigt, dass in einer relativ großen Zahl von Fällen die formalen Regeln für den Einsatz von VEs und noePs nicht eingehalten werden. Der Verteidiger sollte nicht zögern, dem nachzugehen.

44   Die **Telefonüberwachung (TÜ)** gem § 100 a StPO und der clandestine Einsatz anderer technischer Überwachungsmittel (Lauschangriff, verdecktes Filmen etc) gem § 100 c StPO werden im Bereich der BtM-Kriminalität häufig eingesetzt. Besonders oft finden sich seitenstarke TÜ-Protokolle. Soweit hier sinngemäße Zusammenfassungen durch die Polizei vorgenommen worden sind, ist höchste Vorsicht geboten, ebenso bei Übersetzungen. Nach Rücksprache mit dem Mandanten ist es oft sinnvoll, das Vorspielen der Originalbänder zu verlangen. Zu prüfen vor einer Verwertung der Produkte der Überwachungsmaßnahmen ist immer, ob eine Katalogstraftat iSv § 100 a StPO vorliegt, vgl § 100 a iVm § 100 c I Nr. 2 StPO. Ein weiteres Problem für die Verteidigung ist die häufig auftretende Konstellation, dass auf Grund eines beim Dealer regelrecht abgehörten Telefonats einfache Konsumenten ins Visier der Ermittler geraten. Gegen diese wird dann ein gerichtlicher Hausdurchsuchungsbeschluss erwirkt, weil sich aus dem abgehörten Telefonat ergibt,

---

45 BGH StV 1998, 600; neu und grundlegend BGH StV 2000, 57, der darauf abstellt, ob der Provozierte zuvor in Verdacht stand, wenn nicht, ganz erhebliche Strafmilderung bis zur Einstellung
46 Körner § 29 Rn 485 mN

dass sie Abnehmer von RG sein können. Findet sich dann bei der Hausdurchsuchung beim Konsumenten/Abnehmer illegaler Stoff hat die Verteidigung die Verwertbarkeit dieses Fundes zu prüfen. Diese Frage ist höchst umstritten.[46a] Meines Erachtens liegt ein Verwertungsverbot vor, wenn der Konsument ausschliesslich auf Grund des wg. einer Katalogtat beim Dealer abgehörten Telefonats in Verdacht gerät und bei ihm selbst die Abhörvoraussetzungen nicht vorliegen. Denn man hätte ihn nicht direkt abhören dürfen, und es ist nicht einsehbar, weshalb etwas anderes gelten soll, wenn seine Entdeckung nur Abfallprodukt einer nur beim Dritten legalen Abhörung ist.[46b] Hier gilt natürlich erst Recht der Rat an den Mandanten, zur Sache zu schweigen. Hat er schon geredet, etwa, weil er bei der Durchsuchung mit dem gefundenen Stoff konfrontiert wurde, stellt sich die Frage der »qualifizierten Belehrung«.[46c]

Im Übrigen wird der Einsatz von V-Leuten, verdeckten Ermittlern, noePs und weiteren konspirativen Ermittlungsmethoden in diesem Buch ausführlich von Bockemühl/ Haizmann in Teil B Kapitel 5 Rn 103 ff behandelt, für Einzelheiten siehe dort.

5. Der Begriff der nicht geringen Menge

Dieser Begriff ist für das gesamte materielle BtM-Recht von zentraler Bedeutung. **45** Der Verbrechenstatbestand des § 29 a I Nr. 2 BtMG hat den Umgang mit der nicht geringen Menge zur Voraussetzung. Die Einfuhr einer nicht geringen Menge führt nach § 30 I Nr. 4 BtMG zu der drakonischen Mindeststrafe von 2 Jahren und zwar unabhängig von der Art des Stoffes, also auch bei weichen Drogen. Schließlich gehört der bandenmäßige Umgang mit einer nicht geringen Menge zu den Voraussetzungen der Mindeststrafe von fünf Jahren in § 30 a I BtMG.

Was eine nicht geringe Menge darstellt, hat die Rechtsprechung entwickelt, da das Gesetz darüber nichts aussagt. Im Einzelnen gilt Folgendes:

Cannabis/Marihuana:	7,5 g THC[47]
Kokain/Crack:	5 g Kokain HCl[48]
Heroin:	1,5 g Heroinhydrochlorid[49]
Morphin:	4,5 g Morphin-Hydrochlorid[50]
Amphetamin:	10 g Amphetaminbase[51]
LSD:	6 mg Lysergsäurediäthylamid[52]
Ecstasy:	Wirkstoff MDE/MDMA: 30 g MDE-Base, entspricht 35 g MDE – Hydrochlorid, keine Festlegung des Grenzwerts nach Menge der Tabletten möglich[53]
Opium:	6 g Morphin-Hydrochlorid[54]

46a Meyer-Goßner § 100 a Rn 20
46b Differenzierend LG Landshut NStZ 1999, 635
46c Meyer-Goßner § 136 Rn 9
47 BGHSt 42, 1; Körner § 29 a Rn 46
48 BGHSt 33, 133; Körner § 29 a Rn 53
49 BGHSt 32, 162; Körner § 29 a Rn 57
50 BGH StV 1988, 107; Körner § 29 a Rn 59
51 BGH StV 1985, 280; Körner § 29 a Rn 69
52 BGH StV 1987, 436; Körner § 29 a Rn 56
53 BGH StV 1996, 665; StV 1997, 406; Körner § 29 a Rn 72
54 OLG Köln StV 1995, 306

Allgemein gilt für die Strafzumessung, dass das Urteil Feststellungen dazu enthalten muss, welche betäubungsmittelrelevanten Wirkstoffmengen sich in den erworbenen und zur Veräußerung vorgesehenen RG-Mengen befunden haben.[55] Schwammige Begriffe wie »übliche Straßenqualität« zB bei Heroin reichen dazu nicht aus, da diese erheblich schwanken kann.[56]

6.　Der Begriff des Handeltreibens

46 Hier handelt es sich um einen zentralen Begriff des BtM-Rechts, der in dieser Form nur hier gebräuchlich ist. Unter Handeltreiben werden alle eigennützigen Bemühungen verstanden, die darauf gerichtet sind, den Umsatz von BtM zu ermöglichen oder zu fördern, selbst wenn es sich nur um eine einmalige oder auch nur vermittelnde Tätigkeit handelt.[57] Es handelt sich um ein Unternehmensdelikt mit der Folge, dass die Strafbarkeit weit in den Bereich vorverlagert ist, der sonst noch als Versuch bewertet wird, zumal kein Erfolg erforderlich ist. Lückenlos soll alles bestraft werden, was den Absatz von BtM fördert bzw ihn fördern könnte, denn nicht einmal das reale Vorhandensein von Ware wird vorausgesetzt.

Als Handel strafbar sind daher nicht nur alle entgeltlichen Verpflichtungsgeschäfte, sondern auch – rein verbale – Bemühungen, wenn sie nur verbindlichen Charakter haben. Lediglich unverbindliche Vorgespräche werden nicht bestraft, wohl aber die Abgabe von verbindlichen Angeboten, zu kaufen oder zu verkaufen.

Auch der reine Kurier, Bote, Fahrer und Vermittler, im sonstigen Strafrecht regelmäßig Gehilfe, wird nach der ausufernden Rechtsprechung des BGH regelmäßig zum Händler als Mittäter, ebenso der Geldbeschaffer oder -wechsler.[57a] In letzter Zeit hatte der 3. Strafsenat des BGH den Versuch unternommen, die sehr weite Definition des Handeltreibens enger zu fassen. Er hat sich daher in einem Vorlagebeschluss bemüht, die anderen Senate für eine Eingrenzung zu gewinnen (BGH NStZ 2004, 105). Der Versuch ist nach uneinheitlichen Antworten der anderen Senate fehlgeschlagen und wird anscheinend nicht weiter verfolgt (dazu Winkler, NStZ 2005, 315). Es bleibt also alles weitgehend, wie es ist.

Die Betätigung des Händlers muss **eigennützig** erfolgen. Dabei kann der angestrebte Vorteil in Geld aber auch in jeder sonstigen Weise gedacht sein, zB ein ideeller Vorteil, sogar die Vermeidung eines drohenden Nachteils.

Die beschriebene Schwammigkeit des mit Abstand wichtigsten Tatbestandsmerkmals im Drogenrecht macht eine Verteidigung in diesem Punkt extrem schwierig. Selbst wenn nicht nachgewiesen ist, dass die Ware zu einem höheren Preis den Besitzer wechselte als sie vom Mandanten eingekauft wurde, wird ein Gericht in der Regel eine Einlassung, er habe zum Selbstkostenpreis verkauft, mit großer Skepsis aufnehmen. Es besteht die Gefahr, dass aus der allgemeinen Lebenserfahrung gefolgert wird, dass der Mandant sich nicht ohne Vorteilsabsicht auf ein so riskantes Unternehmen einließ. Da auch rein verbale Tätigkeiten sog Verbalhandel sein können, ist eine Verteidigung gegen eine von einem »Kronzeugen« iSv § 31 BtMG erhobene Beschuldigung, wenn sie nur fest und ohne große Widersprüche erfolgt, oft ohne Chancen. Dies gilt jedenfalls dann, wenn das Gericht dem Mandanten die Tat

---

55 BayObLG StraFo 2000, 230
56 OLG Düsseldorf Beschl v 29.05.2000, zitiert bei Kotz/Rahlf NStZ-RR 2001, 76
57 Körner § 29 Rn 199 ff mit ausführlichen Nachweisen
57 a Zur Kritik Eberth/Müller, S 30 ff; einschränkende BGH-Entscheidungen nennt Winkler, NStZ 2004, 376

zutraut, dh er zum Beispiel aus dem Milieu ist oder einschlägig vorgeahndet. Die Mandanten glauben manchmal, ohne handfeste »Beweise« in Form von nachgewiesenem Stoff oder Spuren davon könnten sie nicht verurteilt werden, besonders dann nicht, wenn »nur Aussagen« gegen sie vorliegen. Es gehört zu den ersten Aufgaben des Verteidigers, sie über die Rechtslage aufzuklären, um so zu einer realistischen Einschätzung ihrer wirklichen Prozesslage zu kommen.

Ist der Stoff teils zum Eigenbedarf, teils zum Handeltreiben bestimmt, müssen die Urteilsfeststellungen ergeben, welche Mindestmengen zum Eigenverbrauch vorgesehen waren, da die Schuld des Angeklagten sich nach dem Maß bestimmt, in dem er andere gefährdet.[58]

§ 30 a BtmG bestraft die **Bande,** die mit Btm in nicht geringen Mengen Handel treibt, anbaut, sie herstellt oder ein- und ausführt, mit einer Mindeststrafe von 5 Jahren. Eine Bande setzt voraus, dass sich mindestens 3 Personen zur mehrfachen Tatbegehung verbunden haben.[58a] Nach der Entscheidung des Grossen Senats des BGH vom 22. 03. 01[58b] sind die Voraussetzungen für eine Bande gelockert worden. Es ist kein gefestigter Bandenwille und kein übergeordnetes Bandeninteresse mehr erforderlich. Dies bedeutet, dass die StA stets als Bande anklagen kann, wenn sich zB mehrere Personen zu einem gemeinsamen Handel verabreden und dies auf eine gewisse zeitliche Dauer angelegt ist.[58c] Nach meiner Beobachtung ist seit der Entscheidung des Grossen Senats eine Inflation von Banden-Anklagen zu beobachten mit der drakonischen Mindeststrafdrohung als gesetzlicher Folge.

Zu den Merkwürdigkeiten des BtM-Rechts gehört es, dass selbst der bestraft wird, der mit Stoffen handelt, sie abgibt oder veräußert, die gar keine Betäubungsmittel sind, aber als solche ausgegeben werden, also **unechte Betäubungsmittel** (§ 29 VI BtMG).   47

Zu beachten ist, dass der Handel mit BtM als Unterfall des Vertriebs gem § 6 Nr. 5 StGB dem **Weltrechtsprinzip** unterliegt. Er kann auch dann in Deutschland verfolgt werden, wenn er im Ausland begangen wurde.[59]   48

7. Straflosigkeit des Konsums

Nicht strafbar ist der reine Konsum von BtM. Nach der Rspr. ist auch der Moment davor straflos: Lässt sich der Mandant den Stoff lediglich zum sofortigen Konsum aushändigen, zB die Heroinspritze zur Injektion, liegt weder Erwerb noch Besitz vor.[59a] Die Straflosigkeit des Konsums heißt jedoch leider nicht, dass er folgenlos wäre. Festnahme, polizeiliche Registrierung, Hausdurchsuchung und anschließende Meldung an die Führerscheinbehörde können durchaus mögliche Konsequenzen sein, wenn eine Person beim an sich straflosen Konsum angetroffen wird. Wichtigster Rat an den Mandanten wird hier in der Regel sein, nicht durch weitere Aussagen zB über Konsumgewohnheiten in der Vergangenheit seine Lage noch zu verschlimmern.   49

---

58 BayObLG StraFo 2000, 230 und Kotz/Rahlf NStZ-RR 2001, 76

58a BGH StV 2001, 407

58b BGH NStZ 2002, 375, 376

58c Etwas einschränkend wieder der 3. und 4. Senat, zit bei Winkler, NStZ 2005, 315, 317 FN 19/ 20/21

59 Dazu Körner § 29 Rn 146–148

59a Eberth/Müller, S 39 FN 136, BGH StV 1993, 132; ebenso BayObLG StV 2002, 263;KG StV 1991, 520; LG München StV 1984, 77

8.   Sonstige spezielle Folgen einer Verurteilung wegen BtM-Umgang

50   Eine privilegierende Regelung gilt für Eintragungen im **Bundeszentralregister:** Gem § 32 II Nr. 6 BZRG erscheinen Verurteilungen von nicht mehr als zwei Jahren nicht im Führungszeugnis bei Bewährungsstrafen und bei Fällen der §§ 35, 36 BtMG, wenn die Taten aufgrund einer Betäubungsmittelabhängigkeit begangen wurden und wenn keine weitere Straftat eingetragen ist.

51   Besondere Nachteile hat ein wegen BtMG Verurteilter, falls er **Gastwirt** ist. Er wird hier idR als unzuverlässig iSd § 4 I Nr. 1 GastG behandelt.

52   Auch als **Ausbilder oder Lehrherr** von Jugendlichen kann der Verurteilte gem § 25 I Nr. 4 JArbSchG ausscheiden, der Eintrag im BZR enthält hier in vielen Fällen ein Beschäftigungsverbot.

53   Von besonders gravierender Art können Folgen für **Führerscheinbesitzer** oder -bewerber sein: Es hat sich eingebürgert, dass schon Festnahmen wegen des Verdachts von BtM-Besitz von der Polizei direkt an die Führerscheinstellen weitergereicht werden. Diese Meldungen führen dann je nach Art und Schwere des Verdachts zu Reaktionen. Mir sind Fälle bekannt, dass schon das einmalige Anhalten während einer Bahnfahrt (!) durch die Polizei, wobei ein Joint im Gepäck entdeckt wurde, zur Aufforderung durch die Führerscheinstelle führte, der Betreffende solle sich einer nervenärztlichen Begutachtung auf seine Fahrtauglichkeit unterziehen. Für den Fall der Nichtbefolgung wurde der Entzug der Fahrerlaubnis angedroht gem § 14 II FeV. In anderen Fällen kamen Aufforderungen, sich einer MPU zu stellen oder Drogenscreenings vorzulegen, §§ 11 VIII iVm 46 III FeV. Da diese Aufforderungen nicht mit Rechtsbehelfen anfechtbar sind sondern erst die anschließenden Verwaltungsakte, zB der Führerscheinentzug, ist hier die Beratung nicht einfach. Oft empfiehlt es sich, unter Verweis auf die neuere obergerichtliche Rechtsprechung[60] allzu unverhältnismäßige Auflagen der Verwaltungsbehörde abzuwehren. Die Durchfallgefahr bei MPUs ist erfahrungsgemäß relativ hoch, auch wenn tatsächlich keinerlei Bezug von Rauschgiftkonsum zum Straßenverkehr bestand. Die Anordnung einer MPU soll jedoch rechtmässig sein, wenn hinreichende Verdachtsmomente für nahezu täglichen Cannabiskonsum festgestellt sind.[60a] Bei den sog. harten Drogen soll einmaliger Konsum zur Fahrungeeignetheit führen, vgl Nr. 9.1. der Anlage zur FeV. Es liegt zweifellos eine deutliche Benachteiligung der Btm-Konsumenten etwa zu Alkoholtrinkern vor, bei denen bekanntlich nur eingegriffen wird, wenn Alkohol im Straßenverkehr konsumiert wird.

Der Verteidiger muss wissen, dass es keine wissenschaftlich begründbaren absoluten Grenzwert für eine **rauschbedingte Fahruntüchtigkeit** nach Drogenkonsum gibt. Schweigt der Beschuldigte und gibt es auch sonst keine Zeugen, kann er idR nicht wegen absoluter Fahruntauglichkeit verurteilt werden.[61] Für eine Verurteilung wegen relativer Fahruntüchtigkeit ist die Feststellung rauschgiftbedingter Fahrfehler bzw Ausfallerscheinungen erforderlich.[62] Ich gebe daher allen Mandanten, die mich danach fragen, den Rat, nicht an den freiwilligen Tests teilzunehmen, die neuer-

---

60 BVerfGE 89, 69; BVerwG NZV 1996, 467; BayVGH v 12. 5. 1997 – 11 B 96.2359; vgl aber neuerdings exzessiv BayVGH NJW 2000, 304; zum Ganzen Eberth/Müller Betäubungsmittelsachen Rn 122

60a VGH Mannheim, NJW 2003, 3004; nach einer weiter gehenden Auffassung kann der FS ohne weitere Aufklärung entzogen werden, wenn gewohnheitsmässig Cannabis konsumiert wird, Kannheiser, NZV 2000, 57 ff

61 Eberth/Müller Betäubungsmittelsachen Rn 117; OLG Düsseldorf NStZ 2000, 12

62 BGH NJW 1999, 226

dings auf unseren Strassen von kontrollierenden Polizeibeamten verlangt werden: auf einer Linie gehen, Nasen-Finger-Tests, auf einem Bein stehen und dgl. Solche Tests dienen dem Zweck, durch die in Schnellkursen geschulten Beamten Ausfallerscheinungen nachzuweisen. Selbst wenn der später eingeschaltete Arzt nichts mehr feststellt, ist das für den FS eine höchst gefährliche Übung. Sind derartige Ausfallerscheinungen nicht nachgewiesen, steht aber zB auf Grund einer Blutuntersuchung fest, dass der Fahrer Drogen konsumiert hatte, greift der neugeschaffene § 24 a II StVG als Bußgeldtatbestand. Danach kann mit Geldbusse bis 1500 Euro und Fahrverbot gem. § 25 StVG geahndet werden, wer unter der Wirkung von in der Anlage zu § 24 a StVG genannten Drogen im Strassenverkehr ein Fahrzeug führt. Die Anlage nennt alle derzeit gängigen Rauschgifte. Die Nachweisbarkeit soll je nach Labor zwischen 0,5 und 1,0 Nanogramm/Liter differieren,[63] wann eine relevante Wirkung einsetzt, ist umstritten.

Wer als BtM-Konsument polizeilich registriert ist, muss zudem gewärtigen, dass er bei polizeilichen **Kontrollen** etwa an der Grenze oder an sog Kontrollstellen gem § 111 StPO besonders genau unter die Lupe genommen wird. Leider sind die Löschungsfristen der polizeilichen Datensammlungen zum Teil erheblich länger als die des BZR und jedenfalls völlig unübersichtlich und für den Bürger nicht durchschaubar. Es empfiehlt sich, die Mandanten auf diese mögliche Folge ausdrücklich hinzuweisen, um böse Überraschungen zu vermeiden.

54

Entziehung der Fahrerlaubnis durch das Strafurteil

55

Ist der Mandant, der unter dem Einfluss von Btm. ein Fahrzeug geführt hat, wegen Trunkenheit im Verkehr, § 316 StGB, oder wegen Strassenverkehrsgefährdung gem. § 315 c Abs. 1 Nr. 1 StGB verurteilt worden, so gelten die üblichen Folgen: Entziehung der FE gem § 69 Abs 1 u 2 StGB.

Hat der Mandant eine Btm-Straftat verwirklicht und dabei ein Kfz. benutzt ohne unter der Wirkung von Rauschmitteln zu stehen, so war es bis vor kurzem üblich, ihm wegen »charakterlicher Mängel« gem § 69 Abs 1 StGB auch die FE zu entziehen. Hier ändert sich derzeit die Rechtsprechung.[64] Der Große Strafsenat des BGH will eine Ungeeignetheit zum Führen von Kfz nur noch dann annehmen, wenn konkrete Anhaltspunkte dafür zu erkennen sind, dass der Täter bereit ist, die Sicherheit des Strassenverkehrs seinen kriminellen Interessen unterzuordnen.[65]

63 Eberth/Müller, S 96
64 Eberth/Müller, S 97/98
65 E. vom 27. 04. 2005, StV 2005, 551

IV. Formulare

1. Antrag gem § 35 BtMG

56

An die Staatsanwaltschaft München I

– Vollstreckungsbehörde –

In der Vollstreckungssache

Hubert Mehr

wegen BtMG

hier: Antrag gem § 35 BtMG

zeige ich an, dass ich den Verurteilten auch im Vollstreckungsverfahren verteidige.

In seinem Namen und Auftrage stelle ich den Antrag,

die Vollstreckung des Strafrestes aus dem Urteil des SchöffG München vom 01. 12. 1998 (Az … .) mit Wirkung vom 15. 03. 1999 mit der Maßgabe zurückzustellen, dass der Verurteilte sich ab diesem Tage in eine Langzeitdrogentherapie in der Einrichtung dropshop, Großmehring, Alte Mühle 7, begibt.

Begründung:

Mit Urteil vom 01. 12. 1998 hat das SchöffG München Herrn Mehr wegen Verstoß gegen das BtMG zu einer Freiheitsstrafe von 3 Jahren verurteilt. Im Urteil wurde festgestellt, dass Herr Mehr drogen-abhängig ist und dringend einer Therapie bedarf. Er befindet sich seit dem 14. 03. 1998 in dieser Sache in Haft, so dass am 15. 03. 1999 der Strafrest zwei Jahre nicht mehr übersteigt (§ 35 III Nr. 2 BtMG). Therapieplatzzusage der Einrichtung dropshop zum 15. 03. 1999 und Kostenzusage der BfA liegen vor und werden in der Anlage beigefügt.

Kurz

(Rechtsanwalt)

2. Antrag auf Entnahme einer Haarprobe sowie psychiatrische Untersuchung

57

In der Strafsache

gegen Walter Berg

wegen BtMG und Raub

stelle ich namens und im Auftrage des Beschuldigten die folgenden Anträge:

1. ihm eine Haarprobe zu entnehmen und diese durch einen Sachverständigen auf Rückstände von Betäubungsmitteln untersuchen zu lassen.
2. ihn durch einen psychiatrischen Sachverständigen untersuchen zu lassen.

Begründung:

Der Beweisantrag zu 1. wird erbringen, dass der Beschuldigte zur Tatzeit erhebliche Mengen von Drogen konsumierte, insbesondere Kokain.

Der Beweisantrag zu 2. wird erbringen, dass der Beschuldigte zur Tatzeit wegen einer Drogenab-hängigkeit mindestens vermindert schuldfähig im Sinn von § 21 StGB war. Er konsumierte Kokain in einer Menge und Intensität, die seine Steuerungsfähigkeit mindestens erheblich einschränkte. Das ihm vorgeworfene Raubdelikt stellt sich als klassische Beschaffungstat dar, da der Beschuldigte sonst keine Möglichkeit sah, seine Gier nach Kokain zu stillen.

Gleichzeitig wird angeregt, die Krankenakte der JVA Neubruch beizuziehen und bei der Begutach-tung zu verwerten. Aus ihr ergibt sich zB, dass der Beschuldigte bei seiner Einlieferung in die U-Haft nur noch 45 kg wog und gesundheitlich wegen seiner Drogensucht völlig am Ende war.

Kurz

(Rechtsanwalt)

Kapitel 4
Verkehrsstrafsachen und Verkehrsordnungswidrigkeiten

Überblick

Literaturverzeichnis

Gebhardt, Hans-Jürgen, Das verkehrsrechtliche Mandat, 1996
Hentschel, Peter, Fahrerlaubnis und Alkohol im Straf- und Ordnungswidrigkeitenrecht, 3. Aufl., 1994
Hentschel, Peter, Trunkenheit, Fahrerlaubnisentziehung, Fahrverbot im Straf- und Ordnungswidrigkeitenrecht, 8. Aufl., 2000
Jagusch/Hentschel, Straßenverkehrsrecht, 35. Aufl., 1999
Janiszewski, Horst, Verkehrsstrafrecht, 4. Aufl., 1994
Kuckuk/Janiszewski, Straßenverkehrsrecht, 8. Aufl., 1996
Mühlhaus/Janiszewski, Straßenverkehrsordnung, 15. Aufl., 1998
Penning, Randolph, Alkohol, Drogen und Verkehrssicherheit, Herausgeber: Bund gegen Alkohol im Straßenverkehr, 1995
Schwerd, Wolfgang, Alkohol und Verkehrssicherheit in: Rechtsmedizin, Lehrbuch für Mediziner und Juristen, 5. Aufl., 1992

I. Einleitung

1 Wer immer als Anwalt mit Strafverteidigung zu tun hat oder erst zu tun haben wird, mag zwar an aufsehen rregende Großverfahren, an »Starverteidiger«, flammende Plädoyers und an sensationelle Freisprüche denken – in der Praxis wird er aber idR sehr schnell auf den Boden der Tatsachen zurückgeholt. Im juristischen Alltag erweist sich, dass der Anwalt vor allem an einem Rechtsgebiet nicht vorbeikommt, will er seinen Mandanten und ihren Bedürfnissen gerecht werden: dem Straßenverkehrsrecht. Verkehrsstrafsachen und Verkehrsordnungswidrigkeiten neh-

Wahl

men in der täglichen Praxis der erstinstanzlichen Strafgerichte zahlenmäßig eine herausragende Stellung ein. Die hin und wieder zu beobachtende Geringschätzung, die manche Kollegen diesem Rechtsgebiet entgegenbringen, die immer noch hier und da geäußerte Auffassung, Verkehrsrecht lasse sich nebenbei, sozusagen »mit links« erledigen, sind gänzlich unangebracht. Wer die Fülle der speziellen Probleme mit allgemeinen Floskeln und mit großzügigem Darüber hinwegsehen zu lösen versucht, wird weder sich selbst noch seinem Mandanten gerecht werden können. Dabei darf nicht aus den Augen verloren werden, dass der Mandant, der sich für eine begangene Verkehrsstraftat oder -ordnungswidrigkeit zu verantworten hat, in aller Regel kein Krimineller im landläufigen Sinn ist, kein absichtlicher Rechtsbrecher, der mit einer gehörigen Portion an krimineller Energie zu Werke geht. In den weitaus überwiegenden Fällen hat er sich vielmehr wegen eines Fahrlässigkeitsvorwurfs zu rechtfertigen, der wegen einer momentanen Unaufmerksamkeit, einer mehr oder weniger verständlichen Nachlässigkeit oder einer vorwerfbaren Nichtanpassung seines Fahrverhaltens an die individuellen Fähigkeiten erhoben wird. Gleichwohl muss man sich davor hüten, Verkehrsstraftaten auf die leichte Schulter zu nehmen und als »Kavaliersdelikte« abzutun. Im Zeitalter des motorisierten Massenverkehrs, der zunehmenden Verkehrsdichte und der technisch immer leichter beherrschbaren schnellen Fahrzeuge kann bereits der geringste Fahrfehler zu folgenschweren Unfällen führen. Im langfristigen Vergleich war die Gesamtzahl der Unfälle kaum Veränderungen unterworfen – trotz ständig steigendem Verkehrsaufkommen. Auch bei den Unfallursachen hat es keine nennenswerten Veränderungen in der Reihung gegeben. Während bei der Aufgliederung der Unfallursachen aller bedeutenden VU (also Unfälle mit Personenschaden und schwerwiegende Unfälle mit Sachschaden) Fehler beim Abbiegen/Wenden/Rückwärtsfahren/Ein- und Ausfahren an erster Stelle stehen, gefolgt von Nichtbeachten der Vorfahrt bzw des Vorranges und der Geschwindigkeit, steht bei Unfällen mit Personenschaden die Geschwindigkeit an erster Stelle. Ungenügender Sicherheitsabstand und Fehler beim Abbiegen/Wenden/Rückwärtsfahren/Ein- und Ausfahren nehmen die Plätze zwei und drei ein. Bemerkenswert ist, dass sowohl bei allen Unfällen als auch bei den Unfällen mit Personenschaden die Ursache Alkoholeinwirkung beim Führen von Fahrzeugen gestiegen ist.

Neben Ausbildung, Aufklärung und Reglementierung hat auch das Strafrecht die Aufgabe, die Gefahren des Straßenverkehrs zu minimieren und die Sicherheit der Verkehrsteilnehmer nach Möglichkeit zu gewährleisten. Das Straßenverkehrsrecht ist, wie es das BVerfG[1] formuliert hat, Ordnungsrecht, es will den Gefahren, Behinderungen und Belästigungen von Verkehrsteilnehmern und Dritten durch den Verkehr entgegenwirken und einen optimalen Ablauf gewährleisten. Es ist Bundesrecht und besteht aus Verwaltungs-, Zivil-, Polizei-, Ordnungswidrigkeiten-, Straf- und internationalem Recht. Straf- und ordnungswidrigkeitenrechtlich sind vor allem das StGB, das StVG, die StVO, die StVZO, die FeV, das OWiG, einige EWG-Verordnungen sowie zahlreiche Nebengesetze und Verordnungen von Bedeutung. **2**

II.   Allgemeines – Einzelfragen

Die Stellung des Verteidigers im Strafverfahren hat sich in den letzten Jahren erheblich verändert. Er hat sich wesentlich erweiterte Einflussmöglichkeiten im Verfahren schaffen können und ist von den Gerichten (und Staatsanwaltschaften!) als **3**

---

1 BVerfG NJW 1976, 559

Partner im Interesse der Waffengleichheit akzeptiert. Die Verteidigung in Verkehrssachen ist zwar idR nicht auf Kollision angelegt, und der Verteidiger sollte versuchen, schon in der 1. Instanz zu einem befriedigendem Ergebnis zu kommen, so dass Verfahrensfragen eher eine untergeordnete Rolle spielen. Gleichwohl gibt es aber auch hier eine Fülle von spezifisch verkehrsrechtlichen Problemen, deren Kenntnis im Interesse des Mandanten unabdingbar ist.

1. Doppelmandate

4 In Verkehrssachen ist die Gefahr von Doppelmandaten besonders groß. Häufig wird die Anlage eines Doppelmandats erst sehr spät erkannt, so zB wenn ein Anwalt der Sozietät den Unfallfahrer verteidigt, während gleichzeitig der Sozius die Ansprüche des Geschädigten gegen den Fahrzeughalter und dessen Versicherung geltend macht. Ein Doppelmandat kann nicht nur zu standes- und strafrechtlichen Folgen führen. Der Anwalt bringt sich damit zudem noch um den Lohn seiner Arbeit, da er verpflichtet ist, beide Mandate sofort und ohne Honorarberechnung niederzulegen. Vertritt der Anwalt mehrere an einem Unfall Beteiligte, ist von Anfang an der Frage, ob eine widerstreitende Interessenlage entstehen kann, größte Aufmerksamkeit zu widmen. Die Brisanz in strafrechtlicher Hinsicht (§ 356 StGB!) wird besonders im Falle der Vertretung von Ehepartnern, Arbeitskollegen oder Freunden häufig verkannt. Die Pflichtwidrigkeit der anwaltlichen Tätigkeit ist nämlich nicht dadurch ausgeschlossen, dass der 1. Mandant sich mit der Vertretung des Weiteren einverstanden erklärt hat, und zwar unabhängig davon, ob das 1. Mandat beendet war oder nicht.[2] In Verkehrssachen sind daher gewissenhafte und frühzeitige Kontrollmaßnahmen unerlässlich, zB durch Führung eines Unfalltagebuchs, in dem unter dem Unfalldatum sämtliche verfügbaren Informationen über die Beteiligten eingetragen werden.

5 Das Verbot der gemeinschaftlichen Verteidigung mehrerer Betroffener (§ 146 StPO) durch einen Verteidiger gilt auch in Bußgeldverfahren. Die gemeinschaftliche Verteidigung ist unzulässig bei derselben Tat, und zwar auch dann, wenn in getrennten Verfahren gegen die Betroffenen wegen derselben Tat ermittelt wird und der Verteidiger in jedem Verfahren nur einen Betroffenen verteidigt. Sie ist ferner unzulässig bei verschiedenen Taten, wenn die Verfahren gegen die mehreren Beschuldigten verbunden worden sind. Die Verteidigung bleibt jedoch auch bei Tat- oder Verfahrensidentität zulässig, wenn die Sozietät mehrere Beschuldigte verteidigt, jeder Sozius jedoch jeweils einen anderen. Nur die gleichzeitige Verteidigung mehrerer Beschuldigter durch denselben Anwalt verstößt gegen § 146 StPO. Die sukzessive Mehrfachverteidigung, dh die Übernahme oder Fortführung der Verteidigung des Beschuldigten, nachdem die des Mitbeschuldigten erledigt ist, verbietet die Vorschrift nicht (mehr). Nicht mehr gleichzeitig ist die Verteidigung nur dann, wenn die Verteidigerbeziehung zu dem früheren Mandanten rechtlich beendet ist (Mandant verstorben, Mandat entzogen oder niedergelegt), wofür der Abschluss des Verfahrens gegen den früheren Mandanten weder erforderlich noch ausreichend ist.

2. Akteneinsicht

6 Dem Verteidiger muss umfassende Akteneinsicht (§ 147 StPO) gewährt werden. Zu den Akten gehören alle verfahrensbezogenen Unterlagen, dh alle Ermittlungsvorgänge einschließlich Registerauszüge. Beweismittel müssen bei Akteneinsicht Aktenbe-

---

2 BGHSt 18, 198

standteil sein. Vor Abschluss der Ermittlungen kann Akteneinsicht versagt werden, wenn sie den Untersuchungszweck gefährden kann. Einsicht in Niederschriften über Beschuldigtenvernehmungen, richterliche Vernehmungen von Mitbeschuldigten, Zeugen oder Sachverständigen, bei denen dem Verteidiger die Anwesenheit gestattet worden war oder hätte gestattet werden müssen, sowie in Sachverständigengutachten darf dem Verteidiger zu keiner Zeit verweigert werden. In Bußgeldsachen ist die Bußgeldbehörde verpflichtet, dem Verteidiger vor Übersendung der Akten an die StA Akteneinsicht zu gewähren, § 69 III 2 OWiG.

Auf Antrag sollen dem Verteidiger die Akten in dessen Kanzlei übersandt oder mitgegeben werden mit Ausnahme von Beweisstücken, die in amtlichem Gewahrsam bleiben müssen und die nur am Verwahrort selbst besichtigt werden können. Schuldner der für die Aktenübersendung verlangten Kostenpauschale von derzeit 8 € ist der Anwalt. **7**

Der Verteidiger darf sich Ablichtungen aus den Akten anfertigen. Soweit der Untersuchungszweck nicht gefährdet wird und auch keine Verwendung zu verfahrensfremden Zwecken droht (Durchsuchung oder Vollzug des Haftbefehls oder Beschlagnahme des Führerscheins stehen bevor, Ablichtungen sollen für eine private Veröffentlichung missbraucht werden usw), ist er berechtigt und idR auch verpflichtet, die durch die Akteneinsicht erlangten Kenntnisse an den Beschuldigten weiterzugeben[3] und ihm im gleichen Umfang, wie er ihn über den Akteninhalt mündlich unterrichten darf, Abschriften oder Ablichtungen des Akteninhalts auszuhändigen.[4] Auch kostenrechtlich ist ein eigener Kopiensatz für den Mandanten, speziell bei schwierigen Verfahren, anerkannt.[5] **8**

3. Eigene Ermittlungen

Eigene Ermittlungen des Verteidigers sind zulässig, auch wenn dies gelegentlich bei Gerichten und Staatsanwaltschaften nicht gerne gesehen wird. Der Verteidiger darf Zeugen hören und ihre Aussagen schriftlich festhalten.[6] Dabei sollte er allerdings bereits den bloßen Anschein vermeiden, er wolle den Zeugen beeinflussen. Auch empfiehlt es sich, den Zeugen darauf hinzuweisen, dass dieser in der HV auf Fragen hin das Gespräch erwähnen muss. **9**

In Verkehrsstrafsachen empfiehlt es sich zuweilen, die Unfallstelle zu besichtigen, uU auch unter Beiziehung eines Sachverständigen. So bald wie möglich sollten auch Lichtbilder von der Unfallstelle zur Vorlage in der HV gefertigt werden, vor allem wenn mit späteren örtlichen Veränderungen zu rechnen ist (zB eingeschränkte Sichtverhältnisse wegen eines Getreidefeldes, das bis zur HV abgedroschen sein wird). **10**

Der Verteidiger darf auch anstelle des Schädigers die Schadensregulierung durchführen. Nicht zu beanstanden ist auch, wenn er seinem Mandanten von einer Selbstanzeige abrät.[7] Die Grenze des Zulässigen ist aber überschritten, wenn er dem Mandanten Hinweise gibt, wie die tatsächliche Schadenshöhe im Zusammenwirken mit dem Geschädigten gedrückt werden kann, um einen Entzug der Fahrerlaubnis zu vermeiden. Bedenkenfrei darf er aber ein für den Mandanten eingeholtes **11**

---

3 BGH NJW 1980, 64
4 BGHSt 29, 99, 102
5 OLG Saarbrücken StV 1998, 91
6 OLG Frankfurt NStZ 1981, 1; vgl zu eigenen Ermittlungen Bockemühl Teil B Kap 1 Rn 80 ff
7 BGH NJW 1952, 899

und diesem nachteiliges Privatgutachten dem Gericht vorenthalten[8] oder einem aussage- bzw zeugnisverweigerungsberechtigten Zeugen zur Aussageverweigerung raten.[9]

12 Kommt es auf die Identifizierung des Mandanten als Täter an, sollte der Anwalt frühzeitig darauf hinwirken, dass einem Zeugen nicht lediglich das Lichtbild des Beschuldigten vorgelegt wird, sondern dass eine Wahllichtbildvorlage oder eine Gegenüberstellung mit mehreren ähnlich aussehenden Personen erfolgt, um zu verhindern, dass in der HV der Zeuge den Mandanten nur deshalb als Täter identifiziert, weil er ihn als die Person auf dem Lichtbild, das ihm vorgelegt wurde, wieder erkennt (s. a. Teil B Kap 4 Rn 271 ff).

4. Verfahrensverzögerungen

13 Es ist das legitime Recht des Verteidigers, den rechtskräftigen Abschluss des Verfahrens mit den von der Prozessordnung zugelassenen Mitteln (Stellung von Beweisanträgen, Terminsverlegungsgesuchen, Anträgen auf Aussetzung des Verfahrens, zB zur Durchführung von Nachermittlungen, Einlegung von Rechtsmitteln, auch solcher, die von Anfang an erfolglos erscheinen) zu verzögern, auch wenn dies mit der Urteilsfindung im konkreten Verfahren direkt nichts zu tun hat, also zu verfahrensfremden Zwecken geschieht.[10] So ist in Bußgeldverfahren nicht selten für die Frage, ob ein Fahrverbot verhängt werden kann, von entscheidender Bedeutung, ob Voreintragungen im VZR vorhanden sind. Tritt während des Verfahrens Tilgungsreife ein (§ 29 StVG), so sind die Eintragungen, auch wenn sie erst im Rechtsmittelverfahren tilgungsreif geworden sind, nicht mehr verwertbar und vermögen, wenn das Fahrverbot ausschließlich auf solche Vorahndungen gestützt werden müsste, ein solches nicht mehr zu begründen. Selbst wenn das Gericht der Auffassung ist, die Beweisanträge der Verteidigung dienten nur der Verfahrensverzögerung, kann es dem Verteidiger das Recht, Beweisanträge zu stellen, grundsätzlich nicht entziehen,[11] sieht man von dem schwer nachweisbaren Fall ab, dass der Antrag ausschließlich zum Zwecke der Prozessverschleppung gestellt ist (§ 244 III StPO).

5. Zustellungen, Mitteilungen

14 Der gewählte Verteidiger, dessen Vollmacht sich bei den Akten befindet bzw dem in der HV Vollmacht zu Protokoll erteilt wurde sowie der Pflichtverteidiger gelten kraft Gesetzes (§ 145 a I StPO, § 51 III OWiG) als ermächtigt, Zustellungen und sonstige Mitteilungen für den Beschuldigten/Betroffenen entgegenzunehmen (also zB Zustellung der Anklage, des Strafbefehls, des Bußgeldbescheids, des Hinweises auf die Möglichkeit des Beschlussverfahrens nach § 72 I 2 OWiG). Für Ladungen des Beschuldigten/Betroffenen gilt dies allerdings nur, wenn der Verteidiger in einer bei den Akten befindlichen Vollmacht ausdrücklich zur Entgegennahme von Ladungen ermächtigt ist (§ 145 a II StPO, § 51 III OWiG). Diese Zustellungsvollmacht besteht auch nach Beendigung des Mandats so lange fort, bis die Anzeige über das Erlöschen des Verteidigerverhältnisses zu den Akten gelangt ist.[12]

---

8 LG Koblenz StV 1994, 378
9 BGH NJW 1957, 1808
10 OLG Düsseldorf StV 1986, 288
11 BGH NJW 1992, 1445
12 OLG Koblenz VRS 71, 203

Befand sich dagegen im Zeitpunkt der Zustellung eine schriftliche Vollmacht nicht **15** bei den Akten, ist eine an den Verteidiger bewirkte Zustellung unabhängig vom Bestehen der Vollmacht unwirksam.[13] Das bloße Auftreten des Verteidigers in der HV genügt nicht.[14]

Die Zustellungsvorschriften ermächtigen jedoch lediglich zur Zustellung an den Verteidiger, begründen aber keine Rechtspflicht des Gerichts oder der StA. An wen zugestellt wird, steht vielmehr im pflichtgemäßen Ermessen der absendenden Behörde. Wird sowohl dem Verteidiger als auch dem Beschuldigten zugestellt, so gilt § 37 III StPO.

Die Benachrichtigungspflichten der §§ 145 a III StPO, 51 III OWiG stellen lediglich **16** Ordnungsvorschriften dar,[15] deren Verletzung ohne Bedeutung für die Wirksamkeit der Zustellung und den Fristenlauf ist. Jedoch stellt das Fehlen der Benachrichtigung idR einen Wiedereinsetzungsgrund dar[16] (str). Die Zustellung an den Verteidiger ist selbst dann zulässig, wenn sein Mandant unbekannten Aufenthaltes ist.[17]

Für das Verfahren bei Zustellungen gelten im Straf- und im staatsanwaltlichen Ord- **17** nungswidrigkeitenverfahren die §§ 35, 36 ff StPO, im Verwaltungsverfahren über § 51 VerwZG die jeweiligen landesrechtlichen Regelungen.

Nach Auffassung des BGH[18] wird ein Beschluss über die vorläufige Entziehung der **18** Fahrerlaubnis (§ 111 a StPO) oder eine entsprechende Beschwerdeentscheidung erst mit der Bekanntgabe an den Beschuldigten, nicht schon mit der Zustellung an den Verteidiger wirksam. Letzterer ist schon im Hinblick auf die Benachrichtigungspflicht der Behörden nicht verpflichtet, seinen Mandanten über die erfolgte Zustellung in Kenntnis zu setzen.

6. Ladungen

Der Angeklagte/Betroffene ist zu den Terminen ordnungsgemäß zu laden. Unter- **19** bleibt die Ladung (gleich ob schuldhaft oder versehentlich), hindert dies in Strafsachen die Säumnisfolgen, also die Verwerfung der Berufung des Angeklagten gemäß § 329 StPO oder des Einspruchs gegen den Strafbefehl nach § 411 StPO oder eine Abwesenheitsverhandlung nach § 232 StPO; in Bußgeldsachen begründet es die Rechtsbeschwerde.

Auch der Verteidiger ist zu den Terminen zu laden, gleichviel, ob er bereits ander- **20** weitig Kenntnis vom Termin hatte oder eine Verteidigervollmacht (noch) nicht vorlag, allerdings muss die Verteidigung angezeigt worden sein. Auf die Ladung kann aber, uU auch stillschweigend, verzichtet werden. Angeklagter / Betroffener wie auch Verteidiger sind grundsätzlich durch förmliche Zustellung zu laden. Eine formlose Ladung genügt nur, wenn die Ladungsfrist – zwischen Zustellung der Ladung und dem Tag der HV muss eine Frist von mindestens einer Woche liegen, § 217 StPO, wobei der Tag der Zustellung und der der HV nicht mitzurechnen sind – nicht eingehalten zu werden braucht, zB bei Fortsetzung einer unterbrochenen (nicht ausgesetzten!) HV.[19]

13 BayObLG ZfS 1993, 211
14 BGH NJW 1996, 406
15 BGH NJW 1977, 640
16 BVerfG NJW 1978, 1575
17 BGH NStZ 1991, 28
18 BGH NJW 1962, 2104 = BGHZ 38, 86
19 BGH NStZ 1988, 421

21 Auch das Unterlassen der Ladung des Verteidigers stellt sowohl in Straf- als auch in Bußgeldsachen einen relativen Revisionsgrund dar.[20]

22 Ist lediglich die Ladungsfrist nicht eingehalten, hat der Angeklagte/Betroffene bzw sein Verteidiger einen bis zum Beginn der Vernehmung zur Sache (§ 243 IV StPO) geltend zu machenden Aussetzungsanspruch, § 217 II StPO, es sei denn, der Verteidiger hatte nachweislich positiv Kenntnis vom Termin. Die Verwerfung des Einspruchs gegen den Strafbefehl oder den Bußgeldbescheid oder der Berufung wird durch die Nichteinhaltung der Ladungsfrist aber nicht gehindert; etwas anderes kann uU aber dann gelten, wenn der der HV ferngebliebene Angeklagte/Betroffene bzw sein Verteidiger schon vor der HV einen Aussetzungsantrag gestellt hatten.[21]

7. Verhalten gegenüber der Polizei

23 Beschuldigte/Betroffene sind, ebenso wenig wie Zeugen, nicht verpflichtet, einer polizeilichen Ladung Folge zu leisten. Etwas anderes gilt nur, wenn die Polizei selbst Bußgeldbehörde ist und solange sie das Verfahren führt. Ebenso besteht auch – wie iÜ im gesamten Ermittlungs- und Strafverfahren – keine Pflicht, eine Sachaussage zu machen. Sie müssen lediglich auf richterliche oder staatsanwaltliche Vorladung sowie auf Ladung durch die Bußgeldbehörde erscheinen, § 163 a III StPO iVm § 46 I OWiG.

24 Der Anhörungsbogen ist eine Form der Anhörung. Der Betroffene ist daher weder verpflichtet, darauf Angaben zur Sache zu machen noch den Anhörungsbogen überhaupt zurückzusenden.[22]

25 Erkennungsdienstliche Maßnahmen zur Durchführung des Strafverfahrens oder soweit sie für Zwecke des Erkennungsdienstes notwendig sind, wie die Anfertigung von Lichtbildern oder die Abnahme von Fingerabdrücken, muss der Beschuldigte/Betroffene ebenso dulden wie eine Gegenüberstellung. Zur Durchsetzung ist die Anwendung unmittelbaren Zwanges auch ohne vorherige Androhung zulässig. Der Beschuldigte darf daher zwangsweise zur Polizeibehörde gebracht und dort bis zur Erledigung der Maßnahmen festgehalten werden;[23] darin liegt keine Freiheitsentziehung iSd Art. 104 II GG und keine vorläufige Festnahme iSd § 127 II StPO.[24] Die Rechtsgrundlage hierfür ist § 81 b StPO.

26 Grundsätzlich besteht die bußgeldbewehrte Pflicht zur Angabe der Personalien (§ 111 OWiG), die die Identität ermöglichen sollen. Anzugeben sind Vor- und Familienname, ggf Geburtsname, Ort und Tag der Geburt sowie die Anschrift.[25] Die Angabe des Berufes ist nicht erforderlich.[26]

8. Beschuldigtenbelehrung und Verwertungsverbot

27 Häufig steht in Verkehrssachen als einziges Beweismittel die Einlassung des Beschuldigten zur Verfügung, die dieser gegenüber der Polizei abgegeben hat. Oft antwortet hierbei der Beschuldigte auf Fragen der ermittelnden Polizeibeamten,

---

20 BGHSt 36, 259; OLG Düsseldorf NZV 1994, 44
21 BGHSt 24, 143
22 BVerfG NJW 1981, 1431
23 OLG Stuttgart StV 1988, 424
24 BayObLG DÖV 1984, 515; KG GA 1979, 225
25 BayObLG VRS 58, 214
26 BayObLG DAR 1980, 28

ohne vorher belehrt worden zu sein. Bis zu der Entscheidung des BGH vom 27. 2. 1992 waren solche Angaben, die bei einer sog »informatorischen Befragung« gemacht worden waren, im Strafverfahren auch dann verwertbar, wenn eine vorherige Belehrung nicht erfolgt war.[27] Dem ist der BGH in der genannten Entscheidung ausdrücklich entgegengetreten.[28] Er hat ausgeführt, dass, wenn der Beschuldigtenvernehmung durch einen Polizeibeamten nicht der Hinweis vorausgegangen ist, dass es dem Beschuldigten freistehe, sich zur Beschuldigung zu äußern oder nicht zur Sache auszusagen (§ 136 I 2 iVm § 163 a IV 2 StPO), seine Äußerungen, die er in dieser Vernehmung gemacht hat, nicht verwertet werden dürfen. Dies gilt aber nicht, wenn feststeht, dass der Beschuldigte sein Recht zu schweigen ohne Belehrung gekannt hat oder wenn der verteidigte Angeklagte in der HV ausdrücklich der Verwertung zugestimmt oder ihr nicht bis zu dem in § 257 StPO genannten Zeitpunkt widersprochen hat. Dem verteidigten Angeklagten steht derjenige gleich, der vom Gericht über die Möglichkeit des Widerspruchs unterrichtet worden ist.

Der Verteidiger hat also darauf zu achten, dass in gegebenen Fällen der Widerspruch unmittelbar nach Abschluss der entsprechenden Beweiserhebung erfolgt und dass dieser auch in das Protokoll aufgenommen wird.   **28**

Anders ist es, was die Verwertung der Angaben eines nicht belehrten Mitbeschuldigten betrifft. Diese ist zulässig, weil die Belehrungspflicht ausschließlich dem Schutz des Vernommenen dient.[29]   **29**

Auch wenn der Beschuldigte ordnungsgemäß belehrt wurde, können seine Angaben nicht verwertet werden, wenn er wegen starker Trunkenheit, eines Schocks oder infolge einer geistig-seelischen Störung nicht in der Lage war, die Belehrung zu verstehen oder sie auch nur zur Kenntnis zu nehmen. Er muss vielmehr in der Lage sein, in freier Willensbetätigung seine Entscheidung treffen zu können.   **30**

Ein Verwertungsverbot besteht jedoch nur für Angaben, die im Rahmen einer Beschuldigtenvernehmung gemacht werden. Sog Spontanäußerungen, die der Beschuldigte von sich aus ohne Zutun des Vernehmungsbeamten vor der beabsichtigten Belehrung abgegeben hat, sind deshalb verwertbar.[30]   **31**

Auch die Angaben, die der Beschuldigte als Versicherungsnehmer nach einem Unfall seiner Versicherungsgesellschaft gegenüber gemacht hat, sind, obwohl er versicherungsrechtlich hierzu verpflichtet ist (Obliegenheit) und auch nicht belehrt wird, im Strafverfahren gegen ihn verwertbar.[31]   **32**

Zu beachten ist, dass eine Beschuldigtenbelehrung erst erforderlich und möglich ist ab dem Zeitpunkt, zu dem der Vernommene als Beschuldigter in Betracht kommt.[32] Beschuldigter in diesem Sinne ist nur der Tatverdächtige, gegen den das Verfahren als Beschuldigten betrieben wird. Nicht jeder Tatverdacht begründet bereits die Beschuldigteneigenschaft mit entsprechender Belehrungspflicht. Es kommt vielmehr auf die Stärke des Tatverdachtes an. Es ist erst dann von der Zeugen- zur Beschuldigtenvernehmung überzugehen, wenn sich der Verdacht so verdichtet hat, dass die vernommene Person ernstlich als Täter der untersuchten Straftat in Betracht kommt.[33]   **33**

---

27 BGH NJW 1983, 2205 = BGHSt 31, 395
28 BGH NJW 1992, 1463 = BGHSt 38, 214
29 BGH NStZ 1994, 595; NJW 1994, 3364
30 BGH NJW 1990, 461
31 BVerfG NZV 1996, 283
32 BGHSt 10, 8; 34, 138, 140
33 BGH bei Tolksdorf DAR 1995, 192; OLG Oldenburg NStZ 1995, 412; OLG Karlsruhe NZV 1994, 122

9.   Schuldfähigkeit – Ausschluss und erhebliche Verminderung

34   Unter besonderen Umständen kann ein Ausschluss der Schuldfähigkeit (§ 20 StGB) oder doch eine erhebliche Verminderung der Schuldfähigkeit (§ 21 StGB) vorliegen.

35   Feste Grenzwerte für das Vorliegen des einen oder anderen Stadiums gibt es nicht. Entscheidend sind die jeweiligen Umstände des Einzelfalles wie zB die körperliche und seelische Verfassung des Angeklagten zur Tatzeit, seine Stimmungslage, etwaige Erregung, der Grad seiner Ermüdung, seine Alkoholverträglichkeit und -gewöhnung, die Trinkgeschwindigkeit sowie Zeit, Menge und Art der vorangegangenen Nahrungsaufnahme.[34]

36   Ein wichtiges Indiz ist vor allem die Höhe der BAK, wobei eine rein schematische Betrachtungsweise aber mehr und mehr im Schwinden ist. Vorrangig vor jeder schematischen Bezugnahme auf die BAK sind, soweit möglich, Feststellungen über die Befindlichkeit des Täters bei der Tat und sein Tatverhalten.[35]

a)   Schuldunfähigkeit

37   Bei Blutalkoholgehalten ab 3 ‰ liegt idR Schuldunfähigkeit nahe.[36] Einer Prüfung der Frage nach möglicher Schuldunfähigkeit bedarf es aber regelmäßig bereits bei Überschreiten einer Tatzeit-BAK von 2,5 ‰ in einer Weise, die für das Revisionsgericht nachprüfbar ist.[37] Selbst bei darunter liegenden Blutalkoholgehalten kann im Einzelfall die Schuldfähigkeit ausgeschlossen sein, wenn sich dies aus weiteren Umständen ergibt. Andererseits kann auch trotz Vorliegens einer BAK von 3 ‰ und mehr im Einzelfall durchaus auch die Schuldunfähigkeit zu verneinen sein.[38] Insbesondere eine starke, langjährige Alkoholgewöhnung kann dafür sprechen, dass trotz Erreichens solcher Werte Schuldunfähigkeit nicht gegeben war.[39] Das Fehlen typischer Ausfallerscheinungen ist nicht ohne weiteres geeignet, die Schuldfähigkeit zu beweisen. Gleiches gilt für ein planmäßiges Verhalten des Angeklagten, da das Hemmungsvermögen trotz bestehender Einsichtsfähigkeit beseitigt sein kann.[40]

b)   Erhebliche Verminderung der Schuldfähigkeit

38   Auch für die alkoholbedingte Beeinträchtigung der Schuldfähigkeit gibt es keine feste BAK-Grenze. Ob die Voraussetzungen des § 21 StGB vorliegen, hängt von den konkreten Umständen und von der Person des Täters ab. Alle objektiven und subjektiven Umstände, die neben der BAK wesentlichen Einfluss auf die Befindlichkeit und das Verhalten des Täters hatten, sind zu würdigen.[41]

39   Da mit einer erheblichen Herabsetzung des Hemmungsvermögens (auch bei im Übrigen noch unbeeinträchtigter Einsichtsfähigkeit) regelmäßig bereits bei BAK ab 2 ‰ zu rechnen ist,[42] liegen die Voraussetzungen des § 21 StGB ab 2,0 ‰ BAK aber zumindest nahe, so dass in solchen Fällen stets eine entsprechende Prüfung erfor-

---

34 BGH DAR 1971, 115; 79, 176; NStZ 1991, 126
35 BGH DAR 1977, 143; OLG Köln NJW 1982, 2613
36 BGH DAR 1970, 117; s. a. Übersicht bei Tröndle/Fischer § 20 Rn 9 a ff
37 OLG Köln VRS 69, 38; 40, 34; OLG Koblenz VRS 74, 273; 75, 40; OLG Frankfurt NStZ 1996, 85
38 BGH DAR 1970, 117; 1988, 219
39 BGH DAR 1974, 116
40 BGH DAR 1984, 188; NStZ 1982, 376; BayObLG VRS 82, 182; OLG Hamm DAR 1993, 395
41 BGH VRS 17, 187; OLG Hamm BA 1981, 58; BGH DAR 1998, 165, 167
42 BayObLG NJW 1974, 1432; 69, 1583; BGH NStZ 1990, 384; NJW 1991, 852

derlich ist. Die Verneinung der Voraussetzungen des § 21 StGB bedarf dann einer eingehenden Begründung.[43]

c) Abkehr des BGH vom Schematismus

In seiner Entscheidung vom 29. 4. 1997 hat sich der BGH[44] von einer überwiegend schematischen Betrachtungsweise abgewandt und sich für den prinzipiellen Vorrang psycho-diagnostischer Kriterien gegenüber einer starren BAK-Grenze von 2 ‰ für die Annahme einer erheblich verminderten Schuldfähigkeit ausgesprochen. In dem zu entscheidenden Fall lagen andere Anhaltspunkte für eine erhebliche Verminderung der Steuerungsfähigkeit als die BAK (zur Tatzeit 2,38 ‰) nicht vor. Da der BAK-Wert 2 ‰ überschritt, bestand Anlass zur Prüfung einer krankhaften seelischen Störung durch einen akuten Alkoholrausch. Diese Prüfung (berücksichtigt wurden ua die hohe Alkoholgewöhnung des Angeklagten, das situationsgerechte Tat- und Nachtatverhalten und das vollständig intakte Erinnerungsvermögen) ergab, dass konkrete Anzeichen für das Vorliegen eines erheblichen Rauschzustandes, insbesondere körperliche Ausfallerscheinungen, nicht vorgelegen haben. Der BGH zog daraus den Schluss, dass es keinen gesicherten medizinisch-statistischen Erfahrungssatz darüber gebe, dass ohne Rücksicht auf psycho-diagnostische Beurteilungskriterien allein wegen einer bestimmten BAK zur Tatzeit in aller Regel vom Vorliegen einer alkoholbedingten erheblich verminderten Steuerungsfähigkeit auszugehen sei. Die durch den Blutalkoholgehalt angezeigten, wirksam in den Blutkreislauf aufgenommenen Alkoholmengen wirken vielmehr nach medizinischer Erfahrung auf jeden Menschen unterschiedlich.

10. Unterbringung in einer Entziehungsanstalt – § 64 StGB

Die Maßregel nach § 64 StGB setzt ua einen Hang voraus, alkoholische Getränke oder andere berauschende Mittel im Übermaß zu sich zu nehmen. Erforderlich ist aber nicht grundsätzlich eine chronische, auf körperlicher Sucht beruhende Abhängigkeit.[45] Es genügt auch eine eingewurzelte, aufgrund psychischer Disposition bestehende und durch Übung erworbene intensive Neigung, immer wieder Alkohol im Übermaß zu sich zu nehmen, wenn dieser Missbrauch den Grad psychischer Abhängigkeit erreicht hat.

Liegen die erforderlichen Voraussetzungen vor, ist die Unterbringung nach § 64 StGB zwingend vorgeschrieben. Dies gilt auch in der Revisionsinstanz auf alleiniges Rechtsmittel des Angeklagten hin.[46] Von der Anordnung der Unterbringung darf auch dann nicht abgesehen werden, wenn die Vollstreckung einer zugleich erkannten Freiheitsstrafe zur Bewährung ausgesetzt und Bewährungsweisungen zu einer Therapie erteilt werden.[47]

Die Unterbringung nach § 64 StGB setzt seit der Entscheidung des BVerfG vom 16. 3. 1994 eine hinreichend konkrete Aussicht auf einen Behandlungserfolg voraus.[48] Es genügt trotz der (für teilnichtig erklärten) Bestimmung des § 64 II StGB nicht

40

41

42

43

---

43 BGH DAR 1952, 115
44 BGH NJW 1997, 2460; NStZ 1997, 383; VRS 94, 78; s.a. BGH NStZ 1997, 591 = BA 1997, 450 = VRS 94, 78; DAR 1998, 165; s.a. OLG Düsseldorf VRS 95, 245
45 BGH NStZ 1996, 83; NJW 1995, 3131
46 BayObLG BA 1995, 188; BGH StV 1994, 313
47 BayObLG VRS 89, 198
48 BVerfG NStZ 1994, 578; BVerfGE 91, 1

mehr, dass die Behandlung im Maßregelvollzug nur nicht von vornherein aussichtslos erscheint.[49] Therapieunwilligkeit allein vermag aber idR einen Erfolg der Entziehungsbehandlung nicht von vornherein auszuschließen.[50] Es ist gerade auch Teil einer solchen Therapie, bei dem Betroffenen erst die Einsicht in die Erforderlichkeit einer Entziehungsbehandlung zu wecken.

11. Nebenklage

44 Gemäß § 395 StPO kann sich im Falle einer Verletzung der Verletzte dem Verfahren gegen den Täter als Nebenkläger anschließen. Im Falle der Tötung sind die Eltern, Kinder, Geschwister und der Ehegatte (jeder für sich) zum Anschluss berechtigt. Kann die Tat nur auf Antrag verfolgt werden, ist der Anschluss nur zulässig, wenn der Strafantrag (rechtzeitig) gestellt wurde.[51] Bei den übrigen Antragsdelikten genügt es, wenn der Dienstvorgesetzte den Strafantrag gestellt (§§ 194 III, 230 II StGB) oder wenn die StA das besondere öffentliche Interesse an der Strafverfolgung bejaht (§ 230 I StGB) hat.[52]

45 Gegen Jugendliche (aber nicht gegen Heranwachsende) ist die Nebenklage grundsätzlich unzulässig, § 80 III JGG.

46 Besondere Voraussetzungen müssen vorliegen, wenn eine fahrlässige Körperverletzung begangen wurde. Hier ist ein Anschluss nur möglich, wenn dies aus besonderen Gründen, namentlich wegen der schweren Folgen der Tat, zur Wahrnehmung der Interessen des Verletzten geboten erscheint, § 395 III StPO. Schwere Verletzungen werden regelmäßig als besonderer Zulassungsgrund angesehen, bei mittelschweren oder gar leichten Verletzungen wird die Nebenklage allenfalls dann zugelassen, wenn die Schadensregulierung noch nicht abgeschlossen ist oder wenn ein Mitverschulden eingewendet wird.

47 Der Anschluss ist in jeder Lage des Verfahrens zulässig, § 395 IV StPO, auch noch in der Rechtsmittelinstanz. Mit der Anschlusserklärung wird die Nebenklägerstellung begründet, der Zulassungsbeschluss hat nur deklaratorische Bedeutung.[53] Im Strafbefehlsverfahren wird die Anschlusserklärung mit der Terminsanberaumung wirksam. Wird der Strafbefehl nicht angefochten, ist die Anschlusserklärung gegenstandslos.

48 Der Nebenkläger hat auch als Zeuge das Recht zur ununterbrochenen Anwesenheit in der HV (§ 397 I StPO). Allerdings unterliegt die Glaubwürdigkeit auch seiner Aussage der richterlichen Beweiswürdigung, so dass es sich empfehlen wird, mit den Zeugen freiwillig den Sitzungssaal zu verlassen.

49 Der Nebenkläger hat im Fall einer beabsichtigten Verfahrenseinstellung kein Mitbestimmungsrecht,[54] seiner Zustimmung zur Rücknahme der Berufung bzw des Einspruchs nach Beginn der HV bedarf es nicht (§§ 303 S2, 411 III StPO). Er kann nur den Schuld-, nicht aber den Rechtsfolgenausspruch anfechten. Wird der Angeklagte wegen eines nicht zur Nebenklage berechtigenden Delikts freigesprochen, steht dem Nebenkläger ein Rechtsmittel nicht zu, § 400 I StPO. Wegen dieses einge-

49 BVerfG NJW 1995, 1077
50 BGH MDR 1995, 118; NStZ-RR 1996, 85
51 OLG Frankfurt NJW 1991, 2036
52 BGH NStZ 1992, 452; KG NStZ 1991, 148; OLG Nürnberg NJW 1991, 712
53 OLG Stuttgart NJW 1970, 822
54 BVerfG NJW 1995, 317

schränkten Anfechtungsrechts muss der Nebenkläger daher abweichend von § 317 StPO das Ziel der von ihm eingelegten Berufung angeben.[55] Tut er dies nicht, ist sie unzulässig. Gleiches gilt für die Revision. Insbesondere genügt die Erhebung der unausgeführten allgemeinen Sachrüge nicht[56] (s.a. Teil C Kap 2 Rn 120).

Im Gegensatz zur früheren Rechtslage hat der Angeklagte die Kosten der Nebenklage jetzt nur noch dann zu tragen, wenn eine entsprechende ausdrückliche Kostenentscheidung ergangen ist. Dies gilt auch im Fall einer Einspruchsrücknahme gegen den Strafbefehl. **50**

Gemäß § 472 I 2, II StPO kann das Gericht von der Überbürdung der Nebenklagekosten auf den Angeklagten absehen. Dies gilt jedoch nicht für das Berufungsverfahren. Dort hat derjenige die Kosten zu tragen, dessen Rechtsmittel erfolglos geblieben ist. **51**

12. Bundeszentralregister und Verkehrszentralregister

Der Eintrag in das polizeiliche Führungszeugnis oder in das in Flensburg geführte Register des Kraftfahrtbundesamtes wird von den Betroffenen häufig mehr gefürchtet als Strafe und Buße. **52**

a) Bundeszentralregister

Eingetragen werden strafgerichtliche Verurteilungen, Entscheidungen von Verwaltungsbehörden und Gerichten sowie die gerichtliche Anordnung einer Sperre für die Wiedererteilung der Fahrerlaubnis nach § 69 StGB einschließlich des Tages ihres Ablaufs (§§ 3, 8 BZRG). In das polizeiliche Führungszeugnis werden nur Verurteilungen zu mehr als 90 Tagessätzen Geldstrafe oder mehr als 3 Monaten Freiheitsstrafe eingetragen (§ 32 Nr. 5 a und b BZRG). Einträge über Verurteilungen, die diese Grenze nicht erreichen, werden im BZR nach 5 Jahren gelöscht, wenn keine weitere Strafe eingetragen ist (§ 46 I Nr. 1 a und b BZRG). Übersteigt die Verurteilung die genannte Grenze, liegt ein weiterer Eintrag vor oder ist eine Freiheitsstrafe von nicht über 1 Jahr zur Bewährung ausgesetzt, beträgt die Löschungsfrist 10 Jahre (§ 46 I Nr. 2 BZRG), in allen anderen Fällen 15 Jahre (§ 46 I Nr. 3 BZRG). Die Frist beginnt mit dem Tag des Ersturteils bzw der Unterzeichnung eines dann rechtskräftig gewordenen Strafbefehls (§§ 47 I, 36, 5 I Nr. 4 BZRG). **53**

Tilgungsreife Eintragungen dürfen dem Betroffenen weder vorgehalten noch zu seinem Nachteil verwertet werden, § 51 I BZRG. Für die Frage der Verwertbarkeit kommt es nicht auf den Zeitpunkt der neuen Tatbegehung an, sondern auf den letzten Verhandlungstag der HV.[57] Ausnahmen regelt § 52 BZRG, insbesondere der für Verkehrssachen bedeutsame § 52 II BZRG. Danach gilt das Verwertungsverbot nur, soweit es um Auskünfte aus dem Register oder um die strafrechtliche Verwertbarkeit geht, nicht jedoch, soweit die Erteilung oder Entziehung einer Fahrerlaubnis Verfahrensgegenstand ist, solange die Verurteilung nach den Vorschriften der §§ 28 bis 30 b StVG verwertet werden darf. **54**

---

55 OLG Düsseldorf NStZ 1994, 507 = StV 1994, 473 = MDR 1994, 823
56 BGH DAR 1992, 256; NStZ 1989, 221; 1997, 402
57 BGH NStZ 1983, 30

Wahl

b) Verkehrszentralregister

55 Die Vorschriften über das VZR finden sich in den §§ 59 ff der seit 1. 1. 1999 geltenden Fahrerlaubnis-Verordnung. Eingetragen werden insbesondere Fahrverbote sowie Bußgelder, soweit sie mindestens 40 € betragen (§ 28 III Nr. 3 StVG) oder sie lediglich aus Rücksicht auf die wirtschaftlichen Verhältnisse des Betroffenen auf unter 40 € reduziert wurden (§ 28 a StVG) sowie Verurteilungen in Verkehrsstrafsachen und Entscheidungen über den vorläufigen Entzug der Fahrerlaubnis (§ 28 III Nr. 1 u 2 StVG), ferner bestimmte Maßnahmen der Verwaltungsbehörden, wie zB die Entziehung oder Versagung der Erteilung einer Fahrerlaubnis (§ 28 III Nr. 5 u 6 StVG).

56 Die Zahl der einzutragenden Punkte ergibt sich aus dem »Punktekatalog« (§§ 4, 6 I Nr. 1s StVG iVm Anlage 13 zu § 40 FeV). Die Höchstzahl beträgt in Bußgeldsachen 4 und in Strafsachen 7 Punkte. Tateinheitlich begangene Zuwiderhandlungen werden nur mit der Punktzahl des am höchsten bewerteten Einzelverstoßes eingetragen (§ 4 II 2 StVG), bei Tatmehrheit werden die Punkte der Einzelverstöße addiert.

57 Nicht selten ergibt die Prüfung eines Bußgeldbescheids, dass ohne Konkurrenzangabe ein 40 € übersteigendes Bußgeld mit Punktzahlbemessung ausgeworfen wurde, obwohl Tatmehrheit vorliegt und keine der Einzeltaten mit mehr als 35 € bewertet ist. Hier ist darauf hinzuwirken, dass gemäß § 20 OWiG eine getrennte Bewertung erfolgt, um einen ungerechtfertigten Punkteintrag zu vermeiden.

58 Getilgt werden die Eintragungen nach Maßgabe des § 29 StVG. Die Tilgungsfristen betragen 2 bis 10 Jahre. Eintragungen wegen Verkehrsordnungswidrigkeiten sind nach 2 Jahren, ohne Rücksicht auf eventuelle Voreintragungen spätestens nach 5 Jahren zu löschen (§ 29 VI 3 StVG). Eingetragene Straftaten werden ohne Rücksicht auf die Höhe des Strafmaßes nach 5 Jahren getilgt. Ausgenommen sind Alkoholstraftaten nach §§ 315 c I Nr. 1 a, 316, 323 a StGB sowie Entscheidungen, in denen die Entziehung der Fahrerlaubnis oder eine Sperre angeordnet worden ist (§ 29 I Nr. 2 a StVG). Die Frist beginnt bei Bußgeldentscheidungen erst mit der Rechtskraft der Entscheidung, bei strafrechtlichen Entscheidungen mit dem Tag des 1. Urteils, bei Strafbefehlen mit dem Tag der Unterzeichnung durch den Richter. In Bußgeldsachen kann die bevorstehende Tilgungsreife daher auch sonst wenig erfolgversprechende Einsprüche oder Rechtsbeschwerden lohnen.

59 Die Hemmung der Tilgung ist unterschiedlich geregelt. Neu eingetragene Entscheidungen hindern die Tilgung von bereits eingetragenen Entscheidungen wegen anderer OWis, längstens aber für 5 Jahre. Ausgenommen hiervon sind OWis nach § 24 a StVG (»0,5 ‰-Gesetz«), die nicht der absoluten Tilgungsfrist unterliegen. Eintragungen von OWi-Entscheidungen hindern die Tilgung von Entscheidungen wegen Straftaten nicht; deren Tilgung ist nur so lange gehindert, wie andere Eintragungen von Straftaten bestehen. Ohne Rücksicht auf die absolute Tilgungsfrist werden schließlich eingetragene OWis und Straftaten nicht getilgt, wenn die Erteilung einer neuen Fahrerlaubnis oder die Erteilung des Rechts, von einer ausländischen Fahrerlaubnis wieder Gebrauch zu machen, für immer untersagt ist (§ 29 II StVG).

13. Der Sachverständige im Verkehrsstrafverfahren

60 In vielen Verkehrsunfallsachen ist die Mitwirkung eines (meist technischen) Sachverständigen erforderlich. War noch keiner im Ermittlungsverfahren beauftragt, hat der Verteidiger zu prüfen, ob ein entsprechender Antrag gestellt oder etwa selbst

ein Sachverständiger beauftragt werden soll, der dann zur HV zu laden ist. Liegt ein Gutachten vor, ist es auf Mängel zu überprüfen, die – je nach Art und Auswirkung – Anlass sein können, eine neue Begutachtung zu beantragen oder gar den Sachverständigen abzulehnen. Letzteres sollte, wenn der Sachverständige und das Ergebnis seines Gutachtens lediglich unbequem sind, aber keine oder nur geringe Aussicht besteht, von einem anderen Sachverständigen ein günstigeres Gutachten zu erhalten, auch im Hinblick auf das Kostenrisiko mit Vorsicht gehandhabt werden.

Gemäß § 256 StPO können Gutachten öffentlicher Behörden und der Landgerichtsärzte sowie ärztliche Atteste über Körperverletzungen, soweit es sich nicht um schwere Körperverletzungen handelt, Gutachten über eine Fahrtenschreiberauswertung, über die Bestimmung des Blutalkoholgehalts einschließlich seiner Rückrechnung sowie ärztliche Blutentnahmeprotokolle in der HV verlesen werden. Nicht genannt sind die häufig komplizierten technischen Gutachten zur Unfallrekonstruktion, in denen sich der Sachverständige mit der vorhandenen Spurenlage, den verursachten Schäden und Verletzungen, dem gesamten Ermittlungsergebnis, den zur Unfallzeit herrschenden Straßen-, Witterungs- und Beleuchtungsverhältnissen, der Ampelschaltung, möglichen Fahrzeugmängeln, der Auswertung einer Diagrammscheibe usw auseinander zu setzen hat. Das von ihm gefundene Ergebnis nachzuprüfen, ist nicht nur Sache des Gerichts und der StA, sondern auch der Verteidigung. Bereits vor der HV empfiehlt es sich, sich mit dem Gutachten eingehend zu befassen, um dann in der HV gezielte Fragen an den Sachverständigen richten zu können. Diese beginnen bereits mit der Prüfung der Sachverständigen-Kompetenz: Handelt es sich um einen öffentlich bestellten und vereidigten Sachverständigen oder um einen amtlich anerkannten Sachverständigen für technische Überwachungsvereine? Hat er für einen Prozessbeteiligten bereits ein Schadensgutachten erstattet oder für die Haftpflichtversicherung ein Privatgutachten? Nach erfolgter mündlicher Gutachtenerstattung geht es um den Inhalt des Gutachtens selbst: Von welchen Toleranzgrenzen ist er etwa bei der Bewertung vorgefundener Brems- oder Blockierspuren, des Geschwindigkeitsverlustes durch den Aufprall, der angenommenen Wurfweite von Fußgängern oder Zweiradfahrern ausgegangen, von welcher mittleren Bremsverzögerung, von welcher Fußgängergeschwindigkeit, welcher Sichtweite usw? Hat er eine Bremsansprechzeit, eine evtl Blickzuwendungszeit, ablenkende Einflüsse (zB eine andere Gefahrensituation, die aber nicht unfallursächlich wurde, wie etwa spielende Kinder auf der anderen Gehwegseite) berücksichtigt? Von welchem Reaktionspunkt ging er aus und warum? Welche Fragen dem Sachverständigen vorzulegen sind, ergibt sich letzten Endes immer aus dem konkreten Fall. Auch wenn der Sachverständige natürlich immer einen Wissensvorsprung haben wird, ist es für die Verfahrensbeteiligten gleichwohl unabdingbar, sich ein Minimum an Wissen aus der technischen Unfallanalyse anzueignen.[58] Hierfür eignen sich Fortbildungsveranstaltungen ebenso wie einschlägige Fachliteratur und – nicht zuletzt – das Sammeln von Sachverständigen-Gutachten, insbesondere wenn sie während des Verfahrens zum besseren Verständnis kommentiert wurden.

61

14. Der Entzug der Fahrerlaubnis

Regelmäßig geht der im Urteil ausgesprochenen Entziehung der Fahrerlaubnis (§ 69 StGB) bei Trunkenheitsfahrten die Sicherstellung/Beschlagnahme des Führerscheins (§ 94 StPO) oder die vorläufige Entziehung der Fahrerlaubnis (§ 111 a

62

---

58 S.a. Dannert DAR 1997, 447; ders Verkehrsunfall und Fahrzeugtechnik 1998, 328

StPO) voraus. Sicherstellung und Beschlagnahme heben die Fahrerlaubnis nicht auf. Auch die vorläufige Entziehung der Fahrerlaubnis lässt trotz des Wortlauts die Fahrerlaubnis unberührt und bewirkt lediglich ab Bekanntgabe ein nach § 21 I Nr. 1 StVG strafbewehrtes Verbot, von der Fahrerlaubnis Gebrauch zu machen. Wer ein Kfz führt, obwohl der Führerschein sichergestellt oder beschlagnahmt ist, macht sich ebenfalls gemäß § 21 II Nr. 2 StVG strafbar.

a) Beschlagnahme

63 Eine Beschlagnahme ist nur zulässig, wenn die Voraussetzungen des § 111 a StPO vorliegen, was wiederum voraussetzt, dass dringende Gründe für die Annahme vorhanden sind, dass die Fahrerlaubnis gemäß § 69 StGB entzogen werden wird. Dringende Gründe sind gegeben, wenn eine hohe, fast an Gewissheit grenzende Wahrscheinlichkeit für die Verhängung der Maßnahme besteht.[59] Regelmäßig ist dies dann der Fall, wenn dringender Tatverdacht besteht und eine Katalogtat des § 69 II StGB begangen wurde.

64 Bei Gefahr im Verzug dürfen auch Polizeibeamte den Führerschein beschlagnahmen (§ 98 I StPO); besteht eine solche nicht, ist ein richterlicher Beschluss erforderlich. Wirksam beschlagnahmt ist nur, wenn der Führerschein körperlich in Besitz genommen wird. Ist dies nicht möglich, sind »Beschlagnahmeerklärungen« rechtlich ohne Bedeutung. Auch wenn der Beschuldigte der Sicherstellung seines Führerscheins widerspricht (auch der weiteren Sicherstellung nach anfänglichem Einverständnis), ist ein richterlicher Beschluss herbeizuführen (§ 98 II StPO). Die in der Vorschrift genannte 3-Tages-Frist ist eine Sollvorschrift, deren Verletzung die Wirksamkeit der Beschlagnahme nicht berührt und die auch nicht für die richterliche Entscheidung selbst gilt.

65 Die wirksame Beschlagnahme erfasst auch alle Sonderfahrerlaubnisse, so dass der Beschuldigte auch nicht mehr mit einem anderen gültigen Führerschein (zB Führerschein zur Fahrgastbeförderung, ausländischer Führerschein, Polizeiführerschein) fahren darf, wohl aber mit einem fahrerlaubnisfreien Kfz (Mofa).[60]

b) Vorläufige Entziehung der Fahrerlaubnis

aa) Allgemeines

66 Mit dem Beschluss nach § 111 a StPO wird dem Beschuldigten bis auf Weiteres das Führen von führerscheinpflichtigen Kfz aller Art verboten. Der Beschluss wird erst wirksam, wenn er dem Beschuldigten bekannt gegeben wird,[61] eine Zustellung an den Verteidiger oder eine Ersatzzustellung reichen nicht aus (s Rn 18). Formlose Mitteilung genügt jedoch. Voraussetzung ist ein dringender Tatverdacht, wobei die begangene Straftat die Besorgnis rechtfertigen muss, der Beschuldigte werde ähnliche Straftaten begehen und somit eine Gefahr für andere Verkehrsteilnehmer darstellen. Vorsicht ist geboten, wenn der dringende Tatverdacht ausschließlich auf der Aussage des Geschädigten beruht, insbesondere bei Vorwürfen der Nötigung oder der Körperverletzung. Bezieht sich der dringende Tatverdacht auf eine der Katalogtaten des § 69 II StGB, so rechtfertigt jedoch allein schon dies die Entziehung der Fahrerlaubnis im Interesse der Verkehrssicherheit.

---

59 Hentschel DAR 1988, 89
60 BayObLG DAR 1990, 352; OLG Köln NZV 1991, 360
61 BGH NJW 1962, 2104 = BGHZ 38, 86; OLG Köln VRS 52, 271

Streitig ist, ob ein vorläufiger Entzug der Fahrerlaubnis auch dann noch möglich **67** ist, wenn seit der Tat schon eine längere Zeit (etwa 8 Monate) vergangen ist. Die Mindermeinung, die dies verneint,[62] verkennt die vorrangigen Sicherungsbedürfnisse der Allgemeinheit. Nach hM[63] hindert, wenn die dringenden Gründe iSd § 111 a StPO erst festgestellt werden, nachdem die Straftat schon mehrere Monate zurückliegt, dies trotz des Zeitablaufs auch dann nicht die vorläufige Entziehung der Fahrerlaubnis, wenn der Beschuldigte in der Zwischenzeit nicht mehr als Kraftfahrer auffällig geworden ist. Insbesondere darf der Beschuldigte in solchen Fällen nicht darauf vertrauen, dass eine Maßnahme nach § 111 a StPO nun nicht mehr erfolgen werde.

Vor der vorläufigen Entziehung der Fahrerlaubnis ist dem Beschuldigten recht- **68** liches Gehör zu gewähren, § 33 III StPO. § 33 IV StPO, wonach rechtliches Gehör dann nicht gewährt werden muss, wenn die vorherige Anhörung den Zweck der Anordnung gefährden würde, ist auf die vorläufige Entziehung der Fahrerlaubnis dann nicht anwendbar, wenn der Führerschein sich bereits in amtlichem Gewahrsam befindet, weil allenfalls die Beschlagnahme des Führerscheins, nicht aber die kraft Gesetzes eintretende Wirkung der vorläufigen Fahrerlaubnis-Entziehung gefährdet werden kann.

Zuständig für den Erlass des Beschlusses ist im Ermittlungsverfahren das Gericht, **69** in dessen Bezirk der Führerschein beschlagnahmt wurde oder zu beschlagnahmen ist, § 162 I 1 StPO. Daneben gelten aber auch die allgemeinen Zuständigkeitsregeln der §§ 7 ff StPO, so dass auch das Gericht des Tatortes zuständig ist.

bb) Vorläufige Entziehung der Fahrerlaubnis in der Berufungsinstanz

Das Berufungsgericht darf, wenn das Erstgericht eine vorläufige Entziehung der **70** Fahrerlaubnis unterlassen oder wieder aufgehoben hat, einen Entziehungsbeschluss nur dann erlassen, wenn neue Tatsachen oder Beweismittel vorliegen, aufgrund derer dem Angeklagten entgegen der Annahme des Erstgerichts die Fahrerlaubnis doch entzogen werden wird.[64] Solche werden sich vor Durchführung der (Berufungs-)HV kaum feststellen lassen. Vor Erlass des Berufungsurteils darf bei unverändertem Sachstand das Berufungsgericht daher (entgegen der Ansicht des OLG Koblenz) auch dann die Fahrerlaubnis nicht vorläufig entziehen, wenn das Absehen von der Maßregel durch das Erstgericht eindeutig falsch war. Hebt allerdings das Berufungsgericht das angefochtene Urteil auf und ordnet es die Entziehung der Fahrerlaubnis gemäß § 69 StGB an, so darf es die Fahrerlaubnis auch vorläufig entziehen.[65] Das Berufungsgericht ist auch dann nicht gehindert, die Fahrerlaubnis noch während des Berufungsverfahrens vorläufig zu entziehen, wenn das Erstgericht zwar die Maßregel nach § 69 StGB angeordnet, die vorläufige Maßnahme jedoch unterlassen hat.[66]

Allein die Tatsache, dass der Angeklagte seit dem erstinstanzlichen Urteil unbean- **71** standet am Straßenverkehr teilgenommen hat, steht der vorläufigen Entziehung der Fahrerlaubnis durch das Berufungsgericht nicht entgegen. Im Hinblick auf die hohe Dunkelziffer bei Verkehrsstraftaten und den ein vorübergehendes Wohlverhalten

62 ZB LG Darmstadt DAR 1989, 473; LG Trier VRS 63, 210
63 OLG Koblenz VRS 67, 254; 68, 118; 73, 292; OLG Karlsruhe VRS 68, 360; OLG München NJW 1992, 2776; Hentschel NJW 1990, 1463
64 OLG Koblenz VRS 55, 45; OLG Frankfurt NJW 1955, 1043; OLG Köln NJW 1964, 1287; VRS 93, 348
65 OLG Zweibrücken NJW 1981, 275; OLG Koblenz VRS 67, 254; OLG Karlsruhe VRS 68, 360
66 OLG Frankfurt NJW 1981, 1680; OLG Karlsruhe VRS 68, 361

Wahl

fördernden Druck des Strafverfahrens rechtfertigt allein die unbeanstandete weitere Teilnahme am Straßenverkehr nicht die Annahme, der in der Straftat offenbar gewordene Eignungsmangel sei inzwischen weggefallen.[67]

cc) Vorläufige Entziehung der Fahrerlaubnis bei Inhabern einer ausländischen Fahrerlaubnis

72 Wird einem Beschuldigten, der anlässlich eines vorübergehenden Aufenthaltes in der BRD mit einer ausländischen Fahrerlaubnis berechtigterweise fährt, die Fahrerlaubnis vorläufig entzogen, so ist die Maßnahme grundsätzlich im ausländischen Führerschein zu vermerken (§ 111 a VI 1 StPO) und dieser anschließend wieder auszuhändigen. Die vorläufige Entziehung der Fahrerlaubnis setzt dabei voraus, dass die Erfordernisse des § 69 b StGB erfüllt sind, dh dass der Beschuldigte nach § 4 IntKfzVO (VO über den internationalen Kraftverkehr vom 12. 11. 1994, abgedruckt in Jagusch/Hentschel, S 1479 ff) berechtigt war und ist, mit einem ausländischen Führerschein Kfzs im Inland zu führen (s Rn 103). Andernfalls ist im Urteil nur eine »isolierte Sperre« zu verhängen, für die es keine vorläufige Maßnahme gibt. Liegen die Voraussetzungen der §§ 69 b StGB, 4 IntKfzVO nicht mehr vor, ist der außerdeutsche Kfz-Führer daher ebenso zu behandeln wie jeder andere, der ohne gültige Fahrerlaubnis am motorisierten Straßenverkehr teilnimmt. Es empfiehlt sich allerdings, zur Klarstellung gleichwohl einen »vorläufigen Entzug der Fahrerlaubnis« in den ausländischen Führerschein einzutragen.

§ 4 IntKfzVO bestimmt, unter welchen Voraussetzungen Inhaber von ausländischen Fahrerlaubnissen am Straßenverkehr im Inland teilnehmen können. Nach Abs 1 gilt die VO für Inhaber einer gültigen Fahrerlaubnis aus einem Mitgliedstaat der Europäischen Union oder einem Vertragsstaat des Abkommens über den Europäischen Wirtschaftsraum ohne ordentlichen Wohnsitz[68] im Inland sowie für Inhaber von Fahrerlaubnissen aus Drittstaaten, die ebenfalls keinen ordentlichen Wohnsitz im Inland haben oder bei denen seit der Begründung des Wohnsitzes nicht mehr als 6 Monate verstrichen sind.

Inhaber von EU- und EWR-Fahrerlaubnissen mit ordentlichem Wohnsitz im Inland sind Inhabern inländischer Fahrerlaubnisse gleichgestellt. Ihre Teilnahme am Straßenverkehr ist nicht mehr dem internationalen Verkehr zuzuordnen und wird deshalb in der FeV geregelt.

dd) Ausnahmen vom vorläufigen Entzug

73 § 111 a I 2 StPO ermöglicht es, von der vorläufigen Entziehung der Fahrerlaubnis bestimmte Arten von Kfz auszunehmen, wenn besondere Umstände die Annahme rechtfertigen, der Zweck der Maßnahme werde dadurch nicht gefährdet. Der Beschuldigte kann dann im Rahmen der bewilligten Ausnahme weiter am Straßenverkehr teilnehmen, ohne bei der Verwaltungsbehörde die Erteilung einer entsprechenden Fahrerlaubnis beantragen zu müssen, da die Fahrerlaubnis im Umfang der Ausnahme bestehen bleibt. Dem Beschuldigten ist in derartigen Fällen keine neue (beschränkte) Fahrerlaubnis durch die Verwaltungsbehörde zu erteilen, sondern ein Führerschein mit einem entsprechenden Vermerk auszustellen. Hierauf besteht ein Rechtsanspruch.[69]

---

67 OLG Köln DAR 1966, 271; OLG Koblenz VRS 67, 254; OLG Düsseldorf VerkMitt 1971, 59
68 BayObLG NZV 2000, 261 = NStZ 2000, 380
69 VG Mainz NJW 1986, 158

Wahl

ee)   Aufhebung des vorläufigen Entzugs

Gemäß § 111 a II StPO ist die vorläufige Entziehung der Fahrerlaubnis aufzuheben, **74** wenn der Grund für die Maßnahme weggefallen ist. Dies gilt auch für das Berufungsverfahren. Reiner Zeitablauf allein lässt den Grund noch nicht entfallen. Das Berufungsgericht ist trotz des Verschlechterungsverbots (§ 331 StPO) nicht gehindert, im Urteil die gleiche Sperre festzusetzen, die im angefochtenen Urteil bestimmt wurde.[70] Der erstinstanzliche 111 a-Beschluss muss daher nicht schon immer dann während des Berufungsverfahrens aufgehoben werden, wenn eine der im erstinstanzlichen Urteil festgesetzten Sperre entsprechende Zeit verstrichen ist.

Auch wenn zugunsten des Angeklagten Revision eingelegt wird und die im letzten **75** tatrichterlichen Urteil für die Dauer der Sperre festgesetzte Zeit verstrichen ist, rechtfertigt dieser Umstand allein nach hM nicht die Aufhebung der vorläufigen Entziehung der Fahrerlaubnis.[71]

Die vorläufige Entziehung der Fahrerlaubnis ist auch dann aufzuheben, wenn das Gericht im Urteil die Fahrerlaubnis nicht entzieht (§ 111 a II Alt 2 StPO).

Sie muss durch ausdrücklichen Beschluss aufgehoben werden, da sie sich nicht **76** durch das Urteil automatisch erledigt. Andernfalls verliert der Beschluss erst mit der Rechtskraft des Urteils seine Wirkung. Die Aufhebung ist ebenso wie die Anordnung der vorläufigen Entziehung der Fahrerlaubnis dem KBA in Flensburg mitzuteilen.

ff)   Rechtsmittel

Die Entscheidung über die vorläufige Entziehung der Fahrerlaubnis ist mit der Beschwerde (§ 304 StPO) anfechtbar. Die weitere Beschwerde ist ausgeschlossen, **77** § 310 II StPO. Gegen einen vom LG im 1. Rechtszug oder als Berufungsgericht (erstmalig) gefassten Beschluss ist danach die Beschwerde zulässig. Um eine unzulässige weitere Beschwerde handelt es sich aber, wenn gegen die Ablehnung der vorläufigen Entziehung von der StA erfolgreich Beschwerde eingelegt war und sich der erst dadurch beschwerte Beschuldigte gegen die Entscheidung des Beschwerdegerichts wendet.

Auf die Beschwerde hin kann das Gericht, dessen Entscheidung angefochten wird, **78** abhelfen und seine Entscheidung ändern. Der bloße Antrag des Beschuldigten, die vorläufige Entziehung nach § 111 a StPO aufzuheben, darf nicht in eine Beschwerde umgedeutet werden, vor allem, wenn ausdrücklich aufgeführt ist, dass keine Beschwerde gewollt ist. Trifft auf Vorlage hin das LG dennoch eine Beschwerdeentscheidung, ist eine Anfechtung nach § 310 II StPO nicht ausgeschlossen, da es sich in Wahrheit um eine Erstentscheidung handelt.

c)   Entziehung der Fahrerlaubnis durch Urteil

aa)   Allgemeines

Die Entziehung der Fahrerlaubnis ist eine verschuldensunabhängige Maßregel der **79** Besserung und Sicherung, die sich allein an der Sicherheit des Straßenverkehrs zu orientieren hat. Gemäß § 71 II StGB kann das Gericht auch selbstständig die Ent-

---

70 OLG München DAR 1975, 132; OLG Koblenz VRS 67, 156; OLG Düsseldorf VRS 79, 23
71 OLG Koblenz VRS 71, 40; OLG Hamburg DAR 1981, 27; OLG Stuttgart VRS 63, 363; OLG Düsseldorf DAR 1983, 62; aA OLG Köln VRS 57, 126; OLG Frankfurt DAR 1989, 311; OLG Zweibrücken NJW 1977, 448

ziehung der Fahrerlaubnis anordnen, wenn das Strafverfahren wegen Schuld- oder Verhandlungsunfähigkeit des Täters undurchführbar ist. Das Verfahren richtet sich dabei nach §§ 413 ff StPO.

80   Die Entziehung der Fahrerlaubnis nach §§ 69, 69 a StGB kann auch im Wege des Strafbefehls erfolgen, sofern die festzusetzende Sperre nicht mehr als 2 Jahre beträgt (§ 407 II Nr. 2 StPO) und ohne Beschränkung hinsichtlich der Sperrfrist im beschleunigten Verfahren (§ 419 I 3 StPO) sowie im Jugendverfahren (§ 7 JGG).

81   Nur wenn der Angeklagte ungeeignet zum Führen von Kfz ist (s Rn 83 ff), darf gemäß § 69 StGB die Fahrerlaubnis entzogen werden. Alleiniger Zweck der Maßregel ist die Sicherung der Allgemeinheit vor den Gefahren, die von ungeeigneten Kraftfahrern ausgehen.[72] Daher ist die Maßregel im Interesse der Verkehrssicherheit auch dann nicht unverhältnismäßig, wenn Arbeitsplatzverlust droht (§ 69 I 2 StGB).

82   Nur wenn die Tat bei oder im Zusammenhang mit den Führen von *Kfz* (§ 1 II StVG) begangen wurde, ist eine strafgerichtliche Entziehung der Fahrerlaubnis möglich.[73] Ein Entzug oder die Anordnung einer isolierten Sperre durch den Strafrichter ist daher bei einer Verkehrsstraftat eines Radfahrers nicht zulässig.[74] Auch führerscheinfreie Fahrzeuge sind Kfz, wenn sie die Voraussetzungen des § 1 II StVG erfüllen, also auch Leichtmofas.

83   Bei der Frage der Ungeeignetheit ist eine Gesamtwürdigung der Täterpersönlichkeit vorzunehmen.[75] Vor allem bestimmte Straftaten können ein gewichtiges Indiz für die Ungeeignetheit sein, etwa

– körperliche Misshandlung eines anderen Verkehrsteilnehmers;[76]
– vorsätzliche Beschädigung eines fremden PKW;[77]
– Benutzung des Kfz zur Begehung einer Straftat (vorsätzlich herbeigeführter Unfall zu Betrugszwecken; Transport von Rauschgift oder von Diebesgut);[78]
– Widerstandsleistung zur Verhinderung einer Blutentnahme;[79]
– Fahren trotz Fahrverbots oder trotz laufender Sperrfrist;[80]
– vorsätzliche Überlassung des Kfz an einen Fahruntauglichen.[81]

84   Nach der Definition des BGH[82] ist der Täter ungeeignet zum Führen von Kfz iSd § 69 StGB, wenn von ihm nach sorgfältiger Prüfung des Tathergangs, seiner Persönlichkeit und Lebensführung nicht erwartet werden kann, dass er gewillt und fähig ist, den Lockungen zu widerstehen und den besonderen Gefahren zu begegnen, die sich aus der Führung von Kfz für ihn bzw für ihn und die Allgemeinheit ergeben. Eignungsmängel können körperlicher, geistiger und charakterlicher Art sein. Auch bereits eine einmalige Trunkenheitsfahrt rechtfertigt die Annahme charakterlicher Ungeeignetheit. Soweit allerdings charakterliche Mängel zur Begründung des Fahrerlaubnis-Entzuges herangezogen werden, muss es sich um solche handeln, die sich im Kraftverkehr gefährlich auswirken und die in der Tat selbst in Erscheinung ge-

72 BGH NJW 1954, 1167; 1961, 1269; 1955, 557; OLG Köln NJW 1960, 2255
73 BGH NZV 1995,156
74 BGH VerkMitt 1972, 25; BayObLG NJW 1955, 561
75 BGHSt 6, 185
76 BayObLG NJW 1959, 2117
77 LG Zweibrücken DAR 1995, 502
78 OLG Düsseldorf NZV 1992, 331; BGH NZV 1993, 95; NStZ 2003, 658
79 OLG Hamm VRS 8, 46
80 OLG Schleswig VerkMitt 1966, 93; BayObLG DAR 1990, 365; OLG Koblenz VRS 69, 298
81 BGHSt 15, 318
82 BGH NJW 1954, 1176; OLG Saarbrücken NJW 1965, 2313

treten sind. So darf zB Alkoholgenuss, der sich im Tatgeschehen nicht ausgewirkt hat, nicht Anlass zur strafgerichtlichen Entziehung der Fahrerlaubnis sein.[83] Auch getilgte oder tilgungsreife Vorstrafen dürfen im Rahmen der §§ 69, 69 a StGB berücksichtigt werden, wenn sie in das VZR einzutragen waren und solange die Verurteilung nach den Vorschriften der §§ 28 bis 30 b StVG verwertet werden darf (§ 52 II BZRG). Maßgebend für die Eignungsbeurteilung ist nicht der Zeitpunkt der Tat, sondern ausschließlich der Zeitpunkt des Urteils.[84] So ist es ohne Bedeutung, ob der Angeklagte die Fahrerlaubnis womöglich erst nach der Tat erworben hat. Ist im Zeitpunkt des Urteils der Eignungsmangel entfallen, hat eine Maßregel nach §§ 69, 69 a StGB zu unterbleiben.[85] Dies gilt selbst bei einer bewussten Verfahrensverzögerung durch den Angeklagten. Dabei sollte aber beachtet werden, dass dem möglichen Vorteil einer Verfahrensverzögerung mit dem Ziel, unter Umgehung der Verwaltungsbehörde den Führerschein durch das Gericht zurückzuerlangen, ein gravierender Nachteil gegenübersteht: Das »Punktekonto« des Angeklagten bleibt nämlich nach dem Punktsystem (§ 4 StVG) um die Punkte der abgeurteilten Straftat belastet, während diese bei gleichzeitiger Fahrerlaubnis-Entziehung entfallen (§ 4 II 3 StVG). In Durchschnittsfällen ohne die Gefahr von Schwierigkeiten bei der Neuerteilung der Fahrerlaubnis durch die Verwaltungsbehörde (dh idR bei Ersttätern mit einer BAK von unter 1,6 ‰) ist es daher für den Angeklagten meist günstiger, eine möglichst rasche Aburteilung anzustreben. Im Ergebnis wird er dann nach Ablauf der (um die Dauer vorläufiger Führerscheinmaßnahmen verkürzten) Sperrfrist ebenso rasch im Besitz einer neuen Fahrerlaubnis sein wie bei der Führerscheinrückgabe durch das Strafgericht nach lange währendem Verfahren, ohne sein Punktekonto kräftig aufgefüllt zu haben.

Der Umstand, dass der Täter ein Kfz zur Begehung von Straftaten benutzt hat, begründet nach einer Entscheidung der 4. Strafsenats des BGH keine Regelvermutung für seine charakterliche Unzuverlässigkeit zum Führen von Kfz. Dies gilt auch, wenn der Täter bei der Durchführung von Betäubungsmittelgeschäften ein Kfz benutzt hat. Erst wenn konkrete Anhaltspunkte dafür vorliegen, dass der Täter seine kriminellen Ziele über die im Verkehr gebotene Sorgfalt und Rücksichtnahme stellt, kann die Entziehung der Fahrerlaubnis in Betracht kommen.[86] Diese Auffassung lehnt allerdings der 1. Strafsenat ausdrücklich ab.[87] Danach umfasst der Eignungsbegriff des § 69 StGB nicht nur die regelrechte Ausübung der Fahrerlaubnis. Vielmehr muss der Fahrerlaubnisinhaber auch in dem Sinne zuverlässig sein, dass er die Fahrerlaubnis nicht zur Begehung rechtswidriger Taten ausnutzt. Wer unter Regelbeachtung am Verkehr teilnimmt, aber die Fahrerlaubnis bewusst zur Begehung gewichtiger rechtswidriger Taten einsetzt, kann daher zum Führen von Kfzs ungeeignet sein.

bb) Regelfälle

Hat der Täter eine Katalogtat des § 69 II StGB begangen, ist er regelmäßig ohne   85
Würdigung seiner Persönlichkeit als ungeeignet anzusehen, da seine Ungeeignetheit zum Führen von Kfz hierdurch indiziert wird.[88] Das Gericht muss in derartigen Fällen nur noch feststellen, dass der Angeklagte eine der in § 69 II StGB aufgezähl-

83 OLG Düsseldorf DAR 1969, 24; BayObLG DAR 1993, 371
84 BGH NJW 1955, 557; VRS 82, 19; OLG Düsseldorf NZV 1991, 237; 1993, 117
85 BGH NStZ 1987, 546
86 BGH VerkMitt 2003, 73 = NZV 2003, 199 = NStZ-RR 2003, 47 = NStZ 2003, 312 = BA 2003, 318 = DAR 2003, 126 = StV 2003, 69 = VRS 104, 214
87 BGH NStZ 2003, 658
88 BayObLG DAR 1992, 364; OLG Koblenz VRS 55, 355; 71, 278

ten Taten begangen hat und dass keine Ausnahme von der Regel dieser Vorschrift vorliegt.[89]

cc) Ausnahmen

86 Eine Ausnahme vom Regelfall kann gegeben sein, wenn besondere Umstände vorliegen, die den Verstoß in einem milderen Licht erscheinen lassen als den Regelfall oder die nach der Tat die Eignung günstig beeinflusst haben.[90] In Betracht kommen zB eine notstandsähnliche Situation des Angeklagten (ein Arzt wird überraschend zu einem dringenden Patientenbesuch gerufen) oder eine besonders lange andauernde Entziehungszeit[91] mit inzwischen absolvierter erfolgreicher Teilnahme an einem Nachschulungskurs (str s Rn 88) oder Umparken des verkehrsbehindernd abgestellten Fahrzeugs um nur wenige Meter.

87 Der Umstand, dass es sich bei der Trunkenheitsfahrt um das erste Versagen eines langjährig bewährten Kraftfahrers handelt, rechtfertigt ebenso wenig eine Ausnahme von der Maßregel wie die Tatsache, dass die Tat von einem Jugendlichen begangen wurde oder dass der Täter »auf seine Fahrerlaubnis angewiesen ist«.[92]

88 Die Einschätzung einer Nachschulung zur Beeinflussung alkoholauffälliger Kraftfahrer als geeignete Maßnahme zur Beeinflussung des Eignungsmangels reicht in Rechtsprechung und Schrifttum von großzügiger Berücksichtigung bis zur gänzlichen Ablehnung.[93] Die veröffentlichte tatrichterliche Rechtsprechung bewertet eine Nachschulung überwiegend positiv, teilweise aber auch einschränkend oder negativ, während die obergerichtliche Rechtsprechung die Nachschulung nahezu einhellig als eine Maßnahme anerkennt, die dazu beitragen kann, den in der Tat offenbar gewordenen Eignungsmangel zu beseitigen.[94] Ob und inwieweit eine Nachschulung zur Beseitigung des Eignungsmangels beigetragen hat, ist letztlich Tatfrage. Stets muss das Gericht den Wegfall des Mangels für den konkreten Fall feststellen. Generalpräventive Gesichtspunkte haben dabei auszuscheiden, weil die Maßregel der Fahrerlaubnis-Entziehung rein spezialpräventiv ist.[95]

Die Teilnahme an Aufbauseminaren, auch auf freiwilliger Grundlage, ist seit 1. 1. 1999 gesetzlich geregelt in §§ 4 VIII, 6 I Nr. 1t StVG iVm §§ 42 ff FeV.

89 Gemäß § 267 VI 2 StPO müssen die Urteilsgründe ergeben, weshalb die Maßregel nicht angeordnet worden ist, obwohl dies nach Art der Straftat in Betracht kam. Dies gilt auch für Strafbefehle (§ 409 I 3 StPO). Die Begründung in Fällen der Nichtentziehung im Urteil ist für den Angeklagten von wesentlicher Bedeutung, weil die Verwaltungsbehörde bei Beurteilung desselben Sachverhalts die Fahrerlaubnis nicht entziehen darf, wenn der Strafrichter die Ungeeignetheit zum Führen von Kfzs verneint hat (§ 4 III StVG).

---

89 OLG Köln DAR 1966, 271; OLG Düsseldorf VRS 74, 279
90 Vgl Amtl Begr BT-Ds IV/651 S17
91 OLG Köln VRS 41, 101; 61, 118; KG VRS 60, 109; LG Heilbronn DAR 1987, 29; OLG Stuttgart NJW 1987, 142; BayObLG DAR 1974, 177; OLG Düsseldorf VRS 74, 259
92 OLG Düsseldorf VerkMitt 1971, 59; KG VRS 60, 109
93 LG Köln DAR 1989, 109; LG Hamburg DAR 1983, 60; LG Duisburg BA 1980, 388; zurückhaltend LG Krefeld DAR 1980, 63; LG Köln ZfS 1980, 124; LG Dortmund DAR 1981, 28; abl LG Kassel DAR 1981, 28; s.a. Winkler NZV 1992, 425; Zabel BA 1991, 345
94 OLG Köln VRS 60, 375; 61, 118
95 OLG Hamburg VRS 60, 192; OLG Koblenz VRS 66, 40

dd) Erlöschen der Fahrerlaubnis

Mit Rechtskraft des Urteils erlischt die Fahrerlaubnis, § 69 III 1 StGB. Eine teilweise Entziehung der Fahrerlaubnis ist (im Gegensatz zum vorläufigen Entzug) nicht möglich. Die Ausnahmemöglichkeit des § 69 a II StGB für bestimmte Kfz-Arten betrifft nicht die Entziehung, sondern nur die Sperre.

90

ee) Einziehung des Führerscheins

Der von einer deutschen Behörde erteilte Führerschein wird im Falle der Fahrerlaubnis-Entziehung gemäß § 69 III 2 StGB eingezogen. Ist ein ausländischer Führerschein von einer Behörde der EU oder eines anderen Vertragsstaates des Abkommens über den Europäischen Wirtschaftsraum ausgestellt worden und hat der Inhaber seinen ordentlichen Wohnsitz im Inland, wird der Führerschein im Urteil eingezogen und an die ausstellende Behörde zurückgesandt, § 69 b II 1 StGB. Der Ausspruch über die Führerscheineinziehung erstreckt sich auf sämtliche Führerscheine des Angeklagten, auch wenn diese im Tenor nicht genannt sind oder wenn nur ein bestimmter genannt ist. Dies gilt auch, wenn der Angeklagte geltend macht, den Führerschein verloren zu haben.[96]

91

ff) Sperre für die Wiedererteilung der Fahrerlaubnis

Zugleich mit der Entziehung der Fahrerlaubnis ordnet das Gericht eine Sperrfrist an, vor deren Ablauf die Verwaltungsbehörde keine neue Fahrerlaubnis erteilen darf. Nach Ablauf der Sperre lebt die alte Fahrerlaubnis nicht wieder auf, sie muss neu erworben werden. Für die Bemessung der Sperre muss das Gericht eine Prognose treffen über die voraussichtliche Dauer der Ungeeignetheit.[97] Hierzu hat eine Gesamtwürdigung der Persönlichkeit des Angeklagten unter Berücksichtigung seines Vorlebens und seiner Vorstrafen zu erfolgen. Eine Sperrfristbemessung rein nach festen Taxen ist unzulässig.[98] Gleichwohl existieren in vielen Gerichtsbezirken Tabellen. Diese haben jedoch durchaus ihren Sinn, wenn sie lediglich als Richtschnur, als grobe Orientierung für den Durchschnittsfall dienen und bei der konkreten Fristbemessung die besonderen Umstände des Einzelfalls berücksichtigt werden. Die zu erwartenden Rechtsfolgen werden damit für den Angeklagten abschätzbar. Gleichzeitig wird damit dem Postulat der Gleichbehandlung von Tätern bei vergleichbaren Sachverhalten, dem auf dem Gebiet des Verkehrsrechts (Massendelikte, keine kriminellen Täter im eigentlichen Sinn) eine besondere Bedeutung zukommt, Rechnung getragen.

92

Das Mindestmaß der Sperre beträgt 6 Monate, das Höchstmaß bei zeitiger Sperre 5 Jahre (§ 69 a I 1 StGB). Die Sperre kann auch für immer angeordnet werden, wenn zu erwarten ist, dass die gesetzliche Höchstfrist nicht ausreicht (§ 69 a I 2 StGB). Ist gegen den Angeklagten in den letzten 3 Jahren vor der Tat (nicht vor dem Urteil!) bereits einmal eine strafgerichtliche Fahrerlaubnis-Sperre (also nicht durch die Verwaltungsbehörde) angeordnet worden, so erhöht sich das Mindestmaß einer nunmehr anzuordnenden neuen Sperre auf 1 Jahr (§ 69 a III StGB). Diese Regelung über das erhöhte Mindestmaß gilt nach hM aber nicht in den Fällen, in denen die frühere Sperre nicht wegen charakterlicher, sondern wegen körperlicher oder geistiger Mängel verhängt wurde.[99]

93

---

96 OLG Köln VRS 26, 199; OLG Karlsruhe VRS 59, 111
97 BGHSt 15, 393; BGH NJW 1961, 1269; DAR 1992, 244; OLG Köln VRS 41, 354
98 OLG Celle VRS 44, 96; OLG Düsseldorf NZV 1993, 117
99 Vgl Geppert MDR 1972, 280; Tröndle/Fischer § 69 a Rn 8

94　Gemäß § 69 a IV und VI StGB verkürzt sich das Mindestmaß der Sperre um die Zeit vorläufiger Fahrerlaubnis-Entziehung bzw die Zeit, seit der der Führerschein sichergestellt oder beschlagnahmt war, wenn diese Maßnahmen wegen der nunmehr abzuurteilenden Tat getroffen waren. Eine Verkürzung der Sperre unter 3 Monate ist jedoch in jedem Fall unzulässig, § 69 a IV 2 StGB.[100] Die Fristen gelten auch im Berufungsverfahren.[101] Eine Bindung an die Mindestfrist besteht aber nur, wenn das Gericht den Angeklagten im Zeitpunkt der Entscheidung noch für ungeeignet hält. Ist dies nicht der Fall, erfolgt auch keine Entziehung der Fahrerlaubnis, sondern allenfalls kann ein Fahrverbot (§ 44 StGB) verhängt werden.

95　Die Sperre beginnt mit der Rechtskraft des Urteils, § 69 a V 1 StGB. Jedoch wird nach § 69 a V 2, VI StGB die Zeit vorläufiger Fahrerlaubnisentziehung oder Führerscheinbeschlagnahme in die Sperrfrist eingerechnet, soweit sie nach Verkündung des letzten tatrichterlichen Urteils verstrichen ist. Im Strafbefehlsverfahren entspricht nach hM der Erlass (Zeitpunkt der Unterzeichnung durch den Richter) und nicht erst die Zustellung dem letzten tatrichterlichen Urteil.[102] Dies ist insbesondere bei der Rücknahme des Einspruchs gegen den Strafbefehl von Bedeutung.

96　Tatsachen, die nach Erlass des Urteils eingetreten sind, können zu einer vorzeitigen Aufhebung der Sperre führen (§ 69 a VII StGB), sofern es sich um erhebliche Umstände handelt, die den Täter entgegen der früheren Prognose als nicht mehr ungeeignet zum Führen von Kfz erscheinen lassen.[103] Lediglich wirtschaftliche Interessen begründen nie eine vorzeitige Aufhebung der Sperre. Die vorzeitige Aufhebung kommt auch bei lebenslanger Sperre in Frage. Sie kann auch auf bestimmte Fahrzeugarten beschränkt werden.[104] Jedoch dürfen niemals die Mindestfristen des § 69 a VII 2 StGB unterschritten werden.

gg)　Isolierte Sperre

97　Besitzt der Täter keine Fahrerlaubnis, so ist nach § 69 a I 3 StGB ohne weitere Prüfung, ob die Verkehrssicherheit dies erfordert, nur die Sperre allein anzuordnen.[105] Dies soll der Gleichbehandlung dienen, da sonst derjenige bevorzugt wäre, der zur Zeit der Entscheidung gar keine Fahrerlaubnis besitzt, weil er ohne Sperre sofort eine Fahrerlaubnis beantragen könnte. Bei der isolierten Sperre besteht keine Möglichkeit einer Verkürzung des Mindestmaßes durch Berücksichtigung vorläufiger Führerscheinmaßnahmen, da solche nicht stattgefunden haben.[106] Auch die seit dem Urteil des letzten Tatrichters verstrichene Zeit ist nicht einzurechnen.[107]

hh)　Ausnahmen von der Sperre

98　Gemäß § 69 a II StGB kann das Gericht von der Sperre bestimmte Arten von Kfz ausnehmen, wenn besondere Umstände die Annahme rechtfertigen, dass der Zweck der Maßregel dadurch nicht gefährdet wird. Fahrzeugart ist dabei nicht identisch mit Fahrzeugklasse iSd § 6 FeV. Es kann zB zwischen LKW (bis 3,5 t) und PKW als Arten innerhalb der Klasse B unterschieden werden.

100　OLG Zweibrücken DAR 1986, 232
101　OLG Zweibrücken MDR 1986, 1046
102　LG Köln DAR 1978, 322; LG Freiburg NJW 1968, 1791
103　OLG Düsseldorf NZV 1991, 477
104　OLG Düsseldorf VRS 63, 273; NZV 1991, 477; OLG Koblenz VRS 66, 466; OLG Köln NJW 1960, 2255
105　BGH DAR 1978, 152; OLG Bremen VRS 51, 278
106　OLG Düsseldorf VRS 39, 259; OLG Nürnberg DAR 1987, 28; LG Gießen NStZ 1985, 112
107　hM, vgl Tröndle/Fischer § 69 a Rn 13; OLG Düsseldorf VRS 39, 259; dag LG Stuttgart NZV 2001, 180 = VRS 2001, 20

Keine Ausnahmen sind möglich für **99**

- Fahrzeuge eines bestimmten Fabrikats oder mit Merkmalen bestimmter konstruktiver Art;[108]
- Fahrzeuge mit einem bestimmten Fahrzweck (zB Feuerwehr- oder Sanitätsfahrzeuge); anders aber, wenn die besondere Ausrüstung einen bestimmten Verwendungszweck bedingt (zB Feuerlöschfahrzeug, Krankenrettungsfahrzeug);[109]
- Fahrzeuge eines bestimmten Halters oder Eigentümers;[110]
- bestimmte Benutzungszeiten oder -orte, Berufs- oder Privatfahrten;[111]
- Dienstfahrzeuge im Einsatz.[112]

Bei charakterlichen Mängeln, insbesondere Alkoholfahrten, ist eine besonders **100** strenge Prüfung geboten. Dies gilt vor allem für die Ausnahme von LKW oder Bussen. Am ehesten werden Ausnahmen bewilligt für landwirtschaftliche Zugfahrzeuge der Führerscheinklasse L, da von der Benutzung solcher Fahrzeuge wegen ihrer geringen Geschwindigkeit und im Hinblick auf ihren Einsatz eine weitaus geringere Gefahr für die Allgemeinheit ausgeht. Wirtschaftliche Gesichtspunkte und generalpräventive Aspekte haben bei der Frage, ob eine Ausnahme bewilligt werden kann, auszuscheiden.[113]

Wird von der Sperre eine bestimmte Kfz-Art ausgenommen, erlischt gleichwohl **101** die Fahrerlaubnis im Ganzen, da die durch Urteil ausgesprochene Fahrerlaubnis-Entziehung die Fahrerlaubnis als solche erfasst. Es ist dann Sache der Verwaltungsbehörde, auf Antrag eine neue Fahrerlaubnis, beschränkt auf die von der Sperre ausgenommene Kfz-Art, zu erteilen. Erst mit der Erteilung durch die Verwaltungsbehörde verfügt der Angeklagte dann wieder über eine (beschränkte) Fahrerlaubnis.

ii) Wiedererteilung der Fahrerlaubnis durch die Verwaltungsbehörde

Die Wiedererteilung der Fahrerlaubnis, die nach rechtskräftigem Entzug eine Neu- **102** erteilung (§ 2 StVG, §§ 7 bis 20 FeV) ist, ist geregelt in §§ 3 VI, 6 I Nr. 1r StVG iVm 15 ff FeV. Für die Prüfung durch die Verwaltungsbehörde ist gemäß § 20 II FeV eine Erleichterung vorgesehen.

Die Sperrfrist gemäß § 69 a StGB für die Erteilung einer Fahrerlaubnis bedeutet nicht, dass die Eignung nach Fristablauf ohne weiteres wieder besteht und die Verwaltungsbehörde die Fahrerlaubnis nunmehr erneut erteilen muss. Sie hat dies vielmehr unter eigener Verantwortung zu prüfen. Dabei kann auf eine Fahrerlaubnis-Prüfung verzichtet werden, wenn keine Tatsachen vorliegen, die die Annahme rechtfertigen, dass der Bewerber die erforderlichen Kenntnisse und Fähigkeiten nicht mehr besitzt (§ 20 II FeV), jedoch nicht, wenn inzwischen mehr als zwei Jahre verstrichen sind. Unberührt bleibt auch die Möglichkeit der Anordnung einer MPU (§ 20 III FeV). Auch kann die Wiedererteilung nach vorangegangener Entziehung durch Rechtsverordnung von Bedingungen abhängig gemacht werden (§ 3 VI StVG).

---

108 OLG Hamm NJW 1971, 1193; OLG Stuttgart DAR 1975, 305
109 OLG Hamm NJW 1971, 1193; OLG Frankfurt NJW 1973, 815; BayObLG NJW 1989, 2959; NZV 1991, 397
110 OLG Oldenburg BA 1981, 373; BayObLG VRS 66,445
111 OLG Düsseldorf ZfS 1983, 351; OLG Hamm NJW 1971, 1618
112 OLG Oldenburg BA 1981, 373
113 OLG Düsseldorf DAR 1992, 187; OLG Celle BA 1988, 196; BayObLG DAR 1988, 364

Wahl

kk) Fahrerlaubnis-Entziehung bei Inhabern einer ausländischen Fahrerlaubnis

103 § 69 b StGB enthält eine Sonderregelung für die Kraftfahrer, die zwar nach den Regeln über den internationalen Kfz-Verkehr in Deutschland Kfz führen dürfen, die aber keinen deutschen Führerschein besitzen. Wer diese Berechtigung besitzt, ergibt sich aus § 4 IntKfzVO, dessen Voraussetzungen im Zeitpunkt der HV vorliegen müssen (s. a. Rn 72).

104 Abweichend von § 4 I 1 IntKfzVO bestimmt Satz 2 der genannten Vorschrift, dass Inhaber einer gültigen Fahrerlaubnis aus einem Mitgliedstaat der Europäischen Union oder einem Vertragsstaat des Abkommens über den Europäischen Wirtschaftsraum, die ihren ordentlichen Wohnsitz[114] in Deutschland haben, den deutschen Fahrerlaubnisbestimmungen der §§ 28, 29 FeV unterliegen. Dies betrifft die derzeit 25 Staaten der EU sowie Norwegen, Island und Liechtenstein. Ausgenommen sind ferner Schüler und Studenten, die sich nur wegen des Besuchs einer Schule oder Universität in Deutschland aufhalten, solange ihr Aufenthalt nur diesem Zwecke dient.

Inhaber von Fahrerlaubnissen aus Drittstaaten dürfen nach Begründung des ordentlichen Wohnsitzes im Inland noch für einen Zeitraum von sechs Monaten mit ihrer ausländischen Fahrerlaubnis im Inland Kfzs führen (§ 4 I 3 IntKfzVO). Grund dafür ist, dass die internationalen Abkommen über den Straßenverkehr die Vertragsstaaten nur verpflichten, Fahrerlaubnisse solcher Personen anzuerkennen, die sich vorübergehend im Inland aufhalten. Diese Verpflichtung besteht nicht mehr, sobald die betreffenden Personen im Inland einen Wohnsitz begründen. Von diesem Zeitpunkt an kann jeder Vertragsstaat die Bedingungen, unter denen er Inhaber ausländischer Fahrerlaubnisse zum Verkehr im Inland zulässt, selbst bestimmen.

105 § 4 III IntKfzVO verbietet Inhabern einer ausländischen Fahrerlaubnis aus einem Drittstaat das Führen von Kfz im Inland ausdrücklich, wenn sie zum Zeitpunkt der Erteilung der ausländischen Fahrerlaubnis ihren ordentlichen Wohnsitz im Inland hatten, während des Bestehens einer Sperre oder einer vorläufigen Entziehung der Fahrerlaubnis oder wenn ihnen die Fahrerlaubnis von einer deutschen Verwaltungsbehörde entzogen oder die Erteilung versagt worden ist.

Für die Berechtigung zur Teilnahme am inländischen Kraftfahrzeugverkehr mit einer ausländischen Fahrerlaubnis genügt aber bereits die Begründung eines Wohnsitzes im Ausland; nicht erforderlich ist, dass dieser bei Erwerb der ausländischen Fahrerlaubnis auch schon 185 Tage bestand.[115]

106 Liegen also die in § 69 b StGB genannten Voraussetzungen (iVm IntKfzVO) vor, so hat die »Entziehung« der ausländischen Fahrerlaubnis aus einem Drittstaat durch ein deutsches Gericht die Wirkung einer Aberkennung des Rechts, von der Fahrerlaubnis im Inland Gebrauch zu machen, die mit Rechtskraft des Urteils eintritt. Eine weiterreichende »Entziehung« wäre als Eingriff in fremde Hoheitsrechte unzulässig. Die Entziehung der Fahrerlaubnis und die Sperre werden im ausländischen Führerschein vermerkt, § 69 b II 2 StGB. Erlaubt die Beschaffenheit des Führerscheins die Anbringung eines Vermerks nicht, wird dieser gesondert gefertigt und mit dem Führerschein verbunden. Zur Durchführung der Eintragung kann der ausländische Führerschein nach § 463 b II StPO beschlagnahmt und bis zum Abschluss der Eintragung vorübergehend einbehalten werden.

---

114 BayObLG NZV 2000, 261 = NStZ 2000, 380
115 BayObLG NZV 2000, 261 = NStZ 2000, 380 = VRS 98, 378

Auch wenn die gerichtliche Sperrfrist für die Wiedererteilung einer deutschen Fahrerlaubnis abgelaufen ist, berechtigt die ausländische Fahrerlaubnis nicht automatisch wieder zum Führen von Fahrzeugen im Inland. Die Wiederberechtigung muss
vielmehr nach Ablauf der Sperrfrist in Deutschland ausdrücklich beantragt werden.
Ansonsten liegt ein strafbares Fahren ohne Fahrerlaubnis im Inland vor.

Handelt sich es dagegen um eine gültige EU- oder EWR-Fahrerlaubnis und hat der
Inhaber seinen ordentlichen Wohnsitz im Inland, so wird der Führerschein behandelt wie ein deutscher, dh er wird im Urteil eingezogen und an die ausstellende Behörde zurückgesandt (§ 69 b II 1 StGB).

Diese Grundsätze dürften in Zukunft so nicht mehr anwendbar sein. Mit Urteil
vom 29. 4. 2004[116] hat der EuGH zur Richtlinie 91/439/EWG beschlossen, dass für
Inhaber einer Fahrerlaubnis aus einem EU-Mitgliedstaat weder das Wohnsitzerfor-
dernis im Inland noch die faktische Weitergeltung der Sperrfrist nach deren Ablauf
bestehen. Ein Mitgliedstaat darf einem von einem anderen Mitgliedstaat ausgestell-
ten Führerschein die Anerkennung nicht deshalb versagen, weil nach den ihm vorliegenden Informationen der Führerscheininhaber zum Zeitpunkt der Ausstellung
des Führerscheins seinen ordentlichen Wohnsitz nicht im Hoheitsgebiet des Mitgliedstaats hatte, der den Führerschein ausgestellt hat. Ein Mitgliedstaat darf die
Anerkennung der Gültigkeit eines Führerscheins, der später von einem anderen
Mitgliedstaat ausgestellt worden ist, nicht weiterhin ablehnen, wenn die frühere
Fahrerlaubnis des Führerscheininhabers im erstgenannten Mitgliedstaat entzogen
oder aufgehoben wurde, die Sperrfrist für die Neuerteilung der Fahrerlaubnis in
diesem Mitgliedstaat aber bereits abgelaufen ist.

15.   Das Fahrverbot als Nebenstrafe – § 44 StGB

a)   Allgemeines

Während das ordnungsrechtliche Fahrverbot (Bußgeldverfahren) nur in den Fällen   **107**
der §§ 24, 24 a StVG in Betracht kommt und nur bei Verletzung der Pflichten des
Kfz-Führers angeordnet werden kann, kommt das Fahrverbot nach § 44 StGB
grundsätzlich auch bei Straftaten zur Anwendung, die mit dem Führen eines Kfz
nur im Zusammenhang stehen oder bei Verstößen des Halters, der das Kfz nicht
geführt hat.[117] Es lässt den Bestand der Fahrerlaubnis unberührt und verbietet dem
Verurteilten nur, von der fortbestehenden Fahrerlaubnis für den im Urteil bestimmten Zeitraum (1–3 Monate) Gebrauch zu machen. Bei einer verbotswidrigen Fahrt
wird daher der Haftpflichtversicherer nicht leistungsfrei. Die Anordnung des Fahrverbots ist eine Ermessensentscheidung (»kann«). Als Nebenstrafe kommt ein
Fahrverbot nur neben einer Geld- oder Freiheitsstrafe in Betracht, nicht isoliert.[118]
Es ist vorwiegend spezialpräventiv als Warnungs- und Besinnungsstrafe (»Denk-
zettel«) für nachlässige oder leichtsinnige Kraftfahrer gedacht,[119] die Verkehrsvorschriften grob oder beharrlich missachtet bzw bei einmaliger Zuwiderhandlung
sich besonders verantwortungslos verhalten haben. Die Straftat muss bei der Führung eines *Kraft*fahrzeugs begangen worden sein,[120] es genügt dabei ein führer-
scheinfreies Kfz (Mofa), nicht aber ein Fahrrad. Unterbleibt im Falle der Verurtei-

---

116 EuGH NJW 2004, 1725
117 OLG Koblenz VRS 50, 61; OLG Hamm VRS 59, 468; BayObLG VRS 41, 62
118 BVerfGE 27, 36; OLG Koblenz NJW 1969, 282; OLG Celle NJW 1969, 1187
119 BGHSt 24, 348
120 OLG Düsseldorf VerkMitt 1970, 82; OLG Köln VRS 63, 118

lung wegen eines Alkoholdelikts (§§ 316, 315 c I StGB) ausnahmsweise der Entzug der Fahrerlaubnis gemäß § 69 StGB, so ist idR ein Fahrverbot anzuordnen, § 44 I 2 StGB, das Ermessen des Gerichts ist insoweit eingeschränkt. Von dieser Regelanordnung darf nur unter ganz besonderen Umständen abgesehen werden.[121] Nur Fälle außergewöhnlicher Härte rechtfertigen eine Ausnahme.

108 Wie bei der Sperre nach § 69 a II StGB kann auch das Fahrverbot auf bestimmte Arten von Kfz beschränkt werden (§ 44 I 1 aE StGB).[122]

109 Das Fahrverbot wird wirksam mit Rechtskraft des Urteils, § 44 II 1 StGB. Die Weiterfahrt bis zur Ablieferung des Führerscheins ist nach § 21 I Nr. 1 StVG strafbar. Auch ein Wiedereinsetzungsantrag berührt die Wirksamkeit des Fahrverbot nicht, § 47 I StPO. Häufig wird diese Folge der Rechtskraft des Urteils, die auch für das ordnungsrechtliche Fahrverbot gilt (25 II 1 StVG), übersehen. Noch häufiger wirkt sich im Bußgeldverfahren ein anderer Irrtum über die Wirksamkeit des Fahrverbots aus: Da die StA an der HV in Bußgeldsachen regelmäßig nicht teilnimmt, hat ein Rechtsmittelverzicht des Betroffenen in der HV noch nicht den Beginn des Fahrverbots zur Folge, da das Urteil ohne entsprechenden Rechtsmittelverzicht der StA nicht vor Ablauf der Rechtmittelfrist rechtskräftig wird. Eine Abgabe des Führerscheins zu den Akten wirkt sich in solchen Fällen daher noch nicht auf die Fristberechnung aus.

b) Fristberechnung

110 Zu unterscheiden vom Wirksamwerden des Fahrverbots ist der Beginn der Verbots*dauer*. Die Verbotsfrist wird erst von dem Tage an gerechnet, an dem der Führerschein in amtliche Verwahrung gelangt oder das Fahrverbot in einem ausländischen Führerschein vermerkt wird (§ 44 III 1 iVm II StGB). Dies hat zur Folge, dass sich die Verbotsfrist ab Rechtskraft des Urteils um die Zeit verlängert, um die der Verurteilte seinen Führerschein nicht zur Verwahrung abgibt. Liefert er ihn nicht freiwillig ab, ist der Führerschein nach § 463 b StPO zu beschlagnahmen. Auch hier läuft die Verbotsfrist erst ab amtlicher Verwahrung.

111 Hat der Verurteilte seinen Führerschein verloren oder ist er ihm sonst abhanden gekommen, so dass er ihn nicht in Verwahrung geben kann, so hat er auf Antrag der Vollstreckungsbehörde eine eidesstattliche Versicherung über den Verbleib abzugeben, § 463 b III StPO. Umstritten ist in solchen Fällen jedoch die Fristberechnung. Teilweise wird der Verurteilte aufgefordert, sich einen Ersatzführerschein zu besorgen und diesen abzugeben; mit Abgabe wird die Verbotsfrist gerechnet.[123] Nicht selten wird daraufhin der (angeblich verlorene) Originalführerschein abgeliefert. Nach anderer Auffassung beginnt in derartigen Fällen die Fahrverbotsfrist bereits mit Rechtskraft des Urteils, wenn der Verurteilte den Führerschein bereits zu diesem Zeitpunkt verloren hatte.[124] Tritt der Verlust erst nach Rechtskraft der Entscheidung ein, ist der Tag des Verlustes für den Beginn der Verbotsfrist maßgebend. War der Verurteilte nicht aus tatsächlichen, sondern aus rechtlichen Gründen nicht in der Lage, einen Führerschein in amtliche Verwahrung zu geben (etwa weil er keine Fahrerlaubnis hat oder weil sie ihm in einem anderen Verfahren entzogen oder

---

121 OLG Frankfurt VerkMitt 1977, 40; OLG Zweibrücken StV 1989, 250; OLG Hamm NJW 1975, 1983; 1974, 1777; OLG Frankfurt VRS 55, 41
122 OLG Hamm BA 1977, 269; OLG Düsseldorf DAR 1984, 122; OLG Köln DAR 1991, 112
123 So Seib DAR 1982, 283
124 So Hentschel DAR 1988, 156

Wahl

vorläufig entzogen war), so läuft die Verbotsfrist ab Rechtskraft des Urteils bzw ab Wirksamkeit der Entscheidung über den Fahrerlaubnis-Entzug.

Kommt es trotz Sicherstellung oder Beschlagnahme des Führerscheins bzw vorläufigen Entzugs der Fahrerlaubnis, die im Ermittlungsverfahren in Erwartung eines Fahrerlaubnis-Entzuges erfolgt waren, im Urteil nicht zu einer Maßnahme nach §§ 69, 69 a StGB, sondern wird nur ein Fahrverbot angeordnet, ist die Zeit, in der der Beschuldigte nicht von der Fahrerlaubnis Gebrauch machen durfte, auf das Fahrverbot anzurechnen (§ 51 V iVm I StGB). Dies gilt auch, soweit diese Maßnahmen zwischen Urteilsverkündung und Rechtskraft fortgedauert haben (§ 450 II StPO).[125]   **112**

c) Vollstreckung mehrerer Fahrverbote

Wird der Führerschein eines Verurteilten amtlich verwahrt und sind zu dieser Zeit mehrere, in verschiedenen Verfahren angeordnete Fahrverbote wirksam, so werden diese ab Rechtskraft der jeweiligen Entscheidung nebeneinander und nicht nacheinander vollstreckt (str, so hM).[126] Andernfalls bestünde eine Benachteiligung der Kraftfahrer, die einen Führerschein zur Verwahrung abgeben gegenüber denen, die keine Fahrerlaubnis besitzen.   **113**

Anders ist dies seit 1.3.1998 beim ordnungsrechtlichen Fahrverbot (geändert durch Art. 4 des Gesetzes zur Änderung des Gesetzes über OWis und anderer Gesetze vom 26. 1. 1998, s Rn 283 f).   **114**

III.   Die wichtigsten verkehrsrechtlichen Straftatbestände

1.   Alkohol im Straßenverkehr

a)   Allgemeines

Im Straßenverkehr gelten auf dem Gebiet Alkohol am Steuer folgende Vorschriften (abgesehen von § 2 I FeV, der im Wesentlichen nur noch für Fußgänger und andere Verkehrsteilnehmer, die kein Fahrzeug führen, gilt):   **115**

– Grundtatbestand ist § 316 StGB. Es handelt sich um einen abstrakten Gefährdungstatbestand, der das Führen eines Fahrzeugs in allen Verkehrsbereichen im Zustand der alkohol- oder rauschmittelbedingten Fahrunsicherheit verbietet, auch wenn dabei niemand gefährdet worden ist.

Bei konkreter Gefährdung gilt

– § 315 c I Nr. 1 a StGB, der auf § 316 StGB aufbaut und diesen verdrängt, wenn es durch die Führung eines Fahrzeugs in fahrunsicherem Zustand zu einer konkreten Gefährdung von Personen oder Sachen von bedeutendem Wert kommt (konkretes Gefährdungsdelikt).

Als Auffangtatbestände kommen

– § 24 a StVG (»0,5 ‰-Gesetz«), wenn ein Kfz trotz einer BAK von mehr als 0,5 ‰ bzw 0,25 mg/l oder mehr Alkohol in der Atemluft geführt wurde, eine alkohol-

---

125 Zum Problem s.a. Schäpe DAR 1998, 10
126 OLG Celle NZV 1993, 157; BayObLG DAR 1994, 74; LG Münster NJW 1980, 2481; dag. LG Flensburg NJW 1965, 2309; Hentschel NZV 1990, 245

bedingte Fahrunsicherheit iSd §§ 315 c I Nr. 1 a, 316 StGB jedoch nicht nachweisbar ist

und

– § 323 a StGB (Vollrausch), wenn eine Straftat in einem die Schuldfähigkeit ausschließenden Rauschzustand begangen wurde und die Rauschtat deshalb nicht geahndet werden kann (bei Verkehrsordnungswidrigkeiten: § 122 OWiG) zur Anwendung.

b) Trunkenheit im Verkehr – § 316 StGB

aa) Öffentliche Verkehrsfläche

116   Die hier in Betracht kommenden Straf- und Bußgeldtatbestände finden nahezu ausnahmslos (Ausnahmen: §§ 222, 229 und 240 StGB) nur dann Anwendung, wenn die Zuwiderhandlungen im öffentlichen Straßenverkehr begangen worden sind. Um öffentlichen Verkehrsraum handelt es sich immer dann, wenn dieser – ohne Rücksicht auf Eigentumsverhältnisse und Widmung – vom Verfügungsberechtigten ausdrücklich oder stillschweigend zur Benutzung durch jedermann zugelassen ist. Dazu gehören auch »beschränkt öffentliche« Verkehrsflächen, dh solche, die nach der vom Verfügungsberechtigten getroffenen Zweckbestimmung zwar nicht von jedermann, aber von einem weit und unbestimmt gefassten Personenkreis benutzt werden dürfen. Hat der Verfügungsberechtigte dagegen erkennbar nur einem klar abgrenzbaren Kreis von Personen die Benutzung gestattet, handelt es sich wie auch sonst bei für jeden Verkehr gesperrten Straßen um nicht öffentliche Verkehrsflächen (Beispiele: mit Rolltor abgesperrte Tiefgarage, durch Ketten abgesperrter Stellplatz, Zuweisung von Stellplätzen durch Namensschilder oder Kfz-Kennzeichen, Firmenparkplatz, der erkennbar nur für Betriebsangehörige reserviert ist, Kasernengelände usw).

bb) Führen eines Fahrzeugs

117   § 316 StGB erfasst, anders als § 24 a StVG oder § 69 StGB, die nur für *Kraft*fahrzeuge gelten, Fahrzeuge jeder Art, also auch Fahrräder, Fuhrwerke, selbstfahrende Krankenfahrstühle[127] usw mit Ausnahme der in § 24 I StVO genannten besonderen Fortbewegungsmittel (zu denen wohl – noch – auch Inline-Skater[128] und Skateboards gehören).

118   Nach nunmehr hM[129] setzt der Begriff des Führens voraus, dass das Fahrzeug tatsächlich in Bewegung gesetzt wird, sich also die Räder drehen. Vorbereitende Maßnahmen in der Absicht, das Fahrzeug in Bewegung zu setzen, stellen danach lediglich einen straflosen Versuch dar. Das Anlassen des Motors in Fahrabsicht reicht daher ebenso wenig aus wie der vergebliche Versuch, ein stecken gebliebenes Fahrzeug freizubekommen.[130] Führen setzt ein willentliches Handeln voraus.[131] Gerät das Fahrzeug ohne Willen des Insassen ins Rollen, liegt noch kein Führen vor. Nicht erforderlich ist allerdings, dass das Fahrzeug mit dem eigenen Antrieb be-

---

127 Die Rechtsprechung hierzu ist mittlerweile kontrovers, s. OLG Karlsruhe NZV 1999, 44 und OLG Celle NJW-RR 1999, 1187 einerseits (wie oben) und OLG Oldenburg NJW 2000, 3793 = NZV 2000, 470 mit krit Anm Bouska andererseits; s.a. BVerwG NZV 2002, 246

128 BayObLG NZV 2000, 509 = DAR 2000, 532 = VRS 99, 367

129 BGH NZV 1989, 32; BayObLG NZV 1989, 242; OLG Düsseldorf NZV 1992, 197

130 OLG Karlsruhe NZV 1992, 493

131 BayObLG DAR 1970, 331; 1980, 266; OLG Frankfurt NZV 1990, 277

wegt wird. Der Fahrer eines abgeschleppten betriebsunfähigen Fahrzeugs führt dieses deshalb ebenso[132] wie derjenige, der ohne Anlassen des Motors das Fahrzeug über eine Gefällstrecke abrollen lässt.[133] Wer ein Fahrzeug schiebt, führt es nicht.[134]

cc) Die Fahrunsicherheit

Allgemeines

§ 316 StGB setzt, wie § 315 c I Nr. 1 a StGB, voraus, dass der Täter (infolge des Ge-   **119**
nusses alkoholischer Getränke oder anderer berauschender Mittel) nicht in der Lage ist, das Fahrzeug sicher zu führen. Dabei ist weder Volltrunkenheit noch gänzliche Fahruntüchtigkeit Voraussetzung. Erforderlich und ausreichend ist vielmehr bereits eine bloße Unsicherheit in der Beherrschung des geführten Fahrzeugs im Verkehr. Das ist bereits dann der Fall, wenn die Gesamtleistungsfähigkeit des Täters, insbesondere infolge Enthemmung sowie geistig-seelischer und körperlicher Leistungsausfälle, so weit herabgesetzt ist, dass er nicht mehr in der Lage ist, sein Fahrzeug im Straßenverkehr über eine längere Strecke sicher zu steuern, und zwar auch bei plötzlichem Auftreten schwieriger Verkehrslagen.[135] Auch eine bewusst verkehrswidrige Fahrweise infolge Enthemmung offenbart Fahrunsicherheit.[136]

Einen qualitativen Unterschied zwischen absoluter und relativer Fahrunsicherheit   **120**
(dazu näher s Rn 127 ff, 131 ff) gibt es nicht.[137] Beide unterscheiden sich nur durch den unterschiedlichen Nachweis.

Grenzwerte

Folgende Grenzwerte sind im Verkehrsstraf- und Ordnungswidrigkeitenrecht hin-   **121**
sichtlich der BAK von Bedeutung:

- 0,3 ‰ untere Grenze für die relative Fahrunsicherheit
- 0,5 ‰ Gefahrengrenzwert des § 24 a StVG (Ordnungswidrigkeit)
- 1,1 ‰ Beweisgrenzwert für absolute Fahrunsicherheit bei §§ 316, 315 c I Nr. 1 a StGB
- 1,6 ‰ Beweisgrenzwert für absolute Fahrunsicherheit von Radfahrern (hM).

Der Alkohol im Körper – Grundbegriffe

Die Fahrunsicherheit muss durch die Einnahme von Alkohol oder anderer berau-   **122**
schender Mittel (zumindest mit-)herbeigeführt worden sein. Zur Beurteilung des Alkoholeinflusses sind daher die folgenden Grundkenntnisse unbedingt erforderlich.

Unter den äußeren Einflüssen auf das Leistungsvermögen des Kraftfahrers hat der   **123**
Alkohol die größte Bedeutung. Das Risiko, einen Verkehrsunfall zu. verursachen, wächst mit zunehmender BAK. Bei 0,6 ‰ ist es bereits doppelt so hoch wie bei Nüchternheit, bei 0,8 ‰ vervierfacht und bei 1,5 ‰ auf das 25 fache erhöht. Die intensive Wirkung schon kleiner Alkoholmengen auf das Gehirn verschlechtert die Fahrsicherheit, was aber der Betroffene durch das gleichzeitige Nachlassen der

---

132 BGH DAR 1990, 184
133 BGHSt 35, 393
134 OLG Düsseldorf VRS 50, 426; OLG Oldenburg MDR 1975, 421
135 BGHSt 13, 90; 21, 160; NJW 1959, 1047; BayObLG 73, 566
136 OLG Düsseldorf VRS 49, 38
137 BGH VRS 63, 121; BayObLG NZV 1993, 239; grundlegend zur Unterscheidung zwischen relativer und absoluter Fahrunsicherheit BGHSt 31, 42

Selbstkritik nicht bemerkt oder nicht richtig deutet und deshalb seine Leistungsmängel nicht kompensieren kann.

124 Im menschlichen Blut sind auch ohne Alkoholaufnahme geringe Alkoholmengen nachzuweisen, die vermutlich aus dem Verdauungsprozess stammen und mit durchschnittlich 0,0024 ‰ BAK forensisch irrelevant sind. Ein erhöhter Alkoholgehalt im Blut ist stets auf von außen zugeführten Alkohol zurückzuführen. Dieser wird vom Magen-Darm-Kanal aus resorbiert. Die Resorption beginnt praktisch sofort nach Trinkbeginn. Dabei erscheint ein Teil des aufgenommenen Alkohols nicht im Blut. Dieses sog Resorptionsdefizit beträgt 10–15 %. Resorptionsgeschwindigkeit und -dauer sind unterschiedlich. Die Dauer kann im Extremfall bis zu 2 Stunden betragen. Der vom Magen-Darm-Kanal aus resorbierte Alkohol verteilt sich auf dem Blutweg über den Körper. Dass der Alkoholgehalt der Organe und des Körpergewebes auch nach beendeter Resorption nicht gleich hoch ist, liegt nicht an einer ungleichmäßigen Verteilung des Alkohols, sondern am unterschiedlichen Wassergehalt der Gewebe und Körperflüssigkeiten. Dieser muss insbesondere bei der Berechnung der BAK aufgrund der aufgenommenen Alkoholmenge (dazu s. Rn 149 ff) berücksichtigt werden. Der Durchschnittswassergehalt des Körpers beträgt im Vergleich zu dem des Blutes beim Mann 70 %, bei der Frau 60 %.

125 Die Elimination des Alkohols aus dem Körper geschieht durch Verbrennung und Ausscheidung. Die Hauptmenge des Alkohols, 90–95 %, wird in der Leber unter der Einwirkung des Enzyms Alkoholdehydrogenase (ADH) verbrannt. Da der Abbau also im Wesentlichen in der Leber erfolgt, die für den Alkoholstoffwechsel zur Verfügung stehende Enzymmenge jedoch schon nach geringer Alkoholaufnahme ausgelastet ist, resultiert in der nachresorptiven Phase ein geradliniger Abfall der Alkoholkurve. Der stündliche Alkoholabbau (Abbau in der Leber und Elimination durch Atmung, Schweiß und Urin) liegt zwischen 0,10 und 0,24 ‰, im statistischen Mittel bei 0,15 ‰ oder, bezogen auf das Körpergewicht, bei etwa 0,1 g Alkohol pro kg Körpergewicht.

126 Die Idealform der Blutalkoholkurve kann durch eine Reihe von Faktoren beeinflusst werden. Die gleiche Alkoholmenge kann bei derselben Person je nach Art der alkoholischen Getränke, der Trinkgeschwindigkeit, durch zusätzliche Nahrungsaufnahme usw einen unterschiedlichen Verlauf der BA-Kurve ergeben. Bei sehr rascher Resorption nach Aufnahme von konzentrierten Getränken findet eine Anreicherung des Alkohols im Blut statt, weil die Diffusion ins Gewebe nicht nachkommt. Dies führt in der Alkoholkurve zu einer kurzfristigen Überhöhung der BAK. Nach dem Maximum ist das Absinken der BAK zunächst durch starkes Abdiffundieren von »überschüssigem« Alkohol aus dem Blut ins Gewebe (sog »Diffusionssturz«) und erst dann durch die gleichmäßige Elimination bestimmt. Mit dem Erreichen des Maximums ist iÜ im Regelfall die Resorption des Alkohols noch nicht vollständig beendet. Das Maximum gibt lediglich an, dass nunmehr der Abbau überwiegt.

dd) Absolute Fahrunsicherheit

127 Alkohol wirkt dämpfend auf Einzelfunktionen und auf komplexe Gesamtleistungen des Zentralnervensystems. In der Resorptionsphase sind die Alkoholwirkungen bei gleicher BAK deutlich stärker ausgeprägt als in der Abbauphase.

128 Typische Alkoholwirkungen sind

– Koordinationsstörungen der Muskulatur und der Motorik (Beeinträchtigung der Feinmotorik, des Gangbildes, der Sprach- und Augenmuskulatur)

Wahl

– Beeinträchtigung des Sehorgans (Einschränkung des peripheren Gesichtsfeldes – sog »Tunnelblick« –, nachlassende Tiefensehschärfe, Fixationsstörungen, verminderte Wahrnehmbarkeit der eigenen Fahrgeschwindigkeit, verschlechterte Entfernungsschätzung, erhöhte Blendempfindlichkeit)
– Beeinträchtigung des Gehörs und des Gleichgewichtsorgans (verminderte Wahrnehmbarkeit von Geräuschunterschieden, Störung des Gleichgewichtssinns)
– Verlängerung der Reaktionszeit (verlangsamte geistige Verarbeitung wahrgenommener Reize und unvermuteter Situationen)
– Verminderung der Auffassungsgabe (gewohnter Heimweg wird bewältigt, so lange nichts Unvorhergesehenes geschieht)
– Aufmerksamkeitsstörungen (Konzentrationsfähigkeit, Fähigkeit, sich von einer Tätigkeit, zB Sender suchen, zu lösen)
– Beeinträchtigung psychischer Funktionen (Umsetzen spontaner Impulse, Unaufmerksamkeit, Selbstüberschätzung, Minderung der Kritikfähigkeit, Erhöhung der Risikobereitschaft, Euphorisierung, Geltungsbedürfnis, zunehmende Verwirrtheit bis zur Desorientiertheit, Erinnerungslücken).

Diesen naturwissenschaftlich gesicherten Erkenntnissen hat die Rechtsprechung bei der Beurteilung der Frage, wann Fahrunsicherheit iSd Gesetzes vorliegt, Rechnung getragen. Sie hat unter Verwertung wissenschaftlicher Erkenntnisse einen Grenzwert herausgearbeitet, nach dessen Erreichen jeder Kraftfahrer »absolut«, dh ohne dass es auf Fahrfehler ankäme oder die Möglichkeit des Gegenbeweises bestünde, fahrunsicher ist.[138] Seit der Entscheidung des BGH vom 28. 6. 1990[139] nimmt die Rechtsprechung absolute Fahrunsicherheit bei Kraftfahrern ab 1,1 ‰ BAK (1,0 ‰ Grundwert + 0,1 ‰ Sicherheitszuschlag) an.[140] Absolute Fahrunsicherheit liegt schon dann vor, wenn der zu 1,1 ‰ führende Alkohol erst später ins Blut überging, bei der Fahrt aber schon im Körper war (Anflutungsphase).[141] »Sturztrunkbehauptungen« helfen daher nichts mehr.[142]   **129**

Absolute Fahrunsicherheit lässt sich nur anhand vorliegender BAK-Werte zuverlässig feststellen, nicht auch mit einer AAK-Messung.[143]

Der Beweisgrenzwert gilt für alle Kraftfahrer, auch für Kraftrad- einschließlich Mopedfahrer sowie Fahrer von Mofas und Leichtmofas. Für Radfahrer ist der Wert umstritten. Nach inzwischen überwiegender Ansicht[144] beträgt er 1,6 ‰ (Grundwert 1,5 ‰ + 0,1 ‰ Sicherheitszuschlag). Der für Radfahrer maßgebliche Wert gilt auch für Führer von Mofas und Leichtmofas, die das Fahrzeug durch Treten der Pedale fortbewegen, ohne den Motor in Gang zu bringen.   **130**

Für den Bereich des Schiffsverkehrs (wegen der Verweisung in § 316 StGB auf § 315 StGB wird auch der gesamte Verkehr von Schiffen jeder Art, dh von Wasserfahrzeugen ohne Rücksicht auf ihre Größe vom Tatbestand der Trunkenheit im Verkehr erfasst) ist in der obergerichtlichen Rechtsprechung ein allgemeiner Grenzwert für absolute Fahrunsicherheit bisher nicht anerkannt. Vereinzelte Entscheidungen ge-

---

138 BGHSt 10, 266; 13, 278
139 BGH NJW 1990, 2393 = NZV 1990, 357 = BHGSt 37, 89
140 BayObLG NZV 1990, 400
141 BVerfG NZV 1995, 76
142 BGHSt 25, 243; 24, 200
143 AG Magdeburg BA 2000, 399 = ZfS 2000, 361; AG Klötze BA 2000, 194 = DAR 2000, 178; LG Dessau DAR 2000, 538 = ZfS 2000, 509; OLG Naumburg NStZ-RR 2001, 105 = BA 2001, 190 = ZfS 2001, 136
144 BayObLG BA 1993, 254; OLG Hamm NZV 1992, 198; OLG Zweibrücken NZV 1992, 372

hen gleichwohl unter bestimmten Voraussetzungen von absoluter Fahrunsicherheit aus mit der Begründung »jedenfalls wenn ... dann ...«.[145]

ee) Relative Fahrunsicherheit

131 Liegt die BAK unter dem absoluten Beweisgrenzwert von 1,1 ‰, so kann die sog relative Fahrunsicherheit in Betracht kommen, die dann unter kritischer Würdigung aller Umstände durch zusätzliche Beweisanzeichen nachzuweisen ist.[146] Sie kann im Einzelfall bereits ab einer BAK vom 0,3 ‰ gegeben sein. Die Beweiskraft der BAK als wichtigstes Beweisanzeichen ist um so größer, je näher sie bei dem Grenzwert von 1,1 ‰ liegt.[147] Je höher also die BAK, desto geringere Anforderungen sind an die zusätzlichen Beweisanzeichen zu stellen. Umgekehrt müssen die zusätzlichen Indizien umso gewichtiger sein, je geringer die festgestellte BAK ist.[148] Dabei ist eine Gesamtwürdigung aller Umstände vorzunehmen. Zu beachten ist, dass in jedem Fall eine wie auch immer geartete *alkoholbedingte* Ausfallerscheinung vorliegen muss.[149] Ein wesentliches Beweisanzeichen kann die Fahrweise des Angeklagten sein. Dabei kommt es nicht darauf an, wie sich irgendein nüchterner Kraftfahrer oder der durchschnittliche Kraftfahrer ohne Alkoholeinfluss verhalten hätte; festzustellen ist vielmehr, dass sich *der Angeklagte* ohne Alkohol anders verhalten hätte.[150] Je seltener ein bestimmter Fahrfehler allerdings bei nüchternen Fahrern vorkommt und je häufiger er erfahrungsgemäß von alkoholisierten Fahrern begangen wird, umso eher wird der Schluss gerechtfertigt sein, der Fehler wäre auch dem Angeklagten in nüchternem Zustand nicht unterlaufen.

132 Als zusätzliche Beweisanzeichen zur BAK können äußere wie auch in der Person des Angeklagten liegende Umstände in Betracht kommen.

133 Beispiele:

- falsche Reaktionen, Verwirrung, unvernünftige Entschlüsse
- Enthemmung, erhöhte Risikobereitschaft, Sorglosigkeit, Leichtsinn
- bewusst verkehrswidriges Fahren
- Ausfallerscheinungen beim Gehen, Sehen, Sprechen, Hören
- Schlangenlinienfahren, Geradeausfahren in Kurven, unmotiviertes Abkommen von der Fahrbahn
- Trinkverhalten (kurz vor beabsichtigtem Fahrtantritt genossener Sturztrunk)
- ungewöhnlich langsames und vorsichtiges Fahren (nicht unbedingt)
- wesentliches Überschreiten der zulässigen Höchstgeschwindigkeit (nicht unbedingt)
- verlängerter Drehnystagmus (nicht unbedingt).

134 Auch das Zusammenwirken von Alkohol mit anderen Ursachen kann den alkoholbedingt fahrunsicheren Zustand verursacht haben, wenn der Alkohol mindestens eine der Ursachen für die Fahrunsicherheit war, zB bei

- starkem Nikotingenuss
- Krankheit

---

145 OLG Karlsruhe VerkMitt 2001, 78: 1,3 ‰; OLG Köln NJW 1990, 847: 1,7 ‰; OLG Schleswig SchlHA 1987, 107: 1,92 ‰; KG VRS 72, 111: 2,5 ‰
146 BGH NJW 1974, 2056; BayObLG DAR 1989, 427; OLG Hamm BA 1980, 224; OLG Düsseldorf NStZ 1982, 370
147 BGH DAR 1969, 105; BayObLG DAR 1990, 186; OLG Hamm NZV 1994, 117
148 BayObLG NZV 1980, 110
149 BGH VRS 63, 121; BayObLG DAR 1989, 427; OLG Zweibrücken VRS 80, 347; OLG Düsseldorf NZV 1993, 276
150 BGH NJW 1973, 566; NZV 1988, 110; BayObLG DAR 1991, 368; 1993, 372

– Übermüdung
– Medikamenteneinnahme
– ungünstigen Straßen-, Witterungs-, Beleuchtungsverhältnissen.

ff)   Die Feststellung der BAK

Die BAK kann auf verschiedene Arten ermittelt werden: durch Untersuchung einer   **135**
Blutprobe, durch Errechnung aus der eingenommenen Alkoholmenge oder durch
eine Atemalkoholanalyse. Letztere ist bisher als – alleiniges – Beweismittel nicht
ausreichend zum Nachweis einer alkoholbedingten Fahrunsicherheit. AAK-Unter-
suchungen (»Alkotest«) werden daher bislang bei Verdacht einer Straftat nur zur
Vorprüfung verwendet, ob eine BE und evtl eine Führerscheinsicherstellung anzuordnen sind.

Wichtigstes Beweismittel für den jeweiligen Grad der Alkoholwirkung ist die Ent-   **136**
nahme und Untersuchung einer Blutprobe. Ist dies unterblieben, kann die BAK anhand der – soweit bekannten – genossenen Trinkmengen vor Fahrtantritt errechnet
werden, iü ist die Frage der alkoholbedingten Fahrunsicherheit in freier Beweiswürdigung zu entscheiden.

Die Entnahme einer Blutprobe

Die rechtliche Grundlage bildet § 81 a I 2 StPO, der auch bei Verdacht einer Ord-   **137**
nungswidrigkeit nach § 24 a StVG entsprechend anzuwenden ist (§ 46 IV OWiG).
Die BE setzt einen hinreichenden Verdacht einer Alkoholbeeinflussung voraus, wofür bereits Alkoholgeruch ausreicht.[151] Das Angebot der Durchführung eines Alko-
tests ist nicht Voraussetzung für die Anordnung einer BE. Als körperlicher Eingriff
ohne Einwilligung des Beschuldigten darf die BE nur von einem approbierten Arzt
durchgeführt werden, dem kein Zeugnisverweigerungsrecht nach § 53 I Nr. 3 StPO
zusteht, da es an dem die Arzt-Patienten-Beziehung kennzeichnenden besonderen
Vertrauensverhältnis fehlt.[152]

Die Duldung der BE kann mit vorläufiger Festnahme und Anwendung unmittelba-   **138**
ren Zwangs erzwungen werden.[153] Der Beschuldigte hat lediglich eine Duldungspflicht.[154] Eine Verpflichtung zur aktiven Mitwirkung besteht ebenso wenig zur
Durchführung der BE wie zu verschiedenen Tests bei Gelegenheit der BE.

Ermittlung der BAK aus der Blutprobe

Die Grundlage für die Berechnung der BAK bildet das Gutachten des (früheren)   **139**
Bundesgesundheitsamtes zur Frage »Alkohol bei Verkehrsstraftaten«. Danach muss
die BAK mit 2 der 3 derzeit wissenschaftlich anerkannten Untersuchungsverfahren
– Widmarkverfahren, ADH-Methode und Gaschromatographie – nachgewiesen
werden.[155] Wird nach Widmark und ADH gemessen, ist der Mittelwert der 5 anzu-
fertigenden Analysen zugrunde zu legen, bei Anwendung des GC-Verfahrens als
eine der beiden Untersuchungsmethoden genügen 4 Einzelanalysen.[156] Sind diese
Grundsätze nicht beachtet, ist das Analysenergebnis durch einen höheren Sicherheitszuschlag, den das Gericht unter Hinzuziehung eines Sachverständigen zu ermitteln hat, nach unten zu korrigieren.

---

151 OLG Köln NStZ 1986, 234
152 Vgl Kohlhaas DAR 1968, 69, 74
153 OLG Hamm NJW 1967, 1524
154 BGHSt 34, 39; OLG Hamm NJW 1974, 713; BGH VRS 39, 184; OLG Köln VRS 65, 440;
     BayObLG NJW 1963, 772
155 BGH NJW 1967, 116; OLG Düsseldorf BA 1979, 61
156 BGH VRS 54, 452; OLG Karlsruhe NJW 1977, 1111

Wahl

140 Nach dem Eichgesetz müssen alle Messgeräte grundsätzlich geeicht sein. Der Gaschromatograph jedoch ist nicht eichfähig. Sein Ergebnis ist aber dennoch verwertbar, wenn das Untersuchungsinstitut sich laufenden Qualitätskontrollen unterzieht, insbesondere an Ringversuchen teilnimmt.[157]

141 Die Messung ist nicht verwertbar, wenn die Differenz zwischen dem höchsten und dem niedrigsten Einzelwert mehr als 10 % des Mittelwertes beträgt,[158] bei Mittelwerten unter 1,0 % mehr als 0,1 %.[159]

Für die Ermittlung der BAK durch Analyse des Promillewertes ist anerkannt, dass die dritte Dezimalstelle des Promillewertes sowohl für den Einzelwert als auch für die Errechnung des Mittelwertes keinen Aussagewert mehr hat, also außer Betracht zu lassen ist.[160]

142 Der Wert einer zweiten BE in einem gewissen Abstand von der ersten zum Zweck der Feststellung, ob sich der Beschuldigte in der Anflutungsphase oder in der Eliminationsphase befand, ist umstritten. Die Doppelblutentnahme ist jedenfalls nicht geeignet, die Höhe eines individuellen Abbauwertes zu ermitteln oder den Verlauf der Alkoholkurve zu bestimmen, etwa zur Widerlegung einer Nachtrunkbehauptung.[161] Der Gipfelpunkt der Alkoholkurve kann zwischen beiden BE liegen.

143 Die den Alkoholnachweisverfahren anhaftende Fehlerbreite wird durch einen Sicherheitszuschlag ausgeglichen. In dem Beweisgrenzwert von 1,1 ‰ für absolute Fahrsicherheit ist ein Sicherheitszuschlag von 0,1 ‰ enthalten.[162] Das heißt, dass absolute Fahrunsicherheit bei Kraftfahrern eigentlich bereits bei einer BAK von 1,0 ‰ gegeben ist. Um Benachteiligungen des Beschuldigten auszuschließen, wird diesem Wert der Sicherheitszuschlag von 0,1 ‰ hinzugerechnet.[163]

144 Für die Strafbarkeit ist die Höhe der BAK *zur Tatzeit* maßgeblich. Es ist also zu berücksichtigen, dass sich der BA-Gehalt zwischen der Tatzeit und der BE verändert hat. Er kann, wenn die Fahrt in der Anflutungsphase begangen wurde, bis zur BE gestiegen oder bei Tatbegehung in der Eliminationsphase geringer geworden sein. Kommt es auf die Tatzeit-BAK an, ist daher eine Rückrechnung vom Zeitpunkt der BE auf die Tatzeit notwendig.

145 Zurückzurechnen ist stets mit dem für den Beschuldigten günstigsten möglichen stündlichen Abbauwert. Dies ist, wenn es um die Frage der Fahrunsicherheit oder den Tatbestand des § 24 a StVG geht, der niedrigstmögliche Wert. Nach der Rechtsprechung ist in solchen Fällen mit einem gleich leibenden stündlichen Abbauwert von 0,1 ‰ zurückzurechnen.[164] Ohne Zuziehung eines Sachverständigen darf das Gericht hiervon nicht abweichen.

146 Die Rückrechnung setzt allerdings voraus, dass die Resorption zur Tatzeit abgeschlossen war, da der Angeklagte sonst durch eine BE im ansteigenden Resorptionsbereich mit einer dem Tatzeitpunkt gar nicht entsprechenden, nämlich höheren BAK belastet würde, als sie zur Tatzeit war. Die Feststellung des Resorptionsendes ist in der Praxis jedoch sehr schwierig, zumal die Dauer der Resorptionsphase von

---

157 OLG Düsseldorf DAR 1995, 372
158 BayObLG VRS 62, 461
159 BGH NZV 1990, 257; BayObLG NZV 1996, 75
160 BGHSt 28, 1
161 BGH MDR 1991, 657
162 BGH NZV 1990, 357
163 BGH NJW 1986, 2650
164 BGH NJW 1974, 246

vielen Faktoren abhängt und von etwa 10–20 Minuten bis zu maximal 2 Stunden reichen kann. Um Benachteiligungen des Angeklagten durch Rückrechnung auszuschließen, dürfen daher, wenn der Resorptionsabschluss nicht durch einen Sachverständigen festgestellt werden kann, grundsätzlich die ersten beiden Stunden nach Trinkende nicht in die Rückrechnung einbezogen werden.

Ist dagegen die Frage zu prüfen, ob die Schuldfähigkeit des Angeklagten zur Tatzeit **147** erheblich vermindert oder ausgeschlossen war (§§ 20, 21 StGB), so ist bei Ermittlung der BAK aus der Blutprobe zugunsten des Angeklagten mit dem höchstmöglichen stündlichen Abbauwert zurückzurechnen. Nach neuerer Rechtsprechung[165] geschieht dies mit einem stündlichen Abbauwert von 0,2 ‰ zuzüglich eines (einmaligen) Zuschlags von 0,2 ‰ nach der Rückrechnungsformel von Zink und Reinhardt (s BA 1976, 327):

$$\text{max. Tatzeit-BAK} = \text{BE-BAK} + 0,2\,‰\,/\,Std. + 0,2\,‰.$$

Hierbei sind in die Rückrechnung auch die ersten beiden Stunden nach Trinkende mit einzubeziehen.

In gleicher Weise ist – zugunsten des Beschuldigten – auch zu verfahren, wenn dieser etwa nach erfolgter Blutentnahme zu seinem Fahrzeug zurückkehrt und seine Fahrt fortsetzt. Wird er hierbei nicht erneut kontrolliert und eine weitere Blutprobe entnommen, muss von dem im Zeitpunkt der Blutentnahme vorliegenden Alkoholwert auf den späteren Tatzeitpunkt vorausgerechnet werden. Dabei ist davon auszugehen, dass die Resorption abgeschlossen war. Als stündlicher Abbauwert ist der dem Beschuldigten günstigste zugrunde zu legen, also 0,2 ‰ zuzüglich eines einmaligen Zuschlags von 0,2 ‰.[166]

Ist das Ergebnis der BAK von Alkohol beeinflusst worden, der nach der Tat aufge- **148** nommen wurde (Nachtrunk), so ist von der Tatzeit-BAK der BA-Wert abzuziehen, der der Menge des Nachtrunks entspricht[167] (zur Ermittlung s Rn 149). Nachtrunkbehauptungen lassen sich häufig mit Hilfe eines medizinischen Sachverständigen auf ihren Wahrheitsgehalt hin überprüfen. Das Fehlen signifikanter Veränderungen der Trunkenheitssymptome im Zeitpunkt des Vorfalls und der BE kann gegen einen erheblichen Nachtrunk sprechen. Auch kann die Blutprobe auf Begleitalkohole untersucht werden (Begleitstoffanalyse), um die Angaben des Angeklagten über den Nachtrunk bestimmter Arten und Mengen von Getränken zu bestätigen oder zu widerlegen.[168] Fehlen Beweismöglichkeiten, muss das Gericht keineswegs Nachtrunkbehauptungen des Angeklagten in jedem Fall als unwiderlegbar hinnehmen. Es kann seine Überzeugung von der Unrichtigkeit einer solchen Behauptung auf ein nach der Lebenserfahrung ausreichendes Maß an Sicherheit stützen, das vernünftige Zweifel nicht rechtfertigt.[169]

Ermittlung der BAK ohne Blutuntersuchung

Konnte eine Blutuntersuchung nicht durchgeführt werden, so kann die BAK mit **149** der sog Widmark-Formel errechnet werden, wenn die genossene Alkoholmenge festgestellt werden kann und das Körpergewicht des Angeklagten bekannt ist. Mit dieser Formel lässt sich auch der BAK-Wert eines Nachtrunks berechnen. Sie lautet:

165 BGH DAR 1986, 91; NZV 1991, 117; OLG Zweibrücken NZV 1993, 488
166 OLG Koblenz DAR 2000, 371
167 OLG Köln VRS 66, 352; 67, 459
168 OLG Celle DAR 1984, 121
169 BGH NJW 1986, 2384

$$c = \frac{A}{p \cdot r}$$

c = BAK in ‰
A = Gewicht des genossenen Alkohols in g (das Tabellen zu entnehmen ist)
p = Körpergewicht in kg
r = Faktor zur Errechnung des sog »reduzierten Körpergewichts«, bei Männern 0,7, bei Frauen 0,6 (s Rn 124).

150 Umgekehrt kann damit auch die im Körper befindliche Alkoholmenge berechnet werden:

$$A = c\,p\,r$$

151 Zusätzlich muss der Alkoholabbau seit Trinkbeginn (0,1 ‰ pro Stunde bzw 0,1 g pro kg Körpergewicht und Stunde) und der Resorptionsverlust (10–30 % der genossenen Alkoholmenge, unter bestimmten Umständen auch mehr) berücksichtigt werden.

gg) Andere berauschende Mittel

152 Andere berauschende Mittel (§§ 316, 315 c I Nr. 1 StGB) als Alkohol können ebenfalls die Fahrunsicherheit bewirken. Hierher gehören alle Mittel, die auf das zentrale Nervensystem wirken und in ihren Auswirkungen denen des Alkohols vergleichbar sind und zu einer Beeinträchtigung des Hemmungsvermögens sowie der intellektuellen und motorischen Fähigkeiten führen.[170] Andere, nicht »berauschende« Mittel, die zur Fahrunsicherheit führen, sind (außer wenn sie etwa die Alkoholwirkung bis zum Rausch steigern) strafrechtlich nur fassbar im Rahmen des § 315 c I Nr. 1 b StGB (geistiger oder körperlicher Mangel).

153 Zu den berauschenden Mitteln gehören namentlich Betäubungsmittel, also die in den Anlagen I–III zu § 1 I BtMG aufgeführten Stoffe[171] (Rauschgifte aller Art wie Heroin, Kokain, Morphin, Opium, Marihuana, LSD, Haschisch, Amphetamin, Designer-Drogen usw), ferner, bei entsprechender Dosierung, Schmerz-, Beruhigungs-, Schlaf- und Weckmittel[172] (zB Psychopharmaka). Regelmäßig sollte hierzu ein Sachverständiger gehört werden.

154 Für Rauschmittel gibt es derzeit noch keinen absoluten Grenzwert.[173] Dies hat seinen Grund darin, dass sich Drogen im Unterschied zu Alkohol im Körper nur bedingt nachweisen lassen. Wegen der Vielzahl der bekannten Rauschmittel und dem Umstand, dass häufig mehrere Drogen gleichzeitig oder zusammen mit Alkohol eingenommen werden, kann es zu Wechselwirkungen kommen, die zu Verstärkung oder Neubildung von Wirkungen der jeweiligen Einzelstoffe führen können. Die Fahrunsicherheit muss daher jeweils im Einzelfall anhand von Beweisanzeichen (Ausfallerscheinungen, Fehlverhalten) wie bei einer relativen Fahrunsicherheit ermittelt werden (s Rn 131 ff).[174] Der Nachweis kann durch Untersuchung der Blutprobe, aber auch von Haarproben oder Urinproben (letztere können bei Verkehrsdelikten idR nicht zwangsweise entnommen werden, § 81 a StPO) geführt werden.[175]

---

170 BGH VRS 53, 356
171 S. a. Harbort NZV 1997, 209 und 1996, 219
172 OLG Köln NZV 1991, 158
173 OLG Frankfurt NZV 1992, 289; 1995, 116; OLG Düsseldorf DAR 1994, 331; BayObLG NZV 1994, 236; VRS 92, 410
174 BGHSt 44, 219 = NJW 1999, 226 = NZV 1999, 48
175 BGHSt 8, 144

Zur strafrechtlichen Ahndung von Drogenfahrten s.a. den lesenswerten Aufsatz von Mettke NZV 2000, 199 ff.

Auch wenn mangels Nachweises von Fahrfehlern oder sonstigen Ausfallerscheinungen eine Fahrunsicherheit nicht nachgewiesen werden kann und ggf nur eine Ahndung nach § 24 a StVG erfolgen kann, ist die Gefahr für den Führerschein noch nicht vorbei. Die Fahrerlaubnisbehörde ist nämlich grundsätzlich nicht gehindert, aufgrund desselben Sachverhaltes eigene Maßnahmen zu ergreifen. Hierauf muss bei der Verteidigung bei Fahrten unter Rauschmitteleinwirkung geachtet werden.[176]

hh) Der subjektive Tatbestand

Über die Schuldform Vorsatz oder Fahrlässigkeit wird häufig heftig gestritten, obwohl weder die Strafhöhe noch die Dauer der Sperre entscheidend davon abhängen. Dies hat seinen Grund darin, dass bei Verurteilung wegen einer Vorsatztat weder die Rechtsschutzversicherung noch die Berufsunfähigkeitszusatzversicherung Versicherungsschutz gewähren und dass uU der Halter des Kfz und Beifahrer wegen Anstiftung oder Beihilfe verurteilt werden können. **155**

Bei Vorsatz muss der Täter nicht nur bewusst und gewollt ein Fahrzeug führen, sondern auch erkannt haben, dass er infolge des Genusses alkoholischer Getränke oder anderer berauschender Mittel fahrunsicher ist, wobei allerdings Kenntnis der Tatzeit-BAK nicht erforderlich ist.[177] Bedingter Vorsatz reicht aus, wenn also der Täter es für möglich hält, fahrunsicher zu sein und dies bei der Fahrt billigend in Kauf nimmt.[178] **156**

Die Höhe der BAK ist ein wichtiges Indiz für den Vorsatz.[179] Jedoch ist nach rechtsmedizinischen Untersuchungen Vorsatz hinsichtlich der Fahrunsicherheit eher bei geringeren als bei höheren BAK-Werten feststellbar.[180] **157**

Nach der Rechtsprechung zahlreicher OLG liegt zwar bei höheren BAK die Vermutung nahe, dass die Ausfallerscheinungen auch für den Täter unübersehbar sind.[181] Gleichzeitig ist jedoch zu berücksichtigen, dass gerade hohe BAK zu Kritiklosigkeit führen, die den Täter seine Fahrunsicherheit nicht mehr wahrnehmen lässt.[182] Es gibt jedenfalls keinen allgemeinen Erfahrungssatz dahingehend, dass sich ein Kraftfahrer ab einer bestimmten BAK-Höhe seiner Fahrunsicherheit stets bewusst ist.[183] Eine Kontrolle der getrunkenen Menge und eine grobe Selbstprüfung können und müssen jedoch von einem Kraftfahrer erwartet werden. Setzt er sich aus Gleichgültigkeit darüber hinweg, so nimmt er seine etwaige Fahrunsicherheit in Kauf und handelt uU bedingt vorsätzlich.[184] Auch einschlägige Vorstrafen und Weiterfahrt nach einem durch alkoholbedingte Fahrunsicherheit verursachten Unfall können Kriterien für den Vorsatz sein.[185] **158**

---

176 S hierzu den lesenswerten Aufsatz von Lenhart NJW 2003, 409 ff
177 Salger DAR 1986, 383
178 BayObLG VRS 64, 189
179 OLG Köln DAR 1987, 126; BayObLG ZfS 1993, 174
180 Zink BA 1983, 503
181 OLG Düsseldorf VRS 85, 322; OLG Köln DAR 1987, 126; KG VRS 80, 448
182 BGH NZV 1991, 117; BayObLG ZfS 1993, 174; OLG Koblenz NZV 1993, 444; OLG Karlsruhe NZV 1991, 239; OLG Düsseldorf VRS 86,110; OLG Celle NZV 1998, 123
183 BGH VRS 65, 359; OLG Köln DAR 1987, 157; 1997, 499; OLG Naumburg BA 2001, 457; OLG Saarbrücken BA 2001, 458; OLG Hamm BA 2001, 461; NZV 2003, 47
184 Hentschel DAR 1993, 449
185 BayObLG DAR 1982, 251; 1983, 395

Wahl

159   Der Vorwurf fahrlässiger Nichtkenntnis der Fahrunsicherheit ist bereits dann gerechtfertigt, wenn dem Kraftfahrer auch nur Zweifel oder Bedenken hinsichtlich seiner Fahrsicherheit kommen mussten.[186] Wer seiner Pflicht, vor Fahrtantritt und während der Fahrt seine Fahrsicherheit zu prüfen, nicht nachkommt, handelt fahrlässig.

ii) Wegfall der actio libera in causa

160   Seit dem Urteil des BGH vom 22. 8. 1996[187] sind die Grundsätze der »vorverlegten Schuld« (actio libera in causa) jedenfalls auf die Tatbestände der Straßenverkehrsgefährdung und des Fahrens ohne Fahrerlaubnis nicht mehr anwendbar.

161   Dies hat zur Folge, dass die Prüfung der Schuldfähigkeit im Tatzeitpunkt nicht mehr mit dem Hinweis auf vorliegende actio libera in causa entfallen darf.

c) § 24 a StVG – »0,5 ‰-Gesetz«

162   Mit der Regelung des § 24 a StVG wird dem Umstand Rechnung getragen, dass die alkoholbedingten Ausfallerscheinungen in der Anflutungsphase denjenigen im Kurvengipfel-Bereich entsprechen. § 24 a StVG setzt nicht voraus, dass der Betroffene den Grenzwert von 0,5 ‰ noch bis zur Beendigung der Fahrt erreicht haben würde. Der Tatbestand ist bereits dann erfüllt, wenn er sich aufgrund des in seinem Körper befindlichen Alkohols im Anstieg auf diesen Wert befindet und diesen Wert später erreichen wird.[188] Auf Fahrunsicherheit oder Ausfallerscheinungen kommt es nicht an.

163   Ein Sicherheitsabschlag erfolgt nicht mehr, dieser ist bereits in dem Gefahrengrenzwert von 0,5 ‰ enthalten.[189] Für die Ermittlung von BAK und AAK ist die dritte Dezimalstelle der Messwerte sowohl für den Einzelwert als auch für die Errechnung des Mittelwertes außer Betracht zu lassen.[190]

164   Die Dauerordnungswidrigkeit beginnt mit dem Antritt der Fahrt und ist erst beendet, wenn die Fahrt endgültig beendet ist oder die BAK infolge Abbaus unter 0,5 ‰ sinkt. Eine Rückrechnung ist zulässig.

165   Vorsatz liegt nur dann vor, wenn der Täter zumindest mit der Möglichkeit rechnete, eine zu 0,5 ‰ BAK führende Alkoholmenge im Körper zu haben und diese Möglichkeit in Kauf nahm.[191] Fahrlässig handelt bereits, wer in Kenntnis des genossenen Alkohols ein Kfz führt, obwohl er die in § 24 a StVG bezeichnete Alkoholmenge im Körper hat.

166   Grundlage für die Bußgeldbemessung ist § 17 III 1 OWiG. Die BKatV vom 13. 11. 2001 (s dort Nr. 241) bindet jedoch auch die Gerichte (Näheres zur BKatV s Rn 269 ff).

167   Die Vorschrift des § 24 a StVG ist durch drei Gesetze zur Änderung des StVG vom 27. 4. 1998 (in Kraft seit 1. 5. 1998) und vom 28. 4. 1998 (in Kraft seit 1. 8. 1998) sowie vom 19. 3. 2001 (in Kraft seit 1. 4. 2001) betreffend das Fahren unter Alkohol und das Fahren unter Drogeneinfluss geändert worden. War bisher nur der Tatbestand des

---

186 OLG Hamm VRS 40, 447; NJW 1974, 2058; BGH DAR 1952, 43
187 BGH DAR 1996, 465 = NStZ 1997, 228
188 OLG Köln BA 1975, 401; OLG Koblenz VRS 69, 231
189 BayObLG MDR 1974, 1042; OLG Hamm VRS 52, 55; OLG Köln MDR 1975, 76
190 BGHSt 28, 1; BayObLG Beschluss v 2. 5. 2001, 2 Ob OWi 162/01
191 OLG Zweibrücken VRS 76, 453

Fahrens mit einem Kfz ab 0,8 ‰ bußgeldbewehrt, so gilt dies nunmehr bereits bei einer BAK ab 0,5 ‰ oder bei 0,25 mg/l oder mehr Alkohol in der Atemluft.

BAK und AAK sind in ihrem zeitlichen Verlauf allerdings nicht konvertierbar.[192] **168** Die mit dem neuen Gesetzestext eingeführte, scheinbar unabhängige Messgröße AAK geht in Wirklichkeit nicht von einem konstanten Verhältnis BAK:AAK aus. Die fehlende Konstanz dieses Verhältnisses im zeitlichen Verlauf nach dem Alkoholkonsum führt damit zu einer physiologischen Instabilität der Messgröße AAK. Nach wie vor ist daher die BAK die sicherste Messgröße für den Alkohol. Eine AAK-Messung kann die Blutalkoholanalyse nicht ersetzen, wenn es um Straftatbestände geht, wenn eine Rückrechnung auf den Tatzeitpunkt erfolgen oder ein substantieller Identitätsnachweis geführt werden muss sowie bei erforderlicher Untersuchung auf Medikamente oder Drogen oder einer Begleitstoffanalyse. Auch lässt sich ein behaupteter Nachtrunk mit einer AAK-Messung allein nicht widerlegen. Eine verweigerte Mitwirkung bei der Atemalkoholmessung macht ebenfalls die Entnahme einer Blutprobe erforderlich.

In § 24 a I Nr. 1 StVG hat der Gesetzgeber einerseits Atemalkoholgrenzwerte, andererseits Blutalkoholgrenzwerte als Tatbestandsmerkmale festgesetzt und sie jeweils mit denselben Rechtsfolgen verknüpft. Die Atemalkoholwerte stellen gegenüber den Blutalkoholwerten ein aliud dar. Es ist somit ausreichend, wenn die Überschreitung des Atemalkoholgrenzwerts oder die Überschreitung des Blutalkoholgrenzwerts festgestellt wird.

Für das Bußgeldverfahren ist die Festlegung eigener Grenzwerte für die Alkoholkonzentration in der Atemluft in § 24 a StVG und ihre Verknüpfung mit denselben Rechtsfolgen, die für die ihnen gegenübergestellten BAK-Grenzwerte bestimmt sind, verfassungsrechtlich unbedenklich. Auch misst das Analysegerät Dräger Alcotest 7110 Evidential MK III, wie das BayObLG entschieden hat, grundsätzlich zuverlässig. Ein Sicherheitsabschlag sei weder bei den gemessenen Einzelwerten noch dem aus ihnen ohne Aufrundung zu errechnenden Mittelwert veranlasst.[193] Demgegenüber ist das OLG Hamm der Ansicht, dass bei Verwendung dieses Messgeräts von dem gewonnenen Messwert ein Sicherheitsabschlag in Höhe der jeweiligen Verkehrsfehlergrenze (§ 33 IV Eichordnung iVm Anlage 18 Abschnitt 7) zuzüglich eines weiteren Abschlags von 4 % vom Messwert geboten sei und hat deshalb die Frage dem BGH zur Entscheidung vorgelegt.[194] Dieser hat mit Beschluss vom 3. 4. 2001[195] die Streitfrage dahin entschieden, dass bei der Bestimmung der AAK im Sinne von § 24 a I StVG unter Verwendung eines Atemalkoholmessgeräts, das die Bauartzulassung für die amtliche Überwachung des Straßenverkehrs hat, der gewonnene Messwert ohne Sicherheitsabschläge verwertbar ist, wenn das Gerät unter Einhaltung der Eichfrist geeicht ist und die Bedingungen für ein gültiges Messverfahren gewahrt sind. Für Sicherheitsabschläge besteht deshalb keine Notwendigkeit, weil alle denkbaren Ungenauigkeiten bereits durch den Gesetzgeber berücksichtigt worden sind. Dies schließt allerdings nicht aus, dass im Einzelfall konkrete Anhaltspunkte für Messfehler bestehen, denen das Gericht im Rahmen seiner Aufklärungspflicht nachgehen muss. Ausdrücklich betont der BGH jedoch, dass mit dieser Entscheidung nicht auch zugleich die Voraussetzungen festgeschrieben wer-

---

192 BGH NZV 2001, 267 im Anschluss an BayObLG 2000, 51, 52 f
193 BayObLG NZV 2000, 295 = BA 2000, 247 = DAR 2000, 316 = VRS 99, 110; s. a. OLG Stuttgart BA 2000, 388 = DAR 2000, 537 = VRS 99, 286
194 OLG Hamm NZV 2000, 426 = BA 2000, 385 = DAR 2000, 534
195 BGH DAR 2001, 275 = NZV 2001, 267 = NJW 2001, 1952

den sollen, unter denen die Rechtsprechung auch die Atemalkoholanalyse als hinreichend zuverlässiges Beweismittel zur abschließenden Feststellung alkoholbedingter absoluter Fahrunsicherheit nach § 316 StGB anerkennt.

d)　Vollrausch – § 323 a StGB

169　Mit dem Wegfall der actio libera in causa wird diese Vorschrift auch im Verkehrsrecht zunehmend an Bedeutung gewinnen. Sie ist ein Auffangtatbestand, die das vorsätzliche oder fahrlässige Sichberauschen unter Strafe stellt, wenn in diesem Zustand eine rechtswidrige Tat begangen wird, wegen der der Täter nicht bestraft werden kann, weil er infolge des Rausches schuldunfähig war oder dies nicht auszuschließen ist. Auch für den Zeitpunkt des Sichberauschens ist die Schuldfähigkeit zu prüfen.[196] Die Vorwerfbarkeit einer Alkoholaufnahme kann nämlich entfallen, wenn der Angeklagte alkoholkrank ist, aufgrund unwiderstehlichen Dranges Alkohol trinkt oder wenn dem chronischen Alkoholiker die Kraft fehlt, sich vom Alkohol zu lösen.

170　§ 323 a StGB findet auch Anwendung, wenn die Schuldunfähigkeit nicht sicher feststellbar ist, diese aber nicht auszuschließen ist. Dabei muss aber die Grenze des § 21 StGB überschritten sein.[197] Steht fest, dass allenfalls ein Zustand erheblich verminderter Schuldfähigkeit vorlag, ist der Täter nicht nach § 323 a StGB, sondern nach dem Tatbestand der begangenen Tat zu bestrafen.[198]

171　Es genügt, wenn der Alkohol oder die berauschenden Mittel eine von mehreren Ursachen für die Schuldunfähigkeit sind.[199] In jedem Fall aber muss ein Rausch vorliegen.[200]

172　Bei der Rückrechnung zur Ermittlung der maßgeblichen Tatzeit-BAK ist mit dem höchstmöglichen Abbauwert unter Einbeziehung der ersten zwei Stunden nach Trinkende hochzurechnen (0,2 ‰/Std. + einmaliger Sicherheitszuschlag von 0,2 ‰) (s Rn 147).

173　Liegt kein Blutprobenergebnis vor, ist vom niedrigsten Abbauwert (0,1 ‰/Std.) auszugehen und das geringste Resorptionsdefizit von 10 % der aus der Alkoholmenge errechneten BAK zu berücksichtigen.[201] Bei einer Trinkzeit von 5 Stunden und einer aus der ermittelten Alkoholmenge errechneten BAK von 3,2 ‰ ergibt dies zB

	3,2　‰
abzüglich 5 mal 0,1 ‰ Abbau	− 0,5　‰
abzüglich Resorptionsdefizit 10 % von 3,2 ‰	− 0,32 ‰
eine Tatzeit-BAK von	2,38 ‰.

174　Die im Rausch begangene rechtswidrige Tat braucht nach hM nicht von der Schuld des Täters mit umfasst zu werden.[202] Bei ihr handelt es sich vielmehr um eine objektive Bedingung der Strafbarkeit. Vorsatz und Fahrlässigkeit müssen sich zwar grundsätzlich auch auf die Vorstellung des Täters erstrecken, im Rausch irgendwel-

---

196 OLG Thüringen BA 1995, 303
197 BGH VRS 56, 474; OLG Köln VRS 68, 38; OLG Zweibrücken NZV 1993, 488
198 BGH VRS 50, 358
199 BGH NJW 1976, 1901; 1979, 1370
200 BayObLG NZV 1990, 317
201 BGH StV 1991, 17; NStZ 1986, 114; VRS 71, 176
202 BayObLG VRS 56, 489; BGH VRS 17, 340; DAR 1966, 55

che Ausschreitungen strafbarer Art begehen zu können.[203] Dies wird aber als so selbstverständlich erachtet, dass es hierzu nur in Ausnahmefällen besonderer Feststellungen bedarf.

e) Gefährdung des Straßenverkehrs – § 315 c StGB

Abs 1 Nr. 1 betrifft alle Fälle des Führens eines Fahrzeugs im fahrunsicheren Zustand. Buchstaben a und b unterscheiden die Fahrunsicherheit danach, ob sie auf den Genuss alkoholischer Getränke bzw anderer berauschender Mittel oder auf geistige bzw körperliche Mängel zurückzuführen ist. Im Gegensatz zu § 316 StGB stellt das Vergehen nach § 315 c StGB aber keine Dauerstraftat dar.[204] Die Tat ist vielmehr mit dem Eintritt der konkreten Gefahr vollendet und mit ihrem Ende beendet. § 315 c StGB gilt nur im *Straßen*verkehr.   **175**

Soweit Alkohol und Drogen angesprochen sind, gilt das zu § 316 StGB Ausgeführte entsprechend (s Rn 116 ff).   **176**

Körperliche und geistige Mängel können dauerhaft sein (zB Schwerhörigkeit, Blindheit, Amputationen, Geisteskrankheiten, altersbedingte Beeinträchtigungen, die nicht durch besondere Maßnahmen wie Brille, Hörgerät, Prothesen usw ausgeglichen werden können) oder vorübergehend (Gipsbein, Verletzung, Drogen- oder Medikamenteneinwirkung, soweit es sich nicht um berauschende Mittel handelt, Übermüdung, Fieber, Heuschnupfen). Der häufigste Fall eines körperlichen Mangels ist die Übermüdung. Da vor dem Einnicken stets deutliche Anzeichen einer Übermüdung an sich wahrnehmbar sind, nützt auch der Hinweis auf einen »Sekundenschlaf« nichts.[205]   **177**

§ 315 c I Nr. 2 StGB zählt abschließend die sog 7 Todsünden im Straßenverkehr auf und pönalisiert sie, wenn sie in grob verkehrswidriger und rücksichtsloser Weise begangen wurden und zu einer konkreten Gefährdung geführt haben.   **178**

Die grobe Verkehrswidrigkeit bezeichnet ein Verhalten, das sich objektiv als über das gewöhnliche Maß hinausgehender besonders schwerer Verstoß gegen eine Verkehrsvorschrift darstellt und typischerweise besonders gefährlich ist.[206] Rücksichtslos handelt, wer sich aus eigensüchtigen Gründen, insbesondere um des schnelleren Vorwärtskommens willen, über seine ihm bewussten Pflichten gegenüber anderen Verkehrsteilnehmern hinwegsetzt (Vorsatz)[207] oder aus Gleichgültigkeit von vornherein Bedenken gegen sein Verhalten gar nicht erst aufkommen lässt und unbekümmert um die Folgen seiner Verhaltensweise einfach drauflos fährt (Fahrlässigkeit).[208]   **179**

Im Gegensatz zu § 316 StGB (abstraktes Gefährdungsdelikt) müssen bei § 315 c StGB andere Personen oder fremde Sachen von bedeutendem Wert (Wertgrenze unterschiedlich, überwiegend derzeit 1500 €) *konkret* gefährdet worden sein.[209]   **180**

---

203 BGHSt 10, 247
204 BGH NJW 1970, 255; VRS 62, 192; BayObLG NJW 1973, 1657
205 BGHSt 23, 156; VRS 38, 144
206 OLG Düsseldorf NZV 1988, 149; OLG Hamm VRS 38, 285; OLG Köln DAR 1992, 469; BGHSt 5, 392
207 BayObLG NJW 1988, 278
208 BGHSt 5, 392; VRS 15, 346; 50, 342; OLG Köln VRS 59, 123; OLG Koblenz NZV 1989, 241; BayObLG NZV 1993, 318
209 BGH VRS 68, 116; BGHSt 22, 341; VRS 76, 194; NStZ 1996, 83; NZV 1996, 457; VerkMitt 1995, 9; NZV 1995, 80; DAR 1997, 176; OLG Frankfurt NZV 1994, 365; OLG Düsseldorf VerkMitt 1995, 20

Eine konkrete Gefährdung liegt vor, wenn die Sicherheit des Rechtsgutes so stark beeinträchtigt wird, dass es vom Zufall abhängt, ob eine endgültige Verletzung oder Schädigung eintritt oder nicht, wenn die Gefahr eines Unfalls also in bedrohliche oder nächste Nähe gerückt ist.

181 Die geschützten *anderen* Personen dürfen nicht selbst Täter oder Teilnehmer der Tat sein, die *fremden* Sachen nicht das (als notwendiges Tatwerkzeug) Tatfahrzeug selbst sein, selbst wenn es dem Täter nicht gehört.

182 Die eingetretene Gefahr muss ihren Grund gerade in der im Tatbestand umschriebenen Verhaltensweise haben und darf nicht nur gelegentlich eines solchen Verhaltens eingetreten sein; es muss also ein Kausalzusammenhang bestehen.[210] Kommt es nicht zu einer konkreten Gefährdung oder ist sie nicht nachweisbar, kann im Fall des Abs 1 Nr. 1 a einer der Auffangtatbestände der §§ 316 StGB oder 24 a StVG in Betracht kommen, in den Fällen der Nr. 1 b und 2 eine Ordnungswidrigkeit.

183 Liegt bezüglich auch nur eines Merkmals Fahrlässigkeit vor, lässt dies die Tat unter Abs 3 fallen. Abs 3 Nr. 1 betrifft den Fall, dass der Täter zwar die Gefahr fahrlässig verursacht, iÜ aber vorsätzlich handelt. Bei dieser Vorsatz-Fahrlässigkeits-Kombination muss sich der Vorsatz auch auf die Fahrunsicherheit erstrecken.[211] Gemäß § 11 II StGB ist eine solche Tat als vorsätzlich begangen anzusehen.

184 Im Falle einer durch Trunkenheitsfahrt begangenen fahrlässigen Tötung stellt sich die Frage, ob die dann zu verhängende Freiheitsstrafe noch zur Bewährung ausgesetzt werden kann oder ob die Verteidigung der Rechtsordnung deren Vollstreckung gebietet, § 56 III StGB.[212] Bei derart schweren Vergehen gebietet die Verteidigung der Rechtsordnung im Allgemeinen auch bei einem Ersttäter die Vollstreckung der Freiheitsstrafe, wenn nicht besondere Ausnahmegründe vorliegen. Solche stellen zB ein Mitverschulden des Getöteten dar. Bei solchen Fällen dürfte dann eine notwendige Verteidigung veranlasst sein, § 140 II StPO.[213]

2. Gefährliche Eingriffe in den Straßenverkehr – § 315 b StGB

185 Diese Vorschrift hat weniger wegen der Masse der begangenen Delikte als vielmehr durch die Art der Tatbegehung und durch ihren hohen Gefährlichkeitsgrad ihre Bedeutung. Sie soll die Sicherheit des Straßenverkehrs gegen die in Abs 1 Nr. 1–3 genannten Eingriffe von außen schützen. Dies betrifft zunächst Eingriffe, die von Personen begangen werden, die außerhalb des normalen Verkehrsablaufs stehen (Beschädigung oder Beseitigung der Sicherung einer Baugrube, Steinewerfen von Autobahnbrücken auf durchfahrende Autos usw), aber auch im fließenden Verkehr begangene Handlungen, soweit sie nicht nur fehlerhafte Verkehrsteilnahme sind, also den bewusst zweckwidrigen Gebrauch des Fahrzeugs in verkehrsfremder, verkehrsfeindlicher Absicht, ohne dass die Verkehrslage dies veranlasst (zB Zerstören von Bremsleitungen, bewusstes Rammen eines anderen Fahrzeugs, absichtliches scharfes Bremsen, um einen Auffahrunfall zu verursachen, gezieltes Zufahren auf

210 BGHSt 8, 28; 24, 31; BayObLG VerkMitt 1976, 74; VRS 64, 371
211 BGH NZV 1991, 117
212 Molketin NZV 1990, 289; BGH NZV 1989, 400; OLG Hamm NZV 1993, 317 (mit zust Anm Molketin BA 1994, 133); OLG Zelle BA 1999, 188; LG Verden NZV 1998, 219; OLG Dresden DAR 1999, 36 = BA 1999, 387; LG Koblenz MDR 1987, 602
213 Molketin NZV 1989, 93; OLG Köln NZV 1999, 96 = VRS 96, 117 = StV 1998, 531; LG Essen StV 1988, 381; OLG Karlsruhe VRS 80, 440; Hans. OLG Bremen VRS 91, 43 = NZV 1996, 250 = StraFo 1996, 21 = BA 1996, 175

einen Fußgänger usw).[214] § 315 b StGB setzt eine doppelte Kausalität voraus: Die genannten Eingriffe müssen die Verkehrssicherheit beeinträchtigen, was wiederum zu einer konkreten Gefährdung (hierzu s Rn 180) führen muss.[215]

Nach Abs 3 tritt eine erhebliche Strafverschärfung (Verbrechen!) ein, wenn der Tä- **186**
ter in der Absicht gehandelt hat, einen Unglücksfall herbeizuführen oder eine andere Straftat zu ermöglichen oder zu verdecken.[216]

3. Unerlaubtes Entfernen vom Unfallort – § 142 StGB

§ 142 StGB stellt eine der problematischsten Vorschriften des StGB dar. Er soll die **187**
privatrechtlichen Interessen der Unfallbeteiligten schützen, also die nötigen Feststellungen zur Sicherung berechtigter und zur Abwehr unberechtigter Schadensersatzansprüche gewährleisten.[217] Bei bloßer Eigenschädigung greift er nicht ein.

Sachlich ist der Anwendungsbereich auf Unfälle im öffentlichen Straßenverkehr **188**
(s Rn 116) begrenzt.[218] Auf Unfälle, die nicht auf öffentlichem Verkehrsraum oder
ausschließlich auf Bahngelände, Wasserstraßen oder Skihängen stattfinden, findet
§ 142 StGB keine Anwendung. Andererseits gehört auch der Fußgängerverkehr
zum öffentlichen Straßenverkehr.

Unfall ist ein plötzliches Ereignis, das zur Tötung oder Verletzung eines Menschen **189**
oder zu einer nicht völlig belanglosen Sachbeschädigung (Untergrenze ca. 25 €) geführt hat und mit den typischen Gefahren des Straßenverkehrs in ursächlichem Zusammenhang steht.[219] Selbst bei vorsätzlicher Schädigung liegt ein Unfall vor, es sei
denn, es handelt sich um einen gestellten Unfall, bei dem *sämtliche* Beteiligte den
Unfall gewollt haben.[220]

Für den ursächlichen Zusammenhang mit den typischen Gefahren des Straßenverkehrs genügt aber nicht jegliche ursächliche Verknüpfung des Schadensereignisses
mit einem Verkehrsgeschehen. Ein Unfall »im Straßenverkehr« im vielmehr nur ein
solches Schadensereignis, in dem sich ein verkehrstypisches Unfallrisiko realisiert
hat. Dies ist dann nicht der Fall, wenn ein Schadensereignis im Straßenverkehr
schon nach seinem äußeren Erscheinungsbild nicht die Folge des allgemeinen Ver-
kehrsrisikos, sondern einer deliktischen Planung ist.[221]

§ 142 StGB ist ein Sonderdelikt; es verpflichtet nur den Unfallbeteiligten. Nach der **190**
Legaldefinition des Abs 5 ist Unfallbeteiligter jeder, dessen Verhalten nach den Umständen zur Verursachung des Unfalls beigetragen haben kann, also jeder, dessen
Verhalten ohne Rücksicht auf die Schuldfrage kausal gewesen sein kann, auch wenn
sich nach näherer Prüfung herausstellt, dass es in Wirklichkeit zu dem Unfall nicht
beigetragen hat.[222] Dies betrifft nicht nur den Fahrer, sondern Verkehrsteilnehmer
jeder Art, zB auch Mitinsassen. Die Haltereigenschaft allein genügt jedoch nicht, es

---

214 BGHSt 7, 379; VRS 57, 271; 68, 116; 69, 125; NZV 1990, 35; 1992, 325; OLG Düsseldorf VRS
  74, 440
215 BGH NZV 1998, 36
216 BGH VRS 62, 190; BGHSt 28, 93
217 BVerfG NJW 1963, 1195; BayObLG NZV 1990, 397; BGH VRS 9, 136
218 BGHSt 14, 116; BayObLG VRS 57, 404
219 BGHSt 12, 253; BayObLG VRS 57, 807
220 BGHSt 24, 382; BayObLG NZV 1992, 326
221 BGH NJW 2002, 626
222 BGH VRS 54, 54; 59, 185; OLG Düsseldorf NZV 1993, 157; OLG Köln NZV 1989, 78; OLG
  Karlsruhe VRS 74, 432

Wahl

sei denn, dieser hat irgendwie auf den Verkehr eingewirkt (zB der mitfahrende Halter, der sein Fahrzeug einer fahrunsicheren Person überlassen hat).[223] Kein Unfallbeteiligter ist, wer zweifelsfrei als Verursacher nicht in Betracht kommt oder wer zur Unfallzeit nicht am Unfallort war oder erst hinzugekommen ist, als keine Feststellungen mehr zu treffen waren.[224]

191 Da eine Selbstbegünstigung straflos ist, wird vom Unfallbeteiligten nichts verlangt, was eine aktive Mitwirkung zur eigenen Überführung darstellen würde. Aktives Tun wird nur insoweit verlangt, als er angeben muss, *dass* (nicht wie!) er am Unfall beteiligt war bzw. nachdem er sich gemäß Abs 2 erlaubterweise vom Unfallort entfernt hat, als er sich mit dem Berechtigten oder der Polizei in Verbindung setzen muss. Dies sagt aber noch nichts über die Schuldfrage aus. IÜ ist er nur verpflichtet, sich am Unfallort zur Verfügung zu halten, bestimmte Feststellungen zu dulden oder diese – nach erlaubtem Verlassen der Unfallstelle – nachträglich zu ermöglichen. Soweit ein Feststellungsinteresse besteht, kommen neben dem Unfallbeteiligten auch Dritte als feststellungsbereite Personen in Betracht, sofern sie bereit und in der Lage sind, zugunsten des Berechtigten Feststellungen zu treffen.[225] Der Unfallbeteiligte hat so lange persönlich am Unfallort zu bleiben, bis er dem Berechtigten sämtliche in Abs 1 genannten Feststellungen durch seine Anwesenheit ermöglicht hat. Legt der Berechtigte zB nach Feststellung der Personalien noch Wert auf die Art der Beteiligung (zB Trunkenheit, keine Fahrerlaubnis), darf sich der Unfallbeteiligte nicht entfernen, jedenfalls dann nicht, soweit dies für die Beurteilung der zivilrechtlichen Haftung eine Rolle spielt.[226]

192 Die passive Feststellungsduldungspflicht wird zunächst durch bloßes Warten am Unfallort erfüllt. Befinden sich dort keine feststellungsbereiten Personen, darf sich der Unfallbeteiligte nach einer angemessenen Wartezeit entfernen. Diese angemessene Wartezeit bestimmt sich nach den Umständen des Einzelfalls, vor allem nach dem Grad des Feststellungsbedürfnisses und der Zumutbarkeit, wobei neben den Unfallfolgen auch Tageszeit, Verkehrsdichte, Witterung, die Interessenlage der Beteiligten und etwaige zur Sicherung der Feststellungen ergriffene Maßnahmen eine Rolle spielen.[227] Das Hinterlassen einer Visitenkarte vor Ablauf der Wartefrist reicht grundsätzlich (außer uU bei reinen Bagatellschäden) nicht aus, da sie insbesondere über die Art der Beteiligung nichts aussagt.[228] Aus welchem Grund der Unfallbeteiligte an der Unfallstelle verbleibt, ist belanglos. Es zählt auch die Zeit, die er zB braucht, um sein Fahrzeug aus dem Graben ziehen zu lassen. Allerdings darf nichts getan werden, was dazu führen könnte, Feststellungen durch eintreffende Personen zu verhindern. Nimmt der Unfallbeteiligte Handlungen vor, die geeignet sind, Dritte von Feststellungen oder von der Benachrichtigung der Polizei abzuhalten, so hat dies zur Folge, dass ihm die bis dahin verstrichene Wartezeit nicht mehr zugute kommt. Vielmehr beginnt die an sich angemessene Wartezeit neu zu laufen.[229]

---

223 BGH DAR 1976, 174; BayObLG VRS 12, 115; DAR 1988, 364; OLG Köln NZV 1992, 80; OLG Frankfurt NZV 1997, 125

224 BGHSt 15, 1; BayObLG VRS 72, 72; OLG Stuttgart NStZ 1992, 384

225 BayObLG VRS 64, 119; KG VRS 67, 258; OLG Stuttgart VRS 60, 300

226 BGH VRS 39, 184; OLG Koblenz VRS 48, 26; OLG Köln NJW 1981, 2367; BayObLG ZfS 1983, 226

227 OLG Zweibrücken VRS 82, 217; OLG Köln DAR 1994, 204

228 BayObLG VRS 38, 437; DAR 1991, 366; OLG Zweibrücken VRS 79, 299

229 HM; Tröndle/Fischer § 142 Rn 32; OLG Köln ZfS 2001, 330 = VRS 2001, 302

Entfernt vom Unfallort hat sich der Unfallbeteiligte bereits, wenn er sich aus dem **193** unmittelbaren Bereich der Unfallstelle entfernt, wo ihn feststellungsbereite Personen vermuten oder gegebenenfalls durch Befragen ermitteln würden, so dass der engere räumliche Zusammenhang zwischen ihm und dem Unfallort aufgehoben und dadurch die sofortige Vornahme der nötigen Feststellungen an Ort und Stelle erschwert oder unmöglich gemacht worden ist.[230]

Sich-Entfernen setzt ein willentliches Handeln voraus.[231] Dies fehlt zB, wenn ein **194** bewusstloser Unfallbeteiligter ins Krankenhaus oder ein betrunkener Unfallbeteiligter zwangsweise zur BE weggebracht wird.

Nachträgliche Meldepflichten entstehen im Fall des Abs 2. Sie kommen, abgesehen **195** vom Fall des Abs 4, nicht mehr in Betracht, wenn sich der Unfallbeteiligte bereits nach Abs 1 unerlaubt entfernt hat.

Berechtigt iSd Abs 2 Nr. 2 ist ein Entfernen, das durch die allgemeinen Rechtferti- **196** gungsgründe gerechtfertigt ist. Nicht berechtigt ist zB das Entfernen zur Erledigung dringender geschäftlicher Angelegenheiten oder um sich der Verfolgung wegen einer anderen Straftat (§ 316 StGB) zu entziehen.[232] Entschuldigt ist ein Entfernen aus den allgemeinen Entschuldigungsgründen (zB § 35 StGB, kurzfristiger § 20 StGB, Pflichtenkollision, Unzumutbarkeit).

Gleichgestellt ist der Fall, dass sich der Unfallbeteiligte unvorsätzlich entfernt, etwa **197** weil er den Unfall nicht bemerkt hat und erst außerhalb des zeitlichen und räumlichen Zusammenhangs auf seine Unfallbeteiligung aufmerksam gemacht wird.[233]

Das Entfernen nach Abs 2 löst die Pflicht aus, unverzüglich nachträgliche Feststel- **198** lungen zu ermöglichen. Unverzüglich bedeutet nicht sofort, sondern (im strafrechtlichen Sinn) ohne schuldhaftes Zögern.[234] Auch hier spielen die Umstände des Einzelfalls eine Rolle. Der Unfallbeteiligte hat die Wahl, ob er den Geschädigten oder die Polizei informiert. Die Meldung bei der Polizei ist aber dann erforderlich, wenn der Geschädigte nicht mehr unverzüglich benachrichtigt werden kann. Die Wahlmöglichkeit besteht also nur, so lange feststeht, dass alle Wege gleichwertig sind, ohne das Aufklärungsinteresse des Geschädigten zu gefährden.[235]

Die nachträgliche Meldung gewährt dem Unfallbeteiligten dann keine Straffreiheit, **199** wenn er durch sein Verhalten die Feststellungen absichtlich und mit Erfolg vereitelt hat.

Mit In-Kraft-Treten des 6. Gesetzes zur Reform des Strafrechts am 1. 4. 1998 wurde **200** durch die neu geschaffene Regelung des § 142 IV StGB (der bisherige Abs 4 wurde Abs 5) die Möglichkeit eröffnet, von Strafe wegen unerlaubten Entfernens vom Unfallort abzusehen oder zwingend zu mildern (§ 49 I StGB), wenn der Unfallbeteiligte innerhalb von 24 Stunden nach einem Unfall außerhalb des fließenden Verkehrs, der ausschließlich nicht bedeutenden Sachschaden zur Folge hat, freiwillig die Feststellungen nach Abs 1 Nr. 1 ermöglicht.[236] Damit sind zum einen Personenschäden und zum anderen bedeutende Sachschäden ausgeklammert, bei deren Vorliegen be-

---

230 BayObLG NJW 1979, 436; OLG Köln NJW 1989, 1683; KG DAR 1979, 22; OLG Stuttgart VerkMitt 1977, 73
231 BayObLG NZV 1993, 35; OLG Hamm VRS 56, 340; 68, 111
232 KG VRS 40, 109; OLG Koblenz VRS 45, 33; BGHSt 9, 267
233 BGHSt 28, 129; BayObLG NJW 1982, 1059; OLG Köln VRS 54, 276
234 OLG Köln VRS 61, 432
235 OLG Stuttgart VRS 54, 352
236 Bönke NZV 1998, 129

Wahl

reits ein Regelfall des Entzugs der Fahrerlaubnis gegeben ist (§ 69 II 3 StGB). »Außerhalb des fließenden Verkehrs« setzt nach inzwischen hM voraus, dass der Täter bei der Verursachung des Unfalls sein Fahrzeug nicht im fließenden Verkehr bewegt und dass auch das Fahrzeug des anderen Unfallbeteiligten sich im ruhenden Verkehr befunden hat.[237] Anders als bei § 69 II 3 StGB ist für die Anwendbarkeit des § 142 IV StGB wie bei anderen Rücktrittsvorschriften von der tatsächlichen Schadenshöhe auszugehen und nicht von der vom Unfallbeteiligten angenommenen; sie liegt überwiegend in einem Rahmen von bis zu 1500 €.[238]

201   Die Feststellungen müssen freiwillig nachträglich ermöglicht worden sein. Die in Abs 3 beispielhaft genannten Möglichkeiten sind nicht abschließend, auch andere Wege, die zum Erfolg führen, sind zulässig.[239] Nur eine freiwillig erfolgte Handlung macht Abs 4 anwendbar. Hat die Polizei etwa den Täter schon ermittelt und weiß dieser davon, nützt ihm seine »rechtzeitige« Meldung nichts mehr, er trägt das Risiko des Zeitablaufs.

202   Liegen die Voraussetzungen vor, ist eine Strafmilderung (§ 49 I StGB) zwingend vorgeschrieben. Die alternativ vorgesehene Möglichkeit des Absehens von Strafe ist dagegen in das Ermessen des Gerichts gestellt. Wird davon Gebrauch gemacht, bleibt eine Verurteilung wegen anderer Straf- oder Bußgeldvorschriften jedoch möglich.

203   § 142 StGB setzt Vorsatz hinsichtlich aller Tatbestandsmerkmale voraus. Weder fahrlässige Begehungsweise noch Versuch sind strafbar. Der Vorsatz fehlt zB, wenn der Unfallbeteiligte irrig einen Verzicht des Geschädigten auf Feststellungen annimmt oder wenn er den Anstoß nicht wahrgenommen oder den Schaden nicht erkannt hat.

204   Ist ein bedeutender Fremdschaden entstanden (Wertgrenze ca. 1500 €) oder ein Mensch getötet oder nicht unerheblich verletzt worden, liegt ein Regelfall des Fahrerlaubnisentzugs vor, § 69 II Nr. 3 StGB. Bei geringeren Schäden kommt die Verhängung eines Fahrverbots in Betracht.

4.   Nötigung – § 240 StGB

205   Nach dem in der Rechtsprechung bisher geltenden Gewaltbegriff war Gewalt iSd § 240 StGB auch eine lediglich psychische Einwirkung.[240] In seiner »Sitzblockaden-entscheidung« vom 10. 1. 1995 beurteilt jedoch das BVerfG[241] die Subsumtion derartiger Eingriffe unter den strafbaren Gewaltbegriff als verfassungswidrig. Eine Zwangswirkung, die lediglich in der körperlichen Anwesenheit besteht, genüge dem Gewalterfordernis des § 240 StGB nicht. Notwendig erscheine insoweit wenigstens ein Verhalten, das sich aktiv gegen denjenigen richtet, auf dessen Willen eingewirkt werden soll.

206   In seiner nachfolgenden Entscheidung vom 20. 7. 1995 hat der BGH[242] dazu ausgeführt, eine Korrektur der Rechtsprechung zum Gewaltbegriff allein an der Tathandlung, am Merkmal der körperlichen Kraftentfaltung, sei weder geboten noch

---

237 Tröndle/Fischer § 142 Rn 53; Himmelreich/Lessing NZV 2000, 299; OLG Köln, VRS 98, 122
238 Himmelreich DAR 1994, 508 mwN
239 Tröndle/Fischer § 142 Rn 46
240 BGH NStZ 1991, 218
241 BVerfG NJW 1995, 1141
242 BGH DAR 1995, 453

sinnvoll. Es bestünde kein Anlass, etwa die Nötigung im Straßenverkehr mittels Kfz mehr einzuschränken, als dies bisher der Fall gewesen sei.[243] Wenn zB infolge des Verhaltens der Blockierer den der ersten Fahrzeugreihe folgenden Kraftfahrern nicht zu beseitigende physische Hindernisse in Form von vor und hinter ihnen auf der Fahrbahn angehaltenen Fahrzeugen entgegenstehen und diese deshalb ihre Fahrt nicht fortsetzen können, selbst wenn psychischer Zwang sie nicht beeindruckt haben würde, so stelle dies strafbare Nötigung dar, da die beabsichtigte Fortbewegung durch tatsächlich nicht überwindbare Hindernisse unterbunden werde.

Nach wie vor kommt eine strafbare Nötigung aber nur dann in Betracht, wenn es sich um einen Vorgang von einiger Dauer und gewisser Intensität handelt.[244] Nicht ausreichend sind daher reine Belästigungen, die nicht geeignet sind, einen vernünftigen und durchschnittlichen Kraftfahrer in Angst und Schrecken zu versetzen.[245]   **207**

5. Fahrlässige Tötung, fahrlässige Körperverletzung – §§ 222, 229 StGB

In verkehrsrechtlicher Hinsicht bieten diese Tatbestände wenig Besonderheiten. Zu prüfen ist vor allem, ob das Verhalten des Täters für die Körperverletzung oder die Tötung ursächlich gewesen ist, wobei das Fehlverhalten auch in einem pflichtwidrigen Unterlassen bestehen kann. Auch ein betrunkener Kraftfahrer muss einen Verkehrsunfall nicht notwendig verschuldet haben.   **208**

Wer sich selbst verkehrsgerecht verhält, darf grundsätzlich darauf vertrauen, dass sich auch andere Verkehrsteilnehmer verkehrsgerecht verhalten, jedenfalls so lange, bis er das Gegenteil erkennt.[246] Gegenüber Kindern, Hilfsbedürftigen und älteren Menschen ist dieser Vertrauensgrundsatz jedoch eingeschränkt (§ 3 II a StVO).[247]   **209**

Zahlreiche Unfälle im Straßenverkehr haben leider nicht nur Sachschaden, sondern auch Personenschaden zur Folge. In solchen Fällen erhebt sich dann die Frage, ob eine Strafverfolgung wegen fahrlässiger Körperverletzung erfolgen soll oder nicht. Für den Anwalt ist die Vorschrift des § 229 StGB janusköpfig, da er, findet die Strafverfolgung statt, sowohl auf der Verteidigerseite als auch in der Rolle des Nebenklägervertreters auf der Anklageseite stehen und somit sein Interesse an einer Strafverfolgung durchaus unterschiedlich sein kann.   **210**

§ 229 StGB gehört zu den Privatklage- und Antragsdelikten, dh eine Strafverfolgung findet nur auf Antrag statt, sofern die StA nicht wegen des besonderen öffentlichen Interesses an der Strafverfolgung ein Einschreiten von Amts wegen für geboten hält, § 230 StGB. Die StA kann sowohl trotz gestellten Strafantrags eine Strafverfolgung unterlassen, wenn sie ein öffentliches Interesse daran verneint (§ 376 StPO) und den Verletzten auf den Privatklageweg verweisen als auch trotz unterlassenen Strafantrags die Strafverfolgung betreiben, wenn sie ein besonderes öffentliches Interesse daran bejaht (§ 230 StGB). Ob ein Strafverfahren wegen des Vorwurfs der fahrlässigen Körperverletzung durchgeführt wird oder nicht, hängt damit nicht vom Verletzten, sondern letztlich von der StA ab. Eine gesetzliche Grundlage, ob das besondere öffentliche Interesse an der Strafverfolgung zu bejahen oder zu   **211**

---

243 S.a. Berz NZV 1995, 297
244 BGHSt 19, 263
245 OLG Düsseldorf NJW 1996, 2245 = VRS 91, 282 = DAR 1986, 244; OLG Hamm VRS 82, 26 = NJW 1991, 3230 = NZV 1991, 480
246 BGHSt 13, 169; NZV 1992, 108
247 BGH NJW 1982, 1149; OLG Hamburg NZV 1990, 71

verneinen ist, gibt es nicht. Grobe Maßstäbe setzen die Richtlinien für das Straf- und Bußgeldverfahren (RiStBV) in Nr. 243 III. Es handelt sich dabei um eine im Einzelfall zu treffende Ermessensentscheidung. Um eine bei der Vielzahl der Fälle möglichst gleichmäßige Sachbehandlung zu gewährleisten, haben einige Bundesländer hierzu zusätzliche Richtlinien erlassen, so zB in Bayern die Allgemeine Verwaltungsvorschrift vom 26. 3. 2003, den sog »Knochenerlass«.[248] Auch wenn die Bejahung des besonderen öffentlichen Interesses durch die StA keiner richterlichen Überprüfung unterliegt,[249] bindet dieser Erlass als innerdienstliche Weisung die StA, so dass, von Grenzfragen abgesehen, doch mit einiger Verlässlichkeit die Sachbehandlung vom RA abgeschätzt werden kann. Der Erlass berücksichtigt in einem Rastersystem zum einen den Grad der Verletzung, zum anderen die Schwere des Verstoßes gegen Verkehrsvorschriften. Jeweils werden 3 Gruppen gebildet und diese in einem Raster zueinander in Beziehung gesetzt. Als leichte Verletzungen gelten leichte Prellungen oder Verstauchungen sowie kleine Blutergüsse, Schürf- oder Schnittwunden, als mittlere Verletzungen einfache Knochenbrüche ohne Komplikationen, Gehirnerschütterungen, größere Schnitt- oder Schürfwunden und geringfügige Verbrennungen, als schwere Verletzungen Oberschenkel-, Becken- und Schädelbrüche, Brüche mit längerer Heilungsdauer, Verletzungen, die einen operativen Eingriff mit längerer stationärer Behandlung erfordern oder mit einer schmerzhaften Nachbehandlung verbunden sind, nicht geringfügige Verbrennungen sowie Verletzungen, die Dauerfolgen nach sich ziehen.

212   Die Verstöße gegen Verkehrsvorschriften werden in leichte, erhebliche und grobe eingeteilt. Ein leichter Verstoß gegen Verkehrsvorschriften liegt grundsätzlich vor, wenn die der fahrlässigen Körperverletzung zugrunde liegende Verkehrsordnungswidrigkeit nach der BKatV im Regelfall (ohne Erhöhung der Regelsätze nach Tabelle 4) mit einer Geldbuße von weniger als 75 € geahndet wird. Ein erheblicher Verstoß liegt grundsätzlich vor, wenn die der fahrlässigen Körperverletzung zugrunde liegende Verkehrsordnungswidrigkeit nach der BKatV im Regelfall (ohne Erhöhung der Regelsätze nach Tabelle 4) mit einem Fahrverbot oder im Regelfall mit einer Geldbuße von mindestens 75 € geahndet wird. Ein grober Verstoß liegt grundsätzlich vor, wenn ein Verhalten nach § 315 c I Nr. 2 a mit g StGB gegeben ist und der Beschuldigte grob verkehrswidrig *oder* rücksichtslos gehandelt hat oder wenn ein Fall des § 24 a StVG gegeben ist.

213   Wird das besondere öffentliche Interesse verneint und fehlt auch ein Strafantrag, wird das Ermittlungsverfahren gemäß § 170 II StPO eingestellt. Hinsichtlich der zugrunde liegenden Ordnungswidrigkeit kann entweder ebenfalls eine Einstellung erfolgen (§ 47 OWiG) oder eine Abgabe der Sache gemäß § 43 OWiG an die Verwaltungsbehörde zur Verfolgung der Ordnungswidrigkeit.

214   Bei fahrlässigen Tötungen wird zur Aufklärung des Unfallhergangs und seiner Folgen (insbesondere bezüglich der Kausalität zwischen Unfall und Tod) häufig eine Obduktion anzuordnen sein. Dabei sollte auch die Möglichkeit eines Suicids in die Überlegungen mit einbezogen werden.[250]

---

248 Unveröffentlicht
249 BGH NJW 1991, 1726; BayObLG VRS 80, 344
250 Müller NZV 1990, 333

6.   Fahren ohne Fahrerlaubnis – § 21 StVG

§ 21 StVG bedroht vorsätzliche und fahrlässige Verstöße gegen die Fahrerlaubnis-   **215**
pflicht (§ 2 StVG) mit Strafe, ferner das Führen eines Kfz trotz Fahrverbots (§§ 44
StGB, 25 StVG) oder trotz vorläufigen Entzugs der Fahrerlaubnis (§ 111 a StPO)
oder trotz Sicherstellung oder Beschlagnahme des Führerscheins und schließlich
das Anordnen oder Zulassen der Führung eines Kfz in den genannten Fällen durch
den Halter.

Die Vorschrift gilt nur auf öffentlichem Verkehrsgrund[251] (s Rn 116). Die Missachtung   **216**
einer mit der Fahrerlaubnis verbundenen persönlichen Auflage (zB Brillentrage-
pflicht) berührt den Bestand der Fahrerlaubnis nicht (lediglich Ordnungswidrigkeit
nach §§ 23 II 1, 75 Nr. 9 FeV) im Gegensatz zur fahrzeugbezogenen technischen
Beschränkung (zB § 23 II 2 FeV), deren Missachtung durch § 21 StVG strafbewehrt
ist.

Die Fahrerlaubnis ist erst mit Aushändigung des Führerscheins nach bestandener   **217**
Prüfung erteilt.[252] Sie fehlt, so lange sie noch nicht erteilt ist, wenn sie durch ein
Gericht oder die Verwaltungsbehörde rechtskräftig entzogen ist, wenn sie vorläufig
entzogen ist oder so lange die Voraussetzungen des § 4 IntKfzVO in Verbindung
mit § 2 der VO zur Umsetzung der Richtlinie 91/439/EWG des Rates vom 29. 7.
1991 über den Führerschein und zur Änderung straßenverkehrsrechtlicher Vorschriften vom 19. 6. 1996, seit 1. 1. 1999 des § 28 FeV, nicht vorliegen (s Rn 103 ff).
Gegen § 21 StVG verstößt auch, wer mehrere Führerscheine besitzt, von denen nur
einer sichergestellt oder beschlagnahmt ist.

§ 21 I Nr. 2 und II Nr. 3 StVG bedroht in bestimmten Fällen auch den Halter eines   **218**
Kfz mit Strafe. Die Haltereigenschaft ist hier nicht formal, sondern nach wirtschaftlichen Gesichtspunkten zu beurteilen. Halter ist, wer das Fahrzeug für eigene
Rechnung in Gebrauch hat und wer diejenige Verfügungsgewalt darüber besitzt,
die ein solcher Gebrauch voraussetzt.[253] Für eigene Rechnung wird das Fahrzeug
von demjenigen gebraucht, der die Nutzungen aus dessen Verwendung zieht und
die Kosten dafür bestreitet. Die erforderliche Verfügungsgewalt besitzt, wer als
Fahrzeugbenutzer Anlass, Ziel und Zeit seiner Fahrten selbst bestimmen kann.

§ 21 StVG gilt auch für ausländische Kfz-Führer, die keine gültige Fahrerlaubnis   **219**
haben oder von ihrer ausländischen Fahrerlaubnis nach Ablauf von sechs Monaten
ab Begründung eines ordentlichen Wohnsitzes[254] in der BRD Gebrauch machen,
§ 4 IntKfzVO,[255] soweit letztere nicht Angehörige eines Mitgliedstaats der EU oder
eines Vertragsstaats des Abkommens über den Europäischen Wirtschaftsraum sind
(s Rn 104).

Beruft sich ein Kraftfahrzeugführer auf eine ausländische Fahrerlaubnis, so setzt,
wenn die Aufenthaltsfristen des § 4 IntKfzVO gewahrt sind, seine Verurteilung wegen Fahrens ohne Fahrerlaubnis voraus, dass er über die behauptete ausländische
Fahrerlaubnis tatsächlich nicht verfügt. Es genügt nicht, dass er lediglich den Nachweis der ausländischen Fahrerlaubnis weder bei der Fahrt noch später erbracht
hat.[256] Für die Inhaber ausländischer Fahrerlaubnisse galt bis zum 30. 6. 1996 allein

---

251 BGHSt 28, 72; BayObLG NZV 1990, 322
252 BGH VRS 30, 421; BayObLG VRS 18, 212
253 OLG Köln NZV 1994, 203; OLG Karlsruhe VRS 92, 255
254 BayObLG NZV 2000, 261 = NStZ 2000, 380
255 S.a. Bouska DAR 1993, 241; 1996, 276
256 BGH NJW 2001, 3347

die IntKfzVO mit den in § 4 II enthaltenen Einschränkungen, für die Zeit vom 1. 7. 1996 bis 31. 12. 1998 ergänzt durch die EWG-VO vom 19. 6. 1996. Mit Wirkung vom 1. 1. 1999 trat die FeV in Kraft, die die EWG-VO ersetzte und die bislang geltenden Einschränkungstatbestände in § 28 IV neu fasste. Der Entziehung der Fahrerlaubnis durch die Verwaltungsbehörde wurde nunmehr die gerichtliche Entziehung der Fahrerlaubnis gleichgestellt. Anders als bisher ist der Inhaber einer ausländischen Fahrerlaubnis nach Ablauf einer vom Gericht verhängten Sperrfrist im Inland nicht wieder automatisch fahrberechtigt. Dies gilt auch für Altfälle, also auch dann, wenn nach früherem Recht der Inhaber einer in einem EU- oder EWG-Staat erworbenen Fahrerlaubnis, dem die deutsche Fahrerlaubnis von einem Gericht rechtskräftig entzogen worden war, vor dem 1. 1. 1999 nach Ablauf der Sperrfrist im Inland aufgrund einer ausländischen Fahrerlaubnis wieder Kfzs führen durfte.[257]

220 Aufgrund Art. 52 EG-Vertrag hat der EuGH mit Urteil vom 29. 2. 1996[258] entschieden, dass zwar die normierte Pflicht, eine von einem Mitgliedstaat der EU ausgestellte Fahrerlaubnis binnen eines Jahres in eine deutsche Fahrerlaubnis umschreiben zu lassen, rechtens sei, dass die Verletzung dieser Pflicht aber nicht dem Fahren ohne Fahrerlaubnis gleichgestellt und daher bestraft werden dürfe. Dem haben die VOen zur Umsetzung der 2. Führerscheinrichtlinie vom 19. 6. 1996 (BGBl I S 885), die für Inhaber einer Fahrerlaubnis aus einem EG-Mitgliedstaat oder einem anderen Vertragsstaat des Abkommens über den Europ. Wirtschaftsraum gilt[259] (s Rn 104), und nunmehr § 28 FeV Rechnung getragen. Inhaber einer derartigen ausländischen Fahrerlaubnis dürfen im Umfang ihrer Berechtigung Kfzs auch dann im Inland führen, wenn seit der Begründung des ständigen Aufenthalts mehr als sechs Monate verstrichen sind. Zu beachten ist, dass die genannten Berechtigungen nicht gelten in den Fällen des § 28 IV FeV.

Ein deutscher Kraftfahrer, dem die Fahrerlaubnis durch ein Strafgericht entzogen wurde, darf vor Ablauf der Sperrfrist auch dann nicht Kfz aufgrund einer ausländischen Fahrerlaubnis im Inland führen, wenn er nach Entzug der Fahrerlaubnis außerdeutscher Kraftfahrer iSd § 4 IntKfzVO geworden ist, indem er seinen ordentlichen Wohnsitz ins Ausland verlegt hat, s § 4 III Nr. 3 IntKfzVO (s Rn 103). Wurde im Urteil lediglich eine isolierte Sperrfrist verhängt, so hindert dies jedoch seit Geltung des § 28 IV FeV den Inhaber einer rechtmäßig erworbenen ausländischen Fahrerlaubnis nicht daran, aufgrund dieser Fahrerlaubnis Kfzs im Inland zu führen.[260]

IV. Verkehrsordnungswidrigkeiten

1. Allgemeines

221 Ordnungswidrigkeiten sind rechtswidrige und vorwerfbare Handlungen, die den Tatbestand eines Gesetzes verwirklichen, das die Ahndung mit einer Geldbuße zulässt (§ 1 I OWiG). Zweck der Geldbuße ist es nicht, eine Tat zu sühnen, sondern eine bestimmte Ordnung durchzusetzen, um die Beachtung von Geboten und Verboten sicherzustellen. Im Gegensatz zum Legalitätsprinzip des Strafrechts wird das

---

257 BGH NJW 2002, 2330 = NZV 2002, 406 = DAR 2002, 419 = VRS 103, 212
258 EuGH DAR 1996, 193
259 S.a. Hentschel NJW 1996, 2764; Jagow DAR 1995, 360
260 LG Aachen NZV 2000, 511

Ordnungswidrigkeitenrecht vom Opportunitätsprinzip beherrscht, wonach die Verfolgung von OWis im pflichtgemäßen Ermessen der Verwaltungsbehörde liegt (§§ 35 I, 47 I 1 OWiG).

Die Vorschriften über Verkehrsordnungswidrigkeiten sind über das gesamte Straßenverkehrsrecht verteilt. Den bedeutsamsten Bußgeldtatbestand stellt § 24 StVG dar, der die Ahndungsgrundlage für die große Masse der Verkehrsordnungswidrigkeiten, insbesondere der Verstöße gegen die Vorschriften der StVO und StVZO (über die Verweisungen in §§ 49 StVO, 69 a StVZO), bildet.   **222**

Die Höhe der Bußgeldandrohung ist in § 24 II StVG nicht ausdrücklich geregelt. Es gelten daher die allgemeinen Vorschriften des § 17 OWiG, wonach die Geldbuße mindestens 5 € und höchstens 1.000 € beträgt, bei fahrlässigem Handeln höchstens 500 €.   **223**

2. Zusammentreffen von Ordnungswidrigkeit und Straftat

Treffen OWis mit einer Straftat zusammen, so ist nebeneinander auf Strafe und Geldbuße zu erkennen, wenn Tatmehrheit besteht (§§ 53 StGB, 20 OWiG). Bei Tateinheit oder Gesetzeskonkurrenz wird die Ordnungswidrigkeit durch die Straftat verdrängt (§ 21 OWiG). Es wird nur auf Strafe erkannt, gegebenenfalls zuzüglich der in der Bußgeldvorschrift angedrohten Nebenfolge (zB Fahrverbot).   **224**

3. Rechtsfolgen

Als mögliche Rechtsfolgen einer Verkehrsordnungswidrigkeit kommen, sofern das Verfahren nicht eingestellt wird, eine Verwarnung ohne Verwarnungsgeld (früher gesetzlich nicht, seit 1. 3. 1998 durch § 56 I 2 OWiG geregelt), eine Verwarnung mit Verwarnungsgeld (§§ 56–58 OWiG) und eine Geldbuße (§§ 17–18 OWiG) sowie die Nebenfolge des Fahrverbots (§ 25 StVG) in Betracht.   **225**

Das Verwarnungsgeld beträgt 5 bis 35 € und darf nur bei geringfügigen Verkehrsordnungswidrigkeiten verhängt werden. Zur möglichst einheitlichen Behandlung häufig und gleichartig vorkommender Verkehrsordnungswidrigkeiten hat der Bundesminister für Verkehr gemäß der Ermächtigung des § 27 StVG den Verwarnungsgeldkatalog erlassen, der Regelsätze für fahrlässige Begehung bei gewöhnlichen Tatumständen enthält. Die Verwarnung wird nur wirksam, wenn der Betroffene nach Belehrung über sein Weigerungsrecht mit ihr einverstanden ist und das Verwarnungsgeld entweder sofort oder innerhalb 1 Woche bezahlt, § 56 II OWiG. Die wirksame Verwarnung bewirkt ein (eingeschränktes) Verfahrenshindernis, § 56 IV OWiG.   **226**

Kommt eine Verwarnung nicht in Betracht, kann die Verwaltungsbehörde in einem Bußgeldbescheid eine Geldbuße, uU zusätzlich auch ein Fahrverbot, festsetzen. Gemäß § 17 III OWiG sind Grundlage für die Zumessung der Geldbuße die Bedeutung der Ordnungswidrigkeit und der Vorwurf, der den Täter trifft. Bei nicht geringfügigen OWis (Grenze derzeit 250 €)[261] können auch die wirtschaftlichen Verhältnisse des Täters berücksichtigt werden. Im Interesse einer möglichst gleichartigen Behandlung der massenhaft vorkommenden Verkehrsordnungswidrigkeiten wurde aufgrund der Ermächtigung des § 26 a StVG am 4. 7. 1989 die bundeseinheitlich geltende BKatV erlassen, deren Kern der Bußgeldkatalog darstellt und die die   **227**

261 OLG Zweibrücken NJW 1999, 2055 = NZV 1999, 219

früher geltenden Kataloge ablöste. Sie wurde ersetzt durch die neue BKatV vom 13. 11. 2001 (in Kraft seit 1. 1. 2002), die der Einführung des Euro Rechnung trägt und die in der früheren BKatV und der VerwarnVwV (Verwarnungsgeldkatalog) enthaltenen Regelungen zusammenfasst. Sie unterscheidet nicht mehr zwischen Bußgeldern und Verwarnungsgeldern. Als Rechtsverordnung ist die BKatV auch für die Gerichte verbindlich.[262]

228   Der BKat enthält nur Zumessungsregeln und stellt daher keine zusätzliche Ahndungsvoraussetzung dar. Er geht von gewöhnlichen Tatumständen und fahrlässiger Begehungsweise aus.[263]

4.   Das Bußgeldverfahren

229   Das Bußgeldverfahren richtet sich nach §§ 35 ff OWiG. Über § 46 I OWiG gelten ferner die allgemeine Verfahrensvorschriften der StPO, des GVG und des JGG sinngemäß.

a)   Der Bußgeldbescheid

230   Das Verfahren vor der Verwaltungsbehörde schließt, wenn es nicht eingestellt wird, nach Aufklärung des Sachverhalts und Anhörung des Betroffenen mit dem Erlass des Bußgeldbescheids ab. Zum wesentlichen Inhalt des Bußgeldbescheids gehören gemäß § 66 OWiG die Bezeichnung des Betroffenen, die Beschreibung der Tat in tatsächlicher und rechtlicher Hinsicht, die Beweismittel, die angeordneten Rechtsfolgen, der Hinweis auf die Möglichkeit des Einspruchs und die Kostenentscheidung. Die dem Betroffenen zur Last gelegte Tat muss so genau umschrieben sein, dass Zweifel über die Tatidentität nicht möglich sind. Zur Klärung kann auch auf den gesamten Akteninhalt zurückgegriffen werden.[264] Ein offensichtlicher und erkennbarer Irrtum, zB über den Tatort, die Tatzeit oder die Verwechslung der Fahrtrichtung hat grundsätzlich keine Auswirkung.[265] Auch unrichtige Personalangaben führen nicht zur Unwirksamkeit des Bußgeldbescheids, wenn diesem trotz des Fehlers die Identität des Betroffenen zweifelsfrei zu entnehmen ist.[266]

231   Ein rechtskräftiger Bußgeldbescheid hindert – anders als ein rechtskräftiges Urteil über die Tat als Ordnungswidrigkeit – eine spätere Aburteilung der Tat als Straftat nicht, § 84 II OWiG. Ist also der Täter einer durch Fahren mit dem Kfz begangenen Ordnungswidrigkeit nicht im Besitz einer Fahrerlaubnis und wird dies erst später bekannt, ist er vor Strafverfolgung nur geschützt, wenn er den Bußgeldbescheid nicht rechtskräftig werden lässt, sondern eine gerichtliche Entscheidung herbeiführt.

232   Der im EDV-Verfahren hergestellte Bußgeldbescheid ist ohne Unterschrift wirksam (§ 51 I 2 OWiG), wenn er auf einer aktenkundigen Verfügung des Sachbearbeiters beruht.[267] Mit Unterzeichnung bzw EDV-Ausdruck ist der Bußgeldbescheid wirk-

---

262 BGH NZV 1992, 117
263 OLG Zweibrücken VRS 75, 302
264 BayObLG NZV 1994, 448
265 OLG Hamm VRS 47, 203; OLG Karlsruhe VRS 78, 296; OLG Frankfurt NStZ 1982, 123; BayObLG DAR 1989, 372
266 BayObLG DAR 1984, 247; OLG Koblenz VRS 72, 191; OLG Karlsruhe VRS 62, 289; OLG Düsseldorf VRS 65, 455
267 OLG Frankfurt NJW 1976, 337; OLG Düsseldorf NZV 1994, 81; OLG Dresden NZV 1996, 42

sam, sofern er alsbald in den Geschäftsgang gelangt. Auch ein Zeitraum von 2 Monaten kann noch alsbaldiger Geschäftsgang sein.[268]

Für die Unterbrechung der Verjährung hat das Gesetz zur Änderung des OWiG und anderer Gesetze vom 26. 1. 1998 mit Wirkung vom 1. 3. 1998 durch die Neufassung des § 33 I Nr. 9 OWiG allerdings eine Änderung herbeigeführt. Danach unterbricht der Erlass des Bußgeldbescheids die Verjährung nur, sofern er binnen zwei Wochen zugestellt wird, andernfalls tritt die Unterbrechung erst durch die Zustellung ein. Dies dient der Beschleunigung des Verfahrens nach Erlass des Bußgeldbescheids.

233

b) Einspruch

Legt der Betroffene Einspruch (§§ 67 ff OWiG) ein, eröffnet dies das Zwischenverfahren nach § 69 II–IV OWiG. Das Verbot der reformatio in peius (§ 331 StPO) gilt im weiteren Verfahren nicht, auch nicht für die Verwaltungsbehörde. Der Einspruch kann nur an die Verwaltungsbehörde gerichtet werden, die den Bußgeldbescheid erlassen hat.[269] Er muss dort binnen 2 Wochen nach wirksamer Zustellung eingehen, § 67 I OWiG. Dabei kann der Betroffene auf den normalen Postbeförderungsweg vertrauen. Bei erheblichen, nicht vorhersehbaren Verzögerungen ist ein Wiedereinsetzungsgrund gegeben.[270]

234

Der Einspruch kann schriftlich oder zur Niederschrift bei der Verwaltungsbehörde (§ 67 OWiG) eingelegt werden, auch durch Telegramm oder per Telefax.[271] Selbst telefonische Einspruchseinlegung ist zulässig, sofern der Sachbearbeiter einen schriftlichen Vermerk über das Telefonat anfertigt.[272]

235

Der Einspruch konnte bisher nur auf einzelne Taten beschränkt werden (§ 67 II OWiG), nicht aber auf einzelne Rechtsfolgen wie die Höhe der Geldbuße oder das Fahrverbot.[273] Mit In-Kraft-Treten der OWiG-Novelle vom 1. 3. 1998 kann er nun wie ein Einspruch gegen einen Strafbefehl (§ 410 II StPO) auf einzelne Beschwerdepunkte beschränkt werden, § 67 II OWiG. Dies beinhaltet sowohl eine Beschränkung auf einzelne Taten wie auch auf die Rechtsfolgen. Innerhalb des Rechtsfolgenausspruches ist eine weitere Beschränkung auf das Fahrverbot aber nicht möglich. Geldbuße und Fahrverbot stehen in einer so engen Beziehung zueinander, dass es sich jeweils um einen nicht abtrennbaren Entscheidungsteil handelt, weil die Höhe der Geldbuße weitgehend davon abhängt, ob ein Fahrverbot festgesetzt wird oder nicht.[274] Eine Begründung des Einspruchs ist nicht erforderlich, kann aber im Hinblick auf die mögliche Ablehnung späterer Beweisanträge (§ 77 II Nr. 2 OWiG, der nunmehr für alle Ordnungswidrigkeiten, nicht nur für die geringfügigen, gilt) oder eine negative Kostenentscheidung (§ 109 a II OWiG) sinnvoll sein.

236

Eine Einspruchsrücknahme ist, solange keine Überleitung in das Strafverfahren stattgefunden hat (§ 81 OWiG), jederzeit möglich.[275] Im gerichtlichen Verfahren bedarf sie allerdings der Zustimmung der StA, sofern diese an der HV teilnimmt und

237

---

268 OLG Köln VRS 55, 386; OLG Düsseldorf NZV 1993, 204; BayObLG NZV 1995, 410
269 BVerfGE 57, 117
270 BVerfG NJW 1975, 1405
271 BGH NJW 1992, 244; BVerfG NJW 1987, 2067
272 BGH ZfS 1980, 76
273 OLG Hamm DAR 1974, 277
274 BayObLG NZV 2000, 50; BGHSt 24, 11
275 BGHSt 29, 305; BayObLG JR 1976, 209

die Rücknahme in der HV erfolgt, § 75 II OWiG. Wegen der Möglichkeit der Überleitung in das Strafverfahren ist für den Verteidiger immer dann besondere Vorsicht geboten, wenn das Ermittlungsverfahren wegen fahrlässiger Körperverletzung durch die StA trotz vorliegenden Strafantrags eingestellt und zur OWi-Verfolgung an die Verwaltungsbehörde abgegeben wurde, wenn dem Betroffenen im Bußgeldbescheid ein Verstoß gegen § 24 a StVG mit möglicher Rückrechnung oder möglicher relativer Fahrunsicherheit (s Rn 131) zur Last liegt oder wenn der Vorwurf einer der in § 315 c I Nr. 2 StGB genannten »7 Todsünden« (s Rn 178) mit möglicher konkreter Gefährdung (s Rn 180) erhoben wird.

238   Ist der Einspruch zulässig, hat die Verwaltungsbehörde zunächst zu prüfen, ob sie den Bußgeldbescheid aufrechterhält oder zurücknimmt. Hält sie ihn – evtl nach weiteren Ermittlungen (§ 69 II OWiG) – aufrecht, übersendet sie die Akten über die StA dem Amtsgericht. Mit Eingang der Akten bei der StA gehen die Aufgaben der Verwaltungsbehörde auf sie über. Sie legt die Akten dem Amtsgericht vor, wenn sie weder das Verfahren einstellt noch weitere Ermittlungen durchführt (§ 69 IV 2 OWiG). Bei offensichtlich ungenügender Sachaufklärung kann das AG die Sache mit Zustimmung der StA an die Verwaltungsbehörde zurückverweisen (§ 69 V OWiG).

c) Das gerichtliche Verfahren

239   Über den Einspruch entscheidet das zuständige AG nach Maßgabe der §§ 68, 70 ff OWiG durch Urteil aufgrund einer HV (§ 71 OWiG) oder durch Beschluss (§ 72 OWiG).

aa) Beschlussverfahren

240   Durch Beschluss kann nur entschieden werden, wenn das Gericht eine HV für entbehrlich hält und Betroffener und StA diesem Verfahren nicht widersprechen. Das Gericht darf dann von der im Bußgeldbescheid getroffenen Entscheidung nicht zum Nachteil des Betroffenen abweichen, § 72 III 2 OWiG. Der Hinweis auf die Möglichkeit des Widerspruchs muss ausdrücklich erteilt werden und ist nach hM förmlich zuzustellen.[276] Das Gericht muss ferner darüber belehren, dass im Fall einer zulässigen Beschlussentscheidung die Zulassungsrechtsbeschwerde ausgeschlossen ist[277] (s § 79 I Nr. 5 OWiG).

bb) HV

241   Für die HV gelten sinngemäß die allgemeinen Verfahrensvorschriften der StPO, jedoch aus Vereinfachungsgründen mit einigen wesentlichen Änderungen. Die StA ist zur Teilnahme nicht verpflichtet, § 75 OWiG. Seit der Änderung des OWiG vom 1. 3. 1998 ist der Betroffene zum Erscheinen in der HV verpflichtet, § 73 I OWiG. Er kann aber auf Antrag von dieser Verpflichtung entbunden werden und sich von einem Verteidiger vertreten lassen, wenn er sich bereits zur Sache geäußert oder erklärt hat, er werde in der HV von seinem Schweigerecht Gebrauch machen und wenn seine Anwesenheit zur Aufklärung wesentlicher Punkte nicht erforderlich ist. Eine kommissarische Vernehmung, also eine Vernehmung des Betroffenen im Wege der Rechtshilfe, ist nicht mehr zulässig.[278]

---

276 OLG Köln NZV 1992, 261; BayObLG NZV 1994, 492
277 Sog limitierter Einspruch, OLG Schleswig MDR 1989, 568; BayObLG DAR 1981, 388
278 OLG Düsseldorf NZV 1998, 516

Verfahren bei Abwesenheit des Betroffenen

Die bisherige Anordnung des persönlichen Erscheinens war eine Prozesshandlung **242** mit konstitutivem Charakter,[279] die nur dann rechtsunwirksam war, wenn sie an einem besonders schwerwiegenden Mangel litt, der bei verständiger Würdigung aller in Betracht kommenden Umstände offenkundig war. Dies bedeutete, dass sie unter Berücksichtigung des Grundsatzes der Verhältnismäßigkeit nur dann rechtsunwirksam war, wenn das Erscheinen nicht der Aufklärung des Sachverhalts diente oder nicht zumutbar und nicht unerlässlich war; dabei war auch die Möglichkeit einer kommissarischen Vernehmung des Betroffenen in Betracht zu ziehen.[280]

Nunmehr muss der Betroffene die Initiative ergreifen, wenn er zur HV nicht erscheinen will. Eine Anhörung durch den ersuchten Richter ist nicht mehr möglich. **243** Wird das Verfahren in seiner Abwesenheit durchgeführt, weil er von der Verpflichtung zum persönlichen Erscheinen entbunden war, kann er sich schriftlich äußern. Diese Äußerung oder frühere protokollierte Erklärungen sind dann in der HV zu verlesen oder ihr wesentlicher Inhalt mitzuteilen (§ 74 I OWiG). Hat der Betroffene sein Ausbleiben genügend entschuldigt, darf ihn das Gericht nicht ohne entsprechenden Antrag vom persönlichen Erscheinen entbinden und die HV in seiner Abwesenheit durchführen, auch wenn er durch einen Verteidiger vertreten ist.[281]

Ist der Betroffene ohne genügende Entschuldigung ausgeblieben, obwohl er von **244** der Verpflichtung zum Erscheinen nicht entbunden war, ist die Verwerfung des Einspruchs durch Urteil ohne Verhandlung zur Sache nunmehr zwingend vorgeschrieben (§ 74 II OWiG). Über diese Rechtsfolgen und die Möglichkeit der Wiedereinsetzung ist der Betroffene zu belehren.

Beweisaufnahme

Die Beweisaufnahme ist im Bußgeldverfahren durch die §§ 77, 77 a OWiG einge- **245** schränkt. Zwar gilt auch hier die Aufklärungspflicht von Amts wegen, jedoch ist dabei die Bedeutung der Sache zu berücksichtigen. Die Beweisaufnahme muss sich nicht auf präsente Beweismittel erstrecken. Über § 244 III StPO hinaus kann das Gericht einen Beweisantrag ablehnen, wenn es den Sachverhalt nach dem bisherigen Ergebnis der Beweisaufnahme für geklärt hält und die Beweiserhebung nach seinem pflichtgemäßen Ermessen zur Erforschung der Wahrheit nicht erforderlich ist (§ 77 II Nr. 1 OWiG) oder wenn der Beweisantrag verspätet vorgebracht wurde (§ 77 II Nr. 2 OWiG).

Die Beweisaufnahme kann, wenn Betroffener, Verteidiger und StA (sofern letztere **246** an der HV teilnimmt) zustimmen, nach Maßgabe der §§ 77 a, 77 b, 78 OWiG vereinfacht durchgeführt werden.

Zeugen werden grundsätzlich nicht vereidigt, § 48 OWiG. **247**

War im Bußgeldbescheid bereits ein Fahrverbot angeordnet worden, so ist der Tat- **247 a** richter nicht verpflichtet, den Betroffenen gemäß §§ 46 OWiG, 265 StPO auf die Möglichkeit hinzuweisen, dass der festgestellte Sachverhalt auch ein Fahrverbot von längerer Dauer rechtfertige, da insoweit keine über die bloße Begehung einer Ordnungswidrigkeit hinausgehenden Feststellungen zu treffen sind. Ebenso wenig wie

---

279 BGH NJW 1992, 2494; OLG Oldenburg VRS 84, 43
280 BGHSt 30, 172; BayObLG DAR 1994, 203; VRS 63, 285; DAR 1987, 318; OLG Frankfurt DAR 1971, 219; OLG Köln VRS 60, 464; 61, 361
281 BayObLG NZV 2000, 381

ein Betroffener auf die Möglichkeit einer Erhöhung der im Bußgeldbescheid angeordneten Geldbuße hingewiesen werden muss, ist dies bei einer möglichen Verlängerung des Fahrverbots der Fall.[282]

d) Rechtsbeschwerde

248 Gegen das Urteil des AG ist unter den Voraussetzungen der §§ 79, 80 OWiG die Rechtsbeschwerde an das zuständige OLG (in Bayern an das BayObLG) zulässig. § 79 I OWiG bestimmt 5 Fälle einer ohne besonderes Zulassungsverfahren zulässigen Rechtsbeschwerde. Die häufigsten Fälle sind die Rechtsbeschwerde gegen eine Verurteilung zu mehr als 250 € Geldbuße oder zu Geldbuße und Fahrverbot oder gegen das Absehen eines im Bußgeldbescheid verhängten Fahrverbots. Liegt kein Fall des § 79 OWiG vor, bedarf die Rechtsbeschwerde immer einer besonderen Zulassung (§ 80 OWiG).

249 Nur Urteile können mit der Zulassungsrechtsbeschwerde angefochten werden, nicht Beschlüsse nach § 72 OWiG (abgesehen vom Fall des § 79 I Nr. 5 OWiG). Die Zulassungsrechtsbeschwerde soll nicht der Einzelfallgerechtigkeit dienen, sondern nur die Klärung der über den Einzelfall hinausgehenden, für die allgemeine Rechtsanwendung bedeutsamen Rechtsfrage ermöglichen. Ob die Rechtsbeschwerde selbst erfolgreich erscheint, spielt für die Frage der Zulassung keine Rolle.

250 Die 3 häufigsten Fallgruppen der Zulassungsrechtsbeschwerde betreffen Verurteilungen

a) zu 101 € bis höchstens 250 €,

b) zu nicht mehr als 100 € und

c) unter Versagung rechtlichen Gehörs.

251 zu a) Über die Rüge einer formellen oder materiellen Rechtsverletzung hinaus muss hier der Betroffene begründen, warum sein Fall einer Klärung durch das OLG bedarf. Das trifft dann zu, wenn die Rechtsbeschwerde der Fortbildung des Rechts dient oder die Sicherung einer einheitlichen Rechtsprechung ermöglicht, § 80 I Nr. 1 OWiG. Das Recht wird fortgebildet, wenn bei der Auslegung von materiellem oder formellem Recht oder bei der rechtsschöpferischen Auslegung von Gesetzeslücken Leitsätze aufzustellen oder zu festigen sind.[283] Zur Sicherung einer einheitlichen Rechtsprechung ist eine Entscheidung nur dann erforderlich, wenn sonst schwer erträgliche Unterschiede in der Rechtsprechung, insbesondere innerhalb eines OLG-Bezirks, entstehen würden. Dies ist nicht der Fall, wenn es sich nur um einen Fehler im Einzelfall handelt, der keine Wiederholung in gleich gelagerten Fällen besorgen lässt.

252 zu b) Hier wird die Möglichkeit der Rechtsbeschwerde in zweierlei Hinsicht weiter eingeschränkt: Es können nur Verstöße gegen materielles Recht gerügt werden, und die Sicherung einer einheitlichen Rechtsprechung ist kein Zulassungsgrund. Es kommt insoweit nur die Fortbildung des Rechts in Frage.

253 zu c) Dieser eigenständige Zulassungsgrund hat das Ziel, eine sonst mögliche Verfassungsbeschwerde zu verhindern. Voraussetzung ist, dass der Betroffene durch die Entscheidung besonders beschwert ist. Nach Auffassung des BayObLG (2 ObOWi 262/97) ist rechtliches Gehör dann verletzt, wenn die Entscheidung auf einem Ver-

---

282 BayObLG NZV 2000, 380
283 BGHSt 24, 15

fahrensfehler beruht, der seinen Grund in unterlassener Kenntnisnahme und Nichtberücksichtigung des Sachvortrags der Partei hat. Hierher gehört aber nicht jede Entscheidung, die den Sachvortrag eines Beteiligten aus Gründen des formellen oder materiellen Rechts unberücksichtigt lässt, sondern nur eine solche, durch die zugleich das unabdingbare Maß verfassungsrechtlich verbürgten rechtlichen Gehörs verkürzt wird.[284] Dies ist zB der Fall, wenn der Antrag auf Vernehmung von Entlastungszeugen mit der offensichtlich unzutreffenden Begründung des verspäteten Vorbringens (§ 77 II Nr. 2 OWiG) abgelehnt wurde, nicht aber schon dann, wenn das Gericht die Erhebung weiterer Beweise gemäß § 77 II Nr. 1 OWiG nicht für erforderlich hielt.

254
Auch die Verurteilung zu Geldbußen, die nicht zu einer Eintragung ins VZR führen (bis 35 €), stellte früher keine besondere Beschwer dar, so dass die Zulassung der Rechtsbeschwerde aus dem Gesichtspunkt der Versagung rechtlichen Gehörs grundsätzlich nicht in Betracht kam.[285] Dieser Auffassung ist durch die Neuregelung des § 93 a II BVerfGG die Grundlage entzogen worden. Nunmehr sind Verfassungsbeschwerden ohne Rücksicht auf die Höhe sonst drohender geldwerter Schäden stets anzunehmen, wenn es zur Durchsetzung der Grundrechte des Betroffenen oder seiner Rechte aus Art. 20 IV, 33, 38, 101, 103 oder 104 GG angezeigt ist. Dies führt dazu, dass die Wertgrenzen im Hinblick auf § 93 a II BVerfGG nF den Anwendungsbereich des § 80 II Nr. 1 OWiG nicht (mehr) einschränken.[286]

255
Für das weitere Verfahren gelten die Vorschriften der StPO (§ 79 III 1 OWiG):

Die Frist zur Einlegung der Rechtsbeschwerde beträgt 1 Woche ab Urteilsverkündung bzw im Fall der Abwesenheit des Betroffenen ab Urteilszustellung. Die Rechtsbeschwerde ist binnen eines Monats nach Zustellung des schriftlichen Urteils zu begründen. Sie ist schriftlich oder zur Niederschrift der Geschäftsstelle einzulegen. Die Begründung muss schriftlich durch einen Verteidiger oder zu Protokoll der Geschäftsstelle erfolgen. Die Begründung muss erkennen lassen, ob das Urteil wegen Verletzung des materiellen oder des Verfahrensrechts angegriffen wird.[287] Sie kann auf den Rechtsfolgenausspruch beschränkt werden.[288] Eine Begründung der Sachrüge ist nicht erforderlich, aber sinnvoll. Dagegen werden an die Begründung der Verfahrensrüge strenge Anforderungen gestellt. Sie muss die den Mangel enthaltenen Tatsachen so genau und vollständig bezeichnen, dass das Rechtsbeschwerdegericht ohne Rückgriff auf die Akten allein anhand des Beschwerdevorbringens prüfen kann, ob ein Verfahrensfehler vorliegt, falls die behaupteten Tatsachen zutreffen.[289] Im Falle der Aufklärungsrüge muss zusätzlich dargetan werden, welche Umstände das Gericht zu einer weiteren Aufklärung durch ein bestimmtes Beweismittel hätten veranlassen müssen.[290] Liegt ein absoluter Revisionsgrund nicht vor, muss dargelegt werden, dass und warum das Urteil auf der Rechtsverletzung beruhen kann.

---

284 OLG Celle VRS 84, 232; OLG Köln VRS 83, 446; BVerfG NJW 1992, 2411; OLG Düsseldorf NZV 1997, 531
285 OLG Düsseldorf NZV 1992, 43
286 OLG Düsseldorf VRS 97, 55; OLG Koblenz NStZ 1994, 42
287 BGH NStZ 1991, 357
288 OLG Düsseldorf NZV 1994, 117
289 OLG Karlsruhe VRS 81, 43
290 BGHSt 23, 176

5.   Einzelfragen

a)   Verjährungsunterbrechung

aa)   Verjährung

256   Die Verfahrenshindernisse der Verfolgungs- und Vollstreckungsverjährung sind für OWis geregelt in §§ 31 ff OWiG. Für die Praxis bedeutsam ist vor allem die Verfolgungsverjährung, die mit ihrem Eintritt die weitere Verfolgung der Ordnungswidrigkeit unzulässig macht. Eine bereits beendete Verfolgungsverjährung beginnt allerdings wieder neu zu laufen, wenn es zur Fortsetzung des rechtskräftig abgeschlossenen Verfahrens kommt,[291] also bei Anordnung der Wiederaufnahme des Verfahrens (§§ 370 II StPO, 85 I OWiG) und – für die Praxis wichtig – bei Gewährung der Wiedereinsetzung in den vorigen Stand, durch die die Rechtskraft einer Bußgeldentscheidung beseitigt wird (§§ 4 ff StPO, 52 OWiG), schließlich auch bei Nachholung des rechtlichen Gehörs (§§ 33 a StPO, 46 I OWiG), die zur Aufhebung der Bußgeldentscheidung führt.

257   Die Verjährungsfrist ist je nach der Höhe der Bußgeldandrohung und der Art der Ordnungswidrigkeit unterschiedlich gestaffelt. Für OWis nichtverkehrsrechtlicher Art bestimmt § 31 II OWiG die unterschiedlichen Fristen. Für Verkehrsordnungswidrigkeiten nach § 24 StVG enthält § 26 III StVG eine Sonderregelung. Danach beträgt die Frist bis zum Erlass eines Bußgeldbescheides oder der Erhebung der öffentlichen Klage 3 Monate, danach 6 Monate. Für OWis nach § 24 a StVG gilt die allgemeine Regelung, hier beträgt die Frist 1 Jahr (§§ 24 a III StVG, 31 I Nr. 3 OWiG).

258   Mit Erlass des Ersturteils oder des Beschlusses nach § 72 OWiG ruht die Verjährung bis zum rechtskräftigen Verfahrensabschluss (§ 32 II OWiG).

bb)   Unterbrechung

259   Rechtliche Probleme bereiten uU die verschiedenen Unterbrechungshandlungen, die in § 33 I OWiG abschließend aufgezählt sind. Mit jeder Unterbrechungshandlung beginnt die Verjährungsfrist neu zu laufen, § 33 III 1 OWiG, ggf auch mehrmals. Endgültig verjährt ist die Ordnungswidrigkeit spätestens mit Ablauf der *absoluten Verjährungsfrist*. Diese beträgt das Doppelte der gesetzlichen Verjährungsfrist ab dem in § 31 III OWiG bestimmten Beginn der Verjährung, mindestens jedoch 2 Jahre (§ 33 III 2 OWiG).

260   Die Unterbrechung wirkt nur gegenüber demjenigen, auf den sich die Unterbrechungshandlung bezieht, § 33 IV 1 OWiG. Verfolgungshandlungen, die sich gegen den Halter eines Kfz richten, entfalten daher keine verjährungsunterbrechende Wirkung gegenüber dem Fahrer[292] und umgekehrt.

cc)   Einzelfälle aus der Rechtsprechung

261   – Die Übersendung des Anhörungsbogens an den Halter des Tatfahrzeugs (§ 33 I Nr. 1 OWiG) unterbricht auch dann nicht die Verfolgungsverjährung gegenüber dem Fahrer, wenn dieser der Verwaltungsbehörde bei Versendung des Anhörungsbogens zwar noch nicht bekannt war, er jedoch den Anhörungsbogen mit seinen Personalien ausfüllt, sich zur Sache äußert und ihn an die Verwaltungsbehörde zu-

---

291 OLG Köln VRS 57, 297; OLG Hamm NJW 1972, 2097
292 OLG Schleswig ZfS 1995, 35; OLG Koblenz VRS 57, 129; BGHSt 24, 321; NStZ 1986, 313; BayObLG DAR 1988, 172; OLG Karlsruhe NStZ 1987, 331

rücksendet.[293] Der Anhörungsbogen muss vielmehr an eine bestimmte verdächtige Person gerichtet werden, die nach den Aktenunterlagen individuell zu bestimmen ist. Steht der Betroffene eindeutig fest, kann die verjährungsunterbrechende Wirkung der Bekanntgabe der Verfahrenseinleitung oder die Anordnung dieser Bekanntgabe iSd § 33 I Nr. 1 OWiG aber auch in anderer Weise als durch die Absendung eines Anhörungsbogens erfolgen. Entscheidend ist nur, dass die Bekanntgabe, die auch dem bevollmächtigten Verteidiger gegenüber erfolgen kann, für den Betroffenen erkennbar werden lässt, dass und weshalb ein Ermittlungsverfahren gegen ihn eingeleitet worden ist. Die Verjährung kann daher auch durch die Übersendung der Akten an den bevollmächtigten Verteidiger zur Einsichtnahme für den Betroffenen unterbrochen werden, wenn sich aus diesen Akten ergibt, dass gegen den Betroffenen wegen einer OWi ermittelt wird.[294]

262   – Das Ersuchen der ermittelnden Polizeibehörde an die für den Wohnsitz des Verdächtigen zuständige Polizei, den Betroffenen anhand des beiliegenden Lichtbilds oder anderer bekannter individueller Merkmale zu ermitteln und anzuhören[295] oder das Schreiben an einen Verdächtigen, er möge »in Sachen Geschwindigkeitsüberschreitung am … in …« zu einer Vernehmung vorsprechen,[296] haben keine verjährungsunterbrechende Wirkung (§ 33 I Nr. 1 OWiG). Im ersten Fall handelt es sich nicht um die Anordnung der Vernehmung eines bereits aus den Akten bekannten Betroffenen, im zweiten stellt das Anschreiben keine Ladung zur Betroffenenvernehmung dar, da sich aus dem Inhalt nicht ergibt, dass der Vorgeladene als Betroffener und nicht als Zeuge oder nur informatorisch befragt werden soll.

263   – Das BayObLG ist der Auffassung, dass die Verjährung unterbrochen wird, wenn die richterliche Vernehmung eines Zeugen angeordnet wird, um die Personalien eines auf einem Lichtbild Abgebildeten zu ermitteln, das anlässlich einer Geschwindigkeitsmessung aufgenommen wurde und sich in den Akten befindet und das für dessen Identifizierung geeignet ist (§ 33 I Nr. 2 OWiG).[297] Wegen einer entgegenstehenden Entscheidung des OLG Hamm hat es die Rechtsfrage dem BGH zur Entscheidung vorgelegt. Dieser hat mit Beschluss vom 29. 10. 1996 entschieden, dass im Bußgeldverfahren wegen einer Verkehrsordnungswidrigkeit die Verjährung durch die richterliche Anordnung der Vernehmung eines Zeugen zur Ermittlung der noch unbekannten Personalien des Fahrzeugführers nicht unterbrochen werde.[298] Dies gelte auch dann, wenn sich in den Akten ein zu dessen Identifizierung geeignetes Beweisfoto befinde. Nur eine gegen eine bestimmte Person gerichtete, nicht aber eine die Ermittlung des noch unbekannten Täters bezweckende Untersuchungshandlung sei nämlich geeignet, die Verjährung zu unterbrechen. Auch das Vorhandensein eines identifizierungsgeeigneten Beweisfotos ändere nichts daran, dass der Betroffene der Verwaltungsbehörde noch nicht bekannt sei. Das Verfahren werde vielmehr, so lange der Täter noch nicht ermittelt sei, »gegen Unbekannt« geführt. Der Betroffene müsse im Zeitpunkt der Unterbrechungshandlung bereits der Person nach bekannt sein. Dies sei immer dann der Fall, wenn seine Personalien ermittelt seien, die sich grundsätzlich aus den Akten ergeben müssen.[299]

---

293 BGHSt 24, 321; OLG Koblenz VRS 57, 129
294 OLG Hamm NStZ-RR 2001, 275 = DAR 2001, 375 = VRS 100, 458
295 BayObLG NZV 1990, 285
296 OLG Düsseldorf NZV 1994, 448
297 BayObLG NStZ 1996, 194
298 BGHSt 42, 283 = NStZ 1997, 346 = DAR 1997, 178; OLG Hamburg NZV 1997, 286; VRS 63, 115; OLG Celle VRS 93, 353
299 BGH GA 1961, 239; MDR 1991, 701

264   – Im Rahmen des § 33 I Nr. 3 OWiG unterbricht nicht nur die erste, sondern auch jede weitere Beauftragung eines Sachverständigen die Verjährung.[300]

265   – Die Verjährung wird auch dann unterbrochen, wenn der Bußgeldbescheid (§ 33 I Nr. 9 OWiG) alsbald nach Erlass in den Geschäftsgang gelangt ist, § 33 II S 2 OWiG.[301] Maßgebend ist insoweit nicht, wann der Bescheid zum Zwecke der Zustellung in den Postgang gegeben oder die hierzu erforderliche Anordnung getroffen wird. Unter Geschäftsgang im Sinne der genannten Vorschriften sind vielmehr alle nach der Behördenorganisation erforderlichen Stationen innerhalb der Behörde zu verstehen, die das Schriftstück auf dem Weg von der Unterzeichnung bis zur Absendung durchlaufen muss. Auch längere Verzögerungen im Geschäftsgang beseitigen die durch die Unterzeichnung eingetretene Verjährungsunterbrechung nicht. Eine Frist von 32 Tagen entspricht jedenfalls dem normalen Geschäftsgang.[302]

266   Bei der Neufassung des § 33 I Nr. 9 OWiG wurde offensichtlich die Abstimmung mit der Vorschrift des § 26 III StVG übersehen. Mit Erlass des Bußgeldbescheides verlängert sich die Verjährungsfrist auf 6 Monate. Ob, wie bisher, Unterbrechung und Verlängerung zeitgleich mit Erlass des Bußgeldbescheides eintreten, ist nicht mehr eindeutig dem Gesetzeswortlaut zu entnehmen. Folgt man strikt dem Wortlaut, wird die Verjährungsfrist von 3 auf 6 Monate verlängert, sobald der Bußgeldbescheid ergangen, also erlassen ist. Ein späterer Unterbrechungszeitpunkt durch eine verzögerte Zustellung könnte daher unschädlich sein, weil bereits durch den bloßen Erlass die Verjährungsfrist verlängert wird, unabhängig vom Zeitpunkt der Zustellung. Dies widerspräche allerdings der vom Gesetzgeber durch die Änderung gewollten Beschleunigung. Richtig dürfte daher folgende Auslegung sein: Das Beschleunigungsgebot, das durch die kurzen Verjährungsfristen bis zum Erlass des Bußgeldbescheides zu berücksichtigen war, gilt nicht nur bis zum Erlass, sondern darüber hinaus bis zur Zustellung des Bußgeldbescheides. Die Verjährungsfrist wird nach § 26 III StVG erst dann verlängert, wenn durch den Bußgeldbescheid eine Verjährungsunterbrechung eintritt. Dies kann bei zügiger Zustellung der Zeitpunkt des Erlasses sein, bei einer Verzögerung um mehr als zwei Wochen der Zeitpunkt der Zustellung.

b)   Das Fahrverbot im Ordnungswidrigkeitenrecht

267   Mit Einführung des bundeseinheitlich geltenden Bußgeldkatalogs zum 1. 1. 1990 sind die Fälle, in denen ein ordnungsrechtliches Fahrverbot verhängt wurde, explosionsartig gestiegen.[303] Seitdem sind alle einschlägigen Fachzeitschriften regelmäßig gespickt mit einer Flut von Entscheidungen aus diesem Bereich, die kaum mehr überschaubar ist. Für den Verteidiger ist dabei insbesondere von Bedeutung, unter welchen Umständen von einem Fahrverbot abgesehen werden kann.

268   Zum näheren Verständnis ist vorab die Kenntnis der Rechtsentwicklung erforderlich.

---

300 OLG Düsseldorf NZV 1994, 118
301 BayObLG NZV 1995, 410
302 OLG Düsseldorf NZV 1993, 204
303 S.a. Geppert DAR 1997, 260; Deutscher NZV 1997, 18; ders NZV 1998, 134; ders NZV 2002, 105

aa) Rechtsentwicklung

Mit Umstellung der Verkehrsübertretungen in OWis[304] sah sich der Gesetzgeber **269** veranlasst, für den Bereich der Verkehrsordnungswidrigkeiten anstelle der Nebenstrafe des Fahrverbots die ordnungsrechtliche Nebenfolge eines Fahrverbots einzuführen (§ 25 StVG). Dafür war erforderlich, dass die Ordnungswidrigkeit unter *grober oder beharrlicher Verletzung der Pflichten eines Kfz-Führers* begangen wurde. Im Hinblick auf die ähnliche Regelung des § 44 StGB stellte sich das Problem des Verstoßes gegen den Richtervorbehalt des Art. 92 GG. Das BVerfG hat einen Verstoß zwar verneint,[305] im Hinblick auf den Verhältnismäßigkeitsgrundsatz die Anordnung eines Fahrverbots aber an besonders strenge Voraussetzungen geknüpft und verlangt, dass von der Möglichkeit eines befristeten Fahrverbots erst dann Gebrauch gemacht werden dürfe, wenn feststehe, dass der angestrebte Erfolg im Einzelfall nicht auch mit einer empfindlichen Geldbuße erreicht werden könne. Daraufhin wurde, insbesondere wegen der obergerichtlichen Rechtsprechung, ein Fahrverbot immer zurückhaltender verhängt, bis schließlich der Gesetzgeber eingegriffen hat. 1982 schuf er mit dem neuen § 26 a StVG die Ermächtigungsgrundlage für den Erlass des Bußgeld- und Fahrverbotskataloges (BKatV), der dann zum 1. 1. 1990 in Kraft trat. Zu einer Veränderung der Spruchpraxis der Obergerichte führte dies zunächst gleichwohl nicht. Weiterhin herrschte die Ansicht vor, es müsse in jedem Einzelfall geprüft und begründet werden, aus welchen Gründen der erzieherische Effekt nicht durch eine erhöhte Geldbuße erreicht werden könne. Den Durchbruch brachten schließlich 3 Entscheidungen des BGH,[306] in denen er die Ansicht vertrat, § 2 aF der BKatV enthalte ein Regelfahrverbot, das Verwaltungsbehörde und Gerichte zwar nicht von einer Einzelfall*prüfung* befreie, sie aber der Verpflichtung enthebe, die Angemessenheit des Fahrverbots besonders zu *begründen*, wenn keine Anhaltspunkte für ein Abweichen vom Regelfall ersichtlich seien. Die Erfüllung einer der Tatbestände des § 2 I 1, II aF BKatV indiziere das Vorliegen einer groben oder beharrlichen Pflichtverletzung nach § 25 I StVG und damit zugleich die Angemessenheit der Anordnung eines Fahrverbots. Der Möglichkeit des Absehens vom Fahrverbot müsse sich das Gericht lediglich bewusst sein und dies in den Urteilsgründen zu erkennen geben.

Diese Linie hat das BVerfG in einer weiteren Entscheidung[307] bestätigt, mit der es **270** von seiner früheren Meinung abgewichen ist. Damit bleibt es zwar sowohl bei der Einzelfall-Prüfungspflicht als auch bei dem Erfordernis, für die Feststellung eines groben Pflichtverstoßes iSd § 25 I 1 StVG nicht nur die objektive Gefährlichkeit des Verstoßes, sondern auch die den Täter vorzuwerfende subjektive Pflichtwidrigkeit, also ein besonders verantwortungsloses Verhalten, festzustellen, der Begründungsaufwand jedoch wird wesentlich erleichtert. Es genügt die Feststellung der Gerichts, wenn es nicht von der Regelahndung abweichen will, die Anordnung des Fahrverbots sei angemessen. In den Fällen des durch die BKatV indizierten Fahrverbots ist es trotz Aufklärungspflicht des Tatrichters grundsätzlich Sache des Betroffenen, dem Gericht Hinweise auf Umstände zu geben, die eine Ausnahme rechtfertigen können.[308]

---

304 S BT-Ds V/1319 S 90
305 BVerfGE 27, 36
306 BGHSt 38, 106; 38, 125; 38, 231
307 BVerfG NZV 1996, 284 = DAR 1996, 196 = NJW 1996, 1809
308 OLG Köln VRS 99, 288

bb)　Das Fahrverbot nach §§ 25 I StVG, 4 BKatV nF

271　Alleinige Rechtsgrundlage für die Anordnung eines Fahrverbots ist, auch im Bereich des § 4 BKatV nF, nach wie vor § 25 I StVG. § 4 nF BKatV stellt lediglich für die dort genannten Verkehrsverstöße eine Konkretisierung dar.

272　Aus dem Zusammenhang des § 25 StVG mit § 4 nF BKatV lassen sich 3 Fallgruppen von Fahrverboten unterscheiden:

a) das Fahrverbot nach § 25 I 1 StVG, das nicht durch Regelbeispiele (wie § 4 BKatV) näher konkretisiert ist;

b) als Spezialfall das Regelfahrverbot des § 4 BKatV;

c) das Regelfahrverbot des § 25 I 2 StVG.

273　zu a) Grobe Pflichtverletzungen sind solche von besonderem Gewicht, die häufig zu schweren Unfällen führen und subjektiv auf besonders groben Leichtsinn, grobe Nachlässigkeit oder Gleichgültigkeit zurückgehen (also nicht auf lediglich einfacher Fahrlässigkeit beruhen)[309] und die besonders verantwortungslos erscheinen.[310] Auch ein erstmaliges Fehlverhalten kann ausreichen. Beharrlich ist eine Zuwiderhandlung, die nach Art oder Umständen zwar nicht unbedingt als grobe Pflichtverletzung zu werten ist, durch deren wiederholte Begehung der Täter aber gezeigt hat, dass ihm die für eine Teilnahme am Straßenverkehr erforderliche rechtstreue Einstellung und die nötige Einsicht in zuvor begangenes Unrecht fehlen.[311] Auch hier kann Fahrlässigkeit genügen.

Für die Annahme von Beharrlichkeit im Sinne dieser Vorschrift kann sich der Tatrichter dabei auf Feststellungen stützen, die den Eintragungen im VZR zu entnehmen sind. Er ist grundsätzlich nicht verpflichtet, weitere Einzelheiten zu den dort enthaltenen Vortaten festzustellen und mitzuteilen, insbesondere nicht zur Motivationslage des Betroffenen.[312]

274　zu b) In § 4 BKatV hat der Gesetzgeber beispielhaft Regelfälle grober oder beharrlicher Pflichtverletzungen eines Kraftfahrers aufgeführt, die unter den Bedingungen des heutigen Straßenverkehrs besonders gefahrträchtig erscheinen.

Ein Regelfahrverbot nach § 4 I BKatV kann nur angeordnet werden, wenn eine grobe Pflichtwidrigkeit (§ 25 I StVG, s Rn 273) vorliegt. Dies ist der Fall, wenn objektiv die gesteigerte Gefährlichkeit des Verstoßes *und* subjektiv ein besonders nachlässiges, leichtsinniges oder gleichgültiges Verhalten festgestellt werden kann. Liegt einer der in § 4 I BKatV genannten Verstöße vor, wird das Vorliegen einer solchen groben Pflichtwidrigkeit vermutet. Gleichwohl ist für die Anordnung eines Fahrverbots aber dann kein Raum, wenn es im Einzelfall, insbesondere beim sog Augenblicksversagen,[313] auf der subjektiven Seite an der besonderen Vorwerfbarkeit fehlt (kein gesteigerter Handlungsunwert). Die Indizwirkung des Regelbeispiels entfällt aber nur dann, wenn das zu dem Verstoß führende Augenblicksversagen nicht seinerseits gerade auf einer groben Pflichtwidrigkeit beruht.[314]

Liegt der Tatbestand eines Regelfalles vor und wird die daraus resultierende Vermutungswirkung nicht entkräftet, indiziert dies die Erforderlichkeit des Fahrverbots

---

309　BGH NZV 1997, 525; 1997, 529
310　OLG Koblenz VRS 57, 55; 60, 422
311　BayObLG NZV 1989, 35
312　BayObLG NZV 2004, 102
313　BGHSt 43, 241 = NZV 1997, 525; OLG Hamm VRS 97, 212; BayObLG DAR 2000, 533; OLG Frankfurt DAR 2000, 177
314　OLG Köln VRS 97, 381; OLG Düsseldorf NZV 2000, 134

zur Einwirkung auf den Betroffenen, um ihn künftig von derartigem Fehlverhalten abzuhalten. Von der Verhängung eines Fahrverbots kann dann nach § 2 IV BKatV nur ausnahmsweise abgesehen werden, wenn der Betroffene statt mit einem Fahrverbot genauso wirkungsvoll auch mit einer Erhöhung der Regelgeldbuße beeindruckt werden kann. Dabei spielt die Frage des Zeitablaufs zwischen Tat und Ahndung nur bedingt eine Rolle, wenn der Betroffene seit der Tat nicht mehr oder nur noch geringfügig gegen Verkehrsvorschriften verstoßen hat. Jedenfalls bei einem Zeitablauf von mehr als 2 Jahren[315] seit der Tat wird es zur Einwirkung auf den Betroffenen idR nicht mehr erforderlich sein, ein Fahrverbot zu verhängen, insbesondere dann, wenn die Verzögerung nicht auf zurechenbarem Verhalten des Betroffenen beruht.[316]

Selbst wenn nach alledem die Anordnung eines Fahrverbots erforderlich ist, muss dennoch nach § 4 IV BKatV davon unter Erhöhung der Geldbuße abgesehen werden, wenn das Fahrverbot beim Betroffenen zu einer unangemessenen und somit unzumutbaren Härte führen würde. Unangemessen ist die Verhängung des Fahrverbots dann, wenn sie im Vergleich mit anderen Betroffenen diesen Betroffenen stärker negativ treffen würde. Jedoch sind dabei aus dem Fahrverbot resultierende Erschwernisse, Unannehmlichkeiten und Lästigkeiten beruflicher oder sonstiger Art, wie sie jeden anderen sonst auch treffen würden, ohne Belang.[317]

Sofern sich in der HV keine konkreten Anhaltspunkte ergeben, muss der Tatrichter nicht näher aufklären und begründen, weshalb ein Absehen vom Fahrverbot unter Anhebung der Geldbuße (§ 4 IV BKatV) nicht in Betracht kommt. Er muss lediglich in den Urteilsgründen für das Rechtsbeschwerdegericht erkennbar deutlich werden lassen, dass er sich dieser Möglichkeit bewusst war und eine derartige Prüfung vorgenommen hat. Dabei kann es auch genügen, wenn dem Gesamtzusammenhang der Urteilsgründe entnommen werden kann, dass die Anordnung des Fahrverbots zur Einwirkung auf den Betroffenen zB wegen der Vorbelastungen und der erheblichen Rückfallgeschwindigkeit erforderlich ist.[318]

zu c) Auch hier hat der Gesetzgeber einen Regelfall umschrieben, der das dort genannte Verhalten als besonders verantwortungslos einstuft. **275**

Im Hinblick auf die unterschiedliche Formulierung in § 25 I 2 StVG (»ist idR anzuordnen«) und in § 4 I und II BKatV (»kommt idR in Betracht«) ist dem Gericht bei der Entscheidung über ein Absehen vom Fahrverbot in den Fällen der BKatV ein größerer Ermessensspielraum zugestanden. Ein Fahrverbot kann in den Fällen des § 25 I 2 StVG nur in Härtefällen ganz außergewöhnlicher Art oder nur dann entfallen, wenn das innere und äußere Erscheinungsbild der Tat außergewöhnlich weit vom Durchschnittsfall abweicht, während in den Fällen der §§ 25 I 1 StVG und 4 BKatV zur Begründung einer Ausnahme schon erhebliche Härten oder mehrere für sich genommen gewöhnliche und durchschnittliche Umstände ausreichen.[319] **276**

---

315 OLG Düsseldorf DAR 2000, 415; DAR 2001, 133; OLG Rostock DAR 2001, 421; OLG Schleswig DAR 2001, 40
316 OLG Köln NZV 2000, 430; OLG Schleswig DAR 2000, 584
317 BayObLG DAR 2001, 84
318 OLG Hamm NZV 2000, 136; OLG Naumburg ZfS 2001, 382; OLG Hamm NZV 2001, 222
319 OLG Köln NStZ-RR 1996, 52; VRS 86, 152; BGHSt 38, 125; OLG Naumburg NZV 1995, 161; OLG Karlsruhe DAR 1992, 437

Beispiele:

§ 25 I 2 StVG:

277 Ausnahmen sind möglich bei

- notstandsähnlichen oder entsprechenden Irrtums-Konstellationen;[320]
- existentiellen Härten in beruflich-wirtschaftlicher Hinsicht oder in der allgemeinen Lebensführung.[321] Die entsprechende Behauptung des Betroffenen darf das Gericht dabei nicht ungeprüft übernehmen, sondern muss hierzu für das Beschwerdegericht nachprüfbare Feststellungen treffen;[322]
- Bagatelltaten von geringem Gewicht, etwa Umparken eines verkehrsbehindernd abgestellten Fahrzeugs um wenige Meter.[323]

278 Keine Ausnahmen rechtfertigen

- Hinweise auf Restalkohol;
- fehlende Voreintragungen im VZR;
- geringfügige Überschreitung des Alkoholgrenzwertes;
- längere beanstandungsfreie Teilnahme des Betroffenen am Straßenverkehr seit der Tat;[324]
- fühlbare berufliche Nachteile oder finanzielle Einbußen (die mit einem Fahrverbot häufig verbunden sind).[325]

§ 4 I und II BKatV, § 25 I 1 StVG:

279 Hierzu existiert eine nahezu unüberschaubare, uferlose Kasuistik, die nur ansatzweise beispielhaft aufgeführt werden kann.

280 Einen Ausnahmefall kann begründen

- echte Existenzgefährdung;
- Rotlichtverstoß an einer Baustellenampel, wenn nur einspuriger Verkehr möglich ist und auf die vorausfahrende Kolonne aufgeschlossen wird;
- Rotlichtverstoß ohne Einfahren in den eigentlichen Kreuzungsbereich mit Blockierung des Rad- und Fußweges;
- Geschwindigkeitsüberschreitung, wenn die Messung unter 200 m vor Beginn oder Ende der Geschwindigkeitsbegrenzung erfolgt und keine besondere Gefahrenstelle vorliegt (anders, wenn Geschwindigkeitstrichter);
- uU lange zurückliegende Tatzeit (über 2 Jahre), inzwischen mehrere HVen und Teilnahme am Verkehrsunterricht (auch Beschränkung des Fahrverbots auf eine bestimmte Fahrzeugart möglich);
- uU Mitzieheffekt an einer Ampel.

281 Keinen Ausnahmefall kann begründen

- geringfügige Überschreitung der Grenze (zB 1 km/h bei Geschwindigkeitsüberschreitung, 0,1 s bei Rotlichtverstoß);
- gut ausgebaute Straße, zweispurig, Mittelstreifen;
- kaum oder kein Verkehr;

---

320 OLG Hamm NZV 1996, 503
321 OLG Frankfurt NZV 1995, 366; 1994, 286
322 OLG Celle NZV 1996, 117
323 OLG Köln NZV 1994, 157; OLG Düsseldorf DAR 1993, 479; OLG Celle DAR 1990, 150
324 OLG Düsseldorf DAR 1993, 479
325 OLG Brandenburg DAR 1996, 289; OLG Celle NZV 1996, 117; OLG Düsseldorf NZV 1996, 463

Wahl

- keine Gefährdung Dritter;
- geringe potenzielle Gefahr;
- uU Mitzieheffekt;
- Frühstart;
- keine Voreintragungen im VZR;
- nur fahrlässiges Handeln;
- momentane Fehlentscheidung;
- voll geständig und einsichtig;
- lange im Besitz des Führerscheins, unfallfreies Fahren;
- Vielfahrer;
- Sorgen um Angehörige oder wegen wirtschaftlicher oder beruflicher Probleme;
- Besuch oder Pflege eines kranken Angehörigen nicht mehr möglich (falls kein echter Pflegefall);
- schwieriges Erreichen des Arbeitsplatzes (Zeit- oder Kostenaufwand);
- (noch) nicht existenzgefährdende Auswirkung auf die wirtschaftlichen Verhältnisse.

Die Verhängung eines Fahrverbots gemäß § 4 II 2 BKatV ist nicht allein deshalb unverhältnismäßig, weil sich der Eintritt der Rechtskraft der Vorahndung aus vom Betroffenen nicht zu vertretenden Gründen verzögert hat.[326] **282**

Ein erheblicher Zeitablauf seit der Begehung der ein Fahrverbot indizierenden Ordnungswidrigkeit kann jedoch bei unbeanstandeter weiterer Teilnahme des Betroffenen am motorisierten Straßenverkehr die Anordnung des Fahrverbots ungerechtfertigt erscheinen lassen. Unterschiedlich wird dabei von der obergerichtlichen Rechtsprechung allerdings sowohl die Dauer des erheblichen Zeitablaufs als auch die Bedeutung der Ursachen hierfür beurteilt.[327] Beruht die Verfahrensverzögerung auf einem zurechenbaren Verhalten des Betroffenen, wird ein Absehen vom Fahrverbot überwiegend nicht als gerechtfertigt erachtet.

Mit Wirkung vom 1. 3. 1998 ist die Neuregelung des § 25 II a StVG zum Vollzug von ordnungsrechtlichen Fahrverboten in Kraft getreten. Sie zielt auf Ersttäter ab, betrifft also nur Betroffene, gegen die in den letzten zwei Jahren vor Begehung der Ordnungswidrigkeit kein Fahrverbot verhängt worden ist. Auch Straftäter sind von dieser Regelung nicht betroffen, § 44 II StGB wurde nicht entsprechend geändert. Ebenso wenig gilt die Regelung für Betroffene, gegen die innerhalb der Zweijahresfrist zwar kein Fahrverbot verhängt worden ist, denen aber die Fahrerlaubnis entzogen und gegen die eine Sperrfrist für die Wiedererteilung verhängt wurde (§§ 69, 69 a StGB).[328] Die Zweijahresfrist rechnet ab dem Zeitpunkt, in dem das frühere Fahrverbot rechtskräftig geworden ist; auf den Zeitpunkt der Entscheidung kommt es nicht an.[329] **283**

Bereits im Tenor der Entscheidung, die die Verwaltungsbehörde oder das Gericht treffen, muss bestimmt werden, dass das Fahrverbot erst wirksam wird, wenn der Führerschein nach Rechtskraft in amtliche Verwahrung gelangt, spätestens jedoch mit Ablauf von 4 Monaten seit Eintritt der Rechtskraft. Wird dies nicht ausdrücklich ausgesprochen, tritt die Rechtsfolge nicht in Kraft, es verbleibt dann bei der **284**

---

326 BayObLG VRS 94, 131
327 OLG Köln NZV 2000, 217; NZV 2000, 430; OLG Hamm DAR 2000, 580; OLG Schleswig DAR 2000, 584; OLG Zweibrücken DAR 2000, 586; BayObLG VM 2004, 51
328 OLG Dresden NStZ 1999, 254; Hentschel DAR 1998, 138; OLG Hamm NZV 2001, 440
329 BGH NJW 2000, 2685 = NZV 2000, 420 = NStZ 2000, 599 = DAR 2000, 482 = VRS 99, 216; BayObLGSt 1998, 117

allgemeinen Regelung, sofern nicht über einen Rechtsbehelf Abhilfe geschaffen werden kann. Um Missbrauchsmöglichkeiten auszuschließen und zu verhindern, dass jemand, der die Möglichkeit hat, das Wirksamwerden eines Fahrverbots zu bestimmen, mehrere Fahrverbote zusammenlegt, wurde in Abweichung des allgemeinen Grundsatzes, wonach mehrere rechtskräftig angeordnete und wirksame Fahrverbote gleichzeitig vollstreckt werden,[330] für den Fall der Gewährung der 4-Monats-Frist die Addition der Fahrverbotsfristen gesetzlich vorgeschrieben (§ 25 II a 2 StVG). Dadurch ergibt sich allerdings, dass der Ersttäter insoweit schlechter gestellt wird als ein Mehrfachtäter, für den Abs 2 a nicht gilt. Über den Zeitpunkt der Wirksamkeit des Fahrverbots ist der Betroffene ausdrücklich zu belehren, § 25 VIII HS 1 StVG.[331]

Die Vergünstigung des bis zu viermonatigen Vollstreckungsaufschubs ist bei Vorliegen der Voraussetzungen des § 25 II a StVG zwingend, ein Ermessen steht dem Tatrichter insoweit nicht zu.

---

330 BayObLG NZV 1993, 489
331 Näheres s Katholnigg NJW 1998, 568; Albrecht NZV 1998, 131; Hentschel DAR 1998, 138

Kapitel 5
Strafbefehlsverfahren

Überblick

Haizmann

I. Vorbemerkungen

1. Grundlagen und Anwendungsbereich

1 Die Vorschriften über das Verfahren bei Strafbefehlen (§§ 407–412 StPO) eröffnen die Möglichkeit, in einem gesetzlich vorgegebenen Rahmen die Rechtsfolgen einer Tat in schriftlicher Form ohne Hauptverhandlung und ohne Urteil festzusetzen. Seiner Struktur nach handelt es sich um ein **summarisches Verfahren**,[1] in dem der Richter keine eigenen Tatsachenfeststellungen trifft, sondern allein auf der Grundlage des im Ermittlungsverfahren gesammelten Akteninhalts entscheidet. Im Interesse der Beschleunigung des Verfahrens und einer effektiven, funktionsfähigen Strafrechtspflege verzichtet der Gesetzgeber also auf tragende Elemente des rechtsstaatlichen Verfahrens wie den Unmittelbarkeits-, den Mündlichkeits- und den Öffentlichkeitsgrundsatz.[2]

2 Das BVerfG hat gegen diese Form der Verfahrenserledigung keine Bedenken erhoben, weil der Anspruch des Beschuldigten auf rechtliches Gehör (Art. 103 II GG) durch die Zulassung des Einspruchs und der damit verbundenen Möglichkeit, eine Hauptverhandlung zu erzwingen, verbürgt ist[3] und es im Übrigen auch in seinem Interesse liegen kann, »einfachere Straffälle verhältnismäßig billig und auch diskret, ohne Zeitverlust und Aufsehen erledigen zu können«.[4] Auch der Europäische Gerichtshof für Menschenrechte hat keinen grundsätzlichen Verstoß gegen Art. 6 EMRK angenommen.[5]

---

1 BGHSt 29, 305, 307; 28, 69, 71; KK-Fischer vor § 407 Rn 1; Meyer-Goßner vor § 407 Rn 1; aA KMR-Metzger vor § 407 Rn 18
2 Meurer JuS 1987, 882 ff
3 BVerfGE 25, 164, 165 = NJW 1969, 1103, 1104; BVerfGE 3, 248, 253 = NJW 1954, 69
4 BVerfGE 25, 164, 165
5 EGMR NJW 1993, 717 mit abweichender Meinung des Richters Walsh

Das Strafbefehlsverfahren wird neben der Einstellung nach § 153a StPO als **unver-** **3**
zichtbares Instrumentarium zur vereinfachten und prozessökonomischen Ab-
urteilung der Bagatellkriminalität bezeichnet,[6] obwohl seine praktische Anwendung längst nicht mehr auf solche Fälle beschränkt ist.[7]

Bereits mit dem StVÄG vom 27. 1. 1987[8] wurden wesentliche Neuregelungen mit der
gesetzgeberischen Zielsetzung eingeführt, den Anwendungsbereich des Strafbefehlsverfahrens zu erweitern. Neben der normativen Verpflichtung der Staatsanwaltschaft, in geeigneten Fällen einen Strafbefehlsantrag zu stellen, ist unter den
Voraussetzungen des neu eingefügten § 408a StPO sogar der Übergang eines Normalstrafverfahrens nach Eröffnung des Hauptverfahrens in das Strafbefehlsverfahren ermöglicht worden.

Durch das am 1. 3. 1993 in Kraft getretene Gesetz zur Entlastung der Rechtspflege
vom 11. 1. 1993[9] wurde der Umfang der im Strafbefehlsverfahren möglichen Sanktionen auf Freiheitsstrafen bis zu einem Jahr erweitert, wenn deren Vollstreckung
zur Bewährung ausgesetzt wird und der Angeschuldigte einen Verteidiger hat.[10]

Der in § 407 II StPO normierte **Sanktionskatalog** grenzt somit den Anwendungsbereich des Strafbefehlsverfahrens ab. Immer dann, wenn eine von § 407 II StPO
erfasste Rechtsfolge als Ahndung für Vergehen angemessen erscheint, wird die
Staatsanwaltschaft bei Entbehrlichkeit der Hauptverhandlung den Erlass eines
Strafbefehls beantragen.[11]

2. Verteidigungstaktische Überlegungen

Der Verteidiger hat in geeigneten Fällen die Beendigung des Strafverfahrens durch **4**
Strafbefehl in seine Verteidigungsstrategie stets einzubeziehen. Ist absehbar, dass
die Ermittlungen genügenden Anlass zur Erhebung der öffentlichen Klage bieten
und kommt eine Einstellung des Verfahrens nach § 153a StPO wegen fehlender Zustimmung der Staatsanwaltschaft nicht zustande, so kann es für den Verteidiger
durchaus sinnvoll sein, durch Aufnahme eines informellen Gesprächs mit der
Staatsanwaltschaft und/oder durch Einreichung einer Verteidigungsschrift **aktiv** auf
die Beendigung des Ermittlungsverfahrens durch Strafbefehlsantrag hinzuwir-
ken.[12]

In Betracht kommen Fälle, in denen der Mandant den Schuldvorwurf bereits eingeräumt hat oder in denen das Erzielen eines Freispruchs aufgrund der sich aus der
Ermittlungsakte ergebenden Beweislage für nicht mehr möglich erachtet wird.

Entscheidend ist, dass das **Interesse des Mandanten an der Vermeidung einer öf-**
fentlichen Hauptverhandlung in den Vordergrund rückt, weil ihm die mit einer
Hauptverhandlung verbundenen seelischen Belastungen erspart bleiben sollen. Darüber hinaus kann die Gefahr bestehen, dass der gegen den Mandanten erhobene
Vorwurf öffentlich ausgebreitet und seine Person und sein Ansehen durch entsprechende Medienberichte nahezu irreparabel geschädigt werden. Im Wege des Straf-

---

6 BVerfGE 25, 164; Rieß/Hilger NStZ 1987, 204
7 Meyer-Goßner vor § 407 Rn 1
8 BGBl 1987 I, 475
9 BGBl 1993 I, 50
10 Krit dazu Kreutz AnwBl 2002, 212
11 Zum Umfang der durch Strafbefehlsanträge beendeten Ermittlungsverfahren s die Statistik in
   KMR-Metzger vor § 407 Rn 5 ff mwN
12 Weihrauch Ermittlungsverfahren Rn 201 ff; Burhoff Ermittlungsverfahren Rn 1550

Haizmann

befehlsverfahrens erhält der Mandant schnell, kostengünstig und diskret Gewissheit darüber, wie die Tat sanktioniert wird.

5 Der Verteidiger, der in dieser Richtung tätig wird, wirkt an der Verurteilung und Bestrafung des Mandanten mit. Unabdingbare Voraussetzung ist daher das **vorbehaltslose Einverständnis** des Mandanten.[13] Der Verteidiger muss den Mandanten daher umfassend über die Bedeutung des Strafbefehls und die sich aus einem rechtskräftigen Strafbefehl ergebenden Folgen informieren.

Der Mandant muss wissen, dass ein rechtskräftiger Strafbefehl im **Bundeszentralregister** eingetragen (§§ 3, 4 BZRG), er also »vorbestraft« sein wird. Hilfreich in diesem Zusammenhang kann die Aufklärung des Mandanten darüber sein, unter welchen Bedingungen er sich weiterhin als nicht vorbestraft bezeichnen kann. Soweit die Strafliste keine weiteren Eintragungen enthält, werden Geldstrafen von nicht mehr als 90 Tagessätzen (§ 32 II Nr. 5 a BZRG) und Freiheitsstrafen von nicht mehr als drei Monaten (§ 32 II Nr. 5 b BZRG) nicht in das Führungszeugnis aufgenommen. In solchen Fällen besteht keine Offenbarungspflicht, der Mandant kann sich weiterhin als nicht vorbestraft bezeichnen, § 53 II Nr. 1 BZRG.

6 Der Mandant muss sich ferner darüber bewusst sein, dass ein rechtskräftiger Strafbefehl vorentscheidende Wirkung bei der Beurteilung von **Annexverfahren** außerhalb des Strafrechts (zB auf den Gebieten des Zivil- und Arbeitsrechts oder im Zusammenhang mit berufs- oder disziplinarrechtlichen Verfahren) haben kann. Für das **anwaltsgerichtliche Verfahren** hat der BGH allerdings entschieden, dass die einen rechtskräftigen Strafbefehl tragenden Feststellungen für die Entscheidung des Gerichts **nicht bindend** sind.[14] Zur Begründung hat der Senat für Anwaltssachen primär darauf abgestellt, dass die Tatsachenfeststellungen im Strafbefehlsverfahren im Gegensatz zum Strafurteil, bei dem die richterliche Überzeugungsbildung aus dem Inbegriff der Hauptverhandlung erfolgt, wegen des summarischen Charakter des Verfahrens auf einer »**deutlich schmaleren Basis**« gewonnen werden mit der Folge, dass eine Gleichstellung der Erkenntnisse nicht in Betracht kommt.[15] Zu demselben Ergebnis kommt auch das BVerwG, das eine Bindungswirkung von Strafbefehlen im Rahmen von Disziplinarverfahren ebenfalls verneint hat.[16]

6 a Strukturell ähnliche Einschränkungen betreffend die Bindungswirkung rechtskräftiger Strafbefehle gelten auch, wenn die Verurteilung als Anlasstat für einen Bewährungswiderruf im Zusammenhang mit einer früheren Verurteilung herangezogen werden soll. Das für den Bewährungswiderruf zuständige Gericht darf seine Entscheidung nach § 56 f I Nr. 1 StGB dann nicht ungeprüft auf eine durch einen rechtskräftigen Strafbefehl festgestellte neue Straftat stützen, wenn kumulativ zwei Voraussetzungen, die die typischen Risiken des Strafbefehlsverfahrens bergen, gegeben sind: (1) Der Strafbefehl ist nur auf den hinreichenden Tatverdacht gestützt, die aus den Akten erkennbare Beweislage lässt keine sichere Überzeugungsbildung zu. (2) Der Beschuldigte wollte sich gegen den Strafbefehl zur Wehr setzten oder hat dies bereits getan und die Rechtskraft des Strafbefehls ist ohne eine diesen anerkennende Willensentschließung des Beschuldigten allein aufgrund eines prozessualen Versäumnisses eingetreten.[17]

---

13 Weihrauch Ermittlungsverfahren Rn 202
14 BGH StV 2000, 443
15 Vgl hierzu Bockemühl BRAK-Mitt 2000, 164
16 BVerwG 83, 373; 93, 255
17 KG Berlin NStZ-RR 2001, 136 ff

Der Verteidiger sollte schon aus Gründen des Selbstschutzes über den Inhalt des **7** Beratungsgesprächs mit dem Mandanten einen ausführlichen Aktenvermerk fertigen.

Stimmt der Mandant einer Beendigung des Strafverfahrens durch Strafbefehl zu, **8** empfiehlt sich eine zunächst unverbindliche Kontaktaufnahme mit der Staatsanwaltschaft mit dem Ziel, eine dahingehende Verständigung zu erreichen. Der Staatsanwalt wird in der Regel nicht abgeneigt sein, sich weiteren Aufwand zu ersparen und die Sache durch Beantragung eines Strafbefehls zu einem raschen Abschluss zu bringen, wenn einmal eine gewisse Annäherung erreicht ist. Für die inhaltliche Ausgestaltung einer Abstimmung mit dem Staatsanwalt ergeben sich in der täglichen Praxis häufig folgende Konstellationen:

Die Beantragung eines Strafbefehls mit einer bestimmten Rechtsfolge kann die Ge- **9** genleistung für ein Schuldeingeständnis des Mandanten sein.[18] Dieser Standpunkt wird der überaus großen Bedeutung gerecht, die einem Geständnis bei der Strafzumessung zukommt.[19] Sind mehrere Vorwürfe Gegenstand des Verfahrens, kann eine Beschränkung des Verfahrens gemäß §§ 154, 154 a StPO zum Gegenstand der Absprache gehören. Dasselbe gilt bei Zweifeln zu der Frage, ob ein Straftatbestand bedingt vorsätzlich oder noch (grob) fahrlässig verwirklicht wurde. Auch die Ankündigung, im Falle eines bestimmten Strafmaßes keinen Einspruch einlegen zu wollen, kann die Bereitschaft des Staatsanwalts, einen Strafbefehlsantrag zu stellen, fördern.

Andererseits muss es nicht notwendig sein, dass die Bemühungen des Verteidigers **10** auf Beendigung des Verfahrens durch Strafbefehl mit einem Schuldeingeständnis des Mandanten verbunden sind. Der Verteidiger kann sich auch ohne Einlassung zur Sache zum Ermittlungsergebnis äußern, die Beantragung eines Strafbefehls anregen und der Staatsanwaltschaft mitteilen, welchen Schuld- und Rechtsfolgenausspruch der Mandant zu akzeptieren bereit ist. Er verschenkt dadurch nichts. Eine schriftsätzliche Anregung an die Staatsanwaltschaft könnte wie folgt lauten:[20]

Schriftsatzmuster 1: Anregung auf Stellung eines Strafbefehlsantrages **11**

An die

Staatsanwaltschaft Regensburg

93066 Regensburg

In dem Ermittlungsverfahren

gegen

Herrn T. B.

wegen Verdachts des Missbrauchs von Titeln

Az: 104 Js 10754/03

ist Herr B. nach dem Ergebnis der Ermittlungen hinreichend verdächtig, im Zeitraum 9.9.2003 bis 10.6.2003 unbefugt den akademischen Grad »Dr.« geführt zu haben.

Herr B. hat sich dazu bislang nicht geäußert. Gegen die subjektive Tatseite ließe sich einiges vortragen, insbesondere dahingehend, dass bei Herrn B. ein den Vorsatz ausschließender Tatbestandsirrtum in Betracht kommt. Demgegenüber steht folgende Situation:

---

18 Rückel NStZ 1987, 297 ff
19 AA KMR-Metzger § 407 Rn 34
20 Weitere Formulierungsvorschläge bei Weihrauch Ermittlungsverfahren Rn 203, 205; Formularbuch-Hamm IV 12 ff

Haizmann

Herr B. ist Direktor der Regensburger Filiale eines größeren Versicherungsunternehmens. Aufgrund seiner beruflichen Position hat er kein Interesse daran, sich in öffentlicher Hauptverhandlung zu dem gegen ihn erhobenen Vorwurf zu erklären. Herr B. ist besorgt, dass das öffentliche Ausbreiten des erhobenen Schuldvorwurfs und die damit einhergehende Berichterstattung in der örtlichen Presse dem Ansehen seiner Person und dem Unternehmen seines Arbeitgebers schweren Schaden zufügen würde. Es geht also primär darum, ihn von den Belastungen einer öffentlichen Hauptverhandlung zu verschonen. Herr B. ist deswegen bereit, sich einem Schuldspruch zu unterwerfen.

Die Verteidigung regt deshalb die

Beantragung eines Strafbefehls

an. Die Anfechtung des Strafbefehls wird unterbleiben, wenn eine Geldstrafe von nicht mehr als 90 Tagessätzen verhängt wird. Hierzu möge berücksichtigt werden, dass Herr B. auf eine tadellose Lebensführung verweisen kann, nicht vorbestraft ist und in geordneten persönlichen und wirtschaftlichen Verhältnissen lebt. Herr B. führt den Doktortitel nicht mehr. Das Ermittlungsverfahren hat ihn außerordentlich schwer belastet, zumal er eine leitende Funktion innehat und seit geraumer Zeit peinlichen Nachfragen aus dem Kollegenkreis zum Verbleib des vormals geführten Titels ausgesetzt ist. Ferner sind Herrn B. im Zusammenhang mit dem hier anhängigen Verfahren bereits erhebliche Kosten durch das Beschaffen neuer Papiere und Dokumente entstanden.

Herr B. verfügt aus seiner Tätigkeit über ein monatliches Nettoeinkommen in Höhe von 3000,— €. Er ist verheiratet und neben seiner Ehefrau zwei Kindern im Alter von drei und fünf Jahren zum Unterhalt verpflichtet.

Die Höhe des einzelnen Tagessatzes sollte daher 60,— € nicht übersteigen.

Rechtsanwalt

3. Strafbefehl und andere Verfahrensbesonderheiten

a) Jugendstrafverfahren

12 Gegen einen Jugendlichen darf ein Strafbefehl nicht erlassen werden, § 79 JGG. Entscheidend ist das Alter zum Zeitpunkt der Tat, § 1 II JGG. Anstelle des Strafbefehlsverfahrens sieht das JGG gegen Jugendliche das vereinfachte Jugendverfahren nach §§ 76 bis 78 JGG sowie das Verfahren nach § 45 II JGG vor.[21]

Gegen einen Heranwachsenden soll der Erlass eines Strafbefehls möglich sein, soweit sachlich allgemeines Strafrecht zur Anwendung kommt, § 109 II 1 JGG. Zuständig ist das Jugendgericht, § 108 II JGG.

Hinsichtlich der möglichen Rechtsfolgen enthält § 109 III JGG eine Einschränkung gegenüber § 407 II 2 StPO dergestalt, dass die Verhängung von Freiheitsstrafen ausgeschlossen ist. Von typischen Jugendverfehlungen abgesehen, beurteilt sich die Anwendbarkeit von Jugendstrafrecht auf Heranwachsende nach deren Entwicklungsstand (§ 105 I JGG). Die Prüfung dieser Frage wird ohne eine Hauptverhandlung, in der sich der Richter einen persönlichen Eindruck von dem Heranwachsenden verschaffen kann, kaum möglich sein. Eine Hauptverhandlung wird daher regelmäßig iSd § 407 I 1 StPO erforderlich sein mit der Folge, dass sich das Strafbefehlsverfahren gegen Heranwachsende grundsätzlich nicht eignet.

13 Ein gesetzwidrig gegen einen Jugendlichen oder einen Heranwachsenden, auf den Jugendstrafrecht anzuwenden ist, erlassener Strafbefehl soll dennoch wirksam sein.[22] Dies gilt selbst dann, wenn die Unzulässigkeit des Strafbefehlsverfahrens

---

21 Pfeiffer § 407 Rn 1
22 KK-Fischer § 407 Rn 26 f

nach § 79 I JGG versehentlich nicht beachtet wird.[23] Wird der Strafbefehl im Wege des Einspruchs angefochten, übernimmt der Strafbefehlsantrag die Funktion der Anklage, der Strafbefehl selbst den Eröffnungsbeschluss, bisherige Verfahrensmängel werden geheilt. Wird der Strafbefehl rechtskräftig, bleibt er trotzdem Grundlage der Vollstreckung.[24] Ist dagegen das Alter des Verurteilten zum Tatzeitpunkt falsch festgestellt worden, handelt es sich bei der richtigen Alterseinreihung um eine neue Tatsache iSd § 359 Nr. 5 StPO. In diesem Falle ist eine Wiederaufnahme des Verfahrens möglich. Dasselbe gilt, wenn sich die Unzulässigkeit des Strafbefehlsverfahrens daraus ergibt, dass die Tatzeit fehlerhaft angenommen und der Verurteilte deswegen nicht mehr als Jugendlicher abgeurteilt wurde.[25]

b) Nebenklage

Die Anschlusserklärung des Nebenklägers wird nach § 396 I 3 StPO erst mit Anberaumung der Hauptverhandlung oder mit Ablehnung des Strafbefehlsantrages wirksam. Wird der Strafbefehl erlassen und rechtskräftig, ist ein Anschluss als Nebenkläger nicht möglich. Eine vorher eingereichte Anschlusserklärung ist wirkungslos.[26] **14**

c) Adhäsionsverfahren

Die Geltendmachung vermögensrechtlicher Ansprüche gemäß §§ 403 ff StPO ist in Verbindung mit dem Strafbefehlsverfahren ausgeschlossen, da § 404 StPO eine Hauptverhandlung voraussetzt.[27] Ein Entschädigungsantrag wird aber wirksam, wenn nach Einspruch gegen den Strafbefehl oder nach § 408 III 2 StPO Hauptverhandlung anberaumt wird. **15**

II.   Voraussetzungen für den Erlass eines Strafbefehls

1.   Deliktsform, § 407 StPO

Gegenstand eines Strafbefehls kann nur ein **Vergehen** (§ 12 II StGB) sein. Ordnungswidrigkeiten können daneben in den Strafbefehlsvorwurf einbezogen werden (§§ 42, 64 OWiG, Nr. 280 RiStBV), wenn zwischen Ordnungswidrigkeit und Straftat Tatmehrheit besteht. Bei Tateinheit wird nur das Strafgesetz angewendet, § 21 I 1 OWiG. **16**

Bei **Verbrechen** (§ 12 I StGB) kommt der Erlass eines Strafbefehls auch dann **nicht** in Betracht, wenn ein minder schwerer Fall anzunehmen ist und infolge der damit verbundenen Verschiebung des Strafrahmens die Mindeststrafe unter einem Jahr Freiheitsstrafe liegt.

2.   Zuständigkeit, §§ 407 StPO, 24, 25 GVG

Der Erlass eines Strafbefehls ist nach dem Wortlaut des § 407 I StPO nur im Rahmen der **amtsgerichtlichen Zuständigkeit** durch den Strafrichter und das Schöffengericht möglich. Als Folge der mit dem Rechtspflegeentlastungsgesetz vom **17**

---

23 LG Landau NStZ-RR 2003, 28
24 HK-Kurth § 407 Rn 29
25 LG Landau NStZ-RR 2003, 28; Eisenberg NStZ 2003, 124, 132
26 Meyer-Goßner § 396 Rn 6
27 Meyer-Goßner § 403 Rn 12; aA Sommerfeld/Guhra NStZ 2004, 420

11. 3. 1993 in Kraft getretenen Neufassung des § 25 Nr. 2 GVG ist allerdings die schöffengerichtliche Zuständigkeit für den Erlass von Strafbefehlen weitgehend in Frage gestellt worden. § 25 Nr. 2 GVG bestimmt die alleinige Zuständigkeit des Strafrichters für Vergehen, wenn eine höhere Strafe als Freiheitsstrafe bis zu zwei Jahren nicht zu erwarten ist. Auf die Bedeutung der Sache kommt es nicht mehr an. Nachdem im auf Vergehen beschränkten Strafbefehlsverfahren ohnehin keine höhere als eine einjährige Bewährungsstrafe verhängt werden darf, kommt eine Zuständigkeit des Schöffengerichts für den Erlass eines Strafbefehls nur noch im Rahmen des § 408 a StPO nach Überleitung eines Normalstrafverfahrens in das Strafbefehlsverfahren in Betracht.[28] In diesen Fällen entscheidet für das Schöffengericht allein dessen Vorsitzender, da eine Entscheidung außerhalb der Hauptverhandlung vorliegt (§ 30 II GVG).

3. Strafbefehlsantrag, § 407 I StPO, Nr. 175, 176, 177 RiStBV

18   a) Ein Strafbefehl kann nur ergehen, wenn ein hierauf gerichteter **förmlicher Antrag** gestellt wird. Antragsbefugt ist nach § 407 I StPO die Staatsanwaltschaft, im Steuerstrafverfahren auch die zuständige Finanzbehörde (§ 400 AO).[29] Nachdem der zu erlassende Strafbefehl und der hierzu gestellte Antrag inhaltlich übereinstimmen müssen, reicht die Staatsanwaltschaft aus Gründen der Vereinfachung und Beschleunigung einen Strafbefehlsentwurf ein verbunden mit dem Antrag, einen Strafbefehl mit dem entsprechenden Inhalt zu erlassen (Nr. 176 I RiStBV).

Der Strafbefehlsantrag richtet sich daher inhaltlich nach den gesetzlichen Vorgaben des § 409 I Nr. 1 bis 6 StPO, einer Darstellung des wesentlichen Ermittlungsergebnisses bedarf es nicht (vgl § 200 II 2 StPO). Er muss auf eine im Strafbefehlsverfahren zulässige Rechtsfolge gerichtet sein, § 407 I 3 StPO.[30]

Stellt die Staatsanwaltschaft einen Antrag auf Verurteilung des Beschuldigten zu einer Bewährungsstrafe, ist dieser aber noch unverteidigt, so beantragt sie nach pflichtgemäßen Ermessen die Bestellung eines Pflichtverteidigers, § 408 b StPO.

19   b) Mit dem Antrag auf Erlass eines Strafbefehls wird die **öffentliche Klage** erhoben (§ 407 I 4 StPO). Daher müssen die für die Einreichung einer Anklageschrift geltenden Voraussetzungen gegeben sein. Hiernach ist erforderlich, dass der Beschuldigte der Tat hinreichend verdächtig im Sinne der §§ 170 I, 203 StPO ist. Daran fehlt es, wenn aufgrund gewichtiger Anhaltspunkte Zweifel an der Schuldfähigkeit eines Beschuldigten bestehen.[31]

Erforderlich ist ferner, dass Einstellungsmöglichkeiten nach den §§ 153 ff StPO ausscheiden. Insbesondere die Einstellung nach § 153 a I StPO hat Vorrang vor dem Antrag auf Erlass eines Strafbefehls.[32]

Auch für die Formulierung des Strafbefehlsantrages gelten die allgemeinen Regeln des § 200 StPO. Wie bei der Anklage dient der Inhalt des Strafbefehlsantrages der Bestimmung des Prozessgegenstandes und hat insoweit Umgrenzungsfunktion. In deren Rahmen muss die dem Angeklagten vorgeworfene Tat so beschrieben wer-

---

28   OLG Oldenburg StV 1994, 421; LG Stuttgart wistra 1994, 40 mit abl Anm Hohendorf wistra 1994, 249; Meyer-Goßner § 408 Rn 5; Rieß NStZ 1995, 377; Fuhse NStZ 1995, 165
29   Hierzu Wißars wistra 1997, 331
30   Vgl dazu Rn 23
31   VerfGH Berlin StV 2001, 324 ff
32   Vgl BT-Ds 10/1313, S 34; KMR-Fezer 9. Lfg § 407 Rn 7

Haizmann

den, dass praktisch unverwechselbar feststeht, welcher historischer Vorgang zur Aburteilung kommen soll (§ 264 StPO). Fehlt es daran, besteht ein zur Einstellung des Verfahrens führendes Prozesshindernis, wenn der Strafbefehl erlassen und auf den Einspruch des Angeklagten die Hauptverhandlung durchgeführt und der Angeklagte verurteilt wurde.[33]

Mit Eingang des Strafbefehlsantrages bei Gericht wird das Verfahren anhängig. Die   **20**
Verjährungsfrist wird unterbrochen (§ 78 I Nr. 6 StGB).

4. Entbehrlichkeit der Hauptverhandlung, § 407 I 2 StPO, Nr. 175 III RiStBV

Nach dem Wortlaut des Gesetzes ist die Staatsanwaltschaft **verpflichtet**, einen   **21**
Strafbefehlsantrag zu stellen, wenn sie nach dem Ergebnis der Ermittlungen eine Hauptverhandlung nicht für erforderlich erachtet. Davon wird in der Regel ausgegangen, wenn nicht zu erwarten ist, dass eine Hauptverhandlung **wesentliche Abweichungen vom Ergebnis des Ermittlungsverfahrens** hervorbringen wird und wenn sich die angemessenen Rechtsfolgen auch ohne Hauptverhandlung bestimmen lassen.[34] Von einem Strafbefehlsantrag soll nur aus spezial- oder generalpräventiven Gründen oder dann abgesehen werden, wenn die vollständige Aufklärung aller für die Rechtsfolgenbestimmung relevanten Umstände die Durchführung einer Hauptverhandlung gebietet, Nr. 175 III 1 RiStBV. Die Frage, ob ein Einspruch zu erwarten ist, ist unerheblich.

Die normative Verpflichtung der Staatsanwaltschaft, einen Strafbefehlsantrag zu   **22**
stellen, unterliegt weder einer gerichtlichen Kontrolle, noch ist sie für den Beschuldigten oder das Gericht **erzwingbar**.[35] Normadressat ist allein die Staatsanwaltschaft, die für die Frage der Beantragung eines Strafbefehls alleiniger Entscheidungsträger ist.[36]

III. Zulässige Rechtsfolgen, § 407 II StPO

Für die im Strafbefehlsverfahren allein oder nebeneinander möglichen Rechtsfolgen   **23**
enthält § 407 II StPO eine **abschließende Regelung**. Die festsetzbaren Sanktionen umfassen:

– Geldstrafe (§§ 40 ff StGB) bis zu 360 Tagessätzen, bei Tatmehrheit Gesamtgeldstrafe bis zu 720 Tagessätzen (§ 54 II StGB).
– Verwarnung mit Strafvorbehalt (§§ 59 bis 59 c StGB). Ein Fahrverbot nach § 44 StGB darf daneben nicht verhängt werden, da dies die Verhängung einer Geld- oder Freiheitsstrafe voraussetzt.[37]
– Fahrverbot (§§ 44 StGB) neben Geld- oder Freiheitsstrafen.
– Verfall, Einziehung, Vernichtung, Unbrauchbarmachung (zB §§ 73 ff StGB, 33 BtMG, 56 WaffG).
– Bekanntgabe der Verurteilung (vgl zB §§ 103 II, 165, 200 StGB).
– Geldbuße gegen eine juristische Person oder Personenvereinigung (§ 444 StPO).

---

33 BayObLG StV 2002, 356
34 KK-Fischer § 407 Rn 5; Burhoff Ermittlungsverfahren Rn 1544
35 HK-Kurth § 407 Rn 10 aE; KMR-Metzger § 407 Rn 32
36 KK-Fischer § 407 Rn 6
37 BayObLG NStZ 1982, 258 m Anm Meyer-Goßner

– Entziehung der Fahrerlaubnis gemäß §§ 69, 69 a StGB für eine Dauer von längstens zwei Jahren. Die Sperrfrist beginnt mit Rechtskraft des Strafbefehls (§ 69 a I StGB), in die Frist wird die vorläufige Einziehung ab Erlass des Strafbefehls eingerechnet.[38] Weitere Maßregeln dürfen nicht verhängt werden.
– Absehen von Strafe unter den Voraussetzungen des § 60 StGB.
– Freiheitsstrafe bis zu einem Jahr, wenn deren Vollstreckung zur Bewährung ausgesetzt wird und der Angeschuldigte einen Verteidiger hat, § 407 II 2 StPO.

IV. Verfahren zwischen Antrag und Erlass des Strafbefehls, § 408 StPO

1. Zuständigkeitsprüfung durch das Gericht

24   Das angerufene Gericht prüft zunächst seine **Zuständigkeit**. Die in § 408 I StPO normierte – wechselseitige – Möglichkeit der Abgabe des Verfahrens vom Vorsitzenden des Schöffengerichts an den Strafrichter und umgekehrt, ist im Hinblick auf die Neufassung des § 25 Nr. 2 GVG weitgehend obsolet geworden, weil das Schöffengericht außerhalb der Voraussetzungen des § 408 a StPO faktisch unzuständig ist.[39]

Hält sich das Amtsgericht für **örtlich** unzuständig, spricht es dies durch Beschluss aus.[40] Eine Verweisung an das örtlich zuständige Gericht ist unzulässig.[41] Falls das Amtsgericht seine **sachliche** Zuständigkeit verneint, erklärt es sich im Beschlusswege für unzuständig. Die Staatsanwaltschaft kann gegen einen die sachliche oder örtliche Unzuständigkeit aussprechenden Beschluss jeweils die einfache Beschwerde einlegen.[42]

2. Entscheidung über den Strafbefehlsantrag, § 408 II, III StPO

25   Bejaht der Richter seine Zuständigkeit, hat er drei **Entscheidungsmöglichkeiten**:

a) Ablehnung des Strafbefehlsantrages

26   Der Richter muss den Antrag auf Erlass eines Strafbefehls durch einen mit Gründen versehenen Beschluss ablehnen, wenn er ein Verfahrenshindernis für gegeben hält oder hinreichenden Tatverdacht gemäß §§ 170 I, 203 StPO verneint.[43] Der Beschluss steht der Nichteröffnung des Verfahrens gleich (§§ 408 II, 204 I StPO). Er ist dem Angeschuldigten durch formlose Mitteilung bekannt zugeben (§§ 204 II, 35 II 2 StPO, Nr. 178 IV RiStBV). Der Staatsanwaltschaft steht dagegen die sofortige Beschwerde zu (§§ 408 II, 210 II StPO), ebenso dem Nebenklageberechtigten, der sich dem Verfahren angeschlossen hat (§ 396 I StPO).

27   Werden dem Angeschuldigten unabhängig voneinander mehrere Taten im prozessualen Sinn vorgeworfen, so kann der Strafrichter auch eine **Teilablehnung** beschließen, wenn er hinsichtlich einer Tat hinreichenden Verdacht für gegeben hält, hinsichtlich der anderen aber nicht.[44] Da das Gericht vom Strafbefehlsantrag der

---

38 BGHSt 33, 230 = NJW 1986, 200
39 Vgl oben Rn 17
40 Meyer-Goßner § 408 Rn 2
41 BGH NJW 1959, 1695, 1696
42 Meyer-Goßner § 408 Rn 2–4
43 Zum fehlenden hinreichenden Tatverdacht s Bockemühl Teil B Kap 1 Rn 110
44 LG München II NStZ 1990, 452; KK-Fischer § 408 Rn 11 a; Meyer-Goßner § 408 Rn 8

Staatsanwaltschaft nicht abweichen kann, darf es wegen der zweiten Tat keinen Strafbefehl erlassen, sondern muss die Entscheidung über den nicht erledigten Teil des Antrages bis zur Rechtskraft der Teilablehnung zurückstellen.

Ein den Erlass eines Strafbefehls mangels hinreichenden Tatverdachts ablehnender **28** Beschluss entfaltet die Sperrwirkung des § 211 StPO, wenn eine Anfechtung durch die sofortige Beschwerde unterbleibt[45] oder diese vom Beschwerdegericht zurückgewiesen wird.

b) Anberaumung der Hauptverhandlung, § 408 III 2 StPO, Nr. 178 RiStBV

Hat der Richter **Bedenken**, den Strafbefehl in der beantragten Weise zu erlassen, **29** weil er zB ohne die sich durch eine Hauptverhandlung bietenden Möglichkeiten nicht entscheiden will, so beraumt er Hauptverhandlung an (§ 408 III 2 StPO). Dasselbe gilt, wenn er von der rechtlichen Beurteilung des Strafbefehlsantrages im Schuld- oder Rechtsfolgenausspruch **abweichen** will und eine vorher zu versuchende Einigung mit der Staatsanwaltschaft nicht zustande kommt (vgl Nr. 178 I, II RiStBV).[46]

Die richterliche – nicht anfechtbare – Entscheidung, Hauptverhandlung anzuberaumen, **beendet** das Strafbefehlsverfahren als solches und bewirkt die **Überleitung in** **30** **ein Normalverfahren.** Der Eröffnungsbeschluss wird durch die die Hauptverhandlung anberaumende Verfügung und den Strafbefehlsantrag ersetzt. Die Vorbereitung der Hauptverhandlung erfolgt nach Maßgabe der §§ 213 ff StPO. Anstelle des Eröffnungsbeschlusses ist dem Angeklagten eine Abschrift des Strafbefehlsantrages ohne Rechtsfolgenantrag mitzuteilen, § 408 III 3 StPO.

Die Überleitung in ein Normalstrafverfahren hat die **Unanwendbarkeit** der speziellen, für die Hauptverhandlung im Strafbefehlsverfahren geltenden Sondervorschriften (§§ 411 II, III, 420 StPO) zur Folge. Dh, dass

– die Grundsätze des beschleunigten Verfahrens über vereinfachte Beweisaufnahme in der Hauptverhandlung nicht gelten (§§ 411 II 2, 420 StPO);
– der Angeklagte zum persönlichen Erscheinen verpflichtet ist, § 411 II 1 StPO gilt nicht;
– der Strafbefahlsantrag abweichend von § 411 III 1 StPO nicht mehr zurückgenommen werden kann, § 156 StPO.

Erscheint der Angeklagte zu der gemäß § 408 III 2 StPO anberaumten Hauptverhandlung nicht, ist eine Überleitung ins Strafbefehlsverfahren nach § 408 a StPO[47] nicht möglich.[48]

c) Erlass des Strafbefehls, § 408 III 1 StPO

aa) Der Richter muss dem Strafbefehlsantrag entsprechen, wenn er Bedenken iSd **31** § 408 III StPO nicht hat und wenn er mit der rechtlichen Bewertung im Schuld- und Rechtsfolgenausspruch einverstanden ist. Strafbefehlsantrag und der Strafbefehl selbst müssen inhaltlich **übereinstimmen.** Der Inhalt des Strafbefehls richtet sich nach § 409 StPO.

---

45 BVerfG NJW 1995, 124
46 KMR-Metzger § 408 Rn 40
47 Vgl dazu unten Rn 86 ff
48 Zähres NStZ 2002, 296

32   Eine gesonderte **Anhörung** des Angeschuldigten zum Strafbefehlsantrag sieht das Gesetz **nicht** vor, § 407 III StPO. Die Vernehmung des Beschuldigten im Ermittlungsverfahren bleibt davon unberührt, § 163 a I StPO.

33   bb) Soweit die Staatsanwaltschaft die Verurteilung des Angeschuldigten zu einer **Freiheitsstrafe auf Bewährung** beantragt und der Richter erwägt, diesem Antrag zu folgen, so muss er dem Angeschuldigten, der noch keinen Verteidiger hat, einen **Pflichtverteidiger** beiordnen, § 408 b StPO. Nach dem mit RpflEntlG vom 11. 3. 1993 eingeführten § 408 b StPO ist die Mitwirkung eines Verteidigers im Strafbefehlsverfahren zwingend vorgeschrieben, wenn es um die Verhängung von Freiheitsstrafen geht. Es handelt sich somit um einen zusätzlichen Fall der **notwendigen Verteidigung**.[49]

Die näheren Einzelheiten der Pflichtverteidigerbestellung sind gesetzlich nicht geregelt. § 408 b S 2 StPO verweist lediglich auf § 141 III StPO. Hiernach kann dem Beschuldigten auf Antrag der Staatsanwaltschaft bereits im Vorverfahren ein Pflichtverteidiger bestellt werden, wenn absehbar ist, dass im gerichtlichen Verfahren ein Fall der notwendigen Verteidigung nach § 140 StPO vorliegen wird.

34   Aus dem nur oberflächlich formulierten Gesetzestext ergeben sich für die Beiordnung des Pflichtverteidigers nach § 408 b StPO grundlegende Probleme im Zusammenhang mit der **Auswahl des Verteidigers** und der **Reichweite** seiner Bestellung.

35   cc) Umstritten ist zunächst die Frage, ob der Angeschuldigte im Rahmen des Auswahlverfahrens nach § 142 II 1 StPO Gelegenheit erhalten muss, einen Verteidiger zu **benennen** mit der Folge, dass das Gericht diesen beizuordnen hat, soweit nicht wichtige Gründe entgegenstehen. Meyer-Goßner[50] verneint dies mit Hinweis auf die bloße Bezugnahme in § 408 b StPO auf § 141 III StPO[51] sowie mit der Erwägung, dass der in § 142 I StPO normierte Auswahlmodus der mit dem RpflEntlG bezweckten Beschleunigung und Straffung des Verfahrens zuwider laufe, ferner sei ein besonderes Vertrauensverhältnis zwischen Verteidiger und Angeschuldigtem angesichts der ohnehin beschränkten Wirkung der Beiordnung nicht erforderlich.

36   Diese Auffassung schiebt aus Gründen der Verfahrensvereinfachung die vom BVerfG aufgestellten Grundsätze[52] zum **eingeschränkten Ermessen** des Richters bei Auswahl des Pflichtverteidigers beiseite. Davon ausgehend, dass die Beiordnung eines Pflichtverteidigers grundsätzlich den gleichen Rechtsschutz gewähren soll wie die Wahlverteidigung, ist das im Verfassungsrang stehende Interesse des Beschuldigten, von einem Anwalt seines Vertrauens verteidigt zu werden, zwingend zu respektieren.[53] Das gilt auch im Strafbefehlsverfahren. Für die Auswahl des Verteidigers ist daher auch im Rahmen des § 408 b StPO uneingeschränkt auf § 142 StPO zurückzugreifen.[54]

37   dd) Ist der Verteidiger bestellt, bleibt umstritten, welche **Reichweite** die Beiordnung hat, insbesondere ob sie auch eine nach Einspruchseinlegung durchzuführende Hauptverhandlung erfasst.[55] Hierzu werden folgende Auffassungen vertreten:

---

49 KK-Fischer § 408 b Rn 4
50 Meyer-Goßner § 408 b Rn 4
51 Ebenso Lutz NStZ 1998, 395
52 BVerfGE 9, 36, 38; 39, 238, 239
53 BVerfGE 9, 36, 38; BGH StV 1997, 564; OLG München StV 1993, 180
54 Böttcher/Mayer NStZ 1993, 153, 156; Schellenberg NStZ 1994, 570; KMR-Metzger § 408 b Rn 7
55 Brackert/Staechelin StV 1995, 547; Lutz NStZ 1998, 395

Haizmann

Die absolut engste Interpretation nimmt das AG Höxter vor, das die Verteidigerbestellung nach § 408 b StPO bis zur Entscheidung über den Erlass oder Nichterlass des beantragten Strafbefehls **befristen** will,[56] weil die Notwendigkeit der Verteidigerbestellung mit der Entscheidung über den Strafbefehlsantrag ende und kein Bedürfnis bestehe, »den Beschuldigten besser zu stellen, als er stünde, wenn das Hauptverfahren nach Anklageerhebung eröffnet worden wäre, zumal er bereits eine anwaltliche Beratung im konkreten Fall bekommen hat«.

38

Eine nur unwesentlich weitergehende, aber wohl hM **beschränkt** die Verteidigerbestellung auf das **Strafbefehlsverfahren**.[57] Das heißt, dass der gerichtlich bestellte Verteidiger zwar noch wirksam gegen den erlassenen Strafbefehl Einspruch einlegen kann, die Verteidigung in der Hauptverhandlung aber von der Beiordnung nicht mehr erfasst sein soll. Begründet wird dies mit der systematischen Einfügung des § 408 b StPO in die Vorschriften über das Verfahren bei Strafbefehlen (und nicht in die Vorschriften über die notwendige Verteidigung) sowie der angeblich nicht gerechtfertigten Privilegierung des Angeklagten im Strafbefehlsverfahren gegenüber dem, der im Normalstrafverfahren angeklagt wird und nur unter den Voraussetzungen des § 140 StPO einen Pflichtverteidiger beigeordnet erhält.

39

Die dritte hierzu vertretene Auffassung steht auf dem Standpunkt, dass die einmal nach § 408 b StPO erfolgte Verteidigerbestellung bis zum **rechtskräftigen Abschluss** des Verfahrens gilt, mithin auch eine nach Einspruchseinlegung durchzuführende Hauptverhandlung erfasst.[58] Diese Meinung verweist zunächst zu Recht darauf, dass die Regelung des § 408 b StPO – anders als die Parallelvorschrift des § 418 IV StPO für das beschleunigte Verfahren – **keine zeitliche Beschränkung** der Beiordnung enthält. Im Übrigen ist es kaum verständlich, dem Angeschuldigten bis zum Erlass des Strafbefehls einen Pflichtverteidiger zunächst beizuordnen, ihm dann aber nach Einlegung des Einspruchs den anwaltlichen Beistand für die sich anschließende Hauptverhandlung wieder entziehen zu wollen. Die Beweisaufnahme in der Hauptverhandlung richtet sich nach denselben Grundsätzen wie im beschleunigten Verfahren, für das die Mitwirkung eines Verteidigers bereits ab einer Straferwartung von sechs Monaten Freiheitsstrafe obligatorisch ist.

40

Tipp: Im Hinblick auf die derzeit noch ungeklärte Rechtslage sollte der gemäß § 408 b StPO bestellte Verteidiger mit Einlegung des Einspruchs in jedem Falle seine weitere Beiordnung beantragen.

V. Verfahren ab Erlass des Strafbefehls

1. Notwendiger Inhalt des Strafbefehls, § 409 I StPO

a) Der **notwendige Inhalt** des Strafbefehls richtet sich nach § 409 I 1 StPO. Er enthält die Angaben zur Person des Angeklagten und etwaiger Nebenbeteiligter (Nr. 1), den Namen des Verteidigers (Nr. 2), die Bezeichnung der dem Angeklagten zur Last gelegten Tat nach Zeit und Ort ihrer Begehung und unter Bezeichnung der gesetzlichen Merkmale der Straftat (Nr. 3), die angewendeten Vorschriften nach Paragraf, Absatz, Nummer, Buchstabe und mit der Bezeichnung des Gesetzes (Nr. 4), die Beweismittel (Nr. 5), die Festsetzung der Rechtsfolgen (Nr. 6) und die

41

---

56 AG Höxter StV 1995, 519
57 OLG Düsseldorf NStZ 2002, 390; Meyer-Goßner § 408 b Rn 6; KMR-Metzger § 408 b Rn 10
58 KMR-Fezer 9. Lfg § 408 b Rn 4; HK-Kurth § 408 b Rn 6 mwN

Kostenentscheidung (§ 464 I StPO). Ferner enthält der Strafbefehl die Belehrung über die Einspruchsmöglichkeit und die dafür vorgesehenen Form- bzw Fristerfordernisse sowie den Hinweis auf die Vollstreckbarkeit eines rechtskräftigen Strafbefehls (Nr. 7).

42 b) Wird gegen den Angeklagten eine **Freiheitsstrafe** verhängt (§ 407 II 2 StPO), er mit Strafvorbehalt verwarnt (§ 407 II Nr. 1 StPO iVm § 59 StGB) oder wird gegen ihn ein Fahrverbot angeordnet (§ 407 II Nr. 1 StPO iVm § 44 StGB), so sind die sich aus § 268 a III StPO bzw aus § 268 c S 1 StPO ergebenden **Belehrungen** dem Strafbefehl beizufügen.

2. Bewährungsentscheidungen

43 a) Wird im Strafbefehl eine Freiheitsstrafe auf Bewährung verhängt oder eine Verwarnung mit Strafvorbehalt ausgesprochen, so hat das Gericht zugleich mit dem Strafbefehl einen **Beschluss** über die **Bewährungszeit** und die **Bewährungsauflagen** gemäß § 268 a I StPO iVm §§ 56 a ff StGB zu erlassen. Die Staatsanwaltschaft kann mit Einreichung des Strafbefehlsantrages dazu Vorschläge machen (Nr. 176 I 2 RiStBV), der Richter ist aber daran nicht gebunden.[59]

44 b) **Unterbleibt** eine die Bewährungsanordnungen betreffende Entscheidung, so ist der **nachträgliche Erlass** des Bewährungsbeschlusses mit Ausnahme der Feststellung, dass die Bewährungszeit zwei Jahre beträgt, **unzulässig.**[60] Dasselbe gilt, wenn der Bewährungsbeschluss zwar rechtzeitig erlassen, dem Angeklagten aber erst nach Ablauf der Einspruchsfrist zugestellt wird.[61]

3. Zustellung des Strafbefehls und Zustellungsadressaten

45 a) Ist ein Strafbefehl erlassen, so muss er förmlich **zugestellt** werden, § 35 II StPO. Die vom Vorsitzenden nach § 36 I StPO anzuordnende Zustellung erfolgt grundsätzlich an den Angeklagten. Möglich ist auch die Zustellung an den Wahlverteidiger, dessen Vollmacht sich bei den Akten befindet oder den Pflichtverteidiger, dessen Bestellung aktenkundig ist (§ 145 a III StPO), der Angeklagte wird vom Strafbefehl dann lediglich formlos unterrichtet.

Zulässig ist ferner die Zustellung an einen **Zustellungsbevollmächtigten** (§§ 116 a III, 127 a II, 132 II Nr. 2 StPO) oder die **Ersatzzustellung** gemäß §§ 181, 182 ZPO. Die Ersatzzustellung durch **Niederlegung** (§ 182 ZPO) setzt voraus, dass der Adressat der zuzustellenden Sendung die Wohnung zum Zeitpunkt des Zustellversuchs und der späteren Niederlegung auch tatsächlich innegehabt hat.[62] Die Zustellungsurkunde über die Niederlegung ist insoweit zwar ein Indiz, vermag aber keinen Beweis dafür zu begründen, dass der Zustellungsempfänger auch tatsächlich unter der Zustellungsanschrift wohnt. Die Indizwirkung der Zustellungsurkunde kann durch eine substantiierte, schlüssige und plausible Erklärung entkräftet werden.[63] Die schlichte Behauptung, nicht an der Zustellungsanschrift zu wohnen, reicht hierzu nicht aus. Ist die Indizwirkung entkräftet, muss das Gericht selbst

---

59 Meyer-Goßner § 407 Rn 22
60 LG Freiburg StV 1993, 122 = MDR 1992, 798; aA Meyer-Goßner § 268 a Rn 8
61 LG Freiburg StV 1994, 534
62 OLG Karlsruhe StV 1995, 8, 9
63 BVerfG NStZ-RR 1997, 70

Haizmann

nachprüfen, ob sich die Wohnanschrift des Zustellungsempfängers tatsächlich unter der in der Zustellungsurkunde behaupteten Adresse befand.[64]

Die **öffentliche Zustellung** des Strafbefehls ist unzulässig.[65] Bei unbekanntem Aufenthalt des Angeklagten ist das Verfahren nach § 205 StPO einzustellen (Nr. 175 II RiStBV).

b) Einem **Ausländer,** der die deutsche Sprache nicht hinreichend beherrscht, ist der **46** Strafbefehl mit einer Übersetzung in einer ihm verständlichen Sprache bekannt zugeben (Nr. 181 II RiStBV). Hierauf hat der Ausländer nach Art. 6 III a MRK einen Rechtsanspruch.[66] Hingegen soll der die deutsche Sprache nicht ausreichend beherrschende Ausländer keinen Anspruch darauf haben, dass ihm auch die in § 409 I StPO normierten Belehrungen übersetzt werden. Wird die Rechtsmittelbelehrung mangels ausreichender Deutschkenntnisse nicht verstanden, so kann dies die Gewährung von Wiedereinsetzung in den vorigen Stand rechtfertigen.[67]

c) Falls der Angeklagte einen **gesetzlichen Vertreter** hat, ist diesem der Strafbefehl **47** formlos zu übersenden, § 409 II StPO, Nr. 179 III RiStBV. Das gilt auch für den Verletzten, der zum Anschluss als Nebenkläger berechtigt ist.

d) Ist im Strafbefehl gegen einen **Nebenbeteiligten** eine Rechtsfolge festgesetzt **48** worden, so ist diesem oder dessen bevollmächtigten Vertreter der Strafbefehl förmlich zuzustellen, §§ 438 I 1, 442 I, 444 II StPO.

e) Fehler bei der Zustellung begründen ein **Verfahrenshindernis**, da die grundsätzlich nach § 187 ZPO mögliche Heilung von Zustellungsmängeln ausgeschlossen ist, **49** wenn gesetzliche Fristen in Gang gesetzt werden (§ 187 S 2 ZPO iVm § 37 I 2 StPO). Dies ist bei der Einspruchsfrist nach § 410 I StPO der Fall.[68] Ein Strafbefehl, bei dem es an einer ordnungsgemäßen Zustellung mangelt, entfaltet keine Rechtswirkungen. Dasselbe gilt, wenn die ordnungsgemäß zugestellte Ausfertigung des Strafbefehls inhaltlich von der in der Akte befindlichen Urschrift abweicht.[69] Die Zustellung ist in diesen Fällen zu wiederholen, um die Einspruchsfrist des § 410 I StPO in Lauf zu setzen.

Für die (vereinfachte) Zustellung des Strafbefehls ins Ausland nach § 37 II StPO im **50** Geltungsbereich des Schengener Abkommens gilt nichts anderes. Die Wirksamkeit der Auslandszustellung muss feststehen, offensichtlich schwere Zustellungsfehler müssen sich ausschließen lassen. Hieran fehlt es, wenn der Rückschein eines Einschreibens keine Angaben zur Übergabe der Sendung oder der sonstigen Art der Übermittlung enthält und die Empfangsbestätigung nicht erkennen lässt, an wen das Schriftstück übermittelt worden ist.[70]

VI.　Der Einspruch gegen den Strafbefehl

Gemäß § 410 I StPO kann gegen den Strafbefehl der Rechtsbehelf des Einspruchs **51** eingelegt werden. Obwohl § 410 I 2 StPO auf die allgemeinen Rechtsmittelvorschriften verweist, ist der Einspruch nach hM **kein Rechtsmittel**, weil seine Einle-

64 BVerfG NStZ-RR 1997, 70
65 Meyer-Goßner § 410 Rn 21 mwN
66 Vgl Greßmann NStZ 1991, 218
67 BVerfG NJW 1991, 2208
68 OLG Karlsruhe StV 1995, 8, 9; KK-Maul § 37 Rn 27
69 KK-Fischer § 409 Rn 20
70 OLG Köln NStZ 2000, 666

Haizmann

gung nicht zur Nachprüfung der Entscheidung durch ein höheres Instanzgericht (Devolutiveffekt) führt.[71] Rechtliche Folge des (zulässigen) Einspruchs ist die Anberaumung der Hauptverhandlung durch das Gericht, das den Strafbefehl erlassen hat.

1. Zulässigkeit des Einspruchs

52 a) **Statthaft** ist der Einspruch, sobald der Strafbefehl erlassen ist. Die Zustellung des Strafbefehls ist nicht erforderlich.[72] Wirksam erlassen ist der Strafbefehl, wenn er vom Richter unterzeichnet und an die Geschäftsstelle zur Zustellung weitergeleitet worden ist.[73] Bis zu diesem Zeitpunkt ist der Strafbefehl ein justizinterner Vorgang und als solcher nicht anfechtbar.

53 b) Die **Einspruchsbefugnis** steht dem Angeklagten und den Nebenbeteiligten zu, soweit sie durch den Strafbefehl beschwert sind. Dem Verteidiger steht gemäß § 410 I 2 iVm § 297 StPO ein selbstständiges Einspruchsrecht zu, allerdings kann er dieses nicht gegen den Willen des Angeklagten ausüben.

54 c) Die Einspruchseinlegung muss **schriftlich oder zu Protokoll** der Geschäftsstelle erfolgen, § 410 I 1 StPO. Er ist an das Gericht zu richten, das den Strafbefehl erlassen hat. Zur Wahrung der Schriftform genügt die Einlegung per Telefax oder mittels Telegramm.[74] Eine telefonische Einlegung des Einspruchs ist nicht möglich. Zwar hat der BGH für das Bußgeldverfahren unter bestimmten Voraussetzungen die fernmündliche Einspruchseinlegung für zulässig erachtet,[75] die Übertragbarkeit dieser Entscheidung auf das Strafverfahren wird jedoch allgemein abgelehnt.[76]

Befindet sich der Beschuldigte nicht auf freiem Fuß, kann der Einspruch auch zu Protokoll der Geschäftsstelle des Amtsgerichts erklärt werden, in dessen Bezirk der Beschuldigte verwahrt wird, §§ 410 I 2, 299 I StPO.

55 d) Die **Einspruchsfrist** beträgt zwei Wochen nach Zustellung des Strafbefehls. Für die Fristberechnung gilt § 43 StPO, das heißt, der Tag der Zustellung wird bei der Fristberechnung nicht mitgezählt. Die Frist beginnt am auf die Zustellung folgenden Tag, dauert zwei Wochen und endet an dem Wochentag, an dem zwei Wochen zuvor die Zustellung bewirkt wurde.

> **Beispiel:** Dem Verteidiger wurde der Strafbefehl nach § 145 a III StPO an einem Mittwoch, dem 16. 2. 2005 zugestellt. Die Einspruchsfrist beginnt am Donnerstag, den 17. 2. 2005, dauert zwei Wochen und endet am Mittwoch, den 2. 3. 2005, also dem übernächsten Mittwoch, der auf die Zustellung folgt.

Fällt das Ende der Frist auf einen Samstag, Sonntag oder gesetzlichen Feiertag, so endet die Frist mit Ablauf des folgenden Werktags, § 43 II StPO.

Bei inhaftierten Beschuldigten ist nach § 299 I StPO die Protokollierung des Einspruchs innerhalb der Frist des § 410 I 1 StPO ausreichend (§ 299 II StPO).

Macht das Gericht von der Möglichkeit des »vereinfachten Zustellungsverfahren« bei Zustellung eines Strafbefehls an den Verteidiger des Angeklagten gegen Em-

---

71 KK-Fischer § 410 Rn 1; KMR-Fezer § 407 Rn 1
72 Meyer-Goßner § 410 Rn 1
73 KK-Fischer § 409 Rn 21
74 KK-Fischer § 410 Rn 4
75 BGHSt 29, 173 = NJW 1980, 1290
76 HK-Kurth § 410 Rn 5

pfangsbekenntnis Gebrauch, so ist das vom Verteidiger datierte und unterschriebene Empfangsbekenntnis für die Frage des Zeitpunkts der Zustellung solange maßgeblich, wie die Beweiswirkungen des § 212a ZPO nicht durch einen Gegenbeweis vollständig entkräftet sind und jede Möglichkeit ausgeschlossen ist, dass die Angabe auf dem Empfangsbekenntnisses richtig sein könnte.[77]

e) Hat der Angeklagte die Einspruchsfrist ohne sein Verschulden **versäumt**, ist ihm auf Antrag **Wiedereinsetzung in den vorigen Stand** zu gewähren, §§ 44, 45 StPO. Im Strafbefehlsverfahren gilt nach gefestigter Rechtsprechung des BVerfG,[78] dass die Anforderungen zur Erlangung einer Wiedereinsetzung in den vorigen Stand nicht überspannt werden dürfen. Dies bezieht sich nicht nur auf den Vortrag, sondern auch auf die Glaubhaftmachung der Verspätungsgründe.[79]   **56**

Da das Gesetz eine Anhörung des Beschuldigten vor Erlass des Strafbefehls nicht vorsieht (§ 407 III StPO), kann mit der Zustellung eines solchen ein gewisser Überraschungseffekt verbunden sein, zumal zwischen erster Beschuldigtenvernehmung und Zustellung des Strafbefehls oft mehrere Wochen liegen und der Beschuldigte gar nicht mehr mit weiteren Maßnahmen rechnet. Die Einlegung des Einspruchs eröffnet dem Beschuldigten erstmals den Zugang zum Gericht. Ist die Einspruchsfrist versäumt, hängt die Verwirklichung der verfassungsrechtlichen Rechtsschutzgarantien aus Art. 19 IV GG und aus Art. 103 I GG vom Schicksal des Wiedereinsetzungsgesuches ab. Dies kann dazu führen, dass die schlichte Erklärung des Antragstellers als Mittel der Glaubhaftmachung zuzulassen ist, wenn andere Mittel der Glaubhaftmachung nicht zur Verfügung stehen.[80]

Ein mit einem Wiedereinsetzungsantrag kombinierter Einspruch kann wie folgt formuliert werden:

Schriftsatzmuster 2: Einspruch mit Antrag auf Wiedereinsetzung in den vorigen Stand   **57**

An das

Amtsgericht Regensburg

– Strafrichter –

93066 Regensburg   22.6.2005

In der Strafsache

gegen

Herrn W. B.

wegen Verdachts der Nötigung im Straßenverkehr

Az: 29 Cs 107 Js 23457/98

bestelle ich mich zum Verteidiger des Herrn B. und übergebe beigeschlossen zu meiner Legitimation eine auf mich ausgestellte Vollmacht.

Ich beantrage, Herrn B. wegen der Versäumung der Einspruchsfrist

Wiedereinsetzung in den vorigen Stand

zu gewähren. Gleichzeitig lege ich gegen den am 2.6.2005 zugestellten Strafbefehl

---

77 BVerfG StV 2001, 377 für das »liegen gebliebene Empfangsbekenntnis«
78 BVerfGE 26, 315; 37, 93; 37, 100; 38, 35; 40, 42
79 VerfG Brandenburg NStZ-RR 2002, 239 für die Zustellung des Strafbefehls während eines Auslandsurlaubs
80 BVerfG StV 1995, 393

> **Einspruch**
>
> ein und beantrage
>
> **Akteneinsicht.**
>
> Zur Begründung des Wiedereinsetzungsgesuchs trage ich vor:
>
> Der vom erkennenden Gericht am 27. 5. 2005 erlassene Strafbefehl wurde Herrn B. am 2. 6. 2005 unter dessen Wohnanschrift durch Niederlegung zugestellt.
>
> Ausweislich der beigefügten Eidesstattlichen Versicherung[81] des Herrn B. war dieser vom 29. 5. bis einschließlich 19. 6. 2005 aus beruflichen Gründen im Ausland aufhältlich. Zur weiteren Glaubhaftmachung lege ich eine Bestätigung des Arbeitgebers sowie die Reisedokumente des Herrn B. vor, aus denen ebenfalls hervorgeht, dass dieser im angegebenen Zeitraum im Ausland war. Den Benachrichtigungsschein über die Zustellung einer Postsendung durch Niederlegung fand er erst bei seiner Rückkehr am 20. 6. 2005 vor. Er hat sich daraufhin am 21. 6. 2005 zum zuständigen Postamt begeben und den verfahrensgegenständlichen Strafbefehl abgeholt. Am 22. 6. 2005 suchte Herr B. den Unterzeichnenden auf mit dem Auftrag, unter Beantragung von Wiedereinsetzung in den Stand die versäumte Einlegung des Einspruchs nachzuholen, was hiermit erfolgt.
>
> Herr B. war somit ohne eigenes Verschulden daran gehindert, die Einspruchsfrist einzuhalten. Die Zustellung des Strafbefehls und das den Beginn der Einspruchsfrist begründende Ereignis sind Herrn B. infolge vorübergehender Abwesenheit von seiner Wohnung erst nach Ablauf der Einspruchsfrist bekannt geworden. Herr B. war auch nicht verpflichtet, für die Dauer seines dreiwöchigen Auslandsaufenthalts besondere Vorkehrungen dahingehend zu treffen, dass er von Zustellungen rechtzeitig Kenntnis erhält (BVerfG NJW 1993, 847). Mit dem Erlass eines Strafbefehls hat er nicht gerechnet, zumal die polizeiliche Beschuldigtenvernehmung bereits mehrere Wochen zurückliegt.
>
> Rechtsanwalt

2. Beschränkung des Einspruchs, § 410 II StPO

58 Der Einspruch gegen den Strafbefehl kann auf bestimmte **Beschwerdepunkte beschränkt** werden, wie dies bei Rechtsmitteln gegen Urteile möglich ist (§§ 318, 344 I StPO).[82] Die Regelung des § 410 II StPO hat denselben Wortlaut wie die für die Berufungsbeschränkung einschlägige Vorschrift des § 318 S 1 StPO.

Zulässig ist die **vertikale** Beschränkung auf einzelne von mehreren prozessualen Taten oder auf einzelne in Tatmehrheit zueinander stehende Delikte,[83] soweit diese nicht in einem engen räumlichen, zeitlichen und inneren Zusammenhang zueinander stehen.

Der Einspruch ist auch **horizontal** beschränkbar, wenn der angefochtene Teil des Strafbefehls selbstständig und getrennt vom nicht angefochtenen Teil geprüft werden kann. So ist es grundsätzlich möglich, den Rechtsfolgenausspruch oder einzelne Teile davon (die Höhe des Tagessatzes) isoliert anzufechten. Unwirksam ist die Beschränkung des Einspruchs auf ein neben einer Geldstrafe verhängtes Fahrverbot (§ 44 StGB), da zwischen Haupt- und Nebenstrafe eine nicht trennbare Verknüpfung besteht. Dasselbe gilt im Falle einer Beschränkung des Einspruchs auf den Rechtsfolgenausspruch insgesamt oder Teile davon (Maßregelsanktion gem § 69 StGB), wenn die Feststellungen zum Schuldspruch so knapp und lückenhaft gehal-

---

81 Die eigene eidesstattliche Versicherung des Antragstellers ist für sich allein grundsätzlich kein geeignetes Mittel der Glaubhaftmachung, Meyer-Goßner § 45 Rn 9, vgl aber Fn 79
82 BayObLG NStE Nr. 2 zu § 410 StPO
83 KK-Fischer § 410 Rn 11; HK-Kurth § 410 Rn 11

ten sind, dass es an einer tragfähigen Grundlage für den Rechtsfolgenausspruch gänzlich fehlt.[84] Unwirksam ist die Beschränkung jedenfalls dann, wenn die Feststellungen des Strafbefehls so weitgehende Lücken aufweisen, dass sich Art und Umfang des Unrechts und der Schuld nicht in dem zur Überprüfung des Strafausspruchs notwendigen Maße bestimmen lassen.[85]

Ist die Einspruchbeschränkung wirksam, erwächst der nicht angefochtene Teil in Rechtskraft. Bei einer wirksamen Beschränkung auf den Rechtsfolgenausspruch gilt dies nicht nur für die Feststellungen, die ausschließlich die Schuldfrage betreffen, sondern auch für solche, die als **doppelrelevante** Umstände zugleich für die Schuld- und Straffrage von Bedeutung sind.[86] Ist die Beschränkung unwirksam, gilt der Strafbefehl als in vollem Umfang angefochten.[87]
    59

3.   Rücknahme des Einspruchs

Der Einspruch kann **bis zum Beginn** der Hauptverhandlung (Aufruf der Sache, § 243 I 1 StPO) jederzeit (§ 411 III 1 StPO), **danach** bis zur Verkündung des Urteils im ersten Rechtszug nur mit Zustimmung der Staatsanwaltschaft zurückgenommen werden (§§ 411 III 2, 303 StPO). Dasselbe gilt für die nachträgliche Beschränkung des Einspruchs auf bestimmte Beschwerdepunkte, insoweit liegt der Struktur nach eine Teilrücknahme vor.
    60

4.   Rechtskraft des Strafbefehls, § 410 III StPO

Unterbleibt die Einlegung des Einspruchs, ist sie verspätet oder wird der Einspruch zurückgenommen, erwächst der Strafbefehl wie ein Urteil in formelle und materielle **Rechtskraft**. Dies hat der Gesetzgeber mit der durch Art. 1 Nr. 33 StVÄG 1987 bestimmten Neufassung des § 410 III StPO ausdrücklich klargestellt. Der BGH hatte zur früheren Rechtslage die Auffassung vertreten, dass der rechtskräftige Strafbefehl kein Hindernis sei, »dieselbe Tat nochmals unter einem rechtlichen Gesichtspunkt zu verfolgen, der bisher nicht berücksichtigt ist und eine erhöhte Strafbarkeit begründet«.[88] Diese Rechtsprechung zur so genannten beschränkten Rechtskraft des Strafbefehls ist durch die Änderung des § 410 III StPO obsolet geworden. Nunmehr gilt, dass nach Rechtskraft des Strafbefehls die Einleitung eines neuen Verfahrens in derselben Sache unzulässig ist, auch wenn sich die rechtliche Bewertung der Tat nachträglich ändert und zu einer erhöhten Strafbarkeit führt.[89] Nur dann, wenn sich die Tat aufgrund neuer Tatsachen im Nachhinein als Verbrechen darstellt, ist unter den Voraussetzungen des § 373 a StPO eine **Wiederaufnahme des Verfahrens** zuungunsten des Angeklagten möglich. Will die Staatsanwaltschaft also eine durch rechtskräftigen Strafbefehl abgeurteilte Tat nochmals unter Verbrechensgesichtspunkten verfolgen, muss sie förmlich die Wiederaufnahme des Verfahrens betreiben (§§ 359 ff StPO).[90]
    61

Für die Wiederaufnahme des durch rechtskräftigen Strafbefehls abgeschlossenen Verfahrens gelten im Übrigen die allgemeinen Vorschriften der §§ 359 bis 373 StPO

---

84 SchlHOLG SchlHA 1996, 108; OLG Düsseldorf NStZ-RR 1997, 113
85 OLG Koblenz NStZ 2003, 617
86 BayObLG bei Bär DAR 1989, 371
87 HK-Kurth § 410 Rn 14
88 BGHSt 28, 69; 18, 141; 3, 13
89 HK-Kurth § 410 Rn 16
90 Vgl dazu KK-Schmidt § 373 a Rn 5 ff

Haizmann

mit der Maßgabe, das für die Beurteilung der Frage, ob neue Tatsachen oder Beweismittel vorliegen, auf die Aktenlage abzustellen ist. Dabei ist es rechtsstaatlich geboten, sich aus den Akten aufdrängende, klar auf der Hand liegende Fehler bei der Tatsachenfeststellung zu beachten.[91]

VII. Weiteres Verfahren nach Einlegung des Einspruchs, § 411 StPO

1. Unzulässiger Einspruch, § 411 I 1 StPO

62 Das Gericht prüft die Zulässigkeit des Einspruchs von Amts wegen. Ist der Einspruch nicht form- und fristgerecht eingelegt oder aus sonstigen Gründen unzulässig, hat ihn das Gericht nach Anhörung der Staatsanwaltschaft (§ 33 II StPO) durch **Beschluss** zu verwerfen. Der Verwerfungsbeschluss gemäß § 411 I 1 StPO muss begründet (§ 34 StPO) und zugestellt (§ 35 StPO) werden. Eine Kostenentscheidung ergeht nicht, weil nach hM beim Einspruch kein Rechtsmittel vorliegt.[92] Der Einspruchsführer kann gegen den Verwerfungsbeschluss sofortige Beschwerde gemäß §§ 411 I, 311 StPO einlegen.

63 Stellt sich die Unzulässigkeit des Einspruchs erst in der Hauptverhandlung heraus, erfolgt seine Verwerfung durch **Urteil**.[93] Dagegen kann wahlweise Berufung oder Sprungrevision eingelegt werden.

64 Bestehen Zweifel, ob der Einspruch rechtzeitig bei Gericht eingegangen ist, so muss er zugunsten des Einspruchsführers als zulässig behandelt werden.[94]

2. Zulässiger Einspruch, § 411 I 2 und 3 StPO

65 Ist der Einspruch zulässig, beraumt der Richter Termin zur Hauptverhandlung an. Für die Vorbereitung der Hauptverhandlung gelten die allgemeinen Regeln (§§ 213 ff StPO). Die Anklageschrift wird durch den Strafbefehlsantrag ersetzt,[95] die Funktion des Eröffnungsbeschlusses übernimmt der Strafbefehl selbst.[96]

Mit dem Ersten Gesetz zur Modernisierung der Justiz vom 24.8.2004[97] ist die Vorschrift des § 411 I 3 StPO neu eingeführt worden. Hernach ist die Durchführung einer Hauptverhandlung nach zulässigem Einspruch ausnahmsweise entbehrlich, wenn der Einspruch wirksam auf die Höhe des Tagessatzes beschränkt ist und der Angeklagte, der Verteidiger und die Staatsanwaltschaft mit einer Entscheidung im schriftlichen Verfahren einverstanden sind. Das Gericht kann in diesem Fall ohne Hauptverhandlung durch Beschluss entscheiden, darf aber die Tagessatzhöhe nicht zum Nachteil des Angeklagten abändern. Der im Verfahren nach § 411 I 3 StPO ergangene Beschluss ist mit der sofortigen Beschwerde anfechtbar, §§ 411 I 3 HS 3, 311 StPO.

---

91 BVerfG StV 2003, 225
92 Meyer-Goßner § 411 Rn 1
93 KMR-Metzger § 411 Rn 6
94 BGH StV 1995, 454 (für die Revisionseinlegung); BayObLG NJW 1966, 947
95 BGHSt 23, 280; OLG Düsseldorf AnwBl 1988, 412; KK-Fischer § 411 Rn 8
96 KK-Fischer § 411 Rn 8; OLG Zweibrücken MDR 1987, 164
97 BGBl I 2198

VIII. Hauptverhandlung

Der Ablauf der Hauptverhandlung gestaltet sich nach § 243 StPO mit der Maßgabe,   **66**
dass der Staatsanwalt gemäß § 243 III 1 StPO den Strafbefehlsantrag unter Weglassung der Rechtsfolge verliest. Sodann stellt der Vorsitzende fest, dass gegen den Strafbefehl form- und fristgerecht Einspruch eingelegt wurde. Hieran schließt sich der normale Verlauf der Hauptverhandlung an.

Für die weitere Hauptverhandlung gelten die nachfolgend dargestellten Besonderheiten:

1. Vertretungsbefugnis gemäß § 411 II 1 StPO

Gemäß § 230 StPO findet gegen einen ausgebliebenen Angeklagten die Hauptver-   **67**
handlung nicht statt. Das gilt grundsätzlich auch im Strafbefehlsverfahren.

a) Abweichend zu einer im Normalverfahren oder einer nach § 408 III 2 StPO ter-   **68**
minierten Hauptverhandlung kann sich der Angeklagte gemäß § 411 II 1 StPO in der Hauptverhandlung durch einen mit **schriftlicher Vollmacht** versehenen Verteidiger **vertreten** lassen. Während der Verteidiger allgemein nur Beistand des Angeklagten ist (§ 137 StPO), ermöglicht § 411 II 1 StPO seine Gesamtvertretung.[98] Der Verteidiger erwirbt eine **Doppelfunktion**: Er hat die allgemeinen Rechte und Pflichten als Beistand und tritt zusätzlich an die Stelle des abwesenden Angeklagten. Er kann für den Angeklagten nicht nur alle Verfahrenserklärungen abgeben oder entgegennehmen, das Vertretungsverhältnis ist umfassend und bezieht sich auch auf die Angaben zur Sache.[99] Verteidigung und Vertretung nach § 411 II 1 StPO sind demnach auseinander zu halten. Gemäß § 243 IV 1 StPO ist der Verteidiger im Rahmen des § 411 II 1 StPO als Vertreter des Angeklagten freilich nicht dazu verpflichtet, sich zur Sache einzulassen. Er kann die dem Angeklagten zustehenden Schutzrechte jederzeit in Anspruch nehmen.[100] Der Verteidiger muss nur anwesend sein und zu erkennen geben, die dem Angeklagten zustehenden Rechte nach seiner Wahl wahrnehmen zu wollen.

b) Eine ordnungsgemäße Vertretung nach § 411 II 1 StPO setzt eine **schriftliche**   **69**
Vertretungsvollmacht voraus. Eine mündlich erteilte Vollmacht ist ebenso wenig ausreichend wie eine spätere schriftliche Bestätigung der zunächst mündlich erteilten Vollmacht.[101] Dagegen ist eine aufgrund mündlicher Ermächtigung vom Verteidiger selbst unterzeichnete, schriftliche Vertretungsvollmacht ausreichend.[102] Eine normale Verteidigervollmacht genügt grundsätzlich den Anforderungen, soweit sich aus der Vollmachtsurkunde die Unterscheidung zwischen Verteidigung und Vertretung ergibt und die Bevollmächtigung des Verteidigers zur Vertretung auch in Abwesenheit des Mandanten erkennbar ist.

Um Unwägbarkeiten im Hinblick auf § 412 StPO auszuschließen, sollte dem Gericht bei Vertretungen nach § 411 II 1 StPO in jedem Fall rechtzeitig eine gesonderte Vertretungsvollmacht vorgelegt werden, auch wenn der Verteidiger bei Mandatsanzeige bereits eine Verteidigervollmacht zur Akte gereicht hat. Eine Vertretungsvollmacht kann wie folgt formuliert werden:

---

98 KMR-Fezer 9. Lfg § 411 Rn 16
99 Meyer-Goßner § 234 Rn 8–10
100 OLG Köln StV 1993, 292
101 OLG Saarbrücken NStZ 1999, 256 mit Anm Fahl NStZ 2000, 53
102 BayObLG StV 2002, 476 (LS)

Haizmann

70

> **Muster 3: Vertretungsvollmacht gemäß § 411 II 1 StPO**
>
> VERTRETUNGSVOLLMACHT
>
> gemäß § 411 II 1 StPO
>
> Hiermit erteile ich meinem Verteidiger, Herrn Rechtsanwalt Max Muster/Regensburg
>
> **Vertretungsvollmacht gemäß § 411 II StPO**
>
> mit der Maßgabe, mich in der Hauptverhandlung am 9. 6. 2005 in Wort und Willen zu vertreten.
>
> Die Vollmacht umfasst insbesondere die Befugnis, in meiner Abwesenheit
>
> Erklärungen zu meiner Person und zur Sache, insbesondere Einlassungen abzugeben,
>
> Erklärungen zum Verfahren abzugeben und entgegenzunehmen,
>
> Verfahrens- und Beweisanträge zu stellen und zurückzunehmen,
>
> Zustimmungen jeder Art zu erklären,
>
> Einspruchsrücknahme und Rechtsmittelverzicht zu erklären.
>
> Weiden id Opf, den ....

71 Die schriftliche Bevollmächtigung als Vertreter des Angeklagten muss dem Gericht spätestens zu **Beginn** der Hauptverhandlung nachgewiesen werden. Dies gilt für den Wahlverteidiger ebenso wie für den **Pflichtverteidiger**, der zur Vertretung des Angeklagten im Fall des § 411 II 1 StPO ebenfalls einer besonderen schriftlichen Vertretungsvollmacht bedarf.[103] Tritt dagegen in der Hauptverhandlung für den allgemein und nach § 411 II 1 StPO bevollmächtigten Verteidiger ein Unterbevollmächtigter auf, so darf dieser nicht deswegen zurückgewiesen werden, weil er keinen schriftlichen Nachweis der ihm – wirksam erteilten – Untervollmacht erbringen kann.[104] Vielmehr genügt es, wenn das Bestehen der Untervollmacht auf andere Weise nachgewiesen werden kann.[105]

72 c) Die Vertretungsbefugnis § 411 II 1 StPO gilt auch in der **Berufungsinstanz**.[106] Ein Verwerfungsurteil nach § 329 I StPO darf daher nicht ergehen, wenn für den in der Berufungshauptverhandlung abwesenden Angeklagten ein durch Vertretungsvollmacht legitimierter Verteidiger auftritt. Auf die Zulässigkeit der Vertretungsbefugnis muss in der Ladung zur Berufungshauptverhandlung hingewiesen werden.[107]

73 d) Nach § 236 StPO ist das Gericht jederzeit befugt, das **persönliche Erscheinen** des Mandanten anzuordnen. Dies hebt das Recht des Angeklagten, sich nach § 411 II 1 StPO vertreten zu lassen, **nicht** auf. Erscheint der Angeklagte trotz Aufforderung zum persönlichen Erscheinen nicht, sondern lediglich der von ihm nach § 411 II StPO bevollmächtigte Verteidiger, so kann das Gericht Vorführungs- oder Haftbefehl nach § 230 StPO erlassen.[108] Ein Verwerfungsurteil nach § 412 StPO (oder nach § 329 I StPO in der Berufungsinstanz) darf infolge der Anwesenheit des vertretungsbefugten Verteidigers nicht ergehen. Wird trotz ordnungsgemäßer Vertretung der Einspruch durch Urteil verworfen, so kann dagegen wahlweise Wiederein-

---

103 OLG Hamm StV 1997, 404
104 OLG Karlsruhe NStZ 1993, 43
105 OLG Hamm NStZ 1986, 92
106 OLG Dresden StV 2005, 492; OLG Düsseldorf NStZ 1984, 524; StV 1992, 154; OLG Köln StV 1992, 567
107 OLG Bremen StV 1989, 54
108 KMR-Metzger § 411 Rn 15

setzung in den vorigen Stand oder Berufung bzw Sprungrevision eingelegt werden. Liegt die im Strafbefehl verhängte Geldstrafe unter 16 Tagessätzen, hängt die Zulässigkeit der gegen das Verwerfungsurteil eingelegten Berufung **nicht von deren Annahme** nach § 313 I StPO ab, weil die Berufungsbeschränkung nach § 313 I StPO ein erstinstanzliches Sachurteil voraussetzt.[109]

2.   Vereinfachte Beweisaufnahme, §§ 411 II 2, 420 StPO

Die durch das Verbrechensbekämpfungsgesetz vom 28. 10. 1994 eingeführte Regelung des § 411 II 2 StPO bestimmt durch Legalverweis, dass sich die Beweisaufnahme in einer nach Einspruchseinlegung anberaumten Hauptverhandlung nach denselben Grundsätzen wie im beschleunigten Verfahren (§§ 417 ff StPO) richtet.   **74**

a) Dies bedeutet, dass nach § 420 I StPO die Vernehmung eines Zeugen, Sachverständigen oder Mitbeschuldigten durch Verlesung einer früheren (richterlichen oder nichtrichterlichen) Vernehmung oder auch einer Urkunde, die eine von der jeweiligen Beweisperson stammende, schriftliche Äußerung enthält, **ersetzt** werden darf. Nach § 420 II StPO ist es ferner erlaubt, dass über § 256 StPO hinaus Erklärungen von Behörden und sonstigen Stellen über ihre dienstlichen Wahrnehmungen, Untersuchungen und sonstigen Erkenntnisse sowie über diejenigen ihrer Angehörigen verlesen werden. § 420 I, II StPO gestattet somit eine Art **Hauptverhandlung nach Aktenlage**[110] und setzt den Grundsatz der Unmittelbarkeit als zentrale Maxime der zuverlässigen Beweisgewinnung praktisch außer Kraft. Einziges rechtsstaatliches Regulativ ist die nach § 420 III StPO erforderliche Zustimmung des Angeklagten, des Verteidigers und des Staatsanwalts, soweit diese in der Hauptverhandlung anwesend sind.   **75**

b) Nach § 420 IV StPO bestimmt im Verfahren vor dem Strafrichter allein dieser den **Umfang der Beweisaufnahme**. Diese Vorschrift reduziert die richterliche Beweiserhebungspflicht allein auf den allgemeinen Untersuchungsgrundsatz und führt zu einer faktischen **Beseitigung des Beweisantragsrechts**. Zwar besteht nach wie vor die Möglichkeit, Beweisanträge zu stellen, das Gericht ist aber bei deren Zurückweisung nicht an die im Normalstrafverfahren abschließend geltenden Ablehnungsgründe der §§ 244 III–V, 245 StPO gebunden. So kann ein Beweisantrag abgelehnt werden mit der Begründung, die beantragte Beweiserhebung sei nicht erforderlich, das Gegenteil der Beweistatsache sei bereits erwiesen, der Sachverhalt sei bereits genügend aufgeklärt oder die Beweiserhebung würde an der bereits vorliegenden Überzeugung des Gerichts nichts ändern.[111] Das Verbot der Vorwegnahme der Beweiswürdigung soll im Rahmen des § 420 IV StPO nicht gelten.[112]   **76**

c) Wird gegen ein im Rahmen des § 411 StPO ergangenes Urteil Berufung eingelegt, so findet § 420 StPO in der **Berufungshauptverhandlung** keine Anwendung. In Bezug auf § 420 IV StPO ist dies allgemeine Meinung, weil sich diese Vorschrift schon ihrem Wortlaut nach nur auf das Verfahren vor dem Strafrichter bezieht. Für die Regelungen des § 420 I–III StPO wird dies dagegen kontrovers diskutiert. Insbesondere Meyer-Goßner will die Absätze 1 bis 3 auch in der Berufungshauptverhandlung anwenden. Er begründet dies mit einem Umkehrschluss zu der ausdrücklichen Bestimmung in § 420 IV StPO (Beschränkung auf das Verfahren vor dem   **77**

---

109 Meyer-Goßner § 412 Rn 10
110 Schlothauer StV 1995, 46
111 BT-Ds 12/6853, S 36
112 HK-Krehl § 420 Rn 5; Meyer-Goßner § 420 Rn 10

Strafrichter) und verweist ferner darauf, dass die Vetretungsmöglichkeit des § 411 II 1 StPO für die Berufungshauptverhandlung ebenfalls gelte.[113] Dem ist nicht zu folgen. Auch die Vorschriften des § 420 I–III StPO gelten allein im amtsgerichtlichen Verfahren vor dem Strafrichter oder dem Schöffengericht. Voraussetzung ist die Durchführung einer Beweisaufnahme entweder im beschleunigten Verfahren (§§ 417 ff StPO) oder – im Zusammenhang mit der Verweisungsnorm des § 411 II 2 StPO – in der Hauptverhandlung nach Einlegung des Einspruchs gegen den Strafbefehl. Seiner Struktur nach ist das beschleunigte Verfahren eine vereinfachte Form des amtsgerichtlichen Verfahrens, das mit Verkündung des erstinstanzlichen Urteils endet.[114] Für das Verfahren nach Einlegung des Einspruchs gegen einen Strafbefehl gilt im Ergebnis nichts anderes. Denn das Strafbefehlsverfahren als solches wird bereits mit der (schriftlichen) Entscheidung über den Erlass des Strafbefehls beendet. Der dagegen uneingeschränkt eingelegte, zulässige Einspruch beseitigt die verfahrensbeendigende Wirkung des Strafbefehls und bewirkt die Überleitung ins Normalstrafverfahren, in dem – unter den vereinfachten Bedingungen der §§ 411 II 2, 420 StPO – endgültig über den Anklagevorwurf verhandelt werden soll.[115] Eine Bindungswirkung, die über die eines Eröffnungsbeschlusses hinausgeht, geht von dem angefochtenen Strafbefehl nicht aus (§ 411 IV StPO). Das Urteil ergeht so, als wäre der Strafbefehl nicht erlassen worden.[116] Wird gegen dieses Urteil (uneingeschränkt) Berufung eingelegt, so führt dies im Falle ihrer Zulässigkeit zu einer umfassenden Neuverhandlung und Entscheidung in tatsächlicher und rechtlicher Hinsicht. Soweit sich aus den §§ 312 ff StPO, insbesondere aus den §§ 324, 325 StPO nicht ein anderes ergibt, gelten für die Berufungshauptverhandlung nach § 332 StPO die Vorschriften im 6. Abschnitt des Zweiten Buches entsprechend. Der Umfang der Beweisaufnahme in der Berufungshauptverhandlung bestimmt sich somit nach den §§ 244 ff StPO mit der Folge, dass über Beweisanträge nach §§ 244 III–VI, 245 StPO zu entscheiden ist. Von der Verlesung erstinstanzlicher Inhaltsprotokolle nach § 325 HS 2 StPO abgesehen[117] ist eine Durchbrechung des Unmittelbarkeitsgrundsatzes (§§ 250 ff StPO) nur unter den allgemein geltenden Voraussetzungen möglich.[118]

Damit scheidet die Anwendbarkeit des § 420 StPO in der Berufungshauptverhandlung aus. Anderenfalls wäre eine entsprechende Verweisungsvorschrift für das Berufungsverfahren erforderlich gewesen, wie es von Schlothauer anhand der rechtshistorischen Entwicklung des § 384 III StPO aufgezeigt wurde.[119] Hiervon hat der Gesetzgeber jedoch abgesehen, da die Einführung der §§ 411 II 2, 420 StPO primär von dem Gedanken geprägt war, eine Beschleunigung und Vereinfachung des amtsgerichtlichen Verfahrens zu erreichen,[120] von der Anwendung der Vorschrift im Berufungsverfahren war im Gesetzgebungsverfahren nie die Rede.[121]

Die Reichweite der Vertretungsbefugnis nach § 411 II 1 StPO bis in die Berufungshauptverhandlung zwingt im Übrigen keinesfalls zu der Annahme, dass dies auch für die in § 411 II S 2 StPO verankerte Verweisung auf die vereinfachte Beweisauf-

---

113　Meyer-Goßner § 420 Rn 12; wohl auch KMR-Metzger § 411 Rn 11
114　Loos/Radtke NStZ 1996, 7, 9
115　KMR-Fezer 9. Lfg § 411 Rn 21, 22; KMR-Metzger § 411 Rn 9
116　HK-Kurth § 411 Rn 22
117　Die Vorschrift des § 325 HS 2 StPO hat ohnehin keine praktische Relevanz mehr, wenn die Gestaltung der erstinstanzlichen Beweisaufnahme nach §§ 411 II 2, 420 I–III StPO erfolgt ist
118　Schlothauer StV 1995, 46
119　Schlothauer StV 1995, 46; Loos/Radtke NStZ 1996, 7
120　HK-Kurth § 411 Rn 14
121　Schlothauer StV 1995, 46; SK-StPO-Paeffgen § 420 Rn 31

Haizmann

nahme gelten soll. Zum einen sieht das Berufungsverfahren in § 329 I 1 StPO ausdrücklich die Zulässigkeit der Vertretung des Angeklagten in dem Umfang vor, wie dies im erstinstanzlichen Verfahren möglich ist. Zum anderen erscheint es verfehlt, aus der zugunsten des Angeklagten bestehenden Vorschrift des § 411 II 1 StPO für ihn rechtlich nachteilhafte Schlussfolgerungen ziehen zu wollen. Die in § 420 StPO normierten Beweiserleichterungen führen zu weitreichenden Einschnitten in die Systematik des Strafprozesses und die Subjektstellung des Angeklagten. Ein Ausgleich der damit verbundenen Verteidigungsdefizite kann nur dadurch erfolgen, dass zumindest eine den rechtsstaatlichen Mindesterfordernissen gerecht werdende Tatsacheninstanz erhalten bleibt.[122]

3. Urteil, §§ 411 IV, 412 StPO

Für die Entscheidungsmöglichkeiten des Gerichts durch Urteil in einer durch Einspruchseinlegung erzwungenen Hauptverhandlung kommen folgende Konstellationen in Betracht: **78**

a) Verwerfungsurteil gemäß §§ 412, 329 I StPO

Bleibt der Angeklagte ohne genügende Entschuldigung der Hauptverhandlung fern   **79**
und ist er auch nicht gemäß § 411 II 1 StPO durch einen Verteidiger vertreten, so hat das Gericht den (zulässigen)[123] Einspruch gegen den Strafbefehl ohne Verhandlung zur Sache durch **Prozessurteil** zu verwerfen. Voraussetzung ist, dass der Strafbefehl ordnungsgemäß zugestellt wurde,[124] der Angeklagte ordnungsgemäß zur Hauptverhandlung geladen wurde und das unentschuldigte Ausbleiben zu Beginn der Hauptverhandlung festgestellt ist.

Die Frage nach der **genügenden Entschuldigung**, deren Fehlen zur sicheren Überzeugung des Gerichts feststehen muss, beurteilt sich nach dem Kenntnisstand, den das Gericht bei Beginn der Hauptverhandlung aufgrund der Mitteilungen des Angeklagten, des Verteidigers, anderer Verfahrensbeteiligter oder aufgrund eigener Kenntnisse aus den Akten hat. Bei Zweifeln, die sich aus dem Vortrag schlüssiger, die Unzumutbarkeit des Erscheinens indizierender Tatsachenbehauptungen ergeben können, hat das Gericht eigene Ermittlungen im Freibeweis anzustellen,[125] auch wenn dadurch die Unterbrechung der Hauptverhandlung erforderlich wird. Der Begriff der genügenden Entschuldigung darf nicht eng ausgelegt werden. Genügend entschuldigt ist ein Ausbleiben dann, wenn dem Angeklagten nach den konkreten Umständen des Einzelfalls wegen des Nichterscheinens kein Vorwurf gemacht werden kann, weil er sich beispielsweise auf die (falsche) Auskunft seines Verteidigers, der Termin sei aufgehoben,[126] verlassen hat. Ist der nach § 411 II 1 StPO bevollmächtigte Verteidiger, der die Absicht des Angeklagten, sich in der Hauptverhandlung vertreten zu lassen, dem Gericht angezeigt hatte, am Terminstag verhindert, ist der Angeklagte selbst deswegen nicht unentschuldigt.[127]

---

122 Schlothauer StV 1995, 46; HK-Krehl § 420 Rn 6
123 Zur Verwerfung des unzulässigen Einspruchs s oben Rn 62–64
124 HM, BayObLG NStZ-RR 1999, 243; OLG Karlsruhe StV 1995, 8, 9; Meyer-Goßner § 412 Rn 2; HK-Kurth § 412 Rn 5; aA OLG Zweibrücken NStZ 1994, 602; KMR-Metzger § 412 Rn 15
125 BayObLGSt 1997, 145 = NJW 1998, 172
126 BayObLG NStZ-RR 1997, 339; OLG Köln NStZ-RR 1997, 209; OLG Hamm NStZ-RR 1997, 113
127 BayObLG NStZ-RR 2002, 79

80   Die **Anfechtung des Verwerfungsurteils** erfolgt wahlweise im Wege der Wiedereinsetzung in den vorigen Stand (§§ 412, 329 III), die binnen einer Woche nach Zustellung des Urteils beantragt werden kann oder durch Einlegen eines allgemeinen Rechtsmittels (Berufung, Sprungrevision).

b)   Sachurteil gemäß § 411 IV StPO

81   aa) Nachdem der zulässige Einspruch das bisherige summarische schriftliche Verfahren beendet und die Sache in ein Normalstrafverfahren überleitet, weist das am Ende der Einspruchshauptverhandlung ergehende Sachurteil grundsätzlich keine Besonderheiten auf. Es ergeht unabhängig vom Strafbefehl, dieser wird also weder aufrechterhalten noch aufgehoben, sondern der Angeklagte wird entweder verurteilt oder freigesprochen.[128] Eine inhaltliche Bindung an den erlassenen und durch Einspruchseinlegung wieder beseitigten Strafbefehl besteht nicht, § 411 IV StPO. Das Gericht kann also aus tatsächlichen oder rechtlichen Gründen zu einem anderen Schuldspruch kommen. Behält es im Verurteilungsfall den Schuldspruch bei, kann es zugunsten oder zu Lasten des Angeklagten auch eine andere Rechtsfolge, insbesondere eine höhere Strafe aussprechen.[129] Das in den §§ 331, 358 II StPO niedergelegte **Verbot der reformatio in peius** ist nach ganz herrschender Auffassung auf den Einspruch **nicht** anwendbar,[130] was angesichts des eindeutigen Wortlauts des § 411 IV StPO, der Funktion des Strafbefehls nach Einspruchseinlegung und dem fehlenden Rechtsmittelcharakter des Einspruchs selbst heute kaum noch streitig ist. Soweit das Gericht beabsichtigt, im Urteil von der im Strafbefehl verhängten Sanktion zum Nachteil des Angeklagten abzuweichen, ist es entsprechend dem Rechtsgedanken des § 265 II StPO verpflichtet, hierauf hinzuweisen. Dies ist schon ein Gebot des Anspruchs auf ein faires Verfahren.[131]

82   bb) Wird der Einspruch wirksam auf den **Rechtsfolgenausspruch** beschränkt, sind der im Strafbefehl enthaltene Schuldspruch und die ihn tragenden Feststellungen rechtskräftig. Einer Beweisaufnahme sind sie damit nicht mehr zugänglich. Das Gericht entscheidet in diesem Fall nur über die Rechtsfolge und nimmt im Urteil auf den Strafbefehl Bezug.

83   cc) Die Entscheidung über die **Kosten des Verfahrens und die dem Angeklagten entstandenen notwendigen Auslagen** wird auf der Grundlage der §§ 465, 467 StPO getroffen. Aus der Rechtsnatur des Einspruchs als bloßer Rechtsbehelf wird abgeleitet, dass § 473 StPO weder unmittelbar, noch entsprechend anwendbar ist.

Dies gilt nach herrschender Meinung selbst dann, wenn der auf den Rechtsfolgenausspruch beschränkte Einspruch in vollem Umfang erfolgreich ist.[132] Dass dies zu Härten führen kann, hat der Gesetzgeber bewusst hingenommen. In der Begründung zum Regierungsentwurf des StVÄG 1987[133] heißt es dazu: »Änderungen der bisherigen Kostentragungspflicht ergeben sich durch die Beschränkbarkeit des Einspruchs nicht. Der Einspruch bleibt weiterhin kein Rechtsmittel, so dass § 473 StPO nicht zur Anwendung kommt. Auch wenn auf einen Einspruch die Rechtsfolgen herabgesetzt werden, hat der Angekl die Verfahrenskosten zu tragen. Das ist

---

128 Meyer-Goßner § 411 Rn 10
129 KMR-Metzger § 411 Rn 31
130 Meyer-Goßner § 411 Rn 11; KK-Fischer § 411 Rn 31; aA Roxin § 66 B III 3; Ostler NJW 1968,
     486
131 KMR-Metzger § 411 Rn 33; aA KK-Fischer § 411 Rn 32; Meyer-Goßner § 411 Rn 11
132 Meyer-Goßner § 411 Rn 10; HK-Kurth § 411 Rn 22; OLG Stuttgart NStZ 1989, 589
133 BT-Ds 10/1313, S 38

auch nicht unbillig, denn er wird dadurch kostenmäßig nicht schlechter gestellt als wenn er abgeurteilt worden wäre«.

Nach dieser Auffassung kann beispielsweise die Korrektur einer den Angeklagten benachteiligenden Höhe des Tagessatzes nur erfolgen, wenn die im Zusammenhang mit der beschränkten Einspruchseinlegung verbundenen Mehrkosten in Kauf genommen werden. Dies kann dazu führen, dass die mit Anpassung der Tagessatzhöhe auf die tatsächliche Einkommenslage verbundenen Einsparungen durch die weiteren Kosten und Auslagen wieder aufgebraucht werden und der Erfolg des Einspruchs letztendlich zum Pyrrhussieg wird. Das ist insbesondere dann problematisch, wenn die dem Strafbefehl zugrunde liegenden Ermittlungsakten keinerlei Erkenntnisse zu den persönlichen Verhältnissen des Angeklagten enthalten und die Bemessung der Tagessatzhöhe auf einer reinen Schätzung beruht. Denn in einem solchen Fall hat die Hauptverhandlung allein den Zweck, im Ermittlungsverfahren versäumte Feststellungen zu den persönlichen und wirtschaftlichen Verhältnissen des Angeklagten nachzuholen. **84**

In derartigen Fällen lassen sich unbillige und im Ergebnis nicht gerechtfertigte Kosten- und Auslagenentscheidungen durch eine Heranziehung des § 465 II StPO vermeiden. Hiernach sind besondere Auslagen, die zur Aufklärung bestimmter Umstände entstanden sind, der Staatskasse aufzuerlegen, wenn die Untersuchungshandlungen zugunsten des Angeklagten ausgegangen sind und es unbillig wäre, den Angeklagten damit zu belasten. Billigkeitserwägungen sind dem Kostenrecht also keineswegs fremd. Sieht man in der nach Einlegung des beschränkten Einspruchs durchzuführenden Hauptverhandlung eine Untersuchung iSd § 465 II StPO, ist ein methodisch gangbarer Weg eröffnet, um sachlich nicht gerechtfertigte Kostenergebnisse zu vermeiden.[134]

dd) Für die Begründung und **Zustellung** des Urteils bestehen keinerlei Besonderheiten. War der Angeklagte in der Hauptverhandlung abwesend (§ 411 II 1 StPO), ist ihm oder dem Verteidiger (§ 145 a I StPO) das Urteil zuzustellen, § 35 II 1 StPO. Für den Angeklagten beginnt die Rechtsmittelfrist erst mit Zustellung an ihn zu laufen.[135] **85**

IX. Das Verfahren gemäß § 408 a StPO (Nr. 175 RiStBV)

Die durch Art. 1 Nr. 31 des StVÄG eingeführte Vorschrift des § 408 a StPO erlaubt den nachträglichen Wechsel vom normalen Hauptverfahren in das Strafbefehlsverfahren. Nach den Vorstellungen des Gesetzgebers sollte eine Regelung geschaffen werden, die es in geeigneten Fällen ermöglicht, stecken gebliebene Verfahren rationell einfach beenden zu können.[136] Das sieht die Vorschrift als gegeben an, wenn der Durchführung der Hauptverhandlung das **Ausbleiben** bzw die **Abwesenheit** des Angeklagten oder ein anderer wichtiger Grund entgegensteht. **86**

Der Anwendungsbereich des § 408 a StPO setzt sinnvoller Weise stets eine Absprache zwischen allen Verfahrensbeteiligten voraus. Anders lässt sich der vom Gesetzgeber erstrebte Entlastungseffekt nicht erreichen, weil auch der unter den Voraus- **87**

---

134 LG Moosbach StV 1997, 34; LG Bremen StV 1991, 479; iE ebenso OLG München NStZ 1988, 241, das eine analoge Anwendung des § 473 III StPO vorschlägt; krit auch KK-Fischer § 410 Rn 14 a; zum Ganzen s D. Meyer JurBüro 1989, 1329; Reisser MDR 1990, 880
135 KK-Fischer § 411 Rn 33; HK-Kurth § 411 Rn 24
136 KK-Fischer § 408 a Rn 1; Meyer-Goßner § 408 a Rn 1; KMR-Metzger § 408 a Rn 1

setzungen des § 408 a StPO erlassene Strafbefehl durch einen Einspruch nach § 410 StPO angefochten werden kann und es der Angeklagte damit in der Hand hat, die Rückkehr ins Normalstrafverfahren zu erzwingen.[137] Deshalb wird sich kein Gericht auf ein Verfahren nach § 408 a StPO einlassen, wenn mit einem Einspruch nach Erlass des Strafbefehls zu rechnen ist. Das weitere Verfahren nach Einlegung des Einspruchs richtet sich nach den §§ 411 ff StPO mit den insoweit bereits dargestellten Besonderheiten.

1. Voraussetzungen

88   a) Erste Voraussetzung ist ein **amtsgerichtliches Hauptverfahren** (Strafrichter oder Schöffengericht), dem ein **Eröffnungsbeschluss** zugrunde liegt. Im beschleunigten Verfahren scheidet eine Überleitung nach § 408 a StPO daher aus, da ein Eröffnungsbeschluss hier nicht vorgesehen ist (§ 418 I StPO). Ist das Hauptverfahren eröffnet, kann ein Strafbefehlsantrag vor, während oder nach einer (ausgesetzten) Hauptverhandlung gestellt werden.

89   b) Gemäß §§ 408 a I 1, 407 I 1 StPO ist weiterhin erforderlich, dass die Staatsanwaltschaft einen **schriftlichen Antrag** auf Erlass eines Strafbefehls stellt. Ein in der Hauptverhandlung mündlich gestellter und protokollierter Antrag des Sitzungsvertreters reicht hierzu nicht aus.[138] Inhaltlich muss er der üblichen Form eines »normalen« Strafbefehlsantrages entsprechen. Hinsichtlich der Angaben nach § 409 I Nr. 1 bis 6 StPO kann auch eine Bezugnahme auf die zugelassene Anklage genügen.

Die Initiative zu einem solchen Antrag kann auch vom Gericht oder der Verteidigung ausgehen. Insbesondere dann kann eine solche Anregung zweckmäßig sein, wenn sich durch eine neue Sach- und Beweislage der gegen den Mandanten erhobene Vorwurf gegenüber dem Ermittlungs- und Zwischenverfahren dergestalt verändert, dass er strafbefehlsfähig wird, der Mandant bereit ist, einen solchen zu akzeptieren und eine (weitere) Hauptverhandlung vermieden werden soll (vgl dazu das unten stehende Schriftsatzmuster).

90   c) Nachdem der Erlass eines Strafbefehls nur bei Vergehen in Frage kommt, stellt sich im Rahmen des § 408 a StPO die Frage, ob bereits der dort vorausgesetzte Eröffnungsbeschluss ein Vergehen zum Gegenstand haben muss oder ob ein nachträglicher **Wechsel der Deliktsart** zulässig ist.

Grundlage des Eröffnungsbeschlusses sind im Rahmen der erhobenen Anklage die Ergebnisse des vorbereitenden Verfahrens, § 203 StPO. Entscheidungsmaßstab ist allein, ob der Angeschuldigte des in der Anklageschrift umschriebenen historischen Vorgangs unter strafrechtlichen Gesichtspunkten hinreichend verdächtig erscheint, mithin eine spätere Verurteilung wahrscheinlich ist. Der Struktur nach ist der Eröffnungsbeschluss somit eine vorläufige Tatbewertung, die in persönlicher und tatsächlicher Hinsicht für das weitere Verfahren bindend ist. Eine Bindungswirkung in Bezug auf die rechtliche Beurteilung der Tat entfaltet der Eröffnungsbeschluss jedoch nicht (§ 264 II StPO). Abweichungen in rechtlicher Hinsicht sind nicht nur stets zulässig, sondern bei einer entsprechenden Veränderung der Sachlage zwingend geboten.[139] Im Verfahren nach § 408 a StPO gilt nichts anderes. Ein Strafbefehlsantrag nach § 408 a I StPO kann daher auch gestellt werden, wenn das Haupt-

---

137 Zur Kritik an § 408 a s Meyer-Goßner NJW 1987, 1164, 1166; Meurer JuS 1987, 882, 886
138 OLG Hamburg NStZ 1988, 522 = JR 1989, 169 m Anm Rieß JR 1989, 171
139 Schellenberg NStZ 1994, 371

verfahren ursprünglich wegen eines Verbrechens eröffnet worden war. Es kommt nur darauf an, dass sich die Tat **zum Zeitpunkt des Strafbefehlsantrags** als Vergehen darstellt.[140]

d) Als **wichtige Gründe** für den Übergang ins Strafbefehlsverfahren nennt das Gesetz das Ausbleiben und die Abwesenheit des Angeklagten. Die hierzu hauptsächlich in Betracht kommenden Fälle sind in der Nr. 175 a RiStBV exemplarisch aufgeführt:

91

- Der Angeklagte wohnt mit bekanntem Aufenthalt im Ausland, seine Einlieferung zur Durchführung der Hauptverhandlung ist aber nicht möglich oder unangemessen, Nr. 175 a lit a RiStBV.
- Der Angeklagte kann an der Hauptverhandlung entschuldigt infolge einer längeren Krankheit nicht teilnehmen, Nr. 175 a lit b RiStBV.
- Der Angeklagte bleibt der Hauptverhandlung fern, eine Verhandlung ohne ihn ist wegen Überschreitung der Straferwartung von 180 Tagessätzen nicht möglich, § 232 StPO, Nr. 175 a lit c RiStBV.
- Der unmittelbaren Beweisaufnahme in der Hauptverhandlung stehen erhebliche Hinderungsgründe entgegen, die Voraussetzungen des § 251 II StPO liegen nicht vor, der Sachverhalt erscheint aber nach dem Akteninhalt genügend aufgeklärt, Nr. 175 a lit d RiStBV.

2. Entscheidung des Gerichts

Hat die Staatsanwaltschaft nach Eröffnung des Hauptverfahrens einen Antrag nach § 408 a I StPO gestellt, kann das Gericht den Strafbefehl erlassen oder den Erlass durch Beschluss ablehnen, § 408 a III StPO. Die weitere Entscheidungsmöglichkeit nach § 408 III 2 StPO ist im Rahmen des § 408 a III StPO nicht anwendbar.

92

Der ablehnende Beschluss ist nicht anfechtbar, bedarf nach § 34 StPO keiner Begründung und wird formlos mitgeteilt (§ 35 II StPO). Das Verfahren bleibt ein Regelverfahren und wird als solches fortgeführt.

93

Erlässt das Gericht den Strafbefehl, wird das bisherige Regelverfahren in das Strafbefehlsverfahren übergeleitet, § 408 a III 1 StPO. Das weitere Verfahren richtet sich nach den §§ 410 bis 412 StPO.

94

Schriftsatzmuster 4: Anregung auf Antragstellung nach § 408 a StPO

95

An das

Amtsgericht Regensburg

– Schöffengericht –

93066 Regensburg

In der Strafsache

gegen

Herrn N. M.

wegen Verdachts der Räuberischen Erpressung

Az: 20 Ls 111 Js 15480/03

---

140 Schellenberg NStZ 1994, 371; HK-Kurth § 408 a Rn 7; KMR-Metzger § 408 a Rn 11; aA Meyer-Goßner § 408 a Rn 2

Haizmann

nimmt die Verteidigung Bezug auf das im Anschluss an die Hauptverhandlung vom 25. 9. 2003 mit dem Herrn Vorsitzenden und dem Sitzungsvertreter der Staatsanwalt geführte Gespräch.

Es wird beantragt, die Akten der Staatsanwaltschaft zuzuleiten verbunden mit der

Anregung, einen Strafbefehlsantrag gemäß § 408 a StPO

zu stellen.

Begründung:

In der vom erkennenden Gericht mit Beschluss vom 3. 9. 2003 zugelassenen Anklage wird Herrn M. zur Last gelegt, er habe am 19. 4. 2003 Frau B. in deren Wohnung durch die Androhung, sie im Falle der Weigerung schlagen zu wollen, dazu gezwungen, an ihn DM 750,— zu zahlen. Durch die Drohung des Herrn M. eingeschüchtert, habe Frau B. der Zahlungsaufforderung entsprochen und DM 750,— an ihn übergeben. Wegen der weiteren Einzelheiten wird auf die Anklageschrift vom 9. 7. 2003 Bezug genommen.

Die am 25. 9. 2003 ausgesetzte Hauptverhandlung hat ergeben, dass die rechtliche Bewertung der Tat als Räuberische Erpressung nicht weiter aufrechterhalten werden kann. Frau B. hat – im Gegensatz zu ihrer polizeilichen Vernehmung vom 24. 4. 2003 – bei ihrer Einvernahme in der Hauptverhandlung erstmals eingeräumt, dass sie Herrn M. tatsächlich einen Betrag in Höhe von DM 750,— schuldete, den dieser ihr im Januar 2003 als zinsloses Darlehen überlassen hatte. Durch dieses Ergebnis der Beweisaufnahme ist dem subjektiven Tatbestand der §§ 255, 253 StGB die Grundlage entzogen mit der Folge, dass sich das Tatgeschehen vom 19. 4. 2003 nur als Nötigung iSd § 240 StGB darstellt. Der Einvernahme weiterer Zeugen bedarf es nicht mehr.

Herr M. ist bereit, sich einem Strafbefehl wegen Nötigung zu unterwerfen. Eine Anfechtung wird unterbleiben, soweit keine höhere Strafe als 60 Tagessätze zu je 35,— € festgesetzt wird.

Rechtsanwalt

Kapitel 6
Das beschleunigte Verfahren

Überblick

I. Vorbemerkungen

Das früher in den §§ 212 ff StPO geregelte beschleunigte Verfahren wurde durch das Verbrechensbekämpfungsgesetz vom 28. 10. 1994 folgerichtig[1] im 6. Buch der StPO den »besonderen Verfahrensarten« zugeordnet. **1**

Das beschleunigte Verfahren muss nunmehr von Staatsanwaltschaft und Gericht durchgeführt werden, wenn dessen Voraussetzungen zu bejahen sind.[2] Es besteht kein Ermessensspielraum, wenn die Voraussetzungen des § 417 vorliegen und § 419 I 2 nicht entgegensteht.[3] Kommt jedoch eine Erledigung im Strafbefehlswege in Betracht, so ist die Stellung eines Strafbefehlsantrages als weniger aufwendige Erledigungsart vorzuziehen.[4]

---

1 Schröer, Das beschleunigte Strafverfahren gem §§ 417 ff StPO, 1998, S 53 mN
2 §§ 417, 418 StPO
3 Meyer-Goßner § 417 Rn 10
4 Meyer-Goßner Vor § 417 Rn 10 unter Hinweis auf BT-Ds 12/6853 S 107

Als Besonderheiten ergeben sich gegenüber dem Normalverfahren:

- Die Anklage kann mündlich zu Beginn der Hauptverhandlung erhoben werden (§ 418 III).
- Eine Ladung des Beschuldigten erfolgt nur, wenn er sich nicht freiwillig der Hauptverhandlung stellt oder dem Gericht vorgeführt wird (§ 418 II 1).
- Die Ladungsfrist wird auf 24 Stunden verkürzt (§ 418 II 3).
- Das Beweisantragsrecht vor dem Strafrichter wird beschränkt (§ 420 IV).
- Der Unmittelbarkeitsgrundsatz bei der Beweisaufnahme wird durchbrochen. Vernehmungen von Zeugen und Sachverständigen dürfen durch Verlesung ihrer Äußerungen ersetzt werden (§ 420 I, II).

2   Zweck der Änderungen des beschleunigten Verfahren war es, die Staatsanwaltschaft zu einer stärkeren Nutzung dieser Verfahrensart zu bewegen, um die Gerichte in größerem Umfang zu entlasten. Denn das beschleunigte Verfahren alter Fassung wurde lediglich in ca. 4 % aller Verfahren genutzt.[5]

Diese Hoffnung hat sich jedoch nicht erfüllt.[6] Bereits kurz nach Einführung der Änderungen betrug der Anteil der beschleunigten Verfahren an allen erledigten Verfahren im Jahr 1995 lediglich 2, 38 %,[7] im Jahr 1997 immerhin 4, 8 %.[8]

3   Das beschleunigte Verfahren neuer Fassung sieht sich seit seiner Einführung heftiger Kritik ausgesetzt.[9] Insbesondere wird dabei betont, dass die Regeln des Normalverfahrens wohlüberlegt seien und die Gefahr des beschleunigten Verfahrens darin liege, über einen »kurzen Prozess« zu ungerechten Ergebnissen zu gelangen.[10] Es wird kritisiert, dass die Beschneidungen im Beweisrecht geradezu die Einlegung von Rechtsmitteln provozieren und somit das Ziel einer Verfahrensbeschleunigung geradezu ins Gegenteil verkehrt würde. Ebenso missglückt erscheint die Regelung des § 418 IV StPO, wonach bei zu erwartender Freiheitsstrafe von mindestens sechs Monaten im beschleunigten Verfahren eine Verteidigerbestellung zwingend vorgeschrieben ist, im Normalverfahren jedoch nicht. Dies führe gerade dazu, im Normalverfahren zu verhandeln.[11]

Teilweise wird daher sogar eine völlige Abschaffung dieses Institutes gefordert.[12]

4   Den Verteidiger stellt das beschleunigte Verfahren, sofern er denn überhaupt beteiligt ist, insbesondere wegen der Kürze der Zeit zwischen Ladung und Hauptverhandlung und wegen der Beschneidungen des Beweisantragsrechtes vor eine harte Aufgabe.

Der einzig denkbare Nutzen besteht darin, bei einem geständigen Beschuldigten eine lang andauernde Untersuchungshaft zu vermeiden. Interessant dürfte dies insbesondere bei ausländischen Beschuldigten sein, bei denen – oft pauschal – die Fluchtgefahr bejaht und selbst im Bagatellbereich ein Haftbefehl erlassen wird. Unter diesen Voraussetzungen sollte der Verteidiger nach Abwägung der Folgen

---

5 Meyer-Goßner Vor § 417 Rn 1; SK-StPO-Paeffgen Vor § 417 Rn 1 mN
6 Meyer-Goßner Vor § 417 Rn 1; aA Burhoff Ermittlungsverfahren Rn 372: »in der Praxis aber gut angenommen worden«; KMR-Metzger Vor § 417 Rn 5
7 Bürgle StV 1998, 514 mN auf Veröffentlichungen des Statistischen Bundesamtes Wiesbaden, Überblick bei Schröer (Fn 1) S 55 ff
8 KMR-Metzger Vor § 417 Rn 5
9 Vgl nur Meyer-Goßner Vor § 417 Rn 3 ff mwN
10 Loos/Radtke NStZ 1996, 7, 11; Meyer-Goßner vor § 417 Rn 3 mwN; Scheffler NJW 1994, 2191
11 Meyer-Goßner vor § 417 Rn 5
12 Scheffler NJW 1994, 2195; SK-StPO-Paeffgen vor § 417 Rn 5 mN

durchaus bei der Staatsanwaltschaft anregen, den Antrag auf Aburteilung im beschleunigten Verfahren zu stellen.

In geeigneten anderen Fällen sollte er, wenn möglich, auf den Erlass eines Strafbefehls hinwirken, indem er auf die Voraussetzungen der Entbehrlichkeit einer Hauptverhandlung hinweist (§ 407 I StPO).[13] Was die Rechtsfolgen anbelangt, decken sich Strafbefehlsverfahren und beschleunigtes Verfahren ohnehin in weiten Teilen.

Ansonsten sollte er unter Hinweis auf die Voraussetzungen des beschleunigten Verfahrens versuchen, bei dem Gericht darauf hinzuwirken, dass der Antrag auf Aburteilung im beschleunigten Verfahren zurückgewiesen wird, was bis zur Urteilsverkündung möglich ist (§ 419 II StPO).

II. Der Anwendungsbereich des beschleunigten Verfahrens, § 417 StPO

1. Der Zulässigkeitsrahmen

Nach § 417 StPO ist das beschleunigte Verfahren nur vor dem Strafrichter und dem **5**
Schöffengericht zulässig. Das Verfahren vor dem Schöffengericht dürfte jedoch die
Ausnahme darstellen, da nach § 419 I 1 StPO keine höhere Freiheitsstrafe als ein
Jahr und Nebenfolgen verhängt werden dürfen. Nach § 25 GVG wäre dies allenfalls bei Verbrechen möglich, wenn die Verhängung der Mindeststrafe genügt oder
eine Strafmilderung in Betracht kommt.[14] Vor dem erweiterten Schöffengericht findet ein Verfahren nach § 417 StPO nicht statt.[15]

Im Verfahren gegen Jugendliche findet das vereinfachte Jugendverfahren statt
(§§ 76 ff JGG), im Verfahren gegen Heranwachsende kann das beschleunigte Verfahren angewendet werden (§ 109 JGG).[16]

2. Formelle Voraussetzungen

Unverzichtbare Zulässigkeitsvoraussetzung für die Einleitung des beschleunigten **6**
Verfahrens ist der entsprechende Antrag der Staatsanwaltschaft. Wenn die weiteren
Voraussetzungen des beschleunigten Verfahrens vorliegen, ist die Staatsanwaltschaft
gegenüber der alten Rechtslage[17] nunmehr verpflichtet (§ 417 I StPO), einen entsprechenden Antrag zu stellen.[18]

a) Zeitpunkt der Antragstellung

Frühest möglicher Zeitpunkt für die Stellung des Antrages nach § 417 StPO ist der **7**
Abschluss der Ermittlungen, der gem § 169 a StPO in den Akten zu vermerken ist.[19]

Der Antrag soll auch dann, wenn bereits Anklage erhoben worden ist, solange zulässig[20] sein, bis die Anklage zugelassen worden ist. Er gilt dann als Rücknahme der
ursprünglichen Anklageerhebung.

13 KMR-Metzger vor § 417 Rn 29
14 Meyer-Goßner § 417 Rn 2; KMR-Metzger § 417 Rn 4
15 Meyer-Goßner § 417 Rn 3
16 SK-StPO-Paeffgen § 417 Rn 8
17 KMR-Metzger § 417 Rn 29
18 Meyer-Goßner Vor § 417 Rn 10
19 Meyer-Goßner § 417 Rn 12; SK-StPO-Paeffgen § 417 Rn 10; KMR-Metzger § 417 Rn 11
20 Nach hM andernfalls unzulässig, SK-StPO-Paeffgen § 417 Rn 10 mN

Gleiches soll auch gelten für den Fall, dass zunächst Antrag auf Erlass eines Strafbefehles gestellt worden war, dann bis zum Erlass des Strafbefehles.[21]

b)   Form des Antrages

8   Eine besondere Form ist für den Antrag nicht vorgeschrieben, er kann schriftlich oder mündlich gestellt werden (§ 417 StPO). Ebenso wenig muss er mit einer Anklageschrift verbunden werden. Die Anklage kann bei Beginn der Verhandlung auch mündlich gestellt werden (§ 418 III StPO), wobei deren Inhalt dann ins Protokoll aufgenommen werden muss. Nach Nr. 146 II RiStBV soll der Staatsanwalt für diesen Fall jedoch die Anklage nach Möglichkeit schriftlich niederlegen und in der Hauptverhandlung verlesen.

c)   Rücknahme des Antrages

9   Umstritten ist, bis zu welchem Zeitpunkt der Antrag zurückgenommen werden kann.

Die wohl hM bejaht die Möglichkeit der Rücknahme lediglich bis zum Beginn der Vernehmung des Beschuldigten zur Sache, da dann Rechtshängigkeit eintrete.[22] Die Gegenmeinung will dies bis zur Urteilsfindung zulassen.[23]

3.   Materielle Voraussetzungen

10   Voraussetzung des Antrages ist gem § 417 StPO, dass die Sache zur **sofortigen Verhandlung** geeignet ist und zwar aufgrund des **einfachen Sachverhaltes** oder der **klaren Beweislage**.[24]

a)   Eignung zur sofortigen Verhandlung

11   Mit dem Begriff der Eignung zur sofortigen Verhandlung wird die Erwartung verbunden, die Hauptverhandlung des beschleunigten Verfahrens im Verhältnis zu den Zeitabläufen des Normalverfahrens in erheblich kürzerer Zeit durchführen und abschließen zu können.[25]

Wegen der Neuregelungen zur Beweisaufnahme und der Durchbrechung des Unmittelbarkeitsgrundsatzes nach § 420 StPO soll es auf die Präsenz der Beweismittel daher nicht mehr ausschließlich ankommen,[26] sondern auch auf die Belastung der Spruchkörper, sofern dies der Staatsanwaltschaft erkennbar ist.[27]

b)   Eignung aufgrund einfachen Sachverhaltes

12   Der Sachverhalt soll nach allgemeiner Ansicht dann einfach sein, wenn er für alle Verfahrensbeteiligten, insbesondere auch den Angeklagten, leicht überschaubar ist.[28]

---

21 KMR-Metzger § 417 Rn 11
22 Meyer-Goßner § 417 Rn 13
23 SK-StPO-Paeffgen § 417 Rn 11 mN; KMR-Metzger § 417 Rn 32
24 »Zweistufige Prüfung«, KMR-Metzger § 417 Rn 15
25 Meyer-Goßner § 417 Rn 17
26 Loos/Radtke NStZ 1995, 573
27 KMR- Metzger § 417 Rn 14
28 Meyer-Goßner § 417 Rn 15; KMR-Metzger § 417 Rn 16

Das soll zum Beispiel dann nicht der Fall sein, wenn eine Vielzahl von Taten angeklagt werden soll oder bei Wiederholungstätern, bei denen das Gericht Vorleben und Person umfassender erforschen muss.[29] Allein die Schwierigkeit von Rechtsfragen soll jedoch der Anwendung des beschleunigten Verfahrens nicht entgegenstehen.[30]

c)   Eignung aufgrund klarer Beweislage

Klare Beweislage soll zumindest dann gegeben sein, wenn der Sachverhalt als auf   **13**
geklärt angesehen werden kann, zum Beispiel dann, wenn ein Geständnis vorliegt, das so plausibel wirkt, dass es nicht durch eine Beweisaufnahme überprüft werden muss.[31] Aber auch wenn der Beschuldigte die Tat bestreitet, jedoch genügend und sichere Beweismittel vorhanden sind, soll eine klare Beweislage gegeben sein,[32] nicht aber, wenn der Beschuldigte schon eine Reihe von Beweisanträgen gegen das Belastungsmaterial in Aussicht stellt.[33] Weitere Voraussetzung soll sein, dass Auszüge aus dem Bundeszentralregister und Verkehrszentralregister rechtzeitig vorliegen.[34]

III.   Weitere Verfahrensvoraussetzungen, Durchführung der Hauptverhandlung, § 418 StPO

1.   Hauptverfahren ohne Eröffnungsbeschluss

In § 418 I StPO werden die Voraussetzungen der weiteren Durchführung der   **14**
Hauptverhandlung nur unzureichend geregelt, die Vorschrift ist daher durch § 419 I StPO zu ergänzen.

Bestimmt wird lediglich, dass kein Zwischenverfahren durchgeführt wird. Daher sind die §§ 201 ff StPO nicht anzuwenden.[35] Förmliche Entscheidungen nach §§ 204, 207 StPO werden nicht getroffen. Das bedeutet jedoch nicht, dass das Gericht nicht die allgemeinen Prozessvoraussetzungen zu prüfen hat. Hierzu zählen insbesondere die sachliche, auch die geschäftsplanmäßige[36] sowie die örtliche Zuständigkeit. Fehlt es an einer der Prozessvoraussetzungen, so hat das Gericht nicht zu verweisen oder das Verfahren einzustellen, da die §§ 201 ff StPO nicht gelten sollen, sondern eine Entscheidung im beschleunigten Verfahren nach § 419 StPO abzulehnen.[37]

Umstritten ist die Frage, ob das Gericht im Rahmen der Prüfung auch das Vorlie   **15**
gen des dringenden Tatverdachtes überprüfen darf und muss. Die wohl hM[38] bejaht dies mit dem Argument, dass nach der Grundstruktur des deutschen Strafverfahrens ein Richter nur dann eine Hauptverhandlung durchführen darf, wenn er zuvor den erforderlichen Tatverdacht geprüft und bejaht hat.[39] Ansonsten würde ein Be-

---

29 Loos/Radtke NStZ 1995, 572
30 Loos/Radtke NStZ 1995, 572
31 KMR-Metzger § 417 Rn 18; Meyer-Goßner § 417 Rn 16
32 Meyer-Goßner § 417 Rn 16
33 SK-StPO-Paeffgen § 417 Rn 14
34 SK-StPO-Paeffgen § 417 Rn 14 mN
35 LR-Gössel § 418 Rn 3; Meyer-Goßner § 418 Rn 1; KMR-Metzger § 418 Rn 9
36 SK-StPO-Paeffgen § 418 Rn 8
37 SK-StPO-Paeffgen § 418, Rn 6, 7; Meyer-Goßner § 419 Rn 2; aA LR-Rieß § 212 a Rn 15
38 Meyer-Goßner § 418 Rn 3; vermittelnd SK-StPO-Paeffgen § 418 Rn 9
39 Überblick zum Meinungsstand bei Schröer S 121 ff

schuldigter auch ohne Verurteilungswahrscheinlichkeit mit einem Strafverfahren überzogen werden, was im Normalverfahren rechtswidrig wäre.[40] Darüber hinaus hat das Gericht den Tatverdacht lediglich aufgrund des ihm vorliegenden Aktenmaterials zu überprüfen,[41] so dass Verfahrensverzögerungen nicht zu befürchten sind.[42]

16 Hat das Gericht die Voraussetzungen bejaht, so hat es dem Antrag der Staatsanwaltschaft zu entsprechen,[43] eine Entscheidung hierüber ergeht allerdings nicht.

2. Durchführung der Hauptverhandlung

17 Falls alle Prozessbeteiligten anwesend und bereit sind[44] zu verhandeln, wird die Hauptverhandlung sofort durchgeführt. Ansonsten wird Termin binnen kurzer Frist bestimmt, wobei vom Gesetzgeber eine Frist von ein bis zwei Wochen vorgesehen war.[45]

3. Ladung des Beschuldigten

18 Nach § 418 II StPO kommt es auch ohne Ladung des Beschuldigten zur – sofortigen – Hauptverhandlung, wenn der Beschuldigte sich freiwillig stellt oder wenn er aus behördlichem Gewahrsam vorgeführt wird.

Freiwillig kann sich sowohl der in Freiheit befindliche als auch der auf eigenes Betreiben aus behördlichem Gewahrsam vorgeführte Beschuldigte stellen.[46] Ebenso ist dies möglich, wenn er in anderer Sache als Angeklagter anwesend und mit der Durchführung des beschleunigten Verfahrens einverstanden ist.[47]

Die Hauptverhandlung wird auch sofort durchgeführt, wenn der Beschuldigte zwangsweise vorgeführt wird. Von Bedeutung in der Praxis dürfte hier insbesondere eine Vorführung aufgrund §§ 127, 128 StPO sein, aber auch eine Vorführung aus der Untersuchungs- oder Strafhaft heraus.

§ 418 II StPO stellt keine Rechtsgrundlage für eine Vorführung dar,[48] so dass geprüft werden muss, ob der Festhaltegrund überhaupt noch fortbesteht, denn ansonsten muss festgestellt werden, ob der Beschuldigte mit der Verhandlung überhaupt einverstanden ist.

Neu eingeführt durch Gesetz vom 17. 7. 1999 wurde mit § 127 b StPO die sog »Hauptverhandlungshaft«, die einen weiteren Haftgrund zur Sicherung der Durchführung des beschleunigten Verfahrens geschaffen hat.

Hiernach kann gegen einen dringend Tatverdächtigen Haftbefehl erlassen werden, wenn eine unverzügliche Entscheidung im beschleunigten Verfahren zu erwarten ist und befürchtet werden muss, dass der Festgenommene der Hauptverhandlung fernbleiben wird. Der Begriff »unverzüglich« ist im Hinblick auf § 127 b II dahin-

---

40 KMR-Metzger § 417 Rn 23
41 § 202 StPO ist nicht anwendbar
42 Loos/Radtke NStZ 1995, 573
43 Zu weiteren Reaktionsmöglichkeiten vgl Haizmann Teil E Kap 5 Rn 25 ff
44 Zur Verhandlungsbereitschaft SK-StPO-Paeffgen Rn 11 ff
45 BT-Ds 12/6853, S 108
46 AK-StPO-Loos § 418 Rn 10
47 KMR-Metzger § 418 Rn 21
48 AK-StPO-Loos § 418 Rn 10; SK-StPO-Paeffgen § 418 Rn 12

gehend auszulegen, dass die Hauptverhandlung binnen einer Woche stattfinden muss.[49]

Weitere Haftgründe sind nicht erforderlich, jedoch darf die Verhängung des Haftbefehles nicht unverhältnismäßig sein.[50]

In allen anderen Fällen ist der Beschuldigte zu der kurzfristig anzuberaumenden **19** Hauptverhandlung förmlich zu laden. Die Ladung hat den Anforderungen der §§ 214, 216 StPO zu entsprechen.[51]

In der Ladung wird ihm der wesentliche Tatvorwurf (Tatbestand, Tatzeit, Tatort)[52] mitgeteilt. Besser kann dies durch Zustellung der Anklageschrift erfolgen, wenn eine solche bereits mit dem Antrag auf Durchführung des beschleunigten Verfahrens eingereicht wurde.

Gemäß § 418 II 3 StPO beträgt die **Ladungsfrist** lediglich 24 Stunden ab Zustel- **20** lung[53] der Ladung. Diese Bestimmung sieht sich vielfacher Kritik ausgesetzt. Insbesondere wird angemerkt, dass diese Frist unzureichend für eine sachgerechte Verteidigung sei.[54] Trotzdem wurde die Frist aus den alten Bestimmungen zum beschleunigten Verfahren übernommen.

Nach wohl herrschender Meinung ist daher die Frist auf Antrag zu verlängern.[55] Dies widerspreche auch nicht dem Normzweck, da der Gesetzgeber nunmehr ausdrücklich die Anberaumung der Hauptverhandlung in »kurzer« statt in »kürzester« Frist festgeschrieben habe.[56]

Aber auch diese Auslegung mag nicht befriedigen, da die Rechte des Beschuldigten von der Einzelfallentscheidung eines Richters abhängig wären. Der Verteidiger sollte daher in jedem Fall auf einer Verlängerung der Frist unter Hinweis auf revisionsrechtliche Gesichtspunkte bestehen. Denn eine 24-stündige Frist dürfte wohl unter keinem erdenklichen Gesichtspunkt zur sachgerechten Vorbereitung auf eine Hauptverhandlung ausreichend sein.

4. Verteidigerbestellung, § 418 IV StPO

In § 418 IV StPO wird die Bestellung eines Verteidigers zwingend vorgeschrieben, **21** wenn eine Freiheitsstrafe von mindestens sechs Monaten bis zu einem Jahr,[57] unabhängig von der Frage der Strafaussetzung zur Bewährung, zu erwarten ist und wegen dieser Straferwartung das beschleunigte Verfahren überhaupt durchgeführt werden soll.

Die Staatsanwaltschaft stellt einen entsprechenden Antrag zugleich mit dem Antrag auf Durchführung des beschleunigten Verfahrens. Ob die Möglichkeit, diesen Antrag zu stellen, auch schon zu einem früheren Zeitpunkt im Ermittlungsverfahren besteht, ist umstritten.[58]

---

49 Meyer-Goßner § 127 b Rn 9
50 Meyer-Goßner § 127 b Rn 16
51 AK-StPO-Loos § 418 Rn 11
52 SK-StPO-Paeffgen § 418 Rn 14
53 SK-StPO-Paeffgen § 418 Rn 14
54 Art. 6 III b MRK
55 AK-StPO-Loos § 418 Rn 11; SK-StPO-Paeffgen § 418 Rn 14
56 SK-StPO-Paeffgen § 418 Rn 14
57 § 419 I StPO
58 Ablehnend: Meyer-Goßner § 418 Rn 11 mit Hinweis auf die fehlende Verweisung auf § 141 III StPO; zust SK-StPO-Paeffgen § 418 Rn 19

Das Gericht muss dem Antrag zwingend entsprechen, wenn es die Strafprognose teilt und im beschleunigten Verfahren verhandeln will. Es besteht auch die Möglichkeit der Verteidigerbestellung nach §§ 140, 141 StPO, insbesondere vor dem Schöffengericht. Sind diese Vorschriften anwendbar, gehen sie § 418 IV StPO vor, worauf der Verteidiger unbedingt hinwirken sollte.[59]

22   Der Verteidiger wird vom Gericht bestimmt, nach dem Wortlaut des § 418 IV StPO lediglich für das Verfahren vor dem Amtsgericht. Dies ist umstritten und im Wesentlichen bestimmt von der Frage, ob in der auf das beschleunigte Verfahren folgenden Berufungsinstanz weiter die Regeln des beschleunigten Verfahrens, insbesondere § 420 StPO, gelten sollen.[60]

Eine vorherige Befragung des Beschuldigten zur Auswahl des Verteidigers ist nach herrschender Meinung[61] nicht vorgesehen, auch soll es gegen die Bestellung kein Beschwerderecht geben.[62] Nach Paeffgen[63] ist eine vorherige Befragung des Beschuldigten aber jedenfalls nicht unzulässig und sachgerecht, sofern diese der Beschleunigung des Verfahrens nicht entgegensteht.

Hat der Beschuldigte bereits einen Verteidiger, ist diesem die Teilnahme an der Hauptverhandlung zu ermöglichen.[64] Hat der Beschuldigte nachträglich einen Verteidiger gewählt, ist die Bestellung zurückzunehmen.[65]

Einhellig wird bejaht, dass dem Beschuldigten jedenfalls ausreichend Zeit zur Vorbereitung mit seinem Verteidiger gegeben werden muss.[66]

IV.   Weitere Reaktionsmöglichkeiten des Gerichtes, § 419 StPO

1.   Weitere Eignungsprüfung des Gerichtes

23   Das Gericht hat solange nach den Vorschriften des beschleunigten Verfahrens zu verhandeln, wie sich an seiner Einschätzung der Eignung für dieses Verfahren nichts ändert.

Es hat somit während des gesamten Verfahrens weiterhin die besonderen Eignungsvoraussetzungen zu prüfen und zwar bis zur Verkündung des Urteils, § 419 II StPO.

Die gerichtliche Eignungsprüfung geht daher insoweit über die Eignungsprüfung der Staatsanwaltschaft hinaus, als sie auch noch Veränderungen oder neue Gesichtspunkte zu berücksichtigen hat, die die Staatsanwaltschaft noch nicht kannte oder kennen konnte, da sie sich erst während des weiteren Verfahrens ergeben. Denkbar wäre, dass die Hauptverhandlung aus Gründen, die in der besonderen Verfahrensart liegen, sofort wieder unterbrochen werden muss. Dann wird regelmäßig ein

---

59 Dies allein wegen der umstrittenen Frage, ob eine Verteidigerbestellung nach § 418 StPO in der Berufungsinstanz bzw im Normalverfahren fortwirkt
60 Zum Meinungsstand: Meyer-Goßner § 418 Rn 15; AK-StPO-Loos § 418 Rn 17
61 Zust: Meyer-Goßner § 418 Rn 14 mit Hinweis auf die fehlende Verweisung auf §§ 140 ff StPO; ablehnend : SK-StPO-Paeffgen § 418 Rn 21; AK-StPO-Loos § 418 Rn 16; KMR-Metzger § 418 Rn 34
62 OLG Celle NStZ 1989, 39
63 SK-StPO-Paeffgen § 418 Rn 21
64 SK-StPO-Paeffgen § 418 Rn 20
65 Meyer-Goßner § 418 Rn 14
66 SK-StPO-Paeffgen § 418 Rn 20; Meyer-Goßner § 418 Rn 12

Eignungshindernis bestehen,[67] denn von einer Beschleunigung im Verhältnis zum Regelverfahren dürfte dann kaum noch die Rede sein. Umstritten ist, ob die Unterbrechung oder Aussetzung aufgrund von Beweisanträgen, die die Hinzuziehung weiterer Zeugen notwendig machen, der Eignung entgegenstehen.[68] In diesen Fällen wird aber von der Möglichkeit sofortiger Aburteilung nicht mehr ausgegangen werden können.

2. Rechtsfolgenkompetenz

Das Gericht hat auch bis zur Urteilsverkündung seine Rechtsfolgenkompetenz zu überprüfen.   **24**

Geldstrafe kann bis zur gesetzlichen Höchstgrenze verhängt werden, § 40 I StGB.

Die zu verhängende Freiheitsstrafe darf ein Jahr nicht überschreiten. Sie kann bedingt oder unbedingt verhängt werden. Strittig ist, ob eine Gesamtstrafe gebildet werden kann, die ein Jahr übersteigt.[69] Nach Metzger[70] soll Folgendes gelten:

a) Wird für mehrere selbstständige Taten nach § 53 StGB eine Gesamtstrafe gebildet oder werden mehrere beschleunigte Verfahren zur gemeinsamen Verhandlung verbunden, so darf lediglich eine maximale Gesamtstrafe von einem Jahr verhängt werden.[71]

b) Wird ein beschleunigtes Verfahren mit einem Normalverfahren verbunden, wobei das Normalverfahren führt, soll trotzdem eine maximale Gesamtstrafe von einem Jahr nicht überschritten werden dürfen, da jedenfalls **auch** im beschleunigten Verfahren verhandelt werde.[72]

c) Etwas anderes solle lediglich dann gelten, wenn in einem späteren Normalverfahren eine im beschleunigten Verfahren ausgesprochene Freiheitsstrafe nach § 55 StGB einbezogen werde. Auf eine nachträgliche Gesamtstrafenbildung wirken sich die Vorschriften des beschleunigten Verfahrens nicht aus.[73]

Maßregeln der Besserung und Sicherung dürfen im beschleunigten Verfahren nicht verhängt werden, § 419 I 2 StPO.

Die Fahrerlaubnis darf bis zur gesetzlichen Höchstgrenze, anders als im Strafbefehlsverfahren entzogen werden, § 419 I 3 StPO, eine lebenslange Entziehung im beschleunigten Verfahren verbietet sich aber wohl.[74]

3. Verfahrensbeendigung ohne Ablehnung des Antrages

Ergibt sich, dass der Beschuldigte freizusprechen beziehungsweise das Verfahren wegen eines Verfahrenshindernisses einzustellen ist,[75] so ist das Verfahren durch freisprechendes oder einstellendes Urteil zu beenden, nicht der Antrag abzulehnen.   **25**

---

67 SK-StPO-Paeffgen § 419 Rn 3
68 Zust: AK-StPO-Loos § 3 417 Rn 12; abl: Meyer-Goßner § 419 Rn 4; KMR-Metzger § 419 Rn 8
69 SK-StPO-Paeffgen § 419 Rn 4 mN zum Meinungsstand
70 KMR-Metzger § 419 Rn 5
71 Meyer-Goßner § 419 Rn 1
72 Meyer-Goßner § 419 Rn 1
73 So auch AK-StPO-Loos § 419 Rn 4
74 SK-StPO-Paeffgen § 419 Rn 6
75 § 260 III StPO

Auch die Einstellungsmöglichkeiten nach §§ 153 ff StPO gehen der Ablehnung vor.[76]

4. Ablehnung der Entscheidung im beschleunigten Verfahren, § 419 II StPO

26 Verneint das Gericht die Voraussetzungen des beschleunigten Verfahrens, so lehnt es den Antrag der Staatsanwaltschaft ab.

Die Entscheidung ergeht durch Beschluss, der gem § 34 StPO zu begründen und gem § 35 StPO bekanntzumachen ist. Er enthält keine Kostenentscheidung, da er keine Verfahrens abschließende Wirkung entfaltet.[77]

Der Antrag kann vom Eingang des Antrages bis zur Urteilsverkündung von dem Gericht abgelehnt werden.

Der ablehnende Beschluss ist nicht mit der Beschwerde anfechtbar, § 419 II 2 StPO, ebenso auch nicht die Entscheidung, das beschleunigte Verfahren durchzuführen.

27 Bei Ablehnung des Antrages hat das Gericht zwei Möglichkeiten, § 419 III StPO:

a) Sieht das Gericht die besonderen Voraussetzungen des beschleunigten Verfahrens nicht gegeben, insbesondere also Eignung und Strafrahmenkompetenz, bejaht es aber den hinreichenden Tatverdacht,[78] § 203 StPO, so eröffnet es das Regelverfahren durch Beschluss, § 419 III HS 1 StPO.

War nach der früheren Rechtslage noch die Rückgabe der Akten an die Staatsanwaltschaft vorgeschrieben, wurde durch die Änderungen zum beschleunigten Verfahren nunmehr ein weiteres vereinfachtes Zwischenverfahren eingeführt.

Vor Erlass des Eröffnungsbeschlusses ist der Angeklagte nach § 201 StPO zu hören.[79]

Erfolgt dies noch außerhalb der Hauptverhandlung, soll dem Beschuldigten mangels formeller Anklageschrift zumindest der staatsanwaltschaftliche Antrag auf Durchführung des beschleunigten Verfahrens sowie dessen Ablehnung unter Hinweis auf das Regelverfahren mitgeteilt werden.[80]

Erfolgt der Beschluss erst in der Hauptverhandlung, so soll dem Angeklagten zumindest unter Aushändigung einer Antrags- bzw Anklageschrift Gelegenheit gegeben werden, eine Beratung mit einem Verteidiger zu erreichen.[81]

b) Verneint das Gericht sowohl Eignung als auch hinreichenden Tatverdacht, so gibt es zusammen mit dem Ablehnungsbeschluss die Akten an die Staatsanwaltschaft zurück, § 419 III HS 2 StPO.

Da die Rechtshängigkeit der Sache hierdurch entfällt,[82] hat die Staatsanwaltschaft die Entscheidungsmöglichkeit, ob sie das Verfahren einstellt oder ob es fortgesetzt werden soll. War lediglich mündlich Anklage erhoben worden, muss daher entsprechend dem Regelverfahren eine Anklageschrift mit dem Antrag, das Hauptverfahren zu eröffnen, nachgereicht werden.

---

76 AK-StPO-Loos § 419 Rn 14
77 § 464 StPO
78 AK-StPO-Loos § 419 Rn 9
79 SK-StPO-Paeffgen § 419 Rn 10; zumindest entsprechend § 201 StPO nach AK-StPO-Loos § 419 Rn 11
80 AK-StPO-Loos § 419 Rn 11
81 AK-StPO-Loos § 419 Rn 11; SK-StPO-Paeffgen § 419 Rn 10
82 SK-StPO-Paeffgen § 419 Rn 11

Ein erneuter Antrag auf Durchführung des beschleunigten Verfahrens ist nicht zulässig.[83]

V. Durchführung der Hauptverhandlung im beschleunigten Verfahren, § 420 StPO

Im Verfahren gilt die vereinfachte Beweisaufnahme nach § 420 StPO.   28

Zu den Problemen, insbesondere der Beweisantizipation wird auf die entsprechenden Ausführungen für das Strafbefehlsverfahren verwiesen.[84]

VI. Rechtsmittel gegen Entscheidungen im beschleunigten Verfahren

Gegen Urteile im beschleunigten Verfahren sind sowohl Berufung[85] als auch (Sprung)-   29
Revision nach den allgemeinen Grundsätzen zulässig.

1. Berufung

Entsprechend der Struktur des Rechtsmittels trifft der Berufungsrichter aufgrund   30
einer neuen Hauptverhandlung eine neue Entscheidung, eine Überprüfung des
erstinstanzlichen Urteils findet nicht statt.[86]

Zu den Problemen in der Berufungsinstanz, insbesondere dazu, ob die Beweisaufnahme den Vorschriften des § 420 I–III StPO folgt, und zum Fortwirken der Verteidigerbestellung wird auf die entsprechenden Ausführungen zum Strafbefehlsverfahren verwiesen.[87]

§ 420 IV StPO soll jedenfalls bereits wegen seines Wortlautes[88] nicht anwendbar sein.[89] Für die Behandlung von Beweisanträgen gelten die Regeln des Normalverfahrens.

Umstritten ist die Frage, wie das Berufungsgericht bei einer Überschreitung der Rechtsfolgenkompetenz des Erstrichters zu verfahren hat.

Während nach einer Ansicht die Rechtsfolgenkompetenz des § 419 I 2 StPO lediglich eine Rechtsfolgengrenze für ein bestimmtes Verfahren darstellt, sieht die Gegenansicht hier eine besondere Verfahrensvoraussetzung.[90]

Nach erster Meinung kann daher das Berufungsgericht in den Grenzen des § 419 I StPO unter Aufhebung des erstinstanzlichen Urteils selbst entscheiden.

Nach der anderen Ansicht hat das Berufungsgericht die Entscheidung aufzuheben und an das Amtsgericht zurückzuverweisen.[91]

---

83 Wohl hM; SK-StPO-Paeffgen § 419 Rn 11 mN
84 § 411 II StPO verweist ausdrücklich auf § 420 StPO
85 Zu beachten aber § 313 StPO
86 KMR-Metzger § 419 Rn 38
87 Vgl Haizmann Teil E Kap5 Rn 77
88 Arg »vor dem Strafrichter«
89 KMR-Metzger § 419 Rn 37 mN
90 SK-StPO-Paeffgen § 419 Rn 14 ff
91 SK-StPO-Paeffgen § 419 Rn 16

2.   Revision

31   Die Revision ist nach den allgemeinen Grundsätzen zulässig.

Die allgemeinen Prozessvoraussetzungen werden von Amts wegen geprüft.[92] Dies soll auch für den fehlenden Antrag der Staatsanwaltschaft nach § 417 StPO gelten.[93]

Die übrigen Eignungsvoraussetzungen, wie etwa die Einhaltung der »kurzen Frist«, können nur mit der Prozessrüge beanstandet werden.[94]

---

92 Allerdings nur diejenigen Prozessvoraussetzungen, die auch das beschleunigte Verfahren kennt; vgl OLG Düsseldorf StV 2003, 492, 493
93 BayObLG NJW 1998, 2152; aA KMR-Metzger § 419 Rn 42
94 KMR-Metzger § 419 Rn 47

Kapitel 7
Jugendstrafverfahren

Überblick

Heimann

Literaturverzeichnis

Albrecht, Peter-Alexis, Jugendstrafrecht 3. Aufl. 2000
Meier/Rössner/Schöch, Jugendstrafrecht 2003
Böhm, Alexander, Einführung in das Jugendstrafrecht, 3. Aufl., 1996
Ostendorf, Heribert, Das Jugendstrafverfahren 1998
Rösch, Bernd, Handbuch für den Jugendrichter 2001

I. Einleitende Bemerkungen

Die Zahl der Straftaten Jugendlicher und Heranwachsender ist in den letzten Jah-   **1**
ren bedeutend und kontinuierlich angestiegen. Während die Polizeiliche Kriminalstatistik (PKS)[1] für 1984 (= Beginn der sog echten Tatverdächtigenzählung) 157 360
jugendliche und 148 657 heranwachsende Tatverdächtige auswies, beträgt in der Statistik für 1998 die Zahl der tatverdächtigen Jugendlichen 302 413, die der tatverdächtigen Heranwachsenden 237 073. Die Zahlen sind nicht allein durch die deutsche
Wiedervereinigung zu erklären, sondern resultieren aus ständigen Steigerungen in
diesem Feld der Kriminalität. So erhöhten sich die Anteile allein im Vergleich zum
Vorjahr um 3,4 % bei Jugendlichen bzw 4,8 % bei Heranwachsenden.

Damit hatten 1998 die Tätergruppen, auf die das JGG anwendbar ist, einen Anteil
an allen Tatverdächtigen von zusammen 23,2 %; oder anders ausgedrückt: Das JGG
war auf rund 1,5 Millionen Straftaten anwendbar.

Gerade wegen der Häufigkeit der Verfehlungen von Jugendlichen und Heranwach-   **2**
senden ist dies ein weites Betätigungsfeld für Strafverteidiger. Ein Kapitel über das
Jugendgerichtsgesetz darf daher in diesem Handbuch nicht fehlen, denn die Bedeutung einer professionellen Verteidigung in Jugendstrafverfahren wird von allen
Verfahrensbeteiligten – und auch von den Verteidigern selbst – oft unterschätzt.[2]
Gerade das Jugendstrafverfahren mit seinen im JGG verankerten breiten Reaktionsmöglichkeiten auf die Verfehlung eines Jugendlichen oder Heranwachsenden bietet
einen großen Anwendungsbereich für Verteidigungsaktivitäten. Das Gesetz sieht in
§§ 36, 37 JGG vor, dass nur besondere Staatsanwälte – Jugendstaatsanwälte – in
Verfahren vor dem Jugendgericht tätig werden und fordert weiterhin, dass diese
– wie die Jugendrichter auch – besondere Voraussetzungen für ihr Amt mitbringen
sollen. Sie sollen erzieherisch befähigt und in der Jugenderziehung erfahren sein.

Vom Verteidiger wird dementsprechend zu fordern sein, dass er nicht nur ein ver-   **3**
sierter Strafverteidiger ist, welcher sowohl als sein Handwerkszeug alle prozessualen und materiellen Möglichkeiten des Erwachsenenstrafrechts sicher beherrscht
und auch anwendet. Vielmehr verlangt die Verteidigung von Jugendlichen und Heranwachsenden zusätzlich eine besondere Sachkunde im Jugendstrafrecht, sowie
ein hohes Maß an Einfühlungs- und Umgangsvermögen mit dem Jugendlichen oder
heranwachsenden Beschuldigten, dessen Eltern oder auch den (ggf) jugendlichen
bzw heranwachsenden Zeugen sowie Geschädigten.[3]

Im Hinblick auf eine Vielzahl vorzüglicher Bücher, Aufsätze, Kommentare und   **4**
Rechtsprechungsübersichten zum Jugendstrafrecht kann es in einem Handbuch für
den Fachanwalt für Strafrecht nur darum gehen, einen praxisorientierten, der speziellen Interessenlage des Verteidigers entsprechenden Beitrag zu diesem speziellen
Gebiet des Strafrechts vorzulegen. Es sollen – einer Checkliste vergleichbar – die
aus Verteidigersicht relevanten möglichen Weichenstellungen eines Jugendstrafverfahrens dargestellt und der Strafverteidiger für diesbezügliche mögliche Verteidigeraktivitäten sensibilisiert werden.

Der Unterstützung der Verteidigeraktivitäten sollen die beigefügten Schriftsatzmuster dienen, welche einige besonders neuralgische Punkte in einem Jugendstrafverfahren betreffen.

---

1 Polizeiliche Kriminalstatistik für das Jahr 1998, Bulletin des Presse- und Informationsamts der
   Bundesregierung vom 25.5.1998, Nr. 29, S 273 ff; vgl auch Hainz ZStW 2002, 519
2 Strafverteidigung-Schlag (1. Aufl.) § 21 Rn 1
3 Strafverteidigung-Schlag (1. Aufl.) § 21 Rn 11 f

Mit einer solchen Zielsetzung kann dieser Beitrag zwar nicht die vertiefte Lektüre der einschlägigen Literatur ersetzen, aber doch in praxisorientierter Weise an jugendstrafspezifische Probleme heranführen, die erkannt und in problembezogener Weise gelöst werden können.

5–23   Die Jugendstrafverteidigung ist insbesondere wegen der mannigfaltigen Erledigungsmöglichkeiten und der großen Auswahl an Sanktionen ein Gebiet, in dem der Verteidiger ein breites Spektrum von Chancen für seinen Mandanten nutzen und darüber hinaus für sich Erfolgserlebnisse verbuchen kann, welche im übrigen Strafrecht seltener und schwerer zu erreichen sind.

II.   Materielles Jugendstrafrecht

1.   Persönlicher Anwendungsbereich des JGG

a)   Allgemeines

24   Das Jugendgerichtsgesetz bildet drei relevante Altersgruppen: die unter 14-Jährigen (Kinder), die 14 bis 18-Jährigen (Jugendliche) und die 18 bis 21-Jährigen (Heranwachsende).

Auf über 21-Jährige findet ausschließlich das Erwachsenenstrafrecht Anwendung.

25   Entscheidend ist das Alter zum Zeitpunkt der Tat, nicht der Gesetzesanwendung. Bei einem zur Tatzeit gerade 21-Jährigen hat der BGH[4] jedoch einen minder schweren Fall angenommen.

26   Das Jugendstrafrecht gilt auch für die Dauer des Wehrdienstes eines Jugendlichen oder Heranwachsenden bei der Bundeswehr, jedoch sind die Sondervorschriften der §§ 112 a–112 e JGG zu beachten.

b)   Kinder (unter 14-Jährige) §§ 1 II JGG, 19 StGB

27   Ein Kind ist nach § 19 StGB schuldunfähig und damit strafunmündig. Der Zeitraum vor Vollendung des 14. Lebensjahres darf bei Dauerdelikten und Bewertungseinheiten nicht berücksichtigt werden. Frühere Probleme bei der fortgesetzten Handlung haben sich durch Wegfall dieses Rechtsinstitutes erledigt.

28   Fehlt ein Ausweisdokument oder sind diesbezügliche Angaben zweifelhaft, kann ein medizinisches Gutachten hierzu eingeholt werden. Bei Unsicherheiten gilt jeweils die günstigere Rechtsfolge.[5]

29   Strafprozessuale Maßnahmen beim Kind verbieten sich.[6] Durchsuchungen können beim Kind weder auf § 102 StPO (kein Verdacht einer strafbaren Handlung), noch auf § 103 StPO (Kind ist keine »andere Person«) gestützt werden.[7] Körperliche Untersuchungen nach § 81 a StPO sind ebenso ausgeschlossen wie eine erkennungsdienstliche Behandlung gemäß § 81 b StPO.[8] Entsprechendes gilt für alle Eingriffsnormen, die an den Beschuldigtenstatus anknüpfen.[9]

---

4 BGH StV 1983, 279
5 BGHSt 5, 366 f; OLG Köln NJW 1964, 1684
6 D/S/S-Sonnen § 1 Rn 21
7 D/S/S-Sonnen § 1 Rn 21, polizeiliche Dienstvorschrift (PDV) 382, Bearbeitung von Jugendsachen 1995 Nr. 9.1.1; aA OLG Bamberg mit krit Anm Wasmuth; Ostendorf JGG § 1 Rn 2
8 OLG Bamberg NStZ 1989, 40 mit krit Anm Wasmuth
9 Eisenberg StV 1989, 554, 556

c) Jugendliche (14 Jahre bis unter 18 Jahre) §§ 1 II, 3 JGG

aa) Allgemeines

Jugendlicher ist, wer zur Zeit der Tat 14, aber noch nicht 18 Jahre alt ist (§ 1 II **30** JGG). Für diese Altersgruppe gilt das Sonderstrafrecht des JGG unbeschränkt. Voraussetzung ist allerdings, dass positiv feststeht, dass der Jugendliche zur Tatzeit die entsprechende Einsichts- oder Steuerungsfähigkeit hatte (§ 3 JGG). Die Voraussetzungen des § 3 JGG müssen zur Zeit der Tat und für jede einzelne Rechtsverletzung positiv festgestellt werden. Bei nicht behebbaren Zweifeln ist von Strafunmündigkeit auszugehen (in dubio pro reo).

Ist im Zeitpunkt der Hauptverhandlung die entsprechende Reife vorhanden, die bei **31** der Tat nicht vorlag, sind entsprechende Beweisanträge vom Verteidiger zu stellen, um das Fehlen der entsprechenden Reife zum Zeitpunkt der Tat zu belegen. Hierzu kann die Vernehmung von Zeugen wie zum Beispiel Eltern, Geschwistern, Lehrern, Arbeitgebern, Kollegen und sonstigen Bezugspersonen beantragt werden sowie die Einholung eines Sachverständigengutachtens (Entwicklungspsychologe).

Rechtsfolgen bei (nicht auszuschließender) fehlender Reife[10] **32**

– Einstellung des Ermittlungsverfahrens gem § 170 II StPO ggf iVm § 3 JGG durch die Staatsanwaltschaft; ob eine Eintragung im Erziehungsregister erfolgt, ist umstritten.[11] Der Staatsanwalt benachrichtigt von Amts wegen den Vormundschaftsrichter. Eine Verfahrensbehandlung gem § 45 JGG ist unzulässig.
– Im Zwischenverfahren ist die Eröffnung des Hauptverfahrens gem § 204 StPO abzulehnen, weil ein hinreichender Tatverdacht nicht besteht. Eine Einstellung gem § 47 I 1 Nr. 4 JGG kommt nicht in Betracht, da dort der verfahrensrechtliche Begriff des »Angeklagten« verwandt wird, der gem §§ 157, 203 StPO die Eröffnung der Hauptverhandlung voraussetzt. Die Richtlinien (RL JGG) zu § 3 JGG, Nr. 2, 2.HS sind daher unzutreffend.[12] Das 1. JGG-Änderungsgesetz hat bei der Neufassung des § 47 JGG die Formulierung der Nr. 3 aF (»Angeklagter« jetzt Nr. 4) beibehalten, so dass auch ein Redaktionsversehen ausscheidet. Auf die entsprechende verfahrensrechtlich zutreffende Behandlung in der Angelegenheit hat der Verteidiger zu achten.
– Nach Eröffnung des Hauptverfahrens kann der Richter sowohl außerhalb als auch in der Hauptverhandlung (§ 47 II 2 JGG) das Verfahren durch Beschluss einstellen, wenn der Angeklagte mangels Reife strafrechtlich nicht verantwortlich ist (§ 47 I 1 Nr. 4 JGG). Ergeht ein Urteil, so ist der Angeklagte freizusprechen.

bb) Das Verhältnis von § 3 JGG zu §§ 20, 21 StGB

In der Praxis bereitet die Abgrenzung zwischen § 3 JGG einerseits und §§ 20, 21 **33** StGB andererseits oft erhebliche Schwierigkeiten.[13] Es können echte oder scheinbare Konkurrenzen auftreten.[14] Die §§ 20, 21 StGB sind negativ gefasst und betreffen regelmäßig von der Entwicklung unabhängige, meist bleibende Störungen.[15] Das Gericht prüft dem folgend auch bei Jugendlichen/Heranwachsenden das Vorliegen

---

10 Vgl dazu auch die Übersichten bei Strafverteidigung-Schlag (1. Aufl.) § 21 Rn 92 und D/S/S-Diemer § 3 Rn 31 f
11 Dagegen: Ostendorf JGG § 3 Rn 21; dafür: D/S/S-Diemer § 3 Rn 31
12 D/S/S-Diemer § 3 Rn 32
13 Böhm S 41
14 Schaffstein/Beulke § 7 IV
15 Brunner/Dölling § 3 Rn 10

der §§ 20, 21 StGB nur, wenn Anzeichen für eine nicht normale, nicht nur vorübergehende Befindlichkeit des jungen Probanden vorliegen.[16]

34   Demgegenüber ist § 3 JGG positiv gefasst und somit in jedem Fall zunächst zu bejahen, auch bezüglich der Voraussetzungen, vor Fortführung des Verfahrens. § 3
JGG umfasst Reifemängel im normalen, aber auch regelwidrigen oder krankhaften
biologischen Entwicklungsprozess von regelmäßig vorübergehender Natur.[17]

35   Die Beantwortung der Frage, ob die Verantwortungsreife gem § 3 JGG fehlt oder
die Schuldfähigkeit gem § 20 StGB nicht vorliegt, ist von großer Bedeutung für das
weitere Verfahren:

36   Wenn die Verantwortlichkeit gem § 3 JGG fehlt, hat die Staatsanwaltschaft das Verfahren einzustellen gem § 170 II StPO. Ist bereits Anklage erhoben, so stellt der
Richter das Verfahren mit Zustimmung der Staatsanwaltschaft nach § 47 I 1 Nr. 4
JGG ein. Der Angeklagte ist freizusprechen, wenn sich die mangelnde Verantwortlichkeit erst in der Hauptverhandlung ergibt. Das Gericht kann in diesen Fällen lediglich gem § 3 S 2 JGG die in § 34 III JGG angeführten Maßnahmen (§§ 1631 III,
1666, 1666 a, 1915, 1800 BGB) – bei Vorliegen der Voraussetzungen – anordnen,
über die ansonsten der Vormundschaftsrichter zu entscheiden hat.[18] Eine Unterbringung gem § 63 StGB findet nicht statt.[19]

37   Wird dagegen Schuldunfähigkeit bzw verminderte Schuldfähigkeit festgestellt, so
kann unter den Voraussetzungen der §§ 63, 64 StGB gem § 7 JGG auch die Unterbringung in einem psychiatrischen Krankenhaus angeordnet werden.[20]

38   Hinsichtlich der Rechtsfolgen, wenn sowohl eine nach § 3 JGG fehlende strafrechtliche Verantwortlichkeit vorliegt, als auch nach §§ 20, 21 StGB Schuldunfähigkeit
bzw eingeschränkte Schuldunfähigkeit gegeben ist, werden folgende Meinungen
vertreten:[21]

– Nach einer Auffassung[22] ist ein dogmatischer Vorrang von § 3 JGG gegeben mit
  der Folge, dass bei mangelnder Verantwortungsreife kein Raum mehr bleibt für
  die §§ 20, 21, 63 StGB, wohl aber für § 3 S 2 JGG mit den dort vorgesehenen
  Maßnahmen.
– Eine andere Meinung[23] erachtet die Prüfung der §§ 20, 21 StGB als vorrangig mit
  der Folge, dass bei der Bejahung der Schuldunfähigkeit bzw der verminderten
  Schuldfähigkeit – bei Vorliegen der Voraussetzungen also – die Unterbringung anzuordnen ist und die fehlende Verantwortungsreife nach § 3 JGG irrelevant wird.
– Eine dritte Ansicht[24] sieht eine Wahlmöglichkeit zwischen allen in Betracht kommenden Rechtsfolgen, um die für den Einzelfall gerechte Maßnahme verhängen
  zu können.

Durch die Entscheidung des BGH[25] ist geklärt, dass auch in diesen Fällen die Anordnung von Maßregeln zulässig ist.

---

16 Zieger Rn 39
17 BayObLGSt 58, 26
18 D/S/S-Diemer § 3 Rn 28
19 LK-Hanack § 63 Rn 2
20 BGHSt 26, 27
21 Eisenberg JGG § 3 Rn 33 ff
22 Eisenberg JGG § 3 Rn 36 mwN
23 Eisenberg JGG § 3 Rn 37 mwN
24 Eisenberg JGG § 3 Rn 38 mwN
25 BGHSt 26, 27; Schönke/Schröder-Lenckner § 21 Rn 27; Brunner/Dölling § 3 Rn10

cc) Irrtum

Die strafrechtliche Verantwortlichkeit eines Jugendlichen gem § 3 JGG einerseits **39** und die Frage, ob ein Irrtum vorliegt und in welchem Fall der Irrtum zu vorgenannter Vorschrift steht, ist in folgender Beziehung zueinander zu sehen:

Zunächst ist – wie auch im AT des StGB in §§ 16, 17 – zwischen Tatbestands- und Verbotsirrtum zu unterscheiden.

Der Tatbestandsirrtum gem § 16 StGB ist unabhängig von der Altersreife. Kennt **40** der Täter gleich aus welchen Gründen, einen Umstand nicht, der zum gesetzlichen Tatbestand gehört, gelten die allgemeinen Grundsätze.[26]

Bei Jugendlichen wird allerdings aufgrund fehlender Vorausplanung und (Lebens-) Erfahrung dieser Irrtum in besonderer Weise zu beachten sein.[27]

Kommt jedoch bei Vorliegen eines Tatbestandsirrtums eine fahrlässige Tat statt vorsätzlicher Begehensweise in Betracht (§ 16 I 2 StGB), so ist auch hier ganz besonders die Altersreife zu prüfen,[28] wobei die bei § 3 JGG dargelegten Umstände Berücksichtigung finden können.

Beim Verbotsirrtum gem § 17 StGB ist im Verhältnis zu § 3 S 1 JGG zu beachten, **41** dass nach ganz hM[29] der (un-)reifebedingte Verbotsirrtum des § 3 JGG ein Unterfall des allgemeinen Verbotsirrtums des § 17 StGB ist. Daraus folgt systematisch, es ist zunächst zu prüfen, ob die Voraussetzungen der strafrechtlichen Verantwortlichkeit gem § 3 JGG vorliegen,[30] da diese Vorschrift lex specialis ist.

Hier ist in beiden Fällen der Strafverteidiger besonders gefragt, da bei der Feststel- **42** lung des subjektiven Tatbestands nicht selten jugendliche Unwissenheit und/oder Unerfahrenheit zu einem den Vorsatz ausschließenden Tatbestandsirrtum oder ggf nur zu einer Fahrlässigkeit begründenden Vorwerfbarkeit führen,[31] die zwar wegen der Besonderheiten der Strafzumessung im JGG gem § 18 I 3 JGG formell ohne Bedeutung ist, jedoch bei der Auswahl der Rechtsfolgen und deren Bemessung von Relevanz sein wird.[32] Wird der Tatbestandsirrtum verneint, ist damit ein auf anderen Gründen beruhender Verbotsirrtum (zB unrichtige Rechtsauskunft) möglich, der dann eigenständig zu prüfen ist.

An die Anforderungen bezüglich der Vermeidbarkeit eines Verbotsirrtums hinsicht- **43** lich der gebotenen Gewissensanspannung werden jedoch zumindest bei Jugendlichen und ggf auch noch bei Heranwachsenden weniger hohe Anforderungen zu stellen sein als bei Erwachsenen – dies folgt schon aus der Existenz und der Struktur des materiellen Jugendstrafrechts.[33]

dd) Ermittlung der Verantwortungsreife

Standardisierte Testverfahren für die Feststellung der Verantwortungsreife existieren **44** nicht.[34] Die Polizeibeamten äußern sich jedoch hierzu meistens schon bei der Vernehmung des Beschuldigten im Anschluss an dessen Ausführungen; dies prägt häufig das gesamte Verfahren.

---

26 BGHSt 18, 235 f; völlig hM zB D/S/S-Diemer § 3 Rn 21
27 Ostendorf JGG § 3 R 2; Eisenberg JGG § 3 Rn 31
28 Eisenberg JGG § 3 Rn 31
29 Vgl statt aller D/S/S-Diemer § 3 Rn 22; aA Bohnert NStZ 1988, 249 ff
30 D/S/S-Diemer § 3 Rn 22
31 Schaffstein/Beulke § 7 I
32 Eisenberg JGG § 3 Rn 32 aE
33 Ostendorf JGG § 3 Rn 2; Eisenberg JGG § 3 Rn 32
34 Ostendorf JGG § 3 Rn 12; Eisenberg JGG § 3 Rn 12

Heimann

45   Die Ermittlungen der Jugendgerichtshilfe (gem § 38 II JGG) können auch den unmittelbaren persönlichen Eindruck nicht ersetzen und dieser ist – soweit sich Gericht oder Staatsanwaltschaft bei der Erwartung von Jugendstrafe gem § 44 JGG den Mühen der persönlichen Vernehmung des Beschuldigten vor Anklageerhebung unterziehen – oftmals trügerisch und vom Ergebnis getragen, welche Beurteilungen gewünscht werden.[35]

46   Somit bleibt in Fällen, in welchen dies angezeigt ist, gem § 43 II JGG im Vorverfahren und sonst in der Hauptverhandlung nur die Hinzuziehung eines Sachverständigen.

47   Der Verteidiger hat zunächst darauf zu achten, dass in geeigneten Fällen ein Beweisantrag zur (fehlenden) Reife des Mandanten gestellt wird. Auf die – ohnehin fast aussichtslose[36] – Aufklärungsrüge im Revisionsverfahren sollte er sich nicht verlassen, da die Feststellung der strafrechtlichen Verantwortlichkeit in erster Linie eine wertende Entscheidung des Gerichts ist, dessen Sachkunde zumindest in Fällen leichter und mittlerer Kriminalität als ausreichend erachtet wird.[37]

48   Bei der Auswahl der Sachverständigen hat der Verteidiger darauf zu achten, dass der jugendliche Mandant durch den »richtigen Sachverständigen« begutachtet wird; dies wird bei der Reifebeurteilung gem § 3 JGG regelmäßig der (Entwicklungs-) Psychologe sein, nicht der Psychiater.[38]

49   Ein solcher Beweisantrag könnte etwa so aussehen:

Antrag auf Begutachtung zur Verantwortungsreife

Amtsgericht Cham
– Jugendrichter –
Kirchplatz 13
93413 Cham

In der Jugendstrafsache
gegen ...
wegen ...
Aktenzeichen: ...

hier: Antrag auf Begutachtung der Verantwortungsreife

Sehr geehrter Herr Vorsitzender,

in obiger Angelegenheit b e a n t r a g e ich die Erholung eines Gutachtens über die Verantwortungsreife meines Mandanten gem § 3 JGG von dem Jugendpsychologen ...

Begründung:

Am 13. 2. 1998 kaufte mein Mandant einen Computer bei der Fa XY. Er zahlte einen Teilbetrag des Kaufpreises in Höhe von DM 544,79 (= 25 % des Kaufpreises) sofort an und schloss zur Bezahlung des Restkaufgeldes eine Teilzahlungsvereinbarung über einen Zeitraum von 18 Monaten in Höhe von DM 100,00 monatlich. Der Kauf des Gerätes erfolgte unter Eigentumsvorbehalt, so dass der Computer bis zur vollständigen Bezahlung Eigentum des Verkäufers blieb.

Am 28. 12. 1998 veräußerte der Angeklagte das Gerät für DM 800,00 an seinen Bekannten ..., obwohl es noch nicht vollständig bezahlt war und damit nicht in seinem Eigentum stand.

---

35 Böhm S 43; Ostendorf JGG § 3 Rn 12
36 Nack NStZ 1997, 153 ff; Barton StraFo 1998, 325 ff
37 D/S/S-Diemer § 3 Rn 15
38 Eisenberg JGG § 43 Rn 43; Ostendorf JGG § 3 Rn 3; D/S/S-Diemer § 3 Rn 15

Die Staatsanwaltschaft wirft meinem Mandanten mit Anklagesatz vom 3. 5. 1999 Unterschlagung vor.

Mein Mandant war zum Tatzeitpunkt nicht in der Lage, das Unrecht seines Tuns einzusehen. Ein Eigentumsvorbehalt und die sich daraus ergebenden Rechtsfolgen setzen tieferen Einblick in die Rechtsordnung voraus. Hieran fehlte es und so erkannte er entwicklungsbedingt auch nicht, dass sein Handeln ein Unrecht darstellt.

Der angegebene Jugendpsychologe erscheint für die Begutachtung besonders geeignet. Er ist im Klinikum Regensburg als Jugendpsychiater tätig und hat eine psychologische Zusatzausbildung. In der Begutachtung Jugendlicher und Heranwachsender zu deren Verantwortungsreife ist er versiert.

Der Psychologe verfügt über standardisierte Intelligenz-, Sozialreife- und Entwicklungstests, die zusammen mit Anamnese und Exploration als den herkömmlichen Untersuchungsmethoden eine höhere Kontrolle ermöglichen, als es ohne diese Testverfahren der Fall wäre.

Das zu erstellende Gutachten wird ergeben, dass der Mandant entwicklungsbedingt nicht in der Lage war, das Unrecht seines Handelns einzusehen. Die Eröffnung des Hauptverfahrens gegen ihn kommt dann gem § 2 JGG und § 204 StPO nicht mehr in Betracht.

Rechtsanwalt

### d)	Heranwachsende (18- bis unter 21-Jährige) §§ 1 II, 105 JGG

#### aa)	Allgemeines

Hier kann Jugendstrafrecht oder Erwachsenenstrafrecht zur Anwendung kommen. **50** Bei einem Heranwachsenden besteht zwar absolute Strafmündigkeit,[39] jedoch sind die Regelungen des Jugendstrafrechts anzuwenden, wenn

– der Anklagte zur Tat nach seiner sittlichen und geistigen Entwicklung noch einem Jugendlichen gleichstand (Retardierung § 105 I Nr. 1 JGG) oder
– es sich um eine typische Jugendverfehlung handelt (§ 105 I Nr. 2 JGG).

Notwendig ist eine Gesamtwürdigung nach ständiger Rspr. des BGH. Es kommt darauf an, ob in dem heranwachsenden Täter zur Tatzeit noch in größerem Umfang Entwicklungskräfte wirksam sind.

Das Tatgericht hat hier nach der ständigen Rspr. des BGH einen erheblichen Beurteilungsspielraum.[40]

Abweichend von § 18 I JGG beträgt das Höchstmaß der Jugendstrafe für Heran- **51** wachsende bei allen Straftaten 10 Jahre.

#### bb)	Reiferückstand (§ 105 I Nr. 1 JGG)

Anerkannt bei dem Versuch den Anwendungsbereich des Reiferückstands zu be- **52** schreiben und zu definieren, sind die »Marburger Richtlinien«.[41]

Wichtige Erkenntnisquellen für den Verteidiger sind die Angaben des Angeklagten **53** und seiner Familie zur Lebensgeschichte sowie zur schulischen und beruflichen Entwicklung nebst entsprechenden Zeugnissen und Beurteilungen sowie Arzt- und

---

39 Krit zur gegenwärtigen (jugend-)strafrechtlichen Behandlung von Heranwachsenden Heinz ZRP 2001, 106 ff; BGH NStZ 2002, 204 ff
40 Zuletzt: BGH NStZ 2002, 204 m Anm Walter = StV 2002, 416 = NJW 2002, 73 = BGHR JGG § 105 Nr. 1 Entwicklungsstand 7
41 MSchKrim 1957, 68; Esser/Fritz/Schmidt MSchKrim 1991, 356 ff; Nedopil Teil I Rn 33 f; ders Forensische Psychiatrie S 50 f; Rasch Forensische Psychiatrie (2. Aufl.) S 80 ff, 368 ff

Krankenhausakten und Akten vom Jugendamt, Jugendheim etc. Betreuungs- und Bewährungshelfer sind ggf persönlich in der HV ebenfalls zu befragen. Die Jugendgerichtshilfe hat sich nach § 38 II 2 JGG zu der Anwendung von Jugendstrafrecht zu äußern.

54 Gegebenenfalls ist vom Verteidiger ein Beweisantrag zu stellen auf Einholung eines Sachverständigengutachtens. Zumindest bei schweren Delikten und komplizierten Sachverhalten ist dies unumgänglich, ebenso bei Zweifelsfällen (§§ 244 II StPO, 43 II JGG).

cc)　Jugendverfehlung (§ 105 I Nr. 2 JGG)

55 Unter dem Begriff der »Jugendverfehlung« sind nicht nur jugendtümliche Streiche oder Straftaten aus dem Spiel heraus zu verstehen. Vielmehr sind darunter Straftaten einzuordnen, die schon ihrem äußeren Erscheinungsbild nach Merkmale von jugendlicher Unreife aufweisen oder deren Beweggründe dies nahe legen.

56 Die Rechtsprechung des BGH umschreibt dies mit Begriffen wie falsch verstandener Freundschaft, Abenteuerlust, Entgleisung, mangelndes Widerstandsvermögen, Konfliktunfähigkeit, Unüberlegtheit, soziale Unreife, fehlende Selbstbeherrschung, Geltungsbedürfnis etc.[42]

57 Sowohl schwere Verfehlungen[43] als auch Verkehrsdelikte[44] können eine Jugendverfehlung darstellen. Dass die Delikte in allen Altersstufen auftauchen, widerspricht dem nicht.[45] Im Zweifel ist Jugendstrafrecht anwendbar. Die Verneinung einer Jugendverfehlung bedarf näherer Begründung.

e)　Milderungsmöglichkeit des § 106 JGG

58 Für den Verteidiger von Relevanz ist § 106 JGG in den Fällen, in denen kein Jugendstrafrecht bei Heranwachsenden mehr zur Anwendung gelangt wegen altersgemäßer Reifung. Hier kann bei sonst drohender lebenslanger Freiheitsstrafe auf eine Freiheitsstrafe von 10–15 Jahren erkannt werden.

f)　Mehrere Straftaten (in verschiedenen Alters- und Reifestufen) §§ 31, 32 JGG

Die §§ 31, 32 JGG regeln die Konkurrenzen bei Tatmehrheit (§ 31 JGG) und bei Taten in verschiedenen Alters- und Reifestufen (§ 32 JGG).

aa)　Mehrere Straftaten nach dem Jugendstrafrecht (§ 31 JGG)

59 Sind mehrere Straftaten eines Jugendlichen oder Heranwachsenden in Tatmehrheit vorliegend, auf welche Jugendstrafrecht anzuwenden ist, so gilt gem § 31 I JGG sowohl vor dem Jugendgericht als auch vor dem Erwachsenengericht, dass eine Einheitsstrafe festzusetzen ist – anstatt der sonst gem § 53 I StGB zu bildenden Gesamtstrafe –. Die Taten werden zwar einzeln festgestellt und die Konkurrenzverhältnisse festgelegt, im Hinblick auf die Rechtsfolgen wird jedoch so vorgegangen, als wenn nur eine Tat vorliegen würde.

---

42 Vgl die Nachweise bei D/S/S-Sonnen § 105 Rn 1 ff; OLG Hamm StV 2005, 71 f

43 Bsp bei Ostendorf JGG § 105 Rn 17; Eisenberg § 105 Rn 34; D/S/S-Sonnen § 105 Rn 26; BGH NStZ 1986, 550; BayObLG StV 1981, 527

44 LG Gera StV 1999, 661; ausführlich Molketin DAR 1981, 137; OLG Saarbrücken NStZ-RR 1999, 284; AG Saalfeld VRS 106 (2004) Nr. 79 u 80, 107 (2004) Nr 67 u StV 2005, 65 f

45 D/S/S-Sonnen § 105 Rn 26 f; Brunner/Dölling § 105 Rn 14 a

Ist eine einheitliche Festsetzung von Maßnahmen oder Jugendstrafe gem § 31 JGG **60** in einem Verfahren gegen Jugendliche oder Heranwachsende unterblieben, so erfolgt die nachträgliche Bildung einer Einheitsjugendstrafe gem § 66 II 2 JGG regelmäßig durch Beschluss, ggf durch Urteil (§ 66 II 1 2. HS JGG).

Das (ergänzende) Urteil ist mit der Berufung oder der Revision anfechtbar, wobei **61** auch hier das Wahlrechtsmittel des § 55 II JGG gilt. Die der einbezogenen Verurteilung zugrunde liegenden Taten müssen – ebenso wie die diesbezüglichen Strafzumessungserwägungen – für das Rechtsmittelgericht nachprüfbar im Urteil zumindest kurz dargestellt werden.

Gegen den (ergänzenden) Beschluss ist das Rechtsmittel der sofortigen Beschwerde einschlägig (§ 31 II 3 JGG iVm § 462 III StPO). Dies gilt gem § 304 IV StPO nicht für Beschlüsse des BGH und der Oberlandesgerichte. Auch hier gilt die Begrenzung des § 55 II JGG. Infolge des urteilsvertretenden Charakters des Beschlusses[46] besteht das Verbot der »reformatio in peius«.[47]

bb) Mehrere Straftaten teils nach Jugendstrafrecht teils nach dem allgemeinen Strafrecht (§ 32 JGG)

Für mehrere Straftaten, die gleichzeitig abgeurteilt und auf die teils Jugendstraf- **62** recht und teils allgemeines Strafrecht anzuwenden wäre, gilt einheitlich das Jugendstrafrecht, wenn das Schwergewicht bei den Taten liegt, die nach Jugendstrafrecht zu beurteilen wären. Ist dies nicht der Fall, so ist einheitlich das allgemeine Strafrecht anzuwenden (§ 32 JGG). Dann kann auch auf Sicherungsverwahrung erkannt werden, wenn wenigstens eine der Symptontaten als »Erwachsener« begangen wurde.

Während § 31 JGG das Verfahren bei Vorliegen mehrerer Straftaten eines Jugendlichen oder Heranwachsenden regelt, bei dem auf alle Taten Jugendstrafrecht anzuwenden ist, geht es bei § 32 JGG darum, dass eine einheitliche Anwendung von Jugendstrafrecht oder Erwachsenenstrafrecht bei Tatmehrheit gewährleistet werden soll, je nach dem, wo das Schwergewicht liegt. Einerseits wird somit der Anwendungsbereich des § 31 JGG erweitert, welcher sich nur auf Straftaten bezieht, auf die Jugendstrafrecht angewandt wird,[48] andererseits ist die Anwendung des § 32 JGG beschränkt auf Taten, die Gegenstand eines einzigen Verfahrens sind.[49]

§ 32 JGG ermöglicht also nicht die Berücksichtigung anderweitiger, rechtskräftiger, **63** nicht erledigter Entscheidungen. Dies ist gem § 105 II JGG bei Vorliegen der dortigen Voraussetzungen möglich. Im umgekehrten Fall, wenn also gegen den Heranwachsenden im seinerzeitigen Verfahren Jugendstrafrecht angewandt wurde, im jetzt anhängigen Verfahren aber Erwachsenenstrafrecht angewendet wird, folgt daraus, dass keine Einheitsstrafe nach Jugendstrafrecht gebildet werden kann und auch keine Gesamtstrafe nach Erwachsenenstrafrecht, weil Jugendstrafen und Freiheitsstrafen nach Erwachsenenstrafrecht nicht gesamtstrafenfähig sind und auch keine Gesamtstrafe nach Erwachsenenstrafrecht möglich ist. Die dadurch entstehende Härte ist nach Auffassung des BGH lediglich bei der Bemessung der neuen Freiheitsstrafe zugunsten des Verurteilten zu berücksichtigen.[50]

---

46 Ostendorf JGG § 66 Rn 22
47 Ostendorf JGG § 66 Rn 22; Eisenberg JGG § 55 Rn 24
48 D/S/S-Diemer § 32 Rn 2 f; Ostendorf JGG § 32 Rn 6 ff
49 D/S/S-Diemer § 32 Rn 1
50 BGHSt 36, 270; StV 1990, 158 ff; NStZ 1987, 24; 1994, 132; Schoreit NStZ 1989, 461 ff

Heimann

64   Der Verteidiger wird Folgendes zu beachten haben:

Zunächst ist zu prüfen, ob nicht alle Taten nach Jugendrecht oder nach Erwachsenenrecht zu beurteilen sind. Dabei können gegebenenfalls über die §§ 154, 154 a StPO Taten/Tatteile ausgeschieden werden, die einer gewünschten Entscheidung entgegenstehen. Dies kann bei Schwerkriminalität unter Berücksichtigung der unterschiedlichen Höchststrafen (vgl § 18 I JGG) von entscheidender Bedeutung sein.[51] Der Verteidiger hat schon im Ermittlungsverfahren auf eine Verbindung von Verfahren hinzuwirken und einer Trennung entgegenzutreten.[52]

65   Falls feststeht, dass auf einzelne Taten Jugendrecht und auf andere Taten allgemeines Strafrecht anzuwenden ist, bedarf es einer (Schwergewichts-)Entscheidung gem § 32 JGG. Dabei sind alle strafrechtlich relevanten Gesichtspunkte in die Entscheidung mit einzubeziehen.[53] Ob es bei der Entscheidung über das Schwergewicht auf objektive, insbesondere tatbezogene Kriterien ankommt oder ob subjektive täterbezogene Kriterien den Ausschlag geben sollen, teilt das Gesetz nicht mit.[54]

66   Nach im Schrifttum völlig hM[55] haben die Persönlichkeitsbeurteilung und die Bewertung der Tatursachen ausschlaggebende Bedeutung. Vom Bundesgerichtshof[56] wird vor allem die Ermittlung der Tatwurzeln als unerlässlich betrachtet. Die Zahl und die äußere Schwere der Straftaten haben keine ausschlaggebende Bedeutung. Auch ein als Erwachsener begangener Mord kann, wenn der Angeklagte schon als Jugendlicher entsprechende Taten begangen hat, weniger gewichtig sein als frühere Taten.[57] Im Zentrum der Beurteilung steht vielmehr die Frage, ob die früheren Straftaten zugleich ausschlaggebende Bedeutung für die späteren Straftaten haben[58] und sich letztere, als in den früheren bereits angelegt, darstellen. Da der Beginn von Straftaten schwerer fällt als das Fortschreiten auf dem bereits eingeschlagenen Weg, kommt den jeweils einleitenden Taten einer vergleichbaren oder einer schwerwiegenderen Kriminalität einer gewissen Art von Taten besondere Bedeutung zu, während Wiederholungstaten infolge von Gewöhnung und/oder – fortschreitender – psychischer Fehlentwicklung des Täters von zunehmend geringerer Bedeutung sind.[59]

67   Für den Verteidiger ist – insbesondere im Hinblick auf das Wahlrechtsmittel des § 55 JGG – wichtig zu wissen, dass die Entscheidung über das Schwergewicht der Straftaten im pflichtgemäßen Ermessen des Tatgerichts liegt.[60]

Dem Tatgericht steht ein gewisser Beurteilungsspielraum zu, welcher im Revisionsverfahren nur auf die richtige Zugrundelegung der Beurteilungsmaßstäbe überprüft werden kann.[61] Diese Überprüfung ist dem Revisionsgericht allerdings nur möglich, wenn im Urteil auch die Beurteilungsgrundlagen mitgeteilt werden. Geschieht dies nicht, ist das Urteil wegen der mangelnden Darlegung bereits schon auf die

---

51 Strafverteidigung-Schlag (1. Aufl.) § 21 Rn 450
52 Strafverteidigung-Schlag (1. Aufl.) § 21 Rn 450
53 D/S/S-Diemer § 32 Rn 20
54 D/S/S-Diemer § 32 Rn 19
55 D/S/S-Diemer § 32 Rn 21; Ostendorf JGG § 32 Rn 12; Eisenberg JGG § 32 Rn 12; Brunner/ Dölling § 32 Rn 3
56 BGHSt 6, 6f; NStZ 1986, 219; NStZ-RR 2003, 40
57 BGH NStZ 1986, 219
58 BGH vom 27.6.1989 bei Böhm NStZ 1989, 523
59 BGHSt 6, 6; NStZ 1986, 219; Böhm NStZ 1989, 523
60 BGH NStZ 1986, 219
61 BGH bei Holz MDR 1988, 1003

Sachrüge hin aufzuheben im Rechtsfolgenausspruch.[62] Im Übrigen jedoch enthält sich die tatrichterliche Würdigung der Nachprüfung durch das Revisionsgericht.[63] Innerhalb der Straffrage ist eine Beschränkung der Revision auf die fehlerhafte Anwendung der §§ 105, 32 JGG nicht zulässig. Die Revision erfasst dann die Straffrage insgesamt.[64]

Das nachstehende Formular enthält eine Anregung an das Gericht zur Bildung einer Einheitsjugendstrafe.   **68**

Antrag auf Bildung einer Einheitsjugendstrafe wegen Taten in verschiedenen Alters- und Reifestufen (§§ 31, 32 JGG)

An das
Landgericht Regensburg
Augustenstraße
93047 Regensburg

In der Strafsache
gegen ...
wegen ...
Aktenzeichen: ...
hier: Bildung einer Einheitsjugendstrafe

Sehr geehrter Herr Vorsitzender,

die Verteidigung weist bereits jetzt – während der Hauptverhandlung – darauf hin, dass sie im Schlussvortrag beantragen wird,

1. für Herrn R. wird im Verfahren Jugendstrafrecht angewendet.
2. davon abzusehen, die bereits abgeurteilte Jugendstraftat in die neue Entscheidung mit einzubeziehen.
3. die zu verhängende Strafe zur Bewährung auszusetzen.

Begründung:

Zu 1.:

Herr R. wurde mit Urteil des Jugendschöffengerichts Regensburg vom 2. 8. 1998 zu einer Jugendstrafe von einem Jahr und 4 Monaten verurteilt, deren Vollstreckung zur Bewährung ausgesetzt worden ist. Im Urteil wurde der Angeklagte für schuldig erkannt, zusammen mit den anderweitig Verfolgten M. und P. in den Monaten März und April 1998 mehrere Bandendiebstahlstaten begangen zu haben. Herr R. war zu den Tatzeiten Heranwachsender; er stand damals kurz vor Vollendung des 21. Lebensjahres. Die Taten wurden als Jugendstraftaten abgeurteilt, weil sein Persönlichkeitsbild, seine Lebensbedingungen und auch die Tatumstände dies nahe legten. Auch wurden beim Angeklagten die Voraussetzungen des § 21 StGB für die Taten bejaht. In diesem rechtskräftigen Urteil ist dazu festgestellt:

»Für den Angeklagten R. ist Jugendstrafrecht aufgrund der Reiferückstände anzuwenden. Er lebt zusammen mit den jüngeren M. und P. in einer Wohnung und unternahm neben den Straftaten auch all seine Freizeitaktivitäten mit ihnen. Er ist unselbstständig und unreif. Aus dem aus der Untersuchungshaft angehaltenen Schriftverkehr mit seiner Schwester ergibt sich seine Unselbstständigkeit deutlich ...

R. schloss sich mit den deutlich jüngeren M. und P. zu einer Bande (Jugendbande) zusammen, die in der Zukunft ihren Lebensunterhalt und den gemeinsamen Haschischkonsum durch Einbruchsdiebstähle bestreiten wollten ...

---

62 BGH NStZ-RR 1996, 250
63 BGH bei Böhm NStZ 1986, 447
64 BGH – Herlan – GA 1964, 135; D/S/S-Diemer § 32 Rn 28; Eisenberg JGG § 32 Rn 32

Die Angeklagten konsumierten jeweils vor den Taten Haschisch zum Teil in Kombination mit Alkohol und/oder Amphetaminen, was nach Aussage des Sachverständigen T. für die Tatzeiten die Anwendung des § 21 StGB nicht ausschließen lässt«.

Zwischenzeitlich sieht sich der Angeklagte mit dem Vorwurf zweier weiterer Bandendiebstähle und eines Diebstahls in einem besonders schweren Fall begangen im Juni und Juli 1998 – also nach Vollendung des 21. Lebensjahres des Angeklagten – konfrontiert.

Auch im gegenständlichen Verfahren wird dem Angeklagten vorgeworfen mit den anderweitig – nach Jugendstrafrecht – verfolgten M. und P. bandenmäßig zwei Diebstähle begangen zu haben. Die Staatsanwaltschaft teilt im Anklagesatz als Motiv »Finanzierung des gemeinsamen Drogenkonsums« mit. Dieses Motiv ergab auch das glaubwürdige Geständnis des Angeklagten und die Aussagen der Zeugen M. und P.

Bei den hier abzuurteilenden Taten liegen die Tatwurzeln ganz evident – vor Vollendung des 21. Lebensjahres des Angeklagten – in seiner Jugend. Die Bandenabrede wurde im März 1998 getroffen; die Aktivitäten der Jugendbande begannen auch damals. Die gesamten Tat- und Lebensumstände des Angeklagten haben sich von den Taten im März/April 1998 – bei deren Aburteilung zutreffend Jugendstrafrecht angewendet wurde – bis zu den Taten im Juni/Juli 1998 nicht verändert. Aufgrund von identischem Tatbild, Motivlage und Lebenssituation kann man wohl kaum davon ausgehen, dass zwischen den Tatkomplexen beim Angeklagten eine Persönlichkeitsentwicklung stattgefunden hat, die jetzt die Anwendung des allgemeinen (Erwachsenen-)Strafrechts rechtfertigt. Im Gegenteil handelt es sich auch hier um Jugendverfehlung, zu deren Ahndung Jugendstrafrecht anzuwenden ist (§ 31 JGG).

Der hier ebenfalls angeklagte Diebstahl im besonders schweren Fall steht zwar nicht im Zusammenhang mit der Jugendbande, lag aber zeitlich vor den beiden Bandentaten. Der Angeklagte stand hier auch nur »Schmiere« und es entstand nur unwesentlicher Schaden. Bei dieser Tat liegt nicht das Schwergewicht im gegenständlichen Verfahren, weshalb diese auch der Anwendung von Jugendstrafrecht nicht entgegensteht. Der Gesetzgeber hat es in das pflichtgemäße Ermessen des Gerichts gestellt eine Schwergewichtsentscheidung zu treffen, die hier nur zugunsten der Anwendung von Jugendstrafrecht ausfallen kann.

Zu 2.:

Nach § 31 JGG muss das Gericht nun eine Jugendstrafe einheitlich neu festsetzen, die im Hinblick auf die Vorahndung die Höchstgrenze von zwei Jahren gemäß § 21 JGG möglicherweise übersteigen wird. Im Hinblick darauf drängt es sich auf, davon abzusehen, die bereits verhängte Jugendstrafe mit in die Verurteilung einzubeziehen, weil besondere erzieherische Gründe dem entgegenstehen (§ 31 III JGG).

Zu 3.:

Die Verteidigung bittet, dem Angeklagten noch eine Chance zu geben und eine Strafe zu verhängen, die gem § 21 JGG noch einmal zur Bewährung ausgesetzt werden kann.

Herr R. hat zwischenzeitlich sein Leben geändert. Er lebt bei seiner Schwester und deren Familie und hat eine Ausbildung als Elektriker begonnen. Der Angeklagte ist von seiner Drogensucht losgekommen und hat keinerlei Kontakt mehr zu seiner »alten Clique«. Er hat zwischenzeitlich – durch das Strafverfahren – das Unrecht seines früheren Handelns eingesehen und glaubhaft versprochen zukünftig keine Straftaten mehr zu begehen. Bei den Tatopfern hat er sich persönlich entschuldigt und war durch diese Konfrontation mit den vom ihm angerichteten Tatfolgen besonders und nachhaltig beeindruckt.

Die Einbeziehung der früheren Verurteilung und ein Strafausspruch ohne Bewährung würden alle zwischenzeitlich erreichten positiven Persönlichkeitsveränderungen zunichte machen und dem Angeklagten den jetzt gefundenen sozialen Halt nehmen. Es steht zu befürchten, dass er dann auf »die schiefe Bahn« zurück gelangen würde und alle wohlerwogenen spezialpräventiven Aspekte des vorliegenden Urteils vollends konterkariert werden würden.

Rechtsanwalt

Heimann

g)   Soldaten (§§ 112 a–112 e JGG)

Das JGG gilt grundsätzlich auch für Soldaten in den entsprechenden Altersstufen.   **69**
Ob die begangenen Straftaten »zivile« oder »militärische« Delikte darstellen, ist
unerheblich. Auch Soldaten sind vom Jugendgericht abzuurteilen und die Rechtsfolgen der Straftat werden den §§ 3–32, 105 JGG entnommen.

Einige Modifizierungen, welche sich aus der besonderen Lage der jungen Soldaten   **70**
und den speziellen Bedürfnissen der militärischen Disziplin ergeben, sind in den
§§ 112 a–112 e JGG geregelt. Einzelne Rechtsfolgen des Jugendstrafrechts, die sich
in ihrer Durchführung nicht mit dem Wehrdienstverhältnis vertragen, zB Heimerziehung und Erziehungsbeistandschaft, sind bei jungen Soldaten von der Rechtsfolge ausgenommen.

Die gesetzlichen Regelungen des 4. Teiles im JGG gelten nur für die Dauer des   **71**
Wehrdienstverhältnisses (§ 112 a I JGG). Der Verurteilte muss im Zeitpunkt des
Vollzuges Soldat im Sinne des § 1 I, II SG sein. Dem gleichgestellt ist der waffen-
lose Dienst in der Bundeswehr nach Kriegsdienstverweigerung (§ 25 S 2 WPflG),
nicht jedoch der zivile Ersatzdienst außerhalb der Bundeswehr (§ 25 S 1 WPflG).

2.   Sachlicher Anwendungsbereich des JGG

Gemäß § 1 I JGG gilt dieses Gesetz, wenn ein Jugendlicher oder Heranwachsender   **72**
eine Verfehlung begeht. Unter dem Begriff der Verfehlung ist eine rechtswidrige Tat
im Sinne des § 12 StGB zu verstehen. Gemäß Definition im § 11 I Nr. 5 StGB sind
nur Taten rechtswidrig, die den Straftatbestand eines Strafgesetzes erfüllen. Damit
sind Verbrechen und Vergehen nach dem StGB, dem Nebenstrafrecht einschließend
entsprechender landesrechtlicher Bestimmungen gemeint.

Eine Ordnungswidrigkeit ist keine Verfehlung im Sinne des JGG. Das JGG findet   **73**
jedoch sinngemäß Anwendung soweit das OWiG nichts anderes bestimmt[65] (§ 46 I
OWiG, RL zu JGG § 41 I S 2).

Ein Verhalten für das ein Ordnungs- oder Zuchtmittel vorgesehen ist, zB §§ 178   **74**
GVG, 51, 70 StPO, 380, 390 ZPO, 33 FGG, ist keine Verfehlung im Sinne des § 1 II
JGG.

3.   Rechtsfolgen einer Jugendstraftat

a)   Allgemeines

aa)   Erziehungsgedanke

Entscheidendes Anliegen des Jugendstrafrechts ist der Erziehungsgedanke. Die Per-   **75**
son des Beschuldigten, die Möglichkeiten seiner erzieherischen Beeinflussung im
Sinne künftigen Legalverhaltens stehen somit im Vordergrund der gesetzgeberischen Intention, nicht dagegen die Verteidigung der Rechtsordnung oder generalpräventive Aspekte.[66]

Das JGG definiert in den §§ 21 I 1, 88 I, 91 I JGG das Erziehungsziel, indem es von
einem »rechtschaffenen und verantwortungsbewussten Lebenswandel« spricht.

---

65 BayObLG NJW 1972, 837; allgemein dazu: Eisenberg JGG § 2 Rn 7 ff; Ostendorf JGG § 2
    Rn 6; zum Verhältnis der Einstellungsmöglichkeiten gem § 47 OWiG zu §§ 45, 47 JGG Eisen-
    berg NStZ 1991, 451
66 BGHSt 36, 37; StV 1989, 34 ff

Heimann

76 Da die Erziehung im Jugendstrafrecht lediglich Mittel zum Schutz der Allgemeinheit vor weiteren Straftaten des jungen Täters ist, kann die dem Beteiligten und dem JGG zugewiesene erzieherische Einwirkung nicht weiter gehen, als dies für ein Leben ohne Straftaten unerlässlich ist. Darüber hinaus noch dem Angeklagten durch Weisungen oder Bewährungsauflagen eigene Wertvorstellungen des Jugendgerichts vom »richtigen« Lebenswandel aufzuzwängen, ist rechtlich nicht zulässig.[67]

bb) Verhältnis des Jugendstrafrechts zum allgemeinen Strafrecht

77 Gemäß § 1 JGG findet das Jugendstrafrecht Anwendung, wenn ein Jugendlicher oder Heranwachsender eine »Verfehlung« begeht, die nach den allgemeinen Vorschriften strafbedroht ist. Mit den allgemeinen Vorschriften sind lediglich Verbrechen und Vergehen nach dem StGB gemeint. Ordnungswidrigkeiten sind keine Verfehlungen im Sinne des § 1 I JGG, jedoch werden – soweit § 46 I OWiG nichts anderes bestimmt – die Vorschriften des JGG sinngemäß auf das Bußgeldverfahren angewandt.[68]

78 Der wichtigste Unterschied des Jugendstrafrechts zum Erwachsenenstrafrechts ist in § 18 I 3 JGG enthalten, wonach die Strafrahmen des Erwachsenenstrafrechts nicht gelten. Nach § 18 I 1 JGG reicht die Jugendstrafe bei Jugendlichen von 6 Monaten bis zu 5 Jahren. Handelt es sich bei der Tat um ein Verbrechen für das nach dem allgemeinen Strafrecht eine Höchststrafe von mehr als 10 Jahren angedroht ist, ist das Höchstmaß der Jugendstrafe 10 Jahre (§ 18 I 2 JGG).

79 Ob die rechtswidrige Tat als Verbrechen oder Vergehen anzusehen ist und wann sie verjährt, richtet sich nach den Vorschriften des allgemeinen Strafrechts (§ 4 JGG).

80 Die §§ 5 bis 8 JGG enthalten eine abschließende Aufzählung der Rechtsfolgen, die das Jugendstrafrecht zulässt, dies sind

– Erziehungsmaßregeln,
– Zuchtmittel,
– Jugendstrafe,
– Unterbringung in einem psychiatrischen Krankenhaus,
– Unterbringung in einer Entziehungsanstalt,
– Führungsaufsicht und
– Entziehung der Fahrerlaubnis.

81 Gemäß § 6 JGG können jedoch alle im Erwachsenenstrafrecht vorgesehenen Nebenfolgen beim jungen Täter ebenfalls eintreten, mit Ausnahme der in § 6 II JGG aufgezählten Folgen (Verlust öffentlicher Ämter sowie des aktiven und passiven Wahlrechts). Ob die durch § 43 a StGB eingefügte Vermögensstrafe ebenfalls dazu zählt, ist wohl zu verneinen, da nach § 43 a III StGB bei Uneinbringlichkeit der Vermögensstrafe eine Ersatzfreiheitsstrafe verhängt wird. Diese Rechtsfolge ist auch mit dem Rechtsfolgensystem des JGG nicht in Einklang zu bringen.[69]

82 Es ist oft auch unter Verteidigern ein Irrtum zu glauben, dass die Rechtsfolgen im Jugendstrafrecht notwendig milder sein müssen als die des Erwachsenenstrafrechts. Dies ergibt sich weder aus dem Gesetz, noch aus der Rechtsprechung, mag es auch in der Praxis der Regelfall sein.

---

67 Zieger Rn 32
68 BayObLG NJW 1972, 837; Eisenberg JGG § 2 Rn 7 ff
69 Nibbeling NStZ 1997, 63; weitere Fallgruppen bei D/S/S-Diemer § 6 Rn 3; Eisenberg JGG § 6 Rn 7

Während bei Erwachsenen das Mindestmaß der Freiheitsstrafe nur 1 Monat ist (§ 38 II StGB), beträgt die Jugendstrafe mindestens 6 Monate (§ 18 I 1 JGG). Die Anrechnung der Untersuchungshaft auf die Haftstrafe kann gem § 52 a JGG ganz oder teilweise unterbleiben, wenn dies dem Richter im Hinblick auf das Verhalten des Angeklagten nach der Tat oder aus erzieherischen Gründen geboten erscheint, während dies bei Erwachsenen nur gem § 51 I 2 StGB hinsichtlich der oben genannten ersten Alternative – Verhalten des Angeklagten nach der Tat – ermöglicht wird und dort der Ausnahmefall ist. Gegen einen Erwachsenen kann ein Verfahren gem § 153 a StPO gegen Auflagen mit seiner und der Zustimmung des Gerichts eingestellt werden, ohne dass der Beschuldigte ein Geständnis ablegen muss. Die vergleichbare Vorschrift des § 45 III JGG verlangt dies hingegen.

Auch in der Rechtsprechung und in Teilen der Kommentarliteratur erfährt der vermeintliche Grundsatz, dass Jugendliche im Jugendstrafverfahren nicht schlechter gestellt sein dürfen als Erwachsene im Erwachsenenstrafverfahren, keine Stütze.[70]

Die Jugendstrafe kann sogar – in allerdings dann besonders zu begründenden Fällen – auch das Höchstmaß der allgemeinen Strafrahmen übersteigen. **83**

cc) Verhältnis der Rechtsfolgen des JGG untereinander

Als Rechtsfolgen einer Jugendstraftat kommen gem § 5 JGG Erziehungsmaßnahmen (§§ 9–12 JGG), Zuchtmittel (§§ 13–16 JGG) und Jugendstrafe (§§ 17 ff JGG) in Betracht. **84**

Die in § 5 ff JGG angeordnete Straffolge – Erziehungsmaßregeln, Zuchtmittel, Jugendstrafe –, welche auch in den §§ 13 und 17 II JGG nochmals bestätigt wird, postuliert den Grundsatz der Subsidiarität im Jugendstrafrecht. Formell strafende Sanktionen sollen zurücktreten, wenn andere Reaktionen als ausreichend erscheinen. Die vom Gesetz (§§ 13 und 17 II JGG) verlangte »Erforderlichkeit« der stärkeren Reaktion/Sanktion ist Ausdruck des im Jugendstrafrecht besonders geltenden Verhältnismäßigkeitsgrundsatzes.[71] Daraus folgt, dass die zuerst zu wählende Sanktion geeignet, erforderlich und verhältnismäßig sein muss.[72] **85**

Es steht somit im Jugendstrafrecht aufgrund des Erziehungsgedankens weniger die Tat und mehr der Täter und seine Persönlichkeit im Vordergrund; deshalb sind Erwägungen der Generalprävention nicht nur völlig unerheblich, sondern auch nach der ständigen Rechtsprechung des BGH unzulässig.[73] **86**

Eine allgemein gültige Regel für die Abgrenzung der drei Gruppen der Unrechtsreaktionsmittel[74] gibt es nicht. Jedoch lässt sich – nach Brunner/Dölling[75] – folgendes sagen: **87**

- Die Zuchtmittel, besonders Verwarnung, Bußzahlung und Jugendarrest sind der erhobene Zeigefinger (§ 13 JGG). Durch Zuchtmittel können nur junge Menschen beeindruckt werden, die geistig und seelisch genügend ansprechbar sind.
- Beim Vorhandensein von Erziehungsmängeln – gleich welchen Grades – auf welchen die Tat auch beruht, sind idR Erziehungsmaßregeln angebracht (§ 9 JGG).

---

70 BGH StV 1982, 27 f; D/S/S-Diemer § 5 Rn 3
71 Zieger Rn 43
72 D/S/S-Diemer § 5 Rn 13 aE
73 Vgl die Nachweise bei D/S/S-Diemer § 5 Rn 5
74 Brunner/Dölling § 5 Rn 5
75 Brunner/Dölling § 5 Rn 5

– Dagegen wird Jugendstrafe nur dann verwirkt sein, wenn erhebliche Anlage-oder Erziehungsmängel zu einer kriminell geprägten Fehlhaltung geführt haben oder wenn es gilt, Kapitalverbrechen zu ahnden (§ 17 JGG).

88   Aus dem Verhältnismäßigkeitsprinzip folgt weiter, dass mit ambulanten Maßnahmen begonnen werden soll, welche nach der Eingriffsintensität wie folgt abgestuft sind:

– Verwarnung (§ 14 JGG),
– Auflage (§ 15 JGG),
– Weisung (§ 10 JGG) und
– Erziehungsbeistandschaft (§ 12 Nr. 1 JGG).

89   Erst wenn diese ambulanten Maßnahmen nicht als ausreichend zur Einwirkung erscheinen, kommen stationäre Maßnahmen in abgestufter Reihenfolge in Betracht:

– Jugendarrest (§ 16 JGG),
– Heimerziehung (§ 12 Nr. 2 JGG) und
– Jugendstrafe (§ 17 ff JGG).[76]

90   Die Abwägung zwischen den verschiedenen ambulanten und stationären Maßnahmen und/oder den mit der Maßgabe der gem § 8 JGG möglichen Kombinationen erfordert zweierlei:[77] Zum einen die Bewertung der im Tatunrecht zum Ausdruck gekommenen Persönlichkeit des Täters im Hinblick auf dessen Erziehungsfähigkeit und Erziehungsbereitschaft, zum anderen eine Prognose hinsichtlich des Erfolges der intendierten ambulanten und/oder stationären Maßnahme(n) nach § 5 JGG. Insbesondere hinsichtlich der Prognose der Geeignetheit und des Erfolges von intendierten Maßnahmen herrscht in der Praxis die intuitive Methode kombiniert mit Alltagstheorien vor. Man begnügt sich mit einer gefühlsmäßigen Erfassung der angeklagten Person ohne Ausbreitung der einzelnen Prognosefaktoren.[78]

91   Demgegenüber schlägt Ostendorf[79] unter Bezugnahme auf ein Arbeitspapier im Rahmen der einstufigen Juristenausbildung die Verwendung einer – einer Checkliste vergleichbaren – Prognosetafel vor, die zumindest einen ersten Einstieg bietet und die Gewähr dafür – auch für den Verteidiger – nichts Elementares übersehen zu haben. Insbesondere bietet die Prognosetafel beim Verteidiger die Möglichkeit, bereits im Vorfeld zusammen mit seinem Mandanten und ggf dessen Erziehungsberechtigten für die Sanktion negative Bewertungskriterien seiner Person zu erfassen und diese zu eliminieren bzw zumindest damit zu beginnen positiv zu erfassen. Auch im Hinblick auf die evtl nicht unerhebliche Zeitspanne bis zur Berufungshauptverhandlung kann die Zwischenzeit so genutzt werden und dem Rechtsmittelgericht können dann neue positive Fakten dargelegt werden, die im Zeitpunkt der Berufungshauptverhandlung das Gericht dazu bewegen können eine andere – mildere Sanktion – nunmehr als angemessen und ausreichend erscheinen zu lassen. Dies gilt entsprechend, wenn eine – erfolgreiche – Revision eingelegt wurde und dann erneut eine Verhandlung ansteht.

---

76 Zieger Rn 44
77 D/S/S-Diemer § 5 Rn 13
78 Ostendorf JGG § 5 Rn 14
79 Ostendorf JGG § 5 Rn 16

b) Erziehungsmaßregeln (§§ 9–12 JGG)

aa) Allgemeines

Gemäß dem Erziehungsgedanken des JGG und der Subsidiarität von Zuchtmitteln **92**
und Jugendstrafe hat das Gericht vor deren Verhängung zu prüfen, ob nicht Erziehungsmaßregeln zur Einwirkung auf den Jugendlichen/Heranwachsenden ausreichend sind.

Besonders beliebt in der Praxis bei den Erziehungsmaßnahmen ist die Erteilung **93**
von Weisungen, die auch bei Heranwachsenden zulässig ist. Gemäß gesetzgeberischer Definition sind Weisungen, Gebote und Verbote, welche die Lebensführung
des Jugendlichen regeln und dadurch seine Erziehung fördern sollen (§ 10 I 1 JGG).

Die Auflage von Weisungen ist verfassungsrechtlich in doppelter Hinsicht proble- **94**
matisch. Zum einen ist strittig, ob diese Regelung dem Bestimmtheitsgrundsatz des
Art. 103 II GG genügt, wobei schon streitig ist, ob dieser für strafrechtliche Auflagen und Weisungen überhaupt gilt.[80] Weiterhin ist zu beachten, dass die verhängten
Weisungen oft grundrechtlich geschützte Positionen tangieren und daher (insoweit)
Grundrechtskonformität geleistet sein muss. Berührt werden können durch Weisungen insbesondere die Art. 4 GG (Glaubens- und Religionsfreiheit), Art. 9 GG
(Koalitionsfreiheit), Art. 12 GG (Berufsfreiheit) sowie Art. 6 II GG (Erziehungsrecht) und natürlich – wie bei jedem staatlichen Eingriff – die allgemeine Handlungsfreiheit gem Art. 2 I GG.

Weisungen müssen in ihrer konkreten Form so ausgestaltet sein, dass sie auch kon- **95**
trollierbar sind, dies ergibt sich schon aus dem erzieherischen Anliegen des Jugendstrafrechts. Darüber hinaus müssen sie sowohl in ihrer konkreten Ausgestaltung als
auch in ihrem Ausmaß tatbezogen sein, wobei letzteres bereits aus dem Verhältnismäßigkeitsgrundsatz folgt.

Der Verteidiger wird seinen Mandanten darauf hinweisen, dass die Weisungen nicht **96**
unabänderbar sind, sondern unter gewissen Voraussetzungen nur den Charakter
einer vorläufigen Regelung haben. Der Richter kann auch nach Urteilsrechtskraft
gem § 65 I JGG – nach Anhörung der Staatsanwaltschaft und des Jugendlichen/He-
ranwachsenden – durch Beschluss Weisungen ändern und von ihnen befreien. Hier
ist somit auch noch nach rechtskräftiger Verurteilung ein weites Betätigungsfeld für
den Verteidiger mit großen Chancen und Möglichkeiten für den Mandanten. Geeignete positive Entwicklungen des Jugendlichen/Heranwachsenden können somit
nochmals – und dass auch nach Rechtskraft – zu einer Überprüfung der verhängten
Sanktionen führen und ggf zu einer Abänderung. Hier gilt es für den Verteidiger,
zumindest bis zur Erledigung der Erziehungsmaßregeln mit dem Mandanten
Kontakt zu halten und auf eine positive Abänderung in seinem Sinne hinzuwirken.
Ggf hilft zur Zeitgewinnung auch ein Antrag auf Vollstreckungsaufschub gem § 456
StPO.[81]

Die abändernde oder ablehnende Entscheidung ergeht durch Beschluss. Wird die **97**
Abänderung von Weisungen abgelehnt, ist der Beschluss nicht anfechtbar gem
§ 65 II 1 JGG, was mit dem Rechtsgedanken des § 55 I JGG begründet wird. Dies

---

80 Verneinend: Dürig in Maunz/Dürig/Herzog/Scholz Art. 103 II GG Rn 118; Schönke/Schröder-
   Stree § 56 c Rn 3; LK-Gribbohm § 56 e Rn 4; bejahend: Bruns NJW 1959, 1393 ff; ders GA 1959,
   206 ff
81 Vgl dazu im Einzelnen mit Checklisten und Anregungen für die Verteidigung: Heimann StV
   2001, 54 ff

Heimann

soll nicht gelten für den Antrag, Auflagen zu ändern oder von Weisungen und Auflagen zu befreien, da in den §§ 11 II, 15 III 1 JGG zwischen Änderung und Befreiung sowie zwischen Weisung und Auflage differenziert wird.[82] Insoweit ist die einfache Beschwerde gegeben (§ 304 StPO iVm § 2 JGG).

98   Der Verteidiger wird seinem Mandanten nahe legen, die gegen ihn verhängten Weisungen auch zu befolgen, da die (schuldhafte) Nichtbefolgung von Weisungen – die idR von den Vertretern der Jugendgerichtshilfe überwacht wird – zur Verhängung von Jugendarrest führen kann. Dies setzt voraus, dass eine Belehrung über die Folgen schuldhafter Zuwiderhandlung erfolgt ist (§ 11 III 1 JGG).

Der dann verhängte Jugendarrest darf die Dauer von 4 Wochen nicht überschreiten (§ 11 III 2 JGG). Er braucht nicht abgebüßt werden, wenn nach der Verhängung des Arrestes der Weisung nachgekommen wird (§ 11 III 3 JGG).

99   In einem OWi-Verfahren kann gem §§ 98 II bis IV OWiG ein Ungehorsams-Arrest von längstens einer Woche verhängt werden, wenn einer Ahndung, welche gem § 98 I OWiG anstelle der nicht gezahlten Geldbuße aufgrund eines Bußgeldbescheides ergangen ist, keine Folge geleistet wird.

100   Die Verhängung von Jugendarrest ist mit der sofortigen Beschwerde angreifbar, die aufschiebende Wirkung hat (§ 65 II 2, 3 JGG).

Folgende Weisungen haben besondere Praxisrelevanz:

bb)   Freizeitarbeiten (§ 10 I 3 Nr. 4 JGG)

101   Diese Weisung sieht sich – entgegen mancher Ansicht in der Fachliteratur – keinen verfassungsrechtlichen Bedenken ausgesetzt im Hinblick auf Art. 12 II, III GG.[83]

102   Bei der Arbeitsleistung, die meist durch die Jugendgerichtshilfe vermittelt wird, besteht Versicherungsschutz gem § 540 RVO[84] und jetzt gem § 2 II 2 SGB VII (vgl RL5 zu § 10 JGG).

103   Der Verteidiger hat auf die Einhaltung des JArbSchG zu achten sowie weitere Gefahren – zB Verlust des Arbeitslosengeldes – zu kontrollieren. Auf die Vermeidung der Bloßstellung des Mandanten in der Öffentlichkeit ist besonders Gewicht zu legen.

104   Die Laufzeit der Freizeitarbeit ist auf maximal 2 Jahre angelegt (§ 11 I, 1. HS JGG).

cc)   Sozialer Trainingskurs (§ 10 I 3 Nr. 6 JGG)

105   Im Rahmen von sozialen Trainingskursen (§ 10 I 3 Nr. 6 JGG) soll Jugendlichen die Sozialkompetenz vermittelt werden, ein Leben ohne Straftaten zu führen. Sie sind insbesondere als Drogen- und Anti-Gewalt-Seminar zur Einwirkung auf den jungen Täter geeignet und verstehen sich als Alternative und Ersatz zu Heilmaßnahmen. Eine Erfolgskontrolle zwischen sozialen Trainingskursen und Arrest ergab eine deutlich geringere Rückfallquote für Teilnehmer an sozialen Trainingskursen.[85]

---

82 Ostendorf JGG § 65 Rn 7; Brunner/Dölling § 65 Rn 8; Eisenberg JGG § 65 Rn 16; LG Freiburg JR 1988, 523 m zust Anm Eisenberg = NJW 1988, 45
83 BVerfGE 1974, 102 ff; NStZ 1987, 502 f m Anm Schaffstein; sowie Bosch FamRZ 1987, 566 = BVerfG NJW 1991, 1043 f; siehe auch BVerfG NJW 1983, 442 u NJW 1982, 323; vgl aber auch Mrozynski JR 1983, 397 ff
84 Vgl auch RLJGG zu § 10 Nr. 5; BGH VersR 59, 109
85 Wellhöfer MSchKrim 1995, 42 ff; Ostendorf JGG § 10 Rn 17; Böhm NJW 1991, 535 sowie Kraus/Rolinski MSchKrim 1992, 32 ff

Sollten die Seminare eine Gruppenarbeit erfordern, welche nur bei einer Bereitschaft zur Mitarbeit vom Jugendlichen/Heranwachsenden möglich ist, ist dieser spätestens vor der Urteilsverkündung – gegebenenfalls schon vorher – durch die Jugendgerichtshilfe dazu zu befragen und dessen Bereitschaft einzuholen (RL JGG § 10 3 S 2 iVm RL JGG § 10 2 S 3). **106**

Da die Kurse eine nicht unerhebliche zeitliche Inanspruchnahme erfordern, sind sie nicht für Bagatellfälle geeignet,[86] sondern den Fällen leichter bis mittlerer Kriminalität vorbehalten.[87] **107**

Zur Anhörungspflicht des Leiters der Trainingskurse siehe §§ 50 IV 2 und 65 I 2 JGG. **108**

dd) Täter-Opfer-Ausgleich (§ 10 I 3 Nr. 7 JGG)

Der Täter-Opfer-Ausgleich gilt als die wichtigste Erneuerung in der Sanktionierung und als vielversprechender Ansatz, stationäres strafrechtliches Eingreifen zu vermeiden oder zu beschränken.[88] **109**

Hat dieses Institut mittlerweile auch im Erwachsenenstrafrecht Eingang gefunden, in § 46 a StGB mit erheblichen Strafrahmenverschiebungen bis zum Absehen von Strafe, findet es jedoch dort in der Strafbemessungspraxis der Gerichte kaum Anwendung. Jedwede dazu unternommene Anstrengung des Angeklagten wird regelmäßig – wie auch schon vor Einführung des Täter-Opfer-Ausgleiches im Erwachsenenstrafrecht – bei der Strafzumessung lediglich beim Katalog des § 46 II StGB (Nachtatverhalten) abgehandelt.

Für den Jugendstrafverteidiger ist jedoch gut zu wissen ist, dass die Anforderungen an den Täter-Opfer-Ausgleich gem § 10 I Nr. 7 JGG immer deutlich geringer sind als im Erwachsenenstrafrecht.[89] Das einseitige ernsthafte Bemühen des jungen Täters um einen solchen Ausgleich reicht aus. **110**

Das Gesetz sieht keine Anleitung dazu vor, wie ein Täter-Opfer-Ausgleich bzw das Bemühen dazu auszusehen hat.[90] **111**

Der Strafverteidiger sollte bereits nach dem ersten Mandantengespräch diesbezügliche Weichenstellungen – auch im Hinblick auf eine eventuelle später mögliche Diversion gem § 45 II JGG – treffen und die dementsprechende Vermittlung übernehmen.

Der Täter-Opfer-Ausgleich dient besonders dem Erziehungsgedanken des Jugendstrafrechts, lernt der Jugendliche/Heranwachsende doch, die Verantwortung für seine Tat zu übernehmen und sich den für ihn sichtbar gemachten Unrechtsfolgen zu stellen. Die Werbung des Täters beim Opfer um Entschuldigung für sein Verhalten und dessen Erklärungsversuche lassen den Täter in eine intensive Auseinandersetzung mit sich selbst und den Hintergründen und den Motiven für seine Straftat treten. **112**

Der Verteidiger hat durch vorsichtige und einfühlsame Kontaktaufnahme darüber zu wachen, dass der Geschädigte nicht bedrängt wird und dass zunächst dessen Be- **113**

---

86 Böttcher/Weber NStZ 1990, 564
87 D/S/S-Diemer § 10 Rn 41
88 Krit ggü diesem Rechtsinstitut: Lammer StraFo 1997, 237 ff; ablehnend für das JGG: Albrecht S 180 ff, 184 ff; mit ausführlicher Begründung und positiv hingegen: Schreckling/Pieplow ZRP 1989, 10 ff; zusammenfassend: Dölling JZ 1992, 493 ff
89 BGH NStZ 1995, 492
90 Vgl Ostendorf Jugendstrafrecht S 29 f

reitschaft, sich auf eventuelle Kontakte einzulassen, geklärt ist. Überraschende und unerwünschte direkte Kontakte zwischen Täter und Opfer sind zu vermeiden.

c)   Zuchtmittel (§§ 13–16 JGG)

aa)   Allgemeines

114   Wenn Erziehungsmaßnahmen nicht ausreichen und eine Jugendstrafe noch nicht geboten ist, sind Zuchtmittel zu verhängen. Diese sollen dem Jugendlichen/Heranwachsenden aber eindringlich ins Bewusstsein bringen, dass er für das von ihm begangene Unrecht einzustehen hat. Dementsprechend sollen Zuchtmittel nur gegen im Grunde »gutartige« und erzieherisch ansprechbare Jugendliche verhängt werden.[91] Der Anwendungsbereich wird bestimmt durch die Rückfallprognose (keine schädlichen Neigungen, die eine Jugendstrafe erfordern) und durch das Verhältnismäßigkeitsprinzip.[92]

115   Da Zuchtmittel nicht die Wirkung einer Strafe haben (§ 13 III JGG), darf sich der zu Zuchtmitteln Verurteilte als »nicht vorbestraft ausgeben«.[93] Dementsprechend erfolgt auch nur eine Eintragung ins Erziehungsregister (§ 60 I 2 BZRG).

In einem späteren Strafverfahren gegen den Verurteilten darf das Verfahren zwar gegen ihn zum Nachteil dahingehend verwertet werden, dass er sich nicht immer einwandfrei geführt hat; die strafschärfende Berücksichtigung er sei »einschlägig vorbestraft« ist dagegen nicht zulässig.[94]

116   Die Gefahr der Verurteilung zu Zuchtmitteln begründet auch ein Auskunftsverweigerungsrecht gem § 55 StPO.[95]

117   Zuchtmittel sind der Begnadigung nicht entzogen; dies kommt aber wohl nur selten in Betracht.[96] Beim Jugendarrest darf die Vollstreckung nur in besonderen Ausnahmefällen und nur kurzfristig unterbrochen werden (BayGnadenO § 29).

118   Im Hinblick auf einen eventuellen Wehrdienst des Mandaten ist der Verteidiger gefordert, auf die Einhaltung des § 8 WDO zu achten, welcher eine Berücksichtigung des Zuchtmittels fordert[97] um eine Doppelbestrafung zu vermeiden. Das Bundesverfassungsgericht hat dazu judiziert, dass eine kumulative strafrechtliche und disziplinarrechtliche Sanktionierung wegen derselben Tat trotz Art. 103 GG zulässig sein soll.[98] Es müssen allerdings die Sanktionen wechselseitige Berücksichtigung finden, je nachdem, welche Sanktionsstärke ausgesprochen wurde.

119   Das Gesetz sieht folgende Zuchtmittel in § 13 II JGG vor:

– Verwarnung (§ 14 JGG)
– Auflagen (§ 15 JGG)
– Jugendarrest (§ 16 JGG)

---

91 BGHSt 18, 207 ff (209); MDR 1963, 518
92 Brunner/Dölling § 13 Rn 3; D/S/S-Diemer § 13 Rn 4, 7; Eisenberg § 13 Rn 11 f; Ostendorf Grdl. zu § 13 Rn 4, § 13 Rn 3; Zieger S 38
93 D/S/S-Diemer § 13 Rn 8; Ostendorf JGG § 13 Rn 4
94 BGH Urteil vom 13. 3. 1975 – 4 St 50/75 bei D/S/S-Diemer § 13 Rn 8
95 BGHSt 9, 34 ff
96 Vgl zB BayGnadenO § 4 III sowie die Bekanntmachung dazu Art. 3 S 3
97 WDS NZWehrR 1988, 256
98 BVerfGE 21, 378, 391; 27, 184 ff

Heimann

bb) Verwarnung

Die Verwarnung weist auf die drohende Sanktion im Falle einer Wiederholung hin   **120**
und ist das mildeste Zuchtmittel.[99]

Die Ermahnung gem § 45 JGG unterscheidet sich von der Verwarnung dadurch,   **121**
dass erstere formlos erteilt wird und zur Einstellung des Verfahrens führt (§§ 45
III 1, 47 I 3 JGG). Sie ist kein Zuchtmittel und kommt dann in Betracht, wenn Erziehungsmaßregeln (§§ 51, 9 JGG) oder eine gerichtliche Ahndung (§§ 5 II, 13, 17
JGG) nicht einschlägig sind.

Zweckmäßigerweise ist die Verwarnung direkt im Anschluss an das Urteil durchzuführen. Das ist jedoch dann problematisch, wenn dieses nicht sofort rechtskräftig
wird. In diesen Fällen ist ein Verwarnungstermin anzuberaumen, in dem die persönliche Erteilung der Verwarnung durch den Jugendrichter vorzunehmen ist. Problematisch ist in diesen Fällen, dass es für den Fall des Nichterscheinens des Verurteilten keine Rechtsgrundlage zu deren Erzwingung gibt.[100]

Alternativ wird die Verwarnung schriftlich vollzogen. Ob eine schriftliche Verwar-   **122**
nung aus erzieherischen Gründen sinnvoll ist, mag bezweifelt werden. Sie ist auch
sicherlich nicht geeignet, dem Verurteilten das Unrecht seiner Tat eindringlich vorzuhalten. (Papier ist geduldig).[101]

Um dem Mandanten einen zweiten Termin zu ersparen, hat der Verteidiger zu prüfen, ob hier nicht ein Rechtsmittelverzicht – auch wegen der beschränkten Anfech-
tungsmöglichkeit gem § 55 I JGG – sinnvoll ist. Bei einer Freispruchverteidigung
kommt dies natürlich nicht in Betracht. Gegebenenfalls ist mit dem Mandanten bereits vor der Verhandlung ein möglicher Rechtsmittelverzicht für den Fall der Erteilung einer Verwarnung abzusprechen.

Nimmt der Staatsanwalt im vereinfachten Jugendverfahren (§§ 76–78 JGG) nicht an   **123**
der HV teil, hat der Verteidiger darauf hinzuwirken, dass dieser bereits in seinem
Antrag auf Entscheidung im vereinfachten Jugendverfahren Rechtsmittelverzicht für
den Fall erklärt, dass lediglich auf Verwarnung erkannt wird. Andernfalls erscheint
eine von Ostendorf[102] vorgeschlagene Alternative der Verwarnung unter dem Vorbehalt der Rechtskraft des Urteils möglich, um dem Mandanten einen weiteren Termin
vor dem Richter zu ersparen. Durchgreifende Bedenken hinsichtlich der Anwendung einer solchen Vorgehensweise bestehen nicht, im Erwachsenenstrafrecht ist sie
gem § 59 StGB bei der Verwarnung mit Strafvorbehalt auch möglich.[103]

cc) Auflagen

Die zulässigen Auflagen sind in § 15 I JGG abschließend aufgezählt: **124**

– die Schadenswiedergutmachung beim Verletzen § 15 I 1 Nr. 1 JGG
– die persönliche Entschuldigung beim Verletzten § 15 I 1 Nr. 2 JGG
– die Erbringung von Arbeitsleistungen § 15 I 1 Nr. 3 JGG
– die Zahlung eines Geldbetrages zugunsten einer gemeinnützigen Einrichtung
  § 15 I 1 Nr. 4 JGG

---

99 Zur Verwarnung im allgemeinen Strafrecht gem § 59 StGB vgl Dencker StV 1986, 399 ff
100 D/S/S-Diemer § 14 Rn 7; Eisenberg JGG § 14 Rn 10 f; Brunner/Dölling § 14 Rn 3; Ostendorf
     JGG § 14 Rn 3; Ziegler Rn 7; Böhm Jugendstrafrecht S 185; Albrecht S 207
101 D/S/S-Diemer § 14 Rn 7; Eisenberg JGG § 14 Rn 10; Brunner/Dölling § 14 Rn 6; Ostendorf
     JGG § 14 Rn 7; Albrecht S 208; Böhm S 182
102 Ostendorf JGG § 14 Rn 9
103 Schönke/Schröder-Stree § 59 Rn 17; Tröndle/Fischer § 59 Rn 2

Andere oder darüber hinausgehende Auflagen kommen nicht in Betracht.

125 Der Unterschied zu den Weisungen liegt darin, dass mit diesen die Regelung der Lebensführung des Jugendlichen intendiert ist, während die Auflagen dem Jugendlichen/Heranwachsenden durch Auferlegung einer Leistungspflicht das begangene Unrecht und die daraus erwachsenen Folgen bewusst machen sollen.[104]

126 Der Verhältnismäßigkeitsgrundsatz ist in § 15 I 2 JGG zum Ausdruck gebracht, wo verlangt wird an den Verurteilten bei den Auflagen keine unzumutbaren Anforderungen zu stellen.

127 Der Richter kann seit dem 1. JGG-ÄndG vom 1. 12. 1990 nachträglich Auflagen ändern oder von ihrer Erfüllung ganz oder zum Teil absehen, wenn dies aus Gründen der Erziehung geboten ist (§ 15 III 1 JGG). Andere Gründe, als die der Erziehung, (etwa beim Opfer mittlerweile eingetretene schwere Tatfolgen) tragen nicht eine Änderung der Auflage. Entsprechend dem ausdrücklichen Gesetzeswortlaut ist eine solche Änderung auch nur im Rahmen der Auflagen möglich. Eine Weisung darf nicht erteilt werden. In diesem Rahmen gilt das Verschlechterungsverbot nicht, so dass die geänderten Auflagen den Jugendlichen/Heranwachsenden auch härter treffen können.[105]

128 Bei schuldhafter Nichterfüllung von Auflagen kann der Richter Jugendarrest verhängen (§ 15 III JGG), bei der Auflage einer persönlichen Entschuldigung ist dies jedoch bedenklich.

129 Nach der Vollstreckung des Jugendarrestes kann der Richter von der Erfüllung der Auflage absehen und diese ganz oder zum Teil für erledigt erklären (§ 15 III 3 JGG). Wann und unter welchen Umständen dies erfolgen soll, ist umstritten.[106]

130 – Wiedergutmachung des durch die Tat verursachten Schadens

Diese Auflage ist eine besondere Ausgestaltung des Täter-Opfer-Ausgleichs gem § 10 I Nr. 7 JGG und steht im rechtlichen Umfeld des § 46 a StGB.

Das Bemühen »nach Kräften« ist im Rahmen des Verhältnismäßigkeitsgrundsatzes des § 15 I 2 JGG und heißt auch im Hinblick auf § 11 III 2 JGG nichts anderes, als dass das persönliche und wirtschaftliche Leistungsvermögen des Jugendlichen zu berücksichtigen ist. Es muss eine zivilrechtliche Verpflichtung bestehen, welche auch zugleich die Obergrenze der Auflage darstellt.[107]

131 – Persönliche Entschuldigung beim Verletzten (§ 15 I 1 Nr. 2 JGG)

Die persönliche Entschuldigung – die Entschuldigung durch einen Dritten übermittelt reicht nicht – ist vom Gesetz gefordert. Ob die Entschuldigung eine geeignete Sanktion ist und ob sie zwangsweise durchgesetzt werden kann, ist umstritten.[108]

Der Verteidiger wählt diese Sanktion gegebenenfalls – soweit keine Freispruchverteidigung erfolgt – durch freiwillige Vorabentschuldigung seines Mandanten beim Opfer aus dem Katalog der Zuchtmittel aus. Eine zweimalige Entschuldigung ist sinnlos. Entsprechend dem Rechtsgedanken des § 46 a StGB, welcher wie alle Straf-

---

104 Eisenberg JGG § 15 Rn 3; Zieger Rn 58; Albrecht S 109; Schaffstein/Beulke S 128
105 D/S/S-Diemer § 15 Rn 22 mwN; aA Ostendorf JGG § 15 Rn 19 »nicht eingriffsintensiver«
106 »Generelle Verpflichtung« Ostendorf JGG § 15 Rn 20; »nicht grundsätzlich« Brunner/Dölling § 15 Rn 13; »bei bestimmten Voraussetzungen« D/S/S-Diemer § 15 Rn 26
107 Allgem M zB D/S/S-Diemer § 15 Rn 8; Eisenberg JGG § 15 Rn 8; Albrecht S 213; Frehsee NJW 1981, 1253 f
108 Vgl einerseits skeptisch Ostendorf JGG § 15 Rn 11; andererseits D/S/S-Diemer § 15 Rn 13

milderungsgründe des Erwachsenenstrafrechts auch im Jugendstrafrecht zu berücksichtigen ist,[109] wird somit bereits im Vorfeld ein relevanter Einfluss darauf genommen, in welcher Sanktions»klasse« der Verteidiger für seinen Mandanten um ein bestmögliches Ergebnis bemüht ist.

– Erbringung einer Arbeitsleistung (§ 15 I 1 Nr. 3 JGG)   **132**

Die Auflage eine Arbeitsleistung zu erbringen, ist identisch mit der Weisung des § 10 I 3 Nr. 4 JGG. Deshalb wird teilweise in der Durchführung von Arbeitsweisung und Arbeitsauflage kein Unterschied gesehen,[110] obwohl eine dogmatische Diskrepanz natürlich nicht geleugnet werden kann.

Die Gesetzesbegründung für die durch das 1. JGGÄndG zum 30. 8. 1990 eingefügte   **133** Vorschrift geht dahin, dem jugendrichterlichen Praxisbedürfnis Rechnung zu tragen, die Verpflichtung zur Leistung gemeinnütziger Arbeit nicht nur als reine Erziehungsmaßregel, sondern auch auferlegen zu können, um dem Jugendlichen eindringlich zu Bewusstsein zu bringen, dass er für das von ihm begangene Unrecht einzustehen hat (§ 13 I JGG) – also als Zuchtmittel.

Ob die Praxis im Hinblick auf das faktische Erleben der Identität der beiden unter-   **134** schiedlichen Sanktionen durch den Verurteilten der feinsinnigen Unterscheidung immer gerecht zu werden vermag, soll dahingestellt bleiben. Verfassungsmäßige Bedenken sind bereits angemeldet.[111]

Sobald dem Verteidiger aus dem Verlauf der HV oder schon vorher erkennbar wird,   **135** dass die Erbringung einer Arbeitsleistung als Sanktion in Betracht kommt, hat er darauf hinzuwirken, dass dies im Rahmen einer Weisung und nicht als Auflage verhängt wird.

Als Folge wird teilweise in der Durchführung von Arbeitsweisung und Arbeitsauflage kein Unterschied gesehen.[112]

– Zahlung eines Geldbetrages zugunsten einer gemeinnützigen Einrichtung (§ 15 I 1   **136** Nr. 4 JGG)

Im Unterschied zum allgemeinen Straf- und Strafverfahrensrecht ist der Geldbetrag stets an eine gemeinnützige Einrichtung zu leisten. Zahlungsauflagen an die Staatskasse sind unzulässig. Die Auflagen sind nicht mit der Geldstrafe im Erwachsenenrecht gleichzusetzen, weil diese das JGG nicht kennt. Die Geldstrafe ist für den mit dem JGG verfolgten Strafzweck ungeeignet.[113]

Wie bei allen Auflagen des Gerichts dürfen an den Verurteilten keine unzumutba-   **137** ren Anforderungen gestellt werden (§ 15 I 2 JGG), was besonders hier gilt.

Die Geldauflage muss – worüber der Verteidiger zu wachen hat – bei leichten Verfehlungen einerseits im angemessenen Verhältnis zu den Einkommens- und Vermögensverhältnissen des Täters stehen und zum Unrechtsgehalt der Tat andererseits. Der Verteidiger hat auf Ratenzahlungen[114] hinzuwirken, wenn andernfalls die Aufbringung des Geldbetrages nicht möglich ist. Er wird auch das Gericht auf die eventuelle Gefahr einer Streuwirkung zu Lasten der Angehörigen und Familie des

---

109 D/S/S-Sonnen § 18 Rn 14
110 Eisenberg JGG § 15 Rn 13 a mwN
111 Eisenberg JGG § 15 Rn 14; Ostendorf JGG § 15 Rn 13
112 Eisenberg JGG § 15 Rn 13
113 BGHSt 6, 258; D/S/S-Diemer § 15 Rn 17
114 Gem § 42 StGB analog Brunner/Dölling § 15 Rn 12; Ostendorf JGG § 15 Rn 16

Heimann

Angeklagten hinzuweisen haben. Bei Drogentätern ist – zumindest, wenn es sich um Beschaffungskriminalität handelt – eine Geldstrafe gem § 15 I 1 Nr. 4 JGG regelmäßig ungeeignet.

138   Eine Geldauflage gemäß § 15 II Nr. 2 JGG setzt voraus, dass ein Gewinn oder Entgelt aus der Tat noch vorhanden ist.[115] Die Erfahrung lehrt, dass dies regelmäßig nicht der Fall ist. Der Einzug des Wertersatzes (§ 74 c StGB) und die Abführung des Mehrerlöses (§ 8 WiStG) über den tatsächlich noch vorhandenen Erlös hinaus ist nicht gestattet.[116]

Hier ist der Verteidiger gefordert, transparent und nachvollziehbar darzulegen, welcher Betrag tatsächlich noch vorhanden ist bzw wohin das Geld geflossen ist.

dd) Jugendarrest (§§ 16, 52, 86, 87 JGG, JAVollzO)

139   Der Jugendarrest ist gedreiteilt. Jugendarrest kann gem § 16 I JGG verhängt werden in Form des Freizeitarrestes, Kurzarrestes oder des Dauerarrestes.

140   Nach dem BGH[117] kommt der Jugendarrest vor allem in Betracht für Verfehlungen aus

- Unachtsamkeit,
- jugendlichem Kraftgefühl,
- Übermut,
- typischen jugendlichen Neigungen,
- jugendlichem Vorwärtsstreben,
- jugendlicher Trotzhaltung,
- jugendlicher Abenteuerlust,
- mangelnder Selbstständigkeit
- sowie bei Gelegenheits- und Augenblicksverfehlungen, die sich aus einer plötzlich auftretenden Situation ergeben, ohne dass der Täter sonst zu kriminellem Verhalten neigt.

141   Der Jugendarrest soll (nach dem BGH) Ausgleich für begangenes Unrecht sein und durch seine Einflussnahme auf den Jugendlichen auch der Besinnung dienen, ferner auf ihm abschreckend wirken. Die Befürworter dieses Zuchtmittels versprechen sich einen Besserungseffekt durch einen »short-sharp-shock«.[118] Zum Sinn und Ziel des Jugendarrestes vergleiche auch § 90 JGG. Der Jugendarrest ist keine Strafe.

Dieses schärfste Zuchtmittel wird idR für leichtere Verfehlungen nicht erforderlich sein, für schwerere hingegen zumeist nicht ausreichend sein.

142   Für die Vollstreckung des Arrestes ist der Jugendrichter zuständig (§§ 84, 85 JGG).

143   – Freizeitarrest

Der Freizeitarrest umfasst ein oder zwei Wochenenden des Jugendlichen (§ 16 II JGG). Dass eine Freizeit höchstens 48 Stunden umfasst, ergibt sich aus § 16 III 2 JGG, wo ausgeführt ist, 2 Tage Kurzarrest stehen einer Freizeit gleich. Der Freizeitarrest beginnt regelmäßig am Sonnabend um 8.00 Uhr – bei Schulbesuch oder Arbeit um 15.00 Uhr – und endet am Montag um 7.00 Uhr (§ 25 III JAVollzO).

---

115 Eisenberg JGG § 15 Rn 18
116 D/S/S-Diemer § 15 Rn 17 aE
117 BGHSt 18, 209; Peters ZStW 60 (1941), 559 f; siehe dazu auch: Schaffstein/Beulke S 134
118 Brunner/Dölling § 16 Rn 6

Der Verteidiger hat auf Ausnahmen von dieser starren Zeitregelung hinzuwirken, wenn andernfalls Schule, Ausbildung oder Arbeit des Mandanten beeinträchtigt werden.

– Kurzarrest

144

Der Kurzarrest, der anstatt des Freizeitarrestes verhängt wird, wo dies aus erzieherischen Gründen notwendig erscheint (§ 16 III JGG), beträgt mindestens 2 und höchstens 4 Tage.

Für eine zusammenhängende Vollstreckung des Kurzarrestes bieten sich vor allem die Ferien- und Urlaubszeit an, aber auch Zeiten der Arbeitslosigkeit. Darauf sollte der Verteidiger achten.

– Dauerarrest

145

Das Mindestmaß des Dauerarrestes beträgt 1 Woche, das Höchstmaß 4 Wochen – nicht einen Monat! (§ 16 IV I JGG). Innerhalb dieses Zeitraums ist auch eine Bemessung nach Tagen möglich, was sich insbesondere dann anbietet, wenn wegen Urlaub oder Feiertagen dadurch ein homogener Arrestblock entsteht. Der Verteidiger sollte diesbezüglich hinsichtlich der Vollstreckung den Kalender im Auge halten. Dauerarrest wird idR auch nur für minderschwere Straftaten in Betracht kommen.

Vollstreckung des Arrestes

146

Die Vollstreckung des Arrestes richtet sich nach den §§ 83–87 JGG. Aufgrund der vorherrschenden »short-sharp-shock« Arrestideologie soll der Vollstreckungsleiter bereits 6 Monate nach Rechtskraft von der Vollstreckung des Urteils aus Erziehungsgründen Abstand nehmen (§ 87 III JGG). Nach Ablauf eines Jahres nach Rechtskraft des Urteils ist die Vollstreckung unzulässig (§ 87 IV JGG).

Soweit Jugendarrest zu vollstrecken ist und der Verurteilte ihn nicht antritt, soll er nach RLJGG Nr. 7 zu §§ 82–85 JGG polizeilich zugeführt werden können. Dafür existiert jedoch nach herrschender Meinung,[119] der voll zuzustimmen ist, keine Rechtsgrundlage.[120] § 457 StPO (Haftbefehl) ist nicht anwendbar, weil es sich bei Jugendarrest nicht um eine Kriminalstrafe handelt.

Hinsichtlich hoher Rückfallquoten bei der Verhängung von Jugendarrest soll der Verteidiger darauf nur plädieren, wenn wegen der Strafe bereits Untersuchungshaft gem § 72 JGG erlitten wurde.[121] § 52 JGG sieht vor, dass im Hinblick auf die erlittene Untersuchungshaft, angeordnet werden kann, dass Jugendarrest ganz oder teilweise nicht vollstreckt wird.

147

d) Jugendstrafe (§§ 17–31, 57–67 JGG)

aa) Allgemeines

Jugendstrafe ist definiert als »Freiheitsentziehung in einer Jugendstrafanstalt« (§ 17 I JGG). Sie ist die härteste Sanktion des Jugendstrafrechts und echte Kriminalstrafe, aber nicht der Freiheitsstrafe gleichgestellt (§ 91 JGG).

148

---

119 D/S/S-Sonnen § 16 Rn 27 und § 85 Rn 2; Strafverteidigung-Schlag (1. Aufl.) § 21 Rn 363; aA D/S/S-Diemer § 90 Rn 8; Ostendorf JGG § 85 Rn 3; Brunner/Dölling § 16 Rn 21
120 Hinrichs StV 1990, 380
121 Zieger Rn 60; Strafverteidigung-Schlag (1. Aufl.) § 21 Rn 364

Jugendstrafe wird nur verhängt, wenn keine mildere Sanktion in Betracht kommt (§ 17 II JGG) und sie wegen schädlicher Neigungen, die aus der Tat hervorgetreten sind, oder wegen der Schwere der Schuld, erforderlich ist (§ 17 II JGG).

bb) Schädliche Neigungen

149 Schädliche Neigungen sind nach der von der Rechtsprechung des BGH[122] entwickelten Kurzformel dann vorliegend, wenn »erhebliche Anlage- oder Erziehungsmängel die Gefahr begründen, dass der junge Mensch ohne längere Gesamterziehung durch weitere Straftaten die Gemeinschaftsordnung stören wird«.

Somit müssen 3 Voraussetzungen vorliegen: Persönlichkeitsmängel, notwendige Gesamterziehung und negative Prognose.[123]

150 – Persönlichkeitsmängel

Die für die Annahme der schädlichen Neigungen erforderlichen Persönlichkeitsmängel müssen vor, während und nach der Tat vorhanden sein. Die Gesamtpersönlichkeit des Jugendlichen sowie sein bisheriger Lebensweg in Familie, Schule, Ausbildung, Arbeit und wirtschaftliche Verhältnisse sind zu berücksichtigen.[124]

Der Verteidiger hat hier positive Ansätze aufzuzeigen, sowie weiterhin darauf hinzuweisen, dass vieles was bei Erwachsenen einen Persönlichkeitsmangel darstellen kann, bei Jugendlichen und Heranwachsenden ein Phänomen ist, das einer bestimmten Entwicklungsstufe regelmäßig immanent ist.

151 Bei der Ersttat werden deshalb regelmäßig noch keine schädlichen Neigungen festgestellt werden können,[125] was aber seltene Ausnahmen nicht ausschließt.

Auch bei vorher gem §§ 45, 47 JGG eingestellten Verfahren ist der Betroffene wie ein Ersttäter zu behandeln.[126]

152 – Notwendigkeit der Gesamterziehung

Die erforderliche längere Gesamterziehung ist als Erziehung in einer Jugendstrafanstalt oder im Rahmen der Bewährungshilfe zu verstehen.[127]

Im Hinblick auf die Realitäten im Vollzug,[128] wird der Verteidiger das Gericht deutlich darauf hinzuweisen haben, dass eine Gesamterziehung im Vollzug wegen der dort kaum dazu vorhandenen Möglichkeiten ausscheidet und gegen eine Gesamterziehung im Vollzug bereits die eklatant hohe Rückfallquote spricht.[129]

153 – negative Prognose

Als letzte Voraussetzung verlangt die Rechtsprechung die Befürchtung, dass weitere Straftaten begangen werden, wobei die Rückfallgefahr für erhebliche Straftaten bestehen muss.[130]

---

122 BGHSt 11, 169; 12, 261; NZStZ-RR 2002, 20; instruktiv: OLG Hamm StV 2005, 65
123 D/S/S-Sonnen § 17 Rn 11 ff
124 D/S/S-Sonnen § 17 Rn 13
125 BGH NStZ 1984, 413; BGH StV 1982, 335; mit d Möglichkeit v Ausnahmen; BGHR JGG 17 »Schädliche Neigungen« 2; BGH St 15, 224; OLG Zweibrücken JR 90, 304 m Anm Brunner; OLG Hamm StV 2001, 176
126 OLG Köln StV 1993, 531
127 D/S/S-Sonnen § 17 Rn 18
128 Eisenberg JGG § 17 Rn 12
129 Eisenberg JGG § 17 Rn 12
130 D/S/S-Sonnen § 17 Rn 19 mwN; zu den diesbzgl Urteilsanforderungen vgl OLG Hamm, StV 2001, 176

Der Verteidiger sollte wissen, dass die häufig vorzufindende Formulierung »nicht **154** unerhebliche Straftat« nicht mehr dem neuesten Gesetzesstand entspricht.[131] Selbst eine negative Kriminalprognose führt nicht automatisch zur Verhängung von Jugendstrafen, sondern nur dann, wenn Erziehungsmaßregeln oder Zuchtmittel nicht ausreichen.

cc) Schwere der Schuld

Die Schwere der Schuld bemisst die Rechtsprechung aus dem Gewicht der Tat und **155** der persönlichkeits begründenden Beziehung des Täters zu seiner Tat.[132] Die Schwere der Schuld allein kann die Jugendstrafe fordern, wobei der Entwicklungsstand und das Persönlichkeitsbild des jungen Menschen entscheidend ist. Auf das sachliche Unrecht, das äußere Tatgeschehen, schwere Tatfolgen oder die Einordnung der Tat als Verbrechen oder Vergehen kommt es nicht an. Gesichtspunkte iSd § 46 II StGB sind nicht einschlägig. Allerdings muss die Tat selbst »besonders schwer« sein, wobei es ausschließlich auf den erfüllten Tatbestand ankommt.

Aus obigen Erwägungen werden Fahrlässigkeitstaten zur Begründung der Verhän- **156** gung einer Jugendstrafe wegen der Schwere der Schuld regelmäßig ausscheiden.[133] Gerade bei Straßenverkehrsdelikten steht die Schwere des Schadens häufig in keinem Verhältnis zur Schwere der Schuld. Selbst bei einem tödlichen Verkehrsunfall begründet aber der äußere Tathergang und das Ausmaß der Folgen noch keine Schwere der Schuld.[134] Lediglich in extremen Ausnahmefällen wird von der Rechtsprechung auch bei Fahrlässigkeitstaten die Möglichkeit der Verhängung einer Jugendstrafe wegen der Schwere der Schuld bejaht.[135]

dd) Strafzumessung (§ 18 JGG)

Im Jugendstrafrecht ist gem § 18 I JGG ein eigenständiger Strafrahmen gegenüber **157** dem Erwachsenenstrafrecht vorgesehen. Die Jugendstrafe beträgt gem § 18 I 1 JGG mindestens 6 Monate und höchstens 5 Jahre. Für Verbrechen, die nach dem allgemeinen Strafrecht eine Höchststrafe von mehr als 10 Jahren vorsehen, kann die Jugendstrafe bis zu 10 Jahre betragen.

Bei Heranwachsenden beträgt das Höchstmaß der Jugendstrafe gem § 105 III JGG immer 10 Jahre.

§ 18 II JGG bestimmt, dass die Jugendstrafe so zu bemessen ist, dass die erforder- **158** liche erzieherische Wirkung im Einzelfall möglich ist. Erforderlich ist hierzu eine Sozialprognose bezüglich der Einschätzung des zukünftigen Verhaltens des straffällig Gewordenen und die Möglichkeit der Beeinflussbarkeit einer erneuten Straffälligkeit durch eine entsprechende Dauer der Jugendstrafe zu verhindern.[136]

Bei der dann zu erfolgenden Sanktionsprognose[137] geht es darum, die Strafbemes- **159** sung an den Voraussetzungen erzieherischer Einwirkung zu orientieren.

---

131 D/S/S-Sonnen § 17 Rn 19
132 BGHSt 15, 224; Brunner/Dölling § 17 Rn 14 mwN d Rspr; ausführlich: OLG Hamm, NStZ-RR 2005, 58 f; BfkO StV 2005, 67
133 D/S/S-Sonnen § 17 Rn 26; Eisenberg JGG § 17 Rn 34; Brunner/Dölling § 17 Rn 16
134 BayObLG StV 1985, 155 m Anm Böhm; OLG Karlsruhe NStZ1997, 241 m zust Anm Böhm; vgl. aber auch OLG Hamm, NZV 2002, 194 f; OLG Braunschweig NZV 2002, 194; Auch bei der Entziehung der Fahrerlaubnis ist Zurückhaltung geboten: AG Saalfeld bei Böhm NStZ 2002, 472
135 Vgl Nachweise bei D/S/S-Sonnen § 17 Rn 26; Eisenberg JGG § 17 Rn 34; Brunner/Dölling § 17 Rn 16
136 D/S/S-Sonnen § 18 Rn 21, OLG Köln StV 2001, 178
137 D/S/S-Sonnen § 18 Rn 20

Auch wenn gem § 18 I 3 JGG die Strafrahmen des allgemeinen Strafrechts nicht gelten und eine alleinige Ausrichtung der Strafe an den Gesichtspunkten des § 46 StGB fehlerhaft wäre,[138] bleiben diese Umstände jedoch mittelbar von Bedeutung, da sie allgemeine Strafzumessungskriterien darstellen. Als Ausdruck der gesetzlichen Bewertung des Tatunrechts dürfen sie nicht außer Acht bleiben.[139]

160   Somit können für die Strafzumessung mittelbar Bedeutung erlangen: das Unterlassen,[140] die verminderte Schuldfähigkeit,[141] sowie Schuldunfähigkeit,[142] der Versuch und die Beihilfe,[143] sowie generell minder schwere aber auch besonders schwere Fälle.[144]

Es ist Aufgabe des Verteidigers, die günstigen Strafzumessungsgesichtspunkte für seinen Mandanten herauszuarbeiten und unter Beweis zu stellen. Besonderes Augenmerk ist auf die Darstellung der der Tat nachfolgenden Ansätze des Mandanten zu positiver Entwicklung zu legen.[145]

e)   Strafaussetzung zur Bewährung (§ 21 JGG)

aa)   Allgemeines

161   Die Aussetzung einer Freiheitsstrafe zur Bewährung gem § 21 JGG unterscheidet sich vom gleichen Institut im Erwachsenenstrafrecht gem § 56 StGB durch im Jugendstrafrecht wesentlich geringere Anforderungen an die Aussetzung. Voraussetzung der Aussetzung ist in beiden Fällen, dass sich der Verurteilte die Verurteilung zur Warnung dienen lässt. Vom Erwachsenen wird weiterhin verlangt, dass er auch ohne die Einwirkung des Strafvollzugs künftig keine Straftaten mehr begeht (§ 56 I 1 2. HS StGB). Beim Jugendlichen und Heranwachsenden reicht aus, dass zu erwarten ist, dass der Jugendliche »auch unter der erzieherischen Einwirkung in der Bewährung künftig einen rechtschaffenen Lebenswandel führen wird« (§ 21 I 1 JGG).

162   Für generalpräventive Erwägungen ist bei der Aussetzung der Jugendstrafe kein Raum. Eine dem § 56 III StGB vergleichbare Regelung (Verteidigung der Rechtsordnung) fehlt.[146]

163   Die Erwartung eines zukünftigen rechtschaffenen Lebenswandels des Jugendlichen/Heranwachsenden ist sowohl von einer günstigen Sozial- als auch von einer positiven Sanktionsprognose abhängig.[147] Für jede Prognose kommt es auf den Zeitpunkt der Verurteilung an.[148]

---

138 BGH StV 1981, 130; 1988, 307; 1992, 432; 2005, 63; OLG Köln StV 2001, 178; OLG Hamm StraFo 2005, 178
139 BGHR JGG § 18 I 3; StV 1986, 304
140 BGH NJW 1982, 393
141 Bei Jugendlichen und Heranwachsenden kann eine erhebliche Verminderung der Schuldfähigkeit schon bei Werten unter 2\0 vorliegen BGH StV 1992, 432; NStZ 1984, 75
142 Bei Jugendlichen und Heranwachsenden ist die Schuldfähigkeit wegen der geringeren Alkoholtoleranz auch bei einer BAK unter 3\0 zu erörtern OLG Düsseldorf NStZ-RR 1998, 86
143 BGH StV 1984, 254
144 BGH MDR 1976, 769 bzgl § 243 StGB; BGH bei Böhm NStZ 1988, 491 bzgl § 249 II StGB u § 213 StGB; BGHR § 18 I 3 JGG mind schw Fall 3 für Raub, Fall 1 u 2 für Totschlag; OLG Hamm StV 2001, 178
145 BGH bei Böhm NStZ 1988, 491 IV; OLG Köln StraFo 2003, 62; BGH StraFo 2003, 206
146 Eisenberg JGG § 21 Rn 6 mwN; JGH Böhm NStZ 1994, 529
147 D/S/S-Sonnen § 21 Rn 8
148 BGH bei Böhm NStZ 1991, 523 IV

bb) Sozialprognose

Die Erwartung eines »rechtschaffenen Lebenswandels« ist im Sinne eines »Lebens **164** ohne Straftaten« zu interpretieren.[149]

Der Wahrscheinlichkeitsgrad bei der Erwartung des zukünftigen straffreien Lebens muss stärker sein als nur eine »Hoffnung«. Es bedarf jedoch weder einer »Gewissheit«, noch einer »Gewähr« oder auch nur einer »Wahrscheinlichkeit«.[150]

Entsprechend § 21 I 2 JGG ist unter diesem Aspekt eine Gesamtwürdigung von Tat **165** und Täter vorzunehmen. Positive Faktoren und Veränderungen erlangen dabei ausschlaggebende Bedeutung.[151]

Der Verteidiger ist gefordert, positive Entwicklungssprünge des Angeklagten dem **166** Gericht darzulegen und ab dem Zeitpunkt seiner Bestellung gemeinsam mit dem Mandanten auf sie hinzuarbeiten. Im Hinblick auf die dem Gericht darzulegenden ersten Erfolge oder zumindest auf die zu erwartenden Erfolge der eingeleiteten bzw nach der U-Haft-Entlassung einzuleitenden Maßnahmen, wird sein Werben um eine Strafaussetzung zur Bewährung wesentlich größeres Gewicht erlangen und erfolgreicher sein.

cc) Sanktionsprognose

Bei Erststrafen genügt regelmäßig der Warneffekt. Selbst 4 Vorbelastungen oder **167** Vorstrafen sind allein noch kein Beleg für eine ungünstige Prognose.[152]

Auch bei der Jugendstrafe von einem Jahr bis höchstens 2 Jahren weicht das Jugendstrafrecht bei § 21 II JGG von den strengen Voraussetzungen des Erwachsenenstrafrechts gem § 56 II StGB zugunsten des jungen Täters ab.[153]

Nach Erwachsenenstrafrecht müssen sich bei der Gesamtschau von Tat und Täter **168** »besondere Umstände« ergeben (§ 56 II StGB). Nach Jugendstrafrecht ist Bewährung bereits dann zu gewähren, wenn die Vollstreckung im Hinblick auf die Entwicklung des Jugendlichen nicht geboten ist (§ 21 II JGG).

Faktisch bedeutet dies, dass im Regelfall immer die Jugendstrafe zur Bewährung auszusetzen ist, wenn eine günstige Sozialprognose vorliegt.[154] Eine andere Entscheidung lässt sich nur nach eingehender Persönlichkeitserforschung begründen. Es ist darauf hinzuweisen,[155] dass auf die Inanspruchnahme eines Sachverständigen (§ 43 II JGG) meist nicht verzichtet werden kann, wenn ein solcher Ausnahmefall nahe liegt. Hier ist der Verteidiger durch entsprechende Beweisanträge gefordert.

dd) Rechtsmittel

Gegen eine Entscheidung, durch welche die Anordnung der Jugendstrafe zur Be- **169** währung angeordnet oder abgelehnt wird, ist die sofortige Beschwerde zulässig (§ 59 I JGG).[156] Diese setzt aber – wegen § 55 II JGG – die grundsätzliche Zulässigkeit von Berufung oder Revision voraus.

---

149 D/S/S-Sonnen § 21 Rn 9
150 Brunner/Dölling § 21 Rn 6 b; Zieger Rn 76; D/S/S-Sonnen § 21 Rn 9, 36 ff; VR S 25, § 26
151 BGH StV 1986, 68; 1987, 306
152 Zieger Rn 76; Albrecht S 266; OLG Frankfurt NJW 1977, 2175; Löhr ZRP 1997, 280
153 Zieger Rn 77
154 Eisenberg JGG § 21 Rn 13; D/S/S-Sonnen § 21 Rn 19; Zieger Rn 77
155 BT-Ds 11/5829 S 20; vgl auch Brunner/Dölling § 21 Rn 11 b aE
156 Str vgl D/S/S-Schoreit § 59 Rn 3

ee)   Bewährungszeit, Bewährungshelfer

170 Die Bewährungszeit darf 3 Jahre nicht über- und 2 Jahre nicht unterschreiten (§ 22 I JGG). Sie beginnt mit der Rechtskraft der Entscheidung über die Jugendstrafe und kann bis auf 1 Jahr – wenn Jugendstrafe über 1 Jahr und bis zu 2 Jahren verhängt wird auf 2 Jahre – verkürzt werden und bis auf 4 Jahre verlängert werden (§ 22 II JGG).

171 In der Bewährungszeit erfolgt die Unterstellung unter die Aufsicht eines Bewährungshelfers (§ 24 JGG).

172 Zur Stabilisierung der Lebensführung können Weisungen und Auflagen erteilt werden (§ 23 JGG).

Der Verteidiger hat diesbezüglich auf die Möglichkeiten der »kooperativen Sanktionierung«[157] zu achten, welche die §§ 57 III, 23 II JGG bieten. Wenn der Mandant glaubhafte Zusagen für seine künftige Lebensführung macht oder sich zu Leistungen erbietet, die der Genugtuung für das begangene Unrecht dienen, soll das Gericht davon absehen, entsprechende Auflagen und Weisungen zu erteilen. Es soll stattdessen auf die freiwillige Einhaltung der Zusagen bauen. Der Verteidiger hat jedoch seinen Mandanten von Zusagen abzuhalten, deren Einhaltung zweifelhaft ist oder die die Möglichkeiten des Mandanten übersteigen.

ff)   Widerruf der Strafaussetzung zur Bewährung (§ 26 JGG)

173 Der Widerruf der Strafaussetzung erfolgt, wenn in der Bewährungszeit begangene (erhebliche) Straftaten oder ein Verstoß gegen Weisungen und Auflagen vorliegen (§ 26 I JGG) und andere Maßnahmen nicht ausreichen (§ 26 II JGG). Der Widerruf muss wegen des Beschleunigungsprinzips im Jugendstrafverfahren alsbald nach der Rechtskraft des Urteils in dem der erneute Verstoß festgestellt wurde, erfolgen. Dies entspricht auch dem Gebot der Rechtssicherheit und des Vertrauensschutzes des Verurteilten. Geschieht dies 10 Monate später ist die Entscheidung nicht mehr zeitnah und daher aufzuheben nach LG München.

gg)   Vorbewährung (§ 57 I 1 JGG)

174 Die Aussetzung der Jugendstrafe zur Bewährung gem § 57 I 1 Alt 1 JGG wird im Urteil oder – so lange der Strafvollzug noch nicht begonnen hat – nachträglich durch Beschluss angeordnet (§ 57 I 1 Alt 2 JGG).

Diese Regelung eröffnet dem Verteidiger und seinem Mandanten eine große Chance, wenn eine Aussetzung der Jugendstrafe von bis zu 2 Jahren verhängt wurde, zu einer positiven oder negativen Aussage über die Bewährung jedoch (noch) nichts ausgeführt ist. Selbst wenn sich das Urteil überhaupt nicht zur Frage der Bewährung verhält, ist es lediglich ein stillschweigendes Absehen von sofortiger Entscheidung verbunden mit dem Vorbehalt einer späteren Prüfung im Beschlussverfahren, nicht dagegen eine konkludente Ablehnung.[158]

Was die Dauer der »Vorbewährung« angeht, ist aus Gründen der Rechtssicherheit eine Begrenzung des Zeitraums auf höchstens 6 Monate, ausnahmsweise 8 Monate, noch hinnehmbar.

---

157 Zieger Rn 78
158 Zieger Rn 81

Solange über die Strafaussetzung zur Bewährung nicht entschieden ist, kann nicht **175** von einer verwirkten Jugendstrafe ausgegangen werden, und es darf daher auch nicht mit der Strafvollstreckung begonnen werden.[159]

Ob im Rahmen dieser »Vorbewährung« eine (vorläufige) Bewährungsaufsicht und **176** Bewährungshelfer zulässig sind, ist sehr strittig.[160]

Für den Verteidiger schafft das Institut der Vorbewährung eine zusätzliche Mög- **177** lichkeit die sonst nahe liegende Verhängung einer Jugendstrafe ohne Bewährung noch abzuwenden und dem Mandanten eine Bewährungschance zu eröffnen, eben durch die Bewährung in der Vorbewährung.[161]

Die Vorbewährung kommt vor allem in Betracht, wenn es zwar positive Hinweise auf eine Stabilisierung des Jugendlichen/Heranwachsenden gibt, diese aber – derzeit – noch nicht ausreichend erscheinen oder ungewiss ist, ob sie auch so nachhaltig sind, dass sie eine Bewährung zu begründen vermögen. Zu den Gründen, bei denen sich das Verfahren anbietet vgl D/S/S-Sonnen § 57 R 8. Der Staatsanwaltschaft soll gegen diese Anordnung die sofortige Beschwerde gem. § 59 I 2 JGG zustehen (sehr str).

hh)   Abänderung eines die Bewährung versagenden Urteils (§ 57 II JGG)

Für den Verteidiger ist wichtig zu wissen, dass es für seinen Mandanten mehrere **178** Möglichkeiten gibt, auf die Abänderung eines Urteils hinzuwirken, das dem Verurteilten die Bewährung versagt.

Zunächst gibt es – im Rahmen des § 55 JGG – die auch bei Erwachsenen einschlä- **179** gigen Rechtsmittel der Berufung oder der Revision.

Unabhängig davon und auch dann, wenn zuvor Berufung eingelegt wurde, steht die Möglichkeit offen, die Ablehnung der Aussetzung der Jugendstrafe zur Bewährung mit der sofortigen Beschwerde gem § 59 I JGG anzufechten. Der Verteidiger sollte hierbei aber erwägen, dass über die sofortige Beschwerde keine mündliche Verhandlung stattfindet und das Berufungsverfahren regelmäßig längere Zeit in Anspruch nimmt. Diese Zeit kann von der Verteidigung genutzt werden, um auf eine bessere Situation des Jugendlichen/Heranwachsenden hinzuwirken und dadurch auch bessere Chancen auf eine Bewährungsverurteilung des Mandanten zu erreichen.[162]

Wenn alle Bemühungen um eine Bewährung nicht von Erfolg gekrönt waren und **180** die Jugendstrafe ohne Bewährung rechtskräftig geworden ist, besteht gleichwohl gem § 57 II JGG noch eine Abänderungsmöglichkeit. Das Gericht kann trotz der rechtskräftigen Ablehnung der Bewährung diese nachträglich anordnen, wenn seit Erlass des Urteils Umstände eingetreten sind, die allein oder iVm den bereits bekannten Umständen eine Aussetzung der Jugendstrafe zur Bewährung rechtfertigen.[163]

---

159 BGHSt 14, 74; KG NStZ 1988, 182; Frankfurt NStZ-RR 1997, 250; aA OLG Stuttgart NStZ 1986, 219 f m abl Anm Eisenberg/Wolsky
160 Dagegen: D/S/S-Sonnen § 57 Rn 15; Brunner/Dölling § 57 Rn 4; Ostendorf JGG § 57 Rn 7; dafür: Eisenberg JGG § 57 Rn 7; OLG Dresden NStZ-RR 1998, 315; Kaiser NStZ 1982, 106
161 Zieger Rn 80; Walter/Pieplow NStZ 1988, 165 ff
162 Zieger Rn 82
163 Ausführlich zum Vollstreckungsaufschub: Heimann StV 2001, 54 ff

181 Eine Beantragung der nachträglichen Strafaussetzung zur Bewährung könnte so aussehen:

Antrag auf nachträgliche Strafaussetzung zur Bewährung (§ 57 II JGG)

An das
Amtsgericht ...
– Jugendrichter –
Augustenstraße
93047 Regensburg

In der Jugendstrafsache
gegen ...
wegen ...
Aktenzeichen: ...

hier: Antrag auf nachträgliche Strafaussetzung zur Bewährung

Sehr geehrter Herr Vorsitzender,

in obiger Angelegenheit b e a n t r a g t die Verteidigung die mit Urteil vom 3. 3. 1999 verhängte Jugendstrafe gem § 57 II JGG nun zur Bewährung auszusetzen.

Begründung:

Herr B. wurde zu einer Jugendstrafe von einem Jahr und 6 Monaten verurteilt; die Strafaussetzung zur Bewährung wurde abgelehnt. Ausweislich der Gründe kam zum Zeitpunkt des Urteilserlasses eine Aussetzung der Jugendstrafe zur Bewährung nicht in Betracht, ua weil der Angeklagte die Tat in Abrede stellte.

Zwischenzeitlich hat sich Wesentliches verändert: Herr B. steht zu seiner Tat. Er hat seinen Mittäter H. davon überzeugt, dass dieser sich bei der Polizei stellen soll, was zwischenzeitlich auch geschehen ist. Darüber hinaus hat er mit dem Beraubten Kontakt aufgenommen, sich bei ihm persönlich entschuldigt und den entstandenen finanziellen Schaden ausgeglichen. All dies ist aus der Ermittlungsakte gegen H. zur ersehen.

Nun steht Herr B. zu seiner Tat, hat den Schaden ausgeglichen und sich aufrichtig entschuldigt. Die Straftat wäre ohne sein Zutun, durch Einwirkung auf den Mittäter H., wohl niemals vollständig aufgeklärt worden. Außerdem hat er glaubhaft versichert, dass er zukünftig straffrei leben möchte. Hätte diese Situation bei Urteilserlass schon bestanden, wäre die Jugendstrafe sicherlich zur Bewährung ausgesetzt worden. Die günstige Sozialprognose besteht noch fort; der Mandant hat bei seinen Eltern einen festen Wohnsitz und sein Ausbildungsverhältnis besteht nach wie vor.

Mithin sind seit Urteilserlass Umstände eingetreten, die es zusammen mit der günstigen Sozialprognose ermöglichen, die Vollstreckung der Jugendstrafe zur Bewährung auszusetzen, weil die erzieherische Strafeinwirkung auf den Mandanten nicht mehr nötig ist um sicherzustellen, dass er auch zukünftig ein rechtschaffenes Leben führen wird. Der Gesetzgeber hat mit der wohlerwogenen Vorschrift des § 57 II JGG für Fälle wie diesen, wo zB dem jugendlichen Täter erst etwas später die nötige Einsicht kommt, dafür die gesetzliche Grundlage geschaffen und wir bitten daher dem begründeten Antrag stattzugeben.

Rechtsanwalt

---

f) Aussetzung der Verhängung einer Jugendstrafe zur Bewährung (§ 27 JGG)

182 Kann nach Erschöpfung der Ermittlungsmöglichkeiten nicht mit Sicherheit beurteilt werden, ob in der Straftat eines Jugendlichen schädliche Neigungen in einem Umfang hervorgetreten sind, dass eine Jugendstrafe erforderlich ist, so kann der Richter die Schuld des Jugendlichen feststellen, die Entscheidung über die Verhängung der Jugendstrafe aber für eine von ihm zu bestimmende Bewährungszeit aussetzen (§ 27 JGG).

Die Vorschrift des § 27 JGG enthält eine bedingte Verurteilung,[164] bei der nach erfolgreichem Ablauf der Bewährungszeit nicht nur die Bestrafung entfällt, sondern auch der Schuldspruch getilgt wird. Daher unterscheidet sie sich auch wesentlich von der Verurteilung zu einer Jugendstrafe, die gem § 21 JGG zur Bewährung ausgesetzt wird und kann dieser nicht gleichgestellt werden.[165] Aus der Sicht des Jugendlichen liegt der Unterschied darin begründet, dass er bei der Aussetzung der Strafvollstreckung zur Bewährung mit einer bestimmten ihm bekannten Strafdauer rechnen kann, während er bei der Aussetzung der Verhängung einer Jugendstrafe nicht weiß, welche Strafe ihn bei einem Bewährungsversagen erwartet.[166]   **183**

Der Grundsatz »in dubio pro reo«, bei der nicht ausreichenden Feststellbarkeit von schädlichen Neigungen von der Verhängung einer Jugendstrafe abzusehen, erfährt bei § 27 JGG eine Durchbrechung.[167]   **184**

Eine Entscheidung gem § 27 JGG ist nicht möglich, wenn die Jugendstrafe wegen der Schwere der Schuld gem § 17 II, 2. Alternative JGG erforderlich ist. Können die diesbezüglichen Feststellungen nicht in einem ausreichenden Maße getroffen werden, ist nach dem Grundsatz »in dubio pro reo« von der Verhängung einer Jugendstrafe abzusehen.[168]   **185**

Steht hingegen das Vorhandensein des Umfangs von schädlichen Neigungen in Frage, so müssen bei Anwendung des § 27 JGG die schädlichen Neigungen als solche mit der erforderlichen Sicherheit feststehen. Die Gewissheit darf lediglich hinsichtlich des Umfangs derselben fehlen.[169]   **186**

Wenn eine Entscheidung nach § 27 JGG getroffen wird, darf die Bewährungszeit 2 Jahre nicht überschreiten und 1 Jahr nicht unterschreiten (§ 27 I JGG); sie kann nachträglich auf bis zu 1 Jahr verkürzt oder auf bis zu 2 Jahre verlängert werden (§ 28 II 2 JGG). Der Verurteilte wird obligatorisch einem Bewährungshelfer unterstellt (§ 29 JGG).   **187**

Übersteht der Verurteilte die Bewährungszeit erfolgreich, wird der Schuldspruch – regelmäßig im Beschlussverfahren gem § 62 II JGG – getilgt. Andernfalls wird aufgrund einer Hauptverhandlung geprüft, ob die im Schuldspruch festgestellte Tat die Verhängung einer Jugendstrafe wegen schädlicher Neigung erfordert (§ 62 I JGG). Ist dies nicht der Fall, ergeht der Beschluss, dass eine Entscheidung über die Verhängung der Strafe ausgesetzt bleibt.   **188**

g) Maßregeln und Nebenfolgen (§§ 5 III, 6, 7 JGG)

Als Maßregeln zur Besserung und Sicherung im Sinne des allgemeinen Strafrechts können angeordnet werden (§ 7 JGG):   **189**

– die Unterbringung in einem psychiatrischen Krankenhaus,
– die Unterbringung in einer Entziehungsanstalt,

---

164 BayObLGSt 20, 213 = MDR 1971, 864
165 BGHSt 19, 104 ff (106); BayObLGSt 20, 213 = MDR 1971, 864
166 Schaffstein/Beulke S 168
167 D/S/S-Diemer § 27 Rn 3; Zieger Rn 84
168 D/S/S-Diemer § 27 Rn 6
169 BGHR JGG § 27 Maßnahmenverbindung 1; BayObLGSt 20, 213 = MDR 1971, 864; aA OLG Düsseldorf MDR 1990, 466

Heimann

– die Führungsaufsicht oder
– die Erziehung der Fahrerlaubnis.

190 Entgegen dem – insoweit missverständlichen – Wortlaut räumt die Regelung des § 7 JGG dem Gericht kein dahingehendes Ermessen ein, beim Vorliegen der materiellrechtlichen Voraussetzungen der im § 7 JGG genannten Maßregeln der Besserung und Sicherung von ihrer Anordnung absehen zu können.[170] Das Vorliegen der tatbestandlichen Voraussetzungen bedarf jedoch gerade bei Jugendlichen und Heranwachsenden einer umfassenden und gründlichen Prüfung unter besonderer Berücksichtigung der jugendtypischen Besonderheiten des Falles. Die Prüfung hat jedoch nach der jeweils einschlägigen Vorschrift des allgemeinen Strafrechts (§§ 63, 64, 68, 69 StGB) zu erfolgen. Sind auch unter Berücksichtigung der jugendtümlichen Besonderheiten des Falles die dort genannten Voraussetzungen erfüllt, so muss das Gericht auch darauf erkennen.[171]

191 Gemäß § 5 III JGG soll das Gericht von Zuchtmitteln und Jugendstrafe absehen, wenn die Unterbringung in einem psychiatrischen Krankenhaus oder einer Entziehungsanstalt die Ahndung durch den Richter entbehrlich macht. Wird von dieser Vorschrift jedoch nicht Gebrauch gemacht, so gilt für die Reihenfolge der Vollstreckung von Jugendstrafe und Unterbringung § 67 StGB, wobei erzieherische Belange besondere Berücksichtigung finden dürfen.

192 Bei der Entziehung der Fahrerlaubnis und der Verhängung einer Sperre für die Erteilung einer neuen Fahrerlaubnis gem §§ 69, 69 a StGB wird der Verteidiger darauf hinzuweisen haben, dass im Jugendstrafrecht der mit der Entziehung der Fahrerlaubnis intendierte Schutz der Allgemeinheit durch den Erziehungsgedanken und den Grundsatz der Individualprävention eingeschränkt ist.[172] Ob dies regelmäßig zu einer milderen Handhabung als im allgemeinen Strafrecht bezüglich der Dauer der Sperrfrist führen kann, ist fraglich.[173] Doch sollten gerade im Jugendstrafrecht die Sperrfristen nicht zu lange bemessen werden, sonst ergeben sich dadurch nicht unerhebliche Gefahren von Folgekriminalität (Fahren ohne Fahrerlaubnis, Unfallflucht), da der jugendliche Fahrreiz durch das Verbotensein oft gerade noch verstärkt wird.[174]

193 Gemäß § 10 JGG als Weisung zu erteilen, eine Fahrerlaubnis zu erwerben, wird jedoch nur dann in Betracht kommen, wenn die finanzielle Leistungsfähigkeit bezüglich der Kosten eines Führerscheinerwerbs feststeht. Ein Nichtbestehen der Fahrprüfung wird darüber hinaus auch nicht gemäß § 11 III JGG sanktioniert werden können, da die diesbezügliche Schuldhaftigkeit sich wohl kaum wird nachweisen lassen.

194 Außer den in § 6 JGG ausdrücklich ausgeschlossenen Nebenfolgen sind aber zum Beispiel auch Einziehung, Verfall und Unbrauchbarmachung zulässig (vgl §§ 73 ff StGB). Die Einziehung des Wertersatzes (§ 74 c StGB) und die Abführung des Mehrerlöses (§ 8 WiStrG)[175] darf grundsätzlich nicht angeordnet werden. Ausnahmen sind nur dann zulässig, wenn und soweit diese Geldbeträge in dem Vermögen des Täters noch vorhanden sind.[176]

---

170 BGH NStZ 1991, 384 mwN = MDR 1991, 1188 f; BGHSt 37, 373 ff; NStZ 1994, 178
171 BGH NStZ 1991, 384 mwN = MDR 1991, 1188 f; BGH NStZ 1994, 178; BGH NStZ-RR 2003, 186
172 Zieger Rn 91
173 Eisenberg JGG § 7 Rn 38 mwN
174 Ostendorf JGG § 7 Rn 15; Wölfl NZV 1999, 699
175 AA Eisenberg JGG § 6 Rn 6, wonach die Abführung des Mehrerlöses zulässig sein soll
176 D/S/S-Diemer § 6 Rn 3

h) Verbindung von Maßregeln und Jugendstrafe § 8 JGG

Die für Jugendliche und Heranwachsende geltende Vorschrift lässt eine Verbindung **195** von Erziehungsmaßnahmen zu. So soll durch die sinnvolle und förderliche Verbindung von Maßnahmen die erzieherisch größtmögliche Einwirkung auf den Verurteilten erreicht werden; Ausnahmen sind in § 8 I 2, II JGG geregelt.

Der Verteidiger hat darauf zu achten, dass nach § 8 II JGG neben Jugendstrafe vom **196** Gericht nur Weisungen und Auflagen erteilt werden können. Neben einer – auch zur Bewährung ausgesetzten oder bei einer Aussetzung der Entscheidung über die Verhängung von Jugendstrafe ist Jugendarrest nicht zulässig. Über die Einhaltung dieses so genannten Kopplungsverbots hat der Verteidiger zu wachen. Verstöße hiergegen sind nicht so selten, wie man annehmen möchte.[177]

Die Verbindung von Nebenstrafen und Nebenfolgen sind neben den Rechtsfolgen **197** des § 5 JGG zulässig gem § 8 III JGG, soweit sie nicht vom JGG ausdrücklich ausgeschlossen wurden (§ 6 JGG).

IV. Formelles Jugendstrafrecht

1. Besonderheiten des Ermittlungsverfahrens

Das Ermittlungsverfahren gegen Jugendliche und Heranwachsende zeichnet sich **198** dadurch aus, dass dem Tatzeitpunkt und der Persönlichkeit des Beschuldigten eine größere Bedeutung zukommt als im Erwachsenenstrafrecht. Der Tatzeitpunkt kann im Hinblick auf das Alter des Beschuldigten sowie seine Persönlichkeit wegen des im JGG vorherrschenden Erziehungsgedankens eine wesentliche Rolle spielen.

Während die Tataufklärung nach Maßgabe der StPO-Vorschriften erfolgt, geht § 43 JGG weiter als § 160 III StPO und hat darüber hinaus einen veränderten Schwerpunkt.

Auch wenn sich im Jugendstrafverfahren § 43 JGG an den Jugendstaatsanwalt als Adressaten richtet, werden in der Praxis die psychosozialen Ermittlungen von der Jugendgerichtshilfe geführt (§ 43 I 4 iVm § 38 III JGG).

Die nach § 43 JGG angestellten Ermittlungen haben große Relevanz für das Verfahren. Die dort gesammelten Daten und Fakten werden ua herangezogen für die Frage der **199**

– Verantwortlichkeit nach § 3 JGG,
– Anwendbarkeit des Jugendstrafrechts auf Heranwachsende gem § 105 JGG sowie zur
– Beurteilung der Schuldfähigkeit gem §§ 20, 21 StGB.[178]

Der Verteidiger hat seinen jungen Mandanten und ggf auch dessen Eltern vor dem **200** Gespräch mit der Jugendgerichtshilfe darauf hinzuweisen, dass deren Vertreter kein Zeugnisverweigerungsrecht haben.[179]

Geht es um die Hinzuziehung eines Sachverständigen, sollte der Verteidiger darauf **201** achten, dass sein Mandant im Falle der Verurteilung gem § 74 JGG von den Kosten entlastet wird.

---

177 Vgl BayObLG StraFo 1998, 382 ff = StV 1999, 657 f = StraFo 1999, 52 f m Anm Bockemühl
178 Strafverteidigung-Schlag (1. Aufl.) § 21 Rn 141
179 BVerfGE 33, 367

Heimann

202 Bei der Frage, welcher Sachverständige, welcher Disziplin herangezogen werden soll, ist zu unterscheiden:[180] Geht es um die Schuldfähigkeitsbeurteilung gem §§ 20, 21 StGB aufgrund eines Krankheitswertes ist regelmäßig der (Jugend-)Fachpsychiater zu befragen. Bei der Reifegradbeurteilung gem §§ 3, 105 JGG ist jedoch der (Jugend-)Psychologe gefragt. Eine grundsätzliche Unterscheidung im Hinblick auf die richtige Fachrichtung des Sachverständigen kann dahin gehend gesehen werden, dass bei körperlichen Befunden sowie krankhaften Verhaltens- und Erlebensweisen ein Psychiater zu konsultieren ist, allgemein psychische Verhaltens- und Erlebensweisen einen Psychologen erfordern. In Grenzfällen bedarf es beider.[181] Gem Nr. 70 I RiStBV hat der Staatsanwalt dem Verteidiger Gelegenheit zur Anhörung bezüglich der Auswahl des Sachverständigen zu geben.

2. Besonderheiten des Zwischenverfahrens

203 Beim Zwischenverfahren bestehen im JGG – abgesehen von § 79 II JGG – wonach das beschleunigte Verfahren gem §§ 417 ff StPO unzulässig ist – keine Sonderregeln.

204 Für den Verteidiger ist dies jedoch regelmäßig der Zeitpunkt, in dem er erst mandatiert wird. Die Gründe dafür sind mannigfaltig: Verdrängungsverhalten des Betroffenen und seiner Eltern bezüglich des Strafverfahrens, die Hoffnung, es werde sich schon alles von selbst erledigen, die Meinung keinen Verteidiger zu brauchen usw. Oft wird der Rechtsanwalt auch in diesem Verfahrensstadium als Pflichtverteidiger vom Gericht beigeordnet, da vom Mandanten bzw dessen Eltern trotz gerichtlicher Anfrage kein Verteidiger benannt wurde.

Dem Verteidiger obliegt es, die bereits beim Kapitel »Ermittlungsverfahren« ausgeführten, Überlegungen und Aktivitäten zu entfalten – jetzt allerdings rasch, denn die Zeit wird knapp wegen des im Jugendstrafverfahren besonders geltenden Beschleunigungsgrundsatzes –.

205 Von besonderer Relevanz ist in diesem Stadium die Weichenstellung bezüglich der gerichtlichen Zuständigkeit. Es wird das Bemühen des Verteidigers sein, eine Hauptverhandlung vor dem Jugendrichter oder dem Jugendschöffengericht zu erreichen. Da die Jugendkammer schon wegen ihrer Zuständigkeit für schwere Straftaten gem GVG regelmäßig höhere Sanktionen ausspricht, ist es im Interesse des Mandanten, dort nicht angeklagt zu werden.

Die Abgrenzung der Zuständigkeiten zwischen Jugendrichter, Jugendschöffengericht und der (großen, kleinen und zerkleinerten) Jugendkammer, ergibt sich aus §§ 33–34, 39–41, 108 JGG.

206 Die Strafgewalt des Jugendrichters liegt bei bis zu einem Jahr Jugendstrafe (§ 39 JGG).

207 Das Jugendschöffengericht kann demgegenüber bei Heranwachsenden bis 4 Jahre Jugendstrafe verhängen, bei Jugendlichen bis 10 Jahre (§§ 40, 108 III 1 JGG).

208 Die Jugendkammer ist als Gericht des ersten Rechtszuges zuständig für Strafsachen gegen Jugendliche und Heranwachsende,

– die bei Erwachsenen zur Zuständigkeit des Schwurgerichts gehören,
– bei einer Vorlage durch das Jugendschöffengericht wegen des besonderen Umfangs der Strafsache,

---

180 Rasch NStZ 1992, 257
181 Strafverteidigung-Schlag (1. Aufl.) § 21 Rn 161

Heimann

– wenn bei Heranwachsenden mehr als 4 Jahre Freiheitsstrafe zu erwarten sind oder
– wenn gegen Jugendliche und Erwachsene gemeinsam verhandelt wird und für die Erwachsenen nach den allgemeinen Vorschriften des GVG eine große Strafkammer zuständig wäre (§§ 40 II, 41, 108 III JGG).

In geeigneten Fällen hat der Verteidiger zu prüfen, ob er bezüglich seines Mandanten einen Antrag auf Abtrennung des Verfahrens stellt. Diese Möglichkeit ist in § 103 III JGG vorgesehen, sogar dann, wenn die Jugendkammer zuständig ist. Die Abtrennung kommt jedoch nicht in Frage, wenn die Jugendkammer an die Stelle des Schwurgerichts tritt (§ 41 I Nr. 1 JGG) oder die Anwendung des Erwachsenenstrafrechts und die Verhängung einer Freiheitsstrafe von mehr als 4 Jahren zu erwarten ist. **209**

Gem § 103 I JGG kann zur Begründung des Abtrennungsantrages herangezogen werden, dass eine gemeinsame Verhandlung nur dann erfolgen soll, wenn dies zur Erforschung der Wahrheit oder aus anderen wichtigen Gründen geboten ist. Da diese Vorschrift Ausnahmecharakter hat und hohe Anforderungen stellt, welche eine sorgfältige Abwägung im Einzelfall erforderlich machen, wird sich deren Vorliegen nur selten begründen lassen.[182] Der Verteidiger wird jedoch auch die dadurch zusätzlich anfallenden Kosten nicht ganz außer Acht lassen dürfen und insoweit sorgfältig abzuwägen haben.[183] **210**

Entsprechend des nachfolgenden Formulars könnte ein Tätigwerden des Verteidigers im Zwischenverfahren aussehen: **211**

Antrag im Zwischenverfahren

> An das
> Landgericht Amberg
> Regierungsstraße 8
> 92224 Amberg
>
> In der Jugendstrafsache
> gegen ...
> wegen Brandstiftung
> Aktenzeichen: ...
>
> hier: Stellungnahme zur Anklageschrift
>
> Sehr geehrter Herr Vorsitzender,
>
> in obiger Angelegenheit ist dem Unterzeichner das Anschreiben des Gerichts vom 3. 4. 1998 mit der Anklage sowie einer Frist für eine evtl. Stellungnahme am 6. 4. 1998 mit Empfangsbescheinigung zugegangen.
>
> Innerhalb der noch offenen Frist gibt die Verteidigung des Herrn ... zur Anklage die folgenden Ausführungen und Erklärungen ab, verbunden mit den Anträgen:
>
> ...
>
> 3.
>
> Nach Behebung der aufgezeigten Mängel wird das Hauptverfahren vor dem Jugendschöffengericht Amberg eröffnet.

---

182 Eisenberg JGG § 103 Rn 10
183 Zu den erheblichen Konsequenzen für die Verteidigung durch Trennung oder Verbindung des Verfahrens vgl Eisenberg NJW 1984, 2919

Begründung:

...

Für die Verteidigung steht jedoch fest, dass allein schon die von der Staatsanwaltschaft Amberg in der Anklageschrift im wesentlichen Ergebnis der Ermittlungen bzgl. der Person sowie der Motivation (S 3, S 6 d Anklage) des Angeschuldigten mitgeteilten Fakten, welche für die Anwendung des Jugendstrafrechts sprechen, von so großer Anzahl und Gewicht sind, dass die Anwendbarkeit von Jugendstrafrecht keinerlei Zweifeln mehr unterliegen kann.

Auch wenn sich die Staatsanwaltschaft – wie bereits oben ausgeführt – in der Anklageschrift versagt, sich sowohl bei den angewandten Vorschriften als auch bei den wesentlichen Ergebnissen der Ermittlungen mit den einschlägigen Vorschriften in der Anklage auseinanderzusetzen, hat sie jedoch nach Auffassung der Verteidigung die dazu erforderlichen Fakten vollständig und umfassend dargelegt.

Der Besuch der Mittelschule – hier: Wirtschaftsschule in Weiden – ist ein wesentliches Indiz für die Anwendung von Jugendstrafrecht aufgrund der deshalb noch nicht verselbstständigten Lebensführung (Eisenberg JGG 7. Aufl. § 105 Rn 20).

Weiterhin ergibt sich auch aus der Tatsache, dass Herr ... keine eigene Wohnung hat, sondern bei seinen Eltern wohnt und nicht verheiratet ist, dass es an einer verselbstständigten Lebensführung als Kriterium für die Anwendung des allgemeinen Strafrechts fehlt (Eisenberg JGG 7. Aufl. § 105 Rn 20).

Auch das bei einem Schüler typische Fehlen von eigenem Einkommen zur Tatzeit ist eine äußerliche Tatsache mit Indizwirkung für die Anwendung von Jugendstrafrecht (Eisenberg JGG 7. Aufl. § 105 Rn 20).

Auch die Delinquenzart – hier Brandstiftung – ist ein weiteres wesentliches Kriterium mit Indizfunktion für das Entwicklungsstadium eines Heranwachsenden.

Aus dem Bereich der allgemeinen Kriminalität werden hierfür vor allem diejenigen als jugendspezifisch verstandenen Delikte angeführt, bei denen die 14- bis unter 21-Jährigen – relativ – dh im Unterschied zu den Erwachsenen – besonders zahlreich strafrechtlich erfasst werden.

Dazu gehört insbesondere die Brandstiftung (Brunner/Dölling JGG 10. Aufl. § 105 Rn 9; Eisenberg JGG 7. Aufl. § 105 Rn 30).

Auch die von der Staatsanwaltschaft in der Anklage vorgelegte Motivation des Angeschuldigten – Geltungsbedürftigkeit sowie sexuelle Fehlentwicklung – sind motivational die eines Jugendlichen.

So heißt es zB in der Anleitung des Generalstaatsanwalts in Schleswig-Holstein, Ostendorf, für Sitzungsvertreter der Staatsanwaltschaft in der Hauptverhandlung vor dem Jugendrichter:

»Zeichen einer unreifen, noch in der Entwicklung stehenden Persönlichkeit können ua sein:

– Geltungsbedürfnis ...«

Diese Auffassung wird in der Literatur zB von Ostendorf in seinem Kommentar (JGG 4. Aufl. § 105 Rn 14) vertreten sowie von Schlag (Verteidigung von Jugendlichen und Heranwachsenden, S 1153 Rn 5 in: Brüssow/Krekeler/Mehle: (Hrsg.) Strafverteidigung in der Praxis, 1. Aufl.).

Dass ein sexuelles Motiv bei einer Brandstiftung ein jugendtümlicher Beweggrund ist, wird auch von Schaffstein/Beulke (Jugendstrafrecht 13. Aufl. S 69) nachgewiesen.

Eine Gesamtschau der vorgenannten von der Staatsanwaltschaft vorgetragenen Lebensumstände und Tatmotive des Angeschuldigten ergibt, dass die Anwendung von Jugendstrafrecht hier keinerlei ernsthaften Zweifeln unterliegen kann.

Das Jugendschöffengericht hat mit einer Strafgewalt von 10 Jahren für einen Heranwachsenden, welcher nach Jugendrecht behandelt wird, auch – wohl auch nach Auffassung der Staatsanwaltschaft – die notwendige Strafgewalt, so es denn zu einer Verurteilung kommen sollte.

Eine sachliche Zuständigkeit der Jugendkammer liegt demgegenüber gem § 41 I Nr. 1–3 JGG nicht vor.

Zum einen gehört die angeklagte Tat nicht zur Zuständigkeit des Schwurgerichts, zum andern hat sie auch keinen besonderen Umfang, wenn im Vorfeld seitens der Staatsanwaltschaft überflüssige Mehrfachvernehmungen von Zeugen und deren Benennung in der Anklageschrift vermieden werden. Der Unterzeichner hat dazu oben bereits ausführlich Stellung genommen.

b) Sachliche Zuständigkeit bei der Anwendung allgemeinen Strafrechts

Selbst wenn man – unzutreffender weise – die Anwendung allgemeinen Strafrechts bei Herrn ... als zutreffend erachtet, würde die Strafgewalt des Jugendschöffengerichts mit dann 4 Jahren völlig ausreichend sein zu einer angemessenen Sanktionierung.

Bei den dann gem § 46 II StGB relevanten Strafzumessungsaspekten wird zum einen zu berücksichtigen sein, dass der tatsächlich entstandene Sachschaden äußerst gering ist und überwiegend durch Versicherungen abgedeckt ist.

Soweit für die Scheune der Eltern des Angeschuldigten etwas anderes gilt, ist jedoch zum einen auch diese durch eine Versicherung abgedeckt. Weiterhin hat bereits das OLG Nürnberg in seiner Beschwerdeentscheidung (S 199 unten dA) unter Berufung auf Tröndle StGB 48. Aufl. § 308 Rn 2 darauf hingewiesen, dass die Schutzwürdigkeit der Eltern und damit die Vorwerfbarkeit im Rahmen der Strafzumessung bei den Eltern geringer einzuordnen ist, so dass auch diesbzgl ein reduziertes Straferfordernis vorliegt.

Weiterhin ist nicht zu übersehen, dass es sich bzgl. des Bienenhauses des Herrn K. lediglich um einen Versuch mit einer fakultativen Strafmilderung gem § 23 II StGB handelt.

Soweit bzgl der sexuellen Motivation der Brandstiftung – soweit sie denn vorliegen sollte – nicht bereits eine Schuldminderung gem § 21 StGB vorzunehmen ist, sind doch diesbzgl die Beweggründe und Ziele des Täters sowie die aus der Tat dann sprechende Gesinnung nicht als von besonders hoher krimineller Energie getragen einzustufen.

Das straffreie Vorleben des Angeschuldigten wird besondere Bedeutung erlangen, ebenso wie die vorzunehmende Gesamtstrafenbildung, welche ebenfalls nochmals zu einer deutlichen Reduzierung der verhängten Einzelstrafen führen wird.

Letztlich ist besonders zu berücksichtigen, dass die entsprechende Anwendung des § 106 JGG trotz Anwendung allgemeinen Strafrechts auch für die Bemessung einer zeitigen Freiheitsstrafe eines Heranwachsenden entsprechend heranzuziehen ist (BGH StV 1994, 609; Eisenberg JGG 7. Aufl. § 106 Rn 6; Diemer/Schoreit/Sonnen JGG 2. Aufl. § 106 Rn 9).

Rechtsanwalt

3. Besonderheiten der Hauptverhandlung

a) Allgemeines

Neben den allgemeinen Sorgfalts- und Vorbereitungspflichten (zB Besetzungsüberprüfung, Ladungsfrist etc), die bei jeder strafrechtlichen Hauptverhandlung und in deren Vorfeld gelten, hat der Verteidiger gerade bei jungen Mandanten noch darüber hinausgehende Erklärungs- und Erläuterungsobliegenheiten zu erfüllen.[184]   **212**

Dem jugendlichen Beschuldigten ist die Rolle der einzelnen Verfahrensbeteiligten wie Richter, Staatsanwalt, Jugendgerichtshilfe, Sachverständiger, Zeugen etc darzulegen sowie Anwesenheits- und Fragerechte zu erläutern. Der äußere Ablauf einer strafrechtlichen Hauptverhandlung sowie der Umgang mit dem Gericht und den anderen Verfahrensbeteiligten ist darzustellen. Die Funktion und die Relevanz von

---

184 Strafverteidigung-Schlag (1. Aufl.) § 21 Rn 321; Zieger Rn 190 ff

Anklage, Beweisaufnahme, Einlassung oder Schweigen sollten mit ihm erörtert werden. Der Verteidiger hat dem Angeklagten aufzuzeigen, dass er sich jederzeit und in jeder Lage des Verfahrens auf ihn verlassen kann und er uneingeschränkt auf seine Schutz- und Beistandspflicht bauen kann.

Auf einige wichtige verfahrensrechtliche Besonderheiten des Hauptverfahrens gegen Jugendliche und Heranwachsende soll im Folgenden näher eingegangen werden.

b) Ausschluss der Öffentlichkeit (§ 48 JGG)

213   Die Hauptverhandlung gegen – zur Tatzeit gem § 1 II JGG – Jugendliche ist nicht öffentlich (§ 48 I JGG). Dies gilt auch für die Verkündung von Entscheidungen. Das Gesetz gibt jedoch in § 48 II JGG einem weiten Personenkreis ein Anwesenheitsrecht, so zum Beispiel:

- dem Bewährungs- und Betreuungshelfer,
- dem Erziehungsbeistand,
- dem Heimleiter sowie
- weiteren Personen, insbesondere zu Ausbildungszwecken.

214   Da es Sinn der Vorschrift ist, den Angeklagten vor Bloßstellungen zu schützen und eine Kommunikation unter den Verfahrensbeteiligten zu ermöglichen und zu fördern, die nicht durch Angst vor Öffentlichkeit oder Rücksichtnahme auf sie beeinflusst wird, scheint es verfehlt, die Presse oder ganze Schulklassen zuzulassen.[185] Darauf hat der Verteidiger zu achten.

215   Anwesenheitsrechte können eingeschränkt werden, beim Verletzten zB, der zugleich Zeuge ist. Hierbei ist jedoch zu berücksichtigen, dass gerade das Anwesenheitsrecht des Verletzten einen Ausgleich für die gem § 80 III JGG nicht zulässige Nebenklage darstellt. Der Verletzte sollte deshalb dann als erster Zeuge vernommen werden.[186]

216   Sind im Verfahren gegen Jugendliche auch Heranwachsende oder Erwachsene angeklagt, ist die gemeinsame Verhandlung grundsätzlich öffentlich (§ 48 III 1 JGG). Wird in einem solchen Fall die Öffentlichkeit zeitweise gemäß § 48 III 2 JGG ausgeschlossen, kann das der Jugendliche nicht als Verstoß gegen den Öffentlichkeitsgrundsatz rügen.

Über die Regelung der §§ 171 b ff GVG hinaus kann gem § 48 III 2 JGG die Öffentlichkeit ausgeschlossen werden, wenn dies im Interesse jugendlicher, aber auch gem § 109 I 4 JGG heranwachsender Angeklagter geboten ist. Der Verteidiger wird bei bestimmten Verfahrensteilen zB Einlassung des Angeklagten, Gutachtenerstattung, JGH-Bericht, diese Möglichkeit besonders im Auge halten.

c) Vereinfachtes Jugendverfahren (§§ 76–78 JGG)

217   Das vereinfachte Jugendverfahren findet nur gegen Jugendliche, nicht gegen Heranwachsende statt (§ 109 JGG). Es ersetzt im Wesentlichen das gegen Jugendliche nicht zulässige Strafbefehlsverfahren.

---

185 Völlig hM Eisenberg JGG § 48 Rn 18; D/S/S-Schoreit § 48 Rn 20; Brunner/Dölling § 48 Rn 21; Ostendorf JGG § 48 Rn 15; Zieger Rn 149
186 BGHSt 4, 206; D/S/S-Schoreit § 80 Rn 18

Das vereinfachte Jugendverfahren empfiehlt sich bei Vorliegen eines Geständnisses **218** und in einfach gelagerten Fällen, insbesondere wenn keine umfangreiche Beweisaufnahme notwendig ist und die Verhängung von Jugendstrafe nicht wahrscheinlich ist (§ 77 II JGG).

Der Staatsanwalt kann die Durchführung des vereinfachten Jugendverfahrens beim **219** Jugendrichter beantragen, wenn er erwartet, dass

- der Jugendliche ausschließlich Weisungen erteilt erhält,
- Hilfe zur Erziehung iSd § 12 Nr. 1 JGG anordnet wird,
- Zuchtmittel verhängt werden,
- ein Fahrverbot erteilt wird,
- die Fahrerlaubnis entzogen wird, wenn die Sperre für die Neuerteilung 2 Jahre nicht übersteigt oder
- Verfall oder Einziehung auszusprechen ist (§ 76 I JGG).

Die Teilnahme des Vertreters der Staatsanwaltschaft an der Hauptverhandlung ist **220** nicht obligatorisch (§ 78 II 1 JGG). Nimmt der Staatsanwalt nicht teil, so kann der Jugendrichter das Verfahren auch ohne dessen Zustimmung einstellen.

d)   Unzulässigkeit von Privat- und Nebenklage gegen Jugendliche (§ 80 JGG)

Die Nebenklage ist gegen einen Jugendlichen unzulässig (§ 80 III JGG), auch wenn **221** er zusammen mit einem Heranwachsenden angeklagt ist. Deshalb ist die Beordnung eines Rechtsanwalts als Beistand des nebenklage-berechtigten Verletzten gem. §§ 406 g, 397 a StPO nicht zulässig nach BGH (NStZ-RR 2003, 95 aA OLG München NJW 2003, 1543). Hier steht jedoch (Stand: 8. 4. 2004) eine Gesetzesänderung bevor gem dem 2. Entwurf zur Änderung des JGG.

Gegen einen Heranwachsenden ist sie zulässig, auch dann, wenn gemeinsam gegen Jugendliche und Heranwachsende verhandelt wird.[187] Dem jugendlichen Mitangeklagten dürfen die gegen den erwachsenen Mitangeklagten verhängten Kosten nicht – auch nicht anteilig – auferlegt werden.

Gegen einen Jugendlichen kann Privatklage nicht erhoben werden (§ 80 I 1 JGG). **222** Der Jugendliche hat dadurch jedoch keinen strafrechtlichen Freiraum. Gem § 376 StPO geht die Staatsanwaltschaft auch bei Privatklagedelikten vor, falls dies im öffentlichen Interesse liegt. Gem § 80 I 2 JGG schreitet der Staatsanwalt auch dann ein, wenn ihm dies aus Gründen der Erziehung geboten erscheint oder ein der Erziehung nicht zuwiderlaufendes beachtliches Interesse des Verletzten ersichtlich ist.

Lehnt der Staatsanwalt die Verfolgung des Privatklagedeliktes ab, so ist hiergegen **223** nicht das Klageerzwingungsverfahren (§ 172 StPO) zulässig. Vielmehr ist nur Dienstaufsichtsbeschwerde möglich,[188] was jedoch nicht gilt, wenn die Einstellung des Verfahrens gem § 170 II StPO erfolgt. Dann wiederum ist das Klageerzwingungsverfahren zulässig.[189] Kann nur gegen einen Jugendlichen nicht Privatklage erhoben werden, kann dieser jedoch nach allgemeinen Vorschriften selbst Privatkläger sein. Die Privatklage muss dann jedoch von dem gesetzlichen Vertreter erhoben werden (§ 374 III StPO). Erhebt der Jugendliche Privatklage, so lässt § 80 II 1 JGG die gem § 388 StPO vorgesehene Widerklage zu. Dies wird damit begründet, dass

---

187 Zu verfassungsrechtlichen Bedenken siehe Eisenberg/Schimml JR 1996, 218 f mwN
188 D/S/S-Schoreit § 80 Rn 7; Eisenberg JGG § 80 Rn 8; Brunner/Dölling § 80 Rn 3
189 D/S/S-Schoreit § 80 Rn 7; Eisenberg JGG § 80 Rn 8; Brunner/Dölling § 80 Rn 3

es erzieherisch abträglich sein kann, wenn der jugendliche Privatkläger zwar die Strafverfolgung betreiben könne, seinerseits aber vor Strafverfolgung geschützt sei.[190] Auf Jugendstrafe darf allerdings gegen einen jugendlichen Privatkläger nicht erkannt werden (§ 80 II 2 JGG).

e) Sonstige Verfahrensvorschriften

aa) Anklage

224 Nach § 46 JGG soll die Staatsanwaltschaft im Hinblick auf mögliche Nachteile in der Erziehung des Jugendlichen das wesentliche Ergebnis der Ermittlungen beschränken. Dies gilt insbesondere für die Darstellung von einer mangelhaften Erziehung. Für den Anklagesatz gilt insgesamt jedoch § 200 I 1 StPO.

bb) Vereidigung von Zeugen

225 Die Vernehmung von Zeugen und Sachverständigen folgt den Vorgaben der StPO. Da jedoch gerade im Jugendstrafrecht junge Zeugen vernommen werden, ist § 241 a StPO besonders zu beachten, wonach Zeugen unter 16 Jahren gem § 241 a II 2 StPO nur durch den Vorsitzenden befragt werden sollen. Es kann die unmittelbare Befragung des Zeugen zB durch den Verteidiger aber auch gestattet werden, wenn keine Nachteile für den jugendlichen Zeugen zu befürchten sind.

226 Bei Jugendlichen und in Verfahren vor dem Jugendrichter gelten die allgemeinen StPO-Vorschriften über die Vereidigung von Zeugen (§ 59 ff StPO) iVm der Maßgabe des § 49 I 1 JGG: Nur bei der ausschlaggebenden Bedeutung einer Aussage oder wenn dies zu der Herbeiführung einer wahren Aussage notwendig erscheint, ist eine Vereidigung statthaft.

Im Verfahren gegen Heranwachsende findet diese Vorschrift keine Anwendung (§ 109 II JGG).

227 Die Entscheidung, einen Zeugen gem § 49 JGG nicht zu vereidigen, bedarf in entsprechender Anwendung des § 62 StPO einer ins Protokoll aufzunehmenden Begründung.[191]

228 Der Verteidiger hat daran zu denken, dass das Verzichten auf eine Vereidigung – zumindest von einer Beantragung derselben – bei Verfahren in denen eine Freispruchverteidigung geführt wird, regelmäßig einen Verteidigerfehler darstellt,[192] weil hier ohne zwingenden Grund auf eine mögliche Frühindikation richterlicher Beweiswürdigung verzichtet wird. Es ist für den Verteidiger allemal interessant zu wissen, ob ein Vereidigungsverbot gem § 60 StPO bzw ein Nichtvereidigungsgrund nach § 61 Nr. 1–4 StPO besteht oder ob das Gericht der Zeugenaussage keine ausschlaggebende Bedeutung beimisst nach § 49 I 1 JGG. Dabei bleibt es, auch wenn die Vereidigung nicht mehr den gesetzlichen Regelfall darstellt.

---

190 Eisenberg JGG § 80 Rn 10
191 D/S/S-Schoreit § 49 Rn 8; Eisenberg JGG § 49 Rn 6–7 a; Ostendorf JGG § 49 Rn 7; Brunner/ Dölling § 49 Rn 2 f
192 Burhoff StV 1997, 432; Zieger Rn 202

4. Einstellungsmöglichkeiten bei Anwendung von Jugendstrafrecht

a) Non-Intervention – Absehen von der Verfolgung im Vorverfahren durch den Jugendstaatsanwalt gem § 45 I JGG

Die Vorschrift des § 45 I JGG ist eine speziell für das Jugendstrafrecht geschaffene **229** Möglichkeit bei Vorliegen der Voraussetzungen des § 153 StPO (Vergehen, geringe Schuld, fehlendes öffentliches Interesse) von der Verfolgung abzusehen. Auf § 153 I 2 StPO kommt es insoweit nicht an, da ein Einholen der Zustimmung nicht erforderlich ist.

Der persönliche Anwendungsbereich der Norm ist sowohl bei Jugendlichen als **230** auch bei Heranwachsenden gegeben (§§ 104 I Nr. 4, 109 II 1, 112 JGG und Nr. 5 RLJGG zu § 45).

Der sachliche Anwendungsbereich der Vorschrift ist zB[193] eröffnet im Bereich des **231** allgemeinen Strafrechts bei Hausfriedensbruch, leichten Fällen von Nötigung, kleineren Eigentums- und Vermögensdelikten, Beleidigung, leichter Körperverletzung. Bei den Verkehrsstraftaten ist an Fahren ohne Fahrerlaubnis sowie nicht schwere Fälle des Verstoßes gegen das Pflichtversicherungsgesetz sowie der Unfallflucht zu denken. Bei den strafrechtlichen Nebengesetzen bieten sich für die Einstellung insbesondere Verstöße gegen das BtMG an soweit es sich um den Besitz oder Erwerb von geringen Mengen von Cannabisprodukten handelt[194] sowie leichte Verstöße gegen das Waffengesetz und das Fernmeldeanlagengesetz.

Es gibt jedoch keinen abschließenden Katalog, so dass auch anderweitig jugendtypisches strafrechtliches relevantes Verhalten einstellungsgeeignet ist. Ein Geständnis ist keine Voraussetzung für ein Absehen von der Verfolgung im Vorverfahren,[195] obwohl es natürlich diese Vorgehensweise fördert.

Da in diesem Verfahrensstadium abschließende Schuldfeststellungen regelmäßig **232** nicht vorliegen, hat der Verteidiger darüber zu wachen, dass die auch bei dieser Vorgehensweise bestehende Unschuldsvermutung nicht verletzt wird, dh, eine Einstellung gem § 170 II StPO geht vor. Voraussetzung für die Anwendung des § 45 I JGG ist, dass bei Fortsetzung des Verfahrens ein Freispruch äußerst unwahrscheinlich wäre.[196] Da gegen eine Einstellung des Verfahrens gem § 45 I JGG kein Rechtsmittel gegeben ist, hat der Verteidiger darauf zu achten, dass nicht aus vermeintlich »erzieherischen Gründen« bei einem schweigenden Jugendlichen, dem die Tat nicht nachzuweisen ist, von der Verfolgung abgesehen wird, anstatt das Verfahren einzustellen gem § 170 II StPO, was häufige Praxis ist.[197] Es gilt dabei zu bedenken, dass trotz der Folgenlosigkeit bei der Einstellung gem § 45 I JGG diese im Erziehungsregister gem § 60 Nr. 7 BZRG eingetragen wird und in künftigen Verfahren dem Mandanten entgegengehalten werden kann.

---

193 Vgl dazu ausführlich: Ostendorf JGG § 45 Rn 10
194 Vgl dazu BVerfG NJW 1994, 1577 ff
195 Ostendorf JGG § 45 Rn 10
196 BVerfGE 82, 106 = NJW 1990, 2741 ff; Eisenberg JGG § 45 Rn 8; D/S/S-Diemer § 45 Rn 11
197 Zieger Rn 148

233   Eine Anregung für einen Einstellungsantrag kann wie folgt aussehen:

Non-Intervention (§ 45 I JGG)

An die
Staatsanwaltschaft bei dem
Landgericht Regensburg
Kumpfmühler Straße 4
93047 Regensburg

In der Jugendstrafsache
gegen ...
wegen ...
Aktenzeichen: ...

hier: Antrag auf Verfahrenseinstellung gem § 45 I JGG

Sehr geehrte Frau Staatsanwältin,

in obiger Angelegenheit beantragt die Verteidigung die Einstellung des Verfahrens gem § 45 I 1 JGG.

Begründung:

Der 17-jährige Auszubildende Bernd zeltete in der Nacht vom 15. zum 16. Mai 1998 mit einigen Freunden an einem Cham nahe gelegenen See. Die Jugendlichen betranken sich und seine Freunde G. und T. kamen auf die Idee ihnen bekannte Mädchen, die im Internat einer Chamer Klosterschule untergebracht sind, zu besuchen. Bernd glaubte sich dem nicht entziehen zu können und machte sich zusammen mit den anderen auf den Weg dorthin. Da angekommen machten sie die Mädchen auf sich aufmerksam, diese öffneten ein Fenster und die Jugendlichen stiegen in das Gebäude ein. Sie machten durch starken Lärm eine im Gebäude untergebrachte Erzieherin auf sich aufmerksam, diese verständigte die Polizei.

Die Jugendlichen wurden daraufhin festgenommen und erkennungsdienstlich behandelt; der Blutalkoholgehalt des Mandanten wurde mit 1,37 Promille festgestellt. Die Jugendgerichtshilfe wurde eingeschaltet als das Klosterinternat Strafantrag stellte.

Bernd ist bisher noch nicht strafrechtlich in Erscheinung getreten. Die Tat geschah im Gruppenzwang und er war stark alkoholisiert. Die Verhaftung und die darauf getroffenen Ermittlungsmaßnahmen haben den Mandanten stark und nachhaltig beeinflusst und zum Teil erheblich beeindruckt. Durch die Tat entstand kein Schaden, der Mandant hat sich bei der Internatsleiterin persönlich entschuldigt. Die Tat insgesamt kann man nur als »jugendliche Dummheit« bezeichnen und die bereits jetzt aufgetretenen general- und spezialpräventiven Maßnahmen rechtfertigen die Einstellung des Ermittlungsverfahrens. Aufgrund der Ereignisse ist davon auszugehen, dass der Mandant keine weiteren Straftaten begehen wird.

Rechtsanwalt

---

b)   Diversion – Absehen von der Verfolgung im Vorverfahren durch den Jugendstaatsanwalt mit Rücksicht auf andere erzieherische Maßnahmen (§ 45 II, III JGG)

234   Im Gegensatz zu § 45 I JGG, welcher durch seine Verweisung auf § 153 StPO nur bei Vergehen Anwendung findet, enthält § 45 II JGG diese Einschränkungen nicht.[198]

235   Da § 45 II 1 JGG nicht voraussetzt, dass ein Geständnis vorliegt,[199] ist ausreichend, wenn die Tat nicht ernsthaft bestritten wird und die Durchführung der erzieherischen Maßnahmen nicht verlangt wird, sondern da bereits deren Einleitung aus-

---

198 HM vgl zB D/S/S-Diemer § 45 Rn 13
199 Ostendorf JGG § 45 Rn 14; RL JGG 3 S 4 zu § 45, zur Fragwürdigkeit eines Geständnisses hinsichtlich seiner Beweiskraft vgl Nothacker JZ 1982, 58 f

reicht, ist für die Einstellung hier ein breites Betätigungsfeld für Verteidigeraktivitäten.[200]

Unter die erzieherischen Maßnahmen fallen zum Beispiel Sanktionen der Eltern **236**
oder der Schule, des Jugendamtes insbesondere gem SGB VIII. Auch bereits eine
Auseinandersetzung mit dem strafbaren Verhalten in Gesprächen mit dem Jugendsachbearbeiter der Polizei, dem Jugendgerichtshelfer oder dem Jugendstaatsanwalt,
ggf auch mit dem Verteidiger können die Möglichkeit des § 45 II JGG eröffnen.[201]
Die Teilnahme an Gesprächskreisen oder Seminaren zum Beispiel zur Gewalt- oder
Drogenproblematik scheint auch geeignet. Ebenfalls geeignet ist die Inanspruchnahme von Jugendberatung, Therapiemöglichkeiten, Drogenberatung oder auch
ambulante Drogentherapie.[202]

Gemäß § 45 II 2 JGG steht das Bemühen um einen Ausgleichen mit dem Verletzten
den erzieherischen Maßnahmen gleich.

Es ist außerordentlich streitig, ob der Jugendstaatsanwalt selbst im Hinblick auf **237**
eine Verfahrenserledigung erzieherische Maßnahmen gegenüber dem jungen Beschuldigten ergreifen oder auch nur anregen darf.[203] Der Verteidiger sollte sich nach
Auffassung des Verfassers aus dieser Diskussion heraushalten. Vielmehr sollte er
– soweit eine Freispruchverteidigung nicht in Betracht kommt – sogar im Vorfeld
den Kontakt mit dem Jugendstaatsanwalt suchen, um gemeinsam mit diesem geeignete Maßnahmen in einem informatorischen Gespräch zu finden. Da die Staatsanwaltschaft in diesem Bereich der Diversion nicht nur die Herrin des Vorverfahrens,
sondern faktisch auch des gesamten Verfahrens ist, kommt deren Anregungen und
Vorstellungen ein so großes Gewicht zu, dass der Verteidiger dem nur aus sehr
wohl erwogenen Gründen entgegentreten sollte.

Voraussetzung für die dritte Variante der Diversionsmöglichkeit (§ 45 III JGG) ist **238**
das Vorliegen eines Geständnisses des Beschuldigten. Weiterhin ist erforderlich,
dass der Jugendstaatsanwalt eine jugendrichterliche Sanktion anregt. Dies sind hier
zum einen Weisungen nach § 10 Nr. 4, 7, 9 JGG, also die Erbringung einer Arbeitsleistung, das Bemühen um einen Ausgleich mit dem Verletzten – Täter-Opfer-Ausgleich –, die Teilnahme an einem Verkehrsunterricht oder die Auflage der Zahlung
eines Geldbetrages an eine gemeinnützige Einrichtung. Der Katalog der Weisungen
ist abschließend.

Weiterhin kommen alle Auflagen des § 15 JGG in Betracht.

Die Anwendbarkeit des § 45 III JGG ist nicht auf Vergehen beschränkt. Die Vor- **239**
schrift setzt aber voraus, dass der Schuldgehalt der Tat und das darin zum Ausdruck kommende Erziehungsdefizit das Maß der Anwendbarkeit der Absätze des
§ 45 I und II JGG übersteigt. Gleichzeitig darf aber eine Anklage oder ein Antrag
auf Entscheidung im vereinfachten Jugendverfahren gem § 76 S 2 JGG nicht geboten sein.[204]

Der Verteidiger ist hier gefragt, dem Jugendstaatsanwalt die Anregung an den Jugendrichter durch geeignete Vorschläge zu erleichtern, welche im Vorfeld mit dem
Mandanten und ggf dessen Eltern abzusprechen sind.[205]

200 Zieger Rn 150
201 Eisenberg JGG § 45 Rn 19 ff; Ostendorf JGG § 45 Rn 13; Zieger Rn 150
202 Zieger Rn 150
203 Zieger Rn 151 mwN
204 D/S/S-Diemer § 45 Rn 20
205 Strafverteidigung-Schlag (1. Aufl.) § 21 Rn 218

Heimann

240 Werden die Weisungen nicht erfüllt, ist die Verhängung von Jugendarrest ausgeschlossen (§ 45 III 3 JGG). Das Verfahren wird dann durch den Jugendstaatsanwalt durch Anklage oder Antrag im vereinfachten Jugendverfahren fortgeführt.[206]

§ 45 III JGG verweist ausdrücklich auf § 47 III JGG. Dort ist bestimmt, dass aufgrund neuer Tatsachen und Beweismittel von neuem Anklage erhoben werden darf.

Ein Rechtsmittel gegen die Verfahrensbehandlung gem § 45 III JGG ist nicht gegeben.

241 Ein diesbezgl Antrag an die Staatsanwaltschaft könnte den folgenden Inhalt haben:

Diversion (§§ 45 II, III, 47 JGG)

An die
Staatsanwaltschaft bei dem
Landgericht Regensburg
Kumpfmühler Straße 4
93047 Regensburg

In der Jugendstrafsache
gegen ...
wegen ...
Aktenzeichen: ...

hier: Antrag auf Verfahrenseinstellung gem § 45 II JGG

Sehr geehrte Frau Staatsanwältin,

in obiger Angelegenheit beantragt die Verteidigung die Einstellung des Verfahrens gem § 45 II JGG.

Begründung:

Die 15-jährige Schülerin Bettina wurde am 18. 3. 1998 von der Kassiererin T. im Schlecker-Markt in Cham bei dem Versuch einen Lippenstift einzustecken, erwischt. Sie war erschrocken und gab den versuchten Diebstahl sofort zu.

Alle ihre Bekannten verfügen über eine Vielzahl von Make-up-Artikeln und sie wollte hinter ihnen nicht zurückstehen. In dem Drogeriemarkt musste sie aber feststellen, dass sie nicht genug Geld bei sich führte, um den Artikel zu kaufen und beschloss – ohne lange darüber nachzudenken – den Lippenstift einzustecken. Sie stahl noch nie vorher etwas und stellte sich dabei auch so ungeschickt an, dass die Kassiererin auf die Tat aufmerksam wurde und sie ertappte.

Bettina erfuhr bereits durch das »auf frischer Tat ertappt werden« und die damit verbundene blamable Situation einen »heilsamen Schock«. Die polizeiliche Festnahme, Vernehmung und Verwarnung sowie das Nachhausebringen durch die Polizei hinterließen bei ihr einen deutlichen Eindruck, auch weil sie deswegen in der ländlichen Gegend, wo sie lebt, das Ortsgespräch war. Ihre Eltern bestraften sie außerdem empfindlich durch ein Ausgehverbot an zwei Wochenenden.

Ich führte mit Bettina ein längeres Gespräch und erläuterte ihr die für sie persönlichen Folgen ihres Ladendiebstahls.

Dabei gewann ich den sicheren Eindruck, dass sie das verstand, ihr Unrecht einsah und zukünftig etwas derartiges nicht mehr tun wird, was sie mir auch glaubhaft versprach.

Rechtsanwalt

---

206 D/S/S-Diemer § 45 Rn 26

c) Vorläufiges Absehen von der Anklageerhebung gem §§ 38 II JGG, 37 I BtMG

Gem §§ 38 II JGG, 37 I BtMG wurde für die Staatsanwaltschaft eine Einstellungs-   **242**
kompetenz geschaffen, die im Bereich des § 31 a BtMG weit über § 153 I 2 StPO hinausgeht. Der Staatsanwalt kann mit Zustimmung des Gerichts von der Erhebung
der öffentlichen Klage absehen, wenn der Beschuldigte nachweist, dass er sich wegen seiner Abhängigkeit seit mindestens 3 Monaten in Behandlung befindet.

§ 38 II JGG erklärt § 37 BtMG sinngemäß auch für Jugendliche und Heranwach-   **243**
sende anwendbar.

Die §§ 38 II JGG, 37 I BtMG haben im Hinblick auf ihre Spezialität Vorrang vor   **244**
§ 45 I JGG[207] in dessen Anwendungsbereich. Daneben bleibt jedoch – worauf Die-
mer und Schlag[208] zutreffend hinweisen – § 45 JGG bestehen, wenn zum Beispiel in
Fällen geringer Schuld ein Vorgehen gem §§ 37 JGG, 38 BtMG schon wegen der
Unangemessenheit einer Therapie und im Hinblick auf die zu erwartende geringe
Sanktion/Rechtsfolge unangebracht wäre, weil die nach § 45 JGG zulässigen Erziehungsmaßnahmen ausreichen. Auch Brunner[209] weist zutreffend darauf hin, dass
bereits schon aus praktischen Erwägungen eine Konkurrenz dieser Vorschriften
nicht eintritt.

Unzulässig ist es allerdings, eine ggf gem § 37 I BtMG versagte richterliche Zustim-   **245**
mung durch eine Verfügung gem § 45 II 1 JGG oder sogar § 45 I JGG zu erset-
zen.[210] Der Verteidiger hat aber auch abzuwägen, dass bei einer Einstellung gem
BtMG eine Eintragung in das BZRG nicht stattfindet, die Einstellung gem JGG
aber in das Erziehungsregister eingetragen wird.

d) Einstellungen gem §§ 153 ff StPO

aa) Einstellung gem § 153 StPO

Sehr umstritten ist, ob § 153 StPO durch § 45 JGG ausgeschlossen ist.[211] Da die   **246**
Einstellung gem § 45 JGG aber gem § 60 I Nr. 7 BZRG in das Erziehungsregister
eingetragen wird und vorrangiges Ziel der Diversion die Vermeidung von Stigmati-
sierungseffekten ist, verdient die Auffassung den Vorzug, die eine Einstellung gem
§ 153 StPO zulässt.[212]

bb) Einstellung gem § 153 a StPO

Die oben bei § 153 StPO dargestellte Problematik und der diesbezügliche Mei-   **247**
nungsstreit gilt auch bei § 153 a StPO. Während teilweise § 45 JGG als lex specialis
angesehen wird zu § 153 a StPO,[213] erachtet die Gegenmeinung[214] – mit gewissen

---

207 Völlig hM: D/S/S-Diemer § 45 Rn 8; Eisenberg JGG § 45 Rn 10 a; Ostendorf JGG § 45 Rn 8;
    Brunner/Dölling § 45 Rn 43 u 48; Körner BtMG § 38 Rn 7, ders insoweit missverständlich
    NJW 1993, 238
208 D/S/S-Diemer § 45 Rn 9; Strafverteidigung-Schlag (1. Aufl.) § 21 Rn 223
209 Brunner/Dölling § 45 Rn 48
210 Brunner/Dölling § 45 Rn 48; Ostendorf JGG § 45 Rn 8; aA Nothacker JZ 1982, 62
211 Dafür: Eisenberg JGG § 45 Rn 10; Brunner/Dölling § 45 Rn 3 mit umfassenden Überblick
    über den Meinungsstand; D/S/S-Diemer § 45 Rn 9; LR-Rieß § 153 Rn 12; KK-Schoreit § 153 a
    Rn 8; LG Aachen NStZ 1991, 450 m abl Anm Eisenberg; dagegen: Ostendorf JGG § 45 Rn 5;
    Bonnert NJW 1980, 1931; LG Itzehoe StV 1993, 537 m zust Anm Ostendorf
212 Strafverteidigung-Schlag (1. Aufl.) § 21 Rn 224
213 Brunner/Dölling § 45 Rn 3; D/S/S-Diemer § 45 Rn 9; KK-Schoreit § 153 a Rn 8; LG Aachen
    NStZ 1991, 523 m Anm Böhm; LG Itzehoe NStZ 1993, 529 m Anm Böhm; vgl LR-Rieß § 153 a
    Rn 19
214 Eisenberg JGG § 45 Rn 11 f; Ostendorf JGG § 45 Rn 6; Bohnert NJW 1980, 1929 ff; Strafver-
    teidigung-Schlag (1. Aufl.) § 21 Rn 225 f

Modifizierungen im Meinungsstand bezüglich des Anwendungsbereiches – ein Nebeneinander der Vorschriften für möglich. Die Anwendungsmöglichkeit des § 153 a StPO soll dann eröffnet sein, wenn eine sofortige Einstellung gem §§ 45 I JGG (ggf) iVm § 153 I StPO zum Beispiel wegen (zunächst) bestehenden öffentlichen Interesses nicht vorliegt.[215] Weiterhin soll eine Einstellung gem § 153 a StPO dann vorgenommen werden können, wenn die in § 45 III JGG aufgeführten Maßnahmen nicht »passen«.[216] Diese Auffassung wird gestützt auf die RLJGG Nr. 5 S 2 zu § 45. Wichtiger wird wohl das Argument sein, dass nur so wegen der bei § 45 JGG erfolgenden Eintragung in das Erziehungsregister eine Schlechterstellung des Jugendlichen/Heranwachsenden gegenüber einem Erwachsenen in vergleichbarer Verfahrenssituation verhindert werden kann.[217]

248   Zumindest dann, wenn keine Einstellung gem § 45 III JGG wegen des Fehlens eines Geständnisses möglich ist, soll der Anwendungsbereich des § 153 a StPO eröffnet sein.[218] Im Hinblick auf die fehlende Notwendigkeit eines Geständnisses sowie die Nichtvornahme einer Registereintragung bei Anwendung des § 153 a StPO erscheint die Auffassung, dass § 153 a StPO neben bzw subsidiär zu § 45 JGG anwendbar ist, für den Verteidiger vorzugswürdig. Er sollte sich daher dieser Meinung anschließen und versuchen sie bei Gericht und Staatsanwaltschaft auch durchzusetzen. Gerade bei dem Vorliegen der obigen Konstellation wird deutlich, dass der junge Mandant bei der Anwendung von Jugendstrafrecht nicht automatisch immer besser fährt im Verhältnis zum Erwachsenenstrafrecht, so dass aus diesem Grund gerade bei Heranwachsenden vom Verteidiger daran gedacht werden soll, hier einmal ausnahmsweise nicht auf die Anwendung von Jugendstrafrecht hinzuarbeiten, sondern im Gegenteil auf die Anwendung von Erwachsenenstrafrecht.

cc)   Einstellung gem § 153 b I StPO

249   Die Einstellung gem § 153 b I StPO wird durch § 45 JGG nicht verdrängt.[219] Auch Erziehungsmaßregeln und Zuchtmittel gelten als Strafe – entgegen deren jugendstrafrechtlicher Bedeutung.[220] § 153 b StPO erlangt besonders dann Bedeutung, wenn ein Absehen von jeglichen Folgen (also auch von Registereintrag) angezeigt erscheint, die Voraussetzungen des § 45 I JGG aber nicht vorliegen.[221]

dd)   Einstellungsmöglichkeit gem §§ 154 I, 154 a I StPO

250   Die obigen Ausführungen zum Sonderregelungscharakter treffen auch auf die §§ 154 I und 154 a I StPO zu, die dem Grundsatz der Beschleunigung, dem im jugendspezifischen Verfahren besondere Bedeutung erwächst, besonders entsprechen.[222]

---

215 Meyer-Goßner § 153 a Rn 3; Eisenberg JGG § 45 Rn 11
216 Ostendorf JGG § 45 Rn 6
217 Eisenberg JGG § 45 Rn 12; Nothacker JZ 1982, 62; aA Ostendorf JGG § 45 Rn 6; D/S/S-Diemer § 45 Rn 9
218 Eisenberg JGG § 45 Rn 12; Meyer-Goßner § 153 a Rn 4; Pfeiffer/Fischer § 153 a Rn 1; Bohnert NJW 1980, 1929, 1931; Nothacker JZ 1982, 61; aA bezüglich dieses Arguments: Ostendorf JGG § 45 Rn 6; D/S/S-Diemer § 45 Rn 9
219 Allgem M statt aller: D/S/S-Diemer § 45 Rn 9; Brunner/Dölling § 45 Rn 3
220 D/S/S-Diemer § 45 Rn 9; Eisenberg JGG § 2 Rn 13; LR-Rieß § 153 b Rn 6; KK-Schoreit § 153 b Rn 13; BayObLGSt 61, 171 ff (174) = NJW 1961, 2029 f; NStZ 1991, 584 aA Meyer-Goßner § 153 b Rn 5
221 D/S/S-Diemer § 45 Rn 9
222 D/S/S-Diemer § 45 Rn 9

Im Anwendungsbereich der Einstellungen innerhalb der StPO nach dem Opportu-   **251**
nitätsprinzip scheidet das Klageerzwingungsverfahren gem § 172 II 3 StPO aus.

ee) Übrige Einstellungsnormen der StPO §§ 153 c I, II, IV, 153 d I, 153 e I, 154 b I–III, 153 c StPO

Die übrigen Einstellungsnormen der StPO, die §§ 153 c I, II, IV, 153 d I, 153 e I,   **252**
154 b I–III, 153 c, finden uneingeschränkt Anwendung. Diese Vorschriften betreffen
Sonderregelungen, welche nicht von der grundsätzlichen Spezialität der JGG-Vor-
schriften gem § 2 JGG erfasst werden und sind demgemäß anwendbar.[223]

e) Einstellung gem § 47 OWiG

§ 47 OWiG ist lex specialis gegenüber § 45 JGG und zwar sowohl im behördlichen   **253**
wie auch im gerichtlichen Verfahren.[224] § 47 OWiG gilt nur in Verfahren wegen
Ordnungswidrigkeiten, § 45 JGG nur in Strafverfahren. Daher ist die Anwendung
des § 45 JGG in OWi schon begrifflich ausgeschlossen.

f) Einstellung des Verfahrens durch den Jugendrichter (Diversion gem§ 47 JGG)

Nach Erhebung der Anklage kann der Jugendrichter gem § 47 JGG das gegen Ju-   **254**
gendliche oder Heranwachsende laufende Verfahren mit Zustimmung der Staatsanwaltschaft bei Vorliegen der Voraussetzungen nach §§ 45 I–III JGG einstellen.

Dies empfiehlt sich insbesondere dann, wenn sich erst nach Erhebung der Anklage
herausstellt, dass eine förmliche Beendigung des Verfahrens durch Urteil nicht erforderlich ist. Das ist zum Beispiel dann der Fall, wenn der persönliche Eindruck
des Angeklagten den Eindruck vermittelt, dass bereits angemessene erzieherische
Einwirkungen auf ihn im sozialen Umfeld erfolgt sind, die eine Fortsetzung des
Strafverfahrens entbehrlich machen (RL JGG Nr. 1 zu § 47 JGG) und es sich nur
um Bagatellkriminalität handelt.

Da die Herrschaft über das Verfahren nach der Anklageerhebung an das Gericht   **255**
übergeht, ist damit der Richter für die Einstellung zuständig.

Zur Sicherung der Durchführung der erzieherischen Maßnahmen gem § 45 II JGG   **256**
bzw der Erfüllung der Weisungen gem § 45 III JGG stellt das Gericht mit Zustimmung des Staatsanwalts zunächst nur vorläufig ein. Dem jungen Beschuldigten
wird gem § 47 I 2 JGG eine Frist von höchstens 6 Monaten gesetzt, innerhalb derer
er den Auflagen, Weisungen oder erzieherischen Maßnahmen gem §§ 47 I 1 Nr. 2 u
3 JGG nachzukommen hat.

Kommt der Jugendliche den Anforderungen nach, stellt der Richter das Verfahren
ein gem § 47 I JGG, andernfalls wird es fortgesetzt.

Die Einstellung hat eine beschränkte Rechtskraft insoweit, als nur aufgrund neuer   **257**
Tatsachen und Beweismittel eine neue Anklage erhoben werden kann. Eine Fortsetzung des Verfahrens ist nicht zulässig.

---

223 Allgemeine Meinung Brunner/Dölling § 45 Rn 3; D/S/S-Diemer § 45 Rn 9; Ostendorf JGG
     § 45 Rn 7; Eisenberg JGG § 45 Rn 14; aA hinsichtlich §§ 153 c I u II u 154 c StPO Bohnert
     NJW 1980, 1930
224 Völlig hM Eisenberg JGG § 45 Rn 3; D/S/S-Diemer § 45 Rn 10; Brunner/Dölling § 45 Rn 38;
     Eisenberg NStZ 1991, 451; Ostendorf JZ 1990, 590; Göhler § 47 OWiG Rn 21; KK-OWiG
     Bohnert § 47 Rn 74 ff aA OLG Frankfurt GA 1968, 219

258   Ebenso wie bei § 45 III JGG (Absehen von der Verfolgung nach Ermahnung, Weisung oder Auflage) darf auch bei § 47 I JGG keine »Beugehaft« zur zwangsweisen Durchsetzung der Weisungen und Auflagen gem §§ 11 III, 15 III 2 JGG angewandt werden.

259   Da die Diversionsmaßnahmen nach § 47 JGG auch im Berufungsverfahren und auch in der Revisionsinstanz noch zulässig sind,[225] bietet sich durch diese Vorschrift dem Verteidiger, der erst nach der Anklageerhebung bzw nach Abschluss der I. Instanz mandatiert wurde, die Möglichkeit, noch durch geeignete Vorschläge und Anträge eine Diversionsmaßnahme zu erreichen.[226] Natürlich gilt auch im Bereich des § 47 JGG für den Verteidiger, dass die Nichteröffnung des Hauptverfahrens mangels hinreichendem Tatverdacht und Einstellungsmöglichkeiten ohne jegliche auch nur registerrechtliche Belastung, Vorrang genießen.[227]

260   Eine Entscheidung nach § 47 JGG wird im Erziehungsregister eingetragen.

5.   Untersuchungshaft

261   Auch bei Jugendlichen und Heranwachsenden gelten die Voraussetzungen der §§ 112 ff StPO, also dringender Tatverdacht, Vorliegen eines Haftgrundes und Verhältnismäßigkeit.

Für Heranwachsende bedarf es keiner weiteren Voraussetzung zur Verhängung der Untersuchungshaft.

262   Bei Jugendlichen muss sich der dringende Tatverdacht nicht nur auf die entsprechenden Tatbestandsmerkmale der jeweiligen Straftat beziehen, sondern es ist kummulativ noch das Vorliegen der Verantwortungsreife gem § 3 JGG positiv festzustellen.

Zusätzlich gelten für Jugendliche die weiteren Voraussetzungen des § 72 JGG. Der Vollzug von U-Haft ist gemäß obiger Vorschrift subsidär hinter vorläufigen Erziehungsanordnungen nach § 71 JGG. Reichen die vorläufigen Erziehungsanordnungen oder andere Maßnahmen aus, um den Zweck der U-Haft zu erreichen, darf diese nicht verhängt werden (§ 71 I 1 JGG).

Der Verteidiger ist hier gefordert, mit geeigneten Vorschlägen darauf hinzuwirken, eine Außervollzugsetzung des Haftbefehls im Hinblick auf diese Bestimmung zu erwirken.

263   Ein zusätzliches Kriterium der Verhältnismäßigkeitsprüfung der U-Haft bei Jugendlichen stellt § 72 I 2 JGG auf, wo ausgeführt ist, dass auch die besonderen Belastungen des Vollzuges für Jugendliche zu berücksichtigen sind.

Eine zusätzliche Begründungspflicht des Haftbefehls sieht § 72 I 3 JGG vor. Wird Untersuchungshaft verhängt, sind im Haftbefehl die Gründe auszuführen, aus denen sich ergibt, dass andere Maßnahmen, insbesondere die einstweilige Unterbringung in einem Heim der Jugendhilfe, nicht ausreichen und die Untersuchungshaft nicht unverhältnismäßig ist. Die Anforderungen an das Heim richten sich gem § 71 II 3 JGG nach dem Jugendhilferecht.[228]

---

225 D/S/S-Diemer § 47 Rn 6; Eisenberg JGG § 47 Rn 6
226 Zieger Rn 155
227 Zieger Rn 156
228 Vgl dazu Cornel StV 1994, 628 ff

Heimann

Für Jugendliche, die das 16. Lebensjahr noch nicht vollendet haben, ist die Anwendung von U-Haft noch restriktiver geregelt: Diese ist wegen Fluchtgefahr nur zulässig, wenn der Jugendliche sich dem Verfahren bereits entzogen hat, Anstalten zur Flucht getroffen hat oder im Geltungsbereich dieses Gesetzes keinen festen Wohnsitz hat. **264**

Befindet sich ein Jugendlicher in U-Haft, ist das Verfahren mit besonderer Beschleunigung zu betreiben (§ 72 V JGG). **265**

Über § 114 b StPO hinaus sind bei der Verhaftung eines Jugendlichen die Erziehungsberechtigten und die gesetzlichen Vertreter zu benachrichtigen. Diese haben sowohl das Recht bei der richterlichen Vernehmung gem § 115 StPO als auch an der Haftprüfung gem § 117 StPO teilzunehmen (§ 67 I JGG). Der Verteidiger hat dieses Recht natürlich gem § 168 c I, V StPO auch. **266**

Das Konzept der weitergehenden Haftvermeidung bei Jugendlichen ergibt sich auch mittelbar aus § 68 Nr. 4 JGG, wo bestimmt ist, dass einem noch minderjährigen Beschuldigten schon vom ersten Tag der Untersuchungshaft an ein Verteidiger zu bestellen ist.[229] **267**

Gegen eine Fluchtgefahr spricht bei jungen Mandanten die **268**

– Abhängigkeit und Bindung an das Elternhaus,
– regelmäßig schlechte finanzielle Lage sowie
– das Fehlen ernsthafter eine Flucht unterstützender Lebensalternativen.

Für die Rechtsmittel gelten die Vorschriften der StPO, das sind Haftbeschwerde und weitere Beschwerde sowie mündliche Haftprüfung. **269**

Für die Verteidigung in Haftsachen gehört die frühzeitige Akteneinsicht, zumindest bezüglich der den Haftgrund stützenden Umstände, zu den unverzichtbaren Voraussetzungen.[230] Das Recht auf sofortige Einsicht in die Vernehmungsprotokolle des Beschuldigten sowie in Sachverständigengutachten ist bereits in der StPO niedergelegt in § 147 III StPO. **270**

Von der Anrechnung von Verbüßung der U-Haft auf die Jugendstrafe kann gem § 52 a JGG abgesehen werden wegen des Verhaltens des Angeklagten nach der Tat und aus erzieherischen Gründen. Worin letztere liegen sollen bleibt insofern offen, als eine im Allgemeinen positiv zu beurteilende Einwirkung des Jugendstrafvollzuges wohl kaum bisher angenommen werden kann. **271**

Sollte die verhängte Freiheitsstrafe nicht durch die angerechnete U-Haft erledigt sein oder sollte diese nicht angerechnet werden, obliegt es dem Verteidiger darauf hinzuwirken, die Aussetzung der Jugendstrafe zur Bewährung zu beantragen, wenn schon die U-Haft auf den Mandanten Eindruck gemacht hat. Dies ist bei erstmaliger Verhängung von U-Haft regelmäßig der Fall. **272**

Der Schriftsatz des Verteidigers nach Verhaftung des Mandanten könnte den folgenden Inhalt haben: **273**

---

229 Zieger Rn 184
230 EGMR StV 1993, 283 f m Anm Zieger StV 1993, 320 ff; StV 2001, 201 ff (3 Urteile) m Anm Kempf 206 f

Heimann

Verteidigungsanzeige und Antrag auf Beiordnung als Pflichtverteidiger

Amtsgericht Amberg
– Jugendrichter –
Paulanerplatz
Amberg

In der Jugendstrafsache
gegen ...
wegen ...
Aktenzeichen: ...

hier: Antrag auf Beiordnung als Pflichtverteidiger und auf Akteneinsicht

Sehr geehrter Herr Vorsitzender,

in obiger Angelegenheit bestelle ich mich mit anliegender Strafprozessvollmacht zum Verteidiger des Beschuldigten ... im oben genannten Ermittlungsverfahren.

1.

Es wird beantragt den Unterzeichner dem Beschuldigten als Pflichtverteidiger beizuordnen. Dem Beschuldigten wird das Verbrechen der Körperverletzung mit Todesfolge gem § 226 StGB zur Last gelegt.

Dies ist bereits im allgemeinen Strafrecht ein Fall der notwendigen Verteidigung gem § 140 I, II StPO (Verbrechen) und auch im Jugendstrafrecht gem § 68 Nr. 1 JGG. Darüber hinaus ist gegen den Mandanten Untersuchungshaft angeordnet, was nach § 68 Nr. 4 JGG (vgl auch die Kölner Richtlinien in NJW 1989, 1024 ff) allein schon die Beiordnung eines Pflichtverteidigers verlangt.

Der Beschuldigte hat mich mit seiner Vertretung als Wahlverteidiger bestellt. Auch wenn ich meinen Kanzleisitz nicht am Gerichtsort begründet habe, ist meine Beiordnung als Pflichtverteidiger geboten (§ 142 I 3 StPO), weil ich das besondere Vertrauen des Beschuldigten besitze und dies – nach dem grundgesetzlich geschützten Anspruch auf ein faires Verfahren – Vorrang vor der Ortsnähe hat (BGH StV 1985, 450; 1990, 254 m Anm Deckers). Für den Fall meiner Beiordnung als Pflichtverteidiger lege ich bereits jetzt mein Mandat als Wahlverteidiger nieder.

2.

In der Sache beantragt die Verteidigung des Beschuldigten Akteneinsicht in die Ermittlungsakten der Staatsanwaltschaft (§ 147 I StPO) unter Übersendung der Akten in meine Kanzlei.

Wenn die Einsicht in die gesamten Verfahrensakten momentan noch nicht möglich sein sollte,

bitte ich um Mitteilung des Verhinderungsgrundes und wann mit einem Wegfall dieses Grundes zu rechnen ist. Außerdem beantrage ich einstweilen Einsicht in die Aktenteile, welche die Haftentscheidung des Gerichts beeinflusst haben und die im Haftbefehl aufgeführte Beschuldigtenvernehmung und die Sachverständigengutachten gem § 147 III StPO.

Die Verteidigung weist darauf hin, dass wenn Akteneinsicht in die, die Haftentscheidung beeinflussenden Aktenteile nicht gewährt wird, diese auch nicht zur Abstützung des Haftbefehls verwendet werden dürfen (BVerfG NStZ 1994, 551).

Auf das für Jugendstrafsachen besonders zu beachtende Beschleunigungsgebot wird hiermit ausdrücklich hingewiesen.

Rechtsanwalt

6. Beteiligte Personen im JGG-Verfahren

a) Polizei

Die Polizei ist im Rahmen der Strafverfolgung Hilfsorgan für die Staatsanwaltschaft **274** (§ 162 GVG) und hat den Weisungen der Staatsanwaltschaft zu folgen (§ 161 II StPO). Insoweit unterscheiden sich die Aufgaben der Polizei bei einem Erwachsenen und Jugendlichen bzw Heranwachsenden nicht. Allerdings wird die Staatsanwaltschaft regelmäßig nur bei schweren oder umfangreicheren Delikten die Ermittlungen selber führen.

Auch wenn es keine besonderen Vorschriften über das Verhalten der Polizei gegenüber jungen Beschuldigten gibt, enthält doch die polizeiliche Dienstvorschrift **275** (PDV) 382[231] wichtige Hinweise über den Umgang und das Verhalten der Polizei gegenüber ihrer jungen Klientel.

Nicht selten erzählen junge Mandanten ihrem Verteidiger von Vernehmungsmetho- **276** den bei denen ersichtlich § 136 a StPO verletzt ist.[232] Es wird von Vernehmungsdruck, Übermüdung, Einschüchterung und Täuschung berichtet. Noch komplizierter wird es, wenn daraus resultierend falsche Geständnisse abgegeben worden sind, die widerrufen werden sollen. Der Verteidiger wird zunächst sorgfältig prüfen, ob die Anwendung solcher Methoden überhaupt nachweisbar ist. Zumindest gibt es manchmal in Vernehmungsprotokollen Brüche und zeitliche Lücken, die bestimmte Vorgänge eventuell nachvollziehbar machen.[233] Lassen sich die unerlaubten Vernehmungsmethoden mit der Rechtsfolge eines Verwertungsverbotes der Angaben nicht nachweisen oder liegen sie nicht vor, kommt der Widerruf der Angaben bzw des Geständnisses in Betracht.

Dies gehört zu den subtilsten Aufgaben des Verteidigers, bei dem es immer auf die Umstände des Einzelfalls ankommt. Allgemein gehaltene Ausführungen verbieten sich dazu.[234]

Der Verteidiger wird sich dies sehr gut überlegen, stößt er doch mit seinem Anliegen zunächst bei allen Verfahrensbeteiligten auf eisige Ablehnung.

Es erscheint sachdienlich, eine diesbezügliche Absicht vorher anzukündigen und gegebenenfalls zur Feststellung des Wahrheitsgehaltes eines Widerrufes des Geständnisses einen Sachverständigen (Psychologen) hinzuzuziehen. Ein solcher Beweisantrag könnte zB formuliert werden[235] »zum Beweis dafür, dass der Widerruf einen größeren Wahrheitswert hat als das Geständnis«. Gleichzeitig sollten weitere Beweisanträge gestellt werden zum Nachweis dafür, dass die Geständnisangaben nicht zutreffend sind.

b) Jugendstaatsanwalt (§§ 36 f, 44, 46 JGG)

Von Gesetzes wegen sind gem § 36 JGG für Verfahren, welche zur Zuständigkeit **277** der Jugendgerichte gehören, auf Seiten der Staatsanwaltschaft Jugendstaatsanwälte zu bestellen.[236] Diese sollten gem § 37 JGG erzieherisch befähigt und in der Jugenderziehung erfahren sein.

---

231 Abgedruckt in: DVJJ-Journal 1997, 5 ff Bearbeitung von Jugendsachen aus dem Jahre 1995
232 Vgl dazu die Beispiele bei Zieger Rn 118
233 Allgemein zur Vernehmungssituation junger Menschen bei der Polizei: Eisenberg NJW 1988, 1250
234 Vgl zur Problematik des Geständniswiderrufes Strafverteidigung-Schlag (1. Aufl.) § 21 Rn 174 ff
235 Strafverteidigung-Schlag (1. Aufl.) § 21 Rn 177
236 Eisenberg NStZ 1994, 67

278 In der Hauptverhandlung in Jugendstrafsachen ist die Stellung des Jugendstaatsanwaltes nicht sonderlich gewichtig. So ist seine Anwesenheit gem § 78 II JGG im vereinfachten Jugendstrafverfahren zB völlig entbehrlich. Angesichts dessen spricht Böhm[237] gar von einer Statistenrolle; ob der Jugendstaatsanwalt durch einen Amtsanwalt in der Sitzung vertreten werden kann, ist fraglich.[238]

279 Dagegen ist die Stellung des Jugendstaatsanwaltes im Ermittlungs- und im Zwischenverfahren bedeutungsvoll. So soll der Jugendstaatsanwalt die Anklage so verfassen, dass sie für den jungen Beschuldigten verständlich ist und ihm keine erzieherischen Nachteile verursachen kann (§ 46 JGG).

Wenn Jugendstrafe zu erwarten ist, soll der Jugendstaatsanwalt den Angeklagten selbst vernehmen (§ 44 JGG) – eine relativ unbekannte Vorschrift bei der Staatsanwaltschaft, wie die Praxis zeigt. Dies wohl auch deshalb, weil § 44 JGG lediglich eine Sollvorschrift ist, die die Revision allenfalls über die Aufklärungsrüge[239] zu einem Erfolg führen kann.[240]

280 Die Hauptaufgabe des Jugendstaatsanwaltes für den Verteidiger liegt sicher in den § 45 I JGG (Non-Intervention) und § 45 II JGG (Diversion), so wie ganz allgemein bei seinem Tätigwerden im Ermittlungsverfahren. Hier empfiehlt es sich – wie auch sonst – frühzeitig mit ihm Kontakt aufzunehmen.

c) Jugendrichter (§§ 33 f, 37, 39–42, 102 f, 107 f, 112 JGG)

281 Der Jugendrichter ist – wie auch sonst im Strafverfahren – die zentrale Figur im Jugendstrafverfahren. Auch er soll wie der Jugendstaatsanwalt erzieherisch befähigt und in der Jugenderziehung erfahren sein (§ 37 JGG).

282 Da § 37 JGG aber lediglich eine »Ordnungsvorschrift« sein soll, kann eine Revision, die sich allein auf § 338 Nr. 1 StPO stützt, mit einem solchen Rügevorbringen keinen Erfolg haben[241] obwohl die weit reichende Bedeutung der Auswahl vom BGH[242] betont wird.

Auch wenn eine Revision nicht durch Verletzung des § 37 JGG allein begründet ist, darf die Vorschrift nicht unbeachtet bleiben.[243] Sie kann allerdings dann begründet sein, wenn in Form der Aufklärungsrüge (§ 244 II StPO) nachgewiesen wird, dass das Gericht mangels ausreichender eigener Erfahrungen auf dem Gebiet der Jugenderziehung einen Sachverständigen hätte beiziehen müssen.[244]

283 Der Jugendrichter trägt besondere Verantwortung, weil mit seiner Entscheidung eine starke erzieherische Einwirkung auf den Angeklagten verbunden ist, die diesen nachhaltig beeinflussen, prägen und formen kann. Neben den Kenntnissen des allgemeinen formellen und materiellen Strafrechts muss der Jugendrichter die besonderen formellen und materiellen Vorschriften des JGG sicher beherrschen.

---

237 Böhm S 110

238 Zur streitigen Frage, ob auch Amtsanwälte tätig werden dürfen vgl dagegen: Ostendorf JGG § 36 Rn 7; D/S/S-Diemer § 36 Rn 6; dafür: Eisenberg JGG § 36 Rn 11; Meyer-Goßner § 142 GVG Rn 20; OLG Hamm JMBl NW 1994, 23; OLG Karlsruhe NStZ 1988, 241

239 Zu deren statistischen Erfolgschancen vgl Nack NStZ 1997, 153

240 Allgemeine Meinung: Eisenberg JGG § 44 Rn 14; D/S/S-Sonnen § 44 Rn 6; Ostendorf JGG § 44 Rn 7

241 BGHSt 27, 250; NJW 1958, 639; MDR 1958, 356; OLG Karlsruhe NStZ 1988, 241; krit Kreutzer StV 1982, 438 f

242 BGHSt 8, 354; 9, 402

243 Zurberbier DRiZ 1988, 336

244 BGH aaO m Anm Brunner JR 1978, 175

Seine Kompetenzen und Aufgaben gehen über die eines Erwachsenenrichters weit hinaus, zB bei der Diversion (§§ 45 III, 47 JGG), im vereinfachten Jugendverfahren (§ 76 ff JGG) und insbesondere in seiner Eigenschaft als Vollstreckungsleiter (§ 82 ff JGG). Bei der vom Gesetz geforderten, in der Praxis jedoch relativ selten verwirklichten, Personalunion von Jugend- und Vormundschaftsrichter (§ 34 II JGG) werden vom Richter noch zusätzliche besondere Kenntnisse im Vormundschaftsrecht gefordert.[245]

Die Abgrenzung der Zuständigkeiten zwischen Jugendrichter, Jugendschöffengericht und der (großen, kleinen und zerkleinerten) Jugendkammer, ergibt sich aus §§ 33–34, 39–41, 108 JGG.   **284**

– Die Strafgewalt des Jugendrichters liegt bei bis zu einem Jahr Jugendstrafe (§ 39 JGG).
– Das Jugendschöffengericht kann demgegenüber bei Heranwachsenden bis 4 Jahre Jugendstrafe verhängen, bei Jugendlichen bis 10 Jahre (§§ 40, 108 III 1 JGG).
– Die Jugendkammer ist als Gericht des ersten Rechtszuges zuständig für Strafsachen gegen Jugendliche und Heranwachsende,
    die bei Erwachsenen zur Zuständigkeit des Schwurgerichts gehören, bei einer Vorlage durch das Jugendschöffengericht wegen des besonderen Umfangs der Strafsache,
    wenn bei Heranwachsenden mehr als 4 Jahre Freiheitsstrafe zu erwarten sind oder
    wenn gegen Jugendliche und Erwachsene gemeinsam verhandelt wird und für die Erwachsenen nach den allgemeinen Vorschriften des GVG eine große Strafkammer zuständig wäre (§§ 40 II, 41, 108 III JGG).

d) Jugendschöffen

In der Hauptverhandlung des Jugendschöffengerichts und der Jugendkammer ist das Gericht neben dem bzw den Berufsrichtern mit je zwei Jugendschöffen besetzt (§§ 33 a, b JGG).[246]   **285**

Wie der Jugendrichter und der Jugendstaatsanwalt sollen auch Jugendschöffen erzieherisch befähigt und in der Jugenderziehung erfahren sein (§ 35 II 2 JGG). Diese Vorschrift wird jedoch – wie bei § 37 JGG – lediglich als Ordnungsvorschrift angesehen und damit ihrer Revisibilität und in der Folge auch ihrer Bedeutung beraubt.[247]   **286**

Die Jugendschöffen haben das gleiche Stimmrecht wie die Berufsrichter und können deshalb beim Schöffengericht sowie in der kleinen Jugendkammer den Jugendrichter überstimmen. In der großen Jugendkammer können sie eine ihnen nicht genehme Entscheidung der drei Berufsrichter verhindern, denn gem § 263 StPO ist zu jeder dem Angeklagten nachteiligen Entscheidung über die Schuldfrage oder die Rechtsfolgen der Tat einer Mehrheit von zwei Dritteln der Stimme erforderlich. In sonstigen Fällen fordert § 196 GVG eine absolute Stimmenmehrheit.   **287**

Die Heranziehung von Schöffen in der Justiz findet ihre Begründung heute vorwiegend darin, dass die Öffentlichkeit durch Laienrichter selbst unmittelbar in die   **288**

---

245 Vgl zum ganzen Zieger Rn 127
246 Allgemein dazu: DVJJ (Herausgeber) Leitfaden für Jugendschöffen 1995; Wagner, Die Rechtsstellung des Schöffen, ZBL 1982, 325 ff; Jugendwohl 1994, 438 ff
247 Eisenberg JGG § 35 Rn 7; Ostendorf JGG § 35 Rn 4

Strafrechtspflege einbezogen wird und hierdurch ebenfalls für sie mitverantwortlich wird.[248]

289   Als Jugendschöffen sollen zu jeder Hauptverhandlung je ein Mann und eine Frau herangezogen werden (§ 33 a I 2 JGG). Ist das nicht der Fall, soll dies trotzdem nicht die Revision im Sinne des § 338 Nr. 1 StPO begründen, außer in Fällen der Willkür.[249] Das ist fraglich.

Gem § 31 S 2 GVG dürfen als Schöffen nur Deutsche gewählt werden. Nicht nur im Hinblick auf vielfache Anklagen gegen ausländische Jugendliche und Heranwachsende, sondern auch unter Berücksichtigung des Integrationsgedanken (zB kommunales Wahlrecht für Ausländer) und der Intention von internationalen Völkerverbindungen wie der EG ist dies fraglich.

290   Das Auswahlverfahren für die Jugendschöffen ist in § 35 JGG geregelt. Im Gegensatz zu den Schöffen bei den Erwachsenengerichten wird die Vorschlagsliste[250] für die Jugendschöffen nicht von der Gemeinde, sondern vom Jugendhilfeausschuss erstellt. Die Zusammensetzung des Jugendhilfeausschusses, der über die Vorschlagsliste maßgebend Einfluss auf die Auswahl der Jugendschöffen nimmt, regeln die §§ 70, 71 SGB VIII. Der Ausschuss ist ein spezialisiertes unabhängiges Gremium, welches gemäß § 71 KJHG zu drei Fünfteln aus in Jugendhilfe erfahrenen Mitgliedern besteht, die der Vertretungskörperschaft (zB Stadtverordnetenversammlung oder Kreistag) angehören und von dieser gewählt sind. Zwei Fünftel der Mitglieder des Ausschusses sind Frauen und Männer, die auf Vorschlag der im Bereich des Landkreises oder der Stadt wirkenden Träger der freien Jugendhilfe, Jugendverbände oder Wohlfahrtsverbände von der Vertretungskörperschaft gewählt werden.[251]

291   Trotz der immens hohen Bedeutung der mängelfreien Ausgestaltung des Wahlverfahrens gilt der Grundsatz, dass Mängel des Wahlverfahrens regelmäßig unschädlich[252]sind. Das scharfe Schwert des absoluten Revisionsgrundes des § 338 Nr. 1 StPO ist dadurch von der Rechtsprechung entschärft worden und kann zumindest im Hinblick auf das Auswahlverfahren als stumpf bezeichnet werden.

Für den Fall einer gegebenenfalls zu erhebenden Besetzungsrüge gem § 338 Nr. 1 StPO hat der Verteidiger auf die Rügepräklusion des 2. HS der Vorschrift zu achten. Weiterhin sollten ihm die Erfolgsaussichten dieser speziellen Rüge bekannt sein.[253]

e)   Jugendgerichtshilfe (§ 38 JGG)

292   Die Jugendgerichtshilfe ist gem § 38 III JGG im gesamten Verfahren gegen einen Jugendlichen heranzuziehen[254] und zwar so früh wie möglich. Dies gilt auch im Verfahren gegen Heranwachsende. Ihre Mitwirkung ist auch nicht im Verfahren vor

---

248 Böhm S 96
249 D/S/S-Schoreit § 33 a Rn 4; Brunner/Dölling § 35 Rn 3
250 Zum Vorliegen des absoluten Revisionsgrundes des § 338 Nr. 1 StPO beim Fehlen einer besonderen Vorschlagsliste vgl BGHSt 26, 393 ff m zust Anm Rieß JR 1977, 300 ff
251 Vgl zu weiteren Einzelheiten: Böhm S 96 ff
252 Vgl dazu die allgemeine StPO-Kommentar-Literatur zB KK-Kuckein § 338 Rn 39; Meyer-Goßner § 338 Rn 9; aus neuerer Zeit für die Verletzung des § 36 III 2 GVG vgl BayObLG m krit Anm Bockemühl StV 1998, 8 ff
253 Nack NStZ 1997, 158 Grafik Nr. 18; für die Jahre 1992–1995: 0 %; vgl auch Barton StraFo 1998, 330, sowie ders Revision S 145
254 Vgl zur JGH allgemein Eisenberg StV 1998, 297 ff

Jugendgerichten beschränkt; sondern sie wirkt auch bei in allgemeinen Strafsachen zuständigen Gerichten mit.[255]

Träger der Jugendgerichtshilfe sind die Jugendämter im Zusammenwirken mit der   **293**
Vereinigung für Jugendhilfe. Die Mitwirkung im Verfahren gegen Jugendliche gehört gem § 2 III Nr. 8 KJHG zu den Aufgaben der Jugendhilfe.[256]

Das JGG begründet die Rechtsposition der Jugendgerichtshilfe (JGH) durch folgende Sonderrechte:[257]   **294**

- Die Jugendgerichtshilfe (JGH) hat ein Mitwirkungsrecht im gesamten Verfahren, gem § 38 III JGG, ebenso wie ein Äußerungsrecht gem § 38 II JGG.
- Sie hat das Recht auf Anwesenheit in der Hauptverhandlung und auch dort ein Äußerungsrecht gem §§ 50 III JGG.
- Während der Strafvollstreckung und der Untersuchungshaft hat die JGH, gem §§ 38 II, 93 III JGG, 148 StPO, ständiges Kontaktrecht mit dem jungen Mandanten.
- Sie hat ein Antragsrecht, gem § 51 JGG, auf Ausschluss des Beschuldigten und/ oder dessen Eltern von der Hauptverhandlung.
- Die JGH hat ein Überwachungsrecht für die Auflagen und Weisungen an den Jugendlichen, gem § 38 II JGG.
- Sie hat ferner ein besonderes Unterrichtungsrecht über die vorläufige Festnahme, Erlass und Vollstreckung des Haftbefehls, gem § 72 a JGG.
- Schließlich ist sie auch berechtigt Anträge zur Strafmakelbeseitigung, gem § 97 JGG, zu stellen.

Demgegenüber sieht das Jugendgerichtsgesetz auch Verpflichtungen für die JGH vor: **295**

- So muss die JGH gem § 38 II JGG einen Jugendgerichtshilfebericht erstellen.
- Bei einer Verhaftung muss die JGH dem Richter sofort eine Haftentscheidungshilfe iSd §§ 38 II, 72 a JGG leisten.
- Die JGH muss einen Sanktionierungsvorschlag unterbreiten und die Sanktionen, wenn dies Auflagen oder Weisungen sind, überwachen (§ 38 II JGG).
- Ferner hat sie Betreuungsweisungen, gem § 38 II JGG, durchzuführen, falls das Gericht damit nicht eine andere Person beauftragt.
- Schließlich hat sie auch die zu einer Jugendstrafe Verurteilten zu überwachen gem § 38 II JGG.

Aufgrund der weitgehenden Beteiligung der JGH am gesamten Verfahren ist der   **296**
Verteidiger gut beraten, mit deren Vertreter frühzeitig Kontakt aufzunehmen und eine Kooperation vorzuschlagen.

Jedoch gilt auch zu bedenken, dass Vertreter der Jugendgerichtshilfe im Verfahren   **297**
kein Zeugnisverweigerungsrecht haben; weshalb gerade bei einer Freispruchverteidigung zu Vorsicht im Umgang mit der JGH zu raten ist.

Außerdem soll sie verschiedenen Parteien im Jugendgerichtsverfahren Hilfestellung – nämlich vorrangig dem Beschuldigten und dem Gericht – leisten; weshalb sie Ostendorf zu Recht auch als »Doppelagentin« bezeichnet.[258] Dazu kommt noch die Verpflichtung zur Hilfestellung gegenüber dem Verletzten im Fall des Täter-Opfer-Ausgleichs.

255 D/S/S-Sonnen § 38 Rn 1
256 D/S/S-Sonnen § 38 Rn 3
257 D/S/S-Sonnen § 38 Rn 15
258 Ostendorf Jugendstrafverfahren S 14; BfH NJW 2005, 765; OLG Hamm ZJJ 3/2004, 298

Der Verteidiger wird darauf zu achten haben, dass die Interessen seines Mandanten hier nicht ins Hintertreffen geraten.

298 Wird die Jugendgerichtshilfe – entgegen der gesetzlichen Vorgaben – nicht ins Verfahren mit einbezogen, liegt hierin ein Verfahrensverstoß, der im Regelfall in der Revision zur Aufhebung des Strafausspruches[259] führt, wenn davon nicht auch noch der Schuldspruch betroffen ist. Wird sie nicht zur Hauptverhandlung geladen, liegt darin eine Verletzung der gerichtlichen Aufklärungspflicht,[260] die im Rechtmittelverfahren auch Konsequenzen für das Urteil haben kann. Wird sie aber vom Termin zur Hauptverhandlung unterrichtet, ist sie iSv § 38 III 1 JGG herangezogen, auch wenn kein Vertreter von ihr an der Hauptverhandlung teilgenommen hat.

f) Sachverständige

299 Im Jugendgerichtsgesetz sind keine speziellen Normierungen enthalten, welche die Begutachtung von jungen Straftätern durch Sachverständige und deren Auswahl regeln.

300 Lediglich in § 43 II JGG wird ausgeführt, dass eine Untersuchung des Beschuldigten namentlich zur Feststellung seines Entwicklungsstandes oder anderer für das Verfahren wesentlicher Eigenschaften herbeizuführen ist und dazu nach Möglichkeit ein für die Untersuchung von Jugendlichen befähigter Sachverständiger zu beauftragen ist.

301 Wie beim Erwachsenen kann sich auch beim Jugendlichen/Heranwachsenden die Frage stellen nach dem Vorliegen und dem Umfang der Einsichts- und Steuerungsfähigkeit iSd §§ 20, 21 StGB sowie dazu, ob die Voraussetzung für die Unterbringung in einem psychiatrischen Krankenhaus oder einer Erziehungsanstalt vorliegen gem §§ 7 JGG, 63, 64 StGB.

Bei Jugendlichen bietet sich in Zweifelsfällen eine sachverständige Feststellung der Verantwortungsreife (§ 3 JGG), bei Heranwachsenden des Reifegrades (§ 105 I 1 JGG) an.

302 Zur Frage welcher Sachverständiger hinzuzuziehen ist, existiert folgende Faustregel:[261]

Der Psychiater ist bei Fragen der §§ 20, 21 StGB sowie § 7 JGG und §§ 63, 64 StGB zu befragen, während der Psychologe der berufene Sachverständige ist, wenn es um die Beurteilung der Persönlichkeit, der Entwicklung und der Prognose (§§ 3, 17, 21, 105 JGG) oder um die Glaubwürdigkeit geht.

303 Da § 43 II JGG lediglich den Umfang der Ermittlungen im Vorverfahren regelt, dazu noch weite Ermessensräume hat und es sich lediglich um eine Sollvorschrift handelt, ist eine Rechtsverletzung revisionsrechtlich nicht überprüfbar.[262] Lediglich Verletzungen der allgemeinen Aufklärungspflicht des § 244 II StPO können im Zusammenhang mit einem Verstoß gegen § 43 JGG der Revision zum Erfolg verhelfen.[263]

---

259 BGHSt 6, 354; BGH StV 2001, 172; OLG Saarbrücken NStZ-RR 1999, 284
260 D/S/S-Sonnen § 38 Rn 37; OLG Brandenburg DVJJ-J 2002, 35 m krit Anm Trenczek = NZ StZ-RR 2003, 259 VI bei Böhm; aber vgl auch BGH NStZ-RR 2003, 344
261 Zieger Rn 136
262 D/S/S-Sonnen § 43 Rn 20
263 BGHSt 6, 326 ff (329)

g) Bewährungshelfer gem §§ 24 III, 25, 50 IV, 93 III JGG

Die Rollen des Bewährungshelfers und der Jugendgerichtshilfe sind ähnlich. Der **304** Bewährungshelfer ist allerdings meist – wegen des häufigeren und stärkeren Kontaktes – vertrauter mit dem Jugendlichen/Heranwachsenden.

Bei Strafaussetzungen zur Bewährung wird der Jugendliche regelmäßig einem Be- **305** währungshelfer unterstellt, gem § 24 JGG.[264]

Im JGG sind folgende Rechte für den Bewährungshelfer vorgesehen: **306**

- Die Überwachung der Erfüllung von Weisungen, Auflagen, Zusagen und Anerbieten gem § 24 III JGG.
- Der Bewährungshelfer hat ein Zugangsrecht zum Probanden gem § 24 III JGG, das gegebenenfalls sogar polizeilich durchgesetzt werden kann;[265] in der Haft ist es ähnlich stark wie das des Verteidigers gem § 93 III JGG.
- Er hat ein weit reichendes Informationsrecht und kann insoweit Auskunft über den Lebenswandel des Unterstellten verlangen[266] und dies auch von Dritten, namentlich den Erziehungsberechtigten, gesetzlichen Vertreter, der Schule und den Ausbildenden.
- Weiterhin erhält er eine Urteilsausfertigung, um sich aus den Urteilsgründen Informationen für seine Aufgabe zu verschaffen.[267]
- Bei der Gerichtsverhandlung hat er ein Anwesenheitsrecht gem § 50 IV JGG, das mit dem Recht auf Mitteilung des Verhandlungstermins einhergeht (§ 50 III JGG).
- Bei allen die Strafaussetzung zur Bewährung betreffenden Entscheidungen des Gerichts hat der Bewährungshelfer ein Informations-, Anhörungs- und Berichtsrecht gem der §§ 22, 23, 24, 26 und 26 a JGG.

Daneben ist der Bewährungshelfer verpflichtet, **307**

- dem Jugendlichen/Heranwachsenden helfend und betreuend zur Seite zu stehen (§ 24 JGG), wobei seine Aufgabe in Haftvermeidung und Verbesserung der Lebenslage definiert ist.[268]
- mit den Erziehungsberechtigten vertrauensvoll zusammenzuarbeiten (§ 24 III JGG).
- ggf den – die Bewährung betreffenden – Anweisungen des Richters nachzukommen (§ 25 JGG) und mit diesem zu kooperieren.
- die Erfüllung der Weisungen, Auflagen, Anerbieten und Zusagen zu überwachen (§ 24 JGG).
- dem Gericht über die Entwicklung des Jugendlichen zu berichten; hier sollen Erst- und Schlussbericht ausführlich sein iSv § 24 JGG.

Problematisch ist, dass der Bewährungshelfer kein Aussageverweigerungsrecht **308** hat.[269] Der Verteidiger wird den Mandanten hierauf hinzuweisen haben. Allerdings ist für eine Aussage des Bewährungshelfers eine § 54 StPO entsprechende Aussagegenehmigung erforderlich.

Im Schrifttum besteht weitgehend Einigkeit darüber, dass auf den Bewährungshelfer als Zeuge regelmäßig zu verzichten ist.[270]

---

264 Vgl Rn 173
265 D/S/S-Sonnen §§ 24, 25 Rn 19
266 D/S/S-Sonnen §§ 24, 25 Rn 20
267 Ostendorf JGG §§ 24, 25 Rn 7
268 D/S/S-Sonnen §§ 24, 25 Rn 23
269 BVerfGE 33, 367
270 D/S/S-Sonnen §§ 24, 25 Rn 24; Ostendorf DRiZ 1981, 9

309 Der Bewährungshelfer kann kein Beistand iSv § 69 JGG sein und auch nicht als Verteidiger bestellt werden – selbst wenn er die erste juristische Fachprüfung bestanden hat.[271] Die Verwertung des Ergebnisses einer formlosen Anhörung des Bewährungshelfers im Urteil darf nicht erfolgen und bringt das Urteil in der Rechtsmittelinstanz zum Fall, wenn es darauf beruht.[272]

310 Für die Durchführung der Bewährungshilfe bei Soldaten sind die §§ 112 a Nr. 4 und 5 JGG außerdem zu beachten, wonach ein Soldat als Bewährungshelfer für betroffene Soldaten bestellt werden kann und bestimmte Angelegenheiten speziell bei Soldaten von der Bewährungshilfe ausgeschlossen sind. Außerdem besteht ein Vorrang des Disziplinarvorgesetzten im Verhältnis zum Bewährungshelfer.

h) Jugendlicher/Heranwachsender

311 Der junge Beschuldigte hat alle Rechte aus der Strafprozessordnung und dem Jugendgerichtsgesetz. Er ist auch schon im Alter von 14 Jahren in vollem Umfang verfahrensmündig. Dazu gehört auch sein Recht, einen Verteidiger auszuwählen und zu beauftragen. Dies ist mittelbar ableitbar aus § 67 I JGG. Honorarvereinbarungen sind nach den §§ 106 ff BGB allerdings nur mit Zustimmung der gesetzlichen Vertreter wirksam.[273]

312 Junge Beschuldigte sind besonders schutzbedürftig und haben deshalb einen Sonderstatus im Strafverfahren, was sich bereits aus der Existenz des Jugendgerichtsgesetzes ergibt.

Dies wird besonders deutlich durch die nachfolgend aufgeführten im allgemeinen Strafrecht nicht vorhandenen Sondervorschriften, die vor allem zum Schutz des jungen Beschuldigten im JGG sind:

– Besondere Verfahrensrechte für die Erziehungsberechtigten gem § 67 JGG;
– Erweiterung der Fälle notwendiger Verteidigung gemäß den §§ 68, 83 III 2 JGG;
– Sondervorschriften für die Hauptverhandlung, wie zB bezüglich der Nichtöffentlichkeit iSd §§ 48 JGG, Ausschluss von Nebenklage und Privatklage gem § 80 JGG.

313 Die Sanktionsmöglichkeiten für Jugendliche und Heranwachsender reichen wesentlich weiter als die des allgemeinen Strafrechts, was vor allem dem Umstand Rechnung tragen soll, dass im Jugendstrafrecht der Erziehungsgedanke vorherrschend ist.

Auch bestehen im Gegensatz zum allgemeinen Strafrecht weitergehende Möglichkeiten das Verfahren einzustellen (Non-Intervention, Diversion etc).

314 Der Verteidiger ist im Jugendstrafverfahren ganz besonders gefordert, verlangt doch der Umgang mit dem Jugendlichen und Heranwachsenden viel Einfühlungsvermögen und die Bereitschaft, auch gelegentlich unkonventionelle Wege zu beschreiten, wenn dies im Sinne des Mandanten ist. Schließlich sollte sich der Verteidiger hier im klaren sein, dass auch er einen Beitrag zur Erziehung des jungen Mandanten leistet.

---

271 BGHSt 20, 95
272 OLG Oldenburg MDR 1977, 775
273 HM: OLG Schleswig MDR 1981, 72; Zieger StV 1982, 305; D/S/S-Schoreit § 67 Rn 3 mwN; Meyer-Goßner § 137 Rn 9; KK-Laufhütte § 137 Rn 4 aE

i) Eltern/Erziehungsberechtigte (§ 67 JGG)

Bei jugendlichen Angeklagten haben Eltern und Erziehungsberechtigte besondere **315**
Rechte, wie zB:

- Anwesenheits-, Anhörungs-, Frage- und Antragsrechte gem § 67 I JGG und
  zwar im Umfang wie der Angeklagte selbst.
- Auch sollen sie alle Mitteilungen erhalten, die der junge Beschuldigte erhält
  § 67 II JGG.
- Sie haben das Recht, einen Verteidiger zu beauftragen und Rechtsmittel einzulegen, § 67 III JGG.
- Auch sind sie generell vor belastenden Entscheidungen außerhalb der Hauptverhandlung zu hören, § 67 JGG.

Den Eltern/Erziehungsberechtigten können diese Rechte gem § 67 IV JGG entzo- **316**
gen werden, wenn sie der Tatbeteiligung verdächtig sind oder ein Missbrauch der
Rechte zu befürchten ist.

In diesem Fall bestellt der Vormundschaftsrichter einen Pfleger zur Wahrnehmung
der Interessen des Beschuldigten im anhängigen Strafverfahren. Bis dies erfolgt ist,
hat eine Aussetzung der Hauptverhandlung stattzufinden.

Gegen den Entzug der Rechte können die Eltern/Erziehungsberechtigten gerichtlich mit einfacher Beschwerde gemäß den §§ 304, 305 StPO vorgehen, welche allerdings keine aufschiebende Wirkung hat.

In der Praxis hat diese starke Rechtsstellung der Eltern und Erziehungsberechtig- **317**
ten allerdings kaum Bedeutung. So werden Eltern oft von der Polizei nicht sofort
informiert, wenn Straftaten von Jugendlichen festgestellt worden sind. Ihre Anwesenheit bei Beschuldigtenvernehmungen des Jugendlichen ist auch nicht immer er-
wünscht.[274]

Dies steht im Widerspruch zum Sinn und Zweck der gesetzlichen Vorschrift; es
bleibt zu hoffen, dass hier in der Zukunft Änderungen – Verbesserungen – erfolgen
werden, damit das grundgesetzlich geschützte Erziehungsrecht gewahrt bleibt. Der
Verteidiger ist gefordert, ganz besonders hierauf zu achten.

Wird den Eltern die Wahrnehmung der Erziehungsinteressen verweigert oder durch **318**
Versäumnis einer Benachrichtigung unmöglich gemacht, so stellt diese einen rever-
siblen Rechtsverstoß dar.

Wenn dazu in der Hauptverhandlung ein Gerichtsbeschluss ergangen ist (§ 238 II
StPO), liegt sogar ein absoluter Revisionsgrund gem § 338 Nr. 8 StPO vor.[275] Das
Bundesverfassungsgericht (NJW 2003, 2004 ff m Anm Grunewald 1995 f = DVJJ-J
2003, 68 ff m Anm Eisenberg und Ostendorf) hat § 51 III JGG für nichtig und mit
Art. 6 II GG unvereinbar erklärt, soweit die Vorschrift die Ausschließung von Per-
sonen erlaubt, die elterliche Verantwortung iSd Art. 6 II GG tragen.

Wird dem in der Hauptverhandlung anwesenden Erziehungsberechtigten nicht das
letzte Wort erteilt, berührt dies idR nicht den Schuldspruch sondern nur den
Rechtsfolgenausspruch (str).

Wird eine Rücksprache mit den Erziehungsberechtigten und gesetzlichen Vertretern ausdrücklich verwert, besteht hinsichtlich der gemachten Angaben in einer

---

274 Zieger S 72 f
275 Ostendorf JGG § 67 Rn 19 mwN

Vernehmung ein Verwertungsverbot wie bei der Verweigerung der Verteidigerbefragung.[276]

Wurde ein Rechtsmittel versäumt, weil die Erziehungsberechtigten und gesetzlichen Vertreter nicht in der Hauptverhandlung anwesend waren und sie vom Ausgang des Verfahrens nicht informiert wurden, so ist die Wiedereinsetzung in den vorherigen Stand gemäß den §§ 44 ff StPO möglich.[277]

j)   Verteidiger (§§ 67 III, 68, 83 III, II JGG)

aa) Wahlverteidiger

319   Wie im allgemeinen Strafverfahren kann sich der Beschuldigte im Jugendstrafverfahren stets und in jeder Lage einen Verteidiger wählen.[278] Dieses Recht steht unabhängig vom jungen Beschuldigten nicht nur dem Jugendlichen selbst zu, sondern auch seinen gesetzlichen Vertretern (§ 137 II StPO) und dem Erziehungsberechtigten (§ 67 III JGG).

320   Dem Jugendlichen muss das Recht eingeräumt werden, sich selbst – und unabhängig von seinen Eltern und Erziehungsberechtigten und sogar gegen deren Willen – einen Verteidiger zu wählen.[279] Der gewählte Verteidiger hat aber bezüglich seiner Honorierung zu beachten, dass der Jugendliche seine Eltern nur in Ausnahmefällen zur Kostentragungspflicht über § 1360 a IV BGB wird verpflichten können. Regelmäßig bleibt es bei den §§ 107, 108, 114 BGB. Falls sich die Eltern nicht zu einer Kostenzusage gegenüber dem Verteidiger entschließen können, bleibt nur noch der Antrag auf Pflichtverteidigerbestellung, wenn die Voraussetzungen vorliegen.

321   Die Frage, ob der (Jugendstraf-)Verteidiger im Hinblick auf »Erziehungsbelange« anders zu agieren hat als bei den Erwachsenen, ist ausdiskutiert. Sowohl eine ältere, geständnisorientierte Auffassung hat sich nicht durchgesetzt[280] als auch eine in der Lehre[281] vertretene und vermittelnde Ansicht, die differenziert zwischen Sanktionen, welche »eher« im erzieherischen Bereich liegen wie zB bei Weisungen und Zuchtmitteln und denen, bei welchen der sanktionsrechtliche Gedanke stärker zum Tragen kommt, wie bei Jugendstrafe. Der heutige Stand der Diskussion ist zumindest bei Jugendstrafverteidigern vielmehr der, dass dem Beschuldigten ein faires Verfahren zu sichern ist, dass alles Entlastende vorzutragen ist und dem staatlichen Strafanspruch auch dann entgegenzutreten ist, wenn dieser im Gewand des Erziehungsgedankens daherkommt.[282]

322   Es kann dahinstehen, ob bereits allein das Auftreten eines Verteidigers eine gewisse Schärfe in das erzieherisch geprägte Jugendstrafverfahren bringt und dieser daher gleichsam als Störfaktor wirkt.[283] Jedenfalls ist erwiesen, dass sich die Mitwirkung eines Verteidigers in Jugendstrafsachen deutlich zugunsten des jungen Angeklagten

---

276 BGH MDR 1993, 257
277 Ostendorf JGG § 67 Rn 20
278 Vgl allgemein zur Praxis im Jugendstrafverfahren: Schlickum StV 1981, 359; Zieger StV 1982, 305; Ostendorf StV 1986, 308; Radbruch StV 1993, 553; Walter NStZ 1987, 481; ders (Hrsg) Strafverteidigung für junge Beschuldigte
279 Zieger StV 1980, 306; Strafverteidigung-Schlag (1. Aufl.) § 21 Rn 40; Wendl/Staudigl: Das Unterhaltsrecht in der familienrechtlichen Praxis, 4. Aufl., § 6 Rn 28
280 Heute wohl nur noch vertreten von Brunner/Dölling § 68 Rn 8 ff mwN
281 Beulke StV 1987, 458; Walter NStZ 1987, 481
282 Zieger Rn 140 ff; Strafverteidigung-Schlag (1. Aufl.) § 21 Rn 65 ff; Formularbuch-Tondorf S 840 ff
283 Jung ZRP 1981, 36, 38; Hauber Rd Jb 1979, 355

auswirkt. Im Vergleich zum Verfahrensausgang bei verteidigten jungen Angeklagten war die Freispruchrate fast doppelt so hoch wie bei unverteidigten Angeklagten. Die Zahl der eingestellten Verfahren lag gut ein Drittel über dem sonstigen Maß, und es kam zu dementsprechend weniger Verurteilungen.[284]

bb) Pflichtverteidiger (§ 68 JGG)[285]

Die Rechte und Pflichten des Pflichtverteidigers in Jugendstrafverfahren unterscheiden sich weder von denjenigen eines Wahlverteidigers noch von denen eines Wahl- bzw Pflichtverteidigers in einem Prozess gegen Erwachsene. **323**

Die frühere Fassung der RLJGG zu § 68 JGG, nach welcher der Verteidiger – entsprechend § 37 JGG bei Jugendrichtern und Jugendstaatsanwälten – erzieherisch befähigt und in der Jugenderziehung erfahren sein soll, ist entfallen. Den Verteidiger trifft keine eigenständige erzieherische Verpflichtung, sondern er hat den staatlichen Strafanspruch abzuwehren.[286] **324**

Folgende Konstellationen notwendiger Verteidigung sieht das Gesetz vor:

– § 68 Nr. 1 JGG **325**

Gem § 68 Nr. 1 JGG bestellt der Vorsitzende dem jungen Beschuldigten einen Verteidiger, wenn einem Erwachsenen ein Verteidiger zu bestellen wäre. Dies ist in den in § 140 StPO geregelten Fällen notwendig.

Im Verhältnis zu § 140 I Nr. 1 StPO ergibt sich aus der erweiterten Möglichkeit der Verhängung von hohen Strafen beim Jugendschöffengericht – bis zu 10 Jahren gem § 40 I 1 JGG – eine faktische Schlechterstellung des jungen Angeklagten. Damit fällt ein großer Teil der bei Erwachsenen vor dem LG zu verhandelnden Strafe mit notwendiger Pflichtverteidigerbestellung in den Bereich des Schöffengerichts. **326**

Aus dem Katalog des § 140 I StPO erlangen noch Bedeutung für das Jugendstrafverfahren die Nr. 2 – Verbrechen – sowie die Nr. 5 – Unterbringungsdauer der heranwachsenden (jugendlichen gem § 68 Nr. 4 JGG) Beschuldigten von mindestens 3 Monaten in einer Anstalt – sowie die Nr. 6 – Vorbereitung eines Gutachtens über den psychischen Zustand des Beschuldigten wegen einer Unterbringung gem § 81 StPO –. **327**

Der Absatz 2 des § 140 StPO ist in jugendstrafrechtlicher Hinsicht auszulegen, so dass bei Jugendlichen die Schwere der Tat bereits dann vorliegt, wenn Jugendstrafe zu erwarten ist,[287] auch wenn eine Bewährung in Betracht kommt.[288] Die Entscheidung des BayObLG,[289] dass eine Pflichtverteidigerbestellung erst der Fall sein soll bei einer Strafwerwartung von mehr als 2 Jahren, ist schwerlich nachvollziehbar. **328**

Auch bei der Schwierigkeit der Sach- und Rechtslage wird es auf den Einzelfall ankommen. Die Einschlägigkeit dieser Vorschrift wird wiederum bei Jugendlichen **329**

---

284 Bandilla DVJJ-Journal 1990, 25; Zieger Rn 143
285 Zieger StV 1982, 305 ff, 306; Strafverteidigung-Schlag (1. Aufl.) § 21 Rn 40; Wendl/Staudigl: Das Unterhaltsrecht in der familienrechtlichen Praxis, 4. Aufl., § 6 Rn 28; Geisler NStZ 2002, 449 ff; Spahn StraFo 2004, 82 ff – sehr ergiebig –
286 Ostendorf JGG § 68 Rn 3 mwN; D/S/S-Diemer § 68 Rn 4
287 OLG Hamm StV 2005, 157 m zust Anm Spahn StraFo 2004, 280; OLG Brandenburg NStZ-RR 2002, 184
288 Ostendorf JGG § 68 Rn 8; Eisenberg JGG § 68 Rn 18; D/S/S-Diemer § 68 Rn 10; LG Braunschweig StV 2005, 62; StraFo 2005, 80
289 BayObLG NStZ 1990, 250; aA BayObLG NStZ 1990, 142 ab 1 Jahr Strafwerwartung; OLG Hamm NStZ 2004, 293

eher vorliegen als bei Erwachsenen. Schwierige materiellrechtliche Probleme (Recht-fertigungs- und Entschuldigungsgründe, Irrtum) sowie tatsächliche Schwierigkeiten zB Einschaltung eines Sachverständigen, Notwendigkeit der Akteneinsicht usw machen die Bestellung eines Verteidigers unabdingbar.

Nicht selbst verteidigen kann sich der junge Beschuldigte zB bei offensichtlich jugendlicher Unbeholfenheit, sprachlichen Schwierigkeiten usw.

330   – § 68 Nr. 2 JGG

Die Pflichtverteidigung ist von dieser Vorschrift vorgesehen, wenn dem Erziehungsberechtigten und dem gesetzlichen Vertreter ihre Rechte entzogen wurden. Damit ist der Fall des § 67 IV JGG angesprochen. Diese Vorschrift gilt bei § 104 III JGG – Unterbleiben der Beteiligung des Erziehungsberechtigten und des gesetzlichen Vertreters aus Gründen der Staatssicherheit – entsprechend.

331   – § 68 Nr. 3 JGG

Es bedarf weiterhin der Bestellung eines Verteidigers zur Vorbereitung eines Gutachtens über den Entwicklungsstand des Beschuldigten (§ 73 JGG), wenn seine Unterbringung in einer Anstalt in Frage kommt. Durch diese Vorschrift wird § 140 I Nr. 6 JGG (Unterbringung nach § 81 StPO) ergänzt und überlagert.

332   – § 68 Nr. 4 JGG

Von besonderer Relevanz für die Praxis ist die neue Regelung des § 68 Nr. 4 JGG, welche durch das 1. JGGÄndG eingeführt wurde. Im Gegensatz zu dem für Erwachsene geltenden Recht ist keine Mindestdauer der Freiheitsentziehung vorausgesetzt.

Entscheidend für die Anwendung der Vorschrift ist der Zeitpunkt der Vollstreckung oder der Unterbringung. Kommt es nicht zum Vollzug des Haftbefehls, gilt § 64 Nr. 4 JGG nicht.

IV.   Rechtsmittel

333   Aus Gründen der Beschleunigung des Jugendstrafverfahrens hat der Gesetzgeber gegenüber dem Erwachsenenstrafverfahren zwei relevante Einschränkungen vorgenommen:

1.   Sachliche Rechtsmittelbeschränkung des § 55 I JGG

334   In § 55 I JGG ist eine sachliche Beschränkung der Rechtsmittel normiert:

Die Anfechtung eines Urteils oder eines Beschlusses wegen Art und Umfang der Anordnung einer Erziehungsmaßregel oder eines Zuchtmittels ist grundsätzlich jeder Anfechtung für jede Instanz und mit jedem Rechtsmittel entzogen.

335   Im Ergebnis bedeutet dies für den Verteidiger, dass insoweit eine reine Strafmaßverteidigung – also eine Verteidigung, welche sich lediglich auf die Strafzumessung beschränkt – nicht möglich ist. Da es aber dem Verteidiger unbenommen bleibt, im Rahmen einer Freispruchverteidigung – dh ohne die Beschränkung auf die Rechtsfolge – Rechtsmittel einzulegen, um sich für den Fall der Bestätigung des Schuldspruches in der Rechtsmittelinstanz Verteidigerseits auf die Strafzumessung zu konzentrieren, läuft diese Vorschrift regelmäßig leer. Der Preis dafür ist aber – soweit nicht § 74 JGG eingreift – das Erwachsen von Kostennachteilen, wenn das

Rechtsmittel im Ergebnis lediglich einen mehr oder weniger großen Erfolg im Strafausspruch zeigt, das Urteil aber im Schuldspruch bestätigt wird. Ob die tatsächlich zu erreichenden Verbesserungen im Rechtsmittel die dadurch entstehenden (weiteren) Kosten und Auslagen aufwiegen, muss sorgsam mit dem jugendlichen Mandanten und ggf den Eltern abgewogen werden.

Immer anfechtbar hingegen ist die Verurteilung zu einer Jugendstrafe. Hier bestehen hinsichtlich der sachlichen Anfechtbarkeit keinerlei Einschränkungen.

2. Instanzielle Rechtsmittelbeschränkung des § 55 II JGG

Im § 55 JGG ist eine instanzielle Rechtsmitteleinschränkung normiert. Danach ist – von Ausnahmen (dazu später) abgesehen – eine Revision nicht mehr zulässig, wenn der Rechtsmittelführer zunächst eine zulässige Berufung eingelegt hat.   **336**

Der Verteidiger wird daher sorgfältig abzuwägen haben, welches Rechtsmittel eingelegt werden soll. Im Hinblick auf die dürftigen Erfolgsaussichten der Revision[290] wird regelmäßig die Berufung das Rechtsmittel der Wahl sein. Zwischenzeitliche positive Veränderungen in der Lebenssituation des Schützlings kann der Verteidiger dann als neue Tatsachen noch in der Berufungsinstanz zugunsten des Mandanten einführen.   **337**

Die obigen Ausführungen gelten nur für das erstinstanzliche Verfahren vor dem Jugendrichter und dem Jugendschöffengericht und bei Heranwachsenden gem § 109 II JGG nur, wenn Jugendrecht zur Anwendung gelangt. Sie gelten also nicht beim Freispruch, da dort die Frage, ob Jugendstrafrecht zur Anwendung gelangt, nicht geprüft wird.   **338**

Gegen Urteile der Jugendkammern ist – wie bei Erwachsenen – lediglich die Revision zum BGH gegeben.

Es gibt jedoch einige Konstellationen, in denen ein Rechtsmittel bei Jugendlichen oder Heranwachsenden ausnahmsweise durch zwei Rechtsmittelinstanzen geführt werden kann:[291]   **339**

Hat zum Beispiel zunächst die StA gegen ein Urteil Berufung eingelegt, dann kann der Angeklagte gegen das dementsprechend ergehende Berufungsurteil seinerseits Revision einlegen.[292] Entsprechendes gilt nach der Rechtsprechung des BayObLG,[293] die der BGH[294] auf Vorlage des OLG Hamburg bestätigt hat dann, wenn unterschiedliche Rechtsmittel der Beteiligten eingelegt werden (zB der Angeklagte legt Revision ein, die Staatsanwaltschaft Berufung) und dann gem § 335 III 1 StPO die Revision als Berufung behandelt wird. In diesem Fall ist die Revision noch eröffnet für den Angeklagten, da der Rechtsmittelgegner eben nicht gem § 55 II 1 JGG eine zulässige Berufung eingelegt hat.[295] Bei dieser Konstellation ist allerdings § 344 StPO zu beachten, wonach die Revision zu begründen ist, auch wenn sie ggf nur – derzeit – als Berufung behandelt wird. Wird die vom Rechtsmittelgegner ein-

---

290 Nack NStZ 1997, 153 ff; Barton StraFo 1998, 325 ff
291 Vgl zur Wahlrevision und dessen Zweckmäßigkeit Eisenberg JGG § 55 Rn 57 ff u auch BayObLG NZV 1989, 80 m Anm Molketin; einen Ausnahmefall behandelt BVerfG StV 2005, 64
292 Ostendorf JGG § 55 Rn 32
293 BayObLGSt 71, 72 f = MDR 1971, 948 f; NStZ-RR 2001, 49 mwN d Rspr u Lit
294 BGHSt 25, 321 ff = NJW 1974, 1148 f
295 Brunner/Dölling § 55 Rn 17; Schaffstein/Beulke S 243 ff; Schäfer NStZ 1998, 330 ff (334); BayObLG NStZ-RR 2001, 49

gelegte Berufung zurückgenommen – was gem § 303 StPO bis zur mündlichen Verhandlung ohne Zustimmung des Rechtsmittelgegners jederzeit möglich ist – oder wird sie als unzulässig verworfen, lebt die Revision wieder auf. Ist diese dann nicht – ausreichend – begründet, verfällt sie der Verwerfung, weil unzulässig. Weitere Ausnahmen sind möglich.[296]

3. Sofortige Beschwerde

340 Neben den oben dargestellten Anfechtungsmöglichkeiten eines Urteils durch Berufung oder Revision besteht ein besonderes Rechtsmittel der sofortigen Beschwerde gegen die Anordnung oder Ablehnung der Bewährung (§ 59 I JGG).

341 Gegen die Entscheidung über die Dauer der Bewährungszeit ist die einfache Beschwerde gegeben gem § 59 II JGG.

342 Die sofortige Beschwerde gem § 59 III JGG wiederum ist gegeben gegen den Widerruf der Aussetzung der Jugendstrafe.

343 Die Rechtsmittelschrift kann wie nachfolgend begründet werden:

Sofortige Beschwerde gegen die Versagung der Strafaussetzung zur Bewährung (§§ 21, 59 I 1 JGG)

An das
Amtsgericht Cham
– Jugendschöffengericht –
Kirchplatz 13
93413 Cham

In der Jugendstrafsache
gegen ...
wegen ...
Aktenzeichen: ...

hier: Sofortige Beschwerde

Sehr geehrter Herr Vorsitzender,

gegen die Versagung der Aussetzung der Jugendstrafe zur Bewährung legt die Verteidigung hiermit

sofortige Beschwerde

ein (§§ 21, 59 I 1 JGG).

Begründung:

Wegen schwerer Körperverletzung wurde der Heranwachsende Herr T. mit Urteil vom 24. 3. 1999 zu einer Jugendstrafe von einem Jahr und 6 Monaten verurteilt. Die Aussetzung der Freiheitsstrafe zur Bewährung wurde aus folgender generalpräventiven Erwägung versagt:

»Darüber hinaus verlangt auch die Verteidigung der Rechtsordnung die Vollstreckung dieser Strafe. Eine Strafaussetzung zur Bewährung würde das völlige Unverständnis der rechtstreuen Bevölkerung hervorrufen.« (UA S 14)

Das ist rechtsfehlerhaft. Das Gericht hat verkannt, dass bei der Aussetzung von Jugendstrafe zur Bewährung im Gegensatz zu § 56 III StGB für generalpräventive Erwägungen iSd Begriffes der »Verteidigung der Rechtsordnung« kein Raum ist (= st Rspr BGHSt 24, 40; BGH bei Böhm NStZ 1994, 530), weil im Jugendstrafrecht erzieherische Belange vorrangig sind. Die

---

[296] Brunner/Dölling § 55 Rn 17

Versagung der Strafaussetzung zur Bewährung beruht auf rechtsfehlerhaften Erwägungen; sie kann daher keinen Bestand haben und ist aufzuheben.

Das Beschwerdegericht ist nun über die Aussetzung die Jugendstrafe zur Bewährung berufen, weshalb die Verteidigung hierzu noch folgendes vorträgt:

Die Strafe liegt innerhalb der Grenze des § 21 II JGG und ist aussetzungsfähig. Eine gutachterliche Stellungnahme über einen der Aussetzung entgegenstehenden Entwicklungsverlauf (§ 43 II JGG) liegt nicht vor. Der Mandant versprach – auch für das Schöffengericht glaubhaft (UA S 12) – zukünftig ein straffreies Leben. Außerdem ist die Sozialprognose positiv. Wie das Urteil feststellt hat Herr T. einen festen Wohnsitz und Arbeit.

Auch das Schöffengericht geht davon aus, dass es sich bei der Tat um einen »einmaligen Ausrutscher« handelt (UA S 12), weswegen die erzieherische Einwirkung einer Strafvollstreckung nicht erforderlich ist. Nach alldem ist die Jugendstrafe nun zur Bewährung auszusetzen.

Rechtsanwalt

4. Weitere Sonderregelungen

Einige weitere Sonderregelungen sind für die Anfechtung nachträglicher Entscheidungen vorhanden, so zB über Weisungen und Auflagen gem § 65 II JGG, für die Anfechtung nachträglich ergänzender Entscheidungen im Sinne des § 31 JGG in §§ 66 II 3 JGG, 462 III StPO, die Anfechtung einer einstweiligen Unterbringung gem § 71 II JGG in § 117 II StPO und für die Anfechtung der Ablehnung eines vereinfachten Jugendverfahrens in § 77 II JGG. Die Anfechtung im Vollstreckungsverfahren ist in den §§ 83 III, 88 VI, 89 III sowie in 99 III JGG geregelt.   **344**

5. StPO-Rechtsbehelfe

Bezüglich Rechtsbehelfen bei der U-Haft, Durchsuchung, Beschlagnahme und Akteneinsicht gilt uneingeschränkt die StPO.   **345**

6. Verschlechterungsverbot

Das Verschlechterungsverbot – reformatio in peius – gilt auch in Rechtsmittelverfahren nach dem JGG.   **346**

Legt jedoch die Staatsanwaltschaft zugleich mit einem Rechtsmittel des Verurteilten ein Rechtsmittel zu dessen Ungunsten ein, so gilt das Verschlechterungsverbot nicht.[297] Umgekehrt besteht aber auch kein Verbesserungsverbot in diesem Fall gem § 301 StPO.   **347**

Das Verbot bezieht sich nur auf die Rechtsfolgen der Tat, nicht auf die Schuldfrage. Der Schuldspruch darf daher zum Nachteil des Angeklagten verändert werden.   **348**

Das Verschlechterungsverbot gilt auch für die urteilsgleichen Beschlüsse,[298] die im JGG die Wirkung von Urteilen haben können.   **349**

Der Maßstab für die Beachtung des Verschlechterungsverbots ist eine Gesamtschau der zunächst verhängten Sanktionen mit der neu verhängten Sanktion.[299] Wegen der Einzelheiten der Verhältnisse bezüglich der besonderen Rechtsfolgen zueinander   **350**

---

297 Ostendorf JGG § 55 Rn 11
298 D/S/S-Diemer § 55 Rn 16
299 BGHSt 24, 14 ff mwN

im Hinblick auf das Verschlechterungsverbot darf auf Eisenberg JGG (§ 55 Rn 75 ff) verwiesen werden.

V.   Kostenbefreiung bei Verurteilung (§ 74 JGG)

351   Gem § 74 JGG kann davon abgesehen werden, einem jugendlichen – und auch einem heranwachsenden gem § 109 II JGG – Angeklagten die Kosten und Auslagen des Verfahrens aufzuerlegen.[300] Im OWi-Verfahren ist § 74 JGG gem § 105 OWiG entsprechend anwendbar. Die Kostenbefreiung bei Verurteilung ist zum Beispiel dann von besonderem Interesse, wenn – idR – kostenintensive Sachverständigengutachten erforderlich waren.

352   Die früher umstrittene Frage, ob die notwendigen Auslagen des verurteilten Jugendlichen auch dessen Verteidigerkosten umfassen, wird nach der Entscheidung des BGH[301] von der gesamten obergerichtlichen Rechtsprechung – von dieser teilweise auch schon vor der Entscheidung des BGH – verneint.

Hinsichtlich der (auch Heranwachsende betreffenden) Entscheidung über die Auferlegung der Auslagen des Nebenklägers gilt § 74 JGG ebenfalls.[302] In diesem Fall kann der Nebenkläger seine Auslagen auch nicht von der Staatskasse verlangen, er geht regelmäßig »leer« aus, da das Kostenrisiko auch von Rechtsschutzversicherungen nicht getragen wird.

353   Für die Wahl- bzw Pflichtverteidigergebühren gelten die allgemeinen Grundsätze des RVG.[303]

354   Die Kostenentscheidung ist gem §§ 464 III StPO der sofortigen Beschwerde zugänglich.

355   Im Revisionsverfahren ist § 74 JGG nur begrenzt auf einen Ermessensfehlgebrauch hin überprüfbar. Dieser liegt möglicherweise vor, wenn sich zB aus der Urteilsformel und den Gründen nicht ergibt, dass § 74 JGG überhaupt geprüft wurde.

---

300 LG Gera StV 1999, 666; OLG Dresden NStZ-RR 2000, 224
301 BGHSt 36, 27; StV 1989, 309 ff m Anm Ostendorf
302 Ostendorf JGG § 74 Rn 12
303 Im einzelnen hierzu: Schwaben in diesem Buch; Burhoff (Hrsg) RVG Straf- und Bußgeldsachen

Überblick

Vorbemerkung

Der Verteidiger, dem ein Wiederaufnahmemandat angetragen wird, sieht sich in der **1** Praxis mit einer Vielzahl von Problemen konfrontiert: Im Umgang mit dem Mandanten braucht er ein gehöriges Maß an Menschenkenntnis, im Umgang mit sich selbst Gleichmut, im Umgang mit der Justiz Beharrungsvermögen. Hat er erst einmal den Entschluss gefasst (den er sich so schwer wie möglich machen sollte), bedarf es zu seiner Umsetzung eines unbedingten Erfolgswillens. Ungestüm ist hierbei weniger gefragt, Urteilskraft und Freude am Detail umso mehr.

---

* Der Beitrag versucht praktische Handreichungen zu vermitteln. Als (halbwegs) aktuelles Kompendium der Rechtsprechung ist *Marxen/Tiemann*, Die Wiederaufnahme in Strafsachen, Heidelberg 1993, zu empfehlen. Praktischen Problemen der Verteidigung widmet sich sehr lebendig *Stern* NStZ 1993, 409 ff; hilfreich, aber auch umfangreich *Wasserburg*, Die Wiederaufnahme des Strafverfahrens, Stuttgart 1984. Zur Reform des Wiederaufnahmerechts zuletzt *Rieß* NStZ 1994, 153 ff. Empirische Studien zur Rechtswirklichkeit des Wiederaufnahmerechts hat es seit der imposanten Untersuchung von *Peters* Fehlerquellen im Strafprozeß, Karlsruhe 1970, nicht mehr gegeben. Eine umfassende Auswertung von 400 Wiederaufnahmefällen in den USA aus den achtziger Jahren enthält *Radelet/Bedau/Putnam*, In Spite of Innocence – Erroneous Convictions in Capital Cases, Boston 1992; eine Ursachenanalyse von Fehlurteilen versuchen *Huff/Rattner/Sagarin*, Convicted But Innocent – Wrongful Conviction and Public Policy, SAGE Publications, London 1996. Besonders beeindruckend ist das Buch *Scheck/Neufeld/Dwyer*, Actual Innocence, New York 2000: Barry Scheck – der mit seiner hervorragenden Kenntnis des DNA-Testverfahrens bereits O.J. Simpson zum Freispruch verholfen hatte – und Peter Neufeld berichten hier über Einzelfälle unschuldig Verurteilter aus dem Todestrakt; im Rahmen des von ihnen und der Benjamin N. Cardozo Law School initiierten »Innocence Project« ist es ihnen im Laufe der letzten fünf Jahre durch nachträgliche Überprüfung von DNA-Spuren gelungen, für 37 rechtskräftig zum Tode oder zu lenbenslanger Freiheitsstrafe Verurteilte erfolgreich Wiederaufnahmeverfahren und ihre Freisprechung durchzusetzen. Nähere Informationen zum »Innocence Project« finden sich auch auf der Web-Site der Cardozo Law School (http://www.cardozo.yu.edu/innocence_project/)

I. Zum Umgang mit dem Mandanten

2 Wer sich das eine oder andere Mal an einer Wiederaufnahme versucht hat, wird sehr schnell die Erfahrung machen, dass es in unseren Gefängnissen sehr viele Menschen gibt, die subjektiv die Überzeugung in sich tragen, zu Unrecht oder gar unschuldig verurteilt worden zu sein. Die Zuschriften, sobald auch nur eine positiv beantwortet worden ist, vermehren sich innerhalb kürzester Zeit wie eine geometrische Reihe. Es ist eine Frage der eigenen Arbeitskraft, wie viele dieser Mandatsanfragen eines inhaltlichen Eingehens fähig und wert sind. Der Anwalt – der junge zumal – sollte sich davor hüten, voreilig eine Prüfung des angetragenen Mandats in Aussicht zu stellen. Denn das Problem fast jeder Wiederaufnahme ist deren Finanzierung. Der rechtskräftig Verurteilte hat in der Regel sein gesamtes Hab und Gut verloren und die letzten liquiden Mittel bei den Anwälten gelassen, die seine Verurteilung und schließlich auch die Rechtskraft des Urteils nicht haben verhindern können. Das finanzielle Fiasko der meisten Mandanten führt letztlich dazu, dass die Wiederaufnahme für den Anwalt in der Regel ein pro-bono-Mandat ist.[1] Ein solches Mandat kann nur geführt werden, wenn andere Mandanten im Ergebnis hierfür mitbezahlen. Schon von daher ist das Wiederaufnahmemandat zwangsläufig immer etwas Exzeptionelles. Eine Vielzahl an Zusagen einer vorbereitenden Prüfung kann ein sorgfältig arbeitender Anwalt deshalb nie einhalten. Andererseits: die Menschen, mit denen er korrespondiert oder möglicherweise auch spricht, sehen in ihm ihren Hoffnungsträger, den einzigen, der verschlossene Pforten zu öffnen und die beschädigte Ehre zu retten vermag. Ein Brief, der zu helfen verspricht, mag gutgemeint sein, ist für den Adressaten jedoch mitunter verheerend, wenn die Hilfe tatsächlich nicht gewährt werden kann. Es ist schlimmer, eine Hoffnung erst zu wecken und dann zu enttäuschen, als sie von vornherein abzuweisen.

3 Jeder Anwalt, der sich an eine Wiederaufnahme heranwagt, sollte deshalb als erstes überprüfen, ob überhaupt sein finanzieller und zeitlicher Spielraum ausreichend ist, um ein solches Mandat neben den laufenden Geschäften betreiben zu können. Wenn er dies meint bejahen zu können, ist Bescheidung angesagt: Lieber ein Mandat ganz als zehn Mandate halb führen. Wie die Auswahl treffen? Zunächst muss sich jeder Verteidiger klar sein, dass unser Rechtsstaat zwar viele Mängel hat, im Ergebnis jedoch überwiegend die Richtigen trifft, auch wenn die Urteile mitunter lückenhaft, manchmal auch schludrig begründet sind und das Strafmaß gelegentlich überzogen ist. Jede andere Einschätzung wäre fatal: eine Strafjustiz, die zur Hälfte Unschuldige in die Gefängnisse schickt, gibt es nur unter den Bedingungen des Staatsterrorismus. Die Wiederaufnahme hat ihr Feld allein in dem minimalen Prozentbereich, in welchem Dummheit, Vorurteil und Hochmut sich schicksalsträchtig vermischen. Der mag immer noch groß genug sein; dennoch sollte sich der Verteidiger bei der Lektüre der Mandatsbitten eine kräftige Portion Skepsis reservieren. Jeder entwickelt hier mit der Zeit sein eigenes Herangehen: Es gibt Zuschriften, in denen das liebevolle Aneinander handschriftlicher Zeilen über zwanzig Seiten hinweg (häufig ohne Heftrand) den sicheren Eindruck vermittelt, dass ihnen weitere vierzig Seiten folgen werden, sobald der Anwalt in seiner Antwort auch nur eine

---

1 Liegt es hieran, dass die Wiederaufnahme in der anwaltlichen Berufspraxis nur ein Schattendasein führt? Auch berufs- und rechtspolitisch ist das Wiederaufnahmerecht – von der im letzten Jahr vorgenommenen Erweiterung der Wiederaufnahmegründe auf Verletzungen der Europäischen Menschenrechtskonvention (§ 359 Nr. 6 StPO) abgesehen – außerhalb der Diskussion. Von 21 Strafverteidigertagen hat sich ein einziger – der 16. Strafverteidigertag in Hamburg 1992 – in einer Abteilung mit dem Wiederaufnahmerecht befasst. Die beiden Referenten – *Peter Rieß* und *Steffen Stern* – sprachen zu drei interessierten Zuhörern

geringe Regung des Interesses offenbart. Es gibt die pompösen Offerten, in welchen die Ruhmseligkeit des Advokaten schmeichelnd angesprochen wird: man habe von ihm schon viel gehört und er sei der einzige, der es packen könne. Die Honorarfrage wird fleißig ausgespart oder mit dem Hinweis auf glänzende Einnahmen aus zweifelsohne schnell abzuschließenden Exklusivverträgen im Medienbereich überspielt. Derartige Zuschriften sollten zwar gelesen, aber nur selten zum Anlaß weiteren Eingehens genommen werden. Unschuld – und darum allein geht es – trägt sich in der Regel auch »unschuldig« vor: sachlich, manchmal gepaart mit Bitterkeit, aber immer mit Klarheit.

Unschuld? In der Praxis des normalen Strafverfahrens hat der Strafverteidiger seinen Beruf verfehlt und seine Rolle mit der des Richters verwechselt, wenn es ihm um mehr ginge als um die Abwehr des staatlichen Strafanspruchs. Dessen Abwehr ist moralisch und professionell stets schon dann gerechtfertigt, wenn die Beweise den Schuldvorwurf nicht tragen. In der Praxis des Wiederaufnahmeverfahrens verkehren sich die Rollen (auch die der Justiz – hierzu weiter unten): Ein Strafverteidiger, der nach gründlichem Studium der Akten und gewissenhafter Befragung des Mandanten nicht von dessen Unschuld überzeugt ist, jedenfalls von einem nachhaltigen »Unschuldsverdacht« getragen wird, sollte von jeder weiteren Aktivität ablassen. **4**

Dafür gibt es einfache und deshalb gute Gründe. Ein Wiederaufnahmegesuch verlangt stets eine Vielzahl von Recherchen. Nicht jede Fährte, die verfolgt wird, führt zum Ziel: Zeugen sind verstorben oder verweigern sich, Spuren sind verwischt oder lassen sich nicht mehr untersuchen, Akten sind vernichtet oder verschwunden, laienhaft aufgestellte Hypothesen lösen sich nach sachverständiger Beratung in nichts auf. Ein Verteidiger kann aus all diesen Sackgassen und Irrpfaden nur dann auf den Weg der Erkenntnis zurückgelangen, wenn er von der Grundüberzeugung geleitet ist, tatsächlich fündig zu werden, und von der inneren Zuversicht angetrieben wird, nach der Plage vieler vergeblicher Anläufe endlich das Beweisstück in der Hand halten zu können, das dem anzugreifenden Urteil den Garaus bereitet. Allein das einer inneren Gewißheit nahekommende Gespür dafür, dass der Verurteilte unschuldig sei, schafft für alle Mühen ein Motiv. **5**

Dies möge nicht mißverstanden werden. Nicht die persönliche Sympathie für den Mandanten und der fahle Glaube an seine Unschuldsbeteuerungen sind die Basis erfolgreicher Ermittlungstätigkeit, sondern allein eine Unschuldsannahme, die sich aus einer intellektuellen Durchdringung des Stoffes nährt. Sie mag begleitet sein von menschlichen Erfahrungen und gelegentlich auch bekräftigt werden durch irrationale Regungen. Entscheidend ist jedoch, dass die Zweifel an der Tragfähigkeit des Urteils und die starke Vermutung eines Justizirrtums eine verstandesmäßige Grundlage haben; weiterhin muss der Mandant in der persönlichen Konfrontation mit seinem Verteidiger den fortbestehenden Verdachtsmomenten schlüssig und konstant entgegengetreten sein. Dies setzt eine Befragung durch den Verteidiger voraus, die nicht von einem Vertrauensvorschuß für den Mandanten geprägt ist, sondern eher vom Gegenteil: je mehr Mißtrauen gegen den Mandanten in der Anfangsphase des Mandats, desto größer die Erfolgschancen in der Endphase. In der Wiederaufnahme bewährt sich nur der Anwalt als guter Verteidiger, der in dem besseren Staatsanwalt sein Spiegelbild sieht. **6**

II.　Erste Vorüberlegungen

7　Welche rationalen Überlegungen führen zu einem Unschuldsverdacht? Es gibt selten rechtskräftig gewordene Urteile, die nicht in sich einen überzeugenden Eindruck vermitteln. Tun sie dies nicht, überspringen sie nur selten die Hürde der Revision (wie umgekehrt angesichts des zur Zeit grassierenden ergebnisorientierten Arbeitsstils des Bundesgerichtshofs ein gut begründetes Instanzurteil selbst todsicher erscheinende Revisionsrügen zu passieren vermag). Das schriftliche Urteil ist stets der Einstieg in die Wiederaufnahme. Das erste Arbeitsfeld des Verteidigers sind jedoch die ihm von der Staatsanwaltschaft überlassenen Akten des abgeschlossenen Strafverfahrens. Ihre gründliche Lektüre ist immer die erste Herausforderung des Urteils: Zeigen sich zwischen Zeugenaussagen im Ermittlungsverfahren und ihrer Wiedergabe im Urteil gravierende Diskrepanzen, gilt es zu prüfen, ob diese allein der Unmittelbarkeit der Hauptverhandlung und einer dort möglicherweise erfolgten Korrektur früherer Aussagen zuzuschreiben sind. Eine sorgfältige Urteilsbegründung ließe eine Erklärung und Auflösung unterschiedlicher Aussageinhalte erwarten. Ist sie nicht erfolgt, läßt dies den Verdacht keimen, die Urteilsgründe könnten an der einen oder anderen Stelle zum Zwecke erhöhter Rechtskraftchancen geglättet sein.

8　Der aufkommende Verdacht wird dichter, wenn gehörte Zeugen, deren Aussage dem Akteninhalt zufolge Gewicht hat, in den Urteilsgründen gänzlich verschwiegen werden. Noch kräftiger wird schließlich das Mißbehagen, wenn die Urteilsgründe offenkundige Fehler zeigen: der Verurteilten wird als Glaubwürdigkeitsmangel angekreidet, sie habe eine bestimmte Aussage erst zu einem späten Zeitpunkt während der Hauptverhandlung gemacht, während das Explorationsprotokoll des psychiatrischen Sachverständigen eindeutig ergibt, dass die (später) Verurteilte sich inhaltlich identisch schon drei Monate vor Beginn der Hauptverhandlung geäußert hatte.[2] Regelrecht erschüttert wird schon bei erster Lektüre der Akten die Überzeugungskraft eines Urteils, wenn es allein auf dem Mord-Geständnis des Verurteilten beruht, dieses Geständnis aber auf polizeilichen Vernehmungen basiert, die teilweise insinuiert sein *müssen*.[3]

9　Es kommt hinzu, dass auch gut geschriebene Urteile manchesmal – wenn auch mitunter an unauffälliger Stelle – Konstruktionen enthalten, die gewagt erscheinen und das Mißtrauen zu wecken verstehen: So behauptete eine mit Betäubungsmittelstrafsachen befaßte Strafkammer in ihren schriftlichen Urteilsgründen,[4] der Kronzeuge habe sich im Auftrage des Verurteilten und zum Zwecke der Begleichung einer bei ihm bestehenden Spielschuld in Höhe von lediglich 5.000,— DM bereit gefunden, insgesamt drei Kilo Heroin und ein Pfund Kokain von Hamburg nach München zu bringen und einem unbekannten Dritten zu übergeben. Im gleichen Atemzug unterstellte die Strafkammer, dass der Kronzeuge völlig eigenständig in den Handel mit Betäubungsmitteln verstrickt war, und zwar »in erheblichem Umfange«. Dieses

---

2　So im Verfahren des LG Fulda in der Strafsache gegen Monika Weimar

3　So in dem vor dem LG Hamburg verhandelten Fall Holger Gensmer, der 1971 nicht nur den Mord an einem Polizisten-Kind gestanden, sondern gleichzeitig auch noch sechs unaufgeklärte Vergewaltigungsfälle denselben Kriminalbeamten detailliert geschildert hatte; aus der Akte ergab sich jedoch aus der Sperma-Untersuchung an der Kleidung eines Vergewaltigungsopfers, dass der Täter die Blutgruppe O hatte, während Gensmer – was ebenfalls aus der Akte ersichtlich war – Ausscheider der Blutgruppe A war. Zumindest eines dieser detaillierten Geständnisse war Gensmer in den Mund gelegt worden

4　LG Hamburg, Urteil vom 6. 10. 1995 – 619 KLs 13/95, S 24

gleichzeitige Nebeneinander der Rolle eines unterwürfigen Gehilfen und eines selbständigen Großdealers wirkte schon in sich wenig plausibel (wenn auch nicht unmöglich); im Zuge der weiteren Ermittlungen des Verteidigers ging die eine Rolle in der des anderen auf. Die Heranziehung immer neuer Akten aus dem Dunstkreis des Kronzeugen brachte zutage, dass der Adressat der angeblich im Auftrage des Verurteilten durchgeführten Lieferung in München tatsächlich Schuldner des »Gehilfen« war – und die von ihm vereinnahmte Summe lediglich eine Zahlung auf Schulden aus früheren Geschäften des Kronzeugen!

III. Zum Umgang mit der Justiz

Es ist ein bittere Erfahrung, die sich dem Verteidiger in der Wiederaufnahme alsbald mitteilt: Das Ermittlungsverfahren wie auch das Hauptverfahren kennen eine Reihe von Prozeßmaximen, insbesondere das Prinzip der Wahrheitsermittlung (§ 244 Abs 2 StPO); im Revisionsverfahren wird seine Wirkkraft bereits beeinträchtigt durch nicht steuerbare Imponderabilien – die Schlüssigkeit der Urteilsgründe, den formgerechten Vortrag des Verteidigers sowie die durch beides beeinflußte Bereitschaft des Revisionsgerichts zur Korrektur. Die Rechtskraft des Urteils hingegen ist der Sabbat aller Prinzipien – sie beginnen zu ruhen. Es scheint ein Rollenwechsel einzutreten: Verteidiger werden zu Ermittlern im Namen der (von ihnen behaupteten) Wahrheit, Richter und Staatsanwälte werden zu Verteidigern im Namen der Rechtskraft. Wer hat die bessere Moral an seiner Seite? Gewiß: der Rechtsfrieden läßt eine beliebige Wiederholung von Prozessen nicht zu; auch wäre eine weitherzige Auslegung der Wiederaufnahmegründe eine Einladung zum Missbrauch. So darf der schlichte Widerruf eines Geständnisses darf nicht schon per se einen neuen Prozess herbeizwingen. Vielmehr treffen den Verurteilten bei »widersprüchlichem Prozessverhalten« erweiterte Darlegungspflichten: Er muss deutlich machen, welche »schlüssigen und nahe liegenden« Motive der früheren Selbstbezichtigung zugrunde lagen[5] und warum ernsthafte Anhaltspunkte für ihre Unrichtigkeit bestehen.[6]

10

Die deshalb gebotene kritische Prüfung neuer Beweismittel und neuer Beweistatsachen – um den Wiederaufnahmegrund des § 359 Nr. 5 StPO geht es in 99 % aller Wiederaufnahmeverfahren – mißrät in der justitiellen Befassung jedoch zu einer ungeduldigen Abwehr. Zeugen wird Unglaubwürdigkeit attestiert, bevor sie überhaupt gehört wurden;[7] Sachverständige werden nicht nach ihren Befunden beurteilt, sondern ganz formell allein daran gemessen, ob ihnen im Vergleich zu den früher eingesetzt gewesenen Gutachtern »überlegene Forschungsmittel« zu Gebote stehen; gelingt es den Strafgerichten nicht bereits auf diesem Wege, schon im Additionsverfahren eine neue Aussage oder ein neues Gutachten »wegzudrücken«, werden gelegentlich auch die Feststellungen des angegriffenen Urteils neu interpretiert oder gar neu getroffen: Die Tat sei tatsächlich einen Tag früher begangen worden

10 a

---

5 OLG Düsseldorf NStZ 2004, 454, 455
6 BayVerfGH NStZ 2004, 447, 449
7 So in einer Entscheidung des LG Mainz: Das Gericht hielt einen Entlastungszeugen, der eine eidesstattliche Versicherung über seine Wahrnehmungen abgegeben hatte, allein deswegen für unglaubwürdig, weil er in Kenia zu laden gewesen wäre. Dies ging dem OLG Koblenz (StV 2003, 229) allerdings zu weit: »Die Grenze der Zulässigkeit vorweggenommener Beweiswürdigung im Additionsverfahren ist überschritten, wenn einem Tatzeugen, der das einzige die Verurteilung stützende Indiz widerlegen soll, von vornherein die Glaubwürdigkeit abgesprochen wird«

als im Urteil festgestellt;[8] eine im Urteil angenommene Tatbegehung »kurz nach 20 Uhr« schließe auch einen Zeitraum bis 20.30 Uhr ein;[9] die Aussage eines unter Eid vernommenen Zeugen, er sei zwei oder drei Minuten nach 20 Uhr in einem Lokal erschienen und habe wenige Minuten später dort den Verurteilten getroffen, sei »recht vage«, weshalb es auch sein könne, dass das fragliche Zusammentreffen mit dem Verurteilten bereits *vor* 20 Uhr stattgefunden habe.[10] Von gleicher Güte war die Entscheidung eines Oberlandesgerichts, welches einen im Wiederaufnahmeverfahren beigebrachten Zeugen als ungeeignetes Beweismittel betrachtet hatte, weil sich aus einem psychiatrischen Gutachten dessen dauerhafte Verhandlungs- und Vernehmungsunfähigkeit ergebe; tatsächlich wurde in ebendiesem Gutachten just das *Gegenteil* festgestellt. Auch hier war es erst das Bundesverfassungsgericht, das den drei OLG-Richtern den »verfassungskräftig verbürgten Anspruch (des Beschwerdeführers) auf eine willkürfreie Entscheidung« ins Stammbuch schreiben mußte.[11]

11   Die Abwehr von Wiederaufnahmebegehren geschieht jedoch nicht nur durch Verballhornung des Vortrages oder des im Urteil festgestellten und durch den Vortrag in Frage gezogenen Sachverhalts. Auch pseudologische Distinktionen, wie sie wirklich nur Juristen einfallen können, werden gegen neue Tatsachen und Beweismittel zur Verteidigung des rechtskräftigen Urteils ins Feld geführt. So sei das Gegenteil einer in dem Urteil festgestellten Tatsache nicht neu: Tatsachen, die in einem solch gegensätzlichen Verhältnis zu den dem Urteil zugrundeliegenden Tatsachen stehen, dass sie durch diese denkgesetzlich ausgeschlossen werden, seien notwendigerweise immer schon von dem Tatrichter »geprüft und verneint« worden.[12] Auf gleicher Linie bewegt sich auch eine Entscheidung des Hanseatischen Oberlandesgerichts: Hat der Beschwerdeführer sein Wiederaufnahmegesuch auf die Behauptung einer Falschaussage gestützt (§ 359 Nr. 2 StPO), ist ihm aber im Probationsverfahren der *volle* Nachweis eines unrichtigen Zeugnisses misslungen, soll ihm die nachträgliche Berufung auf den Wiederaufnahmegrund des § 359 Nr. 5 StPO nicht möglich sein, selbst wenn die Falschaussage sich im Zuge der vom Wiederaufnahmegericht durchgeführten Beweisaufnahme als zumindest hinreichend *wahrscheinlich* herausgestellt hat.[13]

12   Die angeführten Entscheidungen sind keine krassen Ausnahmen von einer ansonsten in rechtsstaatlichem Gleichtakt sich vollziehenden Entscheidungspraxis. Der Anwalt im Wiederaufnahmeverfahren ist generell mit einer Strafjustiz konfrontiert, die sich in Verteidigungsstellung begeben hat und jeden Angriff auf das alte Urteil mit Zähnen und Klauen abzuwehren versucht. Hiergegen hat er sich ebenfalls zu wappnen: durch gründliche Lektüre der Rechtsprechung,[14] insbesondere aber ver-

---

8   So der der Entscheidung des BVerfG NStZ 1995, 43 = NJW 1995, 2024 zugrundeliegende Fall des LG Coburg

9   So das LG Hamburg in dem dem Beschluß des BVerfG StV 1990, 530 = NJW 1990, 3193 zugrundeliegenden Fall

10   So das HansOLG Hamburg in fataler Korrektur der Entscheidung des LG; beide wurden durch das Bundesverfassungsgericht eines besseren belehrt, welches dem HansOLG Hamburg attestierte, eine »von Verfassungs wegen nicht hinreichende, willkürliche Spekulation« zur Entscheidungsgrundlage gemacht zu haben

11   BVerfG NJW 1990, 3191

12   So OLG Karlsruhe NJW 1958, 1247; ähnlich auch BGH NStZ 2000, 218; dagegen zu Recht KK-*Schmidt* § 359 Rn 24

13   HansOLG Hamburg JR 2001, 207 mit abl Anm *Krehl*

14   Eine besonders gute Kommentierung der Wiederaufnahmevorschriften ist im Übrigen die von *Wilhelm Schmidt* im Karlsruher Kommentar

fassungsrechtlich durch eine sorgfältige Aneignung der in den letzten Jahren vermehrt ergangenen Kammer-Entscheidungen des Bundesverfassungsgerichts. Vor allem dem Beschluß der 2. Kammer des Zweiten Senats des Bundesverfassungsgerichts vom 7. 9. 1994[15] kommt das Verdienst zu, einer vorschnellen Abfertigung des Wiederaufnahmevorbringens zwei Hürden entgegengestellt zu haben:

– Dem Wiederaufnahmegericht ist es verfassungsrechtlich verwehrt, im Zulassungsverfahren im Wege der Eignungsprüfung Beweise zu würdigen und Feststellungen zu treffen, die nach der Struktur des Strafprozesses der Hauptverhandlung vorbehalten sind;
– jedenfalls die Feststellung solcher Tatsachen, die den Schuldspruch wesentlich tragen, indem sie die abgeurteilte Tat in ihren entscheidenden Merkmalen umgrenzen, oder deren Bestätigung oder Widerlegung im Verteidigungskonzept des Angeklagten eine hervorragende Rolle spielt, darf nur in der Hauptverhandlung erfolgen.

Auch wird in dieser Entscheidung betont, dass das Wiederaufnahmeverfahren sein **13** Ziel, den Konflikt zwischen Rechtssicherheit und materialer Gerechtigkeit angemessen zu lösen, nicht verfehlen dürfe; der Verurteilte habe innerhalb der Verfahrensstruktur des Wiederaufnahme- rechts einen aus Art. 2 Abs 1 Grundgesetz sich herleitenden Anspruch auf effektiven Rechtsschutz.[16] Hierbei gilt: Auch im Wiederaufnahmeverfahren bleibt das zentrale Anliegen die Ermittlung des wahren Sachverhalts, ohne den das materielle Schuldprinzip nicht verwirklicht werden kann.[17]

Auch das Grundrecht auf rechtliches Gehör (Art. 103 Abs 1 GG) gerät im Wiederaufnahmeverfahren gelegentlich aus dem Blick, so in einer vom BVerfG aufgehobenen Entscheidung des AG Gemünden am Main:

> Der Beschwerdeführer war vom AG Würzburg wegen gefährlicher Körperverletzung zu einer Freiheitsstrafe von fünf Monaten verurteilt worden. Er habe seiner von ihm innerhalb der gemeinsamen Wohnung getrennt lebenden Ehefrau in der Speisekammer ein Stück gefrorenes Bratenfleisch (1–1,5 kg) auf den Hinterkopf geschlagen, als sie vor der Tiefkühltruhe gestanden habe. Dadurch habe er zwei stark blutende Platzwunden und eine Gehirnerschütterung verursacht.
>
> Das AG Würzburg hielt im Rahmen der Beweiswürdigung fest, dass die Zeugenaussage der Geschädigten allein nicht dazu ausreiche, den Beschwerdeführer zu verurteilen. Bei ihr liege vor dem Hintergrund der Zerrüttung der Ehe eine eindeutige Belastungstendenz vor, die ihre Glaubwürdigkeit in Frage stelle. Entscheidende Beweisgrundlage des Urteils seien der durchgeführte Augenschein und das Sachverständigengutachten des Rechtsmediziners Dr. T. Dieser habe als Voraussetzung für die Entstehung der Platzwunden eine erhebliche Gewalteinwirkung auf den Hinterkopf des Opfers angenommen, die mit anderen theoretisch denkbaren Verletzungsursachen wie einem Stoßen am Kühltruhendeckel und einem Streifen durch ein in die Truhe zurückgeworfenes Stück Fleisch nicht erklärbar sei. Hingegen sei ein Hieb mit dem gefrorenen Fleischstück ohne weiteres mit dem von der Geschädigten beschriebenen Ablauf vereinbar.
>
> Rund eineinhalb Jahre nach Rechtskraft des Urteils beantragte der Beschwerdeführer die Wiederaufnahme des Verfahrens. Zur Erzeugung einer Kopfplatzwunde mit einem harten, gegenüber dem menschlichen Schädel unnachgiebigen Gegenstand sei eine kinetische Energie von mindestens 50 Newtonmeter erforderlich; die mit der Hand bei einem derartigen Schlag entwickelte kinetische Energie erreiche jedoch maximal 24 Newtonmeter. Der Wiederaufnahmeantrag stützte sich auf ein Gutachten des Instituts für Rechtsmedizin der Universität München.

13 a

---

15 NStZ 1995, 43 = NJW 1995, 2024
16 NStZ 1995, 43; so auch schon BVerfG NJW 1993, 2735
17 *Strate* in: GS für Karlheinz Meyer, 1990, 474 mwN

> Das AG Gemünden am Main verwarf den Wiederaufnahmeantrag dennoch als unbegründet. Der Sachverständige halte eine Verursachung der Kopfschwartendurchtrennung durch einen *horizontal* geführten Schlag für ausgeschlossen. Das Erstgericht sei aber nicht von einem horizontal geführten Schlag ausgegangen. Bezüglich *anderer* Schlagrichtungen habe der Sachverständige keine Ausführungen bezüglich der Kraftaufwendung und Kraftentfaltung gemacht. Die Urteilsfeststellungen, die nur allgemein von einem Schlag ausgingen, der also auch *vertikal* oder aus anderer Richtung geführt werden könne, seien durch die Behauptungen des Beschwerdeführers im Wiederaufnahmeantrag zur Kausalität zwischen Schlag und Verletzung nicht erschüttert.[18]

13 b   Von einer möglichen Differenzierung nach Schlagrichtungen war im gesamten Verfahren freilich noch nicht die Rede gewesen. Auch aus rechtsmedizinischer Sicht war sie abwegig, wie eine ergänzende Stellungnahme des Sachverständigen ergab. Das Amtsgericht erfand in seiner ablehnenden Entscheidung also einen Vorwand, dem vorgelegten Gutachten jeden Einfluss auf die Beweisführung des angefochtenen Urteils abzusprechen, ohne dass dies für die übrigen Verfahrensbeteiligten vorhersehbar gewesen wäre. Demgegenüber hielt das BVerfG fest:

> Das Gebot rechtlichen Gehörs soll unter anderem gewährleisten, dass der Einzelne nicht bloßes Objekt des Verfahrens ist, sondern vor einer Entscheidung, die seine Rechte betrifft, zu Wort kommt, um Einfluss auf das Verfahren und sein Ergebnis nehmen zu können. .. Eine dem verfassungsrechtlichen Anspruch genügende Gewährung rechtlichen Gehörs setzt auch voraus, dass der Verfahrensbeteiligte bei Anwendung der von ihm zu verlangenden Sorgfalt zu erkennen vermag, auf welchen Tatsachenvortrag es für die Entscheidung ankommen kann. ... Es kommt ... im Ergebnis der Verhinderung eines Vortrags gleich, wenn das Gericht ohne vorherigen Hinweis Anforderungen an den Sachvortrag stellt, mit denen auch ein gewissenhafter und kundiger Prozessbeteiligter nach dem bisherigen Prozessverlauf nicht zu rechnen brauchte.[19]

IV.   Analyse des Urteils als Voraussetzung eines Wiederaufnahmebegehrens

14   Angesichts der geschilderten prohibitiven Schwierigkeiten, denen sich der Verteidiger im Wiederaufnahmeverfahren gegenübersieht, ist eine sorgfältige Analyse des Urteils auf mögliche Schwachstellen der alles entscheidende Arbeitsschritt. Die erste Überlegung ist hierbei: welche Begründungsstruktur hat die Beweisführung?

1.   Begründungsstruktur der Beweisführung

15   Es beginnt mit einer Grobrasterung: Welche Beweismittel werden im Urteil gewürdigt?

– der Angeklagte

16   Zur Beweisführung unmittelbar geeignet ist allein das dem Gericht als glaubhaft erscheinende Geständnis des Angeklagten; hingegen betrifft die Tatsache des Schweigens oder Bestreitens ein gutes Recht des Angeklagten. Die innere Widersprüchlichkeit der Einlassung oder ihre nachweisbare Falschheit ist in der Regel schon deshalb bedeutungsarm, weil auch Unschuldige Anlass haben können, auf Ausflüchte oder gar falsche Alibis zurückzugreifen.[20]

---

18 Zitiert nach BVerfG StV 2003, 223
19 BVerfG StV 2003, 223, 224
20 Vgl nur BGH StV 1982, 158/159

– Zeugen

Zeugen sind entweder Zeugen für die Tat oder Zeugen für das indizielle Umfeld   **17**
der Tat. Zu letzterem gehören Zeugen, die den Verurteilten in eine zeitliche oder
örtliche Nähe zum Tatgeschehen gebracht haben; auch fallen darunter Zeugen zum
vermuteten motivationellen Hintergrund und – im weiteren Erklärungsradius des
Tatgeschehens – zu den Lebensumständen des Angeklagten (Verurteilten). Zeugen
sind des weiteren Zufallszeugen oder Beziehungszeugen; letztere wiederum lassen
sich danach unterscheiden, ob sie zu dem Opfer oder zum Angeklagten in irgendeinem Kontakt gestanden haben. Daneben gibt es noch »professionelle« Zeugen,
die kraft beruflicher Befassung, zB als Polizeibeamte oder Gerichtsmediziner, mit
der Tataufklärung zu tun gehabt haben.

– Sachverständige

Sie lassen sich grob unterteilen in drei Gruppen: die psychiatrischen und psycholo-   **18**
gischen Sachverständigen (zur Beurteilung der Schuldfähigkeit des Angeklagten,
gelegentlich auch zur Einschätzung der Glaubwürdigkeit eines Zeugen), des weiteren die rechtsmedizinischen Sachverständigen (zu Beurteilung der Alkoholbeeinflussung, der Todesursachen und der wahrscheinlichen Todeszeit, der Art und
Richtung von Verletzungen, der Analyse von menschlichen Ausscheidungs- sowie
Blutspuren etc) und der sonstigen originär kriminalistischen Sachverständigen (zur
Feststellung und Bewertung sonstiger in einem kriminalistisch anerkannten Verfahren gesicherter und ausgewerteter Spuren). Daneben können natürlich auch Sachverständige aus jedem anderen menschlichen Wissensbereich im Strafprozess gelegentlich eine Rolle spielen.

Die Beweisführung mit Sachverständigen steht in der Regel in engem Zusammenhang mit der Erhebung, Präsentation und Bewertung der sogenannten

– Sachbeweismittel

Der Sachbeweis ist keine eigenständige Beweisform innerhalb der Strafprozessord-   **19**
nung; er kann auch eingeführt werden durch die Aussage von Zeugen oder durch
eine Augenscheinseinnahme während der Hauptverhandlung. Der Begriff des Sachbeweises lebt vor allem von der Abgrenzung gegenüber dem sog. Personalbeweis,
also der Beweisführung mit Personen, die unwiederholbare Wahrnehmungen schildern (Zeugen, aber auch der Angeklagte). Da der Sachbeweis unter der neutral wirkenden Ägide vor allem der Sachverständigen präsentiert wird, kommt ihm in der
Regel eine erhöhte Beweiskraft zu.[21]

– Augenschein

Der Augenscheinsbeweis betrifft in der Regel nur die Form der Einführung eines   **20**
Beweismittels. Wird eine Photographie auf dem Richtertisch betrachtet, so ist das
zwar eine Augenscheinseinnahme; das eigentliche Beweismittel bleibt aber das
Lichtbild. Anders verhält es sich beispielsweise bei der Augenscheinseinnahme des
Tatorts während der Nachtzeit, etwa um die von einem Zeugen behaupteten Licht-
und Sichtverhältnisse zu überprüfen: was das Gericht und die übrigen Verfahrensbeteiligten hierbei wahrnehmen, ist ein unmittelbarer Beweiseindruck.

---

21 Die Systematik der Darstellung weicht von der herkömmlichen insoweit ab, als der Begriff des
   Sachbeweises vorliegend im kriminalistischen, nicht prozessualen Sinne verstanden wird, wes-
   halb auch die Beweisführung mit Sachverständigen hierzu gezählt wird; so auch *Foth/Karcher*
   NStZ 1989, 166 und *Kleinknecht/Meyer-Goßner*, StPO, 45. Aufl., Einl Rn 49; anders *Peters*,
   Fehlerquellen im Strafprozeß, 3. Band, Karlsruhe 1974, S 70 ff

Strate

21   Welcher Bewertungsstruktur unterliegen die angeführten Beweismittel?[22] Diese ergibt sich zunächst aus den Formulierungen des Urteils selbst: Es gibt Beweisergebnisse, durch die der Angeklagte »schwer belastet« wird, andere hingegen erfahren die etwas weichere Bewertung, dass sie »ebenfalls gegen den Angeklagten sprechen«; wird er durch ein Beweismittel gar »überführt«, bedarf es keines langen Nachdenkens über die tragende Säule des Urteilsspruchs. Gefährlich für den Wiederaufnahmeverteidiger sind die Urteile, die auf mehreren getrennt abgehandelten Verdachtsgründen beruhen, die erst in ihrer »Gesamtschau« dem Tatrichter eine Überzeugung vermittelt haben. Die seperate Aneinanderreihung von Indizien, die jeweils für sich genommen noch nicht zu einer Verurteilung geführt hätten, jedoch alsdann in einem Schlußsatz durch das Resumée verkettet werden, dass »nach allem« die Täterschaft des Angeklagten zur sicheren Überzeugung des Gerichts feststünde, legt zwar vordergründig die Annahme nahe, dass schon der Wegfall auch nur einer Indiztatsache geeignet sein müsse, den Schuldspruch zu erschüttern. Tatsächlich haben sich einige Gerichte einer »Säulentheorie« angeschlossen, wonach der Einsturz einer Stütze des Beweisgebäudes den Bestand des Urteils insgesamt gefährdet.[23] In der Praxis des Wiederaufnahmerechts läuft die Bewertung jedoch oftmals anders; der verbleibende Indizien-Rest reicht im Zweifel immer noch zu Ungunsten des Verurteilten.

2.   Ziel des Wiederaufnahmegesuchs: Erschütterung der Beweisführung an einem zentralen Punkt

22   Eine systematische, lehrbuchmäßige Anleitung lässt sich hier nicht geben. Entscheidend ist: kein Schrot verschießen, sondern lieber – wenn auch manchmal nach langer Vorbereitung – einen gezielten Blattschuss wagen. Generell lässt sich folgendes als Erfahrungstatsache weitergeben: neue Zeugen unterliegen (fast immer) dem Verdacht, fabriziert zu sein. Beziehungszeugen müssen sich stets fragen lassen, weshalb sie nicht schon zu einem früheren Zeitpunkt zu Gunsten des Angeklagten ausgesagt haben. Allenfalls Zufallszeugen sind geeignet, einen Angriff auf das Urteil zu tragen.

So in dem in dem Beschluss des Bundesverfassungsgerichts vom 20.6.1990[24] geschilderten Fall: Der Angeklagte sollte den Urteilsfeststellungen zufolge »kurz nach 20 Uhr« auf den später Getöteten getroffen sein und ihn wenige Minuten später erschossen haben. Sein Alibi, er habe in der fraglichen Zeit sich in einem Lokal aufgehalten und ca. 30 Minuten lang auf die Zubereitung einer Muschel-Bestellung gewartet, ließ sich nicht beweisen. Kein Teilnehmer aus einer dort sich regelmäßig treffenden Skatrunde konnte sich seiner erinnern. Die Erklärung des Angeklagten, ihm gegenüber habe am Bartresen eine weitere männliche Person gesessen, die sich mit einem Bekannten über den Ankauf einer Segelyacht zum Preise von 80.000 DM unterhalten habe, wurde im »Hamburger Abendblatt« wiedergegeben. Der Gesprächsführer las dies zufällig und meldete sich alsdann – kurz nach Urteilsverkündung – bei der Zeitung. Seine Aussage konnte in der Revision keine Berücksichtigung mehr finden. Im Wiederaufnahmeverfahren führte sie schließlich – auf dem Umweg über das Bundesverfassungsgericht – zur Anordnung der Wiederaufnahme. (In der neuen Hauptverhandlung wurde der Angeklagte wieder verurteilt, allerdings nicht mehr zu lebenslanger, sondern zu zeitiger Freiheitsstrafe.)

---

22 Als Einführung in die Logik des Indizienbeweises sei generell auf die unbedingt zu empfehlende Lektüre von *Nack* MDR 1986, 366 ff hingewiesen
23 OLG Frankfurt/Main StV 1996, 138 (Fall Weimar); OLG Karlsruhe, Beschl vom 8. Oktober 2004 – 3 Ws 100/04
24 StV 1990, 530

Eine andere Frage ist, wieweit sich die Aussagen von Zeugen, die im Prozeß ge-   **23**
gen den Verurteilten entlastend oder belastend ausgesagt haben, durch objektive
Feststellungen im nachhinein noch präzisieren oder auch falsifizieren lassen. Dies
kann vor allem dann von Bedeutung sein, wenn sich für die Angaben von Zeugen
objektive zeitliche Anknüpfungspunkte finden lassen, die vorher nicht eruiert
wurden.

In einem beim Landgericht Hamburg anhängig gewesenen Fall[25] waren die beiden Angeklagten wegen erpresserischen Menschenraubes in Tateinheit mit versuchter räuberischer Erpressung sowie versuchten schweren Raubes zu einer Freiheitsstrafe von elf Jahren verurteilt worden. Ihnen war vorgeworfen worden, des Nachts gegen 22.45 Uhr (dieser Zeitpunkt ließ sich relativ genau festlegen aufgrund des Endes einer von den Opfern gesehenen Fernsehsendung) in ein Wohnhaus eingedrungen zu sein, die dort wohnende vierköpfige Familie gefesselt und den Familienvater dazu genötigt zu haben, ihnen den Schlüssel für die von ihm geleitete Bankfiliale auszuhändigen. Diese wurde am nächsten Morgen von den beiden Tätern unter erneuter Geiselnahme der eintreffenden Bankangestellten überfallen. Einer der beiden Verurteilten war von der Tochter seiner Vermieterin noch am Abend in seiner Wohnung gesehen worden. Sie berichtete zunächst, gegen 22 Uhr in das elterliche Wohnhaus zurückgekehrt zu sein. Der Untermieter habe Besuch von einem Mann mit einem roten Porsche gehabt (der später Mitverurteilte fuhr einen roten Porsche; auch sonst traf ihre Beschreibung auf ihn zu). Der Besucher habe das Haus etwa *anderthalb* Stunden später, also nicht vor 23.30 Uhr verlassen – so ihre erste Darstellung bei der Polizei. In der Hauptverhandlung gab sie an, sie sei an dem Abend mit einem Freund verabredet gewesen, den sie nach dem Zusammensein zum Bahnhof Altona gebracht habe, da dieser einen Zug nach Niebüll erreichen mußte, um noch in der Nacht in der Bundeswehrkaserne in Leck eintreffen zu können. Auf intensives Nachfragen des Gerichts revidierte sie ihre – dem Angeklagten ein Alibi verschaffende – Aussage und erklärte es für möglich, dass sie sich um eine Stunde vertan, also ihren Freund schon gegen 20.30 Uhr zum Bahnhof gebracht habe und alsdann gegen 21 Uhr wieder in dem Haus ihrer Eltern eingetroffen sei. Dementsprechend sei ihre Aussage dahingehend zu verstehen, dass der Besucher möglicherweise das Haus schon gegen 22.30 Uhr verlassen habe.

Damit war das Alibi dahin und die Angeklagten konnten verurteilt werden. (Die Wegstrecke vom Wohnhaus der Zeugin zum Tatort konnte in ca. zehn Minuten zurückgelegt werden.) In der Vorbereitung der Wiederaufnahme sprach der Verteidiger mit der Zeugin, die – acht Jahre später – nicht mehr exakt den Namen des Freundes, den sie zum Bahnhof gebracht hatte, zu erinnern vermochte. Es sei ein »Christian« gewesen, der damals in Trittau – einem kleinen Vorort von Hamburg – wohnte. Dank unbürokratischer Hilfe des Bundesministeriums der Verteidigung konnte der »Christian« als Christian Andersen (so hieß er tatsächlich!) identifiziert und ausfindig gemacht werden. Seine Befragung ergab, dass er in der fraglichen Zeit in Leck stationiert war und *stets* den letzten Zug vom Bahnhof Hamburg-Altona genommen habe. Dieser Zug fuhr – nach Auskunft der deutschen Bundesbahn – um 21.34 Uhr! Hierdurch schien die ursprüngliche Aussage der Zeugin, die den Verurteilten ein einwandfreies Alibi verschafft hatte, wieder in ihr Recht gesetzt zu sein.

Die Wiederaufnahme wurde dennoch für unzulässig erklärt: Selbst wenn die Zeugin erst kurz nach 22 Uhr in das Wohnhaus zurückgekehrt sein sollte, widerspräche dies nicht ihrer in der Hauptverhandlung gemachten Bekundung, möglicherweise hätten der Besucher sowie der Untermieter bereits gegen 22.30 Uhr das Haus verlassen; der sowohl in der Aussage bei der Polizei als auch in der Hauptverhandlung aufrechterhaltene Zeitraum von *anderthalb* Stunden zwischen dem Eintreffen der Zeugin im Wohnhaus und dem Weggang des Untermieters sowie seines Besuchers wurde im Additionsverfahren auf eine *halbe* Stunde verkürzt. Die Verfassungsbeschwerde gegen diesen willkürlich erscheinenden Umbau des Sachverhalts wurde durch die 2. Kammer des Zweiten Senats des Bundesverfassungsgerichts nicht zur Entscheidung angenommen.[26]

---

25 Aktenzeichen der Staatsanwaltschaft: 70 Js 1216/81
26 Beschl vom 25. 10. 1991 – 2 BvR 1177/91

24   Aber nicht nur die Bekräftigung einer entlastenden Aussage, auch die Widerlegung einer belastenden Aussage gelingt gelegentlich:

Gegen den Verurteilten war durch das Landgericht Paderborn am 11. 5. 1989 eine Freiheitsstrafe von einem Jahr und sechs Monaten wegen sexuellen Missbrauchs von Schutzbefohlenen in Tateinheit mit sexuellem Missbrauch von Kindern verhängt worden. In drei Fällen sollte der Verurteilte sexuelle Handlungen an seiner Tochter im Badezimmer der damals von ihm und seiner neuen Lebensgefährtin bezogenen Wohnung in Paderborn vorgenommen haben. Der Verurteilte hatte bestritten. Das Urteil stützte sich auf die für glaubhaft gehaltenen Angaben der zum Zeitpunkt der Verhandlung achtjährigen Zeugin; es stützte sich hierbei zusätzlich auf das Glaubwürdigkeitsgutachten eines Psychologen. Jegliche suggestiven Einflüsse durch die in Scheidung von dem Verurteilten lebende Mutter wurden vom Gericht für ausgeschlossen gehalten.

Den Urteilsfeststellungen zufolge hatte der Verurteilte seine Tochter nur an den Wochenenden bei sich. In den Urteilsgründen wurde die Aussage des Kindes referiert, dass der Verurteilte »das« immer gemacht habe, wenn Monika (das war der Vorname der neuen Lebensgefährtin) ihren Sohn Nicolai um 10 Uhr vom Kindergarten abgeholt habe. Die Frage, die sich weder die drei Berufsrichter noch der Sachverständige gestellt hatten, war naheliegend: Welcher Kindergarten hat am Samstag oder Sonntag geöffnet? Die leicht anzustellende Überprüfung ergab: In dem katholisch-kinderfreundlichen Paderborn kein einziger!

Dennoch hatte die Wiederaufnahme nicht auf Anhieb Erfolg. Sie wurde vom LG Detmold zunächst als unzulässig zurückgewiesen: Das Kind müsse sich halt geirrt haben. Das OLG Hamm hob diese Entscheidung auf und erklärte die Wiederaufnahme für zulässig. Nach der Anhörung der Kindergärtnerin im Probationsverfahren wurde die Wiederaufnahme für unbegründet erklärt. Die Beschwerde hiergegen hatte keinen Erfolg; die Verfassungsbeschwerde wurde nicht zur Entscheidung angenommen.

Manchesmal, wenn auch selten, findet ein Verurteilter aber die unerwartete Hilfe eines wieder freundlich gewordenen Schicksals: die Mutter des Kindes betrieb dessen Namensänderung, der der Verurteilte widersprach. Die Verwaltungsbehörde gab ihr Recht, ebenso das Verwaltungsgericht Minden. Das Oberverwaltungsgericht Münster hingegen gab ein Gutachten zu der Frage in Auftrag, ob die Namensänderung dem Wohl des Kindes entspreche. Der Gutachter explorierte das Kind erneut; er befürwortete eine Namensänderung, äußerte aber erhebliche Zweifel daran, dass das Kind im damaligen Strafverfahren tatsächlich Erlebtes geschildert habe. Daraufhin sah sich der mittlerweile selbst von wachsenden Zweifeln geplagte Staatsanwalt in Paderborn veranlasst, denselben Sachverständigen – Prof. Dr. Undeutsch aus Köln – mit einem weiteren Glaubwürdigkeitsgutachten zu beauftragen. Auf Antrag der Staatsanwaltschaft Paderborn[27] wurde schließlich die Wiederaufnahme durch das Landgericht Detmold zugelassen und angeordnet. Der Verurteilte wurde am 14. 3. 1996[28] freigesprochen. In den schriftlichen Urteilsgründen heißt es schlicht und klar:

»Ihre Darstellung in der Hauptverhandlung vor dem Landgericht Paderborn, der Angeklagte habe ›das‹ meistens gemacht, wenn die Zeugin M.-H. ihren Sohn Nicolai um 10.00 Uhr aus dem Kindergarten abholte, kann nicht stimmen. Sarah war nur samstags und selten sonntags beim Angeklagten zu Besuch. An diesen Tagen hatte der Kindergarten geschlossen.« Und – nach Darstellung weiterer Unverträglichkeiten in der Aussage des Kindes – das Resumée: »Beweise für eine Täterschaft des Angeklagten gibt es daher nicht.«[29]

---

27 Der stille Held dieses Wiederaufnahmeverfahrens soll hier ehrenhalber auch namentlich genannt werden: Es war Oberstaatsanwalt Günter Krüssmann, mittlerweile stellvertretender Behördenleiter der Staatsanwaltschaft Paderborn

28 Aktenzeichen des LG Detmold: 4 Kls 3 Js 462/95; die zitierte Passage findet sich auf S 9/10 der schriftlichen Urteilsgründe

29 Der Fall ist ausführlich und packend geschildert von dem Betroffenen selbst: *Bernd Herbort*, Bis zur letzten Instanz, Bergisch-Gladbach 1996

Die Widerlegung belastender Zeugenaussagen gelingt allerdings selten im ersten **25**
Lauf. Zuweilen bedarf es weit ausholender Recherchen, gedrängt allein von der Beharrlichkeit des seine Unschuld beschwörenden Mandanten:

Das Landgericht Hamburg hatte gegen den Verurteilten – einen israelischen Staatsangehörigen –
eine Freiheitsstrafe von acht Jahren wegen Handeltreibens mit Betäubungsmitteln verhängt.[30] Ihm
war vorgeworfen worden, im Sommer 1981 einen Transport von 166 Kilogramm Haschisch von In-
dien nach Deutschland organisiert zu haben. Belastet wurde er von einem Zeugen, der sich als
Weltenbummler ausgab, tatsächlich aber als V-Mann der Rauschgiftabteilung der Hamburger Kriminalpolizei arbeitete. Seiner Aussage zufolge habe der Verurteilte ihn in Neu-Delhi in einem Fünf-
Sterne-Hotel angesprochen, ob er bereit sei, in seinem Wohnmobil eine größere Menge Haschisch
verstecken und alsdann dieses Wohnmobil nach Deutschland verschiffen zu lassen. Tatsächlich sei
dann auch das Wohnmobil in Bombay mitsamt der heimlichen Zuladung an Bord eines Frachtschif-
fes gebracht worden. Zwei – später in eine andere Abteilung versetzte – Fahnder der Rauschgiftabteilung behaupteten ihrerseits, das Wohnmobil im Hamburger Hafen in Empfang genommen und
aus einem Fracht-Container herausgefahren zu haben.

Merkwürdigerweise enthielt die Akte keine Photographien von der Sicherstellung des Wohnmobils
auf dem indischen Frachtdampfer im Hamburger Hafen (Photos der illegalen Fracht und ihres Ver-
stecks werden in Hamburg gewöhnlich schon am nächsten Tag trophäenartig – wie harpunierte
Großhaie – in den örtlichen Boulevardzeitungen veröffentlicht); auch enthielt die Bildmappe keine
Photographien von der Auffindesituation des Schmuggelguts in den angeblich unter den Bänken
des Wohnmobils hergerichteten Verstecken; die Bildmappe zeigte das Wohnmobil in mehreren
Photos auf dem Parkplatz des Hamburger Polizeipräsidiums sowie gesonderte Ablichtungen der
außerhalb des Wagens von der Polizei aufgestapelten Haschisch-Pakete. Im Prozess legten die Kriminalbeamten ein Ersatzpapier vor, mit welchem sie angeblich die Aushändigung des Wohnmobils
von dem Frachtunternehmen erreicht haben wollten. Dieses Ersatzpapier (die Original-Konosse-
mente standen ihnen angeblich nicht zur Verfügung) enthielt die Nummer des Containers. In der
Vorbereitung des Wiederaufnahmeverfahrens angestellte Nachfragen bei der Reederei und dem
Hersteller des Containers ergaben die weitere Merkwürdigkeit, dass es sich bei dem Container um
eine sog. »Closed Box« – einen nach allen Seiten verschlossenen Container – gehandelt hat,
während Fahrzeuge, zumal Großraumwagen, stets in einer »Open Box« – offener Container mit
Plane – transportiert werden. Dies ließ bei dem Verurteilten – der stets bestritten hatte, etwas mit
dieser Einfuhr zu tun zu haben – den Verdacht aufkommen, dass das Wohnmobil des V-Mannes
sich nie in dem am 18. 8. 1981 gelöschten Container befunden hat. Die weitere Recherche führte
schließlich auf die Spur des Wohnmobils, das der V-Mann in der Zwischenzeit an einen Freund in
Kiel verkauft hatte. Bei dem stand es mit Motorschaden im Garten. Die Vermessung des Wohnmobils ergab eine Gesamthöhe von 2,42 m. Das von der Herstellerfirma dem Verteidiger überlassene
Zulassungs-Zertifikat für den angeblich benutzten Container ergab an der Tür-Öffnung eine Höhe
von 2,29 m. Einfaches Ergebnis: *Dieses* Wohnmobil hatte sich nie in *diesem* Container befunden.

Irgendjemand hatte an und mit den Beweismitteln manipuliert. Was tatsächlich geschehen war,
konnte nicht mehr aufgeklärt werden. Möglicherweise hatte die amerikanische DEA – die schon
seit Jahren ein Auge auf den Verurteilten geworfen hatte – in Zusammenarbeit mit bestimmten
deutschen Stellen der Verurteilung etwas nachhelfen wollen. Das Wiederaufnahmegesuch wurde
schließlich zurückgezogen, nachdem die Justizbehörde die sofortige Begnadigung versprochen hatte. Der Verurteilte konnte die Bundesrepublik im August 1985 als freier Mann verlassen.

Entscheidend für einen erfolgversprechenden »Angriff« auf ein Urteil ist stets die **26**
Destillierung einen objektiven, unbestreitbaren Befundes, der mit den zentralen
Feststellungen des Instanzgerichts nicht vereinbar ist. Hierbei sind insbesondere die
Erkenntnisse der Gerichtsmedizin hilfreich:

---

30 Urt. vom 14. 2. 1983 – [97] 68/82 KLs

Der Verurteilte war durch Urteil des LG Paderborn am 18. 8. 1970[31] wegen Mordes in Tateinheit mit Notzucht zu lebenslanger Freiheitsstrafe verurteilt worden. Ihm war vorgeworfen worden, die Ehefrau eines britischen Offiziers zunächst missbraucht und anschließend erdrosselt zu haben. Die Verurteilung stützte sich auf das Geständnis des Angeklagten, welches dieser allerdings noch vor der Hauptverhandlung widerrufen hatte. Im Urteil selbst wurden eine Reihe von Widersprüchen zwischen den Angaben im Geständnis und den objektiven Feststellungen referiert, ohne allerdings an der grundsätzlichen Richtigkeit des Geständnisses Zweifel anzumelden. Die später Ermordete hatte gegen 19.30 Uhr das Haus verlassen, um ihren Hund auszuführen. Den Urteilsfeststellungen zufolge muss sie alsbald danach auf ihren Mörder gestoßen sein. Der Leichnam wurde am nächsten Morgen um 10 Uhr gefunden. Die beiden Mitarbeiter der Mordkommission stellten bei dem Opfer eine lediglich an den Fingern und Zehen eingetretene Starre fest. Die Totenstarre war erst voll ausgeprägt bei der Stunden später durchgeführten Obduktion. Da die Totenstarre als Regelwert ca. zwei bis drei Stunden nach dem Tode einsetzt und nach ca. sechs bis acht Stunden voll ausgeprägt ist, mußte das Opfer zu einem weit nach Mitternacht liegenden Zeitpunkt zu Tode gekommen sein. Ein von *Balduin Forster* – damals Direktor des Instituts für Rechtsmedizin der Universität Freiburg – erstelltes Gutachten bestätigte dies. Dies schloss zwar auch weiterhin nicht aus, dass der Verurteilte der Mörder war; dem auf dem Geständnis beruhenden Urteil war damit aber an einem zentralen Punkt – nämlich alsbaldige Tötung nach dem Verlassen des Hauses – der Boden entzogen. Das Opfer mußte sich noch über mehrere Stunden hinweg in der Gewalt des Mörders befunden haben, ehe es erdrosselt wurde. Der Verurteilte hatte in seinem ohnehin schon durch objektive Falschheiten lädierten Geständnis hiervon nichts berichtet.

Trotz dieses zwingend die Anordnung einer neuen Hauptverhandlung gebietenden Befundes wurde das Wiederaufnahmegesuch vom LG Detmold und schließlich vom OLG Hamm als unzulässig zurückgewiesen. Letzteres[32] hielt die Beobachtung der Kriminalbeamten über die erst in den Anfängen befindliche Entwicklung der Totenstarre an den Zehen und Fingern für »viel zu unsicher und wenig aussagekräftig«, zumal die Kriminalbeamten für derartige Beobachtungen »nicht ausgebildet« gewesen seien. Obwohl in dem Urteil des LG Paderborn – im Anschluss an das Gutachten des dort gehörten Gerichtsmediziners – als Todesursache ausdrücklich ein Erdrosseln bezeichnet worden war, hielt es das OLG in einer Hilfserwägung für denkbar, das Opfer habe den Drosselungsvorgang zunächst überlebt und sei anschließend erst an den bei der Drosselung erlittenen Verletzungen (Bruch des Zungenbeins, Bruch der beiden oberen Kehlkopfhörner) verstorben.[33]

Das war frei phantasiert und durch einen Blick in jedes rechtsmedizinische Lehrbuch zu widerlegen. Ist das Opfer gedrosselt worden, hat es die Verlegung der Atemwege nur wenige Minuten überlebt.[34] Die Feststellung einer völlig anderen Todesursache verstieß krass gegen die Kompetenzordnung des Wiederaufnahmeverfahrens.[35]

---

31 Aktenzeichen des LG Paderborn: 8 Ks 1/70
32 Beschl vom 24. 6. 1986 – 2 Ws 153/86
33 Das Unsägliche im Wortlaut: »Unabhängig von diesen Erwägungen wäre aber auch die hinreichend gesicherte Feststellung eines späteren Todeszeitpunktes nicht geeignet, dem angegriffenen Urteil die tragenden Grundlagen zu entziehen. Das Urteil geht zwar davon aus, dass der Tod der Frau W. durch Erwürgen bzw Erdrosseln des Opfers eingetreten ist. Wenn weiterhin auch nach dem Urteilszusammenhang naheliegt, dass der Verurteilte dem Opfer die zum Tode führenden Verletzungen am Tattag in der Zeit zwischen 20.00 Uhr und 20.30 Uhr beigebracht hat, stellt das Urteil den Zeitpunkt des eigentlichen Todeseintritts nicht fest. Es ist denkbar und unter den gegebenen Umständen mit den sonstigen Urteilsfeststellungen durchaus vereinbar, dass der Verurteilte die Tat so wie festgestellt begangen hat, das bewußtlose und möglicherweise keine augenfälligen Lebenszeichen mehr von sich gebende Opfer im Glauben liegen gelassen hat, dass der Tod schon eingetreten ist, was daran wiederum mit dem Ergebnis des Gutachtens von Prof. Dr. Forster vereinbar wäre. Ein solcher, nicht im Gegensatz zu den Urteilsfeststellungen stehender Geschehensablauf ist möglich, weil bei einem Erwürgen bzw einem Erdrosseln des Opfers der Tod nicht unbedingt im zeitlich unmittelbaren Zusammenhang mit der eigentlichen Tötungshandlung eintreten muss, sondern das Opfer auch ohne weiteres Zutun den dabei erlittenen Verletzungen – hier: Bruch des Zungenbeins, Bruch der beiden oberen Kehlkopfhörner – erst in einem späteren Zeitpunkt erliegen kann.«
34 Vgl nur beispielhaft *Schwerd*, Rechtsmedizin, 5. Aufl., S 71
35 Vgl die oben zitierte Entscheidung des Bundesverfassungsgerichts NStZ 1985, 43

Der damalige Verteidiger hatte sich mit dem Beschluss des OLG Hamm zunächst abgefunden. Später angestellte Nachforschungen hinsichtlich der angeblich zur Beurteilung des Entwicklungsgrades einer Totenstarre »nicht ausgebildeten« Kriminalbeamten ergab, dass beide schon viele Jahre Mitglieder der örtlichen Mordkommission waren und einer von ihnen zum Zeitpunkt der Tat schon zwei Jahre lang eine Mordbereitschaft verantwortlich leitete. Selbstverständlich gehörte es zu ihrer Ausbildung, den Ausprägungsgrad einer Totenstarre zu erkennen und in Tatortberichten zuverlässig zu beschreiben.

Zur Stellung eines erneuten Wiederaufnahmegesuchs kam es nicht, da der Verurteilte 1997 nach 27 Jahren aus der Haft entlassen wurde und – mittlerweile im Pensionsalter – die Belastungen eines neuen Verfahrens nicht mehr über sich ergehen lassen wollte.

Beruht ein Urteil maßgeblich auf Befunden eines Sachverständigen, gibt dies in der Regel seinen Feststellungen eine Weihe besonderer Objektivität und erhöhter Angriffsfestigkeit. Es gibt jedoch keinen Sachverständigen – von absolut objektivierbaren Befunden (zB im Rahmen einer DNA-Analyse) abgesehen –, der unangreifbar ist. Der Verteidiger sollte gerade im Umgang mit dem Sachverständigenbeweis das Kant'sche Wort »Habe Mut, dich deines eigenen Verstandes zu bedienen« beherzigen. Fehlerquellen gibt es fast immer. Sofern es sich um Sachverständige aus dem genuin kriminalistischen Bereich handelt: Am meisten treten sie auf bei der Sicherung von Spuren und bei der (übersehenen) Spurenverschleppung.

27

Eine von dem Sachverständigen übersehene *Spurenkontamination* spielte in einem Schwurgerichtsverfahren eine wichtige Rolle: den Angeklagten wurde angelastet, an ihren Ärmelbündchen hätten sich Schmauchspuren von gleicher Zusammensetzung gefunden, wie sie bei der Benutzung der Tatwaffe ausgestoßen wurden. Dieser die Angeklagten schwer belastende Befund löste sich in nichts auf, als herauskam, dass die an der Festnahme beteiligten MEK-Beamten am Abend zuvor Schieß-Übungen veranstaltet hatten. Die dabei verwandte Munition war mit der Tatmunition identisch. Eine Übertragung zurückgebliebenen Schmauchs auf die Ärmelbündchen war naheliegend.[36]

V. Recherchematerial und Hilfsmittel des Verteidigers

Diese können hier nur kurz skizziert werden:

28

Grundlage jeder eigenen Ermittlungstätigkeit ist die dem Verteidiger überlassene Akte der Staatsanwaltschaft, wie sie zuletzt dem mit der Sache befaßt gewesenen Gericht vorgelegen hat. Das Akteneinsichtsrecht erstreckt sich grundsätzlich auch auf sämtliche im Verfahren seinerzeit beigezogenen Akten sowie auf alle Spurenakten. Stößt der Verteidiger bei der Lektüre des Aktenmaterials auf Aktenzeichen anderer (Parallel-)Verfahren, sollte er auch diese bei der zuständigen Staatsanwaltschaft anfordern. Aus ihnen ergeben sich gelegentlich erstaunliche Neuigkeiten.

So in dem oben beschriebenen Fall eines wegen Betäubungsmittelhandel Verurteilten. In den bei verschiedenen Staatsanwaltschaften angeforderten Ermittlungsakten – die ihrerseits wieder Hinweise auf andere Ermittlungsverfahren enthielten – kristallisierte sich immer deutlicher heraus, dass es sich bei dem Kronzeugen nicht um einen untergeordneten Gehilfen gehandelt hat, sondern um einen seit Jahren aktiven Großdealer, der selbst enger Geschäftspartner des angeblich unbekannten Dritten war, dem er in dem behaupteten Auftrag des Verurteilten drei Kilo Heroin und ein halbes Kilo Kokain geliefert hatte.

---

36 Fehler bei der *Spurensicherung* können vielgestaltiger Art sein. Eine beispielhafte Beschreibung (Fall Weimar) findet sich bei *Strate* Kriminalistik 1997, 634 ff

Die Staatsanwaltschaften pflegen Rechtsanwälten bislang immer noch großzügig Einsicht in Akten zu gewähren, auch sofern sie nicht als Verteidiger in dem fraglichen Fall tätig waren. Es reicht aus, wenn ein berechtigtes Interesse geltend gemacht wird.[37]

29   Die Akten enthalten jedoch nicht nur Hinweise auf andere Akten und weitere Ermittlungsansätze. Hin und wieder legen sie ganz unmittelbar verwischte Spuren bloß:

> So in dem oben erwähnten Fall Gensmer. Der Verurteilte war zu lebenslanger Freiheitsstrafe wegen der Ermordung eines fünfjährigen Mädchens – Kind eines Polizeibeamten – verurteilt worden. Das Kind war zuletzt an einem Apriltag des Jahres 1970 um 10.45 Uhr gesehen worden. Sein Leichnam war gegen 12.00 Uhr entdeckt worden. Der Verurteilte war im August 1970 festgenommen worden. Die Verurteilung erfolgte aufgrund eines – zwischendurch widerrufenen, in der Hauptverhandlung jedoch halbherzig erneuerten – Geständnisses.
>
> In der Akte befand sich eine Landvermessungskarte, die das Areal, in dem das Kind sich aufgehalten und an dessen Grenzen sein Leichnam gefunden wurde, wiedergab. An den Rändern des Kartenwerks fanden sich – mit Pfeilen, die auf bestimmte Straßen hindeuteten – zwei Namen: »Dr. Schütte« sowie »Krischke«. Diese Namen tauchten in der gesamten Akte nicht auf; wohl aber fand sich ein Vermerk, in welchem vage angedeutet wurde, dass unmittelbar nach der Tat – im Rahmen einer Überprüfung aller in den letzten Jahren durch sexuelle Straftaten im Norden Hamburgs aufgefallenen Personen – der Beschuldigte bereits Gegenstand einer für eine Verdachtsschöpfung ergebnislosen Überprüfung war. Die Namen auf der Karte mußten mit dieser Alibi-Überprüfung irgendwie zusammenhängen. Die auf Betreiben des Verteidigers von der Mordkommission angestellten Nachforschungen förderten in der Polizeiakte einen dreiseitigen Vermerk über eine am Tag nach der Tat durchgeführte Befragung des Beschuldigten sowie seines Zahnarztes Dr. Schütte sowie seines Friseurs Krischke zutage. Bei ersterem hatte er sich gegen 11 Uhr zwei Zähne ziehen lassen. Die Behandlung dauerte 45 Minuten. Beim Friseur war er unmittelbar anschließend von 12 Uhr bis 12.30 Uhr. Zwei der an der Überprüfung beteiligt gewesenen Kriminalbeamten lebten auch noch zum Zeitpunkt des Prozesses im Jahre 1987 und bestätigten ohne Wenn und Aber das Ergebnis ihrer damaligen Ermittlungen. Der Verurteilte wurde in der erneuerten Hauptverhandlung freigesprochen. In den Urteilsgründen heißt es wörtlich: »Die Kammer hat den Angeklagten von dem Vorwurf des Mordes an Birgit K. freigesprochen, weil nach ihrer Überzeugung seine Unschuld erwiesen ist.«[38]

30   Unbedingt erforderlich ist die Besichtigung der Asservate (sofern noch nicht vernichtet):

> So offenbarte beispielsweise die Besichtigung der Wäschestücke in dem Mordfall Weimar, dass Bettlaken, Bettbezüge und Kopfkissenbezüge der Kinderbetten von der Mordkommission Bad Hersfeld in *einem* Plastiksack an das Landeskriminalamt Hessen übersandt worden waren (dem Plastiksack war ein mit der Angabe dieser Wäschestücke beschriftetes Kartonsiegel angeheftet). Angesichts der schon hierdurch naheliegenderweise möglichen Faserkontamination waren von vornherein zuverlässige Befunde aus den Faserantragungen der Kinderkleidung an die Bettwäsche nicht zu ziehen. Für das Landgericht Fulda war die Verurteilte jedoch gerade aufgrund dieser (von bedeutsamen Fehlerquellen möglicherweise beeinflußten) Befunde des Gutachters des Hessischen Landeskriminalamts »schwer belastet« worden.[39]

31   Recherchen sollte der Verteidiger grundsätzlich selbst anstellen. Nur seine Autorität als Rechtsanwalt öffnet ihm die Türen. Hierbei ist immer ratsam ein vorberei-

---

37 Vgl Nr. 185 Abs 3 RiStBV; so auch die durch das Strafverfahrensänderungsgesetz 1999 eingeführte gesetzliche Regelung des § 475 Abs 1 und 2 StPO
38 LG Hamburg, Urt vom 15. 12. 1987 – [83] 74/86 Ks, S. 47/48
39 Urt des LG Fulda vom 8. 1. 1988 – 103 Js 8247/86 Ks, S 131

tendes Anschreiben, in welchem kurz der Sachverhalt (auch die Verurteilung) erläutert wird und der Verteidiger mit zurückhaltendem Nachdruck auf die aus seiner Sicht bestehende Möglichkeit eines Justizirrtums hinweist. Das Vertrauen in das Funktionieren unserer Justiz ist zwar insgesamt groß, es ist aber dennoch erstaunlich, mit welch dickem Sediment an fortbestehendem Mißtrauen dieses Vertrauen unterlegt ist. Der Hinweis auf einen Justizirrtum wird von den Adressaten in der Regel ernstgenommen; entsprechend groß ist die Hilfsbereitschaft, sofern der Verteidiger sein Anliegen aufrichtig vorträgt.

> Diese Einstellung ändert sich auch nicht schon automatisch dann, wenn der Angesprochene Behördenmitarbeiter ist (trotz aller Höhenflüge des Datenschutzes). So war in dem oben erwähnten Fall des zum Bahnhof Altona gebrachten unbekannten »Christian«, der noch in der Nacht zu seiner Bundeswehrkaserne in Leck zurückfahren wollte, der angeschriebene leitende Offizier in der Abteilung Personalwesen des Bundesministeriums der Verteidigung sofort bereit, die Kaserne in Leck anzuweisen, acht Jahre alte Personalbücher auf den »Christian« aus Trittau durchzusehen. Die Arbeit dauerte zwei Tage; das Ergebnis wurde dem Verteidiger natürlich nur fernmündlich mitgeteilt.

Es ist angezeigt, bei den eigenen Recherchen auf Privatdetektive nur im Notfalle zurückzugreifen: kaum einer von ihnen ist seriös und die Rechnungen meist zu hoch.

Für die Beurteilung von rechtsmedizinischen Fragen sollte der Verteidiger sich mit **32** den einschlägigen Lehrbüchern ausrüsten; darüberhinaus sind die Mitarbeiter der rechtsmedizinischen Institute stets bereit, Auskünfte zu erteilen und Gutachten zu erstatten. Schwieriger hingegen gestaltet es sich hinsichtlich der originär kriminalistischen Erkenntnisse. Sie werden in Deutschland zwar zum Teil veröffentlicht (vor allem in der Zeitschrift »Kriminalistik«), zum Teil aber auch zurückgehalten, um sie nicht in professionell arbeitenden Täterkreisen bekannt zu machen.[40] Sehr viel offener hingegen ist die Veröffentlichungspraxis in den Vereinigten Staaten. Zu fast allen kriminalistischen Teilbereichen gibt es Publikationen auf dem neuesten Stand.[41] Einen ausgezeichneten Überblick über die aktuelle Literatur findet der »on-line« arbeitende Anwalt im Internet über die Stichwörter der Internet-Buchhandlung »amazon.com«, beispielsweise zu »forensic science«. Hervorragende Web-Seiten zu wirklich allen kriminalistischen Wissenssektionen geben die American Academy of Forensic Sciences, American Board of Criminalists, American College of Forensic Examiners, American Society of Crime Laboratory Directors, Crime Scene Investigation, Dr. Joe Davis' Web Page, Forensic Science Society, Dean's

---

40 Die einzigen deutschsprachigen Kompendien zur Kriminalistik sind zum Teil obsolet. *Groß/ Geerds*, Handbuch der Kriminalistik, erschien in zehnter Auflage zuletzt 1976; *Kube/Störzer/ Timm* (Hrsg.), Kriminalistik – Handbuch für Wissenschaft und Praxis, Stuttgart 1992, ist ebenfalls nicht mehr auf dem neuesten Stand. Wirklich enzyklopädisch und aktuell – aber auch sehr teuer – ist das dreibändige Werk *Siegel/Saukko/Knupfer* (Editors), Encyclopaedia of Forensic Sciences, London 2000

41 Ein exzellentes Lehrbuch ist beispielsweise die Einführung von *Saferstein*, Criminalistics, New Jersey 2001. Die neuesten Veröffentlichungen zu den Teilbereichen Fingerspuren: *Lee/Gaensslen*, Advances in Fingerprint Technology, Boca Raton 1994; DNA-Analyse: *Evett/Weir*, Interpreting DNA Evidence, Sunderland 1998; Schusswaffen und Ballistik: *Heard*, Handbook of Firearms and Ballistics, Chichester 1997 ; Blutspuren: *Bevel/Gardner*, Bloodstain Pattern Analysis, Boca Raton 1997; Vergiftungen: *Trestrail*, Criminal Poisoning, New Jersey 2000; Brandstiftung: *DeHaan*, Kirk's Fire Investigation, New Jersey 1997; *Redsicker/O'Connor*, Practical Fire and Arson Investigation, Boca Raton 1997; Täter-Profiling: *Holmes/Holmes*, Profiling Violent Crimes, Thousand Oaks 1996. Wer sich in die englische Fachsprache der Kriminalisten einlesen will, für den ist darüber hinaus *Brenner*, Forensic Science Glossary, Boca Raton 2000, eine wertvolle Hilfe

Home Page, Zeno's Forensic Web Page.[42] Einen Zugang zu vielen Informationsquellen aus dem Bereich der Rechtsmedizin bietet die Rechtsmedizin Mainz.

33 Trotz der in Deutschland generell – hinsichtlich der Veröffentlichung von Methoden der Spurensicherung und Spurenbewertung – vorherrschenden Zurückhaltung
und der durch Dienstvorschriften meist unmöglich gemachten Tätigkeit für nicht-
amtliche Stellen ist die informelle Hilfsbereitschaft bei den Landeskriminalämtern
durchaus groß. Für ein persönliches Gespräch, welches nicht in ein schriftliches
Gutachten ausmünden soll, finden sich die fraglichen Experten – ob zu Fasern,
Schusswaffen, Ballistik etc – (fast) immer bereit. Dies gilt selbst dann, wenn es sich
bei ihnen um die Sachverständigen handelt, deren im Ursprungsverfahren erstattetes Gutachten Gegenstand einer kritischen Auseinandersetzung in der Wiederaufnahme werden soll. Die Neugier darauf, was man denn möglicherweise falsch gemacht haben sollte, ist stets groß. In der Regel empfiehlt es sich aber, in derartigen
Fällen den Sachverständigen eines benachbarten Landeskriminalamts zu Rate zu
ziehen.

VI. Präsentation des Wiederaufnahmevorbringens

34 Ist der Verteidiger in seiner Recherche erst einmal soweit gekommen, dass er gegen
das alte Urteil Wiederaufnahmegründe von Gewicht meint geltend machen zu können, so beginnt der zweite – nicht minder bedeutsame – Teil seiner Arbeit: ihre
Präsentation. Gut gesattelt meint noch lange nicht: gut geritten. Zuerst einmal
muss die Wiederaufnahme die Hürde der Zulässigkeit überspringen. Und diese ist
(fast) unüberwindbar hoch: quasi ein Oxer mit anschließendem Wassergraben. Dabei scheint der Begriff der Zulässigkeit in § 359 StPO (bzw der Unzulässigkeit in
§ 368 Abs 1 StPO) zunächst zu suggerieren, hier ginge es allein um abzählbare und
leicht einzuübende Regeln und Erfordernisse, sind doch mit dem Begriff der Zulässigkeit in der Regel die formellen Eingangsvoraussetzungen einer Prozeßhandlung
(eines Antrages, einer Klage oder eines Rechtsmittels) gemeint. Es gehört zu den
Verkehrtheiten des in der Tat außerordentlichen Rechtsmittels der Wiederaufnahme, dass die stehenden Begrifflichkeiten keine konstante Bedeutung behalten. Zulässigkeit meint im Recht der Wiederaufnahme in der Regel schon deren Begründetheit.

35 § 359 Nr. 5 StPO verlangt die »Beibringung« neuer Tatsachen oder Beweismittel,
die allein oder in Verbindung mit den früher erhobenen Beweisen die Freisprechung des Angeklagten oder – in Anwendung eines milderen Strafgesetzes – eine
geringere Bestrafung oder eine wesentliche andere Entscheidung über eine Maßregel der Sicherung und Besserung zu begründen *geeignet* sind. Der Begriff der Eignung, die § 359 Nr. 5 StPO von den neuen Tatsachen und Beweismitteln fordert,
schafft den Einstieg zu diskretionärem richterlichen Ermessen: Schon hier, bei der
Prüfung der Eignung, sei »ein gewisses Abwägen« der Beweiskraft eines neuen Beweismittels mit den Beweisergebnissen des früheren Verfahrens unumgänglich,[43]
auch erscheine »eine gewisse Vorwegnahme« der Beweiswürdigung schon bei der
Zulässigkeitsprüfung unvermeidlich.[44] Die Prüfung eines Beweismittels auf seinen

---

42 Zu deren umstandsloser Übersetzung die kostenlos aus dem Internet herunterzuladende Spra-
chen-Software *Babylon* (www.babylon.com) nützlich ist
43 So OLG Celle GA 1967, 284/285
44 So OLG Nürnberg MDR 1964, 171

Beweiswert dürfe erfolgen, »soweit das ohne förmliche Beweisaufnahme möglich ist«[45] Die Beschänkung auf eine ausschließlich abstrakt-logische Schlüssigkeitsprüfung sei »zu formal« gedacht und deshalb abzulehnen.[46] Die Darlegungspflicht für die Eignung des neuen Beweismittels treffe ebenfalls den Verurteilten, wobei in verschiedenen Konstellationen auch eine »erweiterte« Darlegung erforderlich sei.[47] Was immer dies bedeuten mag – es finden sich mannigfaltige Begründungsmöglichkeiten, warum den Anforderungen jedenfalls im konkreten Fall nicht genüge getan sei.

Selbst ein rechtskräftig für zulässig erklärtes Wiederaufnahmegesuch sollte den Verurteilten und seinen Verteidiger nicht in der trügerischen Sicherheit wiegen, die Hürde der Eignung im Sinne von § 359 Nr. 5 StPO sei genommen: Auch im Probationsverfahren, in dem das Gericht gem §§ 369, 370 Abs 1 StPO eigentlich über die *Begründetheit* des Gesuchs entscheidet, hält die Rechtsprechung die Verwerfung als nun doch *unzulässig* für möglich.[48]

Im Ergebnis wird damit das für die Beweisführung im Hauptverfahren geltende **36** Verbot der Beweisantizipation im Wiederaufnahmeverfahren außer Kraft gesetzt. Für diese Rechtsprechung gibt es kaum gesetzliche Gründe, allenfalls praktische Bedürfnisse.[49] Dennoch wird der Verteidiger sich darauf einzustellen haben, dass er bereits in seinem ersten Schriftsatz alle Weichen zu stellen hat. Das Wiederaufnahmegesuch ist quasi ein »opening statement«, welches schon die Qualität eines »closing argument« – eines abschließenden Plädoyers – haben muss.

Dies bedeutet: Die Präsentation der neuen Tatsachen und Beweismittel muss getra- **37** gen sein von fühlbarem Überzeugungswillen. Der Leser des Wiederaufnahmegesuchs soll merken, dass er für die Wiederaufnahme gewonnen werden soll. Er soll aber auch merken, dass er nicht übertölpelt wird: Das Medium jeder Überzeugungsbildung ist sorgfältige Argumentation. Hierzu gehört es, zunächst einmal die Gründe der Verurteilung zu referieren und zu analysieren. Was waren die wesentlichen Stränge der Beweisführung? Es empfiehlt sich durchaus, die wesentlichen Passagen aus dem Urteil in das Wiederaufnahmegesuch einzurücken. Dem Leser wird hierdurch nicht nur die Erleichterung verschafft, ein ständiges Nachblättern in der Akte vermeiden zu können, sondern auch das Gefühl vermittelt, der Verfasser habe das Urteil, das er zunichte machen will, nicht zu fürchten. Das Referat und die Analyse der Beweisführung haben deren Struktur aufzuzeigen. Sie sollte den Eindruck größtmöglicher Objektivität zu vermitteln versuchen, darf weder durch Schönung noch durch Schonung geprägt sein. Sie kann Kritik einschließen: Stützt sich das Wiederaufnahmegesuch beispielsweise auf eine von dem entscheidenden Zeugen verschwiegene hundertprozentige Sehbehinderung an einem seiner beiden Augen, so ist es durchaus angebracht, nicht nur diese die Sicherheit der Identifizierung in Frage stellende Beweistatsache vorzutragen, sondern auch andere, denselben

---

45 So BGH NStZ 2000, 218
46 OLG Nürnberg aaO; auch der BGH hält eine Wertung der angebotenen Beweismittel bei der Zulässigkeitsprüfung »schon aus Gründen der Prozessökonomie« für statthaft (BGH JR 1977, 217 m Anm *Peters*)
47 So verlangt etwa das OLG Stuttgart NStZ-RR 2003, 210, 211 zur Darlegung der Eignung eines Zeugen, der im Erstprozess bekannt war, aber nicht benannt wurde, die Offenlegung der alten und neuen Verteidigungsstrategie: Der Verurteilte müsse »einleuchtende Gründe dafür anführen, warum er den Zeugen früher nicht zu seiner Entlastung benutzt hat, dies aber nunmehr ... für geboten hält.«
48 So das OLG Koblenz in seinem Beschl vom 25. April 2005, 1 Ws 231/05
49 Vgl hierzu *Strate* in: GS für Karlheinz Meyer, 1990, 469 ff

Beweiskomplex betreffende Überlegungen einer kritischen Betrachtung zu unterziehen: Werden aus der Akte Mängel des Wahlgegenüberstellungs-Verfahrens ersichtlich, die im Urteil keine Erwähnung fanden, sollten diese auch dann kommentie-
rend aufgezeigt werden, wenn sie sich zwar nicht selbst als Wiederaufnahmegrund
darstellen, aber geeignet sind, das eigentliche Wiederaufnahmevorbringen atmosphärisch – in derselben Beweisrichtung – zu unterstützen. Zwar ist der Richter,
der über die Zulässigkeit der Wiederaufnahme zu befinden hat, an die Wertung der
Beweisergebnisse durch den früher erkennenden Richter gebunden.[50] Deshalb
braucht der *Verteidiger* sich nicht darauf zu beschränken, nur die Beweisergebnisse
anzugreifen, die durch seinen Wiederaufnahmegrund unmittelbar tangiert werden.

38   Das Wiederaufnahmevorbringen wird vom Gesetz als »Behauptung« bezeichnet
(§ 370 Abs 1 StPO). Der Verteidiger darf sich jedoch nie aufs Behaupten beschränken. Das neue Beweismittel und die neue Tatsache sind im Wiederaufnahmevorbringen so direkt zu präsentieren, wie die Schriftlichkeit des Verfahrens es zuläßt.
Die Aussage eines neuen Zeugen sollte in Form einer schriftlichen und mit Unterschrift versehenen Erklärung des Zeugen[51] oder in Form eines von dem Verteidiger
über die Aussage des Zeugen aufgenommenen Protokolls vollen Umfangs in das
Wiederaufnahmegesuch eingerückt werden. Stützt sich das Wiederaufnahmebegehren auf das Gutachten eines Sachverständigen, so sollte dieses ebenfalls in schriftlicher Form vorliegen und in den Schriftsatz integriert werden. Augenscheinsobjekte sind photographisch zu sichern und möglichst mit den Originalabzügen oder
Farbablichtungen in den Text aufzunehmen. Dem Wiederaufnahmeschriftsatz können zwar – anders als bei der Begründung der Revision – auch Anlagen beigefügt
werden; auch ist der Verweis auf Aktenbestandteile zulässig (was sich schon daraus
ergibt, dass jedes Wiederaufnahmevorbringen per se »in Zusammenhang mit den
früher erhobenen Beweisen«.[52] zu lesen und zu werten ist); dies ist jedoch nicht zu
empfehlen: Das Wiederaufnahmegesuch hat sich als einheitliches Ganzes darstellen.
Der Leser soll die Gründe, die zum Urteil geführt haben, ebenso wie die Gründe,
die seine Beseitigung gebieten, unmittelbar und in einem Zuge auf sich wirken lassen. Wer ihn auf andere Aktenstellen verweist und diese nicht selbst zitierenderwei-
se wiedergibt, provoziert erst einmal eine Unterbrechung des Leseschwungs. Die
eigenen Gedanken vermögen umso eher zu fesseln, je weniger die Aufnahmebereit-
schaft des Adressaten abgelenkt wird. Wer dem Leser zumutet, schon bei der ersten
Lektüre des Wiederaufnahmebegehrens eine Nachsuche in alten – manchmal
durchaus verwahrlosten – Akten zu veranstalten, bereitet nur Mißvergnügen.

Derartige Hinweise betreffen nicht nur Äußerlichkeiten. Sicher: Entscheidend für
den Erfolg der Wiederaufnahme ist stets die Qualität und Triftigkeit der Beweise,
die dem alten Urteil entgegengestellt werden. Im Strafprozeß ist die Form jedoch
immer schon ein Gutteil des Inhalts. Dies gilt nicht allein für den Verfahrensgang
und die Beobachtung des ihn bestimmenden formellen Prozedere. Es gilt in gleicher Weise für die Methode und Kraft der Verteidigung. Ein Verteidiger, der seine
Gedanken- und Beweisführung nicht einem formalen Gestaltungswillen unterwirft,
will nicht überzeugen und erst recht nicht gewinnen. In der Wiederaufnahme – wie
auch sonst – ist das Gegenteil gefordert.

---

50 Vgl LR-*Gössel* [24. Aufl] § 359 Rn 142 mwN
51 Nicht in Form einer eidesstattlichen Versicherung: vgl BGHSt 17, 303/304
52 § 359 Nr. 5 StPO

Kapitel 9
Wirtschaftsstrafverfahren

Überblick

Literaturverzeichnis

Achenbach-Ransiek (Hrsg.), Handbuch Wirtschaftsstrafrecht, Heidelberg 2004

Assmann / Schneider, Wertpapierhandelsgesetz, 3. Aufl. 2003

Bente, Strafbarkeit des Arbeitgebers wegen Beitragsvorenthaltung und Veruntreuung von Arbeitsentgelt, 1992

Bieneck, (Hrsg) Handbuch des Außenwirtschaftsrechts mit Kriegswaffenkontrollgesetz, 1998

Bittmann (Hrsg), Insolvenzstrafrecht, 2004

Blecker, Die Leistung der Mindesteinlage in Geld zur »(endgültig) freien Verfügung« der Geschäftsleitung bei Aktiengesellschaft und Gesellschaft mit beschränkter Haftung im Fall der Gründung und der Kapitalerhöhung, 1995

Ciolek-Krepold, Durchsuchung und Beschlagnahme in Wirtschaftsstrafsachen (NJW-Schriftenreihe Bd 68), 2000

Dannecker, Bilanzstrafrecht, in: Blumers / Frick / Müller Betriebsprüfungshandbuch (Loseblatt), 1999

Eidam, Unternehmen und Strafe, 2. Aufl. 2001

v. Gerkan / Hommelhoff, Kapitalersatz in Gesellschafts- und Insolvenzrecht, 4. Aufl. 1996

Greeve/Leipold, Handbuch des Baustrafrechts, 2004

Groth, Überschuldung und eigenkapitalersetzende Gesellschafterdarlehen, 1995

Grübel, Die Auswirkung der faktischen Betrachtungsweise auf die strafrechtliche Haftung faktischer GmbH-Geschäftsführer, 1994

Hackner/Lagodny/Schomburg/Wolf, Internationale Rechtshilfe in Strafsachen, 2003

Hess/Pape InsO und EGInsO, 1995

Junker, Insidergeschäfte an der Börse, 1993

Lampe, Der Kreditbetrug, 1980

Moosmayer, Einfluss der Insolvenzordnung 1999 auf das Insolvenzstrafrecht, 1997

Münchhalffen/Gatzweiler, Das Recht der Untersuchungshaft, 2. Aufl. München 2002

Münchner Kommentar zum HGB, Bd. IV, 2001

Otto, Aktienstrafrecht (Sonderausgabe der Kommentierung der §§ 399–410 AktG aus: Aktiengesetz, Großkommentar, 4. Aufl. 1997)

ders, Bankentätigkeit und Strafrecht, 1983

ders, Die strafrechtliche Bekämpfung unseriöser Geschäftstätigkeit, 1990

Park, Handbuch Durchsuchung und Beschlagnahme, 2002

Park (Hrsg.), Kapitalmarktstrafrecht, 2004

Ransiek, Unternehmensstrafrecht (Strafrecht, Verfassungsrecht, Regelungsalternativen), 1996

Rönnau, Vermögensabschöpfung in der Praxis, 2003

Scholz, GmbHG, 9. Aufl. 2002

Schöttler, Der Schutz von Betriebs- und Geschäftsgeheimnissen, 1997

Schröder, Aktienhandel und Strafrecht, 1994

Schüppen, Systematik und Auslegung des Bilanzstrafrechts, 1993

Tag, Das Vorenthalten von Arbeitnehmerbeiträgen zur Sozial- und Arbeitslosenversicherung, 1994

Teller, Rangrücktrittsvereinbarung zur Vermeidung der Überschuldung bei der GmbH, 2. Aufl. 1995

Tiedemann, GmbH-Strafrecht (Sonderausgabe aus Scholz, Kommentar zum GmbH-Gesetz, 9. Aufl. 2004), 4. Aufl. 2002

ders, Insolvenzstrafrecht (Sonderausgabe aus Leipziger Kommentar zum StGB 11. Aufl.), 2. Aufl. 1996

ders, Wirtschaftsstrafrecht, 2004

Waßmer, Untreue und Risikogeschäft, 1997

Weyand, Insolvenzdelikte, Unternehmenszusammenbruch und Strafrecht, 6. Aufl. 2004

Wodicka, Untreue zum Nachteil der GmbH bei vorheriger Zustimmung aller Gesellschafter, 1993

Wolf, Überschuldung, 1998

I.   Wirtschaftsstrafrecht

1.   Versuch einer Definition

1 a) Eine allgemein anerkannte und vor allem exakte Definition des Wirtschaftsstrafrechts gibt es nicht. Begriffe wie »Weiße-Kragen-Kriminalität«, »Berufskriminalität« oder »Verbandskriminalität« vernebeln mehr als dass sie genau bestimmen und sind zu Recht als zu ungenau erkannt worden.[1] Ob es überhaupt einer genauen Definition bedarf und ob es sie je geben wird, kann hier dahin gestellt bleiben.[2] Man kann Wirtschaftsstrafrecht wohl nur grob umreißen, ausgehend von den Straftatbeständen in ihrem Bezug zu Wirtschaftsleben und Wirtschaftsrecht. Es gibt Tatbestände, die originär wirtschaftsrechtlichen Inhalt und Bezug haben wie die Konkursdelikte in Form der Bankrottdelikte (§§ 283 ff StGB) und der Konkursverschleppung (zB § 84 I Nr. 2 GmbHG), die Sonderformen des allgemeinen Betrugstatbestandes Subventions-, Kapitalanlage-, Kredit-, und Submissionsbetrug (§§ 264, 264 a, 265 b, 298 StGB), die Beitragshinterziehung des § 266 a StGB, der Geheimnisverrat iSd § 17 UWG, das Kapitalmarktstrafrecht (§ 38 WpHG), die Bilanzdelikte der §§ 331 ff HGB, das Außenwirtschaftsstrafrecht der §§ 34 AWG, 19 ff KWKG und die illegale Beschäftigung der §§ 15 AÜG, 10, 11 SchwArbG. Andererseits erlangen die Tatbestände zB des Betrugs und der Untreue, deren wirtschaftsstrafrechtlicher Inhalt aus dem Tatbestand selbst heraus noch nicht ersichtlich ist, erst durch den wirtschaftlichen und wirtschaftsrechtlichen Bezug wirtschaftsstrafrechtliche Relevanz, insbesondere in den besonderen Formen des Lieferantenbetrugs, der Geschäftsführeruntreue und der Bankuntreue. Dies gilt auch zB für die Bestechungsdelikte der §§ 229, 331 ff StGB, die ihren Schwerpunkt nur zT im Wirtschaftsleben haben, oder die Straftatbestände der Urkundenfälschung, die erst als Mittel zum Zweck ihrerseits wirtschaftsstrafrechtliche Relevanz erlangen können. Eine Annäherung an den Begriff »Wirtschaftsstrafrecht« setzt daher immer voraus eine Tätigkeit im Wirtschaftsleben auf der Grundlage des geltenden Wirtschaftsrechts im weitesten Sinne (Zivilrecht, Handels- und Gesellschaftsrecht, Wettbewerbsrecht, Abgabenrecht, Urheberrecht, Patentrecht, Insolvenzrecht, Umweltrecht etc).

2 b) Eine prozessuale Zuordnung des Wirtschaftsstrafrechts enthält § 74 c I GVG. Dort werden die Straftatbestände aufgezählt, die die Zuständigkeit der **Wirtschaftsstrafkammern** begründen, in Nr. 6 mit der Einschränkung »soweit zur Beurteilung des Falles besondere Kenntnisse des Wirtschaftslebens erforderlich sind«.[3]

3 Wirtschaftsstrafkammern können für mehrere Landgerichtsbezirke bei einem Landgericht konzentriert werden, § 74 III GVG. In diesem Fall wird zugleich die für dieses Gericht bestellte Staatsanwaltschaft zuständig. Daneben ermöglicht § 143 IV GVG die Bildung so genannter »Schwerpunktstaatsanwaltschaften«.[4]

4 Gerade in der staatsanwaltschaftlichen Tätigkeit zeigt sich, wie fließend die Grenzen zwischen Wirtschaftsstrafrecht und allgemeinem Strafrecht sind und dass es keine exakte Grenzziehung geben kann: Was zunächst als Wirtschaftsstraftat ermittelt wird, stellt sich im Laufe der Zeit als »allgemeine Straftat« dar (zB ein »normaler Betrug«) und wird nicht bei der Wirtschaftsstrafkammer angeklagt. Umgekehrt

---

1 Wabnitz/Janovsky/Dannecker Kap 1 Rn 6
2 Vgl Bottke wistra 1991, 1 ff mwN
3 Hierbei handelt es sich um ein normatives Zuständigkeitsmerkmal, vgl BGH NStZ 1985, 264
4 Vgl dazu Liebl wistra 1987, 13 ff

entwickeln sich die ursprünglichen Ermittlungen wegen einer »allgemeinen Straftat« zu einem komplexen Sachverhalt aus dem Wirtschaftsleben und werden an die **Schwerpunktstaatsanwaltschaft** abgegeben, um dann dort zu Ende geführt und bei einer Wirtschaftsstrafkammer angeklagt zu werden.

2. Rechtsquellen

Nur ein Teil des materiellen Wirtschaftsstrafrechts ist im StGB normiert, zB das **5** Bankrottstrafrecht als Teil des Insolvenzstrafrechts in §§ 283 ff StGB, die wirtschaftsstrafrechtlichen Sonderformen des Betrugs in §§ 264, 264 a, 265 b, 298 StGB, die Beitragshinterziehung in § 266 a StGB. Teile des Insolvenzstrafrechts (Konkursverschleppung!), illegale Beschäftigung, Bilanzstrafrecht, Geheimnisverrat, Außenwirtschaftsstrafrecht etc sind dagegen in den jeweiligen umfassenden gesetzlichen Regelungen als so genanntes »Nebenstrafrecht« geregelt.

Das StGB erfuhr spezielle wirtschaftsstrafrechtliche Regelungen und Erweiterungen **6** insbesondere durch das

- Erstes Gesetz zur Bekämpfung der Wirtschaftskriminalität vom 29. 7. 1976[5] (Einführung der §§ 264, 265 b StGB; Eingliederung des damaligen Konkursstrafrechts der Konkursordnung in die §§ 283 ff StGB)
- Zweites Gesetz zur Bekämpfung der Wirtschaftskriminalität vom 15. 5. 1986[6] Einführung des »Computerstrafrechts« wie zB §§ 263 a, 269, 270, 303 a, 303 b StGB; Einführung der §§ 264 a, 266 a StGB)
- Gesetz zur Bekämpfung der Korruption vom 13. 8. 1997[7] (Eingliederung der Bestechungstatbestände aus dem UWG in §§ 299 ff StGB, Einführung des § 298 StGB)

Durch das OrgKG vom 15. 7. 1992[8] wurde der Geldwäschetatbestand des § 261 StGB eingeführt, der partiell wirtschaftsstrafrechtliche Bedeutung hat, ohne jedoch bisher in der Praxis des Wirtschaftsstrafrechts eine Rolle zu spielen.

3. Bedeutung

Über die volkswirtschaftliche Bedeutung und die durch »Wirtschaftsstraftäter« ver- **7** ursachten Schäden wurde und wird viel geschrieben. Insbesondere polizeiliche Statistiken nennen exorbitante Schadenssummen.[9] Wer die Unterschiede zwischen tatsächlichem und wirtschaftlichem Schaden einerseits und strafrechtlichem Schaden andererseits (vgl nur die einzelnen Schadenstheorien und schließlich den rein juristischen Schadensbegriff »Vermögensgefährdung«) sieht, vermag eine Skepsis hierzu nicht zu unterdrücken. Dies gilt erst recht zu den »Dunkelziffern«, deren Ermittlung oft mehr an Kaffeesatzleserei erinnert und den Eindruck erweckt, dass hierdurch eher das Verlangen nach mehr Personal gerechtfertigt als eine ernsthafte wissenschaftliche Diskussion geführt wird.

---

5 Vgl BGBl I 2034
6 BGBl I 721
7 BGBl I 2038
8 BGBl I 1302
9 Vgl Wabnitz/Janovsky/Dannecker Kap 1 Rn 12 ff

4. Einbeziehung des Ordnungswidrigkeitenrechts

8 In eine Darstellung des Wirtschaftsstrafrechts müssen die Ordnungswidrigkeiten-tatbestände zumindest teilweise mit einbezogen werden.

Zum einen können aus Ordnungswidrigkeitentatbeständen unter bestimmten zusätzlichen Bedingungen Straftatbestände werden (man schaue nur auf das Verhältnis § 33 AWG zu § 34 II AWG), vor allem aber ist das Ordnungswidrigkeitenrecht das Einfallstor zu einem Unternehmens»strafrecht« geworden, indem bei Erfüllung von Straf- oder Ordnungswidrigkeitentatbeständen neben dem Täter oder losgelöst vom Täter über § 30 OWiG Sanktionen gegen das Unternehmen verhängt werden können. Die wirtschaftliche Folge in Form von Geldzahlung ist für ein Unternehmen gleich, egal ob diese Folge das Etikett »Strafe« oder das Etikett »Buße« trägt.

5. Ausklammerung des Steuer- und Umweltstrafrechts

9 Steuerstrafrecht ist ein Teil des Wirtschaftsstrafrechts, in der Praxis hat das Steuerstrafrecht wohl sogar den größten Anteil von allen Teilgebieten. Die Besonderheiten des materiellen Steuerstrafrechts (s nur das Thema Selbstanzeige, § 371 AO), die Besonderheiten der Zuständigkeiten und die Besonderheiten des Steuerstrafverfahrens haben zu einer Verselbstständigung des Steuerstrafrechts geführt, die einer besonderen Darstellung bedarf (s dazu Hardtke Teil E Kap 2).

Ähnlich verhält es sich beim Umweltstrafrecht. Auch dieses ist zu einem großen Teil Wirtschaftsstrafrecht, nämlich dort wo die Regelung von Umweltstraftaten das Ziel hat, Gewinne zu erhöhen, Wettbewerbsvorteile durch günstigere Angebote (weil die Umweltstraftat die Kosten senkt) zu erlangen etc. Das Umweltstrafrecht ist geprägt von vorangehendem Verwaltungshandeln (Verwaltungsakzessorietät) und von technischen Vorfragen. Diese Umstände haben ebenfalls zu einer Verselbstständigung geführt, die einer besonderen Darstellung bedarf (s. dazu Michalke, Umweltstrafsachen, 2. Aufl, 2000; Franzheim/Pfohl, Umweltstrafrecht, 2. Aufl, 2001; Kloepfer/Vierhaus, Umweltstrafrecht, 2. Aufl, 2002).

II. Wirtschaftsstrafverfahren

1. Vor dem Ermittlungsverfahren

10 Verteidigung im Wirtschaftsstrafverfahren fängt oft nicht erst mit der Legitimation in einem bereits laufenden Ermittlungsverfahren an, sondern beginnt bereits vor dem Ermittlungsverfahren als noch nicht nach außen in Erscheinung tretende Beratung.[10] Beispielsfälle:

– Es erscheint der Geschäftsführer einer GmbH vor oder nach Stellung des Insolvenzantrags, um über seine strafrechtlichen Risiken aufgeklärt zu werden.
– Ein Vorstandsmitglied sieht sich Schadensersatzansprüchen der Gesellschaft ausgesetzt wegen angeblicher Untreuehandlungen.
– Ein Mandant sucht Rat, was er denn bezüglich seiner Kapitalanlage in der Schweiz unternehmen soll, nachdem seine Hausbank in Deutschland durchsucht worden ist (vgl dazu Hardtke Teil E Kap 2 Rn 91 ff).

---

10 S dazu Barton JuS 2004, 553 ff

Eine solche Beratung vor dem Ermittlungsverfahren geht in zwei Richtungen: **11**

Die eine heißt »Vermeidung eines Ermittlungsverfahrens«, die andere heißt »Vorbereitung auf das Ermittlungsverfahren«. Besonders das erste Thema, Vermeidung eines Ermittlungsverfahrens, mag erstaunen, denn welche Möglichkeiten hat der Berater, den Verfolgungszwang der Staatsanwaltschaft beim Vorliegen einer Straftat zu verhindern?

a) Auslöser des Ermittlungsverfahrens

Hierzu ist ein Blick auf die auslösenden Momente für diesen Verfolgungszwang **12**
hilfreich:

– Strafanzeige (durch den Geschädigten, geschiedenen Ehegatten, verlassenen Lebensgefährten, entlassenen Arbeitnehmer etc)
– Anonyme Anzeige (ein im Wirtschaftsstrafrecht und insbesondere im Steuerstrafrecht bedeutender Anlass für das Entstehen zum Teil großer Verfahren)
– Insolvenzverfahren (vgl hierzu die Anordnung über Mitteilungen in Zivilsachen, MiZi)
– Betriebsprüfung (steuerliche Außenprüfung)
– Sonstige steuerlichen Prüfungen (zB Lohnsteuerprüfung, Umsatzsteuerprüfung)
– Kontrollmitteilungen (dh Mitteilung aus Steuerprüfungen bei Dritten)
– Abgabenrechtliche Prüfungen (zB Beitragsprüfung durch die AOK)
– Sonstige behördliche Prüfungen (zB der gesamte Subventionsbereich, die gesamte öffentliche Hand durch Bundes- oder Landesrechnungshof)
– Andere Ermittlungsverfahren gegen andere Personen
– Zufallsfunde im eigenen Ermittlungsverfahren
– Vorlage der Akten durch ein Gericht oder eine Behörde (zB § 149 ZPO, § 6 SubvG)
– Betriebliche Revisionen (zB Prüfung einer Bank durch Prüfungsverband, Bekanntwerden des Revisionsergebnisses und hieraus folgend die Aufnahme von Ermittlungen)
– Presseveröffentlichungen zB von einer Bilanzpressekonferenz und hieraus folgend die Aufnahme von Ermittlungen

b) Vermeidung des Ermittlungsverfahrens

Unter Umständen kann im Einzelfall das Ermittlungsverfahren verhindert werden, **13**
indem der auslösende Faktor »neutralisiert« wird. So kann die Strafanzeige durch den entlassenen Arbeitnehmer oftmals dadurch vermieden werden, dass die Folgen der Entlassung zumindest materiell aufgefangen werden und nicht etwa durch einen Arbeitsgerichtsprozess Öl ins Feuer gegossen wird. Ebenso kann die Strafanzeige durch vollständige oder partielle Schadenswiedergutmachung verhindert werden, sofern hierzu die finanziellen Möglichkeiten gegeben sind; in der Regel ist ein Unternehmen nicht an Strafverfolgung, sondern an Schadensersatz interessiert. Das Vermeiden der Insolvenz lässt die Vorprüfung durch die Staatsanwaltschaft von vornherein entfallen; an ein Vermeiden der Insolvenz ist insbesondere in den Fällen zu denken, wo kleine Ein-Mann-Gesellschaften betroffen sind, bei denen der Gesellschafter in der Regel ohnehin mit seinem gesamten Privatvermögen haftet und er mit seinem Privatvermögen Überschuldung oder Zahlungsunfähigkeit beseitigt. Steuerstrafverfahren in Folge von Steuerprüfungen sind zu vermeiden durch die rechtzeitige Selbstanzeige gem § 371 AO (s hierzu Hardtke Teil E Kap 2). Strafver-

fahren als Ergebnis von Prüfungen entstehen häufig auch erst dadurch, dass Fronten gegen den Prüfer aufgebaut werden, die diesen praktisch zur Strafanzeige zwingen, dh dass Strafverfahren oft zu vermeiden sind durch rechtzeitiges Nachgeben im Prüfungsverfahren und eine einvernehmliche Erledigung der Prüfung. Besondere Vorsicht ist angebracht bei dem Sachvortrag in anderen Verfahren, zB in zivilrechtlichen Rechtsstreitigkeiten. In dem Bemühen, den Gegner schlecht darzustellen und ihm ein strafbares Handeln vorzuwerfen, wird oft übersehen, dass dieser Vorwurf auf den eigenen Mandanten zurückfällt.

14   **Beispielsfall:** In einem Patentrechtsstreit, in dem es um die Gültigkeit einer Lizenzvereinbarung ging, trug der Kläger vor,

> *»Der Beklagte, dem am Erhalt der Subventionen gelegen war, war es, der dem Kläger die Vorlage einer Lizenzvereinbarung beim Landesgewerbeamt immer wieder nahe legte. Der Kläger hatte jedoch immer wieder erklärt, dass er sich nicht durch einen mehrjährigen Vertrag binden wolle. Der Kläger und der Beklagte vereinbarten deshalb, dass aus formalen Gründen (gegenüber dem Landesgewerbeamt) der Kläger zwar eine Lizenzvereinbarung abschließen würde, diese aber sofort vertraglich wieder zwischen den Parteien aufgehoben werden solle.«*

Im Klartext: Dem Landesgewerbeamt sollte zur Erlangung von Subventionen ein Vertrag vorgelegt werden, der in Wirklichkeit aufgehoben war.

Ein derartiger Vortrag bedeutet die Darstellung eines Subventionsbetruges durch beide Parteien und hat im konkreten Fall sofort zur Aussetzung des Zivilverfahrens und zur Vorlage der Akten durch das Landgericht bei der zuständigen Staatsanwaltschaft geführt und im Ergebnis beiden Parteien zur Bewährung ausgesetzte Freiheitsstrafen mit hohen Geldauflagen beschert.

c)   Vorbereitung auf das kommende Ermittlungsverfahren

15   Lässt sich das Ermittlungsverfahren durch eine der (nur beispielhaft) genannten und natürlich nur bedingt mögliche Abwehrstrategien nicht vermeiden, so bedeutet dies, dass der Mandant auf das zu erwartende Ermittlungsverfahren vorbereitet werden muss. Diese Vorbereitung darf nicht verengt auf das strafrechtliche Verfahren und den strafrechtlichen Aspekt gesehen werden, sondern man muss die Gesamtsituation berücksichtigen und den Mandanten hierauf vorbereiten. Dies bedeutet:

- Vorbereitung auf die Ermittlungen, dh wie verhält sich der Mandant gegenüber den Ermittlern bei einer Durchsuchung, bei der Eröffnung eines Haftbefehls, bei telefonischer Kontaktaufnahme oder Ladung durch die Ermittlungsbehörden,
- welche geschäftlichen und wirtschaftlichen Vorsorgen sind zu treffen, zB bei einem möglichen vorübergehenden Ausfall durch einen Haftbefehl (Mittel für die Stellung einer Kaution), Strategien zur eventuellen Reaktion der Banken bei Kenntniserlangung von dem Ermittlungsverfahren (zB vorherige Information der Banken über das mögliche Ermittlungsverfahren), Sicherung des Familienunterhalts etc.
- Strategien in Erwartung von Maßnahmen nach § 111 b zur Verfallsicherung oder Rückgewinnungshilfe (Erhaltung wirtschaftlicher Bewegungsfreiheit).

2. Die Verteidigung im Ermittlungsverfahren

a) Durchsuchung und Beschlagnahme

Wirtschaftsstrafsachen sind ein Teil des Wirtschaftslebens. Das Wirtschaftsleben **16**
wird weitgehend schriftlich und/oder elektronisch dokumentiert: betriebsintern
zB in Buchhaltung, Bilanzen, Kompetenzregelung, Anweisungen, Besprechungsnotizen, Protokollen (Geschäftsführung, Aufsichtsrat, Beirat); betriebsextern zB in
Schriftverkehr, Verträgen, Verhandlungsprotokollen, Geldflüssen. Dies sind Sachbeweise, die zur Sachverhaltsfeststellung notwendig sind. Um diese Sachbeweise
vollständig und unverfälscht zu erhalten, bedarf es ihrer Sicherstellung. Das Prozessualinstrumentarium hierfür ist die Durchsuchung und Beschlagnahme. Diese
Zwangsmaßnahmen sind damit zentrale Punkte in fast jedem Ermittlungsverfahren
wegen Wirtschaftsstraftaten. Für den Verteidiger stellen sich hierbei folgende Fragen:

- Was ist **vor der Durchsuchung** zu tun?
- Was ist **während der Durchsuchung** zu tun?
- Was ist **nach der Durchsuchung** zu tun?
- Soll ein **Rechtsmittel** eingelegt werden?
- Welchen **Nutzen** kann der Verteidiger aus der Rechtsmitteleinlegung ziehen?
- Was ist zu **unterlassen**?

aa) Gesetzliche Regelung

Anordnung und Durchführung der Beschlagnahme regeln die §§ 94 ff StPO, An **17**
ordnung und Durchführung der Durchsuchung die §§ 102 ff StPO.

bb) Durchsuchung

Die Durchsuchung geht naturgemäß der Beschlagnahme einer erst noch aufzufin **18**
denden Sache vor. Die Durchsuchung kann stattfinden beim Verdächtigen selbst,
§ 102 StPO, oder bei Dritten, § 103 StPO.

(1) Der Begriff »**Verdächtiger**« in § 102 StPO beinhaltet eine wichtige Vorverlage **19**
rung der Zulässigkeitsgrenze. Verdächtig ist nicht erst, wer formal Beschuldigter ist,
sondern ein (einfacher) Tatverdacht liegt vielmehr schon dann vor, wenn die Annahme einer Straftat gerechtfertigt ist und Anhaltspunkte vorliegen, die den Betroffenen als Täter oder Teilnehmer möglich erscheinen lassen und damit die Möglichkeit der Strafverfolgung gegen ihn besteht.[11] Durchsuchungsgegenstände sind:

- Die **Wohnung** des Verdächtigen und **andere Räume**, zB Geschäftsräume, auch
  wenn dies Räume einer Gesellschaft sind, deren Geschäftsführer der Verdächtige
  ist. Allerdings muss die Durchsuchung dieser Geschäftsräume ausdrücklich beantragt und angeordnet sein.
- Die **Person** des Verdächtigen selbst, dh Kleidung und Körperoberfläche, **20**
- **Sachen**, die dem Verdächtigen gehören, das sind nicht nur die in seinem Eigentum stehenden, sondern auch lediglich im Besitz, Gewahrsam oder Mitgewahrsam befindliche Gegenstände. Hierzu gehören zB der PKW, Gepäckstücke, Aktentasche, Notebook, die Einrichtungsgegenstände der durchsuchten Räume,
  aber auch Behältnisse außerhalb der durchsuchten Räume, zu denen der Verdächtige Zugang hat und die von ihm genutzt werden, zB Bankschließfächer.[12]

---

11 BGH NJW 2000, 84; Meyer-Goßner § 102 Rn 3
12 Quedenfeld/Füllsack Rn 509

– EDV-Anlagen. Diese werden durch Inbetriebnahme und Datenträgerreproduktion durchsucht.[13] Nicht der Durchsuchung nach §§ 102, 103 StPO sondern der Telefonüberwachung nach den strengeren Voraussetzungen des § 100 a StPO unterliegt eine Mailbox und die darin enthaltenen Datenbestände einschließlich der E-mails.[14]

21   (2) Die Durchsuchung **bei Dritten** ist gem § 103 StPO nur dann zulässig, wenn Tatsachen vorliegen, aus denen zu schließen ist, dass die gesuchte Person oder das gesuchte Beweismittel sich bei dem Dritten befindet, dh die Zulässigkeitsgrenzen sind hier enger gezogen, als in § 102 StPO.[15]

22   (3) **Anordnungsbefugnis.** Die Durchsuchung darf grundsätzlich nur aufgrund eines richterlichen Beschlusses erfolgen, § 105 I 1 StPO. Antragsberechtigt ist in Wirtschaftsstrafsachen nur die Staatsanwaltschaft (in Steuerstrafsachen auch die Finanzbehörde gem § 399 I AO). Bei »Gefahr im Verzug[16]« darf die Zwangsmaßnahme jedoch auch durch Staatsanwaltschaft oder ihre Ermittlungspersonen angeordnet werden. Diese von der Praxis extensiv ausgelegte (und missbrauchte) Möglichkeit wurde nunmehr vom BVerfG auf das verfassungsrechtlich vertretbare und notwendige Maß reduziert.[17]

23   (4) **Anfangsverdacht** bedeutet, das Vorliegen von zureichenden, tatsächlichen Anhaltspunkten für eine bereits begangene bestimmte Straftat, wobei das BVerfG und ihm folgend die Rechtsprechung der Instanzengerichte nur geringe Anforderungen an diese »Anhaltspunkte« stellen.[18]

24   (5) Die Durchsuchungsanordnung muss hinreichend **konkretisiert** sein, dh es muss sich der Tatverdacht, der Durchsuchungszweck und die Verhältnismäßigkeit der Maßnahme ergeben. Gerade bei der Durchsuchung zur Auffindung von Beweismitteln sind diese möglichst genau zu beschreiben. Das BVerfG stellt diese erhöhten Anforderungen an die Durchsuchungsordnung, damit der Eingriff messbar und kontrollierbar ist.[19] Hiergegen wird in der täglichen Praxis der Ermittlungsbehörden und Ermitlungsrichter häufig verstoßen, es handelt sich bei der Zulässigkeit von Durchsuchungsanordnungen um ein ständig aktuelles Thema.[20] Die Rechtsprechung des BVerfG findet in der Rechtsprechung der Beschwerdegerichte zunehmend Beachtung.[21]

25   (6) Der **Gültigkeitsdauer** richterlicher Durchsuchungsbeschlüsse wurde vom BVerfG eine zeitliche Grenze von 6 Monaten gesetzt.[22]

---

13 Meyer-Goßner § 102 Rn 10 a
14 BGH NJW 2003, 234; Meyer-Goßner § 100 a Rn 2 mwN
15 BGH wistra 2003, 382; Meyer-Goßner § 103 Rn 6
16 Zum Begriff vgl Meyer-Goßner § 98 Rn 6 mwN
17 NJW 2001, 1121; 2003, 2303
18 BVerfG NJW 1994, 2079; wistra 2002, 298; NStZ-RR 2004, 143; LG Itzehoe wistra 1999, 432; LG Detmold wistra 1999, 434; 1999, 435; LG Waldshut-Tiengen wistra 2000, 354; LG Freiburg wistra 2000, 356; strenger dagegen LG Bielefeld wistra 1999, 153; LG Karlsruhe PStR 2001, 4
19 BVerfG StV 1990, 483; 1992, 49; 1994, 353; 1999, 519; 2000, 465; NStZ 2002, 372; NStZ-RR 2004, 143; wistra 2004, 295
20 Vgl BVerfG StV 1990, 483; 2000, 465; LG Freiburg NStZ 2000, 554 f
21 LG Krefeld NJW 1994, 2036; LG Nürnberg-Fürth StV 1999, 521; LG Freiburg PStR 2000, 47; wistra 2000, 159; NStZ 2000, 554; LG Darmstadt wistra 2000 , 228; LG Mainz wistra 2000, 475; LG Zweibrücken StV 2000, 552; LG Detmold StV 2001, 503; LG Bochum StV 2001, 503; LG Kleve StraFo 2002, 195; LG Berlin wistra 2004, 319
22 BVerfG NJW 1997, 2165

(7) **Durchsicht** der Papiere. Zu den Papieren zählen auch Fotos, Filme, Tonträger,   **26**
Magnetbänder, Disketten, sowie die gesamte EDV-Anlage.[23] Grundsätzlich ist der
Begriff »Papiere«weit auszulegen.[24] Seit dem 1. 9. 2004 ist § 110 StPO durch das
JuMoG dahin abgeändert,[25] dass alle durchsuchenden Ermittlungspersonen zur
Durchsicht der Papiere berechtigt sind, wenn der Staatsanwalt dies anordnet.

(8) **Zufallsfunde**: Nach § 108 StPO können Gegenstände, die anlässlich einer   **27**
Durchsuchung vorgefunden werden und Hinweise auf das Vorliegen von weiteren
Straftaten geben, die mit der konkreten Durchsuchung nichts zu tun haben, vorläufig in Beschlag genommen werden. § 108 StPO erweitert also nur die Beschlagnah-
mebefugnis, nicht jedoch die Durchsuchung. **Beispielsfall** für einen Zufallsfund
und seine **Bedeutung**:

In einem Ermittlungsverfahren gegen zwei Geschäftsführer eines Unternehmens
wegen Verdachts des Betruges findet eine Durchsuchung der Geschäftsräume statt.
Die Durchsuchung ist abgeschlossen, als der die Durchsuchung leitende Staatsanwalt
am Schreibtisch eines der Geschäftsführer Unterlagen über einen Auftrag der öffent-
lichen Hand findet und gleichzeitig einen Scheck lautend auf den Namen des
Beamten, der als Verhandlungspartner auf Seiten der öffentlichen Hand in den Un-
terlagen genannt wird. Diese Unterlagen, die einen völlig anderen Sachverhalt als
den eigentlichen Betrugsvorwurf betreffen, beschlagnahmt er als Zufallsfund gem
§ 108 StPO. Aus diesem Zufallsfund entstand ein Verfahren wegen Bestechung bzw
Bestechlichkeit, das für die Beteiligten mit der Verurteilung zu hohen Geldstrafen
endet, der Beamte verlor darüber hinaus seinen Beamtenstatus. Das ursprüngliche
Ausgangsverfahren wegen Betruges wurde gem § 153 a StPO eingestellt.

Unzulässig ist jedoch, dass anlässlich einer Durchsuchung gezielt nach Zufallsfunden gesucht wird.[26] Bei einer derartigen planmäßigen Suche nach Zufallsfunden
sind die aufgefundenen Beweismittel unverwertbar.[27]

cc) Beschlagnahme

Beschlagnahme bedeutet die Begründung amtlichen Gewahrsams.   **28**

Dem **Verhältnismäßigkeitsgrundsatz** kommt bei der Beschlagnahme in Wirtschaftsstrafverfahren eine besondere Bedeutung zu. Dem Strafverfolgungsinteresse des
Staates entspricht die umfangreiche Beschlagnahme von Geschäftsunterlagen zur
Aufklärung und Beweisführung. Dem steht das oftmals lebensnotwendige Interesse
des Betroffenen am Besitz dieser Unterlagen zur Aufrechterhaltung und Fortführung des Geschäftsbetriebs entgegen. Das Stichwort zur Lösung dieses Interessen-
konflikts heißt »Fotokopien«.[28] Kommt es allein auf den Inhalt der Geschäftsunterlagen an, so genügt die Anfertigung von Fotokopien für die Ermittlungsbehörden
anstelle der Beschlagnahme. Während der Fortdauer der Beschlagnahme der Origi-
nalunterlagen kann der Betroffene Fotokopien verlangen, zumindest soweit diese
für seine berufliche Tätigkeit oder auch für private Zwecke erforderlich sind. Hie-

---

23 Meyer-Goßner § 110 Rn 1; Ciolek-Krepold Rn 357 f; Malek/Wohlers Rn 135

24 BGH wistra 2003, 432

25 Umfassend zur Änderung der StPO durch das JuMoG Knauer/Wolf NJW 2004, 2932

26 LG Bonn NJW 1981, 292; LG Bremen wistra 1984, 241; LG Arnsberg ZIP 1984, 889; KG StV
   1985, 404; LG Berlin StV 1987, 94; LG Baden-Baden wistra 1990, 118; LG Freiburg NStZ 1999,
   583; LG Bonn StraFo 1999, 53; LG Berlin StV 2004, 198

27 Vgl die vorgenannte Fußnote sowie Amelung NJW 1991, 2533 ff; Krekeler NStZ 1993, 263 ff;
   Quedenfeld/Füllsack Rn 666 mwNachw

28 Malek/Wohlers Rn 155 f; Ciolek-Krepold Rn 230

rüber besteht im Grundsatz Einigkeit, Streit besteht nur darüber, in welchem Umfang das zu geschehen hat.[29] Fotokopien können auch am Ort und während der Durchsuchung zum Verbleib bei dem von der Durchsuchung Betroffenen angefertigt werden. Anstelle der Anfertigung von Fotokopien können die Unterlagen auch eingescannt werden.

29 Eine gerade in Wirtschaftsstrafverfahren bedeutsame Grenze für die Beschlagnahme von Gegenständen beinhaltet § 97 StPO.[30]

dd) Rechtsschutz

Noch während der Durchsuchungsaktion oder nach ihrer Beendigung wird der Verteidiger, insbesondere durch seinen Mandanten, vor die Frage gestellt, ob und inwieweit Rechtsmittel eingelegt werden kann.

30 (1) Gegen den **richterlichen Durchsuchungsbeschluss** mit dem Ziel der Aufhebung kann Beschwerde gem § 304 StPO erhoben werden, die Beschwerde ist an keine Frist gebunden. Seit der Entscheidung des Bundesverfassungsgerichts vom 30. 4. 1997[31] ist die Beschwerde auch nach Abschluss der Durchsuchung noch zulässig, so dass die Frage, ob die Durchsuchung noch andauert oder nicht, keine Bedeutung mehr hat.

31 (2) Gegen die **Art und Weise** der **richterlich angeordneten** Durchsuchung kann während ihrer Dauer der anordnende Richter analog § 98 II 2 StPO angerufen werden, gegen seine Entscheidung ist wiederum die Beschwerde gemäß § 304 StPO gegeben.[32]

32 (3) Die **nicht richterliche Durchsuchungsanordnung** kann während ihrer Durchführung analog § 98 II 2 StPO beanstandet werden.[33] Auch nach ihrem Abschluss kann eine richterliche Entscheidung analog § 98 II 2 StPO beantragt werden.[34]

33 (4) Gegen die **Art und Weise** der wegen Gefahr im Verzug **ohne richterlichen** Beschluss durchgeführten Durchsuchung ist während der Dauer ebenfalls der Antrag nach § 98 II 2 StPO gegeben.[35]

34 (5) Gegen einen Beschlagnahmebeschluss ist die **einfache Beschwerde** gem § 304 StPO gegeben.

35 (6) Eine **weitere Beschwerde** gegen die Beschwerdeentscheidung **findet nicht statt**, § 310 StPO.

ee) Handlungsmöglichkeiten des Verteidigers

(1) **Vermeidung** der Durchsuchung

36 Da eine Anhörung vor einem Durchsuchungsbeschluss im Hinblick auf § 33 IV StPO nicht stattfindet, hat der Verteidiger in der Regel keine Möglichkeit, einer Durchsuchung entgegenzuwirken. Eine Ausnahme besteht dann, wenn mit einer Durchsuchung zu rechnen ist, wie zB im Zusammenhang mit einem Insolvenzverfahren oder einem anderen Strafverfahren oder wenn aufgrund von Zufallsfunden

---

29 KK-Nack § 94 Rn 13; Malek/Wohlers Rn 155 f
30 s. dazu unten Rn 68 ff
31 BVerfG NJW 1997, 2103; 1998, 2131; 1999, 273
32 Weihrauch Ermittlungsverfahren Rn 212; Malek/Wohlers Rn 124
33 BGH StV 1988, 90; Weihrauch Ermittlungsverfahren Rn 212
34 Quedenfeld/Füllsack Rn 630
35 Weihrauch Ermittlungsverfahren Rn 212

im laufenden Verfahren mit einer weiteren Durchsuchung zu rechnen ist. Hier kann der Staatsanwaltschaft angeboten werden, alle erforderlichen Unterlagen freiwillig zur Verfügung zu stellen, so dass es weder eines Durchsuchungsbeschlusses, noch einer Durchsuchungsaktion mit all ihren Beeinträchtigungen für den Betroffenen bedarf. Die Staatsanwaltschaft muss sich freilich nicht auf ein derartiges Angebot einlassen. In dem oben unter Rn 27 dargestellten Fall war klar, dass der Zufallsfund eine weitere Durchsuchung insbesondere auch bei der Hausbank zur Folge haben wird. Daher wurde dem ermittelnden Staatsanwalt angeboten, in der Firma die gesamte Buchhaltung, insbesondere die Bankbelege einzusehen und einer Mitnahme der ihm notwendig erscheinenden Unteralgen von vornherein zugestimmt. Dieses Angebot wurde angenommen und so insbesondere die Bankdurchsuchung vermieden.

(2) Handeln während der Durchsuchung

37

Der Verteidiger hat grundsätzlich kein Recht auf Anwesenheit bei der Durchsuchung.[36] Er erfährt im Regelfall frühestens von der Durchsuchung durch die telefonische Nachricht des Mandanten während der Durchsuchung. In diesem Fall muss der Verteidiger, sofern keine zeitlichen oder räumlichen Hindernisse bestehen, sich unverzüglich an den Ort der Durchsuchung begeben oder, soweit möglich, im Fall seiner Verhinderung einen Kollegen beauftragen. Wenn der Verteidiger auch kein Recht auf Anwesenheit bei der Durchsuchung hat, bedeutet dies umgekehrt aber nicht, dass ihm die Anwesenheit versagt und er aus den durchsuchten Räumen ferngehalten werden kann. Sein Mandat besitzt zum einen nach wie vor das Hausrecht und vor allem das Recht auf Verteidigung. Grenzen sind im Rahmen einer Durchsuchung nur durch § 164 StPO gesetzt, der auch für den Verteidiger gilt. Soweit der Verteidiger hiergegen nicht verstößt, kann seine Anwesenheit nicht untersagt werden.[37] Bei einer Durchsuchung bei Dritten iSd § 103 StPO kann nicht nur der Anwalt des Dritten, sondern auch der Verteidiger des Beschuldigten anwesend sein, sofern der Dritte die Anwesenheit gestattet und der Verteidiger nicht gegen § 164 StPO verstößt.[38] Die bloße Anwesenheit des Verteidigers bei der Durchsuchung dient dazu, die Art und Weise der Durchsuchung in einem erträglichen Rahmen ablaufen zu lassen. Schon die Einhaltung eines gewissen Stils trägt zur Beruhigung aller Beteiligten bei. Zu achten hat der Verteidiger insbesondere auf die Einhaltung des Beschlagnahmeverbots des § 97 StPO.

Der bei der Durchsuchung anwesende Verteidiger hat folgende Aufgaben:[39]

38

– Prüfung

Er muss klären, ob ein richterlicher Beschluss vorliegt, oder ob die Durchsuchung ohne einen solchen wegen Gefahr in Verzug vorgenommen wird. Im ersten Fall hat er darauf zu achten, welche Grenzen der richterliche Beschluss setzt. Im zweiten Fall geht es darum, den verantwortlichen Beamten festzustellen und die Gründe zu erfahren, aufgrund derer die Gefahr im Verzug angenommen wird. Hierbei wird er jedoch oft erleben, dass er keine Antwort erhält. Es bleibt dann noch übrig, sofort das zuständige Gericht einzuschalten, eine Möglichkeit, die die Fortsetzung der Durchsuchung jedoch nicht hindert.

---

36 Meyer-Goßner § 106 Rn 3
37 Weihrauch Ermittlungsverfahren Rn 210; Malek/Wohlers Rn 94; Ciolek-Krepold Rn 128; Krekeler wistra 1983, 43 ff; Wehnert StraFo 1996, 77
38 Meyer-Goßner § 106 Rn 3; Krekeler wistra 1983, 43 ff; Ciolek-Krepold Rn 128
39 S.a. Weihrauch Ermittlungsverfahren Rn 211; Quedenfeld/Füllsack Rn 686

39   – Beratung

Der Verteidiger hat seinen Mandanten über die Situation aufzuklären. Meist trifft er einen schockierten Mandanten, der dem Einbruch geballter Staatsgewalt in seine Privatsphäre fassungslos gegenübersteht. Hier gilt es, den Mandanten zuallererst zu beruhigen, gerade auch nach Prüfung des richterlichen Beschlusses oder aufgrund des klärenden Gesprächs mit den verantwortlichen Beamten durch Darlegung der Rechtslage. Die Beruhigung muss insbesondere auch erfolgen, um den Mandanten vor Äußerungen oder Handlungen zurückzuhalten, die sich auf das weitere Verfahren auswirken können, indem der Mandant zB irgendwelche Äußerungen in Bezug auf den bekannten oder vermuteten Tatvorwurf macht, die sich dann als Aktenvermerk eines Beamten in den Ermittlungsakten wiederfinden und als Geständnis oder Schuldindiz gewertet werden (im Falle dieses freiwilligen Sprechens außerhalb einer förmlichen Vernehmung gilt § 136 StPO nicht). Es muss verhindert werden, dass der Mandant Äußerungen macht, die sofortige Durchsuchungs- und Beschlagnahmeaktionen wegen Gefahr in Verzug bei Dritten bewirken (»hier finden sie nichts, alle Unterlagen sind beim Steuerberater«) oder dass der Mandant Äußerungen macht, die seine vorläufige Festnahme und anschließenden Erlass eines Haftbefehls bewirken (»was hier gesucht wird, habe ich längst in Sicherheit gebracht«). Insgesamt muss der Verteidiger seinen Mandanten dahin bringen, die Durchsuchungs- und Beschlagnahmeaktion hinzunehmen und ihm klar machen, dass insbesondere jede Äußerung zum gegenwärtigen Zeitpunkt außer Schaden nichts bringen kann.

Zu beachten ist auch, dass der Durchsuchungszweck erledigt und eine weitere Durchsuchung damit unzulässig ist, wenn die gesuchten Unterlagen vorliegen. Werden diese Unterlagen also den Beamten vorgelegt, darf die Durchsuchung nicht durchgeführt bzw fortgeführt werden (dh es können auch keine Zufallsfunde gemacht werden).

40   – Sicherung und Information

An Ort und Stelle kann der Verteidiger auch die Frage klären, ob nur Fotokopien mitzunehmen sind, oder ob und inwieweit dem Mandanten Fotokopien zur Verfügung gestellt werden bzw während der Durchsuchung angefertigt werden.

Er hat darauf zu bestehen, dass ein Verzeichnis der sichergestellten Gegenstände ausgehändigt wird, § 107 S 2 StPO. Dieses Sicherstellungsverzeichnis kann gegebenenfalls schon lange vor Akteneinsicht und Beschuldigtenvernehmung einen Rückschluss auf Ziel und Umfang des Ermittlungsverfahrens geben. Hier hat der Verteidiger auch darauf zu achten, dass die sichergestellten Gegenstände nach Art und Zahl genau bezeichnet werden, so dass sie leicht auffindbar und identifizierbar sind. So sind zB Aktenordner zumindest einzeln mit ihrer Beschriftung aufzuführen, unter Umständen ist darauf zu dringen, dass der Inhalt blattiert wird. Bei losen Schriftstücken in einem Aktendeckel reicht zB die Bezeichnung »ein blauer Aktendeckel mit diversen Schreiben« nicht aus, hier müssen die Schreiben einzeln bezeichnet werden. Der Verteidiger wird hier oft auf den Widerstand der durchsuchenden Beamten stoßen, muss aber hart bleiben (ein Nachgeben kann wiederum dort zweckmäßig sein, wo ein schnelles Ende der Durchsuchung vordringlich ist). Die Sicherung der Beweismittel durch genaue Kennzeichnung erleichtert später das Auffinden von Beweismitteln gerade für den Beschuldigten bzw seinem Verteidiger.

– Vorausschau   41

Der Verteidiger bzw der Berater des nicht Verdächtigen wird nach Beendigung der
Durchsuchung den Mandanten auf die Möglichkeit hinweisen, dass im weiteren
Verlauf des Ermittlungsverfahrens eine nochmalige Durchsuchung aufgrund eines
richterlichen Beschlusses erfolgen kann.

(3) Einlegung von **Rechtsmitteln**

Man ist geneigt, die Rechtsmittel gegen Durchsuchungs- und Beschlagnahmean-   42
ordnungen als stumpfe Waffe zu bezeichnen. Dies liegt vor allem darin begründet,
dass grundsätzlich keiner der möglichen Rechtsbehelfe eine aufschiebende Wirkung
hat, sieht man von der Möglichkeit der Aussetzung der Vollziehung gemäß § 307 II
StPO als grauer Theorie ab. Die laufende Durchsuchung kann der Verteidiger nicht
aufhalten, die Beschlagnahme bleibt bis zur richterlichen Entscheidung bestehen.
Darüber hinaus ist der Verteidiger regelmäßig vor das Problem gestellt, eine Begründung abgeben zu müssen, ohne den Ermittlungsstand und insbesondere die
Akten zu kennen. Wie soll bei diesem Kenntnisstand zB zu der Frage Stellung
genommen werden, ob die beschlagnahmten Gegenstände als Beweismittel von Bedeutung sein können? Er kann sich zwar die Begründung vorbehalten bis ihm Akteneinsicht gewährt wird, solange darf nicht zum Nachteil des Beschuldigten entschieden werden. Nur erhält er die Akteneinsicht oft so spät, dass »alles gelaufen«
ist. Die vollständige, unbeschränkbare Akteneinsicht gem § 147 StPO wird er ohnehin in der Regel erst nach Abschluss der Ermittlungen bekommen. Zudem ist der
Begriff des Anfangsverdachts so weit, dass ein Angehen hiergegen wohl immer zum
Scheitern verurteilt ist, abgesehen davon ist es ein gewagtes Unterfangen, dass sich
zum Nachteil des Beschuldigten auswirken kann, ohne konkrete Kenntnis des Ermittlungsstandes und der Akten zum Tatverdacht und damit zur Sache Erklärungen
abzugeben.

Auf einen Aspekt sei in diesem Zusammenhang besonders hingewiesen: Die rich-   43
terliche Durchsuchungs- und Beschlagnahmeanordnung unterbricht die Verjährung
gemäß § 78 I Nr. 4 StGB, ebenso die richterliche Entscheidung, die eine richterliche
Anordnung aufrechterhält. Darunter fallen auch Entscheidungen, die eine nicht
richterliche Durchsuchungs- und Beschlagnahmeanordnung aufrechterhalten. Dh,
dass durch die Beschwerdeentscheidung neue verjährungsunterbrechende Handlungen geschaffen werden, durch die die jeweilige Verjährungsfrist erneut zu laufen beginnt. Denkbar ist auch, dass der ursprüngliche Beschluss noch keine konkreten
Beschuldigten enthält, dass dies aber in der Beschwerdeentscheidung der Fall ist.
Gerade bei den oft Jahre zurück liegenden Sachverhalten in Wirtschaftsstrafverfahren spielt die 5-jährige Verjährungsfrist eine nicht zu unterschätzende Rolle, die
immer wieder zu dem Verfahrenshindernis der Strafverfolgungsverjährung führen
kann.

Die Entscheidung, ob ein Rechtsbehelf eingelegt werden soll, muss auch folgende   44
Aspekte berücksichtigen: Das Rechtsmittel verzögert das Verfahren. Die Ermittlungsakten müssen dem zuständigen Gericht übersandt werden, das Gericht
braucht Zeit zur Prüfung und Entscheidung, vom Gericht gehen die Akten dann
wieder zu den Ermittlungsbehörden zurück. Die Ermittlungen werden in dieser
Zeit oftmals ruhen. Ob eine solche Verzögerung im Interesse des Mandanten liegt,
hängt jeweils von den Umständen des Einzelfalles und der Verteidigungsstrategie
ab. Das Interesse des Beschuldigten kann gebieten, jede Verfahrensverzögerung zu
vermeiden, und daher auf die Einlegung von Rechtsmitteln gegen Durchsuchungs-
und Beschlagnahmeanordnungen zu verzichten. Man denke nur an den Fall der

Untersuchungshaft wegen Verdunklungsgefahr, die mit zunehmendem Fortgang der Ermittlungen abnimmt und in der Regel spätestens bei Abschluss der Ermittlungen nicht mehr gegeben ist. Hier führt jede Verzögerung des Ermittlungsverfahrens zu einer Verlängerung der Untersuchungshaft. Andererseits ist grundsätzlich zu überlegen, ein Gegengewicht zur Praxis der schnellen, unbegrenzten Durchsuchungs- und Beschlagnahmebeschlüsse zu schaffen und die Gerichte für diese Problematik zu sensibilisieren. Es gibt die auf den Einzelfall bezogene Erwägung, durch die Aktenvorlage weitere Informationen über das Verfahren zu erhalten oder durch den Beschwerdebeschluss eine exakte Dokumentation der beschlagnahmten Unterlagen zu bekommen. Die Verfahrensverzögerung kann auch Zeitgewinn bedeuten, zB um im Fall einer noch nicht erkannten Steuerhinterziehung noch eine rechtzeitige strafbefreiende Selbstanzeige zu erstatten oder Dritten die Möglichkeit hierzu zu verschaffen.

ff) Rechtsfolgen unrechtmäßiger Durchsuchungen

45 Der (nachträgliche) Rechtsschutz und evtl Erfolg im Beschwerdeverfahren gibt für sich selbst noch nichts her. Entscheidend ist, inwieweit die aus einer unrechtmäßigen Durchsuchung (Beschlagnahme) gewonnenen Erkenntnisse im nachfolgenden Verfahren von Staatsanwaltschaft und Gericht als Entscheidungsgrundlage herangezogen werden können. Der Verteidiger wird hier ein **Prozesshindernis** und/oder ein **Verwertungsverbot** geltend machen. Die Rechtsprechung verneint bisher (noch) durchgängig das Entstehen eines Prozesshindernisses auch durch schwere Rechtsverstöße bei Durchsuchungen.[40] Umstritten ist dagegen, inwieweit durch Rechtsverstöße bei Anordnung/Durchführung der Durchsuchung/Beschlagnahme ein Verwertungsverbot entsteht. Eine abschließende Klärung durch den BGH ist hierzu noch nicht erfolgt.[41]

b) Sicherstellung nach §§ 111 b ff StPO

46 Die §§ 111 b ff StPO ermöglichen die Sicherstellung von Vermögensgegenständen jeglicher Art für die spätere Realisierung der materiell-rechtlichen Folgen nach §§ 73 ff StGB. Darüber hinaus können mit diesem prozessualen Instrumentarium die Strafverfolgungsbehörden auch zivilrechtliche Ansprüche des Verletzten gegen den Täter sichern (so genannte »Rückgewinnungshilfe« nach § 111 b V StPO).

§ 111 b StPO ist als Kann-Vorschrift ausgestaltet und hatte in der Vergangenheit kaum praktische Bedeutung. Hier hat aber ein Bedeutungswandel stattgefunden, dessen Auswirkungen gar nicht hoch genug eingeschätzt werden können. Maßnahmen gem §§ 111 b ff StPO gehören in Wirtschaftsstrafverfahren heute zum Alltag. Man muss sich nur überlegen, was die Sicherstellung, dh Blockierung, des gesamten Vermögens oder auch nur von Vermögensteilen während der Dauer eines Wirtschaftsstrafverfahrens oder auch nur zeitweise für den Beschuldigten und/oder ein Unternehmen bedeutet, um die Dimension dieser Zwangsmaßnahmen richtig einzuordnen.

47 Aus der Sicherstellung für spätere materielle Rechtsfolgen ergibt sich die Abgrenzung zu den §§ 94 ff StPO: dient jene nur der Sicherstellung von Beweismitteln

---

40 Vgl BGH NStZ 1984, 419 (unrechtmäßige Beschlagnahme der Handakten des Verteidigers); BGHSt 33, 283 (Versuch von Polizeibeamten, eine Verurteilung »um jeden Preis« herbeizuführen)
41 Vgl hierzu im Einzelnen Malek/Wohlers Rn 208 ff mwN

zu Beweiszwecken, die spätestens bei Verfahrensbeendigung entfällt, bereiten die §§ 111 b ff StPO die endgültige Entreicherung des Beschuldigten vor.

aa) Voraussetzungen der Sicherstellung

Voraussetzung für die Anwendung der §§ 111 b ff StPO ist immer, dass »Gründe für **48** die Annahme vorhanden sind«, dass Verfall, erweiterter Verfall, Einziehung oder Verfall des Wertersatzes nach den §§ 73 ff StGB oder gleichartiger Vorschriften des Nebenstrafrechts angeordnet werden. Dh, dass bereits ein **einfacher Tatverdacht** das prozessuale Instrumentarium der §§ 111 b ff StPO auslösen kann.[42]

Steht einer Verfallsanordnung die Regelung des § 73 I 2 StGB (Anspruch des Verletzten gegen den Täter) entgegen, so ist die Sicherstellung zu Gunsten des Verletzten nach § 111 b V StPO gleichwohl zulässig (»Rückgewinnungshilfe«).

bb) Durchführung der Sicherstellung

– § 111 c StPO regelt, wie **Beschlagnahme** von beweglichen Sachen, Grundstücken **49** oder grundstücksgleichen Rechten, Forderungen und anderen Vermögensrechten, Schiffen, Schiffsbauwerken und Luftfahrzeugen erfolgt und die Wirkungen dieser Beschlagnahme. Wichtig ist die Verweisung auf die jeweiligen Vollstreckungsvorschriften der ZPO bzw des ZVG; nur die Einhaltung dieser zivilprozessualen Vorschriften bewirkt eine wirksame strafprozessuale Beschlagnahme.

– § 111 d **StPO** regelt die Anordnung des **dinglichen Arrests** zur Sicherung des Verfalls (§§ 73, 73 d StGB), Einziehung des Wertersatzes (§ 74 c StGB), Geldstrafe und Verfahrenskosten (bei den beiden Letztgenannten erst nach Urteil möglich). Auch hier sind die zivilprozessualen Vorschriften Wirksamkeitsvoraussetzung, dh insbesondere, dass es eines selbständigen Arrestgrundes bedarf, der nicht im Begehen der Straftat selbst zu sehen ist.[43]

cc) Die **Anordnungskompetenz** regelt § 111 e StPO. Sie liegt grundsätzlich beim **50** Richter, bei Gefahr im Verzug auch beim Staatsanwalt und beschränkt auf bewegliche Sachen auch bei den Ermittlungsbeamten.

dd) Die **Vollstreckungskompetenz** regelt § 111 f StPO. Sie liegt beim Staatsanwalt, **51** für bewegliche Sachen auch bei den Ermittlungsbeamten.

ee) Nach § 111 g StPO geht die Befriedigung der Ansprüche des Verletzten aus der **52** Straftat dem staatlichen Anspruch vor. Weitere Privilegierungen des Verletzten enthalten die §§ 111 h bis 111 k StPO.

Während eine Durchsuchung durch Herausgabe der gesuchten Gegenstände abgekürzt oder ganz vermieden werden kann oder beim Haftbefehl die Möglichkeit einer Außervollzugsetzung besteht, besteht bei den Sicherungsmaßnahmen der §§ 111 b ff StPO praktisch kaum eine Möglichkeit, die Folgen zu vermeiden oder auch nur abzumildern: sieht man von § 111 c VI StPO (Erlegung des Wert oder Sicherheitsleistung gegen Rückgabe der beschlagnahmten Sache) und § 111 d III StPO (Aufhebung des dinglichen Arrests), soweit der arrestierte Vermögensgegenstand für Verteidigungskosten oder Unterhalt benötigt wird bleibt für die Vermeidung der Arrestfolgen nur § 923 ZPO übrig, dh Hinterlegung eines Geldbetrages, der der Verfallsumme oder dem Betrag der Rückgewinnungshilfe entspricht. Diese

---

42 Meyer-Goßner § 111 b Rn 8; Rönnau Rn 49
43 Str, wie hier OLG Köln NJW 2004, 2397; Rönnau Rn 417; Park Rn 782; aA Bittmann/Kühn wistra 2002, 242; Webel wistra 2004, 249 jeweils mwN

Summe erreicht gerade in Wirtschaftsstrafsachen Größenordnungen, die die Leistungsfähigkeit des Beschuldigten übersteigt mit der Folge, dass sein Vermögen im Ergebnis bis zum Abschluss des Verfahrens blockiert bleibt. Die 6-Monats-Frist des § 111 b I StPO wird in der Praxis ohne Probleme unterlaufen, indem aus dem einfachen Tatverdacht ein dringender Tatverdacht wird, für den es keine zeitliche Begrenzung mehr gibt. Der Verhältnismäßigkeitsgrundsatz[44] wird in der Regel erfolglos geltend gemacht. Es bleibt der Einwand des § 73 c StGB, die so genannte Härtefallklausel. Diese spielt bei der endgültigen Bemessung des Verfalls im Urteile eine Rolle, im Ermittlungsverfahren bei der Anordnung vermögenssichernder Maßnahmen nach §§ 111 b ff StPO ist diesem Verteidigungsvorbringen in der Regel kein Erfolg beschieden.[45]

Dh, es gibt praktisch keine Handlungsmöglichkeiten für den Verteidiger, die Folgen einer Maßnahme nach §§ 111 b ff StPO auch nur abzumildern.[46]

c) Untersuchungshaft

Ein Haftbefehl setzt einen dringenden Tatverdacht und einen Haftgrund voraus.

53 In Wirtschaftsstrafverfahren spielen die Haftgründe der Fluchtgefahr und der Verdunklungsgefahr die Hauptrolle. Sie verlangen immer die Darlegung **bestimmter Tatsachen** für die Annahme dieser Gefahr. Nirgendwo klafft aber wohl zwischen gesetzlichem Anspruch und gerichtlicher Praxis ein größerer Widerspruch als bei den Haftgründen der Fluchtgefahr und der Verdunklungsgefahr. Die Begründung der **Fluchtgefahr** »Dass der Beschuldigte im Fall seiner Verurteilung mit einer hohen Freiheitsstrafe zu rechnen hat und deshalb die Gefahr besteht, dass er sich durch Flucht dem Verfahren entzieht« bzw der **Verdunklungsgefahr** mit »Es werden Delikte vorgeworfen, die schon ihrer Eigenart nach von vorn herein auf Verdunklung angelegt sind und in Ausführung und Planung Verdunklung geradezu voraussetzen« beinhalten gerade nicht die Darlegung bestimmter Tatsachen (unter Würdigung der Umstände des Einzelfalles). Nicht desto weniger sind solche und ähnliche »Begründungen« insbesondere und gerade in Wirtschaftsstrafsachen übliche Praxis. Darüber hinaus sind Äußerungen von Haftrichtern und/oder Staatsanwälten geläufig wie »bei solchen Hinterziehungssummen ist ein Haftbefehl fällig«, »da muss ein Riegel vorgeschoben werden«, »die Öffentlichkeit würde nicht verstehen, wenn sich der Beschuldigte weiter auf freiem Fuß befände«. Solche Äußerungen und die oben genannten Begründungen zeigen, dass der Entscheidung über den Haftbefehl die rechtliche Prüfung nicht vorausgeht, sondern dass die Begründung der zuvor getroffenen Entscheidung angepasst wird. Diese »apokryphen Haftgründe« sind oft die wahren aber gleichwohl ungesetzlichen Haftgründe.[47]

54 Darüber hinaus wird gerade in Wirtschaftsstrafverfahren die Untersuchungshaft als Beugemittel zur Geständnisförderung benutzt.[48] Dieses Faktum ist jedem Verteidiger in Wirtschaftsstrafsachen geläufig. Zu belegen ist dies mit dem offenen Bekenntnis eines Beamten aus einem Justizministeriums:[49] »*Schließlich sollte in schweren*

---

44 Vgl dazu Rönnau Rn 89
45 Park StraFo 2002, 77
46 Vgl dazu Quedenfeld/Füllsack Rn 730
47 S dazu Schlothauer/Weider Rn 6 ff; Münchhalffen/Gatzweiler Rn 139
48 Vgl Schlothauer/Weider Rn 637; Münchhalffen StraFo 1999, 332 ff
49 Huber NStZ 1996, 530 ff

Fällen von Wirtschaftskriminalität der dynamisierende Effekt der Anordnung von Untersuchungshaft nicht unterschätzt werden. Unter dem Eindruck der Untersuchungshaft entschließen sich vielfach die in der Regel haftungewohnten Wirtschaftsstraftäter zu Geständnissen und auch zu weitreichenden Aussagen über Mittäter bzw die eigentlichen Drahtzieher. Als Haftgründe kommen vor allem bei Großverfahren Flucht- und/oder Verdunklungsgefahr in Betracht«.

Dagegen stehen andererseits durchaus Entscheidungen, die dem gesetzlichen Inhalt des § 112 StPO eher Rechnung tragen.[50] Betrachtet man diese Rechtsprechung genauer, scheinen regionale Unterschiede in der Untersuchungshaftpraxis zumindest auf der OLG-Ebene evident zu sein.   **55**

Bei der Einlegung von Rechtsmitteln[51] gerade in Wirtschaftsstrafverfahren mit einem zu Beginn des Verfahrens noch weitgehend ungeklärten Sachverhalt hat der Verteidiger Folgendes zu beachten: Jede richterliche Entscheidung, die den Haftbefehl bestätigt, gibt dem Haftbefehl zusätzlich Bestandskraft. Je höher die Instanz, die die Aufrechterhaltung ausspricht, desto mehr wird der Haftbefehl »zementiert«, insbesondere wird der dringende Tatverdacht fortgeschrieben.[52] Die Haftbeschwerde ist nach unserer Erfahrung ohnehin das am wenigsten geeignete Rechtsmittel zur Aufhebung oder Außervollzugsetzung des Haftbefehls, die Neigung der Strafkammern, den Haftrichter zu bestätigen, ist unverkennbar. Die Absegnung durch das Landgericht ist dann im weiteren Verlauf des Verfahrens oft ein Argument der Ermittlungsbehörden über die Haftfrage hinaus. Die weitere Beschwerde zum Oberlandesgericht erscheint nun nicht nur als ein weiteres Instrument der Verteidigung, sondern auch als wirksameres, wenn nun aber nach zwei Negativentscheidungen auch bei dem Oberlandesgericht der Erfolg ausbleibt, ist es im weiteren Verfahren nahezu aussichtslos, eine Freilassung des Mandanten zu erwirken. Dies belegt der folgende Beispielfall aus der Praxis: **56**

»Gegen den Beschuldigten wurde wegen Kapitalanlagebetrugs ein Haftbefehl in Verzug gesetzt. Als Haftgrund wurde Fluchtgefahr genannt. Die mündliche Haftprüfung blieb erfolglos. Das Landgericht verwarf die hiergegen gerichtete Beschwerde und fügte als weiteren Haftgrund noch Verdunklungsgefahr hinzu. Die weitere Beschwerde zum Oberlandesgericht blieb nicht nur erfolglos, sondern das Oberlandesgericht wies darauf hin, dass der dringende Tatverdacht nicht nur wegen Betruges sondern darüber hinaus wegen Betruges im besonders schweren Fall bestehe. Nach einem Verteidigerwechsel blieben alle Versuche des neuen Verteidigers, mit der Staatsanwaltschaft Einvernehmen über eine Außervollzugsetzung des Haftbefehls zu erreichen erfolglos mit dem stereotypen Hinweis auf die bestehenden drei richterlichen Entscheidungen. Der Hinweis des Oberlandesgerichts zum besonders schweren Fall des Betruges waren dann in der Hauptverhandlung die größte Hürde, nur eine Verurteilung wegen Betrugs gem § 263 Abs 1 StGB zu erreichen.«

Als das geeignetste Mittel, eine Außervollzugsetzung des Haftbefehls zu erreichen, erscheint die mündliche Haftprüfung, die gegebenenfalls schriftsätzlich, insbesondere aber im Gespräch mit dem zuständigen Staatsanwalt und dem Haftrichter vorbereitet werden sollte. Die mündliche Haftprüfung gibt die Möglichkeit, dem Haftrichter und auch dem Staatsanwalt einen Eindruck von der Person des Be-   **57**

---

50 Vgl OLG Köln StV 1986, 539; StraFo 1998, 279 m Anm Hiebl; OLG Bremen StV 1995, 85; KG StV 1998, 207; OLG Hamm wistra 2000, 239; OLG Frankfurt StV 2000, 151
51 Zu den Rechtsmitteln vgl Schlothauer/Weider Rn 693 ff; Münchhalffen/Gatzweiler 300 ff
52 Vgl Schlothauer/Weider Rn 698

schuldigten zu vermitteln, die persönlichen und wirtschaftlichen Verhältnisse detailliert darzulegen und noch offene Fragen des Richters zu beantworten.[53] Dabei ist nicht zu verkennen, dass insbesondere in der Zeit unmittelbar nach dem Haftbefehl die Neigung des Richters zu einer Außervollzugsetzung gegen den Willen des Staatsanwalts denkbar gering ist. Der Weg zum Erfolg, dh einer schnellen Außervollzugsetzung, führt daher immer über den Staatsanwalt. Der Verteidiger sollte daher vor der mündlichen Haftprüfung das Gespräch mit dem Staatsanwalt suchen und dessen Vorstellungen in Erfahrung bringen. Ein solches Gespräch kann oft von beiden Seiten offener geführt werden als die Erörterung in einer formellen Verhandlung, oft ist es hier einfacher, bestehende Vorstellungen, zB über die Höhe einer Kaution zu korrigieren und einen Konsens herbeizuführen. Abgesprochen werden kann zB auch die Fixierung eines Termins, zu dem die Außervollzugsetzung erfolgt, insbesondere im Fall eines Haftbefehls wegen Verdunklungsgefahr, die mit fortschreitenden Ermittlungen abnimmt. Auch die Frage eines (Teil-)Geständnisses kann erörtert werden, hierbei ist für den Verteidiger aber höchste Vorsicht geboten. Ein Geständnis ist kein Tauschobjekt für die Erlangung der Freiheit, das sich später zurückkaufen lässt. Ein Geständnis kann auch nur dort erfolgen, wo es etwas zu gestehen gibt. Dies lässt sich gerade in diesem Verfahrensstand oftmals überhaupt nicht überblicken. Der Beschuldigte ist unter dem Eindruck der Untersuchungshaft seinerseits allzu schnell bereit, Sachverhalte einzuräumen, die nicht richtig sind. Das falsche Geständnis in dieser Situation ist sicher kein Einzelfall. Es hat aber verfahrensentscheidende Wirkung und lässt sich durch einen späteren Widerruf nicht ungeschehen machen, von den Problemen eines solchen Widerrufs ganz abgesehen. Gelingt die Einigung mit dem Staatsanwalt, sollte die Erfüllung der vereinbarten Auflagen sofort vorbereitet werden, dh zB Ausweispapiere zur mündlichen Haftprüfung bereit gestellt und insbesondere für die Sicherheitsleistung gesorgt werden.

Eine Sicherheitsleistung kann in bar oder in Form einer Bankbürgschaft erfolgen. Denkbar, wenn auch wenig praktiziert, sind auch die Hinterlegung von Wertgegenständen oder die Bestellung von Grundpfandrechten. Der Verteidiger muss bei der Hinterlegung der Sicherheit daran denken, dass Eigentum des Beschuldigten (Bargeld, Wertpapiere, Wertgegenstände) ebenso dem Zugriff seiner Gläubiger unterliegen wie seine Rückforderungsansprüche gegen die eine Bürgschaft gewährende Bank. Grundsätzlich sollten daher Dritte als Sicherungsgeber auftreten.

58 In Wirtschaftsstrafverfahren kehrt auch immer wieder die folgende Situation wieder: Der Beschuldigte befindet sich auf einer Auslandsreise, als plötzlich eine Durchsuchung stattfindet und hierbei ein Haftbefehl präsentiert wird oder es wird versucht einen Haftbefehl zu vollstrecken.

Der Beschuldigte will und muss, schon aus geschäftlichen Gründen so schnell wie möglich zurückkehren. Er will aber andererseits nicht festgenommen werden mit der Ungewissheit der Dauer dieser Festnahme. Auch dieses Problem ist im Einvernehmen mit der Staatsanwaltschaft zu lösen, Bereitschaft hierzu natürlich vorausgesetzt. Man kann vereinbaren, dass der Beschuldigte sich zu einem bestimmten Termin mit seinem Verteidiger beim Haftrichter einfindet und dass in diesem Termin unter den zuvor ausgehandelten Bedingungen eine Außervollzugsetzung des Haftbefehls erfolgt.

---

53 Vgl Schlothauer/Weider Rn 704

Einer besonderen Erwähnung bedarf in Wirtschaftsstrafverfahren auch noch die **59** Betreuung des Inhaftierten.[54] Der Wirtschaftsstraftäter ist in der Regel Ersttäter und insbesondere auch erstmals in Haft. Er ist daher auf die Gefahren von Äußerungen im kontrollierten Briefverkehr hinzuweisen und insbesondere auch auf die Gefahren der Erörterungen seines Falles mit Mitgefangenen. Gleiches gilt für die Gespräche während der überwachten Besuche.

Gerade in Wirtschaftsstrafsachen kann sich auch die Notwendigkeit erweiterter Besuchserlaubnisse zur Erörterung geschäftlicher Dinge mit Angehörigen, Mitarbeitern oder Geschäftspartnern ergeben. Hierzu bedarf es eines detailliert begründeten Antrags an den zuständigen Haftrichter, der in aller Regel bei einer hinreichenden Darlegung der Gründe erfolgreich sein wird. Schließlich gibt es auch noch die Möglichkeit einer überwachten Ausführung in den Betrieb oder zu Verhandlungen mit Geschäftspartnern.

d) Grenzen der Ermittlungstätigkeit

aa) Auskunftsverweigerungsrecht, § 55 StPO

Gerade in Wirtschaftsstrafverfahren trifft man als typische Konstellation an, dass **60** entweder die konkreten Beschuldigten noch gar nicht bekannt sind oder dass unklar ist, wie weit der Kreis der Beschuldigten zu ziehen ist (Teilnahmeproblematik) oder dass sich im Laufe des Verfahrens der Kreis der Beschuldigten erweitern kann. Folgende **Beispiele** machen diese Problematik deutlich: die rechte Hand des Geschäftsführers, die Chefsekretärin, der Buchhalter. Formal schlägt sich diese Unsicherheit und Ungewissheit nieder in der Zeugenladung oder im Durchsuchungsbeschluss mit der Formulierung »In dem Ermittlungsverfahren gegen die Verantwortlichen der Firma XY GmbH«. Verantwortlich kann auch der geladene Zeuge sein, dh er ist in Wirklichkeit Beschuldigter und hätte daher das Recht zu schweigen, umgekehrt würde er sich mit einer wahrheitsgemäßen Zeugenaussage selbst belasten. In dieser Konstellation hat § 55 StPO eine oft übersehene Bedeutung. § 55 StPO beinhaltet zunächst aber kein allumfassendes Aussage- oder Zeugnisverweigerungsrecht des Zeugen, sondern die Vorschrift gibt dem Zeugen nur das Recht, auf einzelne Fragen die Auskunft zu verweigern, deren Beantwortung ihn oder seine Angehörigen iSd § 52 I StPO der Gefahr strafrechtlicher oder ordnungswidrigkeitenrechtlicher Verfolgung aussetzen würde.[55] Dieses Auskunftsverweigerungsrecht zu bestimmten Fragen kann sich aber so erweitern, dass es einem Recht auf totale Zeugnisverweigerung gleichkommt.[56] Dies wird immer wieder, auch auf Verteidigerseite, verkannt. Hierzu folgender **Beispielsfall:**

Gegen den Geschäftsführer einer GmbH läuft ein Ermittlungsverfahren. Sein engster Mitarbeiter, der über den dem Ermittlungsverfahren zugrundeliegenden Sachverhalt informiert ist und hierbei tätig war, soll vernommen werden. Hier bringt bereits die Antwort auf die Frage nach Tätigkeit und Funktion des Zeugen diesen in Gefahr, wegen möglicher Beihilfe strafrechtlich verfolgt zu werden, so dass das Auskunftsverweigerungsrecht des § 55 StPO bereits nach den Fragen zur Person beginnt. Dieses umfassende Auskunftsverweigerungsrecht wird von Ermittlungsbehörden und Gerichten ungern anerkannt; es muss aber mit aller Konsequenz geltend gemacht werden, unter Umständen auch durch die Inkaufnahme eines Ordnungs-

---

54 Vgl dazu Dahs Rn 310; Schlothauer/Weider Rn 95 ff; Quedenfeld/Füllsack Rn 765 ff
55 Grundsätzlich dazu Dahs NStZ 1999, 386 ff
56 BGH StV 1986, 282; NStZ 1999, 410; LR-Dahs § 55 Rn 6

geldbeschlusses mit anschließendem Beschwerdeverfahren (zur Ordnungsgeldfestsetzung durch die Staatsanwaltschaft vgl § 161 a II StPO, Ordnungsgeldfestsetzung durch das Gericht vgl § 70 StPO; Rechtsmittelverfahren § 161 a III StPO bei Festsetzung des Ordnungsgelds durch den Staatsanwalt, § 304 StPO bei Ordnungsgeldfestsetzung durch das Gericht).

61 § 55 StPO gilt auch bei konkreter Gefahr ausländischer Strafverfolgung.[57] Bei Vorliegen ausländischer Geheimhaltungspflichten, deren Verletzung eine Strafverfolgung im Ausland begründet (zB das Bankgeheimnis in Luxemburg, Liechtenstein oder der Schweiz) ist das Bestehen eines Auskunftsverweigerungsrechts gem § 55 StPO im deutschen Strafverfahren umstritten.[58]

62 Das Bestehen eines Auskunftsverweigerungsrechts ist gegebenenfalls glaubhaft zu machen, wobei die Glaubhaftmachung dort ihre Grenzen findet, wo der Zeuge damit bereits wieder Gefahr läuft, durch seine Angaben sich der Gefahr strafrechtlicher Verfolgung auszusetzen.[59]

Und schließlich ist über das Auskunftsverweigerungsrecht erst dann eine Belehrung erforderlich, wenn der Vernehmende Anhaltspunkte dafür erkennt, dass sich der Zeuge evtl in die Gefahr einer strafrechtlichen Verfolgung begibt.

63 Damit wird deutlich, wie komplex und kompliziert § 55 StPO im Grunde genommen ist und dass der nicht anwaltlich beratene Zeuge mit dem Erkennen und der Geltendmachung seines Rechts überfordert ist. Es ist daher, zumindest in dem Bereich der tat- und täternahen Zeugen immer erforderlich, diesen Zeugen mit einem **Zeugenbeistand** den notwendigen Rechtsschutz zu geben. Der ursprünglich vom Gesetz nicht vorgesehene und von der Praxis der Instanzgerichte weitgehend verweigerte, erst durch das BVerfG[60] anerkannte Zeugenbeistand kann in allen Verfahrensstadien tätig sein, sein Recht beschränkt sich jedoch ausschließlich auf die Anwesenheit und die Beratung seines Mandanten, selbstständige Frage- und/oder Antragsrechte hat er ebenso wenig wie ein Recht auf Akteneinsicht oder einen Anspruch auf Terminsverlegung.[61]

64 Das Auskunftsverweigerungsrecht des § 55 StPO entfällt dann, wenn der Zeuge in dieser Sache rechtskräftig verurteilt ist oder ein Verfahrenshindernis, zB Verjährung, besteht, da hier die Gefahr strafrechtlicher Verfolgung nicht mehr existent ist. Auch dies verschafft den Ermittlungsbehörden die Möglichkeit zur Erschließung weiterer Erkenntnisquellen, indem gegenüber Beschuldigten gem § 153 a StPO verfahren wird und damit aus den Beschuldigten Zeugen ohne Auskunftsverweigerungsrecht werden. Dagegen bleibt das Auskunftsverweigerungsrecht bestehen bei rechtskräftiger Ablehnung der Eröffnung des Hauptverfahrens, bei einem rechtskräftigen Freispruch oder auch bei einer Einstellung des Verfahrens gem § 170 II StPO. Bei Ablehnung der Eröffnung des Hauptverfahrens oder bei einer Einstellung nach § 170 Abs 2 StPO kann die wahrheitsgemäße Aussage neue Erkenntnisse liefern, die eine Aufnahme neuer Ermittlungen rechtfertigen. Im Fall des Freispruchs könnte die wahrheitsgemäße Aussage ein Geständnis beinhalten und damit ein Wiederaufnahmegrund iSd StPO sein.

---

57 LR-Dahs § 55 Rn 13; HK-Lemke § 55 Rn 3
58 Das Auskunftsverweigerungsrecht verneinen: LG Stuttgart NStZ 1992, 454; Meyer-Goßner § 55 Rn 4; bejahend: LG Freiburg NJW 1986, 3036; LR-Dahs § 55 Rn 13; Odenthal NStZ 1993, 52
59 BGH StV 1986, 282; LR-Dahs § 55 Rn 18
60 BVerfG NJW 1975, 103; s jetzt §§ 406 f, 406 g StPO
61 Meyer-Goßner vor § 98 Rn 11; KK-Wache § 161 a Rn 3; vgl im Einzelnen Rode Teil F Kap 4

bb) Zeugnisverweigerungsrechte, §§ 52 ff StPO

Eine weitere Barriere bieten die Zeugnisverweigerungsrechte der §§ 52 ff StPO, in Wirtschaftsstrafverfahren insbesondere die berufsbedingten Zeugnisverweigerungsrechte der §§ 53, 53 a StPO.

65

Eine Sonderproblematik stellt die Schweigepflicht und damit das Zeugnisverweigerungsrecht des Syndikusanwalts dar, der einerseits Berufsgeheimnisträger und andererseits Mitarbeiter des Unternehmens ist. Die Frage nach seinem Zeugnisverweigerungsrecht beantwortet sich danach, in welcher Funktion er im konkreten Fall tätig geworden ist.[62]

66

Das Zeugnisverweigerungsrecht des § 53 StPO (und damit auch das Zeugnisverweigerungsrecht der Berufshelfer nach § 53 a StPO) entfällt dann, wenn der Geheimnisträger von der Schweigepflicht entbunden wird. Eine Entbindung kann auch partiell erfolgen. Zu prüfen ist immer, wer die Entbindungserklärung abgeben muss: bei mehreren Geschäftsführern, auch bei einem faktischen Geschäftsführer, müssen dies alle Geschäftsführer tun.[63] Im Insolvenzverfahren muss nach wohl noch hM die Entbindungserklärung sowohl vom Insolvenzverwalter als auch von dem oder den früheren Geschäftsführern einschließlich eines evtl faktischen Geschäftsführers erfolgen.[64]

Der Stellenwert des Zeugnisverweigerungsrechts ergibt sich aus seinem strafrechtlichen Schutz in § 203 I Nr. 3 StGB.

67

cc) Beschlagnahmeprivileg, § 97 StPO

In enger Verbindung zu dem berufsbedingten Zeugnisverweigerungsrecht des § 53 StPO steht das Beschlagnahmeprivileg des § 97 StPO. Danach sind schriftliche Mitteilungen zwischen dem Beschuldigten und zeugnisverweigerungsberechtigten Personen, Aufzeichnungen, die sich die zeugnisverweigerungsberechtigten Personen über Mitteilungen oder andere Umstände des Beschuldigten gemacht haben und Gegenstände, auf die sich das Zeugnisverweigerungsrecht erstreckt, beschlagnahmefrei, sofern sich die Mitteilungen, Aufzeichnungen und Gegenstände im Gewahrsam des Zeugnisverweigerungsberechtigten befinden. Eine Ausweitung erfährt dieser Grundsatz für schriftliche Mitteilungen des Verteidigers an den Beschuldigten bzw des Beschuldigten an den Verteidiger als Ausfluss des in § 148 StPO normierten freien Verkehrs zwischen Verteidiger und Beschuldigten; danach sind diese Mitteilungen auch dann beschlagnahmefrei, wenn sie sich bei dem Beschuldigten selbst oder auf dem Weg zwischen ihm und dem Verteidiger befinden.[65] Den schriftlichen Mitteilungen sind Mitteilungen auf Tonträgern oder Medien der elektronischen Datenverarbeitung gleichzustellen.[66] Darüber hinaus sind auch beschlagnahmefrei alle Aufzeichnungen, die sich der Beschuldigte zu Verteidigungszwecken gemacht hat, auch wenn sie sich in seinem Gewahrsam befinden.[67]

68

Eine Einschränkung erfährt § 97 I StPO in § 97 II 2 StPO dann, wenn der Zeugnisverweigerungsberechtigte selbst der Teilnahme, einer Begünstigung, Strafvereitelung oder Hehlerei verdächtig ist oder es sich um Gegenstände aus einer Straftat oder

69

---

62 Vgl dazu Roxin NJW 1999, 1129 ff; Kramer AnwBl 2001, 140 ff
63 OLG Celle wistra 1986, 89; LR-Dahs § 53 Rn 71; Meyer-Goßner § 53 Rn 46
64 Str; wie hier OLG Düsseldorf StV 1993, 346; LG Saarbrücken wistra 1995, 239; Meyer-Goßner § 53 Rn 46 mwN; aA LG Hamburg NStZ-RR 2002, 12 mwN; OLG Hamburg NJW 2004, 2176
65 BGH NJW 1973, 2035; LR-Schäfer § 97 Rn 57; KK-Nack § 97 Rn 15; M-G § 97 Rn 36
66 LR-Schäfer § 97 Rn 40
67 BVerfG NStZ 2002, 377; BGH StV 1988, 468; NJW 1998, 1963; LG München StraFo 2001, 67

zur Begehung einer Straftat handelt. Der Beteiligungsverdacht muss hierbei durch Tatsachen erhärtet sein, insbesondere beim Verteidiger müssen »gewichtige Anhaltspunkte« vorliegen.[68] Dies bedeutet, dass die Sperre des § 97 I StPO mit einer Ausweitung des Ermittlungsverfahrens auf den zeugnisverweigerungsberechtigten Berater unterlaufen werden kann, was im Steuerstrafverfahren gegenüber dem Steuerberater mit dem Vorwurf der Beihilfe zur Steuerhinterziehung oder im Insolvenzverfahren gegenüber Steuerberater und/oder Rechtsanwalt durch den Vorwurf der Beihilfe zur Insolvenzverschleppung zunehmend geschieht.

70   Die Beschlagnahmefreiheit des § 97 I StPO endet auch dann, wenn das Zeugnisverweigerungsrecht nicht mehr besteht, dh insbesondere dann, wenn eine Entbindung von der Schweigepflicht erfolgt ist.

71   Die scheinbar klare Regelung des § 97 I StPO ist bezüglich des Umfangs der beschlagnahmefreien Gegenstände höchst umstritten. Dies gilt insbesondere in Wirtschaftsstrafverfahren, wo die unterschiedlichsten Auffassungen darüber bestehen, welche Unterlagen beim Steuerberater, Wirtschaftsprüfer oder Rechtsanwalt beschlagnahmt werden dürfen oder nicht.[69] Die Rechtsprechungsvielfalt ergibt sich daraus, dass es gegen Beschwerdeentscheidungen des jeweiligen Landgerichts keine weitere Beschwerde gibt, so dass jedes Landgericht hierzu seine eigene Rechtsprechung entwickeln kann.

dd)   Steuergeheimnis, § 30 AO

72   In einem Wirtschaftsstrafverfahren ohne steuerstrafrechtlichen Bezug gilt gegenüber den nicht steuerlichen Ermittlungsbehörden das Steuergeheimnis des § 30 I AO.[70] Durchbrechungen sind jedoch in den Fällen des § 30 IV AO zulässig, die in ihrer Weite und insbesondere in ihrer Unbestimmtheit von Abs 4 Nr. 5 das Steuergeheimnis weitgehend aushöhlen. Die gerichtliche Praxis tut ihr Übriges, die Hürde des § 30 I AO möglichst niedrig zu halten. Der praktisch bedeutsamste Fall des Steuergeheimnisses im Wirtschaftsstrafverfahren besteht darin, dass es den Ermittlungsbehörden verwehrt ist, zur Bestimmung der Rechtsfolgenseite die Steuerakten beizuziehen.

Auch das Steuergeheimnis genießt strafrechtlichen Schutz durch § 355 StGB.

ee)   Sozialgeheimnis, § 35 I SGB I

73   Das dem Steuergeheimnis nachgebildete Sozialgeheimnis des § 35 SGB I[71] ist weitgehend unbekannt und wird daher nicht beachtet und infolgedessen ständig verletzt. Es entfällt ebenfalls bei Vorliegen der Einwilligung oder bei Vorliegen der komplexen Offenbarungspflichten der §§ 68 bis 77 SGB I. Auch hier besteht eine offenkundige Tendenz, das Sozialgeheimnis auszuhöhlen.[72]

ff)   Das Verwertungsverbot des § 97 I 3 InsO

74   Mit dem so genannten »Gemeinschuldnerbeschluss« hat das BVerfG[73] die Durchsetzung der Auskunfts- und Vorlagepflichten der damaligen Konkursordnung durch die vorgegebenen staatlichen Zwangsmittel der Konkursordnung mit Art. 2 I

---

68 BGH NJW 1982, 2503; KK-Nack § 97 Rn 33; M-G § 97 Rn 38
69 Vgl dazu Ciolek-Krepold Rn 296 ff mwN; Quedenfeld/Füllsack Rn 670 mwNachw
70 Vgl dazu Quedenfeld/Füllsack Rn 109 ff
71 Vgl dazu Meyer-Goßner § 161 Rn 6; Zeibig NStZ 1999, 339 ff; Kunkel StV 2000, 531
72 Vgl LG Stuttgart wistra 1991, 356; 93, 314
73 BVerfG NJW 1982, 1431 ff

GG in Einklang stehend erkannt, weil und soweit mit dieser Auskunftspflicht ein »strafrechtliches Verwertungsverbot« korrespondiert. Der BGH hat diesen Grundsatz auf die Angaben des Schuldners im Zwangsvollstreckungsverfahren gem § 807 ZPO ausgedehnt.[74] Dieses von der Rechtsprechung anerkannte Verwertungsverbot hat nunmehr der Gesetzgeber in § 97 I 3 InsO normiert. Damit bleibt es den Strafverfolgungsbehörden verwehrt, aus der Auskunft des Gemeinschuldners (und zwar sowohl im Einleitungsverfahren gem § 20 InsO als auch im Insolvenzverfahren selbst gem § 97 I InsO) einen Anfangsverdacht zu schöpfen oder auf Grundlage dieser Angaben Beweismittel zu erheben. Verwertbar bleiben allerdings die Geschäftsunterlagen des Gemeinschuldners, zu deren Führung und Vorlage er gesetzlich verpflichtet ist.[75]

gg) Das Märchen vom Bankgeheimnis

Die tägliche Praxis zeigt, dass sich Mandanten, ihre Berater und/oder auch ihre Partner auf Seiten der Banken durch ein Bankgeheimnis gegenüber den steuerlichen Ermittlungsbehörden geschützt glauben. Dies ist ein Irrglaube: Es gibt wohl eine zivilrechtliche Verpflichtung der Kreditinstitute gegenüber ihren Kunden, keine Auskunft über Kunden und deren Konten sowie über sonst durch die Geschäftsbeziehung bekannt gewordene Vorgänge an Dritte zu erteilen, es gibt aber kein strafprozessuales Bankgeheimnis, auf das sich Kreditinstitute und ihre Mitarbeiter gegenüber den Ermittlungsbehörden berufen können.[76]   **75**

e) Akteneinsicht

Das Akteneinsichtsrecht ist eines der stärksten und wichtigsten Rechte der Verteidigung schlechthin.[77]   **76**

In den oft monate- oder jahrelangen Ermittlungsverfahren wird dem Verteidiger aber regelmäßig als Versagungsgrund § 147 II StPO entgegengehalten.[78] Besondere Aufmerksamkeit hat der Verteidiger hier § 147 III StPO zu widmen, der ein Akteneinsichtsrecht in jeder Lage des Verfahrens gewährt in Protokolle von Beschuldigtenvernehmungen, von richterlichen Untersuchungshandlungen in Anwesenheit des Verteidigers und in Sachverständigengutachten; häufig werden während des laufenden Ermittlungsverfahrens ein oder mehrere Gutachten durch einen Wirtschaftsreferenten der Staatsanwaltschaft (s. u.) erstellt. Dieses Gutachten liegt oftmals lange vor dem Abschluss der Ermittlungen und der uneingeschränkten Akteneinsicht vor und ist dem Verteidiger sofort nach Erstellung im Rahmen der uneingeschränkten Akteneinsicht nach § 147 III StPO zur Kenntnis zu geben.   **77**

Gegen die Versagung der Akteneinsicht ist in folgenden Fällen die Möglichkeit einer richterlichen Überprüfung nach § 147 V StPO gegeben:[79]   **78**

– Verweigerung der Akteneinsicht nach Vermerk des Abschlusses der Ermittlungen in den Akten (§ 169 a StPO), dh zum einen nach Einstellung des Verfahrens aber auch zwischen Abschluss der Ermittlungen und Abschlussverfügung
– Verweigerung der Akteneinsicht in privilegierte Aktenteile gem § 147 III StPO

---

74 BGHSt 37, 340 ff
75 Einzelheiten s. u. Rn 96 ff
76 Ciolek-Krepold Rn 193; Wabnitz/Janovsky/Knierim Kap 3 Rn 382
77 Vgl im Einzelnen Weihrauch Ermittlungsverfahren Rn 55 ff
78 Nach BVerfG wistra 2004, 179 nicht zu beanstanden!
79 Vgl Bockemühl Teil B Kap 1 Rn 74 a

– Verweigerung der Akteneinsicht bei nicht auf freiem Fuß befindlichen Beschuldigten durch fehlerhafte Ermessensausübung.

79 Das Akteneinsichtsrecht umfasst sämtliche vorhandenen Akten, die vom Beginn des Ermittlungsverfahrens an entstanden sind einschließlich der Ton- und Bildaufnahmen. Es gilt der Grundsatz der Aktenvollständigkeit.[80] Dazu gehören sämtliche Beiakten wie zB die Akten anderer Behörden (Akten anderer Gerichtsverfahren, Arbeitsamtakten, Sozialversicherungsträgerakten etc).[81] Der Verteidiger hat gem § 147 Abs 1 StPO auch ausdrücklich das Recht, Beweisstücke, das sind in Wirtschaftsstrafsachen insbesondere die im Betrieb sichergestellten Unterlagen, zu besichtigen. Dabei kann er von diesen Unterlagen Fotokopien anfertigen, eine weitere Möglichkeit besteht in der elektronischen Erfassung der Akten und Übergabe in Form einer CD-Rom.

Gerade in Wirtschaftsstrafverfahren empfiehlt sich auch die Beiziehung des Beschuldigten zur Akteneinsicht in die vorhandenen Beweismittel an Amtsstelle, da sich der Beschuldigte gerade bei umfangreichen Akten am besten auskennt und weiß, wo was zu finden ist.

f) Rechtshilfe

80 Eine Globalisierung der Wirtschaft zieht eine Globalisierung des Wirtschaftsstrafrechts nach sich. Die EU hat einen freien Markt geschaffen, für den aber immer noch strafrechtliche Grenzen bestehen. Die Rechtshilfe gerade in Wirtschaftsstrafsachen wird eines der großen strafprozessualen Zukunftsthemen sein. Internationale Rechtshilfe basiert auf folgenden Grundlagen:[82]

81 Das IRG[83] regelt die Gewährung der Rechtshilfe in Deutschland für ausländische Staaten. Für die in Deutschland erfolgte Rechtshilfe gilt deutsches Verfahrensrecht. Europäisches Rechtshilfeübereinkommen, europäisches Auslieferungsübereinkommen, Schengener Abkommen und bilaterale Abkommen binden einerseits die Bundesrepublik Deutschland für die Gewährung der Rechtshilfe nach den Förmlichkeiten des IRG, andererseits geben sie der Bundesrepublik Deutschland die Möglichkeit zur Beantragung von Rechtshilfe im Ausland, wobei die dort gewährte Rechtshilfe nach dem dort geltenden Recht erfolgt.

Der Europäische Haftbefehl[84] regelt ein vereinfachtes System der Auslieferung und verpflichtet insbesondere die EU-Mitgliedstaaten zur Auslieferung eigener Staatsbürger auf Grund strafrechtlicher Entscheidungen eines anderen EU-Mitgliedstaates. Das BVerfG hat das Gesetz zur Umsetzung des Rahmenbeschlusses über den Europäischen Haftbefehl allerdings für nichtig erklärt,[85] die gesetzliche Neuregelung bleibt abzuwarten.

Besteht zu einem fremden Staat eine vertragsloser Zustand, so bedeutet dies nicht, dass Rechtshilfe ausgeschlossen ist; auch im Falle eines vertragslosen Zustandes kann Rechtshilfe, insbesondere Auslieferung, erfolgen. Dies geschieht gerade in spektakulären Fällen auf diplomatischem Wege.

---

80 Meyer-Goßner § 147 Rn 14
81 Vgl Meyer-Goßner § 147 Rn 15
82 Vgl dazu Hackner/Lagodny/Schomburg/Wolf, Rn 7 ff
83 BGBl 1997 I, 1650, 1653; dazu die Kommentare von Schomburg/Lagodny IRG 1998 und Vogler/Wilkitzki IRG in Grützner/Pötz Internationale Rechtshilfe in Strafasachen (Loseblatt) Anhang A
84 BGBl I 1748; vgl dazu im Einzelnen Wehnert StraFo 2003, 356 ff; Seitz NStZ 2004, 546 ff; Schmidt NStZ-RR 2005, 161; Hackner NStZ 2005, 1206
85 BVerfG NJW 2005, 2289 ff

Bei Zeugenvernehmungen im Ausland hat sich der Verteidiger um eine Teilnahme   **82**
an diesen Vernehmungen zu bemühen, seine Berechtigung an der Teilnahme richtet
sich nach dem jeweiligen Verfahrensrecht des ersuchten Staates.[86] Oftmals wird die
Teilnahme von einer Zustimmung der deutschen Ermittlungsbehörden abhängig
gemacht. Aus den ausländischen Ermittlungshandlungen, insbesondere Vernehmungen, können sich dann wieder Fragen nach der Verwertbarkeit ergeben. Häufig
erfolgt die Rechtshilfe auch nur beschränkt für bestimmte Delikte (zB keine
Rechtshilfe für einfache Steuerstraftaten durch die Schweiz), in diesen Fällen hat
der Verteidiger auf die Einhaltung des Vorbehalts zu achten. Ist wegen derselben
Sache bereits eine Verurteilung oder urteilsähnliche Ahndung im Ausland erfolgt,
ergibt sich die Frage nach einem Verbot der doppelten Strafverfolgung.[87]

g)   Wirtschaftsreferent

Im Wirtschaftsstrafverfahren bedient sich die Staatsanwaltschaft zur Klärung insbe-   **83**
sondere betriebswirtschaftlicher Sachverhalte fast ausschließlich der so genannten
Wirtschaftsreferenten. Diese Wirtschaftsreferenten sind Angestellte bei der Staatsanwaltschaft, die in die Behörde eingegliedert sind und der Dienstaufsicht unterliegen.[88] Hieraus ergibt sich häufig ein Streit darüber, ob der Wirtschaftsreferent Sachverständiger oder Ermittlungsbeamter ist. Grundsätzlich steht die Zugehörigkeit
zur Staatsanwaltschaft der Sachverständigentätigkeit des Wirtschaftsreferenten nicht
entgegen. Hieraus ergeben sich dann zwei Problemkreise: einmal die Frage, ob und
inwieweit der Wirtschaftsreferent als Sachverständiger wegen Besorgnis der Befangenheit abgelehnt werden kann und zum anderen die Frage von verjährungsunter-
brechenden Handlungen durch die Tätigkeit des Wirtschaftsreferenten.

Grundsätzlich verneint die Praxis eine Befangenheit des Wirtschaftsreferenten aufgrund seiner Einbindung in die Organisation der Staatsanwaltschaft.[89] Bei erfolgreicher Ablehnung des Wirtschaftsreferenten als Sachverständigen steht er nichtsdestoweniger als sachverständiger Zeuge zur Verfügung und kann so für das Gericht
Urteilsgrundlagen schaffen.

Die Tätigkeit des Wirtschaftsreferenten unterbricht die Verjährung nur dann, wenn
ihm eindeutig ein Gutachtensauftrag erteilt wurde.[90] Dieser kann auch mündlich
erfolgen, in der Regel wird sich in der Akte jedoch ein schriftlicher Auftrag des zuständigen Staatsanwalts an den Wirtschaftsreferenten finden. Bloße Ermittlungstätigkeit des Wirtschaftsreferenten unterbricht die Verjährung jedoch nicht.

III.   Materielles Wirtschaftsstrafrecht

1.   Täter und Teilnehmer

Wirtschaftliches Handeln ist weitgehend ein Handeln juristischer Personen und ein   **84**
arbeitsteiliges Handeln. Da es keine Strafbarkeit des Unternehmens selbst, dh der
juristischen Person gibt (s aber unten Rn 313) stellt sich die Frage, welche natür-

---

86 Vgl dazu Hackner/Lagodny/Schomburg/Wolf Rn 290
87 Vgl zB BGH NStZ 1999, 579; 2001, 163; BGH StV 2000, 347
88 Dazu Krekeler wistra 1989, 52 ff
89 Vgl OLG Zweibrücken NJW 1979, 1995; KK-Pelchen § 76 Rn 5; Kl/M-G § 74 Rn 5; aA LR-
      Dahs § 74 Rn 7
90 BGHSt 28, 381 ff; StV 1986, 465

liche Person aus dem Unternehmensbereich strafrechtlich haftet. Wer ist zB der Täter des § 283 StGB, wenn eine juristische Person die Zahlungen eingestellt hat oder über ihr Vermögen das Insolvenzverfahren eröffnet wurde; wer trägt welche Verantwortung bei einer mehrgliedrigen Geschäftsleitung; wer ist verantwortlich, wenn Aufgaben delegiert werden?

Die Antwort hierauf ergeben die §§ 14 StGB, 9 OWiG, 130 OWiG und die von Rechtsprechung geschaffene Figur des faktischen Geschäftsführers.

a) Übertragung der Verantwortlichkeit auf natürliche Personen

aa) Organhaftung (§§ 14 I StGB, 9 I OWiG)

85 § 14 I StGB nennt drei **gesetzlich** geregelte Vertretungsfälle:

- das vertretungsberechtigte Organ einer juristischen Person oder das Mitglied eines solchen Organs (häufigste Fälle: Geschäftsführer einer GmbH oder Vorstandsmitglied einer AG)
- der vertretungsberechtigte Gesellschafter einer rechtsfähigen Personengesellschaft (häufigster Fall: vertretungsberechtigter Gesellschafter einer oHG oder KG)
- der gesetzliche Vertreter eines anderen (im Wirtschaftsstrafrecht häufigste Fälle: die so genannte Partei kraft Amtes wie Insolvenzverwalter, Nachlassverwalter, Testamentsvollstrecker, Liquidator).

In diesen Fällen werden die eine Strafbarkeit begründenden besonderen persönlichen Merkmale auf den gesetzlichen Vertreter eines Unternehmens oder eines Dritten angewendet, wenn diese Merkmale nicht bei ihm wohl aber bei dem Vertretenen vorliegen. Dabei bleibt es auch bei einem mehrgliedrigen Vertretungsorgan trotz einer Aufgliederung der Verantwortlichkeit (horizontale Delegation) bei einer Verantwortlichkeit eines jeden Einzelnen, soweit es sich um bestimmte, nicht delegierbare Grundpflichten handelt (dazu grundlegend und ausführlich die so genannte Lederspray-Entscheidung des BGH).[91]

bb) Substitutenhaftung (§§ 14 II StGB, 9 II OWiG)

86 § 14 II StGB erweitert den Täterkreis auf die **gewillkürten** Vertreter. Diese so genannte Substitutenhaftung unterscheidet zwischen der umfassenden Delegation, den Betrieb ganz oder teilweise zu leiten (Nr. 1), und der speziellen Delegation, einzelne Aufgaben des Betriebsinhabers zu übernehmen (Nr. 2) auf Personen, die nicht gesetzliche Vertreter sind (vertikale Delegation).

Die Beauftragung muss in beiden Fällen vom Betriebsinhaber oder einem sonst dazu Befugten (gesetzlich oder sonstiger Vertreter) erfolgen.

Die Beauftragung nach Ziff 2 muss aber ausdrücklich erfolgen, dieses Merkmal fehlt in Ziff 1. Dies bedeutet, dass die Beauftragung nach Ziff 1, die sehr viel weitergehend als die nach Ziff 2, auch konkludent erfolgen kann, während der Auftrag nach Ziff 2 eine förmliche Übertragung verlangt.[92]

- Auch bei einer grundsätzlich zulässigen Delegation iSv Abs 2 kann keine umfassende Freizeichnung des Delegierenden stattfinden. Der Vertretene bleibt Normadressat und es obliegen ihm gegenüber dem Beauftragten Auswahl und Kontrollpflichten, die das Erkennen oder Erkennen können der Pflichtverletzung des

---

91 BGHSt 37, 106 ff
92 Vgl Tröndle/Fischer § 14 Rn 12 mwN

Beauftragten ermöglichen. Eine Verletzung der Auswahl- und Kontrollpflichten kann wieder die Strafbarkeit des Delegierenden als Mittäter oder mittelbarer Täter begründen oder zumindest zu einer Haftung nach § 130 OWiG führen (vgl hierzu unten Rn 92). Abgestellt wird auf die tatsächliche dh die faktische Stellung.

– § 14 III StGB bzw § 9 III OWiG stellen schließlich klar, dass die Organhaftung nach Abs 1 bzw die Substitutenhaftung nach Abs 2 unabhängig von der Wirksamkeit des Bestellungsaktes zum Organ bzw zum Substituten besteht. Abgestellt wird auf die tatsächliche, dh die faktische Stellung.

b) Der faktische Geschäftsführer

Neben dem faktischen Geschäftsführer, der an Stelle des eingetragenen »Strohmann-Geschäftsführers« tatsächlich die Geschäftsführung ausübt und insgesamt die Geschicke der Gesellschaft lenkt, wurde in der Rechtsprechung auch die faktische Mitgeschäftsführung bejaht für den Fall, dass der bestellte und eingetragene Geschäftsführer für die Gesellschaft tätig ist und unternehmensrelevante Aufgaben wahrnimmt, daneben jedoch, gewissermaßen in Arbeitsteilung, ein weiterer tatsächlicher Geschäftsführer, ohne als solcher im Handelsregister eingetragen zu sein, für die Geschäftsführung tätig ist. Die Kriterien für die Annahme einer solchen faktischen Mitgeschäftsführerschaft werden in der höchstrichterlichen Rechtsprechung im Ergebnis nicht ganz eindeutig festgelegt.[93] Formell bedarf es zunächst irgendeines erkennbaren Bestellungsaktes durch die Gesellschafter, der keiner Form bedarf und zB stillschweigend erfolgt oder in einem bloßen Einverständnis bestehen kann. Materiell müssen tatsächlich Geschäftsführungsaufgaben wahrgenommen werden, hierzu finden sich folgende Formulierungen:

– der faktische Geschäftsführer muss die Geschicke der Gesellschaft **allein** bestimmen
– der faktische Geschäftsführer muss ein **Übergewicht** gegenüber dem formellen Geschäftsführer besitzen
– der faktische Geschäftsführer muss eine **überragende Stellung** in der Geschäftsführung gegenüber dem eingetragenen Geschäftsführer einnehmen
– der faktische Geschäftsführer muss die Geschäfte **in weiterem Umfang** als der formelle Geschäftsführer wahrnehmen, er muss die »Seele des Geschäfts sein« und bestimmten Einfluss auf **alle** Geschäftsvorgänge haben.

87

Es ist nicht zu übersehen, dass die Instanzgerichte mit der Annahme einer faktischen Geschäftsführung sehr schnell bei der Hand sind und dass zweifellos eine Neigung besteht, die faktische Geschäftsführung eher zu bejahen als zu verneinen.

88

Vom Standpunkt der Verteidigung aus müssen folgende Kriterien für die Annahme einer faktischen Geschäftsführertätigkeit geprüft werden:

– Erfordernis eines **Einverständnisses der Gesellschafter** mit der Geschäftsführertätigkeit
– tatsächliche **Ausübung der Geschäftsführertätigkeiten** im nachfolgenden Umfang:
  Bestimmung der Unternehmenspolitik
  Bestimmung der Unternehmensorganisation

---

93 Vgl BGHSt 3, 32 ff; 21, 101 ff; 31, 118 ff; BGH NJW 1997, 66 f; 2000, 2285; NStZ 2000, 34; OLG Düsseldorf NStZ 1988, 369; BayObLG BB 1997, 850 f

Personalentscheidungen, zB Einstellung und Entlassung von Mitarbeitern, Ausstellen von Zeugnissen

Gestaltung der Geschäftsbeziehungen gegenüber Vertragspartnern, einschließlich der Vereinbarung von Vertrags- und Zahlungsmodalitäten

Entscheidung in Steuerangelegenheiten

Verhandlungen mit Kreditgebern

Steuerung von Buchhaltung und Bilanzierung

Bezug eines Gehalts, das dem eines Geschäftsführers entspricht.

– Außenwirkung der Tätigkeit, dh Dritte sehen ihn »wie einen Geschäftsführer«

89   Es scheint eine Tendenz in der Rechtsprechung zu bestehen, dass zumindest die Mehrzahl dieser 8 »klassischen Merkmale« der Geschäftsführung erfüllt sein muss, um eine faktische Mitgeschäftsführereigenschaft zu bejahen.[94]

c) Mehrgliedrige Geschäftsführung

90   Bei der mehrgliedrigen Geschäftsführung mit einer Ressortaufteilung stellt sich die Frage, inwieweit eine Gesamtverantwortlichkeit des einzelnen Geschäftsführers/ Vorstands besteht und inwieweit er für die Verantwortlichkeit in der Sphäre der anderen Ressorts freigestellt ist. Dabei lässt sich im Anschluss an die so genannte Lederspray-Entscheidung des BGH[95] festhalten, dass es einen Grundsatz der Generalverantwortlichkeit und Allzuständigkeit jedes einzelnen Geschäftsführers dort gibt, wo das Unternehmen als Ganzes betroffen ist. Dies wirkt sich insbesondere auf Insolvenzantragstellung und Bankrottdelikte aus in der Regel auch auf Steuer- und Beitragsdelikte. Berührt werden hier Grundpflichten des Geschäftsführers und Kerninteressen der Gesellschaft. Dagegen können zB Betrugs- oder Untreuehandlungen durchaus dem einzelnen Geschäftsführer/Vorstand zugerechnet werden.

d) Verletzung betrieblicher Aufsichtspflichten

91   § 130 OWiG sanktioniert als Ordnungswidrigkeit das Unterlassen von Aufsichtsmaßnahmen, die erforderlich sind, um im Betrieb oder Unternehmen Zuwiderhandlungen gegen Pflichten zu verhindern, die den Inhaber als solchen treffen und deren Verletzung ihrerseits mit Strafe oder Geldbuße bedroht ist.

Adressat der Norm ist der Inhaber des Betriebes oder des Unternehmens, dh entweder der Unternehmer selbst oder aber der Personenkreis der §§ 14 StGB, 9 OWiG.

Die Aufsichtsmaßnahmen beziehen sich nach § 130 I 2 OWiG auf Bestellung, Auswahl und Überwachung und darüber hinaus auf Organisation, Aufklärung und Schulung.[96] Die Verletzung muss auf betriebliche Pflichten gerichtet sein, wobei die Begehung dieser Zuwiderhandlung durch den Mitarbeiter eine objektive Bedingung der Strafbarkeit ist, dh Vorsatz oder Fahrlässigkeit des aufsichtspflichtigen Täters muss sich nicht auf die Tat des Mitarbeiters beziehen. Dies ist das Unterscheidungsmerkmal zur Teilnahme an der Tat des Mitarbeiters.[97]

Die Verletzung der Aufsichtspflicht ist aber nur dann ordnungswidrig, wenn bei Erfüllung der Aufsichtspflicht die vom Mitarbeiter begangene Zuwiderhandlung

---

94 Vgl Dierlamm NStZ 1996, 153 ff
95 BGHSt 37, 106 ff
96 Vgl HWSt-Achenbach I 3 Rn 54
97 Vgl HWSt-Achenbach I 3 Rn 62

verhindert oder zumindest wesentlich erschwert worden wäre. Daraus entsteht das besonders verteidigungsrelevante Problem, wo die unwesentliche Erschwerung aufhört und die wesentliche Erschwerung beginnt.[98]

Der Bußgeldrahmen des § 130 OWiG ist in Abs 3 gestaffelt:

- Ist die Zuwiderhandlung eine Straftat, kann die Aufsichtspflichtverletzung bis zu 1 Mio EURO und die fahrlässige Aufsichtspflichtverletzung über die Regelungen des § 17 II OWiG mit Bußgeld bis zu 500.000,— EURO geahndet werden
- Ist die Zuwiderhandlung eine Ordnungswidrigkeit, so bestimmt sich die Geldbuße für die Aufsichtspflichtverletzung nach dem Bußgeldrahmen der begangenen Ordnungswidrigkeit.
- Ist die Zuwiderhandlung gleichzeitig mit Strafe und Geldbuße bedroht, so bleibt die angedrohte Geldbuße maßgebend, wenn diese die Geldstrafe übersteigt.[99]

e) Teilnehmer

Eine besondere Problematik ergibt sich aus dem Begriff des berufsbedingten Handelns und die mögliche Subsumtion dieses Handelns als strafbare Beihilfe.

92

Ausgangspunkt der intensiven Diskussion war die Frage, inwieweit ein Bankmitarbeiter sich der Beihilfe zur Steuerhinterziehung schuldig macht, wenn er am Kapitaltransfer ins Ausland mitwirkt, die zur Steuerhinterziehung durch Nichterklärung der Einkünfte führen.[100]

Die Problematik stellt sich ebenso für den Berater wie für den Mitarbeiter eines Unternehmens, das ins Visier der Staatsanwaltschaft geraten ist.[101]

Der BGH hat einer allgemeinen Ausklammerung so genannter »berufstypischer« (oder »neutraler« oder »professionell adäquater«) Handlungen aus der Beihilfestrafbarkeit eine Absage erteilt und ausdrücklich die Anwendung der allgemeinen Beihilfegrundsätze (und damit insgesamt der allgemeinen Teilnahmelehre) auch auf diese berufstypischen Handlungen bestätigt.[102] Das bedeutet, dass jedes Handeln eines Beraters oder eines Mitarbeiters im Rahmen seiner Tätigkeit sich aus diesem allgemeinen strafrechtlichen Grundsatz messen lassen muss, es gibt insoweit kein Berater- oder Mitarbeiterprivileg.[103]

2. Kernbereiche des materiellen Wirtschaftsstrafrechts

a) Insolvenzstrafrecht

In der Praxis der Schwerpunktstaatsanwaltschaften für Wirtschaftskriminalität wird bei dem Niedergang eines Unternehmens – über 90 % der Fälle betreffen GmbHs (einschließlich GmbH & Co. KG) – ein »insolvenzstrafrechtliches Verfahren« geführt, bei dem die Insolvenzverschleppung – neben Bankrott wegen Buchführungs- und Bilanzdelikten, Beitragshinterziehung und Untreue (Rückzahlung von Eigen-

93

---

98 Vgl dazu HWSt-Achenbach I 3 Rn 64 mwN
99 Relevant wird dies bei Submissionsabsprachen im Widerstreit zwischen § 289 StGB und § 81 GWB
100 Vgl dazu im Einzelnen Quedenfeld/Füllsack Rn 293 mwN
101 Zur speziellen Problematik beim Steuerberater s. o. Hardtke Teil E Kap 2 Rn 75; Quedenfeld/Füllsack Rn 292
102 BGHSt 46, 107 ff; BGH NJW 2003, 2996
103 Vgl dazu aber aus der Literatur Ransiek wistra 1997, 473 ff; Harzer/Vogt StraFo 2000, 39 ff

kapital, Vermögensverschiebungen auf Nachfolgegesellschaften) – nur ein Teilbereich ist. Im Zentrum stehen allerdings insgesamt **Probleme der Krisenfeststellung**. Diese sind in Literatur und Rechtsprechung gerade für das Strafrecht nicht
ohne weiteres zu erschließen. Sie sollen deshalb eingehender besprochen werden.

aa)   Praktische Handhabung der Vorprüfung

94   Die einzelnen Staatsanwaltschaften der Bundesrepublik – ja selbst die Schwerpunktstaatsanwaltschaften – handhaben die Einleitung eines Ermittlungsverfahrens
im Bereich der Insolvenzkriminalität höchst unterschiedlich. Manche verlassen sich
auf Strafanzeigen individuell Geschädigter, andere – die weit überwiegende Zahl –
prüften systematisch alle (Unternehmens-, nicht Verbraucher-)Insolvenzen. In
Stuttgart werden zB bei über 80 % aller Unternehmensinsolvenzen Amtsermittlung
nach Auswertung der Insolvenzakten und standardisierter Abfragen amtszugäng-
licher Informationen nach den Mitteilungen in Zivilsachen[104] getätigt. Dies führt
– gemeinsam mit Strafanzeigen – in über 90 % der Unternehmensinsolvenzen zu
Ermittlungsverfahren. Diese werden nur in wenigen Einzelfällen nach § 170 StPO
eingestellt, in ca. 20 % nach Opportunitätsgrundsätzen, in ca. 75 % mittels Strafbefehlsanträge und im Übrigen durch Anklageerhebung abgeschlossen.

bb)   Besonderheiten des Verwertungsverbotes des § 97 I S 3 InsO

95   Im so genannten »**Gemeinschuldnerbeschluss**«[105] hat das BVerfG[106] die Durchsetzung der Auskunfts- und Vorlagepflichten der Konkursordnung durch die in der
Konkursordnung vorgegebenen staatlichen Zwangsmittel mit Art. 1 Abs 1 GG in
Einklang stehend erkannt, weil und soweit mit der Auskunftspflicht »ein **strafrechtliches Verwertungsverbot**« korrespondiert. Der BGH hat diesen Grundsatz
auf die Angaben des Schuldners im Zwangsvollstreckungsverfahren gem § 807 ZPO
ausgedehnt.[107] Zwar verbiete der »nemo tenetur – Grundsatz«[108] nur im Strafprozess jeden Zwang zur Selbstbelastung auch gegen den (voll) schweigenden Angeklagten bzw Beschuldigten. Dieser Grundsatz habe jedoch Auswirkungen auf
Pflichten in anderen Rechtsgebieten mit Zwangswirkung und Folgen für strafrechtliche Beweisführung. Die Ausgestaltung hieraus abzuleitender Verwertungsverbote
hinsichtlich ihrer Fernwirkung sei aber Sache des (einfachen) Gesetzgebers.[109] Insbesondere bleibt der potenzielle spätere Beschuldigte gezwungen, bei einer Vielzahl
außerprozessualer Verpflichtungen Beweise gegen sich selbst zu sammeln.[110]

---

104 MIZI BAnz Nr. 218 v 10. 11. 1997 idF vom 1. 6. 1998; vgl hierzu Baumgarte wistra 1991, 171 ff
105 Vgl hierzu nur Tiedemann InsO-StrR: vor § 283, Rn 25
106 BVerfGE 56, 37 ff, 41 ff = NJW 1981, 1431 ff, 1433; bestätigend der Nichtannahmebeschluss des
     BVerfG vom 9. 5. 2004 – wistra 2004, 383; selbst Briefe seines Verteidigers an den inhaftierten
     Schuldner können bei einer Postsperre vom Insolvenzverwalter gelesen, dürften allerdings
     nicht verwendet werden – vgl BVerfG ZIP 2000 2311 f
107 BGHSt 37, 340 ff, 343; für das Recht der InsO zutreffend LG Aachen, Beschl v 8. 11. 2000 – 65
     Qs 125/00
108 Umfassend mN Richter wistra 2000, 1 ff; zustimmend LG Stuttgart, wistra 2000, 439 f; m Anm
     Richter 440; ebenso LG Aachen, Beschl v 8. 11. 2000 – 65 Qs 125/00; siehe auch Verrel NStZ
     1997, 361 ff, 415 ff; BGHSt 3, 309 ff; Bittmann/Rudolph wistra 2001, 81 ff, 82; weitgehend aA
     dem gegenüber Hefendehl wistra 2003, 1 ff, der sowohl die »Vorauswirkung« des Verwen-
     dungsverbotes ablehnt als auch – entgegen LG Stuttgart – den hypothetischen (rechtmäßigen)
     Kausalverlauf als Heilungsmöglichkeit rechtswidriger Beweiserlangung anerkennen will. Bitt-
     mann in Bittmann (Hg), Insolvenzstrafrecht, § 1 Rn 18, hält demgegenüber die Pflichtangaben
     des Schuldners gem § 15 Abs 1 InsO für verwertbar
109 Hierzu eingehend Stürner NJW 1988, 1757 ff, 1758, 176
110 Vgl die Aufzählung vom Fahrtenschreiber bis zum AbfallbeseitigungsG – hierher gehört auch
     die Führung von Handelsbücher selbst – bei Volk JZ 1982, 85 ff, 91; eingehend hierzu auch
     Schäfer FS für Dünnebier 1982, 11 ff

Anzumerken bleibt schon in diesem Zusammenhang, dass sich das BVerfG in seiner **96** Entscheidung – wie auch *Stürner* in seiner Entscheidungsbesprechung[111] – ausdrücklich **nicht** mit § 104 KO, also der Pflicht zur Vorlage von Vermögensübersichten oder sonstigen **Mitwirkungspflichten** befasst hat. Die InsO hat die Auskunfts- und Mitwirkungspflichten des Gemeinschuldners neu geregelt. Sie unterscheidet ebenfalls zwischen Eröffnungs- und Insolvenzverfahren im engeren Sinne.

§ 20 InsO regelt allein die **Auskunftspflicht** im **Einleitungsverfahren**. **97**

§ 97 InsO die **Auskunfts- und Mitwirkungspflicht** im eröffneten **Insolvenzverfahren**; § 20 S. 2 InsO verweist auf die §§ 97 ff InsO.

§ 97 I InsO lautet:

»Der Schuldner ist verpflichtet, dem Insolvenzgericht, dem Insolvenzverwalter, dem Gläubigerausschuss und auf Anordnung des Gerichtes der Gläubigerversammlung über alle das Verfahren betreffenden Verhältnisse **Auskunft** zu geben«.[112]

Damit ist klargestellt, dass es sich bei der **Auskunftspflicht** nach §§ 97 Abs 1, 20 InsO um einen **besonders hervorgehobenen Teilbereich der allgemeinen Mitwirkungspflichten** des Gemeinschuldners handelt.[113]

Der Gesetzgeber hat das übergesetzliche Verwertungsverbot auf der Grundlage des **98** Gemeinschuldnerbeschlusses des BVerfG in § 97 I S 3 InsO nunmehr positivrechtlich normiert:

»Jedoch darf eine **Auskunft**, die der Schuldner **gemäß seiner Verpflichtung nach Satz 1** erteilt, in einem Strafverfahren oder in einem anderen Verfahren nach dem Gesetz über Ordnungswidrigkeiten gegen den Schuldner oder einen in § 52 I der Strafprozessordnung bezeichneten Angehörigen des Schuldners nur mit Zustimmung des Schuldners **verwendet** werden«.

Der Insolvenz-Reformgesetzgeber wollte danach die Grenzen des strafprozessualen Fernwirkungsverbots auf der Grundlage von § 136 a StPO nicht verschieben.[114] Dies könnte er auch nur im Rahmen der StPO, nicht aber dem der InsO. In deren Geltungsbereich bleibt es danach gleichwohl den Strafverfolgungsbehörden **verwehrt**, aus der **Auskunft des Gemeinschuldners** – sowohl im Einleitungsverfahren gem § 20 InsO als auch im Insolvenzverfahren gem § 97 I InsO – einen **Anfangsverdacht zu schöpfen** oder auf der Grundlage dieser Angaben **Beweismittel zu erheben**.

Verwertbar bleiben allerdings seine Geschäftsunterlagen. Sowohl im Zivilrecht **99** – wo eine Vielzahl von Auskunftspflichten gesetzlich normiert sind[115] – als auch im Zivil-[116] und Strafprozessrecht[117] – wird stets zwischen Auskunfts- und Vorlage- und/oder Rechnungslegungspflichten unterschieden. Auch § 22 III InsO unterscheidet zwischen der »**Gestattung der Einsicht in die Bücher**« (S 2) und den »**erforderlichen Auskünften**« (S 3). Zutreffend hat bereits Verrel[118] darauf hinge-

---

111 Stürner NJW 1988, 1757 ff, 1758, 1763
112 Hervorhebung – auch im folgenden – vom Verf
113 Vgl nur App in: Frankfurter Kommentar zur Insolvenzordnung, 1999 § 97 Rn 1
114 Vgl die Nachw gegen eine »Fortwirkung« jedenfalls aber gegen die »Fernwirkung« bei Meyer-Goßner § 136 a Rn 30 f
115 Vgl nur die Aufzählung bei Palandt-Heinrich BGB, 62. Aufl. 2003 § 261 Rn 5
116 Etwa §§ 273, 378 ZPO
117 § 69 StPO »anzugeben« als »Aussage«
118 Verrel NStZ 1997, 363 mN

wiesen, dass der nemo-tenetur-Grundsatz vom **BVerfG auf Aussagen beschränkt,** also zB die **»Vorlagepflicht von Bücher und Geschäftspapiere«**[119] nicht betroffen ist.

cc) Feststellungen zur »Krise«

100   Ausgangspunkt jeder Krisenbetrachtung ist (jedenfalls zunächst) die **Trennung zwischen Vermögen**skrise (*Überschuldung*) und **Liquidität**skrise (*Zahlungsunfähigkeit*). Die **Finanzierung**skrise, diskutiert unter dem Begriff der *Kreditunwürdigkeit*, hat allein Bedeutung beim Kapitalersatz – zunehmend ein zentrales Problemfeld täglicher insolvenzstrafrechtlicher Praxis, das allerdings in der (veröffentlichten) obergerichtlichen (Straf-)Rechtsprechung noch keinen Niederschlag gefunden hat.

101   Nicht nur weil insolvenzstrafrechtliche Verfahren unter tatzeitrechtlichen Aspekten – das neue Insolvenzstrafrecht ist jedenfalls nicht das mildere Gesetz gem. § 2 Abs 3 StGB[120] – noch nach altem Recht zu beurteilen sind, sondern weil die Neuregelungen der InsO in ihrem strafrechtlichen Gehalt nur unter dem Hintergrund der Rechtsprechung zur KO verständlich werden, ist zunächst diese Rechtsprechung und sodann die Neuregelung vorzustellen.

102   **(1) Zahlungsunfähigkeit und Zahlungseinstellung**

Im Bereich der Liquiditätskrise ist zunächst an die gegenwärtige Definition der Rechtsprechung zur **Zahlungsunfähigkeit** (in der Sprache der Betriebswirtschaftslehre die »Illiquidität«) nach altem Recht zu erinnern: *»Das auf den Mangel von Zahlungsmitteln beruhende, voraussichtlich dauerhafte Unvermögen des Schuldners, seine fälligen und ernsthaft eingeforderten Geldschulden im wesentlichen zu erfüllen«.*[121] Die **Zahlungseinstellung** ist demgegenüber als tatsächlicher Akt »die äußere Manifestation der Zahlungsunfähigkeit«.[122]

103   Zur Feststellung der Zahlungsunfähigkeit können einerseits »**betriebswirtschaftlich**« die gegenwärtigen (Liquiditätsstatus) und künftigen (Finanzplan) flüssigen Mittel den gegenwärtigen und künftigen Verbindlichkeiten gegenübergestellt werden.[123] Andererseits ist es aber auch zulässig, aus »**wirtschaftskriminalistischen Beweisanzeichen**«[124] hinreichend sichere Schlüsse zu ziehen.[125] In der Praxis wird nahezu ausschließlich mit den genannten Beweisanzeichen gearbeitet, wobei diese jedoch regelmäßig mit (meist rudimentären) betriebswirtschaftlichen Erkenntnissen aus der Unternehmensbuchhaltung ergänzt werden, will man sich nicht – wie allerdings (»zu Gunsten«) häufig – mit der eidesstattlichen Versicherung oder (soweit

---

119 So ausdrücklich BVerfGE 55, 144 ff, 150 f für § 31 a BinnenschiffahrtsG

120 BGH wistra 2001, 306 ff, 307; vgl zum neuen Recht instruktiv Harz ZInsO 2001, 193 ff und Nies ZInsO 2001, 735 ff

121 Statt aller Tiedemann Insolvenz-Strafrecht vor § 283 Rn 125 ff mN

122 Tiedemann Insolvenz-Strafrecht vor § 283 Rn 125, 144, 146 auch zu der – überwiegend rein theoretischen – Streitfrage, ob die bloße Zahlungsverweigerung die Zahlungsunfähigkeit begründen kann

123 Ständige Rechtsprechung, vgl zuletzt BGH wistra 2001, 306 ff, 307

124 Alsda sind: Überschreitung von Zahlungszielen, Lieferungen nur gegen Barzahlung, Zahlungsrückstände bei betriebsnotwendigen Aufwendungen, insbes bei Lohn- und Gehaltszahlungen und Sozialversicherungsabgaben, Scheckvordatierungen, Scheck- und Wechselprolongationen bzw -proteste, Rücklastschriften, Mahn- und Vollstreckungsbescheide, erfolglose Pfändungen, Pfandloserklärungen, Ladung/Haftbefehl zur Ableistung der eidesstattlichen Versicherung gem § 807 ZPO bzw diese selbst und insbes. Schlüsse aus dem Verhalten der Hausbanken ua; vgl Richter GmbHR 1984, 113 ff, 137 ff, 138; Reulecke Kriminalistik 1984, 81 ff; BGH wistra 1992, 146 u. 1993 184 je m w Nachw

125 BGH wistra 1993, 184 f m w Nachw

nur pfändbare Habe vorhanden ist!) mit der Pfandloserklärung des Gerichtsvollziehers (idR also der **Zahlungseinstellung**, die regelmäßig in unmittelbarer zeitlichen Nähe mit dem Konkursantrag steht!) begnügen. Andernfalls bleiben auch »wirtschaftskriminalistisch« nicht vermeidbare Quantifizierungsprobleme mindestens im Hinblick auf das Wesentlichkeitskriterium.

Die erste relevante Neuerung durch die InsO im Bereich der Krisenfeststellung soll **104** insoweit Abhilfe und eine **Vorverlagerung des Insolvenzzeitpunktes** im Liquiditätsbereich durch § 17 Abs. 2 InsO bringen, weil diese Norm auf die unbestimmten Begriffe der »**Wesentlichkeit**« und »**Dauerhaftigkeit**« verzichtet. Bleibt somit nur die »nackte Illiquidität«, die sich in der Nichtbezahlung *auch nur einer* (fälligen) Verbindlichkeit offenbart?

Dabei nur ein Wort zur »Fälligkeit«, weil insoweit nach neuem Recht keine Änderung **105** stattfindet. An das Merkmal »ernsthaft geltend gemacht« hat die Rechtsprechung[126] ohnehin keine besonderen Anforderung gestellt und es damit bewenden lassen, dass der Schuldner nicht zu erkennen gab, dass er nicht mehr auf die (sofortige) Zahlung besteht. Dann liegt regelmäßig eine konkludente Stundung vor – mithin keine Fälligkeit. Wichtiger ist demgegenüber für die Praxis, dass ein sogn. »pactum de non petendo« – also die lediglich schuldrechtliche Erklärung, die Forderung für eine gewisse Zeit nicht geltend zu machen, die Fälligkeit gerade nicht betrifft. Es bleibt im übrigen selbstverständlich dabei, dass *Zahlungsunwilligkeit* keine Zahlungsunfähigkeit darstellt.[127]

Zur Geltung des alten Rechts war die Quote der Unterdeckung (»**Wesentlichkeit**«) **106** streitig. Die ganz hM ging von > 15–25 % (also – weil insoweit immer wieder Missverständnisse auftreten – einer Befriedigungsquote von < 75–85 %) aus.[128] Die Höhe der Quote ist für die Praxis allerdings eher zweitrangig. Es kommt vielmehr darauf an, welche gegenwärtigen (liquiden)[129] Vermögenswerte (**Liquiditätsstatus**) und welche künftigen (geplanten) Einnahmen und Ausgaben (**Finanzplan**)[130] in die Erfassung einbezogen werden, um die Abgrenzung zur bloßen **Zahlungsstockung** zu leisten.[131] Die Betriebswirtschaftslehre – und so auch viele Unternehmen – arbeiten in diesem Zusammenhang mit **Liquiditätskoeffizienten**. Danach wird zwischen Liquidität 1. bis 3. Grades unterschieden. Unter Beachtung der Stichtagsqualität dieser Aussagen entsprachen die hier eingesetzten Vermögenswerte der **Liquidität 2. Grades**, es werden bare und die kurzfristig liquidierbare Mittel den kurzfristigen Verbindlichkeiten gegenübergestellt.[132] Zutreffend hat allerdings *Wolf*[133] darauf hin-

---

126 Vgl die Nachw bei Tiedemann InsO-StrR vor § 233, Rn 128
127 Vgl hierzu insges Müller-Gugenberger/Bieneck-Bieneck § 76 Rn 36 ff
128 Tiedemann Insolvenz-Strafrech vor § 283 Rn 129 ff; Müller-Gugenberger/Bieneck-Bieneck § 76 Rn 74 ff; OLG Düsseldorf GmbHR 1997, 699 ff, 700 (kleiner als 75 % und positive Liquiditätsentwicklung für weitere 3 Monate); vergl auch BayObLG BB 1988, 1840 = wistra 1988, 363 f
129 Nicht hinzuzuzählen sind übrigens beiseitegeschaffte Vermögenswerte – OLG Frankfurt/Main im »Schneider-Fall« (wistra 1997, 274), weil allein die Erschwerung des Gläubigerzugriffs maßgeblich ist; so auch BGH wistra 2001, 306 ff, 308; aA Krause NStZ 1999, 161 ff
130 Dessen Fehlen im Hinblick auf die Schuldfrage bedeutsam ist und – jedenfalls bei stärker werdender Krise als Blindwirtschaft gem § 283 Abs 1 Nr. 8 StGB geahndet werden kann – vgl BGH NJW 1981, 354
131 Vgl BGH wistra 1993, 184 f; BayObLG BB 1988, 1840; eingehend Tiedemann InsO-StrR vor § 283 Rn 131 f
132 Vgl nur Jacobs Bilanzanalyse 1994, S 138; unter Barmittel werden in erster Linie Kasse und Bank, unter liquidierbaren solche die im Zeitraum bis zu 3 Monaten verflüssigbar und nicht betriebsnotwendig sind, verstanden
133 Zahlungsunfähigkeit als Grund für die Eröffnung des Insolvenzverfahrens StuB 1999, 392

gewiesen, dass – unter der Prämisse der »fälligen und ernsthaft geltend gemachten Verbindlichkeiten« – nur die zum Stichtag vorhandene Zahlungskraft, nicht aber zeitlich nachfolgende Liquiditätszuflüsse beachtlich sind. Mittel aus späteren Forderungseingängen oder gar aus Desinvestitionen stehen ja gerade nicht zur Verfügung, sonst würden sie verwendet werden.[134]

107 Die (apodiktische) Formulierung des § 17 **InsO** bedeutet zunächst und mindestens, dass die bisher diskutierten Quoten der Unterdeckung nicht mehr erheblich sein können.[135] Damit folgt der Gesetzgeber Erfahrung der Praxis, wonach gerade die Nichtbegleichung kleinerer Beträge regelmäßig auf besondere Liquiditätsprobleme hinweist. »Verflüssigungsfähiges« Anlagevermögen ist hierbei – jedenfalls soweit es betriebsnotwendig oder nicht kurzfristig veräußerbar ist – nicht heranzuziehen, andererseits sind (realistische) Kreditschöpfungsmöglichkeiten zu berücksichtigen.[136] **Bestreitet** der Schuldner die Verbindlichkeit – etwa auch indem er **Mängeleinreden** erhebt –, ändert dies grundsätzlich nicht deren Fälligkeit, erst recht nicht, wenn der Gläubiger Klage erhebt. Unter dem Gesichtspunkt des Liquiditätsplanes sind solche Verbindlichkeiten allerdings nur dann zu »passivieren«, wenn die »Gefahr der Inanspruchnahme« – auch durch Mittel des vorläufigen Rechtsschutzes – innerhalb der 4 Wochen Frist besteht.[137]

108 Nach der Grundsatzentscheidung des IX. Zivilsenats des »Insolvenz-Senates« des BGH vom 24. 5. 2005[138] verbleibt es für das Zivilrecht bei einer quantitativen Betrachtungsweise bei einem allerdings deutlich verkleinerten Unterdeckungs-Quotient von 10 %, also einer Befriedigungsquote von mindestens 90 %. Es bleibt allerdings dabei, dass nicht jede Unfähigkeit eine (unbedeutende) Verbindlichkeit (momentan) nicht bezahlen zu können, Zahlungsunfähigkeit zu begründen vermag. Abgelehnt ist die Annahme, statt der quantitativen (»**ein nicht unerheblicher Teil der Zahlungsverpflichtungen**«) könne eine qualitative Betrachtung (**eine nicht unerhebliche Zahlungsverpflichtung**) vorgenommen werden.[139]

---

134 Von einer Zahlungsstockung war nur noch auszugehen, wenn die Mittel – hinreichend konkret (BGH ZIP 1998, 2008 ff, 2009) – in längstens 1 Monat erwartet werden können (BGH WM 1999, 12 ff, 14). An das Merkmal des »ernsthaften Geltendmachens« einer Forderung durch den Gläubiger waren ohnehin nur geringe Anforderungen zu stellen – vgl BGH ZIP 1998, 2008, 210. Unbeschadet hiervon ist bereits im Übersenden einer Rechnung ein »Einfordern« zu sehen. Nach § 284 Abs 3 BGB – idF des Gesetzes zur Beschleunigung fälliger Zahlungen vom 01. 05. 2000 – BGBl I, 2000, 330 – bedarf es ohnehin keiner Mahnung mehr

135 So zutreffend Moosmayer S 165

136 Reulecke Kriminalistik 1984, 80 ff, 82

137 **AA** Müller-Gugenberger/Bieneck-Bieneck § 76 Rn 42, der auf eine »endgültige Zahlungsfälligkeit« abstellen will

138 IX ZR 123/04, vgl auch Hess/Pape 1995, Rn 95 ff und – allerdings mit Einschränkung – Moosmayer S 155 ff

139 So ausdrücklich – unter Berufung auf die Materialien (BT-Drucks 12/7302) – der BGH (ZIP 2002, 87 ff, 90: »außer Betracht bleiben nur ganz geringfügige Liquiditätslücken ... ohne dass es auf einen bestimmten Bruchteil der Gesamtverbindlichkeiten« ankommt; aA AG Köln ZIP 1999, 1889, das von einem Unterdeckungsquotienten von 5 % ausgeht und OLG Düsseldorf ZIP 2003, 1163 f, das von »wenigstens 10 % von seinen als fällig eingeforderten Geldschulden« ausgeht. Tiedemann InsO-StrR vor § 283 Rn 129 fordert für das Strafrecht ebenfalls einen »wesentlichen Teil der Zahlungspflichten«. Vgl hierzu insbes auch BGH 5 StR 16/02 = ZIP 2002, 2143, BGH ZIP 2003, 16666 ff, 1669 unter Hinweis auf OLG Celle ZInsO 2002, 979 ff, 980, 983 und OLG Köln KTS 2000, 441 f, vgl auch Richter NZI 2002, 121 ff Bittmann § 11 Rn 590 will demgegenüber – abweichend vom Zivilrecht – einen eigenständigen strafrechtliche – einengende – Definition einführen, die im wesentlichen an der Rechtsprechung zum alten Recht ausgerichtet ist. Dem kann – da der Intention des Gesetzgebers und dem Schutzzweck der Strafbewehrung widersprechend – keinesfalls gefolgt werden

Auch die Probleme der Zeitraumbetrachtung sind mit dieser Entscheidung gelöst: **109** Die hM ging für die KO bis Mitte der 90 er Jahre noch von einem Zeitraum von **3–6 Monaten** aus.[140]

Der **BGH** hat jedoch schon seit 1998 eine Frist von **1 Monat** für ausreichend gehal- **110** ten.[141] Den Streit, ob eine Zeitpunkt- oder aber eine Zeitraumbetrachtung richtig ist, löst der Verzicht des Gesetzgebers auf das Erfordernis der »**Dauer**« in der InsO nur scheinbar. Diese hat die Unterscheidung zwischen Zahlungsstockung und Zahlungsunfähigkeit nämlich nicht aufgegeben. Eine reine Zeitpunktbetrachtung kann dies – auch mit dem Korrektiv der Krisenüberwindung – nicht leisten. Eine »nur kurzfristige Wiederherstellung der Liquidität« ist nicht ausreichend für eine »echte Konsolidierung«. Verbleibt es demnach grundsätzlich bei einer Zeitraumbetrachtung, so bedeutet der Verzicht auf das Erfordernis der »**Dauer**« in der InsO doch mindestens, dass feststehen muss, dass der Schuldner seine fällige Verbindlichkeit **alsbald** bezahlen kann. Ist dies in einer Frist von maximal **3 Wochen** nicht möglich, kann von einer Zahlungsstockung jedenfalls nicht mehr die Rede sein.[142]

Zahlungsunfähigkeit nach neuem Recht bedeutet also, der Schuldner kann min- **111** destens eine – für ihn nicht völlig unbedeutende – Verbindlichkeit zum Stichtag nicht begleichen und diese Unfähigkeit dauert voraussichtlich mindestens 3 Wochen an. In der Praxis wird dies regelmäßig jedenfalls an der Nichtzahlung der Arbeitnehmeranteile zu Sozialversicherung – als einer bei Nichtzahlung mit Strafe bedrohter Verbindlichkeit – festgemacht. Spätere Zahlung dieser Verbindlichkeit führt zur Beseitigung der eingetretenen Zahlungsunfähigkeit, wenn nicht neue Verbindlichkeiten – dann mit einer »*Bugwelle*« von mindestens 1 Monat – unbezahlt. Kann der Schuldner die am 15. 1. fälligen Arbeitnehmeranteile zu diesem Tag und voraussichtlich auch nicht bis zum 16. 2. bezahlen, ist er am 15. 1. zahlungsunfähig. Zahlt er am 16. 2. – verspätet – die Dezemberanteile, verbleibt es bei der Zahlungsunfähigkeit, weil die Januaranteile schon länger als 3 Wochen unbezahlt geblieben sind.

Die »**drohende Zahlungsunfähigkeit**« als **überwiegende Wahrscheinlichkeit** des **112** Eintritts der Zahlungsunfähigkeit[143] ist ebenfalls weiterhin von der **Zahlungsstockung** abzugrenzen. Praktisch sind hier Fälle der (angezeigten) Kreditkündigung der Bank, der alsbald fälligen größeren Verbindlichkeit, des sich abzeichnenden Ausfalls eines Schuldners uä.[144]

Der neue (fakultative – auf Schuldnerantrag) Konkurseröffnungstatbestand der **113** »**drohenden Zahlungsunfähigkeit**«, der in § 18 Abs 2 InsO normiert ist, stellt ausdrücklich nur auf die Wahrscheinlichkeit ab, ob die gegenwärtigen Verbindlichkei-

140 BayObLG wistra 1988, 363 f; siehe hierzu auch Tiedemann InsO-StrR vor § 283 Rn 134
141 BGH ZIP 1999, 76 ff, 78; BGH ZIP 2001, 2235 und BGH ZIP 2002, 87 ff, 90; vom IX. Zivilsenat des BGH – dem »Insolvenzsenat« war schon früher die Monatsfrist angenommen worden – vgl ZIP 1995, 929, 930 f, bestätigend BGH ZIP 2003, 1666 ff, 1669
142 So schon zur alten Rechtslage BGH, Fn 53; bestätigend der IX. Senat des BGH schon in ZIP 2002, 87 ff, 90 und ZIP 2004, 669 ff, 670; ebenso und zutreffend für das neue Recht Harz InsO 2001, 193 ff mN; das von Harz zitierte AG Köln (ZIP 1999, 1889) nimmt 2 Wochen, das LG Bonn (NZI 2001, 488 ff) 2–3 Wochen, das OLG Düsseldorf (ZIP 2003, 1163 ff, 1165) 3 Wochen an; Müller-Gugenberger/Bieneck-Bieneck § 76 Rn 45 und Bittmann schlägt – unter verfehlter Berufung auf die alte Rechtslage – 3 Monate vor (§ 11, 59)
143 Zur Streitfrage, ob nicht vielmehr eine »Wahrscheinlichkeit des nahen Eintritts der Zahlungsunfähigkeit« vorliegen müsse (BGH JZ 1979, 77); eingehend Tiedemann InsO-StrR vor § 283 Rn 135 ff
144 Beispiele bei Müller-Gugenberger/Bieneck-Bieneck § 76 Rn 36 ff

ten bei Fälligkeit bezahlt werden können. Dabei gilt für die Frage der Quantität oder Qualität nichts anderes als für die Zahlungsunfähigkeit selbst.[145]

114 Da die drohende Zahlungsunfähigkeit bereits nach geltendem Recht eine der Krisendefinitionen des **Bankrottstrafrechts** darstellt, bedeutet die Vorverlagerung der Insolvenz mit der Folge eines (möglichen) früheren Eintritts der objektiven Strafbarkeitsbedingung übrigens – entgegen Moosmayer[146] – keine (auch keine »faktische«) Ausdehnung der Bankrottstrafbarkeit. Der Misserfolg der VerglO beweist, dass kaum jemals ein Schuldner von dieser Möglichkeit Gebrauch machen wird, bei dem die Strafbarkeitsbedingung – wenn auch später – nicht ohnehin eintritt.

115 Aus diesem Grund besteht schon aus tatsächlichen Gründen kein Anlass, mit Moosmayer[147] – quasi als Korrektiv – den erforderlichen **inneren Zusammenhang** zwischen der Bankrotthandlung und dem Zusammenbruch des Unternehmens[148] dann nicht für gegeben zu halten, wenn das Insolvenzgericht die Aufhebung der Überwachung anordnet oder aber die gerichtliche Bestätigung des Insolvenzplanes (mit der damit einhergehenden Aufhebung des Insolvenzverfahrens) vorliegt und die danach folgenden Bankrotthandlungen an einer erneuten Krisenbefangenheit zu messen.

116 Dem könnte ohnehin – ohne Bruch der bisherigen Dogmatik zu dieser Strafbarkeitsbegrenzung – nur insoweit gefolgt werden, als mit der Aufhebung des Insolvenzverfahrens die Krise **endgültig überwunden** ist, wofür die Entscheidung des Insolvenzgerichtes, beruhend auf der Überwachung und den Berichten des Konkursverwalters,[149] lediglich ein Indiz sein kann. Es bleibt dabei: Zweifel gehen hier zu Lasten des Täters![150] Bankrotthandlungen können der objektiven Strafbarkeitsbedingung nachfolgen,[151] sie müssen also nicht <u>nur</u> unter dem Aspekt der neuen Krise betrachtet werden.[152] Es ist übrigens auch darauf hinzuweisen, dass der Schuldner in Ausführung des Insolvenzplanes eigenes Vermögen verwaltet, weshalb der Straftatbestand der Untreue insofern ausscheidet.

117 **(2) Die Überschuldungsprüfung und die Fortführungsprognose**

Viele Strafjuristen scheuen die Beschäftigung mit der – häufig bereits Jahre vor der Zahlungsunfähigkeit eingetretenen – Überschuldung eines Unternehmens, weil sie sowohl objektiv als auch subjektiv unüberwindbare Hürden befürchten. Für die Masse der Fälle zu Unrecht, wie sogleich darzustellen sein wird.

118 Die Definition der Rechtsprechung vor Geltung der InsO 1999[153] – angelehnt an § 92 Abs 2 Satz 2 AktG – ist bekannt und banal: **Das Vermögen des Schuldners deckt seine Schulden nicht.**[154]

119 Mehrere Eckpfeiler dieser Rechtsprechung stehen sicher und sind bekannt: Die Überschuldung kann aus **keiner Bilanz** (diese kann nur »bilanzielle« oder »nicht

---

145 S. a. Tiedemann InsO-StrR vor § 283 Rn 139, der freilich auf einen »nicht unerheblichen Teil« der Gesamtverpflichtung abstellt
146 S 169 f
147 S 168 ff
148 Hierzu eingehend Tiedemann InsO-StrR vor § 283 Rn 86 ff; 91 ff
149 §§ 261, 262 InsO – vgl Hess/Pape Rn 787
150 OLG Düsseldorf NJW 1980, 1292, 1293 u. OLG Hamburg NJW 1987, 1344
151 Ganz hM, vgl nur die Nachw bei Tiedemann InsO-StrR vor § 283 Rn 96; Müller-Gugenberger/Bieneck-Bieneck § 76 Rn 32 ff
152 So aber Moosmayer, 180 f
153 Vom 5. Oktober 19994, BGBl I S 2866 idF v 25. 08. 1998 (BGBl I S 2489, vollständig in Kraft seit dem 1. 1. 1999
154 Zur Entwicklung dieser Definition vgl Höffner BB 1999, 189 ff, 252 ff

durch Eigenkapital gedeckte Unterdeckungen« ausweisen!) **sondern** nur aus einem »**Überschuldungsstatus**« (auch: Überschuldungsbilanz) abgeleitet werden.[155] Terminologisch ist es deshalb dringend zu empfehlen, beim Überwiegen der Passiva über die Aktiva bei sämtlichen anderen Vermögensübersichten von »(bilanzieller) Unterdeckung«[156] und nur beim Überschuldungsstatus von einer Überschuldung zu reden!

In diesem Status sind das Vermögen und die Schulden (Aktiva und Passiva) – je **120** einzeln! – mit ihren »**wahren wirtschaftlichen Werten**«[157] – zum Stichtag der Überschuldungsprüfung![158] – anzusetzen. Der »wahre Wert« eines Gutes kann in unserer Wirtschaftsordnung grundsätzlich nicht abstrakt sondern nur nach dem **Bewertungsziel** – nämlich nach der (beabsichtigten) Verwendung des Gutes – quantifiziert werden. Hieraus folgt, dass **nur** eine **zweistufige Prüfmethode** – bestehend also aus der Feststellung des Verwendungszieles und der Bestimmung des konkreten Wertansatzes – die Frage nach der Überschuldung beantworten kann.[159] Soweit reicht der sichere dogmatische Boden. Aus der Praxis ist hinzuzufügen, dass in der Masse der Fälle die Überschuldung durch **Umrechnung**[160] vorhandener – meist so genannter »Einheits«-**Bilanzen** (also sowohl nach handels- als auch steuerrechtlichen Grundsätzen erstellter Jahresabschlussbilanzen) festgestellt wird. Hierbei ist (bei einigen Bilanzpositionen) zu unterscheiden, ob **Fortführungs**-[161] oder **Zerschlagungswerte**[162] zum Ansatz kommen.

Hierbei ist allerdings sogleich vorauszuschicken, dass eine Festlegung auf eine Be- **121** wertungsalternative häufig zu pauschal ist. Betriebswirtschaftlich maßgebend ist zum einen die **Zerschlagungsintensität** – es kann bei einem insgesamt zu zerschlagenden Unternehmen ein Einzelgut (ein Unternehmensteil ua) einen Fortsetzungsansatz rechtfertigen – und andererseits die **Zerschlagungsgeschwindigkeit**,[163] also

---

155 Statt aller: Tiedemann InsO-StrR, vor § 283, Rn 151 und Müller-Gugenberger/Bieneck-Bieneck § 76 Rn 18 ff je mN; Uhlenbruck KTS 1986, 42 ff; Richter GmbHR 1984, 139; ständige Rechtsprechung BGHSt 15, 306 ff, 309; BGH wistra 1987, 28; BGH wistra 2003, 301 ff mit Hinweis auf BGHZ 119, 201 ff, 213 f und OLG Düsseldorf GmbHR 1998, 981 f fordern darüber hinaus, dass die Bewertungsmaßstäbe und »alle Aktiva und Passiva« dargelegt sein müssen! Zivilrechtlich ist der Geschäftsführer verpflichtet, bei bilanzieller Unterdeckung einen Überschuldungsstatus zu erstellen um ihn die Fortführungsprognose positiv festzustellen – OLG Köln WM 2001, 1160
156 Von der im Übrigen die Unterbilanz gem § 30 GmbHG – das (nach § 42 GmbHG) bilanziell ausgewiesene Reinvermögen der Gesellschaft beträgt zwischen 0 und dem Nennbetrag des Stammkapitals – zu unterscheiden ist; vgl Goette DStR 1997, 1495 ff, 1496 mN auf die st Rechtspr
157 Tiedemann InsO-StrR vor § 283, Rn 151 mN
158 Deutlich BGH wistra 2003, 301 ff
159 Hierzu nur Müller-Gugenberger/Bieneck-Bieneck, § 76 Rn 18 ff und Tiedemann, InsO-StrR, vor § 283 Rn 153 ff
160 So auch für das Zivilrecht Fleischer ZIP 1996. 773 ff, 774; vgl BGHSt 15, 306, 309; es handelt sich hierbei vor allem um die Aktivierung »stiller Reserven«, hierzu OLG Stgt MDR 1971, 507, 509
161 Auch: »going-concern-Ansatz«. Letztlich handelt es sich hierbei um (auf den Vermögensgegenstand bezogene) Ertragserwartungen die sich regelmäßig in den Wiederbeschaffungs-/Wiederherstellkosten (Reproduktionskosten) widerspiegeln, soweit die Unternehmung mindestens kostendeckend wirtschaftet. Hinzuzurechnen ist allerdings – was insbes in einer Gewinnsituation bedeutsam ist – der Firmenwert (auch: »good-will«). Dieser kann auch auf die einzelnen Vermögenspositionen umgelegt werden – sog Teilwert. Die Liquidationswerte stellen allerdings die absolute Wertuntergrenze dar. Hierzu eingehend mN Tiedemann InsO-StrR vor § 283 Rn 157 ff; aus betriebswirtschaftlicher Sicht Wolf, S 52 ff; ders DStR 1995, 859 ff; vgl auch Altmeppen ZIP 1997, 1175 ff, 1176
162 Tiedemann InsO-StrR vor § 283 Rn 156; Müller-Gugenberger/Bieneck-Bieneck § 72 Rn 20 und Wolf, S 50 ff
163 Zu deren Bedeutung insbes Möhlmann DStR 1998, 1843 ff, 1846 f

in welcher Zeit veräußert werden muss.[164] Unter dem – gerade von der InsO betonten – Restrukturierungsgedanken wird diese Problematik noch an Bedeutung gewinnen. Jedenfalls strafrechtlich muss – bezogen auf das Gesamtunternehmen und jedes Einzelgut – die jeweils für den Beschuldigten günstigere Bewertungsalternative zur Überzeugung des Gerichtes ausgeschlossen sein.

122   Wie jede Vermögensübersicht dient auch der Überschuldungsstatus einem Ziel, das für die Bestimmung der Bewertungsalternative und der Bewertung im Einzelfall maßgebend ist: Die Feststellung des **Schuldendeckungspotentials** im Vermögen des Schuldners für seine Gläubiger.

123   Steht die Nichtfortführung der Unternehmung oder die Veräußerung eines Einzelgutes fest, müssen die Gläubiger (Summe der aus der Masse zu befriedigenden Verbindlichkeiten = Passiva des Überschuldungsstatus) aus dem Erlös bei Veräußerung der Aktiva (abzüglich Veräußerungskosten) befriedigt werden. Dieser **Liquidationswert** der Einzelgüter (oder auch Teil- bzw Gesamtunternehmung) wird durch die *zeitliche Limitierung* des Veräußerungsvorganges regelmäßig **unter** den **Verkehrswert** bis hin zum *Schrottwert* gemindert, was sogar zu *negativen Werten* (Kostenposition der Zerschlagung) führen kann (**Zerschlagungswert**)[165]. Bei Immobilien geht der 4. Strafsenat des BGH[166] wohl vom Verkehrswert aus. Dies ist nur dann zutreffend, wenn man zugunsten des Beschuldigten unterstellt, dass die Verwertung der Immobilie im Zerschlagungsfall durch regulären Verkauf erfolgt. Legt man demhingegen zugrunde, dass typischerweise eine Verwertung in Form der Versteigerung erfolgt, müssen – neben den Verwertungskosten – auch bezüglich der Erlöse deutliche Abstriche gemacht werden, welche von den Banken Üblicher- und Zutreffenderweise mit mindestens 20 % der Verkehrswerte bei der Sicherheitenbewertung berücksichtigt werden.

124   Kann die (voraussichtliche) Zerschlagung (der Unternehmung, der Gütereinheit, des Einzelgutes) nicht nachgewiesen werden (bzw. steht ihre Fortführung fest), sind die Gläubiger aus den **zukünftigen Erträgen** zu befriedigen.[167] Diese Erträge können aber nicht den einzelnen Vermögensgegenständen, sondern nur dem Unternehmen als Ganzes zugeordnet werden.[168] Richtig – und praktisch handhabbar – ist danach der Ansatz zu (Handels-)Bilanzwerten (Substanz- oder Wiederbeschaffungswerte abzüglich AfA) zuzüglich dem Ansatz eines Firmenwertes als gesonderte Position der Ertragserwartung der Gesamtunternehmung.[169] Fertige und unfertige Produkte sind danach mit den (realistischen) Verkehrswerten abzüglich der noch anfallenden Kosten zu bewerten. Selbst Gewinnerwartungen bestehender Aufträge müssen berücksichtigt werden. Sind jedoch mittelfristig keine Erträge oder gar Verluste zu erwarten, müssen die Gläubiger auch bei Unternehmensfortführung aus der Substanz der Unternehmung befriedigt werden. Die **Zerschlagungswerte** bilden daher die **Untergrenze** der Fortführungswerte.

---

164 Hierzu näher Höffner BB 1999, 199 f
165 Hierzu Wolf, S 50 ff
166 wistra 2003, 301 ff, 302
167 Wolf, S 52 ff
168 Zutreffend Höffner BB 1999, 200
169 Als Saldo zum discounted-cash-flow – vgl Möhlmann DStR 1998, 1847 f; Kallmeyer GmbHR 1999, 1941 ff; mit zutreffenden betriebswirtschaftlichen Erwägungen – allerdings ohne die rechtlich gebotene »Einzelbewertung der Vermögensgegenstände« gelangt Wolf (StuB 2000, 165 ff) bei Gegenüberstellung von »Unternehmenswert« (als Ertragswert) und Schulden zum selben rechnerischen Ergebnis

Auf einige **Einzelprobleme der Umrechnung** sei in diesem Zusammenhang kurz eingegangen: **125**

Bei der Überführung der Bilanz in einen Überschuldungsstatus ist den »**Aufwendungen für die Ingangsetzung und Erweiterung des Geschäftsbetriebs**« jedenfalls bei Zerschlagungsprognose kein Wert beizumessen. Festgestellt werden soll, ob die Gläubiger (noch) aus dem am Stichtag vorhandenen verwertbaren Gesellschaftsvermögen befriedigt werden können oder ob zur Vermeidung einer weiteren Verschlechterung ihrer Befriedigungsaussichten umgehend die Durchführung eines Insolvenzverfahrens beantragt werden muss. »Aufwendungen« ist daher jedenfalls dann kein »**Schuldendeckungspotenzial**« beizumessen, wenn es sich hierbei lediglich um eine Bilanzierungshilfe (vgl § 269 HGB) handelt, die dazu dient, den Ausweis von Verlusten in der Bilanz zu vermeiden.[170]

Entsprechendes gilt für aktivierte Kosten eines »**Geschäfts- oder Firmenwertes**«. **126** Jedenfalls bei Zerschlagungsprognose handelt es sich auch insoweit um eine Fehlinvestition, ein – für Gläubiger realisierbarer »Vermögenswert« wurde nicht geschaffen. Auch insoweit scheidet eine Aktivierung im Überschuldungsstatus daher aus.

Bei »**Stillen Beteiligungen**«, muss zwischen »typischen« und »atypischen« Stillen **127** Beteiligungen unterschieden werden. Jedenfalls »typische Stille Beteiligungen« sind grundsätzlich in voller Höhe zu passivieren. Der »Stille Gesellschafter« gem § 236 HGB ist Insolvenzgläubiger.[171] Eine Passivierung entfällt nur insoweit, als die Einlage den Betrag des auf den Gesellschafter entfallenden Anteils am Verlust übersteigt, weil die Teilnahme am Insolvenzverfahrens nur insoweit zulässig ist (§ 236 Abs 1 HGB). Von der Passivierung kann im übrigen nur dann abgesehen werden, wenn eine »**qualifizierte**« **Rangrücktrittserklärung**[172] vorliegt. Diese hat allerdings konstitutiven Charakter (vgl hierzu die detaillierte Regelung in § **10 Abs 4 KWG**, die gelegentlich zivilrechtlich analog mit der Folge herangezogen wird, dass **Befristungen** des Rangrücktritts – allerdings nicht unter 5 Jahren (!) – für möglich gehalten werden.[173] Demgegenüber geht der BGH – zutreffend, aus Gläubigerschutzinteresse (!) – von einer Bedingungsfeindlichkeit der Rangrücktrittserklärung aus.[174]

Risiken und Chancen bei Rechtsstreiten ist – schon bilanziell – nicht die (erst **128** recht nicht die »beabsichtigte«) Klageerhebung oder Rechtsmitteleinlegung, sondern eine auf den Stichtag bezogene Risikobewertung für die hinreichende Wahrscheinlichkeit von Verlusten bzw des Obsiegens maßgebend.[175] Nichts anders gilt für den »wahren wirtschaftlichen Wert« der Überschuldungstatus.

Zu einer erheblichen Verwirrung schon im objektiven Bereich der Überschuldungs- **129** feststellung, erst recht aber im subjektiven Tatnachweis, führte unter der Geltung der KO (VerglO/GesO) die Verwendung **zweier konkurrierender zweistufiger Feststellungsmodelle** in Literatur und Rechtsprechung:

Im **Zivilrecht** herrschte (zum alten Recht) – beruhend im wesentlichen auf dem **130** »**Dornier-Urteil**« des BGH[176] – die »**modifizierte zweistufige Prüfungsmetho-**

---

170 Vgl BGH BB 1991, 14

171 BGH NJW 1983, 1855

172 Als »qualifiziert« bezeichnet die Literatur Rangrücktrittserklärungen, die den Anforderungen der Rechtsprechung genügen – vgl Goette DStR 2001, 179 ff, Bauer ZInsO 2001, 486 ff, 491 u Henle/Bruckner ZIP 2003, 1736 ff

173 Vgl *Küting/Kessler* BB 1994, 2103 mN

174 DStR 2001, 175 ff; BGHZ 146, 264 ff = ZIP 2001, 235 ff m Anm Altmeppen

175 Hierzu eingehend Osterloh-Konrad DStR 2003, 1631 ff, 1675 ff

176 NJW 1992, 2891 ff; instruktiv auch OLG Düsseldorf WM 1997, 1866 ff = GmbHR 1997, 699 ff

de«.[177] Sie geht, dem Gedanken des Gläubigerschutzes folgend, davon aus, dass **zunächst** ein Überschuldungsstatus unter Ansatz von **Zerschlagungswerten** erstellt wird.

131 Wenn dieser Ansatz – was allerdings bei über ²/₃ aller Unternehmen der Fall sein dürfte – zu einer Unterdeckung der Aktiva im Verhältnis zu den Passiva führt (sog **rechnerische Überschuldung**), ist – um zu einer normativen (oder auch: **rechtlichen**) **Überschuldung** zu gelangen – die »negative Fortführungsprognose« (oder auch: **Zerschlagungsprognose**) *kumulativ* festzustellen. Hierbei wird dem Unternehmen in erheblichem Umfang Beweislast aufgebürdet[178] und auch verlangt, dass der Geschäftsführer die wirtschaftliche Lage des Unternehmens bei Krisenanzeichen fortlaufend beobachten muss.[179]

Praktisch ist danach – die Prüfungsreihenfolge ist beliebig! – die rechnerische Überschuldung nicht mehr zu diskutieren, wenn und soweit der Nachweis der Zerschlagungsprognose misslingt.[180]

132 Da die Beweislastregeln des Zivilrechtes auf das Strafrecht nicht übertragbar sind, führt die Anwendung der modifizierten zweistufigen Prüfmethode häufig zu unvertretbaren Ergebnissen – in der Praxis zu dem Postulat, die Überschuldung sei »jedenfalls subjektiv nicht nachweisbar«. Abgesehen hiervon ist – was sowohl von Staatsanwälten als auch von Verteidigern nicht selten verkannt wird – allerdings schon der dogmatische Ausgangspunkt für das **Strafrecht** verfehlt und **unzulässig:**[181] Der Ansatz fiktiver Werte zum Nachteil des Beschuldigten (Verstoß gegen den strafprozessualen Grundsatz »in dubio pro reo«).

133 Die Überschuldung ist daher **im Strafrecht nur** nach der so genannten **alternativen** (auch: »einfachen« oder »nichtmodifizierten«) **zweistufigen Prüfmethode**[182] festzustellen. Nach ihr muss zunächst im Rahmen der Prüfung der Fortführungsprognose objektiv und subjektiv die **voraussichtliche Zerschlagung bewiesen** werden. Bei fehlendem Nachweis ist im Strafrecht (in dubio pro reo) von der Unternehmensfortführung auszugehen. Weist allerdings der hierauf erstellte Status eine Unterdeckung der Aktiva aus, so liegt **Überschuldung** vor – **gleichgültig welcher Wertansatz** zugrunde liegt.

134 Da bei der Masse der strafrechtlich relevanten Insolvenzen – bei einer durchschnittlichen Lebensdauer von unter 3 Jahren – die mit einem Mindestkapital ausgestatteten GmbHs im wesentlichen über keinerlei Aktiv-Vermögen verfügen, kann ich aus der Stuttgarter Praxis berichten, dass auch bei Ansatz von Fortführungswerten häufig Überschuldung nachweisbar ist, jedenfalls aber die Feststellung der Überschuldung als tatbestandsrelevantes Krisenmerkmal dasjenige der Zahlungsun-

---

177 Im Anschluss an Karsten Schmidt AG 1978, 334, ders in Scholz/Schmidt § 63 Rn 10 mN; Höffner, BB 1999, 201, grundlegend auch BGHZ 119, 201 ff

178 Vgl Braun/Uhlenbruck, S 290 und Lutter/Hommelhoff GmbHG, 14. Aufl. 1995, § 63 Rn 5; instruktiv zur Beweislast und zur Frist beim »Stehenlassen« BGH ZIP 1998, 1352 f; auch BGH ZIP 1997, 1648 ff und BGH DB 1997, 2069 f; BGH KTS 1997, 475 ff

179 Zur Pflicht hierbei einen Überschuldungstatus aufzustellen Fleischer ZIP 1996, 773; BGHZ 126, 181 ff, 199

180 Zur zivilrechtlichen Haftungsfolge bei Konkursverschleppung Meyke ZIP 1998, 1179 ff

181 Zutreffend und eingehend Tiedemann InsO-StrR vor § 283 Rn 154; Müller-Gugenberger/Bieneck-Bieneck § 72 Rn 18; Richter, GmbHR 1984, S 140; deutlich und zutreffend auch OLG Düsseldorf wistra 1997, 113 ff, 113; aA insbes Franzheim NJW 1980, 2501; ders wistra 1984 212 f; auch OLG München wistra 1994, 278 ff, 279 = NStZ 1996, 94 f und – zivilr. – LG Waldshut-Tiengen BB 1995, 2365 f; instruktiv die Übersicht bei Höffner, BB 1999, 252 f

182 Zurückgehend auf Uhlenbruck, vgl nur Kuhn/Uhlenbruck Konkursordnung 11. Aufl. 1994, § 102 Rn 5 f; Wirtschaftsprüfer-Handbuch 1996, Band 1, S 1657; Wolf S 21 ff

fähigkeit (das allerdings in der Endphase der Krise regelmäßig auch nachweisbar bleibt) übertrifft!

Diesen Ansatz der alternativen zweistufigen Prüfmethode hat der Gesetzgeber (nunmehr auch für das Zivilrecht) in § 19 InsO zwingend vorgeschrieben.[183] Absatz 2 Satz 2 lautet: »Bei der Bewertung des Vermögens des Schuldners ist jedoch die **Fortführung** des Unternehmens zugrunde zu legen, **wenn diese** nach den Umständen **überwiegend wahrscheinlich ist**«. Für das Strafrecht ist danach unter der Geltung der InsO **Gewissheit der überwiegenden Wahrscheinlichkeit** (aus der Sicht ex ante!) zu fordern. Hieraus folgt, dass strafrechtlich uU noch Fortführungswerte angesetzt werden können, wo insolvenzrechtlich schon mit Zerschlagungswerten zu rechnen ist.[184]

135

Unabhängig von der Wahl der Prüfmethode und der Anwendung des neuen Rechtes kommt somit der **Fortführungsprognose**[185] große Bedeutung zu. Es erstaunt demnach, wie wenig Aufmerksamkeit die Praxis diesem Merkmal widmet.[186] Unter der Geltung des § 19 Abs 2 InsO ist nunmehr (für das Zivilrecht) klargestellt, dass von einer positiven Fortführungsprognose nur ausgegangen werden kann, wenn eine Prognoserechnung überhaupt (ordnungsgemäß) erstellt worden ist und diese zu einem positiven Ergebnis geführt hat. Derartige Beweislastregelungen können für das Strafrecht keine Geltung erlangen.[187] Auch dass im Strafverfahren – ex post – das Scheitern der Unternehmung (regelmäßig) feststeht, bietet hierfür keine hinreichende Erklärung: Die notwendigen Feststellungen sind (natürlich) ex ante zu treffen!

136

Für die Beantwortung der Frage, ob ein Unternehmen – bei einer mittelfristigen Betrachtungsweise[188] – weiter existieren kann, also ob ihre künftige Lebensfähigkeit positiv feststeht, wird regelmäßig auf Liquiditätsgesichtspunkte abgestellt:[189] Führe eine Unternehmensvorausschau für den relevanten Zeitraum (3–24 Monate werden diskutiert)[190] zur Feststellung der Zahlungsunfähigkeit, müsse von Zerschlagung ausgegangen werden.

137

An dieser Betrachtungsweise ist nur richtig, dass die **Zahlungsunfähigkeit** schon aus Rechtsgründen, also **in jedem Fall**, zur Zerschlagung führt. Die richtige Zeitraumbestimmung folgt in diesem Fall zwingend aus der Definition der Zahlungsunfähigkeit. Im übrigen vermengt diese Auffassung aber in unzulässiger Weise die

138

---

183 In der Begründung zum RegE ist zu § 23 ausgeführt (zit nach Balz/Landfermann Die neuen Insolvenzgesetze 1993, 93): »Wenn eine positive Prognose stets zu einer Verneinung der Überschuldung führen würde, könnte eine Gesellschaft trotz fehlender persönlicher Haftung weiter wirtschaften, ohne dass ein die Schulden deckendes Kapital zur Verfügung steht. Dies würde sich erheblich zum Nachteil der Gläubiger auswirken ...« Zur Relevanz des künftigen Insolvenzrechtes bei der Auslegung de lege lata Schulze NJW 1989, 2100 ff
184 Zutreffend Tiedemann InsO-StrR vor § 283 Rn 154; **aA** Müller-Gugenberger/Bieneck-Bieneck § 76 Rn 19, der Zivilrechtsakzessorietät annimmt
185 Eingehend Möhlmann DStR 1998, 1843 ff (»Betriebsbestehensprognose«); Burger/Schellenberg BB 1995, 266; Schöppen DB 1994, 200 und Höffner BB 1999, 202 sprechen von »Fortbestehensprognose«
186 Vernichtend, aber im Kern zutreffend, die Kritik an der Rechtsprechung bei Höffner aaO (Fn 185) 204 f, der belegt, dass die Rechtsprechung lediglich eine »allgemeine Lageeinschätzung« der Unternehmung vornimmt; instruktiv zur Definition, aber auch zur Beweislastregel Blöse ZIP 2003, 1687 ff, 1690 f
187 **AA** Bieneck StV 1999, 43 ff der von einer strengen Zivilrechtsakzessorietät ausgeht
188 BGH NJW 1992, 2891 ff
189 So ausdrücklich OLG Düsseldorf, WM 1997, 1866 ff, 1867; ähnlich auch Müller-Gugenberger/ Bieneck-Bieneck § 72 Rn 23; kritisch hierzu Wolf DB 1997, 1833 ff; ders Überschuldung, 30 ff
190 Zu den Argumenten mN Wolf, S 30 ff; Möhlmann DStR 1998, 1844 geht sogar von 3 Jahren aus

Vermögens- mit der Liquiditätskrise. Diese Krisen wollte der Gesetzgeber gerade unterscheiden und hat sie daher als alternative Tatbestände ausformuliert. Wie in der Betriebswirtschaftslehre zutreffend festgestellt ist die Überlebenschance eines Unternehmens an dessen **Ertragskraft** geknüpft.[191] Nur Erträge über den Kosten ermöglichen auf Dauer Zinsdienst und Fremdkapitaltilgung.[192] Die richtige Frage lautet daher: Ist das Unternehmen auf absehbare Zeit in der Lage, mit den voraussichtlichen Erlösen die voraussichtlich entstehenden Kosten zu decken (Gedanke des »discounted cash flow)?«[193] Die Möglichkeit der Zuführung von Fremd- oder Eigenkapital ist hierbei nur insofern relevant, als damit sichergestellt werden kann, dass eine Deckungslücke endgültig oder doch mindestens mittelfristig geschlossen wird. Nichts anderes hat der BGH übrigens im »Dornier-Urteil«[194] ausgeführt, wo zwar ausdrücklich von einer hinreichenden »mittelfristigen Finanzkraft«[195] die Rede, der Sache nach aber die Wiedererlangung eines positiven cash-flows gemeint ist.

139 Dass nur dieser Ansatz richtig ist, erschließt sich auch bei der Frage, welches Schuldendeckungspotential den Gläubigern bei Fortführung einer Unternehmung zur Verfügung steht, die noch nicht einmal Kostendeckung erwirtschaftete. Die Aktiva einer Unternehmung, bei der die Abschreibungen nicht erwirtschaftet werden, sind – unter Fortführungsgesichtspunkten – weniger als die (ehemaligen) Anschaffungskosten wert – eine Erfahrung, die bei der Veräußerung der Treuhandanstalt bittere Wahrheit wurde. Werden nur die Abschreibungen erwirtschaftet, dürfen die Reproduktionskosten der Güter nicht höher sein, als die ursprünglichen Anschaffungspreise. Entstehen insoweit Deckungslücken, müsste – trotz Fortbestehungsprognose wegen ausreichender Liquidität! – zu (den danach höheren) Substanzwerten bilanziert werden – Werte, die den Gläubigern der Unternehmung allerdings nur bei ihrer Veräußerung, also der Liquidierung der Unternehmung, als Schuldendeckungspotential zur Verfügung stehen![196]

140 Große Probleme bereitet in der Praxis regelmäßig der Umgang mit dem **Irrtum** – nicht nur aber insbes – im Hinblick auf die Elemente der Krise. Hierzu sind deshalb eingehendere Ausführungen erforderlich:

141 Zur ordnungsgemäßen Geschäftsführung gehört – neben dem bereits für die Zahlungsunfähigkeit bedeutsamen **Finanzplan** – auch ein **Ertragsplan**.[197] Soweit diese Planrechnungen fehlen, hat dies grundsätzlich negative Auswirkungen auf die Chance einer Krisenbewältigung. Ein Unternehmen ohne aussagekräftiges Rechnungswesen und ohne Ertrags- und Finanzplanung wird – jedenfalls oberhalb von Kleinbetrieben – grundsätzlich keine Überlebenschance haben. Wer dies erkennt

---

191 So auch Hess/Pape, Rn 108 mN: »daß die Unternehmung wirtschaftlich lebensfähig ist und in absehbarer Zeit wieder kostendeckend arbeiten kann«. Der Begriff umfasst die Ertragskraft, die Auftrags- und die Kostensituation – s hierzu auch BGH DB 1997, 2069 f und BGH ZIP 1997, 1648 ff, 1649

192 Deutlich und zutreffend Wolf, Überschuldungsprüfung als Gegenstand der Bilanzanalyse, BBK Fach 28, 1013, ders DStR 1995, S 859 ff, ders DStR 1998, 126 ff, 12 und ausführlich ders Überschuldung, S 36 ff; siehe auch Kuhn/Uhlenbruck, § 102 Rn 3

193 Möhlmann DStR 1998, 1844

194 DStRR 2001, 175 ff

195 Ein Begriff, der in der Betriebswirtschaftslehre zwar uneinheitlich, aber stets im Zusammenhang mit Liquiditäts-Beschaffungs-Möglichkeiten verwendet wird – vgl nur Hölters, Handbuch des Unternehmens- und Beteiligungskaufs, 4. Aufl. 1996, II, Rn 105 f

196 Wolf, S 52 ff, 61: »Eine Substanz ohne ausreichende Ertragskraft hat keinen wirtschaftlichen Wert«; vgl auch schon Auler DB 2169 ff, 2170

197 Vgl nur Wolf, S 41 ff; Burger/Schellberg KTS 1995, 572 ff je mN; deutlich nunmehr BGH GmbHR 1998, 281 f, 282: »eine (positive Fortführungs-)Prognose setzt die Aufstellung eines dokumentierten Finanz- und Ertragsplans voraus«

und dennoch weiter handelt (genauer: unterlässt) nimmt (bedingt) vorsätzlich die negative Fortführungsprognose in Kauf.

Regelmäßig wird bei objektiv vorliegender Überschuldung von Verteidigern vorge- **142** tragen, der Mandant sei – da er keine (zutreffende) Vermögensübersicht erstellt ha- be – schlicht davon ausgegangen, eine Überschuldung liege nicht vor bzw. könne nicht vorliegen, weil seinem Unternehmen eine positiver Fortführungsprognose zu stellen sei bzw – soweit objektiv eine Zerschlagungsprognose vorliegt – der Man- dant sei – irrtümlich – von einer Fortführungsmöglichkeit ausgegangen und dieser Irrtum sei unvermeidbar. Diese, auf § 17 StGB (Verbotsirrtum) beruhende Argu- mentation ist verfehlt. Bei allen Alternativen geht es um Kenntnis bzw irrige Ver- kennung von Tatumständen – also um den **Tatbestandsirrtum** gem § 16 StGB. Liegt ein solcher Irrtum vor, ist Fahrlässigkeit – sowohl Konkursverschleppung als auch Bankrott sind auch insoweit strafbewehrt! – zu prüfen.[198] Werden keine ord- nungsgemäße (insbes auch aktuelle!) Finanz- und Ertragspläne oder gar Vermö- gensaufstellungen gefertigt, liegt der typische Fall des bedingten Vorsatzes vor. Relevante Irrtümer können demgemäß überhaupt nur diskutiert werden, wo Fehl- vorstellungen trotz einem dem Unternehmen adäquaten betrieblichen Rechnungs- wesen entstanden sind!

Überschuldung ist ein normatives Tatbestandselement, bei dem grundsätzlich die **143** diese Beurteilung tragende **Tatsachenkenntnis** für den Vorsatz ausreicht. Eine ab- weichende Beurteilung durch den Täter stellt lediglich einen (unbeachtlichen) Sub- sumtionsirrtum dar.[199] *Tiedemann*[200] fordert darüber hinaus auch den Nachweis der **Bedeutungskenntnis:** Beim Ansatz von Zerschlagungswerten müsse der Täter »Kenntnis davon haben, dass die Unternehmung nicht fortgeführt werden kann«. Damit ist aber jedenfalls nicht Akzeptanz der Zerschlagung gemeint. Eine solche »Kenntnis« bedeutet vielmehr nur, dass der Täter in sein Bewusstsein (auch) die Grundlagen der Zerschlagungsprognose aufgenommen hat: (Bedingt) Vorsätzlich handelt, wer es für möglich hält, dass die Gläubiger aus den künftigen Erträgen vo- raussichtlich nicht befriedigt werden können. Ob er dies »mangelnde Ertragskraft« nennt, ist ebenso unerheblich, wie seine etwaige Hoffnung, die Rechtsprechung werde einem nicht lebensfähigen Unternehmen, dem es gelingt, in den nächsten Monaten Fremd- oder Eigenkapital zur Schließung der Deckungslücken zu erlan- gen, eine positive Fortführungsprognose stellen. Auch wer weiß, dass der Eingang neuer Aufträge (zu kostendeckenden Preisen) nur eine Hoffnung ist, erkennt, dass keine bewertbare Realität vorliegt. Nimmt der Unternehmer aber die *Werthaltigkeit einer Hoffnung*[201] an – die *»vage Chance zukünftiger Vermögensmehrung«* stellt ohnehin keinen wirtschaftlichen Wert dar[202] –, meint er, dass es auf Ertragskraft nicht ankommt usw, liegt also ein (für die Schuld) unbeachtlicher Subsumtionsirr- tum (regelmäßig: eine Schutzbehauptung) vor.

---

198 Insoweit zutreffend OLG Düsseldorf WM 1997, 1868; vgl auch Müller-Gugenberger/Bieneck- Bieneck, § 76 Rn 28

199 Tröndle/Fischer § 283 Rn 33; Schlüchter Irrtum über normative Tatbestandsmerkmale im Strafrecht 1993, 136 f

200 InsO-StrR § 283 Rn 184 m w Nachw; wohl anders aber ders, GmbH-Strafrecht § 82, Rn 175: Kenntnis der Umstände aus denen die rechtliche Einordnung als »verschleierte« Sacheinlage abgeleitet wird

201 Die »vage Chance zukünftiger Vermögensmehrung« stellt keinen wirtschaftlichen Wert dar – vgl BGHSt 17, 147 ff; BGH wistra 2002, 300 ff, 301 mN

202 Std. Rechtsprechung des BGH, vgl nur BGHSt 17, 147 ff, 148; BGH wistra 2002, 300 ff, 301 je mN

144　Tiedemann[203] fordert für die Annahme eines (relevanten) Tatbestandsirrtums außerdem zutreffend »eine sorgfältige Prüfung der Sach- und Rechtslage, da eine unkontrollierte Aussage notwendigerweise die Möglichkeit einer gegenteiligen Annahme einschließt«.

145　Der Verbotsirrtum gem § 17 StGB bezieht sich auf das hinter dem Straftatbestand stehende (abstrakte) Ge- oder Verbot der Norm, wobei es nicht auf die Kenntnis oder auch nur Erkennbarkeit der **Strafbarkeit**, sondern nur der **Rechtswidrigkeit** durch den Täter ankommt. An die Unvermeidbarkeit eines hierauf bezogenen Irrtums stellt die Rechtsprechung zutreffend sehr hohe Anforderungen. Der Täter muss nicht nur seine eigenen Erkenntnisse anspannen sondern fachlichen Rat einholen.[204] In der Praxis scheitert der Entlastungsversuch über eingeholten Rat häufig daran, dass dem (kompetenten!) Ratgeber die tatsächlichen Verhältnisse nicht zutreffend und vollständig mitgeteilt wurden. Unzutreffend ist allerdings der nicht selten vorgebrachte Einwand, der Täter hätte Rechtsrat bei der Staatsanwaltschaft einholen können und müssen. Zur (unentgeltlichen) Erteilung von Rechtsrat ist die Staatsanwaltschaft nicht befugt.

146　Zu einem weiteren Sonderproblem:

Bei der (typischen) **GmbH & Co KG** führt die Überschuldung der KG zur Überschuldung der Komplementär-GmbH. Gem §§ 128, 161 Abs 2 HGB haftet die Komplementär-GmbH für die Verbindlichkeiten der Gesellschaft den Gläubigern gegenüber als Gesamtschuldnerin persönlich. Dabei liegt jedoch zwischen der KG und der Komplementär-GmbH kein Gesamtschuldverhältnis vor; die Komplementär-GmbH haftet für eine fremde Schuld. Die evidente Haftungsinanspruchnahme im Falle der Überschuldung der KG muss die Komplementär-GmbH mindestens durch Passivierung einer Rückstellung jedenfalls in Höhe der Überschuldung der KG zum Ausdruck bringen (vgl § 249 Abs 1 Satz 1 HGB). Die Komplementär-GmbH ist daher dann überschuldet, wenn die KG überschuldet ist und das Kapital der Komplementär-GmbH nicht ausreicht, die nicht durch Vermögen gedeckten Schulden der KG zu decken.[205]

147　Entsprechendes gilt für den Insolvenzgrund der Zahlungsunfähigkeit.

Wie dargestellt müssen bei der Komplementär-GmbH – soweit in der Bilanz der KG zum Stichtag ein negatives Eigenkapital ausgewiesen wird (oder werden müsste) – eine Rückstellung wegen drohender Inanspruchnahme jedenfalls in Höhe der tatsächlichen Überschuldung der KG gebildet werden. Wird dies unterlassen, wird die Übersicht über den Stand des Vermögens der GmbH regelmäßig mindestens erschwert sein (Bankrott gem § 283 Abs 1 Nr. 7 a, Abs 6 StGB).

dd)　Eigenkapitalersetzende Darlehen und Rangrücktritt

148　Die Zivilrechtsprechung und -literatur hat sich dem Problem des Eigenkapitalersatzes seit vielen Jahren außerordentlich umfangreich und ziseliert angenommen.[206] Teile der Diskussion hat der Gesetzgeber in den §§ 32 a und b GmbHG umgesetzt.[207] Wichtig sind dabei die Einschränkungen des relevanten Gesellschafterkrei-

---

203　GmbH-Strafrecht § 82 Rn 179
204　Zutreffend und instruktiv hierzu Tiedemann GmbH-Strafrecht, § 82 Rn 172
205　Vgl BB 1991, 246
206　BGHZ 31, 258 ff; 67, 171; 109, 59 u GmbHR 1996, 198; DStR 1997, 461 (dazu, dass die Fortbestehensprognose insoweit keine Rolle spielt); Priester DB 1977, 2429 ff; Lutter/Hommelhoff, (Fn 178) § 32 a/b Rn 21 ff
207　Gesetz zur Änderung des GmbHG v 4. 7. 1980, BGBl I, 836

ses durch 2 Novellen im Frühjahr 1998 bezüglich § 32 a Abs 3 S 2 u. 3 GmbHG: Nach dem *Kapitalaufnahmeerleichterungsgesetz* (**KapAEG**)[208] sind *nichtunternehmerische Kleinbeteiligungen* bis zu **10 % des Haftungskapitals** und nach dem **Sanierungsprivileg** in dem *Gesetz zur Kontrolle und Transparenz im Unternehmensbereich* (**KonTraG**)[209] solche Gesellschafter von den Kapitalersatzregelungen ausgenommen – und daher im Überschuldungstatus wie Fremdgläubiger zu behandelt –, die **Geschäftsanteile** (gleich welcher Höhe) *als Darlehensgeber* (sowohl Neudarlehen als auch »stehen-gelassene«) *in der Krise zu deren Überwindung erworben* haben.

Die strafrechtliche Literatur hat sich mit diesem Thema erst neuerdings auseinandergesetzt.[210] Obergerichtliche (strafrechtliche) Rechtsprechung hierzu fehlt nahezu vollständig.[211] Dennoch ist das Thema tägliche Praxis der Insolvenzstrafrechtsfälle bei den Amtsgerichten und Berufungskammern. In Rücksicht auf die hierbei zutage getretene weitgehende Unsicherheit der Strafrechtspraxis, sind zunächst einige Grundlagen – auch zum Untreuestrafrecht – festzuhalten. Danach sind die Konsequenzen im Hinblick auf die dargestellten Wertansätzen des Überschuldungsstatus zu ziehen.

149

(1) Voraussetzungen und (zivilrechtliche) Folgen

150

Eine **Darlehensschuld** der Gesellschaft[212] gegenüber ihrem Gesellschafter[213] oder dessen **darlehensgleiche Leistung**[214] wird nach der Rechtsprechung dann mit (Rück-)Zahlungssperre,[215] Zinsverbot[216] bzw vorrangigen Haftungsgebot belegt, wenn und soweit sich die Gesellschaft bei Aufnahme des Kredites bzw Hingabe der Gesellschafterleistung oder doch beim »**Stehen-lassen**«[217] einer in krisenfreier Zeit

---

208 Vom 20. 04. 1998, BGBl I 1998, 707 ff in Kraft seit 24. 04. 1998; vgl hierzu Remme/Theile GmbHR 1998, 909 ff, 913 f; Karsten Schmidt GmbHR 1999, 9 ff und Tillmann/Tillmann GmbHR 2003, 325 ff

209 Vom 27. 04. 1998, BGBl I 1998, 786 ff, in Kraft seit 01. 05. 1998; zu den Ausdehnungen im Zivilrecht vgl Centrale – Gutachterdienst GmbHR 2002, 1191 f

210 Eingehend allerdings Müller-Gugenberger/Bieneck-Bieneck, § 76 Rn 14, § 67; Tiedemann, InsO-StrR, vor § 283 Rn 271; Weyand, S 44; Muhler wistra 1994, 283 ff; Hartung NJW 1995, 1186 ff; auch schon Joecks BB 1986, 1681 ff

211 Haftbeschlüsse OLG München wistra 1994, 278 f – hierzu eingehend Wolf DB 1995, 2277 ff – und OLG Stuttgart v 9. 4. 1998 – 1 Ws 53/98 (unveröffentl); bei dem in diesem Zusammenhang häufig zitierten Urteil des LG Waldshut-Tiengen (DB 1995, 2157) handelt es sich um eine zivilrechtliche Entscheidung

212 Die GmbH & Co KG ist gem §§ 32 a GmbHG, 172 a HGB einbezogen

213 Nach § 32 a Abs 3 GmbHG (nF) sind nichtgeschäftsführende Gesellschafter bis 10 % Beteiligung und Gesellschafts-Anteil-Erwerb zur Krisenüberwindung ausgenommen. Nichtgesellschafter sind insoweit einbezogen, als ihre Stellung derjenigen des Gesellschafters entspricht: Treugeber (BGHZ 95, 188, 193), (nur) atypische stille Gesellschafter (BGHZ 106, 7, 9), verbundene Unternehmen (BGH ZIP 1990, 1467 f), nahe Angehörige (vgl § 115 Abs 2 AktG) jedenfalls dann, wenn die Mittel von den Gesellschaftern stammen (hierzu eingehend v Gerkan/Hommelhoff, Kapitalersatz im Gesellschafts- und Insolvenzrecht, 4. Aufl. 1996, Rn 4.1 ff; auch Fleischer ZIP 1998, 313 ff); hierzu OLG Düsseldorf, GmbHR 2004, 305 ff m Anm Blöse 308 f; KG GmbHR 2004, 1334 ff m Anm Blöse 1337 ff; vgl auch § 138 Abs 2 InsO

214 Die Fallgestaltungen sind unendlich; ausführlich dargestellt bei v Gerkan/Hommelhoff (Fn 213) Rn 4.15 ff; für die atypisch stille Gesellschaft s. OLG Frankfurt/M GmbHR 1997, 892 f; allg hierzu und zu Genussrechtskapital Küting/Kessler BB 1994, 2103 ff; zum Meinungsstand bei Dienstleistungen – überwiegend ablehnend – vgl die Nachw bei Blöse ZIP 2003, 1687 ff

215 BGH GmbHR 1987, 226 f: da Verstoß gegen § 30 GmbHG – »verbotene Rückgewähr«

216 Schlösser GmbHR 2005, 273 ff; zu Nebenansprüche vgl BGHZ 76, 326, 334 ff; v Gerkan/Hommelhoff (Fn 213) Rn 3.52 je mN

217 Eingehend hierzu m ausführl Nachw v Gerkan/Hommelhoff (Fn 213) Rn 2.14 u. 4.30 ff u Pape ZIP 1996, 1409 ff

Quedenfeld / Richter

gewährten Gesellschafterleistung in der **Finanzierungskrise** befand oder befindet.[218] Diese wird von der Rechtsprechung als »**Kreditunwürdigkeit**«,[219] **als Situation** definiert, **in der ordentliche Kaufleute Eigenkapital zugeführt hätten**: Das Stammkapital ist aufgezehrt, weitere Besicherungsmöglichkeiten oder Liquiditätsschaffung aus eigenem Vermögen bestehen nicht, eine Besserung der wirtschaftlichen Lage ist nicht in Sicht – jedenfalls eine Kreditierung der konkreten Art wäre durch einen außenstehenden Dritten nicht oder nicht zu diesen Bedingungen (Zinsen, Sicherheiten) erfolgt.[220]

151   **(2) Strafrechtliche Grenzen der Verfügungsmacht der Gesellschafter**

Geschäftsführer, nicht aber die Gesellschafter,[221] einer GmbH sind deren Vermögen treuepflichtig (§ 43 GmbHG). Stimmen die Gesellschafter vermögensschädigenden Handlungen des Geschäftsführers – auch unter Verstoß gegen gesellschaftsrechtliche Formvorschriften – zu,[222] liegt jedenfalls kein tatbestandsmäßiger Schaden iS des § 266 StGB vor. **Unwirksam** und daher unerheblich ist eine **Zustimmung der Gesellschafter** jedoch insoweit, als ihnen die Verfügungsbefugnis über das Vermögen der Gesellschaft fehlt – also bei Überschreiten der Grenze des **§ 30 GmbHG**[223] also schon im Umfang der (bilanziell festzustellenden) **Unterbilanz**.[224] Es ist daher richtig, insofern von einem »**Angriff auf das Haftungskapital**« zu sprechen. Das (bilanziell festzustellende) Haftungskapital steht nach dem »**Unversehrtheitsgrundsatz**«[225] ganz und ausschließlich den Gläubigern der Gesellschaft zur Verfügung. Unscharf ist es deshalb, wenn die Rechtsprechung gelegentlich formuliert,

---

218 Mit dem Wegfall der Finanzierungskrise endet der Kapitalersatz – vergl v Gerkan/Hommelhoff (Fn 213) Rn 3.53 ff

219 BGH KTS 1990, 258 ff; BGH GmbHR 1992, 168 ff; BGH ZIP 1995, 646 ff; BGH GmbHR 1996, 198 f, 199 ff; BGH GmbHR 1997, 501 ff; BGH ZIP 1997, 1648 ff, 1650; BGH DB 1997, 2069 f, 2070

220 Sog »Novellen-Regelung« nach den mit der GmbH-Novelle 1980 eingefügten §§ 32 a und b GmbHG; instruktiv auch zur Abgrenzung zur Haftung aufgrund §§ 30, 31 GmbHG analog (»Rechtssprechungs-Regelung«) die Entscheidung des Großen Senats, BGH ZIP 1998, 235 ff

221 Ausnahmsweise jedoch wenn der Gesellschafter »dominierend in die Sphäre des beherrschten Unternehmens hineinwirkt«, eine »extreme Ausübung des Weisungsrechtes« vorliegt uä – so BGH wistra 1996, 344 ff, 346 = GmbHR 1996, 925 ff unter Berufung auf Tiedemann NJW 1986, 1845 ff, in einem »Treuhandfall« zum faktisch-qualifizierten Konzern; ebenso BGH wistra 2002, 58 ff, 60 (»Bremer Vulkan«) für das »beherrschende Unternehmen«, das »angemessene Rücksichtsnahme« auf die Eigeninteressen des beherrschten Unternehmens nehmen muss, jedenfalls deren Existenz nicht gefährden darf, insoweit, als deren »Fähigkeit, ihren Verbindlichkeiten nachzukommen« gesichert bleiben muss. Strafrechtlich bedeutet die Aufgabe der Haftungsrechtsprechung zum »faktisch-qualifizierten Konzern« und die Anknüpfung an den *existenzvernichtenden bzw* gar *existenzgefährdenden* Eingriff durch den Gesellschafter nichts neues – es handelt sich in Wahrheit um eine Beweiserleichterung im Hinblick auf den Angriff auf das Haftungskapital – vgl BGH, NJW 2004, 3284 ff; – ebenfalls »Bremer Vulkan«

222 Tiedemann GmbH-StrR vor §§ 82 ff, Rn 15 fordert insoweit unter Hinweis auf §§ 46 Nr. 1, 47 Abs 1, 48 ff GmbHG zutreffend Einstimmigkeit, es sei denn, die Möglichkeit eines Mehrheitsbeschlusses beruht auf einem in der Gesellschafterversammlung gefassten Gesellschafterbeschluss

223 Eingehend hierzu Tiedemann GmbHR-StrR vor §§ 82 ff, Rn 15; Müller-Gugenberger/Bieneck-Schmid § 31 Rn 57 ff; Tröndle/Fischer § 266, Rn 22 je mN; Vonnemann GmbHR 1988, 329 ff; st Rechtsprechung, ausgehend von BGHSt 3, 32 ff, 39 f; 34, 388 f; BGH wistra 1992, 140; auch BGH NStZ 1995 185 f und BGH NJW 19972, 559 ff, 560 – danach reicht die satzungsgemäße Mehrheit nur dann, wenn die Gesellschafterversammlung beschließt. Ansonsten ist Einstimmigkeit erforderlich!

224 Stille Reserven sind demnach gerade nicht zu aktivieren – vgl für den Firmenwert OLG Celle GmbHR 2004, 309 f; das Kapitalerhaltungsgebot gilt entsprechend für die GmbH & Co KG, vgl OLG Celle, GmbHR 2003, 900 ff

225 Vgl hierzu eingehend Goette DStR 1997, 1495 ff mN

unwirksam sei die Zustimmung bei Überschuldung:[226] Entnimmt der (Allein-) Gesellschafter/Geschäftsführer seiner GmbH deren alleinigen Vermögensbestandteil, den Kassenbestand von 50.000 EURO, der dem Haftungskapital entspricht, ist die Gesellschaft nicht überschuldet, der Untreueschaden beträgt jedoch 50.000 EURO! Soweit demnach bei Kreditunwürdigkeit durch Rückführung der Gesellschafterleistung ein Angriff auf bzw die Rückzahlung des Haftungskapitals vorliegt, die Grenze des § 30 GmbHG also überschritten wird (sog »**Rechtsprechungs-Regelung**«),[227] ist eine Zustimmung der Gesellschafter hierzu grundsätzlich irrelevant und das Vermögen der juristischen Person auch in strafrechtlich bedeutsamer Weise geschädigt.[228]

Geschützt von § 30 GmbHG ist zugunsten ihrer Gläubiger zwar nicht die »Existenz« der Gesellschaft, sondern nur deren Haftungskapital, dieses aber in seinem vollen – wirtschaftlich verstandenen – Umfang! Das bedeutet nach der zivilrechtlichen gefestigten Rechtsprechung zum **existenzgefährdenden Eingriff** aber, dass schon im Vorfeld des Angriffs auf das Haftungskapital die Fähigkeit der Gesellschaft zur Erfüllung ihrer Verbindlichkeit relevant beeinträchtigt sein kann. Das Strafrecht hat diese Verfügungsbeschränkung der Gesellschafter zwar zutreffend übernommen, muss sie jedoch – ohne (versteckte) zivilistische Beweislastregeln – auf den wirtschaftlichen Kern zurückführen: wo der Nachweis gelingt, dass durch die gefährdenden Handlungen der »wahre Wert« der Vermögensgüter mit Wahrscheinlichkeit zur vollen Befriedigung der Gläubiger nicht ausreicht, ist die Einwilligung der Gesellschafter unwirksam und liegt ein iSd § 266 StGB relevanter Schaden vor. Es bleibt somit dabei, dass der Eingriff den Wert der Vermögensgüter unter Gläubigerbefriedigungsgesichtspunkten derart beeinträchtigt – idR also die Zerschlagungsprognose begründet **und** beim Ansatz von Zerschlagungswerten die Gefahr der unvollständigen Befriedigung besteht – dass die Gläubiger mit Wahrscheinlichkeit nicht in voller Höhe befriedigt werden. **152**

Die Frage, ob der Vermögensschaden der juristischen Person nach **Bankrott- oder Untreue-Strafrecht** zu beurteilen ist, muss mit der **Interessentheorie des BGH**[229] (strafrechtlich relevante Vertreterhandlung gem § 14 StGB nur, **wenn der Täter – zumindest auch – im – wirtschaftlich verstandenen – Interesse der Gesellschaft** handelt) beantwortet werden. Hiernach scheidet Bankrott gemäß § 283 StGB zwin- **153**

---

226 Oder gar die »Gefahr, die Überschuldung herbeizuführen«. Für die Zulässigkeit des sog »cash-managements« dezidiert BGH wistra 2002, 58 ff und schon LG Bremen, ZIP 1998, 561 ff, 566 f (jeweils »*Bremer Vulkan*«); eingehend – allerdings iE enger – Hasselbach BB 1999, 645 ff – die Grenzen liegen beim »existenzgefährdenden Eingriff« – vgl – ebenfalls Bremer Vulkan – BGH NJW 2004, 2248 ff = GmbHR 2004, 1010 ff = ZIP 2004, 1200 = EWirR 2004, 723 m Anm Eisner.
Interessant bleibt in diesem Zusammenhang, dass das Strafrecht die Frage der Substanzausschüttung durchaus eigenständig prüft – vgl etwa OLG Stuttgart MDR 1978, 593 und BGHSt 35, 333 ff, 335 ff.
Nach der Zivilrechtsprechung ist der Maßstab die Unterbilanz, also eine bilanzielle Unterdeckung – ganz eindeutig das Reinvermögen der Gesellschaft, das nach bilanziellen Grundsätzen ermittelt wird – BGH GmbHR 1989, 152 ff, 154, BGH NJW 1997, 2559 ff, eingehend Müller DStR 1997, 1577 ff; umfangreiche Nachw bei Wimmer DStR 1996, 1249 ff, 1250. Eine Überschuldungsrechnung nach den dargestellten (strafrechtlichen) Grundsätzen kann jedoch ohne weiteres zu niedrigeren Aktiva als der bilanzielle Ansatz führen. Allein der »wahre wirtschaftliche Wert«, also das Schuldendeckungspotential ist für § 266 StGB maßgebend
227 Vgl hierzu die Nachw bei Müller-Gugenberger/Bieneck-Bieneck § 80, Rn 6 ff
228 Zutreffend insoweit Muhler wistra 1994, 283 ff; aus zivilrechtlicher Sicht v Gerkan/Hommelhoff (Fn 213) Rn 3.51 ff
229 BGHSt 28, 371 ff; 30, 127 ff; eingehend hierzu Tiedemann InsO-StrR vor § 283 Rn 79 ff mit umfassenden Nachw; ablehnend auch schon Richter GmbHR 1984, S 143 ff

gend aus: Eine Vermögensschädigung »zumindest auch« im wirtschaftlichen Interesse der juristischen Person ist unmöglich! Es liegt jedoch Untreue gem § 266 StGB vor.

154 **(3) Bedeutung des »Rangrücktritts« im Überschuldungsstatus**

Sicher ist nach der **Zivilrechtsprechung** lediglich, dass Gesellschafterleistungen (oder von Gesellschaftern gesicherte Drittleistungen) nur dann im Überschuldungsstatus nicht passiviert werden müssen, wenn ein »**Rangrücktritt**« (oder eine rangrücktrittsgleiche Erklärung) – also die **Zusage** des Gesellschafters, er werde das Darlehen in der Krise der Gesellschaft **nicht zurückfordern** und in deren Konkurs **nicht geltend machen, solange nicht sämtliche Gläubiger befriedigt sind** – ausdrücklich und förmlich **abgegeben** <u>und</u> in die Geschäftsunterlagen der Unternehmung **eingebracht** ist.[230]

155 Dabei bedeutet Rangrücktrittserklärung nichts anderes, als förmliche **(vertragliche) Bestätigung der** ohnehin gegebenen, soeben dargestellten **Rechtslage**. Bei einer (jederzeit möglichen) Rücknahme dieser Zusage, verbleibt es bei der (gesetzlichen) Eigenkapitalgleichstellung.[231] Begründet wird diese Behandlung im Überschuldungsstatus mit den ansonsten bestehenden Feststellungsschwierigkeiten bezüglich der Zuordnung der Leistung zum Eigenkapital.[232]

156 Hieran kann das Strafrecht nicht anknüpfen,[233] weil dies eine Beweislastumkehr zum Nachteil des Beschuldigten bedeuten würde. Zur besseren Erläuterung der hieraus zu ziehenden Konsequenzen soll zunächst zwischen Gesellschaftersicherheit und Gesellschafterdarlehen unterschieden werden.

157 Für das Strafrecht ist zunächst davon auszugehen, dass der **Ansatz des Vermögens** und der Schulden **im Überschuldungsstatus** kein normativer sondern ein **wirtschaftlicher** ist.[234] Nicht nur der rechtliche Bestand einer Forderung sondern ihre konkrete (wahrscheinliche) Durchsetzbarkeit, also ihre wirtschaftliche Werthaltigkeit (ihr »wahrer wirtschaftlicher Wert« – also das in ihr enthaltene Schuldendeckungspotential), begründet demnach die Höhe ihres Ansatzes als Aktiva.[235] Nichts anderes gilt für die Schulden: Wird das Vermögen (mit Wahrscheinlichkeit) durch die Tilgung der Verbindlichkeit belastet oder nicht?

---

230 Grundsätzlich zu der – früher streitigen – Frage BGH GmbHR 2001, 190 ff mit Anmerkung Felleisen
231 BFH ZIP 1982, 563 ff, 566
232 Statt aller v Gerkan/Hommelhoff (Fn 213) Rn 6.22 mN
233 **AA** allerdings OLG Düsseldorf, StV 1998, 268; wohl auch BGH wistra 2003, 301 ff, 302 (»zumindest dann nicht … wenn sie nicht nur eigenkapitalersetzend … sondern … mit Rangrücktritt versehen waren«; vgl auch Müller-Gugenberger/Bieneck-Bieneck § 80 Rn 27 ff
234 Tiedemann InsO-StRR vor § 283, Rn 151
235 Hier gilt im Kern dieselbe Argumentation wie bei der Zahlungsunfähigkeit: Maßgeblich ist, ob der Vermögensbestandteil für die Gläubiger (zum Bewertungsstichtag!) realisierbar ist. Die Absicht des Schuldners, ihn (später) den Gläubigern zuzuführen, ist ohne wirtschaftlichen Wert. Verheimlichte bzw beiseitegeschaffte Vermögenswerte (wenn sie etwa auf andere Personen oder Gesellschaften übertragen sind) können daher nicht aktiviert werden.
   Hiervon zu trennen ist die Frage, ob für das *Beiseiteschaffen* ein »finales Element«, die »subjektive Zielrichtung des Handelns des Täters« vorliegen muss (bejahend und zum Streitstand Tiedemann InsO-StRR § 283 Rn 26 ff). Man kann einen Wertungswiderspruch darin sehen, dieses »Element« beim Beiseiteschaffen zu fordern, künftiges unternehmerisches Verhalten (mindestens wenn es aus der Sicht des »ordentlichen Kaufmanns« zu missbilligen ist) aber für unbeachtlich zu halten (so aber Tiedemann InsO-StRR vor § 283 Rn 160 gegen BGH JZ 1979, 75 ff, 77)

Hat sich also ein Gesellschafter für die Bankverbindlichkeiten seiner Gesellschaft in **158** Höhe von 1 Mio. EURO verbürgt (sein privates Grundstück zur Sicherheit übertragen uä), so ist zunächst die Forderung der kreditierenden Bank als Verbindlichkeit der Gesellschaft zu bewerten. Solange nicht sichergestellt ist (durch **verbindliche Erklärung der Bank**), dass die Gläubigerin auf das Gesellschaftsvermögen nicht (vorrangig) zugreifen wird, ist die Verbindlichkeit zu passivieren: Die Bank hat ein uneingeschränktes Auswahlrecht des Zugriffs auf das Vermögen des Schuldners oder des Bürgen; die Wahrscheinlichkeit der Inanspruchnahme des Schuldners ist also gegeben. Die **gesellschaftergesicherte (Dritt-)Schuld** ist daher stets **zu passivieren.**[236]

Andererseits steht der Gesellschaft ein **Freistellungsanspruch**[237] **(bzw** – soweit der **159** Dritte bereits auf das Gesellschaftsvermögen zugegriffen hat – ein **Erstattungsanspruch) gegen den Gesellschafter** zu,[238] mag sich dieser nun aus Gesetz (§§ 32 a ff GmbHG) oder Vertrag (rangrücktrittsgleiche Erklärung) ergeben. Zu dessen (unverzüglicher) **Durchsetzung** ist der Geschäftsführer aus §§ 30, 31, 43 GmbHG **verpflichtet.**[239] Die Verletzung dieser Pflicht ist grundsätzlich unter Untreuegesichtspunkten strafbewehrt.[240] Dieser Anspruch ist nach allgemeinen Grundsätzen zu bewerten und – entsprechend seiner Werthaltigkeit im Überschuldungsstatus – zu aktivieren. Zum Schuldendeckungspotential – und damit als Aktivposten des Überschuldungstatus werthaltig – gehört allerdings auch diese Forderung nur, wenn und soweit der Geschäftsführer willens und in der Lage ist, sie geltend zu machen oder doch mindestens die Gläubiger auf sie Zugriff nehmen können. Selbst bei Bonität des Gesellschafters ist demnach eine derartige Forderung dann nicht zu aktivieren, wenn der Geschäftsführer sie nicht geltend macht und sie den Gläubigern nicht bekannt ist.

Indizien dafür, dass der Geschäftsführer Gesellschafter-Leistungen entgegen der **160** Rechts- oder Vertragslage nicht als Eigenkapital behandelt (und deshalb die Gefahr der Schmälerung der Haftungsmasse besteht), sind insbesondere Rückzahlungen auf Gesellschafterdarlehen, Zahlungen auf durch Gesellschafter gesicherter Drittleistungen, Nichtangabe der gegen den Gesellschafter gerichteten Ansprüche in der Insolvenz, Zinszahlungen auf Gesellschafterleistungen, Vertuschungsmaßnahmen des in Wahrheit vorliegenden Eigenkapitalcharakters von Gesellschafterleistungen uä.

Dass die Gläubiger solche Vermögensbestandteile der Gesellschaft beim Einsatz **161** sachkundiger Dritter oder aber – im Falle der Insolvenz – des Insolvenzverwalters zur Masse ziehen könnten, ändert an ihrer gegenwärtigen wirtschaftlich Wertlosigkeit nichts. Werthaltigkeit – und damit Aktivierungsmöglichkeit – setzt vielmehr

---

236 Im Ergebnis entspricht dies der st Rspr, die von der Passivierung nur absehen will, wenn und soweit der Gesellschafter im Innenverhältnis seine Bereitschaft klargestellt hat, die Darlehensschuld zu tilgen – vgl OLG Düsseldorf wistra 1997, 113 f; BGH NJW 1987, 1697 f, 1698 und OLG Hamburg WM 1986, 1110; sowie die Nachw bei Wimmer DStR 1996, 1249 ff, 1250; Ahrenkiel/Lork DB 1987, 823 ff; s auch OLG Stuttgart GmbHR 1998, 235 – insoweit nicht abgedruckt, S 24 dU

237 Für die Aktivierung des Freistellungsanspruches ausdrücklich OLG München GmbHR 1998, 281 f; vgl auch BGH NJW 1987, 1697 f, 1698 = BB 19987, 979; BGH ZIP 1997, 1648 ff, 1650 = BB 1997, 2183 f und schon BGH DStR 1992, 261 sowie zutreffend Wimmer aaO (Fn 236) 1251

238 BGH ZIP 1997, 1688 ff, 1656. Einer drohende Inanspruchnahme des Gesellschaftsvermögens ist entsprechend durch Bildung einer Rückstellung Rechnung zu tragen – vgl Fleck GmbHR 1989, 313 ff; Fleischer ZIP 1996, 773 ff je mN

239 BGH ZIP 1992, 108 ff, 109; v Gerkan/Hommelhoff (Fn 213) Rn 5.32

240 Richter GmbHR 1984, 146 f; Schäfer GmbHR 1993, 778 ff, 795; Tiedemann GmbH-StrR vor §§ 82 ff, Rn 20, 33

voraus, dass die Gläubiger den vom Gesellschaftsorgan nicht geltend gemachten Anspruch **zum Bewertungsstichtag** kennen und durchsetzen können. Selbst wenn der Insolvenzverwalter einen derartigen Anspruch zu einem in der Ferne liegenden Zeitpunkt aus gegenwärtiger Prognose möglicherweise durchsetzen könnte, hat die Forderung keinen gegenwärtigen wirtschaftlichen Wert, zumal regelmäßig mit Masselosigkeit und damit gerade nicht mit einem Verwalter gerechnet werden muss.[241]

162   **§ 39 Abs 1 Nr. 5 InsO**, wonach auch Forderungen auf Rückgewähr eigenkapitalersetzender Darlehen und Leistungen auf kapitalersetzende Sicherheiten im Insolvenzverfahren (nachrangig) geltend gemacht werden können, erlangt allerdings bei dieser Argumentation keine Bedeutung.[242] Eine Verbindlichkeit, die erst nach Befriedigung aller Gläubiger zu erfüllen ist, wird – ebenso wenig wie das Haftungskapital selbst – Teil des Überschuldungsstatus. Für diese Verbindlichkeiten ist kein Schuldendeckungspotential festzustellen.

163   Durchaus parallel zu betrachten und – nach der weiten Auslegung der (Zivil-) Rechtsprechung zur **konzernrechtlichen Haftung** insbesondere auch beim so genannten **qualifiziert faktischen Konzern**[243] – von hoher (auch strafrechtlicher) Relevanz im Hinblick auf Ansatzprobleme im Überschuldungsstatus und unter Untreuegesichtspunkten,[244] sind Ausgleichs- oder Erstattungsansprüche gegen das herrschende Unternehmen und korrespondierende Verpflichtungen bei diesem.

164   Zunächst ist auch insoweit deren **rechtlicher Bestand** (zivilrechtlich) **und** in einem zweiten Schritt ihre **Werthaltigkeit** zu prüfen. Fehlt dem Gesellschafter (der herrschenden Gesellschaft usw) Bonität, unterbleibt ein Ansatz auf der Aktivseite. Hat die herrschende Gesellschaft (der Gesellschafter ua) zwar entsprechendes Vermögen, ist die **Durchsetzung** des Anspruchs aber **vom Geschäftsführerverhalten abhängig** (also ein Zugriff der Gläubiger hierauf nicht hinreichend gesichert) **und nicht gewährleistet**,[245] so steht zur Schuldendeckung nichts zur Verfügung, im Überschuldungsstatus ist nichts zu aktivieren.

165   Dieser Ansatz ist auch für das Gesellschafterdarlehen selbst maßgebend: Ist nach den Kautelen der Zivilrechtsprechung klargestellt, dass ein derartiges Darlehen zum Eigenkapital zählt (bei Vorliegen eines »Rangrücktritts«), ist die Gefahr des Zugriffs auf das Gesellschaftsvermögen wirtschaftlich unbedeutend. Ein Ansatz dieser Schuld in den Passiva des Überschuldungsstatus entfällt.[246] Ist umgekehrt beweisbar, dass der Geschäftsführer oder Gesellschafter die **rechtliche Qualifikation** des Darlehens als Eigenkapital **nicht akzeptiert und** verfügt er über die **tatsächliche Möglichkeit des Zugriffs** auf das Vermögen der Gesellschaft zur Rückführung des Darlehens, so ist – entgegen der rechtlichen Qualifizierung als Eigenkapi-

---

241 Unabhängig von dieser Indizwirkung für die Wertbemessung der Forderung liegt bei deren Verschweigen eine Straftat der falschen Versicherung an Eides Statt gem § 156 StGB in den Fällen des § 807 ZPO – vgl hierzu BayObLG NJW 2003, 2181 f – und § 153 Abs 2 InsO vor

242 **AA** Wolf S 121 f: Passivierungspflicht entfällt nur, wenn und soweit nicht ein (auch für diesen Fall bedingter) Erlass rechtsgeschäftlich vereinbart ist

243 Statt aller Lutter/Hommelhoff (Fn 178) Anh § 13 Rn 7 ff, 15; deutlich auch Köhl GmbHR 1998, 119 ff

244 Vgl Hierzu Müller-Gugenberger/Bieneck-Schmid § 26 Rn 99 f; Tiedemann GmbH-StrR vor §§ 82 ff Rn 22 ff; Richter GmbHR 1984, 145 mit Beispielen

245 So zutreffend Wolf DB 1995, 2277 ff, 2278 f; ders DB 1997, 1833 ff; 1835; auf die Werthaltigkeit der Forderung stellt auch BGH NJW 1987, 1697 f ausdrücklich ab

246 Im Ergebnis ebenso Tiedemann InsO-StrR vor § 283, Rn 153; Müller-Gugenberger/Bieneck-Bieneck § 76 Rn 14; BGH NJW 1994, 724

tal – wirtschaftlich eine Schuld zu passivieren.[247] Der in diesem Fall entstehende Sicherungs- oder Rückgewähranspruch gegen den Gesellschafter ist – wie vorgeschildert – zu bewerten, also regelmäßig – wegen mangelnder Werthaltigkeit – im Überschuldungsstatus nicht zu aktivieren.

Entgegen *Muhler,* der die »Novellen-Darlehen« nach §§ 32 a/32 b GmbHG für »ohne Einschränkung an den darleihenden Gesellschafter« rückzahlbar hält,[248] stellt *Bieneck* zunächst zutreffend fest, dass es sich insoweit nach der eindeutigen gesetzlichen Regelung, insbes aber auch nach § 39 Abs 1 Nr. 5 InsO ebenso wie bei den »Rechtsprechungs- oder Überschuldungs-Darlehen« – also genauer: bei Beeinträchtigung des § 30 GmbHG – um **nachrangige Verbindlichkeiten** handelt, deren vorzeitige Rückzahlung den Bestand der Verteilungsmasse und nicht nur die Gleichmäßigkeit ihrer Verteilung beeinträchtigt.[249] Damit ist allerdings die Frage der Strafbarkeit nach § 266 StGB nicht entschieden. Diese setzt vielmehr die Feststellung eines **Schadens** im betreuten Vermögen voraus. Soweit die Gesellschafter mit Entnahmen aus dem Vermögen einverstanden sind, hängt die Wirksamkeit dieses Einverständnisses – wie dargelegt – von der Beeinträchtigung des Haftungsvermögens/der Existenz der Gesellschaft ab. Bei Rückzahlung von »Überschuldungsdarlehen« – genauer: »**Unterbilanz-Darlehen**« – liegt somit stets ein Untreue-relevanter Schaden vor.[250] | **166**

Schwieriger ist die Frage nach der Strafbarkeit bei Rückzahlung von »Novellen-Darlehen« zu beantworten. Hatte *Muhler*[251] noch darauf abgestellt, dass §§ 32 a, 32 b GmbHG, 3 AnfG die Rückzahlung des Kapitalersatzes gerade nicht verbieten, sondern lediglich einen Rückforderungsanspruch im Falle der Insolvenz begründen und mithin eine Strafbarkeit nicht bei Rückzahlung sondern erst bei Verschweigen des Anspruchs gegenüber dem Insolvenzgericht/-verwalter angenommen, geht *Bieneck*[252] unter Hinweis auf die Nachrangigkeitsregelung des § 39 Abs 1 Nr. 5 InsO davon aus, dass auch dieser Kapitalersatz zum (strafrechtlich) geschützten Vermögen der juristischen Person gehört, das der Verfügungsmacht der Gesellschafter – auch schon zu Zeiten ihrer werbenden Tätigkeit – entzogen ist. | **167**

Demgegenüber bleibt festzuhalten, dass »Eigenkapitalersetzende Darlehen« nach der Entscheidung des Gesetzgebers gerade kein Eigenkapital der juristischen Person (im Sinne des § 30 GmbHG) sind. Inwieweit sie als Eigenkapital behandelt werden müssen, definiert der Gesetzgeber in §§ 32 a, 32 b GmbHG und die (Zivil-)Rechtsprechung. Das Gebot vorrangiger Befriedigung der Drittgläubiger ist danach nur durch Begründung eines Rückforderungsanspruches zu deren Gunsten (für die Masse!) und nicht durch ein Auszahlungsverbot gesichert. | **168**

---

247 Ständige (Zivil-)Rechtsprechung vgl die Nachw bei Uhlenbruck KTS 1994, 173 ff; für das Strafrecht Tiedemann InsO-StrR vor § 283 Rn 152, Richter GmbHR 1984, 141; **aA** aber OLG München wistra 1994, 278 ff, 279 mit dem Argument, die Gesellschaft könne dem Anspruch des Gesellschafters Einwände entgegenhalten; im Ergebnis auch LG Waldshut-Tiengen DB 1995, 2157; Joecks BB 1986, 1681
248 Wistra 1994, 283 ff, 285
249 In Müller-Gugenberger/Bieneck-Bieneck § 79 Rn 10
250 Vgl nur Tiedemann InsO-StrR § 283, Rn 183, 189; § 283 c, Rn 10; vor § 283, Rn 152; ders GmbH-StrR vor § 82 ff, Rn 20; Müller-Gugenberger/Bieneck-Bieneck § 80 Rn 6 ff; Muhler wistra 1994, 287 – insoweit allerdings für Strafbarkeit nach § 283 Abs 1 Nr. 1 StGB
251 wistra 1994, 285 f
252 In Müller-Gugenberger/Bieneck § 79 Rn 6 u. § 80 Rn 11 ff und Tiedemann InsO-StrR § 283 Rn 185, 189

169   Nur die **Beeinträchtigung dieses Rückforderungsanspruches** kann daher Schutzgegenstand des Vermögensstrafrechtes sein. So hat die Zivilrechtsprechung auch
wiederholt entschieden, dass lediglich eine »Unterbilanz« vermieden werden, also
die Stammkapitalziffer erreicht sein muss – strafrechtlich gesprochen, das Haftungskapital den außenstehenden Gläubigern zur Befriedigung in vollem Umfang
zur Verfügung steht. Danach ist der Kapitalersatz selbst – also die Rückzahlung
von Kapitalersatz außerhalb des § 30 GmbHG – bei Zustimmung der Gesellschafter grundsätzlich nicht durch § 266 StGB geschützt.

170   Die strafrechtlich relevante Beeinträchtigung des Rückforderungsanspruches erfolgt allerdings nicht nur bei seinem Verschweigen im Insolvenzverfahren.[253] Ist die
Entstehung des (potentiellen) **Rückzahlungsanspruchs** gegen den Gesellschafter
bei der Rückgewähr von Kapitalersatz **hinreichend wahrscheinlich**, wird dieser
aber voraussichtlich wertlos sein, führt die Rückzahlung selbst zum (gegenwärtigen) Schaden. Dies ist regelmäßig der Fall, wenn dem Unternehmen eine **Zerschlagungsprognose** zu stellen ist.

171   **(4) Zur subjektiven Tatseite**

Bei konsequenter Anwendung der wirtschaftlichen Betrachtungsweise der Gesellschafterleistungen für den Vermögensansatz im Überschuldungsstatus reduzieren
sich die Probleme des **subjektiven Tatnachweises** ganz erheblich. Insbesondere
wird die Diskussion darüber, ob durch Kenntnis oder Unkenntnis der Zivilrechtsprechung ein Verbots- oder aber Tatbestandsirrtum oder ein schlichter Subsumtionsirrtum vorliegt, obsolet. Vom (bedingten) Vorsatz des Beschuldigten muss lediglich – wie sonst auch – die Werthaltigkeit des Ausgleichsanspruchs gegen den
Gesellschafter (bzw die Kenntnis von der Gefahr der Inanspruchnahme[254] des Gesellschaftsvermögens durch Ausschüttung an den Gesellschafter) umfasst sein.

172   Leistet demnach der Geschäftsführer (bei bestehender Überschuldung) Zahlungen
auf ein Gesellschafterdarlehen, so dokumentiert er hierdurch zunächst, dass er dieses Darlehen nicht als Eigenkapital behandeln will und dass der Bestand des Gesellschaftsvermögens für deren übrige Gläubiger gefährdet ist. Im Überschuldungsstatus ist das Darlehen daher zu passivieren – und zwar unabhängig davon, ob eine
Rangrücktrittserklärung vorliegt oder nicht. Behauptet der Geschäftsführer, er habe
angenommen, im Überschuldungsstatus sei eine wirtschaftlich wertlose Forderung
zu aktivieren oder es brauche ein mit Wahrscheinlichkeit erfolgender Vermögensab-
fluss nicht passiviert zu werden, ist in aller Regel nicht von einem Irrtum sondern
von einer Schutzbehauptung auszugehen. Es ist allgemeinkundig, dass sich eine
Überschuldung aus der Gegenüberstellung von Vermögen und Schulden ergibt,
dass eine wertlose Forderung kein »Vermögen« bzw dass eine Verbindlichkeit, bei
der die mindestens nahe liegende Möglichkeit des entsprechenden Vermögensab-
flusses besteht, eine »Schuld«, also eine Vermögensbelastung, darstellt. Soweit sich
der Beschuldigte hierbei eine abweichende rechtliche Bewertung der wirtschaftlichen Gegebenheiten vorstellt, die in Wahrheit nicht gegeben ist, handelt es sich
um einen unbeachtlichen Subsumtionsirrtum, keinen (relevanten) Mangel an Bedeutungskenntnis.

---

253 Insoweit übereinstimmend und zutreffend Müller-Gugenberger/Bieneck-Bieneck § 80 Rn 13
    und Muhler wistra 1994, 286
254 Vgl hierzu zutreffend BGH wistra 2003, 262 ff, 264 f

ee) Beispiel: Umwertung einer Handelsbilanz in einen Überschuldungsstatus

1. Handelsbilanz   **173**

H & T GmbH Stuttgart
(Handels-) Bilanz zum 31. 12. 2003

Aktiva		Passiva	
Ausstehende Einlagen	25.000,00	Stammkapital	50.000,00
Kasse	25.000,00	Rücklage	5.000,00
Immaterielle Vermögens-gegenstände	18.000,00	Verlustvortrag	– 100.000,00
Grundstücke unbebaut	200.000,00	Jahresverlust	– 500.000,00
Grundstücke bebaut	1.000.000,00	EK iwS	– 545.000,00
Einbauten in fremde Grundstücke	70.000,00	Nicht durch EK gedeckter	
Fahrzeuge	250.000,00	Fehlbetrag	545.000,00
			0,00
		Stille Gesellschaft	250.000,00
Vorräte		Gesellschafter-Darlehen	100.000,00
Halbfertige Bauten	2.000.000,00		
RHB (Waren)	600.000,00	Bank langfristig	2.000.000,00
		Bank kurzfristig	1.000.000,00
Forderungen LuL	1.000.000,00		
Forderungen an AN	15.000,00	Verbindlichkeiten LuL	2.000.000,00
Bankkonto in $	10.000,00		
		Rückstellungen	
Gesellschafterdarlehen	100.000,00	für Garantie	8.000,00
		für Denkmal / Renaturierung	500.000,00
ZS Aktiva	5.313.000,00	ZS Fremdkapital	5.858.000,00
Nicht durch EK gedeckter Fehlbetrag	545.000,00		
Bilanzsumme	5.858.000,00		5.858.000,00

HB Erläuterungen Aktiva   **174**

H & T GmbH Stuttgart
(Handels-) Bilanz zum 31. 12. 2003

Aktiva		Erläuterungen
Ausstehende Einlagen	25.000,00	Gesellschafter vermögenslos
Kasse	25.000,00	
Immaterielle Vermögensgegenstände	18.000,00	EDV-Programme veraltet, nicht verwertbar
Grundstücke unbebaut	200.000,00	gekauft 1960, neuer Marktpreis
Grundstücke bebaut	1.000.000,00	Schloss / Kiesgrube
Einbauten in fremde Grundstücke	70.000,00	Bereicherungsanspruch gegen Vermieter
Fahrzeuge	250.000,00	1 neuer Ferrari, 2 LKW
Vorräte		
Halbfertige Bauten	2.000.000,00	Russlandhäuser
RHB (Waren)	600.000,00	alte Modelle

Forderungen LuL	1.000.000,00	Altersstruktur
Forderungen an AN	5.000,00	Bonität
Bankkonto in $	10.000,00	Währungsrisiko
Gesellschafterdarlehen	100.000,00	Bonität / Untreue
ZS Aktiva	5.313.000,00	
Nicht durch EK gedeckter Fehlbetrag	545.000,00	
Bilanzsumme	5.858.000,00	

175

HB – Erläuterungen Passiva
H & T GmbH Stuttgart

(Handels-) Bilanz zum 31. 12. 2003

Passiva		Erläuterungen
Stammkapital	50.000,00	ohne Ansatz
Rücklage	5.000,00	ohne Ansatz
Verlustvortrag	– 100.000,00	ohne Ansatz
Jahresverlust	– 500.000,00	ohne Ansatz
EK iwS	– 545.000,00	ohne Ansatz
Nicht durch EK gedeckter Fehlbetrag	545.000,00	ohne Ansatz
	0,00	ohne Ansatz
Stille Gesellschaft	250.000,00	Typisch / Atypisch?
Gesellschafter – Darlehen	00.000,00	Rangrücktrittserklärung?
	2.000.000,00	gesichert durch Bürgschaft des Gesellschafters 1.000.000,00
Bank langfristig		Grundschuld auf Ges. Grundstück 500.000,00
Bank kurzfristig	1.000.000,00	Abtretung Forderunge LuL
Verbindlichkeiten LuL	2.000.000,00	Fälligkeit
Rückstellungen für Garantie	8.000,00	Neubewertung
für Denkmal / Renaturierung	500.000,00	Neubewertung
ZS Fremdkapital	5.858.000,00	
Bilanzsumme	5.858.000,00	

176

H & T GmbH Stuttgart

Überschuldungsstatus III

Aktiva				Passiva
Ausstehende Einlagen	1,00	Stammkapital		0,00
Kasse	25.000,00	Rücklage		0,00
Immaterielle Vermögensgegen-stände	1,00	Verlustvortrag		0,00
Grundstücke unbebaut	2.000.000,00	Jahresverlust		0,00
Grundstücke bebaut	1,00	EK iwS		0,00
Einbauten in fremde Grundstücke	1,00	Nicht durch EK gedeckter Fehlbetrag		0,00
Fahrzeuge	50.000,00			0,00
		Stille Gesellschaft		0,00
Vorräte		Gesellschafter-Darlehen		0,00

Quedenfeld / Richter

Halbfertige Bauten	3.000.000,00		
RHB (Waren)	1,00	Bank langfristig	2.000.000,00
		Bank kurzfristig	1.000.000,00
Forderungen LuL	800.000,00		
Forderungen an AN	1,00	Verbindlichkeiten LuL	2.000.000,00
Bankkonto in $	8.000,00		
		Rückstellungen	
Gesellschafterdarlehen	1,00	für Garantie	1.000.000,00
		für Denkmal / Renaturierung	500.000,00
ZS Aktiva	5.883.007,00	ZS Fremdkapital	6.500.000,00
Nicht durch EK gedeckter Fehlbetrag	616.993,00		
Summe	6.500.000,00	Summe	6.500.000,00

Beispielsergänzung: GmbH & Co. KG, Bilanz weist als Aktivposten einen Verlustausgleichsanspruch gegen Kommanditisten aus, der die Überschuldung beseitigt – § 167 III HGB)

b)   Insolvenzstraftaten im engeren Sinn

aa)   Systematik der Bankrottstraftaten gem §§ 283 ff StGB

Bei den Bankrottstraftaten handelt es sich durchgehend um **Sonderdelikte**. Täter **177** kann demgemäss nur der von der Krise Betroffene sein. Lediglich § 283 d StGB bildet eine Ausnahme. Hier kann jedermann tauglicher Täter sein. Bei juristischen Personen bedarf es demnach bei §§ 283–283 c StGB einer Überleitung der Strafbarkeit nach § 14 StGB.

§ 283 a StGB stellt einen unbenannten Strafschärfungsgrund, § 283 c StGB eine Pri- **178** vilegierung und § 283 d StGB – als allgemeine Strafnorm – das Beiseiteschaffen des § 283 I Nr. 1 StGB durch Außenstehende unter Strafe, hat allerdings in der Praxis nur geringe Bedeutung.

Die Strafbarkeitsprüfung hat für alle Bankrottnormen stets mit der objektiven **179** Strafbarkeitsbedingung des § 283 VI StGB zu beginnen. (Wie sich §§ 190 Abs 1 und 202 Abs 1 Nr. 1 UmwG entnehmen lässt, wirkt die objektiven Strafbarkeitsbedingung auch für die umgewandelte Unternehmung). Sodann ist festzustellen, ob eine Krise iSd Abs 1 (Vermögens- oder Liquiditätskrise) vorliegt oder nicht. Bei Nichtvorliegen ist mit der Prüfung des Grundtatbestandes, § 283 II StGB fortzufahren und Kausalität der Bankrotthandlung (Tathandlungen in §§ 283 I Nr. 1 bis Nr. 8 StGB) zu prüfen. Liegt auch keine Kausalität vor, ist – allein für die Buchführungs- und Bilanzierungsdelikte (§ 283 I Nr. 5–7 StGB) § 283 b StGB (Buchführungs- und Bilanzierungsdelikte **außerhalb** der Krise) zu prüfen.

Bei den Rechtsfolgen der Verurteilung wegen §§ 283 ff auch 283 b StGB – zu jeder **180** Strafe, also auch bei einer Bestrafung bis zu 90 Tagessätzen und auch im Strafbefehlsverfahren – ist **§ 6 II GmbHG** mit der Folge einer (zwingenden) **5-jährigen Geschäftsführersperre** zu beachten. Eine etwa schon vorgenommenen Eintragung in das Handelsregister wird hierdurch unrichtig, ein Bestellungsbeschluss nichtig.[255]

---

255 Eingehend mN OLG Naumburg ZIP 2000, 622 ff = KTS 2000, 304 ff

bb) Der Bankrottstraftäter – oder die Unmöglichkeit »zumindest auch« im Interesse einer juristischen Person Bankrottstraftaten zu begehen

181 Die so genannte **Interessentheorie** des BGH zu § 14 StGB, entwickelt zum »Beiseiteschaffen« des § 283 I Nr. 1 StGB,[256] ist in der strafrechtlichen Literatur und zunächst von der Rechtsprechung der Instanzgerichte massiv angegriffen worden. Der BGH hat jedoch hieran stets festgehalten. Sie ist wohl auf alle vermögensrelevanten Handlungsalternativen des § 283 I StGB anzuwenden.[257]

Inhaltlich bedeutet sie, dass – **nur bei der juristischen Person (§ 14 StGB!)** – festzustellen ist, dass der Täter in seiner Eigenschaft als Organ und nicht nur bei Gelegenheit der Geschäftsführung – also zumindest auch im Interesse der juristischen Person – gehandelt hat. Dies kann bei einer vorsätzlichen Vermögensschädigung nie der Fall sein. Insoweit ist also stets Untreuestrafbarkeit gegeben.

cc) Beginn und Beendigung der Pflichtenstellung

182 Abzustellen ist auf die **Organstellung** des Täters, nicht auf einen etwaigen Anstellungsvertrag.[258] Sie beginnt mit der **Annahme der Bestellung** durch die zuständigen Organe und findet ihr Ende einerseits mit der **Abberufung**, andererseits mit der **Amtsniederlegung**. Diese ist selbst dann wirksam, wenn objektiv kein wichtiger Grund vorliegt, selbst wenn sich der Geschäftsführer nicht auf einen solchen beruft.[259] **Keine wirksame Niederlegung** liegt aber bei **Rechtsmissbrauch** vor, zB wenn der einzige Geschäftsführer zugleich Alleingesellschafter ist und er keinen neuen Geschäftsführer bestellt.[260] Insofern handelt es sich um empfangsbedürftige Willenserklärungen der Gesellschafter an den Geschäftsführer/Liquidator bzw umgekehrt. Zur Wirksamkeit der Niederlegung ist also regelmäßig der Zugang bei der Gesellschafterversammlung erforderlich.[261] Schließlich bleibt noch das **rechtliche Ende der GmbH**.[262]

dd) Die Buchführungsdelikte – ein »reiner Formalverstoß«?

183 Die **Buchführungspflicht** richtet sich nach HGB. Auch nach der Novellierung des HGB[263] sind der Sache nach Minderkaufleute (§ 4 HGB aF – jetzt: Kleingewerbetreibende) zwar ausgenommen (§ 2 HGB nF), haben jedoch ein Wahlrecht, wonach die Eintragung nunmehr zur vollständigen Anwendung des HGB führt, diese jedoch jederzeit wieder abgewählt werden kann (Löschungsantrag gem § 2 S 3 HGB). Die Buchführungspflichten treffen denjenigen, der kein Kleingewerbetreibender mehr ist, sich jedoch nicht eintragen lässt, allerdings auch ohne Eintragung (§ 262 HGB).[264] Dabei können für das Strafrecht Vermutungtatbestände (zB § 5

---

256 Statt aller: BGHSt 30, 128; kritisch hierzu weitgehend die Strafrechtsliteratur, vgl nur Tiedemann InsO-StrR vor § 283 Rn 79 ff; die Zustimmung eines Komplementärs bei eigennützigem Verhalten des Geschäftsführers soll im Übrigen den Interessenwiderstreit aufheben – so BGHSt 34, 221 ff

257 Für die Alternative der »Verringerung des Vermögensstandes« gem § 283 I Nr. 8 StGB nunmehr BGH wistra 2000, 136 f

258 Hierzu Gehrlein DStR 1997, 31 ff

259 BGH BB 1995, 1844 ff = NJW 1995, 2850 ff

260 OLG Düsseldorf MDR 2001, 702 = GmbHR 2001, 144 f m Anm Hohlfeld 145 ff; KG Berlin GmbHR 2001, 147 (auch für 2 Geschäftsführer/Gesellschafter, die gemeinsam niederlegen); BayObLG BB 1999, 1782 f = GmbHR 1999, 980

261 OLG Naumburg GmbHR 2001, 569 ff; zur »Verwaltungssequestration« BFH GmbHR 1997, 912

262 Hierzu Gehrlein DStR 1997, 31 ff

263 HandelsrechtsreformG – HRefG (BGBl I 1998, 1474) – (weitgehend) in Kraft seit 1. 7. 1998

264 Vgl Bydlinski ZIP 1998, 1169 ff, 170

HGB aF) keine Bedeutung erlangen.[265] Praxisrelevanz erlangt dies regelmäßig beim – nicht nur vorübergehenden! – Rückgang eines Unternehmens.

Zu unterscheiden ist die mangelhafte von der unterlassenen Buchführung (§ 283 I Nr. 5, 1. und 2. Alt. StGB). Mehrere Einzelverstöße und ein (später erfolgtes) vollständiges Unterlassen führen nach der Rechtsprechung des BGH[266] im Rahmen einer Bewertungseinheit zur fehlerhaften Buchführung. Mangelhafte Buchführung führt dann zu untreuerelevantem Schaden, wenn mit doppelter Inanspruchnahme zu rechnen ist und wenn die unordentliche Buchführung zur Erschwerung der Rechtsverteidigung führt.[267]   **184**

Bilanzierungsfristen: große und kleine GmbH § 264 I S 2 HGB = 3 Monate, § 264 I S 3 iVm § 267 I HGB = 6 Monate.[268]   **185**

Pflichtbeginn: Mit Errichtung; Pflichtende: mit Eintritt der objektiven Strafbarkeitsbedingung.[269] Nach Stellung des Insolvenzantrages verbleibt es bis zur Einsetzung eines Insolvenzverwalters bei der Pflicht des Geschäftsführers/Liquidators, danach obliegt die Pflicht dem Verwalter[270] (auch soweit die Buchführungs- und Bilanzierungspflichten vor Insolvenzeröffnung entstanden sind), soweit dieser iSd §§ 6 KO, 80 InsO die alleinige Verfügungsgewalt hat. Gleiches gilt für den vorläufigen Insolvenzverwalter (§§ 22 I, II, 80 I, 159 ff InsO).[271] Beim »starken« Insolvenzverwalter ist die inhaltliche Ausrichtung seiner Pflichten grundsätzlich auf die Fortführung der Unternehmung gerichtet (§ 22 I S 2 Nr. 1 InsO), wonach ihn ohnehin die Unternehmerpflichten treffen. Beim »schwachen« Insolvenzverwalter kommt es auf den Umfang der vom Insolvenzgericht übertragenen Aufgaben an.

Verjährungsbeginn ist der Eintritt der objektiven Strafbarkeitsbedingung, nicht die Beendigung der Tat.   **186**

Bei den §§ 283, 283 b StGB handelt es sich um **Unterlassungs-Dauerdelikte**, die mit der Erbringung der geforderten Handlung beendet sind. Verwirrung hat bezüglich der Abgrenzung dieser Normen eine Entscheidung des BGH[272] gebracht. Der BGH geht – ohne ausdrückliche Erklärung, offensichtlich davon aus, dass die Krisensituation des § 283 StGB **nur** während der Bilanzierungsfrist vorliegen muss. Tritt diese später ein, läge § 283 b StGB vor. Dies ist unrichtig. Zwar ist § 283 StGB nach Ablauf dieser Frist vollendet, nicht jedoch beendet.   **187**

Hiervon zu unterscheiden ist der Fall, dass die Bilanzierungspflicht erst **nach Eintritt der objektiven Strafbarkeitsbedingung** endet. Das OLG Düsseldorf[273] nimmt insoweit an, Strafbarkeit sei nicht gegeben. Dies ist nur dann richtig, wenn die Bilanzierungs- bzw Buchführungspflicht insoweit entfällt. Wird die Insolvenz eröff-   **188**

---

265 So schon RG JW 1912, 952 f
266 BGH KTS 1995, 651 ff = NStZ 1995, 347
267 BGH Urt. v 26.4.01 – 5 StR 587/00
268 IdF des Gesetzes zur Durchführung der Richtlinie des Rates der Europäischen Union zur Änderung der Bilanz- und Konzernbilanzrichtlinie ... zur Verbesserung der Offenlegung von Jahresabschlüssen und zur Änderung anderer handelsrechtlicher Bestimmungen vom 16. 12. 1999, BGBl I 2000, 154
269 BGHZ 80, 129, 140; BGH NStZ 1992, 182
270 KG BB 1997, 1681 f = DB 1997, 1708 f; KG GmbHR 1997, 897 f – für die Dauer des Konkursverfahrens der Konkursverwalter
271 Unzutreffend insofern Schramm NStZ 2000, 398 ff, der auf § 14 I Nr. 3 StGB abstellen will. Einer Überleitung der Strafbarkeit nach § 14 StGB bedarf es nicht, weil die Pflichtstellung in § 266 StGB selbst definiert ist
272 Vom 05. 11. 1997 – NJW 1998, 2836 = NStZ 1998, 192 = BB 1998, 476 = StV 1998, 423 f – dagegen eingehend mN Doster wistra 1998, 326 ff
273 GmbHR 1998, 981 f, 982 – unter verfehlter Berufung auf Tiedemann ua

net, endet zwar die Pflicht des Geschäftsführers, sie obliegt dann dem Konkurs-/ Insolvenzverwalter (entsprechendes kann bei Sequestrationsanordnung gegeben sein). Konkurs-/Insolvenzabweisung mangels Masse und Zahlungseinstellung hat auf diese Pflicht grundsätzlich keinen Einfluss. Zu prüfen ist allerdings, ob ein Fall der **Unmöglichkeit** der Pflichterfüllung vorliegt. Sind vor diesem Termin keine hinreichenden Vorkehrungen zur Bilanzerstellung getroffen, sieht die Rechtsprechung hierin eine mögliche Tatbegehung,[274] richtigerweise liegt jedoch lediglich versuchtes Unterlassen vor,[275] wobei zu beachten ist, dass dies nur vorsätzlich begehbar ist.

189 Nach einer neueren Entscheidung des BGH[276] soll bei Beauftragung eines Steuerberaters »bloßer Fristablauf« für die Tatbestandsverwirklichung nicht ausreichend sein. Entscheidend ist aber auch insoweit, dass die Buchhaltungsunterlagen rechtzeitig und vollständig zugeleitet und der Beauftragte sorgfältig ausgewählt und kontrolliert wurde. Soweit die Möglichkeit der Rückforderung der Unterlagen zur eigenen oder anderweitigen Erledigung der Bilanzierungspflicht besteht, läge dann ebenfalls keine Unmöglichkeit vor.

190 Noch ein Wort zu den **Konkurrenzen:**

Bei den **Buchhaltungsdelikten** liegt auch bei mehreren Verstößen innerhalb einer Periode nur eine Tat vor.[277] Zweifelhaft ist, ob bei mehreren Verstößen in mehreren Perioden mehrere Taten vorliegen können. Dies hat der BGH[278] zwar verneint. Richtig erscheint demgegenüber – da die Buchhaltung periodenorientiert geführt wird – für jede Periode (Rechnungsjahr) einen (neuen) Normappell anzunehmen. Danach ist von einer Tat je Rechnungsjahr auszugehen. Die zunächst fehlerhafte und dann unterlassene Buchführung stellt eine Tat dar. Jede **Bilanz** ist eine Tat, auch bei mehreren Fehler in einer Bilanz oder wenn die verspätet erstellte Bilanz auch noch falsch ist.

191 Soweit eine Beauftragung vorliegt – zB an einen Steuerberater – ist, wenn dieser nicht beaufsichtigt wird oä, von einer Tat auszugehen.[279] Bei Mittätern ist bei jedem Täter eine selbständige Prüfung vorzunehmen,[280] bei mehreren Gesellschaften Tatmehrheit anzunehmen. Demgegenüber soll bei der GmbH & Co. KG Tateinheit vorliegen.[281]

192 Die frühere Rechtsprechung hat Fortsetzungszusammenhang zwischen **Buchhaltung und Bilanz**[282] und auch bei Verstößen gegen §§ 283, 283 b StGB angenommen. Insoweit ist nunmehr grundsätzlich von Tatmehrheit auszugehen. Bei Buchhaltungs- und Bilanzverstößen, die teilweise vor und teilweise in der Krise erfolgen (§§ 283 b, dann § 283 StGB) liegt eine Tat des Bankrotts vor. Ansonsten gilt für die Tatmodalitäten des § 283 I StGB Tatmehrheit. Gelegentlich liegt aber auch eine natürliche Tat vor, zB bei übermäßigem Aufwand. Für Verheimlichen und Beiseiteschaffen ist allerdings von mitbestrafter Nachtat auszugehen.

---

274 BGH NStZ 1992, 182; OLG Düsseldorf wistra 1998, 982; Weyand, 90
275 So zutreffend Tiedemann InsO-StrR § 283 Rn 151
276 BGH wistra 2000, 136 f
277 BGHSt 3, 23, 26 f; BGH NJW 1988, 2836 ff
278 War BGH wistra 1995, 146 f noch mehrdeutig (»mehrere Verstöße innerhalb eines bestimmten Zeitraums«), so hat dies der BGH (BB 1998, 476) nunmehr iS einer Tat klargestellt; dagegen zutreffend Doster wistra 1998, 326 ff
279 Vgl BGH wistra 1996, 140 f
280 BGH Beschl v 27. 2. 1996 (1 StR 596/95)
281 Vgl BGH MDR 1981, 451 und Beschl v 3. 12. 1991 – 1 StR 496/91
282 BGH MDR 1980, 455; 81, 100

Ergänzend ist auf die – nach der Rüge des EUGH wegen Verstoßes gegen die **193** Richtlinien 68/151/EWG, 78/660 EWG – erfolgte **Verschärfung der Sanktionen** bei **Verletzung von Offenlegungspflichten** in den §§ 335 a und b HGB, 140 a II FGG nach dem KapCoRiLiG[283] hinzuweisen,[284] das bereits für die Jahresabschlüsse 1999 Geltung erlangt[285] und Ordnungsgelder zur zwangsweisen Durchsetzung der Offenlegungspflicht **nach Ablauf von 12 Monaten** nach Abschluss des Geschäftsjahres von 2.500 bis zu 25.000 EURO vorsieht.[286]

ee) Die »Unmöglichkeit« im Insolvenzstrafrecht

Die individuelle **Unmöglichkeit** der von der Strafnorm geforderten Handlung lässt **194** die Tatbestandsmäßigkeit – ganz allgemein bei Unterlassungsdelikten[287] – entfallen. In der Strafrechtspraxis wird das Thema der »Unmöglichkeit« fast ausschließlich im Bereich der Beitragshinterziehung gem § 266 a StGB diskutiert,[288] häufig mit dem der »Unzumutbarkeit« vermengt und wird – selbst vom BGH[289] – an die Zahlungsunfähigkeit der juristischen Person angeknüpft. Zutreffend weist das OLG Düsseldorf[290] darauf hin, dass zunächst zu prüfen ist, ob der Geschäftsführer – gegebenenfalls mit den Mitarbeitern der Gesellschaft[291] – »aufgrund seiner Ausbildung und Tätigkeit in der Lage war, die Buchführung selbst zu führen«. Soweit dies nicht der Fall ist, muss die geforderte Handlung »gekauft« werden. Insofern kommt es darauf an, ob die hierfür erforderlichen Mittel vorhanden sind. Ihr Fehlen bedeutet dann – und nur dann – »Unmöglichkeit«. Der BGH[292] spricht insofern – missverständlich – von »Zahlungsunfähigkeit« und stellt sodann auf die »Zahlungseinstellung« ab, weil »niemandem Unmögliches abverlangt werden darf«.[293] Daraus ist ersichtlich, dass diese »Zahlungsunfähigkeit« nicht mit derjenigen der InsO oder gar der KO verwechselt werden darf. Gemeint ist vielmehr die schlichte Verfügbarkeit der notwendigen liquiden Mittel. Da selbst bei Zahlungseinstellung noch Mittel in dieser Höhe vorhanden sein können, kommt es allein drauf an, **ob überhaupt noch Mittel vorhanden sind**, wenn und soweit es an der persönlichen Fähigkeit des Geschäftsführers fehlt. Diese müssen – vor allen anderen Verpflichtungen – ausschließlich für die strafbewehrten Pflichten – Buchführung und Abführung der Arbeitnehmeranteile an der Sozialversicherung – verwendet werden.[294]

---

283 Gesetz zur Durchführung der Richtlinie des Rates der Europäischen Union zur Änderung der Bilanz- und Konzernbilanzrichtlinie ... zur Verbesserung der Offenlegung von Jahresabschlüssen und zur Änderung anderer handelsrechtlicher Bestimmungen vom 16. 12. 1999, BGBl I 2000, 154

284 Hierzu eingehend mN Zimmer/Eckhold NJW 2000, 1361 ff, 1366 ff

285 Für alle GmbHs für die GmbH & Co. KGs für alle nach dem 31. 12. 1999 beginnenden Geschäftsjahre – Art. 48 EGHGB; zu den praktischen Auswirkungen vgl den Bericht über die Verfahrenssimulation in Nordrhein-Westfalen von Dieckmann GmbHR 2000, 353 ff

286 Die im Übrigen wiederholt werden können, vgl Zimmer/Eckhold NJW 2000, 1367 f

287 Tiedemann InsO-StrR vor § 283 Rn 108 mN

288 Eingehend und grundsätzlich nunmehr der 5. Strafsenat des BGH wistra 2002, 340 ff mit Anm *Wegner*, 382 ff

289 BGH JR 1979, 512 m Anm *Schlüchter*; BGH wistra 1992, 145 = NStZ 1992, 182

290 GmbHR 1998, 981 f, 982

291 Zutreffend Ehlers DStR 1998, 1756 ff, 1758 mN

292 NJW 1988, 2836 ff

293 Unter Berufung auf BGHSt 28, 231 ff, 233; BGHSt NStZ 1992, 182 ff

294 Vgl hierzu insbes BGH JR 1979, 512 m Anm Schlüchter BGH wistra 1992, 145 – NStZ 1992, 182; Schäfer wistra 1986, 200, 203 f; Pohl wistra 1996, 14 ff; OLG Celle Anm Bente wistra 1996, 114 ff; BGH DStR 1998, 500 nd BGH ZIP 1996, 1989 ff zur Vorrangigkeit Urt. v 15. 10. 1996 – VI ZR 327/95; BGH GmbHR 1997, 255 ff, 29 f; auch Schlüchter JR 1979, 513 ff, die auf die Pflicht abstellt, die Gesellschaft durch Stellung des Konkursantrages vom Markt zu nehmen; OLG Düsseldorf GmbHR 1998, 981 f

195   Zutreffend weist der BGH[295] darauf hin, das ein Fall der Unmöglichkeit nicht vor-
       liegt, wenn der Pflichtige seine Unterlagen **zu spät oder unvollständig** an einen ex-
       ternen Beauftragten weiterleitet. Mindestens missverständlich ist jedoch, wenn der
       BGH weiter ausführt, Unmöglichkeit sei (regelmäßig) gegeben, wenn die Unterla-
       gen rechtzeitig an den Beauftragten geleitet wurden und dieser die Bilanz nicht
       rechtzeitig erstellt. Hier gehört es zu den Pflichten des Geschäftsführers, auf die
       rechtzeitige Erstellung hinzuwirken, notfalls die Geschäftsunterlagen zurückzufor-
       dern und die Bilanz selbst oder durch einen Dritten erstellen zu lassen.

ff)   Zum »fehlenden inneren Zusammenhang« zwischen objektiver Strafbarkeits-
bedingung und Tathandlung

196   Zunehmend breiten Raum vor allem in der Hauptverhandlung nehmen Diskussio-
       nen über den (angeblich) fehlenden inneren Zusammenhang zwischen Tathandlung
       und objektiver Strafbarkeitsbedingung ein.[296] Sie sind durchweg geprägt von Un-
       kenntnis der dogmatischen Grundlagen dieses Rechtsinstituts.[297] Die Zulassung des
       Gegenbeweises der Ungefährlichkeit ist bei abstrakten Gefährdungsdelikten grund-
       sätzlich anerkannt, bedeutet aber eine **Beweislastumkehr:** »Zweifel gehen zu Las-
       ten des Täters«.[298]

197   Es bleiben allerdings inhaltliche Probleme. Einigkeit herrscht darüber, dass der »in-
       nere Zusammenhang« **keine Kausalität** sein kann. Daher scheiden solche Überle-
       gungen bei § 283 StGB grundsätzlich aus, es sei denn, die Krise wurde (nachhaltig)
       überwunden und die objektive Strafbarkeitsbedingung tritt auf Grund erneuter
       Krise ein.[299]

198   Ansonsten verbleibt es beim Anwendungsbereich des § 283 b StGB. In Wahrheit ist
       hier vom Täter das Fehlen eines »äußeren Zusammenhangs« oder einer »tatsäch-
       lichen Beziehung« zu beweisen. Positiv liegt eine solche Beziehung vor, wenn die
       verspätete Bilanz auf Sanierungsbemühungen negativen Einfluss hat,[300] wenn von
       der Bankrotthandlung dieselben Gläubiger betroffen sind oder die in einer Bilanz
       betroffenen Aktiv- oder Passivpositionen beim Eintritt der objektiven Strafbar-
       keitsbedingung noch eine Rolle spielen. Auch der bloße zeitliche Zusammenhang
       oder eine durchgehende Kette verspäteter Bilanzen zum endgültigen Niedergang
       der Unternehmung reicht aus.

199   Hiervon zu unterscheiden ist, wenn die Tathandlung nach Eintritt der objektiven
       Strafbarkeitsbedingung erfolgt.[301] Die Gefährdung ist hier nicht nur generell gege-
       ben sondern konkret greifbar. Bankrottstraftaten sind daher auch noch nach Kon-
       kurs- oder Insolvenzantragsabweisung und selbst noch nach Beendigung des Kon-
       kurs-/Insolvenzverfahrens begehbar.[302]

gg)   Gläubigerbegünstigung (§ 283 c StGB)

200   Die Reichweite dieser Norm wird insbesondere bei (auch polizeilichen) Strafanzei-
       gen häufig verkannt. Dies ist nicht nur wegen ihrer subjektiven Voraussetzung **der
       positiven Kenntnis der Zahlungsunfähigkeit** durch den Täter der Fall. Vor allem

---

295 wistra 200, 136 f
296 OLG Düsseldorf NJW 1980, 1292 ff, 1293
297 Eingehend und zutreffend Tiedemann InsO-StrR vor § 283 Rn 91 ff
298 Tiedemann InsO-StrR vor § 283, Rn 92 mN
299 BGHSt 28, 232 ff, 234; OLG Hamburg NJW 1987, 1342 ff, 1344
300 BGH wistra 1996, 262, 264
301 Hierzu ebenfalls Tiedemann InsO-StrR vor § 283, 96 mN
302 Müller-Gugenberger/Bieneck-Bieneck § 76 Rn 75

wird verkannt, dass die Norm lediglich die Beeinträchtigung der Verteilungsgerechtigkeit zum Schutzgegenstand hat und insoweit eine Privilegierung zum Bankrott/zur Untreue darstellt. Tritt bei der Masse ein Schaden ein, ist die Strafbarkeit nach diesen Normen zu prüfen.

Die Verteilungsgerechtigkeit ist tangiert, wenn der Gläubiger etwas bekommt, worauf er zu dieser Zeit oder in dieser Art keinen Anspruch hat (**inkongruente Deckung**). Dies ist zB der Lieferant, der den alten Pkw übereignet bekommt, der nur einen Bruchteil seiner Forderung wert ist, weil und soweit Zahlung vereinbart war. Eine Sicherheitsbestellung wird auch nicht nach Nr. 13 der AGB-Bank kongruent, weil hierzu **nur ein bestimmter Sicherungsanspruch auf einen individualisierbaren Gegenstand** ausreicht.[303] Für **zukünftige Leistungen** kann natürlich anderes vereinbart werden. Soweit allerdings mit der (neu vereinbarten) Gegenleistung für zukünftige Leistungen (gleichzeitig) auch alte Leistungen abgegolten werden sollen, darf die alte Vereinbarung nicht umgangen werden.

201

Damit wird deutlich, dass die Tathandlung nur selten vom Schuldner ausgeht, der aber allein **tauglicher Täter** ist. Der Begünstigte ist als **notwendiger Teilnehmer** straflos – soweit er sich auf die notwendige Teilnahme beschränkt, nämlich die bloße Entgegennahme der inkongruenten Leistung. Ansonsten ist er als Teilnehmer, nämlich Anstifter oder Gehilfe, strafbar.

202

c) Delikte im Zusammenhang mit der Unternehmensinsolvenz

Fast bei jeder Unternehmensinsolvenz einer juristischen Person – nur hier sind Antragsverletzungen strafbewehrt – werden die Antragszeiten nicht eingehalten und werden – jedenfalls in der letzten Zeit vor der Antragstellung – die Arbeitnehmeranteile zur Sozialversicherung nicht oder nicht rechtzeitig abgeführt. Diese Delikte gelangen auch am schnellsten über die Amtsermittlung zur Kenntnis der Strafverfolgungsbehörden und sind im Übrigen meist leicht nachweisbar. Sie fehlen daher selten bei Strafbefehlen und Anklagen im Bereich der Insolvenzstraftaten.

203

aa) Insolvenzverschleppung (§§ 84 I Nr. 2 GmbHG; 401 I Nr. 2 AktG; 130 a, b, 177 a HGB)

Grundsätzlich erfüllt der Geschäftsführer/Vorstand seine Pflicht mit strafbefreiender Wirkung, wenn er den erforderlichen Antrag stellt. Schon nach altem – erst recht aber auch nach neuem Recht – muss er hierfür aus strafrechtlicher Sicht angesichts des **Amtsermittlungsgrundsatzes** des Insolvenzgerichtes (§ 5 Abs 1 S 1 InsO) keine weitergehenden Unterlagen vorlegen oder Auskünfte erteilen.[304] Dies gilt allerdings nicht für Verbraucherinsolvenzverfahren. Hier wird gem § 305 III InsO die Rücknahme des Antrags gesetzlich fingiert,[305] was vor allem beim Kleingewerbetreibenden zu (strafrechtlichen) Wertungswidersprüchen führen kann. Daher ist auch bei der Unternehmensinsolvenz jedenfalls dann von einem »**Nichtantrag**« – der zur Erfüllung der Pflicht nicht ausreicht, weil »*keine Tatsachen mitgeteilt sind, welche die wesentlichen Merkmale eines Eröffnungsgrundes erkennen lassen*« – auszugehen, wenn der Antragsteller dem Insolvenzgericht keine (hinreichenden) Anhaltspunkte gibt, um im Rahmen des Amtsermittlungsgrundsatzes das Vorliegen (oder Nichtvorliegen) der Antragsvoraussetzungen zu prüfen.[306] Dies gilt auch,

204

---

303 BGH WM 1999, 12 ff
304 BayObLG GmbHR 2000, 672 f = BB 2000, 1314 = ZIP 2000, 1220 f
305 OLG Köln GmbHR 2000, 1732 ff; LG Göttingen KTS 2000, 386
306 BGH NJW 2003, 1187 f; so zutreffend auch schon Tiedemann GmbH-StrR § 84 Rn 77 ff, 79

wenn der Antrag beim unzuständigen Gericht gestellt wird.[307] Wird aber – wie gelegentlich! – ein Antrag als unzulässig zurückgewiesen, ohne dass die erforderlichen und möglichen Amtsermittlungen getätigt wurden, entsteht die Antragspflicht nach Rechtskraft des Abweisungsbeschlusses erneut – regelmäßig liegen dann **2 Taten** der Insolvenzverschleppung vor.

205 Soweit ein Antrag (mangels einer die Kosten des Verfahrens deckendem Vermögen des Schuldners – §§ 26 InsO, 107 KO) als unbegründet zurückgewiesen wird, endet die Antragspflicht des Schuldners. Stellen sich in der nunmehr folgenden Liquidation (selbst nach Abschluss der Liquidation!) der Gesellschaft bisher unbekannte (oder falsch bewertete) Vermögensgegenstände heraus, entsteht eine erneute Antragspflicht.[308] Von neuen Tatsachen – und damit einer neuen Antragspflicht – ist regelmäßig auszugehen, wenn nach Antragsabweisung mangels Masse die Gesellschaft nicht liquidiert sondern werbend weitergeführt wird, obwohl und soweit die Antragsvoraussetzungen (Überschuldung/Zahlungsunfähigkeit) nicht beseitigt sind.

206 Streitig ist, ob die Pflicht zur Antragstellung erlischt (weil diese aus Gründen des Rechtsgüterschutzes »*entbehrlich*« sein soll), soweit ein Drittantrag gestellt worden ist (und ob diese Pflicht nach einer etwaigen Rücknahme des Drittantrages »*wieder auflebt*«).[309] Im Wortlaut der Norm findet diese Einschränkung der Strafbarkeit keine Stütze. Die Begründung – die InsO verzichte auf die von der KO angeordnete Pflicht des Verantwortlichen bei Eigenantrag auf Vorlage von Gläubiger-/Schuldnerverzeichnisse und Vermögensaufstellungen, seine Pflichten seien vielmehr bei Eigen- und Fremdantrag gleich – vermag nicht zu überzeugen. Wie dargelegt muss der Verantwortliche beim Eigenantrag hinreichende Anhaltspunkte für etwaige Amtsermittlungen liefern.[310] Ungeklärt bleibt bei dieser Ansicht auch, wie die alte Antragspflicht (strafrechtlich gesehen) »ruhen« kann, um sodann wieder »aufleben« zu können. Richtig kann demgegenüber nur sein, dass die Handlungspflicht der Norm entweder nicht mehr besteht (wonach bei Beendigung der Pflicht später eine neue Pflicht entstehen kann) oder – was allein richtig ist – die Pflicht weiter besteht, unabhängig davon, ob ein Dritter (zulässigen) Antrag gestellt hat oder nicht. Anders verhält es sich, wenn für die Gesellschaft ein (Eigen-)Antrag gestellt ist. Obwohl die Antragspflicht jeden Verantwortlichen in eigener Person trifft,[311] ist hier die Pflicht *für die Gesellschaft* durch den Antrag erfüllt. Bei Rücknahme des Antrags entsteht jeweils eine neue Handlungspflicht für alle Verantwortliche.

207 Um den Vorwurf der **Fahrlässigkeit** bei Verkennung der Insolvenzvoraussetzungen zu vermeiden, muss der Geschäftsführer regelmäßig Überschuldungs- bzw Liquiditätsmessungen vornehmen (vgl Mitteilung der Centrale für GmbH).[312]

---

307 Zuständig ist das Gericht, in dessen Bezirk der Schuldner den Mittelpunkt seiner geschäftlichen Tätigkeit hat (§ 3 Abs 1 S 2 InsO) – vgl AG Göttingen, ZIP 2001, 387. Diese Zuständigkeit geht dem »allgemeinen Gerichtsstand« gem § 4 InsO iVm 12, 17 Abs 1 ZPO, 3 Abs 1, Nr. 1, 7 Abs 1, 10 GmbHG vor – dem Sitz der juristischen Person nach ihrem Statut (§§ 11 Abs 1 S 1 InsO, 17 Abs 1 S 1 ZPO) – BayObLG ZIP 2003, 676 f = GmbHR 2003, 1305 f = EWiR 2004, 763 f m Anm Pape; vgl auch Becker in Nerlich/Römermann, InsO, LsBlS Stand 03/04, § 3 Rn 17

308 Zutreffend Tiedemann GmbH-StrR, § 84 Rn 88; Müller-Gugenberger/Bieneck-Bieneck § 84 Rn 19 jedenfalls mN

309 So ausdrücklich Tiedemann GmbH-StrR § 84 Rn 91 und Müller-Gugenberger/Bieneck-Bieneck § 84 Rn 10 jedenfalls seit Geltung der InsO 1999; aA zutreffend OLG Dresden GmbHR 1998, 830; Leibner GmbHR 2002, 424 ff, 425; eingehend und m weiteren Nachw hierzu Grube/Maurer GmbHR 2003, 1461 ff

310 BGH NJW 2003, 1187 f

311 Zutreffend Müller-Gugenberger/Bieneck-Bieneck § 84 Rn 8

312 GmbHR 1986, Rn 57

Trotz Bedenken der Literatur[313] ist nach der gefestigten Rechtsprechung auch der **208** **faktische Geschäftsführer** zur Antragstellung verpflichtet,[314] wobei § 14 StGB nicht anwendbar ist, weil der Vertreter/Beauftragte in der Norm selbst benannt ist.[315] Der Einwand der »**Unmöglichkeit**« – im Hinblick auf das Erfordernis des **Nachweises** der entsprechenden **Organstellung** – verfängt hiergegen nicht. Zum einen ist der Nachweis der Organstellung zur Sicherheit des Insolvenzgerichtes über die Vertretungsbefugnis im Rahmen des § 15 Abs 1 InsO nicht etwa auf den Auszug aus dem Handelsregister beschränkt. Der Geschäftsführer kann diesen Nachweis – ohne Formzwang – auch in anderer Weise, etwa durch Gesellschafterbeschluss, Erklärung des/der Gesellschafter uä erbringen. Darüber hinaus liegt auch keine strafrechtlich relevante Unmöglichkeit vor, wenn und soweit der faktische Geschäftsführer den formalen Geschäftsführer zur Antragstellung bzw die Gesellschafter zur (förmlichen) Bestellung veranlassen bzw sich – in entsprechender Anwendung des § 29 BGB – zum Notgeschäftsführer oder – analog §§ 4 InsO, 57 ZPO – zum Prozesspfleger bestellen lassen kann (und muss).[316] **Weisungen durch Gesellschafter** entbinden den Pflichtigen nicht, begründen vielmehr regelmäßig Teilnehmerstrafbarkeit für diese.[317] Die **3-Wochen-Frist** ist grundsätzlich keine Sanierungsfrist sondern dient der Vorbereitung der Antragstellung (»*unverzüglich*«).[318] Lediglich bei aussichtsreichen Sanierungsbemühungen können »triftige Gründe« angenommen werden, die (ausnahmsweise) die Ausschöpfung der 3-Wochen-Frist zu rechtfertigen vermögen.[319]

Von großer praktischer Bedeutung sind jedoch die Fälle, in denen Rechtsanwälte **209** oder sonstige Beauftragte die Gläubiger einer insolvenzreifen Unternehmung unter Hinweis auf ihre (angebliche und angeblich geprüfte) Sanierungsfähigkeit um ein »Moratorium« ersuchen. Der Nachweis des Vorsatzes im Hinblick auf die Zahlungsunfähigkeit der Unternehmung bereitet meist keine Probleme, weil in den Anschreiben regelmäßig ausgeführt wird, weitere Vollstreckungsversuche seien sinnlos und im Insolvenzverfahren würden die Gläubiger keinerlei Zahlung erlangen. In diesen Fällen obliegt jedenfalls den eingeschalteten Rechtsanwälten die Pflicht, den Geschäftsführer über dessen strafrechtlich relevante Verpflichtung, unverzüglich Insolvenzantrag zu stellen, zu informieren.[320] In den angesprochenen Fällen haben die Berater allerdings **nicht nur** dieser Handlungspflicht strafrechtlich relevant zuwider entsprechende Hinweise und Einwirkungen **unterlassen**. Sie haben vielmehr das weitere (strafbare) Unterlassen der Geschäftsführer **durch aktives Handeln gefördert**. Dass die Anwälte hierbei einem Begehren ihrer Mandanten entsprechen, entlastet sie hierbei nicht. Ein in diesem Zusammenhang gemeinsam mit seinem Mandanten angeklagter Rechtsanwalt ist übrigens von dessen Verteidigung

313 Vgl hierzu nur die Nachw bei Tiedemann GmbH-StrR § 84 Rn 27 ff
314 BGH NJW 1983, 240 = BGHSt 31, 118, 122 f; zu den registerrechtlichen Möglichkeiten nach Ausscheiden als Organ A. Müller BB 1998, 329 f mN; auch BayObLG NJW 1997, 1936 f und wistra 1984, 178 insbes zur Frage der Vermeidbarkeit eines Irrtums über die Pflichten eines (faktischen) Geschäftsführers
315 BGH NJW 1988, 1789 f; BGH wistra 1990, 60; BayObLG BB 1997, 850 f
316 Vgl hierzu Kutzer ZIP 2000, 654 ff
317 Vgl nur Tiedemann GmbH-StrR § 84 Rn 92 und Müller-Gugenberger/Bieneck-Bieneck § 84 Rn 17 je mN
318 Tiedemann GmbH-StrR § 84 Rn 81 ff
319 So zutreffend Tiedemann GmbH-StrR § 84 Rn 82 mN
320 Ständige Rechtsprechung, zuletzt BGH NJW 2001, 517 ff; BGH StV 2000, 479 ff; BGH BB 2001, 172; siehe hierzu ausführlich und mN Müller-Gugenberger/Bieneck-Häcker § 95, Rn 13 ff

per se ausgeschlossen, wobei insbesondere die §§ 138 a ff StPO keine Anwendung finden.[321]

210   Wenig praktische Bedeutung erlangt das **Unterlassen der Verlustanzeige** (§§ 84 I Nr. 1 GmbHG, 401 I Nr. 1 AktG). Diese Anzeige muss unverzüglich erfolgen. Eine konkludente Anzeige reicht allerdings aus. Der Verlust muss sich aus der Bilanz ergeben,[322] wobei auch stille Reserven u a zu berücksichtigen sind.[323]

211   Zu den **Konkurrenzen** ist zu bemerken: Pflichtverletzungen nach Abs 1 und Abs 2 stehen immer in Tatmehrheit, also auch wenn beide Pflichten zeitlich zusammenfallen. Entstehen die Antragsvoraussetzungen (Überschuldung, Zahlungsunfähigkeit) in zeitlichem Abstand, handelt es sich zwar um jeweils neue Handlungspflichten. Diese werden aber durch ein und dieselbe Handlung erfüllt. Man kann argumentieren, es läge gesetzlich jeweils ein neuer Normappell und damit Tatmehrheit vor. Da nur eine Handlung gefordert ist, erscheint die Annahme einer materiellen Unterlassungseinheit und damit Tateinheit, nicht aber diejenige einer mitbestraften Nachtat, zutreffend.

bb) Vorenthalten und Veruntreuen von Arbeitsentgelt (§ 266 a StGB)

212   Strafbar ist gem § 266 a StGB die **Nichtzahlung fälliger**[324] **Beiträge der Arbeitnehmer trotz** (zumutbarer) **Handlungsmöglichkeit**. Es handelt sich um eine **Dauerstraftat**, die erst beendet ist, wenn die Beiträge abgeführt sind.[325] Für die Nichtabführung (die Nichtbereitstellung) von Beiträgen durch den Vorgänger kann der neu eintretende Geschäftsführer nicht (strafrechtlich) verantwortlich gemacht werden.[326] Dies ändert nichts daran, dass die nicht erfüllte Beitragsschuld weiter besteht und der neu eintretende Geschäftsführer ab seiner Bestellung zur Abführung verpflichtet ist.[327]

213   Für den jeweiligen Beitragsmonat ist anzugeben: Die Anzahl der Beschäftigten und deren Beschäftigungszeit sowie Bruttolöhne und Beitragssatz der Einzugsstelle.[328] Der Zweck dieser detaillierten Anforderungen ist der **Ausschluss von nicht Versicherungspflichtigen**, so zB auch der Geschäftsführer, soweit sie Arbeitgeber sind.

214   Der Überlegung, bei **Teilzahlungen** strafrechtlich (fiktiv) – abweichend von zivilrechtlichen Grundsätzen außerhalb des Beitreibungsverfahrens – eine Verrechnung nach einem mutmaßlichen Willen zur Strafbarkeitsminimierung anzunehmen, hat der BGH eine Absage erteilt. Eine von der Beitragszahlungsverordnung (§ 2 S 1) abweichende Tilgungsbestimmung muss ausdrücklich getroffen wer-

---

321 LG Stuttgart, Beschluss vom 27. 6. 2001 – 13 Qs 41/01 mN
322 Str, vgl zum Meinungsstand Tiedemann GmbH-StrR § 84 Rn 3 f; Otto § 401 Rn 16
323 Tiedemann GmbH-StrR § 84 Rn 48; Otto § 401 Rn 15; BGH BB 1958, 1181 ff = WM 1958, 1416 f
324 Die Fälligkeit richtet sich nach der Satzung der Kasse, idR ist dies der letzte Tag des Monats, die Zahlung hat jedoch erst zum 15. des Folgemonats zu erfolgen; in der – auch mehrmonatigen – Duldung der verspäteten Abführung der Arbeitnehmeranteile liegt keine, die Fälligkeit aufschiebende – Stundung – vgl OLG Brandenburg GmbHR 2003, 595 ff
325 OLG Naumburg GmbHR 2000, 820 ff, 821. Für die Nichtabführung (die Nichtbereitstellung) von Beiträgen durch den Vorgänger kann der neu eintretende Geschäftsführer nicht strafrechtlich belangt werden
326 So zutreffend BGH GmbHR 2002, 208 ff m Anm Haase, 210 ff
327 So zutreffend Haase (Fn 326) 212 f mN
328 BGH NStZ 1996, 543 mN

den.[329] Straf- und zivilrechtlich sind danach die Verrechnungen gleich. Im Übrigen ist der Geschäftsführer verpflichtet, nach Entstehen der Beitragsschuld (zum Monatsende) sicherzustellen, dass die Zahlung bei Fälligkeit (15. des Folgemonats) erfolgen kann.[330]

Der neu eingefügte Abs 2 regelt – betrugsnah, genauer: in Anlehnung an § 370 AO – **215** Täuschungshandlungen durch Tun und Unterlassen. Bei Nichtabführung sowohl der Arbeitgeber- als auch der Arbeitnehmeranteile treffen demgemäß Abs 1 und Abs 2 tateinheitlich zusammen – also auch in den Fällen, in denen keine Arbeitnehmer gemeldet sind. Nach alter Rechtslage schied Strafbarkeit nach § 263 StGB mangels Täuschung aus. In Abs 4 sind nunmehr besonders schwere Fälle mit dem erhöhten Strafrahmen normiert.

Schon in seinem Grundsatzurteil vom 16. 5. 2000 hatte der VI. Zivilsenat des BGH **216** die damalige Streitfrage der **Strafbarkeit bei unterbliebener Lohnzahlung** entschieden,[331] worauf der Gesetzgeber in Art 8 des Gesetzes zur Erleichterung der Bekämpfung von illegaler Beschäftigung und Schwarzarbeit vom 23. 07. 2002[332] klarstellend in den Wortlaut des § 266 a StGB einstellte: Es kommt nur auf die Fälligkeit und die tatsächliche Möglichkeit zur Zahlung der Beiträge an. Hierbei sind auch Kreditmöglichkeiten auszuschöpfen.[333] Bei Lohnzahlung ist eine Kürzung des Auszahlungsbetrages vorzunehmen.[334] Es gibt also einen **absoluten Vorrang der strafbewehrten Pflichten** vor sonstigen zivilrechtlichen Verbindlichkeiten.[335]

Nicht anders verhält es sich bei der sog KAUG- jetzt: **Insolvenzgeld-Vereinbarung** gem §§ (141 m I AFG, 430 V SGB III aF) **183 ff SGB III.**[336] Zwar tritt bereits

---

329 Zu Gunsten der Beschuldigten nimmt das OLG Dresden (GmbHR 1997, 647 ff) eine stillschweigende Tilgungsvereinbarung gem § 336 I BGB an. Dem ist der BGH (zivil.) aber in der Revisionsentscheidung (ZIP 2001, 80 ff, 81 = BB 2001, 1600 f – VI ZR 111/00; VI ZR 149/99 = GmbHR 2001, 147 ff, 148 u. VI ZR 111/00 = GmbHR 2001, 721; OLG Saarbrücken GmbHR 2002, 907) entgegengetreten. Eine derartige Vereinbarung müsse »greifbar in Erscheinung getreten« sein. So auch schon OLG Naumburg ZIP 2001, 80, 82. Noch weitergehend nunmehr BGH ZIP 2001, 419 ff, wonach die Tilgungsreihenfolge § 2 BeitragszahlungsVO zu entnehmen ist, falls keine abweichenden Bestimmungen getroffen sind

330 Erst am 15. des Folgemonats – BGH GmbHR 1998, 280 f; bis zu diesem Zeitpunkt – ab dem Lohnzahlungszeitpunkt – muss Sicherstellung der Liquidität erfolgen – BGH NJW 1997, 1237 ff = GmbHR 1997, 303

331 BGH wistra 2000, 422 ff = NStZ 2001, 91 ff = GmbHR 2000, 816 ff m Anm Haase 819 f und BGH ZIP 2001, 80 ff; ebenso OLG Düsseldorf GmbHR 2000, 939 f m Anm Frings, 940 ff: **aA** Bittmann wistra 1999, 441 ff; siehe auch Rönnau wistra 1997, 13 ff, 16; Zahlung nach Eintritt der Zahlungsunfähigkeit führt zu Schadensersatz nach §§ 823 II BGB, 64 II GmbHG, 93 III Ziff 6 AktG; kritisch hierzu Lüke/Mulansky ZIP 1998, 673 ff

332 BGBl I, 2787 ff

333 Zum – damit überwundenen – Streit über die Strafbarkeit auch bei fehlender Lohnzahlung vgl OLG Naumburg GmbHR 1999, 1028 ff; KG NStZ 1991, 287 = wistra 1991, 188 f; zivil: BGHZ 134, 304 ff, 310; OLG Düsseldorf NJW-RR 1993, 1448 = GmbHR 1994, 404; OLG Köln wistra 1997, 231; Wegne NStZ 2000, 261 f; ders DB 1999, 2111 ff; ders wistra 1998, 283 ff; Martens wistra 1986, 157 ff; **aA** OLG Hamm GmbHR 1999, 1030 f m Anm Gieseke GmbHR 1999, 1032 f; Reck GmbHR 1999, 102 ff; unklar bezüglich Zahlungsunfähigkeit Bente, wistra 1992, 177 ff

334 So nunmehr auch für § 25 Abs 1 S 2 SGB IV der BGH, ZIP 2003, 921 ff, 924

335 Vgl die Hinweise bei Wegner NStZ 2004, 261 und insbes die grundsätzlichen und zutreffenden Ausführungen des 5. Strafsenates, NJW 2002, 2480 ff, 2481 = wistra 2002, 340 ff m Anm Wegner wistra 2003, 383 f und OLG Dresden Beschl v 16. 1. 2002 – 17 U 1167/02 – S 8, insoweit nicht abgedruckt in GmbHR 2003, 422 ff m ablehnender Anm Gundlach/Frenzel EWiR 2003, 717 f, die – über die Entscheidung hinausgehend, im Anschluss an BGH NJW 2001, 1280 ff, 1282 = ZIP 2001, 235 ff – für den Geschäftsführer ein Abführungsverbot ab Zahlungsunfähigkeit des Gesellschaft postulieren; dagegen zutreffend BGH Beschl v 9. 8. 2005 – 5 StR 67/05

336 Zur Richtlinienkonformität der deutschen Regelung nach der Rechtsprechung des EUGH vgl Peters-Lange ZIP 2003, 1877 ff; vgl zur neueren Entwicklung Braun/Wierzioch ZIP 2003, 2001 ff

bei Konkurs- bzw Insolvenzantragstellung an die Stelle des Bruttolohn-Gehaltsanspruchs des Arbeitnehmers dessen Anspruch auf Konkurs-/Insolvenzausfallgeld gegen die Bundesanstalt für Arbeit.[337] Diese verrechnet die Netto-Löhne mit dem Verwalter (weithin mit der vorfinanzierenden Bank); sie hat auch die Beiträge selbst an die Kassen abzuführen. Die Abführungspflicht des Arbeitgebers bleibt hiervon jedoch – wie § 208 Abs 1 S 1 SGB III ausdrücklich normiert – unberührt.[338] In diesem Zusammenhang ist darauf hinzuweisen, dass Arbeitgeber und -nehmer (aber auch Insolvenzverwalter und »sonstige Personen«) in diesem Zusammenhang gem §§ 315 ff SGB III zu Auskünften verpflichtet sind, wobei die Nichterteilung gem § 404 Abs 2 SGB II mit Geldbußen bis zu 1.500 € geahndet werden kann und dass Bundesanstalt für Arbeit diese Normen auch fleißig anwendet.

217   Häufig treten Probleme der **internen Geschäftsaufteilung** im Hinblick auf die strafrechtliche Verantwortung auf. Zu den Pflichten eines GmbH-Geschäftsführers gehört es, sich in der finanziellen Krise des Unternehmens über die Einhaltung von erteilten Anweisungen zur pünktlichen Zahlung fälliger Arbeitnehmerbeiträge zur Sozialversicherung durch **geeignete Maßnahmen** zu vergewissern. Für den (bedingten) Vorsatz reicht die Vorstellung aus, die Beiträge könnten nicht abgeführt sein, wenn keine hinreichenden Vorkehrungen dafür getroffen sind, dass sie tatsächlich abgeführt werden. Ein Irrtum über den Umfang dieser Pflicht ist ein Verbotsirrtum, der den Vorsatz nicht entfallen lässt;[339] er ist im Übrigen regelmäßig vermeidbar. Für den Pflichtigen verbleibt somit praktisch nur die Möglichkeit, durch **Offenbarung der Zahlungsunfähigkeit** persönliche Straffreiheit zu erlangen (§ 266 a V StGB),[340] von der in der Praxis allerdings kaum Gebrauch gemacht wird. Voraussetzung für die Anwendung dieser »Kann-Vorschrift« ist jedoch, dass die **Mitteilung** an die Einzugsstelle **rechtzeitig** erfolgt (spätestens unverzüglich nach Fälligkeit) und sowohl die **Höhe der Beiträge** als auch die **Gründe der Unmöglichkeit** trotz ernsthaften Bemühens enthält. Nach V S 2 entfällt die Strafe, wenn die Beiträge innerhalb der Stundungsfrist entrichtet sind.

218   Vor große Probleme stellt angesichts dieser Rigidität des Strafrechts die Zivilrechtsprechung: So haftet der Geschäftsführer gem § 64 II GmbHG für Zahlungen in der Krise, allerdings nicht für solche, die »mit der Sorgfalt eines ordentlichen Kaufmanns vereinbar« sind (§ 64 II S 2 GmbHG).[341] Vor allem erlangen die Sozialversicherungsträger nach der gefestigten Zivilrechtsprechung[342] auch bezüglich der Arbeitnehmeranteile der Sozialversicherungsbeiträge **keine gesicherte Position** in der Insolvenz (Anfechtbarkeit gem § 10 I Nr. 1 GesO jetzt also 132 Abs I Nr. 2 InsO). Dabei hebt allerdings gerade der BGH[343] die Strafbarkeit der Nichtabführung besonders hervor. Zuzustimmen ist demnach *Ehrig*,[344] der dem Geschäftsführer dringend rät – auch bei der Gefahr späterer Anfechtung gem §§ 129 ff InsO durch den

---

337 Vgl hierzu LAG Hamm KTS 2001, 274 f
338 So zutreffend OLG Dresden, 17 U 1167/02, S 11, auch insoweit nicht abgedruckt in GmbHR 2003, 422 ff
339 BGH ZIP 2001, 422 ff
340 Tröndle/Fischer § 266 a Rn 22 f mN; sehr weitgehend Winkelbauer wistra 1988, 16 ff
341 Für die persönliche Haftung allerdings OLG Thüringen ZIP 2002, 986 ff = GmbHR 2002, 792
342 Grundsätzlich nunmehr der IX. Zivilsenat des BGH im Urt. v 25. 10. 2001 – IX ZR 17/01 – ZIP 2001, 2235 ff, deutlich auch OLG Hamburg ZIP 2002, 1360 ff; **aA** nunmehr allerdings OLG Dresden Beschl v 16. 1. 2003 – 17 U 1167/03, S 8
343 ZIP 2001, 2237
344 GmbHR 2003, 1174 ff, 1175

Insolvenzverwalter (bzw der Geltendmachung von Schadensersatzanforderungen aus § 64 Abs 2 GmbHG) –, jedenfalls den praktischen »Automatismus« der Haftung aus §§ 823 Abs. 2, 266 a StGB – auch durch entsprechende Tilgungsbestimmung (zugunsten der aktuell fälligen Arbeitnehmeranteile!) bei Zahlungen an die Kasse zu vermeiden.

Betrugsstrafbarkeit gem § 263 StGB ist bei Falschangaben gegenüber der Einzugsstelle, zB über die Anzahl der Beschäftigten oder über deren Verhältnisse, gegeben. Der **Schaden** ist in diesen Fällen die Summe der **Gesamtsozialversicherungsbeiträge**. Die Strafbarkeit nach § 266 a Abs 1 StGB tritt hinter derjenigen wegen Betruges zurück.[345]

Gelegentlich verweigern die Kassen unter Hinweis auf § 35 StGB I **Auskünfte**. Dem steht die Offenbarungsbefugnis aus § 69 I Nr. 2 SGB X entgegen,[346] die übrigens auch für die Arbeitsämter gilt.

cc) Sonderprobleme bei Sanierung

(1) Strafbarkeit der Sanierer

Das Modell (gescheiterter, strafbarer und dennoch sehr häufig vorkommender) Sanierungsversuche entspricht immer noch dem vom OLG Stuttgart bereits im Dezember 1993 entschiedenen Fall.[347] »Sanierer« sind dabei in der Regel Rechtsanwälte oder Steuerberater.

Der »Sanierer« einer bereits insolvenzreifen GmbH bietet dessen Gläubiger ein »Moratorium« an. Eingehende Kundenzahlungen – angeblich auch »sicher« solche von Dritten oder Familienangehörigen – sollen auf ein Anderkonto des »Sanierers« eingezahlt (»Gläubiger-Pool«) und von diesem nach dem »Sanierungsplan« ausbezahlt werden. Der »Sanierungsplan« scheitert, der »Sanierer« entnimmt seinen Lohn und überlässt den Rest der »Pool-Gelder« dem Geschäftsführer.

Treupflichtig gem § 266 StGB ist der Sanierer sowohl dem Vermögen der GmbH, möglicherweise auch demjenigen der sonstigen Geldgeber, jedenfalls auch demjenigen der Gläubiger der GmbH, die einen Stundungsvertrag abgeschlossen haben (§§ 662, 275 BGB). Danach dürfen die Gelder nur im Rahmen des Sanierungsplanes verwendet werden. Beim Scheitern des Planes (und mangels ausdrücklicher Regelungen) ist es Sache der ergänzenden Vertragsauslegung, wie das Geld verteilt werden darf und ob Honorarforderungen hiervon bestritten werden dürfen. Regelmäßig liegt aber auch Beihilfe zur (als »faktischer Geschäftsführer« auch täterschaftliche) Konkursverschleppung und Betrug (bei Täuschung über die Sanierungsgrundlagen) vor.

Zutreffend hat *Wessing*[348] festgestellt, dass Krisen und Insolvenzen Bestandteil einer funktionsfähigen Marktwirtschaft sind, die Tätigkeit der insoweit eingeschalten Berater jedoch »gefahrgeneigt« ist. Entgegen vielfältiger Meinungen in der Literatur[349] hat der BGH die generelle Straflosigkeit sog »neutraler« oder »berufstypischer«

219

220

221

222

223

224

---

345 BGH, wistra 2003, 262 ff = EWiR 2003, 991 m Anm *Marxen/v Berg* 991 ff
346 LG Stuttgart wistra 1993, 314 ff mN
347 OLG Stuttgart wistra 1984, 114 f; hierzu Richter wistra 1984, 97 f; s auch Tiedemann InsO-StrR vor § 283 Rn 7, 10, 30; BGHZ 75, 96: »auch aussichtsreiche Sanierungsverhandlungen verlängern nicht die 3-Wochen-Frist«
348 NZI 2003, 1 ff
349 Joecks WM 1998, Sonderbeilage Nr. 1; Hassemer wistra 1995, 412 ff, 43 ff.; Ransiek wistra 1997 41 ff, 46

Handlungen abgelehnt[350] und statt dessen darauf abgestellt, ob der Gehilfenbeitrag die Haupttat objektiv fördert und der Gehilfe in Kenntnis der wesentlichen Merkmale der Haupttat und in Förderungsbewusstsein handelt. Ob er den Erfolg lieber vermeiden würde oder sogar erklärt, er missbillige die Haupttat, ist hierbei ohne Bedeutung.[351]

225   Der BGH fordert allerdings bei »berufstypischen neutralen« Handlungen einengend, dem Gehilfen müsse Kenntnis davon nachgewiesen werden, dass das Handeln des Hauttäters *ausschließlich auf die Begehung der strafbaren Handlung abzielt*, weil in diesem Fall sein Tun als **Solidarisierung mit dem Täter** zu deuten ist.[352]

226   Hält es der Hilfeleistende hingegen lediglich für möglich, dass der Haupttäter seinen Beitrag zur Begehung einer Straftat nutzt, ist für die Beihilfestrafbarkeit erforderlich, dass das *vom Gehilfen erkannte Risiko strafbaren Verhaltens des Haupttäters* so hoch ist, dass hieraus zu schließen ist, dass sich der Gehilfe *die Förderung eines erkennbar tatgeneigten Täters angelegen sein ließ*.[353] Für einen Steuerberater hat der BFH unter Anwendung dieser Grundsätze des BGH entschieden, dass diesen bei Erkennen einer Steuerstraftat seines Mandanten eine Pflicht zur Aufklärung und Aufforderung zur Selbstanzeige trifft und er für den Fall, dass sich der Mandant weigert, aus standesrechtlichen Grundsätzen außerdem verpflichtet ist, sein Mandat niederzulegen.[354] Schon das durch Beratung erzeugte erhöhte Sicherheitsgefühl kann die Tatentschlossenheit (psychisch) bestärken und damit die Beihilfestrafbarkeit begründen.[355]

227   Übertragen auf den Sanierungsberater – auch und gerade soweit ein Rechtsanwalt tätig ist – bedeutet dies, dass jedenfalls die Unterstützung (durch Rat und/oder Tat) der Sanierungsbemühungen des Organs der juristischen Person bei erkannter Überschuldung und/oder Zahlungsunfähigkeit die Beihilfestrafbarkeit stets begründet, weil dies den Unterlassensvorsatz im Hinblick auf die Insolvenzantragspflicht für jedermann erkennbar zu unterstützen geeignet ist.

228   Im Hinblick auf verantwortliche Mitarbeiter kreditierender Banken besteht zwar keine Pflicht zur Kreditkündigung oder einem sonstigen Hinwirken auf die Erfüllung der Insolvenzantragspflicht. Zwar ist schon das Belassen der Kreditlinien – erst Recht das Einräumen neuer Kredite – objektiv geeignet, den Unterlassensvorsatz des Haupttäters zu stärken. Die Grenze der (straflosen) Sozialadäquanz ist jedoch jedenfalls überschritten, wenn Kreditentscheidungen im Hinblick auf Sondervorteile der Bank getroffen werden (zB Belassen/Ausweitung von Krediten im Hinblick auf die Sicherung oder Verbesserung der Werthaltigkeit von Sicherungsobjekten der Bank oder sonstiger Sondervorteile zu Lasten der Gläubigergesamtheit).[356]

---

350 BGHSt 46, 107 ff
351 Vgl hierzu – nahezu schulmäßig mN – BFH DStRE 2003, 1251 ff, 1252
352 JZ 2000, 1175 ff
353 BGH JZ 2000, 1175 ff
354 BFH DStRE 2003, 1251 ff
355 BGH JZ 2000, 1175; BFH DStRE 2003, 1251; vgl auch BGH NStZ 1993, 233 ff u Achenbach Stbg 1996, 299 ff
356 Vgl hierzu die Rechtsprechung zur Insolvenzanfechtung wegen sittenwidriger Schädigung gem § 129 ff InsO

(2) Strafbarkeit von Liquidatoren und (vorläufigen) Insolvenzverwaltern 228

Der Konkursverwalter ist **tauglicher Täter** der Untreue, weil er sowohl dem Vermögen des Gemeinschuldners als auch demjenigen seiner Gläubiger aufgrund der §§ 6 II, 17 ff, 177 KO treuepflichtig ist.[357] Gleiches gilt für den (auch vorläufigen – § 22 I und II InsO) Insolvenzverwalter (§§ 80 I, 159 ff InsO),[358] wobei sich die strafrechtlichen Risiken unter der Geltung der InsO deutlich erhöht haben.[359] Beim »starken« Insolvenzverwalter ist die inhaltliche Ausrichtung seiner Pflichten grundsätzlich auf die Fortführung der Unternehmung gerichtet (§ 22 I S 2 Nr. 1 InsO). Beim »schwachen« Insolvenzverwalter kommt es auf den Umfang der übertragenen Aufgaben an. Bei reiner Gutachtertätigkeit bleibt zunächst der Geschäftsführer dem Vermögen der Gesellschaft treuepflichtig.[360] Insoweit kommt in jedem Fall Teilnahmestrafbarkeit in Betracht. Darüber hinaus hat der Gutachter/schwache Insolvenzverwalter aber auch – wie sonstige nicht entscheidungsbefugte Berater und Aufsichtspersonen – eine eigene Treuepflicht. Dies gilt – erst recht – wo der schwache Insolvenzverwalter Zustimmungspflichten hat (§§ 22 II S 1, S 2 Nr. 2, 2. Alt. InsO) und betrifft regelmäßig auch die Mitarbeiter der Insolvenzverwalter.[361] Zutreffend weist *Schramm*[362] auch auf die Möglichkeit der **faktischen Geschäftsführung** durch den Insolvenzverwalter hin.

Den konkreten Umfang der **Treuepflicht**[363] – deren vorsätzliche Verletzung strafbewehrt ist – bestimmen die gesetzlichen Regelungen der InsO, die durch Anordnungen des Insolvenzgerichts, Beschlüsse des Gläubigerausschusses (§§ 67 ff InsO), der Gläubigerversammlung (§ 74 ff InsO) und durch den Insolvenzplan (§§ 217 ff InsO) konkretisiert werden und im Übrigen auf den allgemein anerkannten Grundsätzen einer ordentlichen und gewissenhaften Insolvenzverwaltung (§ 60 I S 2 InsO) beruhen. 229

Treuegeber ist das insolvente Unternehmen selbst, die Insolvenz- und Massegläubiger und auch die absonderungsberechtigten Gläubiger.[364] Bei zustimmungsbedürftigen Maßnahmen (§ 160 ff InsO) gilt nichts anderes als sonst, etwa bei Zustimmungen durch den Aufsichtsrat, einen Kreditausschuss oder Mitgliedern eines mehrköpfigen Organs. 230

Relevanten **Schaden** begründen derartige Pflichtverstöße bei (**vorsätzlichen**) masseverkürzenden Handlungen bzw dem Unterlassen der Massesicherung oder (der gebotenen und möglichen) Bereicherung.[365] Auch die Schädigung individueller Gläubiger kann tatbestandsmäßig sein, so etwa das Unterlassen der Eintragung einer angemeldeten Forderung in der Tabelle (§ 175 InsO).[366] 231

---

357 LK-Schünemann § 266 Rn 128 mN
358 Unzutreffend insofern Schramm NStZ 2000, 398 ff, der auf § 14 Abs 1 Nr. 3 StGB abstellen will. Einer Überleitung der Strafbarkeit nach § 14 StGB bedarf es nicht, weil die Pflichtenstellung in § 266 StGB selbst definiert ist
359 Vgl nur Uhlenbruck GmbHR 1995, 81 ff, 195 ff, 86 f
360 Bittmann/Rudolf wistra 2000, 401 ff, gehen darüber hinaus zutreffend davon aus, dass der Geschäftsführer nach den Regelungen der InsO auch nach Bestellung eines schwachen und starken Insolvenzverwalters treuepflichtig bleibt
361 BGH wistra 2000, 264 ff 265
362 Untreue durch Insolvenzverwalter NStZ 2000, 398 ff, 401
363 Näher hierzu Schramm, 399
364 Schramm, 398 f
365 Instruktiv BGH ZIP 2001, 383 ff, wonach ein relevanter Schaden vorliegt, wenn der Insolvenzverwalter einen Auftrag vergibt, bei dem der Gemeinschuldner allein das Verlustrisiko trägt, die Gewinnchance aber beim Dritten realisiert werden soll
366 Zutreffend Schramm, 399

232   **(3) Handel mit Firmenmäntel**

Neuerdings werden in der Praxis Fälle bekannt, wonach – meist Rechtsanwälte – eine Vielzahl – meist mehrere Hundert – von GmbHs zur Eintragung beim Handelsregister anmelden. Feststellungen in Stuttgarter Verfahren ergaben, dass in solchen Fällen das Haftungskapital entgegen der Versicherung zur Anmeldung nicht oder erst nach Anmeldung eingezahlt bzw sofort wieder – als Darlehen – entnommen wurde. Regelmäßig ergibt dies Strafbarkeit gem § 82 GmbHG.

233   **(4) Professionelle Firmenaufkäufer (»Firmenbestatter«)**

Von großer praktischer Bedeutung sind seit einigen Jahren die Fälle des systematischen Aufkaufs insolvenzreifer Unternehmen (auch »gewerbsmäßige Firmenbestattung« genannt).[367] Häufig erkennen die Strafverfolgungsbehörden bereits durch entsprechende Werbeanzeigen der Aufkäufer das Deliktsfeld (»Kaufe GmbH mit Schulden«). Ansonsten sind die Sachverhalte Gegenstand der Insolvenzüberprüfungen durch die Staatsanwaltschaften. Regelmäßig macht sich sowohl der Verkäufer als auch der Käufer der Insolvenzverschleppung, der Beitragsvorenthaltung und der Untreue schuldig.[368]

Gleiches gilt für die bereits erwähnten Rechtsanwälte, die sich als »Notgeschäftsführer« andienen, um den Altgeschäftsführern zu helfen »keinen Konkurs am Hals zu haben«. Sie betreiben die Liquidation, ohne den Insolvenzantragspflichten nachzukommen und verwenden die Liquidationserträge vorrangig zur Befriedigung eigener (Honorar-)Forderungen bzw zur Reduzierung von Bankverbindlichkeiten, die regelmäßig durch (eigenkapitalersetzende) Bürgschafterleistungen gesichert sind.

d)   Betrug, insbesondere Lieferantenbetrug

234   Regelmäßig besteht bei Einkauf durch insolvenzreife Unternehmen (oder dem sonstigen Bezug von Leistungen auf Kredit) der Verdacht des **Eingehungsbetrugs** gem § 263 StGB. Für die Täuschungshandlung – entweder eine ausdrückliche wahrheitswidrige Behauptung oder ein sonstiges, der Irreführung eines anderen dienendes Verhalten mit bestimmtem (nach der objektiven Verkehrsauffassung zu bestimmendem) Erklärungswert[369] – ist der **Zeitpunkt der Bestellung** entscheidend. Aus einer allgemeinen Geschäftsbeziehung oder gar deren Anbahnung resultiert regelmäßig keine Garantenstellung im Hinblick auf die Offenbarung wirtschaftlicher Schwierigkeiten.[370] Diese kann sich nur aus einem »besonderen Vertrauensverhältnis« oder aus einer »Verbindung, die auf gegenseitigem Vertrauen beruht« ableiten. Dies ist zB bei »engen laufenden Geschäftsbeziehungen« angenommen worden, wenn »ein Vertragsteil auf Abruf oder neue Bestellung ständig Waren oder Leistungen auf laufende Rechnung geliefert bekommt«.[371] Die schlichte Bestellung enthält

---

367 Vgl die Nachw bei OLG Schleswig ZIP 2004, 1476, das Zuständigkeit des Insolvenzgerichtes am letzten Tätigkeitsort annimmt; aA OLG Karlsruhe ZIP 2004, 1476

368 Hey/Regel Kriminalistik 1999, 258 ff; dies, GmbHR 2000, 115 ff; *Goltz/Klose* NZI 2000, 108 ff; weitgehend aA demgegenüber Ogiermann wistra 2000, 250 ff, die im Wesentlichen lediglich Strafbarkeit gem § 84 GmbHG annimmt

369 Vgl die Nachw bei LK/Tiedemann § 263 Rn 28 ff

370 BGH StV 1988, 386

371 OLG Stuttgart wistra 2003, 276 f mN

nicht ohne weiteres die konkludente Erklärung, man werde bei Fälligkeit auch bezahlen können.[372]

Bei Bestellungen »im Rahmen des **laufenden Geschäftsbetriebes**« reicht für den **235** Vorsatznachweis – jedenfalls im Rahmen der »Alltagsgeschäfte«, auch beim faktischen Geschäftsführer –, der »Entschluss, den Geschäftsbetrieb (im bisherigen Umfang) trotz Zahlungsunfähigkeit **fortzuführen**« aus: Einer »konkreten Einwirkung oder auch nur aktuellen Kenntnis in Bezug auf einzelne Warenbestellungen« bedarf es nicht.[373] Übrigens wird bei Bestellungen über Mitarbeiter regelmäßig **nur eine einzige Betrugshandlung** vorliegen.[374]

Das (insolvenzrechtliche) Kriterium der gegenwärtigen Zahlungsunfähigkeit bzw **236** deren Drohen kann zwar nicht ohne weiteres auf den Betrugtatbestand übertragen werden. Entscheidend ist vielmehr die vorhergesehene Liquiditätslage zum Fälligkeitszeitpunkt. Hierbei handelt es sich aber um keine gegenwärtige sondern zukünftige Tatsache. Allerdings unterfallen auch innere Tatsachen der Betrugsnorm, also auch eine Täuschung über die **gegenwärtige subjektive Vorstellung** bezüglich der **zukünftige Liquiditätslage**. Äußere Umstände hierfür sind der Umsatz- und Renditeentwicklung, den Krisensymptomen, der Zweckbestimmung der bestellten Ware u a zu entnehmen. Hierbei hat insbes. die (positive oder negative) Fortbestehungsprognose[375] eine erhebliche Bedeutung. So wird regelmäßig schon bei drohender Zahlungsunfähigkeit die Wahrscheinlichkeit der Nichtzahlung begründen bzw. wird es in diesen Fällen dem Zufall überlassen bleiben, ob ein einzelner Gläubiger Zahlung erlangt, es sei denn, der Schuldner hat hinreichende Vorkehrungen getroffen, die Zahlung gerade für diesen Einzelfall sicherzustellen.

Auch das Tatbestandselement der **Irrtumserregung** ist häufig problembehaftet. So **237** insbes bei Weiterliefern trotz fehlender Zahlung früherer Lieferungen,[376] wobei allerdings auch beim »Überwinden von Zweifeln« ein relevanter Irrtum gegeben sein kann[377] – auch der Zweifelnde kann irren, weil auch der Leichtfertige geschützt ist, wenn und soweit er die Wahrheit der behaupteten Tatsache – trotz seiner Zweifel – für möglich hält und deswegen seine Vermögensverfügung trifft.[378]

Zur Feststellung des tatbestandsmäßigen **Vermögensschadens** ist eine Saldierung **238** des Wertes des Zahlungsanspruches mit demjenigen der Ware/Leistung vorzunehmen.[379] Bei durch Täuschung erlangten Zahlungsaufschub liegt demgemäß regelmäßig kein Schaden vor.[380]

---

372 Grundsätzlich keine Pflicht zur Offenbarung der wirtschaftlichen Verhältnisse, aber stillschweigende Erklärung, dass zur Leistung in der Lage, was jedenfalls bei Kenntnis der Zahlungsunfähigkeit unrichtig ist – BGH wistra 1998, 177 ff; einschränkend noch BGH MDR 1973, 729; Tatbegehung durch schlichtes »Weiterlaufenlassen« BGH wistra 1998, 148 ff = NJW 1998, 767 = Kriminalistik 1998, 540
373 BGH NJW 1998, 767 ff
374 BGH wistra 1998, 224 f; BGH NStZ 1996, 296 ff, 297
375 Vgl Haft ZStW 88, 365 ff; OLG Celle GA 57, 220
376 BGH wistra 1988, 26; 92, 146
377 BGH wistra 1990, 305
378 Ausführl mN BGH NJW 2003, 1198 ff = wistra 2003, 142 ff m – kritischer – Anm Krüger wistra 2003, 297 f
379 BGH wistra 1993, 265; 1992, 25
380 Instruktiv hierzu OLG Stuttgart Beschl v 23. 5. 1996 – 2 Ss 166/96; zum Zeitpunkt der Täuschungshandlung muss eine »realistische Möglichkeit der Befriedigung« bestanden haben – vgl BGH StV 2003, 447

Quedenfeld / Richter

e) Untreue gem § 266 StGB in Unternehmen

239 Auch bei der Untreue, die für den Unternehmensbereich durch die »Mannesmann-Entscheidung« des LG Düsseldorf vom 22. 7. 2004[381] eine große Aktualität bekommen hat, kann und soll an dieser Stelle keine allgemeine Einführung oder auch nur ein Überblick geleistet werden. Hinzuweisen ist allerdings auf einige Besonderheiten, wobei – aus der Sicht des Geschädigten iS des § 172 Abs 1 StPO – ausdrücklich darauf hinzuweisen ist, dass Verletzter (also Klageerzwingungsberechtigter) nicht der Gesellschafter sondern nur die geschädigte Gesellschaft ist.[382]

aa) Geschäftsführer-Untreue

240 **(1) Pflichtenstellung und Pflichtwidrigkeit**[383]

Die Wahrnehmung fremder[384] Vermögensinteressen[385] muss wesentlicher Inhalt des Vertragsverhältnisses sein und darf nicht nur untergeordnete Bedeutung haben. Stichworte sind: Ermessensspielraum, Selbständigkeit und Bewegungsfreiheit. Bei mehreren Untreuehandlungen an einem Tag wird regelmäßig eine Tat im Sinne einer (natürlichen) Handlungseinheit anzunehmen sein.[386] So hat der (auch faktische) Geschäftsführer – nicht jedoch der Gesellschafter –, eine umfassende Treuepflicht gegenüber dem Vermögen der Gesellschaft. Wirkt jedoch der Gesellschafter in »extremer Ausübung des Weisungsrechts ... dominierend in die Sphäre des beherrschten Unternehmens hinein« ohne faktischer Geschäftsführer zu sein, so kann ihm ausnahmsweise eine Treupflicht gem § 266 StGB obliegen.[387]

241 **(2) Schaden**

Der von § 266 StGB geforderte »Nachteil« geht über den reinen »Vermögensschaden« hinaus. Auf die Einzelheiten kann hier allerdings nicht eingegangen werden.[388] Zentrale Bedeutung erlangt jedoch für die Organe der juristischen Person die **Zustimmung der Gesellschafter**, die – auch bei vermögensschädigenden Handlungen des Geschäftsführers und auch soweit sie unter Verstoß gegen gesellschaftsrechtliche Formvorschriften erteilt wurde – schon die Pflichtverletzung iSd § 266 StGB entfallen lässt.[389]

---

381 NJW 2004, 3275 = ZIP 2004, 2044 ff m Anm *Tiedemann*; nicht rechtskräftig, bei Drucklegung stand die Revisionsentscheidung des BGH noch aus

382 OLG Stuttgart wistra 2001, 198 f; ganz allgemein und umfassend – und mit vielen praxisrelevanten Beispielen – ist für die Besonderheiten der Untreue im Wirtschaftsstrafrecht – ist auf Müller-Gugenberger/Bieneck-Schmid § 31 hinzuweisen

383 BGH wistra 1996, 344 ff

384 Die KG – auch die GmbH & Co. KG – besitzt kein eigenes, im Verhältnis zu ihren Gesellschaftern »fremdes« Vermögen. Untreuehandlungen können aber zum Nachteil des Vermögens ihrer Gesellschafter begangen werden, also insbesondere zum Nachteil des Vermögens der Komplementär-GmbH, wobei auch insofern Zustimmung ihrer Gesellschafter unbeachtlich ist, wenn Haftungskapital ausgeschüttet oder eine Überschuldung vertieft wird – vgl hierzu eingehend mN Müller-Gugenberger/Bieneck-Schmid § 31 Rn 131

385 Daher ist keine Untreue zum Nachteil einer GmbH in Gründung (§ 11 GmbHG) möglich – vgl BGH wistra 2000, 178 ff

386 BGH wistra 2000, 261 ff

387 So BGH wistra 1996, 344 ff, 346 = GmbHR 1996, 925 ff unter Berufung auf Tiedemann NJW 1986, 1845 ff, in einem »Treuhandfall« zum faktisch-qualifizierten Konzern

388 Müller-Gugenberger/Bieneck-Schmid § 31, Rn 124 ff; beachte BGH NStZ 1995, 185 für den Fall, dass die Entnahmen der (angemessenen) Vergütung des Geschäftsführers dienen; zur Untreue bei unordentlicher Buchführung s. o. Fn 267

389 BGH wistra 2000, 18 ff, 19 mN

Unwirksam und daher unerheblich ist eine **Zustimmung der Gesellschafter** je-   242
doch insoweit, als ihnen die Verfügungsbefugnis über das Vermögen der Gesellschaft fehlt – also bei Überschreiten der Grenze des § 30 GmbHG.[390]

(3) Vorsatz   243

Im Bereich des Wirtschaftsstrafrechts muss die ständige Rechtsprechung des BGH
zur subjektiven Tatseite der Untreue gem § 266 StGB beachtet werden. Danach
macht es der weite Rahmen des objektiven Tatbestandes erforderlich **strenge An-**
forderungen an den Nachweis der **inneren Tatseite zu stellen.** Dem BGH ist bewusst, dass Wagnisse dem wirtschaftlichen Leben immanent sind. § 266 StGB soll
also wirtschaftlich vernünftigen Ausgaben, überhaupt kaufmännischem Unterneh-
mensgeist, nicht hinderlich im Wege stehen.[391] Ein strafrechtlich relevantes **Risiko-**
geschäft liegt demnach erst bei **äußerst gesteigerter Verlustgefahr** vor, der eine
höchst zweifelhafte Gewinnaussicht gegenüber steht,[392] also jedenfalls wenn der
Täter nach Art eines Spielers bewusst kaufmännische Sorgfalt missachtet. Soweit lediglich **bedingter Vorsatz** nachzuweisen ist und der Täter **nicht eigensüchtig han-**
delt muss nachgewiesen werden, dass er sich der Pflichtwidrigkeit seines Handelns
bewusst war. Die **Billigung der** das übliche Geschäftsrisiko übersteigenden **Ver-**
mögensgefährdung kann nicht allein aus der Kenntnis der Gefährdung, sondern
muss anhand der Motive und Interessenlage des Täters substantiiert nachgewiesen
werden.[393] Gerade in diesem Bereich wird – so auch die bereits erwähnte »Manns-
mann-Entscheidung«[394] – davon auszugehen sein, dass die Maßstäbe des BGH, die
der 1. Strafsenat für die sogn. »Bankuntreue« (pflichtwidrige Kreditvergabe bei
mangelnder Bonitätsprüfung)[395], festgelegt hat, auch für den Bereich der Unterneh-
mensuntreue weitgehend übernommen werden.

(4) Beispiele: 244

Entnahme aus Firmenkasse, Umleitung von Umsätzen auf ein verdecktes Konto,[396]
Spekulationsgeschäfte,[397] Unternehmenskauf über Wert,[398] Kapitalausschüttung/Ver-
letzung formaler Vorschriften,[399] mangelnde Dokumentation von Forderungen gegen
den Pflichtigen mit der Folge Kapitalrückzahlung,[400] Herbeiführung der Zahlungsunfähigkeit,[401] Gesamtverhalten »Aushöhlung«,[402] verdeckte Gewinnausschüttung,[403]
Darlehensgewährung an Gesellschafter und Organe,[404] Untreue im (qualifiziert –
faktischen) Konzern,[405] zur Erhöhung des Haftungsrisikos einer Komplementär-

390 Siehe oben 2 Rn 151
391 BGH NJW 1990, 319 f
392 BGH GA 1977, 342 ff, 343
393 BGH wistra 2000, 305 ff, 306 f
394 Siehe oben Fn 381
395 Siehe hierzu näher unten Rn 247
396 BGH wistra 2000, 136 f
397 BGH wistra 2001, 61 f
398 BGH wistra 1996, 344 ff
399 BGHSt 35, 333 ff; Brandenburgisches OLG DB 1997, 2600; Kreditvergaben ohne genügende
     Bonitätsprüfung und gegen gesetzliche und bankinterne Vorschriften – BGH wistra 1990, 149 f
400 BGHSt 2, 95, 330, 340
401 BGHSt 35, 333, 337; BGHZ2, 76, 326, 335
402 BGHSt 34, 379, 382; 35, 333, 338
403 Meilicke BB 1988, 1271 ff
404 Anknüpfend an §§ 30, 43 a GmbHG, vgl Müller BB 1998, 1804 ff
405 BGH wistra 1996, 344 ff; aA Wellenkamp NStZ 2001, 113 ff

GmbH bei der GmbH & Co. KG als Gefährdung des Stammkapitals;[406] zum
»cash-management« bzw »cash-pool«,[407] Risikogeschäft.[408]

245 Feindliche Übernahme:

Der Konzern A beabsichtigt, die Aktienmehrheit der B-AG zu erwerben und gibt
insoweit ein öffentliches Übernahmeangebot an die Aktionäre der B-AB ab. Der
Vorstand der B-AG befürchtet, hiernach abberufen zu werden. Er hält es darüber
hinaus auch für schädlich für die B-AG, wenn deren Konkurrentin A-AG maßgebenden Einfluss auf die Geschäftspolitik der B-AG erlangen würde. Aus diesem
Grunde stellt er aus dem Vermögen der B-AG einen Werbeetat von 100 Mio DM
zur Verfügung, mittels dessen er den Aktionären von der Annahme des Angebotes
der AG-AG dringend abrät.

246 Nachdem die A-AG hiergegen eine Werbekampagne für 150 Mio DM durchführt,
erkennt der Vorstandsvorsitzende der B-AG, dass die Aktionäre das Angebot überwiegend annehmen werden. Er verhandelt nunmehr mit den Verantwortlichen der
A-AG und vereinbart, dass die B-AG ihren Aktionären den Verkauf der Aktien
empfehlen werde, wenn er eine Abfindung von 60 Mio DM nach Erlangung der
Aktienmehrheit bei der B-AG durch die A-AG erhalten werden. Dabei stehen ihm
nach seinem Anstellungsvertrag 30 Mio DM als Abgeltung für die restliche Laufzeit
des Vertrages zu. 30 Mio DM soll er für die Wertsteigerung des Unternehmens
während seiner Vorstandstätigkeit erhalten. Bezüglich der Restlaufzeit-Abgeltung
wurde auf die vertraglich bestimmte Möglichkeit der Anrechnung bei Erlangung
einer neuen Stelle verzichtet. Das Wertzuwachs-Entgelt war im Vertrag nicht vereinbart. Untreue gem § 266 StGB?

bb) Bank-Untreue

247 Großverfahren im Zusammenhang mit der Vergabe von – ungesicherten oder jedenfalls nicht hinreichend gesicherten – Krediten, die zu Wertberichtigungen in 3-
stelligen Millionenbereich selbst bei mittelständischen Bankinstituten führten – von
der »Schneider-Affäre« ganz abgesehen – belasten seit Anfang der 90er Jahre die
Schwerpunktabteilungen der Staatsanwaltschaften erheblich.[409] Der 1. Strafsenat des
BGH hat jedoch in zwei grundsätzlichen Entscheidungen hohe Anforderungen an
den Nachweis des subjektiven Tatbestands der Untreue gem § 266 StGB gestellt.[410]
Das Deliktsfeld bietet insgesamt eine sehr gute Möglichkeit, die Strafbarkeit von
Risikogeschäften in der Wirtschaft ganz allgemein darzustellen, weshalb auch die
im Fall »Mannheimer Sparkasse« eingehend dargelegten Grundsätze zur Bestimmung des Vorsatzes in den Bereich der Unternehmensführung im Fall »Mannes-
mann« vom LG Düsseldorf[411] ausdrücklich übernommen wurden.

248 **(1) Zum Pflichtenkreis und zur Pflichtwidrigkeit der Bankmitarbeiter**

Ausgangspunkt der Prüfung des § 266 StGB ist stets die genaue Bestimmung des
Pflichtenkreises der tauglichen Täter. Nur so kann die Pflichtwidrigkeit als scha-

---

406 BGH wistra 1984, 71 und 2000, 18 ff, 20
407 Sieger/Hasselbach BB 1999, 645 ff mN
408 Waßner Untreue bei Risikogeschäften, Heidelberg 1997; zu den Sorgfaltspflichten des GmbH-
   Geschäftsführers hierbei aus zivilrechtlicher Sicht, Scharpf DB 1997, 737 ff
409 Eingehend hierzu Doster WM 2001, 333 ff
410 BGH wistra 2000, 60 = ZIP 2000, 1210 m Anm Luttermann; BGH NStZ 2000, 655 ff und
   insbes BGHSt 47, 148 ff = wistra 2002, 101 ff, 103 = BGH NJW 2002, 1211 = WM 2002, 225 ff
   uva
411 NJW 2004, 3275 ff und ZIP 2004, 2044 ff m Anm Tiedemann, 2056 ff

densbegründende Abweichung hiervon festgestellt werden. Die erforderlichen Fakten sind individuell den Anstellungsverträgen, Arbeitsplatzbeschreibungen, Organigrammen und Organisationsstatuten der konkret Betroffenen und der Bank bzw Zweigstelle zu entnehmen. Zusammenfassend können die **Pflicht der Besicherung von Krediten**, die **Prüfung von Sicherheiten** und die **Überschreitung von Beleihungsgrenzen** als wichtige Bereiche der Pflichtverletzungen im Sinne des § 266 StGB genannt werden.

(2) Strukturnormen des KWG   249

Neben den allgemeinen und besonderen Kompetenzregelungen der jeweiligen Bank sind zentrale Anknüpfungspunkte für den strafrechtlich relevanten Vorwurf der Untreue regelmäßig die unterlassene oder unzulängliche Absicherung von Krediten. Maßstab hierzu sind zunächst die gesetzlichen Regelungen des KWG:

– § 13 KWG definiert den Großkredit als Prozentsatz von mindestens 10 % des   250
haftenden Eigenkapitals. Die Genehmigung derartiger Großkredite ist nach Abs. 2 an den **einstimmigen Beschluss aller Geschäftsleiter** geknüpft. Nach § 13 Abs 3 S 5 dürfen alle Großkredite zusammen **nicht mehr als das Achtfache** des haftenden Eigenkapitals (Großkredit-Gesamtobergrenze), ein einzelner Großkredit nicht mehr als 25 % (bei Kreditnehmereinheit 20 %) der Obergrenze (Großkredit-Einzelobergrenze) betragen.

– Die zentralen Pflichten enthält **§ 18 KWG** (vgl hierzu auch die präzisierenden   251
BaKred-Schreiben 8/98 vom 7. 7. 1998 und 16/99 vom 29. 11. 1999).[412] Gegen die Norm des § 18 KWG wird laufend verstoßen. Ein Verstoß gegen diese formalen Pflichten begründet allerdings allein noch nicht das Tatbestandsmerkmal der »Pflichtwidrigkeit« des § 266 StGB. Entscheidend ist insoweit, ob die den formalen Pflichten zu Grunde liegende Information eingeholt und ausgewertet wurde, wobei die Nichtbeachtung des § 18 KWG indizielle Bedeutung erlangt.[413]

Danach muss der Kreditnehmer nicht nur bei mehr als 250 T€ Jahresabschlüsse vorlegen, wobei »Häuslesbauer« privilegiert sind. Vor der ersten Kreditierung sind die Jahresabschlüsse der vergangenen 3 Jahre vorzulegen, die Jahresabschlüsse müssen unterzeichnet sein. Sie dürfen nicht älter als 9 Monate sein. Bei Verzug des Kreditnehmers mit der Vorlage der Jahresabschlüsse darf es keine Ausweitung des Engagements geben, notfalls muss Kündigung des Engagements erfolgen. Bei der Bank müssen die Jahresabschlüsse ausgewertet werden. Die Prüfungsergebnisse müssen dokumentiert werden. Es muss eine laufende Überwachung der wirtschaftlichen Verhältnisse des Kreditnehmers erfolgen, gegebenenfalls eine Anpassung der Sicherheiten verlangt werden (vgl Nr. 19 I AGB Banken). Die Prüfung der Kreditwürdigkeit muss sich auf die Person und den Betrieb und auf eine Analyse des Rechnungswesens des Kreditnehmers beziehen.

– **§ 21 I KWG** enthält die Legaldefinition des Begriffes »**Kredit**«, § 19 II KWG die   252
Legaldefinition des **Kreditnehmers**, wobei insbesondere mehrere wirtschaftlich verbundene natürliche oder juristische Personen als ein Kreditnehmer (»Kreditnehmereinheit«) zu behandeln sind.

---

412 Diese älteren Schreiben vom 8. 8. 1995 u 5. 1. 1996 und die ergänzenden 5/2000 v 6. 11. 2000 und 1/2002 vom 17. 1. 2002 u v 9. 4. 2002 sind durch die »Mindestanforderungen für das Kreditgeschäft der Kreditinstitute« (MaK) des BaFin überholt
413 BGH ZIP 2000, 1210 ff m Anm Luttermann, 1212 f und insbes »Mannheimer Sparkasse« BGHSt 47, 148

Zusammenfassend ist also die Pflicht der **Besicherung** von Krediten, die **Prüfung von Sicherheiten** und die **Überschreitung von Beleihungsgrenzen** wichtiger Bereich der Pflichtverletzung iSd § 266 StGB. Es besteht häufig ein Problem mit der Verlagerung des Unternehmerrisikos auf die Banken, so zB bei Grundschulden auf Firmengrundstücken, bei Sicherungsübereignungen von Warenlagern und Zessionen und bei Bürgschaften.

253   **(3) Bankenusancen**

Vor besondere Probleme stellen die genannten **Vertrauenskredite**, also Kredite, die der Banksachbearbeiter aufgrund seines »guten persönlichen Eindrucks« gewährt, ohne zureichenden Einblick in die persönlichen und wirtschaftlichen Verhältnisse des Kunden zu nehmen oder wo ein solcher Einblick die mangelnde Rückzahlungswahrscheinlichkeit auf Grund objektiver wirtschaftlicher Daten ergibt.

254   Ausgangspunkt ist die Pflicht jedes Bankinstituts zur Prüfung der Bonität eines (potenziellen) Kreditnehmers vor Gewährung eines Kredits und deren laufende Überwachung bei einem bestehenden Kreditverhältnis.[414] Diese Pflicht zur **Kreditwürdigkeitsprüfung** ergibt sich aus den so genannten »Bankenusancen«, deren normative Ausprägung § 18 S 1 KWG entnommen werden kann. Hiernach muss zB dann, wenn aus der Bonität des Ehepartners eine Schlussfolgerung gezogen wird, das Ehestandsregister, wenn es auf Immobilienabsicherung ankommt, das Grundbuch, eingesehen werden. Mithaftungen oder Bürgschaften müssen rechtsbeständig eingeholt werden, Scheckzahlungen vor dem Zulassen von Verfügungen von der belasteten Bank förmlich bestätigt sein.

255   Zwar sind neben den Vermögensverhältnissen des Schuldners auch das im persönlichen Umfang mit dem Umgang gewonnene Vertrauen in seine Kreditwürdigkeit beachtlich. Dies entbindet jedoch nicht von einer genauen Wertung des Rückzahlungsanspruchs auf Grund wirtschaftlich objektiver Fakten.[415]

Von hoher Bedeutung für die Verantwortlichen einer Bank, insbes die **Bankleiter**, ist in diesem Zusammenhang die Vorgabe des § 25 a Abs 1 KWG (vgl insoweit auch 91 Abs 2 AktG) der ein funktionsfähiges **Risikomanagement** als Bestandteil einer ordnungsgemäßen Geschäftsführung eines Kreditinstitutes definiert, weshalb Mängel (oder mangelnde Kontrolle) untreuerelevant sind.[416]

256   **(4) Schadensprobleme und subjektiver Tatnachweis**

Entscheidend ist aber die Feststellung des durch die Pflichtverletzung entstandenen **Vermögensschadens** bei der Bank. Hierbei sind die Schäden bei Kreditausreichungen und die Schäden im Laufe der Kreditlaufzeit zu unterscheiden. Beziehen sich die Schäden auf den Rückzahlungsanspruch, handelt es sich um Gefährdungsschäden, die hinreichend konkret zum Tatzeitpunkt sein müssen. Generell kann gesagt werden, dass Wertberichtigungen des Anspruchs der Bank ein wichtiges Indiz für einen Schaden sind, wobei allerdings solche Wertberichtigungen (pflichtwidrig) häufig nicht vorgenommen werden. Als Regel gilt: **Kreditgewährung ohne Sicherheit ist konkrete Vermögensgefährdung.** Der BGH hat in einer Entscheidung be-

---

414 Zutreffend Luttermann 1212
415 Vgl hierzu mit Beispielen aus der Rechtsprechung Otto Bankentätigkeit, S 73 f
416 Eingehend hierzu *Preussner/Pananis* Risikomanagement und strafrechtliche Verantwortung – Corporate Governance am Beispiel der Kreditwirtschaft, BKR 2004, 347 ff, die zutreffend auch auf den Wegfall der Zahlungspflicht der D & O Versicherungen bei Straftaten hinweisen (348)

reits im Jahre 1965 eine konkrete Vermögensgefährdung dann bejaht, wenn Kredite unter Außerachtlassung der zur Sicherung des Rückzahlungsanspruches erlassenen Vorschriften gewährt werden, soweit nach den Vermögensverhältnissen des Schuldners die jederzeitige Rückzahlung nicht sicher ist.[417]

Ob bei Kreditstundungen bzw unterlassenen Kreditkündigungen ein (vertiefter) Schaden entsteht, ist besonders zu prüfen. Regelmäßig ist zu diesem Zeitpunkt auch bei sofortiger Geltendmachung der Rückzahlungsforderung eine Befriedigung nicht zu erlangen, also ein Schaden nicht eingetreten. **257**

Für **Sanierungskredite** kommt es auf das Sanierungskonzept an. Schadensindizierend sind Neukredite, jedenfalls soweit die Werthaltigkeit der Rückzahlungsansprüche nicht mindestens die Summe der bestehenden Rückzahlungschancen der Alt- und Neukredite insgesamt erreichen. Die Gewährung des Sanierungskredites muss daher die konkrete Aussicht eröffnen, die Rückzahlungsfähigkeit bezüglich des Gesamtkredites (wieder)herzustellen.[418] **258**

Der Täter handelt mit **Vorsatz**, wenn er eine Benachteiligung der Bank als mögliche Folge seines Handelns erkannt hat und diese in der Hoffnung, die ganze Angelegenheit werde gut gehen, dennoch hinnimmt (bedingter Vorsatz).[419] Das **Wissenselement** des Vorsatzes bezieht sich – neben der Pflichtwidrigkeit des Tuns – allein auf die schadensgleiche Vermögens**gefährdung**. Es entfällt daher nicht etwa, weil ein Bankleiter beabsichtigt, hofft oder glaubt, den endgültigen Schaden abwenden zu können. Erforderlich ist vielmehr nur, dass der Entscheidungsträger im Zeitpunkt der Kreditgewährung die (über das allgemeine Risiko bei Kreditgeschäften hinausgehende) Gefährdung des Rückzahlungsanspruches des Bank (= **Minderwertigkeit des Rückzahlungsanspruchs im Vergleich zu der ausgereichten Darlehensvaluta**) erkannt und gebilligt hat.[420] Für das Wissenselement des bedingten Vorsatzes genügt bereits seine Kenntnis der die Vermögensgefährdung begründenden Umstände und das Wissen, dass die Forderung nach allgemeinen Bewertungsmaßstäben nicht als gleichwertig angesehen wird, mag er sie auch anders bewerten. Mit anderen Worten: Wer bei sich aufdrängenden Zweifeln an der Bonität des Kreditnehmers allgemein, der Realisierung des Geschäftserfolges im besonderen, am Wert von Sicherheiten ua ignoriert, nahe liegende Bonitätsprüfungen unterlässt, handelt vorsätzlich. **259**

Bedeutsam ist jedenfalls, dass »bloße Hoffnungen, es werde schon gut gehen«, das Bewusstsein der Schädigung nicht auszuschließen vermag.[421] Andererseits darf nicht allein auf den (erkannten) Grad der Wahrscheinlichkeit des Erfolgseintritts abgestellt werden. **260**

Indizierend für den Vorsatz im Hinblick auf den Schaden ist die Nichteinhaltung der internen Gewährungsvorschriften, die Ausreichung von Strohmannkrediten (unter Umgehung von § 13 I, II und IV KWG), die Gewährung von »Postlaufkrediten« (Verfügungen über Guthaben nach Erhalt von Gutschrift), so genannte »Schubladen-Kredite« (gutgeschriebene Schecks uä werden nicht zur Einziehung weitergegeben), Bürgschaftsgewährungen gegenüber dritten Banken, Manipulatio- **261**

---

417 Urt. v 18.06.1965 – 2 StR 485/64 – zitiert nach Bankentätigkeit und Strafrecht Müller-Gugenberger/Bieneck-Nack § 64 Rn 118
418 Müller-Gugenberger/Bieneck-Nack § 66 Rn 122; RGSt 61, 211
419 BGH NJW 1979, 1512; BGH wistra 1985, 190; LG Bochum ZIP 1981, 1084 ff, 1087
420 BGHSt 47, 148
421 Otto, Bankentätigkeit, S 75; instruktiv auch BGH NJW 1979, 1512

nen von Überziehungslisten, eigenmächtiges Heraufsetzen von Limits uä. Bedeutsam ist jedenfalls, dass »bloße Hoffnungen, es werde schon gut gehen«, das Bewusstsein der Schädigung nicht auszuschließen vermögen.[422] Andererseits darf nicht allein auf den (erkannten) Grad der Wahrscheinlichkeit des Erfolgseintritts abgestellt werden. Der Nachweis der »Billigung« des Erfolgs setzt vielmehr eine »sorgfältige und strenge« Prüfung voraus, in die insbesondere auch die Motive und die Interessenlagen des Entscheidungsträgers mit einbezogen werden müssen.[423]

262 Eher selbstverständlich ist die Anmerkung des BGH zur Verantwortlichkeit in **mehrköpfigen Gremien**:[424] Entscheidungsvorlagen durch Mitarbeiter darf so lange vertraut werden, als nicht in der Person des Sachbearbeiters bzw in der Vorlage selbst Zweifel begründet sind. Im konkreten Fall hatte der BGH solche Zweifel schon aus dem in der Beschlussvorlage erwähnten Stammkapital der Kreditnehmerin von 300 TDM und der Feststellung in einem (der Kreditvorlage beiliegenden) Zwischenabschluss eines Steuerberaters, es sei »Eigenkapital von 100 TDM vorhanden«, abgeleitet.

3.   Weitere ausgewählte Bereiche des materiellen Wirtschaftsstrafrechts

a)   Erweiterungen des Betrugstatbestandes

263 Gerade im Bereich des Wirtschaftsstrafrechts wurde schon frühzeitig aus unterschiedlichen Gründen der Betrugstatbestand als nicht mehr ausreichend für die Ahndung bestimmter wirtschaftlicher Verhaltensweisen angesehen. Insbesondere das Tatbestandsmerkmal Schaden der Schadensbegriff schien der Strafbarkeit eines als strafwürdig gewerteten Verhaltens entgegen zu stehen. Die Folge war eine Ausdehnung des strafrechtlichen Schutzes in das Vorfeld des Betrugstatbestandes, in dem abstrakte Gefährdungsdelikte unter Verzicht auf das Tatbestandsmerkmal des Schadens geschaffen wurden. Alle neuen Tatbestände stellen dabei allein auf das Handeln des Täters in Form der Abgabe von Erklärungen ab.

aa)   Subventionsbetrug

264 § 264 StGB wurde durch das 1. WiKG vom 29. 7. 1976 (BGBl I 2034) eingeführt. Der Begriff der **Subvention** wird in **Abs 7** definiert und erfasst alle nach Bundes-, Landes- oder EG-Recht gewährten Subventionen. Das **zentrale Tatbestandsmerkmal** der **subventionserheblichen Tatsache** wird in **Abs 8** definiert.

Der Subventionsbetrug ist auch bei Begehung im Ausland strafbar, § 6 Nr. 8 StGB (und steht damit auf einer Ebene mit Völkermord, Menschenhandel etc!).

Strafbar ist zT auch die **leichtfertige** (= grob fahrlässige) Tatbegehung, **Abs 4**.

In **Abs 5** wird ein **Strafaufhebungsgrund** bei **tätiger Reue** geschaffen.

bb)   Kapitalanlagebetrug

265 § 264 a StGB wurde durch das 2. WiKG vom 15. 5. 1986 (BGBl I 721) eingeführt. Erfasst wird die **Erklärung** (unrichtige vorteilhafte **Angaben** oder **Verschweigen** nachteiliger Tatsachen) in **Prospekten** oder **Darstellungen** und **Übersichten** über den Vermögensstand.

---

422 Otto Bankentätigkeit, S 75; instruktiv auch BGH NJW 1979, 1512
423 BGH wistra 2000, 1211
424 BGH wistra 2000, 1212

In **Abs 3** wird ebenfalls ein **Strafaufhebungsgrund** bei **tätiger Reue** geschaffen.

cc) Kreditbetrug

§ 265 b StGB wurde durch das 1. WiKG (siehe oben aa)) eingeführt. Der Tatbestand **266** ist sowohl auf der Kreditgeber- wie auf der Kreditnehmerseite **beschränkt** auf Unternehmen und Betriebe iSd Abs 3.

Auch hier wird in **Abs. 2** ein **Strafaufhebungsgrund** bei **tätiger** Reue geschaffen.

dd) Submissionsbetrug

§ 298 StGB wurde eingeführt durch das Korruptionsbekämpfungsgesetz vom **267** 13. 8. 1997 (BGBl I 2038). Damit wurden zT die Ordnungswidrigkeiten nach §§ 38 I S 1, 8 GWB zu Straftatbeständen erhoben. Bis zur so genannten Rhein-Ausbau-Entscheidung des BGH[425] scheiterte die Erfassung von Submissionsabsprachen durch § 263 StGB in der Regel am Tatbestandsmerkmal des Vermögensschadens; auch nach der, im Übrigen umstrittenen, Entscheidung des BGH blieb die Anwendung des § 263 StGB für die Praxis schwierig,[426] dem sollte durch die Schaffung des § 298 StGB abgeholfen werden.

Die Tathandlung besteht auch hier in einer **bloßen Erklärung**, nämlich der Abgabe eines Angebots, dieses muss auf einer **rechtswidrigen Absprache** beruhen. Täter des § 298 StGB kann jedermann sein.

In **Abs 3** ist wiederum ein **Strafaufhebungsgrund** bei **tätiger Reue** normiert.

b) Bank- und Börsenstrafrecht

aa) Straftaten nach dem Kreditwesengesetz (KWG)

Das Kreditwesengesetz 1961 (KWG)[427] kennt Straftaten (§§ 54, 55, 55 a und 55 b **268** KWG) und Ordnungswidrigkeiten (§ 56 KWG). Bußgeldbehörde ist das Bundesaufsichtsamt für Finanzdienstleistungsaufsicht in Bonn (BaFin § 60 KWG). Es ist mittlerweile sieben Mal novelliert worden. Vor allem die letzten Novellierungen 1996/97 enthalten auch erhebliche strafrechtliche Relevanz. Dies betrifft zwar weniger die Straftaten des KWG selbst (§§ 54 und 55 KWG). Insofern ist lediglich von Bedeutung, dass §§ 57 und 58 KWG schon durch Art. 82 EGOWiG aufgehoben sind und so für das KWG auch die Regeln des allgemeinen Strafrechts (im weiteren Sinne) gelten, nämlich §§ 14 StGB, 30 und 130 WiG.

Die Normen des KWG haben aber große Bedeutung bei den Fällen der nicht hinreichend gesicherten Kreditvergabe – also den Fällen der **Bankuntreue gem § 266 StGB**, die gerade in den letzten Jahren ganz erheblich zugenommen haben und jeweils vor große Probleme bei der Ermittlungsarbeit stellen. In diesem Zusammenhang gibt es allerdings Neuerungen – vor allem bei den **§§ 13, 18, 21 KWG**[428] – **zu beachten**.

---

425 BGHSt 38, 186
426 Vgl BGH wistra 2001, 103
427 IdF des Gesetzes zur Umsetzung von EG-Richtlinien zur Harmonisierung bank- und wertpapieraufsichtsrechtlicher Vorschriften vom 22. 10. 1997 – BGBl I Nr. 71 vom 28. 10. 1997
428 Insoweit ist das Gesetz zum 1. 1. 1998 in Kraft getreten!

269   **(1) Nichtanzeige gem § 55 KWG**

Quasi ein Sondertatbestand der **Konkursverschleppung** ist § 55 KWG.[429] Strafbar ist allerdings nicht das Unterlassen der Konkursantragstellung – dies ist bei Banken ausschließlich dem Bundesaufsichtsamt für das Kreditwesen (BAK) vorbehalten (§ 46 b S 2 KWG). Strafbar nach § 55 KWG ist das **Unterlassen der Anzeige** der Zahlungsunfähigkeit bzw der Überschuldung durch die Geschäftsleiter bzw Inhaber – Strafbarkeit ist auch bei **einzelkaufmännisch** betriebenen Kreditinstituten gegeben – **gegenüber dem BAK**. Hierbei sind nunmehr auch Kreditinstitute im europäischen Wirtschaftsraum einbezogen (§ 53 b I S 1 KWG). Die Anzeige muss **unverzüglich** erfolgen – eine 3-Wochen-Frist wie etwa bei §§ 64, 84 GmbHG gibt es also nicht. Entsprechende Regelungen gelten übrigens für Versicherungen und Bausparkassen.

270   **(2) Unbefugte Verwertung und Offenbarung von Angaben gem §§ 55 a und 55 b KWG**

Mit Wirkung seit dem 1.1.1998 neu eingefügt – als Antragsdelikte mit einem Strafrahmen bis zu 2 Jahren ausgestaltet – ist die Strafbarkeit der **unbefugten Verwertung** (§ 55 a KWG) und – mit Strafe bis zu 1 Jahr – die **unbefugte Offenbarung** (§ 55 b I KWG – mit Strafschärfung in II), bei **Millionenkrediten** gem § 14 KWG. Taugliche Täter sind die in § 14 II S 5 KWG genannten Beschäftigten bei den (meldepflichtigen) Kreditinstituten, die entsprechende Mitteilungen der Deutschen Bundesbank erhalten.

271   **(3) Verbotene Geschäfte gem § 54 I Nr. 1 iVm § 3 KWG**

§ 54 I Nr. 1 iVm § 3 KWG hat für uns wenig praktische Relevanz und betrifft das Betreiben von **Zweckunternehmen und Werksparkassen** oder sonstige Bankgeschäfte, bei denen Barabhebungen besonders erschwert sind. Zweigstellen von EU-Banken sind gem § 53 b III KW ebenfalls erfasst.

272   **(4) Bankgeschäfte ohne Erlaubnis gem § 54 I Nr. 2 iVm §§ 32, 1 I KWG**

Wichtig ist demgegenüber die Strafnorm des § 54 I Nr. 2 iVm §§ 32, 1 I KWG – das Betreiben von **Bankgeschäften ohne Erlaubnis**. Dass es sich um betrügerische Bankgeschäfte handelt, steht der Strafbarkeit gem § 54 KWG nicht entgegen:[430] Hierbei ist allerdings die Einschränkung »in dem in § 1 I bezeichneten Umfang« zu beachten: der (angestrebte) Umfang des Geschäftes muss entweder einem **in kaufmännischer Weise eingerichteten Gewerbebetrieb erfordern** – also nicht etwa tatsächlich diesen Anforderungen genügen oder **gewerbsmäßig** erfolgen.

Im Anschluss an die Entscheidung des BVerwG[431] ging das BAK in ständiger Verwaltungspraxis (ua) von folgenden **Mindestgrenzen** aus (was nunmehr wegen der geringen Anforderungen an die Gewerbsmäßigkeit kaum mehr praxisrelevant ist):[432]

– 25 Einlagen oder ein Volumen von DM 25.000
– 100 noch nicht restlos abgewickelte Kredite oder ein Gesamtkreditvolumen von 1 Mio DM
– werden Einlagen- und Kreditgeschäfte nebeneinander betreiben, so reichen 25 Einzelfälle oder ein Volumen von DM 25.000,– (wobei allerdings Kredite nur zu 2/3 angerechnet werden)
– 100 Wechsel/Schecks oder ein Volumen von über 1 Mio DM.

---

429 IdF des 2. WiKG
430 BGH wistra 2000, 25 f
431 GewA 1981, 70 ff
432 Einzelheiten bei Szagunn/Wohlschieß Gesetz über das Kreditwesen, 6. Aufl. 1997, § 1 Anm 8

bb) Das neue Kapitalmarktstrafrecht

(1) Zur Begriffsbildung, zum Schutzgut und zur praktischen Bedeutung

273

Der Begriff des »Kapitalmarktstrafrechts« ist nicht technisch sondern kriminologisch zu verstehen. Insofern kann man den Begriff sehr weit ziehen – Park/Sorgenfrei[433] etwa verstehen darunter alle Strafrechtsnormen, oder doch jedenfalls diejenigen des Vermögensstrafrechts, die »unmittelbaren oder mittelbaren Bezug zum Kapitalmarkt bzw. kapitalmarkttypischen Geschäften haben« (können?). Im folgenden soll hierunter aber nur das *Strafrecht* – demgemäß ohne das der BaFin obliegende Bußgeldrecht – verstanden werden, das Grundlage des Schutzes des *überwachten* Kapitalmarktes und damit gemeinsames Wirkungsfeld der Staatsanwaltschaften und der Aufsichtsbehörde des Kapitalmarktes, der *Bundesanstalt für Finanzdienstleistungsaufsicht* (**BaFin**) ist. Insoweit handelt es sich also um das **Insider- und Kurs(preis)manipulationsstrafrecht.**

Damit sind zwei verschiedene Schutzbereiche mit ganz unterschiedlicher strafrechtlicher Tradition angesprochen, die jedoch nach der sogleich näher darzustellenden Entwicklung ihrer Rechtsquellen nunmehr – jedenfalls seit 2004 – einem einheitlichen Schutzgut, der **Bildung eines marktgerechten Preises für Wertpapiere**, oder organisationstechnisch formuliert: der **Funktionsfähigkeit der organisierten Kapitalmärkte**[434] aus zwei unterschiedlichen Richtungen, wie *Lenzen* zutreffend erkannt hat:[435] »Der Insider weiß auf Grund von Insiderinformationen, dass der Kurs eins Wertpapiers nicht ›richtig‹ ist, der Manipulator führt den ›falschen‹ Kurs herbei – beide nutzt die ›Kursdifferenz‹ aus.«

274

Aus dieser »überindividuellen« Rechtsgutsbestimmung leitet die hM ab, dass bei den genannten Normen keine Schutzgüter iSd § 823 Abs 2 BGB zugrunde liegen, mithin grundsätzlich **kein Schadensersatzanspruch** aus § 823 Abs 2 BGB gegeben ist[436] und die Staatsanwaltschaften **nicht Rückgewinnhilfe** zugunsten Geschädigter **sondern Vermögensabschöpfung** im Hinblick auf den staatlichen Verfallsanspruch betreiben.[437]

275

Beim Verdacht von Kapitalmarktstrafdelikte ist allerdings regelmäßig zu prüfen, ob Strafbarkeit wegen Verstoßes gegen §§ 400 AktG, 17 UWG, 203, 204 StGB, 331 ff HGB (entsprechende Normen des Gesellschaftsstrafrecht, insbesondere auch die Verletzung der Berichtspflicht) und die §§ 54 ff KWG tangiert sind.

276

(2) Zur Organisation der Marktüberwachung durch das BaFin

277

Rechtsanwälte sind sowohl im Bereich der Verteidigung als auch als Rechtsbeistände Geschädigter regelmäßig zunächst unsicher, welche Aufsichts- oder Strafbehörde Ansprechpartner sein könnte. Für die – erstaunlich weiten und noch weitgehend unbekannten – Befugnisse der BaFin ist auf die umfassenden Regelungen in § 4 WpHG nach dem AnSVG zu verweisen. Beachtet werden muss aber auch die Mitteilungspflicht der Staatsanwaltschaften gegenüber dem BaFin gem § 40 a WpHG.

---

433 In Park (Hg) Kapitalmarkt-Strafrecht Einl Rn 1
434 Assmann/Schneider-Assmann, vor § 12, Rn 43 a mN und Assmann/Schneider-Vogel § 20 a Rn 12 ff
435 Unerlaubte Eingriffe in die Börsenkursbildung, 2000, S 162, ihm folgend Assmann/Schneider-Vogel § 20 a Rn 9
436 Im Einzelfall könnte jedenfalls beim Manipulationsstrafrecht Ausnahmen bestehen – vgl Assmann/Schneider-Vogel § 20 a Rn 17; beim Insiderstrafrecht besteht generell kein Individualanspruch – vgl die Nachw pro und contra bei Assmann/Schneider-Assmann vor § 12 Rn 43 a
437 Vgl hierzu eingehend und umfassend Schmid/Winter NStZ 2002, 8 ff

Eine gute Orientierung zur Marktüberwachung und zur Struktur der Kapitalmarktaufsicht gibt ein Schaubild, das die BaFin zur Verfügung stellt:

278

279 **(3) Zur Entwicklung der gesetzlichen Grundlagen**

Tabellarisch soll die aktuelle Entwicklung des Kapitalmarktstrafrechts aufgelistet werden:

Seit 1884   § 88 BörsG basiert auf § 75 Abs 1 BörsG v. 22.06. **1896**
(RGBl 1896, 157 bzw Art. 249 d ADHGB v. 18.07. **1884**)

seit 01.08. 1994   2. FinanzmarktförderungsG (FFG) v. 26.07. **1994**
Ablösung der Insiderrichtlinie durch das Insiderstrafrecht
(BGBl I 1994, S 1749)

seit 01.07. 2002   4. FFG vom 21.06. **2002** (BGBl I 2002, 2010)

seit 28.01. 2003   EG-Richtlinie 2003/6/EG über Insider-Geschäfte und Marktmanipulation (Marktmissbrauchsrichtlinie) vom 28.01. **2003**
(AmtsBl L 96 v 12.04. 2003)

seit 18.11. 2003   Verordnung zur Konkretisierung des Verbotes der Kurs- und Marktpreismanipulation (**KuMaKV**)
(BGBl I 2003, S 2300)

seit 16.10. 2004   Anlegerschutzverbesserungsgesetz (AnSVG)
(BGBl I 2004, S 2630)

ab 01.07. 2005   Verkaufsprospektgesetz (2. Teil des AnSVG)

(4) Zum aktuellen Insider-Strafrecht

Beide Strafrechtsbereiche haben mit dem AnSVG gravierende Änderungen erfahren. Dies soll für das Insiderstrafrecht gem § 14 WpHG mittels einer synoptischen Gegenüberstellung altes/neues Recht dargestellt werden.

Rechtslage vor dem AnSVG

(1) Einem Insider ist es verboten,

1. unter Ausnutzung seiner Kenntnis von einer Insidertatsache Insiderpapiere für eigene oder fremde Rechnung oder für einen anderen zu erwerben oder zu veräußern,
2. einem anderen eine Insidertatsache unbefugt mitzuteilen oder zugänglich zu machen,
3. einem anderen auf der Grundlage seiner Kenntnis von einer Insidertatsache den Erwerb oder die Veräußerung von Insiderpapieren zu empfehlen.

(2) Einem Dritten, der Kenntnis von einer Insidertatsache hat, ist es verboten, unter Ausnutzung dieser Kenntnis Insiderpapiere für eigene oder fremde Rechnung oder für einen anderen erwerben oder zu veräußern.

Rechtslage nach dem AnSVG

(1) Es ist verboten,

1. unter Verwendung einer Insiderinformation Insiderpapiere für eigene oder fremde Rechnung oder für einen anderen zu erwerben oder zu veräußern,
2. einem anderen eine Insiderinformation unbefugt mitzuteilen oder zugänglich zu machen,
3. einem anderen auf der Grundlage einer Insiderinformation den Erwerb oder die Veräußerung von Insiderpapieren zu empfehlen oder einen anderen auf sonstige Weise dazu zu verleiten.

(2) ...

Strafbar mit Freiheitsstrafe bis zu 5 Jahren (Milderung bei Versuch und Leichtfertigkeit) nach § 38 WpHG – und nicht Ordnungswidrigkeit nach § 39 WpHG – sind nach neuem Recht Insiderhandlungen (Zuwiderhandlungen gegen § 14 WpHG), wenn sie **nicht nur zur Kursbeeinflussung geeignet** sind sondern nur, wenn sie auf den Kurs (oder Marktpreis) **einwirken!** Es handelt sich demnach nicht wie nach altem Recht um ein abstraktes Gefährdungs- sondern um ein **Erfolgsdelikt**.

Danach ergeben sich folgende weitere **Änderungen** beim Insiderhandelsverbot:

Insidertatsache wird Insiderinformation
Insiderpapiere sind auch Rechte auf Zeichnung von Wertpapieren und sonstige Instrumente gem § 2 Abs 2 b WpHG
statt Ausnutzen einer Insidertatsache – Verwendung der Insiderinformation
Unterscheidung zwischen Primär- und Sekundärinsider entfällt auf der Tatbestandsebene, bleibt aber auf der Rechtsfolgenebene:
Weitergabe, Empfehlung, Verleitung ist für Sekundärinsider nur Bußgeldtatbestand
(§§ 39 Abs 2 Nr. 3 und 4, 14 Abs 1 Nr. 2 und 3)
Primärinsider ist auch, wer aufgrund der Vorbereitung oder Begehung einer Straftat Kenntnis von der IT erlangt
Versuchsstrafbarkeit
bei Leichtfertigkeit im Fall des § 14 Abs 1 Nr. 1: Strafmilderung

»save harbour« für Rückkaufprogramm und Stabilisierungsmaßnahmen – aber mit konkretem Rahmen

283 **(5) Zentrale Begriffe und Erscheinungsformen des Insiderstrafrechts**

Insiderpapiere in § 12 WpHG
Insiderinformation in § 13 WpHG
Insidergeschäfte in § 14 WpHG
Primärinsider in § 38 Abs 1 Nr. 2 WpHG
Sekundärinsider in §§ 38 Abs 1 Nr. 2, 39 Abs 2 Nr. 3 und 4 WpHG

(die Unterscheidung ist weiterhin bedeutsam für das Weitergabe- und Empfehlungs-/Verleitungsverbot von Insiderinformation weil Primärinsider insoweit strafbar, Sekundärinsider aber nur bußgeldrechtlich ahndbar sind)

– Primärinsider sind alle Personen, die unmittelbaren Zugang zur Insiderinformation haben oder über diese verfügen (gesellschaftsbezogene Funktionen und die am Emittenten Beteiligten und die beruflich bestimmungsgemäß Kenntnis erlangen);
– Sekundärinsider ist jeder, der eine Insiderinformation gewollt oder ungewollt erfährt (Tatbestandsbegrenzung nur über »ausnutzen«).

Insiderhandlung § 14 WpHG

– Ausnutzen des Insiderwissens (Wissen vom Vorliegen einer Insidertatsache und Absicht, einen Sondervorteil zu erlangen)
– unbefugtes Mitteilen oder Zugänglich-Machen und Empfehlen/Verleiten des/zum Erwerb bzw der Veräußerung von Insiderpapieren aufgrund Insiderinformation,

woraus sich die **Erscheinungsformen des Insiderstrafrechts** ergeben:

– **»klassischer« Insiderhandel** (der Insider handelt unter Ausnutzung der Kenntnis der Insidertatsache und wirkt so auf den Kurs ein
– **Frontrunning** (Insider handelt unter Ausnutzung der Kenntnis *von der Order eines Dritten, die geeignet ist, auf den Kurs der betreffenden Insiderpapiere im Falle ihres Bekanntwerdens erheblich zu beeinflussen – Insidertatsache –* und wirkt so auf den Kurs ein)
– **Unbefugte Weitergabe** (aktiv/passiv) **/Empfehlung/Verleitung**
– **Sonderfall: Scalping** (Insider handelt unter Ausnutzung der Kenntnis *von der bevorstehenden auch eigenen – Abgabe einer sie betreffenden Bewertung oder Empfehlung, die geeignet ist, den Kurs der betreffenden Insiderpapiere im Falle ihres Bekanntwerdens erheblich zu beeinflussen – Insiderinformation –* und wirkt so auf den Kurs ein – nach der Entscheidung des 1. Strafsenats des BGH im Fall »OPEL«[438] ist dies kein Fall des Insiderhandels aber strafbare Kurspreismanipulation)

284 **(6) Beispiel zum Insiderhandel (Strafbarkeit nach altem/neuem Recht?):**

– Der Beschuldigte ist Mitglied des Vorstandes AG. Er lässt eine Verkauf-Order durch seine Ehefrau über 31 Aktien zum Kurs von 215,10 DM erteilen, nachdem er im Vorstand Kenntnis von einer Verschlechterung der Ertragserwartung erfährt, die am nächsten Tag mittels einer »ad-hoc-Meldung« (gem § 15 WpHG) publiziert werden soll, worauf der Aktienpreis auf 130 DM fällt. Bei der Durch-

---

438 BGHSt 48, 373 ff = NJW 2004, 302 ff = NStZ 2004, 285 ff = wistra 2004, 109 ff ua

suchung gibt er an, hiervon nichts gewusst zu haben, seine Ehefrau sei wohl von dem Depotführer bei der Bank zu dem Verkauf bestimmt worden. Der Betrag sei auch zu unbedeutend, als dass er sich damit beschäftigt habe. Die dann noch zeitgleich erfolgte Durchsuchung bei der Bank und Vernehmung des Bankmitarbeiters ergab, dass die Ehefrau den Auftrag ausdrücklich »auf Wunsch ihres Mannes dringend« für diesen Tag erteilt hat.

– Das Mitglied des Vorstandes einer AG gibt eine (positive) Ertragsentwicklung, die für einen publizitätspflichtigen Abschluss gerade festgestellt worden sei, gegenüber einzelnen Journalisten bei so genannten »Hintergrundgesprächen« vorab bekannt.

– Der Vorstand A, der selbst und mit Familienmitgliedern 80 % der Aktien einer börsennotierten Familien-AG hält, beabsichtigt, den Mehrheitsanteil zu veräußern. Er gewährt einem Interessenten B, der schon ein Paket von 15 % der Aktien dieser Gesellschaft hält, vollständigen Einblick in die Bücher der Unternehmung, wonach dieser von einigen Insiderinformationen Kenntnis erlangt. Er entscheidet hierauf, die Aktien nicht zu kaufen, mehr/weniger als beabsichtigt zu kaufen, er verkauft sein Paket. Ein Sohn des A, der von den Absichten und der Kenntnis durch B erfährt, handelt bezüglich seines Paketes selbst.

– Vorstand und Aufsichtsrat einer AG wandten sich im Januar 2001 voller Empörung an die Staatsanwaltschaft Stuttgart. Ein Rechtsanwalt G aus F habe ihnen schriftlich mitgeteilt,

»er vertrete schwerpunktmäßig geschädigte Anleger gegen Organe von Aktiengesellschaften, die sich unter Ausnutzung von Insiderwissen des Börsenbetruges schuldig gemacht haben. Insofern dürfe er auf mehrere Dutzend Fälle eingeleiteter Verfahren in Stuttgart verweisen, die nicht nur zu einer 100 %igen Haftung des Vorstandes einer AG, sondern auch zu dessen Verhaftung und Verurteilung durch eine Wirtschaftsstrafkammer in Stuttgart geführt haben. Zu seinem persönlichen Bedauern müsse er mitteilen, dass er beauftragt sei, Strafanzeige wegen Verdachts von Insiderstraftaten zu stellen und Schadensersatzklagen zu erheben. Vorher wolle er aber noch Gelegenheit zu einer Stellungnahme geben«.

Bei einer Besprechung mit diesem Anwalt, bei der neben dem Vorstandsvorsitzenden der betroffenen AG auch deren Syndikus teilnahm, macht der Anwalt deutlich, dass er »üblicherweise in solchen Fällen von außergerichtlicher Einigung absehe und in vergleichbaren Fällen sofort mit Staatsanwalt Dr. R. in Kontakt trete. Hier könne er jedoch eine Ausnahme machen. Wenn für 25.000 Stück der betroffenen Aktie je 7 EURO bezahlt werden würden, seien alle Forderungen abgegolten und er werde auch keine weiteren Mandate in dieser Sache annehmen«.

Die erfolgte Durchsuchung beim Rechtsanwalt ergab, dass dessen Verlobte, die sich auf ihr Aussageverweigerungsrecht berief – 500 Aktien besaß, wobei der Rechtsanwalt eine mündliche Beauftragung behauptete. Erpressung – hier nur im Versuch – gem § 253 StGB?

Die Anzeigeerstatter waren der Ansicht, eine Insiderstraftat läge bei ihnen nicht vor. Zwar hätten sie Aktien ihres Unternehmens in Kenntnis der kursrelevanten Verschlechterung ihrer Ertragssituation vor der erforderlichen ad-hoc-Mitteilung **zur Kurssicherung gekauft**. Dies jedoch nicht, um damit Gewinne zu erwirtschaften. Im Gegenteil, hätten sie erhebliche Verluste in Kauf genommen, um den Kurs ihrer Aktie zu stützen und ihre Aktionäre zu bewahren. Dies sei zwar gescheitert. Eine **Insiderstraftat** könne doch **nur** vorliegen, wenn sie durch rasche **Verkäufe Gewinne** gemacht/angestrebt oder doch wenigstens Verluste hätten vermeiden wollen. Insiderstraftat?

285   **(7) Zum aktuellen Manipulationsstrafrecht**

Die (ausfüllungsbedürftige) Strafnorm ist **§ 38 Abs 2 iVm § 39 Abs 1 Nr. 1, 2 und Abs 2 Nr. 11 WpHG, § 20 a Abs 1 S 1 WpHG** umschreibt das Verbot inhaltlich. Danach handelt es sich auch insoweit strafrechtlich gesehen um ein Erfolgsdelikt – strafbar ist auch hier das (vorsätzliche) **Einwirken** auf den **Börsen- oder Marktpreis**. Fahrlässigkeit und Versuch ist demnach nicht strafbar. Manipulationshandlung sind

– **unrichtige oder irreführende Angaben** über oder das **Verschweigen** von bewertungsrelevanter Umstände die jeweils zur **Kursbeeinflussung geeignet** sind (*informationelle Einwirkung* – § 20 a Abs 1 Nr. 1 WpHG)
– **Vornahme von Geschäften** oder Erteilung von Kauf- oder Verkaufangebote mit der **Eignung, falsche oder irreführende Signale** für das Angebot, die Nachrage oder den Kurs von Finanzinstrumente zu geben oder ein künstliches Preisniveau herbeizuführen (*handelsbezogene Einwirkung* – § 20 a Abs 2 WpHG)
– **sonstige Täuschungshandlungen** mit Kursbeeinflussungseignung – also solche Handlungen, die geeignet sind, einen verständigen Anleger über Angebot und Nachfrage an einer Börse (oder relevantem Markt) in die Irre zu führen und dadurch auf den Preis einwirken

Eine Konkretisierung erfahren die erwähnten »Signale« und die »Täuschungshandlungen« und »fiktiven Geschäfte« durch die MaKonV (§§ 3 u. 4). Wichtig sind die insoweit ebenfalls konkretisierten **Ausnahmen** vom Verbotsbereich, die **zulässige Marktpraxis** und **legitime Gründe des Handelnden** (§ 20 a Abs 2 WpHG) bzw die »**save harbour**-Regelungen« des § 20 a Abs 3 WpHG, die als (Kurs-)**Stabilisierungsmaßnahmen** allerdings nur zulässig sind, *wenn* sie (den unmittelbar anwendbaren) Regelungen der Art. 7 ff VO (EG) Nr. 2273/200 entsprechen.

c)   Außenwirtschaftsstrafrecht und Kriegswaffenkontrollgesetz

286   Grundsätzlich ist der Waren-, Dienstleistungs- und Kapitalverkehr mit dem Ausland frei. Einschränkungen, in der Regel aus politischen Gründen, können nach dem Außenwirtschaftsgesetz (**AWG**) vom 28. 4. 1961 (BGBl I 481) vorgenommen werden. Ein Spezialgesetz zu dem Außenwirtschaftsgesetz ist das Kriegswaffenkontrollgesetz (**KWKG**), das grundsätzlich den Handel etc mit Kriegswaffen verbietet und nur in Einzelfällen eine Erlaubnismöglichkeit vorsieht.

aa)   Außenwirtschaftsgesetz

287   Verstöße gegen die Beschränkungen des AWG werden in § 33 AWG als Ordnungswidrigkeiten[439] und in § 34 AWG als Straftaten geahndet. Es handelt sich hierbei um Blankettnormen, die nur den Bußgeld- bzw den Strafrahmen vorgeben und auf die jeweiligen Ausfüllungsnormen, zB die Außenwirtschaftsverordnung, Bezug nehmen. Die Außenwirtschaftsverordnung ihrerseits wird durch mehrere Anlagen und Länderlisten ergänzt, von denen die Ausfuhrliste (Anlage AL zur Außenwirtschaftsverordnung) für die strafrechtliche bzw ordnungswidrigkeitenrechtliche Subsumtion relevant ist.

---

439 S die Übersicht bei Müller-Gugenberger/Bieneck § 62 Rn 115 ff

(1) Die Systematik des § 34 AWG[440]

– § 34 I 1 AWG Ausfuhr ohne Genehmigung　　　　　　　　　288

Der Tatbestand erfasst die Ausfuhr bestimmter Rüstungsgüter, Unterlagen zu ihrer Fertigung und Unterlagen über Rüstungstechnologien, -daten und -verfahren. Die konkrete Bestimmung dieser Waren erfolgt durch die Ausfuhrliste. Ware iSd Außenwirtschaftsverordnung und der Ausfuhrliste ist grundsätzlich nur Fertigware. Ist unfertige Ware ohne größeren technischen und wirtschaftlichen Aufwand im Ausland fertig zu stellen, unterliegen sie jedoch denselben Beschränkungen wie Fertigware.

Änderungen der Ausfuhrliste berühren die Strafbarkeit nicht: es handelt sich hierbei unstreitig um ein Zeitgesetz,[441] dh entfällt eine Warenposition zu einem späteren Zeitpunkt, bleibt die ursprünglich nicht genehmigte Ausfuhr gleichwohl strafbar. Denkbar ist hierbei auch, dass eine Ausfuhr einer Ware ursprünglich strafbar ist, dann durch Änderung der Ausfuhrliste nicht mehr strafbar ist und dann bei erneuter Änderung der Ausfuhrliste wieder strafbar wird.

Ausfuhr ohne Genehmigung bedeutet, dass ein Antrag überhaupt nicht gestellt wurde oder aber dass ein gestellter Antrag abgelehnt wurde. Zuständig für die Genehmigung ist das Bundesamt für Ausfuhr (**BAFA**) in Eschborn.

– § 34 I 2 AWG Ausfuhr trotz Ausfuhrverbots　　　　　　　　289

Dieser Tatbestand hat im Grunde genommen nur eine Klarstellungsfunktion, da der Gesetzgeber der Auffassung ist, dass eine Ausfuhr trotz bestehenden Ausfuhrverbots nicht gleich zu setzen ist mit einer Ausfuhr ohne Ausfuhrgenehmigung. Ein ausdrückliches Ausfuhrverbot enthält § 5 b AWG.

– § 34 II AWG Gefährdungstatbestand　　　　　　　　　　290

Tathandlung ist hier zunächst die Begehung einer **Ordnungswidrigkeit** iSd § 33 I, IV oder V AWG. Diese Tat muss **geeignet** sein,

die **Sicherheit der Bundesrepublik** zu gefährden oder

das **friedliche Zusammenleben der Völker** zu gefährden oder

die **auswärtigen Beziehungen der Bundesrepublik Deutschland** erheblich zu gefährden.

Dabei muss es sich nicht um eine konkrete Gefährdung handeln, § 34 II AWG ist ein **abstraktes Gefährdungsdelikt**. Die Geeignetheit der Tatbestandserfüllung zur Gefährdung wird in der Praxis festgestellt durch die Vernehmung eines Beamten des Auswärtigen Amtes als Sachverständigen (unbeschadet der berufsbedingten Befangenheit dieses »Sachverständigen«).

Die Ordnungswidrigkeitentatbestände des § 33 I, IV oder V AWG, die unter den Voraussetzungen der vorgenannten 3 Gefährdungsalternativen zur Strafbarkeit führen, sind ihrerseits Blankettnormen, deren Tatbestandsmäßigkeit sich wiederum erst aus § 70 AWV iVm einer der dort genannten Vorschriften ergibt.[442]

---

440 Vgl dazu im Einzelnen Müller-Gugenberger/Bieneck § 62 Rn 47 ff; HWSt-Ogiermann IV 3; Wabnitz/Janovski/Harder Kap 21 Rn 7 ff
441 Vgl BGHSt 40, 378 ff; wistra 1998, 306
442 Vgl Erbs/Kohlhaas/Fuhrmann § 34 Rn 14

Die Frage, ob diese Gesetzestechnik dem strafrechtlichen Bestimmtheitsgebot genügt, wurde vom BGH[443] und schließlich auch vom BVerfG[444] bejaht.

291   **– § 34 III AWG Fördern der Ausfuhr**

Es handelt sich hier um eine zur Täterschaft **verselbstständigte Beihilfe**, dh es ist keine nach § 34 I oder II AWG strafbare Haupttat erforderlich.

292   **– § 34 IV AWG Embargo-Verstöße**

Hierbei handelt es sich um einen **Verbrechenstatbestand!** Voraussetzung ist eine **Embargoanordnung** der **Vereinten Nationen** und eine **Umsetzung** des Embargos in das AWG oder in die AWV durch den **deutschen** Gesetz- oder Verordnungsgeber oder durch eine Veröffentlichung einer **EU-Verordnung**.[445] In Abs 5 wird die Versuchsstrafbarkeit begründet. Abs 6 sieht eine Straferhöhung im besonders schweren Fall vor.

bb) Kriegswaffenkontrollgesetz

293   Das Kriegswaffenkontrollgesetz ist ein **Ausführungsgesetz** zu Art. 26 GG. § 1 KWKG verweist für die Definition der Kriegswaffen auf die als Anlage zum KWKG geführte Kriegswaffenliste.[446] Diese nennt in ihrem **Teil A** Atomwaffen, biologische Waffen und chemische Waffen und in **Teil B** die sonstigen Kriegswaffen. Die Genehmigungsvorbehalte in §§ 2 ff KWKG beziehen sich nur auf die Waffen nach Teil B der Kriegswaffenliste, da die ABC-Waffen nach Teil A einem absoluten Verbot unterliegen.

294   Die **Strafvorschriften** sind in **§§ 19 ff KWKG** und die **Ordnungswidrigkeitentatbestände** in **§ 22 b KWKG** enthalten.[447] § 19 KWKG enthält die Strafvorschrift zu dem weitgehenden Atomwaffenverbotskomplex des § 17 KWKG (Verbot des Entwickelns, Herstellens, Handeltreibens, Erwerbens, Überlassens, Einführens, Ausführens, Durchführens, Verbrauchens, Ausübens der tatsächlichen Gewalt, Verleiten eines anderen zu diesen Handlungen, Fördern dieser Handlungen). § 20 KWKG normiert die Strafbarkeit bei Verstößen gegen den Verbotskomplex des § 18 KWKG hinsichtlich biologischer und chemischer Waffen. **§ 21 KWKG** erstreckt die Strafandrohung des § 19 KWKG teilweise und die des § 20 KWKG uneingeschränkt auch auf Taten, die **von Deutschen im Ausland** begangen werden. § 22 a KWKG stellt den Verstoß gegen die Genehmigungspflicht bei sonstigen Kriegswaffen (Kriegswaffenliste Teil B) unter Strafe.

d) Illegale Beschäftigung

295   Im Bereich der illegalen Beschäftigung bestehen 2 originäre Strafbarkeitskomplexe: die illegale Arbeitnehmerüberlassung und die illegale Beschäftigung von Ausländern. In diesen Fällen tritt häufig noch hinzu Steuerhinterziehung gem § 370 AO (betreffend Lohnsteuer, Einkommensteuer, Umsatzsteuer, Gewerbesteuer), Beitragshinterziehung gem § 266 a StGB und Betrug zum Nachteil der Sozialversicherungsträger gem § 263 StGB.

---

443 BGH NJW 1977, 1980; 1992, 3114
444 NJW 1992, 2624
445 Vgl hierzu BGH wistra 1998, 306; Müller-Gugenberger/Bieneck § 62 Rn 80 ff; HWSt-Ogienmann IV 3 Rn 53 ff; Wabnitz/Janovsky/Harder Kap 2.1 Rn 13 ff
446 Zur Systematik vgl Müller-Gugenberger/Bieneck § 73 Rn 4 ff; HWSt-Fehn IV 4 Rn 13 ff; Wabnitz/Janovski/Harder Kap 21 Rn 47 ff
447 Vgl Müller-Gugenberger/Bieneck § 73 Rn 21 ff; HWSt-Fehn IV 4 Rn 26 ff

aa) Arbeitnehmerüberlassungsgesetz (AÜG)

§ 15 AÜG stellt den **Verleih** ohne Verleihgenehmigung nach § 1 AÜG von Auslän-   **296**
dern ohne Arbeitsgenehmigung unter Strafe.[448]

§ 15 a AÜG normiert die Strafbarkeit des **Entleihers**, wenn er einen Leiharbeitneh-   **297**
mer, der aber keine Arbeitsgenehmigung besitzt, zu Bedingungen beschäftigt, die in
einem auffälligen Missverhältnis zu den Arbeitsbedingungen deutscher Leiharbeit-
nehmer stehen.[449] Ein »auffälliges Missverhältnis« beim Entgelt hat der BGH in
einem Fall bejaht, wo nur 2/3 des Tariflohns an die ausländischen Arbeitnehmer gezahlt wurde.[450]

Darüber hinaus enthält § 16 AÜG eine Reihe von **Ordnungswidrigkeitentatbe-**   **298**
stände für den Fall der illegalen Arbeitnehmerüberlassung.

Das zentrale Problem ist die Abgrenzung der Arbeitnehmerüberlassung von sonstigen Formen des Personaleinsatzes für Dritte. Insbesondere im Baugewerbe wird
versucht, Arbeitnehmerüberlassung als Werkvertrag zu tarnen: formal wird ein
Werkvertrag abgeschlossen, tatsächlich wird aber lediglich Personal zur Verfügung
gestellt und nur der Personaleinsatz abgerechnet.[451]

Über die Strafbarkeit hinaus entsteht bei illegaler Arbeitnehmerüberlassung für den
Entleiher die Haftung für Lohn und Sozialversicherungsbeiträge nach § 10 AÜG
(Arbeitgeberfunktion), wenn diese vom Verleiher nicht gezahlt werden.[452]

bb) Schwarzarbeit

Unter illegale Beschäftigung fällt der Begriff Schwarzarbeit, der im Gesetz zur Be-   **299**
kämpfung der Schwarzarbeit und illegaler Beschäftigung vom 23. 7. 2004 (BGBl I
1842 ff) definiert wird.[453] Das Schwarzarbeitergesetz enthält in §§ 10, 11 Straftatbestände, die bisher in §§ 406, 407 SGB III geregelt waren: die Beschäftigung von
Ausländern ohne Genehmigung und zu ungünstigen Arbeitsbedingungen (§ 10
Schwarzarbeitergesetz) und die Beschäftigung von Ausländern ohne Genehmigung
in größerem Umfang (§ 11 Schwarzarbeitergesetz).

Tatsächlich geht Schwarzarbeit darüber hinaus und erfüllt regelmäßig die Straftat-   **300**
bestände der §§ 370 AO, 263, 266 a StGB: der Selbständige, der Leistungen erbringt
ohne das hierfür erhaltene Entgelt in seiner Steuererklärung anzugeben, verkürzt
zunächst die fällige Umsatzsteuer und zum Jahresende Einkommensteuer und gegebenenfalls Gewerbesteuer. Der nicht selbständige Arbeitnehmer, der sein Arbeitsentgelt vom Arbeitgeber ganz oder teilweise »bar auf Tatze« erhält, hinterzieht
gemeinsam mit dem Arbeitgeber Lohn- bzw Einkommensteuer, darüber hinaus
werden Sozialversicherungsbeiträge verkürzt (§ 266 a StGB) und in der Regel die
Versicherungsträger über die tatsächliche Beitragsbemessung getäuscht (§ 263
StGB).

---

448 Vgl dazu HWSt-Kaul XII 3 Rn 56 ff; Wabnitz/Janovsky/Eustrup/Weber Kap 17 Rn 39 ff
449 Vgl dazu HWSt-Kaul XII 3 Rn 56 ff; Wabnitz/Janovsky/Eustrup/Weber Kap 37 Rn 39 ff
450 BGH BB 1997, 2166
451 Zur Abgrenzung vgl Wabnitz/Janovsky/Eustrup/Weber Kap 17 Rn 25 ff, 48 ff; HWSt-Kaul
    XII 3 Rn 10 ff; Greeve-Leipold S 462 f; Müller-Gugenberger/Heitmann § 37 Rn 60 f
452 Zur steuerlichen Haftung vgl § 42 d VI–VIII EStG
453 Vgl dazu Joecks wistra 2004, 441 ff

e) Geheimnisverrat, § 17 UWG

301 Im Vordergrund der strafrechtlichen Praxis der Verletzung von Unternehmensgeheimnissen steht § 17 UWG mit seinen Kernbereichen des Geheimnisverrats (Abs 1) und der Geheimnishehlerei[454] (Abs 2), der Wirtschaftsgeheimnisse insbesondere auch bei Auslandsverwertung vor unbefugtem Verwerten und Offenbaren schützt. Zwar ist die Strafverfolgung zunächst an einen **Strafantrag gem § 77 StGB** gebunden.[455] Seit dem 2. WiKG 1986 kann die Staatsanwaltschaft jedoch auch ohne Strafantrag bei Bejahung eines »*besonderen öffentlichen Interesses*« (§ 22 I 2 UWG) die Tat verfolgen. Dies erlangt insbesondere Bedeutung bei den nicht seltenen Fällen, bei denen Strafantragsteller und Beschuldigte sich – evtl nach Durchsuchungsmaßnahmen – einigen und Antragsrücknahme vereinbaren. Hier kann die Staatsanwaltschaft von sich aus weiter ermitteln und anklagen; in der Praxis ist die Einigung zwischen Strafantragsteller und Beschuldigtem aber die Grundlage für eine Verfahrenserledigung nach § 153 a StPO.

302 Auf die Vorlagenfreibeuterei (§ 18 UWG), den insoweit auch einschlägigen, in der Praxis aber weitgehend bedeutungslosen § 85 GmbHG – er unterscheidet sich von § 17 UWG durch Verzicht auf subjektive Erfordernisse (»ein Geheimnis unbefugt offenbart«) und die Begrenzung auf Dienstverhältnisse und entfällt bei Zustimmung des Gesellschafters –, die Geheimnisse des Staates (§§ 94 ff StGB – Landesverrat, geheimdienstliche Agententätigkeit uä) und die Privat- und Dienstgeheimnisse (§§ 201 ff StGB) soll immerhin hingewiesen werden.

303 Für den strafrechtlichen Schutz des DV-gespeicherten know-how besitzt § 17 UWG auch im Bereich des »**Software-Diebstahls**«, also der unbefugten Verwertung von Computerprogrammen, große Bedeutung (hier ist auch auf die **gewerblichen Schutzrechte**, insbesondere das **Urheberstrafrecht**[456] hinzuweisen). Der Forderung, bereits das Eindringen und/oder Benutzen fremder Datenverarbeitungssysteme und damit das »Hacking« bzw den »Zeitdiebstahl« generell unter Strafe zu stellen, ist der Gesetzgeber zwar nicht nachgekommen. Geschaffen wurde jedoch eine spezielle Regelung zur Strafbarkeit der **Datenspionage** (§ 202 a StGB). Zwar hat § 202 a StGB als Anknüpfungspunkt der Strafbarkeit der Hacker im Bereich der Wirtschaftskriminalität neben § 17 UWG nur geringe Bedeutung, da die Daten regelmäßig Geschäfts- oder Betriebsgeheimnisse darstellen oder personenbezogen sind und daher Strafbarkeit nach § 41 BDSG gegeben ist. Bedeutung gewinnt die Norm zunehmend im Bereich der Datenübermittlung, wobei als Sicherungsmaßnahmen bereits Passwörter und Kenn-Nummern ausreichen.

304 Genannt werden soll noch die rechtswidrige **Veränderung von Daten** (§ 303 a StGB) und die **Störung der Datenverarbeitung** (§ 303 b StGB). In der ersten Alternative des § 303 b StGB werden **Sabotagehandlungen** in Bezug auf die von § 303 a I StGB erfasste Software, in der zweiten Alternative auf die Hardware, also die Datenverarbeitungsanlage selbst oder auch die Datenträger, erfasst. Beide Alternativen müssen als »Datenverarbeitung« für Behörden bzw fremde Betriebe oder Unternehmen »von wesentlicher Bedeutung« sein. Der Begriff der »Fremdheit« bezieht sich aber nicht auf die in Abs 1 Nr. 2 erwähnte Hardware. Sabotageakte sind

---

454 Hierzu instruktiv BayObLG wistra 2001, 72 f; vgl im Einzelnen Müller-Gugenberger/Bienek/ Niemeyer § 33 Rn 107 ff; HWSt Ebert-Weidenfeller III 3 Rn 60 ff; Wabnitz/Janovsky/Möhrenschlager Kap 13 Rn 2 ff

455 §§ 17, 18 und 20 UWG sind auch Privatklagedelikte gem §§ 374 I Nr. 7, 376 StPO; der Verletzte kann sich insoweit auch als Nebenkläger anschließen (§ 395 II Nr. 2 StPO)

456 Vgl Müller-Gugenberger/Bieneck/Gruhl § 55 Rn 91 ff

also auch strafbar, wenn sie sich gegen eigene Anlagen oder Datenträger richten, aber Daten betroffen werden, die – etwa bei Auftragsbearbeitung – dritten Berechtigten zustehen.

f) Werbestrafrecht, §§ 4, 6c UWG

Nach – verfehlten – Entscheidungen des BayObLG[457] und des OLG Stuttgart[458] und einer vielfältigen Beschäftigung der Literatur und Praxis mit den so genannten **Schneeballsystemen und Kettenbriefen** hat der 5. Strafsenat des BGH mit seinem Beschluss vom 22. 10. 1997[459] die Strafbarkeit von **Pyramidensystemen** als **progressive Kundenwerbung** nach § 6c UWG bejaht. Dies hat zu einem weitgehenden Aussterben dieser kriminellen Systeme geführt, so dass der Hinweis auf die damaligen Veröffentlichungen und die genannte Entscheidung zur Bewältigung der Probleme ausreicht. **305**

Weiterhin von Bedeutung in der Strafrechtspraxis ist das Werbestrafrecht in § 4 UWG, dessen Strafrahmen 1990 auf 2 Jahre erhöht wurde und der – seit 1. 9. 2000[460] – auch Angaben im Rahmen der **vergleichenden Werbung** umfasst. Dies äußert sich allerdings weniger in der Straftaten-Statistik. Vielmehr wird § 4 UWG von den Strafverfolgungsbehörden in Kapitalanlagebetrugsfällen nicht selten zur Begründung eines Anfangsverdachtes herangezogen – die weiteren Ermittlungen belegen sodann den (eingetretenen) Schaden und begründen den Betrug gem § 263 StGB. Tatbestandsmäßig sind **unwahre und zur Irreführung geeignete** Angaben über **geschäftliche Verhältnisse** in öffentlichen Bekanntmachungen oder wenn diese für **einen größeren Kreis von Personen bestimmt** sind. Dabei ist für die »Angabe« – ihre »Gesamtwirkung«[461] – der Tatsachenbegriff weit auszulegen, jedoch muss sie dem Beweis zugänglich sein und ist daher von reinen Werturteilen abzugrenzen.[462] Ein »größerer Kreis« – die Öffentlichkeit – ist dann angesprochen, wenn seine Mitglieder »grundsätzlich unbestimmt« sind. Dies ist zB der Fall, wenn es dem Zufall überlassen bleibt, wer ein Plakat sieht oder wenn nacheinander eine größere Zahl von Personen – auch **mündlich** – dem Sinne nach **gleichförmig** angesprochen werden sollen.[463] **306**

§ 4 UWG ist zwar ein **Privatklagedelikt** (§ 374 I Nr. 7 StPO – mit Verbandsberechtigung gem § 22 II UWG), die Ermittlung erfolgt jedoch (auch) von **Amts wegen** (§ 22 I UWG), Anklageerhebung bei Bejahung des öffentlichen Interesses (§§ 374 I Nr. 7, 376 StPO). **307**

g) Marken- und Produktpiraterie

Unter Marken- und Produktpiraterie versteht man die Verletzung gewerblicher Schutzrechte, von Urheberrechten und sonstiger Leistungsschutzrechte sowie die Rechte sui generis des Herstellers einer Datenbank. Die entsprechenden Straftatbestände befinden sich in den jeweiligen Sondergesetzen, so in §§ 143, 144 MarkenG; § 106 UrhG; § 142 PatG; § 14 GeschmG; § 25 GebrG; § 10 Halbleiterschutzgesetz; § 39 SortenschutzG. **308**

---

457 wistra 1990, 240 ff
458 wistra 1991, 234 ff
459 wistra 1998 f mit abl Anm Otto wistra 1998, 227 f
460 Gesetz vom 1. 9. 2000 – BGBl I, 1374
461 BGHSt 2, 139 ff
462 Nachw bei Müller-Gugenberger/Bieneck/Niemeyer § 60 Rn 13 ff
463 BGHSt 24, 272 ff, 273

h)   Strafnormen des Handels- und Gesellschaftsrechts

aa)   §§ 331 ff HGB

309   Die früher verstreuten Vorschriften des Bilanzstrafrechts sind nunmehr in den §§ 331 ff enthalten. Diese wurden eingeführt durch das Bilanzrichtliniegesetz vom 19. 12. 1985 (BGBl I 2355). Der Anwendungsbereich der §§ 331 ff HGB wurde erweitert für den Bankbereich durch das Bankbilanzrichtliniegesetz vom 30. 11. 1990[464] und im Versicherungsbereich durch das Versicherungsbilanzrichtliniegesetz vom 24. 6. 1994,[465] in dem eine institutionelle Erweiterung erfolgte auf Kredit- und Finanzdienstleistungsinstitute bzw Versicherungsunternehmen, die nicht in der Form der Kapitalgesellschaft betrieben werden. Eine weitere erhebliche Erweiterung brachte das Kapitalgesellschaften- & Co.-Richtliniegesetz – KapCoRiLiG – vom 24. 2. 2000,[466] das den Anwendungsbereich auch auf die offene Handelsgesellschaft und die Kommanditgesellschaft iSd § 264 a I HGB, dh die GmbH und Co KG erweiterte.[467]

310   Sie enthalten 3 Straftatbestände: die unrichtige Darstellung,[468] die Verletzung der Berichtspflicht[469] und die Verletzung der Geheimhaltungspflicht.[470]

311   – § 331 HGB

§ 331 HGB schützt das Vertrauen in die Richtigkeit und die Vollständigkeit bestimmter Informationen über die Verhältnisse einer Kapitalgesellschaft bzw des Konzerns.[471] Über § 340 m HGB gilt diese Vorschrift auch für die nicht in der Rechtsform einer Kapitalgesellschaft betriebenen Kreditinstitute und Finanzdienstleistungsinstitute und über § 341 m HGB auch für die nicht in der Rechtsform einer Kapitalgesellschaft betriebenen Versicherungsunternehmen.

Täter sind nur die Mitglieder vertretungsberechtigter Organe, Mitglieder des Aufsichtsrats und vertretungsberechtigte Gesellschafter. Es handelt sich somit um ein echtes Sonderdelikt. Eines bestimmten Taterfolges zB in Form eines Vermögensschadens oder auch nur einer Vermögensgefährdung bedarf es nicht, § 331 HGB ist ein abstraktes Gefährdungsdelikt.[472]

312   – § 332 HGB

§ 332 HGB schützt das Vertrauen in die Richtigkeit und Vollständigkeit der Prüfung von Abschlüssen, Lageberichten und Zwischenabschlüssen durch ein unabhängiges Kontrollorgan.[473] Täter kann nur sein ein zum Abschluss-Prüfer bestellter Wirtschaftsprüfer oder, soweit zulässig, ein vereidigter Buchprüfer oder die Gehilfen dieser Personen. Ist eine Wirtschaftsprüfungs- oder Buchprüfungsgesellschaft zum Prüfer bestellt, ist der für die bestellte Gesellschaft handelnde Prüfer Täter des § 332 HGB. Auch § 332 HGB ist daher ein echtes Sonderdelikt und, da kein Erfolgseintritt für die Tatbestandserfüllung erforderlich ist, abstraktes Gefährdungs-

---

464 BGBl I 2570
465 BGBl I 1377
466 BGBl I 154
467 Zu den Einzelheiten und sonstigen Ausdehnungen des Strafbarkeitsbereichs vgl Quedenfeld in Münchner Kommentar zum HGB, 2001, vor § 331 Rn 10 ff
468 Vgl HWSt-Ransiek VIII 1 Rn 33 ff
469 Vgl HWSt-Ransiek VIII 1 Rn 92 ff
470 Vgl HWSt-Ransiek VIII 2 Rn 32 ff
471 Vgl MüKo-HGB/Quedenfeld § 331 Rn 1
472 Vgl MüKo-HGB/Quedenfeld § 331 Rn 3
473 Vgl MüKo-HGB/Quedenfeld § 332 Rn 1

delikt.[474] Gegenstand der Tathandlung sind die in Abs 1 genannten Abschlüsse und Berichte. Gegenstand und Umfang der Prüfung werden in § 317 HGB definiert.

Abs 2 enthält einen Qualifizierungstatbestand: bei Handeln gegen Entgelt oder in Bereicherungsabsicht oder in Schädigungsabsicht erhöht sich der Strafrahmen auf bis zu 5 Jahren Freiheitsstrafe.

– § 333 HGB   **313**

Geschützt wird das Geheimhaltungsinteresse der geprüften Gesellschaft.[475] § 333 HGB richtet sich an den Abschluss-Prüfer bzw seinen Gehilfen iSd § 332 HGB. Auch hier handelt es sich um ein echtes Sonderdelikt und, da kein Taterfolg erforderlich ist, ein abstraktes Gefährdungsdelikt.[476]

Gegenstand der Tathandlung ist das Geheimnis eines Unternehmens. Der Geheimnisbegriff entspricht dem des § 17 UWG.[477] Zwei Qualifizierungen sind in Abs 2 S 1 und S 2 enthalten. § 333 ist nach Abs 3 ein Antragsdelikt.

bb) §§ 339 ff AktG, 82 ff GmbHG, 147 f GenG

Diese Vorschriften wurden weitgehend durch § 331 ff HGB verdrängt. Sie haben **314** nur noch für spezielle, nicht von § 331 HGB erfasste Sondersachverhalte der einzelnen Gesellschaftsformen Bedeutung.[478]

Gesellschaftsstrafrechtliche Normen haben vor allem insoweit praktische Bedeu- **315** tung erlangt, als es um **Falschangaben gegenüber dem Registergericht** geht. Diese seien beispielhaft am Gründungs- und Kapitalerhöhungsschwindel gem § 82 GmbHG bei der GmbH angesprochen – der weitaus häufigste Fall in der Praxis.

Neben dem – auch faktischen[479] – Geschäftsführer ist auch der Gesellschafter taug- **316** licher Täter des Gründungsschwindels.[480] In beiden Fällen kann die Norm auch in **mittelbarer Täterschaft** begangen werden. Außenstehende, wie Notare / Bankmitarbeiter / Rechtsanwälte und Steuerberater können sich wegen Teilnahme strafbar machen.[481] Im Einzelnen:

Gem § 57 II GmbHG wird erklärt, der Leistungsgegenstand befände sich endgültig **317** in freier Verfügung des Geschäftsführers. Dabei ist Zweckbindung im Hinblick auf Forderung Dritter grundsätzlich möglich.[482] Verwendungsabsprachen schließen also die freie Verfügungsmacht nicht aus.[483] Mit dem Merkmal der »Endgültigkeit« wird jedoch das Fehlen von Rückzahlungsabsichten sowie deren Umsetzung versichert.[484] Strafbar ist also der beabsichtigte Rückfluss an den Gesellschafter (Vorzeigegegeld).[485] Hierfür spricht zB ein enger zeitlicher Zusammenhang der Rückzah-

---

474 Vgl MüKo-HGB/Quedenfeld § 332 Rn 3
475 Vgl MüKo-HGB/Quedenfeld § 333 Rn 1
476 Vgl MüKo-HGB/Quedenfeld § 333 Rn 3
477 Vgl MüKo-HGB/Quedenfeld § 333 Rn 9 m w Nachw
478 MüKo-HGB/Quedenfeld 2001 vor § 331 Rn 20; § 331 Rn 82 f; § 332 Rn 51; § 333 Rn 34
479 BGH wistra 2000, 307 ff = NJW 2000, 2285 f = ZIP 2000, 1390 ff = GmbHR 2000, 878 ff = BB 2000, 205612 f
480 BayObLG wistra 1994, 276 = NJW 1994, 2967; zum Liquidator als möglichen Täter vgl Thüring. OLG NStZ 1998, 307 f
481 Vgl OLG Hamm BB 1997, 433
482 BGH NJW 1991, 226 f
483 LG Koblenz WM 1991, 1507
484 So zutreffend Blecker, 125
485 BGH wistra 1996, 262; auch bei Zahlung auf das Privatkonto des Gründers – BGH MDR 2001, 577

lung.[486] Bei Bargründung darf keine Verrechnung mit einem Darlehensrückzahlungsanspruch erfolgen: Die Forderungseinbringung bedeutet Sachgründung.[487] Bei der Aufrechnung – also mit dem Ausgleich eines Passivpostens – stehen dem Gesellschafter keine Mittel zur freien Verfügung.[488] Bei Zahlung auf ein debitorisches Bankkonto kommt es darauf an, ob Kreditlinien eingeräumt und nicht überschritten sind.[489] Die Einlageleistung muss gegenständlich bei Anmeldung noch vorhanden sein.[490] Maßgebend ist der Tag des Eingangs beim Registergericht.[491]

318   Beispiel: *Rat des Rechtsanwalts an mittellosen Einzelunternehmer, 25 TDM als Darlehen bei Verwandten aufzunehmen, eine GmbH zu gründen, freie Vermögensgegenstände aus der Einzelunternehmung für 25 TDM zu kaufen und hiermit die Darlehen zurückzuzahlen, bedeutet Strafbarkeit nach § 82 I Nr. 1 GmbHG.*

319   Die Probleme sind im Übrigen beim **Kapitalerhöhungsschwindel** im Wesentlichen gleich. Soweit Gesellschafter ihren Risikobetrag aus Darlehen der Gesellschaft finanzieren, entziehen sie sich ihrer Vorleistungspflicht. Ob die Gesellschaft ihr Geld erhält, hängt dann nämlich von der zukünftigen Zahlungsfähigkeit des Gesellschafters ab.[492] Zunehmend Bedeutung erlangt auch die **Geschäftslagetäuschung** (§ 82 II Nr. 2 GmbHG), weil die »öffentliche Mitteilung« auch durch Vorlage der Bilanz zum Handelsregister erfüllt sein kann,[493] wobei allerdings § 331 HGB vorrangig ist, und die Probleme bei **Verschmelzung**.[494]

320   Bei der Frage der **Konkurrenzen** ist zu beachten: Bei mehreren Falschangaben in einer Erklärung oder mehreren Erklärungen für dieselbe Angelegenheit ist von einer Tat auszugehen (Handlungseinheit). Bei Falschangaben gegenüber mehreren Registergerichten, auch wenn dieselbe Gesellschaft angemeldet wird und bei mehreren Gründungen, ist demgegenüber von Tatmehrheit auszugehen.

i)   Bestechung und Bestechlichkeit

aa)   Neuregelung des nationalen Rechts

321   Eine Neuregelung des gesamten Komplexes sowohl hinsichtlich des privaten geschäftlichen Verkehrs als auch des amtlichen Handelns erfolgte national durch das Korruptionsbekämpfungsgesetz vom 13. 7. 1997.[495] Die mit der Neuregelung bezweckte Ausdehnung des Strafbarkeitsbereichs ist bei den so genannten Altfällen zu beachten, dh den vor dem Inkrafttreten begangenen (und evtl erst später beendeten) Taten, die nach der alten, engeren Fassung zu beurteilen sind, § 2 StGB.

---

486 BGH DStR 1995, 1801 f; bei Rückzahlung als Darlehen OLG Köln GmbHR 2000, 720; zu nahem Zusammenhang zum Sachübernahmegeschäft OLG Düsseldorf DB 1996, 1816 f
487 BGH DB 1996, 132 ff (zivil. Entscheidung)
488 Blecker, 150
489 Blecker, 155 mN
490 BGH DStR 1996, 1416
491 OLG Düsseldorf ZIP 1996, A 231; BGH DB 1992, 2126 ff, 2128 für die AG
492 Blecker, 145
493 Tiedemann § 82 Rn 143
494 Unwirksamkeit der Verschmelzung bei Unzulässigkeit eines Fortführungs-Beschlusses wegen Überschuldung – vgl BayObLG ZIP 1998, 739 f
495 BGBl I 2038

bb) Internationalisierung

Eine Erweiterung des Korruptionsstrafrechts bezwecken auch das EUBestechungs- **322** gesetz (EUBestG) vom 10. 9. 1998[496] und das Gesetz zur Bekämpfung internationaler Bestechung (IntBestG) vom 10. 9. 1998.[497]

Art. 2 § 1 EUBestG stellt Richter eines anderen Mitgliedsstaates der EU oder eines **323** Gerichts der EG, Amtsträger eines anderen Mitgliedsstaates der EU, Gemeinschaftsbeamte und Mitglieder der Kommission und des Rechnungshofs der EG deutschen Richtern und Amtsträgern gleich.

In Art. 2 EUBestG werden die §§ 332, 334 bis 336 StGB auf Auslandstaten ausgedehnt, wenn der Täter Deutscher ist oder Ausländer, der die Tat als Amtsträger iSd § 11 I Nr. 7 StGB oder als Gemeinschaftsbeamter begeht oder die Tat gegenüber einem Deutschen als Richter oder Amtsträger begangen wird.

Art. 2 § 1 IntBestG erweitert die Anwendung des § 334 StGB auf ausländische **324** Richter, Amtsträger und Soldaten, wenn die Tat begangen wird, »um sich oder einem Dritten einen Auftrag oder einen unbilligen Vorteil im internationalen Geschäftsverkehr zu verschaffen oder zu sichern«. § 2 IntBestG schafft den neuen Straftatbestand der Bestechung ausländischer **Abgeordneter** im Zusammenhang mit geschäftlichem Verkehr. § 3 IntBestG begründet die Strafbarkeit von Auslandstaten eines Deutschen. § 4 IntBestG verknüpft § 261 I Nr. 2 StGB mit dem IntBestG.

Das EUBestG wird in der praktischen Anwendung sicher an Bedeutung gewinnen. Erste Ermittlungsverfahren wegen Verstoß gegen das IntBestG sind anhängig.

cc) Angestelltenbestechung, §§ 299 StGB

Bei § 299 StGB handelt es sich um die Übernahme des in der Praxis wenig bedeu- **325** tenden § 12 UWG mit geringfügigen Änderungen durch das KorrBekG in das StGB. Vorteilsnehmer sind Angestellte oder Beauftragte eines Betriebes, also nicht der Betriebsinhaber selbst. Angestellter ist, wer in einem vertraglichen oder sonstigen Dienstverhältnis zu dem Unternehmen steht. Unter dem Begriff des Beauftragten fallen alle Personen, die kraft ihrer Stellung im Betrieb Berechtigten verpflichtet sind, für das Unternehmen geschäftlich zu handeln, wie zB Vorstands- und Aufsichtsratsmitglieder, Vertreter, Buchprüfer, Treuhänder etc.

§ 299 StGB wurde durch Gesetz vom 22. 8. 2002[498] Abs III hinzugefügt: damit gelten die Tatbestände der Abs I und II auch für Handlungen im ausländischen Wettbewerb, dh der Tatbestand der Angestelltenbestechung nach § 299 StGB gilt weltweit ohne Tatortbeschränkung.

Die Tatbestandsmerkmale Vorteil, Anbieten, Versprechen, Gewähren sind hier wie bei den §§ 331 ff StGB auszulegen. § 300 StGB normiert den besonders schweren Fall. Bei § 299 StGB handelt es sich um ein Antragsdelikt, § 301 StGB, es sei denn, die Strafverfolgungsbehörde bejaht ein besonderes Öffentlichkeitsinteresse.

dd) Besondere Problemkreise bei §§ 331 ff StGB

Als offenes Tatbestandsmerkmal ist der Begriff des Amtsträgers zu bezeichnen, der **326** von den Ermittlungsbehörden und den Instanzgerichten nahezu grenzenlos ausge-

---

496 BGBl II 2340
497 BGBl II 2327
498 BGBl I 3387

legt wird, während der BGH hier zumindest den Versuch unternimmt, verlässliche Konturen zu schaffen.[499]

Die vorteilsgewährende Handlung muss sich immer auf eine Diensthandlung beziehen. Nach wie vor ist auch zwischen den Tätern eine Unrechtsvereinbarung erforderlich.[500]

327 Zu beachten ist § 331 III StGB als Rechtfertigungsgrund, der aber bei § 332 StGB nicht gilt.

ee) Korruptions- und Steuerstrafrecht

328 Durch die Neuregelung des § 4 V 1 Nr. 10 EStG durch das Steuerentlastungsgesetz 1999/2000/2002 können Schmier- und Bestechungsgelder nicht mehr als Betriebsausgaben abgezogen werden. Gerichte, Staatsanwaltschaften und Verwaltungsbehörden haben Tatsachen, die sie dienstlich erfahren und einen Tatverdacht iSd S 1 begründen, den Finanzbehörden zum Zweck der Besteuerung und zur Verfolgung von Steuerstraftaten und -ordnungswidrigkeiten mitzuteilen. Umgekehrt teilt nach S 3 die Finanzbehörde Tatsachen, die den Verdacht einer Straftat iSd S 1 begründen, der Staatsanwaltschaft mit. Das bedeutet, dass die ungerechtfertigte Geltendmachung von Schmier- oder Bestechungsgeldern unter einer falschen Bezeichnung den Straftatbestand der Steuerhinterziehung erfüllt und, wenn der Finanzbeamte zu dem Ergebnis kommt, dass es sich bei der geltend gemachten Ausgabe um ein Schmier- oder Bestechungsgeld handelt, er die Staatsanwaltschaft hiervon unterrichten muss mit der Folge eines Ermittlungsverfahrens wegen eines Straftatbestands nach §§ 299, 331 ff StGB, Art. 2 EUBestG oder Art. 2 IntBestG.[501] das Steuergeheimnis ist insoweit ausgehebelt.

4. Die Sanktionen gegen den Täter und das Unternehmen

a) Strafe

329 Bestraft werden kann nach deutschem Recht nur eine natürliche Person. Das deutsche Recht kennt (noch) keine Verbands- oder Unternehmensstrafe. Das Strafensystem ist in den §§ 38–44 StGB geregelt mit den Hauptstrafarten Freiheitsstrafe und Geldstrafe und dem im Wirtschaftsstrafrecht irrelevanten Nebenstrafe des Fahrverbots nach § 44 StGB.

b) Verbandsgeldbuße, § 30 OWiG

330 Keine Strafe, in ihrer wirtschaftlichen Auswirkung jedoch wie eine Strafe wirkend, ist die Verbandsgeldbuße des § 30 OWiG. Diese Vorschrift ermöglicht die Festsetzung von Geldbußen gegen bestimmte nicht natürliche Rechtspersönlichkeiten bei strafrechtlichen oder ordnungswidrigkeitenrechtlichen relevanten Verhalten ihrer Vertreter.

aa) Normadressat

331 Es sind dies juristische Personen (AG, KG aA, GmbH, Genossenschaft, VVaG, eingetragener Verein, Stiftung), der nicht rechtsfähige Verein und die Personenhandels-

---

499 Vgl BGHSt 43, 96 ff; 370 ff; 45, 16 ff; 46, 310 ff; NJW 2001, 3061; NStZ wistra 2004, 380; 2005, 22; LG Köln NJW 2004, 2173; BGH StV 1998; 368; insgesamt zur Problematik des Amtsträgerbegriffs vgl Ransiek NStZ 1997, 519

500 Vgl hierzu BGH wistra 1999, 224 zu § 331 ff aF

501 Vgl Quedenfeld StraFo 1999, 253 ff

gesellschaften (OHG, KG, GmbH & Co. KG und nach hM auch die juristischen Personen des öffentlichen Rechts).[502] Nicht von § 30 OWiG erfasst werden der Einzelkaufmann, die stille Gesellschaft, die BGB-Gesellschaft und die Partnerschaftsgesellschaft.[503]

bb) Anknüpfungstat

§ 30 OWiG setzt voraus eine Straftat oder Ordnungswidrigkeit, durch die betriebsbezogene Pflichten verletzt oder durch die das Unternehmen, dh der vorgenannte Normadressat, bereichert wurde oder bereichert werden sollte. Eine betriebsbezogene Pflicht ist auch die Aufsichtspflicht nach § 130 OWiG, so dass auch eine Verletzung des § 130 OWiG zur Rechtsfolge des § 30 OWiG führen kann.[504]   **332**

cc) Täterkreis

Die die Straftat oder die Ordnungswidrigkeit begehende natürliche Person muss die Qualifikation des § 30 I Nr. 1–5 OWiG besitzen, dh handeln als Organ, Vorstand, vertretungsberechtigter Gesellschafter, Generalbevollmächtigter, Prokurist oder Handlungsbevollmächtigter in leitender Stellung oder als sonstige Person, die für die Leitung verantwortlich handelt. Es handelt sich hierbei um eine enumerative Aufzählung. Ein zivilrechtlich gültiger Bestellungsakt ist nicht erforderlich, auch ein faktisches Organ erfüllt die Täterqualifikation des § 30 I OWiG.[505]   **333**

dd) Verfahren

Die Geldbuße nach § 30 OWiG kann gegen das Unternehmen verhängt werden neben der Verhängung der Strafe oder eines Bußgelds gegen den handelnden Täter. Sie kann aber nach § 30 IV OWiG auch im selbstständigen Verfahren nur gegen den Normadressaten des Abs 1 festgesetzt werden, wenn der Täter nicht mehr verfolgt oder nicht identifiziert werden kann. Das selbstständige Bußgeldverfahren scheidet nur dann aus, wenn der Täter aus Rechtsgründen nicht mehr verfolgt werden kann, § 30 IV 2 OWiG. Wenn nicht mehr festgestellt werden kann, wer der Täter ist, muss aber zumindest festgestellt werden, dass eine Person iSd § 30 I OWiG gehandelt hat.   **334**

ee) Höhe der Geldbuße

Sie beträgt nach § 30 II OWiG bei einer vorsätzlichen Straftat bis zu 1 Mio EURO und bei einer fahrlässigen Straftat bis zu 500.000 EURO. Bei Ordnungswidrigkeiten wird die Geldbuße nach § 30 OWiG durch das Höchstmaß der Geldbuße für die vergangene Ordnungswidrigkeit begrenzt. Dabei wird durch die Verweisung in § 30 III OWiG auf § 17 IV OWiG Überschreitung des gesetzlichen Höchstmaßes erlaubt, wenn nur so der wirtschaftliche Vorteil, den der Täter aus der Ordnungswidrigkeit begangen hat, überstiegen werden kann.   **335**

Eine Sonderregelung beinhaltet noch § 38 IV GWB, der eine Ahndung bis zur 3-fachen Höhe des Mehrerlöses erlaubt.   **336**

---

502 OLG Frankfurt NJW 1976, 1276; OLG Hamm NJW 1979, 1312; Göhler § 30 Rn 2
503 Göhler § 30 Rn 6 mwN
504 BGH wistra 1986, 111 ff
505 Göhler § 30 Rn 14; Többens NStZ 1999, 6 mwN

c)   Vermögensrechtliche Sanktionen neben Strafe bzw Bußgeld

337   Die weitgehende vermögensrechtliche Sanktion des Verfalls als Möglichkeit der Abschöpfung strafrechtlicher Gewinne regeln die §§ 73 bis 73 e StGB. Einer Parallelvorschrift im Ordnungswidrigkeitenrecht bedarf es hierzu nicht, da dort die Geldbuße die Funktion der Gewinnabschöpfung übernimmt, insbesondere mit der Erweiterung des § 17 IV OWiG. Nur dort, wo ein Bußgeld mangels Vorwerfbarkeit nicht verhängt werden kann oder der Vorteil von einem Dritten erlangt wird, schafft § 29 a OWiG auch im Ordnungswidrigkeitenrecht die Möglichkeit einer Verfallsanordnung.

Auch beim Verfall handelt es sich nicht um eine Strafe sondern um eine Maßnahme eigener Art.[506]

Die im Wirtschaftsstrafverfahren kaum relevante Einziehung von producta sceleris oder instrumenta sceleris ist in § 74 ff StGB und parallel in §§ 22 ff OWiG geregelt.

aa)   Verfall und Einziehung (§§ 73 ff StGB, 22 ff OWiG)

338   § 73 III 1 StGB setzt die Begehung einer rechtswidrigen Tat voraus und dass aus dieser Tat »etwas erlangt« wurde. Dieses »etwas erlangt« wird in § 73 II StGB auch auf Nutzungen und Surrogate erweitert. Es gilt das Bruttoprinzip, dh abgeschöpft wird nicht nur der Gewinn sondern alles Erlangte ohne Berücksichtigung von Aufwendungen.[507] Eine Abmilderung des Bruttoprinzips ist aber durch die »Härtevorschrift« des § 73 c StGB möglich.

339   Abs 3 erweitert die Anordnung des Verfalls auch gegen andere Personen, wenn Täter oder Teilnehmer für diese gehandelt und diese dadurch etwas erlangt haben. Damit besteht eine Zugriffsmöglichkeit auf das Vermögen dritter Personen, die nicht an der Tat beteiligt gewesen sind aber gleichwohl direkt oder indirekt aus den unterschiedlichsten Rechtsgründen etwas durch die Tat oder aus der Tat erlangt haben. Zur Auslegung des § 73 Abs 3 StGB unterscheidet der BGH zwischen Vertretungsfällen, Verschiebungsfällen und Erfüllungsfällen:[508]

– In den Vertretungsfällen tritt der Vermögensvorteil unmittelbar beim Dritten ein auf Grund des Täterhandelns als Organ oder Vertreter des Dritten. Verschiebungsfälle sieht der BGH in den Fällen, in denen der Täter dem Dritten die Tatvorteile unentgeltlich oder auf Grund eines bemakelten Rechtsgeschäfts zukommen lässt, um die Tatvorteile damit dem Gläubigerzugriff zu entziehen. Ob der Täter hier in einem besonderen Zurechnungsverhältnis zu dem Dritten wie in den Vertretungsfällen steht, spielt keine Rolle.
In beiden Fällen ist nach der Rechtsprechung des BGH die Voraussetzung des § 73 Abs 3 StGB erfüllt und damit die Verfallsanordnung möglich.

– § 73 Abs 3 StGB greift dagegen nicht in so genannten Erfüllungsfällen ein. Dies sind die Fälle, in denen ein Tatbeteiligter einem gutgläubigen Dritten Vermögensvorteile in Erfüllung einer nicht bemakelten entgeltlichen Forderung zuwendet, wobei das Forderungsverhältnis in keinem Zusammenhang mit der Tat steht. Zu differenzieren ist nur zwischen unentgeltlichem und entgeltlichem Empfang. Erlangt der Dritte den Vermögensvorteil auf Grund eines entgeltlichen und nicht

---

506 Tröndle/Fischer § 73 Rn 2
507 BGH NStZ 1994, 123; 1995, 495; StV 1998, 599; zur Berücksichtigung der steuerlichen Belastung vgl aber Rönnau Rn 544 mwN
508 Vgl BGHSt 45, 235 ff; kritisch dazu LK-Schmidt § 73 Rn 63; Tröndle/Fischer § 73 Rn 24; Rönnau Rn 266

bemakelten Rechtsgeschäfts mit dem Tatbeteiligten, so hat er nichts durch die Tat erlangt, § 73 Abs 3 StGB ist nicht anwendbar.

Schließlich erweitert Abs 4 die Verfallsanordnung auf Gegenstände eines Dritten, wenn dieser sie für die Tat oder sonst in Kenntnis der Tatumstände gewährt hat. Eingeschränkt wird die Verfallsanordnung durch Abs 1 S 2 insoweit, als einem Verletzten ein Anspruch aus der Tat erwachsen ist, dessen Erfüllung dem Täter oder Teilnehmer dem Wert des aus der Tat Erlangten entziehen würde.

§ 73 a StGB ermöglicht den Verfall des Wertersatzes, wenn der Verfall des Erlangten **340** wegen seiner Beschaffung oder aus anderen Gründen nicht möglich ist. Mit dem Verfall des Wertersatzes entsteht ein staatlicher Zahlungsanspruch, für dessen Erfüllung der Betroffene mit seinem gesamten, auch dem legal erworbenen Vermögen haftet.[509]

§ 73 b StGB erlaubt die Schätzung des Erlangten und des Wertes. **341**

§ 73 c StGB gibt als so genannte »Härtevorschrift« die Möglichkeit, vom Verfall ab- **342** zusehen. Dabei enthält S 1 eine Muss-Vorschrift, S 2 eine Kann-Vorschrift.

In § 73 d StGB wird insoweit eine Erweiterung der Verfallsmöglichkeit geschaffen, **343** als kein voller Herkunftsnachweis bezüglich des Verfallsgegenstandes mehr nötig ist. Auch diese Vorschrift bezieht sich primär auf die organisierte Kriminalität und wird daher ebenso wie § 43 a StGB im Wirtschaftsstrafrecht nur sehr beschränkt Anwendung finden.

In § 73 e StGB wird die materiell-rechtliche Wirkung des Verfalls geregelt. **344**

Hinzuweisen ist noch auf die Regelung des § 76 a StGB, der eine selbstständige An- **345** ordnung von Verfall oder Einziehung ermöglicht, wenn aus tatsächlichen Gründen keine bestimmte Person verfolgt oder verurteilt werden kann.

Die verfahrensrechtliche Absicherung im Ermittlungsverfahren bis zur Rechtskraft **346** des Urteils erfolgt durch die §§ 111 b ff StPO (s. o. Rn 46 ff).

Die Parallelvorschriften im Ordnungswidrigkeitenrecht sind in den §§ 22 ff OWiG **347** enthalten.

bb) § 8 WiStG

Hierbei handelt es sich um eine in der Praxis wenig relevante Sonderregelung zur **348** Abführung des Mehrerlöses bei Verstößen gegen die §§ 1 bis 6 WiStG.

IV. Außerstrafrechtliche Folgen (für Täter, Teilnehmer und Unternehmen)

Gerade in Wirtschaftsstrafverfahren ist mit dem strafrechtlichen Abschluss des Ver- **349** fahrens oftmals noch kein Schlusspunkt erreicht, sondern es schließen sich als Folge des Strafverfahrens weitere Verfahren an, die in ihren Auswirkungen weit einschneidender sein können als das Strafverfahren. Es bedarf daher während des gesamten Verfahrens und insbesondere bei einvernehmlichen Verfahrenserledigungen immer eines Blicks auf diese außerstrafrechtlichen Folgen, die oft schwerer, weil bis zur Existenzvernichtung reichend, wiegen als die strafrechtlichen Folgen.

---

509 Tröndle/Fischer § 73 a Rn 6

1.   Registereintragung und Mitteilungen

a)   Bundeszentralregister

350   Jede strafrechtliche Verurteilung führt zu einer Eintragung in das Bundeszentralregister. Diese Eintragungen führen zu Auskunftspflichten des Bundeszentralregisters bei entsprechenden Anfragen. Die Einzelheiten regelt das BZRG. Wichtig ist die so genannte 90-Tagessatz-Grenze: bei Verurteilungen zu einer Geldstrafe bis zu 90 Tagessätzen wird eine derartige Verurteilung nicht in ein Führungszeugnis aufgenommen und der Betroffene kann sich weiterhin als nicht vorbestraft bezeichnen (vgl hierzu §§ 30 ff BZRG). Eine besondere Bedeutung spielt für die Mandanten in Wirtschaftsstrafverfahren auch die Frage, wie lange eine Eintragung im Bundeszentralregister vermerkt bleibt und wer welche Auskünfte erhält (vgl hierzu §§ 45 ff, 41 ff BZRG).

b)   Gewerbeordnung

351   Eine Eintragung auch von Ordnungswidrigkeiten in das Gewerbezentralregister sieht die Gewerbeordnung vor. Auskünfte aus dem Gewerbezentralregister werden nach § 150 a GewO uneingeschränkt erteilt an Behörden zur Verfolgung bestimmter gewerberechtlicher Ordnungswidrigkeiten, zur Verfolgung von Ordnungswidrigkeiten im Bereich Arbeitnehmerüberlassung / Schwarzarbeit und in enumerativ aufgeführten Fällen an Gerichte, Staatsanwaltschaften, Kriminalpolizei und Bußgeldbehörden.

c)   Die Anordnung über Mitteilungen in Strafsachen vom 29. 4. 1998 (MiStra)

352   Die nunmehr durch § 12 V EGGVG auf gesetzliche Grundlage gestellte Anordnung über Mitteilungen in Strafsachen (MiStra)[510] sieht weitergehende Mitteilungspflichten von Gerichten und Staatsanwaltschaften wegen der persönlichen Verhältnisse der Beschuldigten oder wegen der Art der verletzten Strafgesetze vor. Diese Mitteilungspflicht führt dann insbesondere zu berufsrechtlichen Folgen im berufs- oder disziplinarrechtlichen Verfahren.

d)   Beamtenrecht

353   Eine besondere Mitteilung an den Dienstvorgesetzten von Beamten und Richtern enthält § 125 e BRRG.

2.   Berufliche Folgen

a)   Berufs- und Disziplinarrecht

354   Hervorzuheben sind die **rechts- und steuerberatenden Berufe**, deren Involvierung in Wirtschaftsstrafverfahren zunimmt. Für sie sind besondere Berufspflichten in den §§ 43 BRAO, 57 StBerG, 43 WPO, 14 BNotO normiert.

355   Eine strafrechtliche Verurteilung führt immer zu einem berufsrechtlichen Verfahren, vgl §§ 116 ff BRAO, 109 ff StBerG, 81 ff WPO. Für Beamte gilt § 18 BDiszO und entsprechende Vorschriften in den Landesdisziplinarordnungen.

---

510 Auszugsweise abgedruckt bei Meyer-Goßner Anh 16

b)   Sonstige Berufe

Eine strafrechtliche Verurteilung von **Bankvorständen** zieht die Frage ihrer Zuver-   **356**
lässigkeit nach sich und führt zu einer Prüfung durch die Bundesanstalt für Finanzdienstleistungsaufsicht (BAFin) mit der Regelfolge des Verlangens einer Abberufung, vgl §§ 35, 36 KWG. Problematisch sind hier bereits Einstellungen nach § 153a
StPO oder sogar Selbstanzeigen.[511] Bei **Ärzten** ergibt sich als unmittelbar existenz-
bedrohende außerstrafrechtliche Sanktion die Entziehung der Kassenzulassung,
insbesondere in den Fällen des Abrechnungsbetrugs.

c)   Ungeeignetheit für Organstellung

Zwingend sieht § 6 II GmbHG vor, dass im Falle einer Verurteilung wegen eines   **357**
Bankrottdelikts iSd §§ 283 ff StGB der Verurteilte für die Dauer von 5 Jahren nicht
mehr Vorstand einer GmbH sein kann. Eine Parallelvorschrift findet sich hierzu in
§ 76 III AktG.

3.   Haftung

Strafrechtliche Verurteilungen ziehen eine Vielzahl von Haftungsfragen nach sich.   **358**

a) **Schadensersatzansprüche** gem § 823 II BGB iVm § 263 oder § 266 StGB etc.   **359**

b) **Haftung für Sozialversicherungsbeiträge**, §§ 823 II BGB iVm § 266a StGB   **360**

c) **Beteiligung an Steuerstraftaten** führt zur steuerlichen Haftung gem § 71 AO.   **361**

Diese Haftungsfälle werden als Vorsatztaten nicht von einer eventuell bestehenden
Berufshaftpflichtversicherung gedeckt.

4.   Folgen für das Unternehmen

a)   Wegfall des gesetzlichen Vertreters

Für das Unternehmen bedeutet eine Verurteilung des Geschäftsführers zu einer   **362**
Freiheitsstrafe ohne Bewährung **praktisch** den Wegfall des gesetzlichen Vertreters.
Aus **Rechtsgründen** entfällt im Falle einer Verurteilung wegen eines Straftatbestands der §§ 283 ff StGB nach §§ 6 II GmbHG, 76 III AktG der gesetzliche Vertreter bei der GmbH oder der AG.

b)   Ausschluss von Ausschreibungen

Schließlich bedeutet die Verurteilung von gesetzlichen Vertretern unter Umständen   **363**
ein **Ausschluss von Ausschreibungen** der öffentlichen Hand gem §§ 8 V VOB, 6
AentG, 5 SchwarzArbG.[512]

---

511 Vgl Quedenfeld/Füllsack Rn 1076
512 Einzelheiten vgl bei HWSt-Erdmann XII 5 Rn 85 ff; Greeve/Leipold S 471, 491, 500

Teil F
Vertretung des Verletzten und des Zeugen

Kapitel 1
Klageerzwingungsverfahren

Überblick

I. Bedeutung des Klageerzwingungsverfahrens

1   1. Das Klageerzwingungsverfahren sichert die Überprüfung der auf § 170 II StPO beruhenden Einstellungsbescheide der Staatsanwaltschaft und dient damit der Durchsetzung des **Legalitätsprinzips** (§ 152 II StPO). Der Verletzte, der die Strafverfolgung wünscht, kann in einem gerichtlichen Verfahren die Staatsanwaltschaft zur Anklageerhebung zwingen. Er selbst kann wegen des **Anklagemonopols** der Staatsanwaltschaft kein gerichtliches Verfahren gegen den der Tat Verdächtigen in Gang setzen (Ausnahme: Privatklage).[1] Das Klageerzwingungsverfahren ist keine Durchbrechung des Anklagemonopols, sondern dient lediglich seiner Kontrolle.

2   2. Der Gesetzgeber hat den Personenkreis, der das Klageerzwingungsverfahren betreiben kann, erheblich eingeschränkt. Das Klageerzwingungsverfahren ist stets ausgeschlossen, wenn es sich um eine Straftat handelt, deretwegen die StPO das Privatklageverfahren (§ 374 StPO) zulässt.[2] § 172 II 3 StPO nimmt solche Einstellungen von der gerichtlichen Nachprüfung aus, bei denen die Staatsanwaltschaft zu Recht vom Opportunitätsprinzip als Ausnahme vom Legalitätsprinzip ausgegangen ist.[3] Weiter ist Voraussetzung, dass der Antragsteller zugleich Verletzter ist.[4]

3   3. Die tägliche Praxis zeigt, dass Klageerzwingungsanträge vor den OLGen wenig Erfolg haben. Die überwiegende Anzahl der Klageerzwingungsanträge wird als **unzulässig** verworfen. Grund dafür ist, dass die Rechtsanwälte den formellen Anforderungen des § 172 StPO nicht gerecht werden, zuweilen auch deshalb, weil sie vor Stellung und Begründung des Antrags keine Akteneinsicht nehmen und daher nicht in der Lage sind, die erforderlichen Daten vorzutragen.[5]

II. Aufbau und die Struktur des Klageerzwingungsverfahrens

4   S. Übersicht S 971

Das Klageerzwingungsverfahren ist **dreistufig** aufgebaut. **Erste Stufe** ist, dass die Staatsanwaltschaft einer Strafanzeige keine Folge gegeben und das **Ermittlungsverfahren gem § 170 II StPO eingestellt** hat. Nur der Antragsteller ist befugt, das Klageerzwingungsverfahren zu betreiben,[6] vorausgesetzt, dass er zugleich Verletzter ist. Antragsteller ist derjenige, der in Form einer Strafanzeige, bei Antragsdelikten in Form eines förmlichen Strafantrags, die Erhebung der öffentlichen Klage begehrt hat.

5   § 170 StPO regelt die von der Staatsanwaltschaft zu treffende **Abschlussverfügung**. Das vorbereitende Verfahren endet entweder mit der Erhebung der öffentlichen Klage (§ 170 I StPO) oder der Einstellung des Verfahrens (§ 170 II StPO). Die öffentliche Klage kann durch Einreichung einer Anklageschrift (zum Inhalt vgl § 200 StPO), durch Stellung eines Antrags auf Durchführung eines Sicherungsverfahrens (§ 413 StPO), auf Durchführung des objektiven Verfahrens (Einziehungsverfahren gem § 440 StPO) oder auf Aburteilung im beschleunigten Verfahren (§ 417 ff StPO)

---

1 Vgl Rn 15, 52, 53
2 Vgl Rn 15, 52, 53
3 Vgl Rn 54, 55
4 Vgl Rn 58 ff
5 Vgl Rn 102
6 OLG Karlsruhe Justiz 1992, 187; OLG Oldenburg MDR 1987, 431

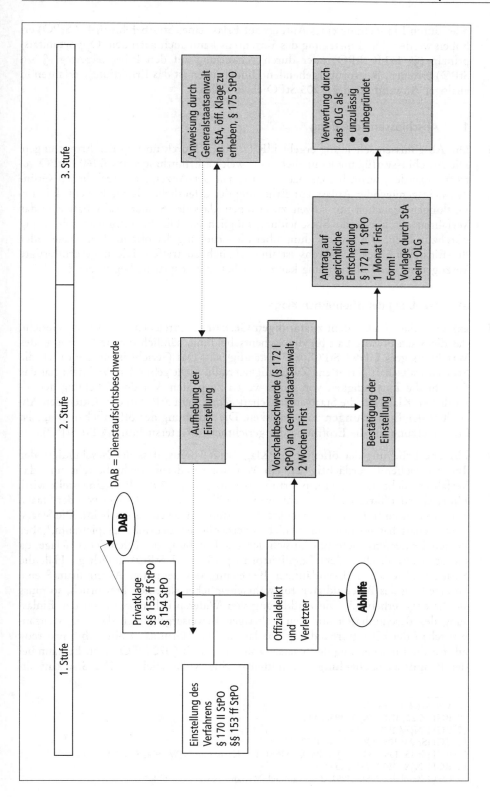

oder durch Einreichung eines Antrags auf Erlass eines Strafbefehls (§ 407 StPO) erhoben werden. Die Einstellung des Verfahrens kann auch nach dem Opportunitätsprinzip (§§ 153 ff StPO) oder durch Verweisung auf den Privatklageweg (§ 376 StPO) erfolgen. Bei vorübergehenden Hindernissen ist das Ermittlungsverfahren in analoger Anwendung des § 205 StPO einzustellen.

1. Abschlussentscheidung

6 Die Abschlussentscheidung ergeht idR erst nach Durchführung der Ermittlungen. Die Abschlussverfügung kann auch ohne weitere Ermittlungen iSv § 160 I StPO getroffen werden, wenn bereits nach dem Inhalt der Anzeige aus rechtlichen Gründen kein genügender Anlass zur Erhebung der öffentlichen Klage besteht. Die Ermittlungen brauchen nur soweit zu erfolgen, dass der Staatsanwaltschaft eine das Verfahren abschließende Entscheidung möglich ist. Die Ermittlungen sind zügig durchzuführen. Die Entscheidung über die Erhebung der öffentlichen Klage[7] oder die Einstellung des Verfahrens ist unverzüglich zu treffen. Die ungerechtfertigte Verzögerung der Entscheidung kann Amtshaftungsansprüche begründen.[8]

a) Erhebung der öffentlichen Klage

7 aa) Die Klage ist bei dem **zuständigen Gericht** einzureichen. Das ist das Gericht, das die Staatsanwaltschaft für die Sachentscheidung, nämlich für die Eröffnung des Verfahrens gem § 199 I StPO, für zuständig hält. Das Gericht ist an die durch die Staatsanwaltschaft getroffene Zuständigkeitswahl nicht gebunden. Vielmehr hat das Gericht die Zuständigkeit von Amts wegen zu prüfen. Vor der Erhebung der öffentlichen Klage hat die Staatsanwaltschaft gem § 169 a StPO in den Akten den **Abschluss der Ermittlungen** zu vermerken. Die Erhebung der öffentlichen Klage ist Voraussetzung für die Eröffnung der gerichtlichen Untersuchung (§ 151 StPO).

8 bb) Die Erhebung der öffentlichen Klage setzt voraus, dass der Beschuldigte **der Tat hinreichend verdächtig** ist, ein Verfahrenshindernis nicht besteht und das Verfahren nicht nach dem Opportunitätsprinzip (§§ 153 ff StPO) eingestellt wird. Hinreichender Tatverdacht besteht, wenn der Tatvorwurf nach einer von der Staatsanwaltschaft zu treffenden Prognoseentscheidung nachweisbar erscheint. Die Staatsanwaltschaft hat insoweit einen nicht unerheblichen Beurteilungsspielraum,[9] aber **keinen Ermessensspielraum** hinsichtlich der Erhebung der öffentlichen Klage, da die Staatsanwaltschaft dem Legalitätsprinzip (§ 152 II StPO) unterliegt. Hält die Staatsanwaltschaft nach vorläufiger Bewertung des gesamten Akteninhalts[10] eine Verurteilung des Beschuldigten für wahrscheinlicher als einen Freispruch, so muss sie Anklage erheben.[11] Die Aufklärung von Widersprüchen zwischen der Einlassung des Beschuldigten und den bisherigen Beweisergebnissen darf die Staatsanwaltschaft der Hauptverhandlung überlassen.[12] Der Grundsatz »in dubio pro reo« gilt für die Entscheidung der Staatsanwaltschaft nach § 170 StPO nicht. Er kann bei der **Prognoseentscheidung** nur mittelbar eine Rolle spielen.[13] Die Staatsanwalt-

---

7 Vgl Art. 6 I 1 MRK
8 BGHZ 20, 178 = NJW 1956, 1208
9 BGH NJW 1970, 1543
10 BGHSt 23, 304, 306 = NJW 1970, 2071
11 BGHSt 15, 155, 158 = NJW 1960, 2346; OLG Karlsruhe NJW 1974, 806, 807
12 BGH NJW 1970, 1543, 1544
13 OLG Bamberg NStZ 1991, 252; vgl auch Weiland NStZ 1991, 574

schaft muss entscheiden, ob der Sitzungsvertreter nach der Sach- und Rechtslage am Ende einer Hauptverhandlung wahrscheinlich zum Antrag auf Verurteilung kommen wird. Kein genügender Anlass zur Erhebung der öffentlichen Klage ist das Interesse der Öffentlichkeit an der Klärung einer Rechtsfrage oder eines Tatvorwurfs oder die Anklageerhebung, um einen lästigen Anzeigeerstatter abzuwimmeln.

Rechtsfragen entscheidet der Staatsanwalt nach seiner Überzeugung. Rechtliche **9** Zweifel an der Strafbarkeit des Beschuldigten berechtigen den Staatsanwalt nicht, von der Erhebung der öffentlichen Klage abzusehen, wenn insoweit eine gefestigte höchstrichterliche RS besteht. Der BGH hat in einem obiter dictum die Bindung der Staatsanwaltschaft an die ständige RS unter Berufung auf das Legalitätsprinzip bejaht.[14] Das Schrifttum lehnt eine solche Bindung ab.[15] Zu folgen ist der differenzierenden Meinung. Hält die Staatsanwaltschaft entgegen der höchstrichterlichen RS einen Sachverhalt für strafbar, so kann sie nach dem Legalitätsprinzip Anklage erheben. Hält sie abw von der RS einen Sachverhalt für straflos, muss sie durch Anklageerhebung versuchen, eine Änderung der höchstrichterlichen RS herbeizuführen, da die Einheitlichkeit der Rechtsanwendung und die Gleichheit vor dem Gesetz (Art. 3 I GG) die Strafverfolgung gebieten.

cc) Mit der Erhebung der öffentlichen Klage hat die Staatsanwaltschaft die Ergeb- **10** nisse ihrer Ermittlungen vollständig mit Ausnahme der Handakten dem Gericht vorzulegen (§ 199 II 2 StPO). Die Staatsanwaltschaft hat kein Auswahlrecht, sie darf kein be- oder entlastendes Beweismaterial zurückhalten. Die für die Beschuldigung bedeutungslosen Vorgänge, zB Spurenakten, die offensichtlich ins Leere gehen und keinen Bezug zur Tat oder zum Täter haben, braucht die Staatsanwaltschaft dem Gericht nicht zuzuleiten.[16] Nicht übersandt werden ferner behördeninterne Vorgänge der Staatsanwaltschaft (zB Berichtsakten für den Generalstaatsanwalt), Sachstandsanfragen und Dienstaufsichtsbeschwerden. Mit Anklageerhebung wird bei der Staatsanwaltschaft eine Handakte angelegt. Bei Massenverfahren, zB Straßenverkehrsdelikten, besteht die Handakte idR lediglich aus einer Abschrift der Anklageschrift; in Haftsachen sind komplette Zweitakten zu führen.[17]

b) Einstellung des Verfahrens

aa) Genügender Anlass zur Klageerhebung

Besteht kein genügender Anlass zur Erhebung der öffentlichen Klage, ist das Ver- **11** fahren endgültig einzustellen. Die Einstellung des Verfahrens kann auf rechtlichen oder tatsächlichen Gründen beruhen.

(1) Erfüllt der Sachverhalt die Tatbestandsvoraussetzungen keiner Strafnorm, ist **12** das Verfahren einzustellen. Gleiches gilt, wenn die Tatbegehung oder die Täterschaft nicht sicher nachzuweisen sind oder wenn Rechtfertigungs-, Schuldausschließungs- oder Strafausschließungsgründe vorliegen. Parlamentarische Immunität hindert die Einstellung des Verfahrens nicht, wenn die Abschlussentscheidung

---

14 BGHSt 15, 155, 158
15 LR-Graalmann-Scheerer § 141 GVG Rn 25, 26 mwN; Arndt NJW 1961, 1617; Dünnebier JZ 1961, 312; Faller JZ 1961, 478; Lüttger GA 1957, 211; Roxin DRiZ 1969, 387; 1997, 115; differenzierend M-G Vor § 141 GVG Rn 11; KK-Schmid § 170 Rn 6, 7; bejahend BGH 15, 155; Krey JA 1985, 64 ff; Krey/Pföhler NStZ 1985, 150
16 BGHSt 30, 131, 139 = StV 1981, 500; OLG Frankfurt NJW 1982, 1408
17 Nr. 12 II, 54 III RiStBV

ohne Ermittlungen getroffen werden kann[18] oder soweit eine allgemeine Genehmigung eingreift (vgl § 152 a StPO). Mit dem Klageerzwingungsverfahren kann stets geltend gemacht werden, dass das Verfahrenshindernis der Immunität nicht vorliege, weil zB die Genehmigung zur Strafverfolgung erteilt sei oder es einer solchen wegen Ergreifung auf frischer Tat nicht bedürfe.[19]

13 (2) Stellt die Tat nur eine **Ordnungswidrigkeit** dar, so wird das Verfahren zur Verfolgung der Ordnungswidrigkeit an die zuständige Verwaltungsbehörde abgegeben (§ 43 I, II OWiG).

14 (3) Liegt ein nicht behebbares **Verfolgungshindernis** (zB Verjährung, dauernde Verhandlungsunfähigkeit) vor, so wird das Verfahren gem § 170 II StPO eingestellt. Stirbt der Beschuldigte während des Ermittlungsverfahrens, unterbleibt eine Abschlussverfügung.[20] Der Staatsanwalt vermerkt lediglich das Ende des Ermittlungsverfahrens in der Akte.

15 (4) Die Verweisung auf den **Privatklageweg** (§ 376 StPO) beinhaltet eine Einstellung des Verfahrens mit der Begründung, dass kein öffentliches Interesse an der Strafverfolgung gegeben ist. Es besteht daher ein Verfahrenshindernis für das Offizialverfahren. Das von der Staatsanwaltschaft insoweit ausgeübte Ermessen ist gerichtlich nicht nachprüfbar.[21] Gegen die Verweisung auf den Privatklageweg kann nur Dienstaufsichtsbeschwerde an den Vorgesetzten der Staatsanwaltschaft, dh an den Generalstaatsanwalt, eingelegt werden.[22] Der Staatsanwalt soll aber vor der Verweisung auf den Privatklageweg die erforderlichen Ermittlungen anstellen, wenn dem Verletzten nicht zugemutet werden kann, die Privatklage zu erheben, weil er die Straftat nicht oder nur unter großen Schwierigkeiten aufklären könnte.[23] Die Verweisung auf den Privatklageweg kann auch mit der Abgabe an die Verwaltungsbehörde wegen einer tatmehrheitlich vorliegenden Ordnungswidrigkeit verbunden werden.[24]

16 (5) Die Verfahrenseinstellung nach den §§ 153 ff StPO ist keine Verfahrenseinstellung iSd § 170 II StPO. Die Rechtsgrundlage dieser Verfahrenseinstellung findet sich in den Vorschriften der §§ 153 ff StPO.

17 (6) Eine **Teileinstellung** nach § 170 II StPO ist nur dann zulässig, wenn das Ermittlungsverfahren mehrere selbstständige prozessuale Taten umfasst oder sich gegen mehrere Beschuldigte richtet. Keine Verfahrenseinstellung iSd § 170 II StPO liegt in der Beschränkung gem § 154 a StPO. Treffen im Rahmen einer prozessualen Tat mehrere Tatbestände tateinheitlich zusammen, von denen einer zur Erhebung der öffentlichen Klage führt, so erfolgt keine selbstständige Einstellungsverfügung. Es wird nur ein Aktenvermerk gefertigt, der enthält, warum die öffentliche Klage nicht auf die übrigen Straftatbestände erstreckt wurde.

bb) Form und Inhalt der Einstellungsverfügung

18 (1) Vor der Einstellungsverfügung hat die Staatsanwaltschaft den Beschuldigten und den Anzeigeerstatter oder Verletzten **nicht** zu **hören**. Der Abschluss der Er-

---

18 Vgl Nr. 191 III b RiStBV
19 LR-Graalmann-Scheerer § 172 Rn 18
20 BGH NJW 1983, 463; OLG Stuttgart Justiz 1985, 176; OLG Hamburg NJW 1983, 464
21 BVerfGE 51, 176, 182 ff = NJW 1979, 1591
22 LR-Graalmann-Scheerer § 172 Rn 11
23 Nr. 87 II 1 RiStBV
24 BayObLG MDR 1977, 246

mittlungen muss **nicht** in den Akten vermerkt werden (§ 169 a StPO). Hat eine Behörde oder öffentliche Körperschaft die Strafanzeige erstattet, teilt die Staatsanwaltschaft diesen Stellen vor ihrer Entscheidung die beabsichtigte Einstellung des Verfahrens mit und gewährt Gelegenheit zur Äußerung.[25] Gleiches gilt, wenn ein oberstes Staatsorgan des Bundes oder eines Landes eine Ermächtigung zur Strafverfolgung erteilt oder Strafantrag wegen Beleidigung gestellt hat.[26]

(2) Die Einstellung des Verfahrens erfolgt durch **eine zu begründende Verfügung**.[27] Sie ist vom Staatsanwalt oder, soweit zuständig, vom Amtsanwalt zu unterschreiben. Die Begründung muss die wesentlichen rechtlichen oder tatsächlichen Gesichtspunkte, die für die Einstellung des Verfahrens maßgebend waren, enthalten. Allgemeine, nichts sagende Redewendungen genügen zur Begründung nicht.[28] Muss ein Verfahren aus mehreren Gründen eingestellt werden, genügt es, wenn der maßgebende Grund dargelegt wird.   **19**

(3) Durch die Einstellung des Verfahrens tritt **kein Verbrauch der Strafklage** ein. Das Verfahren kann jederzeit wieder aufgenommen werden.[29] Dasselbe gilt bei der Einstellung des Verfahrens gem § 153 StPO, nicht aber im Falle des § 153 a StPO, da im letzteren Falle die Tat nicht mehr als Vergehen verfolgt werden kann (§ 153 a I 5 StPO).   **20**

cc) Mitteilung an den Beschuldigten

(1) Eine **Mitteilung** der Einstellung des Verfahrens **an den Beschuldigten** ist nur unter den Voraussetzungen des § 170 II 2 StPO (Vernehmung des Beschuldigten, Erlass eines Haftbefehls) zwingend vorgeschrieben, im Übrigen aber immer zulässig. Eine Mitteilungspflicht entfällt, wenn der Beschuldigte unbekannten Aufenthalts ist; eine Ausschreibung zur Aufenthaltsermittlung ist nicht erforderlich. Die Mitteilung der Einstellung des Verfahrens ist nochmals notwendig, wenn das bereits einmal eingestellte Verfahren auf die Beschwerde des Anzeigerstatters wieder aufgenommen und nach Durchführung weiterer Ermittlungen erneut eingestellt wurde.   **21**

Der Beschuldigte ist **vernommen**, wenn er von der Polizei, Staatsanwaltschaft oder dem Richter zu dem gegen ihn bestehenden Tatverdacht gehört wurde. Ob ein Protokoll gefertigt wurde, ist ohne Bedeutung. Es genügt auch, wenn dem Beschuldigten Gelegenheit gegeben wurde, sich schriftlich zu äußern (§ 163 a I 2 StPO). Eine Vernehmung als Zeuge reicht nicht aus.   **22**

Wenn gegen den Beschuldigten ein **Haftbefehl erlassen** war, muss er von der Verfahrenseinstellung unterrichtet werden. Es genügt bereits der Erlass des Haftbefehls, auf die Eröffnung kommt es nicht an. Der Unterbringungsbefehl nach § 126 a StPO steht dem Haftbefehl gleich.[30]

Eine Mitteilung der Verfahrenseinstellung an den Beschuldigten ist weiter erforderlich, wenn der Beschuldigte um einen **Bescheid gebeten** hat oder ein **besonderes Interesse** an der Bekanntgabe der Verfahrenseinstellung besteht.

---

25 Nr. 90 I RiStBV; in Steuerstrafsachen § 403 IV AO
26 Nr. 90 II, 211 I, III a RiStBV
27 RiStBV Nr. 88, 89 II
28 Nr. 89 II 1 RiStBV
29 RGSt 67, 315, 316; OLG Hamm VRS 58, 33
30 LR-Graalmann-Scheerer § 170 Rn 40

Plöd

23　(2) Die **Bekanntgabe der Gründe** der Einstellung des Verfahrens ist gesetzlich nicht vorgeschrieben. IdR erfolgt die Mitteilung an den Beschuldigten **ohne Gründe**. Ausnahmsweise sind die Gründe auf Antrag dem Beschuldigten aber mitzuteilen, wenn kein schutzwürdiges Interesse entgegensteht.[31] Haben die Ermittlungen ergeben, dass der Beschuldigte unschuldig ist oder gegen ihn kein begründeter Tatverdacht mehr besteht, so ist dies in der Mitteilung auszusprechen.[32]

24　(3) Am 1. 6. 1998 ist das Justizmitteilungsgesetz (JuMiG) vom 18. 6. 1997[33] in Kraft getreten. Gleichfalls zum 1. 6. 1998 wurde die neue Anordnung über Mitteilungen in Strafsachen (MiStra) in Kraft gesetzt. Nach Nr. 11 MiStra iVm Art. 32 JuMiG teilt die Staatsanwaltschaft der **Polizeibehörde**, die mit dem Verfahren befasst war, den Ausgang des Verfahrens mit. Die Unterrichtung der Polizei über den Verfahrensausgang erfolgt in den Fällen des § 20 BZRG durch Übersendung einer Mehrfertigung der Mitteilung an das Bundeszentralregister, im Übrigen grundsätzlich durch Übermittlung der Entscheidungsformel (Tenor) sowie des Datums und der Art der Entscheidung (Urteil, Beschluss, Verfügung der Staatsanwaltschaft). Nach den Ländergesetzen (zB Art. 38 II 2 Bayer. Polizeiaufgabengesetz) hat die Polizei von ihr gespeicherte **personenbezogene Daten** zu löschen, wenn der der Speicherung zugrunde liegende Verdacht entfällt. Hierbei hat die Polizei auch zu prüfen, ob eine ihr bekannte Entscheidung der Justiz ergeben hat, dass die Gründe, die zur Aufnahme in eine Kriminalakte oder in den polizeilichen **Kriminalaktennachweis (KAN)** geführt haben (Tatverdacht), nicht zutreffen oder weggefallen sind. Um diese Prüfung vornehmen zu können, sind von der Staatsanwaltschaft an die Polizei in den Fällen, in denen die Staatsanwaltschaft dem Beschuldigten eine Mitteilung nach Nr. 88 S 2 RiStBV gemacht hat, ein Abdruck der Einstellungsbegründung und in allen Fällen des gerichtlichen Freispruchs ein Urteilsabdruck zu übersenden. Von den **Datenschutzbeauftragten** der Länder wird regelmäßig überprüft, ob die Mitteilung nach Nr. 11 MiStra in den Kriminalakten der Polizei auffindbar ist. Dabei nehmen die Datenschutzbeauftragten neuerdings eine sachliche Prüfungskompetenz in Anspruch, ob ein Fall der Nr. 88 S 2 RiStBV vorliegt. Dies ist mit Nachdruck abzulehnen. Die Dienstaufsicht über die Staatsanwaltschaft führt der Generalstaatsanwalt und nicht der Datenschutzbeauftragte. Insoweit kann der Datenschutzbeauftragte lediglich formal prüfen, ob die erforderlichen Mitteilungen durch die Staatsanwaltschaft an die Polizei erfolgt sind.

25　(4) Kommt eine **Entschädigung wegen Strafverfolgungsmaßnahmen** in Betracht (§ 2 StrEG), so ist der Mitteilung an den Beschuldigten eine Belehrung über das Antragsrecht beizufügen (§ 9 I 4, 5 StrEG). In diesem Falle ist die Einstellungsmitteilung mit der Belehrung stets zuzustellen,[34] in den übrigen Fällen genügt eine formlose Mitteilung durch einfachen Brief.[35]

31　Nr. 88 S 1 RiStBV, vgl auch § 8 EGStPO
32　Nr. 88 S 2 RiStBV
33　BGBl I S 1430, berichtigt S 2779, geändert durch Art. 25 des Ersten SGB III – Änderungsgesetzes vom 16. 12. 1997, BGBl I S2970 sowie durch Art. 17 des Dritten Finanzmarktförderungsgesetzes vom 24. 3. 1998, BGBl I S 529; vgl auch § 8 EGStPO, der aber nachrangig zu § 30 AO (Steuergeheimnis) ist
34　Vgl Rn 43
35　Nr. 91 I RiStBV

Plöd

dd) Bescheid an den Antragsteller

Bescheidungspflicht

– § 171 S 1 StPO sieht eine **Bescheidungspflicht** für die Staatsanwaltschaft gegen-   **26**
über demjenigen vor, der einen Antrag auf Erhebung der öffentlichen Klage gestellt
hat. Ein solcher Antrag liegt vor, wenn dieses Ersuchen ausdrücklich gestellt wird.
Dies geschieht durch eine **Strafanzeige nach** § 158 I StPO mit dem erkennbaren
Willen, die Strafverfolgung zu veranlassen.[36] Auf die Verwendung des Wortes
»Strafanzeige« kommt es nicht an. In einem Strafantrag (§§ 77 ff StGB), einer Ermächtigung (§ 77 e StGB) oder einem Strafverlangen (§ 104 a StGB) liegt stets ein
Antrag auf Erhebung der öffentlichen Klage. Die Bescheidungspflicht besteht auch
dann, wenn der Strafantrag zunächst bei einer unzuständigen Behörde eingereicht
worden ist.

– Der Antrag auf Erhebung der öffentlichen Klage setzt nicht voraus, dass die   **27**
Strafverfolgungsbehörden noch keine Kenntnis von dem Sachverhalt besitzen. Der
Antrag kann auch noch **nach Einstellung** des Verfahrens, das von Amts wegen eingeleitet wurde, gestellt werden, um die in § 172 StPO bestimmte Rechtsstellung zu
erlangen.[37] Enthält der Antrag neue Tatsachen oder Beweismittel, ist ein neuer Bescheid erforderlich. Dies gilt auch bei Wiederholung eines Strafantrags. Der Weg
zum Klageerzwingungsverfahren ist nur bei vorherigem Antrag auf Erhebung der
öffentlichen Klage eröffnet, da ein an den Antragsteller gerichteter Bescheid nach
§ 171 StPO Voraussetzung ist.[38] Dies bedeutet, dass auch ein nachträglicher Antrag
von der Staatsanwaltschaft stets zu verbescheiden ist.

– Für die Stellung des Antrags auf Erhebung der öffentlichen Klage ist Prozessfä-   **28**
higkeit nicht Voraussetzung. Es genügt prozessrechtliche Handlungsfähigkeit.[39]

– Die Bescheidungspflicht entsteht, wenn die Staatsanwaltschaft ein Ermittlungs-   **29**
verfahren wegen einer prozessualen Tat **endgültig einstellt**. Dies ist der Fall, wenn
die Einstellung des Verfahrens gem § 170 II StPO erfolgt, auch wenn das Verfahren
zur Verfolgung einer Ordnungswidrigkeit anschließend an die zuständige Verwaltungsbehörde abgegeben wird (§ 43 OWiG) oder der Antragsteller auf den Privatklageweg verwiesen wird (§ 376 StPO).

– War das Ermittlungsverfahren bereits einmal eingestellt, aber auf Beschwerde des   **30**
Antragstellers **wieder aufgenommen** worden, so ist im Falle der erneuten Einstellung des Verfahrens der Antragsteller wiederum zu verbescheiden.

– Eine **Teileinstellung** löst ebenfalls die Benachrichtigungspflicht aus, falls das Ver-   **31**
fahren mehrere prozessuale Taten zum Gegenstand hat oder mehrere Beschuldigte
betrifft und wegen einzelner Taten oder gegen einen der Beschuldigten eingestellt
wird.

– § 171 StPO gilt nicht für die **vorläufige Einstellung des Verfahrens**. Die vorläu-   **32**
fige Einstellung des Verfahrens nach § 154 e StPO und entsprechend § 205 StPO
wird von der Staatsanwaltschaft ohne Gründe mitgeteilt.[40] Bei Verfahrenseinstel-

---

36 OLG Karlsruhe Justiz 1992, 187; M-G § 171 Rn 1; KK-Schmid § 171 Rn 1
37 KK-Schmid § 171 Rn 2; LR-Graalmann-Scheerer § 171 Rn 4
38 OLG Karlsruhe Justiz 1992, 187; OLG Oldenburg MDR 1987, 431; OLG Düsseldorf NStE
     Nr. 32 zu § 172; aA OLG Neustadt NJW 1956, 246, 247
39 KMR-Plöd § 302 Rn 2
40 Vgl Nr. 103, 104 III RiStBV

lung gem § 154 I StPO ist ein begründeter Bescheid zu erteilen.[41] Bei der Fristsetzung mit vorläufiger Einstellung nach § 154 d StPO ergibt sich die Mitteilungspflicht aus § 154 d S 2 StPO.

Bescheid an den Antragsteller

33　– Ein mit Gründen versehener Bescheid ist jedem zu erteilen, der wegen der eingestellten Tat einen Antrag auf Erhebung der öffentlichen Klage gestellt hatte, auch wenn er nicht Verletzter ist.[42] Von mehreren Antragstellern hat jeder einen Anspruch auf einen Bescheid. Bei Verzicht des Antragstellers auf einen Bescheid oder wenn der Anzeigeerstatter lediglich eine Anregung geben wollte, entfällt die Bescheidungspflicht. Dies gilt auch bei wiederholten **querulatorischen Anzeigen** oder bei **Anzeigen mit beleidigendem oder verunglimpfendem Inhalt**. Es kann nicht Aufgabe der Strafverfolgungsbehörden sein, sich in Anbetracht der stets steigenden Arbeitsbelastung immer wieder mit gleichartigen Sachverhalten auseinandersetzen zu müssen. Es besteht daher ein dringendes Bedürfnis, die Bescheidungspflicht unter dem Gesichtspunkt des »Rechtsmissbrauchs« einzuschränken. Die Justizverwaltungen sollten viel häufiger Querulanten mitteilen, dass gleichartige Beschwerden in Zukunft nicht mehr verbeschieden werden.

34　– Der Bescheid soll den Anzeigeerstatter in verständlicher Sprache informieren, weshalb die Staatsanwaltschaft es ablehnt, überhaupt Ermittlungen durchzuführen bzw weshalb die durchgeführten Ermittlungen aus tatsächlichen oder rechtlichen Gründen keinen genügenden Anlass zur Erhebung der öffentlichen Klage bieten (§ 170 I StPO). Es reicht aber, wenn lediglich einer der tragenden Gründe dargelegt wird.

35　– Wenn der Beschuldigte unbekannten Aufenthalts ist, genügt die Mitteilung dieser Tatsache, ggf verbunden mit dem Hinweis, dass die erforderlichen Fahndungsmaßnahmen eingeleitet sind. Bei Einstellung gem § 153 StPO reicht idR die Wiedergabe des Gesetzestextes aus. Bei der Einstellung gem § 154 StPO sind Einzelheiten aus dem Bezugsverfahren nicht mitzuteilen. Bei der Einstellung des Verfahrens gem § 170 II StPO und Verweisung auf den Privatklageweg ist konkret darzulegen, weshalb kein öffentliches Interesse an der Strafverfolgung besteht. Bei Teileinstellung sollte dem Anzeigeerstatter mitgeteilt werden, dass im Übrigen Anklage erhoben werde.

36　– Der Antragsteller erhält die **Mitteilung formlos**, wenn keine Belehrung nach § 171 S 2 StPO erforderlich ist, weil der Anzeigeerstatter nicht Verletzter ist.[43] Ist er Verletzter und soll durch die Mitteilung die Frist des § 172 StPO in Lauf gesetzt werden, ist die **förmliche Zustellung** der Mitteilung zu erwägen, vorgeschrieben ist sie aber nicht.[44] Nur durch die förmliche Zustellung kann der Zugang an den Anzeigeerstatter sicher nachgewiesen werden (§ 172 I StPO).

Belehrung

37　– Eine **Rechtsmittelbelehrung** ist nur dann erforderlich, wenn der Anzeigeerstatter zugleich Verletzter ist und das Klageerzwingungsverfahren rechtlich zulässig

---

41 Nr. 101 II, 89 RiStBV
42 Vgl Rn 58 ff
43 Vgl Rn 58 ff
44 OLG Schleswig OLGSt Nr. 11 zu § 172; M-G § 171 Rn 5; LR-Graalmann-Scheerer § 171 Rn 10; aA OLG Celle NStZ 1990, 505 mit abl Anm Nöldecke NStZ 1991, 52 und Anm Wagner NStZ 1991, 201; vgl auch RiStBV Nr. 91 I, II

Plöd

wäre. Eine Rechtsmittelbelehrung unterbleibt daher, wenn das Klageerzwingungsverfahren nach § 172 II 3 StPO ausgeschlossen ist, insbesondere also bei Privatklagedelikten (§ 374 StPO) oder wenn es sich um eine Anzeige gegen einen unbekannten Täter handelt. Über das Recht, Dienstaufsichtsbeschwerde oder Privatklage zu erheben, wird nicht belehrt.

– Die Belehrung muss auf die Möglichkeit der Beschwerde an den vorgesetzten **38**
Beamten der Staatsanwaltschaft, die zweiwöchige Frist und die Stelle, bei der die
Beschwerde eingelegt werden kann, nämlich beim Generalstaatsanwalt oder bei der
einstellenden Staatsanwaltschaft, hinweisen (§ 172 I 1, 2 StPO). Ein Hinweis auf das
Klageerzwingungsverfahren unterbleibt, anders in den Fällen der §§ 120, 142 a
GVG, wenn das Ermittlungsverfahren vom Generalstaatsanwalt oder Generalbundesanwalt geführt und eingestellt wird. Bei fehlender oder in wesentlichen Punkten
mangelhafter Belehrung wird die Frist nicht in Lauf gesetzt (§ 172 I 3 StPO).

ee) Wirkungen der Einstellung des Verfahrens

(1) Mit der Einstellung des Ermittlungsverfahrens endet die Beschuldigteneigen **39**
schaft. **Zwangsmaßnahmen** dürfen nicht mehr aufrechterhalten werden. Ein bestehender Haftbefehl ist aufzuheben (§ 120 StPO). Gleiches gilt für die vorläufige
Entziehung der Fahrerlaubnis nach § 111 a StPO oder ein vorläufiges Berufsverbot
nach § 132 a StPO. Die Staatsanwaltschaft hat hierzu die erforderlichen Anträge bei
Gericht zu stellen und im Falle von Untersuchungshaft die Entlassung des Beschuldigten zu veranlassen (§ 120 III StPO). Ebenso hat die Staatsanwaltschaft in Zusammenhang mit der Einstellung des Verfahrens über den Verbleib sichergestellter
Beweismittel oder **Einziehungsgegenstände** zu entscheiden, zB Rückgabe des
Führerscheins, sichergestellter Urkunden, Fahrzeuge usw. Der sachbearbeitende
Staatsanwalt hat im Zusammenhang mit der Einstellungsverfügung die **Asservatenbereinigung** durchzuführen, und zwar möglichst sofort, da der Sachbearbeiter am
besten weiß, welche Unterlagen sichergestellt wurden und an wen (idR an den letzten Gewahrsamsinhaber) diese herauszugeben sind.

(2) Die Befugnisse zur **Akteneinsicht** gem § 147 StPO enden für den Beschuldig **40**
ten mit der Verfahrenseinstellung. Der Beschuldigte hat aber idR nach der Verfahrenseinstellung ein berechtigtes Interesse an der Einsicht in die Akten durch einen
bevollmächtigten Rechtsanwalt.[45] Die Entscheidung über die Akteneinsicht durch
die Staatsanwaltschaft ist ein Justizverwaltungsakt, der nach den §§ 23 ff EGGVG
anfechtbar ist.[46]

(3) Die **Kosten** des Ermittlungsverfahrens trägt die Staatskasse. Die Einstellungs **41**
verfügung enthält grundsätzlich keine Kostenentscheidung. Der Beschuldigte kann
Ersatz seiner **notwendigen Auslagen** nur verlangen, wenn die Staatsanwaltschaft
nach Rücknahme einer Anklage das Verfahren einstellt.

(4) Nach hM hat die Einstellung des Verfahrens **keine Sperrwirkung**. Die Staats **42**
anwaltschaft kann das Verfahren jederzeit wieder aufnehmen, auch wenn keine neuen
Tatsachen oder Beweismittel vorliegen.[47]

---

45 Nr. 185 III RiStBV
46 OLG Hamburg NJW 1997, 3255, 3256
47 LR-Graalmann-Scheerer § 170 Rn 49

ff)   Muster einer Einstellungsverfügung gem § 170 II StPO

43   Staatsanwaltschaft Regensburg   Regensburg, den 4. 5. 2004

Az 122 Js 23566/04
Ermittlungsverfahren gegen
Sommer Udo, geb. 21. 1. 1967,
wegen Diebstahls

Verfügung

1. Das Ermittlungsverfahren wird gem § 170 II StPO eingestellt.

Gründe:
(angezeigter Sachverhalt)

Dem Beschuldigten lag auf Grund der Anzeige des Zeugen Hintermeier zur Last, am 16. 11. 2004 aus
dessen unversperrter Garage im Hofraum des Anwesens Hadamarstr. 23 in Regensburg ein Fahrrad,
Marke »Triumph«, im Wert von 980 DM entwendet zu haben.

(Einlassung des Beschuldigten)

Der Beschuldigte ließ sich dahingehend ein, dass er im Besitz eines Fahrrads der Marke »Triumph«
sei, dieses aber bereits im Sommer 2004 von dem Fahrradhändler Meiser für 450 DM gekauft habe.

(Ermittlungsergebnis – Beweiswürdigung)

Nach dem Ergebnis der Ermittlungen ist ein Tatnachweis nicht sicher zu führen.

(Sachbeweise?)

Die unverzüglich nach Eingang der Strafanzeige mit Einverständnis des Beschuldigten durchgeführte Nachschau in der Garage des Beschuldigten erbrachte, dass der Beschuldigte ein Fahrrad der
Marke »Triumph« besitzt, dieses Fahrrad aber keine individuellen Merkmale aufweist.

(Zeugenbeweise?)

Der Zeuge Meiser bestätigte, dass der Beschuldigte bei ihm ein gebrauchtes Fahrrad erworben habe. Er konnte sich aber an die Marke des Fahrrads und den Zeitpunkt des Verkaufs nicht mehr erinnern.

Der Zeuge Hintermeier bekundete, dass der Beschuldigte sich häufiger im Herbst des Jahres 2004
im Anwesen Hadamarstr. 23 in Regensburg aufgehalten habe, da dieser mit Frau Wimmer, die auch
in dem Mehrfamilienhaus wohne, eng befreundet gewesen sei. Dabei habe der Beschuldigte das
Fahrrad in seiner Garage, die häufig offen gestanden sei, sehen können. Das ihm gezeigte Fahrrad
des Beschuldigten könne er aber nicht als das ihm entwendete Fahrrad eindeutig identifizieren.

(Zusammenfassende Würdigung)

Nach dem Ergebnis der Ermittlungen ist ein Tatnachweis nicht sicher zu führen. In einem Gerichtsverfahren wäre ein Freispruch wahrscheinlicher als eine Verurteilung, weshalb eine Anklageerhebung zu unterbleiben hatte.

Die Geltendmachung zivilrechtlicher Ansprüche wird durch die Einstellung des Verfahrens nicht berührt.

(Hinweis: Die folgenden Angaben unter 2. bis 7. werden unabhängig vom konkreten Fallbeispiel
angeführt, um möglichst viele Fallgestaltungen zu erfassen.)

2. Anhörung nach Nr. 90 I RiStBV nicht erforderlich/ist erfolgt (Bl ......)

3. Mitteilung von 1. ohne Gründe:
    an den Beschuldigten

    ☐ formlos

    ☐ zustellen mit Belehrung gem § 9 I StrEG

(Liegt eine **entschädigungsfähige Strafverfolgungsmaßnahme** iSd § 2 StrEG vor, ist die Mitteilung von 1. an den Beschuldigten mit einer **StrEG-Belehrung** gem § 9 I 4, 5 StrEG **zuzustellen**. Bei jugendlichen Beschuldigten wird die Einstellungsverfügung auch den Erziehungsberechtigten und den ges Vertretern zugestellt (§ 67 I, II JGG). Wenn der Verletzte Strafanzeige erstattet hatte, so wird der Beschuldigte auch darüber belehrt, dass über die Entschädigungspflicht nicht entschieden wird, solange durch einen Antrag auf gerichtliche Entscheidung nach § 172 II die Erhebung der öffentlichen Klage herbeigeführt werden kann.)

an Verteidiger(in)

☐ formlos

☐ zustellen mit Belehrung gem § 9 I StrEG

c) Mitteilung an Beschuldigten unterbleibt, weil ...... (zB nicht vernommen).

4. Mitteilung von 1. mit Gründen an:

☐ Antragsteller ....

☐ Vertreter(in) des Antragstellers

☐ formlos ohne Beschwerdebelehrung

☐ formlos mit Beschwerdebelehrung

☐ zustellen mit Beschwerdebelehrung

☐ mit Zusatz: die beigefügte Beschwerdebelehrung bezieht sich nicht auf die Einstellung des Verfahrens wegen .... (zB Privatklagedelikt)

☐ Mitteilung an Antragsteller unterbleibt, weil

☐ Amtsanzeige

☐ Verzicht

☐ mangelndes Strafinteresse

5. ☐ Mitteilung an die Polizei mit Gründen (vgl Rn 24, bei eindeutigem Wegfall des Tatverdachts)

☐ Mitteilung an Ausländerbehörde gem § 87 IV AufenthG

☐ Mitteilung an BZR gem § 11 BZRG (bei § 20 StGB)

☐ MiStra Nr. ...... an ....

6. Frau Abteilungsleiterin / Herrn Abteilungsleiter zur Kenntnisnahme

7. Abtragen

8. ☐ Akteneinsicht (Bl ......) für ...... Tage genehmigt

☐ Wiedervorlage ....

☐ Weglegen

Dr. Fleißig

Staatsanwältin

2. Beschwerde

In der **zweiten Stufe** kann sich der Antragsteller gegen die Einstellung des Ermittlungsverfahrens durch die Staatsanwaltschaft beim vorgesetzten Beamten der Staatsanwaltschaft (= Generalstaatsanwalt) beschweren. Die Beschwerde ist eine **Vorschaltbeschwerde** auf dem Weg zum OLG.[48] Die Einstellungsbeschwerde ent-   **44**

---

48 Kleinknecht JZ 1952, 489, 490; vgl Rn 80 ff

fällt in Staatsschutzsachen, in denen der Generalbundesanwalt oder der General-staatsanwalt selbst zuständige Staatsanwaltschaft ist (§§ 120 I, II, 142 a I, II GVG). Die Beschwerde ist auch zulässig, wenn die Staatsanwaltschaft endgültig untätig bleibt, da dieses Verhalten einer Einstellung gleichkommt. Damit ergeht der Be-scheid nach § 171 StPO stillschweigend.

45   a) Nach Eingang der Beschwerde des Verletzten prüft der Staatsanwalt unverzüg-lich, ob er der Beschwerde abhilft.[49] Die Staatsanwaltschaft kann der Beschwerde durch die Wiederaufnahme der Ermittlungen oder durch Aufhebung des Einstel-lungsbescheids und Anklageerhebung abhelfen. Wird die Beschwerde direkt bei der Staatsanwaltschaft eingelegt, teilt diese dem Beschwerdeführer und dem Beschul-digten die Wiederaufnahme der Ermittlungen oder die Aufhebung des Einstellungs-bescheids mit. Eine Vorlage der Akten an den Generalstaatsanwalt unterbleibt. Wurde die Beschwerde beim Generalstaatsanwalt eingelegt, leitet dieser die Be-schwerde der zuständigen Staatsanwaltschaft zu und bittet sie, die Frage der Wie-deraufnahme der Ermittlungen zu prüfen. Nimmt die Staatsanwaltschaft nach durchgeführter Prüfung die Ermittlungen wieder auf, so teilt die Staatsanwaltschaft dies dem Beschwerdeführer[50] und dem Beschuldigten mit und berichtet dem Gene-ralstaatsanwalt. Eine Vorlage der Akten an den Generalstaatsanwalt erfolgt nicht.[51] Mit der Wiederaufnahme der Ermittlungen wird die Beschwerde gegenstandslos.[52] Nimmt die Staatsanwaltschaft die Ermittlungen wieder auf und stellt sie das Ver-fahren erneut ein, so gelten wieder die §§ 171, 172 StPO.

46   b) Hilft die Staatsanwaltschaft der Beschwerde nicht ab, legt sie die Akten unver-züglich dem vorgesetzten Staatsanwalt (§ 147 GVG) vor. Im Falle der Ankündigung einer Beschwerdebegründung durch den Beschwerdeführer ist diesem eine ange-messene Frist für die Beschwerdebegründung zu setzen. In diesem Falle erfolgt die Vorlage an die vorgesetzte Behörde erst nach Eingang der Begründung bzw nach Fristablauf, um ein unnötiges Hin- und Herschicken der Akten zwischen Staatsan-waltschaft und Generalstaatsanwalt zu vermeiden. In dem Übersendungsbericht an den Generalstaatsanwalt legt die Staatsanwaltschaft dar, aus welchen Gründen die Ermittlungen nicht wieder aufgenommen wurden, wobei neue Tatsachen, neue Be-weismittel und neue rechtliche Erwägungen in der Beschwerdeschrift zu würdigen sind.[53]

47   c) Nach Eingang der Akten kann der Generalstaatsanwalt unter Aufhebung des Einstellungsbescheids die Staatsanwaltschaft anweisen, Anklage zu erheben, wenn die Sache **anklagereif** ist. Dies kommt in Betracht, wenn der Sachverhalt oder das Ermittlungsergebnis vom Generalstaatsanwalt anders beurteilt werden als von der Staatsanwaltschaft, also hinreichender Tatverdacht bejaht oder wenn eine Rechtsfra-ge vom Generalstaatsanwalt anders beurteilt wird. Der Generalstaatsanwalt ordnet die **Wiederaufnahme der Ermittlungen** an, wenn der Sachverhalt nicht ausrei-chend geklärt ist. Regelmäßig lässt er die Ermittlungen durch die Staatsanwaltschaft durchführen. In den genannten Fällen ist die Beschwerde erledigt.[54] Wurde die Be-schwerde nicht vom Verletzten oder nicht fristgerecht (in diesem Falle ist die förm-liche Zustellung des Einstellungsbescheids Voraussetzung) eingelegt, so verwirft der

---

49 Vgl Nr. 105 I RiStBV
50 Vgl Nr. 105 IV RiStBV
51 Vgl Nr. 105 III RiStBV
52 OLG Hamm JMBlNRW 1963, 45, 46; M-G § 172 Rn 13 a; aA OLG Oldenburg NJW 1954, 166; OLG Celle NJW 1952, 488
53 Vgl Nr. 105 II RiStBV
54 M-G § 172 Rn 13 a, 14; LR-Graalmann-Scheerer § 172 Rn 115

Generalstaatsanwalt die Beschwerde als **unzulässig**. Hält der Generalstaatsanwalt die Beschwerde für **unbegründet**, so weist er sie zurück und öffnet damit den Weg in die **dritte Stufe** zum OLG. Der able Bescheid ist dem Antragsteller, der zugleich Verletzter ist, durch förmliche Zustellung bekannt zu machen.[55] Dem ablen Bescheid ist eine **Rechtsbehelfsbelehrung** beizufügen. Zum notwendigen Inhalt der Rechtsbehelfsbelehrung nach § 172 II 2 StPO gehört nur der Hinweis auf das Antragsrecht (§ 172 II 1 StPO), den Adressaten des Antrags (§ 172 III 3 StPO), die Antragsfrist (§ 172 II 1 StPO) und den Anwaltszwang (§ 172 III 2 StPO). Nicht belehrt zu werden braucht über die Notwendigkeit, die den Antrag begründenden Tatsachen und Beweismittel anzugeben, weil das nicht zur Form, sondern zum Inhalt des Antrags gehört.[56]

Muster der Verfügung für einen Bescheid des Generalstaatsanwalts: 48

Generalstaatsanwalt

Gz Zs _____/____ Nürnberg, den _____

I. Schreiben:

☐ **Herrn Rechtsanwalt/Frau Rechtsanwältin**
☐ **zustellen mit Empfangsbekenntnis und Rechtsmittelbelehrung**

Name und Anschrift einsetzen: Bl _____ dA
☐ formlos mitteilen

☐ Herrn / Frau   ☐ zustellen mit Postzustellungsurkunde

und Rechtsmittelbelehrung

Name und Anschrift einsetzen: Bl _____ dA ☐ formlos mitteilen

Ermittlungsverfahren der Staatsanwaltschaft _____

gegen _____

wegen _____, Az 125 Js 23543/04;

Zum Schreiben vom _____, Ihr Zeichen: _____,

Ihre Schreiben vom _____, Ihr Mandant: _____

Sehr geehrter Herr Rechtsanwalt _____/

Sehr geehrte Frau Rechtsanwältin _____/

Sehr geehrter Herr _____, / Sehr geehrte Frau _____,

☐ auf Ihre Beschwerde vom _____ habe ich die mir vorgelegten Akten geprüft. Die Sachbehandlung der Staatsanwaltschaft _____ nicht zu beanstanden.

☐ die aufgrund Ihrer Beschwerde durchgeführte Prüfung der vorgelegten Akten hat ergeben, dass die Staatsanwaltschaft das Ermittlungsverfahren zu Recht eingestellt hat. Das Beschwerdevorbringen rechtfertigt es nicht, die Ermittlungen wieder aufzunehmen. Die Prognose der Staatsanwaltschaft, eine Verurteilung sei nicht wahrscheinlich, teile ich.

(Hier folgen jeweils die maßgeblichen Gründe der Beschwerdeentscheidung.)

☐ (Bei einem Privatklagedelikt)

Ihre Anzeige betrifft ein Privatklagedelikt. Dabei geht das Gesetz davon aus, dass der Geschädigte regelmäßig die Strafverfolgung, wenn er sie wünscht, selbst betreibt (§ 376 StPO).

---

55 Vgl Nr. 105 V, 91 II RiStBV
56 OLG Nürnberg NStZ-RR 1998, 143

Nur in Ausnahmefällen übernimmt die Staatsanwaltschaft auch bei einem Privatklagedelikt die Strafverfolgung, nämlich, wenn dies im öffentlichen Interesse liegt.

Im öffentlichen Interesse läge die Strafverfolgung, wenn der Rechtsfriede über Ihren Lebenskreis hinaus gestört wäre und die Strafverfolgung ein gegenwärtiges Anliegen der Allgemeinheit wäre. Diese Voraussetzungen für die Bejahung des öffentlichen Interesses an der Strafverfolgung liegen hier nicht vor, da ....

Daher muss es bei der Einstellung des Verfahrens sein Bewenden haben.

☐ Etwaige zivilrechtliche Ansprüche werden durch diesen Bescheid nicht berührt.

☐ Die beigefügte Rechtsmittelbelehrung bezieht sich nicht auf den Tatvorwurf

_____ (nämlich Privatklagedelikte).

☐ Hochachtungsvoll   ☐ Mit freundlichen Grüßen

IA

II. Mit 1 Abdruck

_____ Bd Akten _____ Js _____ / _____

☐ Zustellungsnachweis

an den Herrn Leitenden Oberstaatsanwalt

in _____

mit der Bitte um Kenntnisnahme und weitere Veranlassung.

III.

☐ Zur Sammlung.

☐ Wiedervorlage mE, sp _____ (Eingang des Klageerzwingungsantrags?)

_____

Oberstaatsanwalt

3.   Klageerzwingungsantrag

49   Die **dritte Stufe** bildet der Antrag auf gerichtliche Entscheidung zum OLG.[57] Das Klageerzwingungsverfahren ist ein prozessual selbstständiges Verfahren.[58] Den Antrag auf gerichtliche Entscheidung kann nur stellen, wer die Strafanzeige erstattet und auch Beschwerde eingelegt hat.

III.   Sachliche Voraussetzungen

50   1. Von der Staatsanwaltschaft muss das Ermittlungsverfahren wegen einer Tat im prozessualen Sinn (so hM) nach § 170 II StPO, also endgültig, eingestellt worden sein. Ein Einstellungsbescheid muss vorliegen. Auf die Bezeichnung kommt es nicht an. Der Klageerzwingungsantrag kann nicht darauf gestützt werden, dass die Staatsanwaltschaft die vom Antragsteller für richtig gehaltene rechtliche Qualifizierung nicht übernommen,[59] den vollen Tatumfang in der Anklage nicht zutreffend

---

57 Vgl Rn 85 ff
58 BVerfGE 42, 172, 175
59 OLG Braunschweig NJW 1959, 1145

beschrieben oder bestimmte Gesetzesverletzungen nicht aufgenommen hat.[60] Dies gilt auch, wenn es sich bei den von der Anklage nicht erfassten Teilen der Tat um ein materiell-rechtlich selbstständiges Delikt handelt oder die Klage durch einen Strafbefehlsantrag erhoben wird, da die gesamte prozessuale Tat bereits Gegenstand des gerichtlichen Verfahrens ist.[61]

2. Auch wenn die Staatsanwaltschaft wegen des Fehlens der **Verfahrensvorausset-** **51** **zungen** oder wegen des Bestehens eines **Verfahrenshindernisses** das Verfahren nach § 170 II StPO einstellt, ist das Klageerzwingungsverfahren grundsätzlich möglich. Es kann gerügt werden, dass der Beschuldigte der deutschen Gerichtsbarkeit unterliegt, der Strafantrag wirksam gestellt wurde oder ein Strafklageverbrauch nicht eingetreten ist. Mit dem Klageerzwingungsverfahren kann auch geltend gemacht werden, dass das Verfahrenshindernis der **Immunität** nicht vorliegt, weil der Beschuldigte der Immunität nicht unterliege, die Genehmigung zur Strafverfolgung erteilt sei oder es einer solchen wegen Ergreifung auf frischer Tat nicht bedürfe (§ 152 a StPO).

3. Das Klageerzwingungsverfahren ist stets ausgeschlossen, wenn es sich aus- **52** schließlich um Privatklagedelikte nach § 374 StPO handelt (§ 172 II 3 StPO). Dies gilt auch dann, wenn der Antragsteller die Verneinung des öffentlichen Interesses für unrichtig hält.[62] Das Ermessen der Staatsanwaltschaft bei der Bejahung oder Verneinung des öffentlichen Interesses ist nicht überprüfbar.[63] Besteht zwischen einem Privatklagedelikt und einem Offizialdelikt Tateinheit oder Gesetzeskonkurrenz, ist der Klageerzwingungsantrag zulässig, wenn hinsichtlich des Offizialdelikts die Voraussetzungen des § 172 StPO gegeben sind. Dann erfasst die Prüfung des OLG auch das Privatklagedelikt.[64] Der Antrag ist unzulässig, wenn die Prüfung hinsichtlich des tateinheitlichen Offizialdelikts ergibt, dass ein hinreichender Tatverdacht eines Offizialdelikts fehlt.[65] Bei Tatmehrheit wird das Privatklagedelikt vom Antrag mit erfasst, wenn es Teil einer einheitlichen Tat im prozessualen Sinne war, da nicht die materiell-rechtliche Konkurrenz entscheidet.

4. Zulässig ist das Klageerzwingungsverfahren, wenn die Staatsanwaltschaft das **53** Verfahren gegen einen **Jugendlichen wegen eines Privatklagedelikts nach § 170 II** **StPO eingestellt** hat, da gegen einen Jugendlichen eine Privatklage nicht erhoben werden kann (§ 80 I 1 JGG), nicht aber, wenn das Verfahren wegen Fehlens der Verfolgungsgründe des § 80 I 2 JGG eingestellt wurde.[66] Andernfalls wäre das Legalitätsprinzip bei jugendlichen Tätern nicht gesichert.

5. § 172 II 3 StPO nimmt solche Einstellungen von der gerichtlichen Nachprüfbar- **54** keit aus, bei denen die Staatsanwaltschaft vom **Opportunitätsgrundsatz** ausgegangen ist. Dies ist der Fall bei der Einstellung des Verfahrens gem. §§ 153 I, 153 a I 1, 7, 153 b I, 153 c bis 154 I, 154 b und 154 c StPO. Dies gilt auch bei der Anwendung des § 45 JGG, obwohl diese Vorschrift in § 172 II 3 StPO nicht genannt ist.[67] Unerheblich ist, ob die Staatsanwaltschaft ihre Entscheidung ohne gerichtliche Mitwirkung

60 OLG Karlsruhe NJW 1977, 62; aA OLG Hamm MDR 1965, 765 für den Fall unselbstständiger Teile einer einheitlichen Tat
61 OLG Karlsruhe NJW 1977, 62; LR-Graalmann-Scheerer § 172 Rn 13, 41
62 KK-Schmid § 172 Rn 39
63 BVerfGE 51, 176
64 OLG Koblenz VRS 63, 359, 360; OLG Celle NdsRpfl 1959, 95
65 OLG Stuttgart Justiz 1990, 372
66 OLG Stuttgart NStZ 1989, 136
67 OLG Nürnberg MDR 1965, 845

getroffen hat. Dagegen ist das Klageerzwingungsverfahren mit der Behauptung zulässig, dass die allgemeinen ges Grenzen der jeweiligen Vorschrift nicht eingehalten worden seien. Damit wird behauptet, dass die Staatsanwaltschaft gegen die Anklagepflicht verstoßen hat.

55   Bei der **Einstellung nach § 153 a StPO** ist das Klageerzwingungsverfahren bereits im Stadium der vorläufigen Einstellung ausgeschlossen. Mit der endgültigen Einstellung entsteht ein Verfahrenshindernis (§ 153 a I 5 StPO). Bei endgültiger Einstellung gem § 153 a StPO ist das Klageerzwingungsverfahren aber zulässig, wenn behauptet wird, dass der Beschuldigte die gemachten Aufln oder Weisungen nicht erfüllt hat oder die Tat ein Verbrechen darstellt.[68] Die mit Zustimmung des zuständigen Gerichts erfolgte Verfahrenseinstellung durch die Staatsanwaltschaft gem § 153 a I StPO ist durch den Verletzten auch dann nicht gerichtlich überprüfbar, wenn dieser der Auffassung ist, die Verfügung der Staatsanwaltschaft beruhe auf unzutreffenden tatsächlichen und rechtlichen Grundlagen.[69]

56   Die Einstellung eines Verfahrens wegen einer **Ordnungswidrigkeit** nach § 47 I OWiG ist nicht mit dem Klageerzwingungsantrag angreifbar, da diese Einstellung ebenfalls nach dem Opportunitätsgrundsatz erfolgt (§ 46 III 3 OWiG).

57   Lehnt die Staatsanwaltschaft die **Fortsetzung** eines nach den §§ 153 ff StPO eingestellten Verfahrens ab, so ist die Klageerzwingung zulässig, wenn geltend gemacht wird, dass auf Grund neuer Tatsachen oder Beweise die ges Voraussetzungen der Einstellungsvorschrift nicht vorliegen.

IV.   Persönliche Voraussetzungen

58   1. Das Klageerzwingungsverfahren setzt voraus, dass der Verletzte bereits den Antrag auf Erhebung der öffentlichen Klage nach § 171 StPO gestellt[70] und nach Einstellung des Verfahrens nach § 170 II StPO Beschwerde eingelegt hat. Der Antrag kann noch während und nach Abschluss des Ermittlungsverfahrens gestellt werden.

59   2. Der Antragsteller muss zugleich **Verletzter** sein. Der Begriff des Verletzten ist im Rahmen des § 172 StPO weit auszulegen, weil der Schutz des Legalitätsprinzips innerhalb des ges Rahmens des § 172 StPO umfassend sein soll.[71] Verletzter ist, wer durch die schädigende Handlung unmittelbar in seinen Rechten, Rechtsgütern oder rechtlich anerkannten Interessen beeinträchtigt ist.[72] Diese Abgrenzung wird allerdings nicht einheitlich benutzt. Es herrscht aber Übereinstimmung, dass der Begriff des Verletzten teleologisch von seiner jeweiligen Funktion im prozessualen Sachzusammenhang her zu bestimmen ist.[73] Die weite Auslegung findet ihre Grenze in der gesetzgeberischen Absicht, ein Popularverfahren auszuschließen. Damit kann jemand durch eine Tat nur verletzt sein, wenn die übertretene Norm auch die Rechte

68 OLG Karlsruhe Justiz 1990, 28
69 BVerfG StV 2002, 114 f
70 Vgl Rn 26, 33
71 BayObLGSt 1952, 232, 233; OLG Düsseldorf NStZ 1995, 49; OLG Dresden NStZ-RR 1998, 338
72 OLG Dresden NStZ-RR 1998, 338; OLG Düsseldorf NJW 1992, 2370; MDR 1988, 77; OLG Karlsruhe NJW 1986, 1277; OLG Koblenz NJW 1985, 1409; OLG Hamm NJW 1972, 1874; OLG Köln NJW 1972, 1338; OLG Stuttgart NJW 1969, 569; OLG Celle NdsRpfl 1962, 141; OLG Nürnberg, Beschluss v. 28.4. 1998, Ws 307/98
73 LR-Graalmann-Scheerer § 172 Rn 48 ff mwN

dieser Person schützen will.[74] Erforderlich ist die Verletzung eines von der Rechtsordnung geschützten Rechtsguts, wobei wiederum strittig ist, ob die Verletzung unmittelbar erfolgen muss oder ob eine mittelbare Beeinträchtigung genügt. Die **Schutzzwecklehre** ist ein geeignetes Mittel zur Einschränkung des Kreises der Verletzten bei Tatbeteiligung. Eine weitergehende Ansicht lässt es genügen, dass eine Beeinträchtigung eines berechtigten Interesses (**Genugtuungs- oder Vergeltungsinteresse**) vorliegt.[75] Dieser Begriffsausweitung ist nicht zu folgen, da dadurch die Grenzen für die Berechtigung zur Stellung eines Klageerzwingungsantrags zu weit gezogen werden. Sachgerecht erscheint nur eine Abgrenzung, die sich am Schutzzweck der verletzten Norm orientiert.[76]

a) Verletzter ist damit immer der unmittelbar **Strafantragsberechtigte** und der   **60**
zum Anschluss als **Nebenkläger** Berechtigte. Strafvorschriften, die ausschließlich Rechtsgüter der Gemeinschaft schützen wollen, können eine Verletzteneigenschaft nicht begründen.[77] Außerhalb des Schutzbereichs einer Norm stehen der Mittäter und der Teilnehmer an der Tat, ebenso, wer mit der Tat einverstanden ist.

b) Behörden, öffentlich-rechtliche Anstalten und Körperschaften sind Verletzte,   **61**
soweit sich die Tat gegen solche Rechtsgüter richtet, die ihnen zur Erfüllung ihrer Aufgaben zur Verfügung stehen, zB bei Vermögens- und Eigentumsdelikten. Nicht verletzt sind Behörden durch Straftaten gegen die Allgemeinheit, zB die Naturschutzbehörde bei Verstößen gegen das Naturschutzgesetz oder bei Umweltstraftaten,[78] die Ausländerbehörden bei Verstößen gegen das Aufenthaltsgesetz, die Finanzbehörden bei Steuerhinterziehung, das Kreiswehrersatzamt bei Wehrpflichtentziehung gem §§ 109 ff StGB,[79] die Rechtsanwaltskammer bei Verstößen gegen das Rechtsberatungsgesetz[80] oder die Ärztekammer bei unerlaubter Ausübung der Heilkunde.[81] Der Dienstherr eines bestochenen Amtsträgers ist nicht Verletzter iSd § 172 StPO.[82] Dies gilt auch für Amtsträger von Truppen der NATO-Staaten.[83] Schutzgut der Bestechungstatbestände (§§ 331 ff StGB) ist die Lauterkeit des öffentlichen Dienstes und das Vertrauen der Allgemeinheit in sie.[84]

c) Private Vereine oder Verbände sind verletzt, wenn sich die Straftat gegen ihnen   **62**
von der Rechtsordnung zugeordnete Rechtsgüter (Eigentum, Vermögen, Hausrecht) richtet, nicht aber bei Verletzung von Gütern, deren Pflege lediglich satzungsmäßig angestrebt wird.[85]

3. Einzelfälle

a) Bei vorsätzlichen oder fahrlässigen **Tötungsdelikten** (§§ 211, 212, 222 StGB):   **63**
Verletzte sind der Nebenklageberechtigte gem § 395 II Nr. 1 StPO, zB der Ehegatte

---

74 BGHSt 18, 283, 284
75 EbSchmidt § 171 Rn 15; OLG Braunschweig NdsRPfl 1965, 17, 18; OLG Bremen NJW 1950, 960; OLG Celle NdsRPfl 1954, 209; OLG Dresden NStZ-RR 1998, 338
76 LR-Graalmann-Scheerer § 172 Rn 52
77 OLG Koblenz OLGSt § 172 S 123
78 OLG Celle MDR 1967, 515
79 KK-Schmid § 172 Rn 29; LR-Graalmann-Scheerer § 172 Rn 60; aA OLG Hamm MDR 1973, 516 = GA 1973, 156
80 OLG Celle JR 1967, 348; OLG Karlsruhe Justiz 1966, 105
81 OLG Stuttgart NJW 1969, 569; M-G § 172 Rn 12
82 OLG Nürnberg NJW 1997, 1320 = NStZ 1997, 254; M-G § 172 Rn 12
83 OLG Nürnberg NJW 1997, 1320 = NStZ 1997, 254
84 BGH NStZ 1985, 499
85 LR-Graalmann-Scheerer § 172 Rn 61

oder Lebenspartner,[86] die Eltern,[87] die Kinder[88] und Geschwister des Getöteten.[89] Darüber hinaus begründen besonders enge persönliche Beziehungen die Verletzteneigenschaft, zB bei Pflegeeltern, Pflegekindern, aber auch bei auf Dauer angelegten nichtehelichen Lebensgemeinschaften, nicht aber bei lediglich partnerschaftlichen, freundschaftlichen oder geschäftlichen Beziehungen.[90] Bei einem versuchten Tötungsdelikt ist nur der Geschädigte bzw derjenige, der nach dem Tatplan bei Vollendung der Tat verletzt sein würde,[91] Verletzter und damit zur Klageerzwingung befugt.

64   **b)** Bei **Körperverletzungsdelikten** (§§ 223 ff StGB) ist nur die verletzte Person selbst antragsberechtigt, soweit nicht der Privatklageweg eröffnet ist, nicht Verwandte, die Krankenkasse oder Versicherungsgesellschaft.[92] Wer schon als durch die Straftat körperlich Verletzter keine Klageerzwingungsbefugnis hätte, kann sie erst recht nicht haben, wenn das durch das Privatklagedelikt vor Verletzung geschützte Individualrechtsgut nur konkret gefährdet worden ist, auch wenn die Gefährdung durch ein Offizialdelikt (zB bei Straßenverkehrsgefährdung) mit Strafe bedroht ist.[93]

65   **c) Beleidigung** (§ 185 StGB) ist Privatklagedelikt (Ausnahme § 194 IV StGB, vgl § 374 I Nr. 2 StPO).

66   **d)** Bei **Straftaten gegen die persönliche Freiheit** (§§ 234 bis 241 a StGB) ist nur der Verletzter, dessen persönliche Bewegungs- und Entschlussfreiheit eingeschränkt worden ist.[94] Bei Kindsentziehung (§ 235 StGB) ist nur dann das Jugendamt verletzt, wenn ihm das Sorgerecht zusteht.[95]

67   **e)** Bei **Sexualdelikten** (§§ 174 ff StGB) ist die missbrauchte, genötigte oder verführte Person verletzt, darüber hinaus der Ehemann der geschädigten Ehefrau,[96] nicht aber die Eltern bei unverheirateten, im Hause wohnenden Kindern.[97] Bei den §§ 183, 183 a StGB sind nur die durch die Tat Belästigten als Verletzte anzusehen. Im Falle der Verbreitung pornographischer Schriften wird nur die Rechtsgemeinschaft tangiert (Ausnahme § 184 I Nr. 6 StGB, Gelangenlassen von pornographischen Schriften an einen anderen ohne Aufforderung). Bei Zuhälterei und Förderung der Prostitution ist die Prostituierte Verletzte, da in ihre persönliche Freiheit und Selbstbestimmung eingegriffen wird und diese Rechtsgüter zum Schutzbereich der Tatbestände der §§ 180 a, 180 b, 181, 181 a StGB gehören.[98]

68   **f)** In den Fällen der **Geheimnisverletzung nach den §§ 203, 204 StGB** sind der Anvertrauende und der materielle Geheimnisträger Verletzte,[99] ebenso bei den §§ 206, 355 StGB (Verletzung des Post- und Fernmeldegeheimnisses bzw des Steuergeheimnisses). Ein naher Verwandter eines Verstorbenen ist nicht Verletzter

---

86 OLG Hamm MDR 1952, 247, vgl § 18 Nr. 4 Lebenspartnerschaftsgesetz (BGBl 2001, 268, 275)
87 OLG Frankfurt NJW 1963, 1368; OLG Hamburg NJW 1955, 1770
88 KG Berlin JR 1957, 71; OLG Celle NJW 1954, 1660
89 Str; aA OLG Koblenz NJW 1977, 1461; M-G § 172 Rn 11 (»nicht ohne weiteres«)
90 OLG Celle MDR 1959, 60; LR-Graalmann-Scheerer § 172 Rn 83
91 LR-Graalmann-Scheerer § 172 Rn 65
92 OLG Rostock Alsb E 1 396
93 OLG Stuttgart NStZ 1997, 254, 255 = NJW 1997, 1320
94 OLG Koblenz NJW 1985, 1409
95 OLG Düsseldorf NStZ 1981, 102
96 OLG Celle NJW 1960, 835; aA KK-Müller § 172 Rn 24; LR-Graalmann-Scheerer § 172 Rn 76
97 AA EbSchmidt Nachtr I § 171, 5
98 LR-Graalmann-Scheerer § 172 Rn 78; aA BGH GA 1973, 117; OLG Hamm NJW 1972, 1874
99 OLG Hamm NStZ 1986, 327; OLG Köln NStZ 1983, 412

iSd § 172 StPO einer von ihm behaupteten Verletzung von Privatgeheimnissen des Verstorbenen iSd § 203 StGB, da Verletzter nur derjenige sein kann, der durch die behauptete Tat – ihre tatsächliche Begehung unterstellt – unmittelbar in einem Rechtsgut verletzt ist.[100] § 202 StGB ist Privatklagedelikt (§ 374 I Nr. 3). Bei § 202 a StGB (Ausspähen von Daten) ist der über die Daten Verfügungsberechtigte Verletzter.

g) Meineid (§ 154 StGB), falsche uneidliche Aussage (§ 153 StGB) und **falsche** **69** **Versicherung an Eides Statt (§ 156 StGB)** verletzen den Prozessbeteiligten, zu dessen Nachteil die Angaben gemacht wurden, weil durch die Rechtspflege, die in erster Linie geschützt werden soll, auch die Interessen der Verfahrensbeteiligten gewährleistet werden sollen.[101] Dies ist der Fall, wenn sich die Beweislage verschlechtert hat oder sich die Aussage, sofern das Verfahren bereits abgeschlossen ist, nachteilig ausgewirkt hat.[102] Zeitweilige Erschwerungen der Prozesslage eines Verfahrensbeteiligten infolge eines Eides- oder Aussagedelikts reichen nicht aus.[103] Die Abgabe einer falschen eidesstattlichen Versicherung über Wechselproteste verletzt den Wechselschuldner.[104] Bei einer falschen Versicherung an Eides Statt nach § 807 ZPO kann auch der Gläubiger Verletzter sein, der die Zwangsvollstreckung nicht betrieben hat, aber wegen § 903 ZPO gehindert ist, vom Schuldner die Abgabe einer weiteren eidesstattlichen Versicherung über sein Vermögen zu verlangen.[105] Der an einem Zwangsvollstreckungsverfahren nicht beteiligte Gläubiger ist grundsätzlich nur mittelbar durch die falsche Versicherung an Eides Statt des Schuldners (§ 807 StPO) in seiner Entscheidung über die gerichtliche Durchsetzung seiner Ansprüche betroffen und damit nicht Verletzter.[106] Nicht Verletzte sind die übrigen Verfahrensbeteiligten, zB Richter, ebenso Mitglieder eines parlamentarischen Untersuchungsausschusses, Rechtsanwälte. Bei Parteiverrat (§ 356 StGB) ist der Mandant der Verletzte, nicht der Prozessgegner.[107] Es fehlt an einem unmittelbaren Schaden für den Bestohlenen, wenn der Dieb im Strafprozess auf Grund einer Falschaussage freigesprochen wird.[108]

h) Bei Eigentums- und Vermögensdelikten ist die Person verletzt, die den Scha- **70** den an Eigentum oder Vermögen unmittelbar erlitten hat, bei Diebstahl auch der Gewahrsamsinhaber, bei Betrug auch der Getäuschte, nicht der Erbe des Verletzten[109] oder der Zessionar. Beim versuchten Prozessbetrug des Klägers ist der Beklagte Verletzter,[110] beim Subventionsbetrug der Subventionsgeber, bei Konkursdelikten sind es die betroffenen Gläubiger. Im Falle des Erschleichens von Prozesskostenhilfe ist nur die Staatskasse verletzt, nicht der Prozessgegner.[111] § 266 a StGB (Vorenthalten und Veruntreuen von Arbeitsentgelt) dient dem Schutz der Solidargemeinschaft der Versicherten; damit können die betroffenen Sozialversicherungsträger

---

100 OLG Hamm NStZ 1986, 327
101 OLG Düsseldorf NStZ 1995, 49
102 OLG Bremen NJW 1950, 960; NStZ 1988, 39; OLG Frankfurt MDR 1974, 1036; OLG Hamburg NJW 1954, 1619; OLG Hamm NJW 1961, 1687
103 OLG Köln JMBlNW 1967, 23
104 OLG Bremen NJW 1950, 960
105 OLG Celle NdsRpfl 1971, 214; OLG Frankfurt NStZ-RR 2002, 174
106 OLG Frankfurt NStZ-RR 2002, 174
107 OLG Hamm NJW 1976, 120
108 KK-Müller § 172 Rn 26; aA LR-Graalmann-Scheerer § 172 Rn 73, die auf das strafrechtliche Genugtuungsinteresse des Geschädigten abstellt
109 OLG Stuttgart NJW 1986, 3153
110 OLG Bamberg NStZ 1982, 247
111 OLG Düsseldorf MDR 1988, 77

und die Einzugsstellen Verletzte sein.[112] Bei Missbrauch von Scheck- und Kredit-
karten (§ 266 b StGB) ist Verletzter der Aussteller der Scheck- oder Kreditkarte. Bei
Datenveränderung (§ 303 a StGB) und Computersabotage (§ 303 b StGB) ist Verletzter derjenige, der die Daten gespeichert hat, und derjenige, der vom Inhalt der
Daten betroffen wird. Bleibt das Vermögensdelikt im Versuch stehen, so rechtfertigt bereits die Gefährdung des Vermögens die Verletzteneigenschaft. Bei Delikten
zum Schaden einer juristischen Person ist nur diese verletzt, nicht der Aktionär, der
Prokurist einer GmbH, ebenso wenig der einzelne Gemeindeangehörige bei Vermögensdelikten zu Lasten einer Gemeinde, der einzelne Steuerzahler bei Steuerhinterziehung.[113] Konkursverwalter und Testamentsvollstrecker sind nicht durch
Straftaten gegen die von ihnen verwaltete Masse verletzt.[114] Die Verletzteneigenschaft des Aktionärs wurde anerkannt, soweit Vorschriften dem Schutz des einzelnen Aktionärs dienen.[115]

71   i) Die Vorschriften über **Widerstand gegen die Staatsgewalt und Straftaten gegen die öffentliche Ordnung** (§§ 111 bis 145 d StGB) schützen überwiegend Ge-
meinschaftsgüter, aber auch individuelle Rechte. Bei den §§ 113, 114 StGB ist der
genötigte Amtsträger verletzt, beim Verstrickungsbruch (§ 136 StGB) nur derjenige,
zu dessen Gunsten die Sache in Beschlag genommen worden war; beim unerlaubten Entfernen vom Unfallort (§ 142 StGB) sind die anderen Unfallbeteiligten Verletzte. Hausfriedensbruch (§ 123 StGB) ist Privatklagedelikt (§ 374 I Nr. 1). In
Fällen des schweren Hausfriedensbruchs (§ 124 StGB) ist der betroffene Haus-
rechtsinhaber Verletzter und damit zum Antrag nach § 172 StPO berechtigt.[116] Bei
den Straftaten nach den §§ 127, 132, 134, 145, 145 a, 145 c und 145 d StGB fehlt es an
einem individuell Verletzten.

72   j) Die §§ 146 bis 152 a StGB (**Geld-, Wertzeichenfälschung, Fälschung von Zah-
lungskarten**) schützen den allgemeinen Rechts- und Geldverkehr. Verletzt sind
nicht die Notenbanken. Bei Postwertzeichenfälschung (§ 148 StGB) wurde die Post
als verletzt angesehen,[117] ebenso die Justizkassen bei Kostenmarken.

73   k) Bei **Straftaten gegen die Religion und Weltanschauung** (§§ 166 bis 168 StGB)
ist das einzelne Mitglied der Gemeinschaft nicht Verletzter,[118] jedoch die Gemeinschaft oder Vereinigung als solche.[119] § 166 StGB schützt nicht die Religion als solche und nicht das religiöse Empfinden des Einzelnen, sondern den Inhalt des religiösen Bekenntnisses (Abs 1) und die Einrichtungen einer im Inland bestehenden
Kirche oder anderen Religionsgemeinschaft oder Weltanschauungsvereinigung
(Abs 2). Dazu gehören auch die Christusverehrung und das Leiden Christi. Verletzter iSd § 172 II StPO ist deshalb die Religionsgesellschaft bzw die Kirche als solche.[120] Bei Störung der Totenruhe sind die Angehörigen des Toten verletzt. Im Falle
der Störung der Religionsausübung (§ 167 StGB) oder einer Bestattungsfeier
(§ 167 a StGB) ist jeder Teilnehmer, der Ärgernis nimmt, als Verletzter anzusehen.[121]
Der Angehörige einer durch Volksverhetzung (§ 130 StGB) betroffenen Bevölke-

---

112 LR-Graalmann-Scheerer § 172 Rn 92
113 OLG Köln MDR 1952, 568
114 KG Berlin GA 71, 47; JR 1964, 470
115 OLG Kiel HESt 2, 88
116 LR-Graalmann- Scheerer § 172 Rn 68
117 OLG Koblenz NJW 1983, 1625; LR-Graalmann-Scheerer § 172 Rn 70
118 OLG Dresden Alsb E 1 391
119 OLG Hamburg MDR 1962, 594; OLG Nürnberg NStZ-RR 1999, 238 ff (»Schwein am Kreuz«)
120 OLG Nürnberg NStZ-RR 1999, 238 ff
121 OLG Hamburg MDR 1962, 594

Plöd

rungsgruppe ist nicht Verletzter, da die Vorschrift den öffentlichen Frieden schützt.[122]

l) Bei **Verletzung der Unterhaltspflicht** (§ 170 StGB) ist der Unterhaltsberechtigte **74** verletzt, auch der Träger der Sozialhilfe[123] oder ein anderer öffentlicher Versorgungsträger, der an Stelle des eigentlich unterhaltsverpflichteten Täters den Unterhalt des ges Unterhaltsberechtigten mit öffentlichen Mitteln sicherstellt[124] oder derjenige, der an Stelle des Unterhaltsverpflichteten nachrangig zu Unterhaltsleistungen herangezogen wird, zB Kinder, Großeltern (vgl § 1606 II BGB). § 171 StGB **(Verletzung der Fürsorge- und Erziehungspflicht)** schützt nicht ausschließlich gemeinschaftsbezogene Rechtsgüter, sondern auch die Person, der gegenüber die Verletzung der Fürsorge- und Erziehungspflicht gröblich verletzt worden ist.[125]

m) Bei **Urkundenfälschung** (§ 267 StGB) ist der Verletzter, zu dessen Nachteil die **75** gefälschte Urkunde gebraucht wird oder nach dem Tatplan gebraucht werden soll. Gleiches gilt bei **Fälschung technischer Aufzeichnungen** (§ 268 StGB) und **Fälschung beweiserheblicher Daten** (§ 269 StGB).[126]

n) Im Falle der **Begünstigung** (§ 257 StGB) und **Hehlerei** (§ 259 StGB) ist derjeni- **76** ge Verletzter, der durch die Vortat geschädigt wurde. Bei **Strafvereitelung** (§ 258 StGB) ist ausschließlich die Rechtspflege geschütztes Rechtsgut.[127] Bei der Strafvereitelung sind nur die Allgemeininteressen der Rechtsgemeinschaft betroffen, nicht die des durch die Vortat Verletzten, da die Tathandlung den Vortäter vor dem Eingreifen der staatlichen Rechtspflegeorgane, vor der Verwirklichung des staatlichen Strafanspruchs und des staatlichen Anspruchs auf Verhängung einer Maßnahme schützen will. § 261 StGB **(Geldwäsche)** schützt Allgemeininteressen und keine Individualrechtsgüter.

Auch bei der **Rechtsbeugung** (§ 336 StGB) ist wie bei der Strafvereitelung die Rechtspflege das geschützte Rechtsgut. Allerdings wird für den Bereich der Strafverfahren die Verletzteneigenschaft des durch die Vortat Geschädigten vereinzelt mit einem so genannten spezifischen strafrechtlichen Genugtuungsinteresse begründet.[128] Wer im Verfahren gem § 172 StPO die Erhebung der öffentlichen Klage wegen Rechtsbeugung gegen einen Staatsanwalt erstrebt mit dem Vorwurf, dieser habe angeblich zu Unrecht ein Ermittlungsverfahren wegen einer zum Nachteil des Antragstellers begangenen Straftat eingestellt, ist nur dann als Verletzter iSd § 172 StPO anzusehen, wenn er bereits gegen die Einstellungsverfügung des jetzt Beschuldigten auch den Rechtsweg nach § 172 StPO ausgeschöpft hat.[129]

o) **Vorteilsannahme, Bestechlichkeit, Bestechung und Vorteilsgewährung** (§§ 331 ff **77** StGB) schützen den staatlichen Apparat und nicht individuelle Rechtsgüter. Der Dienstherr eines bestochenen Amtsträgers ist nicht Verletzter iSd § 172 StPO.[130]

---

122 OLG Stuttgart Justiz 1992, 186; OLG München NJW 1985, 2430; aA OLG Karlsruhe NJW 1986, 1276
123 OLG Hamm NJW 1958, 640
124 OLG Hamm NStZ-RR 2003, 116
125 LR-Graalmann-Scheerer § 172 Rn 75
126 LR-Graalmann-Scheerer § 172 Rn 93; Achenbach NJW 1986, 1837; Möhrenschlager wistra 1986, 134
127 OLG Nürnberg, Beschl v 28. 4. 1998, Ws 307/98; OLG Frankfurt aM NStZ-RR 1998, 279; OLG Dresden NStZ-RR 1998, 338
128 OLG Dresden NStZ-RR 1998, 338; LR-Graalmann-Scheerer, § 172 Rn 71; vgl Rn 59
129 OLG Dresden NStZ-RR 1998, 338
130 OLG Nürnberg NStZ 1997, 254 = NJW 1997, 1320; vgl Rn 61

Plöd

78 p) Die §§ 306 bis 330 d StGB (**gemeingefährliche Straftaten**) dienen auch dem Schutz konkreter Individualrechtsgüter. Die dadurch Betroffenen kommen daher im Einzelfall als Verletzte in Betracht, zB Eigentümer und Nutzungsberechtigte bei Brandstiftung (§§ 306 ff StGB), das Verkehrsunternehmen (§§ 315 I Nr. 1, 315 b I Nr. 1 StGB) oder das Telekommunikationsunternehmen (§ 317 StGB). Strittig ist, ob derjenige, an dessen Rechtsgütern durch eine **Umweltstraftat (§§ 324 ff StGB)** ein konkreter Schaden eingetreten ist, Verletzter iSd § 172 StPO ist. Die RS lehnt eine Verletzteneigenschaft ab.[131] Dem ist zu widersprechen, soweit in den Fällen der Gewässer- oder Bodenverunreinigung (§§ 324, 324 a StGB) ebenfalls individuelle Rechtsgüter betroffen sind.[132]

79 4. Für den Antrag auf gerichtliche Entscheidung ist **Prozessfähigkeit** (§ 50 ZPO) erforderlich, da die Stellung des Antragstellers mit der des Privatklägers im Privatklageverfahren vergleichbar ist.[133] Außerdem hat die Verwerfung des Antrags nach § 174 I StPO nachteilige Kostenfolgen für den Antragsteller (§ 177 StPO). Für prozessunfähige und juristische Personen handeln deren Vertreter.[134] Sind die ges Vertreter, wie zB die Eltern, nur gemeinschaftlich zur Vertretung befugt (§§ 1626 ff BGB), so müssen sie den Antrag gemeinsam stellen; Bevollmächtigung durch einen Elternteil gegenüber dem anderen genügt. Gewillkürte Vertretung ist zulässig. Ist der ges Vertreter verhindert, zB weil das Ermittlungsverfahren gegen ihn als Beschuldigten läuft, bedarf es der Bestellung eines Pflegers nach § 1909 BGB durch das Gericht. Das Antragsrecht ist als persönliches Recht **nicht vererblich**,[135] es erlischt mit dem Tode des Verletzten.[136] Mit dem Tode des Antragstellers erledigt sich das Verfahren.[137] Von **mehreren Verletzten** kann jeder das Klageerzwingungsverfahren durchführen.

V. Beschwerde an den Vorgesetzten der Staatsanwaltschaft

1. Der Vorgesetzte der Staatsanwaltschaft

80 Gegen den Einstellungsbescheid der Staatsanwaltschaft muss der Antragsteller, der zugleich Verletzter ist, Beschwerde an den Vorgesetzten der Staatsanwaltschaft eingelegt haben. Vorgesetzter ist regelmäßig der **Generalstaatsanwalt** beim OLG (§ 142 GVG). Dort, wo die Amtsanwaltschaft als selbstständige Behörde organisiert ist, zB in Berlin, ist Vorgesetzter der Behördenleiter der Staatsanwaltschaft. Die Beschwerde entfällt, wenn der Einstellungsbescheid vom Generalbundesanwalt oder vom Generalstaatsanwalt selbst erlassen wurde (§§ 142 a I, II, 145 GVG). Gegen deren Einstellungsbescheid kann unmittelbar Antrag auf gerichtliche Entscheidung gestellt werden.

---

131 OLG Köln NJW 1972, 1338 bei Verstößen gegen das WHG; OLG Dresden Alsb E 1 392 bei Verstößen gegen die Gewerbeordnung
132 Ebenso LR-Graalmann-Scheerer § 172 Rn 98
133 OLG Düsseldorf MDR 1989, 377; OLG Hamburg NJW 1966, 1934; OLG Nürnberg MDR 1964, 944; KG Berlin JR 1960, 29, 30; LR-Graalmann-Scheerer § 172 Rn 46
134 KG Berlin JR 1960, 29
135 OLG Düsseldorf NJW 1992, 2370; OLG Stuttgart NJW 1986, 3153; OLG Hamm NJW 1977, 64
136 KG Berlin JW 1937, 767; OLG Kiel HESt 2, 92
137 OLG Braunschweig NdsRpfl 1954, 91

Plöd

2. Einlegung der Beschwerde

Die Beschwerde kann bei der Staatsanwaltschaft oder beim Vorgesetzten der Staats-   **81**
anwaltschaft eingelegt werden. Zu empfehlen ist die Beschwerdeeinlegung bei der
Staatsanwaltschaft, der in jedem Fall die Beschwerde zuzuleiten ist, um zu überprüfen, ob die Ermittlungen wieder aufzunehmen sind. Die Beschwerde muss im Unterschied zur Gegenvorstellung eine Entscheidung des Vorgesetzten der Staatsanwaltschaft anstreben. Dies muss sich mindestens aus dem Gesamtzusammenhang
ergeben.

a) Form und Inhalt der Vorschaltbeschwerde sind nicht gesetzlich geregelt. Die   **82**
Beschwerde kann **schriftlich oder mündlich** eingelegt werden. Es besteht kein Anwaltszwang. Vertretung ist zulässig. Der Nachweis der Vollmacht kann nachträglich
erbracht werden. Eine **Begründung** der Beschwerde ist nicht erforderlich.

b) Die Beschwerde ist **binnen zwei Wochen** nach Bekanntmachung des Einstel-   **83**
lungsbescheids bei der Staatsanwaltschaft oder dem Vorgesetzten der Staatsanwaltschaft einzulegen. Voraussetzung für den Fristbeginn ist eine richtige und vollständige **Beschwerdebelehrung** (§§ 172 I 3, 171 S 2 StPO). Für die Fristberechnung gilt
§ 43 StPO. Eine **förmliche Zustellung** ist nicht vorgeschrieben,[138] aber aus Gründen des Nachweises des Zugangs in manchen Fällen zu empfehlen. Bei förmlicher
Zustellung gelten für den Fristbeginn die Vorschriften der ZPO über die Ersatzzustellung (§§ 181 ff ZPO). Bei **formloser** Bekanntmachung gilt für den Zugang § 130
BGB. Es kommt darauf an, wann das Schreiben so in den Empfängerbereich gelangt ist, dass mit einer Kenntnisnahme zu rechnen ist; eine tatsächliche Kenntnisnahme ist nicht erforderlich.

c) Bei **Versäumung der Frist** für die Einlegung der Vorschaltbeschwerde gelten die   **84**
Vorschriften über die **Wiedereinsetzung in den vorigen Stand** nicht unmittelbar,
da es sich nicht um eine gerichtliche Frist handelt, sondern die Frist gegenüber der
Staatsanwaltschaft einzuhalten ist. Nach hM sind aber die **§§ 44 ff StPO entsprechend anwendbar.**[139]

Zuständig für die Entscheidung über die Wiedereinsetzung in die Frist zur Einlegung der Vorschaltbeschwerde ist der **Vorgesetzte der Staatsanwaltschaft**, solange
er über die Beschwerde noch nicht sachlich entschieden hat.[140]

Der Wiedereinsetzungsantrag ist an den Generalstaatsanwalt binnen Wochenfrist
zu richten. Nur dann ist die Frist gewahrt, nicht aber bei Antragstellung zum
OLG.[141] Hat der Generalstaatsanwalt Wiedereinsetzung gewährt, ist das OLG daran gebunden. Eine die Wiedereinsetzung verwerfende Entscheidung des General-

---

138 AA OLG Celle NStZ 1990, 505; 1991, 52, 200, 201
139 OLG Düsseldorf NStZ 1988, 40; OLG Koblenz GA 1981, 325; KK-Schmid § 172 Rn 32; LR-
    Graalmann-Scheerer § 172 Rn 131; M-G § 172 Rn 17
140 OLG Celle NJW 1971, 1374 = MDR 1972, 67; OLG Düsseldorf NJW 1988, 431; OLG Hamm
    NJW 1973, 1055; NStZ 1990, 450; OLG München NJW 1977, 2365; OLG Oldenburg NJW
    1967, 1815; LR-Wendisch § 44 Rn 13 f; KK-Maul § 44 Rn 11; für grundsätzliche Zuständigkeit
    des OLG: KG Berlin JR 1982, 209; OLG Hamm NStZ 1990, 450; 1991, 146; OLG Koblenz
    GA 1981, 324; OLG Nürnberg MDR 1972, 67; OLG Stuttgart NJW 1977, 61; MDR 1985, 75;
    Justiz 1988, 404; LR-Graalmann-Scheerer § 172 Rn 134 ff; M-G § 172 Rn 17; einschränkend
    OLG Stuttgart NStZ-RR 1996, 239: Der Generalstaatsanwalt ist zuständig, wenn der Anzeige-
    erstatter einen Antrag auf gerichtliche Entscheidung nach § 172 II StPO noch nicht gestellt hat
    oder nicht stellen wird, da in diesen Fällen das OLG noch nicht mit dem Verfahren befasst ist;
    so auch OLG Düsseldorf NStZ 1988, 40; zum Meinungsstreit vgl auch Ernst SchlHA 2004,
    140 f
141 LR-Graalmann-Scheerer Rn 139

staatsanwalts bindet das OLG nicht. Bescheidet der Generalstaatsanwalt eine verspätet eingegangene Einstellungsbeschwerde lediglich im Wege der Dienstaufsicht, so ist dieser Bescheid auch im Falle der Wiedereinsetzung des Anzeigeerstatters in die versäumte Beschwerdefrist keine geeignete Grundlage für ein Klageerzwingungsverfahren. Eine Ausnahme gilt nur, wenn der Generalstaatsanwalt seinen sachlichen Dienstaufsichtsbescheid für den Fall der Wiedereinsetzung des Anzeigeerstatters in die versäumte Beschwerdefrist als förmlichen Beschwerdebescheid bezeichnet und eine Rechtsmittelbelehrung erteilt.[142] Über das Wiedereinsetzungsgesuch hat dann das OLG zu entscheiden, da die Sache durch den Antrag auf gerichtliche Entscheidung beim OLG anhängig geworden war. Ein im Wege der Dienstaufsicht anstelle der förmlichen Beschwerdeentscheidung ergangener Bescheid, der die Beschwerde wegen Fristversäumung als unzulässig behandelt, erfüllt nicht die ges Voraussetzungen, unter denen ein Antrag auf gerichtliche Entscheidung zulässig ist.

VI. Antrag auf gerichtliche Entscheidung

1. Form

85   **a)** Der Antrag auf gerichtliche Entscheidung muss **schriftlich** gestellt werden. Telegraphische, fernschriftliche oder durch Telefax erfolgende Antragstellung genügt, nicht aber fernmündliche. Eine Antragstellung zu Protokoll des Urkundsbeamten der Geschäftsstelle sieht das Gesetz nicht vor.

86   **b)** Der Antrag muss von einem bevollmächtigten **Rechtsanwalt**, der bei einem Gericht im Geltungsbereich der StPO zugelassen ist, **unterzeichnet** sein. Die Vollmacht muss binnen Monatsfrist seit Zugang des Bescheids des Generalstaatsanwalts erteilt worden sein. Ein Vollmachtsnachweis kann nachträglich erfolgen. Eine Befreiung vom Anwaltszwang ist nicht möglich.[143] In eigener Sache kann der Rechtsanwalt selbst unterzeichnen. Die Unterzeichnung durch den Rechtsanwalt setzt Prüfung des Antrags durch diesen und Übernahme der Verantwortung voraus.[144] Übernimmt der Rechtsanwalt erkennbar nicht die Verantwortung für den Antrag, so ist dieser unzulässig. Gleiches gilt für Anträge, die nicht von einem Rechtsanwalt unterzeichnet sind, zB für einen Antrag, den ein Strafgefangener persönlich einreicht. Eine Unterzeichnung durch einen Rechtsreferendar (§ 139 StPO) reicht nicht aus. Ein amtlich bestellter Vertreter (§ 53 BRAO) oder ein Abwickler (§ 55 BRAO) können den Antrag im Rahmen ihrer Befugnisse stellen.

87   **c)** Den **Antrag auf Bewilligung von Prozesskostenhilfe** (§ 172 III 2 HS 2 StPO) für das gerichtliche Verfahren kann der prozessfähige Antragsteller selbst stellen, bei Prozessunfähigkeit sein Vertreter, und zwar schriftlich oder zu Protokoll der Geschäftsstelle des OLG (§ 117 I 1 ZPO). Der Antrag muss binnen der Frist des § 172 II 1 StPO gestellt werden.[145]

---

142 OLG Stuttgart NStZ-RR 1996, 143, 144
143 OLG Koblenz NJW 1982, 61
144 KG Berlin GA 60, 478; OLG Hamburg GA 1958, 116; OLG Köln MDR 1973, 515; OLG München NStZ 1984, 281 fordert maßgebliche Mitgestaltung des Antrags, bloße Kenntnisnahme und Unterzeichnung eines von einem Dritten gefertigten Antrags durch einen Rechtsanwalt genügen nicht
145 OLG Bremen NJW 1962, 169; OLG Hamm Rpfleger 1961, 81; OLG Koblenz MDR 1985, 957; OLG Stuttgart Justiz 1984, 342; LR-Graalmann-Scheerer § 172 Rn 173

aa) Innerhalb dieser Frist muss der Antragsteller die **Erklärung über seine per-**   88
sönlichen und wirtschaftlichen Verhältnisse auf dem vorgeschriebenen Vor-
druck vorlegen, ansonsten ist der Antrag unzulässig.[146] Es gelten die §§ 114 ff
ZPO. Eine kurze Angabe des Sachverhalts und der wesentlichen Beweismittel ist
gem § 117 I 2 ZPO erforderlich, damit das Gericht die Erfolgsaussichten des
Antrags prüfen kann.[147] Zum Teil wird darüber hinaus verlangt, auch die Darstellung der formellen Voraussetzungen für das Klageerzwingungsverfahren sei im
Prozesskostenhilfegesuch erforderlich.[148] Die Anforderungen dürfen dabei aber
nicht überspannt werden, da kein Anwaltszwang für den Prozesskostenhilfeantrag besteht.[149]

bb) Die Staatsanwaltschaft (§ 33 II StPO) und der Beschuldigte sind vor der Ent-   89
scheidung über den Prozesskostenhilfeantrag zu hören.[150] Das OLG entscheidet
durch Beschluss. Bei Ablehnung ist eine Beschwerde nicht statthaft (§ 304 IV 2
StPO, der § 127 II 2 ZPO verdrängt).

cc) Die Bewilligung von Prozesskostenhilfe umfasst die Beiordnung eines Rechts-   90
anwalts. Die Verpflichtung zur Zahlung von Gerichtskosten richtet sich nach
§ 122 I Nr. 1 a ZPO. Strittig ist, ob die **Beiordnung eines Notanwalts** durch das
OLG in entsprechender Anwendung des § 78 b ZPO ohne Bewilligung von Prozesskostenhilfe möglich ist, wenn der Verletzte behauptet, keinen Rechtsanwalt zu
finden. Wenn das Gesetz Anwaltszwang anordnet, muss auch sichergestellt werden,
dass der Verletzte von einem Rechtsanwalt vertreten wird.[151] Diese strittige Frage
dürfte in Anbetracht der Anwaltsschwemme in Deutschland nicht von großer Bedeutung sein.

2. Frist

a) Der Antrag auf gerichtliche Entscheidung muss **binnen eines Monats** nach der   91
Bekanntmachung des Bescheids des Vorgesetzten der Staatsanwaltschaft **beim OLG**
gestellt werden (§ 172 II 1 StPO), falls mit der Beschwerdeentscheidung eine ordnungsgemäße Belehrung nach § 172 II 2 StPO verbunden war. Die Einreichung bei
der Staatsanwaltschaft oder dem Generalstaatsanwalt genügt nicht zur Fristwahrung. Örtlich zuständig ist das OLG, in dessen Bezirk die Staatsanwaltschaft ihren
Sitz hat, die den Einstellungsbescheid erlassen hat. Eine Fristverlängerung ist nicht
möglich, da es sich nicht um eine richterliche Frist handelt.[152] Die Frist gilt auch für

---

146 OLG Stuttgart NStZ 1985, 41
147 OLG Celle NdsRpfl 1987, 37, 39; OLG Düsseldorf VRS 83, 272; OLG Hamburg NJW 1966,
    1934; MDR 1985, 604; OLG Hamm NStZ-RR 1998, 279; OLG Koblenz MDR 1972, 886;
    OLG Schleswig SchlHA 1993, 227; OLG Stuttgart OLGSt § 172 Nr. 4; M-G § 172 Rn 21 a; AK-
    Moschüring § 172 Rn 95
148 OLG Nürnberg Beschluss v 13. 5. 2004, Ws 528/04
149 OLG Hamm NStZ-RR 1998, 279
150 BayVerfGH JR 1962, 316
151 OLG Koblenz MDR 1970, 164; NJW 1982, 61; OLG Saarbrücken NJW 1964, 1534; OLG
    Stuttgart JZ 1952, 284; M-G § 172 Rn 23; LR-Graalmann-Scheerer § 172 Rn 159, 160; Kaster
    MDR 1994, 1073; Müller NJW 1955, 1181; aA OLG Düsseldorf MDR 1988, 165; NStZ 1985,
    571; OLG Frankfurt NStZ 1981, 491; OLG Hamm MDR 1988, 990; NStZ 1995, 562; OLG
    Bremen NStZ 1986, 475; OLG Celle NStZ 1985, 234; OLG Hamm NJW 1960, 164; OLG
    Hamburg MDR 1965, 407; OLG Schleswig SchlHA 1960, 179; 1961, 220; KK-Schmid § 172
    Rn 55; vgl auch Rieß NStZ 1986, 433 ff
152 OLG Düsseldorf NJW 1987, 2453

Plöd

die Begründung des Antrags.[153] Zulässig ist der Antrag nur, wenn auch die Beschwerdefrist nach § 172 I 1 StPO gewahrt ist.[154]

92   **b)** Bei unverschuldeter Fristversäumnis ist Wiedereinsetzung in den vorigen Stand auf Antrag möglich.[155] Das Verschulden des Rechtsanwalts, der den Antrag gestellt hat, ist dem Antragsteller zuzurechnen.[156] Ein Rechtsanwalt handelt schuldhaft iSd § 233 ZPO, wenn er die ihm vorgelegten Akten bei einem neuen Mandat nicht selbst auf laufende Fristen überprüft, sondern sich darauf verlässt, dass sein erfahrener Bürovorsteher sie ihm schon als Fristsache bezeichnet hätte, wenn Fristen liefen.[157] Ist Prozesskostenhilfe rechtzeitig beantragt und wird nach Gewährung von Prozesskostenhilfe der Antrag auf gerichtliche Entscheidung unverzüglich gestellt, so ist Wiedereinsetzung in den vorigen Stand zu gewähren, auch wenn der Antrag erst nach Ablauf der Monatsfrist beim OLG eingeht.[158]

3.   Inhalt des Antrags

93   **a)** Das Hauptproblem des Klageerzwingungsverfahrens ist in der Praxis die Formulierung eines zulässigen Antrags auf gerichtliche Entscheidung. § 172 III 1 StPO verlangt lediglich, dass die Tatsachen, die die Erhebung der öffentlichen Klage begründen sollen, und die Beweismittel anzugeben sind. Zweck der Vorschrift ist es, das Gericht in die Lage zu versetzen, ohne Studium der Akten allein auf Grund der in der Antragsfrist eingereichten Unterlagen zu entscheiden, ob ein hinreichender Tatverdacht besteht, wenn man die Richtigkeit des Vorbringens und die Beweisbarkeit unterstellt. Die RS stellt insoweit **sehr strenge Anforderungen**. Der Antrag auf gerichtliche Entscheidung muss eine geschlossene und aus sich heraus verständliche Sachdarstellung enthalten, die es dem Gericht ermöglicht, ohne Rückgriff auf die Ermittlungsakten ua Schriftstücke eine »**Schlüssigkeitsprüfung**« vorzunehmen.[159] Aus der Sachdarstellung muss ersichtlich sein, welche konkreten Vorgänge den Schuldvorwurf begründen und auf Grund welcher Beweismittel der Beschuldigte nach Ansicht des Antragstellers zu überführen ist. Im Klageerzwingungsverfahren muss der Vortrag des Anzeigeerstatters zur Beweiswürdigung die bestimmte Behauptung enthalten, es bestehe im Falle der Erhebung der öffentlichen Klage die Wahrscheinlichkeit, dass der Beschuldigte wegen des Vorwurfs verurteilt werde. Es muss eine hinreichende Verurteilungswahrscheinlichkeit mit Bestimmtheit behauptet werden.[160] Der Klageerzwingungsantrag muss sich mit dem Einstellungsbescheid und dem Beschwerdebescheid des Generalstaatsanwalts auseinandersetzen und deren Unrichtigkeit inhaltlich darlegen.[161]

---

153   OLG Köln JMBlNW 1962, 260; OLG Hamm NJW 1963, 2284
154   OLG Stuttgart NJW 1977, 61, 62; OLG Köln MDR 1972, 623; OLG Hamm JZ 1958, 622; aA OLG Celle NJW 1954, 974; OLG München NJW 1977, 2365
155   Zur Zuständigkeit OLG Stuttgart NStZ-RR 1996, 239
156   BGHSt 30, 309; OLG Düsseldorf NStZ 1989, 193; OLG Koblenz VRS 64, 33; OLG Hamm NJW 1972, 1431, 1432; OLG München NJW 1965, 120; 1962, 1530; OLG Nürnberg NStZ-RR 1998, 143, 144; KK-Schmid § 172 Rn 32; LR-Graalmann-Scheerer § 172 Rn 131; M-G § 172 Rn 25; KMR-Plöd § 172 Rn 54
157   OLG München NStZ 1987, 136
158   BVerfG NJW 1993, 720
159   Zum notwendigen Inhalt eines Klageerzwingungsverfahrens OLG Düsseldorf NStZ-RR 1998, 365; OLG Nürnberg NStZ-RR 1998, 145; BayVerfGH Beschluss v 30. 3. 2004, Az Vf 60-VI-02
160   OLG Stuttgart NStZ-RR 2005, 113
161   OLG Koblenz NJW 1977, 1461; wistra 1985, 83; OLG München MDR 1980, 250; OLG Düsseldorf GA 1982, 376; NJW 1981, 934; 1988, 1337; 1989, 3296; VRS 82, 36; OLG Schleswig NStZ 1989, 286; OLG Stuttgart Justiz 1984, 189; aA OLG Celle NStZ 1989, 43; NJW 1989,

b) Um diesen Anforderungen zu genügen, muss der Antragsteller darlegen, dass er   **94**
Verletzter, Anzeigeerstatter iSv § 171 StPO, Beschwerdeführer der fristgerecht eingelegten Vorschaltbeschwerde und Antragsteller des fristgerecht eingereichten Antrags auf gerichtliche Entscheidung ist. Darüber hinaus müssen in groben Zügen
der **Gang des Ermittlungsverfahrens,** der Inhalt der angegriffenen Bescheide und
die Gründe für die behauptete Unrichtigkeit der Bescheide geschildert werden.[162]
Der Antrag muss den Beschuldigten bezeichnen. Der Antragsschrift muss zu entnehmen sein, dass die ges Fristen des § 172 I 1, II StPO gewahrt sind, damit das
OLG überprüfen kann, ob der Rechtsweg zum OLG überhaupt eröffnet ist und
die Staatsanwaltschaft ihre sich aus dem Legalitätsprinzip ergebende Verfolgungs-
pflicht verletzt hat.[163] Unter Berücksichtigung der für einen Antrag auf gerichtliche
Entscheidung im Klageerzwingungsverfahren zur Verfügung stehenden Frist von
einem Monat ab Zugang des Beschwerdebescheids ist es zumutbar, dass der Rechtsanwalt, von dem der Antrag unterzeichnet sein muss, bei der Abfassung des Antrags eine eigene, das Wesentliche zusammenfassende Schilderung und Würdigung
des Sachverhalts erstellt.[164] Die Auslegung des § 172 III 1 StPO, dass der Antragsteller auch die Einhaltung der Frist des § 172 I StPO darzulegen hat, ist verfassungsrechtlich unbedenklich.[165] Der Darlegungspflicht ist genügt, wenn der Antragsteller
den Posteinwurf der Beschwerdeschrift angibt und danach noch zwei Postbeförde-
rungstage bis zum Ablauf der Beschwerdefrist bleiben. Wird nur das Datum der
Beschwerdeschrift angegeben, ist der Posteinwurftag nicht genau bezeichnet.[166]

c) Folgende Angaben sind erforderlich, um den genannten Anforderungen gerecht   **95**
zu werden:

aa) Mitteilung der Anzeige,

bb) Mitteilung des Inhalts des Einstellungsbescheids der Staatsanwaltschaft,

cc) Datum des Zugangs des Einstellungsbescheids beim Antragsteller,

dd) Eingangsdatum der Beschwerde des Verletzten bei der Staatsanwaltschaft oder
dem Generalstaatsanwalt,

ee) Datum und Inhalt der Beschwerdeentscheidung des Generalstaatsanwalts,

ff) Datum des Zugangs der Beschwerdeentscheidung des Generalstaatsanwalts
beim Antragsteller.

d) Der Beschwerdeführer muss die **Tatsachen** vortragen, die den hinreichenden   **96**
Tatverdacht begründen, dh er muss das Vorliegen der objektiven und subjektiven
Tatbestandsmerkmale einer Strafbestimmung durch Tatsachen darlegen. Bei Anlass
muss er Stellung nehmen, dass Rechtfertigungs-, Schuldausschließungs- oder Straf-

---

1102 unter Aufgabe der früheren RS; einschränkend OLG Bamberg NStZ 1989, 544; aA LR-
    Graalmann-Scheerer § 172 Rn 153, 154
162 KG Berlin JR 1983, 345; NJW 1969, 109; OLG Frankfurt NStZ-RR 2000, 113 f; OLG Koblenz
    NJW 1977, 1462; OLG Schleswig SchlHA 1959, 218; OLG Düsseldorf NStZ-RR 1998, 365;
    OLG Dresden NStZ-RR 1998, 338; aA LR-Graalmann-Scheerer § 172 Rn 153, 154
163 OLG Nürnberg, Beschl v 23. 10. 1997, Ws 1099/97; Beschl v 4. 11. 1997, Ws 1140/97; OLG
    Hamm MDR 1993, 566; NStZ 1992, 250, 555; NStZ-RR 1997, 308; 2003, 177; OLG Düsseldorf
    MDR 1993, 567; OLG Karlsruhe NStZ 1982, 520; aA OLG Celle NJW 1990, 60; KK-Schmid
    § 172 Rn 38
164 BerlVerfGH NJW 2004, 2728
165 BVerfG NJW 1988, 1773; NJW 1993, 382 f; NJW 2004, 1585 = NStZ 2004, 215
166 BVerfG NJW 2004, 1585 = NStZ 2004, 215

ausschließungsgründe nicht vorliegen.[167] Neue Tatsachen und Beweismittel können im Klageerzwingungsverfahren noch vorgebracht werden.

97   e) Je nach Sachlage hat der Antragsteller Ausführungen zum Vorliegen der **Verfahrensvoraussetzungen** und Nichtbestehen von **Verfahrenshindernissen** zu machen. Erforderlich sind Angaben zur Unterbrechung der Verjährung[168] oder zur Rechtzeitigkeit eines erforderlichen Strafantrags.[169]

98   f) Der Antrag muss die **Beweismittel** benennen, auch dann, wenn diese im Ermittlungsverfahren bereits bekannt waren und verwertet worden sind.[170] Es ist aber eine Frage der Begründetheit des Antrags, ob die Beweismittel zum Nachweis der Tatsachenbehauptungen ausreichen. Dem Antrag auf gerichtliche Entscheidung muss eindeutig zu entnehmen sein, dass und welche Beweismittel für alle zum notwendigen Inhalt des Antrags gehörenden Tatsachen vorhanden sind und auf welche Weise welcher einzelne Umstand bewiesen werden soll.[171] Die Vorlage einer Liste von Beweisurkunden, von denen Ablichtungen als Anlage beigefügt werden, genügt nicht.[172]

99   g) Die RS verlangt als Zulässigkeitsvoraussetzung, dass die angefochtenen **Einstellungsbescheide** nicht nur mitgeteilt, sondern **gewürdigt** werden. Der Antragsteller muss darlegen, warum die Bescheide nicht richtig sind.[173] Eine erkennbare Auseinandersetzung mit den Argumenten der staatsanwaltschaftlichen Bescheide ist erforderlich. Denn durch das Klageerzwingungsverfahren soll geprüft werden, ob durch die Einstellung des Verfahrens das Legalitätsprinzip des § 152 II StPO verletzt worden ist. Daher muss dargelegt werden, aus welchen Gründen der Einstellungsbescheid gegen das Legalitätsprinzip verstößt.

100   h) **Bezugnahmen** auf dem Antrag beigeheftete Schriftstücke sind zur Darlegung des Ganges des Ermittlungsverfahrens grundsätzlich unzulässig.[174] Die eigene Sachdarstellung ist tragendes Element des Antrags nach § 172 StPO. Im Klageerzwingungsverfahren ist es nicht Aufgabe des OLG, sich aus den Akten oder Anlagen zur Antragsschrift zusammenzustellen, was der Begründetheit des Antrags dienen könnte; es reicht auch nicht aus, dass in den Antrag umfangreiche Schriftstücke einkopiert werden. Dies wäre eine unstatthafte Umgehung des § 172 III 1 StPO.[175] Statt der Bezugnahme und des Einkopierens ist die wörtliche Übernahme in den Antrag zu empfehlen, wobei die Sachdarstellung aber aus sich heraus verständlich bleiben muss.[176] Eine Bezugnahme auf die Ermittlungsakten oder frühere Eingaben genügt zur Darstellung des Sachverhalts nicht.[177]

---

167 OLG Stuttgart Justiz 1973, 101; 1979, 235
168 OLG Hamburg NStZ 1985, 41
169 OLG Düsseldorf StV 1982, 558; OLG Hamm NStZ-RR 2003,177
170 OLG Celle NStZ 1988, 568
171 OLG Celle NStZ 1988, 568
172 OLG Düsseldorf NStZ-RR 1998, 365
173 OLG Düsseldorf GA 1982, 376; OLG Hamm JMBlNW 1957, 130; MDR 1971, 680; KG Berlin NJW 1969, 108; JR 1983, 345; OLG Koblenz NJW 1977, 1462; OLG Köln JR 1954, 396; OLG München MDR 1980, 250; OLG Schleswig SchlHA 1959, 218; OLG Stuttgart Justiz 1978, 235; aA OLG Celle NJW 1989, 1102
174 OLG Düsseldorf OLGSt Nr. 6; NStZ-RR 1998, 365; OLG Koblenz NJW 1977, 1461; einschränkend OLG Bamberg NStZ 1990, 202 zur Feststellung der Fristwahrung
175 OLG Celle NStZ 1997, 406; OLG Düsseldorf StV 1983, 498; OLG Schleswig SchlHA 1988, 110; aA KK-Schmid § 172 Rn 37
176 LR-Graalmann-Scheerer § 172 Rn 156
177 OLG Koblenz NJW 1977, 1461; s. a. BVerfG StV 1996, 445

i) Der Antrag auf gerichtliche Entscheidung ist unzulässig, wenn das Verfahren **101** wegen länger dauernden unbekannten Aufenthalts des Beschuldigten für eine vorläufige Einstellung des Verfahrens entsprechend § 205 StPO reif wäre.[178] Wenn der Beschuldigte unbekannten Aufenthalts und daher eine Beschuldigtenvernehmung bisher nicht möglich ist, liegen die Voraussetzungen nicht vor, unter denen das OLG die Staatsanwaltschaft zur Erhebung der öffentlichen Klage anweisen könnte.[179] Denn die Anweisung auf Erhebung der öffentlichen Klage hätte rechtlich zwingend zur Voraussetzung (§ 175 StPO), dass der Beschuldigte zur Antragsschrift vorher angehört worden ist. Auch in der von der Staatsanwaltschaft zu fertigenden Anklageschrift müssten nach § 200 I 1 StPO der Wohnort und der Wohnsitz des Beschuldigten aufgeführt werden, damit ihm diese (§ 201 StPO), der spätere Eröffnungsbeschluss (§ 215 StPO) und die Ladung zur Hauptverhandlung (§ 216 StPO) zugestellt werden könnten.

1. Checkliste für die Tätigkeit des Verteidigers

102

Vorb: An den Antrag auf gerichtliche Entscheidung gem § 172 II StPO stellt die RS sehr hohe formelle Anforderungen. Werden diese nicht erfüllt, erweist sich der Antrag als unzulässig. Hinsichtlich der Zulässigkeitsvoraussetzungen ist der Antrag auf gerichtliche Entscheidung vergleichbar mit der Rüge der Verletzung des formellen Rechts bei der Revisionsbegründung. In der Praxis werden mit Sicherheit mindestens 90 % der Anträge von den OLGen als unzulässig verworfen.[180] Damit dies nicht geschieht, um also eine Sachprüfung zu erreichen, ist folgendermaßen vorzugehen:

(1) Nach Zustellung des Bescheids des Generalstaatsanwalts ist **Akteneinsicht** zu beantragen und **Wiedervorlage** nach 1 Woche in der Handakte vorzumerken.

(2) Aus den Akten sind folgende **Schriftsätze, Bescheide und Daten** zu erheben (vgl Rn 95):

– die Anzeige,
– der Inhalt des Einstellungsbescheids der Staatsanwaltschaft,
– das Datum des Zugangs des Einstellungsbescheids der Staatsanwaltschaft beim Antragsteller oder Verteidiger,
– das Eingangsdatum der Beschwerde des Verletzten bei der Staatsanwaltschaft oder dem Generalstaatsanwalt,
– das Datum und der Inhalt der Beschwerdeentscheidung des Generalstaatsanwalts,
– das Datum des Zugangs der Beschwerdeentscheidung des Generalstaatsanwalts beim Antragsteller oder Verteidiger.

(3) Vom Mandanten ist die Vollmacht zu erholen, soweit noch nicht vorgelegt, um sie mit dem Antrag auf gerichtliche Entscheidung dem OLG vorzulegen.

(4) Im Fristenkalender Ablauf der Monatsfrist gem § 172 II 1 StPO vormerken.

(5) Antrag per Fax vor Fristablauf an das OLG, Original des Antrags an das OLG unverzüglich absenden.

2. Muster eines Antrags auf gerichtliche Entscheidung gem § 172 II StPO

103

Rechtsanwälte _____, XY-Str. 6, 93051 Regensburg

OLG Nürnberg
– Strafsenat –
Fürther Str. 110
90429 Nürnberg

Ermittlungsverfahren der Staatsanwaltschaft Regensburg, Az 122 Js 123365/04

---

178 OLG Stuttgart NStZ-RR 1999, 277
179 OLG Stuttgart NStZ 2003, 682
180 Vgl Bischoff NStZ 1988, 63

gegen _____

wegen Betrugs

Klageerzwingungsantrag

Gem bereits vorgelegter Vollmacht vertreten wir den Anzeigeerstatter, Herrn _____, Michaelstr. 163, 93053 Regensburg. (Anm: Falls Vollmacht noch nicht vorgelegt, Vollmacht unverzüglich nachreichen!)

Hiermit **beantragen** wir

gerichtliche Entscheidung gegen den ablen Bescheid des Generalstaatsanwalts in Nürnberg vom 16. 9. 2004 dahingehend, die Erhebung der öffentlichen Klage gegen den Beschuldigten _____ zu beschließen.

Begründung:

I. Dem Beschuldigten liegt folgender Sachverhalt zur Last:

Einsetzen aus der Strafanzeige.

II. Als **Beweismittel** bezeichne ich: (vgl Rn 98)

Zeugen: Namen und Anschrift einsetzen!

Urkunden:

Sachverständige: Namen und Anschrift angeben!

Gutachten:

(Anm: Der Antrag muss die Beweismittel angeben, auch wenn sie im Ermittlungsverfahren bereits bekannt waren und verwertet worden sind. Neue Beweismittel können angeführt werden.)

III. **Verfahrensgang:**

Wegen des geschilderten Sachverhalts haben wir namens und im Auftrag des Herrn _____ am _____ gegen den Beschuldigten bei der Staatsanwaltschaft Regensburg Anzeige erstattet.

Die Staatsanwaltschaft Regensburg hat mit Verfügung vom _____ das Ermittlungsverfahren gem § 170 II StPO eingestellt.

Zur Begründung hat die Staatsanwaltschaft Regensburg folgendes ausgeführt:

(Einsetzen: Begründung aus dem dem Anzeigeerstatter mitgeteilten Einstellungsbescheid)

Der Einstellungsbescheid wurde uns am _____ zugestellt.

Mit Schriftsatz vom _____, eingegangen bei der Staatsanwaltschaft Regensburg am _____, haben wir für den Anzeigeerstatter Beschwerde eingelegt.

Der Generalstaatsanwalt hat mit Bescheid vom _____ die Einstellungsverfügung der Staatsanwaltschaft bestätigt.

Der Beschwerdebescheid des Generalstaatsanwalts wurde uns am _____ zugestellt.

Zur Begründung des Beschwerdebescheids führt der Generalstaatsanwalt aus:

(Einsetzen: Begründung des Beschwerdebescheids des Generalstaatsanwalts)

IV. Die Gründe der Einstellungsverfügung der Staatsanwaltschaft Regensburg und des Bescheids des Generalstaatsanwalts sind aus folgenden Erwägungen nicht richtig.

(Anm: Hier ist darzulegen, aus welchen tatsächlichen oder auch rechtlichen Gründen die die Einstellung tragenden Gründe nicht zutreffen. Es ist im einzelnen Stellung zu nehmen, dass die Beweismittel zum Nachweis der mit ihnen verbundenen Tatsachenbehauptungen zur Begründung des hinreichenden Tatverdachts ausreichen. Dabei kann auch die Einlassung des Beschuldigten verwertet werden.)

> Damit besteht gegen den Beschuldigten ein zur Anklageerhebung hinreichender Tatverdacht.
>
> Unterschrift
>
> Rechtsanwalt

VII. Entscheidung des Gerichts

1. Verfahrensgang

a) Zuständig für die Entscheidung des Gerichts ist das OLG (§ 172 IV StPO) und zwar der Strafsenat in der Besetzung mit drei Richtern (§ 120 GVG). Örtlich zuständig ist das OLG, in dessen Bezirk die Staatsanwaltschaft ihren Sitz hat, die die Einstellungsverfügung erlassen hat.   **104**

b) Nach Eingang des Antrags auf gerichtliche Entscheidung und Registrierung (Gz Ws _____/ 05) leitet das OLG den Antrag dem Generalstaatsanwalt zur Stellungnahme zu. Der Generalstaatsanwalt gibt den Antrag an die zuständige Staatsanwaltschaft weiter und bittet um Überprüfung, ob im Hinblick auf das Vorbringen im Antrag die Ermittlungen wieder aufzunehmen sind. Der Antrag ist erledigt, wenn die Staatsanwaltschaft die Ermittlungen wieder aufnimmt.[181] Gleiches gilt, wenn der Generalstaatsanwalt vor der Entscheidung durch das OLG die öffentliche Klage erheben lässt.[182] Der Tod des Beschuldigten erledigt das Verfahren, ohne dass es einer förmlichen Einstellung bedürfte,[183] ebenso der Tod des Antragstellers, da dessen Rechtsstellung nicht vererblich ist.[184] Werden die Ermittlungen von der Staatsanwaltschaft nicht wieder aufgenommen, legt die Staatsanwaltschaft die Akten dem Generalstaatsanwalt vor. Der Generalstaatsanwalt leitet dem Strafsenat die Ermittlungsakten mit einer Stellungnahme zum Klageerzwingungsantrag zu. Vorzulegen sind die gesamten Akten des Ermittlungsverfahrens, auch Spuren-, Beweismittelakten, TÜ-Protokolle oder Beiakten. Der Generalstaatsanwalt beantragt die Verwerfung des Antrags auf gerichtliche Entscheidung als unzulässig oder als unbegründet.   **105**

c) Das **weitere Verfahren** bestimmt das OLG **nach eigenem Ermessen**. Gegenstand der gerichtlichen Überprüfung und Entscheidung ist nicht allein das Vorbringen des Antragstellers. Allerdings ist das OLG auf die Untersuchung der prozessualen Tat beschränkt, die Inhalt des Klageerzwingungsantrags ist und durch die nach § 172 III 1 StPO erforderlichen Angaben umschrieben wird.   **106**

d) Anhörungen

aa) Der **Generalstaatsanwalt** bei dem OLG ist vor der Entscheidung durch das OLG zu hören (§ 33 II StPO), in den Fällen des § 142 a I 1 GVG der Generalbundesanwalt. Dies geschieht bereits durch Übersendung des Klageerzwingungsantrags   **107**

---

181 OLG Koblenz NStZ 1990, 48; OLG Zweibrücken MDR 1987, 341; aA OLG Bamberg NStZ 1989, 543
182 OLG München NStZ 1986, 376, das den Antragsteller in diesem Falle so behandelt, als wäre der Antrag erfolgreich gewesen
183 BGH NJW 1983, 463; OLG Stuttgart Justiz 1985, 176
184 OLG Düsseldorf VRS 76,370; GA 1984,129; OLG Hamm NJW 1977, 64; OLG Karlsruhe Justiz 1981, 323

mit der Bitte um Stellungnahme und Vorlage der Ermittlungsakten.[185] Wenn das Gericht weitere Ermittlungen nach § 173 III StPO durchgeführt hat oder der Beschuldigte weitere Angaben nach Mitteilung des Antrags (§ 173 II StPO) gemacht oder auch der Antragsteller ergänzend Stellung genommen hat, ist eine erneute Anhörung erforderlich.

108   **bb)** Die **Anhörung des Beschuldigten** steht im Ermessen des Gerichts. Eine Anhörung unterbleibt, wenn sich der Klageerzwingungsantrag als unzulässig oder unbegründet erweist. Der Beschuldigte ist aber stets zu hören, wenn das OLG dem Klageerzwingungsantrag stattgeben will. Dies folgt aus § 175 S 1 StPO und aus Art. 103 I GG.[186] Ist die Anhörung zu Unrecht unterblieben, so ist sie, falls noch möglich, im Klageerzwingungsverfahren nachzuholen (§ 33 a StPO).

109   Zur Gewährung des rechtlichen Gehörs leitet das Gericht dem Beschuldigten eine Kopie des Klageerzwingungsantrags zu und bestimmt eine angemessene Frist zur Stellungnahme (§ 173 II StPO). Eine Erklärung des Beschuldigten, die nach Fristablauf, aber vor der Entscheidung beim OLG eingeht, ist zu berücksichtigen.

110   **cc)** Eine **Anhörung des Antragstellers** ist in den §§ 172 ff StPO nicht geregelt. Es gilt daher § 33 III StPO.

e)   Weitere Ermittlungen des Gerichts

111   **aa)** Nach § 173 III StPO kann das Gericht weitere Ermittlungen anordnen. Diese sind erforderlich, wenn der Ermittlungsstand eine Entscheidung des Gerichts nicht erlaubt. Die Ermittlungen müssen der **Vorbereitung der Entscheidung** des OLG dienen.

112   **bb)** Die **Art und der Umfang der Ermittlungen** sind in § 173 StPO nicht bestimmt. Zulässig sind alle Arten von Ermittlungen, die auch im Rahmen des Ermittlungsverfahrens zulässig sind. Dabei können auch **Zwangsmaßnahmen**, zB Durchsuchungen oder Beschlagnahmen, angeordnet werden. Die Anordnung von Untersuchungshaft oder der Unterbringung in einem psychiatrischen Krankenhaus ist unzulässig.[187] Das Gericht kann auch umfangreichere Nachermittlungen durchführen.

113   **cc)** Die Anordnung der ergänzenden Ermittlungen erfolgt durch einen **Beschluss des Strafsenats,** nicht durch Prozess leitende Verfügung des Vorsitzenden. In dem Beschluss werden die Ermittlungen konkret bezeichnet.

114   **dd)** Mit der **Durchführung der Ermittlungen** kann das Gericht ein Mitglied des Senats oder einen ersuchten Richter (§§ 156, 157 GVG, § 173 III StPO) beauftragen. Der Generalstaatsanwalt bei dem OLG kann nicht um Durchführung der Ermittlungen ersucht werden. In der Praxis bittet allerdings das Gericht idR die Staatsanwaltschaft oder die Polizei um Durchführung der angeordneten Ermittlungen. Diese übliche Vorgehensweise steht in Widerspruch zum Wortlaut des § 173 III StPO. Daher besteht wohl keine Verpflichtung für die Staatsanwaltschaft oder die Polizei, die gewünschten Ermittlungen vorzunehmen.[188]

---

185 Vgl Rn 105
186 BVerfGE 17, 356, 362; 19, 32, 36; 42, 172, 175 = NJW 1976, 1629
187 LR-Graalmann-Scheerer § 173 Rn 13 f
188 LR-Graalmann-Scheerer § 173 Rn 19

Plöd

ee) Das **Ergebnis der Ermittlungen** ist der Staatsanwaltschaft stets, dem Beschul-   115
digten nur dann mitzuteilen, wenn Tatsachen oder Beweismittel zum Nachteil des
Beschuldigten verwertet werden (§ 33 II, III StPO).

2. Beschluss des Gerichts

a) Verwerfungsbeschluss

aa) Das Gericht verwirft einen Klageerzwingungsantrag als **unzulässig**, wenn die   116
nach § 172 II und III StPO erforderlichen formellen Voraussetzungen nicht gegeben
sind.

Inhaltlich beschließt das OLG die Verwerfung des Antrags als **unzulässig**,

– wenn der Antrag nicht form- oder fristgerecht gestellt wurde (zB bei Fristversäumnis) oder
– wenn ausschließlich ein Privatklagedelikt vorliegt (§ 172 II 3 StPO) oder
– wenn das Opportunitätsprinzip gilt (§ 172 II 3 StPO) oder
– wenn der Antragsteller nicht Verletzter ist oder
– wenn der Beschuldigte nicht bezeichnet ist[189] oder ein Beschuldigter fehlt, zB bei
  einer Anzeige gegen einen unbekannten Täter[190] oder
– wenn keine endgültige Einstellung des Verfahrens vorliegt oder
– wenn der Antrag sich nur auf einen Teil der Tat (§ 264 StPO) bezieht.[191]

Die Verwerfung als unzulässig erzeugt keine Sperrwirkung und keine Kostenfolge
gem § 177 StPO. Die Entscheidung, die den Antrag als unzulässig verwirft, ist dem
Antragsteller und der Staatsanwaltschaft nach § 35 StPO bekannt zu machen. Eine
Mitteilung an den Beschuldigten erfolgt nur, wenn er zum Antrag gehört worden
ist (§ 173 II StPO).

bb) Die Verwerfung des Antrags als **unbegründet** erfolgt, wenn aus tatsächlichen   117
oder rechtlichen Gründen **kein genügender Anlass zur Erhebung der öffentlichen Klage** besteht.[192] Dieser Begriff ist identisch mit dem hinreichenden Tatverdacht iSv § 203 StPO. Betrifft der zulässige Antrag ein Offizialdelikt und stellt das
OLG einen hinreichenden Tatverdacht nur hinsichtlich eines Privatklagedelikts
oder einer Ordnungswidrigkeit fest, so verwirft das OLG den Antrag als unbegründet, da eine sachliche Prüfung nur hinsichtlich des Offizialdelikts möglich
ist.[193] Ergibt schon die Begründung des Antrags, dass kein Offizialdelikt vorliegt,
ist der Antrag als unzulässig zu verwerfen.

Bei Verwerfung aus sachlichen Gründen kann die Staatsanwaltschaft die Anklage   118
nur auf Grund neuer Tatsachen oder Beweismittel erheben (§ 174 II StPO). Nur die
Verwerfung eines unbegründeten Antrags löst die **Sperrwirkung des § 174 II** StPO
aus. Wird ein Sachverhalt auf Anzeige eines Verletzten auf seine strafrechtliche Relevanz überprüft, so geschieht dies nach der Offizialmaxime zugleich im Hinblick
auf eine mögliche Verletzung anderer. Die Verwerfung eines die Einstellung anfech-

---

189 OLG Düsseldorf VRS 77, 226; OLG Hamburg JR 1961, 32; MDR 1993, 1226; OLG Köln JR
     1954, 390; OLG Oldenburg MDR 1986, 692; OLG Stuttgart Justiz 1987, 80
190 OLG Düsseldorf VRS 83, 431, 434; OLG Hamburg MDR 1971, 252; OLG Celle MDR 1956,
     120
191 OLG Karlsruhe NJW 1977, 62; OLG Frankfurt aM NStZ-RR 2001, 20; M-G § 172 Rn 38;
     Bliesener NJW 1974, 874; Meyer-Goßner JR 1977, 216; Solbach DRiZ 1984; 476; aA OLG
     Hamm MDR 1965, 765; NJW 1974, 68, 69
192 Vgl Rn 11 ff
193 OLG Celle NdsRpfl 1963, 258; OLG Koblenz NJW 1960, 734

Plöd

tenden Klageerzwingungsantrags bewirkt daher **Strafklageverbrauch**. Ein möglicherweise ebenfalls noch verletzter Dritter kann wegen desselben Lebenssachverhalts keinen neuen Klageerzwingungsantrag stellen.[194] Ein neues Verfahren ist aber zulässig, wenn der frühere Anzeigeerstatter oder andere Verletzte neue Tatsachen und/oder Beweismittel beibringen, die allein oder in Zusammenhang mit den bei Erlass der das Verfahren beendenden Sachentscheidung bekannten Tatsachen die Erhebung der öffentlichen Klage rechtfertigen können.[195] Die Kostenentscheidung des Verwerfungsbeschlusses ergibt sich aus § 177 StPO.

b) Anordnung der Klageerhebung

119   Erachtet das Gericht nach Anhörung des Beschuldigten den Antrag für begründet, so beschließt es die **Erhebung der öffentlichen Klage** (§ 175 S 1 StPO). Der **Antrag ist begründet**, wenn sich aus dem Lebensvorgang, der in der Antragsschrift geschildert wird, und den angeführten Beweismitteln der hinreichende Tatverdacht ergibt, dass der Beschuldigte ein Offizialdelikt begangen hat. Besteht nur hinsichtlich einzelner von mehreren prozessualen Taten oder von mehreren Beschuldigten ein hinreichender Tatverdacht, so erfolgt nur insoweit die Erhebung der öffentlichen Klage.

120   aa) § 175 StPO schreibt die **Anhörung des Beschuldigten** vor Anordnung der Erhebung der öffentlichen Klage zwingend vor.[196] Wird diese versäumt, so gilt § 33 a StPO. Die Anhörung ersetzt nicht die Beschuldigtenvernehmung nach § 163 a StPO. Diese ist vor Anordnung der Klageerhebung nachzuholen. Eine Nachholung der Beschuldigtenvernehmung nach der Entscheidung durch das OLG genügt nicht.[197]

121   bb) Die Anordnung der Erhebung der öffentlichen Klage erfolgt durch einen Beschluss des OLG. Inhaltlich muss der Beschluss den Anforderungen genügen, die an eine Anklageschrift (§ 200 StPO) zu stellen sind. Die Tat muss nach Ort, Zeit und Umständen ihrer Begehung umschrieben werden. Ebenso müssen die Strafbestimmungen angegeben werden. Nicht anzugeben ist, bei welchem Gericht und in welcher Form (Anklage oder – unzulässigerweise – Strafbefehl) die Erhebung der öffentlichen Klage zu erfolgen hat. Der Beschluss ist an sich nicht zu begründen, da er unanfechtbar ist (§ 304 IV 2 StPO). Dennoch ist in der Praxis eine Begründung üblich. Es sollen in dem Beschluss die Gründe enthalten sein, die eine Erhebung der öffentlichen Klage rechtfertigen.[198] Das OLG kann der Staatsanwaltschaft keine weiteren Verpflichtungen über die Anklageerhebung hinaus hinsichtlich der weiteren Sachbehandlung auferlegen.

122   cc) Die **Staatsanwaltschaft** ist bei der Durchführung des Beschlusses an die Entscheidung des OLG in tatsächlicher und rechtlicher Hinsicht **gebunden**. Das OLG beschließt allerdings nur die Erhebung der öffentlichen Klage. Die Staatsanwaltschaft ist frei bei der Entscheidung, bei welchem Gericht sie anklagt und welche Klageart sie wählt. Der Antrag auf Erlass eines Strafbefehls ist im Hinblick auf die Anschlussmöglichkeit als Nebenkläger für den Antragsteller gem § 395 I Nr. 3 StPO nicht zulässig, da im Strafbefehlsverfahren diese Beteiligungsmöglichkeit entfällt und damit dem Angeklagten im Falle der Verurteilung die durch das Klageer-

---

194 OLG Koblenz NStZ-RR 1998, 339
195 M-G Einl. Rn 182; LR-Graalmann-Scheerer § 172 Rn 39, 40
196 BVerfG JZ 1964, 653
197 LR-Graalmann-Scheerer § 175 Rn 3; aA KK-Schmid § 175 Rn 1
198 Für Begründung: KK-Schmid § 175 Rn 3; LR-Graalmann-Scheerer § 175 Rn 5

Plöd

zwingungsverfahren dem Antragsteller entstandenen notwendigen Auslagen nicht auferlegt werden könnten.[199]

dd) Die Staatsanwaltschaft kann nach Anordnung der Klageerhebung das Verfahren nicht mehr nach dem **Opportunitätsgrundsatz** (§§ 153, 153 a StPO) einstellen, anders nach Anklageerhebung. Im weiteren Verfahrensgang hat die Staatsanwaltschaft selbst zu entscheiden, ob sie einer Verfahrenseinstellung nach Ermessensvorschriften (§§ 153 II, 153 a II, 153 b II, 153 e II StPO oder § 47 JGG) zustimmt. Sie kann auch Verfahrenseinstellung nach den §§ 154 II StPO beantragen.

123

Die Staatsanwaltschaft ist nicht verpflichtet, Rechtsmittel einzulegen, wenn das Gericht die Eröffnung des Verfahrens ablehnt oder in der Hauptverhandlung freispricht. Eine Rücknahme der Anklage ist der Staatsanwaltschaft nicht mehr gestattet, es sei denn, dass sie die Klage alsbald bei einem anderen zuständigen Gericht erheben will.[200]

ee) Nach Anklageerhebung entfällt die Bindungswirkung des OLG-Beschlusses sowohl für die Staatsanwaltschaft als auch für das angegangene Gericht,[201] selbst für das OLG, wenn es erneut mit der Sache befasst werden sollte, zB bei sofortiger Beschwerde gegen die Ablehnung der Eröffnung des Verfahrens durch das LG.

124

ff) Erhebt die Staatsanwaltschaft während des Klageerzwingungsverfahrens Anklage, so ist damit das Klageerzwingungsverfahren erledigt. Eine Entscheidung durch das OLG ist nicht mehr geboten. Das OLG München hat bei dieser Sachlage auf Antrag des Antragstellers eine **feststellende Entscheidung** getroffen, dass der **Klageerzwingungsantrag erfolgreich** war, um die Anschlussbefugnis des Antragstellers als Nebenkläger gem § 395 I Nr. 3 StPO sicherzustellen.[202]

125

gg) Die Entscheidung ergeht durch **Beschluss**, der nicht anfechtbar ist (§ 304 IV 2 StPO). Im Klageerzwingungsverfahren ist das OLG zwar als erstes Gericht mit der Sache befasst, jedoch nicht iSd § 304 IV 2 Hs 2 StPO im ersten Rechtszug zuständig. Eine Anfechtbarkeit der Entscheidung des OLG im Klageerzwingungsverfahren sieht das Gesetz nicht vor.[203]

126

hh) Der Beschluss ist dem Antragsteller, der Staatsanwaltschaft und dem Beschuldigten mitzuteilen, unabhängig, ob letzterer zum Antrag gehört worden ist (§ 174 I StPO). Eine Zustellung ist nicht erforderlich (§ 35 II 2 StPO).

127

c)   Anordnung der Wiederaufnahme der Ermittlungen

Strittig ist, ob das OLG das Klageerzwingungsverfahren durch die **Anordnung** abschließen kann, dass die Staatsanwaltschaft die **Ermittlungen wieder aufzunehmen** hat.[204] Entgegen dem Wortlaut der §§ 171, 172, 173 III und 175 StPO wird man in Ausnahmefällen die Anordnung des OLG, dass die Staatsanwaltschaft die Er-

128

---

199 AA LR-Graalmann-Scheerer § 175 Rn 13; KK-Schmid § 175 Rn 6; M-G § 175 Rn 3 ohne Begründung
200 M-G § 175 Rn 3
201 OLG Karlsruhe NJW 1977, 62
202 OLG München MDR 1986, 426 = NStZ 1986, 376
203 BGH NStZ 2003, 501
204 Gegen die Anordnung: KK-Schmid § 175 Rn 3; Kuhlmann NStZ 1981, 193; AK-Moschüring § 173 Rn 4; für die Anordnung: OLG Braunschweig wistra 1993, 33; KG Berlin NStZ 1990, 355 mit abler Anm Wohlers NStZ 1991, 300 = JZ 1991, 46 mit zuster Anm Eisenberg; OLG Bremen OLGSt Nr. 1; OLG Nürnberg NStZ-RR 1999, 238, 241; OLG Zweibrücken GA 1981, 94; LR-Graalmann-Scheerer § 175 Rn 16, 17; vgl auch Rieß NStZ 1986, 436; 1990, 10; Stoffers NStZ 1993, 499; M-G § 175 Rn 2, aber nur, wenn die Staatsanwaltschaft irrtümlich bisher von der Durchführung von Ermittlungen abgesehen hat

mittlungen wieder aufzunehmen hat, zulassen müssen, wenn die Staatsanwaltschaft bisher aus nicht zutreffend erachteten Gründen davon abgesehen hatte und die zur Entscheidung über den Antrag auf gerichtliche Entscheidung erforderliche Aufklärung des Sachverhalts die vollständige oder weitgehende Durchführung eines selbstständigen Ermittlungsverfahrens durch das OLG erfordern würde.[205] Ansonsten müsste das OLG bei Bejahung eines Anfangsverdachts die Ermittlungen, die an sich der Staatsanwaltschaft obliegen, vollständig bis zur Entscheidungsreife selbst tätigen. Der Strafsenat würde bei fehlenden Ermittlungen der Staatsanwaltschaft zum »Hilfsstaatsanwalt«, der das gesamte weitere Ermittlungsverfahren durchzuführen hätte. Die Vorschrift des § 173 III StPO bezieht sich nur auf ergänzende, Lücken schließende Ermittlungen des Gerichts.[206] Die Gegenmeinung beruft sich auf den klaren Wortlaut der §§ 171, 172, 173 III und 175 StPO. Das OLG muss aber die Ermittlungen nach § 173 III StPO nur dann selbst ausführen, wenn der Sachverhalt im Ermittlungsverfahren im Wesentlichen aufgeklärt ist. Mit der Aufforderung an die Staatsanwaltschaft, die Ermittlungen aufzunehmen, ist das Klageerzwingungsverfahren abgeschlossen.

129   Die Entscheidung ergeht unter Aufhebung des Bescheids des Generalstaatsanwalts und der Einstellungsverfügung der Staatsanwaltschaft in Form einer **Ermittlungsanordnung an die Staatsanwaltschaft.** Der Beschluss enthält **keine Kostenentscheidung,** da die Kosten des Klageerzwingungsverfahrens Kosten des Verfahrens sind.[208] Im Klageerzwingungsverfahren ergeht keine Auslagenentscheidung zu Gunsten des Antragstellers, wenn sich der Klageerzwingungsantrag infolge der Wiederaufnahme der Ermittlungen durch die Staatsanwaltschaft erledigt hat.[207] Das Klageerzwingungsverfahren kennt keine Kosten- oder Auslageentscheidung.

Der Antragsteller kann sich nach einem erfolgreichen Klageerzwingungsverfahren gem § 395 I Nr. 3 StPO als Nebenkläger anschließen. Der Beschluss ist **nicht anfechtbar** (§ 304 IV 2 StPO). Der Beschluss ist dem Antragsteller und der Staatsanwaltschaft **formlos mitzuteilen** (§ 35 II 1 StPO). Eine Mitteilung an den Beschuldigten ist gesetzlich nicht vorgeschrieben, aber zu empfehlen.

d)   Die Rücknahme bzw Erledigung des Antrags

130   Bis zur Entscheidung durch das OLG kann der Antrag zurückgenommen werden. Bei **Erledigung des Antrags** ergeht ein Feststellungsbeschluss des OLG ohne Kostenentscheidung (§ 177 StPO). Durch die Wiederaufnahme von Ermittlungen seitens der Staatsanwaltschaft ist das Klageerzwingungsverfahren idR nicht erledigt.[209] Für diese Rechtsauffassung sprechen der Sinn und der Zweck der §§ 172 ff StPO, insbesondere aber der eindeutige Wortlaut des § 175 StPO. Das Klageerzwingungs-

205 KG Berlin NStZ 1990, 356 mit abl Anm Wohlers NStZ 1991, 300 = JZ 1991,46; OLG Zweibrücken NStZ 1981, 193; OLG Braunschweig wistra 1993, 33; OLG Bremen OLGSt Nr. 1 zu § 175; OLG Koblenz NStZ 1995, 50, 51; OLG Hamm StV 2002, 128; OLG Köln NStZ 2003, 682; OLG Stuttgart Justiz 2003, 270; LR-Graalmann-Scheerer § 175 Rn 16, 17; vgl auch Rieß NStZ 1986, 436 ff; aA KK-Schmid § 175 Rn 3; SK-Wohlers § 175 Rn 2; Kuhlmann NStZ 1981, 193 f
206 OLG Hamm NStZ-RR 1999, 148; OLG Nürnberg NStZ-RR 1999, 238, 241; LR-Graalmann-Scheerer § 175 Rn 19
208 LR-Graalmann-Scheerer § 175 Rn 6
207 OLG Schleswig SchlHA 1986, 106; OLG Koblenz NStZ 1990, 48; OLG Brandenburg NStZ-RR 2005, 45; M-G § 177 Rn 1
209 OLG München MDR 1986, 426 = NStZ 1986, 376; OLG Hamm NStZ-RR 1999, 148

verfahren zielt auf den Abschluss durch Klageerhebung und nicht auf eine bloße Wiederaufnahme der Ermittlungen. Sinn und Zweck des Klageerzwingungsverfahrens ist die gerichtliche Kontrolle des Legalitätsgrundsatzes. Nach durchgeführten Ermittlungen soll das OLG über die Pflicht zur Klageerhebung entscheiden. Erhebt die Staatsanwaltschaft aufgrund eines Klageerzwingungsantrags Anklage, so tritt zwar Erledigung ein, aber der Antragsteller hat im Hinblick auf die Befugnis zum Anschluss als Nebenkläger wie auch auf sein Recht auf eine Entscheidung über die Kosten und seine notwendigen Auslagen trotz der eingetretenen prozessualen Erledigung ein Rechtsschutzbedürfnis auf Feststellung, dass sein Antrag erfolgreich war.[210] Der Antragsteller kann sich der erhobenen öffentlichen Klage als Nebenkläger auch dann anschließen, wenn das OLG lediglich feststellt, dass der Klageerzwingungsantrag erfolgreich war (§§ 395 II Nr. 2, 172 StPO). Die Kosten des Klageerzwingungsverfahrens sind im Falle einer solchen Feststellung Teil der Kosten des Strafverfahrens, über die das erkennende Gericht zu befinden hat.[211]

e) Sicherheitsleistung (§ 176 StPO)

131 § 176 StPO hat durch die Beseitigung des früheren § 472 StPO in der Praxis wenig Bedeutung. Die Sicherheitsleistung dient der Sicherung des nach § 177 StPO möglichen Kostenerstattungsanspruchs. Für die im Antragsverfahren vor dem OLG entstehenden, in § 177 StPO genannten Kosten kann vom Antragsteller durch einen besonderen Beschluss die Leistung einer Sicherheit verlangt werden. Der Beschluss setzt voraus, dass der **Antrag** nach vorläufiger Prüfung **zulässig** ist. Bei Bewilligung von Prozesskostenhilfe darf keine Sicherheitsleistung verlangt werden (§ 122 I Nr. 2 ZPO).

132 **aa)** Die Sicherheit kann nur durch **Hinterlegung** von barem Geld oder von Wertpapieren erfolgen, nicht durch Pfandbestellung oder durch Bürgschaft. Bei Wertpapieren ist Mündelsicherheit nicht erforderlich. Auch gilt keine Beschränkung auf drei Viertel des Wertes (abw von § 108 I 2 ZPO und von § 234 I, III BGB). Die Hinterlegung erfolgt nach den Vorschriften der Hinterlegungsordnung. Der Nachweis der Hinterlegung kann noch nach Fristablauf gegenüber dem OLG geführt werden.

133 **bb)** Vor der beabsichtigen Anordnung der Sicherheitsleistung ist die Staatsanwaltschaft zu hören (§ 33 II StPO), nicht aber der Beschuldigte oder der Antragsteller. Die Entscheidung des OLG zur Sicherheitsleistung ist nicht anfechtbar (§ 304 IV 2 StPO). Wird die Sicherheit nicht rechtzeitig oder nicht in dem bestimmten Umfang erbracht, so hat das OLG durch Beschluss gem § 176 II StPO den Antrag mit der Kostenfolge des § 177 StPO für zurückgenommen zu erklären.

134 **cc)** Ergeht im Klageerzwingungsverfahren keine Entscheidung nach § 177 StPO (Entscheidung nach § 175 StPO, unzulässiger Antrag oder Erledigung des Klageerzwingungsverfahrens), so ist die geleistete Sicherheit vom OLG durch unanfechtbaren Beschluss freizugeben. Werden in den Fällen der §§ 174 und 176 II StPO dem Antragsteller die Kosten des Verfahrens nach § 177 StPO auferlegt, dient die Sicherheit der Befriedigung der Gläubiger (Staatskasse und Beschuldigter). Der Zugriff bestimmt sich nach der Hinterlegungsordnung.

---

210 OLG München MDR 1986, 426 = NStZ 1986, 376; vgl KMR-Plöd § 175 Rn 8
211 OLG München NStZ 1986, 376, 377

f) Kostenentscheidung (§ 177 StPO)

135   **aa)** Die **Kosten** des Verfahrens hat der **Antragsteller** zu tragen, wenn sich der **Antrag** als **unbegründet** erweist oder **nach § 176 II StPO** für zurückgenommen erklärt wird. Bei **Rücknahme des Antrags** hat der Antragsteller ebenfalls die Kosten des Verfahrens zu tragen.[212]

136   **bb)** Dem **Antragsteller** werden **keine Kosten** auferlegt, wenn sich der Antrag als **unzulässig** erweist[213] oder der **Antrag** infolge der Wiederaufnahme der Ermittlungen durch die Staatsanwaltschaft **erledigt** ist,[214] da in diesen Fällen eine Gebühr nach dem KVGKG (Gebühr nach Nr. 3200 KVGKG) nicht anfällt und der Antragsteller seine notwendigen Auslagen selbst zu tragen hat. Stirbt der Antragsteller vor der OLG-Entscheidung ist das Verfahren erledigt. Eine Kostenentscheidung unterbleibt.[215] Gleiches gilt, wenn der Beschuldigte verstirbt.

137   **cc)** Wird dem **Antrag stattgegeben**, so ergeht **keine Kostenentscheidung** über die im Klageerzwingungsverfahren entstandenen Kosten. Diese sind Teil des Strafverfahrens. Der Antragsteller kann sich dem Verfahren als Nebenkläger gem § 395 I Nr. 3 StPO anschließen. Seine notwendigen Auslagen hat im Falle der Verurteilung der Angeklagte zu tragen (§ 472 I StPO). Dies gilt auch dann, wenn das Verfahren durch Strafbefehl erledigt würde, wobei aber eine Klageerhebung durch Strafbefehlsantrag als rechtlich unzulässig anzusehen ist.[216] Zwar wird in diesem Falle ein vorsorglich erklärter Anschluss als Nebenkläger nicht wirksam. Jedoch erwirkt der Antragsteller mit dem Beschluss nach § 175 StPO die (potentielle) Anschlussbefugnis als Nebenkläger und damit von diesem Zeitpunkt ab die Position nach § 406 g StPO, die eine Auslagenerstattung nach § 472 III 1 StPO ermöglicht.[217] Bei Anordnung der Wiederaufnahme der Ermittlungen[218] durch das OLG ergeht keine Kostenentscheidung.[219]

138   **dd)** Bei den **veranlassten Kosten** handelt es sich um eine Gerichtsgebühr nach Nr. 3200 KVGKG (60,00 €),[220] die Kosten etwaiger Ermittlungen (§ 173 III StPO) und die notwendigen Auslagen des Beschuldigten im OLG-Verfahren.[221] Zu den notwendigen Auslagen gehören auch die Verteidigerkosten des Beschuldigten.[222]

---

212   OLG Düsseldorf GA 1983, 219; MDR 1989, 932; OLG Koblenz OLGSt Nr. 9; LR-Graalmann-Scheerer § 177 Rn 2; SK-Wohlers § 177 Rn 2; M-G § 177 Rn 1; Rieß NStZ 1990, 9; aA KG Berlin NStE Nr. 1; OLG Celle NdsRpfl 1988, 242; OLG Zweibrücken MDR 1985, 250; OLG München JurBüro 1983, 1209 = MDR 1983, 427; KK-Schmid § 177 Rn 1

213   OLG Bremen MDR 1984, 164; OLG Koblenz NJW 1977, 1461, 1462; OLG Bamberg NJW 1952, 239

214   OLG Schleswig SchlHA 1986, 106; OLG Koblenz NStZ 1990, 48; KG Berlin, Beschluss v 12. 11. 1997 3 Ws 278/96; Brandenburgisches OLG OLG-NL 2005, 70 f; M-G § 177 Rn 1

215   OLG Düsseldorf GA 1984, 129

216   Rieß NStZ 1990, 9; LR-Rieß § 175 Rn 13; KMR-Plöd § 175 Rn 6; Strafbefehlsverfahren bedenklich bzw unzweckmäßig: KK-Schmid § 175 Rn 6; LR-Graalmann-Scheerer § 175 Rn 13; M-G § 175 Rn 3

217   LR-Hilger § 472 Rn 14

218   KMR-Plöd § 175 Rn 4; vgl Rn 128

219   Stoffers JurBüro 1993, 645

220   Nr. 3200 geändert mit Wirkung v 1. 1. 2005 durch Art. 11 des Gesetzes v 9. 12. 2004 (BGBl I 2004, 3220)

221   § 464 a II StPO; OLG Koblenz NStZ 1990, 48; OLG Stuttgart NJW 1962, 2021; Stoffers JurBüro 1993, 644

222   Vgl auch Rieß NStZ 1990, 8

VIII. Wiederholung des Klageerzwingungsverfahrens

1. Die Wiederholung des Klageerzwingungsverfahrens ist zulässig, wenn das OLG **139** den Antrag als unzulässig verworfen, die Staatsanwaltschaft das Ermittlungsverfahren aber wieder aufgenommen und nach sachlicher Prüfung erneut eingestellt hat,[223] nicht aber, wenn die Staatsanwaltschaft neue Ermittlungen abgelehnt hat, da dann keine neue staatsanwaltschaftliche Entscheidung in der Sache ergeht.[224] Die Wiederholung eines Klageerzwingungsbegehrens bzw. des Begehrens auf Wiederaufnahme der Ermittlungen als Minus auf Grund neuer Tatsachen und/oder Beweismittel ist nur zulässig, wenn sich dem Begehren selbst offenkundig entnehmen lässt, dass die Staatsanwaltschaft unter Verletzung des Legalitätsprinzips die Wiederaufnahme der Ermittlungen abgelehnt hat.[225] Eine bloße Formalentscheidung kann den Weg ins Klageerzwingungsverfahren nicht erneut eröffnen.

2. Ist der Antrag nach § 174 I StPO als unbegründet verworfen worden, kann die **140** Staatsanwaltschaft nur auf Grund neuer Tatsachen oder Beweismittel das Ermittlungsverfahren wieder aufnehmen. Dann ist der Weg für das Klageerzwingungsverfahren wieder frei.[226]

3. Nach rechtskräftiger Ablehnung der Eröffnung des Hauptverfahrens (§ 204 **141** StPO) ist eine Wiederholung des Klageerzwingungsverfahrens zulässig, aber nur auf Grund neuer vom Antragsteller vorgebrachter Tatsachen und Beweismittel. Der Ablehnungsbeschluss hat nur eine beschränkte Rechtskraft.[227]

4. Beim Abschluss eines Strafverfahrens durch rechtskräftigen Strafbefehl ist ein **142** neues Klageerzwingungsverfahren dann zulässig, wenn die neuen Tatsachen oder Beweismittel die Qualifizierung der Tat als Verbrechen begründen würden.[228]

---

223 OLG Nürnberg MDR 1964, 524; OLG Zweibrücken MDR 1987, 341
224 OLG Düsseldorf NStE Nr. 26; OLG Stuttgart NStZ-RR 1997, 177; OLG Schleswig SchlHA 1982, 122; M-G § 172 Rn 37
225 OLG Köln NStZ 2003, 682
226 OLG Braunschweig NJW 1961, 934; OLG Hamburg NJW 1963, 1121
227 OLG Nürnberg MDR 1965, 845; KG Berlin JR 1983, 345; OLG Celle NJW 1958, 1791
228 KG Berlin JR 1983, 34; OLG Braunschweig NJW 1961, 934; LR-Graalmann-Scheerer § 172 Rn 41; aA OLG Karlsruhe NJW 1977, 62, 63

Plöd

Kapitel 2
Nebenklage

Überblick

I. Einleitung

Die Nebenklage ermöglicht den Opfern bestimmter Straftaten die aktive Teilnahme am Strafverfahren. Den Schwerpunkt der Mitwirkungsmöglichkeiten legen die §§ 395–402 StPO auf die Hauptverhandlung. **1**

Die Gesetzesnovellen des Opferschutzgesetzes[1] sowie des Zeugenschutzgesetzes[2] haben insgesamt die Anschlussbefugnis und die Wahrnehmung prozessualer Rechte des Nebenklägers ausgebaut.[3] Der Nebenkläger rückt damit aus seiner ursprünglichen Verfahrensrolle als bloßer »Gehilfe der Staatsanwaltschaft«[4] heraus und wird zum Subjekt des Verfahrens.Die Neufassung des § 406 StPO (Entscheidung über den Adhäsionsantrag) führt weiterhin zu einer Verbesserung der Position des Adhäsionsklägers: War bisher das »Absehen von der Entscheidung« (§ 405 aF StPO) die prozessuale Regel, so stellt § 406 nF StPO nun anheim, dass nur noch in Ausnahmefälllen von einer Entscheidung über den Adhäsionsantrag abgesehen werden soll.

---

1 Vom 18. 12. 1986, BGBl I, 2496
2 Vom 30. 4. 1998, BGBl I, 820; seit dem 1. 12. 1998 in Kraft
3 Übersicht bei Rieß NJW 1998, 3240
4 Zum Ganzen: Fabricius NStZ 1994, 257, 258

§ 405 StPO regelt nunmehr die Möglichkeit einer vergleichsweisen Einigung über den Adhäsionsantrag. Nach BGHSt 47, 202 soll mittlerweile auch im Sicherungsverfahren die Nebenklage prinzipiell zulässig sein.

2   Zentrales Anliegen der Nebenklage ist die prozessordnungsgemäße Artikulation des Genugtuungsinteresses des Tatopfers.[5] Weiterhin kann die Nebenklage der Reparation (zB in der Kombination mit einem Adhäsionsantrag),[6] der Kontrolle der Staatsanwaltschaft und der Förderung der Sachaufklärung dienen.

II.   Grundlagen

3   Der Nebenkläger ist auch dann, wenn er mit besonderen Rechten (zB Beweisantragsrecht, Fragerecht, Beanstandungsrecht, § 397 StPO) ausgestattet ist und man insoweit durchaus von einer »Parteistellung« im Strafverfahren reden könnte, in seiner Rolle als Zeuge den entsprechenden Pflichten (Pflicht zum Erscheinen, Pflicht zur vollständigen und wahrheitsgemäßen Aussage) unterworfen. Die durch das Strafverfahren geschaffene Situation, Zeuge und Nebenkläger zugleich zu sein, ist konfliktträchtig. Der nebenklagefähige Mandant entwickelt einerseits ein besonderes Interesse an der Bestrafung (Genugtuung) und oft auch an der finanziellen Reparation und ist bestrebt, diese seine Interessen gegenüber dem Beschuldigten durchzusetzen. Andererseits wiederum ist er in seiner Funktion als Zeuge Pflichten ausgesetzt, die ihm mitunter als veritable Einschränkung seiner Interessenwahrnehmung erscheinen.

Der Nebenklagevertreter hat hier die Aufgabe, dem Nebenkläger diese spezifische Prozesssituation klar vor Augen zu führen und auf eine Harmonisierung der Zeugenrolle und der Rolle als Nebenkläger hinzuwirken. Das beinhaltet auch eine Positionsbeschreibung der Nebenklagevertretung: Die Wahrnehmung der Nebenklage gerät in Misskredit – und schadet damit letztlich auch den Interessen des Verletzten –, wenn sie sich in der Hauptverhandlung nur als bloße Artikulation der Rache- oder Vergeltungsbedürfnisse des Verletzten geriert.

4   Der Nebenklagevertreter sollte unter Ausnutzung der ihm zur Verfügung stehenden Informationsquellen (insbesondere Akteneinsicht, § 406 e I 2 StPO, und Mandantengespräch) frühzeitig, das heißt, wenn die tatsächlichen und rechtlichen Eckdaten des Vorwurfs an den Angeklagten erkennbar konkretisiert sind, gemeinsam mit dem Mandaten eine Zielbestimmung für das Verfahren vornehmen.

Die Interessenlage des Mandanten kann sehr verschieden sein: Besteht lediglich der Wunsch, am Verfahren teilzunehmen, um Tatnachweis und Verurteilung zu fördern oder steht die Reparation im Vordergrund? Ist letzteres ausschlaggebend, sollte der Rechtsanwalt durchaus auch auf andere Möglichkeiten, dem Mandanteninteresse zum Durchbruch zu verhelfen, eingehen. So kann es sich empfehlen, schon im Ermittlungsverfahren auf eine Wiedergutmachungsleistung durch den Beschuldigten zu dringen (durch Kontaktaufnahme mit dessen Verteidiger). Spricht die Beweislage eindeutig gegen den Beschuldigten oder hat dieser bereits ein Geständnis abgelegt, kann auch auf Seiten des Beschuldigten ein Interesse daran bestehen, für die Strafzumessung weitere »Pluspunkte« zu sammeln. Aber auch die Einwirkung auf den Staatsanwalt, in Fällen geringeren Unrechtsgehalts das Verfahren nach § 153 a StPO

---

5 BGHSt 28, 272
6 Zum Adhäsionsverfahren siehe Hohmann Teil F Kap 3

unter Verhängung einer Wiedergutmachungsauflage einzustellen, kann zur Strategie des Nebenklagevertreters im Vorfeld eines Hauptverfahrens gehören, sofern die Geldauflage dem Geschädigten als vorweggenommene Schmerzensgeldzahlung resp. Schadensersatz zufließen kann.

Ziel der Nebenklagevertretung sollte es in jedem Falle aber auch sein, der Sachverhaltsaufklärung zuzuarbeiten und den sachbearbeitenden Staatsanwalt, ebenso wie die Sitzungsvertretung der Staatsanwaltschaft, in deren Verfahrensengagement zu kontrollieren. Dies erreicht der Nebenklagevertreter vordergründig durch frühzeitige Fühlungnahme mit Polizei und Staatsanwaltschaft. Da der Nebenklagevertreter, ebenso wie der Verletztenbeistand, nur über sehr geringe Einflussmöglichkeiten im Ermittlungsverfahren verfügt, kann dieser Mangel nur wettgemacht werden, wenn zumindest sichergestellt ist, dass der Rechtsbeistand den jeweiligen Stand des Verfahrens kennt. Des Weiteren werden Polizei und Staatsanwaltschaft, obwohl weder dem Verletztenbeistand noch der Nebenklagevertretung im Ermittlungsverfahren Beweisantragsrechte zustehen, sicherlich zur Sachaufklärung dienliche Anträge nicht einfach zur Seite legen, sondern ihnen nachgehen (Aufklärungspflicht und Legalitätsprinzip).

5

Enthält sich die Nebenklagevertretung jeglicher Aktivitäten im Vorfeld der Hauptverhandlung – was erfahrungsgemäß nicht selten vorkommt, aber sehr oft seine Ursache in der Handlungsweise des Verletzten hat, mit einem Rechtsanwalt (wenn überhaupt) erst nach Erhalt der Ladung zur Hauptverhandlung Kontakt aufzunehmen – steht sie strukturell vor dem gleichen Problem, dem sich auch der erst spät mandatierte Verteidiger stellen muss: Der Sachverhalt steht weitgehend fest, Beweismittel sind für die Hauptverhandlung bereits gruppiert und die rechtlichen Beurteilungsalternativen sind ebenfalls auf ein Minimum reduziert.

Vor der Hauptverhandlung sollte sich der Nebenklagevertreter mit dem Sitzungsstaatsanwalt in Verbindung setzen, um die Argumentationslinie und die Strafmaßvorstellungen der Staatsanwaltschaft in Erfahrung zu bringen.

III. Nebenklageverfahren

1. Der Kreis der Anschlussberechtigten

Der Übersichtlichkeit halber lässt sich der in § 395 StPO abschließend aufgeführte Kreis der zur Nebenklage Anschlussberechtigten wie folgt darstellen:

6

Verletzte

von Straftaten gegen die sexuelle Selbstbestimmung (§§ 174–174 c, 176–180, 180 b, 181, 182[7] StGB)

von Straftaten gegen die persönliche Ehre (§§ 185–189 StGB)

von Straftaten gegen die körperliche Unversehrtheit (§§ 221, 223–226, 340 StGB; im Ausnahmefall – § 395 III StPO – auch der Verletzte einer fahrlässigen Körperverletzung, § 229 StGB)

von Straftaten gegen die persönliche Freiheit (§§ 234–235, 239 III, 239 a, 239 b StGB)

---

7 Eingeführt durch das Zeugenschutzgesetz vom 30. 4. 1998

Hohmann

von Verstößen gegen § 4 des Gewaltschutzgesetzes;

von versuchten Straftaten gegen das Leben (§§ 211, 212 StGB)

[weitere Anschlussbefugnisse ergeben sich aus § 395 III Nr. 2 und 3 StPO für die von Straftaten gem §§ 90, 90 b StGB Benachteiligten; für den Privatkläger des § 374 I Nr. 7 und 8 StPO (Wettbewerbsdelikte)];

(erfolgreiche) Antragsteller im Klageerzwingungsverfahren (§ 172 StPO);

Eltern, Kinder, Geschwister und Ehegatten des durch eine rechtswidrige Tat Getöteten.

a) Der Verletzte als Antragsteller[8]

7　§ 406 h StPO beinhaltet für Polizei, Staatsanwaltschaft[9] und Gericht die als Sollvorschrift ausgestaltete Verpflichtung, den Verletzten einer Katalogstraftat des § 395 StPO frühzeitig auf seine Anschlussbefugnis als Nebenkläger und die Möglichkeit einen Rechtsbeistand zu bestellen oder beizuziehen[10] hinzuweisen. Ein konkreter Zeitpunkt für den Hinweis auf das Recht zur Nebenklage ist allerdings ebenso wenig geregelt, wie die inhaltlichen und formalen Anforderungen an einen solchen Hinweis. Die Vorschrift läuft in der Praxis weitgehend leer,[11] zumal dem Verletzten nicht einmal dann eine Wiedereinsetzung in den vorigen Stand gewährt werden soll, wenn er durch die Unterlassung der Unterrichtung eine Rechtsmittelfrist oder auch einen Termin versäumt hat.[12]

8　Als Verletzter gilt, wer durch die jeweilige Straftat in ihrem Rechtsgut unmittelbar beeinträchtigt worden ist.[13] Die Straftat muss tatbestandsmäßig und rechtswidrig sein,[14] die schuldhafte Begehung ist als Anschlussvoraussetzung nicht erforderlich.[15]

- Unerheblich für das Bestehen der Anschlussbefugnis ist, ob als Beteiligungsform Täterschaft oder Teilnahme vorliegt oder ob das Delikt versucht oder vollendet ist. Strafwürdige Vorbereitungshandlungen (§ 30 StGB) lösen jedoch keine Anschlussbefugnis aus.[16]
- Trifft ein nebenklagefähiges Delikt und eine andere Straftat im Wege tateinheitlicher Begehung zusammen oder besteht insoweit Gesetzeskonkurrenz, steht dies einer Nebenklagebefugnis nicht entgegen;[17] worauf jeweils die Staatsanwaltschaft den Schwerpunkt der Vorwerfbarkeit legt, ist für das Bestehen der Anschlussbefugnis unerheblich.[18]
- Ist der Verletzte zugleich (Mit-)Angeklagter, schließt auch diese »Zwitterstellung« die Anschlussbefugnis nicht aus;[19] der Anklagevorwurf gegen den Neben-

---

8　Der Nebenkläger muss zur Antragstellung prozessfähig sein (§§ 51, 52 ZPO), uneingeschränkte Geschäftsfähigkeit (§§ 104 ff BGB) ist daher vorauszusetzen; zur Nebenklagefähigkeit von Minderjährigen: Eisenberg GA 1998, 32 ff

9　Nr. 4 d RiStBV

10　Eingeführt durch das Zeugenschutzgesetz vom 30. 4. 1998

11　Vgl auch Nr. 4 d II RiStBV

12　Meyer-Goßner § 406 h Rn 7

13　OLG Köln NJW 1972, 1338

14　Sofern ein nebenklagefähiges Delikt in einer Rauschtat (§ 323 a StGB) »aufgeht«, berechtigt auch diese Rauschtat zum Anschluss, BGH NStZ-RR 1998, 305; OLG Bamberg MDR 1992, 69

15　Vgl § 11 I Nr. 5 StGB; Meyer-Goßner § 395 Rn 3

16　OLG Stuttgart NStZ 1990, 298

17　BGHSt 33, 114, 115; BGH JR 1995, 71 m Anm Geerds

18　BGHSt 29, 216, 218

19　BGH NJW 1978, 330

kläger darf sich allerdings nicht auf den konkreten Anschlusssachverhalt und das konkrete anschlussfähige Delikt beziehen, das der Nebenkläger für sich als Verletzter in Anspruch nimmt.[20]

– Dass in den meisten Fällen der Verletzte ohnehin zugleich Zeuge ist, vermag die Nebenklageberechtigung in keiner Weise zu beeinträchtigen.[21] Die Verfolgung eines vitalen Genugtuungsinteresses schließt die Zeugeneignung nicht aus; im Rahmen der Beurteilung von Glaubwürdigkeitsfragen dürfte die »relative Parteistellung«[22] gemeinhin aber nicht ganz außen vor bleiben (wobei es nicht zulässig sein wird, die Glaubwürdigkeit des Zeugen allein aufgrund dessen Beteiligung am Verfahren als Nebenkläger anzuzweifeln).

aa) Sicherungsverfahren

Erhebt die Staatsanwaltschaft keine öffentliche Klage, sondern stellt Antrag im Sicherungsverfahren (§§ 413 ff StPO) besteht besteht nach neuerer Rechtsprechung des BGH besteht nach neuerer Rechtsprechung des BGH (BGHSt 47, 202) nun auch eine Nebenklagebefugnis. Die Gegner dieser Ansicht tragen vor, das Institut der Nebenklage ziele seinem Wesen nach auf die Bestrafung des Täters, Sinn und Zweck des Sicherungsverfahrens sei der Schutz der Allgemeinheit und »weniger die Belange des Verletzten«.[23] Dem ist entgegenzuhalten, dass gerade nach Inkrafttreten des Opferschutzgesetzes vom 18. 12. 1986 das Interesse des Nebenklägers an der prozessualen Artikulation seiner Belange, die Mitwirkung an der Sachverhaltsaufklärung und die Wahrnehmung der Kontrollfunktion gegenüber der Staatsanwaltschaft in den Vordergrund gerückt sind.[24] Die Anschlussbefugnis auf tatbestandsmäßige und rechtswidrige Handlungen zu beziehen, bestätigt nachgerade die Intention des Gesetzgebers, dem Verletzten im Hauptverfahren eine stärkere Rolle auch bei der Feststellung der Urteilsvoraussetzungen zukommen zu lassen.[25] Der Verletzte hat mithin ein »natürliches Interesse« am Ausgang des Sicherungsverfahrens.[26]

9

Dem Nebenklagevertreter ist angesichts eines Sicherungsverfahrens in jedem Falle zu empfehlen, auf eine positive Bescheidung der Anschlusserklärung hinzuwirken. In der Begründung der Anschlusserklärung sollte dann bereits ein Augenmerk auf die Darlegung jener Aspekte gerichtet werden, die ein besonderes Interesse des Verletzten an Einzelfragen der Tatsachenfeststellung und/oder an der Gegenwehr in bezug auf Verantwortungs- und Schuldzuweisungen durch den Beschuldigten erkennen lassen.

10

bb) Nebenklage im Verfahren gegen Jugendliche und Heranwachsende

Die Nebenklage gegen Jugendliche ist ausgeschlossen (§ 80 III JGG). Nach §§ 103 JGG, 2 ff StGB können indes Verfahren miteinander verbunden werden, in denen Jugendliche, Heranwachsende und/oder Erwachsene angeklagt sind.

11

Lange Zeit war äußerst umstritten, ob in solchen verbundenen Verfahren die Nebenklage gegen den erwachsenen oder heranwachsenden Angeklagten zulässig sein

---

20 Meyer-Goßner § Vor 395 Rn 9; für den Tatverdächtigen: Altenhain JZ 2001, 794
21 Vgl schon RGSt 2, 384
22 Fabricius NStZ 1994, 257, 258
23 BGH NJW 1974, 2244
24 Vgl Gössel Anm zu KG JR 1995, 127, 129 und ders Anm zu OLG Köln JR 1994, 344, 345
25 KG JR 1995, 127, 128
26 KG JR 1995, 127, 128

kann.[27] Dieser Auseinandersetzung hat der BGH 1995 ein Ende bereitet und sich für die Zulässigkeit der Nebenklage in verbundenen Verfahren ausgesprochen.[28] Der 2. Senat beruft sich zur Begründung der Zulässigkeit der Nebenklage im Wesentlichen auf den Wortlaut des § 80 III StPO, der einer Berechtigung der Nebenklage gegen Heranwachsende und Erwachsene nicht entgegenstehe.[29]

cc) Antragsdelikte

12 Bei Antragsdelikten ist der Strafantrag Prozessvoraussetzung. Auch bei fehlendem Strafantrag des Verletzten ist ein Anschluss der Nebenklage dann zulässig, wenn die Staatsanwaltschaft das Vorliegen des öffentlichen Interesses an der Strafverfolgung bejaht (§ 230 I StGB) oder der Dienstvorgesetzte von sich aus den Strafantrag gestellt hat (§§ 194 III, 230 II StGB).[30]

dd) Fahrlässige Körperverletzung

13 Das Opfer einer fahrlässigen Körperverletzung kann sich dem Strafverfahren gegen den Beschuldigten nur anschließen, wenn besondere Gründe vorliegen, die die Interessenwahrnehmung geboten erscheinen lassen. Regelmäßig wird von einer Anschlussberechtigung auszugehen sein, sofern die Verletzungsfolgen sich als besonders schwerwiegend herausstellen.[31] *Daneben* kann sich aus dem Bedürfnis nach Klärung der Mitverschuldensfrage und des Schadensersatzanspruchs eine Anschlussbefugnis ergeben.

b) Der Antragsteller im Klageerzwingungsverfahren

14 Der Antragsteller im Klageerzwingungsverfahren, dessen Beschwerde erfolgreich war und eine ihm günstige gerichtliche Entscheidung erwirken konnte, hat ein selbstständiges Anschlussrecht gem § 395 I Nr. 3 StPO.[32] Hat die Generalstaatsanwaltschaft von sich aus Anklage erhoben bzw die Anklageerhebung veranlasst, liegt also kein Fall des § 175 StPO vor, ist streitig, ob eine Anschlussberechtigung des Verletzten besteht.[33] Entscheidend dürfte sein, dass erst auf Beschwerde des Verletzten eine Anklage Zustande gekommen ist, die Staatsanwaltschaft also »mangelnden Verfolgungswillen«[34] gezeigt hat. Demnach ist für den Nebenklagevertreter in jedem Falle empfehlenswert, eine dem Verletzten günstige Entscheidung über die Anschlussbefugnis zu erwirken.

---

27 OLG Düsseldorf StV 1994, 605; NStZ 1995, 143; OLG Köln NStZ 1994, 298
28 BGH StV 1996, 83 = BGHSt 41, 288
29 Diese Begründung wird in der Literatur heftig kritisiert, da sie außer Acht lasse, dass durch die Beteiligung der Nebenklage faktisch auch Verfahrens- und Verteidigungsrechte des angeklagten Jugendlichen beeinträchtigt werden können (zB im Bereich der Tatsachenfeststellungen). Damit komme es zu einer Vermengung von Jugendstrafverfahren und Erwachsenenstrafverfahren, die so (vgl § 80 III StPO) nicht gewollt sei, Franze StV 1996, 289, 292 f; Graul Anm zu BGH NStZ 1996, 149 in NStZ 1996, 402 f
30 KK-Senge § 395 Rn 5 mwN
31 AG Höxter NJW 1990, 1126; aA AG Bayreuth DAR 1995, 503
32 KK-Senge § 395 Rn 7
33 Für eine Anschlussbefugnis: OLG München NStZ 1986, 376; dagegen: OLG Frankfurt NJW 1979, 994
34 KK-Senge § 395 Rn 7

c) Die Anschlussbefugnis naher Angehöriger

Anschlussbefugte Angehörige sind allein Eltern, Kinder, Geschwister[35] und Ehegatten des durch die Straftat zu Tode gekommenen. Die Anschlussberechtigung liegt jeweils individuell vor und befugt jeden Angehörigen, eigenständig den Anschluss zu erklären.[36]

15

Auf die Beteiligungsform (Täterschaft oder Teilnahme) kommt es nicht an. Die Anschlussberechtigung ist nicht auf die Tötungsdelikte der §§ 211, 212 StGB beschränkt, sondern erstreckt sich auch auf ohne Tötungsvorsatz vorgenommene vorsätzliche Körperverletzungen (§§ 223, 224, 227 StGB).[37]

16

2. Die Anschlusserklärung

a) Die prozessuale Wirksamkeit der Anschlusserklärung

Das Institut der Nebenklage ist in seiner prozessualen **Wirksamkeit** unmittelbar an die öffentliche Klage der Staatsanwaltschaft gebunden. Diese Bindung ist nicht nur inhaltlich signifikant (die Anschlusserklärung kann sich nur auf nebenklagefähige Delikte beziehen, die Teil des Anklagesachverhalts geworden sind), sondern auch hinsichtlich des Zeitpunkts der Wirksamkeit des Anschlusses selbst (§ 396 I 2 StPO).

17

Für den Nebenkläger besteht keine Verpflichtung, die Anschlusserklärung zu einem bestimmten Zeitpunkt einzureichen (Antragstellung ist möglich im Ermittlungs-, Zwischen-, Haupt- und Rechtsmittelverfahren); zu beachten ist lediglich, dass der Anschluss noch rechtzeitig genug erfolgt, um die in §§ 395 ff StPO eingeräumten rechtlichen Möglichkeiten im Verletzteninteresse effektiv nutzen zu können[38] – nach Rechtskraft ist ein Anschluss unzulässig.[39]

Die Entscheidung über den **Zeitpunkt der Antragstellung** steht im Ermessen des Nebenklägers bzw seines Vertreters. In der Regel ist ratsam, so früh als möglich die Anschlusserklärung bei Gericht (oder im Ermittlungsverfahren bei der Staatsanwaltschaft) einzureichen, nachdem man sich des Vorliegens eines Anschlusstatbestandes vergewissert hat. Obschon erst ein wirksamer[40] Anschluss (Einreichung der Anklageschrift, § 396 I 2 StPO) die Ausübung der gestalterischen Rechte des § 397 StPO (Anwesenheitsrecht, Ablehnungsbefugnis, Beweisantragsrecht, Fragerecht, Erklärungsrecht, Beanstandungsrecht, Recht zum Schlussvortrag) erlaubt,[41] sind der Nebenklage im Stadium zwischen Anschlusserklärung und Zulassung nicht unbedingt die Hände gebunden:

18

Zum einen hat das frühzeitige Einreichen einer Anschlusserklärung eine **Signalwirkung**; Staatsanwaltschaft und Verteidiger müssen damit rechnen, zumal wenn die Anschlussvoraussetzungen offenkundig vorliegen, dass mit dem Nebenkläger ein

19

---

35 Auch Halbgeschwister: OLG Düsseldorf NJW 1958, 394
36 LG Osnabrück AnwBl 1968, 331
37 Vgl BGHSt 33, 114; OLG Frankfurt NJW 1979, 994
38 Dies ist insbesondere zu beachten im Hinblick auf laufende Rechtsmittelfristen, sofern ein eigenständiges Rechtsmittel der Nebenklage eingereicht werden soll
39 Schon RGSt 66, 394
40 Die Entscheidung des Gerichts über die Zulassung der Nebenklage hat lediglich deklaratorischen Charakter; wirksam wird der Anschluss der Nebenklage mit Erhebung der öffentlichen Klage (Eingang der Akten bei Gericht)
41 KK-Senge § 397 Rn 1. Das Akteneinsichtsrecht, das sich für den Verletzten schon aus § 406 e StPO und nicht erst aus § 397 StPO ergibt, wird regelmäßig vor Wirksamkeit des Anschlusses ausgeübt werden können

weiterer Verfahrensbeteiligter »die Bühne des Verfahrens betritt«. Für den Verteidiger kann die Kenntnisnahme der Anschlusserklärung in Fällen, in denen der Täter überführt oder geständig ist, Bemühungen auslösen, durch Gespräche mit dem Nebenklagevertreter die Modalitäten einer Wiedergutmachungsleistung festzulegen. Der Verteidiger wird damit das Ziel verbinden, einerseits eine positive Strafzumessungstatsache für die Hauptverhandlung zu gewinnen und andererseits den Nebenkläger »vorab zufriedenzustellen«, um dessen (kostenauslösende!) Teilnahme an der Hauptverhandlung zu unterbinden. Sofern der Angeklagte eine Tatbeteiligung bestreitet und/oder die Überführung des Angeklagten in der Hauptverhandlung eher zweifelhaft erscheint, hat der Nebenklagevertreter tendenziell mit einer »Verhärtung der Fronten« zu rechnen, sobald er auf der prozessualen Bildfläche erscheint.[42]

20 Die Staatsanwaltschaft (die im Ermittlungsverfahren der gekorene Adressat[43] der Anschlusserklärung ist) wird in aller Regel die bevorstehende Zulassung der Nebenklage zum Anlass nehmen, Fragen der (teilweisen) Einstellung bestimmter Tatvorwürfe (§§ 153 f, 154, 154 a StPO), der Erledigung im Strafbefehlsverfahren oder der Anklageerhebung mit dem Nebenklagevertreter zu erörtern. Verpflichtet ist sie hierzu jedoch nicht, da eine funktionelle Dispositionsbefugnis des Nebenklägers über die Einstellungsmöglichkeiten der §§ 153 ff StPO in diesem Stadium ohnehin nicht besteht.

21 Die frühzeitige Einreichung einer Anschlusserklärung noch vor Erhebung der öffentlichen Klage ermöglicht es dem Gericht, die Hauptverhandlung effektiver zu planen. Für den Nebenklagevertreter liegt hierin der Vorteil, in die Terminsabsprache selbst, sowie hiermit in Verbindung stehende Fragen der Zeugen- und Sachverständigenladung miteinbezogen zu werden. Solche Gesprächskontakte bieten erfahrungsgemäß die Gelegenheit, auch den (vorläufigen) Meinungsstand des Vorsitzenden oder des Gerichts zu bestimmten Beweisfragen oder Rechtsproblemen zu erspüren und gegebenenfalls selbst Konsequenzen hieraus für Beweisanträge zu ziehen.[44]

Wenn die Anschlusserklärung bereits mit konkreten Beweisanträgen oder einem Antrag auf Gewährung von Prozesskostenhilfe verbunden ist, kann der Nebenklagevertreter durch frühzeitiges Einreichen der Erklärung bewirken, dass über die Beweisanträge und den PKH-Antrag zügig (zumeist zusammen mit dem Zulassungsbeschluss) entschieden werden kann.

Des Weiteren löst eine dem Gericht vorliegende Anschlusserklärung für den Fall, dass nach §§ 153 ff StPO verfahren werden soll, die Pflicht aus, den Nebenkläger anzuhören (§ 397 I StPO iVm §§ 33, 385 I StPO).[45]

22 Im Strafbefehlsverfahren wird gem § 396 I 3 StPO die Anschlusserklärung erst wirksam, wenn entweder Termin zur Hauptverhandlung bestimmt wird (zB wegen Einspruchs des Angeschuldigten) oder das Amtsgericht den Strafbefehlsantrag der Staatsanwaltschaft ablehnt. Im erstgenannten Fall ergeht oftmals zusammen mit der Terminsbestimmung der Zulassungsbeschluss.

---

42 Diese Entwicklung muss den Nebenklageinteressen jedoch nicht abträglich sein und ist aller Wahrscheinlichkeit nach auch durch eine spätere Anschlusserklärung nicht zu verhindern

43 Da die Staatsanwaltschaft jedoch nicht zur Entscheidung über die Zulassung der Nebenklage berufen ist, wird das Anschlussbegehren erst mit der Anklageeinreichung dem Gericht vorgelegt. Da die Staatsanwaltschaft ohnehin zur Frage der Anschlussberechtigung zu hören ist (§ 396 II 1 StPO) wird zugleich eine Stellungnahme übersandt

44 Vgl hierzu Hohmann Teil B Kap 3

45 BVerfGE 14, 323

Hohmann

Im letztgenannten Fall ergeht ein Zulassungsbeschluss zugleich unter Hinweis auf das Recht, sich einer sofortigen Beschwerde der Staatsanwaltschaft gem § 210 II StPO anzuschließen. Wird indes der Strafbefehl erlassen und wird rechtskräftig oder erfolgt zwar ein Einspruch des Angeschuldigten, das Verfahren wird aber gem § 153 ff StPO eingestellt, soll nach herrschender Meinung[46] kein Zulassungsbeschluss notwendig sein.[47] Letztere Auffassung ist angesichts des § 396 III StPO, wonach vor einer Einstellung des Verfahrens gem §§ 153 II, 153 a II, 153 b II und 154 II StPO über die Anschlussberechtigung entschieden sein muss, nicht recht verständlich.

Beantragt die Staatsanwaltschaft erst im Hauptverfahren (Hauptverhandlung) den Erlass eines Strafbefehls (§ 408 a I StPO), hindert die Tatsache, dass bereits ein Anschluss der Nebenklage erfolgt ist und in den meisten Fällen auch schon ein Zulassungsbeschluss vorliegt, das Gericht nicht, dem Antrag der Staatsanwaltschaft zu folgen. Der Nebenklage ist vor Entscheidung indes rechtliches Gehör zu gewähren, was sich bereits aus dem Katalog der Verfahrensrechte in § 397 I 2 StPO ergibt. Spricht sich der Nebenkläger oder sein Vertreter gegen die von der Staatsanwaltschaft intendierte Verfahrensweise aus, bleibt dies im Falle der antragsgemäßen Entscheidung des Gerichts ohne Belang. Der Nebenkläger hat insoweit lediglich ein Erklärungsrecht, auf seine Zustimmung oder Ablehnung kommt es für die Entscheidung nicht an. Dies mag man bedauern, aber dem Nebenkläger steht ein Rechtsmittel gegen diese Entscheidung des Gerichts nicht zu.

Von Seiten des Nebenklägers ist allerdings durch entsprechende Antragstellung dafür Sorge zu tragen, dass das Gericht zugleich mit dem Erlass des Strafbefehls eine Entscheidung über die notwendigen Auslagen des Nebenklägers trifft. Unterbleibt nämlich eine solche Kostengrundentscheidung, ist dieses Versäumnis für den Nebenkläger ebenfalls nicht rechtsmittelbewehrt.[48]

b) Form, Inhalt und Adressat

Die Anschlusserklärung hat schriftlich zu erfolgen, entweder durch geeignete Antragstellung oder zu Protokoll der Geschäftsstelle des zuständigen Gerichts.[49] Auch ein in laufender Hauptverhandlung zum Sitzungsprotokoll erklärter Anschluss ist wirksam.[50] Die inhaltliche Abfassung der Anschlusserklärung sollte keinen Zweifel darüber lassen, hinsichtlich welcher Delikte oder Tatkomplexe der Anschluss begehrt wird. **23**

Eine solche Klarstellung ist in aller Regel dann zu empfehlen,

- wenn über nebenklagefähige Delikte hinaus noch weitere nicht nebenklagefähige Vorwürfe erhoben werden,
- wenn nebenklagefähige Vorwürfe gem § 154 a StPO zur Einstellung gelangt sind und sich im konkreten Anklagesatz lediglich nicht nebenklagefähige Tatvorwürfe wieder finden,
- wenn sich die Nebenklage gegen einen von mehreren oder gegen mehrere Angeklagte wendet,
- wenn sich die Nebenklage im Jugendstrafverfahren (§ 80 III JGG !) gegen einen Erwachsenen oder Heranwachsenden richtet.

---

46 AA wohl nur LG Köln MDR 1984, 776
47 KK-Senge § 396 Rn 3
48 Schellenberg NStZ 1994, 370 ff, 374 f
49 KK-Senge § 396 Rn 1
50 BayObLGSt 1958, 118

Hohmann

24 Es sollte auch eindeutig der »Anschluss als Nebenkläger« erklärt werden; die bloße Einreichung einer Vertretungsanzeige[51] oder ein Akteneinsichtsgesuch durch den Nebenklagevertreter reichen zB nicht, um hierin konkludent eine Anschlusserklärung zu vermuten.

25 Die Anschlusserklärung kann auch durch einen Vertreter erfolgen; dies ist dann wirksam geschehen, wenn zum Zeitpunkt der Erklärung ein Bevollmächtigungsverhältnis besteht, das schriftlich auch noch später nachgewiesen werden kann.

26 Adressat der Anschlusserklärung ist regelmäßig das Gericht. Geht der Antrag auf Anschluss bei einer anderen Behörde – auch der Staatsanwaltschaft – ein, so hat diese die Erklärung weiterzuleiten. Wirksam wird die Erklärung erst mit Zugang bei Gericht und erfolgter Erhebung der öffentlichen Klage.

c) Entscheidung des Gerichts

27 Vor einer Entscheidung des Gerichts ist die Staatsanwaltschaft anzuhören (§ 396 II 1 StPO). Der Angeschuldigte hingegen ist nicht anzuhören,[52] lediglich in den Konstellationen des § 395 III StPO.

28 Ist bereits ein Rechtsmittel eingelegt, trifft die Entscheidung das Rechtsmittelgericht, ansonsten immer das gerade mit der Sache befasste Gericht.[53]

29 Der Prüfungsmaßstab des Gerichts ergibt sich im Wesentlichen bereits aus § 395 StPO. Zu überprüfen sind Zulässigkeit der Anschlusserklärung (der Antragsteller muss zum Kreis der anschlussberechtigten Personen gehören; bei Antragsdelikten ist zusätzlich das Erfordernis eines rechtzeitigen und wirksamen Strafantrags zu beachten; der Anschluss muss vor Rechtskraft erfolgt sein; die Anschlusserklärung hat den formellen Anforderungen zu genügen, der Nebenkläger muss prozessfähig sein) und ihre Begründetheit. Zur Annahme der Begründetheit reicht hin, wenn nach Sachlage die Verurteilung des Angeklagten wegen eines nebenklagefähigen Delikts rechtlich möglich erscheint[54] – besondere Anforderungen an das Bestehen einer solchen Verurteilungsmöglichkeit werden nicht geknüpft; ein bestimmter Verdachtsgrad, schon gar ein hinreichender Tatverdacht,[55] ist nicht erforderlich.

30 Der vom Gericht getroffene Beschluss (»Zulassungsbeschluss«) erwächst nicht in Rechtskraft und ist jederzeit bei neuer Sachlage von Amts wegen wieder anders zu fassen; das betrifft sowohl den Fall, dass neue Umstände zur Aufhebung der Zulassung führen können,[56] als auch den Fall, dass sich erst im späteren Verfahren die Berechtigung des Nebenklägers herausstellt.[57]

Der Nebenkläger erhält dadurch mitunter die Gelegenheit einer faktischen »Nachbesserung«, aber auch der Angeklagte bzw sein Verteidiger können durch Darlegung neuer Umstände einen bereits ergangenen Zulassungsbeschluss wieder beseitigen. Dies kann allerdings nicht soweit gehen, dass in der Hauptverhandlung, sofern sich nach aktueller Beweislage die Tatsachenbehauptungen des Nebenklägers als unzutreffend erweisen, das Gericht die Zulassungsentscheidung wieder rückgängig

---

51 Meyer-Goßner § 396 Rn 3
52 HM: Meyer-Goßner § 396 Rn 11
53 BGHSt 6, 103, 104
54 BGH NStZ-RR 2002, 340; LG Koblenz NJW 2004, 305
55 Schon RGSt 69, 246
56 OLG Köln NJW 1952, 678
57 BayObLGSt 1971, 56, 58

macht – ändert sich die Beweislage während der Hauptverhandlung bleibt die Entscheidung dem Urteil und den darin enthaltenen Feststellungen des Gerichts vorbehalten.[58]

d) Beschwerde

Sowohl gegen die Feststellung der Anschlussberechtigung, wie auch die gegenteilige Entscheidung steht den jeweils beschwerten Verfahrensbeteiligten[59] der Rechtsbehelf der einfachen Beschwerde (§ 304 StPO) zu. Nach herrschender Meinung dient die Zulassungsentscheidung der Regelung eines eigenständigen Verfahrenskomplexes und nicht der Vorbereitung der Urteilsfällung;[60] daher scheidet die Anwendung des § 305 I StPO aus.

31

Die Beschwerde ist beim iudex a quo einzulegen; einer Frist ist sie nicht unterworfen. Der Beschwerdeführer ist zur Begründung des Rechtsbehelfs nicht verpflichtet; es ist jedoch in jedem Falle zu empfehlen, eine Begründung zu fertigen. Dies kann im Hinblick auf eine spätere Entscheidung des Revisionsgerichts von Bedeutung sein: Die Prüfungsbefugnis des Revisionsgerichts erstreckt sich nämlich auch auf den der Beschwerdeentscheidung zugrunde liegenden Sachverhalt.[61]

e) Widerruf, Verzicht und Erlöschen des Anschlusses

Ein **Widerruf** der Anschlusserklärung ist jederzeit möglich. Die Widerrufserklärung hat schriftlich gegenüber dem Gericht, zu Protokoll der Geschäftsstelle oder zum Hauptverhandlungsprotokoll zu erfolgen; der Widerruf sollte ausdrücklich erfolgen.[62] Der Widerruf ist jenseits der Rechtskraft ebenfalls immer statthaft.[63] Ein einmal erklärter Widerruf hat keine Sperrwirkung für einen später im Verfahren erneut erklärten Anschluss.[64] Der Nebenklagevertreter hat allerdings bei der Abfassung der Widerrufserklärung darauf zu achten, dass nicht über den bloßen Widerruf des Anschlusses hinaus Erklärungen abgegeben werden, die einen **Verzicht** auf die Nebenklagebefugnis überhaupt Nahelegen, da in Fällen der Verzichtserklärung ein späterer erneuter Anschluss nicht mehr zulässig ist.[65]

32

In jedem Falle aber gehen durch den Widerruf Gebühren- und Auslagenansprüche der Nebenklagevertretung verloren.[66]

Der **Tod des Nebenklägers** macht die Anschlusserklärung unwirksam (§ 402 StPO). Höchst umstritten ist, ob die Angehörigen ihrerseits Anschluss erklären und damit die Nebenklage »übernehmen« können.[67] Die Befürworter des Anschlussrechts der Angehörigen berufen sich im Wesentlichen auf die analoge An-

33

---

58 RGSt 51, 129
59 Staatsanwalt und Antragsteller oder Staatsanwalt und Angeschuldigter
60 BayObLGSt 1953, 64; OLG Köln HESt 1, 221; mit differenzierter Begründung OLG Frankfurt NJW 1967, 2075 und OLG Saarbrücken NJW 1963, 513
61 BGH NJW 1973, 1985
62 Nach OLG Hamm GA 1971, 26 soll auch eine formlose Erklärung ausreichen. Diese Auffassung ist indes – soweit ersichtlich – ohne Bestätigung in der Rechtsprechung geblieben, so dass vorsorglich eine ausdrückliche und schriftliche Widerrufserklärung bei Gericht eingereicht werden sollte
63 RGSt 67, 322
64 Meyer-Goßner § 402 Rn 3
65 BGH NStZ-RR 1998, 305 f; BGH NStZ 1986, 209 f; OLG Celle NStZ 1985, 234
66 OLG Nürnberg NJW 1959, 1700
67 Vgl BGH NStZ 1997, 200 m Anm Fezer NStZ 1997, 305 f – der BGH hat die Klärung der Frage »offengelassen«

wendbarkeit des § 393 II StPO, der eine Fortführung der Privatklage durch Angehörige zulässt.[68] Die Gegner der Anschlussbefugnis (wohl herrschende Meinung) führen hingegen an, dass die klare Trennung von Privatklage und Nebenklage in der StPO durch das Opferschutzgesetz vom 18. 12. 1986[69] eine Analogie zu § 393 II StPO gerade verbietet.[70]

Wird eine Fortführung des bereits durch den Verstorbenen erklärten Anschlusses ausgeschlossen, kann dies insbesondere in jenen Fällen, in denen zwar das Rechtsmittel (Revision) eingelegt ist, die Begründung aber noch nicht erfolgt ist, nachteilige Folgen haben: Zwar steht den Angehörigen das durch § 395 II 1 StPO verbriefte Recht zur eigenständigen Anschlusserklärung zu (sofern der vormalige Nebenkläger an den Folgen der nebenklagefähigen rechtswidrigen Tat verstorben ist); dieser wird jedoch der Erfolg versagt bleiben, da die Anschlusserklärung nach Ablauf der Rechtsmitteleinlegungsfrist erfolgt. Kann hier kein Anschluss im Hinblick auf eine laufende Revision der Staatsanwaltschaft erklärt werden, läuft die Anschlusserklärung leer. Die Behebung dieses Missstands durch den Gesetzgeber steht aus – auch das Zeugenschutzgesetz vom 30. 4. 1998 hat nicht zu einer Ausdehnung der Anschlussbefugnisse naher Angehöriger geführt.

Ein bereits vor dem Tod des Nebenklägers eingelegtes Rechtsmittel gilt mit dem Tod als zurückgenommen.[71] Sind die Akten noch nicht dem Rechtsmittelgericht zugegangen, entscheidet das Gericht, dass instanziell mit der Hauptverhandlung befasst war (Kostenentscheidung).[72] Der Tod des Nebenklägers lässt – anders als beim Widerruf – den Erstattungsanspruch auf die notwendigen Auslagen nicht entfallen.[73]

3. Verfahrensrechte des Nebenklägers

a) Gesetzliche Grundlagen

34   Die Rechte des Nebenklägers gestalten sich unterschiedlich, je nach dem, ob es sich um eine Mitwirkung im Ermittlungsverfahren (vor Anschlusserklärung), Aktivitäten im Zeitraum zwischen Anschlusserklärung und Zulassungsbeschluss, Nebenklagebefugnisse im Hauptverfahren oder im Rechtsmittelverfahren handelt (§§ 397, 406 d, 406 e, 406 g iVm § 406 f II StPO).

35   Der Verletzte, der eine Anschlussberechtigung nicht für sich beanspruchen kann, verfügt gleichwohl nach Einführung der §§ 406 d–406 h StPO durch das Opferschutzgesetz vom 18. 12. 1986 und dessen Weiterungen durch das Zeugenschutzgesetz vom 30. 4. 1998 über Verfahrensrechte, die eine Interessenwahrnehmung gewährleisten (§§ 406 d–406 f, 406 h StPO).

b) Rechte des nicht nebenklagebefugten Verletzten

36   Auch der Verletzte, der nicht zum Anschluss an das Strafverfahren als Nebenkläger berechtigt ist, soll durch die Gesetzesreformen der späten 80 er und 90 er Jahre aus der Stellung als bloßes Objekt des Verfahrens gelöst und mit einer Stärkung seiner Rechtsstellung im Verfahren versehen werden. Die Ausweitung der Verletztenrechte

---

68 LR-Wendisch § 402 Rn 6
69 BGBl I, 2496
70 KK-Senge § 402 Rn 5; mit and Begründung (weil vor Einführung des Opferschutzgesetzes) OLG Stuttgart NJW 1970, 822; OLG Düsseldorf MDR 1986, 76
71 OLG Celle NJW 1953, 1726
72 KK-Senge § 402 Rn 5
73 OLG Stuttgart NJW 1960, 115

im Strafverfahren ist genuiner Ausdruck des Gedankens einer fairen Verfahrensgestaltung. Lag der Schwerpunkt der Diskussion um Waffengleichheit und fair trial früher auf den Verteidigungsrechten des Beschuldigten, hat sich seit der Entscheidung des Bundesverfassungsgerichts zu dem Ausbau der Zeugenrechte[74] der Blickwinkel erweitert auf die Sicherstellung eines fairen Verfahrens für andere Verfahrensbeteiligte wie insbesondere Zeugen und Verletzte.[75]

Es ergibt sich folgende Übersicht: **37**

– Der Verletzte hat Informationsrechte, die weitgehend mit Hinweispflichten auf Seiten der Ermittlungsbehörden und des Gerichts korrespondieren. Gem § 406 h StPO soll der Verletzte auf seine Rechte aus den §§ 406 ff StPO und auf die Möglichkeit der Zuziehung eines Rechtsanwalts als Beistand hingewiesen werden; sofern der Verletzte bei seiner Vernehmung oder zu einer anderen Gelegenheit seinem Wunsch Ausdruck verliehen hat, über das Ergebnis des Verfahrens informiert zu werden, soweit es ihn betrifft, ist eine Mitteilung an ihn vorzunehmen.[76] Eine Verpflichtung, die Mitteilung vor Rechtskraft der betreffenden Entscheidung (Urteil, Einstellung gem §§ 153 ff StPO, Nichteröffnung) vorzunehmen, besteht indes nicht.

– § 406 e StPO stellt dem Verletzten ein Akteneinsichtsrecht zur Seite. Während der Nebenklageberechtigte das Akteneinsichtsgesuch nicht gesondert begründen muss, ist der Verletzte, der sich zur Akteneinsicht selbstverständlich auch eines Rechtsanwalts zu bedienen hat, verpflichtet, sein berechtigtes Interesse darzulegen.[77] Ein solches »berechtigtes Interesse« wird regelmäßig dann zu bejahen sein, wenn qua Akteneinsicht geprüft werden soll, ob eine Einstellungsbeschwerde gem § 172 I StPO eingelegt werden soll oder der Weg der Klageerzwingung (§ 172 II StPO) zu beschreiten ist; auch für die Prüfung zivilrechtlicher Ansprüche gegen den Beschuldigten wird Akteneinsicht zu gewähren sein.[78] Entsteht aber der Eindruck, der Verletzte wolle sich über die Akteneinsicht lediglich eine bessere Vorbereitung auf seine Zeugenrolle verschaffen, wird ihm eine Akteneinsicht versagt werden müssen.

Das Akteneinsichtsrecht des Verletzten ist auf die vollständigen Akten gerichtet und bezieht sich auch auf Beweismittel.

Das Recht zur Akteneinsicht unterliegt indes der Beschränkung des § 406 e II StPO, wonach nicht nur die mögliche Gefährdung des Untersuchungszwecks (wie § 147 II StPO), sondern auch überwiegende schutzwürdige Interessen des Beschuldigten zu einer Versagung der Aktensicht führen können.[79] Besteht zB sachverhaltliche Koinzidenz des Vorwurfssachverhalts mit einem gleichzeitig gesondert verfolgten Steuerdelikt ist im Hinblick auf das Steuergeheimnis des § 30 AO die Akteneinsicht zu versagen.[80] Kommt es zur Versagung der Akteneinsicht durch die Staatsanwaltschaft, ist der Verletztenbeistand auf den Weg der gerichtlichen Entscheidung verwiesen (§ 406 e IV 2 StPO). Die gerichtliche Entscheidung ist, wie auch die Entscheidung des Vorsitzenden, unanfechtbar.

---

74 BVerfGE 38, 105
75 Ob diese Tendenz zur Harmonisierung der Prozessrollen letztlich nicht auf die Einschränkung von Verteidigungsrechten zuläuft, ist gleichwohl zu bedenken
76 Gleich ob das Verfahren durch Urteil oder durch Einstellung (zB nach §§ 153 ff StPO) abgeschlossen wird, für eine Einstellung gem § 170 II StPO gilt dies ohnehin (§ 171 StPO). Die Mitteilung kann auch formlos oder durch Mitteilung zB des Urteilstenors erfolgen
77 OLG Koblenz StV 1988, 333; LG Bielefeld wistra 1995, 118
78 OLG Koblenz NStZ 1990, 604
79 Ausführlich: Meyer-Goßner § 406 e Rn 6,7
80 v Briel wistra 2002, 213

Aus § 406 e V StPO ergibt sich neben – oder auch anstatt – dem Akteneinsichtsrecht, das Recht bestimmte Auskünfte oder Abschriften aus den Akten zu erhalten.[81]

– Der Verletztenbeistand hat ein Anwesenheitsrecht bei Vernehmungen des Verletzten, die von Staatsanwaltschaft oder Gericht durchgeführt werden (§ 406 f II 1 StPO). Dem Beistand ist damit, ebenso wie dem Verletzten selbst, die Anwesenheit bei der Vernehmung anderer Zeugen oder des Beschuldigten verwehrt. Seine Rolle beschränkt sich auf die bloße Zeugenbeistandsleistung.[82] Dies wird umso deutlicher, wenn man sich vergegenwärtigt, dass der Verletztenbeistand auch vor und nach der Vernehmung des Verletzten in der Hauptverhandlung nicht anwesend sein darf.[83] Aus § 406 II 1 StPO ist zu schließen, dass ein Beistand für den Verletzten anlässlich einer polizeilichen Einvernahme nicht vom Gesetz vorgesehen ist. Über § 406 f III StPO (Hinzuziehung einer Vertrauensperson) ergibt sich hier gleichwohl eine Möglichkeit, den Verletzten in der Einvernahme zu begleiten, was für die Wahrung der Verletzteninteressen von nicht zu unterschätzender Bedeutung sein kann, zumal wenn es sich um die erste »protokollfeste« Vernehmung des Verletzten handelt. Allerdings ist auch dieses Recht auf Anwesenheit einer Vertrauensperson nur schwach ausgestaltet, da die Zulassung der Vertrauensperson allein im pflichtgemäßen Ermessen des Vernehmungsbeamten steht und nicht anfechtbar ist.

c) Rechte des nebenklageberechtigten Verletzten vor der Anschlusserklärung und zwischen Anschlusserklärung und Zulassungsbeschluss

38 § 406 g StPO gewährt dem Rechtsbeistand des nebenklagebefugten Verletzten (schon im Hinblick auf dessen stärkere Stellung im Hauptverfahren, § 397 StPO) weitergehende Rechte. Neben dem bereits in § 406 f StPO festgelegten Rahmen von Verfahrensrechten (Informationsrecht, Akteneinsichtsrecht, Anwesenheitsrecht), findet sich die Rechtsposition des Verletztenbeistands insbesondere im Hinblick auf das Anwesenheitsrecht ausgebaut:[84]

Es beschränkt sich nicht mehr nur auf den Zeitraum der Vernehmung des Verletzten, sondern gilt nun für die gesamte Hauptverhandlung, selbst in jenen Phasen, in denen die Öffentlichkeit ausgeschlossen ist. Auch bei richterlichen Vernehmungen von Zeugen, Sachverständigen und Beschuldigtem besteht dieses Anwesenheitsrecht, ebenso beim richterlichen Augenschein (§ 406 II 1 und 2 StPO). Insoweit ist der Verletztenbeistand mit den gleichen Rechten wie der Verteidiger ausgestattet, einschließlich dem Anspruch, vom Termin der Vernehmung oder des Augenscheins benachrichtigt zu werden,[85] selbst bei Verbot der Nebenklage im Jugendverfahren kann ein Verletztenbeistand bestellt werden.[86]

---

81 Die Entscheidung hierüber ist unanfechtbar
82 Dem Rechtsbeistand ist es insofern unbenommen, Fragen und Vorhalte zu beanstanden (§ 238 II StPO) und Anträge auf Ausschluss der Öffentlichkeit gem § 171 b GVG zu stellen (§ 406 f II 2 StPO); ferner hat er die Befugnis, den Verletzten bei der Vernehmung zu beraten, darf ihn (den Verletzten) jedoch nicht bei dessen Aussage vertreten
83 Meyer-Goßner § 406 f Rn 2
84 Zu beachten ist auch die durch das Zeugenschutzgesetz vom 30. 4. 1998 verbesserte Rechtsstellung (erleichterte Gewährung von PKH) hinsichtlich der Beiordnung eines Rechtsbeistandes in den Fällen des § 395 I Nr. 1 a und Nr. 2 StPO
85 Zu den Voraussetzungen der Bestellung eines Rechtsanwalts für den Verletzten: LG Baden-Baden NStZ-RR 2000, 5; im Klageerzwingungsverfahren: OLG Hamm NStZ-RR 2000, 244
86 OLG Koblenz bei Böhm NStZ-RR 2000, 325

Hohmann

Daneben ist das Akteneinsichtsrecht erleichtert, da ein besonderes Interesse nicht nachgewiesen werden muss, sofern ein nebenklagefähiges Delikt erkennbar ist (§ 406 e I 2 StPO).

Für den Rechtsbeistand auch des nebenklagebefugten Verletzten ist misslich, dass **39** auf den Gang der Tatsachenfeststellung, Beweisaufnahme und rechtlichen Subsumtion ernsthaft erst in foro Einfluss genommen werden kann. Selbstverständlich bleibt es dem Nebenklagevertreter nicht nur unbenommen, sondern es ist ihm anzuraten, schon im Ermittlungsverfahren von seinem Erklärungs- und Beweisantragsrecht Gebrauch zu machen; eine Pflicht, diesen Anregungen (bescheidungsfähige Anträge können begrifflich erst mit Erhebung der öffentlichen Klage vorhanden sein) zu folgen, ergibt sich aus den §§ 395 ff StPO indessen nicht.

Gleichwohl werden Staatsanwaltschaft und Polizei schon aufgrund ihrer Aufklärungspflicht (§§ 160, 163 StPO) und im Hinblick auf eine verfahrensökonomische Gestaltung der Hauptverhandlung den Beweisersuchen der Nebenklage in aller Regel nachgehen. Der Nebenklagevertreter sollte sich daher nicht scheuen, frühzeitig und prägend in die Ermittlungen einzugreifen, insbesondere wenn die Voraussetzungen einer Verurteilung und eines Schadensersatzanspruchs davon abhängen. Dies zu bewirken dürfte gemeinhin nicht allzu schwer fallen, da dem Verletzten (und damit dem Nebenkläger) gerade in den Katalogtaten des § 395 StPO eine zentrale Rolle als Beweismittel zukommt und die Ermittlungsbehörden auf dessen Mitarbeit zur Aufklärung angewiesen sind. Fernerhin kann durch den Kontakt und Fühlungnahme mit Staatsanwaltschaft und Polizei auch schon bei Zeiten ausgelotet werden, welche rechtliche Einordnung der Sachverhalt erfahren wird. Steht für den Nebenkläger das Erreichen einer finanziellen Schadenswiedergutmachung im Vordergrund, wird dies andere Aktivitäten des Nebenklagevertreters auslösen, als wenn es dem Verletzten vorrangig um die Erlangung ideeller Genugtuung geht. Wird in der erstgenannten Alternative der Nebenkläger womöglich bereits mit einer Einstellung gem § 153 a StPO (Wiedergutmachungsauflage, Kostenfolge § 472 II 2, I StPO) konform gehen – wobei es prozessual auf seine Zustimmung zur Einstellung nicht ankommt[87] –, kann bei gleicher Sachverhaltskonstellation im zweiten Fall der Nebenkläger ein vorrangiges Interesse an der Verurteilung zu einer empfindlichen Strafe haben; letztlich wird dann oft die Teilnahme an der Hauptverhandlung und das Einwirken auf die Tatsachenfeststellungen selbst das erstrangige Ziel der Nebenklage sein.

Der Nebenklagevertreter sollte auch den Kostengesichtspunkt für die Abwägung **40** der Strategie nicht ganz außer Acht lassen: Eine Verfahrenseinstellung gem §§ 170, 153, 154, 154 a StPO bedingt – außer in Ausnahmefällen (§ 472 II StPO) – dass der Nebenkläger, wie auch im Fall des Freispruchs, selbst für die notwendigen Auslagen, die in Zusammenhang mit seiner Rechtsausübung entstanden sind, aufkommen muss. Die Verurteilung und eine Einstellung nach § 153 a StPO lösen für den Nebenkläger günstige Kostenfolgen[88] aus; ergeht ein Strafbefehl, trägt der Nebenkläger seine Auslagen selbst,[89] außer jenen, die im Rahmen von Tätigkeiten nach § 406 g StPO angefallen sind. Die für den Nebenkläger mit eigenem Kostenrisiko verbundenen Schritte bedürfen demzufolge auch ausreichender Erörterung im Mandantengespräch.

---

87 Meyer-Goßner § 396 Rn 18
88 Es sei denn, die Kostenentscheidung zu Lasten des Angeklagten wäre »unbillig«, § 472 I StPO
89 Ausnahme: Der Angeschuldigte legt Einspruch ein und zieht diesen nach Terminsanberaumung wieder zurück, LG Hechingen DAR 1991, 197; dann sind die notwendigen Auslagen (vollständig) vom Angeklagten zu tragen

d)   Rechte des nebenklageberechtigten Verletzten im Hauptverfahren

41   Auf die Hauptverhandlung zentriert sich die Rechtsausübung des Nebenklägers.

Mit Erhebung der öffentlichen Klage (Eingang der Akten und der Anklageschrift bei Gericht)[90] ist die Anschlusserklärung materiell wirksam, da dem Zulassungsbeschluss nur deklaratorische Wirkung zukommt. Der Nebenkläger kann nun im Zwischenverfahren, sofern sich dies von der Strategie her anbietet, Erklärungen abgeben und auch Beweisanträge stellen. Eröffnet das Gericht das Hauptverfahren nicht (§ 204 StPO) und betrifft die Nichteröffnung ein nebenklagefähiges Delikt oder wird das Verfahren gem §§ 206 a, b StPO eingestellt, so steht dem Nebenkläger das Recht auf sofortige Beschwerde zu (§ 400 II 1 StPO). Gleiches gilt für den Fall, dass das Amtsgericht den Erlass eines Strafbefehls ablehnt (§ 408 II StPO iVm § 396 I 2 StPO). Entscheidungen zu Fragen, durch die der Nebenkläger nicht beschwert ist (zB Unterbringung, Untersuchungshaft) sind unanfechtbar.

42   Finden in der Vorphase der Hauptverhandlung Beweiserhebungen statt (kommissarische Vernehmung, Augenscheinseinnahme), ist der Nebenkläger hierüber in Kenntnis zu setzen, da ihm ein Anwesenheitsrecht zusteht. Es besteht allerdings keine Verpflichtung, prozessuale Maßnahmen, an denen der Nebenkläger nicht teilnehmen konnte, zu wiederholen (§ 398 I StPO).

Die Verfahrensökonomie hat hier eindeutigen Vorrang vor den Nebenklageinteressen und dementsprechend ist das Mitwirkungsrecht des Nebenklägers nur sehr schwach ausgestaltet: Ist er trotz Benachrichtigung im Termin (Beweisaufnahme, Hauptverhandlung) nicht zugegen, trägt er selbst die Folgen eines dadurch eingetretenen Rechtsverlusts. Es besteht auch kein Anspruch des Nebenklägers bei spät erklärtem Anschluss, die Hauptverhandlung verlegen zu lassen.[91]

Gleichwohl sind der Nebenkläger und sein Rechtsbeistand nach erfolgtem Anschluss unter Beachtung der Ladungsfristen zur Hauptverhandlung zu laden.[92]

43   Im Einzelnen stehen dem Nebenkläger in der Hauptverhandlung folgende Rechte zu:

- Er hat ein vollumfängliches Anwesenheitsrecht, insbesondere auch dann, wenn er als Zeuge geladen ist; er kann also während der Vernehmung des Angeklagten zur Sache im Sitzungssaal verbleiben.
- Er ist befugt, Richter oder Sachverständige wegen der Besorgnis der Befangenheit abzulehnen (§§ 24, 31, 74 StPO).
- Der Nebenkläger übt sein Fragerecht (§ 240 II StPO) nach dem Staatsanwalt und vor dem Sachverständigen aus. Ist der Nebenkläger selbst mitangeklagt, ist die Befragung eines anderen Mitangeklagten unzulässig[93] (§ 240 II 2 StPO).
- Er hat das Recht zur Beanstandung von Anordnungen des Vorsitzenden sowie von Fragen und Vorhalten der Prozessbeteiligten (§§ 238 II, 242 StPO).
- Dem Nebenkläger steht das Recht zu, Beweisanträge zu stellen (§ 244 III–VI StPO). Die Beweisanträge müssen sich jedoch auf ein nebenklagefähiges Delikt beziehen. Besteht zwischen einem nebenklagefähigen Delikt und einem anderen Delikt Tateinheit oder Gesetzeskonkurrenz, so kann sich der insoweit gestellte Beweisantrag auch auf den gesamten rechtlich gefassten Tatvorwurf beziehen; im

---

90 Meyer-Goßner § 396 Rn 5
91 BGHSt 28, 272, 273
92 Meyer-Goßner § 397 Rn 8
93 Zum Ganzen: BVerfG NJW 1996, 3408; NJW 1980, 1677

Falle der Tatmehrheit muss das Ziel des Antrags sich auf Feststellungen zum nebenklagefähigen Delikt beziehen.[94] Durch Erklärungen und Anregungen ist es dem Nebenkläger allerdings möglich, sofern seine Mitwirkung erkennbar eine der Sachverhaltsaufklärung dienliche Stoßrichtung hat, den Gang der Beweisaufnahme auch außerhalb der Feststellungen zu nebenklagefähigen Delikten zu beeinflussen.

- Der Nebenkläger kann die Selbstladung von Zeugen und Sachverständigen in die Wege leiten (§§ 220, 245 StPO).
- Er hat ein Erklärungsrecht (§ 257 StPO) und das Recht zum Schlussvortrag (§ 258 StPO); auf den Schlussvortrag des Verteidigers darf der Nebenkläger erwidern.

Die vorgenannten Rechte sind in § 397 StPO abschließend geregelt. Beweisanträge, **44** die nicht der Sachverhaltsaufklärung eines nebenklagefähigen Delikts dienen, können daher streng genommen abgewiesen werden. Jedenfalls ist der Nebenkläger von allen über den Katalog des § 397 StPO hinausgehenden Mitwirkungsrechten ausgeschlossen:

- Ihm fehlt die Zustimmungs- oder Ablehnungsbefugnis zu bestimmten prozessualen Handlungen: Verlesen von Protokollen früherer Vernehmungen, § 251 I Nr. 1 StPO; Verlesung des erstinstanzlichen Urteils in der Berufungshauptverhandlung, § 324 I 2 StPO; Verlesung von Vernehmungsniederschriften in der Berufungshauptverhandlung, § 325 S 2 StPO; Durchführung des Selbstleseverfahrens, § 249 II; Beweisverzicht, § 245 I 2 StPO; Berufungsrücknahme des Angeklagten, § 303 S 2 StPO).
- Anträge des Nebenklägers auf Aussetzung der Hauptverhandlung (§§ 246 II, 265 IV StPO), auf Protokollierung der Gründe für die Verlesung von Urkunden (§ 255 StPO), auf Protokollierung von Vorgängen und Bekundungen während der Hauptverhandlung (§ 273 III StPO) und auf Vereidigung des Sachverständigen (§ 79 I 2 StPO) sind unzulässig.

In der Praxis wird gleichwohl der Nebenkläger bzw sein Rechtsbeistand oftmals um eine Erklärung in den vorbenannten Fällen ersucht. Dies entspricht allerdings eher dem nobile officium des Gerichts, ein Anspruch hierauf besteht nicht.[95]

4. Rechtsmittel gegen Urteile

a) Anfechtungsdefizite

Die Rechtsmittelmöglichkeiten der Nebenklage sind in zweierlei Hinsicht beschränkt: **45**

Zum einen soll für den Nebenkläger ein Urteil dann anfechtbar sein, wenn es um die Schuldfrage geht, aber nicht, sofern lediglich der Rechtsfolgenausspruch (Strafzumessung) in Frage steht (§ 400 I Alt 1 StPO).

Zum anderen kann gem § 400 I Alt 2 StPO nur dort ein Rechtsmittel statthaft sein, wo es sich um Urteilsfeststellungen zu einem nebenklagefähigen Delikt handelt. Diese Beschränkungen im Anfechtungsrecht ergeben sich unmittelbar aus der Verfahrensrolle der Nebenklage, nämlich der vordergründigen Zielsetzung, die Genug-

---

94 Meyer-Goßner § 397 Rn 10
95 KK-Senge § 397 Rn 7

tuung des Opfers zu fördern[96] und dem Reparationsinteresse zu dienen (lediglich in zweiter Linie wird der Nebenklage eine Entlastungs-[97] und Kontrollinstanz[98] der Staatsanwaltschaft zugeschrieben). Für das Anfechtungsrecht des Nebenklägers gelten daher auch im Hauptverfahren und Rechtsmittelverfahren die gleichen Einschränkungen wie im Ermittlungsverfahren: Rechtsmittelbefugnisse sind gesetzlich nur dort gestattet, wo eine unmittelbare Beschwer des Nebenklägers durch die in Zweifel stehende Entscheidung ausgelöst ist.[99]

46 Die Regelung des § 400 I StPO führt damit zu einer starken Reglementierung in der effektiven Wahrnehmung von Verletzteninteressen, wenngleich – auf den ersten Blick gesehen – die gesetzlich angeordnete Einschränkung der Rechtsmittelmöglichkeiten durchaus auf einem plausiblen Grund beruhen: Um die Genugtuung (die eben nicht mit der Befriedigung von schieren Rachegedanken in eins gesetzt werden darf) des Opfers zu fördern, kann die prozessuale Erörterung von Strafzumessungsaspekten (zB Wiedergutmachung, Reue gegenüber dem Opfer) durch die Nebenklage durchaus berechtigt und sogar geboten sein; die Entscheidung des Gerichts über die konkrete Rechtsfolge vermag den Nebenkläger indes (so jedenfalls die Lesart des § 400 I Alt 1 StPO) nicht zu beschweren[100] – es belaste den Verletzten eben nicht, wenn der Angeklagte zu drei statt vier Jahren Freiheitsstrafe oder zu Geldstrafe statt Freiheitsstrafe verurteilt werde.

47 Erkennbar wünscht sich das Gesetz einen »objektiven Nebenkläger«[101] und damit auch einen ebensolchen Nebenklagevertreter. Faktisch aber ist mit dieser »Verobjektivierung«, sofern sie sich auch auf die Stellung des Nebenklägers zu Strafart und Strafmaß beziehen soll, eine die Rechtsposition der Nebenklage in unangemessener Weise beeinträchtigende Wirkung verbunden: Die vom Bundesverfassungsgericht[102] für das Institut der Nebenklage in Anspruch genommene Kontrollfunktion gegenüber der Staatsanwaltschaft leidet mitunter ebenso wie ein von Rache entkleidetes Genugtuungsinteresse im Einzelfall leiden kann. Dazu zwei Beispiele:

– Gesetzt den Fall, die Staatsanwaltschaft beantragt für einen bewährungsbrüchigen Angeklagten, der sich vor dem Amtsgericht wegen gefährlicher Körperverletzung zu verantworten hat, eine Freiheitsstrafe ohne Bewährung; der Nebenklagevertreter hingegen, beantragt im wohlverstandenen Interesse des Verletzten die Verhängung einer Freiheitsstrafe, die zur Bewährung auszusetzen ist und gleichzeitig als Bewährungsauflage eine finanzielle Wiedergutmachungsleistung an den Verletzten. Folgt das Gericht dem Antrag der Staatsanwaltschaft, schneidet § 400 I StPO dem Nebenkläger jede Rechtsmittelmöglichkeit ab.[103] Der Verletzte ist nun im Hinblick auf die Geltendmachung seines (finanziellen, aber verletzungsbedingten) Genugtuungsinteresses auf den Zivilrechtsweg verwiesen.
– In einem Verfahren, in dem gewisse Indizien auf die Täterschaft des Angeklagten hindeuten und das Gericht deshalb dem Antrag der Staatsanwaltschaft auf Verurteilung folgt, hat der Nebenklagevertreter wie auch der Verteidiger Freispruch beantragt, da sich während der Hauptverhandlung Hinweise darauf ergeben ha-

96 BGHSt 28, 272
97 BayObLGSt 30, 151
98 BVerfGE 26, 66
99 BGHSt 29, 216, 218
100 Allenfalls mag eine emotionale Belastung durch ein »günstiges« Urteil vorliegen; diese aber beinhaltet keine Beschwer, die rechtsmittelfähig wäre
101 Vgl Fabricius NStZ 1994, 257, 261
102 BVerfGE 26, 66
103 Es fällt schwer, hier keine Beschwer des Nebenklägers zu unterstellen

ben, dass eine konkrete andere Person als der Angeklagte der Täter gewesen ist. Das Genugtuungsinteresse, das sich am »wahren Täter« auszurichten hat, erforderte bei diesem Meinungsbild der Nebenklage daher Freispruchsantrag. Die eigenständige[104] Verfolgung eines Rechtsmittels ist für die Nebenklage auch hier ausgeschlossen (es geht zwar nicht um eine Strafzumessungsfrage, sondern um die Schuldfrage – das Rechtsmittel würde jedoch zugunsten des Angeklagten eingelegt, was unzulässig ist.[105]

In beiden vorgenannten Fällen ist nur schwer zu vermitteln, weshalb eine eigenständige Rechtsmittelverfolgung durch die Nebenklage ausgeschlossen sein soll. Die gesetzliche Regelung der Nebenklagebefugnisse und ihre Auslegung durch die herrschende Rechtsprechung zeigen damit ihre Ambivalenz: Einesteils wird der Nebenkläger in der sachlichen Artikulation seines Genugtuungsinteresses beschränkt und andernteils kommt ihm – wenn überhaupt – nur eine von den anderen Vefahrensbeteiligten abhängige und daher – nachrangige Funktion in der Kontrolle rechtmäßiger Entscheidungsfindung zu.[106] Eine »Auflockerung« dieser Ambivalenz im Sinne einer stärkeren Anerkennung der Verfahrensrolle der Nebenklage ist nicht in Sicht und auch durch das am 1. 12. 1998 in Kraft getretene Zeugenschutzgesetz[107] nicht umgesetzt worden.   **48**

Dem Mandanten sind die Einschränkungen des Anfechtungsrechts schon frühzeitig nach Mandatsübernahme, aber spätestens dann, wenn Anklage und Eröffnungsbeschluss vorliegen, zu erklären.   **49**

Dies kann für die Erläuterung der Hauptverhandlungsstrategie der Nebenklage unabdingbar sein, zB wenn bereits absehbar ist, dass die Anordnung einer finanzielle Wiedergutmachung des durch den Angeklagten angerichteten Schadens im Rahmen einer Bewährungsauflage nur wenig Chancen hat und/oder die Staatsanwaltschaft die Verhängung einer Freiheitsstrafe ohne Bewährung anstrebt. In einem solchen Fall ist zur Durchsetzung der Rehabilitationsinteressen des Verletzten dann alternativ der Übergang ins Adhäsionsverfahren zu erwägen, da ein eigenständiges Rechtsmittel mit dem Ziel »Verhängung der von der Nebenklage intendierten Bewährungsauflage« ausgeschlossen ist.

In jedem Falle aber ist der Mandant mit der kleinen Palette der Rechtsmittel bekannt zu machen. Dies verhindert zu hoch gesteckte Erwartungen in das Instrument der Nebenklage und fördert einen eher sachlichen Umgang des Nebenklägers mit dem Verfahrensstoff. Voraussetzung der insoweit notwendigen Klärung der Nebenklagestrategie ist die Prognose der Prozesssituation, wie sie sich wahrscheinlich in der Hauptverhandlung darstellen wird (Beweislage, Rechtslage, Strafzumessungsgesichtspunkte, absehbare Anträge von Verteidigung und Staatsanwaltschaft). Mitunter kann dies eine Fühlungnahme mit den Verfahrensbeteiligten erforderlich machen.[108]

---

104 Eine Rechtsmittelverfolgung im »Anschluss« an das Rechtsmittel des Verteidigers ist dagegen statthaft, OLG Düsseldorf JurBüro 1990, 1324 = unselbstständiger Anschluss; aber: das Nebenklagerechtsmittel teilt das Schicksal des Rechtsmittelführers (die Beteiligung endet zB, wenn das Rechtsmittel zurückgenommen wird)

105 BGHSt 37, 136; 29, 216, 217 f; Meyer-Goßner § 401 Rn 1

106 Kritisch Fabricius NStZ 1994, 257, 261. Das vom Nebenkläger (zu Lasten des Angeklagten) eingelegte Rechtsmittel kann indes auch zugunsten des Angeklagten wirken (§ 301 StPO!)

107 Zu den Änderungen Rieß NJW 1998, 3240

108 Abzuklären wäre zB, ob die Staatsanwaltschaft bereit ist, die Anordnung gewisser Wiedergutmachungsleistungen des Angeklagten in ihre Strategie mit einzubauen oder ob der Verteidiger im Sinne einer Deeskalation des Verfahrensstoffs daran interessiert ist, für seinen Mandanten schon von sich aus bestimmte Wiedergutmachungsgesten zu fördern

Hohmann

50 Neben den mit § 400 I Alt1 StPO verbundenen Beschränkungen sind noch jene Einschränkungen zu beachten, die sich aus der Begrenzung der Nebenklage auf einen bestimmten Katalog materiellrechtlich definierter Verletzungstatbestände ergeben. Konkrete Schritte einer Urteilsanfechtung werden daher nur dann Anlass einer Besprechung des Nebenklagevertreters mit seinem Mandanten sein, wenn der Angeklagte wegen des (Teil-)Vorwurfs eines nebenklagefähigen Delikts freigesprochen wurde (idealtypischer Fall der gesetzlich geregelten Anfechtungsbefugnis des Nebenklägers). Daneben gilt der Nebenkläger auch dann beschwert und ist rechtsmittelbefugt, sofern das nebenklagefähige Delikt nicht in den Schuldspruch aufgenommen wurde, aber kein gesonderter Freispruch erfolgt ist (zB im Fall der tateinheitlichen Begehung).[109]

51 Praktisch ist dies auch im Hinblick auf Einstellungen gem § 154 a StPO von Bedeutung: Nach § 397 II StPO schließt eine Einstellung eines Teilakts der Tat nicht aus, dass sich der Nebenkläger dem Strafverfahren anschließt; die Interessen des Nebenklägers an Genugtuung und Strafverfolgung überwiegen hier die Oppurtunitätserwägungen (Verfahrensvereinfachung und Verfahrensbeschleunigung). Ist der Anschluss der Nebenklage bereits vollzogen, kann eine Beschränkung des Verfahrensstoffs nach § 154 a StPO nur mit Zustimmung des Nebenklägers erfolgen.[110] Aber: Liegt eine solche Zustimmung zur Beschränkung vor, ist damit aber der spätere Rekurs auf ein Rechtsmittel in diesem Punkt ausgeschlossen[111]!

b) Berufung und Revision

52 In den von § 400 I StPO gezogenen Grenzen stehen der Nebenklage die Rechtsmittel der Berufung und Revision auch in dem für die übrigen Verfahrensbeteiligten gezogenen Zulässigkeitsrahmen zur Verfügung.

Für die Berufung wie auch die Revision empfehlen sich allerdings gewisse Klarstellungen,[112] die der Nebenklagevertreter nicht verabsäumen sollte:

– Prinzipiell ist eine Berufungsbegründung nicht erforderlich (§ 317 StPO). Gleichwohl ist in Fällen, in denen sich der vorangegangene Freispruch des Angeklagten nicht eindeutig nur auf das nebenklagefähige Delikt bezieht, eine Begründung angeraten, die klärt, gegen welchen Teil des Freispruchs sich die Berufung richtet. Im Zweifel oder wenn von seiten des Nebenklägers keine Klarstellung vorgenommen worden ist, wird das Gericht die (allgemein) eingelegte Berufung so interpretieren, als sei sie auf die Nichtverurteilung des nebenklagefähigen Delikts bezogen.[113]

– Im Revisionsverfahren ergeben sich noch weitergehende Pflichten des Nebenklagevertreters: Die nur allgemein erhobene Sachrüge ist für das Revisionsgericht nicht in gleichem Maße wie für das Berufungsgericht Anlass, das Begehren des Rechtsmittelführers zu seinen Gunsten zu interpretieren. Erhebt der Nebenklagevertreter in einem Fall, in dem wegen eines nebenklagefähigen Delikts freigesprochen wurde, aber gleichzeitig eine Verurteilung wegen eines nichtanschlussfähigen Vorwurfs gegeben ist, die nicht konkretisierte Sachrüge, wird die

---

109 BGH NStZ 2000, 219
110 Meyer-Goßner § 397 Rn 13
111 BGH NStZ 1992, 30
112 Vgl BGH StV 1992, 456; BGHSt 39, 390
113 Meyer-Goßner § 400 Rn 5

Revision als unzulässig einzustufen sein.[114] Die erhobene Sachrüge ist daher in jedem Falle innerhalb der Revisionsbegründungsfrist[115] (!) des § 345 I StPO zu konkretisieren.

– Gleiches gilt für die Erhebung von Verfahrensrügen; auch die von der Nebenklagevertretung vorgebrachte Rüge kann nur eine Verletzung formellen Rechts zum Gegenstand haben, die das nebenklagefähige Delikt betrifft.[116]

Ein eigenständig von der Nebenklage eingelegtes und zulässiges Rechtsmittel ist weder vom Rechtsmittel des Staatsanwalts, noch von dem des Angeklagten abhängig. **53**

Insbesondere besteht keine innere Verbindung der Rechtsmittel von Staatsanwaltschaft und Nebenklage, es sei denn, es handelt sich um den Fall, das sich die Nebenklage dem Rechtsmittel der Staatsanwaltschaft anschließt.[117] Das bewirkt, dass zB eine durch die Staatsanwaltschaft gegen ein Urteil des Amtsgerichts (Freispruch) eingelegte (Sprung-)Revision bei gleichzeitig durch die Nebenklage eingelegter Berufung im Ergebnis dazu führt, dass das Rechtsmittel der Staatsanwaltschaft als »Berufung« gewertet wird (§ 335 III 1 StPO). Versäumen Staatsanwaltschaft oder Nebenkläger die Einlegung des Rechtsmittels innerhalb der Berufungs- bzw Revisionseinlegungsfrist, kann sich der jeweils Säumige nicht das Rechtsmittel des anderen »zu eigen machen«.

Die Anforderungen an Fristwahrung und Inhalt von Rechtsmitteleinlegungs- und Rechtsmittelbegründungsschriften entsprechen jenen für die übrigen Verfahrensbeteiligten. Einige Besonderheiten sind zu beachten: **54**

– Für die Berufungseinlegungs- und Revisionseinlegungsfrist verdient die Regelung des § 401 StPO besondere Beachtung. Erfolgt die Anschlusserklärung der Nebenklage erst nach Erlass des Urteils – was prinzipiell möglich (§ 395 IV 1 StPO) aber nicht unbedingt ratsam ist (Zeitdruck, Rechtsmittelbeschränkungen und mangelnde Einflussmöglichkeit auf das erkennende Gericht erster oder zweiter Instanz) – dann ist vom Nebenkläger die Wochenfrist zur Einlegung des Rechtsmittels gleichwohl bindend (§ 399 II StPO), dh der Nebenkläger ist an die für die Staatsanwaltschaft und Verteidigung geltenden Fristen gebunden. Der Nebenklagevertreter ist in einem solchen Fall aufgerufen, unmittelbar mit der Anschlusserklärung auch die Rechtsmitteleinlegung vorzunehmen, sonst besteht die Gefahr, dass die Rechtsmitteleinlegungsfrist abläuft. Das Gericht wird dann die Zustellung des Urteils bewirken (unabhängig von der Entscheidung über die Zulassung der Nebenklage). Wird späterhin der Anschluss der Nebenklage für unzulässig erklärt, führt dies automatisch zur Unzulässigkeit auch des eingelegten Rechtsmittels.[118]

– Die Rechtsmittelbegründungsfrist beginnt ebenfalls unabhängig vom Zeitpunkt des Zulassungsbeschlusses zu laufen (§ 401 I 3 StPO).

– War der Nebenkläger zwar in der Hauptverhandlung, aber nicht bei der Urteilsverkündung anwesend, so beginnt die Anfechtungsfrist ebenfalls mit dem Verkündungszeitpunkt (§ 401 II 1 StPO). Hat der Nebenkläger indes vor Hauptverhandlung zulässigerweise seinen Anschluss erklärt und ist während der gesamten

---

114 BGHSt 13, 143, 145
115 Meyer-Goßner § 400 Rn 6
116 Hier versteht es sich von selbst, dass die Rüge innerhalb der Frist des § 345 I StPO zu begründen ist
117 Nicht ausgeschlossen ist, dass die Staatsanwaltschaft für die belastete Nebenklägerschaft Kostenbeschwerde einlegt, OLG Dresden, NStZ-RR 2000, 115
118 OLG Schleswig SchlHA 1959, 27

Hohmann

Hauptverhandlung abwesend (oder war nur als Zeuge geladen und anwesend), setzt die Rechtsmitteleinlegungsfrist erst mit Zustellung des Urteils (Tenor genügt) an den Nebenkläger oder seinen Vertreter ein.[119]

– Hat der Nebenkläger zulässigerweise eigenständig Rechtsmittel eingelegt (die Staatsanwaltschaft oder der Angeklagte aber nicht) und erscheint weder der Nebenkläger noch ein Nebenklagevertreter in der Berufungshauptverhandlung (§ 329 I StPO), dann wird die Berufung des Nebenklägers sofort verworfen. Hatten Staatsanwaltschaft und/oder Angeklagter indes ebenfalls Berufung eingelegt, wird in Abwesenheit über das Rechtsmittel des Nebenklägers entschieden werden.

5. Kostentragung

55 § 472 StPO regelt die Erstattung der für die Rechtsverfolgung des Nebenklägers notwendigen Auslagen wie folgt:

– Wird der Angeklagte wegen eines nebenklagefähigen Delikts verurteilt, trägt er die notwendigen Auslagen des Nebenklägers, es sei denn die Kostentragung durch den Angeklagten wäre unbillig (§ 472 I StPO).
– Bei einer Verfahrenseinstellung nach §§ 153, 154, 154 a StPO werden dem Angeklagten die notwendigen Auslagen des Nebenklägers nur dann aufgebürdet, sofern besondere Aspekte der Billigkeit dies indizieren (§ 472 II 1 StPO).
– Eine Verfahrenseinstellung gem § 153 a StPO führt (entsprechend der Maßgabe des § 472 I StPO) regelmäßig zu einer Kostentragung durch den Angeklagten (§ 472 II 2 StPO).
– Wird ein Strafbefehl ohne Anfechtung rechtskräftig, werden dem Angeschuldigten die notwendigen Auslagen des Nebenklägers grundsätzlich nicht auferlegt; eine Ausnahme wird lediglich für die Kosten zu machen sein, die in Zusammenhang mit Tätigkeiten des § 406 g StPO angefallen sind.[120]
– Kostenmäßig steht derjenige Anschlussberechtigte, der lediglich einen Rechtsanwalt nach § 406 g StPO beauftragt hat, dem Nebenkläger entsprechend § 472 I und II StPO gleich, ebenso wie der Privatkläger, sofern die Staatsanwaltschaft gem § 377 II StPO die Strafverfolgung übernommen hat.

56 Der Nebenklagevertreter darf sich nicht darauf verlassen, dass das Gericht von Amts wegen in jedem Falle eine ausdrückliche Entscheidung über die notwendigen Auslagen trifft. Auch wenn mittlerweile in der Rechtsprechung mehrheitlich davon ausgegangen wird, dass ein Urteilsspruch insoweit erforderlich ist,[121] empfiehlt es sich, am Schluss des Plädoyers einen ausdrücklichen Kostenantrag zu stellen, um das Gericht auf die Entscheidung dieser Frage aufmerksam zu machen. Fehlt es (dennoch) an einer für die Nebenklage günstigen Kostenentscheidung,[122] kann der Nebenklagevertreter sofortige Beschwerde (§ 464 III StPO) einlegen. Andernfalls trägt der Nebenkläger seine Kosten selbst.

57 Die Höhe der notwendigen Auslagen ergibt sich aus den Gebührensätzen des RVG, die jenen des Verteidigers entsprechen – neben Verfahrensgebühr und Terminsgebühr(en) entsteht im Falle eines Adhäsionsmandates zusätzlich die Gebühr des VV Nr. 4143 und im Vergleichsfalle die Einigungsgebühr des VV Nr. 1000.

---

119 Meyer-Goßner § 401 Rn 5
120 LG Traunstein DAR 1991, 316
121 LG Stuttgart Justiz 1988, 170; aA OLG Düsseldorf NStZ 1988, 572
122 Das »Nachholen« der Entscheidung ist unzulässig, Meyer-Goßner § 472 Rn 10

Der nebenklagebefugte Verletzte kann bereits im Stadium vor Anklageerhebung die   **59**
Beiordnung eines Rechtsbeistandes verlangen (§ 406 g III und IV StPO nF).[123] Zuständig für die Entscheidung über solche Anträge ist das Gericht, das für die Eröffnung des Hauptverfahrens zuständig wäre (§ 406 g III 2 StPO nF).

Richtet sich die Nebenklage gegen einen Heranwachsenden, muss § 74 JGG beach-   **60**
tet werden, wonach bei Anwendung von Jugendstrafrecht auf den Heranwachsenden davon abgesehen werden kann, ihm bei Verurteilung die Kosten und Auslagen
aufzuerlegen. Der Anspruch des Nebenklagevertreters auf Ersatz der notwendigen
Auslagen muss dann gegenüber dem Mandanten geltend gemacht werden. Die Frage der Gebührenerstattung ist daher, um Überraschungen vorzubeugen, mit dem
Nebenkläger bereits vor der Anschlusserklärung zu besprechen (der Gesichtspunkt
des Kostenrisikos ist möglicherweise für den Mandanten von wesentlicher Bedeutung für das Schicksal der Nebenklage).

§ 397 a StPO eröffnet dem Nebenkläger zur Verfolgung seines Genugtuungsinteres-   **62**
ses[124] die Möglichkeit, die Beiordnung eines Rechtsanwalts zu den Bedingungen
der Prozesskostenhilfe und mit den Gebührensätzen des Pflichtverteidigers zu erlangen. Diese Möglichkeit ist durch das Zeugenschutzgesetz vom 30.4. 1998 weiter
ausgebaut worden: Im neu eingeführten § 397 a I StPO wird den Verletzten von
Straftaten gegen die sexuelle Selbstbestimmung (§ 395 I Nr. 1 a StPO) und den Opfern versuchter Tötungsdelikte (§ 395 I Nr. 2 StPO) stets ein Beistand gestellt[125] –
ohne dass das Vorliegen der Voraussetzungen zur Gewährung von Prozesskostenhilfe[126] geprüft werden müsste.

Die Beiordnung eines Rechtsanwalts ist nunmehr auch dann vorzunehmen, wenn
zwar ein Vergehen oder eine rechtswidrige Tat des § 225 StGB (Misshandlung von
Schutzbefohlenen) vorliegt, das Opfer aber zum Zeitpunkt der Antragstellung das
sechzehnte Lebensjahr noch nicht vollendet hat.

Dem Antragsteller nach § 397 a I StPO steht ein Beschwerderecht gegen die Ablehnung der Beiordnung zu (§ 304 StPO), wohingegen der Antragsteller nach § 397 a
II StPO (§ 397 a I StPO aF) über keine Rechtsmittelmöglichkeit verfügt.

Widerruft der Nebenkläger seine Anschlusserklärung oder verzichtet er gar auf sein   **63**
Recht zum Anschluss, verliert er gleichzeitig seinen Kostenerstattungsanspruch.[127]
Wird der Angeklagte freigesprochen oder wird das Hauptverfahren nicht eröffnet,
hat der Nebenkläger seine Kosten selbst zu tragen. Eine Kostentragung durch die
Staatskasse ist außerhalb der in § 397 a StPO geregelten Beiordnung nicht zuläs-
sig.[128]

---

123 Erweitert durch das Zeugenschutzgesetz vom 30.4. 1998
124 Zur Begrifflichkeit BVerfGE 26, 66, 70
125 Es muss sich um einen Verbrechenstatbestand handeln
126 Wirtschaftliches Unvermögen, Schwierigkeit der Sach- und Rechtslage, Unvermögen zur
    Wahrnehmung eigener Interessen; ausführlich Kurth NStZ 1997, 1, 2 ff; BGH NStZ-RR 2000,
    218 f
127 Meyer-Goßner § 402 Rn 2
128 LG Essen Rpfleger 1984, 268

Hohmann

Kapitel 3
Adhäsionsverfahren

Überblick

Literaturverzeichnis

Rieß, Die Rechtsstellung des Verletzten im Strafverfahren, Gutachten zum 55. DJT, Verhandlungen des 55. DJT, Bd I, Teil C, München 1984
Weigend, Thomas, Schadensersatz im Strafverfahren, in: Rechtsvergleichendes Symposium zum Adhäsionsprozess, (Hrsg.: Michael R. Will), 1990

I. Grundlagen

Das Adhäsionsverfahren ermöglicht dem Verletzen oder seinem Erben im Strafverfahren zivilrechtliche Ansprüche gegen den Beschuldigten durchzusetzen; es ist geregelt in §§ 403–406 c StPO. **1**

Dieses Verfahren gehört schon seit über 50 Jahren zum Grundbestand des deutschen Strafverfahrens; gleichwohl fristet es im strafprozessualen Alltag eher das Dasein eines Mauerblümchens. Dies mag auf den ersten Blick verwundern – entspricht doch diese Verfahrensart in besonders ausgeprägter Weise dem Prinzip der Verfahrensökonomie (Geltendmachung »eigentlich« zivilrechtlicher Ansprüche im Strafverfahren) und dem im Strafverfahrensrecht der letzten zwei Jahrzehnte beherrschenden Trend der Pointierung von Opfer- und Zeugenrechten.[1] Die enthusiastische Feststellung von Rieß »Der Verletzte kann im Adhäsionsverfahren nur gewinnen und nicht verlieren«[2] scheint insoweit – jedenfalls was die Gesetzeslage betrifft – also angebracht. **2**

Doch die »Papierform« ist weit besser als der praktische Ruf. Mittlerweile hat die Kritik an dem letztlich doch nur zögerlichen Ausbau der Verletztenrechte zugenommen,[3] was durch die geringe Bedeutung des Adhäsionsverfahrens sicherlich noch begünstigt worden ist. Das Adhäsionsverfahren wird zuweilen als zivilrechtlicher Fremdkörper im Strafverfahren angesehen, eine Auffassung, die gerade bei Strafrichtern angesichts der im Adhäsionsverfahren befürchteten Beweiserhebungen **3**

---

1 Zu verweisen ist insbesondere auf die wegweisende Entscheidung des Bundesverfassungsgerichts zum Zeugenschutz, BVerfGE 38, 105, die Gesetzesnovellen des Opferschutzgesetzes vom 18. 12. 1986 (BGBl I, 2496) und des Zeugenschutzgesetzes vom 30. 4. 1998 (BGBl I, 820)
2 Rieß Gutachten für den 55. DJT Bd I TeilC Rn 42
3 Vgl Köckerbauer NStZ 1994, 305, 307

zu Schadensersatz und Schmerzensgeld nicht selten vorzufinden ist. Der Gesetzgeber hat durch weitere Änderungen (OpferRRG)im Jahre 2004 den Versuch unternommen, das Adhäsionsverfahren attraktiver zu machen: Durch die Änderung bzw. Neufassung der §§ 405, 406 StPO wurde die Ablehnung von Adhäsionsanträgen erschwert und Anerkenntnis und Vergleich zugelassen).

4   Doch auch nach der Neufassung des § 406 StPO beinhaltet die Regelung des § 406 I S 4, S 5 StPO, die es dem Gericht ermöglicht, aus Gründen der Verfahrensökonomie und der (aufscheinenden) Komplexität zivilrechtlicher Fragen,[4] von einer Entscheidung über den Adhäsionsantrag abzusehen, eine Hürde für den Antragsteller, die das »negative Image« des Adhäsionsverfahrens nicht zum positiven zu wenden vermag.

Die Strategie des Adhäsionsklägers muss sich auf diese Hürde einrichten und durch eine gute Vor- und Aufbereitung des zivilrechtlich relevanten und strafrechtlich erheblichen Sachverhalts Überzeugungsarbeit bei Gericht leisten.

Es kann deshalb auch ratsam sein, falls ein nebenklagefähiges Delikt vorliegt, Nebenklage und Adhäsionsverfahren miteinander zu kombinieren, vor allem um die dadurch verbreiterte Basis an Mitwirkungsrechten in der Hauptverhandlung effektiv zu nutzen. Alternativ sind regelmäßig auch jene Möglichkeiten zu prüfen, die den Restitutionsinteressen des Verletzten ebenfalls dienlich sein können, ohne dass ein Adhäsionsantrag gestellt werden muss.[5]

In jedem Falle aber wird der Rechtsbeistand im Adhäsionsverfahren seinen Mandanten ausführlich und zureichend über die vielfältigen Risiken dieses Verfahrens, gerade auch, was die Kostenseite betrifft, aufzuklären haben.

II.   Das Adhäsionsverfahren

1.   Adhäsionsantrag

a)   Antragsberechtigung

5   Antragsberechtigte des Adhäsionsverfahrens (§ 403 I StPO) können sein:

– der unmittelbar durch die Straftat **Verletzte**. Eine Antragsbefugnis steht auch dem Verletzten zu, der im Strafverfahren selbst mitbeschuldigt ist oder jenem, der verabsäumt hat, einen Strafantrag zu stellen;[6]
– der **mittelbar Geschädigte**, der einen Schadensersatz- oder Schmerzensgeldanspruch aus der Straftat ableiten kann;[7] allerdings nicht der Versicherer oder der Sozialversicherungsträger des durch die Straftat unmittelbar Verletzten;[8]
– der Erbe;
– Insolvenzverwalter und Testamentsvollstrecker (strittig).[9]

---

4 BGH NStZ 2003, 46, 47
5 Zu denken ist hier beispielhaft an jene Fälle, in denen eine Geldauflage als Wiedergutmachungsleistung im Wege des § 153 a StPO oder im Wege der Verurteilung (Bewährungsauflage) erreicht werden kann
6 Meyer-Goßner § 403 Rn 2
7 LG Gießen NJW 1949, 727
8 KK-Engelhardt § 403 Rn 6
9 Köckerbauer NStZ 1994, 305, 306. Der Insolvenzverwalter soll nur dann ein Antragsrecht wahrnehmen dürfen, sofern der Gemeinschuldner nach der Insolvenzeröffnung geschädigt worden ist, LG Stuttgart NJW 1998, 322

Weitere Anspruchsberechtigte sind ausgeschlossen: Zessionar, private Versicherer des Verletzten und der Sozialversicherungsträger können, da lediglich Einzelrechtsnachfolger, einen Adhäsionsanspruch nicht geltend machen.[10]

Der Adhäsionskläger muss prozessfähig (§ 52 ZPO) sein. Er kann sich neben der Adhäsionsklage auch durch die Erhebung einer Nebenklage (§§ 395 ff StPO) oder als nicht nebenklageberechtigter Verletzter (§ 406 f StPO) am Verfahren beteiligen; erfahrungsgemäß wird ohnehin zumeist die Adhäsionsklage von Nebenklageberechtigten erhoben. Auch geschädigte Mitangeklagte können im Adhäsionsverfahren vorgehen, ebenso wie der Privatkläger.   **6**

b) Der Beschuldigte als Anspruchsgegner

Der Adhäsionsantrag muss sich gegen den Beschuldigten richten.   **7**

Ausgeschlossen ist das Adhäsionsverfahren gegen

- Jugendliche (§ 81 JGG);
- Heranwachsende (soweit gem § 109 II iVm § 81 JGG Jugendstrafrecht auf sie angewandt wird);[11] dies steht im Widerspruch zur Zulässigkeit der Privat- und Nebenklage gegen Heranwachsende (!);
- verhandlungsunfähige Angeklagte.[12]

Sofern im Strafverfahren sowohl gegen Jugendliche (oder Heranwachsende) und Erwachsene Anklage erhoben ist, dürfte der Adhäsionsantrag gegen den erwachsenen Angeklagten statthaft sein (analog der Zulassung der Nebenklage in diesen Fällen, vgl Hohmann Teil F Kap 2 Rn 11).

c) Antragszeitpunkt

Dem Adhäsionskläger ist es unbenommen, seinen Antrag schon frühzeitig im Verfahren einzureichen oder einen entsprechenden Antrag bereits zum Zeitpunkt der Anzeigenerstattung zu stellen.[13] Die prozessuale Wirksamkeit des Antrags setzt allerdings erst dann ein, wenn das Hauptverfahren eröffnet ist.[14] Die Staatsanwaltschaft wird einen im Vorverfahren zu den Akten gerichteten Adhäsionsantrag zusammen mit den Akten und der Anklageschrift an das erkennende Gericht weiterleiten.   **8**

Spätestens muss der Antrag bis zum Beginn der Schlussvorträge in der Hauptverhandlung (auch: Berufungshauptverhandlung) gestellt sein (§ 404 I 2 StPO). Geht der Antrag erst später bei Gericht ein, ist er unzulässig und kann nicht mehr wiederholt werden; der Verletzte ist dann auf die zivilrechtliche Geltendmachung verwiesen.[15]

Auch im Schlussvortrag selbst ist die Antragstellung nicht mehr zulässig.[16] Dies kann insbesondere dann relevant werden, wenn im Rahmen der Nebenklagebeteiligung am Verfahren ein Adhäsionsantrag vorgesehen ist. Der Nebenklagevertreter darf mit der Antragstellung nicht bis zu seinem Schlussvortrag warten, sondern hat   **9**

---

10 Vgl Weigend 13
11 Vgl BGHSt StV 2003, 458
12 Pfeiffer StPO § 403 Rn 2
13 KK-Engelhardt § 404 Rn 3
14 Pfeiffer StPO § 404 Rn 3
15 BGH StV 1988, 515
16 OLG Düsseldorf JMBlNW 1958, 91

Hohmann

den Adhäsionsantrag spätestens bis zum Beginn des Schlussvortrags des Staatsanwalts zu stellen.[17]

10   Die Rücknahme des Antrags, die der Zustimmung des Angeklagten nicht bedarf und auch noch in der Berufungsinstanz erfolgen darf, kann bis zum Beginn der Urteilsverkündung erklärt werden (§ 404 IV StPO). Nach herrschender Meinung[18] kann – trotz Rücknahme – im laufenden Verfahren der Antrag erneut gestellt werden. Die Gegenmeinung beruft sich auf die Überlegung, dass zum einen der Angeklagte nicht im Ungewissen gelassen werden darf, ob er sich nicht doch einem Adhäsionsverfahren stellen muss und zum anderen, dass die mehrmalige Antragstellung auch der Verfahrensökonomie abträglich sei.[19] Klammert man aber einmal die mutwillige Antragstellung aus, dann kann es sehr wohl gute Gründe für die nochmalige Antragstellung (nach vorhergehender Rücknahme) geben: Hat sich zum Beispiel eine Veränderung der Tatsachen- oder Rechtslage ergeben, kann es im Interesse des Verletzten sogar geboten sein, auf neuer Grundlage eine nochmalige Antragstellung vorzunehmen.

d)   Form und Inhalt des Adhäsionsantrags

11   Form und Inhalt müssen sich an den zivilprozessualen Maßstäben einer Klage (§§ 253, 496 ff ZPO) messen lassen. Der Antrag kann schriftlich eingereicht oder mündlich zu Protokoll gestellt werden.

12   Inhaltlich ist der Adhäsionsantrag schlüssig so zu fassen, dass aus ihm der Anspruchsgrund sowie der Anspruchsgegenstand klar erkennbar sind und die zum Beweis der aufgestellten Tatsachenbehauptungen tauglichen Beweismittel benannt werden. Fehlt die Angabe von Beweismitteln ist dies in der Regel unschädlich, da das Gericht der Aufklärungspflicht aus § 244 II StPO nachzukommen hat. Da das Gericht aber gleichzeitig schon aus prozesswirtschaftlichen Gründen gem § 406 S 4,5 StPO von einer Entscheidung über den Adhäsionsantrag absehen kann, somit die Gefahr einer »Nichtentscheidung« regelmäßig sehr hoch ist, ist dem Rechtsbeistand des Adhäsionsklägers zu raten, in jedem Falle ausreichend zu den Beweismitteln vorzutragen.

13   Der Anspruchsinhalt wird in den meisten Fällen die Geltendmachung von Schadensersatz- und Schmerzensgeldansprüchen sein.[20] Der reine Schadensersatzantrag sollte in der Höhe konkret beziffert werden (gleiches gilt für den Antrag auf Ersatz der Zinsen);[21] bei Schmerzensgeldansprüchen darf die Höhe der Forderung in das Ermessen des Gerichts gestellt werden.[22] Aber auch andere vermögensrechtliche Ansprüche, wie Herausgabeverlangen oder Unterlassungsbegehren sind adhäsionsfähig.[23] Auch für Feststellungsansprüche und Ansprüche auf den Widerruf un-

---

17 Oder im Berufungsverfahren, sofern allein vom Angeklagten Berufung eingelegt wurde, bis zum Beginn des Schlussvortrags des Verteidigers (Umkehrung der Plädoyerreihenfolge, § 326 S 1 StPO)

18 Meyer-Goßner § 404 Rn 13

19 Köckerbauer NStZ 1994, 305, 307

20 Vgl BGH NStZ 1994, 26; MDR 1993, 408

21 BGH StraFO 2004, 104

22 Wobei die Bemessungsgrundlagen sehr wohl dargelegt werden müssen: BGH NJW 1974, 1551; BGHR StPO § 404 Abs 1 Antragstellung 2

23 Vgl BGH NJW 1981, 2062; Ansprüche, die in einem Kontext zum Arbeitsverhältnis stehen, dürfen mit der Adhäsion nicht beansprucht werden, sondern sind vor dem Arbeitsgericht zu realisieren (§ 2 ArbGG)

wahrer oder ehrenrühriger Behauptungen können im Adhäsionswege erhoben werden.[24]

Ein Kostenantrag (§ 472 a I StPO) sollte nicht vergessen werden.

Die betragsmäßige Höhe der mit dem Adhäsionsantrag geltend gemachten Forderung ist für die Zuständigkeit des Gerichts irrelevant (§ 403 I StPO). Auch bei Strafverfahren vor dem Amtsgericht können Ansprüche, die die zivilrechtliche Zuständigkeitsstreitwertgrenze überschreiten, verhandelt werden. War es bis zur Gesetzesänderung durch das OpferRRG so, dass in Fällen exorbitant hoher Schmerzensgeldbeträge das Gericht geneigt war, wegen der dann auftretenden tatsächlichen Komplexität (zB Sachverständigenbeweis zu Umfang, Intensität und Folgen der Verletzung) von der Möglichkeit des Absehens von einer Entscheidung gem § 405 aF StPO Gebrauch zu machen, ist dem nun durch § 406 I S 6 StPO ein Riegel vorgeschoben: eine Ablehnung des Antrags darf sich nicht mehr auf den Gesichtspunkt der »Ungeeignetheit« stützen – jedenfalls der Erlass eines Grundurteils ist dann unerlässlich.[25]   **14**

Der außerhalb der Hauptverhandlung vom Adhäsionskläger gestellte Antrag ist gem § 404 I 3 StPO unter Beachtung der Regeln über die förmliche Zustellung (§ 35 StPO) an den Beschuldigten zuzustellen, in laufender Hauptverhandlung wird der Antrag zumeist durch Verlesung dem Angeklagten zur Kenntnis gelangen, was auch hinreicht.   **15**

2. Rechte des Adhäsionsklägers zur Durchsetzung seines Anspruchs im Hauptverfahren

Sofern der Rechtsanwalt des Adhäsionsberechtigten schon im Ermittlungsverfahren in der Funktion des Verletztenbeistands tätig ist, kann er auf seine Rechte aus §§ 406 d–406 f, 406 h StPO zurückgreifen; im Falle des nebenklageberechtigten Adhäsionsklägers wird diese Rechtsposition um die Gewährleistungen des § 406g StPO noch erweitert.[26]   **16**

Mit Antragstellung, die schriftlich möglichst früh nach oder schon mit Anklageerhebung erfolgen sollte, ist der Anspruch rechtshängig gemacht[27] – eine anderweitige Rechtshängigkeit des Anspruchs schließt die Adhäsionsberechtigung aus (§ 403 I StPO). Nach § 404 III 1 StPO ist der Antragsteller (sofern ein Adhäsionsantrag schon vorliegt) vom Termin der Hauptverhandlung zu benachrichtigen.   **17**

Wenn schon für die mit weitergehenden Rechten ausgestattete Nebenklage (§ 398 II StPO) gilt, dass Terminsverlegungswünsche nicht akzeptiert werden müssen, entfaltet diese Einschränkung erst recht für den Adhäsionskläger Wirkung. Er hat zwar ein Anwesenheitsrecht, das sich indes nur dann, wenn er gleichzeitig Zeuge ist, für die Zeit der Vernehmung zu einer Anwesenheitspflicht verdichtet. Das Anwesenheitsrecht des Adhäsionsklägers[28] ist allerdings nicht auf den Vernehmungszeitraum beschränkt, sondern wird ihm generell gewährt; der Adhäsionskläger ist damit

---

24 Meyer-Goßner § 403 Rn 10
25 Pfeiffer StPO § 406 Rn 4
26 S Hohmann Teil F Kap 2 Rn 38
27 Weigend 14
28 Das Recht auf Anwesenheit während der Hauptverhandlung ist weit gefasst: es gilt auch für den gesetzlichen Vertreter und den Ehegatten des Antragstellers, § 404 III 2 StPO

auch befugt, schon während der Vernehmung des Angeklagten zur Sache im Saal anwesend zu sein.[29]

Stellt der Adhäsionskläger erst in der Hauptverhandlung seinen Antrag, so hat er selbst dafür Sorge zu tragen, dass er die Terminierung der Hauptverhandlung übersehen kann.

18 Im Einzelnen hat der Adhäsionskläger zu dem folgende Rechte:

– Er kann sich durch einen Rechtsanwalt oder eine bevollmächtigte Person seines Vertrauens in der Hauptverhandlung vertreten lassen; dies gilt nicht hinsichtlich seiner Zeugenpflichten. Der Antragsteller darf aber auch vor Landgerichten ohne Hinzuziehung eines Rechtsanwalts agieren. Der Adhäsionskläger kann Antrag auf Gewährung von Prozesskostenhilfe stellen (§ 404 V StPO). Diese darf vom Gericht erst dann genehmigt werden, sobald die Anklageschrift eingereicht worden ist.[30]
– Der Adhäsionskläger hat sowohl ein Fragerecht als auch das Recht, Beweisanträge zu stellen.[31] Die Beweisanträge müssen sich allerdings auf den Erweis der Bemessungsgrundlagen des geltend gemachten Anspruchs konzentrieren; ansonsten stehen sie in der Gefahr, abgelehnt zu werden.
– Sofern das Gericht im Vorfeld der Hauptverhandlung oder während laufender Hauptverhandlung Beweisanträge des Adhäsionsklägers (Zeugen- und Sachverständigeneinvernahme) zur Bemessungsgrundlage[32] ablehnt, steht dem Adhäsionskläger auch die Möglichkeit offen, diese Beweispersonen im Selbstladeverfahren (§§ 220, 245 StPO) zu laden.
– Ein Recht, Anordnungen des Vorsitzenden zu beanstanden (§ 238 II StPO) soll dem Adhäsionskläger ebenfalls zukommen.[33]
– Das Recht zur Sachverständigenablehnung und das Richterablehnungsrecht (strittig).[34]
– Das Recht, einen Schlussvortrag zu halten; allerdings mit der Einschränkung, dass der Vorsitzende über den Zeitpunkt des Schlussvortrags entscheidet[35] (in der Regel wird der Adhäsionskläger oder sein Rechtsbeistand nach dem Staatsanwalt plädieren). Es ist zu beachten, dass zum Zeitpunkt der Plädoyers der Adhäsionsantrag bereits gestellt sein muss!

19 Weitergehende Rechte hat der Adhäsionskläger nicht, insbesondere ist es ihm verwehrt, Anträge auf Protokollierung von Aussagen oder Vorgängen während der Hauptverhandlung zu stellen, Anträge auf Aussetzung des Verfahrens einzureichen oder sich entscheidungserheblich zu Fragen der Verlesung oder Vereidigung zu erklären, auch zu möglichen Einstellungen nach §§ 154, 154 a StPO kommt ihm kein Erklärungsrecht zu.

---

29 Vgl Burhoff Hauptverhandlung Rn 35
30 Die Entscheidung über die Prozesskostenhilfe ist unanfechtbar (§ 406 a StPO), da § 127 ZPO nicht im Adhäsionsverfahren gilt
31 Meyer-Goßner § 404 Rn 9; Pfeiffer StPO § 404 Rn 5
32 Dazu kann auch die Schuldfrage gehören: BGH NJW 1956, 1767
33 So jedenfalls Pfeiffer StPO § 404 Rn 5
34 Die Befürworter eines solchen Rechts (exemplarisch Köckerbauer NStZ 1994, 305, 307) führen an, dass grundsätzlich allen Prozessbeteiligten ein solches Recht zustehen soll. Nach der Opferschutznovelle vom 18. 12. 1986 sei auch der Adhäsionskläger Prozesssubjekt und könne Anzeichen der Unparteilichkeit des Gerichts zur Ablehnung aufgreifen; aA Meyer-Goßner § 24 Rn 20 mwN
35 BGH NJW 1956, 1767

Hohmann

Der Adhäsionskläger kann über den von ihm intendierten Anspruch mit dem An-   **20**
tragsgegner während des Verfahrens Vergleichsverhandlungen führen und entsprechend der Neuregelung des § 405 StPO einen solchen Vergleich (mit entsprechender Gebührenfolge)abschließen und zwar unabhängig vom Verfahrensstand (§ 405
II StPO) und vom Verfahrensergebnis – also auch im Falle einer (drohenden)
Nichtverurteilung des Angeklagten.[36] Ein Vergleich ist dabei nicht auf vermögensrechtliche Gegenstände beschränkt; es kann zB auch eine Ehrenerklärung angestrebt werden.[37] Die gerichtlich protokollierte Einigung kann unproblematisch als
Vollstreckungstitel gem § 794 I Nr. 1 StPO dienen. Verzicht (§ 306 ZPO) und Anerkenntnis (§ 307 ZPO) waren nach der Rechtslage bis zur Einführung des OpferRRG im Adhäsionsverfahren nicht anwendbar[38] – § 404 II StPO erlaubt nunmehr die Fällung eines Anerkenntnisurteils.[39] Eine Widerklage soll nach wie vor
unzulässig sein.[40]

Eine Antragsrücknahme ist nach § 404 IV StPO bis zur Verkündung des Urteils zulässig (auch noch in der Berufungsinstanz; nicht mehr hingegen in der Revisionsinstanz). Die Zustimmung des Angeklagten ist entbehrlich. Das Gericht entscheidet
dann nach § 472 a StPO (pflichtgemäßes Ermessen) über die Kostentragung. Eine
Anfechtung dieser Kostenentscheidung durch den Antragsteller ist unzulässig.[41]

Dem Angeklagten ist nach Antragstellung ausreichend Gelegenheit zur Stellung-   **21**
nahme und Erwiderung zu geben. Er kann seinerseits mit dem geltend gemachten
Anspruch Aufrechnung erklären (es gilt der Maßstab der §§ 387, 393 BGB).

3.   Die Entscheidung des Gerichts

a)   Entscheidung durch »Absehen von einer Entscheidung«

Erfahrungsgemäß ist bislang die häufigste Art, mit dem Adhäsionsantrag umzuge-   **22**
hen, das Absehen von einer Entscheidung (§ 405 aF StPO); es bleibt abzuwarten,
ob die durch das OpferRRG inzwischen eingeführten Hürden der Nichtbescheidung (§ 406 I S 4, 5 StPO) in der Praxis zu einer Änderung führen. Lediglich kurzfristige Verfahrensunterbrechungen, die durch den Adhäsionsantrag bedingt sind,
sollen nun ein Absehen von der Entscheidung nicht mehr begründen; der Regelfall
soll nun die Entscheidung sein (zumindest im Wege eines Grund- oder Teilurteils)
und nicht mehr das Absehen von einer Entscheidung.

Auch wenn die seinerzeit »wachsweichen Regelung«[42] des § 405 aF StPO durch die   **23**
Neuregelung in § 406 I StPO etwas festere Konturen erhalten hat, soll dem Straf-
richter weiterhin der gangbare Ausweg gelassen werden, sich mit komplizierteren
Fragen des materiellen und prozessualen Zivilrechts nicht beschäftigen zu müssen.
Die Möglichkeiten, die Erörterung zivilrechtlicher Problemstellungen zu umgehen,
sind weit gesteckt:

---

36 BT-Drucks 15/1976, S 14
37 BT-Drucks 15/1976, S 15
38 Vgl BGH in: Detter NStZ 2000, 191; BGH NStZ 1991, 198; krit Köckerbauer NStZ 1994, 305,
    308
39 Kritisch hierzu: Hilger GA 2004, 485
40 Meyer-Goßner § 404 Rn 10
41 Die Anfechtung durch den Angeklagten erfolgt über die sofortige Kostenbeschwerde des § 464
    III 1 StPO
42 Weigend 14

- Von einer Entscheidung wird abgesehen, wenn der Angeklagte nicht schuldig gesprochen und auch keine Maßnahme der Besserung und Sicherung verhängt wird (§ 406 I S 1 StPO). Diese Regelung ist aufgrund der mangelnden Schuldfeststellung nachvollziehbar und entspringt der ratio des § 406 StPO, dass das Strafgericht nicht gehalten sein kann, sich mit zivilrechtlichen Fragestellungen zu beschäftigen, wenn die Basis zu einer Subsumtion strafrechtlicher Schuld bereits nicht ausreicht.

- Ist der Adhäsionsantrag unzulässig (zB weil die Antragsberechtigung fehlt oder es an einer Prozessvoraussetzung mangelt) oder unbegründet (§ 406 I S 3 StPO), wird über ihn ebenfalls nicht entschieden. Eine Entscheidung ist für das Gericht schon dann zu umgehen, wenn der Adhäsionsantrag unbegründet »erscheint«. Dass der Antrag unbegründet »ist«, muss nicht festgestellt werden; andernfalls müsste die Adhäsionsklage förmlich »abgewiesen« werden (was offensichtlich aber nicht der Intention des Gesetzgebers entsprochen hat).

- Schließlich darf von einer Entscheidung abgesehen werden, sofern es die Verfahrensökonomie gebietet. Die Verfahrensökonomie ist nach herrschender Meinung dort als beeinträchtigt anzusehen, wo eine Prüfung des Antrags das Strafverfahren erheblich verzögern würde[43]. Auslöser des § 406 I S 5 StPO können cum grano salis nur solche Verzögerungen sein, die den Ablauf des Strafverfahrens wesentlich beeinträchtigen, zB die Notwendigkeit eines neuen Termins zur Beweisaufnahme oder die Durchführung komplexer Beweiserhebungen (Sachverständigengutachten); bei Aussetzung des Verfahrens. Fernerhin wird auch nach OpferRRG eine Entscheidung dann obsolet sein, wenn der Amtsrichter mit einer außerordentlichen, die zivilprozessuale Streitwertgrenze weit hinter sich lassenden Schadensersatzforderung (nicht: Schmerzensgeldforderung, § 406 I S 6 StPO!) konfrontiert wird oder überdurchschnittlich schwierige Rechtsfragen zivilrechtlicher Art zu erörtern wären.

24   Sollte der Adhäsionskläger während der Hauptverhandlung und nach eingereichtem Adhäsionsantrag gewahr werden, dass das Gericht in die Richtung des § 406 I S 3, 4, 5 StPO tendiert (zB weil ein Aspekt des Anspruchsgrundes unklar blieb), ist angeraten, durch eine weitere (schriftliche) Erklärung nachzubessern. Dies kann ohnehin durch Veränderung der Beweissituation notwendig werden. Der Adhäsionskläger darf sich nicht darauf verlassen, ein einmal gestellter Antrag, werde auch nach Veränderung tatsächlicher oder rechtlicher Gegebenheiten durch das Gericht im Interesse des Adhäsionsberechtigten »ausgelegt«.

Sind Unsicherheiten oder Unklarheiten des Gerichts im Hinblick auf die Forderungshöhe zu bemerken, sollte der Adhäsionskläger von sich aus die durch § 406 I 2 StPO kodifizierte Möglichkeit eines Grund- oder Teilurteils erwägen und versuchen, das Gericht von einer solchen Entscheidungsalternative zu überzeugen. Erfahrungsgemäß scheitert die Durchsetzung der Adhäsionsansprüche im Strafverfahren oft genug daran, dass dem Strafgericht die Aspekte der Schadensbemessung als zu kompliziert und vielschichtig erscheinen und deswegen auch über den Anspruchsgrund ebenfalls nicht entschieden wird, obschon dieser zumeist durch die Urteilsgründe im Fall der Verurteilung ausreichend festgeschrieben ist. Es ist auch anzuraten, sobald die Voraussetzungen des Adhäsionsbegehrens konturiert sind, den Antrag zeitnah zu stellen – es gilt der Erfahrungssatz: Je später der Antrag gestellt wird, desto leichter fällt er der Regel des § 406 I S 3, 4, 5 StPO anheim.

---

43 Meyer-Goßner § 406 Rn 12

Wenn schon von Seiten des Adhäsionsklägers nicht verhindert werden kann, dass sich das Gericht nicht zur Höhe der Forderung ausspricht, sollte dementsprechend zumindest – gerade hinsichtlich der damit gesteigerten Chancen im Zivilrechtsstreit (da dort nur noch das Ausmaß des Schadens in Streit stehen wird) – angestrebt werden, das Gericht zu einem Grundurteil zu bewegen. Gleichzeitig kodifiziert § 406 V StPO eine Hinweispflicht (analog der zivilprozesslichen Regelung), die den Antragsteller vor überraschender Nichtbescheidung warnen soll.

IdR wird das Gericht erst im Urteil entsprechend § 406 I S 3, 4, 5 StPO entscheiden (»von einer Entscheidung über den Adhäsionsantrag wird abgesehen«); aber schon während des laufenden Verfahrens kann bereits durch Beschluss über die Nichtbescheidung des Adhäsionsantrages entschieden werden, zB wenn es offensichtlich (!) an einer Antragsvoraussetzung fehlt.

25

Die Entscheidung des Gerichts über die Nichtbescheidung ist mit sofortiger Beschwerde anfechtbar (§ 406 a I StPO), aber nur sofern der Antrag bereits vor der Hauptverhandlung gestellt worden ist und zum anderen noch keine die Instanz abschließende Entscheidung getroffen ist (Urteil, Einstellung zB gem §§ 153, 153 a, 154 StPO). Durch diese (»wenig glückliche«)[44] Neuregelung des OpferRRG, die nur für wenige denkbare Konstellation den Rechtsmittelweg überhaupt eröffnet, wird der Adhäsionskläger im Falle der Nichtbescheidung weiterhin gehalten sein, seinen Anspruch zivilgerichtlich durchzusetzen; handelt es sich um eine amtsgerichtliche Entscheidung (Nichtbescheidung), dürfte es auch zulässig sein – da eine Entscheidung nach § 406 I S 3, 4, 5 StPO keine Antragsverwerfung beinhaltet – in der Berufungsinstanz den Antrag nochmals aufzunehmen.

b) Die für den Adhäsionskläger günstige Entscheidung

Nach § 406 StPO entscheidet das Gericht über den begründeten Adhäsionsantrag im Strafurteil, wobei auch eine Entscheidung über den Anspruch dem Grunde nach oder über einen Teil des Anspruchs zulässig ist.

26

Die Urteilsbegründung hat die zivilrechtlichen Anspruchsgrundlagen zu benennen und muss insbesondere die für die Vollstreckung notwendigen Angaben (§ 313 I Nr. 1 ZPO) enthalten.

Auch über die vorläufige Vollstreckbarkeit des Urteils ist zu befinden, § 406 III StPO; die Entscheidung hierüber ist unanfechtbar. Der Adhäsionskläger hat kein verbrieftes Recht auf Erhalt einer vollständigen Urteilsausfertigung, ihm muss aber mindestens der Teil des Urteils zur Kenntnis gebracht werden, der für seinen Anspruch relevant ist – in der Regel wird dem Antragsteller indes eine vollständige Ausfertigung des Urteils mit Rechtskraftvermerk zugestellt.[45]

Dem Adhäsionskläger stehen keine weiteren Rechtsmittel gegen die Entscheidung des Gerichts, ausser der in § 406 V StPO genannten Beschwerdemöglichkeit, zu. Gleich ob nach § 406 I S 3, 4 oder 5 StPO verfahren wurde, gleich, ob ein Grund- oder Teilurteil gefällt wurde, zu (§ 406 a StPO). Der Angeklagte seinerseits kann mit eigenständigen Rechtsmittel, das sich auch auf den Adhäsionsausspruch konzentrieren kann (§ 406 II S 1 StPO) der für ihn negativen Entscheidung erwehren.

27

---

44 Meyer-Goßner § 406 a Rn 4
45 Eine vollstreckbare Ausfertigung (§ 724 I ZPO) wird vom Strafgericht erteilt

Hohmann

28   Die Vollstreckung des Urteils orientiert sich an zivilrechtlichen Grundsätzen; zuständig für die Vollstreckung ist das Gericht, in dessen Bezirk das Strafgericht erster Instanz seinen Sitz hat (§ 406 b S 2 StPO).

4. Kostenentscheidung

29   § 472 a StPO bestimmt die Kosten des Adhäsionsverfahrens:

- Wird dem Adhäsionsantrag in vollem Umfange stattgegeben, hat der Angeklagte die insoweit entstandenen Kosten sowie die notwendigen Auslagen des Adhäsionsklägers zu tragen.
- Ist der Adhäsionsantrag nur zum Teil erfolgreich (Grundurteil, Teilurteil, Rücknahme), trifft das Gericht eine Entscheidung über die Kostentragung nach billigem Ermessen. An eine Quotelung entsprechend zivilprozessualer Kostengrundsätze ist das Strafgericht nicht gebunden.
- Hat das Gericht von einer Entscheidung abgesehen (§ 406 I S 3, 4, 5 StPO), gilt das Gleiche.
- Hat der Adhäsionskläger lediglich ein Grund- oder Teilurteil beantragt und ist diesem Antrag in vollem Umfang stattgegeben worden, soll der Antragsteller in den Genuss der vollen Auslagenerstattung kommen.[46]

Gegen eine ungünstige Kostenentscheidung steht dem Adhäsionskläger wegen § 406 a StPO kein Rechtsmittel zur Verfügung.[47]

30   Nach dem RVG steht dem Rechtsanwalt des Adhäsionsklägers wie auch dem im Adhäsionsverfahren tätigen Verteidiger die Gebühr des VV Nr. 4143 zu. Die Gebühr zählt isoliert, dh sie fällt auch dann gesondert an, sofern neben dem Adhäsionsverfahren noch eine Tätigkeit im Rahmen der Neben- oder Privatklage ausgeübt wird (dann entstehen zusätzlich Verfahrensgebühr und eine oder mehrere Terminsgebühren). Die Gebühr entsteht mit der Entgegennahme des Auftrags bei Entgegennahme erster Informationen vom Mandanten.[48] Im Falle eines Vergleichsabschlusses entsteht zusätzlich die Gebühr des VV Nr. 1000.

---

46 Köckerbauer NStZ 1994, 305, 310
47 Krit allein Köckerbauer NStZ 1994, 305, 311
48 Hartung RVG S 872 Rn 171

Kapitel 4
Der Zeugenbeistand

Überblick

Literaturverzeichnis

Lüdeke, Achim M., Der Zeugenbeistand, Dissertation, Frankfurt am Main 1995

I. Grundlagen

Eine *allgemeine gesetzliche Regelung* für das Institut des Zeugenbeistands ist erst- **1**
malig mit dem **Zeugenschutzgesetz** vom 30. 4. 1998[1] in die Strafprozessordnung
aufgenommen worden. Es ist zu erwarten, dass die Tätigkeit als Zeugenbeistand für
den strafrechtlich ausgerichteten Rechtsanwalt einen zunehmend breiter werdenden
Raum einnehmen wird.[2] Die Spezialisierung in der Anwaltschaft schreitet ebenso
voran, wie das wachsende Bewusstsein um diese Spezialisierung in der ratsuchen-
den Klientel, die sich vor Aufsuchen eines Rechtsanwalts über dessen Schwerpunkte informiert und bereit ist, für die Suche nach dem richtigen Spezialisten einiges

---

1 Gesetz zum Schutz von Zeugen bei Vernehmungen im Strafverfahren und zur Verbesserung des
  Opferschutzes; Zeugenschutzgesetz – ZSchG vom 30. 4. 1998; BGBl I 820
2 Ebenso Sommer StraFo 1998, 8

Engagement an den Tag zu legen. Zwar wird es auf absehbare Zeit keine Spezialisierung auf Zeugenrechte im Strafprozess geben, aber der Fachanwalt für Strafrecht
muss auch in diesem Bereich Spezialkenntnisse nachweisen, wenn er seinen guten
Ruf als Strafverteidiger festigen will. Hinzu kommt, dass eine Weiterentwicklung
der Rechtsstellung des Zeugenbeistands nur dann gelingen kann, wenn sich der
Fachanwalt für Strafrecht der Tätigkeit als Zeugenbeistand nicht generell verschließt und dieses Feld wegen der Beschränkung auf die klassische Strafverteidigung anderen, im Strafprozessrecht weniger versierten Kollegen überlässt,[3] die sich
die Vertretung eines Zeugen wesentlich eher als die Verteidigung eines Angeklagten
zutrauen.

2   Ist die prozessuale Stellung des Zeugenbeistands für den Strafverteidiger auch nicht
mit annähernd so tiefen *Rollenkonflikten* verbunden wie die des Nebenklagevertreters,[4] so ist die Tätigkeit als Zeugenbeistand dennoch eine ungewohnte Rolle für
den Strafverteidiger. Sie begrenzt seine unmittelbare Tätigkeit auf einen eng umrissenen, aber möglicherweise zentralen Teil des Verfahrens. Für den Zeugenbeistand
steht nicht – wie für das Gericht, die Anklage und die Verteidigung – das Schicksal
des Angeklagten im Vordergrund, sondern die Interessen des Zeugen.

3   Gesetzlich geregelt sind Schutz- und Mitwirkungsrechte zunächst für den Zeugen,
der zugleich **Verletzter oder Nebenklageberechtigter** ist. Die §§ 406 d–406 h StPO
sind durch das Opferschutzgesetz[5] vom 18. 12. 1986 eingeführt und durch das Zeugenschutzgesetz vom 30. 4. 1998[6] ergänzt worden. Eine weitere Modifikation erhielten die Regelungen durch das Opferrechtsreformgesetz vom 24. 6. 2004.[7] Sie regeln
in § 406 e StPO das Akteneinsichtnahmerecht des Verletzten sowie in §§ 406 f und
406 g StPO die Berechtigung, sich eines Beistands zu bedienen, wobei sich § 406 f
StPO auf den Verletzten und § 406 g StPO auf den Nebenklageberechtigten bezieht.
Nach § 406 h StPO ist nunmehr auch auf die Befugnis zur Hinzuziehung eines Beistands hinzuweisen.

4   Für den sonstigen Zeugen hatte das Bundesverfassungsgericht in seinem Beschluss
vom 8. 10. 1974[8] festgestellt, dass das in § 3 III BRAO für jedermann niedergelegte
Recht, sich im Rahmen der gesetzlichen Vorschriften durch einen Rechtsanwalt seiner Wahl beraten und vertreten zu lassen, selbstverständlich auch für den Zeugen
gilt. Dieser soll dadurch die Möglichkeit erhalten, »die Kenntnisse und Fähigkeiten
des Rechtskundigen bei der Wahrnehmung seiner rechtlichen Interessen benutzen«[9] zu können. Das Bundesverfassungsgericht leitete das Recht auf Hinzuziehung eines Zeugenbeistands in bemerkenswerter Klarheit[10] aus dem Gebot eines
rechtsstaatlichen Verfahrens ab. Das Recht auf ein faires Verfahren als Grundsatz
des rechtsstaatlichen Verfahrens gewährleiste es dem Betroffenen, »prozessuale
Rechte und Möglichkeiten mit der erforderlichen Sachkunde selbstständig wahrnehmen und Übergriffe staatlicher Stellen oder anderer Verfahrensbeteiligter ange-

---

3 Thomas FG für Koch (1989) 281
4 Thomas FG für Koch (1989) 277
5 BGBl I 1986, 2496
6 Fn 1
7 BGBl I 2004, 1354
8 BVerfGE 38, 105
9 BVerfGE 38, 105, 112
10 Thomas FG für Koch (1989) 285 spricht insoweit von einer »kraftvollen Installierung« des Instituts des Zeugenbeistands durch das Bundesverfassungsgericht, das Aufgaben und Rechte des
   Zeugenbeistands teilweise im Detail beschreibt.

messen abwehren zu können«.[11] Der Zeuge solle wirksam davor geschützt werden, zum bloßen Objekt des Strafverfahrens zu werden.

Eine Regelung zum Recht des Zeugenbeistands ist einfachgesetzlich durch das **Zeugenschutzgesetz** vom 30. 4. 1998[12] in Form des neu eingefügten § 68 b in die StPO aufgenommen worden. Dieser sieht unter weiteren Voraussetzungen vor, dass einem Zeugen *für die Dauer der Vernehmung* ein Rechtsanwalt **beigeordnet** werden kann, wenn der Zeuge seine Befugnisse bei der Vernehmung nicht selbst wahrnehmen und seinen schutzwürdigen Interessen auf andere Weise nicht Rechnung getragen werden kann.[13] Der Gesetzgeber hat es indes unterlassen, *Aufgaben und Rechte des Zeugenbeistands* näher zu regeln.[14] Auch die Möglichkeit einer Hinzuziehung außerhalb einer Beiordnung wird nicht normiert. Es ist insoweit weiterhin auf die Entscheidung des Bundesverfassungsgerichts sowie die danach ergangene Judikatur und Ausformung durch das Schrifttum zurückzugreifen. In einer jüngeren Entscheidung[15] kritisiert das Bundesverfassungsgericht den Umstand, dass es an einer umfassenden gesetzlichen Regelung des Instituts des Zeugenbeistands nach wie vor fehle. Die Gesamtschau der gesetzlichen Vorschriften ermögliche kein Leitbild des Zeugenbeistands und der ihm zugewiesenen Verfahrensrolle. Von dem Grundrecht des Rechtsanwalts auf freie Berufsausübung ausgehend stellt das Bundesverfassungsgericht fest, dass jedenfalls für eine Ausschließung eines Anwalts als Zeugenbeistand eine formelle gesetzliche Grundlage erforderlich ist. Diese ist gegenwärtig nicht gegeben, so dass eine Ausschließung eines Anwalts als Zeugenbeistand gegenwärtig generell unzulässig ist.

5

Dem vom Bundesverfassungsgericht 1974 entschiedenen Fall lag ein Verfahren aus dem Disziplinarrecht zugrunde. Das Recht auf Hinzuziehung eines Zeugenbeistands besteht nach allgemeiner Meinung im *Straf- und Ordnungswidrigkeitenverfahren*[16] sowie im *Disziplinarverfahren* und in *berufsrechtlichen Verfahren*.[17] Gleiches dürfte für das *vereins- und verbandsgerichtliche Verfahren* gelten. Dabei ist die Hinzuziehung eines Beistands in **allen Verfahrensabschnitten** möglich.[18] Einer ausdrücklichen Zulassung der die Vernehmung durchführenden Stelle bedarf der Zeugenbeistand nicht.[19] Gegen die Zurückweisung eines Rechtsanwalts als Zeugenbeistand durch die Staatsanwaltschaft im Ermittlungsverfahren soll gerichtliche Entscheidung nach § 98 II 2 StPO beantragt werden können.[20]

6

Bereits das Bundesverfassungsgericht beschränkte das Recht eines Zeugen auf einen Beistand mit dem Hinweis auf das Postulat der Aufrechterhaltung einer funktionsfähigen und wirksamen Rechtspflege auf bestimmte Fälle. Es verlangte vor der Zulassung des Zeugenbeistands eine Abwägung zwischen dem Anspruch des Zeugen einerseits und dem öffentlichen Interesse an der Effizienz des Strafverfahrens andererseits. Ein Zeugenbeistand sei nur im Falle einer »besonderen rechtsstaatlichen Legitimation« hinzuzuziehen, die sich »aus der jeweiligen besonderen Lage des Zeugen, insbesondere aus den ihm im eigenen Interesse eingeräumten prozessualen

7

11 BVerfGE 38, 105, 106
12 Fn 1; eingehend Caesar NJW 1998, 2313
13 Zu den weiteren Voraussetzungen und der Vergütung vgl Rn 40 bis 42.
14 Rieß StraFo 1999, 1, 7
15 BVerfG StV 2000, 401
16 Für das kartellrechtliche Ordnungswidrigkeitenverfahren vgl Dörinkel WuW 1975, 254
17 LR-Dahs vor § 48 Rn 10
18 BVerfGE 38, 105, 112: »bei richterlichen und sonstigen Vernehmungen«; Formularbuch-Gillmeister XIII.E.2; LR-Dahs vor § 48 Rn 10
19 BGH NStZ 1990, 25; Meyer-Goßner vor § 48 Rn 11
20 OLG Hamburg NStZ 1984, 566 vgl auch BVerfG StV 2000, 401

Befugnissen bei der Erfüllung der allgemeinen staatsbürgerlichen Zeugenpflichten«[21] ergebe. Damit wurde die Hinzuziehung eines Zeugenbeistands von einer *Verhältnismäßigkeitsabwägung* abhängig gemacht,[22] die freilich immer dann zugunsten des Zeugen ausschlagen muss, wenn überhaupt ein berechtigtes Interesse des Zeugen auf Hinzuziehung eines Beistands im Einzelfall erkennbar ist. Allein mit dem Hinweis auf Effizienzerwägungen können aus dem Rechtsstaatsgebot abgeleitete Rechte eines Verfahrensbeteiligten im Einzelfall nicht beschränkt werden. Für die *Beiordnung eines Zeugenbeistands* nach § 68 b StPO ist erforderlich, dass den schutzwürdigen Interessen des Zeugen nicht auf andere Weise Rechnung getragen werden kann.[23] Der Gesetzgeber hat somit die Verhältnismäßigkeitserwägungen des Bundesverfassungsgerichts aufgegriffen und für die Beiordnung eines Zeugenbeistands verschärft.

8   Zentrale Bedeutung hat die Frage, ob dem Zeugen ein Auskunftsverweigerungsrecht über den Inhalt eines Beratungsgesprächs mit seinem Zeugenbeistand zusteht. Diese Frage taucht vornehmlich dann auf, wenn es in der Hauptverhandlung im Rahmen der Zeugenvernehmung zu einer Kontroverse über ein Zeugnisverweigerungsrecht, ein Auskunftsverweigerungsrecht oder gar über den Inhalt der Zeugenaussage gekommen ist und der Zeuge daraufhin von seinem Recht Gebrauch macht, sich mit dem Beistand zu beraten. Während dem Anwalt ein umfassendes Zeugnisverweigerungsrecht für alle Mandatsverhältnisse aus § 53 I Nr. 3 StPO zusteht, muss der Zeuge grundsätzlich unbeschränkt aussagen. Richtigerweise ist ein wirksamer Schutz des Vertrauensverhältnisses zwischen Mandant und Anwalt in der besonderen Konstellation von Zeuge und Zeugenbeistand nur dann gewährleistet, wenn dem Zeugen über den Inhalt des Beratungsgesprächs mit dem Anwalt ein Auskunftsverweigerungsanspruch zusteht.[24] Das durch § 53 I Nr. 3 StPO gesetzlich anerkannte Vertrauensverhältnis zwischen Anwalt und Mandant, das letztlich Ausprägung des Grundrechts auf Achtung der Privatsphäre aus Art. 2 I iVm Art. 1 I GG ist, beschränkt insoweit die Auskunftspflicht des Zeugen.[25] Dies erscheint im Ergebnis auch deshalb unproblematisch, weil eine Verkürzung der Sachaufklärungsmöglichkeit gegenüber dem Fall der Vernehmung eines nicht durch einen Beistand beratenen Zeugen nicht eintritt, da lediglich der durch die Inanspruchnahme eines Anwalt zusätzlich entstehende Sachverhalt der Offenbarungspflicht entzogen wird.[26] Unterlagen aus dem Mandatsverhältnis unterliegen dem Beschlagnahmeverbot aus § 97 I Nr. 1 StPO analog.[27]

II.   Aufgaben des Zeugenbeistands

1.   Aufgaben vor Beginn der Vernehmung

a)   Informationsgewinnung

9   Fälschlicherweise herrscht weit verbreitet noch die Vorstellung vor, die wesentliche Aufgabe des Zeugenbeistands sei die Begleitung des Zeugen zu der Vernehmung. Tatsächlich liegt häufig der Schwerpunkt der Tätigkeit des Beistands – ebenso wie

---

21 BVerfGE 38, 105, 118
22 Hammerstein NStZ 1981, 125, 127
23 Im Einzelnen Rn 39
24 OLG Düsseldorf, NStZ 1991, 504; LG Lübeck StV 93, 516; Meyer-Goßner vor § 48 Rn 11; Thomas NStZ 1982, 489, 493, der insoweit von einem Zeugnisverweigerungsrecht spricht.
25 Ebenso LG Lübeck StV 1993, 516
26 OLG Düsseldorf StV 1991, 150
27 BGH NStZ 2001, 604

bei der klassischen Strafverteidigung auch – jedoch im Vorfeld des eigentlichen Termins.[28] Der Zeugenbeistand wird sich daher, nachdem er das Mandat zur Vertretung des Zeugen übernommen hat, zunächst mit dem Gegenstand des Verfahrens vertraut machen.[29] Er wird sich über die Wahrnehmungen seines Mandanten berichten lassen, um Konfliktpotential und Risiken für den Zeugen möglichst frühzeitig zu erkennen. Hierzu ist oftmals eine Informationsbeschaffung über die Schilderungen des Mandanten hinaus angeraten. Gegebenenfalls kann es erforderlich sein, mit dem Verteidiger des Angeklagten Kontakt aufzunehmen.

b) Prüfung von Zeugnis- und Auskunftsverweigerungsrechten

Nebenklageberechtigte und sonstige Verletzte stellen in der Praxis die größte **10** Gruppe der Zeugen dar, die den Rat und den Beistand eines Rechtsanwalts erbitten. Daneben treten häufig solche Fälle auf, in denen es um den Bestand und den Umfang von Zeugnisverweigerungs- oder Auskunftsverweigerungsrechten geht. Ohne die einzelnen Normen der Strafprozessordnung genauer zu kennen, ist doch eine entsprechende laienhafte Parallelwertung regelmäßig vorhanden. Nunmehr ist es Aufgabe des Zeugenbeistands, den Bestand und den Umfang der Rechte des Zeugen zu prüfen, sowie das Interesse des Zeugen auszuloten. Dies sollte unbedingt vor der Vernehmung erfolgen.

aa) Zeugnisverweigerungsrechte nach § 52 und § 53 StPO

Bei einer Beratung über die Zeugnisverweigerungsrechte nach den §§ 52 und 53 **11** StPO ist zu unterscheiden : das Zeugnisverweigerungsrecht aus § 52 StPO findet seine Begründung in der Rücksicht auf die *Zwangslage des Zeugen*, der einerseits der Wahrheit verpflichtet ist, andererseits aber befürchten muss, dadurch einem Angehörigen zu schaden.[30] Die Beratung des Zeugen richtet sich demnach ausschließlich nach dem Interesse des Zeugen, das seinerseits wesentlich durch die Wahrnehmungen des Zeugen und deren Prozessbedeutung beeinflusst wird. Der Zeugenbeistand wird daher dem Mandanten, sofern diese nicht ohnehin auf der Hand liegt, die Beweisbedeutung der Zeugenaussage im Prozess nahe bringen. Wichtigster Beratungspunkt ist regelmäßig der Hinweis, dass der Zeuge, wenn er sich zur Aussage entschließt, vollständig und wahrheitsgemäß aussagen muss.

Anders sieht die Situation bei den Zeugnisverweigerungsrechten gem § 53 StPO **12** aus. Hier hat der Zeugenbeistand über die in § 203 StGB strafbewehrte *Schweigepflicht*[31] aufzuklären. Materiellrechtlich *darf* der Zeuge überhaupt nur dann aussagen, wenn eine Entbindung von der Schweigepflicht vorliegt. Die nach § 53 I Nr. 2–3 b StPO zeugnisverweigerungsberechtigten Personengruppen freilich sind nach § 53 II StPO bei einer Entbindung von der Verschwiegenheit zur Aussage verpflichtet. Bei den übrigen Zeugen wird die Entbindung von der Schweigepflicht die Entschließung über die Aussagebereitschaft maßgeblich beeinflussen. Erfolgt die Entbindung nicht erst in der Hauptverhandlung, sondern bereits im Ermittlungs- oder Zwischenverfahren, so sollte der Zeugenbeistand auf einer schriftlichen Entbindungserklärung bestehen und versuchen, sicherzustellen, dass auf den Angeklagten kein Druck ausgeübt worden ist.

---

28 Sehr eingehend zur Vorbereitung und zu Risiken bei der Vertretung von Unternehmensmitarbeitern als Zeugen im Strafverfahren gegen Verantwortliche in Wirtschaftsunternehmen: Minoggio, AnwBl 2001, 584
29 Zur Akteneinsicht Rn 30 f
30 Meyer-Goßner § 52 Rn 1
31 Zur fehlenden Deckungsgleichheit zwischen § 53 StPO und § 203 StGB Meyer-Goßner § 53 Rn 4

bb) Auskunftsverweigerungsrecht nach § 55 StPO

13 Der Beratung und Unterstützung eines »gefährdeten« Zeugen[32] kommt besondere Bedeutung zu. Ein wirksamer Schutz des Zeugen kann nur dann gewährleistet werden, wenn er sich rechtzeitig auf sein Auskunftsverweigerungsrecht beruft. Daher hat der Zeuge einen Anspruch auf Beratung mit seinem Beistand vor Beginn der Vernehmung. Vor der Verhängung eines Ordnungsgeldes gegen den Zeugen ist diesem ein Beratungsgespräch mit dem Anwalt zu ermöglichen.[33] Dies gilt jedenfalls dann, wenn ein Auskunftsverweigerungsrecht nahe liegt. Dieses gesteht das Gesetz dem Zeugen dann zu, wenn die Gefahr besteht, dass der Zeuge selbst oder ein Angehöriger durch die Beantwortung einer Frage wegen einer Straftat oder Ordnungswidrigkeit verfolgt wird. Dabei ist unter Verfolgungsgefahr bereits jeder prozessual ausreichende Anfangsverdacht zu verstehen.[34] Demnach darf der Zeuge nicht nur eine unmittelbar selbst belastende Antwort verweigern, sondern es ist zur Auskunftsverweigerungsberechtigung ausreichend, dass eine mögliche Antwort als Teil eines Beweisgebäudes im Zusammenhang mit weiteren Tatsachen eine Verfolgungsgefahr begründet.[35] Bei einer Frage ist grundsätzlich deren Bejahung und Verneinung in gleicher Weise in Betracht zu ziehen. Ergibt sich hinsichtlich *einer* der Antwortmöglichkeiten eine Verfolgungsgefahr, ist die Auskunftsverweigerung in der Regel berechtigt.[36] Zur Frage, ob dem Zeugen ein Auskunftsverweigerungsrecht auch dann zusteht, wenn für die Straftat, der er sich eventuell selbst bezichtigen müsste, möglicherweise bereits Strafklageverbrauch eingetreten ist, sind jüngst zwei sich teilweise widersprechende Beschlüsse des BGH ergangen.[37] Als gesichert kann gelten, dass ein Auskunftsverweigerungsrecht dann nicht mehr besteht, wenn der eingetretene Strafklageverbrauch unzweifelhaft feststeht.[38] Sollte dagegen die Frage des Strafklageverbrauchs aus tatsächlichen Gründen noch nicht abschließend geklärt werden können oder die Frage nach dem Strafklageverbrauch mit materiellrechtlich und prozessual vertretbaren Argumenten und Würdigungen zu verneinen sein, so haben diese Zweifel zugunsten des Zeugen auszuschlagen und ihm ist ein Auskunftsverweigerungsrecht zuzugestehen.[39] Selbstverständlich kann sich die Verfolgungsgefahr auch aus dem Umstand ergeben, dass der Zeuge bereits zu einem früheren Zeitpunkt eine Aussage zu dem Komplex der vorgesehenen Zeugenvernehmung gemacht hat und sich nunmehr möglicherweise in Widerspruch zu der früheren Aussage setzen und sich so der Gefahr eines Verfahrens nach §§ 153 ff StGB oder § 164 StGB ausgesetzt sehen könnte.

14 Die Aufgabe des Zeugenbeistandes ist es, zu verhindern, dass sich der Zeuge bereits durch die Berufung auf sein Auskunftsverweigerungsrecht nach § 55 StPO der Gefahr der Strafverfolgung aussetzt. Der Zeugenbeistand wird also sicherstellen, dass eine Auskunftsverweigerung rechtzeitig erfolgt. Dies ist umso leichter, je offensichtlicher die Verfolgungsgefahr für den Zeugen ist. Dagegen ist bei noch verborgener Gefährdung des Zeugen mit erhöhtem Widerstand der übrigen Verfahrensbeteiligten zu rechnen.[40] Der Zeugenbeistand sollte daher – durchaus phantasievoll – mögliche Antworten des Zeugen darstellen und deren etwaige strafrechtliche Relevanz

---

32 Eingehend Hammerstein NStZ 1981, 125; Sommer StraFo 1998, 8
33 LG Zweibrücken VRS 1997, 424
34 LR-Dahs § 55 Rn 10
35 BGH StV 1994, 324; BGH StV 1987, 328; BVerfG StV 2002, 177
36 BGH StV 1993, 340; BGH StV 1999, 71
37 BGH StV 1999, 351; BGH StV 1999, 352
38 BGH NStZ 2002, 607
39 Im Ergebnis ebenso Dahs NStZ 1999, 386, 387
40 Formularbuch-Gillmeister XIII.E.5

für den Zeugen erläutern. § 56 StPO schreibt vor, dass der Zeuge auf Verlangen die Umstände, auf die er sein Recht auf Auskunftsverweigerung stützt, glaubhaft zu machen hat. Wichtigstes Mittel der *Glaubhaftmachung* ist die eidliche Versicherung des Zeugen (§ 56 II StPO). Dabei darf selbstverständlich nicht verlangt werden, dass der Zeuge diejenigen Tatsachen bekunden oder gar eidlich versichern muss, die die Verfolgungsgefahr auslösen.[41] Gelingt es dem Zeugenbeistand nicht, das Gericht durch seine Ausführungen zu einem Anerkennen des Auskunftsverweigerungsrechts zu bewegen, muss er deutlich machen, dass sich das Gericht in diesen Fällen mit der eidlichen Versicherung begnügen muss, der Zeuge nehme nach bestem Wissen (und nach Beratung durch den Zeugenbeistand) an, er werde sich durch die Beantwortung der Frage einer Verfolgung aussetzen.[42]

Berechtigt § 55 StPO dem Wortlaut nach grundsätzlich nur dazu, die Antwort auf bestimmte Fragen zu verweigern, so ist allgemein anerkannt, dass § 55 StPO zu einem *umfassenden Zeugnisverweigerungsanspruch* erstarkt, wenn »nichts übrig bleibt, was er ohne die Gefahr strafgerichtlicher Verfolgung bezeugen könnte«.[43] Eine solche Konstellation ist regelmäßig bereits vor der Zeugenvernehmung erkennbar. Der Zeugenbeistand sollte daher versuchen, durch einen Schriftsatz oder in Gesprächen mit dem Vorsitzenden vor der Hauptverhandlung dessen Entscheidung[44] über die Auskunftsberechtigung vorzubereiten, um eine Kontroverse in Anwesenheit sämtlicher Verfahrensbeteiligter zu vermeiden. Nach Möglichkeit ist darauf hinzuwirken, dass sogar eine Ladung des Zeugen unterbleibt, was der BGH für Ausnahmefälle, in denen der Zeuge aufgrund seines umfassenden Auskunftsverweigerungsrechts zum *ungeeigneten Beweismittel* wird, ausdrücklich zugelassen hat.[45] Zeichnet sich ab, dass eine Einigung nicht zu erzielen ist, muss mit dem Zeugen rechtzeitig beraten werden, ob man es im Falle eines ebenfalls negativen Gerichtsbeschlusses[46] auf die Anordnung von Zwangsmitteln nach § 70 StPO ankommen lassen soll, gegen die die Beschwerde nach § 304 II StPO zulässig ist. Die Entscheidung hierüber hängt im Wesentlichen von dem Maß des Interesses des Zeugen an der Auskunftsverweigerung ab.

15

c) Geheimhaltung des Wohnortes bzw der Identität des Zeugen

§ 68 II StPO normiert bei der Besorgnis der Gefährdung des Zeugen oder einer anderen Person das Recht, den Wohnort des Zeugen zu verschweigen. Nach § 68 III StPO kann der Zeugen sogar seine Identität vollständig geheim halten, wenn durch die Offenbarung die Besorgnis besteht, dass Leben, Leib oder Freiheit des Zeugen oder einer anderen Person gefährdet werden. Diese Frage, die sich eigentlich erst zu Beginn der Zeugenvernehmung stellt, ist ebenfalls zweckmäßigerweise bereits vorab mit der vernehmenden Stelle zu erörtern. Die Umstände, aus denen sich Anhaltspunkte für die Gefährdung des Zeugen ergeben, sind rechtzeitig mitzuteilen, um eine Kontroverse über diese Frage in der Hauptverhandlung zu vermeiden, die ansonsten regelmäßig zu eine Offenbarung der Identität des Zeugen führt.

16

---

41 BGH StV 1987, 328
42 BGH StV 1986, 282
43 BGHSt 10, 104, 105; BGH NStZ 2002, 607
44 Vgl § 238 I StPO
45 BGH NStZ 1986, 181
46 Vgl § 238 II StPO

Rode

d) Ausschluss der Öffentlichkeit

17 Gleiches gilt für die Beantragung des Ausschlusses der Öffentlichkeit nach §§ 171 b und 172 GVG. Auch auf entsprechende Anträge[47] ist der Vorsitzende und nach Möglichkeit auch die übrigen Verfahrensbeteiligten rechtzeitig hinzuweisen[48] und eine entsprechende Überzeugungsbildung zu fördern, um langwierige Verhandlungen über den Ausschluss in der Hauptverhandlung möglichst zu vermeiden. Zwar können die Verhandlungen über den Ausschluss der Öffentlichkeit selbst in nicht-öffentlicher Sitzung erfolgen,[49] aber gerade wenn es um den Schutz vor der Presse geht, lässt sich der angestrebte Schutz des Zeugen bei einer unvorbereiteten Erörterung über den Ausschluss der Öffentlichkeit häufig nicht erreichen.

e) Vorübergehende Ausschließung des Angeklagten

18 Unter den in § 247 StPO im Einzelnen dargelegten Voraussetzungen kann der Angeklagte auf Anordnung des Gerichts vorübergehend während der Vernehmung des Zeugen aus dem Sitzungssaal entfernt werden. Auch die für die Anordnung der Entfernung maßgeblichen Umstände treten regelmäßig bereits im Vorfeld der Hauptverhandlung zutage, so dass der Zeugenbeistand entsprechende Anregungen frühzeitig an das Gericht richten sollte.

f) Beantragung von Videovernehmungen

19 Durch das **Zeugenschutzgesetz** vom 30. 4. 1998[50] sind erstmalig Regelungen zum *Einsatz von Videotechnik bei Zeugenvernehmungen*[51] eingeführt worden. § 58 a StPO stellt dabei die grundlegende Regelung dar, die für Vernehmungen im Ermittlungsverfahren[52] sowie richterliche Vernehmungen außerhalb der Hauptverhandlung[53] gilt und als Hauptanwendungsfall kindliche Opferzeugen erfasst. Weiterer Anwendungsfall ist der bedrohte Zeuge, der nach der Vernehmung im Ermittlungsverfahren ins Ausland geht oder in ein Zeugenschutzprogramm aufgenommen wird. § 168 e StPO regelt die richterliche Vernehmung durch Videotechnik mit Standleitung. Die Vernehmung des Zeugen erfolgt getrennt von den sonstigen Anwesenheitsberechtigten, deren Mitwirkungsrechte jedoch durch die Möglichkeiten der Videostandleitung gewahrt werden sollen. § 255 a StPO legt fest, unter welchen Voraussetzungen Videovernehmungen in der Hauptverhandlung vorgeführt werden dürfen und verweist insoweit auf die Verlesungsmöglichkeiten von Vernehmungsniederschriften, wobei jedoch für den kindlichen Opferzeugen Sonderregelungen in Absatz 2 getroffen werden. Der neu eingefügte § 247 a StPO schließlich normiert die Voraussetzungen einer Zeugenvernehmung per Video in der Hauptverhandlung. Der Zeugenbeistand wird entsprechende Anträge auf Videovernehmung für den Zeugen stellen und organisatorische Fragen klären. Bereits wegen der noch nicht

---

47 Das Antragsrecht des Zeugenbeistands des Verletzten ist in § 406 f II 2 StPO ausdrücklich normiert.
48 Der Antrag selber kann freilich erst in der Hauptverhandlung gestellt werden. Anträge außerhalb der Hauptverhandlung sind lediglich Anregungen zur Prüfung der Frage, ob die Öffentlichkeit von Amts wegen ausgeschlossen werden soll; Meyer-Goßner § 171 b GVG Rn 9.
49 Vgl § 174 I GVG
50 Fn 1
51 Eingehend Rieß StraFo 1999, 1; ders NJW 1998, 3240; Diemer NJW 1999, 1667; Meurer JS 1999, 937
52 Caesar NJW 1998, 2313, 2315
53 Rieß StraFo 1999, 1, 3

überall zur Verfügung stehenden Technik, sind entsprechende Anträge rechtzeitig vor dem Vernehmungstermin zu stellen.

2. Aufgaben des Zeugenbeistands während der Vernehmung

a) Auskunftsverweigerungsrecht

Während sich die Frage nach der Inanspruchnahme eines Zeugnisverweigerungs- **20** rechtes regelmäßig vor der Vernehmung abschließend entscheiden lässt, fordert die Frage nach dem Auskunftsverweigerungsrecht des Zeugen auch während der Vernehmung des Zeugen ständige Aufmerksamkeit des Zeugenbeistands. Auch bei bester Vorbereitung lassen sich unerwartete und für den Zeugen kritische Situationen während der Vernehmung nicht immer vermeiden. Bei Zweifelsfällen muss der Zeugenbeistand die Vernehmung unterbrechen lassen und sich mit dem Zeugen über die Beantwortung einzelner Fragen beraten.[54] In Ausnahmefällen ist es auch denkbar, dass sich erst im Rahmen der Vernehmung ergibt, dass dem Zeugen ein zur umfänglichen Zeugnisverweigerung berechtigendes Auskunftsverweigerungsrecht zusteht. In jedem Fall sollte der Zeugenbeistand anstelle des Zeugen die Erörterungen mit den übrigen Verfahrensbeteiligten über die Rechte des Zeugen führen, um diesen aus einer möglichen Kontroverse weitestgehend herauszuhalten.

b) Zusammenhängender Vortrag des Zeugen

Nach § 69 I StPO soll der Zeuge zunächst die Möglichkeit erhalten, seine Wahrneh- **21** mungen im Zusammenhang zu berichten. Erforderlichenfalls hat der Zeugenbeistand auf die Einhaltung dieser Vorschrift hinzuwirken.

c) Rüge bloßstellender Fragen

Nach § 68 a StPO sind bloßstellende Fragen sowie Fragen nach den Vorstrafen des **22** Zeugen nach Möglichkeit zu vermeiden. Immerhin ist der Zeuge als eigentlich Unbeteiligter in das Verfahren hineingezogen und nunmehr gezwungen, öffentlich auszusagen. Er kann von daher verlangen, dass möglichst *schonend* mit ihm umgegangen wird.[55] Der Zeugenbeistand wird bloßstellende Fragen rügen und erforderlichenfalls eine Entscheidung des Gerichts nach § 238 II StPO herbeiführen.[56]

d) Beantragung der Zurückweisung von Fragen

Bei ungeeigneten oder nicht zur Sache gehörenden Fragen der Staatsanwaltschaft **23** oder der Verteidigung wird der Zeugenbeistand die Zurückweisung der Fragen nach § 241 II StPO durch den Vorsitzenden beantragen. Freilich ist umso mehr Zurückhaltung geboten, je weniger das Interesse des Zeugen durch die abseitige Frage beeinträchtigt ist.

---

54 Zum Schweigerecht des Zeugen auf Fragen über den Inhalt der Beratungen mit dem Beistand vgl Rn 8
55 LR-Dahs § 68 a Rn 1
56 Das Recht des Zeugenbeistands zur Beanstandung von Fragen (§§ 238 II, 242 StPO) ist für den Verletztenvertreter nunmehr in § 406 f II S 2 StPO geregelt.

Rode

e)   Zeugen unter 16 Jahren

24   § 241 a StPO schreibt vor, dass die Vernehmung von Zeugen unter 16 Jahren[57] allein durch den Vorsitzenden erfolgt. Der Zeugenbeistand wird die Einhaltung dieser Vorschrift, die den größtmöglichen Schutz kindlicher und jugendlicher Zeugen vor den psychischen Belastungen einer gerichtlichen Vernehmung bezweckt,[58] sicherstellen und Abweichungen beanstanden.

f)   Beseitigung von Aussagefehlern und Missverständnissen

25   Diese Aufgabe des Zeugenbeistands hat das Bundesverfassungsgericht selbst treffend umschrieben: »Bei ungeschickten, ängstlichen oder aus anderen Gründen in ihrer Aussagefähigkeit und -bereitschaft gehinderten und gehemmten Zeugen kann der Rechtsbeistand aus seiner häufig besseren Kenntnis des Wissens des Zeugen dazu beitragen, Aussagefehler des Zeugen und Missverständnisse der Verfahrensbeteiligten zu vermeiden«.[59] Der Zeugenbeistand wird die Aussage aufmerksam verfolgen und behutsam dann eingreifen, wenn offensichtlich wird, dass die Äußerung bewusst oder unbewusst missverstanden zu werden droht. Vorsichtig wird der Zeugenbeistand einzelne Formulierungen gerade rücken oder den Zeugen bitten, Missverständliches klarzustellen.

g)   Protokollierung der Zeugenaussage

26   Der Protokollierung der Zeugenaussage kommt in der Praxis erhebliche Bedeutung zu. § 273 III StPO eröffnet die Möglichkeit, die wörtliche Protokollierung von Zeugenaussagen zu verlangen. Dabei kann ein entsprechender Antrag auch von dem Zeugenbeistand im Interesse des Zeugen gestellt werden. Die Antragsberechtigung des Zeugen folgt schon aus der Tatsache, dass sich das für die *wörtliche Protokollierung* erforderliche Interesse an der Feststellung auch auf ein anderes, beispielsweise zukünftiges Verfahren beziehen kann.[60] Insbesondere dann, wenn ein anderes Verfahren gegen den Zeugen im Raume steht (Straf-, Ordnungswidrigkeiten- oder Disziplinarverfahren) oder ein Zivilverfahren gegen oder im Interesse des Zeugen ansteht, wird der Zeuge ein schützenswertes Interesse an der wörtlichen Protokollierung seiner Aussagen haben. Den entsprechenden Antrag wird der Zeugenbeistand stellen und bei Zurückweisung durch den Vorsitzenden einen Gerichtsbeschluss nach § 273 III 2 StPO herbeiführen.

III.   Rechte des Zeugenbeistands

27   Die Rechte des Zeugenbeistands sind bereits durch das Bundesverfassungsgericht eingegrenzt worden, in dem dieses klarstellt, dass der Zeugenbeistand den Zeugen in seiner Aussage *nicht vertreten darf*.[61] Ferner stellt das Bundesverfassungsgericht fest, dass der Zeugenbeistand nicht mehr Befugnisse haben kann, als dem Zeugen selbst zustehen.[62] Mit dieser auf den ersten Blick ebenso eindeutigen wie einsichti-

---

57   Zu den durch das Zeugenschutzgesetz vom 30. 4. 1998 neu eingeführten Möglichkeiten der Videovernehmung von Zeugen unter 16 Jahren vgl Rn 19
58   Meyer-Goßner § 241 a Rn 1
59   BVerfGE 38, 105, 117
60   Meyer-Goßner § 273 Rn 21, 23
61   BVerfGE 38, 105, 116
62   BVerfGE 38, 105, 116

gen Diktion[63] hat das Bundesverfassungsgericht im Ergebnis jedoch die Rechte des
Zeugenbeistands über ein vertretbares Maß hinaus wieder eingeschränkt. Zwar ist
dem Bundesverfassungsgericht zuzugeben, dass an der derivativen Natur des Instituts des Zeugenbeistands aus dogmatischer Sicht zunächst kein Zweifel bestehen
kann. Andererseits stellt sich aber in der Praxis schnell heraus, dass ein effektiver
Schutz des Zeugen nur möglich ist, wenn der Zeugenbeistand weitergehende Rechte in Anspruch nehmen kann. Dies wird augenfällig, wenn es um das Anwesenheitsrecht des Zeugenbeistands außerhalb der Vernehmung des Zeugen sowie um
das Akteneinsichtnahmerecht geht. Die Chance einer gesetzlichen Regelung der
Rechtsstellung des Zeugenbeistands hat der Gesetzgeber auch im **Zeugenschutzgesetz** vom 30. 4. 1998[64] nicht ergriffen.[65]

1. Anwesenheitsrechte außerhalb der Vernehmung des Zeugen

a) in öffentlicher Hauptverhandlung

Das Bundesverfassungsgericht hatte aus dem Akzessorietätsprinzip sowie der deri-   **28**
vativen Natur des Zeugenbeistands den Grundsatz abgeleitet, dass diesem ein Anwesenheitsrecht außerhalb der Vernehmung des Zeugen in der Hauptverhandlung
(§§ 58 I, 243 II StPO) nicht zustehe.[66] Dabei hatte das Bundesverfassungsgericht
verkannt, dass es, soweit die Hauptverhandlung öffentlich ist, nicht um die Anerkennung eines Anwesenheitsrechtes geht, sondern um die Aberkennung der durch
das Öffentlichkeitsprinzip in § 169 GVG gewährleisteten Rechte, die dem Anwalt
nicht aufgrund seiner Funktion als Zeugenbeistand sondern *originär* zustehen.[67]
Ein Grund für diese Beschränkung ist nicht erkennbar. Allein aus der Möglichkeit,
dass der Beistand den Zeugen über den Inhalt der bisherigen Verhandlung berichten könne, kann einen Ausschluss des Anwalts nicht begründen.[68] Hinzu kommt,
dass die Anwesenheit in der Hauptverhandlung, insbesondere, wenn dem Zeugenbeistand zuvor keine Akteneinsicht gewährt wurde, häufig zwingende Voraussetzung für eine sachgerechte Ausübung der Beistandstätigkeit sein dürfte.[69] Der hier
vertretenen Auffassung hat sich zwischenzeitlich das LG Heilbronn[70] angeschlossen
und klar gestellt, dass es für einen Ausschluss des Zeugenbeistands, der zunächst
einmal Teil der Öffentlichkeit sei, einer gesetzlichen Grundlage bedürfe. § 58 I
StPO gelte jedoch ausdrücklich nur für den Zeugen, so dass dem Zeugenbeistand die
Beiwohnung in der öffentlichen Hauptverhandlung nicht versagt werden könne.[71]

b) außerhalb der öffentlichen Hauptverhandlung

In § 406 g II 1 StPO sind für den Beistand des *nebenklageberechtigten Zeugen*,   **29**
auch wenn ein Anschluss als Nebenkläger nicht erklärt wird, besondere Anwesenheitsrechte in einer nicht öffentlichen Hauptverhandlung, bei richterlichen Verneh-

63 Lüdeke 40 ff spricht insoweit von dem Dogma der Akzessorietät zwischen prozessualen Rech-
    ten des Zeugen und seines Rechtsbeistands.
64 Fn 1
65 Rieß StraFo 1999, 1, 7
66 BVerfGE 38, 105, 116
67 Lüdeke 44; ähnlich LR-Dahs vor § 48 Rn 12
68 Im Ergebnis ebenso Hammerstein NStZ 1981, 125, 127; Thomas NStZ 1982, 489, 495; aA Wag-
    ner NStZ 2004, 101
69 AG Neuss StraFo 1999, 139; LR-Dahs Vor § 48 Rn 12
70 NStZ 2004, 100
71 Ebenso AG Neuss StraFO 1999, 139; OVG Berlin StraFO 2001, 375

mungen und der Einnahme eines richterlichen Augenscheins begründet. Über diese gesetzlich normierten Fälle hinaus wird die Anwesenheit eines Zeugenbeistands nicht zu erreichen sein.

2. Akteneinsichtsrecht

30 Für den *Verletzten* ist das Akteneinsichtsrecht in § 406 e StPO normiert, wobei es für den nicht nebenklageberechtigten Verletzten der Darlegung eines berechtigten Interesses bedarf. Die Anforderungen an die Geltendmachung des berechtigten Interesses sind gering und können am einfachsten mit dem Hinweis auf die Prüfung zivilrechtlicher Ansprüche erfüllt werden.[72] Der Glaubhaftmachung bedarf es nicht. Bei Versagung der Akteneinsicht durch die Staatsanwaltschaft im Vorverfahren besteht nach § 406 e IV 2 StPO die Möglichkeit, gerichtliche Entscheidung nach Maßgabe des § 161 a III 2–4 StPO zu beantragen.

31 Für den Beistand sonstiger Zeugen hat das Bundesverfassungsgericht das Recht auf Akteneinsicht mit dem Hinweis auf die abgeleitete Stellung des Zeugenbeistands grundsätzlich verneint.[73] Auch die hM[75] verneint ein Recht des Zeugenbeistands auf Akteneinsicht. Nach Einfügung der §§ 474–491 StPO durch das Strafverfahrensänderungsgesetz 1999[76] steht mit § 475 StPO eine Vorschrift zur Verfügung, die zur Begründung eines Anspruchs auf Akteneinsicht herangezogen werden kann. Zwar regelt § 475 StPO Aktenauskünfte und die Akteneinsicht für »Privatpersonen und sonstige Stellen« und es ist zweifelhaft, ob hierunter der Zeuge und der nunmehr in § 68 b StPO als Verfahrensbeteiligter genannte Zeugenbeistand zu subsumieren ist.[77] Jedoch steht mit § 475 StPO nunmehr erstmals eine gesetzliche Grundlage[78] für den Antrag auf Akteneinsicht des Zeugenbeistands zur Verfügung. § 475 StPO normiert ein Ermessen, das richtigerweise nur im Einzelfall ausgeübt werden kann. Gerade in den Fällen, in denen es um die Prüfung von Bestand und Umfang eines Auskunftsverweigerungsrechts nach § 55 StPO geht, ist die Gewährung von Akteneinsicht häufig zwingend erforderlich, um den Mandanten richtig beraten zu können.[79] Der Umfang des Auskunftsverweigerungsanspruchs sowie die Beantwortung der Frage, ob nicht bereits jegliche Aussage wegen Erstarkung des Auskunftsverweigerungsrechtes zu unterlassen ist, ergibt sich oftmals nur aus einer genauen Kenntnis des Verfahrensgegenstandes. Nach der hier vertretenen Auffassung ist die Akteneinsicht zwingende Voraussetzung für eine wirksame und zum Schutz des Zeugen effektive Beistandstätigkeit.[80] Dabei dient mitunter die Akteneinsicht des Zeugenbeistands auch dem *Interesse des Gerichts* an einer möglichst weitgehenden Aufklärung, da der Zeugenbeistand so in die Lage versetzt wird, – möglicherweise in Abstimmung mit dem Gericht – die für den Zeugen gefährlichen Komplexe exakt zu bestimmen und eine Befragung zu anderen Bereichen zu ermöglichen. Diese Argumente können nunmehr bei der Begründung des berechtigten Interesses gem § 475 I StPO dargelegt werden. Eine Ablehnung des Antrags auf Akteneinsicht ist nach hM[81] nicht anfechtbar. Bestand und Umfang des Auskunftsverweigerungs-

---

72 HK-Kurth § 406 e Rn 6
73 BVerfGE 38, 105, 116
75 OLG Düsseldorf NJW 2002, 2806; Meyer-Goßner vor § 48 Rn 11
76 StVÄG 1999 v 2. 8. 2000, BGBl I 2000, 1253
77 Bejahend OLG Hamburg StV 2002, 297
78 Vgl auch Nr. 185 III RiStBV
79 AA OLG Düsseldorf aaO
80 Im Ergebnis ebenso Hammerstein NStZ 1981, 125, 127
81 OLG Hamburg aaO; anders wohl OLG Düsseldorf aaO

rechtes bei Nichtgewährung von Akteneinsicht sind zwangsläufig anhand des bisherigen Verlaufs der Hauptverhandlung[82] zu bestimmen.[83] Hilfsweise sollte für den Fall der Nichtgewährung vollständiger Akteneinsicht die Übersendung einer Kopie der Anklageschrift sowie anderer *Teile der Akten*, von denen aufgrund des Berichts des Mandanten die Vermutung besteht, dass sie für die genaue Beratung des Zeugen unerlässlich sind, beantragt werden.[84]

IV. Praktische Fragen

1. Ankündigung der Vertretung des Zeugen

Es empfiehlt sich, die Vertretung des Zeugen rechtzeitig der die Vernehmung durchführenden Stelle anzuzeigen. Nach der Rechtsprechung des BGH[85] gewährt das Recht auf Hinzuziehung eines Zeugenbeistands nicht die Befugnis, einem Vernehmungstermin überhaupt fernzubleiben, so dass bereits zur Vermeidung von *Terminkollisionen*, bei deren Vorliegen der Zeuge gleichwohl zum Vernehmungstermin erscheinen müsste, eine rechtzeitige Kontaktaufnahme mit der die Vernehmung durchführenden Stelle geboten ist. Dabei sollte unter Übersendung einer Strafprozessvollmacht, die sich ausdrücklich auf die Zeugenbeistandstätigkeit bezieht, Akteneinsicht beantragt werden. Nach Entscheidung über die Akteneinsicht sollte der Zeugenbeistand etwaige Anträge rechtzeitig ankündigen, um Rückfragen des Gerichts zu ermöglichen und eine Abstimmung herbeiführen zu können.

32

2. Platz des Zeugenbeistands im Sitzungssaal

Allzu häufig findet nach wie vor eine Beratung des Zeugen aus der Ferne statt.[86] Bedingt durch die Anordnungen des Sitzungssaals, die lediglich einen Zeugenstuhl vorsehen, nimmt der Zeugenbeistand im Zuschauerraum Platz. Die Chancen, von dort zugunsten des Zeugen in die Vernehmung einzugreifen und sich als Prozessbeteiligter Geltung zu verschaffen, dürfen jedoch als gering eingestuft werden. Von daher ist es zwingend erforderlich, notfalls auch unter Inkaufnahme des Umstandes, Unruhe im Sitzungssaal hervorzurufen, bereits bei Beginn der Zeugenvernehmung auf einer *Positionierung neben dem Mandanten* zu bestehen. Immerhin besticht diese Lösung dadurch, dass bei Durchsetzung dieser Sitzordnung die prozessuale Stellung gefestigt ist und spätere sachliche Interventionen von vornherein mit der räumlich dokumentierten Autorität eines Verfahrensbeteiligten erfolgen können.

33

---

82 Zu den Anwesenheitsrechten oben Rn 26 f

83 Mit dem Hinweis, dass den Schöffen der Akteninhalt ebenfalls nicht bekannt sei und sie gleichwohl nach § 238 II StPO zur Entscheidung über § 55 StPO berufen sein können, will Thomas NStZ 1982, 489, 495 die Erforderlichkeit einer Akteneinsicht für eine wirkungsvolle Beistandstätigkeit verneinen. Freilich überschätzt dieser Hinweis die tatsächliche Bedeutung der Schöffen und verkennt die prozessuale Situation, in der sich der Zeugenbeistand zunächst mit dem Vorsitzenden, der mit dem Akteninhalt vertraut ist, argumentativ auseinandersetzen muss.

84 Vgl Formularbuch-Gillmeister XIII.E.1

85 BGH NStZ 1989, 484

86 Thomas FG für Koch (1989) 278 nimmt insoweit zwar eine abnehmende Tendenz wahr, indes ist an kleineren Amtsgerichten die »Fernberatung« noch immer keine Ausnahme.

Rode

3. Tragen der Robe

34 Nach herrschender Meinung[87] tritt der Zeugenbeistand nicht in Robe auf. Dies wird abgeleitet aus der Feststellung, dass der Zeugenbeistand nicht Beteiligter am Strafverfahren sei. Mitunter kann es jedoch in aufwendigen und absehbar kontroversen Zeugenvernehmungen angeraten sein, zur äußeren Aufwertung der prozessualen Stellung und insoweit zur Gleichstellung mit den Verfahrensbeteiligten und möglichen Gegnern in einer Auseinandersetzung um das Bestehen und den Umfang von Zeugenrechten, die Robe anzulegen. Eine Anordnung des Vorsitzenden gem § 238 I StPO bzw eine Gerichtsentscheidung nach Beanstandung gem § 238 II StPO, die Robe abzulegen, dürfte unwahrscheinlich sein.

4. Vertretung mehrerer Zeugen bzw anderer Beteiligter

35 Gegen die Vertretung mehrerer Zeugen als Zeugenbeistand im selben Verfahren bestehen keine Bedenken, soweit *gleichlaufende Interessen* gegeben sind.[88] Erst wenn beide Zeugen wegen des Umfanges des Auskunftsverweigerungsrechtes nach § 55 StPO beraten werden möchten und ein Interessenkonflikt wegen der Beteiligung an derselben Tat nicht auszuschließen ist, verbietet sich eine Tätigkeit für beide Zeugen.

36 Problematischer ist die Frage nach der gleichzeitigen Vertretung des Angeklagten und eines Zeugen. Hier ist von dem Grundsatz auszugehen, dass sich eine Tätigkeit sowohl für den Angeklagten, als auch für den Zeugen verbietet.[89] Dabei dürfte jedoch eine abstrakte Belehrung des Zeugen durch den Verteidiger über bestehende Zeugenpflichten noch zulässig sein. Möglich ist auch eine Darstellung der Auswirkungen einer Aussage des Zeugen auf die Situation des Angeklagten sowie ein Hinweis auf ein Zeugnisverweigerungsrecht des Zeugen.[90] Ausschlaggebendes Kriterium ist dabei der Umstand, dass der Anwalt seine Tätigkeit ausschließlich am Interesse des Angeklagten ausrichtet.

Nachdem es zwischenzeitlich als weitestgehend unbestritten gelten kann, dass verschiedenen Mitglieder einer Anwaltssozietät mehrere Beschuldigte in einem Verfahren verteidigen können,[91] wird man es auch als zulässig betrachten können, wenn verschiedene Anwälte einer Sozietät mehrere Zeugen als Beistand vertreten oder ein Sozius den Beschuldigten verteidigt, während ein anderer einen Zeugen vertritt.[92] Eine sogeartete sozietätsinterne Mehrfachvertretung wird jedoch dann unzulässig, wenn zwischen den Zeugen untereinander oder zwischen dem Beschuldigten und dem Zeugen ein Interessenkonflikt besteht.

V. Kostenfragen und Beiordnung

37 Das RVG hat die Unklarheiten, die unter der Geltung der BRAGO hinsichtlich der Gebührenansprüche des Zeugenbeistands bestanden, weitestgehend beseitigt.

---

87 Vgl Meyer-Goßner vor § 48 Rn 11; HK-Lemke vor §§ 48 Rn 14; aA Wagner DRiZ 1983, 21
88 BGH 5 StR 47/90; LG Heilbronn NStZ 2004, 100; AG Neuss StraFO 99, 139; Meyer-Goßner vor § 48 Rn 11; Thomas FG für Koch (1989) 285
89 Formularbuch-Gillmeister 1010
90 BGHSt 10, 393, 395
91 BVerfG NJW 1977, 99; BGHSt 40, 188; zu berufsrechtlichen Fragestellungen Kleine-Cosack StraFo 1998, 149; OLG Frankfurt StV 1999, 199
92 Formularbuch-Gillmeister XIII.E.2

Gem Vorb 4 I VV für das Strafverfahren und Vorb 5 I VV für das Ordnungswidrig- **38**
keitenverfahren sind die Vorschriften, die für den Verteidiger gelten, entsprechend
anzuwenden. Der Zeugenbeistand besitzt die gleichen Vergütungsansprüche wie
der Verteidiger.[95]

Bereits in seinem Beschluss vom 8. 10. 1974 hatte das Bundesverfassungsgericht ent- **39**
schieden, dass die für den Zeugenbeistand entstehenden Kosten vom Zeugen
grundsätzlich selbst zu tragen sind, falls die Hinzuziehung ausschließlich im Interesse des Zeugen erfolgte.[96] Die Frage einer **Beiordnung eines Zeugenbeistands**
ließ das Bundesverfassungsgericht offen. In einer späteren Entscheidung wurde die
Erforderlichkeit einer Beiordnung eines Zeugenbeistands für einen mittellosen
Zeugen verneint.[97] Gleichwohl konnte die Möglichkeit einer Beiordnung auch vor
den Änderungen durch das **Zeugenschutzgesetz**[98] dem Grunde nach als unbestritten gelten,[99] wenngleich hinsichtlich der Voraussetzungen und gebührenrechtlichen
Folgen im einzelnen weitgehende Unklarheit herrschte.[100]

In dem durch das **Zeugenschutzgesetz**[101] neu eingefügten § 68 b StPO sind die Vo- **40**
raussetzungen für die Beiordnung eines Zeugenbeistands *für die Dauer der Verneh-*
mung nunmehr gesetzlich geregelt. Eine Beiordnung hat mit Zustimmung der
Staatsanwaltschaft zu erfolgen, wenn der Zeuge seine Befugnisse nicht selbst wahrnehmen kann und seinen schutzwürdigen Interessen auf andere Weise nicht Rechnung getragen werden kann. Unter diesen Voraussetzungen ist die Beiordnung bei
Verbrechen, Vergehen nach den §§ 174 bis 174 c, 176, 179 I bis III, 180, 180 b, 182,
225 I oder II StGB sowie bei Vergehen erheblicher Bedeutung, die organisiert begangen worden sind, auf Antrag des Zeugen oder der Staatsanwaltschaft zwingend
anzuordnen. Nach richtiger Auffassung ist die Zustimmung der Staatsanwaltschaft
unter den Voraussetzungen des § 68 b StPO bei Vorliegen eines Antrags des Zeugen
nicht erforderlich.[102] Nach § 141 IV StPO, der entsprechend anzuwenden ist, entscheidet über die Beiordnung der Vorsitzende. Nach der inzwischen überwiegenden
Auffassung[103] ist nicht nur die Entscheidung, mit der die Beiordnung angeordnet
wird, nach § 68 b S 4 StPO unanfechtbar, sondern auch die die Beiordnung ablehnende Entscheidung.[104] Hinsichtlich der Auswahl des Zeugenbeistands gilt der
§ 142 I StPO entsprechend.

Das OLG Düsseldorf hatte in einer Entscheidung vor Erlass des **Zeugenschutzge-** **41**
setzes entschieden, dass die Beiordnung eines Zeugenbeistands jedenfalls dann zu
erfolgen haben, »wenn sich der Zeuge einer tatsächlich und rechtlich derart schwierigen Lage gegenüber sieht, dass nicht angenommen werden kann, dass er ohne
anwaltlichen Beistand zwischen seiner Aussageverpflichtung einerseits und dem

---

95 Burhoff, RVG, Straf- und Bußgeldsachen, S 488, S 835; Hartung/Römermann RVG VV Teil 4
    Rn 27
96 BVerfGE 38, 105, 116
97 BVerfG StV 1983, 489
98 Fn 1
99 Richtigerweise erfolgt eine Beiordnung nach § 102 BRAGO (»Rechtsanwalt, der sonst beige-
    ordnet worden ist«); ebenso LG Hannover NStZ 1982, 433
100 Eine gesetzliche Regelung findet sich in § 406 g III, IV StPO für den nebenklageberechtigten
    Zeugen.
101 Fn 1
102 Rieß NJW 1998, 3240, 3242; ders StraFo 1999, 1, 8; Meyer-Goßner § 68 b Rn 6; aA AG Aachen
    NStZ 2000, 219
103 OLG Hamm NStZ 2000, 220; OLG Celle StraFo 2000, 231; OLG Hamburg NStZ RR 2000,
    335; Meyer-Goßner § 68 b Rn 8; aA KK-Senge § 68 b Rn 11
104 OLG Celle NStZ-RR 2000, 336; OLG Hamm StV 2001, 103

Auskunftsverweigerungsrecht andererseits sachgerecht abzugrenzen in der Lage ist«.[105] Der Gesetzgeber hat es unterlassen, Schwierigkeiten bei der Abgrenzung hinsichtlich des Auskunftsverweigerungsrechts nach § 55 StPO als Grund für die Beiordnung eines Zeugenbeistands ausdrücklich zu normieren. Es ist jedoch bei Berücksichtigung der gesetzgeberischen Prämisse, dass die Lage des Zeugen durch das Zeugenschutzgesetz verbessert werden sollte, davon auszugehen, dass Abgrenzungsprobleme beim Auskunftsverweigerungsrecht auch nach der Neuregelung in § 68 b StPO zur Beiordnung eines Zeugenbeistands berechtigen.[106] Dies ist erforderlichenfalls unter Hinweis auf die Rechtsprechung des OLG Düsseldorf darzulegen.

42   Der beigeordnete Zeugenbeistand erhält der Gebühren wie ein Pflichtverteidiger.[110] Gem § 53 I iVm § 52 RVG hat der beigeordnete Rechtsanwalt einen Anspruch gegen seinen Mandanten unter den gleichen Bedingungen, wie sie für den Pflichtverteidiger gelten (Erstattungsanspruch des Mandanten gegen die Staatskasse oder wirtschaftliche Leistungsfähigkeit des Mandanten, § 52 II 2 RVG). Für den gem § 406 g III Ziff. 1 iVm § 397 a StPO dem nebenklageberechtigten Verletzten als Beistand gerichtlich bestellten Rechtsanwalt gilt gem § 53 II RVG die Einschränkung, dass die Gebühren nur von dem Verurteilten, nicht jedoch von dem eigenen Mandanten verlangt werden dürfen. Diese Einschränkung gilt für den gem § 68 b StPO beigeordneten Rechtsanwalt nicht. Selbst dann, wenn der Zeuge nebenklageberechtigt ist.[111] Auch dem Zeugenbeistand kann eine Pauschvergütung nach § 51 RVG iVm Vorb 4 I VV zugebilligt werden.[112]

---

105 OLG Düsseldorf StV 1993, 142; ebenso OLG Stuttgart StV 1992, 262, 263
106 AA Meyer-Goßner vor § 48 Rn 11
110 Burhoff aaO, 835
111 Burhoff aaO, 488
112 Burhoff aaO, 434

Teil G
Ausgewählte Probleme aus dem Beweisrecht

Kapitel 1
Vernehmung des Beschuldigten – Überblick über die Beweisverbote

Überblick

Lesch

Literaturverzeichnis

Beling, Deutsches Reichsstrafprozessrecht, 1928

Birkmeyer, Deutsches Strafprozessrecht, 1898

zu Dohna, Das Strafprozessrecht, 3. Aufl. 1929

Exner, Strafverfahrensrecht, 1947

Gerland, Der deutsche Strafprozess, 1927

Glaser, Handbuch des Strafprozesses, 1. Bd, 1883

Grünwald, Das Beweisrecht der StPO, 1993

Hahn, Die gesammelten Materialien zur StPO, 2. Abt., 1881

Henkel, Strafverfahrensrecht, 2. Aufl. 1968

Henkel, Das deutsche Strafverfahren, 1943

v. Hippel, Der Deutsche Strafprozess, 1941

John, StPO-Kommentar, 1. Bd, 1884

Keller, StPO-Kommentar, 2. Aufl. 1882

Köstlin, Der Wendepunkt des deutschen Strafverfahrens im neunzehnten Jahrhundert, 1858

v. Krieß, Lehrbuch des Deutschen Strafprozessrechts, 1892

v. Lilienthal, Strafprozessrecht, 1923

Planck, Systematische Darstellung des deutschen Strafverfahrens, 1857

Radbruch, Grenzen der Kriminalpolizei, zit. nach Gesamtausgabe, Bd 8, 1998

Radbruch, Strafrecht und Strafverfahren, zit. nach Gesamtausgabe Bd 8, 1998

Ransiek, Die Rechte des Beschuldigten in der Polizeivernehmung, 1990

Schlüchter, Das Strafverfahren, 2. Aufl. 1983

Schmidt, Eb., Lehrkommentar StPO II, 1957, Nachtragsbd I, 1967, TeilI, 1952

Schubert / Regge, Entstehung und Quellen der Strafprozessordnung von 1877, 1989

v. Schwarze, StPO-Kommentar, 1878

Stenglein, Lehrbuch des Deutschen Strafprozessrechtes, 1887

Stenglein, StPO-Kommentar, 2. Aufl. 1889

Thilo, StPO-Kommentar, 1878

Wach, Struktur des Strafprozesses, 1914

Zachariae, Handbuch des deutschen Strafprocesses, 1868

I.   Begriff der Vernehmung

1   Die Vernehmung des Beschuldigten ist in den §§ 133–136 a StPO geregelt. Die grundlegenden Vorschriften der §§ 136 I 2–4, II, III und 136 a StPO gelten nicht nur für die *richterliche,* sondern wegen der Verweisung in § 163 a III, IV StPO auch für die *staatsanwaltschaftliche* und die *polizeiliche* Vernehmung, ferner für die Befragung durch die Gerichtshilfe, nicht aber für Bewährungshelfer.[1] Zum Begriff der Vernehmung gehört, dass der Vernehmende dem Beschuldigten *in amtlicher Funktion gegenübertritt* und auch in dieser Eigenschaft von ihm Auskunft verlangt,[2] was nach den Grundsätzen der »Sedlmayr-Entscheidung« des BGH[3] bei Informanten und V-Leuten nicht der Fall ist, und zwar selbst dann nicht, wenn sie von der Ermittlungsbehörde gezielt auf den Beschuldigten angesetzt und straff geführt werden. *Sachverständige* haben keine Vernehmungsbefugnis und führen deshalb keine

---

1   KMR-Lesch § 136 Rn 3

2   BGHSt 40, 211, 213; BGH NStZ 1995, 410; 1996, 200; 2001, 50; BGH GSSt 42, 139, 147; KMR-Lesch Vor § 133 Rn 16; Roxin NStZ 1995, 456; Beulke Strafprozessrecht Rn 115. AA Kühl StV 1986, 188: Vernehmung ist jede (auch verdeckt) durch Staatsorgane veranlasste Äußerung. Krit auch Dencker StV 1994, 667, 675, insbes Fn 69; ferner Seebode JR 1988, 428. Gusy StV 1995, 450 definiert die Vernehmung als »jede Anhörung des Bürgers gegen seinen Willen aus strafprozessualen Gründen«. Dagegen zutreffend Widmaier StV 1995, 621 f

3   BGHSt 40, 211; zust Schlüchter/Radbruch NStZ 1995, 355; Sternberg-Lieben Jura 1995, 306; Beulke Strafprozessrecht Rn 115

Vernehmung;[4] für sie ist § 136 StPO ohne Bedeutung,[5] während § 136 a StPO entsprechende Anwendung findet.[6]

Ob eine Vernehmung vorliegt, ist häufig zweifelhaft. Die erste Frage eines Polizeibeamten ist nicht schon notwendig der Beginn einer Vernehmung.[7] Eine Vernehmung liegt jedoch dann vor, wenn der Befragte bereits in die prozessuale Stellung eines Beschuldigten eingerückt ist. Spätestens zu diesem Zeitpunkt muss er gemäß §§ 136 I 2, 163 a IV StPO über sein Recht zur Verweigerung der Aussage und zur Konsultation eines Verteidigers belehrt werden. Die Begründung der Beschuldigteneigenschaft ist nach der heute in Rspr und Lit. vorherrschenden *kombinierten formell-materiellen oder subjektiv-objektiven Beschuldigtentheorie*[8] von zwei Voraussetzungen abhängig:

– *Materielle (objektive) Voraussetzung:*

Es muss ein *individualisierter Anfangsverdacht* (vgl § 152 II StPO) bestehen, dh es müssen konkrete tatsächliche Anhaltspunkte vorliegen, die es nach kriminalistischer Erfahrung als möglich erscheinen lassen, dass der Betroffene eine verfolgbare Straftat begangen hat:[9] »Bedeutsam ist … die Stärke des Tatverdachts, den der Polizeibeamte gegenüber dem Befragten hegt. Dabei hat der Beamte einen Beurteilungsspielraum, den er freilich nicht mit dem Ziel missbrauchen darf, den Zeitpunkt der Belehrung nach § 136 I 2 StPO möglichst weit hinauszuschieben«.[10]

– *Formelle (subjektive) Voraussetzung:*

Neben der Stärke des Tatverdachts ist ferner von Bedeutung, wie sich das Verhalten des Beamten nach außen – auch in der Wahrnehmung des Befragten – darstellt.[11] Zu dem Tatverdacht muss also noch eine weitere Voraussetzung hinzukommen, nämlich die Manifestation des Verfolgungswillens, dh die Vornahme eines finalen Verfolgungsakts, einer gegen den Betroffenen gerichteten, gezielten Ermittlungsmaßnahme durch die Strafverfolgungsbehörde.[12]

Als finale Verfolgungsakte kommen insbesondere in Betracht:

– die förmliche Einleitung eines Ermittlungsverfahrens durch Eintragung im Js-Register der StA;[13]

2

3

4

5

4 KMR-Lesch Vor § 133 Rn 17, § 136 Rn 3; M-G § 80 Rn 2, § 136 Rn 2; Beulke Strafprozessrecht Rn 199; Eisenberg/Kopatsch NStZ 1997, 298

5 BGH NStZ 1997, 296, 297 m Anm Eisenberg/Kopatsch; Str, vgl KMR-Lesch § 136 Rn 33 f; LR-Hanack, 25. Aufl., § 136 Rn 3

6 Einzelheiten sind str, vgl KMR-Lesch § 136 a Rn 8, 11

7 OLG Oldenburg StV 1996, 416. AA – zu weitgehend – Beulke StV 1990, 181; Bernsmann StV 1996, 417 f

8 BGHSt 38, 214, 227 f; BGH StV 1995, 283; JR 1998, 166; OLG Oldenburg NStZ 1995, 412; BayObLG StV 1995, 237; Roxin 25/10; SK-StPO-Rogall Vor § 133 Rn 31 ff; Rogall NStZ 1997, 399; M-G Einl Rn 76 f; Beulke StV 1990, 181; Artkämper Kriminalistik 1996, 471; Lesch JA 1995, 159 f; KMR-Lesch Vor § 133 Rn 4 ff

9 Schlüchter Strafverfahren Rn 85; LR-Hanack § 136 Rn 5; AK-StPO-Gundlach § 136 Rn 7; AK-StPO-Achenbach § 163 a Rn 20; Beulke StV 1990, 181; Artkämper Kriminalistik 1996, 471; Lesch JA 1995, 160; enger v. Gerlach NJW 1969, 780

10 BGHSt 38, 214, 227 f; ebenso BGH StV 1997, 281 = NStZ 1997, 398; BGH NStZ-RR 2002, 67; Die Grenzen des Beurteilungsspielraums sind – gerade bei Tötungsdelikten – erst dann überschritten, wenn trotz starken Tatverdachts von der Zeugen- oder Beschuldigtenvernehmung übergangen wird (BGHSt, 37, 48, 51 f) und auf diese Weise Beschuldigtenrechte umgangen werden, BGH NStZ-RR 2004, 368; Beulke StV 1990, 181; aA Strömer ZStW 108 [1996], 494, 521 f: kein Beurteilungsspielraum

11 BGHSt 38, 214, 227 f

12 BGH NStZ 1995, 410 = StV 1995, 283; StV 1997, 281 = NStZ 1997, 398; Lesch JA 1995, 159

13 SK-StPO-Rogall Vor § 133 Rn 22; M-G Einl Rn 76; Lesch JA 1995, 160

- die Aufnahme von Ermittlungen gegen den in einer Strafanzeige oder einem Strafantrag Bezeichneten;[14]
- das Treffen einer Anordnung, die nur gegen den Beschuldigten zulässig ist (zB eine körperliche Untersuchung gem § 81 a StPO oder eine erkennungsdienstliche Behandlung gem § 81 b StPO);[15]
- die auf § 102 StPO gestützte Durchsuchung der Wohnung des Verdächtigen mit anschließender Beschlagnahme von Beweismitteln;[16]
- jede polizeiliche Verhaltensweise, die schon nach ihrem äußeren Befund belegt, dass der Beamte dem Befragten als Beschuldigten begegnet, mag er dies auch nicht zum Ausdruck bringen.[17] Beispiele aus der Rspr:

Die Verfolgungsbehörde überschreitet ihren Beurteilungsspielraum, wenn sie bei einer verdachtsunabhängigen Verkehrs-Alkoholkontrolle im Pkw, in dem sich nur der Fahrer befindet, Alkoholgeruch feststellt, den Fahrer aber nicht als Beschuldigten vernimmt.[18]

Ein Polizeibeamter führt mit einem Verdächtigen, den er in einem Streifenwagen mit zur Wache nimmt, Gespräche.[19]

Ein Polizeibeamter vernimmt den Halter eines Kfz über eine mit diesem Kfz begangene Verkehrsstraftat (hier wäre es wirklichkeitsfremd, den Halter nicht als Tatverdächtigen anzusehen).[20]

Ein Polizeibeamter befragt eine Person, woher sie Drogen bezogen habe, geht also inzident von einem unerlaubten Drogenbezug aus.[21]

Jedenfalls nur den Charakter einer »informatorischen Befragung« haben dagegen die »Orientierungsfragen« eines Polizeibeamten am Tatort oder in der Umgebung des Tatorts danach, ob jemand ein bestimmtes Geschehen beobachtet hat, mag er auch hoffen, bei seiner Tätigkeit neben geeigneten Zeugen zugleich den Täter zu finden.[22] Die Beurteilung ändert sich aber spätestens dann, wenn sich konkrete Hinweise auf die Beteiligung eines Befragten ergeben. Nimmt ein Polizeibeamter in einer noch unklaren Situation ohne eigene Initiative *spontane Äußerungen* einer Person bloß zur Kenntnis, liegt wiederum nur eine »informatorische Anhörung«, aber keine Vernehmung vor.[23]

---

14 SK-StPO-Rogall Vor § 133 Rn 22; Rieß JA 1980, 298; v. Gerlach NJW 1969, 778; AK-Grundlach § 136 Rn 9; Lesch JA 1995, 160
15 M-G Einl Rn 76; LR-Hanack § 136 Rn 4; Beulke StV 1990, 182; Lesch JA 1995, 160
16 BGH StV 1997, 281 = NStZ 1997, 398 f. Allerdings setzt § 102 StPO – worauf Rogall NStZ 1997, 400 hinweist – nach seinem Wortlaut die Existenz eines *Verdächtigen*, nicht die eines *Beschuldigten* voraus; mit dieser Problematik hat sich der BGH indes nicht weiter beschäftigt. Nach Rogalls eigener Auffassung soll die inkulpierende Verfolgungsmaßnahme nicht erst in der *Durchsuchung*, sondern bereits in der *Stellung des Antrags* zu sehen sein; ebenso KMR-Lesch Vor § 133 Rn 10
17 Lesch JA 1995, 160
18 BayObLG NZV 2003, 435 m abl Anm Heinrich NZV 2004, 159 (vgl M-G Einl Rn 77)
19 BGHSt 38, 214, 227 f
20 OLG Oldenburg StV 1995, 178 f; AG Bayreuth NZV 2003, 202 m zust Anm Heinrich
21 BayObLG StV 1995, 237
22 BGHSt 38, 214, 227 f; Roxin 25/10; M-G Einl Rn 78; AK-StPO-Achenbach § 163 a Rn 23; KMR-Lesch Vor § 133 Rn 10
23 KMR-Lesch Vor § 133 Rn 10, 18; SK-StPO-Rogall Vor § 133 Rn 44; AK-StPO-Achenbach § 163 a Rn 22

II. Funktion der Vernehmung

1. Das Verhör im Inquisitionsprozess des gemeinen Rechts

Um die Funktion und Gestaltung der Vernehmung (und damit auch den Sinn und **6**
Zweck der §§ 136 I 2 und 136 a StPO) angemessen zu erfassen, ist es unabdingbar,
sich in groben Zügen mit der historischen Entwicklung des Strafverfahrens vertraut
zu machen. In dem zwischen dem 13. und 16. Jh entwickelten und im Wesentlichen
bis ins 19. Jh hinein praktizierten *Inquisitionsprozess* war die richterliche Entscheidungsfindung noch nicht der *freien Beweiswürdigung* (vgl § 261 StPO) überlassen,
sondern an zwingende *gesetzliche Beweisregeln* gebunden.[24] Danach durfte die Verurteilung des Angeklagten nur auf dessen *Geständnis* oder auf die Aussage von
mindestens zwei *klassischen Zeugen*,[25] nicht aber auf einen bloßen *Indizienbeweis*
gestützt werden. Der Zeugenbeweis konnte jedoch als Urteilsgrundlage gegenüber
der Überführung durch das Geständnis des Beschuldigten kaum eine praktische
Bedeutung gewinnen, weil Straftaten normalerweise nicht in der Gegenwart zweier
klassischer Zeugen begangen werden. War also der Inquisitionsprozess in erster
Linie auf die Gewinnung eines Geständnisses – der »Königin der Beweisarten«[26] –
ausgerichtet, so musste das inquisitorische Verhör geradezu zwangsläufig zum
»wichtigsten Theil des peinlichen Processes« (bzw gar zum »eigentlichen peinlichen Processe«)[27] avancieren, wobei man auf bestimmte Indizien hin immer auch
zur *Folter* (»peinlichen Befragung«) griff, wenn sich der Beschuldigte einem freiwilligen Geständnis verweigerte.

Mit der allmählichen Beseitigung der Folter seit der Mitte des 18. Jh wurde jedoch **7**
eine klaffende Lücke in das Beweissystem des gemeinrechtlichen Inquisitionsverfahrens gerissen. Der Untersuchungsrichter, der sich seines bislang wichtigsten
Überführungsmittels beraubt sah, musste sich nunmehr auf andere Mittel einstellen, die es ihm ermöglichten, dem Verdächtigen das alles entscheidende Geständnis
abzuringen. Es änderte sich also mit der Abschaffung der Folter allein die *Methode*,
nicht aber das *Ziel* der inquisitorischen Beweistätigkeit. Die Herbeiführung des
Geständnisses wurde nun, vielfach unter unmittelbarer gesetzlicher Anweisung, als
eine regelrechte »Kunst« entwickelt, bei deren Pflege man auch vor bedenklichen
Mitteln nicht zurückscheute.[28] Man begann mit Ermahnungen zur Wahrheit, schritt
erforderlichenfalls zu Wiederholungen des Verhörs fort, versuchte, den vermeintlich
leugnenden Beschuldigten in Widersprüche zu verwickeln oder vorhandene Widersprüche gegen ihn auszunutzen; man ließ ihn hinsichtlich des Ergebnisses der Ermittlungen im Dunkeln tappen, teilte ihm Beweisergebnisse jedenfalls nur mit
größter Vorsicht und Zurückhaltung mit; Überraschungs- und Überrumpelungs-
manöver, unerwartete Gegenüberstellungen wirkten, ebenso wie die wiederholten
Verhöre, im Sinne der Zermürbungstaktik; und auch an sonstiger List fehlte es
nicht, um dem Untersuchungsrichter den Erfolg seiner Waffen zu sichern. Hinzu
kamen Zwangsmaßnahmen, die die Folter ersetzten, aber kaum weniger wirksam

---

24 Siehe dazu und zum folgenden Henkel Strafverfahren S 48 ff, 62 ff; v. Hippel Strafprozess S 36 ff;
    v. Kries Lehrbuch S 394; zu Dohna Strafprozessrecht S 104 ff; Radbruch Strafrecht S 114 f; Lesch
    ZStW 111 [1999] 626 ff; KMR-Lesch Vor § 133 Rn 19 ff
25 Vgl Art. 67 CCC
26 Vgl Köstlin Wendepunkt S 96; Zachariae Handbuch S 252; Sundelin GA VI, 1858, 632; Rad-
    bruch Grenzen S 275
27 Kleinschrod ArchCrim Band 1, 1798, erstes Stück, S 1 f
28 Vgl etwa Kleinschrod ArchCrim Band 1, 1798, zweites Stück, S 72 ff; dazu auch Radbruch
    Grenzen S 273

waren, nämlich die *Ungehorsamsstrafen*[29] (Prügelstrafe, strenger Arrest) gegen den-jenigen Beschuldigten, der sich in Schweigen hüllte oder der trotz der bestehenden Verdachtsgründe hartnäckig leugnete.[30]

2. Die Reformdiskussion im 19. Jh

8 Die zu Beginn des 19. Jh einsetzende Reformbewegung richtete sich nicht mehr bloß gegen die *Methoden*, sondern überhaupt gegen die *Grundlagen* des Inquisi-tionsprozesses,[31] vor allem auch gegen »die einseitige Tendenz zum Geständnisse und die Behandlung des Verhörs als Mittel hiezu«.[32] Der Grund dafür lag jedenfalls auch darin, dass man die mangelnde Eignung des überkommenen inquisitorischen Verhörs als »Wahrheitserforschungsmittel« und den zweifelhaften Beweiswert eines durch die »perfide Jagdwissenschaft«[33] des Inquirierens erschlichenen oder er-zwungenen Geständnisses längst erkannt hatte.[34] Es blieb jedoch zunächst heftig umstritten, ob man – nach englischem Vorbild dem reinen *Akkusationsverfahren* entsprechend – ganz auf das Verhör als Untersuchungsmittel verzichten[35] oder – in-soweit dem *Inquisitionsverfahren* französischen Musters folgend – an der Verneh-mung als Untersuchungsmittel prinzipiell weiterhin festhalten[36] und nur die ein-seitige Zielrichtung der Vernehmung nebst der Aussagepflicht des Beschuldigten beseitigen sollte.[37] Der Streit um die Funktion und die Gestaltung der Vernehmung wurde also im Grunde genommen als Streit um die bei der Reform des deutschen Strafprozesses einzuschlagende Richtung, nämlich als Streit um die Einführung eines strikt akkusatorischen oder die grundsätzliche Beibehaltung des inquisitori-schen Prinzips geführt.

3. Funktion der Vernehmung nach der RStPO von 1877

9 Die StPO hat sich bekanntlich gegen den reinen Anklageprozess nach englischem Vorbild entschieden[38] und einen Kompromiss zwischen Anklage- und Untersu-chungsprozess geschlossen:

»Das Gesetz kennt den Anklage- (akkusatorischen) Prozess, wonach der Anklä-ger gegen den Angeklagten den Beweis zu führen und daher letzterer keine Verpflich-

---

29 Siehe dazu Köstlin Wendepunkt S 101 ff; Zachariae Handbuch S 255 ff
30 Henkel Strafverfahren S 64; auch ibid S 68; siehe ferner Mezger ZStW 40, 1919, 152 f
31 Vgl Henkel Strafverfahren S 68 f; Glaser Handbuch I S 618
32 Köstlin Wendepunkt S 93
33 Köstlin Wendepunkt S 94
34 Siehe etwa Mittermaier GS I/1, 1849, 474; Sundelin GA VI, 1858, 628; Glaser ArchCrimNF 1851, 81, 88 f; Zachariae Handbuch S 245, 252 f; John StPO I S 933 f; Henschel ArchKrimAnthr 56, 1914, 30 f und passim; Heldmann Deutsche Strafrechts-Zeitung 1916 Sp 367; zu Dohna Strafprozessrecht S 104; Joerden JuS 1993, 927 f. Historisch gesehen ist also das von den Refor-mern für selbstverständlich erachtete Verbot der Einwirkung auf die Aussagefreiheit des Be-schuldigten durch Zwang und inquisitorische List keinesfalls als Folge der heute verbreiteten, völlig inhaltsleeren und zur Begründung jedes beliebigen Resultats taugenden Forderung, dass »die Wahrheit nicht um jeden Preis erforscht werden dürfe«, sondern – umgekehrt! – jedenfalls auch zum Zweck der Ausschaltung von Fehlerquellen und damit gerade *im Interesse der Wahr-heitsfindung* entstanden. Deutlich auch Köstlin Wendepunkt S 97: Es »ist nicht einzusehen, wa-rum das Streben nach dem Geständnis schlechthin eine Folge des Prinzips der Erforschung der materiellen Wahrheit sein soll«
35 Dafür etwa Mittermaier GS I/1, 1849, 17 ff; ders GS II/2, 1859, 473 f; Glaser ArchCrimNF 1851, 70 ff, 191 ff
36 So Sundelin GA VI, 1858, 624 ff; Planck Darstellung S 246 ff, 357 ff
37 So etwa Köstlin Wendepunkt S 91 ff
38 Heldmann Deutsche Strafrechts-Zeitung 1916 Sp 371

tung hat, seinen Gegner in der Sammlung der Beweise zu unterstützen, in seiner reinen Form nicht. Noch weniger aber den eigentlichen Untersuchungs (Inquisitorial) Prozess, welcher von der rechtlichen Verpflichtung des Beschuldigten zu wahrheitsgetreuer Aussage ausgehend in der Vernehmung des Beschuldigten ein für die Erforschung der Wahrheit nothwendiges und darnach zu behandelndes Mittel sieht. § 136 beruht auf einem, praktischen Gesichtspunkten entsprungenen ... *gemischten System* [!]. Ohne theoretische Sätze aufzustellen, soll die Vorschrift des § 136 den Bedürfnissen der Rechtspflege mit möglichster Unterstützung der ausgedehntesten Vertheidigung gerecht werden. § 136 hebt zwar den ersteren Gesichtspunkt nicht besonders hervor, beschäftigt sich vielmehr hauptsächlich mit den zum Schutze des Beschuldigten gegebenen Vorschriften. Die Berechtigung des ersteren ergibt sich aber zweifellos nicht blos aus der bisherigen Entwickelung der Vernehmung des Beschuldigten in Deutschland, deren Gegentheil doch in der StPO irgendwo angedeutet sein müsste, sondern auch aus den §§ 133 und 134, welche eine Zwangspflicht zum Erscheinen zum Zwecke der Vernehmung voraussetzen.«[39]

Die Funktion der Vernehmung ist nach der RStPO vom 1.2. 1877 also eine zweifache, nämlich **10**

- die Gewährung der Gelegenheit für den Beschuldigten, zum Zweck seiner Verteidigung aktiv gestaltend in das Verfahren einzugreifen (*Verteidigungsfunktion*, § 136 I, II) *und*
- die Erforschung des Sachverhalts durch den Vernehmenden (*Inquisitionsfunktion*, §§ 244 II, 160 I, 163 I).[40]

Insoweit hat man die Vernehmung durchaus treffend als eine besondere »Art der strafprozessualischen Beweisaufnahme« bezeichnet.[41] Rechtshistorischer Hintergrund ist

- für die *Verteidigungsfunktion* die Aufwertung des Beschuldigten vom bloßen Untersuchungsobjekt zum Prozesssubjekt (bzw zur »Partei«)[42] mit eigenen Mitwirkungs- und Gestaltungsrechten sowie
- für die *Inquisitionsfunktion* die Absage an die Einführung eines reinen Anklageverfahrens nach englischem Vorbild und die prinzipielle Beibehaltung des Untersuchungsgrundsatzes.

---

39 Keller StPO § 136 Anm 1, Hervorhebung vom Verf
40 Motive II S 71 f; Hahn S 1531; v. Schwarze StPO S 271; John StPO S 933 f; Keller StPO § 136 Anm 1; Glaser Handbuch I S 619 ff; v. Stenglein StPO Einl Vor § 133 (S 274); Heldmann Deutsche Strafrechts-Zeitung 1916, Sp 366 ff, insbes Sp 370 f; Mezger ZStW 40, 191, 151, 160; Löwe-Rosenberg StPO, 15. Aufl. 1922, § 136 Anm 3 und 18. Aufl. 1929, ibid; Henkel Strafverfahren S 246 f; ders Strafverfahrensrecht S 173, 175 f; Eb. Schmidt Lehrkommentar § 136 Rn 8; ders Lehrkommentar Nachtragsband I § 136 a Rn 12 f; SK-StPO-Rogall § 136 Rn 7; M-G § 136 Rn 14. Allerdings hat man seit jeher auch die Auffassung vertreten, dass der Zweck der Vernehmung ausschließlich durch § 136 II StPO bestimmt werde und lediglich in der Verteidigung des Beschuldigten liege, so etwa Thilo StPO § 136 Anm 2 (der freilich andererseits Fragen des Vernehmenden für zulässig hält und ein freiwillig geleistetes Geständnis als Beweismittel ansieht, so dass sich seine Auffassung im Ergebnis von der Gegenauffassung gar nicht unterscheidet); Löwe StPO, 7. Aufl 1892, § 136 Anm 3 (mit partiellem Widerruf in Anm 4 a); Beling Reichsstrafprozessrecht S 309; zu Dohna Strafprozessrecht S 106; Henschel ArchKrimAnthr 56, 1914, 12 f; ders Beilagenheft zu GS LXXIV, 1909, 20, 68; Degener GA 1992, 455 ff; Dencker StV 1994, 675
41 John StPO S 920; Mezger ZStW 40, 1919, 154; aA RG-Rspr. V, 785; dagegen wiederum v. Kries Lehrbuch S 397
42 Glaser ArchCrimNF 1851, 85 f, 191 f, 198 und passim; Birkmeyer Strafprozessrecht S 292 ff, 335 f; v. Kries Lehrbuch S 219 ff; Mezger ZStW 40, 1919, 151; Beling Reichsstrafprozessrecht S 122 ff, 144 f; Radbruch Strafrecht S 117. Krit dazu v. Lilienthal Strafprozessrecht S 24; Wach Struktur S 7 ff; Eb. Schmidt Lehrkommentar Rn 105 ff

Lesch

4. Schranken der Inquisitionsfunktion

11 Die Inquisitionsfunktion der Vernehmung hat jedoch eine radikale Beschränkung erfahren, die einerseits durch die Erweiterung des Vernehmungszwecks um die Verteidigungsfunktion und andererseits durch die negativen Erfahrungen mit dem überkommenen Inquisitionsprozess im Hinblick auf die Zuverlässigkeit der Beweiserhebung bedingt ist. Diese Beschränkung umfasst wiederum zwei Aspekte, nämlich

– die Einräumung des Rechts für den Beschuldigten, nach eigenem Ermessen selbst über die Art und Weise seiner Verteidigung zu bestimmen[43] und
– das generelle Verbot für den Vernehmenden, irgendeine Form von inquisitorischer List oder (psychischem oder physischem) Zwang anzuwenden.

12 Das Recht des Beschuldigten, selbst über die Art und Weise seiner Verteidigung zu bestimmen äußert sich

– in dem Recht zur freien Entscheidung darüber, ob er sich zu der Beschuldigung äußern oder nicht zur Sache aussagen will und
– in dem Recht, jederzeit, auch schon vor der Vernehmung, einen Verteidiger zu konsultieren.

Über beide Rechte muss der Beschuldigte gem §§ 136 I 2, 163 a III, IV StPO gleich zu Beginn der ersten Vernehmung belehrt werden. Die Belehrungen sind bei der ersten richterlichen Vernehmung trotz vorangegangener Belehrung durch die StA oder Polizei[44] und bei der ersten staatsanwaltschaftlichen Vernehmung trotz vorangegangener Belehrung durch die Polizei zu wiederholen,[45] nicht aber jeweils bei einer *erneuten* Vernehmung durch den Richter, die StA oder die Polizei.[46]

13 Die *Aussagefreiheit* des Beschuldigten beruht – der heute vorherrschenden Meinung zum Trotz – nicht auf dem zur generellen »Selbstbezichtigungsfreiheit« überdehnten »Nemo-tenetur-Prinzip«,[47] sondern allein auf der Freiheit der Verteidigungsauswahl.[48] Dies folgt schon daraus, dass nicht nur derjenige zum Schweigen berechtigt ist, der sich ansonsten »bezichtigen« würde, weil er die vorgeworfene Straftat wirklich begangen hat, sondern auch derjenige, der sich per se nicht »bezichtigen« könnte, weil er die vorgeworfene Straftat gar nicht begangen hat, der aber die Verweigerung der Aussage (aus welchen Gründen auch immer) als die für seinen Fall ideale Verteidigungsstrategie einschätzt.[49]

14 Auch das Recht des Beschuldigten auf die *Konsultation eines Verteidigers* (§§ 136 I 2, 137 I 1 StPO, Art. 6 III lit c MRK) ist von besonderer Bedeutung.[50] Im gemeinrechtlichen Inquisitionsprozess waren die Funktionen des Anklägers, des Verteidigers und der Rechtsprechung in der Rolle des Richters vereinigt.[51] Demgegenüber hat die Reform des Strafprozesses zu einer Verteilung dieser Funktionen auf drei

---

43 Vgl Gerland Strafprozess, 1927, S 137; Planck Darstellung S 246
44 M-G § 136 Rn 1; KMR-Lesch § 136 Rn 1
45 KMR-Müller § 163 a Rn 9
46 KMR-Lesch § 136 Rn 1; M-G § 136 Rn 1; aA SK-StPO-Rogall § 136 Rn 3
47 Dazu krit Lesch 2/189 f, 4/53 ff
48 Schon Exner Strafverfahrensrecht S 37 hat betont, »dass ein freies Verteidigungsrecht des Verdächtigten der Wahrheitserforschung am besten dienlich ist«
49 Vgl dazu auch Glaser ArchCrimNF 1851, 78 f
50 Vgl BGHSt 38, 372, 374; 42, 14, 20 f; Beulke NStZ 1996, 259; Egon Müller StV 1996, 359
51 Vehling StV 1992, 87

verschiedene Rollen[52] und damit insbesondere zu einer Aufwertung des Beschuldigten zu einem prinzipiell gleichberechtigtem *Prozesssubjekt* mit eigenen *Mitwirkungs- und Gestaltungsrechten* geführt.[53] Weil aber der Beschuldigte als Selbst-Betroffener die Souveränität eines taktisch geschickt vorgehenden Prozesssubjekts regelmäßig nicht besitzt, er uU als Untersuchungshäftling in seinen Aktionsmöglichkeiten erheblich beschränkt ist und ihm zumeist auch das juristische Beurteilungsvermögen über die öffentliche Bedeutung seines in Rede stehenden Verhaltens fehlt, musste man zugleich eine Institution schaffen, die diese Defizite ausgleichen sollte,[54] nämlich die Institution der Verteidigung. Dem Anklagemonopol der StA als Ausdruck der öffentlichen Bewertung eines Verhaltens wurde also eine Institution gegenübergestellt, die die Kompetenz besaß, ein Verhalten öffentlich zu bewerten, ohne an das Dictum des Staates gebunden zu sein, eine Institution, die gleichberechtigt mit dem Staat an dem Diskurs über die Frage teilnehmen konnte, ob das Verhalten des Angeklagten als sozialschädlich zu bewerten sei.[55] In diesem Sinne ist der Verteidiger der »*Prozessrechtssubjekts-Gehilfe*« des Beschuldigten.[56]

Durch das Recht, in jeder Lage des Verfahrens einen Verteidiger konsultieren zu **15** dürfen, soll es also dem Beschuldigten ermöglicht werden, »wissend« über sein Verhalten in der Vernehmung zu entscheiden. Es soll ihn in die Lage versetzen, sich auch schon darüber beraten zu lassen, ob es für ihn zweckmäßig ist, sich überhaupt zur Sache einzulassen, und wenn ja, wie er sich dann am Günstigsten zu der Beschuldigung äußert.[57] Damit wird sichergestellt, dass der Beschuldigte nicht nur ein passives Objekt des Strafverfahrens ist, sondern als Prozesssubjekt zur Wahrung seiner Rechte auf den Gang und das Ergebnis des Strafverfahrens Einfluss nehmen kann.[58] Er ist deshalb nicht nur zu Beginn der ersten polizeilichen, staatsanwaltschaftlichen und richterlichen Vernehmung über sein Recht zur Konsultation eines Verteidigers zu belehren, sondern darüber hinaus auch faktisch in die Lage zu versetzen, dieses Recht ausüben zu können[59] (dazu näher unten Rn 43 ff). Der Verteidiger ist zur Anwesenheit bei der Vernehmung des Beschuldigten berechtigt (§ 168 c I StPO) und von dem Termin vorher zu benachrichtigen (§ 168 c V StPO). Unterbleibt die Benachrichtigung des Verteidigers, so führt das zu einem Verwertungsverbot, das sich auch auf die schriftliche Sachverhaltsdarstellung des Beschuldigten erstreckt, die dieser dem Haftrichter als seine Aussage zur Sache übergibt.[60]

Der durch die Reform des Strafprozesses herbeigeführte grundlegende Wandel der **16** Vernehmung äußert sich aber, wie gesagt, nicht nur in der Einräumung des Rechts für den Beschuldigten, selbst über die Art und Weise seiner Verteidigung zu bestimmen, sondern auch in dem generellen Verbot für den Vernehmenden, irgend eine Form vom *inquisitorischer List* oder *Zwang* auf den Beschuldigten auszuüben, insbesondere die Vernehmung einseitig auf die Erlangung eines Geständnisses auszurichten: »Wenn nun, und gewiss mit Recht, verlangt wird, es solle der Beschul-

---

52 Eb. Schmidt Lehrkommentar I Rn 76
53 Dazu näher Lesch 3/30 ff
54 Dahs Handbuch Rn 3–5; Beulke Strafprozessrecht Rn 148
55 Vehling StV 1992, 87
56 Eb. Schmidt Lehrkommentar I Rn 79
57 Beulke NStZ 1996, 258; Lesch JA 1995, 163
58 BGHSt 38, 372, 374
59 Beulke NStZ 1996, 259; Artkämper Kriminalistik 1996, 397, 472; Roxin JZ 1997, 344; Ransiek StV 1994, 343 f. Nach Ransieks Auffassung ist der Beschuldigte noch weitergehend auch über die Möglichkeit zu belehren, kostenlosen anwaltlichen Beistand in Anspruch nehmen zu können, wenn er einen Verteidiger nicht selbst bezahlen kann
60 BGH StV 1989, 3

Lesch

digte zur Abgabe einer ihm ungünstigen Aussage weder physisch noch psychisch, weder direkt noch indirekt gezwungen werden, so ist auch dieses Verlangen jedem, gleichviel wie konstruirten, Processe gegenüber aufrecht zu halten. Es wird auch dieses Verlangen nicht deshalb gestellt, damit ein Schuldiger sich herauslügen oder durch sein Schweigen die Wahrheitserforschung vereiteln möge, sondern deshalb, weil die Erfahrung gemacht ist, dass nur vollkommen freie Geständnisse die Garantie der Richtigkeit der zu bekundenden Thatsachen darbieten, dass dagegen jedes gleichviel wie erzwungene Geständniß die Gefahr der Unrichtigkeit seines Inhaltes darbiete.«[61] Es galt daher im vorigen Jahrhundert bis hin zur Schaffung des § 136 a StPO im Jahre 1950 in der strafprozessualen Literatur auch ohne ausdrückliche gesetzliche Regelung als »selbstverständlich«,[62] dass folgende, einstmals zur »förmlichen Kunst des Inquirierens«[63] gehörende Vernehmungsmethoden verboten sind:

– die Anwendung von physischem und psychischem Zwang;[64]
– die Anwendung aller Versprechungen, Drohungen, Überrumpelungen und Überlistungen;[65]
– die Anwendung »überhaupt aller Mittel, die auf eine Schwächung der psychischen Kräfte hinauslaufen«;[66]
– das Stellen unbestimmter, dunkler, vieldeutiger, suggestiver oder captiöser (verfänglicher) Fragen.[67]

17   Viele dieser Verbote, die man in der Strafprozessrechtswissenschaft bis weit in dieses Jahrhundert hinein für selbstverständlich gehalten hat, sind im Jahre 1950 in die neu geschaffene Vorschrift des § 136 a StPO übernommen worden, aber eben nicht alle. Wenn die hM beispielsweise heute wieder die Auffassung vertritt, dass die Anwendung »kriminalistischer List« einschließlich des Stellens von Fangfragen und des Abgebens doppeldeutiger Erklärungen von den Verboten des § 136 a StPO nicht erfasst und deshalb zulässig sei,[68] so indiziert das einen bedauerlichen Rückfall in das Zeitalter des gemeinrechtlichen Inquisitionsprozesses, der durch die Einführung des kontraproduktiven § 136 a StPO offenbar noch weiter zementiert worden ist (siehe auch näher unten Rn 65). Demgegenüber bleibt zu erinnern, dass die Vernehmung des Beschuldigten nach den Vorstellungen der an der Schaffung des Gesetzes von 1877 Beteiligten, in denen sich ein breiter Konsens der seinerzeitigen Reformbewegung widerspiegelt, gerade kein inquisitorisches Verhör mehr darstellen sollte.[69] Vielmehr ist die Vernehmung als ein *kommunikativer* und *dialogischer Prozess* zu begreifen,[70] in dem es um der Vermeidung falscher Aussagen willen per se nicht darum gehen kann, den Beschuldigten dazu zu bringen, fremde, durch die

---

61 John StPO S 933 f; ebenso Heldmann Deutsche Strafrechts-Zeitung 1916, Sp 367; v. Hippel Strafprozess S 422
62 V. Schwarze StPO S 272; Heldmann Deutsche Strafrechts-Zeitung 1916, Sp 369
63 Vgl Zachariae Handbuch S 243; Thilo StPO § 136 Anm 2; Mezger ZStW 40, 1919, 153; Henschel ArchKrimAnthr 56, 1914, 11
64 John StPO S 934; Sundelin GA VI, 1858, 628; Henkel Strafverfahren S 250; v. Hippel Strafprozess S 422
65 Heldmann Deutsche Strafrechts-Zeitung 1916, Sp 369; John StPO S 934; Keller StPO § 136 Anm 1; v. Schwarze StPO S 272; Löwe-Rosenberg StPO, 18. Aufl. 1929, § 136 Anm 3; Henkel Strafverfahren S 250; Sundelin GA VI, 1858, 634
66 Heldmann Deutsche Strafrechts-Zeitung 1916, Sp 369; Sundelin GA VI, 1858, 624
67 Köstlin Wendepunkt S 99; Zachariae Handbuch S 245 ff; Thilo StPO § 136 Anm 2; Keller StPO § 136 Anm 1; v. Schwarze StPO S 271
68 Siehe nur M-G § 136 a Rn 15 f
69 Exner Strafverfahrensrecht S 37. In der polizeilichen Vernehmungspraxis herrscht heute freilich das gegenteilige Bild, siehe Degener GA 1992, 450 mwN
70 Ransiek StV 1994, 346

Strafverfolgungsbehörden (insbesondere durch die Polizei) geschaffene Situationsdefinitionen zu übernehmen:[71] »Überrumpelungsstrategien« sind einer auf die Vermeidung von Fehlerquellen angelegten Vernehmung fremd.[72]

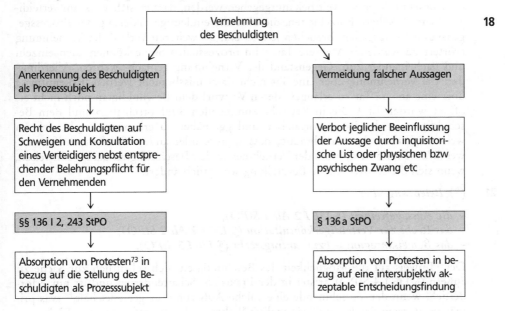

18

III. Ablauf der Vernehmung

Die Vernehmung hat nach folgendem Muster abzulaufen:[74]

(1) Vernehmung zur Person (§ 136 III StPO, RiStBV Nr. 13)   **19**

Sie steht am Beginn jeder Vernehmung und dient der Feststellung der Identität des Beschuldigten. Die darüber hinausgehende Ermittlung seiner persönlichen Verhältnisse (einschließlich der wirtschaftlichen Verhältnisse) gehört zur Sachvernehmung.[75] Obwohl sich das verfahrensrechtlich nicht erzwingen lässt, ist der Beschuldigte nach § 111 OWiG zu Angaben über seine Person (Vor-, Familien- und Geburtsnamen, Ort und Tag der Geburt, Familienstand, Beruf, Wohnort, Wohnung und Staatsangehörigkeit) verpflichtet.[76] Nach der Religionszugehörigkeit darf der Beschuldigte nur gefragt werden, wenn sie für die Aussage zur Sache bedeutsam ist (RiStBV Nr. 13 V).[77]

(2) Mitteilung des Prozessgegenstands (Eröffnung des Tatvorwurfs und der in Betracht kommenden Strafvorschriften, § 136 I 1 StPO)   **20**

Die Funktion der Eröffnung des Tatvorwurfs und der in Betracht kommenden Strafvorschriften besteht darin, den Prozessgegenstand zu fixieren und dem Be-

71 Ransiek StV 1994, 344 ff; ders Rechte S 94; Egon Müller StV 1996, 359; SK-StPO-Rogall § 136 Rn 20 mwN
72 Artkämper Kriminalistik 1996, 395
73 Zur Proteste absorbierenden Funktion des Strafverfahrens näher Lesch 1/4 mwN
74 Vgl M-G § 136 Rn 4 ff; KMR-Lesch § 136 Rn 7 ff
75 M-G § 243 Rn 12
76 Siehe im Einzelnen M-G § 136 Rn 5 mwN. Teilweise aA SK-StPO-Rogall § 136 Rn 24 f
77 Gegen jede Beschränkung Beling Beweisverbote S 29

schuldigten die Wahrnehmung seiner Verteidigungsrechte zu ermöglichen. An dieser Funktion hat sich auch der Umfang der Eröffnungspflichten zu orientieren.[78] Schlagwortartige Angaben genügen deshalb nicht. Vielmehr muss der Sachverhalt dem Beschuldigten so weit bekanntgegeben werden, dass er sich wirksam verteidigen kann.[79] Nähere Einzelheiten, die über die eindeutige Fixierung des Prozessgegenstands hinausgehen, brauchen jedoch erst im weiteren Verlauf der Vernehmung erörtert zu werden.[80] Mehrere Taten im prozessualen Sinne können auch einzeln und nacheinander zum Gegenstand der Vernehmung gemacht werden. Allerdings darf die Vernehmung über eine Tat nicht dazu missbraucht werden, Erkenntnisse über eine andere Tat zu erlangen, deren Vorwurf dem Beschuldigten noch nicht eröffnet worden ist.[81] Die in Betracht kommenden Strafvorschriften sind dem Beschuldigten in der Regel vorzulesen und ggf näher zu erläutern. Ergibt sich im weiteren Verlauf der Vernehmung, dass weitere oder andere Strafvorschriften anwendbar sein können, muss der Vernehmende den Beschuldigten darauf hinweisen, wenn sich die strafrechtliche Beurteilung wesentlich ändert.[82]

21   *(3) Belehrung über*

- *die Aussagefreiheit (§ 136 I 2 Alt 1 StPO),*
- *das Recht zur Verteidigerkonsultation (§ 136 I 2 Alt 2 StPO),*
- *das Beweisanregungs- bzw -antragsrecht (§ 136 I 3 StPO).*

Der Hinweis auf die Möglichkeit des Beschuldigten, sich schriftlich zur Sache zu äußern (§ 136 I 4 StPO), fristet in der Praxis ein Schattendasein und ist nur erforderlich, wenn der Vernehmende eine solche Äußerung für geeignet hält,[83] was primär im Bereich der Bagatellkriminalität,[84] aber auch bei umfangreichen Einlassungen oder bei Bezugnahme auf eine Reihe von Schriftstücken in Betracht kommen dürfte. Dem Beschuldigten, dem faktisch ein Wahlrecht zwischen mündlicher und schriftlicher Einlassung zukommt, ist es auch gestattet, seine mündliche Aussage schriftlich zu ergänzen.[85]

22   *(4) Mitteilung der Verdachtsgründe*

Damit soll dem Beschuldigten Gelegenheit gegeben werden, die Verdachtsgründe zu beseitigen (§ 136 II StPO). Das setzt voraus, dass er sie kennt.[86] Die Erklärung des Beschuldigten, er wolle nicht aussagen, macht die Mitteilung nicht überflüssig, weil er sich danach möglicherweise anders entscheiden könnte.[87]

23   In der Lit. wird die Auffassung vertreten, dass der Vernehmende nicht verpflichtet sei, den Beschuldigten über das ganze bisherige Ergebnis der Ermittlungen zu unterrichten, »da dann eine sachgemäße Durchführung des Ermittlungsverfahrens oft kaum möglich wäre«.[88] Vielmehr könne die Mitteilung der Verdachtsgründe bis zum Abschluss der Ermittlungen in dem Umfang unterbleiben, in dem sie dem Beschuldigten verheimlicht werden müssten, damit nicht nach dem jeweiligen Stand

---

78 KMR-Lesch § 136 Rn 9
79 Mezger ZStW 40, 1919, 153; M-G § 136 Rn 6
80 KMR-Lesch § 136 Rn 10
81 KMR-Lesch § 136 Rn 11
82 KK-Boujong § 136 Rn 9; KMR-Lesch § 136 Rn 12; aA M-G § 136 Rn 6
83 KMR-Lesch § 136 Rn 42
84 Artkämper Kriminalistik 1996, 395 ff
85 KMR-Lesch § 136 Rn 42
86 Dencker StV 1994, 676; KMR-Lesch § 136 Rn 43
87 LR-Hanack § 136 Rn 34; M-G § 136 Rn 13
88 LR-Hanack § 136 Rn 34

des Verfahrens iSd § 147 II StPO der Untersuchungszweck gefährdet würde.[89] Das ist jedoch unzutreffend,[90] denn eine wesentliche Funktion der Vernehmung besteht auch und gerade darin, dem Beschuldigten die Gelegenheit zu geben, die gegen ihn vorliegenden Verdachtsgründe zu beseitigen und die zu seinen Gunsten sprechenden Tatsachen geltend zu machen (§ 136 II StPO). Mit dieser Funktion ist die dem gemeinrechtlichen Inquisitionsprozess eignende Methode, den Beschuldigten um der Erlangung eines Geständnisses willen hinsichtlich des Ergebnisses der Ermittlungen im Dunkeln tappen zu lassen und ihm Beweisergebnisse jedenfalls nur mit größter Vorsicht und Zurückhaltung mitzuteilen,[91] nicht mehr zu vereinbaren. Lässt sich eine ernsthafte Gewährung rechtlichen Gehörs für den Beschuldigten nach dem jeweiligen Stand des Verfahrens mit dem Sachaufklärungsinteresse nicht auf einen Nenner bringen, müssen die Strafverfolgungsbehörden bis zum Abschluss der Ermittlungen (vgl § 163 a I StPO) eben ganz auf die Vernehmung verzichten. Jedenfalls ist es unzulässig, eine Vernehmung im Wesentlichen nur zu Untersuchungszwecken zu führen.[92] Der Vernehmende muss also dem Beschuldigten stets »sämtliche Anschuldigungspunkte und wider ihn vorgelegten Beweispunkte vorhalten …, um seine Erklärung darüber möglich zu machen«, wenn dies auch im Hinblick auf die Untersuchungsfunktion der Vernehmung nicht unbedingt sogleich und auf einmal zu geschehen braucht.[93]

Wenn demgegenüber in der Lit. vorgebracht wird, »dass es sich bei § 136 II StPO [bloß] um eine Sollvorschrift handelt«,[94] so ist dies ein erschreckender Beleg dafür, wie weit man sich inzwischen wieder von der im vorigen Jahrhundert vollzogenen Reform des Strafprozesses entfernt und dem gemeinrechtlichen Inquisitionsprozess angenähert hat.[95] Wie wir gesehen haben, war es bei der Schaffung der RStPO niemals umstritten, dass die Funktion der Vernehmung jedenfalls und wesentlich durch die Verteidigung des Beschuldigten bestimmt werden sollte.[96] Eine der wichtigsten Errungenschaften der Reform bestand ja gerade darin, dass man den Beschuldigten vom bloßen *Inquisitionsobjekt* zum *Prozesssubjekt* mit eigenen Mitwirkungs- und Gestaltungsrechten (also quasi zur »Partei« des Verfahrens) aufgewertet hatte. Die Mitwirkungs- und Gestaltungsrechte aber nimmt der Beschuldigte typischerweise in der Vernehmung wahr und dementsprechend sind die Gegner des reinen Anklageverfahrens nach englischem Vorbild der Forderung nach einer gänzlichen Abschaffung der Vernehmung[97] denn auch hauptsächlich mit *diesem* Argument entgegengetreten.[98] Gestritten wurde im Rahmen der Reform des Strafprozesses allein darüber, ob man der Vernehmung *über* die – per se obligatorische![99] – Verteidigungsfunktion *hinaus* noch eine weitere Funktion, nämlich die Inquisitionsfunktion zuschreiben sollte. § 136 II StPO und seine Vorläufer in den Entwürfen sind nicht etwa aus dem Grund als »Sollvorschrift« formuliert worden, dass die Verteidigungsfunktion der Vernehmung je nach dem Aufklärungsinteresse der Strafver-

24

---

89 M-G § 136 Rn 13; LR-Hanack § 136 Rn 34
90 Degener GA 1992, 465 f; Lesch ZStW 111 [1999] 642 f
91 Vgl Henkel Strafverfahren S 64; Sundelin GA VI, 1858, 624
92 Lesch ZStW 111 [199] 642; KMR-Lesch § 136 Rn 44
93 Immer noch – oder vielmehr gerade heute wieder – lesenswert Köstlin Wendepunkt S 97 ff
94 LR-Hanack § 136 Rn 34; krit dazu auch Grünwald Beweisrecht S 63
95 KMR-Lesch § 136 Rn 45
96 Siehe nur Hahn Materialien S 1531 f
97 Vgl etwa Mittermaier GS I/1, 1849, 17 ff; ders GS II/2, 1859, 473 f; Glaser ArchCrimNF 1851, 70 ff, 191 ff
98 Vgl etwa Schlink GS I/1, 1849, 361; Köstlin Wendepunkt S 91 f; Hahn Materialien S 1531
99 Nur um das noch klarer zu verdeutlichen, hat man seinerzeit überhaupt erst die Vorschrift des § 136 I 1 eingefügt, vgl Hahn Materialien S 1531 f

Lesch

folgungsbehörden auch suspendiert werden könnte, sondern allein um damit zum Ausdruck zu bringen, dass diese nicht den *einzigen* (ausschließlichen) Zweck der Vernehmung bildet.[100]

25   *(5) Vernehmung zur Sache*

Dazu gehört auch die Ermittlung der persönlichen Verhältnisse (Vorleben, Werdegang, berufliche Ausbildung und Tätigkeit, familiäre und wirtschaftliche Verhältnisse sowie sonstige Umstände, die für die Beurteilung der Tat und für die Rechtsfolgenfrage von Bedeutung sein können, ggf auch Vorstrafen).[101] Der Beschuldigte ist zur Äußerung über seine wirtschaftlichen Verhältnisse zwar nicht verpflichtet, jedoch wird im Allgemeinen die eigene Darstellung der finanziellen Situation durch den Beschuldigten einer amtlichen Ermittlung vorzuziehen sein.[102]

26   Durch die Vernehmung zur Sache wird dem Beschuldigten rechtliches Gehör gewährt.[103] Sie gibt ihm die Gelegenheit, die gegen ihn vorliegenden Verdachtsgründe zu beseitigen und Entlastungstatsachen geltend zu machen. Rechtsausführungen, Schlussfolgerungen und Wertungen sollten dem Verteidiger vorbehalten bleiben.[104] Wenn der Beschuldigte auch nach der Mitteilung der Verdachtsgründe noch unmissverständlich zum Ausdruck bringt, dass er von seinem Aussageverweigerungsrecht Gebrauch macht, ist hiermit die Vernehmung zu Ende.[105] Jedes weitere Bohren und Drängen ist unzulässig. Soweit der Beschuldigte aussagt, ist es – weil ihm wenigstens kein Recht zur Lüge zusteht[106] – zulässig, ihn zur Wahrheit zu ermahnen, ihn, wenn er mutmaßlich die Unwahrheit sagt, durch Vorhalte in Widersprüche zu verwickeln und ihn auf die strafmildernde Wirkung eines Geständnisses hinzuweisen.[107]

27   Macht ein Angeklagter in der Hauptverhandlung von seinem *Schweigerecht* Gebrauch, dürfen daraus weder nachteilige Folgerungen für die Schuldfrage noch für die Strafzumessung gezogen werden. Denn das Schweigerecht würde entwertet, wenn an seine Ausübung Nachteile geknüpft werden dürften, so dass ein indirekter Aussagezwang entstünde. Völligem Schweigen steht »beredtes Schweigen« gleich, wenn der Beschuldigte lediglich den Tatvorwurf bestreitet, seine Unschuld beteuert[108] oder die Entbindung eines Zeugen von der Schweigepflicht verweigert;[109] anders, wenn der Angeklagte sich zur Sache eingelassen hat und das Prozeßverhalten in einem engen und einer isolierten Bewertung unzugänglichen Sachzusammenhang mit dem Inhalt seiner Aussage steht.[110] Auch aus dem Zeitpunkt des Antritts des Entlastungsbeweises dürfen keine belastenden Schlüsse gezogen werden; falls der Zeitpunkt einer Beweisantragstellung ausnahmsweise einer Beweiswürdigung zugänglich ist, müssen unverfängliche Erklärungsmöglichkeiten im Rahmen einer Ge-

---

100 Lesch ZStW 111 [1999] 633 f; KMR-Lesch Vor § 133 Rn 26 f, § 136 Rn 45
101 M-G § 136 Rn 16; SK-StPO-Rogall § 136 Rn 44 f
102 Dahs Handbuch Rn 453
103 BGHSt 25, 325, 332; KMR-Lesch § 136 Rn 46
104 Dahs Handbuch Rn 454
105 Stenglein Lehrbuch S 277
106 Beling Reichsstrafprozessrecht S 310; Heldmann Deutsche Strafrechts-Zeitung 1916, Sp 370; zu Dohna Strafprozessrecht S 106 f
107 Einzelheiten sind streitig, siehe dazu etwa Keller StPO § 136 Anm 1 (S 156); John StPO S 934; v. Kries Lehrbuch S 398 f; M-G § 136 Rn 18; SK-StPO-Rogall Vor § 133 Rn 72, § 136 Rn 43; Rieß JA 1980, 296
108 BGHSt 38, 302, 307; BGH NStZ 2000, 495; KMR-Stuckenberg § 261 Rn 50 mwN
109 BGHSt 45, 363
110 BGHSt 45, 367, 369 f

samtwürdigung erörtert und ausgeräumt werden.[111] Allerdings ist das Schweigen des Angeklagten in der Hauptverhandlung immer noch eine »zweischneidige Angelegenheit«. Denn das Schweigen wird vielfach zumindest unterschwellig als Schuldbekenntnis empfunden, weil nach der Lebenserfahrung ein Mensch, dem Vorwürfe gemacht werden, sich redend verteidigt. Außerdem wird Schweigen mitunter auch als eine Art »Kampfansage« verstanden, die das Verhandlungsklima negativ beeinflusst.[112] Das Schweigen kann sich aber vor allem dann als sinnvolle Verteidigungsstrategie erweisen, wenn die Beweise der Anklage schwach sind und sich überzeugende Entlastungsbeweise nicht vorbringen lassen. Auch kann es opportun sein, wenn der Angeklagte »zunächst« von seinem Schweigerecht Gebrauch macht und sich vorbehält, in einem späteren Stadium der Hauptverhandlung noch zur Sache auszusagen. Ein Teilschweigen des Angeklagten ist aber jedenfalls zu verhindern,[113] weil es die Rspr zulässt, daraus negative Schlüsse zu ziehen.[114] Durch die Einlassung macht sich der Angeklagte nämlich freiwillig zum Beweismittel; sein teilweises Schweigen bildet dann einen negativen Bestandteil seiner Aussage, die in ihrer Gesamtheit der freien richterlichen Beweiswürdigung (§ 261 StPO) unterliegt. Die Tatsache, dass ein Angeklagter sich überhaupt – zu einer Tat im prozessualen Sinne – zur Sache einlässt, führt allerdings nicht dazu, dass sein Schweigen zu *anderen Taten* indiziell gegen ihn verwertet werden kann.[115]

IV.   Verstöße gegen Belehrungspflichten

1.   Fehler bei der Belehrung über die Aussagefreiheit

a)   Grundlagen

Ein Verstoß gegen die in den §§ 136 I 2, 163 a III, IV StPO normierte Pflicht zur   **28**
Belehrung des Beschuldigten über seine Aussagefreiheit zieht prinzipiell ein *Verwertungsverbot* hinsichtlich der daraufhin gemachten Äußerungen nach sich.[116] Denn der Grundsatz, dass niemand im Strafverfahren gegen sich selbst auszusagen braucht, also ein Schweigerecht hat, gehört nach der Rspr des BGH zu den anerkannten Prinzipien des Strafprozesses,[117] wenn auch in der polizeilichen Vernehmungspraxis eine andere Auffassung zu herrschen scheint.[118] Ist eine Belehrung nicht *protokolliert*, darf der Richter davon ausgehen, dass sie unterblieben ist, es sei denn, es ließe sich (ausnahmsweise) mit anderen Mitteln aufklären, dass der Beschuldigte dennoch ordnungsgemäß belehrt wurde. Wenn die Polizei also ihrer Pflicht aus Nr. 45 I RiStBV nicht nachgekommen ist, spricht die Vermutung dafür, dass die Belehrung unterblieben ist. In diesem Fall dürfen Zweifel nicht zu Lasten

---

111 BGH NStZ 2002, 161 f
112 Dahs Handbuch Rn 455
113 Dahs Handbuch Rn 456
114 BGHSt 20, 298, 300; 38, 302, 307; vgl dazu auch KMR-Stuckenberg § 261 Rn 52 ff; BGHSt 45, 367, 369; BGH NJW 2002, m krit Anm Jäger JR 2003, 163, gegen diesen Widmaier JR 2004, 85 m Anm Jäger
115 BGH NStZ 2000, 495
116 Grundlegend BGHSt 38, 214 ff m Bespr Fezer JR 1992, 385 ff; Roxin JZ 1992, 923 ff; Bohlander NStZ 1992, 504 ff; Kiehl NJW 1993, 501 ff; Hauf MDR 1993, 195 ff. Ebenso BGH NStZ 1995, 410 = StV 1995, 283; OLG Oldenburg NStZ 1995, 412; M-G § 136 Rn 20; Rieß JA 1980, 300; Meyer NStZ 1983, 567; Grünwald JZ 1983, 717; Fezer JR 1984, 341; SK-StPO-Rogall Vor § 133 Rn 183, § 136 Rn 55; AK-StPO-Achenbach § 163 a Rn 28; Beulke StV 1990, 181; Ransiek StV 1994, 343; Haas GA 1995, 231; Lesch JA 1995, 160 f
117 BGHSt 38, 214, 220 f; ebenso schon BGHSt 25, 325, 331 zu § 243 IV 1
118 Degener GA 1992, 445 mwN

des Beschuldigten gehen.[119] Ein Verwertungsverbot ist im Übrigen nicht nur dann anzunehmen, wenn die Belehrung unterblieben oder fehlerhaft gewesen ist, sondern auch dann, wenn der Beschuldigte die Belehrung *nicht richtig verstanden hat*, etwa weil er geistig behindert ist.[120]

29   Demgegenüber ist ein Verwertungsverbot ausgeschlossen,

- wenn der Beschuldigte sich von sich aus *spontan* äußert (vgl oben Rn 5) und dies nicht als Antwort auf eine Frage, als Vorwegnahme einer entsprechenden Frage oder nur als Reaktion auf eine Vernehmung oder Befragung angesehen werden kann;[121]
- wenn der Beschuldigte bei Beginn der Vernehmung auch ohne Belehrung sein Schweigerecht kennt (einen allgemeinen Erfahrungssatz, dass das Schweigerecht *Vorbestraften* ohnehin bekannt sei, gibt es allerdings nicht)[122] und er trotz dieses Wissens freiwillig aussagt (ein solcher Beschuldigter ist nämlich nicht im gleichen Maße schutzbedürftig wie derjenige, der sein Schweigerecht nicht kannte);[123]
- wenn der *verteidigte* Angeklagte der Verwertung seiner Aussage später ausdrücklich oder »stillschweigend durch schlüssiges Verhalten«[124] zustimmt, dh wenn er ihr nicht bis zu dem in § 257 StPO genannten Zeitpunkt (also spätestens bis zur Erklärung des Angeklagten bzw seines Verteidigers zu der Beweiserhebung, die sich auf den Inhalt der ohne Belehrung gemachten Aussage bezieht) widerspricht,[125] wobei dem verteidigten Angeklagten ein solcher Angeklagter gleichsteht, der von dem Gericht über die Möglichkeit des Widerspruchs unterrichtet worden ist.[126]
- wenn die Vorschriften einer Rechtshilfevernehmung im Ausland lediglich eine Pflicht zur Belehrung über die Möglichkeit der Zuziehung eines Rechtsanwalts, nicht aber eine dem § 136 I 2 vergleichbare Pflicht zur Belehrung des Beschuldigten über seine Aussagefreiheit vorsehen und dieser im ersuchten Staat daher ohne eine derartige Belehrung vernommen wird.[127]

b)   Insbesondere: Zur »Widerspruchslösung«

30   Das BayObLG hat entschieden, dass der Widerspruch gegen die Verwertung von Aussagen, die vom Beschuldigten unter Verstoß gegen die Belehrungspflicht über seine Aussagefreiheit erlangt worden sind, nach der Aufhebung und Zurückverweisung der Sache auch in der *neuen* Hauptverhandlung nicht mehr geltend gemacht werden kann, wenn er nicht oder verspätet erhoben worden ist,[128] weil die Verwirkung des Widerspruchsrechts zu einem endgültigen Rechtsverlust führt und die StPO keine dem § 295 ZPO entsprechende Vorschrift über die rückwirkende Heilung von Verfahrensmängeln enthält. Nach Auffassung des OLG Stuttgart ist ein

---

119 Fezer JR 1992, 386
120 BGHSt 39, 349 ff; Artkämper Kriminalistik 1996, 395, 397; Neuhaus NStZ 1997, 314
121 BayObLG NStZ-RR 2001, 49
122 OLG Celle StV 1997, 68
123 BGHSt 25, 325, 330; 38, 214, 224; BGH NStZ 1994, 596; Meyer NStZ 1983, 567; Amelung StV 1991, 455; M-G § 136 Rn 20; Roxin JZ 1992, 924
124 Roxin JZ 1992, 924
125 BGHSt 39, 349, 352 f; 42, 15, 17, 22; BGH NStZ 1997, 99; OLG Oldenburg StV 1996, 416; BayObLG StV 1997, 66 ff; OLG Celle StV 1997, 68; OLG Stuttgart NStZ 1997, 405. S.a. bereits BGHSt 1, 284; 9, 24, 28; 17, 324, 327; 26, 332, 334; BGH NStZ 2004, 389
126 BGHSt 38, 214, 225 f; M-G § 136 Rn 20; krit dazu Lesch JA 1995, 162
127 BGH NStZ-RR 2002, 67; noch offengelassen in BGH NJW 1994, 3364
128 BayObLG StV 1997, 66

Verwertungsverbot ferner dann ausgeschlossen, wenn der Verteidiger den Widerspruch erstmals in der *Berufungsverhandlung* (wenn auch dort zu dem in § 257 StPO genannten Zeitpunkt) erhebt.[129]

Der von der Rspr angenommenen Präklusion des Widerspruchsrechts aufgrund des **31** fehlerhaften Verteidigerverhaltens ist allerdings entschieden zu widersprechen.[130] Denn damit wird dem Verteidiger praktisch die eigentlich dem Gericht obliegende Verantwortung für die Beachtung der Verfahrensordnung übertragen. Der strafprozessuale Verfahrensfehler ist dann insoweit nicht mehr von Amts wegen, sondern wie eine zivilprozessuale Einrede[131] bloß auf Rüge zu berücksichtigen, wobei sich der Beschuldigte obendrein noch ein Anwaltsverschulden in der Hauptverhandlung zurechnen lassen muss. Ein solches procedere mag in einem *Parteiprozess* (Akkusationsprozess), der den Prozessstoff weitgehend den Parteien zur Disposition stellt, angemessen sein, ist aber mit der *Inquisitionsmaxime*, die nun einmal dem deutschen Strafprozess sein maßgebliches Gepräge gibt, nicht in Einklang zu bringen. Die StPO hat es in § 244 II dem Gericht zur Aufgabe gemacht, über die materielle und formelle Berechtigung des Anklagevorwurfs zu wachen. Der Verteidiger wird daran aus seiner eigenen Interessenstellung heraus mitwirken. Daraus folgt aber nicht, dass das Gericht insoweit auch die Verantwortung an den Verteidiger abgeben darf. Vielmehr sind Verwertungsverbote stets von Amts wegen zu berücksichtigen, und zwar auch dann, wenn der Beschuldigte oder sein Verteidiger keine Rüge erheben.[132] Ein Verwertungsverbot ist allenfalls dann ausgeschlossen, wenn die Betroffenen der Verwertung ausdrücklich zustimmen. Zu diesem Zweck muss der Vorsitzende nicht nur den verteidigerlosen Angeklagten belehren, sondern auch einen Verteidiger auf die Möglichkeit der Zustimmung oder des Widerspruchs hinweisen. Nur in diesem Fall kann aus dem Schweigen der Schluss gezogen werden, dass die Betroffenen gegen die Verwertung nichts einzuwenden haben.

Die Rspr hat jedoch trotz der in der Lit. erhobenen Einwände an der »Widerspruchslösung« bislang hartnäckig festgehalten.[133] Der Verteidiger sollte daher jedenfalls namens des Angeklagten in der Hauptverhandlung der Verwertung des Inhalts einer nach seiner Auffassung unverwertbaren Vernehmung widersprechen und die Herbeiführung eines Gerichtsbeschlusses gemäß § 238 II StPO beantragen, und zwar tunlichst bereits *vor* der jeweiligen Beweiserhebung bzw vor einem entsprechenden Vorhalt. Denn dadurch wird das Gericht gezwungen, zunächst die problematisierten äußeren Umstände dieser Vernehmung aufzuklären. Nur wenn das Gericht zu dem Ergebnis kommt, dass ein Beweisverwertungsverbot nicht eingreift, darf es sich überhaupt mit dem sachlichen Inhalt der Vernehmung befassen.[134] Dabei hat der Verteidiger zusätzlich zu beachten, dass nach der Rspr des *BGH jede* Beweiserhebung hinsichtlich der Verwertbarkeit *isoliert* zu betrachten ist. Wenn also beispielsweise zwei verschiedene Polizeibeamte über den Inhalt der bemakelten Vernehmung als Zeugen gehört werden, muss der Verteidiger auch jeder einzelnen Vernehmung für sich widersprechen.[135] Ggf sind auch hier Beschlüsse nach § 238 II

32

---

129 OLG Stuttgart NStZ 1997, 405
130 Zur »Widerspruchslösung« der neueren Rspr Roxin JZ 1997, 346; Heinrich ZStW 112 [2000], 398 ff
131 Siehe schon BGHSt 17, 324, 327
132 Fezer JR 1992, 386; Bohlander NStZ 1992, 505; Beulke Strafprozessrecht Rn 150; ders NStZ 1996, 262; SK-StPO-Rogall Vor § 133 Rn 178; Lesch JA 1995, 162; KMR-Lesch § 136 Rn 24
133 Siehe etwa BGHSt 42, 15, 22; auch BVerfG StV 2000, 467
134 Neuhaus NStZ 1997, 315 f
135 Vgl BGHSt 39, 349, 352; BGH NStZ 2004, 389

StPO zum Erhalt des Revisionsrechts erforderlich. Kann der Verteidiger nicht sicher abschätzen, ob die tatsächlichen oder rechtlichen Voraussetzungen für das Eingreifen eines Verwertungsverbots vorliegen, sollte er jedenfalls rein vorsorglich einen Widerspruch erheben.[136] Tut er das nicht, ist die Aussage nach der Rspr verwertbar. Es bleibt also festzuhalten, dass eine aktive Verteidigung notwendig ist, um die Rechte des Angeklagten hinreichend zu wahren.[137] Will der Verteidiger sich auf eine »Meistbegünstigung« berufen und der Verwertung einzelner Teile aus der Vernehmung zustimmen, kann er den Widerspruch wegen der übrigen Teile natürlich erst *nach* der jeweiligen Beweiserhebung anbringen.[138] In einem solchen Fall ist besonders darauf zu achten, dass der Zeitpunkt des § 257 StPO nicht verpasst wird.

Muster für einen präventiven Widerspruch:

In der Strafsache gegen N.

wegen Unterschlagung

Az.: 71 Ds 60/01

wird der Vernehmung des KOK B. als Zeuge

widersprochen,

soweit dadurch über den Inhalt der »zeugenschaftlichen Vernehmung« des Herrn N. vom 18. 10. 1999 Beweis erhoben werden soll. Es wird

beantragt,

über den Widerspruch gem § 238 II StPO durch Gerichtsbeschluss zu entscheiden.

Begründung:

Die »zeugenschaftliche Vernehmung« des Herrn N. vom 18. 10. 1999 unterliegt einem Beweiserhebungsverbot, weil Herr N. zu diesem Zeitpunkt bereits Beschuldigter und gem § 163a IV 2, 136 I 2 StPO über sein Recht, die Aussage zu verweigern, zu belehren war.

Wer einem objektiven, individualisierten Anfangsverdacht ausgesetzt ist, der sich in einem finalen Verfolgungsakt der Ermittlungsbehörde manifestiert hat, rückt in die prozessuale Stellung eines Beschuldigten ein und muss dann auch als solcher behandelt werden (vgl KMR-Lesch Vor § 133 Rn 4 ff mwN). Ein individualisierter Anfangsverdacht ist dann gegeben, wenn konkrete tatsächliche Anhaltspunkte vorliegen, die es nach der kriminalistischen Erfahrung als möglich erscheinen lassen, der Betroffene habe eine verfolgbare Straftat begangen (KMR-Lesch Vor § 133 Rn 7). Bei der Beurteilung dieses Anfangsverdachts gegenüber dem Befragten hat der Polizeibeamte zwar einen Beurteilungsspielraum, den er aber nicht mit dem Ziel missbrauchen darf, den Zeitpunkt der Belehrung nach § 136 I 2 StPO hinauszuschieben (BGHSt 38, 214, 227 f; BGH StV 1997, 281; Beulke StV 1990, 181).

Aus diesen Rechtsgründen durfte Herr N. am 18. 10. 1999 nicht mehr als Zeuge, sondern musste er als Beschuldigter vernommen und zuvor entsprechend belehrt werden. Denn zu diesem Zeitpunkt hatte die Polizei bereits gegen Herrn N. den Verdacht, dass zur Vorbereitung eines Versicherungsbetruges ein Diebstahl an dem PKW nur vorgetäuscht werden sollte und Herr N. an diesem Delikt beteiligt sei. Das ergibt sich zum einen aus dem Vermerk von KK H. vom 17. 10. 1999, wo es heißt:

»Nach Rücksprache durch UZ mit den Kollegen, die sich bei dem Fahrzeughalter N. aufhielten, wurde deutlich, dass eine zeugenschaftliche Vernehmung des Fahrzeughalters N. unter besonderer

---

136 BGH NStZ 2004, 389
137 Neuhaus NStZ 1997, 316
138 Vgl dazu Bockemühl in: Schriftenreihe der Strafverteidigervereinigungen, 23. Strafverteidigertag 1999, S 161 ff; Rosenthal in: Schriftenreihe der Strafverteidigervereinigungen, 23. Strafverteidigertag 1999, S 149 ff; Hamm StraFo 1998, 361 ff; Nack StraFo 1998, 366 ff; Amelung StraFo 1999, 181 ff

Berücksichtigung des Hintergrundes eines möglichen Sachwerterlangungsdeliktes an Ort und Stelle nicht möglich ist«. (Bl. 10 d.A.)

Dieser Verdacht wurde zum anderen auch bei Beginn der »zeugenschaftlichen Vernehmung« vom 18. 10. 1999 gegenüber Herrn N. offenbart. In dem Protokoll über diese Vernehmung heißt es nämlich:

»Ferner wurde mir erklärt, dass durch die Vernehmung dem Verdacht der Vortäuschung einer Straftat vorgebeugt werden soll. In diesem Zusammenhang wurde ich ausdrücklich auf die Strafbarkeit der Vortäuschung einer Straftat und des Betruges zum Nachteil einer Versicherung hingewiesen.« (Bl. 21 d. A.)

Im Übrigen bringt auch der gesamte Ablauf der Vernehmung recht deutlich zum Ausdruck, dass der Vernehmende Herrn N. von vornherein als Beschuldigten ansah. Schließlich endet die Vernehmung auch mit der »Frage«:

»Es ist gängige Masche, dass ein Halter, der sein Fahrzeug loswerden will und es nicht verkauft bekommt, wie folgt vorgeht: Man verschließt das Fahrzeug nur mit dem einfachen Schlüssel. Der Wagen kann dann normal weggefahren werden. Der Fahrzeugschein bleibt aus ›Versehen‹ in dem Fahrzeug liegen. Da der mitwirkende Halter keine Diebstahlsanzeige erstattet, ist das Auto auch nicht bei der Polizei im Fahndungscomputer. Bei einer Kontrolle kann der ›Dieb‹ den Fahrzeugschein vorlegen. Später, wenn das Fahrzeug im Ausland ist, geht man zur Polizei und erstattet Anzeige. Dabei kann man die Infrarotschlüssel vorlegen. Man kassiert Geld von der Versicherung und erhält noch eine ›Prämie‹ bei Verkauf im Ausland. Ganz genau so sieht der Fall hier aus. Haben sie etwas mit dem Diebstahl zu tun? Sollte die Versicherung ›abkassiert‹ werden?«

Damit stellte sich die Vernehmung des Herrn N. zugleich in objektiver Hinsicht als gegen ihn selbst gerichtete, gezielte Ermittlungsmaßnahme dar (vgl KMR-Lesch Vor § 133 Rn 9 f). Nach der Rspr ist ein finaler Verfolgungsakt iSd nämlich schon dann gegeben, wenn ein Polizeibeamter mit einem Verdächtigen, den er in einem Streifenwagen zur Wache mitnimmt, Gespräche führt (BGHSt 38, 214, 227 f). Dies gilt erst recht, wenn ein Verdächtiger, wie im vorliegenden Fall, in den Diensträumen der Polizei förmlich vernommen wird.

Obwohl Herr N. demnach als Beschuldigter zu behandeln war, ist er ausweislich des Vernehmungsprotokolls vom 18. 10. 1999 nicht gem § 136 I 2 StPO über sein Recht belehrt worden, dass es ihm nach dem Gesetz freistehe, sich zu der Beschuldigung zu äußern oder nicht zur Sache auszusagen und jederzeit, auch schon vor seiner Vernehmung, einen von ihm zu wählenden Verteidiger zu befragen. Der damit begründete Verstoß gegen die Pflicht zur Belehrung des Beschuldigten über seine Aussagefreiheit zieht prinzipiell ein Verwertungsverbot hinsichtlich der daraufhin gemachten Äußerungen nach sich (st. Rspr seit BGHSt 38, 214 ff; ebenso KMR-Lesch § 136 Rn 22 mwN). Dasselbe gilt auch für den Fall einer unterbliebenen Belehrung über das Recht des Beschuldigten zur Konsultation eines Verteidigers (KMR-Lesch § 136 Rn 38 mwN). Soweit ein Verwertungsverbot eingreift, ist schon die Beweiserhebung in der Hauptverhandlung nicht zulässig (Lesch JR 2000, 334 ff m.w. N.).

Zwar ist Herr N. zu Beginn seiner Vernehmung gem §§ 163a V, 55 II StPO belehrt worden:

»Ich wurde belehrt, dass ich als Zeuge die Wahrheit sagen muss und die Aussage nur dann verweigern kann, wenn ich mich selbst oder einen Angehörigen gemäß § 52 StPO der Gefahr einer strafrechtlichen Verfolgung aussetzen würde.«

Aber die Belehrung nach § 55 II StPO geht weniger weit als die nach § 136 I 2 StPO und trägt den Rechten des Beschuldigten nicht in vollem Umfang Rechnung (Lesch JA 1995, 160 f). Durch die Belehrung nach § 136 I 2 soll gegenüber dem Beschuldigten eindeutig klargestellt werden, dass es ihm freisteht, nicht auszusagen, obwohl ihn ein Richter, Staatsanwalt oder Polizeibeamter in amtlicher Funktion befragt (BGHSt 42, 139, 147; KMR-Lesch § 136 Rn 19). Dies ist bei der Belehrung nach § 55 II StPO aber gerade nicht der Fall. Der im vorliegenden Fall hinzugefügte Hinweis, dass Herr N. »als Zeuge die Wahrheit sagen muss«, war – im Gegenteil – sogar dazu geeignet, das generelle Schweigerecht des Herrn N. als Beschuldigter zu verschleiern. Hinzu kommt, dass die Belehrung nach § 55 II StPO das Recht auf Konsultation eines Verteidigers gerade nicht mit umfasst.

gez. X, Rechtsanwalt

Lesch

c) Verfahren gegen einen Dritten

33 Das Beweisverwertungsverbot, das sich aus einer Verletzung des Belehrungsgebots nach §§ 136 I 2, 163 a III, IV StPO ergibt, erstreckt sich allerdings nicht auf das Verfahren gegen einen Dritten, in dem der rechtswidrig nicht Belehrte ausschließlich als Zeuge beteiligt ist. Denn insoweit kann nichts anderes gelten als im Fall einer unterbliebenen Belehrung gemäß § 55 StPO, die nach zutreffender Auffassung ebenfalls nicht zur Unverwertbarkeit der Aussage führt.[139] Da § 136 I 2 StPO den status activus des Beschuldigten als Prozesssubjekt gewährleistet, ist bei einer Verletzung dieser Vorschrift ausschließlich der Rechtskreis des Beschuldigten tangiert, nicht aber derjenige eines Dritten, in dessen Verfahren der Beschuldigte als Zeuge auftritt.[140] Auch die Interessen eines Mitbeschuldigten bzw Mitangeklagten werden von der Regelung des § 136 I 2 StPO nicht erfasst, so dass das Geständnisprotokoll eines nicht belehrten Beschuldigten gegen einen Mitbeschuldigten bzw Mitangeklagten ohne weiteres verwertet werden darf.[141]

d) Private Aufklärungsgehilfen

34 Was den Einsatz von *privaten Aufklärungsgehilfen*, namentlich von V-Leuten und Informanten betrifft (sog »Hörfalle«),[142] hat der *Große Senat* die (analoge) Anwendbarkeit des § 136 I 2, 163 a III, IV StPO prinzipiell verneint: »Sinn und Zweck dieser Vorschriften ist es nicht, dem Tatverdächtigen zu Bewusstsein zu bringen, dass er von einer Amtsperson oder einer mit den Ermittlungsbehörden zusammenarbeitenden Privatperson befragt wird.[143] Durch die Belehrung soll vielmehr gegenüber dem Beschuldigten eindeutig klargestellt werden, dass es ihm freisteht, nicht auszusagen, obwohl ihn ein Richter, Staatsanwalt oder Polizeibeamter in amtlicher Eigenschaft befragt. Das Belehrungsgebot will sicherstellen, dass der Beschuldigte vor der irrtümlichen Annahme einer Aussagepflicht bewahrt wird, zu der er möglicherweise eben durch die Konfrontation mit dem amtlichen Auskunftsverlangen veranlasst werden könnte. § 136 I ist vor diesem Hintergrund einer kraft staatlicher Autorität vorgenommenen Befragung zu verstehen. Dieser Sinn der Regelung wird nicht verletzt, wenn eine Privatperson, sei es auch auf Veranlassung der Ermittlungsbehörden, den Tatverdächtigen in ein Gespräch zu ziehen und von ihm Äußerungen zu erlangen sucht, durch die er sich gegebenenfalls belastet. Es liegt auf der Hand, dass sich der Beschuldigte in dieser Situation nicht durch die Autorität des Befragenden zu einer Äußerung veranlasst sehen kann. Er weiß, dass er sich – wie auch sonst gegenüber beliebigen Dritten – nicht zu äußern braucht. Zum Ausgleich der Autorität, mit der die amtliche Befragung durchgeführt wird, bedarf es in dieser Situation keines Gegengewichts, wie es die StPO im Interesse einer effektiven Gewährleistung der Schweigebefugnis mit dem Belehrungsgebot schaffen will.«[144]

---

139 BGHSt 11, 213, 218; Beulke Strafprozessrecht Rn 195; SK-StPO-Rogall Vor § 133 Rn 187; M-G § 55 Rn 17

140 BayOBLG NStZ 1994, 250 f; Beulke Strafprozessrecht Rn 468; SK-StPO-Rogall Vor § 133 Rn 184

141 BGH StV 1995, 231; BGH wistra 2000, 311, 313; BayObLG StV 1995, 237 m krit Anm Dencker StV 1995, 232 ff

142 Krit dazu Weiler GA 1996, 101 f (»Privatisierung der Informationsbeschaffung«); Dencker StV 1994, 671 (»Flucht ins Privatrecht«); Bernsmann StV 1997, 117

143 So aber Roxin NStZ 1995, 466

144 BGHSt 42, 139, 147; idS auch Sternberg-Lieben Jura 1995, 308 f; ferner BayObLG NStZ-RR 2001, 49, 51

Allerdings sind dem Einsatz von Privatpersonen zur Aufklärung von Straftaten nach Auffassung des Großen Senats *»rechtsstaatliche Grenzen«* gesetzt, die etwa dann überschritten sein können, wenn   **35**

- gezielt ein Liebesverhältnis angebahnt wurde, das zur Gewinnung von Informationen ausgenutzt werden soll (»Romeo-Fälle«) oder
- der Beschuldigte auf Veranlassung der Polizei durch eine Privatperson befragt wurde, obwohl er zuvor in einer Vernehmung ausdrücklich erklärt hatte, keine Angaben zur Sache machen zu wollen.[145]

Darüber hinaus soll die »Verwendung von Privatpersonen, welche ihren Auftrag verbergen«, auch noch einer »allgemeinen Grenze« unterliegen.[146] Zwar hält der Große Senat eine *Verletzung* des sog »Nemo-tenetur-Grundsatzes«, des allgemeinen Persönlichkeitsrechts, des Rechtsstaatsprinzips und des daraus abgeleiteten Grundsatzes des fairen Verfahrens für nicht begründet, hegt jedoch im Hinblick darauf immerhin *»Bedenken«*, die einem *»Verstoß … nahekommen«*. »Ob diese Bedenken durchgreifen, hängt aber von einer Abwägung mit der ebenfalls im Verfassungsrang stehenden, mit dem notwendigen Schutz des Gemeinwesens und seiner Bürger begründeten Pflicht des Rechtsstaates zur effektiven Strafverfolgung ab.« Nach dieser Abwägung soll ein Beweisverbot in den einschlägigen Fallgestaltungen jedenfalls dann nicht in Betracht kommen, wenn   **36**

- es sich um eine *Straftat von erheblicher Bedeutung* handelt (zur Beurteilung dieser Frage sind die Kataloge der §§ 98 a, 100 a, 110 a StPO heranzuziehen, deren Aufzählung jedoch nicht abschließend ist) und
- der Einsatz anderer Ermittlungsmethoden *erheblich weniger erfolgversprechend* oder *wesentlich erschwert* wäre.

Ein Eingriff kann aber angesichts der binären Codierung unseres Rechtssystems entweder nur rechtmäßig oder rechtswidrig sein – tertium non datur! Wenn also der Einsatz privater Aufklärungsgehilfen einem Verstoß gegen das Recht nur »nahekommt«, ist er gerade *nicht* rechts*widrig*, sondern eben recht*mäßig*, so dass die »Bedenken« des Großen Senats die vorgeschlagene Beschränkung eines solchen Einsatzes nicht tragen.[147]   **37**

2.   Fehler bei der Belehrung über das Recht zur Verteidigerkonsultation

Gemäß § 136 I 2 StPO ist der Beschuldigte darüber zu belehren, dass es ihm nach dem Gesetz freistehe, jederzeit, auch schon vor seiner Vernehmung, einen von ihm zu wählenden Verteidiger zu befragen. Wenn der Beschuldigte verlangt, vor der Vernehmung einen Verteidiger zu sprechen, muss die Vernehmung zu diesem Zweck sogleich unterbrochen werden.[148] Der Beschuldigte darf dann nicht zu weiteren Angaben gedrängt werden.[149] Will der Polizeibeamte in einem solchen Fall die   **38**

---

145 Vgl auch BGHSt 40, 66, 72, wo für den Fall einer ausdrücklichen Ablehnung der Mitwirkung eine nach § 136 a I StPO unzulässige Täuschung in Betracht gezogen wird. IdS auch EGMR StV 2003, 267 m Anm Gaede und Anm Esser JR 2004, 98. Siehe ferner zum ganzen M-G § 136 a Rn 4 a aE

146 BGHSt 42, 139, 154 f

147 Vgl dazu auch Roxin NStZ 1997, 20; Bernsmann StV 1997, 119 spricht in diesem Zusammenhang treffend von einem »methodisch und inhaltlich verdorbenen (Kompromiss-) Brei«

148 BGHSt 38, 372, 373; 42, 15, 19; SK-StPO-Rogall § 136 Rn 37 mwN

149 BGH NStZ 2004, 450

Vernehmung fortsetzen, so ist das nach einer Entscheidung des 5. Senats des BGH nur unter den folgenden drei Voraussetzungen möglich:[150]

39 *(1) Leistung »Erster Hilfe« bei der Verteidigerkonsultation*

Zunächst muss sich der Polizeibeamte ernsthaft darum bemühen, dem Beschuldigten bei der Herstellung des Kontakts zu einem Verteidiger in effektiver Weise zu helfen. Der Umfang der gebotenen Hilfe richtet sich nach den Umständen des Einzelfalls.[151] Mit der Tatschwere und Unbeholfenheit des Beschuldigten wächst die Notwendigkeit und das geforderte Ausmaß aktiver Unterstützungsmaßnahmen. Der Beschuldigte braucht nicht auf einen anwaltlichen Notdienst hingewiesen zu werden, wenn er nicht den Wunsch auf Hinzuziehung eines Verteidigers äußert.[152] Auch in einem Fall notwendiger Verteidigung soll sich im Ermittlungsverfahren aus § 141 III 2 keine Verpflichtung zu einem weitergehenden Hinweis auf die Notwendigkeit einer Verteidigerbestellung oder gar zum Innehalten mit Ermittlungen, welche die Mitwirkung des Beschuldigten erfordern, bis zur tatsächlichen gerichtlichen Bestellung und Tätigkeitsaufnahme des Verteidigers ergeben.[153]

40 *(2) Erneute Belehrung über das Recht zur Verteidigerkonsultation*

Sodann muss der Polizeibeamte den Beschuldigten erneut auf sein Recht auf Hinzuziehung eines Verteidigers hinweisen. Diese zweite Belehrung enthält die für den Beschuldigten wichtige zusätzliche Information, dass er durch die Vergeblichkeit der Bemühungen, zu einem Verteidiger Kontakt aufzunehmen, sein Konsultationsrecht nicht etwa verwirkt hat, sondern nach wie vor anwaltlichen Beistand verlangen kann.[154]

41 *(3) Ausdrückliche Einverständniserklärung des Beschuldigten*

Schließlich muss sich der Beschuldigte ausdrücklich[155] bzw zumindest eindeutig[156] mit der Fortsetzung der Vernehmung einverstanden erklären.

42 All dies ist geboten, weil der Beschuldigte vielfach, insbesondere im Falle einer Festnahme, durch die Ereignisse verwirrt und durch die ungewohnte Umgebung bedrückt und verängstigt ist.[157] Das für die Gewährleistung der aktiven Mitwirkungs- und Gestaltungsrechte des Beschuldigten als Prozesssubjekt fundamentale Recht auf anwaltliche Beratung (vgl oben Rn 21 f) nützt aber demjenigen nichts, der keinen Anwalt hat und auch nicht weiß, wie er sich eine anwaltliche Vertretung verschaffen soll.[158] Deshalb kommt es nicht nur auf das Faktum der Belehrung an, sondern darüber hinaus auch darauf, dass der Beschuldigte in der Lage ist, das Recht der vorherigen Verteidigerkonsultation wirklich auszuüben.[159] Der Begriff der »Belehrung« iSd § 136 I 2 StPO muss folglich so ausgelegt werden, dass er auch

---

150 BGHSt 42, 15, 19; ebenso Beulke NStZ 1996, 259 ff; Egon Müller StV 1996, 359; Roxin JZ 1997, 344; KMR-Lesch § 136 Rn 36. Nach SK-StPO-Rogall § 136 Rn 37 soll die Vernehmung überhaupt nicht fortgesetzt werden können (ebenso LR-Rieß § 163 a Rn 81; Ransiek Rechte S 71); vielmehr müsse ein neuer Vernehmungstermin angesetzt werden, der erst nach angemessener Frist (dh idR einige Tage später) stattfinden dürfe
151 Siehe dazu Beulke NStZ 1996, 260, 262
152 BGHSt 47, 233 m krit Anm Roxin JZ 2002, 898
153 BGHSt 47, 172, 175 ff; 233, 235 ff m insoweit abl Anm Roxin JZ 2002, 898, 899 f
154 Beulke NStZ 1996, 261
155 So BGHSt 42, 15, 19
156 So Beulke NStZ 1996, 261 f
157 BGHSt 38, 214, 222; 42, 15, 19; Beulke NStZ 1996, 260
158 Beulke NStZ 1996, 259; Roxin JZ 1997, 344
159 Ransiek StV 1994, 343

diejenigen Maßnahmen umfasst, die für die Herstellung einer Verbindung zwischen Beschuldigten und Verteidiger erforderlich sind.[160]

Weil die Möglichkeit, sich des Beistands eines Verteidigers zu bedienen, zu den **43** wichtigsten Rechten des Beschuldigten gehört (der Verteidiger ist ja, wie gesagt, der »Prozessrechtssubjektsgehilfe« des Beschuldigten), will der 5. Senat des BGH ein Verwertungsverbot nicht nur dann annehmen, wenn dem Beschuldigten die Kontaktaufnahme mit seinem Verteidiger verwehrt worden ist, sondern schon dann, wenn sein Wunsch, vor der Vernehmung einen Verteidiger zu befragen, wirksam unterlaufen wird.[161] Wenn aber das Konsultationsrecht von derart fundamentaler Bedeutung ist, dass bei seiner Vereitelung die Grundlagen der verfahrensrechtlichen Stellung des Beschuldigten in einer Weise betroffen sind, dass die nach der Rspr des BGH vorzunehmende »umfassende Abwägung« ein Verwertungsverbot nach sich zieht, muss das auch für den Fall einer von vornherein unterbliebenen oder fehlerhaften Belehrung gelten.[162] Nach einer neueren Entscheidung des BGH[163] besteht nun auch ein Verwertungsverbot, wenn der Beschuldigte über das Recht der Verteidigungskonsultation nicht oder nur unzureichend belehrt worden ist und er sein Recht nicht kannte. Denn mittelbar wird der Beschuldigte, der sein Befragungsrecht nicht kennt, an der Hinzuziehung eines Verteidigers auch dann gehindert, wenn er nicht darüber aufgeklärt wird, dass er ein solches Recht hat. Der durch § 136 I 2 StPO garantierte status activus des Beschuldigten als Prozesssubjekt und darin eingeschlossen das Recht des Beschuldigten auf eine wirklich freie Verteidigungsauswahl ist also jeweils gleichermaßen beeinträchtigt,

– wenn der Beschuldigte zwar belehrt, die Verteidigerkonsultation aber behindert wird;
– wenn der Beschuldigte zwar belehrt, die Verteidigerkonsultation aber durch mangelhafte Hilfestellung faktisch unterlaufen wird;
– wenn der Beschuldigte, der sein Recht zur Verteidigerkonsultation nicht kennt, überhaupt nicht darüber belehrt wird.

Allerdings soll nach Auffassung des 5. Senats das Beweisverwertungsverbot analog **44** zur Lage bei der unterbliebenen Belehrung über die Aussagefreiheit (siehe oben Rn 34 ff) nicht eingreifen, wenn der verteidigte Angeklagte der Verwertung seiner unter Verletzung des Verteidigerkonsultationsrechts durchgeführten Vernehmung nicht bis zu dem in § 257 StPO genannten Zeitpunkt widersprochen hat.[164]

Der Entscheidung des 5. Senats ist in einer Anmerkung bescheinigt worden, dass sie **45** »in die Geschichte der Strafrechtspflege als bahnbrechendes Judikat eingehen« werde.[165] Diese Bescheinigung hat sich jedoch bedauerlicherweise als vorschnell erwiesen, denn der 1. Senat des BGH hat der Entscheidung des 5. Senats jedenfalls bereits für den Fall widersprochen, »in dem es wegen der mitternächtlichen Stunde wenig Aussichten gab, am Vernehmungsort einen Rechtsanwalt zu erreichen«.[166] Jenseits der von § 136 a StPO gezogenen Grenzen gehe die StPO nämlich davon aus, dass

---

160 KMR-Lesch § 136 Rn 37; Beulke NStZ 1996, 259; auch Artkämper Kriminalistik 1996, 472
161 BGHSt 42, 15, 22
162 Roxin JZ 1993, 372, 373; Beulke NStZ 1996, 262; Ransiek StV 1994, 343; Lesch JA 1995, 162 f
163 BGHSt 47, 172, 174
164 BGHSt 42, 15, 22 f
165 Egon Müller StV 1996, 358
166 BGHSt 42, 170 m krit Anm Ventzke StV 1996, 524 ff und Bespr Roxin JZ 1997, 343 ff. Siehe dazu auch Herrmann NStZ 1997, 209 ff. Der 1. Senat hat seine Auffassung in NStZ 1997, 252 noch einmal bestätigt

Lesch

ein im vollen Besitz seiner geistigen Kräfte befindlicher Beschuldigter selbst und frei entscheiden könne und müsse, inwieweit er die in der Belehrung eröffneten Rechte für sich in Anspruch nehmen wolle. Aus dem in § 137 I 1 StPO verankerten Recht des Beschuldigten, in jeder Lage des Verfahrens einen Verteidiger heranzuziehen, lasse sich auch nicht auf das Verbot schließen, einen aussagebereiten Beschuldigten ohne Verteidiger zu vernehmen, nur weil er zu einem früheren Zeitpunkt nach einem solchen verlangt habe. Denn ein ordnungsgemäß belehrter Beschuldigter könne seine Rechte aus § 137 I 1 StPO unschwer damit durchsetzen, dass er sich bei seiner Vernehmung jeglicher weiterer Angaben enthalte. In dem vom 1. Senat entschiedenen Fall hatte sich der Beschuldigte während der fraglichen Vernehmung zur Nachtzeit immerhin dreimal auf sein Recht berufen, Angaben ohne Hinzuziehung eines Verteidigers zu verweigern.

46   Gerade wegen der »Asymmetrie der Vernehmungssituation«[167] darf sich der Vernehmende aber nicht über den Willen des Beschuldigten hinwegsetzen. Der in § 136 II StPO festgelegte Vernehmungszweck erfordert eine objektive Toleranz, die sich im Akzeptieren einer durch den Beschuldigten gewählten Verteidigungsmöglichkeit niederschlägt.[168] Die Entscheidung des 1. Senats ist im Hinblick auf die Rspr zur unterlassenen Belehrung über die Aussagefreiheit und die besondere Bedeutung des Rechts zur Konsultation eines Verteidigers für den status activus des Beschuldigten als Prozesssubjekt[169] und damit zugleich für die Legitimationsfunktion des Verfahrens[170] nicht haltbar.[171]

47   Wenn die ordnungsgemäße Belehrung des Beschuldigten bei seiner ersten Vernehmung unterbleibt, sind die Äußerungen, die er im Rahmen einer weiteren Vernehmung macht, nur dann verwertbar, wenn ihm zuvor die Unverwertbarkeit seiner vorangegangenen Äußerung hinreichend verdeutlicht und eine etwa vorhandene Fehlvorstellung darüber beseitigt wird, dass seine frühere Aussage nicht mehr aus der Welt zu schaffen und er damit ohnehin festgelegt sei. Eine solche *qualifizierte Belehrung* ist nach Verstößen gegen § 136 a StPO freilich ebenso geboten wie nach einer Verletzung der Belehrungspflicht.[172]

V.   Verbotene Vernehmungsmethoden (§ 136 a StPO)

1.   Grundlagen; Anwendungsbereich des § 136 a StPO

48   Vielfach wird behauptet, dass die Vorschrift des § 136 a StPO ua auf die Gewährleistung der »Selbstbelastungsfreiheit« des Beschuldigten (»nemo tenetur se ipsum accusare«) gerichtet sei und als »Kernvorschrift zum Schutz der Aussagefreiheit« eine Ergänzung zu § 136 StPO darstelle.[173] Diese pauschale Verquickung der in § 136 a StPO normierten speziellen Verbote bestimmter Vernehmungsmethoden mit dem sog »Nemo-tenetur-Grundsatz« ist jedoch nicht zutreffend. Denn nach

---

167 Siehe dazu auch Roxin JZ 1997, 344
168 Artkämper Kriminalistik 1996, 395
169 Siehe dazu Lesch 3/30 ff
170 Siehe dazu Lesch 1/4; dens ZStW 111 [1999] 624 f
171 KMR-Lesch § 136 Rn 40
172 Beulke Strafprozessrecht Rn 199; Artkämper Kriminalistik 1996, 397 f; SK-StPO-Rogall Vor § 133 Rn 178; Degener GA 1992, 449; Dencker Verwertungsverbote S 75 Fn 238; Neuhaus NStZ 1997, 315; KMR-Lesch § 136 Rn 28, § 136 a Rn 49
173 BGHSt 1, 387; LG Bad Kreuznach StV 1993, 630; SK-StPO-Rogall § 136 a Rn 4; Seebode JR 1988, 428; Sternberg-Lieben Jura 1995, 306

§§ 69 III, 72 StPO gilt die Vorschrift des § 136 a StPO für die Vernehmung von Zeugen und Sachverständigen gleichermaßen und damit auch gegenüber solchen Personen, die gem § 70 StPO gerade zur Aussage gezwungen werden können.[174]

Ferner wird behauptet, dass § 136 a StPO den Zweck habe, die »Subjektstellung« bzw die Menschenwürde des personalen Beweismittels zu garantieren und eine »integre rechtsstaatliche Strafrechtspflege« bzw »das Ansehen des Rechtsstaates zu schützen«.[175] Allerdings lassen sich dem Verweis auf das »Subjekt« keinerlei konkrete Auslegungskriterien entnehmen, solange dieser Begriff – wie es heute weitgehend üblich ist – bloß schlagwortartig und unreflektiert verwendet wird und dabei regelmäßig offen bleibt, wie sich ein »Subjekt« überhaupt konstituiert.[176] Im Übrigen ist schon dem § 136 a III 1 StPO, der der *Einwilligung* des Betroffenen in die Anwendung der bezeichneten Vernehmungsmethoden jede Bedeutung abspricht, zu entnehmen, dass es hier gerade *nicht* auf die Freiheit der Person und damit auch weder auf die »Subjektstellung« noch auf die Menschenwürde des Betroffenen ankommt. Im Gegenteil: Wenn man dem unschuldig in Verdacht geratenen und in erdrückender Beweisnot befindlichen Angeklagten den Entlastungsbeweis in Form einer Vernehmung unter freiwilliger Anwendung von Wahrheitsdrogen, Hypnose oder Polygraphen mit dem Verweis auf § 136 a StPO verweigert, dann ist das geradezu als eine *Verletzung* der »Subjektstellung« bzw Menschenwürde des Betroffenen anzusehen. Auch erscheint es nicht nachvollziehbar, warum es das »Ansehen des Rechtsstaates« erschüttern sollte, wenn ein solcher Entlastungsbeweis zugelassen würde. **49**

Der ausschließliche Zweck der in § 136 a StPO ausgesprochenen Verbote besteht vielmehr – was sich bereits im Rahmen der historischen Rückblende auf die Entwicklung des Zwangs- und Täuschungsverbots in der Zeit vor der Einführung des § 136 a StPO angedeutet hat – darin, den Beschuldigten, Zeugen oder Sachverständigen vor einer fehlerhaften Aussage zu bewahren und auf diese Weise die Sicherheit der Tatsachenfeststellung im Verfahren zu gewährleisten.[177] Die Bestimmung beruht auf der Voraussetzung, dass die Beeinträchtigung der Willensentschließung oder der Willensbetätigung der Beweisperson zu einem möglicherweise objektiv unrichtigen Ergebnis der Beweiserhebung führen, das Beweisergebnis dann also von vornherein entwertet und damit zur Erforschung der Wahrheit ungeeignet sein kann:[178] »Dem Ziel zutreffender Wahrheitsermittlung widerspricht jeder Versuch, die Aussage des Angeklagten in dem einen oder anderen Sinne zu beeinflussen, sie also in eine bestimmte Bahn zu drängen, insbes also jede *Täuschung*, erst recht jeder *Zwang* in dieser Richtung.«[179] Es geht also maW um die Absorption von Protesten in Bezug auf eine intersubjektiv akzeptable Entscheidungsfindung und damit **50**

---

174 Dencker StV 1994, 673 f
175 Vgl etwa LR-Hanack § 136 a Rn 3; SK-StPO-Rogall § 136 a Rn 4; Seebode JR 1988, 428; Sternberg-Lieben Jura 1995, 307; Neuhaus NStZ 1997, 314 f
176 Siehe dazu etwa Jakobs Norm, Person, Gesellschaft, 2. Aufl. 1999
177 KMR-Lesch § 136 a Rn 2 ähnl Krack NStZ 2002, 120, 121 ff; aA (ohne Begründung) LR-Hanack § 136 a Rn 3; SK-StPO-Rogall § 136 a Rn 5. Allerdings hat man schon bei der Einführung des § 136 a StPO (dazu SK-StPO-Rogall § 136 a Rn 2) den ursprünglichen historischen Hintergrund der verbotenen Vernehmungsmethoden vollständig ausgeblendet. Siehe aber Joerden JuS 1993, 927 f
178 OLG Oldenburg NJW 1955, 683
179 V. Hippel Strafprozess S 422. Ebenso Mittermaier GS I/1, 1849, 474; Sundelin GA VI, 1858, 628; Glaser ArchCrimNF 1851, 81, 88 f; Zachariae Handbuch S 245, 252 f; John StPO S 933 f; Heldmann Deutsche Strafrechts-Zeitung 1916 Sp 367; zu Dohna Strafprozessrecht S 104; Henschel ArchKrimAnthr 56, 1914, 30 f

Lesch

um die formelle Funktion (Legitimationsfunktion) des Verfahrens.[180] Nur so lässt es sich erklären, warum die Verbote des § 136 a StPO gemäß Abs 3 jeder Disposition des Betroffenen entzogen sind.

51   Aus der Stellung des § 136 a StPO im Gesetz (wie auch aus der historischen Entwicklung des Täuschungs- und Zwangsverbots) folgt, dass die Vorschrift *unmittelbar* nur für *Aussagen*[181] bei *Vernehmungen* und nicht für die anderweitige Beschaffung von Beweismaterial[182] und außerdem nur für die mit der Strafverfolgung beauftragten *Staatsorgane* gilt,[183] wozu der BGH auch *Sachverständige* rechnet (»Gehilfen des Gerichts«).[184] Eine entsprechende Anwendung auf die Erklärungen des Rechtsmittelverzichts und der Rechtsmittelrücknahme kommt nicht in Betracht (was freilich nicht ausschließt, dass ein durch Drohungen erzwungener Rechtsmittelverzicht unwirksam sein kann).[185]

52   Nach hM soll § 136 a StPO keine *Drittwirkung* entfalten, so dass eine von einer Privatperson mit den Methoden des § 136 a I, II StPO gewonnene Auskunft regelmäßig keinem Beweisverwertungsverbot unterliege.[186] Etwas anderes könne erst dann gelten, wenn ein »*besonders krasser Verstoß gegen die Menschenwürde*« (zB Folter, Marter, Einkerkerung) oder eine »*schwere Grundrechtsverletzung*« vorliege.[187] Darüber hinaus soll es geboten sein, in entsprechender Anwendung der Norm ein Verwertungsverbot anzunehmen, soweit sich staatliche Behörden die in § 136 a I und II StPO umschriebenen Verhaltensweisen Privater *zurechnen* lassen müssten.[188] Eine solche (auf Ausnahmefälle beschränkte) Zurechnung könne sich »aus der Art des Zusammenwirkens zwischen den Ermittlungsbehörden und der Privatperson« ergeben,[189] dh namentlich dann, wenn die Privatperson (insbesondere ein V-Mann) auf den Betroffenen »*angesetzt*« werde,[190] nach Auffassung des BGH darüber hinaus auch aus den Umständen, unter denen die Privatperson zu beweiserheblichen Angaben eines Tatverdächtigen gelange, insbesondere daraus, dass die Privatperson den Tatverdächtigen »*unter den besonderen Bedingungen der Untersuchungshaft*« ausforsche.[191]

2.   Einzelne Verbotstatbestände

53   Im Einzelnen sind folgende Vernehmungsmethoden verboten (die Katalogisierung des Gesetzes ist missglückt und eher verwirrend,[192] eine Systematisierung ohne Überschneidungen kaum möglich):[193]

---

180 Dazu näher Lesch 1/4
181 BGHSt 24, 125, 129; 34, 365, 369
182 BGHSt 34, 362, 363; 34, 365, 369; Fezer NStZ 1996, 289; SK-StPO-Rogall § 136 a Rn 18; M-G § 136 a Rn 4; Sternberg-Lieben Jura 1995, 306; KMR-Lesch § 136 a Rn 12
183 BGHSt 17, 14, 19; 34, 365, 369; M-G § 136 a Rn 2; Joerden JuS 1993, 928
184 BGHSt 11, 211 f; ebenso M-G § 136 a Rn 2 mN pro et contra; näher dazu KMR-Lesch § 136 a Rn 8, 11
185 BGHSt 17, 14
186 BGHSt 44, 129, 134; LR-Hanack § 136 a Rn 9; M-G § 136 a Rn 3
187 Einzelheiten sind str, vgl M-G § 136 a Rn 3; KK-Boujong § 136 a Rn 3; LR-Hanack § 136 a Rn 10; Otto GA 1970, 305
188 BGHSt 44, 129, 134; KK-Boujong § 136 a Rn 4; Derksen JR 1997, 169; Joerden JuS 1993, 928; siehe dazu auch EGMR StV 2003, 257 m Anm Gaede; ferner Esser JR 2004, 98
189 BGHSt 44, 129, 134
190 M-G § 136 a Rn 2; Kahlo FS Wolff S 185 f; Müssig GA 1999, 138
191 BGHSt 44, 129, 136 f; zust Hanack JR 1999, 349; krit zum Ganzen Lesch GA 2000, 355 ff; KMR-Lesch § 136 a Rn 10 f; siehe dazu auch EGMR StV 2003, 257 m Anm Gaede; ferner Esser JR 2004, 98
192 SK-StPO-Rogall § 136 a Rn 29
193 KMR-Lesch § 136 a Rn 13

(1) Misshandlung

54

ist jede tatbestandsmäßige Körperverletzung iSd § 223 StGB,[194] dh jede nicht bloß unerhebliche Beeinträchtigung der körperlichen Unversehrtheit oder des körperlichen Wohlbefindens, zB durch Fußtritte, Schläge, grelle Beleuchtung, Lärmverursachung, ständiges Stören im Schlaf, Vorenthalten der Nahrung und Frierenlassen.[195]

(2) Ermüdung[196]

55

ist ein Zustand, in dem die Willenskraft ohne Anwendung irgendwelcher Mittel infolge des Ruhebedürfnisses so abgesunken ist, dass die Freiheit der Willensentschließung und -betätigung ernsthaft gefährdet ist.[197] Eine Ermüdung soll nach der Rspr nur in Extremfällen tatbestandsmäßig sein, zB bei Dauerverhören oder nach 30 Stunden (noch nicht nach 24 Stunden)[198] ohne Schlaf.[199] Dabei wird es entscheidend auf die jeweilige Konstitution des Vernommenen und deshalb auf die Umstände des Einzelfalls ankommen.[200] Es ist aber auf jeden Fall unzulässig, den Beschuldigten durch ermüdende Vernehmungen zu zermürben. Nächtliche Vernehmungen sind, wenn dafür kein zwingender sachlicher Grund vorliegt, stets suspekt.[201] Der Verstoß gegen § 136 a StPO setzt weder eine bewusste Herbeiführung noch ein bewusstes Ausnutzen der Übermüdung voraus.[202] Vielmehr ist allein der objektive Erfolg eines die Willensfreiheit beeinträchtigenden Ermüdungszustands maßgeblich.

(3) Mangelnde Vernehmungsfähigkeit

56

§ 136 a StPO verbietet über seinen Wortlaut hinaus[203] überhaupt die Vernehmung des Beschuldigten in einem (etwa aufgrund von Alkoholentzugserscheinungen) nicht vernehmungsfähigen Zustand, und zwar auch dann, wenn dieser Zustand nicht von den Vernehmungsbeamten bewusst ausgenutzt wird bzw von ihnen herbeigeführt wurde.[204] Grundsätzlich können nur schwere körperliche und/oder seelische Mängel oder Krankheiten die Vernehmungsfähigkeit ausschließen.[205]

(4) Körperliche Eingriffe

57

sind alle Maßnahmen, die die körperliche Unversehrtheit oder das körperliche Wohlbefinden beeinträchtigen,[206] auch schmerzfreie und folgenlose Eingriffe.[207] Meist werden körperliche Eingriffe schon als Misshandlung, Verabreichung von Mitteln oder Quälerei verboten sein.[208]

---

194 LR-Hanack § 136 a Rn 18
195 KMR-Lesch § 136 a Rn 18; M-G § 136 a Rn 7
196 Siehe schon Sundelin GA VI, 1858, 635
197 LR-Hanack § 136 a Rn 19
198 BGH NStZ 1984, 15
199 BGHSt 13, 60; M-G § 136 a Rn 8. AA SK-StPO-Rogall § 136 a Rn 33: Es komme nicht auf den tatsächlichen Ermüdungszustand des Beschuldigten an, sondern auf eine zweckgerichtete Herbeiführung eines die Willensfreiheit beeinträchtigenden Übermüdungszustands. Dagegen wiederum Beulke Strafprozessrecht Rn 132
200 BGHSt 12, 332, 333; Joerden JuS 1993, 929; KMR-Lesch § 136 a Rn 19
201 LR-Hanack § 136 a Rn 19; KMR-Lesch § 136 a Rn 19
202 KMR-Lesch § 136 a Rn 20; LR-Hanack § 136 a Rn 20
203 Die Vorschrift enthält nur *Beispiele* einer unzulässigen Beeinträchtigung der Willensentschließung und Willensbetätigung, BGHSt 5, 332, 334
204 LG Dortmund NStZ 1997, 357; Neuhaus NStZ 1997, 313
205 Neuhaus NStZ 1997, 312; KMR-Lesch § 136 a Rn 22
206 SK-StPO-Rogall § 136 a Rn 37
207 KK-Boujong § 136 a Rn 14; KMR-Lesch § 136 a Rn 24
208 M-G § 136 a Rn 9; LR-Hanack § 136 a Rn 23

58   *(5) Verabreichen von Mitteln*

ist jede Einführung von festen, flüssigen oder gasförmigen Stoffen in den Körper, gleich in welcher Form das geschieht (zB durch Einatmen, Einspritzen, Einführen in Körperöffnungen, Beimischen in Speisen und Getränke).[209] In Betracht kommen betäubende, hemmungslösende, einschläfernde und berauschende Substanzen, insbesondere Rauschgifte, Alkohol und die Narkoanalyse, bei der durch Verabreichung von betäubenden bzw einschläfernden Mitteln eine erhöhte, von Hemmungen befreite Mitteilungsbereitschaft erzielt wird,[210] aber auch Weckmittel.[211] Ein Beschuldigter, der bereits unter Alkoholeinwirkung steht, kann vernommen werden, solange er verhandlungsfähig ist.[212] Zwar können Zigaretten und die Gewöhnung an ihren Genuss den typischen Rauschgiften und der krankhaften Sucht, die bei ihrem regelmäßigen Genuss entstehen kann, nicht gleichgestellt werden. Es ist jedoch nicht ohne weiteres auszuschließen, dass auch das Versprechen und die Verabreichung von Zigaretten unter Umständen (in leichteren Untersuchungsfällen zum Beispiel) bei starken Rauchern Einfluss auf die Willensentschließung nehmen könnte. Dann aber sind Zigaretten ebenfalls als verbotene Mittel im Sinne des § 136 a I StPO anzusehen.[213] Im Übrigen ist die Verabreichung von Mitteln, die nur der Stärkung oder Erfrischung dienen (Traubenzucker, Schokolade, Kaffee, Tee) ebensowenig untersagt wie die Weigerung, sie dem Beschuldigten zu geben.[214] Auch Medikamente und Injektionen, die unter dem Gesichtspunkt einer medizinischen Therapie den krankhaften Zustand der zu vernehmenden Person bekämpfen sollen (zB Kopfschmerztabletten oder Spritzen gegen Herz- und Kreislaufschwäche) sind von dem Verbot des § 136 a I StPO nicht erfasst.[215] Bei der Verabreichung von Mitteln ist es wiederum irrelevant, ob der Vernehmende die dadurch bewirkte Beeinträchtigung der Willensentschließungs- oder Willensbetätigungsfreiheit erkennt oder nicht; vielmehr genügt schon der objektive Zustand der Aussageperson, etwa wenn diese sich durch Rauschgift-,[216] Medikamenten-[217] oder Alkoholkonsum[218] selbst in einen solchen Zustand versetzt hat.[219]

59   *(6) Quälerei*

ist das Zufügen länger andauernder oder sich wiederholender körperlicher oder seelischer Schmerzen oder Leiden, zB durch entwürdigende Behandlung (fortwährende Beschimpfung etc), Dunkelhaft, Erzeugung von Angst und Hoffnungslosigkeit,[220] uU auch durch das Hinführen zur Leiche,[221] nicht aber das Zeigen von Lichtbildern des Opfers. Das Vorenthalten von Zigaretten gegenüber einem starken Gewohnheitsraucher kann nur in extrem gelagerten Ausnahmefällen als Quälerei angesehen werden.[222]

---

209 M-G § 136 a Rn 10; LR-Hanack § 136 a Rn 24; KMR-Lesch § 136 Rn 24
210 KMR-Lesch § 136 a Rn 24; M-G § 136 a Rn 10; KK-Boujong § 136 a Rn 17
211 BGHSt 11, 211
212 M-G § 136 a Rn 10; einschränkend LR-Hanack § 136 a Rn 28
213 BGHSt 5, 290, 291
214 M-G § 136 a Rn 10; LR-Hanack § 136 a Rn 26, 29; KMR-Lesch § 136 a Rn 24
215 LR-Hanack § 136 a Rn 26; KMR-Lesch § 136 Rn 25
216 LG Mannheim NJW 1977, 346
217 LG Marburg StV 1993, 238
218 OLG Frankfurt VRS 36, 1969, 366; OLG Köln StV 1989, 520 f
219 KMR-Lesch § 136 a Rn 26; KK-Boujong § 136 a Rn 16; M-G § 136 a Rn 10; aA OLG Hamm
      StV 1999, 361; SK-StPO-Rogall § 136 a Rn 40
220 M-G § 136 a Rn 11; Beulke Strafprozessrecht Rn 134; LR-Hanack § 136 a Rn 31
221 BGHSt 15, 187 ff; KMR-Lesch § 136 a Rn 27
222 KMR-Lesch § 136 a Rn 27

(7) Täuschung   **60**

Der Begriff der Täuschung soll nach der heute üblichen Interpretation des § 136a StPO zu weit gefasst sein und daher einschränkend ausgelegt werden.[223] Dabei sei der Bezug zur Freiheit der Willensentschließung und Willensbetätigung sowie zu den anderen in der Vorschrift aufgeführten verbotenen Mitteln zu berücksichtigen.[224] Als Täuschung könne – da dem Begriff ein finales Moment innewohne – nur eine bewusste Irreführung des Vernommenen in Betracht kommen, während eine unvorsätzliche Irrtumserregung nicht erfasst sei.[225] Kriminalistische List werde durch § 136a StPO nicht verboten.[226] Sie dürfe aber nur darin bestehen, dass Fangfragen gestellt und doppeldeutige Erklärungen abgegeben würden. Falsche Angaben über Rechtsfragen und bewusstes Vorspiegeln oder Entstellen von Tatsachen seien immer untersagt,[227] und zwar auch geringfügige Verdrehungen der Wahrheit.[228] Das Verschweigen von Rechten und Tatsachen, also das Täuschen durch Unterlassen, unterfalle dem § 136a StPO nur, soweit eine Rechtspflicht zur Aufklärung oder Belehrung bestehe.[229] Eine derartige Rechtspflicht bestehe nicht allgemein; insbesondere sei der Vernehmende nicht verpflichtet, den Beschuldigten über die vorhandenen Ermittlungsergebnisse zu informieren[230] (siehe dazu bereits oben Rn 30 f). Bei einer über die bloße Ausnutzung hinausgehenden Unterhaltung oder gar Ausweitung eines Irrtums soll der Tatbestand des § 136a StPO jedoch erfüllt sein.[231]

Die herrschende Interpretation nimmt die breit konsentierten Ergebnisse der Reform des Strafverfahrens im vorigen Jahrhundert teilweise wieder zurück und stellt damit einen bedauerlichen Rückfall in die Zeit des gemeinrechtlichen Inquisitionsprozesses dar.[232] Der Grund für diese Entwicklung ist darin zu sehen, dass man seit der – mit der kontraproduktiven und deshalb rechtspolitisch verfehlten Einführung des § 136a StPO wohl nicht von ungefähr parallel verlaufenden – Naturrechtsrenaissance nach dem Zusammenbruch des Dritten Reiches die einstigen *funktionalen* Erklärungsansätze einfach abgeschnitten und durch ebenso pathetische wie amorphe Beschwörungsformeln auf die »integre rechtsstaatliche Strafrechtspflege«, das »Ansehen des Rechtsstaates«, die »Menschenwürde« und die kaum jemals näher spezifizierte »Subjektstellung« (bzw »Prozesssubjektsqualität«) des Beschuldigten ersetzt hat, was dann schließlich in der Behauptung gipfelt, dass § 136a StPO der »allgemeine Grundsatz« zu entnehmen sei, dass die Wahrheit »nicht um jeden Preis«, sondern »nur auf justizförmige Weise« erforscht werden dürfe.[233] Noch einmal: Das von den Vätern der Strafprozessreform im 19. Jh für selbstverständlich gehaltene Verbot der Einwirkung auf die Aussagefreiheit des Beschuldigten durch Zwang und inquisitorische List ist jedenfalls auch zum Zweck der Ausschaltung von Fehlerquellen und damit gerade nicht *gegen* das, sondern – umgekehrt! – *im*

61

---

223 Siehe nur Kühl StV 1986, 189
224 BGH StV 1996, 466; Sternberg-Lieben Jura 1995, 307 mwN
225 BGHSt 31, 395, 399 f; 35, 328, 329; 37, 48, 53; BGH NStZ 1997, 251; BGH NStZ 2004, 631; SK-StPO-Rogall § 136a Rn 48; Beulke Strafprozessrecht Rn 137; Schlüchter Strafverfahren Rn 96; M-G § 136a Rn 13
226 Vgl BGHSt 35, 328, 329; OLG Frankfurt StV 1998, 119, 120
227 BGHSt 35, 328, 329
228 M-G § 136a Rn 15; Beulke Strafprozessrecht Rn 136; ders StV 1990, 182
229 BGHSt 39, 335, 348; 40, 66, 72; SK-StPO-Rogall § 136a Rn 49; Beulke Strafprozessrecht Rn 137
230 BGHSt 37, 48, 53
231 SK-StPO-Rogall § 136a Rn 50
232 Man halte nur einmal den – äußerst lesenswerten! – Artikel von Heldmann Deutsche Strafrechts-Zeitung 1916, Sp 366 ff über die Vernehmung des Beschuldigten dagegen!
233 OLG Frankfurt StV 1996, 654; M-G § 136a Rn 1

Lesch

Interesse der »Wahrheitsfindung« selbst entstanden. Denn seinerzeit hat man sich eben, wie gesagt, über die mangelnde Eignung des überkommenen inquisitorischen Verhörs als »Wahrheitserforschungsmittel« und den zweifelhaften Beweiswert eines durch die »perfide Jagdwissenschaft« (*Köstlin*) des Inquirierens erschlichenen oder erzwungenen Geständnisses keinerlei Illusionen mehr hingegeben. Was den Vätern der Strafprozessreform noch unmittelbar vor Augen stand, scheint heute jedoch unter dem Nebel der genannten Beschwörungsformeln weitgehend in Vergessenheit geraten zu sein. Jedenfalls hielt man damals unter dem noch relativ frischen Eindruck des soeben erst überwundenen gemeinrechtlichen Inquisitionsprozesses – im Gegensatz zur heute hM – die Anwendung aller Überrumpelungen und Überlistungen[234] sowie das Stellen unbestimmter, dunkler, vieldeutiger und verfänglicher (captiöser) Fragen selbstverständlich für unzulässig.[235] Demnach ist der Begriff der Täuschung keineswegs zu weit, sondern – umgekehrt – zu *eng* gefasst![236]

62 Die Frage, ob und inwieweit in den verschiedenartigen Konstellationen der sog »*Hörfalle*« eine Verletzung des Täuschungsverbots vorliegt, ist in Rspr und Lit. heftig umstritten. Wird der Beschuldigte bei *angeordneter Überwachung der Telekommunikation* durch polizeiliches Handeln zu einem Telefongespräch veranlasst, kann in dem bloßen Verschweigen der Überwachung gegenüber dem Beschuldigten eine Täuschung iSd § 136 a StPO noch nicht liegen.[237] Dasselbe gilt entsprechend, wenn eine *Privatperson* auf Veranlassung der Ermittlungsbehörden mit dem Tatverdächtigen zwecks Erlangung von Angaben zum Untersuchungsgegenstand *ohne Aufdeckung der Ermittlungsabsicht Gespräche führt*,[238] und zwar auch dann, wenn diese Gespräche fernmündlich stattfinden und von einem Polizeibeamten bzw im polizeilichen Auftrag von einem Dritten *über einen Zweithörer mitverfolgt* werden[239] oder wenn diese Gespräche unter den besonderen Bedingungen der *U-Haft* stattfinden.[240]

63 *Heimliche Tonbandaufnahmen* während einer Vernehmung führen in aller Regel nicht zu einer Beeinträchtigung der Willensentschließungs- oder Willensbetätigungsfreiheit und können deshalb nicht als Täuschung qualifiziert werden.[241]

64 *(8) Hypnose*

ist die Einwirkung auf einen anderen, durch die unter Ausschaltung des bewussten Willens eine Einengung des Bewusstseins auf die von dem Hypnotisierenden gewünschte Vorstellungsrichtung erreicht wird.[242] Sie darf lediglich zur Korrektur

---

234 Sundelin GA VI, 1858, 634; Köstlin Wendepunkt S 98; Heldmann Deutsche Strafrechts-Zeitung 1916, Sp 369; Henkel Strafverfahren S 64

235 Köstlin Wendepunkt S 99; Zachariae Handbuch S 245 ff; Thilo StPO § 136 Anm 2; Keller StPO § 136 Anm 1; v. Schwarze StPO S 271. Ebenso heute Grünwald Beweisrecht S 60; Degener GA 1992, 464

236 Lesch ZStW 111, 1999, 624 ff; KMR-Lesch § 136 a Rn 29 f

237 BGHSt 33, 217, 223 = StV 1986 m abl Anm Kühl; M-G § 136 a Rn 4 f

238 BGHSt 42, 139, 149; Roxin NStZ 1995, 465 f; ders NStZ 1997, 20; KK-Boujong § 136 a Rn 26; KMR-Lesch § 136 a Rn 31; aA Kahlo FS Wolff S 185 f; Derksen JR 1997, 169; Lagodny StV 1996, 172

239 BGHSt 42, 139, 149

240 BGHSt 44, 129 133; KMR-Lesch § 136 a Rn 31. AA LR-Hanack § 136 a Rn 37 a; Weiler GA 1996, 115; Kudlich JuS 1997, 698

241 KMR-Lesch § 136 a Rn 32; SK-StPO-Rogall § 136 a Rn 58; aA KK-Boujong § 136 a Rn 25. Für die Annahme eines allgemeinen Verwertungsverbots BGHSt 31, 304, 307 ff; zur »Stimmenfalle« siehe BGHSt 34, 39; 40, 66

242 M-G § 136 a Rn 19

posthypnotischer Hemmungen eingesetzt werden, weil sie in diesem Fall die Freiheit der Willensentschließung und Willensbetätigung wiederherstellt.[243]

(9) Zwang   **65**

ist gegenüber dem Beschuldigten nur zulässig, soweit eine entsprechende Ermächtigungsgrundlage besteht.[244] Nach der Rspr des BGH soll Zwang auch dann vorliegen, wenn ein Mithäftling in der *U-Haft* mit dem Beschuldigten auf eine Zelle gelegt wird, um diesen heimlich *auszuforschen*.[245] War eine Zwangsmaßnahme zwar objektiv rechtswidrig, wurde sie aber nicht gezielt zur Herbeiführung einer Aussage eingesetzt, sollen die während der Zwangsmaßnahme gemachten Aussagen nach Auffassung des *BGH* verwertbar sein.[246]

(10) Drohung mit einer verfahrensrechtlich unzulässigen Maßnahme   **66**

ist das Inaussichtstellen einer Maßnahme, auf deren Anordnung der Vernehmende Einfluss zu haben behauptet. Warnungen, Belehrungen und Hinweise sind keine Drohungen. Mit zulässigen Maßnahmen darf gedroht werden, sofern der Vernehmende zugleich zum Ausdruck bringt, dass er seine Entschließung nur von sachlichen Notwendigkeiten abhängig machen werde.[247] In der vom Tatrichter konkludent zum Ausdruck gebrachten Ankündigung, der Angeklagte werde in Haft genommen, falls er nicht gesteht, sondern den beabsichtigten Beweisantrag stelle und die Hauptverhandlung deswegen ausgesetzt werden müsse, liegt die Drohung mit einer unzulässigen Maßnahme iSv § 136 I 3, wenn die Invollzugsetzung des Haftbefehls offensichtlich gem § 116 IV rechtswidrig wäre und die Drohung daher ersichtlich der Herbeiführung eines Geständnisses oder der Abwendung einer prozessual zulässigen Stellung eines Beweisantrags dient.[248] Auch mit der sachlich nicht gerechtfertigten (!) Bloßstellung homosexueller Neigungen des Beschuldigten darf nicht gedroht werden.[249]

(11) Versprechen von gesetzlich nicht vorgesehenen Vorteilen   **67**

Ein unzulässiges Versprechen iSv § 136 I 3 ist *jedes Inaussichtstellen eines unberechtigten Vorteils*,[250] dh eines Zustands, der vom Empfänger des Versprechens als günstig empfunden wird und dazu geeignet ist, sein Aussageverhalten zu beeinflussen.[251] Wenn *gesetzlich vorgesehene Vorteile* angekündigt werden, ist ein Verstoß gegen § 136a I 3 ausgeschlossen. Das gilt etwa für die Belehrung über mögliche *Strafmilderungen*, auch über die strafmildernden Folgen eines *Geständnisses*,[252] nicht aber das Inaussichtstellen einer schuldangemessenen niedrigen Strafe für den Fall eines Geständnisses[253] Die *Haftentlassung* bei Ablegung eines Geständnisses darf zugesagt werden, wenn die Haft nur wegen *Verdunkelungsgefahr* begründet ist[254] (an-

---

243 KMR-Lesch § 136a Rn 33
244 Beulke Strafprozessrecht Rn 139
245 BGHSt 34, 362, 64; 44, 129, 134f; krit Lesch GA 2000, 356 ff; KMR-Lesch § 136a Rn 35
246 BGH StV 1996, 73 m abl Anm Fezer; aA KMR-Lesch § 136a Rn 34 mwN
247 M-G § 136a Rn 21f
248 BGH StV 2004, 636, 637f
249 OLG Naumburg, StV 2004, 529, 530
250 KMR-Lesch § 136a Rn 38; LR-Hanack § 136a Rn 50; aA BGHSt 14, 189, 191: »Erklärung ...,
     die als bindende Zusage aufgefasst werden kann.«
251 OLG Hamm StV 1984, 456
252 BGHSt 20, 268; 43, 195, 204; BGH StV 1999, 407
253 BGH StraFo 2003, 976 m Anm Salditt; BGH NStZ 2005, 393
254 BGH MDR 1952, 532; KMR-Lesch § 136a Rn 38

ders, wenn ein Polizeibeamter diese Vergünstigung als *sicher* in Aussicht stellt,[255] nicht aber, wenn dadurch die *Fluchtgefahr* nicht ausgeräumt werden kann.[256] Werden Versprechen abgegeben, die der Vernehmende nicht selbst oder nicht allein einlösen kann, so muss das zum Ausdruck kommen.[257] Soweit Vorteile in materiellen Vergünstigungen (zB dem Verabreichen von Genussmitteln) liegt, ist schon fraglich, ob es sich um gesetzlich nicht vorgesehene Vorteile handelt; jedenfalls wird insoweit eine Beeinträchtigung der Willensfreiheit regelmäßig nicht vorliegen.[258] Zur Zulässigkeit von Absprachen s Satzger Teil H Kap 3 Rn 9 ff; ferner neuestens BGH GSSt NStZ 2005, 389[259]

68   *(12) Anwendung eines Polygraphen (Lügendetektors)*[260]

Bei einem Polygraphen (Mehrkanalschreiber, auch sog »Lügendetektor«) handelt es sich um ein technisches Gerät, das mittels Sensoren auf »mehreren Kanälen« körperliche Vorgänge misst, die der direkten willentlichen Kontrolle des Untersuchten weitgehend entzogen sind. In der Regel werden – in wechselnder Zusammenstellung – Werte für Veränderungen von arteriellem Blutdruck, Herz- und Pulsfrequenz, Atemfrequenz und -amplitude sowie elektrischer Leitfähigkeit der Haut, gelegentlich auch von Muskelspannungen und Oberflächentemperaturen des Körpers erfasst und auf einem mitlaufenden, mit einem Linienraster versehenen Papierstreifen graphisch dargestellt. Während der Messungen werden vom Untersuchenden Fragen gestellt, die der Untersuchte durchgängig verneinen – dies ist die Regel – oder bejahen muss. Deren Inhalt hängt vom angewendeten Testverfahren ab. Insoweit werden im Wesentlichen der *Kontrollfragentest*[261] und der *Tatwissentest* eingesetzt. Beide Verfahren zielen auf das Hervorrufen unterschiedlich starker vegetativer Reaktionen nach einerseits für den Tatvorwurf relevanten Reizen und andererseits nach Vergleichsreizen ab.[262] Der Polygraph liefert also keine Enttarnung der Lüge (weshalb der Begriff »Lügendetektor« neben der Sache liegt), sondern ein Gutachter erstattet unter Zuhilfenahme und Auswertung der niedergelegten Parameter ein Gutachten zur Glaubhaftigkeit der Einlassungen des Beschuldigten sowie zu seiner Glaubwürdigkeit. Es ist mithin der Sachverständige, der es dem Gericht ermöglichen soll, die Einlassung des Beschuldigten auch vor dem Hintergrund der aufgezeichneten Körperreaktionen zu würdigen.[263]

69   Die bislang hM hielt die Anwendung des Polygraphen in entsprechender Anwendung des § 136 a I StPO für unzulässig, und zwar auch dann, wenn ein Beschuldigter damit seine Unschuld beweisen wollte.[264] Das wurde überwiegend unter Rekurs auf eine angeblich Missachtung der »Subjektstellung« bzw »Menschenwürde« des Beschuldigten begründet.[265] Dieser Argumentation ist der BGH nunmehr zu Recht entgegengetreten. Denn jedenfalls bei einer freiwilligen Mitwirkung des Beschuldigten kann die Durchführung einer polygraphischen Untersuchung des seine Ent-

---

255 LG Aachen NJW 1978, 2256
256 BGHSt 20, 268 f; KK-Boujong § 136 a Rn 33; KMR-Lesch § 136 a Rn 38
257 KMR-Lesch § 136 a Rn 38; KK-Boujong § 136 a Rn 33
258 KMR-Lesch § 136 a Rn 38
259 Dazu Widmaier NJW 2005, 1985; Altenhain GA 2005, 281; Duttge StV 2005, 421
260 Dazu eingehend SK-StPO-Rogall § 136 a Rn 72 ff mwN
261 Siehe dazu Rill/Vossel NStZ 1998, 481 ff
262 BGHSt 44, 308, 313
263 Artkämper NJ 1999, 154; Achenbach NStZ 1984, 350 f; KMR-Lesch § 136 a Rn 40
264 BGHSt 5, 332 ff; BVerfG NStZ 1981, 446 m abl Anm Amelung NStZ 1982, 38 und Schwabe NJW 1982, 367; OLG Frankfurt NStZ 1988, 425; OLG Karlsruhe StV 1998, 530; LG Düsseldorf StV 1998, 647 f
265 BVerfG NJW 1998, 1939

lastung erstrebenden Beschuldigten eher dem Schutzgebot der Verfassung und seinem Verteidigungsinteresse entsprechen.[266] Dennoch hält der BGH die Anwendung des Polygraphen nach wie vor für verboten, weil ihr keinerlei Beweiswert zukommt und es sich somit um ein völlig ungeeignetes Beweismittel iSd § 244 III 2 Alt 4 StPO handelt.

3. Reichweite des Verwertungsverbots

Nach Auffassung des BGH gilt das Verwertungsverbot des § 136a III StPO nur für diejenige Aussage, die durch die in § 136a I, II StPO verbotenen Mittel herbeigeführt wird; eine spätere Aussage, bei der kein unzulässiger Druck mehr ausgeübt wird, ist voll verwertbar. Die spätere Aussage wird von dem Verwertungsverbot nur erfasst, soweit die verbotene Maßnahme »fortgewirkt und die Aussagefreiheit des Angeklagten in rechtserheblicher Weise beeinträchtigt hat«.[267] Das dürfte allerdings regelmäßig auch dann anzunehmen sein, wenn der Beschuldigte glaubt, dass seine frühere Aussage ohnehin in der Welt und damit auch unverwertbar ist.[268] Deshalb muss für die weitere Verwertung eine *qualifizierte Belehrung* verlangt werden.[269]

70

VI. Fernwirkung?

Bei dem Problem der Fernwirkung geht es um die Frage nach dem *Umfang* eines Beweisverwertungsverbots, dh um die Frage, ob ein Ermittlungsergebnis, das aufgrund eines gemäß § 136a III 2 StPO unverwertbaren Beweismittels erzielt wurde (sog »mittelbarer Beweis«), ebenfalls einem Beweisverwertungsverbot unterliegt.[270] Die Frage der Fernwirkung ist in Rspr und Lit. umstritten:

71

Theorie der »Früchte des verbotenen Baumes«

72

In der Lit. wird die Fernwirkung von Beweisverwertungsverboten teilweise mehr oder weniger weitgehend bejaht,[271] und zwar vor allem in Anlehnung an die amerikanische »fruit of the poisonous tree doctrine«.[272] Grund dieser Doktrin ist die Vermutung, dass eine wirksame Grundrechtssicherung nur durch die Abschreckung der Ermittlungsbehörden vor rechtswidrigen Beweiserhebungen zu erzielen sei (»Disziplinierungsfunktion«).

HM: Keine Fernwirkung

73

Die hM in Rspr und Lit. lehnt die Fernwirkung von Beweisverwertungsverboten grundsätzlich ab.[273] Denn »bei der Bestimmung des Umfangs eines Beweisver-

---

266 BGHSt 44, 308, 316; ebenso Hamm NJW 1999, 922; Amelung JR 1999, 383 f; ders NStZ 1982, 38; KMR-Lesch § 136a Rn 43
267 BGHSt 35, 328, 332; 22, 129, 133 f; vgl auch OLG Frankfurt StV 1998, 119, 121
268 Vgl auch LG Dortmund NStZ 1997, 356 f
269 S. o. Rn 47; ebenso LG Frankfurt StV 2003, 325, 326; zust Weigend StV 2003, 436, 438
270 Rose/Witt JA 1997, 765
271 Roxin 25/42; Grünwald JZ 1966, 489, 500; Otto GA 1970, 289, 293 f; differenzierend je nach Einzelfall Joerden JuS 1993, 931; Müssig GA 1999, 119, 137; Eisenberg Beweisrecht der StPO, 2002, Rn 714 ff
272 Siehe dazu und zu den Ausnahmen Harris StV 1991, 314 ff; Beulke ZStW 103 [1991] 666 f; Rogall in: Wolter (Hrsg) Zur Theorie und Systematik des Strafprozessrechts, 1995, S132 ff
273 BGHSt 27, 355, 368; 32, 68, 71; BGH StV 1995, 398; OLG Düsseldorf StV 1998, 171; LG Frankfurt aM StV 2003, 325 m insoweit abl Anm Weigend StV 2003, 436, 439 ff; Ranft FS Spendel S 734 ff; M-G § 136a Rn 31; Alsberg/Nüse/Meyer S486; KMR-Lesch § 136a Rn 51 f

wertungsverbots darf nicht außer Acht gelassen werden, dass damit die Wahrheitserforschungspflicht des Gerichts, die zu den tragenden Grundsätzen des Strafverfahrensrechts gehört, eingeschränkt wird ... Ein Verfahrensfehler, der ein Verwertungsverbot für ein Beweismittel zur Folge hat, [darf] deshalb nicht ohne weiteres dazu führen, dass das gesamte Strafverfahren lahmgelegt wird«.[274]

74   Nach zutreffender Auffassung ist eine Fernwirkung von Beweisverwertungsverboten prinzipiell abzulehnen. Die amerikanische Doktrin lässt sich per se nicht auf das deutsche Recht übertragen. Im Grunde genommen ist es nämlich der auf den reinen Parteiprozess beschränkte *Verwirkungsgedanke*, der die »fruit of the poisonous tree doctrine« maßgeblich trägt. Das amerikanische Recht geht – wie das englische Recht – von einem *reinen Parteiprozess* aus. Unter dem Geltungsbereich der *Dispositionsmaxime* können die Parteien ohne weiteres über den Prozessstoff verfügen, und weil das so ist, kann auch das Vorbringen einzelner Angriffs- oder Verteidigungsmittel unter bestimmten Voraussetzungen ohne weiteres präkludiert oder eben auch *verwirkt* werden. Das deutsche Strafverfahren aber ist im Gegensatz zu dem anglo-amerikanischen Prozesstypus wesentlich durch den *Untersuchungsgrundsatz* beherrscht. Das Gericht hat gem § 244 II StPO von Amts wegen die Wahrheit zu erforschen und dazu die Beweisaufnahme von Amts wegen auf alle Tatsachen und Beweismittel zu erstrecken, die von Bedeutung sind. Eine Verwirkung von Beweisen durch den Ankläger kann deshalb von vornherein nicht in Betracht kommen. Die Erhebung der betreffenden »mittelbaren« Beweise geht auch selbst regelmäßig weder mit einer mangelhaften Immunisierung gegen Fehlerquellen noch mit einer Verletzung der grundlegenden Mitwirkungs- und Gestaltungsrechte des Beschuldigten einher.[275] Demgegenüber wird die »Abschreckungs-« und »Disziplinierungsfunktion« im deutschen Recht durch das materielle Strafrecht (§§ 336, 343 StGB) und das Beamtenrecht getragen und lässt sich mit der formellen Funktion des Strafverfahrens nicht vereinbaren.

VII. Übersicht: Beweiserhebungs- und Beweisverwertungsverbote in Bezug auf die Vernehmung des Beschuldigten

75   (1) Der Beschuldigte wird nicht ordnungsgemäß nach §§ 136 I 2, 163 a III, IV, 243 IV StPO über seine Aussagefreiheit belehrt.

Ausnahmen:

– Dem Beschuldigten war dieses Recht ohnehin bekannt.
– Der verteidigte Angeklagte hat der Verwertung nicht bis zu dem in § 257 StPO genannten Zeitpunkt widersprochen.

(2) Die Konsultation eines Verteidigers durch den Beschuldigten wird

– behindert oder
– durch mangelhafte Hilfestellung faktisch unterlaufen.

Ausnahme: Der verteidigte Angeklagte hat der Verwertung nicht bis zu dem in § 257 StPO genannten Zeitpunkt widersprochen.

---

274 BGHSt 35, 32, 34; ebenso bereits BGHSt 27, 355, 358; ferner KG Beschl v 28. 4. 1999 – 1 AR 422/29 – 4 Ws 99/99
275 Zu den Grundlagen einer Theorie der Beweisverbote s. u. Rn 90 ff

(3) Die Konsultation eines Verteidigers durch den Beschuldigten ist trotz aller gebotenen Bemühungen der Polizei (bzw StA) gescheitert und der Beschuldigte

– wird vor der weiteren Vernehmung nicht noch einmal über sein Recht zur Konsultation eines Verteidigers belehrt
– und stimmt der weiteren Vernehmung nicht ausdrücklich oder jedenfalls eindeutig zu.

Ausnahme: Der verteidigte Angeklagte hat der Verwertung nicht bis zu dem in § 257 StPO genannten Zeitpunkt widersprochen.

(4) Der Beschuldigte wird nicht ordnungsgemäß nach §§ 136 I 2, 163 a III, IV StPO über sein Recht zur Konsultation eines Verteidigers belehrt.

Ausnahmen:

– Dem Beschuldigten war dieses Recht ohnehin bekannt.
– Der verteidigte Angeklagte hat der Verwertung nicht bis zu dem in § 257 StPO genannten Zeitpunkt widersprochen.

(5) Der Verteidiger des Beschuldigten wird nicht ordnungsgemäß nach § 168 c V StPO von dem Vernehmungstermin benachrichtigt.

Ausnahme: Der Verteidiger hat der Verwertung in der Hauptverhandlung nicht bis zu dem in § 257 StPO genannten Zeitpunkt widersprochen.

(6) Der Beschuldigte macht eine Aussage, die nicht ausschließbar darauf beruht, dass ein staatliches Strafverfolgungsorgan bei der Vernehmung die Freiheit der Willensentschließung oder Willensbetätigung des Beschuldigten durch den Einsatz verbotener Mittel oder Methoden beeinträchtigt hat (§ 136 a StPO).

(7) Der Beschuldigte wird nach einem der genannten Verstöße bei einer erneuten Vernehmung nicht darüber belehrt, dass seine frühere Aussage in dem weiteren Verfahren nicht verwertet werden darf (= sog »qualifizierte Belehrung«).

VIII. Anhang: Grundzüge der sog Beweisverbotslehre

1. Terminologie

Ernst Beling hat in seiner Tübinger Antrittsvorlesung im Jahr 1902 den Begriff der **76** Beweisverbote eingeführt,[276] ohne dabei zwischen den verschiedenen Verfahrensabschnitten zu differenzieren: Beweisverbote sollen im gesamten Strafprozess gelten und sich ganz unspezifiziert an sämtliche Organe der Strafverfolgung richten, dh an das Gericht, die StA und die Polizei gleichermaßen. Wenn aber allen diesen Organen bestimmte Beweise verboten sind, ist damit notwendig impliziert, dass sie auch allesamt Beweise erheben können. Üblicherweise sieht man das heute noch so und fasst unter dem Begriff der Beweisverbote all diejenigen Rechtsnormen zusammen, »die eine Einschränkung der Beweisführung im Strafverfahren enthalten«,[277] wobei man weiter zwischen *Beweiserhebungs-* und *Beweisverwertungsverboten*[278] sowie daran anknüpfend zwischen *selbstständigen* und *unselbstständigen* Beweisverwertungsverboten[279] zu unterscheiden pflegt.

---

276 Beling Beweisverbote S 3
277 Roxin 24/13
278 M-G Einl Rn 50; Roxin 24/13; Eisenberg Beweisrecht Rn 335; Ranft FS Spendel S 726
279 Beulke Strafprozessrecht Rn 457; Schlüchter Strafverfahrensrecht Rn 4.2

77 Diese pauschale Diktion erweist sich jedoch bei näherer Betrachtung als sachlich verfehlt und überdies auch als irreführend, was insbesondere zu unnötigen Fehlern bei der Begründung von Revisionen und Verfassungsbeschwerden verleitet.[280] *Beweisen* heißt, *dem Richter* die Überzeugung vom Vorliegen einer Tatsache zu verschaffen.[281] Diese Überzeugung wiederum hat der Richter gem § 261 StPO ausschließlich aus dem »Inbegriff der Verhandlung« zu schöpfen, und zwar *unmittelbar*. Unmittelbar wiederum heißt, dass der Richter alle entscheidungserheblichen Beweise *selbst* wahrnehmen muss und diese Aufgabe keinem Dritten überlassen darf. Allein in der *Hauptverhandlung* – dh namentlich in der *Beweisaufnahme* – werden also im eigentlichen Sinne des Wortes »Beweise erhoben«.

78 Im Gegensatz dazu ist das Ermittlungsverfahren per se nicht auf eine »Beweisführung« (resp auf den Beweis von Tatsachen) gerichtet. Das Ermittlungsverfahren erfüllt im Wesentlichen zwei Funktionen. Zum einen geht es darum, der StA eine hinreichende Grundlage für die Entschließung darüber zu verschaffen, ob die öffentliche Klage zu erheben ist (§ 160 I StPO). Und zum anderen geht es darum, die aus der Perspektive des Ermittlungsverfahrens immerhin mögliche Hauptverhandlung vorzubereiten.[282] Deshalb müssen Informationen erhoben, Beweis*mittel* (nicht Beweise!) gesucht, beschafft und sichergestellt, Vernehmungen durchgeführt und am Ende das zusammengetragene Material im Hinblick auf die potentielle Hauptverhandlung einer hypothetischen Würdigung unterzogen werden. Aber die Erhebung der öffentlichen Klage setzt gerade nicht den *Beweis einer Tat*, sondern bloß einen *hinreichenden Tatverdacht* voraus (§ 170 I StPO). Auch die Vorbereitung der Hauptverhandlung ist keineswegs damit verbunden, für und anstelle des Richters *Beweis zu erheben*. *Beweise* werden also überhaupt nicht im Ermittlungsverfahren – ebensowenig im Zwischenverfahren –, sondern ausschließlich in der unmittelbaren Hauptverhandlung und hier wiederum in der Beweisaufnahme (§ 244 StPO) *erhoben*, und *Beweise* werden auch nicht etwa in der Beweisaufnahme, sondern ausschließlich im Rahmen der freien richterlichen Beweiswürdigung (§ 261 StPO) *verwertet*. Nur insoweit ist es sachlich zutreffend, jeweils von »Beweiserhebungs-« und »Beweisverwertungsverboten« zu reden.

79 Dazu ein Beispiel: Wenn ein Polizeibeamter aus dem Beschuldigten ein Geständnis herausprügelt, soll er damit nach dem überkommenen Sprachgebrauch gegen das »Beweiserhebungsverbot« des § 136 a I 1 StPO verstoßen und dieses »Beweiserhebungsverbot« nach § 136 a III 2 StPO ein »Beweisverwertungsverbot« nach sich ziehen. Das bedeutet, dass der »erhobene Beweis« nicht in die Hauptverhandlung eingeführt werden darf. Es handelt sich also eigentlich um ein (weiteres) *Beweiserhebungsverbot*. Wird der Polizeibeamte dennoch als Zeuge vom Hörensagen über das Geständnis vernommen, greift jedenfalls (wiederum) ein *Beweisverwertungsverbot* ein, was nunmehr besagt, dass das Gericht diese Aussage bei der Entscheidungsfindung nicht berücksichtigen darf. Aber durch die Vernehmung des Polizeibeamten in der Hauptverhandlung wird nicht etwa über den aufzuklärenden Gegenstand, dh über die *Tat selbst*, Beweis erhoben, sondern bloß über ein *Indiz* dafür,[283] nämlich über die *Tatsache*, dass der Beschuldigte in der Polizeivernehmung gegenüber dem Beamten ein Geständnis abgelegt hat (sog »mittelbarer Beweis«). Das in der Polizeivernehmung abgelegte Geständnis ist also selbst noch gar kein

---

280 Vgl Lesch JR 2000, 334 ff
281 Roxin 24/1
282 Vgl auch KMR-Lesch Vor § 133 Rn 15
283 OLG Köln StV 1996, 252

»Beweis«, die Polizeivernehmung mithin keine »Beweiserhebung« und die Vernehmung des Beamten in der Hauptverhandlung auch keine »Beweisverwertung«.[284]

Ein weiteres Beispiel: Die Vorschrift des § 252 StPO wird üblicherweise ganz pauschal als »Beweisverwertungsverbot« bzw – synonym – als »Verwertungsverbot«
deklariert.[285] Aber in § 252 StPO ist bloß von der »Verlesung« der früheren Aussage
des Zeugen in der Hauptverhandlung die Rede. Es wird in dieser Vorschrift also lediglich eine Regelung über die *Beweiserhebung* und nicht über die *Beweisverwertung* getroffen. Denn die frühere Aussage des Zeugen ist kein *Beweis*, sondern eine
Tatsache, und bei der Regelung des § 252 StPO geht es ausschließlich um die Frage,
ob und inwieweit es zulässig ist, über diese Tatsache jetzt – also in der Hauptverhandlung – erstmals *Beweis zu erheben*. Der BGH hat das in einer älteren Entscheidung sachlich ganz korrekt formuliert: »Dem Beweis zugänglich bleiben ...
trotz § 252 Aussagen eines Zeugen, die er bei einer früheren richterlichen Vernehmung nach Hinweis auf sein Zeugnisverweigerungsrecht gemacht hat. Alle anderen
Aussagen dürfen jedoch, wenn der Zeuge später sein Zeugnis verweigert, nicht Gegenstand der Beweiserhebung [!] durch Vernehmung eines Verhörsbeamten werden«.[286] Gewiss wird bei einer Beweiserhebung in der Hauptverhandlung regelmäßig auch etwas aus dem Ermittlungsverfahren »verwertet«, aber eben kein *Beweis*,
sondern lediglich eine (Indiz-) *Tatsache* (etwa die Aussage eines Zeugen bei einer
Polizeivernehmung) und allenfalls noch ein *Mittel zum Beweis* dieser Tatsache (etwa das Vernehmungsprotokoll).

Die überkommene Terminologie von den »Beweis-«, »Beweiserhebungs-« und »Beweisverwertungsverboten« erweist sich aber bei genauerem Hinsehen nicht nur als
sachlich verfehlt, sondern überdies auch als verwirrend. Denn danach ist ja immer
schon dann ein Verstoß gegen ein »Beweisverbot« ausgemacht, wenn sich nur eine
Ermittlungsmaßnahme als rechtswidrig herausstellt. Und die Annahme eines Verstoßes gegen ein »Beweisverbot« wiederum suggeriert, dass zugleich das *Urteil* fehlerhaft sein muss. Aber das trifft keineswegs in allen Fällen zu. Eine rechtswidrige
Ermittlungsmaßnahme ist in Wahrheit noch gar keine Beweiserhebung, und selbst
wenn über eine solche Ermittlungsmaßnahme durch einen *weiteren Akt* in der
Hauptverhandlung *Beweis erhoben* wird und sich auch dieser weitere Akt als
rechtswidrig herausstellt, sind die Würfel noch lange nicht gefallen, denn erst wenn
das Gericht den rechtswidrig erhobenen Beweis in einem *dritten Akt* bei seiner
Entscheidungsfindung tatsächlich *verwertet*, ist das Urteil als fehlerhaft zu qualifizieren. Deshalb kann auch eine Revision von vornherein nur auf solche Verfahrensmängel gestützt werden, die ein Beweisverwertungsverbot nach sich ziehen,[287]
und für die »Superrevision« vor dem BVerfG kann selbstverständlich nichts anderes
gelten.[288]

Im Interesse einer juristisch exakten Diktion und zur Vermeidung von Fehlern erscheint es demnach vorzugswürdig, den Begriff der *Beweiserhebungsverbote* auf
die *Beweisaufnahme* und den der *Beweisverwertungsverbote* auf die *richterliche
Beweiswürdigung* zu beschränken sowie auf die Verwendung des undifferenzierten
alten Beling'schen Begriffs der *Beweisverbote* überhaupt zu verzichten. Auch Be-

80

81

82

---

284 Lesch JR 2000, 335
285 Geppert Jura 1988, 306 ff; SK-StPO-Schlüchter § 252 Rn 1, 13, 22 ff; Beulke Strafprozessrecht
     Rn 419; Roxin 44/21
286 BGHSt 2, 99, 108 f
287 M-G § 337 Rn 19
288 Lesch JR 2000, 336

Lesch

weiserhebungsverbote sind in gewisser Hinsicht »Verwertungsverbote«, aber sie sind als solche jedenfalls keine »*Beweis*-Verwertungsverbote«, sondern allenfalls »*Tatsachen*-« und »*Beweismittel*-Verwertungsverbote«. Jenseits des Bereichs der Beweiserhebungs- und Beweisverwertungsverbote mag man dann vielleicht von »Ermittlungsverboten« sprechen, aber gewonnen ist damit nichts, weil schließlich überhaupt jede Verfahrensvorschrift das Verbot ihrer Missachtung beinhaltet und es im Grunde genommen doch immer nur darauf ankommt, ob und inwieweit ein Verstoß gegen eine Verfahrensvorschrift ein Beweiserhebungsverbot nach sich zieht. Eine verbotene Beweiserhebung wiederum ist im Hinblick auf die §§ 261, 264 StPO per se schon mit einem Beweisverwertungsverbot verbunden, denn ein verbotswidrig erhobener Beweis kann nicht zum »Inbegriff der Verhandlung« gezählt werden.[289]

2.　Beweiserhebungs- und Beweisverwertungsverbote

83　Die Beweisverbote werden üblicherweise in Beweis*erhebungs*- und Beweis*verwertungs*verbote eingeteilt.[290] Soweit ein *Beweiserhebungsverbot* eingreift, bedeutet das, dass bestimmte Tatsachen nicht zum Gegenstand der *Beweisaufnahme* gemacht werden dürfen (§ 244 III 1 StPO). Soweit ein *Beweisverwertungsverbot* eingreift, bedeutet das, dass bestimmte Tatsachen nicht zum Gegenstand der *Beweiswürdigung* und *Urteilsfindung* gemacht werden dürfen.[291]

84　Gesetzlich angeordnete Beweiserhebungs- und Beweisverwertungsverbote finden sich etwa in:

- §§ 69 III, 136 a III 2 StPO (bei verbotenen Vernehmungsmethoden);
- § 100 b V StPO (bei bestimmten Zufallsfunden im Rahmen einer Überwachung der Telekommunikation);
- § 252 StPO (bei nachträglichem Gebrauchmachen von einem Zeugnisverweigerungsrecht erst in der Hauptverhandlung);
- § 393 II AO (bei Tatsachen oder Beweismitteln, die der Steuerpflichtige der Finanzbehörde vor Einleitung des Strafverfahrens oder in Unkenntnis der Einleitung des Strafverfahrens in Erfüllung steuerrechtlicher Pflichten offenbart hat);
- § 51 I BZRG (bei getilgten oder tilgungsreifen Vorstrafen);[292]
- Art. 1 § 7 III G 10 (bei Kenntnissen und Unterlagen aus einer Überwachung des Fernmeldeverkehrs hinsichtlich solcher Straftaten, die von dem Katalog der §§ 2, 3 III G 10 nicht erfasst sind).

Weil die Regelungen der StPO über die Beweiserhebungs- und Beweisverwertungsverbote keineswegs abschließend sind,[293] kann ein solches Verbot ausnahmsweise auch dann in Betracht kommen, wenn es im Gesetz nicht ausdrücklich angeordnet ist.

85　Unter welchen Voraussetzungen das in Betracht kommt, ist weitgehend ungeklärt, weil sich Rspr und Lehre bislang noch nicht auf allgemein-verbindliche Regeln einigen konnten.[294] Jedenfalls kann ein Verfahrensfehler noch nicht zwangsläufig

---

289　Hellmann StV 1995, 123; Lesch JR 2000, 223
290　KMR-Paulus § 244 Rn 485 f; Eisenberg Beweisrecht Rn 335; M-G Einl Rn 50; Henkel Strafverfahrensrecht S 268 f; Roxin 24/13; Ranft FS Spendel S 726
291　M-G Einl Rn 55; Eisenberg Beweisrecht Rn 356
292　Vgl dazu auch BGHSt 25, 24; 25, 81; 25, 100; 25, 141; 25, 172; 25, 301; 27, 108; 28, 338
293　BGHSt 19, 325, 329; 38, 214, 219; OLG Düsseldorf StV 1998, 171
294　M-G Einl Rn 55; Meyer NStZ 1983, 567; Fezer JR 1984, 344; Beulke Strafprozessrecht Rn 457; Ranft FS Spendel S 719; Rose/Witt JA 1997, 763

ein Beweiserhebungs- und/oder Beweisverwertungsverbot auslösen.[295] Denn dabei muss – worauf der BGH im Grundsatz mit Recht hinweist – beachtet werden, dass die Annahme eines Verwertungsverbots einen der wesentlichen Grundsätze des Strafverfahrens einschränkt, nämlich den, dass das Gericht die Wahrheit zu erforschen und dazu die Beweisaufnahme von Amts wegen auf alle Tatsachen und Beweismittel zu erstrecken hat, die von Bedeutung sind. Gegenüber diesem Grundsatz bildet ein Verwertungsverbot eine Ausnahme, die nur nach ausdrücklicher gesetzlicher Vorschrift oder aus übergeordneten wichtigen Gründen im Einzelfall anzuerkennen ist.[296]

Die Auffassung der Rspr ist durch eine Kombination der sog »*Rechtskreistheorie*«[297] mit der auch in der Lit. vorherrschenden »*Abwägungslehre*«[298] gekennzeichnet: »Die Frage, ob ein Beweiserhebungsverbot ein Verwertungsverbot nach sich zieht, muss für jede Vorschrift und für jede Fallgestaltung besonders entschieden werden ... Die Entscheidung für oder gegen ein Verwertungsverbot ist aufgrund einer umfassenden Abwägung zu treffen. Bei ihr fällt das Gewicht des Verfahrensverstoßes sowie seine Bedeutung für die rechtlich geschützte Sphäre des Betroffenen ebenso ins Gewicht wie die Erwägung, dass die Wahrheit nicht um jeden Preis erforscht werden muss. Andererseits ist zu bedenken, dass Verwertungsverbote die Möglichkeiten der Wahrheitserforschung beeinträchtigen und dass der Staat nach der Rechtsprechung des Bundesverfassungsgerichts von Verfassungs wegen eine funktionstüchtige Strafrechtspflege zu gewährleisten hat, ohne die Gerechtigkeit nicht verwirklicht werden kann. Dient die Verfahrensvorschrift, die verletzt worden ist, nicht oder nicht in erster Linie dem Schutz des Beschuldigten, so liegt ein Verwertungsverbot fern ... Andererseits liegt ein Verwertungsverbot nahe, wenn die verletzte Verfahrensvorschrift dazu bestimmt ist, die Grundlagen der verfahrensrechtlichen Stellung des Beschuldigten oder Angeklagten im Strafverfahren zu sichern.«[299]

86

Demnach ist bei der Prüfung der Frage, ob ein Verfahrensfehler zu einem Beweiserhebungs- oder Beweisverwertungsverbot führt, zweistufig zu verfahren:

87

a) Frage nach der Art des Verbots.[300]

Zunächst muss gefragt werden, ob überhaupt der Rechtskreis des Beschuldigten betroffen ist oder ob die verletzte Verfahrensvorschrift nicht oder jedenfalls nicht in erster Linie dem Schutz des Beschuldigten dient, etwa weil es sich um eine bloße Ordnungsvorschrift oder – wie im Fall des § 55 II StPO – um eine Vorschrift zum ausschließlichen Schutz des Zeugen handelt.[301]

---

295 BVerfG NStZ 2000, 489; BGHSt 31, 304, 307; 38, 372, 373; 42, 15, 21; 44, 243, 248 ff; M-G Einl Rn 55; Eisenberg Beweisrecht Rn 362; Beulke Strafprozessrecht Rn 457

296 BGHSt 37, 30, 32; ebenso BGHSt 27, 355, 357; 28, 122, 128; 40, 211, 217; 42, 372, 377; OLG Düsseldorf StV 1998, 171

297 Grundlegend BGHSt 11, 213; krit dazu etwa Roxin 24/20; Eisenberg Beweisrecht Rn 365; s.a. Ranft FS Spendel S 727 ff; Weigend StV 2003, 436, 439 ff

298 M-G Einl Rn 55; Eisenberg Beweisrecht Rn 366; KK-Pelchen Vor § 48 Rn 27; KMR-Paulus § 244 Rn 514; Roxin 24/23; Rose/Witt JA 1997, 763; siehe bereits Beling Beweisverbote S 33

299 Zusammenfassend BGHSt 38, 214, 219 f

300 Vgl BGHSt 27, 355, 357; 29, 244, 249; 37, 30, 32

301 Vgl BGHSt 1, 39 ff; 11, 213, 214; 38, 214, 220; 40, 211, 217; BGH NStZ 1998, 635; LG Mosbach StV 1987, 334

Lesch

b) Abwägung der widerstreitenden Interessen.[302]

Soweit der Rechtskreis des Beschuldigten betroffen ist, müssen die einander widerstreitenden Interessen abgewogen werden. Dabei sind nach Auffassung der Rspr folgende Aspekte zu berücksichtigen:

pro	contra
– besonders schwerwiegender bzw krasser Rechtsverstoß,[303] insbesondere wenn dadurch der Zweck der Vorschrift vereitelt wird[304] – besondere Bedeutung des Verstoßes für die rechtlich geschützte Sphäre des Betroffenen[305] – Eingriff in die Grundlagen der verfahrensrechtlichen Stellung des Beschuldigten[306] – nicht erhebliches Gewicht der Tat[307] – das Beweismittel hätte auf rechtmäßige Weise nicht erlangt werden können[308]	– Beeinträchtigung der Funktionsfähigkeit der Strafrechtspflege (des Zwecks, Straftaten aufzuklären und zu ahnden)[309] – Behinderung der Wahrheitsfindung[310] – Schwere der Tat[311] – keine Beeinträchtigung des Beweiswerts infolge des Rechtsverstoßes[312] – Beweis hätte auch auf gesetzmäßigem Weg erhoben werden können[313] – Gutgläubigkeit des Ermittlers bei dem Rechtsverstoß[314] – das Beweismittel kann auch zur Entlastung des Angeklagten führen[315]

88 Die herrschende »Abwägungslehre« ist rechtsstaatlich nicht tragbar, weil die Unschärfe der Abwägungskriterien und die dadurch herausgeforderte subjektive Wertungswillkür des Rechtsanwenders keine vorhersehbaren Ergebnisse garantieren. Die Ursachen für den unbefriedigenden Zustand der sog Beweisverbotslehre liegen tief und sind mE in einer prinzipiellen Krise der Wissenschaft vom Strafprozess zu verorten, die ihren Gegenstand schon längst nicht mehr *funktional*, sondern nur noch als »*angewandtes Verfassungsrecht*«[316] begreift. Gewiss haben sich die prozessualen Eingriffsregelungen (wie überhaupt alle Eingriffsregelungen) in das System der Grundrechte und ihrer Gesetzesvorbehalte einzufügen. Aber was die eigentliche *Funktion des Strafverfahrens* und die daraus resultierenden Konsequenzen an-

---

302 BGHSt 19, 325, 329, 332; 24, 125, 130; 27, 355, 357; 29, 244, 250; 31, 304, 307; 35, 32, 34; 36, 167, 173; 36, 328, 336; 37, 30, 32; 42, 15, 21; 42, 170, 174; 44, 243, 249; BGH NStZ 1998, 635; OLG Frankfurt StV 1996, 653

303 BGHSt 25, 325, 330; 38, 214, 220; 42, 170, 174; OLG Hamm NJW 1965, 1089; LG Darmstadt StV 1993, 573

304 BGHSt 25, 325, 330, 331

305 BGHSt 38, 214, 220; OLG Frankfurt StV 1996, 653

306 BGHSt 38, 214, 220; 38, 372, 374; 42, 15, 21; i. Erg. auch bereits BGHSt 9, 24, 27

307 OLG Schleswig StV 2000, 11; LG Wiesbaden StV 1988, 292

308 LG Wiesbaden StV 1988, 293

309 BGHSt 19, 325, 329, 332 f; 29, 244, 250; BGH NStZ 1998, 635

310 BGHSt 27, 355, 357; 28, 122 128; 38, 214, 220; BGH 4 StR 404/95 – v 13. 11. 1997 (unveröff); OLG Frankfurt StV 1996, 653

311 BGHSt 36, 167, 174; BGH 4 StR 404/95 – v 13. 11. 1997 (unveröff); BGH NStZ 1998, 635; s. a. schon Beling Beweisverbote S 35

312 BGHSt 24, 125, 128 f, 130

313 BGHSt 24, 125, 130; 34 39, 53; BGH NStZ 1997, 294; vgl zum sog hypothetischen Ersatzeingriff auch BGHSt NStZ 2003, 668, 670; OLG Zweibrücken NJW 1994, 811; ferner M-G Einl Rn 57 a

314 BGHSt 24, 125, 130; siehe auch Ranft FS Spendel S 728, 729

315 BGHSt 36, 167, 174

316 BGHSt 19, 325, 329 f; Sax in: Bettermann / Nipperdey / Scheuner Die Grundrechte, III/2, 1959, S 966; Lagodny StV 1996, 167; ebenso der Sache nach Eb. Schmidt Lehrkommentar I Rn 99 und im Anschluss daran SK-StPO-Wolter Vor § 151 Rn 25 (StPO als »Ausführungsgesetz zum GG«); Wolter GA 1991, 531, 552; Lammer Verdeckte Ermittlungen im Strafprozess, 1992, S 142 (Strafprozessrecht als »konkretisiertes Verfassungsrecht«)

geht, sind greifbare Aussagen in der Verfassung nur höchst selten zu finden. Das Strafverfahrensrecht ist eben nicht mehr und nicht weniger »angewandtes Verfassungsrecht« als das Verwaltungsprozess-, Naturschutz-, Hochschul-, Lebensmittel- oder Abfallrecht. Die einseitige Interpretation des Strafverfahrensrechts als »angewandtes Verfassungsrecht« und die damit einhergehende *Ausblendung* funktionaler Aspekte muss deshalb geradezu zwangsläufig zum Rekurs auf zirkuläre Begründungsgänge führen: Man holt aus der Verfassung heraus, was man zuvor hineingelesen hat, und dies wiederum wird weitgehend auf der Grundlage einer inhaltlich vollkommen beliebigen (und damit zufälligen) Abwägungs- und Wertungswillkür entschieden.

Hinzu kommt, dass in der gegenwärtigen Lehre vom Strafprozess unterschwellig **89** ein Verfassungsverständnis vorherrscht, in dem das »autonome Subjekt« als das alleinige Maß aller Dinge erscheint, wobei die Rede vom »Subjekt« meist nur unreflektiert-schlagwortartig erhoben und inzident mit der liberalistisch-negativistischen Vorstellung verbunden wird, dass dieses Subjekt einfach für sich in der Welt ist und gegen alles andere verwahrt werden muss.[317] Konsequenz dessen ist – und das kommt gerade in der »Abwägungslehre« deutlich zum Ausdruck – die Konstruktion eines prinzipiellen *»Gegensatzes«* zwischen zwei antagonistischen »Verfassungswerten«, nämlich zwischen den Grundrechten des für sich seienden »autonomen Subjekts« auf der einen und der »funktionstüchtigen Strafrechtspflege« bzw der »optimalen Wahrheitserforschung« auf der anderen Seite.[318] Danach erscheint es nur konsequent, wenn auch die sog Beweisverbote bloß noch als aufgepfropfte »Schutzinstrumente der Individual- und Grundrechte« bzw als »Schutzinstrumente des Einzelnen *gegenüber* [sic!] der staatlichen Strafverfolgung« interpretiert werden können.[319]

Man kann sich mit guten Gründen, muss sich aber nicht unbedingt auf die *Hegel-* **90** sche Rechtsphilosophie einlassen, um zu erkennen, dass eine derartige, auf dem negativen Freiheitsbegriff eines aufklärerisch-liberalistischen Rechtsverständnisses basierende Konstruktion eines ursprünglichen *Gegensatzes* zwischen dem einzelnen Bürger und dem strafverfolgenden Staat bereits im Ansatz verfehlt ist. Die Existenz des Einzelnen als *Person* wird keineswegs *vor*, sondern erst *durch* die rechtlich bzw staatlich verfasste Gesellschaft begründet.[320] Dementsprechend hat das *BVerfG* seit jeher mit Recht darauf gepocht, dass das »Menschenbild des Grundgesetzes ... nicht das eines isolierten souveränen Individuums« ist und dass das Grundgesetz »die Spannung Individuum – Gemeinschaft im Sinne der Gemeinschaftsbezogenheit und Gemeinschaftsgebundenheit der Person entschieden« hat.[321] Weil Strafverfahren aber gesellschaftlich notwendig sind, ist von einer generellen Mitwirkungspflicht des Subjekts an der Durchführung von Strafverfahren auszugehen – einer Pflicht, die ihrerseits einen Teilaspekt der konstitutiven Bedingungen des Person-

---

317 Exemplarisch SK-StPO-Wolter Vor § 151 Rn 25
318 Vgl etwa SK-StPO-Wolter Vor § 151 Rn 74
319 Rogall ZStW 91, 1979, 9, 21; Beulke Strafprozessrecht Rn 454
320 Siehe dazu eingehend Jakobs Norm, Person, Gesellschaft, 2. Aufl. 1999. Im Übrigen ist auch darauf hinzuweisen, dass sich, wie Hagen ARSP 59, 1973, 517 f bemerkt, »die liberalistische Vorstellung vom normativen Negativismus, wonach ein naturwüchsiger Raum individueller Selbstbestimmung gegenüber dem Bereich der mit Verboten agierenden und nur punktuell intervenierenden politischen Organisation gewahrt bleiben muss, ... der Entwicklung der industriellen Gesellschaft im Kapitalismus nicht gewachsen gezeigt [hat]«
321 BVerfGE 4, 7, 15 f; 8, 274, 329; 33, 367, 377; siehe dazu ferner Suhr Der Staat 9, 1970, S82 ff. Treffend auch OLG Düsseldorf NStZ 1998, 269 zu den Grenzen des »Rechts auf informationelle Selbstbestimmung«

Seins überhaupt ausmacht. Daraus ergibt sich, dass dem Einzelnen als Rechtsperson ein Anspruch auf die Verheimlichung einer Straftat resp ein Recht auf das Unterbleiben einer an der Metapher von der materiellen Wahrheit orientierten Konstruktion des Sachverhalts im Verfahren grundsätzlich nicht zustehen kann, und zwar auch dann nicht, wenn sich einzelne Organe des Staates bei ihrer Ermittlungstätigkeit rechtswidrig verhalten haben. Letzteres mag disziplinarrechtlich und/ oder strafrechtlich zu ahnden sein, jedoch ist die »Justizförmigkeit des Verfahrens« kein Selbstzweck, der sich als solcher bereits per se gegen das Strafverfahren selbst und damit ja zugleich auch gegen eine der Grundlagen des Person-Seins überhaupt zu wenden hat.[322] Es verdient deshalb volle Zustimmung, wenn der BGH die Annahme eines Beweiserhebungs- und/oder Beweisverwertungsverbots als *Ausnahme* – und nicht als Regel – betrachtet.

91   Eine solche Ausnahme ist entweder dann begründet,

    – wenn die Beweiserhebung oder Beweisverwertung selbst rechtswidrig in den grundrechtlich verbürgten Status des Beschuldigten als Rechtsperson (status negativus) eingreift[323] oder

    – wenn die Beweiserhebung oder Beweisverwertung die Proteste absorbierende Funktion (Legitimationsfunktion) des Verfahrens[324] konterkariert.

92   Die *Legitimationsfunktion des Verfahrens* wiederum ist namentlich dann betroffen,

    – wenn die Erforschung einer Tatsache *nicht hinreichend gegen Fehler immunisiert* ist (namentlich bei der Anwendung gem § 136 a StPO verbotener Vernehmungsmethoden, uU auch bei der mittelbaren Beweiserhebung durch »Zeugen vom Hörensagen«, nicht aber bei der entgegen § 81 I 2 StPO erfolgten Entnahme einer Blutprobe durch einen Medizinalassistenten statt einen Arzt)[325] oder

    – wenn bei der Erforschung einer Tatsache der *status activus* des Beschuldigten, also seine Stellung als Prozesssubjekt (bzw als »Quasi-Partei«)[326] nicht nur unerheblich verkürzt worden ist.

Letzteres hat der BGH im Ansatz durchaus treffend mit der Formulierung zum Ausdruck gebracht, dass ein Beweiserhebungs- bzw Beweisverwertungsverbot dann nahe liegt, »wenn die verletzte Verhaltensvorschrift dazu bestimmt ist, die Grundlagen der *verfahrensrechtlichen* [!] Stellung des Beschuldigten zu sichern«,[327] dh namentlich dann, wenn der Anspruch des Beschuldigten auf rechtliches Gehör oder ein sonstiges grundlegendes Mitwirkungs-, Gestaltungs- oder Verteidigungsrecht

---

322 Dieser Aspekt wird in der amerikanischen Diskussion, wo die Rüge eines Beweiserhebungsverbots prinzipiell auch ein Beweisverwertungsverbot nach sich zieht (vgl dazu Harris StV 1991, 313 f), offenbar vollständig ausgeblendet. Der dort vorgegebene Zweck, »künftige verfassungswidrige Handlungen der Polizei zu verhindern« (»Abschreckungs-« oder »Disziplinierungsfunktion«) wird im deutschen Recht vor allem durch die §§ 336, 343 StGB getragen und lässt sich mit der hier entfalteten Funktion des Strafverfahrens nicht vereinbaren. Dabei ist vor allem auch zu bedenken, dass das amerikanische Recht – ebenso wie das englische Recht – von einem *reinen Parteiprozess* (Dispositionsmaxime!) ausgeht (deshalb sind Beweisverbote auch nicht etwa von Amts wegen, sondern nur auf Rüge zu berücksichtigen), während das deutsche Strafverfahren wesentlich von der *Inquisitionsmaxime* beherrscht wird, so dass sich jede automatische Übernahme amerikanischer Prinzipien von vornherein verbietet
323 BGHSt 31, 304, 307 f
324 Siehe dazu Lesch 1/4
325 Treffend BGHSt 24, 125, 130 und OLG Zweibrücken NJW 1994, 810: Der Beweiswert der gesetzwidrig erlangten Probe ist nicht beeinträchtigt
326 Vgl Glaser ArchCrimNF 1851, 85 f, 191 f, 198; Birkmeyer Strafprozessrecht S 292 ff, 335 f; v. Kries Lehrbuch S 219 ff; Beling Reichsstrafprozessrecht S 122 ff, 144 f
327 BGHSt 38, 214, 220; 38, 372, 374; 42, 15, 21; Hervorhebung vom Verf

verletzt worden ist (etwa beim Verstoß gegen die Benachrichtigungspflicht des § 168 c V StPO oder gegen die Belehrungspflicht des § 136 StPO, uU aber auch unter diesem Aspekt bei der mittelbaren Beweiserhebung durch »Zeugen vom Hörensagen«).

Soweit in der Lit. gegen die Rspr eingewandt worden ist, dass der Angeklagte einen **93** Anspruch auf ein justizförmiges Verfahren und damit auch schon immer dann ein Recht auf die Einhaltung zwingender Verfahrensvorschriften habe, wenn sie nicht speziell seinem Schutz dienten,[328] erscheint das nicht stichhaltig. Denn selbst wenn dem Angeklagten ein solcher Anspruch zusteht, so folgt daraus noch keineswegs, dass die Verletzung zwingender Verfahrensvorschriften per se bereits ein Beweiserhebungs- bzw Beweisverwertungsverbot nach sich zieht. Wenn darüber hinaus behauptet wird, dass mit der Verletzung des Anspruchs auf ein justizförmiges Verfahren zugleich auch der »Rechtskreis« des Beschuldigten tangiert sei,[329] dann kann das den hier vertretenen Ansatz ebensowenig erschüttern, weil es dabei gerade nicht auf einen (wie auch immer gearteten Eingriff) in den unspezifierten »Rechtskreis« des Beschuldigten, sondern allein auf die Verkürzung seines genuin verfahrensrechtlichen status activus ankommt.

94

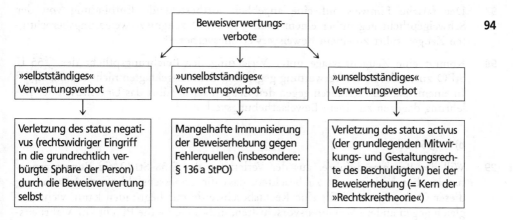

IX. **Anhang: Beweiserhebungs- und Beweisverwertungsverbote im Spiegel der Rspr**

Jenseits der Beschuldigtenvernehmung (namentlich jenseits des Bereichs der §§ 136 **95** I 2, 136 a StPO, siehe dazu Rn 78) hat die höchstrichterliche Rspr in folgenden Fallkonstellationen ein Beweiserhebungs- bzw Beweisverwertungsverbot erwogen:

1. Zeugenvernehmung

a) §§ 52 ff StPO

Wird ein Zeuge nicht ordnungsgemäß nach §§ 52 III, 161 a I 2, 163 a V StPO über **96** sein Zeugnisverweigerungsrecht als Angehöriger belehrt, ist die Aussage unverwertbar,[330] wenn sich nicht »aus dem Akteninhalt mit Sicherheit ergibt, dass ein über

---

328 So etwa Eisenberg Beweisrecht Rn 365 mwN
329 Roxin 24/20
330 BGHSt 11, 213, 218; 14, 159, 160

sein Zeugnisverweigerungsrecht prozessordnungswidrig nicht belehrter Zeuge dieses Zeugnisverweigerungsrecht kannte und davon auch bei ordnungsgemäßer Belehrung keinen Gebrauch gemacht hätte«.[331] Von dem Umstand, dass der Zeuge bei der Polizei nach Belehrung ausgesagt hat, lässt sich aber weder darauf schließen, dass ihm sein Zeugnisverweigerungsrecht auch bekannt war, noch dass er nach einer Belehrung erneut zur Aussage bereit gewesen wäre.[332] Das gilt auch dann, wenn die nach § 52 II StPO erforderliche Zustimmung eines gesetzlichen Vertreters unterblieben[333] oder wenn der gesetzliche Vertreter vor der Zustimmungserklärung nicht über das Zeugnisverweigerungsrecht des Kindes belehrt worden ist.[334] Auf den vergleichbaren Fall der unterlassenen Belehrung über ein Untersuchungsverweigerungsrecht nach § 81 c III StPO sind diese Grundsätze entsprechend anzuwenden.[335] Die Zustimmung des gesetzlichen Vertreters macht eine Belehrung des Kindes nicht überflüssig; die Belehrung muss auch den Hinweis umfassen, dass das Kind trotz Zustimmung des gesetzlichen Vertreters seine Mitwirkung verweigern darf.[336] Wenn allerdings die Belehrung das Bewusstsein des Kindes überhaupt nicht erreicht hätte, kann die Verwertung der Angaben auch allein auf die Zustimmung des gesetzlichen Vertreters gestützt werden.[337]

97 Der falsche Hinweis auf eine angeblich fortbestehende Entbindung von der Schweigepflicht gegenüber einem nach § 53 StPO zeugnisverweigerungsberechtigten Zeugen führt zu einem Beweisverwertungsverbot.[338]

98 Kommt eine Zeugenaussage unter Verletzung der Belehrungspflicht des § 55 II StPO zustande, ist die Verwertung gegenüber dem Angeklagten nicht unzulässig.[339] In einem späteren Verfahren gegen den Zeugen selbst führt das Unterlassen der Belehrung dagegen zu einem Beweiserhebungsverbot.[340]

b) § 58 StPO

99 Will der Beschwerdeführer aus der Verletzung des § 58 StPO ein Beweisverwertungsverbot herleiten, ist zu beachten, dass die ermessensfehlerfreie Anwendung dieser Ordnungsvorschrift eine Rechtsbeschwerde nur begründen kann, wenn zugleich gegen andere Verfahrensvorschriften, insbesondere die Pflicht zur Wahrheitserforschung, verstoßen wird.[341]

c) § 252 StPO

(1) Grundlagen:

100 Der Zweck des § 252 StPO besteht darin, dem Zeugen in der Hauptverhandlung eine freie Entscheidung über die Ausübung seines Zeugnisverweigerungsrechts zu ermöglichen und ihn dabei nicht mit der Besorgnis zu belasten, das Gericht werde

---

331 BGHSt 40, 336, 339 mwN; KG Urt. v 13. 12. 1999 – (4) 1 Ss 257/99 (119/99)
332 BGH StraFo 2004, 238; StV 2004, 297
333 BGHSt 40, 336, 339 m Anm Eisenberg StV 1995, 625
334 BGH StV 1981, 4
335 BGHSt 40, 336, 340 m Anm Eisenberg StV 1995, 625
336 BGH StV 1995, 563; 1996, 196
337 BGH StV 1996, 196
338 BGHSt 42, 73, 78
339 BGHSt 11, 213, 218; 38, 302, 304
340 OLG Celle NStZ 2002, 386; M-G § 55 Rn 17
341 BGH NJW 1987, 3088, 3090; OLG Hamm Urt. v 16. 2. 1999 – 2 Ss OWi 42/99

seine früher voreilig abgegebene Bekundung ohnehin im Urteil verwerten,[342] und zwar unabhängig davon, ob die Aussage für den Angeklagten günstig oder ungünstig war.[343] Dies gilt freilich nur, wenn der Zeuge sich in dem für das Zeugnisverweigerungsrecht des § 52 StPO typischen Konflikt befindet, der aus dem Widerstreit zwischen der Wahrheitspflicht bei der Vernehmung einerseits und seinen familiären Bindungen andererseits resultiert. Nur dieser mögliche Widerstreit der Pflichten in der Person des Zeugen hat den Gesetzgeber dazu veranlasst, das öffentliche Interesse an der Aufklärung eines strafbaren Sachverhalts zurücktreten zu lassen und unter bestimmten Voraussetzungen nicht nur das Recht zur Verweigerung des Zeugnisses zu gewähren, sondern für den Fall der Ausübung dieses Rechts das in § 252 StPO umschriebene Verbot auszusprechen.[344]

(2) Absolutes Beweiserhebungsverbot bei nichtrichterlichen Vernehmungen:

101

Die Rspr sieht in § 252 StPO nicht nur ein Verleseverbot, sondern ein Beweiserhebungsverbot für Aussagen bei früheren *nichtrichterlichen* Vernehmungen schlechthin.[345] Das – jeglicher Verfügung durch die Verfahrensbeteiligten entzogene[346] – Beweiserhebungsverbot erstreckt sich also auf:

- die **Verlesung der Vernehmungsniederschrift;**
- die **Vernehmung der Verhörsperson** über den Inhalt der von ihr aufgenommenen Aussage;[347]
- den **Vorhalt,** wobei es keine Rolle spielt, ob der Vorhalt der Verhörsperson oder einem unbeteiligten Zeugen gemacht wird;[348]
- die **Schriftstücke,** die der Zeuge bei seiner polizeilichen Vernehmung überreicht und zum Bestandteil seiner Aussage gemacht hat.[349]

Das Beweiserhebungsverbot gilt auch für die erneute Hauptverhandlung nach der Wiederaufnahme des Verfahrens.[350]

102

Eine Verwertung der früheren Aussage kommt erst dann in Betracht, »wenn *festgestellt ist, dass der Zeuge zur Aussage bereit ist*«.[351] Solange »Ungewissheit darüber besteht, ob der Zeuge von seinem Weigerungsrecht Gebrauch macht oder darauf verzichtet«, bleibt die Verwertung also ausgeschlossen.[352] Allerdings ist die Aussage eines Zeugnisverweigerungsberechtigten vor der Polizei oder Staatsanwaltschaft in der Hauptverhandlung auch ohne Verzicht auf das Verweigerungsrecht verwertbar, wenn der Aufenthalt des Zeugen nicht ermittelt werden kann.[353] Geht das Gericht davon aus, dass die Ehefrau des Angeklagten von ihrem Zeugnisverweigerungsrecht nach § 52 I Nr. 2 StPO Gebrauch machen werde und unterlässt es im Hinblick da rauf eine Ladung zur Hauptverhandlung, darf die frühere Einlassung der Ehefrau

342 BGHSt 10, 77, 78; 45, 203, 208; SK-StPO-Schlüchter § 252 Rn 1; Rengier NStZ 1998, 48; Schittenhelm NStZ 2001, 50
343 BVerfG NStZ-RR 2004, 18,19
344 BGHSt 1, 373, 374 f; 40, 211, 214 f; 45, 203, 207
345 BGHSt 7, 194, 195 f; 2, 99, 105; 13, 394, 395; 17, 324, 326; 34, 231, 234; 45, 203, 205; BGH NStZ 2001, 50; NJW 2001, 528; BayObLG StV 1983, 142, 452; OLG Koblenz StV 1983, 325; OLG Frankfurt StV 1994, 118
346 BGH NStZ 1997, 95
347 BGH StV 2000, 236; NStZ 2001, 50; BayObLG StV 1981, 62; OLG Koblenz StV 1983, 325
348 BGHSt 2, 105, 110
349 BGHSt 22, 219; BGH StV 1996, 196 f; BGHR StPO § 252 Verwertungsverbot 19; LG Mosbach StV 1987, 334
350 BGH NJW 2001, 528
351 BGHSt 2, 99, 110
352 BGH StV 1995, 563; 1996, 196; 2000, 236; BayObLG NStZ 2005, 468 f
353 BGHSt 25, 176

Lesch

nicht verwertet werden.[354] Die Geltendmachung des Zeugnisverweigerungsrechts hindert den Zeugen nicht, nach ordnungsgemäßer Belehrung die Verwertung der bei einer nichtrichterlichen Vernehmung gemachten Aussage zu gestatten.[355]

103   Äußerungen des Zeugen *außerhalb einer Vernehmung* werden von § 252 StPO nicht erfasst.[356] Als Vernehmung iS der Vorschrift darf jedoch nicht nur eine unter Beachtung des § 163 a V StPO durchgeführte förmliche Vernehmung angesehen werden. Der Begriff der Vernehmung iSd § 252 StPO ist vielmehr weit auszulegen und umfasst auch Angaben bei einer nur *informatorischen Befragung* durch Polizei- beamte, bei der das Schutzbedürfnis des Zeugen sogar noch größer ist als bei einer mit vorgeschriebener Belehrung verbundenen förmlichen Vernehmung.[357] Zum Be- griff der Vernehmung gehört aber auf jeden Fall, dass der Vernehmende dem Zeu- gen in amtlicher Funktion gegenübertritt[358] (zB als Polizei- oder Zollbeamter, als Staatsanwalt oder Richter) und in dieser Eigenschaft von ihm Auskunft verlangt. § 252 StPO verbietet also lediglich die Verwertung solcher Angaben, die der Zeuge vor einem staatlichen Organ gemacht hat, während aus freien Stücken heraus ge- tätigte Äußerungen gegenüber Privatpersonen prinzipiell nicht erfasst sind.[359] Ein V-Mann führt deshalb keine Vernehmungen, und zwar auch dann nicht, wenn er von den Ermittlungsbehörden gezielt auf den Angeklagten und dessen Umfeld angesetzt, straff geführt und nach dem Verpflichtungsgesetz vom 2. März 1974 (BGBl I 469, 547) förmlich verpflichtet wird. Was ein V-Mann im Umfeld des Be- schuldigten von dessen Angehörigen erfährt, fällt mithin auch dann nicht unter § 252 StPO, wenn er im Rahmen des Gespräches nachfragt.[360] Eine Ausnahme von dem Verwertungsverbot ist auch dann gerechtfertigt, wenn die Auskunft bei einer informatorischen Befragung auf einer freien Entscheidung der Auskunftsperson be- ruht und nicht als Reaktion auf die staatliche Strafverfolgung, sondern spontan auf eigenes Betreiben erfolgt.[361] Erklärt ein zeugnisverweigerungsberechtigter Zeuge den über telefonischen Notruf herbeigerufenen Polizeibeamten, warum er poli- zeiliche Hilfe benötigt, stellt dies auch dann keine ein Verwertungsverbot iSd § 252 StPO begründende Vernehmung dar, wenn die aufgrund des Notrufs eintreffenden Polizeibeamten fragen, »was los sei«.[362]

104   Die *formale Stellung* bei der früheren Vernehmung ist für das Verwertungsverbot des § 252 StPO ohne Belang. Es macht also keinen Unterschied, ob der jetzt Zeu- gnisverweigerungsberechtigte bei seiner früheren Vernehmung Zeuge oder Beschul- digter war. Maßgeblich ist nicht die Stellung, die der Vernommene im Augenblick der Vernehmung hatte, sondern seine Stellung in der Hauptverhandlung, aufgrund derer ihm jetzt ein Zeugnisverweigerungsrecht zusteht.[363]

---

354 BGH StV 1992, 500
355 BGHSt 45, 203; 48, 294, 297
356 BGHSt 1, 373 f; 20, 384, 385 f; 40, 211, 213; BayObLG StV 1983, 142 f, 452; OLG Frankfurt 1994, 118
357 BayObLG StV 1983, 142 f, 452; BayObLG NStZ 2005, 468, 469; OLG Frankfurt StV 1994, 118
358 BGHSt 40, 211, 213; BayObLG StV 1983, 143; OLG Frankfurt StV 1994, 118
359 BGHSt 1, 373, 374 f; 40, 211, 214 f; anders jetzt BGHSt 46, 1 hinsichtlich der Befragung durch einen Verteidiger; krit dazu mit Recht Schittenhelm NStZ 2001, 51
360 BGHSt 40, 211, 213
361 BGH NStZ 2001, 50; BayObLG StV 1981, 62; 1983, 143; OLG Frankfurt StV 1994, 118. S. a. LG Frankfurt StV 1988, 337 m Anm Nestler-Tremel: Das Verwertungsverbot des § 252 StPO gilt nicht für Informationen, die eine Vertrauensperson der Polizei von sich aus den von ihr herbeigerufenen Beamten gegeben hat
362 BGH StV 1988, 46
363 BGHSt 36, 384, 388; 38, 7, 9; BGH StV 1992, 500; NStZ 2001, 50; BayObLG StV 1983, 142; OLG Koblenz StV 1983, 325; OLG Frankfurt StV 1994, 118

Lesch

§ 252 StPO greift auch dann ein, wenn das *Angehörigenverhältnis* (iSd § 52 StPO) **105** erst nach der früheren Vernehmung entstanden ist.³⁶⁴ Im Falle der §§ 53 und 53 a StPO ist § 252 StPO indes nur anwendbar, soweit ein Zeugnisverweigerungsrecht bereits bei der früheren Vernehmung bestanden hat, nicht aber, soweit der Zeuge damals von der Schweigepflicht entbunden war.³⁶⁵

§ 252 StPO gilt nur für die Fälle des Zeugnisverweigerungsrechts nach den §§ 52, **106** 53, 53 a StPO, nicht aber für den Fall des Auskunftsverweigerungsrechts gemäß § 55 StPO.³⁶⁶ Beruft sich ein Zeuge erst im Verlauf seiner Vernehmung auf sein Auskunftsverweigerungsrecht nach § 55 StPO, so sind seine bis zu dieser Erklärung gemachten Angaben auch dann (im Verfahren gegen den Angeklagten) verwertbar, wenn der Zeuge seine Erklärung auf seine bisherigen Angaben bezogen wissen will.³⁶⁷

Die Anhörung eines Zeugen *durch einen Sachverständigen* über *Zusatztatsachen*³⁶⁸ **107** steht einer nichtrichterlichen Vernehmung gleich. Zusatztatsachen dürfen also, wenn der Zeuge in der Hauptverhandlung gemäß § 52 StPO seine Aussage verweigert, nicht durch eine Vernehmung des Sachverständigen als »Zeuge vom Hörensagen« in die Hauptverhandlung eingeführt und bei der richterlichen Überzeugungsbildung verwertet werden, ohne dass es darauf ankäme, ob der Zeuge vor seiner Anhörung durch den Sachverständigen richterlich über sein Aussageverweigerungsrecht belehrt worden war oder nicht.³⁶⁹

Nach einer neueren Entscheidung des BGH soll ein Beweiserhebungsverbot analog **108** § 252 StPO auch für eine vor dem *verfahrensbeteiligten Verteidiger des Angeklagten* gemachte Aussage gelten, wenn sie zur Verwendung durch den Verteidiger des Angeklagten in dem gegen diesen gerichteten Verfahren bestimmt gewesen sei. Denn wenn § 252 StPO es schon untersage eine unter den Strafdrohungen der §§ 145 d und 164 StGB vor der Polizei oder der StA gemachte Aussage nach anschließender berechtigter Zeugnisverweigerung zu verwerten, müsse dies erst recht der Verwertung einer Aussage bei einer anwaltlichen »Vernehmung« entgegenstehen, zumal der Verteidiger bei einer solchen Anhörung einseitig die Interessen des Beschuldigten wahrzunehmen habe, während die Strafverfolgungsorgane nach § 160 II StPO sowohl die belastenden als auch die entlastenden Umstände zu ermitteln hätten. Dies soll freilich nur in Betracht kommen, wenn die Aussage des Zeugen *gezielt für das Strafverfahren* herbeigeführt und nicht »aus freien Stücken« gemacht worden sei.³⁷⁰

Macht ein nur mit einem Angeklagten verwandter Zeuge von seinem Zeugnisver **109** weigerungsrecht Gebrauch, so wirkt das Verwertungsverbot des § 252 StPO nach der früheren Auffassung des BGH auch zugunsten der übrigen Mitangeklagten, wenn gegen alle Angeklagten ein sachlich nicht trennbarer strafrechtlicher Vorwurf

---

364 BGHSt 22, 219, 220; 45, 342, 347; BGH StV 1988, 92; offengelassen jetzt in BGH NStZ-RR
    2001, 171, 172
365 BGH StV 1997, 233
366 BGHSt 17, 245, 246
367 BGH StV 1997, 512
368 Zusatztatsachen sind Tatsachen, die der Sachverständige feststellt, ohne dass dazu eine besondere Sachkunde notwendig ist. Dazu gehört regelmäßig auch die Tatschilderung eines auf seine
    Glaubwürdigkeit zu begutachtenden Zeugen.
369 BGHSt 13, 1, 2 f; 18, 107, 109; 36, 384, 386; 45, 203, 205 f; BGH StV 1987, 328; 1996, 522 f; NJW
    2001, 528
370 BGHSt 46, 1 m krit Anm Schittenhelm

erhoben ist.[371] Diese Auffassung hat der BGH aber inzwischen revidiert: »Das Zeugnisverweigerungsrecht, das der Angehörige eines Beschuldigten im Verfahren gegen den Mitbeschuldigten hat, erlischt mit rechtskräftigem Abschluss des gegen den angehörigen Beschuldigten geführten Verfahrens.«[372]

(3) Kein Beweiserhebungsverbot bei richterlichen Vernehmungen:

110 Das Beweiserhebungsverbot erstreckt sich nicht auf die *Vernehmung* einer *richterlichen* Verhörsperson, wenn der Zeuge bei seiner früheren richterlichen Vernehmung (auch in einem vorangegangenen Zivilprozess bzw Verfahren der freiwilligen Gerichtsbarkeit)[373] ordnungsgemäß *über sein Zeugnisverweigerungsrecht belehrt* worden ist[374] (wenn keine Belehrung: Verwertungsverbot,[375] es sei denn, dass der Zeuge vor der Hauptverhandlung verstorben ist).[376] Der wesentliche Grund für die unterschiedliche Behandlung von richterlichen und nichtrichterlichen Vernehmungen wird nach der neueren Rspr darin gesehen, dass schon das Gesetz – wie aus § 251 I und II StPO zu entnehmen – richterlichen Vernehmungen ganz allgemein ein höheres Vertrauen entgegenbringt. Dieser Grund ist auch nach Einführung der Belehrungspflicht für Polizeibeamte und Staatsanwälte durch § 161 a I StPO und § 163 a V StPO nicht entfallen.[377] Die *Verlesung* des richterlichen Vernehmungsprotokolls bleibt indes nach §§ 250, 252 StPO jedenfalls unzulässig. Allerdings ist die Verlesung des Vernehmungsprotokolls im Wege des *Vorhalts* möglich,[378] wobei aber – wie sonst auch – nur die Bekundungen des Richters in die Urteilsfindung einfließen dürfen: »Indem das Zeugnis des vernehmenden Richters zugelassen wird, ist die Verwertung der früheren Aussage der weigerungsberechtigten Auskunftsperson nicht mehr grundsätzlich verboten. Die Art dieser Verwertung ist allerdings eingeschränkt. Ausnahmslos unstatthaft ist jede Form des Urkundenbeweises; insbesondere ist eine entsprechende Anwendung des § 253 StPO, der es erlaubt, unter bestimmten Voraussetzungen die frühere, protokollarisch niedergelegte Aussage des Zeugen durch Verlesung unmittelbar zur Beweisgrundlage zu machen, schlechthin ausgeschlossen. Der Vorhalt ist aber kein Urkundenbeweis, sondern ein bloßer Vernehmungsbehelf, der durch das Verbot des Urkundenbeweises nicht ohne weiteres unzulässig wird«.[379] Im Übrigen darf die frühere Aussage mittelbar nur durch Vernehmung des *Richters*, vor dem der weigerungsberechtigte Zeuge unter Verzicht auf sein Recht ausgesagt hat, nicht aber durch Vernehmung des Protokollführers oder einer sonstigen bei der richterlichen Vernehmung anwesenden Person in die Hauptverhandlung eingeführt werden.[380]

111 Die Verwertung ist nur zulässig, sofern es sich bei der früheren Vernehmung um eine Vernehmung *als Zeuge* gehandelt hat; eine frühere Beschuldigtenvernehmung des heutigen Zeugen bleibt unverwertbar.[381] Auch das früher gegen den Zeugen ergangene Urteil darf nicht verlesen werden.[382]

---

371 BGHSt 7, 194
372 BGHSt 38, 96
373 BGHSt 17, 324, 327; 36, 384, 387, 388
374 OGHSt 1, 299; BGHSt 2, 99, 105; 13, 394, 395 f; 17, 324, 326; 21, 218, 219; 32, 25, 29; 36, 384, 385 f; 45, 342, 345 f; 48, 294, 297; 49, 72, 76 f; BGH StV 1997, 234, 236; NJW 2001, 529; BayObLG StV 1983, 142, 452; OLG Koblenz 1983, 325
375 BGHSt 17, 324, 328; 20, 384, 386
376 BGHSt 22, 35, 36
377 BGHSt 45, 342, 345 f; BGH NJW 2001, 529
378 BGHSt 11, 338
379 BGHSt 11, 338, 340
380 BGHSt 13, 394, 396; 17, 324, 327 f
381 BGHSt 20, 384 ff; BGHSt 42, 391, 397 ff; JR 1998, 167 f
382 BGH NStZ 2003, 217

Eine Verwertung kommt nur in Betracht, wenn das Zeugnisverweigerungsrecht   **112**
schon *zum Zeitpunkt der früheren Vernehmung bestanden* hat. Ist das Angehörigenverhältnis erst nach der früheren Vernehmung entstanden, greift das Verwertungsverbot des § 252 StPO ein.[383]

Macht ein Arzt als Zeuge erst in der Hauptverhandlung von seinem Recht aus   **113**
§ 53 I Nr. 3 StPO Gebrauch, das Zeugnis zu verweigern, so darf über den Inhalt
einer Aussage, die er früher vor dem Untersuchungsrichter gemacht hat, dieser jedenfalls dann vernommen werden, wenn der Arzt bei der früheren Aussage gemäß
§ 53 II StPO von der Verpflichtung zur Verschwiegenheit entbunden war.[384]

In Bezug auf die Ermittlung von *Befundtatsachen*,[385] die der *Sachverständige* im   **114**
Rahmen seines Gutachtens in die Hauptverhandlung einführt, wird dieser einer
richterlichen Verhörsperson gleichgestellt, so dass das Verwertungsverbot des § 252
StPO insoweit nicht eingreift,[386] wenn der angehörige Zeuge *vor* seiner Befragung
durch den Sachverständigen *von einem Richter* über sein Zeugnisverweigerungsrecht belehrt worden ist. Dabei kommt es nicht darauf an, ob die Angaben des
Zeugen im Rahmen der Vernehmung gemacht wurden, zu deren Beginn er belehrt
wurde, oder ob die Belehrung im Laufe des Verfahrens in anderem Zusammenhang
erfolgte und die späteren Angaben des Zeugen gegenüber dem Sachverständigen
nicht im Rahmen einer richterlichen Vernehmung gemacht wurden.[387]

(4) Revision:

Einen Verstoß gegen § 252 StPO darf der Angeklagte auch dann rügen, wenn er   **115**
oder sein Verteidiger der Verwertung nicht widersprochen haben, da im Rahmen
des § 252 StPO eine etwaige Einwilligung der Verfahrensbeteiligten unbeachtlich
ist.[388] Wenn die der Rüge zugrundeliegenden Verfahrensvorgänge nicht vollständig
mitgeteilt werden, ist aufgrund einer umfassend erhobenen Sachrüge auch der Inhalt des Urteils, der sich zu diesen Vorgängen verhält, ergänzend zu berücksichtigen.[389]

d)   § 168 c StPO

Die gem § 168 e StPO angefertigte Videoaufzeichnung der richterlichen Vernehmung   **116**
eines Zeugen darf nicht gem § 255 a StPO in die Hauptverhandlung eingeführt werden, wenn der zu der richterlichen Vernehmung kurzfristig geladene Verteidiger
wegen anderweitiger beruflicher Verpflichtungen an einer Teilnahme verhindert war
und seine Bitte um Terminsverlegung unbeachtet blieb, obwohl einer kurzfristigen
Terminsverlegung keine Gründe entgegenstanden hätten. Die Vorführung der Videoaufzeichnung nach § 255 a II 1 scheidet auch dann aus, wenn der Beschuldigte
gem § 168 c III bei der ermittlungsrichterlichen Vernehmung ausgeschlossen war

---

383 BGHSt 22, 219, 220; 27, 231, 232
384 BGHSt 18, 146; BGH StV 1997, 233
385 Befundtatsachen sind Tatsachen, deren Wahrnehmung eine besondere Sachkunde voraussetzt,
    die der Sachverständige also aufgrund seiner Sachkunde ermittelt (vgl dazu auch Wohlers StV
    1996, 193)
386 BGHSt 13, 1, 2
387 BGH StV 1995, 564 f (1. Senat) m krit Anm Eisenberg / Kopatsch NStZ 1997, 297. Siehe anderer-
    seits BGH StV 1995, 563, wo der 3. Senat den Sachverständigen »der Sache nach« zu den
    »nichtrichterlichen Vernehmungspersonen« rechnet. Beide Entscheidungen sind reichlich dif-
    fus. Siehe zur Kritik Wohlers StV 1996, 192 ff
388 BGHSt 45, 203, 205
389 BGHSt 45, 203, 204 f

Lesch

und daher keine Gelegenheit zur Mitwirkung hatte; dies gilt auch dann, wenn sein Verteidiger an dieser Vernehmung teilgenommen hat.[390] Das Verwertungsverbot setzt allerdings einen Widerspruch des verteidigten Angeklagten voraus.[391]

117 Bei einer Verletzung der Benachrichtigungspflicht nach § 168 c V StPO ist ein Verwertungsverbot anzunehmen, das sowohl die Verlesung der Vernehmungsniederschrift[392] als auch die Vernehmung des Ermittlungsrichters umfasst.[393] Ein Vorhalt bleibt als »bloßer Vernehmungsbehelf« aber zulässig.[394] Für den Rechtsverstoß macht es keinen Unterschied, ob die erforderliche Benachrichtigung absichtlich, versehentlich oder unter Verkennung der gesetzlichen Voraussetzungen unterblieben ist.[395]

118 Allerdings bedarf es keiner Benachrichtigung, wenn der Beschuldigte von der Anwesenheit bei der Verhandlung ausgeschlossen worden ist (§ 168 c III StPO), weil er dann nicht mehr zu den Anwesenheitsberechtigten gehört, denen ein Anspruch auf eine Benachrichtigung zusteht.[396]

119 Aus der Abwesenheit des Verteidigers bei der *polizeilichen* Zeugenvernehmung ist kein Verwertungsverbot herzuleiten.[397] Deshalb tendiert der BGH in seiner neueren Rspr dazu, das Protokoll einer unter Verletzung der Benachrichtigungspflicht erfolgten *richterlichen* Vernehmung rechtlich auf das Protokoll einer *nicht*-richterlichen Vernehmung herabzustufen und dessen Verwertung *in dieser Eigenschaft* zu gestatten. Allerdings hat das Gericht den Angeklagten dann auf die »Umwertung der rechtlichen Grundlage für die Verlesung der Aussage« hinzuweisen.[398]

120 Ein Verstoß gegen § 168 c V 1 StPO zieht nur dann ein Verwertungsverbot nach sich, wenn der Verteidiger der Verwertung im Rahmen des Äußerungsrechts nach § 257 StPO sofort widerspricht.[399]

2. Blutprobenentnahme

121 Die Verwendung einer unter Verstoß gegen gesetzliche Bestimmungen erlangten Blutprobe ist grundsätzlich statthaft, insbesondere dann, wenn die Blutprobe nicht gemäß § 81 a I 2 StPO von einem Arzt,[400] sondern von einem Medizinalassistenten[401] oder einer Krankenschwester[402] entnommen worden ist. Denn dadurch wird der Beweiswert der Blutprobe nicht geschmälert.[403] Auch die unzutreffende Bejahung von Gefahr in Verzug gemäß § 81 a II führt nicht zur Unverwertbarkeit.[404] Ein Verwertungsverbot kommt aber – soweit nicht das Interesse des Staates an der Aufklärung der Straftat überwiegt – dann in Betracht, wenn eine Blutentnahme weder

---

390 BGHSt 49, 72, 80 ff
391 OLG München StV 2000, 352
392 Zum Anwesenheitsrecht des Verteidigers bei einer Schweizer Rechtshilfevernehmung siehe BGH StV 1997, 244
393 BGHSt 26, 332; 31, 140; 42, 391, 392; BGH NStZ 1989, 282 m Anm Hilger; BGH StV 1997, 234, 235
394 BGHSt 34, 231, 235 mit krit Anm Fezer StV 1987, 234
395 BGH NJW 2003, 3142
396 BGHSt 31, 140, 142
397 BGHSt 33, 70, 75
398 BGH StV 1997, 512
399 BGH StV 1997, 244, 246
400 BayObLG bei Rüth DAR 1966, 261 f
401 BGHSt 24, 125, 128; OLG Hamm NJW 1965, 1089
402 OLG Oldenburg NJW 1955, 683
403 BGHSt 24, 125, 130; OLG Zweibrücken NJW 1994, 810
404 OLG Karlsruhe Justiz 2004, 493, 494; M-G § 81 a Rn 32

auf Anordnung der Strafverfolgungsbehörde noch mit Einwilligung des Beschuldigten vorgenommen worden ist[405] oder wenn der Polizeibeamte zum Zweck ihrer Gewinnung ein Mittel angewendet hat, das nach § 136 a StPO bei einer Vernehmung verboten ist.[406] Die Sicherstellung und Benutzung einer zu anderen Zwecken (zB zur Vorbereitung einer Operation des Beschuldigten) entnommenen Blutprobe ist dann zulässig, wenn diese aufgrund einer Anordnung nach § 81 a StPO hätte entnommen werden dürfen.[407]

3. Hausdurchsuchung

Die bewusste Ausschaltung des zuständigen Ermittlungsrichters und dadurch unbegründete Berufung auf Gefahr im Verzug stellt einen so schwerwiegenden Verfahrensverstoß dar, dass die bei der durchgeführten Hausdurchsuchung sichergestellten Beweismittel einem Verwertungsverbot unterliegen.[408] Auch sonst können prozessuale Verstöße bei einer Durchsuchung so schwerwiegend sein, dass ein Beweiserhebungs- und Beweisverwertungsverbot eingreift.[409]

122

4. Beschlagnahme

Das Beschlagnahmeverbot des § 97 I Nr. 1 StPO enthält ein Beweiserhebungs- und Beweisverwertungsverbot.[410] Mit dem Beschlagnahmeverbot endet auch das daraus folgende Verbot, den Gegenstand als Beweismittel zu verwerten.[411]

123

Die in § 97 II 2 und 3 StPO vorgesehenen Ausnahmen von dem Beschlagnahmeverbot greifen nur ein, soweit dasjenige Verbrechen oder Vergehen betroffen ist, das den Gegenstand des Verfahrens bildet, für dessen Zweck die Beschlagnahme erfolgt.[412]

124

Wenn eine Beschlagnahme nach § 97 II 3 StPO gerechtfertigt ist, bedeutet das nicht, dass damit schlechthin auch jedes Verwertungsverbot entfällt. Schriftliche Mitteilungen zwischen dem Beschuldigten und seiner Ehefrau, die nach § 97 II 3 StPO wegen Verdachts der Teilnahme an einer bestimmten Straftat zulässigerweise beschlagnahmt worden sind, dürfen als Beweismittel für andere Straftaten des Beschuldigten, hinsichtlich deren kein Teilnahmeverdacht besteht, nicht verwertet werden. Das Verwertungsverbot entfällt jedoch dann, wenn das Gericht die Zustimmung der Ehefrau zur Verwertung unter Belehrung über ihr Recht einholt. Auf die Beachtung des Beschlagnahme- und Verwertungsverbots des § 97 I Nr. 1 StPO kann der zeugnisverweigerungsberechtigte Gewahrsamsinhaber nämlich verzichten. Denn das Verbot ist eine Folge seines Zeugnisverweigerungsrechts, über dessen Ausübung er entscheiden kann. Regelmäßig wird in der freiwilligen Herausgabe eines Beweismittels zugleich ein Verzicht auf die Beachtung des Beschlagnahme- und Verwertungsverbots liegen. Das gilt aber nicht uneingeschränkt, namentlich dann nicht, wenn ein zeugnisverweigerungsberechtigter Angehöriger dabei irrig von seiner He-

125

---

405 BayObLG bei Rüth DAR 1966, 261
406 BayObLG bei Rüth DAR 1966, 262; OLG Hamm NJW 1965, 1089; 1967, 1524
407 OLG Celle NStZ 1989, 385; OLG Zweibrücken NJW 1994, 810 f m abl Anm Weiler NStZ 1995, 98; OLG Frankfurt NStZ-RR 1999, 246
408 LG Darmstadt StV 1993, 573; LG Osnabrück StV 1991, 152; AG Offenbach StV 1993, 406
409 LG Wiesbaden StV 1988, 292
410 BGHSt 18, 227, 228
411 BGHSt 25, 168, 170
412 BGHSt 18, 227, 229; 25, 168, 169

rausgabepflicht ausgeht.[413] Ob die Wirksamkeit eines Verzichts auf das Verwertungsverbot darüber hinaus stets auch von einer Belehrung abhängt, hat der BGH hingegen ausdrücklich offengelassen.

126   Das Beschlagnahmeverbot des § 97 I Nr. 1 StPO entfällt, sobald die zur Verweigerung des Zeugnisses berechtigte Person sich durch eine Zeugenbekundung in der Hauptverhandlung einer Begünstigung verdächtig macht. Der Zulässigkeit der Beschlagnahme einer schriftlichen Mitteilung und ihrer Verwertung als Beweismittel von diesem Zeitpunkt an steht nicht entgegen, dass sie im Ermittlungsverfahren entgegen § 97 I Nr. 1 StPO sichergestellt worden war, bevor ein Begünstigungsverdacht bestand:[414] »Der Verstoß gegen § 97 I Nr. 1 wirkt auch nicht derart nach, dass ein auf diese Weise gewonnenes Beweismittel nicht mehr verwendet werden dürfte, wenn die gesetzliche Schranke, die der Verwertung zunächst entgegenstand, nachträglich wegfällt. Denn die Verwertung eines fehlerhaft erlangten Beweismittels ist nicht wegen des fehlerhaften Erwerbs verboten, sondern weil das Gesetz selbst den Gegenstand als Beweismittel ablehnt«.[415] Ergibt sich ein Teilnahmeverdacht aber erst nachträglich aus den rechtswidrig beschlagnahmten Unterlagen, so bleibt die Beschlagnahme unzulässig.[416]

5.   Überwachung der Telekommunikation

127   Telefongespräche zwischen dem (überwachten) Verdächtigen und seinem *Verteidiger* sind von der Überwachung frei.[417] Das ergibt sich aus § 148 StPO, der den freien mündlichen Verkehr zwischen dem Beschuldigten und seinem Verteidiger garantiert. Im Hinblick auf § 148 I ist es im Rahmen einer laufenden Telefonüberwachung grundsätzlich geboten, die Aufzeichnung eines Telefonats – auch in dem Verfahren gegen einen Dritten gem § 100 a S 2 – sofort abzubrechen, wenn sich ergibt, daß es sich um ein Mandantengespräch zwischen dem Beschuldigten, Angeschuldigten bzw. Angeklagten und seinem Verteidiger handelt; ist der Abbruch der Aufzeichnung nicht möglich, weil sie automatisch durchgeführt wird, so hat jedenfalls jede inhaltliche Auswertung des Gesprächs zu unterbleiben (was nunmehr auch aus § 100h II 1 folgt), und zwar nicht nur für die Schuld- und Straffrage sondern auch für sonstige, hiervon ohnehin kaum trennbare Verfahrensrechtliche Zwecke, wie etwa einen Ablehnungsantrag gegen einen der erkennenden Richter.[418] Ist also ein Verteidigergespräch Gegenstand einer aufgrund zulässig angeordneter Überwachungsmaßnahme gemachten Aufzeichnung, so ist diese im Verfahren gegen den Verdächtigen wie auch gegen den Verteidiger nicht verwertbar. Denn beide haben ein auf den Schutz dieser Verteidigung gegründetes und ihm dienendes Recht auf freien mündlichen Verkehr miteinander.[419]

128   Erkenntnisse aus der zulässigen Überwachung eines Telefonanschlusses dürfen auch dann in dem Verfahren gegen einen Angeklagten verwertet werden, wenn sie ein Telefongespräch betreffen, das sein Verteidiger mit einem Dritten geführt hat, der Mitinhaber des überwachten Telefonanschlusses ist. Dies gilt unabhängig davon, ob den Dritten ein durch § 148 StPO grundsätzlich geschütztes eigenes Vertei-

---

413 BGHSt 18, 227, 229 ff
414 BGHSt 25, 168
415 BGHSt 25, 168, 170
416 BGH NStZ 2001, 604, 606
417 BGHSt 33, 347, 350
418 BGH StraFo 2005, 296
419 BGH StV 1990, 435 m Anm Taschke; siehe dazu auch Welp NStZ 1986, 294

digungsverhältnis mit dem Rechtsanwalt verbindet. Eine Unverwertbarkeit in dem Verfahren gegen den Angeklagten des zwischen seinem Verteidiger und dem Dritten geführten Gesprächs ergibt sich allenfalls daraus, dass der Dritte als Nachrichtenmittler oder Bote im geschützten Verteidigungsverhältnis zwischen dem Verteidiger und dem Angeklagten anzusehen wäre. Dann muss sich allerdings das Gespräch auf die Übermittlung einer Nachricht beschränken.[420]

Erkenntnisse aus einer zulässigen Telephonüberwachung sind nicht deshalb unverwertbar, weil die Gesprächsteilnehmer zu dem Angeklagten in einem ein Zeugnisverweigerungsrecht begründendes Angehörigen- bzw beruflichen Vertrauensverhältnis stehen.[421]   **129**

Für Erkenntnisse, die aus einer *rechtswidrig* angeordneten Telephonüberwachung gewonnen worden sind, gilt ein Verwertungsverbot.[422] Das ist insbesondere dann der Fall, wenn es an einer wesentlichen sachlichen Voraussetzung für die Anordnung der Maßnahme nach § 100 a StPO gefehlt hat. Dementsprechend hat es etwa die Unverwertbarkeit zur Folge, wenn der Verdacht einer Katalogtat von vornherein nicht bestanden hat.[423] Nicht anders ist es zu beurteilen, wenn die Anordnung unter Missachtung des Subsidiaritätsgundsatzes ergangen ist[424] oder wenn »der Verdächtige unter Umgehung der richterlichen Anordnungsbefugnis von einem V-Mann der Polizei mit deren Billigung und unter deren Mitwirkung gezielt angerufen und unter Ausnutzung des bestehenden Vertrauensverhältnisses in ein Gespräch über eine Straftat verwickelt wird, damit dieses auf Tonband aufgenommen und später gegen ihn verwendet werden kann«.[425] Auch die Erkenntnisse aus einer Telefonüberwachung nach Art. 1 G 10, die unter Verletzung der völkerrechtlich anerkannten Grundsätze der Immunität der Konsularbeamten und der Unverletzlichkeit ihrer Diensträume erlangt sind, unterliegen einem strafprozessualen Verwertungsverbot.[426] Als *rechtswidrig* (mit der Folge eines Verwertungsverbots) stellt sich die von dem Ermittlungsrichter oder dem Staatsanwalt angeordnete Telefonüberwachung allerdings nur dann dar, wenn deren Entscheidung – was im Ergebnis auf eine Kontrolle nach dem Maßstab (objektiver) Willkür oder grober Fehlbeurteilung hinauslaufen mag – nicht mehr vertretbar ist. Anderenfalls ist im Verfahren vor dem Tatrichter wie auch im Revisionsverfahren von der Rechtmäßigkeit der getroffenen Maßnahme und damit von der Verwertbarkeit der gewonnenen Erkenntnisse auszugehen.[427] Ein Verwertungsverbot besteht aber nicht schon deshalb, weil bloß gegen die Zuständigkeitsbestimmung des § 100 b StPO oder gegen sonstige Formvorschriften verstoßen worden ist.[428] Die Verwertung eines vom Beschuldigten mit Dritten in einem Kraftfahrzeug mit einem Mobiltelefon geführten Raumgesprächs kann auf eine schon bestehende, rechtsfehlerfrei ergangene Anordnung nach § 100 a gestützt werden, wenn der Beschuldigte eine zuvor von ihm selbst hergestellte Telekommunikationsverbindung beenden wollte, diese jedoch auf Grund eines Bedienungsfehlers fortbesteht.[429]   **130**

---

420 BGH StV 1990, 435 m Anm Taschke
421 BGH StV 1990, 435 m Anm Taschke
422 BGHSt 31, 304, 308, 309; 32, 68, 70; 41, 30, 31
423 BGHSt 31, 304, 309
424 BGHSt 41, 30, 31
425 BGHSt 31, 304, 308
426 BGHSt 36, 396
427 BGHSt 41, 30, 34
428 M-G § 100 a Rn 21
429 BGH NStZ 2003, 668, 669 f

Lesch

131   Die Ergebnisse einer Telefonüberwachung sind auch dann unverwertbar, wenn trotz Wegfalls der Anordnungsvoraussetzungen die Telefongespräche weiterhin aufgezeichnet werden.[430]

132   Außerhalb der gesetzlich geregelten Fernmeldeüberwachung ist es auch in Fällen schwerer Kriminalität grundsätzlich unzulässig, das nicht öffentlich gesprochene Wort des Angeklagten mittels einer ihm gegenüber verborgen gehaltenen Abhöranlage auf Tonband aufzunehmen, um Art und Weise seiner Gesprächsführung als Beweismittel gegen seinen Willen verwerten zu können (»heimliche Stimmprobe«). Soweit der Angeklagte und sein Verteidiger die nachträgliche Genehmigung verweigert und der Verwertung widersprochen haben, folgt daraus ein Verwertungsverbot.[431]

133   Das Verwertungsverbot gilt nicht ohne weiteres für eine rechtmäßig beschlagnahmte *Tonbandaufnahme*, die eine *Privatperson* über ein zwischen ihr und dem Beschuldigten geführtes Gespräch ohne dessen Wissen für eigene Zwecke hergestellt hat.[432] Wenn eine Privatperson es einem Polizeibeamten gestattet, im Rahmen eines Ermittlungsverfahrens ein Telefongespräch mit dem Beschuldigten *über einen Zweithörer mitzuvollziehen* (sog »Hörfalle«), handelt der Polizeibeamte in der Regel nicht rechtswidrig, und zwar auch dann nicht, wenn er das Gespräch ohne Wissen des anderen Teilnehmers mithört.[433]

134   Das Verwertungsverbot umfasst auch die Bekundungen des Beschuldigten, die unter dem Eindruck des Vorhalts von unzulässig gewonnenen Erkenntnissen aus einer Telefonüberwachung gemacht hat.[434]

135   Die *unmittelbare* Verwertung von *Zufallsfunden* bei der *Strafverfolgung gegen den Beschuldigten* ist nur insoweit zulässig, als die im Rahmen einer Überwachung nach § 100 a StPO gewonnenen tatsächlichen Erkenntnisse mit dem Verdacht einer Katalogtat im Sinne dieser Bestimmung *im Zusammenhang stehen* (sog »Zusammenhangtaten«).[435] Erkenntnisse, die bei einer wegen des Verdachts eines Vergehens nach § 129 StGB angeordneten Telefonüberwachung gewonnen worden sind, dürfen auch zum Nachweis der Taten verwendet werden, von welchen bei der Anordnung der Maßnahme angenommen wurde, sie seien im Rahmen der kriminellen Vereinigung begangen worden, und zwar unabhängig davon, ob letztlich ein Vergehen nach § 129 StGB nachgewiesen werden kann oder nicht.[436] Eine *mittelbare* Verwertung in der Weise, dass aufgrund der erlangten Erkenntnisse Ermittlungen geführt und dabei andere Beweismittel gewonnen werden, ist stets zulässig.[437]

136   Die Verwertbarkeit von *Zufallsfunden* ist nicht auf Verfahren gegen den in § 100 a S 2 StPO (bzw in Art. 1 § 2 II 2 G 10)[438] genannten Personenkreis beschränkt, dh auf den oder die Beschuldigten der Katalogtat, deretwegen die Überwachung des Fernmeldeverkehrs angeordnet worden ist, oder auf Nachrichtenmittler. Allerdings dürfen Zufallsfunde zur Strafverfolgung bislang *unbeteiligter Dritter unmittelbar*

---

430 BGH StV 1996, 203
431 BGHSt 34, 39
432 BGHSt 36, 167
433 BGHSt 39, 335, 338 ff; BGH StV 1996, 468; siehe dazu auch Welp NStZ 1996, 295; Sternberg-Lieben Jura 1995, 302 f; Kudlich JuS 1997, 697 f
434 BGHSt 27, 355, 357; 32, 68, 70
435 BGHSt 26, 298, 302; 28, 122, 125; BayObLG StV 1982, 411
436 BGHSt 28, 122, 125, 127
437 BGHSt 27, 355
438 BGHSt 29, 244, 247

nur verwertet werden, soweit sie sich auf eine Katalogtat beziehen.[439] Die im Rahmen der Überwachung gewonnenen tatsächlichen Erkenntnisse können grundsätzlich auch im *ehrengerichtlichen Verfahren* gegen eine dritte Person verwertet werden, sofern nur die den Vorwurf des ehrenrührigen Verhaltens begründenden Tatsachen mit dem Verdacht einer Katalogtat im Zusammenhang stehen; denn in einem solchen Fall könnte diese dritte Person auch selbst überwacht und könnten die dabei gewonnenen Erkenntnisse dann unmittelbar gegen sie verwertet werden.[440] Eine *mittelbare* Verwertung von Zufallsfunden gegen unbeteiligte Dritte ist ohne Einschränkungen möglich.[441]

Das Beweiserhebungs- und Beweisverwertungsverbot des Art. 1 § 7 III G 10 erfasst nicht nur solche Kenntnisse und Unterlagen, die unmittelbar durch die nach § 1 G 10 angeordneten Maßnahmen erlangt worden sind, sondern erstreckt sich auch auf solche Beweismittel, zu denen diese Kenntnisse und Unterlagen erst den Weg gewiesen haben. Die Benutzung mittelbar erlangter Beweismittel ist also nur zur Erforschung und Verfolgung von Katalogtaten gestattet.[442]   **137**

Die Verwertung von Erkenntnissen aus einer Überwachung der Telekommunikation lässt sich mit der Revision nur dann erfolgreich rügen, wenn in der Hauptverhandlung ein entsprechender Widerspruch erhoben worden ist. Das muss auch in der Revisionsbegründung dargestellt werden.[443]   **138**

Nachdem am 1. 7. 2005 in Kraft getretenen Gesetz zur Änderung der StPO, das in Umsetzung der Entscheidung des Bundesverfassungsgerichts vom 3. 3. 2004 zur akustischen Wohnraumüberwachung[444] – sog großer Lauschangriff – ergangen ist (§§ 100 c, 100 d nF) dürfen Erkenntnisse aus einem Eingriff in den durch Art. 13 I GG iVm Art. 1 I und Art. 2 I GG absolut geschützten Kernbereich privater Lebensgestaltung auch zur Aufklärung von Sachverhalten aus dem Bereich der Schwerkriminalität nicht verwertet werden. Der BGH hat in seiner ersten Entscheidung hierzu ein auf Grund einer staatlichen Überwachungsmaßnahme aufgezeichnetes – interpretationsbedürftiges – Selbstgespräch des Beschuldigten im Krankenzimmer (Einzelzimmer) auf Grund der »Kumulation mehrer Umstände« diesen Kernbereich zugerechnet und für nicht verwertbar erklärt.[445] Zur Begründung hat der BGH ausgeführt, dass der Beschuldigte – anders als bei einem Tagebuch oder einem Zwiegespräch – in einem solchen Fall nicht damit rechnen müsse, dass seine interpretationsbedürftigen Äußerungen Dritten zugänglich sein könnten. Bei einem eindeutigen Bezug zu einer Straftat könnte die Beurteilung auf Grund der gebotenen Abwägung im Einzelfall aber anders ausfallen.   **138 a**

6. Aussagen des Beschuldigten in anderen Verfahren

Das BVerfG hat aus dem Grundsatz »nemo tenetur se ipsum accusare« hergeleitet, dass die Aussage, die der *Gemeinschuldner* im Konkurs aufgrund seiner in § 100 der alten KO angeordneten Verpflichtung gemacht hat, in einem späteren Strafverfahren gegen den Gemeinschuldner analog §§ 136 a und 393 II AO nicht verwertet   **139**

---

439 BGHSt 28, 122, 129; LG Stuttgart Urt. v 18. 8. 1999 – 13 Qs 51/99; aA SK-StPO-Rudolphi § 100 a Rn 32
440 BGHSt 26, 298, 302
441 LG Stuttgart Urt. v 18. 8. 1999 – 13 Qs 51/99
442 BGHSt 29, 244, 251
443 BGH wistra 2000, 432
444 BVerfGE 109, 279; vgl dazu M-G § 100 c Vorb
445 BGH Urt. v 10. 8. 2005 – 1 StR 140/05 –

Lesch

werden darf.[446] Diese Auffassung ist nunmehr in § 97 I 3 der neuen InsO auch vom Gesetzgeber bestätigt worden. Aus der Wortwahl »verwenden« in § 97 I 3 InsO statt »verwerten« in § 100 KO soll sich nach Auffassung des LG Stuttgart ergeben, dass auch solche Tatsachen nicht verwertet werden dürften, zu denen die Auskunft den Weg gewiesen habe (»Fernwirkung«). Allerdings seien Geschäftsunterlagen, zu deren Führung eine gesetzliche Verpflichtung bestehe, namentlich Handelsbücher und Bilanzen, von dem Verwertungsverbot des § 97 I 3 InsO nicht erfasst.[447] Ebenso wird die Auskunftspflicht des Schuldners im Rahmen der *eidesstattlichen Versicherung* nach § 807 ZPO durch ein entsprechendes strafrechtliches Beweiserhebungs- und Beweisverwertungsverbot flankiert.[448]

140   Demgegenüber sind die Angaben, die ein Asylbewerber im Rahmen der Anhörung nach § 8 II AsylVfG über die Modalitäten seiner Einreise macht, in einem gegen ihn gerichteten Strafverfahren wegen eines Vergehens gegen § 47 I Nr. 1 AuslG auch ohne seine Zustimmung verwertbar,[449] ebenso die Angaben, mit der ein Asylbewerber gegenüber der Ausländerbehörde seine Furcht vor politischer Verfolgung substantiiert.[450] Auch lässt sich aus dem Nemo-tenetur-Prinzip kein Verwertungsverbot für selbstbelastende Angaben herleiten, die ein Angeklagter gegenüber seinem Kfz-Haftpflichtversicherer gemacht hat. Deshalb darf die Schadensakte des Haftpflichtversicherers in einem späteren Strafverfahren gegen den Versicherungsnehmer zum Gegenstand der Beweisaufnahme gemacht und ein Sachbearbeiter als Zeuge über den Inhalt dieser Unterlagen vernommen werden.[451]

7. Erstreckung der Untersuchung auf nicht angeklagte Taten

141   Der Richter ist gemäß § 244 II StPO verpflichtet, das Verhalten des Angeklagten unter Ausschöpfung aller zur Verfügung stehenden Erkenntnisquellen zu beurteilen. Ein Gebot lückenhafter Würdigung entsprechend dem mehr oder minder zufälligen Stand anderer Verfahren ist dem Gesetz nicht zu entnehmen. Deshalb ist der Richter generell befugt, die Untersuchung über die durch Anklage und Eröffnungsbeschluss bezeichnete Tat hinaus auf andere Straftaten zu erstrecken, wenn dies zur Wahrheitsfindung erforderlich ist. Dabei macht es auch keinen Unterschied, ob jene anderen Straftaten verjährt sind, ob das Verfahren mit einem Freispruch oder einer Einstellung durch die Staatsanwaltschaft geendet hat oder ob die Taten gemäß §§ 154, 154a StPO aus dem anhängigen Verfahren ausgeschieden wurden. Art. 6 II MRK zwingt nicht zu der Unterstellung, dass der Sachverhalt einer strafbaren Handlung sich nicht zugetragen habe, bevor er rechtskräftig festgestellt ist. Die Annahme eines bis dahin bestehenden umfassenden Beweiserhebungs- und Beweisverwertungsverbots wäre vielmehr eine Überdehnung des Anwendungsbereichs der Vorschrift.[452]

---

446 BVerfGE 56, 37 ff; zur Reichweite des »Gemeinschuldnerbeschlusses« siehe Verrel NStZ 1997, 361 f mwN

447 LG Stuttgart wistra 2000, 439 m Anm Richter, sehr zw; vgl zur Kategorie des »Verwendungsverbots« auch M-G Einl Rn 57 b; Hefendehl wistra 2003, 1 ff; zu weitgehend Dencker FS Meyer-Goßner S 237, 243

448 BGHSt 37, 340 ff; zur parallel gelagerten Problematik der Mitwirkungspflichten im Besteuerungsverfahren siehe Rüping/Kopp NStZ 1997, 530 ff mwN

449 BGHSt 36, 328

450 OLG Düsseldorf StV 1992, 503 m Anm Kadelbach

451 KG NStZ 1995, 146; bestätigt durch BVerfG StV 1995, 562; siehe zum Schutz der Aussagefreiheit durch außerstrafrechtliche Normen und zum Verbot der Beweisverwertung im Strafverfahren eingehend von Glahn StraFo 2000, 186 ff

452 BGHSt 34, 209, 210 f

Lesch

Auch der auslieferungsrechtliche Spezialitätsgrundsatz schließt es nicht aus, Umstände, die eine Straftat darstellen, auf die sich die Auslieferung nicht erstreckt, bei der Überzeugungsbildung hinsichtlich der Auslieferungstat als Indiz zu berücksichtigen.[453]

142

8. Tagebücher

Tagebuchartige Aufzeichnungen, »die mit der Persönlichkeitssphäre des Verfassers verknüpft sind und die er nicht zur Kenntnis Dritter bringen wollte«, dürfen in einem Strafverfahren nicht gegen seinen Willen benutzt werden.[454] Ein solches Beweiserhebungs- und Beweisverwertungsverbot hat jedoch nur Berechtigung, »soweit es sich um Äußerungen handelt, die ihrem Inhalt nach als Ausfluss der Persönlichkeit des Verfassers in Betracht kommen«. »Fertigt aber etwa ein Straftäter Aufzeichnungen über seine Verbrechen und Opfer an oder ein fremder Agent über seine Spionageunternehmungen, so ist für Persönlichkeitsschutz kein Raum. Die Entfaltung, nicht der Verfall der Persönlichkeit wird durch die Grundrechte geschützt. Auch geschäftliche Aufzeichnungen und solche, die sich lediglich auf Vorgänge äußerer Art beziehen und nicht mit der Persönlichkeitssphäre verknüpft sind, werden nicht unter ein Beweis- und Verwertungsverbot fallen«.[455] Stammt ein Tagebuch nicht von dem Angeklagten selbst, sondern von einem Dritten, so dient das sich unter bestimmten Umständen aus dem allgemeinen Persönlichkeitsrecht ergebende Verwertungsverbot dem Geheimhaltungsinteresse des Dritten. Die Belange des Angeklagten, der darüber nicht verfügen kann, liegen demgegenüber außerhalb des mit der Anerkennung eines Verwertungsverbots verfolgten Schutzzwecks.[456] Das OLG Schleswig hält die Verwertung tagebuchartiger Aufzeichnungen nur dann für zulässig, wenn das der Aufklärung »außerordentlich schwerwiegender Handlungen« dient.[457]

143

9. Einsatz von V-Leuten

Wird ein V-Mann gesperrt und damit unerreichbar iSd § 251 II 2 StPO, ist seine frühere Aussage bei der Polizei verwertbar, wenn nicht die Sperrerklärung »willkürlich und offensichtlich fehlerhaft« ist.[458] Soweit ersichtlich, hat die Rspr aus diesem Grund bisher jedoch noch nie ein Verwertungsverbot angenommen. Auch der rechtswidrige Einsatz eines polizeilichen Lockspitzels begründet kein Beweiserhebungs- und Beweisverwertungsverbot.[459]

144

Protokolle über eine niederländische polizeiliche Zeugenvernehmung, die der deutschen Polizei außerhalb des förmlichen Rechtshilfeverkehrs zu Informationszwecken von niederländischen Polizeidienststellen überlassen worden sind, dürfen nicht durch Verlesung in der Hauptverhandlung als Beweismittel verwertet werden, wenn die Niederlande der Verwertung widersprechen und berechtigterweise die Rechtshilfe verweigern.[460]

145

---

453 BGHSt 34, 352
454 BGHSt 19, 325
455 BGHSt 19, 325, 321; ebenso BGHSt 34, 397, 400
456 BGH NStZ 1998, 635
457 OLG Schleswig StV 2000, 11
458 BGHSt 33, 83, 89; 36, 159, 162 f
459 BGHSt 32, 345, 355; 45, 321, 334 f
460 BGHSt 34, 334

10.　Einsatz von VE

146　Erkenntnisse aus dem Einsatz eines VE sind prinzipiell auch dann verwertbar, wenn der Richter für die Zustimmung nach § 110 b II StPO Formulare verwendet. Entscheidend ist, wie sie verwendet werden. Es muss deutlich werden, dass ein richterlicher Abwägungsprozess, eine Einzelfallprüfung auf der Grundlage sämtlicher für den Eingriff relevanter Erkenntnisse stattgefunden hat.[461]

147　Es begründet kein Verwertungsverbot, wenn die Zustimung der StA zum Einsatz eines VE nur mündlich erteilt wird.[462]

148　Ist die Maßnahme der verdeckten Ermittlung gegen einen Beschuldigten rechtmäßig, so führt dies zur Verwertbarkeit der in unmittelbarem Zusammenhang gewonnenen Erkenntnisse über einen weiteren Beschuldigten jedenfalls dann, wenn – unter dem Gesichtspunkt eines hypothetischen Ersatzeingriffs – auch gegen den anderen die Voraussetzungen für eine richterliche Zustimmung nach § 110 b II 1 Nr. 1 StPO vorlagen.[463]

149　Die Erkenntnisse eines VE sind nicht verwertbar, wenn von vornherein der Verdacht einer Katalogtat nicht bestand. Dies gilt auch dann, wenn dem Gericht in der Hauptverhandlung verwehrt ist festzustellen, ob die Einsatzvoraussetzungen eines VE gegeben waren, indem weder die entsprechenden Akten, noch die dem Einsatz zugrundeliegenden Beschlüsse vorliegen, noch den Zeugen insoweit Aussagegenehmigungen erteilt werden.[464]

11.　Einsatz privater Unternehmen zur Überwachung des Straßenverkehrs

150　Erkenntnisse, die aufgrund gesetzwidrigen Einsatzes von Mitarbeitern privater Unternehmen (im Bereich der Verkehrsüberwachung) systematisch und berufsmäßig erlangt werden, unterliegen einem Verwertungsverbot.[465]

12.　Tilgungsreife Vorstrafen

151　Das Verwertungsverbot des § 51 I BZRG verbietet die Verwertung tilgungsreifer Vorstrafen sowohl bei der Beweiswürdigung als auch bei der Strafzumessung. Es greift schon dann ein, wenn die Tilgungsreife zwar zum Zeitpunkt der neuen Tat noch nicht verstrichen, wohl aber vor Ende der Hauptverhandlung in der Tatsacheninstanz bereits abgelaufen ist.[466]

---

461 BGH NStZ 1997, 249
462 BGH StV 1995, 398 m Anm Sieg StV 1996, 3
463 BGH NStZ 1997, 294
464 AG Koblenz StV 1995, 518
465 KG StV 1997, 174; siehe aber BayObLG NJW 1999, 2200
466 BGH StV 1999, 639

Lesch

Kapitel 2
Verwertungsprobleme bei Präventiverkenntnissen

Überblick

Literaturverzeichnis

Ahlf, Heinrich / Daub, Ingo E. / Lersch, Roland / Störzer, Hans Udo, Bundeskriminalamtgesetz, Stuttgart 2000

Amelung, Knut, Informationsbeherrschungsrechte im Strafprozess, Berlin 1990

Artzt, Matthias, Die verfahrensrechtliche Bedeutung polizeilicher Vorfeldermittlungen, Frankfurt am Main 2000

Aulehner, Josef, Polizeiliche Gefahren- und Informationsvorsorge, Berlin 1998

Dölling, Dieter, Polizeiliche Ermittlungstätigkeit und Legalitätsprinzip, Erster Halbband, Wiesbaden 1987

Ernst, Marcus A., Verarbeitung und Zweckbindung von Informationen im Strafprozess, Berlin 1993

Frister, Helmut, Der (bayrische) Verfassungsschutz als Strafverfolgungsbehörde? in Schulz, Joachim / Vormbaum, Thomas (Hrg.), FS für Günter Bemmann, Baden-Baden 1997 S 542–559

Gärditz, Klaus, Strafprozeß und Prävention, Mohr Siebeck: Tübingen 2003

Gröpl, Christoph, Die Nachrichtendienste im Regelwerk der deutschen Sicherheitsverwaltung, Berlin 1993

Haedge, Karl-Ludwig, Das neue Nachrichtendienstrecht für die Bundesrepublik Deutschland, Heidelberg 1998

Hilger, Hans, StVÄG 1999 und Verteidigung, in Hanack, Ernst-Walter / Hilger, Hans / Mehle, Volkmar / Widmaier, Gunter (Hrg.), FS für Peter Rieß, Berlin, New York 2002 S 171–184

ders, Vor(feld)ermittlungen / Datenübermittlungen, in Wolter / Rieß / Zöller S 11–24

Hoppe, Corinne, Vorfeldermittlungen im Spannungsverhältnis von Rechtsstaat und der Bekämpfung organisierter Kriminalität, Frankfurt am Main 1999

Lange, Nicole, Vorermittlungen, Frankfurt am Main 1999

Lindner, Nicola, Der Begleitfund, Berlin 1998

Lisken, Hans / Bäumler, Helmut (Hrg.), Handbuch des Polizeirechts, 3. Aufl., München 2001

Merten, Karlheinz, Datenschutz und Datenverarbeitungsprobleme bei den Sicherheitsbehörden, Heidelberg 1985

Notzon, Heike, Zum Rückgriff auf polizeirechtliche Befugnisse zur Gefahrenabwehr im Rahmen der vorbeugenden Verbrechensbekämpfung, Frankfurt am Main 2002

Paeffgen, Hans-Ullrich, »Verpolizeilichung« des Strafprozesses – Chimäre oder Gefahr? in Wolter, Jürgen (Hrsg.): Zur Theorie und Systematik des Strafprozessrechts. Symposium zum 60. Geburtstag von Hans-Joachim Rudolphi, Neuwied 1995 S 13–47

Rachor, Frederik, Vorbeugende Straftatenbekämpfung und Kriminalakten, Baden-Baden 1989

Rieger, Annette, Die Abgrenzung doppelfunktionaler Maßnahmen der Polizei, Frankfurt am Main 1994

Riepl, Frank, Informationelle Selbstbestimmung im Strafverfahren, Tübingen 1998

Rogall, Klaus, Informationseingriff und Gesetzesvorbehalt im Strafprozessrecht, Tübingen 1992

Roggan, Frederik, Handbuch zum Recht der Inneren Sicherheit, Bonn 2003

Schenke, Wolf-Rüdiger, Polizei- und Ordnungsrecht, 3. Aufl., Heidelberg 2004

Scholz, Rupert / Pitschas, Reiner, Informationelle Selbstbestimmung und staatliche Informationsverantwortung, Berlin 1984

Singer, Jens Peter, Die rechtlichen Vorgaben für die Beobachtung der Organisierten Kriminalität durch die Nachrichtendienste in der Bundesrepublik Deutschland, Aachen 2002

Walden, Marcus, Zweckbindung und -änderung präventiv und repressiv erhobener Daten im Bereich der Polizei, Berlin 1996

Velten, Petra, Befugnisse der Ermittlungsbehörden zu Information und Geheimhaltung, Berlin 1995

Warschko, Jeannette, Vorbeugende Verbrechensbekämpfung – Prävention oder Repression? Hamburg 1995

Weichert, Thilo, Informationelle Selbstbestimmung und strafrechtliche Ermittlung, Pfaffenweiler 1990

Weßlau, Edda, Vorfeldermittlungen, Berlin 1989

dies, Vor(feld)ermittlungen, Datentransfer und Beweisrecht, in Wolter / Rieß / Zöller S 57–72

Wolter, Jürgen / Rieß, Peter / Zöller, Mark A. (Hrg.), Datenübermittlung und Vorermittlungen. FG für Hans Hilger, Heidelberg 2003

Zöller, Mark A., Informationssysteme und Vorfeldmaßnahmen von Polizei, StA und Nachrichtendiensten, Heidelberg 2002

I.   Einführung

1   Die Frage nach der Verwertbarkeit präventiv erlangter Erkenntnisse[1] für Zwecke der Strafverfolgung reflektiert einen Trend, der in der Strafverfolgungspraxis zunehmend sichtbar wird. Erkenntnisse werden nicht mehr nur mit den durch die StPO vorgesehenen Mitteln gewonnen, sondern beruhen auch auf Eingriffen im Rahmen polizeilicher Gefahrenabwehr (»Verpolizeilichung des Strafprozesses«[2]) bzw auf Maßnahmen nachrichtendienstlicher[3] Erkenntnisgewinnung.[4] Verwertung

---

1 Sprachlich genauer muss an dieser Stelle zwischen »Erkenntnissen« und »Indizien« differenziert werden. Die Erkenntnis ist als solche bereits das Ergebnis eines Kognitionsprozesses, also der Verknüpfung von Indizien mit polizeilichen (Gefahrenprognose) oder kriminalistischen (Verdachtsklärung) Erfahrungssätzen. Das *indicium* hingegen ist der tatsächliche Anhaltspunkt, auf dessen Grundlage sich der oben genannte Kognitionsprozess entfaltet. Indiz in diesem Sinne kann insbes das personenbezogene Datum sein

2 Paeffgen 13; vgl auch KK-Schoreit § 152 Rn 18 b

3 In Anlehnung an Gröpl 37 und 208 ff Oberbegriff für die Verfassungsschutzämter von Bund und Ländern einerseits und den spezialisierten Nachrichtendiensten auf Bundesebene (BND, MAD) andererseits. Als »Sicherheitsbehörden« werden hingegen die Nachrichtendienste zusammen mit der präventiv tätigen Polizei (insbesondere Vollzugspolizeien der Länder) bezeichnet

4 Vgl hierzu die Diskussion auf dem 20. Strafverteidigertag 1996 zum Thema »Neue Ermittlungsmethoden oder: Der neue Strafprozess – an der Leine der Geheimdienste?«, ebenso Paeffgen GA 2003, 646

»für Zwecke der Strafverfolgung« kann hierbei einerseits die Nutzung als Ermittlungsansatz heißen, andererseits die Verwertung als Beweis in der Hauptverhandlung. Gerade letzterer Bereich ist für die Tätigkeit des Verteidigers von oftmals praktischer Bedeutung, weil die Ermittlungsakten mitunter nicht erkennen lassen, woher bestimmte Erkenntnisse stammen und auf welche Weise sie gewonnen worden sind.[5] Problematisch ist auch die Prozesssteuerung durch Sperrerklärungen, mit deren Hilfe die Sicherheitsbehörden ihre Informanten schützen wollen und Informationen deshalb mitunter nur selektiv preisgeben.[6]

Hintergrund der Problematik ist die – seit den Terroranschlägen vom 11. September 2001 zunehmend in Frage gestellte – rechtliche Ausgestaltung von nachrichtendienstlicher Aufklärung, Gefahrenabwehr und Strafverfolgung als voneinander verschiedene, auf jeweils unterschiedliche Ziele und Werte hin orientierte Systeme unter gleichzeitiger Berücksichtigung datenschutzrechtlicher Belange. Aufgabe der Nachrichtendienste ist hiernach die Früherkennung von überwiegend politisch motivierten Gefahren für die freiheitlich-demokratische Grundordnung. Im Einklang mit dem sog Trennungsprinzip sind diese Dienste organisatorisch von den Polizeibehörden der jeweiligen Ebene getrennt.[7] Sie verfügen über keinerlei hoheitliche Zwangsbefugnisse, sind aber auch nicht an bestimmte Gefahrenschwellen gebunden und richten ihre Tätigkeit allein nach dem Opportunitätsprinzip. Nur auf Landesebene ist ihre funktionelle Einbindung in die allgemeine Verbrechensbekämpfung zulässig. Präventiv-polizeiliches Handeln iSv Gefahrenabwehr ist ebenfalls an den Prinzipien Effektivität und Opportunität orientiert, stellt jedoch eine ereignisbezogene, prognostisch fundierte Reaktion auf eine bestimmte Schadenswahrscheinlichkeit (»konkrete Gefahr«) dar, durch welche das Ziel der Verhinderung des Schadenseintritts verfolgt wird.[8] Beweggründe und Ziele des Störers sind prinzipiell ohne Belang. Im Gegensatz hierzu ist die Strafverfolgung (Repression) eine vergangenheitsbezogene Reaktionsform auf einen eingetretenen Schaden bzw den Versuch einer Schädigung.[9] Sie ist grundsätzlich dem Prinzip der Legalität verpflichtet (§ 152 II StPO), Unrecht und Schuld des Täters sind Gegenstand des Erkenntnisinteresses. Die Pflicht zur umfassenden Aufklärung (§ 244 II StPO) schließt hierbei grundsätzlich auch die Berücksichtigung präventiv gewonnener Erkenntnisse mit ein,[10] stößt jedoch an die Grenze, die das BVerfG im Volkszählungsurteil[11] niedergelegt hat: Für die Erhebung personenbezogener Daten sind jeweils präzise und bereichsspezifische ges Grundlagen erforderlich; die Verwendung derartiger Daten zu einem *anderen* Zweck (Zweckentfremdung) ist ein selbstständiger, die Datengewinnung vertiefender Grundrechtseingriff, der seinerseits einer ges Grundlage bedarf.

---

5 Hierzu näher Strate StV 1992, 34; Weßlau, Datentransfer 70. Abhilfe schaffen kann hier nur die Pflicht zur »übermittlungsfesten« Kennzeichnung, wie sie das BVerfG für verfassungsrechtlich geboten hält (BVerfGE 100, 313, 360) und der Gesetzgeber dies entsprechend in § 4 II 1 sowie § 6 II 1 G 10 umgesetzt hat. In den Sicherheitsgesetzen selbst (zB § 20 BVerfSchG, vgl Rn 28 a) fehlt eine solche Kennzeichnungspflicht indes

6 Näher Velten 57 ff. Zu den hieraus erwachsenden beweisrechtlichen Problemen vgl Rn 43

7 Vgl aber auch die institutionelle Innovation eines »Polizeilichen Informations- und Analysezentrums Internationaler Terrorismus« in Berlin-Treptow, in dem BKA, BVerfSch, BND, MAD sowie die LÄVerfSch zusammenarbeiten sollen. Krit »Wunderwaffe mit Ladehemmung«, Süddeutsche Zeitung vom 28. 4. 2005

8 Staechelin ZRP 1996, 431

9 Staechelin aaO Fn 8

10 BGH StV 1991, 403 = NJW 1991, 2651 = NStZ 1992, 44 (»Videoentscheidung«)

11 BVerfGE 65, 42 = NJW 1984, 419

3 Ausgehend von diesem für die Erhebung personenbezogener Daten aufgestellten Grundsatz haben die Gesetzgeber von Bund und Ländern seit dem Volkszählungsurteil das Datenschutzrecht als Querschnittsregelung sowie die Polizeigesetze novelliert und die Tätigkeit der Nachrichtendienste auf ges Grundlagen gestellt.[12] Der im Datenschutzrecht ieS gebräuchliche Begriff des personenbezogenen Datums ist iSv § 3 I BDSG als Einzelangabe über persönliche oder sachliche Verhältnisse einer bestimmten oder bestimmbaren natürlichen Person zu verstehen. Zu unterscheiden ist schließlich zwischen sog Untersuchungsbefunden, die im Rahmen einer gezielten Maßnahme gewonnen worden sind, und Zufallsfunden, die im Rahmen einer anderweitig abzielenden Maßnahme eben nur zufällig bzw im Rahmen anlass- und verdachtsunabhängiger Kontrollen zur Kenntnis der Sicherheits- oder Strafverfolgungsbehörden gelangt sind.[13]

4 Die Problembereiche, die sich bei der prozessualen Verwertung präventiv gewonnener Erkenntnisse ergeben, lassen sich vor diesem Hintergrund wie folgt umreißen:

- Formen präventiver Erkenntnisgewinnung durch die Polizei (II.)
- Übermittlung präventiv gewonnener Indizien an die Strafverfolgungsbehörden (III.)
- Prozessuale Verwertbarkeit rechtmäßig gewonnener und übermittelter Indizien (IV.)
- Auswirkung der Rechtswidrigkeit der Indiziengewinnung auf die Verwertbarkeit zu Beweiszwecken (V.).
- Problem selektiver Übermittlung und Prozesssteuerung (VI.)

Das folgende Schaubild gibt im oberen Teil einen Überblick über die verschiedenen Wege polizeilicher Erkenntnisgewinnung. Dem stehen im unteren Teil die jeweiligen Sicherheitsbehörden gegenüber, die mit der Informationsgewinnung betraut sind. Die gestrichelten bzw gepunkteten Linien markieren die Wege der Informationsübermittlung im Falle der Nachrichtendienste zunächst an die Vollzugspolizei, aber auch direkt an die Strafverfolgungsbehörden. Die vertikal gestrichelte Linie symbolisiert die Grenze zwischen den Zwecken Prävention und Repression, deren Überschreitung bei der Übermittlung personenbezogener Daten (»Zweckentfremdung«, Schaubild 1 –) nach der Rechtsprechung des BVerfG bereits eigenständigen Eingriffscharakter hat. Nicht dargestellt ist in dem Schema, dass die Strafverfolgungsbehörden umgekehrt auch Auskunftsersuchen an diejenigen LÄVerfSch stellen dürfen, deren Aufgabenbereich um die OK-Beobachtung erweitert ist.[14]

---

12 Gesetz zur Fortentwicklung der Datenverarbeitung und des Datenschutzes vom 20. 12. 1990 (BGBl I 1990, 2954, hierzu Bäumler NVwZ 1991, 643); zur vorangegangenen Rechtslage Merten

13 Vgl hierzu insbes SK-StPO-Wolter Vor § 151 Rn 56 a, 181–193 sowie Lindner. Von Bedeutung ist dieser Themenkreis aktuell für die Videoüberwachung öffentlicher Straßen und Plätze (Zöller 83 ff) sowie für die automatisierte Kfz-Kennzeichenerfassung insbes an Grenzübergangsstellen. Der neu eingeführte § 6 b BDSG (BGBl I 2001, 904) selbst eröffnet keine Befugnis zu derartigen Überwachungsmaßnahmen

14 Explizit ausgeschlossen in § 17 I BVerfSchG, in den VerfSchG der Länder offengelassen. Zu Übermittlungen »auf Ersuchen des Empfängers« auch § 15 II 2 BDSG

Krüßmann

**Übersicht über die Formen präventiver Erkenntnisgewinnung durch die Polizei
(Schaubild 1)**

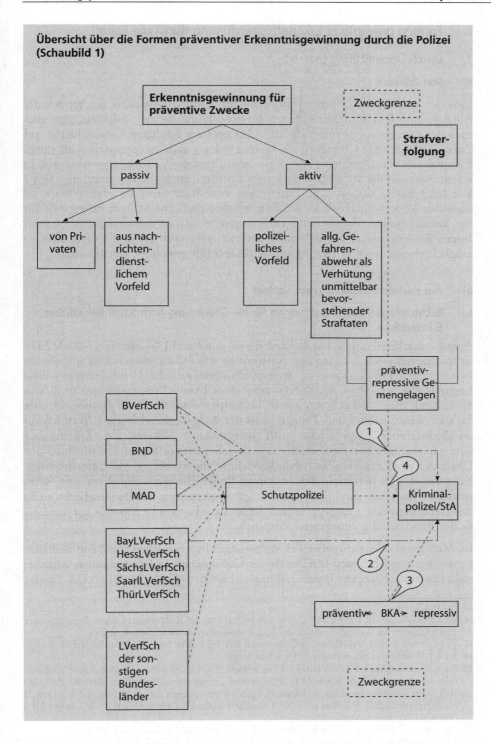

II. Formen präventiver Erkenntnisgewinnung durch die Polizei

1. Durch Übermittlung (passiv)

a) Von Privaten

5 Eine der wichtigsten Informationsquellen für die Vollzugspolizei im Bereich der Alltagskriminalität sind Mitteilungen Privater. Hinweise auf Gefahrenlagen, aber auch personenbezogene Informationen über geplante Straftaten können hierbei auf Zufallsbeobachtungen beruhen, sie können jedoch auch systematisch – zB durch Einschaltung von Detekteien oder Sicherheitsdiensten – gewonnen worden sein. In jedem Fall stellt die Weitergabe derartiger Erkenntnisse keine Übermittlung iSv § 3 V 2 Nr. 3 BDSG dar, weil die Daten nicht *vom Staat* unter Verfolgung eines bestimmten Verwendungszwecks erhoben worden sind. Die »Übermittlung« ist für die Vollzugspolizei datenschutzrechtlich gesehen daher Informationserhebung.[15] Ihrer »Verwertbarkeit« für präventive Zwecke steht auch nicht entgegen, dass sie möglicherweise unter Verletzung der §§ 201 ff StGB gewonnen worden sind.

b) Aus nachrichtendienstlichem Vorfeld

aa) Rechtmäßigkeitsvoraussetzungen für die Gewinnung nachrichtendienstlicher Erkenntnisse

6 Aufgabe der Verfassungsschutzbehörden von Bund und Ländern sowie des MAD[16] ist traditionell die Sammlung und Auswertung von Informationen über inländische Bestrebungen insbes gegen die freiheitlich-demokratische Grundordnung sowie Bestand oder Sicherheit des Bundes oder eines Landes.[17] Bestrebungen in diesem Sinne sind allein *politisch* motivierte Verhaltensweisen,[18] nur in Bayern, Hessen, Sachsen, dem Saarland und Thüringen ist der Aufgabenbereich der LÄVerfSch auf die Beobachtung (unpolitischer) OK ausgeweitet.[19] Während also Erkenntnisse über geplante Straftaten außerhalb des Staatsschutzstrafrechts größtenteils bloß den Charakter von Zufallsfunden haben können, ist die Erhebung von Untersuchungsbefunden im OK-Bereich in den genannten Bundesländern rechtlich zulässig. Während aber nach hM einer derartigen Aufgabenausweitung auf Bundesebene (noch) das Trennungsprinzip entgegensteht,[20] findet das »bayerische Modell« auf der Ebene der Bundesländer zunehmend Zuspruch.

7 Im Mittelpunkt der Befugnisse der Verfassungsschutzbehörden von Bund und Ländern sowie von BND und MAD steht die Gewinnung von Informationen, darunter insbes personenbezogene Daten, mit nachrichtendienstlichen Mitteln.[21] Der Einsatz

---

15 Ernst 172

16 § 1 I MADG (BGBl I 1990, 2977), aber nur, sofern sich die Bestrebungen gegen Personen oder Einrichtungen im Geschäftsbereich des Bundesministers für Verteidigung richten

17 §§ 1 I iVm 3 I Nr. 1 BVerfSchG; stellvertretend Art. 1 I 1 iVm 3 I 1 Nr. 1 BayVerfSchG

18 § 4 I 1 BVerfSchG; näher Zöller 329 ff sowie Singer

19 Bayern hat mit Art. 1 I 2 iVm Art. 3 I 1 Nr. 5 sowie Art. 6 II Nr. 1 BayLVerfSchG eine Vorreiterrolle übernommen. Krit Koch ZRP 1995, 24 und Frister, vom BayVerfGH BayVBl 1998, 177 aber nicht beanstandet. Entsprechende Aufgabenerweiterungen finden sich in § 2 I 2 iVm II Nr. 5 HessVerfSchG, § 1 iVm § 3 I Nr. 4 SaarlVerfSchG, § 2 I Nr. 5 ThürVerfSchG sowie § 1 I iVm § 2 I Nr. 5 SächsVerfSchG

20 Für einen Überblick über den Streitstand vgl von Denkowski Kriminalistik 2003, 212

21 § 8 II BVerfSchG, hierauf verweisend § 4 I MADG und § 3 BNDG, für das Landesrecht stellvertretend Art. 4 ff BayVerfSchG. Hiervon umfasst sind zB der Einsatz von Vertrauensleuten und Gewährspersonen, Observationen sowie Bild- und Tonaufzeichnungen; näher Gröpl 208 ff sowie Haedge

Krüßmann

**Formen passiver Erkenntnisgewinnung der Polizei
(Schaubild 2:)**

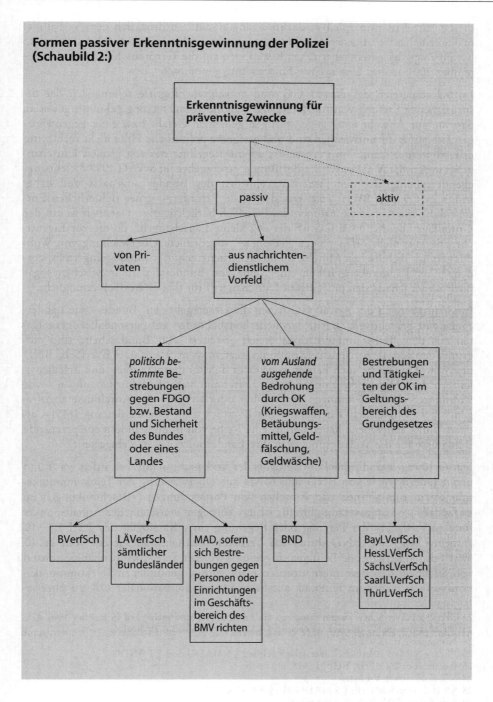

dieser Mittel ist prinzipiell verdachtsabhängig[22] und ausdrücklich dem Verhältnismäßigkeitsprinzip unterworfen.[23] Die Ausgestaltung der entsprechenden Befugnisse hat im Zuge der gesetzgeberischen Reaktionen auf die Terroranschläge vom 11. September 2001 zuletzt eine rasante Entwicklung genommen.

7 a Im Schutzbereich des Art. 13 GG sind präventive Eingriffe schon nach der ursprünglichen Fassung von Art. 13 III GG[24] an die Voraussetzung geknüpft gewesen, dass sie zur Abwehr einer gegenwärtigen gemeinen Gefahr bzw einer gegenwärtigen Lebensgefahr unerlässlich sind und geeignete polizeiliche Hilfe nicht rechtzeitig erlangt werden kann.[25] Im Anschluss an die Regelung des sog großen Lauschangriffs in Art. 13 IV GG nF[26] hat der Bundesgesetzgeber im StVÄG 1999 die entsprechenden Befugnisse der Sicherheitsbehörden des Bundes angepasst und dabei insbes in § 9 II 3 BVerfG das grundsätzliche Erfordernis einer richterlichen Entscheidung für Abhörmaßnahmen des BVerfSch berücksichtigt. Daneben ist auf der Grundlage von Art. 13 V GG nF der sog kleine Lauschangriff, dh die zur Eigensicherung von nicht offen tätigen Personen[27] angeordnete Überwachung von Wohnungen mit technischen Mitteln, in das Sicherheitsrecht des Bundes eingestellt worden.[28] Auf Länderebene haben eine Reihe von Bundesländern inzwischen sogar noch weitergehend den präventiven Lauschangriff für ihre LÄVerfSch ermöglicht.[29]

7 b Im Schutzbereich des Art. 10 GG haben die Gesetzgeber auf Bundes- wie Länderebene den präventiven Zugriff der Sicherheitsbehörden auf personenbezogene Daten aus dem Telekommunikationsbereich erweitert. Auf Bundesebene sind aufgrund des sog Terrorismusbekämpfungsgesetzes vom 9. 1. 2002[30] BVerfSch, BND und MAD nunmehr auch befugt, gegenüber Telekommunikations- und Teledienstleistern Berechtigungskennungen sowie Kartennummern, Standortkennungen sowie Rufnummern und Kennungen angewählter oder anwählender Anschlüsse abzufragen.[31] § 9 IV BVerfSchG berechtigt das BVerfSch zum Einsatz des sog IMSI-Catchers. Auf Länderebene haben bereits eine Reihe von Bundesländern entsprechende Befugnisse für die Vollzugspolizei in ihre Landespolizeigesetze eingestellt.[32]

8 Das G 10 regelt traditionell die Befugnis der Verfassungsschutzbehörden von Bund und Ländern sowie von BND und MAD zur Überwachung der Telekommunikation sowie zum Öffnen und Einsehen von Postsendungen (»Beschränkungen im Einzelfall«).[33] Voraussetzung hierfür ist das Vorliegen »tatsächlicher Anhaltspunkte für den Verdacht« der Planung oder Begehung einer Katalogtat des § 3 I 1 G 10. Daneben war dem BND durch das Verbrechensbekämpfungsgesetz vom 28. 10. 1994[34] die weitergehende Befugnis eingeräumt worden, verdachtsunabhängig anhand von Suchbegriffen den internationalen *nicht* leitungsgebundenen Telekommunikationsverkehr insbes im Hinblick auf Sachverhalte internationaler OK zu überwa-

---

22 ZB § 9 I 1 BVerfSchG: »wenn Tatsachen die Annahme rechtfertigen«; krit Frister StV 1996, 455
23 § 8 XIII BVerfSchG (hierauf verweisend § 4 MADG), ebenso § 2 IV BNDG
24 Nunmehr Art. 13 VII GG
25 Ebenso § 9 II 1 BVerfSchG, hierauf verweisend § 5 MADG und § 3 BNDG
26 Gesetz vom 26. 3. 1998, BGBl I 1998, 610
27 VE, noeP sowie V-Leute
28 § 9 II 8 BVerfSchG nF; § 5 MADG nF; § 3 BNDG nF
29 Krit Baldus NVwZ 2003, 1289 mwN
30 BGBl I 2002, 361
31 § 8 VIII BVerfSchG, § 3 III a BNDG, § 10 III MADG
32 ZB § 33 a NdsSOG, § 31 RhPfPOG, § 34 a ThürPAG
33 § 1 I Nr. 1 iVm § 2 G10
34 BGBl I 1994, 3186; hierzu Arndt NJW 1995, 169; Dahs NJW 1995, 553; Neumann StV 1994, 273; Köhler StV 1994, 386

Krüßmann

chen (»strategische Beschränkung«).[35] Diese von Anfang an umstrittene Kompetenz hat das BVerfG mehrmals beschäftigt,[36] zuletzt im Urteil vom 14. 7. 1999,[37] in dem das Gericht die Verfassungsmäßigkeit des Eingriffs in Art. 10 GG weitgehend (mit Ausnahme des Bereichs der Geldfälschung) bestätigt, jedoch im Hinblick auf die weitere Verwertung der Daten eine Reihe von Nachbesserungen verlangt hat. Das daraufhin neugefasste G 10[38] stellt nicht nur den Versuch dar, die Vorgaben des BVerfG ges umzusetzen, sondern nimmt die Novellierung des G 10 zum Anlass, auch weiterreichende Änderungen einzuführen. So ist die Befugnis des BND zur strategischen Beschränkung nunmehr auch auf den leitungsgebundenen Telekommunikationsverkehr (§ 5 G 10 nF) erweitert worden. Außerdem sieht die Neufassung in § 8 G 10 die Möglichkeit vor, bei Krisensituationen im Ausland, in denen Gefahr für Leib oder Leben einer Person im Ausland besteht, gezielt auch ausländische Telekommunikation abzuhören.[39]

Bei der Beobachtung von Bestrebungen und Tätigkeiten der OK[40] verfügen die LÄVerfSch in denjenigen Bundesländern, die eine entsprechende Aufgabenerweiterung in ihr Landesrecht aufgenommen haben, grundsätzlich über dasselbe Arsenal nachrichtendienstlicher Mittel wie bei der Aufklärung politisch motivierter Bestrebungen.[41] Für Einsätze im Schutzbereich des Art. 13 GG musste jedoch angesichts des auf die OK-Beobachtung erweiterten Aufgabenbereichs die Zulässigkeitsschwelle gegenüber der bundesrechtlichen Regelung[42] abgesenkt werden. So verweist zB der neugefasste Art. 6 a I 1 BayLVerfSchG auf die Eingriffsvoraussetzungen des G 10 für Beschränkungen in Einzelfällen bzw auf die Begehung von Katalogtaten des § 100 a StPO bzw verlangt das Vorliegen tatsächlicher Anhaltspunkte für die Begehung von Straftaten aus dem Spektrum der §§ 129, 129 a, 129 b, 130 oder 131 StGB. Die Regelungen in den anderen Bundesländern folgen diesem Beispiel, variieren jedoch in Details.[43]

9

bb) Übermittlung von Erkenntnissen an die Vollzugspolizeien der Länder

Die Weitergabe personenbezogener Daten durch die Nachrichtendienste an die Vollzugspolizeien der Länder ist für die Betroffenen ohne Eingriffsqualität, weil sie im Rahmen eines einheitlichen Präventionszwecks erfolgt. Die betreffenden Rege-

10

---

35 §§ 1 I Nr. 2 iVm 3 I 2 Nr. 2–6 G10 aF
36 Zur Vorgeschichte ua Paeffgen StV 1999, 668
37 BVerfGE 100, 313 = NJW 2000, 55 = EuGRZ 1999, 389; hierzu Amelung, StV 2001, 131; Arndt NJW 2000, 47; Huber NVwZ 2000, 393; Krüßmann JA 2000, 104; Möstl DVBl 1999, 1394; Müller-Terpitz Jura 2000, 296; Sachs JuS 2000, 597; Schrader DuD 1999, 650; Staff KritJ 1999, 586; Weingart, BayVBl 2001, 33; Wollweber, DVBl 2000, 574
38 G 10 neugefasst durch Art. 1 des Gesetzes zur Neuregelung von Beschränkungen des Brief-, Post- und Fernmeldegeheimnisses vom 26. 6. 2001 (BGBl I 2001, 1254). Zum Hintergrund vgl Rn 8 sowie Huber NJW 2001, 3296 und Wollweber ZRP 2001, 213
39 Anlass war die Geiselnahme auf den Philippinen (Jolo) im Frühjahr 2000. Näher Wollweber ZRP 2001, 213
40 Die einschlägigen landesrechtlichen Vorschriften übernehmen sämtlich die Definition des OK-Begriffs in Nr. 2.1 Anl E RiStBV. Damit wirkt eine nicht einmal kriminologisch gesicherte und wegen ihrer Breite vielfach kritisierte Definition befugnisbegründend
41 Art. 6 II Nr. 1 BayVerfSchG
42 Vgl Rn 7 a. Die Voraussetzung einer gegenwärtigen gemeinen Gefahr bzw einer gegenwärtigen Lebensgefahr für einzelne Personen wäre bei der OK-Beobachtung ansonsten zumeist nicht erfüllbar gewesen
43 § 7 II ThürVerfSchG: §§ 129 a, 129 b StGB nicht enthalten; § 5 IV SächsVerfSchG: Verdacht der Planung oder Begehung von Katalogtaten des § 100 c StPO bzw §§ 331–334 StGB; § 5 II Hess-VerfSchG sowie § 8 III SaarlVerfSchG: nicht §§ 129 a, 129 b StGB, neben Katalogtaten des § 100 a StPO auch §§ 261, 263 bis 265, 265 b, 266, 267 bis 273, 331 bis 334 StGB

Krüßmann

lungen in den einschlägigen Gesetzen begründen die Übermittlungsbefugnis lediglich für interne Zwecke.[44]

2. Durch eigene Maßnahmen (aktiv)

a) Vollzugspolizeien der Länder

aa) Eingriffsschwelle und polizeiliches Vorfeld

11 Nach klassischem Polizeirecht ist die Vollzugspolizei zu Eingriffsmaßnahmen nur bei Vorliegen einer konkreten Gefahr im Sinne einer hinreichenden Wahrscheinlichkeit des Eintritts eines Schadens für ein Schutzgut der öffentlichen Sicherheit oder Ordnung befugt.[45] Unterhalb dieser Eingriffsschwelle stehen ihr nur die Handlungsformen des schlicht-hoheitlichen Handelns zur Verfügung. Gegenüber dieser klassischen Unterscheidung hat sich jedoch in den vergangenen Jahren mehr und mehr die Anerkennung eines polizeilichen Vorfeldes durchgesetzt, in dem nunmehr die Polizei nach entsprechenden Novellierungen der Landespolizeigesetze zum Teil auch zu hoheitlichen Maßnahmen befugt ist.

bb) Vorratssammlung und Gefahrerforschung

12–13 Die Eröffnung des polizeilichen Aufgabenbereichs bedeutet nach allgemeiner Meinung nicht die Befugnis auch nur zu schlicht-hoheitlichem Handeln zwecks Vorratssammlung personenbezogener Daten (zB zum Zwecke der Entdeckung gesellschaftlicher Krisenherde und hieraus für die Zukunft zu befürchtender Straftaten).[46] Die im Schrifttum genannten Begründungen sind vielfältig und reichen von einem Verstoß gegen das Trennungsprinzip sowie die Grundsätze der freiheitlichen Verfassung und Gesellschaftsordnung sowie des Rechtsstaatsprinzips über den Verstoß gegen das Recht auf informationelle Selbstbestimmung bis hin zur Verletzung des strafprozessualen *fair trial*-Grundsatzes.[47] Dagegen ist die Notwendigkeit polizeilichen Handelns zum Zwecke der Gefahrerforschung in Situationen, in denen aufgrund der konkreten Umstände *ex ante* noch keine eindeutige Gefahrenprognose gestellt werden kann, im Kern anerkannt. Str ist allerdings, in welchem Umfang die Polizei zu Eingriffen befugt ist.[48]

cc) Vorbeugende Verbrechensbekämpfung bzw Vorfeldermittlungen

14 Der klassische polizeiliche Aufgabenbereich der Abwehr konkreter Gefahren ist in den letzten Jahren unter dem Eindruck der Diskussion um eine Effektivierung der OK-Bekämpfung auf die vorbeugende Verbrechensbekämpfung[49] bzw die Abwehr

---

44 § 19 I BVerfSchG, hierauf verweisend § 11 I MADG sowie § 9 I BNDG; im Landesrecht zB Art. 14 I 1 BayVerfSchG. Eine vergleichbare Regelung findet sich in § 24 BKAG (BGBl I 1997, 1650) für die Übermittlung an das BKA, soweit dessen präventive Kompetenz zum Schutz von Mitgliedern der Verfassungsorgane (§ 5 BKAG) sowie von Zeugen (§ 6 BKAG) berührt ist. Schließlich sieht auch das G 10 Übermittlungsbefugnisse sowohl für Erkenntnisse aus Beschränkungen im Einzelfall (§ 4 IV Nr. 1 G 10) als auch aus strategischen Beschränkungen (§ 7 IV 1 G 10) vor. Neu ist darüber hinaus die Übermittlungsbefugnis in § 8 VI 1 G 10

45 BVerwGE 28, 310, 315 = DÖV 1968, 285

46 In diesem Sinne das BVerfG für die Erhebung personenbezogener Daten (Volkszählungsurteil aaO Fn 9). Ein Bedürfnis nach Vorratsspeicherung wird hier nur bei Datenerhebungen für statistische Zwecke anerkannt

47 SK-StPO-Wolter Vor § 151 Rn 156; KK-Schoreit § 152 Rn 18 a, 18 c; Aulehner 128; Weßlau Vorfeldermittlungen 108

48 Näher Zöller 94

49 ZB § 1 I 2 PolGNW

Formen aktiver Erkenntnisgewinnung durch die Polizei (Schaubild 3)

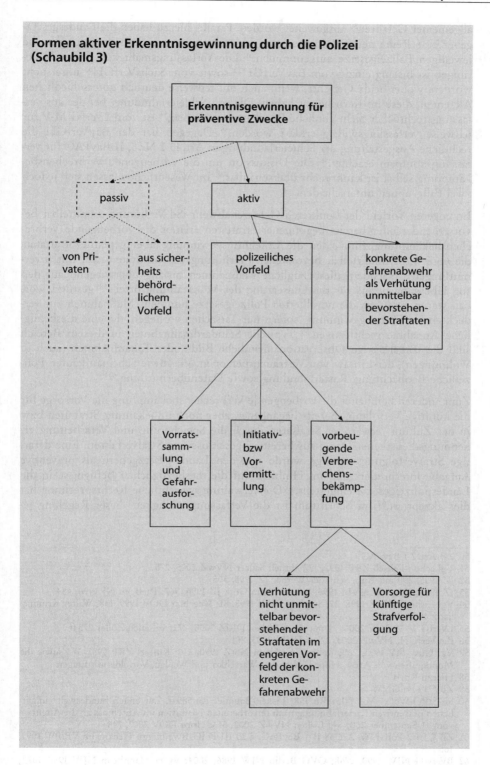

allgemeiner Gefahren[50] ausgeweitet worden. Parallel hierzu haben die Landesgesetzgeber eine Reihe neuer Befugnisse zur verdeckten Informationsgewinnung in die jeweiligen Polizeigesetze aufgenommen.[51] Die Verfassungsmäßigkeit dieser Neuerungen ist bislang einzig vom BayVerfGH[52] sowie vom SächsVerfGH[53] untersucht worden, wobei beide Gerichte, wenn auch mit teilweise deutlich unterschiedlichen Akzenten, diese im Kern bejaht haben. Die sog Schleierfahndung, bei der aus verfassungsrechtlicher Sicht ähnliche Probleme auftauchen,[54] ist vom LVerfG M-V für teilweise verfassungswidrig erklärt worden.[55] Dagegen hat der BayVerfGH die rechtliche Ausgestaltung der Schleierfahndung in Art. 13 I Nr. 5, II BayPAG für verfassungskonform erachtet.[56] Die Diskussion um die vorbeugende Verbrechensbekämpfung selbst ist kaum mehr überschaubar.[57] Im Wesentlichen lassen sich jedoch zwei Fallgruppen unterscheiden.

15   Im engeren Vorfeld der konkreten Gefahrenabwehr iSd Verhütung unmittelbar bevorstehender oder bereits begonnener Straftaten erlaubt die vorbeugende Verbrechensbekämpfung zum einen die Erkenntnisgewinnung über geplante Straftaten, die *noch nicht* unmittelbar bevorstehen (Verhütung von Straftaten iwS, Initiativermittlungen). Nachdem diesbezügliche Maßnahmen bislang überwiegend auf den sog Übergangsbonus für die Umsetzung des Volkszählungsurteils[58] gestützt worden waren, erlauben die novellierten Polizeigesetze nunmehr Maßnahmen zur verdeckten Erkenntnisgewinnung, sofern nur Tatsachen vorliegen, die eine diesbezügliche Annahme rechtfertigen.[59] Typische Standardmaßnahmen in diesem Bereich sind die längerfristige Observation, heimliche Bild- oder Tonaufnahmen (auch in Wohnungen), der Einsatz von Vertrauenspersonen, VE sowie Scheinaufkäufer, Polizeiliche Beobachtung, Rasterfahndung sowie Datenübermittlung.[60]

16   Zum anderen beinhaltet die vorbeugende Verbrechensbekämpfung die Vorsorge für die künftige Verfolgung bereits begangener, aber noch unbekannter Straftaten bzw in der Zukunft erwarteter Straftaten durch die Speicherung und Verarbeitung erkennungsdienstlicher Daten aus bereits abgeschlossenen Strafverfahren. Eine derartige Strafverfolgungsvorsorge wurde von den Landesgesetzgebern als präventive Aufgabe interpretiert und im Hinblick auf die diesbezüglichen Befugnisse in die Landespolizeigesetze eingestellt.[61] Die verwaltungsgerichtliche Rechtsprechung hat dies akzeptiert,[62] im Schrifttum ist die Verfassungsmäßigkeit dieser Regelung je-

---

50 ZB Art. 2 I BayPAG
51 Vgl schon Peitsch ZRP 1992, 127, aktuell Saurer NVwZ 2005, 275
52 JZ 1995, 299 mit Anm Schrader/Werner JZ 1995, 305
53 JZ 1996, 957 = SächsVBl 1996, 160 mit Anm Götz JZ 1996, 967; Paeffgen NJ 1996, 454
54 Vgl Lisken NVwZ 1998, 22; Stephan DVBl 1998, 81; Waechter DÖV 1999, 138; Walter Kriminalistik 1999, 290
55 LVerfG M-V DÖV 2000, 71 mit Anm Lisken DRiZ 2000, 272; vgl auch Zöller 273 ff
56 BayVerfGH, NVwZ 2003, 728 = DVBl 2003, 861
57 Vgl Gusy StV 1993, 269; Keller/Griesbaum NStZ 1990, 416; Kniesel ZRP 1987, 377 sowie die Monografien von Artzt, Hoppe, Notzon , Warschko und Weßlau, Vorfeldermittlungen
58 Hierzu Rn 41
59 ZB § 19 PolGNW
60 SK-StPO-Wolter Vor § 151 Rn 158; Lisken/Bäumler Rn 589 ff. Zur ersten bundesweit einheitlichen präventiven Rasterfahndung nach terrorbereiten Islamisten im Anschluss an die Attentate vom 11. September 2001 vgl Lisken NVwZ 2002, 513; Horn DÖV 2003, 746
61 ZB § 1 I 2 PolGNW, Art. 38 II 1 BayPAG, § 20 III PolG-BW; hierzu Heckmann VBlBW 1992, 165
62 BVerwG NJW 1990, 2768; OVG Berlin NJW 1986, 2004; VGH Mannheim NJW 1987, 3022; VGH München NJW 1984, 2235; abweichend noch VG Frankfurt NJW 1987, 2248

doch sehr umstritten.[63] Der durch das StVÄG 1999 eingeführte § 484 StPO regelt nunmehr die Strafverfolgungsvorsorge durch Strafverfolgungsbehörden, lässt die bisherige Praxis jedoch unberührt.[64]

b)   BKA

Neben den Vollzugspolizeien der Länder verfügt das BKA im Rahmen seiner prä-   **17** ventiven Aufgaben[65] über die Befugnis zur Anwendung »besonderer Mittel der Datenerhebung«. § 23 II BKAG zählt hierzu die längerfristige Observation, den Einsatz technischer Mittel *außerhalb* von Wohnungen für akustische oder optische Aufzeichnungen sowie den Einsatz von V-Leuten. Eingriffsvoraussetzungen sowie Behördenleitervorbehalt als prozedurale Sicherung sind in § 23 I, III BKAG im einzelnen geregelt. Daneben hat das BKA durch die Neufassung des BKAG 1997[66] erstmals die Befugnis erhalten, bei Strafverfolgungsmaßnahmen zur Eigensicherung von noeP technische Mittel *innerhalb oder außerhalb* von Wohnungen einzusetzen.[67] Personenbezogene Daten, die im Rahmen seiner Strafverfolgungstätigkeit gewonnen worden sind, dürfen schließlich für Zwecke der Strafverfolgungsvorsorge gespeichert und genutzt werden.[68]

III.   Übermittlung präventiv gewonnener Indizien an die Strafverfolgungsbehörden

1.   Grundsatz

Während im bislang dargestellten sicherheitsbehördlichen Vorfeld die Gewinnung   **18** und Übermittlung von »Erkenntnissen« zentrale Bedeutung hatte, verengt sich der Blickwinkel nunmehr auf Indizien.[69] Zwar mag die Mitteilung einer Erkenntnis an die Strafverfolgungsbehörden einen Anfangsverdacht auslösen. Mit fortschreitenden Ermittlungen dürfen sich Polizei und StA jedoch nicht nur fremde Erkenntnisse zueigen machen und darauf vertrauen, diese Erkenntnisse durch Zeugenvernehmung der Auskunftsperson in die Hauptverhandlung einführen zu können.[70] Sie müssen vielmehr selbst aufgrund von zu ermittelnden Indizien Verdachtsklärung betreiben und ggf die nötigen Beweise für die spätere Hauptverhandlung durch richterliche Untersuchungshandlungen sichern lassen. Wo deshalb über die Mitteilung einer Erkenntnis hinaus Indizien von den Sicherheitsbehörden übermittelt werden, kann es sich prinzipiell um beliebige Gegenstände handeln.[71] Zumeist jedoch sind personenbezogene Daten Gegenstand der Übermittlung, die im Rahmen der – insbes nachrichtendienstlichen – Aufklärung gewonnen worden sind.

---

63 Überblicke über den Streitstand bei Gusy StV 1993, 271; KK-Schoreit § 152 Rn 18 b; Riepl 224; SK-StPO-Wolter Vor § 151 Rn 160; s auch Rachor
64 § 484 IV StPO
65 §§ 22 iVm 5 BKAG: Schutz von Mitgliedern der Verfassungsorgane; §§ 26 I iVm 6 BKAG: Zeugenschutz, soweit das BKA gem § 4 BKAG über die originäre Strafverfolgungskompetenz verfügt; vgl hierzu im einzelnen Ahlf ua
66 Vgl Fn 36
67 § 16 I, II BKAG, krit hierzu aus unterschiedlicher Sicht Schreiber NJW 1997, 2137 (2144) und Riegel NJW 1997, 3408 (3409)
68 § 20 BKAG
69 Zur Begriffsverwendung vgl Fn 1
70 Zu den Gefahren einer Prozesssteuerung durch Sperrerklärungen und selektive Informationsfreigabe Rn 1 sowie 43
71 ZB Fotografien, Spuren oder Fingerabdrücke auf bestimmten Gegenständen, etc

18 a Ausschlaggebend für die Rechtsgrundlage einer Indizienübermittlung ist die Frage, ob diese Übermittlung Eingriffsqualität hat. Handelt es sich bei den zu übermittelnden Indizien *nicht* um personenbezogene Daten, reicht die allgemeine Pflicht zur Leistung gegenseitiger Rechts- und Amtshilfe aus Art. 35 I GG aus. Dagegen ist seit dem Volkszählungsurteil[72] das Erfordernis einer präzisen und bereichsspezifischen ges Grundlage für jede Erhebung und Verwendung personenbezogener Daten anerkannt. Darüber hinaus folgt aus dem Grundrecht auf informationelle Selbstbestimmung der Grundsatz der Zweckbindung personenbezogener Daten: Jedes Überschreiten der in der jeweiligen Eingriffsbefugnis zu normierenden Zwecksetzung stellt einen selbstständigen, die Datengewinnung bzw die erste Datenverarbeitung intensivierenden Grundrechtseingriff (»Informationseingriff«[73]) dar, der als Zweckentfremdung einer eigenen spezifischen ges Rechtfertigung bzw der Einwilligung des Betroffenen bedarf. Das generell für Behörden geltende Gebot, sich gegenseitig Amtshilfe zu leisten, reicht als Ermächtigung für die Zweckentfremdung nicht aus. Diese Grundsätze des BVerfG sind inzwischen für die Datenverarbeitung in den §§ 4 I, 14 II, 15 III 2 BDSG positivrechtlich ausgestaltet, der Begriff der Datenübermittlung ist in § 3 V Nr. 3 BDSG definiert. Dieselben Grundsätze kommen entsprechend für den Umgang mit personenbezogenen Erkenntnissen bzw Informationen zur Anwendung. In der Mehrzahl der Landespolizeigesetze ist schließlich auch das Zweckbindungsgebot positivrechtlich normiert[74] bzw kommt über die jeweils subsidiär geltenden Landesdatenschutzgesetze zur Anwendung.

2. Reichweite des Zweckbindungsgebots

19 Das Verhältnis zwischen polizeilicher Gefahrenabwehr und Strafverfolgung ist grundsätzlich von Zweckverschiedenheit charakterisiert.[75] In der Praxis treten jedoch nicht selten präventiv-repressive Gemengelagen auf, die Probleme sowohl im Hinblick auf die Frage der datenschutzrechtlichen Bereichs- und damit Zweckfestlegung als auch im Hinblick auf die Bestimmung der jeweiligen Eingriffsvoraussetzungen schaffen. Von besonderer Bedeutung ist dies zum einen bei Initiativermittlungen, bei denen Polizei und StA gehalten sind, mit dem Ziel der »Klärung des Anfangsverdachts/der Gefahrenlage« eng zusammenzuarbeiten,[76] zum anderen bei sog doppelfunktionalen Maßnahmen, bei denen die Zwecke der Strafverfolgung und der Gefahrenabwehr mit ein und derselben Maßnahme verfolgt werden.[77]

20 Die Rspr des BGH zum Problem der Übermittlung präventiv gewonnener personenbezogener Daten an die Strafverfolgungsbehörden bei präventiv-repressiven Gemengelagen ist uneinheitlich und scheint sich einer Systematisierung eher zu entziehen:

---

72 AaO Fn 9
73 Rogall ZStW 1991, 907, 930 sowie ders Informationseingriff
74 Nachweis bei Soiné Kriminalistik 1997 Fn 97
75 Vgl Rn 2
76 Nr. 6.4. Anl E RiStBV. In der Lit. wird hiergegen eingewandt, dass in derartigen Gemengelagen faktisch ein Informationsverbund zwischen Vollzugs- und Kriminalpolizei entstehe, der zwangsläufig zu einer Verletzung des Zweckbindungsgebots jedenfalls für personenbezogene Daten führt. Vgl Wolter ZStW 1995, 825; krit auch Schoreit DRiZ 1991, 322; Strate StV 1992, 35
77 Vgl Rn 25; abzugrenzen sind derartige »echte« doppelfunktionale Maßnahmen (Schwan Verw-Archiv 1979, 109, 128) insbes von den Fällen der Aufgabenkollision sowie von präventiv-repressiven Maßnahmenbündeln (Ehrenberg/Frohne Kriminalistik 2003, 738; Walden 175)

Krüßmann

Die Videoentscheidung[78] vom 14.5. 1991 ist das erste Urteil, in dem sich der BGH   **21**
überhaupt mit der strafprozessualen Verwertbarkeit präventiv erlangter »Erkenntnisse«[79] auseinandersetzen musste.[80] Nachdem es zu einer Serie von Brandanschlä-
gen gekommen war, mit deren Herbeiführung die Ermittlungsbehörden den A »in
Zusammenhang« brachten, baute die Polizei nach Absprache mit der StA in die der
Wohnungstür des A gegenüberliegende Wohnungstür eine Videokamera ein, die das
Kommen und Gehen des A überwachte. Das LG verurteilte den A ua aufgrund der
Erkenntnis aus dieser Videoüberwachung, wonach ein zeitlicher Zusammenhang
zwischen den Zeiten der Brandlegung und dem Verlassen der Wohnung durch den
A bestand. Der BGH hielt diese Verurteilung aufrecht, wobei er die Wahl einer präventiven Eingriffsgrundlage mit dem Argument rechtfertigte, die Polizei sei vor allem bestrebt gewesen, weitere Brandlegungen zu verhindern. »Damit einher ging
die Verpflichtung aus § 163 StPO, (begangene) Straftaten zu erforschen, ohne jedoch die präventive Aufgabe der Polizei zu verdrängen.«[81]

In der Lit. ist dieses Urteil ua wegen seiner undifferenzierten Annahme des Über-   **22**
wiegens einer präventiven Zwecksetzung kritisiert worden.[82] Da bereits ein Anfangsverdacht bestand, hätte die Maßnahme gegen A (auch) als Beschuldigten gerichtet werden müssen.[83] Noch weitergehend wird sogar die Ansicht vertreten, bei
Vorliegen eines Anfangsverdachts entfalte die Repression eine Sperrwirkung gegenüber *jeglichen* präventiven Maßnahmen.[84] Gegen eine solche »Sperrwirkung« wird
jedoch von der hM eingewandt, eine Gefahr, für die die Polizei zuständig ist, bestehe solange fort, bis sie abgewendet ist.[85]

Im sog Blockhüttenbeschluss des BGH vom 7. 6. 1995[86] hatte das LKA Rheinland-   **23**
Pfalz von konspirativen Treffen linksextremistischer Gruppierungen in verschiedenen
Blockhütten erfahren und beim zuständigen AG aufgrund von § 25 b I RhPfPVG
(nunmehr POG) die Anbringung von Abhöreinrichtungen beantragt. Die auf diesem Wege gewonnenen Erkenntnisse wurden an den GBA übermittelt, der sodann
gem § 103 I StPO die Durchsuchung einer Wohnung beantragte. Der Ermittlungsrichter hielt die Verwertung der zu präventiven Zwecken gewonnenen »Erkenntnisse«[87] zwar für zulässig, lehnte den Antrag jedoch aus anderen Gründen ab. Bei der
Begründung dieses Beschlusses ist zunächst bedeutsam, dass der BGH keine Verletzung der in § 25 c RhPfPVG normierten Verwendungsbeschränkung auf Fälle
vorbeugender Verbrechensbekämpfung angenommen hat. Die Übermittlung der
gewonnenen Erkenntnisse durch das LKA an den GBA halte sich vielmehr im Rahmen dieser Zwecksetzung, denn »die Weitergabe an den GBA war das allein erfolgversprechende Mittel, mit dem das LKA im Rahmen der ihm obliegenden vorbeu-

---

78 AaO Fn 8; hierzu auch Hassemer JuS 1992, 161; von Hippel/Weiß JR 1992, 316; Gusy StV 1991,
    499; Malek StV 1992, 342
79 Der BGH hat in dieser Entscheidung zwar anerkannt, dass es sich bei den gewonnenen Er-
    kenntnissen um personenbezogene Daten handelt, stellte aber die datenschutzrechtliche Di-
    mension zurück. Im fraglichen Zeitpunkt seien die Implikationen des Volkszählungsurteils
    noch zu frisch gewesen, so dass den Behörden ein Übergangsbonus zugute komme
80 Thematisch vorangegangen war nur ein Beschluss vom 15. 12. 1989 (BGHSt 36, 328), in dem der
    BGH zur Verwertbarkeit von Erkenntnissen aus einer Asylanhörung Stellung genommen hatte
81 AaO Fn 8
82 Kramer NJW 1992, 2733; Rogall NStZ 1992, 46
83 Wolter Jura 1992, 525
84 Merten NJW 1992, 355 unter Berufung auf Schoreit DRiZ 1982, 401
85 Schnarr StraFo 1998, 220 mwN
86 StV 1996, 185 = NJW 1996, 405 = NStZ 1995, 601
87 Terminologisch unklar spricht der BGH auch hier von »Erkenntnis« oder »Information«, über-
    nimmt aber in der Sache den datenschutzrechtlichen Ansatz des Volkszählungsurteils

Krüßmann

genden Verbrechensbekämpfung die Fortsetzung der Betätigung der Beschuldigten in der kriminellen Vereinigung (...) wirksam unterbinden konnte«.[88]

24 In der Lit. ist die Annahme einer solchen durch die vorbeugende Verbrechensbekämpfung vermittelten Zweckidentität von Gefahrenabwehr und Strafverfolgung überwiegend[89] kritisiert worden. Neben den unter Rn 2 genannten grundsätzlichen Unterschieden sei die Zweckverschiedenheit insbes darin begründet, dass die präventive Wirkung der Strafe (im Sinne von Spezial- bzw Generalprävention) von fundamental anderer Art sei als die Aufgabe polizeilicher Prävention.[90] Daneben stehe zu befürchten, dass die vom BGH angenommene Zweckidentität von Verbrechensverhütung und Strafverfolgung die vom Volkszählungsurteil geforderte Datenzweckbindung im gesamten Bereich der Inneren Sicherheit unterlaufe.[91] Schließlich sei der Eingriff – vergleichbar dem Fall der Videoentscheidung – insoweit ausschließlich für Zwecke des Strafverfahrens vorgenommen worden, als gegen bestimmte, die Blockhütten benutzende Personen bereits ein Anfangsverdacht nach § 129 a StGB bestand.[92]

25 In der verwaltungsgerichtlichen Rspr hat sich für die Einordnung doppelfunktionaler Maßnahmen sowohl im Hinblick auf ihre datenschutzrechtliche Bereichszugehörigkeit als auch auf ihre Rechtmäßigkeitsvoraussetzungen die sog Schwerpunkttheorie herausgebildet.[93] Hiernach kommt es entscheidend darauf an, ob der Schwerpunkt einer Maßnahme in der Prävention oder der Repression liegt. Abzustellen sei dabei vorrangig auf subjektive Äußerungen des jeweiligen Beamten vor bzw während der Vornahme der Maßnahme, sodann auf die objektiven Umstände. Im Ergebnis führt eine derartige Einschätzung jedoch zwangsläufig zur Vernachlässigung eines der Aufgabenbereiche der Polizei. Die Ansätze in der Lit. zur Lösung dieses Dilemmas sind daher vielfältig,[94] insbes wird vorgeschlagen, doppelfunktionale Maßnahmen einer doppelten Rechtmäßigkeitsprüfung zu unterziehen.[95] Eine solche wäre für die Frage der datenschutzrechtlichen Bereichszugehörigkeit jedoch ohne Gewinn.[96] Das BVerwG ist in einer Entscheidung vom 20. 2. 1990[97] schließlich davon ausgegangen, dass eine Datenerhebung zugleich präventive *und* repressive Zwecke verfolgen kann, was in der Lit. wiederum die Schlussfolgerung veranlasst hat, Verhütung von Straftaten und Strafverfolgung hätten einen identischen Zweck.[98] Auch hiergegen greifen jedoch die unter Rn 24 genannten Einwände durch. Trotz derartiger Differenzierungs- bzw Gleichstellungsversuche ist deshalb für die Praxis davon auszugehen, dass eine eindeutige Zuordnung der Maßnahme erfolgen muss. Das Problem der Zweckentfremdung behält deshalb seine grundsätzliche Bedeutung.

---

88 AaO Fn 78
89 AA Rogall NStZ 1992, 47; Pitschas/Aulehner NJW 1989, 2357; Scholz/Pitschas 172
90 Staechelin ZRP 1996, 431
91 Ernst 90
92 Welp NStZ 1995, 602; differenzierend Scholz NStZ 1997, 197
93 BVerwGE 47, 255; OVG Münster NJW 1980, 855; OVG Berlin NJW 1971, 637; VGH Mannheim VBlBW 1989, 16; BayVGH BayVBl 1993, 429
94 Überblick bei Ehrenberg/Fröhner, Kriminalistik 2003, 743 ff; Rieger 80 ff; Walden 180 ff; Weichert 69 ff
95 Dörschuck Kriminalistik 1997, 745
96 Artzt Kriminalistik 1998, 353
97 NJW 1990, 2768
98 Für die hM ablehnend Walden 227

3. Verhältnis von Übermittlung zu Verwertung im Strafprozess

Der BGH hat im Blockhüttenbeschluss die Problematik der Verwertbarkeit der auf **26** polizeirechtlicher Grundlage gewonnenen personenbezogenen Daten im Strafprozess allein unter dem Gesichtspunkt behandelt, ob die Übermittlung dieser Daten an den GBA sich im Rahmen der Weitergabebeschränkung des § 25 c RhPfPVG gehalten hat. Ob ein landesges Weitergabe-(Übermittlungs-)verbot[99] ein prozessuales Verwertungsverbot auslösen könne, hat der BGH bewusst offen gelassen. Mit dem Abstellen auf die Befugnis zur Übermittlung erweckt der BGH jedoch den Eindruck, als sei diese allein *sedes materiae* der Verwertbarkeitsproblematik. Dem stimmt ein Teil der Lit. insoweit zu, als dem Zweckbindungsgebot eine Art Filterfunktion für unrechtmäßig gewonnene personenbezogene Daten zuerkannt wird.[100] Die wohl überwiegende Meinung lehnt eine solche, der Unverwertbarkeit generell vorgelagerte, »Unübermittelbarkeit« jedoch unter Hinweis auf die Verschiedenartigkeit der berührten Grundrechtspositionen ab. Zweck der Eingriffsbefugnis für die Zweckentfremdung durch Datenübermittlung sei allein der Schutz des Grundrechts auf informationelle Selbstbestimmung, *andere* Grundrechtspositionen wie zB die Unverletzlichkeit der Wohnung könnten erst durch Beweisverwertungsverbote im Prozess selbst berücksichtigt werden. Nach dieser letztgenannten Ansicht muss die Übermittlungs-(Zweckentfremdungs-)befugnis deshalb *unabhängig* von der prozessualen Frage der Verwertbarkeit des übermittelten Indiz als Beweis gesehen werden.[101]

4. Absolute Zweckbindung

Eine absolute Zweckbindung mit einem hieraus resultierenden Übermittlungsverbot **27** greift nach Ansicht der Rspr ein, wenn bes bundes- oder landesrechtliche Verwendungsregeln bzw Geheimhaltungspflichten[102] der Übermittlung entgegenstehen.[103] Die Unzulässigkeit entsprechender Übermittlungsersuchen sieht nunmehr auch § 160 IV StPO vor. Darüber hinaus wird in der Lit. unstr ein Übermittlungsverbot angenommen, wenn die Übermittlung rechtmäßig erlangter Einzeldaten in der Summe dazu führt, dass bei der Strafverfolgungsbehörde ein vollständiges Persönlichkeitsbild entsteht, das den Kernbereich der Menschenwürdegarantie verletzt.[104]

5. Relative Zweckbindung

Das Prinzip der relativen Zweckbindung, dh die rechtliche Zulässigkeit einer **28** zweckentfremdenden Datenübermittlung an die Strafverfolgungsbehörden bei Vorliegen einer entsprechenden Befugnisnorm, liegt den verschiedenen Sicherheitsgesetzen von Bund und Ländern sowie dem BKAG – nicht aber den Landespolizei-

99 Vgl Rn 27
100 SK-StPO-Wolter Vor § 151 Rn 104 a: es sei »nicht Sinn des Legalitätsprinzips, von Präventivbehörden gegenüber einem (potentiellen) Störer *illegal erhobene* (...) Erkenntnisse in einem Strafverfahren zu nutzen«; weitergehend noch Ernst 152, 155 für Erkenntnisse, die auf »extrem menschenrechtswidrige Weise« erhoben worden sind
101 Köhler StV 1996, 187; Schnarr StraFo 1998, 222; Strate StV 1992, 36; unklar Welp NStZ 1995, 603, der die Zweckentfremdung unter dem Gesichtspunkt der Verwertbarkeit betrachtet
102 ZB im Bundesrecht §§ 30, 393 AO, 35 SGB I, 67 ff SGB X, 23 BVerfSchG, subsidiär §§ 1 IV, 39 BDSG; vgl auch SK-StPO-Wolter Vor § 151 Rn 171. Im Landesrecht ist insbes das für die LÄVerfSch geltende Übermittlungsverbot im Falle »überwiegender Sicherheitsinteressen« von Bedeutung
103 BGHSt 36, 328, 337
104 Ernst 151; vgl im Übrigen Rn 12–13

Krüßmann

gesetzen[105] – nunmehr einheitlich zugrunde. Die Bedeutung dieser Übermittlungsbefugnis liegt darin, dass sie nicht nur das »Ob« der Übermittlung regelt, sondern
auch steuert, wieweit Zufallsfunde, die auf Straftaten jenseits des Erhebungszwecks
hinweisen, zum Zwecke der Verfolgung *dieser* Delikte übermittelt werden dürfen.

28 a BVerfSch, BND und MAD (Schaubild 1 ①) sind zur Übermittlung von »Informationen einschließlich personenbezogener Daten« befugt, wenn diese aufgrund tatsächlicher Anhaltspunkte zur Verhinderung oder Verfolgung von Staatsschutzdelik-
ten erforderlich sind.[106] Als solche definiert § 20 I 2 BVerfSchG die Katalogtaten der
§§ 74 a und 120 GVG sowie sonstige Straftaten, bei denen aufgrund ihrer Zielsetzung, des Motivs des Täters oder dessen Verbindung zu einer Organisation tatsächliche Anhaltspunkte dafür vorliegen, dass sie gegen die in Art. 73 Nr. 10 lit b) oder
c) GG genannten Schutzgüter gerichtet sind. Im Landesrecht finden sich für die
LÄVerfSch grundsätzlich entsprechende Übermittlungsbefugnisse, wobei für Angelegenheiten des Staats- und Verfassungsschutzes die entsprechende Befugnis sogar
aus § 20 I 2 iVm § 21 I BVerfSchG selbst folgt.

28 b Im Unterschied zu G 10 aF, das eine explizite Übermittlungsbefugnis nur für personenbezogene Daten aus strategischer Überwachung enthalten hatte,[107] finden sich
im neugefassten G 10 für die Nachrichtendienste von Bund und Ländern verschiedene ausdrückliche Übermittlungsbefugnisse an die Strafverfolgungsbehörden. Für
die aus der Überwachung von Post und inländischer Telekommunikation (»Beschränkungen in Einzelfällen«) gewonnenen personenbezogenen Daten knüpft § 4
IV Nr. 2 G 10 nF die Übermittelbarkeit dieser Daten an die Voraussetzung, dass bestimmte Tatsachen den Verdacht der Begehung einer Straftat begründen,[108] die im
Katalog des § 3 I G 10 nF bzw des § 7 IV 1 G 10 nF aufgeführt ist. Daten aus strategischer Beschränkung dürfen gem § 7 IV 2 G 10 nF ebenfalls nur übermittelt werden, wenn bestimmte Tatsachen den Verdacht der Begehung einer Katalogtat des
§ 7 IV 1 G 10 nF begründen. Sind die Daten im Rahmen der durch § 8 G 10 neu
eingeführten gezielten Überwachung ausländischer Telekommunikation gewonnen
worden, ist ihre Übermittelbarkeit an die inländischen Strafverfolgungsbehörden
noch enger daran gebunden, dass sie nur zur Verfolgung von Straftaten im Zusammenhang mit der die Kontrolle auslösenden Krisensituation verwendet werden.
(§ 8 VI 2 G 10 nF).

28 c Das BKA verfügt über die Befugnis zur Übermittlung präventiv gewonnener per-
sonenbezogener Daten[109] an die Strafverfolgungsbehörden (Schaubild 1 ③) auf der
Grundlage von § 10 II Nr. 2 BKAG. In diesem Rahmen darf es dem Empfänger der
Übermittlung auch einen bestimmten Verwendungszweck aufgeben.[110]

---

105 Hierzu Rn 29
106 § 20 I 1 BVerfSchG, hierauf bezugnehmend § 11 II MADG und § 9 III BNDG. Den Staats-
   schutzbezug betont SK-StPO-Wolter Vor § 151 Rn 104, indem er eine »zweckgebundene
   Zweckentfremdung« fordert
107 § 3 III 1 G 10 aF, vgl hierzu auch Erbs/Kohlhaas-Riegel § 3 G 10 Rn 32 ff
108 Die Verdachtsschwelle des § 3 III G 10 aF, wonach »tatsächliche Anhaltspunkte für den Verdacht« der Begehung einer Katalogtat bestehen mussten, war vom BVerfG bereits durch Anordnung vom 5. 7. 1995 in dem Sinne eingeschränkt worden, dass *bestimmte* Tatsachen diesen
   Verdacht begründen müssen (BVerfGE 93, 161 = NJW 1996, 114). Sie gilt nunmehr nur noch
   für Übermittlungen an die Vollzugspolizei zum Zwecke der Gefahrenabwehr gem § 4 IV Nr. 1
   lit a) G 10 nF. Huber NJW 2001, 3299 sieht diese Abstufung der Übermittlungsschwellen als
   wesentliches Merkmal der Umsetzung des BVerfG-Urteils vom 14. 7. 1999
109 Schutz von Mitgliedern der Verfassungsorgane: § 25 I BKAG, Zeugenschutz: §§ 26 I 3 iVm 25 I
   BKAG
110 § 10 VI 1 BKAG; vgl Rn 38 a

Im Rahmen der OK-Beobachtung durch die entsprechend befugten LÄVerfSch   **28 d**
(Schaubild 1 ②) ist die Frage der Übermittelbarkeit von Indizien an die Strafverfolgungsbehörden nur in Bezug auf personenbezogene Daten[111] und auch nur uneinheitlich geregelt. Dem Beispiel des BVerfSchG folgend[112] beschränken § 17 III SaarlVerfSch und § 10 HessVerfSchG die Übermittelbarkeit auch OK-bezogener Erkenntnisse auf Staatsschutzdelikte. Für das ThürLVerfSch ist darüber hinaus die Übermittlung auch dann erlaubt, wenn dies zur Verfolgung der in § 100 a StPO genannten Straftaten oder sonstiger Straftaten im Rahmen der OK (!) erforderlich ist.[113] Dem SächsLVerfSch ist die Übermittlung auch bei Straftaten, die gegen das Leben oder in erheblichem Maße gegen die körperliche Unversehrtheit oder gegen Sach- und Vermögenswerte von erheblicher Bedeutung gerichtet sind, erlaubt.[114] Am weitest gehenden ist jedoch die Regelung in Art. 14 I 1 BayVerfSchG, die beliebige Zwecke der Strafverfolgung für die Übermittlungsbefugnis ausreichen sein lässt. In der Praxis seien entsprechend »in einer Vielzahl von Fällen Sachverhalte an die Polizei gegeben« worden, aufgrund derer Ermittlungsverfahren eingeleitet und »mehrere« rechtskräftige Verurteilungen erzielt worden sind.[115] Dieser positiven Einschätzung widersprach jedoch der Präsident des BKA Kersten auf der BKA-Herbsttagung 1998 mit den Worten, die bayerische Praxis habe »weder von der Notwendigkeit noch von der Zweckmäßigkeit überzeugt«.[116]

Einen Sonderfall bietet die Übermittlung personenbezogener Daten zum Zwecke   **28 e**
der repressiven Rasterfahndung gem §§ 98 a II, 98 c S 1 StPO.[117]

Im Unterschied zu den unter Rn 28 a–e genannten ausdrücklichen Übermittlungs-   **29**
befugnissen verfügen die Polizeigesetze der Länder über keine vergleichbaren Vorschriften, die über die allgemeine Verpflichtung zur Amtshilfe hinausgehen. Ob eine derartige Übermittlungsbefugnis aus *anderen* Vorschriften des Landespolizeirechts (Schaubild 1 ④) hergeleitet werden kann, hängt aus kompetenzrechtlicher Sicht davon ab, ob man der Übermittlungsbefugnis eine Filterfunktion für unrechtmäßig erlangte Indizien zugesteht.[118] Wer eine solche Funktion bejaht, muss wegen der vom Bundesgesetzgeber ausgeschöpften konkurrierenden Gesetzgebungskompetenz für das gerichtliche Verfahren[119] auf einer bundesrechtlichen Regelung der Übermittlungsbefugnis an die Strafverfolgungsbehörden bestehen. Wer dagegen mit der hM den strafprozessualen Beweisverwertungsverboten eine eigenständige Bedeutung beimisst, kann die entsprechende (bloße) Übermittlungsbefugnis prinzipiell auch im Landesrecht finden.

Im Einklang mit dem zuletzt genannten Ansatz wird in der Lit. die Ansicht vertre-   **30**
ten, bereits die im Landespolizeirecht geregelte Zulässigkeit der Datenübermittlung an andere polizeiliche Stellen, »soweit dies zur Erfüllung polizeilicher Aufgaben erforderlich ist«,[120] reiche als Befugnisnorm aus.[121] Dann müsste es sich bei der Strafverfolgung jedoch um eine »polizeiliche Aufgabe« iSd polizeilichen Aufgabenbe-

---

111 Nicht erfasst sind damit weitere Informationen iSd § 20 I 1 BVerfSchG; vgl Rn 28 a
112 Vgl Rn 28 a
113 § 14 I Nr. 1 lit b) ThürVerfSchG
114 § 12 II Nr. 2 SächsVerfSchG
115 Forster, Politische Studien 1998, 61
116 BKA-Herbsttagung, Süddeutsche Zeitung vom 20. 11. 1998; ebenso Kersten Kriminalistik 1999, 44
117 Näher hierzu Wittig JuS 1997, 961
118 Vgl Rn 26 und Schaubild 4
119 Art. 74 I Nr. 1 GG
120 ZB Art. 40 I 1 BayPAG, § 37 II 2 PolG-BW
121 Walden 294

reichs handeln. Dieser schließe neben der klassischen Gefahrenabwehr auch all diejenigen Aufgaben ein, die der Polizei durch andere Rechtsvorschriften übertragen sind,[122] mithin auch die Straftatenerforschung gem § 163 I StPO. Gegen eine solche Herleitung wird jedoch eingewandt, der Begriff der polizeilichen Aufgabe iSd genannten Datenübermittlungsvorschriften sei – wie an anderen Stellen im Polizeigesetz auch – lediglich präventiv zu verstehen.[123]

31 Sucht man die Eingriffsbefugnis zur Übermittlung präventiv gewonnener personenbezogener Daten hingegen im Bundesrecht, kommen zwei Gruppen von Vorschriften in Betracht:

– Mit der Ausgestaltung der §§ 161 I 1 iVm 163 II 1 StPO durch das StVÄG 1999 als subsidiäre Befugnisnorm der Strafverfolgungsbehörden insbes für Auskunftsverlangen gegenüber anderen Behörden[124] steht nunmehr eine Rechtsgrundlage für zweckändernde Übermittlungen zur Verfügung. Die zuvor in diesem Bereich vertretene Übernahme der Grundsätze der sog Schwellentheorie[125] ist somit hinfällig geworden ist. Teilweise wird die genannte Befugnisnorm im Zusammenhang mit den §§ 474 I, 479 StPO zitiert.[126] Allerdings übersieht diese Ansicht, dass die §§ 474 ff StPO allein den Umgang mit Justizdaten regeln. Um solche handelt es sich im kritischen Zeitpunkt der Übermittlung aber gerade nicht.
– Eine Mindermeinung in der Lit. vertritt die Auffassung, die Übermittlungsbefugnis folge aus § 98 c S 1 StPO »jedenfalls im Verein mit der polizeirechtlichen Befugnisnorm«.[127]

IV. Prozessuale Verwertbarkeit rechtmäßig gewonnener und übermittelter Indizien

1. Grundsatz

32 Laut Rspr[128] sind die auf polizeirechtlicher Grundlage *rechtmäßig* gewonnenen und übermittelten Indizien grundsätzlich auch im Strafprozess ohne Einschränkung verwertbar. Für das Hauptverfahren gehe die StPO in § 244 II davon aus, dass mit der Kompetenz zur Erhebung und Weiterleitung von Informationen grundsätzlich auch die Verwertungsbefugnis für die Strafverfolgungsbehörden gegeben ist. Ausnahmen von diesem Grundsatz kämen nur in Betracht, wenn das Bundesrecht selbst ein ausdrückliches Beweisverwertungsverbot vorsieht.[129] Dies war bzw ist vor allem im Bereich personenbezogener Daten der Fall.[130] Dagegen ergibt sich im Vorverfahren die unbeschränkte Verwertbarkeit schon aus dem Grunde, dass die tatsächlichen Anhaltspunkte, auf die sich ein (Anfangs-) Verdacht gründet, ihrerseits nicht beweisbedürftig sind.

33 In der Lit. werden wegen der grundsätzlichen Verschiedenartigkeit der Mittel und Zwecke von Gefahrenabwehr und Strafverfolgung zum Teil Beschränkungen für

---

122 ZB Art. 2 IV BayPAG, § 1 II PolG-BW
123 Stephan GA 1998, 616 unter Hinweis auf §§ 22 II, III; 39; 42 I PolG-BW
124 Zur Vorgeschichte Brodersen NJW 2000, 2538 sowie Hilger NStZ 2000, 561
125 Vgl Vorauflage mwN sowie Lisken/Bäumler Rn 276 ff
126 Hilger Vor(feld)ermittlungen 21
127 SK-StPO-Wolter Vor § 151 Rn 172; differenzierend Ernst 171
128 Videoentscheidung aaO Fn 8
129 Ebenso Strate StV 1992, 36 unter Bezug auf BGHSt 36, 328, 337
130 Rn 34–36

die prozessuale Verwertbarkeit der übermittelten Erkenntnisse gefordert,[131] zum Teil wird die Verwertung ohne ausdrückliche ges Grundlage für generell unzulässig gehalten.[132]

2. Ges Beweisverwertungsverbote

Außerhalb der StPO stehende ges Beweisverwertungsverbote gibt es für die von   **34** den Nachrichtendiensten von Bund und Ländern gewonnenen personenbezogenen Daten vor allem aufgrund des G 10. Die Verwertungsregel des § 7 III G 10 aF, die sogar für Indizien iwS (»Kenntnisse und Unterlagen«) gegolten hatte, ist in der Neufassung des G 10 nunmehr für die verschiedenen Überwachungssituationen getrennt und auf personenbezogene Daten beschränkt geregelt. Daten aus Beschränkungen im Einzelfall dürfen demnach für Zwecke der Strafverfolgung nur im Rahmen des Straftatenkatalogs des § 4 IV Nr. 1 G 10 verwertet werden,[133] auf den das Gesetz auch für die Übermittlungsfrage rekurriert hatte.[134] Für Daten aus strategischen Beschränkungen verweist § 6 II 3 G 10 entsprechend auf den Katalog des § 7 IV G 10, zu Daten aus Überwachung anlässlich von Krisensituationen im Ausland § 8 IV 5 G 10.

Parallel hierzu hatte bei der Regelung sonstiger heimlicher Methoden der Informa-   **34 a** tionsbeschaffung durch die Nachrichtendienste des Bundes[135] § 9 III 2 BVerfSchG aF[136] auf § 7 III G10 aF rekurriert. Dieser Verweis, durch den ebenfalls ein ausdrückliches Beweisverwertungsverbot begründet worden war, ist jedoch dem Gesetz zur Neuregelung von Beschränkungen des Brief-, Post- und Fernmeldegeheimnisses vom 26.6.2001 zum Opfer gefallen.[137] Die durch die Streichung der Verweisung begründete »Lücke« wurde erst durch das Terrorismusbekämpfungsgesetz[138] geschlossen, indem der novellierte § 9 IV 7 BVerfSchG nunmehr vorsieht, dass »die erhobenen Informationen«[139] nur nach Maßgabe des neugefassten § 4 IV G 10 »verwendet« werden dürfen. § 4 IV G 10 nF ist jedoch, wie oben gezeigt, eine rein auf personenbezogene Daten gemünzte Übermittlungsvorschrift. Die Neufassung des Gesetzes eliminiert auf diese Weise nicht nur ein ausdrückliches Beweisverwertungsverbot und zieht sich damit auf die nur für personenbezogene Daten überzeugende Annahme eines Verwertungsverbotsreflexes aus der fehlenden Übermittlungsbefugnis zurück. Sie führt auch zu dem widersinnigen Ergebnis, dass nicht-personenbezogene Informationen nach den für personenbezogenen Daten geltenden Übermittlungsvorschriften behandelt werden.

Der neugefasste Art. 13 V GG sieht für den sog kleinen Lauschangriff unabhängig   **35** von der Rechtsgrundlage der Anordnung vor, dass die auf diesem Wege gewonnenen personenbezogenen Daten »zum Zwecke der Strafverfolgung« nur verwendet

---

131 Sofern derartige Beschränkungen nicht bereits aus der Filterfunktion der Zweckentfremdungsbefugnis folgen, vgl Rn 26 und Schaubild 4
132 Welp NStZ 1995, 603
133 § 4 II 3 G 10
134 Vgl Rn 28 b
135 Maßnahmen im Schutzbereich des Art. 13 GG (§ 9 II BVerfSchG) sowie Maßnahmen, deren Eingriffsintensität einer Beschränkung des Brief-, Post- und Fernmeldegeheimnisses gleichkommen (§ 9 III 1 BVerfSchG)
136 Hierauf verweisend §§ 5 letzter HS MADG aF; 3 S 2 BNDG aF
137 Art. 3 II ÄndG sieht die entsprechende Novellierung des BVerfSchG vor
138 Vgl Rn 7 b
139 Der Begriff der »Information« iSd § 9 I 1 BVerfSchG schließt explizit auch personenbezogene Daten ein, ist also weiter und richtigerweise iSd hier verwendeten Indizienbegriffs zu verstehen

Krüßmann

werden dürfen, wenn zuvor die Rechtmäßigkeit der Maßnahme richterlich festgestellt worden ist. § 16 III BKAG aF hatte demgegenüber die Verwertung der durch das BKA durch entsprechende Maßnahmen gewonnenen Daten[140] zu Beweiszwecken (also nicht als Ansatz für weitere Ermittlungen!) an die engere Voraussetzung geknüpft, dass die Daten zur Verfolgung bestimmter Straftaten[141] erforderlich sind und ein Vorsitzender Richter einer Strafkammer des Landgerichts, in dessen Bezirk das BKA seinen Sitz hat, zuvor die Rechtmäßigkeit der Maßnahme festgestellt hat. Diese für das BKA geltende »Schlechterstellung« gegenüber landespolizeilichen Lauschangriffen ist durch § 161 II idF StVÄG 1999 nunmehr beseitigt,[142] indem die Vorgabe des Art. 13 V GG für *sämtliche* auf polizeirechtlicher Grundlage gewonnenen personenbezogenen Daten nunmehr einheitlich an das Erfordernis der richterlichen Feststellung der Rechtmäßigkeit der Maßnahme geknüpft wird. Gleichzeitig übernimmt § 161 II StPO jedoch die Orientierung des § 16 III BKAG aF auf die Verwertungssituation in der Hauptverhandlung (»zu Beweiszwecken«), was in der Lit. als eine nicht vertretbare Einengung des Art. 13 V GG gesehen wird.[143] Bei der Verwertung ist gem § 161 II StPO darüber hinaus der Grundsatz der Verhältnismäßigkeit zu beachten.[144]

36 Der durch das StVÄG 1999 unverändert gebliebene § 100 f II StPO erlaubt die Beweisverwertung von personenbezogenen Daten aus polizeirechtlichen Maßnahmen, die denen des § 100 c I Nr. 3 StPO »entsprechen«, sofern diese für die Aufklärung von Katalogtaten in der genannten Vorschrift benötigt werden. Problematisch ist hier allein die Anwendung der Entsprechungsklausel. Um diese nicht zu eng zu fassen und damit die Möglichkeit der Verwertbarkeit praktisch von vornherein auszuschließen, wird man einen »spiegelbildlichen« hypothetischen Ersatzeingriff nicht verlangen können. Es muss vielmehr ausreichend sein, dass polizeirechtliche Maßnahme »nur ihrer Art nach«[145] mit den Eingriffsmöglichkeiten des § 100 c I Nr. 3 StPO vergleichbar sind.

37 Weitergehende ges Verwertungsbeschränkungen für personenbezogene Daten, die auf präventiv-polizeilicher Grundlage gewonnen worden sind, kennt die StPO nicht. In der Diskussion um das StVÄG 1999 sind solche zwar auf Betreiben der Bundesregierung im Entwurf des § 161 II, III StPO enthalten gewesen. Dieser scheiterte jedoch im Vermittlungsverfahren am Widerstand des Bundesrates.[146]

3. Sonstige Beweisverwertungsverbote

38 An den von der Rspr formulierten Gedanken der *grundsätzlichen* Verwertbarkeit rechtmäßig auf polizeirechtlicher Grundlage erlangter personenbezogener Daten anknüpfend werden in der Lit. zum Teil weitergehende Beschränkungen gefordert.[147] So soll vor dem Hintergrund des Rechtsgedankens des § 100 f II StPO die Figur des hypothetischen Ersatzeingriffs für eine Beschränkung nutzbar gemacht werden. Dabei dürfte zwar wie auch bei § 100 f II StPO das Erfordernis eines

---

140 Vgl Rn 17
141 §§ 211, 212, 239 a, 239 b, 316 c StGB bzw Straftatenkatalog des § 100 a S 1 Nr. 4 StPO
142 § 16 III BKAG entsprechend geändert durch Art. 10 StVÄG
143 Hilger NStZ 2000, 564; ders StVÄG 182
144 Von Wollweber NJW 2000, 3624 als deklaratorischen Verweis auf das ohnehin zu beachtende Verhältnismäßigkeitsprinzip bezeichnet
145 Schnarr StraFo 1998, 218
146 Näher Brodersen NJW 2000, 2538; Hilger StVÄG 183
147 Dies allerdings nur insoweit, als nicht schon die Zweckentfremdungsbefugnis eine Filterfunktion zuerkannt wird (zB Ernst 156); hierzu allgemein Rn 26 sowie Schaubild 4

»spiegelbildlichen« Eingriffs zu eng sein, gleichwohl sollte Verwertungsvoraussetzung sein, dass die Strafverfolgungsbehörde dieselben Daten auch aufgrund *eigener* Erhebungskompetenz hätte gewinnen dürfen.[148] Darüber hinaus sollten auch vergleichbare prozedurale Vorkehrungen wie zB besondere Anordnungskompetenzen des Richters oder Behördenleiters Berücksichtigung finden müssen.[149] Für die in der StPO vorgenommene Beschränkung der Zulässigkeit von Ermittlungsmaßnahmen durch den Verdacht bestimmter Katalogtaten bedeutet dies, dass auch die aufgrund sicherheitsbehördlicher Maßnahmen gewonnenen Indizien nur zur Verfolgung der entsprechenden Katalogtaten verwertet werden dürften.[150]

Beweisverwertungsverbote für Präventiverkentnisse iwS greifen nicht nur aufgrund ausdrücklicher ges Anordnung bzw in dogmatischer Ableitung hieraus, sondern auch als Ergebnis einer von den Sicherheitsbehörden gewillkürten Zweckbindung. Wo eine Befugnis zur Übermittlung von Indizien, insbes von personenbezogene Daten, für Zwecke der Strafverfolgung besteht, sind die Sicherheitsbehörden *darüber hinaus* befugt, deren Verwertung auf noch speziellere Zwecke, also zB die Verwertung nur für bestimmte Strafverfahren oder für bestimmte Tatvorwürfe, zu beschränken. Dies folgt aus der ausdrücklichen ges Befugnis der Nachrichtendienste, die Übermittlung an eine Zweckbindungsauflage zu knüpfen.[151] Prozessual wirkt sich eine solche Zweckbindungsauflage in einem Beweisverwertungsverbot für auflagenfremde Zwecke aus. **38 a**

In der Lit. findet sich eine umfassende Konzeption der Verwertbarkeitsproblematik vor allem bei *Wolter*.[152] Dieser will sich zwar keiner der vielen Spielarten der Sphärentheorie zum grundrechtlichen Persönlichkeitsschutz anschließen,[153] unterscheidet aber dennoch zwischen einem Kernbereich und einem Abwägungsbereich. Im Kernbereich des Art. 1 I GG scheide bereits die Übermittlung – entsprechend die Verwertbarkeit – von Erkenntnissen aus, die auf die Menschenwürde verletzende Weise gewonnen worden sind. Im Abwägungsbereich sei auf die allgemeine Lehre von den Beweisverwertungsverboten nach rechtswidriger Beweiserhebung zurückzugreifen. Auf die datenschutzrechtliche Dimension der Verwertungsproblematik zugeschnitten ist der Ansatz von *Amelung*.[154] Ausgangspunkt seiner Überlegung ist, dass das individualrechtlich motivierte Verbot, bestimmte Daten zu erheben, zugleich die Befugnis des Betroffenen impliziert, selbst darüber zu bestimmen, wo die Information gespeichert und zu welchen Zwecken sie verwendet wird. Aus dem Eingriff in das Recht auf informationelle Selbstbestimmung folge sodann die Unverwertbarkeit im Strafprozess.[155] **39**

---

148 Schnarr StraFo 1998, 222
149 SK-StPO-Wolter Vor § 151 Rn 176, jedoch bereits für die Zulässigkeit der Übermittlung
150 Hilger Vor(feld)ermittlungen 23
151 Vgl § 19 I 2 BVerfSchG, § 9 I 2 BNDG, §§ 11 I MADG iVm § 19 I 2 BVerfSchG; für personenbezogene Daten §§ 4 VI 1; 7 VI 1; 8 VI 3 G 10. Die Polizeigesetze der Länder sehen dagegen zumeist nicht die Möglichkeit einer expliziten Zweckbindung vor
152 SK-StPO-Wolter Vor § 151 Rn 104 a sowie 130 ff, bezogen jedoch bereits auf die Übermittelbarkeit der Erkenntnisse an die Strafverfolgungsbehörden!
153 SK-StPO-Wolter Vor § 151 Rn 134
154 Amelung 30
155 Zur Kritik dieses Ansatzes Riepl 283

Krüßmann

V. Auswirkung der Rechtswidrigkeit der Indiziengewinnung auf die prozessuale Verwertbarkeit

40 Für jegliche Art von Indiz ist die Rechtmäßigkeit seiner Gewinnung Vorfrage für die Einschätzung, ob es zu Beweiszwecken im Prozess verwertet werden darf. Insofern bietet die Frage der Verwertbarkeit von Präventiverkenntnissen iwS keine spezifischen Schwierigkeiten. Vor dem Hintergrund der vom BVerfG im Volkszählungsurteil aufgestellten Anforderungen an den Umgang mit personenbezogenen Daten, aber auch angesichts der überlieferten Abgrenzung zwischen Prävention und Repression hat die Ausweitung des polizeilichen Aufgabenbereichs auf verschiedene Arten von »Vorfeldaktivitäten«[156] indes zu zahlreichen Unsicherheiten geführt. Das StVÄG 1999 klärt nunmehr eine Reihe offener Fragen insbes durch die Einführung einer Ermittlungsgeneralklausel sowie detaillierter Vorschriften für die Dateienregelung in den §§ 483 ff StPO. In den Ländern ist die Diskussion dagegen nach wie vor im Fluss und hat durch kontroverse verfassungsgerichtliche Beurteilungen zB der sog Schleierfahndung[157] neuen Auftrieb erhalten. Im Bereich der Erhebung personenbezogener Daten schlagen verbleibende Unsicherheiten über die Rechtmäßigkeitsvoraussetzungen derartiger Maßnahmen deshalb in besonderem Maße auf die Frage der Verwertbarkeit durch.

41 Generell ist Ausgangspunkt für die Frage der Verwertbarkeit rechtswidrig gewonnener Indizien aus Sicht der Rspr, dass nicht *jede* fehlerhafte Erlangung eines Indiz *ohne weiteres* zu seiner prozessualen Unverwertbarkeit führt.[158] Vielmehr ist die Verwertbarkeit im Rahmen einer umfassenden Abwägung von Wertigkeit des betroffenen Rechtsguts und Gewicht des Verfahrensverstoßes im Lichte von gerichtlicher Aufklärungspflicht und dem Interesse an einer funktionstüchtigen Strafrechtspflege zu bestimmen.[159] Hieraus folgt, dass für die Verwertbarkeit präventiv gewonnener Indizien jedenfalls keine höheren Anforderungen bestehen als für die Verwertbarkeit repressiv gewonnener Indizien.[160] Für die prinzipielle Übertragbarkeit der im Rahmen der Verwertbarkeitsproblematik repressiv gewonnener Indizien geltenden Grundsätze auf die Fälle präventiver Indiziengewinnung spricht auch die Aussage des BGH im Blockhüttenbeschluss.[161] In dem zugrunde liegenden Fall hatte das zuständige AG die aufgrund des RhPfPVG erforderliche Zustimmung zum Einbau von Abhöreinrichtungen in die fraglichen Blockhütten erteilt. Der BGH hielt es in diesem Zusammenhang nicht für erforderlich zu überprüfen, ob die Beschlüsse des AG durch die landesges Ermächtigungsgrundlage gedeckt waren und ob diese ihrerseits den grundges Anforderungen entsprachen, da sie »jedenfalls wirksam und nicht offensichtlich fehlerhaft« waren.[162] Mit dieser an § 44 I VwVfG anknüpfenden Formel schlug der BGH die Brücke zu seiner Rechtsprechung hinsichtlich der Verwertbarkeit von auf strafprozessualer Grundlage gewonnenen Indizien. Damit sind die Verwertbarkeitsfragen, die insbes bei fehlender oder unzureichender ermittlungsrichterlicher Zustimmung zum Einsatz von VE[163] bzw zur Anordnung der Überwachung des Fernmeldeverkehrs[164] auftreten, entsprechend

---

156 Vgl Rn 11–17
157 Vgl Rn 14
158 BGHSt 27, 357; 34, 52; 36, 173
159 Zur Lehre von den Beweisverwertungsverboten s Teil G Kap 1 Rn 76 ff
160 Schnarr StraFo 1998, 223
161 AaO Fn 78
162 AaO
163 § 110 b II StPO, hierzu Teil G Kap 1 Rn 146 ff
164 § 100 b I StPO Teil G Kap 1 Rn 127 ff

Krüßmann

übertragbar. Allerdings ist zu berücksichtigen, dass in diesem Fall die Kritik an der im strafprozessualen Bereich bestehenden Rechtsprechung ebenfalls mitbedacht werden muss.[165]

Laut BGH kann ein Beweisverwertungsverbot auch aus dem allgemeinen Umgehungsverbot resultieren. So können Bedenken bestehen, »wenn zur Zeit der Ermittlungen ein wirklicher Anlass für präventivpolizeiliches Handeln nicht bestanden hätte – diese also auch nicht rechtmäßig gewesen wäre – etwa (weil) der polizeiliche Weg nur beschritten worden wäre, um nicht bestehende strafprozessuale Bestimmungen zu ersetzen.«[166] **42**

VI. Problem selektiver Übermittlung und Prozesssteuerung

Weitaus spezifischer für die Frage der Verwertbarkeit von Präventiverkenntnissen iwS ist die den Sicherheitsbehörden analog §§ 54, 96 StPO zugestandene Befugnis, »zur Wahrung des Wohles des Bundes oder eines Landes« bei der Übermittlung von Erkenntnissen oder Indizien, insbes personenbezogenen Daten, selektiv vorzugehen und nicht das gesamte vorhandene Material zu offenbaren.[167] Problematisch ist dies zum einen im Lichte der prozessualen Pflicht zur Wahrheitsermittlung, weil das sicherheitsbehördliche Erkenntnisinteresse im Vorfeld von Straftaten auf Strukturen und Gefährdungspotentiale, nicht jedoch auf die individuelle Täterschaft Einzelner ausgerichtet ist.[168] Die Annahme der Geheimhaltungsbedürftigkeit ist zudem kaum nachprüfbar. Beweisrechtlich wiederum unterscheidet sich die Situation einer nur teilweisen Zurverfügungstellung von Indizien von der Problematik der Sperrung eines Belastungszeugen und der Vernehmung der Verhörsperson an seiner Stelle dadurch, dass der mangelnde Einblick in die Identität eines Belastungszeugen iSd von der Rspr favorisierten Beweiswürdigungslösung[169] zumindest teilweise kompensiert werden kann. Wenn aber nur Teilinformationen übermittelt werden, kann für die Beweiswürdigung der Informationswert ein völlig anderer sein als bei Übermittlung der Gesamtheit vorhandener Informationen. Eine Kompensation durch bes vorsichtige Beweiswürdigung ist hier nicht möglich.[170] **43**

In der Lit. ist zur Lösung des Dilemmas die Annahme eines Verfahrenshindernisses[171] vorgeschlagen worden bzw sogleich der Ruf nach dem Gesetzgeber laut geworden.[172] Aus Verteidigersicht kurzfristig aussichtsreicher scheint dagegen der Rückgriff auf die Rspr des BGH im *el-Motassadeq*-Fall.[173] In der Anklage gegen diesen mutmaßlichen Terrorhelfer hatten die USA zwar belastendes Material im Wege der Rechtshilfe zur Verfügung gestellt, dem Gericht jedoch möglicherweise entlastende Aussagen eines in US-Gewahrsam stehenden Zeugen unter Berufung auf Sicherheitsinteressen vorenthalten. Der BGH sah hierin einen Eingriff in das Recht des Angeklagten auf eine faire Verfahrensgestaltung. **44**

---

165 Schnarr StraFo 1998, 223
166 Videoentscheidung aaO Fn 8
167 Näher Preuß StV 1981, 312 sowie Velten
168 Näher Weßlau Vor(feld)ermittlungen 61 ff
169 Ständige Rspr seit BGHSt 17, 382
170 Weßlau aaO 69
171 Velten 242
172 Weßlau Vor(feld)ermittlungen 69
173 BGHSt 49, 112 = NJW 2004, 1259 = NStZ 2004, 323 = StV 2004, 192 = JZ 2004, 922 = StraFO 2004, 138. Vgl hierzu auch die Gaede StraFo 2004, 195; Kudlich JuS 2004, 929; Müller JZ 2004, 926

Krüßmann

VII. Zusammenfassende Bewertung

45　Verwertungsprobleme bei Präventiverkenntnissen mögen für die Praxis der Strafverteidigung eher Randbedeutung haben. Gleichwohl haben die zahlreichen ges Neuerungen, die seit den Terroranschlägen vom 11. September 2001 in Kraft getreten sind,[174] eine Entwicklung beschleunigt, die schon im Zeichen der OK-Bekämpfung der neunziger Jahre eingesetzt hatte. Die überlieferte, sich auf rechtsstaatliches Denken gründende Trennung von nachrichtendienstlicher Aufklärung, polizeilicher Gefahrenprävention und Strafverfolgung geht mehr und mehr in einer neuen »Sicherheitsarchitektur« auf: die ehemals unterschiedlichen Zwecke werden verschliffen, zahlreiche Datenverbünde entstehen und die prozessualen Rechte des Beschuldigten erleiden durch zahlreiche Datenübermittlungsmöglichkeiten manche Schmälerung.[175] Nachdem durch das StVÄG 1999 die datenschutzrechtliche Neuausrichtung des Strafprozesses nach den Vorgaben des Volkszählungsgesetzes (mehr oder weniger) zum Abschluss gekommen ist, verschiebt sich das Schwergewicht gesetzgeberischer Innovationen nunmehr in das sicherheitsbehördliche »Vorfeld«. Wie immer bleibt abzuwarten, wieweit sich der Strafprozess gegen derartige Umgehungsversuche behaupten kann.

174　Hierzu im Überblick Saurer NVwZ 2005, 275
175　Vgl die prägnante Kritik bei Kutscha NVwZ 2003, 1296 mwN

Krüßmann

Teil H
Sonstige Probleme

Kapitel 1
Recht der Untersuchungshaft nach Stichworten

Überblick

Wankel

Ablauf des Haftverfahrens

Das Verfahren bei Erlass eines Haftbefehls und die Haftfolgeentscheidungen folgen 1
verschiedenen Normen, je nach dem ob der Haftbefehl der Festnahme vorausgegangen ist oder nachfolgt, ob Anklage erhoben ist oder noch nicht. Auch die Zuständigkeiten sind differenziert geregelt.

Übersicht über die verschiedenen Verfahrensgestaltungen:

	vor öffentlicher Klage	nach öffentlicher Klage
Haftbefehl soll erst **nach** der Festnahme erlassen werden.	Übersicht Rn 2	Übersicht Stichwort Anklage Rn 13
Es liegt Haftbefehl **vor** Festnahme vor.	Übersicht Rn 3	Übersicht Rn 14
Zuständigkeiten für **Erlass** der Haftentscheidung	§ 125 I StPO	§ 125 II StPO
Zuständigkeiten für **Haftfolge-entscheidungen**	§ 126 I StPO	§ 126 II StPO

1. Haftbefehlsverfahren nach vorläufiger Festnahme:

2

```
                    ┌──────────────────────────┐
                    │       § 127 StPO         │
                    │   vorläufige Festnahme   │
                    └──────────────────────────┘
                                 │
                    ┌──────────────────────────┐
                    │ Haftantrag StA § 128 II 2 StPO │
                    └──────────────────────────┘
                                 │
                    ┌──────────────────────────┐
                    │  Unverzügliche Vorführung │
                    │    §§ 128 I, 129 StPO     │
                    ├──────────────────────────┤
                    │ §§ 128, 115 III, 136 StPO │
                    │  Verteidiger § 168c StPO  │
                    │       Vernehmung          │
                    │        Belehrung          │
                    └──────────────────────────┘
```

Erlass 112, 126a, 127b, ... StPO

Bekanntmachung/Belehrung
Rechtsbehelfe § 114a StPO

Benachrichtigung
§ 114b StPO

Aufnahmeersuchen
an JVA, evtl.
UVollzO

Ablehnung des Haftantrags durch
begründeten Beschluss, § 34 StPO

Beschwerde der StA
§ 120 II StPO

Außervollzugsetzung
§§ 116, 127a StPO

Beschuldigter:
Haftprüfung, § 117 StPO
oder Beschwerde,
§ 304 StPO

Beschuldigter/StA:
Beschwerde,
§ 304 StPO

2. Verfahren bei Erlass eines Haftbefehls im Bürowege (Dezernatsverfahren)

3

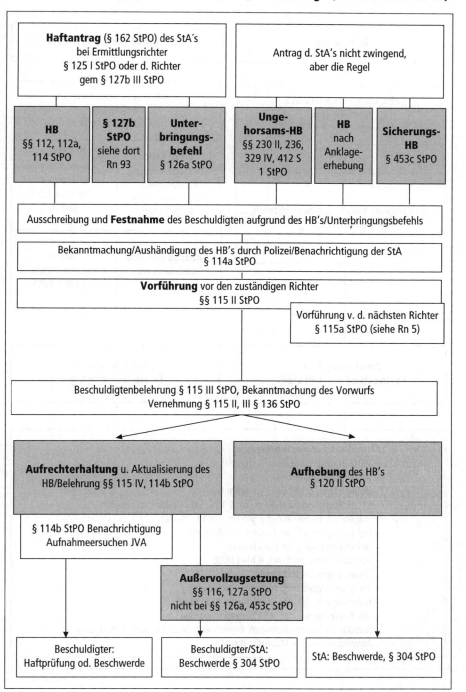

3. Ablauf des Vorführtermins aufgrund Haftbefehls oder nach Festnahme

4

Haftbefehl	**Festnahme nach § 127 StPO**
evtl. kurze Erstvernehmung **Vorführung** Frist: unverzüglich, § 115 I StPO	Ermittlungen, Vernehmungen **Vorführung** Frist: § 128 StPO

	§ 128 StPO vor Klageerhebung Zuständigkeit: Ermittlungsrichter § 125 I StPO	**§ 129 StPO** nach Klageerhebung Zuständigkeit: Hauptsache- gericht § 125 II StPO
Zuständigkeit: Gericht, das den Haftbefehl erlassen hat.	**Antrag der StA** evtl. auch erst im Termin	Antrag nicht zwingend § 125 II StPO

Entscheidung über **Fortbestand** des Haftbefehls	Entscheidung über **Erlass** des Haftbefehls

Checkliste für Vorführtermin:
- Vernehmungs- und Entscheidungsfrist
- Verhandlungsfähigkeit
- Dolmetscher, § 189 GVG Vereidigung
- Verteidiger: Anwesenheitsrecht, § 168c StPO; Informationsrecht, Fragerecht, Beweisanregungsrecht (Rn 18, 26–28)
- Belehrung: erste Vernehmung, § 136 StPO?
- Bekanntmachung der Entscheidung
- Abschrift Haftbefehl, Art. 6 IIIe EMRK
- Übersetzung des Haftbefehls
- Außervollzugsetzung, Auflagen, Weisungen
- Haftfähigkeit, Anträge zu ärztlicher Betreuung
- soll Briefkontrolle der StA übertragen werden?
- Anträge zu Haftbedingungen, Besuchserlaubnis, Sondergenehmigungen
- Abweichungen von UVollzO? (Rn 40)

4.   Ablauf des Haftverfahrens vor dem nächsten Richter, § 115a StPO

5

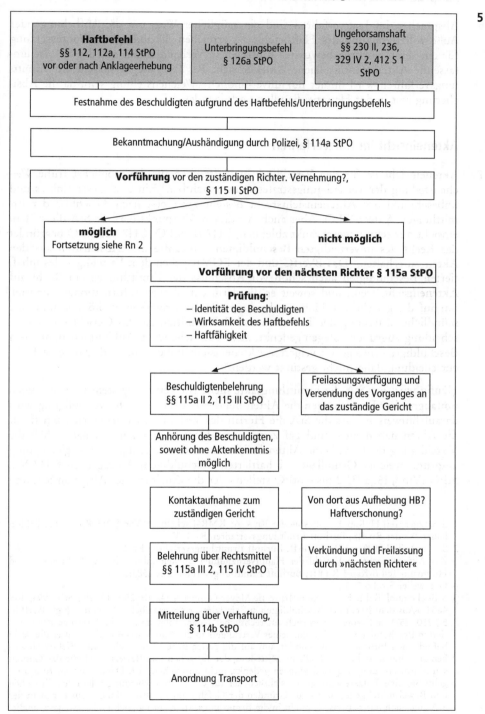

Wankel

Absprachen im Haftverfahren

6   Absprachen im Haftverfahren sind ein möglicher Weg, um die Aufhebung oder Außervollzugsetzung des Haftbefehls zu erreichen. Unabdingbare Voraussetzung für ein verantwortungsbewusstes Eintreten in Verhandlungen mit der StA ist umfassende Aktenkenntnis (siehe Akteneinsicht Rn 7).[1] Eine Absprache im Ermittlungsverfahren wird immer nur unverbindliche Weichenstellung sein, da die Absicherung erst in der Hauptverhandlung erfolgen kann.[2]

Akteneinsicht im Haftverfahren

7   Akteneinsicht ist für den Verteidiger in Haftsachen für die möglichst frühe Weichenstellung der Verteidigungsstrategie unverzichtbar.[3] Ein uneingeschränktes und unbeschränkbares Akteneinsichtsrecht besteht zwar erst nach Abschluss der Ermittlungen, § 169 a StPO. Aber auch vor diesem Zeitpunkt darf die StA die Akteneinsicht nur sehr eingeschränkt ablehnen, § 147 III StPO. § 147 VII StPO begründet das Recht des unverteidigten Beschuldigten Auskünfte und Abschriften aus den Akten zu erhalten.[4] Das BVerfG und der EGMR geben dem Verteidiger des inhaftierten Beschuldigten auch schon vor Abschluss der Ermittlungen ein Recht auf Akteneinsicht, wenn und soweit er die darin enthaltenen Informationen benötigt, um auf die gerichtliche Haftentscheidung effektiv einwirken zu können und eine mündliche Mitteilung der Tatsachen und Beweismittel, die das Gericht seiner Entscheidung zugrunde zulegen gedenkt, nicht ausreichend ist. Auf Tatsachen, die dem Beschuldigten infolge verweigerter Akteneinsicht unbekannt sind, darf eine Haftentscheidung daher nicht gestützt werden.[5]

Häufig wird der StA die Ermittlungsakte nicht zur Verfügung stehen, wenn wegen umfangreicher Ermittlungen die Akten bei der Polizei sind. Die Verteidigung wird darauf hinweisen, dass die StA die Herrin des Verfahrens ist, jederzeit Zugriff auf die Akten haben muss und ggf Zweit- und Drittakten anzulegen hat. Erhält die Verteidigung dennoch keine Akteneinsicht, kann der Verteidiger des – gleichgültig aufgrund welcher Grundlage – inhaftierten Beschuldigten Antrag nach § 147 V 2 StPO iVm § 161 a III 2 bis 4 StPO stellen oder die Zuleitung der Akten an StA und

---

1 S Satzger Teil H Kap 3, insbesondere Rn 4–6; KMR-Eschelbach Vor § 213 Rn 45–83; Schlothauer/Weider Rn 418; Burhoff Ermittlungsverfahren Rn 1700

2 S Satzger Teil H Kap 3 Rn 32, 36 ff; Burhoff Ermittlungsverfahren Rn 43 ff

3 Zur Akteneinsicht im Vorfeld der Hauptverhandlung Bockemühl Teil B Kap 1 Rn 57–79 und Hohmann Teil B Kap 3 Rn 8 ff; Burhoff Ermittlungsverfahren Rn 58 ff; 931

4 Gatzweiler StraFo 2001, 1

5 S Bockemühl Teil B Kap 1 Rn 60 ff; 69 ff; Meyer-Goßner § 147 Rn 25 a; BVerfG StV 1994, 465, 466 f: »Aus dem Recht des Beschuldigten auf ein faires, rechtsstaatliches Verfahren (vgl BVerfGE 57, 250, 257) und seinem Anspruch auf rechtliches Gehör folgt mithin ein Anspruch des inhaftierten Beschuldigten auf Einsicht seines Verteidigers in die Akten, wenn und soweit er die darin befindlichen Informationen benötigt, um auf die gerichtliche Haftentscheidung effektiv einwirken zu können und eine mündliche Mitteilung der Tatsachen und Beweismittel, die das Gericht seiner Entscheidung zugrundezulegen gedenkt, nicht ausreichend ist. Dabei wird allerdings regelmäßig eine Teilakteneinsicht hinsichtlich der für die Haftentscheidung relevanten Tatsachen und Beweismittel genügen. Ist aus Gründen der Gefährdung der Ermittlungen aus der Sicht der StA eine auch nur teilweise Einsicht in die Ermittlungsakte nicht möglich und verweigert sie diese deshalb nach § 147 II StPO, so kann das Gericht auf die Tatsachen und Beweismittel, die deshalb nicht zur Kenntnis des Beschuldigten gelangen, seine Entscheidung nicht stützen und muss ggf den Haftbefehl aufheben (BVerfG StV 1994, 1).« ergänzend BVerfG NStZ-RR 1998, 108, 109

Wankel

Gericht durch Einlegen einer Haftbeschwerde erreichen und dann im Beschwerdeverfahren an die für ihn wesentlichen Informationen gelangen.[6]

Der **EGMR** hat in drei Verfahren gegen die Bundesrepublik Deutschland[7] aus dem Prinzip der **Waffengleichheit** abgeleitet, dass auch die Notwendigkeit effektiver polizeilicher Ermittlungen nicht dazu führen könne, das Recht der Verteidigung substanziell zu beschneiden. Der Gerichtshof hat daher festgestellt, dass zu Unrecht verweigerte Akteneinsicht einen Verstoß gegen Art. 5 IV EMRK bedingt. Die Akten sind demnach dem Verteidiger des inhaftierten Beschuldigten in geeigneter Weise zugänglich zu machen. Das Akteneinsichtsrecht bezieht sich nach dieser Rspr nicht nur auf die Tatsachen, die der Haftentscheidung zugrunde liegen, sondern auf den gesamten Akteninhalt. Die Zusammenfassung von Tatsachen und die Schlussfolgerung aus Tatsachen im Haftbefehl kann die Akteneinsicht des inhaftierten Beschuldigten nicht ersetzen. Das gilt sowohl für den auf Flucht- als auch auf Verdunkelungsgefahr gestützten Haftbefehl.[8] Im Überprüfungsverfahren nach § 147 V StPO ist diese Auslegung des EGMR zu Art. 5 IV EMRK zu beachten.[9] Zwar hat die StA (RiStBV Nr. 46–59) ein legitimes Geheimhaltungsinteresse hinsichtlich des Ermittlungsstandes und kann daher die Akteneinsicht verweigern, wenn und soweit dadurch der Untersuchungszweck gefährdet würde. Nach der Rspr des EGMR kann ein Haftbefehl auf solche Fakten aber nicht mehr gestützt werden. Ungeklärt dürfte derzeit sein, ob Teilakteneinsicht noch zulässig ist, wenn der Haftbefehl nur auf einen Teil der prozessualen Taten, die Gegenstand des Verfahrens sind, gestützt wird.[10] Das mit der Sache befasste Gericht hat keine eigene Befugnis zur Gewährung von Akteneinsicht, da bis zur Anklageerhebung die StA die alleinige Herrin des Ermittlungsverfahrens ist.[11] Zu Unrecht verweigerte Akteneinsicht kann die Ablehnung eines Haftantrages oder die Aufhebung bzw Außervollzugsetzung eines bestehenden Haftbefehls bedingen.[12]

---

6 Ausführlich zum neu in die StPO durch StVÄG 1999 eingefügten § 147 V StPO Bockemühl Teil B Kap 1 Rn 74 a und Schlothauer StV 2001, 192 ff
7 EGMR StV 2001, 201 (Lietzow), 203 (Schöps), 205 (Garcia A.) jeweils gegen Bundesrepublik Deutschland m Anm Kempf: »1. Aktenteile, die dem Verteidiger nicht zugänglich sind, können im Haftprüfungs- und Haftbeschwerdeverfahren nicht zuungunsten des Beschuldigten verwertet werden. Ob die dem Verteidiger verwehrte Akteneinsicht durch die mündliche Bekanntgabe des wesentlichen Akteninhalts ersetzt werden kann, entscheidet sich im Einzelfall danach, ob damit eine effektive Verteidigung gegen die Verhaftung möglich wird.« Zuvor schon grundlegend EGMR StV 1993, 283 (Lamy); NVwZ 1997, 1093 Rn 129 ff (Chahal)
8 Zur Fluchtgefahr EGMR StV 2001, 201 (Lietzow) und zur Verdunkelungsgefahr EGMR StV 2001, 203 (Schöps)
9 Kempf StV 2001, 207
10 BVerfG NStZ-RR 1998, 109 hält Teilakteneinsicht für zulässig; nach der Rspr des EGMR Fn 7 erscheint dies aber zumindest problematisch; Burhoff Ermittlungsverfahren Rn 99
11 OLG Frankfurt StV 1993, 292, 293 f m Anm Taschke; aA LR-Lüderssen § 147 Rn 74 ff
12 BVerfG StV 1994, 465 (s Fn 5); KG StV 1994, 319: »Sind seit der ersten Vernehmung der im Haftbefehl genannten Zeugen und dem Zeitpunkt einer Entscheidung über eine gegen den Haftbefehl gerichteten Beschwerde mehrere Wochen vergangen, binnen derer sich aus der belastenden Aussage ergebende weitere Ermittlungen hätten durchgeführt werden können, so liegt darin eine nicht hinzunehmende Beschränkung der Verteidigung gegen die den Gegenstand des Haftbefehls bildenden Vorwürfe, die den Anspruch des Beschuldigten auf rechtliches Gehör verletzt. Falls in einem solchen Falle die Staatsanwaltschaft die Bekanntgabe der Verdachtsgründe in dem gebotenen Umfang weiterhin ablehnt, ist der Haftbefehl aufzuheben.«
OLG Köln StV 1998, 269 LS: »In besonders gelagerten Fällen darf auch bei einem nicht inhaftierten Beschuldigten, der von der Existenz des Haftbefehls bereits Kenntnis erlangt hat, die Entscheidung über die Fortdauer des Haftbefehls nicht auf Tatsachen und Beweismittel gestützt werden, die der Beschuldigte in Folge verweigerter Akteneinsicht nicht kennt. Da eine Haftentscheidung auch im Beschwerdeverfahren nur auf solche Tatsachen und Beweismittel gestützt werden darf, die dem Beschuldigten bekannt waren und zu denen er Stellung nehmen konnte,

Wankel

Aktualisierung, Änderung, Umwandlung des Haftbefehls

8   Der Haftbefehl ist jederzeit von Amts wegen an den bestehenden Ermittlungsstand anzupassen, so dass der Beschuldigte eine zutreffende Vorstellung darüber erhält, was ihm vorgeworfen wird (Sachverhalt, rechtliche Würdigung) und welche Haftgründe bestehen.

Die Einbeziehung neuer prozessualer Taten erfordert einen Antrag der StA. Jeder Haftbefehl kann in einen qualitativ anderen Haftbefehl umgewandelt werden, zB ein Ungehorsamshaftbefehl oder Sicherungshaftbefehl in einen Haftbefehl nach § 114 StPO. Dieser ist dann wie ein neuer Haftbefehl nach § 115 StPO zu eröffnen. Zum Verfahren s Ablauf des Haftverfahrens Rn 2, 3. In der **Beschwerdeinstanz** ist eine Aktualisierung und Änderung ebenfalls zulässig.[13] Die Umwandlung eines Ungehorsamshaftbefehls in einen solchen nach § 114 StPO ist in der Beschwerdeinstanz nicht zulässig, da dem Beschwerdegericht die Zuständigkeit nach § 125 StPO für den erstmaligen Erlass eines Haftbefehls fehlt. Dagegen ist die Umwandlung eines Haftbefehls nach § 114 StPO in einen Unterbringungsbefehl nach § 126 a StPO möglich, da dieser in den wesentlichen Gestaltungskriterien mit dem Haftbefehl nach § 114 StPO übereinstimmt, dh das Beschwerdegericht erhält hier seine Entscheidungskompetenz aus § 309 II StPO.[14]

Anfechtungsmöglichkeiten

9   ### 1.   Übersicht über die Haftbefehlsarten und Rechtsschutz

Art	Haftprüfung §§ 117, 118 StPO	OLG Haftprüfung § 121 StPO	Haftverschonung § 116 StPO	Haftbeschwerde § 304 StPO	Weitere Beschwerde § 310 StPO
§§ 112, 114 StPO Untersuchungshaft	ja	ja	ja	ja	ja
§ 126 a StPO Sicherungshaft	ja	nein (str Meyer-Goßner § 126 a Rn 10)	nein	ja	ja
§ 127 b StPO Hauptverhandlungshaft	ja	nein	ja	irrelevant wegen § 127 b II 2 StPO	
§ 71 II JGG Unterbringung	ja	nein, § 71 II 2 JGG	nein, § 71 II 2 JGG	ja	ja
§ 230 II StPO Sitzungshaft	ja	nein	ja	ja	ja
§ 236 StPO	ja	nein	ja	ja	ja
§ 329 IV 1, § 412 S 1 StPO	ja	nein	ja	ja	ja

---

  ist der Haftbefehl aufzuheben, wenn dem Beschuldigten wegen der Versagung der Akteneinsicht durch die StA rechtliches Gehör nicht gewährt werden kann.«
  Burhoff Ermittlungsverfahren Rn 1134

13 Dazu näher unten Rn 67, 70 und zur OLG-Haftprüfung Rn 113

14 Im Ergebnis ebenso LR-Hilger § 112 Rn 6 mwN

Art	Haftprüfung §§ 117, 118 StPO	OLG Haftprüfung § 121 StPO	Haftverschonung § 116 StPO	Haftbeschwerde § 304 StPO	Weitere Beschwerde § 310 StPO
§ 453 c StPO Sicherungshaft	nein (str Meyer-Goßner § 453 c Rn 16)	nein	nein	ja	nein (str Meyer-Goßner § 453 c Rn 17 mwN)
§ 457 StPO Vollstreckungshaft	nein	nein	nein	§ 21 StrVollstrO	nein

2. Im Haftverfahren stehen der Rechtsbehelf der **Haftprüfung** nach § 117 StPO   **10** (Rn 81) und die Rechtsmittel der **Haftbeschwerde** gemäß § 304 StPO (Rn 66) und das der **weiteren Haftbeschwerde** nach § 310 StPO (Rn 141) zur Überprüfung der Haftentscheidung zur Verfügung.

3. Die **Verfassungsbeschwerde** ist wegen Subsidiarität unzulässig, solange Haft-   **11** prüfung möglich ist.[15] Die Verfassungsbeschwerde gegen Entscheidungen im Recht der U-Haft ist möglich, soweit die Verletzung spezifischen Verfassungsrechts gerügt wird. Da nach der Rspr des BVerfG rechtswidrige Haftentscheidungen nur für die Zukunft geheilt werden können und »der Makel der rechtswidrigen Freiheitsentziehung rückwirkend nicht getilgt werden kann«,[16] ist die Verfassungsbeschwerde unmittelbar nach der rechtswidrig ergangenen Haftentscheidung zulässig. Dabei ist die Monatsfrist des § 93 I 1 BVerfGG zu beachten. Der Beschwerdeführer muss geltend machen können, dass

– verfassungsrechtliche Grundentscheidungen nicht beachtet,
– die Bedeutung der Grundrechte falsch eingeschätzt,
– die Tragweite der Grundrechte nicht beachtet oder
– falsche Auslegungsgrundsätze herangezogen wurden.

Konkret können mit der Verfassungsbeschwerde grundlegende Begründungsmängel, dh schwerwiegende formelle Fehler der Haftentscheidungen und inhaltliche Mängel, in der Regel Fehleinschätzung des Verhältnismäßigkeitsprinzips und Abwägungsdefizite, geltend gemacht werden.[17] In Fortführung der Rspr zur Verfassungsbeschwerde gegen prozessual überholte Maßnahmen[18] lässt das BVerfG auch die Anfechtung zwischenzeitlich aufgehobener Haftbefehle zu.[19]

Beginnend mit dem 1. Januar 1998 werden sämtliche Entscheidungen des Bundesverfassungsgerichts im Internet unter http://www.bverfg.de in ungekürzter Form veröffentlicht.

Wichtige Entscheidungen des BVerfG zum Haftrecht nach Stichworten:

– Außervollzugsetzung auch bei Haftgrund der Tatschwere nach § 112 III: BVerfGE 19, 342 = NJW 1966, 243
– Begründungsdichte (auch zu § 121) von Haftfortdauerbeschlüssen: BVerfG NJW 1991, 397; 689; NJW 1992, 2280; NStZ 1999, 12; 1999, 40; 162; StV 2000, 321; StV 2001, 694 und näher Rn 18.

---

15 Bleckmann NJW 1995, 2192 ff; Kreuder, Praxisfragen z Zulässigkeit der Verfassungsbeschwerde NJW 2001, 1243; Münchhalffen/Gatzweiler Rn 331 ff; BVerfG StV 1992, 235 m Anm Tondorf
16 BVerfG StV 2001, 691
17 Bsp für Verfassungsbeschwerde mit inhaltlicher Prüfung: BVerfG StV 1997, 535
18 BVerfGE 53, 152, 157
19 BVerfG StV 2000, 321

Wankel

- Überlange Dauer der U-Haft und Verstoß gegen das Beschleunigungsgebot: BVerfGE 20, 45 = NJW 1966, 1259; BVerfGE 36, 264 = NJW 1974, 307 (grundlegend); NJW 1992, 1750; NStZ-RR 2001, 24; eine Vielzahl von Einzelfallentscheidungen findet sich auf der Internetseite des Gerichts.
- Überlastung des Gerichts als Grund für Andauern der U-Haft; § 121: BVerfGE 36, 264 = NJW 1974, 307; BVerfG NJW 1994, 2081; StV 1999, 162.
- Verhältnismäßigkeit der U-Haft allgemein: BVerfGE 36, 264, 271. Der Grundsatz der Verhältnismäßigkeit gilt ebenso für außer Vollzug gesetzte und noch nicht vollzogene Haftbefehle: BVerfGE 53, 152 = NJW 1980, 1448; BVerfG StV 1996, 156.
- Unterbliebene Verkündung eines erweiterten Haftbefehls, § 115: BVerfG StV 2001, 691 m Anm Hagmann.
- Wichtiger Grund iS von § 121 StPO s Rn 108.
- Wiederaufleben eine bereits gegenstandslos gewordenen Haftbefehls mit Art. 104 I GG unvereinbar, BVerfG 2 BvR 1357/05 v. 18. 8. 2005 (www.bverfg.de/entscheidungen/rk20050818_2bvr135705.html)
- Zweck der U-Haft: BVerfG NJW 1992, 1749; StV 2001, 695 (Anordnung nur für Taten, für die dringender Tatverdacht besteht und für die U-Haft vollzogen wird).

12   4. Die subsidiäre **Beschwerde zum Europäischen Gerichtshof für Menschenrechte (EGMR)** in Straßburg ist erst nach Durchführung der Verfassungsbeschwerde zulässig, da der Beschwerdeführer vorab alle zuvor statthaften, nicht ersichtlich nutzlosen innerstaatlichen Rechtsbehelfe ausgeschöpft haben muss (Art. 35 I EMRK), bevor die ultima ratio der Menschenrechtsbeschwerde möglich wird.[20] Zu den innerstaatlichen Rechtsbehelfen rechnet der EGMR auch die Verfassungsbeschwerde.[21] Jede freiheitsentziehende Maßnahme muss mit dem Zweck des Art. 5 EMRK, dem Schutz des einzelnen vor Willkür, in Einklang stehen[22]. Der Gerichtshof verlangt eine gesetzliche nationale Haftgrundlage und überprüft dann die konventionskonforme Anwendung dieser rechtlichen Grundlagen[23].

Anklage, Haftbefehlserlass nach

13   § 129 StPO regelt das Verfahren zum Erlass eines Haftbefehls **nach Erhebung** der öffentlichen Klage und vor Erlass des Haftbefehls im Zusammenhang mit der angeklagten prozessualen Tat. Ergänzend gilt § 128 StPO; § 120 III StPO gilt nicht. Ein Antrag der StA ist nicht erforderlich, wie sich aus der Zusammenschau von § 125 I, II StPO ergibt. Es geht um den Erlass eines Haftbefehls im selben Verfahren. Soll dem Haftbefehl eine neue prozessuale Tat zugrunde gelegt werden, richtet sich das Verfahren nach § 128 StPO. Praktisch kann § 129 StPO dann zB werden, wenn den Ermittlungsbehörden im Zusammenhang mit anderen Verfahren auch Haftgesichtspunkte bzgl des angeklagten Verfahrens bekannt werden. Folgt die Festnahme dem Haftbefehl nach, ist das Verfahren oben Rn 3 einzuhalten.

---

20 Leitfaden für die Praxis: Wittinger NJW 2001, 1238; instruktiver Überblick der Rspr des EGMR zur U-Haft bei Kühne/Esser StV 2002, 383 ff; die vollständige Rspr des EGMR ist auf dessen Internetseite über die Suchseite zu finden: http://hudoc.echr.coe.int/hudoc/
21 Frowein/Peukert Art. 26 Rn 28–31
22 EGMR NJW 1999, 775, 777 – K-F
23 Kühne/Esser StV 2002, 383 mwN der neueren Rspr; EGMR StV 2005, 136 (Cevizovic gegen Deutschland) zum Verstoß gegen das Beschleunigungsgebot; siehe auch Rn 22 und Fn 41

Wankel

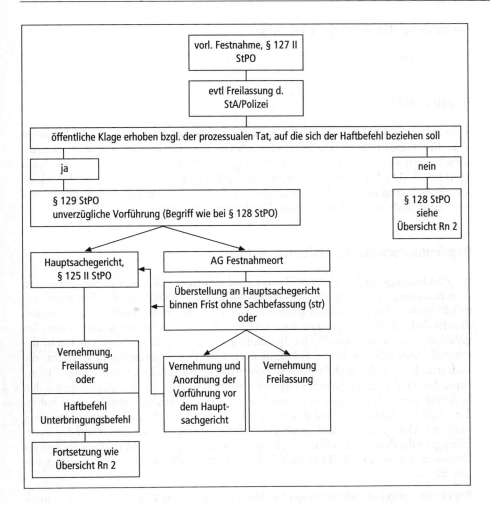

Anwesenheitsrechte

Im Vernehmungstermin. Nach § 168 c V StPO ist der Verteidiger von jedem Ver-   **15**
nehmungstermin zu benachrichtigen und nach § 168 c I StPO hat er ein Anwesenheitsrecht.

Im Haftprüfungstermin. Die Verteidigung ist nach § 118 a I StPO vom Termin zu
benachrichtigen und hat ein Anwesenheitsrecht, im Fall des § 118 a II 2 StPO sogar
eine Anwesenheitspflicht. Alle Verfahrensbeteiligten haben im Haftprüfungstermin
Anspruch auf rechtliches Gehör, das Recht Erklärungen abzugeben, Zeugen zu befragen und zu Beweismitteln Stellung zu nehmen. Der Beschuldigte ist auf die ihn
belastenden Umstände hinzuweisen und er muss Gelegenheit erhalten, dazu Stellung zu nehmen, Entlastungsgesichtspunkte und Tatsachen vorzutragen, § 115 III 2
StPO. Die Verteidigung ist anzuhören.

Fehler und Folgen: Wird gegen § 168 c StPO verstoßen, macht dies die Verlesbarkeit eines Protokolls nach § 254 StPO unzulässig.[24]

---

24 Meyer-Goßner § 254 Rn 4

Aussetzung des Vollzugs, § 116 StPO

16   s Vollzugsaussetzung Rn 140

Bagatelldelikte

17   § 113 StPO schränkt für die Straftaten, die mit Freiheitsstrafe bis zu sechs Monaten oder mit Geldstrafe bis zu einhundertachtzig Tagessätzen bedroht sind, die Anwendbarkeit der U-Haft ein. § 113 StPO gilt aber nicht für die Haftbefehle nach §§ 112 und 112 a StPO. Bei den nicht von § 113 StPO erfassten Delikten der Kleinkriminalität sind erhöhte Anforderungen an die Verhältnismäßigkeit zu stellen, und die Haftgründe im Hinblick auf die Deliktsnatur zu würdigen.

Begründungsdichte der Haftentscheidung

18   **Begründungsgebot bei Haftfortdauerentscheidungen.** Die Begründung muss den Anforderungen genügen, die das BVerfG und der EGMR an die Informationspflicht gestellt haben. Danach muss sich das Haftgericht mit konkreten Tatsachen, die der Inhaftierte vorgetragen hat substanziell auseinandersetzen und seiner Begründung zugrunde legen.[25] Der Beschuldigte hat nach dieser Rspr ein Recht darauf, alle wesentlichen Entscheidungskriterien für den dringenden Tatverdacht, die Haftgründe und die Verhältnismäßigkeitsprüfung mitgeteilt zu bekommen. Tatsachen, die überhaupt nicht publik gemacht werden dürfen, da ihre Bekanntgabe den Ermittlungszweck vereiteln oder den Fortgang des Verfahrens entscheidend behindern würden, können zulässigerweise dem Haftbefehl nicht mehr zugrunde gelegt werden.[26] Das bedeutet, dass durch die Geheimhaltung solcher Tatsachen der Beurteilungsmaßstab des Gerichtes eingeengt wird und auch eine Mitteilung in groben Umrissen, wie sie der BGH in NStZ 1996, 146 für zulässig hielt, nicht mehr genügen dürfte.[27]

Begründungsgebot bei verweigerter Akteneinsicht. Das Gericht hat weder ein eigenes Akteneinsichtsgewährungsrecht,[28] noch darf es die Verfahrensherrschaft der StA durch faktische Akteneinsicht unterlaufen, etwa durch umfassende mündliche Mitteilung des Ermittlungsstandes an die Verteidigung. Andererseits besteht ein weitgehender Informationsanspruch der Verteidigung im Haftverfahren (oben Rn 7).[29] Der Beschuldigte hat ein Recht darauf, alle wesentlichen Entscheidungskriterien für den dringenden Tatverdacht, die Haftgründe und die Verhältnismäßigkeitsprüfung mitgeteilt zu bekommen. Tatsachen, die überhaupt nicht publik gemacht werden dürfen, da ihre Bekanntgabe den Ermittlungszweck vereiteln oder den Fortgang des Verfahrens entscheidend behindern würden, können zulässigerweise dem Haftbefehl nicht zugrunde gelegt werden. Das bedeutet, dass durch die Geheimhaltung solcher Tatsachen der Beurteilungsmaßstab des Gerichtes eingeengt wird.

---

25 EGMR EuGRZ 2001, 394 (Erdem); BVerfG StV 2005, 220, 223
26 EGMR EuGRZ 1999, 320 (Nikolova); EGMR v 10. 10. 2000 Nr. 36743/97 Rn 54 (Grauslys);
    EGMR StV 2001, 201 (Lietzow/Schöps/Garcia A.); StraFo 2002, 51 (Rowe/Davis); EGMR v
    25. 6. 2002 Nr. 24244/94 (Migon)
27 Ambos NStZ 2003, 14
28 AA LR-Lüdersen § 147 Rn 74 ff
29 BVerfG StV 1994, 465

Wankel

Benachrichtigung durch den Richter, § 114 b I StPO

1. Empfänger der Benachrichtigung ist der Angehörige im weitesten Sinne oder **19**
eine Vertrauensperson, insbesondere der Wahlverteidiger. Der von Amts wegen bestimmte Pflichtverteidiger ist nicht ohne weiteres Vertrauensperson.[30] Davon unabhängig ist das Recht der Verteidigerkonsultation. Solange keine Missbrauchsgefahr
besteht, ist die Auswahl der zu benachrichtigenden Person durch den Beschuldigten für den Richter bindend; über seine persönlichen Beziehungen entscheidet der
Inhaftierte selbst.[31] Benennt der Verhaftete eine Person seines Vertrauens, darf der
Richter nicht statt dessen einen Angehörigen benachrichtigen. Bei Missbrauch kann
der Richter die Mitteilung ablehnen, zB wenn ein Mitbeschuldigter gewarnt werden soll. Zwischen mehreren benannten Personen kann der Richter nach freiem Ermessen wählen.

Die **Benachrichtigung darf nicht unterbleiben.** Besitzt oder benennt der Verhaftete keine Angehörigen oder Personen seines Vertrauens, muss der Richter Nachforschungen anstellen, da die Benachrichtigungspflicht verfassungsrechtlich verankert ist.[32] Die Benachrichtigungspflicht gilt ausnahmslos, also auch gegen den
Widerspruch des Verhafteten.[33] Nur in extremen notstandsähnlichen Lagen kann
nach sorgfältiger Prüfung von der Benachrichtigung abgesehen werden.[34] Das Unterlassen der Benachrichtigung muss schriftlich begründet und zu den Akten genommen werden, um eine umfassende Überprüfung in der Beschwerde zu gewährleisten. Die Ausnahme in § 114 b II StPO gilt bei Abs 1 nicht.

2. Verfahren

Eine bestimmte **Form** für die Benachrichtigung ist nicht vorgeschrieben. Diese **20**
kann daher auch telefonisch erfolgen, sollte dann aber genau in den Akten dokumentiert werden.

Unverzüglich ist zu benachrichtigen, dh die Mitteilung hat so schnell wie irgend
möglich zu erfolgen und darf vor allem nicht wegen noch bestehender Gefährdung
des Untersuchungserfolges verzögert werden.

Der **Inhalt** der Nachricht kann sich auf die Mitteilung der Verhaftung mit oder ohne nähere Erläuterung beschränken, wird vom Richter angeordnet und vom Ge-
schäftsstellenbeamten durchgeführt.

Zuständig ist der Richter, dem der Beschuldigte vorgeführt wird, bei späteren Entscheidungen der Richter (Vorsitzende), der die Entscheidung trifft. Die Benachrichtigung durch jedes Staatsorgan ersetzt die Tätigkeit des zuständigen Richters,
der die Benachrichtigung nicht wiederholen muss. Er trägt aber die Verantwortung
für die ordnungsgemäße Durchführung und darf sich regelmäßig nicht darauf verlassen, dass ein Haftbeschluss im üblichen Geschäftsgang ohne weiteres den Mittei-
lungsberechtigten unverzüglich mitgeteilt wird.[35]

---

30 BVerfGE 16, 119, 124; BrandVerfG NStZ-RR 2000, 185
31 SK-StPO-Paeffgen § 112 a Rn 4; aA Meyer-Goßner § 114 b Rn 4
32 SK-StPO-Paeffgen § 114 b Rn 4; aA Meyer-Goßner § 114 b Rn 4
33 Meyer-Goßner § 114 b Rn 6 mwN
34 Weitergehend KK-Boujong § 114 b Rn 5; für unbedingte Unantastbarkeit LR-Hilger § 114 b
    Rn 15
35 BVerfGE 38, 32, 34

Wankel

Die **Benachrichtigung des Konsulats eines Ausländers** regeln Art. 36 I b WÜK und Nr. 135 RiVASt. Art. 36 I WÜK gewährleistet ein subjektiv individuelles Recht.[36] Auf eine Verletzung dieses Rechts soll die Revision nicht gestützt werden können.[37]

Jugendverfahren. Die Erziehungsberechtigten/gesetzlichen Vertreter sind zu benachrichtigen. Die Benachrichtigung der Jugendgerichtshilfe als Haftentscheidungshilfe nach § 72 a JGG ist kein Unterfall des § 114 b StPO.

Berufung, Haftzuständigkeit

21 Mit Eingang der Akten beim Berufungsgericht geht die Haftzuständigkeit nach § 126 II 1 StPO über und eine noch anhängige Haftbeschwerde wird in einen Haftprüfungsantrag umgedeutet.[38]

Beschleunigungsgebot

22 Im Haftverfahren ist die Sachbearbeitung besonders zu beschleunigen. Die besondere Sechsmonatshaftprüfung durch das OLG nach §§ 121, 122 StPO (s Rn 110) dient vorrangig der Überwachung des Beschleunigungsgebotes. Die in diesem Zusammenhang von der Rechtsprechung entwickelten Grundsätze gelten grundsätzlich auch vor Ablauf der Sechsmonatsfrist. Das Beschleunigungsgebot gilt im gesamten Strafverfahren, und zwar auch dann, wenn nur Überhaft notiert ist,[39] beim außer Vollzug gesetzten Haftbefehl[40], während laufender Verhandlung[41] und nach erstinstanzlichem Urteil.[42]

Fehler und Folgen. Vermeidbare Verletzungen dieses hier verfassungsrechtlich erheblichen Grundsatzes können bereits die Ablehnung des Erlasses des Haftbefehls oder später die Aufhebung des Haftbefehls bedingen.[43]

---

36 IGH EuGRZ 2001, 287 (La-Grand) m Anm Hillgruber JZ 2002, 91
37 BGH StV 2003, 57 m beachtlicher abl Anm Paulus; vertiefend Kreß GA 2004, 691 ff
38 KK-Boujong § 125 Rn 10; s näher unten Rn 118
39 BVerfG StV 2003, 30; zuletzt OLG Karlsruhe StV 2002, 317; KG StV 2002 554; Schlothauer/ Weider Rn 833 mwN
40 BVerfG NStZ 1995, 346; OLG Stuttgart NStZ-RR 2003, 29; OLG Köln StV 2005, 396
41 EGMR StV 2005, 136 (Cevizovic) m Anm Pauly LS: »2. Befindet sich ein Beschuldigter bereits 2 Jahre in U-Haft, widerspricht es dem Bechleunigungsgrundsatz, wenn das Prozessgericht weniger als 4 Verhandlungstermine pro Monat ansetzt, ohne sich darum zu bemühen, Zeugen und Sachverständige auf eine effizientere Art zu laden und einen strafferen Verhandlungsplan festzulegen.«
42 BVerfG StV 2005, 220 zu verfassungswidrig langer U-Haft wegen verzögertem Revisionsverfahren oder zB OLG Koblenz StV 2004, 329
43 Meyer-Goßner § 121 Rn 22 ff; BVerfGE 20, 45, 49/50: »Eine Untersuchungshaft von über fünf Jahren ist jedenfalls dann verfassungswidrig, wenn sie auf vermeidbare Verzögerungen der Strafrechtspflege zurückzuführen ist. ... Dieser verfassungsrechtliche Grundsatz der Verhältnismäßigkeit ist nicht nur für die Anordnung, sondern auch für die Dauer der Untersuchungshaft von Bedeutung. ... Unabhängig von der zu erwartenden Strafe setzt aber der Grundsatz der Verhältnismäßigkeit der Haftdauer Grenzen.«

Beschwerde

siehe Haftbeschwerde Rn 67 ff.

23

Besetzung des Gerichtes bei Haftentscheidungen

1. Übersicht

24

Gericht	1. Instanz		Berufung	
	außerhalb Haupt-verhandlung (HVh)	innerhalb laufender HVh	außerhalb HVh	innerhalb laufender HVh
AG Strafrichter	§ 22 GVG	§ 22 GVG		
AG Schöffengericht	§ 30 II GVG Vorsitzender (VS) Eilentscheidung iü VS und Schöffen (aA hM)	§ 30 I GVG VS und Schöffen		
LG kleine Straf-kammer			§ 76 I 2 GVG VS Eilentscheidung iü VS und Schöffen (aA hM)	§ 76 I 1 Alt 2 GVG VS und Schöffen
LG große Straf-kammer	§ 76 I 2 GVG VS Eilentscheidung iü BerufsRi und Schöf-fen (aA hM)	§ 76 I 1 Alt. 1 GVG BerufsRi und Schöffen		
OLG § 120 GVG	§ 122 I GVG wie in d HVh (BGH StV 1997, 538)	§ 122 II 2 GVG 3 bzw 5 Berufs-richter		

2. Besetzung der Kollegialgerichte

Sehr umstritten ist die Frage, in welcher Besetzung Kollegialgerichte während lau- 25
fender und/oder unterbrochener Hauptverhandlung über Haftfragen zu entscheiden haben. Das Gebot des gesetzlichen Richters bedingt, dass in den Fällen, in
denen es nur vom Zufall abhängt, ob innerhalb oder außerhalb der Hauptverhandlung entschieden wird, das Gericht in der für die Hauptverhandlung vorgesehenen
Besetzung entscheidet.[44] An Entscheidungen über die U-Haft vor Schöffengerichten und Strafkammern während laufender Hauptverhandlung, auch während Un-

---

[44] BGHSt 43, 91 = BGH StV 1997, 538 = JR 1998, 333 m abl Anm Katholnigg zu § 120 GVG ausdrücklich offengelassen für Schöffengericht und Strafkammer: »Soll in dem Zeitraum zwischen
dem Beginn und Ende einer erstinstanzlich vor dem Strafsenat eines OLG durchgeführten
Hauptverhandlung eine Entscheidung über einen Haftbefehl gegen den Angeklagten getroffen
werden, so gebietet es der Grundsatz des gesetzlichen Richters, dass der Senat in der für die
Hauptverhandlung vorgesehenen Besetzung (hier: in der Besetzung mit 5 Richtern einschließlich des Vorsitzenden) entscheidet, auch wenn die Entscheidung außerhalb der Hauptverhandlung stattfindet.«

terbrechungen,[45] wirken die Schöffen daher mit. Die Zuständigkeit darf nicht von der durch die Verfahrensbeteiligten steuerbaren Entscheidung abhängen, ob der Antrag auf Haftentscheidung innerhalb oder außerhalb laufender Hauptverhandlung gestellt wird. Dem Gebot des gesetzlichen Richters kann in dem besonders grundrechtssensiblen Bereich der freiheitsentziehenden Eingriffe nur durch eine einheitliche Regelung genügt werden. Solche Entscheidungen stützen sich auf Bewertungen und Tatsachen, die sich typischerweise während des Verlaufs der Hauptverhandlung ergeben haben. Daher werden diese Entscheidungen in der Beschwerde als nur beschränkt überprüfbar angesehen, um keine »Nebenhauptverhandlungsinstanz« zu eröffnen. Denn der Tatrichter, einschließlich der Schöffen, ist sachnäher und kompetenter. Ist einerseits die Prüfungsbefugnis in der Beschwerde wegen des Unmittelbarkeitsgrundsatzes eingeschränkt, muss andererseits an einer solchen Entscheidung das gesamte Gericht beteiligt werden.[46] Das Beschleunigungsgebot in Haftsachen gebietet keine andere Betrachtungsweise, da in dringenden Fällen der Vorsitzende gemäß § 125 II 2 StPO und § 126 II 3 StPO – hier mit Zustimmung der StA – allein entscheiden kann.

Fehler und Folgen. Ein Verstoß gegen das Gebot des gesetzlichen Richters im Haftverfahren macht die Entscheidung fehlerhaft, aber nicht unwirksam. Eine Zurückverweisung in der Beschwerde ist grundsätzlich nicht geboten, vielmehr kann wegen der Entscheidungskompetenz des Beschwerdegerichtes aus § 309 II StPO der Mangel durch mündliche Verhandlung geheilt werden.[47] In den Fällen der eingeschränkten Prüfungskompetenz bei laufender Hauptverhandlung muss ausnahmsweise zurückverwiesen werden, da insoweit ein revisionsähnlicher Maßstab gilt.[48] In der Revision selbst kann der Verstoß keinen absoluten Revisionsgrund ergeben (§ 338 StPO), da die Haftentscheidung als Annexbeschluss nicht Gegenstand der revisionsrechtlichen Überprüfung ist.

Beweisrecht

1. Beweisantragsrecht

26   Die Verfahrensbeteiligten haben im Haftverfahren kein durchsetzbares **Beweisantragsrecht**.[49] Dieser Grundsatz wird durchbrochen, wenn die Beweiserhebung die Freilassung des Beschuldigten begründen kann, § 166 I StPO. Diese Ausnahmevorschrift gilt sowohl im ersten Haftermin, als auch im Haftprüfungstermin gemäß § 118 a StPO.[50] Im Rahmen der Haftbeschwerde kann die Unterlassung der Beweiserhebung gerügt und nachgeholt werden.

Das Beweisanregungsrecht des Verteidigers beinhaltet auch ein **Beweisbeibringungsrecht**, der Verteidiger kann also Zeugen und sonstige Beweismittel zum Termin mitbringen. Das Gericht ist nicht verpflichtet diesen Beweisen nachzugehen;

---

45 AA die überwiegende Meinung Meyer-Goßner § 126 Rn 8; § 30 GVG Rn 3; KK-Boujong § 126 Rn 10; Pfeiffer § 126 Rn 2; § 30 GVG Rn 2; LR-Hilger § 125 Rn 16; LR-Schäfer § 30 GVG Rn 6; OLG Hamburg NStZ 1998, 99 mit BVerfG StV 1998, 387; Thür OLG StV 1998, 687; 143; Foth NStZ 1998, 420; Bertram NJW 1998, 2934
46 OLG Köln StV 1998, 273; OLG Hamm StV 1998, 388; Schlothauer StV 1998, 146 rSp; Siegert NStZ 1998, 421; Kunisch StV 1998, 687; **aA** s Fn 45
47 LR-Gollwitzer § 309 Rn 17; KK-Engelhardt § 309 Rn 7; näher unten Rn 70
48 Näher s Rn 70
49 Zum Beweisantragsrecht im Ermittlungsverfahren Burhoff Ermittlungsverfahren Rn 411 ff, in der Hauptverhandlung Groß-Bölting/Kaps Teil B Kap 4 Rn 177 ff und zum Beweisantrag in der Revision Mutzbauer Teil C Kap 2 Rn 145
50 Meyer-Goßner § 166 Rn 2; aA KK-Boujong § 118 a Rn 5

§§ 244 III–VI, 245 StPO gelten nicht. Je intensiver die Beweisbeibringung der Verteidigung ist, desto höher sind aber die Anforderungen an die Begründungstiefe des Haftfortdauerbeschlusses nach § 118 a IV StPO. Hat die Verteidigung substanziiert Entlastungsmaterial vorgetragen, muss sich das Gericht ähnlich der Beweiswürdigung in den Urteilsgründen damit auseinandersetzen. Pflichtwidriges Nichterheben beantragter Beweismittel kann sich auf die Haftentscheidung allenfalls mittelbar dadurch auswirken, dass das vorhandene Tatsachenmaterial für den dringenden Tatverdacht oder die Haftgründe nicht mehr ausreicht.

2. Mündliche Haftprüfung

Zur **Vorbereitung** der konkreten Haftprüfungsentscheidung und künftiger ggf erforderlicher Haftentscheidungen kann der Haftrichter Ermittlungen anordnen, wenn er sich hiervon eine für den Inhaftierten günstige Entwicklung verspricht. Die Ermittlungen werden durch die StA und ihre Hilfsorgane oder durch beauftragte oder ersuchte Richter vollzogen.[51] Auch im Beschwerde- und OLG-Haftprüfungsverfahren gilt § 117 III.[52]   27

Die Einschaltung eines beauftragten/ersuchten Richters zur Vorbereitung einer Haftentscheidung ist zulässig, soweit der beauftragte Richter sozusagen als »verlängerter Arm« zur Tatsachenermittlung dient. Daraus folgt, dass das Kollegialgericht zur Vorbereitung einer Entscheidung dann einen beauftragten Richter einsetzen darf wenn es für die Vorermittlungen nicht entscheidend auf den persönlichen Eindruck ankommt. Die auf die (Vor-)Ermittlungen folgende Entscheidung im Zusammenhang mit der Haft hat dann aber allein das Haft-Gericht zu treffen.

In der mündlichen Haftprüfung findet **keine förmliche Beweisaufnahme** statt. Die Beweise, sofern das Gericht eine weitere Aufklärung für erforderlich hält, werden im Freibeweisverfahren erhoben,[53] dh grundsätzlich nicht durch persönliche Anhörung von Zeugen und Sachverständigen oder durch Augenschein. Mittel des Freibeweises können telefonische Anfragen ebenso sein wie persönliche Kenntnis des Gerichtes aus einem früheren Verfahren[54] wie auch sonstige persönlich erlangte Kenntnisse, die im Haftprüfungstermin den Verfahrensbeteiligten mitgeteilt werden müssen. Ablauf und Umfang des Termins bestimmt das Gericht nach seinem Ermessen. Es ist nicht an die in der Hauptverhandlung geltenden strengen Beweisregeln gebunden, insbesondere gilt § 244 StPO nicht. Soweit aber Zeugen und Sachverständige persönlich gehört werden, gelten die Regeln der Hauptverhandlung für die Beweisaufnahme (dh Fragerecht, Erklärungsrecht, Beweisverwertungsverbote und dgl). Urkunden müssen nicht nach § 249 StPO verlesen werden, sondern es gilt grundsätzlich das Selbstleseverfahren. Der Ermittlungsrichter ist beim Urkundenbeweis darüber hinaus an die Entscheidung der StA zur Akteneinsicht gebunden. Hat die StA die Akteneinsicht verweigert, § 147 II StPO, darf das Gericht ohne Zustimmung der StA Aktenbestandteile in der Haftprüfung nicht zum Gegenstand der Verhandlung machen. Dies ist kein Widerspruch zur richterlichen Unabhängigkeit, da im Ermittlungsverfahren der Ermittlungsrichter die Funktion eines Ergänzungsorgans hat, aber nicht selbstständig agieren kann, mit Ausnahme der Konstellation des Ermittlungsrichters als Notstaatsanwalt.[55]

---

51 KK-Boujong § 117 Rn 12; Meyer-Goßner § 117 Rn 15
52 KK-Boujong § 117 Rn 12
53 BGHSt 28, 116,118 zur gleich gelagerten Situation bei § 138 d StPO
54 Gerichtskundigkeit, Meyer-Goßner § 244 Rn 52
55 Zu den Folgerungen dieser Beschränkung KMR-Wankel Vor § 112 Rn 5, 6

Wankel

3. Fehler und Folgen

28 Gegen die Entscheidung im Anschluss an den Haftprüfungstermin ist die Beschwerde statthaft, in der auch die Verletzung von Formvorschriften gerügt werden kann. Stellt das Beschwerdegericht gravierende formelle Verstöße fest, wie die Verletzung des rechtlichen Gehörs oder einen Verstoß gegen das Antragsrecht aus § 166 I StPO, so können diese Fehler in einer mündlichen Verhandlung gem § 118 II StPO vor dem Beschwerdegericht geheilt werden.

29 ### Checkliste für die Tätigkeit des Strafverteidigers in Haftsachen

- Vollmacht vorlegen, evtl unwiderrufliche Zustellungsvollmacht
- Akteneinsicht beantragen
- Erklärung, dass beabsichtigt ist, an allen Vernehmungen teilzunehmen und um Mitteilung der Termine gebeten wird, § 168 c StPO[56]
- Dringender Tatverdacht?
- Prozesshindernisse/fehlende Prozessvoraussetzungen (zB Strafklageverbrauch, fehlender Strafantrag), § 130 StPO beachten
- Beweissituation prüfen: Einlassung? Beweisanregungen? Antragsrecht, § 116 I StPO?
- Materielle Rechtslage prüfen (zB Rücktritt vom Versuch, Teilnahme statt Täterschaft)
- Haftgründe Flucht/Fluchtgefahr?
- Vorlage von Unterlagen
- Verdunkelungsgefahr, konkrete Tatsachen vorhanden?
- Haftgrund der Tatschwere, § 112 III StPO
- Haftgrund Wiederholungsgefahr, § 112 a StPO
- Haftverschonung, § 116 StPO

Doppelhaft

30 s Überhaft Rn 117

Entscheidungsbefugnis des nächsten Richters, § 115 a StPO

31 s Nächster Richter Rn 101

Eröffnung des Haftbefehls

32 s Verkündung Rn 128

---

56 Auf eine Verletzung des § 168 c StPO wird die Verteidigung aus taktischen Gründen in der Regel nicht hinweisen, da der Verstoß ein Verwertungsverbot nach sich zieht

Erweiterung des Haftbefehls

Ob ein bestehender Haftbefehl jederzeit, auch in der Beschwerdeinstanz erweitert **33** und ergänzt werden darf ist umstritten.[57] Nach Anklageerhebung ist der Haftbefehl ggf zu aktualisieren. Nach jeder Erweiterung oder Einschränkung ist der Haftbefehl zu verkünden nach § 115 StPO (s Stichwort Verkündung Rn 128).

Europäischer Haftbefehl (EuHb)

Das BVerfG hat das Gesetz über den Europäischen Haftbefehl insgesamt für verfa- **33 a** sungswidrig erklärt.[58] Damit gilt die Rechtslage wie vor Erlass des EuHBG. Der EuHb sollte in den Mitgliedsstaaten der EU die Auslieferung beschleunigen und vereinfachen. Der EuHB trat an die Stelle des bisherigen Rechtshilfeersuchens und ersetzte dieses, war aber kein neuer »internationaler Haftbefehl«. Sobald der Bundesgesetzgeber ein neues Gesetz zum Europäischen Haftbefehl erlassen hat, wird im Internet unter der Adresse www.wolterskluwer.de eine zusammenfassenden Übersicht mit Checkliste zum Verfahren veröffentlicht.

Faires Verfahren/Waffengleichheit

Der Grundsatz des fairen Verfahrens ist ein verfassungsrechtlich verankertes, in der **34** StPO nicht geregeltes Prozess- und Wertungsprinzip, das in jeder Lage des Verfahrens zu beachten ist.[59] Im Haftverfahren soll es gewährleisten, dass der Inhaftierte ein an den Grundsätzen von Gerechtigkeit und Billigkeit orientiertes korrektes Verfahren erhält,[60] bei dem das Gericht auch seine Fürsorgepflicht gegenüber dem in seiner Verteidigung stark eingeschränkten Beschuldigten zu wahren hat. Art. 6 I EMRK gewährleistet die beschleunigte Durchführung des Verfahrens und kann auch in Verbindung mit Art. 5 III EMRK (Recht auf Urteil binnen angemessener Zeit) wirksam werden.[61] Aus diesem Grundsatz folgt auch das Prinzip der **Waffengleichheit**, das klarstellt, dass die Personen, die sich vor Gericht in einem Verfahren mit gegenläufigen Interessen gegenüberstehen, gleiche oder gleichwertige Befugnisse bei der Vertretung ihrer Interessen vor Gericht haben.[62] Art. 6 I EMRK erlaubt nur unbedingt notwendige Einschränkungen der Verteidigungsfreiheit und diese müssen hinreichend ausgeglichen werden.[63] Zur Waffengleichheit bei der ersten Überprüfung der Haftentscheidung s § 117 Rn 7.

Der Festgenommene hat ein substanzielles Recht auf Sprechen und Gehört werden.[64] Zum Recht auf effektive Verteidigung gehört auch der freie Zugang des Ver-

---

57　Str, s unten Rn 67, 70. Das Gericht muss sich aber an die Grenzen der prozessualen Tat(en) halten, die ihm durch die StA unterbreitet wird (werden)

58　BVerfG NJW 2005, 2289

59　BVerfGE 26, 66, 71; 39, 156, 163; 63, 380, 390; 86, 288, 317; KK-Pfeiffer Einl Rn 28 ff; Walischewski StV 2001, 243, 244; Frowein/Peukert Art. 6 Rn 71 ff und Pache EuGRZ 2000, 601 mwN zur Rspr des EGMR; grundlegend zur Waffengleichheit als Prozessprinzip Safferling NStZ 2004, 181

60　BGHSt 24, 125, 131; 31, 149, 154

61　EGMR NJW 2001, 1294 (Kudla)

62　LR-Gollwitzer EMRK Art. 6 Rn 59; BVerfGE 38, 105, 111; 63, 45, 61; EGMR StV 2001, 201 ff; BGH StV 1984, 99, 100; BGHSt 36, 305, 309 zu Waffengleichheit und Akteneinsicht

63　EGMR StraFo 2002, 52 (Atlan); EGMR v 12. 3. 03 Nr. 46221/99 Rn 140 ff (Öcalan)

64　BVerfGE 62, 249 ff, 254; 70, 288, 293; 83, 24, 38

Wankel

teidigers bei der Vernehmung des inhaftierten Beschuldigten.[65] Verstöße gegen den Fair-Trial Grundsatz (Rechtsstaatsprinzip Art. 20 III GG) begründen nicht automatisch Prozesshindernisse, die zur Einstellung des Verfahrens führen würden.[66]

Flucht, Haftgrund

35 s Haftbefehl Rn 49 ff

Fluchtgefahr, Haftgrund

36 siehe Haftbefehl Rn 50

Fehler und ihre Folgen

37 Verstöße gegen die durch Art. 104 GG gewährleisteten Voraussetzungen und Formen freiheitsbeschränkender Gesetze stellen nach der Rspr des BVerfG stets eine Verletzung der Freiheit der Person dar.[67] Da das gesamte Haftverfahren Tatsacheninstanz ist, können Fehler grds im jeweiligen Verfahrensstadium geheilt werden, allerdings nur für die Zukunft.[68] Ist der Haftbefehl nichtig, ist eine nachträgliche Heilung nicht mehr möglich. Auch im Verfahren nach § 121 ist eine Heilung nach hM nicht mehr möglich.[69]

Formfehler im Ermittlungsverfahren führen nur dann zu einem Beweisverwertungsverbot, wenn grundlegende strafprozessuale Rechte des Beschuldigten verletzt worden sind, denn Verwertungsverbote sind im System der StPO die Ausnahme, da sie den staatlichen Strafanspruch schmälern oder vereiteln.[70] Die Frage, inwieweit besonders schwerwiegende Verfahrensmängel in der Beschwerde zur Zurückverweisung führen müssen ist umstritten.[71] Formal rechtmäßige Entscheidungen sind aufzuheben, wenn sie auf willkürlichem, missbräuchlichem, irrationalem Handeln des Entscheidungsträgers oder auf unzureichender Beweislage beruhen.[72]

Fehlerhafte Entscheidungsprozesse im Zusammenhang mit der Untersuchungshaft können mangels Einflusses auf die Beweissituation unmittelbar nie zu Beweisverwertungsverboten führen. Sogar bei bewusster Umgehung der Anordnungszuständigkeit des Ermittlungsrichters scheidet ein Verwertungsverbot aus,[73] da die so erlangte Haftentscheidung des unzuständigen Richters keinen Einfluss auf die Beweissituation haben kann. Im (hoffentlich theoretischen) Fall, dass Haft angeordnet wird, um eine Aussage zu erlangen, ergibt sich das Verwertungsverbot nicht aus dem Formfehler, sondern aus § 136a StPO.

65 EGMR v 24.11.1993 Nr. 32/1992 (Imbrioscia)
66 S Köllner Teil A Rn 38; Meyer-Goßner Einl Rn 148; BVerfGE 26, 66, 71; 57, 250, 274
67 BVerfGE 58, 208, 220; StV 2002, 692
68 BVerfG StV 2001, 692
69 LR-Hilger § 125 Rn 7; KK-Boujong § 125 Rn 2; Meyer-Goßner §§ 122 Rn 13, 125 Rn 2; SK-StPO-Paeffgen § 125 Rn 3; OLG Hamm StV 2000, 153; Burhoff StraFo 2000, 109, 110
70 BGHSt 40, 211 = StV 1994, 521
71 KK-Engelhardt § 309 Rn 7, 11
72 EGMR EuGRZ 1982, 101, 105 Rn 56 (X.)
73 Anders und zum Teil umstritten für die Beweiserhebungsakte: Fezer StV 1989, 290, 292 ff; Nelles StV 1991, 488, 491; Roxin NStZ 1989, 376 ff; Landau StraFo 1998, 399

Zu Fehlern im Haftverfahren s auch die folgenden Stichworte:

Akteneinsicht Rn 7
Anwesenheitsrechte Rn 15
Beschleunigungsgebot Rn 22
Besetzung Rn 24
Beweisrecht Rn 26
Haftbefehl Form und Inhalt Rn 44, 46
Vernehmung des Beschuldigten Rn 129
Vorführfrist Rn 134

Gesetzlicher Richter

s Besetzung des Gerichts Rn 24   **38**

Haftaufhebungsantrag

Die Verteidigung kann jederzeit außerhalb des Haftprüfungs- und Beschwerdever-   **39**
fahrens schriftlich die Aufhebung oder Außervollzugsetzung des Haftbefehls beim
Haftrichter beantragen.[74] Ein solcher Antrag ist sinnvoll, wenn im schriftlichen Verfahren entschieden werden soll und es auf den persönlichen Eindruck des Beschuldigten nicht ankommt. Ist der Beschuldigte in Haft, so wird ein solcher Antrag in
der Regel als schriftlicher Haftprüfungsantrag nach § 117 I StPO auszulegen sein.
Im Antrag sollte klargestellt werden, dass es sich nicht um eine Beschwerde nach
§ 304 StPO handelt.

Nur im Ermittlungsverfahren ist der Haftbefehl auf Antrag der StA aufzuheben,
§ 120 III 1 StPO.

Haftbedingungen

1. Beschränkungen

Die sachgerechte Verteidigung hat sich auch um die Ausgestaltung der Haftbedin-   **40**
gungen[75] zu kümmern. Rechtsgrundlage für die Anordnung einschränkender Maßnahmen in der Haft sind die Generalklauseln in § 119 III und IV StPO. Nur die
Beschränkungen sind zulässig, die notwendig sind, um den Haftzweck und die
Ordnung in der JVA zu sichern. Der Beschuldigte hat das Recht, sich Bequemlich-
keiten und Beschäftigungen auf seine Kosten zu verschaffen. Eine dem StVollzG
entsprechende Kodifizierung gibt es noch nicht.[76] Da der Haftrichter nicht jede
einzelne Maßnahme gesondert anordnen kann, ist es üblich, die Untersuchungshaft-
vollzugsordnung (UvollzO)[77] durch Beschluss zum Inhalt des Aufnahmeersuchens
an die JVA zu machen. Die UVollzO ist eine den Richter nicht bindende Verwal-

---

74 Meyer-Goßner Vor § 296 Rn 23; Schlothauer/Weider Rn 757
75 Stichworte nach ABC zu den Beschränkungen gem § 119 III bei KMR-Wankel § 119 Rn 10
76 S aber den Entwurf eines Gesetzes zur Regelung des Vollzugs der Untersuchungshaft BR-
   Ds 249/99 v. 30. 4. 1999. Der Gesetzentwurf der Bundesregierung soll eine erstmalige eigenständige gesetzliche Regelung des Untersuchungshaftvollzugs schaffen
77 Abgedruckt zT bei LR-Hilger § 119 und SK-StPO-Paeffgen § 119

tungsvorschrift der Länder, die viele den Gleichbehandlungsgrundsatz gewährleistende Regelungen enthält. Die Verteidigung sollte in geeigneten Einzelfällen über begründete Anträge Einzelfallanordnungen des Richters erwirken. In der Begründung kann es je nach Gericht sinnvoll sein, ausdrücklich darauf hinzuweisen, dass die UVollzO nur eine das Gericht nicht bindende Anregung zur Sachbehandlung ist. Auf die Vielzahl an Einzelproblemen kann im vorliegenden Zusammenhang nicht eingegangen werden.[78]

2. Zuständigkeiten

41 Nach § 119 VI StPO ist der Ermittlungsrichter für die Anordnungen zuständig. Nach Anklageerhebung geht die Zuständigkeit nach § 126 III StPO auf das Hauptsachegericht über; bei Kollegialgerichten ist der Vorsitzende nach § 126 III 3 StPO zuständig. Für dringende Maßnahmen besteht eine Eilzuständigkeit der StA und der Haftanstalt nach § 119 VI 2 StPO. Der Haftrichter hat anschließend über die Fortwirkung von Amts wegen zu entscheiden, bei bestehendem Fortsetzungsfeststellungsinteresse auch nach Erledigung der Maßnahme.[79] Wendet sich der Beschuldigte gegen Maßnahmen, die ihren Grund in der Überhaft haben (zB Besuchssperre wegen Verdunkelungsgefahr) ist das dem Haftgericht übergeordnete Beschwerdegericht zuständig.

3. Anfechtung

42 **a)** Beschwerde nach § 304 StPO kann der Beschuldigte und sein Verteidiger jederzeit gegen Anordnungen des Haftrichters einlegen. Durch Entlassung aus der Haft wird die Anordnung in der Regel prozessual überholt und die Beschwerde damit unzulässig. Disziplinarmaßnahmen und andere Eingriffe, die ein fortwirkendes Interesse an der Feststellung der Rechtswidrigkeit zu begründen geeignet sind, können weiter angefochten werden.[80]

Die weitere Beschwerde nach § 310 StPO ist nicht statthaft, da es sich um Angriffe gegen die Ausgestaltung der Haft, nicht aber um Angriffe gegen diese selbst handelt.

b) Gegen Maßnahmen der JVA ist die **Gegenvorstellung,** die **Dienstaufsichtsbeschwerde** statthaft. Der **Antrag nach § 23 I EGGVG** ist nur dann zulässig, wenn keine sonstige Möglichkeit besteht, eine gerichtliche Entscheidung herbeizuführen. Er ist daher nur denkbar, wenn es um Maßnahmen geht, für die der Haftrichter keine Zuständigkeit hat, so zB bei rein organisatorischen Maßnahmen, die sich nicht an einen bestimmten Gefangenen richten (Größe der Zellen, Anstaltsverpflegung, Verteilung der Arbeit und dgl).[81]

---

78 Instruktive Checklisten und Abhandlungen zu Detailfragen finden sich bei Schlothauer/Weider Teil 9 Rn 976–1063
79 Meyer-Goßner § 119 Rn 48
80 Meyer-Goßner § 119 Rn 49; LR-Hilger § 119 Rn 157 f
81 LR-Hilger § 119 Rn 161; Cassardt NStZ 1994, 523 mit umfassenden Nachweisen der uneinheitlichen Rspr

Haftbefehl, Eröffnung

Wird der Beschuldigte aufgrund bestehenden Haftbefehls ergriffen, ist dieser in der **43** Vorführungsverhandlung nach § 115 StPO zu eröffnen. Bestehen in mehreren Verfahren mehrere Haftbefehle und ist daher Überhaft vorgemerkt, so werden die Haftbefehle nacheinander jeweils dann eröffnet, wenn sie vollzogen werden; also mit Ende der Überhaft. Zuständig ist das Gericht, das den Haftbefehl erlassen hat. Die Eröffnung im Rechtshilfeweg ist unzulässig (näher s Stichwort Überhaft Rn 117).

Zum Ablauf des Eröffnungstermins Stichwort Ablauf des Haftverfahrens Rn 1 und Vorführtermin Rn 139.

Haftbefehl, Form und Inhalt (§ 114 StPO)

1. Form, § 114 I StPO

Die U-Haft wird durch schriftlichen Haftbefehl angeordnet. Bei mündlicher Ver- **44** kündung kann diese Form nachgeholt werden, auch durch Aufnahme in ein richterliches Protokoll. Der Erlass einer Vielzahl gleichlautender Haftbefehle ist unbedenklich, wenn die Einzelfallprüfung dabei nicht vernachlässigt wird.[82] Bezugnahmen auf andere Schriftstücke sind allenfalls zulässig, wenn sie jeder Ausfertigung beigeheftet werden und den Überblick über den Inhalt des Haftbefehls nicht erschweren.

2. Inhalt, § 114 II StPO

Der Haftbefehl ist nur vollstreckungsfähig, wenn er die ausdrückliche **Anordnung** **45** der U-Haft enthält.[83] Der **Beschuldigte** ist genau zu bezeichnen (§ 114 II Nr. 1 StPO). Regelmäßig sind die Personalien anzugeben. Sind diese nicht oder nur teilweise bekannt, so kann eine Personalienbeschreibung den Mangel beheben.

Anzugeben ist weiterhin die **Tat im prozessualen Sinne (§ 114 II Nr. 2 StPO)**. Ist der Beschuldigte mehrerer Taten verdächtig, so sind nur dann alle anzuführen, wenn auf sie der Haftbefehl gestützt werden soll. Jede Tat muss so geschildert werden, dass sie nach Tatort, Tatzeit und den tatsächlichen Vorgängen, in denen die gesetzlichen Merkmale der Straftat in objektiver und subjektiver Hinsicht zu sehen sind, bestimmbar ist und von anderen Lebenssachverhalten abgegrenzt werden kann (Umgrenzungsfunktion) und gleichzeitig den Beschuldigten über den gegen ihn erhobenen Vorwurf ins Bild setzt (Informationsfunktion). Im frühen Stadium des Ermittlungsverfahrens dürfen an die Konkretisierung der prozessualen Tat keine hohen Anforderungen gestellt werden. Die Rechtsprechung zur Bestimmtheit der Schilderung der Tat in der Anklage[84] kann auf die Sachverhaltsschilderung im Haftbefehl nicht ohne weiteres übertragen werden. Die Tatschilderung muss aber immer aus sich heraus verständlich sein. Bezugnahmen auf Unterlagen, die dem Haftbefehl nicht beigefügt sind, sind unzulässig. Spätere Entscheidungen, die den Haftbefehl aufrechterhalten, dürfen auf frühere Begründungen verweisen.[85] Je

---

82 BVerfG NJW 1982, 29
83 LR-Hilger § 114 Rn 4
84 Eschelbach Teil H Kap 4 Rn 16 ff; Meyer-Goßner § 200 Rn 7 ff mwN; OLG Brandenburg StV 1997, 140; OLG Hamm StV 2000, 153
85 KK-Boujong § 114 Rn 6

weiter das Verfahren fortgeschritten ist, desto höhere Anforderungen müssen an Umgrenzungs- und Informationsfunktion des Haftbefehls gestellt werden. Der Haftbefehl während laufender Hauptverhandlung hat daher den gleichen Anforderungen zu genügen wie ein Anklagesachverhalt und ein Haftbefehl nach durchgeführter Beweisaufnahme ist am Urteilssachverhalt zu messen.[86]

3.　Formfehler und Folgen

46 Auch **schwerwiegende Mängel** führen nicht zur Nichtigkeit des Haftbefehls, sondern können noch in der Beschwerde geheilt werden. S aber oben Rn 37. Das Beschwerdegericht darf, wenn es den Haftbefehl für so fehlerhaft hält, dass es ihn vollständig aufheben will, nur dann einen neuen Haftbefehl erlassen, wenn die Aktenlage für die Schilderung der prozessualen Tat ausreicht. Ein neuer Antrag der StA ist nicht Zulässigkeitsvoraussetzung, solange der Haftbefehl nicht auf eine prozessuale Tat gestützt werden soll, die bisher nicht Gegenstand des Haftbefehls war.[87] Eine Zurückverweisung – entgegen § 309 II StPO – an das Erstgericht[88] scheidet im Verfahren über einen Haftbefehl aus, da der Beschuldigte wegen des weitreichenden Eingriffs in seine Freiheitsrechte Anspruch auf eine Sachentscheidung hat. Entweder trägt die Aktenlage den Haftbefehl oder er muss aufgehoben werden. Die Zurückverweisung in Haftsachen kommt allenfalls in den Fällen der eingeschränkten Prüfungskompetenz (str s Rn 70) in Betracht. Eine unzulässige Verkürzung des Rechtsschutzes ist dadurch nicht gegeben, da die Beschwerdeinstanz nach der Systematik des Gesetzes eine Tatsacheninstanz mit umfassender Prüfungskompetenz ist und die Entscheidung den durch die prozessuale Tat im Haftbefehl gezogenen Rahmen nicht überschreitet.

Haftbefehl, § 112 StPO (Voraussetzungen)

I.　Dringender Tatverdacht

47 1. Der **Verdacht** muss sich auf eine verfolgbare Straftat des Beschuldigten beziehen. Daher schließen nicht nur die fehlende Tatbestandsmäßigkeit, Rechtswidrigkeit und Schuld, sondern auch Strafausschließungsgründe und nicht behebbare Ver-

---

86 LG München StV 1998, 384; Burhoff StraFo 2000, 109, 110; OLG Hamm StraFo 2000, 30
87 AA OLG Brandenburg StV 1997, 140 und NStZ-RR 1997, 107: »Stellt der Haftbefehl die Tat nicht mindestens so genau dar, dass der Beschuldigte die strafrechtlichen Vorwürfe nach Umfang und Tragweite eindeutig erkennen kann, kann das Beschwerdegericht dem Haftbefehl während des laufenden Ermittlungsverfahrens eine ordnungsgemäße Fassung nur dann geben, wenn die StA einen hinreichend bestimmten Antrag gestellt hatte. Anderenfalls fasst es den Haftbefehl unter Auslassung der zu beanstandenden Einzelvorwürfe neu oder hebt ihn auf.«
88 So OLG Düsseldorf StV 1996, 440 m Anm Weider: »1. Im Haftbefehl ist der historische Vorgang der Tat so genau zu bezeichnen, dass der Beschuldigte den konkreten Vorgang und seine Begrenzung erkennen kann. Ein Haftbefehl unterliegt der Aufhebung, wenn er statt der erforderlichen Konkretisierung der einzelnen Tatakte lediglich eine allgemein gehaltene pauschale und generalisierende Beschreibung der Tathandlungen in zeitlicher und gegenständlicher Hinsicht enthält.
2. Das Beschwerdegericht hat das Vorliegen der Voraussetzungen für den Erlass eines ordnungsgemäßen Haftbefehls selbstständig zu prüfen und einen solchen selbst zu erlassen, wenn der Beschuldigte ansonsten unter Aufhebung des fehlerhaften Haftbefehls freigelassen, aber alsbald aufgrund neuen Haftbefehls des mit der Sache befassten Gerichts wieder festgenommen werden müsste. Ist der (fehlerhafte) Haftbefehl dagegen deshalb nicht vollstreckt worden, weil sich der Beschuldigte dem Verfahren durch Flucht entzogen hat, kann der Erlass eines neuen Haftbefehls dem nach §§ 125, 126 StPO zuständigen Gericht überlassen werden.«

fahrenshindernisse und fehlende Prozessvoraussetzungen den Tatverdacht aus. Bei dem Tatbestandsmerkmal Tatverdacht sind also das gesamte materielle Recht und die Prozessvoraussetzungen/Prozesshindernisse zu prüfen.

2. Dringender Tatverdacht bedeutet, dass bei freier Beweiswürdigung aufgrund   **48** der aktuellen Aktenlage eine hohe Wahrscheinlichkeit für die Verurteilung in einer Hauptverhandlung gegeben ist, dh ein höherer Grad an Wahrscheinlichkeit als der »hinreichende Tatverdacht« iS von § 170 StPO oder § 203 StPO aber geringer als die zur Verurteilung ausreichende Sicherheit. Der Verdachtsgrad ist deutlich höher als der in Art. 5 I lit c EMRK geforderte »hinreichende Tatverdacht«.[89] Der Haftbefehl setzt nicht Anklagereife voraus, denn das Tatbestandsmerkmal des dringenden Tatverdachts ist jeweils nach dem aktuellen Stand der Ermittlungen zu bewerten, die bei erstem Erlass des Haftbefehls nach vorläufiger Festnahme zwangsläufig noch nicht Anklagereife bedingen können. Der Ermittlungsstand wird häufig auch noch unvollständig sein. Der ausstehende Rest der Ermittlungen hat in die Prognoseentscheidung soweit wie möglich einzufließen. Das Gericht hat die Tatsachen frei zu würdigen. Haftentscheidungen in der Hauptverhandlung müssen sich auf das Ergebnis der Beweisaufnahme stützen.

Auch nach Urteilserlass kann in der Beschwerde der dringende Tatverdacht überprüft werden.[90] Der Prüfungsmaßstab ist dabei eingeschränkt (siehe Rn 70).

II. Haftgründe, § 112 II StPO

Die Haftgründe sind im Gesetz abschließend geregelt. Verdeckte (apokryphe) Haftgründe sind unzulässig.[91]

1. Flucht oder sich Verborgen halten (Nr. 1)

Der Haftgrund muss sich auf **bestimmte Tatsachen** stützen, die im Freibeweisver-   **49** fahren festgestellt werden, dh zur Überzeugung des Richters gegeben sind.[92]

Einzelfälle (Haftgrund Fluchtgefahr ja/nein):

– Absetzen vor Beginn oder Vollendung der Tat (Fahnenflucht): ja; LR-Hilger § 112 Rn 29; aA SK-StPO-Paeffgen § 112 Rn 22
– Anwesenheit des Beschuldigten im Verfahren nicht mehr erforderlich, zB wegen § 231 II StPO: nein
– Ausländer kehrt in Heimatstaat zurück und hält sich dort für Ladungen zur Verfügung: nein[93]
– Ausländer verlegt ohne Zusammenhang mit Ermittlungsverfahren Wohnsitz in seinen Heimatstaat: nein[94]
– Ausländer ohne Wohnsitz in Deutschland hält sich im Heimatstaat auf oder kehrt von dort nicht mehr zurück: ja soweit der Beschuldigte international aus-

---

89 Dazu näher EGMR NJW 1999, 775, 777 (K-F gegen Deutschland); Frowein/Peukert EMRK Art. 5 Rn 83 mwN der Rspr des EGMR: Art. 5 I lit c setzt nicht voraus, dass bereits bei Verhaftung ausreichende Beweise für eine Anklageerhebung vorliegen oder während der Haftdauer unbedingt ermittelt werden müssen
90 OLG Brandenburg StV 2000, 505
91 Näher LR-Hilger § 112 Rn 54 mwN; Schlothauer/Weider Rn 633 ff; Weider StraFo 1995, 11
92 AA Meyer-Goßner § 112 Rn 15: Wahrscheinlichkeit für den Haftgrund der Flucht genügt
93 OLG Naumburg StV 1997, 138; OLG Karlsruhe StV 2005, 33
94 OLG Bremen StV 1997, 533; OLG Stuttgart StV 1995, 258; OLG Saarbrücken StV 2000, 208; OLG München StV 2002, 205; OLG Köln StV 2005, 393; einschränkend OLG Stuttgart NStZ 1998, 427

geschrieben und die Auslieferung betrieben werden soll[95] oder erklärt, er werde sich nicht stellen.[96]

- Außervollzugsetzung 15 Monate nicht zur Flucht genutzt; Ladung zu 20 Terminen Folge geleistet: nein[97]
- Deutscher kehrt aus Ausland nicht mehr zurück: ja[98]
- Deutscher verlegt Wohnsitz ins Ausland zwecks Arbeitsaufnahme: nein[99]
- Erreichbarkeit über Dritte; Seemann, Handlungsreisender etc über Arbeitgeber: nein[100]
- Verbergen um Herausgabe des Kindes an anderen Elternteil zu verhindern: nein[101]
- Verhandlungsunfähigkeit, selbst bewusst herbeigeführte um sich der Verhandlung zu entziehen: ja[102]
- Wohnungsaufgabe ohne Ummeldung, ohne Zustelladresse: ja
- Wohnungswechsel, ständiger mit Meldung ohne erreichbar zu sein: ja[103]

2. Fluchtgefahr (Nr. 2)

50 Im Rahmen der Entscheidungsfindung sind alle Gesichtspunkte, die für oder gegen Fluchtgefahr sprechen, abzuwägen. Ein Gesichtspunkt allein wird in der Regel Fluchtgefahr nicht begründen können, so ist zB der Gesichtspunkt der Ausländereigenschaft oder der Straferwartung isoliert betrachtet ohne Aussagekraft, da es immer auf eine Gesamtschau ankommt. Der folgende Kriterienkatalog soll helfen, die relevanten Gesichtspunkte aufzufinden. Dabei ist zu beachten, dass allein das Fehlen von Bindungen die Fluchtgefahr noch nicht indiziert.

51

Kriterienkatalolg
Bindungen
Familie
Ehe, nichteheliche Bindung
Scheidung
Kinder
soziale Beziehungen, Umfeld, Freunde,
Heimat/Ausländer[104]
Sprache
Wohnung

---

95 OLG Frankfurt StV 1994, 582; OLG Köln NStZ 2003, 219 m abl Anm Dahs/Riedel StV 2003, 416; Böhm NStZ 2001, 636
96 Meyer-Goßner § 112 Rn 17; OLG Stuttgart Justiz 1983, 311; StV 1999, 33 m abl Anm Lagodny; OLG Hamm StV 2005, 35 m abl Anm Hilger; aA BGH StV 1990, 309 m Anm Paeffgen NStZ 1990, 431, der Frage der Auslieferung offen lässt; OLG Bremen StV 1997, 533; OLG Karlsruhe StV 1999, 36; OLG Brandenbg StV 1996, 381: nur Haftbefehl § 230 II möglich; Schlothauer/ Weider Rn 494; Gercle StV 2004, 675, 678 und oben Rn 33 a
97 OLG Hamm StV 2001, 685
98 Meyer-Goßner § 112 Rn 13; aA SK-StPO-Paeffgen § 112 Rn 22; vertiefend zum Auslandswohnsitz Böhm NStZ 2001, 633 ff
99 OLG München StV 2002, 205
100 LR-Hilger § 112 Rn 29
101 OLG Schleswig MDR 1980, 1042
102 Meyer-Goßner § 112 Rn 18; OLG Oldenburg StV 1990, 175; OLG Hamm v 22.5.2001 – 5 Ws 204/01
103 KK-Boujong § 112 Rn 11
104 Schlothauer/Weider Rn 536 ff; Burhoff Ermittlungsverfahren Rn 1700;OLG Koblenz NStZ 1996, 24 m Anm Paeffgen; OLG Stuttgart NStZ 1998, 427; OLG Köln StV 2000, 508: Ausländereigenschaft als solche kein Kriterium

Arbeitsplatz, Berufsausübung
eigenes Unternehmen

Persönlichkeitsbezogene Kriterien
Alter
Anwaltsbeistand[105]
Gesundheitszustand, schwere/unheilbare Krankheit
psychische Labilität
Selbststellung[106]
Sucht (Alkohol, sonstige Drogen, Glücksspiel); Therapiemöglichkeiten, Therapieplatz
Verbindungen zu kriminellem Milieu
Verhalten in früheren Verfahren

Tatbezogene Kriterien
Straferwartung
– Erwartungshorizont; auszugehen ist von der Sicht des Haftrichters, wobei auch der Erwartungs-
  horizont des Beschuldigten mit einzubeziehen ist[107]
– Strafrahmen: minder schwerer oder besonders schwerer Fall, Regelbeispiel, Strafrahmenverschie-
  bung nach § 49 StGB iVm zugelassenen (§§ 13, 21, 23, … StGB) oder vorgeschriebenen (§ 27 StGB)
  Gesichtspunkten
– Geständnis
– straffreie Lebensführung
– Zeitablauf seit Tat
– Mitwirkung an Tataufklärung, auch an Taten anderer
– Tatprovokation
– kriminelle Energie
– Vortatverhalten
– Nachtatverhalten
– Täter-Opfer-Ausgleich, § 46 a StGB
– Anrechnung § 51 StGB
– Bewährung zu erwarten § 56 StGB[108]
– § 57 StGB
Widerruf in anderer Sache zu erwarten
weitere Straftaten
weitere anhängige Verfahren

Sonstige
Auslandsvermögen
Inlandsvermögen
Reisevorbereitungen
Straferwartung als Haftgrund ist ein Gesichtspunkt unter mehreren, kann aber nie der alleinige
sein.[109] Auch der zu erwartende Widerruf der Strafaussetzung ist ein die Fluchtgefahr begründen-
der Gesichtspunkt. Ob hinsichtlich der Nachtat iS von § 56 f I Nr. 1 StGB bereits ein rechtskräftiges
Urteil vorliegen muss ist nach der neueren Entscheidung des EGMR strittig.[110]
Weitere Ermittlungsverfahren können in die Beurteilung auch dann eingehen, wenn insoweit hin-
reichender Tatverdacht besteht.[111]

105　Strafverteidigung-Deckers § 5 Rn 85
106　BGH StV 1997, 196; OLG Köln StV 1994, 582; OLG Braunschweig StV 1995, 277; OLG Ham-
　　　burg StV 1995, 420; Schlothauer/Weider Rn 376 ff, 197; 216
107　Münchhalffen StraFo 1999, 332, 334; Burhoff Ermittlungsverfahren Rn 1701; OLG Hamm StV
　　　2001, 115; aA Strafverteidigung-Deckers § 5 Rn 82 ff, der allein auf die Sicht des Beschuldigten
　　　abstellt; differenzierend derselbe StV 2001, 115
108　OLG Koblenz StV 2002, 313
109　Burhoff Ermittlungsverfahren Rn; OLG Köln StV 1995, 419; OLG Köln StV 1996, 389, 390:
　　　Straferwartung nachrangig; Fröhlich NStZ 1999, 331
110　EGMR StV 2003, 82 (Böhmer vs Deutschland) m Übersicht zur neueren Rspr Peglau NStZ
　　　2004, 248
111　KK-Boujong § 112 Rn 18; aA Schlothauer/Weider Rn 528: dringender Tatverdacht erforderlich

Wankel

3. Verdunkelungsgefahr

52 a) Nur **bestimmte Tatsachen** aus dem Rechtskreis des Beschuldigten, die sich auf Taten beziehen, die den Gegenstand des Haftbefehls bilden,[112] können die Grundlage für den Verdacht bilden. Es müssen Tatsachen sein, die dem Beschuldigten zugerechnet werden können, weil er sie selbst veranlasst hat oder die er steuern kann, zB eigenhändige Bedrohung von Belastungszeugen oder durch Dritte, auf die der Beschuldigte Einfluss hat. Spontanes Verhalten bei der Flucht allein weist noch nicht auf Verdunkelungswillen hin.[113] Sind die Ermittlungen noch nicht abgeschlossen, fehlen noch wesentliche Beweismittel, ist dies dem Beschuldigten grundsätzlich nicht zuzurechnen und kann die U-Haft nicht begründen. Aus der **Deliktsnatur** allein lässt sich noch nicht auf Verdunkelungshandlungen schließen.[114] Auch bei den Deliktsgruppen, die regelmäßig mit Verdunkelungshandlungen verbunden sind, vor allem wenn typischerweise ein enges Beziehungsgeflecht zwischen einer Vielzahl von Beteiligten gegeben ist (zB Meineid verbunden mit Strafvereitelung, BtM-Handel, kriminelle Vereinigungen, Straftaten im Zusammenhang mit dem »Rotlichtmilieu«, Bestechung) muss die Verdunkelungshandlung über das der Tat immanente Verdeckungsverhalten hinausgehen.[115]

Ein Beweisanzeichen für unzulässige Beeinflussung neben anderen kann die frühere Verurteilung des Beschuldigten wegen Meineids, Strafvereitelung, Begünstigung, Vortäuschen einer Straftat etc sein, ebenso, wenn die gesamte Lebensführung auf Täuschung, Bedrohung, Gewalt eingestellt ist. Auch aus den Umständen der verfolgten Tat lassen sich Rückschlüsse ziehen, soweit sie dem Beschuldigten zugerechnet werden können.[116] Es ist nicht erforderlich, dass der Beschuldigte bereits in Vorbereitungs- oder Versuchsstadium der Verdunkelungshandlung eingetreten ist. Die relevanten Tatsachen werden im Freibeweisverfahren festgestellt.

b) unlauter

53 Das Verhalten muss prozessordnungswidrig sein und die Sachaufklärung in einer vom Gesetz nicht gebilligten Weise erschweren.[117] Damit scheidet zulässiges Verhalten – zB Leugnen, Geständniswiderruf, Verweigerung der Mitwirkung im Strafverfahren, Preisgabe von Mittätern – aus. Auch die Bitte an eine Beweisperson, von ihrem Zeugnisverweigerungsrecht Gebrauch zu machen, ist zulässiges Prozessverhalten, allerdings nur solange, als auf den Zeugen kein unmittelbarer oder mittelbarer Druck ausgeübt wird (zB Einsatz der Autorität des Arbeitgebers oder Vorgesetzten).

c) Folge (konkrete Gefahr): Erschwerung der Wahrheitsermittlung

54 Wenn der Beschuldigte nichts verdunkeln kann, liegt Verdunkelungsgefahr nicht vor, so wenn die Tat aufgeklärt ist, die entscheidenden Beweise gesichert sind oder alle wesentlichen Aussagen oder ein umfassendes Geständnis durch richterliche Protokollierung feststehen.[118] Anklageerhebung oder erstinstanzliches Urteil lassen

---

112 OLG Karlsruhe StV 2001, 686
113 LG Aachen StV 1997, 535
114 OLG München StV 1996, 439; OLG Hamm StV 2002, 205 zu Steuerhinterziehung; Park wistra 2001, 247 zu Wirtschafts- und Steuerstrafsachen
115 OLG Köln StV 1999, 323; OLG Frankfurt StV 2000, 152
116 KK-Boujong-Boujong § 112 Rn 29; einschränkend LR-Hilger-Hilger § 112 Rn 43; Schlothauer/ Weider Untersuchungshaft Rn 245; aA SK/StPO-Paeffgen-StPO-Paeffgen § 112 Rn 32; OLG München StV 1995, 86 und NJW 1996, 941
117 OLG Köln StV 1999, 37
118 Meyer-Goßner § 112 Rn 35; OLG Stuttgart StV 2005, 225

die Verdunkelungsgefahr nicht automatisch entfallen, da Verdunkelungshandlungen gerade vor und während laufender Hauptverhandlung möglich sind und auch häufig vorkommen.[119]

4. Haftgrund der Tatschwere, § 112 III StPO

s dort Rn 78 55

III. Unverhältnismäßigkeit, Ausschlussgrund, § 112 I 2 StPO

Die Anordnung der U-Haft ist unzulässig, wenn die **Schwere des Eingriffs** zur der 56
Bedeutung der Sache und der damit zu erwartenden strafrechtlichen **Rechtsfolge** nicht im ausgewogenen Verhältnis steht. Als Ausschlussgrund ist die Unverhältnismäßigkeit, wie sich aus dem Wortlaut der Vorschrift ergibt, nur zu beachten, wenn sie festgestellt ist, nicht schon, wenn Zweifel bleiben. Der Grundsatz in dubio pro reo gilt nach hM nicht.[120]

1. Schwere des Eingriffs

Die Dauer der U-Haft bestimmt die Schwere des Eingriffs, wobei erhebliche Voll- 57
zugsunterbrechungen zu berücksichtigen sind. Die Haft ist nur zulässig, wenn die vollständige Aufklärung der Tat oder die rasche Durchführung des Verfahrens mit Urteilsvollstreckung nicht anders gesichert werden kann.[121] In extremen Fällen kann auch der seit der Tat vergangene Zeitablauf erheblich sein. Str ist, ob Verfahrensverzögerungen bereits bei der Anordnung der U-Haft berücksichtigt werden können, oder erst bei der OLG-Haftprüfung erheblich werden.[122]

2. Bedeutung der Sache

Sie richtet sich nach Art und Schwere der Straftat, den damit zusammenhängenden 58
abstrakten Strafdrohungen sowie den täterbezogenen Umständen, insbesondere der Schwere der Schuld. Sie zeigt sich auch im Gesichtspunkt der Verteidigung der Rechtsordnung (»positive Generalprävention«), dh dem Bedürfnis der Allgemeinheit an zügiger und effektiver Durchführung des Strafverfahrens. Dies wird am ehesten bei Straftaten gegeben sein, die wegen ihrer potenziellen Gefährlichkeit geeignet sind, den Rechtsfrieden in der Gesellschaft zu stören, wie insbesondere organisierte Kriminalität.[123] Auch im Bereich der Kleinkriminalität ist die Anordnung von U-Haft grds zulässig, wie sich aus § 113 StPO und den dort genannten Delikten ergibt.

---

119 KK-Boujong § 112 Rn 38; OLG Karlsruhe StV 2001, 120
120 KK-Boujong § 112 Rn 44; aA SK-StPO-Paeffgen § 112 Rn 10; LR- Hilger § 112 Rn 60 f
121 BVerfGE 20, 144, 148: »Dieser verfassungsrechtliche Grundsatz der Verhältnismäßigkeit ist nicht nur für die Anordnung, sondern auch für die Dauer der U-Haft von Bedeutung. Vor allem darf die U-Haft hinsichtlich ihrer Dauer nicht außer Verhältnis zu der voraussichtlich zu erwartenden Strafe stehen. Unabhängig von der zu erwartenden Strafe setzt aber der Grundsatz der Verhältnismäßigkeit der Haftdauer Grenzen. ... Bei der Prüfung, ob die gegen einen Beschuldigten verhängte U-Haft unzumutbar lange andauert, kann nicht unberücksichtigt bleiben, dass der Vollzug der Haft für nicht ganz unerhebliche Zeiträume unterbrochen worden ist.«
122 KK-Boujong § 112 Rn 46; OLG Hamm NStZ-RR 1998, 307, 308; OLG Düsseldorf StV 1988, 390: Steht bei ausermitteltem Sachverhalt bereits fest, dass binnen 6 Monaten kein Urteil zu erwarten ist, darf ein Haftbefehl nicht ergehen
123 Meyer-Goßner § 112 Rn 11; LR-Hilger § 112 Rn 58 mwN; aA SK-StPO-Paeffgen § 112 Rn 16

Wankel

3. Rechtsfolgen

59 Zu den Rechtsfolgen besteht Unverhältnismäßigkeit solange nicht, als die Dauer der U-Haft die zu erwartenden vollzogenen freiheitsentziehenden Rechtsfolgen nicht übersteigt. Aber auch außerhalb dieser Grenze wird die Unverhältnismäßigkeit nicht automatisch erreicht, denn der Beschuldigte darf durch sein Verhalten nicht die Aburteilung verschleppen oder unmöglich machen können. Übersteigt die U-Haft die bereits der Höhe nach feststehenden Rechtsfolgen, so ist der auf Fluchtgefahr gestützte Haftbefehl aufzuheben, denn der Zweck der Verfahrens- und Vollstreckungssicherung ist damit regelmäßig erreicht.[124] Bei dem auf Verdunkelungsgefahr gestützten Haftbefehl kann der Sicherungszweck die Aufrechterhaltung auch über die zu erwartende Rechtsfolge hinaus bedingen. Auch der außer Vollzug gesetzte Haftbefehl und der Haftbefehl, für den Überhaft vorgemerkt ist, muss aufgehoben werden, wenn die Voraussetzungen nicht mehr gegeben sind.[125]

4. Abwägungsgesichtspunkte

60 Im Rahmen der Abwägung der Schwere des Eingriffs in die Rechtssphäre des Einzelnen gegen das Strafverfolgungsinteresse der Allgemeinheit, dh der Bedeutung der Strafsache und der Rechtsfolgenerwartung können folgende Abwägungsgesichtspunkte von Bedeutung sein:

Beschuldigter:

- Bewährungsstrafen: Ist die Aussetzung der Freiheitsstrafe zu erwarten, so hindert das den Erlass eines Haftbefehls nicht.[126]
- Verlust der Arbeit/Wohnung
- Verlust/Beeinträchtigung des sozialen Umfeldes
- Entfremdung/Desozialisation
- Krankheit[127] Es gibt keinen allgemeinen Haftausschließungsgrund der schweren Krankheit.[128] Vielmehr muss in jedem Einzelfall der staatliche Strafanspruch vor dem Hintergrund der Schwere des vorgeworfenen Deliktes gegen den Grundrechtseingriff abgewogen werden.
- Strafzumessungsgesichtspunkte

Allgemeininteressen:

- Beschleunigungsgebot: Ist abzusehen, dass das Verfahren in absehbarer Zeit nicht beendet werden kann, so ist dies in die Abwägung einzustellen und der Haftantrag abzulehnen oder der Haftbefehl aufzuheben[129]
- verletztes Rechtsgut
- abstrakte Rechtsfolgenerwartung
- konkrete Straferwartung
- Verteidigung der Rechtsordnung

---

124 KMR-Wankel § 120 Rn 3; OLG Frankfurt StV 1993, 594 zur Ersatzfreiheitsstrafe; OLG Düsseldorf MDR 1993, 371; Schlothauer StV 1988, 209; aA Meyer-Goßner § 120 Rn 4; KG StV 1988, 208
125 BVerfGE 53, 152, 158 f
126 LR-Hilger § 112 Rn 62
127 Meyer-Goßner § 112 Rn 11 a
128 AA Berliner VerfGH NJW 1993, 515; Meyer-Goßner § 112 Rn 11 a
129 OLG Köln StV 1994, 584; OLG Düsseldorf StV 1988, 390

Haftbefehl, § 112 a StPO (Wiederholungsgefahr, Sicherungshaft)

Haftbefehl wegen Wiederholungsgefahr[130] darf nur erlassen werden, wenn die Vo-   **61**
raussetzungen des § 112 StPO nicht gegeben sind oder dessen Voraussetzungen
zwar vorliegen, der Haftbefehl aber außer Vollzug gesetzt werden müsste, **Subsidiarität gemäß § 112 a II StPO.** Der Haftbefehl darf auch nicht hilfsweise auf Wiederholungsgefahr gestützt werden.[131] Die Höchstdauer der U-Haft ist auf ein Jahr
beschränkt, § 112 a StPO. Je nach dem, ob es sich um Anlasstaten nach § 112 a I
Nr. 1 oder Nr. 2 StPO handelt, sind die Haftvoraussetzungen verschieden. Bei den
Anlasstaten des § 112 a I Nr. 2 StPO sind zusätzliche besondere Voraussetzungen zu
prüfen. Auch der Haftbefehl nach § 112 a StPO kann außer Vollzug gesetzt werden.[132]

Zu § 112 a StPO im Jugendrecht s unten Rn 98.

---

130 Umfassend auch unter Berücksichtigung der Rspr des EGMR: Humberg, Der Haftgrund der
    Wiederholungsgefahr gem. § 112 a StPO Jura 2005, 376
131 Meyer-Goßner § 112 a Rn 17
132 OLG Köln StraFo 1997, 150; OL Celle StV 1995, 644

Wankel

62

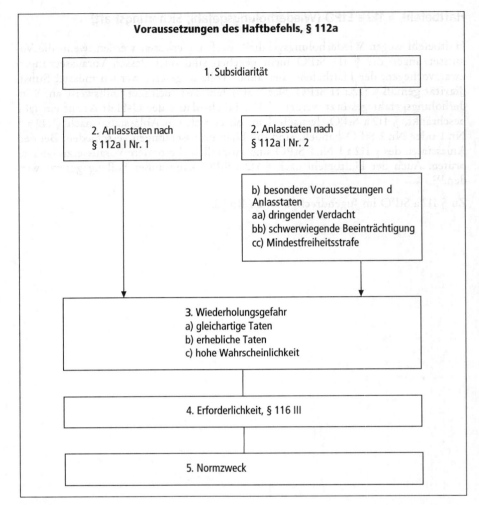

Voraussetzungen des Haftbefehls, § 112a

1. Subsidiarität

2. Anlasstaten nach § 112a I Nr. 1

2. Anlasstaten nach § 112a I Nr. 2

b) besondere Voraussetzungen d Anlasstaten
aa) dringender Verdacht
bb) schwerwiegende Beeinträchtigung
cc) Mindestfreiheitsstrafe

3. Wiederholungsgefahr
a) gleichartige Taten
b) erhebliche Taten
c) hohe Wahrscheinlichkeit

4. Erforderlichkeit, § 116 III

5. Normzweck

1. Wiederholungstat und schwerwiegende Beeinträchtigung der Rechtsordnung

63   **Wiederholungstat (wiederholte und fortgesetzte Anlasstat):** Der Täter muss mindestens zweimal durch selbstständige Handlungen (Tatmehrheit) eine der Katalogtaten begangen zu haben, wobei auch die in Qualifikationen enthaltenen Grunddelikte als Wiederholungstat herangezogen werden dürfen (zB § 255 StGB einerseits und § 250 StGB andererseits). Der dringende Tatverdacht muss sich aber nur auf mindestens eine Katalogtat beziehen, die zweite Tat kann auch in (einem) anderen Verfahren anhängig oder rechtskräftig abgeurteilt worden sein, § 116 III StPO.[133]

---

133 OLG Schleswig NStZ 2002, 276; Thür OLG StV 1999, 101; OLG Hamm StV 1997, 310 mit abl Anm Hohmann Rn 15; OLG Stuttgart NStZ 1988, 326; KK-Boujong § 112 a Rn 12; LR-Hilger § 112 a Rn 37; Humberg Jura 2005, 381; aA Meyer-Goßner § 112 a Rn 8; Schlothauer/Weider Untersuchungshaft Rn 626; OLG Frankfurt StV 1984, 159

Schwerwiegende Beeinträchtigung der Rechtsordnung bedeutet, dass es sich konkret um im Unrechtsgehalt überdurchschnittliche Fälle handeln muss, die geeignet sind, in weiten Kreisen der Bevölkerung das Vertrauen in Sicherheit und Rechtsfrieden zu beeinträchtigen. Auch in diesem Zusammenhang ist der Begriff der »positiven Generalprävention« (Erhaltung und Stärkung des Vertrauens in die Bestands- und Durchsetzungskraft der Rechtsordnung)[134] von Bedeutung. Dies kann sich auch aus den Taten in ihrer Gesamtheit ergeben.[135] Ausgangspunkt der Betrachtung ist die prozessuale Tat (§ 264 StPO), in deren Rahmen auch tatmehrheitlich zusammentreffende Delikte zu berücksichtigen sind. Nach Aufgabe des Rechtsinstitutes der fortgesetzten Tat [136] sind im Rahmen der juristischen Handlungseinheit bei Serientaten die Fälle der Bewertungseinheit im BtMG[137] noch von Bedeutung. Die schwerwiegende Beeinträchtigung muss sich gerade aus der Beeinträchtigung der Rechtsgüter ergeben deren Schutz § 112 a StPO durch Aufnahme in den Katalog dient.[138]

2. Anlasstat: Straferwartung

Die Anforderung, dass eine Mindestfreiheitsstrafe von einem Jahr zu erwarten ist, soll verhindern, dass die Sicherungshaft die Vollstreckung einer Freiheitsstrafe vorwegnimmt, die später gar nicht verhängt wird.

64

3. Wiederholungsgefahr: hohe Wahrscheinlichkeit für Wiederholungstaten

Aufgrund bestimmter **Indiztatsachen** kann angenommen werden, dass der Täter die Serie gleichartiger Straftaten fortsetzen wird. Schon die Serientaten selbst sind solche bestimmten Tatsachen. Ob sie allein ausreichen, bestimmt sich danach, welche kriminelle Aggressivität sich aus den Einzelheiten der Tatausführung (zB Zahl, Zeitraum, Durchführung) ergibt. Zusätzlich kommen hinzu die Tatsachen aus dem Leben des Täters oder seiner Umgebung, zB Vortaten, Lebensverhältnisse, Drogenabhängigkeit, soziales Umfeld/Umgang, Kontakt zu kriminellem Milieu, Straftaten kurz nach Haftentlassung, oder in Kenntnis laufenden Ermittlungsverfahren. Die Tatsachen werden im Freibeweisverfahren festgestellt.

65

---

134 Ausdrücklich anerkannt in BVerfG NJW 1977, 1525, 1531
135 AA KK-Boujong § 112 a Rn 13; OLG Köln StV 1996, 158; OLG Frankfurt StV 2000, 209 nach denen jede einzelne Tat den erforderliche Schweregrad aufweisen muss
136 BGHSt 40, 138
137 Tröndle/Fischer vor § 52 Rn 2 b und Wankel Teil H Kap 5 Rn 23
138 Nerée StV 1993, 220

Haftbeschwerde, § 304 StPO

1. Allgemein

a) Übersicht über den Ablauf der Haftbeschwerde

66 Die Beschwerde gegen Haftentscheidungen folgt den allgemeinen Regeln der Beschwerde nach § 304 ff StPO,[139] mit folgenden Besonderheiten:

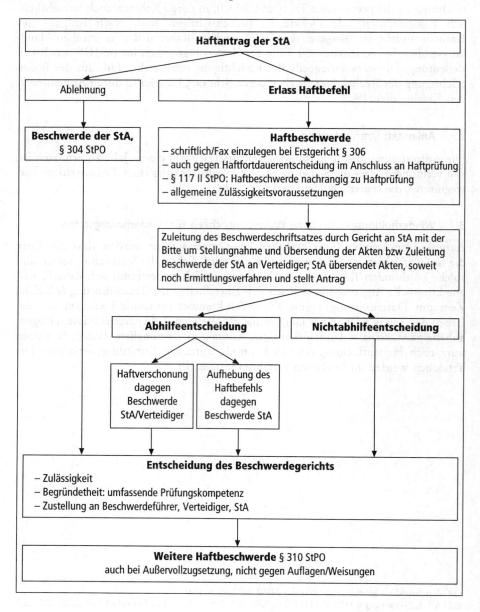

---

139 KMR-Plöd § 304 Rn 1–9; aA Schlothauer/Weider Rn 673, im Hinblick auf Instanzverlust

b) Angriffsziel

der Beschwerde ist der Haftbefehl in seiner zuletzt ergangenen Form. Dabei ist in 67
der Beschwerdebegründung besonders darauf zu achten, dass Haftbefehle häufig
abgeändert und aktualisiert, Haftgründe ausgetauscht werden. Auch in der Haft-
fortdauerentscheidung im Anschluss an einen Haftprüfungstermin können die
Haftgründe und die Straftatbestände ausgewechselt oder ergänzt worden sein, ohne
dass ein vollständig neuer Haftbefehl formuliert werden müsste. Die Beschwerdeinstanz ist eine Tatsacheninstanz, in der sowohl die Sach- als auch die Rechtslage völlig neu bewertet werden kann.[140] Wird der Haftbefehl in der Beschwerdeinstanz abgeändert, so muss er eröffnet werden (siehe Rn 128). Auch wenn in der Beschwerde
eher Rechtsfragen im Vordergrund stehen werden, so ist das Beschwerdegericht
dennoch befugt, die Sachlage selbstständig, ggf nach durchgeführter mündlicher
Verhandlung, neu zu gewichten und ist in keiner Weise an die angegriffene Entscheidung gebunden.

c) Das **Verfahren** ist in der Regel schriftlich, die mündliche Verhandlung ist aber 68
möglich (siehe Stichwort Mündliche Verhandlung Rn 100).

d) Das Verfahren steht unter dem Gebot der **Beschleunigung** (§ 306 II HS 2 StPO) 69
Gemäß § 307 I StPO wird der Vollzug durch die Beschwerde nicht gehemmt. Das
Ausgangsgericht hat eine Abhilfeentscheidung zu treffen, § 306 II HS 1 StPO.

e) Prüfungsumfang

Aus § 309 II StPO ergibt sich, dass das Beschwerdegericht die Haftentscheidung 70
umfassend in rechtlicher und tatsächlicher Hinsicht überprüft. Eine Zurückverweisung an das Ausgangsgericht kommt daher grundsätzlich nicht in Frage.[141] Das Beschwerdegericht prüft das Vorliegen der Haftvoraussetzungen selbstständig und
kann ggf Begründungsmängel heilen[142] oder einen Haftbefehl selbst erlassen.[143] Ein
Haftbefehl, der die prozessuale Tat überhaupt nicht erkennen lässt, muss aufgehoben werden.[144] Der Prüfungsmaßstab wird aber bei Haftentscheidungen während
laufender oder nach durchgeführter Hauptverhandlung eingeschränkt auf die Frage, ob die Entscheidung auf die in der Hauptverhandlung gewonnenen wesentlichen Tatsachen gestützt ist und auf einer vertretbaren Bewertung der Beweisergebnisse beruht. Das Beschwerdegericht ist also auf eine Vollständigkeits- und
Plausibilitätskontrolle beschränkt, da in der Beschwerdeinstanz keine »Nebenhauptverhandlungsinstanz« eröffnet ist.[145] Vorrangige Tatsachenquelle in diesen Fällen das Hauptverhandlungsprotokoll, die Urteilsgründe und ergänzend der Akteninhalt. Diese Einschränkung der Prüfungskompetenz ist der revisionsrechtlichen
Prüfungskontrolle ähnlich, so dass in diesen Fällen eine Zurückverweisung in Betracht kommen kann. Der Tatrichter ist aufgrund der mündlichen Hauptverhandlung sachnäher (siehe aber den Sonderfall Rn 24).

---

140 S auch gleich Rn 70; Meyer-Goßner § 309 Rn 4; KK-Engelhardt § 308 Rn 16; § 309 Rn 6, 7;
     KK-Boujong § 115 Rn 20; anders die überwiegende Meinung für die OLG-Haftprüfung; s un-
     ten Rn 113
141 KMR-Plöd § 309 Rn 9; Meyer-Goßner § 309 Rn 7: bei schwerwiegenden Verfahrensverstößen
     soll eine Zurückverweisung zulässig sein; oben bei Fn 88
142 OLG Karlsruhe StV 2001, 118; aA OLG Koblenz StV 1994, 316 im Fall Haftfortdauer trotz
     Aussetzung der Hauptverhandlung
143 OLG Stuttgart NJW 1982, 1296; OLG Düsseldorf StV 1996, 440, 441 m abl Anm Weider
144 OLG Oldenburg StV 2005, 226
145 BGH StV 1991, 525 m Anm Weider; StV 2004, 143; OLG Karlsruhe StV 1997, 312; 2001, 118;
     KG StV 2001, 689; LR-Hilger § 112 Rn 20

2. Zulässigkeit der Beschwerde

a) Statthaftigkeit

71 der Beschwerde ist gegeben gegen den

- vollzogenen Haftbefehl,
- den noch nicht vollzogenen oder noch nicht eröffneten[146] Haftbefehl,
- den außer Vollzug gesetzten Haftbefehl,
- gegen einzelne Auflagen im Rahmen des außer Vollzug gesetzten Haftbefehls.

Die allgemeine Einschränkung der Beschwerde im Hauptverfahren gilt für die Haftbeschwerde nicht, § 305 S 2 StPO. Die wiederholte Beschwerde gegen denselben Haftbefehl ist unzulässig solange er nicht in seinem Bestand (Tatvorwurf, Haftgründe) verändert wird.

b) Subsidiarität, § 117 II

72 Neben der Haftprüfung ist die Haftbeschwerde unzulässig, § 117 II StPO. Nur die Beschwerde, welche die Aufrechterhaltung des Haftbefehls oder die Außervollzugsetzung zum Gegenstand hat, wird von dem Verbot der Gleichzeitigkeit betroffen, hier auch die weitere Beschwerde. Beschwerden, die einen anderen Inhalt haben, bleiben von dem Antrag auf Haftprüfung unbeeinflusst. Wer den Antrag auf Haftprüfung stellt, ist unerheblich: Nicht nur durch den Antrag des Beschuldigten, auch durch den Antrag des gesetzlichen Vertreters (§§ 118 b, 298 StPO) oder des Verteidigers wird die Beschwerde unzulässig. Legt der Beschuldigte Haftprüfung und Haftbeschwerde **gleichzeitig** ein, nimmt dann aber seinen Haftprüfungsantrag wieder zurück, so bleibt die Beschwerde dennoch unzulässig. Auch die nach Haftbeschwerde beantragte Haftprüfung macht die ursprünglich zulässige Haftbeschwerde nachträglich unzulässig, das Beschwerderecht lebt nicht wieder auf.[147]

c) Prozessuale Überholung und Umdeutung

73 Mit Rechtskraft des Urteils wird der Haftbefehl prozessual überholt und auch die Haftbeschwerde wird gegenstandslos. Das Beschwerdegericht stellt nur noch die Erledigung des Verfahrens fest. Auch die noch nicht beschiedene Haftbeschwerde wird durch die Entscheidung des Strafsenats des OLG gemäß § 122 StPO gegenstandslos. Nach Durchlaufen des Instanzenzuges ist eine erneute Haftbeschwerde unzulässig und in einen Haftprüfungsantrag umzudeuten. Gegen die Haftprüfungsentscheidung ist dann wieder die Beschwerde zulässig.[148] Zur Umdeutung nach Übergang der Zuständigkeit s unten Rn 118.

d) Beschwerdeberechtigung

74 Auch der außer Vollzug gesetzte Haftbefehl begründet die Beschwer des Beschuldigten, da die Haftverschonung jederzeit wieder aufgehoben oder verschlechtert werden kann (»Damoklesschwert«). Der Nebenkläger ist nicht beschwerdeberechtigt, denn Bestand und Vollzug des Haftbefehls betreffen seine Rechtsstellung nicht unmittelbar.[149]

---

146 OLG Hamm NStZ-RR 2001, 254
147 KK-Boujong § 117 Rn 8
148 KK-Boujong § 126 Rn 8; LR-Hilger § 114 Rn 41; OLG Düsseldorf StV 1992, 237
149 Meyer-Goßner § 400 Rn 1

3. Begründung

In der Begründung ist zu beachten, dass die Beschwerdeinstanz eine eigene Tatsa- 75
cheninstanz ist. Es kommt auf den Entscheidungszeitpunkt der Beschwerdeent-
scheidung an, und nicht auf den des Haftbefehlserlasses. In der Beschwerde sind
Abänderungen, Ergänzungen auch zu Lasten des Beschwerdeführers möglich. Das
Verschlechterungsverbot gilt grundsätzlich nicht. Auch wenn der Haftbefehl zum
Zeitpunkt des Erlasses rechtswidrig gewesen sein sollte, nachträglich aber (neue)
Haftgründe entstanden sind, kann das Beschwerdegericht den Haftbefehl aktualisieren und die Beschwerde verwerfen. Die Wiederinvollzugsetzung eines nach § 116
StPO ausgesetzten Haftbefehls ist ausnahmsweise unzulässig, da wegen der einge-
schränkten Invollzugsetzungsmöglichkeiten nach § 116 IV StPO im Haftverfahren
eine Sondersituation besteht, die derjenigen der §§ 331, 358, 373 II StPO entspricht.[150]

Vor Erlass der Beschwerdeentscheidung erhält die StA rechtliches Gehör und wird
in der Regel eine Stellungnahme abgeben. Es ist sinnvoll, im Beschwerdeschriftsatz
bereits die Übersendung dieser Stellungnahme zu beantragen, da die Verteidigung
hier noch Gegenargumente vorbringen kann.

Die Haftbeschwerde ist zwar nicht fristgebunden, aber es besteht die Beschleuni-
gungsfrist des § 306 II HS 2 StPO, die der Verteidiger im Auge behalten sollte. Telefonische Nachfragen bei StA und Gericht können das Verfahren beschleunigen.

4. Muster Haftbeschwerde Verteidiger

An das 76
Amtsgericht
Az

In der Strafsache
Gegen
Wegen

zeige ich unter Vollmachtvorlage die Verteidigung des Beschuldigten an und lege gegen den Haftbefehl vom ...

Beschwerde

ein und stelle den Antrag

1. den Haftbefehl des AG N vom ... aufzuheben,
2. hilfsweise, diesen unter Auflagen außer Vollzug zu setzen.

Begründung:

Dem Beschuldigten liegt nach Ansicht der StA zur Last, ... (kurze Sachdarstellung)

1. Mangels dringenden Tatverdachtes ist der Haftbefehl aufzuheben.

a) Der dringende Tatverdacht ist aus tatsächlichen Gründen nicht gegeben, da ... (Ausführungen
   zur Beweislage)

b) Ausgehend von der Aktenlage ist eine Strafbarkeit gemäß § ... StGB nicht gegeben, da ...
   (Rechtsausführungen)

---

150 OLG Düsseldorf StV 1993, 480; KMR-Plöd Vor § 304 Rn 5; Burhoff Ermittlungsverfahren
Rn 444; Schlothauer/Weider Rn 773; aA Meyer-Goßner Vor § 304 Rn 5

- objektive Tatbestandsmerkmale
- subjektive Tatseite
- Kausalität
- Rechtswidrigkeit
- Schuld
- Rücktritt vom Versuch
- Bedingungen der Strafbarkeit
- Prozessvoraussetzungen, Prozesshindernisse

2. Der Haftgrund der

- Fluchtgefahr § 112 II Nr. 2 StPO
- Verdunkelungsgefahr § 112 II Nr. 3 StPO
- Tatschwere gemäß § 112 III StPO
- Wiederholungsgefahr gemäß § 112 a StPO
ist nicht gegeben, da ...

3. Die Anordnung der U-Haft ist unverhältnismäßig, da ...

4. Zum Hilfsantrag:

Der Haftbefehl kann gegen geeignete Auflagen und Weisungen gemäß § 116 StPO außer Vollzug
gesetzt werden. Der Beschuldigte ist bereit, sich wöchentlich polizeilich zu melden und ...

Unterschrift

Haftfähigkeit

77   Haftfähigkeit ist nicht Voraussetzung für den Erlass eines Haftbefehls. Haftunfähigkeit muss aber als Abwägungsgesichtspunkt in die Haftverschonungsentschei-
dung nach § 116 StPO eingestellt werden. Grundsätzlich bestehen keine Einwände
dagegen, einen Haftbefehl im Krankenhaus oder auf der Krankenstation der JVA
zu eröffnen, oder dort einen Haftprüfungstermin durchzuführen.[151] Es kann aber
ein Vollzugshindernis dann bestehen, wenn durch die U-Haft Lebensgefahr oder
schwerwiegende gesundheitliche Gefahren zu befürchten sind.[152] Der Zielkonflikt
zwischen Strafverfolgung und Individualinteresse ist jeweils anhand des konkreten
Einzelfalles zu lösen. Je schwerwiegender das Delikt ist, desto gravierender müssen
die gesundheitlichen Folgen für den Beschuldigten sein, wenn erHaftverschonung
erreichen will. Im Extremfall des Verdachtes von Schwerstkriminalität und höchster
Straferwartung sowie überdurchschnittlich verfestigter Fluchtgefahr kann die Haft
auch bei drohenden Gesundheitsschäden vollzogen werden.[153]

---

151 AA Strafverteidigung-Deckers § 5 Rn 107
152 KG Berlin StV 1992, 584 LS: »Das verfassungsrechtliche Übermaßverbot begründet ein Vollzugshindernis nicht erst dann, wenn für den Untersuchungsgefangenen nahe Lebensgefahr zu
besorgen ist; vielmehr ist ein Haftbefehl schon dann außer Vollzug zu setzen, wenn eine
schwerwiegende gesundheitliche Schädigung des Betroffenen durch den Vollzug zu befürchten
ist.«
153 Näher bei KMR-Wankel § 112 Rn 19; LR-Hilger § 112 Rn 69

Wankel

Haftgrund der Tatschwere, § 112 III StPO

1. Schwerkriminalität

In bestimmten Fällen (Katalogtaten) der Schwerkriminalität sieht das Gesetz seinem Wortlaut nach von einem Haftgrund ab und setzt nur dringenden Tatverdacht voraus. Der dringende Tatverdacht muss sich auf die in § 112 III StPO genannten **Delikte** beziehen. Die Bestimmung ist bei Täterschaft, Teilnahme, Versuch[154] und Versuch der Beteiligung nach § 30 StGB anwendbar, nicht dagegen bei §§ 213, 216, StGB,[155] bei Vollrausch gemäß § 323 a StGB, mit einer Katalogtat als Rauschtat oder Annexdelikten wie zB Begünstigung, Strafvereitelung zu einer Katalogtat.

78

2. Haftgrund

Trotz des Wortlauts der Vorschrift ist auf den Haftgrund nicht verzichtet. Aus verfassungskonformer Auslegung ergibt sich, dass eine der durch die Haftgründe erfassten Gefahren auch hier Voraussetzung der Haftentscheidung ist. Verzichtet ist nur auf die Schlussfolgerung »aus bestimmten Tatsachen«. Es genügt, wenn der Haftgrund aus der gesamten Situation gefolgert werden kann.[156] Die Vorschrift enthält weder eine Vermutung der Haftgründe[157] noch eine Art Beweislastumkehr,[158] sondern eine Begründungserleichterung.[159]

79

3. Verhältnismäßigkeit

Anders als § 112 a StPO ist § 112 III StPO eine Sondervorschrift, die § 112 I StPO ergänzt, dh ein Haftbefehl kann auf die Haftgründe beider Absätze gestützt werden.[160] Der auf den Haftgrund der Tatschwere gestützte Haftbefehl kann außer Vollzug gesetzt werden. Die **Vollzugsaussetzung** bei § 112 III StPO ist trotz fehlender gesetzlicher Regelung zulässig,[161] wird aber von den Gerichten äußerst zurückhaltend angewandt. Im ersten Termin bei Haftbefehlseröffnung wird die Verteidigung die Aussetzung kaum erreichen. Nur durch den sehr gut vorbereiteten Haftprüfungsantrag, der nicht unmittelbar auf den Haftbefehlserlass folgen sollte, bestehen Chancen auf eine dem Beschuldigten günstige Entscheidung. Die Gerichte setzen einen auf § 112 III StPO gestützten Haftbefehl allenfalls dann außer Vollzug, wenn die Flucht des Beschuldigten ganz fernliegend und eine Wiederholung der Tat entweder ausgeschlossen ist oder dieser Gefahr durch mildere Maßnahmen begegnet werden kann.[162] Im Zusammenhang mit Tötungs- und versuchten Tötungsdelikten kann aufgrund extremer persönlicher Beziehung am ehesten ein Außervollzugsantrag Erfolg haben (Familienmitglieder töten den Vater, der sie seit Jahren quält; Tötung des Lebensgefährten bei krankhafter durch Alkoholismus verschärfter Beziehung und dgl).

80

---

154 BGHSt 28, 355
155 Meyer-Goßner § 112 Rn 36; KK-Boujong § 112 Rn 39; Schlothauer/Weider Rn 617 mwN
156 BVerfGE 19, 342 = NJW 1966, 772
157 So wohl OLG Köln StV 1996, 386; Düsseldorf StraFo 2000, 67
158 Meyer-Goßner § 112 Rn 38; aA LR-Hilger § 112 Rn 53
159 KK-Boujong § 112 Rn 40
160 Meyer-Goßner § 112 Rn 39
161 BVerfGE 19, 342
162 OLG Köln StV 1996, 386; StV 1999, 606; OLG Düsseldorf StraFo 2000, 67; OLG Frankfurt StV 2000, 374 (Weimar)

Wankel

Haftprüfung auf Antrag, § 117 I StPO

1. Allgemein

81   Die Haftprüfung auf Antrag nach §§ 117–118 b StPO ist ein förmliches Verfahren, das durch eine anfechtbare Entscheidung abgeschlossen wird. Der Beschuldigte ist über diesen Rechtsbehelf zu belehren, § 115 IV StPO. Der **Prüfungsumfang** der Haftprüfung ist nicht nur auf neue Tatsachen beschränkt. In jedem Haftprüfungstermin ist die Sach- und Rechtslage umfassend neu zu bewerten. Zur Haftbeschwerde Rn 66, zur Vorbereitung s Rn 27.

Vom Haftprüfungsantrag ist der einfache Antrag auf Aufhebung oder Außervollzugsetzung des Haftbefehls zu unterscheiden (siehe Rn 39).

2. Zulässigkeit des Antrags

a) Statthaftigkeit

82   Sie ist bei dem Haftbefehl nach § 114 StPO und den Haftbefehlen nach §§ 230 II, 236, 329 IV 1, 412 S 1 StPO gegeben, nicht bei dem Sicherungshaftbefehl nach § 453 c StPO, der Sitzungshaft nach § 178 GVG und dem Vollstreckungshaftbefehl nach § 457 I StPO. Bei dem Haftbefehl nach § 127 b StPO wird es wegen der Befristung in § 127 b II 2 StPO kaum zu einer Haftprüfung kommen.

Hat bereits ein mündlicher Haftprüfungstermin stattgefunden, besteht nach § 118 III StPO ein Anspruch auf mündliche Haftprüfung nur, wenn die U-Haft 3 Monate bestanden hat und seit dem letzten mündlichen Haftprüfungstermin 2 Monate vergangen sind. Die erste Vernehmung nach Festnahme aufgrund bestehenden Haftbefehls ist kein Haftprüfungstermin iSv § 118 III StPO und löst die Frist nicht aus.

b) Haftvollzug, Überhaft

83   Der Haftbefehl darf nicht außer Vollzug gesetzt sein nach § 116 StPO und gerade der angegriffene Haftbefehl muss vollzogen werden, dh keine Notierung von Überhaft. Steht in anderer Sache die Aufhebung, die Außervollzugsetzung des Haftbefehls oder das Ende der Strafvollstreckung kurz bevor, so ist der Antrag gegen die Überhaft zulässig.[163]

c) Antragsberechtigung

84   Antragsberechtigt sind der Verhaftete, der Verteidiger, soweit er sich in Übereinstimmung mit dem Verhafteten befindet nach §§ 118 b, 297 StPO, der gesetzliche Vertreter nach § 298 StPO und die Erziehungsberechtigten nach § 67 JGG. Nicht antragsberechtigt sind mangels Beschwer StA und Nebenkläger.[164]

d) Form

85   Der Antrag ist formfrei, nicht fristgebunden und bei dem nach § 126 StPO zuständigen Gericht zu stellen, und zwar schriftlich oder zu Protokoll des Urkundsbeamten des angerufenen Gerichtes oder des Gerichtes, in dessen Bezirk der Verhaftete sich in U-Haft befindet (§§ 118 b, 299 I StPO). Auch bei dem »nächsten Richter« nach § 115 a StPO kann der Antrag gestellt werden.

---

163 OLG Hamburg MDR 1974, 861
164 KK-Boujong § 115 StPO Rn 19; Meyer-Goßner § 400 Rn 1; LR-Hilger § 114 Rn 37; aA SK-StPO-Paeffgen § 115 Rn 14

e)   Antrag, Begründung

Weder ist ein bestimmter Antrag zu stellen, noch muss das Haftprüfungsbegehren   **86**
begründet werden. Es genügt, wenn sich aus dem Schreiben der unbedingte Wunsch
auf Überprüfung der Haftfrage durch den zuständigen Richter ergibt. **Hilfsanträge**
sind zulässig und in der Praxis üblich, aber problematisch. Stellt der Verteidiger den
Hauptantrag auf Ablehnung oder Aufhebung des Haftbefehls mangels dringenden
Tatverdachtes und stellt gleichzeitig den Hilfsantrag, den Haftbefehl außer Vollzug
zu setzen, entwertet er die Schlagkraft seiner Argumentation.

3.   Durchführung

Die Haftprüfung kann schriftlich nach § 117 I StPO oder mündlich nach § 117 I   **87**
iVm §§ 118, 118 a StPO durchgeführt werden. Die mündliche Haftprüfung ist die
Regel, da hier nicht nur rechtliche, sondern auch tatsächliche Gesichtspunkte wirkungsvoll vorgebracht und erörtert werden können (näher beim Stichwort Mündliche Verhandlung in der Haftprüfung Rn 99). Die **Schriftliche Haftprüfung** kann
jederzeit beantragt werden und ist nicht an die Ausschlussfrist des § 118 III StPO
gebunden. Andererseits gilt auch die Entscheidungsfrist des § 118 a IV StPO nicht.

4.   Entscheidung

Dem Richter stehen aufgrund umfassenden Prüfungsumfanges alle Entscheidungs-   **88**
möglichkeiten offen. Die Entscheidung am Ende des Haftprüfungstermins ergeht
durch begründeten (§ 34 StPO) Beschluss, der auch auf den bereits bestehenden
Haftbefehl Bezug nehmen darf. Die Bekanntmachung erfolgt nach § 35 StPO
durch Verkündung im mündlichen Haftprüfungstermin (§ 118 a IV 1 StPO) oder
durch formlose Mitteilung im Fall des § 118 a IV 2 StPO, da eine Frist nicht in
Gang gesetzt wird. Mehrere Haftbefehle wegen der selben prozessualen Tat sind
unzulässig.[165]

5.   Checkliste Verteidigung   **89**

Antrag. Klarstellen, ob mündliche oder schriftliche Haftprüfung beantragt wird; Ausführungen zu
Rechtsfragen/Tatsachen; Antragsabschrift direkt an StA zur Verfahrensbeschleunigung. **Beweisanregungsrecht** s Rn 26.

Protokollaushändigung. Der Anspruch auf Protokollaushändigung ergibt sich aus §§ 166, 168 StPO.

Rücknahme. Der Antrag auf Haftprüfung kann jederzeit zurückgenommen werden. Haftprüfungs-
anträge vor Mandatsübernahme sind meist voreilig gestellt und sollten zurückgenommen werden,
damit der Termin sinnvoll vorbereitet werden kann. Die Rücknahme auch noch im Termin kann
dann sinnvoll sein, wenn abzusehen ist, dass der Antrag keinen Erfolg haben wird. Eine negative
Haftentscheidung präjudiziert häufig das weitere Verfahren, insbesondere die Vorgehensweise der
StA. Weiter kann durch Rücknahme verhindert werden, dass die 2-monatige Ausschlussfrist des
§ 118 III StPO ausgelöst wird. Diese Frist wird nur durch die Entscheidung im Termin, den Haftbefehl
aufrecht zu erhalten, nicht aber durch die Verhandlung selbst, in Gang gesetzt.

Verschlechterungsverbot (reformatio in peius). Dieses Prinzip gilt im Haftprüfungsverfahren und
im Beschwerdeverfahren nicht.

Wahl Haftprüfung oder Haftbeschwerde. Der Rechtsbehelf der Haftprüfung ist vorrangig dort
einzusetzen, wo es um den persönlichen Eindruck des Beschuldigten, um Tatsachen, Beweisgewin-

---

165 BGHSt 38, 54

nung und mündliches Verhandeln geht. In der Haftbeschwerde werden eher Rechtsfragen zu erörtern sein (Rückel StV 1985, 39: »Oft kann es gerade von Bedeutung sein, einen persönlichen Eindruck nicht entstehen zu lassen.«).

90

6. Muster Haftprüfungsantrag Verteidiger

An das
Amtsgericht A – Ermittlungsrichter –

In der Haftsache
Gegen
Wegen
Az.

zeige ich unter Vorlage einer Verteidigervollmacht an, dass ich den Beschuldigten ... vertrete und beantrage die Bestimmung eines nahen Termins zur **mündlichen Haftprüfung** gem §§ 117 I, 118, 118 a StPO. Weiter beantrage ich die Anordnung folgender Ermittlungen (§ 117 III StPO):

1. Zeugenvernehmung ...
2. Sachverständigengutachen
3. Spurengutachten

Die Beweiserhebung wird ergeben, dass ...

Im Termin werde ich die Aufhebung des Haftbefehls beantragen.

Dringender Tatverdacht ist nicht gegeben, weil ...

Es besteht kein Haftgrund der

– Fluchtgefahr ...
– Verdunkelungsgefahr ...
– § 112 III StPO ...
– Wiederholungsgefahr, § 112 a StPO ...

Der weitere Vollzug der U-Haft ist unverhältnismäßig, weil ...

Hilfsweise beantrage ich die Außervollzugsetzung des Haftbefehls gem § 116 StPO (zur Problematik des Hilfsantrags Rn 86).

Der Beschuldigte ist bereit, eine Kaution in Höhe von ... durch Bankbürgschaft ... sowie weiterer Auflagen und Weisungen des Gerichts Folge zu leisten.

Der Beschuldigte wird dem Verteidiger eine unwiderrufliche Ladungs- und Zustellungsvollmacht erteilen.

Ich beantrage, die Stellungnahme der StA zu diesem Haftprüfungsantrag dem Verteidiger vor dem Termin zuzuleiten.

Unterschrift RA

Haftprüfung von Amts wegen

91   findet in den Fällen der OLG-Haftprüfung (siehe Rn 110) und des § 117 V StPO statt. Auch darüber hinaus darf das Haftgericht jederzeit von Amts wegen die Haftprüfung anberaumen, wenn der Haftbefehl aufgehoben oder außer Vollzug gesetzt werden soll.[166]

---

166 KMR-Wankel § 117 Rn 31; aA Meyer-Goßner § 117 Rn 23

Hauptverhandlung

In der Hauptverhandlung kann die Verteidigung jederzeit Haftaufhebungs- und   **92**
Haftaußervollzugsetzungsanträge sowie Antrag auf Haftprüfung stellen. Während
der Hauptverhandlung besteht kein Anspruch auf mündliche Haftprüfung, § 118 IV
StPO, sie ist aber nach dem Ermessen des Gerichts zulässig. Gegen eine ablehnende Entscheidung ist nach § 305 S 2 iVm § 304 StPO die Beschwerde und die weitere
Beschwerde[167] nach § 310 StPO zulässig. Während des Laufs der Hauptverhandlung
ist die Prüfungskompetenz des Beschwerdegerichts eingeschränkt auf die Frage,
ob die Entscheidung auf die in der Hauptverhandlung gewonnenen wesentlichen
Tatsachen gestützt ist und auf einer vertretbaren Bewertung der Beweisergebnisse
beruht. Das Beschwerdegericht ist also auf eine Vollständigkeits- und Plausibilitätskontrolle beschränkt, da in der Beschwerdeinstanz keine »Nebenhauptverhandlungsinstanz« eröffnet ist (s Rn 70).[168]

Spätestens im Plädoyer sollten Ausführungen zu den Haftvoraussetzungen gemacht
werden, da das Gericht gemäß § 268 b StPO mit der Urteilsfällung über die Fortdauer der U-Haft entscheiden muss.[169]

Zur Gerichtsbesetzung bei Kollegialgerichten vgl Stichwort Besetzung Rn 24.

Hauptverhandlungshaft, § 127 b StPO

Die Vorschrift schafft die **Befugnis zur vorläufigen Festnahme** und einen neuen   **93**
Haftgrund der Hauptverhandlungshaft bei zu erwartendem beschleunigten Verfahren.[170] Die präventive Sicherungshaft soll die Durchführung der Hauptverhandlung
bei reisenden Straftätern sichern. Drängt sich die Erledigung des Verfahrens im
Strafbefehlsweg auf, ist die Hauptverhandlungshaft ausgeschlossen.[171] Nach Ablauf
der Frist des § 127 b II 2 StPO und durch Urteilserlass wird der Haftbefehl gegenstandslos, der Inhaftierte ist zu entlassen. Die prozessual überholte Haftbeschwerde[172] ist unter Berücksichtigung der neueren Rspr des BVerfG in eine zulässige
Fortsetzungsfeststellungsbeschwerde umzudeuten.[173]

---

167 Gegen erstinstanzliche Haftentscheidungen des LG gibt es keine weitere Beschwerde
168 BGH StV 1991, 525 m Anm Weider; OLG Karlsruhe StV 2001, 118; KG StV 2001, 689
169 Schlothauer/Weider Rn 810–813
170 Zu den Problemen der Verteidigung in Fällen der Hauptverhandlungshaft Schlothauer/Weider
     Rn 168–177, die die Vorschrift des § 127 b für verfassungswidrig halten; Burhoff Ermittlungs-
     verfahren Rn 965 ff
171 LR-Hilger § 127 b Rn 12
172 Meyer-Goßner § 127 b Rn 22; KK-Boujong § 127 b Rn 21: Beschwerde ist unzulässig
173 BVerfG StV 2000, 321; näher Schlothauer/Weider Rn 230

94　Übersicht über den Verfahrensablauf

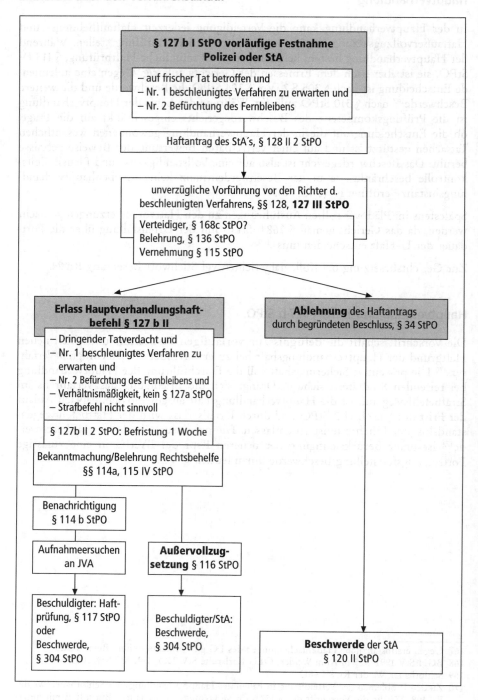

Informationsrecht und Begründungsgebot

Die Begründung der Haftentscheidung muss den Anforderungen genügen, die das **95** BVerfG und der EGMR an die Informationspflicht gestellt haben. Danach muss sich das Haftgericht mit konkreten Tatsachen, die der Inhaftierte vorgetragen hat substanziell auseinandersetzen und seiner Begründung zugrunde legen[174]. Der Beschuldigte hat nach dieser Rspr ein Recht darauf, alle wesentlichen Entscheidungskriterien für den dringenden Tatverdacht, die Haftgründe und die Verhältnismäßigkeitsprüfung mitgeteilt zu bekommen. Tatsachen, die überhaupt nicht publik gemacht werden dürfen, da ihre Bekanntgabe den Ermittlungszweck vereiteln oder den Fortgang des Verfahrens entscheidend behindern würden, können zulässigerweise dem Haftbefehl nicht mehr zugrunde gelegt werden.[175]

Jeder Haftfortdauerbeschluss des Ausgangs- oder Rechtsmittelgerichts hat sich jeweils neu mit der aktuellen prozessualen Situation zu befassen, unterliegt mit zunehmender Dauer der Haft der gesteigerten Erörterungspflicht und muss die relevanten Tatsachen mitteilen und sowohl zum dringenden Tatverdacht, als auch dem Haftgrund und zur Abwägung eine gehaltvolle Begründung enthalten.

Siehe auch Akteneinsicht Rn 7.

Jugendverfahren

1. Anwendungsbereich

Das JGG enthält Jugendverfahrensrecht, Gerichtsverfassungsrecht und materielles **96** Jugendstrafrecht, das die Regelungen der StPO, des GVG bzw des StGB ergänzt oder ersetzt. Diese Vorschriften gelten für Jugendliche (14- bis 18-jährige) zwingend und – zwingend oder nach gebundenem Ermessen – auch für Heranwachsende (18- bis 21-jährige). Einige Normen gelten für Heranwachsende überhaupt nicht. Die Anwendbarkeit der verschiedenen Normen auf Heranwachsende ist vor allem für die Frage des Haftgrundes der Fluchtgefahr von erheblicher Bedeutung, da die Strafrahmen des StGB bei Anwendung von materiellem Jugendstrafrecht nicht gelten, § 18 I 2 JGG. Auch bei der Prüfung der Verhältnismäßigkeit ist die zu erwartende jugendrechtliche Sanktion von entscheidender Bedeutung.

2. Anwendbarkeit des JGG auf Heranwachsende

Unabhängig, ob der Heranwachsende einem Jugendlichen gleichzustellen ist oder **97** nicht, sind die in § 109 I JGG genannten verfahrensrechtlichen Vorschriften immer anzuwenden. Die in § 109 II JGG genannten Vorschriften kommen dagegen nur zur Anwendung, wenn der Heranwachsende einem Jugendlichen gleichzustellen ist. Die Frage der »Reiferückstände« ist nach § 105 I Nr. 1 oder 2 JGG zu beurteilen. Vorschriften des JGG, die weder in Abs 1 oder Abs 2 genannt sind, gelten bei Heranwachsenden nie, so zB die Haftnormen der §§ 72 ff JGG. Das **materielle Jugendstrafrecht** (Recht der Sanktionen) ist auf den Heranwachsenden anwendbar,

---

174 EGMR EuGRZ 2001, 394 f (Erdem); BVerfG StV 2005, 223
175 EGMR EuGRZ 1999, 320 (Nikolova); EGMR v 10. 10. 2000 Nr. 36743/97 Rn 54 (Grauslys); EGMR StV 2001, 201 (Lietzow/Schöps/Garcia A.); StraFo 2002, 51 (Rowe/Davis); EGMR v 25. 6. 2002 Nr. 24244/94 (Migon); BVerfG StV 1998, 557; StV 1999, 40; StV 2000, 321; StV 2005, 223; Ambos NStZ 2003, 14

soweit § 105 I JGG solche Normen nennt, dh für anwendbar erklärt *und* die Voraussetzungen des § 105 I Nr. 1 oder 2 JGG (»Reiferückstände«) gegeben sind.

3.   Haftvoraussetzungen nach § 112 StPO

98   Auch im Jugendverfahren bestimmen sich die Haftvoraussetzungen nach § 112 StPO. Aber § 72 JGG enthält aus dem Subsidiaritätsgrundsatz abzuleitende Einschränkungen: Nach § 72 I JGG darf U-Haft nur verhängt werden, wenn ihr Zweck nicht durch vorläufige erzieherische Anordnungen erreicht werden kann; die Belastungen durch den Haftvollzug sind besonders in die Abwägung einzustellen. Die Haftentscheidung ist substanziell zu begründen, § 72 III JGG. Die Anordnung von U-Haft wegen Fluchtgefahr bei unter 16-Jährigen schränkt § 72 II JGG ein. Auch gegen Jugendliche unter 16 Jahren darf Haftbefehl nach § 112 a StPO ergehen, da § 72 II JGG nur den Haftgrund der Fluchtgefahr betrifft. Nach § 72 IV JGG kann der Jugendrichter statt Haftbefehls die einstweilige Unterbringung in einem Heim der Jugendhilfe gem § 71 II JGG anordnen. Der Unterbringungsbefehl nach § 71 IV JGG geht als mildere Maßnahme dem U-Haftbefehl vor.[176] § 71 IV JGG enthält ein besonderes **Beschleunigungsgebot**, § 72 a JGG die unverzügliche Einschaltung der JGH, § 38 JGG. Dem Jugendlichen ist in Haftsachen nach § 68 Nr. 4 JGG ein **Verteidiger** zu bestellen. Nach § 72 a JGG ist die **Jugendgerichtshilfe** als Haftentscheidungshilfe dem Verfahren hinzuzuziehen. Die Verhängung von U-Haft gegen Jugendliche und Heranwachsende scheidet aus, wenn keine Jugendstrafe zu erwarten ist.[177] **Generalpräventive Gesichtspunkte** sind dem Jugendrecht fremd und dürfen als Abwägungskriterium beim Haftgrund und bei der Verhältnismäßigkeit nicht eingestellt werden.[178] Bei dem Haftgrund der Fluchtgefahr ist zu berücksichtigen, dass Jugendliche regelmäßig eine geringere Handlungskompetenz besitzen und daher zB nächtliches Sichherumtreiben nicht ohne weiteres auf Fluchtgefahr schließen lässt.[179]

Mündliche Verhandlung in der Haftprüfung

99   Die mündliche Verhandlung ist in der Haftprüfung die Regel. Sie ist nicht öffentlich und dient vorrangig der Anhörung des Beschuldigten, nur mittelbar der Fortführung des Ermittlungsverfahrens. Der Mitbeschuldigte hat kein Anwesenheitsrecht, da § 168 c StPO nach dem eindeutigen Wortlaut nur den Zeugen und Sachverständigen betrifft und eine Analogie mangels Gesetzeslücke ausscheidet. Das gilt auch für Vernehmungen im Haftprüfungsverfahren.[180] Haben mehrere Mitbeschuldigte Haftprüfungsantrag gestellt, kann es zweckmäßig sein, gleichzeitig die Haftprüfung durchzuführen und auf diese Weise Widersprüche oder Entsprechungen feststellen zu können.

---

176 Eisenberg JGG § 72 Rn 3
177 Eisenberg JGG § 72 Rn 5
178 AA OLG Hamburg StV 1994, 590 m ablehnender Anm Rzepka: »Eine Generalprävention, deren Ziel es ist, die Rechtstreue der Bevölkerung und das Vertrauen der Öffentlichkeit in die Unverbrüchlichkeit der Rechtsordnung zu stärken, sollte demnach zumindest bei Erlass eines Haftbefehls auch gegen Jugendliche und Heranwachsende – wenn auch mit Sorgfalt und Zurückhaltung – mitberücksichtigt werden, soweit sie nicht im Einzelfall mit den besonderen Zwecken des Jugendverfahrens in Widerstreit gerät.«
179 OLG Hamm StV 1996, 275
180 BGHSt 42, 391, 396; aA OLG Karlsruhe StV 1996, 302 (m Anm Rieß)

Im Ermessen des Gerichtes steht die mündliche Verhandlung in folgenden Fällen:

– Wenn kein Antrag gestellt ist oder
– wenn bereits eine mündliche Verhandlung stattgefunden hat in erster oder zweiter Instanz und der Haftbefehl aufrecht erhalten worden ist, § 118 III StPO. Dann ist mündliche Haftprüfung erst wieder zwingend, wenn die U-Haft mindestens drei Monate gedauert hat und seit der letzten mündlichen Verhandlung zwei Monate vergangen sind. Die erste Vernehmung nach § 115 StPO ist nicht mündliche Verhandlung iSv § 118 III StPO. Ist der Haftbefehl in der ersten mündlichen Haftprüfung aufrecht erhalten, dann aber außerhalb einer mündlichen Verhandlung aufgehoben oder außer Vollzug gesetzt und schließlich ein neuer Haftbefehl erlassen oder der ursprüngliche wieder in Vollzug gesetzt worden, so liegen die Voraussetzungen für den Ausschluss einer neuen mündlichen Verhandlung nach § 118 III StPO nicht vor. Denn die U-Haft, die jetzt Gegenstand der mündlichen Verhandlung wird, ist nicht in der ersten mündlichen Verhandlung aufrechterhalten worden.
– Während laufender Hauptverhandlung in den beiden Tatsacheninstanzen und nach Erlass eines freiheitsentziehenden Urteils (**§ 118 IV StPO**), denn die Haftfrage kann jederzeit in der Hauptverhandlung erörtert werden und allenfalls während längerer Unterbrechung in Großverfahren kann sich Bedarf für eine mündliche Haftprüfung ergeben.[181]

Mündliche Verhandlung in der Beschwerde

Das **Verfahren** ist in der Regel schriftlich und nur **ausnahmsweise** wird nach dem Ermessen des Beschwerdegerichts eine **mündliche Verhandlung** durchgeführt (§ 118 II StPO in Ausnahme zu § 304 StPO). Wünscht die Verteidigung eine mündliche Verhandlung, so muss sie dies ausdrücklich beantragen und substanziiert begründen, wenn sie Erfolg haben will. Die Durchführung einer solchen Verhandlung kommt allenfalls dann in Betracht, wenn der Beschwerdeführer Zeugen benennt, die vernommen werden müssen, um das Vorliegen oder Nichtvorliegen eines Haftgrundes zu überprüfen, oder wenn gravierende Verfahrensfehler erster Instanz geheilt werden sollen. Da im Rahmen des Beschwerdeverfahrens der Mündlichkeitsgrundsatz des § 250 StPO nicht gilt, das Gericht also im Freibeweisverfahren vorgehen darf, müssen noch besondere Gesichtspunkte vorhanden sein, die das Gericht drängen, den Zeugen oder Sachverständigen persönlich zu hören, oder gar einen Augenschein einzunehmen. Als Kriterium ist hier die Verschaffung eines persönlichen Eindrucks denkbar.

100

Nächsterreichbarer Richter, Vorführung vor den, § 115 a StPO

Kann der Festgenommene nicht dem zuständigen Richter vorgeführt werden, muss er dem nächsterreichbaren Richter vorgeführt werden, § 115 a StPO. Die **Entscheidungsbefugnis** des nächsten Richters ist beschränkt, da er die Akten nicht kennt. Seine Kompetenz erstreckt sich auf folgende Punkte:

101

---

181 OLG Celle StV 1996, 387 zur Frage, wann während laufender Hauptverhandlung ein Haftprüfungsantrag zulässig sein kann

– Wirksamkeit des Haftbefehls, dh die Frage, ob der Haftbefehl noch besteht oder nicht schon aufgehoben worden ist, nicht aber ob er formelle Fehler oder Begründungsmängel enthält.
– Überprüfung der Identität des Festgenommenen.
– Die Haftfähigkeit, da hierfür Aktenkenntnis nicht erforderlich ist und der zuständige Richter diese Frage auf die Entfernung gar nicht beurteilen kann.[182]
– Die inhaltliche Überprüfung. Sie ist ganz ausnahmsweise dann möglich, wenn der Haftbefehl offensichtlich an schwerwiegenden Mängeln an der Grenze zur Unwirksamkeit leidet oder aufgrund der vorliegenden gesicherten Informationen unzweifelhaft ist, dass der Haftbefehl aufgehoben werden muss (absolute Verjährung, Strafklageverbrauch ergibt sich aus gerichtsbekannten Akten) und der zuständige Richter oder sein Vertreter sind nicht erreichbar.[183]

Eine **weitergehende Kompetenz** des »nächsten Richters« besteht nach überwiegender Meinung nicht.[184] Der Verteidigung ist es unbenommen, Anregungen auf Wahrnehmung einer erweiterten Kompetenz zu geben, und wird damit in der Praxis häufig Erfolg haben. Hat der Ermittlungsrichter Bedenken, muss er sich schnellstmöglich (Telefon) mit dem zuständigen Richter in Verbindung setzen und kann dann dessen Entscheidung, den Haftbefehl aufzuheben oder außer Vollzug zu setzen, verkünden und vollziehen. Hat der »nächste Richter« Bedenken, ist er verpflichtet, diesen im Rahmen des Möglichen nachzugehen und fernmündlich mit dem zuständigen Richter oder dessen Vertreter Kontakt aufzunehmen. Eine Außervollzugsetzung des Haftbefehls »im vermuteten Einverständnis des zuständigen Richters« ist ebenfalls nicht zulässig. Die eingeschränkte Prüfungskompetenz kann nur in Fällen offenbar schwerer Mängel des Haftbefehls erweitert werden. Solange sich der Beschuldigte noch im Zuständigkeitsbereich des »nächsten Richters« befindet, hat dieser nicht nur das Recht, sondern auch die Pflicht die zunächst getroffene Entscheidung zu überprüfen und zu versuchen, noch so lange den zuständigen Richter zu erreichen als sich der Beschuldigte im Einflussbereich des nächsten Richters befindet.[185] Stellt der Beschuldigte Haftprüfungsantrag, so ist auch für diese Entscheidung nur der Richter des Haftbefehls zuständig. Dieser ist für die Durchführung dieses Rechtsbehelfs nur an die Zweiwochenfrist des § 118 V StPO gebunden.

Verlangt der Beschuldigte die Vorführung vor den zuständigen Richter nach § 115 a III 1 StPO, muss dies schnellstmöglich geschehen. Eine Frist besteht hier aber nicht.

Übersicht über den Ablauf des Verfahrens nach § 115 a StPO s oben Rn 5.

---

182 LG Frankfurt StV 1985, 464
183 LR-Hilger § 115 a Rn 12
184 BGHSt 42, 343, 346 = StV 1997, 418: »Nach herrschender Meinung ist die Kompetenz des ›nächsten Richters‹ nicht über den Wortlaut der Vorschrift hinaus auszudehnen. Er darf den Ergriffenen nur dann auf freien Fuß setzen, wenn dieser nicht die im Haftbefehl genannte Person ist oder der Haftbefehl nicht mehr besteht. In anderen Fällen von Bedenken gegen den Haftbefehl muss er diese auf schnellstem Wege dem nach den §§ 115, 126 StPO zuständigen Haftrichter mitteilen, darf aber ohne dessen Entscheidung weder den Haftbefehl aufheben noch ihn außer Vollzug setzen.«; KK-Boujong § 115 a Rn 4; Pfeiffer § 115 a Rn 3; zur Prüfungskompetenz Ziegert StV 1997, 439, der überzeugend Gründe für eine Entscheidungskompetenz des nächsten Richters darlegt, aber damit über das gesetzte Recht hinausgeht. Weitere Argumente bei Schmitz NStZ 1998, 165 ff; Nibbeling ZRP 1998, 342; Schröder StV 2005, 241, der § 116 analog anwenden will
185 BGHSt 42, 343, 347

Wankel

OLG-Haftprüfung

s Stichwort Sechsmonatshaftprüfung Rn 108.   **102**

Protokoll

Verstöße gegen §§ 168, 168a StPO haben keinen Einfluss auf die Haftentscheidung.   **103**
Genügt die Vernehmung aber nicht den Mindestanforderungen an ein richterliches
Protokoll, zB wenn nur pauschal auf ein Polizeiprotokoll Bezug genommen wird,
so scheidet eine Verlesung nach § 254 StPO aus.

Rechtliches Gehör[186]

Art. 103 I GG gibt den Beteiligten ein Recht zur Äußerung über Tatsachen, Beweis-   **104**
ergebnisse und die Rechtslage und verpflichtet das Gericht, den Vortrag der Beteiligten zur Kenntnis zu nehmen und bei seiner Entscheidung in Erwägung zu
ziehen.[187] Die Verletzung des rechtlichen Gehörs ist nicht von Amts wegen zu beachten, sondern muss von der Verteidigung jeweils geltend gemacht werden.[188]

Reformatio in peius

Das Verschlechterungsverbot gilt im Haftprüfungsverfahren nicht, da es sich dabei   **105**
um einen Rechtsbehelf ohne Devolutiveffekt handelt. Im Beschwerdeverfahren des
Haftrechts gilt der Grundsatz ebenfalls nicht, da hier nicht endgültig und der
Rechtskraft fähig über Schuld- und Rechtsfolgefragen entschieden wird, sondern
im Rahmen der Überprüfung der Voraussetzung des Haftbefehls nur kurzfristige
und jederzeit abänderbare vorläufige Prognoseentscheidungen getroffen werden.
Zum Verbot der reformatio in peius in der Beschwerde s auch Rn 75.

Schadensersatzpflicht

bei unvertretbarer Inhaftierung kann sich neben Ansprüchen nach dem StrEG aus   **106**
Amtshaftungansprüchen ergeben.[189] Der Anspruch aus Art. 5 V EMRK kann vor
den ordentlichen deutschen Gerichten geltend gemacht werden und unterliegt der
3-jährigen Verjährung nach § 852 BGB.[190] Der EGMR stützt die Feststellung einer
Entschädigungspflicht auf Art. 50 EMRK.[191]

---

186 BVerfGE 53, 219, 222; 62, 249 ff, 254
187 BVerfGE 83, 24, 38 mit Bezugnahme auf vgl BVerfGE 60, 247, 249; 70, 288, 293
188 SK-StPO-Rogall Vor § 133 Rn 32
189 BGH StV 1988, 441; 1998, 150; Schlothauer/Weider Rn 1162; zur Unterbringung in zu kleinem
     Haftraum BGH NJW 2005, 58 m Anm Unterreitmeier NJW 2005, 475; Meyer-Mews MDR
     2004, 1221; BGH StV 2004, 330 zur Amtspflichtwidrigkeit eines Haftantrages
190 BGHZ 45, 66
191 Frowein/Peukert EMRK Art. 5 Rn 156

Schutzschrift

107 Der Strafverteidiger sollte eine Schutzschrift (Verteidigungsschrift) mit dem Zweck, einem erwarteten oder befürchteten Haftbefehl zuvorzukommen, an StA oder Gericht nur nach sehr sorgfältiger Überprüfung der Sach- und Rechtslage einreichen. Die Problematik einer Schutzschrift liegt darin, dass der Verteidiger vor Akteneinsicht nicht weiß, welche Erkenntnisse die StA hat, von welchen Straftatbeständen sie ausgeht und wie stark der Tatverdacht ist. Möglicherweise liefert der Verteidiger durch seine Schutzschrift der StA zusätzliche Argumente für die Strafverfolgung oder gibt ungewollt Hinweise auf weitere bisher noch gar nicht bekannt gewordene Straftaten. Daher sollte vorab Akteneinsicht genommen oder zumindest mündlich Kontakt zur StA aufgenommen werden.[192] Erschwerend wirkt sich aus, dass der Verteidiger auch nie wissen kann, ob ihm sein Mandant bewusst oder unbewusst nicht die Wahrheit sagt.

Eine weitere Problematik von Schutzschriften liegt in der ihnen innewohnenden Gefahr der **Verengung der Verteidigungsstrategie** in der Hauptverhandlung. Enthält eine Schutzschrift Ausführungen, die als Einlassung des Beschuldigten gewertet werden können, so darf das Gericht diese in der Hauptverhandlung grundsätzlich zu Lasten des Angeklagten verlesen und verwerten, auch wenn der Angeklagte von seinem Schweigerecht Gebrauch macht.[193]

Sechsmonatshaftprüfung, OLG-Haftprüfung gem §§ 121, 122 StPO

108 1. Die Gesamtdauer der U-Haft wegen eines Verfahrens darf nur dann 6 Monate überschreiten, wenn das OLG dies nach § 121 II StPO anordnet oder ein auf Freiheitsentziehung lautendes Urteil ergangen ist, § 121 I 1 StPO. § 121 I–III StPO regeln die Einschränkung des Vollzugs der U-Haft nach Ablauf von 6 Monaten (U-Haftbegrenzungs- und Verfahrensfunktion). § 121 IV StPO und § 122 StPO normieren die Zuständigkeit und das Verfahren. Eine absolute Höchstdauer der U-Haft kennen – mit Ausnahme von § 122 a StPO – weder die StPO noch die EMRK. § 121 StPO ist im Hinblick auf die nur ausnahmsweise hinzunehmenden Einschränkungen der Freiheitsrechte eng auszulegen.[194] Unabhängig von der zu erwartenden Strafe setzt der Grundsatz der Verhältnismäßigkeit der Haftdauer Grenzen.[195] Die Anforderungen an die U-Haft steigen proportional zu ihrer Dauer.[196] Die Aktionsmöglichkeiten der Verteidigung im OLG-Haftprüfungsverfahren sind nicht so beschränkt, wie es auf den 1. Blick erscheinen mag.[197]

---

192 Generell ablehnend Dahs Handbuch Rn 355; Burhoff Ermittlungsverfahren Rn 1479 ff hält Schutzschriften in Einzelfällen für sinnvoll, für Schutzschriften Rückel StV 1985, 37; Muster bei Formularbuch-Deckers V.4

193 BGHSt 20, 298; Meyer-Goßner § 261 Rn 17 mwN

194 BVerfGE 20, 45, 50

195 BVerfG StV 1998, 558

196 BVerfGE 36, 264, 270

197 Schlothauer/Weider Rn 851 ff loten die Möglichkeiten der Verteidigung aus und geben eingehende praktische Hinweise; Checkliste zur OLG-Haftprüfung bei Burhoff StraFo 2000, 119 ff; Burhoff Ermittlungsverfahren Rn 924 ff.; aktuelle Rspr und Hinweise auf der Internetseite Burhoff www.burhoff.de

2. Fristberechnung, Tatbegriff

Die zeitliche Einschränkung der U-Haft gilt nur für dieselbe Tat. Die sog Reserve-   **109**
haltung von Haftgründen oder Haftbefehlen um die Frist zu unterlaufen, ist unzulässig. Daher wird bei der Berechnung der Frist eines neuen Haftbefehls die Frist
eines vorhergehenden Haftbefehls dann mitgezählt, wenn es sich um »dieselbe Tat«
handelt. Der Begriff der Tat iS von § 121 I StPO ist weiter als der Tatbegriff des
§ 264 StPO. Uneinigkeit besteht darüber, wie die Fälle zu lösen sind, in denen von
Anfang an mehrere Haftbefehle nebeneinander bestanden haben, oder wenn nach
Erlass des Haftbefehls weitere Straftaten bekannt werden, die vor Erlass des ursprünglichen Haftbefehls begangen worden waren, und auf die nun ein weiterer
Haftbefehl gestützt wird. Nach hM gehören zur »selben Tat« alle Taten, die bei Erlass des Haftbefehls bekannt waren und in den Haftbefehl hätten aufgenommen
werden können, unabhängig davon, ob die Verfahren verbunden worden sind oder
hätten verbunden werden können.[198] Werden nach Erlass des Haftbefehls weitere
Straftaten bekannt, die der Beschuldigte vor Haftvollzug begangen hat, ist maßgeblicher Zeitpunkt für die Fristberechnung, der Verfahrensstand in dem ein auf diese
Tat gestützter Haftbefehl hätte erlassen werden können. Taten, die bei Erlass des
vollzogenen Haftbefehls bereits bekannt waren, können eine Verlängerung der 6-
Monatsfrist oder den Neubeginn der Frist nicht begründen. Taten, die erst nach Erlass begangen werden (zB Straftaten in der Haft oder nach Außervollzugsetzung),
können dagegen eine neue 6-Monatsfrist auslösen.[199]

3. Gründe

für die Fortdauer der U-Haft über 6 Monate hinaus sind die besondere Schwierig-   **110**
keit oder der besondere Umfang der Ermittlungen oder andere wichtige Gründe.
Für die Unzahl an Einzelfallentscheidungen wird auf die Kommentarliteratur verwiesen.[200]

4. Verfahren

Die 6-Monatsprüfung gliedert sich in drei Abschnitte: Vorlegungsverfahren, das   **111**
eigentliche OLG-Haftprüfungsverfahren und das weitere Verfahren (§ 122 IV
StPO).[201]

Beschuldigter und Verteidiger erhalten vor der Entscheidung des OLG rechtliches
Gehör. Üblicherweise wird die Stellungnahme der StA bei dem OLG, die dem Gericht die Akten vorzulegen hat, der Verteidigung zur Kenntnis gegeben. Das OLG
kann den Haftbefehl aufheben, außer Vollzug setzen oder Haftfortdauer anord-

---

198 Meyer-Goßner § 121 Rn 12; KK-Boujong § 121 Rn 11; LR-Hilger § 121 Rn 14; Burhoff Ermitt-
     lungsverfahren Rn 936; OLG Brandenburg StV 1997, 537; OLG Hamburg StV 1989, 489; OLG
     Hamm StV 1998, 555; OLG Zweibrücken StV 1998, 556; OLG Koblenz StV 2000, 629; **aA**
     OLG Köln NStZ-RR 1998, 181; Thür OLG StV 1999, 329 m abl Anm Schlothauer; OLG Jena
     NStZ-RR 1999, 347; Lang NStZ 1998, 606; SK-StPO-Paeffgen § 121 Rn 7 ff mwN; KMR-Wan-
     kel § 121 Rn 7: dieselbe Tat nur bei funktionaler Einheit der Verfahren: eine gewisse Ähnlich-
     keit der Ermittlungsrichtung der verschiedenen Verfahren muss gegeben sein, so dass die rein
     theoretisch mögliche Verbindung der Verfahren auch tatsächlich sachgerecht erscheint
199 Näher zu den einzelnen Fallvarianten s KMR-Wankel § 121 Rn 7 a–8
200 Checkliste zu denkbaren wichtigen Gründen bei § 121 StPO s Schlothauer/Weider Rn 883 ff;
     KMR-Wankel § 121 Rn 13; Burhoff Ermittlungsverfahren Rn 938 ff
201 Ablaufschema bei KMR-Wankel § 122 Rn 2

nen.[202] Letzterenfalls ist es üblich, die Haftprüfung nach § 122 II 2 StPO für weitere 3 Monate wieder auf das nach den allgemeinen Vorschriften zuständige Gericht zurück zu übertragen.

Prüfungsumfang, Entscheidungsmöglichkeiten. Grundlage der Haftprüfung ist der Haftbefehl in seiner letzten dem Beschuldigten bekannt gemachten Form. Die Gründe des § 121 können sich nur auf den ordnungsgemäß eröffneten Haftbefehl beziehen.[203] In der Nachprüfung des wichtigen Grundes ist es weder in tatsächlicher noch in rechtlicher Hinsicht beschränkt. Sowohl die Frage, ob das Urteil früher hätte ergehen können, oder ob Haftfortdauer gerechtfertigt ist, wird überprüft. Das OLG kann die Aufhebung des Haftbefehls, die Außervollzugsetzung (§ 122 V StPO) oder die Haftfortdauer anordnen, § 122 III StPO. Im Stadium des Ermittlungsverfahrens hat das OLG auf entsprechenden Aufhebungsantrag der StA hin den Haftbefehl aufzuheben, § 120 I StPO. Das OLG hat das Verlängerungsmonopol für den Haftbefehl, aber keine Zuständigkeit zur Invollzugsetzung. Das OLG soll nach überwiegender Ansicht den Haftbefehl im Verfahren nach § 121 StPO nicht erweitern dürfen, da eine solche Erweiterung den Erlass eines neuen Haftbefehls bedeute.[204]

Sicherheitsleistung

112 Der Richter bestimmt die Art und Form der Sicherheit und ist an die beispielhafte Aufzählung in § 116 a StPO nicht gebunden. Zur **Hinterlegung** und **Pfandbestellung** können auch Vermögenswerte verwendet werden, die dem Beschuldigten nicht gehören, wenn dies nicht ausdrücklich durch den Beschluss ausgeschlossen ist. Für die Hinterlegung gilt die Hinterlegungsordnung. Anstatt Pfandbestellung kommt auch Sicherungsübereignung und Sicherungsabtretung in Betracht. **Bürgschaft** ist nicht nur die des § 765 BGB, sondern jede Sicherheitsleistung durch einen Dritten, zB durch aufschiebend bedingtes selbstschuldnerisches Zahlungsversprechen oder durch Hinterlegung von Bargeld oder Wertpapieren im eigenen Namen.[205] Diese Bürgschaften bedürfen, da es sich nicht um solche im Sinne des BGB handelt, zwar nicht der Schriftform, aber schon aus Beweisgründen und Aktenklarheit sollte das Gericht nur schriftliche Erklärungen akzeptieren. Die Art der Sicherheitsleistung ist im Außervollzugsetzungsbeschluss genau und sorgfältig zu beschreiben, um im späteren Verfallverfahren nach § 124 StPO Unklarheiten von vornherein zu vermeiden. Die **Kaution** ist nach überwiegender Meinung nur bei Fluchtgefahr, nicht aber bei Verdunkelungsgefahr zulässig.[206] Sie ist nicht einseitig kündbar. Die Sicherheitsleistung darf auch ohne Einverständnis des Beschuldigten angeordnet werden. Zum Verfall der Sicherheit s § 124 StPO. Die Außervollzugsetzung des Haftbefehls unter der Bedingung, dass die Kaution auf die Kosten des

202 BVerfG StV 2000, 321 LS: »Der Beschluss über die Anordnung der Haftfortdauer unterliegt mit zunehmender Dauer der Untersuchungshaft einer gesteigerten Erörterungspflicht.«
203 BVerfG NJW 1992, 1749; StV 2001, 691 unter Hinweis auf OLG Hamm StV 1998, 273, 555; Burhoff Ermittlungsverfahren Rn 929
204 KK-Boujong § 125 Rn 2; Meyer-Goßner § 125 Rn 2; OLG Hamm NJW StraFo 2000, 30; Burhoff StraFo 2000, 109, 110; Burhoff Ermittlungsverfahren Rn 930; zur Abänderungsbefugnis in der Beschwerde s oben Rn 67, 70
205 LR-Hilger § 116 a Rn 6
206 Meyer-Goßner § 116 Rn 16 mwN; aA KK-Boujong § 116 Rn 19; Burhoff Ermittlungsverfahren Rn 276; Burhoff StraFo 2000, 119; OLG Hamm StraFo 2001, 397; Hohlweck NStZ 1998, 600

Verfahrens und die Strafe verrechnet werden kann, ist ebenso unzulässig[207] wie die Aufrechnung mit angefallenen Gerichtskosten gegen den Herausgabeanspruch bzgl einer vom Angeklagten geleisteten Kaution.[208] Der Verteidiger hat seinen Mandanten über die Risiken des Pfändungszugriffs und über die Möglichkeiten von Sicherungsmaßnahmen zu beraten.[209] Eine unzutreffende Belehrung kann Schadensersatzpflichten auslösen.[210]

Zustellungsbevollmächtigter. Der Beschuldigte muss einen Zustellungsbevollmächtigten mit dessen Einverständnis bestellen wenn er nicht in der Bundesrepublik Deutschland den Mittelpunkt seiner Lebensbeziehungen hat und höchstens für eine für den Fortgang des Verfahrens unwesentliche Zeit hier erreichbar ist oder wenn er selbst oder sein Verteidiger beantragt, den Haftbefehl außer Vollzug zu setzen.

Bürgschaftsmuster   **113**

In dem Strafverfahren (Aktenzeichen)
Gegen
Wegen

übernimmt die A-Bank, ..., vertreten durch ...

die **unbedingte, unwiderrufliche, unbefristete** und **selbstschuldnerische** Bürgschaft in Höhe von DM ... (in Worten: ...) als Sicherheit für die Aussetzung des Haftbefehls nach § 116 I 2 Nr. 4 StPO

gegenüber dem Freistaat Bayern – Oberjustizkasse – für den Fall, dass sich der oben genannte Beschuldigte dem gegen ihn anhängigen Strafverfahren entzieht.

Sitzungshaftbefehl, § 230 II Alt 2 StPO

Der Haftbefehl in der Hauptverhandlung nach § 230 II Alt 2 StPO setzt weder dringenden Tatverdacht noch einen Haftgrund voraus. Er kann und sollte zeitlich beschränkt werden (Befristung). Voraussetzung des Haftbefehls: **114**

- Ordnungsgemäße Ladung mit Hinweis nach § 216 I StPO,
- der Angeklagte ist nicht erschienen und kann sich auch nicht durch einen Verteidiger vertreten lassen, wie zB im Strafbefehlsverfahren nach § 411 II 1 StPO,
- der Angeklagte hat sein Fernbleiben nicht genügend entschuldigt,
- mildere Mittel, insbesondere Vorführungsbefehl sind nicht möglich oder erfolgversprechend (Verhältnismäßigkeit).

Der Sitzungshaftbefehl kann entsprechend § 116 StPO außer Vollzug gesetzt werden. Die Haftprüfung nach §§ 117, 118 StPO ist zulässig.[211] Alternativ kann er mit Beschwerde und weiterer Beschwerde angefochten werden. Mit Abschluss der Hauptverhandlung ist der Haftbefehl erledigt, eine eingelegte Beschwerde ist prozessual überholt und wird unzulässig, kann aber unter Berücksichtigung der neueren Rspr des BVerfG[212] in eine zulässige Fortsetzungsfeststellungsbeschwerde umgedeutet werden.[213]

---

207 LG München StV 1998, 554 (m Anm Eckstein)
208 BGH NJW 1985, 2820; OLG Frankfurt StV 2000, 509
209 Schlothauer-Weider Rn 579; Sättele StV 2000
210 BGH StV 2004, 661
211 Meyer-Goßner § 117 Rn 3
212 BVerfG StV 2000, 321; näher Schlothauer/Weider Rn 232
213 OLG Düsseldorf StV 2001, 332; Meyer-Goßner § 127 b Rn 22; KK-Boujong § 127 b Rn 21: Beschwerde ist unzulässig

Subsidiarität

115 der Haftbeschwerde s dort Rn 72

des Sicherungshaftbefehls wegen Wiederholungsgefahr, s dort Rn 61

Taktik[214]

116 »Man kann auf seinem Standpunkt stehen, aber man sollte nicht darauf sitzen« (E. Kästner)

Im Recht der Untersuchungshaft prallen die Interessen des Beschuldigten und die der Strafverfolgung noch stärker aufeinander als im übrigen Strafverfahren. Für das Gericht gilt es bei der notwendigen Abwägung die verfassungsrechtlich geschützten Interessen des Beschuldigten besonders zu berücksichtigen, und zwar nicht nur bei der Haftentscheidung selbst, sondern auch bei Vor- und Nebenfragen; zB sein Informationsrecht bei und nach einem Vorführ- oder einem Haftprüfungstermin.[215] Andererseits dürfen die Interessen der Rechtsgemeinschaft an effektiver Strafverfolgung und damit einhergehender Sicherung des Strafverfahrens nicht automatisch hinter die Belange des Beschuldigten zurückgestellt werden. Innerhalb der jeweils individuell vorzunehmenden Einzelfallabwägung gibt es keine allgemeine Regel dahingehend, dass die Freiheitsrechte des Einzelnen Vorrang vor den legitimen Sicherungsbedürfnissen der Allgemeinheit hätten. Effektive Sicherung des Strafverfahrens, Strafverfolgung selbst und Vollstreckung der Strafe sind Grundbedingung für Rechtsfrieden und Rechtssicherheit in einer Gesellschaft, die nur dann die Rechte des Einzelnen, und damit auch die des Beschuldigten, substanziell wahren kann, wenn die rechtsstaatlichen Einrichtungen in der Rechtsgemeinschaft verwurzelt und anerkannt sind (Verteidigung der Rechtsordnung; positive Generalprävention).

Entscheidungen im Zusammenhang mit der Untersuchungshaft sind für das weitere Verfahren in der Regel Weichen stellend. Die Ablehnung eines Haftantrages mangels dringenden Tatverdachtes durch den Ermittlungsrichter zu Beginn eines Ermittlungsverfahrens kann schon die endgültige Verfahrenseinstellung durch die StA präjudizieren. Umgekehrt verschlechtern sich die Ausgangsbedingungen für die Verteidigung mit jedem zusätzlichen Tag Untersuchungshaft. Auch Haftprüfungsentscheidungen des OLG nach § 121 StPO haben oft wegleitende Funktion für die Fortführung des Verfahrens.

Jedes Gerichtsverfahren birgt eine Vielzahl an Unwägbarkeiten in sich und auf der einen Seite der Medaille ist zu lesen: »Der Mandant ist der größte Feind des Anwalts« und auf der anderen: »Auf hoher See und vor den Gerichten stehen wir in Gottes Hand«.

Der weitsichtige Strafverteidiger sollte sich bei seinem Vorgehen daher immer wieder den grundsätzlichen Fragen nach dem langfristigen Erfolg seines Handelns stellen und auch vor »worst case« – Prognosen nicht zurückscheuen.

- *GAU*: Wie sieht die Verteidigerposition im weiteren Verfahren aus, wenn der gestellte Antrag entgegen aller Erwartung doch abgelehnt wird ?
- *Pyrrhussieg*: Wie sieht die Position im weiteren Verfahren aus, wenn der gestellte Antrag durchgeht, und was ist dann erreicht?

---

214 S auch Stichwort Schutzschrift Rn 106
215 Grundlegend BVerfGE 19, 342, 347 ff

- *Verpuffung*: Verbraucht die Verteidigung »Munition«, die in der Hauptverhandlung und evtl Revision fehlt?
- *Aktionismus*: Verzögert sich das Verfahren und verlängert sich die Haftzeit durch die Verteidigungshandlungen?
- *Schlafende Hunde wecken*: Regt die Verteidigungsstrategie die Strafverfolgungsbehörden zu Nachermittlungen an, die den Mandanten erst richtig »reinreiten« (»si tacuisses ...«)?
- *Mücke zu Elefant*: Verändert sich der Schwerpunkt des Falles durch den großen Aufwand, den die Verteidigung auslöst, zu Lasten des Mandanten?
- *Verbrannte Erde*: Verschlechtert das Verteidigerverhalten das Verhandlungsklima zu Lasten des Mandanten und versperrt den Weg für Absprachen und Einlenken?

Überhaft, Doppelhaft, mehrere Haftbefehle

Im selben Verfahren darf nur *ein* Haftbefehl ergehen,[216] der aber mehrere prozessuale Taten umfassen darf. Sinnvollerweise wird die StA in einem Verfahren mit einer Vielzahl prozessualer Taten den Haftantrag auf eine oder die schwerwiegendsten Taten stützen, um so den Haftbefehlsantrag bzw Haftbefehl übersichtlich zu halten. Es handelt sich dabei nicht um eine unzulässige Reservehaltung von Tatvorwürfen, sondern um das »Schlankhalten« des Haftbefehls iS der Prozessökonomie. Leitlinie sollten dabei die §§ 154, 154 a StPO sein. Bestehen *mehrere* Haftbefehle in verschiedenen Verfahren, so darf nur einer der Haftbefehle vollzogen werden.[217] Wegen der übrigen Haftbefehle, dies kann auch ein Sicherungshaftbefehl nach § 453 c StPO sein, wird **Überhaft** vorgemerkt. Bestehen mehrere Haftbefehle gleicher Qualität, so ist nach dem Prioritätsprinzip zu eröffnen.[218] Das gilt aber nur solange, als nicht Gesichtspunkte zu berücksichtigen sind, die eine sachliche Differenzierung erfordern. Ein solches Gewichtungsgefälle ist bei § 453 c StPO gegeben. Ein Sicherungshaftbefehl nach § 453 c StPO ist vor dem Untersuchungshaftbefehl zu vollziehen, denn dieser Haft liegt eine rechtskräftig verhängte Freiheitsstrafe zugrunde. Ungewissheit besteht nur noch über den Widerruf der zur Bewährung ausgesetzten Strafe. Der Vollzug eines Untersuchungshaftbefehls mit seiner höheren »Fehleranfälligkeit« vor dem »stabileren« Sicherungshaftbefehl belastet den Inhaftierten grundlos und ist mangels sachlicher Rechtfertigung ein unzulässiger Eingriff in seine Freiheitsrechte. Erst recht muss der Vollstreckungshaftbefehl nach § 457 StPO vor dem Haftbefehl nach §§ 112 ff StPO vollzogen werden. Im Verhältnis zum Ungehorsamshaftbefehl (§§ 230 II, 329, 412 StPO) dagegen besteht kein Rangverhältnis, da gem § 51 I StGB nicht nur die Untersuchungshaft, sondern jede andere Freiheitsentziehung angerechnet wird.[219] Im Verhältnis zur Auslieferungs- und Abschiebehaft geht U-Haft vor.[220]

117

---

216 BGHSt 38, 54; OLG Koblenz NStZ-RR 2000, 156: »Voraussetzung für den Erlass eines weiteren Haftbefehls ist allerdings, das es sich bei den unterschiedlichen Haftbefehlen zugrundeliegenden Taten nicht um eine Tat im prozessualen Sinne (§ 264) handelt, wie aus dem Schutzgedanken des Art. 103 III GG ... zu folgern ist.«

217 Meyer-Goßner Vor § 112 Rn 10 ff

218 OLG München NStZ 1983, 236

219 Tröndle/Fischer § 51 Rn 3 mwN zu den einzelnen Arten der Freiheitsentziehung

220 OLG Frankfurt FGPrax 95, 81; solange im Inland eine Freiheitsstrafe vollstreckt werden kann, ist die Anordnung von Abschiebungshaft nur als Überhaft zulässig. Nach OLG Frankfurt StV 2000, 377 ist die Anordnung von Abschiebehaft »auf Vorrat« unzulässig

Wankel

Der Strafgefangene, für den Überhaft vorgemerkt ist, unterliegt nach § 122 StVollzG zusätzlichen Beschränkungen, die sich aus der Natur der U-Haft ergeben,[221] oder die durch den Haftrichter angeordnet werden (zB wegen Verdunkelungsgefahr). Über die statthafte Haftbeschwerde[222] kann der Inhaftierte den Überhaftbefehl angreifen, um zumindest die Außervollzugsetzung (§ 116 StPO) zu erreichen.[223] Für die Statthaftigkeit der Beschwerde genügt, dass dem Inhaftierten der Überhaftbefehl zur Kenntnis gebracht worden ist, die formelle Eröffnung ist nicht erforderlich.

Daher und aus Gründen der prozessualen Fairness ist dem Beschuldigten und seinem Verteidiger bereits der Erlass eines noch nicht vollstreckten Überhaftbefehls mitzuteilen. Die 6-Monatsfrist und das Beschleunigungsgebot des § 121 StPO gelten auch in Überhaftsachen.[224]

Sobald die Überhaft in Haft übergeht, ist der Haftbefehl zu **eröffnen**, § 115 StPO. Zuständig ist das Gericht, das den Haftbefehl erlassen hat. Die Eröffnung des Haftbefehls durch den ersuchten Richter ist unzulässig, da die Sondervorschriften der §§ 115, 115 a StPO das Verfahren bei erstmaliger Eröffnung abschließend regeln[225] und der zuständige Richter sich einen unmittelbaren Eindruck vom Beschuldigten verschaffen muss.[226] Haben den Haftbefehl und den Überhaftbefehl örtlich weit auseinander liegende Gerichte erlassen, oder verbüßt der Beschuldigte Strafhaft in einer entfernten JVA, so darf der Überhaftbefehl auch schon vor der absehbaren Aufhebung/Außervollzugsetzung bzw dem Ende der Strafhaft durch den zuständigen Richter eröffnet werden. Zu diesem Zweck muss der Beschuldigte in den Bereich dieses Richters verschubt werden. Dürfte in diesen Fällen der Überhaftbefehl erst mit Ende der Haft/Strafhaft eröffnet werden, könnte die Frist des § 115 StPO nicht gewahrt werden und es wäre der nächste Richter nach § 115 a StPO zuständig, mit der sich daraus ergebenden stark eingeschränkten Entscheidungskompetenz. § 115 a StPO ist eine Ausnahmevorschrift für Eilfälle und passt für die hier beschriebene Konstellation nicht.

Die Zuständigkeit zur **Überwachung** der Haft hat primär das Gericht, dessen Haftbefehl gerade vollzogen wird. Insoweit findet auch die OLG-Haftprüfung statt, § 121 StPO. Die übrigen Gerichte sind aber ebenso verpflichtet, jederzeit die Haftvoraussetzungen zu überprüfen. Auch ein nicht vollzogener Überhaftbefehl kann außer Vollzug gesetzt oder aufgehoben werden, weil die Voraussetzungen des § 121 StPO nicht mehr gegeben sind.[227] Bestehen mehrere Haftbefehle (Überhaft), so ist das OLG zuständig, in dessen Bezirk das Gericht liegt, dessen Haftbefehl gerade vollzogen wird.

---

221 Freigang und Überhaft sind nicht kompatibel
222 Die Haftbeschwerde nach § 304 StPO setzt anders als die Haftprüfung den Vollzug der Haft nicht voraus. OLG Hamburg MDR 1974, 861: Haftprüfung auch bei nahe bevorstehendem Strafhaftende
223 Schlothauer/Weider Rn 690 f
224 KK-Boujong Vor § 112 Rn 19 mwN
225 KMR-Wankel § 115 Rn 15; OLG Frankfurt NStZ 1988, 471; OLG Hamm StV 1998, 273 LS: »Ein erweiterter Haftbefehl darf dem Beschuldigten nicht nur durch Übersendung zur Kenntnis gebracht werden. Vielmehr ist § 115 StPO entsprechend anzuwenden und ist (auch) der erweiterte Haftbefehl dem Beschuldigten zu verkünden.«; aA OLG Karlsruhe Justiz 1997, 140 für die Eröffnung ergänzter Haftbefehle im Wege der Rechtshilfe
226 BVerfGE 58, 208; BVerfG StV 2001, 692
227 KK-Boujong Vor § 112 StPO Rn 19; BVerfGE 53, 152, 162; Schlothauer/Weider Rn 833 mwN; OLG Bremen StV 2000, 35; OLG Düsseldorf StV 2004, 82 Aufhebung eines Überhaftbefehls bzw außer Vollzug gesetzten Haftbefehls wegen Verstoßes gegen das Beschleunigungsgebot

Wankel

Doppelhaft, dh der gleichzeitige Vollzug mehrerer Haftbefehle aus verschiedenen getrennten Verfahren, ist unzulässig.[228]

Umdeutung, prozessuale Überholung, Rechtskraft bei Verurteilung

Mit Anklage wird das Hauptsachegericht zuständig und der bisherige Instanzenzug **118** endet (§§ 125 II, 126 II 1 StPO). Nach hM wird die noch anhängige Haftbeschwerde in eine Haftprüfung umgedeutet, da das Beschwerdegericht nach § 126 II StPO erstinstanzlich für die Haftentscheidung zuständig geworden ist.[229] Das gilt nicht nur, wenn die StA beim LG Anklage erhoben hat oder nach Berufungseinlegung,[230] sondern auch dann, wenn Anklage beim AG erhoben wird.[231] Die Haftbeschwerde muss auch dann umgedeutet werden, wenn das nun zuständig gewordene Gericht kurz zuvor bereits eine Sachentscheidung bzgl des Haftbefehls getroffen hat.[232]

Unzutreffend ist die Ansicht, dass auch die **Beschwerde nach Anklageerhebung** in einen Haftprüfungsantrag umzudeuten sei.[233] In diesen Fällen bedeutet die Umdeutung einen schwerwiegenden Eingriff in die Rechtsbehelfsautonomie des Beschuldigten und der von ihm und seinem Verteidiger verfolgten Strategie. Sie führt zu nicht gewünschten Verzögerungen des Verfahrens und drängt der Verteidigung einen Rechtsbehelf auf, den sie nicht gewählt hat.[234]

Nach Durchlaufen des Instanzenzuges ist eine erneute Haftbeschwerde, ohne dass sich die tatsächlichen Verhältnisse verändert hätten, unzulässig und in einen Haftprüfungsantrag umzudeuten. Gegen die Haftprüfungsentscheidung ist dann wieder die Beschwerde statthaft.[235] Mit Rechtskraft des Urteils wird der Haftbefehl prozessual überholt und auch eine eingelegte Haftbeschwerde wird gegenstandslos. Das Beschwerdegericht stellt nur noch die Erledigung des Verfahrens fest. Auch die noch nicht beschiedene Haftbeschwerde wird durch die Entscheidung des Strafsenats des OLG gemäß § 122 StPO gegenstandslos.

Übergang der U-Haft in Strafhaft nach rechtskräftiger Verurteilung. Nach hM **118 a** geht mit Rechtskraft eines auf Freiheitsstrafe ohne Bewährung erkennenden Urteils die U-Haft automatisch in Strafhaft oder in den Vollzug einer Sicherungsmaßregel über und die Zuständigkeit des Haftrichters nach § 119 VI StPO endet damit kraft Gesetzes. Auf die Einleitung der Vollstreckung soll es dabei nicht ankommen.[236] Wird in dem Urteil nicht auf eine zu vollstreckende Freiheitsstrafe erkannt, muss

---

228 Meyer-Goßner Vor § 112 Rn 12; aA LR-Hilger Vor § 112 Rn 52
229 Meyer-Goßner § 117 Rn 12; LR-Hilger § 114 Fn 43, 45, 90 mwN; § 117 Rn 45; KK-Boujong § 126 Rn 8 mwN; § Pfeiffer § 126 Rn 2; BGHSt 14, 179, 185; OLG Stuttgart NStZ 1990, 141 bzgl § 114 StPO
230 OLG Frankfurt NStZ-RR 1996, 302
231 OLG Naumburg NStZ-RR 1997, 307
232 KK-Boujong § 125 Rn 8; OLG Karlsruhe Die Justiz 1977, 433; und offengelassen in OLG Karlsruhe StV 1994, 664, da hier bereits drei Monate vergangen waren; aA OLG Düsseldorf NStE Nr. 2 zu § 125; OLG Hamm wistra 1996, 321
233 OLG Karlsruhe StV 1994, 664 mwN
234 Schlothauer/Weider Rn 796
235 KK-Boujong § 126 Rn 8; LR-Hilger § 114 Rn 41; OLG Düsseldorf StV 1992, 237
236 Meyer-Goßner § 120 Rn 15; KK-Boujong § 120 Rn 22; Pfeiffer § 120 Rn 6; KMR-Wankel § 120 Rn 10; BGHSt 38, 63: »Geht Untersuchungshaft durch Eintritt der Rechtskraft des Urteils unmittelbar in Strafhaft über, so ist der Verurteilte in die Vollzugsanstalt zum Strafvollzug aufgenommen (§ 462 a I 1 StPO), in der er sich zu diesem Zeitpunkt befindet, auch wenn eine Verlegung in die nach dem Vollzugsplan zuständige Vollzugsanstalt zu erwarten ist.«; in BGHSt 20, 64 noch offengelassen

Wankel

der Haftbefehl aus Klarstellungsgründen aufgehoben werden.[237] Nach anderer Ansicht soll der Verurteilte in Zwischenhaft, zT auch Vollstreckungs- oder Organisationshaft[238] genannt, verbleiben, bis die Strafvollstreckung förmlich eingeleitet ist.[239] Das BVerfG räumt der Vollstreckungsbehörde für die Durchführung ihrer Entscheidung nur eine kurze Frist ein.[240] Auch nach dieser Meinung endet die Zuständigkeit des Haftrichters mit Rechtskraft der Entscheidung.[241] Die Hauptverhandlungshaft nach § 127 b StPO geht nicht automatisch in Strafhaft über, da sie auf längstens eine Woche befristet ist.[242]

Umwandlung des Haftbefehls

119 s Aktualisierung Rn 8

Ungehorsamshaftbefehl

120 Unter diesen Begriff fallen die Haftbefehle nach §§ 230 II, 236, 329 IV 1[243] StPO, nicht aber der Sicherungshaftbefehl gemäß § 453 c StPO.

Unterbringungsbefehl, § 126 a StPO

1. Allgemein

121 Die einstweilige Unterbringung ist ein **vorbeugendes Sicherungsmittel**, das dem Schutz der Allgemeinheit vor gefährlichen psychisch Kranken dient. Die Unterbringung zur Untersuchung nach § 81 StPO dient dagegen nur der Vorbereitung eines psychiatrischen Gutachtens. Die Unterbringung nach landesrechtlichen Vorschriften ist nachrangig. Die gleichzeitige Anwendung von Landesrecht kann aber

---

237 Meyer-Goßner § 120 Rn 15
238 Das BVerfG StV 1997, 476 f m Anm Lemke in NStZ 1998, 77 f hat die Organisationshaft als regelwidrig bezeichnet. Es ging in dieser Entscheidung um den Anrechnungsmodus der Organisationshaft auf die Maßregel. Näher zur Organisationshaft Trennhaus StV 1999, 511 mwN obergerichtlicher Rechtsprechung. OLG Brandenburg StV 2000, 500 m zust Anm Rautenberg und StV 2000, 504; StV 2001, 23: Organisationshaft nur sehr eingeschränkt zulässig
239 OLG Celle NStZ 1985, 188; OLG Düsseldorf StV 1988, 110 mwN
240 BVerfG v 26. 9. 2005 – 2 BvR 1019/01
241 ZB BVerfG StV 1997, 476, 477: »Dass der Verurteilte, für den nicht sofort ein Unterbringungsplatz im Maßregelvollzug zur Verfügung steht, die Zwischenzeit in sog ›Organisationshaft‹ verbringt, ist gesetzlich nicht vorgesehen. Kann dieser Verstoß gegen § 67 StGB zu einer Verlängerung des effektiven Freiheitsentzuges führen, gebieten es Art. 2 II 2, 104 I GG der Vollstreckungsbehörde von Verfassungs wegen, den Folgen dieser Regelwidrigkeit im Rahmen der Strafzeitberechnung in geeigneter Weise entgegenzuwirken.« Das BVerfG geht ersichtlich davon aus, dass zuständige Behörde für die Überwachung die Vollstreckungsbehörde und nicht das Gericht ist; aA Linke JR 2001, 358, der die U-Haft als Zwischenhaft fortdauern lassen will
242 Meyer-Goßner § 127 b Rn 18; KK-Boujong § 127 b Rn 20
243 BVerfG NStZ 2001, 209 LS: »Eine Verhaftung des Angekl. gem § 329 IV StPO ist mit dem Grundsatz der Verhältnismäßigkeit nicht mehr zu vereinbaren, wenn in der nächsten Hauptverhandlung auch bei unentschuldigtem Fernbleiben des Angekl. ein Urteil nach Maßgabe des § 329 I, II StPO ergehen könnte oder wenn bei verständiger Würdigung aller Umstände die Erwartung gerechtfertigt wäre, dass der Angekl. zu dem Termin erscheinen wird. Dies gilt auch für den noch nicht vollzogenen und den außer Vollzug gesetzten Haftbefehl.«

Wankel

erforderlich sein, wenn dadurch Gefahren abgewendet werden sollen, die § 126 a StPO nicht erfasst.[244].

U-Haft und einstweilige Unterbringung schließen sich gegenseitig aus, dh wegen derselben prozessualen Tat ist nur die Verhängung der einen oder der anderen Maßnahme zulässig. Verdunkelungshandlungen muss über Anordnungen nach § 119 III StPO begegnet werden. § 126 a StPO schließt die Anordnung von U-Haft nicht aus, wenn im Urteil mit Unterbringung nach §§ 63, 64 StGB wegen verminderter Schuld zu rechnen ist.

Verfahren. Die Zuständigkeit des Gerichtes ergibt sich für den Erlass der Entscheidung aus den §§ 126 a II 1, 125 StPO und für die Folgeentscheidungen aus § 126 StPO.

Anwendbare Vorschriften nach § 126 a II 1 StPO: §§ 114 bis 115 a, 117 bis 118 b StPO. Der Unterbringungsbefehl wird nach § 114 a StPO bekannt gemacht, gemäß § 116 a II 2 StPO auch an den gesetzlichen Vertreter; die Benachrichtigung erfolgt nach § 114 b StPO. Für den Vollzug gilt § 119 StPO sinngemäß. Vollzugsbeschränkungen sind nach § 119 III StPO zulässig und können auch zur Abwendung der Verdunkelungsgefahr angeordnet werden.[245] **Nicht anwendbar** sind die Vorschriften über die OLG – Haftprüfung nach §§ 121, 122 StPO und über die Außervollzugsetzung, § 116 StPO.[246] Die **Umwandlung** eines Unterbringungsbefehls in einen Haftbefehl und umgekehrt ist jederzeit möglich, wenn die entsprechenden Voraussetzungen sich geändert haben.[247] Die Umwandlung ist auch in der (weiteren) Beschwerde möglich, gleichgültig, wer die Entscheidung angefochten hat. Vor der Entscheidung sind StA und Beschuldigter zu hören. Mit Rechtskraft des Urteils endet ohne weiteres die Unterbringung und beginnt der Vollzug der Sicherungsmaßnahme, auch wenn die Vollstreckung noch nicht eingeleitet ist[248].

2.　Haftprüfung, Beschwerde

Die Vorschriften über die Haftprüfung sind anwendbar. Unterbringungsbefehl und **122** Ablehnung können auch mit Beschwerde und weiterer Beschwerde angefochten werden. Mit der Beschwerde kann geltend gemacht werden, dass statt eines Unterbringungsbefehls ein Haftbefehl hätte erlassen werden müssen, denn wenn die Modalitäten des Freiheitsentzugs anfechtbar sind, muss dies erst recht für die Art des Entzugs gelten. Auch die Umwandlung ist anfechtbar.[249] Die weitere Beschwerde ist nur zulässig, soweit die angegriffene Entscheidung den Unterbringungsbefehl erlassen, aufgehoben oder abgelehnt hat.

3.　Jugendverfahren

Die einstweilige Unterbringung ist auch bei Jugendlichen und Heranwachsenden **123** möglich. Die einstweilige Unterbringung in einem Heim nach § 71 JGG wird in den Fällen, in denen die Allgemeinheit durch den kranken Täter gefährdet ist, nicht ausreichen.

244　LR-Hilger § 126 a Rn 3
245　Meyer-Goßner § 126 a Rn 9
246　Meyer-Goßner § 126 a Rn 10; aA SK-StPO-Paeffgen § 126 a Rn 8
247　HM; Meyer-Goßner § 126 Rn 12
248　Meyer-Goßner § 126 a Rn 13; Trennhaus StV 1999, 511; oben Rn 118 a
249　Meyer-Goßner § 126 a Rn 14; KK-Boujong § 126 a Rn 10

Verbotene Vernehmungsmethoden, § 136 a StPO

124 haben keine unmittelbare Auswirkung auf den Haftbefehl, begründen aber ein Verwertungsverbot bzgl. der unzulässig gewonnenen Aussagen, so dass die für den dringenden Tatverdacht erforderlichen Tatsachengrundlagen evtl nicht mehr ausreichen und somit mittelbar zur Aufhebung des Haftbefehls führen.

Verhältnismäßigkeit

125 s Haftbefehl Rn 56 ff

Verdunkelungsgefahr

126 s bei Haftbefehl Rn 52

Verhandlungsfähigkeit

127 Bei länger andauernder Verhandlungsunfähigkeit wird das Verfahren vorläufig eingestellt; in der Regel wird damit aus Verhältnismäßigkeitsgesichtspunkten heraus auch der Haftvollzug auszusetzen sein. Bei endgültiger Verhandlungsunfähigkeit besteht ein Verfahrenshindernis; der Haftbefehl ist aufzuheben.[250]

Verkündung (Eröffnung) des Haftbefehls, § 115 StPO

128 Jeder Haftbefehl ist nach § 115 StPO zu eröffnen, zu verkünden und der Betroffene muss die Möglichkeit erhalten, sich zu äußern. Die Erweiterung oder Ergänzung eines bestehenden Haftbefehls, vollzogen oder außer Vollzug gesetzt, ist der Sache nach Erlass eines neuen Haftbefehls, der nach mündlicher Anhörung des Beschuldigten verkündet wird.[251] Der ursprüngliche Haftbefehl ist prozessual überholt. Allein die Zustellung des Haftbefehls ist keine ordnungsgemäße Eröffnung.[252]

Die Eröffnung des Haftbefehls durch den ersuchten Richter ist unzulässig, da die Spezialvorschriften der §§ 115, 115 a StPO das Verfahren bei (erstmaliger) Eröffnung abschließend regeln.[253] Die Eröffnung eines Haftbefehls ist nicht nur eine Formalität, bei der es allein um die Mitteilung des Haftbefehls und ggf die Entgegennahme der Beschuldigtenerklärung geht. Im Hinblick auf den schwerwiegenden Eingriff in die Freiheitsrechte des Inhaftierten muss der zuständige Richter dem Beschuldigten nach gesetzlich vorgeschriebener Belehrung über seine Rechte, zu denen auch das Recht auf die Anwesenheit eines Verteidigers gehört, die Möglichkeit zu umfassen-

---

250 BGHSt 41, 16 zur endgültigen Verhandlungsunfähigkeit im Revisionsverfahren

251 Meyer-Goßner § 115 Rn 11; LR-Hilger § 114 Rn 48; OLG Hamm StV 1998, 273; 1998, 555; Burhoff StraFo 2000, 109, 110

252 OLG Hamm StV 1998, 273 LS: »Ein erweiterter Haftbefehl darf dem Beschuldigten nicht nur durch Übersendung zur Kenntnis gebracht werden. Vielmehr ist § 115 StPO entsprechend anzuwenden und ist (auch) der erweiterte Haftbefehl dem Beschuldigten zu verkünden.«; Burhoff StraFo 2000, 109, 110

253 OLG Frankfurt NStZ 1988, 471; OLG Hamm StV 1998, 273; aA OLG Karlsruhe Justiz 1997, 140 für die Eröffnung ergänzter Haftbefehle im Wege der Rechtshilfe

der Erklärung geben. Der Beschuldigte (und sein Verteidiger) muss seine Gründe, die sich gegen die Haftentscheidung richten, so vortragen können, dass sich auch eine argumentative Auseinandersetzung mit dem Haftgericht entwickeln kann. Nur auf diese Weise bekommt das Gebot der mündlichen Anhörung das nötige substanzielle Gewicht, das auch der EGMR in st Rspr fordert.[254]

S auch Stichwort Überhaft Rn 117.

Vernehmung des Beschuldigten

In jeder Lage des Verfahrens sind Vorführung aufgrund Haftbefehls und richterliche Vernehmung durchzuführen, gleichgültig ob das Hauptverfahren schon eröffnet wurde oder ein Urteil ergangen ist, auch dann wenn der Inhaftierte schon früher vernommen wurde. Auch nach jeder Festnahme ist die Vorführung/Vernehmung durchzuführen, also auch nach **Wiederinvollzugsetzung** eines Haftbefehls gemäß § 116 StPO. Dies ergibt sich auch aus Art. 5 II EMRK.[255] Die Verteidigung hat ein Anwesenheitsrecht, § 168 c I StPO.

129

Form. Es gelten die §§ 168, 168 a StPO. Die gemäß Art. 5 II EMRK hinzuzuziehenden Dolmetscher sind nach § 189 GVG zu vereidigen.

Der vernehmende Richter hat den Festgenommenen die Gründe der Festnahme zu eröffnen und ihn in die Lage zu versetzen, ihre Rechtmäßigkeit selbst zu beurteilen.[256] Die konkreten die Haft begründenden Tatsachen, soweit sie sich nicht schon aus dem schriftlichen Haftbefehl ergeben (siehe § 114 a StPO) sind offen zu legen. Eine bestimmte Form ist nicht vorgeschrieben (vgl Art. 5 II EMRK). Der Festgenommene hat ein strafprozessuales Grundrecht auf Sprechen und Gehörtwerden.[257]

Der Richter hat eine substanzielle Vernehmung durchzuführen. Mit einem einfachen Vorhalt der Aussage oder der pauschalen Bezugnahme auf ein vorliegendes, meist polizeiliches Protokoll darf er sich nicht begnügen. Hat der Richter den Beschuldigten vollständig vernommen und hat dieser inhaltlich mit dem vorliegenden Protokoll gleichlautende Angaben gemacht, so darf auf dieses Protokoll Bezug genommen werden und die nochmalige wörtliche Aufnahme der Aussage kann unterbleiben. Ein richterliches Protokoll, das sich auf ein früheres nichtrichterliches Protokoll bezieht, ist nur unter folgenden Voraussetzungen wirksam:[258]

– Das Protokoll muss den wesentlichen Inhalt der Aussage enthalten.
– Der Beschuldigte muss eindeutig erklären, dass seine Angaben vor der Polizei Bestandteil seiner richterlichen Aussage sein sollen.
– Bezugnahmen auf ein durch den Haftrichter verlesenes und nicht nur vorgehaltenes Protokoll müssen sich eindeutig zuordnen lassen.

---

254 ZB EGMR EuGRZ 1980, 202 (Schiesser); EGMR EuGRZ 1985, 700 (De Jong); EGMR EuGRZ 1999, 320 (Nikolova); Kühne StV 2002, 392
255 LR-Gollwitzer MRK Art. 5 Rn 101; EGMR EuGRZ 1982, 101
256 EGMR EuGRZ 1979, 74 (Caprino)
257 BVerfGE 62, 249, 254; 83, 24, 38 (oben Rn 104); EGMR EuGRZ 1980, 202 (Schiesser); EuGRZ 1985, 700 (De Jong); EuGRZ 1999, 320 (Nikolova) = NJW 2000, 2883, 2884; OLG Hamm StV 1995, 200
258 BGH NStZ 1991, 500; Protokollmuster bei KMR-Wankel § 115 Rn 11

Es handelt sich somit um eine technische Erleichterung zur Vermeidung doppelter Schreibarbeit, nicht aber um Abkürzung der Vernehmung als solcher.[259] Soll ein Protokoll in das richterliche Protokoll mit aufgenommen werden, sollte der Richter dem Beschuldigten nicht nur den Text vorlesen, sondern ihm auch gleichzeitig eine Abschrift vorlegen.

Fehler. Ein nicht ordnungsgemäß errichtetes Protokoll darf nicht nach § 254 StPO verlesen werden, sein Inhalt kann also nicht im Urkundsbeweis in die Hauptverhandlung eingeführt werden.

Vernehmungsfrist nach Ergreifung aufgrund Haftbefehls, § 115 II StPO

130　Der Richter hat den Beschuldigten unverzüglich, spätestens am Tag nach der Vorführung zu vernehmen. Auf die Einhaltung dieser Frist kann der Beschuldigte nicht verzichten. Ist der Beschuldigte nicht vernehmungsfähig, so ruht die Frist. Dauert die Vernehmungsunfähigkeit länger als drei Tage an, so ist dem Beschuldigten aus der Fürsorgepflicht des Gerichtes iVm Art. 104 GG ein Pflichtverteidiger zu bestellen, § 140 II StPO.[260] Hat die Vernehmung noch innerhalb der Frist begonnen, so kann sie auch über den Ablauf hinaus fortgesetzt werden, wenn dies erforderlich ist, um eine substanzielle Haftentscheidung zu treffen.

Zur Überschreitung der Frist s Stichwort Vorführfrist Rn 134 und sogleich Rn 131. Vorführfrist und Vernehmungsfrist sind hier gleich zu behandeln.

Vernehmungsfrist nach vorläufiger Festnahme, § 128 StPO

131　Die **Vernehmung** erfolgt nach § 115 III StPO. Eine **Vernehmungsfrist** enthält § 128 StPO nicht, auch fehlt eine Verweisung auf § 115 II StPO. Aus § 128 I 1 StPO und der in § 128 I 2 StPO anschließend danach genannten Vernehmung ergibt sich, dass mit einer substanziellen Vernehmung noch innerhalb der Vorführungsfrist begonnen werden muss.[261] In § 129 HS 2 StPO ist dies für den Fall der Verhaftung nach Anklage ausdrücklich geregelt. Kann die Vernehmung nicht bis zum Ablauf der Frist abgeschlossen werden, und ist eine Sachentscheidung nicht möglich, darf die Vernehmung (mit Einverständnis) des Beschuldigten unterbrochen und am

---

259 BGHSt 6, 279, 281: »Die Niederschrift über die Vernehmung des Beschuldigten durch den Ermittlungsrichter darf nicht nur eine Verweisung auf eine Niederschrift über eine vorausgegangene polizeiliche Vernehmung enthalten. Vielmehr ist der wesentliche Inhalt der Angaben des Beschuldigten in das richterliche Verhörsprotokoll oder in Kurzschrift in eine dazugegebene Anlage aufzunehmen. Andernfalls darf die richterliche Vernehmungsniederschrift und in Verbindung mit ihr das polizeiliche Protokoll nicht zur Beweisaufnahme über ein Geständnis des Angeklagten oder zur Beseitigung von Widersprüchen verlesen werden. ... S 281: Ein polizeiliches Vernehmungsprotokoll kann aber nur dann aufgrund des § 254 als Bestandteil einer richterlichen Niederschrift verlesen werden, wenn dem Angeklagten der Inhalt des polizeilichen Protokolls vorgelesen worden war und er diese Angaben auch in der ihnen vom Polizeibeamten gegebenen Fassung als Bestandteil seiner Erklärungen vor dem Richter betrachtet wissen will, ferner wenn all das zweifelsfrei aus dem richterlichen Protokoll hervorgeht.«
260 LR-Hilger § 115 Rn 13
261 BGHSt 38,251, 259; Meyer-Goßner § 128 Rn 7, 13; KK-Boujong § 128 Rn 6, 7; LR-Hilger § 128 Rn 11

nächsten Tag fortgesetzt werden.[262] Die äußerste Grenze ist dann die Vernehmungsfrist des § 115 II StPO analog, also der Ablauf des auf die Vorführung folgenden Tages. Ließe man eine solche Unterbrechung nicht zu, so wäre der Ermittlungsrichter gezwungen, aufgrund unvollständiger Tatsachengrundlage zu entscheiden. Ist die Schwelle des dringenden Tatverdachts in diesen Fällen erreicht, wird der Richter Haftbefehl erlassen und die Vernehmung am nächsten Tag fortsetzen. Dies bedeutet aber eine deutliche Verschlechterung der Verteidigungsposition, da die Haftsituation verfestigt wird.[263]

Ist der Beschuldigte erkrankt und ist die Vernehmung am Krankenbett nicht möglich, muss er »symbolisch vorgeführt« werden (vgl RiStBV Nr. 51).

Übersicht über den Ablauf des Verfahrens Rn 2.

Verschlechterungsverbot

s reformatio in peius Rn 105   **132**

Verwertungsverbot

wegen sachfremden Einsatzes der U-Haft: Aus nur objektiv rechtswidriger U-Haft   **133**
ergibt sich noch kein Verwertungsverbot der während der Haft erlangten Aussage, es muss vielmehr die Haftentscheidung auch subjektiv im Bewusstsein der Rechtswidrigkeit getroffen worden sein, um die Unverwertbarkeit eines Geständnisses zu begründen.[264]

Vollzugsaussetzung, § 116 StPO

Bereits mit Erlass des Haftbefehls kann dessen Vollzug ausgesetzt werden. Die   **134**
Aussetzung auf bestimmte Zeit ist nicht zulässig, da nicht nur befristet dem Haftgrund durch Anweisungen entgegengewirkt werden soll. In extrem gelagerten Ausnahmefällen kann bei besonderen Sicherungsmaßnahmen die kurzfristige Aussetzung in Betracht kommen.[265] Ausgang in Begleitung und unter Aufsicht unterfällt nicht § 116 StPO, sondern ist nach § 119 StPO vom Haftrichter bzw Vorsitzenden nach § 126 II 2 StPO zu genehmigende Ausführung. Ist die Außervollzugsetzung von vorab zu leistenden Auflagen abhängig, so erfolgt die Haftentlassung erst nach Erfüllung der Auflage, zB nach Sicherheitsleistung. Auch der außer Vollzug gesetzte Haftbefehl muss aufgehoben werden, wenn er nicht mehr verhältnismäßig ist[266].

Soweit der Haftgrund der Fluchtgefahr gegeben ist, handelt es sich um eine Mussvorschrift, im Übrigen besteht Ermessen. Ein Antrag oder die Einwilligung des

---

262 KMR-Wankel § 128 Rn 4; ähnlich Schlothauer/Weider Rn 278; wohl auch Schaefer NJW 2000, 1996; weitergehend OLG Frankfurt NJW 2000, 2037 m abl Anm Gubitz NStZ 2001, 253, das es für zulässig hält, in Ausnahmefällen erst am übernächsten Tag mit der Vernehmung zu beginnen; aA die hM Meyer-Goßner § 128 Rn 13, 13; KK-Boujong § 128 Rn 6, 7; Paeffgen NStZ 2001, 80
263 Schlothauer/Weider Rn 277
264 BGHSt 34, 362
265 Weitergehend LR-Hilger § 116 Rn 9; LG Verden StV 1997, 387; aA Meyer-Goßner § 116 Rn 2
266 BVerfG NJW 1980, 1448; OLg Köln StV 2005, 396; Meyer-Goßner § 120 Rn 5

Verhafteten ist nicht Voraussetzung der Entscheidung, jedoch kann sie häufig (Auflagen) ohne Einverständnis nicht erfolgen.

Bei den Haftbefehlen nach §§ 112, 112 a, 127 b, 230 II, 329 IV, 410 S 1 StPO ist Außervollzugsetzung zulässig, auch bei § 112 III StPO. Bestehen mehrere Haftbefehle, so können sie einzeln außer Vollzug gesetzt werden. Der Inhaftierte darf erst entlassen werden, wenn alle Haftbefehle außer Vollzug gesetzt worden sind.

Die **Vollzugsaussetzung ohne Beschränkungen** ist unzulässig, da in diesem Fall der Haftbefehl gar nicht hätte erlassen werden dürfen, bzw nun aufgehoben werden müsste. Die Beschränkungen müssen als Ersatzmittel geeignet, durch den gegebenen Haftgrund bedingt sein[267] und dürfen keinen Sühnecharakter haben. In uneinschränkbare Grundrechte darf nicht eingegriffen werden.

Der Haftrichter ist im Übrigen aber in der Wahl der Beschränkungen frei und hat ein **Auflagen- und Weisungserfindungsrecht**, denn der Vollzug der U-Haft ist immer die weitergehende Grundrechtseinschränkung. Daraus folgt auch die Zulässigkeit der Begleitmaßnahmen, die typischerweise mit dem Haupteingriff zwingend verbunden sind[268] oder die nur geringfügig in den Rechtskreis des Betroffenen eingreifen.[269]

Beispiele: Abgabe Personalausweis/Reisepass, auch von Ausländern; Abgabe des Führerscheins; Aufenthaltsbeschränkung auf eine bestimmte Stadt/Gemeinde; elektronische Fernüberwachung;[270] Bankkontensperre; Betretungsverbot bzgl Lokal/Bezirk; Kontaktverbot zu bestimmten Personen, nicht nur Beweispersonen; Berufsausübungsverbot für bestimmte Firmen/Lokale, nicht aber ein allgemeines Berufsausübungsverbot. Die Pflichten müssen immer hinreichend klar und bestimmt sein. Die Auflage, den »Weisungen der Ausländerbehörde nachzukommen«[271] verstößt nicht nur gegen das Bestimmtheitserfordernis, sondern ist auch wegen der darin liegenden unzulässigen Delegation von Gerichtsbefugnissen auf Dritte unzulässig. Nur die Überwachung festgelegter Pflichten darf durch Dritte (zB Polizei, Ausländerbehörde) erfolgen. Darüber hinaus ist die häufig fragwürdige Überwachungsmöglichkeit von Auflagen und Weisungen zu beachten, denn eine Auflage, deren Einhaltung zweifelhaft ist und die nicht kontrolliert werden kann, sollte nicht angeordnet werden. Die Kombination von verschiedenen Beschränkungen ist zulässig. Die **Wiederinvollzugsetzung** ist an enge Voraussetzungen nach § 116 IV StPO gebunden. Allein die Verhängung einer hohen Freiheitsstrafe ist keine neue Tatsache iSv § 116 IV Nr. 3 StPO.[272]

Siehe auch Stichwort Sicherheitsleistung Rn 108.

Vorführfrist

135   Die Vorführfrist ist bei der Festnahme aufgrund bestehenden Haftbefehls in § 115 StPO und nach vorläufiger Festnahme in § 128 StPO geregelt. Dabei ist die Vorführfrist von der Vernehmungsfrist (siehe dort Rn 130) zu unterscheiden.

---

267 Meyer-Goßner § 116 Rn 5; OLG Celle StV 1988, 207
268 SK-StPO-Rudolphi vor § 94 Rn 35 f
269 BGH ERi StV 1997, 400 f zu § 100 c; LG Offenburg StV 2000, 32 m abl Anm Wohlers zur Sicherstellung der Personalpapiere
270 LR-Hilger § 116 Rn 23
271 OLG Frankfurt StV 1995, 476
272 OLG Hamm StV 2003, 512; OLG Frankfurt/M StV 2004, 493

Unverzüglich ist der Festgenommene vorzuführen, spätestens mit Ablauf des Tages nach der Festnahme, äußerstenfalls also nach 48 Stunden (Art. 104 III 1 GG). Der Begriff der Unverzüglichkeit ist bei § 128 I StPO weiter auszulegen als in § 115 I StPO, denn die Ermittlungsbehörden dürfen in dieser Verfahrensart den Beschuldigten vernehmen und Ermittlungen zur prozessualen Tat und den Haftvoraussetzungen tätigen.[273] Die Dauer einer Freiheitsentziehung ohne richterliche Entscheidung ist in die Vorführungsfrist einzurechnen.[274]

Folge einer Fristüberschreitung. Die rechtswidrige Freiheitsentziehung kann unter dem Gesichtspunkt des § 136 a StPO zu einem Verwertungsverbot für alle während ihrer Dauer gemachten Äußerungen führen, wenn durch den Einsatz des verbotenen Mittels die Freiheit der Willensentschließung und Betätigung vom Ermittlungsorgan willentlich beeinträchtigt wurde.[275] Allein durch eine geringfügige Fristüberschreitung wird die Freiheitsentziehung noch nicht rechtswidrig und es wird an der gewollt rechtswidrigen Willensbeeinflussung fehlen. Der Verstoß gegen die Vorführungsfrist kann also nur dann zu einem Beweisverwertungsverbot im Ermittlungs- und späteren Hauptverfahren führen, wenn der Beschuldigte vorsätzlich/arglistig nicht rechtzeitig dem zuständigen Richter vorgeführt worden ist. Fahrlässigkeit, zB bei Verkennung der Tatsachensituation oder der Rechtslage, kann ein Verwertungsverbot nicht begründen. Formfehler im Ermittlungsverfahren führen nur dann zu einem Beweisverwertungsverbot, wenn grundlegende strafprozessuale Rechte des Beschuldigten verletzt worden sind, denn Verwertungsverbote sind im System der StPO die Ausnahme, da sie den staatlichen Strafanspruch schmälern oder vereiteln.[276] Die Unverwertbarkeit der Aussage hat aber keinen unmittelbaren Einfluss auf die Haftentscheidungen.[277]

Zum Problem der Ermittlungen während laufender Frist s Stichwort Vorführfrist und Ermittlungen Rn 135.

Vorführfrist und Ermittlungen, §§ 115, 128 StPO

Die Frage, ob die Ermittlungsbehörden befugt sind, die Vorführung bis an die zulässige Grenze hinauszuschieben, um noch Ermittlungen zu tätigen und den dringenden Tatverdacht zu erhärten, ist je nach Festnahmegrund verschieden zu beantworten: **136**

a) Wurde der Beschuldigte aufgrund bereits **erlassenen Haftbefehls** (Dezernatshaftbefehl) festgenommen, ist er nach dem eindeutigen Wortlaut des § 115 I StPO unverzüglich vorzuführen. Die Ermittlungsbehörden haben hier keinen Spielraum für weitere Beweiserhebungen. Die Vernehmung des Beschuldigten durch die Poli-   **137**

---

273 BGH NStZ 1990, 195; unten Rn 135
274 BGHSt 34, 365 = StV 1987, 329 LS: »Die Dauer einer anderweitigen Freiheitsentziehung ohne richterliche Entscheidung ist nach Art. 104 II GG in die Vorführungsfrist (hier § 128 I StPO) einzurechnen.«
275 BGHSt 34, 365, 369: »Eine rechtswidrige Freiheitsentziehung kann zu einem Verwertungsverbot für alle während ihrer Dauer gemachten Äußerungen führen. Als Grundlage eines solchen Verbotes kommt hier nur § 136 a in Betracht.«; s auch BGH StV 1996, 75 unten Fn 248
276 BGHSt 40, 211 = StV 1994, 521; Schlothauer StraFo 1998, 402
277 HM Meyer-Goßner § 115 Rn 5; KMR-Wankel § 115 Rn 17; aA Schlothauer/Weider Rn 272, der aus der Fristüberschreitung die Rechtswidrigkeit der Haft mit der zwingenden Folge der Freilassung des Beschuldigten folgert

zei vor Vorführung dagegen ist zulässig,[278] denn insoweit handelt es sich nicht um Beweiserhebung im eigentlichen Sinn. § 115 II StPO richtet sich an den Richter und bestimmt die äußerste Grenze für die Haftentscheidung, gibt den Ermittlungsbehörden aber keinen Entscheidungsspielraum.[279] Der Beschuldigte kann auf die Einhaltung der Frist nicht verzichten.

138   **b)** Anders ist die Situation nach **vorläufiger Festnahme** (§§ 127, 128 StPO). Der Beschuldigte wurde in diesen Fällen aufgrund § 127 StPO festgenommen, die Beweissituation ist häufig noch ungeklärt und die Tatsachen für dringenden Tatverdacht und Haftgründe müssen noch gesammelt werden.[280] Hier haben die Ermittlungsbehörden einen weit reichenden Ermessensspielraum und können durch den – noch nicht mit der Sache befassten Ermittlungsrichter – nicht gezwungen werden, den Beschuldigten vorzuführen.[281] Nur bewusste Umgehung oder Missachtung der Frist macht die Festnahme zur rechtswidrigen Freiheitsentziehung.

Vorführung vor den Richter

139   s Stichwort Nächster Richter Rn 101

Vorführtermin

140   Übersicht Vorführtermin gemäß § 115 StPO s Stichwort Ablauf Rn 4.

Nach vorläufiger Festnahme gemäß § 127 StPO findet die Vorführungsverhandlung nach §§ 128, 129 iVm 115 StPO statt. Wurde der Beschuldigte aufgrund Haftbefehls festgenommen, wird unmittelbar nach § 115 StPO verfahren. s auch Stichwort Vernehmung Rn 129 und zur Frage der Überhaft dort Rn 117.

Weitere Beschwerde, § 310 StPO

1.   Verfahren

141   Die weitere Beschwerde – idR zum OLG – ist statthaft gegen Haft und einstweilige Unterbringung (§§ 126 a StPO, 71 I JGG). Die weitere Beschwerde gegen Haftentscheidungen des Landgerichts in erster Instanz ist nicht statthaft, § 310 I StPO. Für das Verfahren gelten die allgemeinen Vorschriften der einfachen Beschwerde.[282]

Die **Beschwerdebefugnis des Beschuldigten** ist grds gegeben. Auch wenn der Haftbefehl außer Vollzug gesetzt ist, kann er mit der weiteren Beschwerde angegriffen werden. Denn der erweiterte Rechtsmittelzug gilt immer dann, wenn es nicht nur um die Ausgestaltung der Haftverschonung, sondern um den Bestand des Haftbefehls als solchen geht.[283] Auch der noch nicht vollzogene Haftbefehl enthält

---

278 BGH StV 1995, 283: »Eine polizeiliche Vernehmung eines aufgrund eines Haftbefehls festgenommenen Beschuldigten darf nicht durchgeführt werden, wenn dadurch die Frist zur Vorführung nach §§ 115, 115 a StPO nicht eingehalten werden kann.«
279 BGH StV 1992, 356; Meyer-Goßner § 128 Rn 6
280 BGH StV 1992, 356
281 AA Deckers NJW 1991, 1155: für eine Einschränkung der Ermittlungsbefugnisse der Behörden
282 KMR-Plöd § 310 Rn 10
283 S auch KMR-Plöd § 310 Rn 4 f

durch seine Existenz bereits eine erhebliche Beeinträchtigung für den Beschuldigten (»Damoklesschwert«).[284] Dies gilt zusätzlich dann, wenn während Strafvollzuges für den angegriffenen Haftbefehl Überhaft notiert ist; auch in diesem Fall liegt
die Beeinträchtigung nicht nur in der Versagung der Vollzugslockerungen, sondern
auch darin, dass bei Versagung der weiteren Beschwerde der Beschuldigte nach Ende der Strafhaft den Rechtsweg neu beschreiten müsste.[285] Einzelne Anordnungen
im Haftverschonungsbeschluss können nicht angegriffen werden.[286]

2. Verteidiger

Bei der Einlegung der weiteren Beschwerde muss der Verteidiger abwägen, ob die   **142**
Chancen für eine positive Entscheidung so groß sind, dass es sich lohnt, auch das
Risiko einer ungünstigen Entscheidung in Kauf zu nehmen. Nähere Ausführungen
und Konkretisierungen des dringenden Tatverdachts in der Entscheidung des Beschwerdegerichts können ein nicht zu unterschätzendes Präjudiz für das spätere
Verfahren bilden und damit die Verhandlungsposition des Verteidigers vor Anklage
oder Hauptverhandlung schwächen. Auch die »Verhandlungsmasse« mit Blick auf
§§ 154, 154 a StPO kann durch eine Entscheidung des OLG dezimiert werden. Die
StA und das Tatsachengericht werden nach einer Bejahung des dringenden Tatverdachts durch den Strafsenat den hinreichenden Tatverdacht iS von Anklage und Eröffnungsbeschluss nur noch bei deutlicher Veränderung der Beweislage nicht mehr
als gegeben ansehen.

Zuständigkeiten für den Erlass von Haftentscheidungen im Verlauf des Strafverfahrens

143

Zuständig-keit	Ermittt-lungsver-fahren	Zwischen-verfahren	Hauptverfahren	Hauptver-handlung	Berufung	Revision	Rechts-kraft
AG ErmRi 114, 126a,	125 I, 126 I						
AG 127b II	127b III						
Jugend-gericht	71 II JGG						453c StPO, 58 I 1 JGG
Haupt-sache-gericht	114, 126a, 125 II					125 II S 1 Hs 2	453c
				230 II, 236, 412	329 IV 1		
OLG	169 I S 1 ErmRi					126 II S2	
BGH	169 I S 1 ErmRi					126 II S2	
StA							457

Siehe auch Besetzung des Gerichts bei Haftentscheidungen Rn 24.

---

284 BVerfG NJW 1980, 1448; NStZ 2001, 210
285 OLG Köln StV 1994, 321
286 OLG Hamburg StV 1994, 323; Meyer-Goßner § 310 Rn 7 mwN

Wankel

Zweck der Untersuchungshaft

144   nach § 112 StPO und der Haft nach §§ 127 b, 230 II, 236, 329 IV 1, 412 S 1 StPO ist allein, die Durchführung eines geordneten Strafverfahrens zu gewährleisten und die spätere Strafvollstreckung sicherzustellen. Dies beinhaltet auch die Sicherung der Aufklärung, wie sich aus dem Haftgrund der Verdunkelungsgefahr nach § 112 II Nr. 3 StPO ergibt. Selbstverständlich ist U-Haft keine Sanktion.[287] Unzulässig ist es, die U-Haft gezielt als Ermittlungsmaßnahme einzusetzen, etwa indem ein Mithäftling in die Zelle eingeschleust wird, um den Beschuldigten auszuhorchen.[288] Auch die Anordnung der Untersuchungshaft, um den Beschuldigten zu einer Aussage oder zu einem Geständnis zu bewegen, ist verboten; eine dennoch abgegebene Erklärung wäre unverwertbar. Den Fall der vorbeugenden Haft regeln die §§ 112 a, 126 a StPO.

---

287 OLG Oldenburg StV 2005, 394
288 BGHSt 34, 362: »Was ein Beschuldigter einem Mitgefangenen erzählt hat, der auf Veranlassung der Polizei auf seine Zelle gelegt wurde, um ihn über das Tatgeschehen auszuhorchen, darf nicht verwertet werden.« Differenzierend BGH StV 1996, 75 (m Anm Fezer). Grundlegend zur Verwertung heimlich erlangter Erkenntnisse BGHSt (GS) 42, 139 ff (Zweithörer); zu verdeckten Ermittlungen in Haftanstalten Schneider NStZ 2001, 8 ff

Kapitel 2
Der Sachverständige im Strafprozess

Überblick

I.   Einführung

1   Angesichts der Vielschichtigkeit der von den Strafgerichten zu entscheidenden Fragen ist der Einfluss der Sachverständigen auf gerichtliche Entscheidungen immer größer geworden. Ein erstinstanzliches Verfahren vor dem Landgericht, insbesondere vor einer Schwurgerichtskammer oder einer Wirtschaftsstrafkammer, ohne einen oder mehrere Sachverständige ist kaum mehr vorstellbar. Welche Bedeutung dem Sachverständigen im Strafverfahren zukommt, zeigt sich unter anderem darin, dass seine Stellung umschrieben wird mit Begriffen wie »Gehilfe des Richters«,[1] »selbstständiger Helfer bei der Wahrheitsfindung«,[2] »Berater des Gerichts«,[3] »eigentlicher Herr der Szene«[4] und sogar »Richter in Weiß«[5] und – doch sehr überspitzt und einseitig – als »Hilfsbeamter der Staatsanwaltschaft«.[6] Seinen Bekundungen wird »existentielle Bedeutung« für den betroffenen Angeklagten zugeschrieben,[7] behauptet wird »ein starker Zusammenhang zwischen der Person des Sachverständigen und der Beurteilung der Steuerungsfähigkeit des Angeklagten«,[8] des weiteren eine »schleichende Entmachtung des Richters durch den Sachverständigen«.[9]

Mit dem wachsenden Einfluss des Sachverständigen auf die gerichtlichen Entscheidungen hat vor allem dessen Auswahl enorm an Bedeutung gewonnen.[10] Um den richtigen Sachverständigen entbrennt in den Strafverfahren häufig ein »Macht-

---

1 BGHSt 3, 28; 7, 238, 239; 8, 113, 118; 9, 293; 12, 311, 314; 34, 29, 31; 39, 291, 297; Bochnik/Gärtner/Richtberg MedR 1987, 73; Zwiehoff, Das Recht auf den Sachverständigen 1999 S 16–33; Detter FS für Lutz Meyer-Goßner [2001], 431 ff
2 Schreiber FS für Wassermann [1985], 1007, 1008
3 Nedopil Der medizinische Sachverständige – Richter in weiß? 1995 = Band 2 Recht der Medizin
4 Crefeld R & P 1994, 102, 108
5 Böttger/Kury/Mertens/Pelster MSchrKrim 1991, 369; vgl auch zur Veränderung der Stellung des Sachverständigen Dölp ZRP 2004, 235 ff
6 Bendler in Schriftenreihe der Strafverteidigervereinigungen »21. Strafverteidigertag: Reform oder Roll-Back« S 299
7 Crefeld RuP 1994,102
8 Rode/Legnaro Psychiatrische Sachverständige in Strafverfahren 1994 S 2
9 Sarstedt/Hamm Rdn 782 aE; zur Fragwürdigkeit von Gutachten vgl auch Thielmann StraFo 2004, 5 ff
10 Vgl dazu Detter NStZ 1998, 57 ff

Detter

kampf«[11] Die Kenntnis der Einflussmöglichkeiten der **Verteidigung** auf die Auswahl des Sachverständigen,[12] aber auch die Kenntnis von dessen Stellung und Aufgaben sollte deshalb ein wesentlicher Teil des Handwerkszeuges des Straf**verteidigers** sein, um sich zum Wohl des Mandanten kritisch mit der Person und dem Gutachten eines Sachverständigen auseinandersetzen zu können.

II. Die Person des Sachverständigen

1. Abgrenzung

a) Sachverständige sind Personen, die auf Grund ihrer besonderen Sachkenntnis über Tatsachen, Wahrnehmungen oder Erfahrungssätze Auskunft geben oder einen bestimmten Sachverhalt beurteilen können.[13] Sie sind Spezialisten auf bestimmten Sachgebieten und besitzen bezüglich einzelner Beweistatsachen eine besondere Sachkunde, die der Richter nicht besitzt. Um wissenschaftliche Fachkenntnisse braucht es sich dabei nicht zu handeln. **2**

b) Der **Zeuge** ist eine Auskunftsperson, die über gemachte Wahrnehmungen (Tatsachen) aussagt.[14] **3**

c) Der **sachverständige Zeuge** ist Zeuge, der über Tatsachen oder Zustände aussagen kann, zu deren Wahrnehmung eine besondere Sachkunde erforderlich ist, er ist kein Sachverständiger (§ 85 StPO). **Beispiel:** Ein Arzt, der zufällig zum Tatort kommt, Erste Hilfe leistet und deshalb über die Art der Verletzungen Angaben machen kann. **4**

d) Der Dolmetscher (§ 185 GVG)[15]

Die wesentliche Aufgabe des Dolmetschers[16] besteht darin, den Prozessverkehr zwischen dem Gericht und anderen am Prozess beteiligten Personen dadurch zu ermöglichen, dass er die zum Prozess abgegebenen mündlichen Erklärungen durch Übertragung in eine andere Sprache der anderen Seite verständlich macht.[17] Um die Erfüllung dieser Aufgabe geht es nicht, wenn der Sinn einer außerhalb des Prozessverkehrs abgegebenen fremdsprachigen Äußerung ermittelt werden soll. Geht dem Gericht die eigene Sachkunde ab, um den Sinn einer solchen fremdsprachigen Äußerung zu verstehen, und zieht es deshalb einen Sprachkundigen zu seiner Unterstützung hinzu, so wird dieser wie jeder andere, der dem Gericht die fehlende Sachkunde auf irgendeinem Gebiete vermittelt, als Sachverständiger tätig. Die Prozessrolle, die ein Sprachkundiger in der Hauptverhandlung erfüllt, wird also nicht durch die Tatsache bestimmt, dass er Sprachkundiger ist, sondern nur durch die Aufgabe, die er im Prozess zu erfüllen hat. Besteht sie darin, den Prozessverkehr **5**

---

11 Wächtler StV 2003, 184 ff
12 Krekeler StraFo 1996, 5 ff
13 Alsberg/Nüse/Meyer 207; Geppert Jura 1993, 249 ff
14 Meyer-Goßner vor § 48 Rn 1; Eisenberg Beweisrecht Rn 1510
15 Einem Antrag auf Überprüfung der Sprachkenntnisse des zugezogenen Dolmetschers ist – falls begründete Zweifel bestehen – im Wege des Freibeweises nachzukommen
16 zur notwendigen Anwesenheit eines Dolmetscher: BGH NStZ 2002, 275; zu den Dolmetscherkosten: BVerfG NStZ 2004, 274
17 Ob der Angeklagte genügend Kenntnisse der deutschen Sprache hat, entscheidet der Tatrichter nach pflichtgemäßem Ermessen. Wird gerügt, dass kein Dolmetscher zugezogen wurde, prüft das Revisionsgericht, ob die Grenzen des Ermessens eingehalten wurden

zwischen Gericht und anderen Prozessbeteiligten zu vermitteln, ist er Dolmetscher, und die §§ 185 ff GVG sind anzuwenden. Gibt er selbst Prozesserklärungen ab, indem er dem Gericht die erforderliche Sachkunde zum Verständnis von Erklärungen vermittelt, die außerhalb des Prozesses gefallen sind, ist er Sachverständiger, und es sind die §§ 72 ff StPO anzuwenden.[18] Folgerichtig ist die Übersetzung von fremdsprachigen **Urkunden** Sachverständigenaufgabe.[19]

> **Hinweis:**
>
> Die Übersetzung von fremdsprachigen Urkunden in die deutsche Sprache erfolgt nicht durch den Dolmetscher. Aufgabe des Dolmetschers ist es, die Verständigung der Verfahrensbeteiligten zu ermöglichen. Es ist nicht seine Aufgabe, den Sinn einer nicht im Verfahren, sondern außerhalb des Prozesses abgegebenen fremdsprachigen Äußerung zu ermitteln. Dies ist Aufgabe eines Sachverständigen.

e)   Der Augenscheinsgehilfe[20]

6   Augenscheinsgehilfen sind Personen, die im Auftrag des Gerichts und anlässlich des Strafverfahrens bestimmte Wahrnehmungen machen und Feststellungen treffen, deren Vornahme jedoch keine Sachkunde erfordert.[21] Prozessuale Bedeutung können sie aber nur erlangen, wenn sie als Zeugen vernommen werden.[22]

2.   Wer kann Sachverständiger werden?

7   Der Begriff »Sachverständiger« ist gesetzlich nicht geschützt ist. Es gibt keine gesetzliche Definition des Sachverständigen.[23] Nur wenige gesetzliche Vorschriften, wie § 36 GewO oder das bayerische Gesetz über öffentlich bestellte und beeidigte Sachverständige vom 11. 10. 1950,[24] befassen sich überhaupt mit den Anforderungen an Sachverständige. Theoretisch kann zB jeder Arzt/Zahnarzt zum Sachverständigen bestellt werden. In der Praxis wird häufig auf Hochschullehrer oder von ärztlichen Verbänden benannte Mediziner zurück gegriffen. Die Kenntnisse des bestellten Sachverständigen sollten – beruhend auf einer langjährigen Betätigung auf einem speziellen Gebiet[25] – über die Kenntnisse seiner Gruppe im Allgemeinen hinausgehen. Der von einer privaten Organisation anerkannte Sachverständige begegnet grundsätzlich ebenso wenig Bedenken wie der Sachverständige kraft Selbstbezeichnung, der sog selbsternannte Sachverständige.[26] Allerdings darf die Bezeichnung nicht in einer gegen das UWG verstoßenden Weise unlauter verwendet werden. Die freie Berufsausübung wird durch ein solches Verbot nicht in verfassungsrechtlich unzulässiger Weise beschränkt.

Nur natürliche Personen können zu Sachverständigen bestellt werden. Es können aber Behördengutachten eingeholt werden (§§ 83 III, 91 I, 92 I 2, 256 II StPO).

---

18 BGHSt 1, 4 ff
19 BGH NStZ 1998, 158
20 Ausführlich Girnth MittdtschPatAnw 2000, 46 ff
21 Meyer-Goßner § 86 Rn 4; Eisenberg Beweisrecht Rn 1516, 2262 ff
22 BGHSt 33, 221 f; vgl auch Danckert NStZ 1985, 469
23 BGH NJW-RR 1997, 1193 ff
24 BayRS 702 – 1 – W
25 Ratajczak in: Der medizinische Sachverständige – Richter in Weiß, 61 f, 64 f
26 BGH NJW-RR 1997, 1193 ff

III. Wann ist die Zuziehung eines Sachverständigen erforderlich?

1. Von Gesetzes wegen besteht eine Verpflichtung zur Zuziehung eines Sachverständigen bei der Einweisung in ein psychiatrisches Krankenhaus zur Beobachtung (§ 81 StPO), in Strafverfahren, in denen damit zu rechnen ist, dass die Unterbringung in einem psychiatrischen Krankenhaus, einer Entziehungsanstalt oder in der Sicherungsverwahrung angeordnet werden wird (§§ 80 a, 246 a StPO),[27] bei Leichenschau und Leichenöffnung (§ 87 ff StPO), bei Verdacht einer Vergiftung (§ 91 StPO) und bei Geld- oder Wertzeichenfälschung (§ 92 StPO). Die maßnahmespezifische Untersuchung nach § 246 a StPO kann nicht durch die in anderen Verfahren erworbenen und andere Angeklagte betreffende »eigene Sachkunde« des Gerichts ersetzt werden.[28]

8

2. Die Zuziehung eines Sachverständigen ist notwendig, wenn die eigene Sachkunde des Tatrichters zur Beurteilung anstehender Fragen nicht ausreicht.[29] Für die Berechnung einer BAK,[30] sei es bei Vorliegen einer Blutprobe oder nach Feststellung der Trinkmengen, dürfte zwischenzeitlich die Sachkunde eines erfahrenen Tatrichters ausreichen, da es in diesem Bereich eine gefestigte Rechtsprechung gibt (zB nach der so genannten Widmark-Formel: neben dem individuellen Körpergewicht ist ein stündlicher Abbau von 0,1 Promille, im Regelfall ein Reduktionsfaktor von 0,7 und ein Resorptionsdefizit von 10 % in Ansatz zu bringen).[31] Fraglich ist aber, ob die Beurteilung psychodiagnostische Kriterien[32] ohne die besondere Sachkunde eines Psychiaters oder Psychologen möglich ist.

9

3. Sonstige Fälle

a) Bei der Bewertung technischer, insbesondere kriminaltechnischer Befunde,[33] zB von Textil- und Faserspuren,[34] Straßenverkehrsvorgängen,[35] beim Vergleich von Handschriften (§ 93 StPO), bei rechtsmedizinischen Befunden, so zB bei der DNA-Analyse und der Bewertung ärztlichen Fehlverhaltens, ferner bei anthropologisch-morphologischen Identitätsgutachten (Vergleichsgutachten)[36] reicht die Sachkunde des Tatrichters grundsätzlich nicht aus.

10

b) Geht es um die **Beurteilung des »Geisteszustandes«** eines Angeklagten, wird es dem Richter meist an der erforderlichen Sachkunde mangeln; er muss, wenn dies von Seiten der Staatsanwaltschaft noch nicht geschehen ist, für die Hauptverhandlung einen Sachverständigen zuziehen.[37] Die Schuldfähigkeit in den Fällen, die vom Normalfall abweichen, zu beurteilen, übersteigt üblicherweise die Sachkunde des Tatrichters. Wenn somit Anzeichen für eine Beeinträchtigung der Schuldfähigkeit des Angeklagten – abgesehen von einer möglichen Alkoholbeeinträchtigung – gegeben sind, wird der Tatrichter auf Grund der ihm obliegenden Aufklärungspflicht gehalten sein, einen Sachverständigen zuzuziehen. Soweit Schuldunfähigkeit oder erheblich verminderte Schuldfähigkeit wegen einer Alkoholisierung in Betracht

11

---

27 BVerfG NJW 1995, 3047
28 BGH NStZ-RR 2004, 204
29 Eisenberg Beweisrecht Rn 1500 f, 1518 ff
30 BGHSt 25, 246 ff
31 BGHSt 34, 29; 36, 286; 37, 231; BGHR StGB § 20 BAK 2, 4, 10; § 21 BAK 7, 8, 12, 15, 17
32 BGHSt 43, 66 ff
33 Eisenberg Beweisrecht Rn 1895 ff; Steinke NStZ 1994, 16 ff
34 Adolf NStZ 1990, 66 ff; vgl zB BGH NStZ 1993, 395 f
35 Hörl ZfSch 2003, 269 ff
36 BGH NStZ 1991, 596 f; 1993, 47; vgl auch Knußmann NStZ 1991, 175 ff; zuletzt: BGH StV 2005, 374
37 Vgl ausführlich KK-Herdegen § 244 Rn 27 ff

kommt, wird bei der Beurteilung psychodiagnostischer Kriterien oft die Sachkunde auch eines erfahrenen Tatrichters nicht mehr ausreichen, zumal viele Fragen, wie die Beurteilung von Alkoholikern oder trinkgewohnten Person, sehr umstritten sind. Fast unumgänglich ist die Zuziehung eines Sachverständigen bei Vorliegen eines früheren Unfalls mit Gehirnbeteiligung,[38] des Weiteren, wenn es erst in fortgeschrittenem Alter zu einer Sexualstraftat kommt,[39] meist auch bei der Klärung der Auswirkungen einer Drogenabhängigkeit.[40]

12   c) Schwieriger ist die Frage der Notwendigkeit der Zuziehung eines Sachverständigen bei der **Beurteilung der Glaubwürdigkeit von Zeugen** zu beantworten, da es sich dabei um die »ureigenste Aufgabe« des Tatrichters handelt.[41] Die Würdigung von Zeugenaussagen ist nämlich grundsätzlich dem Tatrichter anvertraut; dies gilt regelmäßig auch für die Aussage eines kindlichen oder jugendlichen Zeugen, der Opfer eines an ihm begangenen Sittlichkeitsverbrechens ist. Geboten ist die Hinzuziehung eines Sachverständigen dann, wenn der Sachverhalt solche Besonderheiten aufweist, dass Zweifel daran aufkommen können, ob die Sachkunde des Gerichts zur Beurteilung der Glaubwürdigkeit unter den gegebenen besonderen Umständen ausreicht. Grundsätzlich ist davon auszugehen, dass es der Hinzuziehung eines Sachverständigen bedarf, wenn die Eigenart und besondere Gestaltung des Falles eine Sachkunde erfordern, die ein Richter (auch mit speziellen forensischen Erfahrungen) normalerweise nicht hat. Solche besonderen Umstände können psychische Auffälligkeiten in der Person der – auch erwachsenen – Belastungszeugin sein.[42] Auch dann, wenn besondere Umstände ein Glaubwürdigkeitsgutachten erfordern, ist es aber grundsätzlich dem Tatrichter überlassen, ob er einen Psychologen oder einen Psychiater zu Rate zieht.[43] Hält der Tatrichter zur Beurteilung der Glaubhaftigkeit der Angaben eines Zeugen die Zuziehung eines Sachverständigen für geboten, wird er sich der Hilfe eines Psychologen bedienen, wenn »normalpsychologische« Wahrnehmungs-, Gedächtnis- und Denkprozesse in Rede stehen. Das gilt auch für den Fall intellektueller Minderleistung eines Zeugen. Der besonderen Sachkunde eines Psychiaters bedarf es allenfalls dann, wenn die Zeugentüchtigkeit dadurch in Frage gestellt ist, dass der Zeuge an einer geistigen Erkrankung leidet oder sonst Hinweise darauf vorliegen, dass die Zeugentüchtigkeit durch aktuelle psychopathologische Ursachen beeinträchtigt sein kann[44] Doch wird die besondere Sachkunde eines Psychiaters benötigt, wenn ein Zeuge an einer »geistigen Erkrankung« leidet, die sich auf seine Aussagetüchtigkeit auswirken kann, denn die Beurteilung krankhafter Zustände setzt medizinische Kenntnisse voraus, die der Psychologe nicht besitzt. Schwachsinn stellt zunächst nur den Befund intellektueller Minderleistung dar. Er kann durchaus greifbare (hirn-)organische Ursachen haben und ist dann Symptom einer krankhaften seelischen Störung, die ihrerseits medizinisch darauf untersucht werden muss, ob sie die Aussagetüchtigkeit eines Zeugen behindert.[45]

---

38 BGH StV 1994, 634; wistra 1994, 29; BGHR StPO § 20 Sachverständiger 2, 3, 4; § 21 Sachverständiger 1, 2, 4, 10; StPO § 244 IV 1 Sachkunde 3

39 BGHR StGB § 21 Sachverständiger 5, 6; Sachmangel 1, 2; seelische Abartigkeit 25

40 Theune NStZ 1997, 57 ff; Glatzel Kriminalistik 1996, 799 ff

41 KK-Herdegen § 244 Rn 31; Fischer NStZ 1994, 1 ff; Fabian/Greuel/Stadler StV 1996, 347 ff; vgl auch Jansen Zeuge und Aussagepsychologie

42 BGH NStZ 1994, 503; Meyer-Goßner § 244 Rn 74; vgl auch BGH NJW 2005, 1519

43 Die Frage, ob zur Beurteilung der Schuldfähigkeit eines Angeklagten bei nicht krankhaften Zuständen ein Psychiater oder ein Psychologe hinzuzuziehen ist, ist dem pflichtgemäßen Ermessen des Tatrichters überlassen – BGHSt 34, 355

44 BGH NStZ 2002, 490

45 BGHR StPO § 244 IV 1 Glaubwürdigkeitsgutachten 4

Zur Beurteilung der Glaubwürdigkeit:

Es ist nicht Aufgabe des Sachverständigen, darüber zu befinden, ob die zu begutachtende Aussage wahr ist oder nicht. Glaubwürdigkeit und Wahrheitsgehalt abschließend für den Schuldspruch zu beurteilen, gehört vielmehr zum Wesen richterlicher Rechtsfindung und ist daher dem Tatrichter vorbehalten. Der Sachverständige soll dem Gericht nur die Sachkunde vermitteln, mit deren Hilfe es die Tatsachen feststellen kann, die für diese Beurteilung wesentlich sind.[46] In die Zuständigkeit des Tatrichters fällt es grundsätzlich, die Einhaltung der wissenschaftlichen Mindestanforderungen sicherzustellen. Detaillierte Kriterien für die methodischen Grundprinzipien der aussagepsychologischen Begutachtung und die Überprüfung der entsprechenden Glaubwürdigkeitsgutachten hat der 1. Strafsenat[47] des BGH aufgestellt. Dabei sind die Prüfungsschritte aufgezeigt, nach denen der wissenschaftlich ausgebildete psychologische Sachverständige *gedanklich* arbeitet. Für die Beteiligten muss überprüfbar sein, auf welchem Weg der Sachverständige zu den von ihm gefundenen Ergebnissen gelangt ist. Die aussagepsychologischen Gutachten müssen aber nicht einheitlich einer bestimmten Prüfstrategie folgen und einen einheitlichen Aufbau haben. Die einzelnen Elemente der Aussagebegutachtung müssen auch nicht nach einer bestimmten Reihenfolge geprüft werden. Es gilt weiterhin der Grundsatz, dass es in erster Linie dem Sachverständigen überlassen ist, in welcher Art und Weise er sein Gutachten dem Gericht unterbreitet. Der Gutachter sollte aber den zu überprüfenden Sachverhalt an Hand von anerkannten Realkennzeichen auf einen realen Erlebnishintergrund untersuchen. »Das erlangte Ergebnis ist durch die Bildung von Alternativhypothesen zu überprüfen. Mit dieser Hypothesenbildung soll überprüft werden, ob die im Einzelfall vorfindbare Aussagequalität durch sogenannte Parallelerlebnisse oder reine Erfindung erklärbar sein könnte. Die Nullhypothese sowie die in der Aussagebegutachtung im Wesentlichen verwendeten Elemente der Aussageanalyse (Qualität, Konstanz, Aussageverhalten), der Persönlichkeitsanalyse und der Fehlerquellen – bzw der Motivationsanalyse sind *gedankliche* Arbeitsschritte zur Beurteilung der Zuverlässigkeit einer Aussage. Sie sind nicht nur in einer Prüfungsstrategie anzuwenden und verlangen keinen vom Einzelfall losgelösten, schematischen Gutachtenaufbau.«

---

d) Ansonsten erfordern Taten, die affektbeladen sind[48] oder von der Tatausführung oder Täterpersönlichkeit her als auffällig, als aus dem Rahmen fallend, angesehen werden müssen, bei der **Beurteilung der Schuldfähigkeit** fast immer die Unterstützung des Tatrichters durch den fachlichen Rat eines psychiatrischen (oder bzw und psychologischen)[49] Sachverständigen.   **13**

4.   Sachverständiger als ungeeignetes Beweismittel[50]

Ein Beweisbegehren, das sich auf ein völlig ungeeignetes Beweismittel stützt, kann   **14**
nach § 244 III 2 StPO abgelehnt werden. Wie sich aber bereits aus der Bedeutung des in der genannten Vorschrift verwandten Begriffs »völlig ungeeignet« ergibt, muss es sich dabei um ein Beweismittel handeln, dessen Inanspruchnahme von vornherein gänzlich nutzlos wäre, so dass die Erhebung des Beweises sich in einer reinen Förmlichkeit erschöpfen müsste. Die völlige Ungeeignetheit muss sich aus dem Beweismittel im Zusammenhang mit der Beweisbehauptung selbst ergeben; das sonstige Ergebnis der Beweisaufnahme darf hierzu nicht herangezogen werden.[51] Wenn nicht von vornherein auszuschließen ist, dass ein qualifizierter Sachverständiger auf Grund der von der Verteidigung benannten Anknüpfungstatsachen

---

46 BGHSt 21, 62, 63
47 BGHSt 45, 164 ff; BGH NStZ 2001, 45 f
48 BGH NStZ 1997, 296 = StV 1997, 290
49 Zu diesem Problemkreis: LK-Jähnke § 20 Rn 91; Tröndle/Fischer § 20 Rn 62; Maisch/Schorsch StV 1983, 32 ff
50 Instruktive Beispiele bei Alsberg/Nüse/Meyer 606 f; für Glaubwürdigkeitsgutachten: Zwiehoff S 94 ff; vgl auch BGH StV 2005, 115; 2004, 465
51 vgl zB BGH NStZ 2004, 508

wenigstens in der Lage ist, weitere indizielle Anknüpfungstatsachen zu ermitteln und damit Entscheidungsrelevantes zur Beweisbehauptung der Verteidigung auszusagen ist der Sachverständige ein geeignetes Beweismittel,[52] das gilt auch dann, wenn er zwar keine sicheren und eindeutigen Schlüsse ziehen kann, seine Folgerungen aber die unter Beweis gestellte Behauptung als mehr oder weniger wahrscheinlich erscheinen lassen und das Gutachten Einfluss auf die Überzeugungsbildung des Gerichts haben kann.[53] Völlig ungeeignet ist ein Sachverständigenbeweis nur, wenn das Gericht ohne jede Rücksicht auf das bisherige Beweisergebnis sagen kann, dass sich mit einem solchen Beweismittel das im Beweisantrag gestellte Ergebnis nach sicherer Lebenserfahrung nicht erzielen lässt oder wenn es nicht möglich ist, dem Sachverständigen die tatsächlichen Grundlagen zu verschaffen, deren er für sein Gutachten bedarf. Es kommt auch nicht darauf an, ob ein Sachverständiger aus dem ihm zur Verfügung stehenden Tatsachenmaterial sichere und eindeutige Schlüsse ziehen kann.

15   Ein Sachverständiger ist ein völlig ungeeignetes Beweismittel, wenn er Untersuchungsmethoden anwendet, die unausgereift und nicht zuverlässig sind. Die polygraphische Untersuchung mittels des Kontrollfragen- und des Tatwissentests (Lügendetektor) ist ein völlig ungeeignetes Beweismittel iSd § 244 III 2 Alt 4 StPO. Der entsprechende Sachverständige ist ein ungeeignetes Beweismittel.[54] Die völlige Ungeeignetheit eines Sachverständigengutachtens kann sich auch aus fehlenden Anknüpfungstatsachen ergeben.[55]

> **Beachte:**
>
> Stützt sich der Tatrichter auf Grund der Bekundungen eines Sachverständigen auf eine noch wenig erprobte oder umstrittene wissenschaftliche Methode,[56] so muss das Revisionsgericht durch eine Darstellung des Streitgegenstandes in die Lage versetzt werden zu prüfen, ob die Abwägung der für und gegen diese Methode sprechenden Gesichtspunkte stattgefunden hat.[57]

Der psychiatrische Sachverständige ist jedoch nicht deswegen ein völlig ungeeignetes Beweismittel, weil er einen Zeugen, den er begutachten soll, nicht untersucht hat. In eigener Verantwortung hat er zu entscheiden, welche Unterlagen er für die Erstattung seines Gutachtens benötigt. Die Beurteilung einer Person und deren Verhalten durch einen Sachverständigen setzt nicht notwendig deren Exploration voraus.[58] Die fehlende Einwilligung eines Zeugen in eine Untersuchung führt deshalb nicht dazu, dass der Sachverständige ein völlig ungeeignetes Beweismittel ist.

16   Der Sachverständigenbeweis ist grundsätzlich ein ungeeignetes Beweismittel zur Beantwortung der Frage, ob die Verminderung des Hemmungsvermögens im Bereich von Alkoholdelikten **rechtlich erheblich** war. Dabei handelt es sich um eine allein vom Gericht zu entscheidende Frage, deren Beantwortung maßgeblich von den Ansprüchen abhängt, die die Rechtsordnung an das Verhalten des (auch) in diesem Grad Berauschten zu stellen hat. Diese Frage hat der Richter selbst zu beurteilen, wobei er allenfalls zur Beurteilung der Vorfrage nach den medizinisch-psychiatrischen Anknüpfungstatsachen sachverständiger Hilfe bedarf, sofern er die

---

52 BayObLG NStZ 2003, 616 f

53 BGH StV 1990, 7; BGHR StPO § 244 III 2 Ungeeignetheit 16

54 BGHSt 44, 308 ff

55 BGH NStZ 2003, 611

56 Zu fragwürdigen Untersuchungen: BVerfG NJW 2004, 3697

57 BGH NStZ 1994, 250 = StV 1994, 227, 228

58 BGHSt 44, 26 ff = BGH StV 1994, 358 = NStZ 1994, 400

Frage nicht schon auf Grund seines medizinischen Allgemeinwissens beurteilen kann.[59]

IV. Das Sachverständigengutachten

1. Gemäß § 72 StPO finden für den Sachverständigen die den Zeugen betreffenden Vorschriften entsprechend Anwendung. **17**

Eine Pflicht zur Erstattung eines Gutachtens ergibt sich aus § 75 StPO.[60] Der Bestellung als Gutachter müssen nur die in dieser Vorschrift genannten Personen Folge leisten. Grenze ist die Zumutbarkeit. **18**

Der Inhalt der Pflicht ergibt sich aus dem Auftrag. Die Gutachterpflicht umfasst die Vorbereitung durch Aktenstudium, Vornahme von Untersuchungen, das Erscheinen vor Gericht, erforderlichenfalls auch die Fertigung eines schriftlichen Vorgutachtens.

Die Folgen einer Gutachtensverweigerung, einer Fristversäumung oder des Nichterscheinens in der Hauptverhandlung sind in § 77 StPO geregelt. **19**

Das Sachverständigengutachten ist grundsätzlich mündlich in der Hauptverhandlung zu erstatten. Ausnahmen ergeben sich aus § 25 1 I und II und aus § 256 StPO. Nach § 256 I 1 b StPO (idF durch das 1. Justizmodernisierungsgesetz) sind nunmehr auch das Zeugnisse oder in Gutachten enthaltende Erklärungen eines für die Erstellung von Gutachten der betreffenden Art allgemein vereidigten Sachverständigen verlesbar.

> Institute für Gerichts(Rechts-)medizin der Universitäten stellen Behörden iSd § 256 StPO dar. Handelt es sich um ärztliche Befunde und ihre Begutachtung in dem Protokoll einer Leichenöffnung, so kommt unter Beachtung der Aufklärungspflicht eine Verlesung nach § 256 StPO in Betracht, wenn die beiden nach § 87 StPO erforderlichen Ärzte der Behörde angehören und es unterzeichnet haben. Zweck des § 256 StPO ist die Verfahrensbeschleunigung und Vermeidung unnötiger Kosten; die Verlesung soll in Fällen zulässig sein, bei denen ohne Nachteil für die Wahrheitsermittlung auf eine unmittelbare Vernehmung des Verfassers verzichtet werden kann

2. Öffentliche Behörden sind zB öffentliche Krankenhäuser, Gesundheitsämter, chemische Untersuchungsämter.[61] **20**

Wird ein Sachverständiger, der Angehöriger einer Behörde iSv § 256 StPO ist, vom Tatgericht persönlich beauftragt, erstattet er das Gutachten nicht im Namen der Behörde, der er angehört; es liegt deshalb auch kein »Behördengutachten« im Rahmen von § 256 StPO vor.[62]

Die Voraussetzungen der Verlesung behördlicher Zeugnisse oder Gutachten sind durch das 1. Justizmodernisierungsgesetz in § 256 StPO übersichtlicher gefasst und erweitert worden. Verlesbar sind nach dieser Vorschrift künftig auch das Zeugnisse oder ein Gutachten enthaltende Erklärungen der Sachverständigen, die für die Erstellung von Gutachten der betreffenden Art allgemein vereidigt sind. **21**

---

59 BGH StV 1999, 309, 310; NJW 2004, 3051
60 Vgl dazu Meyer-Goßner § 75 Rn 1, 2; Eisenberg Beweisrecht Rn 1566–1568
61 Meyer-Goßner § 256 Rn 2–5
62 BGH NStZ 1988, 283

Ob die Verteidigung grundsätzlich einen Anspruch auf Vorlage eines schriftlichen Gutachtens hat, ist fraglich. Für das Vorverfahren enthält § 82 StPO eine Sonderregelung. Um den Prozessbeteiligten eine sachgerechte Vorbereitung zu ermöglichen, sollte ein vorläufiges Gutachten bereits vor Beginn der Hauptverhandlung schriftlich vorliegen.[63] Das empfiehlt sich vor allem bei technischen Gutachten.

> **Beachte:** Auch eine – zulässige – Verlesung im Rahmen von § 256 StPO lässt aber die Verpflichtung des Tatgerichts unberührt, alles zur Erforschung der Wahrheit erforderliche zu tun (§ 244 II StPO). Diese Verpflichtung kann gebieten, trotz Vorliegens der Voraussetzungen von § 256 StPO den Sachverständigen persönlich zu hören. Das kommt insbesondere dann in Betracht, wenn der Sachverständige in seinem schriftlichen Gutachten Bekundungen des Angeklagten festgehalten hat, die ihm dieser bei Aufnahme der Anamnese gemacht hat, wenn der Beschuldigte aber der Auffassung ist, diese Bekundungen seien in der aufgezeichneten Form für einen anderen (insbesondere einen anderen Sachverständigen) missverständlich und bedürften daher der Klärung durch persönliche Anhörung.[64]
>
> **Ggf ist die Verlesungsanordnung nach § 238 II StPO zu beanstanden oder ein Beweisantrag zu stellen.**

22   3. Als **Grundlage zur Anfertigung seines Gutachtens** benötigt der Sachverständige Tatsachenstoff. Das sind die im Urteil darzustellenden Anknüpfungstatsachen. Das Gutachten sollte (und wird auch meistens) darüberhinaus Befund – und Zusatztatsachen enthalten:

Anknüpfungstatsachen[65] sind die Feststellungen im Bereich des Sachverhalts, von dem der Sachverständige in seinem Gutachten auszugehen hat.

Befundtatsachen sind solche, die der Sachverständige nur auf Grund seiner Sachkunde erkennen kann;

Befundtatsachen betreffende Wahrnehmungen, die der Sachverständige bei einer früheren gutachterlichen Tätigkeit mit gleichem Auftrag selbst gemacht hat, kann dieser ebenso wie fremde gutachterliche Äußerungen oder den fachlichen Inhalt von Krankengeschichten für seine Gutachtenserstattung verwerten, ohne dass hierin eine zeugenschaftliche Vernehmung zu sehen wäre.[66]

> Werden Tatsachen nicht von dem psychiatrischen Sachverständigen selbst, sondern von dritten, fachunkundigen Personen festgestellt, deren Beobachtung nicht das besondere Fachwissen eines Sachverständigen erfordert (zB Mitpatienten des Betroffenen und Klinikpersonal), so können diese Tatsachen nicht durch das Sachverständigengutachten, sondern nur durch den Sachverständigen als Zeugen (Zeuge vom Hörensagen) oder Zeugenaussagen der unmittelbaren Beobachter in die Hauptverhandlung eingeführt werden.[67]

Zusatztatsachen sind solche, die auch das Gericht mit den ihm zur Verfügung stehenden Erkenntnis- und Beweismitteln feststellen könnte (zB der von Angeklagten geschilderte Tathergang).

23   Der Sachverständige darf aber bei seinem Gutachten auch auf ein fremdes Gutachten sowie auf den fachlichen Inhalt von Krankengeschichten zurückgreifen.[68]

---

63 Vgl dazu Eisenberg Beweisrecht Rn 1582
64 BGH NStZ 1993, 397 = BGHR StPO § 256 I Aufklärungspflicht 1
65 BGHSt 7, 238, 239; 12, 311, 312
66 BGHR StPO § 59 1 Sachverständigenfrage 1
67 BGH NStZ 1993, 245
68 BGHSt 9, 292, 293, 294; 22, 268, 273, 274

Zusatztatsachen, die ein Sachverständiger im Rahmen seiner Tätigkeit gezielt er-   **24**
hebt oder zufällig erfährt, sind nicht durch Erstattung des Gutachtens, sondern
durch anderweitige Beweisaufnahme, in der Regel durch Vernehmung des Sachverständigen als Zeugen, in die Hauptverhandlung einzuführen.[69] Es sind dann insoweit auch die für einen Zeugen geltenden Vorschriften über die Vereidigung
(§§ 59 ff StPO) anzuwenden. Was der Sachverständige über von ihm durch eigene
Befragung außerhalb der Hauptverhandlung ermittelte Belastungstatsachen im
Rahmen seiner Gutachtenerstattung in der Hauptverhandlung berichtet, darf das
Gericht nicht ohne weiteres als bewiesen ansehen und seinem Urteil zu Grunde legen. Dabei kann es rechtlich keinen Unterschied machen, ob der Sachverständige
solche belastenden Umstände durch Befragen Dritter oder des zu Untersuchenden
»ermittelt« hatte. In beiden Fällen macht er seine Wahrnehmungen nicht eigentlich
kraft Sachkunde, sondern durch Heranziehung des Wissens von Auskunftspersonen, das gemäß den Grundsätzen der Unmittelbarkeit und der Parteiöffentlichkeit
des Beweisverfahrens (§§ 261, 250, 240, 257 StPO) regelmäßig vom erkennenden
Gericht selbst in der Hauptverhandlung in Anwesenheit und unter Mitwirkung der
Prozessbeteiligten als maßgebliche Urteilsgrundlage gewonnen werden müsste.
Demgemäß darf der Sachverständige über die von ihm erforschten Belastungstatsachen allenfalls als Zeuge aussagen, und zwar als Zeuge »vom Hörensagen«, der dem
Gericht ursprünglich fremdes Wissen jetzt als eigenes vermittelt.[70] Beispiele für Zusatztatsachen sind das während der Exploration abgelegte Geständnis des Ange-
klagten oder die Bekundungen Dritter zur Sache gegenüber dem Sachverständigen.

Der – psychiatrische – Sachverständige hat sich darauf zu beschränken, die tatsäch-   **25**
lichen Grundlagen zu ermitteln und darzulegen, aus denen dann die rechtlichen
Schlüsse auf das Vorliegen der §§ 20, 21 StGB gezogen werden können (Psychodiagnostik). Es ist auch nicht Aufgabe des Sachverständigen, zur Rechtsfrage, ob beim
Angeklagten die Voraussetzungen der §§ 20, 21 StGB vorliegen, Stellung zu nehmen.[71] Stellung nehmen muss er aber dazu, inwieweit beim Angeklagten ein Zustand wie er in § 20 StGB beschrieben ist, vorgelegen und wie dieser Zustand sich
auf die psychische Verfassung des Angeklagten ausgewirkt hat. Der gerichtlich bestellte Sachverständige hat dem Richter für die Prüfung der Tatsachenfrage, ob eine
krankhafte seelische Störung des Angeklagten zur Tatzeit vorgelegen hat, nur die
von ihm ermittelten Befundtatsachen einschließlich seiner Diagnose mitzuteilen
und Sachkunde zu vermitteln, kann ihn aber nicht von der Verantwortung für die
Entscheidung der aufgeworfenen Fragen entbinden.

Ähnlich wie bei der Beurteilung der Glaubwürdigkeit gibt es Empfehlungen einer   **25 a**
an forensisch-psychiatrischen Fragen besonders interessierten interdisziplinären
Arbeitsgruppe aus Juristen, forensischen Psychiatern und Psychologen sowie Se-
xualmedizinern über die **Mindestanforderungen für Schuldfähigkeitsgutachten.**[72]
Die Empfehlungen sollen dem forensischen Sachverständigen die fachgerechte Erstellung von Schuldfähigkeitsgutachten und den Verfahrensbeteiligten die Bewertung
von deren Aussagekraft erleichtern. Es ist zu erwarten, dass sich diese Empfehlungen ähnlich wie bei Glaubwürdigkeitsgutachten in Entscheidung des Bundesgerichtshofs wiederspiegeln werden.

69 BGH StV 1993, 169; NStZ 1993, 245
70 BGHSt 9, 294 ff; 13, 4
71 Eisenberg Beweisrecht Rn 1804; Streng NStZ 1995, 165
72 NStZ 2005, 57 ff; vgl auch BGH StV 2005, 124 m Anm Nedopil JR 2005, 216

Detter

V. Der Aufgabenbereich des Sachverständigen – seine Stellung im Strafverfahren – insbesondere Pflichten und Rechte des (psychiatrischen) Sachverständigen

26   Der Sachverständige teilt dem Gericht allgemeine Erfahrungssätze mit, von denen er auf Grund seines Fachwissens bzw seiner wissenschaftlichen Befähigung Kenntnis hat, er stellt Tatsachen fest, die nur auf Grund einer besonderen Sachkunde wahrgenommen und beurteilt werden können und zieht aus Tatsachen nach wissenschaftlichen Regeln Schlussfolgerungen. Oft übermittelt er oder wendet Sachkunde an, manchmal verbindet sich in einem Gutachten beides. Der Sachverständige kann auf Grund seiner besonderen Sachkunde Tätigkeiten vornehmen, wie zB Eingriffe am Körper (§§ 81 a und c StPO), Röntgenaufnahme fertigen und bewerten. Seine Tätigkeit kann darin bestehen, von ihm aufgrund seiner Sachkunde wahrgenommene Tatsachen zu bekunden (Ergebnis der Obduktion). Er kann aber auch dem Richter bestimmte Erfahrungssätze, Forschungsergebnisse und sonstige Regeln aus seinem Fachgebiet vermitteln (Wirkungsweise von Betäubungsmitteln, Beweiswert von Faserspuren, genetischer Fingerabdruck). Die wichtigste Tätigkeit ist aber die Anwendung seines (speziellen) Wissens auf die Bewertung eines bestimmten Sachverhalts. Der Sachverständige hat manchmal auch Erfahrungswissen ohne Schlussfolgerungen auf einen bestimmten Sachverhalt zu vermitteln (zB Wirkungsweise von Betäubungsmitteln, Beweiswert von Faserspuren), auch Gutachten über ausländisches Recht können in Betracht kommen:

Welche Unterlagen er für die Erstattung seines Gutachtens benötigt und welche Untersuchungsmethoden er anwendet, bleibt ihm überlassen. Es ist deshalb Sache des psychiatrischen Sachverständigen, ob er ein psychologisches Zusatzgutachten benötigt und ob er bei einem mangelhaft deutsch sprechenden Angeklagten einen Dolmetscher hinzuzieht oder die Untersuchung einem anderen Sachverständigen überlässt, der die Muttersprache des Betroffenen beherrscht.[73] Dem psychiatrischen Sachverständigen muss es auch grundsätzlich überlassen bleiben, ob er den Angeklagten ambulant oder stationär untersucht.[74] Die Methoden des Sachverständigen müssen aber nachprüfbar sein, deshalb kann geboten sein, dass der Sachverständige Testergebnisse und Untersuchungsergebnisse offen legen muss. Tut er dies nicht, kann (vielleicht sogar muss) dies das Tatgericht veranlassen, das Gutachten durch einen anderen Sachverständigen kontrollieren zu lassen.[75]

> **Beachte:** Die Verteidigung muss den Gutachter in Zweifelsfällen nach der Art der von ihm vorgenommenen Untersuchungen befragen.

27   **1.** Der BGH[76] hat – zusammengefasst – den **Aufgabenbereich des Sachverständigen** wie folgt definiert:

»Der Sachverständige soll dem Gericht den Tatsachenstoff unterbreiten, der nur auf Grund besonderer sachkundiger Beobachtung gewonnen werden kann, und das wissenschaftliche Rüstzeug vermitteln, das die sachgemäße Auswertung ermöglicht. Er ist weder berufen noch in der Lage, dem Richter die Verantwortung für die Feststellungen abzunehmen, die dem Urteil zugrundegelegt werden. Dies gilt auch von seinen ärztlichen Beobachtungen und Folgerungen. Selbst diese hat der Rich-

---

73 BGH NJW 1970, 1242 f
74 BGHSt 44, 26 ff
75 BGH StV 1989, 141 = NStZ 1989, 113
76 BGHSt 7, 239; 8, 113, 118 ff; BGH NStZ-RR 1997, 166

ter, sogar in solchen Fällen, in denen es sich um besondere wissenschaftliche Fachfragen handelt, auf ihre Überzeugungskraft zu prüfen. Aufgabe des Tatrichters ist es, die ihm durch das Sachverständigengutachten vermittelten medizinischen Befunde und Erkenntnisse eigenverantwortlich zu bewerten und zu entscheiden, ob der Rechtsbegriff der erheblichen Verminderung der Steuerungsfähigkeit erfüllt ist oder nicht. In welchem Maße er sich dabei ein eigenes stichhaltiges Urteil auf diesem Wissensgebiet bilden kann und muss, wird von der Art des Gegenstandes abhängen. Zuweilen wird die richterliche Prüfung sich darauf beschränken dürfen, ob der Sachverständige ein erprobter und zuverlässiger Vertreter seines Faches ist und daher auf seine Sachkunde in diesem Bereich vertraut werden kann.«

2. Der **psychiatrische Sachverständige** ist nicht der Arzt, nicht der Therapeut des **28** Angeklagten.[77] Er hat ihn nicht zu »behandeln«, dieser ist nicht »sein Patient«, vielmehr hat er das Strafgericht bei der Entscheidung zu unterstützen, wie mit einem Straftäter zu verfahren ist, ob und wie dieser vor sich und die Allgemeinheit vor ihm geschützt werden soll. Muss der Sachverständige sich zur Zukunft des Angeklagten äußern, kommen bei der Prognose sicherlich mehr »ärztliche« Gesichtspunkte zum Tragen. Weil er nicht »Arzt« der zu begutachtenden Person ist, worauf der Betroffene hingewiesen werden sollte,[78] hat er keine ärztliche Schweigepflicht,[79] soweit sein Gutachtensauftrag reicht. Betroffen sind davon alle Erkenntnisse und Tatsachen aus dem Verfahren, in dem er mit der Gutachtenserstattung beauftragt ist.[80] Ein Vertrauensverhältnis zwischen Arzt und Betroffenen, das dem Arzt/Patientenverhältnis gleichzusetzen wäre, kann nicht und darf nicht auf Grund des Gutachtensauftrages zustande kommen, selbst wenn eine sachgerechte Gutachtenserstattung manchmal ein Vertrauensverhältnis zwischen Arzt und zu Begutachtenden voraussetzt. Dass sich die Sichtweise der Rechtsprechung zur Stellung der psychiatrischen Sachverständigen in diesem Punkt oft nicht mit deren Einschätzung deckt, liegt auf der Hand.[81]

Eine als Therapeutin tätige Psychologin darf zwar mit der Begutachtung der Glaubwürdigkeit von ihr betreuter Kinder beauftragt werden. Von der Prozessordnung wird ein solches Vorgehen nicht verboten. Der Rollenkonflikt, der sich aus der unterschiedlichen Aufgabenstellung als Therapeut und als Glaubwürdigkeitsgutachter ergeben kann, kann aber im Einzelfall die Besorgnis der Befangenheit begründen.[82]

3. Belehrungspflichten des Sachverständigen

Kindern steht in Verfahren gegen ihre Eltern das Recht zu, Angaben zur Sache und **29** die Untersuchung zu verweigern (§§ 52 I Nr. 3, 81 c III 1 StPO). Hierüber sind sie gemäß §§ 52 III 1, 81 c III 2 StPO zu belehren. Selbst wenn die Kinder nicht das

---

77 Vgl dazu Würmeling in Frank/Harrer Der Sachverständige im Strafrecht – Kriminalitätsverhütung S 71 ff; aA Venzlaff in Frank/Harrer Der Sachverständige im Strafrecht – Kriminalitätsverhütung S 11 ff, 21; Crefeld RuP 1994, 102; zum »Rollenproblem« des Sachverständigen; Geppert in Festgabe für Ulrich von Lübtow 1980 S 773 ff; aA wohl Pawlak, die Ablehnung des Sachverständigen in Strafverfahren wegen Befangenheit 1999 S 154 f mwN, der meint, dass der Sachverständige »nicht aus seiner Rolle als Arzt entlassen werden kann«

78 Blau in FS für Schewe S 10 ff, 16; Zeit in MedSach1994, 69 ff; LR-Dahs-Dahs § 53 Rn 36

79 Zur Schweigepflicht vgl Müller-Dietz in Aktuelle Probleme und Perspektiven des Arztrechts 1989, S 39 ff

80 BGHZ 40, 288 ff; BGHSt 38, 369 ff

81 Crefeld RuP 1994, 102; vgl auch Nedopil NJW 2000, 837 ff; vgl auch Streng NStZ 1995, 12 ff

82 BGH StV 1996, 130

notwendige Verständnis im Sinne von § 52 II StPO dafür haben, dass die Eltern etwas Unrechtes getan haben könnten und ihre Aussage und Untersuchung zu einer Bestrafung beitragen könnten, dürfen sie selbst darüber entscheiden, ob sie aussagen wollen oder nicht. Das gilt aber nicht für das Untersuchungsverweigerungsrecht nach § 81 c III 2 StPO. Bei mangelnder Verstandesreife entscheidet allein der gesetzliche Vertreter.[83] Beauftragt das Gericht einen Sachverständigen, ein Kind auf seine Glaubwürdigkeit zu untersuchen, das von seinem Vater sexuell missbraucht worden sein soll, dann muss das Kind vom Gericht in kindgerechter Weise belehrt und darauf hingewiesen werden, dass es trotz der Zustimmung seiner Mutter (Pfleger) Angaben und Mitwirkung verweigern darf. Dem Sachverständigen darf diese Aufgabe nicht übertragen werden.[84] Nichtrichterliche Vernehmungspersonen (somit auch Sachverständige) dürfen in der Hauptverhandlung so lange nicht über den Inhalt früherer Angaben eines zur Zeugnisverweigerung berechtigten Zeugen gehört werden, wie Ungewissheit darüber besteht, ob der Zeuge von seinem Weigerungsrecht Gebrauch macht oder darauf verzichtet.[85]

30 Zu beachten ist aber, dass eine die Belehrungspflicht nach § 81 c III 1, § 52 StPO auslösende Untersuchung nicht vorliegt, wenn der Sachverständige eine Zeugin während der Hauptverhandlung beobachtet und ein Gutachten erstattet hat.[86]

31 Zur Belehrung eines Beschuldigten ist der Sachverständige ebenfalls nicht verpflichtet. Dies gilt auch, wenn der Sachverständige zur Vorbereitung des Gutachtens den Beschuldigten über das Tatgeschehen befragt hat. Derartige Aussagen können dadurch in das Verfahren eingeführt werden, dass der Sachverständige (auch) als Zeuge gehört wird.[87]

32 Der Sachverständige ist zwar nicht befugt, eine gebotene Belehrung vorzunehmen, er muss jedoch, wenn er feststellt, dass die Belehrung unterblieben ist, ihre Nachholung durch die zuständige Stelle – Staatsanwaltschaft oder Gericht – veranlassen. Unterlässt es der Sachverständige, die danach gebotene Belehrung herbeizuführen, so mag das allein noch nicht die Besorgnis der Befangenheit begründen. Unterbleibt die Belehrung aufgrund eines Irrtums des Sachverständigen in tatsächlicher oder rechtlicher Hinsicht, so liegt hierin regelmäßig kein Grund, an der Unvoreingenommenheit des Sachverständigen zu zweifeln. Verschweigt jedoch ein im Auftrage der Staatsanwaltschaft handelnder Sachverständiger bei dieser Sachlage den Kindern bewusst, dass er für die Justizbehörden tätig wird, weil er sicher ist, dass diese andernfalls keine Angaben zum Tatgeschehen machen würden, dann setzt er sich auch gegenüber einem besonnenen und verständigen Angeklagten dem Verdacht der Parteilichkeit aus.[88]

32 a (Verwertungsverbote): § 252 StPO enthält nicht nur ein Verlesungs-, sondern ein Verwertungsverbot, das nach der berechtigten Zeugnisverweigerung auch jede andere Verwertung der bei einer nichtrichterlichen Vernehmung gemachten Aussage, insbesondere die Vernehmung von Verhörspersonen, ausschließt.[89] Mitteilungen eines gemäß § 52 StPO zur Verweigerung des Zeugnisses berechtigten Zeugen ge-

---

83 BGHSt 40, 336 f
84 BGH StV 1995, 563; NJW 1996, 206; BGHSt 36, 217; BGHR StPO § 52 III 1 Belehrung 4
85 BGHSt 25, 177; vgl auch BGHSt 36, 217 ff
86 BGHSt 23, 1; BGH NStZ 1982, 432; StV 1995, 622
87 BGH JR 1969, 231
88 BGH StV 1997, 231 = NStZ 1994, 349
89 BGHSt 2, 99; 45, 203, 205

Detter

genüber einem Sachverständigen über Zusatztatsachen,[90] zu denen regelmäßig auch die Tatschilderung eines auf seine Glaubwürdigkeit zu begutachtenden Zeugen gehört,[91] stehen einer Aussage im Sinn des § 252 StPO gleich. Soweit ausnahmsweise die Vernehmung der Richter zugelassen wird, die an der früheren Vernehmung mitgewirkt haben[92] kann diese Ausnahme auf die Befragung durch den Sachverständigen, die einer richterlichen Vernehmung nicht gleich gesetzt werden kann, keine Anwendung finden.[93] Macht der Zeuge später sein Zeugnisverweigerungsrecht geltend, dürfen seine Mitteilungen über Zusatztatsachen daher weder durch das Sachverständigengutachten noch durch die Vernehmung des Sachverständigen als Zeugen in die Hauptverhandlung eingeführt und bei der richterlichen Überzeugungsbildung verwertet werden.[94]

> **Beachte:** Die Verteidigung wird genauestens zu überprüfen haben, ob beim Angeklagten selbst oder bei einem zu begutachtenden Zeugen gegen Belehrungspflichten verstoßen worden ist. Denn dann muss sie in der Hauptverhandlung von ihrem Widerspruchsrecht, das wohl mehr eine Widerspruchpflicht geworden ist,[95] umgehend Gebrauch machen.

4. Haftung des Sachverständigen

Durch die Neueinführung des § 839 a BGB ist ein gerichtlicher Sachverständiger **33** zum Ersatz verpflichtet, wenn er vorsätzlich oder grob fahrlässig ein unrichtiges Gutachten erstattet und eine darauf beruhende gerichtliche Entscheidung einem der Verfahrensbeteiligten Schaden zugefügt hat. Eine Schadensersatzpflicht ist ausgeschlossen, wenn es der Geschädigte schuldhaft – vorsätzlich oder fahrlässig – unterlassen hat, den Schaden durch Gebrauch eines Rechtsmittels abzuwenden.[96]

VI. Der Sachverständige in der Hauptverhandlung

1. Rechtsstellung

Bereits bei der Vorbereitung seines Gutachtens hat der Sachverständige besondere **34** Rechte: Ihm kann gestattet werden, die Akten einzusehen, er kann Vernehmungen und der gesamten Hauptverhandlung beiwohnen. Ob dem Sachverständigen gestattet wird, Fragen an Prozessbeteiligte zu stellen, steht im Ermessen des Tatgerichts.[97]

2. Leitung des Sachverständigen (§§ 78, 238 StPO)

Nach § 78 StPO hat der Strafrichter, soweit ihm dies erforderlich erscheint, die **35** Tätigkeit des Sachverständigen zu leiten. Damit ist nicht die fachliche Leitung gemeint, sondern die Hilfe bei der Bewältigung der im Zusammenhang mit der Gutachtenserstattung auftretenden tatsächlichen und rechtlichen Fragen.

---

90 BGHSt 18, 107, 108
91 BGH NStZ 1997, 95; StV 1996, 522
92 BGHSt 2, 99; 27, 231
93 BGHSt 13, 1, 4
94 BGHSt 46, 189 ff; die Entscheidungen BGHSt 11, 97 und BGH NJW 1998, 838 = StV 1995, 564 betreffen nicht die Verwertung von Zusatztatsachen
95 BGHSt 42, 15, 22 f
96 Zum früheren Rechtszustand vgl: BVerfG NJW 1979, 305 f; dazu BGHZ 62, 54 f; BGHR BGB § 826 Sachverständigengutachten 1; Krauß StV 1985, 512 f; Palandt-Thomas BGB 57. Aufl. § 823 Rn 117; vgl auch BGHR § 839 I BGB Verschulden 41
97 BGH NJW 1969, 438

Dem Sachverständigen muss das gesamte für seine Tätigkeit wichtige Material zur Verfügung gestellt werden. Wesentlich ist insoweit die Vermittlung der Anknüpfungstatsachen, von denen der Sachverständige ausgehen soll, durch das Gericht an diesen. Erforderlichenfalls müssen ihm alternative Sachverhalte zur Beurteilung vorgelegt werden.[98] Wenn das Gericht auf Grund einer abweichenden Tatsachengrundlage zu einem anderen Ergebnis als der Sachverständige kommt, ist es gehalten, dem Sachverständigen Gelegenheit zu geben, sich mit den anderen Anknüpfungstatsachen auseinander zusetzen und diese in seine Beurteilung einzubeziehen.[99] Die Vermittlung der Anknüpfungstatsachen darf auch während eines laufenden Verfahrens außerhalb der Hauptverhandlung erfolgen.[100] Auf welchem Wege und aufgrund welcher Unterlagen er sein Gutachten erarbeitet, bleibt aber seinem pflichtgemäßen Ermessen überlassen.[101] Hinsichtlich der fachlichen Vorgehensweise darf das Gericht keine Weisungen erteilen. Auf unzulässige Vorgehensweisen (zB Lügendetektor)[102] muss er gegebenenfalls hingewiesen werden.

> **Hinweis:** Das Gericht kann – auch auf Anregung der **Verteidigung** – aber ein schriftliches (Kurz-) Gutachten zur Vorbereitung der Hauptverhandlung verlangen.

36 Der Sachverständige ist verpflichtet, persönlich in der Hauptverhandlung zu erscheinen (§ 77 StPO), sein Gutachten zu erstatten. Nur aus den in § 76 StPO angegebenen Gründen kann er die Gutachtenserstattung verweigern. Bleibt der Sachverständige in der Hauptverhandlung aus oder verweigert er grundlos die Erstattung des Gutachtens, können gegen ihn Sanktionen, und zwar zB Schadenersatz und Ordnungsgeld verhängt werden (§ 77 I 1 und 2 StPO).[103]

Der Sachverständige darf aber einen anderen Sachverständigen hinzuziehen, wenn dadurch die eigene Verantwortung und Beurteilung durch ihn selbst nicht eingeschränkt wird, zulässig ist auch eine »Sachverständigengruppe«.[104] Er kann auch Hilfskräfte[105] zB zur körperlichen Untersuchung des Angeklagten mit einbinden, diese sind aber keine Sachverständige.[106] Probleme tauchen insoweit oft bei medizinischen Gutachten auf, wenn ein anderer Arzt (meist Oberarzt oder Assistenzarzt) das schriftliche Gutachten erstellt und der an sich als Sachverständiger bestellte und in der Hauptverhandlung dann auftretende Klinikdirektor nur »abgezeichnet« hat. Hier ist erforderlich, dass dieser darlegen kann, nach eigener Prüfung die volle Verantwortung für den Inhalt des Gutachtens übernehmen zu können.

3. Die Anwesenheit des Sachverständigen in der Hauptverhandlung

37 Ob der Sachverständige sich die Überzeugung von der Richtigkeit der seinem Gutachten zugrundezulegenden Tatsachen selbst dadurch verschafft hat, dass er der gesamten Beweisaufnahme beiwohnte, oder ob ihn das Gericht davon unterrichtet und er diese Mitteilung als richtig hingenommen hat, ist gleichgültig. Das ergibt sich aus § 80 StPO; danach kann dem Sachverständigen, wenn er zur Vorbereitung

---

98 BGH StV 1986, 138 f
99 BGH StV 1986, 138 f
100 BGHSt 2, 25 f
101 BGH NJW 1970, 1242 f
102 BGHSt 44, 308
103 Eisenberg Beweisrecht Rn 1569 ff
104 BGHSt 22, 268 ff
105 Vgl dazu BVerwG NJW 1984, 2645 ff
106 Vgl Bleutge NJW 1985, 1185 f; Jessnitzer MedSach 1974, 55 ff

seines Gutachtens weiterer Aufklärung bedarf, ua gestattet werden, der Vernehmung von Zeugen oder des Beschuldigten beizuwohnen und an sie unmittelbar Fragen zu stellen. Der Sachverständige muss nicht dauernd anwesend sein. Ob er während der gesamten Beweisaufnahme anwesend sein soll, steht im pflichtgemäßen Ermessen des Gerichts.[107] Es wird die Beweisaufnahme regelmäßig in Gegenwart des Sachverständigen durchführen müssen, wenn es der besonderen Sachkunde des Gutachters bedarf, um aus den Bekundungen der Zeugen und den Angaben des Angeklagten die erforderlichen tatsächlichen Schlüsse ziehen zu können.[108] Sofern das Gericht keine besonderen Weisungen erteilt, entscheidet der Sachverständige aber selbst über die Erforderlichkeit seiner Anwesenheit in der Hauptverhandlung.[109] Erforderlichenfalls sind ihm, wenn über wesentliche Gesichtspunkte in seiner Abwesenheit Beweis erhoben wurde, Tatsachen, die sein Gutachten beeinflussen könnten, mitzuteilen.[110]

Beachte:

Die ständige Anwesenheit des psychiatrischen Sachverständigen in der Hauptverhandlung wird vom Gesetz nicht – auch nicht im Fall des § 246 a StPO – gefordert.[111] Welchem Teil der Hauptverhandlung der Sachverständige beiwohnen muss, um ein zutreffendes Bild von der Persönlichkeit des Beschuldigten und dessen Zustand zu gewinnen, richtet sich nach Gesichtspunkten der gerichtlichen Aufklärungspflicht. § 246 a S 2 StPO, wonach dem Sachverständigen, der den Angeklagten nicht schon früher untersucht hat, zu solcher Untersuchung vor der Hauptverhandlung Gelegenheit gegeben werden »soll« wird einhellig dahin verstanden, dass in den genannten Fällen dem Sachverständigen Gelegenheit zur Untersuchung gegeben werden muss.[112]

4. Vereidigung

Der Sachverständige kann nach dem Ermessen des Gerichts vereidigt werden. (§ 79 **38** StPO). Die Nichtvereidigung des Sachverständigen ist die Regel und bedarf deshalb keiner ausdrücklichen Entscheidung durch das Gericht. Das Recht der Prozessbeteiligten auf Vereidigung des Sachverständigen ist durch das 1. Justizmodernisierungsgesetz beseitigt worden.

5. Der weitere Sachverständige

Der Normalfall ist die Zuziehung eines Sachverständigen für ein bestimmtes Ge- **39** biet. Ist ein Gutachter durch das Gericht oder die Staatsanwaltschaft in das Verfahren eingeführt und vernommen, sind die Weichen meist gestellt. Nach der Vernehmung eines Sachverständigen in der Hauptverhandlung ist es rechtlich sehr schwierig, die Anhörung eines anderen, neuen und damit weiteren Gutachters zu erreichen. Die Möglichkeit allein, dass ein anderer Sachverständiger zu einem anderen Ergebnis kommen könnte, genügt nicht. Durch § 244 IV 2 StPO sind einem Beweisbegehren auf Zuziehung eines weiteren Sachverständigen enge Grenzen gesetzt.[113] Nach dieser Regelung kann das Tatgericht die Vernehmung eines weiteren Sachverständigen ablehnen, wenn durch das Gutachten eines anderen (oder mehre-

---

107 BGHSt 19, 367 ff; BGH StV 1999, 470
108 BGHSt 2, 25 ff
109 Eisenberg Beweisrecht Rn 1584
110 BGHSt 2, 27 f
111 BGHSt 27, 166, 167
112 BGH NStZ 2002, 384
113 Meyer-Goßner § 244 Rn 75–77

rer) Sachverständigen das Gegenteil der behaupteten Tatsache bereits erwiesen ist. Nur wenn Zweifel an der Sachkunde des bisherigen Gutachters bestehen – worüber der Tatrichter nach pflichtgemäßem Ermessen zu entscheiden hat –, wenn das Gutachten von unzutreffenden tatsächlichen Voraussetzungen ausgeht, nicht erklärbare Widersprüche enthält oder der neue Gutachter über überlegene Forschungsmittel verfügt, hat ein entsprechender Antrag Aussicht auf Erfolg.

40   Die Möglichkeit eines Psychiaters, sich mit dem Angeklagten in seiner Muttersprache zu unterhalten, ist noch kein überlegenes Forschungsmittel; ebenso wenig die Tatsache, dass der Angeklagte nur diesem – weiteren Sachverständigen sich offenbaren will.[114] Mit der Begründung, das Gegenteil der behaupteten Tatsache sei durch die früheren Gutachten bewiesen, darf aber die Einholung eines weiteren Gutachtens nur abgelehnt werden, wenn allein durch frühere Gutachten zu demselben Beweisthema das Gegenteil der behaupteten Tatsache bewiesen ist.[115] In Bereichen, in denen sich die Kompetenz von Sachverständigen verschiedener Fachrichtungen zur Beurteilung eines Sachverhalts überschneidet und das Gericht deshalb bei der Entscheidung über die Fachrichtung des zu bestellenden Gutachters frei ist, kann »weiterer« Sachverständiger iSd § 244 IV 2 StPO auch der Angehörige einer der anderen Fachrichtungen sein.[116]

41   Bei von einander abweichenden Gutachten muss nicht ein weiterer Gutachter hinzugezogen werden. Das Tatgericht kann sich auch durch widersprechende Gutachten eine eigene Beurteilungsgrundlage schaffen und damit eine hinreichende eigene Sachkunde erwerben. Bei erheblichen Mängel und Unklarheiten des mündlich erstatteten Gutachtens muß sich der Tatrichter eingehend mit den erhobenen Beanstandungen auseinandersetzen und die Einwände, welche gegen Methodik und Ergebnisse des bisherigen Gutachtens erhebt, kritisch prüfen.[117]

> **Hinweis:** Die Aufklärungspflicht kann es gebieten, auch dann, wenn die Voraussetzungen des § 244 IV 2 StPO nicht vorliegen, einen weiteren Sachverständiger zuzuziehen. Das Strafverfahren wird beherrscht von der dem Gericht obliegenden Pflicht, die Wahrheit zu erforschen. Dieses Gebot bringt § 244 II StPO klar zum Ausdruck. Es zwingt das Gericht dazu, alle verfahrensrechtlich zugelassenen Beweismittel zu benutzen, um bestehende Zweifel zu klären und zu beseitigen. Es kann daher dazu führen, dass das Gericht auch dann zur Einholung eines weiteren Beweises, also auch zur Anhörung eines weiteren Sachverständigen, genötigt ist, wenn es einen hierauf zielenden Antrag mit verfahrensrechtlich zulässiger Begründung ablehnen kann. Es können besondere Umstände vorliegen, die zur Benutzung des weiteren Beweismittels drängen oder die Benutzung mindestens nahe legen. Das Gericht wird dann von seiner Pflicht zur Aufklärung nicht dadurch befreit, dass ihm das Verfahrensrecht die Möglichkeit gibt, den Antrag unter bestimmten Gesichtspunkten abzulehnen.[118]

6.   Der selbstgeladene Sachverständige[119]

42   Dieser Sachverständige, der zum Kreis der zur Erstattung von Gutachten für Gerichte verpflichteten Personen (§ 75 StPO) gehören muss, ist durch den Gerichts-

---

114 BGHSt 44, 26 f
115 BGHSt 39, 49, 52
116 BGHSt 34, 355, 357
117 BGH Beschluss vom 12. 11. 2004 – 2 StR 367/04 StV 2005, 124 = BGH St 49, 437 zum Abdruck in BGHSt 49 bestimmt
118 BGHSt 10, 116, 119; 23, 176, 187 ff; 44, 33 ff
119 Zu den Ressentiments der Sachverständigen sich laden zu lassen vgl Zwiehoff Praxis der Rechtspsychologie 2002, 49 ff; vgl auch den Disput Rasch/Jungfer StV 1999, 513 ff

vollzieher unmittelbar zur Hauptverhandlung zu laden, eine Gestellung genügt nicht. Zweckmäßig ist es, den Sachverständigen für alle vorgesehenen Terminstage zu laden, ausreichend dürfte aber auch sein, ihn nur für den Beginn der Hauptverhandlung zu laden. Der Sachverständige darf kein Recht zur Verweigerung des Gutachtens haben (vgl § 76 StPO), ihm muss bei der Ladung die gesetzliche Entschädigung für Reisekosten und die Zeitversäumnis mit dem in Betracht kommenden Stundensatz angeboten oder der entsprechende Betrag bei der Geschäftsstelle hinterlegt werden. Erscheint der Sachverständige ohne dass ein entsprechender Betrag hinterlegt ist, steht dies seiner Vernehmung nicht entgegen.

Die formgerechte Ladung und das Erscheinen des Sachverständigen verpflichtet das **43** Gericht aber noch nicht zu dessen Vernehmung. Vielmehr bedarf es noch eines Beweisantrags in der Hauptverhandlung, der freilich nicht wegen eigener Sachkunde des Gerichts[120] und auch nicht, weil das Gegenteil der zu erweisenden Tatsache bereits durch ein anderes Sachverständigengutachten erwiesen sei, abgelehnt werden darf. Wurde der Sachverständige gem § 38 StPO geladen und ist er erschienen, dann darf seine Vernehmung nur unter den Voraussetzungen des § 245 II StPO abgelehnt werden, er darf auch nicht durch einen anderen ersetzt werden. Der Umstand, dass nach Auffassung des Gerichts der Beweiserhebung aus rechtlichen oder tatsächlichen Gründen für die Entscheidung keine Bedeutung mehr zukommt, enthebt nicht von der Pflicht, präsente Beweismittel wie den selbstgeladenen und erschienenen Sachverständigen zu vernehmen, es sei denn, es liege ein Missbrauch von Verteidigerrechten vor.

Hinweis: Wird ein Sachverständiger ohne förmliche Ladung (§ 38 StPO) zur Hauptverhandlung »gestellt«, ist über seine Vernehmung im Rahmen von § 244 II–IV StPO zu entscheiden. Maßgebend für die Verpflichtung des Gerichts auf Vernehmung wird die Aufklärungspflicht (§ 244 II StPO) sein.[121]

Ein von der Verteidigung vorgeladener Sachverständiger ist aber nur dann ein präsentes Beweismittel, wenn er in der Hauptverhandlung auf die Erstattung seines Gutachtens vorbereitet ist und auf dieser Grundlage unmittelbar zur Sache gehört werden kann.[122] Er muss sein Gutachten mithin aufgrund des Wissens erstatten, das er zum Zeitpunkt seiner Vernehmung bereits erworben hat. Das Gericht ist nicht gehalten, ihm während laufender Hauptverhandlung Gelegenheit zur Vorbereitung seines Gutachtens zu geben und dabei Verfahrensverzögerungen hinzunehmen. Ist hingegen eine Vorbereitung des Sachverständigen ohne Verzögerung der Hauptverhandlung möglich, so muss das Tatsachengericht diese gestatten. Daraus erwächst zunächst der Verteidigung, will sie in der Hauptverhandlung einen Gutachter präsentieren, die Verpflichtung, dafür Sorge zu tragen, dass dieser rechtzeitig und ausreichend vorbereitet ist. Ein psychiatrischer oder psychologischer Sachverständiger wird sein Gutachten zur Frage der strafrechtlichen Verantwortlichkeit in aller Regel durch eine Exploration des Beschuldigten vorbereiten. Befindet sich dieser auf freiem Fuß, entstehen dabei keine Schwierigkeiten. Wird hingegen Untersuchungshaft vollzogen, so bedarf es der Mitwirkung des gem § 126 StPO zuständigen Richters, die normalerweise nicht verweigert werden kann und in einer den Erfordernissen angemessenen Besuchsregelung für den Sachverständigen bestehen sollte. Der Richter hat dabei Bedacht darauf zu nehmen, dass die §§ 220, 245 II StPO dem Angeklagten unter den dort genannten Voraussetzungen einen Anspruch darauf geben,

---

120 BGH NStZ 1994, 400 = StV 1994, 358
121 BGH StV 1981, 507 f
122 BGH NStZ 1993, 395, 396 f

eigene Beweismittel in die Hauptverhandlung einzuführen. Im Falle eines psychiatrischen oder psychologischen Sachverständigen würde dieses Recht untergraben, wenn die allein aus den gesetzlichen Haftgründen nach §§ 112, 112a StPO vollzogene Untersuchungshaft zur Verhinderung der Vorbereitung des Sachverständigen führen würde. Eine Besuchsbeschränkung für den Sachverständigen regelt sich nach § 119 III StPO. Sie ist nur dann unproblematisch, wenn ausreichende Anhaltspunkte dafür bestehen, dass der Besuch den im Haftbefehl herangezogenen Haftgründen zuwiderläuft. Werden dem Besuchswunsch des Sachverständigen Gründe entgegengehalten, die den ordnungsgemäßen Betrieb der Haftanstalt gewährleisten sollen, ist die Schwere der zu erwartenden Störung gegen die Bedeutung des Beweismittels für den Beschuldigten vom Richter sorgsam abzuwägen und – wegen der Überprüfbarkeit seiner Entscheidung nach § 336 I StPO – darzulegen. Bedenken könnten sich etwa ergeben, wenn zur Begutachtung Zusatzuntersuchungen erforderlich wären, die länger dauernde Ausführungen erforderlich machten, oder wenn die Besuche des Sachverständigen überwacht werden müssten.[123]

> **Hinweis:** Da der präsente Sachverständige, wie fast alle Sachverständige, auch Zusatztatsachen[124] bekunden wird, rückt auch er teilweise in die Position eines Zeugen.[125] Ob es bei dieser Sachlage tatsächlich notwendig ist, den präsentierten Sachverständigen zunächst wie einen Zeugen zu behandeln und von der Teilnahme an der Hauptverhandlung auszuschließen,[126] erscheint sehr fraglich. Die Anwendung des § 243 II StPO ist an sich nicht unzulässig.[127] Maßgebend sollte aber sein, ob die neben der Zeugeneigenschaft bestehende Funktion als Sachverständiger überwiegt. Wenn dies nur für den vom Gericht zugezogenen Sachverständigen angenommen wird, während dem präsentierten Sachverständigen eine Anwesenheit unter Berufung auf § 58 StPO verwehrt wird, zeugt dies von einem Missverständnis über dessen Stellung und deutet auf eine Art »Bestrafungsaktion« hin, die kaum noch von dem einem Tatrichter eingeräumten Ermessen gedeckt ist und unter Umständen auch im Revisionsverfahren unter dem Gesichtspunkt der Verletzung des »fairen Verfahrens« eine Rolle spielen könnte.

VII. Der Strafverteidiger und der Sachverständige

1. Auswahl[128]

44   Im Vorverfahren können Polizei und Staatsanwaltschaft einen Sachverständigen beauftragen (§§ 161a, 163 I StPO; Nr. 70 RiStBV). Die Staatsanwaltschaft kann auch den Richter (= Ermittlungsrichter) in die Benennung des Sachverständigen einschalten (vgl § 162 I StPO). Während des Eröffnungsverfahrens ist das Gericht, bei dem die Anklage erhoben ist, für die Benennung zuständig, nach der Eröffnung das erkennende Gericht, dh das Gericht, bei dem das Hauptverfahren anhängig ist. Dem Angeklagten selbst bleibt das Recht, gemäß § 201 StPO die Einholung eines Sachverständigengutachtens zu beantragen, er hat weiter das Beweisantragsrecht nach § 219 StPO. Danach kann er nach der Eröffnung des Hauptverfahrens vor der

---

123 BGHSt 43, 171 f = NJW 1997, 3180; vgl auch Detter FS für Lutz Meyer-Goßner aaO S 435 ff
124 Zusatztatsachen sind solche Tatsachen, die auch das Gericht mit den ihm zur Verfügung stehenden Erkenntnis- und Beweismitteln feststellen könnte (zB der vom Angeklagten geschilderte Tathergang)
125 BGH StV 1993, 169 = NStZ 1993, 245
126 So aber im Falle BGHSt 44, 26 ff
127 BGH Urt. v 12. 2. 1998 – 1 StR 588/97 insoweit nicht in BGHSt 44, 26 ff abgedruckt
128 Der Diskussionsentwurf für eine Reform des Strafverfahrens schlägt eine erweiterte Beteiligung der Verteidigung vor

Hauptverhandlung beim Gerichtsvorsitzenden den Antrag auf Ladung eines Sachverständigen stellen.

Die Verfahrensbeteiligten haben keinen Anspruch auf die Auswahl eines bestimmten Sachverständigen. Der ausgewählte Sachverständige muss nur sachkundig sein. Die gesetzliche Regelung findet sich in § 73 I 1 StPO.[129] Danach erfolgt »die Auswahl der zuzuziehenden Sachverständigen und die Bestimmung ihrer Anzahl durch den Richter«. Ergänzt wird § 73 StPO durch Nr. 70 I RiStBV. Dort ist festgelegt, dass der Staatsanwalt, falls er die Zuziehung zur vollständigen Aufklärung des Sachverhalts für unentbehrlich hält, dem Verteidiger vor der Auswahl Gelegenheit zur Stellungnahme gibt, es sei denn es handelt sich um einen häufig wiederkehrenden, tatsächlich gleichartigen Sachverhalt, wie ein Blutalkoholgutachten, oder eine Gefährdung des Untersuchungszweckes oder eine Verzögerung des Verfahrens ist zu besorgen. Der Verteidiger kann nur Anregungen hinsichtlich der Person eines bestimmten Sachverständigen geben oder Bedenken anmelden. Als letztes bleibt die Möglichkeit der Dienstaufsichtsbeschwerde.

45 Die Auswahl des – psychiatrischen – Gutachters gehört zu den »heißesten Problemen der ganzen Gutachtenerstattung«, wie es Rasch[130] genannt hat.

In der Praxis werden Sachverständige aus dem Bereich der Psychiatrie[131] oder Psychologie häufig bereits von der Staatsanwaltschaft zugezogen.[132] Diese wählt verständlicherweise überwiegend solche Sachverständige aus, die sie kennt und von denen sie eine aus ihrer Sicht »sachgerechte« Beurteilung erwarten kann. Der in der Hauptverhandlung tätige Sachverständige wird damit häufig von der Staatsanwaltschaft »vorbestimmt«.[133] Die Verteidigung selbst hat zunächst nur geringe Möglichkeiten, auf die Auswahl des Sachverständigen Einfluss zu nehmen. Das Beteiligungsrecht nach Nr. 70 I RiStBV hat angesichts fehlender Sanktionen kaum Bedeutung erlangt.[134] Der im Vorverfahren zugezogene Sachverständige bleibt auch dann – einziger – Sachverständiger, der Strafrichter wird nur sehr selten einen anderen oder einen zusätzlichen Gutachter auswählen, obwohl er an die Auswahl durch den Staatsanwalt nicht gebunden ist.

46 Bei der Zuziehung erst durch das erkennende Gericht wird es zwar meist zur Anhörung der Verteidigung vor der Auswahl des Sachverständigen kommen,[135] eine echte Einflussnahme kann darin aber kaum gesehen werden.

Zwar ist die Auswahl des Sachverständigen allein Sache des Gerichts (§ 73 I 1 StPO), ein Mitspracherecht bei der Wahl des Sachverständigen kennt das Gesetz nicht, so dass grundsätzlich keine Veranlassung besteht, den von Prozessbeteiligten benannten Sachverständigen zu beauftragen. Jedoch ist das Gericht in Erfüllung der ihm obliegenden Aufklärungspflicht und unter Beachtung der Schwere der dem Angeschuldigten zur Last gelegten Straftaten gehalten, alle Möglichkeiten zur Erfor-

---

129 Vgl dazu BGHSt 48, 4
130 Rasch Forensische Psychiatrie, 1986, 16
131 Zur Begutachtung der Schuldfähigkeit durch Rechtsmediziner vgl Parzeller/Bratzke Rechtsmedizin 13, 301 ff (2003)
132 Sarstedt NJW 1968, 177 f; Lürken NJW 1968, 1161 f; Karpinksi/Rauch NJW 1968, 1173 f; Krauß ZStW 85 (1983), 320 f, 324 mit Hinweis auf die gegen eine Befugnis der Staatsanwaltschaft sprechenden Motive zum Entwurf einer Strafprozessordnung von 1874 in Fn 8; Barton StV 1983, 73 f, 74; Kaufmann JZ 1985, 1065 f, 1072; Streng NStZ 1995, 12, 15
133 LR-Rieß § 161 a Rn 25
134 Vgl Ergebnis der Arbeitsgruppe des 16. Strafverteidigertages abgedruckt in StV 1992, 346
135 Krekeler StraFo 1996, 5 ff; vgl aber auch BGHSt 48, 4 ff

schung der Wahrheit auszuschöpfen. Die im pflichtgemäßen Ermessen liegende Auswahl eines Sachverständigen hat daher wesentliche Belange der zu untersuchenden Person dann zu berücksichtigen, wenn andernfalls der Untersuchungszweck gefährdet oder gar vereitelt würde. Während das Gesetz mit der nach § 74 II StPO bestehenden Möglichkeit, einen ausgewählten Sachverständigen abzulehnen, den Prozessbeteiligten ein Recht zur Wahrnehmung eigener Interessen einräumt, gebietet es die gerichtliche Fürsorge, einer Verletzung schutzwürdiger Interessen auch dann zu begegnen, wenn diese keine Ablehnung rechtfertigen. Dies gilt in besonderem Maße gegenüber Minderjährigen, die Opfer einer Sexualstraftat geworden sind. In diesen Fällen ist die Auswahl eines Sachverständigen grundsätzlich dann nicht pflichtgemäß, wenn hinreichende Anhaltspunkte erkennbar sind, die besorgen lassen, dass der Sachverständige nicht das Vertrauen des zu Untersuchenden oder dessen gesetzlichen Vertreters hat.[136]

47   Auch wenn einem Beweisantrag auf Zuziehung eines Sachverständigen stattgegeben wird, kann das Gericht an Stelle des vorgeschlagenen Sachverständigen einen anderen bestellen. Darin liegt keine nach § 244 III, IV StPO zu beurteilende (Teil-) Ablehnung des Beweisantrags, wenn der gewählte Sachverständige als gleichermaßen geeignet erscheint wie der benannte. Die Entscheidung über die Auswahl des Sachverständigen, aber auch die Festlegung der Zahl der zum Beweisthema zu hörenden Sachverständigen hat das Gericht nach seinem in Wahrnehmung der Aufklärungspflicht auszuübenden Ermessen zu treffen[137] (das gilt aber nicht im Rahmen von § 245 II StPO).

Gegen die Auswahl des Sachverständigen durch Staatsanwaltschaft oder Polizei hat der Angeklagte und sein Verteidiger kein Rechtsmittel, er kann allenfalls Gegenvorstellungen erheben und versuchen, beim zuständigen Gericht darauf hinzuwirken, dass ein anderer oder ein weiterer Sachverständiger in der Hauptverhandlung tätig wird. Gegen die Auswahl durch das Gericht ist ein Rechtsmittel nicht zulässig, das gilt vor allem für das erkennende Gericht.[138]

> **Hinweis:** Dem Angeklagten verbleibt die Möglichkeit, einen – anderen – Sachverständigen nach §§ 220, 38, 245 II StPO selbst zu laden oder zu versuchen, den vom Gericht oder der Staatsanwaltschaft bestimmten Sachverständigen abzulehnen – was aber meist ein aussichtsloses Unterfangen ist –, da die Behauptung, die Bestellung des Sachverständigen sei fehlerhaft (§ 73 StPO), nicht genügt.

2.   Ablehnung[139]

48   Gesetzliche Ausschließungsgründe wie in § 22 StPO für den Richter gibt es – abgesehen von § 87 II 3 StPO – für den Sachverständigen nicht, diese Gründe rechtfertigen aber dessen Ablehnung. Er kann aus denselben Gründen, die zur Ablehnung eines Richters berechtigen, abgelehnt werden (§ 74 StPO iVm § 22 Nr. 1–4 – nicht Nr. 5 – und § 24 StPO). Bereits aus dieser Gleichstellung ergibt sich, dass an die Unparteilichkeit eines Sachverständigen hohe Anforderungen zu stellen sind. Das Gutachten eines Sachverständigen kann prozessentscheidende Bedeutung erlangen.

---

136 KG NJW 1997, 69
137 BGHR StPO § 244 VI Entscheidung 1
138 Str vgl Meyer-Goßner § 73 Rn 18; OLG Schleswig StV 2000, 543 f m Anm Wagner StV 2000, 544 ff
139 Vgl Pawlak Ablehnung des Sachverständigen im Strafverfahren wegen Befangenheit 1999; Zwiehoff, Der Befangenheitsantrag im Strafverfahren

Von ihm, der auf seinem Fachgebiet ein besonderes, nicht allgemein verfügbares Wissen besitzt und mit dieser Sachkunde das Gericht bei der Wahrheitserforschung im zu entscheidenden Fall unterstützen soll, wird – wie vom Richter – erwartet, dass er die ihm obliegende Aufgabe unparteiisch erfüllt. Deshalb kann auch er – wie der Richter – abgelehnt werden, wenn ein Grund vorliegt, der geeignet ist, Misstrauen hinsichtlich seiner Unparteilichkeit zu rechtfertigen. Ein solcher Grund liegt in der Regel nicht vor, wenn sich der Sachverständige im Rahmen seiner Berufsausübung etwa in Publikationen, bei Lehrveranstaltungen oder auf Fachtagungen, zu einer Frage aus seinem Fachgebiet allgemein äußert oder hierzu im Rahmen der Erstattung eines Gutachtens besonders Stellung nimmt. Innerhalb dieses Rahmens abgegebene Äußerungen rechtfertigen die Besorgnis seiner Befangenheit grundsätzlich nicht, mag der Sachverständige dabei auch eine wissenschaftliche Meinung vertreten, die sich in einem anhängigen Strafverfahren zum Nachteil des Angeklagten auswirken würde.[140] Anders verhält es sich aber dort, wo der Sachverständige außerhalb des beschriebenen Rahmens eine Initiative ergreift, mit der er eine für den Angeklagten günstige Entscheidung kritisiert und deren Abänderung anstrebt.[141] Ob wegen einer Tätigkeit im Auftrage der Polizei oder als Hilfsbeamter der Staatsanwaltschaft ein Sachverständiger als befangen abgelehnt werden kann, richtet sich nach der Lage des einzelnen Falles. Im Allgemeinen wird dies zu bejahen sein, wenn der Sachverständige bei der Ermittlung nicht bloß beratend tätig geworden ist, sondern vor allem sicherheitspolizeiliche Aufgaben wahrgenommen hat.[142] Der auf geschäftsmäßige Dinge beschränkte Kontakt mit der Staatsanwaltschaft bietet keinen Anlass, die Unparteilichkeit des Sachverständigen in Zweifel zu ziehen. Die für den Angeklagten ungünstige Beurteilung der kindlichen Zeugin in einem früheren Strafverfahren, in dem er freigesprochen worden ist, durch dieselbe Sachverständige geben dem Angeklagten noch keinen berechtigten Grund, an der Unparteilichkeit der Sachverständigen zu zweifeln.[143] Bei Sachverständigen, die schon vorher für die Interessen der Geschädigten tätig gewesen waren, zB wenn sie ihn ärztlich behandelt oder für ihn ein Privatgutachten erstattet haben, ist – anders wohl wenn dies den Angeklagten betrifft – die Besorgnis der Befangenheit gerechtfertigt.[144] So rechtfertigt die Tatsache, dass der Sachverständige vor der Hauptverhandlung (auch) für die Brandversicherung beruflich tätig geworden und bezahlt worden ist, aus der Sicht des Angeklagten die Besorgnis, dass er bei Erstattung seines Gutachtens in dem Strafverfahren gegen ihn nicht unbefangen sein würde; unabhängig davon, ob sich der Sachverständige in seinem für die Versicherungsgesellschaft erstatteten Gutachten bereits festgelegt hatte. Allein sein berufliches Tätigwerden (auch) für fremde Interessen vom Standpunkt des Angeklagten aus geeignet, die Besorgnis der Befangenheit zu rechtfertigen.[145] Unberechtigte körperliche Eingriffe[146] und Äußerungen des Sachverständigen im Vorverfahren, im Gutachten oder in der Hauptverhandlung können für eine Befangenheit sprechen.[147] Auch Fehler im Zusammenhang mit der Anordnung und Durchführung der Begutachtung der Schuldfähigkeit können eine Befangenheit rechtfertigen.[148] Behauptete

---

140 BGH NStZ 2004, 457
141 BGHSt 41, 212 f
142 BGHSt 18, 217 f; zur Ablehnung vom Mitarbeitern der Strafverfolgungsbehörden als Sachverständige vgl Wiegmann StV 1996, 570 ff
143 BGHSt 8, 235 f
144 BGHSt 20, 246 f
145 BGH NStZ 2002, 215
146 BGHSt 8, 144 f
147 BGHSt 41, 206 f
148 BGHSt 48, 4

Detter

inhaltliche Mängel genügen für eine begründete Ablehnung nicht, es sei denn das Gutachten lässt eine einseitige Tendenz erkennen.[149] Der Mangel an Sachkunde ist kein Ablehnungsgrund, sollte aber zur Heranziehung eines anderen – und damit weiteren – Sachverständigen führen.

> **Hinweis:** Ein Sachverständiger kann nicht ohne weiteres unter Bezugnahme auf die erfolgreiche Ablehnung in einem anderen Verfahren wegen Besorgnis der Befangenheit abgelehnt werden. Vielmehr ist zu prüfen, ob die Gründe, die zur damaligen Befangenheit geführt haben, noch fortbestehen und deshalb für das gegenwärtige Verfahren in gleicher Weise Geltung haben.[150]

49   Ablehnungsberechtigt sind die in § 74 II 1 StPO genannten Personen. Der Sachverständige selbst hat kein § 30 StPO entsprechendes »Selbstablehnungsrecht«. Er kann aber aus solchen Gründen nach § 76 I 2 StPO von der Gutachtenspflicht entbunden werden. Das Ablehnungsgesuch bedarf keiner besonderen Form, es kann auch bereits vor Beginn der Hauptverhandlung bei Gericht eingereicht werden, es muss aber erforderlichenfalls in der Hauptverhandlung wiederholt werden. Der von Staatsanwaltschaft oder Polizei zugezogene Sachverständige ist (noch) nicht »vom Gericht bestellt« und kann deshalb in diesem Verfahrensstadium nicht abgelehnt werden. Die Ablehnung ist an keine Frist gebunden, sie kann auch noch nach Erstattung des Gutachtens erfolgen, letztmöglicher Zeitpunkt ist der Schluss der Beweisaufnahme (§ 83 II StPO). Die Tatsachen, auf die die Besorgnis der Befangenheit gestützt wird, müssen glaubhaft gemacht werden (§ 26 II StPO entspr). Zuständig für die Entscheidung über das Ablehnungsgesuch ist das mit der Sache befasste (§ 201 II 1 StPO), nach der Eröffnung das erkennende Gericht, und zwar in der Hauptverhandlung einschließlich der Schöffen.

50   Ist das Gesuch erfolgreich, darf der abgelehnte Sachverständige nicht weiter vernommen und ein bereits erstattetes Gutachten nicht mehr verwertet werden, das Gericht darf daraus auch nicht seine eigene Sachkunde herleiten.

> **Beachte aber:** Die erfolgreiche Ablehnung eines Sachverständigen wegen Besorgnis der Befangenheit hindert nicht, ihn als Zeugen oder sachverständigen Zeugen über Tatsachen zu vernehmen, die ihm bei Durchführung des ihm erteilten Auftrages bekannt geworden sind.[151] Sie verbietet nur, ihn als Zeugen zu den Schlussfolgerungen zu hören, die er aus jenen Tatsachen auf Grund seiner Sachkunde gezogen hat und auf die das Gericht für die Urteilsfindung angewiesen ist.[152] § 245 StPO gebietet aber nicht die Vernehmung des präsenten Sachverständigen als Zeugen. Die erfolgreiche Ablehnung eines Sachverständigen hinderte zwar nicht, ihn über die von ihm im Rahmen seines Auftrags ermittelten Tatsachen als Zeugen oder sachverständigen Zeugen zu vernehmen Die Beweiserhebungspflicht des § 245 I StPO wird aber durch die Ladung bestimmt. Die Auskunftsperson (Sachverständiger oder Zeuge) muß nur in der Eigenschaft vernommen werden, in der sie vorgeladen worden ist. Wer als Zeuge geladen ist, braucht nicht als Sachverständiger vernommen zu werden und umgekehrt.

51   Bis zur Eröffnung des Hauptverfahrens sind alle auf die Ablehnung des Sachverständigen ergehenden Entscheidungen mit der Beschwerde anfechtbar. Nach der Eröffnung ist die Beschwerde nicht mehr möglich (§ 305 S 1 StPO). Mit der Revision kann aber eine Verletzung von § 74 StPO gerügt werden, aber nur, wenn ein Ablehnungsgesuch in der Hauptverhandlung gestellt worden war.[153] Die Revision

---

149 Eisenberg Beweisrecht Rn 1552
150 BGH StV 1999, 576, 577
151 BGH NStZ 2002, 44; 215
152 BGHSt 20, 222; vgl aber Eisenberg Beweisrecht Rn 1561
153 Vgl im Einzelnen Eisenberg Beweisrecht Rn 1563–1565

kann zwar grundsätzlich darauf gestützt werden, dass ein Ablehnungsgesuch gegen einen Sachverständigen zu Unrecht für begründet erklärt worden ist Das Revisionsgericht prüft aber – anders als bei der Richterablehnung – nicht nach Beschwerdegrundsätzen, sondern nur nach revisionsrechtlichen Gesichtspunkten, ob das Ablehnungsgesuch rechtsfehlerfrei und mit ausreichender Begründung beschieden worden ist.

3. Einsicht in das Gutachten und die dazu gehörenden Unterlagen

Der Verteidigung darf die Einsicht in das Gutachten des Sachverständigen in keiner Lage des Verfahrens, also auch nicht im Ermittlungsverfahren versagt werden (§ 147 III StPO). Grund dafür ist, dass der Verteidiger sich frühzeitig mit dem Gutachten auseinandersetzen und erforderlichenfalls weitere Beweisanträge stellen kann. **52**

Ein unbedingter, keinen Beschränkungen unterliegender Anspruch der Verfahrensbeteiligten auf Vorlage und Zugänglichmachung sämtlicher zur Vorbereitung des Gutachtens dienender Arbeitsunterlagen eines Sachverständigen, wie sie etwa im Fall der psychologischen Glaubwürdigkeitsbegutachtung in Gestalt von Tonbandaufzeichnungen und Mitschriften von Explorationen sowie von Test- und Fragebögen benutzt werden, besteht im Strafprozess nicht. Ob der Tatrichter gehalten ist, auf die Offenlegung einzelner oder sämtlicher vorbereitender Arbeitsunterlagen eines Sachverständigen zu dringen, bestimmt sich vielmehr nach seiner Verpflichtung, das Sachverständigengutachten in seinen Grundlagen (Befund- und Zusatztatsachen) und in seinen Schlussfolgerungen auf seine Richtigkeit in einer für die Verfahrensbeteiligten nachvollziehbaren Weise zu überprüfen. Ob und wieweit das Gericht und die Verfahrensbeteiligten Kenntnis vom Inhalt vorbereitender Arbeitsunterlagen des Sachverständigen haben müssen, um das Gutachten kritisch würdigen zu können, hängt von den Umständen des Einzelfalles ab. Maßstab ist letztlich die tatrichterliche Aufklärungspflicht.[154]

4. Die Überprüfung des Gutachtens durch die Verteidigung

Zu den wichtigsten, aber auch schwierigsten, Aufgaben der Verteidigung gehört es, den Sachverständigen »auf die Finger zu sehen«.[155] Das entsprechende »Rüstzeug« dürfte den meisten Verteidigern fehlen. Deshalb wird es oft notwendig sein, bei Sachkundigen Informationen einzuholen und sich selbst das notwendige Sachwissen anzueignen.[156] Von Bedeutung ist jedenfalls meistens und bedarf der Nachfrage, ob der Sachverständige wesentliche Befundtatsachen außer Acht gelassen hat, von einem unzutreffenden Sachverhalt ausgegangen ist oder seinen Gutachtensauftrag überschritten hat. Dabei kann es notwendig sein, den Sachverständigen zur Offenlegung seiner Methoden anzuhalten und darlegen zu lassen, inwieweit er von anerkannten Grundsätzen seines Faches abweicht.[157] **53**

---

154 BGHR StPO § 244 II Sachverständiger 14
155 Vgl Maisch StV 1983, 517
156 Vgl dazu die Checklisten bei Decker/Kotz/Rubach Die anwaltschaftliche Tätigkeit in Strafsachen Teil 4 Kapitel 7. 6; Krekeler StraFO 1996, 11
157 BGH StV 1989, 335

VIII. Der Beweisantrag auf Zuziehung eines Sachverständigen

54 Ist die Beteiligung eines Sachverständigen nicht kraft Gesetzes vorgeschrieben und hat das Gericht keinen Sachverständigen zugezogen, können die Prozessbeteiligten einen entsprechenden Beweisantrag stellen, der nur unter den Voraussetzungen des § 244 III, IV StPO abgelehnt werden kann.

1. Allgemein

55 Ein Beweisantrag ist das Begehren eines Prozessbeteiligten, über eine bestimmte Tatsache ein nach der Prozessordnung zulässiges bestimmtes Beweismittel zu verwerten.[158] Er erfordert, dass zum Nachweis einer bestimmten Tatsache durch Gebrauch eines bestimmten Beweismittels Beweis erhoben wird, wobei die Beweisbehauptung einen zur Schuld- oder Rechtsfolgenfrage gehörenden Sachverhalt betreffen muss. Da der auszuwählende Sachverständige normalerweise austauschbar ist, braucht die Person des gewünschten Sachverständigen im Beweisantrag grundsätzlich nicht näher bezeichnet werden, die Auswahl und auch das spezielle Fachgebiet kann dem Tatgericht überlassen werden. Ob ein in Aussicht genommener Sachverständiger über die erforderliche Sachkunde verfügt, hat das Gericht im Freibeweis zu klären. Es ist daher für die Feststellung nicht an die strengen Anforderungen, die die Strafprozessordnung an den Beweis in der Schuld- und Straffrage stellt (§§ 243 ff StPO), gebunden und braucht auf Beweisanträge nur einzugehen, soweit dies die Aufklärungspflicht gebietet; es ist insbesondere seinem pflichtgemäßen Ermessen überlassen, wie es sich die Überzeugung von der Sachkunde verschafft.[159]

56 2. Für die **Ablehnung eines Beweisantrages auf Zuziehung eines Sachverständigen** gelten zunächst die in § 244 III StPO genannten Gründe. Abzulehnen wäre deshalb ein Antrag, der auf eine rechtlich unzulässige Beweiserhebung zielt,[160] weil verbotene Beweismethoden angewendet werden sollen. Abgelehnt werden kann der Beweisantrag auch, wenn die Beweistatsache schon erwiesen, offenkundig oder für die Entscheidung ohne wesentliche Bedeutung ist. Andererseits gilt das Verbot der Vorwegnahme der Beweiswürdigung auf Grund der bisherigen Beweisaufnahme, eine Ablehnung darf nicht damit begründet werden, das Beweismittel werde die Beweisbehauptung nicht bestätigen, es sei wertlos oder durch die bisherige Beweisaufnahme schon widerlegt.

57 3. Ein Beweisantrag auf Vernehmung eines Sachverständigen kann aber auch wegen **eigener Sachkunde des Gerichts** abgelehnt werden (§ 244 IV 1 StPO). Diese ist gegeben, wenn das Gericht über das Wissen verfügt, auf Grund dessen ihm die Beantwortung der speziellen Beweisfrage möglich ist. Worauf die Sachkunde beruht, ist unerheblich, sie kann auf der Aneignung eigenen Fachwissens beruhen oder auch durch ein Gutachten vermittelt worden sein, dem sich das Gericht im Ergebnis nicht anschließt.[161]

> **Hinweis:** Nicht ausreichend ist die Befragung eines Sachverständigen außerhalb der Hauptverhandlung, um die Sachkunde zu erlangen.[162]

---

158 BGHSt 6, 128, 129
159 BGHSt 16, 164, 166
160 Meyer-Goßner § 244 Rn 48 f
161 BGHSt 21, 62; BGH NStZ 1984, 467 m Anm Eisenberg NStZ 1985, 84; NStZ 1985, 421 f; Alsberg/
     Nüse/Meyer 698
162 Meyer-Goßner § 244 Rn 73; Alsberg/Nüse/Meyer 699

Das Wissen muss aber nicht dem eines Sachverständigen entsprechen. Bei einem Spruchkörper genügt das Wissen eines der Richter:

> »Erfordert die Beurteilung des Sachverhaltes eine besondere Sachkunde, so kann das Gericht einen Beweisantrag auf Vernehmung eines Sachverständigen auch dann ablehnen, wenn nur einer oder mehrere zum Spruchkörper gehörige Richter die erforderliche Sachkunde besitzen. Es ist nicht erforderlich, dass alle Mitglieder eines Kollegialgerichts in gleichem Maße sachkundig sind. In einem solchen Falle brauchen die übrigen Richter die Sachkenntnis auf einem Sondergebiet nicht in öffentlicher Verhandlung und nicht in Gegenwart der Verfahrensbeteiligten zu erwerben. Es muss jedoch zwecks Wahrung des Grundsatzes des rechtlichen Gehörs den Verfahrensbeteiligten in der Verhandlung ersichtlich sein, dass das Gericht die einschlägigen Fragen auf Grund eigener Sachkunde zu entscheiden beabsichtigt, und ihnen Gelegenheit gegeben werden, zu diesen Stellung zu nehmen. Das Revisionsgericht muss in der Lage sein, nachzuprüfen, ob der Tatrichter sich die erforderliche Sachkunde etwa zu Unrecht zugetraut hat. Die Urteilsgründe müssen daher Ausführungen enthalten, aus denen sich die Sachkenntnis des Gerichts ergibt. Die Anforderungen, die an den Ausweis der eigenen Sachkunde im Urteil zu stellen sind, richten sich nach dem Maß der Schwierigkeit der Beweisfrage«.[163]

Falls das Gericht nicht in dem den Beweisantrag ablehnenden Beschluss seine Sachkunde erläutert hat, muss dies in den Urteilsgründen erfolgen. **58**

Die Verfahrensbeteiligten müssen, falls nicht bereits entsprechende Beschlüsse ergangen sind, erkennen können, dass das Gericht eine Frage aus eigener Sachkunde entscheiden will und müssen Gelegenheit haben, dazu Stellung zu nehmen.

Hauptbeispiel für die Möglichkeit, ein Sachverständigengutachten wegen eigener **59** Sachkunde abzulehnen, finden sich in der Rechtsprechung im Bereich der Beurteilung der Glaubwürdigkeit von – auch kindlichen – Zeugen.

»§ 244 IV 1 StPO setzt nicht voraus, dass der Richter das Fach, in das die Beweisfrage einschlägt, allgemein und umfassend beherrscht, sondern nur, dass er über das Wissen verfügt, das die Beantwortung gerade dieser Beweisfrage erfordert. Die Beurteilung des Wertes von Zeugenaussagen gehört aber von jeher zum Wesen richterlicher Rechtsfindung. Sie ist daher auch im geltenden deutschen Strafverfahrensrecht grundsätzlich dem Tatrichter anvertraut. Wie der Bundesgerichtshof schon wiederholt hervorgehoben hat, gilt das selbst bei Aussagen jugendlicher Zeugen, obwohl diese – je nach der Altersstufe – allgemein oder auf bestimmten Gebieten, insbesondere bei der Schilderung geschlechtlicher Erlebnisse, weit mehr der Gefahr von Selbsttäuschungen ausgesetzt sind als erwachsene Zeugen. Die Zuziehung sachverständiger Personen mit besonderen Kenntnissen in der Seelenkunde ist auch hier nur dann geboten, wenn ein jugendlicher Zeuge aus dem gewöhnlichen Erscheinungsbild des Kindes oder Jugendalters hervorstechende Züge oder Eigentümlichkeiten aufweist. Bei erwachsenen Zeugen darf sich der Tatrichter die nötige Sachkunde zur Beurteilung der Glaubwürdigkeit nur dann nicht zutrauen, wenn die Beweislage – etwa infolge unaufklärbarer Widersprüche mehrerer Zeugen – besonders schwierig ist«.[164]

Die Hinzuziehung eines Sachverständigen ist nur dann geboten, wenn Besonder- **60** heiten vorliegen, die Zweifel an der Sachkunde des Gerichts hinsichtlich der Beurteilung der Glaubwürdigkeit aufkommen lassen können. In solch besonders gelagerten Fällen muss sich der Tatrichter sachverständiger Hilfe bedienen und darf

---

163 BGHSt 12, 18
164 BGHSt 8, 131

sich nicht auf seine eigene Sachkunde verlassen. In Grenzfällen wird der Tatrichter eher zu viel als zu wenig tun müssen.[165]

61 Besondere Umstände können dann vorliegen, wenn die Aussage des kindlichen Zeugen in der Hauptverhandlung erheblich von dem abweicht, was er bei seiner polizeilichen Vernehmung ausgesagt hat[166] oder bei einer Zeugin Erkrankungen vorliegen, die Auswirkungen auf ihre Aussagetüchtigkeit haben können.[167]

Die Möglichkeit der Ablehnung von Beweisanträgen auf Zuziehung eines Sachverständigen wegen eigener Sachkunde kommt vor allem auch bei der Beurteilung des Reifegrades von jugendlichen oder heranwachsenden Straftätern und bei der Blutalkoholbestimmung in Betracht.

4. Zuziehung eines weiteren Sachverständigen (§ 244 IV 2 StPO)

62 Der Sachverständige ist ein austauschbares Beweismittel. In einem Strafverfahren können deshalb mehrere Sachverständige zum Beweisthema vernommen werden. Weiterer Sachverständiger ist der Gutachter, der sich zu derselben Beweisfrage als Vertreter derselben wissenschaftlichen Fachrichtung äußern soll, wie der bereits zugezogene und angehörte Sachverständige. Der weitere Sachverständige ist kein »Obergutachter«. In Bereichen, in denen sich die Kompetenz von Sachverständigen verschiedener Fachrichtungen zur Beurteilung eines Sachverhalts überschneidet und das Gericht deshalb bei der Entscheidung über die Fachrichtung des zu bestellenden Gutachters frei ist, kann »weiterer« Sachverständiger iSd § 244 IV 2 StPO aber auch der Angehörige einer der anderen Fachrichtungen sein.[168]

63 Mit der Begründung, das Gegenteil der behaupteten Tatsache sei durch die früheren Gutachten bewiesen, darf die Einholung eines weiteren Gutachtens abgelehnt werden, wenn allein durch frühere Gutachten zu demselben Beweisthema das Gegenteil der behaupteten Tatsache bewiesen ist (§ 244 IV 2 HS 1 StPO).[169] Hier ist ein Fall der – sonst grundsätzlich unzulässigen – vorweggenommenen Beweiswürdigung gesetzlich geregelt.

Bestehen Zweifel an der Sachkunde des bisherigen Gutachters, darf der Antrag auf Zuziehung eines anderen (weiteren) Sachverständigen nicht abgelehnt werden. Solche Zweifel sind dann gegeben, wenn die Auffassung des Gutachters mit den Erkenntnissen der Wissenschaft nicht in Einklang steht,[170] wenn das Gutachten Mängel aufweist oder es dem Gutachter an der fachlichen Qualifikation mangelt.[171]

64 Gründe für die Hinzuziehung eines weiteren Sachverständigen können auch sein, dass der bisherige Gutachter sein Gutachten auf einer unrichtigen Tatsachengrundlage aufbaut, vom Gericht als nicht erwiesen angesehene Tatsachen zugrundelegt oder sein Gutachten widersprüchlich ist.

Die Vernehmung eines weiteren Sachverständigen kommt auch dann in Betracht, wenn dieser über überlegene Forschungsmittel verfügt. Unter Forschungsmitteln im Sinne des § 244 IV 2 StPO sind Hilfsmittel und Verfahren zu verstehen, deren

---

165 BGHSt 23, 8, 12; BGH StV 1997, 60
166 BGH StV 1995, 115
167 BGH NStZ 1995, 558 f
168 BGHSt 34, 355, 357
169 BGHSt 39, 49, 52
170 BGH StV 1989, 335
171 Eisenberg Beweisrecht Rn 257, 258

sich der Sachverständige für seine wissenschaftlichen Untersuchungen bedient. Es genügt deshalb nicht, dass der neue benannte Sachverständige »mehr Ansehen in der wissenschaftlichen Welt genießt«, über »besondere persönliche Kenntnisse und Erfahrungen verfügt«, sich »Verdienste um die Begründung einer bestimmten Lehre erworben hat« oder ihm »umfängliches Beobachtungsmaterial zur Verfügung steht«.[172]

Verweigert ein Angeklagter dem gerichtlich bestellten Sachverständigen die (psychiatrisch-psychologische) Untersuchung, so verfügt ein weiterer Sachverständiger nicht deswegen über überlegene Forschungsmittel, weil sich der Angeklagte von diesem untersuchen lassen würde.[173] Hier kann aber ein Problem der Aufklärungspflicht nach § 244 II StPO entstehen. Inhalt und Umfang der Aufklärungspflicht richten sich nämlich nicht allein nach dem Prozessverhalten des Angeklagten.[174]

Gegenüber der vom Sachverständigen vorgenommenen ambulanten Untersuchung ist die Anstaltsbeobachtung für sich kein überlegenes Forschungsmittel, auch wenn dort eine Langzeitbeobachtung möglich ist. Anders kann es sein, wenn besondere Umstände ausnahmsweise eine Begutachtung in einer psychiatrischen Klinik als überlegen erscheinen lassen. Ein Blutgruppensachverständiger ist zB in gleichem Maße kompetent wie ein DNA-Sachverständiger, soweit es darum geht, eine Person als Verursacher von Blutspuren auszuschließen.

Da zu den Pflichten des Tatgerichts insbesondere auch die Prüfung gehört, ob Grundlagen, Methodik und Inhalt des Gutachtens den anerkannten fachwissenschaftlichen Anforderungen genügen, kann das Vorliegen eines methodenkritischen Gegengutachtens[175] Anlass sein, ein weiteres Sachverständigengutachten einzuholen.[176]

Unter besonderen Umständen kann aber in der Unterlassung der Heranziehung eines weiteren Sachverständigen eine Verletzung der Aufklärungspflicht selbst dann liegen, wenn das Gericht einen hierauf zielenden Antrag mit einer nach § 244 IV 2 StPO zulässigen Begründung ablehnen könnte. Die Aufklärungspflicht ist dabei unabhängig vom Prozessverhalten des Angeklagten.

65

»Das Gebot der Wahrheitsforschung, das zu den grundlegenden, das gesamte Strafverfahren beherrschenden Prinzipien gehört, verpflichtet den Richter, jedes taugliche und erlaubte Mittel im Ringen um die Wahrheit einzusetzen. Der Richter muss die Beweismittel erschöpfen, wenn auch nur die entfernte Möglichkeit einer Änderung der durch die vollzogene Beweisaufnahme begründeten Vorstellung von dem zu beurteilenden Sachverhalt in Betracht kommt. Die Erfahrung lehrt, dass gerade die Beurteilung geistig-seelischer Vorgänge, die auch bei sorgfältiger Prüfung den Anschein voller Zuverlässigkeit bietet, durch die Erhebung eines weiteren Beweises doch wider Erwarten sich wesentlich ändern kann. In Grenzfällen wird der Richter daher eher ein Zuviel als ein Zuwenig tun müssen. Auch wenn § 244 IV 2 StPO die Ablehnung eines Antrags auf Anhörung eines Sachverständigen gestattet, können doch außergewöhnliche Umstände des zu beurteilenden Falles zur Benut-

---

172 BGHSt 23, 176, 185; 34, 355, 358; 44, 26 ff
173 BGHSt 44, 26 f, 33
174 BGH NStZ 2000, 439 = StV 2001, 548
175 mögliche Definition: »ein auf grund eigener Informationserhebung und Interpretation nach wissenschaftlich anerkannten Methoden und Kriterien erstellten ›Gegengutachten‹«; zum Begriff vgl auch Greuel in Praxis der Rechtspsychologie 2004, 180 ff
176 BGH Beschluss vom 12.11.2004 – 2 StR 367/04 StV 2005, 124 = BGHSt 49, 347

zung des weiteren Beweismittels drängen oder die Benutzung zumindest nahe legen. Das Gericht wird dann von seiner Pflicht zur Aufklärung nicht dadurch befreit, dass ihm das Verfahrensrecht die Möglichkeit gibt, den Antrag unter bestimmten Gesichtspunkten abzulehnen«.[177]

5. Der Antrag auf Vernehmung des selbstgeladenen Sachverständigen

66 Die formgerechte Ladung und das Erscheinen des Sachverständigen verpflichtet das Gericht noch nicht zu dessen Vernehmung. Vielmehr bedarf es noch eines Beweisantrags in der Hauptverhandlung (§ 245 II 1 StPO), der nur ausnahmsweise abgelehnt werden kann, vor allem nicht wegen eigener Sachkunde des Gerichts.[178] Das Gericht darf den auf Ladung des Angeklagten erschienen Sachverständigen auch nicht durch einen anderen ersetzen.

IX. Der Sachverständige und das Plädoyer

67 Das Gericht und natürlich auch die Verteidigung sind nicht verpflichtet, sich dem Ergebnis des Gutachtens anzuschließen. Die – kritische – Würdigung von Gutachten im Plädoyer ist oft keine einfache Aufgabe für die Verteidigung. Die Weichen dafür müssen häufig schon durch gezielte Fragen und erforderlichenfalls Beanstandungen während der Beweisaufnahme gestellt werden. Von wesentlicher Bedeutung ist der Beweiswert des Gutachtens, das häufig nur eines von mehreren Indizien ist. Auch ein Sachverständiger kann sich irren, Fehlerquellen können sich unter anderem aus der Persönlichkeit und den Eigenarten des Gutachters, der »Schule«, die er vertritt, aus Irrtümern bei der Erfassung des Sachverhalts und vor allem aus der fehlenden Erfahrung und Routine ergeben. Diese Mängel aufzuzeigen, ist Aufgabe der Verteidigung in ihrem Plädoyer.

X. Der Sachverständige und das Urteil

68 Für die Beweiswürdigung (vgl § 261 StPO) im Urteil gilt Folgendes:

1. Der Tatrichter ist zu einem eigenen Urteil auch in schwierigen Fachfragen **verpflichtet.** Er hat die Entscheidung auch über diese Fragen selbst zu erarbeiten, ihre Begründung selbst zu durchdenken. Er darf sich dabei vom Sachverständigen nur helfen lassen. Je weniger sich der Richter auf die bloße Autorität des Sachverständigen verlässt, je mehr er den Sachverständigen nötigt, ihn – den Richter – über allgemeine Erfahrungen zu belehren und mit möglichst gemeinverständlichen Gründen zu überzeugen, desto vollkommener erfüllen beide ihre verfahrensrechtliche Aufgabe.[179]

69 **2. Der Tatrichter darf sich** aber mangels hinreichender eigener Kenntnisse auf den für die Urteilsfindung maßgeblichen Wissensgebieten darauf beschränken, sich der **Beurteilung von Sachverständigen** hinsichtlich der einschlägigen Fachfragen anzuschließen. Doch ist er dann verpflichtet, die wesentlichen Grundlagen (die zugrunde liegenden Anknüpfungstatsachen) anzugeben, an die die Schlussfolgerungen des Gutachtens anknüpfen, um eine revisionsrechtliche Überprüfung zu ermög-

---

177 BGHSt 23, 176, 188; 44, 26 ff; 33
178 BGH NStZ 1994, 400
179 BGHSt 8, 113, 118

lichen.[180] Der Umfang dieser Darlegungspflicht richtet sich dabei nach der jeweiligen Beweislage, nicht zuletzt nach der Bedeutung, die der Beweisfrage unter Berücksichtigung von Inhalt und Richtung der Verteidigung oder der Anklage für die Wahrheitsfindung zukommt. Weder dem Angeklagten noch dem Revisionsgericht wäre es bei Verletzung dieser Pflicht möglich, die für die Schuldfeststellung entscheidenden Gründe rechtlich zu überprüfen. Das würde die Verteidigung gegen einen als unrichtig empfundenen Schuldvorwurf gerade in zweifelhaften Fällen, in denen das Gericht auf die Hilfe besonders fachkundiger Sachverständiger angewiesen ist, um ein zutreffendes Urteil über den Beweiswert der für den Schuldnachweis zur Verfügung stehenden Anknüpfungstatsachen zu gewinnen, unmöglich machen. Entsprechendes würde für die Möglichkeit der Entschließung der Staatsanwaltschaft über die Einlegung eines Rechtsmittels gelten. Ein solches Ergebnis würde dem rechtsstaatlichen Geist des Strafprozessrechts widersprechen. Dem steht nicht entgegen, dass der Strafrichter verfahrensrechtlich nicht verpflichtet ist, die für seine Überzeugungsbildung verwerteten Beweisanzeichen im Urteil anzuführen, und dass eine Verletzung der Ordnungsvorschrift des § 267 I 2 StPO die Revision nicht begründen kann. Denn wenn das Gericht jene Tatsachen – entsprechend dieser Bestimmung – im Urteil angibt, so ist auch dieser Teil der Urteilsgründe nach allgemeinen revisionsrechtlichen Verfahrensgrundsätzen daraufhin zu überprüfen, ob die vom Tatrichter – sei es auch in Anlehnung an ein Sachverständigengutachten – gezogenen Schlussfolgerungen denkgesetzlich möglich sind und mit den Erfahrungen des täglichen Lebens sowie den Ergebnissen der Wissenschaft im Einklang stehen. Die verwerteten Beweisanzeichen müssen daher in solchem Falle im Urteil lückenlos zusammengefügt und unter allen für ihre Beurteilung maßgeblichen Gesichtspunkten vom Tatrichter gewürdigt werden, damit ersichtlich ist, ob der Schuldbeweis schlüssig erbracht ist und alle gleich naheliegenden Deutungsmöglichkeiten für und gegen den Angeklagten geprüft worden sind.[181]

Das kann dazu führen, dass zB auch bei daktyloskopischen Gutachten im Urteil nicht nur die abschließende Stellungnahme des Sachverständigen über die Identität der Spuren mitgeteilt werden darf, sondern auch so viele Anknüpfungstatsachen und von Sachverständigen gezogene Schlussfolgerungen, dass das Revisionsgericht die Schlüssigkeit des Gutachtens, seine Übereinstimmung mit den Erkenntnissen der Wissenschaft überprüfen kann.[182] Der Umfang der Darlegungspflicht richtet sich somit nach den Umständen des Einzelfalles und nach der Art des Gutachtens. Geht es um ein weithin standardisiertes Verfahren, wie das bei daktyloskopischen Gutachten der Fall ist, so kann die Mitteilung des Ergebnisses, zu dem ein renommierter Sachverständiger gekommen ist, dann ausreichen, wenn von keiner Seite Einwände gegen die Tauglichkeit der gesicherten Spur und Zuverlässigkeit der Begutachtung erhoben werden.[183]

3. Die **Feststellung der** für das Strafverfahren **bedeutsamen Tatsachen,** auch mit **70** Hilfe von Sachverständigengutachten, verlangt keine absolute, von niemandem anzweifelbare Gewissheit; es genügt vielmehr ein mit den Mitteln des Strafverfahrens gewonnenes, nach der Lebenserfahrung ausreichendes Maß an Sicherheit, das keinen vernünftigen Zweifel bestehen lässt. Dieser Grundsatz gilt auch für die Erfassung und Deutung von Vorgängen, die Gegenstand naturwissenschaftlicher

---

180 BGHSt 7, 238, 239; 12, 311, 314 f; 34, 29, 31
181 BGHSt 12, 311, 314 ff, 316
182 Zur Handschriftenuntersuchung vgl Böhle/Wildensee Kriminalistik 2005, 106 ff
183 BGH NStZ 1993, 95 = BGHR StPO § 261 – Sachverständiger 4

Forschung sein können. Absolut sicheres Wissen – auch von Ursachenzusammenhängen – demgegenüber das Vorliegen eines gegenteiligen Geschehens mit Sicherheit auszuschließen wäre, gibt es nicht. Kann eine Feststellung allerdings allein mit Hilfe naturwissenschaftlicher Methoden getroffen werden, dann darf sich der Tatrichter nicht von wissenschaftlichen Standards lösen. An die richterliche Überzeugungsbildung sind dann keine geringeren Anforderungen zu stellen als an das Ergebnis wissenschaftlicher Untersuchungen selbst. Der Tatrichter ist aber aus Rechtsgründen nicht gehindert, sich nach Anhörung von Sachverständigen auf Untersuchungsergebnisse zu stützen, die Gegenstand eines wissenschaftlichen Meinungsstreites sind. Die Pflicht zu einer umfassenden Aufklärung kann ihm sogar gebieten, sich auch über Methoden und Verfahren zu unterrichten, die noch nicht allgemein anerkannt sind. Bei der Beweiswürdigung hat er dann aber die für und gegen die noch nicht allgemein anerkannten Methoden und Ergebnisse sprechenden Gesichtspunkte mit zu berücksichtigen. Im Übrigen hat der Tatrichter die naturwissenschaftlichen Erkenntnisse und andere Indiztatsachen in einer Gesamtwürdigung zu beurteilen. Er kann dabei zu Ergebnissen gelangen, die Vertreter der maßgeblichen naturwissenschaftlichen Fachrichtungen mit ihren Methoden allein nicht belegen könnten. Bei der Gesamtbetrachtung naturwissenschaftlicher Erkenntnisse und anderer Indiztatsachen ist zu berücksichtigen, dass ein Sachverständiger auch dann zur Wahrheitsfindung beitragen kann, wenn er zwar keine sicheren und eindeutigen Schlüsse zu ziehen vermag, seine Schlussfolgerungen die zu beweisenden Tatsachen aber mehr oder weniger wahrscheinlich machen. Die tatrichterliche Würdigung darf allerdings den Gesetzen der Logik und dem gesicherten wissenschaftlichen Erfahrungswissen nicht widersprechen.[184]

Beachte: Der Grundsatz »in dubio pro reo« findet bei der Entscheidung über die Voraussetzungen der verminderten Schuldfähigkeit nur dann Anwendung, wenn nicht behebbare tatsächliche Zweifel bestehen, die sich auf die Art und den Grad des psychischen Ausnahmezustandes beziehen. Nicht anwendbar ist dieser Grundsatz jedoch auf die rechtliche Wertung der zur Schuldfähigkeit getroffenen Feststellungen.[185]

70 a   Exkurs: Der Beweiswert von Sachverständigengutachten[186]

Kriminaltechnische Gutachten[187]

Kriminaltechnischen Gutachten spielen als objektive Komponenten im Rahmen der Überzeugungsbildung des Tatgerichts eine wichtige Rolle. Ihr Beweiswert ist zwar unterschiedlich, oft aber enthalten die entsprechenden Gutachten wichtige Elemente der Beweiswürdigung.

Daktyloskopische Gutachten[188]

Bei daktyloskopischen Gutachten handelt es um ein weithin standardisiertes Verfahren. Hier kann die Mitteilung des Ergebnisses, zu dem ein renommierter Sach-

---

184 BGHSt 41, 212
185 BGHSt 14, 68, 73
186 Vgl auch Nack StV 2002, 563 ff; Schwaben StraFo 2002, 78 ff
187 Allgemein: Kube/Störzer/Timm Kriminalistik 1992; Artkämper Blutalkohol 38 /(2001), 7 ff; zum Problemkreis Verteidiger und Kriminaltechnik: Barton StV 1988, 124 ff; Neuhaus StraFo 2001, 8 ff; 406 ff; 2002, 254 ff; 2004, 127 ff; 2005, 148 ff; Werner in Handbuch des Fachanwalts Strafrecht 2. Aufl. 505 ff, 525 ff; vgl auch Eisenberg Rdn 1895 ff
188 Vgl ua Pfefferli Kriminalistik 1997, 217 ff

verständiger gekommen ist, dann ausreichen, wenn von keiner Seite Einwände gegen die Tauglichkeit der gesicherten Spur und die Zuverlässigkeit der Begutachtung erhoben werden. Auch bei daktyloskopischen Gutachten kann es aber Fälle geben, bei denen im Urteil nicht nur die abschließende Stellungnahme des Sachverständigen über die Identität der Spuren mitzuteilen ist, sondern es sind so viele Anknüpfungstatsachen und vom Sachverständigen gezogene Schlussfolgerungen wiederzugeben, dass das Revisionsgericht die Schlüssigkeit des Gutachtens, seine Übereinstimmung mit den Erkenntnissen der Wissenschaft überprüfen kann. Der Umfang der Darlegungspflicht richtet sich grundsätzlich nach den Umständen des einzelnen Falles.[189]

Handschriftgutachten[190]

Der Beweis durch Schriftvergleichung ist schwierig, da Fehlbeurteilungen schon allein wegen der verschiedenen Methoden der Sachverständigen möglich sind. Die Gefahr eines Fehlurteils ist besonders groß, wenn die Vergleichsmöglichkeiten gering sind, da oft nur eine kurze Unterschrift auf ihre Richtigkeit zu untersuchen ist.[191] Möglich sind die Qualifikationen »mit hoher Wahrscheinlichkeit«, »mit größter Wahrscheinlichkeit« oder »mit sehr hoher Wahrscheinlichkeit«. Hohe Wahrscheinlichkeit besagt, dass insoweit noch »vernünftige« Zweifel bestehen, die nicht »rein theoretisch« sind, und andere Möglichkeiten offen bleiben, die nicht nur gedanklicher Art sind und als »völlig abseits« liegend hätten außer Betracht bleiben dürfen und müssen.[192] Der Tatrichter darf seine Überzeugung von der Täterschaft des Angeklagten deshalb nicht allein auf dieses Wahrscheinlichkeitsurteil stützen. Schriftgutachten können zwar zu dem Ergebnis gelangen, dass eine Schrift mit Sicherheit von einer bestimmten Person stammt, und sie können in solchen Fällen dann auch ohne weitere Beweisanzeichen Grundlage einer Verurteilung sein.

Faserspuren[193]

Ausschlaggebend für die Bewertung des ermittelten konkreten Spurenbildes sind unter Beachtung des Verbreitungsgrades der Faser dessen Besonderheiten. Wird auf dem Opfer Fasermaterial gefunden, welches dem Lebensbereich des Tatverdächtigen zugeordnet werden kann, und werden an dem verwendeten Tatmittel Fasern aus dem Lebensbereich des Verdächtigen gefunden, so kommt einem solchen Befund – für sich genommen – besondere Beweiskraft noch nicht zu. Nachgewiesene material- und einfärbungsidentische Fasern sind für die Beurteilung eines möglichen Kontaktes vor allem aber dann bedeutsam, wenn das Spurenbild eine große Anzahl verschiedener Faserarten zeigt und jede Faserart in einer hohen Anzahl gleichartiger Fasern vertreten ist. Überkreuzungsspuren und Sekundärspuren erweitern dabei den Beweiswert erheblich. Der Beweiswert der einzelnen Faserspuren und des tatspezifischen Faserspurenbildes hängt davon ab, wie wahrscheinlich es ist, dass ein nachgewiesenes Faserspurenbild unabhängig von der Straftat zufällig und zu einem beliebigen Zeitpunkt auf einem beliebigen Textil oder an einer anderen Stelle gefunden wird. Bei der Ermittlung des Verbreitungsgrades wird auch auf die Randbedingungen des jeweiligen Einzelfalles zu achten sein. Allerdings gibt es

---

189 BGH NStZ 1993, 95
190 Eisenberg aaO Rdn 1965 ff, 1970 ff; Hecker NStZ 1990, 463 ff; Seibt Kriminaltechnik 2004, 267 ff, Böhle/Wildensee Kriminalistik 2005, 106 ff; Seibt Kriminalistik 2005, 175 ff
191 BGHSt 10, 116, 119
192 BGH NStZ 1982, 478 = NJW 1982, 2882, 2883 = StV 1982, 407, 408
193 BGH NStZ 1993, 395 = StV 1993, 340; StV 1994, 114; NStZ-RR 1996, 335 = StV 1996, 251; vgl auch Nack StV 2002, 558, 565

derzeit noch keine statistisch verlässlichen Aussagen über den Verbreitungsgrad von Fasern, so dass sich die Merkmalswahrscheinlichkeit nicht – wie etwa bei der DNA-Analyse – quantifizieren lässt. Das entbindet den Tatrichter aber nicht von der Aufgabe, Erwägungen darüber anzustellen, ob ein tatspezifisches Spurenbild von einer solchen Besonderheit ist, dass sein Vorkommen im Lebensbereich eines Unschuldigen auf einem ganz fernliegenden Zufall beruhen müsste. Bei der Beurteilung des Beweiswerts von Faserspuren hat der Tatrichter insbesondere die Zuordnung der Tatortspuren zu den Vergleichsspuren in einer dem Stand der Wissenschaft entsprechenden Weise zu erörtern und muss das Ergebnis seiner Bewertung in einer für das Revisionsgericht nachprüfbaren Form im Urteil darstellen. Dazu hat der Bundesgerichtshof[194] folgende Kriterien aufgestellt: Bei der Untersuchung auf Material- und Einfärbungsidentität der Fasern ist zu erörtern und darzustellen, ob diese sich mit den angewendeten Untersuchungsmethoden lediglich nicht unterscheiden lassen (Gruppenidentität) und ob sie aus dem gleichen, möglicherweise sogar – worauf besonders zu achten ist – demselben Herstellungsprozess stammen. Darüber hinaus ist zu prüfen, ob Tatort- und Vergleichsspuren zusätzlich besondere Merkmale, etwa eine Verschmutzung, aufweisen, die eine weitere individuelle Zuordnung ermöglichen. Schließlich hat der Tatrichter eine Gesamtwürdigung der Faserspurenkombination im Hinblick darauf vorzunehmen, ob eine solche Kombination ein »charakteristisches Faserbild« darstellt. Dabei kommt es auch auf die Zahl der Fasern und insbesondere auf etwa vorhandene Überkreuzungsspuren an.

Stimmenvergleich – Stimmenanalyse[195]

Bei der Stimmenanalyse werden Sprechaufzeichnungen verglichen. Dies ist eine wissenschaftlich weit fortgeschrittene Methode,[196] deren Beweiswert aber nicht unproblematisch ist, da auch hier mit »Wahrscheinlichkeitskriterien« gearbeitet wird.[197] Entscheidungen des BGH zum Beweiswert liegen – soweit ersichtlich – bisher nicht vor.[198]

Sehr problematisch ist die Identifizierung eines Tatverdächtigen ausschließlich an seiner Stimme im Wege des Zeugenbeweises. Der Tatrichter muss sich der besonderen Problematik des Wiedererkennens von Stimmen bewusst sein.[199] Es ist sicherzustellen, dass der Zeuge die Stimme des Verdächtigen nicht isoliert, sondern neben anderen Stimmen hört. Die Vergleichsstimmen müssen eine gewisse Klangähnlichkeit aufweisen. Es dürfen dem Zeugen auch nicht etwa neben dem mit einem fremdländischen Akzent oder einem Dialekt sprechenden Verdächtigen Stimmen einer anderen Sprachheimat vorgestellt werden. Bei Mängeln des Stimmenvergleichstests verliert die Identifizierung der Stimme durch den Zeugen zwar nicht notwendig jeden Beweiswert; wie bei der fehlerhaften visuellen Gegenüberstellung muss sich der Tatrichter aber des besonderen Risikos einer Falschidentifizierung – erkennbar – bewusst sein.

---

194 BGH NStZ 1993, 395 = StV 1993, 340; StV 1994, 114; NStZ-RR 1996, 335 = StV 1996, 251
195 BGHSt 40, 66; Eisenberg aaO Rdn 1992 ff; ders NStZ 1994, 598 ff; Künzel NStZ 1989, 400 ff: StraFo 1997, 100 ff; Kriminalistik 2003, 676 ff
196 Künzel Kriminalitik 2003, 676, 680
197 Vgl Künzel NStZ 1989, 400 ff: StraFo 1997, 100 ff; Kriminalistik 2003, 676 ff
198 Vgl aber BGHSt 34, 39 ff
199 BGHSt 40, 66; BGH NStZ 1994, 597 m Anm Eisenberg; OLG Köln StV1998, 178 m Anm Meurer; Künzel ArchKrim 198 (1996), 1 ff

DNA-Analyse[200]

Die Rechtsprechung des Bundesgerichtshofs verlangte lange Zeit eine kritische Beurteilung des Beweiswerts einer DNA-Analyse, er verlangte oft auch zusätzliche Indizien.[201] Der Tatrichter musste berücksichtigen, dass die DNA-Analyse lediglich eine statistische Aussage enthält, die eine Würdigung aller Beweisumstände nicht überflüssig macht.[202] In dieser Absolutheit wird die bisherige Rechtsprechung angesichts der immer weiter fortgeschrittenen Entwicklung des DNA-Verfahrens wohl kaum noch Geltung beanspruchen können. Zum Beweiswert der DNA gibt es in neuerer Zeit kaum noch Entscheidungen des Bundesgerichtshof. Es spricht aber vieles dafür, dass in soweit eine »heimliche« Herabsetzung der Anforderungen, der Gestalt erfolgt ist, dass eine Überführung allein durch DNA-Material ausreichen kann. Zu verlangen ist aber weiterhin eine nähere Darlegung zu dem der Wahrscheinlichkeitsberechnung zugrunde gelegten »Datenmaterial« (Datenbasis) und zur Frage der statistischen Unabhängigkeit der untersuchten Merkmale.

Rechtsmedizinische Gutachten[203]

Die Rechtsmedizin wird in Kapitalstrafsachen meist zur Ermittlung der Todesursache oder zur Feststellung von Verletzungen tätig, sowie auch zur Begutachtung von alkoholbedingten Straftaten. Die Wertigkeit der Bekundungen ist gerade in diesem Bereich oft abhängig von der Person, der von ihm angewandten Untersuchungsmethode und damit der Qualifikation des Sachverständigen.

Anthropologisches Vergleichsgutachten[204]

Beim anthropologischen Identitätsgutachten werden anhand von Lichtbildern der Raumüberwachungskamera eine bestimmbare Zahl deskriptiver morphologischer Merkmale (zB Nasenfurche, Nasenkrümmung etc) oder von Körpermaßen des Täters herausgearbeitet und mit den entsprechenden Merkmalen des Tatverdächtigen verglichen. Ein anthropologisches Vergleichsgutachten ist kein standardisiertes Verfahren.[205] Anders als bei Gutachten zur Blutalkoholanalyse oder zur Bestimmung von Blutgruppen handelt es sich um kein standardisiertes Verfahren. Die morphologischen Merkmale sind nicht eindeutig bestimmbar. Zwischen den Klassifizierungen von Einzelmerkmalen besteht ein gleitender Übergang, weswegen in der Regel keine genauen Angaben über die Häufigkeit der Merkmale in der Bevölkerung, der die zu identifizierende Person angehört, gemacht werden können. Weitere Beeinträchtigungen des Beweiswerts können ua durch Vermummung, Grimassierung oder Bartbildung erfolgen. Aufgrund dieser »weichen« Kriterien ist die Abschätzung der Beweiswertigkeit nach der persönlichen Erfahrung eines Sachverständigen subjektiv; graduelle Abweichungen sind zwischen verschiedenen Sachverständigen möglich. Dabei lässt sich der Identitätsausschluss leichter als der Identitätsnachweis erreichen, weil dafür bereits ein besonders prägnantes Gesichtsmerkmal ausreicht.

Der Umfang der Darlegungspflicht des Tatrichters richtet sich nach der jeweiligen Beweislage und der Bedeutung, die der Beweisfrage für die Entscheidung zukommt.

---

200 Eisenberg aaO Rdn 1904 ff; Nack StV 2002, 558, 563 ff

201 BGHSt 38, 320, 322 ff; 37, 157, 159 f; BGH NStZ 1994, 554; StV 1996, 583 mwN

202 BGHSt 38, 320; 37, 157

203 Gerchow Festschrift für Schmidt-Leichner 1977 S 67 ff; Geerds ArchKrim 187 (1991) 28 ff; Metter Medsach 1989, 36 ff

204 BGH NJW 2000, 1350 = NStZ 2000, 106 = StV 2000, 125; NStZ 1993, 47; NStZ-RR 2000, 45; StV 2005, 374; vgl auch Knußmann StV 1983, 127 ff; ders NStZ 1991, 175; Schott Kriminalistik 1996, 485 ff; Jung PVR 2003, 141 f; zu den Standards: NStZ 1999, 230 ff

205 BGH NStZ 2000, 106 f

Dargelegt werden muss, auf welche und wie viele übereinstimmende metrische Körpermerkmale der Sachverständige sich bei seiner Bewertung gestützt und auf welche Art und Weise er diese Übereinstimmungen ermittelt hat. Wesentlich ist auch, auf welches biostatistische Vergleichsmaterial sich die Wahrscheinlichkeitsberechnung der Sachverständige stützt, dh ob dieses Vergleichsmaterial im Hinblick auf die Bevölkerungsabgrenzung, die Größe des Probandenkreises und das wegen der Akzeleration der Bevölkerung bedeutsame Alter der Untersuchung repräsentativ ist, also das Vorkommen des einzelnen Merkmals in der männlichen Bevölkerung zur Tatzeit zutreffend widerspiegelt, oder ob es sich nur um mehr oder weniger genaue, den Beweiswert der Wahrscheinlichkeitsaussage relativierende Anhaltswerte handelt. Das Verfahren ist – wenn nicht schon mit Skepsis – jedenfalls mit großer Vorsicht zu behandeln.

71   4. Besonderheiten können sich bei **Glaubwürdigkeitsgutachten** ergeben.

Hier ist es nicht Aufgabe des Sachverständigen darüber zu befinden, ob die zu begutachtende Aussage wahr ist oder nicht. Glaubwürdigkeit und Wahrheitsgehalt abschließend für den Schuldspruch zu beurteilen, gehört vielmehr zum Wesen richterlicher Rechtsfindung und ist daher dem Tatrichter vorbehalten. Der Sachverständige soll dem Gericht nur die Sachkunde vermitteln, mit deren Hilfe es die Tatsachen feststellen kann, die für diese Beurteilung wesentlich sind. Er hat sich mithin darauf zu beschränken, die Wesenszüge der jugendlichen Zeugin darzustellen und diese sowie das Verhalten der Jugendlichen im besonderen Falle und ihre Aussage selbst nach Inhalt und Entwicklung aus psychologischer Sicht zu erläutern. Dazu gehört, dass er auf Grund seines Fachwissens auf diejenigen Umstände hinweist, die für die Aussagetüchtigkeit und Glaubwürdigkeit der Jugendlichen sprechen oder Bedenken hiergegen erwecken könnten. Damit ist seine verfahrensrechtliche Aufgabe jedoch erfüllt.[206]

5.   Abweichung von Sachverständigengutachten

72   Das erkennende Gericht ist nicht gehindert, **anders als ein in der Hauptverhandlung erstattetes Sachverständigengutachten zu entscheiden.** Will der Tatrichter, eine Frage, für die er geglaubt hat, des Rates eines oder mehrerer Sachverständigen zu bedürfen, im Widerspruch zu einem Gutachten lösen, muss er dann aber die maßgeblichen Darlegungen dieses Gutachtens wiedergeben und unter Auseinandersetzung mit diesem seine Gegenansicht begründen, damit dem Revisionsgericht eine Nachprüfung möglich ist.[207] Nicht ausreichend ist, bei widersprechenden Sachverständigengutachten lediglich die unterschiedlichen Ergebnisse mitzuteilen. Darzulegen ist, auf welche tatsächlichen Grundlagen und welche Erwägungen die Sachverständigen ihre unterschiedlichen Ergebnisse stützen und warum das Gericht einem der Gutachten den Vorzug gibt.

XI.   Revisionsrügen im Zusammenhang mit der Heranziehung von Sachverständigen

1.   Sachrüge

73   Die Bekundungen des Sachverständigen spiegeln sich in der Beweiswürdigung des Tatgerichts und in dessen Feststellungen wieder. Gegen Fehler in diesem Bereich

---

206 BGHSt 21, 62, 63
207 BGH NStZ 1994, 503

mit dem Rechtsmittel der Revision erfolgreich anzukämpfen, ist sehr schwierig. Das Revisionsgericht hat nämlich die Entscheidung des Tatrichters grundsätzlich hinzunehmen und sich auf die Prüfung zu beschränken, ob die Urteilsgründe Rechtsfehler enthalten. Diese sind nur dann gegeben, wenn die Beweiswürdigung in sich widersprüchlich, lückenhaft oder unklar ist, gegen die Denkgesetze oder gesichertes Erfahrungswissen verstößt oder an die zur Verurteilung erforderliche Gewissheit übertriebene Anforderungen gestellt worden sind.[208] Das Ergebnis der Hauptverhandlung festzustellen und zu würdigen ist allein Sache des Tatrichters.[209] Seine Schlussfolgerungen brauchen nicht zwingend zu sein; genügend ist, dass sie möglich sind und der Tatrichter von ihrer Richtigkeit überzeugt ist.[210] Es ist deshalb aussichtslos, im Revisionsverfahren Gutachten anderer Sachverständiger vorzulegen, die das Sachverständigengutachten, auf das sich das Urteil stützt, in Frage stellen.

Trotzdem verspricht manchmal die Sachrüge im Bereich der Feststellung der Schuldfähigkeit Erfolg, weil die Tatgerichte bei der Würdigung von Sachverständigengutachten unrichtige Maßstäbe anlegen.

Zunächst können die Urteilsgründe unvollständig sein, weil die Bekundungen des Sachverständigen nicht ausreichend wiedergegeben sind. Erforderlich ist eine verständliche, in sich geschlossene Darstellung der dem Gutachten zugrunde liegenden Anknüpfungstatsachen, der wesentlichen Befundtatsachen und der das Gutachten tragenden fachlichen Begründung.[211] Der Umfang der Darlegungspflicht richtet sich dabei nach der jeweiligen Beweislage und der Bedeutung, die der Beweisfrage für die Entscheidung zukommt. **74**

Aber auch die aus den Gutachten gezogenen Schlussfolgerungen können zu sachlich-rechtlichen Beanstandungen Anlass geben. Beispiele aus der neueren Rechtsprechung zeigen die Problematik sehr anschaulich:[212] **75**

Bei der Wertung als »schwere andere seelische Abartigkeit« fordern die Sachverständigen meist einen »Krankheitswert«, während die Rechtsprechung gerade dieses Erfordernis verneint.[213] Erfasst werden sollen auch solche Veränderungen der Persönlichkeit, die nicht pathologisch bedingt sind. Ein »psychischer Ausnahmezustand« begründet noch lange nicht das Vorliegen der Voraussetzungen der §§ 20, 21 StGB.[214] Für die Diagnosen »Schizophrenie«,[215] »Paranoia«,[216] »Affekt«,[217] »Eifersuchtswahn«,[218] »Persönlichkeitsstörung«[219] oder »Drogenabhängigkeit«[220] gilt ähnliches. Wahnvorstellungen können sowohl auf psychische als auch auf körperliche Ursachen zurückgehen, deshalb ist eine genaue Zuordnung erforderlich.[221] Häufig diagnostizieren Sachverständige eine Persönlichkeitsstörung als »**Borderline**«-Syndrom. Damit ist aber noch nichts über die Einordnung innerhalb der §§ 20, 21

---

208 BGH NStZ 1982, 478; 1984, 180
209 BGHSt 21, 149, 151
210 BGHSt 10, 208, 209; 26, 56, 63; 29, 18, 20
211 BGHR StPO § 267 I 1 Beweisergebnis 2
212 BGHR StGB § 21 Bewusstseinsstörung 5
213 BGHSt 34, 22, 24; BGHR StGB § 21 seelische Abartigkeit 3; 6; BGH StV 1988, 529; NJW 1989, 918
214 BGHR StGB § 211 II niedrige Beweggründe 33
215 LK-Jähnke § 20 Rn 37 ff
216 BGH NStZ 1997, 335 f
217 LK-Jähnke § 20 Rn 54 ff; vgl auch Foerster StraFo 1997, 165 ff
218 BGH NStZ 1998, 296 = StV 1997, 628
219 BGH Beschl v 15. 7. 1997 – 4 StR 303/97 = NStZ-RR 1998, 106
220 BGHR StGB § 21 BtM-Auswirkungen 2; 4; 5; 6; 7; 9; 11; 12; BGH NStZ-RR 1997, 225
221 BGH NStZ 1998, 296 = StV 1997, 628

StGB gesagt.[222] Die Feststellung einer »dissozialen Persönlichkeitsstörung« besagt wenig; denn dieser Begriff kann auch Eigenschaften und Verhaltensweisen umspannen, die sich innerhalb der Bandbreite des Verhaltens uneingeschränkt schuldfähiger Menschen bewegen, also keine schwere andere seelische Abartigkeit begründen.[223] Wird ohne nähere Beschreibung von einer »Paranoia« als einer krankhaften Störung ausgegangen, fehlt es an der Verdeutlichung, ob eine endogene Psychose aus dem Formenkreis der Schizophrenie und damit tatsächlich eine krankhafte seelische Störung vorliegt.[224] Der psychiatrische Begriff **»Pädophilie«** ist nur eine Sammelbezeichnung, die alle sexuell betonten Neigungen zu Kindern umfasst. Nicht jedes abweichende Sexualverhalten in Form einer »Pädophilie« ist ohne weiteres einer schweren Persönlichkeitsstörung gleichzusetzen, die als Merkmal des § 20 StGB einer schweren anderen seelischen Abartigkeit zuzuordnen ist und zu einer Schuldmilderung nach §§ 21, 49 I StGB führen muss. Liegt ausreichendes Anknüpfungsmaterial für ein umfassendes Persönlichkeitsbild vor, kann aus psychiatrischer Sicht auch der Schluss gerechtfertigt sein, dass nur eine gestörte sexuelle Entwicklung vorliegt, die als eine allgemeine Störung der Persönlichkeit, des Sexualverhaltens oder der Anpassung kein krankheitswertiges Ausmaß aufweist und damit keinen Einfluss auf die strafrechtliche Verantwortlichkeit des Angeklagten hat. Dagegen kann die Steuerungsfähigkeit beeinträchtigt sein, wenn Sexualpraktiken zu einer eingeschliffenen Verhaltensschablone werden, die sich durch abnehmende Befriedigung, zunehmende Frequenz, durch Ausbau des Raffinements und durch gedankliche Einengung auf diese Praktiken auszeichnen.[225]

76 Anhaltspunkte für die Beurteilung der Schuldfähigkeit bieten die Klassifikationssysteme DSM – IV (früher: III R = Diagnostisches und statistisches Manual psychischer Störungen; Deutsche Bearbeitung von Saß/Wittchen/Zaudig, [1996]) und das ICD – 10 (Internationale Klassifikation psychischer Störungen – von der WHO herausgegebener Diagnoseschlüssel und Glossar psychischer Krankheiten, Deutsche Bearbeitung 2. Aufl. Hrsg Dilling/Mombour/Schmidt). Diese Klassifikationssysteme haben für die Beurteilung der Schuldfähigkeit keine Verbindlichkeit. Die Diagnose einer Störung nach Maßgabe dieser Klassifikationssysteme erlaubt für sich genommen noch keine abschließenden Rückschlüsse für die rechtliche Bewertung der Schuldfähigkeit, während die Systeme im Alltag des Psychiaters bei der Diagnose sicherlich eine nicht unerhebliche Rolle spielen dürften. Die Aufnahme eines bestimmten Krankheitsbildes in den Katalog ICD – 10 entbindet den Tatrichter somit nicht, konkrete Feststellungen zum Ausmaß der vorhandenen Störung zu treffen und ihre Auswirkungen auf die Tat darzulegen. Die von einem Sachverständigen vorgenommene Zuordnung eines Befundes zu einer in der ICD anhand eines **Merkmalkatalogs** definierten **Persönlichkeitsstörung** zB belegt allein nicht, dass die Schuldfähigkeit iSv §§ 20, 21 StGB erheblich vermindert ist, sie weist aber idR auf eine nicht ganz geringfügige Beeinträchtigung hin.[226]

2. Verfahrensrügen

77 Wichtig für die Verteidigung ist die Beachtung der Formvorschrift des § 344 II 2 StPO. Nach der ständigen Rechtsprechung des Bundesgerichtshofs ist für eine zulässig erhobene Verfahrensrüge erforderlich, dass die den geltend gemachten Ver-

222 BGH NStZ 1997, 278
223 BGHR StGB § 63 Zustand 24
224 BGH StV 1997, 469
225 BGH NStZ 2001, 243 = StV 2002, 18
226 BGH StV 1997, 630 = BGHR StGB § 21 seelische Abartigkeit 29; BGH NStZ 1998, 86, 87

stoß enthaltenden Tatsachen so genau dargelegt werden, dass das Revisionsgericht auf Grund dieser Darlegungen das Vorhandensein eines Verfahrensmangels feststellen kann, wenn die behaupteten Tatsachen bewiesen sind oder bewiesen werden. Das kann bedeuten, dass in den Akten befindliche oder anderweitig erholte Gutachten in der Revisionsbegründung im vollen Wortlaut wiederzugeben sind.

a) Fehler bei der Bestellung, Anhörung und Entscheidung über die Ablehnung des Sachverständigen

Die Auswahl und Bestellung eines bestimmten Sachverständigen kann mit der Revision kaum erfolgreich gerügt werden. Verstöße gegen § 73 StPO, also auch damit verbundene Verstöße gegen das Gebot der Gewährung rechtlichen Gehörs, sind nicht revisibel.[227] Nur wenn sich die Ungeeignetheit eines Sachverständigen zB wegen methodischer Fehler aus dem Urteil selbst ergibt, kommt aber eine Aufklärungsrüge nach § 244 II StPO in Betracht.

78

Eine Verletzung der Leitungspflicht des Gerichts gegenüber dem Sachverständigen (§ 78 StPO) kann die Revision nicht unmittelbar begründen.[228]

Weigert sich das Gericht, den Sachverständigen anzuhalten, seine Arbeitsunterlagen vorzulegen, kann, wenn ein entsprechender Antrag abgelehnt wurde, unter Umständen darauf die Revision gestützt werden. Ob und wieweit das Gericht und die Verfahrensbeteiligten Kenntnis vom Inhalt vorbereitender Arbeitsunterlagen des Sachverständigen haben müssen, um das Gutachten kritisch würdigen zu können, hängt dabei von den Umständen des Einzelfalles ab.[229] Dies im Einzelnen vorzutragen, ist Aufgabe des Revisionsführers.

79

Der erfolgreich abgelehnte Sachverständige darf nicht mehr als Sachverständiger gehört werden. Falls er – zulässigerweise – als Zeuge vernommen wird und dabei »sein Gutachten wiedergibt«, kann darin ein revisibler Verstoß liegen.

Das Unterbleiben der Anordnung einer Unterbringung zur Beobachtung nach § 81 StPO ist grundsätzlich nicht revisibel. Ob ein Sachverständiger eine Beobachtung in einem Psychiatrischen Krankenhaus für erforderlich oder zB eine Beobachtung in einer Justizvollzugsanstalt für genügend hält, bleibt grundsätzlich ihm überlassen.

80

b) Verstoß gegen die Aufklärungspflicht – Aufklärungsrüge

In Betracht kommt die Rüge nach § 244 II StPO, mit der beanstandet wird, dass das Gericht keinen Sachverständigen zugezogen und angehört hat. Überwiegend sind das die Fälle, in denen das Tatgericht angesichts der Fallgestaltung zu Unrecht von ausreichender eigener Sachkunde ausgegangen ist.[230] Erforderlich ist in der Revisionsbegründung die genaue Darlegung der Gründe, die dafür sprechen, dass das Tatgericht seine Kompetenzen überschritten hat. Mit der Aufklärungsrüge kann auch beanstandet werden, dass kein »weiterer« Sachverständiger zugezogen worden ist, zB in den Fällen, in denen das Gericht dem bisher gehörten Sachverständigen nicht folgen will.[231]

81

---

227 Vgl aber Sarstedt/Hamm Rn 574
228 Vgl BGH StV 1995, 113
229 BGHR StPO § 244 II Sachverständiger 14
230 BGHR StPO § 244 II Sachverständiger 1–4; 10–13; 16
231 BGHR StPO § 244 II Sachverständiger 5; BGH StV 1993, 234

Mit der Aufklärungsrüge kann nicht gerügt werden, dass der bestellte psychiatrische Sachverständige für bestimmte Teilfragen einen Psychologen zugezogen und dessen Befunde in sein Gutachten aufgenommen hat, ohne dass der Psychologe selbst in der Hauptverhandlung gehört wurde.[232] Denn der Sachverständige kann in eigener Verantwortung über die benötigten Unterlagen und Untersuchungsmethoden entscheiden, dazu gehört auch die Entscheidung, ob er die Erholung eines psychologischen Zusatzgutachtens für erforderlich hält. Psychologische Kenntnisse gehören zum Rüstzeug auch des Psychiaters.

c) Die fehlerhafte Ablehnung von Beweisanträgen auf Zuziehung eines oder mehrerer Sachverständiger (§ 244 IV StPO)

82 Hier sind für die Verteidigung zunächst die Beweisanträge auf Einholung von Glaubwürdigkeitsgutachten von Bedeutung. Es gilt Folgendes:

»Die Beurteilung der Glaubwürdigkeit von Zeugen ist Aufgabe des Tatrichters. Der Hinzuziehung eines Sachverständigen bedarf es nur, wenn die Eigenart und besondere Gestaltung des Einzelfalles eine Sachkunde erfordern, die ein Richter (auch mit spezifischen forensischen Erfahrungen) normalerweise nicht hat. Der Grundsatz, dass nur besondere Umstände sachverständige Hilfe erforderlich machen, gilt auch bei Würdigung der Aussagen von Kindern und Jugendlichen. Aber auch bei solchen Aussagen treten die Fallbesonderheiten in ihrer Bedeutung zurück, wenn zusätzliche nachgewiesene Tatsachen für oder gegen die Richtigkeit einer Aussage sprechen«.[233]

Daran müssen die – folglich überwiegend geringen – Erfolgsaussichten einer solchen Rüge gemessen werden.

d) Verstöße bei der Vernehmung des selbstgeladenen Sachverständigen

83 Wurde der Sachverständige gem § 38 StPO geladen und ist er erschienen, dann darf seine Vernehmung nur unter den Voraussetzungen des § 245 II StPO abgelehnt werden. Wird über die dort zugelassenen Ausnahmen von der Beweiserhebungspflicht hinaus von der Vernehmung des geladenen und erschienen Sachverständigen abgesehen, ist dies ein revisibler Verstoß, bei dem kaum auszuschließen sein wird, dass das Urteil darauf beruht. In Betracht kommen können zusätzlich auch in diesem Zusammenhang Verstöße gegen das faire Verfahren oder das Gebot der Waffengleichheit, wenn aus nicht mehr sachgerechten Gründen die Arbeit des selbstgeladenen Sachverständigen erschwert wird.[234] Nicht gerügt werden kann aber, dass der in der Hauptverhandlung vernommene Sachverständige nicht ausreichend befragt worden sei. Eine Verfahrensrüge kann in diesem Zusammenhang nämlich nicht darauf gestützt werden, dass das Tatgericht ein benutztes Beweismittel nicht völlig ausgeschöpft habe.[235]

> **Beachte:** Die eigene Sachkunde des Gerichts (vgl § 244 IV 1 StPO) als Ablehnungsgrund sieht § 245 StPO bei präsenten Beweismitteln nicht vor.[236]

---

232 BGHSt 22, 268, 272 f
233 BGHR StPO § 244 IV 1 Sachkunde 4 mN
234 BGHSt 43, 171, 176
235 BGHSt 4, 125
236 BGH StV 1994, 358 = NStZ 1994, 400

e)   Verstöße gegen Verwertungsverbote

Die Grundlage für Verfahrensrügen aus diesem Bereich muss durch Ausübung des **84**
Widerspruchsrechts in der Hauptverhandlung gelegt werden.

Beispielhaft soll auf folgende Verstöße hingewiesen werden:

Wenn ein Zeuge in der Hauptverhandlung von seinem Zeugnisverweigerungsrecht
als Angehöriger des Angeklagten Gebrauch macht, nachdem er in einem vorausge-
gangenen Sorgerechtsverfahren dem vom Vormundschaftsrichter mit der Überprüfung seiner Glaubwürdigkeit beauftragten Sachverständigen Angaben zum Tatgeschehen gemacht hatte, darf der Sachverständige nicht über den Inhalt der ihm
gegenüber gemachten Aussage als Zeuge vernommen werden.

Ein Sachverständiger, der im anhängigen Strafverfahren tätig geworden ist, darf
über die von ihm erfragten Angaben zur Tat und damit – nach dem ihm hier erteilten Auftrag – über Zusatztatsachen weder als Sachverständiger noch als Zeuge vernommen werden, wenn der Zeuge in der Hauptverhandlung gemäß § 52 StPO die
Aussage verweigert, ohne dass es darauf ankäme, ob der Zeuge vor seiner Anhörung durch den Sachverständigen richterlich über sein Zeugnisverweigerungsrecht
belehrt worden war. Das gilt auch, wenn der Zeuge im Zivilrechtsstreit oder im
FGG-Verfahren seine Aussage (nicht aus freien Stücken) gemacht hat. Dass der
Zeuge im FGG-Verfahren als Verfahrensbeteiligter vernommen wurde, ändert
nichts. Eine Verwertung der früheren Angaben des Kindes käme nur in Frage,
wenn es diese aus freien Stücken gemacht hätte. Eine solche Ausnahme liegt normalerweise aber nicht vor, wenn es sich um eine vernehmungsähnliche Situation
handelt.[237]

---

237 BGHSt 36, 384; 46, 189 ff

Kapitel 3
Absprachen im Strafprozess

Überblick

Literaturverzeichnis

Bömeke, Patrick, Rechtsfolgen fehlgeschlagener Absprachen in deutschen und englischen Strafverfahren, Frankfurt / Main 2001

Bogner, Udo, Absprachen im deutschen und italienischen Strafprozessrecht, Marburg 2000

Braun, Stefan, Die Absprache im deutschen Strafverfahren, Aachen 1998

Dencker, Friedrich / Hamm, Rainer, Der Vergleich im Strafprozess, Frankfurt / Main 1988

Gerlach, Götz, Absprachen im Strafverfahren – Ein Beitrag zu den Rechtsfolgen fehlgeschlagener Absprachen im Strafverfahren, Frankfurt / Main 1992

Grunst, Bettina, Prozeßhandlungen im Strafprozeß, Ebelsbach 2002

Heller, Jens, Die gescheiterte Urteilsabsprache, Baden-Baden 2004

Ioakimidis, Ariadne, Die Rechtsnatur der Absprachen im Strafverfahren, Frankfurt / Main 2001

Janke, Alexander, Verständigung und Absprachen im Strafverfahren, Diss Jena 1995

Kremer, Stefan Hubertus, Absprachen zwischen Gericht und Verfahrensbeteiligten im Strafprozess, Diss Bonn 1994

Meyer, Frank, Willensmängel beim Rechtsmittelverzicht des Angeklagten im Strafverfahren, Berlin 2003

Moldenhauer, Gerwin, Eine Verfahrensordnung für Absprachen im Strafverfahren durch den Bundesgerichtshof?, Frankfurt / Main 2004

Rönnau, Thomas, Die Absprache im Strafprozess, Baden-Baden 1990

Schmidt-Hieber, Werner, Verständigung im Strafverfahren, München 1986

Siolek, Wolfgang, Verständigung in der Hauptverhandlung, Baden-Baden 1993

Steinhögl, Ingrid Juliane, Der strafprozessuale Deal – Perspektiven einer Konsensorientierung im Strafrecht, Diss Augsburg 1998

Tscherwinka, Ralf, Absprachen im Strafprozess, Frankfurt / Main 1995

I.   Begriff

1   Die StPO sieht keine allgemeinen Regelungen über Absprachen im Strafprozess vor. Gleichwohl können Vereinbarungen zwischen Verfahrensbeteiligten heute als strafprozessuales Faktum angesehen werden. Von Seiten der Wissenschaft vielfach als unvereinbar mit der Systematik des deutschen Strafverfahrens heftig kritisiert, werden sie von Praktikerseite oft als unverzichtbar eingestuft: »Der prozessuale Vergleich ist existent. Er braucht nicht erst legalisiert zu werden, und er lässt sich auch nicht verbieten.«[1]

2   Mangels ges Regelung herrscht auch begrifflich alles andere als Einigkeit. Zwar wird häufig der Terminus »Absprachen« gebraucht, jedoch finden sich ebenso Begriffe wie »Verständigung«, »Vergleich«, »Deal«, »Vereinbarung«, aber auch eindeutig abwertende Bezeichnungen wie »Mauschelei« oder »Handel mit der Gerechtigkeit«. Da ein Streit um Worte in der Sache keine Lösung bringt, sollen terminologische Differenzierungen hier gänzlich unterbleiben. Als Absprache oder – gleichbedeutend – Verständigung oder Deal wird im Folgenden ganz allgemein die Kommunikation zwischen Verfahrensbeteiligten bezeichnet, die das Ziel hat, Einigkeit über die Art und Weise der Verfahrensgestaltung oder die Verfahrensbeendigung herzustellen.[2] Gekennzeichnet wird eine solche Verständigung durch das wechselseitige Nachgeben der daran Beteiligten im Sinne eines »do ut des«.[3] Niemöller zeigt diesen Zusammenhang deutlich, wenn er von einer »Einigung auf ein beiderseits zu befolgendes Verhaltensprogramm« spricht, »nach der das Verhalten des einen Partners von dem des anderen abhängig sein soll, der ›Vorleistende‹ also seinen Verhaltensbeitrag im Blick auf die erwartete Gegenleistung, der ›Nachleistende‹ den seinigen um der erbrachten Vorleistung willen erbringt.«[4] Nicht dem Absprachebegriff in diesem Sinne unterfallen rein organisatorische Abstimmungen, zB über die Terminplanung oder Pausen der Hauptverhandlung. Abzugrenzen sind des Weiteren die – ebenfalls unproblematischen – ges vorgesehenen Zustimmungserklärungen (zB §§ 266, 303, 411 III StPO) sowie ges Sonderregelungen wie etwa über den Kronzeugen (§ 31 BtMG, § 261 X StGB).[5]

---

1 Widmaier StV 1986, 357

2 Beulke Strafprozessrecht Rn 394; Beulke/Satzger JuS 1997, 1072

3 S KK-Pfeiffer Einl Rn 29 a; Ranft Strafprozessrecht Rn 1226

4 Niemöller StV 1990, 35; ebenso Braun Absprache 4; Siolek Verständigung 46

5 Vgl dazu Behrendt GA 1991, 337 ff; Kremer Absprachen 96 ff; zur Kritik an den Kronzeugenregelungen Fezer Lenckner-FS 681 ff

II. Mögliche Abspracheinhalte und Beteiligte

Die potentiellen Inhalte einer Verständigung im Strafprozess sind äußerst vielgestaltig. Ein Deal kann sich zum einen auf die Verfahrensgestaltung wie auch auf das Verfahrensergebnis beziehen.[6] Zum anderen ist nahezu jedes Verfahrensstadium – angefangen beim Ermittlungsverfahren bis hin zur Strafvollstreckung[7] – offen für einverständliches Handeln. Denkbar sind also etwa Vereinbarungen hinsichtlich des Gegenstandes der Anklage, zB ein Vorgehen nach §§ 154, 154 a StPO gegen Ablegung eines Geständnisses, oder eine Verständigung hinsichtlich der Rechtsfolge, zB das In-Aussicht-Stellen einer Strafaussetzung zur Bewährung im Gegenzug für die Zusage eines Rechtsmittelverzichts. Die folgende Übersicht soll zunächst einmal – beispielhaft und ohne rechtliche Wertung – einen (nicht abschließenden) Überblick über die jeweilige »Verhandlungsmasse« der Verfahrensbeteiligten in den einzelnen Verfahrensstadien geben, deren Elemente auf vielfältige Weise miteinander kombiniert werden können.

3

GERICHT	STAATSANWALT	VERT. / BESCH.
Ermittlungsverfahren		
	– Begrenzung des Verfahrensgegenstands (§§ 154 f StPO)	– (Teil-) Geständnis
	– Vermeidung der Hauptverhandlung durch diskrete Erledigung: • §§ 153 ff StPO • Strafbefehlsverfahren (§§ 407 ff StPO)	– Bemühen um Wiedergutmachung und Ausgleich mit Verletzten
	– Zusage einer bestimmten Geldstrafenhöhe im Strafbefehl	– Aufklärungshilfe (uU auch in anderen Verfahren, gg Mitbeschuldigte)
	– schnelle Anklage ; Verfahrensabtrennung	– Zusage, keinen Einspruch gegen Strafbefehl zu erheben
	– Anordnung / Aufhebung von Zwangsmitteln	
	– Zusage der zu beantragenden Strafe	
Haftverfahren		
– Außervollzugsetzung eines Haftbefehls (§ 116 StPO)	– Antrag auf Aufhebung bzw Aussetzung des Vollzugs des Haftbefehls	– Geständnis / Wiedergutmachung / Ausgleich sowie die Ersatzmittel des § 116 I Nr. 1–4 bei Haftgrund »Fluchtgefahr« (§ 112 II Nr. 2 StPO)
– Aufhebung eines Haftbefehls (§ 120 StPO)		– Mitwirkungsbereitschaft bei Sachaufklärung und Kontaktverbot ggf gekoppelt mit § 116 I StPO-Maßnahmen bei Haftgrund »Verdunkelungsgefahr« (§ 112 II Nr. 3 StPO)

---

6 Fezer 21 Rn 4
7 Dazu Lilie Zeitschrift der Koreanisch-Deutschen Gesellschaft für Rechtswissenschaft 12 (1996), 583; allerdings sind Absprachen im Strafvollstreckungsverfahren selten, so dass sie im Folgenden nicht weiter verfolgt werden sollen

GERICHT	STAATSANWALT	VERT. / BESCH.
Zwischenverfahren		
– § 209 StPO (Eröffnungs-zuständigkeit)	– Überleitung in Strafbefehls-verfahren durch Rücknahme der Anklage (§ 156 StPO) und Strafbefehlsantrag	– Geständnis
– § 153 f II StPO		– Wiedergutmachung/Ausgleich
– §§ 154 f II StPO		
Hauptverfahren		
– Zusage einer konkreten Straf-höhe, Strafobergrenze, Straf-milderung, Bewährung	– Rechtsmittelverzicht	– Rechtsmittelverzicht
	– Verzicht auf Beweisantrag bzw dessen Rücknahme	– Verzicht auf Beweisantrag bzw dessen Rücknahme
– Empfehlung im Urteil bzgl Strafvollstreckung	– Zusage des Entgegenkom-mens in anderen Verfahren gegen denselben Beschuldig-ten/desselben Verteidigers	– Verzicht, Verfahrensfehler geltend zu machen
– Zusage, Verteidiger in ande-ren Verfahren als Pflicht-verteidiger zu bestellen	– Überleitung in Strafbefehls-verfahren (§ 408 a StPO)	– Verzicht auf Entschädigungs-leistung
– § 154 StPO		– Übernahme von Kosten

5 Geht es aus Beschuldigtensicht im Vor- und Zwischenverfahren maßgeblich darum, eine öffentliche Hauptverhandlung zu vermeiden oder zumindest die Vorwürfe und die Folgen von Zwangsmaßnahmen gegen ihn zu beschränken, ist das Ziel von Absprachen in der Hauptverhandlung, im Wesentlichen eine Einstellung oder ein möglichst günstiges Verfahrensergebnis auszuhandeln. Hier findet sich auch der – die Diskussion beherrschende – »Prototyp« strafprozessualer Absprachen, dessen Inhalt die Abgabe eines verfahrensabkürzenden Geständnisses im Austausch gegen eine Zusage im Hinblick auf die zu erwartende Strafe (Strafmilderung, Strafober-grenze, konkrete Strafhöhe, Aussetzung zur Bewährung) darstellt.[8] Ergänzt wird eine solche (uU rechtlich problematische) Absprache zumeist mit der Zusage eines Rechtsmittelverzichts seitens der StA und der Verteidigung. Eine obergerichtliche Kontrolle der Verständigung wird so grundsätzlich unmöglich gemacht.[9]

6 Die unterschiedlichen Zeitpunkte und inhaltlichen Ausgestaltungen bedingen auch eine differenzierende Antwort auf die Frage nach den an der Absprache Beteiligten. Auf der einen Seite steht stets der *Verteidiger*, der Beschuldigte selbst bleibt zu-meist ausgeschlossen[10] und wird allenfalls durch seinen Verteidiger über Kontakt-aufnahme und Verständigungsergebnis unterrichtet.[11] Demgegenüber ist auf Seiten

---

8 S dazu Schünemann Verhandlungen des 58. Deutschen Juristentags Gutachten B 92; Rönnau wistra 1998, 49; Janke Verständigung 49
9 Rönnau wistra 1998, 50; Widmaier StV 1986, 357; vertiefend Satzger JuS 2000, 1158
10 SK-StPO-Wolter Vor § 151 Rn 66; KK-Pfeiffer Einl 29 a; Tscherwinka Absprachen 41
11 Nach einer Untersuchung von Schünemann/Hassemer (vgl Schünemann Verhandlungen des 58. Deutschen Juristentags Gutachten B 43) unterrichten allerdings nur 41 % der Anwälte ihren Mandanten in vollem Umfang. Die Hälfte der Anwälte entscheidet selbstständig über die Auf-nahme von Verständigungsgesprächen, ein Drittel informiert den Mandanten vorher nicht klar

der Justiz die *StA* Ansprechpartnerin, soweit sie »Herrin des Verfahrens« ist, also insbes im Vorverfahren. Dies gilt auch, soweit richterliche Entscheidungen im Ermittlungsverfahren zum Gegenstand der Absprache gemacht werden sollen, wie zB die Aufhebung eines Haftbefehls. Denn der Haftrichter erlässt lediglich den Haftbefehl. Das weitere Verfahren entschwindet wieder seinem Blickfeld, da die StA die weiteren Ermittlungen führt. Diese ist es auch, die den Haftbefehl beantragt (§ 125 I StPO) und in der Praxis meist auch vorformuliert; auf ihren Antrag hin ist der Haftbefehl aufzuheben (§ 120 III StPO). Im Zwischen- und vor allem im Hauptverfahren ist jeweils das *Gericht* an der Absprache beteiligt. Dabei bleiben Schöffen regelmäßig von den Unterredungen ausgeschlossen.[12] Die Berufsrichter können allesamt beteiligt sein, in der Regel wird aber lediglich der Vorsitzende uU zusammen mit dem Berichterstatter an der Verständigung teilnehmen.[13] Als Verständigungskonstellationen sind hier sowohl Absprachen des/der Richter(s) mit StA und Verteidiger möglich als auch eine Verständigung mit nur jeweils einem anderen Verfahrensbeteiligten.[14]

III. Häufigkeit und Gründe

Vorbehaltlich aller Unsicherheiten, mit denen zahlenmäßige Aussagen in diesem Bereich zwangsläufig verbunden sind, haben Untersuchungen, insbes von Schünemann und Hassemer, zu der Einschätzung geführt, dass Absprachen in mindestens 20–30 % aller Verfahren eine Rolle spielen. In Wirtschaftsstrafsachen wird davon ausgegangen, dass – je nach den Gepflogenheiten des jeweiligen Spruchkörpers – bis über 80 % der Verfahren von Verständigungen beeinflusst werden.[15] Außerhalb der Gewaltkriminalität und der klassischen Kapitaldelikte[16] wird eine durchgängige Absprachenpraxis vermutet, die ihren Schwerpunkt in der Wirtschafts-, Steuer-, Umwelt- und Betäubungsmittelkriminalität sowie bei Großverfahren hat.[17] Selbst Staatsschutzverfahren sind hiervon nicht frei.[18] Allerdings sind Verständigungen bisher nur in der Tatsacheninstanz, nie aber in der Revisionsinstanz bekannt geworden.[19] Der Grund für diese unterschiedliche Häufigkeit liegt in den Gründen für Absprachen insgesamt: Es wird angenommen, dass insbes Verfahren mit unklarer Beweislage, vermutlich langwieriger Beweisaufnahme und/oder unklarer Rechtslage besonders »anfällig« für eine einverständliche Verfahrensgestaltung und -beendigung sind.[20] Dies deshalb, weil das Interesse, ein lästig langes Verfahren zu vermeiden, allen Verfahrensbeteiligten gemein ist.[21] Das liegt zum einen an der all-

7

---

12 SK-StPO-Wolter Vor § 151 Rn 66; KK-Pfeiffer Einl 29 e
13 Dazu Dencker in Dencker/Hamm Vergleich 47 Fn 72
14 Zu den Konstellationen Tscherwinka Absprachen 40 f
15 Vgl zu den Untersuchungsergebnissen Schünemann Verhandlungen des 58. Deutschen Juristentags Gutachten B 17 f; Lilie Zeitschrift der Koreanisch-Deutschen Gesellschaft für Rechtswissenschaft 12 (1996), 582, geht von einem Anteil von über 50 % aller Strafverfahren aus
16 S insoweit aber auch Widmaier NJW 2005, 1985
17 SK-StPO-Wolter Vor § 151 Rn 67 mwN; Tscherwinka Absprachen 43; Dencker in Dencker/Hamm Vergleich 60; s aber auch den Hinweis von Herrmann JuS 1999, 1162 auf Absprachen in Verfahren wegen Gewaltdelikten
18 S nur das Verfahren gegen Kani Yilmaz vor dem OLG Celle, dazu Gössner Neue Kriminalpolitik 1998, 4 f
19 Tscherwinka Absprachen 42; Niemöller (StV 1990, 34) bezeichnet Revisionsrichter für den Absprachebereich als »sozusagen höchstrichterlich inkompetent«
20 Vgl Lüdemann/Bussmann KrimJ 1989, 57 f; Schünemann NJW 1989, 1896; Schünemann Verhandlungen des 58. Deutschen Juristentags Gutachten B 23; Weßlau ZStW 116 (2004), 165
21 Hamm in Dencker/Hamm Vergleich 113

seits beklagten quantitativen wie auch – durch die Flut neuer, immer komplexer werdender Gesetze – qualitativen Überlastung der Justiz, die beim Gericht wie auch bei der StA einen erheblichen »Erledigungsdruck« erzeugt.[22] Aber auch Opferschutz und die Überwindung von Beweisschwierigkeiten können Motive für einen Deal sein.[23] Eine einverständliche Abkürzung des Verfahrens kann auch dem Beschuldigten zugute kommen, selbst wenn das Verfahren nicht mit seinem Freispruch endet. Die Belastungen, die eine Hauptverhandlung in wirtschaftlicher wie psychologischer und sozialer Hinsicht mit sich bringt, können vermindert bzw ganz verhindert werden.[24] Zum anderen eröffnet sich dem Beschuldigten eine Möglichkeit, den Verfahrensausgang berechenbarer zu gestalten. Gerade soweit komplexe Materien Gegenstand des Verfahrens sind, wird es dem Beschuldigten häufig kaum möglich sein, das Ergebnis abzuschätzen.[25] Für ihn kann es daher von Gewinn sein, sich bereits frühzeitig auf eine abgesprochene Strafe einstellen zu können, zumal ein Freispruch nach der derzeitigen Praxis nur selten ergeht, so dass damit kaum jemals sicher gerechnet werden kann.[26]

IV. Gefahren

8   Allerdings gehen von der sich verbreitenden Absprachenpraxis auch zahlreiche Gefahren aus. Nicht auszuschließen sind Fehlurteile, wenn der Beschuldigte angesichts der oben genannten Vorteile ein Geständnis ablegt, das nicht der Wahrheit entspricht, das Gericht dieses jedoch – mehr oder minder ungeprüft – seiner Verurteilung zugrunde legt. Daraus erwächst ein weiteres Risiko: Wenn der Verurteilte nach Rechtskraft des Urteils sein falsches Geständnis widerruft, so kann dies uU eine Wiederaufnahme des Verfahrens begründen. Der Vorteil der Prozessökonomie würde dadurch relativiert, die Rechtssicherheit beeinträchtigt.[27] Weiter wird ein Autoritätsverlust des auf Konsens bedachten Gerichts beklagt, der sich einerseits insoweit niederschlagen dürfte, als dass ausgehandelte Urteile von den Verurteilten möglicherweise nicht ernst genommen werden[28] und andererseits das Vertrauen der Bevölkerung in eine gleichmäßige und gerechte Strafrechtspflege erschüttert wird.[29] Kommt ein Geständnisangebot des Beschuldigten im Vorfeld einer Verständigung zu früh, so besteht die Gefahr, dass er hierdurch seine Schuld indiziert, so dass der »point of no return« überschritten wird: Bei Nichtzustandekommen einer Absprache wird ein Freispruch äußerst unwahrscheinlich. Missbrauchsmöglichkeiten, die zu Lasten des Beschuldigten gehen können, eröffnen sich dann, wenn die Absprache zwischen Verteidiger und Gericht / StA im Zusammenhang mit anderen Verfahren im Sinne von Paketlösungen getroffen wird. Dann werden sachfremde Erwägungen (zB die Bestellung des Verteidigers in einem anderen Verfahren zum Pflichtverteidiger) Grundlage für die Absprache.[30] Da – wie gesehen – nicht alle

---

22 S dazu Schünemann Verhandlungen des 58. Deutschen Juristentags Gutachten B 27 ff; SK-StPO-Wolter Vor § 151 Rn 68; Braun Absprache 28; Meyer-Goßner NStZ 1992, 167; Behrendt GA 1991, 344; Deal StV 1982, 545; Landau/Eschelbach NJW 1999, 321 f; Terhorst GA 2002, 604

23 Schünemann Verhandlungen des 58. Deutschen Juristentags Gutachten B 23

24 Tscherwinka Absprachen 30 ff

25 Hamm in Dencker/Hamm Vergleich 124; Rönnau wistra 1998, 51

26 Schünemann NJW 1989, 1898: Freispruchquote von 3 %; vgl SK-StPO-Wolter Vor § 151 Rn 68; s. a. Tscherwinka Absprachen 33 f

27 Vgl dazu insgesamt Rönnau Absprache 261 ff

28 Hamm in Dencker/Hamm Vergleich 132; Hamm ZRP 1990, 339

29 Ranft Strafprozessrecht Rn 1227; Terhorst GA 2002, 607

30 Vgl Hamm in Dencker/Hamm Vergleich 129

Strafverfahren gleichermaßen offen für Absprachen sind, wird häufig die Gefahr gesehen, dass die »Mächtigen und Reichen« von der Vergleichsmöglichkeit profitieren, während der kleine Übeltäter mit dem strengen Verfahren der StPO konfrontiert wird.[31] Schließlich wird vor der Entstehung einer »grauen Judikatur« gewarnt. Denn durch die einverständliche Verfahrensbeendigung entzieht sich das so gefundene Urteil einer Überprüfung durch die Obergerichte.[32]

V.   Rechtliche Zulässigkeit von Absprachen

Vor dem Hintergrund des deutschen Strafprozessrechts erscheinen Absprachen in vielerlei Hinsicht als rechtlich problematisch. Grundlegend anders ist dies in Strafprozessordnungen, die das Strafverfahren als Parteienprozess ausgestaltet haben und in denen die Dispositionsmaxime Geltung beansprucht. So eröffnet insbes das US-amerikanische Strafverfahrensrecht einen weiten – höchstrichterlich abgesegneten – Anwendungsbereich für das sog »plea bargaining«: Erklärt sich zB der Beschuldigte eines milderen Delikts für schuldig, so kann die StA auf eine Anklage wegen eines schwereren Delikts verzichten. Im – grundlegend anders strukturierten – deutschen Strafverfahrensrecht wäre eine derartige Verfügung der StA über den staatlichen Strafanspruch angesichts der grundsätzlichen Geltung des Legalitätsprinzips undenkbar.[33] Ein derartiges »plea bargaining« kann es im geltenden deutschen Recht also nicht geben. Inwieweit strafprozessuale Absprachen zulässig sind, regelt die StPO aber nicht. Sie werden weder ausdrücklich erlaubt noch verboten.[34] Daher herrscht um die Zulässigkeit des Deals ein heftiger Streit, wobei den eher positiven Stellungnahmen von Praktikerseite Skepsis und Ablehnung auf Seiten der Wissenschaft gegenüberstehen. Anstatt auf die vielfältigen und unüberschaubaren Einzelmeinungen einzugehen,[35] soll hier ein Überblick über die Verfahrensprinzipien genügen, aus denen Einwände gegen die Absprachenpraxis abgeleitet werden.

9

1.   Keine Einwände bei Dispositionsbefugnis

Ein Teil der strafprozessualen Vereinbarungen kann allerdings aufgrund verfahrensrechtlicher Besonderheiten von vornherein nicht in Konflikt mit strafprozessualen Grundsätzen geraten, so dass ihre Zulässigkeit außer Zweifel steht. Gemeint sind damit Absprachen in Bereichen, in denen die Beteiligten ausnahmsweise über den Prozessgegenstand disponieren können.[36] So ist es etwa anerkannt, dass der Vergleich im Privatklageverfahren (§ 380 StPO) möglich, ja sogar wünschenswert ist.[37] Im Strafbefehlsverfahren steht es dem Angeklagten frei, auf einen Einspruch zu verzichten.[38] Praktisch bedeutsam ist vor allem der Bereich des Opportunitätsprinzips (insbes §§ 153 ff StPO). Hier wird den Strafverfolgungsbehörden ein Beurtei-

10

---

31 Vgl Schmidt-Hieber NJW 1990, 1884 ff; Eschelbach JA 1999, 695
32 Vgl Siolek Verständigung 74 f
33 Schmidt-Hieber Verständigung Rn 40; Dielmann GA 1981, 571; Weigend ZStW 94 (1982), 224 ff; Kremer Absprachen 300 ff; zur Entwicklung des »plea bargaining« in den USA vgl zB Alschuler Chicago Law Review 36 (1968–69), 50 ff
34 Dahs NStZ 1988, 154
35 Einen Überblick geben SK-StPO-Wolter Vor § 151 Rn 70 f und Küpper/Bode Jura 1999, 356 ff
36 Ausführlich Schünemann Verhandlungen des 58. Deutschen Juristentags Gutachten B 67 ff
37 Ausführlich Meyer-Goßner Vor § 374 Rn 8 ff; Schmidt-Hieber Verständigung Rn 201 ff; Schlüchter Rn 815; Entsprechendes gilt auch für Nebenklage- (§§ 395 ff StPO) und Adhäsionsverfahren (§§ 403 ff StPO), dazu Janke Verständigung 66
38 Janke Verständigung 66; Schünemann NJW 1989, 1896; Hanack StV 1987, 501

lungs- und Ermessensspielraum gewährt. Soweit die ges Voraussetzungen der Einstellung oder Verfahrensbeschränkung gegeben sind und die Verknüpfung mit einer Gegenleistung des Beschuldigten die Entscheidung der StA oder des Gerichts nicht ermessensfehlerhaft erscheinen lässt, ist eine diesbezügliche Absprache zulässig.[39] So etwa, wenn der hinreichend Tatverdächtige im gegen ihn gerichteten Ermittlungsverfahren eine bestimmte Form von Schadenswiedergutmachung zusagt, um das öffentliche Interesse an der Strafverfolgung zu beseitigen, und die StA im Gegenzug eine Einstellung nach § 153 a I StPO in Aussicht stellt. Angesichts des grundsätzlichen[40] Zustimmungserfordernisses von Gericht, StA und Beschuldigtem ist bei dieser Vorschrift eine gegenseitige Absprache bereits vom Gesetz her vorgezeichnet.[41] Vor allem im Stadium des Ermittlungsverfahrens lässt die StPO also Raum für Verständigungen.

2. Betroffene Verfahrensprinzipien

11   Jenseits dieser Ausnahmefälle leitet man aus folgenden Grundsätzen Einwände gegen die Absprachenpraxis ab:

12   – Das *Legalitätsprinzip* (vgl §§ 152 II, 170 I StPO) erlegt der StA bei Vorliegen eines Anfangsverdachts einen Ermittlungszwang, bei hinreichendem Tatverdacht einen Anklagezwang auf.[42] Eine einverständliche Verfahrenserledigung kann in Konflikt mit diesem Prinzip geraten, wenn dadurch über den grundsätzlich indisponiblen staatlichen Strafanspruch verfügt würde. In Betracht kommen hier sowohl die Konstellationen, in denen die Grenzen des Opportunitätsprinzips (§§ 153 ff StPO) in unzulässiger Weise überschritten[43] oder aber Strafen in Aussicht gestellt werden, die im groben Missverhältnis zur Tat stehen.

13   – Der *Untersuchungsgrundsatz* verpflichtet die Strafverfolgungsorgane, den Sachverhalt von Amts wegen zu erforschen und aufzuklären (§§ 155 II, 160 II, 244 II StPO). Ziel ist die Erforschung der materiellen Wahrheit. Die Absprachen dürfen daher nicht zu einer Verkürzung der Wahrheitsfindung führen. Wo sich Beweiserhebungen aufdrängen, darf trotz Absprache nicht davon abgesehen werden. Insbesondere erscheint bedenklich, ob und wann ein Gericht auf eine uU langwierige Beweiserhebung verzichten kann und sich mit einem ausgehandelten Geständnis zufrieden geben darf.[44]

14   – Bedenken im Hinblick auf den *Schuldgrundsatz* werden geltend gemacht, soweit das absprachebedingte Geständnis des Beschuldigten allgemein als ein Umstand angesehen wird, der eine Strafmilderung durch das Gericht zu rechtfertigen vermag. Während teilweise präventive und prozessökonomische Gründe für die pauschal strafmildernde Wirkung angeführt werden,[45] lehnen andere dies angesichts der zu-

---

39 Zum Ermessensgebrauch bei der Absprache s auch Rössner/Engelking JuS 1991, 667 Fn 41; vgl auch Kühne Strafprozessrecht Rn 602 ff; Ranft Strafprozessrecht Rn 1238
40 Ausnahme bezüglich der gerichtlichen Zustimmung: § 153 a I 7 iVm § 153 I 2 StPO
41 S. a. Beulke Strafbarkeit Rn 118; Burhoff Ermittlungsverfahren Rn 24 a; Landau DRiZ 1995, 134; dies wird auch von Kritikern anerkannt, zB Rönnau Absprache 126
42 Beulke Strafprozessrecht Rn 17; Roxin § 14 Rn 1
43 S hierzu Eschelbach JA 1999, 695 f; Fezer 21 Rn 8
44 Zurückhaltend Fezer 21 Rn 10; Rönnau Absprache 145 ff; Schünemann Verhandlungen des 58. Deutschen Juristentags Gutachten B 80 ff; Siolek Verständigung 116 ff; Weigend NStZ 1999, 60; s. a. Kruse StraFo 2000, 148
45 Schäfer Strafzumessung Rn 296; Jerouscheck ZStW 102 (1990) 816 ff; de lege ferenda s auch Satzger Verhandlungen des 65. Deutschen Juristentages Gutachten C 113

Satzger

grunde liegenden rein taktischen Motivation ab.[46] Auf Grundlage der herrschenden »doppelspurigen Indizkonstruktion«[47] ist für eine strafmildernde Wirkung richtiger Ansicht nach immer schon dann Raum, wenn zumindest auch Reue und Unrechtseinsicht Motive für das Geständnis sind. Soweit sich – wie regelmäßig – die Motivation nicht aufklären lässt, kommt dem Beschuldigten zusätzlich noch der in-dubio-pro-reo-Grundsatz zu Hilfe.[48]

– Je nach Fallgestaltung werden Verletzungen der *Grundsätze der Öffentlichkeit,* **15** *der Mündlichkeit sowie der Unmittelbarkeit und der Anwesenheits- und Mitwirkungsrechte der Prozessbeteiligten* moniert.[49] Betroffen sind davon in erster Linie Absprachen, die – wie häufig – außerhalb der Hauptverhandlung getroffen und nicht offen gelegt werden. Es komme zu einer Aushöhlung der Hauptverhandlung, wenn wesentliche Teile der Beweisaufnahme aus ihr hinausverlagert würden.[50] Kritisiert wird weiter, dass Beschuldigter und Laienrichter[51] regelmäßig nicht einbezogen werden.

– Da Grundlage einer Absprache gerade die Annahme ist, der Beschuldigte habe **16** sich einer Straftat schuldig gemacht, eine Absprache häufig aber nur dann Sinn macht, wenn sie vor Abschluss einer (aufwändigen) Beweisaufnahme erfolgt, wird vielfach der *Grundsatz der Unschuldsvermutung* (vgl Art. 6 II EMRK) als verletzt angesehen.[52] Da der Beschuldigte dabei unter Druck gerät, sich selbst zu belasten, wird ebenso ein Verstoß gegen den *nemo-tenetur-Grundsatz,* insbes auch gegen § 136 a StPO diskutiert.[53]

– Auch der *Grundsatz des fairen Verfahrens,* der aus dem Rechtsstaatsprinzip **17** (Art. 20 III GG) iVm Art. 2 I GG abgeleitet wird und sich auch aus Art. 6 I 1 EMRK ergibt, wird in diesem Zusammenhang angeführt. Er trägt dem Umstand Rechnung, dass die Gesetze allein noch kein gerechtes Strafverfahren garantieren, sondern dass es auf deren Ausführung ankommt.[54] Aufgrund seiner Weite und Unbestimmtheit darf dieser Grundsatz allerdings nicht an die Stelle von StPO-Vorschriften oder anderen Verfahrensgrundsätzen treten.[55] Seine Bedeutung erlangt er daher primär bei der Auslegung spezieller Garantien sowie in nicht geregelten Bereichen.[56] Bedenken gegen die Zulässigkeit von Absprachen werden erhoben, weil sich eine Bindung des Gerichts nach der Vorleistung des Angeklagten nicht durchsetzen lasse, Gefährdungen von prozessualen Positionen sowie Missbräuche nicht ausgeschlossen seien und auch der Hauptverhandlung ein Funktionsverlust drohe.[57]

---

46 Zusammenfassend Rönnau wistra 1998, 53; Dencker ZStW 102 (1990) 51 ff; s. a. Schünemann NJW 1989, 1897 f
47 Vgl BGH NStZ 1984, 259; Bruns Das Recht der Strafzumessung (2. Aufl.) 220
48 Dazu ausführlich Beulke/Satzger JuS 1997, 1077; ähnl Bömeke Rechtsfolgen 49 ff; Schmidt-Hieber Verständigung Rn 173 ff; Landau/Eschelbach NJW 1999, 326; aA zB Weigend NStZ 1999, 60 f mwN
49 Fezer 21 Rn 14; Gerlach Absprachen 80 ff; Rönnau Absprache 161 ff; Siolek Verständigung 153 ff
50 Vgl KMR-Eschelbach Vor § 213 Rn 58; SK-StPO-Schlüchter Vor § 213 Rn 30
51 Bezüglich der Laienrichter wird auch auf eine Verletzung des Art. 101 I 2 GG verwiesen, vgl Eschelbach JA 1999, 697 f
52 Schünemann Verhandlungen des 58. Deutschen Juristentags Gutachten B 93 ff; Fezer 21 Rn 15
53 Vgl nur KK-Pfeiffer Einl 29 d; Fezer 21 Rn 16 ff
54 Rönnau Absprache 207
55 Meyer-Goßner Einl Rn 19
56 Vgl Roxin § 11 Rn 9 ff; Schünemann Verhandlungen des 58. Deutschen Juristentags Gutachten B 115; Braun Absprache 73 mwN; teilweise wird dieser Grundsatz daher als »subsidiär« bezeichnet, vgl Eschelbach JA 1999, 694
57 Schünemann Verhandlungen des 58. Deutschen Juristentags Gutachten B 115 ff

18   – Darüber hinaus wird auch eine Verletzung des *Gleichbehandlungsgrundsatzes (Art. 3 I GG)* beklagt, da Gesetze nicht ohne sachlichen Grund auf einzelne Personen unterschiedlich angewandt werden dürften.[58]

19   – Neben der Verletzung dieser allgemeinen Prinzipien wird schließlich die Gefahr einer *Befangenheit* des an einer Verständigung beteiligten Richters gerügt, da dieser sich kein objektives Bild mehr verschaffen könne.

20   Von den oben unter Rn 10 genannten Ausnahmefällen abgesehen, mahnen die zahlreichen »Reibungsflächen« mit strafprozessualen Grundsätzen zur Zurückhaltung gegenüber einem gesetzlich (bislang) nicht ausdrücklich verankerten konsensualen Verfahren neben der StPO. Da Absprachen andererseits aber eine strafprozessuale Tatsache darstellen, die aus deutschen Gerichtssälen wohl nicht mehr verbannt werden kann,[59] kommt es – solange sich der Gesetzgeber nicht für einen kodifizierten Weg der Absprachenpraxis entscheidet – darauf an, diejenigen rechtlichen Grenzen für das konsensuale Vorgehen deutlich aufzuzeigen, die sicherstellen, dass die obigen Grundsätze möglichst weit gehend gewahrt werden.[60] Die zahlreichen Bemühungen der Rspr, die – mit mehr oder weniger Erfolg – in diese Richtung gehen, sollen im Folgenden näher dargestellt werden.

3.   Anforderungen an eine zulässige Absprache in der höchstrichterlichen Rspr

21   Nachdem zunächst Stellungnahmen der Rspr zur rechtsstaatlichen Gesamtproblematik der strafprozessualen Absprachen völlig fehlten, erhielt der BGH nach der grundlegenden Entscheidung des BVerfG aus dem Jahre 1987[61] mehrmals die Gelegenheit, sich mit einzelnen Konstellationen von gescheiterten oder unerfüllt gebliebenen Vereinbarungen zu befassen. Das Ergebnis war eine nur punktuelle Rspr, die nicht einmal immer eine einheitliche Linie erkennen ließ. Nur in der Form von obiter dicta fanden sich vereinzelt grundsätzliche Ausführungen zur Zulässigkeit der Absprachen. Nur ansatzweise ließen sich daraus verlässliche Leitlinien für die Praxis ableiten. Mit einem Grundsatzurteil versuchte der BGH im Jahr 1997 eine Art »Verfahrensordnung« für Absprachen aufzustellen, der jedoch die Beachtung durch die Instanzgerichte weit gehend versagt blieb. Im März 2005 konnte der Große Senat in Strafsachen im Rahmen eines Vorlageverfahrens nach § 132 II, IV GVG umfassend zur Zulässigkeit von Absprachen Stellung nehmen.[62]

In einem Überblick sollen die wesentlichen Aussagen der bisherigen BGH-Rspr – unter besonderer Herausstellung der Anforderungen an Absprachen durch die jüngste Entscheidung des Großen Senats – dargestellt werden.

a)   Grundsätzliche Zulässigkeit strafprozessualer Absprachen bei Einhaltung gewisser Grundregeln

22   Sowohl das BVerfG wie auch die einzelnen Senate des BGH haben strafprozessuale Absprachen nie als generell unzulässig angesehen. Grundlegend hierfür ist der Beschluss des *BVerfG*[63] zur Vereinbarkeit der Absprachen mit verfassungsrechtlichen

---

58 Siolek DRiZ 1989, 321, 329; Ranft Strafprozessrecht Rn 1243
59 Vgl Beulke Strafbarkeit Rn 116; Schmidt-Hieber NJW 1990, 1884
60 Ähnl Koch ZRP 1990, 251; LR-Rieß (25. Aufl.) Einl Abschn G Rn 69 ff
61 BVerfG NStZ 1987, 419
62 BGH GSSt NJW 2005, 1440
63 BVerfG NStZ 1987, 419

Prinzipien, insbes dem Recht des Angeklagten auf ein faires, rechtsstaatliches Verfahren. Danach ist die Verständigung über Ergebnisse des Strafverfahrens nicht grundsätzlich unzulässig. Ausgeschlossen sei aber, dass das Gericht oder die Verfahrensbeteiligten frei über die Handhabung der richterlichen Aufklärungspflicht, die rechtliche Subsumtion und die Grundsätze der Strafbemessung in einer Hauptverhandlung, die letztlich mit einem Urteil zur Schuldfrage abschließen soll, disponieren könnten. Ein »Handel mit der Gerechtigkeit« sei untersagt. Als wesentliche Folgerungen leitet das Verfassungsgericht hieraus ab, dass das Gericht seinem Urteil nicht einfach ein Geständnis des Angeklagten zu Grunde legen darf, das dieser gegen Zusage einer Strafmilderung abgegeben hat, wenn sich weitere Beweiserhebungen aufgedrängt hätten.[64] Die geständnisbedingte Strafmilderung dürfe den Boden schuldangemessenen Strafens auch nie verlassen. Des Weiteren sei § 136 a StPO zu beachten, so dass weder getäuscht noch ein ges nicht vorgesehener Vorteil versprochen werden dürfe. Die bloße Belehrung oder der Hinweis auf die Beweislage bzw die strafmildernde Wirkung eines Geständnisses werde hiervon allerdings nicht erfasst.

An diesen verfassungsrechtlichen Mindeststandard knüpfen die Ausführungen der einzelnen Strafsenate des BGH zur Frage der Zulässigkeit des strafprozessualen Deals an. Ausführlichere Stellungnahmen zu dieser Problematik waren dem BGH dabei nur ausnahmsweise, und dann lediglich in Form von obiter dicta möglich. Inhaltlich weichen die Auffassungen der einzelnen Senate zum Teil deutlich voneinander ab: **23**

Eine strenge Linie verfolgte zunächst der *3. Senat* in BGHSt 37, 298. Er sah bei allen   **24** vertraulichen, also ohne Mitwirkung aller Prozessbeteiligten – einschließlich des Angeklagten und der Schöffen – getroffenen Absprachen über die Höhe der Strafe bei einem bestimmten Verhalten des Angeklagten, ebenso wie bei allen Zusagen bezüglich der Strafzumessung einen Widerspruch zu den geltenden Verfahrensvorschriften. Weder die Anwesenheits- und Mitwirkungsrechte der Verfahrensbeteiligten noch die Grundsätze der Unmittelbarkeit, der Mündlichkeit sowie der Öffentlichkeit dürften umgangen werden.[65] Zwar sei es dem Richter nicht verwehrt, zur Förderung des Verfahrens auch außerhalb der Hauptverhandlung mit den Verfahrensbeteiligten Fühlung aufzunehmen. Dies gelte aber nur im Hinblick auf den Verfahrensablauf einschließlich eventueller Anregungen zu §§ 154, 154 a StPO.[66] Der 3. Senat verfolgte damit – jedenfalls anfänglich (s. aber Rn 25) – eine äußerst restriktive Haltung, die von der Praxis als »heilsamer Schock« empfunden wurde,[67] allerdings bezog sich seine zurückhaltende Stellungnahme nur auf heimliche Absprachen.[68] Eine ebenfalls restriktive Haltung ließ der *2. Senat* erkennen, indem er den Versuch, die Bemessung der Strafe in Vorgänge außerhalb der Hauptverhandlung zu verlagern und durch feste Vereinbarungen über das weitere Prozessverhalten der Beteiligten abzusichern, als mit den wesentlichen Verfahrensgrundsätzen unvereinbar erklärte.[69] Betont wurde in diesem Zusammenhang auch, dass alle am

---

64 Nur ein genügend aussagekräftiges und glaubhaftes Geständnis soll die Notwendigkeit ergänzender Sachaufklärung entfallen lassen, so auch BGH StV 2003, 265 unter Verweis auf BGH NStZ 1999, 92; krit dazu Weigend NStZ 1999, 61 f; s dazu auch Kuckein/Pfister BGH-FS, S 657; KMR-Eschelbach Vor § 213 Rn 73 b
65 BGHSt 37, 298, 304
66 BGHSt 37, 298, 305
67 Böttcher/Dahs/Widmaier NStZ 1993, 375
68 Vgl BGHSt 43, 195, 200
69 BGH StV 1996, 129; ablehnend gegenüber Absprachen außerhalb der Hauptverhandlung auch der 1. Senat in BGH NStZ 1994, 196

Verfahren Beteiligten Gelegenheit zur Äußerung erhalten müssten (§ 33 StPO), zumindest dann, wenn ein Richter eine Zusage gemacht hat und es daraufhin zu einer
Zwischenberatung des Gerichts gekommen ist.[70]

25 Erheblich aufgeschlossener stand demgegenüber der *5. Senat* von jeher dem Deal
gegenüber. Im Gegensatz zur ursprünglichen Ansicht des 3. Senats (in BGHSt 37,
298) maß er dem Öffentlichkeitsgrundsatz des § 169 GVG für die Absprachen keine Bedeutung bei, da es sich gerade nicht um Vorgänge in der Hauptverhandlung
handele. Dieser Auffassung hat sich dann der *3. Senat* ausdrücklich angeschlossen.[71]
Demzufolge könne der Richter zur Förderung des Verfahrens auch außerhalb der
Hauptverhandlung Kontakt mit den Verfahrensbeteiligten aufnehmen. Dies sei in
vielen Fällen »sogar wünschenswert«. Auch Absprachen, die bei den Beteiligten
einen Vertrauenstatbestand hervorriefen, seien nicht ohne weiteres prozessordnungswidrig.[72] Auch relativiert der 5. Senat die Anforderungen an den Grundsatz
des rechtlichen Gehörs: Nur diejenigen Absprachen unterfielen dem § 33 StPO, die
einer »Entscheidung des Gerichts« gleichzustellen seien. Für Wissenserklärungen
und Prognosen gelte dies aber nicht.[73]

26 In der bereits erwähnten Grundsatzentscheidung des *4. Senats*[74] widmete sich dieser
ausführlich den Zulässigkeitsanforderungen. Auch er verfolgte dabei eine restriktive
Linie: Zwar seien Absprachen nicht generell unzulässig, sie müssten allerdings bestimmte Regeln einhalten, um nicht in Widerspruch zu grundlegenden Verfahrens-
prinzipen zu geraten. So sprach auch er sich deutlich gegen heimliche, außerhalb
der Verhandlung getroffene Vereinbarungen aus, die »gleichsam als eigenständiges,
informelles Verfahren neben der eigentlichen Hauptverhandlung« stünden. Derartige Verständigungen verstießen gegen § 169 GVG, der – entgegen der Ansicht des 5.
(und nunmehr auch des 3.) Senats – einschlägig sei. Eine Absprache könne daher
nur in öffentlicher Hauptverhandlung und erst nach Beratung des gesamten
Spruchkörpers erfolgen. Ausgenommen seien nur »Vorgespräche« zwischen den
Beteiligten mit dem Zweck, die Gesprächsbereitschaft und die jeweiligen Positionen der Verfahrensbeteiligten abzuklären.[75] Inhalt und Ergebnis desselben müssten
anschließend in der Hauptverhandlung offen gelegt und letzteres zudem in das
Protokoll aufgenommen werden, um späteren Streitigkeiten vorzubeugen und um
– was im Hinblick auf § 33 StPO bedeutsam ist – die Einbeziehung aller Verfahrensbeteiligten zu gewährleisten.

26 a Noch deutlicher wird der Große Senat in seiner jüngsten Entscheidung: Er erklärt
Urteilsabsprachen »grundsätzlich für zulässig und für vereinbar mit der geltenden
Strafprozessordnung.« Damit werden Absprachen endgültig höchstrichterrechtlich
»geadelt«. Die bereits vom 4. Senat zusammengestellten Grenzen werden im Wesentlichen aufgegriffen und präzisiert. Betont wird insbes die Aufklärungspflicht
des Gerichts: Ein »Ausweichen« auf eine Urteilsabsprache sei immer nur dann
möglich, wenn das Gericht die Anklage anhand der Akten und insbes auch rechtlich überprüft hat. Ebenso müsse ein abgesprochenes Geständnis vom Gericht auf
seine Zuverlässigkeit überprüft werden.[76]

---

70 BGHSt 38, 104 f; vgl auch BGHSt 45, 312, 317 f
71 BGH StV 2004, 639
72 BGHSt 42, 46, 47
73 BGHSt 42, 46, 49
74 BGHSt 43, 195
75 Ähnl bereits BGHSt 36, 210, 214
76 BGH GSSt NJW 2005, 1440, 1442

b) Unzulässige Inhalte und sachwidrige Verknüpfung von »Leistung« und »Gegenleistung«

Nach der Rspr konnte und kann eine Verständigung nicht über jeden beliebigen   **27** Punkt erfolgen. Ob die Strafzumessung überhaupt zum Gegenstand einer Absprache gemacht werden darf, war insbes angesichts der generell verneinenden Ansicht des 3. Senats ungewiss. Zwar hält der 5. Senat – in ausdrücklicher Abweichung zur Ansicht des 3. Senats in BGHSt 37, 298 – auch Erörterungen zur Strafzumessung nicht per se für ausgeschlossen, sondern sieht sie als möglichen Gegenstand des wünschenswerten Rechtsgesprächs an. Jedoch sind diese Ausführungen, wenngleich dem Anschein nach großzügiger, letztlich nicht eindeutig, da Prognosen über die Straferwartung andererseits nur unterhalb einer »unmittelbare Rechtswirkungen zeitigenden Absprache« möglich sein sollen.[77] Klarere Aussagen enthält hingegen das Grundsatzurteil des 4. Senats, dem sich insoweit auch der 5. Senat angeschlossen hat und welches auch vom Großen Senat gebilligt wird.[78] Danach verstößt die verbindliche Zusage einer bestimmten Strafhöhe als unzulässige Selbstbindung des Gerichts zwar gegen §§ 260 I, 261 StPO sowie § 46 I 1, II 1 StGB; die Obergrenze der zu erwartenden Strafe dürfe allerdings zugesagt werden, wobei es dem Gericht nicht verwehrt sei, es vielmehr sogar oftmals der Fall sein müsse, dass im Ergebnis gerade die Strafe verhängt werde, die dieser Obergrenze entspreche.[79] Eine Absprache über die Schuldfrage sei – wie auch vom Großen Senat erneut betont wird – von vornherein ausgeschlossen, da dies einen klaren Verstoß gegen das Recht des Angeklagten auf ein faires, rechtsstaatliches Verfahren darstellen würde.[80]

Wie bereits gesehen, betonen BVerfG und BGH auch immer wieder die Wahrung   **28** der freien Willensentschließung, die durch Beachtung des § 136 a StPO sicherzustellen sei. So dürfe insbes ein ges nicht vorgesehener Vorteil nicht versprochen werden. Dies schließt Zusicherungen aus, deren Erfüllung entweder offensichtlich rechtswidrig wäre, wie zB die Unterschreitung der für das Delikt zwingend vorgeschriebenen Mindeststrafe,[81] oder aber nicht in der Kompetenz des Tatgerichts liegt, wie etwa eine bestimmte Gestaltung des Strafvollzugs.[82] Zulässig ist unter diesem Gesichtspunkt hingegen das bloße In-Aussicht-Stellen einer Strafmilderung im Falle eines Geständnisses des Angeklagten.[83] Der Große Senat betont dabei, dass – um »inakzeptablen Druck« auf den Beschuldigten zu verhindern – die absprachegemäße Strafe von der in einem »streitigen Verfahren« zu erwartenden Strafe nicht so weit abweichen dürfe (sog. Sanktionsschere), dass sie strafzumessungsrechtlich unvertretbar und insbes mit einer angemessenen Strafmilderung wegen des Geständnisses nicht mehr erklärbar sei.[84]

Von nicht zu unterschätzender Bedeutung ist die Aussage des 4. wie auch des Gro-   **29** ßen Senats, wonach ein Rechtsmittelverzicht – entgegen der gängigen Praxis – nicht Teil einer Absprache vor Urteilsverkündung sein könne, da der Angeklagte frühestens nach diesem Zeitpunkt verzichten könne und das Gericht nicht verlangen dür-

---

77 BGHSt 42, 46, 50; zur Unklarheit dieser Passage s Steinhögl Der strafprozessuale Deal 158
78 BGH StV 1999, 424
79 BGHSt 43, 195, 208; demgegenüber sieht der 2. Senat gerade darin einen Anhaltspunkt für die Befangenheit des Gerichts (BGH StV 2000, 177); s dazu Sinner StV 2000, 290, 292
80 BGHSt 43, 195, 204; BGH GSSt NJW 2005, 1440, 1442
81 Vgl BGHSt 36, 210, 215; s. a. BVerfG NStZ 1987, 419: Zusage einer Strafmilderung für Geständnis, die den Boden des schuldangemessenen Strafens verließe
82 Vgl BGHSt 36, 210, 215; BGHSt 43, 195, 204
83 BGH StV 1999, 407; BGHSt 43, 195, 204 unter Hinweis auf BGHSt 1, 387; 14, 189; 20, 268
84 BGH GSSt NJW 2005, 1440, 1442

fe, dass er sich bereits vorher, in Unkenntnis der Entscheidung, dieser Kontrollmöglichkeit begebe.[85] Dem Gericht sei es untersagt, an jedwedem Zustandekommen einer Urteilsabsprache mitzuwirken, soweit darin eine Rechtsmittelverzichtsvereinbarung enthalten sei.[86] Damit ist die Frage aufgeworfen, ob ein gleichwohl (und damit rechtswidrig) vereinbarter Rechtsmittelverzicht, wird er im Anschluss an die Urteilsverkündung tatsächlich erklärt, wirksam ist (ausführlich dazu unter Rn 51 ff).

30 Darüber hinaus hat der BGH jede sachwidrige Verknüpfung von Leistung und Gegenleistung für unzulässig erachtet.[87] Sachwidrig ist die Verknüpfung dann, wenn die zugesagte Leistung des Angeklagten ohne Einfluss auf die beabsichtigte Gegenleistung des Gerichts ist, diese also nicht rechtfertigen kann.

– So sah BGHSt 43, 195, 204 f das In-Aussicht-Stellen einer milderen Strafe für den Fall, dass der Angeklagte auf Rechtsmittel verzichte – was unabhängig davon bereits als unzulässiger Inhalt eines Deals eingestuft wird (s. o. Rn 29) – als unzulässig an, da der Rechtsmittelverzicht keinen Strafzumessungsfaktor darstelle.
– Ebenso wurde in BGHSt 40, 287, 290[88] das »Abspracheangebot« eines Angeklagten missbilligt, das darauf gerichtet war, für den Fall einer Verurteilung auf Bewährung ohne Auferlegung einer Geldbuße auf einen Beweisantrag zur Widerlegung seiner Schuld zu verzichten. Darin lag nach Ansicht des BGH deshalb eine sachwidrige Verknüpfung, weil sich der Angeklagte mit dem Beweisantrag gegen seine Verurteilung überhaupt zur Wehr setzen wollte, die Gegenleistung des Gerichts hingegen gerade eine Verurteilung (lediglich ohne Geldbuße) beinhaltete. Das Gericht bezeichnete dies als einen Missbrauch der prozessualen Rechte des Angeklagten.
– Das Konnexitätserfordernis hat der 4. Senat in seiner Grundsatzentscheidung dahingehend konkretisiert, dass das dem Angeklagten im Rahmen der Absprache angesonnene Verhalten dann nicht hinzunehmen sei, wenn damit vordergründig ein Zweck verfolgt werde, der mit der angeklagten Tat und dem Gang der Hauptverhandlung in keinem inneren Zusammenhang stehe.[89] So wertete das Gericht die dem Angeklagten gestellte Bedingung für die Einhaltung einer Strafobergrenze, eine Steuerschuld in Höhe von 500.000 Euro aus einer mit der angeklagten Tat nicht zusammenhängenden Vortat (Steuerhehlerei) zu begleichen, als Verstoß gegen den Grundsatz des fairen Verfahrens. Der mit jedem Absprachenvorschlag latent ausgeübte Druck könne nur hingenommen werden, wenn dem Angeklagten ein Verhalten abverlangt werde, das mit dem Gegenstand des Verfahrens im Zusammenhang stehe.[90] Allein die Tatsache, dass es sich um ein sozial anerkennenswertes Verhalten handele, welches im Rahmen der Strafzumessung Berücksichtigung finden könne, reiche demgegenüber nicht aus.[91]
– Darüber hinaus hat sich der BGH auch dahingehend geäußert, dass die Vereinbarung der Anwendung von Jugendstrafrecht auf einen Heranwachsenden ebenfalls nicht Gegenstand einer Urteilsabsprache sein könne. Es sei nicht ersichtlich, welche Auswirkung die Abgabe eines Geständnisses auf die vom Gericht zu beantwortende Frage haben könne, ob ein Heranwachsender zum Zeitpunkt der Tat noch einem Jugendlichen gleichstand oder ob es sich um eine Jugendverfehlung

---

85 BGHSt 43, 195, 205
86 BGH GSSt 1/04, NJW 2005, 1440, 1444
87 Ausf dazu Beulke/Swoboda JZ 2005, 71 ff
88 Bestätigt durch BGHSt 42, 46, 48
89 BGH NStZ 2004, 338 f m Anm Weider
90 Zustimmend dazu auch G. Schöch NJW 2004, 3463 f
91 BGH NStZ 2004, 339

gehandelt habe. Das nach der Tat abgelegte Geständnis dürfe weder im Rahmen des § 105 I Nr. 1 JGG noch des § 105 I Nr. 2 JGG eine Rolle spielen, weil es keinerlei Rückschlüsse auf die Persönlichkeit des Täters zur Tatzeit oder die Beweggründe der Tat zulasse.[92]

– Die Zusage einer Strafmilderung im Gegenzug für ein – die angeklagte Tat betreffendes[93] – Geständnis des Angeklagten soll demgegenüber zulässig sein,[94] weil nach Ansicht der Rspr jedes Geständnis grundsätzlich geeignet sei, strafmildernde Bedeutung zu erlangen,[95] so dass keine sachwidrige Verknüpfung vorliege.

– Zulässig sei auch die Verknüpfung einer verfahrensbeschleunigenden Zusage des Angeklagten und einem Vorgehen nach § 154 StPO, da bereits die ges Norm einen hinreichenden Zusammenhang zwischen den betroffenen Verfahren herstelle.[96]

c) Mögliche Befangenheit des an einer Absprache beteiligten Richters

Bereits mehrmals hat der BGH die Besorgnis eines Verfahrensbeteiligten, ein an einer (vermuteten) Absprache beteiligter Richter sei befangen, für begründet[97] bzw für grundsätzlich möglich[98] erachtet. Dabei ging es jeweils um Konstellationen, in denen der Richter außerhalb der Hauptverhandlung Gespräche mit einem Verfahrensbeteiligten führte, ohne die anderen hinzuzuziehen. Jeder vernünftige Prozessbeteiligte, der an einem Gespräch außerhalb der Hauptverhandlung – etwa über die Straferwartung bei einem Geständnis – nicht beteiligt werde, müsse mit Recht die Voreingenommenheit des Richters befürchten, so dass er diesen wegen Besorgnis der Befangenheit ablehnen könne.[99] Erfolge eine Verständigung nur mit einem Mitangeklagten, so wecke das Gericht die Besorgnis der Befangenheit, wenn es auf eine unmittelbare zuverlässige Unterrichtung des anderen Mitangeklagten über Gang und Inhalt der informellen Gespräche verzichte, da ein erkennbarer Widerstreit der Interessen der Angeklagten bestehe, der der Verfahrensweise bei Absprachen besonders enge Grenzen setze.[100] Ist die Sachlage mehrdeutig, so sei die Besorgnis der Befangenheit aber erst dann begründet, wenn der Richter auf eine Befragung nach der Bedeutung des beobachteten Vorganges in einer Weise antworte, die diese Besorgnis rechtfertige, oder sich nicht bereit zeige, eine entsprechende Auskunft zu erteilen.[101] Die bloße Offenlegung der Strafmaßvorstellung des Gerichts und deren Erörterung mit den Verfahrensbeteiligten begründe noch keine Befangenheit; anders sei dies jedoch, wenn das Gericht dabei den Eindruck erwecke, sich aufgrund von Vorbesprechungen mit einem Verfahrensbeteiligten bereits endgültig festgelegt zu haben.[102]

31

92 So BGH NStZ 2001, 556 m Anm Eisenberg; zust Noak StV 2002, 447
93 Zur fehlenden »Konnexität« bei Aussagen, die nicht angeklagte Dritte belasten sollen, s Weider NStZ 2004, 340
94 BGHSt 43, 195, 204; vgl auch BVerfG NStZ 1987, 419; BGHSt 42, 46, 50
95 BGHSt 42, 191, 195; 43, 195, 210; BGH StV 1998, 481; s dazu bereits oben Rn 14
96 BVerfG NStZ 1987, 419, 420; aA Ranft Strafprozessrecht Rn 1234
97 BGHSt 37, 99, 103 ff; 37, 298, 302 ff; s ferner LG Kassel StV 1993, 68
98 BGH StV 1996, 355; BGH StV 2003, 481
99 BGHSt 37, 298, 303
100 BGHSt 37, 99, 104
101 BGHSt 37, 99, 104 f; BGH StV 1996, 355
102 BGHSt 45, 312 m Anm Sinner StV 2000, 289

32   Zusammenfassend lassen sich die wesentlichen Mindestanforderungen an Urteilsabsprachen, wie sie von der Rechtsprechung, insbes durch BGHSt 43, 195 und durch den Großen Senat (NJW 2005, 1440), herausgearbeitet worden sind, wie folgt wiedergeben:

1. Absprachen haben grds innerhalb der Hauptverhandlung unter Beteiligung aller Verfahrensbeteiligten zu erfolgen; der Inhalt ist in das Protokoll aufzunehmen. Eine außerhalb der Hauptverhandlung getroffene Absprache ist in die Hauptverhandlung einzuführen und ihr Ergebnis zu protokollieren.
2. Absprachen dürfen nur dann getroffen werden, wenn das Gericht die Anklage anhand der Akten und auch rechtlich überprüft hat.
3. Die Absprache darf nicht durch Drohung oder durch Zusage eines offensichtlich rechtswidrigen Vorteils bzw eines solchen, der nicht in der Kompetenz des Gerichts liegt, zustande gekommen sein.
4. Ein im Rahmen einer Absprache abgegebenes Geständnis muss hinreichend konkret sein; das Gericht muss es auf seine Zuverlässigkeit überprüfen und muss von dessen Richtigkeit überzeugt sein.
5. Absprachen dürfen den Schuldspruch nicht zum Gegenstand haben; bezüglich der Strafhöhe darf nur eine Strafobergrenze in Aussicht gestellt werden. Die abgesprochene Strafe muss immer schuldangemessen sein.
6. Ein Rechtsmittelverzicht darf niemals Inhalt einer Absprache sein, das Gericht darf sich weder an einer solchen Absprache beteiligen noch auf eine Absprache mit Rechtsmittelverzicht hinwirken.
7. In der Absprache darf es zu keiner sachwidrigen Verknüpfung von Leistung und Gegenleistung kommen.

4.   Kodifizierung von Richtlinien

33   Angesichts der lange bestehenden und bis heute nicht völlig ausgeräumten Unsicherheiten über die Zulässigkeitsvoraussetzungen ist in den letzten Jahren von verschiedenen Seiten versucht worden, Richtlinien für das Vorgehen bei Absprachen aufzustellen. 1992 hat der Strafrechtsausschuss der Bundesrechtsanwaltskammer in seinen »Thesen zur Strafverteidigung«[103] folgende – hier leicht gekürzte – Grundsätze zur Absprachenpraxis niedergelegt, die – nach wie vor – als Orientierungshilfe für den Verteidiger dienen können:

34
1. Die Verständigung mit StA und Gericht über das Verfahrensergebnis kann sinnvolle Verteidigung sein.
2. Die Verständigung über das Verfahrensergebnis setzt eine sorgfältige Prüfung der Sach- und Rechtslage durch den Verteidiger voraus, wobei insbes beachtet werden muss, dass Zusagen des Gerichts unter dem Vorbehalt einer Bewertungsänderung stehen und rechtlich nicht verbindlich sind sowie bessere Verteidigungsmöglichkeiten nicht preisgegeben werden.
3. Der Verteidiger hat mit dem Mandanten, auch schon vor Aufnahme von Verständigungsgesprächen, die möglichen Folgen einer Absprache (insbes bei einem Geständnis) sowie die mit Aufnahme der Gespräche und deren Fehlschlagen verbundenen Risiken zu erörtern. Er führt die Gespräche über Verständigungen im Einvernehmen mit dem Mandanten und informiert ihn vollständig und möglichst frühzeitig. Mit Einverständnis des Mandanten kann der Verteidiger berechtigt sein, Vertraulichkeit über einzelne Gesprächsinhalte auch gegenüber dem Mandanten zu wahren.
4. An der Verurteilung eines Unschuldigen darf der Verteidiger nicht mitwirken, weshalb er darauf achten muss, dass ein absprachebedingtes Geständnis vom Mandanten verantwortet wird.
5. Das »offene Wort« des Richters im Rahmen von Verständigungsgesprächen wird in der Regel keinen Anlass zu Befangenheitsablehnung geben, auch wenn das richterliche Verhalten nicht von einer Überprüfung nach §§ 24 ff StPO freigestellt ist.

---

103 Strafrechtsausschuss der Bundesrechtsanwaltskammer Thesen zur Strafverteidigung, 1992

6. Zukünftige Entscheidungen anderer Stellen können bei einer Verständigung über das Verfahrensergebnis grundsätzlich nicht verbindlich einbezogen werden.
7. Der Verteidiger achtet darauf, dass Missverständnisse vermieden werden.

Daneben hat die Große Strafrechtskommission des Deutschen Richterbundes die **35** sog »Münsteraner Thesen« zur Verständigung im Strafprozess erstellt.[104] Von Seiten der Staatsanwaltschaft liegen die »Hinweise an die Staatsanwälte für die Verständigung im Strafverfahren«,[105] die im Wesentlichen mit den hessischen Richtlinien vom 30. 3. 1992[106] übereinstimmen, sowie eine Rundverfügung des Generalstaatsanwalts beim OLG Frankfurt/Main zur Kooperation im Ermittlungsverfahren vor.[107]

VI. Bindungswirkung von Absprachen und gerichtliche Hinweispflicht

Geht man der Frage nach, inwieweit Absprachen Bindungswirkung nach sich zie- **36** hen, so kann eine Antwort nur differenziert nach der Art der Bindung gegeben werden. Leider werden diese verschiedenen Bindungswirkungen in der Diskussion häufig vermengt. Zu unterscheiden sind drei denkbare Formen von Verbindlichkeit im weitesten Sinne: eine rechtliche Bindungswirkung im eigentlichen Sinne, eine bloß faktische Bindung im Sinne einer psychologischen Festlegung der Beteiligten sowie ein Vertrauenstatbestand, der die Verlässlichkeit der gegebenen Zusagen auf der Grundlage des derzeitigen Stands der Dinge zum Gegenstand hat.

1. Keinerlei Bindung bei erkennbar unverbindlicher Erklärung, bloßer Belehrung oder Meinungsäußerung

Liegt eine erkennbar unverbindliche Erklärung vor, so kommt von vornherein kei- **37** nerlei Bindungswirkung in Betracht.[108] Will der Erklärende sich nicht festlegen und wird dies durch seine Erklärung – ausdrücklich oder aus der Gesamtheit der Umstände – auch für seine Gesprächspartner deutlich, so fehlt jede Grundlage für eine wie auch immer geartete Verbindlichkeit. Wenn also der StA dem Verteidiger, der einen Strafbefehlsantrag mit bestimmter Geldstrafe anregt, eine »wohlwollende Prüfung« zusagt, so kommt die Unverbindlichkeit bereits in der Erklärung selbst zum Ausdruck.[109] Dasselbe gilt bei bloßen Meinungsäußerungen[110] sowie Belehrungen und abstrakten Erörterungen über die Rechts- und Beweislage.[111]

2. Rechtliche Bindungswirkung?

Ist die Erklärung des Prozessbeteiligten nicht bereits erkennbar unverbindlich ge- **38** meint, so stellt sich die Frage nach der Bindungswirkung. Selbst die Befürworter von Verständigungen im Strafprozess gehen nicht so weit, eine allgemeine Verbindlichkeit als Folge der Absprachen anzunehmen, die eine rechtliche Verpflichtung

---

104 Abgedruckt bei Kintzi JR 1990, 310 f
105 Abgedruckt in StV 1993, 280
106 Abgedruckt in StV 1992, 347
107 Abgedruckt bei Schaefer AnwBl 1998, 263 f; vgl auch die von Landau DRiZ 1995, 140 f vorgeschlagenen Leitlinien für Absprachen im Ermittlungsverfahren
108 Schmidt-Hieber Verständigung Rn 233 f
109 Beispiel von Schmidt-Hieber Verständigung Rn 233
110 Schellenberg DRiZ 1996, 281
111 Ausführlich hierzu Tscherwinka Absprachen 71 ff; Rössner/Engelking JuS 1991, 667

zur Erfüllung der jeweiligen Zusage im Sinn eines »pacta sunt servanda« enthält. Der Inhalt der Absprachen kann nicht erzwungen werden.[112] Dies erscheint für den Regelfall und bei Beteiligung des Gerichts bereits deshalb als einzig richtige Lösung, da eine verbindliche Festlegung der Richter auf ihr zukünftiges Entscheidungsverhalten die erst nach Abschluss der mündlichen Verhandlung ergehende Entscheidung vorwegnähme, was den der Absprache folgenden Teil des Verfahrens zur Farce verkommen ließe, da er zwangsläufig ohne Einfluss auf das Ergebnis bleiben müsste. Eine derartige Bindungswirkung im Hinblick auf die Entscheidung des Gerichts verstieße daher nicht nur gegen den in § 261 StPO normierten Grundsatz der freien richterlichen Beweiswürdigung,[113] sondern wäre auch mit dem Untersuchungsgrundsatz nicht zu vereinbaren. Sie würde auch regelmäßig die Besorgnis der Befangenheit gegenüber dem bereits derart festgelegten Richter begründen. Die Unabhängigkeit des Richters, die in Art. 97 GG garantiert ist, bedingt ebenfalls, dass eine endgültige Bindung an ein in Aussicht gestelltes Ergebnis nicht eintreten darf.[114]

39　　Auch die Rspr hatte zunächst einer derartigen Bindungswirkung nie das Wort geredet. Umso erstaunlicher erschienen vor diesem Hintergrund die Ausführungen des 4. Senats in seinem Grundsatzurteil zur Absprachenproblematik. Danach sei die Folge eines ordnungsgemäß zustande gekommenen Deals (Offenlegung, Beteiligung aller etc) die »Bindung« des Gerichts an eine im Gegenzug gegen ein angekündigtes Geständnis zugesicherte konkrete Strafmaßobergrenze, die der BGH mit der geschaffenen Vertrauenslage begründet. Bedeutsam an dieser, vom BGH letztlich nicht näher qualifizierten Bindungswirkung ist jedoch, dass ein Abweichen nicht jederzeit möglich sein soll, wenn sich eine andere Sachlage ergebe, sondern nur im Falle »schwerwiegender neuer Umstände« und nur nach – in das Protokoll aufzunehmendem – Hinweis des Gerichts.[115] Als Beispiele für entsprechend schwerwiegende Umstände nennt das Gericht die Heraufstufung eines Vergehens zum Verbrechen oder das Bekanntwerden »erheblicher Vorstrafen« des Angeklagten.[116] Damit betritt der BGH der Sache nach aber Neuland, indem er das an der Absprache beteiligte Gericht selbst dann an seiner Zusage festhält, wenn sich im weiteren Verlauf eine veränderte Sachlage herausstellt, diese aber nicht auf schwerwiegenden neuen Umständen beruht: so zB, wenn sich das vermeintlich leichte Vergehen nur als schwereres Vergehen, nicht aber als Verbrechen entpuppt. Im Ergebnis kann dies nur als eine rechtliche Bindungswirkung unter Vorbehalt des Eintritts schwerwiegender neuer Umstände verstanden werden. Einer solchen stehen aber die oben angeführten Bedenken entgegen.[117] Um zu verhindern, dass sich das Gericht vor der Alternative »Wortbruch oder Rechtsbeugung« wiederfindet, darf eine rechtliche Bindung unter keinen Umständen bejaht werden.[118] Der Große Senat hat die vom 4. Senat angenommene Bindungswirkung insoweit eingeschränkt, als er ein

---

112 Dencker in Dencker/Hamm Vergleich 32; Nestler-Tremel DRiZ 1988, 292; Bode DRiZ 1988, 284; Baumann NStZ 1987, 159 f; Schmidt-Hieber Verständigung Rn 239; Schmidt-Hieber StV 1986, 355; KMR-Eschelbach Vor § 213 Rn 57 f; Siolek Verständigung 168 mwN. Eine Ausnahme stellt insoweit der Vergleich im Privatklageverfahren dar. Dieser ist – soweit vollstreckbar – Vollstreckungstitel gem § 794 I Nr. 1 ZPO. Insgesamt anders Ioakimidis Rechtsnatur 116 ff, 141 ff

113 Schmidt-Hieber StV 1986, 355; Rönnau Absprache 157; Janke Verständigung 70

114 BGHSt 38, 102, 104

115 S BGH NStZ 2003, 563

116 BGHSt 43, 195, 210; zustimmend Roxin § 15 Rn 9 d; Köllner Teil A Rn 72

117 Ablehnend daher Rönnau wistra 1998, 51 f; Satzger JA 1998, 101; Hellmann Strafprozessrecht IV § 2 Rn 45; Bömeke Rechtsfolgen 46 ff

118 Niemöller StV 1990, 38; Gerlach Absprachen 133

Abrücken von der Zusage (nach rechtlichem Hinweis) auch dann für möglich hält, wenn *schon bei der Urteilsabsprache vorhandene* relevante tatsächliche oder rechtliche Aspekte übersehen wurden.[119] Diese Einschränkung ist zwar zu begrüßen. Es bleiben aber gleichwohl Bedenken gegen die Bindungswirkung als solche.[120]

Eine Ausnahme ist nur insoweit zu machen, als die Absprachebeteiligten über den Verfahrensgegenstand verfügen dürfen (s. o. Rn 10). Hier erlangen die Absprachen rechtliche Verbindlichkeit. Eine andere Frage ist allerdings, ob und wie diese durchgesetzt werden können. Schünemann schlägt insoweit allgemein vor, ein Verfahrenshindernis eingreifen zu lassen.[121] Dem wird man für das Privatklageverfahren zustimmen können.[122] Eine von der StA gemachte – später nicht eingehaltene – Zusage, ein Verfahren einzustellen, entfaltet richtiger Ansicht nach eine derart weit reichende Wirkung nicht. Von einem insoweit in Betracht kommenden Verstoß gegen das fair-trial-Prinzip kann – wie auch sonst bei der Herleitung von Prozesshindernissen aus dem Grundgesetz oder allgemeinen strafprozessualen Prinzipien – die Zulässigkeit des Verfahrens insgesamt nicht abhängig gemacht werden.[123] Diese Prinzipien sind zu weit und zu unbestimmt, als dass deren Verletzung mit der Leichtigkeit feststellbar wäre, die aus Gründen der Rechtssicherheit zur Entscheidung über das Vorliegen eines Verfahrenshindernisses erforderlich ist.[124] Gerade das Fairnessprinzip kann sich nur im Rahmen eines Verfahrens verwirklichen, so dass es nicht vor, sondern immer nur in einem Prozess Schutz entfaltet.[125] Die Vereinbarung begründet hier also zwar das Recht des Beschuldigten auf deren Einhaltung; es kann aber nicht voll durchgesetzt werden.[126] Ein Ausgleich ist nur im Wege der Strafmilderung möglich (dazu Rn 59).

40

3.　Faktische Bindungswirkung

Unbestritten ist eine gewisse faktische (oder psychologische) Relevanz der Verständigung für die an ihr Beteiligten.[127] Allerdings wird deren Umfang und Bedeutung unterschiedlich eingeschätzt und bewertet.

41

Gerade die Gegner der strafprozessualen Verständigung leiten ihre grundsätzlichen Einwände aus der ihrer Ansicht nach bedenklich weit reichenden faktischen Bindungswirkung her. Dabei stützen sie sich auf empirische Untersuchungen[128] sowie auf Erfahrungsberichte von Praktikern, wonach es so gut wie nie vorkomme, dass eine eindeutige Absprache nicht eingehalten werde.[129] Ein an einem Deal beteiligter Richter könne nie wieder die Position eines neutralen Beobachters einnehmen, er

42

119　BGH GSSt NJW 2005, 1440, 1442
120　Krit zur Linie des Großen Senats wegen der Unsicherheit für den Angeklagten, die aus der in der Praxis immer noch unklaren Verwertbarkeit eines auf Grund einer fehlgeschlagenen Absprache folgt (s Rn 48 ff) Duttge/Schoop StV 2005, 422
121　Schünemann Verhandlungen des 58. Deutschen Juristentags Gutachten B 122; s auch Roxin § 11 Rn 15
122　So auch Schlüchter Rn 815; Meyer-Goßner Vor § 374 Rn 12
123　Vgl zur Gesamtproblematik Hillenkamp NJW 1989, 2841
124　Zum Ganzen vgl BGHSt 32, 345, 352; 41, 72, 75; Meyer-Goßner Einl Rn 147 f; Beulke/Satzger JuS 1997, 1047
125　Steiner Das Fairnessprinzip im Strafprozess 1995, 199; Weigend JR 1991, 258
126　Zur Unmöglichkeit, die versprechensgemäße Einstellung nach § 23 EGGVG einzuklagen vgl Gerlach Absprachen 135; dafür aber Kühne Strafprozessrecht Rn 602 f
127　Vgl Fezer Rn 18; Braun Absprache 103; Küpper/Bode Jura 1999, 354
128　S Schünemann NJW 1989, 1897
129　Dahs NJW 1987, 1318; Dahs NStZ 1988, 157; vgl auch Siolek Verständigung 173

werde nur bei schwerwiegenden Bedenken von seinem Versprechen abrücken;[130] die Beweiswürdigung habe sich für ihn zumindest psychisch bereits erledigt, so dass er dem weiteren Prozess mit geringerer Aufmerksamkeit und vermindertem Interesse folgen werde.[131] Eine faktische Verbindlichkeit wird auch deshalb bejaht, weil anderenfalls die Absprachenpraxis bald der Vergangenheit angehören würde: Der Angeklagte müsse nämlich regelmäßig vorleisten, häufig durch ein Geständnis. Halte sich ein Gericht nicht an seine Zusage, werde sich der Verteidiger künftig nicht mehr auf Verständigungen mit diesem Gericht einlassen.[132]

Eine derart pauschal unterstellte psychologische Bindungswirkung erscheint jedoch unangemessen.[133] Vielmehr kann nur im Einzelfall darüber entschieden werden, inwieweit sich ein Richter durch seine Zusagen bereits so stark psychologisch festgelegt hat, dass er nicht mehr als unbefangener Prozessbeteiligter angesehen werden kann. Zu Recht wird darauf verwiesen, dass es jedem Strafprozess eigen ist, dass Richter oder Staatsanwälte ein bestimmtes Verfahrensergebnis prognostizieren, so zB bei der Anklageerhebung bzw beim Eröffnungsbeschluss oder bei Entscheidungen über Haftbefehle.[134] Auch hier legt sich der Prognostizierende zunächst psychologisch auf eine bestimmte Einschätzung fest; unbedenklich ist dies aber so lange, wie es sich um eine auf den derzeitigen Stand der Dinge begrenzte Einschätzung handelt, die unter dem Vorbehalt der unveränderten Grundannahmen steht. Um eine Bindungswirkung für die Zukunft handelt es sich somit nicht, denn eine Korrektur der Prognose bleibt bei jeder Änderung der Sachlage möglich. Dasselbe gilt grundsätzlich auch für Absprachen: Ihre (faktische) psychologische Relevanz kann ihnen aufgrund ihres »prognostischen Charakters« zwar nicht abgesprochen werden.[135] Eine bedenklich weit reichende faktische Bindungswirkung für die Zukunft ergibt sich daraus aber nicht. Zwar versteht es sich von selbst, dass derjenige, der eine Entscheidung trifft, nachdem er zuvor eine Prognose in derselben Sache geäußert hat, tendenziell zu einem entsprechenden Entscheidungsinhalt neigen wird, was auch die Erfahrungen der Praktiker hinsichtlich der hohen Zahl eingehaltener Zusagen erklären dürfte. Wollte man darin aber eine unzulässige Selbstbindung sehen, so müsste dies ebenfalls für alle anderen – von der StPO sogar geforderten – prognostischen Entscheidungen im Laufe des Verfahrens gelten.[136] Dies macht deutlich, dass nicht die Beteiligung an einer Absprache, sondern eine im Einzelfall fehlende Korrekturbereitschaft Grund für eine (unzulässig) weit reichende faktische Bindungswirkung ist. Hier greifen dann aber ggf die Regeln über die Befangenheit ein.[137]

43 Selbst wenn man Berichten über »Schwarze Listen«[138] Glauben schenken darf, in denen Richter (Anwälte, StA) verzeichnet sind, mit denen man keine Verständigungen eingehen solle, so erzeugen auch diese nicht zwingend eine faktische Bindungswirkung. Denn auf eine »Schwarze Liste« wird vernünftigerweise nur derjenige gesetzt werden, der nicht hält, was er versprochen hat. Eine bloße Prognose auf

---

130 Rönnau Absprache 158; Niemöller StV 1990, 38
131 Rönnau Absprache 158
132 Siolek Verständigung 168, 173
133 Schmidt-Hieber NJW 1990, 1884, 1885 spricht von einem »Zirkelschluss par excellence«, wenn Absprachen zunächst durch eine »faktische Verbindlichkeit« gekennzeichnet würden, um sie anschließend gerade deswegen für unzulässig zu erklären
134 Böttcher/Widmaier JR 1991, 355; Gerlach Absprachen 133 mwN
135 Vgl auch Hellmann Strafprozessrecht IV § 2 Rn 45
136 Vgl auch Tscherwinka Absprachen 75
137 S Böttcher/Widmaier JR 1991, 355
138 Dazu Dencker in Dencker/Hamm Vergleich 35 mwN

Grundlage des derzeitigen Sachstands unter Einbeziehung des von den Absprache-beteiligten ihrerseits in Aussicht gestellten Prozessverhaltens enthält aber gerade keine konkrete Zusage für die Zukunft, die durch eine anders lautende Entscheidung in jedem Fall verletzt wäre.

4. Vertrauenstatbestand auf Grund verlässlicher Zusagen, der durch gerichtlichen Hinweis zerstört werden kann

Wenn demnach eine (zulässige) Absprache weder rechtlich noch faktisch *für die Zukunft bindende* Zusage enthalten kann, so heißt dies nicht, dass ihr keinerlei rechtliche Erheblichkeit zukäme. Denn von der Bindungswirkung für die Zukunft ist die *gegenwärtige Verlässlichkeit* zu unterscheiden:[139] Wie gesehen hat jede (nicht völlig unverbindlich gemeinte) Zusage im Rahmen von Absprachen einen auf den gegenwärtigen Stand der Dinge beschränkten prognostischen Charakter. Auf die Verlässlichkeit dieser Einschätzung müssen die anderen Beteiligten vertrauen dürfen, es sei denn, die Erfüllung der Zusage liegt erkennbar außerhalb der Kompetenz des Strafverfolgungsorgans bzw ist offensichtlich rechtswidrig, denn in diesen Fällen greift der Vertrauensschutz nicht, die Erwartung einer Kompetenzüberschreitung bzw eines evidenten Rechtsverstoßes ist der Risikosphäre des Beschuldigten zuzuordnen.[140] Ein Vertrauenstatbestand soll nach dem BGH etwa nicht hervorgerufen werden durch Zusagen des Gerichts, die gegen den Widerspruch der Staatsanwaltschaft oder ohne deren Kenntnis abgegeben worden sind,[141] ebenso wenig durch nicht protokollierte Erklärungen des Vorsitzenden zur Strafobergrenze.[142] Allerdings wird man nach dem oben Gesagten nur im Fall evidenter Rechtsverstöße einen Vertrauenstatbestand verneinen dürfen. Ob es daher tatsächlich richtig ist, das Risiko der fehlenden Protokollierung einer Zusage des Gerichts generell und allein dem Angeklagten aufzubürden, erscheint dann aber zweifelhaft. Immerhin trägt das Gericht die Verantwortung für die Einhaltung der grundlegenden Verfahrensvorschriften bei Absprachen.[143]

Ist ein entsprechender Vertrauenstatbestand hervorgerufen worden, so ist dieser der Ansatzpunkt für die rechtliche Relevanz der Absprachen im Strafprozess: Aus dem Gebot eines fairen Verfahrens folgert die Rspr die *verfahrensrechtliche Pflicht,* die Verteidiger und die Angeklagten darauf *hinzuweisen,* dass die ursprüngliche Zusage nicht eingehalten werden kann, damit diese Gelegenheit erhalten, sich auf die veränderte Sachlage einzustellen und alle Verteidigungsmöglichkeiten zu nutzen.[144] Ein

44

---

139 Grundlegend Schmidt-Hieber NJW 1990, 1885; dieser Aspekt wird häufig übersehen, zB Braun Absprache 101 ff
140 Vgl BGH NStZ 2002, 219; BGHSt 36, 210, 215 f; s. a. Lilie Zeitschrift der Koreanisch-Deutschen Gesellschaft für Rechtswissenschaft 12 (1996), 593; Rössner/Engelking JuS 1991, 669; Weigend FS 50 Jahre BGH, Bd IV, S 1032 ff; Abweichend Gerlach Absprachen 184, demzufolge jede unzulässige Absprache bereits einem Vertrauenstatbestand im Wege steht; ähnl Weider StV 2000, 540 ff
141 BGH StV 2003, 481; s. a. BGH NStZ 2004, 342 f
142 BGH NStZ 2004, 342 f; zu Recht anders aber bei protokollierten Angaben einer Strafobergrenze BGH StV 2003, 268; NStZ 2005, 87
143 So zu Recht Schlothauer StV 2003, 482; krit auch Weider StraFo 2003, 411 f
144 BGH NStZ 2002, 219; BGHSt 36, 210, 216 unter Hinweis auf die parallele Argumentation bei anderen Hinweispflichten zB in BGHSt 32, 44, 47 f; BGH StV 1988, 9 f; BGH NStZ 1981, 100, die allerdings im Schrifttum teilweise heftig kritisiert wurden, vgl die Nachweise bei Gerlach Absprachen 185; bestätigend BGHSt 38, 102, 104. Gerlach (Absprachen 186) zieht zur Begründung der Hinweispflicht § 265 IV StPO heran, der als ein Minus zur Aussetzungspflicht eine Hinweispflicht beinhalte, wobei er aufgrund des Grundsatzes des fairen Verfahrens eine Ermessensreduzierung auf Null befürwortet

Satzger

solcher Vertrauenstatbestand – und damit einhergehend die gerichtliche Hinweispflicht – kann insbesondere im Falle des Abweichens von einer im Rahmen eines gescheiterten Verständigungsgespräches vom Gericht zunächst in Aussicht gestellten Strafhöhe entstehen.[145] Ein – entsprechend § 265 I, II StPO protokollierungspflichtiger[146] – Hinweis lässt den Vertrauenstatbestand jedoch wieder entfallen.[147] Hat das Gericht seine Zusage jedoch von vornherein an eine Bedingung geknüpft, so bedarf es keines Hinweises, wenn diese Bedingung erkennbar nicht eintritt.[148]

VII. Verteidigung im Falle fehlgeschlagener Absprachen

45 Absprachen im Strafprozess können aus den unterschiedlichsten Gründen misslingen:

- Im Laufe eines Prozesses können sich neue Tatsachen herausstellen, die den Täter oder die Tat in einem neuen Licht erscheinen lassen und der Absprache gleichsam im Nachhinein die Grundlage entziehen.
- Das Gericht bzw die StA kann einem Sinneswandel unterliegen, so dass diese(s) wortbrüchig wird oder – trotz formaler Einhaltung der Zusage – zusätzliche Belastungen des Angeklagten für nötig erachtet, so etwa die Verhängung einer Geldauflage in erheblicher Höhe neben der zugesagten Bewährungsstrafe im Wege der Bewährungsauflage nach § 56 b II Nr. 2 StGB.[149]
- Die an einer Absprache Beteiligten haben den Inhalt der Vereinbarung unterschiedlich verstanden und dieser (versteckte) Dissens wird erst später offenbar.

46 Allen Konstellationen gemein ist die Tatsache, dass eine von den Strafverfolgungsbehörden aus Sicht des Angeklagten abgegebene Zusage nicht oder nicht voll eingehalten wird. Für den Begriff des Fehlschlags kommt es dabei nicht darauf an, ob wir es mit einer zulässigen oder unzulässigen Absprache zu tun haben. Praktisch relevant wird die fehlgeschlagene Absprache aus Sicht der Verteidigung immer dann, wenn der Angeklagte – wie regelmäßig – eine Vorleistung zu erbringen hat und sich erst danach herausstellt, dass sich die Strafverfolgungsorgane nicht an ihre Zusage(n) halten können oder wollen. Dann steckt er regelmäßig in dem Dilemma, im Hinblick auf die Absprache eine – seine prozessuale Position verschlechternde – Leistung erbracht zu haben, ohne in den Genuss der vereinbarten Gegenleistung kommen zu können, denn – wie gesehen – lassen sich die Zusagen im Rahmen einer prozessualen Verständigung grundsätzlich nicht durchsetzen. Die Strategie der Verteidigung kann daher darauf angelegt sein, so weit wie möglich die (nachteilige) Vorleistung und deren Folgewirkungen aus der Welt zu schaffen, um wieder den status quo ante erreichen zu können. Ob und wie dies gelingen kann, hängt im Wesentlichen von der Art der erbrachten Vorleistung ab. Ist dies nicht möglich oder nicht ausreichend, so muss versucht werden, gegen die Absprache selbst bzw gegen das mit dieser im Zusammenhang stehende Verhalten der Strafverfolgungsorgane vorzugehen.

---

145 BGH NStZ 2002, 219 m zust Anm Weider NStZ 2002, 176; BGH NStZ 2004, 339 m Anm Weider; s dazu auch Beulke/Swoboda JZ 2005, 67; G. Schöch NJW 2004, 3463 f
146 BGH NStZ 2003, 563; zu Verstößen gegen die Protokollierungspflicht s. u. Rn 55
147 Vgl BGH NStZ 1997, 561 f
148 BGH StV 1999, 408
149 Dazu OLG Köln wistra 1998, 272

1. Korrektur der eigenen Vorleistung

a) Widerrufliche, abänderbare oder wiederholbare Prozesshandlungen

Im Regelfall ist eine Korrektur dann ohne Probleme möglich, wenn sich die Vor- **47**
leistung auf Prozesshandlungen bezieht, die widerruflich, abänderbar oder wieder-
holbar sind.[150] Dies betrifft vor allem Anträge und Erklärungen, soweit nicht der
Prozessabschnitt, in dem die Prozesshandlung erfolgt, durch den weiteren Prozess-
verlauf endgültig abgeschlossen ist. Stellt sich das Scheitern der Absprache heraus,
indem etwa das Gericht den Hinweis erteilt, aufgrund nachträglich bekannt gewordener Tatsachen die ursprüngliche Absprache nicht einhalten zu können (s. o.
Rn 44), kann der Angeklagte die vorgenommene Handlung widerrufen oder zurücknehmen bzw die Handlung vornehmen, wenn es dem Inhalt der Verständigung entsprach, diese Handlung zu unterlassen.[151] Die Interessen des Angeklagten können
hier regelmäßig voll gewahrt werden.[152] Hat der Angeklagte beispielsweise aufgrund der Absprache einen Beweisantrag zurückgenommen, stellt sich dann aber
heraus, dass das Gericht oder die StA nicht an der Absprache festhalten, so kann er
den Antrag erneut stellen.

Einen Sonderfall stellt das – äußerst häufig als Vorleistung vom Angeklagten er- **48**
brachte – (Teil-) *Geständnis* dar.[153] Zwar ist auch dieses, wie nicht zuletzt die Regelung des § 254 StPO beweist, widerrufbar.[154] Dem Interesse des Angeklagten, das
Geständnis möglichst aus der Welt zu schaffen, wird dadurch aber nur unzureichend entsprochen: Denn der Widerruf bewirkt keine Unverwertbarkeit des Inhalts
des Geständnisses. Dem Gericht ist es im Rahmen seiner umfassenden richterlichen
Beweiswürdigung vielmehr unbenommen, ein Geständnis trotz späteren Widerrufs
für glaubhaft zu halten und einer Verurteilung zu Grunde zu legen.[155] Etwas Anderes würde dann gelten, wenn ein Beweisverwertungsverbot eingreifen würde. Ein
solches sieht nun § 136 a III 2 StPO vor. Allerdings entsteht dieses Verwertungsverbot nur in den dort geregelten – krassen – Fällen, etwa dann, wenn der Beschuldigte bewusst[156] getäuscht wurde, also zB der Vorsitzende im Gegenzug für ein glaubhaftes Geständnis eine Strafobergrenze zusichert, die er aber von Anfang an nicht
einhalten möchte. Häufiger mag demgegenüber die Konstellation sein, in der dem
Angeklagten für sein Geständnis ein »ges nicht vorgesehener Vorteil« (§ 136 a I 3
StPO) versprochen (dazu bereits oben Rn 28) wird, so v.a. dann, wenn die Einhaltung der Strafobergrenze von einer nicht den Konnexitätskriterien (oben Rn 30) genügenden Bedingung abhängig gemacht wird.[157] Umgekehrt kann die unzulässige
Absprache auch unter die Variante »Drohung mit einer verfahrensrechtlich unzulässigen Maßnahme« fallen, wenn der Angeklagte durch den Abspracheinhalt unter

---

150 LR-Rieß (25. Aufl.) Einl Abschn G Rn 83
151 S. a. Schmidt-Hieber Verständigung Rn 247; Gerlach Absprachen 163 ff
152 Anders, wenn sich das Scheitern erst nach Rechtskraft herausstellt, dazu Rn 60 ff
153 Zur Frage, ob das Geständnis des Beschuldigten als Prozesshandlung eingestuft werden kann,
    vgl LR-Rieß (25. Aufl.) Einl Abschn J Rn 10
154 Vgl Beulke/Satzger JuS 1997, 1076; Meyer-Goßner § 254 Rn 2; Gerlach Absprachen 166
155 BGH NStZ 1994, 597; BGHSt 21, 285, 287; BGH StV 2003, 481; OLG Köln NJW 1961, 1224;
    KMR-Paulus § 261 Rn 21; HK-Julius § 261 Rn 23; LR-Rieß (25. Aufl.) Einl Abschn G Rn 66,
    83; s dazu Kölbel NStZ 2003, 232
156 Die hM verlangt eine bewusste, absichtliche Entstellung der Wahrheit, vgl nur Beulke Straf-
    prozessrecht Rn 135; Roxin § 25 Rn 22; BGH StV 1989, 515; aA etwa Weider NStZ 2004, 341
    sowie Schlothauer StV 2003, 482 der dafür plädiert, das Erfordernis einer absichtlichen Täu-
    schung nicht für die Unzulässigkeit von Absprachen betreffende Rechtsfragen gelten zu lassen;
    ähnl Kölbel NStZ 2002, 78
157 Dazu Weider NStZ 2004, 341; vgl auch Kuckein Meyer-Goßner-FS S 71

Satzger

Druck gerät, insbes dann, wenn die angedrohte Maßnahme gegen materielles Recht verstößt und/oder nicht in die Kompetenz des Gerichts fällt. V. a. der Fall, in dem das Gericht dem nicht kooperativen Angeklagten eine zu hohe, die Schuldangemessenheit übersteigende Strafe in Aussicht stellt, falls dieser nicht »mitmache«, gehört hierher.[158] Das Verhalten des Gerichts (und der StA) nach der Absprache bzw nach dem Geständnis kann das Verwertungsverbot des § 136 a III 2 StPO nicht auslösen, da es bereits an der notwendigen Kausalität zwischen Willensbeeinflussung und Aussage fehlt. Unterlässt also etwa ein Gericht den Hinweis darauf, dass es aufgrund nachträglich eintretender Tatsachen eine ursprünglich zugesagte Strafmilderung nicht mehr vertreten kann, so kann dies keine für das Geständnis kausale Täuschung (durch Unterlassen) sein.

49   Allerdings lässt sich für einige Fälle ein (selbstständiges) Beweisverwertungsverbot aus einem anderen Aspekt begründen: dem fair-trial-Prinzip. Problematisch ist hier aber, wann dieser allgemeine Verfahrensgrundsatz eine Unverwertbarkeit bedingt. Ein Anknüpfen an den Schutzzweck der verletzten Norm ist nicht möglich, da ein konkreter Verfahrensverstoß bei einem selbstständigen Verwertungsverbot gerade nicht vorausgesetzt wird. Erst eine Inhaltsbestimmung dieses Grundsatzes kann daher Aufschluss über Begründung und Reichweite eines Verwertungsverbots geben. Das BVerfG hat betont, dass »das Recht auf ein faires Verfahren als eine Ausprägung des Rechtsstaatsprinzips, das in der Verfassung nur zum Teil näher konkretisiert ist, [...] keine in allen Einzelheiten bestimmten Gebote und Verbote [enthält]; es bedarf daher der Konkretisierung je nach den sachlichen Gegebenheiten.«[159] Eine Verletzung des Anspruchs auf ein faires Verfahren liege erst dann vor, wenn eine Gesamtschau auf das Verfahrensrecht auch in seiner Auslegung und Anwendung durch die Gerichte ergebe, dass rechtsstaatlich zwingende Folgerungen nicht gezogen worden sind oder rechtsstaatlich Unverzichtbares preisgegeben worden ist.[160] Ob dies der Fall ist, hängt von einer umfassenden Bewertung der Umstände des Einzelfalls ab, was ein erhebliches Maß an Unsicherheit erzeugt.

In BGHSt 42, 191 hat der BGH ein solches Verwertungsverbot aufgrund der Verletzung des fair-trial-Prinzips zumindest für möglich erachtet. Dort ging es um eine Absprache, die die Verteidigung dahingehend verstand, dass für den Fall eines Geständnisses der Angeklagten ua weitere gegen sie geführte Ermittlungsverfahren nach § 154 StPO eingestellt würden. Nach Ablegung der Geständnisse wurde aber offenbar, dass die StA ein Vorgehen nach § 154 StPO nicht als vereinbart erachtete. Es lag somit von Anfang an ein versteckter Dissens vor. Das Tatgericht hatte die Geständnisse deshalb nicht verwertet, der BGH meinte, dass das Gericht damit »den Grundsätzen eines fairen Verfahrens entsprochen haben mag«, ohne sich aber näher mit dieser Frage auseinandersetzen zu müssen.[161] Dass es gleichwohl richtig war, hier ein Verwertungsverbot anzunehmen, ergibt sich aus der *Risikoverteilung* zwischen den Strafverfolgungsorganen und dem Angeklagten.[162] Der Angeklagte muss grundsätzlich das Risiko tragen, dass sein vorgeleistetes Geständnis auch

---

158 Gerlach Absprachen 73; Kuckein Meyer-Goßner-FS S 70; Tscherwinka Absprachen 140
159 BVerfGE 57, 250, 275 f
160 BVerfGE 70, 297, 308; 63, 45, 61; 57, 250, 275 f
161 Es lag zumindest kein Rechtsfehler zum Nachteil des Angeklagten vor, der allein Revision eingelegt hatte
162 Grundlegend Beulke/Satzger JuS 1997, 1075 f und Satzger JuS 2000, 1161; ebenso Ufer/Ufer in Ziegert, Grundlagen der Strafverteidigung 49; Burhoff Hauptverhandlung (3. Aufl.) Rn 67; Bömeke Rechtsfolgen 112 ff s dazu auch HK-Julius § 206 a Rn 12; Weigend FS 50 Jahre BGH, Bd IV, S 1037; krit aber Kintzi Hanack-FS S 186 ff

dann verwertet wird, wenn sich *nachträglich* neue Umstände ergeben. Denn – wie gesehen – darf sich das Gericht »nicht der Freiheit begeben, aufgrund besserer Einsicht die maßgeblichen Umstände anders zu gewichten und zu einer von der mitgeteilten Vorstellung abweichenden Entscheidung zu gelangen.«[163] Ist die Absprache andererseits *von Anfang an* mangelhaft, weil der Angeklagte bewusst getäuscht wurde, so zeigt § 136 a StPO, dass sich das absprachebedingte Prozessverhalten nicht zu seinem Nachteil auswirken darf. Der Angeklagte erkennt das wahre Risiko hier täuschungsbedingt nicht. Gleichsam zwischen diesen beiden Konstellationen steht der dissensbedingte Deal. Wichtig für dessen Zuordnung ist allerdings, dass der Angeklagte hier das Risiko eines Missverständnisses nicht bewusst eingeht, da er den Dissens nicht erkennt und nicht einmal erkennen konnte. Das Risiko eines Dissenses entspringt somit nicht allein seinem Verantwortungsbereich, so dass eine Verwertung des daraufhin abgelegten Geständnisses mit dem Fairnessgrundsatz nicht zu vereinbaren wäre.[164]

Das Risiko nachträglich eintretender oder bekannt werdender Umstände kann dem **50** ständigen Beschuldigten also nicht abgenommen werden. Zu differenzieren ist demgegenüber, wenn das Gericht aus anderen Gründen trotz erbrachten Geständnisses von seiner Zusage abrücken möchte, insbes wegen der Unzulässigkeit der Absprache. Die Frage, ob im Falle einer unzulässigen Absprache das Geständnis des Angeklagten für das weitere Verfahren verwertbar bleibt, ist heftig umstritten.[165] Die Tendenz in der Rspr geht dahin, in diesen Fällen eine grundsätzliche Verwertbarkeit anzunehmen.[166] Im Schrifttum werden unterschiedliche Lösungen vorgeschlagen, die von der Annahme eines Verfahrenshindernisses[167] bzw eines (selbstständigen) Beweisverwertungsverbotes[168] über die Anwendung des § 136 a StPO[169] bis zur grundsätzlichen Zulässigkeit der Verwertung des Geständnisses reichen.[170] Richtiger Ansicht nach ist zu differenzieren: War die Absprache *offensichtlich* unzulässig, so entsteht – wie gesehen – bereits kein Vertrauenstatbestand. Der Beschuldigte erbringt sein Geständnis auf einer erkennbar unsicheren Grundlage und somit auf eigene Gefahr. Für ein Beweisverwertungsverbot ist damit kein Raum.[171] Anders jedoch, wenn die Absprache zwar unzulässig war, der Beschuldigte dies aber *nicht erkennen konnte*. Hier ist ein dem Fairnessgrundsatz entsprechendes Verwertungsverbot zu erwägen, da auch diese Absprache eine Bindungswirkung in Form des Vertrauensschutzes hinsichtlich der gegenwärtigen Verlässlichkeit der Zu-

---

163 BGHSt 38, 102, 105
164 Anders wäre die Lage allenfalls dann, wenn allein der Angeklagte für das Missverständnis verantwortlich wäre; allerdings ist zu berücksichtigen, dass regelmäßig der Verteidiger für den Angeklagten an der Absprache beteiligt ist und dessen Verschulden aufgrund seiner Rechtsstellung als Organ der Rechtspflege dem Angeklagten nicht zugerechnet werden darf (vgl BVerfG NJW 1991, 351; 1994, 1856; BGH NJW 1994, 3112)
165 Vgl dazu Beulke/Satzger JuS 1997, 1074 ff; Weigend FS 50 Jahre BGH, Bd IV, S 1036 ff; Kuckein Meyer-Goßner-FS S 65 ff; Kölbel NStZ 2002, 77 ff
166 BGH StV 2003, 481; BGHSt 38, 105; BGH NStZ 1994, 196; BGH NStZ 1997, 561; vgl dazu LR-Rieß (25. Aufl.) Einl Abschn G Rn 66, 83; Kuckein Meyer-Goßner-FS S 65 ff; Meyer-Goßner StraFo 2003, 402 f
167 Weigend FS 50 Jahre BGH, Bd IV S 1037 (»radikalste Lösung«)
168 Etwa Nestler/Tremel DRiZ 1988, 294; Kölbel NStZ 2003, 237 für den Fall der »unerkannt fehlgeschlagenen Absprache«
169 So Weider NStZ 2004, 341; Kölbel NStZ 2002, 78; Kölbel NStZ 2003, 237; Meyer-Goßner Einl Rn 119 g; Kuckein Meyer-Goßner-FS S 71
170 Vgl dazu Meyer-Goßner StraFo 2003; Kuckein Meyer-Goßner-FS S 67 ff mwN
171 Ähnl BGH StV 2003, 481 (obiter dictum); vgl dazu aber die abl Anm von Schlothauer: »Die Verantwortung für die Einhaltung der in BGHSt 43, 195 entwickelten Verfahrensordnung trifft allein das Gericht«

sagen entfaltet. Die Fehlerhaftigkeit der Absprache entspringt hier dem Risikobereich der rechtskundigen und für die Gewährleistung eines ordnungsgemäßen Verfahrens zuständigen Strafverfolgungsorgane.

b) Unwiderrufliche Prozesshandlungen, insb Rechtsmittelverzicht

51   Wesentlich ungünstiger ist die Situation aus der Sicht des Beschuldigten, wenn dieser auf Grund der Absprache eine unwiderrufliche Prozesshandlung vorgenommen, v.a. einen Rechtsmittelverzicht erklärt hat und sich erst danach der Fehlschlag der Absprache herausstellte. Solche unwiderruflichen Prozesshandlungen – zumeist prozesstragende bzw. -beendende Erklärungen[172] – sind nach hM nämlich aus Gründen der Rechtssicherheit grundsätzlich weder anfechtbar[173] noch findet § 136a StPO auf sie analoge Anwendung.[174] Allerdings geht auch die hM nicht so weit, dass Willensmängel hier unter keinen Umständen Beachtung finden könnten. Ausnahmsweise räumt sie »überwiegenden Gründen der Gerechtigkeit« Vorrang vor dem Prinzip der Rechtssicherheit ein, zB dann, wenn sich der Verzichtende der Tragweite seiner Erklärung nicht bewusst war oder wenn die Willensmängel auf einer Fürsorgepflichtverletzung des Gerichts beruhen.[175]

52   Dass mit dem Abgrenzungskriterium der »überwiegenden Gerechtigkeit« gerade im Bereich der Absprachen nicht viel gewonnen ist, beweist der – auch innerhalb des BGH heftig geführte[176] – Meinungsstreit darüber, ob bzw in welchen Fällen ein absprachegemäß erklärter *Rechtsmittelverzicht*[177] Wirksamkeit erlangen kann. Die Bedeutung dieser Frage für die Erfolgsaussichten der Verteidigung ist enorm, da die Vereinbarung und die Erwartung der späteren Erklärung eines Rechtsmittelverzichts Grundlage (fast) jeder Absprache sind. Einen Schlussstrich hat nun der mit dieser Frage durch eine Vorlage des 3. Senats[178] (gem § 132 II, IV GVG) befasste Große Senat in Strafsachen gezogen. Der 3. Senat hatte sich für die generelle Unwirksamkeit eines absprachegemäß erklärten Rechtsmittelverzichts ausgesprochen und war insoweit vom 4. und 5. Senat unterstützt worden.[179] Nachdem der 1. und 2. Senat[180] aber am Grundsatz der Wirksamkeit des Rechtsmittelverzichts auch für den Fall festhalten wollten, dass dieser auf der Grundlage einer Absprache erfolgt war, war die Entscheidung des Großen Senats unvermeidlich.

---

172 Beulke Strafprozessrecht Rn 300

173 RGSt 57, 83; BGH NStZ 1983, 280, 281; LR-Hanack (25. Aufl.) § 302 Rn 47; LR-Rieß (25. Aufl.) Einl Abschn J Rn 30; KK-Pfeiffer Einl Rn 129; Meyer-Goßner § 302 Rn 21, 9; Roxin § 51 Rn 26; Erb GA 2000, 519

174 BGHSt 17, 14, 17 ff; 34, 365; Braun Absprache 106; Beulke Strafprozessrecht Rn 301, LR-Hanack (25. Aufl.) § 136a Rn 14; aA Roxin § 22 Rn 6; allgemein dazu Satzger JuS 2000, 1159

175 Vgl BGH StV 2004, 360; BGH NStZ 2003, 616; BGH NStZ-RR 2002, 114; BGH NJW 2001, 1435 f; OLG Bremen JZ 1955, 680; OLG Zweibrücken NStZ 1982, 348; Schlüchter Strafverfahren (2. Aufl.) Rn 650; Meyer-Goßner § 302 Rn 10, 22; LR-Hanack (25. Aufl.) § 302 Rn 52; KK-Ruß § 302 Rn 13; s. a. BGHSt 18, 257, 259 f; 19, 101, 103 f; 45, 55 ff

176 BGH NStZ 2003, 677 m Anm Martin JuS 2004, 256 (Anfragebeschluss des 3. Senats); BGH NJW 2004, 1335 (Antwort des 5. Senats); BGH NStZ 2004, 164 (Antwort des 1. Senats); BGH NJW 2004, 1336 (Antwort des 2. Senats) sowie BGH NJW 2004, 2536 (Vorlagebeschluss des 3. Senats), s dazu Kudlich JuS 2005, 84 ff

177 Zum – grds anders gelagerten – Fall einer Berufungsbeschränkung vgl KG NStZ-RR 2004, 176 ff

178 BGH NJW 2004, 2536 (Vorlagebeschluss des 3. Senats)

179 BGH NStZ 2003, 677 m Anm Martin JuS 2004, 256; BGH NJW 2004, 1335; s dazu auch NJW 2003, 3427

180 BGH NStZ 2004, 164; BGH NJW 2004, 1336

Der Große Senat spricht sich nun für eine *durch eine unterbliebene qualifizierte*   **53**
Belehrung bedingte Unwirksamkeit des Rechtsmittelverzichts in Rahmen von abge-
sprochenen Verfahren aus. Im Einzelnen bedeutet das:

1. Zwar sei die Verzichtserklärung als Rechtskraft herbeiführende Prozesshandlung   **53 a**
grundsätzlich unwiderruflich und unanfechtbar. Auch aus der Unzulässigkeit der
Vereinbarung eines Rechtsmittelverzichts (vor Urteilsverkündung) könne nicht
automatisch die Unwirksamkeit der – davon streng zu trennenden – Verzichtserklärung (nach Urteilsverkündung) gefolgert werden. Im Falle einer Absprache seien
die »normalen« Schutzmechanismen, die den Beschuldigten insoweit vor Über-
eilung schützen sollen (Belehrung nach § 35 a StPO; zu protokollierende Genehmigung nach Verlesung gem § 273 III 3 StPO), jedoch nicht ohne weiteres geeignet.
Denn das Gericht habe an einer Verzichtsvereinbarung selbst mitgewirkt und der
Beschuldigte könne in Zugzwang geraten, da er einerseits in der Absprache selbst
zugesagt habe, kein Rechtsmittel einzulegen, und auf Grundlage einer solchen Absprache zumeist auch gewichtige Vorleistungen erbracht, insbes ein Geständnis abgelegt habe. »Um den Anliegen, die mit der Annahme der Unzulässigkeit einer
gerichtlichen Mitwirkung an Absprachen über einen Verzicht auf die Rechtsmitteleinlegung verfolgt werden, zu effektiver Durchsetzung zu verhelfen, hält der Große
Senat für Strafsachen es für unerlässlich, dass der Verzicht auf die Einlegung des
Rechtsmittels, der nach einer derart unzulässig zustande gekommenen Urteilsabsprache erklärt wurde, *unwirksam* ist. Das gilt sowohl für den am Ende der Hauptverhandlung – unmittelbar nach Urteilsverkündung – als auch für den nach Abschluss der Hauptverhandlung, am selben Tag oder später, erklärten Verzicht. Der
Betroffene kann dann trotz des erklärten Verzichts noch Rechtsmittel einlegen.«[181]

2. Diese Unwirksamkeitsfolge erstreckt der Große Senat – in Abwägung zwischen   **53 b**
dem Fairnessgrundsatz einerseits und dem Bedürfnis nach Rechtssicherheit andererseits unter Berücksichtigung der Gefahr von Beweisschwierigkeiten – nicht nur
auf Verzichtserklärungen, mit denen Verzichtszusagen im Rahmen einer Absprache
eingelöst werden, sondern »*auf alle Fälle, in denen überhaupt eine Urteilsabsprache*
erfolgt ist.«

3. Allerdings folgt sodann eine ganz erhebliche *Einschränkung*: »Um jedoch die   **53 c**
Interessen der Rechtssicherheit nicht zu weit gehend zu berühren, gilt das Verdikt
der Unwirksamkeit des Rechtsmittelverzichts nicht absolut. Es entfällt vielmehr,
wenn … eine qualifizierte Belehrung erteilt worden ist. … Die Erklärung des qualifiziert belehrten Betroffenen … ist wirksam und unwiderruflich, weil sie in voller
Kenntnis von Bedeutung und Tragweite des Verzichts abgegeben wurde.« An diese
qualifizierte Belehrung[182] seien folgende Anforderungen zu stellen: Der Angeklagte
ist ausdrücklich darauf hinzuweisen, dass er entgegen allen bisherigen Absprachen
oder Empfehlungen frei ist, Rechtsmittel einzulegen, und dass ihn seine Ankündigung, kein Rechtsmittel einzulegen, weder rechtlich noch tatsächlich bindet. Die
qualifizierte Belehrung hat neben der ohnehin obligatorischen Belehrung nach
§ 35 a StPO zu erfolgen; sie ist zu protokollieren (§ 273 I StPO) und nimmt an der
Beweiskraft des Protokolls nach § 274 StPO teil.

Der Ausgangspunkt des Großen Senats – die grundsätzliche Unwirksamkeit des   **53 d**
abgesprochenen Rechtsmittelverzichts – ist konsequent und in sich stimmig. Unab-

181 BGH GSSt NJW 2005, 1440, 1446
182 S dazu bereits BGH NJW 2004, 1335; BGH NStZ 2004, 164; Rieß Meyer-Goßner-FS S 655 f;
        Meyer-Goßner Einl Rn 119 g

hängig davon, ob sich diese Konstruktion exakt mit der bisherigen Rechtsprechung zur Unwiderruflichkeit und Unanfechtbarkeit des Rechtsmittelverzichts vereinbaren lässt[183], gebieten es jedenfalls die vom Großen Senat (wie schon vom vorlegenden 3. Senat) überzeugend herausgearbeiteten Besonderheiten der Absprachenproblematik, den Angeklagten nicht an seinem Rechtsmittelverzicht festzuhalten, zumindest dann, wenn die Verzichtserklärung auf der Grundlage einer unzulässigen Absprache erfolgt. Angesichts des Verhaltens der – an Recht und Gesetz gebundenen (Art. 1 III GG) – staatlichen Strafverfolgungsorgane wird man annehmen müssen, dass der Angeklagte die – unzulässige – Absprache im Rahmen seiner Verzichtsentscheidung berücksichtigt hat.[184] Insoweit kann hier also von einem Willensmangel ausgegangen werden, der die Unwirksamkeitsfolge zu tragen geeignet sein könnte.

53 e   Mit der Einschränkung im Falle einer »qualifizierten Belehrung« werden letztlich aber die gesamten Überlegungen zur Unwirksamkeit des Rechtsmittelverzichts Makulatur. Bei Licht betrachtet ist eine derartige Belehrung doch nicht mehr als eine Farce, denkt man daran, dass derselbe Richter dem Angeklagten kurze Zeit zuvor das Versprechen eines Rechtsmittelverzichts abgerungen oder ein solches zumindest akzeptiert hat.[185] Eine effektive Schutzwirkung kann die Belehrung durch diesen Richter wohl kaum entfalten, wenn er sich praktisch – für den Angeklagten deutlich erkennbar – in Widerspruch zu seiner kurz zuvor geäußerten Aussage setzt. Die qualifizierte Belehrung kann daher doch letztlich nichts anderes als eine bloße Formalbelehrung sein, von der sowohl der Richter wie auch der (oft durch seinen Verteidiger in dieser Hinsicht aufgeklärte) Angeklagte weiß, dass sie nun einmal ergehen muss, aber der Sache nach nichts an der Absprache ändert.[186]

53 f   Damit darf bezweifelt werden, dass die Lösung des Großen Senats – so gut sie auch gemeint sein mag – die Absprachenproblematik positiv zu beeinflussen vermag. Der Große Senat setzt mit seiner »qualifizierten Belehrung« ganz auf die »Verantwortung der Tatrichter«, die es in der Hand hätten, dass dieses Korrektiv nicht nur formelhaft erfolge. Gerichte, Staatsanwaltschaften und Verteidiger haben allerdings schon bisher – aufgrund ihrer insoweit übereinstimmenden Interessen – in bewusstem Gegensatz zur geltenden höchstrichterlichen Rechtsprechung hartnäckig an der Einbeziehung des Rechtsmittelverzichts in die Absprache festgehalten. Allen Prozessbeteiligten bot der Rechtsmittelverzicht zudem – bisher – die Aussicht einer faktischen Heilung aller eventuellen Rechtsverstöße. Dass der Lösungsansatz des Großen Senats an dieser Praxis etwas ändert, ist kaum zu erwarten. Der BGH kann nämlich – so die treffende Formulierung von Weigend – beeinflussen, was geschrieben bzw gesagt wird, er kann aber nicht ändern, was getan wird.[187] Es steht also zu befürchten, dass die Vereinbarung eines Rechtsmittelverzichts weiter betrieben wird wie bisher und die qualifizierte Belehrung zur Formalie degeneriert – entweder wie bisher im Rahmen der Hauptverhandlung, verbunden mit der Erwartung, dass dieser Verstoß gegen die Verfahrensregeln niemals ans Licht kommen werde, oder aber im Rahmen informeller Gespräche außerhalb der Hauptverhandlung. Vor allem

---

183 Dies bejahend der 2. Senat (BGH NJW 2003, 3428 f); verneinend hingegen BGH NStZ 2004, 164 (1. Senat) sowie Mosbacher NStZ 2004, 53 ff; KK-Ruß § 302 Rn 13 a

184 Satzger/Höltkemeier NJW 2004, 2488; Satzger JuS 2000, 1160; Meyer StV 2004, 44; Meyer-Goßner NStZ 2004, 217; Meyer-Goßner StraFo 2003, 406; Grunst NStZ 2004, 54; Grunst Prozesshandlungen 384 f

185 So auch BGH NJW 2004, 2539; ähnl Moldenhauer Verfahrensordnung 233 f; Duttge/Schoop StV 2005, 422

186 Vgl auch Duttge/Schoop StV 2005, 422; Satzger JA 2005, 686; optimistischer hingegen Widmaier NJW 2005, 1986

187 Weigend StV 2000, 67

Letzteres wäre aber fatal: Durch die Flucht in die Heimlichkeit werden zentrale Grundsätze des Strafprozesses verletzt. Von den negativen Konsequenzen für die Strafrechtspflege insgesamt einmal abgesehen, geriete hierdurch der Angeklagte in eine noch schwächere Position: Er könnte den Abspracheninhalt in aller Regel nicht beweisen und wäre aus diesem Grund – zB im Falle eines fehlgeschlagenen Deals – schutzlos gestellt. Erwägt man praxistaugliche Alternativen, so wäre es schon eher vorstellbar, die Vereinbarung eines Rechtsmittelverzichts grundsätzlich zuzulassen, ein Gegenkonzept, das *de lege lata* allerdings ebenfalls nicht ohne Schwachstellen auskommt.[188] Wie im gesamten Bereich der Absprachen wird auch an dieser Stelle besonders deutlich, wie sehr eine grundlegende Regelung durch den Gesetzgeber Not tut.[189] Auch der Große Senat hat insoweit noch einmal einen deutlichen Appell an den Gesetzgeber gerichtet.[190]

2. Verteidigung gegen die zu Grunde liegende Absprache bzw das darauf beruhende Verhalten der Strafverfolgungsorgane im Wege der Revision

Ist eine Korrektur der eigenen Vorleistung des Angeklagten nicht möglich, so bleibt der Weg über das Rechtsmittel der Revision, um das Urteil zu Fall zu bringen. Ansatzpunkt hierfür kann zum einen ein Mangel der Absprache selbst, zum anderen ein Verfahrensfehler im Zusammenhang mit der Absprache sein. 　**54**

a) Rüge der Absprache selbst

Ist eine Absprache nach den oben aufgezeigten formalen wie inhaltlichen Kriterien zwar unzulässig, halten sich aber alle Beteiligten daran, so wird regelmäßig niemand Anlass haben, eine Korrektur der verfahrensbeendenden Entscheidung erwirken zu wollen. Der Deal ist – wenngleich rechtlich unzulässig – nicht fehlgeschlagen. Da in der Praxis zumeist ein Rechtsmittelverzicht als Teil der Absprache vereinbart ist, wird das Urteil im Falle der allseitigen Zufriedenheit revisionsfest gemacht, die obergerichtliche Kontrolle der Absprache also ausgeschlossen. Wenn das Urteil allerdings nicht mit dem Inhalt der Verständigung übereinstimmt, besteht aus Sicht des Verurteilten ein Korrekturbedürfnis. Eine Aufhebung des auf einem unzulässigen Deal beruhenden Urteils kann uU in der Revisionsinstanz im Wege der Verfahrensrüge erreicht werden. Allerdings ist nicht zu leugnen, dass der Revisibilität gewisse praktische Probleme entgegenstehen. Auch bei Annahme der Unwirksamkeit des absprachebedingten Rechtsmittelverzichts (s. o. Rn 52 ff) wird dann, wenn der Fehlschlag des Deals offenbar wird, häufig die Rechtsmittelfrist bereits abgelaufen sein, so dass es insoweit eines Wiedereinsetzungsantrags bedarf (§§ 44 ff StPO).[191] Auch der Große Senat will eine Wiedereinsetzung nur in engen Grenzen zulassen, insbes soll die Vermutungsregelung des § 44 S 2 StPO, wonach die Versäumung der Rechtmittelfrist als unverschuldet gilt, wenn die Rechtsmittelbelehrung (§ 35 a StPO) unterblieben ist, nicht auf die unterbliebene »qualifizierte 　**55**

---

188 Satzger/Höltkemeier NJW 2004, 2489 f
189 S dazu unten Rn 76
190 BGH GSSt NJW 2005, 1440, 1447
191 Grundsätzlich gegen eine Wiedereinsetzung der 1. Senat in BGH NStZ 2004, 162; zu einer solchen Konstellation vgl OLG Jena NStZ 2003, 616; BGHSt 45, 227; OLG München StV 2000, 188; zu den Problemen s Meyer Willensmängel 355 ff; Rieß Meyer-Goßner-FS S 658 ff; Rieß NStZ 2000, 100; Weigend StV 2000, 65; Rönnau JR 2001, 33 f; Satzger JuS 2000, 1161; Olaf Schröder StraFo 2003, 412

Belehrung« (Rn 53 c) Anwendung finden.[192] Darüber hinaus hat der Beschwerde-führer den Verfahrensmangel zu beweisen, Zweifel wirken sich insoweit nicht zu seinen Gunsten aus.[193] Häufig entziehen sich die Absprachen jedoch einer klaren Überprüfung, da deren Ergebnis nicht protokolliert worden ist. Gegenstand der Revisionsverhandlung sind dann neben den Aussagen des Angeklagten und des Verteidigers zumeist die dienstlichen Erklärungen der beteiligten Richter und Staatsanwälte, die oft allerdings nicht ausreichen werden, um den Verfahrensverstoß nachzuweisen.[194] Hier wird deutlich, wie wichtig es ist, dass Absprachen – wie vom 4. Senat gefordert – in das Protokoll aufgenommen werden. Die positive wie negative Beweiskraft des Protokolls erstreckt sich dann auch auf das Vorhandensein und das Ergebnis einer in der Hauptverhandlung getroffenen Absprache, hindert aber nicht die freibeweisliche Feststellung eines rechtlich unzulässigen Geschehens in oder außerhalb der Hauptverhandlung.[195]

56   Was nun die Erfolgsaussichten der Revision betrifft, so wird ein Teil der unzulässigen Absprachen unabhängig von einer Beruhensprüfung zur Begründetheit der Revision führen, wenn nämlich ein *absoluter Revisionsgrund (§ 338 StPO)* dargetan werden kann. In Betracht kommen insbes:[196]

– § 338 Nr. 1 StPO, wenn die Schöffen an der Absprache nicht beteiligt wurden,[197]
– § 338 Nr. 5 StPO, wenn die Absprache (während der HV)[198] ohne den Angeklagten getroffen wurde,
– § 338 Nr. 6 StPO, wenn die Absprache außerhalb der HV erfolgte.[199]

57   Ein *relativer Revisionsgrund* kann in der Verletzung des § 136 a StPO liegen, zB wenn das Gericht entgegen dieser Vorschrift ein Geständnis verwertet, das im Rahmen einer Verständigung durch – bewusste – Täuschung oder Versprechen eines ges nicht vorgesehenen Vorteils erreicht wurde (s. o. Rn 28). Eine darüber hinausgehende (analoge) Anwendung des § 136 a StPO auf prozessuale Willenserklärungen des Angeklagten ist – wie gesehen – nicht möglich.[200] Eine Gesetzesverletzung iS von § 337 StPO stellt auch die Missachtung eines ggf aus dem fair-trial-Prinzip folgenden Verbots, ein Geständnis des Beschuldigten zu verwerten, dar (dazu oben Rn 49 f). Sieht man durch Absprachen den Zweifelsgrundsatz[201] oder eine andere

---

192 BGH GSSt, NJW 2005, 1440, 1446
193 Meyer-Goßner § 337 Rn 12; vgl auch BGH NStZ 2000, 235
194 Hellmann Strafprozessrecht IV § 2 Rn 48; Gerlach Absprachen 180; s auch BGH StV 1997, 175; BGH Beschl v 24. 5. 2000 – 1 StR 110/00
195 BGHSt 45, 227, 228; s. a. OLG München StV 2000, 189: Die Absprache war im Protokoll nur unvollständig festgehalten; die grundsätzlich gegebene positive wie negative Beweiskraft des Protokolls auch hinsichtlich des Inhalts der Absprache entfalle, wenn eine der Urkundspersonen (hier der Richter) durch nachträgliche Erklärung den Inhalt des Protokolls wesentlich ergänze; zum Ganzen Rieß NStZ 2000, 99
196 So auch Braun Absprache 110 f; Janke Verständigung 234 f; Schünemann Verhandlungen des 58. Deutschen Juristentags Gutachten B 127
197 Die Rspr subsumiert diese Fälle nur unter Nr. 1 und nicht unter Nr. 5, dazu Meyer-Goßner § 338 Rn 10 ff; Mutzbauer Strafprozessuale Revision Rn 120
198 Für Verfahrensteile außerhalb der Hauptverhandlung greift § 338 Nr. 5 StPO nicht, also auch nicht für Absprachen, die außerhalb der Hauptverhandlung getroffen werden; vgl auch Bogner Absprachen 30
199 Dazu Rössner/Engelking JuS 1991, 666; bedenklich weit Bogner Absprachen 24 ff, wonach jedes absprachebedingte Urteil diesen Revisionsgrund erfüllen soll; aA BGH StV 2004, 639
200 Gerlach Absprachen 199
201 Braun Absprache 111; vgl zur Problematik einer solchen Rüge aber Mutzbauer Strafprozessuale Revision Rn 331

Prozessmaxime[202] verletzt, so mögen auch diese Verstöße Grundlage für eine Verfahrensrüge sein. Schließlich kann der Inhalt der Absprache eine Aufklärungsrüge begründen, wenn sich das Gericht mit dem ausgehandelten Geständnis begnügt und auf weitere Beweiserhebungen verzichtet, die sich ihm hätten aufdrängen müssen.

b)   Rüge des Verhaltens der Strafverfolgungsorgane im Anschluss an eine Absprache

Auch das Verhalten der Strafverfolgungsorgane im Anschluss an eine – zulässige wie unzulässige – Absprache kann Grund für eine erfolgreiche Revision geben. Als *absoluter Revisionsgrund* kommt hier § 338 Nr. 3 StPO in Betracht, wenn ein Befangenheitsantrag zu Unrecht verworfen wurde, obwohl das Verhalten des Richters nach der Verständigung aus Sicht eines nicht in die Absprache einbezogenen Prozessbeteiligten den Schluss zulässt, der Richter sei befangen[203] (Einzelheiten s. o. Rn 31).

58

Ein *relativer Revisionsgrund* (§ 337 StPO) kann aus der Verletzung des fair-trial-Prinzips folgen, und zwar zum Einen dann, wenn das Gericht es unterlässt, bei einer beabsichtigten Abweichung von der Verständigung einen entsprechenden Hinweis zu erteilen, um den geschaffenen Vertrauenstatbestand aus der Welt zu schaffen und um eine effektive Verteidigung zu gewährleisten (s. o. Rn 44). Zum Anderen kann der Aspekt der Fairness eine Strafmaßrevision begründen, wenn sich das Vertrauen des Beschuldigten nicht mehr durch einen Hinweis beseitigen lässt. Gemeint ist dabei insbes die Konstellation von BGHSt 37, 10:[204] Dem Beschuldigten wird im Ausgangsverfahren im Rahmen einer Absprache zugesagt, wegen bestimmter Taten nicht verfolgt zu werden (§ 154 I StPO). Diese – rechtlich verbindliche – Zusage wird aber nicht eingehalten. Dem Folgeverfahren wegen dieser Taten steht dann zwar kein Verfahrenshindernis entgegen (s. o. Rn 40). Der Vertrauensbruch verstößt nach der Rspr aber gegen den Grundsatz des fairen Verfahrens und muss im Falle der Verurteilung bei der Strafzumessung wesentlich zugunsten des Angeklagten berücksichtigt werden.[205] In diesem Fall kann die Absprache und die daraufhin vom Beschuldigten im bereits abgeschlossenen Ausgangsverfahren erbrachte Leistung nicht rückgängig gemacht werden. Der Beschuldigte erhält also lediglich einen Strafrabatt, sozusagen als »Schmerzensgeld«,[206] zu einem vollständigen »Schadensersatz« kommt es – trotz rechtlicher Verbindlichkeit der Absprache – nicht. Dies mag man für unzureichend erachten.[207] Wollte man den Interessen des Beschuldigten in höherem Maße entsprechen, so bliebe meines Erachtens ehrlicherweise nur der Weg Schünemanns über ein Prozesshindernis, der hier aber aus übergeordneten Gründen abgelehnt wurde.[208] Allerdings sollte sich das Gericht bei Be-

59

---

202 S nur Janke Verständigung 235 f
203 Zu diesem Revisionsgrund s Rössner/Engelking JuS 1991, 666
204 Man beachte allerdings die Besonderheiten des Falles, die es fraglich erscheinen lassen, ob wirklich ein Verstoß gegen die Absprache seitens der StA vorlag, dazu Scheffler wistra 1990, 320
205 BGHSt 37, 10, 13
206 Weigend JR 1991, 257
207 Auch sind letzte dogmatische Zweifel an der Strafzumessungslösung nicht ausgeräumt, vgl Gerlach Absprachen 192 f; Scheffler wistra 1990, 320
208 S Rn 40; ausdrücklich abl auch BGH StV 2000, 539; die alternativen Lösungsmodelle, wie eine Einstellung nach § 354 I StPO wegen fehlender staatlicher Strafverfolgungsbefugnis (vgl Scheffler wistra 1990, 321) oder nach §§ 354 I, 153 ff StPO (Gerlach Absprachen 194 f), überzeugen letztlich nicht, sondern verlagern das Problem des Verfahrenshindernisses lediglich

urteilung des Ausmaßes der Strafmilderung der rechtlichen Bindungswirkung der Einstellungszusage bewusst werden und dementsprechend großzügig verfahren.

3.　Verteidigung nach Rechtskraft des Urteils

60　Nach Eintritt der Rechtskraft des Urteils verbleibt dem Verurteilten die Möglichkeit der *Wiederaufnahme des Verfahrens*.[209] Da mit Hilfe dieses Instituts aus Gerechtigkeitserwägungen ausnahmsweise in den vom Gesetzgeber abschließend festgelegten Fällen die materielle Rechtskraft eines Urteils durchbrochen werden kann,[210] erlangt diese Verteidigungsmöglichkeit im Zusammenhang mit Absprachen dann besondere Bedeutung, wenn sich erst nach Rechtskraft deren Scheitern herausstellt bzw herausstellen kann, so zB wenn dem Beschuldigten eine Vergünstigung bei der Strafvollstreckung (offener Vollzug, Halbstrafenregelung etc) zugesagt wird. Als Grund für eine Wiederaufnahme zugunsten des Verurteilten kommt in erster Linie § 359 Nr. 5 StPO in Betracht. »Neue Beweismittel«, die einen Freispruch oder die Anwendung eines milderen Strafgesetzes zu begründen geeignet sind, können etwa dann beigebracht werden, wenn die Verständigung dahin ging, die Hauptverhandlung durch Verzicht auf wichtige Beweismittel (zB Zeugen, Sachverständige) abzukürzen. Denn ein Beweismittel, dessen sich das erkennende Gericht nicht bedient hat, gilt als neu, gleichgültig ob es dem Gericht bekannt oder unbekannt war.[211] Eine entsprechende Geeignetheit wird man den nicht berücksichtigten Beweismitteln allerdings nur dann unterstellen können, wenn der Verurteilte kein umfassendes und glaubhaftes Geständnis abgelegt hat. Andernfalls wäre ein Wiederaufnahmeantrag bereits unzulässig, da es nicht als genügend wahrscheinlich angesehen werden könnte, dass die den Schuldspruch tragenden Feststellungen des Urteils erschüttert würden;[212] die Verurteilung würde dann ja immer noch von dem umfassenden Geständnis gestützt. Auf weitere Beweismittel käme es regelmäßig nicht mehr an,[213] zumal der Zweifelsgrundsatz hier keine Anwendung findet.[214]

61　Die Wiederaufnahme kommt jedoch insbes dann in Frage, wenn ein Geständnis des Angeklagten Teil des Deals ist und der Verurteilte dieses widerruft; denn in diesem Widerruf wird eine »neue Tatsache« iS des § 359 Nr. 5 StPO gesehen.[215] Die besondere beweisrechtliche Bedeutung des Geständnisses bedingt sehr strenge Anforderungen der Rspr an den Umfang der Darlegungslast im Hinblick auf §§ 368–370 StPO: Der Antragsteller muss gute Gründe für die Ablegung des behaupteten Falschgeständnisses und den verspäteten Widerruf benennen.[216] Rönnau hat veranschaulicht, dass das heute praktizierte Absprachensystem durchaus nachvollziehba-

---

209　Wegen der nicht anwendbaren Vermutungsregelung des § 44 S 2 StPO im Falle einer unterbliebenen qualifizierten Belehrung s bereits oben Rn 55. Zur Möglichkeit der Wiederaufnahme zuungunsten des Beschuldigten vgl Rönnau Absprache 261

210　Beulke Strafprozessrecht Rn 585

211　Meyer-Goßner § 359 Rn 32

212　Zur Zulässigkeitsprüfung vgl Meyer-Goßner § 368 Rn 8 ff

213　Vgl Rönnau Absprache 261. Etwas anderes hätte nur zu gelten, wenn das Geständnis zB wegen eines Verstoßes gegen § 136 a StPO nicht verwertet werden dürfte, vgl Gerlach Absprachen 206 f

214　Meyer-Goßner § 368 Rn 10; Roxin § 55 Rn 16

215　KMR-Eschelbach § 359 Rn 132; SK-StPO-Frister/Deiters § 359 Rn 41; KK-Schmidt § 359 Rn 22; LR-Gössel (25. Aufl.) § 359 Rn 65; Beulke Strafprozessrecht Rn 586; Roxin § 55 Rn 11; Kintzi Hanack-FS S 189

216　BGH NJW 1977, 59 mwN; SK-StPO-Fristers/Deiters § 359 Rn 52 f, 72; BVerfG NJW 1994, 510; aA KMR-Eschelbach § 359 Rn 132 für den Fall eines »schlanken Geständnisses« im Rahmen einer Absprache; umfassend hierzu Hellebrand NStZ 2004, 417 mwN

re Anreize schafft, ein ganz oder teilweise falsches Geständnis abzulegen, um die Nachteile einer langen Hauptverhandlung mit riskantem Ausgang zu umgehen,[217] so dass hier ein ernstzunehmender Ansatzpunkt für eine wirksame Verteidigung gegen einen Teil der fehlgeschlagenen Absprachen zu erkennen ist.[218]

Hat das Gericht dem Angeklagten für seine Vorleistung eine Bewährungsstrafe in Aussicht gestellt, gibt es dann aber nach dementsprechender Verurteilung und Rechtsmittelverzicht einen Bewährungsbeschluss bekannt, wonach der Verurteilte – ohne vor Urteilserlass darauf hingewiesen worden zu sein – als Bewährungsauflage die Zahlung eines erheblichen Geldbetrags gem § 56 b II Nr. 2 StGB zu leisten hat, so kann eine Aufhebung dieses Beschlusses durch *Beschwerde gem § 304 I StPO* erreicht werden.[219]   **62**

4. Verfassungsbeschwerde und Gnadenentscheidung

Führen die bisher aufgezählten Rechtsbehelfe nicht zum Erfolg, so kann der Verurteilte allenfalls noch versuchen, die fehlgeschlagene Absprache im Wege einer Verfassungsbeschwerde (Art. 93 I Nr. 4 a GG; §§ 13 Nr. 8 a, 90 ff BVerfGG) geltend zu machen. Die Subsidiarität der Verfassungsbeschwerde steht einem solchen Vorgehen allerdings dann im Wege, wenn der verurteilte Beschwerdeführer im Strafprozess keinen Beschluss nach § 238 II StPO herbeigeführt hat, der allein eine Begründetheit der Revision ermöglicht hätte.[220] Im Übrigen verbleibt nur ein Gnadengesuch (vgl § 452 StPO).[221]   **63**

VIII. Strafbarkeit der an einer Absprache Beteiligten, insbes die des Strafverteidigers

Eine Schranke der Handlungsbefugnis des Strafverteidigers – wie auch der anderen Verfahrensbeteiligten – in Bezug auf Verständigungen kann sich aus dem materiellen Strafrecht ergeben. Darauf hatte bereits BVerfG NStZ 1987, 419 hingewiesen. Aus Akzessorietätsgründen soll zunächst kurz auf die Strafbarkeit der Amtsträger eingegangen werden, bevor wir uns dann der Strafbarkeit des Verteidigers als Teilnehmer bzw als Täter zuwenden.   **64**

1. Strafbarkeit der Amtsträger (Berufsrichter, Schöffen, Staatsanwalt)

– *Rechtsbeugung.* Der Tatbestand des § 339 StGB erlangt für den Absprachenkomplex weit gehend Bedeutung, da dessen Täterkreis und Schutzbereich nicht auf Richter – einschließlich Schöffen (§ 11 I Nr. 3 StGB) – und Gerichtsverfahren beschränkt ist, sondern auch der eigenverantwortlich Entscheidungen treffende Staatsanwalt im Ermittlungsverfahren ein »anderer Amtsträger ..., welcher bei der Leitung oder Entscheidung einer Rechtssache tätig wird« sein kann.[222] Die Proble-   **65**

---

217 Rönnau Absprache 262 ff; vgl aber auch die früher ablehnende Haltung des OLG Köln NJW 1963, 967 f

218 Beispiele für eine erfolgreiche Wiederaufnahme, nachdem sich die Unrichtigkeit der absprachebedingten Geständnisse der Angeklagten herausgestellt hatte, sind die Entscheidungen des OLG Köln DRiZ 1989, 181 und des OLG Stuttgart NJW 1999, 375

219 OLG Köln wistra 1998, 272

220 BVerfG StV 2000, 3

221 S Rückel NStZ 1987, 302 f; Gerlach Absprachen 207; Janke Verständigung 244

222 Schünemann Verhandlungen des 58. Deutschen Juristentags Gutachten B 131; im Einzelnen s Tröndle/Fischer § 339 Rn 5 f

matik liegt hier im Tatbestandsmerkmal der »Beugung des Rechts«, dessen Auslegung umstritten ist.[223] Die herrschende Meinung verlangt hierfür nicht nur eine
unrichtige Rechtsanwendung, sondern einen schwer wiegenden, nicht mehr im
Rahmen des Vertretbaren liegenden Verstoß gegen die Rechtspflege.[224] Eine im Vor-
dringen befindliche Auffassung bejaht den Tatbestand auch bei an sich noch vertretbaren Entscheidungen, wenn sie unter Verletzung der richterlichen Pflichten aus
sachfremden Erwägungen heraus getroffen wurden.[225] Nach beiden Ansichten sind
Rechtsbeugungen durch Absprachen in krassen Fällen zwar durchaus vorstellbar.
Man denke etwa an den Fall, dass ein Richter sich mit einem offensichtlich lückenhaften oder unwahren Geständnis begnügt, um die Sache schnell vom Tisch zu bekommen. In der Praxis wird sich aber kaum jemals feststellen lassen, dass eindeutig
sachfremde Erwägungen vorgelegen haben oder eine gänzlich unvertretbare Entscheidung getroffen wurde. Dies gilt umso mehr, als die weit verbreitete positive
Einstellung der an einer Absprache beteiligten Amtsträger häufig einen Tatbe-
stands- oder Verbotsirrtum begründen wird.[226]

66 – *Strafvereitelung im Amt.* § 258 a StGB kommt bei extensiven Einstellungen durch
StA oder Richter ebenso in Betracht wie bei absprachebedingten Strafmilderungen
über das vertretbare Maß hinaus. Allerdings hat man es hier wegen des jeweils vorhandenen Beurteilungs- bzw Ermessensspielraums mit ganz ähnlichen Subsum-
tionsproblemen im objektiven wie subjektiven Tatbestand zu tun, so dass auch hier
eine Strafbarkeit – von eklatanten Extremfällen abgesehen – aus Beweisgründen
praktisch ausscheidet.[227]

67 – *Verfolgung Unschuldiger.* Selbst wenn sich ein von einer Absprache betroffenes
Verfahren gegen einen Unschuldigen richten sollte, so fehlt doch regelmäßig der
subjektive Tatbestand (mindestens direkter Vorsatz bezüglich der Unschuld[228]) des
§ 344 StGB.[229]

68 – *Aussageerpressung.* Zwar entspricht es der Funktion des § 343 StGB, das in
§ 136 a I 1 StPO enthaltene Verbot unzulässiger Vernehmungsmethoden strafrechtlich abzusichern,[230] jedoch nicht bezüglich aller Varianten. Nur bei »Einsatz der
Peitsche« (zB Misshandlung, Ermüdung, Quälerei), nicht aber bei dem in Abspra-
chefällen allein angewandten »Zuckerbrot« kommt § 343 StGB zur Anwendung.[231]

69 – *Nötigung.* Angesichts der Vielschichtigkeit möglicher Fallgestaltungen lässt sich
eine Strafbarkeit nach § 240 StGB nicht völlig ausschließen (zB bei Gewaltanwendung gegenüber dem Beschuldigten). Im Bereich »normaler« Absprachen wird man
das Angebot zu einer Verständigung, dessen Ablehnung dem Beschuldigten das Risiko einer – gegenüber der absprachebedingten Strafe – höheren Bestrafung ein-

223 Zum Streitstand s Wessels/Hettinger BT/1 Rn 1133 f
224 Vgl Tröndle/Fischer § 339 Rn 14
225 SK-StGB-Rudolphi § 339 Rn 17 a
226 I.E. ebenso Rönnau Absprache 231; Siolek Verständigung 211 ff; s auch die »Saldotheorie«
     Schünemanns (Verhandlungen des 58. Deutschen Juristentags Gutachten B 134); weitergehend
     Braun Absprache 82 ff
227 So auch Schünemann Verhandlungen des 58. Deutschen Juristentags Gutachten B 135 f; Siolek
     Verständigung 214 f; weitergehend wohl Rönnau Absprache 236
228 S Tröndle/Fischer § 344 Rn 5
229 Vgl Rönnau Absprache 237; Siolek Verständigung 215; s. a. Schünemann Verhandlungen des
     58. Deutschen Juristentags Gutachten B 136
230 Schönke/Schröder-Cramer § 343 Rn 13 f
231 Schünemann Verhandlungen des 58. Deutschen Juristentags Gutachten B 136; ebenso im We-
     sentlichen Rönnau Absprache 237 f und Siolek Verständigung 215 f

bringen kann, nicht als Inaussichtstellen eines empfindlichen Übels und damit als Drohung im Sinn des § 240 I StGB ansehen können.[232] Auch die Verwerflichkeit ließe sich zumeist wohl nur schwer begründen.[233]

– *Bestechungsdelikte.* Keine Rolle haben in diesem Zusammenhang bislang die Be- **70** stechungsdelikte der §§ 331 f StGB gespielt, aus denen sich allerdings durchaus eine Strafbarkeit ergeben könnte. Immerhin erwächst den betroffenen Richtern oder Staatsanwälten als Amtsträgern aus der Absprache zumindest der (mittelbare) Vorteil einer Arbeitsersparnis.[234] Nachdem der Beschuldigte seine Leistung (zB ein Geständnis) nur mit Blick auf eine Gegenleistung der Strafverfolgungsorgane (zB die Zusage einer Strafobergrenze) anbietet, verspricht oder gewährt, besteht auch ein Äquivalenzverhältnis im Sinne eines ›do ut des‹, so dass nach wohl hM zumindest iRd § 331 StGB nur die Möglichkeit einer Rechtfertigung im Wege einer Genehmigung durch die vorgesetzte Dienstbehörde nach Abs 3 verbliebe. Richtigerweise ist hingegen schon der Tatbestand des § 331 StGB insofern einzuschränken, als Vorteil und Dienstausübung sach- bzw regelwidrig verknüpft sein müssen.[235] Die hierfür sprechende Vermutung kann durch Erlaubnisregeln entkräftet werden, die zB aus Gesetzen, Verwaltungsvorschriften oder Weisungen folgen können.[236] Legt man dabei die höchstrichterliche Rechtsprechung zur Absprachenproblematik zugrunde, wird man Absprachen nur dann als regelkonform betrachten können, wenn sie diesen Vorgaben auch gerecht werden.

Zumindest bei Einstellungen nach § 153 a StPO stehen zusätzlich Drittvorteile, zB für eine gemeinnützige Einrichtung, im Raum. Hier wird die Verknüpfung von Vorteil und Dienstausübung gesetzlich vorgesehen, sie ist daher regelkonform. Nur in seltenen Ausnahmefällen, wenn der Amtsträger aufgrund einer besonderen Beziehung zu der begünstigten Einrichtung, zB als ihr Vorstand, in individualisierter Weise von der Leistung profitiert, ist eine Strafbarkeit aus §§ 331 f StGB in Betracht zu ziehen.

2. Strafbarkeit des Strafverteidigers

– *Beteiligungsstrafbarkeit.* Da zumindest regelmäßig keine (Haupt-) Tat durch die **71** Amtsträger nachweisbar begangen wird, kann ein Strafverteidiger auch nicht als Anstifter oder Gehilfe bestraft werden.[237] Eine mittäterschaftlich begangene Strafvereitelung (§§ 258 I, 25 II iVm § 28 II StGB) wird sich aus den oben genannten Gründen auch bei ihm regelmäßig nicht nachweisen lassen.[238]

– *Vorteilsgewährung / Bestechung:* In dem (geringen) Umfang, in dem §§ 331 f StGB **71 a** für den Richter/StA herangezogen werden können (s. Rn 70), könnte ausnahms-

---

232 Siolek Verständigung 216 ff; Schünemann Verhandlungen des 58. Deutschen Juristentags Gutachten B 136 f
233 S dazu Braun Absprache 90
234 Vgl dazu Moldenhauer Verfahrensordnung 93
235 So bereits Satzger, ZStW 115 (2003), 481 f; außerdem Höltkemeier Sponsoring als Straftat, 1995, 117 ff; NK-Kuhlen § 331 Rn 88 ff; Ambos JZ 2003, 349; SK-StGB-Rudolphi/Stein § 331 Rn 29; ähnlich Moldenhauer Verfahrensordnung 93, der sich für eine Beschränkung des Vorteilsbegriffs auf objektiv messbare Inhalte, die den Amtsträger tatsächlich besser stellen, ausspricht
236 Höltkemeier, Sponsoring als Straftat, 1995, 120 ff
237 Zur komplizierten Zurechnungsproblematik für diejenigen Extremfälle, in denen ausnahmsweise doch Straftaten der Amtsträger vorliegen vgl Schünemann Verhandlungen des 58. Deutschen Juristentags Gutachten B 137 f
238 S auch Beulke Strafbarkeit Rn 116 ff

weise auch für den Strafverteidiger eine Strafbarkeit nach den – spiegelbildlich ausgestalteten – §§ 333 f StGB in Frage kommen.

72 – *Strafvereitelung in Alleintäterschaft.* Angemerkt sei, dass auch eine Verwirklichung von §§ 258 I, 25 I 1. Alt StGB möglich erscheint, und zwar dann, wenn es nicht um eine Strafvereitelung durch die Absprache als solche, sondern um die Vereitelung durch das Verteidigerverhalten vor und bei den Verständigungsgesprächen selbst geht, so zB wenn der Verteidiger bewusst lügt, um für seinen Mandanten ein günstigeres Absprachergebnis zu erzielen. § 258 StGB greift insoweit immer dann ein, wenn die Rechtspflege prozessordnungswidrig behindert wird.[239] Es handelt sich hierbei allerdings um keine besondere Absprachproblematik, sondern um das allgemeine Problem der Strafbarkeit des Verteidigers.[240]

73 – *Parteiverrat.* Ob § 356 StGB eingreifen kann, ist zwar umstritten.[241] Allerdings sind Parteien im Sinne dieser Vorschrift nur Rechtssubjekte mit einander widerstreitenden Interessen. Das kann im Verhältnis zum Beschuldigten weder vom Gericht als objektivem »Nichtbeteiligten« noch – aufgrund § 160 II StPO – von der StA angenommen werden.[242]

74 – *Verletzung der Verschwiegenheitspflicht.* Eine echte Gefahr der Strafbarkeit droht dem Verteidiger aus § 203 I Nr. 3 StGB. Da der Angeklagte regelmäßig von den Absprachen ausgeschlossen ist, wird es dem Verteidiger ermöglicht, nicht zuletzt zur Bestärkung der eigenen Seriosität, kritische Einschätzungen über seinen Mandanten darzutun, was in der Hauptverhandlung unvorstellbar wäre. Diese Offenbarungen beruhen zumindest mittelbar auf den vom Mandanten stammenden Informationen und können daher als »sonst bekanntgewordene Tatsachen« eingestuft werden.[243] Dies gilt erst recht dann, wenn ein Verteidiger ein Geständnis, das sein Mandant ihm gegenüber abgelegt hat, ankündigt oder dessen Inhalt in den Absprachen offenbart.[244] Jedem Verteidiger ist daher anzuraten, eine Absprache nur mit Einverständnis des Mandanten zu führen und bereits vorab zu klären, welche Informationen er dabei preisgeben darf.[245] Insoweit ist das Verteidigerverhalten dann durch eine rechtfertigende Einwilligung gedeckt.

IX. Schadensersatzpflicht des Verteidigers

75 Unterlaufen dem Verteidiger bei den Vergleichsverhandlungen Fehler, ohne die ein günstigeres Absprachergebnis möglich gewesen wäre, so soll der Verteidiger nach einer neueren Entscheidung des OLG Nürnberg[246] seinem Mandanten zivilrechtlich nach den Grundsätzen der positiven Vertragsverletzung zum Schadensersatz verpflichtet sein können.[247] Der Verteidiger hatte in dem zugrunde liegenden Sach-

---

239 Vgl Beulke Strafprozessrecht Rn 174; Beulke Strafbarkeit Rn 1 ff
240 Vgl Tscherwinka Absprachen 181; grundlegend dazu Beulke Strafbarkeit supra
241 Dafür etwa Schünemann Verhandlungen des 58. Deutschen Juristentags Gutachten B 138 f; ähnl wohl Dahs NStZ 1988, 156
242 Ebenso Braun Absprache 97; Rönnau Absprache 240; Siolek Verständigung 221 f; Tscherwinka Absprachen 178; Janke Verständigung 264
243 So Schünemann Verhandlungen des 58. Deutschen Juristentags Gutachten B 139 f; Braun Absprache 98; Siolek Verständigung 222
244 S nur Siolek Verständigung 223
245 Vgl auch Dahs NStZ 1988, 154; Deal StV 1982, 551
246 OLG Nürnberg StV 1997, 481
247 Allgemein zur zivilrechtlichen Haftung des Verteidigers Krause NStZ 2000, 225; zur Haftung des Pflichtverteidigers s OLG Düsseldorf StV 2000, 430; rechtsvergleichend Bömeke Rechtsfolgen 222

verhalt versäumt, das Gericht im Rahmen einer strafprozessualen Absprache darauf hinzuweisen, dass die abgesprochene Strafe von 2 Jahren Freiheitsstrafe mit Bewährung für den angeklagten Ruhestandsbeamten den Verlust seiner Ruhestandsbezüge zur Folge hätte. Da der Wegfall beamtenrechtlicher Bezüge nach der Rspr des BGH gem § 46 I 2 StGB strafmildernd berücksichtigt werden kann,[248] war nicht auszuschließen, dass bei einem entsprechenden Hinweis des Verteidigers eine niedrigere Strafe ausgehandelt hätte werden können. In dieser Situation eines »non liquet« bezüglich der Kausalität der anwaltlichen Pflichtverletzung für den – ganz erheblichen – Vermögensschaden des Mandanten ließ das OLG zugunsten des Mandanten eine Beweislastumkehr eingreifen, mit der Folge, dass der Verteidiger zum Schadensersatz verurteilt wurde. Über das Zivilrecht wird hier ein Weg eröffnet, die Risikoverteilung im Strafprozess allgemein, insbes aber auch bei den fehleranfälligen Absprachen, neu – und zwar zu Lasten des Verteidigers – vorzunehmen. Es erscheint fraglich, ob eine derart weitgehende Beweislastumkehr wirklich gerechtfertigt ist. Vielmehr sollte dieser Weg nur dann eröffnet sein, wenn dem Verteidiger ein besonders schwerer Berufspflichtverstoß zur Last gelegt werden kann.[249]

X.   Schlussbetrachtung

Die vorstehenden Erörterungen haben gezeigt, dass die Problematik der Absprachen keineswegs als abschließend gelöst betrachtet werden kann. Auch die Rspr war – trotz des Grundsatzurteils des 4. Senats (BGHSt 43, 195) und der jüngsten Entscheidung des Großen Senats[250] – nicht in der Lage, umfassende, klare und allseits anerkannte Leitlinien zu erstellen. Es verwundert daher kaum, dass sich die Praxis ihr eigenes Recht schafft, das sicher nicht immer in Einklang mit den hehren Grundsätzen der Dogmatik zu bringen ist. Dies mag man kritisieren. Nichtsdestotrotz muss man die tatsächlichen Zwänge, aus denen heraus Absprachen geboren werden, zur Kenntnis nehmen, und hier muss auch langfristig die Lösung ansetzen. Die Justiz muss in die Lage versetzt werden, schneller und effektiver zu arbeiten. Dazu gehört nicht nur eine bessere Ausstattung, sondern auch eine vernünftige Gesetzgebung mit Augenmaß, die sich um klare, übersichtliche und leichter verständliche Regelungen bemüht. In der jetzigen Situation erscheint – wie auch vom Großen Senat eindringlich angemahnt – ein Eingreifen des Gesetzgebers vonnöten, um die offenbar unverzichtbar gewordenen Absprachen aus ihrem Schattendasein »am Rande der Legalität« herauszuholen und für Rechtssicherheit zu sorgen. Die Grundregeln konsensualer Verfahrenselemente bzw eines eigenständigen konsensualen Verfahrens müssen dazu gesetzlich niedergelegt werden.[251]

76

---

248 BGH StV 1985, 454; 1987, 243; 1991, 207; NStZ 1988, 494

249 Im Anschluss an Barton StV 1998, 607; aufgrund einer »sachgerechten Anwendung des § 287 ZPO« meint Krause (NStZ 2000, 231 ff), ganz auf eine Beweislastumkehr verzichten zu können

250 BGH GSSt, NJW 2005, 1440

251 Für eine ges Regelung zB auch Widmaier, NJW 2005, 1987; Meyer-Goßner ZRP 2004, 189; Pfister DRiZ 2004, 183; Siolek Rieß-FS S 583; Neuhaus GA 2003, 847; Hamm Meyer-Goßner-FS S 46; SK-StPO-Wolter Vor § 151 Rn 79; Jähnke ZRP 2001, 577 f; Schmidt-Hieber NJW 1990, 1887 f; Böttcher/Widmaier JR 1991 357; Steinhögl Der strafprozessuale Deal 160; Kremer Absprachen 290; zur Regelung de lege ferenda vgl Meyer-Goßner ZRP 2004, 189 ff; Behrendt GA 1991, 347 ff; Meyer-Goßner NStZ 1992, 167 ff; Weigend NStZ 1999, 62 f; Bogner, Absprachen 108; krit Zuck MDR 1990, 19; Dahs NStZ 1988, 155; HK-Krehl Vor § 151 Rn 14; Bömeke Rechtsfolgen 238; abl Böttcher/Dahs/Widmaier NStZ 1993, 377; Kintzi Hanack-FS S 188; gegen eine »Legalisierung« der Absprachen durch den Gesetzgeber Ranft Strafprozessrecht Rn 1245

Satzger

76 a   Der von den Regierungsfraktionen und dem Bundesministerium der Justiz am
18. 2. 2004 vorgelegte Diskussionsentwurf für eine Reform des Strafverfahrens
(DE-StPO[252]) sieht eine unzureichende minimalistische gesetzgeberische Lösung
vor, indem lediglich einige Kernaussagen der Grundsatzentscheidung des 4. Senats
kodifiziert werden sollen (§ 257 b DE-StPO) und die Unwirksamkeit des ab-
sprachebedingt erklärten Rechtsmittelverzichts geregelt wird (§ 302 I 1 DE-StPO).
Die bestehenden Probleme wären dadurch keineswegs gelöst,[253] alle – dann gesetzlichen – Anforderungen an den Deal könnten durch eine – dann definitiv illegale –
Vereinbarung des gegenseitigen Rechtsmittelverzichts einfach umgangen werden.
Erforderlich ist eine »große Lösung« des Gesetzgebers, bei der auch zu überlegen
sein wird, inwieweit konsensuale Elemente in unserem Strafverfahren – auch formal – eine weit größere Rolle einnehmen sollten als bisher.[254] Ein Schritt in diese
Richtung könnte sein, neben dem bisherigen Strafverfahren auf Konsens beruhende
Verfahrensformen einzuführen.[255] Diskussionswürdig ist dabei insbesondere ein sog
»*konsensbedingt abgekürztes Verfahren*«, bei dem der Richter in von der StA für
geeignet erachteten Fällen auf Grundlage der Akten und nach obligatorischer Anhörung der Beteiligten einen wie ein Urteil begründeten Entscheidungsvorschlag
unterbreitet, den der Beschuldigte annehmen oder ablehnen kann. Nur in letzterem
Fall kommt es zu einer Hauptverhandlung, wobei – abgesehen von Ausnahmefällen
– eine Reformatio in peius unzulässig ist.[256]

77   Derzeit können die für jeden Verteidiger – nicht zuletzt auch wegen seines zivilrechtlichen Haftungsrisikos – verbleibenden Unsicherheiten und Gefahren nur
durch taktisches Geschick und Umsicht aufgefangen werden. Will der Strafverteidiger bei Absprachen mitspielen – und häufig wird hierzu keine realistische Alternative bestehen – so darf er das Vertrauen, welches die faktische Grundlage einer jeden
Absprache ist, keinesfalls missbrauchen, wenn er auch in Zukunft als verlässlicher
Gesprächspartner gelten können will.[257] Ein Verteidiger sollte im Übrigen – jenseits
aller rechtlichen Bedenken gegen die Absprachepraxis – nicht der Versuchung erliegen, stets und zu schnell eine einverständliche Lösung anzustreben, insbes nicht
ohne diese Möglichkeit vorab mit dem Mandanten erörtert zu haben. Manches Mal
wird das reguläre StPO-Verfahren den erfolgversprechenderen Weg eröffnen.[258]

---

252 Der Diskussionsentwurf ist abgedruckt in StV 2004, 228
253 Satzger Verhandlungen des 65. Deutschen Juristentages, Bd II/1, Aktuelle Ergänzung des Gut-
     achtens O 82; krit gegenüber einer bloßen deklaratorischen »Legalisierung« auch Weßlau
     ZStW 116 (2004) 171; Haller (DRiZ 2004, 188) moniert die fehlende Waffengleichheit zwischen
     Staatsanwaltschaft und Verteidigung, falls das Gericht keine Strafuntergrenze angeben könne;
     s die Stellungnahme des Deutschen Richterbundes, im Internet unter http://www.drb.de/
     ?http://www.drb.de/pages/html/stellung2004.html abrufbar (Stand 11/05)
254 Satzger/Höltkemeier NJW 2004, 2490; Meyer-Goßner ZRP 2004, 190
255 Zu den in diese Richtung gehenden Vorschlägen vgl insb Meyer-Goßner ZRP 2004, 190 ff
     mwN; Wagner Gössel-FS S 599, 602 f; Kuckein/Pfister BGH-FS S 645 ff; Widmaier NJW 2005,
     1987
256 S dazu Satzger Verhandlungen des 65. Deutschen Juristentages Gutachten C 95 ff, insb C 106 ff
257 Dazu Dahs Handbuch Rn 146
258 Rückel NStZ 1987, 303; ferner Schünemann NJW 1989, 1899

Kapitel 4
Anklageschrift, Eröffnungsbeschluss und Urteil als Angriffspunkte der Verteidigung

Überblick

Eschelbach

Literaturverzeichnis

Achenbach, Staatsanwalt und gesetzlicher Richter – ein vergessenes Problem? in FS für Wassermann, 1985, 849

Altvater, Anklageerhebung nach Aufgabe der Rechtsfigur der fortgesetzten Handlung, in FS aus Anlass des fünfzigjährigen Bestehens von Bundesgerichtshof, Bundesanwaltschaft und Rechtsanwaltschaft beim Bundesgerichtshof, 2000, 495

Bohnert, Die Abschlussentscheidung des Staatsanwalts, 1992

Böttcher, Der Strafbefehl auf dem Vormarsch? in FS für Odersky, 1996, 299

Dallmeyer, Beweisführung im Strengbeweisverfahren. Die Befugnisse als Voraussetzungen der Wahrheitserforschung im Strafprozess, 2002

Danko, Rechtsfehler bei der Anklageerhebung oder in der Anklageschrift unter besonderer Berücksichtigung der Rechtsprechung, Diss 1998

Dengler, Die richterliche Kontrolle der Abschlussverfügung der Staatsanwaltschaft im Ermittlungsverfahren. Eine rechtsvergleichende Analyse anhand des US-amerikanischen Rechts unter besonderer Berücksichtigung des Rechts Kaliforniens, 2003

Deppenkemper, Beweiswürdigung als Mittel prozessualer Wahrheitserkenntnis: eine dogmengeschichtliche Studie zu Freiheit, Grenzen und revisionsgerichtlicher Kontrolle tatrichterlicher Überzeugungsbildung (§ 261 StPO, § 286 ZPO), 2003

Detter, Ausbau der Rechtskontrolle tatrichterlicher Beweiswürdigung und Strafzumessung, in FS aus Anlass des fünfzigjährigen Bestehens von Bundesgerichtshof, Bundesanwaltschaft und Rechtsanwaltschaft beim Bundesgerichtshof, 2000, 679

Ebert, Der Tatverdacht im Strafverfahren unter spezieller Berücksichtigung des Tatnachweises im Strafbefehlsverfahren, 2000

Ernst, Das gerichtliche Zwischenverfahren nach Anklageerhebung, 1986

Eschelbach, Vorbereitung und Erhebung der öffentlichen Klage, in: *Vordermayer / von Heintschel-Heinegg* (Hrsg), Handbuch für den Staatsanwalt, 2. Aufl 2003, Teil D Kap 1

Frisch, Strafkonzept, Strafzumessungstatsachen und Maßstäbe der Strafzumessung in der Rechtsprechung des Bundesgerichtshofs, in 50 Jahre Bundesgerichtshof, FG aus der Wissenschaft, Bd 4, 2000, 269

Fisch, Das Strafbefehlsverfahren im Spannungsfeld legislatorischer Beschleunigungs- und Entlastungstendenzen: eine Untersuchung über die Vereinbarkeit mit den strafprozeßualen Verfahrensgrundsätzen unter besonderer Berücksichtigung des Rechtspflegeentlastungsgesetzes 1993 und des Verbrechensbekämpfungsgesetzes 1994, 1999

Geis, Überzeugung beim Strafbefehlserlaß? 2000

Geppert, Schriftliche oder mündliche Erklärungen des Verteidigers als Einlassung des Angeklagten selbst? in FS für Rudolphi, 2004, 643

Glaser, Aktuelle Probleme im Rahmen der sachlichen Zuständigkeit der Strafgerichte, insbesondere die Folgen fehlerhafter Verweisungsbeschlüsse, 2002;

Gössel, Überlegungen zur Überprüfung des Beweisgangs im Strafprozess in Zwischenverfahren, in Strafverfahren im Rechtsstaat, in FS für Kleinknecht, 1985, 151

Gössel, Über die Pflicht zur Ermittlung der materiell-objektiven Wahrheit und die Zuständigkeiten zur Eröffnung eines Strafverfahrens und zu dessen Durchführung, in Strafverfahrensrecht in Theorie und Praxis, in FS für Meyer-Goßner, 2002, 187

Gräns, Das Risiko materiell fehlerhafter Urteile, 2002

Grossmann, Die Aufhebung des Eröffnungsbeschlusses und der Anspruch des Angeklagten auf Freispruch, Diss 1986

Greff, Die strafrechtliche Bewältigung wahldeutiger Verurteilungen bei mehreren prozessualen Taten. Das Institut der Wahlfeststellung zwischen Anklagegrundsatz, Tatbegriff und Verfahrensverbindung, 2002

Hackner, Der befangene Staatsanwalt im deutschen Strafverfahrensrecht, Diss 1995

Heghmanns, Das Zwischenverfahren im Strafprozess, 1991

Hendrix, Die Protokollführung in der Hauptverhandlung der Strafgerichte, 8. Aufl. 2000

Hirsch, Rechtfertigungsfragen und Judikatur des Bundesgerichtshofs, in 50 Jahre Bundesgerichtshof, FG aus der Wissenschaft, Bd 4, 2000, 199

Huber, Das Strafurteil, 2. Aufl. 2004

Krause, Grenzen richterlicher Beweiswürdigung im Strafprozess, in Einheit und Vielfalt des Strafrechts, FS für K. Peters, 1974, 323

Kuckein / Pfister, Verständigung im Strafverfahren – Bestandsaufnahme und Perspektiven, in FS aus Anlass des fünfzigjährigen Bestehens von Bundesgerichtshof, Bundesanwaltschaft und Rechtsanwaltschaft beim Bundesgerichtshof, 2000, 641

Lampe, Richterliche Überzeugung, in FS für Pfeiffer, 1988, 353

Loddenkemper, Revisibilität tatrichterlicher Zeugenbeurteilung. Eine Auseinandersetzung mit der neueren Rechtsprechung der Strafsenate des BGH, 2003

Loritz, Kritische Betrachtungen zum Wert des strafprozessualen Zwischenverfahrens, Diss 1996

Maatz / Wahl, Die Verminderung der Schuldfähigkeit infolge Alkoholkonsums, in FS aus Anlass des fünfzigjährigen Bestehens von Bundesgerichtshof, Bundesanwaltschaft und Rechtsanwaltschaft beim Bundesgerichtshof, 2000, 531

Maul, Die Probleme des Bundesgerichtshofs mit der Tatprovokation im Bereich der Betäubungsmittelkriminalität, in FS aus Anlass des fünfzigjährigen Bestehens von Bundesgerichtshof, Bundesanwaltschaft und Rechtsanwaltschaft beim Bundesgerichtshof, 2000, 569

Meyer-Goßner / Appl, Die Urteile in Strafsachen, 27. Aufl. 2002

Meurer, Beweiswürdigung und Beweisregeln im deutschen Strafprozess, in FS für Oehler, 1985, 357

Meurer, Beweiswürdigung, Überzeugung und Wahrscheinlichkeit, in FS für Tröndle, 1989, 551

Michalke-Detmering, Die Mindestanforderungen an die rechtliche Begründung des erstinstanzlichen Strafurteils, 1987

Miehe, Anklage und Eröffnung, in FS für Grünwald, 1999, 379

Niemöller, Die Hinweispflicht des Strafrichters bei Abweichungen vom Tatbild der Anklage, 1988

Otto, Die Beurteilung alkoholbedingter Delinquenz in der Rechtsprechung des Bundesgerichtshofs, in 50 Jahre Bundesgerichtshof, FG aus der Wissenschaft, Bd 4, 2000, 111

Paeffgen, Prozessualer Tatbegriff und das Kriterium der Untersuchungsrichtung, in GS für Heinze, 2005, 615

Pfeiffer, Die Anklage, in FS für Bemmann, 1997, 582

Rau, Schweigen als Indiz der Schuld: ein Vergleich des deutschen und englischen Rechts zur Würdigung des Schweigens des Beschuldigten, 2004

Rieß, Der Bundesgerichtshof und die Prozessvoraussetzungen, in 50 Jahre Bundesgerichtshof, FG aus der Wissenschaft, Bd 4, 2000, 809

Rieß, Wider die Zurücknahme des Eröffnungsbeschlusses, in FS für Lüderssen, 2002, 749

Rieß, Einige Überlegungen zum strafprozessualen Zwischenverfahren, in FS für Klaus Rolinski, 2002, 239

Rissing van Saan, Die Behandlung rechtlicher Handlungseinheiten in der Rechtsprechung nach Aufgabe der fortgesetzten Handlung (unter besonderer Berücksichtigung des Staatsschutz-Strafrechts, in FS aus Anlass des fünfzigjährigen Bestehens von Bundesgerichtshof, Bundesanwaltschaft und Rechtsanwaltschaft beim Bundesgerichtshof, 2000, 475

Rösch, Die Erstellung des Urteils in Straf- und Bußgeldsachen, Erläuterungen, Beispiele, Mustertexte und Textbausteine, 2005;

Rohleder, Die Folgen des Wegfalls der fortgesetzten Tat bei sexuellem Mißbrauch. Zugleich ein Beitrag zu den Anforderungen an die Konkretisierung der Tat(en) in Anklage und Urteil, 2001

Roxin, Die Abgrenzung von Täterschaft und Teilnahme in der höchstrichterlichen Rechtsprechung, in 50 Jahre Bundesgerichtshof, FG aus der Wissenschaft, Bd 4, 2000, 177

Roxin, Die Reform der Hauptverhandlung im deutschen Strafprozess, in *Lüttger* (Hrsg), Probleme der Strafprozessreform, 1975, 52

Rzepka, Zur Fairness im deutschen Strafverfahren, 2000

Schäfer, Gerhard, Die Abgrenzung von Verfahrensrüge und Sachrüge, in FS für Rieß, 2002, 477

Schäfer, Helmut, Der Eröffnungsbeschluss in neuer Gestalt, 1967

Schairer, Der befangene Staatsanwalt. Ausschluss und Ablehnung de lege lata und de lege ferenda, sowie Rechtsfolgen der Mitwirkung des disqualifizierten Staatsanwalts im Strafverfahren, 1983

Schäpe, Die Mangelhaftigkeit von Anklageschrift und Eröffnungsbeschluss und ihre Heilung im späteren Verfahren, Diss 1997

von Schledorn, Die Darlegungs- und Beweiswürdigungspflicht des Tatrichters im Falle der Verurteilung, 1997

Schlothauer, Zur Bedeutung der Beweisverwertungsverbote im Ermittlungs- und Zwischenverfahren, in FS für Lüderssen, 2002, 761

Schmidt, Grundsätze der freien richterlichen Beweiswürdigung im Strafprozessrecht, 1994

Schmitt, Die richterliche Beweiswürdigung im Strafprozess, 1992

Eschelbach

Schulenburg, Das Verbot der vorweggenommenen Beweiswürdigung im Strafprozess, 2002

Schulz, Normiertes Misstrauen – Der Verdacht im Strafverfahren, 2001

Semmler, Prozessverhalten des Richters unter dem Aspekt des § 24 II StPO, insbesondere Verfahrensverstöße als Ablehnungsgrund, Diss 1994

Sowada, Der gesetzliche Richter im Strafverfahren, 2002

Tolksdorf, Mitwirkungsverbot für den befangenen Staatsanwalt, Diss 1989

Volk, Begriff und Beweis subjektiver Merkmale, in 50 Jahre Bundesgerichtshof, FG aus der Wissenschaft, Bd 4, 2000, 739

Voßen, Nicole, Die Rechtsprechung des Bundesverfassungsgerichts zur Rechtsweggarantie des Art. 19 Abs. 4 GG, den Verfahrensgarantien nach Art. 101 Abs. 1 Satz 2 GG, Art. 103 Abs. 1 GG und zum Prozessrecht der Fachgerichte, 2002

Weigend, Der Bundesgerichtshof vor der Herausforderung der Absprachenpraxis, in 50 Jahre Bundesgerichtshof, FG aus der Wissenschaft, Bd 4, 2000, 1011

I. Die Anklageschrift

1. Allgemeines

1 Die Anklageschrift hat eine besonders wichtige Funktion für die Strafverteidigung im gerichtlichen Verfahren. Sie ist ein den gerichtlichen Prozess vorbereitender Schriftsatz. Er zeigt vor allem auch der Verteidigung auf, welche vorläufigen Tatsachenfeststellungen die Anklagebehörde ihrem Vorwurf zugrunde legt (konkreter Anklagesatz), wie sie diese rechtlich bewertet (abstrakter Anklagesatz) und welche Beweisgründe dafür ausschlaggebend sind (wesentliches Ergebnis der Ermittlungen). Anhand dieser Feststellungen, Wertungen und Beweisgründe, die gegebenenfalls durch das Gericht im Eröffnungsbeschluss gebilligt werden, kann die Verteidigung zum Beispiel abwägen, ob sie in der Hauptverhandlung von den prozesstaktisch wichtigen Möglichkeiten der »Widerspruchslösung«[1] zur Frage der Verwertbarkeit von Beschuldigtenäußerungen bei verfahrensfehlerhafter Beweisgewinnung Gebrauch machen will; dazu oben Groß-Bölting/Kaps Teil B Kap 4 Rn 135 ff. Bei der Anklageerhebung und im Zwischenverfahren ist die Prüfung von widerspruchabhängigen Beweisverwertungsverboten unter prognostischer Bewertung des Beweisgangs in der Hauptverhandlung zu beurteilen.[2] Die Anklageschrift ist als staatsanwaltschaftliche Auswertung des Aktenmaterials auch das wichtigste Informationsmittel des Verteidigers zur Entwicklung einer Verteidigungsstrategie und zur Vorbereitung auf eventuelle Absprachen im Strafverfahren. Denn die Anklageschrift, die in aller Regel vom gerichtlichen Eröffnungsbeschluss unverändert zur Hauptverhandlung zugelassen wird, verkörpert gleichsam die Sicht der Sache aus dem Blickwinkel der Strafjustiz. Will die Verteidigung das dort gezeichnete Tatbild in Frage stellen, so muss sie es frühzeitig und mit aller Konsequenz tun. Will sie »konsensual« vorgehen, dann muss sie sich mit dem Tatbild nach der Anklageschrift vertraut machen, darauf einrichten und vor allem eine rechtliche Überprüfung durchführen. Auch das Gericht muss schließlich die Anklageschrift pflichtgemäß tatsächlich anhand der Aktenlage und auch rechtlich überprüfen, bevor es sich auf eine Urteilsabspra-

---

1 BGHSt 38, 214, 225 f; 39, 349, 352; 42, 15, 22; BGH StV 2004, 57 f; NJW 2005, 1060, 1061; zust Basdorf StV 1997, 488, 490 ff; Ignor FS für Riess, 2002, 185 ff; Meyer-Goßner/Appl StraFo 1998, 258 ff; Widmaier NStZ 1992, 519 ff; krit LR-Hanack § 136 Rn 57 ff; Heinrich ZStW 112 (2000), 398, 415; Maul/Eschelbach StraFo 1996, 66 ff; abl Beulke NStZ 1996 257, 262; Dahs StraFo 1998, 253 ff; Fezer JR 1992, 385, 386; JZ 1994, 686, 687; StV 1997, 57, 58; KMR-Lesch § 136 Rn 24; Tolksdorf in FG für Graßhof, 1998, S 255; Weßlau FS Lüderssen, 2002, 787, 800

2 Schlothauer FS Lüderssen, 2002, 761 ff

che einlässt.[3] Im Ergebnis dasselbe gilt für den Strafverteidiger. Für ihn ist die Überprüfung der Anklagevorwürfe in tatsächlicher und rechtlicher Hinsicht eine Pflicht aufgrund des Mandatsverhältnisses. Diese Überprüfung gehört zu den Mindeststandards der Verteidigung, die gerade auch bei einer konsensualen Verteidigungsstrategie geschuldet wird. Die Verletzung dieser Prüfungspflicht kann selbst dann, wenn es zu einem abgesprochenen Urteil kommt, eine Schadensersatzhaftung des Rechtsanwalts auslösen.[4] Für den nicht verteidigten Angeklagten, der in eigener Person keine Akteneinsicht erhält, ist die Anklageschrift neben Hinweisen auf die Sach- und Rechtslage bei Vernehmungen, §§ 136 I 1, 163 a IV StPO, nahezu die einzige Informationsquelle zur Vorbereitung der Verteidigung, die er – unbeschadet der Möglichkeit der Einschaltung eines Verteidigers, auch in eigener Person führen kann, Art. 6 III b und c MRK. Hat der Angeschuldigte diese Informationen nicht, so kann er in seiner eigenen Verteidigung wesentlich beeinträchtigt sein.[5] Die Anklageschrift ist demnach für den nicht durch einen Verteidiger vertretenen Angeklagten in besonderer Weise ein zentrales Mittel zur Vorbereitung der eigenen Verteidigung. Die Vorschrift des § 200 StPO über den notwendigen Anklageinhalt gehört vor diesem Hintergrund zu den Bestimmungen, die für »ein rechtsstaatliches Strafverfahren Gewähr leisten«.[6]

a) Anklageprinzip

Das Anklageprinzip besagt, dass als Ausdruck des Gewaltenteilungsprinzips eine personale Trennung von Ankläger und Richter vorgenommen werden muss.[7] Als deren Folge gebietet die Strafprozessordnung, dass der Richter nur tätig werden darf, wenn ihm von der Anklagebehörde ein bestimmter Verfahrensgegenstand unterbreitet wird, § 151 StPO.[8] Auch nur in diesem Umfang kann der Richter handeln, §§ 155 I, 264 I StPO,[9] dann jedoch mit der Befugnis und der Pflicht zu umfassender eigener Sachaufklärung[10] und Bewertung, §§ 155 II, 244 II, 264 StPO.[11] Die dazu vorausgesetzte Anklageschrift ist die grundsätzlich zu beachtende gesetzliche Form der Dokumentation der Erfüllung der Anklagefunktionen. Nachträgliche Hinweise zur Nachbesserung oder Aktualisierung der Informationen aus der Anklageschrift bedürfen, soweit sie im Gesetz vorgesehen sind, aus demselben Regelungsgrund, nämlich zur Dokumentation der Prozesshandlung, in der Hauptverhandlung der Protokollierung, §§ 265 I, II, 273 StPO. Bei den gesetzlich nicht ausdrücklich vorgeschriebenen Hinweisen, die zur Gewährung rechtlichen Gehörs geboten sein können,[12] herrscht über die Hinweis- und Protokollierungspflicht Streit.[13]

2

---

3 BGH NJW 2005, 1440, 1442
4 Vgl OLG Nürnberg Urt. v 21.9.1995 – 8 U 4041/93, NJWE-VHR 1998, 158
5 Zum Erfordernis der rechtzeitigen Übersetzung der Anklageschrift OLG Hamm StV 2004, 364 f; OLG Stuttgart StV 2003, 490; aM OLG Düsseldorf NJW 2003, 2766 f
6 BGH NJW 1954, 360, 361 m Anm Görke JR 1954, 140; zust Schmidt, Eb. Nachtr II § 200 Rn 2
7 Vgl Danko S 42
8 BGHSt 32, 146, 150; 46, 130, 137; BayObLGSt 1991, 3, 5
9 Zur Überschreitung der Grenzen der Anklage bei Bestechung und Bestechlichkeit BGH NStZ 2000, 318 f
10 Zum Gebot der bestmöglichen Sachaufklärung, das auch im Freibeweisverfahren gilt, als Aspekt des fairen Verfahrens BVerfGE 70, 297, 309; 103, 21, 35; 109, 133, 162; 109, 190, 223 f; BVerfG JR 2004, 37 ff m krit Anm Böse
11 Niemöller S 11
12 BGHSt 11, 88, 91
13 BGHSt 44, 153, 157; 48, 221, 224 ff

Eschelbach

b)   Grenzen der Beurteilungskompetenz des Richters auf Grund des Anklageprinzips

3   Aus der Rollenteilung zwischen Ankläger und Richter folgt eine Beschränkung der Beurteilungskompetenz des Strafrichters auf einen bestimmten Verfahrensgegenstand, den die Staatsanwaltschaft mit der Anklageschrift vorgibt. Aus der Anklageschrift müssen die Verfahrensbeteiligten, namentlich der Angeklagte zum Zwecke seiner Verteidigung, entnehmen können, innerhalb welcher tatsächlichen Grenzen sich die Hauptverhandlung und die Urteilsfindung gemäß §§ 155, 264 StPO zu bewegen haben.[14] Davon hängt auch ab, welche tatsächlichen Vorgänge von der Rechtskraft einer Verurteilung oder eines Freispruchs erfasst werden. Über den Rahmen des Prozessgegenstands hinaus gehende Feststellungen können im Einzelfall aber doch zu treffen sein, soweit eine über den Anklagegegenstand im engeren Sinne hinausgehende Sachaufklärung nicht unmittelbar die Tatsachengrundlage eines möglichen Schuldspruchs betrifft, sondern Indiztatsachen oder rechtsfolgenrelevante Umstände. Soweit etwa ein erweiterter Verfall gemäß § 73 d StGB wegen Straftaten angeordnet wird, die nicht Gegenstand der Anklage sind, wird zwar die Ansicht vertreten, dadurch sei der Anklagegrundsatz verletzt.[15] Dies ist aber nicht zwingend. Auch soweit nach der Rechtsprechung nicht angeklagte Straftaten nach prozessordnungsgemäßer Aufklärung als Strafschärfungsgründe herangezogen werden dürfen,[16] ist die Grenze der richterlichen Beurteilungskompetenz nicht überschritten.[17] Diese Aspekte betreffen nämlich nicht die von §§ 155 II, 264 I StPO besonders angesprochene Schuldfrage, sondern die Straffrage, für die Umstände außerhalb des angeklagten Tatgeschehens bestimmend sein können. Auch kann nicht zweifelhaft sein, dass nicht angeklagte Taten als Indiztatsachen für die nach der Anklage aufzuklärende Tat erforscht werden können. Geht es etwa bei der Frage des Schuldnachweises darum, ob der Angeklagte durch weitere Taten eine bestimmte »Handschrift« bei seinem Vorgehen gezeigt hat, so ist das Gericht dazu berechtigt, auch der Begehungsweise weiterer Straftaten nachzugehen, die nicht Verfahrensgegenstand im engeren Sinne sind. Besonders zu beachten ist aber, dass Tatsachenfeststellungen früherer Urteile zwar Gegenstand des Urkundenbeweises sein können, aber für das neue Tatgericht nicht bindend sind.[18] Dieser Umstand bietet weitere Verteidigungsmöglichkeiten, die allerdings wieder an Bedeutung verlieren, wenn sich das Gericht für die Strafzumessung darauf zurückzieht, dass es nur auf die Tatsache der Verurteilung ankomme, die durch die Urteilsurkunde hinreichend belegt ist.

4   Problematisch ist die Wahrung des Anklageprinzips insbesondere in Fällen der Anklageerhebung wegen nicht genau konkretisierter Serientaten, bei der eine sachgerechte Verteidigung deutlich erschwert ist (Rn 18 ff).[19] Besteht zum Beispiel der Verdacht, dass der Angeschuldigte über Jahre hinweg hunderte von Einzeltaten des sexuellen Missbrauchs von Kindern begangen hat, von denen nachträglich keine Einzige nach Tatzeit, Tatort und Tatbild so genau umschrieben werden kann, dass sie von anderen möglichen Taten genau unterscheidbar wäre, und erhebt die Ankla-

---

14 BGHSt 46, 130, 134

15 Jescheck/Weigend Strafrecht AT 5. Aufl. § 76 I 6 c

16 Schäfer Strafzumessung Rn 283 mwN

17 Sogar verjährte Taten können als Strafschärfungsgründe herangezogen werden, vgl BGHR StGB § 46 II Vorleben 20, 24; BGH Beschl v 14. 9. 2000 – 4 StR 294/00; krit Foth NStZ 1995, 375; Gillmeister NStZ 2000, 344; zur Verteidigung hiergegen Sander StraFo 2004, 47 ff

18 BVerfGE 103, 21, 36; BGHSt 43, 106, 107 f; BGH Beschl v 22. 10. 2002 – 1 StR 308/02; Bock/Schneider NStZ 2003, 337, 338; ohne Begründung anders für das Nachverfahren gemäß § 66 b StGB BGH NJW 2005, 2022, 2025

19 BGHSt 40, 44, 48; 48, 221; BGH StV 2005, 113

gebehörde unter Verfahrenseinstellung im Übrigen gemäß § 154 I StPO Anklage nur wegen *einer* solchen Tat, so steht bereits die Aburteilungsbefugnis des Gerichts in Frage, § 151 StPO. Jedoch geht die Praxis meist davon aus, dass die Beschränkung auf einen vage eingegrenzten Verfahrensgegenstand durch gleichzeitige Verfahrenseinstellung wegen aller anderen Taten ohne Rechtsnachteil für den Angeklagten erfolgen könne. Mit der Aburteilung der einen Tat sei »in dubio pro reo« Strafklageverbrauch[20] bezüglich aller verwechslungsfähigen Taten eingetreten. Mit dieser Annahme wird zwar dem Grundsatz »ne bis in idem«, Art 103 III GG, vielleicht noch ausreichend Rechnung getragen; jedoch wird das Defizit der Verteidigungsmöglichkeiten nicht angemessen kompensiert. Wie soll etwa ein Alibibeweis geführt werden, wenn die Tatzeit der im Anklagesatz vage umschriebenen Tat – von einem nach Jahren bemessenen Tatzeitraum abgesehen – unbekannt bleibt? Nicht zulässig ist nach der Rechtsprechung nur eine Überschreitung der Zahl der angeklagten Taten im Urteil,[21] weil es für weitere Taten an der Prozessvoraussetzung einer zugelassenen Anklage fehlt. Ein Anklagemangel kann sich auch nachträglich dann ergeben, wenn hinsichtlich nur ungefähr bestimmter Serientaten im Urteil des Strafgerichts zusätzlich noch eine Veränderung des festgestellten Tatzeitraums erfolgt oder wenn verschiedene rechtliche Bewertungen der Einzeltaten in Betracht kommen. Dann offenbart sich nachträglich ein Anklagemangel oder es wird einer Überschreitung der Grenzen der Kognitionspflicht im Urteil angenommen.

c) Funktionen der Anklageschrift

Die Anklageschrift besitzt eine Umgrenzungsfunktion und verschiedene Informationsfunktionen. Alle diese Funktionen sind trotz unterschiedlicher Rechtsfolgen im Fall ihrer Nichterfüllung für die Verteidigung von erheblicher Bedeutung.   **5**

aa) Umgrenzungsfunktion

Die Anklageschrift hat zunächst die Aufgabe, den Verfahrensgegenstand zu kennzeichnen,[22] dies ist ihre »Umgrenzungsfunktion«.[23] Sie legt den Gegenstand des gerichtlichen Verfahrens fest, bestimmt mittelbar den Umfang der Rechtskraft und die der Verhinderung einer Mehrfachverfolgung, die nach Art. 103 III GG[24] ausgeschlossen sein soll. Der Inhalt der Anklageschrift bestimmt zusammen mit dem Eröffnungsbeschluss die Grundlage der Hauptverhandlung.[25] Der Verfahrensgegenstand besteht dabei aus einer subjektiven Komponente, dem Angeschuldigten, und einer objektiven Komponente, der Tat im prozessualen Sinn.[26] Mehrere Taten sind, auch bei Anklageerhebung auf wahldeutiger Grundlage,[27] verschiedene Prozessgegenstände, die in einer Sammelanklage gemeinsam angeklagt werden, aber gleichwohl verschiedene Rechtsschicksale haben können.   **6**

---

20 BGHSt 40, 138, 160
21 BGH NStZ-RR 1999, 274
22 BGHSt 40, 44; 44, 153; BGH StV 1995, 563; 1996, 197; 1996, 362; 1997, 169; 2005, 113; NStZ 1999, 42; BGHR StPO § 200 I 1 Tat 13, 14; Beschl v 28. 8. 2003 – 4 StR 320/03; OLG Karlsruhe NJW 2005, 767, 770; Schäfer/Sander Rn 606
23 BGHSt 44, 44, 45; 40, 390, 391; 44, 153, 154 f; den Begriff gebrauchte schon Schmidt, Eb. Nachtr II § 200 Rn 4
24 Zum Grundsatz »ne bis in idem« BVerfGE 23, 191, 202; 56, 22, 27 ff; BGHSt 5, 323, 328 ff
25 BGHSt 46, 130, 134
26 Zum Tatbegriff BGHSt 13, 21, 26; 23, 141, 145; 32, 215, 218 f; BGH NStZ 1995, 46; NStZ-RR 1998, 304 f
27 BGH NStZ 1998, 635

7   Bereitet die Bestimmung des Prozesssubjekts[28] (Rn 15) in der Praxis meist keine
Schwierigkeiten, so ist die Abgrenzung der Tat im prozessualen Sinn oft problematisch (Rn 16 ff).[29] Die Anklage ist als Prozessvoraussetzung nach § 151 StPO nur
wirksam, wenn sie den Prozessgegenstand ausreichend bestimmt.

bb)   Informationsfunktion

8   Die Anklageschrift hat auch die Aufgabe, dem Angeklagten eine sachgerechte Verteidigung in der Hauptverhandlung zu ermöglichen,[30] indem sie ihn über die tatsächlichen und rechtlichen Grundlagen des Vorwurfes und in Fällen des § 200 II 1
StPO über die Beweisgründe informiert. Die Nichterfüllung dieser Funktion der
Anklageschrift bildet nach herrschender Meinung grundsätzlich kein Verfahrenshindernis.[31] Jedoch sind Verfahrensrügen möglich, wenn Hinweise auf Umstände,
die für die Verteidigung in der Hauptverhandlung wesentlich gewesen wären, nicht
vorab in der Anklageschrift oder nachträglich durch das Gericht gemäß § 265 I
StPO erteilt wurden.[32] Nach den gesetzgeberischen Motiven[33] ist die Informationsfunktion der Umgrenzungsfunktion jedoch gleichwertig.[34] Das kommt in der
Rechtsfolgendiskussion bei Anklagemängeln zu kurz. Jüngere Überlegungen[35] gehen dahin, Informationsmängel jedenfalls stärker zu beachten als bisher.[36]

cc)   Prozessfunktion

9   Ein Unterfall der Informationsfunktion der Anklageschrift ist deren »Prozessfunktion«.[37] Diese Funktion besteht darin, den nicht aktenkundigen Richtern, den Verfahrensbeteiligten und der Öffentlichkeit durch Verlesung des Anklagesatzes mitzuteilen, über welchen Prozessstoff verhandelt werden soll.[38] Dabei können sich
Informationsdefizite dadurch auswirken, dass ein nicht aktenkundiger Verfahrensbeteiligter aus Unkenntnis bestimmter Tatsachen sein Frage- oder Antragsrecht
nicht wahrnimmt. Überinformationen können im Einzelfall eine suggestive Beeinflussung der Richter bewirken.[39] Die Verteidigung muss deshalb schon im Zwischenverfahren darauf achten, dass solche Verfahrensbeeinflussungen unterbleiben;
sie kann die Rückgabe[40] der Anklageschrift mit den Akten an die Staatsanwaltschaft
beantragen, um eine Nachbesserung herbeizuführen.[41] Später sind die Folgen oft ir-

---

28 OLG Karlsruhe wistra 2000, 357 ff; Danko S 207
29 Zum Fahren ohne Fahrerlaubnis ohne Angabe der Tatzeit und bei falscher Straßenangabe
    BayObLG NZV 2001, 176 f
30 BGHSt 40, 44, 45; 40, 138, 150; 43, 293, 299; 44, 153, 156 f; 48, 221, 224; Schmidt, Eb. Nachtr II
    § 200 Rn 3
31 BGHSt 40, 44, 45; 44, 153, 156; BGH wistra 1985, 190; StV 1995, 563; 1996, 383; für unheilbare
    Informationsmängel aA Danko S 224; Krause/Thon StV 1985, 252, 254
32 Maier NStZ 2003, 674 ff
33 Nachweise bei Danko S 46 f
34 LR-Rieß § 200 Rn 4
35 BGHSt 40, 44, 48; 44, 153, 156 ff; Rieß JR 1998, 37, 41; Danko S 224; Krause/Thon StV 1985,
    252, 254
36 Einschränkend wiederum BGHSt 48, 221 ff
37 Danckert StV 1988, 282, 283
38 BGH StV 1982, 100, 101; NStZ 1995, 200 m Anm Krekeler NStZ 1995, 299; zum Verfahrensfeh-
    ler der fehlenden Anklagesatzverlesung im beschleunigten Verfahren OLG Köln NStZ-RR
    2003, 17 f
39 BGH StV 1988, 282 m Anm Danckert = JR 1987, 389 m Anm Rieß; KMR-Seidl § 200 Rn 70 ff;
    vgl aber auch BGHSt 43, 36, 37; 43, 360, 361 ff
40 Vgl BGHSt 46, 130, 134 f
41 Die Fehlerbeanstandung für das Revisionsverfahren aufzusparen ist riskant. In einem späteren
    Verfassungsbeschwerdeverfahren wird auf den aus § 90 II 1 BVerfGG abgeleiteten Grundsatz
    der Subsidiarität der Verfassungsbeschwerde gegenüber beliebigen Rechtsschutzmitteln im fach-

Eschelbach

reparabel: Das Weglassen einer verteidigungsrelevanten Information in der Anklageschrift mit der Folge der Nichtausübung von Frage- oder Antragsrechten ist im Revisionsrechtszug kaum darstellbar. Suggestive Einflüsse auf die Richter bilden – noch – keinen beschwerdefähigen Ablehnungsgrund, §§ 24, 28 II 2, 338 Nr. 3 StPO, solange nicht durch richterliche Reaktionen die Besorgnis der Befangenheit dokumentiert werden kann. Daher muss die Verteidigung schon im Rahmen der Ausübung ihres Äußerungsrechts gemäß § 201 II 1 StPO darauf hinwirken, dass das Gericht bei der Staatsanwaltschaft eine Nachbesserung der Anklageschrift (Rn 26) anregt.

d)   Surrogate für eine Anklageschrift

Die Anklagefunktionen werden bisweilen nicht durch eine Anklageschrift nach § 200 StPO, sondern durch andere Prozesshandlungen erfüllt, die dann funktional die Anklageschrift ersetzen und dadurch das Anklageprinzip wahren. Es bedarf in diesen Fällen auch für die nachfolgenden Verfahrensabschnitte keiner gesonderten Anklageerhebung bezüglich desselben Prozessgegenstands als Verfahrensvoraussetzung gemäß § 151 StPO. Das Anklagesurrogat muss dazu aber ebenso wie eine Anklageschrift die Umgrenzungsfunktion und die verteidigungsrelevanten Informationsfunktionen erfüllen.

10

aa)   Nachtragsanklage

Die Nachtragsanklage ist eine erleichterte Form der Hinzufügung eines weiteren Verfahrensgegenstands zu der bereits erhobenen öffentlichen Klage in der Hauptverhandlung. Fehl jedoch insgesamt eine Anklageschrift oder ist diese unwirksam, so handelt es sich – unbeschadet einer etwaigen Fehlbezeichnung – nicht um eine Nachtragsanklage im technischen Sinne.[42] Die Möglichkeit der mündlichen Erhebung einer Nachtragsanklage mit Zustimmung des Angeklagten[43] gemäß § 266 I, II StPO zeigt, dass es nicht notwendigerweise der schriftsätzlichen Anklageerhebung zur Erfüllung der Anklagefunktionen bedarf. Deren Dokumentation wird auch durch Protokollierung der mündlich erhobenen Nachtragsanklage in der Hauptverhandlung erreicht; diese Form der Anklageerhebung wird aber eben nur für eine Ergänzung der im schriftlichen Verfahrne erhobenen Anklage um einen weiteren Punkt zugelassen, so dass für alle anderen Fälle § 200 StPO zu beachten bleibt. Die notwendige Legitimation der nachträglichen Einbeziehung eines weiteren Verfahrensgegenstands in die Hauptverhandlung ohne vorheriges schriftliches Zwischenverfahren erfolgt durch das Erfordernis der Zustimmung des Angeklagten und durch einen Einbeziehungsbeschluss des Gerichts. Wichtig für die »Prozessfunktion« des mündlichen Vortrags des Anklageinhalts im Fall der Erhebung einer Nachtragsanklage in der Hauptverhandlung (§§ 243 III 1, 266 II 1 StPO) ist die Verweisung *nur* auf § 200 I StPO. Daraus folgt im Umkehrschluss, dass die Nachtragsanklage kein wesentliches Ergebnis der Ermittlungen, § 200 II 1 StPO, enthalten darf. Dies dient wiederum dazu, insbesondere Laienrichter nicht durch den mündlichen Vortrag der Beweisgründe für die Nachtragsanklage suggestiv zu beeinflussen. Die neuere Rechtsprechung zur Unschädlichkeit der Aktenkenntnis von

11

---

gerichtlichen Verfahren verwiesen, so den Antrag auf Anklagerückgabe vor der Zulassung, die Richterablehnung im Hauptverfahren und die Verfahrensrüge im Revisionsrechtszug

42 BGHSt 33, 167, 168
43 Dazu BGH NStZ-RR 1999, 303

Schöffen[44] oder der Verlesung eines Vorlagebeschlusses mit Beweisgründen[45] stellt allerdings in Frage, ob in einem Verstoß gegen das Gebot, bei der Anklagesatzverlesung, § 243 III 1 StPO, oder bei der mündlichen Erhebung einer Nachtragsanklage in der Hauptverhandlung, § 266 II iVm § 200 I StPO, die Beweisgründe wegzulassen, ein revisibler Rechtsfehler gesehen wird.[46] Nach dem Wortlaut und dem Regelungszusammenhang der Norm sowie den gesetzgeberischen Motiven ist das Vorliegen eines Rechtsfehlers aber zu bejahen.

bb) Strafbefehlsantrag

12 Das Anklageprinzip ist auch erfüllt, wenn die Staatsanwaltschaft einen Strafbefehlsantrag stellt und darin den Prozessgegenstand bestimmt. Das oben von Haizmann Teil E Kap 5 näher beschriebene Strafbefehlsverfahren[47] hat die Zahl der Anklageerhebungen statistisch schon überholt.[48] Der Strafbefehlsantrag tritt funktional an die Stelle der Anklageschrift, der Erlass des Strafbefehls an die Stelle des Eröffnungsbeschlusses, der rechtskräftige Strafbefehl an diejenige des Urteils. Kommt es nach Einspruch gegen den Strafbefehl zur Hauptverhandlung, so stellt das Gesetz ebenso wie nach dem Eröffnungsbeschluss als einem weiteren idealtypischen Fall eines »Vorurteils«[49] die Fiktion der Unbefangenheit des Richters auf, obwohl dieser sich auch schon eine vorläufige Meinung über eine bestimmte Strafe gebildet hatte.[50] Denn nach dem Einspruch gegen den Strafbefehl ist grundsätzlich derselbe Richter zur Durchführung der Hauptverhandlung berufen, ohne dass ein gesetzlicher Ausschließungsgrund als abstrakt-generelle Regelung gegenüber einer typisierten Besorgnis der Befangenheit eingreift. Wegen dieser gesetzlichen Fiktion der Unbefangenheit ist eine Richterablehnung durch die Verteidigung im Ergebnis nicht aussichtsreich. Bedenken, die bereits gegen das Zwischenverfahren erhoben werden (Rn 37 ff) und die im Strafbefehlsverfahren wegen der zusätzlichen Bestimmung einer konkreten Strafhöhe nach Aktenlage multipliziert werden, bleiben von der Praxis unbeachtet.

cc) Antrag auf Aburteilung im beschleunigten Verfahren

13 Der Antrag auf Aburteilung im beschleunigten Verfahren gemäß § 417 StPO ist eine weitere Form der Erfüllung des Anklageprinzips. Dabei sind aber nur formale, keine inhaltlichen Erleichterungen gegenüber der schriftsätzlichen Abfassung einer Anklage vorgesehen. Eine schriftsätzliche Anklageerhebung ist hier nicht zwingend erforderlich, § 418 III 1 StPO. Fehlt sie, so bedarf es der mündlichen Anklageerhebung und deren Protokollierung, § 418 III 2 StPO. Wird im beschleunigten Verfahren mündlich Anklage erhoben, so ist der Inhalt der Anklage in das Protokoll aufzunehmen. Dazu gehört der den Anforderungen des § 200 I 1 StPO entsprechende Anklagesatz.[51] Auch bei der Anklage im beschleunigten Verfahren ist es erforderlich, dass der Prozessgegenstand erkennbar umgrenzt wird[52] und die auch für einen Anklagesatz essenziellen Informationen zur Sach- und Rechtslage gegeben werden.

---

44 BGHSt 43, 36, 38 ff = StV 1997, 450 m Anm Lunnebach = NStZ 1997, 507 m Anm Katholnigg
45 BGHSt 43, 360, 363
46 So noch BGH StV 1988, 282 m Anm Danckert = JR 1987, 389 m Anm Rieß; offen gelassen in BGHSt 43, 36, 39; 43, 360, 361
47 Grundzüge bei Ranft JuS 2000, 633 ff
48 Böttcher FS Odersky S 299; Roxin Strafprozessrecht § 66 Rn 1
49 Roxin Strafprozessrecht § 40 Rn 3
50 Warum es (nur) dann gegen § 261 StPO verstoßen soll, wenn im Absprachenverfahren eine »Punktstrafe« vereinbart wird, BGHSt 43, 195, 206 f, bleibt vor diesem Hintergrund unklar
51 LG Köln StV 2003, 156 f
52 OLG Frankfurt StV 2000, 299

Das Informationsgebot gilt erst recht dann, wenn der Angeklagte erstmals in der Hauptverhandlung von den Einzelheiten des Anklagevorwurfs erfährt. Ist er nicht von einem Rechtsanwalt oder Hochschullehrer verteidigt, so potenziert sich sein Informationsbedürfnis, weil ohne dies eine sachgerechte Vorbereitung der Verteidigung, Art. 6 III b MRK, nicht möglich ist.

2. Der Anklagesatz

Hinsichtlich der Erfüllung der Funktionen der Anklageschrift ist deren Anklage-   **14**
satz (§ 200 I 1 StPO) von zentraler Bedeutung.

a) Bestimmung des Prozesssubjekts

Der Anklagesatz muss den Angeschuldigten als Prozesssubjekt festlegen, deshalb   **15**
hat die Bezeichnung des Angeschuldigten so genau wie möglich zu erfolgen.[53] Das
Fehlen oder die Fehlerhaftigkeit einzelner Personaldaten im Anklagesatz ist unschädlich, solange die angeklagte Person mit Hilfe der verbleibenden Daten hinreichend individualisiert wird. Ist der Name unbekannt, so ist eine Kennzeichnung des Angeschuldigten durch Lichtbilder und Fingerabdrücke möglich, die nach § 81 b StPO gewonnen und der Anklageschrift beigefügt werden können; das DNA-Identifizierungsmuster, § 81 g StPO, § 2 DNA-IFG, kann im Extremfall hinzukommen. Problematisch ist die Frage, wie im Falle einer Personenverwechslung im Anklagesatz zu entscheiden ist.[54] Deuten die in der Anklage genannten Daten auf eine bestimmte Person hin, so ist diese der Angeschuldigte. Eine Personenverwechslung führt dagegen dazu, dass eine unverdächtige Person angeklagt ist, während der »richtige« Verdächtige nicht Prozesssubjekt geworden ist. Ist aber die »richtige« Person im Anklagesatz angesprochen und sind nur einzelne Daten falsch angegeben, so richtet sich die Anklage gegen die »richtige« Person.[55]

b) Bestimmung der Tat im prozessualen Sinn

Gegenstand der gerichtlichen Untersuchung ist in objektiver Hinsicht die im An-   **16**
klagesatz umschriebene Tat des Angeschuldigten. Was dagegen in der Anklageschrift nur zur Illustration des Vorwurfs geschildert, aber nicht vom Verfolgungswillen[56] der Staatsanwaltschaft erfasst ist, gehört nicht zum Prozessstoff im engeren Sinne.[57] Umgekehrt ist die Tat im prozessualen Sinn auch dann vom Gericht erschöpfend zu beurteilen, §§ 155 II, 264 II StPO, wenn – nur – einzelne Umgrenzungsmerkmale im Sinne der Anklage nach den gerichtlichen Feststellungen nicht zutreffend sind; so etwa bei der Falschbezeichnung der Tatzeit.[58] Die Tat im prozessualen Sinne, die gemäß § 264 StPO Gegenstand der Urteilsfindung ist, umfasst im Übrigen den von der zugelassenen Anklage betroffenen geschichtlichen Vorgang, innerhalb dessen der Angeklagte einen Straftatbestand verwirklicht haben soll. Zu ihr gehört nicht nur der in der Anklage dem Angeklagten ausdrücklich zur

---

53 Schäfer/Sander Rn 613. Gemeint sind hier die »Personalien«, die in anderem Zusammenhang in § 243 II missverständlich als die »persönlichen Verhältnisse« bezeichnet werden, vgl Schmidt, Eb. Nachtr II § 200 Rn 6
54 Vgl BGH NStE Nr. 4 zu § 200 StPO; Schäpe 54; Danko S 82 f, 206 f
55 BGH NStZ 1996, 9 f; Schäfer/Sander Rn 613
56 Vgl BGH Beschl v 17. 3. 2004 – 2 StR 476/03
57 BGHSt 43, 96, 99 ff; BGH LM Nr. 19 zu § 264 StPO; BayObLGSt 1991, 3
58 BGHSt 46, 130, 133

Eschelbach

Last gelegte Geschehensablauf, sondern darüber hinaus auch dessen gesamtes Verhalten, soweit es mit dem durch die Anklage umschriebenen geschichtlichen Vorkommnis bei natürlicher Betrachtung einen einheitlichen Vorgang bildet.[59]

aa) Das Umgrenzungsproblem bei Einzeltaten

17 Häufiger Prüfungspunkt in der Praxis ist die Frage genügender Umgrenzung des Verfahrensgegenstands. § 200 I 1 StPO nennt Tatzeit und Tatort als wichtige Konkretisierungsmerkmale. Jedoch stehen diese Merkmale nicht allein; andere Umstände, insbesondere die Einzelheiten des Geschehensablaufs bei der Tatbegehung, dienen der weiteren Tatkonkretisierung. Tatzeit und Tatort als Umgrenzungsmerkmale können durch andere Umstände ergänzt oder ersetzt werden.[60] Ihr Fehlen oder ihre Unbestimmtheit ist deshalb nicht schon für sich genommen ein wesentlicher Anklagemangel. Maßgeblich ist, ob der historische Geschehensablauf unverwechselbar bezeichnet ist. Die Schilderung von Vortaten oder einem Geschehen nach der Tat gehört nicht zur Tatschilderung mit dem Ziel der Umgrenzung des Prozessgegenstands; daher sind etwa bei der Anklage wegen Geldwäsche die Vortaten nicht notwendigerweise darzustellen.[61] Mit welchen Tatsachenfeststellungen die Tatkonkretisierung zu erfolgen hat, hängt vom konkreten Sachverhalt und dem angeklagten Straftatbestand ab.[62] Die Tötung eines Menschen wird zum Beispiel als einmaliges Ereignis – unbeschadet weiter gehender Informationsbedürfnisse der Adressaten der Anklageschrift und weiterer Informationsfunktionen der Anklageschrift – schon durch die Bezeichnung des Tatopfers zur Abgrenzung des Verfahrensgegenstands unverwechselbar gekennzeichnet, ohne dass es auf die Tatzeit und den Tatort wesentlich ankommt. Ein wiederkehrendes Vergehen des unerlaubten Erwerbs einer Drogenportion ist dagegen etwa nur dann ausreichend umgrenzt, wenn zB Tatzeit, Tatort, Lieferant oder charakteristische Modalitäten des Geschäfts näher beschrieben werden. Die Umgrenzungsfaktoren sind dabei jeweils variable Größen. Dies gilt auch für den besonders verteidigungswesentlichen Tatzeitraum, soweit durch dessen Verschiebung nicht die Identität der Tat im prozessualen Sinn verändert wird.[63] Welcher Lebenssachverhalt noch dieselbe »Tat« im prozessualen Sinne[64] darstellt und wann die Grenze zu einer anderen »Tat« überschritten ist,[65] bleibt ein Dauerproblem des Strafverfahrensrechts.

bb) Aufweichung des Prinzips bei Serientaten

18 Was für die Einzeltat gilt, müsste grundsätzlich auch für jede Tat innerhalb einer Serie gleichartiger Tathandlungen beachtet werden;[66] denn insoweit liegt nur eine Sammelanklage vor, die abtrennbare Verfahrensgegenstände nennt.[67] Die jüngere Praxis[68] weicht zum Teil vom Postulat genauer Einzeltat-Konkretisierung ab, weil

---

59 BGHSt 32, 215, 216; BGHR StPO § 264 I Tatidentität 28, 32
60 BGH StV 1998, 580
61 OLG Karlsruhe NJW 2005, 767, 770
62 Vgl für Betrugstaten BGH StV 1986, 329, 330
63 BGHSt 44, 153, 154 f; 46, 130, 133 f
64 Zum Tatbegriff BGHSt 23, 141, 145; 26, 284, 285 f; 32, 215, 216; 35, 60, 61; 35, 80, 81; 35, 318, 323
65 So sind Diebstahl und Begünstigung verschiedene Taten; KG Beschl v 13.2.2002 – (5) 1 Ss 25/02 (3/02). Zur Änderung der prozessualen Tat bei Umstellen von einem Unterlassungsdelikt auf eine Tatbegehung durch aktives Tun informativ Schweizerisches Bundesgericht SJZ 2003, 281, 282
66 Zur Tatkonkretisierung bei Steuerstraftaten LG Saarbrücken wistra 2000, 356 f
67 BGHSt 10, 137 ff
68 Zu Serientaten des sexuellen Missbrauchs von Kindern BGHSt 40, 44, 46; 44, 153, 154 f; 46, 130, 133 f; BGH StraFo 2003, 95; zum Betäubungsmittelrecht Körner StV 1998, 626 mwN

Eschelbach

bei Serien gleichartiger Handlungen die Unterscheidbarkeit der angeklagten Einzeltaten voneinander und von potenziellen weiteren Taten generell erschwert ist, während das Verfolgungsbedürfnis bei Serientaten gegenüber Einzeltaten erhöht ist. Dies erschwert allerdings wiederum die Verteidigung.[69] »Hard cases make bad law«. Symptomatisch sind für das Problemfeld der Tatkonkretisierung bei Serientaten sind zwei Fallkonstellationen.

In der ersten Fallgruppe geht es um Unterschlagungen oder Untreuehandlungen   **19** eines Täters, der für den Geschäftsherrn eine Kasse führt. Nimmt der Täter über einen längeren Zeitraum hinweg durch eine Mehrzahl von Handlungen unbefugt oder treuwidrig Geldbeträge an sich, deren Gesamtsumme später feststellbar ist, nicht aber die Einzelhandlungen und Einzelbeträge, so stellt sich die Frage, ob eine Anklage wegen der Tatserie erhoben werden kann. Das Reichsgericht hatte in strenger Befolgung der für Einzeltaten geltenden Grundsätze auch bei Serientaten die Anklagetauglichkeit unbestimmter Einzeltaten anfangs konsequent verneint.[70] Die spätere Rechtsprechung fingierte mit der Figur der fortgesetzten Handlung eine anklagefähige Einheitstat.[71] Nach Aufgabe dieser Rechtsfigur[72] billigt der Bundesgerichtshof für die Anklageerhebung[73] nun die Annahme, es könne mangels einer feststellbaren Mehrzahl von tatbestandsmäßigen Handlungen »in dubio pro reo« von nur einer Handlung ausgegangen werden,[74] die zu dem festgestellten Gesamterfolg geführt habe. Dies soll im Fall des vielfachen unbefugten Griffs in die Kasse[75] sogar dann gelten, wenn feststeht, dass die entnommene Gesamtsumme im Hinblick auf den Kassenbestand gar nicht durch eine Handlung erlangt worden sein kann. Zur Rechtfertigung der Konstruktion wird geltend gemacht, dass der Zweifelssatz auch sonst zu »unmöglichen« Feststellungen führe, so etwa, wenn im Zweifel zu Gunsten aller Beteiligter angenommen werde, der jeweils andere sei der Haupttäter gewesen, sodass alle Angeklagten als Teilnehmer verurteilt werden, ohne dass ein Haupttäter feststeht. Indes betrifft diese Konsequenz des Zweifelssatzes das materielle Recht, während das vorliegende Problem auf der Reduzierung der Verteidigungsmöglichkeiten infolge vager Tatbeschreibung in der Anklage beruht. Die neue Rechtsprechung ist deshalb pragmatisch gesehen »richtig«, aber dogmatisch falsch.

Die zweite markante Fallkonstellation ist diejenige von Tatserien des sexuellen   **20** Missbrauchs von Kindern.[76] Hier soll an die Tatkonkretisierung »ein großzügigerer Maßstab angelegt werden« können,[77] wobei die zentrale Begründung darin liegt, dass es anders nicht geht. In diesen Fällen, die oft erst Jahre nach der Tatserie aufgedeckt und von kindlichen Zeugen nur ungenau umschrieben werden, liegt das Verfolgungsbedürfnis[78] ebenso auf der Hand wie die Schwierigkeit der Konkretisierung von Einzeltaten. Auch dazu hatte das Reichsgericht zunächst angenommen,

---

69 BGHSt 40, 44, 48; 44, 153, 156
70 RGSt 3, 406, 408
71 OLG Düsseldorf NStZ 1983, 433 (Ls); OLG Frankfurt OLGSt StPO § 200 Nr. 1 m Anm Rieß
    = JR 1990, 39 m Anm Schlüchter JR 1990, 10
72 BGHSt GSSt 40, 138 ff
73 Altvater FS 50 Jahre BGH S 495 ff
74 Für Untreue BGH NStZ 1994, 586; für Betrug BGH NJW 1995, 2933, 2934; für Sexualdelikte
    BGH StV 1998, 474 m abl Anm Hefendehl
75 BGH Beschl v 7.9. 1995 – 1 StR 319/95
76 Vgl BGHSt 40, 44, 45 ff; 44, 153, 154 ff; 46, 130, 133 f; Schäfer/Sander Rn 618
77 BGH Urt. v 16. 12. 2004 – 3 StR 387/04
78 Zur Fragestellung beim geständigen Täter BGHSt 10, 137, 139; Fränkel LM StPO § 200 Nr. 2

Eschelbach

nur jeweils ausreichend konkretisierte Einzeltaten könnten angeklagt werden.[79] Nachdem auch insoweit bis zur Aufgabe des Rechtsinstituts der fortgesetzten Handlung die Tatkonkretisierung bisweilen[80] von der Einzeltat auf das allgemeine Tatbild der Serie umgestellt worden war, suchte die Rechtsprechung nach dem Wegfall der Figur der fortgesetzten Handlung wieder nach einem praktikablen Maßstab. Heute nimmt sie an, eine Tatkonkretisierung sei schon ausreichend, wenn das wiederkehrende Rahmengeschehen in der Anklageschrift geschildert, ein Tatzeitraum für die Tatserie genannt und die Höchstzahl der innerhalb dieses Zeitraums begangenen Taten mitgeteilt wird.[81] Die angeklagte Höchstzahl der Fälle darf dann im Urteil nicht ohne Nachtragsanklage überschritten werden.[82]

21   Der Bundesgerichtshof[83] hat dazu anfangs noch betont, dass damit zwar die Umgrenzungsfunktion der Anklageschrift gewahrt, aber die Verteidigung wegen des verbleibenden Informationsdefizits erschwert sei. Das rechtliche Gehör werde dem Angeschuldigten im Rahmen des Möglichen gewährt, aber es sei ein Verfahrensfehler, wenn gegebenenfalls die nachträgliche Erkenntnis weiterer verteidigungsrelevanter Konkretisierungsmerkmale nicht durch gerichtlichen Hinweis mitgeteilt werde.[84] Später hat er auch das Postulat der Randkorrektur durch erweiterte Hinweispflichten des Gerichts wieder weitgehend zurückgenommen.[85] Danach bleiben anfängliche Mängel, die nur als Mängel der Anklageschrift in der Informationsfunktion bezeichnet werden, ungeheilt und sie werden nicht einmal partiell durch gerichtliche Hinweise nachträglich abgemildert. Dies unterstreicht die Annahme, dass sich die Rechtsprechung für eine bestimmte Fallgruppe vom Prinzip der Tatkonkretisierung durch die Schilderung des Anklagesatzes gelöst und dadurch in einen Grenzbereich des rechtsstaatlich Zulässigen begeben hat. Ihre These, dass die Umgrenzungsfunktion der Anklageschrift gewahrt sei und es nur um die Informationsfunktion der Anklageschrift gehe, beruht auf einer Fiktion, weil die Taten einer Tatserie eben gerade nicht so genau umgrenzt werden, wie die Einzeltat. Werden auf dieser Grundlage Mängel der Anklageschrift in der Umgrenzungsfunktion – dogmatisch zu Unrecht – dementiert und angeblich nur noch verbleibende Mängel in der Informationsfunktion hinsichtlich der Kompensation durch gerichtliche Hinweise auch heruntergespielt, dann muss wirkliche Verteidigung auf den fehlerhaften Ansatz aufmerksam machen.[86]

22   Die Grenze der Möglichkeit zur Pauschalisierung der Darstellung von Serientaten ist auch nach der Rechtsprechung dann erreicht, wenn die Einzeltaten verschiedenes Gewicht haben können, weil vom gleichen Täter verschiedenartige Kausalverläufe ausgelöst oder durch unterschiedliche Handlungsintensität verschiedene Tatbestän-

---

79 RGSt 21, 64
80 Vgl zuletzt aber BGH StV 1993, 570; 1995, 113; Urt. v 28. 9. 1994 – 3 StR 231/94
81 BGHSt 40, 44, 46; 44, 153, 154 f; 46, 130, 133 f; BGHR StPO § 200 I 1 Tat 14; BGH StV 1997, 169; 1998, 169, 170; 1998, 580; NStZ 1997, 280; 1999, 42; NStZ-RR 1999, 13; StraFo 2003, 95; Schäfer/Sander Rn 618
82 BGH Urt. v 16. 12. 2004 – 3 StR 387/04; Beschl v 15. 2. 2005 – 4 StR 572/04
83 BGHSt 40, 44, 48
84 BGH NStZ 1999, 42; abzugrenzen ist der Fall der Änderung der Sachlage gegenüber einem genau konkretisierten Anklagevorwurf, BGHSt 44, 153, 154 f
85 BGHSt 48, 221, 223 ff
86 BGHSt 48, 221, 223 ff misst Hinweispflichten an der überkommen Bestimmung des § 265 I StPO, die jedoch eine vollständige Tatkonkretisierung nach dem Grundmodell des § 200 I StPO voraussetzt. Dabei wird übersehen, dass sich Hinweispflichten in Konstellationen, die das Gesetz insgesamt nicht vorgesehen hat, unmittelbar aus Art. 103 I GG ergeben können; vgl BGHSt 11, 88, 91

de erfüllt worden sein können,[87] wenn mehrere Beteiligte[88] in unterschiedlicher Weise zum Taterfolg beigetragen haben oder verschiedene Opfer betroffen sind.[89] Hier können Tatbeteiligte, Tatopfer und Kausalverläufe der Einzeltaten nicht durch die Annahme, es sei »in dubio pro reo« eine Handlung erfolgt, hinsichtlich ihrer Konkretisierungsmerkmale für die Tat im prozessualen Sinn offen gelassen werden.

c)   Rechtliche Kennzeichnung des Vorwurfs im abstrakten Anklagesatz

Der abstrakte Anklagesatz soll den Angeschuldigten, die Verteidigung, die nicht ak-   **23** tenkundigen Richter und die übrigen Verfahrensbeteiligten, schließlich auch die Öffentlichkeit bei Verlesung des Anklagesatzes gemäß § 243 III 1 StPO über die rechtliche Bewertung des Vorwurfs unterrichten. Erforderlich ist dazu die genaue rechtliche Kennzeichnung der Tat[90] hinsichtlich

- des erfüllten Straftatbestandes, seiner Tatbestandsalternativen[91] und seiner Qualifikationen, gegebenenfalls auch hinsichtlich der Regelbeispiele für besonders schwere Fälle der Tat,[92]
- des Stadiums der Tatausführung bei einem Versuch oder bei einer versuchten Beteiligung an einem Verbrechen,
- der Schuldform von Vorsatz oder Fahrlässigkeit, soweit beides in Betracht kommt,
- hinsichtlich der Beteiligungsform als mittelbare Täterschaft, Mittäterschaft, Anstiftung oder Beihilfe, sowie
- der Konkurrenzen.

Der Prüfungsmaßstab für die anfängliche Kennzeichnung der Tat entspricht dabei demjenigen bei der nachträglichen Änderung der Rechtslage nach §§ 207 II Nr. 3, 265 I StPO. Deshalb ist es durchaus ein Informationsmangel der Anklageschrift, wenn statt der von der Staatsanwaltschaft bei Anklageerhebung zugrunde gelegten konkreten Tatbestandsalternative einfach *alle* gesetzlichen Varianten genannt werden, also zB statt eines bestimmten Mordmerkmals gemäß § 211 II StGB alle dort genannten Merkmale.[93]

d)   Heilung von Mängeln des Anklagesatzes

Mängel des Anklagesatzes können, soweit sie nicht zur Unwirksamkeit der Ankla-   **24** ge als Prozessvoraussetzung gemäß § 151 StPO führen, an anderer Stelle geheilt werden, sodass Rechtsmittelangriffe gegen den ursprünglichen Fehler nicht mehr erfolgreich sind. Die rasche Heilung prozessualer Mängel liegt auch im Interesse an Prozessökonomie und Verfahrensbeschleunigung. Der Angeklagte ist insoweit meist nicht gut beraten, wenn er Verteidigungsvorbringen zurückhält und auf eine spätere Revision vertraut. Denn selbst eine Prozessentscheidung, die zur Einstellung des Verfahrens wegen Unwirksamkeit der Anklage als Prozessvoraussetzung führt, §§ 206 a, 260 III StPO, hat nur formelle, nicht aber materielle Rechtskraft-

---

87 BGH Beschl v 16. 12. 2004 – 3 StR 387/04; StV 2005, 113
88 BGH StV 1998, 469, 470
89 BGH GA 1960, 245, 246
90 Schäpe S 83 mwN
91 Zum gerichtlichen Hinweis auf Mordmerkmale BGH StV 1998, 582, 583; 1998, 583
92 Kein Hinweis ist erforderlich bei unbenannten besonders schweren Fällen, vgl BGH StV 2000, 298
93 Schäfer/Sander Rn 620

wirkung. Sie versetzt das Verfahren nur in den status quo ante zurück; es ist nach dem Legalitätsprinzip durch Neuerhebung einer wirksamen Anklage weiterhin zu betreiben, soweit dies überhaupt möglich ist. Der Angeklagte verliert also bei behebbaren Anklagemängeln durch deren späte Aufdeckung nur Zeit, ohne dass damit ein Gewinn in der Sache selbst verbunden wäre. Dies muss jedenfalls bei der Entwicklung der Verteidigungsstrategie bedacht werden.

aa) Erteilung von Informationen im wesentlichen Ergebnis der Ermittlungen anstatt im Anklagesatz

25 Es »entspricht jedenfalls nicht dem Gesetz«,[94] wenn Informationen, die im Anklagesatz geboten sind, erst im wesentlichen Ergebnis der Ermittlungen mitgeteilt werden. Sie werden dann nicht mit dem Anklagesatz verlesen.[95] Da aber sogar die Umgrenzungsfunktion der Anklageschrift durch den Schriftsatz im Ganzen erfüllt werden kann, der als solcher freibeweislicher Prüfung der rein prozessrechtlichen Frage zugänglich ist, genügt es ausnahmsweise, wenn erst aus dem wesentlichen Ergebnis der Ermittlungen hinreichend deutlich wird, welche Taten dem Angeschuldigten zur Last gelegt werden.[96] So lag etwa der Fall des Vorwurfs der »Haushaltsuntreue« durch einen Theaterintendanten.[97] Dort nannte der Anklagesatz nur das durch eine Vielzahl von einzelnen Vertragserfüllungen am Jahresende erreichte Gesamtergebnis der Haushaltsüberschreitung, während erst das wesentliche Ergebnis der Ermittlungen Einzelausgaben bezeichnete. Die Anklageschrift erfüllte damit im wesentlichen Ergebnis der Ermittlungen ihre Umgrenzungsfunktion hinsichtlich der Einzeltaten. Nicht erfüllt war dagegen die Informationsfunktion, weil auch dort nicht aufgeführt wurde, welche Kosten-/Nutzenanalyse jeweils dazu geführt haben sollte, dass den Ausgaben keine angemessene Kompensation gegenüberstand und somit ein Schaden iSd § 266 StGB entstanden war.

bb) Nachbesserung der Anklageschrift oder Einreichen einer Anklageergänzungsschrift

26 Ergeben sich auch aus dem wesentlichen Ergebnis der Ermittlungen die notwendigen Informationen nicht in vollem Umfang, so hat die Staatsanwaltschaft vor Eröffnung des Hauptverfahrens die Möglichkeit, entweder die Anklage gemäß § 156 StPO zurückzunehmen und sie in nachgebesserter Form neu einzureichen[98] oder durch einen Ergänzungsschriftsatz[99] die Informationsfunktion zu erfüllen. Zu diesem Zweck soll das Gericht zur Prozessförderung die Akten an die Staatsanwaltschaft zurückgeben, um eine Nachbesserung anzuregen.[100] Lehnt die Staatsanwaltschaft eine Korrektur ab, so muss das Gericht darüber entscheiden, ob die Anklage mit solchen Mängeln behaftet ist, die eine Eröffnung des Hauptverfahrens hindern und im letzteren Fall die Eröffnung des Hauptverfahrens ganz oder teilweise ablehnen.[101] Eine Anklageergänzung zur Erfüllung der Umgrenzungsfunktion durch einen getrennten Schriftsatz der Staatsanwaltschaft wäre dagegen bedenklich. Die

---

94 BGH JR 1954, 149 f; AK-StPO-Loos § 200 Rn 7; Schmidt, Eb. Nachtr II § 200 Rn 8
95 Zur revisionsrechtlichen Bedeutung der Verlesung des Anklagesatzes BGH NStZ 2000, 214; OLG Köln StV 2005, 121
96 BGHSt 5, 225, 227; 46, 130, 134; BGH GA 1973, 111; 1980, 108, 109 (für fortgesetzte Handlungen); Rieß FG 50 Jahre BGH S 809, 830
97 BGHSt 43, 293, 299
98 Danko S 242
99 BGH Beschl v 19. 1. 1993 – 5 StR 679/92
100 BGHSt 46, 130, 134 f; OLG Frankfurt NStZ-RR 2003, 146 f
101 OLG Frankfurt NStZ-RR 2003, 146 f

Verteidigung sollte auf Mängel der Anklageschrift frühzeitig hinweisen. Ein Zurückhalten von Verteidigungsvorbringen für eine spätere Revision ist ein unwägbares Risiko und es empfiehlt sich grundsätzlich nicht.[102]

cc) Gerichtliche Hinweise

Mängel der Anklageschrift in der Umgrenzungsfunktion können grundsätzlich nicht durch das Gericht geheilt werden.[103] Dies würde dem Anklageprinzip widersprechen.[104] Nur zur Erfüllung der Informationsfunktion der Anklageschrift erforderliche Hinweise kann das Gericht erteilen.[105] Ob dies im Eröffnungsbeschluss, in einem separaten schriftlichen Hinweis des Vorsitzenden oder einen Hinweisbeschluss des Gerichts vor Beginn der Hauptverhandlung oder erst durch gerichtlichen Hinweis in der Hauptverhandlung erfolgt, gilt gleich. Denn es ist zur Gewährung rechtlichen Gehörs gemäß Art. 103 I GG und zur Ermöglichung sachgerechter Verteidigung gemäß Art. 6 III b, c MRK unerheblich, woher die erforderlichen Informationen stammen, sofern sie nur inhaltlich ihren Zweck erfüllen. Je später der Hinweis erfolgt, desto kürzer wird allerdings die Reaktionszeit für die Verteidigung. Darauf nimmt das Gesetz bisher keine Rücksicht, was namentlich bei der mündlichen Anklageerhebung mit erstmaliger Information des Angeklagten über den Anklagevorwurf in der Hauptverhandlung im beschleunigten Verfahren deutlich wird.

27

Die Heilung von Mängeln der Anklageschrift in der Informationsfunktion hinsichtlich einzelner Umgrenzungsmerkmale einer Tat im Fall vage umschriebener Serientaten bedarf nach einem Ansatz in der divergierenden Rechtsprechung[106] dann, wenn erst nachträglich eine Präzisierung möglich wird, eines ausdrücklichen Hinweises durch das Gericht.[107] Eine solche »Nachbesserung der Anklage« durch das Gericht muss zur Ermöglichung einer Überprüfung durch das Revisionsgericht entweder im Protokoll oder im Urteil dokumentiert werden.[108] Davon ist der Fall der Änderung der Sachlage[109] gegenüber einer bereits anfänglich ausreichend informativen Anklage zu unterscheiden. Hier genügt es nach der vorherrschenden Rechtsprechung generell, wenn sich aus dem Gang der Hauptverhandlung die nötigen Informationen für die Verteidigung ergeben.[110] Das Gesetz verlangt in § 265 StPO dazu keinen gerichtlichen Hinweis, weil sonst ständig auf – mögliche – Änderungen der Sachlage hinzuweisen wäre.[111] Das geht zu weit, weil es die Verhandlung ohne sachliche Notwendigkeit lahm legen würde; die Änderung der Sachlage als Ergebnis einer vorläufigen Beweiswürdigung kann die Verteidigung durch Teilnahme an der Hauptverhandlung in aller Regel selbst wahrnehmen. Insbesondere ist deshalb eine Mitteilung der Beurteilung der Glaubwürdigkeit eines Zeugen im

28

---

102 Vgl KMR-Eschelbach Vor § 213 Rn 11

103 Beulke Strafprozessrecht Rn 285; SK-StPO-Paeffgen § 200 Rn 29; Schäpe S 75 f; unrichtig insoweit BGHSt 46, 130, 134 mit Hinweis auf BGH GA 1973, 111, 112; 1980, 108, 109, die aber Fälle der »fortgesetzten Handlung« betroffen hatten, bei denen die Nachholung der Identifizierung von Einzelakten nicht die Umgrenzungsfunktion der Anklage betraf

104 Schäfer/Sander Rn 637

105 BGHSt 44, 153, 156; BGH NJW 1999, 802; Schäfer/Sander Rn 638

106 BGHSt 44, 153, 156 ff einerseits; BGHSt 48, 221, 223 ff andererseits

107 Schäfer/Sander Rn 1310

108 BGHSt 44, 153, 157

109 BGH StV 1996, 197; Schäfer/Sander Rn 1311 f

110 BGHSt 19, 141, 144; 28, 196, 197; BGH StV 1999, 304, StraFo 2003, 95, BGHR StPO § 265 IV Hinweispflicht 16

111 Niemöller S 42

Blick auf das Auftreten von Zusatzindizien nicht erforderlich.[112] Für die Nachholung von Rechtsinformationen stellt § 265 I StPO eine Verpflichtung des Gerichts zur Erteilung eines Hinweises auf, der nach § 273 StPO der Protokollierung bedarf und gemäß § 274 StPO nur durch das Protokoll bewiesen werden kann. Gesetzlich nicht ausdrücklich vorgesehene Tatsachenhinweise sind dagegen nicht protokollpflichtig,[113] weil »wesentliche Förmlichkeiten« iSd § 273 nur solche sind, die nach der abstrakt-generellen Bestimmung der Strafprozessordnung für wesentlich zu halten sind.[114]

3. Das wesentliche Ergebnis der Ermittlungen

29 Nach § 200 II 1 StPO hat die Anklageschrift auch das wesentliche Ergebnis der Ermittlungen darzustellen. Darin wird die im Anklagesatz enthaltene Behauptung, der Angeschuldigte habe eine Straftat begangen, begründet. Das wesentliche Ergebnis der Ermittlungen hat also wiederum vor allem Bedeutung für die Verteidigung. Von der Mitteilung des wesentlichen Ergebnisses der Ermittlungen kann bei Strafrichteranklagen abgesehen werden; wenn es sich um einfach gelagerte Fälle handelt; § 200 II 2 StPO. Dass die Praxis davon grundsätzlich Gebrauch macht, geht aber zu weit, denn die Informationsfunktion der Anklageschrift richtet sich insoweit nach der Kompliziertheit des Falles, nicht nach der Entscheidungszuständigkeit des Adressatgerichts.[115] Nachtragsanklagen dürfen kein wesentliches Ergebnis der Ermittlungen enthalten; dies folgt aus der Verweisung des § 266 II StPO nur auf § 200 I StPO.

a) Inhalt

30 Das wesentliche Ergebnis der Ermittlungen kann zunächst ergänzende vorläufige Tatsachenfeststellungen enthalten. Hier werden insbesondere Feststellungen zur Vorgeschichte der Tat, zum Nachtatverhalten und zur Schuldfähigkeit mitgeteilt. Es folgt die Mitteilung der Beweisgründe für die Anklageerhebung, die einen möglichen Weg des Beweisgangs in der Hauptverhandlung skizzieren und damit für die Verteidigungskonzeption wichtig sind. Erläuterungen zur Rechtslage finden sich im wesentlichen Ergebnis der Ermittlungen nur, wenn es um komplizierte Rechtslagen geht oder wenn der Anklageerhebung eine umstrittene Rechtsmeinung zu Grunde liegt. Es empfiehlt sich ein Aufbau, der – von der Strafzumessung abgesehen – der Gliederung der Gründe eines Strafurteils ähnelt.[116]

b) Rechtsfolgen des Fehlens der Mitteilung des wesentlichen Ergebnisses der Ermittlungen

31 Die Bedeutung inhaltlicher Fehler des wesentlichen Ergebnisses der Ermittlungen wird üblicherweise nicht diskutiert. Nur die Frage, ob das völlige Fehlen des wesentlichen Ergebnisses der Ermittlungen in der Anklageschrift in den Fällen des § 200 II 1 StPO ein Verfahrenshindernis begründen kann, wird erörtert und die

---

112 OLG Hamm StraFo 2000, 342 ff
113 BGHSt 44, 153, 157; 48, 221, 223 ff; Schäfer/Sander Rn 1310
114 Dies dient der Rechtsklarheit, die auch geboten ist, weil nicht nur Volljuristen wissen müssen, was ins Protokoll der Hauptverhandlung aufzunehmen ist und was nicht, sondern etwa auch Urkundsbeamte der Geschäftsstelle
115 Schäfer/Sander Rn 631
116 Schäfer/Sander Rn 634

Antwort darauf ist umstritten.[117] Dies dürfte aber regelmäßig zu verneinen sein. Das Gesetz erklärt die Mitteilung des wesentlichen Ergebnisses der Ermittlungen in den Fällen der §§ 200 II 2, 266 II StPO für verzichtbar. Daraus folgt, dass es kein konstitutiver Teil der Anklageschrift ist. Vorauszusetzen ist aber, dass die Informationsfunktion, die der Mitteilung der abstrakt[118] für die Verteidigung wesentlichen Beweisgründe für die Anklageerhebung im Verfahren vor dem erstinstanzlichen Urteil an anderer Stelle erfüllt werden kann, sei es durch Akteneinsicht oder durch Mitwirkung an der Hauptverhandlung. Erwogen wird die Annahme eines von Amts wegen zu prüfenden Verfahrenshindernisses bei schwerwiegenden Informationsmängeln, die nicht anderweitig geheilt werden können.[119] Als Alternative dazu kommt die Annahme eines letztlich gegen den Eröffnungsbeschluss gerichteten Revisionsgrundes im Sinne des § 338 Nr. 8 StPO, der eine Beschränkung der Verteidigung durch Gerichtsbeschluss in einem wesentlichen Punkt voraussetzt, in Betracht,[120] der nur auf eine im Sinne der §§ 344 II 2, 345 StPO zulässige Verfahrensrüge geprüft wird. Weder die Verfahrenshindernislösung noch die Annahme eines Revisionsgrundes nach § 338 Nr. 8 StPO ist in der Rechtsprechung anerkannt.

4. Anträge, einschließlich der Auswahl der Gerichtszuständigkeit

Üblicherweise endet die Anklageschrift damit, dass der Antrag auf Eröffnung des Hauptverfahrens (§ 199 II StPO) und Zulassung der Anklageschrift zur Hauptverhandlung (§ 207 I StPO) gestellt wird. Dieses Begehren versteht sich aber auch als Folge des Anklagesatzes von selbst. Wichtiger ist daher der Antrag auf Durchführung der Hauptverhandlung vor einem Gericht mit bestimmter Zuständigkeit. Damit wird vorbehaltlich einer eigenen Zuständigkeitsprüfung des Adressatgerichts[121] durch die Staatsanwaltschaft der gesetzliche Richter ausgewählt.[122] Bezüglich der örtlichen Gerichtszuständigkeit ist die staatsanwaltschaftliche Auswahl unter Wahlgerichtsständen nach hM für das Gericht verbindlich.[123]

32

Problematisch ist die Frage der sachlichen Zuständigkeit im Bereich der »beweglichen Zuständigkeiten«. Bei der Auswahl des sachlich zuständigen Gerichts nach §§ 24 I Nr. 2, 3, 25 Nr. 2 GVG hat die Staatsanwaltschaft kein freies Ermessen, sondern lediglich einen Beurteilungsspielraum.[124] Ihre Entscheidung unterliegt der

33

---

117 Nach BGHSt 40, 390 ist die Mitteilung des wesentlichen Ergebnisses der Ermittlungen nicht konstitutiv für die Anklage; aA OLG Düsseldorf StV 1997, 10 = JR 1998, 37 m Anm Rieß; OLG Schleswig StV 1995, 454 = SchlHA 1995, 214 m Anm Ostendorf; LG Dresden StV 1996, 203; Roxin § 38 Rn 17

118 Nach der Rechtsprechung kommt auch im Fall des § 338 Nr. 8 StPO, also bei Beeinträchtigung der Verteidigung in einem wesentlichen Punkt durch Gerichtsbeschluss, nur den konkret im Einzelfall wesentlichen Beeinträchtigungen der Verteidigung Bedeutung zu, BGHSt 30, 131, 135; 42, 71, 73; 44, 82, 90; BGH StV 2000, 402, 403 m Anm Stern. Dadurch wird der Norm aber jede eigenständige Bedeutung neben § 337 I genommen. Dies kann nicht der Sinn des Gesetzes sein, vgl Sarstedt/Hamm Rn 462 ff. Daher ist eine abstrakte Wesentlichkeit ausreichend, vgl KMR-Eschelbach § 215 Rn 15; Schlüchter Das Strafverfahren 2. Aufl. Rn 743; Weiler NStZ 1999, 105 ff

119 BGHSt 40, 390, 392 f; Danko S 224 ff

120 Rieß JR 1998, 38, 41

121 Zur Prüfung der Zuständigkeit anhand der Straferwartung KG Beschl v 3. 3. 2000 – 4 Ws 46/00

122 Herzog StV 1993, 609

123 Roxin Strafverfahrensrecht § 8 Rn 1; vgl aber OLG Hamm NStZ-RR 1999, 16; krit Heghmanns StV 2000, 277 ff

124 BVerfGE 9, 223, 226; 22, 254, 260

Nachprüfung durch die Gerichte. Da Art. 101 I 2 GG nach der Rechtsprechung[125] eine Ausprägung des allgemeinen Willkürverbots ist,[126] sind nur willkürlich fehlerhafte staatsanwaltschaftliche Entscheidungen zu beanstanden.[127]

34 Aus der Befugnis der Staatsanwaltschaft zur Erstauswahl des sachlich zuständigen Gerichts folgt die Frage, ob die Anklageschrift die getroffene Wahl begründen muss.[128] Der Erläuterungsbedarf hängt von den Umständen des Einzelfalls ab. Liegt die sachliche Zuständigkeit eines Gerichts auf der Hand, etwa diejenige des Landgerichts im Fall eines schweren Raubes mit einer Straferwartung von mindestens fünf Jahren Freiheitsstrafe gemäß § 250 II StGB, so bedarf dies keiner Erläuterung. Ist die sachliche Zuständigkeit dagegen im Grenzbereich zwischen derjenigen von Amts- und Landgericht oder von Strafrichter und Schöffengericht angesiedelt, so erscheint eine Erläuterung geboten. Deuten bestimmte Umstände eher auf die Zuständigkeit eines anderen Gerichts hin, wie etwa im Fall der Anklageerhebung zum Landgericht bei einer Straferwartung von höchstens zwei Jahren Freiheitsstrafe, so wird eine Begründung der Zuständigkeitsauswahl wegen besonderer Bedeutung der Sache nach § 24 I Nr. 3 GVG[129] in der Anklageschrift verlangt werden müssen. Liegt die Zuständigkeit des Adressatgerichts fern und fehlt eine Begründung dafür, warum dieses Gericht nach der Vorstellung der Staatsanwaltschaft sachlich zuständig sein soll, so kann sich dies in einem Eröffnungsbeschluss, der seinerseits keine Begründung liefert, dahin auswirken, dass Art. 101 I 2 GG verletzt ist. Indes kann bereits ein knapper Hinweis in der Anklageschrift oder im Eröffnungsbeschluss genügen, um objektive Willkür auszuschließen.

35 Eine wegen willkürlicher Zuständigkeitsauswahl der Staatsanwaltschaft fehlerhafte Anklageerhebung zu einem bestimmten Gericht kann durch Zuständigkeitsverschiebung im Zwischenverfahren gemäß § 209 StPO geheilt werden. Andernfalls ist das Urteil anfechtbar; § 269 StPO steht dem nicht entgegen, wenn mit Art. 101 I 2 GG höherrangiges Recht verletzt ist. Bedeutsam für den Strafverteidiger ist, dass die neuere Rechtsprechung[130] dazu tendiert, auch in Fällen der §§ 269, 338 Nr. 4 StPO eine Verfahrensrüge zu verlangen. Auf eine Prüfung der sachlichen Unzuständigkeit von Amts wegen,[131] § 6 StPO, kann sich der Verteidiger daher nicht verlassen. Geklärt ist dies bereits für die funktionelle Zuständigkeit, die nur bis zur Eröffnung des Hauptverfahrens von Amts wegen geprüft wird (§ 6 a StPO), danach nur auf Rüge. Gleiches gilt auch für die Abgrenzung zwischen Spruchkörpern der Jugend- und Erwachsenengerichte.[132]

---

125 BVerfGE 9, 223, 230 f; 22, 254, 262
126 Zum Stand der Rechtsprechung und der Kritik daran Voßen S 221 ff
127 Vgl BGHSt 44, 34, 36
128 BGH NStZ-RR 1998, 336; Danko S 204
129 Dazu BGHSt 44, 34, 36
130 BGHSt 42, 205, 210 ff; 43, 53, 55 ff
131 So aber BGHSt 40, 120, 123 f; 44, 34, 36; OLG Düsseldorf StV 1995, 238; OLG Hamm StV 1996, 300; OLG Köln StV 1996, 298; Roxin Strafverfahrensrecht § 7 Rn 11
132 BGHSt 18, 79, 83; 21, 191, 198; Eisenberg JGG § 33 Rn 38

Eschelbach

II. Der Eröffnungsbeschluss

1. Allgemeines

Das Zwischenverfahren dient der gerichtlichen Überprüfung des Vorliegens eines **36** hinreichenden Tatverdachts.[133] Damit soll außerhalb der Hauptverhandlung eine Kontrolle der erhobenen Anklage durchgeführt werden, um erkennbar unnötige Hauptverhandlungen mit ihren Belastungen für den Angeklagten zu vermeiden.[134] Dazu ist eine Verurteilungsprognose erforderlich, die gegebenenfalls den in der Anklage zugrunde gelegten Verdacht bestätigt und verfestigt. Die künftige Anwendung des Zweifelssatzes[135] in der Urteilsberatung wird dadurch relativiert, dass derselbe Richter, der das Urteil fällen soll, zuvor schon in einer Zwischenentscheidung seine vorläufige Meinung dahin kundgibt, dass er den Angeschuldigten wahrscheinlich verurteilen werde. Daraus ergeben sich Bedenken gegen das gesetzliche System der Eröffnungsentscheidung durch den späteren erkennenden Richter. Die Verteidigung hat wenig Einfluss auf die Eröffnungsentscheidung[136] und kann diese selbst grundsätzlich nicht angreifen, § 210 I StPO. Gleichwohl hat das Zwischenverfahren auch für die Verteidigung Bedeutung.

a) Bedeutung der gerichtlichen Überprüfung des Anklagevorwurfes im Zwischenverfahren

Die Eröffnungsentscheidung ist in der Praxis stark entwertet worden. Sie wird dort **37** durch formularmäßig gefasste Beschlüsse ohne Begründung, die in Strafkammersachen oft auch nur im Umlaufverfahren ergehen, nicht stets einer sorgsamen Prüfung unterzogen. Kritisiert wird das Zwischenverfahren vor diesem Hintergrund vor allem deshalb, weil die gerichtliche Anklagekontrolle als ineffektiv gilt; denn in weniger als einem Prozent der Fälle wird die Eröffnung des Hauptverfahrens abgelehnt.[137] Auch wird befürchtet, dass Richter, die nach dem Aktenstudium bereits die Verurteilungswahrscheinlichkeit mit dem Eröffnungsbeschluss bejaht haben, in der Hauptverhandlung voreingenommen sind.[138] Schließlich wird im Eröffnungsbeschluss ein Verstoß gegen die Unschuldsvermutung gesehen. Diese Kritik greift jedoch nicht durch, solange jedenfalls am Prinzip des Amtsermittlungsverfahrens festgehalten wird. Freilich können Verbesserungen angestrebt werden, die insbe-

---

133 OLG Hamm VRS 98 (2000), 199, 200; Rieß Jura 2002, 735 ff; zum einfachrechtlichen Maßstab für die Verdachtsprüfung BGHSt 35, 39, 40 ff; OLG Düsseldorf OLGSt StPO § 203 Nr. 2; OLG Hamm NStE Nr. 5 zu § 203 StPO; zum verfassungsrechtlichen Maßstab BVerfG Beschl v 13. 6. 1993 – 2 BvR 848/93

134 BGHSt 29, 224, 229; OLG Hamm VRS 98 (2000), 199, 200; Loritz S 45; Roxin Strafverfahrensrecht § 40 Rn 2; Schäfer/Sander Rn 768

135 Zur Bedeutung des Zweifelssatzes in der Eröffnungsentscheidung einerseits KG Beschl v 28. 8. 2000 – 4 Ws 134/00 (mittelbar zu berücksichtigen), andererseits OLG Dresden Beschl v 11. 2. 2000 – 2 Ws 535/99 (nicht anwendbar). Tatsächlich ist für den Zweifelssatz bei der Eröffnungsentscheidung kein Raum. Diese Entscheidung wird auf freibeweislicher Grundlage nur durch die Berufsrichter des zuständigen Spruchkörpers getroffen, das Urteil gegebenenfalls unter Beteiligung von Laienrichtern aus dem Inbegriff der Hauptverhandlung geschöpft. Ob dort eine für die Verurteilung erforderliche Mehrheit der Richter subjektive Zweifel überwinden kann, ist nicht prognostizierbar. Zu prüfen ist im Zwischenverfahren jedoch, ob tragfähige Beweisgründe vorliegen, aus deren vorläufiger Bewertung sich *objektiv* die Wahrscheinlichkeit der künftigen Feststellung der Schuld ergibt

136 Zu den praktischen Problemen des Beweisantragsrechts im Zwischenverfahren Quedenfeld in FG K.Peters, 1984, S 215, 221 f

137 Statistik bei Loritz S 163

138 Roxin in Probleme der Strafprozessreform S 52, 54

sondere deshalb notwendig erscheinen, weil der Eröffnungsbeschluss, der formularmäßig im Umlaufverfahren erlassen wird[139] und inhaltlich kaum jemals eine nennenswerte Aussagekraft besitzt, in der Praxis lieblos behandelt wird. Seltsamerweise werden informelle Vorgespräche über eine Urteilsabsprache[140] dann weitgehend von der Eröffnungsentscheidung gelöst. Das deutet eine Missachtung des Zwischenverfahrens und einen Fehler des Absprachenverfahrens an.

38 Der Eindruck ungenauer Überprüfung des hinreichenden Tatverdachts trifft nicht immer zu. Gerade bei umfangreichen Verfahren geht die Eröffnungsentscheidung regelmäßig mit der Terminsvorbereitung durch den Vorsitzenden und den Berichterstatter einher und beruht auch deshalb regelmäßig auf einer gründlichen Sichtung des Aktenmaterials. Der nicht mit Gründen versehene Eröffnungsbeschluss dokumentiert dies nur nicht.[141] Ein mit Gründen versehener Eröffnungsbeschluss anstelle einer Darlegung des vorläufigen Beratungsstandes in informellen Vorgesprächen zu Urteilsabsprachen könnte zu einer frühzeitigen Ausrichtung der Verteidigungslinie beitragen. Demgegenüber ist es paradox, wenn die Rechtsprechung selbst nach Einreichung ausführlicher Schutzschriften einen gründelosen Eröffnungsbeschluss genügen lässt, während in informellen Vorgesprächen zu Urteilsabsprachen angeblich formfrei und sanktionslos letztlich das gesamte Prozessergebnis ausgehandelt werden darf. Beides ist falsch. Das Dilemma besteht darin, dass die Gerichte sich auf Absprachen einlassen, wo es ihnen beliebt. Zur Herbeiführung einer prozessualen Gleichbehandlung wäre es zumindest de lege ferenda sachdienlich, wenn anstelle ungeregelter informeller Gespräche generell ein mit Gründen versehener gerichtlicher Eröffnungsbeschluss, der auch die Prozessaussichten – rebus sic stantibus – vorläufig bilanziert, verlangt werden würde. Daran könnte sich die Verteidigung orientieren und ihre Strategie auf ein konsensuales oder konfrontatives Vorgehen ausrichten. Der Aufwand des ausführlichen Eröffnungsbeschlusses könnte sich jedenfalls in Umfangsverfahren auch für die Justiz rentieren, weil er die Sache gegebenenfalls auch für eine »streitige« Verhandlung strukturieren würde oder aber die Qualität eines »schriftlichen Vergleichsvorschlags« für den Fall einer konsensualen Verteidigung annehmen könnte; dieses schriftliche Verfahren wäre vom Standpunkt der Rechtsstaatlichkeit dem informellen und nach Belieben durchgeführten oder unterlassenen Absprachenverfahren nach dem Richterrecht des Bundesgerichtshofes[142] vorzugswürdig.

39 Nicht nur das Weglassen einer Begründung von Eröffnungsbeschlüssen, sondern auch die geringe Zahl der Nichteröffnungsbeschlüsse täuscht zum Teil über die Qualität des Zwischenverfahrens hinweg. Die Quote hat auch sachbezogene Gründe. Eine Vielzahl von Ermittlungsverfahren endet bereits nach den §§ 170 II, 153, 153 a StPO ohne Anklageerhebung.[143] Mag auch die Ablehnung der Eröffnung des Hauptverfahrens selten sein, so kommt sie doch selbst in bedeutenden Verfahren vor und entfaltet dann ihre beabsichtigte Wirkung.[144] Die Abschaffung des Zwischenverfahrens würde die Lage der Angeschuldigten jedenfalls nicht verbessern. Zur Überwindung des Absprachenproblems wäre das Zwischenverfahren vielmehr eher zu aktivieren (Rn 38). Im Übrigen sind bei der Gesamtbewertung der gericht-

---

139 Vgl BGH Beschl v 6. 4. 2005 – 1 StR 60/05
140 BGH NJW 2005, 1440, 1442
141 Ein ähnliches Verständnisproblem für Adressaten ergibt sich bei Revisionsentscheidungen nach § 349 II StPO
142 BGH NJW 2005, 1440 ff
143 Vgl zur Einstellung des Verfahrens Bockemühl Teil B Kap 1 Rn 114 ff
144 Roxin Strafverfahrensrecht § 40 Rn 3; Schäfer/Sander Rn 768

lichen Entscheidungen im Zwischenverfahren nicht nur Eröffnungs- oder Nichteröffnungsentscheidungen, sondern auch Teilentscheidungen nach § 207 II StPO zu berücksichtigen, die eine wichtige Korrekturfunktion besitzen.

Das Zwischenverfahren hat zudem weitere Aufgaben. In diesem Verfahrensabschnitt wird dem Angeschuldigten unter Zustellung der Anklage, § 201 StPO, nochmals vor der Hauptverhandlung umfassend rechtliches Gehör gewährt. Das Gericht kann im Zwischenverfahren freibeweislich ergänzende Beweiserhebungen durchführen, § 202 StPO,[145] was in der Praxis zT etwa dadurch geschieht, dass vorbereitende Sachverständigengutachten, insbesondere zur Frage der Schuldfähigkeit, eingeholt werden. Die Eröffnungsentscheidung bestimmt ferner das für das Hauptverfahren örtlich, sachlich und funktionell zuständige Gericht[146] nach § 209 StPO mit der Möglichkeit einer Abweichung vom Antrag der Staatsanwaltschaft. Es gewährleistet also auch die Sachprüfung durch den gesetzlichen Richter, Art. 101 I 2 GG. Im Fall des § 76 II GVG wird zudem die Besetzung des Spruchkörpers im Zwischenverfahren bestimmt. Schließlich kann die Eröffnungsentscheidung durch ergänzende Hinweise zur Sach- und Rechtslage Mängel der Anklageschrift in ihrer Informationsfunktion heilen und dadurch dem Angeschuldigten frühzeitig Gelegenheit zur weiteren Vorbereitung der Verteidigung geben, statt auf Hinweise in der Hauptverhandlung entsprechend § 265 I angewiesen zu sein. Auch insoweit empfiehlt sich ein Zurückhalten von Verteidigungsvorbringen nicht.

40

Eine Verletzung der Unschuldsvermutung[147] durch den Eröffnungsbeschluss und ein die Besorgnis der Befangenheit rechtfertigendes »Vorurteil« liegen nicht vor,[148] solange keine gefestigte Überzeugung der beschließenden Richter zum Ausdruck kommt. Das Gesetz schließt deshalb den eröffnungszuständigen Richter nicht von der Mitwirkung an der Hauptverhandlung aus. Diese Mitwirkung ist auch arbeitstechnisch sachgerecht, denn das Gericht kann ohne Aktenkenntnis des Vorsitzenden und des Berichterstatters die Verhandlung nicht sachgerecht durchführen. Zudem wird bei den Spruchkörpern, zu denen in der Hauptverhandlung auch Laienrichter gehören, die Mitwirkung solcher Richter gewährleistet, die grundsätzlich nicht aktenkundig sind und nicht an der Eröffnungsentscheidung mitgewirkt haben (§ 199 I GVG, §§ 30 II, 76 I 2 GVG). Punktuelle Akteneinsicht durch die Laienrichter bei einzelnen Beweiserhebungen im Freibeweis, im Selbstleseverfahren oder aus anderen Gründen[149] ändern nichts an diesem Prinzip.

41

b)   Der Eröffnungsbeschluss als Prozessvoraussetzung

Der Eröffnungsbeschluss kann nach dem Anklageprinzip den Prozessgegenstand nicht selbst positiv festlegen. Er kann ihn gemäß § 207 II StPO nur einschränken oder modifizieren. Dennoch gilt der Eröffnungsbeschluss neben der Anklageerhebung wegen einer bestimmten Tat im prozessualen Sinn als eigenständige Prozessvoraussetzung.[150] Fehlt er oder ist er unwirksam,[151] so liegt nach der – vom Sonderfall des

42

---

145 Vgl KMR-Seidl § 202 Rn 10; zur ergänzenden Beweiserhebung bei der Vorbereitung der Hauptverhandlung KMR-Eschelbach Vor § 213 Rn 24 ff
146 KG Beschl v 5. 2. 1997 – 3 Ws 628/96
147 Vgl BVerfGE 82, 106, 115
148 AA Loritz S 59 ff
149 BGHSt 43, 36, 37 ff; 43, 360 ff
150 BGH StV 1996, 362; Beulke Strafprozessrecht Rn 284; Roxin Strafverfahrensrecht § 40 Rn 12
151 Bei widersprüchlichem Teileröffnungsbeschluss zu einer fortgesetzten Handlung BayObLG StV 1985, 357 m Anm Ranft JR 1986, 432; bei Eröffnung des Hauptverfahrens nur gegen einen Mitangeklagten BGH Beschl v 14. 12. 1993 – 4 StR 714/93; bei fehlender Unterschrift einzelner

§ 419 III StPO abgesehen[152] – bisher wohl allgemeinen Meinung ein Verfahrenshindernis vor, obwohl dies nicht ebenso zwingend ist wie bei der Anklageerhebung gemäß § 151 StPO (vgl Rn 46), die auf dem Gewaltenteilungsprinzip fußt.[153] Das Fehlen eines Eröffnungsbeschlusses ist aber nicht schon dann anzunehmen, wenn eine so bezeichnete Entscheidung fehlt. Eine bestimmte Form der Eröffnungsentscheidung ist im Gesetz nicht vorgeschrieben; nur aus Gründen der Rechtsklarheit ist eine schriftliche Abfassung geboten.[154] Die Eröffnung des Hauptverfahrens kann daher auch konkludent aus anderen Entscheidungen hervorgehen,[155] etwa dem Beschluss über die Verbindung eines anhängigen Verfahrens mit einer Sache, in der das Hauptverfahren schon eröffnet worden ist.[156] Ob auch ein Beschluss über die Fortdauer der Untersuchungshaft eine stillschweigende Eröffnung des Hauptverfahrens enthält,[157] hängt von den Umständen des Einzelfalles ab. Ein Verweisungsbeschluss nach § 270 StPO hat nur dann die Wirkung eines Eröffnungsbeschlusses, wenn die Voraussetzungen des § 203 StPO erkennbar geprüft worden sind.[158] Eine Nachtragsanklage bedarf der Zulassung durch einen Gerichtsbeschluss, der funktional dem Eröffnungsbeschluss gleichsteht.[159]

c) Nachholung fehlender Eröffnungsbeschlüsse

43 Die Rechtsprechung lässt die Nachholung eines fehlenden oder die Heilung eines unwirksamen Eröffnungsbeschlusses noch in der Hauptverhandlung zu,[160] jedoch nur bis zum Beginn der Vernehmung des ersten Angeklagten zur Sache und nur in der ersten Instanz.[161] Dabei muss allerdings die Besetzung des Spruchkörpers wieder in den Stand außerhalb der Hauptverhandlung versetzt werden, da nach dem Gesetz nur die Berufsrichter an der Eröffnungsentscheidung mitwirken und dazu Aktenkenntnis erlangen sollen. Ein dadurch möglicher Besetzungsfehler des Gerichts bei der Eröffnungsentscheidung während der unterbrochenen Hauptver-

---

Richter BGH StV 1983, 2; 1983, 318; 1986, 329; BGHR StPO § 203 Unterschrift 1; OLG Frankfurt JR 1992, 348 m Anm Meurer; LG Darmstadt StV 2005, 123 f; anders für Strafrichtersachen BayObLG NStZ 1989, 489 m Anm Naucke; BayObLG StV 1990, 395, 397; OLG Hamm MDR 1993, 893; OLG Karlsruhe StV 2005, 120, 121; OLG Zweibrücken NStZ-RR 1998, 75; keine Unwirksamkeit bei Besetzungsmängeln oder Mitwirkung eines ausgeschlossenen Richters BGHSt 29, 351, 355 = JR 1981, 377 m Anm Meyer-Goßner; BGH NStZ 1981, 447 m Anm Rieß; BGH NStZ 1985, 464; aA Beulke Strafprozessrecht Rn 362; Nelles NStZ 1982, 102; keine Unwirksamkeit bei nachträglichem Verlust der Urkunde, BGH NStZ 1985, 420

152 Dort ist der Mangel eines Ablehnungs- und Eröffnungsbeschlusses nach HansOLG Hamburg StV 2000, 299 ff kein Verfahrenshindernis, sondern ein auf Verfahrensrüge zu prüfender Fehler, auf dem aber gegebenenfalls im Blick auf § 261 StPO das Urteil nicht beruhen muss, § 336 StPO

153 OLG Düsseldorf StV 1996, 199 ff; OLG Hamm VRS 98 (2000), 199, 201; Roxin Strafverfahrensrecht § 40 Rn 12

154 BGHSt 34, 248, 249; BGH StV 1995, 342; OLG Hamm VRS 98 (2000), 199, 200; OLG Zweibrücken StV 1998, 66

155 Vgl Rieß JR 1991, 34 f und ders in FG 50 Jahre BGH S 809, 830 f

156 BGH DAR 1999, 195; BayObLGSt 1997, 113; im Ergebnis anders BGH NStE Nr. 1 und 4 zu § 203 StPO; OLG Köln StV 2005, 121

157 OLG Hamm JR 1991, 33 m Anm Rieß

158 BGH NStZ 1988, 236

159 Es ist daher nicht unbedingt ausgeschlossen, dass eine Nachtragsanklage außerhalb der Hauptverhandlung durch einen Eröffnungsbeschluss zugelassen wird, aA OLG Karlsruhe wistra 2000, 357 ff

160 BGHSt 29, 224, 228; OLG Köln JR 1981, 213 m Anm Meyer-Goßner; zust Schäfer/Sander Rn 789; aA Beulke Strafprozessrecht Rn 284; SK-StPO-Paeffgen § 207 Rn 27

161 BGHSt 33, 167, 168 m Anm Naucke JR 1986, 120; BayObLG StV 1986, 336; OLG Zweibrücken StV 1998, 66

handlung bleibt wegen Unanfechtbarkeit des Eröffnungsbeschlusses unbeachtlich. Auch der Einwand, dass die Neigung des Gerichts zur Eröffnung des schon begonnenen Hauptverfahrens groß sein wird,[162] steht der Nachholbarkeit des Eröffnungsbeschlusses in der Hauptverhandlung nicht zwingend entgegen. Bei dem Fehlen eines wirksamen Eröffnungsbeschlusses, etwa durch Versäumung der Beifügung einer Unterschrift, das erst in der bereits anhand der Akten und der Anklageschrift vorbereiteten Hauptverhandlung erkannt wird, handelt es sich regelmäßig nur um einen Mangel der Bekanntmachung einer tatsächlich bereits beratenen Entscheidung. In solchen Fällen ist die Eröffnung des Hauptverfahrens tatsächlich kaum abzulehnen. Der Makel der begonnenen Hauptverhandlung, der auf dem Angeschuldigten lastet, würde deshalb nicht beseitigt, sondern nur vertieft, wenn das Gericht die Hauptverhandlung aussetzen, den Eröffnungsbeschluss nachholen und die Hauptverhandlung dann neu durchführen müsste. Die Nachholung des Eröffnungsbeschlusses ist daher meist prozessökonomisch geboten und liegt damit grundsätzlich auch im Interesse des Angeklagten. Anders kann es sein, wenn die Verteidigung noch gewichtige Einwände gegen die Eröffnung des Hauptverfahrens vorbringen kann, wie etwa die Annahme der Strafverfolgungsverjährung »in dubio pro reo« bei unklarer Tatzeit.[163] Insoweit ist Verteidigungsvorbringen nicht zurückzuhalten.

d)   Ausnahmen von der Erforderlichkeit der Eröffnungsentscheidung

Das Gesetz sieht in manchen Konstellationen vor, dass ein Eröffnungsbeschluss **44** entbehrlich ist oder durch eine andere Prozesshandlung ersetzt wird. Dann ist das Fehlen eines Eröffnungsbeschlusses auch in den nachfolgenden Verfahrensabschnitten kein Prozesshindernis.

So ist im Fall der Erhebung einer Nachtragsanklage (§ 266 II StPO) keine Eröff- **45** nungsentscheidung vorgesehen. Stattdessen ergeht ein Einbeziehungsbeschluss (§ 266 I StPO) durch das Gericht[164] in der für die Hauptverhandlung vorgesehenen Besetzung. Dieser Beschluss wird protokolliert. Er ist eine Prozessvoraussetzung für den einbezogenen Verfahrensteil,[165] denn er tritt an die Stelle des Eröffnungsbeschlusses.

Im Strafbefehlsverfahren ist ein Gerichtsbeschluss entbehrlich. Seine Funktion wird **46** zT durch den erlassenen Strafbefehl erfüllt. Jedoch entfaltet dieser nicht ebenso wie der Eröffnungsbeschluss, § 156 StPO, die Wirkung eines Hindernisses für die Rücknahme der Anklage, § 411 III 1 StPO. Im beschleunigten Verfahren entfällt das Erfordernis eines Eröffnungsbeschlusses ersatzlos, § 418 I StPO. Daraus wird erkennbar, dass der Eröffnungsbeschluss als Prozessvoraussetzung für ein rechtsstaatliches Strafverfahren nicht ganz unverzichtbar ist.

e)   Anfechtung des Eröffnungsbeschlusses

Ist der Eröffnungsbeschluss zunächst auf unvollständiger Aktengrundlage erlassen **47** worden und finden sich nachträglich entlastende Beweise, die im Freibeweisverfahren den hinreichenden Tatverdacht entfallen lassen, so bleibt der Eröffnungsbeschluss gleichwohl wirksam und er ist vom Gericht aufrecht zu erhalten.[166] Das Ge-

---

162 Beulke Strafprozessrecht Rn 294
163 OLG Köln StraFo 1998, 230
164 BGH StV 1995, 342
165 BGH StV 1996, 5
166 Rieß NStZ 1983, 247 ff

setz sieht auch für solche Fälle eine Rücknahme des Eröffnungsbeschlusses durch das Gericht nicht vor.[167] Die Fälle langwieriger und schon für sich genommen mit erheblichen Nachteilen verbundener Hauptverhandlungen hat der historische Gesetzgeber bei dieser Regelung nicht bedacht, weshalb Fehler der Eröffnungsentscheidung mit der Behauptung ignoriert werden, es sei dem Angeklagten nach dem Eröffnungsbeschluss zuzumuten, seine Rechte im Hauptverfahren wahrzunehmen. Ausnahmsweise kommt nachträglich eine Verfahrenseinstellung wegen eines Verfahrenshindernisses von Verfassungs wegen[168] gemäß § 206 a StPO in Betracht;[169] jedoch lehnt die Rechtsprechung solche Verfahrenshindernisse weitgehend ab.[170] Eine nachträgliche Änderung der Eröffnungsentscheidung ist aber aufgrund einer Anhörungsrüge nach § 33 a StPO möglich.[171] Auch ergeben sich aus der Rechtsprechung des Bundesverfassungsgerichts zum Justizgewährungsanspruch neue Möglichkeiten der Anfechtung eines Eröffnungsbeschlusses mit der sofortigen Beschwerde unter einschränkender Auslegung des § 210 I StPO, wenn Prozessgrundrechte verletzt sind.[172] Schließlich ist, auch wenn der Subsidiaritätsgrundsatz die vorgreifliche Ausschöpfung von Angriffsmöglichkeiten auch im Hauptverfahren voraussetzt,[173] ausnahmsweise ein isolierter Angriff mit der Verfassungsbeschwerde auf den Eröffnungsbeschluss zulässig.[174]

2. Der Eröffnungsbeschluss, der den rechtlichen Vorwurf der Anklage übernimmt

48 Der Eröffnungsbeschluss,[175] der nur anordnet, dass das Hauptverfahren gemäß § 203 StPO eröffnet und die Anklageschrift unverändert zur Hauptverhandlung zugelassen wird (§ 207 I StPO), bedarf nach herkömmlicher Auffassung keiner Begründung, weil er unanfechtbar[176] ist, §§ 34, 210 I StPO. Die Option der durch das Plenum des Bundesverfassungsgerichts[177] zum Verfassungsgebot aufgewerteten Anhörungsrüge gemäß § 33 a StPO wurde dabei noch nicht berücksichtigt. Ob sich hiernach neue Begründungspflichten ergeben,[178] bleibt abzuwarten. Der nicht mit Gründen versehene Beschluss erfüllt für sich genommen weder Umgrenzungs- noch Informationsfunktionen.[179] Ersteres darf er nach dem Anklageprinzip nicht, letzteres wäre rechtlich möglich, wird aber in der Praxis aus Gründen der Arbeitsersparnis vernachlässigt. Dass der Eröffnungsbeschluss keiner Begründung bedarf, besagt indes nicht, dass er keine Begründung aufweisen darf. Die Gerichte übersehen bei ihrer nachlässigen Vorgehensweise mit formularmäßigen Eröffnungsbe-

---

167 KMR-Eschelbach Vor § 213 Rn 17 ff; aA LG Kaiserslautern StV 1999, 13 f; LG Konstanz JR 2000, 306 f m Anm Hecker, LG Nürnberg-Fürth JR 1983, 257 m Anm K. Meyer
168 Hillenkamp NJW 1989, 2841; Weiler GA 1994, 561
169 KMR-Eschelbach Vor § 213 Rn 20; aus ähnlichen Gründen postuliert Hecker JR 1997, 4 eine Rücknahme des Eröffnungsbeschlusses, was letztlich auf dasselbe Resultat hinausläuft
170 Im Fall BGHSt 35, 137, 141 wurde eine Zustimmung zur Einstellung nach § 153 II StPO durch die Staatsanwaltschaft versagt; der BGH nahm ein im Gesetz nicht vorgesehenes »Zurückverweisungsverbot« an
171 Vgl KMR-Eschelbach Vor § 213 Rn 20
172 BVerfG StV 2005, 196, 197 f m Anm Durth
173 BVerfG Beschl v 3. 3. 2004 – 2 BvR 215/04
174 BVerfG StV 2005, 196, 197; Eschelbach GA 2004, 228, 240
175 Zum Inhalt BayObLGSt 1991, 6
176 Vgl KG Beschl v 26. 4. 2000 – 4 Ws 88/00; auch die Verfassungsbeschwerde ist unzulässig, BVerfG NJW 1989, 2464; NJW 1995, 316; Beschl v 5. 3. 1998 – 2 BvQ 5/98
177 BVerfGE 107, 395 ff
178 Vgl Eschelbach GA 2004, 228, 239
179 Vgl BGH StV 1996, 362

schlüssen ohne Gründe, dass Beschlussgründe, die Informationsfunktionen erfüllen, spätere Verfahrensfehler in der Hauptverhandlung präventiv verhindern können.

Fehlt im Einzelfall ein erforderlicher Hinweis auf die Sach- oder Rechtslage in Anklage, Eröffnungsbeschluss und Hauptverhandlung, so kann das Urteil mit einer Verfahrensrüge angefochten werden. Zur Zulässigkeit der Rüge der Unterlassung eines Hinweises auf eine wesentliche Abweichung vom Tatbild der Anklage iSd § 344 II 2 StPO gehört der zusammenfassende Vortrag des Inhalts von Anklage und Eröffnungsbeschluss, ferner – bei fehlenden Tatsachenhinweisen – der Angabe, es habe sich auch aus dem Gang der Hauptverhandlung nicht erkennen lassen, dass das Gericht von der Tatschilderung im Anklagesatz in einem wesentlichen Punkt abweichen wollte. Die revisionsgerichtliche Rechtsprechung geht mit ihren Rügeanforderungen weit[180] und führt dazu, dass Verfahrensrügen praktisch äußerst selten erfolgreich sind.[181] Das sollte Strafverteidiger von Fall zu Fall dazu veranlassen, Verteidigungsvorbringen, das gegenüber Anklageschrift und Eröffnungsbeschluss schon vor der Hauptverhandlung möglich wäre, nicht zurückzuhalten, sondern alsbald anzubringen.

49

3. Der Eröffnungsbeschluss, der die Anklage in ihrer rechtlichen Qualität oder ihrem Umfang abändert

Geboten ist nach dem überkommenen Recht eine Begründung des Eröffnungsbeschlusses grundsätzlich auch nicht in den Fällen des § 207 II StPO. Dort sieht das Gesetz nur vor, dass das Ergebnis der Entscheidung über die Änderungen bei der Zulassung der Anklageschrift zur Hauptverhandlung im Beschluss dargelegt wird. Aus § 34 StPO ergibt sich in diesen Fällen auch keine Begründungspflicht. Nur in den Fällen des § 207 II Nr. 1 und 2 StPO ist durch die Staatsanwaltschaft deklaratorisch ein neuer Anklagesatz zu formulieren, § 207 III 1 StPO, der dann in der Hauptverhandlung verlesen wird. In Fällen einer von der Anklageschrift abweichenden rechtlichen Würdigung, § 207 II Nr. 3 StPO, muss der Eröffnungsbeschluss nur alle Rechtsinformationen enthalten, die andernfalls bereits durch die Anklageschrift oder bei nachträglicher Änderung der Rechtslage durch einen gerichtlichen Hinweis nach § 265 I StPO geboten wären. Beruht die abweichende rechtliche Würdigung aber nicht nur auf einer anderen Wertung desselben Sachverhalts, sondern auch auf einer wesentlichen Abweichung vom Tatbild der Anklageschrift, so bedarf es zugleich des Hinweises auf die neue Sachlage,[182] denn andernfalls wird die Informationsfunktion der Anklageschrift zur Sachlage ersatzlos aufgegeben. Das entspricht aber nicht ihrem Sinn, eine sachgerechte Vorbereitung der Verteidigung zu ermöglichen, vgl Art. 6 III b MRK. Insoweit hat, ähnlich wie bei der divergierenden Auslegung des § 265 I StPO,[183] die Idee der Auslegung der Verfahrensbestimmungen der Strafprozessordnung unter Beachtung der Rechte des Angeklagten aus Art. 103 I GG und Art. 6 III b MRK noch nicht Fuß gefasst.

50

---

180 Vgl zur Auslegung des § 344 II 2 StPO allgemein BVerfG NJW 2005, 1999, 2001 ff
181 Nack NStZ 1997, 153 ff; dessen Bilanz, wonach die Verfahrensrüge praktisch kaum noch eine Rolle spielt, wurde von BVerfG aaO übersehen
182 Für den gerichtlichen Hinweis in der Hauptverhandlung BGH StV 1995, 462
183 BGHSt 44, 153, 156; 48, 221, 223 ff

III. Das Urteil

1. Beanstandungsmittel

51 Die mündliche Urteilsbegründung ist für die Verteidigung grundsätzlich ohne Belang.[184] Es geht bei der Vorbereitung und Durchführung der Verteidigung gegen Urteilsinhalte regelmäßig nur um die schriftlichen Urteilsgründe,[185] die die Meinung der Abstimmungsmehrheit in der Beratung wiedergeben sollen[186] und in einer begrenzten Frist abzusetzen sind, damit sie noch die Übereinstimmung zwischen dem Beratungsergebnis und dem Inhalt der Urteilsurkunde gewährleisten.[187] Wirkliche Verteidigung muss gegen Strafurteile vorgehen, wenn sie dem Angeklagten zu Unrecht Nachteile erbringen. Angriffsmittel sind zunächst die ordentlichen Rechtsmittel, also Berufung und Revision, sodann zunehmend auch Sonderrechtsbehelfe, wie die Anhörungsrüge, § 55 IV JGG iVm § 356 a StPO, der Antrag auf Wiederaufnahme des Verfahrens zugunsten des Verurteilten, § 359 StPO, und Verfassungsbeschwerden, §§ 90 ff BVerfGG, sowie Menschenrechtsbeschwerden, Art. 34 MRK. Die Verteidigung gegen Strafurteile muss ferner vollstreckungsrechtliche Rechtslagen und Nachverfahren gemäß §§ 66 a, 66 b StGB sowie Vorfeldmaßnahmen gemäß § 81 g StPO (bisher auch § 2 I DNA-IFG) in den Blick nehmen. Selbst eine konsensuale Verteidigung darf nicht ohne weiteres bei der Annahme des Urteils stehen bleiben, sondern sie muss die verbleibenden Verteidigungsmöglichkeiten[188] sondieren. Zur Überprüfung der Notwendigkeit und der Möglichkeit eines Angriffs ist der Urteilsinhalt vom Verteidiger zur Erfüllung seines Auftrages genau zu überprüfen. Strafurteile[189] bestehen aus Rubrum, Tenor und Gründen. Der Tenor ist der Angriffsgegenstand im Rechtsmittelverfahren,[190] die Urteilsbegründung ist der argumentative Ansatzpunkt der Angriffsbegründung. Strafurteile werden im Normalfall mit Tatsachenfeststellungen, einer Darstellung der Beweisgründe, Rechtsausführungen[191] und einer Erläuterung der Strafzumessung und anderen Rechtsfolgen begründet. Diese Begründung ist für die Verteidigung von zentraler Bedeutung[192] weil sie Ausgangspunkt aller Überlegungen sein muss, ob in einer weiteren Tatsachen- oder Rechtskontrollinstanz ein für den Angeklagten günstigeres Ergebnis erreicht werden kann. Das Urteil hat aber auch Bedeutung für die genannten außerordentlichen Rechtsbehelfe. Das Recht dieser Sonderrechtsbehelfe geht, ähnlich wie das Revisionsrecht, grundsätzlich von der Verbindlichkeit der bisherigen Urteilsbegründung als Grundlage der Beanstandung der Richtigkeit des Entscheidungsergebnisses aus und gestattet meist nur Tatsachenangriffe mit neuem Vorbringen oder aber reine Rechtsangriffe. Deshalb ist es für die Verteidigung von besonderer Bedeutung, die Urteilsgründe nachzuvollziehen, zu interpretieren und zulässige Beanstandungen zu formulieren. Ferner ist die Urteilsbegründung in

---

184 Im Einzelfall kann eine fehlerhafte mündliche Urteilsbegründung aber zu einem irrtümlichen Rechtsmittelverzicht führen, der dann unwirksam sein kann, BGHSt 46, 257, 258

185 BVerfGE 64, 135, 154 f; BGHSt 7, 373, 371; 15, 263, 265

186 Zur Urteilsbegründung durch einen überstimmten Schöffengerichtsvorsitzenden OLG Oldenburg StraFo 2005, 250 f

187 BGHSt 29, 43, 45

188 Zur Frage des Rechtsmittelverzichts BGH NJW 2005, 1440 ff

189 Zum Aufbau Meyer-Goßner Jura 1990, 253 ff und NStZ 1988, 529 ff

190 Nach der Rspr des BVerfG kann im Einzelfall aber auch aus einer ehrverletzenden Aussage in den Gründen der Entscheidung für sich genommen eine Beschwer resultieren, vgl BVerfGE 28, 151, 159 ff; andererseits liegt noch keine Beschwer allein in einer möglicherweise unrichtigen Rechtsauffassung BVerfGE 8, 222, 224

191 Zur Gliederung BGHR StPO § 267 I 1 Sachdarstellung 2; BGH StV 1994, 542

192 Schäfer/Sander Rn 1446

Nachverfahren zur Verhängung der Sicherungsverwahrung gemäß §§ 66 a,[193] 66 b[194] StGB von erheblicher Bedeutung sowie im Strafvollstreckungsverfahren vor allem bei Prognosen über Rückfallgefahren, §§ 56 I 2, 57 I 2, 57 a I 2, 57 b, 67 d II[195] StGB. Die Urteilsbegründung gewinnt überdies Bedeutung für Vorfeldmaßnahmen bezüglich künftiger Strafverfahren, § 81 g StPO.[196] Schließlich wird die Urteilsbegründung, auch wenn insoweit nicht von einer Rechtskraft der Feststellungen auszugehen ist,[197] Gegenstand des Urkundenbeweises in weiteren Strafverfahren.[198]

a) Die Urteilsbegründung als Kontrollinstrument

Die Begründung des verurteilenden Erkenntnisses – nur hiervon soll an dieser Stelle aus der Sicht der Verteidigung die Rede sein – hat vor allem die Aufgabe, dem Angeklagten die Gerichtsentscheidung zu vermitteln und so gemäß Art. 103 I GG das rechtliche Gehör[199] sowie ein faires Verfahren[200] zu gewähren, den Anfechtungsberechtigten eine sachgerechte Entscheidung über die Einlegung eines Rechtsmittels zu ermöglichen, dem Rechtsmittelgericht eine Überprüfung zu gestatten, durch klare Tatbeschreibung eine Doppelbestrafung in weiteren Verfahren zu verhindern, Art. 103 III GG, und für ein Vollstreckungsverfahren gegebenenfalls erforderliche Informationen über Täterpersönlichkeit und Schuldumfang zu liefern. Dazu bedarf es einer zumindest in komplexen Fällen tunlichst gegliederten[201] Urteilsbegründung, die grundsätzlich aus sich selbst heraus verständlich sein muss.[202] Fehlen Urteilsgründe ganz, so ist dies nicht nur ein revisibler Verfahrensfehler, §§ 267, 338 Nr. 7 StPO, sondern auch ein Darstellungsmangel, der im Revisionsverfahren aufgrund der Sachrüge zu beanstanden ist.[203] Fehlt eine Urteilsbegründung für einen abgrenzbaren Teil der Entscheidung, kann eine Rechtsmittelbeschränkung unwirksam sein.[204] Im Übrigen sind inhaltliche[205] Rechtsfehler, die aus den Urteilsgründen hervorgehen, mit der Sachrüge im Revisionsverfahren angreifbar, nicht aber Abweichungen des Urteils von der Aktenlage, die allenfalls mit einer verfahrensrechtlichen Darstellungsrüge angegriffen werden können, soweit nicht das »Verbot der Rekonstruktion der Beweisaufnahme«[206] durch das Revisionsgericht eingreift. Werden Begründungsmängel nicht im Erstverfahren geheilt, dann bietet das Urteil damit auch eine Angriffsfläche für ein Wiederaufnahmeverfahren, weil die Urteilsgründe die Vermutung der Vollständigkeit der Darstellung aller entscheidungserheblichen Aspekte begründen und dort nicht genannte wesentliche Punkte nach derselben Vermutung nicht Gegenstand der Urteilsberatung waren; ob sie Gegenstand der Erörterungen in der Hauptverhandlung bis zu deren Abschluss wa-

52

---

193 BGH StV 2005, 564 ff
194 BGH NJW 2005, 2022 ff, dazu Ullenbruch NStZ 2005, 561 f
195 BVerfGE 70, 297, 309 ff
196 BVerfGE 103, 21, 35 ff; BVerfG StV 2001, 378, 380 ff; 2003, 1, 2 f
197 BVerfGE 103, 21, 36
198 Vgl BGHSt 43, 106, 107
199 Vgl BVerfGE 27, 248, 252; BVerfG StV 2005, 64, 65; s.a. Eschelbach GA 2004, 228, 238
200 LR-Gollwitzer MRK Art. 6 Rn 74
201 BGH Beschl v 19. 2. 2004 – 3 StR 25/04
202 BGHSt 30, 225, 226; 33, 59, 60; 37, 21, 22; BGHR StPO § 267 I 1 Bezugnahme 1; BGH NStZ-RR 2000, 304 f
203 BGHR StPO § 338 Nr. 7 Entscheidungsgründe 2
204 BGHSt 43, 22, 25
205 Die Darstellung »wie ein Kriminalroman« wird kritisiert, ist aber für sich genommen kein Rechtsfehler, BGH NStZ-RR 1999, 261
206 BGHSt 29, 18, 21; 43, 212, 214

Eschelbach

ren, ist dann entgegen einer verbreiteten Behauptung ohne Belang.[207] Ob und inwieweit Begründungsmängel des Urteils im Vollstreckungsverfahren durch neue
Feststellungen, etwa für die Entscheidung über eine Entlassungsprognose, ausgeglichen werden können, ist bisher zumindest im Detail unklar, weil die Frage der
Rechtskraft und der Bindungswirkung der Feststellungen des Tatgerichts nicht abschließend geklärt ist.[208] Die Rechtsprechung geht hier meist davon aus, dass Feststellungen des rechtskräftigen Urteils des Tatgerichts, die im Erkenntnisverfahren
getroffen wurden, generell bindend sind und deshalb unbeschadet neuer Erkenntnisse aus dem Strafvollzug oder aus einer neuen Exploration insbesondere einem
Sachverständigengutachten bei der Gefährlichkeitsprognose zwingend zu Grunde
zu legen sind. Naturwissenschaftlich lässt sich aus der Sicht der im Vollstreckungsverfahren eingeschalteten Sachverständigen ein absolutes Hindernis für die nachträgliche Erforschung des »wahren Sachverhalts« so natürlich nicht begründen.
Dass es rechtlich anders sein soll, wird meist ohne nähere Begründung behauptet.
Zwingend erscheint das jedenfalls nicht. Können neue Erkenntnisse nach §§ 66 a,
66 b StGB zum Nachteil des Verurteilten verwendet werden, so wird man nachträgliche neue Erkenntnisse, die zu seinen Gunsten wirken könnten, aus Gründen der
Rechtsstaatlichkeit des Verfahrens nicht ignorieren dürfen. Letztlich wird man nur
konstatieren müssen, dass im Strengbeweisverfahren des Tatgerichts getroffene
Feststellungen in der Regel zuverlässiger sein werden, als die durch punktuelle Beweiserhebungen im Vollstreckungsverfahren freibeweislich gewonnenen neuen Erkenntnisse; ein Charakter der Ausschließlichkeit kommt dieser Aussage aber nicht
zu. In diesem Punkt ergibt sich für die Verteidigung[209] im Wiederaufnahme- und
Strafvollstreckungsverfahren sowie in Nachverfahren ein noch weit gehend uner-
forschtes Betätigungsfeld.

53   Die Urteilsgründe haben nicht die Aufgabe, den Verfahrensgegenstand originär
festzulegen. Diese Aufgabe obliegt nach § 151 StPO der Anklageschrift in den vom
Eröffnungsbeschluss gezogenen Grenzen. Ebenso wie der Eröffnungsbeschluss
kann das Urteil den durch die Anklageschrift vorgegebenen Verfahrensgegenstand
allerdings modifizieren, § 264 II StPO. Das Urteil muss im Übrigen den Verfahrensgegenstand erschöpfend behandeln. Es darf nicht einzelne selbstständige Taten
im prozessualen Sinn unerörtert lassen.[210] Wird durch das Urteil eine von mehreren
Taten im prozessualen Sinn nicht behandelt, so bleibt der Prozess insoweit anhängig. Wird nur ein Teil einer einheitlichen Tat im prozessualen Sinn nicht erörtert,
dann liegt ein Urteil vor, das die Instanz beendet, aber lediglich unvollständig und
fehlerhaft ist. Das Gericht kann bei der Beurteilung der angeklagten Tat natürlich
über die Tatschilderung im Anklagesatz hinaus weitere Feststellungen treffen, soweit dies für die Subsumtion der einschlägigen Strafnormen, die das Gericht selbstständig eruieren muss, erforderlich ist.[211] Das Gericht kann auch rechtlich eine
»Umgestaltung der Strafklage«[212] gegenüber dem zugelassenen Anklagevorwurf

---

207 KMR-Eschelbach § 359 Rn 153 mwN
208 Bock/Schneider NStZ 2003, 337 ff mwN
209 Die gerichtliche Verteidigerbestellung ist für das Wiederaufnahmeverfahren durch das RVG
    mit weit reichender Wirkung modifiziert worden; zur Begrenzung der vormaligen Verteidiger-
    bestellung im Erstverfahren auf überschaubare Verfahrensabschnitte KMR-Eschelbach § 364 a
    Rn 37 ff. Für Nachverfahren, in denen bisher keine besondere Regelung über die Verteidigerbe-
    stellung existiert, sind ungeschriebene Regeln notfalls unmittelbar aus dem Rechtsstaatsprinzip
    abzuleiten; BVerfGE 103, 21, 40 f
210 BGHSt 46, 130, 133
211 Zu den unterschiedlichen Anforderungen an Anklage und Urteil G. Schäfer JR 1988, 476 f
212 BGHSt 16, 47, 49; 18, 141, 143; 23, 270, 275; 27, 115, 116; 29, 124, 127

vornehmen, was prozessual aber vorherige Hinweise zur Gewährung des rechtlichen Gehörs voraussetzt, § 265 I StPO, Art. 103 I GG.

b) Abkürzung der Urteilsbegründung als Beanstandungsgrund

§ 267 IV StPO gestattet beim verurteilenden Erkenntnis die Abkürzung der Urteilsbegründung,[213] wenn schon vor Urteilsabsetzung Rechtskraft eintritt. Feststellungen müssen jedoch auch dann getroffen und im schriftlichen Urteil mitgeteilt werden. Sie sind auch bei Eintritt der Rechtskraft von Bedeutung für die Rechtskraft durchbrechende Sonderrechtsbehelfe, wie die Anhörungsrüge oder einen Wiederaufnahmeantrag; sie sind ferner für das Vollstreckungsverfahren und etwaige Nachverfahren gemäß § 66 b StGB von Bedeutung. Schließlich sind Feststellungen im Urteil – auch wegen der längeren Aufbewahrungsfristen für das Urteil gegenüber den Aufbewahrungsfristen für die Akten mitsamt der Anklageschrift – nötig, um in eventuellen späteren Verfahren prüfen zu können, ob eine res iudicata vorliegt, Art. 103 III GG. Schließlich knüpfen Vorfeldmaßnahmen zur Beweissicherung für künftige Strafverfahren gemäß § 81 g StPO unbeschadet fehlender Rechtskraft der Urteilsgründe[214] vorgreiflich daran an. Entbehrlich ist im abgekürzten Urteil nur die Darstellung der Beweiswürdigung, da diese für Angriffe mit Sonderrechtsbehelfen, für die Prüfung des »ne bis in idem« oder für Vollstreckungszwecke und Nachverfahren regelmäßig nicht mehr benötigt wird. Auch Rechtsausführungen können entfallen. Die Strafzumessung muss auch im abgekürzten Urteil erläutert werden, weil sie für spätere Fragen der Gesamtstrafenbildung, für Vollstreckungsverfahren und für Nachverfahren der genannten Arten von Bedeutung sein können. Ob und inwieweit neue Sonderrechtsbehelfe, die die Rechtskraft durchbrechen, wie § 55 IV JGG iVm § 356 a StPO, oder das neue Richterrecht zur Absprachenpraxis und zur Unwirksamkeit des absprachenkonformen Rechtsmittelverzichts[215] praeter legem oder de lege ferenda eine nachträgliche Ergänzung der Urteilsbegründung nach Wegfall der Annahme der Rechtskraft des Urteils gebieten,[216] ist noch unklar.

54

Trotz (Teil-) Rechtskraft kann eine vorschnelle Urteilsabkürzung Rechtsfehler zur Folge haben, gegebenenfalls auch noch im Verfassungsbeschwerdeverfahren.[217] Wo die Beweiswürdigung bezüglich der Schuld eines Mitangeklagten auch Beweisbedeutung für einen anderen Mitangeklagten haben kann,[218] wirkt sich die Urteilsabkürzung hinsichtlich des Nichtrevidenten als Darstellungsmangel hinsichtlich des Revisionsführers aus.[219] Sachlichrechtliche Fehler des Urteils wegen unzureichender Feststellungen können wiederum zur Revisionserstreckung auf einen Nichtrevidenten nach § 357 StPO führen.[220]

55

---

213 Zu den Grenzen der Abkürzungsbefugnis BVerfG StV 2005, 64 f
214 BVerfGE 103, 21, 36
215 BGH NJW 2005, 1440 ff
216 Zur Bedeutung der nachträglichen Ergänzung der Urteilsbegründung nach dem Ordnungswidrigkeitenrecht BGHSt 43, 22, 29 f
217 BVerfG StV 2005, 64 f
218 Dies ist namentlich dann der Fall, wenn ein geständiger Mitangeklagter aufgrund einer Urteilsabsprache einen anderen Angeklagten belastet; vgl BGHSt 48, 161, 167 ff
219 BGH StV 1998, 117
220 BGH NStZ 1997, 80; wistra 2003, 351; Beschl v 6. 6. 2002 – 1 StR 170/02; OLG Hamm VRS 107 (2004), 42, 43

2. Tatsachenfeststellungen

56   Wesentlicher Teil der Urteilsgründe sind Tatsachenfeststellungen, die den im Schuld- und Strafausspruch zu Grunde gelegten Sachverhalt ausfüllen.[221] Diese Feststellungen sind erforderlich, damit das Urteil aus sich heraus verständlich ist und die einzelfallbezogene Entscheidung über Schuld und Strafe plausibel erklärt. Bezugnahmen auf frühere Urteile, die dazu führen, dass das jüngere Urteil nicht mehr aus sich heraus verständlich ist, sind ein Darstellungsmangel.[222] Als Urteilsbegründung in tatsächlicher Hinsicht angebracht ist eine möglichst geschlossene Darstellung[223] der relevanten Punkte des Lebenslaufs des Angeklagten, der Vorgeschichte der Tat, des eigentlichen Tatgeschehens mitsamt der inneren Tatseite und des Nachtatverhaltens des Angeklagten sowie etwaiger Folgewirkungen der Tat für das Opfer und die Allgemeinheit. Grundsätzlich entbehrlich sind Feststellungen zum Prozessgeschehen, es sei denn, daraus ergäben sich Anknüpfungspunkte für Prozessvoraussetzungen oder Prozesshindernisse.

a)   Bedeutung der Feststellungen für die Verteidigung

57   Feststellung des Strafurteils erwachsen nach bisher hM nicht in Rechtskraft.[224] Das eröffnet eine Reihe von bisher meist ungenutzten Verteidigungsmöglichkeiten. Unbeschadet der fehlenden Rechtskraftwirkung haben die Tatsachenfeststellungen im Urteil eine weit reichende praktische Bedeutung. Das gilt auch für das Strafvollstreckungsverfahren. Dort sind die Feststellungen des Tatgerichts insbesondere der zentrale Anknüpfungspunkt für Legalprognosen bei der Prüfung einer bedingten Entlassung aus der Strafhaft oder aus dem Maßregelvollzug.[225] Bedeutung haben die Feststellungen ferner für ein eventuelles Wiederaufnahmeverfahren. Dort sind sie Ausgangspunkt der meist gemäß § 359 Nr. 5 StPO erforderlichen Prüfung, ob neue und geeignete Tatsachen vorgebracht werden, die eine Wiederaufnahme des Verfahrens rechtfertigen, weil sie geeignet sind die Urteilsfeststellungen ernsthaft zu erschüttern.[226] Vorausgesetzt wird ferner im Nachverfahren gemäß §§ 66 a, 66 b StGB, § 275 a StPO zur vorbehaltenen oder selbständigen Anordnung der Unterbringung des Verurteilten in der Sicherungsverwahrung, dass Feststellungen des Erstgerichts zur Tatbegehung vorhanden und bindend sind.[227] Das mag bei dem vorbehaltenen Nachverfahren gemäß § 66 a StGB wegen einer innerprozessualen Bindungswirkung aufgrund des Vorbehalts zutreffen; die Annahme einer gleichartigen Bindungswirkung ist aber zumindest bei dem nicht vorbehaltenen Nachverfahren gemäß § 66 b StGB zweifelhaft, weil Feststellungen eben grundsätzlich nicht in Rechtskraft erwachsen und eine prozessuale Einheit von Erstverfahren und Nachverfahren zur Verhängung der Unterbringung in der Sicherungsverwahrung mangels Vorbehalts im Urteil des Erstgerichts gerade nicht besteht. Dieser Konstruktionsmangel des Verfahrens nach § 66 b StGB iVm § 275 a StPO bedarf noch der

---

221 BGH NStZ 2000, 607 f

222 BGH NStZ 2000, 441; KG Beschl v 23. 8. 2000 – (4) 1 Ss 157/00 (121/00)

223 BGHR StPO § 267 II Sachdarstellung 2, 4

224 BVerfGE 103, 21, 36; BGHSt 43, 106, 107 f; BGH Beschl v 22. 10. 2002 – 1 StR 308/02; ohne Begründung anders BGH NJW 2005, 2022, 2025 (obiter dictum) für das Verfahren zur nachträglichen Anordnung der Sicherungsverwahrung

225 Bock/Schneider NStZ 2003, 337, 338

226 Vgl zur Beschränkung der Bindungswirkung der Urteilsfeststellungen für das Wiederaufnahmegericht BVerfG NJW 1993, 2735, 2736; 1995, 2024, 2025; OLG Düsseldorf OLGSt StPO § 359 Nr. 4

227 BGH NJW 2005, 2022, 2025

Eschelbach

Überprüfung in Rechtsprechung und Rechtslehre. Jedenfalls können im Nachverfahren ergänzende und nicht mit den bisherigen Sachverhaltsannahmen divergierende Feststellungen getroffen werden.

Vor allem sind Urteilsfeststellungen des Tatgerichts im Revisionsverfahren von Belang. Feststellungen zu Tatsachen bezüglich der Schuld- und Straffrage sind hier für das Revisionsgericht grundsätzlich bindend. Aufgrund der Sachrüge revisibel ist indes das Fehlen oder die Lückenhaftigkeit von Feststellungen, die zur Subsumtion von Merkmalen einer Strafnorm[228] oder Rechtsfolgenbestimmung erforderlich sind. Rechtsfehlerhaft sind darüber hinaus widersprüchliche Feststellungen.[229] Die Verteidigung muss daher bei der Vorbereitung der Revisionsbegründung bezüglich der Sachrüge[230] prüfen, ob die getroffenen Feststellungen den Schuldspruch tragen und die Strafzumessung erklären[231] oder aber Lücken bzw Widersprüche enthalten. Dabei ist von Bedeutung, dass Feststellungen zwar geschlossen dargestellt werden sollen, aber nicht notwendigerweise nur in einer Abteilung der Urteilsgründe zu finden sind. Da die Urteilsbegründung als Einheit zu verstehen ist, schaden reine »Aufbaufehler« nicht.[232] Auch im Rahmen der Darstellung der Beweisgründe, im Zusammenhang mit Rechtsausführungen oder Strafzumessungserläuterungen können sich Tatsachenfeststellungen finden. Sogar dem »Gesamtzusammenhang der Urteilsgründe«[233] können nach gängiger Praxis der Revisionsgerichte konkludent zum Ausdruck gebrachte Feststellungen entnommen werden.[234] So liegen bei der Schilderung des äußeren Ablaufs eines Ladendiebstahls der Tatvorsatz und die Absicht rechtswidriger Zueignung des weggenommenen Gegenstandes so auf der Hand, dass keine ausdrückliche Feststellung der zugehörigen Tatsachen zur inneren Tatseite erforderlich ist. Was evident ist, bedarf nicht der Erläuterung. Erforderlich ist andererseits eine in sich geschlossene Darstellung des zum Anklagevorwurf festgestellten Sachverhalts.[235] Werden nur Zitate aus Schriftstücken aneinander gereiht, so reicht dies nicht aus.[236]

58

b) Feststellungen zum Vorleben und zu früheren Straftaten

Feststellungen zum Vorleben des Angeklagten und insbesondere zu seinen früheren Straftaten und Vorstrafen haben vor allem Indizbedeutung für die neue Tat und die neue Schuld; sie können daher die Beweiswürdigung und die Strafzumessung beeinflussen. Ersterenfalls sind solche Feststellungen nach § 267 I StPO, letzterenfalls nach § 267 III 1 StPO im Urteil darzustellen. Knapp gefasste Feststellungen zum Werdegang und zu den Lebensverhältnissen des Angeklagten[237] sind indes gegebe-

59

---

228 BGH StraFo 2005, 214; 2005, 214, 215 f
229 BGH Beschl v 23. 3. 1995 – 1 StR 68/95 zu Tatzeitfeststellungen
230 Unmittelbar gegen die Feststellungen kann nur mit der Aufklärungsrüge, §§ 244 II, 337 StPO, oder der Darstellungsrüge, §§ 261, 337 StPO angegangen werden, vgl BGH NStZ-RR 2000, 304 f; Fezer FS Hanack, 1999, S 331, 332 ff; G. Schäfer StV 1995, 147 ff, wobei die Rügen auch alternativ erhoben werden können, vgl Bauer NStZ 2000, 72 ff
231 Zur Darstellungspflicht bezüglich unzulässiger Tatprovokationen durch V-Leute BGHSt 45, 321, 329 ff; BGH StV 2000, 604 f; dazu krit Maul FS 50 Jahre BGH S 569, 573
232 BGH NStZ 1994, 400; Beschl v 15. 11. 1991 – 1 StR 462/91, v 23. 6. 1993 – 5 StR 326/93 und v 7. 5. 1996 – 5 StR 739/95; anders bei mangelnder inhaltlicher Unterscheidung von Feststellungen, Beweiswürdigung und Rechtsausführung BGH StV 1994, 542
233 Vgl BGHSt 35, 357, 361 aE; 37, 21, 27; 41, 6; 43, 381, 391; 46, 36, 46; 46, 339, 345; 48, 34, 37
234 BGH StV 2004, 521 f
235 BGHR StPO § 267 I 1 Sachdarstellung 3; BGH StV 2000, 655
236 BGH StV 2000, 655
237 Zur Bedeutung Schäfer/Sander Rn 1461

nenfalls nicht schon wegen ihrer Kürze rechtsfehlerhaft, solange sie jedenfalls genug Aussagekraft besitzen, um die darauf gestützten Folgerungen, insbesondere für die Strafzumessung, verständlich zu machen.[238] Fehlen sie aber völlig,[239] so ist dies ein Rechtsfehler, wenn Feststellungen möglich gewesen wären. Eine Bezugnahme auf Feststellungen zum Vorleben des Angeklagten in einem früheren Urteil, das Bestand hat, ist möglich, nicht jedoch eine Bezugnahme auf Feststellungen in einem aufgehobenen Urteil.[240] Gleiches gilt, wenn sich bei Teilaufhebung eines früheren Urteils durch das Revisionsgericht die Bindungswirkung aufrecht erhaltener Feststellungen nicht auf diejenigen zum Vorleben bezieht.[241] Das Fehlen von Feststellungen zum Vorleben hat grundsätzlich im Revisionsverfahren Bedeutung für die Strafzumessung.[242] Im Einzelfall kann es sich ausnahmsweise sogar auf den Schuldspruch auswirken, wenn das Vorleben eine wichtige Indiztatsache[243] für oder wider die Schuld des Angeklagten sein kann.

60   Macht der Angeklagte keine Angaben zu seinem Werdegang, so muss sich das Tatgericht um andere Beweise bemühen. Die Beweisergebnisse dazu sind im Urteil zu dokumentieren; andernfalls liegt ein Sachmangel in Form einer Darstellungslücke vor.[244] Die Grenze zur verfahrensrechtlich zu bewertenden Aufklärungslücke[245] ist aber fließend. Die erforderlichen Feststellungen können etwa aus Zeugenaussagen oder Urkunden, insbesondere aus früheren Strafurteilen in anderer Sache, Explorationsmitteilungen in psychiatrischen Sachverständigengutachten oder Jugendgerichtshilfeberichten, gewonnen werden.

61   Auch einschlägige Vorstrafen sind bereits unabhängig von den zu Grunde liegenden Straftaten wegen der Warnwirkung der Verurteilung wichtige Strafzumessungsgründe.[246] Bisweilen sind frühere einschlägige Straftaten aber auch aussagekräftige Indizien für die Begehung der nunmehr angeklagten Tat,[247] dies aber nur, wenn sie infolge einer kennzeichnenden Vorgehensweise (»Handschrift«) Aussagekraft besitzen oder wegen ihrer Zahl, Frequenz, Gleichförmigkeit und anderer markanter Umstände auffallen. Frühere Taten und Vorstrafen können nur dann als Schuldindizien oder Strafzumessungsgründe im neuen Urteil mit einiger Aussagekraft bewertet werden, wenn ausreichende Feststellungen dazu getroffen wurden.[248] Dafür genügt das Abschreiben oder Kopieren des Bundeszentralregisterauszugs regelmäßig nicht,[249] denn aussagekräftige Einzelheiten sind daraus nicht ersichtlich.[250] Ande-

---

238 Krit BGH Urt v 21. 10. 1992 – 2 StR 361/92
239 BGHR StPO § 267 III 1 Strafzumessung 8, 9, 10, 12; BGHR StGB § 46 II Vorleben 25; BGH Beschl v 24. 10. 1991 – 1 StR 618/91, v 27. 1. 1995 – 2 StR 753/94 und v 22. 3. 1995 – 2 StR 51/95; Urt. v 3. 12. 1997 – 2 StR 380/97
240 BGHSt 24, 274, 275; BGH StV 1991, 653; NStZ-RR 1996, 266; StraFo 2004, 211; Beschl v 7. 2. 1995 – 5 StR 7/95; v 10. 6. 1997 – 5 StR 259/97; v 14. 4. 2004 – 2 StR 97/04; BGHR StPO § 267 I 1 Bezugnahme 3; KG Beschl v 8. 5. 2000 – (4) 1 Ss 116/00 (70/00)
241 BGH Beschl v 10. 3. 1992 – 1 StR 111/92
242 KMR-Mutzbauer StPO § 337 Rn 65
243 Vgl BGH NJW 1999, 1562 ff
244 BGH NStZ-RR 1998, 17; 1999, 46; 2003, 18; StV 2002, 353; BGHR StPO § 267 III 1 Strafzumessung 8–12; 15; 17, 18; BGH Urt. v 23. 9. 2004 – 3 StR 214/04
245 Herdegen StV 1992, 590 ff
246 BGHSt 24, 198, 199 f; Frisch FG 50 Jahre BGH Bd 4 S 269, 291
247 Vgl BGHR StPO § 261 Beweiswürdigung 20
248 KG Beschl v 23. 6. 1997 – 1 Ss 103/97 und v 17. 4. 1998 – 1 Ss 60/98
249 BGH Beschl v 6. 8. 1997 – 2 StR 199/97; aA BayObLG Beschl v 20. 12. 2004 – 4 St RR 204/04
250 BGHR StPO § 267 I 1 Sachdarstellung 1; BGH NStZ-RR 1996, 266; Beschl v 6. 8. 1997 – 2 StR 199/97

rerseits ist das Abschreiben der Feststellungen früherer Urteile nicht geboten.[251] Es könnte im Extremfall als unkritische Übernahme nicht bindender Feststellungen gewertet werden. Rechtsfehlerfrei ist eine prägnante Zusammenfassung des früheren Tatgeschehens und des Ergebnisses des früheren Strafprozesses.[252] In welchem Umfang Vorstrafen zu schildern sind, ist eine Frage des Einzelfalls.[253] Allerdings sollen sich die schriftlichen Urteilsgründe auf das Wesentliche beschränken; das gilt dann auch hinsichtlich der Vorstrafenfeststellungen. Dies bedeutet, dass Vorstrafen nur in dem Umfang und in denjenigen Einzelheiten mitzuteilen sind, in denen sie für die getroffene Entscheidung von Bedeutung sind.[254] Daher wird es regelmäßig, wenn nur Zahl, Frequenz, Höhe, Einschlägigkeit und Verbüßung der Vorstrafen von Bedeutung sind, genügen, die entsprechenden Tatsachen mitzuteilen. Vortaten dürfen andererseits bei Zweifeln an der Richtigkeit der früheren Entscheidungen nicht ungeprüft aus früheren Urteilen übernommen werden, da deren Feststellungen nicht in Rechtskraft erwachsen.[255] Die die Verteidigung ist dazu aufgerufen, etwaige Zweifelsgründe geltend zu machen.

c) Feststellungen zum eigentlichen Tatgeschehen

Nach § 267 I 1 StPO haben die Urteilsgründe die für erwiesen erachteten Tatsachen anzugeben, in denen die gesetzlichen Merkmale der Straftat gefunden werden. Die Urteilsgründe müssen erkennen lassen, welche festgestellten Tatsachen den einzelnen objektiven und subjektiven Merkmalen des Straftatbestandes mitsamt seinen Qualifikationen zu Grunde gelegt werden sollen.[256] Die Sachverhaltsschilderung soll zwar kurz, klar und bestimmt sein, alles Unwesentliche fortlassend, darf aber andererseits nicht lediglich ein bloßes Gerippe bilden und den Sachverhalt in flüchtigen Umrissen etwa mit den Worten der Anklageschrift wiedergeben. Es genügt auch nicht, nur den Anklagesatz in das Urteil einzurücken.[257] Fehlen sonst zur Subsumtion unter die Strafnorm notwendige Feststellungen oder liegen Widersprüche oder Unklarheiten vor, dann liegt darin ein Sachmangel des Urteils; Lücken in den Feststellungen außerhalb des zur Subsumtion des Straftatbestands unbedingt notwendigen Geschehens sind hingegen mit einer Verfahrensrüge geltend zu machen.[258] Das gilt prinzipiell auch für Verfahrensverzögerungen.[259] Feststellungen zur Tat müssen auch einen unter das Strafgesetz subsumierbaren Sachverhalt ergeben.[260] Nur dann bilden sie eine tragfähige Grundlage für den Schuldspruch. Andererseits

62

---

251 BGHR StPO § 267 III 1 Strafzumessung 13; BGH NStZ 1997, 377
252 BGH NStZ-RR 1996, 266; BGHR StPO § 276 III 1 Strafzumessung 16
253 BGH Beschl v 20. 6. 2001 – 3 StR 202/01
254 BGH Beschl v 10. 9. 2003 – 1 StR 371/03
255 BGHSt 43, 106 ff
256 BGH StraFo 2005, 214, 215 zur gewerbsmäßigen Bandenhehlerei
257 BGH Urt. v 23. 6. 1999 – 3 StR 169/99
258 Vgl KMR-Mutzbauer StPO § 337 Rn 70
259 BGH JR 2005, 207 f; 2005, 208 f; Sander, NStZ 2005, 390 f; Wohlers, JR 2005, 187 ff. Diese Ansicht geht indes darüber hinweg, dass Verletzungen des Beschleunigungsgebots im Extremfall ein Verfahrenshindernis begründen können, in minder schwer belastenden Fällen einen Strafmilderungsgrund bilden. Ersteres ist aufgrund einer zulässigen Revision von Amts wegen zu prüfen. Vor der Amtsprüfung ist eine Antwort auf die Frage, ob ein Verfahrenshindernis in Betracht kommt, nicht zuverlässig zu geben. Daher hängt die These der Notwendigkeit einer Verfahrensrüge dogmatisch in der Luft
260 BGH JR 1988, 475 m Anm G. Schäfer; BGH Beschl v 7. 10. 1997 – 4 StR 253/97; v 13. 10. 1998 – 4 StR 483/98; Urt. v 11. 11. 1998 – 5 StR 325/98; BayObLG GewArch 1998, 297 ff; BayObLGSt 2000, 50 f; OLG Jena Beschl v 17. 6. 2004 – 1 Ss 347/03, Ls in StV 2005, 213, zur Unterhaltspflichtverletzung

Eschelbach

sind über den subsumierbaren Sachverhalt hinaus grundsätzlich keine weiter gehenden Feststellungen zu Details des Geschehens erforderlich.[261] Bei Serientaten ergibt sich in ähnlicher Weise wie bei der Anklageschrift (Rn 18 ff) das Problem der Konkretisierung von Einzelakten durch Mindestfeststellungen.[262] In Fällen gleichartiger Vorkommnisse ist nach der Rechtsprechung aber auch im Urteil eine Schilderung jedes Einzelakts entbehrlich.[263] In »Punktesachen«[264] sind vereinfachende Sachdarstellungen, insbesondere eine tabellarische Darstellung, erlaubt.[265] Einzeltaten einer Tatserie, die durch keinerlei Feststellungen belegt sind, können nicht abgeurteilt werden.[266] Taten, die verschiedenen Personen zuzurechnen sind,[267] müssen unterscheidbar festgestellt werden. Mindestfeststellungen müssen auch getroffen werden, um einzelne Tatbestandsmerkmale[268] oder die Tatbestandserfüllung überhaupt[269] sowie Qualifikationen und Voraussetzungen der inneren Tatseite[270] subsumieren zu können. Eine Hochrechnung der Zahl der Taten genügt nicht.[271] Der Tatrichter muss sich vielmehr unter Beachtung des Zweifelssatzes von einer Anzahl der gleichartigen Taten überzeugen.[272] Dazu reicht es jedoch praktisch aus, wenn von einem hochgerechneten Ergebnis ein Sicherheitsabschlag vorgenommen wird.

d) Indiztatsachenfeststellungen

63   Das Urteil »soll« gemäß § 267 I 2 StPO Indiztatsachen feststellen. Nach der Rechtsprechung ist dies jedoch letztlich zwingend,[273] soweit es um für die Entscheidung wesentliche Indizien geht. Damit soll das Urteil daraufhin revisionsrechtlich überprüfbar sein, ob es eine tragfähige Beweisgrundlage hat.[274] Die hierfür angeführten Indizien müssen auch sicher feststehen. Sie dürfen nicht nur möglich sein;[275] denn selbst aus einer Summe von Möglichkeiten lässt sich noch kein sicheres Urteil gewinnen. Indizien sind nur festzustellen und dem Urteil zu Grunde zu legen, soweit sie Aussagekraft[276] und Entscheidungserheblichkeit besitzen. Indizien, denen keine Aussagekraft zukommt oder die für die Entscheidung ohne Bedeutung sind, können in der Darstellung der Urteilsgründe entfallen.[277]

---

261 KG Beschl v 24. 8. 2000 – (4) 1 Ss 198/00 (100/00)

262 BGHSt 40, 374, 376; BGH StV 1994, 173; 1994, 449; 1994, 528; 1997, 173; 1998, 63, 64; NStZ 2004, 168; 2005, 113; BGHR StPO § 267 I 1 Mindestfeststellungen 1–5, 7, 8, Sachdarstellung 7, 9; BGH Urt. v 13. 1. 2005 – 4 StR 422/04

263 BGHR StPO § 200 I 1 Tat 14; BGH StV 1996, 365

264 BGH Beschl v 20. 3. 1996 – 5 StR 415/95 und 5 StR 417/95; vgl auch BGH wistra 1996, 62

265 BGH Beschl v 20. 12. 1994 – 5 StR 696/94; einschränkend BGH NStZ 1992, 602

266 BGH Beschl v 27. 9. 1996 – 2 StR 237/96; Urt. v 13. 1. 2005 – 4 StR 422/04

267 BGH StV 1996, 6

268 BGHR StPO § 267 I 1 Mindestfeststellungen 7

269 BGHSt 43, 293, 299

270 BGH Beschl v 12. 8. 1997 – 4 StR 353/97

271 Vgl BGHSt 42, 107, 109

272 BGHSt 42, 107, 109; BGH Beschl v 25. 9. 1997 – 4 StR 437/97; v 12. 11. 1997 – 3 StR 559/97

273 BGH StV 1994, 360; NStZ-RR 2000, 304 f; KG Urt. v 9. 10. 2000 – (3) 1Ss 154/00 (53/00); s. a. Schäfer/Sander Rn 1481

274 Zusammenfassend OLG Karlsruhe Die Justiz 2005, 195 ff

275 Vgl BGHSt 10, 208, 209; 21, 149, 151; 26, 56, 63; 29, 18, 20; BGH JR 1954, 468; 1975, 34 m Anm K. Peters; BGH StV 1994, 580; BGHR StPO § 261 Überzeugungsbildung 22, 25; Detter FS 50 Jahre BGH S 679, 685; Eisenberg Beweisrecht Rn 101

276 Zur mangelnden Aussagekraft der Blutalkoholkonzentration für den Vorsatz zur Straßenverkehrsgefährdung vgl etwa OLG Hamm NZV 2005, 161 f

277 Niemöller StV 1984, 431, 433: »taube Nuss«

Bereits die Darstellung von Indiztatsachen im Urteil kann allerdings im Einzelfall **64** schwer fallen, etwa wenn eine Täterbeschreibung erforderlich ist.[278] Steht eine Fotografie zur Verfügung, kann das Urteil auf das bei den Akten befindliche Lichtbild Bezug nehmen, § 267 I 3 StPO.[279] Ein Foto kann aber auch unmittelbar ins Urteil übernommen werden.[280] Andere Bezugnahmen auf Aktenteile[281] sind aber nicht gestattet. Jedoch sind überflüssige Bezugnahmen unschädlich.[282] Auch Sachrügen der Verteidigung, die auf Indiztatsachen in den Akten hinweisen, gehen fehl. Nur mit einer Aufklärungsrüge oder der verfahrensrechtlichen Darstellungsrüge, die aber nur möglich ist, solange das Verbot der Rekonstruktion der Hauptverhandlung beachtet bleibt,[283] kann ein Revisionsangriff durchdringen.

3. Mitteilung der Beweiswürdigung

Häufiges Angriffsziel der Verteidigung im Revisionsverfahren ist die Beweiswürdi- **65** gung. Diese unterliegt aber nur eingeschränkter, wenngleich inzwischen zT erweiterter[284] Nachprüfung durch das Revisionsgericht auf sachlichrechtliche Fehler.[285] In besonderen Fällen eröffnet ein Mangel der Beweiswürdigung sogar eine Angriffsmöglichkeit mit der Verfassungsbeschwerde, wobei letztlich der Fairnessgrundsatz den Prüfungsmaßstab liefert.[286] Geprüft werden im Revisionsverfahren nach gängiger Rechtsprechung grundsätzlich nur Verstöße gegen Denkgesetze oder anerkannte Erfahrungssätze,[287] eine Überspannung der Anforderungen an die Überzeugungsbildung,[288] Lücken,[289] Unklarheiten oder Widersprüche, ferner das Fehlen einer tragfähigen Tatsachengrundlage. Verletzungen des Zweifelssatzes sind hingegen nur erfolgreich zu rügen, wenn die Urteilsgründe selbst ergeben, dass der Richter verurteilt hat, obwohl er Zweifel an der Schuld des Angeklagten hatte; das wird meist mit der Diktion des schriftlichen Urteils überspielt. Gerade weil die tatrichterliche Praxis insoweit dem Zweifelssatz[290] die praktische Bedeutung nimmt, steuert die revisionsgerichtliche Rechtsprechung der Gefahr von Fehlurteilen mit erhöhten Anforderungen an eine tragfähige objektive Urteilsgrundlage entgegen,

278 Vgl OLG Düsseldorf StraFo 1998, 231 ff; KG JR 1998, 172, 173
279 BGHSt 41, 376, 382; OLG Düsseldorf VRS 92 (1997), 417; OLG Hamm StraFo 1998, 52, 53; zur Art und Weise der Bezugnahme OLG Köln NJW 2004, 3274 f; OLG Rostock VRS 108 (2005), 29 ff
280 BayObLG JR 1997, 38 m Anm Göhler
281 Im Berufungsurteil ist die Bezugnahme auf das erstinstanzliche Urteil in Grenzen erlaubt, OLG Hamm NStZ-RR 1997, 369 f; eine Bezugnahme auf ein bei den Akten befindliches Vernehmungsprotokoll scheidet aber aus, BGH NStZ-RR 2000, 304 f
282 BGH NStZ-RR 1996, 109
283 Vgl BGH NStZ 2004, 392; näher G. Schäfer StV 1995, 147 ff
284 BVerfG StV 2003, 593 ff = JR 2004, 37 ff; Detter FS 50 Jahre BGH S 679, 680 ff mwN; Wilhelm ZStW 117 (2005), 143 ff
285 Vgl dazu KMR-Mutzbauer § 337 Rn 71 ff
286 BVerfG StV 2003, 593 ff = JR 2004, 37 ff m Anm Böse
287 Zum Fehlen eines gesicherten Erfahrungssatzes zur erheblich verminderten Schuld bei einer BAK ab zwei Promille BGHSt 43, 66, 71 ff; zum Beweiswert einer unerprobten naturwissenschaftlichen Untersuchungsmethode BGH StV 1994, 227; zur Ungeeignetheit des Polygrafentests BGHSt 44, 308, 312 ff; zur fehlenden Allgemeinverbindlichkeit von Sätzen der Lebenserfahrung BGH StV 1993, 116, 117; zum Fehlen kriminologischer Erfahrungssätze über das Vorgehen eines Produkterpressers bei der Lebensmittelvergiftung BGH NJW 1999, 1562, 1563
288 BGH NStZ-RR 1998, 102 f; 2005, 149
289 BGH StraFo 2005, 161
290 Der rechtsstaatliche Zweifelssatz, vgl BVerfGE 63, 380, 392, gilt nicht für einzelne Indiztatsachen, sondern nur für das Ergebnis der Gesamtwürdigung aller Beweise, BGHSt 36, 286, 290 ff

aus der sich die hohe Wahrscheinlichkeit der Schuld des Angeklagten ergeben muss.[291]

66   Die Anknüpfung des Bundesgerichtshofs in seiner neueren Rechtsprechung daran, dass rational nachvollziehbare objektive Grundlagen die Urteilsgrundlage bilden müssen, aus denen sich die hohe Wahrscheinlichkeit[292] der Richtigkeit des gefundenen Beweisergebnisses ergeben muss, und sodann erst ergänzend auch eine subjektive richterliche Überzeugung vom Beweisergebnis gefordert wird, verlangt genau genommen eine Zweiteilung der Urteilsbegründung hinsichtlich der Beweislage in die objektiven Beweisgründe und die richterlichen Folgerungen hieraus. »Angriffe auf die Beweiswürdigung« nur als solche, also auf den zweiten Teil der genannten Beweisgrundlagen des Urteils, mit der Revision oder mit einem Wiederaufnahmeantrag sind weit gehend aussichtslos. Die Revision kann insoweit nur geltend machen, dass die subjektive Würdigung der objektiven Beweisgrundlagen durch das Tatgericht unlogisch, widersprüchlich, lückenhaft sei oder gesicherten naturwissenschaftlichen Erfahrungssätzen widerspreche. Auch ein Wiederaufnahmeantrag kann gegen die Würdigung der vom Erstgericht bereits festgestellten Beweise von vornherein nicht durchgreifen. Die Revision kann neben »Angriffen auf die Beweiswürdigung« aber die objektiven Grundlagen dieser Würdigung als unvollständig oder nicht tragfähig angreifen.[293] Im Wiederaufnahmeverfahren können durch neue Tatsachen oder Beweise, § 359 Nr. 5 StPO, ergänzende objektive Faktoren in die Urteilsgrundlagen des Erstgerichts eingebracht werden, die dann zum Wiederaufnahmeziel führen, wenn dadurch die Würdigung der bisherigen Beweisgrundlagen aus der Sicht des Erstgerichts ernsthaft erschüttert wird. Wichtig ist demnach für Revisionen und Wiederaufnahmeanträge, dass die Verteidigung zwischen den objektiven Beweisgrundlagen und der subjektiven Würdigung der Beweise durch den Tatrichter unterscheidet.

a)   Darstellung der Beweisgründe im Urteil

67   Die Rechtsprechung verlangt mit der Darlegung der für die Entscheidung wesentlichen Beweisergebnisse und ihrer Würdigung mehr als das Gesetz, § 267 I StPO,[294] denn eine Erläuterung der Beweisgründe im Urteil ist »unabweisbar geboten«.[295] Dadurch soll vermieden werden, dass Verurteilungen ohne tragfähige Grundlage erfolgen[296] und auf bloßen Vermutungen beruhen.[297] Ferner wird tatrichterlichen Umgehungen des Zweifelssatzes[298] durch die bloße Behauptung einer vorhandenen subjektiven Überzeugung entgegengewirkt. Da aber nach bisheriger Rechtsprechung eine logisch mögliche Beweiswürdigung nicht rechtsfehlerhaft ist, bedarf es

---

291 BVerfG JR 2004, 37, 39; BGH NJW 1999, 1562 ff; OLG Karlsruhe Die Justiz 2005, 195, 196 f
292 BGHR StPO § 261 Identifizierung 6; BGH StV 1993, 510, 511; 1995, 453; NStZ 1988, 236, 237; BGH bei Kusch NStZ 1997, 377; BGH Beschl v 29. 7. 1991 – 5 StR 278/91; Urt. v 13. 8. 1991 – 5 StR 231/91; Urt. v 14. 4. 1993 – 3 StR 604/92; NJW 1999, 1562, 1564
293 Zur nicht tragfähigen Vermutung, die Einlassung des Angeklagten sei unrichtig, vgl BGH wistra 2005, 106 f
294 Vgl BGH NStZ-RR 2000, 304 f; KG Urt. v 9. 10. 2000 – (3) 1 Ss 154/00 (53/00); krit Foth DRiZ 1997, 201; 1997, 476
295 Maul FS Pfeiffer S 411, 420; im Ergebnis ebenso KMR-Mutzbauer § 337 Rn 72 mwN; Wagner ZStW 106 (1994), 259 ff
296 BGH StV 1998, 3
297 BGH NStZ-RR 1997, 17; Urt. v 31. 5. 1996 – 1 StR 247/96; Beschl v 23. 9. 1997 – 4 StR 154/97
298 Vgl dazu Hoyer ZStW 105 (1993), 523 ff; zur Freiheit der Beweiswürdigung Jerouschek GA 1992, 493 ff

nur der Mitteilung der tragenden[299] Beweisgrundlagen sowie der wesentlichen Schlussfolgerungen des Gerichts. Die Urteilsgründe dienen danach nicht der Dokumentation der Beweisaufnahme; sie sollen nicht das vom Gesetzgeber abgeschaffte Protokoll über den Inhalt der Äußerungen des Angeklagten, der Zeugen und Sachverständigen ersetzen, sondern das Ergebnis der Hauptverhandlung wiedergeben und die Nachprüfung der getroffenen Entscheidung auf Rechtsfehler ermöglichen.[300] Eine der Beweiswürdigung vorangestellte Auflistung aller erhobenen Beweise und die Mitteilung, das Urteil beruhe darauf, ersetzt nicht die notwendige Mitteilung der Beweiswürdigung.[301] Diese Darstellungsform bildet nur eine unnötige Fehlerquelle.[302] Das Urteil muss erkennen lassen, dass alle wesentlichen Beweise berücksichtigt[303] und auf ihre Tragfähigkeit geprüft wurden, soweit dies nicht ohnehin evident ist.[304] Es bedarf deshalb im Urteil zunächst der Darstellung der Indiztatsachen, die die Grundlage der richterlichen Würdigung bilden,[305] sodann einer Darstellung der Würdigung selbst. Für ersteres geboten ist auch die zusammenfassende Wiedergabe der Einlassung des Angeklagten,[306] soweit diese von den Feststellungen abweicht, auf die im Übrigen Bezug genommen werden kann.[307] Entbehrlich ist dagegen meist eine lückenlose oder sogar wortlautgetreue Dokumentation der Aussage des Angeklagten[308] oder von Zeugenaussagen.[309] Es genügt die Wiedergabe der wesentlichen Aspekte.[310] Eine genauere Darstellung der Einlassung des Angeklagten oder von Zeugenaussagen ist dagegen geboten, wenn und soweit es auf inhaltliche Details oder Glaubwürdigkeitskriterien ankommt.[311] Für Sachverständigenäußerungen[312] gilt Ähnliches; Näheres dazu bei Detter Teil H Kap 2. Hat das Tatgericht einen Sachverständigen gehört, so darf es dessen Äußerungen nicht unerwähnt lassen.[313] Zwar bereitet das schriftliche Gutachten die Begutachtung durch den Sachverständigen in der Hauptverhandlung nur vor; widerspricht das mündlich erstattete Gutachten aber dem vorbereitenden Gutachten in entscheidenden Punkten, so muss sich das Gericht auch mit diesen Widersprüchen auseinandersetzen und nachvollziehbar darlegen, warum es das eine Ergebnis für zutreffend, das andere für unzutreffend erachtet. Die Widersprüche müssen eine Lösung finden, die Zweifel an der Richtigkeit des angenommenen Ergebnisses beseitigt.[314] Will das Tatgericht dem Votum des Sachverständigen nicht folgen, so muss es die maßgeblichen gutachterlichen Ausführungen mitteilen und sich damit auseinander setzen.[315]

---

299 BGHR StPO § 267 V Freispruch 11
300 BGH wistra 2004, 150
301 BGH Beschl v 7. 5. 1998 – 4 StR 88/98
302 BGH StV 1998, 245 f
303 BGHR StPO § 261 Beweiswürdigung 11
304 BGHSt 44, 153, 158 ff; 44, 256, 257
305 Zur Notwendigkeit der inhaltlichen Mitteilung einer entlastenden Zeugenaussage, die das Gericht für unzutreffend hält, BGH NStZ-RR 2000, 304 f
306 BGH StV 1992, 555; KG NStZ 1998, 55 f; G. Schäfer StV 1995, 147, 151
307 BGH NStZ-RR 1997, 270
308 BGH Beschl v 25. 1. 2005 – 3 StR 496/04
309 BGH Beschl v 11. 1. 2005 – 3 StR 456/04
310 BGH NStZ 1997, 377; weiter gehend KG Urt. v 9. 10. 2000 – (3) 1 Ss 154/00 (53/00)
311 Vgl den Fall BGH NStZ-RR 2000, 304 f; zur Verteidigung bei der Glaubwürdigkeitsbeurteilung Nack StV 1994, 555 ff; Kriminalistik 1995, 257 ff
312 BGH NStZ-RR 1997, 258; NStZ-RR 1998, 5; StV 1998, 15, 16; 1998, 658, 659; Urt. v 15. 10. 1997 – 2 StR 393/97
313 BGH Beschl v 8. 7. 1997 – 4 StR 289/97; Urt. v 24. 7. 1997 – 4 StR 147/97
314 BGH NStZ 2005, 161 f
315 BGH NStZ 1994, 503; KG Urt. v 28. 8. 2000 – (4) 1 Ss 247/00 (132/00)

68   Gegen die Richtigkeit der Dokumentation der Beweisgründe im Urteil kann die Revision nur selten erfolgreich vorgehen. Die auf § 261 StPO gestützte »Darstellungsrüge«[316] bereitet Verteidigern oft Probleme. Im Kern gilt folgendes: Soweit sich Darstellungsmängel eindeutig aus dem Urteil selbst ergeben, insbesondere also Lücken
in der zusammenfassenden Wiedergabe der wesentlichen Beweisgründe, werden sie
vom Revisionsgericht bereits auf die Sachrüge beachtet.[317] Ist ein Mangel erst durch
einen Vergleich der Urteilsurkunde mit einer bei den Akten befindlichen Urkunde
möglich, so bedarf es einer Verfahrensrüge, um dem Revisionsgericht den notwendigen Akteninhalt offen zu legen.[318] Diese Verfahrensrüge ist nur aussichtsreich, wenn
das Vorbringen des Revisionsführers ohne Rekonstruktion der tatrichterlichen Beweisaufnahme geprüft werden kann.[319] Dies kommt etwa beim Vergleich des Inhalts
verlesener Urkunden mit der Darstellung des Inhalts derselben Urkunde im Urteil
in Frage.[320] Im Übrigen ist die Rüge der »Aktenwidrigkeit« des Urteils unzulässig.[321]

b)   Prüfung der Beweiswürdigung auf Sachmängel

69   Die Beweiswürdigung ist grundsätzlich Sache des Tatgerichts.[322] Dagegen kann die
Verteidigung im Revisionsverfahren regelmäßig nicht erfolgreich vorgehen. Auch
typisch tatrichterliche Wertungen, wie die Auslegung von Äußerungen,[323] sind
grundsätzlich nicht revisibel. Der Beurteilung durch das Revisionsgericht unterliegt
insoweit nur, ob dem Tatrichter bei der Beweiswürdigung Rechtsfehler unterlaufen
sind. Das ist dann der Fall, wenn die Beweiswürdigung widersprüchlich, unklar
oder lückenhaft ist oder gegen Denkgesetze oder gesicherte Erfahrungssätze verstößt.[324] Das Urteil muss auch auf tragfähige Beweisgründe aufbauen, um nicht
willkürlich zu erscheinen, und die daraus gezogenen Schlussfolgerungen müssen
wenigstens logisch möglich sein. Daher bedarf es der Mitteilung einer Beweiswürdigung, um dem Revisionsgericht eine Nachprüfung zu ermöglichen.[325] Bei den
Beweisgründen und deren Würdigung bietet das Urteil Angriffsflächen für die Revision sowohl für als auch gegen den Angeklagten.[326] Für den Umfang der Beweiswürdigung im Urteil gilt grundsätzlich, dass diese umso genauer darzulegen ist, je
problematischer die Beweislage erscheint. Sie kann knapp ausfallen, wenn das Ergebnis klar erscheint, insbesondere im Fall des Geständnisses des Angeklagten.
Steht »Aussage gegen Aussage«,[327] so wird nicht nur eine relativ genaue Wiedergabe
der Äußerungen der Auskunftspersonen, sondern auch eine eingehende Würdigung
aller Umstände, die für und gegen die Glaubhaftigkeit der belastenden Aussage
sprechen, verlangt.[328] Das gilt insbesondere für die Aussageentstehung.[329] In diesem

---

316 G. Schäfer StV 1995, 147 ff
317 Peltz NStZ 1993, 361 ff
318 Zur Abgrenzung von Sach- und Verfahrensrüge beim Angriff auf die Beweiswürdigung Stolz
     JuS 2003, 71 ff
319 BGHSt 43, 212, 214 ff
320 BGH StV 1991, 549
321 BGH NStZ 1992, 506; 1992, 599; 1995, 27; 1997, 450; 2000, 156
322 Zum Grundsatz der freien Beweiswürdigung Geppert Jura 2004, 105 ff
323 Wittig GA 2000, 267 ff
324 BGH StV 2005, 85, 86
325 KMR-Mutzbauer StPO § 337 Rn 74
326 Vgl zum Prüfungsmaßstab bei der Revision gegen ein freisprechendes Urteil BGH Urt. v
     11. 1. 2005 – 1 StR 478/04
327 Rechtsprechungsüberblick bei Maier NStZ 2005, 246 ff
328 BGH StV 1996, 582; 1997, 63; 1997, 513; 2001, 551 f; NStZ-RR 1998, 15, 16; 2004, 87; 2005, 149;
     NStZ 1999, 42; krit Meyer-Mews NJW 2000, 916 ff
329 BGH StV 1995, 6, 7; 1995, 451, 452; 1996, 365, 366; 2000, 243, 244; 2003, 61, 62

Zusammenhang kann im Einzelfall auch ein langer Zeitraum zwischen Tatbegehung und Anklageerhebung erläuterungsbedürftig sein.[330] Aussagepsychologische Gutachten dürfen vom Tatgericht nicht einfach übernommen werden; sie bedürfen der Überprüfung durch das Gericht.[331] Der Tatrichter ist nicht gehalten, einem Gutachten zur Glaubwürdigkeit des Opfers zu folgen. Kommt er aber zu einem anderen Ergebnis, muss er sich mit dem Gutachten auseinandersetzen, um zu belegen, dass er über das bessere Fachwissen verfügt.[332] Vor allem muss der Zeugenbeweis selbst kritischer Prüfung unterliegen. Wechselt der einzige Belastungszeuge in einem wichtigen Aussagedetail seine Angaben, so bedarf es der Erörterung im Urteil, ob darin ein Fall der bewussten Lüge in einem Teilbereich der Aussage liegt, die den Aussagewert auch im Übrigen reduziert.[333] Ähnlich liegt es, wenn der Hauptbelastungszeuge sich früher selbst der Falschaussage und der falschen Verdächtigung des Angeklagten bezichtigt hatte, der Tatrichter die vormalige vermeintliche Falschaussage aber doch glauben will; auch das bedarf näherer Erklärung[334] Erst recht ergeben sich bei einer gespaltenen Würdigung einer Aussage, der das Gericht teils folgt, teils aber nicht glaubt, besondere Erörterungspflichten für das Tatgericht.[335] Auch besondere Falschaussagemotive, wie das Bestreben nach der Erlangung einer Vergünstigung gemäß § 31 BtMG, verpflichten den Tatrichter dazu, seine Beweiswürdigung näher darzulegen.[336] Vergleichbare Grundsätze gelten nun insbesondere für die Würdigung eines drittbelastenden Geständnisses eines Mitangeklagten in dem von der Rechtsprechung richterrechtlich[337] in Grenzen akzeptierten Absprachenverfahren.[338]

Revisionsangriffe auf den Inhalt der Beweiswürdigung mit der Sachrüge sind entgegen einer gebräuchlichen Wendung[339] grundsätzlich zulässig, allerdings oft unbegründet. Es ist daher nicht sachgerecht, wenn die Verteidigung nur gegen das Ergebnis der richterlichen Würdigung von Indizien argumentiert. Nach der früheren Rechtsprechung genügten Schlussfolgerungen des Tatgerichts, die nach der Lebenserfahrung möglich sind.[340] Jetzt wird vorausgesetzt, dass der Schuldspruch auf einer tragfähigen Beweisgrundlage aufbaut, die die objektiv hohe Wahrscheinlichkeit der Richtigkeit des Beweisergebnisses ergibt, also nicht nur auf einer subjektiven Überzeugung des Tatrichters beruht, die letztlich nur eine Vermutung darstellt, solange ihr eine nachvollziehbare objektive Grundlage fehlt.[341] Den Schlussfolgerungen müssen ihrerseits sicher festgestellte Indiztatsachen zugrunde liegen, denen

70

---

330 BGH Beschl v 9. 2. 2005 – 4 StR 552/04
331 BGHSt 45, 164, 166 ff; BGH NStZ 2001, 45 f; Conen GA 2000, 372 ff; Jansen StV 2000, 224 ff; H. E. Müller JZ 2000, 267 f
332 BGH Urt. v 12. 6. 2001 – 1 StR 190/01
333 BGHSt 44, 153, 158 ff; 44, 256, 257
334 BGH StV 2004, 59 f
335 BGH Beschl v 21. 10. 1997 – 1 StR 538/97
336 BGH StV 2002, 470 f
337 BGH NJW 2005, 1440 ff
338 BGHSt 48, 161, 167 ff; Weider StV 2003, 266 ff
339 Die Annahme der »Unzulässigkeit« von Angriffen mit der Sachrüge auf die Beweiswürdigung rührt daher, dass vor Einführung des § 349 II StPO nur unzulässige Revisionen durch Beschluss verworfen werden durften und die Gerichte zur Vermeidung unnötiger Hauptverhandlungen bei offensichtlich unbegründeten Angriffen auf die Beweiswürdigung diese Angriffe für unzulässig erklärten, um die Revisionen durch Beschluss verwerfen zu können. Zu den Begründungsansätzen vgl Momsen GA 1998, 488 ff
340 BGHSt 10, 208, 209; 36, 1, 14; BGH Urt. v 14. 1. 1992 – 1 StR 755/91. Durch die Rechtsprechung zur Erforderlichkeit einer objektiv hohen Wahrscheinlichkeit der Richtigkeit des Beweisergebnisses ist dies überholt; BGH NJW 1999, 1562, 1564 mwN
341 BGH StV 1997, 120, 121

Eschelbach

Aussagekraft zukommt[342] und die eine objektiv hohe Wahrscheinlichkeit des Beweisergebnisses begründen.[343] Eine subjektive Überzeugung des Tatrichters allein reicht danach heute nicht mehr aus, sie muss zur objektiv hohen Wahrscheinlichkeit hinzu kommen; andernfalls darf der Richter nicht verurteilen. In diesem Sinne müssen Indizien zugrunde gelegt werden, die für den Urteilsspruch tragfähig sind. Dies gilt für manche Umstände mangels ausreichender Aussagekraft bei isolierter Betrachtung nicht. Bei detailarmen Aussagen von Belastungszeugen kann etwa der Gesichtspunkt der Aussagekonstanz kein Gewicht besitzen.[344] Ein Fingerabdruck einer Person auf dem »Bekennerschreiben« einer Personengruppe belegt für sich genommen nicht die Täterschaft.[345] Das Fehlen entlastender Beweise oder das Scheitern eines Alibibeweises ist für sich genommen kein ausreichender Überführungsgrund. Die Annahme, dass die Einlassung des Angeklagten unzutreffend sei, ist noch kein Beweis für seine Täterschaft.[346] Andere Indizien dürfen aus Rechtsgründen nicht zum Nachteil des Angeklagten gewertet werden. Ein Beschuldigter ist im Strafverfahren grundsätzlich nicht verpflichtet, aktiv die Sachaufklärung zu fördern. Die Verweigerung der aktiven Mitwirkung darf ihm deshalb nicht als belastendes Beweisanzeichen entgegengehalten werden. Das gilt etwa für die Verweigerung der Mitwirkung an einer DNA-Analyse durch Abgabe einer Speichelprobe.[347] Auch Schweigen des Angeklagten darf nicht gegen diesen verwendet werden, weil sonst sein Recht, sich nicht durch aktive Handlung an der eigenen Überführung beteiligen zu müssen, mittelbar beeinträchtigt wäre.[348] Aus demselben Grund darf auch ein sonstiges Prozessverhalten, wie die Verweigerung einer Mitwirkung an der Sachaufklärung[349] oder die Verweigerung der Entbindung eines Zeugen von der Verschwiegenheitspflicht,[350] nicht als belastendes Indiz verwertet werden. Nach der Rechtsprechung soll dagegen ein »Teilschweigen« verwertet werden dürfen.[351] Dies gilt indes wiederum nicht, soweit sich das Schweigen auf eine selbstständige Tat im prozessualen Sinn bezieht.[352] Unverwertbar ist auch ein anfängliches Schweigen.[353] Diese Gegenausnahmen in der Rechtsprechung stellen das Prinzip der Verwertbarkeit des Teilschweigens zunehmend in Frage.

71 Regelmäßig bedarf es einer Gesamtwürdigung aller aussagekräftigen Beweise,[354] bei der – nur – die aussagekräftigen Einzelindizien in ein Gesamtbild der Beweise einzufügen sind, wobei sich die Bewertung der Einzelindizien durch Mitberücksichtigung des Bedeutungsgehalts der anderen Indizien verändern kann.[355] Das Eliminie-

---

342 Umstritten ist die Aussagekraft psychodiagnostischer Kriterien, insbesondere des »Leistungsverhaltens«, für eine zur Tatzeit vorhandene Schuldfähigkeit, vgl BGHSt 43, 66 ff; BGH StV 1998, 537 f; NStZ-RR 1997, 226, 227; 1999, 297 f; NStZ 1998, 458; 2000, 24 f; 2000, 193 f; NZV 2000, 474 f; DAR 2000, 193; KG Urt v 28. 8. 2000 – (4) 1 Ss 247/00 (132/00); Maatz/Wahl FS 50 Jahre BGH S 531 ff
343 BGH NJW 1999, 1562, 1564 mwN
344 BGH StV 2000, 123, 124
345 BGH StV 1998, 3, 4
346 BGHSt 41, 153, 154; BGH StV 1997, 9; Urt v 1. 10. 1997 – 2 StR 314/97; NStZ 2000, 549 f
347 BGHSt 49, 56, 59 ff
348 BGHSt 45, 363, 364; 45, 367, 368 f; Jäger JR 2003, 166 ff
349 BGHSt 45, 367, 370
350 BGHSt 45, 363, 365
351 Vgl BGHSt 20, 281, 282 f; 20, 298, 300; 32, 140, 145; 38, 302, 307; 45, 367, 369 f
352 BGHSt 32, 140, 145
353 BGH StV 1994, 283, 284
354 BGHSt 25, 285, 286; BGHR StPO § 261 Beweiswürdigung, unzureichende 13; BGH NStZ 2000, 550, 551; zum Indizienbeweis insgesamt näher Nack MDR 1986, 366 ff; JA 1995, 320 ff; Kriminalistik 1995, 466 ff; 1999, 32 ff
355 BGH bei Altvater NStZ 1999, 17, 18 f

Eschelbach

ren einzelner Indizien jeweils für sich genommen verstößt gegen diese Methode der Beweiswürdigung und bildet einen Sachmangel des Urteils, weil sie zu kurz greift. Lässt das Urteil neben der Erörterung der Einzelindizien aber jedenfalls dem Grunde nach auch erkennen, dass daneben eine Gesamtwürdigung der Beweise stattgefunden hat, dann liegt kein Rechtsfehler vor.

Tragfähige Beweisschlüsse können dagegen auf einzelne Beweise gestützt werden, wenn diese schon für sich genommen genügend Aussagekraft für das Gesamtbild der Feststellungen besitzen und die Indiztatsachenfeststellungen selbst nicht zweifelhaft erscheinen.[356] Für sich genommen ausreichend ist insbesondere ein glaubhaftes Geständnis des Angeklagten[357] oder eine glaubhafte Gesamtdarstellung des Geschehensablaufs in einer Zeugenaussage, die nicht durch andere Beweise in Frage gestellt wird. Auf ein Einzelindiz kann der Schuldspruch dagegen jedenfalls nicht allein gestützt werden, wenn es sich um ein notorisch unzuverlässiges oder unüberprüfbares Einzelindiz handelt. Dies gilt etwa bei Zeugenaussagen durch Zeugen vom Hörensagen,[358] bei ermittlungsrichterlichen Vernehmungen ohne den in absehbarer Weise später erforderlichen Verteidigerbeistand,[359] bei wiederholtem Wiedererkennen[360] einer Person als Täter durch einen Zeugen, bei Aussagen von behördlich bezahlten V-Leuten[361] oder in Fällen von »Aussage gegen Aussage« bei Belastungszeugen, die in einem wesentlichen Detailpunkt einer bewussten Falschaussage überführt sind[362] oder die ihre anfängliche belastende Aussage später als falsch widerrufen.[363] Erforderlich ist in solchen Fällen für einen tragfähigen begründeten Schuldspruch das Hinzutreten weiterer wichtiger Indizien,[364] die regelmäßig nur außerhalb der unzuverlässigen Zeugenaussage selbst liegen können, damit eine Verurteilung auf eine tragfähige Tatsachengrundlage gestützt werden kann. Die Rechtsprechung verlangt in besonderen Konstellationen, insbesondere bei behördlich gesperrten Zeugen,[365] auch eine besonders »vorsichtige Beweiswürdigung«. Manche Indizien dürfen schließlich aus Rechtsgründen nicht verwertet werden. Schweigen des Angeklagten oder pauschales Bestreiten darf zwar nicht gegen ihn verwertet werden (Rn 70), wohl aber eine Teileinlassung zu einer prozessualen Tat, die auch im Widerruf einer umfangreichen früheren Aussage liegen kann.[366]

72

---

356 Der Zweifelssatz gilt ua nach Foth NStZ 1986, 423 f nicht für Einzelindizien, sondern nur für das Ergebnis der Gesamtwürdigung der Beweise

357 Zum absprachebedingten »schlanken Geständnis« noch zu weit gehend BGH StV 1999, 410 f m Anm Weigend NStZ 1999, 57 ff; enger jetzt BGH NJW 2005, 1440, 1442

358 BVerfGE 57, 250, 292 f; BGHSt 17, 382, 383 f; 33, 178, 181 ff; 36, 159, 161 ff; 42, 15, 25; 46, 93, 96, 105; 49, 112, 120 ff; zusammenfassend Detter NStZ 2003, 1 ff mwN

359 BGHSt 46, 93, 105 ff

360 BVerfG StV 2003, 593 ff; BGHSt 16, 204; BGHR StPO § 261 Identifizierung 3, 10; BGH StV 1996, 413; StV 1998, 249 f; 2004, 58; NStZ 1998, 265 f; Urt v 17. 3. 2005 – 4 StR 581/04; OLG Hamm StV 2004, 588; PfzOLG Zweibrücken StV 2004, 65, 66 f, zur Wahllichtbildvorlage Kuhn JA 2005, 141 ff

361 Vgl Eschelbach StV 2000, 390, 398

362 BGHSt 44, 153, 158 ff; 44, 256, 257; BGH NStZ 2004, 63 f; s. a. BVerfG Beschl v 11. 9. 2001 – 2 BVR 1491/01

363 BGH StV 1998, 250 f

364 Für Zeugen vom Hörensagen BVerfG NJW 1995, 448; BGHSt 17, 382, 385 f; 33, 83, 88; 33, 178, 181; 36, 159, 166; 39, 141, 145 f; 42, 15, 25; BGHR StPO § 261 Zeuge 13, 15, 16, 17; BGH StV 1996, 583 f; BGH Beschl v 20. 9. 2000 – 5 StR 243/00; OLG Köln StV 1994, 289 f

365 BGHSt 49, 112 ff m Anm Gaede StraFo 2004, 195 ff; Gössel Jura 2004, 696 ff; Mosbacher JR 2004, 523 ff; H. E. Müller JZ 2004, 926 ff

366 BGH Beschl v 14. 11. 1997 – 3 StR 529/97

4.   Rechtliche Würdigung

73   Rechtsausführungen im tatrichterlichen Urteil sind weit gehend entbehrlich, soweit sich das im Tenor genannte Ergebnis der Subsumtion ohne weiteres anhand der Feststellungen nachvollziehen lässt.[367] Das Revisionsgericht subsumiert den festgestellten Sachverhalt dann selbst. Jedoch muss aus dem Urteil deutlich werden, in welchen Tatsachen das Gericht die gesetzlichen Merkmale des Straftatbestandes erfüllt sieht.[368] Erläuterungen der rechtlichen Bewertung der festgestellten Tatsachen sind auch sonst erforderlich, soweit es sich nicht von selbst versteht, welcher Teil der Feststellungen den Schuldspruch trägt.[369] Eine Darstellung der rechtlichen Würdigung im tatrichterlichen Urteil ist generell unverzichtbar, soweit spezifische tatrichterliche Wertungen erforderlich sind.[370] Dabei sind zahllose Rechtsfehler denkbar, die hier nicht im Einzelnen dargestellt werden können.[371] Daher sollen nur einige Beispiele zu wichtigen Punkten gegeben werden.

a)   Tatrichterliche Wertungen

74   Bestimmte rechtliche Wertungen bedürfen der Erörterung im Urteil, wenn sie dem Tatrichter vorbehalten sind, weil ihm infolge der engen Verknüpfung der Rechtsfrage mit der Tatsachenbeurteilung, die nur der Tatrichter aus dem Inbegriff der Hauptverhandlung zutreffend vornehmen kann, ein Beurteilungsspielraum zugebilligt wird.[372] Fehlen dann die erforderlichen Ausführungen im tatrichterlichen Urteil, so kann dies mit der Sachrüge angegriffen werden.

75   So sind zum Beispiel Täterschaft und Teilnahme nach der Rechtsprechung[373] in wertender Betrachtung[374] voneinander abzugrenzen, die dem Tatrichter vorbehalten wird. Welche Art der Beteiligung vorliegt, muss daher im Urteil dargelegt werden, wenn verschiedene – und rechtlich ungleichwertige[375] – Alternativen in Betracht kommen. Gleiches gilt für die Annahme einer – über Mittäterschaft hinausgehenden – bandenmäßigen Tatbegehung.[376] Ebenso hat der Tatrichter bei der Bestimmung der Grenze von Tun und Unterlassen durch Bestimmung des Schwerpunkts des vorwerfbaren Verhaltens einen Beurteilungsspielraum.[377]

---

367 Bei nicht ganz einfach gelagerter Rechtslage ist eine Erläuterung aber jedenfalls sachgerecht, vgl BGHSt 44, 251
368 BGH StraFo 2005, 214
369 BGH StraFo 2005, 214
370 So muss das Tatgericht, das eine 26-seitige Erklärung wörtlich wiedergibt, im Urteil kenntlich machen, in welchen Passagen es die Erfüllung des Tatbestandes eines Äußerungsdelikts, wie § 130 StGB, erblickt, das nicht durch den Gesamttext, sondern durch Einzelbemerkungen erfüllt sein mag, vgl KG Urt. v 9.9.2000 – (5) 1 Ss 73/00 (24/00)
371 Beispiele bei Bick JA 1997, 586 ff; Eschelbach JA 1998, 498 ff; Meyer-Goßner NStZ 1988, 529 ff
372 Maatz/Wahl FS 50 Jahre BGH S 531, 551 ff
373 Zur Rechtsprechung Roxin FG 50 Jahre BGH Bd 4 S 177 ff
374 BGHR StPO § 261 Überzeugungsbildung 29
375 Ob Alleintäterschaft, Mittäterschaft oder mittelbare Täterschaft angenommen wurden, ist für das Ergebnis der revisionsrechtlichen Prüfung ohne Belang, wenn jedenfalls eine dieser Formen gegeben ist; auf die unrichtige Anwendung einer anderen Zurechnungsnorm kann das Urteil dann nicht beruhen. Kommen die Alternativen der Täterschaft oder Anstiftung in Betracht, könnte bei fehlerhafter Annahme von Täterschaft auch der Strafausspruch immer noch Bestand haben, da der Anstifter »gleich einem Täter« bestraft wird. Kommen Täterschaft oder Beihilfe in Betracht, so bringt die fehlerhafte Annahme von Täterschaft auf die Sachrüge des Angeklagten den Schuld- und Strafausspruch zu Fall
376 BGH Beschl v 17.11.1998 – 1 StR 586/97; vgl nun aber BGHSt GSSt 46, 321 ff
377 BGHR StGB § 13 I Unterlassen 4

Auch für die Frage des Versuchsbeginns[378] besteht in Grenzfällen ein Beurteilungs-   **76**
spielraum für den Tatrichter. Erläuterungen im Urteil sind nur entbehrlich, wenn
nach den Feststellungen die Grenze von der Vorbereitungshandlung zum Versuch
zweifelsfrei überschritten war.[379] Im Fall eines nach den Feststellungen bereits beendeten Versuchs muss das Urteil nicht mehr rechtlich erörtern, dass die Schwelle
zum Versuch schon überschritten war; dies liegt auf der Hand. Umgekehrt liegt bei
Aufstellen einer Falle für das Opfer mangels Eintritts einer konkreten Gefährdung
des Opfers kein Versuch vor, wenn bereits unklar bleibt, ob das Opfer überhaupt
erscheint.[380]

Der Rücktritt vom Versuch bedarf der Erörterung, wo er ernsthaft in Betracht   **77**
kommt.[381] Dies ist namentlich der Fall, wenn die Tat unvollendet blieb, obwohl
nach den Urteilsfeststellungen noch ein Tatmittel zur Verfügung gestanden hätte
oder eine Verfolgung des fliehenden Opfers möglich gewesen wäre.[382] Die Nichterörterung der Rücktrittsfrage ist jedoch kein Rechtsfehler, wenn auf Grund der
Feststellungen zweifellos eine Strafbefreiung auszuschließen ist.[383]

Ähnliche Maßstäbe gelten auch für die Prüfung von Rechtfertigungsgründen.[384] So   **78**
kann in Grenzfällen die Frage der Erforderlichkeit einer Notwehrhandlung erörte-
rungsbedürftig sein. Notwehr kann zwar sogar den lebensgefährlichen Einsatz
einer Waffe rechtfertigen, solche Handlungen sind aber gegenüber alltäglichen
leichten Übergriffen eines Wohngenossen unangemessen.[385]

b) Konkurrenzkorrektur

Beurteilungsspielräume für die Tatgerichte ergeben sich oft bei Konkurrenzfragen.   **79**
Falsche Bewertungen der Konkurrenzlage[386] führen nicht selten zur Korrektur des
Schuldspruchs in diesem Punkt, die meist aber das Revisionsgericht selbst vor-
nimmt, ohne dass dies notwendigerweise weitere Auswirkungen auf das Gesamtergebnis hat. Soweit der Schuldgehalt der Taten von der Korrektur der rechtlichen
Konkurrenzbewertung unberührt bleibt, wird oftmals eine im Ergebnis gleich hohe
(Gesamt-) Strafe angenommen.[387] Wo Tatmehrheit und Einzelstrafen entfallen, wird
dann die vormalige Gesamtstrafe zur neuen (Einzel-) Strafe abgeändert, da der
Schuldgehalt im Ganzen unverändert bleibt. Bisweilen kann aber eine falsche Konkurrenzbewertung auch zur Aufhebung des Strafausspruchs führen, insbesondere
wenn zahlreiche Einzelstrafen entfallen oder wenn anstelle der bisherigen Einzelstrafe eine neue Gesamtstrafe aus mehreren Einzelstrafen zu bilden ist, die dem
Tatrichter vorbehalten ist. Demnach darf die Prüfung der Konkurrenzlage durch
Verteidiger nicht außer Acht gelassen werden, da Fehler zur Beurteilung der Konkurrenzlage im Einzelfall auch zur Urteilsaufhebung im Strafausspruch nach Schuld-

---

378 BGHR StGB § 22 Ansetzen 16; BGH Urt v 7. 10. 1997 – 1 StR 418/97, zur Abgrenzung von
     Vorbereitung und Versuch bei räuberischer Erpressung BGH JR 2000, 293 f m Anm Marten
379 BGH Urt v 7. 8. 1997 – 1 StR 319/97
380 BGHSt 43, 177 ff
381 BGHR StGB § 24 I 1 Freiwilligkeit 25; StGB vor § 1/Rechtsstaatsprinzip Feststellungen 1;
     Beschl vom 5. 11. 1998 – 4 StR 474/98; Beschl v 23. 8. 2000 – 2 StR 271/00
382 BGH NStZ-RR 1997, 260
383 BGHR StGB § 24 I 1 Rücktritt 8; BGH NStZ-RR 1998, 9
384 Hirsch FG 50 Jahre BGH S 199 ff
385 BGH NStZ 1997, 609 f
386 Zur Konkurrenzlehre Geppert Jura 2000, 598 ff
387 BGH wistra 2004, 417; StV 2004, 532; Beschl v 17. 8. 2004 – 1 StR 325/04; dies wurde von
     BVerfG Beschl v 1. 3. 2004 – 2 BvR 2251/03 – verfassungsrechtlich gebilligt

spruchänderung durch das Revisionsgericht führen können.[388] Auf das Problem der Annahme einer Tat »in dubio pro reo« bei Unklarheit über die Zahl gleichartiger Handlungen wurde schon oben im Zusammenhang mit der Anklage hingewiesen (Rn 19);[389] es begegnet ebenso bei der Nachprüfung des Urteils.

Im Übrigen ist bezüglich der Konkurrenzlage in groben Zügen Folgendes zu beachten:

80 Das Institut der fortgesetzten Handlung existiert praktisch nicht mehr.[390] Grundsätzlich liegen daher bei mehreren, sich weder ganz noch teilweise überlappenden tatbestandsmäßigen Handlungen mehrere Taten im Sinne des § 53 StGB vor.[391] Der Aufbruch mehrerer Kraftfahrzeuge, um daraus zu stehlen, erfolgt etwa tatmehrheitlich, ohne dass es auf den genauen räumlichen und zeitlichen Abstand ankommt.[392] Sukzessive Ausführung derselben Tat, deren Teilakte jeweils nicht für sich genommen in vollem Umfang den Straftatbestand erfüllen, ist dagegen eine Handlungseinheit.[393] Ein fehlgeschlagener Versuch bildet für mehrere Handlungen mit gleicher Zielrichtung aber eine Zäsur.[394]

81 Die §§ 52, 53 StGB knüpfen nach ihrem Wortlaut an die Zahl der objektiv tatbestandsmäßigen Handlungen an, nicht an Momente der inneren Tatseite. Ein einheitliches Motiv oder ein »Gesamtvorsatz« verbinden mehrere Handlungen nicht zur Handlungseinheit.[395] Dies gilt für mehrere Geldwäschehandlungen, auch wenn der Täter einen Gesamtbetrag erstrebt.[396] Mehrere Vorteilsannahmen begeht, wer monatlich Überweisungen auf sein Konto annimmt; eine zu Grunde liegende Unrechtsvereinbarung verklammert die Vorteilsannahmen nicht zur Handlungseinheit, zumindest wenn sie mit »open-end-Charakter« erfolgen.[397]

82 Zur Tateinheit führt dagegen die Figur der tatbestandlichen Bewertungseinheit,[398] die etwa bei Handlungen im Rahmen von Dauerdelikten,[399] bei Straftaten, die der Täter als Funktionär eines Vereins begangen hat,[400] bei gleichzeitigem unerlaubtem Besitz mehrerer Waffen oder bei Handeltreiben mit Betäubungsmitteln aus einem Lagerbestand in Betracht kommt.[401] Die Annahme einer Bewertungseinheit ist aber nur geboten, wenn konkrete Anhaltspunkte dafür bestehen.[402] Ob eine Bewertungseinheit vorliegt, unterliegt dann auch einer tatrichterlichen Wertung,[403] die im Urteil darzulegen ist. Fehlt sie, so kann ein Erörterungsmangel vorliegen, der auf

---

388 BGH Beschl v 11. 11. 1998 – 5 StR 207/98
389 BGH NStZ 1994, 586; NJW 1995, 2933, 2934; StV 1998, 474 m Anm Hefendehl
390 BGHSt 40, 138, 145 ff
391 Zur Tatmehrheit des Herstellens einer unechten Urkunde und des Gebrauchmachens hiervon BGHSt 43, 96, 98
392 BGH Beschl v 9. 9. 1997 – 1 StR 408/97
393 BGH NStZ 1996, 398, 399; BGHR StGB § 253 I Bereicherungsabsicht 8; BGH Beschl v 7. 1. 1997 – 4 StR 603/96; v 4. 7. 1997 – 2 StR 278/97; v 22. 10. 1997 – 3 StR 419/97
394 BGHSt 41, 368, 369 m Anm Beulke/Satzker NStZ 1996, 432; BGH NStZ 1998, 294; 1999, 25 m Anm Beulke
395 BGH Urt v 25. 9. 1997 – 1 StR 481/97
396 BGH NJW 1997, 3322
397 BGHSt 41, 292, 302; BGH wistra 1998, 106 ff
398 BGHSt 43, 252, 261
399 BGH StV 1998, 423 f
400 BGHSt 46, 6, 14 = JZ 2000, 733 f m Anm Puppe
401 BGHSt 42, 162, 164; BGHR BtMG § 29 Bewertungseinheit 1, 6, 7, 9–13, 15; BGH StV 1998, 594; 1998, 595; Beschl v 6. 5. 1997 – 1 StR 129/97; v 1. 9. 1997 – 5 StR 284/97; v 11. 11. 1998 – 5 StR 207/98
402 BGHR BtMG § 29 Bewertungseinheit 8, 11
403 BGH Urt v 24. 7. 1997 – 4 StR 222/97

die Sachrüge vom Revisionsgericht zu prüfen ist. Der Zweifelssatz zwingt nicht generell zur Feststellung einer Bewertungseinheit,[404] wo diese nicht positiv ausgeschlossen ist, zumal wenn die hierdurch bewirkte Zusammenfassung von Teilmengen eines Tatobjekts einen schwereren Tatbestand, zB wegen nicht geringer Menge gehandelter Betäubungsmittel, erfüllen würde;[405] dann würde die Zusammenfassung wegen der damit verbundenen Qualifikation oder sonstigen Aufwertung der Tat eben nicht »pro reo« erfolgen.

Eine »natürliche Handlungseinheit«[406] als weiterer Fall der Verknüpfung mehrerer **83** verschiedener tatbestandsmäßiger Handlungen zu einer rechtlichen Handlungseinheit liegt bei einheitlichem objektivem Handlungsablauf mit unmittelbar aufeinander folgenden Handlungen vor. Auf ein subjektives Element kommt es auch hier nicht an,[407] obwohl dies in manchen Entscheidungen anklingt.[408] So können mehrere Raubhandlungen bezüglich derselben Sache bei kurzzeitigem Besitzverlust des Täters in natürlicher Handlungseinheit begangen werden.[409] Versuchter Verdeckungsmord kann bei »Polizeiflucht« in Tateinheit mit gefährlichem Eingriff in den Straßenverkehr vorliegen.[410] Tötung verschiedener Menschen durch mehrere Handlungen ist dagegen regelmäßig Tatmehrheit,[411] wobei die rechtliche Wertung auch von der Bedeutsamkeit des verletzten Rechtsguts geprägt ist. Einbruchsdiebstahl und Inbrandsetzen des Gebäudes zur Spurenverdeckung kann zB Tatmehrheit sein; dies unterliegt aber wiederum einer tatrichterlichen Wertung.[412]

## 5.	Strafzumessung

Die Sachrüge der Verteidigung führt auch zur Überprüfung der Rechtsfolgenent- **84** scheidung und ihrer Begründung im Urteil,[413] die häufiger zu revisionsgerichtlichen Beanstandungen führt als eine gegen den Schuldspruch gerichtete Sachrüge. Freilich kann das Revisionsgericht nach § 354 I a StPO nF nunmehr auch selbst Korrekturen anbringen.[414] Die tatrichterliche Strafzumessungsbegründung[415] am Ende der Urteilsberatung und -abfassung bedarf aus revisionsgerichtlicher Sicht keiner geringeren Aufmerksamkeit als die Begründung der übrigen Urteilsteile; sie wird aber in der Praxis bisweilen vernachlässigt. Auch hier gilt, ähnlich wie bei der Beweiswürdigung, der Grundsatz, dass der Urteilsbegründung umso mehr Bedeutung zukommt, je mehr das Ergebnis bedenklich erscheint, so etwa bei der Verhängung einer gleich hohen Strafe nach Urteilsaufhebung und Zurückverweisung der Sache auf Grund eines niedrigeren Strafrahmens.[416] An dieser Stelle können nur exempla-

---

404 BGH StV 1997, 636; Beschl v 1. 9. 1997 – 5 StR 284/97
405 BGH Beschl v 2. 12. 1997 – 1 StR 698/97
406 BGHSt 4, 219, 220; 10, 129, 131; 41, 368; 46, 6, 12; 46, 146, 153; Sowada Jura 1995, 245 ff
407 BGH Urt v 25. 9. 1997 – 1 StR 481/97
408 BGH Beschl v 17. 1. 1997 – 2 StR 646/96
409 BGH Beschl v 23. 9. 1997 – 4 StR 450/97
410 BGH Beschl v 6. 5. 1997 – 4 StR 152/97
411 BGHR StGB vor § 1/natürliche Handlungseinheit, Entschluss einheitlicher 5, 9, 10, 11; BGH Urt. v 7. 10. 1997 – 1 StR 418/97; Beschl v 22. 10. 1997 – 3 StR 419/97
412 BGH Urt. v 25. 9. 1997 – 1 StR 481/97
413 Zur Rechtsprechung Detter FS 50 Jahre BGH S 679, 690 ff; Frisch FG 50 Jahre BGH Bd 4 S 269 ff
414 Zu den Grenzen der revisionsgerichtlichen Strafzumessungskorrektur Langrock StraFo 2005, 226 ff
415 Dazu Schäfer/Sander Rn 1503 ff; s.a. Verrel JR 2003, 299 f
416 OLG Stuttgart Die Justiz 2000, 422 f

risch einige Aspekte des Strafzumessungsrechts angesprochen werden. Einzelheiten erläutert Detter in Teil H Kapitel 6.[417]

a) Allgemeine Regeln

85 Die Strafe muss in einem gerechten Verhältnis zur Schwere der Tat und zum Verschulden des Täters stehen. Das folgt aus dem verfassungsrechtlich verbürgten Schuldprinzip.[418] Die Strafzumessung des Tatgerichts muss diesen äußeren Rahmen beachten, insbesondere auch im Absprachenverfahren, in dem es nicht zu einer »Sanktionenschere« kommen darf.[419] Die Strafzumessungsentscheidung ist im Übrigen rechtsfehlerfrei, wenn sie sich auf tragfähige Feststellungen stützt, vom richtigen Strafrahmen ausgeht, die in Betracht kommenden Sanktionsformen berücksichtigt,[420] die bestimmenden Strafzumessungsgründe (§ 267 III StPO)[421] nennt und diese wenigstens nach dem »Gesamtzusammenhang der Urteilsgründe«[422] in einer Gesamtschau[423] von Täterpersönlichkeit und Taten abwägt. Eine sich auf dieser Grundlage innerhalb des Rahmens eines der Schuld angemessenen Strafens bewegende Strafe wird vom Revisionsgericht nicht beanstandet.[424] Nach der »Spielraumtheorie« werden nur unvertretbar milde oder unvertretbar hohe Strafen als rechtsfehlerhaft bewertet,[425] wobei sich freilich die Frage stellt, worin der Rechtsfehler (§ 337 II StPO) liegt. Es kann Art. 3 I GG in Frage kommen, der als subjektive Rechtsposition aber nur für den Angeklagten streitet, nicht gegen diesen. Man wird indes bei Unvertretbarkeit der Strafe vom Fehlen einer tragfähigen Begründung der Strafzumessung iSd § 46 StGB ausgehen können. Die Begründungspflicht bezüglich der Strafzumessung geht dann – ähnlich wie bei der Beweiswürdigung, § 267 I – über den Wortlaut des § 267 III StPO hinaus. Allerdings braucht der Tatrichter im Urteil nur diejenigen Umstände anzuführen, die für die Bemessung der Strafe bestimmend gewesen sind; eine erschöpfende Aufzählung aller Strafzumessungserwägungen ist weder vorgeschrieben noch möglich.[426] Die tragenden Gründe müssen aber nachvollziehbar dargelegt werden. Auch dies ist eine Folgeerscheinung der »erweiterten Revision«. Ein atypischer Mangel der Strafzumessungsbegründung ist die Annahme, eine punktgenaue Absprache (zu Absprachen allgemein oben Satzger Teil H Kap 3) als Grundlage der konkreten Strafe führe zur Aufhe-

---

417 Rechtsprechungsübersichten zum Strafzumessungsrecht auch bei Theune StV 1985, 162, 205; NStZ 1986, 153, 493; 1987, 162, 492; 1988, 171, 304; 1989, 173, 215; Detter NStZ 1989, 465; 1990, 173, 221, 483, 578; 1991, 177, 272, 475; 1992, 169, 477; 1993, 176, 473; 1994, 174, 474; 1995, 169, 218, 486; 1996, 182, 424; 1997, 174, 476; 1998, 182, 501; 1999, 120, 494; 2000, 184, 578; 2001, 130, 467; 2002, 132, 415; 2003, 133, 471; 2004, 134, 486; 2005, 143; zu Fehlern der Strafzumessungsbegründung Detter JA 1997, 586; zu Fehlern der Strafzumessungsverteidigung Detter StraFo 1997, 193; zur revisionsgerichtlichen Kontrolle der Strafzumessung Detter FS 50 Jahre BGH S 679, 690 ff
418 BVerfGE 86, 288, 313; 95, 96, 140
419 BGH NJW 2005, 1440, 1442
420 Die Möglichkeit der Aufrechterhaltung einer Gesamtgeldstrafe neben einer Freiheitsstrafe bedarf der Erörterung, wo sie in Betracht kommt, BGH Beschl v 16. 10. 1992 – 3 StR 463/92; kurzzeitige (Einzel-) Freiheitsstrafen bedürfen gemäß § 47 StGB besonderer Begründung, wo diese nicht auf der Hand liegt, vgl BGH Beschl v 13. 10. 1998 – 4 StR 483/98
421 Zur verfahrensrechtlichen Bedeutung des Antrags der Verteidigung nach § 267 III 2 StPO BGH StV 1999, 137 f
422 BGH Urt. v 11. 11. 1998 – 5 StR 415/98
423 BGHR StPO § 267 III 1 Strafzumessung 17; BGH Beschl v 19. 9. 2000 – 5 StR 404/00
424 BGH Urt. v 14. 5. 1997 – 3 StR 40/97; v 5. 11. 1997 – 5 StR 504/97
425 BGHSt 34, 345, 349; BGH StV 2001, 453 f; dazu Detter FS 50 Jahre BGH S 679, 697 ff
426 BGHR StPO § 267 III 1 Strafzumessung 2; BGHR StGB § 46 I Schuldausgleich 18; BtMG § 29 Strafzumessung 10

bung des Strafausspruchs auf die Sachrüge wegen Besorgnis der richterlichen Befangenheit, wenn sich die Absprache schon aus dem Urteil ergibt.[427] Bei der Überprüfung der Strafzumessungsbegründung gilt im Übrigen in groben Zügen Folgendes:

Erforderlich ist zunächst die Bestimmung des Strafrahmens durch das Tatgericht.[428] **86**
Die Prüfung einer – auch mehrfach möglichen[429] – Strafrahmenverschiebung, etwa nach §§ 21, 49 StGB,[430] wegen eines minder schweren Falles[431] gemäß § 213 StGB[432] oder § 250 III StGB,[433] wegen einer Aufklärungshilfe gemäß § 31 BtMG[434] und anderem bedarf der Gesamtwürdigung der wesentlichen Strafzumessungsgründe im Urteil.[435] Hat der Tatrichter diese vorgenommen, keinen bestimmenden Zumessungsgrund unberücksichtigt gelassen und keine Widersprüche oder falschen Wertungen erkennen lassen, so ist sein Strafzumessungsergebnis grds rechtlich nicht zu beanstanden.[436]

Die Gesamtabwägung soll zunächst ohne Rücksicht auf vertypte Milderungsgründe **87**
nach §§ 13 II,[437] 21, 23 II, 27 II 2 StGB stattfinden. Erst wenn ohne den vertypten Milderungsgrund ein minder schwerer Fall verneint werden würde, dann muss auch dieser in die Waagschale geworfen werden; ein vertypter Milderungsgrund kann für sich genommen zur Annahme eines minder schweren Falles führen.[438] Wird er dabei »verbraucht« (§ 50 StGB), so hat es damit sein Bewenden. Wird jedoch der minder schwere Fall trotz vertypten Milderungsgrundes verneint, dann kann der Strafrahmen nach dessen Regeln gemildert werden; dies bedarf der Erörterung im Urteil.[439] Nur § 27 II 2 StGB sieht eine zwingende Milderung des Strafrahmens auf dieser Stufe vor. Bei »Kannbestimmungen«, zu denen auch § 21 StGB gehört,[440] ist erneut eine Gesamtbewertung erforderlich. Dies führt zusammen mit der Strafzumessung im engeren Sinn zu mehreren Abwägungsvorgängen. Dabei kann im Urteil aber auf die erste Darstellung bei den jeweils nachfolgenden Abwägungsvorgängen Bezug genommen werden.[441] Vermeidbare Wiederholungen in der Darstellung und Bewertung der bestimmenden Strafzumessungsgründe werden nicht verlangt.

Die Nichterwähnung eines Umstands als Strafzumessungsgrund ist auch kein **88**
Rechtsfehler, wenn dieser für die Strafzumessung nicht bestimmend war, § 267 III StPO.[442] Lag andererseits nach den Feststellungen ein wesentlicher Strafzumessungsgrund nahe, so ist es rechtsfehlerhaft, wenn dieser in die wertende Gesamtbe-

---

427 BGHSt 43, 195, 196; gebilligt von BGH GSSt NJW 2005, 1440, 1442 ff
428 Detter FS 50 Jahre BGH S679, 694 ff
429 BGH Beschl v 12. 11. 1998 – 4 StR 552/98
430 BGHSt 35, 143, 146
431 Zum Umfang der revisionsrechtlichen Kontrolle bei minderschweren oder besonders schweren Fällen Kalf NJW 1996, 1447 ff
432 BGH Urt v 22. 10. 1997 – 3 StR 394/97 und v 11. 12. 1997 – 4 StR 369/97; Beschl v 23. 8. 2000 – 2 StR 281/00
433 BGH Urt v 12. 11. 1997 – 3 StR 412/97; Beschl v 7. 10. 1998 – 1 StR 518/98
434 BGHSt 37, 147, 152
435 BGH NStZ 1998, 84 f
436 BGH Urt v 3. 6. 1997 – 1 StR 202/97
437 Zur Erörterungspflicht BGH Beschl v 30. 7. 1992 – 4 StR 270/92
438 BGH Beschl v 7. 10. 1998 – 1 StR 518/98
439 BGH Beschl v 22. 10. 1997 – 5 StR 512/97; KG Urt v 25. 3. 1999 – (4) 1 Ss 63/99 (30/99)
440 Vgl BGHSt 43, 66 ff; BGHR StGB § 21 Strafrahmenverschiebung 31 zur schuldhaft herbeigeführten alkoholbedingten Verminderung der Schuldfähigkeit
441 BGH NStZ 1997, 337
442 BGH StV 1998, 653

trachtung nicht erkennbar einbezogen wurde[443] oder seine Bedeutung mit ersichtlich verfehlten Überlegungen dementiert wird.[444] Ein Geständnis ist zum Beispiel grundsätzlich ein bestimmender Milderungsgrund, es sei denn, ausnahmsweise wäre Leugnen ohnehin aussichtslos gewesen.[445] Auch ein Geständnis im Rahmen einer »Absprache« darf nicht unberücksichtigt bleiben.[446] Ferner ist nach der Strafzumessungslösung des BGH eine dem Staat zuzurechnende Tatprovokation, die über ein bloßes »Anschieben« der Tatbegehung durch einen Verdeckten Ermittler oder V-Mann hinausgeht, (nur) ein wesentlicher Strafzumessungsgrund,[447] der der genauen Erörterung in den Urteilsgründen bedarf.

89 Erörterungspflichten ergeben sich in der Praxis oft bei konkreten Hinweisen auf erheblich verminderte Schuld im Sinne des § 21 StGB. Insbesondere im Fall einer Alkoholintoxikation durch einen Blutalkoholwert von zwei Promille[448] und mehr[449] oder latent bestehender Drogensucht[450] hat der Tatrichter die Frage der erheblichen Verminderung der Schuldfähigkeit zur Zeit der Tat in den Urteilsgründen näher zu erläutern. Dabei ist der psychiatrisch oder medizinisch bedeutsame Befund samt der Schwere der daraus resultierenden Beeinträchtigung der Steuerungsfähigkeit nachvollziehbar darzustellen; der allgemein gehaltene Hinweis auf eine »dissoziale Persönlichkeitsstörung«, die keinem Eingangsmerkmal zugeordnet werden kann und sich einer Bewertung der Erheblichkeit iSd § 21 StGB entzieht, genügt nicht.[451]

90 Die Strafzumessung im engeren Sinne[452] innerhalb des gesetzlichen Strafrahmens kann auf die Strafzumessungsgründe, die bei der Prüfung einer Strafrahmenverschiebung bereits erörtert wurde, Bezug nehmen. Auch knappe Begründungen von Einzelstrafen sind tragfähig, wenn allgemein geltende Strafzumessungsgründe »vor die Klammer gezogen« wurden und aus den Urteilsgründen erkennbar ist, dass für die Strafzumessung im engeren Sinne jeweils nur einzelfalltypische Aspekte, wie der jeweilige Schadensumfang, bestimmend waren.

91 Bei Versagung einer Strafaussetzung zur Bewährung[453] oder einer Verwarnung mit Strafvorbehalt[454] begründet jedenfalls die Tatsache, dass einem diesbezüglichen Antrag der Verteidigung nicht entsprochen wurde, eine Erörterungspflicht, § 267 III 4 StPO.[455] Bei geringen Freiheitsstrafen ist nach den Maßstäben einer auch insoweit »erweiterten Revision« jedoch auch ohne einen Antrag die Nichterörterung der Versagung der Strafaussetzung zur Bewährung als Sachmangel des Urteils anzuse-

443 BGH StV 1993, 72; BGHR StGB § 46 I Schuldausgleich 28
444 BGH Beschl v 11. 11. 1998 – 5 StR 588/98
445 BGH Beschl v 30. 9. 1997 – 4 StR 399/97
446 BGHSt 43, 195, 209 f; krit zur Annahme, dass auch ein »taktisches« Geständnis »in dubio pro reo« als von Unrechtseinsicht und Reue geprägt betrachtet werden müsse, Weigend FG 50 Jahre BGH S 1011, 1041 f
447 BGHSt 32, 345 ff; 45, 321 ff; BGH Beschl v 20. 9. 2000 – 5 StR 243/00; für eine Verfahrenshindernislösung dagegen Eschelbach StV 2000, 390, 395; Maul FS 50 Jahre BGH S 569, 573 ff
448 Zur Prüfungspflicht im Grenzbereich unter zwei Promille BGH BA 37 (2000), 256 m Anm Scheffler
449 BayObLGSt 1997, 180
450 BGH Beschl v 4. 11. 1998 – 2 StR 360/98
451 BGH Beschl v 23. 8. 2000 – 2 StR 162/00
452 Näher Detter FS 50 Jahre BGH S 679, 699 ff
453 OLG Düsseldorf StraFo 1998, 193, 194
454 OLG Düsseldorf StV 1997, 123; KG Beschl v 29. 7. 1998 – (3) 1 Ss 158/98 (66/98)
455 OLG Celle StV 2001, 159; zur Notwendigkeit der Beanstandung mit einer Verfahrensrüge im Revisionsrechtszug OLG Düsseldorf StraFo 2004, 142 f; zur Entbehrlichkeit des Antrags der Verteidigung im Fall der Verurteilung wegen Besitzes von Cannabis OLG Koblenz StV 1998, 82 f

hen.[456] Wird die Bewährungsfrage erörtert, dabei aber nicht die Frage der Sozialprognose geprüft, weil vorschnell die weiter gehenden Voraussetzungen des § 56 II StGB ohne Berücksichtigung der auch insoweit relevanten Aspekte, die sich aus der Sozialprognose ergeben können, verneint werden, so ist dies rechtsfehlerhaft.[457]

b) Besonderheiten im Jugendstrafrecht

Im Jugendstrafverfahren, das oben von Heimann Teil E Kap 7 näher beschrieben wird, werden zum Teil besondere Anforderungen an die Begründung[458] der Rechtsfolgenentscheidung gestellt.[459] Verantwortlichkeit gemäß § 3 JGG und Schuldfähigkeit im Sinne der §§ 20, 21 StGB[460] bedürfen allerdings der Erörterung im Urteil nur dort, wo besondere Auffälligkeiten vorliegen. So kann etwa suchtartiger Konsum Gewalt darstellender Horror-Videos zumindest zu einer erheblichen Beeinträchtigung der Steuerungsfähigkeit führen.[461]

92

Gemäß § 105 I Nr. 1 JGG ist auf einen Heranwachsenden Jugendstrafrecht anzuwenden, wenn die Gesamtwürdigung der Persönlichkeit des Täters bei Berücksichtigung auch der Umweltbedingungen ergibt, dass er zur Zeit der Tat nach seiner sittlichen und geistigen Entwicklung noch einem Jugendlichen gleichstand. Das JGG geht bei der Beurteilung des Reifegrades nicht von festen Altersgrenzen aus, sondern es stellt auf eine dynamische Entwicklung des jungen Menschen zwischen 18 und 21 Jahren ab. Einem Jugendlichen gleichzustellen ist der noch ungefestigte Heranwachsende, bei dem Entwicklungskräfte noch in größerem Umfang wirksam sind. Hat der Angeklagte dagegen bereits die einen jungen Erwachsenen kennzeichnende Ausformung erfahren, dann ist er nicht mehr einem Jugendlichen gleichzustellen und auf ihn ist allgemeines Strafrecht anzuwenden. Dabei steht die Anwendung von Jugendstrafrecht oder allgemeinem Strafrecht nicht im Verhältnis von Regel und Ausnahme;[462] §§ 105 I Nr. 1 JGG stellt auch keine Vermutung für die grundsätzliche Anwendung des einen oder anderen Rechts dar.[463] Nur wenn dem Tatrichter, dem bei der Entscheidung dieser Frage ein weites Ermessen eingeräumt ist,[464] nach Ausschöpfung aller Möglichkeiten Zweifel verbleiben, muss er die Sanktionen dem Jugendstrafrecht entnehmen.[465] Bei der Frage der Anwendung von Jugendrecht auf Heranwachsende im Hinblick auf die Reife gilt im Grundsatz, dass die Annahme, der Heranwachsende stehe noch einem Jugendlichen gleich, umso näher liegt, je näher das Alter des Angeklagten zur Tatzeit der Altersgrenze zum Jugendlichen kommt;[466] je näher aber sein Alter der Grenze zum Erwachsenen kommt, desto näher liegt auch die Anwendung von Erwachsenenrecht.[467] Entsprechend steigen oder sinken die Anforderungen an die Ausführungen im Urteil zu dem jeweils ferner liegenden Punkt. War der Angeklagte zum Zeitpunkt der Tat

93

---

456 BGH Urt. v 12. 11. 1991 – 5 StR 404/91; Beschl v 5. 3. 1997 – 2 StR 63/97; v 11. 11. 1998 – 4 StR 337/98
457 BGH Beschl v 22. 3. 1993 – 5 StR 120/93
458 Allgemein OLG München Beschl v 12. 5. 2005 – 5St RR 37/05
459 Überblick über die Rechtsfolgen im Jugendstrafrecht bei Schöler JuS 1999, 973 ff
460 Zur Konkurrenz von § 3 JGG und § 20 StGB OLG Karlsruhe NStZ 2000, 485 f
461 LG Passau JR 1997, 118 ff m Anm Brunner = NJW 1997, 1165 f m Anm Eisenberg NJW 1997, 1336 ff und Aufsatz Laue Jura 1999, 634 ff
462 BGH NStZ 2004, 294, 295 f
463 Anders de lege ferenda BR-Drucks 276/05; BT-Drucks 15/3422
464 BGHR JGG § 105 I Nr. 1 Entwicklungsstand 8
465 BGH NJW 2002, 72 ff; StV 2003, 460, 461
466 Vgl die Fälle BGH NStZ 1987, 366 f; BGHR JGG § 105 I 1 Nr. 1 Entwicklungsstand 4
467 BGH NStZ-RR 1999, 26

18 Jahre alt, so bedarf es im Urteil bezüglich der Nichtanwendung von Jugendstrafrecht ausreichender Tatsachenfeststellungen zu seiner geistigen und sittlichen Entwicklung sowie zu Art, Umständen und Beweggründen der Tat.[468] Für eine Gleichstellung des Heranwachsenden mit einem Jugendlichen ist maßgebend, ob in dem Täter zur Tatzeit noch in größerem Umfang Entwicklungskräfte wirksam waren. Das Wirksamsein von Entwicklungskräften ist Tatfrage, wobei dem Tatrichter ein erheblicher Beurteilungsspielraum eingeräumt wird.[469] Dabei steht die Anwendung von Jugend- oder Erwachsenenstrafrecht nicht im Verhältnis von Regel und Ausnahme. Die Forderung, grundsätzlich Jugendrecht anzuwenden, findet im Gesetz keine Stütze. Nur wenn der Tatrichter nach Ausschöpfung aller Möglichkeiten Zweifel nicht beheben kann, muss er die Sanktionen dem Jugendrecht entnehmen.[470] Die Anwendbarkeit des Zweifelssatzes ist aber fragwürdig, da Jugendstrafrecht nicht stets milder sein muss. Im Übrigen bedarf es einer Begründung der Entscheidung im Urteil mit tragfähigen Aspekten.[471]

94 Jugendverfehlungen iSd § 105 I Nr. 2 JGG, die auch die Anwendung von Jugendstrafrecht gebieten,[472] sind meist Taten, die schon nach ihrem äußeren Erscheinungsbild die Merkmale jugendlicher Unreife aufweisen. Jedoch können auch die Beweggründe der Tat oder ihre Veranlassung diese als eine Jugendverfehlung kennzeichnen. Auf die Art der Straftat kommt es grundsätzlich nicht an. Bei einem schweren Raub eines Achtzehnjährigen ist eine Jugendverfehlung deshalb nicht ausgeschlossen.[473] Dies bedarf vielmehr der Erörterung im Urteil; für das Ergebnis hat der Tatrichter aber wieder einen erheblichen Beurteilungsspielraum.[474]

95 Verhängung von Jugendstrafe gemäß § 17 II JGG ist zunächst geboten, wenn schädliche Neigungen vorliegen. Dies sind erhebliche Anlage- oder Erziehungsmängel, die ohne längere Gesamterziehung die Gefahr weiterer Straftaten begründen.[475] Sie sind regelmäßig nur gegeben, wenn sie schon vor der Tat im Charakter des Heranwachsenden angelegt waren,[476] sie können allerdings ausnahmsweise auch erst im Verlaufe einer länger andauernden Tatserie geweckt werden.[477] Bei der Erörterung der Persönlichkeit des Angeklagten im Hinblick auf das Vorliegen von schädlichen Neigungen können aber auch spätere Taten bzw Taten, die während des Zeitraums begangen wurden, in dem die im vorliegenden Verfahren zu beurteilenden Taten begangen wurden, herangezogen werden.[478] Schon in der ersten Straftat eines Jugendlichen können sich schädliche Neigungen zeigen, die die Verhängung einer Jugendstrafe erforderlich machen. Dies erfordert aber regelmäßig die Feststellung von Persönlichkeitsmängeln, die schon vor der Tat entwickelt waren, auf sie Einfluss gehabt haben und weitere Taten befürchten lassen.[479] Dazu muss das tatrichterliche Urteil ausreichende tatsächliche Feststellungen treffen.[480] Die Urteilsgründe müssen

---

468 OLG Rostock StraFo 2004, 103 f
469 BGHSt 12, 116, 118; 22, 41, 42; 36, 37, 38; BGHR JGG § 105 I Nr. 1 Entwicklungsstand 2, 4, 5,
   6; BGH NStZ-RR 1999, 26; Urt. v 22. 12. 1992 – 1 StR 586/92; v 9. 8. 2001 – 1 StR 211/01
470 BGHSt 36, 37, 40 m Anm Brunner JR 1989, 521 ff
471 Vgl BGH StV 1994, 608
472 Dazu OLG Hamm StV 2005, 71, 72
473 BGH StV 1987, 307 f
474 BGH StV 1991, 424; NStZ-RR 1999, 26 f; StV 2001, 181 f
475 BGHSt 11, 169, 170; OLG Hamm StV 2001, 176 f; LG Gera StV 1999, 660, 661
476 BGH GA 1986, 370; BGHR JGG § 17 Abs 2 schädliche Neigungen 5; BGH Urt v 28. 5. 1998 –
   4 StR 85/98
477 BGHSt 11, 169, 170 f
478 BGHR JGG § 17 II Schädliche Neigungen 9
479 BGH NStZ 2002, 89 f
480 OLG Hamm StV 1999, 658, 659; 2001, 176, 177

auch erkennen lassen, dass schädliche Neigungen zur Zeit des Urteils noch vorhanden waren, wenn Taten zur Zeit des Urteils längere Zeit zurückliegen.[481] Schädliche Neigungen können sich ausnahmsweise schon in der ersten Straftat des Täters zeigen. Dies bedarf dann aber der Feststellung schon vor der Tat vorhandener Persönlichkeitsmängel.[482] Bei einem bisher noch nicht strafrechtlich in Erscheinung getretenen Täter, der dem Einfluss anderer erlegen ist, wird regelmäßig nicht von schädlichen Neigungen gesprochen werden können.[483] Ist die Verhängung einer Jugendstrafe rechtsfehlerhaft mit der Annahme schädlicher Neigungen begründet, so hat das Urteil dennoch Bestand, wenn die Verhängung von Jugendstrafe zugleich auch mit der Schwere der Schuld begründet wurde und dies nicht zu beanstanden ist.[484]

Für die Bewertung der Schwere der Schuld[485] als zweiter Alternative für die Verhängung von Jugendstrafe sind die charakterliche Haltung und das Persönlichkeitsbild, wie sie in der Tat zum Ausdruck gekommen sind, von Bedeutung. Dem verwirklichten Straftatbestand kommt auch hier keine selbstständige Bedeutung zu.[486] Es kommt nicht auf den äußeren Unrechtsgehalt der Tat an; dieser ist nur insoweit von Belang, als aus ihm Schlüsse auf die Persönlichkeit des Täters und die Höhe der Schuld gezogen werden können. Darüber hinaus ist die innere Tatseite entscheidend, dh inwieweit sich die charakterliche Haltung und die Persönlichkeit sowie die Tatmotivation des Jugendlichen in vorwerfbarer Schuld niedergeschlagen haben.[487] Eine Schwere der Schuld, die die Verhängung von Jugendstrafe gebietet, ist in erster Linie bei Verbrechen oder ähnlich schwer wiegenden Vergehen anzunehmen,[488] vor allem dann, wenn dem Heranwachsenden ein Kapitalverbrechen zur Last liegt. Dagegen kann ein Vergehen mit vergleichsweise geringem Schaden, auch wenn es »bedenkenlos« begangen wird, die Schwere der Schuld nicht begründen, da das Gewicht der Tat dazu zu gering ist.[489]

96

Die Strafzumessung im engeren Sinne bedarf im Jugendrecht besonderer Sorgfalt, da neben den schuldbezogenen Strafzumessungsgründen auch der Erziehungszweck der Sanktionen zu berücksichtigen ist. Eine formelhafte Begründung der Höhe der Jugendstrafe trägt deshalb von vornherein nicht,[490] ebenso ein Hinweis auf nicht existierende Erfahrungssätze über Erziehungswirkungen von Sanktionen.[491] Beherrschender und im Urteil zu beachtender Strafzweck des Jugendstrafrechts ist die Erziehung. Dies bedeutet allerdings nicht, dass die Erziehung als einziger Gesichtspunkt bei der Strafzumessung heranzuziehen ist. Vielmehr sind daneben auch andere Strafzwecke, namentlich der Sühnegedanke und das Erfordernis gerechten Schuldausgleichs, zu beachten. Vor allem ist bei einem Jugendlichen unter Berücksichtigung seines Entwicklungsstandes und seines gesamten Persönlichkeitsbildes sorgfältig zu prüfen, in welchem Ausmaß er sich selbstverantwortlich für das Unrecht entschieden hat.[492]

97

---

481 BGH StV 1985, 419; Beschl v 7.3.1997 – 3 StR 515/97
482 BGHSt 16, 261, 262
483 BGH StV 1989, 306 f
484 BGHR StGB § 46 II Tatumstände 11
485 Vgl BGH StV 2005, 66 f; OLG Hamm StV 2005, 67 ff; OLG Köln StV 2003, 457 f; OLG Schleswig SchlHA 2004, 261
486 BGHSt 15, 224, 226; 16, 261, 263; BGH StV 1996, 269 f; NStZ 1996, 496
487 BGH NStZ-RR 2001, 215, 216; OLG Hamm StV 2001, 175
488 BGH StV 1998, 332 f; NStZ-RR 2001, 215 f
489 BGH StV 1998, 332 f
490 BGH Beschl v 2.2.1993 – 1 StR 920/92 = StV 1993, 531 (Ls)
491 BGH Beschl v 17.5.1995 – 5 StR 186/95
492 BGH StV 1994, 598

Eschelbach

98 Besonderer Prüfung bedarf bei der Verhängung von Jugendstrafen die Frage der Strafaussetzung zur Bewährung zu Gunsten des Jugendlichen oder Heranwachsenden. Nach § 21 II JGG muss die Vollstreckung einer Jugendstrafe von mehr als einem Jahr, die zwei Jahre nicht übersteigt, zur Bewährung ausgesetzt werden, wenn nicht die Vollstreckung im Hinblick auf die Entwicklung des Täters geboten ist; die Entscheidung steht insoweit nicht mehr, wie es früher der Fall war, im freien Ermessen des Gerichts.[493] Die Erwartung künftiger straffreier Lebensführung auch ohne Vollstreckung der Jugendstrafe gemäß § 21 I JGG erfordert nicht eine sichere Gewähr. Es reicht aus, dass die Begehung weiterer Straftaten nicht wahrscheinlich erscheint.[494] Für die Anwendung dieser Vorschrift ist eine Gesamtwürdigung der in der Tat und in der Täterpersönlichkeit liegenden Umstände erforderlich.[495] In diese Gesamtwürdigung sind unter Berücksichtigung des das Jugendstrafrecht beherrschenden Erziehungszweckes auch Umstände einzubeziehen, die nach der Tat eingetreten sind, wie die Tatsache, dass sich die Lebensverhältnisse des Angeklagten inzwischen stabilisiert haben. Maßgeblich für die Prognoseentscheidung ist der Zeitpunkt der tatrichterlichen Entscheidung, nicht derjenige der Tat. Daher ist auch die weitere Persönlichkeitsentwicklung nach der Tat im Urteil zu erörtern, soweit sie von Belang ist.[496]

99 Die Anordnung der Unterbringung[497] in einem psychiatrischen Krankenhaus gemäß §§ 7 JGG, 63 StGB kann bei einem Jugendlichen nur in besonderen Ausnahmefällen gerechtfertigt sein.[498] Bei fehlender Verantwortungsreife[499] iSd § 3 S 1 JGG und Schuldunfähigkeit nach § 20 StGB scheidet sie aus.[500] Ähnliches gilt bei einem Heranwachsenden, der die Schwelle des § 1 II JGG gerade überschritten hat.[501] Insoweit werden besonders strenge Anforderungen an die Urteilsgründe gestellt. Wird aus Anlass einer Straftat eines nach Jugendstrafrecht zu beurteilenden Heranwachsenden nach § 63 StGB dessen Unterbringung in einem psychiatrischen Krankenhaus angeordnet, so ist grundsätzlich zu prüfen, ob die angeordnete Maßregel die Ahndung mit Jugendstrafe entbehrlich macht, § 5 III JGG.[502]

493 BGH StV 1991, 423 f
494 BGH Beschl v 29. 19. 1985 – 1 StR 444/85
495 BGHR JGG § 21 II Gesamtwürdigung 2; BGH StV 1993, 533; 1996, 270, 281
496 BGH StV 1991, 424
497 Vgl BGH StV 1998, 340 f
498 BGH StV 1993, 534; BGHSt 37, 373
499 BGH Urt. v 3. 2. 2005 – 4 StR 492/04
500 OLG Karlsruhe NStZ 2000, 485 f
501 BGHR StGB § 63 Gefährlichkeit 18
502 BGH StV 2002, 416; 2003, 456

Kapitel 5
Prozessualer Tatbegriff und Strafklageverbrauch

Überblick

I. Allgemeines

Der prozessuale Tatbegriff des § 264 StPO liegt dem gesamten Verfahren von der **1**
Einleitung über die Anklage[1] bzw die Einstellung des Verfahrens nach § 170 II
StPO (Rn 14), dem Eröffnungsbeschluss (Rn 15), der Hauptverhandlung (Rn 16 f)
und dem Urteil mit Rechtskraft und Strafklageverbrauch zugrunde. Die prozessuale Tat dient so der Rechtsklarheit durch Eingrenzung des Verhandlungsstoffs und
damit der effektiven Strafverteidigung des Angeklagten, dem Schutz des Angeklagten vor Mehrfachverurteilung (ne bis in idem), aber auch der Verfahrenskonzentra-
tion. Trotz der sich durch die gesamte StPO ziehenden Bedeutung des Tatbegriffs,
ist es Rechtsprechung und Literatur bisher nicht gelungen, der prozessualen Tat in
sachlicher Richtung feste und vorherbestimmbare Konturen zu geben.[2]
Der Grundsatz »in dubio pro reo« gilt nur eingeschränkt.[3]

---

1 Zu den Grenzen der Beurteilungskompetenz des Richters aufgrund des Anklageprinzips siehe
  Eschelbach Teil H Kap 4 Rn 3 f; zum Eröffnungsbeschluss dort Rn 36 ff
2 KMR-Stuckenberg § 246 Rn 25 ff
3 BGH NStZ 1997, 233

II. Begriffsbestimmung

1. Faktische Betrachtungsweise

2 In persönlicher Hinsicht ist der Tatbegriff problemlos, da bzgl jedes Mitbeschuldigten/Mitangeklagten eine eigene prozessuale Tat gegeben ist, auch wenn es sich um Mittäter iSv § 25 II StGB handelt.[4] Soweit es um die inhaltliche Bestimmung des Begriffes geht, ist gesicherte Erkenntnis nur, dass es sich bei dem Tatbegriff um einen **Lebenssachverhalt** handelt, der unabhängig ist vom konkreten Erkenntnisstand der Ermittlungsbehörden und deren rechtlicher Qualifikation. Nicht entscheidend ist also, wie StA und Gericht das Verhalten des Angeklagten rechtlich qualifizieren und auch nicht, ob ihnen alle Geschehensmodalitäten bei Anklageerhebung bekannt waren oder bekannt hätten sein können.[5] Der Umfang der angeklagten Tat wird allein nach objektiven Kriterien bestimmt. Der BGH hat daher in ständiger Rechtsprechung die prozessuale Tat als geschichtliches Vorkommnis definiert, das nach der Auffassung des Lebens einen einheitlichen Vorgang bildet, der bei getrennter Würdigung und Aburteilung unnatürlich aufgespalten würde[6] und dabei immer wieder herausgestellt, dass eine abstrakt-generalisierende Betrachtungsweise nicht möglich. Der Tatbegriff könne nur von Fall zu Fall bestimmt werden, wobei es auf den sachlichen, nicht den zeitlichen Zusammenhang ankomme.[7] Diese Kriterien haben unterschiedliches Gewicht, je nach Deliktsart und Deliktsschwere; zB steht bei Hehlerei der Tatort und die Tatzeit im Vordergrund, bei Tötungsdelikten und Sexualstraftaten geht es vorrangig um das Opfer, wobei die Tatzeit in den Hintergrund tritt. Der unten Rn 4 aufgeführte Kriterienkatalog kann daher lediglich als erste praktische Hilfe zum Auffinden relevanter Gesichtspunkte angesehen werden.

2. Normative Betrachtungsweise

3 Der verfahrensrechtliche Tatbegriff deckt sich nicht mit den materiellrechtlichen Tatbegriffen von Tateinheit[8] (§ 52 StGB) und Tatmehrheit (§ 53 StGB). Er ist weiter, da beispielsweise innerhalb einer prozessualen Tat mehrere Delikte tatmehrheitlich zusammentreffen können. Schulbeispiel ist die Trunkenheitsfahrt mit Unfall und anschließender Flucht.[9] Andererseits wird regelmäßig bei tateinheitlich zusammentreffenden Delikten nur eine prozessuale Tat gegeben sein, da dieses Rechtsinstitut eine Handlung voraussetzt, § 52 StGB.[10] Mehrere tatmehrheitlich zusammentreffende Straftaten begründen dagegen regelmäßig auch mehrere prozessuale Taten.[11]

---

4 BGHSt 32, 215, 217
5 M-G § 264 Rn 2 aE; KK-Engelhardt § 264 Rn 9; BGHSt 16, 200, 202; 23, 270, 275; KMR-Stuckenberg § 264 Rn 18 mwN zur BGH-Rechtsprechung
6 BGH NJW 1996, 1160; BGH NStZ 1996, 243: »Zur Tat im verfahrensrechtlichen Sinne gehört nicht nur der Geschehensablauf, der dem Angeklagten in der Anklage zur Last gelegt worden ist, sondern darüber hinaus dessen gesamtes Verhalten, soweit es mit dem durch die Anklage bezeichneten Vorkommnisse nach der Auffassung des Lebens einen einheitlichen Vorgang bildet (hier: anderer Täter).«
7 BGHSt 43, 252, 255; BGH NStZ-RR 2003, 82
8 Zum stark umstrittenen Begriff der Handlung iSv § 52 StGB: BGHSt 23, 141; 29, 63; SK-StGB-Samson/Günther Vor § 52 Rn 15 ff
9 Tröndle/Fischer § 315 c Rn 23
10 BGH NStZ 1997, 446: »Ist ein Geschehen materiell-rechtlich zur Tateinheit verbunden, so liegt idR auch nur eine Tat im prozessualen Sinne vor, denn der dem Gericht zur Beurteilung unterbreitete Sachverhalt muss alle Tatsachen umfassen, für die nach sachlichem Recht eine einheitliche Rechtsfolge zu verhängen ist.«
11 BGHSt 35, 14, 17; 43, 96, 99; BGH StV 2000, 350, 351 (unten Fn 99); M-G § 264 Rn 6

Die Praxis hat die prozessuale Tat daher vorrangig über die materiellrechtliche Konkurrenzlehre definiert, weil hier die Begriffe juristisch genauer zu handhaben sind, und sie wirft erst zum Schluss die Frage nach der Einheitlichkeit des Lebenssachverhaltes auf.[12]

3. Prüfschema

Das folgende Prüfschema soll lediglich eine Hilfe zum Auffinden der relevanten Entscheidungskriterien auf dem Weg zur Bestimmung der prozessualen Tat sein. Ausgangspunkt der Überlegungen ist die materiellrechtliche Konkurrenzsituation.

4

Die StA hat **mehrere Straftatbestände** angeklagt. In der Hauptverhandlung ergeben sich (evtl. aufgrund neuer Tatsachen) neue Tatbestände.

Die StA hat **einen Straftatbestand** angeklagt. In der Hauptverhandlung ergeben sich neue tatsächliche Gesichtspunkte.

In welchem materiellrechtlichen Konkurrenzverhältnis stehen die TB'e zueinander?

Faktische Betrachtungsweise
Ist die angeklagte Tat nach den in der Hauptverhandlung bekanntgewordenen Tatsachen noch ein einheitlicher Lebensvorgang?

Tateinheit?

tatbestandliche Handlungseinheit (Rn 7):
– Dauerdelikte/mehraktige zusammengesetzte Delikte
– wiederholte Ausführungshandlung

natürliche Handlungseinheit (Rn 8)

Teilidentität der Ausführungshandlungen (Rn 9)

Verklammerung (Rn 10)

BtM Bewertungseinheit (Rn 11, 23)

Anschlußdelikte (Rn 21)
mitbestrafte Vortat/Nachtat

Kriterien:
Tatzeit
Tatort
Opfer/Geschädigter/Rechtsgut
höchstpersönl. Rechtsgut
Vermögen
Unrechtsdimension
Begehungsweise
Gesamtplan
gewerbsmäßig
Aufeinanderfolge
Tätermotivation: Eigennutz/Fremdnützigkeit
Zäsur durch Urteil

Ergebnis:

Eine prozessuale Tat

Mehrere prozessuale Taten

ja

nein

Verbrechen:
Unterbrechung durch neuen Tatentschluss (Rn 12)

nein

ja

Tatmehrheit

Ausnahme: bei natürlicher Betrachtungsweise einheitlicher Lebensvorgang; daher jetzt faktische Betrachtungsweise prüfen

Regel: eine prozessuale Tat

Ausnahme: kriminelle Vereinigung (Rn 31)

Regel: mehrere prozessuale Taten

---

12 Zu den sich abzeichnenden Tendenzen, den Tatbegriff von der materiellrechtlichen Betrachtung abzukoppeln unten Rn 23, Rn 24 und Rn 31 und OLG Düsseldorf NStZ-RR 1999, 176

III. Verhältnis materielle Konkurrenzlehre und prozessuale Tat

1. Eine Handlung und Tateinheit

5 »Dieselbe Handlung« iSv § 52 StGB umfasst:

– Handlung im natürlichen Sinne (a)
– Tatbestandliche Handlungseinheit (b)
– Natürliche Handlungseinheit (c).

Diese Ausführungshandlung(en) kann (können) gleichzeitig mehrere Strafgesetze oder dasselbe Strafgesetz mehrfach verletzen (d–f).

a) Einheitliche Handlung im natürlichen Sinn

6 Jede materiellrechtlich einheitliche Handlung im natürlichen Sinn (eine Körperbewegung oder Unterlassen aufgrund eines Entschlusses) ist gleichzeitig auch eine prozessuale Tat.[13] Der Begriff der Handlung iSv § 52 StGB ist stark umstritten. Einigkeit besteht nur darüber, dass eine Handlung vorliegt, wenn ein einziger Willensimpuls zu einer einzigen körperlichen Reaktion (zB ein Schuss verletzt zwei Menschen) führt oder mehrere Körperbewegungen von Gesetzes wegen zu einer Handlung zusammengefasst werden (zB Wegnahme und Gewalt zur Beutesicherung beim räuberischen Diebstahl).

b) Tatbestandliche Handlungseinheit

7 In den Fällen der tatbestandlichen Handlungseinheit ist immer eine prozessuale Tat gegeben, da von Gesetzes wegen mehrere an sich getrennte Handlungen zu einem Tatbestand zusammengefasst werden. Zu dieser Gruppe gehören die **Dauerdelikte**, zB §§ 239, 316 StGB und die **mehraktigen** sowie die **zusammengesetzten Delikte**, zB §§ 249, 252, 277 StGB. Der BGH hat den Anwendungsbereich der tatbestandlichen Handlungseinheit für die Fälle der **wiederholten Ausführungshandlung** in der »Dagobert-Entscheidung«[14] ausgedehnt: Bei einer Erpressung rechnet der Täter von Anfang an damit, dass er mehrere Drohungen aussprechen muss. Auf die Beurteilung der Konkurrenz mehrerer gleichartiger sukzessiver Tathandlungen sind nach dieser Rspr somit die Rücktrittsregeln anwendbar.

c) Natürliche Handlungseinheit

8 Das Rechtsinstitut der natürlichen Handlungseinheit ist stark umstritten. In der Literatur wird es überwiegend abgelehnt, in der Rechtsprechung aber häufig ausdrücklich oder inzident herangezogen.[15] Natürliche Handlungseinheit als Unterfall der juristischen Handlung liegt dann vor, wenn mehrere Handlungen, die an sich mehrere natürliche Handlungen ausmachen, so kurz aufeinanderfolgen und auch in räumlich nahem Zusammenhang stehen, dass von einer einzigen Handlung ausge-

---

13 M-G § 264 Rn 6; BGHSt 23, 141; 29, 63; SK-StGB-Samson/Günther Vor § 52 Rn 15 ff
14 BGHSt 41, 368 ff (»Dagobert«; 3. Senat) = NStZ 1996, 429 m Anm Beulke/Satzger; daran anknüpfend BGH (5. Senat) StV 1998, 70 (Autobahnschütze) m krit Besprechung Momsen NJW 1999, 982: Mehrfache Drohungen mit Zahlungsaufforderung sind eine Einheit und begründen den Tatbestand der Erpressung nur einmal
15 BGHSt 43, 312, 315 = StV 1998, 546; BGH JZ 2000, 733, 744; Tröndle/Fischer Vor § 52 Rn 2

gangen werden kann.[16] Beispiel: Der Täter geht im Supermarkt an verschiedenen Regalen vorbei und steckt 5 verschiedene kleinere Gegenstände in seine Jackentasche, um sie unbezahlt für sich zu behalten. Es sind nicht fünf, sondern es ist nur ein Diebstahl gegeben. Der Täter zertrümmert in der Gastwirtschaft einen Stuhl und schlägt mit dem Stuhlbein auf einen Gast ein. Obwohl ein neuer Tatentschluss (Verletzungsvorsatz) gefasst wird, wäre es gekünstelt, Tatmehrheit zwischen Sachbeschädigung und Körperverletzung anzunehmen; daher liegt natürliche Handlungseinheit vor. Diese führt hier dazu, dass Sachbeschädigung und gefährliche Körperverletzung in Tateinheit zueinander stehen, da es sich um verschiedene Delikte handelt. Ein neuer Tatentschluss bedingt eine Zäsur und führt zur Tatmehrheit.[17] Der BGH beschränkt den Anwendungsbereich der natürlichen Handlungseinheit zumindest für Angriffe gegen verschiedene höchstpersönliche Rechtsgüter auf Ausnahmefälle.[18] Aber auch das Zeitmoment wirkt der Handlungseinheit entgegen: Das Ausnutzen einer schutzlosen Lage oder Zwangslage über einen längeren Zeitraum für mehrere Straftaten (Vergewaltigungen, sexuelle Übergriffe ua) führt nicht zur Handlungseinheit, wenn erhebliche zeitliche Abstände zwischen den Handlungen liegen.[19]

d) Teilidentität der Ausführungshandlungen (Tatbestandsüberschneidung)

Erfüllt eine *Handlung* gleichzeitig mehrere Tatbestände, so ist nach § 52 StGB Tateinheit gegeben (vollständige Identität oder Kongruenz der Tatbestandsmerkmale). Aber auch dann, wenn nur Teilidentität (Teilkongruenz) der Ausführungshandlung(en) gegeben ist, lässt die Rechtsprechung dies für Tateinheit genügen.[20] Beispiel: Bei Raubmord ist die Tötung gleichzeitig die Gewalt beim Raub, §§ 211, 249, 52 StGB.

9

e) Tateinheit durch Klammerwirkung

Das Rechtsinstitut der Tateinheit durch Klammerwirkung ist umstritten.[21] Tateinheit ist danach gegeben, wenn die Ausführungshandlungen zweier oder mehrerer

10

---

16 Sowada Jura 1995, 247 spricht plastisch von einer »Miniaturausgabe des Fortsetzungszusammenhangs«

17 So zB wenn die Täter die Tat für beendet betrachten und danach einen weiteren Angriff gegen das Rechtsgut führen; wenn statt Beihilfe nun Mittäterschaft vorliegt; BGH NStZ 2002, 433 zu §§ 221, 224, 211 StGB

18 BGH NStZ 1996, 129: »... Hierbei darf jedoch nicht außer Acht gelassen werden, dass höchstpersönliche Rechtsgüter verschiedener Personen, insbesondere das Leben von Menschen, einer additiven Betrachtungsweise, wie sie der natürlichen Handlungseinheit zugrunde liegt, nur ausnahmsweise zugänglich sind. Greift daher der Täter einzelne Menschen nacheinander an, um jeden von ihnen in seiner Individualität zu vernichten, so besteht sowohl bei natürlicher als auch bei rechtsethisch wertender Betrachtungsweise selbst bei engem räumlichen und zeitlichen Zusammenhang regelmäßig kein Anlass, diese Vorgänge rechtlich als eine Tat zusammenzufassen ...«; ebenso BGH StV 1998, 70, 71 (Autobahnschütze) und BGH NStZ 2005, 262

19 BGH GSSt NJW 1994, 1663; NJW 1997, 1590; NJW 2000, 1048; NStZ 2002, 199

20 BGHSt 22, 206, 208; 27, 66, 67: »... Allerdings bewirkt die bloße Gleichzeitigkeit der Verletzung zweier Tatbestände noch nicht die Handlungsidentität ... Vielmehr ist erforderlich, dass diejenige Handlung, die einen Tatbestand (ganz oder teilweise) verwirklicht, zugleich, dh wenigstens in einzelnen der ihr zugehörigen Willensbetätigungen, einen anderen Tatbestand ganz oder teilweise erfüllt ... Zur Abgrenzung gegenüber den ›nur gleichzeitigen‹, ›nur gelegentlich‹ der Dauertat begangenen Verstößen ist zu fordern, dass Identität in einem für beide Tatbestandsverwirklichungen in der konkreten Form notwendigen Teil vorliegen muss ..., dass das Dauerdelikt selbst einen tatbestandserheblichen Tatbeitrag zu dem anderen Delikt abgibt ...«; bestätigend BGH NStZ 1998, 300

21 Tröndle/Fischer Vor § 52 Rn 5 mwN; MüKo/StGB-v. Heintschel-Heinegg § 52 Rn 96 ff

Delikte jeweils mit einer Ausführungshandlung eines weiteren Deliktes (zumindest) teilidentisch sind – also Tateinheit gegeben ist – und Wertgleichheit zwischen den Delikten besteht.[22] Diese Klammerwirkung soll nicht nur dann möglich sein, wenn das Verbindungsdelikt schwerer oder gleichgewichtig mit den zu verbindenden Tatbeständen ist. BGHSt 31, 29, 31 lässt es ausreichen, dass die »Zwischenstraftat« mindestens so gewichtig ist, wie eines der zu verbindenden Delikte. Das bedeutet, dass auch ein Vergehen ein Verbrechen mit einem weiteren Vergehen verbinden kann, nicht aber jeweils nicht wertgleiche Delikte. Dabei kommt es nicht abstrakt auf den Strafrahmen an, sondern auf die konkrete Gewichtung der Taten.[23]

f)   Bewertungseinheit im Betäubungsmittelrecht

11   Die Figur der Bewertungseinheit wurde von der Rspr entwickelt,[24] um im Betäubungsmittelrecht (siehe Rn 23) einzelne Zuwiderhandlungen, die eine Einheit im Unrechtserfolg bilden und von einheitlichem Tatentschluss getragen werden, nicht gesondert aburteilen zu müssen. Der BGH hat diese Rechtsfigur nun auch auf Verstöße gegen § 20 I Nr. 4 VereinsG übertragen.[25]

g)   Unterbrechung des Dauerdeliktes durch neuen Tatentschluss bei Verbrechen

12   Treffen Straftaten mit einem Dauerdelikt (siehe Rn 24) zusammen, so ist zwischen den einzelnen Tatbeständen immer dann Tateinheit gegeben, wenn die Verwirklichung des Dauerdeliktes gleichzeitig notwendige Bedingung für das zusätzlich gegebene Delikt ist, so zB bei einem Raubüberfall, bei dem die Waffe als Nötigungsmittel eingesetzt wird, oder bei einem Tötungsdelikt mit einer Schusswaffe ohne Waffenschein.[26] Folge wäre, dass alle tateinheitlich mit dem Dauerdelikt zusammentreffenden Taten auch eine prozessuale Tat bilden würden, mit der weiteren Folge des Strafklageverbrauchs. Der 4. Strafsenat des BGH hat diese das Rechtsgefühl wenig befriedigende Lösung in einer grundlegenden Entscheidung[27] dahinge-

---

22 Beispiel: Der Täter fesselt und knebelt sein Opfer (Körperverletzung), um es am Weglaufen zu hindern (Freiheitsberaubung). Nach einiger Zeit schlägt er das Opfer bewusstlos (gefährliche Körperverletzung), da er nun befürchtet, das Opfer könnte sich befreien. Die erste Körperverletzung wird durch die Freiheitsberaubung (Dauerdelikt) mit der zweiten Tathandlung zur Tateinheit verbunden

23 M-G § 264 Rn 6 a; BGH NJW 1998, 619 (Autobahnschütze): Mord als schwerstes Delikt kann nicht durch Raubdelikte verklammert werden; BGH NStZ 2005, 562

24 BGHSt 30, 28 = StV 1981, 180; BGH NStZ 1994, 495; StV 1994, 658

25 BGH StV 1998, 546 fortgeführt in StV 2001, 510 m Anm Mitsch NStZ 2002, 159; BGH StV 2003, 451

26 Siehe unten Stichwort Waffenrecht Rn 37

27 BGHSt 36, 151, 154 = StV 1990, 341 (m Anm Neuhaus): »Die Akte des Erwerbs einer Waffe und des späteren Führens dieser Waffe können also trotz ununterbrochenen Waffenbesitzes zwei selbstständige Taten darstellen. Nicht anders ist es bei der Dauerstraftat des Waffenbesitzes gegenüber Akten des Führens der Waffe, die auf einem neuen Entschluss des Täters beruhen. Das ist regelmäßig der Fall, wenn dieser sich entschließt, mit der Waffe ein Verbrechen (§ 12 I StGB) zu begehen. Dieser neue, von ganz anderen Beweggründen als dem zum Besitz der Waffe getragene Willensentschluss hat ein nur als sachlichrechtlich selbstständige Handlung rechtlich ausreichend erfassbares, wesentlich intensiveres kriminelles Verhalten zum Gegenstand, das seinerseits wieder in Tateinheit mit Verstößen gegen das Waffengesetz stehen kann. Ist das Verbrechen beendet und übt der Täter danach wiederum den unerlaubten Besitz an der Waffe oder das Führen aus, so liegt darin eine weitere materiellrechtlich selbstständige Handlung (vgl BGHSt 21, 203 ff). Wird später nur diese letzte Dauerstraftat abgeurteilt, so beantwortet sich die Frage nach dem Verbrauch der Strafklage für die vorangegangenen sachlichrechtlich selbstständigen Straftaten nach den allgemeinen Grundsätzen, nämlich danach, ob abweichend von der Regel, dass sachlichrechtlich selbstständige Taten auch prozessual selbstständig sind (BGHSt 35, 14,

Wankel

hend eingeschränkt, dass der Entschluss, ein Verbrechen zu begehen, eine Zäsur in der Dauerstraftat begründe. Der Verstoß gegen das WaffG ist in Tatmehrheit zu dem Verbrechen gegeben, das wiederum in Tateinheit zum WaffG im Zeitpunkt der Begehung des Verbrechens steht. Das Verbrechen wird sozusagen aus dem Dauerdelikt »herausgeschnitten«, mit der Folge, dass die Verurteilung wegen eines Vergehens des Dauerdeliktes die Strafklage wegen des Verbrechens nicht verbraucht.

2. Handlungsmehrheit, Tatmehrheit

Stehen Delikte in Tatmehrheit zueinander, so liegen regelmäßig mehrere prozessuale Taten vor. Nach dem Kriterienkatalog (oben Rn 4) und unter Heranziehung der Einzelfallrechtsprechung kann auch bei Tatmehrheit ausnahmsweise eine prozessuale Tat gegeben sein, zB bei alkoholbedingtem Unfall mit anschließender Flucht (unten Rn 35). **13**

IV. Prozessuale Tat und Verfahrensabschnitte

1. Ermittlungsverfahren

Die StA trifft hinsichtlich jeder selbstständigen prozessualen Tat eine eigenständige Verfügung: Einstellung nach dem Legalitätsprinzip gemäß § 170 II StPO, nach dem Opportunitätsprinzip gemäß §§ 153 ff StPO oder sie erhebt öffentliche Klage. Hat die StA eine oder mehrere prozessuale Taten eingestellt und beabsichtigt, hinsichtlich weiterer Taten Anklage zu erheben, kann sie den Anspruch auf Akteneinsicht (§ 147 StPO) bzgl. der nicht eingestellten Taten bis zum Zeitpunkt des § 169 a StPO beschränken. **14**

Die Einstellungsverfügung verbraucht die Strafklage nicht. Das Klageerzwingungsverfahren hat den Zweck, die eingestellte Tat der gerichtlichen Überprüfung zu unterbreiten. Hat die StA fälschlich Teile einer prozessualen Tat eingestellt und andere angeklagt, ist das Klageerzwingungsverfahren daher unzulässig.[28] Das Gericht kann in der Hauptverhandlung nach Hinweis gemäß § 265 StPO auch die fälschlich eingestellten Delikte einbeziehen und aburteilen.

2. Zwischenverfahren

Die Anklage begründet die Rechtshängigkeit des Verfahrens. Im Vorfeld des Strafklageverbrauchs hindert sie jede anderweitige Verfolgung des Beschuldigten wegen derselben prozessualen Tat.[29] Das Gericht entscheidet im Zwischenverfahren durch Eröffnungs- oder Nichteröffnungsbeschluss nur über die angeklagten prozessualen Taten. Mit dem Eröffnungsbeschluss verliert die StA die Dispositionsbefugnis über die Klage und kann daher die angeklagte prozessuale Tat auch nicht mehr auswechseln. Eine Zustimmung der StA zur Eröffnung nicht angeklagter Taten ist daher unwirksam.[30] Geht das Gericht über die angeklagte prozessuale Tat hinaus, fehlt es **15**

---

19), Umstände vorliegen, die die Annahme einer Tat iSd § 264 StPO rechtfertigen.« ergänzend: BGH JR 1995, 168 m Anm Erb: »Der illegale Erwerb und die nachfolgende Überprüfung der Tauglichkeit eines Revolvers im Wald einerseits und das spätere Führen dieser Waffe bei und nach einem Banküberfall sind verschiedene Taten im prozessualen Sinn.«

28 OLG Karlsruhe NJW 1977, 62

29 KK-Pfeiffer Einl Rn 42

30 BGH StV 2002, 642: die StA hatte versehentlich den falschen Tatzeitraum angegeben

insoweit an der Prozessvoraussetzung des Eröffnungsbeschlusses. Dieser Mangel kann in der ersten Instanz durch Nachtragsanklage gemäß § 266 StPO geheilt werden.[31] Stimmt der Angeklagte nicht zu, so ist einzustellen. Für eine Sachentscheidung bleibt kein Raum. Der Grundsatz, des Vorranges des Freispruchs gilt nicht.[32] In der Berufung und Revision ist das Verfahren nach § 206 a StPO bzw §§ 206 a, 354 II StPO endgültig einzustellen, soweit der Eröffnungsbeschluss fehlt.[33] Die StA kann dann erneut Anklage erheben.

3. Hauptverfahren, § 264 StPO

a) Umfang der Kognitionspflicht

16   § 264 I StPO bestimmt den Umfang der Kognitionspflicht des erkennenden Gerichtes in der Hauptverhandlung und nimmt dazu auf die Anklage Bezug. Durch diese werden die Grenzen des Eröffnungsbeschlusses und damit auch die Grenzen der Hauptverhandlung und des darauf fußenden Strafurteils (Verurteilung/Freispruch/Einstellung) abgesteckt.[34] Das Gericht hat die Anklage restlos unter allen tatsächlichen und rechtlichen Gesichtspunkten aufzuklären und abzuurteilen.[35] Der Umfang der Rechtskraft eines Strafurteils bestimmt dann wieder den Umfang des Strafklageverbrauchs iSv Art. 103 GG.

b) § 264 II StPO

17   § 264 II StPO hat bei der Bestimmung der prozessualen Tat keine eigenständige Bedeutung. Auch in diesem Zusammenhang ist die entscheidende Frage, ob die **tatsächlichen Veränderungen** innerhalb der Grenzen der prozessualen Tat liegen (dann Aburteilungsbefugnis nach Hinweis gemäß § 265 StPO gegeben), oder nicht (dann Aburteilungsbefugnis nur nach Nachtragsanklage gemäß § 266 StPO gegeben). Aus § 264 II StPO ergibt sich nur die sich schon aus Abs 1 ergebende Aussage, dass das Gericht an den durch den Eröffnungsbeschluss (der seinerseits wieder durch die Anklage bestimmt wird) gezogenen Rahmen gebunden ist. Ob es sich um eine rein rechtliche Veränderung handelt, die die Identität der prozessualen Tat berührt, ist nicht Voraussetzung, sondern Folge der Beurteilung des Tatbegriffes.

Umstände außerhalb der angeklagten prozessualen Tat (überschießende Feststellungen) dürfen für die **Strafzumessung** (Tat und Täterbeurteilung) mit herangezogen werden. Dies ergibt sich schon aus § 46 StGB. Konsequenterweise dürfen daher in diesem Zusammenhang auch Straftaten, die nicht angeklagt worden sind und bereits abgeurteilte Taten,[36] von der StA eingestellte Taten (sei es nach § 170 II StPO oder § 154, §§ 153 ff StPO) oder ausgeschiedene Tatteile zum Gegenstand der Hauptverhandlung gemacht werden.[37] Dabei müssen selbstverständlich das Mündlichkeitsprinzip, der Grundsatz des rechtlichen Gehörs und § 265 StPO beachtet werden.[38] Die Verteidigung wird in solchen Fällen Antrag auf Unterbrechung oder Aussetzung stellen können, vgl auch § 265 III, IV StPO.[39]

---

31 BGHSt 29, 224
32 BGH StV 2002, 642
33 BGHSt 33, 167; M-G § 203 Rn 3 und § 354 Rn 6
34 BGHSt 32, 215, 221
35 KMR-Stuckenberg § 264 Rn 41 ff
36 BGHSt 34, 209, 210; allerdings nur noch nicht im BZR getilgte Taten, § 51 BZRG; zB BGH NStZ 1997, 285
37 BGHSt 30, 147 und 165; M-G § 154 Rn 25; § 154 a Rn 2
38 BGH StV 1998, 252
39 M-G § 265 Rn 38 ff

4. Berufung

Das Berufungsgericht ist wie die erste Instanz an den Umfang der angeklagten Tat **18** gebunden. Eine Nachtragsanklage nach § 266 StPO scheidet in der Berufung aus, da dem Berufungsgericht die erstinstanzliche Verhandlungskompetenz fehlt.[40]

Durch Rechtsmittelbeschränkung nach § 318 StPO kann die Verteidigung den Prüfungsumfang einschränken, und zwar durch Beschränkung auf eine von mehreren abgeurteilten prozessualen Taten, aber auch innerhalb einer prozessualen Tat. Die Wirkung der Rechtsmittelbeschränkung auf eine ganze prozessuale Tat wird häufig als vertikale und die Beschränkung innerhalb einer prozessualen Tat als horizontale Teilrechtskraft bezeichnet.[41]

5. Revision

Das Revisionsgericht hat das Verfahrenshindernis der entgegenstehenden Rechts- **19** kraft/des Strafklageverbrauchs von Amts wegen in jeder Lage des Verfahrens zu berücksichtigen und das Verfahren gegebenenfalls einzustellen.[42] Dabei ist zu beachten, dass bei mehreren prozessualen Taten unter Umständen eine Teileinstellung in Betracht kommt, wenn die Sperrwirkung der Rechtskraft sich nur auf eine von mehreren Taten iS des § 264 StPO bezieht. Ergibt sich in der Revision, dass die Tatsacheninstanz über die angeklagte prozessuale Tat hinausgegangen ist, stellt das Revisionsgericht das Verfahren mangels Prozessvoraussetzung (Anklage iVm Eröffnungsbeschluss) ein, aber nur soweit die fehlende Prozessvoraussetzung reicht. Da Prozessvoraussetzungen und Prozesshindernisse von Amts wegen geprüft werden, braucht die Verteidigung sie in der Revision nicht ausdrücklich zu rügen. Ein Hinweis ist aber sinnvoll.

6. Strafklageverbrauch

Strafklageverbrauch bedeutet, dass ein Täter nicht wegen derselben Tat mehrfach **20** bestraft werden darf. Gerichtliche Entscheidungen müssen zu einem feststellbaren Zeitpunkt verbindlich und gegebenenfalls auch vollstreckbar werden. Dieser Zeitpunkt tritt ein, wenn bei einem befristeten Rechtsmittel die Rechtsmittelfrist abgelaufen ist, oder die Entscheidung aus anderen Gründen unanfechtbar ist.[43] Strafurteile oder mit sofortiger Beschwerde angreifbare Gerichtsbeschlüsse werden demnach mit Ablauf der Rechtsmittelfrist oder durch Rechtsmittelverzicht oder Rechtsmittelrücknahme formell rechtskräftig. Beschlüsse, die von vornherein der Anfechtung entzogen sind, werden mit Erlass formell rechtskräftig. Diese formelle Rechtskraft oder Unabänderbarkeit der Entscheidung ist Voraussetzung für die materielle Rechtskraft.[44] Dessen wesentlichste Wirkung ist, dass Strafurteile die Strafklage verbrauchen, dh dass der Täter wegen derselben Straftat nicht erneut verfolgt werden kann. Diese Sperrwirkung hat Verfassungsrang (Art. 103 III GG) und begründet ein

---

40 M-G § 266 Rn 10; aA KK-Engelhardt § 266 Rn 5

41 M-G Einl Rn 185 f; zu Voraussetzungen und Folgen der Rechtsmittelbeschränkung in der StPO Wankel JA 1998, 65 ff

42 BGH NJW 2000, 3293 LS: »Ist eine nicht angeklagte Tat abgeurteilt worden, so unterliegt auch das freisprechende Urteil auf zulässige Revision der StA der Aufhebung. Das beim LG geführte Verfahren ist einzustellen. Der Grundsatz des ›Vorrangs des Freispruchs vor der Einstellung‹ gilt hier nicht.«

43 Formelle Rechtskraft, M-G Einl Rn 164–166

44 M-G Einl Rn 168 ff

von Amts wegen zu beachtendes Verfahrenshindernis für eine neue Strafverfolgung. Dabei ist zu beachten, dass nur Sachentscheidungen diese Sperrwirkung entfalten, also nicht das Einstellungsurteil nach § 260 III StPO. Andererseits bedeutet das Verbot der Mehrfachbestrafung in Art. 103 III GG auch ein Verbot der Mehrfachverfolgung, dh es gilt auch bei Freispruch.[45]

Das Vorliegen des Strafklageverbrauchs begründet ein Prozesshindernis, mit der Folge, dass das Verfahren eingestellt werden muss soweit Strafklageverbrauch gegeben ist.

Das Verbot der Doppelbestrafung gilt im Anwendungsbereich von Art 54 SDÜ auch für **ausländische Entscheidungen**.[46] Der Strafklageverbrauch solcher Entscheidungen betrifft nicht nur die Verurteilung,[47] sondern auch Freispruch,[48] gnadenähnliches Absehen von Strafe[49] und Einstellung des Verfahrens gegen Auflagen durch die Staatsanwaltschaft ohne Mitwirkung des Gerichts.[50] Kein Strafklageverbrauch tritt ein, soweit die Einstellung ohne Sachprüfung erfolgte.[51] Art. 54 SDÜ setzt voraus, dass die Mitgliedsstaaten ihre Rechtsordnungen wechselseitig auch dann akzeptieren, wenn das eigene Recht zu anderen Ergebnissen kommen würde.[52]

V.   Einzelfälle nach Stichworten

Anschlussdelikte

21   Die sich an eine Straftat anschließenden Folgedelikte werden häufig als mitbestrafte Vortat oder Nachtat (Diebstahl und anschließende Sachbeschädigung) im Wege der Gesetzeskonkurrenz verdrängt[53], so dass zwangsläufig nur eine prozessuale Tat vorliegen kann. Ist dies nicht der Fall, weil das Folgedelikt einen eigenständigen Unrechtsgehalt (Tatbestand 1 *und* Tatbestand 2) aufweist, so muss die Frage nach der prozessualen Tat nach den allgemeinen Kriterien gelöst werden. Das gleiche gilt in den Fällen der Alternativität (Tatbestand 1 *oder* Tatbestand 2) mit dem Folgeproblem der Wahlfeststellung (Diebstahl oder Hehlerei); unten Rn 38.

Ausländerrecht, Asyl, Auslieferung

22   Der wiederholte Verstoß gegen die Aufenthaltsbeschränkung und ein währenddessen begangener Raub sollen nach einer Entscheidung des OLG Stuttgart eine Tat im prozessualen Sinne bilden.[54] Das Gericht setzt sich auch mit der Entscheidung BGHSt 36, 151 (Fn 27) auseinander.

---

45 BGH NStZ 2001, 557 m Anm Radtke NStZ 2001, 662 ff
46 Zum Tatbegriff im Anwendungsbereich von Art. 54 SDÜ Schomburg NJW 2000, 1833 ff; grundlegend zum Strafklageverbrauch in der EU Radtke/Busch NStZ 2003, 281 ff
47 BGH StV 1999, 244 m Anm Schomburg
48 BGH NStZ 2001, 557 m Anm Radtke NStZ 2001, 662
49 OLG München StV 2001, 495 m Anm Hecker StV 2002, 71
50 EuGH StV 2003, 201 m Anm Mansdörfer StV 2003, 313 = NJW 2003, 1173; dadurch obsolet BayObLG StV 2001, 263;
51 EuGH NJW 2005, 1337; auch nicht bei Einstellung nach § 170 II StPO: Oberster Gerichtshof Rep Österreich NStZ 2005, 344
52 EuGH StV 2003, 201 Rn 7
53 Tröndle/Fischer § 242 Rn 26
54 OLG Stuttgart NStZ-RR 1996, 173

Der auslieferungsrechtliche Tatbegriff entspricht dem prozessualen Tatbegriff des § 264 StPO.[55]

Betäubungsmittelrecht

Im Bereich des BtMG fasst die Rechtsprechung die Teilakte des Erwerbs, des Besitzes, der Abgabe und der Einfuhr bei gleichem Güterumsatz als **tatbestandliche Bewertungseinheit** zusammen, so dass das gesamte deliktische Verhalten bezogen auf eine bestimmte Gesamtmenge BtM trotz jeweils neu gefassten Tatentschlusses sich als einheitliche Tat des unerlaubten Besitzes/Handeltreibens/Abgabe/Einfuhr darstellt und damit eine prozessuale Tat bildet.[56] Unabhängig von der Anzahl der Abnehmer liegt eine rechtliche Bewertungseinheit und damit nur eine Tat im Rechtssinne vor, wenn die einzelnen Verkäufe aus einem Vorrat getätigt werden.[57] Eine prozessuale Tat und damit Strafklageverbrauch kann gegeben sein, wenn der Täter bei Begehung einer Straftat BtM bei sich trägt.[58]

Allerdings bildet eine rechtskräftige Verurteilung materiellrechtlich und prozessual eine Zäsur und unterbricht damit den Bewertungszusammenhang.[59] Der 2. Strafsenat des BGH erwägt, den prozessualen Tatbegriff von der materiellrechtlichen Tateinheit in Form der Bewertungseinheit abzukoppeln.[60] Dagegen wendet sich der 1. Strafsenat.[61]

23

Dauerstraftat

Dauerstraftaten wie zB Freiheitsberaubung, Hausfriedensbruch, Fahren ohne Fahrerlaubnis gehören in die Gruppe der Delikte der tatbestandlichen Handlungseinheit (siehe oben Rn 7).[62] Während des gesamten Zeitraumes der Tatbestandsver-

24

---

55 BGH StV 2000, 348

56 Siehe oben Rn 11; BGHSt 30, 28, 31: »Nach der ständigen Rechtsprechung des BGH (BGHSt 25, 290) fällt unter den Begriff des Handeltreibens mit BtM jede eigennützige, auf Güterumsatz gerichtete Tätigkeit, wobei Erwerb, Einfuhr und Veräußerung, sofern sie diese Merkmale aufweisen, rechtlich unselbstständige Teilakte des Handeltreibens sind. ... Dieser Auffassung entspricht es, eine einheitliche Tat immer dort anzunehmen, wo ein und derselbe Güterumsatz Gegenstand der strafrechtlichen Bewertung ist.« BGH StV 2002, 235; Tröndle/Fischer Vor § 52 Rn 2 b; Zschockelt NStZ 1998, 239 f; instruktiver Überblick über alle gängigen Fallkonstellationen: Körner StV 1998, 626

57 BGH StV 2002, 235; BGH StV 2002, 257 auch zur sog »Silotheorie« und dem Grundsatz »in dubio pro reo«

58 OLG Braunschweig StV 2002, 241

59 OLG Karlsruhe StV 1998, 26 mit Bezugnahme auf die entsprechende Rechtsprechung zur fortgesetzten Tat; LS: »Strafklageverbrauch tritt nicht ein, wenn ein wegen unerlaubten Handeltreibens mit Betäubungsmitteln rechtskräftig Verurteilter später den nicht entdeckten Rest aus dem Vorrat gewinnbringend veräußert. Die Grundsätze der Bewertungseinheit ändern nichts an der Zäsurwirkung des rechtskräftigen Urteils, die auch bei einheitlicher Willensrichtung des Täters zur Annahme einer prozessual selbstständigen Tat führt.«

60 BGH StV 1998, 26 LS: »Die gewaltsame Wiederbeschaffung gestohlenen, zum Handeltreiben bestimmten Rauschgifts ist im Verhältnis zum früheren Handeltreiben mit diesem Rauschgift eine eigene Tat im sachlich-rechtlichen und verfahrensrechtlichen Sinne.« S 27: »Der Senat neigt zu der Auffassung, dass – wie für die fortgesetzte Handlung und für Organisations- und Dauerdelikte – Grenzen des prozessualen Tatbegriffs auch bei rechtlichen Bewertungseinheiten gelten. Hierin sieht er sich bestärkt durch die Erwägung, dass eine uferlose Ausdehnung der Kognitionspflicht des Tatrichters dessen Leistungsfähigkeit übersteigen müsste; dieser wäre gezwungen, um einem ungewollten Verbrauch der Strafklage vorzubeugen, das ganze Leben des Angeklagten lückenlos zu durchleuchten.«

61 BGH StV NStZ 1997, 508

62 BGH NStZ 2002, 432: Auf die Dauer der hilflosen Lage kommt es bei der Aussetzung nicht an, wenn die Gefahr nach § 221 I StGB eingetreten ist

wirklichung ist eine prozessuale Tat gegeben.[63] Mehrere Delikte, die ihrerseits in Tateinheit zu dem Dauerdelikt stehen, können uU durch das Dauerdelikt zu einer prozessualen Tat verbunden werden (Tateinheit durch Klammerwirkung, oben Rn 10).[64]

Einstellung nach §§ 153, 153 a StPO

25   Die Einstellung des Verfahrens durch StA oder Gericht nach § 153 a I oder II StPO entfaltet beschränkten Strafklageverbrauch nach Abs 1 S 4 bzw Abs 2 S 2.[65] Auch eine Einstellung des Verfahrens gegen Auflagen nach ausländischem Recht führt zum Strafklageverbrauch, Art. 54 SDÜ.[66] Auch die Einstellung des Verfahrens nach § 153 II StPO hindert die erneute Verfolgung unter dem Blickwinkel eines Vergehens. Neue Tatsachen allein ermöglichen die Wiederaufnahme des Verfahrens nicht.[67]

Einstellung nach § 154 StPO und Beschränkung der Strafklage nach § 154 a StPO

26   § 154 StPO betrifft eine ganze prozessuale Tat im Verhältnis zu einer weiteren selbstständigen Tat und § 154 a StPO gibt die Möglichkeit, innerhalb einer prozessualen Tat einzelne Teile und Straftatbestände auszuscheiden. Die rechtskräftige Sachentscheidung (Freispruch oder Verurteilung) erfasst daher auch die nach § 154 a StPO ausgeschiedenen Tatteile.[68] Eine irrige Beschränkung (das Gericht meint, es läge eine eigene prozessuale Tat vor und stellt nach § 154 StPO ein) verhindert nicht, dass der Strafklageverbrauch auch den eingestellten Teil erfasst.[69] Folgerichtig darf das Tatsachengericht hinsichtlich einer prozessualen Tat nicht freisprechen, solange zuvor nach § 154 a StPO ausgeschiedene Tatteile nicht wieder einbezogen worden sind.[70] Dies gilt nicht für § 154 StPO, da es sich hierbei um eine Einstellung einer ganzen prozessualen Tat handelt.

---

63 Siehe oben zur Klammerwirkung Rn 10

64 BGH NStZ 1997, 508 zur Frage der prozessualen Tat bei Fahrten ohne Fahrerlaubnis zu Tatorten des Diebstahls

65 OLG Düsseldorf StV 1997, 344 LS: »Die Sperrwirkung einer Einstellung nach § 153 a StPO umfasst die gesamte prozessuale Tat, auch wenn sich nachträglich herausstellt, dass diese einen größeren Schuldgehalt als ursprünglich angenommen aufweist oder wenn sich die vermeintliche Einzeltat als Teil einer Dauerstraftat oder gesetzlichen Handlungseinheit erweist.«

66 Siehe oben Rn 20

67 BGH NStZ 2004, 218 = NJW 2004, 375

68 M-G § 154 a Rn 28

69 M-G § 264 Rn 10

70 M-G § 154 a Rn 27; BGH StV 1993, 287 zur fortgesetzten Tat: »Voraussetzung dafür, dass die Rechtskraft des Urteils, welches nur eine Einzeltat betrifft, wegen der die Staatsanwaltschaft jedoch vor Anklageerhebung andere Vorwürfe gem §§ 154, 154 a StPO eingestellt hatte, auch die dem Angeklagten nunmehr zur Last gelegten Taten erfasst, ist die vom Tatrichter des neuen Verfahrens zu treffende Feststellung, dass die neuerliche Anklage nicht andere Taten, sondern unselbstständige Teilakte der abgeurteilten Tat betrifft, die zusammen mit dem abgeurteilten Akt von nur einem Gesamtvorsatz getragen waren. Insoweit gilt der Grundsatz in dubio pro reo gerade nicht. Solche Feststellungen sind in der Beweisaufnahme in der Hauptverhandlung zu treffen.«
BGH StV 1997, 566: »Kann dem Angeklagten diejenige Gesetzesverletzung, auf welche die Verfolgung gem § 154 a StPO beschränkt wurde, nicht nachgewiesen werden, so muss das Gericht, um seiner Pflicht aus § 264 StPO zu genügen, zu der Regel zurückgreifen, dass die Tat unter allen in Betracht kommenden rechtlichen Gesichtspunkten zu würdigen ist. Es muss deshalb, auch ohne Antrag, wenn es sonst zum Freispruch kommen würde, den ausgeschiedenen Tatteil wiedereinbeziehen. Entbehrlich ist die förmliche Wiedereinbeziehung jedoch dann, wenn die Beweis- und/oder Rechtslage die Beurteilung zulässt, dass auch hinsichtlich des ausgeschiedenen Tatteils, gleichgültig, ob er wieder einbezogen wird, Freispruch geboten wäre oder mangels hinreichenden Tatverdachts kein Anlass besteht, nach § 270 StPO zu verfahren.«

Fortsetzungszusammenhang

Die Rechtsfigur der fortgesetzten Handlung wurde durch den Beschluss des GrSenBGH[71] im Wesentlichen aufgegeben. In den in der Praxis wichtigen Fällen der Serien- und Sexualdelikte ist die fortgesetzte Tat nicht mehr anwendbar,[72] ebenso wenig bei Steuerstraftaten[73], Untreue[74] oder Körperverletzungsdelikten.[75]

27

Hinweis nach § 265 StPO

Ergeben sich in der Hauptverhandlung innerhalb der prozessualen Tat Veränderungen im Hinblick auf den Eröffnungsbeschluss in rechtlicher oder tatsächlicher Hinsicht, hat ein Hinweis nach § 265 StPO zu erfolgen.[76] Der fehlende Hinweis kann in der Revision mit der Verfahrensrüge gerügt werden.

28

Konkretisierung

Die angeklagte prozessuale Tat muss sich aus der Anklageschrift iVm dem Eröffnungsbeschluss bestimmen lassen. Besonders bei Serienstraftaten müssen die Einzelakte hinreichend konkretisiert sein, damit die prozessuale Tat umgrenzbar und individualisierbar ist.[77] Fehlt es an diesen Kriterien, kann die Anklage unwirksam sein mit der Folge der Einstellung des Verfahrens.[78]

29

Nachtragsanklage, § 266 StPO

ist immer dann erforderlich, wenn eine weitere prozessuale Tat zum Gegenstand der Hauptverhandlung gemacht werden soll.[79]

30

Organisationsdelikte, kriminelle Vereinigung

Bei Organisationsdelikten, wie § 129 StGB oder § 20 I Nr. 1 bis 3 VereinsG[80] genügt die bloße Mitgliedschaft in der verbotenen Organisation aus, um die Strafbarkeit zu begründen. Mehrere Zuwiderhandlungen werden zur Bewertungseinheit (tatbestandlichen Handlungseinheit) verbunden, siehe oben Rn 11. Der Täter hat sich damit nur ein Mal strafbar gemacht, ähnlich dem Dauerdelikt. Mit dem Organisationsdelikt zusammentreffende Straftaten stehen dazu in Tateinheit.[81] Trotzdem können in diesen Fällen mehrere prozessuale Taten gegeben sein. BGHSt 29, 288, bestätigt in BVerfGE 56, 22, hat trotz rechtskräftiger Aburteilung nach § 129 StGB keinen Strafklageverbrauch für die mit dieser Vorschrift tateinheitlich konkurrierende Straftat des Mordes angenommen. Begründet wurde dies mit dem Ausnahmecharakter des § 129 StGB.[82]

31

---

71 BGHSt 40, 138
72 Zu den vielen Einzelproblemen dieses Rechtsinstitutes und der Frage des Strafklageverbrauchs siehe Tröndle/Fischer Vor § 52 Rn 25 ff, 39
73 BGHSt 40, 195
74 BGH StV 1995, 298
75 BGH NJW 1995, 3131, 3133
76 Näher Eschelbach Teil H Kap 4 Rn 27 f
77 M-G § 264 Rn 7 b und näher Eschelbach Teil H Kap 4 Rn 17 ff
78 M-G § 267 Rn 6 a, § 200 Rn 26 mwN der fast uferlosen Rechtsprechung
79 Näher Eschelbach Teil H Kap 4 Rn 11
80 Fundstellen bei Fn 25
81 BGHSt 29, 288; aA Tröndle/Fischer § 129 Rn 9 a mwN
82 Paeffgen NStZ 2002, 281, 285 ff; eingehend unter besonderer Berücksichtigung des Staatsschutz-Strafrechts BGH-Festschrift-Rissing-van Saan S 475 ff

Wankel

Serienstraftaten

32 s Konkretisierung Rn 29

Schöpfdefizit, § 264 StPO

33 Das Gericht hat die angeklagte und eröffnete prozessuale Tat der Hauptverhandlung zugrunde zulegen und umfassend im Urteil zu würdigen. Das Revisionsgericht überprüft uneingeschränkt, ob das Tatgericht seiner Pflicht zur umfassenden Ausschöpfung der Anklage durch Aburteilung/(Teil)Freispruch nachgekommen ist.[83]

Steuerrecht/Abgaben

34 Für den Tatbegriff ist es unerheblich, wie die Abgabe der einzelnen Steuererklärungen sachlich-rechtlich zu beurteilen sind.[84] Lohnsteuerhinterziehung und Vorenthalten der Sozialversicherungsabgaben stehen in Tatmehrheit zueinander und sind in der Regel mehrere prozessuale Taten.[85] Nur eine Tat im prozessualen Sinne ist anzunehmen, wenn der Täter einen noch nicht fehlgeschlagenen Steuerhinterziehungsversuch durch falsche Angaben gegenüber der Finanzbehörde mit dem Ziel fortsetzt, ein und dieselbe Steuer zu verkürzen.[86] Steuerhehlerei (§ 374 AO) und nachfolgende Verfolgungsfahrt, um sich der Festnahme wegen Zigarettenschmuggel zu entziehen sind zwei selbstständige Taten.[87]

Straßenverkehr

35 – **OWiG** Im Ordnungswidrigkeitenrecht[88] gilt auch der Tatbegriff des § 264 StPO. Zur Annahme eines einheitlichen Lebensvorgangs reicht es nicht aus, dass mehrere Verkehrsverstöße auf ein und derselben Fahrt begangen werden.[89]

– In den Fällen der so genannten **Polizeiflucht**[90] (Täter flüchtet vor der Polizei und begeht eine Vielzahl verschiedener Straftaten nach §§ 315 c, 315 b, 142 StGB ua) sollen nach noch vorherrschender Rechtsprechung alle während der Fahrt begangenen Delikte in Tateinheit zueinander stehen.

– **Trunkenheit im Verkehr** und **BtMG.** Ist ein Angeklagter wegen Erwerbs von Betäubungsmitteln rechtskräftig verurteilt worden, ist die Strafklage hinsichtlich einer etwa 1 1/2 Stunden nach dem Erwerb angetretenen Fahrt mit einem PKW im Zustand der Fahruntüchtigkeit infolge zwischenzeitlichen Rauschgiftgenusses nicht verbraucht, wenn in der Anklageschrift wegen des Betäubungsmitteldelikts erwähnt war, dass der Angeklagte die erworbenen Betäubungsmittel bei der unmittelbar nach der Fahrt unter Rauschgifteinfluss durchgeführten polizeilichen Kontrolle mit sich geführt hat.[91]

---

83 BGH StV 1994, 63; KMR-Stuckenberg
84 OLG Frankfurt/M NStZ-RR 2001, 142
85 BGHSt 35, 14 = NStZ 1988, 79 m Anm Kaulbach
86 BGH NJW 1989, 1615
87 BGHR StPO § 264 I Tatidentität 33
88 Zu den Verkehrsordnungswidrigkeiten näher Kap 4 Teil E Rn 221 ff
89 BayObLGSt 1994, 137; OLG Düsseldorf VRS 1975, 361; OLG Hamm DAR 1974, 22; Göhler OWiG 12. Aufl. Vor § 59 Rn 50 b mwN; zuletzt BayObLG JR 2002, 523 m abl Anm Seitz LS: »Mehrere Taten im verfahrensrechtlichen Sinne können auch im Rahmen einer einheitlichen Fahrt dann angenommen werden, wenn dabei in unterschiedlichen Verkehrslagen mehrfach gegen Verkehrsvorschriften verstoßen wurde.«
90 BGHSt 22, 67, 76; Tröndle/Fischer Vor 52 Rn 2 a
91 BayObLG NJW 1991, 2360 = JZ 1991, 1057 m Anm Schlüchter; differenzierend OLG Oldenburg StV 2002, 240

Zur Tateinheit und zum Strafklageverbrauch zwischen einer Trunkenheitsfahrt und der unerlaubten Einfuhr von Betäubungsmitteln, wenn diese im Zusammenhang mit der Trunkenheitsfahrt erfolgte.[92]

– **Straßenverkehrsgefährdung und Unfallflucht.** Die Trunkenheitsfahrt mit Unfall und anschließender Flucht: vorsätzliche/fahrlässige Gefährdung des Straßenverkehrs in Tatmehrheit mit unerlaubtem Entfernen vom Unfallort in Tateinheit mit vorsätzlicher Trunkenheit im Verkehr gemäß §§ 315 c I Nr. 1 a, III Nr. 1 (11 II) oder 2, 142 I, 52, 316 I oder II, 53 StGB. Obwohl Tatmehrheit gegeben ist, wird die Fahrt bis zum Unfall und die anschließende Weiterfahrt als eine prozessuale Tat angesehen.[93]

– **Unfallflucht und Strafvereitelung.** Der in der Anklage erhobene Vorwurf, der Angeklagte habe eine bestimmte Straftat (hier: unerlaubtes Entfernen vom Unfallort) begangen, ermöglicht zumindest idR auch bei engem örtlichen und zeitlichen Zusammenhang keine Verurteilung wegen Strafvereitelung, die darauf gestützt ist, dass sich der Angeklagte zu Unrecht als Täter der in Wirklichkeit von einem Dritten begangenen Straftat bezichtigt habe.[94]

– **Fahren ohne Fahrerlaubnis** und WaffenG: Zur Annahme einer Tat iSv § 264 StPO, wenn der Täter bei der Brandstiftung eine Waffe verwendet und zum Tatort mit seinem Fahrzeug ohne Fahrerlaubnis gefahren ist.[95] Fahren ohne Fahrerlaubnis und Diebstahl im Zusammenhang damit.[96]

Versuch, Rücktritt

Einzelne auf die Tatvollendung abzielende sukzessive Teilakte sind konkurrenzrechtlich als eine Tat im materiellrechtlichen Sinn zu werten, wenn sie räumlich-zeitlich eng zusammenhängen und der Täter nach der Gesamtbetrachtungslehre und seines Rücktrittshorizonts[97] noch strafbefreiend zurücktreten kann. Eine Tat im materiellen Sinn bedeutet damit auch eine prozessuale Tat. Ist der Rücktritt wegen Vollendung oder Fehlschlagens des Versuchs nicht mehr möglich, ist damit eine Zäsur gegeben, die die Tat unterbricht.[98] Mit der Zäsur endet die Rücktrittsmöglichkeit und folgerichtig auch die natürliche Handlungseinheit. Auf die Beurteilung der Konkurrenz mehrerer gleichartiger sukzessiver Tathandlungen sind somit die Rücktrittsregeln anwendbar. Die erfolglose Anstiftung wird im Verhältnis zu einer zweiten erfolgreichen Anstiftung bzgl des gleichen Opfers nicht als subsidiäres Verhalten im Wege der Gesetzeskonkurrenz verdrängt, sondern entfaltet Zäsurwirkung.[99] Dies hat zur Folge, dass eine Verurteilung wegen versuchter Anstiftung eine eigenständige prozessuale Tat im Verhältnis zur zweiten erfolgreichen Anstiftung darstellt.

36

---

92 BGHR StPO § 264 I Tatidentität 11
93 Tröndle/Fischer § 315 c Rn 23; BGHSt 23, 141, 150; 24, 185, 186; Brückner NZV 1996, 266
94 BayObLG NStZ 1984, 569
95 BGH NStZ 1995, 300
96 BGH NStZ 1997, 508
97 BGHSt 40, 75, 76 f; eingehend Otto Jura 1992, 423 ff
98 BGHSt 41, 368 ff (»Dagobert«) oben Rn 14; BGHSt 44, 91, 94; BGH NStZ 2005, 263, 264: »Eine tatbestandliche Handlungseinheit endet mit dem Fehlschlagen des Versuchs.«
99 BGH StV 2000, 350 = NJW 1998, 2684: »Der fehlgeschlagene Versuch der Anstiftung zur Tötung eines Menschen ist gegenüber einer späteren, auf einem neuem Entschluss beruhenden Anstiftung zum Versuch der Tötung eine rechtlich selbstständige Handlung und damit in der Regel auch eine andere Tat im prozessualen Sinn (Abgrenzung zu BGHSt 8, 38 und BGH NJW 1992, 2903).«

Wankel

Waffenrecht

37 Nach ständiger Rechtsprechung des BGH liegt zwischen Erwerb, Ausübung der tatsächlichen Gewalt und Führen einer Waffe oder verschiedenartiger Verstöße gegen das WaffenG Tateinheit vor.[100] Auch weitere mit der Waffe begangene Straftaten stehen mit dem Verstoß gegen das Waffengesetz regelmäßig in Tateinheit.[101]

Das Ausüben der tatsächlichen Gewalt über die Waffe steht sowohl mit dem Erwerb als auch mit einem mit der Waffe begangenen Delikt je in Tateinheit. Die waffenrechtliche Einordnung der einzelnen Waffen ist unerheblich.[102] Der BGH hat es ausreichen lassen, dass das verbindende Delikt den gleichen Strafrahmen hat wie eines der beiden, sonst nicht in Tateinheit stehenden Delikte, wie Erwerb der Waffe und Totschlag oder Raub. Dies hat zur Folge, dass alle tateinheitlich zusammentreffenden Delikt regelmäßig auch eine prozessuale Tat bilden, mit dem daraus folgenden umfassenden Strafklageverbrauch. Der Tatentschluss zu einem Verbrechen kann aber eine Zäsur bilden, mit der Folge, dass mehrere prozessuale Taten gegeben sind (s oben Rn 12).

Wahlfeststellung

38 Die Verurteilung in wahldeutiger Feststellung setzt voraus, dass die entsprechenden Delikte, zB Diebstahl und Hehlerei, jeweils Teil derselben prozessualen Tat sind, oder wenn sie zu verschiedenen prozessualen Taten gehören, dass die Taten jeweils angeklagt worden sind.[103]

Zäsurwirkung

39 Ein rechtskräftige Urteil unterbricht die prozessuale Tat. Das gilt auch für die Bewertungseinheit im Betäubungsmittelrecht.[104] S auch Stichwort Versuch Rn 36.

---

100 BGHSt 31, 29 und BGH NStZ 1997, 446; weitere Fälle zum Waffengesetz und Tateinheit bei Meyer-Goßner NStZ 1986, 52, 53 und BGH NStZ 1992, 276 LS: »Hatte der Angeklagte bereits bei der Herstellung der Schusswaffe die Absicht, mit der Waffe bei Schussübungen im Wald ›herumzuballern‹ und sie anschließend bei dem schon längere Zeit vor der Tat geplanten Überfall einzusetzen, so stehen die Verstöße gegen das Waffengesetz und die schwere räuberische Erpressung zueinander in Tateinheit«

101 Sog Klammerwirkung eines Deliktes, das je in Tateinheit zu zwei oder mehreren Delikten steht; Tröndle/Fischer vor § 52 Rn 5–5 c

102 BGH NStZ 1997, 446; NStZ-RR 2003, 125

103 Eingehend zum prozessualen Tatbegriff und Wahlfeststellung Beulke Jura 1998, 262 ff; OLG Celle NJW 1988, 1225

104 OLG Karlsruhe StV 1998, 28 LS: »Die Grundsätze der Bewertungseinheit ändern nichts an der Zäsurwirkung des rechtskräftigen Urteils, die auch bei einheitlicher Willensrichtung des Täters zur Annahme einer prozessual selbstständigen Tat führt.«

Kapitel 6
Zulässige und Unzulässige Strafzumessungserwägungen

Überblick

I.   Einführung

1   Die überwiegende Zahl von Strafverfahren betrifft schuldige – meist auch geständige Angeklagte. Mittelpunkt des Strafverfahrens sind dann folglich die zu verhängenden Rechtsfolgen der Tat. Das zeigt auch die Vielzahl der Entscheidungen des Bundesgerichtshofs, die sich mit Fragen der Strafzumessung befassen.[1] Die Kenntnis der zulässigen und unzulässigen Strafzumessungserwägungen sollte deshalb für den Strafverteidiger ein unbedingtes »Muss« sein.[2]

1.   Die Strategie

a)   Geständnis oder Schweigen

2   Ob der (schuldige) Angeklagte sich im Verfahren zu seiner Schuld bekennen oder besser schweigen soll, ist eine wichtige Entscheidung. Hier werden die Weichen für das gesamte Verfahren gestellt. Die Strategie der Verteidigung hat sich daher an der Bedeutung eines Geständnisses auszurichten.

Ein **Geständnis**[3] ist grundsätzlich geeignet, Bedeutung als strafmildernder Gesichtspunkt zu erlangen, auch wenn seine strafmildernde Wirkung manchmal gemindert sein kann, zB wenn es auf prozesstaktischen Erwägungen beruht.[4] Es muss nicht strafmildernd gewertet werden, wenn es ersichtlich nicht aus einem echten Reue- und Schuldgefühl heraus abgelegt ist, sondern auf erdrückenden Beweisen beruht.[5] Das Gewicht eines Geständnisses für die Strafzumessung mindert es zB,

---

1 Vgl dazu die halbjährlich (Heft 3 und 9) in der NStZ erscheinenden Rechtsprechungsübersichten
2 Vgl zB die Checkliste bei *Tondorf* in Beck'sches Formularbuch für den Strafverteidiger, 4. Aufl,
  VII.B. 35 S. 403 ff
3 *Dencker* ZStW 102 [1990], 51 ff
4 BGHSt 42, 191, 194 f; 43, 195, 209;
5 BGHR StGB § 213 Alt 2 Gesamtwürdigung 2; BGH StV 2004, 415

wenn der Angeklagte nur zugegeben hat, was ihm durch die Festnahmesituation sowie die Ergebnisse der Telefonüberwachung und der Observierungen ohnehin unschwer hätte bewiesen werden können.[6] Dieser Rechtsprechung sollte sich die Verteidigung bewusst sein und sich in ihrer Verteidigungsstrategie daran orientieren.[7] Wenn ein Geständnis in Betracht kommt, sei es aus Überzeugung, sei es, weil die Beweise erdrückend sind, dann muss es so früh wie möglich abgelegt werden, ansonsten ist einer der wesentlichen Strafmilderungsgründe entwertet.

> **Beachte aber:** Die Verteidigung wird dabei auch bedenken müssen, dass es »falsche Geständnisse« gibt, zB aus Angeberei oder Wichtigtuerei, zwecks Verbergens einer schlimmeren Verfehlung, um Dritten zu schaden, um den wirklichen Täter zu decken, um einen – meist kurzfristigen – Vorteil zu erreichen, wie Entlassung aus der Untersuchungshaft, auf Grund mangelnder Widerstandskraft, aus Erschöpfung, auf Grund von Suggestion, von psychischen oder physischen Drucks oder sonstiger Zwänge.

Ob das Geständnis auch schriftsätzlich niedergelegt und durch die Verteidigung verlesen werden darf, ist strittig.[8] Der Angeklagte muss und sollte sich manchmal, vor allem wenn er sprachlich nicht gewandt genug ist, nicht selbst äußern, um Missverständnisse zu vermeiden. Er kann in solchen Fällen Erklärungen, und damit auch Geständnisse, stellvertretend durch seinen Verteidiger abgeben.[9] Es ist jedenfalls eine wichtige Aufgabe der Verteidigung, die Einlassung des Angeklagten kritisch zu überwachen und einzugreifen, wenn sich Ungenauigkeiten oder auch Missverständnisse zeigen.

Möglich sind: Schriftliche Einlassung des Angeklagten – Übergabe einer schriftlichen Erklärung des Angeklagten durch Verteidiger – mündliche Einlassung durch Verteidiger für Angeklagten – schriftliche Erklärung des Verteidigers und Verlesung durch ihn. Die Verwertbarkeit der einzelnen Erklärungen ist aber nicht unproblematisch.

Hinweis zur Verwertbarkeit:
1. Angeklagter verliest eine schriftliche Erklärung – dies ist zulässig, zu werten als seine Einlassung., aber der Beweiswert ist sehr fraglich, da oft offen bleibt, von wem die Erklärung tatsächlich stammt, vor allem wenn keine Fragen zugelassen werden (Problem des Teilschweigens !!) –
2. der Angeklagte übergibt schriftliche Erklärung – diese muß im Wege des **Urkundenbeweises** verlesen werden (Aufklärungspflicht !!) –: Beweiswert als Urkunde[10]
3. Verteidiger verliest in Anwesenheit des Angeklagten eine von ihm aufgesetzte schriftliche Erklärung, die der Angeklagte unterschrieben hat, das ist eine Wiedergabe der Einlassung des Angeklagten – Verteidiger ist Zeuge vom Hörensagen, zumindest Zeuge über das Zustandekommen – die Erklärung wird wohl

---

6 BGH StV 2004, 415
7 Zur Problematik aus der Sicht des Verteidigers: Malek Hauptverhandlung Rn 221 ff; Schlothauer Vorbereitung Rn 76 f; Dencker aaO 51, 74 ff; Bender/Nack Band 2 Rn 735 ff
8 BGHSt 3, 368; BGH NStZ 1990, 447; StV 1998, 59 f m Anm Park; Park StV 2001, 589 ff; Meyer-Mews JR 2003, 361 ff; M-G § 243 Rn 30;
9 Vgl zu Erklärungen des Verteidiger für den Angeklagten: BGH NStZ 1994, 449 = StV 1994, 468; NStZ 1994, 352 = StV 1994, 467; Schlothauer Vorbereitung Rn 77 bff
10 BGHSt 40,211; 39, 306; 27, 136; 20, 162; NStZ 2000, 439 = StV 2001, 548; NStZ 2004, 163 Lösung nicht unproblematisch, wie Entscheidungen des BGH zeigen: BGH StV 2001, 548 und 1994, 521, 524

Detter

grundsätzlich nicht dem Angeklagten als eigene Einlassung zugerechnet werden können[11] –

4. Verteidiger gibt eine mündliche Erklärung für anwesenden Angeklagten ab – Verteidiger ist möglicherweise Vertreter des Angeklagten – er ist auch Zeuge vom Hörensagen über die Einlassung des Angeklagten – korrekterweise wäre die Vernehmung des Verteidigers erforderlich – es genügt wohl aber, dass der Angeklagte auf Befragen die Erklärung als seine Einlassung bezeichnet[12]

5. ein Schriftsatz des Verteidigers im Ermittlungsverfahren, in dem er für den Angeklagten Angaben zum Tatgeschehen gemacht wurden, wird verlesen. Diese Verfahrensweise verstößt gegen § 250 Satz 2 StPO. Zwar können schriftliche Erklärungen, die der Angeklagte im anhängigen Verfahren zu der gegen ihn erhobenen Beschuldigung abgibt, verlesen werden, auch wenn er später Angaben verweigert. Dies gilt jedoch nur für schriftliche Erklärungen, die der Angeklagte selbst abgegeben hat. Hat er sich gegenüber einer anderen Person geäußert und hat diese die Äußerung schriftlich festgehalten, so handelt es sich bei deren Wiedergabe um eine Erklärung dieser Person; diese ist daher über ihre Wahrnehmungen bei der Unterredung mit dem Angeklagten zu vernehmen (§ 250 Satz 1 StPO).[13]

b)   Freispruchverteidigung

3   Soll ein Freispruch erreicht werden, ist es schwierig, sachgerecht auf die – gar nicht gewünschte, aber drohende – Strafzumessung einzuwirken. Wie die Stellungnahme zur Schuldfrage mit der oft trotzdem gebotenen Behandlung der Straffrage zu kombinieren ist, stellt in vielen Strafverfahren ein kaum zu bewältigendes Problem dar.[14] Ein Plädoyer, in dem mit großer Überzeugungskraft die Unschuld des Angeklagten dargelegt und die Beweiswürdigung der Staatsanwaltschaft zerpflückt wird, verliert viel von seiner Wirkung, wenn anschließend mit beredten Worten um eine milde Strafe gebeten wird. Andererseits ist oft der Eindruck, der dem Gericht – vor allem den Schöffen – durch ein Eingehen der Verteidigung auf die Straffrage vermittelt wird, von nicht geringer Bedeutung, denn dadurch kann die Gewichtigkeit der Argumente der Staatsanwaltschaft für die von ihr beantragte Strafe erheblich entwertet werden.

Anbieten kann sich, im Plädoyer zunächst auf die Strafzumessungserwägungen der Staatsanwaltschaft zu erwidern, um dann mit umso mehr Gewicht auf die Fragen der Beweiswürdigung und die anstehenden Rechtsfragen einzugehen.

c)   Vereinbarung (»Deal«)

3 a   Mögliches Ziel der Verteidigung kann auch eine Vereinbarung sein, die für den – geständigen – Angeklagten zu einer »annehmbaren« Strafe führt.

---

11 BGHSt 39, 305; BGH NStZ 1994, 449 = StV 1994, 468; NJW 1994, 2904, 2906 = NStZ 1994, 593 = StV 1994, 521 insoweit in BGHSt 40, 211 nicht abgedruckt: »Allerdings weist der Senat darauf hin, daß ein Gericht grundsätzlich nicht verpflichtet ist, die schriftliche Einlassung eines Angeklagten als Urkunde zu verlesen, da seine mündliche Vernehmung nicht durch die Verlesung einer schriftlichen Erklärung durch das Gericht ersetzt werden kann (BGH NStZ 2000, 439). Denn nach § 243 Abs 4 Satz 2 StPO erfolgt die Vernehmung eines Angeklagten zur Sache nach Maßgabe des § 136 Abs 2 StPO, also grundsätzlich also grundsätzlich durch mündliche Befragung und mündliche Antworten.«

12 BGH StV 1998, 59

13 BGH NStZ 2002, 555 = StV 2002, 182

14 Dahs AnwBl 1959, 1 ff, 19 ff; Malek Hauptverhandlung Rn 461; Tondorf aaO VII.B. 35 S. 427 f

Hauptsächliches Anwendungsgebiet sollten Wirtschafts-, Steuer-, Drogen- und Umweltstrafsachen sein. Die Eignung für Strafverfahren aus dem Bereich der Kapitalverbrechen ist nicht unumstritten.

Grundsätzlich:

Nach der Rechtsprechung des BGH[15] ist eine Verständigung im Strafverfahren, die ein Geständnis des Angeklagten und die zu verhängende Strafe zum Gegenstand hat, nicht generell unzulässig. Sie muss aber unter Mitwirkung aller Verfahrensbeteiligten in öffentlicher Hauptverhandlung stattfinden; das schließt Vorgespräche außerhalb der Hauptverhandlung nicht aus. Eine bestimmte Strafe darf nicht zugesagt werden, jedoch eine Strafobergrenze. Wenn sich nicht neue, dem Gericht bis dahin nicht bekannte schwerwiegende Umstände zu Lasten des Angeklagten ergeben, ist das Gericht daran gebunden. Die Strafe muss aber schuldangemessen sein und bleiben. Die Vereinbarung eines Rechtsmittelverzichts vor der Urteilsverkündung ist unzulässig. Die prozessualen Wirkungen eines trotzdem erfolgten Rechtsmittelverzichts bleiben aber, wenn der Angeklagte die fehlende Bindung auf Grund einer entsprechenden Belehrung kennt, bestehen.

Die Grundlagen für eine solche Vereinbarung sollte die Verteidigung bereits im Vorfeld der Hauptverhandlung schaffen. Erforderlich ist deshalb ein entsprechender Kontakt mit Staatsanwaltschaft und Gericht, Voraussetzung ist aber die Einigung mit dem Mandanten über die »Schmerzgrenze«.

Einzelheiten:

Ausgangspunkt für die Prüfung der Zulässigkeit einer Absprache ist das aus dem Rechtsstaatsprinzip (Art 20 III GG iVm Art 2 I GG) abgeleitete allgemeine Recht des Angeklagten auf ein faires, rechtsstaatliches Verfahren mit den Ausprägungen, die dieses Prinzip in den Verfahrensgrundsätzen des Strafprozessrechts gefunden hat. Dies schließt eine Absprache über den Schuldspruch an sich, abgesehen von §§ 154, 154 a StPO, von vornherein aus. Seine Grundlage darf immer nur der nach der Überzeugung des Gerichts tatsächlich gegebene Sachverhalt sein; dessen strafrechtliche Bewertung und Einordnung ist einer Vereinbarung nicht zugänglich. Eine Absprache darf auch nicht dazu führen, dass ein aufgrund der Vereinbarung abgelegtes Geständnis des Angeklagten ohne weiteres dem Schuldspruch zugrundegelegt wird, ohne dass sich das Gericht von dessen Richtigkeit überzeugt. Das Gericht bleibt dem Gebot der Wahrheitsfindung verpflichtet. Das Geständnis muss daher auf seine Glaubhaftigkeit überprüft werden; sich hierzu aufdrängende Beweiserhebungen dürfen nicht unterbleiben. Es müssen diejenigen Feststellungen getroffen werden, die erforderlich sind, um den Schuldspruch und Rechtsfolgenausspruch zu tragen – ein pauschales Geständnis reicht meist nicht. Keiner Absprache zugänglich sind Maßregeln der Besserung und Sicherung, weil sie dem Sicherungsbedürfnis der Allgemeinheit und der Resozialisierung dienen. Unzulässig ist die Aufnahme von Rechtsfolgen, die nicht in die Kompetenz des Gerichts fallen und auf die es keinen Einfluss hat (zB Vollstreckung, Vollstreckungsgestaltung, Abschiebung). Probleme können »Leistungen« der Staatsanwaltschaft aufwerfen (zB Einstellung anderer Verfahrennach § 154 StPO). Die Verständigung darf nur unter Mitwirkung aller Verfahrensbeteiligten in öffentlicher Hauptverhandlung erfolgen, das Ergebnis der Absprache ist im Hauptverhandlungsprotokoll festzuhalten, da der Nachweis der Vereinbarung grundsätzlich nur durch das Sitzungsprotokoll erfolgen

---

15 *BGH* St 43, 195 ff = NStZ 1998, 31 ff

kann. Eine konkrete Strafe darf nicht festgelegt werden, zulässig ist lediglich die Angabe der Strafobergrenze, an die das Gericht bei Bekannt werden neuer schwerwiegender Umstände zu Lasten des Angeklagter nicht gebunden ist. Es hat dann aber die Verpflichtung zur Information des Angeklagten über eine beabsichtigte Abweichung.[16] Wird entgegen den Vorgaben des BGH ein Rechtsmittelverzichts vereinbart, ist dieser nur dann wirksam, wenn der Angeklagte nach Belehrung über die Unwirksamkeit der Vereinbarung (qualifizierte Belehrung) die entsprechende Erklärung abgegeben hat. Besondere Rücksichtnahme ist auf das Verteidigungsinteresse Dritter geboten, die durch das Geständnis innerhalb einer Vereinbarung belastet werden.

> **Beachte:** Umstritten ist die Frage, ob ein abgelegtes Geständnis bei Scheitern einer Vereinbarung verwertet werden darf. Der BGH bejaht dies, da Folge einer fehlgeschlagenen Vereinbarung kein Verfahrenshindernis ist, das Geständnis muss dann aber auch strafmildernd berücksichtigt werden.[17] Schon deshalb bedarf das Eingehen auf eine Absprache einer genauen Abwägung auf Seiten des Angeklagten.

2. Strafzumessung allgemein

4 Strafzumessung ist die Festlegung der Art und Höhe der Strafe einschließlich etwaiger Nebenstrafen, die gegen den Täter wegen der schuldhaften Verletzung von Strafvorschriften verhängt werden muss. Sinn und Zweck einer Bestrafung spielen dabei für die Verteidigung eine nicht unwesentliche Rolle, denn daraus lassen sich auch aus der Sicht des Angeklagten gute Argumente für eine sachgerechte Strafzumessung herleiten.

»Aufgabe des Strafrechts ist es, mit seinen Sanktionen einen wesentlichen Beitrag zur Aufrechterhaltung der staatlichen Rechtsordnung zu leisten. Die Funktion der Strafe ist vorrangig im Schuldausgleich, in der Sühne des Unrechts und in der Resozialisierung des Täters zu sehen, nicht in der Vergeltung. Aufgabe des Strafrechts bleibt es, die Unverbrüchlichkeit des Rechts zu stärken, die Rechtstreue der Allgemeinheit zu erhalten und diese zu schützen, potentielle Täter von der Begehung von Straftaten abzuhalten, vielleicht auch noch für einen Ausgleich zwischen Opfer und Täter zu sorgen.«[18]

5 Der Verteidiger ist aber nicht verpflichtet, im Prozess aktiv an der Verwirklichung von Strafzielen mitzuwirken, da dies oft seinem Mandanten zum Nachteil gereichen kann. Bei den Angeklagten begünstigenden Strafzumessungstatsachen, die nach dem Gang der Hauptverhandlung vom Gericht nicht gesehen werden, hat er aber seinem Mandanten gegenüber eine Pflicht, tätig zu werden.

Für die Verteidigung stellt sich zunächst die Frage, welche Strafe bei einer Verurteilung in Betracht kommt.

a) Grundlagen

6 Ausgangspunkt ist der so genannte »Strafzumessungsakt« des Gerichts, dessen Rechtsgrundlage in § 46 StGB zu sehen ist. Dabei ist nach § 46 I 1 StGB die Schuld

---

16 BGHSt 43, 195 ff
17 BGHSt 42, 191, 194/195; vgl Kukein FS für Lutz Meyer-Goßner [2001] 63 ff
18 Vgl dazu ua Schönke/Schröder-Stree vor § 38 Rn 1 ff

des Täters Grundlage für die Zumessung der Strafe, die von ihrer Bestimmung her »gerechter Schuldausgleich« sein muss.[19]

»Strafe setzt Schuld voraus. Schuld ist Vorwerfbarkeit. Mit dem Unwerturteil der Schuld wird dem Täter vorgeworfen, dass er sich nicht rechtmäßig verhalten hat, dass er sich für das Unrecht entschieden hat, obwohl er sich rechtmäßig verhalten, sich für das Recht hätte entscheiden können. Der innere Grund des Schuldvorwurfs liegt darin, dass der Mensch auf freie, verantwortliche, sittliche Selbstbestimmung angelegt und deshalb befähigt ist, sich für das Recht und gegen das Unrecht zu entscheiden, sein Verhalten nach den Normen des rechtlichen Sollens einzurichten und das rechtlich Verbotene zu vermeiden, sobald er die sittliche Reife erlangt und solange die Anlage zur freien sittlichen Selbstbestimmung nicht durch die in § 51 StGB (jetzt §§ 20, 21 StGB) genannten krankhaften Vorgänge vorübergehend gelähmt oder auf Dauer zerstört ist.«[20]

Grundlage der Strafzumessung ist also die Schwere der Tat in ihrer Bedeutung für   7
die verletzte Rechtsordnung und der Grad der persönlichen Schuld des Täters. Das Gericht hat daher die individuelle Schuld des Angeklagten und die von der Strafe für das zukünftige Leben des Täters in der Gesellschaft zu erwartenden Wirkungen festzustellen (§ 46 I 2 StGB). Weitere Strafzumessungsgründe zählt § 46 II StGB dann noch beispielhaft auf.

Das Tatunrecht ist nur in dem Umfang für die Strafzumessung bedeutsam, wie eine Schuldverknüpfung mit dem Täter besteht. Andererseits erlangt die persönliche Schuld nur in einer bestimmten Unrechtstat Gewicht, denn ein Schuldvorwurf kann nicht abstrakt, sondern nur im Hinblick auf eine mehr oder weniger gewichtige Tat bemessen werden. Grundlage für die Strafzumessung ist aber nicht die so genannte Lebensführungsschuld, sondern die in der Tat zum Ausdruck gekommene Schuld des Täters. Nur wenn ein Verhalten vor der Tat Rückschlüsse auf eine höhere Tatschuld erlaubt, kann es für die Bestimmung der schuldangemessenen Strafe Bedeutung erlangen.

Die **schuldangemessene Strafe** im Einzelfall innerhalb des vorgegebenen Strafrah-   8
mens zu finden, ist ein sehr schwieriges Unterfangen.[21] Die Rechtsprechung hilft sich mit der »Spielraumtheorie«.[22] Danach gibt es einen Spielraum, der nach unten durch die *schon* schuldangemessene und nach oben durch die *noch* schuldangemessene Strafe begrenzt werde. Innerhalb dieses Spielraums können general- und spezialpräventive Gesichtspunkte zur Verhängung einer höheren oder niedrigeren Strafe führen. Die Vermeidung unbeabsichtigter Nebenwirkungen von Verurteilung und Vollzug einer Strafe ist zu beachten, denn es kann die Gefahr bestehen, dass die Strafe einen bisher sozial angepassten Täter aus der sozialen Ordnung herausreißt.[23]

b)   Ausgangspunkt der Bewertung ist der in Betracht kommende Strafrahmen

Die Strafzumessung setzt die Feststellung voraus, von welchem Strafrahmen das   9
Gericht bei der Bemessung der Strafe ausgegangen ist. Der Strafrahmen des Straf-

---

19 BGHSt 24, 132, 134; 29, 319, 320
20 BGHSt 2, 194 ff; vgl auch BGHSt 1, 67, 70; 24, 132, 134
21 Vgl für viele: Oswald GA 1988, 147 ff; Köberer judex non calculat 1996; Michael MDR 1994, 341 ff; Theune StV 1985, 162 ff; 205 ff; Jung Was ist eine gerechte Strafe? in JZ 2004, 1155 ff
22 BGHSt 7, 32; 20, 264; 24, 133; Tröndle/Fischer § 46 Rn 20
23 BGHR StGB § 46 I Spezialprävention 3; BGHSt 24, 40, 42

gesetzes legt die Eckwerte fest, innerhalb derer der Richter auf der Grundlage der Schuld unter Berücksichtigung der spezial- und generalpräventiven Bedürfnisse die Strafe zu bestimmen hat. Auszugehen ist von dem Normalstrafrahmen des verletzten Strafgesetzes, bei Tateinheit ist § 52 StGB zu beachten. Für die Ermittlung der höchsten Strafdrohung gemäß § 52 II 1 StGB gilt nicht die abstrakte Betrachtungsweise in dem Sinne, dass die Regelstrafrahmen der in Betracht kommenden Straftatbestände darüber entscheiden, welches Gesetz die höhere Strafe androht; es ist vielmehr ein Vergleich der im konkreten Fall anwendbaren Strafrahmen erforderlich, so dass auch benannte oder unbenannte Strafschärfungs- oder -milderungsgründe und die hierdurch eröffneten Ausnahmestrafrahmen zu beachten sind, sofern das Gericht deren Voraussetzungen als erfüllt ansieht.[24] Bei tateinheitlich zusammentreffenden Delikten ist zu beachten, dass die Untergrenze des zugrundezulegenden Strafrahmens nach der möglicherweise höheren Mindeststrafe für das Delikt, das nicht die schwerste Strafe androht, bestimmt werden muss.[25] Das kann bedeuten, dass Strafrahmenobergrenze und Strafrahmenuntergrenze aus verschiedenen Gesetzen zu entnehmen sind. Im Falle der Gesetzeskonkurrenz kann das an sich verdrängte Gesetz bei der Bestimmung des Strafrahmens, bei der Strafzumessung und bei der Entscheidung über Nebenstrafen und über Sicherungsmaßnahmen von Bedeutung sein.[26]

10   Es gibt zwingende Strafrahmenänderungen, wie §§ 27 II 2, 28 I, 30 I 2 und 35 II 2 StGB (jeweils in Verbindung mit § 49 I StGB), fakultative Strafrahmenänderungen wie §§ 13 II, 17 S 2, 21, 23 II StGB, § 31 BtMG, unbenannte Strafänderungsgründe, insbesondere die minder oder die besonders schweren Fälle (§§ 212 II, 213, 263 III StGB) sowie Regelbeispiele (§§ 243, 177 II StGB).

11   Bei der Strafrahmenwahl ist § 50 StGB zu beachten, der das Zusammentreffen eines minder schweren Falles mit einem besonderen gesetzlichen Milderungsgrund nach § 49 StGB regelt.[27] Innerhalb eines Strafrahmens, der wegen Versuchs gemildert worden ist, kann also zB der Umstand allein, dass ein Versuch vorliegt, keine strafmildernde Bedeutung erlangen.[28]

§ 50 StGB verbietet aber lediglich die mehrfache Herabsetzung des Strafrahmens auf Grund desselben Umstandes (zB § 21 StGB); er verbietet nicht die Umstände, die zu einer Milderung des Strafrahmens geführt haben, bei der konkreten Strafzumessung nochmals – wenn auch mit geringerem Gewicht – zu berücksichtigen.[29] »Umstände« in diesem Sinne sind die konkret tatsächlichen Gegebenheiten, die den jeweiligen Fall kennzeichnen.[30] Trotz § 50 StGB bleiben konkret – tatsächliche Besonderheiten der Tat als Strafzumessungsgrund bestehen,[31] also sind die dem jeweiligen gesetzlich vertypten Milderungsgrund nach Art und Maß unterschiedlich konkretisierenden Umstände, wie zB die alkoholische Enthemmung, bei der Strafzumessung im engeren Sinne auch nach einer Strafrahmenverschiebung zu berücksichtigen.[32]

---

24 BGHR StGB § 239 a I Sichbemächtigen 3
25 BGHSt 1, 152, 155 f
26 BGHSt 19, 188, 189
27 BGH NStZ 1987, 72; 1987, 504
28 BGH NStZ 1990, 30 = StV 1990, 62
29 BGH NStZ 1984, 548; StV 1985, 54 f; BGHR § 50 Gesamtbewertung 2 bis 5; BGHR StGB § 50 Strafhöhenbemessung 2, 4
30 BGHR StGB § 46 II Gesamtbewertung 5
31 BGH NStZ 1990, 30
32 BGH Urt. v. 15. 9. 2004 – 2 StR 242/04

Detter

Von besonderer Bedeutung für die Strafrahmenwahl sind die minder schweren und **12**
die besonders schweren Fälle. Nach der Rechtsprechung des Bundesgerichtshofs ist
für die Einordnung einer Tat als **minder schwerer Fall** entscheidend, ob das gesamte Tatbild einschließlich aller subjektiven Momente und der Täterpersönlichkeit
vom Durchschnitt der erfahrungsgemäß gewöhnlich vorkommenden Fälle in einem
so erheblichen Maße abweicht, dass die Anwendung des Ausnahmestrafrahmens
geboten erscheint.[33] Erforderlich ist eine Gesamtbetrachtung aller Umstände, die
für die Wertung der Tat und des Täters in Betracht kommen, gleichviel ob sie der
Tat selbst innewohnen, sie begleiten, ihr vorausgehen oder nachfolgen. Dabei müssen auch die Persönlichkeit des Täters, sein Gesamtverhalten, seine Tatmotive und
die seine Tat begleitenden Umstände gewürdigt werden. Es dürfen nicht einseitig
Belastungsmomente hervorgehoben und wesentliche zugunsten des Angeklagten
sprechende Gründe übersehen werden. Fehlerhaft ist es deshalb zum Beispiel, nur
das engere Tatgeschehen zu würdigen. Häufig wird übersehen, dass trotz der Verwendung des Begriffs »Ausnahmestrafrahmen« die Einordnung als minder schwerer
Fall nicht Ausnahmefällen vorbehalten ist und weder eine Ausnahmetat noch außergewöhnliche Umstände vorliegen müssen. Maßgebend ist allein, ob der Fall
minder schwer wiegt.[34] Es braucht sich nicht um die denkbar mildeste Begehungsweise zu handeln.[35] Von Bedeutung kann auch sein, ob ein so genannter gesetzlich
vertypter Milderungsgrund, wie §§ 21, 23, 27, 30 StGB oder § 31 BtMG vorliegt,
dessen Bejahung allein schon die Annahme eines minder schweren Falles rechtfertigen kann.[36] Maßgebende Gesichtspunkte sind vorhandene oder fehlende Vorstrafen, das Vorleben des Täters, erlittene Untersuchungshaft, Stabilisierung der Lebensverhältnisse nach der Tat, Geständnis, die Umstände der Tatbegehung, das Maß
der angewendeten Gewalt, die Auswirkungen der Strafe auf das zukünftige Leben
des Täters, seine besondere Strafempfindlichkeit zB wegen einer schweren Erkrankung (Aids, Krebs), eine Schadenswiedergutmachung (vgl auch § 46 a StGB).

Es liegt im pflichtgemäßen Ermessen des Tatrichters, im Rahmen einer Gesamtbetrachtung zu entscheiden, welches Gewicht den einzelnen Milderungsgründen im
Verhältnis zu den Erschwerungsgründen beizumessen ist.

Ob ein minder schwerer Fall vorliegt, ist für jeden Tatbeteiligten gesondert zu prüfen, maßgebend ist vor allem der jeweilige Tatbeitrag, dazu kommt das Gewicht der
Haupttat, deren Schwere aber nicht allein maßgebend sein darf.[37]

Sieht das Gesetz einen minder schweren Fall vor, ist grundsätzlich bei der Strafrahmenwahl vorab zu prüfen, ob ein solcher Fall gegeben ist.[38] Nur ganz ausnahmsweise kann diese Prüfung entfallen, zB wenn die Umstände des Falles die Annahme
eines minder schweren Falles als fernliegend erscheinen lassen.

Ein **besonders schwerer Fall** darf nur angenommen werden, wenn nach einer Beur- **13**
teilung aller objektiven, subjektiven und aller die Persönlichkeit des Täters betreffenden Umstände (Gesamtbetrachtung) die tatbezogenen objektiven und subjekti-

---

33 BGHR StGB vor § 1 minder schwerer Fall, Gesamtwürdigung fehlerfreie 1;Gesamtwürdigung
   6, 7
34 BGH NStZ 1989, 476
35 BGHR WaffG § 53 I Nr 3 a Führen 2
36 BGH NStZ 1984, 357; 1985, 483; BGHR StGB vor § 1 minder schwerer Fall, Strafrahmenwahl
   5, 7, 8
37 BGHR StGB vor § 1 minder schwerer Fall Gehilfe 1, 2
38 BGH NStZ 1987, 72; zur Prüfungsreihenfolge vgl Tröndle/Fischer § 50 Rn 3

Detter

ven Umstände die Annahme des erhöhten Strafrahmens rechtfertigen.[39] Besonders schwere Fälle gibt es in ganz allgemeiner Form wie in § 212 II StGB und in der Form von Regelbeispielen wie zB in § 177 II und § 243 I StGB. Ein **besonders schwerer Fall des Totschlags** setzt voraus, dass das in der Tat zum Ausdruck kommende Verschulden des Täters außergewöhnlich groß ist. Es muß ebenso schwer wiegen wie das eines Mörders. Hierfür genügt nicht schon die bloße Nähe der die Tat oder den Täter kennzeichnenden Umstände zu gesetzlichen Mordmerkmalen. Es müssen vielmehr schulderhöhende Gesichtspunkte hinzukommen, die besonders gewichtig sind. Ob dies der Fall ist, kann nur unter Berücksichtigung der Gesamtheit der äußeren und inneren Seite der Tat beantwortet werden.[40] Ein besonders schwerer Fall des Totschlages ist anzunehmen, wenn das in der Tat zum Ausdruck gekommene Verschulden des Täters ebenso schwer wiegt wie das eines Mörders. Zu beurteilen ist, ob trotz des Fehlens von Mordmerkmalen sonstige unrechts- und schuldsteigernde Umstände vorliegen, die die Verhängung einer lebenslangen Freiheitsstrafe rechtfertigen.[41]

14   Bei der Strafrahmengestaltung macht der Gesetzgeber häufig Gebrauch von so genannten **Regelbeispielen**.[42]

Liegen die Voraussetzungen vor, besteht eine gesetzliche Vermutung für einen gegenüber der normalen Tatbestandsverwirklichung erhöhten Unrechts- und Schuldgehalt,[43] einer zusätzlichen Prüfung, ob dessen Anwendung im Vergleich zu den im Durchschnitt der erfahrungsgemäß vorkommenden Fälle geboten erscheint, bedarf es hier nicht.[44] Die indizielle Bedeutung eines Regelbeispiels kann durch andere, erheblich schuldmindernde Umstände kompensiert werden mit der Folge, dass auf den normalen Strafrahmen zurückzugreifen ist. Dies ist der Fall, wenn diese Faktoren jeweils für sich oder in ihrer Gesamtheit so gewichtig sind, dass sie bei der Gesamtabwägung die Regelwirkung entkräften (Milderungsgründe von einigem Gewicht). Es müssen in dem Tun oder in der Person des Täters Umstände vorliegen, die das Unrecht seiner Tat oder seiner Schuld deutlich vom Regelfall abheben, so dass die Anwendung des erschwerten Strafrahmens unangemessen erscheint.[45] Gründe für die Verneinung eines Regelbeispiels können Unbestraftheit, langer Zeitablauf seit Begehung der Tat, geringes Maß an Gewalt sein.

Die Regelbeispiele bilden keinen abschließenden Katalog. Es sind deshalb auch Fälle möglich, in denen, obwohl kein Regelbeispiel verwirklicht wurde, ein besonders schwerer Fall zu bejahen ist.[46]

15   Beispiele für Strafrahmenänderung nach § 49 I StGB:

lebenslang:

einmalige Milderung:	3 Jahre bis 15 Jahre
nochmalige Milderung:	6 Monate bis 11 Jahre und 3 Monate

bei Freiheitsstrafe 5 Jahre bis 15 Jahre:

einmalige Milderung:	2 Jahre bis 11 Jahre und 3 Monate
nochmalige Milderung:	6 Monate bis 8 Jahre und 5 Monate

---

39 BGH NStZ 1984, 413
40 BGH NStZ-RR 2004, 205
41 BGH NStZ 1982, 114, 115; 1984, 311, 312; 1991, 431; 2001, 647
42 Lackner/Kühl StGB 25. Aufl Rn 11 ff zu § 46
43 BGHSt 33, 370 f
44 BGH NStZ 2004, 265
45 BGH StV 1995, 470
46 BGHSt 29, 319 f

bei Freiheitsstrafe 3 Jahre bis 15 Jahre:

einmalige Milderung:	6 Monate bis 11 Jahre und 3 Monate
nochmalige Milderung:	1 Monat bis 8 Jahre und 5 Monate

bei Freiheitsstrafe 1 bis 10 Jahre:

einmalige Milderung:	3 Monat bis 7 Jahre und 6 Monate
nochmalige Milderung:	1 Monat bis 5 Jahre und 7 Monate

Droht eine Vorschrift (zB §§ 251, 306 c StGB) wahlweise Freiheitsstrafe von nicht unter zehn Jahren oder lebenslange Freiheitsstrafe an, ergibt sich bei der Milderung der zeitigen Freiheitsstrafe nicht unter zehn Jahren nach § 49 I Nrn 2 und 3 StGB ein Strafrahmen von zwei Jahren bis elf Jahren drei Monate, bei der Milderung der lebenslangen Freiheitsstrafe nach § 49 I Nr 1 StGB ein Strafrahmen von drei Jahren bis fünfzehn Jahren. Vor der Findung der angemessenen Strafe muss der Tatrichter entscheiden, welcher der beiden Sonderstrafrahmen anzuwenden ist. Er darf nicht die beiden Strafrahmen in der Weise kombinieren, dass er dem einen die Mindeststrafe, dem anderen die Höchststrafe entnimmt.

3. Die Strafe

a) Eine Strafe muss **gerechter Schuldausgleich** sein, in angemessenem Verhältnis zum Maß der persönlichen Schuld, zum Unrechtsgehalt und zur Gefährlichkeit der Tat stehen und sich im Rahmen des für vergleichbare Fälle Üblichen halten.[47] Die Mindeststrafe ist nicht nur denkbar leichtesten Fällen der Deliktsverwirklichung vorbehalten, sie darf trotz einer Reihe von Umständen, die gegen den Angeklagten sprechen, verhängt werden.[48] Mathematisierungen und schematische Vorgehensweisen sind dem Wesen der Strafzumessung grundsätzlich fremd.[49] Der Tatrichter muß die im Einzelfall zu beurteilende Tat ohne Bindung an weitere Fixpunkte als die Ober- und Untergrenze des Strafrahmens in den gefundenen Strafrahmen einordnen. Maßgeblich ist dabei das Gesamtspektrum aller strafzumessungsrelevanten Umstände.[50] Der Tatrichter darf Freiheitsstrafe und Geldstrafe so miteinander verbinden, dass die Freiheitsstrafe und die Geldstrafe zusammen das Maß des Schuldangemessenen erreichen, das gilt auch dann, wenn ohne die zusätzliche Geldstrafe eine nicht mehr aussetzbare Freiheitsstrafe erforderlich würde.[51] Das Bestreben, dem Angeklagten Strafaussetzung zur Bewährung bewilligen zu wollen, darf nicht dazu führen, die schuldangemessene Strafe zu unterschreiten.[52] Der Tatrichter ist aber nicht gehindert, zu prüfen, ob, insbesondere im Hinblick auf die von der Strafe ausgehende Wirkung für das künftige Leben des Täters, eine Freiheitsstrafe schuldangemessen ist, die noch zur Bewährung ausgesetzt werden kann, eventuell in Verbindung mit einer anderen Sanktion, wie Geldstrafe. Verhängt der Tatrichter aber eine zusätzliche Geldstrafe nach § 41 StGB, so darf dies bei der Bemessung der Freiheitsstrafe mildernd berücksichtigt werden.[53] Die Regelung des § 41 StGB ermöglicht, wenn dies unter Berücksichtigung der persönlichen und wirtschaftlichen Verhältnisse des Täters angebracht ist, diesen nicht nur an der Freiheit, sondern auch am Vermögen zu strafen. Insbesondere bei längeren Freiheitsstrafen ist dies

16

---

47 BGHSt 20, 264, 266 f; 24, 132; 29, 319, 320; 34, 345, 349; vgl auch Bruns JR 1977, 160 f
48 BGH NStZ 1984, 359; BGHR StGB § 177 I Strafzumessung 5
49 BGHSt 35, 345, 350 ff; BGH NStZ-RR 1999, 101, 102
50 Beschl. v. 3. 12. 2002 – 3 StR 406/02
51 BGHSt 32, 60, 66
52 BGHSt 29, 319; BGHR StGB § 46 I Begründung 19; Schuldausgleich 29
53 BGHSt 32, 60, 67

aber nur dann ausnahmsweise angebracht, wenn der Täter über nennenswerte eigene Einkünfte verfügt. Allein in diesen Fällen läßt sich der Strafzweck einer zusätzlichen Vermögenseinbuße erreichen. Anderenfalls liefe die Verhängung einer gesondert festgesetzten Geldstrafe darauf hinaus, daß diese entweder durch Dritte beglichen oder im Wege der Ersatzfreiheitsstrafe vollstreckt wird.[54]

Exkurs: Geldstrafe

16 a   Der Geldstrafe kommt in der überwiegenden Zahl der strafrechtlichen Ahndungen erhebliche Bedeutung zu, da damit die Fälle der Kleinkriminalität erfasst werden. Die Verhängung kurzfristiger Freiheitsstrafen soll weitestgehend durch die Verhängung von Geldstrafen zurückgedrängt werden und kommt nur noch ausnahmsweise unter ganz besonderen Umständen in Betracht (§ 47 StGB), und zwar wenn sich kurzfristige Freiheitsstrafen auf Grund einer Gesamtwürdigung aller die Tat und den Täter kennzeichnenden Umstände als unverzichtbar erweisen.

Die Bemessung der Geldstrafe:

1. Schritt

Gemäß § 40 StGB wird zunächst die *Zahl* der Tagessätze bestimmt. Sie beträgt mindestens 5 und höchstens 360 Tagessätze. Bei Gesamtstrafen dürfen bis zu 720 Tagessätze verhängt werden (§ 54 Abs 2 StGB). In Vorschriften des besonderen Teils des Strafgesetzbuches sind auch andere Tagessatzrahmen vorgesehen, so zB in § 284 a StGB höchstens 180 Tagessätze. Für die Bemessung der Zahl der Tagessätze gelten im übrigen die Strafzumessungsgesichtspunkte des § 46 StGB.

2. Schritt

Die Höhe des Tagessatzes muss festgelegt werden, und zwar mindestens auf einen € und höchstens auf fünftausend €. Für die Berechnung der Tagessatzhöhe gilt das Nettoeinkommensprinzip, das heißt, dass das gesamte tatsächliche erzielte oder erzielbare Nettoeinkommen (§ 40 Abs 2 StGB) Ausgangspunkt der Bewertung ist. Der Begriff Nettoeinkommen ist im Gesetz nicht ausdrücklich definiert, er umfasst Einkünfte aller Art[55] und ist der dem Täter nach Abzug der gesetzlich vorgeschriebenen Leistungen (Steuern, Sozialversicherungs-, Lebens- und Krankenversicherungsbeiträge bei nicht sozialversicherungspflichtigen Angeklagten) und der außergewöhnlichen Belastungen[56] verbleibende Betrag. Weitere Abzüge sind nicht berücksichtigungsfähig, also auch nicht sonstige steuermindernde Aufwendungen. Dem Gericht ist bei der Bemessung der Höhe des Tagessatzes ein gewisser Spielraum eingeräumt, es soll keine reine Rechenarbeit verrichten. Aus mehreren Geldstrafen muss eine Gesamtgeldstrafe gebildet werden. Zu entscheiden ist auch, inwieweit dem Angeklagten eine Zahlungsfrist oder Ratenzahlung auf die Geldstrafe zu bewilligen ist (§ 42 StGB).

Folgerungen für die Verteidigung:

Die Vermögensverhältnisse des Angeklagten können von großer Bedeutung sein. Sie müssen unbedingt aufgeklärt und in der Hauptverhandlung erörtert werden, ansonsten droht eine – oft nachteilige – Schätzung.

17   **b)** Die **Schuld ist Grundlage** der Strafzumessung. Auf einen gerechten Schuldausgleich hinzuwirken, muss ein Ziel der Verteidigung sein, auch wenn es sicherlich

---

54 BGH StV 2004, 25
55 Näheres *Tröndle/Fischer* § 40 Rn 6 ff
56 ZB die zusätzlichen Aufwendungen eines Behinderten, vgl *Tröndle/Fischer* § 40 Rn 13 ff

nicht leicht ist, diesen Begriff in die Wirklichkeit umzusetzen; denn welche Strafe gerecht ist, lässt sich kaum allgemein verbindlich oder zur Zufriedenheit aller Beteiligten festlegen.

> **Beachte:** Aufgabe der Verteidigung wird es jedenfalls sein, die wesentlichen schuldmindernden Gesichtspunkte anzusprechen und gegebenenfalls mit Beweisanträgen in das Verfahren einzuführen.[57] Bei der Strafzumessung darf nur von bewiesenen Tatsachen, nicht von bloßen Vermutungen ausgegangen werden, der Grundsatz »im Zweifel für den Angeklagten« gilt.[58]

Auswirkungen auf die Schuld des Täters können vielerlei Gesichtspunkte haben. Von besonderer Bedeutung sind:

aa) Der Grundsatz des fairen Verfahrens (gemäß Art 6 Abs 1 Satz 1 MRK) kann verletzt sein, wenn das im Rahmen einer Tatprovokation durch eine von der Polizei geführte Vertrauensperson (VP) angesonnene Drogengeschäft nicht mehr in einem angemessenen, deliktsspezifischen Verhältnis zu dem jeweils individuell gegen den Provozierten bestehenden Tatverdachts steht.[59] Das unzulässige **Einwirken eines V-Mannes** (»Lockspitzels«) führt dann zwar nicht zu einem Verfahrenhindernis oder dazu, dass von Strafe völlig abzusehen ist. Das Urteil des EGMR vom 9. Juni 1998[60] hat nicht zu einer Änderung der bisherigen Rechtsprechung[61] geführt. Die Einschaltung des »Lockspitzels« kann jedoch die Schuld des Täters erheblich mindern, die Tat in einem anderen Licht erscheinen lassen. Die Qualität des Tatverdachts, der sich im Verlaufe des Einsatzes der VP hinsichtlich Intensität und Unrechtscharakter auch verändern kann, begrenzt so den Unrechtsgehalt derjenigen Tat, zu der der Verdächtige in zulässiger Weise provoziert werden darf. Der Verstoß gegen den Grundsatz des fairen Verfahrens gemäß Art 6 I 1 MRK ist in den Urteilsgründen festzustellen und bei der Festsetzung der Rechtsfolgen zu kompensieren. Das Maß der Kompensation für das konventionswidrige Handeln ist gesondert zum Ausdruck zu bringen.[62]

18

> **Beachte:** Der Fall einer unzulässigen Tatprovokation muss mit Hilfe einer den Anforderungen des § 344 Abs 2 Satz 2 StPO entsprechenden Verfahrensrüge geltend gemacht werden,[63] sofern sich die tatsächlichen Voraussetzungen eines Konventionsverstoßes nicht schon aus den Urteilsfeststellungen ergeben.

Da ein Verstoß gegen Art 6 I 1 MRK dazu führen kann, dass die sonst schuldangemessene Strafe unterschritten werden muss,[64] darf Art und Umfang der Tätigkeit des Lockspitzels in der Hauptverhandlung nicht unerörtert bleiben. In diesem Bereich wird es sich anbieten, da die Tatgerichte von sich aus oft wenig Neigung zu eigener Sachaufklärung zeigen, Beweisanträge zu stellen, um Art und Umfang der Verstrickung genau darzustellen.

---

57 vgl. dazu BGH StV 2004, 415
58 BGH StV 1986, 5; 1987, 20
59 BGHSt 47, 44
60 NStZ 1999, 47 ff
61 BGHSt 32, 345
62 BGHSt 45, 321 ff
63 BGH StV 2000, 604 ff
64 BGH NStZ 1986, 162; 1992, 448; 1994, 289, 290; BGHR StGB § 46 I V-Mann 12; EGMR NStZ 1999, 47 ff

Detter

19 **bb)** Umstände der allgemeinen Lebensführung und außerhalb der Tatausführung liegendes Verhalten eines Angeklagten dürfen nur dann als **Lebensführungsschuld** schulderhöhend (strafschärfend) berücksichtigt werden, wenn eine Beziehung zur Tat besteht[65] und Schlüsse auf deren Unrechtsgehalt möglich sind oder sie die innere Einstellung des Täters zur Tat dokumentieren.[66] Nicht strafschärfend gewertet werden dürfen daher »die unstete nicht soziale Lebensführung«, der »egozentrische Charakter, dem die Belange und Anliegen seiner Mitmenschen weithin gleichgültig sind«, das »von einer auffallenden Unstetheit gekennzeichnete Leben«, die »Führung eines Lebens ohne Verantwortung mit einer unrealistischen Anspruchshaltung« oder das »fehlende Bemühen um Arbeit«.

Auch der Umstand, dass der Angeklagte durch die Tat seinen eigenen religiösen Vorstellungen zuwidergehandelt und seine persönlichen Wertmaßstäbe und Verhaltensnormen verfehlt hat, kann grundsätzlich keinen Straferschwerungsgrund abgeben.

Die **berufliche Stellung des Täters** (zB Arzt, Berufssoldat) darf nur dann zu seinen Lasten berücksichtigt werden, wenn zwischen dem Beruf und der Straftat eine innere Beziehung besteht, wenn sich aus ihr besondere Pflichten ergeben, deren Verletzung gerade im Hinblick auf die abzuurteilende Tat Bedeutung hat.[67] Deshalb ist es unzulässig, strafschärfend zu werten, der Angeklagte habe »seiner Vorbildfunktion als Mitglied des Landtags und als Rechtsanwalt nicht entsprochen«. Zulässig ist eine strafschärfende Berücksichtigung dann, wenn ein innerer, das Maß der Pflichtwidrigkeit erhöhender Zusammenhang zwischen dem Beruf des Angeklagten und seinen Straftaten besteht. Dass eine Tat wegen der Persönlichkeit eines Tatbeteiligten Aufsehen in der Öffentlichkeit erregt, ist – für sich genommen – für die Strafzumessung unerheblich. Wenn diesem Aspekt ausnahmsweise besonders strafschärfendes Gewicht zukommen soll, müssen dazu hinreichende Feststellungen getroffen werden.

> **Beachte:** Diesen fehlenden Bezug zur Tat darzustellen, kann für die Verteidigung erforderlich werden, wenn sich aus dem Lauf der Hauptverhandlung entnehmen lässt, dass Staatsanwaltschaft oder Gericht eine strafschärfende Berücksichtigung erwägen.

20 **cc)** Soweit die finanzielle Situation (wirtschaftliche Verhältnisse) des Täters zum Zeitpunkt der Tat für seine Motivation und Zielsetzung mitbestimmend war, wirkt in der Regel zu seinen Gunsten, dass er sich in einer **Notlage** befunden hat. Dieser **Strafmilderungsgrund** kann dadurch Gewicht verlieren, dass der Angeklagte seine finanzielle Not selbst verschuldet hat. Andererseits darf dieser Umstand nicht ohne weiteres zu seinen Lasten gewertet werden, denn damit wird zum einen das Nichtvorliegen eines Milderungsgrundes zu seinen Lasten und zum anderen werden Umstände aus der privaten Lebensführung strafschärfend herangezogen, die keinen unmittelbaren Bezug zur Tat haben.[68]

21 **dd)** Besondere Probleme kann eine zu bildende **Gesamtfreiheitsstrafe nach §§ 53, 54 und 55 StGB** aufwerfen.

---

65 BGH NStZ 1984, 259; BGHR StGB § 46 II Vorleben 3, 8–10
66 BGH StV 1984, 21; BGHR StGB § 46 II Vorleben 3, 7, 8, 9, 10, 12; vgl auch BGH StraFo 2004, 27
67 BGH StV 2002, 540
68 BGHSt 34, 345; BGH StV 1988, 248; 1995, 584

§§ 53,54 StGB

Bei der Gesamtstrafenbildung gilt das Asperationsprinzip, das heißt, die sogenannte Einsatzstrafe muss erhöht werden (§ 54 StGB), die Summe der Einzelstrafen darf aber nicht erreicht sein. Die Gesamtstrafenbildung verlangt eine zusammenfassende Würdigung der Person des Täters und der einzelnen Straftaten. Von Bedeutung ist dabei das Verhältnis der Straftaten zueinander, insbesondere ihr Zusammenhang, ihre größere oder geringere Selbständigkeit, die Häufigkeit der Begehung, die Gleichheit oder Verschiedenheit der verletzten Rechtsgüter und der Begehungsweise sowie das Gesamtgewicht des abzuurteilenden Sachverhalts, die Strafempfindlichkeit des Täters, seine größere oder geringere Schuld im Hinblick auf das Gesamtgeschehen und seine innere Einstellung zur Tat.[69] Bei der Bildung einer Gesamtfreiheitsstrafe sind in einem besonderen Strafzumessungsakt die Person des Täters und die einzelnen Straftaten zusammenfassend zu würdigen. Die Gesamtstrafe wird nicht unter Zugrundelegung der Summe der ausgeworfenen Einzelstrafen ermittelt, sondern durch Erhöhung der verwirkten höchsten Strafe. Im Vordergrund hat bei der Findung der Gesamtstrafe nicht so sehr die Summe der Einzelstrafen, sondern die angemessene Erhöhung der Einsatzstrafe unter Berücksichtigung und Gesamtwürdigung der Person des Täters und seiner Taten zu stehen. Entfernt sich die Gesamtstrafe auffallend von der Einsatzstrafe, bedarf dies eingehender Begründung. Eine ungewöhnliche Divergenz von Einsatzstrafe und Gesamtstrafe (zB drei Jahre zu neun Jahren sechs Monaten) kann darauf hindeuten, dass die strafschärfenden Gesichtspunkte im Rahmen der Gesamtstrafenbildung überbewertet worden sind. Zu berücksichtigen ist, dass die Erhöhung der Einsatzstrafe in der Regel niedriger auszufallen hat, wenn zwischen den einzelnen Taten ein enger zeitlicher, sachlicher und situativer Zusammenhang besteht. Die wiederholte Begehung von gleichartigen Delikten kann zu einem Absinken der Hemmschwelle führen und muss deshalb nicht mit einer Erhöhung der Schuld verbunden sein.

Zu beachten ist in Fällen des Nebeneinanders von Geld – und Freiheitsstrafe auch § 53 Abs 2 Satz 2 StGB. Eine Gesamtstrafenbildung hat zu unterbleiben, wenn nach den besonderen Umständen eine Gesamtstrafe aus verwirkten Freiheits- und Geldstrafen als das schwerere Übel erscheint, etwa wenn die Grenze aussetzbarer Freiheitsstrafe überschritten würde.

§ 55 StGB

Für die **Gesamtstrafenbildung** ist nicht die (zufällige) äußere Verfahrensgestaltung ausschlaggebend, sondern die materielle Rechtslage. Die Zäsurwirkung geht deshalb von der ersten der Vorverurteilungen aus. Sie entfällt nicht deshalb, weil der Tatrichter gemäß § 53 Abs 2 Satz 2 StGB davon abgesehen hat, die Geldstrafe aus dem Strafbefehl in eine Gesamtfreiheitsstrafe einzubeziehen. Die Möglichkeit, auf Geldstrafe gesondert zu erkennen, ist keine Grund, die Zäsurwirkung einer auf Geldstrafe lautenden Verurteilung zu verneinen. Bei Dauerstraftaten, die erst mit der Beendigung des rechtswidrigen Zustandes enden, ist eine solche Tat nur dann vor einer anderweitigen, früheren Verurteilung im Sinne des § 55 Abs 1 StGB begangen, wenn sie zuvor beendet war.

Bei Straftaten, die sich über längere Zeiträume erstrecken, hängt es oft von Zufälligkeiten ab, ob sie gleichzeitig abgeurteilt werden können und dann insgesamt zur Bildung einer Gesamtfreiheitsstrafe führen. Die Zäsurwirkung früherer Urteile kann bewirken, dass die Einbeziehung rechtskräftig verhängter Strafen ausgeschlos-

---

69 *BGH* St 24, 268; *BGH*R StGB § 54 Serienstraftaten 1; *Tröndle/Fischer aaO* § 54 Rn 6

sen ist oder dass mehrere Gesamtfreiheitsstrafen zu bilden sind. Das darf aber nicht dazu führen, dass das »**Gesamtstrafübel**«[70] dem Unrechts- und Schuldgehalt der Taten nicht mehr gerecht wird. Maßgebend ist das Gesamtgewicht des abzuurteilenden Sachverhalts, nicht so sehr die Summe der Einzelstrafen. Der Tatrichter hat die Schuldangemessenheit des Gesamtstrafmaßes zu prüfen und erforderlichenfalls die Gesamtstrafen in einem solchen Maße herabzusetzen, dass insgesamt eine gerechte Bestrafung des Angeklagten erreicht wird.

Führt also die Zäsurwirkung einer einzubeziehenden Verurteilung zur Bildung mehrerer Gesamtstrafen, muss der Tatrichter einen sich daraus möglicherweise für den Angeklagten ergebenden Nachteil infolge eines zu hohen **Gesamtstrafübels** ausgleichen.

> Die Anwendung von § 55 StGB darf nicht dazu führen, dass die Strafen in ihrer Gesamtheit nicht mehr in einem schuldangemessenen Verhältnis zu den Straftaten stehen. Das **Gesamtmaß** der Strafen muss schuldangemessen sein. Gegebenenfalls sind niedrigere Gesamtstrafen zu bilden.[71]

Falls Freiheitsstrafen bereits vollständig verbüßt sind und deshalb nicht mehr in eine Gesamtstrafe einbezogen werden können, muss ein Härteausgleich erfolgen, der entsprechende Rechtsgedanke kommt auch in Betracht, wenn eine im Ausland und eine im Inland begangene Straftat jedenfalls vom zeitlichen Ablauf her miteinander hätten abgeurteilt werden können.[72]

> Die Verteidigung sollte deshalb die Feststellung von einzubeziehenden Vorstrafen nicht tatenlos hinnehmen, sondern auf die Besonderheiten, die den Angeklagten hart treffen könnten, hinweisen, zumal die dabei anzuwendenden Maßstäbe noch sehr vage sind.

Eine **Strafaussetzung zur Bewährung im früheren Urteil** steht einer Einbeziehung auch dann nicht entgegen, wenn die neu zu bildende Gesamtstrafe nicht mehr aussetzungsfähig ist. Geldleistungen, die der Verurteilte zur Erfüllung von Bewährungsauflagen erbracht hat, sind gemäß § 58 II 2 iVm § 56f III 2 StGB in aller Regel auf die Strafe anzurechnen und zwar dergestalt, dass die Höhe der Gesamtfreiheitsstrafe ohne Rücksicht auf die Bewährungsleistungen festgesetzt und sodann als Ausgleich für die Nichterstattung von Geldleistungen eine die Strafvollstreckung verkürzende Anrechnung dieser Leistungen auf die Gesamtstrafe vorgenommen wird; die Anrechnung ist im Tenor auszusprechen.[73] Die Entscheidung muß grundsätzlich erkennen lassen, in welchem Umfang die erbrachten Leistungen auf die Vollstreckungsdauer angerechnet werden; diese Anrechnung ist in die Urteilsformel aufzunehmen.[74] Ergibt sich aus dem tatrichterlichen Urteil lediglich, dass die Vollstreckung einer in die nachträglich gebildete Gesamtstrafe einbezogenen Freiheitsstrafe zur Bewährung ausgesetzt war, so kann das Revisionsgericht die Frage, ob und wie erbrachte Bewährungsleistungen bei der Gesamtstrafenbildung berücksichtigt worden sind (§ 58 II 2 StGB) nur aufgrund einer zulässigen Verfahrensrüge prüfen.[75]

---

70 = die Summe der Sanktionen; BGHSt 41, 310 ff
71 BGHSt 41, 310 ff; BGH StraFo 2003, 63
72 BGHSt 43, 79 ff
73 BGHSt 36, 378 ff
74 Beschl v 17.6.2004 – 1 StR 24/04; BGH NStZ 2005, 232
75 BGHSt 35, 238 ff

> **Beachte:** Die Verteidigung muss bei einem Übersehen der Anrechnung eine Verfahrensrüge im Sinne von § 344 Abs 2 StPO erheben. Dabei müssen alle Tatsachen vorgetragen werden, aus denen sich für das Revisionsgericht die Anrechnungspflicht und die bisher erbrachten Leistungen ergeben.

Ausländische Strafen sind wegen des damit verbundenen Eingriffs in deren Vollstreckbarkeit nicht gesamtstrafenfähig. Liegt der ausländischen Verurteilung aber eine Tat zugrunde, die bei gemeinsamer Verurteilung vor einem deutschen Gericht gesamtstrafenfähig gewesen wäre, hat ein Härteausgleich zu erfolgen, dessen gesonderte Erörterung vor allem dann geboten ist, wenn es durch die getrennte Aburteilung in der Addition zu einer Überschreitung der gesetzlichen Höchstgrenzen kommt. Kann die besondere Härte dabei nicht allein bei der nach § 54 I 2 StGB zu bestimmenden Gesamtstrafe ausgeglichen werden, muss dieser Gesichtspunkt schon bei der Bemessung der Einzelstrafen berücksichtigt werden.

ee) Von Bedeutung ist auch die **Wirkung der Strafe auf den Angeklagten.** Erfasst **22** werden in diesem Bereich ua die beruflichen Folgen einer Bestrafung. Weil dadurch häufig eine zusätzliche »Bestrafung« erfolgt, kann und muss sich dies in der Regel strafmildernd auswirken.[76] Diese Problematik bedarf ua bei der Verteidigung von Beamten, auch Ruhestandsbeamten, Soldaten, Rechtsanwälten, Apothekern und Ärzten der Erörterung. Beamtenrechtliche Folgen einer Verurteilung können Anlass zur Strafmilderung sein, wenn die an sich verwirkte Strafe in Verbindung mit den beamtenrechtlichen Sanktionen ein nicht mehr angemessenes Gesamtübel darstellen würde. Erforderlichenfalls müssen die Folgen durch Vorlage entsprechender Bescheide der Standesorganisationen, vielleicht auch schon durch – auch vorläufige – Entscheidungen der Standesgerichte, belegt werden. Ein Angeklagter kann auch mehr als andere durch den drohenden Verlust des Arbeitsplatzes oder die wirtschaftliche Existenzvernichtung betroffen sein. Hier bietet es sich an, Beweisanträge auf Vernehmung des Arbeitgebers oder eines bereits tätigen Bewährungshelfers zu stellen.

Die **besondere Strafempfindlichkeit** ist ein weiterer Aspekt in diesem Bereich der **23** Strafzumessung. Hohes Alter, schwere Krankheit (zB Aids, Krebs uä) oder erhebliche körperliche Behinderung müssen aufgezeigt werden, ebenso die Wirkungen erlittener Untersuchungshaft.[77] Gerade weil es bei diesen Gesichtspunkten jeweils auf den Einzelfall ankommt, ist es Aufgabe der Verteidigung, die dem Angeklagten am nächsten steht und bessere Einblicke in seine persönlichen Verhältnisse hat, von sich aus diese Tatsachen in das Verfahren einzuführen. Dass eine schwangere Angeklagte ihr Kind voraussichtlich während des Freiheitsentzuges zur Welt bringen muss, kann ein in diesem Rahmen zu beachtender Grund sein.[78]

c) Ein und derselbe **Umstand** kann sowohl **strafschärfend als auch strafmildernd** **24** wirken,[79] es gibt keinen »normativen Normalfall«, deshalb kann der Umstand, dass der Angeklagte »nicht in Geldnot« war oder dass er es »bei seinen Verdienstmöglichkeiten nicht nötig hatte, zu stehlen«, nach der Lage des Einzelfalles strafschärfend gewertet werden.[80] Inwieweit das regelmäßige Erscheinungsbild (Normalfall) der Tatbestandsverwirklichung dem Angeklagten strafschärfend angelastet werden

---

76 BGHSt 35, 148; BGH NStZ 1992, 229, 230; LK-Gribbohm § 46 Rn 24
77 Deckers/Püschel NStZ 1996, 419 ff
78 BGHSt 44, 125 ff
79 BGH StV 1995, 411 m Anm Streng StV 1995, 411 ff; Joerden JZ 1995, 907 f
80 BGHSt 34, 345 ff; Lackner § 46 Rn 32

darf, ist nicht eindeutig zu beantworten. So verstößt bei Tötungsdelikten die Erwägung gegen § 46 III StGB, der Angeklagte habe sich eigensüchtig über die bestehende und von ihm erkannte hochgradige Lebensgefährdung des Tatopfers hinweggesetzt, da der Tötungsvorsatz ein solches Verhalten in der Regel voraussetzt.

II. Exkurs – Beurteilung der Schuldfähigkeit bei Beeinträchtigung durch Alkohol

25 Die Rechtsprechung ging bis in das Jahr 1997 von einer weitgehenden Schematisierung[81] aus, überspitzt wurde auch von einer »BAK-Arithmetik« gesprochen.[82] Die medizinische Fachliteratur sprach sogar davon, dass »bei der Beurteilung der Schuldfähigkeit von alkoholisierten Tätern die Grundregeln forensisch-psychiatrischer und rechtsmedizinischer Begutachtung höchstrichterlich außer Kraft gesetzt worden sind, und zwar gegen die einhellige und eindeutige Stellungnahme sämtlicher Fachvertreter der forensischen Psychiatrie und Rechtsmedizin«.[83] Daran hat sich aber im Bereich der Feststellung der alkoholbedingten erheblich verminderten Schuldfähigkeit auf Grund der Entscheidung des BGH vom 29. April 1995 – 1 StR 511/97 –[84] einiges geändert.

»Die Feststellung der Schuldfähigkeit (im Bereich der alkoholbedingten Straftaten) ist kein reiner Rechenakt mehr, das Ergebnis einer Berechnung des Blutalkoholwertes ersetzt nicht die Feststellung der erforderlichen Tatsachen und den vom Gericht zu ziehenden rechtlichen Schluss auf eine mögliche Beeinträchtigung der Schuldfähigkeit.«

> Auf die im Zusammenhang mit der Feststellung der Fahruntüchtigkeit auf Grund des Genusses von Alkohol oder Drogen auftretenden Fragen hat diese Rechtsprechung keinen Einfluss.

1. Die Rechtsprechung des BGH[85]

26 Es gibt keinen gesicherten medizinisch – statistischen Erfahrungssatz darüber, dass ohne Rücksicht auf psychodiagnostische Beurteilungskriterien allein wegen einer bestimmten BAK zur Tatzeit in aller Regel vom Vorliegen einer alkoholbedingten erheblich verminderten Steuerungsfähigkeit auszugehen ist.[86] Die BAK hat aber nach wie vor insofern – indizielle – Bedeutung, als sie Aufschluss über die Stärke der alkoholischen Beeinflussung gibt und ein zwar nicht allein gültiges, aber immerhin gewichtiges Beweisanzeichen neben anderen ist, das Hinweis darauf geben kann, ob die Steuerungsfähigkeit des Täters trotz der erheblichen Alkoholisierung voll erhalten geblieben ist.[87] Die Indizwirkung einer errechneten BAK verliert aber mit der Dauer der Rückrechnung an Gewicht, andere Faktoren, wie Alkoholge-

---

81 Eisenberg Beweisrecht Rn 1750
82 Foth FS für Hannskarl Salger [1995], 31, 36
83 Vgl Kröber in seinem für den 1. Strafsenat in der Sache 1 StR 511/95 erstatteten Gutachten vom 25. März 1996; ders gleichlautend in NStZ 1996, 569
84 BGHSt 43, 66 ff = NJW 1997, 2460 = StV 1997, 593 m Anm Kröber NStZ 1996, 569 f; Loos JR 1997, 514 f; Heifer Blutalkohol 1997, 450; Martin JuS 1997, 1139 f
85 Vgl dazu auch Maatz StV 1998, 279 ff, 281 f; Detter BA 1999, 3 ff; Maatz/Wahl Festschrift 50 Jahre BGH S 531 ff; Otto 50 Jahre BGH Festgabe aus der Wissenschaft Bd IV, 111 ff
86 BGHSt 43, 66 ff
87 BGH StV 1998, 257, 258; Maatz StV 1998, 282 mwN

wöhnung, Tatvorgeschichte und so genannte psychodiagnostische Kriterien gewinnen an Bedeutung.[88]

Also:

Einen Rechts- oder Erfahrungssatz, wonach ab einer bestimmten Höhe der Blutalkoholkonzentration regelmäßig vom Vorliegen einer erheblich verminderten Schuldfähigkeit auszugehen ist, gibt es nicht. Entscheidend ist vielmehr eine Gesamtschau aller wesentlichen objektiven und subjektiven Umstände aus der Persönlichkeitsstruktur des Täters, seinem Erscheinungsbild vor, während und nach der Tat und dem eigentlichen Tatgeschehen und seiner Alkoholgewöhnung. Die Blutalkoholkonzentration ist in diesem Zusammenhang ein zwar gewichtiges, aber keinesfalls allein maßgebliches oder vorrangiges Beweisanzeichen, wobei deren Bedeutung auch von der Alkoholgewöhnung des Täters beeinflußt sein kann.

> **Hinweis:** Das indizielle Gewicht einer BAK ist bei einem alkoholabhängigen Täter regelmäßig geringer einzustufen als bei einem Gelegenheitskonsumenten. Der BGH lässt aber die Frage offen, ob bei diesem Personenkreis die bei der Rückrechnung zugrundezulegenden stündlichen Abbauwerte noch dem »gesicherten wissenschaftlichen Erkenntnisstand« entsprechen.[89]

Gegenüber aussagekräftigen psychodiagnostischen Beweisanzeichen darf einem Blutalkoholwert geringere Beweisbedeutung beigemessen werden, wenn dieser bei einer längeren Trinkzeit lediglich auf Grund von Trinkmengenangaben rechnerisch ermittelt worden ist.[90] Bei einem Täter, der zur Tatzeit eine Blutalkoholkonzentration von 2,6–2,8\0 aufweist, liegt die Annahme einer erheblichen Herabsetzung des Hemmungsvermögens regelmäßig nahe,[91] eine erheblich verminderte Schuldfähigkeit lässt sich bei einer derart beträchtlichen Alkoholisierung nur dann ausschließen, wenn gewichtige Anzeichen für den Erhalt der Hemmungsfähigkeit sprechen,[92] ähnliches kann auch schon für eine BAK von 2,46\0 gelten.[93] Beanstandet hat der BGH die – in Einklang mit zwei medizinischen Sachverständigen erfolgte – Bejahung uneingeschränkter Schuldfähigkeit bei einer nach einer verhältnismäßig zeitnah entnommenen Blutprobe ermittelten Tatzeit-Blutalkoholkonzentration in Höhe von 2,82\0. Angesichts des Indizwerts der – hohen – Tatzeit-BAK hielt der BGH psychodiagnostische Kriterien wie Vortat- und Tatverhalten, zumal alkoholbedingte Fehleinschätzungen vorgelegen haben konnten, für nicht ausreichend. Offen gelassen wurde, inwieweit in diesem Zusammenhang Alkoholgewöhnung und Erinnerungsvermögen nach erheblichem Alkoholkonsum von Bedeutung sein können. Andererseits hat der BGH[94] bei einem nahe an 2,00\0 liegenden Wert (1,95\0) ausgeführt, dass »in Anbetracht einer sinnlosen Tat« die Annahme einer erheblich verminderten Schuldfähigkeit »ernsthaft in Betracht kommt«.

Zielgerichtetes, koordiniertes Handeln muß aber nicht immer gegen eine erhebliche Verminderung der Steuerungsfähigkeit sprechen, da **alkoholgewohnte Täter** sich unter Umständen im Rausch noch motorisch kontrolliert verhalten können, obwohl ihr Hemmungsvermögen möglicherweise schon erheblich herabgesetzt ist.

27

---

88 BGH NStZ-RR 1998, 133
89 BGH StV 1998, 258
90 BGH NStZ 1998, 457
91 BGH StV 1998, 256, 257; vgl aber auch BGH NStZ 1998, 458
92 BGH StV 1998, 256, 257
93 BGH NStZ 1998, 295, 296
94 BGH NStZ-RR 1998, 237, 238

28   Für die Beurteilung der Schuldfähigkeit ist eine Gesamtbetrachtung vorzunehmen, in die neben dem Leistungsverhalten und der Blutalkoholkonzentration auch eine mögliche **Kombinationswirkung von Alkohol und Drogen** (zB Kokain) einzubeziehen ist. Nach den bisherigen wissenschaftlichen Erkenntnissen können die Wechselwirkungen bei einer Mischintoxikation infolge Alkohol- und Kokaingenusses unterschiedlich ausfallen. Der kombinierte Genuss dieser berauschenden Mittel kann nämlich dazu führen, dass die alkoholbedingte Dämpfung des Antriebsniveaus vermindert wird, während zugleich eine alkoholbedingte Enthemmung verstärkt wird.[95]

29   **2. Psychodiagnostische Kriterien**, die gegen eine erheblich verminderte Schuldfähigkeit sprechen, können sich aus der Täterpersönlichkeit, aus dem Tatgeschehen und dem Verhalten des Täters vor, während und nach der Tat ergeben. Die Kriterien für die Beurteilung können dabei in einigen Teilaspekten denen ähneln, die bei der Beurteilung einer affektbedingten tiefgreifenden Bewusstseinsstörung herangezogen werden.[96]

Gesichtspunkte

Detaillierte Einlassung – Trunkenheitsgrad – chronischer und akuter Alkoholkonsum – Handlungsablauf – logische und schlüssige Handlungssequenzen verbunden mit motorischen Kombinationsleistungen[97] – umsichtiges Reagieren auf plötzlich und unerwartet sich ändernde Situation – Details der inneren Tatseite – spontanes und eingeschliffenes Handeln (= Leistungsverhalten) – Handeln entsprechend bisherigen Verhaltensmustern – Sinnlosigkeit[98] und Persönlichkeitsfremdheit der Tat – Erinnerungsvermögen (aber: Verdrängung) – Situationserkennen – Wahrnehmungsvermögen – Rückzugsverhalten.

30   Gegen eine alkoholbedingte erheblich verminderte Schuldfähigkeit könnte zB planmäßige Vorbereitung und Ausführung der Tat, umsichtiges Handeln bei und nach der Tat, sachgerechtes Einstellen auf eine veränderte Situation und umsichtige Reaktion auf unvorhergesehene Tatabläufe sprechen, während »motorisches, eingeschliffenes, unreflektiertes Verhalten eines alkoholisierten Täters kein Anzeichen für den Ausschluss einer alkoholbedingt erheblich verminderten Schuldfähigkeit ist«.[99] Zu beachtende psychodiagnostische Beurteilungskriterien sind in diesem Zusammenhang nur solche Umstände, die Hinweise darauf geben können, ob das Steuerungsvermögen des Täters trotz der erheblichen Alkoholisierung erhalten geblieben ist; fehlendes Erinnerungsvermögen ist dabei kein wesentliches Kriterium, da Erinnerungslosigkeit entweder auf einem Verdrängungseffekt oder auch auf der Verteidigungsstrategie des Angeklagten beruhen kann. Umgekehrt kann aber eine vollständige Erinnerung an das Tatgeschehen gegen eine erhebliche Verminderung der Schuldfähigkeit sprechen. Nicht außer Acht gelassen werden darf bei der Bewertung des Verhaltens eines Angeklagten auch die nach einer schweren Straftat eintretende Ernüchterung. Als psychodiagnostische Kriterien bei der Bewertung der Alkoholisierung ist die Einschätzung der Trunkenheit des Angeklagten durch gleichfalls alkoholisierte Mittäter ohne wesentlichen Aussagegehalt.

---

95 BGH DAR 2000, 574 ff
96 Kröber NStZ 1996, 569, 575; zur Psychodiagnostik bei Affekttaten vgl Steller in: Saß Affektdeklikte 1993, 132 ff; Maatz NStZ 2001, 1 ff
97 BGH NStZ 1998, 457 f
98 BGH NStZ-RR 1998, 237
99 BGH StV 1997, 348; Maatz StV 1998, 282 mwN

Ergebnis: Die Entscheidung über die Bejahung erheblich verminderter Schuldfä- 31
higkeit ist nach der jetzigen Rechtsprechung eine Einzelfallentscheidung, sichere
allgemein als durchschlagskräftig anzusehende Kriterien für die Gewichtigkeit psychodiagnostischer Beweisanzeichen lassen sich kaum aufstellen.

3. Eine Alkoholisierung von 3‰ an aufwärts erfordert eine nähere Prüfung, ob die 32
Verantwortlichkeit des Angeklagten zur Tatzeit aufgehoben war. Bei der **Feststellung der Schuldunfähigkeit** hat die Rechtsprechung schon bisher den psychodiagnostischen Beurteilungskriterien Vorrang eingeräumt. Die Anwendung des § 20
StGB ist hier rechtsfehlerhaft, wenn der Tatrichter sie ohne Berücksichtigung sonstiger Umstände allein auf die Höhe der Blutalkoholkonzentration stützt. Der Tatrichter muss bei der Prüfung, ob die Voraussetzungen des § 20 StGB vorliegen,
neben der Blutalkoholkonzentration auch alle wesentlichen objektiven und subjektiven Umstände, die sich auf das Erscheinungsbild und das Verhalten des Täters vor,
während und nach der Tat beziehen, beurteilen und gegeneinander abwägen. Auch
bei Blutalkoholkonzentrationen, die grundsätzlich eine Schuldunfähigkeit nahelegen, ist eine individuelle Beurteilung nicht entbehrlich.[100]

4. Grundsätze der Berechnung der Tatzeit-BAK.[101] 33

Zu unterscheiden sind weiter die Fälle der Rückrechnung bei Vorliegen einer Blutprobe und die Fälle, in denen eine Berechnung auf Grund der vom Tatgericht festgestellten Trinkmenge erfolgt. Dabei ist wiederum zu unterscheiden, ob im Hinblick auf die Fahrtüchtigkeit (Grenzwerte von 1,1‰ und 0,8‰) zurückgerechnet
werden soll oder im Hinblick auf eine alkoholbedingte Beeinträchtigung der
Schuldfähigkeit.

a) Bei Ermittlung der **Fahrtüchtigkeit bei Vorliegen einer Blutprobe** ist zuguns- 34
ten des Angeklagten von dem niedrigst möglichen Abbauwert, nach der Rechtsprechung also von 0,1‰ in der Stunde auszugehen, nicht von 0,15‰, wie die Sachverständigen oft vorschlagen. Einen »individuellen« Abbauwert gibt es nicht.[102]
Voraussetzung einer Rückrechnung ist der Abschluss der Resorption, für die ersten
zwei Stunden nach Trinkende ist eine Rückrechnung zur Ermittlung der absoluten
Fahruntüchtigkeit nicht zulässig.

b) Bei der **Beurteilung der Schuldfähigkeit** (§§ 20, 21 StGB) ist die höchstmög- 35
liche Tatzeit-BAK von Bedeutung. Deshalb hat sich die Rückrechnung auf den gesamten Zeitraum zwischen Tat und Blutentnahme zu erstrecken, auch wenn weniger als zwei Stunden vergangen sind. Der Abbauwert beträgt 2‰, dazu kommt ein
einmaliger Sicherheitszuschlag von 0,2‰.

c) Bei der **Berechnung aufgrund der** genossenen **Alkoholmengen** ist nach der so 36
genannten Widmark-Formel vorzugehen. Danach errechnet sich dieGesamtmenge
des zu einem bestimmten Zeitpunkt im Körper befindlichen Alkohols aus dem
Produkt von Blutalkoholkonzentration, Körpergewicht und Reduktionsfaktor. Für
die Berechnung der Tatzeit-BAK ist dann neben dem individuellen Körpergewicht
ein Resorptionsdefizit von 10 %, ein stündlicher Abbau von 0, 1‰ bzw bei der Beurteilung der Fahrtüchtigkeit auch 0, 2‰, da dies zugunsten des Angeklagten wäre,
und im Regelfall ein Reduktionsfaktor von 0, 7‰ in Ansatz zu bringen.[103] Um fest-

---

100 BGHR StGB § 20 Blutalkoholkonzentration 6; 9; 12; 16
101 Vgl Salger DRiZ 1989, 174 ff
102 BGHSt 25, 246, 250; BGH NStZ 1986, 114
103 BGHSt 34, 29; 36, 286; 37, 231; BGHR StGB § 20 BAK 2, 4, 10; § 21 BAK 7, 8, 12, 15, 17

zustellen, ob die vom Angeklagten behaupteten Trinkmengen zutreffen können, kann es erforderlich sein, eine Kontrollberechnung mit dem Mindestmaß des Blutalkohols vorzunehmen, und zwar mit 30 % Resorptionsdefizit, einem stündlichen Abbau von 0, 2\0 zuzüglich 0, 2\0 Sicherheitszuschlag.[104]

> **Hinweis:** Einen gesicherten Erfahrungssatz, nach dem bei alkoholgewöhnten Trinkern ein Resorptionsdefizit von 30 % und ein stündlicher Alkoholabbauwert von 0, 2\0 zugrundezulegen sei, gibt es (noch) nicht. Auch bei diesen Personen ist zu ihren Gunsten von dem geringstmöglichen Alkoholabbauwert von 0,1\0 in der Stunde und dem geringstmöglichen Resorptionsdefizit von 10 % auszugehen. Die anderen Abbauwerte einschließlich eines Sicherheitszuschlages von 0,2\0 dienen lediglich der Kontrolle, ob die vom Angeklagten behaupteten Trinkmengen zutreffen können.[105]

37   **d)** Dem Tatrichter ist im Rahmen freier Beweiswürdigung (§ 261 StPO) unbenommen, wenn sich rechnerisch infolge sehr hoher **Trinkmengenangaben** Werte ergeben, die den letalen Bereich tangieren, diese Angaben als **unglaubhaft** einzustufen. Hält der Tatrichter aber die Trinkmengenangaben eines Angeklagten für nicht zu widerlegen, so muss er aus der angegebenen Menge die Tatzeitblutalkoholkonzentration nach den von der Rechtsprechung anerkannten wissenschaftlichen Berechnungsmethoden bestimmen und seinem Urteil zugrunde legen, geboten sein kann auch eine Kontrollrechnung zur Ermittlung des Mindestwertes. Er ist in einem solchen Fall gehindert, zu Ungunsten des Angeklagten von einem niedrigeren Blutalkoholwert auszugehen oder sogar eine Alkoholisierung überhaupt in Frage zu stellen. Insbesondere darf er nicht den Blutalkoholwert durch die Annahme relativieren, dass eine geringere Blutalkoholkonzentration dem Erscheinungsbild und Leistungsverhalten des Täters eher entspreche. Sieht der Tatrichter Trinkmengenangaben eines Angeklagten als nicht widerlegt an, vermag er sich aber nicht davon zu überzeugen, dass diese zu dem errechneten Maximalwert geführt haben, so gebietet es der Zweifelssatz, im Bereich zwischen dem theoretisch höchsten und dem niedrigsten Wert die höchstmögliche Tatzeitblutalkoholkonzentration zu bestimmen.[106] Von einer Berechnung der Tatzeit-BAK darf nur abgesehen werden, wenn sich die Angaben des Angeklagten zum Alkoholkonsum sowohl zeitlich als auch mengenmäßig jedem Versuch einer Eingrenzung der in Betracht kommenden Mindest-BAK entziehen.[107] Muss der Tatzeitblutalkoholwert anhand der Angaben des Angeklagten errechnet werden, sind entlastenden Angaben des Angeklagten, für deren Richtigkeit oder Unrichtigkeit es keine genügenden Beweise gibt, nicht ohne weiteres als unwiderlegt den Feststellungen zugrundezulegen. Vielmehr ist auf der Grundlage des gesamten Beweisergebnisses zu entscheiden, ob diese Angaben geeignet sind, die Überzeugungsbildung zu beeinflussen.[108] Das Tatgericht sollte sich jedenfalls immer vor Augen halten, da die Blutprobe kaum bei der Tat selbst entnommen worden sein wird, dass es sich um einen errechneten, nicht aber um den tatsächlichen Wert der Alkoholisierung zur Tatzeit handelt.[109]

---

104 BGHR StGB § 21 Blutalkoholkonzentration 7, 8
105 BGH NStZ 1997, 591, 592; BGHR StGB § 21 BAK 26
106 BGH StV 1998, 259 = BGHR StGB § 20 Blutalkoholkonzentration 18
107 BGH NStZ-RR 1998, 107, 108
108 BGH StV 1998, 539
109 Maatz StV 1998, 282

Detter

5. Die rechtliche **Erheblichkeit der Verminderung des Hemmungsvermögens** bei   **38**
Alkoholdelikten hat der Richter selbst zu beurteilen, wobei er allenfalls zur Beurteilung der Vorfrage nach den medizinisch – psychiatrischen Anknüpfungstatsachen sachverständiger Hilfe bedarf, sofern er die Frage nicht schon auf Grund seines medizinischen Allgemeinwissens beurteilen kann.[110] Maßgebend sollten dabei
die Ansprüche sein, die die Rechtsordnung an das Verhalten des (auch) in diesem
Grad Berauschten zu stellen hat.[111]

6.   Actio libera in causa (alic)

Die Grundsätze dieser »Rechtsfigur« sind auf die Vergehen der Straßenverkehrsge-   **39**
fährdung und Fahren ohne Fahrerlaubnis nicht mehr anwendbar,[112] ansonsten gibt
es zur Zeit keine Einschränkung der Anwendungsmöglichkeiten.

Exkurs: Strafaussetzung zur Bewährung   **40**

Freiheitsstrafen können zur Bewährung ausgesetzt werden. Ihre Gewährung ist
von der Höhe der Strafe abhängig, wobei mit zunehmender Höhe der verhängten
Strafe jeweils strengere Anforderungen gestellt werden. Bei mehreren zu einer Gesamtstrafe zusammengefassten Strafen entscheidet die Höhe der Gesamtstrafe. Eine
Strafaussetzung zur Bewährung kann nicht mit der Begründung verwehrt werden,
der Angeklagte werde durch die Strafverbüßung nicht unangemessen hart getroffen, weil er mit der Einweisung in den offenen Vollzug rechnen könne.

Aus dem StGB ergeben sich drei Gruppen:

Bei *Freiheitsstrafen bis zu sechs Monaten*, die trotz § 47 StGB verhängt werden, ist
eine Aussetzung bei günstiger Prognose zwingend.

Bei *Freiheitsstrafen von sechs Monaten bis zu einem Jahr* ist bei günstiger Prognose
Strafaussetzung lediglich ausgeschlossen, wenn die Verteidigung der Rechtsordnung
die Vollstreckung gebietet.

Bei *Freiheitsstrafen zwischen einem und zwei Jahren* kommt bei günstiger Sozialprognose eine Aussetzung zur Bewährung in Betracht, wenn besondere Umstände
vorliegen, sofern die Verteidigung der Rechtsordnung die Vollstreckung nicht gebietet. Entscheidend ist jeweils die Höhe der verhängten Strafe. Aussetzung eines
Teils der Strafe ist unzulässig; gilt ein Teil der Strafe durch Anrechnung der Untersuchungshaft bereits als verbüßt, dann erfasst die Aussetzung nur noch die Reststrafe.

Wird Geldstrafe neben Freiheitsstrafe verhängt (§ 53 Abs 2 Satz 2 StGB), so bleibt
die Tagessatzzahl für die Berechnung der Strafhöhe, die für die Entscheidung über
die Aussetzung maßgeblich ist, unberücksichtigt. Eine an sich gebotene Strafe von
mehr als zwei Jahren darf aber *nicht allein* deshalb niedriger bemessen werden, um
sie zur Bewährung aussetzen zu können. Auf eine kumulative Geldstrafe (§ 53
Abs 2 StGB) darf *nicht allein* deshalb erkannt werden, um eine an sich gebotene,

---

110 BGH Urt v 16. 6. 1998 – 1 StR 162/98 nv
111 zuletzt BGH Urt v 22. 10. 2004 – 1 StR 248/04; BGH NStZ 2005, 329
112 BGHSt 42, 235 ff = NJW 1997, 138 ff m Anm Neumann StV 1997, 23 ff; Horn StV 1997, 264 ff;
    Fahnenschmidt/Klumpe DRiZ 1997, 77 ff; Spendel JR 1997, 133 ff; Hruschka JZ 1977, 22 ff; Je-
    rouschek JuS 1997, 385 ff; Gottwald DAR 1997, 302 f; vgl auch Otto in 50 Jahre BGH – Festga-
    be der Wissenschaft Band IV S 110 ff; 119 ff; Streng JuS 2001, 540 ff; ders in Alkohol, Strafrecht
    und Kriminalität [2000], 69 ff; die anderen Senate des Bundesgerichtshofs sind aber bisher die-
    ser Rechtsprechung nicht gefolgt Tröndle/Fischer § 20 Rn 49 ff m. w. N.

zwei Jahre übersteigende Freiheitsstrafe herabzusetzen und diese Strafe dann aussetzen zu können .[113]

41 § 56 Abs 1 StGB (für JGG vgl. den teilweise anders lautenden Wortlaut des § 21 JGG) setzt die begründete Erwartung voraus, dass der Verurteilte sich schon die Verurteilung selbst zur Warnung dienen lassen und sich künftig straffrei führen wird. Für die Prognose reicht es aus, dass die Begehung weiterer Straftaten nicht wahrscheinlich ist. Es genügt aber nicht, dass eine günstige Sozialprognose nur nicht auszuschließen ist, oder dass die Möglichkeit, der Angeklagte werde in Zukunft keine Straftaten begehen, nicht gänzlich verneint werden kann. Hinsichtlich der für die Erwartung erforderlichen Anknüpfungstatsachen gilt aber der Zweifelssatz. Die Prognoseentscheidung erfordert eine Gesamtwürdigung. Maßgeblich ist die Beurteilung im Zeitpunkt der Urteilsfällung. Bei der Prüfung einer günstigen Sozialprognose ist auch abzuwägen, ob und inwieweit eine Strafverbüßung die Eingliederung des Angeklagten in das Arbeitsleben erschweren, wenn nicht gar vereiteln, würde. Die Tatbegehung während einer Bewährungsfrist schließt nicht grundsätzlich eine erneute Strafaussetzung aus, die Prognose kann trotzdem positiv sein.[114] Für die Prognoseentscheidung gilt der Zweifelsgrundsatz nur, soweit die tatsächlichen Voraussetzungen betroffen sind. Auch wenn die Voraussetzungen des § 56 Abs 1 StGB nicht vorliegen, kann zB eine Aussetzung einer Freiheitsstrafe gemäß § 183 Abs 4 Nr 2 iVm § 183 Abs 3 StGB in Betracht kommen. Die Erwartung im Sinne von § 56 Abs 1 StGB setzt nicht eine sichere Gewähr für künftiges straffreies Leben voraus. Ausreichend ist, dass die Wahrscheinlichkeit künftigen straffreien Verhaltens größer ist als diejenige neuer Straftaten. Die Tatbegehung während des Laufs einer Bewährungszeit schließt aber die erneute Strafaussetzung zur Bewährung nicht grundsätzlich aus

42 § 56 Abs 2 StGB: Auch die Annahme »besonderer Umstände«, deren Vorliegen die Aussetzung von Freiheitsstrafe von mehr als einem Jahr bis zu zwei Jahren rechtfertigt, erfordert eine Gesamtwürdigung aller in der Tat und in der Täterpersönlichkeit liegenden Umstände. Es kommt nicht darauf an, ob solche Modalitäten vorliegen, die der Tat Ausnahmecharakter verleihen würden, es müssen nur gewichtige Milderungsgründe vorhanden sein. Umstände, die einzeln betrachtet, nur einfache oder durchschnittliche Zumessungsgründe wären, können in ihrer Gesamtheit ein besonderes Gewicht erlangen. Eine Anwendung von § 56 Abs 2 StGB setzt voraus, dass besondere Umstände trotz des erheblichen Unrechts- und Schuldgehalts der Tat, wie er sich in der Strafe widerspiegelt, eine Strafaussetzung als nicht unangebracht und allgemeinen, vom Strafrecht geschützten Interessen nicht zuwiderlaufend erscheinen lässt.[115] Eine günstige Sozialprognose kann auch für die Beurteilung bedeutsam sein, ob Umstände von besonderem Gewicht im Sinne von § 56 Abs 2 StGB vorliegen. Solche können schon bei einem Zusammentreffen durchschnittlicher und einfacher Milderungsgründe gegeben sein. Auch Umstände, die nach der Tat eingetreten sind, wie die Tatsache einer Stabilisierung der Lebensverhältnisse, ist in die nach § 56 Abs 2 StGB gebotene Abwägung einzubeziehen. Bei der Beurteilung der Sozialprognose ist dem Tatrichter ein gewisser Freiraum eingeräumt. Verlangt wird aber eine Gesamtwürdigung aller Einzelumstände, die für oder gegen eine Strafaussetzung sprechen können. Ein Rechtsfehler liegt bereits dann vor, wenn naheliegende tatsächliche Gesichtspunkte, die für eine andere Beur-

---

113 *BGH* St 32, 65
114 Vgl § 56 f StGB
115 *BGH* NStZ 1986, 27; *BGH*R StGB § 56 Abs 2 Gesamtwürdigung 1 und 6

teilung sprechen könnten, außer Betracht geblieben sind. Bei einer Gesamtstrafe kommt es für die Beurteilung der besonderen Umstände auf die Gesamtbewertung aller Taten (und der Person) des Angeklagten an.

Im Rahmen von § 56 Abs 2 StGB ist eine Prüfung der Kriminalprognose unerlässlich. Denn dieser Gesichtspunkt kann auch für die Beurteilung bedeutsam sein, ob Umstände von besonderem Gewicht im Sinne von § 56 Abs 2 StGB vorliegen.

Maßgebender Beurteilungszeitpunkt für die nach § 56 StGB zu treffende Prognose ist auch bei einer nachträglichen Gesamtstrafenbildung im Rahmen von § 55 StGB der der jetzigen – also der zeitlich jüngsten – Entscheidung.[116]

§ 56 Abs 3 StGB: Die Aussetzung muss versagt werden, wenn die Verteidigung der   **43**
Rechtsordnung die Vollstreckung gebietet. Das ist dann der Fall, wenn eine Aussetzung der Vollstreckung im Hinblick auf die schwerwiegenden Besonderheiten des Einzelfalles für das allgemeine Rechtsempfinden schlechthin unverständlich erscheinen müsste und das Vertrauen der Bevölkerung in die Unverbrüchlichkeit des Rechts und den Schutz der Rechtsordnung vor kriminellen Angriffen erschüttern könnte. Ob Strafaussetzung zur Bewährung bei der Bevölkerung auf Unverständnis stoßen würde, ist auf der Grundlage des Rechtsempfindens des über die Besonderheiten des Einzelfalles unterrichteten Bürgers zu beurteilen. Generalpräventive Erwägungen dürfen nicht dazu führen, bestimmte Tatbestände oder Tatbestandsgruppen von der Möglichkeit der Strafaussetzung zur Bewährung auszuschließen. Die Möglichkeit der Strafaussetzung kann nicht gemäß § 56 Abs 3 StGB für bestimmte Deliktsgruppen, wie zB sexueller Mißbrauch von Kindern, generell ausgeschlossen werden Erforderlich ist stets eine dem Einzelfall gerecht werdende Abwägung durch die Tatgerichte, bei der Tat und Täter umfassend zu würdigen sind. In der Sache erlittene Untersuchungshaft ist bei der Entscheidung nach § 56 Abs 3 StGB stets zu berücksichtigen.

> **Achtung:**
>
> Macht das Tatgericht von der Möglichkeit, gemäß § 51 Abs 1 Satz 2 StGB Untersuchungshaft nicht anzurechnen, keinen Gebrauch gemacht und ist deshalb die Strafe infolge der Anrechnung bereits voll verbüßt, kann die Strafe nicht mehr zur Bewährung ausgesetzt werden. Eine dennoch erfolgte Strafaussetzung zur Bewährung beschwert einen Angeklagten.

Folgerungen für die Verteidigung:

Der Vollzug einer Freiheitsstrafe trifft den Angeklagten am härtesten. Deshalb muss ein Hauptaugenmerk der Verteidigung darauf gerichtet sein, diese Folge zu vermeiden. Sind Freiheitsstrafen unter zwei Jahren zu erwarten, werden die tatsächlichen und rechtlichen Gegebenheiten des § 56 Abs 1 und Abs 2 StGB von besonderer Bedeutung sein. Das *Zusammentreffen* mehrerer durchschnittlicher und einfacher Strafmilderungsgründe kann zu der Annahme besonderer Umstände im Sinne von § 56 Abs 2 StGB führen, die trotz des erheblichen Unrechts- und Schuldgehalts der Tat, wie er sich in der Strafe widerspiegelt, eine Strafaussetzung als nicht unangebracht und allgemeinen, vom Strafrecht geschützten Interessen nicht zuwiderlaufend erscheinen lassen. Dabei steht sowohl bei Abs 1 wie bei Abs 2 des § 56 StGB die günstige Sozialprognose im Vordergrund, denn diese kann als solche schon für die Beurteilung, ob Umstände von besonderem Gewicht im Sinne von § 56 Abs 2 StGB vorliegen, bedeutsam sein. Maßgebender Zeitpunkt ist die Haupt-

---

116 BGH NJW 2003, 2841 = NStZ 2004, 58

verhandlung, so dass auch nach der Tat eingetretene Umstände von Bedeutung sind. Die Gefahr des Arbeitsplatzverlustes, eine Vernichtung der begonnenen sozialen Stabilisierung oder eine zwischenzeitlich – zum Guten hin – eingetretene Persönlichkeitsveränderung müssen erforderlichenfalls unter Beweis gestellt werden durch Sachverständige, Vernehmung des Arbeitgebers, des Bewährungshelfers oder der behandelnden Ärzte.[117] Auf die – oft ausreichende – Möglichkeit, durch Auflagen und Weisungen im Bewährungsbeschluss auf den Angeklagten einzuwirken, sollte hingewiesen, die Bereitschaft bzw. Zustimmung des Angeklagten zu entsprechenden Maßnahmen, wie zB sich einer Heilbehandlung zu unterziehen, sollte vorsorglich erklärt werden.[118] Dabei darf nicht unberücksichtigt bleiben, dass auch Vorstrafen und sogar ein Bewährungsversagen nicht schon allein für sich gegen eine günstige Sozialprognose sprechen müssen. Ist die Anwendung der Regelung des § 56 Abs 3 StGB zu befürchten, müssen die Besonderheiten des konkreten Falles herausgearbeitet werden. Wichtig ist es auch darzustellen, dass die sich aus § 56 Abs 3 StGB ergebenden generalpräventiven Erwägungen nicht dazu führen dürfen, bestimmte Tatbestände oder Tatbestandsgruppen von der Möglichkeit der Strafaussetzung zur Bewährung auszuschließen.[119]

Im Hinblick auf § 267 Abs 3 Satz 4 StPO sollte nicht übersehen werden, den Antrag auf Aussetzung der Strafe zur Bewährung zu stellen.

III.   Einzelprobleme bei der Strafzumessungsverteidigung

> Die Verteidigung wird gegebenenfalls, wenn bestimmte Punkte in der Hauptverhandlung eine Rolle spielen, darauf hinweisen müssen, dass eine Berücksichtigung zu Lasten des Angeklagten unzulässig wäre. Diese Verpflichtung besteht vor allem bei mit Laienrichtern besetzten Gerichten (Schöffengericht, Kleine und Große Strafkammer, Schwurgerichtskammer).

1.   Verstoß gegen das Doppelverwertungsverbot

44   Der Verstoß gegen § 46 III StGB ist einer der häufigsten und auch schwerwiegendsten im Rahmen der Strafzumessung. Der Regelungsgrund, das tatbestandsmäßige Verhalten und der tatbestandsmäßige Erfolg dürfen nicht straferschwerend berücksichtigt werden.

Beispiele:

Vorsatz: Direkter Tötungsvorsatz darf nicht strafschärfend gewertet werden, da die Tötung mit direktem Vorsatz der Regelfall der Tötung ist. Strafschärfend bei einem Tötungsdelikt zu werten, der Angeklagte sei »mit absolutem Vernichtungswillen vorgegangen«, verstößt deshalb gegen § 46 Abs 3 StGB.

Das **Rücktrittsprivileg** bewirkt, dass im Falle eines Rücktritts der auf die versuchte Straftat gerichtete Vorsatz sowie ausschließlich darauf bezogene Tatbestandsverwirklichungen nicht strafschärfend berücksichtigt werden dürfen. Dem Angeklag-

---

117 *OLG Celle* JR 1985, 32 m Anm *Meyer* zur Frage von Beweisanträgen hinsichtlich einer günstigen Sozialprognose
118 Vgl für Weisung zur Fortführung einer langdauernden Substitutionsbehandlung: *BGH* NStZ RR 1997, 231
119 *BGH* St 24, 40, 46; *BGH*R StGB § 56 Abs 3 Verteidigung 5, 6 und 16

ten darf deshalb nicht strafschärfend angelastet werden, dass er ohne das selbstlose und beherzte Eingreifen Dritter so lange auf das Tatopfer weiter eingestochen hätte, bis dieses an ihren Verletzungen verstorben wäre, ebenso dass er den Eintritt des Todes des Opfers nicht zu verhindern versucht hat. Damit wird nämlich zu Lasten des Angeklagten gewertet, dass er nicht freiwillig vom Totschlagversuch zurückgetreten ist.

Mittäterschaft oder Beihilfe: Die nach dem Tatplan wesentliche Handlung darf nicht strafschärfend gewertet werden, ebenso wenig, dass der **Gehilfe** »weiterhin bereitwillig seinen Tatbeitrag geleistet hat«, weil dies erst seine Strafbarkeit begründet. Zum Nachteil des Angeklagten zu berücksichtigen, ohne ihn »hätte die Tat nicht erfolgreich durchgeführt werden können«, lastet ihm rechtsfehlerhaft an, dass er die Tat überhaupt als Mittäter begangen hat, ebenso, dass er »geschickt die Wahrscheinlichkeit minimierte, selbst überführt zu werden«, indem er die Tatausführung so plante, dass er selbst nicht persönlich am Tatort in Erscheinung trat.[120]

§ 174 StGB: Unzulässig ist die Heranziehung von der Stellung als »Ersatzvater«[121] oder der »Zerstörung der Familie und des Vertrauensverhältnisses«. Rechtsfehlerhaft ist es, dem Angeklagten anzulasten, es sei ihm, »ausschließlich auf seine eigene Bedürfnisbefriedigung« angekommen und er habe »außerordentlich egoistisch« gehandelt. Dass der Angeklagte »das Näheverhältnis zu seiner Stieftochter und ihre Abhängigkeit zum Erreichen seiner sexuellen Ziele schamlos ausgenutzt« hat, darf nicht strafschärfend gewertet werden, da damit nur zum Tatbestand des sexuellen Missbrauchs von Schutzbefohlenen gehörende Umstände herangezogen werden.

§ 176 StGB: Der Zweck der Vorschrift ist es, die ungestörte charakterliche und sexuelle Entwicklung von Kindern vor dem in diesem Alter schädigenden Einfluss sexueller Übergriffe zu schützten. Dieser Strafzweck wird unzulässigerweise strafschärfend berücksichtigt, wenn dem Angeklagten angelastet wird, er habe »die Chancen des Tatopfers auf eine lebensnotwendige natürlich heranwachsende psychische Entwicklung schwerwiegend verringert« oder er habe »seine sexuellen Wünsche ohne Rücksicht auf die körperliche und psychische Entwicklung des Tatopfers befriedigt«. Ebenso die Wendung, der Angeklagte habe seine eigenen sexuellen Bedürfnisse auf Kosten der Tatopfer befriedigte, obwohl er es nach seinen eigenen Angaben nicht nötig hatte, ein Mädchen gegen dessen Willen anzufassen, und obwohl ihm auch das Mittel der Selbstbefriedigung zur Stillung sexueller Bedürfnisse durchaus bekannt und vertraut war. Den Umstand, dass ein Angeklagter trotz auch in sexueller Hinsicht harmonischer Ehe sexuelle Übergriffe auf seine Stieftochter begangen hat, strafschärfend zu bewerten ist deshalb bedenklich, weil damit lediglich Umstände beschrieben werden, deren Fehlen sich strafmildernd auswirken könnte. Das Recht des Kindes auf »ungestörte sexuelle Entwicklung«, dass »das Kind zu nachtschlafender Zeit zur Befriedigung seiner egoistischen sexuellen Bedürfnissen missbraucht« wurde, betrifft Merkmale des gesetzlichen Tatbestandes. Rechtsfehlerhaft ist es, weil damit der Strafgrund strafschärfend herangezogen wird, dem Angeklagten anzulasten, »dass ein solches Verhalten von der Gesellschaft nicht hinnehmbar ist, insbesondere weil die freie ungehinderte sexuelle Entwicklung von Kindern dadurch erheblich beeinträchtigt wird«.

§ 177 StGB: Dass der Beischlaf ungeschützt vollzogen wurde, kann grundsätzlich zu Lasten des Täters berücksichtigt werden, Voraussetzung ist aber, dass dem Täter

---

120 Die Abgrenzung zur strafschärfend zu wertenden »kriminellen Energie« ist oft schwierig
121 BGH StV 1994, 306; BGHR StGB § 174 I Strafzumessung 1

Detter

aus dieser Art der Tatausführung ein erhöhter Schuldvorwurf unter dem Gesichtspunkt der Gefahr unerwünschter Zeugung (und/oder einer HIV-Infektion) gemacht werden kann. Rechtsfehlerhaft ist die Erwägung, »der Angeklagte habe seine eigenen Interessen massiv über die Belange der Zeugin gestellt«. Als strafschärfend zu werten, dass »die Vergewaltigung einer noch jugendlichen Anhalterin sich als eine ›überaus‹ zu missbilligende und verwerfliche Tat darstelle«, ist, da damit auf den Grund der Bestrafung abgestellt wird, sehr bedenklich.

§ 212 StGB: Nicht strafschärfend gewertet werden darf das – hohe oder niedrige – Alter des Opfers, da das Leben Wertabstufungen nicht zugänglich ist.[122] Wendungen wie »die Angeklagte nahm einem jungen Menschen das Leben, dessen Tod von seiner Umwelt und seinem Verwandten wegen der endgültigen Zerstörung noch so vieler Lebenschancen als besonders schmerzlich empfunden wurde« oder »den Tod eines jungen Menschen verursacht, dessen Lebenserwartung demgemäss hoch gewesen sei«, sind unzulässig, weil ohne sachlichen Grund die Menschen ungleich behandelt werden. Unzulässig ist deshalb auch, zu Lasten des Angeklagten zu werten, „dem minderjährigen Sohn sei der Vater genommen und ihm und der Familie großes Leid zugefügt worden. Die Anwendung der zur Tötung erforderlichen Gewalt darf grundsätzlich nicht straferschwerend gewertet werden. Gegen § 46 III StGB verstößt die Erwägung, der Angeklagte habe sich eigensüchtig über die bestehende und von ihm erkannte hochgradige Lebensgefährdung des Tatopfers hinweggesetzt, da der Tötungsvorsatz ein solches Verhalten in der Regel voraussetzt. Der »massive Vernichtungswille« als ein zum Tatbestand eines vorsätzlichen Tötungsdelikts gehörender Umstand darf nicht strafschärfend gewertet werden. Etwas anderes kann gelten, wenn dieser Hinweis in Zusammenhang mit der Hervorhebung der brutalen, von erheblicher krimineller Intensität zeugenden Art und Weise der Tatausführung steht. Unzulässig ist es dem Angeklagten strafschärfend anzulasten, dass seine Tat »eine schwere Straftat« sei, da damit nur »der Verbrechenscharakter und das Gewicht der Tat im Gefüge der anderen Straftatbestände« (= ein Umstand, der schon Merkmal des gesetzlichen Tatbestands ist) berücksichtigt wird, des weiteren, dass »er sich nicht habe hinreißen lassen dürfen, den Tötungsentschluss als Alternative zur Trennung von seiner Ehefrau zu fassen«.

Trotz Aufhebung des **§ 217 StGB aF (Kindstötung)** bedarf es auch nach neuer Rechtslage der Prüfung, ob und gegebenenfalls in welcher Weise sich die körperliche und seelische Belastung der Gebärenden, die Grund für die Privilegierung der Kindstötung in dieser Vorschrift war, bei der Begehung eines einschlägigen Tötungsdelikts ausgewirkt hat.

§ 242 StGB: Einem Dieb darf nicht angelastet werden, dass er »sich bedenkenlos über die Eigentumsordnung bzw. ohne Hemmungen über geltendes Recht hinweggesetzt« hat, »in der Tat die Missachtung des Angeklagten gegenüber dem Eigentum anderer zum Ausdruck« kommt, des weiteren, dass »die entwendeten Gegenstände sinnlos zerstört hat«, da durch § 242 StGB bestraft werden soll, wer dem Eigentümer eine Sache in Zueignungsabsicht entzogen hat. Die Vernichtung der Sache kann normalerweise keinen zusätzlichen Unwertsvorwurf begründen.[123]

§§ 249, 250 StGB: Drohung mit gegenwärtiger Gefahr für Leib oder Leben ist Tatbestandsmerkmal, so dass die für die Tatbestandsverwirklichung erforderliche Wirkung einer solchen Drohung keinen Strafschärfungsgrund darstellt; anders kann es

---

122 BGH StV 1995, 634
123 BGHR StGB § 46 III Diebstahl 2

sein, wenn durch die Drohung mehrere Menschen in Angst versetzt werden. Bei einem schweren Raub (§§ 249, 250 StGB) darf das fortgeschrittene Alter des Tatopfers und die daraus resultierende körperliche Unterlegenheit zu Lasten des Angeklagten berücksichtigt werden, da damit nur das kriminelle Gewicht der Tat gekennzeichnet wird.[124] Unzulässig ist die Erwägung, der Angeklagte habe »nach längerwährender Tatbereitschaft schließlich vor Ort auch keinerlei erkennbare Bedenken gegen einen gemeinsamen gewaltsamen Überfall auf eine erkennbar wehrlose Person geäußert, obwohl ein Absehen von der Tatausführung ohne weiteres möglich gewesen wäre« (angelastet wird nur, dass der Angeklagte die Straftat begangen hat). Fehlerhaft ist es, dem Angeklagten im Rahmen von § 250 Abs 1 Nr 1 Buchst b StGB strafschärfend anzulasten, er habe mit der ungeladenen Gas-/Schreckschußpistole bei dem geplanten Banküberfall ein Nötigungsmittel einsetzen wollen, das »in besonderer Weise geeignet war, Furcht und Schrecken zu verbreiten, weil es einer echten Schusswaffe täuschend ähnlich sah«.

§ 316 a StGB

Die bewusste Ausnutzung einer verkehrstypisch eingeschränkten Abwehrfähigkeit des Opfers gehört zwar zu den Tatbestandsmerkmalen des § 316 a Abs 1 StGB. Jedoch ist das Verbrechen des räuberischen Angriffs auf Kraftfahrer keine Qualifikation des Raubs oder der räuberischen Erpressung, sondern ein eigenständiger Tatbestand mit einem gegenüber der beabsichtigten weiteren Straftat vorverlagerten Vollendungszeitpunkt. Die Ausführungsmodalitäten der mit dem räuberischen Angriff in Tateinheit stehenden Raubtat – zB der Umstand, dass der Angeklagte das Tatopfer veranlasste, in einen abgelegenen Teil einer Tiefgarage zu fahren – können daher ohne Verstoß gegen § 46 Abs 3 StGB bei der Strafzumessung zu Lasten des Täters berücksichtigt werden.

Bestechungsdelikte: Die Erschütterung des Vertrauens der Öffentlichkeit in die Lauterkeit der Verwaltung ist das geschützte Rechtsgut sämtlicher Delikte dieser Art, die strafschärfende Berücksichtigung verstößt gegen § 46 III StGB. Einem Angeklagten im Rahmen von § 332 StGB anzulasten, er habe in dem bestehenden Korruptionssystem aktiv mitgewirkt und dessen Funktionieren gefestigt, verstößt gegen § 46 Abs 3 StGB.[125]

Waffendelikte (Verstöße gegen WaffG und KWKG): Die besondere Gefährlichkeit von Waffen darf nicht strafschärfend gewertet werden.[126] Probleme ergeben sich, wenn ein mit einer Waffe begangenes Delikt durch Notwehr gerechtfertigt ist. Denn auch das Führen der Schusswaffe, soweit dieses mit den Tötungs- und Verletzungshandlungen unmittelbar zusammenfällt, ist gerechtfertigt. Die Tatsache, dass der Angeklagte schon bewaffnet zum Treffen gegangen ist, darf deshalb für sich allein nicht zur Strafschärfung herangezogen werden.[127]

Probleme können sich bei der Frage ergeben, was zum **Regeltatbild** gehört und deshalb nicht strafschärfend berücksichtigt werden darf. Der Regelfall der Tatbegehung, das »Regeltatbild« (ein Umstand, der zwar nicht immer aber doch regelmäßig oder typischerweise bei Deliktsverwirklichung auftritt) darf nicht strafschärfend gewertet werden. Was aber zum »Regeltatbild« gehört, ist oft sehr umstritten. Fraglich ist, ob strafschärfend angelastet werden darf, das unerlaubte Handeltreiben

45

---

124 BGHR StGB § 253 I Konkurrenzen 2
125 BGH NStZ 2003, 544
126 BGH StV 1995, 301
127 BGH StV 1991, 63, 64

mit Betäubungsmitteln sei die »verwerflichste Tatvariante« des § 29 I 1 BtMG[128] oder bei Raubdelikten sei die Maskierung und das Mitführen von Handschuhen bei einem Überfall sowie der geplante Wechsel der Kleidung und der Fluchtfahrzeuge nach der Tat besonders schwerwiegend.[129]

Umstände, die einen **besonders schweren Fall** begründet haben, dürfen als solche nicht noch einmal zur Strafschärfung herangezogen werden. Das gilt nicht nur für die Modalitäten, die ein Regelbeispiel darstellen, sondern auch für solche, die in ihrem Schweregrad als den Regelbeispielen gleichwertig angesehen werden.

46 Das Doppelverwertungsverbot gilt nicht nur für Tatbestandsmerkmale, sondern auch für **sonstige unrechts- und schuldbegründende Merkmale.** Deshalb ist es zB unzulässig, straferschwerend zu werten, dass die Tat nicht durch Notwehr geboten war. Das Rücktrittsprivileg bewirkt, dass der auf die versuchte Straftat gerichtete Vorsatz sowie ausschließlich darauf bezogene Tatbestandsverwirklichungen nicht strafschärfend berücksichtigt werden dürfen.[130] Wendungen wie »der Angeklagte bemühte sich nach der Tat nicht um das Opfer« lassen besorgen, dass diesem – rechtsfehlerhaft – angelastet werden soll, dass er das Opfer nicht mit strafbefreiender Wirkung gemäß § 24 StGB gerettet hat.

2. Verteidigungsverhalten – Behandlung des Tatopfers

47 Prozessverhalten, mit dem der Angeklagte, ohne die Grenzen zulässiger Verteidigung zu überschreiten, den ihm drohenden Schuldspruch abzuwenden versucht, darf grundsätzlich nicht straferschwerend berücksichtigt werden. Deshalb ist der Umstand, dass der Angeklagte die Tat hartnäckig leugnet, kein zulässiger Straferschwerungsgrund. Das gilt auch dann, wenn der Angeklagte dem Anklagevorwurf unter Anpassung an die Entwicklung der Beweislage mit wechselndem, erwiesenermaßen wahrheitswidrigem Vorbringen zu begegnen sucht.[131] Einem bestreitenden Angeklagten darf nicht angelastet werden, die »Schuldeinsicht« sei »gering«[132] oder er habe »sich in der Hauptverhandlung völlig uneinsichtig und ohne Reue gezeigt und er habe die Geschädigte durch sein hartnäckiges Abstreiten der Taten als Lügnerin dargestellt«,[133] ebenso wenig, dass er gegenüber dem Tatopfer keine wirkliche Reue gezeigt und versucht hat, die zur Tat hinführenden Umstände zu beschönigen und die Verantwortung von sich abzuwälzen. Gleiches gilt für die Erwägung, der Angeklagte sei zwar geständig gewesen, doch habe er bis zum Schluß der Verhandlung immer wieder versuchte, das Unrecht seiner Taten herunterzuspielen. Ebenso wenig darf der Umstand, dass der Angeklagte zur Aufklärung der Tat keinen Beitrag leistet und zB seine Hintermänner nicht nennt, zu dessen Lasten gewertet werden.[134] Zeugen und Mittäter betreffende Angaben des Angeklagten dürfen nur dann strafschärfend berücksichtigt werden, wenn sie eindeutig die Grenzen angemessener Verteidigung überschreiten und Rückschlüsse auf eine rechtsfeindliche Gesinnung zulassen. Dass der Angeklagte die Schuld auf Mitangeklagte abzuschieben versucht, genügt nicht.[135]

---

128 BGHSt 44, 361, 366 ff sowie BGH StV 2000, 73
129 Zuletzt BGH Beschl v 11. 1. 2000 – 4 StR 611/99; vgl Detter NStZ 2000, 579; 2001, 132
130 BGH NStZ 1996, 491
131 BGHR StGB § 46 II Verteidigungsverhalten 17
132 BGHR StGB § 46 II Nachtatverhalten 4
133 BGH Beschl v 2. 5. 2000 – 1 StR 136/00; BGH StV 2004, 370 (anders wenn der Zeuge als bedenkenloser Lügner bezeichnet wird)
134 BGHR StGB § 46 II Nachtatverhalten 23
135 BGH StV 1999, 536, 537; Detter NStZ 2001, 468

Einem bestreitenden Angeklagten darf nicht zum Vorwurf gemacht, den Schaden nicht wiedergutgemacht und noch Zugriff auf die Beute zu haben. Denn ein Angeklagter, der sich damit verteidigt, er habe mit der Entwendung der Gelder nichts zu tun, kann, ohne seine Verteidigungsposition zu gefährden, weder den Schaden wiedergutmachen noch Angaben dazu machen, wo sich die Tatbeute befindet. Der Hinweis auf den Verbleib der Gelder und die Schadenswiedergutmachung würden vielmehr das Eingeständnis seiner Schuld bedeuten. Ein solches Verhalten kann aber vom Täter nicht mit der Folge erwartet werden, dass ihm schon dessen bloße Unterlassung zur Strafschärfung gereicht.[136]

> **48**
>
> Für die Verteidigung bleibt es aber schwierig, die Grenzen der zulässigen Verteidigung auszuloten und in ihr Verteidigungskonzept einzubringen, insbesondere wenn es um die Glaubwürdigkeit von Zeugen und damit vor allem um Angriffe gegen die Person des Tatopfers bei Sexualdelikten geht (vgl auch § 68 a StPO). Wann und wieweit es notwendig ist (»unerlässlich«) in diesem Bereich Fragen zu stellen,[137] muss sich die Verteidigung genau überlegen. Die Behandlung des Tatopfers ist eine der schwierigsten Probleme für die Verteidigung. Denn weniger die Berufsrichter, aber auch diese, als vielmehr die Laienrichter können durch zu harsches Vorgehen gegen das Tatopfer zu Lasten des Angeklagten voreingenommen werden, was sich dann unweigerlich im Strafmaß widerspiegelt.
>
> Aus der Sicht des Angeklagten kann es erforderlich erscheinen, seiner bestreitenden Einlassung dadurch besondere Überzeugungskraft zu verleihen, dass er den Belastungszeugen der Lüge bezichtigte. Dass er sich dazu einer scharfen Ausdrucksweise bediente, rechtfertigt für sich regelmäßig noch keine andere Bewertung, wenn sich der Vorwurf gegen einen Zeugen auf die Aussage zur verfahrensgegenständlichen Tat bezieht und nicht etwa einen vom maßgeblichen »Streitstoff« losgelösten allgemeinen Angriff auf die Ehre des Zeugen beinhaltet.[138]
>
> Die Rechtsprechungsgrundsätze scheinen klare Richtlinien zu geben. Der Angeklagte darf im Rahmen seiner Verteidigung einen Belastungszeugen als unglaubwürdig hinstellen, ohne für den Fall des Misserfolges schon deshalb eine schärfere Bestrafung befürchten zu müssen. Die Grenzen derartiger Angriffe auf Zeugen beurteilen sich nach § 193 StGB, dessen Anwendung auch bei Verleumdungen nicht schlechthin ausgeschlossen ist. Eine Rechtfertigung derartiger Angriffe ist dann gegeben, wenn inhaltlich die »Verleumdung« zugleich das Leugnen belastender Tatsachen bedeutet. Darüber hinausgehendes angriffsweises Vorbringen unwahrer ehrenrühriger Tatsachen, mit dem der Angeklagte wider besseres Wissen unwahre Behauptungen aufstellt, überschreitet aber die Grenzen einer zulässigen Verteidigung.[139] Zu beachten ist auch, dass es zulässig ist, psychische Nachwirkungen der Tat, die durch mehrfache Vernehmungen des Opfers gegebenenfalls noch verstärkt werden, dem Täter als verschuldete Folgen der Tat anzulasten.

Hinweis: Auf der Basis dieser Rechtsprechung hat die **Verteidigung** die Entscheidung über ihre Strategie zu treffen. In manchen Fällen kann deshalb ganz erheb-

---

136 vgl aber § 57 Abs 5 StGB
137 BGHSt 13, 252, 254; 21, 334, 360; BGH NStZ 1982, 170 = StV 1982, 204; Tondorf StV 1988, 500 ff
138 BGH StV 2004, 370
139 BGHR StGB § 46 II Verteidigungsverhalten 14; vgl auch Hans OLG Hamburg JR 1997, 521 m Anm Foth

liche Zurückhaltung bei der Ausübung des Fragerechts geboten sein. Beim geständigen Angeklagten stellt sich insbesondere die Frage, ob er dem Tatopfer eine Vernehmung ersparen soll, wodurch möglicherweise die Strafzumessung zu seinen Gunsten beeinflusst werden kann oder ob das Erscheinungsbild und die Vernehmung des Tatopfers zum Tatgeschehen und vor allem zu den Tatfolgen sich für ihn günstiger auswirken kann

Das bloße **Dulden einer Falschaussage** in der Hauptverhandlung darf nur dann strafschärfend gewertet werden, wenn es Ausdruck von Rechtsfeindlichkeit und Uneinsichtigkeit ist. Dies kommt insbesondere dann in Betracht, wenn der Angeklagte Zeugen zu den Falschaussagen zu seinen Gunsten veranlasst oder sie in Kenntnis ihrer Bereitschaft hierzu als Zeugen benannt hat.

3.   Nachtatverhalten

49   Dem Täter darf grundsätzlich die Beseitigung der Tatspuren als sog Nachtatverhalten nicht angelastet werden, weil ihm der Versuch, sich der Strafverfolgung zu entziehen, unbenommen ist. Anders verhält es sich indessen, wenn der Täter dadurch neues Unrecht schafft oder mit seinem Verhalten weitere Ziele verfolgt, die ein ungünstiges Licht auf ihn werfen. Die Beseitigung von Tatspuren kann grundsätzlich die Schuld nicht erhöhen, weil der Angeklagte zur Mitwirkung an der Aufklärung der Tat nicht verpflichtet ist. Ihm ist es unbenommen, seine Täterschaft zu verschleiern und sich nicht der Gefahr der Entdeckung auszusetzen.[140] Andererseits bestehen bei Verurteilungen nach § 212 StGB keine Bedenken, als besondere kriminelle Energie bei der Begehung der Tat erschwerend anzulasten, wenn die aufwendige Beseitigung der Leiche des Tatopfers schon vor der Tat geplant war.[141] Gleiches gilt, wenn das Verhalten des Angeklagten nach der Tat Rückschlüsse auf seine innere Einstellung zulässt oder den Unrechtsgehalt der Tat erhöht.[142]

4.   Folgen der Tat

50   Die strafschärfende Berücksichtigung eines Nachtatgeschehens (zB Selbstmordversuch des Tatopfers) als Auswirkung der Tat ist dann zulässig, wenn es für den Täter zum Tatzeitpunkt vorhersehbar war. Da gewaltsam begangene Sexualdelikte zu auch sehr schwerwiegenden psychischen Folgen beim Opfer führen können, bedarf die Annahme, dass solche Folgen einer Sexualstraftat für den Täter, wenn auch nicht notwendig in allen Einzelheiten, so doch in ihrem Kern vorhersehbar waren, keiner näheren Darlegung, wenn nicht besondere Umstände vorliegen. Bei der Strafzumessung darf im Falle der Verurteilung wegen Betruges (Heiratsschwindel) zum Nachteil des Angeklagten gewertet werden, dass die Tatopfer durch die Taten des Angeklagten »in ihrem psychischen Wohlbefinden erheblich beeinträchtigt« worden sind. Erforderlich ist, dass der Angeklagte mit den psychischen Beeinträchtigungen der Opfer (Enttäuschung, Verzweiflung, Sorge um die Auswirkungen der Taten auf das Vermögen) rechnen musste. Sie können als verschuldete, weil voraussehbare Auswirkungen der Tat im Sinne von § 46 Abs 2 StGB berücksichtigt werden. Es kommt nicht darauf an, ob die Folgen in den Schutzbereich der strafrechtlichen Normen fallen, deren Verletzung dem Angeklagten vorgeworfen wird; für Tatfolgen, die in keinem unmittelbaren Zusammenhang mit dem strafbaren Verhal-

---

140 BGH StV 1991; 106; NStZ-RR 2003, 364
141 BGHR StGB § 46 II Nachtatverhalten 9, 13, 17, 18; BGH StV 1990, 259, 260; 1995, 131, 132
142 BGH StV 1990, 259, 260; 1995, 131, 132

Detter

ten stehen und außerhalb des eigentlichen Tatbereichs liegen, das Abgrenzungskriterium der Voraussehbarkeit der Tatfolge ist ausreichend.[143]

5. Schadenswiedergutmachung – § 46 a StGB

Nach § 46 a StGB[144] besteht die Möglichkeit der Strafmilderung und – bei einer   51
Straferwartung von einem Jahr – sogar des Absehens von Strafe. Diese Regelung
beinhaltet nach der Rechtsprechung des BGH einen sog vertypten Milderungsgrund. Die Vorschrift gilt für Vergehen und auch für Verbrechen. § 46 a StGB enthält keine Einschränkung dahingehend, dass sie auf bestimmte Tatbestände von
vornherein nicht anwendbar wäre. Steuerhinterziehung,[145] Rechtsbeugung und vor
allem auch schwere Fälle der Vergewaltigung dürften aber auszuscheiden. Der Täter-Opfer-Ausgleich im Rahmen des § 46 a StGB kann mit den Strafzwecken in
Konflikt geraten.[146] Der gerechte Schuldausgleich darf nicht in Frage gestellt werden. Es sind auch Fallgestaltungen denkbar, bei denen generalpräventive Erwägungen der Anwendung des § 46 a StGB entgegenstehen können. Andererseits können
spezialpräventive Erwägungen gerade die Anwendung erfordern.

Das Urteil muss erkennen lassen, welche der Fallgruppen des § 46 a StGB (Nr 1
oder/und Nr 2) angenommen wird. Der Anwendung dieser Regelung steht nicht
entgegen, dass das Opfer eine juristische Person (eingetragener Verein) war, denn
auch wenn die Allgemeinheit oder juristische Personen geschädigt sind, kann der
Täter durch sein Verhalten nach der Tat zeigen, dass er zur Übernahme von Verantwortung bereit ist, zumal die Schadenswiedergutmachung mittelbar auch den
hinter der juristischen Person stehenden natürlichen Personen, bei einem eingetragenen Verein den Vereinsmitgliedern oder den durch die Tätigkeit des Vereins begünstigten Menschen zugute kommt.

§ 46 a Nr 1 StGB bezieht sich vor allem auf den Ausgleich der immateriellen Folgen
einer Straftat, die auch bei einem Vermögensdelikt denkbar sind, während § 46 a
Nr 2 StGB den materiellen Schadenersatz betrifft. Die Vorschrift setzt, wie sich aus
dem Klammerzusatz »Täter-Opfer-Ausgleich« ergibt, einen kommunikativen Prozess zwischen Täter und Opfer voraus, der auf einen umfassenden Ausgleich der
durch die Straftat verursachten Folgen gerichtet sein muss; das einseitige Wiedergutmachungsbestreben ohne den Versuch der Einbeziehung des Opfers genügt
nicht. Ein Entschuldigungsschreiben des Angeklagten an die geschädigten Bankangestellten erfüllt die Voraussetzungen für einen Täter- Opfer – Ausgleich nach
§ 46 a Nr 1 StGB jedenfalls nicht.

Gegen die Anwendbarkeit und praktische Handhabbarkeit von **§ 46 a Nr 1 StGB** in
bestimmten Fällen (Anerkenntnis von Schmerzensgeld und Teilzahlungen an Tatopfer von sexuellem Missbrauch) hat der 4. Strafsenat Bedenken geäußert,[147] er sieht
die Gefahr, dass die Vorschrift entgegen den gesetzgeberischen Intentionen doch zu
einem Freikauf durch den Täter führt.

Bei **Vergewaltigungsdelikten** wird, wie bei den meisten Delikten, bei denen in
schwerer Weise gegen die persönliche Integrität verstoßen wurde, allenfalls § 46 a

---

143 BGH NStZ 2002, 645
144 Vgl dazu für viele Schöch in 50 Jahre BGH – Festgabe der Wissenschaft Band IV S 309 ff; Rose
    JR 2004, 275 ff; Franke NStZ 2003, 410 ff; Tröndle/Fischer Rn 1–3 zu § 46 a StGB
145 Vgl BGH NStZ 2001, 200 f
146 Schöch RdJB 1999, 278 ff, 281
147 BGH StV 2000, 129 unter Hinweis auf Lackner/Kühl § 46 a Rn 1 mwN; Kaiser ZRP 1994,
    314 ff; Meier JuS 1996, 436, 441 f

Nr 1 StGB Anwendung finden können. Voraussetzung ist ein häufig durch Dritte vermittelter immaterieller Ausgleich zwischen dem Täter und seinem Opfer oder doch »auf der Grundlage umfassender Ausgleichsbemühungen« ein ernsthaftes Bestreben des Täters, einen solchen Ausgleich herbeizuführen. Schwere Fälle der Vergewaltigung dürften sich nur in Ausnahmefällen für eine solche Konfliktlösung eignen. Ein erfolgreicher Täter-Opfer-Ausgleich im Sinne von § 46 a Nr 1 StGB setzt grundsätzlich voraus, daß das Opfer die erbrachten Leistungen oder Bemühungen des Täters als friedenstiftenden Ausgleich akzeptiert. Gegen den ausdrücklichen Willen des Verletzten darf die Eignung des Verfahrens für die Durchführung eines Täter-Opfer-Ausgleichs nicht angenommen werden, wie § 155 a Satz 3 StPO ausdrücklich klarstellt. Wenn aber ein Opfer (aus autonomen Motiven heraus) dem Täter den Täter-Opfer-Ausgleich in der Weise leicht macht, daß es an das Maß der Wiedergutmachungsbemühungen keine hohen Anforderungen stellt und schnell zu einer Versöhnung bereit ist, steht dies der Bejahung der Voraussetzungen des § 46 a Nr 1 StGB jedenfalls nicht grundsätzlich entgegen. Nach dem Wortlaut des § 46 a StGB ist ein bestimmtes Prozessverhalten des Beschuldigten nicht ausdrücklich gefordert. Da es aber beim Täter-Opfer-Ausgleich um eine strafrechtliche Konfliktskontrolle geht, muß der Beschuldigte prinzipiell akzeptieren, dass er für das am Opfer begangene Unrecht einzustehen hat; dazu gehört auch, dass er die Opferrolle respektiert. Bei Gewaltdelikten und Delikten gegen die sexuelle Selbstbestimmung ist deshalb für einen erfolgreichen Täter-Opfer-Ausgleich regelmäßig ein Geständnis zu verlangen. Der Täter muß sich schon vor seiner Verurteilung gegenüber dem Opfer zu seiner Schuld bekennen. Dem wird regelmäßig ein Geständnis im Strafverfahren entsprechen. Ein Geständnis kann allerdings Anzeichen für einen gelungenen Täter-Opfer-Ausgleich sein. Oftmals wird dem Opfer gerade ein Bekennen des Täters zu seiner Tat auch im Strafverfahren besonders wichtig sein, eine angestrebte Wiedergutmachung des Täters ohne ein Geständnis kann in bestimmten Fällen kaum denkbar sein.[148] Ist die strafrechtliche Ahndung und das Verteidigungsverhalten des Täters für das Opfer aber nach gelungenen Ausgleichsbemühungen nicht mehr von besonderem Interesse, so steht ein nur eingeschränktes Geständnis der Anwendung des § 46 a StGB nicht entgegen, da nicht verlangt wird, dass der Täter gegenüber der Gesellschaft die Verantwortung für die Tat übernimmt und sich zu dieser in öffentlicher Hauptverhandlung bekennt. Es genügt auf jeden Fall nicht, dass sich der Täter zu entschuldigen versucht und Schmerzensgeldzahlungen leistet. Bei Nr 1 muss die erreichte oder erstrebte Wiedergutmachung auf der Grundlage umfassender Ausgleichsbemühungen geleistet werden. Der Wortlaut lässt offen, ob die Lösung des der Tat zugrundeliegenden Gesamtkonflikts stets unter Anleitung eines Dritten anzustreben ist oder ob die umfassenden Ausgleichsbemühungen nur tunlichst unter Mitwirkung eines Dritten durchzuführen sind. Jedenfalls genügt einseitiges Wiedergutmachungsbestreben ohne den Versuch der Einbeziehung des Opfers nicht.

§ 46 a Nr 2 StGB setzt voraus, dass der Täter das Opfer ganz oder zum überwiegenden Teil entschädigt und dies erhebliche persönliche Leistungen oder persönlichen Verzicht erfordert. Die Bestrebungen müssen zudem Ausdruck der Übernahme von Verantwortung gerade gegenüber dem Opfer sein. Die Erfüllung von Schadensersatzansprüchen allein genügt nicht.[149] Es wird – damit die Schadenswiedergutmachung ihre friedenstiftende Wirkung entfalten kann und die Vorschrift nicht etwa eine Privilegierung »reicher« oder solcher Täter bewirkt, die noch im

148 BGHSt 48, 134 ff Anm Götting StraFo 2003, 251
149 BGH NStZ 1995, 492 = StV 1995, 464; StV 1995, 635; Detter NStZ 2001, 469

Beutebesitz sind – verlangt, dass der Täter einen über die rein rechnerische Kompensation hinausgehenden Beitrag erbringt. Ein materieller Schadensersatz nach § 46 a Nr 2 StGB wird nicht dadurch geleistet, dass ein Teil der Beute sichergestellt und an den Geschädigten zurückgelangt ist. Auch die Herausgabe der von der Beute gekauften Gegenstände zum Zweck der Verwertung durch die Geschädigte ist keine Schadenswiedergutmachung im Sinne von § 46 a StGB. Zusagen, den Schaden wiedergutmachen zu wollen, können nicht genügen. Die Stellung einer Sicherheit kann nur dann der Zahlung gleichgestellt werden, wenn der Gläubiger auf die alsbaldige Verwertung verzichtet, etwa um dem Schuldner Gelegenheit zu geben, durch Ratenzahlungen seine Schuld abzutragen.

Geht es vorrangig um den Ausgleich materieller Schäden, muss der Täter über die erforderlichen Mittel verfügen, diese Schäden tatsächlich wiedergutmachen zu können. Ein ernsthaftes, im Ergebnis aber erfolgloses Bemühen um Wiedergutmachung ist dann von Bedeutung, wenn sich der Geschädigte weigert, Ausgleichszahlungen entgegen zu nehmen oder andere vergleichbare Hindernisse entgegenstehen.

Die Verteidigung sollte § 46 a StGB immer in Betracht ziehen,[150] auch wenn die Regelung tatsächlich oft nur für vermögende Angeklagte Bedeutung gewinnen kann.   **52**

Eine genaue Differenzierung der Alternativen 1 und 2 ist kaum möglich. Bei Nr 1 haben die immateriellen Leistungen mehr Gewicht, bei Nr 2 die materiellen. Es geht mehr um eine Kombination von materiellen und immateriellen Leistungen.[151] Nr 1 und Nr 2 stehen wohl nicht in einem Ausschließlichkeitsverhältnis. Sie könne nebeneinander bestehen oder auch in einander übergreifen. Mehrere Geschädigte sind jeweils gesondert zu prüfen. **Aber:** Hinsichtlich jedes Geschädigten muß zumindest eine Alternative des § 46 a StGB erfüllt sein.[152] Für die Abgrenzung könnten die Art der erbrachten Leistungen ein praktikables Kriterium sein, auszuscheiden hat der bloße »Freikauf«.

Für die Durchführung des Täter – Opfer – Ausgleich hat sich das Gesetz nicht auf   **53**
ein bestimmtes Modell festgelegt. Prozessuale Fragen regeln §§ 155 a und b StPO. Streitig ist, ob es sich bei § 155 a StPO um Ordnungsvorschrift handelt. Nach dem Wortlaut ist dies zu bejahen, der Regelungsgehalt beschränkt sich im wesentlichen auf einen Appell an Staatsanwaltschaft und Gericht, verstärkt auf die Anwendung des Täter-Opfer-Ausgleich hinzuwirken.[153] Die Folge dürfte sein, dass Verstöße keine (revisionsrechtlichen) Folgen haben.[154]

Unabhängig von § 46 a StGB wirkt strafmildernd, wenn dem Geschädigten kein fi-   **54**
nanzieller Schaden verbleibt, da die gesamte Beute an ihn zurückgelangt ist. Das gilt auch dann, wenn die Beute durch die Polizei sichergestellt worden ist. Ebenso bringt eine Entschuldigung beim Opfer sicherlich bei Berufs- wie auch bei Laienrichtern Pluspunkte für den Angeklagten, ebenso die Zahlung oder das Anerbieten von Schmerzensgeld,[155] wie insgesamt die Wiedergutmachung eines Schadens.

---

150 Über die Konsequenzen für die Strafverteidigung: Lammer StraFo 1997, 257, 261; Werner StraFo 1999, 190 ff; Lüderssen StV 1999, 65 ff; Stein NStZ 2000, 393 ff
151 vgl dazu BGH NJW 2001, 2557 = StV 2001, 448 m Anm Kühl/Heger JZ 2002, 363 ff; König JR 2002 252 ff; Dölling/Hartmann NStZ 2002, 366 f.; Kaspar GA 2003, 146 ff
152 BGH NStZ 2002, 364 ff
153 vgl. Kasparek, zur Auslegung und Anwendung des § 46 a StGB 2002 S. 19
154 Beulke in Löwe- Rosenberg StPO 25. Aufl § 155 a Rdn 15; anders Weimer NStZ 2002, 349, 350 f
155 BGHR StGB § 46 II Nachtatverhalten 22

6.   Vorstrafen

55   Die frühere Verhängung und Verbüßung von Freiheitsstrafen wirkt dann strafschärfend, wenn dadurch die Schuld des Täters oder die Notwendigkeit, im Rahmen des Schuldangemessenen auf ihn einzuwirken, erhöht wird.[156] Will der Tatrichter über die Warnfunktion einer früheren Verurteilung hinaus auch die Art der Tatbegehung strafschärfend heranziehen, muss er diese feststellen. Dies kann durch Verlesung der Gründe des früheren Urteils geschehen, soweit nicht die Aufklärungspflicht oder Beweisanträge andere Beweiserhebungen gebieten.[157]

Auch von einer nicht rechtskräftigen Verurteilung kann eine strafschärfend zu wertende Warnfunktion ausgehen.[158]

> **Beachte:** Für die Verteidigung kann es notwendig werden, sich mit dem Gehalt früherer Verurteilungen oder noch schwebender Verfahren auseinander zusetzen. So kann das Gewicht einschlägiger Vorstrafen dadurch relativiert sein, dass auch bei ihnen auf Grund der gleichen Störung das Hemmungsvermögen des Täters erheblich herabgesetzt war. Falls erforderlich sollte sie den der früheren Verurteilung zugrundeliegenden Sachverhalt durch Beweisanträge in das Verfahren einführen. Denn nur so besteht die Möglichkeit darzutun, dass ein Bezug zu der jetzt abzuurteilenden Tat nicht gegeben ist oder dass für den Angeklagten nachteilige Schlüsse daraus nicht gezogen werden können. Voraussetzung ist die Kenntnis der Akten der früheren Verfahren, deren Beziehung unbedingt beantragt werden sollte.[159]

7.   Noch nicht abgeurteilte Taten – verjährte Taten

56   Dass der Angeklagte noch weitere, bisher nicht abgeurteilte, Straftaten begangen hat, kann strafschärfend herangezogen werden, wenn diese prozessordnungsgemäß festgestellt und in ihrem wesentlichen Unwertgehalt abzuschätzen sind und eine unzulässige Berücksichtigung des bloßen Verdachts ausgeschlossen ist.[160] Eine Beweisaufnahme mit dem Ziel, den Angeklagten die Begehung früherer, nicht angeklagter Taten nachzuweisen und diese sodann im Rahmen der Bewertung des Vorlebens der Angeklagten strafschärfend zu berücksichtigen, ist zulässig. Der Tatrichter hat einem Beweisantrag, dem keine Ablehnungsgründe nach § 244 Abs 3 StPO entgegenstehen, nachzugehen, sofern ihm nicht ausnahmsweise das Gesetz ein Ermessen einräumt (zB § 244 Abs 4 und 5 StPO). Die generelle Zulässigkeit einer Beweiserhebung über nicht angeklagte Vortaten mit dem Ziel ihrer strafschärfenden Berücksichtigung führt aber nicht dazu, dass jedem hierauf abzielenden Antrag stattgegeben werden muß. Wegen der Notwendigkeit, solche Taten zur Überzeugung des Gerichts nachzuweisen, käme die Ablehnung eines Beweisantrags als bedeutungslos in Betracht, wenn mit den unter Beweis gestellten Tatsachen allein der Nachweis weiteren strafbaren Vorverhaltens nicht geführt werden könnte.[161]

Ein **früheres Strafverfahren** kann eine bei der Strafzumessung berücksichtigungstaugliche Warnfunktion selbst dann entfalten, wenn es mit einer Einstellung nach

---

156 BGHSt 38, 71, 73
157 BGHSt 43, 106 ff
158 BGHSt 25, 64 f; BGHR StGB § 46 II Vorleben 2
159 Schlothauer Vorbereitung Rn 111, 112
160 BGHSt 34, 209, 210; BGHR StGB § 54 Serienstraftaten 2; BGH, Beschl vom 09.10.2003 – 4 StR 359/03
161 BGH StV 2004, 415

§ 170 Abs 2, §§ 153 ff oder § 260 Abs 3 StPO oder gar mit einem Freispruch geendet hat; auch die Zustellung einer Anklage wegen eines vergleichbaren Vorwurfs kann in diesem Sinne beachtlich sein. Dies findet seinen Grund darin, dass die zunächst erfolgte gesetzliche Tätigkeit der Strafverfolgungsorgane jedenfalls einen – jeweils näher bestimmten – Verdachtsgrad voraussetzt.

Das Verfahrenshindernis der **Verjährung** verwehrt es dem Tatrichter nicht, das im Urteil festgestellte Gesamtverhalten des Täters zu berücksichtigen und die zu verhängende Strafe dem so ermittelten Unrechtsgehalt anzupassen. Es ist somit zulässig, festgestelltes strafbares, jedoch verjährtes Verhalten strafschärfend zu berücksichtigen, wenn auch nicht in gleicher Gewichtung wie das den Schuldspruch tragende Geschehen.[162]

8.   Vergleich mit Mittätern

Die gegen Mittäter verhängten Strafen sollen in einem gerechten Verhältnis zuein-   **57**
ander stehen.

Werden Mitangeklagte trotz erheblich gewichtigerer Tatbeiträge zu erheblich niedrigeren Freiheitsstrafen verurteilt, muss der Tatrichter auf die Gründe der unterschiedlichen Handhabung eingehen. Jedoch muss primär, auch wenn mehrere Beteiligte in einem Verfahren abgeurteilt werden, für jeden von ihnen die Strafe aus der Sache selbst gefunden werden. Das Tatgericht ist nicht gehindert, die gegen einen Mittäter verhängte Strafe in seine Erwägungen einzubeziehen, es darf sich aber nicht an jene Strafe gebunden fühlen. Unterschiede in der Bestrafung müssen jedenfalls dann erläutert werden, wenn sie sich nicht von selbst verstehen. Eine Strafe darf auch nicht allein im Hinblick auf Rechtsfolgen, die ein anderes Gericht im gleichen Tatkomplex verhängt hat, verschärft werden. Unzulässig ist es aber, Beweis darüber zu erheben, wie andere Gerichte in entsprechenden Fällen die Strafe bemessen haben.[163]

> **Beachte:** Will ein Angeklagter geltend machen, es liege ein Verstoß gegen das Gebot der Gleichmäßigkeit des Strafens vor, weil seine Strafe im Vergleich zu derjenigen von Mittätern zu hoch sei, und sind die Mittäter nicht in dem angefochtenen Urteil selbst mit abgeurteilt, so muss er eine Verfahrensrüge etwa in Form einer Aufklärungsrüge erheben. Zu deren Begründung muss er die Tatsachen so umfassend vortragen, dass das Revisionsgericht allein aufgrund der Revisionsbegründungsschrift prüfen kann, ob ein Rechtsfehler vorliegt, wenn das tatsächliche Vorbringen der Revision zutrifft. Damit wird in diesen Fällen regelmäßig zumindest das gegen die Mittäter ergangene Urteil einschließlich der maßgeblichen Urteilsgründe zur Kenntnis zu bringen sein.

9.   Generalprävention

Der Strafzweck der Generalprävention darf nur innerhalb des Spielraums für die   **58**
angemessene Strafe berücksichtigt werden.[164] Er kommt zum Tragen, wenn eine gemeinschaftsgefährliche Zunahme solcher oder ähnlicher Straftaten, wie sie zur Aburteilung stehen, festgestellt ist. Es dürfen aber nur solche Umstände herangezogen

---

162 BGHR StGB § 46 II Vorleben 19 und 24; BGH StV 1994, 423
163 BGHSt 25, 207 f; Streng JuS 1993, 919 f, 923
164 BGHSt 28, 318, 326, 327; 34, 150, 151

werden, die außerhalb der bei der Aufstellung eines bestimmten Strafrahmens vom Gesetzgeber bereits bezweckten allgemeinen Abschreckung liegen.[165] Generalpräventive Erwägungen setzen die Notwendigkeit allgemeiner Abschreckung für den Gemeinschaftsschutz voraus. Es ist zulässig, dem Gedanken der Abschreckung anderer möglicher Täter bereits dann Geltung zu verschaffen, wenn eine Kriminalitätsform, die in anderen Ländern anzutreffen ist und die den Rechtsfrieden in besonderem Maße stört (zB Schutzgelderpressung), in einzelnen Fällen auf das Inland übergegriffen hat. Dass sie hier schon in bedrohlichem Umfang praktiziert wird, ist nicht nötig. . Bei Konflikttaten liegt die Heranziehung generalpräventiver Gesichtspunkte fern

59   Da die Besonderheiten des Einzelfalles der Heranziehung generalpräventiver Gesichtspunkte entgegenstehen können, müssen diese erforderlichenfalls von der Verteidigung genau herausgestellt werden, möglicherweise unter Zuhilfenahme von Beweisanträgen.

10.   Verfahrensdauer – Beschleunigungsgebot

60   Kommt es in einem Strafverfahren zu einem außergewöhnlich langen Abstand zwischen Tat und Urteil oder einer sehr langen Dauer des Verfahrens, so hat der Tatrichter grundsätzlich drei unterschiedliche Strafzumessungsgründe zu bedenken, nämlich langen zeitlichen Abstand zwischen Tat und Urteil, die Belastungen durch lange Verfahrensdauer und die Verletzung des Beschleunigungsgebotes nach Art 6 I 1 MRK.[166] Ist die rechtsstaatswidrige Verfahrensverzögerung i.S. der MRK festgestellt, verlangt die höchstrichterliche Rechtsprechung die ausdrückliche Feststellung der Verletzung des Beschleunigungsgebotes im Urteil und die rechnerisch exakte Bestimmung des Maßes der Strafmilderung. Bei der konkreten Strafzumessung ist das Ausmaß der vorgenommenen Herabsetzung der Strafe durch Vergleich mit der ohne Berücksichtigung der Verletzung des Beschleunigungsgebotes angemessenen Strafe genau zu bestimmen. Die Notwendigkeit der Kompensation bezieht sich bei mehreren selbständigen Taten nicht nur auf die Findung der angemessenen Gesamtstrafe, sondern auch auf die Festsetzung der Einzelstrafen.

Der Angeklagte hat das Recht auf Behandlung seiner Sache innerhalb angemessener Frist, wobei auf die gesamte Dauer von Beginn bis zum Ende der Ermittlungen abzustellen ist und Schwere und Art des Tatvorwurfes, Umfang und Schwierigkeiten des Verfahrens, Art und Weise der Ermittlungen neben dem eigenen Verhalten des Angeklagten zu berücksichtigen sind. Eine gewisse Untätigkeit während eines bestimmten Verfahrensabschnittes führt nicht ohne weiteres zu einem Verstoß gegen Art 6 I 1 MRK, sofern die angemessene Frist insgesamt nicht überschritten wird.

Ein Verstoß gegen Art 6 Abs 1 Satz 1 MRK ist gegeben, wenn das Verfahren aus Gründen verzögert worden ist, die den Strafverfolgungsorganen anzulasten sind. Der Tatrichter hat zu prüfen, ob die Sache insgesamt nicht in angemessener Frist verhandelt worden ist, wobei eine gewisse Untätigkeit innerhalb eines einzelnen Verfahrensabschnitts dann nicht zu einer Verletzung der konventionsrechtlichen Gewährleistung führt, wenn dadurch die Gesamtdauer des Verfahrens nicht unangemessen lang wird. Dabei beginnt die angemessene Frist iS der Konvention, wenn der Beschuldigte von den Ermittlungen in Kenntnis gesetzt wird. Sie endet mit dem rechtskräftigen Abschluss des Verfahrens. Neben der gesamten Dauer von Beginn

---

165 BGHSt 17, 321; BGH StV 1994, 424
166 BGH NStZ 1999, 181, 182

bis zum Ende der Frist kommen für die Frage der Angemessenheit die Schwere und Art des Tatvorwurfs, der Umfang und die Schwierigkeit des Verfahrens, die Art und Weise der Ermittlungen, das Verhalten des Beschuldigten sowie das Ausmaß der mit dem Andauern des Verfahrens verbundenen Belastungen für den Beschuldigten als maßgebliche Kriterien in Betracht. Eine gewisse Untätigkeit während eines bestimmten Verfahrensabschnitts führt nicht zu einem Verstoß gegen Art 6 Abs 1 Satz 1 MRK, sofern die angemessene Frist insgesamt nicht überschritten wird. Eine Verfahrensverlängerung, die dadurch entsteht, dass auf die Revision eines Verfahrensbeteiligten ein Urteil teilweise aufgehoben und die Sache zu erneuter Verhandlung und Entscheidung zurückverwiesen wird, begründet regelmäßig keine rechtsstaatswidrige Verfahrensverzögerung. Anderes kann es sein, wenn die Zurückverweisung Folge erheblicher, kaum verständlicher Rechtsfehler ist. Unabhängig davon, ob ein Verfahren gegen einen inhaftierten oder einen nicht inhaftierten Angeklagten geführt wird, führt ein vorübergehender Engpass in der Arbeits- und Verhandlungskapazität der Strafverfolgungsorgane nicht zu einem Verstoß gegen Artikel 6 Abs 1 Satz 1 MRK. Weder die Dauer der Untersuchungshaft noch die Dauer der Hauptverhandlung kann zu dem Gebot führen, die Einzelstrafen oder die Gesamtstrafe in numerisch bestimmter Weise herabzusetzen darin kann aber ein bestimmender Strafmilderungsgesichtspunkt liegen.

Die Ausschöpfung der von der Dauer der ersten Hauptverhandlung mitbestimmten Frist zur Absetzung der Urteilsgründe vermag ebenso wenig eine rechtsstaatswidrige Verfahrensverzögerung mitzubegründen wie die auf Revision des Angeklagten hin erfolgte teilweise Aufhebung des ersten Urteils und die Zurückverweisung der Sache zu neuer Verhandlung und Entscheidung. Dies ist Ausfluss der Gesetzeslage und eines rechtsstaatlichen Rechtsmittelsystems.[167]

Der Tatrichter ist gehalten, im Urteil das Maß der Kompensation durch Vergleich der an sich verwirkten mit der tatsächlich verhängten Strafe ausdrücklich und konkret (exakt)[168] zu bestimmen. Bei der Abwägung ist zu berücksichtigen, dass dem Beschleunigungsgebot im Jugendstrafverfahren aus erzieherischen Gründen eine erhöhte Bedeutung zukommt. Ob eine Kompensation einer Verfahrensverzögerung durch Ermäßigung der an sich verwirkten Jugendstrafe – nach Feststellung von Art und Ausmaß der Verzögerung – vorzunehmen ist, ist fraglich, Zumindest in Fällen, in denen schädliche Neigungen die Verhängung von Jugendstrafe erforderlich machen und erzieherische Überlegungen die Höhe der Jugendstrafe ausschlaggebend bestimmen, wird die Anwendung dieser Grundsätze ausscheiden müssen. Der Ausgleich für eine Verfahrensverzögerung darf nicht dazu führen, dass die zur Erziehung erforderliche Dauer der Jugendstrafe unterschritten und dadurch die Erreichung des Erziehungsziels gefährdet wird. Ein Verstoß gegen das Beschleunigungsgebot des Art 6 Abs 1 Satz 1 MRK dürfe nur insoweit strafmildernd Berücksichtigung finden können, als Gedanken des Schuldausgleichs in die Strafzumessung einfließen.[169]

Hinweis für Revisionsverfahren: 61

Ein Revisionsführer, der das Vorliegen einer Art 6 Abs 1 Satz 1 MRK verletzenden Verfahrensverzögerung geltend machen will, muß grundsätzlich eine Verfah-

---

167 Beschl v 17. 12. 2003 – 1 StR 445/03; BGH NStZ 2004, 308
168 BVerfG StV 1993, 352, 353; BGHSt 24, 239; 35, 137; BGHR StGB § 46 Abs 2 Verfahrensverzögerung 1, 3, 7
169 BGH NStZ 2003, 364 = StV 2003, 388

rensrüge erheben. Ergeben sich indes bereits aus den Urteilsgründen die Voraussetzungen einer solchen Verzögerung, hat das Revisionsgericht auf Sachrüge einzugreifen. Das gilt auch, wenn sich bei der auf Sachrüge veranlassten Prüfung,
namentlich anhand der Urteilsgründe, ausreichende Anhaltspunkte ergeben, die
das Tatgericht zur Prüfung einer solchen Verfahrensverzögerung drängen mussten, so daß ein sachlich rechtlich zu beanstandender Erörterungsmangel vorliegt.[170] Das Anfrageverfahren des 5. Strafsenats[171] hat sich erledigt.

Bei einer **Zurückverweisung durch das Revisionsgericht** gebietet das Verschlechterungsverbot dem neuen Tatrichter nicht, das Ausmaß der Kompensation für die
Verletzung des Beschleunigungsgebotes nach Art 6 I 1 MRK im Vergleich zu der
bisherigen Strafe des früheren Tatrichters zu bestimmen; er hat vielmehr die an sich
– ohne die Verletzung des Beschleunigungsgebotes – verwirkte Strafe in einem neu-
en, eigenständigen Strafzumessungsvorgang zu ermitteln, ohne an die Höhe der
früheren Strafe gebunden zu sein. Diese bildet erst die Obergrenze für die um das
Ausmaß der Kompensation reduzierte, letztlich verhängte Strafe.

Bei erheblicher von der Justiz zu verantwortender Verzögerung des Revisionsverfahrens und einem verbleibenden allenfalls geringen Maß strafrechtlicher Schuld
sowie bei besonderer Belastung des Angeklagten durch das Verfahren und seine Be-
gleitumstände kann in Betracht kommen, das Strafverfahren, falls die rechtlichen
Voraussetzungen des § 153 II StPO nicht vorliegen, abzubrechen.[172]

Einer gegen Art 6 Abs 1 Satz 1 MRK verstoßenden Verfahrensverzögerung wird allein mit der strafmildernden Berücksichtigung der »sehr langen Verfahrensdauer«
nicht hinreichend Genüge getan. Erforderlich ist eine spezielle Strafzumessung, in
der das Maß der hierfür zugebilligten Kompensation genau bestimmt wird. Bei
einer gegen Art 6 Abs 1 MRK verstoßenden Verfahrensverzögerung ist auch bei Bildung der Gesamtfreiheitsstrafe regelmäßig eine spezielle Strafzumessung erforderlich, in der das Maß der hierfür zugebilligten Kompensation genau bestimmt
wird.[173]

Hinweis: Verzögerungen bei der Vorlage des landgerichtlichen Urteils an das
Revisionsgericht sind von diesem von Amts wegen zu berücksichtigen und können zu einer Ermäßigung der Strafe durch das Revisionsgericht führen.[174]

11.   Strafzumessung und § 21 StGB

62   Da die Schuldfähigkeit im Rahmen von § 21 StGB nicht völlig aufgehoben ist, dürfen auch Verhaltensweisen, die Auswirkungen des Zustandes im Sinne von § 21
StGB sind, strafschärfend angelastet werden, jedoch nur nach dem Maß der geminderten Schuld. Es bedarf daher regelmäßig der Prüfung, ob das beanstandete Verhalten nicht derart eng mit dem zur erheblichen Verminderung der Schuldfähigkeit
führenden psychischen Defekt verknüpft ist, dass eine Wertung als bestimmender
Strafschärfungsgrund ausscheidet oder dass jedenfalls das Gewicht des Strafschär-

---

170 BGH NStZ 1999, 95; StV 2004, 308; zuletzt BGH Beschluß vom 11. November 2004 – 5 StR
    376/03 zum Abdruck in BGHSt bestimmt; BGHSt 49, 342
171 BGH Beschl v 13. 11. 2003 – 5 StR 376/03 = wistra 2004, 181
172 BGH NStZ-RR 1999, 272 – 274; BGHSt 46, 159 ff
173 BGH wistra 2002, 337
174 BGHSt 35, 137 ff; BGH StV 1998, 377

fungsgrundes wesentlich vermindert ist.[175] Folglich darf die Intensität der Tatausführung insoweit nicht strafschärfend wirken, als sie sich gerade als Ausdruck derjenigen Affektentladung darstellt, die zur erheblichen Verminderung des Hemmungsvermögens führte.[176]

Tatmotive dürfen ähnlich den Tatmodalitäten einem Angeklagten nur dann strafschärfend zur Last gelegt werden, wenn sie vorwerfbar sind, nicht aber, wenn ihre Ursache in einer von ihm nicht zu vertretenden geistig-seelischen Beeinträchtigung liegt,[177] das gilt auch für strafschärfend angelastetes Nachtatverhalten.[178]

Gerade bei Gewaltdelikten wird es für die Verteidigung notwendig sein, diese Relation zwischen – möglicherweise brutaler – Tatausführung und psychischer Verfassung des Täters genau aufzuzeigen und so diesem einem Angeklagten erheblich belastenden Tatbild die Wirkung eines Strafschärfungsgrundes zu nehmen.   **63**

12. Strafzumessung und Einziehung/Verfall

Die Einziehung (zB eines Pkws) ist eine Nebenstrafe, deren Wirkung grundsätzlich   **64**
bei der Bemessung der Hauptstrafe zu berücksichtigen ist, es sei denn, dies liege wegen des geringen Wertes des eingezogenen Gegenstandes fern.[179] Der Tatrichter hat deshalb grundsätzlich erkennbar zu machen, ob und in welchem Umfang er die Einziehung eines Kraftfahrzeuges bei der Bemessung der Freiheitsstrafe berücksichtigt hat; der Charakter der Einziehung als Nebenstrafe erfordert eine Gesamtschau mit der Hauptstrafe, um insgesamt zu einer schuldangemessenen Rechtsfolge zu gelangen.[180]

Für die Verteidigung bedeutet dies, den Wert des Fahrzeuges, dessen Einziehung droht, genau zu belegen, da diese Vermögenseinbuße als bestimmender Strafmilderungsgrund in Betracht kommen kann. Zu beachten ist aber, dass im Gegensatz dazu die mit dem (auch erweiterten) Verfall verbundene Vermögenseinbuße in der Regel kein Strafmilderungsgrund ist.[181]

13. Strafzumessung und § 154 StPO

Eine Berücksichtigung eingestellter Verfahrensteile kommt nur dann in Betracht,   **65**
wenn die Taten in der Hauptverhandlung prozessordnungsgemäß so bestimmt festgestellt sind, dass ihr wesentlicher Unrechtsgehalt abzusehen ist und eine unzulässige Berücksichtigung des bloßen Verdachts der Begehung weiterer Taten ausgeschlossen werden kann.[182] Der Angeklagte muss auf die Möglichkeit der Berücksichtigung hingewiesen worden ist. Dieser Hinweis ist nur ausnahmsweise entbehrlich.

Für das Revisionsverfahren: auf die mögliche Berücksichtung nach § 154 StPO eingestellter Taten muß der Angeklagte hingewiesen werden. Eine unterbleiben Hinweis kann mit einer Verfahrensrüge geltendgemacht werden.[183]

---

175 BGH StV 1996, 361
176 BGHR StGB § 21 Strafzumessung 3, 5, 6, 11 und 15; Strafrahmenverschiebung 25; BGH NStZ-RR 2003, 104; 105
177 BGH StV 2003, 669
178 BGH Beschl v 3.11.2004 – 2 StR 295/04; BGH NStZ-RR 2005, 70
179 BGHR StGB § 46 Schuldausgleich 6, 12, 16
180 BGH StV 2003, 444
181 BGHR StGB § 73d Strafzumessung 1; BGH NStZ 1995, 491 f.; 2001, 312
182 BGH StV 2000, 128 = NStZ 2000, 205 ff m Anm Dierlamm S 536 f
183 BGH NStZ 2004, 277 m.w.N.

14. Ausländer als Straftäter

66 Wesentliche Beurteilungskriterien bei der Strafzumessung der Taten von Ausländern sind:

Die **Ausländereigenschaft** darf **als solche** nicht strafschärfend gewertet werden, da ansonsten gegen Art 3 III GG verstoßen würde.

Der **Status als Asylbewerber** ist für sich genommen als solcher nicht geeignet, sich strafschärfend oder strafmildernd auszuwirken. Anderes kann im Einzelfall für die hieraus folgenden Besonderheiten der Tat oder der Täterpersönlichkeit gelten. Aus der Eigenschaft als Asylbewerber ergibt sich aber nicht eine gesteigerte Pflicht, keine Gewalttaten zu begehen. Grundsätzlich unzulässig ist es, gegen den Angeklagten zu verwerten, dass er »das ihm gewährte Gastrecht missbraucht hat«.

Im Rahmen der Strafzumessung können **eingewurzelte Vorstellungen** des ausländischen Täters nach Lage des Falles Berücksichtigung finden. Ihm kann es aufgrund solcher Vorstellungen schwerer fallen eine Norm zu befolgen. Fremde Verhaltensmuster und Vorstellungen können in der Regel aber nur dann strafmildernd berücksichtigt werden, wenn sie in Einklang mit der fremden Rechtsordnung stehen. Allein der Umstand, dass ein Angeklagter aus einem anderen Kulturkreis stammt, rechtfertigt deshalb die Berücksichtigung als Strafmilderungsgrund bei einer Vergewaltigung nicht. Es ist andererseits unzulässig, Ausländer für eine in der BRD begangene Tat schwerer als deutsche Staatsangehörige zu bestrafen, wenn sie »in ihrem Heimatland mit einer deutlich höheren Strafe rechnen müssten.« Es ist bedenklich, bei der Zumessung zu berücksichtigen, dass »durch die Strafe ein Zeichen dafür gesetzt werde, dass hinsichtlich der Achtung der Geschlechtsehre der Frau für Ausländer in Deutschland die deutschen Gepflogenheiten gelten«. Zulässig wäre diese Erwägung nur, wenn bereits eine gemeinschaftsgefährliche Zunahme solcher oder ähnlicher Straftaten festgestellt wäre.

67 Aus der Ausländereigenschaft für sich allein folgt noch nicht eine strafmildernd zu berücksichtigende besondere **Haftempfindlichkeit.** Ob der Vollzug einer Freiheitsstrafe voraussichtlich außergewöhnliche Wirkungen für einen Verurteilten haben wird, hängt von der Beurteilung seiner gesamten persönlichen Verhältnisse ab, zu denen Verständigungsprobleme, die aber mit der Zeit an Bedeutung verlieren können, wesentlich abweichende Lebensgewohnheiten und erschwerte familiäre Kontakte gehören. Kann die Strafvollstreckung überwiegend im Heimatland des Ausländers erfolgen, verliert die Annahme, die Strafvollstreckung werde den Angeklagten besonders hart treffen, weitgehend ihre Bedeutung. Die Ausländereigenschaft des Täters wurde von den Tatgerichten wegen der besonderen Strafempfindlichkeit von Ausländern meist ohne nähere Begründung mildernd berücksichtigt. Nach der Rechtsprechung des BGH[184] ist es aber bedenklich, Straftaten eines aus einem fremden Kulturkreis stammenden Ausländers grundsätzlich milder zu beurteilen. Es ist aber nicht von vornherein ausgeschlossen, die Ausländereigenschaft im Einzelfall auch strafmildernd zu bewerten. Wenn der Täter schon viele Jahre in Deutschland lebt, sind dem aber enge Grenzen gesetzt. Die Ausländereigenschaft für sich allein rechtfertigt im Hinblick auf die mit dem Vollzug der Strafe in einer deutschen Strafanstalt verbundenen Schwierigkeiten (Verständigungsprobleme, abweichende Lebensgewohnheiten, erschwerte familiäre Kontakte) noch nicht die Annahme besonderer Strafempfindlichkeit, maßgebend sind die gesamten persön-

---

184 BGH NStZ 1996, 80 = BGHR StGB § 46 Abs 2 Kulturkreis, fremder 1

lichen Verhältnisse. Die für einen Ausländer sich ergebende Erschwernis bei den Haftumständen in Deutschland kann dadurch ausgeglichen sein, dass er mit seiner Zustimmung und dem Einverständnis der zuständigen Behörden Deutschlands und seines Heimatlandes die Strafe dort verbüßen kann. Hat der Ausländer seinen Lebensmittelpunkt nach Deutschland verlegt und lebt er seit vielen Jahren hier, ist die Ausländereigenschaft kaum von Bedeutung.

Ausländerrechtliche Folgen (zB §§ 53, 54 Zuwanderungsgesetz) einer Tat sind in der Regel keine bestimmenden Strafzumessungsgründe. Nur besondere Umstände können im Einzelfall eine andere Beurteilung rechtfertigen, wobei zu beachten ist, dass dann, wenn die Ausweisung nicht zwingend vorgeschrieben ist, die besondere Härte im Ausweisungsverfahren berücksichtigt werden kann.[185]

68

15. Strafzumessung und »gescheiterter Deal«

Absprachen sind nur dann hinnehmbar, wenn sie im Rahmen eines geordneten Strafverfahrens mit Einbeziehung aller Verfahrensbeteiligten unter Wahrung ihrer prozessualen Rechte bei hinreichender Beachtung des Öffentlichkeitsgrundsatzes erfolgen. Dies gilt insbesondere im Hinblick auf die Wahrung der freien Willensentschließung des Angeklagten. Es darf ihm deshalb im Rahmen von Verständigungsgesprächen nicht mit einer überhöhten Strafe gedroht oder er durch Versprechen eines gesetzlich nicht vorgesehenen Vorteils zu einem Geständnis gedrängt werden. Die vom Gericht ernsthaft aufgezeigten Strafgrenzen dürfen nicht so weit auseinanderfallen, dass die Willensfreiheit des Angeklagten ungebührlich beeinträchtigt wird. Eine Differenz zwischen zwei Jahren Freiheitsstrafe mit Aussetzung zur Bewährung und sechs Jahren Freiheitsstrafe ist im Rahmen schuldangemessenen Strafens nicht mehr mit der strafmildernden Wirkung von Geständnis und Schadenswiedergutmachung zu erklären und bedeutet einen auf die Sachrüge hin zu berücksichtigenden Verstoß.

69

16. Lebenslange Freiheitsstrafe

Mit der sog. Rechtsfolgenlösung[186] (= Strafrahmenverschiebung nach § 49 Abs 1 StGB) trägt die Rechtsprechung dem Umstand Rechnung, dass das Mordmerkmal der Heimtücke auch in Fällen erfüllt sein kann, bei denen die Verhängung der lebenslangen Freiheitsstrafe wegen des sonstigen Gepräges der Tat das aus dem Grundgesetz abzuleitende Verbot unverhältnismäßigen staatlichen Strafens verletzen würde. Eine abschließende Definition oder eine Aufzählung der außergewöhnlichen Umstände, die in Fällen heimtückischer Tötung zur Verdrängung der lebenslangen Freiheitsstrafe führen können, hat der Große Senat für Strafsachen für unmöglich gehalten, jedoch auf beispielhaft in Betracht kommende Fallkonstellationen hingewiesen, u. a. auf in großer Verzweiflung begangene oder aus gerechtem Zorn auf Grund einer schweren Provokation verübte Taten, ebenso auf Taten, die in einem vom Opfer verursachten und ständig neu angefachten, zermürbenden Konflikt oder in schweren Kränkungen des Täters durch das Opfer, die das Gemüt immer wieder heftig bewegen, ihren Grund haben. Allerdings reicht nicht jeder Entlastungsfaktor, der nach § 213 StGB Berücksichtigung finden würde, zur Annahme der Unverhältnismäßigkeit der lebenslangen Freiheitsstrafe aus. Vielmehr kann das Gewicht des Mordmerkmals der Heimtücke nur durch Entlastungsfaktoren, die

70

---

185 BGH NStZ 1999, 240 f; NStZ-RR 2004, 11
186 BGHSt 30, 105

den Charakter außergewöhnlicher Umstände haben, so verringert werden, dass jener Grenzfall eintritt, in welchem die Verhängung lebenslanger Freiheitsstrafe trotz der Schwere des tatbestandsmäßigen Unrechts wegen erheblich gemilderter Schuld unverhältnismäßig wäre. Ob diese Voraussetzungen vorliegen, hat der Tatrichter aufgrund einer umfassenden Würdigung der Tat sowie der zu ihr hinführenden Umstände zu prüfen. Auf die im Wege verfassungskonformer Rechtsanwendung eröffnete Möglichkeit, anstatt der an sich verwirkten lebenslangen Freiheitsstrafe eine Strafe aus dem in analoger Anwendung des § 49 Abs 1 Nr 1 StGB bestimmten Strafrahmen zuzumessen, darf nicht voreilig ausgewichen werden.

17. Besonderheiten bei einigen Straftatbeständen

a) § 30 StGB

71   Zu berücksichtigen ist vor allem das in der Verabredung selbst enthaltene Bedrohungspotential, das Ausmaß, in dem die Verabredung bereits durch abredemäßiges Verhalten der Beteiligten aktiviert worden ist und wie nahe die zu ihrer Erfüllung vorgenommenen Ausführungsakte dem Stadium des Tatbeginns gekommen sind.

b) § 176 StGB

72   Bedenklich ist es, eine Sexualstraftat strenger zu ahnden, weil das Kind männlichen Geschlechts ist. Da eine Tat auch jenseits der Schwelle des § 184 c Nr 1 StGB von unterschiedlichem Gewicht sein kann, ist der Tatrichter nicht allein wegen des Gewichts der Tat der Prüfung enthoben, ob ein minder schwerer Fall des § 176 I StGB, letzt. Halbs. in Betracht kommt. Er darf den Gesichtspunkt der Intensität aber bei der erforderlichen Gesamtabwägung berücksichtigen. Die Erheblichkeitsschwelle des § 184 c Nr 1 StGB ist Voraussetzung der Tatbestandserfüllung, enthält aber keine Bewertung der Tatschwere, wie sie im Rahmen der Gesamtabwägung, ob ein minder schwerer Fall gegeben ist, geboten ist. Es ist rechtsfehlerhaft, einen minder schweren Fall nur dann anzunehmen, wenn die sexuellen Handlungen knapp über der Erheblichkeitsschwelle (vgl § 184 c StGB) liegen.

Wird der Tatbestand des § 176 Abs 1 StGB von dem Qualifikationstatbestand des § 176 a StGB verdrängt, bleibt sein Strafrahmen von sechs Monaten bis zu zehn Jahren allerdings auch dann unanwendbar, wenn ein minder schwerer Fall gemäß § 176 a Abs 3 StGB angenommen wird.

73   **c) § 177 StGB:** Wenn zwischen dem Angeklagten und der Geschädigten eine länger andauernde intime Beziehung bestanden hat,[187] ist dies ein wesentlicher strafmildernder Umstand, der auch zur Prüfung Anlaß gibt, ob trotz des Vorliegens eines Regelbeispiels ein besonders schwerer Fall verneint werden kann. Die zunächst bestehende grundsätzliche Bereitschaft des späteren Tatopfers zur Vornahme sexueller Handlungen ist für die Beurteilung des Schuldgehalts von gegen die sexuelle Selbstbestimmung gerichteten Taten ein Umstand, der das Gewicht des Tatunrechts in aller Regel herabsetzt und deshalb bei der Bemessung der Strafhöhe erkennbar Berücksichtigung finden muss. Die Relevanz der Bereitschaft eines Tatopfers zu sexuellen Handlungen gegen Entgelt innerhalb der Strafzumessungserwägungen wird von den Senaten nicht einheitlich beantwortet. Der 2. Strafsenat hält die Erwägung, dass der Eingriff in das sexuelle Selbstbestimmungsrecht weniger schwer wiege, für

---

187 »vertrauter Partner« vgl. Tröndle/Fischer Rn 91 zu § 177

bedenklich.[188] Der 5. Strafsenat meint, im kriminologischen Gesamtspektrum der auch qualifizierten Vergewaltigungstaten bestehe eine Polarität und dementsprechend sei bei der Strafzumessung eine Differenzierung geboten zwischen Taten gegen Frauen, die sich dem Täter zu – gegebenenfalls entgeltlichen – sexuellen Handlungen anbieten, und Taten gegen Opfer, die dem Täter keinerlei Anlass zu der Annahme geben, sie wären zu sexuellem Kontakt bereit.[189]

d) § 239 a Abs 4 und § 239 b Abs 2 StGB: Für die fakultative Strafrahmenmilderungsmöglichkeit nach § 239 b Abs 2 iVm § 239 a Abs 4 StGB kann es genügen, dass der Angeklagte sein Opfer am Tatort freigibt und dieses seinen Aufenthaltsort wieder frei bestimmen kann. Die entsprechende Geltung des Merkmals des Verzichts auf die erstrebte Leistung aus § 239 a Abs 4 StGB für den Tatbestand der Geiselnahme (§ 239 b Abs 2 StGB) erfordert ein tatbestandsgerechtes Verständnis: Der Täter muß von der Weiterverfolgung seines Nötigungszieles Abstand nehmen, also auf die nach seinem ursprünglichen Tatplan abzunötigende Handlung, Duldung oder Unterlassung verzichten. Die in Rede stehende Regelung kann auch nach der Vollendung der Geiselnahme eingreifen. Der kriminalpolitische Sinn der Bestimmung liegt gerade darin, durch die Zulassung der Strafmilderung trotz vollendeter Tat die Möglichkeiten zu verbessern, das Opfer zu retten und die Geiselnahme ohne eine in vielfacher Hinsicht risikobehaftete polizeiliche Befreiungsaktion zu beenden. Die Vorschrift soll »dem Täter den Entschluß, das Opfer lebendig freizulassen, in jedem Fall erleichtern«.[190]

e) § 263 Abs 3 StGB:[191]

Ein Vermögensverlust im Sinne des Regelbeispiels für den besonders schweren Fall eines Betruges (§ 263 Abs 3 Satz 2 Nr 2 Alt 1 StGB) ist jedenfalls dann nicht von »großem Ausmaß«, wenn er den Wert von 50.000 Euro nicht erreicht.[192] Wird bereits durch den Abschluss eines Austauschvertrages ein Nachteil im Sinne einer schadensgleichen Vermögensgefährdung bewirkt, so ist ein »Vermögensverlust großen Ausmaßes« im Sinne des Regelbeispiels für den besonders schweren Fall einer Untreue wie auch eines Betruges erst dann herbeigeführt (§ 263 Abs 3 Satz 2 Nr 2 Alt 1 iVm § 266 Abs 2 StGB), wenn der Geschädigte seine vertraglich geschuldete Leistung erbracht hat.[193]

Gewerbsmäßig handelt, wer sich durch wiederholte Tatbegehung eine nicht nur vorübergehende Einnahmequelle von einigem Umfang und einiger Dauer verschaffen will. Liegt diese Absicht vor, ist bereits die erste Tat als gewerbsmäßig begangen einzustufen, auch wenn es entgegen den ursprünglichen Intentionen des Täters nicht zu weiteren Taten kommt. Eine Verurteilung wegen gewerbsmäßiger Deliktsbegehung setzt nicht notwendig voraus, dass der Täter zur Gewinnerzielung mehrere selbständige Einzeltaten der jeweils in Rede stehenden Art verwirklicht hat. Ob die Angeklagten gewerbsmäßig gehandelt haben, beurteilt sich nach ihren ursprünglichen Planungen sowie ihrem tatsächlichen, strafrechtlich relevanten Verhalten über den gesamten ihnen jeweils anzulastenden Tatzeitraum.[194]

74

75

---

188 BGH NStZ-RR 2000, 358; NStZ 2001, 646 (3. Strafsenat); vgl Detter NStZ 2001, 470
189 BGH NStZ 2001, 29
190 BGH NStZ 2003, 605
191 vgl dazu Peglau wistra 2004, 7 ff, Hannich/Röhm NJW 2004, 2061; Lang ua NStZ 2004, 528 ff
192 BGHSt 48, 360
193 BGHSt 48, 354
194 BGH Urt v 17. 6. 2004 – 3 StR 344/03

f)   § 263 Abs 5 StGB:

76   Eine Bande im Sinne des § 263 Abs 5 StGB ist gegeben, wenn sich mindestens drei Personen mit dem Willen zusammengeschlossen haben, im einzelnen noch ungewisse Straftaten der genannten Art zu begehen. Danach ist nicht vorausgesetzt, dass die Bandenmitglieder tatsächlich mehrere Betrugstaten bzw. andere der in § 263 Abs 5 StGB genannten Delikte begangen haben. Vielmehr ist es ausreichend, wenn es im Zeitpunkt ihres Zusammenschlusses ihre gemeinsame Absicht war, mehrere noch nicht im einzelnen konkretisierte derartige Taten zu verwirklichen. Scheidet ein Tatgenosse schon nach der ersten unter seiner Beteiligung begangenen Straftat aus oder findet die Gruppierung insgesamt zu diesem Zeitpunkt ein Ende, so ist er wegen eines einzigen Bandenbetruges zu verurteilen. Die (beabsichtigte) wiederholte Tatbegehung als Voraussetzung der Gewerbsmäßigkeit und die (beabsichtigte) fortgesetzte Tatbegehung als Voraussetzung von Bandenmäßigkeit sind daher strukturell identisch. Maßgebend dafür, ob fortgesetzt eine Mehrzahl im einzelnen noch ungewisser Straftaten der in § 263 Abs 5 StGB benannten Art begangen werden sollten oder begangen wurden, sind die – geplanten – tatsächlichen Abläufe sowie deren Umsetzung; unerheblich ist demgegenüber, ob diese in der Person eines Bandenmitgliedes aufgrund der besonderen Art seiner Tatbeiträge und gegebenenfalls unter Heranziehung des Zweifelssatzes rechtlich zu einer Tat im Sinne des § 52 Abs 1 StGB zusammengefasst werden oder würden. Während das nach der Gesetzesauslegung für gewerbsmäßiges Handeln erforderliche Merkmal der (beabsichtigten) wiederholten Tatbegehung auf den Willen des einzelnen Täters abstellt, hat das Tatbestandsmerkmal der (beabsichtigten) fortgesetzten Tatbegehung nach dem Gesetzeswortlaut die Vorstellungen der Bande in ihrer Gesamtheit im Blick. Geht diese dahin, dass die Deliktsserie durch Aktivitäten verwirklicht wird, die jedenfalls in der Person einzelner Mitglieder der Tätergruppierung tatsächlich selbständige Straftaten darstellen, ist daher bereits mit der ersten Tatbegehung für die daran Mitwirkenden das Merkmal der Bandenmäßigkeit erfüllt.

g)   § 323 a StGB

77   Ergeben die Feststellungen, dass der Angeklagte von einem »Zwang zur Einnahme von Alkohol« beherrscht wird, ist zu prüfen, ob die Fähigkeit des Täters, der Versuchung zum Alkoholmissbrauch zu widerstehen, erheblich vermindert war und deshalb die Anwendung von § 21 StGB auch im Rahmen von § 323 a StGB in Betracht kommt.[195] Die Verwertbarkeit tatbezogener Umstände ist nur zulässig soweit sie als mit der Verwirklichung des Tatbestandes des § 323 a StGB in vorwerfbarer Weise in Verbindung gebracht werden können.[196] Von wesentlicher Bedeutung kann sein, ob die Rauschtat nach ihrer gesetzlichen Wertung objektiv ein leichtes Vergehen oder ein schweres Verbrechen ist. Zur Findung einer gerechten Strafe ist die Schwere der begangenen Rauschtat in Beziehung zu setzen zu dem Maß des Verschuldens des Angeklagten beim Sichberauschen. Das Verhältnis zwischen Vollrausch und dem Verletzungstatbestand (Rauschtat) ist ein Stufenverhältnis, es gilt der Grundsatz in dubio pro reo, im Rahmen der Strafzumessung darf dem Angeklagten aber daraus kein Nachteil erwachsen; es kann deshalb geboten sein, den möglicherweise niedrigeren Strafrahmen der »Rauschtat« zugrundezulegen (§ 323 a II StGB).[197]

---

195 BGH NStZ-RR 1997, 300 f
196 BGH StV 1997, 18 f
197 BGH NStZ-RR 1996, 290

h) BtMG

Bei Betäubungsmitteltatbeständen kann es angebracht sein, generalpräventiven Erwägungen Raum zu geben. Wegen der Bedeutung der Wirkstoffmenge für eine sachgerechte, schuldangemessene Strafe im Betäubungsmittelstrafrecht kann auf eine nach den Umständen des Falles mögliche genaue Feststellung nicht verzichtet werden.[198] Der Wirkstoffgehalt von Marihuana durchschnittlicher Qualität liegt nach allgemeiner Erfahrung bei 2 % bis allenfalls 5 % THC. Die uneingeschränkte Berücksichtigung der Menge des Rauschgifts mit der Handel getrieben worden ist, ist rechtsfehlerhaft, wenn seitens der Polizei darauf hingewirkt worden ist, dass mit einer möglichst großen Menge Handel getrieben werde.[199] Dass der Täter nur deshalb mit Betäubungsmitteln handelt, weil er keinen anderen Weg sieht, die Mittel für die Befriedigung seiner eigenen Rauschmittelabhängigkeit aufzubringen, wirkt strafmildernd. Ist übersteigertes Gewinnstreben mit Tatsachen belegt, darf auch »Profitgier« strafschärfend angelastet werden.[200] Bei Amphetamin handelt es sich nicht um eine harte Droge.[201] Dass das Rauschgift nicht für den deutschen Markt bestimmt ist, darf nicht strafmildernd berücksichtigt werden.[202] § 29 III BtMG enthält keine selbstständigen Qualifikationstatbestände, sondern lediglich Strafzumessungsregeln.[203] Führt ein Täter eine Rauschgiftmenge ein, die tatsächlich größer ist, als er es sich vorgestellt hat, darf die von seinem Vorsatz nicht umfasste Mehrmenge nur dann tatschulderhöhend gewertet werden, wenn ihn insoweit der Vorwurf der Fahrlässigkeit trifft.[204] Dass der Angeklagte mit dem zum Handeln bestimmten Betäubungsmittel auch andere Personen in sein kriminelles Tun verstrickt hat, darf im Rahmen **gewerbsmäßigen Handeltreibens nach § 29 Abs 3 BtMG** nicht strafschärfend gewertet werden, da hierdurch typischerweise der Verkauf an andere Personen erfasst wird. Die vollständige Sicherstellung aller Betäubungsmittel kann ein wesentlicher Strafmilderungsgrund sein.

78

In Fällen, in denen Kuriere Kokain auf dem Luftweg in ihren Körper ins Inland bringen, muss sich, da sich die Fälle weitgehend gleichen, das Strafmaß mehr als sonst an der Menge und dem Wirkstoffanteil des transportieren Rauschgifts orientieren.[205]

79

Die Bejahung von § 21 StGB kann für sich allein oder im Zusammenwirken mit anderen Milderungsgründen zur Zubilligung eines minder schweren Falles nach § 29 a II BtMG führen. Im Rahmen einer Verurteilung nach § 29 a Abs 1 Nr 1 BtMG strafschärfend zu werten, dass ein jugendlicher Käufer heroinabhängig geworden ist, verstößt gegen § 46 Abs 3 StGB, weil die besondere Schutzbedürftigkeit von Jugendlichen der Grund für die in geregelte erhöhte Strafbarkeit der Abgabe von Betäubungsmitteln an Minderjährige ist.[206] Die Anwendung von § 30 a II BtMG wird in Fällen mit gewichtigen Milderungsgründen angesichts der hohen Mindeststrafe des Regelstrafrahmens weit näher liegen als bei solchen mit geringeren Regelmindeststrafen. Naheliegen wird die Anwendung von § 30 a II BtMG auch in Fällen, die nicht dem Bild solcher Kriminalität entsprechen, deren Bekämpfung mit der

---

198 BGH NStZ 1996, 498 f
199 BGH StV 1997, 471 f = NStZ 1997, 136 f; StV 2004, 532
200 BGH NStZ-RR 1997, 50
201 BGH StV 1997, 75 f; offengelassen von BGH Beschl vom 03.04.2002 – 2 StR 84/02
202 BGHR BtMG § 30 Strafzumessung 1
203 BGH StV 1996, 94 f
204 BGH StV 1996, 90
205 BGH StV 1996, 427 f
206 Beschl v 9.1.2003 – 4 StR 467/02

Schaffung des OrgKG erstrebt wurde.[207] Bei Anwendung des minder schweren Falles nach § 30 a Abs 3 BtMG **darf** die Strafe nicht milder sein als nach dem Strafrahmen der verdrängten Vorschrift des § 30 Abs 1 BtMG, sofern nicht ausnahmsweise auch die Voraussetzungen eines minder schweren Falles nach § 30 Abs 2 BtMG gegeben sind. Denn beim unerlaubten Handeltreiben mit Betäubungsmitteln steht der Qualifikationstatbestand des bewaffneten Handeltreibens nach § 30 a Abs 2 Nr 2 BtMG in Gesetzeskonkurrenz zum Grundtatbestand nach § 29 Abs 1 BtMG ebenso wie zu den weiteren Qualifikationstatbeständen nach § 29 a Abs 1 und § 30 Abs 1 BtMG. Bei Gesetzeskonkurrenz entfaltet jedoch ebenso wie bei Tateinheit das zurücktretende Delikt eine Sperrwirkung hinsichtlich der Mindeststrafe.[208]

i) Waffendelikte

80 Es ist kein Strafmilderungsgrund, wenn der Angeklagte im Herkunftsland der Waffen staatliche Unterstützung erhielt und die Waffen nicht für den deutschen Markt bestimmt waren.[209]

18. 57 a StGB

81 § 57 a StGB regelt die Aussetzung des Strafrestes bei lebenslanger Freiheitsstrafe. Diese Vorschrift hat durch eine Entscheidung des Bundesverfassungsgerichts[210] für den Tatrichter und das Revisionsverfahren große Bedeutung erlangt.

Innerhalb der Entscheidung nach § 57 a StGB hat der Tatrichter ohne Bindung an begriffliche Vorgaben im Wege einer zusammenfassenden Würdigung von Tat und Täterpersönlichkeit abzuwägen, wobei die besondere Schwere der Schuld nur dann festgestellt werden kann, wenn Umstände vorliegen, die Gewicht haben. Die Urteilsgründe müssen belegen, dass der Tatrichter in einer Gesamtwürdigung alle maßgeblichen, das heißt schuldrelevanten, Umstände erkennbar bedacht hat.

Will die Schwurgerichtskammer die besondere Schwere der Schuld des Angeklagten im Sinne der § 57 a I 1 Nr 2, § 57 b StGB bejahen, so muss diese **Feststellung im Urteilsspruch** getroffen werden; die Feststellung in den Urteilsgründen genügt nicht. In die **Urteilsformel** ist die Feststellung, die Schuld wiege besonders schwer, aufzunehmen. Der Tatrichter hat nicht zu entscheiden, wie viele Jahre zusätzlicher Vollstreckung (über 15 Jahre hinaus) gerechtfertigt sind, er hat sich jeglicher Feststellungen zur Verbüßungsdauer zu enthalten, weil für die nach §§ 57 a, 57 b StGB zu treffenden Entscheidungen ausschließlich die Strafvollstreckungskammer zuständig ist (§§ 462 a, 454 StPO). Die unzulässige Angabe einer Mindestverbüßungsdauer in den Urteilsgründen entfaltet keine rechtliche Bindungswirkung.[211]

82 Bei der Feststellung der besonderen Schwere der Schuld nach § 57 a I 1 Nr 2 StGB hat der Tatrichter seine Entscheidung auf Grund einer Gesamtwürdigung von Tat und Täterpersönlichkeit zu treffen. Er hat ohne Bindung an begriffliche Vorgaben die schuldrelevanten Umstände zu ermitteln und zu gewichten. Im Wege einer zusammenfassenden Würdigung von Tat und Täterpersönlichkeit hat er die Schuld daraufhin zu bewerten, ob sie nach seiner Auffassung besonders schwer ist. Die

---

207 BGH NStZ 1996, 339 f = StV 1996, 373 f
208 BGH NStZ 2003, 440
209 BGH NStZ 1997, 79 = StV 1997, 184
210 BVerfGE 86, 288
211 BGH StraFo 2003, 208

Feststellung der besonderen Schwere der Schuld kann dabei nur dann in Betracht kommen, wenn Umstände vorliegen, die Gewicht haben. Solche Umstände können beispielsweise eine besondere Verwerflichkeit der Tatausführung oder der Motive, mehrere Opfer bei einer Tat, die Begehung mehrerer Mordtaten oder – im oder ohne Zusammenhang mit dem Mord begangene – weitere schwere Straftaten sein. Hierbei ist jedoch stets zu bedenken, dass solche Umstände nicht ohne weiteres, sondern nur im Rahmen der erforderlichen Gesamtwürdigung zur Bejahung der besonderen Schwere der Schuld führen können. Kein wesentliches Gewicht wird dem weiteren Mordmerkmal zukommen, wenn es den Unrechts- und Schuldgehalt nicht erweitert. § 46 III StGB findet Anwendung. Für die Gewichtung der Schuldschwere gelten die gleichen Regeln wie für die Bemessung der Strafzumessungsschuld. Daher darf dem Angeklagten fehlende Reue oder dass er versucht, seine Tat in einem wesentlich milderen Licht erscheinen zu lassen, nicht nachteilig angelastet werden. Das Vorliegen einer erheblich verminderten Schuldfähigkeit schließt die Annahme besonders schwerer Schuld, insbesondere in Fällen selbstverschuldeter Trunkenheit, nicht von vorneherein aus.[212]

Bei Verhängung einer **lebenslangen Freiheitsstrafe als Gesamtstrafe** ist nach § 57 b StGB Anknüpfungspunkt für die Prüfung der besonderen Schuldschwere regelmäßig die Gesamtstrafe. Mit weiteren Straftaten ist aber nicht stets eine ins Gewicht fallende Schuldsteigerung verbunden. Kommt die Annahme einer besonders schweren Schuld nur durch eine nach § 57 b StGB anzustellende Gesamtwürdigung mehrerer tatmehrheitlich verwirklichter Straftatbestände in Betracht, so spricht ein enger zeitlicher, örtlicher und situativer Zusammenhang in der Regel gegen die Annahme besonders schwerer Schuld. Auf die Zahl der verwirklichten Mordmerkmale allein kommt es dabei nicht an. Offengelassen hat der BGH,[213] ob in Fällen, wo durch die Zäsurwirkung einer noch nicht verbüßten Freiheitsstrafe die Bildung einer lebenslangen Freiheitsstrafe als Gesamtstrafe und einer weiteren zeitigen Freiheitsstrafe erfolgen muss, bei der Würdigung nach § 57 b StGB nur die Straftaten zu berücksichtigen sind, die den in der lebenslangen Freiheitsstrafe als Gesamtstrafe aufgegangenen Strafen zugrunde liegen.

Das Tatgericht hat auch in Fällen, in denen **die lebenslange Freiheitsstrafe nicht die einzige in Betracht kommende Rechtsfolge** ist (zB bei Versuchstaten), zu entscheiden, ob die Schuld des Angeklagten besonders schwer wiegt.

IV. Prozessuale Fragen

1. Ermittlungsverfahren

Wichtige Weichen für den Ausgang des Strafverfahrens werden bereits im Ermittlungsverfahren gestellt. Das Optimale für die Verteidigung wäre es, wenn sie erreichen könnte, dass es überhaupt nicht zu einer Hauptverhandlung kommt.   **83**

Von Bedeutung sind insoweit die §§ 153, 153 a, 154, 153 b StPO.

a) Die Regelung der **§§ 153 und 153 a StPO** spielt grundsätzlich nur in Verfahren,   **84** die Kriminalität geringeren Gewichts betreffen, eine Rolle.[214] Hier ist es Aufgabe der Verteidigung, die Anwendung frühzeitig ins Gespräch zu bringen, vor allem um

---

212 BGH Urt v 1. 7. 2004 – 3 StR 494/03
213 BGH StV 1999, 373, 374
214 M-G § 153 Rn 4

negative Auswirkungen einer Hauptverhandlung für den Mandanten zu vermeiden.[215] Eine Einstellung des Verfahrens für den schuldigen Mandanten zu erreichen, ist sicher ein großes, aber selten erreichtes Ziel der Verteidigung. Aber selbst bei Taten aus der Bereich der mittleren Kriminalität kann sich eine solche Situation ergeben. So ist eine erhebliche Verfahrensverzögerung, welche der Angeklagte nicht zu vertreten hat, bei der Beurteilung der geringen Schuld im Sinne des § 153 bzw § 153 a StPO in die Abwägung einzubeziehen. Wiegt der Tatvorwurf nicht so schwer, dass der Angeklagte jetzt noch bestraft werden müsste, kommt eine Einstellung nach §§ 153, 153 a StPO in Betracht. Strittig ist, ob auch die massive Einwirkung durch einen V-Mann auf einen Angeklagten zur Einstellung führen kann.

85   b) Übersehen wird häufig, eine **Einstellung nach § 153 b StPO** anzuregen. So unterfallen sowohl die Regelung des § 60 StGB wie die des § 46 a StGB in beiden Varianten dem Anwendungsbereich des § 153 b StPO. Die Vorschrift des § 60 StGB zielt dabei auf Fälle, bei denen Tat und Schuld durch die Folgen, die den Täter mit seiner Tat getroffen haben, als hinreichend kompensiert erscheinen, so dass das Strafbedürfnis entfällt.[216] Auch mittelbare, z B. erst durch die Strafverfolgung bewirkte Folgen der Tat können die Anwendung des § 60 StGB begründen. Bei der Prüfung der Voraussetzungen des § 60 StGB dürfen sämtliche strafzumessungsrelevanten Gesichtspunkte nochmals gewürdigt werden, das Doppelverwertungsverbot des § 50 StGB gilt insoweit nicht. Sämtliche Strafzumessungserwägungen, auch die für die kompensatorische Strafzumessung maßgeblichen, können bei der Bestimmung der (hypothetischen) Strafe einbezogen werden.[217] Zwar werden die Ermittlungsbehörden häufig die Entscheidung der Hauptverhandlung überlassen wollen, da sie zumindest einen Schuldspruch für erforderlich halten werden. Ob dies aber immer sachgerecht ist, insbesondere unter Berücksichtigung der persönlichen Folgen einer Hauptverhandlung, kann zweifelhaft sein. Die tatsächlichen Voraussetzungen, die eine Verschonung des Angeklagten von einer Hauptverhandlung nahe legen könnten, sollten von der Verteidigung durch entsprechende Schriftsätze in den geeigneten Fällen geltend gemacht werden.

86   c) Die Beschränkung des Tatvorwurfes in tatsächlicher wie in rechtlicher Hinsicht auf Grund der **§§ 154, 154 a StPO** kann dazu führen, dass der Schuldumfang erheblich reduziert wird und damit auch die Strafe geringer ausfallen kann. Gezielte Vorschläge der Verteidigung auf Beschränkung des Verfahrensstoffes sollten deshalb nicht übersehen werden.

87   d) Ist eine Bestrafung nicht zu vermeiden, kann es von Seiten der Verteidigung geboten sein, anzuregen, die Sache im **Strafbefehlsverfahren** zu erledigen, um die nachteiligen Folgen einer Hauptverhandlung für den Angeklagten zu vermeiden. Den Rahmen einer Erledigung in diesem Verfahren steckt § 407 StPO ab, der auch eine Freiheitsstrafe bis zu einem Jahr (mit Strafaussetzung zur Bewährung) vorsieht. Der Übergang in das Strafbefehlsverfahren ist sogar noch nach Eröffnung des Hauptverfahrens möglich (§ 408 a StPO).

---

215 Günther Strafverteidigung 80 f
216 BGH NStZ 1997, 121 ff m Anm Stree
217 BGH StV 2004, 420

Detter

2. Die Vorbereitung der Hauptverhandlung im Allgemeinen

a) Nachforschungen – Tätigkeit im Ermittlungsverfahren

Geht es nur noch um die Straffrage, sollte dies den Ermittlungsbehörden frühzeitig **88** mitgeteilt werden. Diese sind dann sicherlich eher geneigt, Beweisanregungen, die nur diesen Bereich betreffen, nachzugehen. Die Verteidigung hat aber auch das Recht, möglicherweise sogar die Pflicht, eigene Ermittlungen anzustellen. Dies sollte vor allem für Tatsachen gelten, die Einfluss auf die oben aufgezeigten Strafzumessungserwägungen haben können. Typische Beispiele können Ermittlungen über die Folgen einer Verurteilung, wie beamten- oder arbeitsrechtliche Auswirkungen oder auch Haftungsfolgen, sein. Der Verteidiger darf und muss gegebenenfalls auch Zeugen und Sachverständige befragen, wie etwa den Bewährungshelfer oder den betreuenden Arzt.

b) Beweisantrag vor der Hauptverhandlung, § 219 StPO[218]

Die StPO geht von der Zulässigkeit von Beweisanträgen vor der Hauptverhandlung **89** aus (§ 219 StPO). Gerade weil Strafzumessungstatsachen bei den Ermittlungen häufig zu kurz kommen, sollte davon Gebrauch gemacht werden, um sich dann später nicht dem Vorwurf einer Verzögerungstaktik auszusetzen.

c) Ladung von Sachverständigen oder Zeugen

Die Strafzumessung und auch die Verhängung von Maßregeln wird stark von Be- **90** kundungen der Sachverständigen beeinflusst. Hält die Verteidigung die Zuziehung eines Sachverständigen für erforderlich und ist diesem Begehren weder von Seiten der Staatsanwaltschaft noch des Gerichts Rechnung getragen worden, bleibt der Verteidigung die Möglichkeit der Selbstladung nach §§ 220, 38 StPO. Das Kostenrisiko trifft aber den Angeklagten, was häufig dazu führt, dass von der Möglichkeit kein Gebrauch gemacht werden kann. Die Einführung der geladenen Zeugen oder Sachverständigen als Beweismittel in die Hauptverhandlung richtet sich nach § 245 II StPO.

d) Die Vorbereitung eines Deals

Beachte: Die Grundlagen für eine solche Vereinbarung sollte die Verteidigung be- **91** reits im Vorfeld der Hauptverhandlung schaffen. Erforderlich ist deshalb ein entsprechender Kontakt mit Staatsanwaltschaft und Gericht, Voraussetzung ist aber die Einigung mit dem Mandanten über die »Schmerzgrenze«.

3. Hauptverhandlung

a) Feststellung der Strafzumessungstatsachen – Geltendmachen durch Beweisanträge

Auch die Strafzumessungstatsachen müssen prozessordnungsgemäß festgestellt **92** werden, sie sind der Beweiserhebung zugänglich,[219] und zwar unbeschränkt.[220] Der Tatrichter ist grundsätzlich verpflichtet, umfassende Feststellungen im Rahmen von

---

218 vgl dazu Meyer-Goßner § 219 Rn 1 und 3
219 BGH NStZ 1987, 405; Schäfer Strafzumessung Rn 714 ff
220 Bruns Das Recht der Strafzumessung, 280; BGH NJW 1951, 769

§ 46 StGB zu treffen.[221] An sich müsste sich also ein ganz wesentlicher Teil der Hauptverhandlung mit der Beweiserhebung über diese Tatsachen befassen. In der Rechtswirklichkeit ist dies nicht der Fall.[222] Die Grundlagen für die Strafzumessung werden so nebenbei aus dem Gang der Hauptverhandlung gewonnen. Dies entspricht keinesfalls der gesetzgeberischen Intention. Das so genannte »Schuldinterlokut« (verfahrensmäßige Trennung von Schuld- und Straffrage) kennt die StPO nicht.[223] Aufgabe der Verteidigung in der Hauptverhandlung muss es deshalb sein, keinen Umstand unerörtert zu lassen, der für den Mandanten spricht und die Strafzumessung zu seinen Gunsten beeinflussen kann.[224] Deshalb sollte – und muss – durch Beweisanträge in diesem Bereich Einfluss genommen werden. Welche Umstände letztendlich so gewichtig sind, dass sie einer Beweisaufnahme zugrundegelegt werden müssten, hängt aber vom Einzelfall ab, wobei für Beweisanträge die Grundsätze des § 244 III und IV StPO beachtet werden müssen. Entlastende Angaben des Angeklagten jedenfalls, für deren Richtigkeit oder Unrichtigkeit es keine Beweise gibt, darf das Tatgericht nicht ohne weiteres als unwiderlegt hinnehmen, sie müssen, wie auch sonstige Tatsachen, auf der Grundlage des gesamten Beweisergebnisses überprüft werden.[225] Der Grundsatz »im Zweifel für den Angeklagten« hat aber volle Geltung.[226] Nicht außer Acht gelassen werden sollte in diesem Zusammenhang die bereits erwähnte Möglichkeit einer Selbstladung von Zeugen und Sachverständigen nach §§ 220, 38 iVm § 245 II StPO.

93   Für die Verteidigung heißt dies jedenfalls, zumindest die Tatsachen, von denen zu erwarten ist, dass sie kaum oder gar nicht zugunsten des Angeklagten berücksichtigt werden, durch entsprechende Beweisanträge zum Gegenstand der Hauptverhandlung zu machen.

b)   Das Plädoyer[227] und der Schlussantrag

94   Der Inhalt des Plädoyers muss sich jeweils an der Problematik des einzelnen Falles ausrichten. Bei der Strafzumessungsverteidigung sollte Ziel sein, dass das erkennende Gericht, das der Adressat des Plädoyers (und nicht die Zuhörer) ist, eine schuldangemessene Strafe verhängt. Es sollten deshalb Schwerpunkte gesetzt und das Gericht nicht gelangweilt werden. Wichtig ist, Verstöße gegen die Grundsätze einer ordnungsgemäßen Strafzumessung im Plädoyer der Staatsanwaltschaft aufzuzeigen, vor allem eine etwaige Missachtung des Doppelverwertungsverbots des § 46 III StGB. Falls aktuell, sollte der Frage einer Strafaussetzung zur Bewährung breiter Raum gewidmet werden, da gerade in diesem Bereich den Tatgerichten ein großer Spielraum eingeräumt ist. Einen konkreten Antrag zur Strafhöhe zu stellen, kann problematisch sein, weil es dadurch möglicherweise dem Gericht erschwert wird, auf eine niedrigere Strafe zu erkennen. Unzulässig ist es, einen Beweisantrag zur Schuldfrage hilfsweise für den Fall der Überschreitung einer bestimmten Strafhöhe zu stellen,[228] das Akzeptieren der Bedingung durch das Tatgericht würde in Wirklichkeit einen »aufgedrängten Deal« bedeuten.

---

221 BGH MDR 1975, 195; Mösl DRiZ 1979, 168; zum Zeitpunkt: BGH NStZ 1985, 561
222 Bruns Das Recht der Strafzumessung, 279 f; Schlothauer Vorbereitung Rn 109 ff
223 Meyer-Goßner § 258 Rn 17
224 Dahs Handbuch Rn 717 ff
225 BGHR StPO § 261 Einlassung 5
226 BGH StV 1986, 5; Schäfer Strafzumessung Rn 719 ff
227 Dahs AnwBl 1959, 1 ff
228 BGHSt 40, 287 ff

4. Rechtsmittel

a) Berufung

Die Berufung führt im Umfang der Anfechtung, also zB Beschränkung auf die **95**
Strafzumessung, zu einer völligen Neuverhandlung der Sache.

Dieses Rechtsmittel ist angebracht, wenn Tatsachen nicht oder nicht ausreichend
festgestellt sind, was auch bei einer Strafzumessungsverteidigung der Fall sein kann.

b) Revision

aa) Die Revision ist ein **Rechtsmittel mit begrenzten Überprüfungsmöglichkei-** **96**
ten.[229] Die Überprüfung der Tatsachenfeststellung ist grundsätzlich ausgeschlossen.
Nur Verfahrensfehlern[230] oder Fehlern bei der Rechtsanwendung auf den festgestellten Sachverhalt kommt Bedeutung zu. Rechtsfehler allein im Hinblick auf die
Höhe der verhängten Strafe, die auch das Revisionsgericht beachten müsste, sind
selten, zumal eine ins Einzelne gehende »Richtigkeitskontrolle« hinsichtlich der
Strafhöhe durch das Revisionsgericht nicht stattfindet.[231] Manchmal kann es erforderlich sein, die Nichtanwendung von Vorschriften, die vom Verschlechterungsverbot ausgenommen sind (vgl §§ 331 II, 358 II 2 StPO), durch die Tatgerichte der
Überprüfungsbefugnis des Rechtsmittelgerichts zu entziehen. Zulässig ist dies zB
bei der Nichtanwendung des § 64 StGB,[232] eine Frage, die eingehender Beratung
mit dem Mandanten bedarf, da ansonsten die Gefahr besteht, dass es – völlig unerwartet und auch unerwünscht – wegen der Nichterörterung zu einer Aufhebung
durch das Revisionsgericht kommt. Denn ist der Täter alkohol- oder betäubungs-
mittelabhängig und steht die Tat damit in Zusammenhang, muss der Tatrichter prüfen, ob gemäß § 64 StGB die Unterbringung in einer Entziehungsanstalt geboten
ist. Ein Ermessensspielraum ist ihm dabei nicht eingeräumt. Nur wenn keine hinreichend konkrete Aussicht auf einen Behandlungserfolg besteht, darf er von der
Maßnahme absehen.[233]

Bei der Entscheidung, ob die Nichtanwendung des § 64 StGB vom Revisionsangriff
ausgenommen werden soll, darf das Verhältnis der Maßregel zur Strafe nicht unbeachtet bleiben. Durch eine Maßnahme nach § 64 StGB kann eine »zusätzliche Bestrafung« eintreten, weil ein längerer Freiheitsentzug die Folge sein kann (kurze
Freiheitsstrafe, Vorwegvollzug nach § 67 II StGB); es kann aber auch eine Besserstellung erfolgen (Aussetzung der Strafe nach Vollzug der Maßregel ua), vor allem
auch, wenn das Tatgericht wegen der Anordnung der Maßregel eine geringere Strafe für schuldangemessen erachten sollte.

Steht nur noch die Strafzumessung im Mittelpunkt eines Strafverfahrens, kann es
sich anbieten, auch die Revision auf das Strafmaß zu beschränken, was sich kostenmäßig auswirken kann.

bb) Revisionsbegründung

Fehl am Platze ist hier – obwohl häufige Übung – eine eigene Strafzumessung der **97**
Verteidigung. Es genügt in der Begründung auf Rechtsfehler in der Strafzumessung

---

229 Detter in Festschrift 50 Jahre Bundesgerichtshof 2000, 679ff, 690ff
230 zB Verstoß gegen § 267 Abs 2 und 3 StPO
231 BGHSt 29, 319, 320; 34, 345, 349; Beispiele für zu niedrige oder für überhöhte Strafen: BGH
    JR 1977, 159; NStZ 1990, 84; 1992, 381 m Anm Pauli NStZ 1993, 233; 1994, 494
232 BGHSt 38, 362ff m Anm Hanack JR 1993, 430ff
233 BGHR StGB § 64 Ablehnung 3, 5–10; Anordnung 1; BVerfGE 90, 1ff

des Tatgerichtes hinzuweisen. Das Revisionsgericht überprüft zwar auf die Sachrüge hin – unabhängig ob dieses Problem angesprochen ist oder nicht – die Strafzumessungsgründe in vollem Umfang auf Rechtsfehler. Trotzdem kann es zweckmäßig sein, festgestellte oder zumindest vermutete Verstöße gegen anerkannte Grundsätze der Strafzumessung ausdrücklich anzusprechen. Dabei wird darauf zu achten sein, ob bestimmende Strafzumessungsgründe im Sinne § 267 III 1 StPO übersehen sind. Das Tatgericht muss sich nicht mit allen denkbaren Gründe auseinandersetzen. Fehlen aber naheliegende Erwägungen, kann dies als Rechtsfehler angesehen werden. Häufig ist dies bei lang zurückliegenden Straftaten und bei langdauernden Strafverfahren der Fall. Eine lange Zeitspanne zwischen Begehung der Tat und ihrer Aburteilung ist ein wesentlicher Strafmilderungsgrund, ohne dass es dabei auf die Dauer des Strafverfahrens ankommt.[234] Wenn das Verfahren nicht nur lange gedauert hat, sondern auch in rechtsstaatswidrigerweise durch die Strafverfolgungsbehörden verzögert wurde, genügt es nicht, »die lange Verfahrensdauer« zugunsten des Angeklagten zu berücksichtigen. Hier muss zusätzlich die Verletzung des Beschleunigungsgebotes ausdrücklich festgestellt und das Ausmaß der Berücksichtigung beim Strafmaß erkennbar gemacht werden.[235] Das BVerfG verlangt sogar bei einem Verstoß gegen das Beschleunigungsgebot, dass das Ausmaß der vorgenommenen Herabsetzung der Strafe durch Vergleich mit der ohne Berücksichtigung der Verletzung dieses Gebotes angemessenen Strafe *exakt* bestimmt wird.[236] Eine Prüfung durch das Revisionsgericht dürfte aber nur auf eine entsprechende Verfahrensrüge (Aufklärungsrüge gemäß § 244 II StPO) hin erfolgen können.[237] Deshalb müssen die den Verstoß gegen das Beschleunigungsgebot begründenden Tatsachen umfassend vorgetragen werden, es sei denn, sie ergeben sich aus Urteil oder Anklageschrift.

Fehlen im Urteil Ausführungen zum minder schweren Fall oder bei Freiheitsstrafen unter zwei Jahren zur Strafaussetzung zur Bewährung, obwohl ausdrückliche Anträge gestellt waren, ist dies ein Verfahrensfehler, der mit einer Verfahrensrüge als Verstoß gegen § 267 III 2 StPO durch entsprechenden Tatsachenvortrag gemäß § 344 II StPO gerügt werden muss. Wichtig ist, dass im Hinblick auf § 273 I StPO auf Protokollierung der Anträge geachtet wird.

> **Beachte:** Die Verteidigung sollte aber bereits in der Hauptverhandlung erbrachte Leistungen, die dem Gericht oft unbekannt sind, darlegen und erforderlichenfalls unter Beweis stellen.

c)   Beschwerde nach § 305 a StPO

98   Liegt eine Beschwer nur in den Bewährungsauflagen im Rahmen der §§ 56 a bis 56 d und § 59 a StGB, ist die – einfache – Beschwerde des § 305 a StPO das gegebene Rechtsmittel.

---

234 BGH NStZ 1986, 217, 218; BGHR StGB § 46 II Verfahrensverzögerung 2, 3, 6
235 BGHR StGB § 46 II Verfahrensverzögerung 7
236 BVerfG NStZ 1997, 591
237 BGH StV 1997, 408; Beschluß vom 11. 11. 2004 – 5 StR 376/03 zum Abdruck in BGHSt bestimmt; BGHSt 49, 342

Überblick

I. Definitionen

Forensische Psychiatrie im engeren Sinne befasst sich mit den Fragen, die von Gerichten und Behörden an Psychiater gestellt werden. In einem weiteren Sinne deckt das Fach jenen breiten Überlappungsbereich zwischen Recht und Psychiatrie ab, der sich sowohl aus den rechtlichen Problemen im Umgang mit psychisch Kranken und Gestörten für Ärzte, Gerichte und Behörden ergibt, als auch aus den medizinischen und psychologischen Problemen dieser Menschen für ihre Fähigkeit zu rechtsrelevantem Handeln. In den letzten Jahren ist eine Reihe von Veränderungen hinzugekommen, die zwar nicht die Prinzipien, wohl aber die Praxis der forensischen Psychiatrie und den Blickwinkel und die Zielrichtung, mit welcher forensische Psychiater betrachtet und eingesetzt werden, verändert haben.   **1**

1. Historisches

Aus historischer Sicht ist bemerkenswert, dass sich die Juristen mit den psychischen Beeinträchtigungen und ihren Auswirkungen auf die RS befasst haben, lange bevor es eine »Psychiatrie« oder gar eine »Forensische Psychiatrie« gab. Im römischen Recht gingen »Furiosi« (die Rasenden), »Mente capti« (die Verblödeten) und »Dementes« (die Toren) straffrei aus. Unter Justinian (483–556 nChr) gab es bereits Kuratoren für Personen, die wegen »Imbecillitas« (Verstandesschwäche) in ihrer Verfügungsfreiheit eingeschränkt waren. Allerdings wurden solche veränderten Geisteszustände durch die Juristen selbst beurteilt. Erst im 17. Jahrhundert wurde von Paolo Zacchia (1584–1659) gefordert, Ärzte bei zweifelhaften Geisteszuständen   **2** von Rechtsparteien hinzu zu ziehen. Diese Aufgabe wurde zunächst von den Gerichtsärzten und den Rechtsmedizinern wahrgenommen. Die »Forensische Psychiatrie« etablierte sich erst Mitte des 19. Jahrhunderts (ausführlich bei *Janzarik, 1972; Lenckner, 1972*). Sie steht heute als Brückenglied zwischen der medizinisch-empirischen Sicht der Psychiatrie und der normativ-wertenden Betrachtungsweise der Rechtswissenschaften. Sie erfüllt dort ihre Funktion, wo durch das Wissen in einem Bereich das Handeln in dem anderen Bereich mitbestimmt wird. Der »Forensische Psychiater« bleibt in den meisten Fällen Berater und Gehilfe, während die Entscheidungen durch Gerichte und Verwaltungsbehörden getroffen werden müssen. Aufgabe des Psychiaters ist es in erster Linie Krankheiten und Störungen zu diagnostizieren und ihre Auswirkungen auf die Handlungsfähigkeit des Untersuchten zu beurteilen.

3   Allerdings haben einige Gesetze der vergangenen Jahre die Aufgabenstellung in großem Maß auf Bereiche ausgeweitet, die zuvor nur eine untergeordnete Rolle spielten und wenigen Fachleuten vorbehalten waren. Im Jahr 1998 trat das Gesetz zur Bekämpfung von Sexualdelikten uan gefährlichen Straftaten in Kraft, im Jahr 2002 das Gesetz zur Einf der vorbehaltenen Sicherungsverwahrung und im Jahr 2004 das Gesetz zur Einf der nachträglichen Sicherungsverwahrung. Aufgrund verschiedener anderer Gesetze, die im gleichen Zeitraum zu einer Strafrahmenerhöhung führten, werden ebenfalls Gutachten zur Rückfall- oder Zwischenfallprognose erforderlich, wodurch insgesamt das Schwerpunke der Arbeit vieler Gutachter von der Schuldfähigkeitsbeurteilung zur Prognosebeurteilung hin verschoben wurde. Weitere Gesetze, die dieses Aufgabengebiet noch ausweiten wird sind derzeit in Vorbereitung, bzw. liegen als Gesetzentwurf des Bundesrats vor. Für Rechtsanwälte sind diese Änderungen im Auge zu behalten, da durch sie die Konsequenzen psychiatrischer Begutachtungen für ihre Mandanten ganz anders aussehen können, als sie dies früher gelernt haben und meist heute noch denken (*Jansen, 2005*).

2.   Juristischer und medizinischer Krankheitsbegriff

4   Medizinischer und juristischer Krankheitsbegriff dürfen nicht gleichgesetzt werden, da sie häufig etwas grundsätzlich anderes bezeichnen, selbst dann, wenn vergleichbare oder gar identische Begriffe gebraucht werden. Krankheit ist im juristischen Sinne vor allem abhängig vom Überschreiten einer bestimmten, uU normativ gesetzten Schwelle. Es kommt bei der Begutachtung darauf an, die klinischen Diagnosen quantitativ zu erfassen und sie – falls das Ausmaß der Störung eine bestimmte Schwelle übersteigt – den im Gesetz verwendeten juristischen Krankheitsbegriffen zuzuordnen.

5   In den meisten Fällen genügt es nicht, den juristischen Krankheitsbegriffs zu benennen, um die Gutachtensfrage zu beantworten. Es kommt wesentlich auf die durch eine Störung bedingte Funktionseinschränkung an. Daraus ergibt sich, dass bei nahezu allen rechtsrelevanten Fragen ein zweistufiges Beantwortungsschema zur Anwendung kommt. Zuerst muss geklärt werden, ob das Ausmaß der durch die klinische Diagnose beschriebenen Störung ausreicht, um den je nach anzuwendender Rechtsvorschrift geforderten juristischen Krankheitsbegriff zu erfüllen. Erst wenn die Antwort auf diese Frage positiv ausfällt, kann die zweite Frage beantwortet werden. Diese lautet: »Welche durch Gesetz oder RS bestimmte Funktionsbeeinträchtigung wird oder wurde durch die Störung bedingt?«.

6   Krankheit ist in der Medizin im Idealfall dadurch gekennzeichnet, dass Ursache, Symptomatik, Verlauf und Therapie eine Einheit bilden. Mit der Diagnose einer spezifischen Krankheit sind somit sowohl ein ätiopathogenetisches Erklärungsmodell wie prognostische Schlussfolgerungen verbunden. Im Idealfall lässt sich mit der klinischen Diagnose auch die Frage nach vergangenen und künftigen rechtsrelevanten Beeinträchtigungen beantworten. Von diesen Ansprüchen ist die Psychiatrie in den meisten Fällen noch weit entfernt, wenngleich mit der Entstehung der Psychiatrie als eigenständigem medizinischen Fach im 18. und 19. Jahrhundert der Versuch begann, psychische Störungen bestimmten Krankheiten zuzuordnen.

Die derzeit angewandten psychiatrischen Klassifizierungen beruht nicht auf der ätiologischen Erklärung von Störungen, sondern auf ihrer möglichst genauen Beschreibung. Die so erfassten psychopathologischen Syndrome sind hinsichtlich ihrer Ursache unspezifisch. Mehrere Faktoren spielen entweder kausal oder auslösend zusammen, um zur Manifestation der Symptomatik zu führen. Im Wesentlichen werden genetische Anlagen, organische Schäden, entwicklungsbedingte Beeinträchtigungen und situative Belastungen als hauptsächliche Elemente einer multifaktoriellen Störungsgenese betrachtet. Je nach Schule und Lehrmeinung werden sie unterschiedlich gewichtet. Klare Bedingungsgefüge sind nur in wenigen Einzelfällen festlegbar. **7**

Seit Ende des 20. Jahrhunderts wurden Klassifikationssysteme für psychiatrische Störungen entwickelt, die durch relativ rigide Zuordnungsregeln die Zuverlässigkeit der diagnostischen Schlussfolgerungen erhöht und somit dem lange kritisierten Schulenstreit in der Psychiatrie den Boden entzogen haben.(Internationale Klassifikation der Krankheiten, ICD-10, der WHO, Diagnostisches und Statistische Manual der American Psychiatric Association, DSM, das in der deutschen Übersetzung seit 1984 bereits drei mal revidiert wurde und seit 2003 in der jetzt gültigen Form als DSM-IV-TR vorliegt.) **8**

Wenngleich die neuen Klassifikationssysteme durch ihre methodischen Vorgaben und durch ihre große Akzeptanz zu einer besseren Vergleichbarkeit psychiatrischer Diagnosen geführt haben, lassen sich durch sie die wesentlichen Begutachtungsprobleme kaum leichter lösen. **9**

Die Feststellung einer in DSM-IV-TR oder ICD-10 beschriebenen Störung bedeutet noch nicht, dass diese Diagnose schon forensische Relevanz hat. Darauf weisen auch die Autoren dieser Klassifikationssysteme hin. **10**

II. Strafrecht

Im Strafrecht wird im Wesentlichen Folgendes gefragt: **11**

1) Nach den Voraussetzungen für aufgehobene oder verminderte Schuldfähigkeit (§§ 20,21 StGB);
2) Nach der Reifebeurteilung von Jugendlichen und Heranwachsenden (§§ 3, 105 JGG);
3) Nach der Rückfallprognose
   a. bei psychisch kranken Rechtsbrechern, die in eine Maßregel der Besserung und Sicherung eingewiesen (§§ 63,64,66 StGB) und
   b. bei Häftlingen, wenn eine vorzeitige Entlassung nach mehrjährigen Haftstrafen oder aus lebenslanger Haft (§ 57,57 a StGB), aus der Sicherungsverwahrung oder aus dem psychiatrischen Maßregelvollzug (§ 67d II StGB) erwogen wird, oder

   c. bei denen die Verlängerung der Sicherungsverwahrung über 10 Jahre hinaus erwogen wird (§ 67d III StGB)

   d. bei Strafgefangenen bei denen eine nachträgliche Sicherungsverwahrung nach Verbüßung ihrer Strafhaft erwogen wird. (§ 66 b StGB).

1. Schuldfähigkeit

12   Die Frage nach der Schuldfähigkeit hat eine Reihe von philosophischen, ethischen und juristischen Implikationen, die hier zwar nicht näher diskutiert werden können, aber nicht vergessen werden sollten (Zur Vertiefung (*Haddenbrock, 2003; Mitchel, 1997; Schreiber & Rosenau, 2004*). Auch die heute in den Medien viel diskutierte Frage der Willensfreiheit (zB (*Roth, 2003; Roth & Schwegler, 1995; Singer, 2003*) hat für die Praxis der forensischen Psychiatrie keine Bedeutung. Der forensische Psychiater hat das philosophische Problem der Freiheit des Willens nicht zu entscheiden, er muss akzeptieren dass das Gesetz dem erwachsenen Menschen die entsprechenden Kompetenzen zum autonomen Handeln unterstellt. Aufgabe des gutachtenden Psychiaters ist es vor allen Dingen, die medizinischen und psychologischen Einbußen aufzuzeigen, welche die Handlungskompetenz und damit uU die Schuldfähigkeit beeinflussen können. Er hat sich dabei eng an den ges Vorgaben zu orientieren, ohne die erfahrungswissenschaftlichen Grundlagen seiner Kenntnisse zu verlassen und selber rechtliche Wertungen vornehmen zu wollen. Bei der Schuldfähigkeitsbeurteilung ist wie bei allen vergleichbaren Fragestellungen ein zweistufiges Vorgehen erforderlich: Zunächst müssen die klinischen Diagnosen den Eingangsmerkmale, die auch biologische oder medizinische Merkmale genannt werden, zugeordnet werden. Erst wenn eine solche Zuordnung möglich ist, kann nach der psychischen Funktionsbeeinträchtigung, die durch die genannte Störung bedingt ist gefragt werden. Die Funktionsbeeinträchtigungen werden als Einsichts- oder Steuerungsunfähigkeit bezeichnet.

a)   Eingangsmerkmale (Erste Stufe der Beurteilung)

aa)   Krankhafte seelische Störung

13   Dieser Begriff umfasst alle Erkrankungen und Störungen, bei denen nach traditioneller Auffassung entweder eine organische Ursache bekannt ist, oder aber eine solche Ursache vermutet wird. Hierzu werden gezählt:

– körperlich begründbare (exogene) Psychosen
– endogene Psychosen (schizophrene und affektive Psychosen)
– hirnorganisch bedingte Störungen
– Durchgangssyndrome, die entweder toxisch oder traumatisch bedingt sind (zB Alkoholrausch oder Drogen- bzw. Medikamentenintoxikation)
– epileptische Erkrankungen, einschließlich epileptischer Dämmerzustände
– genetisch bedingte Erkrankungen, zB Mongolismus (Down-Syndrom)

Da hier eine Vielzahl psychiatrischer oder körperlicher Erkrankungen subsumiert werden, ist eine quantitative Abgrenzung erforderlich, die mit dem Begriff »krankhaft« erfolgt.

Die Beurteilungsgrundlagen bei den häufigsten psychiatrischen Störungen, die der krankhaften seelischen Störung zuzuordnen sind, werden im Folgenden kurz dargestellt:

Schizophrenie **14**

Die Schizophrenie galt bis in die Mitte des Jahrhunderts als so schwerwiegende Erkrankung, dass allein die Diagnose dazu führte, einen Menschen als unzurechnungsfähig zu bezeichnen (*Langelüddeke, 1950*). Zwischenzeitlich hat sich die Behandelbarkeit, die soziale Rehabilitationsfähigkeit und Reintegration der an Schizophrenie Erkrankten weitgehend verbessert. Das Wissen um den Verlauf der Erkrankung hat sich vermehrt und zeigt, dass ein Großteil der Patienten ohne nennenswerte Beeinträchtigungen und weitgehend angepasst leben kann und dass nahezu ein Drittel wieder vollständig gesundet. Die soziale Kompetenz und damit auch ihre Fähigkeit zu einsichtsgemäßem Handeln wechseln bei den an Schizophrenie Erkrankten in Abhängigkeit vom Stadium der Erkrankung.

Im akuten Schub mit florider psychotischer Symptomatik besteht kaum je ein Zweifel daran, dass die Voraussetzungen für Schuldunfähigkeit vorliegen. Menschen, die unter einem Wahn leiden und ihren Wahnideen zumindest zeitweise ausgeliefert sind und Menschen, denen von imperativen Stimmen ihr Handeln vorgeschrieben wird, sind nicht in der Lage, über Recht und Unrecht zu reflektieren. Sie sind unfähig, ihr Handeln von allgemeinverbindlichen Rechtsgedanken leiten zu lassen, selbst wenn sie nicht immer ihren Wahngedanken oder den Befehlen imperativer Stimmen folgen.

Schwieriger wird die Beurteilung bei Kranken mit leichten Residualzuständen, bei voll remittierten ehemals Erkrankten und bei Kranken mit dissozialer, delinquenter und uU von Gewalttätigkeiten geprägter Vorgeschichte, die lange vor Ausbruch der Erkrankung begann. Bei letzteren erscheint – insbesondere wenn sich die Qualität der Delikte vor und nach Ausbruch der Krankheit nicht unterscheidet – das delinquente Verhalten eher auf die prämorbide Persönlichkeit als auf die psychopathologische Störung zurückführbar. Nichtsdestoweniger wird man bei den meisten der Kranken davon ausgehen müssen, dass die Schizophrenie das Persönlichkeitsgefüge derart beeinträchtigt, dass Übersicht, Kritikfähigkeit, adäquate Selbsteinschätzung, verinnerlichtes Wertgefüge und Impulskontrolle nicht mehr in dem Umfang das Handeln lenken wie es beim gleichen Menschen vor der Erkrankung der Fall war. Im klinischen Alltag ist die damit verbundene verminderte soziale Kompetenz zB an einer Vernachlässigung der Körperpflege, an verminderter Rücksichtnahme auf Bedürfnisse anderer, an Distanzlosigkeit oder auch an der Ausbildung subtiler Rituale zu erkennen. Für die strafrechtliche Beurteilung bedeutet dies, dass die Steuerungsfähigkeit bezüglich normabweichender Verhaltensweisen auch dann als erheblich vermindert angenommen werden muss, wenn das Delikt nicht unter dem Einfluss einer floriden psychotischen Symptomatik geschah. Allerdings gilt – wie bei der Begutachtung chronischer Störungen immer – , dass sich die Symptomatik nicht nur durch das Delikt offenbaren darf, sondern auch im sonstigen Leben beobachtbar sein muss, und dass das Delikt in einem gewissen Zusammenhang mit der Störung stehen muss.

Bei voll remittierten, ehemalig schizophrenen Patienten ist es auch gerechtfertigt, volle Schuldfähigkeit anzunehmen, wenn das Delikt aus dem Lebensstil des Menschen heraus normalpsychologisch nachvollziehbar ist. Rehabilitation heißt auch, den ehemaligen Kranken wieder in den Stand des mündigen, verantwortlichen Bürgers zu versetzen (s. a. *Venzlaff, 1994 a*).

Affektive Psychosen

Depressionen und Manien beeinträchtigen die Willensbildung des Kranken. Insofern ist beim Vorliegen einer einfachen affektiven Störung in aller Regel die Steuerungsfähigkeit beeinträchtigt. Bei mittelgradigen Depressionen oder Manien (nach ICD-10) kann oft schon eine Aufhebung der Willensbildung diskutiert werden, wenn Motivation und Verhalten auf die affektive Störung zurückzuführen sind. Bei schweren manischen oder depressiven Episoden ist idR von einer Aufhebung der Steuerungsfähigkeit auszugehen. Eine Aufhebung der Einsichtsfähigkeit muss bei wahnhaften Depressionen aber auch bei verworrenen oder psychotischen Manien erwogen werden.

15   Hirnorganisch bedingte Störungen

Die hirnorganisch bedingten Störungen zeichnen sich va durch einen Mangel an Überschauvermögen, durch verminderte kognitive und affektive Flexibilität und Belastbarkeit aus. Diese Symptome können schon für sich allein gesehen die Steuerungsfähigkeit bei diesen Menschen beeinträchtigen. Darüber hinaus ist bei Patienten mit organischem Hirnschaden die Empfindlichkeit für Psychopharmaka und Alkohol; paradoxe Reaktionen werden häufiger beobachtet als bei Gesunden. Deshalb sind bei der forensischen Beurteilung von Probanden mit hirnorganischen Psychosyndromen zusätzliche toxische Belastungen stärker zu gewichten. Ebenso sind affektive Spannungen für diese Probandengruppe schwerer zu kontrollieren, so dass Erregungsdurchbrüche schon bei relativ geringen Kränkungen und Aufregungen auftreten können. Um eine Dekulpierung zu rechtfertigen, sollte die verminderte Belastbarkeit gegenüber Intoxikationen oder affektiver Erregung auch aus anderen Situationen als der verfahrensgegenständlichen Tat eruierbar sein.

16   Intoxikationen und Substanzabhängigkeit

Es ist mit den empirischen Erfahrungen durchaus vereinbar, dass bei Delikten unter Alkoholeinfluss eine erheblich verminderte oder aufgehobene Steuerungsfähigkeit diskutiert wird. Dabei reicht jedoch die Feststellung einer Alkoholisierung allein nicht aus, um eine Beeinträchtigung der Steuerungsfähigkeit anzunehmen. RS und Schrifttum tendierten eine gewisse Zeit lang dazu, bei BAK- Werten über 2 Promille eine verminderte, und über 3 Promille aufgehobene Steuerungsfähigkeit ernsthaft zu erwägen. In der neueren RS des BGH hat die BAK bei der Beurteilung der Steuerungsfähigkeit an Gewicht verloren (*Kröber, 1996*). Dies bedeutet für die Gutachter jedoch nicht, dass sie nicht auf die alkoholtoxischen Beeinträchtigungen der psychischen Funktionen eingehen und sie erläutern sollten, deren juristische Bewertung hängt jedoch heute weit mehr als früher von normativen Vorgaben ab, sodass eine Schlussfolgerung im Hinblick auf die §§ 20 und 21 StGB – wenn überhaupt – nur äußerst zurückhaltend erfolgen kann. Bei der Beurteilung der alkoholtoxischen Beeinträchtigungen stehen für Laien die Aussagen über neurologische Ausfallserscheinungen im Vordergrund. Aus psychiatrischer Sicht ist aber nicht allein auf neurologische Ausfälle, wie Störungen der Koordination (Schwanken oder Lallen) abzuheben. Alkoholgewohnte Menschen kaschieren nämlich üblicherweise ihre neurologischen Ausfälle, während die psychopathologischen Symptome weiter bestehen. Diese können nach Konrad & Rasch (1992) folgendermaßen zusammengefasst werden:

– Orientierungsstörungen (insbesondere bezüglich der situativen Orientierung)
– Personenverkennung

– Schablonenhafte Reaktionsmuster, zB Perseveration eines einmal begonnenen Verhaltens
– Zusammenhanglose Äußerungen
– Psychomotorische Anspannung, Unruhe und Hyperaktivität
– Assoziative Lockerung des Denkens, Sprunghaftigkeit der Äußerungen, Perseveration des Verhaltens
– Erhebliche Verstimmungen, wie übermäßige Gereiztheit, depressiv dysphorische Verstimmung, uU Suizidalität.

Bei Alkoholabhängigkeit reicht die Diagnose allein nicht aus, um daraus forensisch relevante Schlussfolgerungen zu ziehen. Es kommt nämlich nicht auf das süchtige Fehlverhalten, sondern ausschließlich auf die psychopathologischen Folgen des chronischen Alkoholmissbrauchs an. Insofern ist der Nachweis eines hirnorganischen Psychosyndroms, einer Persönlichkeitsdepravation, einer Alkoholhalluzinose oder eines Eifersuchtswahns erforderlich, um eine Beeinträchtigung von Einsichts- und Steuerungsfähigkeit zu erwägen. **17**

Bei Intoxikationen mit anderen Rauschmitteln oder Medikamenten geht die Beeinträchtigung von Einsichts- oder Steuerungsfähigkeit idR parallel mit den Einbußen kognitiver Funktionen. Das gleiche gilt für Entzugserscheinungen. Bei chronischem Missbrauch oder Abhängigkeit ist für die Schuldfähigkeitsbeurteilung die drogeninduzierter Persönlichkeitsdepravation ausschlaggebend. Ihre Beurteilung ist weniger problematisch, weil sie der direkten psychiatrischen Beurteilung häufig noch zugänglich ist, wenn zwischen Tat und Begutachtung nicht allzu lange Haftzeiten liegen. **18**

bb) Tiefgreifende Bewusstseinsstörung

Dieses Merkmal bezieht sich auf Bewusstseinsveränderungen, die bei einem ansonsten gesunden Menschen auftreten können, aber in extremen Belastungssituationen zu einer erheblichen Beeinträchtigung der psychischen Funktionsfähigkeit führen. Mit dem Attribut »tiefgreifend« ist gemeint, dass das seelische Gefüge des Betroffenen schwerst beeinträchtigt ist. Auch Schlaftrunkenheit und Somnambulismus sind unter dieses Merkmal zu subsumieren, die praktische Bedeutung der tief greifenden Bewusstseinsstörung liegt aber in den Beeinträchtigungen bei starker affektiver Belastung, zB Wut, Angst oder Verzweiflung. Sie wird am häufigsten bei so genannten »Affektdelikten« diskutiert. Wenngleich sich die grundlegenden Erkenntnisse über die Affektdelikte in den letzten 20 Jahren kaum gewandelt haben, so hat sich die Begutachtungspraxis und die juristische Anwendung dieses Merkmals doch erheblich geändert. Noch 1983 hat Saß aus verschiedenen Untersuchungen zitiert, dass bei etwa bei einem Drittel aller Tötungsdelikte eine Affekttat angenommen wurde, demgegenüber hat sich deren Anteil heute auf relativ wenige Ausnahmefälle verringert. **19**

Die Beurteilung der Affekte und ihrer Folgen wird in der Literatur und vor Gericht kontrovers diskutiert. Psychiatrische Laien meinen, Affekte beurteilen zu können, und interpretieren daher die psychopathologisch auffälligen Affektstürme vor dem Hintergrund ihres eigenen Erfahrungswissens. Bei Gericht schleicht sich so häufig unreflektiert die Frage ein, ob dieser Affektsturm gerechtfertigt war. Wird die Frage vor dem eigenen Erfahrungswissen beantwortet, wird man öfter zu verschiedenen Ergebnissen kommen, als wenn man sie in psychiatrischer Kenntnis der Täterpersönlichkeit beantwortet. In der forensisch psychiatrischen und in der juristischen Literatur wurden verschiedene Vorgehensweisen vorgeschlagen, mit deren Hilfe das Ausmaß einer affektiven Beeinträchtigung bei einer Tat erfasst werden **20** soll. Von diesem Ausmaß hängt es ab, ob die Annahme einer tief greifenden Bewusstseinsstörung gerechtfertigt ist oder nicht:

21   Auf der einen Seite werden mehr die dynamischen Faktoren im Tatvorfeld gesehen, die zu einem Circulus vitiosus von Kränkungen und Demütigungen, Hoffnungen und Enttäuschungen, Wut und Beherrschung führen (*Rasch, 1964*). Im Verlauf dieses Prozesses treten meist aggressive Vorgestalten auf und werden wieder verworfen; es kommt zu einer zunehmenden Einengung des Denkens, Planens und zum sozialen Rückzug.

22   Von einigen Autoren (*Krümpelmann, 1990*) wurde die Täter-Opfer-Beziehung in den Vordergrund gestellt. Die für das Affektdelikt typische Partnerkonstellation besteht demnach in einem den späteren Täter beherrschenden oder gar tyrannisierenden Opfer und einem gequälten und gedemütigten Täter, der letztendlich durch Provokationen des Opfers zur Tat hingerissen wird. In den allermeisten Affektdelikten ist der Täter der Schwächere und Unterlegene in einer Partnerschaft

23   Andere Autoren hoben die psychopathologischen Auffälligkeiten im Umfeld der Tat für die Beurteilung des Ausmaßes der Affektdelikte besonders hervor. Sie betonten die Parallelen zwischen den organischen Bewusstseinstrübungen, zB den Dämmerzuständen, und den affektbedingten Bewusstseinsänderungen (*Mende, 1986*). Sie sahen auch in der plötzlich einsetzenden Aktion im »rechtwinkligen Affektimpuls« (*Rasch, 1986*) ein wesentliches Kennzeichen einer tief greifenden Bewusstseinsstörung. Große Bedeutung kommt daneben den konstellativen Faktoren zu, welche zur Bahnung der Affekte oder zur Enthemmung beitragen, wie zB ein diskretes hirnorganisches Psychosyndrom oder eine mäßig gradige Alkoholisierung. Sie würden für sich allein genommen noch nicht zu einer nachweisbaren Beeinträchtigung der Steuerungsfähigkeit führen, in Zusammenhang mit der affektiven Belastung können sie jedoch forensisch relevant werden.

24   Eine besondere Bedeutung wird dabei der Primärpersönlichkeit der Täter zugeschrieben (*Venzlaff, 1994 b*). Übereinstimmend werden asthenische Persönlichkeiten als besonders prädisponiert beschrieben. Diese Persönlichkeitsmerkmale erscheinen zwar häufig bei Affekttätern, sind allein aber nicht ausschlaggebend. Auch, wenn im Rahmen des Konfliktes besondere Empfindlichkeiten (Idiosynkrasien) oder frühere Traumata berührt werden, kann es zum plötzlichen Ausbruch destruktiver Affekte kommen.

25   Saß (*Saß, 1983*) hat in einer Literaturübersicht die Symptome zusammengetragen, die von verschiedenen Autoren als charakteristisch für Affektdelikte beschrieben worden sind (*Saß, 1983, 1994*) Es sind dies:

   1. Spezifische Vorgeschichte und Tatanlaufzeit
   2. Affektive Ausgangssituation mit Tatbereitschaft
   3. Psychopathologische Disposition der Persönlichkeit
   4. Konstellative Faktoren
   5. Abrupter, elementarer Tatablauf ohne Sicherungstendenzen
   6. Charakteristischer Affektaufbau und Affektabbau
   7. Folgeverhalten mit schwerer Erschütterung
   8. Einengung des Wahrnehmungsfeldes und der seelischen Abläufe
   9. Missverhältnis zwischen Tatanstoß und Reaktion
   10. Erinnerungsstörungen
   11. Persönlichkeitsfremdheit
   12. Störung der Sinn- und Erlebniskontinuität

Nedopil

Diesen Merkmalen stellt Saß eine Reihe von Tatmerkmalen gegenüber, die gegen **26** das Vorliegen eines Affektdeliktes sprechen sollen, nämlich:

1. Aggressive Vorgestalten in der Phantasie
2. Ankündigen der Tat
3. Aggressive Handlungen in der Tatanlaufzeit
4. Vorbereitungshandlungen für die Tat
5. Konstellierung der Tatsituation durch den Täter
6. Fehlender Zusammenhang zwischen einer Provokation der affektiven Erregung und der Tat
7. Zielgerichtete Gestaltung des Tatablaufs vorwiegend durch den Täter
8. Lang hingezogenes Tatgeschehen
9. Komplexer Handlungsablauf in Etappen
10. Erhaltene Introspektionsfähigkeit bei der Tat
11. Exakte detailreiche Erinnerung
12. Zustimmende Kommentierung des Tatgeschehens
13. Fehlen von vegetativen, psychomotorischen und psychischen Begleiterscheinungen heftiger Affekterregung

Diese Merkmale können jedoch nicht als Kriterien, die es abzuhaken gilt, aufgefasst werden sondern als Phänomene, die auf eine psychische Störung zurückzuführen sind, welche sich wiederum auf das Tatverhalten auswirkt.

Von psychologischer Seite wurde auf Unterschiede zwischen normalpsychologisch organisierten Handlungsentwürfen und Affekthandlungen hingewiesen. Während bei einer normalpsychologischen Handlung üblicherweise eine Zielsetzung, Zielplanung, Handlungsplanung und Handlungsausführung aufeinander folgen, können bei Affekthandlungen diese Schritte nicht mehr nachvollzogen werden. (*Wegener, 1981*). Sie stehen teilweise im Widerspruch zueinander und zu den ursprünglichen Intentionen. Es kommt zu Übersprungshandlungen und zu Handlungen, die der ursprünglichen Zielsetzung nicht mehr entsprechen. Der Nachweis eines normalpsychologisch organisierten Handlungsentwurfs spricht demnach gegen das Vorliegen eines Affektdeliktes.

Jedem einzelnen der dargestellten Ansätze wurde in der Vergangenheit mit Kritik begegnet, dennoch hat jeder dieser Ansätze seine Berechtigung. Sinnvoll erscheint eine Zusammenschau, die es ermöglicht, Täter und Tatgeschehen aus unterschiedlichen Blickwinkeln zu betrachten. Die Sicherheit der Beurteilung dürfte zunehmen, wenn sowohl aus dynamischer wie aus phänomenologischer Sicht das Vorliegen eines Affektdeliktes nahe liegt, wenn die Persönlichkeit jene Idiosynkrasien aufweist, die für die Tatauslösung entscheidend waren, und wenn der Handlungsablauf gleichzeitig jene Auffälligkeiten zeigt, die mit einer rationalen Zielplanung nicht mehr vereinbar sind.

cc) Schwachsinn

Unter dem Eingangsmerkmal Schwachsinn sind alle Störungen der Intelligenz zu- **27** sammengefasst, die nicht auf nachweisbaren organischen Grundlagen beruhen. Nicht darunter fallen insbesondere die dementiellen Prozesse im Alter und die genetisch bedingten Formen der Minderbegabung, sofern sie eindeutig zugeordnet werden können (siehe krankhafte seelische Störung). Wenngleich eine Zuordnung zu diesem Merkmal erst ab einer relativ ausgeprägten Minderbegabung erfolgt, hängt seine Anwendung nicht allein vom Intelligenzquotienten ab, sondern auch von der Täterpersönlichkeit und ihrer Sozialisation. Intelligenzeinbußen führen uU auch zu leichterer Verführbarkeit, zu verminderter Erregungskontrolle und zu unüberlegten Handlungen in komplexen Situationen.

Affektive Zuspitzungen und unklare situative Verhältnisse belasten Minderbegabte oft wesentlich stärker als durchschnittlich Intelligente; geistig Behinderte sind zudem Verführungssituationen mehr ausgeliefert. So mag beispielsweise ein Minderbegabter mit einem IQ von 70 vermindert steuerungsfähig sein, wenn er von einem anderen dazu überredet wird, einen gefälschten Scheck einzureichen, während er bei einem Handtaschenraub, den er allein durchführt, als voll schuldfähig erachtet werden kann.

Das Merkmal Schwachsinn kann, obwohl es von allen Merkmalen noch am einfachsten quantifizierbar ist, nicht schematisch angewandt werden. Gute Anhaltspunkte für die Beurteilung der Schuldfähigkeit bieten die nachfolgenden Vorschläge (*Specht, 1999*):

1. Schwere und schwerste Intelligenzminderung: Fehlende Einsicht in das Unrecht strafbarer Handlungen (§ 20 StGB).
2. Mittelgradige Intelligenzminderung: In den meisten Fällen liegen die Voraussetzungen für die Anwendung des § 20 StGB vor, je nach Umständen der Tat wegen Einsichts- oder wegen Steuerungsunfähigkeit.
3. Leichte Intelligenzminderung: Bei komplexen Tatumständen meist fehlende Einsichtsfähigkeit; bei einfacheren Tatverhältnissen je nach Tatsituation und Begleitstörungen aufgehobene oder erheblich verminderte Steuerungsfähigkeit.
4. Unterdurchschnittlicher Grenzbereich: Abhängig von zusätzlichen Beeinträchtigungen meist erhebliche Beeinträchtigung der Steuerungsfähigkeit.

dd)　Schwere andere seelische Abartigkeit

28　Bei diesem unglücklich gewählten Terminus handelt es sich um einen Sammelbegriff, unter dem alle Störungen, die nicht den ersten drei Merkmalen zugeordnet werden können, zusammengefasst werden. Dazu gehören insbesondere die Persönlichkeitsstörungen, die neurotischen Störungen, die sexuellen Verhaltensabweichungen, aber auch die chronischen Missbrauchsformen, die nicht oder noch nicht zur körperlichen Abhängigkeit geführt haben. In den letzten Jahren wurden hier auch die Störungen der Impulskontrolle, zB das pathologische Spielen, eingeordnet. Auch in diesem Begriff ist eine quantitative Begrenzung durch das Adjektiv »schwere« enthalten. Im allgemeinen wird darauf hingewiesen, dass die Funktionsbeeinträchtigung durch die Störung so ausgeprägt sein muss, wie bei den psychotischen Erkrankungen (psychopathologisches Referenzsystem, Saß, 1991) oder dass die Einbußen an sozialer Kompetenz denen bei psychotischen Erkrankungen gleichen müssen (strukturell-sozialer Krankheitsbegriff, *Rasch, 1986*).

Es ist jedoch nicht allein das Ausmaß der Störung von Bedeutung, sondern auch die Spezifität der Störung für die inkriminierte Tat.

29　Neurosen

Die Schuldfähigkeitsbeurteilung macht gerade bei neurotisch gestörten Tätern Probleme, weil die Diagnose einer solchen Störung allein noch nichts über die Steuerungsfähigkeit oder deren Beeinträchtigung bei einer konkreten Tat aussagen kann. Andererseits können neurotische Mechanismen, die für den Laien kaum erkennbar sind, für die Verhaltensweisen bei einer Tat entscheidende Bedeutung erhalten. Einigermaßen leicht verständlich erscheint die forensische Bedeutung einer neurotischen Störung, wenn zB Zwangskranke, die an der Ausübung ihrer Zwänge gehindert oder in ihrer pedantische Ordnung gestört werden, in einen ängstlich aggressiv getönten Erregungszustand geraten und den als peinigend erlebten Behinderer verletzen. Vergleichbar dürfte zu bewerten sein, wenn ein Mensch mit einer Agoraphobie wiederholten Ladungen zur Gerichtsverhandlung nicht Folge leisten kann.

Für die Annahme verminderter Steuerungsfähigkeit ist idR erforderlich, dass vergleichbare Mechanismen auch früher das Leben des Betroffenen in ähnlichen Situationen beeinträchtigt haben. Eine Aufhebung der Einsichtsfähigkeit ist bei neurotischen Störungen kaum vorstellbar. Sie können aber in seltenen Fällen uU so ausgeprägt sein, dass die Steuerungsfähigkeit aufgehoben ist. Bei der Schuldfähigkeitsbeurteilung neurotisch gestörter Täter werden folgende Gesichtspunkte zu berücksichtigt:

1. Die klinische Diagnose, deren Auswirkungen sich auch außerhalb des verfahrensgegenständlichen Delikts zeigen sollten.
2. Den Zusammenhang des Deliktes mit den neurotischen Bewältigungsstrategien und Abwehrmechanismen, die für die Störung charakteristisch sind.
3. Eine zumindest im Prinzip vergleichbare Reaktionsbildung in der Vergangenheit, an welcher der pathologische Prozess, der für die Einbußen an Steuerungsfähigkeit angenommen wird, unabhängig vom Delikt verständlich gemacht werden kann.

Persönlichkeitsstörungen   30

Bei den Schuldfähigkeitsbegutachtungen gehören Persönlichkeitsstörungen sicher zu den am häufigsten gestellten Diagnosen. Die Diagnose allein erlaubt jedoch keine Aussage über verminderte oder aufgehobene Steuerungsfähigkeit. Einsichtsunfähigkeit wird bei persönlichkeitsgestörten Probanden kaum je zu begründen sein, auch Steuerungsunfähigkeit ist bei ihnen eine seltene Ausnahme und hängt meist mehr von konstellativen Faktoren, wie zB einer erheblichen Intoxikation oder einer extremen psychischen Belastung als von der Persönlichkeitsstörung selbst ab. Da es sich bei der Subsumption einer Störung unter das Merkmal der »schweren anderen seelischen Abartigkeit« um ein hauptsächlich quantitatives Problem handelt, die Quantifizierungsbemühungen jedoch keine allseits befriedigende Lösungen ergaben (*Schöch, 1983*); (*N. Nedopil, 1987*), bleibt bei der Beurteilung ein großer individueller Ermessensspielraum für den Gutachter und das Gericht. Einzelne Persönlichkeitsstörungen, wie Borderline-Persönlichkeiten, paranoide Persönlichkeiten nach ICD-10 oder schizotypische Persönlichkeiten nach DSM-IV, erscheinen durchgängig psychopathologisch auffällig. Bei ihnen liegt die Hypothese einer verminderten Steuerungsfähigkeit näher als bei anderen Persönlichkeitsstörungen, wie zB der dissozialen Persönlichkeitsstörung.

Gerade bei dissozialen Persönlichkeitsstörungen ist die Schuldfähigkeitsbeurteilung schwierig. Bei den Betroffenen sind einerseits deutliche Beeinträchtigungen in vielen Bereichen ihrer Entwicklung und ihres täglichen Lebens erkennbar, andererseits gehören Normverstoß und Delinquenz zu ihrem Lebensstil und sind somit nicht Symptome einer Störung, welche sich – wie bei einer Krankheit – ohne wesentliches eigenes Zutun äußern. Treffend hat das Schweizer Bundesgericht schon 1954 festgestellt, dass die Geistesverfassung des Täters »nach Art und Grad stark vom Durchschnitt nicht bloss der Rechts-, sondern auch der Verbrechensgenossen abweichen« muss (zB BGE 102 IV 226, 100 IV 130 S. a. *Dittmann, 2000*).

31 Abweichendes Sexualverhalten

Bei der Begutachtung von Sexualdelinquenten reicht es oft nicht aus, nur der Phänomenologie des Verhaltens nachzugehen. Es geht vielmehr darum, den Stellenwert des abweichenden Sexualverhaltens im Leben des Betroffenen aufzuzeigen. Die meisten sexuellen Verhaltensabweichungen – selbst sadomasochistische Vorlieben – können befriedigt werden, ohne dass die Betreffenden delinquent werden müssen. Auch von Menschen, die keine Störung der sexuellen Präferenz haben, wird verlangt, dass sie ihre sexuellen Wünsche und Bedürfnisse unterdrücken, wenn deren Ausübung gegen die Selbstbestimmung von anderen verstößt. Die Diagnose einer psychosexuellen Störung allein bedeutet noch nicht, dass der Betreffende bei der Ausübung seiner Sexualpraktik in seiner Steuerungsfähigkeit erheblich vermindert ist. Die Steuerungsfähigkeit ist aber unter folgenden Bedingungen oft beeinträchtigt:

– Wenn abweichendes Sexualverhalten als Symptom einer anderen Störung auftritt, zB einer organischen Erkrankung, einer Schizophrenie oder einer Manie.
– Wenn Sexualpraktiken zu einer eingeschliffenen Verhaltensschablone werden, die sich durch abnehmende Befriedigung, zunehmende Frequenz, durch Ausbau des Raffinements und durch eine gedankliche Einengung auf diese Praktiken auszeichnet.
– Wenn die Sexualität als Ausdruck eines neurotischen Konfliktes Symptomcharakter annimmt, d. h., wenn die neurotischen Konflikte in sexuellen Handlungen ausgetragen bzw. abgewehrt werden.

b) Die Funktionsbeeinträchtigungen (2. Stufe der Beurteilung)

32 Die zweite Stufe der Schuldfähigkeitsbeurteilung beinhaltet auch einen normativen Schritt. Zum einen ist es eine normative Entscheidung, bis zu welchem Ausmaß Einsicht in das Unrecht einer Handlung erwartet werden kann und bis zu welchem Grad Steuerung von einem Menschen verlangt wird, zum anderen ist es mit empirischen Methoden nicht möglich, retrospektiv eindeutige Aussagen über das Ausmaß psychischer Beeinträchtigungen zu treffen. Der Psychiater sollte jedoch Hilfestellungen für diese normativen Entscheidungen, die letztendlich vom Gericht zu treffen sind, anbieten.

Das vom Gericht geforderte Vorgehen bei der Überprüfung der Schuldfähigkeit unterliegt folgender Logik:

aa) Einsichtsfähigkeit

33 Es ist zunächst zu fragen, ob Einsichtsfähigkeit vorlag. Einsichtsunfähigkeit besteht, wenn die kognitiven Funktionen nicht ausreichen, eine Einsicht in das Unrecht eines Handelns zu ermöglichen. Dies ist beispielsweise bei schwerwiegenden intellektuellen Einbußen, aber auch bei psychotischen Realitätsverkennungen der Fall. Wird Einsichtsunfähigkeit vom Gericht festgestellt, erübrigt sich eine weitere Prüfung, da sich eine Person, die das Unrecht eines Handelns nicht einsehen kann, nicht entsprechend einer Rechtseinsicht steuern kann. Wird hingegen die Einsichtsfähigkeit bejaht, wird das Gericht in einem zweiten Schritt prüfen, ob sich der Täter entsprechend seiner Einsicht hat steuern können.

Die Annahme einer erheblichen Verminderung der Einsichtsfähigkeit kommt nur unter ganz bestimmten, rechtlich definierten Voraussetzungen in Betracht. Bei vorhandener Einsichtsfähigkeit überprüft das Gericht die

Nedopil

bb) Steuerungsfähigkeit

Zu einer Aufhebung oder einer Verminderung der Steuerungsfähigkeit führen idR 34
Einbußen der voluntativen Fähigkeiten, die zu einem Handlungsentwurf beitragen
Die von verschiedenen Wissenschaftlern vorgetragenen Kriterien und Definitions-
vorschläge sind vielfältig: Begriffe wie »Enthemmung«, »Beeinträchtigung der inneren Freiheitsgrade und Handlungsspielräume«, »Unterbrechung der Kette zwischen antizipierender Planung, Vorbereitung und Handlung«, »krankheitsbedingte
Beeinträchtigung des Motivationsgefüges« zeigen die Komplexität der Materie
und lassen erkennen, dass es eine allgemein verbindliche, knappe und praktisch
anwendbare Definition der Steuerungsfähigkeit kaum geben kann. Es wird somit
verständlich, dass die Grenzen innerhalb derer eine erhebliche verminderte oder
aufgehobene Steuerungsfähigkeit angenommen wird, durch die RS ständig neu festgelegt werden.

c) Verminderte Schuldfähigkeit

Die gleichen Eingangsmerkmale, die zur Schuldunfähigkeit führen, können nach 35
§ 21 StGB auch eine verminderte Schuldfähigkeit des Täters bedingen. Er ist zwar
dann schuldfähig; er wird in aller Regel auch zu einer Strafe verurteilt, die Strafe
kann jedoch vom Gericht gemildert werden. Voraussetzung für die Anwendung des
§ 21 ist, dass der Täter bei Begehung der Tat in seiner Steuerungsfähigkeit erheblich
vermindert war.

2. Qualitätsstandards von Begutachtungen

In den letzten Jahren wurden vielfältige Bemühungen zur Anhebung forensisch 36
psychiatrischer Arbeit unternommen. Die Fachgesellschaft für Psychiatrie
(DGPPN) hat seit 1999 eine Zertifizierung für Forensische Psychiatrie eingeführt.
Die Liste der zertifizierten forensischen Psychiater ist im Internet zugänglich (zB
www.forensik-muenchen.de). Der Bundesärztetag hat 2003 einen Schwerpunktsarzt
in Forensischer Psychiatrie geschaffen. Zuletzt hat eine Arbeitsgruppe beim BGH,
die aus Juristen, forensischen Psychiatern und Psychologen sowie Sexualmedizi-
nern bestand, die Mindestanforderungen an die Qualität schriftlicher Gutachten im
Strafverfahren zusammengefasst und veröffentlicht (*Boetticher et al., 2005*). Bei jeder Begutachtung zur Frage aufgehobener oder verminderter Schuldfähigkeit lässt
sich anhand dieser Mindestanforderungen zumindest ansatzweise ein gewisses
Qualitätsmaß anlegen.

a) Formelle Mindestanforderungen: 37

– Nennung von Auftraggeber und Fragestellung
– Darlegung von Ort, Zeit und Umfang der Untersuchung
– Dokumentation der Aufklärung
– Darlegung der Verwendung besonderer Untersuchungs- und Dokumenationsme-
  thoden (zB Videoaufzeichnung, Tonbandaufzeichnung, Beobachtung durch anderes Personal, Einschaltung von Dolmetschern)
– Exakte Angabe und getrennte Wiedergabe der Erkenntnisquellen
  a. Akten
  b. Subjektive Darstellung des Untersuchten
  c. Beobachtung und Untersuchung
  d. Zusätzlich durchgeführte Untersuchungen (zB bildgebende Verfahren, psy-
     chologische Zusatzuntersuchung)

– Eindeutige Kenntlichmachung der interpretierenden und kommentierenden Äußerungen und deren Trennung von der Wiedergabe der Informationen und Befunde
– Trennung von gesichertem medizinischen (psychiatrischen, psychopathologischen, psychologischen) Wissen und subjektiver Meinung oder Vermutungen des Gutachters
– Offenlegung von Unklarheiten und Schwierigkeiten und den daraus abzuleitenden Konsequenzen, ggf. rechtzeitige Mitteilung an den Auftraggeber über weiteren Aufklärungsbedarf
– Kenntlichmachung der Aufgaben- und Verantwortungsbereiche der beteiligten Gutachter und Mitarbeiter
– Bei Verwendung wissenschaftlicher Literatur Beachtung der üblichen Zitierpraxis
– Klare und übersichtliche Gliederung
– Hinweis auf die Vorläufigkeit des schriftlichen Gutachtens

38   b) Inhaltliche Mindestanforderungen:

– Vollständigkeit der Exploration, insbesondere zu den delikt- und diagnosenspezifischen Bereichen (zB ausführliche Sexualanamnese bei Paraphilie, detaillierte Darlegung der Tatbegehung)
– Benennung der Untersuchungsmethoden. Darstellung der Erkenntnisse, die mit den jeweiligen Methoden gewonnen wurde. Bei nicht allgemein üblichen Methoden oder Instrumenten: Erläuterung der Erkenntnismöglichkeiten und deren Grenzen
– Diagnosen unter Bezug des zugrunde liegenden Diagnosesystems (idR ICD-10 oder DSM-IV-TR). Bei Abweichung von diesen Diagnosesystemen: Erläuterung, warum welches andere System verwendet wurde
– Darlegung der differentialdiagnostischen Überlegungen
– Darstellung der Funktionsbeeinträchtigungen, die im Allgemeinen durch die diagnostizierte Störung bedingt werden, soweit diese für die Gutachtensfrage relevant werden könnten
– Überprüfung, ob und in welchem Ausmaß diese Funktionsbeeinträchtigungen bei dem Untersuchten bei Begehung der Tat vorlagen
– Korrekte Zuordnung der psychiatrischen Diagnose zu den ges Eingangsmerkmalen
– Transparente Darstellung der Bewertung des Schweregrades der Störung
– Tatrelevante Funktionsbeeinträchtigung unter Differenzierung zwischen Einsichts- und Steuerungsfähigkeiten
– Darstellung von alternativen Beurteilungsmöglichkeiten.

Darüber hinaus wurden besondere Hinweise für die Begutachtung von Persönlichkeitsgestörten oder sexualdevianten Beschuldigten in den Mindestanforderungen dargestellt.

3.   Jugendrecht

39   Beim Jugendlichen und Heranwachsenden werden durch das Jugendgerichtsgesetz (JGG) besondere Abweichungen und Ergänzungen des Strafrechtes vorgenommen, die uU auch eine besondere psychiatrische Beurteilung erforderlich machen.

Bei 14- bis 17jährigen Jugendlichen muss die strafrechtliche Verantwortlichkeit ausdrücklich festgestellt werden (§ 3 JGG), wobei konkret nach dem »sittlichen und geistigen Entwicklungsstand« zur Tatzeit gefragt wird. Die Beantwortung dieser

Fragestellung ist in aller Regel Aufgabe des Kinder- und Jugendpsychiaters (s. a. Freisleder, 1996).

Bei Heranwachsenden zwischen dem vollendeten 18. und dem vollendeten 21. Lebensjahr beurteilt das Gericht den Täter nach Jugendstrafrecht, wenn »die Gesamtwürdigkeit der Persönlichkeit des Täters bei Berücksichtigung auch der Umweltbedingungen ergibt, dass er zZt der Tat nach seiner sittlichen und geistigen Entwicklung noch einem Jugendlichen gleich stand oder es sich nach Art, den Umständen oder den Beweggründen der Tat um eine Jugendverfehlung handelt« (§ 105 Abs 1 und 2 JGG). Der Psychiater muss hierbei also prüfen, ob der Täter die sog. »Entwicklungsaufgaben« schon bewältigt hat oder noch nicht. Gemeint sind hier beispielsweise das »Erlernen und Ausfüllen der Geschlechterrolle«, die »Erlangung der Unabhängigkeit vom Elternhaus« oder »die Entwicklung von Selbstvertrauen und Aufbau eines eigenen Wertesystems«. In diesem Zusammenhang muss der Sachverständige gegenüber dem Gericht vor allem auch dazu Stellung nehmen, inwieweit ggf. erkennbare seelische Entwicklungsauffälligkeiten noch durch den Reifungsprozess ausgeglichen werden können oder schon Kennzeichen einer stabilen Persönlichkeitsstörung sind.

Die Kinder- und Jugendpsychiatrie hat Kriterienkataloge – die 1955 veröffentlichten Marburger Richtlinien (Freisleder, 1996) werden auch heute immer wieder zitiert – entwickelt, nach denen die Zuordnung erleichtert werden soll. Der Bundesgerichtshof hat für die Beurteilung der Reife eines Heranwachsenden besonders dessen Möglichkeit zur Nachreifung (auch unter pädagogischer Hilfe) betont. Wo derartige Entwicklungsmöglichkeiten nicht gesehen werden, wird auch die Anwendung des – pädagogisch ausgerichteten – Jugendrechts nicht als gerechtfertigt angesehen . Die Lösungsmöglichkeiten sind in der Praxis jedoch häufig unbefriedigend, so dass einerseits eine genaue Zuordnung des einzelnen Betroffenen als Jugendlicher oder als Erwachsener manchmal schwer gelingt und von vielen Einflüssen abhängt, die nicht auf empirischen humanwissenschaftlichen Grundlagen basieren. Deshalb wurde immer wieder eine Abschaffung des § 105 JGG gefordert, wobei je nach Zeitgeist die Heranwachsenden einmal den Jugendlichen und einmal den Erwachsenen zugeordnet werden sollten. Dennoch erscheint ein flexibler Umgang, bei dem auf den Reifungsgrad des Einzelnen geachtet wird, in dieser Phase wünschenswerter als eine starre Bindung an letztlich willkürlich vorgegebene Altersgrenzen (*N. Nedopil, 1992*).

4. Maßregeln der Besserung und Sicherung

Der Maßregelvollzug wurde mit der Strafrechtsreform 1933 eingeführt. Die Maßregeln umfassen: **40**

- Unterbringung in einem psychiatrischen Krankenhaus (§ 63 StGB)
- Unterbringung in einer Entziehungsanstalt (§ 64 StGB)
- Sicherungsverwahrung (§ 66 StGB),
- Führungsaufsicht (§ 68 StGB),
- Entziehung der Fahrerlaubnis (§ 69 StGB) und
- Berufsverbot (§ 70 StGB).

Mit Ausnahme der Unterbringung im psychiatrischen Krankenhaus nach § 63 StGB und in bestimmten Fällen der Unterbringung in der Sicherungsverwahrung sind die Dauern der Maßregeln begrenzt. Maßregeln sind nicht von der Schuld eines Individuums abhängig, sondern sollen in erster Linie der Sicherung der Allgemeinheit

dienen. Diese Aufgabe wurde durch die Strafrechtsnovellierungen seit 1998 verstärkt betont. Seither ist eine Reihe von Gesetzen in Kraft getreten, die darüber hinaus schwere zT mit wissenschaftlichen Methoden nicht zu beantwortende Fragen
an den Gutachter stellen. 1998 wurde die bis dahin bekannte Erprobungs- und Ver-
antwortungsklausel aus den Paragraphen, die eine Entlassung aus Maßregelvollzug
und lebenslanger Haft regelten gestrichen und durch die so genannte Erwartungs-
klausel ersetzt, die Aufforderung enthält, die Frage zu beantworten, ob bei dem
Verurteilten keine Straftaten mehr zu erwarten seien. 2002 kam das Gesetz über die
vorbehaltene Sicherungsverwahrung (§ 66 a StGB), 2004 jenes über die nachträgliche Sicherungsverwahrung (§ 66 b StGB) hinzu. Gleichzeitig wurde die Erledigung der Maßregel im psychiatrischen Krankenhaus ermöglicht, wenn sich später
herausstellen sollte, dass die Voraussetzungen für eine Unterbringung nicht oder
nicht mehr vorliegen. Auch bei diesen Erledigungsfällen kann eine nachträgliche Sicherungsverwahrung angeordnet werden.

Trotz aller Verschärfung muss aber auf den verfassungsrechtlichen Grundsatz der
Rehabilitation und Resozialisierung geachtet werden (BVerfG NStZ RR, 1998 121–
123), der bei der Unterbringung in einem psychiatrischen Krankenhaus nach § 63
StGB oder in einer Entziehungsanstalt nach § 64 StGB weiterhin im Vordergrund
stehen muss (BVerfG NStZ 1986 S 185). Die Dauer unterliegt zudem dem Verhältnismäßigkeitsgrundsatz und hängt von der Rückfallprognose ab. Prognoseerstel-
lungen sind bei allen, die in einem Maßregelvollzug untergebracht sind in regelmäßigen Abständen erforderlich.

Prognostische Beratung und Empfehlung durch psychiatrische und psychologische
Gutachter haben somit weitreichende Folgen und beeinflussen ganz maßgeblich die
Weichenstellung der Angeklagten und Verurteilten. Die prognoseabhängigen Ent-
scheidungen im Erkenntnisverfahren sind in Abb 1 dargestellt

Abbildung 2 zeigt die vielfältigen Weichenstellungen in den Vollzugseinrichtungen,
die jeweils von Prognosen abhängen. Der durch die Pfeile charakterisierte Verschie-
bebahnhof wird vermutlich noch komplizierter und erfordert noch mehr prognostischen Sachverstand, wenn die Entwürfe zur Novellierung des Maßregelvollzugs-
rechts als Gesetz verabschiedet werden.

Die Prognosebeurteilung ist nicht nur durch die Fragen der Auftraggeber sondern
auch die in den letzten 20 Jahren erarbeiteten wissenschaftlichen Erkenntnissen
und Methoden ein komplexes Thema geworden, welches mittlerweile in eigenen
Fachbüchern behandelt wird (Norbert Nedopil, 2005). Im Folgenden soll eine
Übersicht über die wesentlichen Fragestellungen, wie sie sich aus rechtlicher Sicht
ergeben, vorgestellt werden, weil die Fragen nach der Prognose heute bei sehr vielen Straftätern eine ausschlaggebende Rolle für deren Unterbringungsdauer spielen
(Wolf & Nedopil, 2005).

Die Anordnung von Maßregeln, insbesondere die Unterbringung in einem psychiatrischen Krankenhaus nach § 63 StGB, in einer Entziehungsanstalt nach § 64
StGB und in der Sicherungsverwahrung (§ 66 ff StGB) hängt neben jeweils unterschiedlichen rechtlichen Voraussetzungen vor allem von der Rückfallprognose ab.
Ausschließlich vom Gericht sind die Fragen zu beantworten, ob die jeweils zu erwartenden Taten »erheblich«, ob die dabei verursachten Schäden »schwer« sind,
ob der Täter für die Allgemeinheit gefährlich ist oder ob die Unterbringung in
einem rechtsstaatlich tragfähigen Verhältnis zu der Gefahr steht (vgl § 62 StGB)
und welches Restrisiko der Gesellschaft zugemutet werden kann. Aus den einzel-

41

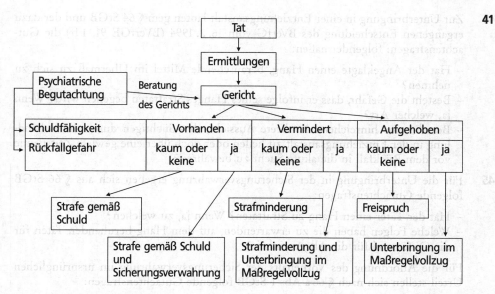

Abb 1 Sachverständige Beratung des Gerichts und die Folgen für den Angeklagten

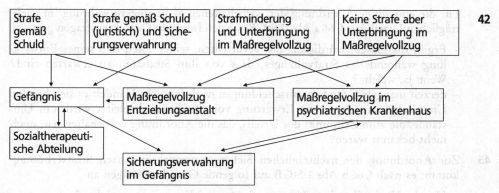

42

Abb 2 Weichenstellung während der Unterbringung in Abhängigkeit von prognostischen Beurteilungen

nen Paragraphen ergeben sich hingegen jeweils andere Fragen an den Sachverständigen

Zur Unterbringung in einem psychiatrischen Krankenhaus ergeben sich aus § 63 StGB folgende Gutachtensfragen: **43**

– Hat der Angeklagte bei der Tat im Zustand der Schuldunfähigkeit (§ 20 StGB) oder der sicher feststellbaren eingeschränkten Schuldfähigkeit (§ 21 StGB) gehandelt?
– sind von dem Angeklagten infolge dieses (zur Schuldunfähigkeit oder verminderten Schuldfähigkeit führenden) Zustandes weitere Taten zu erwarten? Wenn ja welche?
– Welche Folgen haben die zu erwartenden Taten für die Allgemeinheit?

44 Zur Unterbringung in einer Entziehungsanstalt lauten gem § 64 StGB und der dazu ergangenen Entscheidung des BVerfG vom 16. 2. 1994 (BVerfGE 91, 1 ff) die Gutachtensfragen: folgendermaßen:

- Hat der Angeklagte einen Hang, berauschende Mittel im Übermaß zu sich zu nehmen?
- Besteht die Gefahr, dass er infolge seines Hanges Straftaten begehen wird? Wenn ja, welcher Art?
- Besteht eine hinreichend konkrete Aussicht, den Süchtigen durch die Behandlung in der Entziehungsanstalt zu heilen oder doch über eine gewisse Zeitspanne vor dem Rückfall in die akute Sucht zu bewahren?

45 Für die Unterbringung in der Sicherungsverwahrung ergeben sich aus § 66 StGB folgende Gutachtensfragen:

- Hat der Täter einen Hang zu Straftaten? Wenn ja, zu welchen?
- Welche Folgen haben die zu erwartenden, auf dem Hang beruhenden Taten für die Opfer und für die Allgemeinheit?

Für die Anordnung des Vorbehalts der Sicherungsverwahrung im ursprünglichen Urteil stellen sich nach § 66 a Abs 1 StGB folgende Gutachtensfragen:

- Hat der Täter einen Hang zu Straftaten? Wenn ja, zu welchen?
- Besteht eine bedeutsame Unsicherheit, welche Folgen die zu erwartenden, auf dem Hang beruhenden Taten haben?

Für die endgültige Anordnung der vorbehaltenen Sicherungsverwahrung im nachträglichen Urteil Aus § 66 a Abs 2 StGB werden folgende Gutachtensfragen gestellt:

- Ergibt die Gesamtwürdigung des Verurteilten, seiner Taten und seiner Entwicklung während des Strafvollzuges, dass von ihm Straftaten zu erwarten sind? Wenn ja, welche?
- derzeit mangels Grundsatzentscheidungen noch fraglich: Handelt es sich bei den Umständen, aus denen die Erwartung von Straftaten abgeleitet wird, um Umstände, die zum Zeitpunkt des Urteils, das die Anordnung vorbehalten hat, noch nicht bekannt waren?

46 Zur Anordnung der nachträglichen Sicherungsverwahrung nach Strafverbüßung kommt es nach § 66 b Abs 1 StGB auf folgende Gutachtensfragen an:

- Hat der Verurteilte einen Hang zu Straftaten? Wenn ja, zu welchen?
- Welche Folgen haben die zu erwartenden, auf dem Hang beruhenden Taten für die Opfer und für die Allgemeinheit?
- Wird der Verurteilte nach voller Verbüßung der Strafe mit hoher Wahrscheinlichkeit Straftaten begehen? Wenn ja, welcher Art?
- Ergibt sich die hohe Wahrscheinlichkeit neuer Taten aus einer Gesamtwürdigung des Verurteilten, seiner Taten und ergänzend seiner Entwicklung im Vollzug?

derzeit mangels Grundsatzentscheidungen noch fraglich:

- Handelt es sich bei den Umständen, aus denen die Erwartung von Straftaten abgeleitet wird, um Umstände, die zum Zeitpunkt des Urteils noch nicht bekannt waren?

47 Zur Anordnung der nachträglichen Sicherungsverwahrung nach Erledigungserklärung der Anordnung einer Unterbringung in einem psychiatrischen Krankenhaus wegen Wegfalls der Voraussetzungen der Unterbringung ergeben sich aus § 66 b Abs 3 StGB folgende Gutachtensfragen:

– Wird der Verurteilte nach Entlassung aus der (für erledigt erklärten) Maßregel oder (der noch zu verbüßenden) Reststrafe mit hoher Wahrscheinlichkeit Straftaten begehen? Wenn ja, welcher Art?
– Ergibt sich die hohe Wahrscheinlichkeit neuer Taten aus einer Gesamtwürdigung des Verurteilten, seiner Taten und ergänzend seiner Entwicklung während des Vollzuges der Maßregel (dh der Unterbringung in psychiatrischem Krankenhaus)?

Aus § 67 b Abs 1 StGB stellen sich für die Aussetzung der Anordnung einer Unterbringung in einem psychiatrischen Krankenhaus oder in einer Entziehungsanstalt im Urteil folgende Gutachtensfragen: **48**

– Liegen die Voraussetzungen der jeweiligen Unterbringung vor?
– Kann der Zweck der Maßregel (dh Verhinderung von neuen Straftaten) auch durch die Aussetzung erreicht werden?
– Welche besonderen Umstände rechtfertigen diese Erwartung?

Bezüglich des Vorwegvollzugs einer Strafe vor einer Maßregel wird nach § 67 Abs 2 StGB folgende Gutachtensfrage gestellt: **49**

– Wird der Zweck der Maßregel (nur §§ 63, 64 StGB) dadurch leichter erreicht, dass die Strafe oder ein Teil von ihr vor der Maßregel vollzogen wird?

Hierbei ist vom Gericht zu beachten, dass die für die Maßregel erforderliche Zeit und die Strafzeit zueinander in Beziehung gesetzt werden müssen.

Auch im Vollstreckungsverfahren gibt es eine Vielzahl von prognostischen Fragen, die mit Hilfe von Sachverständigengutachten geklärt werden müssen (Wolf & Nedopil, 2005), die hier nicht im einzelnen dargestellt werden können. Erwähnt werden soll jedoch dass § 67 a StGB in beschränktem Umfang den nachträglichen, auch mehrfachen Wechsel von einer Unterbringungsform in eine andere erlaubt In diesem Zusammenhang ergibt sich die Gutachtensfrage: **50**

– Werden die Resozialisierung des Täters und die Risikominimierung dadurch besser gefördert, dass er in den Vollzug einer anderen Maßregelart überwiesen wird?

Für alle Aussetzungen von Freiheitsstrafen oder Maßregeln gilt, dass die Beurteilung der Prognose nicht erfolgen kann, ohne die Umstände der Bewährungszeit/ Führungsaufsicht zu berücksichtigen. § 57 StGB, der die Aussetzung einer Reststrafe nach Verbüßung von zwei Dritteln der Strafe regelt, erfordert iVm § 454 Abs 2 StPO für die Aussetzung von Strafen wegen Verbrechen und bestimmter Sexualvergehen bei Strafen über zwei Jahren dort benannten Fälle die Beantwortung folgender Gutachtensfragen: **51**

– Welche Gefährlichkeit ist durch die Tat zutage getreten?
– Besteht diese Gefahr nicht mehr fort?

zu berücksichtigen sind dabei

– die Persönlichkeit des Verurteilten,
– sein Vorleben,
– die Umstände seiner Tat(en),
– die Art der bei einem Rückfall bedrohten Rechtsgüter,
– das Verhalten des Verurteilten im Vollzug,
– seine Lebensverhältnisse und
– die Wirkungen, die von der Aussetzung (!) für ihn zu erwarten sind.

52   § 57 a StGB, der die Aussetzung der lebenslangen Freiheitsstrafe regelt, stellt keine von § 57 StGB abweichenden Fragen an den Sachverständigen.

53   Bei den Maßregeln müssen die Gerichte die weitere Notwendigkeit einer Unterbringung in regelmäßigen Abständen überprüfen.

Die sechsmonatigen (§ 64 StGB), jährlichen (§ 63 StGB) und zweijährigen (§ 66 StGB) Überprüfungsfristen erfordern von den Einrichtungen eine Vielzahl gutachterlicher Stellungnahmen über die Aussetzung oder Fortdauer der Unterbringung. Vor einer Aussetzung der Maßregel wird jedoch meistens eine externe Begutachtung durchgeführt. Auch für diese Stellungnahmen und Gutachten gilt über die Verweisung des die vorgenannte Vorschrift des § 454 Abs 2 StPO. Aus § 67 d Abs 2 StGB ergeben sich für die Aussetzung der Maßregel der §§ 63, 64 und 66 StGB – letztere bis zehn Jahre – iVm § 463 Abs 1 StPO die Gutachtensfragen:

– Ist zu erwarten, dass der Untergebrachte außerhalb des Maßregelvollzuges keine rechtswidrigen Taten mehr begehen wird?
– Welche Gefährlichkeit ist in der Tat zutage getreten?
– Besteht diese Gefahr nicht mehr fort?

54   Das BVerfG hat in seiner Grundsatzentscheidung vom 8. 10. 1985 folgende Punkte aufgelistet, auf welche sich die Beurteilung darauf zu erstrecken hat. Daraus sind folgende Gutachtenfragen abzuleiten:

– Welche Art rechtswidrige Taten drohen von dem Untergebrachten?
– Wie ausgeprägt ist das Maß der Gefährdung (Häufigkeit, Rückfallfrequenz)?
– Welches Gewicht kommt den bedrohten Rechtsgütern zu?
– Welchen Wahrscheinlichkeitsgrad hat die Bedrohung?

55   Nach Ablauf von zehn Jahren ist die Sicherungsverwahrung regelmäßig für erledigt zu erklären, wenn nicht die Gefahr erheblicher weiterer Straftaten besteht. Das BVerfG hat in seiner Entscheidung vom 5. 2. 2004 ausgeführt, dass es sich bei der Vollstreckung über zehn Jahre hinaus um einen Ausnahmefall handelt, bei dem besonders strenge Maßstäbe anzulegen sind; dies findet seinen Ausdruck auch im Gesetz (§ 67 d Abs 3 StGB, § 463 Abs 3 Satz 4 StPO) mit folgender veränderten Gutachtensfrage:

– Besteht die Gefahr (so § 67 d Abs 3 StGB) bzw. ist zu erwarten (so § 463 Abs 3 Satz 4 StPO), dass der Untergebrachte infolge seines Hanges Straftaten begehen wird? Wenn ja, welcher Art?

56   Die Besonderheit ergibt sich hier in einer Umkehr des Regel-Ausnahme-Verhältnisses. Während bis zum 10. Jahr der Unterbringung die Fortdauer die Regel und die Aussetzung die Ausnahme ist, für die besondere Bedingungen erfüllt sein müssen (§ 67 d Abs 2 und § 463 Abs 2) gilt nach dem 10. Jahr der Unterbringung, dass die Aussetzung der Maßnahme die Regel und die Fortdauer die Ausnahme ist.

57   Es gibt neben einer günstigen Prognose eine Reihe weiterer Gründe um eine Maßregel zu beenden. Diese Gründe werfen neue prognostische Fragen an den Gutachter auf:

Die Unterbringung in einer Entziehungsanstalt kann wegen Aussichtslosigkeit der Therapie beendet werden. § 67 d Abs 5 StGB enthält die Gutachtensfrage:

– Kann der Zweck der Maßregel (Heilung von der Sucht; Bewahrung vor Rückfall) nicht erreicht werden?
– Wenn ja, liegt dies an Gründen in der Person des Untergebrachten?

Die Unterbringung in einem psychiatrischen Krankenhaus kann für erledigt erklärt werden, wenn sich im Nachhinein herausstellt, dass die juristischen Voraussetzungen für die Unterbringung nicht vorlagen (§ 67 d Abs 6 StGB sog. Fehleinweisungen). Es kommt jetzt nicht mehr darauf an, ob eine Unterbringung von Anfang an fehlerhaft war, sondern nur noch darauf, ob sie es heute, zum Zeitpunkt der nachträglichen Entscheidung ist. Die daraus resultierende Gutachtensfrage lautet:

– Liegt heute (noch) ein Zustand vor, der die Unterbringung nach § 63 StGB psychiatrisch indiziert?

III. Rückfallprognosen

Die prognostischen Fragen gehören zu den schwierigsten Aufgaben, die an psychiatrische Sachverständige herangetragen werden. Die experimentelle Überprüfung der prognostischen Aussagen ist praktisch nicht möglich und in den meisten Fällen nicht zu verantworten. Eine ungünstige Prognose führt meist zwangsläufig zu einer weiteren Unterbringung. Es kann also nie überprüft werden, wieviele ungünstige Prognosen sich als falsch erweisen würden. **58**

Die klassische Literatur, zB (Leferenz, 1972), kennt drei unterschiedliche Methoden, mit welchen die Prognose erarbeitet werden kann: **59**

Die intuitive Methode: Ihrer bedienen sich die Richter, die aufgrund ihres theoretischen Allgemeinwissens und ihrer subjektiven Erfahrung in kurzer Zeit entscheiden müssen, welche Strafe oder welche Art der Strafverschonung aufgrund des Deliktes und der Persönlichkeit eines Täters gerechtfertigt oder sinnvoll erscheint.

Die statistische Methode: Sie basiert auf empirischen Untersuchungen, die jene Faktoren ermitteln, die statistisch mit hoher Rückfälligkeit korrelieren oder von Experten als Indikatoren für hohe Rückfälligkeit angesehen werden.

Die klinische Methode: Bei ihr wird aufgrund der sorgfältigen biographischen Anamneseerhebung, einschließlich der Krankheits- und Delinquenzanamnese, von der Vergangenheit über die derzeitige Situation auf die Zukunft extrapoliert.

Unter forensischen Psychiatern wurde die sog. klinische Kriminalprognose bevorzugt, die eine individualprognostische Erfahrung des Gutachters und eine möglichst sorgfältige individuelle Exploration und Untersuchung in den Vordergrund stellte (Leferenz, 1972).

Ab den 70er-Jahren wurden die Fähigkeiten der Humanwissenschaftler, insbesondere der Psychiater, Kriminalprognosen zu erstellen, krit hinterfragt. Dabei wurde zunächst aufgrund der Nachuntersuchungen der wegen Baxtrom (Steadman, 1973) uan entlassenen Patienten (Thornberry & Jacoby, 1979) Bezug genommen und darauf verwiesen, dass sich Psychiater bei der Abgabe von Prognosen dreimal so häufig irrten, wie sie Recht behielten (Steadman, 1983). Vergleichbare Schlussfolgerungen können auch aus einer neueren Untersuchung aus Deutschland gezogen werden (Rusche, 2003).

Aufgrund von Untersuchungen in den letzten 20 Jahren und der dabei entwickelten Instrumente wurden die Vorhersagetechniken verfeinert. Die nach dem heutigen Kenntnisstand und unter Berücksichtigung der internationalen Literatur zu beachtenden Prognoseaspekte sind in Tabelle 1 zusammengefasst (Für Details s Norbert Nedopil, 2005): Wie bei allen derartigen Kriterienkatalogen muss auch hier darauf hingewiesen werden, dass die Beurteilung der Einzelkriterien und ihre Gewichtung im Gesamtzusammenhang einer psychiatrischen Ausbildung und Erfahrung sowie einer intensiven Schulung bedürfen. Sie können keinesfalls von Laien angewandt werden, sie können jedoch dazu dienen, Prognosegutachten zu analysieren und sie auf ihre Transparenz und Plausibilität zu überprüfen.

60   Tabelle 1: Integrierte Liste der Risikovariablen (ILRV)

A Das Ausgangsdelikt
   1 Statistische Rückfallwahrscheinlichkeit
   2 Bedeutung situativer Faktoren für das Delikt
   3 Einfluss einer vorübergehenden Krankheit
   4 Zusammenhang mit einer Persönlichkeitsstörung
   5 Erkennbarkeit kriminogener oder sexuell devianter Motivation

B Anamnestische Daten
   1 (H1) Frühere Gewaltanwendung
   2 (H2) Alter bei 1. Gewalttat
   3 (H3) Stabilität von Partnerbeziehungen
   4 (H4) Stabilität in Arbeitsverhältnissen
   5 (H5) Alkohol-/Drogenmissbrauch
   6 (H6) Psychische Störung
   7 (H8) Frühe Anpassungsstörungen
   8 (H9) Persönlichkeitsstörung
   9 (H10) Frühere Verstöße gegen Bewährungsauflagen

C Postdeliktische Persönlichkeitsentwicklung (Klinische Variablen)
   1 Krankheitseinsicht und Therapiemotivation
   2 Selbstkritischer Umgang mit bisheriger Delinquenz
   3 Besserung psychopathologischer Auffälligkeiten
   4 (C2) Pro-/antisoziale Lebenseinstellung
   5 (C4) Emotionale Stabilität
   6 Entwicklung von Coping Mechanismen
   7 Widerstand gegen Folgeschäden durch Institutionalisierung

D Der soziale Empfangsraum (Risikovariablen):
   1 Arbeit
   2 Unterkunft
   3 Soziale Beziehungen mit Kontrollfunktionen
   4 Offizielle Kontrollmöglichkeiten
   5 Verfügbarkeit von Opfern
   6 (R2) Zugangsmöglichkeit zu Risiken
   7 (R4) Compliance
   8 (R5) Stressoren

PCL-R Wert

(Die Items der HCR-20 von Webster und Eaves (1995) wurden, sofern diese besser operationalisiert und klarer waren, direkt übernommen. Diese Merkmale sind durch Klammern und eine zweite Zuordnungsbezeichnung gekennzeichnet.)

61   Auch die klinischen Fragestellungen haben sich verändert: Während früher die Fragen der Risikoeinschätzung lauteten »Wer wird rückfällig?« »Mit welcher Wahrscheinlichkeit wird der Rückfall eintreffen?« und »Welche Risikofaktoren können wir im Einzelfall identifizieren?« sollten heute die Fragen differenzierter etwa folgendermaßen formuliert werden: »*Wer* wird *wann*, unter *welchen Umständen*, mit *welchem Delikt* rückfällig, und wie können wir es verhindern?«

Nedopil

Die Differenzierung besteht darin, dass sowohl individuelle Merkmale (wer?) zu **62** berücksichtigen sind, die sich zB in persönlichkeitsgebundenen Risikofaktoren wie Dissozialität, Krankheit, kriminelle Vorgeschichte ausdrücken, als auch zeitliche Dimensionen (wann?). Ist der Rückfall zB unmittelbar nach einer Entlassung oder nach vielen Jahren zu erwarten? Darüber hinaus umfasst die Frage auch die situative Bedingtheit eines potentiellen Rückfalls (unter welchen Umständen?), etwa ob er bereits in der Einrichtung, ob er schon bei Lockerungen befürchtet werden muss oder erst, wenn sich der Betreffende ganz selber überlassen ist oder etwa nur in spezifischen Krisensituationen. Letztendlich muss auch die Frage der adäquaten Intervention zur Rückfallvermeidung aufgeworfen werden. Welche Art der Therapie und welches Ausmaß an Kontrolle reichen aus, um einen möglichen Rückfall zu verhindern.

Die differenzierte Fragestellung hat auch eine differenzierte Methodik der Begut- **63** achtung zur Folge. Bei einer solchen Methodik kann zwischen drei verschiedenen Konzepten unterschieden werden:

1. ein *idiographisches Konzept,*
   bei welchem eingeschliffene individuelle Verhaltensmuster, die ein Wiederauftreten des Verhaltens wahrscheinlich machen, zur Grundlage der Beurteilung gemacht werden. Derartige eingeschliffene Verhaltensweisen, die zu oft wiederkehrendem Fehlverhalten führen, sind allerdings selten. Häufig wird deswegen

2. *ein nomothetisches Konzept*
   verfolgt, bei dem empirische Erkenntnisse aus einer Vielzahl von Untersuchungen auf den Einzelfall angewandt werden. Dieses Konzept ist die Grundlage der heute gängigen empirisch begründeten Prognoseinstrumente. Dieses Konzept allein reicht jedoch häufig auch nicht aus und ermöglicht kaum eine Individualprognose. Hierzu kann

3. ein *hypothesengeleitetes Konzept,*
   dienen, das auf der Entwicklung einer individuellen Hypothese zur Delinquenzgenese beruht. Dabei müssen die spezifischen Risikofaktoren, die der Hypothese zugrunde liegen, identifiziert werden. Hierzu bieten die Prognoseinstrumente eine wertvolle Hilfe. Anschließend muss das Fortbestehen der Risikofaktoren im Einzelfall, ihre aktuelle Relevanz und ggf ihre Kompensation durch protektive Faktoren überprüft werden. Damit wird die Prognoseerarbeitung zu einem *Prozess,* der auch die Anwendung empirischen Wissens für den Einzelfall möglich macht.

Eine Vielzahl von Veröffentlichungen weist darauf hin, dass durch derartige Prognosemethoden eine größere Treffsicherheit bezüglich krimineller Rückfälle erreicht werden kann als mit klinischen Methoden, dass diese Methoden aber professionell angewendet werden müssen (*Webster et al., 2002*)

IV. Weiterführende Literatur

Diese Arbeit enthält kein umfangreiches Literaturverzeichnis. Es sei aber auf die **64** Lehrbücher der forensischen Psychiatrie hingewiesen, die ausführliche Literaturhinweise enthalten und insbesondere auf die Lehrbucher des Autors, denen die hier dargestellte Zusammenfassung zT entnommen ist.

Bluglass R, Bowden P (1990): Principles and Practice of Forensic Psychiatry. Melbourne, New York,: Churchill Livingstone.

Göppinger, H., & Witter, H. H. (1972). Handbuch der forensischen Psychiatrie. Berlin,Heidelberg,New York: Springer.

Gunn J, Taylor PJ (1993): Forensic Psychiatry. Oxford: Butterworth-Heinemann.

Langelüddeke, A., & Bresser, P. H. (1976). Gerichtliche Psychiatrie. Berlin, New York: Walter de Gruyter.

Nedopil, N. (2000). Forensische Psychiatrie (2. Aufl ed.). Stuttgart, New York: Thieme.

Nedopil, N. (2005). Prognosen in der forensischen Psychiatrie – ein Handbuch für die Praxis. Lengerich: Pabst Science Publisher.

Steller M, Volbert R (1997): Psychologie im Strafverfahren. Bern, Göttingen, Toronto, Seattle: Huber.

Venzlaff, U., & Foerster, K. (2004). Psychiatrische Begutachtung. In (4. Aufl.). München, Jena: Urban und Fischer.

Wegener H (1981): Einf in die forensische Psychologie,. Darmstadt,: Wissensch.Buchgesellschaft,.

Witter H (1990): Unterschiedliche Perspektiven in der allgemeinen und in der forensischen Psychiatrie. Berlin, Heidelberg, New York, London, Paris, Tokyo, Hongkong: Springer.

Darüber hinaus zitierte Literatur

65   Boetticher, A., Nedopil, N., Bosinski, H. A. G., & Saß, H. (2005). Mindestanforderungen für Schuldfähigkeitsgutachten. Neue Zeitschrift für Strafrecht, 25, 57–63.

Dittmann, V. (2000). Forensische Psychiatrie in der Schweiz. In N. Nedopil, Forensische Psychiatrie (2. Aufl. 318–329). Stuttgart, New York: Thieme.

Haddenbrock, S. (2003). Das rechtliche Schuldprinzip in wissenschaftlich-anthropologischer (= global akzeptabler) Sicht. Goltdammers's Archiv für Strafrecht, 150, 503–574.

Jansen, G. (2005). Sexualstrafrecht – ein Fall für die Aussagepsychologie. Straffo, 11–25.

Janzarik, W. (1972). Foschungsrichtungen und Lehrmeinungen in der Psychiatrie: Geschichte, Gegenwart, forensische Bedeutung. In H. Göppinger & H. Witter (Hrsg), Handbuch der Forensischen Psychiatrie. (588–662). Berlin, Heidelberg, New York: Springer.

Kröber, H. L. (1996). Kriterien der verminderten Schuldfähigkeit nach Alkoholkonsum. Neue Zeitschrift für Strafrecht, 16, 569–576.

Krümpelmann, J. (1990). Die strafrechtliche Schuldfähigkeit bei Affekttaten. R & P, 8, 150–157.

Langelüddeke, A. (1950). Gerichtliche Psychiatrie. Berlin: de Gruyter.

Leferenz, H. (1972). Die Kriminalprognose. In H. Göppinger & H. Witter (Hrsg.), Handbuch der Forensischen Psychiatrie. (1347–1384.). Berlin, Heidelberg, New York: Springer.

Lenckner, T. (1972). Strafe, Schuld und Schuldfähigkeit. In H. Göppinger & H. Witter (Eds.), Handbuch der Forensischen Psychiatrie. (pp. 3–286). Berlin, Heidelberg, New York: Springer.

Mende, W. (1986). Die affektiven Störungen. In Venzlaff, U. (Hrsg.), Psychiatrische Begutachtung. Stuttgart, New York: Fischer.

Mitchel, B. (1997). Putting diminished responsibility law into practice: a forensic psychiatric perspective. Journal of Forensic Psychiatry, 8, 620–634.

Nedopil, N. (1987). Quantifizierende Dokumentation im Bereich der forensischen Psychiatrie. In H. Kury (Ed.), Ausgewählte Fragen und Probleme forensischer Begutachtung. (pp. 279–297). Köln, Berlin, Bonn, München: Heymanns.

Nedopil, N. (1992). Wann werden Heranwachsende erwachsen? In F. J. Freisleder & M. Linder (Eds.), Aktuelle Entwicklungen der Kinder- und Jugendpsychiatrie. München: MVV Medizin Verlag.

Nedopil, N. (2005). Prognosen in der forensischen Psychiatrie – ein Handbuch für die Praxis. Paderborn: Pabst Publisher.

Rasch, W. (1964). Tötung des Intimpartners. Stuttgart: Enke.

Rasch, W. (1986). Forensische Psychiatrie. Stuttgart,: Kohlhammer.

Roth, G. (2003). Aus Sicht des Gerhirns. Frankfurt: Suhrkamp.

Rusche, S. (2003). Ist Freiheit gefährlich?, Universität Berlin, Berlin.

Saß, H. (1983). Affektdelikte. Nervenarzt, 54, 557–572.

Saß, H. (1994). Affektdelikte. Berlin, Heidelberg, New York: Springer.

Schöch, H. (1983). Die Beurteilung von Schweregraden schuldmindernder oder schuldausschließender Persönlichkeitsstörungen aus juristischer Sicht. Mschr.Krim., 66 (6), 333–343.

Schreiber, H.-L., & Rosenau, H. (2004). Rechtliche Grundlagen der psychiatrischen Begutachtung. In U. Venzlaff & K. Foerster (Eds.), Psychiatrische Begutachtung (4. Aufl. ed., pp. 53–125). München, Jena: Urban und Fischer.

Singer, W. (2003). Ein neues Menschenbild. Frankfurt: Suhrkamp.

Specht, F. (1999). Begutachtung bei Beeinträchtigungen der geistigen Fähigkeiten im Kindes-, Jugend- und Erwachsenenalter. In U. Venzlaff & K. Foerster (Eds.), *Psychiatrische Begutachtung* (3. Aufl. ed., pp. 291–212). München, Jena: Urban und Fischer.

Steadman, H. J. (1973). Follow-up on Baxstrom patients returned to hospitals for the criminal insane. *Am. J. Psychiatry, 130,* 317–319.

Steadman, H. J. (1983). Predicting dangerousness among the mentally ill. – Art, magic and science. *Int. J. Law and Psychiatry, 6,* 381–390.

Thornberry, T., & Jacoby, J. (1979). *The criminally insane: A community follow-up of mentally ill offenders.* (Vol.). Chicago, University of Chicago Press.

Venzlaff, U. (1994 a). Die schizophrenen Psychosen. In U. Venzlaff & K. Foerster (Eds.), *Psychiatrische Begutachtung* (2. Aufl. ed., pp. 167–182). Stuttgart, Jena, New York: Gustav Fischer.

Venzlaff, U. (1994 b). Über zweiphasig ablaufende Affekttaten. In H. Saß (Ed.), *Affektdelikte* (pp. 147–162). Berlin, Heidelberg, New York: Springer.

Webster, C. D., Müller-Isberner, R., & Fransson, G. (2002). Violence risk assessment: Using structured clinical guides professionally. *International Journal Of Forensic Mental Health, 1,* 185–193.

Wegener, H. (1981). *Einf in die forensische Psychologie.* Darmstadt,: Wissensch. Buchgesellschaft.

Wolf, T., & Nedopil, N. (2005). Rechtliche Grundlagen. In N. Nedopil (Ed.), *Prognosen in der forensischen Psychiatrie – ein Handbuch für die Praxis* (pp. 19–41). Lengerich: Pabst Science Publisher.

Stichwortverzeichnis

Buchstabe und Zahl in Fettdruck = Teil und Kapitel
Zahl in Normaldruck = Randnummer